U0654651

国家出版基金项目
NATIONAL PUBLICATION FOUNDATION

中華博物通考

總主編 張述錚

禮俗卷

上

本卷主編
陳益民

上海交通大學出版社

圖書在版編目（CIP）數據

中華博物通考. 禮俗卷 / 張述錚總主編; 陳益民本
卷主編.—上海：上海交通大學出版社, 2024.1
　　ISBN 978-7-313-29830-0

　　Ⅰ.①中… Ⅱ.①張… ②陳… Ⅲ.①百科全書—中
國—現代②風俗習慣史—中國 Ⅳ.①Z227②K892

　　中國國家版本館CIP數據核字(2023)第238809號

特約編審：李偉國

責任編輯：王化文

裝幀設計：姜　明

中華博物通考·禮俗卷

總 主 編：張述錚
本卷主編：陳益民
出版發行：上海交通大學出版社　　　　　地　　址：上海市番禺路951號
郵政編碼：200030　　　　　　　　　　電　　話：021-64071208
印　　製：蘇州市越洋印刷有限公司　　　經　　銷：全國新華書店
開　　本：890mm×1240mm　1 / 16　　印　　張：65.25
字　　數：1376千字
版　　次：2024年1月第1版　　　　　　印　　次：2024年1月第1次印刷
書　　號：ISBN 978-7-313-29830-0
定　　價：798.00元（全三冊）

版權所有　侵權必究
告讀者：如發現本書有印裝質量問題請與印刷廠質量科聯繫
聯繫電話：0512-68180638

《中華博物通考》編纂委員會

名譽主任： 匡亞明

主　　任（按姓氏筆畫排序）：王春法　　張述錚

副 主 任： 和　龑　韓建民　顧　鋒　張　建　丁鵬勃

委　　員（按姓氏筆畫排序）：

丁鵬勃	丁艷玲	王　勇	王元秀	王午戍	王立華	王青梅	王春法
王素芳	王栩寧	王緒周	文啓明	孔令宜	石　磊	石永士	白建新
匡亞明	任長海	李　淳	李西寧	李延年	李紅霞	李峻嶺	吳秉鈞
余志敏	沈江海	宋　毅	武善雲	林　彬	和　龑	周玉山	胡　真
侯仰軍	俞　陽	馬　巖	耿天勤	華文達	徐建林	徐傳武	高毅清
高樹海	郭砥柱	唐桂艷	陳俊强	陳益民	陳萬青	陳聖安	黃笑山
盛岱仁	婁安良	崔淑雯	康戰燕	張　越	張　標	張小平	張太龍
張在德	張述錚	張維軍	張學鋒	董　巍	焦秋生	謝冰冰	楊秀英
賈秀麗	賈貴榮	路廣正	趙卜慧	趙宗來	趙連賞	鄭小寧	劉世敏
劉更生	劉景耀	賴賢宗	韓建民	韓品玉	鍾嘉奎	顧　鋒	

《中華博物通考》總主編

張述錚

《中華博物通考》副總主編

韓品玉　　陳益民　　俞　陽　　賴賢宗

《中華博物通考》編務主任

康戰燕　　盛岱仁

《中華博物通考》學術顧問

（按姓氏筆畫排序）

王 方	王 釗	王子舟	王文章	王志强	仇正偉	孔慶典	石雲里
田藝瓊	白庚勝	朱孟庭	任德山	衣保中	祁德樹	杜澤遜	李 平
李行健	李克讓	李德龍	李樹喜	李曉光	吳海清	佟春燕	余曉艷
邱永君	宋大川	苟天林	郝振省	施克燦	姜 鵬	姜曉敏	祝逸雯
祝壽臣	馬玉梅	馬建勛	桂曉風	夏興有	晁岱雙	晏可佳	徐傳武
高 峰	高莉芬	陳 煜	陳茂仁	孫 機	孫 曉	孫明泉	陶曉華
黃金東	黃群雅	黃壽成	黃燕生	曹宏舉	曹彥生	常光明	常壽德
張志民	張希清	張維慎	張慶捷	張樹相	張聯榮	程方平	鈕衛星
馮 峰	馮維康	楊 凱	楊存昌	楊志明	楊華山	賈秀娟	趙志軍
趙連賞	趙榮光	趙興波	蔡先金	鄭欣淼	寧 强	熊遠明	劉 静
劉文豐	劉建美	劉建國	劉洪海	劉華傑	劉國威	潛 偉	霍宏偉
魏明孔	聶震寧	蘇子敬	嚴 耕	羅 青	羅雨林	釋界空	釋圓持
鐵付德							

《中華博物通考》編輯出版委員會

主　　任：張述錚

副 主 任：錢天東　　陳華棟　　呂　淼

委　　員（按姓氏筆畫排序）：

王太峰	王化文	王青梅	方　輝	尹志剛	尹柏卉	田方遠	呂　淼
安宏濤	李　旦	李　芳	李　莎	李克讓	吳利平	吳寶安	何　玲
何冠良	沈新波	周偉勵	莫德建	夏　迅	高　楓	高景海	陳華棟
孫永進	孫書文	黃尚立	盛岱仁	許仲毅	許微微	康戰燕	張　茹
張　翼	張天蔚	張述錚	張相平	張啓泰	萬　濤	萬光俠	傅海林
蓋金香	賈振勇	蔡陽健	齊　源	劉　剛	穆　欣	錢天東	韓建民
韓品玉	謝儀芳	愛密婭·麥克傑（Amelia Mekenzie）					

《中華博物通考·禮俗卷》編纂委員會

主　　編：陳益民

撰 稿 人：陳益民　　徐鳳文　　周金生　　袁俊傑　　肖立軍　　汪　香　　毛俊萍

涂白奎　　王奇偉　　蓋金香　　閻敬業　　王宛磐　　李　豫　　黃有漢

王天彤　　張亞南

導　論

——縱論中華博物學的沉淪與重建

引　言

在中國當代，西方博物學影響至巨，自鴉片戰争以來，屈指已歷百載。何謂“西方博物學”？“西方博物學”是以研究動植物、礦物等自然物爲主體的學科，但不包含社會領域的社會生活，至 19 世紀後期已完成學術使命，成爲一種保護大自然的公益活動，但國人却一直承襲至今。中華久有自家的博物學，已久被忘却，無人問津，這一狀況實是令人不安。前日偶見《故宫裏的博物學》問世，精裝三册，喜出望外，以爲我中華博物學終得重生，展卷之後始知，該書是依據清乾隆時期皇室的藏書《清宫獸譜》《清宫鳥譜》《清宫海錯圖》（“海錯”多指海中錯雜的魚鱉蝦蟹之類）繪製而成，其中一些并非實有，乃是神話傳説之物。其内容提要稱“是專爲孩子打造的中華文化通識讀本”，而對博物院内琳琅滿目的海量藏品則隻字未提。這就是説，博物院雖有海量藏品，却與故宫裏的博物學毫不相干，或曰并不屬於博物學的研究範圍。此書的編纂者是我國的著名專家，未料我國這些著名專家所認定的博物學仍是西方的博物學。此書得以《故宫裏的博物學》的名義出版，又證我國的出版界對於此一命題的認同，竟然不知我中華久有自家的博物學。此書如若改稱《故宫裏的皇室動物圖譜》，則名正言順，十分精彩，不失爲一部别具情趣的兒童讀物，但原書名却無意間形成一種誤導，孩子們可能會據此認定：唯有鳥獸蟲魚之類才是中華文化中的大學問，故而稱之爲"博物學"，最終會在其幼小心靈裏留下西方博物學的深深印記。

何以出現這般狀況？因爲許多國人對於傳統的中華博物及中華博物學，實在是太過陌生！那麽，何謂"博物"？本文指稱的"博物"，是指隸屬或關涉我中華文化的一切可見或可感知之物體物品。何謂"中華博物學"？"中華博物學"的研究主體是除却自然界諸物之外，更關涉了中國社會的各個方面各個領域，進而關涉了我中華民族的生息繁衍，關涉了作爲文明古國的盛衰起落，足可爲當代或後世提供必要的藉鑒，是我國獨有、無可替代的學術體系。故而重建中華博物學，具有歷史的、現實的多方面實用價值。我中華博物學起源久遠，至遲已有兩千年歷史，祇是初始没有"博物學"之名而已。時至明代，始見"博物之學"一詞。如明楊士奇《東里續集》卷一八評述宋陸佃《埤雅》曰："此書於博物之學蓋有助焉。"此一"博物之學"，可視爲"中華博物學"的最早稱謂。又，《四庫全書總目提要》卷一三六評清陳元龍《格致鏡原》曰："〔此書〕分三十類：曰乾象，曰坤輿，曰身體，曰冠服，曰宮室，曰飲食，曰布帛，曰舟車，曰朝制，曰珍寶，曰文具，曰武備，曰禮器，曰樂器，曰耕織器物，曰日用器物，曰居處器物，曰香奩器物，曰燕賞器物，曰玩戲器物，曰穀，曰蔬，曰木，曰草，曰花，曰果，曰鳥，曰獸，曰水族，曰昆蟲，皆博物之學。"此即古籍述及的"中華博物學"最爲明確、最爲全面的定義。重建的博物學於"身體"之外，另增《函籍》《珍奇》《科技》等，可以更全面地融匯古今。在擴展了傳統博物學天地之外，又致力於探索浩浩博物的淵源、流變，以及同物異名與同名異物的研究，致力於物、名之間的生衍關係的考辨。"博物學"本無須冠以"中華"或"中國"字樣，在當代爲區別於西方的"博物學"，遂定名爲"中華博物學"，或曰"中華古典博物學"。"中華博物學"，國人本當最爲熟悉，事實却是大出所料，近世此學已成了過眼雲烟，少有問津者，西方博物學反而風靡於中國。何以形成如此狀況？何以如此本末倒置？這就不能不從噩夢般的中國近代史談起。

一、喪權辱國尋自保，走投無路求西化

清王朝自鴉片戰爭喪權辱國之後，面對列强的進逼，毫無氣節，連連退讓，其後又遭

甲午戰爭之慘敗，走投無路，於是由所謂"師夷之長技"，轉而向日本求取西化的捷徑，以便苟延殘喘。日本自 19 世紀始，城鄉不斷發生市民、農民暴動，國内一片混亂。1854年 3 月，又在美國鐵艦火炮脅迫之下，簽訂《神奈川條約》。四年後再度被迫與美國簽訂通商條約。繼此以往，荷、俄、英、法，相繼入侵，條約不斷，同百年前的中國一樣，徹底淪爲半封建半殖民地社會，當權的幕府聲威喪盡。1868 年 1 月，天皇睦仁（即明治天皇）下達《王政復古大號令》，廢除幕府制度，但值得注意的是仍然堅守"大和精神"，并未全部廢除自家原有傳統。同年 10 月，改元明治，此後的一系列變革措施，即稱之爲"明治維新"。維新之後，否定了"近習華夏"，衝决了"東亞文化圈"，上自天皇，下至黎民，勠力同心，在"富國强兵、置産興業"的前提之下，遠法泰西，大力引入嶄新的科學技術，從而迅速崛起，廢除了與列强的一切不平等條約，成爲令人矚目的世界强國之一。可見"明治維新"之前，日本内憂外患的遭遇，與當時的中國非常相似。在此民族存亡的關鍵時刻，中國維新派代表人物不失時機，遠渡東洋，以日本爲鏡鑒，在引進其先進科技的同時，也引進了日本人按照英文 natural history 的語意翻譯成的漢語"博物學"，雖并不準確，但因出於頂禮膜拜，已無暇顧及。況且，自甲午戰爭至民國前期，日源語詞已成爲漢語外來語詞庫中的魁首，遠超英法俄諸語，且無任何外來語痕迹，最難識別。如"民主""科學""法律""政府""美感""浪漫""藝術界""思想界""無神論""現代化"等，不勝枚舉。國人曾試圖自創新詞，但敗多勝少，祇能望洋興嘆。究其原因，并非民智的高下，也并非語種的優劣，實則是國力强弱的較量，國强則國威，國威則必擁有强勢文化，而强勢文化勢必涌入弱國，面對强勢文化，弱國豈有話語權？西方的"博物學"進入中國，遒勁而又自然。

那麼，西方博物學源於何時何地？又經歷了怎樣的發展變化？答曰：西方博物學發端於古希臘亞里士多德（公元前 384—前 322）《動物志》之類著述，又經古羅馬老普林尼（公元 23—79）的《自然史》，輾轉傳至歐洲各國。其所謂博物除却動植物外，更有天文、地理、人體諸類。這是西方的文化背景與知識譜系，西人習以爲常，喜聞樂見。在歐洲文藝復興和美洲地理大發現之後，見到別樣的動物、植物以及礦物，博物學得到長足發展。至 19 世紀前半期，博物學形成了動物學、植物學和礦物學三大體系，達於鼎盛。至 19 世紀後期，動物學、植物學獨立出來，成爲生物學，礦物學則擴展爲地質學，博物學已被架空。至 20 世紀，博物學已不再屬於什麼科學研究，而完全變成一種生態與環境探索，以供民衆休閑安居的社會活動。其時，除却發端於亞里士多德的"博物學"之外，也有後起的"文化博物學"（Cultural Museology），這是一門非主流的綜合性學科，旨在研究人類一切文化遺産，試圖展示并解釋歷史的傳承與發展，但在題材視野、表達主旨等方面與中華傳統博物學仍甚有差异。面對此類非主流論説，當年的譯者或視而不見，或有意摒弃，其志在振興我中華。

在尋求救國的路途中，仁人志士們目睹了西方先進文化，身感心受，嚮往久之。"試航東西洋一游，見彼之物質文明，莊嚴燦爛，而回首宗邦，黯然無色，已足明興衰存亡之由，長此以往，何堪設想？"（吴冰心《博物學雜誌》發刊詞，1914 年 1 月，第 1 ~ 4 頁），此時仁人志士們滿腔熱血，一心救國。但如何救國，却茫茫然，如墮五里霧中。這一救國之路從表象上觀察似乎一切皆以日本爲鏡鑒，實則迥别於"明治維新"之路，未能把握"富國强兵、置産興業"之首要方嚮，而當年的執政者却祇顧個人權勢的得失，亦無此遠大志嚮。仁人志士們雖振臂疾呼，含泪呐喊，祇飄揺於上層精英之間，因一度失去民族自信、文化自信，而不知所措，矛頭直指孔子及千載儒學，進而直指傳統文化。五四運動前夜，北京大學著名教授錢玄同即正告國人"欲驅除一般人之幼稚的野蠻的頑固的思想"，就必須要"廢孔學"，必須要"廢漢文"（錢玄同《中國今後的文字問題》，載 1918 年 4 月 15 日《新青年》第 4 卷第 4 號）。翌年，五四運動爆發，仁人志士們高舉"德謨克拉西"（民主）、"賽因斯"（科學）兩面大旗，掀起反帝反封建的狂濤巨瀾，成爲中國近現代史上的偉大里程碑，中國人民自此視野大開。這兩面大旗指明了國家强弱成敗的方嚮。但與此同時，仁人志士們又毫不猶豫，全力以赴，要堅决"打倒孔家店"。於是，孔子及其儒家學説成了國弱民窮的替罪羊！接踵而至的就是對於漢字及其代表的漢文化的徹底否定。偉大革命思想家魯迅也一直抨擊傳統觀念、傳統體制，1936 年 10 月，在他逝世前夕《病中答救亡情報訪員》一文中，竟然斷言："漢字不滅，中國必亡！"而新文化運動的主要人物之一胡適更是語出驚人："我們必須承認我們自己百事不如人，不但物質機械上不如人，不但政治制度不如人，并且道德不如人，知識不如人，文學不如人，音樂不如人，藝術不如人，身體不如人。"中華民族是"又愚又懶的民族"，是"一分像人，九分像鬼的不長進民族"（胡適《介紹我自己的思想》，1930 年 12 月亞東圖書館初版《胡適文選》自序）。這是五四運動前後一代精英們的實見實感，本意在於革故鼎新，但這些通盤否定傳統文化的主張，不啻是在緊要歷史關頭的一次群情失控，是中國文化史中的一次失智！在這樣的歷史背景、這樣的歷史氣勢之下，接受西方"博物學"就成了必然，有誰會顧及古老的傳統博物學？

在引進西方博物學之後，國人紛予效法，試圖建立所謂中華自家的博物學，於是圍繞植物學、動物學兩大方面遍搜古今，窮盡群書，着眼於有關動植物之類典籍的縱橫搜求，但這并非我中華的博物全貌，也并非我中華博物學，況且在中華古典博物學中，也罕見西方礦物學之類著作，可見，試圖以西方的博物學體系，另建中華古典博物學，實在是削足適履、邯鄲學步。自 1902 年始，晚清推行學制改革，先後頒布了"壬寅學制""癸卯學制"。1905 年，根據《奏定學堂章程》，已將西方博物學納入中學的課程設置。其課程分爲植物、動物、礦物、人體生理學四種，分四年講授。1912 年中華民國成立後，江浙等地出現過博物學會和期刊，稍後武昌高等師範學校設立了博物學系，出版過《博物學雜誌》，主要研究動物學、植物學及人體生理學，隨後又將博物學系改稱生物學系，《博物學雜誌》也相應改稱《生物學雜誌》，重走了西方的老路。北京高等師範學校也有類似經歷，甚爲盲目而混亂。至 30 年代，發現西方博物學自 20 世紀始，已轉型爲生態與環境探索，國人因再無興趣，對西方博物學的大規模推廣、學習在中國遂告停止，但因影响至深，其餘風猶存。

二、中華典籍浩如海，博物古學何處觅？

應當指出，中國古代典籍所載之草木、鳥獸、蟲魚之類，亦有別於西方，除却其自身屬性特徵外，又常常被人格化，或表親近，或加贊賞，體現了另一種精神情愫。如動物龜、鶴，寓意長壽（其後，龜又派生了貶義）；豺、狼、烏鴉、猫頭鷹，或表殘忍，或表不祥；其他如十二生肖，亦各有象徵，各有寓意。而那些無血肉、無情感的植物，同樣也被賦予人文色彩。如漢班固《白虎通·崩薨》載："《春秋含文嘉》曰：天子墳高三仞，樹以松；諸侯半之，樹以柏；大夫八尺，樹以欒；士四尺，樹以槐；庶人無墳，樹以楊、柳。"足見在我國古老的典制禮俗中，松、柏、欒、槐、楊、柳，已被賦予了不同的屬性，被分爲五等，楊、柳最爲低賤；就連如何埋葬也分爲五等，嚴於區別，從墳高三仞到無墳，成爲天子到庶人的埋葬標志。實則墳墓分爲等級，早在公元前 3300 年至公元前 2300 年的良渚古城遺址已經發現。這些浩浩博物，廣泛涉及了古老民族和古老國度的典制與禮俗，我國學人也難盡知，西方的博物學又當如何表述？

可見西方博物學絕難取代中華古典博物學，中華古典博物學的研究範圍，遠超西方博物學，或可說中華古典博物學大可包容西方博物學。如今，這一命題漸引起國內一些有識之士、專家學者的關注。那麼，中華古典博物學究竟發端於何時何地？有無相對成型的體系？如何重建？答曰：若就人類辨物創器而言，上古即已有之，環宇盡同。若僅就我中華文獻記載而言，有的學者認爲當發端於《周易》，因爲“易道廣大，無所不包”（《四庫全書總目提要》卷九），或認爲發端於《書·禹貢》，因爲此書廣載九州山河、人民與物產。《周易》《禹貢》當然可以視爲中華博物學的源頭。而作爲中華博物學體系的領銜專著，則普遍認爲始於晉代張華《博物志》。而論者則認爲，中華博物學成爲一門相對獨立的學科體系，當始於秦漢間唐蒙的《博物記》，此書南北朝以來屢見引用，張華《博物志》不過是續作而已。對此，前人久有論述。如《四庫全書總目提要》卷一四二曰：“劉昭《續漢志》注《律曆志》引《博物記》一條，《輿服志》引《博物記》一条，《五行志》引《博物記》二條，《郡國志》引《博物記》二十九條……今觀裴松之《三國志》注（《魏志·太祖紀》《文帝紀》《吳志·孫賁傳》等）引《博物志》四條，又於《魏志·涼茂傳》中引《博物記》一條，灼然二書，更無疑義。”再如宋周密《齊東野語·野婆》曰：“《後漢·郡國志》引《博物記》曰：‘日南出野女，群行不見夫，其狀嘼且白，裸袒無衣襦。’得非此乎？《博物記》當是秦漢間古書，張茂先（張華，字茂先）蓋取其名而爲《志》也。”再如明楊慎《丹鉛總錄》卷一一：“漢有《博物記》，非張華《博物志》也，周公謹云不知誰著。考《後漢書》注，始知《博物記》爲唐蒙作。”如前所述，此書南北朝典籍中多有引用，如僅在南朝梁劉昭《續漢志》注中，《博物記》之名即先後出現了三十三次之多。據有關古籍記載，其內包括了律曆、五行、郡國、山川、人物、輿服、禮俗等，盡皆實有所指，無一虛幻。故在明代有關前代典籍分類中，已將唐蒙《博物記》與三國魏張揖《古今字詁》、晉呂靜《韻集》、南朝梁阮孝緒《古今文詁》、唐顏元孫《干祿字書》、宋洪适《隸釋》等字書、韻書并列（見明顧起元《說略》卷一五），足見其學術地位之高，而張華《博物志》則未被錄入。

至西晉已還，佛道二教廣泛流傳，神仙方士之說大興，於是張華又衍《博物記》爲《博物志》，其書內容劇增，自卷一至卷六，記載山川地理、歷史人物、草木蟲魚，這些當是紀要考訂之屬，合乎本文指稱的名副其實的博物學系統。此外，又力仿《山海經》的體例，旨在記載异物、妙境、奇人、靈怪，以及殊俗、瑣聞等，諸多素材語式，亦幾與《山海經》盡同，若"羽民國，民有翼，飛不遠……去九嶷四萬三千里"云云，并非"浩博實物"，已近於"志怪"小說。張華自序稱其書旨在"博物之士覽而鑒焉"，張序指稱的"博物之士"，義同前引《左傳》之"博物君子"，其"博物"是指"博通諸種事物"，虛虛實實，紛紛紜紜，無所不包。此類記述，正合世風，因而《博物志》大行其道，《博物記》則漸被冷落，南北朝之後已失傳，其殘章斷簡偶見於他書，可輯佚者甚微。後世輾轉相引，又常與《博物志》混同。《博物志》至宋代亦失傳，今本十卷爲采摭佚文、剽掇他書而成，真僞雜糅，亦非原作。其後又有唐人林登《續博物志》十卷，緊接《博物志》之後，更拓其虛幻内容，以記神异故事爲主，多是叙述性文字，其條目篇幅較長，宋代之後也已亡佚。再後宋人李石又有同名《續博物志》十卷，其自序稱："次第仿華書，一事續一事。"實則并不盡然，華書首設"地理"，李書改增爲"天象"，其他内容，間有與華書重複者，所續多是後世雜籍，宋世逸聞。此書雖有舛亂附會之弊，仍不失爲一部難得的繼補之作。李書之後，又有明人游潛《博物志補》三卷，仍係補張華之《志》，旨趣體例略如李石之《續志》，但頗散漫，時補時闕，猥雜冗濫。李、游一續一補，盡皆因仍張《志》，繼其孑遺。以上諸書之所謂"博物"，一脉相承，注重珍稀之物而外，多以臚列奇事异聞爲主旨，同"浩博實物"的考釋頗有差异。游潛稍後，明董斯張之《廣博物志》五十卷問世，始一改舊例，設有二十二類，下列子目一百六十七種，所載博物始於上古，達於隋末，不再因仍張《志》而爲之續補，已是擴而廣之，另闢山林，重在追溯事物起源，其中包括職官、人倫、高逸、方技、典制，等等。其後，清人陳逢衡著有《續博物志疏證》十卷、《續博物志補遺》一卷，對李石《續志》逐條研究探索，并又加入新增條目，成爲最系統、最深入的《續》説。其後，徐壽基又著有《續廣博物志》十六卷，繼董《志》餘緒，於隋代之後，逐一相繼，直至明清，頗似李石之續張華。但《廣志》《續廣志》之類，仍非以專考釋"浩博實物"爲主旨。我國第一部以"博物"命名而研究實物的專著，當爲明末谷應泰之《博物要覽》。該書十六卷，惜所涉亦不過碑版、書畫、銅器、窑器、瑪瑙、珊瑚、珠玉、奇石等玩賞之器物，皆係作者隨所見聞，摭録成帙；所列未廣，其中碑版書畫，尤爲簡陋，難稱浩博，其影響遠不及前述諸《志》，但所創之寫實體例，則非同尋常。而最具權威者，當是明末黄道周所著《博物典彙》，該書共二十卷，所涉博物，始自遠古，達於當朝，上自天文地理，下至草木蟲魚，盡予囊括，并以其所在時代最新的觀點、視野，對歷代博物著述進行了彙總研究。如卷一關於"天文"之考釋，下設"渾天""七曜"，"七曜"下又設"日""月""五星"，再後又有"經星圖""緯星圖""二十八宿"。又如卷七關於"后妃"，下設"宮闈内外之分""宮闈預政之誡"，緊隨其後的即教育"儲貳"之法，等等，甚爲周嚴。

以上諸書就是以"博物"命名的博物學專著。在晚清之前，代代相繼，發展有序，并時有新的建樹。

與這些博物學專著相并行，相匹配，另有以"事"或"事物"命名，旨在探索事物起源的博物學專著。初始之作爲北魏劉懋《物祖》十五卷，稍後有隋謝昊《物始》十卷，是對《物祖》的一次重大補正。《物始》之後，有唐劉孝孫等《事始》三卷，又有五代馮鑑《續事始》十卷，是對《事始》的全面擴展與開拓。《續事始》之後，另有宋高承《事物紀原》十卷，此書分五十五個類目，上自"天地生植"，中經"樂舞聲歌""輿駕羽衞""冠冕首飾""酒醴飲食"，直至"草木花果""蟲魚禽獸"，較《物祖》《物始》尤爲完備，遂成博物學的百代經典。接踵而來者有明王三聘《古今事物考》八卷，效法《紀原》之體，自古至今，上至天文地理，下至昆蟲草木，中有朝制禮儀、民生器用、宮室舟車，力求完備，較之他書尤得要領，類居目列，條理分明，重在古今考釋，一事一物，莫不求源溯始，考核精審。此書載録服飾資料尤爲豐富，如卷一有上古禮制之種種服式，非常全面，卷六所載後世之巾冠、衣、佩、帶、襪、履舃、僧衣、頭飾、妝飾、軍服等百餘種，考證多引原書原文，確然有據，甚爲難得。就全書而言，略顯單薄。明徐炬又有《古今事物原始》三十卷，此書仿高承《紀原》之體，又參《事物考》之章法，以考釋制度器物爲主，古今上下，盡考其淵源，更有所得，凡日月星辰、山川草木，亦必確究其淵源流變，但此與天地共生之浩浩博物，四百餘年前的一介書生，豈可臆測而妄斷？爲此而輾轉援引，頗顯紛亂。且鳥獸花草之起首，或加偶語一聯，或加律詩二句，而後逐一闡釋，實乃蛇足。其書雖有此瑕疵，却不掩大成。與王、徐同代的還有羅頎《物原》二卷（《四庫》本作一卷），羅氏以《紀原》不能黜妄崇真，故更訂爲十八門，列二百九十三條，條條錘實。如，刻漏、雨傘、鋦子（用於連合破裂器物的兩脚釘）、酒、豆腐之類的由來，多有創見。惜違《紀原》明記出典之體，又背《事物考》之道，凡有考釋，則溷集衆説爲一。如，烏孫公主作琵琶，張華作苔紙，皆茫然不知所本。不過章法雖有差失，未臻完美，但其功業甚巨，《物原》成爲一部研究記述我國先民發明創造的專著。時至清代，陳元龍又撰

《格致鏡原》一百卷。何謂"格致鏡原"？意即格物致知，以求其本原。此書的子目多達一千七百餘種，明代以前天地間萬事萬物盡予羅致，一事一物，必究其原委，詳其名號，廣博而精審，終成中華古典博物學的巔峰之作。

以上兩大系列專著，自秦漢以來，連續兩千載，一脉相承，這并非十三經、二十六史之類的敕編敕修，無人號令，無人支持，完全出自一種無形的力量，出自文化大國、中華文脉自惜自愛的傳承精神，從而構成浩大的博物學體系。在我國學術研究史中，在我國圖書編纂史中，乃至於世界文化史中，當屬大纛獨立，舉世無雙！本當如江河之奔，生生不息，終因清廷喪權辱國、全盤西化而戛然中斷。

三、博物古學歷磨難，科技起落何可悲！

回顧我國漫長的文化史可知，中華博物學是在傳統的"重道輕器"等陳腐觀念桎梏下，以強大的民族自覺精神、民族意志爲推動力，砥礪前行，千載相繼，方成獨立體系，因而愈加難得，愈加可貴。

"重道輕器"觀念是如何出現的？何謂"道器"？兩者究竟是何關係？《周易·繫辭上》曰："形而上者謂之道，形而下者謂之器。"何謂"道"？所謂道乃"先天地生"，無形無象、無聲無色、無始無終、無可名狀，爲"萬物之所然也，萬理之所稽也"（見《韓非子·解老》），是指形成宇宙萬物之本原，是形成一切事理的依據與根由。何謂"器"？器即宇宙間實有的萬物，包括一切科技發明，至巨至大，至細至微，充斥天地間，而盡皆不虛，或有實物可見，或有形體可指。器即博物，博物即器。"道器關係"本是一種有形無形、可見與不可見的生衍關係，并無高下之分，但在傳統文化中却另有解釋。如《周禮·考工記序》曰："坐而論道，謂之王公；作而行之，謂之士大夫；審曲面埶，以飭五材，以辨民器，謂之百工。"又曰："智者創物，巧者述之，守之世，謂之百工。百工之事，皆聖人之作也。"此文突顯了"道"對於"器"的指導與規範地位。"坐而論道"，可以無所不論，民生、朝政、國運、天下事，當然亦在所論之中。"道"實則是指整體人世間的一種法則、一種定律，或說是我古老的中華民族所創造的另一種學說。所謂"論道者"，古代通常理解爲"王公"或"聖人"，實則是代指一代哲人。《考工記序》却將論道與製器兩者截然分開，明確地予以區別，貶低萬衆的創造力，旨在維護專制統治，從而確定人們的身份地位。坐而論道者貴爲王公，親身製器者屬末流之百工（"審曲面埶，以飭五材、以辨民器"，謂觀察金、木、皮、玉、土之曲直、性狀，據以製造民人所需之器物）。《考工記序》所記雖名爲"考工"，實則是周代禮制、官制之反映，對芸芸衆生而言，這種等級關係之誘惑力超乎尋常，絕難抵禦，先民樂於遵從，樂於接受，故而崇敬王公，崇敬聖人，百代不休。因而在中國古代，科學技術大受其創。

"重道輕器"的陳腐觀念，在中國古代影響廣遠，"器"必須在"道"的限定之下進行，不得隨意製作，不得超常發揮，"道"漸演化爲統治者實施專政的得力手段。"坐而論道"，似乎奧妙無盡。魏晋時期，藉儒入道，張揚"玄之又玄"，乃至於魏晋人不解魏晋文章，本朝人爲本朝人作注，史稱"玄學"。兩宋由論道轉而談理，一代理學宗師應運而生，闡理思辨，超乎想象，就連虛幻縹緲的天宮，亦可談得妙理聯翩，後世道家竟繪出著名的《天宮圖》來。事越千載，五四運動時期，那些新文化運動主將們聯手痛搗"孔家店"，却不攻玄理，"論道""崇道""樂道""惜道"，滾滾而來，遂成千古"道"統，已經背離《易》《老》的本義。出於這樣的觀念，如何會看重"形而下"的博物與博物學？

那麼，古代先民又是如何看待與博物學密切相關的科學技術？《書·泰誓下》載，殷紂王曾作"奇技淫巧，以悦婦人"，爲百代不齒，萬世唾罵。何謂"奇技淫巧"？唐人孔穎達釋之曰："奇技謂奇異技能，淫巧謂過度工巧……技據人身，巧指器物。"所謂"奇技淫巧"，今大底可釋爲超常的創造發明，或可直釋爲科學技術。論者認爲，"百代不齒，萬世唾罵"者并不在於"奇技淫巧"這一超常的創造發明，而在於紂王奢靡無度，用以取悦婦人的種種罪孽。至於紂王是否奢靡無度，"以悦婦人"，今學界另有考證。紂王當時之所以能稱雄天下，正是由於其科技的先進，軍事的強大，其失敗在於大拓疆土，窮兵黷武，導致内外哀怨，決戰之際又遭際叛亂。所謂"以悦婦人"之妲己，祇是戰敗國的一種"貢品"而已，對於年過半百的老人并無多大"媚力"。關於殷商及妲己的史料，最早見於戰國時期成書的《國語·晋語一》，前後僅有二十七字，并無"酒池肉林""炮烙之刑"之類記載，後世史書所謂紂王對妲己的種種寵愛，實是一種演繹，意在宣揚"紅顏禍水"之說（此説最早亦源於前書。"紅顏禍水"，實當稱之爲"紅顏薄命"）。在中國古代推崇"紅顏禍水"論，進而排斥"奇技淫巧"，從而否定了科技的力量，否定了科技強弱與國家強弱的關係。時至周代，對於這種"奇技淫巧"，已有明確的法律限定："作淫聲、異服、奇技、奇器以疑衆，殺！"（見《禮記·王制》）這也就是説，要杜絕一切新奇的創造發明，連同歌聲、服飾也不得超乎常規，否則即犯殺罪！此文自漢代始，多有注疏，今擇其一二，以見其要。"淫聲"者，如春秋戰國時鄭、衛常有男女私會，謳歌相引，被斥爲淫靡之聲；"奇技"者，如年輕的公輸班曾"請以機窆"，即以起重機落葬棺木，因違反當時人力牽挽的埋葬禮節，被視爲不恭。一言以蔽之，凡有違禮制的新奇科技、新奇藝術，皆被視爲疑惑民衆，必判以重罪。這就是所謂"維護禮制"，其要害就是維護統治者的統治地位，故而衣食住行所需器物的質材及數量，無不在尊卑貴賤的等級制約之中。如規定平民不得衣錦綉，不得鼎食，商人、藝人不得乘車馬，就連權貴們娛樂時選定舞蹈的行列亦不可違制，違制即意味着不軌，意味着僭越。杜絕"奇技淫巧"，始自商周，直至明清而未衰。我國著名的四大發明，千載流傳，未料却如同國寶大熊猫一樣，竟由後世西方科學家代爲發現，實在可悲！四大發明、大熊猫之類，或因史籍隱冷，疏於查閱，或因地處山野，難以發現，姑可不論，但其他很多非常具體的發明創造，雖有群書連續記載，也常被無視，或竟予扼殺。如漢代即有超常的"女布"，因出自未嫁少女之手而得名（見《後漢書·王符傳》），南北朝時已久負盛名，稱"女子布"（見南朝宋盛弘之《荆州記》）。宋代又稱"女兒布"，被贊爲"布帛之品……其尤細者也"（見宋羅濬《寶慶四明志·郡志四》）。其後歷代製作，不斷創新，及至明清終於出現空前的妙品"女兒葛"。"女兒葛"爲細葛布的一種，其物纖細如蟬翼紗，又如傳説中的"蛟女絹"，僅重三四兩，捲其一端，整匹女兒葛便可出入筆管之中，精美絕倫，明代弘治之後曾發現於四川鄰水縣，但却被斷然禁止。明皇甫録《下陴記談》卷上："女兒葛，出鄰水縣，極纖細，必五越月而後成，不減所謂蟬紗、魚子纈之類，蓋十縑之力也。予以爲淫巧，下令禁止，無敢作者。"對此美妙的"女兒葛"，時任順慶府知府的皇甫録，并没給予必要的支持、鼓勵，反而謹遵古訓，以杜絕"奇技淫巧"爲己任，堅決下達禁令，并引以爲榮。皇甫録乃弘治九年（1496）進士，爲官清正，面對"奇技淫巧"也如此"果斷"！此後清代康熙年間，"女兒葛"再現於廣東增城縣一帶，其具體情狀，清屈大均《廣東新語·貨語·葛布》中有翔實描述，但其遭遇同樣可悲，今"女兒葛"終於銷聲匿迹。在中國古代，類似的遭遇，又何止"女兒葛"？杜絕"奇技淫巧"之風，一脉相承，何可悲也。

　　但縱觀我華夏全部歷史可知，一些所謂的"奇技淫巧"之類，雖屢遭統治者的禁弃，實則是禁而難止，況統治者自身對禁令也時或難以遵從，歷代帝王皇室之衣食住行，幾乎無一不恣意追求舒適美好，爲了貪圖享樂，就不得不重視科技，就不得不啓用科技。如

"被中香爐"（爐内置有炭火、香料，可隨意旋轉以取暖，香氣縷縷不絶。發明於漢代）、"長信宮燈"（燈内裝有虹管，可防空氣污染。亦發明於漢代）的誕生，即明證。歷代王朝所禁絶的多是認定可能危及社稷之類的"奇技淫巧"，并未禁止那些有利於民生的重大發明，也没有壓抑摧殘黎民百姓的靈智（歷史中偶有以愚民爲國策者，祇是偶或所見的特例而已）。帝王們爲維護其統治地位，以求長治久安，在"重道輕器"的同時，也極重天文、曆算、農桑、醫藥等領域的研究，凡善於治國的當權者，爲謀求其國勢得以强盛，則必定大力倡導科技，《後漢書·和熹鄧皇后紀》所載即爲顯例。和熹皇后鄧綏（公元 81—121），深諳治國之道，兼通天文、算數。永元十四年（102），漢和帝死後，東漢面臨種種滅頂之灾，鄧綏先後擁立漢殤帝和漢安帝，以"女君"之名親政長達十六年，克服了有史以來最嚴重的十年天灾，剿滅海盜，平定西羌，收服嶺南三十六個民族，將九真郡外的蠻夷夜郎等納入版圖，恢復東漢對西域的羈縻，征服南匈奴、鮮卑、烏桓等，平息了内憂外患，使危機四伏的東漢王朝轉危爲安。正是在這期間，鄧綏大力發展科技，勉勵蔡倫改進造紙術，任用張衡研製渾天儀、地動儀等儀器，并製造了中尚方弩機，這一可以連續發射的弩機，其射程與命中率令時人驚嘆，成爲當時世界上最具殺傷力的先進武器（此外，鄧綏又破除男女授受不親的陳腐觀念，創辦了史上最早的男女同校學堂，并通過支持文字校正與字詞研究，推動了世界第一部字典《説文解字》問世）。這就爲傳統的博物研究提供了巨大的空間，因而先後出現了今人所謂的"四大發明"之類。實際上何止是"四大發明"？天文、曆算等領域的發明創造，可略而不論。鄧綏之前，魯班曾"請以機窆"的起重機，出現於春秋時期，早於西方七百餘年。徐州東洞山西漢墓出土的青銅透光鏡，歐洲和日本人稱其爲"魔鏡"，當一束光綫照射鏡面而投影在墙壁上時，墙上的光亮圈内就出現了銅鏡背面的美麗圖案和吉祥銘文。這一"透光鏡"比日本"魔鏡"早出現一千六百餘年，而歐洲的學者直到 19 世紀纔開始發現，大爲驚奇，經全力研究，得出自由曲面光學效應理論，將其廣泛運用於宇宙探索中。今日，國人已能够恢復這一失傳兩千餘載的原始工藝，千古瑰寶終得重放异彩！鄧綏之後，又創造了"噴水魚洗"，亦甚奇妙，令人大開眼界。東漢已有"雙魚洗"之名（見明梅鼎祚《東漢文紀》卷三二引《雙魚洗銘》），未知當時是否可以噴水。"噴水魚洗"形似現今的臉盆。盆内多刻雙魚或四魚，盆的上沿兩側有一對提耳，提耳的設置，不祇是爲了便於提動，同時又具有另外一個功用，即當手掌撫摩時，盆内還能噴射出兩尺高的水柱，水面形成一片浪花，同時會發出樂曲般的聲響，十分神奇。今可確知，"噴水魚洗"興起於唐宋之間（見宋王明清《揮麈前録》卷三、宋何薳《春渚紀聞》卷九），當是皇家或貴族所用盥洗用具。魚洗能夠噴水，其道理何在？美國、日本的物理學家曾用各種現代科學儀器反復檢測查看，試圖找出其導熱、傳感及噴射發音的構造原理，雖經全力研究，但仍難得以完整的解釋，也難以再現其效果。面對中國古代科技創造的這一奇迹，現代科學遭遇了空前挑戰，衹能"望盆興嘆"。

中華民族，中華博物學，就是在這樣複雜多變的背景之下跌宕起伏，生存發展，在晚清之前，兩千餘年來，從未停止前進的步伐，這又成爲中華民族的民族性與中華博物學的一大特點。

四、西化流弊何時休，誰解古老博物學？

自晚清以還，中華博物學沉淪百年之久，本當早已復蘇，時至今日，幸逢盛世，正益修典，又何以總是步履維艱？豈料經由西學東漸之後，在我國國内一些學人認定科學決定一切，無與倫比，日積月纍，漸漸形成了一種偏激觀念——"唯科學主義"，即以所謂是否合於科學，來判定萬事萬物的是非曲直，科學擁有了絕對的話語權。"唯科學主義"通常表現爲三種態度：一、否認物質之外的非物質。凡難以認知的物質，則稱之爲"暗物質"。這一"暗"字用得非常巧妙，"暗"，難見也！於是"暗物質"取代了"非物質"；二、否認科學之外的其他發現。凡是遇到無從解釋的難題，面對別家探索的結論，一律斥爲"僞科學"。三、否認科學範圍以外的其他一切生産力，唯有科學可以帶動社會發展，萬事萬物必須以科學爲推手。

何謂"科學"？中國古代本有一種認識論的命題，稱之爲"格致"，意謂"格物致知"，指深究事物原理以求得知識，從而認識各種客觀現象，掌握其變化規律。這種哲學我國先秦諸子久已有之，雖已歷千載百代，但却未得應有的重視，終被西方科學所取代。自 16 世紀始，歐洲由於文藝復興，掙脱了天主教會的長期禁錮，轉向於對大自然的實用性的探索，其代表作即哥白尼的"日心說"與伽利略天文望遠鏡的發明，同時出現牛頓的力學，這是西方的第一次科技革命。這一時期已有"科學"其實，尚無後世"科學"之名，起始定名爲英語 science 一詞，源於拉丁文，本意謂人世間的各種學問，隸屬於古希臘的哲學思想，是一種對於宇宙間萬事萬物的生衍關係的一種想象、一種臆解，原本無甚稀奇，此時已反響於歐洲，得以廣泛流傳。至18世紀，新興的資産階級取得政權，爲推行資本主義，又大力發展科學，西方科學已處於世界領先地位。時至19世紀60年代後期及20世紀初，歐洲發生了以電力、化學及鋼鐵爲新興産業的第二次科技革命，英語science一詞迅速擴展於北美和亞洲。日本明治維新時期，赴歐留學的日本學者將science譯成"科學"，學界認爲是藉用了中國科舉制度中"分科之學"的"科學"一詞，如同將英文natural history的語意翻譯成漢語"博物學"一樣，也并不準確，中國的變法派訪日時，對之頂禮膜拜，欣然接受，自家固有的"格致"一詞，如同國學中的其他語詞一樣被弃而不用，"科學"一詞因得以廣泛流傳。"科學"當如何定義？今日之"科學"包括了自然科學、社會科學、思維科學以及交叉科學。除却嚴謹的形式邏輯系統之外，本是一種具體的以實踐爲手段的實證之學。實踐與實證的結果，日積月纍，就形成了人類關於自然、社會和思維的認知體系，成爲人類評斷事物是非真僞的依據。但科學不可能將浩渺無盡的宇宙及宇宙間的萬事萬物盡皆予以實踐、實證，能够實踐、實證者甚微，因而科學總是在不斷地探索，不斷地補正，不斷地自我完善之中，其所能研究的領域與功能實在有限。當代科學可以在指甲似的晶片上，一次性地裝載五百億電晶體，可以將重達六噸以上的太空船射向太空，并按照既定指令進行各種探索，但却不能造出一粒原始的細胞來，因爲這原始細胞結構的複雜神秘，所藴含的奇妙智慧，人類雖竭盡全力，却至今無法破解。細胞來自何處？是如何形成的？科學完全失去了話語權！造不出一粒原始的細胞，造一片樹葉尤無可能，造一棵大樹更是幻想，遑論萬千物種，足證"科學"并非萬能的唯一學問。況且，"暗物質"之外，至少在中國哲學體系中尚有"非物質"。何謂"非物質"？"非物質"是與"物質"相對而言，區別於"暗物質"的另一種存在，正如前文所述，它"無形無象、無聲無色、無始無終、無可名狀"，在中國古代稱之爲"道"。"道"可以不遵循因果關係，可以無中生有，爲"萬物之所然也，萬理之所稽也"，可以解釋萬物的由來，可以解釋宇宙的形成。今以天體學的的視野略加分析，亦可見"唯科學主義"的是非。人類賴以生存的地球，其直徑約爲12 742公里，是太陽系中的第三顆小行星。太陽系的直徑約爲2光年，太陽是銀河系中數千億恒星之一，銀河系的直徑約爲10萬光年，包括1千億至4千億顆恒星，而宇宙中有一千至兩千億銀河系，宇宙有930億光年。一光年約等於9.46萬億公里。地球在宇宙中祇是一粒微塵，如此渺小的地球人能創造出破解一切的偉大科學，那是癡人説夢！中華先賢面對諸多奧妙，面對諸多不可思議的現象，提出這一"無可名狀"之"道"，當然并非憑空想象，自有其觀測與推理的依據，這顯然不同於源自西方的科學，或曰是西方科學所包容不了的。先賢提出的"無可名狀"的"道"，已超越物質的範圍，或曰"道"絕非"暗物質"所能替代的。這一"無可名狀"的"道"，在當今的別樣的時空維度中已得到初步驗證（在這非物質的維度中滿富玄機）。論者提出這一古老學説，旨在證明"唯科學主義"排斥其他一切學説，過分張揚，不足稱道，絶無否定或輕忽科學之意。百年前西學東漸，尤其是西方科學的傳入，乃是我中華民族思維與實踐領域的空前創獲，是實踐與思維領域的一座嶄新的燈塔，如今已是家喻户曉，人人稱贊，任誰也不會否認科學的偉大，但却不能與偏激的"唯科學主義"混同。後世"科學"一詞，又常常與"技術"連稱爲"科學技術"，簡稱"科技"。何謂"技術"？　"技術"一詞來源於希臘文"techs"，通常指個人的技能或技藝，是人類利用現有實物形成新事物，或改變原有事物屬性、功能的方法，或可簡言之曰發明創造。科學技術不同於科學，也不同於技術，也不是科學與技術的簡單相加。科學技術是科學與技術的有機結合體系，既是人類認識世界和改造世界的成果或產物，又是人類認識世界和改造世界最有力的工具或手段，兩者實難分割。某些技術本身可能祇是一種技法，而高深技術的背後則必定是科學。

出於上述"唯科學主義"偏激觀念，重建中華博物學就遭致了質疑或否定，如有學者認爲，中國古代祇有技術而沒有科學，哪有什麼中華博物學？中華博物學被看作"前科學時代的粗糙的知識和技能的雜燴"，是一種"非科學性思考"，沒有什麼科學價值，當然也就沒有重建的必要，因爲西方博物學久已存在，無可替代。中國古代當真"祇有技術而沒有科學"麼？前文已論及"科學"與"技術"很難分割，在中國古代不祇有"技術"，同樣也有"科學"。回眸世界之歷史長河，僅就中西方的興替發展脉絡略作比較，就可以看到以下史實：當我中華處於夏禹已劃定九州、建有天下之際，西方社會多處於尚未開化的蠻荒歲月；當我中華已處於春秋戰國鋼鐵文化興起之際，整個西方尚處於引進古羅馬文明的青銅器時代；當我宋代以百萬册的印數印刷書籍之際，中世紀的西方仍然憑藉修士們成年纍月在羊皮卷上抄寫複製；著名的火藥、指南針等其他重大發明姑且不論，單就中國歷朝歷代任何一件發明創造而言，之於西方社會也毫不遜色，直至清代中葉，中國的科技一直處於世界領先地位。英國科學家李約瑟主編的七卷巨著《中國科學技術史》，即認爲西方古代科學技術85%以上皆源於中國。這是西方人自發的沒有任何背景、沒有任何色彩的論斷，甚爲客觀，迄今未見异議。此外又有學者指出，中華傳統博物學不祇擁有科技，又超越了科技的範疇，它是"關於物象（外部事物）以及人與物的關係的整體認知、研究範式與心智體驗的集合"，"這種傳統根本無法用科學去理解和統攝"，中華古典博物學"給我們提供的'非科學性思考'，恰恰是它的價值所在"（余欣《中國博物學傳統的重建》，載《中國圖書評論》，2013 年第 10 期，第 45 ～ 53 頁）。這無疑是對"唯科學主義"最有力的批駁！是的，本書極重"科技"研究，又不拘泥於"科技"，同樣重視"非科學性思考"。

中華古典博物學的研究主體是"博物"，是"博物史"，通過對"博物""博物史"的探索，而展現的是人，是人的生存、生活的具體狀況，是人的直觀發展史。中華傳統博物學構成了物我同類、天人合一的博大的獨立知識體系，是理解和詮釋世界的另一視野，這種視野中的諸多"非科學性思考"的博物，科學無法全面解讀，但却是真真切切的客觀存在。所謂傳統博物學是"前科學時代的粗糙的知識和技能的雜燴"，是"非科學性思考"的評價，甚是武斷，祇不過是一種不自覺的"唯科學主義"觀念而已。另將"科學"與"技術"分割開來，強調什麼"科學"與否，這一提法本身就不太"科學"。對此，本書前文已論及，無須複述。我國作爲一個古老國度，在其漫長的生衍過程中，理所當然地包容了"粗糙的知識和技能"。這一狀況世界所有古國盡有經歷，并非中國獨有。"粗糙的知識"的表述似乎也并不恰當，"知識"可有高下深淺之分，未聞有粗糙細緻之別。這所謂"粗糙"，大約是指"成熟"與否，實際上中華傳統博物學所涉之"知識和技能"，并非那麼"粗糙"，常常是合於"科學"的，有些則是非常的"科學"。英國科學家李約瑟等認定古代中國涌現了諸多"黑科技"。何謂"黑科技"？這是當前國際間盛行的術語，即意想不到的超越科技之科技，可見學界也是將"科學"與"技術"連體而稱，而并非稱"黑科學"。認定中國古代"祇有技術而沒有科學"，傳統博物學是"前科學時代的粗糙的知識和技能的雜燴"之說，頗有些"粗糙"，準確地說頗有些膚淺！這位學者將傳統博物學統稱爲"前科學時代"的產物，亦是一種妄斷，也頗有些隨心所欲！何謂"前科學時代"？"前科學時代"是指形成科學之前人們僅憑五官而形成的一種感知，這種感知在原始社會時有所見，但也并非全部如此，如鑽木取火、天氣預測、曆法的訂立、灸砭的運用等，皆超越了一般的感知，已經形成了各自相對獨立的科學。看來這位學者并不怎麼瞭解中國古代科技史，并不太瞭解自家的傳統文化，實屬自誤而誤人。

中華博物學的形成及發展歷程，與西方顯然不同。西方博物學萌生於上古哲人的學説，其後則以自然科學爲研究主體，遍及整個歐洲，全面進入國民的生活領域。在這樣的文化背景之下，西方日益强大，直接影響和推動了社會的發展，因而步入世界前列。我中華悠悠數千載，所涉博物，形形色色，浩浩蕩蕩，逐漸形成了中華獨有的博物學體系，但面臨的背景却非常複雜，與西方比較是另一番天地，那就是貫穿數千載的"重道輕器"觀念與排斥"奇技淫巧"之國風，這一觀念、這一國風，其表現形式就是重文輕理，且愈演愈烈。如中國久遠的科舉制度，應試士子們本可"上談禮樂祖姬孔，下議制度輕雛玄"（見明高啓《送貢士會試京師》詩），縱論古今國事，是非得失，而朝廷則可藉此擇取英才，因而國家得以强盛。時至明代後期，舉國推行的科舉制度竟然定型爲千篇一律的八股文，泯滅了朝廷取才之道，一代宗師顧炎武稱八股之禍勝似"焚書坑儒"（見《日知録·擬題》）。清代後期爲維護其獨裁統治，手段尤爲專橫强硬，又向以"天朝"自居，哪裏會重視什麼西方的"科學技術"？"科學技術"的落伍最終導致文明古國一敗塗地，這也就是"李約瑟難題"的答案！"科學"之所以成爲"科學"，是因爲其出自實踐、實證，實踐、實證是科學的生命。實踐、實證又必須以物質爲基礎，這正與我中華博物學以浩浩博物爲研究主體相合！但中華博物學，或曰博物研究，始終被置於正統的國學之外，這一觀念與國風，極大地制約了中華博物學的發展。制約的結果如何？可以毫不誇張地説，直接阻礙了中國古代社會的歷史進程。

五、中華博物知多少，皓首難解千古謎

中華博物如繁星麗天，難以勝計，其中有諸多別樣博物，可稱之爲"黑科技"者，令人百思不得其解。如八十餘年前四川廣漢西北發現的三星堆古蜀文化遺址，距今約四千八百年至三千年左右，所在範圍非常遼闊，遠超典籍記載的成都平原一帶，此後不斷探索，不斷有新的發現，成爲 20 世紀人類最偉大的考古發現之一。該遺址內三種不同面貌而又連續發展的三期考古學文化，以規模壯闊的商代古城和高度發達的青銅文明爲代表的二期文化最具特點。二期文化中青銅器具占據主導地位，極爲神奇。衆多的青銅人頭象、青銅面具，千姿百態。還有舉世罕見的青銅神樹，該樹有八棵，最高者近 4 米，共分三層，樹枝上栖息有九隻神鳥，應是我國古籍所載"九日居下枝"的體現；斷裂的頂部，當有"一日居上枝"的另一神鳥，寓意九隻之外，另一隻正在高空當班。青銅樹三層

九鳥，與《山海經‧海外東經》中所載"扶桑""若木""九日居下枝，一日居上枝"正同。上古時代，先民認爲天上的太陽是由飛鳥所背負，可知九隻神鳥即代表了九個太陽。其《南經》又曰："有木，其狀如牛，引之有皮，若纓、黃蛇。其葉如羅，其實如欒，其木若蓲，其名曰建木。"何謂"建木"？先民認爲"建木"具有通天本能，傳說中伏羲、黃帝等盡皆憑藉"建木"來往神界與人間。由《山海經》的記載可知，這神奇物又來源於傳統文化，大量青銅文化明顯地受到夏商文明、長江中游文明及陝南文明的影響。那些金器、玉器等禮器更鮮明地展現出華夏中土固有的民族色彩。如此浩大盛壯，如此神奇，這一古蜀國究竟是怎樣形成的？又是怎樣突然消失的？詩人李白在《蜀道難》中曾有絕代一問："蠶叢及魚鳧，開國何茫然？"意謂蠶叢與魚鳧兩位先帝，是在什麼時代開創了古蜀國？何以如此茫茫然令人難解？今論者續其問曰："開國何茫然，失國又何年？開失兩難知，千古一謎團。"三星堆的發掘并非全貌，僅占遺址總面積的千分之一左右，只是古蜀文化的小小一角而已，更有浩瀚的未知數，國人面臨的將是另一個陌生的驚人世界。中華民族襟懷如海，廣納百川，中外文化相容并包，故而博大精深。這些百思不得其解的神奇之物，向無答案，確屬於所謂"非科學性思考"，當代專家學者亦爲之拍案。"唯科學主義"面臨這些"黑科技"的挑戰，當然也絕難詮釋。以下再就已見出土，或久已傳世之實物爲例。上世紀 80 年代，臨潼始皇陵西側出土了兩乘銅車馬，其物距今已有兩千二百餘年，造型之豪華精美，被譽爲世界"青銅之冠"，姑且不論。兩輛車的車傘，厚度僅 0.1 ～ 0.4 厘米，一號車古稱"立車"或"戎車"，傘面爲 1.12 平方米，二號車傘面爲 2.23 平方米，而且皆用渾鑄法一次性鑄出，整體呈穹隆形，均勻而輕薄，這一鑄法迄今亦是絕技，無法超越。而更絕的是一號立車的大傘，看似遮風擋雨所用，實則充滿玄機，此傘的傘座和手柄皆爲自鎖式封閉結構，既可以鎖死，又可以打開，同時可以靈活旋轉 180 度，隨太陽的方位變化而變化，亦可取下插入野外，遮烈日，擋風雨，賞心隨意。令人尤爲稱奇的是，打開傘柄處的雙環插銷，傘柄與傘蓋可各獨立，傘柄就成了一把尖銳的矛，傘蓋就成了盾，可攻可守。這一 0.1 ～ 0.4 厘米厚的盾，其抗擊力又遠勝今人的製造技術，令今人望塵莫及，故國際友人讚之爲罕見的"黑科技"。此外分存於西安與鎮江東西兩方的北宋石刻《禹迹圖》，尤爲奇異。此圖參閱了唐賈耽《海內華夷圖》，并非單純地反映宋代行政區劃及華夷之間的關係，而是上溯至《禹貢》中的山川、河流、州郡分布，下至北宋當世，已將經典與現實融爲一體。此圖長方約 1 平方米，宋朝行政區劃即達三百八十個之多，五個大湖，七十座山峰，更有蜿蜒數千里的長江、黃河等江川八十餘條；不祇是中原的地域，尚有與之接壤的大理、吐蕃、西夏、遼等區域，這些區域的山野江河亦有精準的繪製。作爲北宋時代的製圖人，即使能够遍踏域内、域外，也絕難僅憑一己的目力俯瞰全景。此圖由五千一百一十個小方格組成，每一小方格皆爲一百平方公里，所有城市、山野江河的大小距離，盡包容在這些格子裏，全部可以明確無誤地測算出來，其比例尺與今世幾無差異。如此細密精準，必須具有衛星定位之類的高科技纔能繪製出來，九百年前的宋人是憑藉什麼儀器完成的？此一《禹迹圖》較之秦陵銅車馬，更超乎想象，詭異神奇，故而英國學者李約瑟評之爲"世界上最神秘、最杰出的地圖"，美國國家圖書館將一幅19世紀據西安圖打製的拓本作爲館藏珍品。中國古代"黑科技"，又何止臨潼銅車馬與《禹迹圖》？

除却上述文獻記載與出土及傳世之物外，另一些則是實見於中華大地的奇特自然景觀，這些百思不得其解的神奇之物，散處天南海北，自古迄今，向無答案，亦屬於所謂"非科學性思考"，當代專家學者亦爲之拍案。"唯科學主義"面臨這些"黑科技"的挑戰，當然也絕難詮釋。我中華大地這些神奇之物，在當世尤應引起重視，國人必須迎接"超科技時代"的到來。如"應潮井"，地處南京市東紫金山南麓定林寺前。此井雖遠在深山之間，却與五公里外的長江江潮相應，江水漲則井水升，江水退則井水降，同處其他諸井皆無此現象。唐宋以來，已有典籍記載，如《江南通志·輿地志·江寧府》引唐段成式《酉陽雜俎》："蔣山有應潮井，在半山之間，俗傳云與江潮相應，嘗有破船朽板自井中出。"《景定建康志·山川志三·井泉》："應潮井在蔣山頭陁寺山頂第一峰佛殿後。《蔣山塔記》云：'梁大同元年，後閣舍人石興造山峰佛殿，殿後有一井，其泉與江潮盈縮增減相應。'"何以如此，自發現以來，已歷千載，迄今無解。以上的奇特之物，多有記載，名揚天下，而另一些奇物，却久遭冷落，默默無聞。如"靈通石"，亦稱"神石""報警石"，俗稱"猪叫石"。該石位於太行大峽谷林縣境内高家臺輝伏巖村。石體方正，紫紅色，裸露於地面約4立方米，高寬各3米，厚2米，象是一頭體積龐大的臥猪，且能發聲如猪叫。傳聞每逢大事（包括自然灾害、重大變革等）來臨之前，常常"鳴叫"不止，大事大叫數十天，小事則小叫數日，聲音忽高忽低，一次可叫百餘聲，百米之内清晰可聞。但其叫聲祇能現場聆聽，不可録音。何以如此怪異？同樣不得而知！中華博物浩浩洋洋，漫漫無涯，可謂無奇不有，作爲博物之學，亦必全力探究，這也正是中華博物學承担的使命。

六、中華博物學的研究範圍與狀況，新建學科的指嚮與體式如何？

中國當代尚未建立博物學會，也沒有相應的報刊，人們熟知的則是博物院館，而博物院館的職責在於收藏、研究并展出傳世的博物，面對日月星辰、萬物繁衍以及先民生息起居等數千年的古籍記載（包括失傳之物），豈能勝任？中華博物全方位研究的歷史使命衹能由新興的博物學承擔。古老中華，悠悠五千載，博物浩茫，疑難連篇，實難解讀，而新興的博物學却不容迴避，必須做出回答。

本書指稱的博物，包括那些自然物，但并不限於對其形體、屬性的研究，體現了博物古學固有的格致觀念，且常常懷有濃厚的人文情結，可謂奧妙無窮，這又迥別於西方博物學。

如“天宇”，當做何解釋？在中國傳統文化中是與“宇宙”并存的稱謂，重在強調可見的天體和所有星際空間。前已述及，天體直徑可達930億光年以上，實際上可能遠超想象。這就出現了絕世難題：究竟何謂天體？天體何來？戰國詩人屈原在其《天問》篇中，曾連連問天：“上下未形，何由考之？”“馮翼惟象，何以識之？”“明明闇闇，惟時何爲？”千古之問，何人何時可以作答？天宇研究在古代即甚冷僻，被稱爲“絕學”。中國是天宇觀測探索最爲細密的文明古國之一，天象觀測歷史也最爲悠遠，殷墟甲骨、《書》《易》諸經，盡有記載，而歷代正史又設有天文、曆律之類專志，皇家設有司天監之類專職機構，憑此“觀天象、測天意”，以決國策。於是，天文之學遂成諸學之首。天宇研究的主體是天空中的各種現象，這些現象又以各種星體的位置、明暗、形狀等的變化爲主，稱之爲星象。星象極其繁複，難以辨識。於是，在天空位置相對穩定的恒星就成爲必要的定位標志。在人們目力所及的範圍內，恒星數以千計，簡單命名仍不便查找和定位，我華夏先民又將天空劃分爲若干層級的區域，將漫天看似雜亂無章的恒星位置相近者予以組合并命名，這些組合的星群稱之爲星宿。古人視天上諸星如人間職官，有大小、尊卑之分，故又稱星官，因而就有了三垣二十八宿，成爲古天宇學最重要理論依據，這一理論西方天文學絕難取代。

再如古代類書中指稱的“蟲豸”，當代辭書亦少有確解。何謂“蟲豸”？舉凡當今動物學中的昆蟲綱、蛛形綱、多足綱，以及爬行動物中的綫形動物、扁形動物、環節動物、軟體動物中形體微小者，皆爲蟲豸之屬。蟲豸形雖微小，然其生存之久、種類之繁、分布之廣、形態之多、數量之巨，從生物、生態、應用、文化等角度，其意義和價值都大异於其他各類動物，或説是其他各類動物所不能比擬的。蟲豸之屬，既能飛於空，亦能游於水，既能潛於土，亦能藏於山，形態萬千，且各具靈性，情趣互异，故古代典籍遍見記叙，不僅常載於詩文，且多見筆記、小説中。先民又常憑藉其築穴或搬遷之類活動，以預測氣象變化或靈异别端，同樣展現了一幅具體生動的蟲文化畫卷，既有學術價值，又充滿趣味性。自《詩》始，就出現了咏蟲詩，其後歷代從蝶舞蟬鳴、蟻行蛇爬中得到靈感者代不乏人，或以蟲言志，或以蟲抒懷，或以蟲爲比，或以蟲爲興，甚至直以蟲名入於詞牌、曲牌，如僅蝴蝶就有“蝴蝶兒”“玉蝴蝶”“粉蝶兒”“蝶戀花”“撲蝴蝶”“撲粉蝶”等名類。唐歐陽詢《藝文類聚》收集有關蟬、蠅、蚊、蝶、螢、叩頭蟲、蛾、蜂、蟋蟀、尺蠖、螳、蝗等蟲類的詩、賦、贊等數量浩繁，後世仿其體例者甚多，如《事物紀原》《五雜俎》《淵鑑類函》《古今圖書集成·禽蟲典》等，洋洋大觀。不僅詩詞歌賦，在成語、俗語中，言及蟲豸者，亦不可勝數，如莊周夢蝶、蠶首蛾眉、金蟬脱殻、螳螂捕蟬、螳臂當車、蚍蜉撼樹、作繭自縛、飛蛾撲火（詞牌名爲“撲燈蛾”）等；不僅見諸歷代詩文，今世辭章以蟲爲喻者，仍沿襲不衰，如以蝸喻居、以蝶喻舞、以蟬翼喻輕薄、以蛇蠍喻狠毒等，比比皆是，不勝枚舉。

　　本博物學所指稱博物又包括了人類社會生活的各方面、領域，自史前達於清末民初，有的則可直達近現代，至巨至微，錯綜複雜。而對於某一具體實物，必須從其初始形態、初始用途的探討入手，而後追逐其發展演變過程，這樣纔能有縱橫全面的認定，從而作出相應的結論，這正是新興博物學的使命之一。今僅就我中華民族時有關涉者予以考釋。今日，國人對於古代社會生活實在太過陌生，現當代權威工具書所收録的諸多重要的常見詞目，常常不知其由來，遭致誤導。如“祭壇”一詞，《漢語大詞典·示部》釋文曰：

　　　祭壇：供祭禮或宗教祈禱用的臺。劉大傑《中國文學發展史》第一章三：“無論藝術哲學都得屈服於宗教意識之下，在祭壇下面得着其發展生命了。”艾青《吹號者》詩：“今日的原野呵，已用展向無限去的暗緑的苗草，給我們布置成莊嚴的祭壇了。”亦指上壇祭祀。侯寶林《改行》：“趕上皇上齋戒忌辰，或是皇上出來祭壇，你都得歇工（下略）。”

　　以上引用的三個書證全部是現代漢語，檢索此條的讀者可能會認定“祭壇”乃無淵源的新興詞，與古漢語無關。豈不知《晋書·禮志下》《舊唐書·禮儀志三》《明史·崔亮傳》

諸書皆有"祭壇"一詞，又皆爲正史，并不冷僻。《漢語大詞典》爲證實"祭壇"一詞的存在，廣予網羅，頗費思索，連同侯寶林的相聲也用作重要書證。侯氏雖被贊爲現代語言大師，但此處的"祭壇"，并非"供祭禮或宗教祈禱用的臺"，"祭"與"壇"爲動賓語結構，并非名詞，不足爲據。還應指出，"祭壇"作爲人們祭祀或祈禱所用實體的臺，早在史前即已出現，初始之時不過是壘土爲臺罷了。

此外，直接關涉華夏文化傳播形式的諸多博物更是大异於西方。如"文具"初稱"書具"，其稱漢代大儒鄭玄在《禮記・曲禮上》注中已見行用。千載之後，宋人陶穀《清異錄・文用》中始用"文具"一詞。文具泛指用於書寫繪畫的案頭用具及與之相應的輔助用具。國人憑藉這些文具，創造了最具特色的筆墨文化、筆墨藝術，憑藉這些文具得以描述華夏五千載的燦爛歷史。中華傳統文具究有多少？國人最爲熟悉的莫過於"文房四寶"，實際又何止"文房四寶"？另有十八種文房用具，定名爲"十八學士"，宋代林洪曾仿唐韓愈《毛穎傳》作《文房職方圖贊》（簡稱《文房圖贊》，即逐一作圖爲之贊）。實際上遠超十八種，如筆筒、筆插、筆搋、筆洗、墨水匣、墨床、水注、水承、水牌、硯滴、硯屏、印盒、帖架、鎮紙、裁刀、鉛槧、算袋、照袋、書床、筆擱、高閣，等等，已達三十種之多。

"文房四寶""十八學士"之類中華獨具的傳統文化，今國人熟知者已不甚多，西方博物又何從涉及？何可包容？

七、新興博物學的表述特點，其古今考辨的啓迪價值

當代新興博物學所展現的是中華博物本身的生衍變化以及其同物异名、同名异物等，其主旨之一在於探尋我古老的中華民族的真實歷史面貌，温故知新，從而更加熱爱我們偉大的中華文明。

偉大的中華民族，在歷史上產生過許多杰出的思想觀念，比如，我中華民族風行百代的正統觀念是"君爲輕，民爲本，社稷次之"（見《孟子・盡心下》），這就是强調人民高於君王，高於社稷（猶"國家"），人民高於一切！古老的中華正統對人民如此愛護，如此尊崇，在當今世界也堪稱難得。縱觀朝代更迭的全部歷史可知，每朝每代總有其興起及消亡的過程，有盛必有衰。在這部《通考》中，常有實例可證，如有關商代都城"商邑"的

記載，就頗具代表性。試看，《詩·商頌·殷武》："商邑翼翼，四方之極。"鄭玄箋："極，中也。商邑之禮俗翼翼然……乃四方之中正也。"孔穎達疏："言商王之都邑翼翼然，皆能禮讓恭敬，誠可法則，乃爲四方之中正也。"《詩》文謂商都富饒繁華，禮俗興盛，足可爲全國各地的學習楷模。"禮俗"在上古的地位如何？《周禮·天官·大宰》曰："以八則治都鄙：一曰祭祀，以馭其神……六曰禮俗，以馭其民。"這是説周代統治者以禮俗馭其民，如同以祭祀馭鬼神一樣，未敢輕忽怠慢，禮俗之地位絶不可等閑視之。古訓曰："倉廩實而知禮節，衣食足而知榮辱。"（見《史記·管晏列傳》）此處的"禮節"是禮俗的核心内容，可見禮俗源於"倉廩實"。"倉廩實"展現的是國富民强，而國富民强，必重禮俗，禮俗展現了國家的面貌。早在三千年前的商代，已如此重視禮俗。"商邑翼翼"所反映的是上古時期商都全盛時期的繁華昌明，其後歷代亦多有可以稱道的興盛時期，如"漢武盛世""文景盛世"、唐"貞觀盛世""開元盛世"、宋"嘉祐盛世"、明"永宣盛世"、清"康乾盛世"等，其中更有"夜不閉户，路不拾遺"的佳話。盛世總是多於亂世，或曰温飽時代總是多於飢寒歲月。唐代興盛時期，君臣上下已萌生了甚爲隨和的禮儀狀態，不喜三拜九叩之制，宋元還出現了"衣食父母"之類敬詞（見宋祝穆《古今事物類聚別集》卷二〇、元關漢卿《竇娥冤》第二折），這正體現了"王者以民爲天，民以食爲天"（見《漢書·酈食其傳》）的傳統觀念。中國歷史上的黎民百姓并非一直生活在水深火熱之中，在漫長的歲月中也常有温飽寧静的生活，因而涌現了諸多忠心報國的詩詞。如"但使龍城飛將在，不教胡馬度陰山"（唐王昌齡《出塞二首》之一）；"忘身辭鳳闕，報國取龍庭"（王維《送趙都督赴代州得青字》）；"僵卧孤村不自哀，尚思爲國戍輪臺"（宋陸游《十一月四日風雨大作》）；"奇謀報國，可憐無用，塵昏白羽"（宋朱敦儒《水龍吟·放船千里凌波去》）。

　　久已沉淪的傳統博物學今得重建，可藉以知曉我中華兒女擁有的是何樣偉大而可愛的祖國！偉大而可愛的祖國，江山壯麗，蘭心大智，光前裕後，莘莘學子尤當珍惜，尤當自豪！回眸古典博物學的沉淪又可確知，鴉片戰争給中華民族帶來的是空前的傷害，不衹是漢唐氣度蕩然無存，國勢極度衰微，最爲可怕的是傷害了民族自信，爲害甚烈。傷害了民族自信，則必會輕視或否定傳統文化，百代信守的忠義觀念、仁義之道，必消失殆盡，代之而來的則是少廉寡恥，爾虞我詐，以崇洋媚外爲榮，這一狀况久有持續，對青少年的影響尤甚，怎不令人痛心！時至當代，正全力弘揚中華優秀傳統文化，全力推行科技創新，踔厲奮發，重振國風，這又怎不令人慶幸！

　　新興博物學在展現中華博物本身的生衍變化進而展現古代真切的社會生活之外，又展現了一種獨具中華風采的文化體系。如常見語詞"揚州瘦馬"，其來歷如何？祇因元馬致遠《天净沙·秋思》中有"西風古道瘦馬"之句。自 2008 年山西吕梁市興縣康寧鎮紅峪村發現元代壁畫墓以來，其中的一首《西江月》小令："瘦藤高樹昏鴉，小橋流水人家，古道西風瘦馬，夕陽西下，已獨不在天涯。"在學界引發了關於《天净沙·秋思》的爭論熱議。由《西江月》小令聯想元代的另一版本："瘦藤老樹昏鴉，遠山流水人家，古道西風瘦馬，夕陽西下，斷腸人去天涯。"於是有學人又認爲此一"瘦馬"當指"揚州藝妓"，意謂形單影隻的青樓女子思念遠赴天涯的情郎——"斷腸人"，但這小令中的"瘦馬"之前，何以要冠以"古道西風"四字？則不得而知。通行本狀寫天涯游子的冷落凄凉情景，堪稱千古絶唱，無可置疑。那麼何以稱藝妓爲"瘦馬"？"瘦馬"一詞，初見於唐白居易《有感》詩三首之二："莫養瘦馬駒，莫教小妓女。後事在目前，不信君看取。馬肥快行走，妓長能歌舞。三年五年間，已聞换一主。"金董解元《西廂記諸宫調》中的《仙吕·賞花時》又載："落日平林噪晚鴉，風袖翩翩吹瘦馬。"此處的"瘦馬"無疑確指藝妓。稱妓女爲人人可騎的馬，後世又稱之爲"馬子"，是一種侮辱性的比擬。何以稱"瘦"？在中國古代常以"瘦"爲美，"瘦"本指腰肢纖細，故漢民歌曰："楚王好細腰，宫中多餓死。""細腰"强調的是苗條美麗。"好細腰"之舉，在南方尤甚，揚州的西湖所以稱之爲"瘦西湖"，不祇是因其狹長緊連京杭大運河，實則是因湖邊楊柳依依，芳草萋萋，又有荷花池、釣魚臺、五亭、二十四橋，美不勝收，較之杭州西湖有一種别樣的美麗。國人何以推崇揚州？《禹貢》劃定九州之中就有揚州，今之揚州已有兩千五百餘年的歷史。其主城區位於長江下游北岸，可追溯至公元前 486 年。春秋時期，吴王夫差在此開鑿了世界最早的運河——邗溝，建立邗城，孕育了唯一與邗溝同齡的運河城；因水網密布，氣候温潤，公元前 319 年，楚懷王熊槐在此建立廣陵城（今揚州仍沿稱"廣陵"），遂成爲中華歷史名城之一。此後歷經魏晉等朝代多次重修，至隋文帝開皇九年（589），廣陵改稱揚州。揚州除却政治地位顯赫之外，又是美女輩出之地，歷史上曾有漢趙飛燕、唐上官婉兒及南唐風流帝王李煜先後兩任皇后周薔、周薇，號稱"四大美女"。隋煬帝楊廣又在此開鑿大運河，貫通至京都洛陽旁連涿郡，藉此運河三下揚州，尋歡作樂。時至唐代，揚州更是江河交匯，四海通達，成爲全國性的交通要衝，故有"故人西辭黄鶴樓，煙花三月下揚州。孤帆遠影碧空盡，唯見長江天際流”的著名詩篇（唐李白《黃鶴樓送孟浩然之廣陵》，今之揚州已遠離長江）。揚州在唐代是除却長安之外的最爲繁華的大都會，商旅雲聚，青樓大興，成爲文壇才士、豪門公子醉生夢死之地。唐王建《夜看揚州市》詩贊曰：“夜市千燈照碧雲，高樓紅袖客紛紛。”詩人杜牧《遣懷》更有名作：“落魄江湖載酒行，楚腰纖細掌中輕。十年一覺揚州夢，贏得青樓薄幸名。”此“楚腰纖細掌中輕”之用典，即直涉楚靈王好細腰與趙飛燕的所謂“掌中舞”兩事。杜牧憑藉豪放而婉約的詩作，贏得百世贊頌，此詩實是一種自嘲、以書懷才不遇之作，却曾遭致史家“放浪薄情”的詬病。大唐之揚州，確是令人嚮往，令人心醉，故而詩人張祐有“人生只合揚州死”（見其所作《縱游淮南》）之感嘆。元代再度大修的京杭大運河弃洛陽直達北京，揚州之地位愈加顯赫。總之，世界這一最古最長的大運河歷代修建，始終離不開揚州。時至明清，揚州經濟依然十分繁盛，仍是達官貴人喜於擇居之地，兩淮鹽商亦集聚於此，富甲一方，由此振興了園林業、餐飲業，娛樂中的色情業也應運而生，養“瘦馬”就是其中的一種，一些投機者低價買進窮苦人家的美麗苗條幼女，令其學習言行禮儀、歌舞繪畫及其他媚人技能技巧，而後以高價賣至青樓或權貴豪門，大發其財。除却“揚州瘦馬”之外，又催生了著名的“揚州八怪”，文化藝術色彩愈加分明。

“揚州瘦馬”本是一種當被摒弃的陋習，不足爲訓，但這一陋習所反映出的却是關聯揚州的一種別樣的文化，反映了揚州古今社會的經濟發展與變化，這當然也是西方博物學替代不了的。

結　語

綜上所述可知，中華博物學是學術研究中的另一方天地，無可替代，必須重建，且勢在必行。如何重建？如何展現我中華博物獨有的神貌？答曰：中華博物絕非僅指博物館的收藏物，必須是全方位的，無論是宮廷裏，無論是山野間，無論是人工物，無論是天然品，無論是社會中，無論是自然界裏，皆應廣予收錄考釋。考釋的主旨，乃探索我中華浩浩博物的淵源、流變。此一博物學甚重“物”的形體、屬性及其淵源流變，同時又關注其得名由來，重視兩者間的生衍關係。通常而言（非通常情況當作別論），在人類社會中有其物必當有其名，有其名亦必有其物。此外，更有同物異名，或同名異物之別。探

究 "物" 本體的淵源流變并釐清名物關係，這就是中國古典博物學的使命，這也正是最爲嚴密的格物致知，也正是最爲嚴肅的科學體系。但中國古典博物學，又必須體現《博物記》以還的國學傳統，必須體現博大的天人視野及民胞物與情懷，有助於我中華的再度振起，乃至於世界的安寧和諧。而那些神怪虛無之物，則不得納入新的博物學中，祇能作爲附錄以備考。如何具體裁定，如何通盤布局，并非易事，遠超想象。因我中華民族是喜愛并嚮往神話的古老民族，又常常憑藉豐富的想象對某種博物作出判斷與解讀，判斷與解讀的結果，除却導致無稽的荒誕之外，又時或引發別樣的思考，常出乎人們的所料，具有別樣的價值。如水族中的 "比目魚"，亦稱 "王餘魚" "兩鮃" "拖沙魚" "鞋底魚" "板魚" "箬葉"，俗稱 "偏口魚"，爲鰈形目魚類之古稱。成魚身體扁平而闊，兩眼移於頭的另一端，習慣於側卧，朝上的一面有顏色鮮明的眼睛，朝下一面似無眼睛，先民誤以爲祇有一眼，必須相互比并而行。此一判斷與解讀，始自漢代《爾雅 · 釋地》："東方有比目魚焉，不比不行。" 郭璞注："狀似牛脾……一眼，兩片相合乃得行。今水中所在有之，江東又稱爲王餘魚。" 事過千載，直至明代李時珍《本草綱目》問世，盡皆認定比目魚僅有一隻眼，出行必須各藉他魚另一眼（見《本草綱目 · 鱗四 · 比目魚》）。傳統詩文中用比目魚以比喻形影不離的情侶或好友，先民争相傳頌，百代不休，直至 1917 年徐珂的《清稗類鈔》問世，始知比目魚兩眼皆可用，不必兩兩并游（《清稗類鈔 · 動物篇》）。古人憑藉想象，又認爲尚有與比目魚相對應的 "比翼鳥"，見於《爾雅 · 釋地》："南方有比翼鳥焉，不比不飛。" 這一 "比翼鳥"，僅一目一翼，須雌雄并翼飛行，如同比目魚一樣，亦用以比喻形影不離的情侶或好友。"比目魚" "比翼鳥" 之類虛幻者外，後世又派生了所謂 "連理枝"，著名詩作有唐白居易《長恨歌》曰："在天願爲比翼鳥，在地願爲連理枝。" 何謂 "連理枝"？"連理枝" 是指自然界中罕見的偶然形成的枝和幹連爲一體的樹木。"連理枝" 之外，又出現了 "并蒂蓮" 之類。"并蒂蓮" 亦稱 "并頭蓮" "合歡蓮" 等，是指一莖生兩花，花各有蒂，蒂在花莖上連在一起的蓮花。這種 "連理枝" "并蒂蓮"，難以納入下述的世界通行的階元系統，也難依照林奈創立的雙名命名法命名，但却又是一種不可忽視的實物，是大自然所形成的另一種奇妙的實物。此一 "并蒂蓮" 如同 "比目魚" "連理枝" 一樣，亦用以喻情侶或好友，同樣廣見於傳統詩文。歲月悠悠，始於遠古，達於近世，先民對於我中華博物的無限想象以及與之并行的細密觀察探索，令人嘆爲觀止，凡天地生靈、袞袞萬物，無所不及，超乎想象，從而構成了一幅文明古國的壯闊燦爛畫卷。

　　這當是歷經百年沉淪、今得復蘇的我國傳統的博物學，這當是重建的嶄新的全方位的中華博物學。

　　中華博物學除却遵循發揚傳統的名物學、訓詁學、考據學及近世的考古學之外，也廣泛汲取了當代天文、地理、生物、礦物、農學、醫學、藥學諸學的既有成就，其中動植物的本名依照世界通行的階元系統，分爲界、門、綱、目、科、屬、種七類。又依照瑞典卡爾·馮·林奈（瑞文Carl von Linné）創立的雙名命名法命名。"連理枝""并蒂蓮""比目魚""比翼鳥"之屬旁及龍、鳳、麒麟、貔貅等傳說之物，則作爲附錄，劃歸相應的動物或植物卷中。這樣的研究章法，這樣的分類與標注，避免了傳統分類及形狀描述的訛誤或不確定性，即可與國際接軌。綜合古今中外，論者認爲《中華博物通考》的研究主體，可劃歸三十六大類，依次排列如下：

　　《天宇》《氣象》《地輿》《木果》《穀蔬》《花卉》《獸畜》《禽鳥》《水族》《蟲豸》《國法》《朝制》《武備》《教育》《禮俗》《宗教》《農耕》《漁獵》《紡織》《醫藥》《科技》《冠服》《香奩》《飲食》《居處》《城關》《交通》《日用》《資産》《珍奇》《貨幣》《巧藝》《雕繪》《樂舞》《文具》《函籍》。

　　存史啓智，以文育人，乃我中華千載國風。新時代習近平總書記甚重民族自信、文化自信，極力倡導"舊邦新命"，明確指出要"盛世修文"，怎不令人振奮，令人鼓舞！今日，我輩老少三代前後聯手、辛苦三十餘載、三千餘萬言的皇皇巨著——《中華博物通考》欣幸面世，并得到國家出版基金资助。這就昭示了沉淪百載的中華傳統博物學終得復蘇，這就是重建的全新中華博物學。"舊邦新命""盛世修文"，重建博物學，旨在賡續中華文脉，發揚優秀傳統文化，汲取生生不息的精神力量，再現偉大民族的深邃智慧，展我生平志，圓我強國夢！

張述錚

乙丑夾仲首書於山東師範大學映月亭
甲辰南吕增補於歷下龍泉山莊東籬齋

總　説

——漫議重建中華博物學的歷史意義與現實價值

緣　起

　　《中華博物通考》（下稱《通考》）是一部通代史論性的華夏物態文化專著，係"九五""十五""十四五"國家重點出版物專項規劃項目，并得到 2020 年度國家出版基金資助。全書共三十六卷，另有附録一卷，其中有許多卷又分上下或上中下，計有五十餘册，逾三千萬字。《通考》的編纂，擬稿於 1990 年夏，展開於 1992 年春，迄今已歷三十餘載，初始定名爲《中華博物源流大典》，原分三十二門類（即三十二卷）。此後，歷經斟酌修補，終成今日規模。三十餘載矣，清苦繁難，步履維艱，而大江南北，海峽兩岸，衆多學人，三代相繼，千里聯手，任勞任怨，無一退縮，何也？因本書關涉了古老國度學術發展的重大命題，足可爲當今社會所藉鑒，作者們深知自家承擔的是何樣的重任，未敢輕忽，未敢怠慢。

　　何謂中華物態文化？中華物態文化的研究主體就是中華浩博實物。其歷史若何？就文字記載而言，中華物態文化史應上溯於傳説中的三皇五帝時期，隸屬於原始社會。"三皇五帝"究竟爲何人，我國史家多有不同見解，大抵有三説：一曰"人間君主説"，"三皇"分別指天皇、地皇、人皇，"五帝"分別指炎帝烈山氏、黄帝有熊氏、顓頊高陽氏、帝堯陶唐氏和帝舜有虞氏；二曰“開創天下説”，三皇分別指有巢氏、燧人氏、伏羲氏，“五帝”分別指炎帝烈山氏、黃帝有熊氏、顓頊高陽氏、帝堯陶唐氏和帝舜有虞氏；三曰“道治德化説”，認爲“三皇以道治，五帝以德治”，“三皇”是遠古三位有道的君主，分別指太昊伏羲氏、炎帝神農氏及黃帝軒轅氏，五帝則是少昊金天氏、顓頊高陽氏、帝嚳高辛氏、帝堯陶唐氏和帝舜有虞氏。有關三皇五帝的組合方式，典籍記載亦不盡相同，大抵有四種，在此不予臚列。“三皇五帝”所處時間如何劃定，學界通常認爲有巢、燧人、伏羲屬於舊石器時代，有巢、燧人爲早期，伏羲爲晚期，其餘皆屬新石器時代，炎帝、黃帝、少昊、顓頊等大致同時，屬仰韶文化後期和龍山文化早期。“三皇五帝”後期，已萌生并逐步邁進文明史時代。

中華文明史，國際上通常認定爲三千七百年（主要以文字的誕生與城邑的出現等爲標志），國人則認定爲逾五千年，今又有九千年乃至萬年之説。後者可以上溯至新石器時代，如隸屬裴李崗文化的河南省舞陽縣賈湖村出土了上千粒碳化稻米，約有九千年歷史，是世界最早的栽培粳稻種子。經鑒定其中百分之八十以上不同於野生稻，近似現代栽培稻種，可證其時已孕育了農耕文化。其中發現的含有稻米、山楂、葡萄、蜂蜜的古啤酒也有九千年以上的歷史，可證其時已掌握了釀造術。賈湖又先後出土了幾十支骨笛，也有七千八百年至九千年的歷史，其中保存最爲完整者，可奏出六聲音階的樂曲，反映了九千年前，中華民族已具有相當高度的生產力與創造力、具有相當高度的文化藝術水準與審美情趣。有美酒品嘗，有音樂欣賞，彼時已知今人所稱道的“享受生活”，當非原始人所能爲。賈湖遺址的發現并非偶然，近來上山文化晚期浙江義烏橋頭遺址，除却出土了古啤酒之外，又發現諸多彩陶，彩陶上還繪有伏羲氏族所創立的八卦圖紋飾，故而國人認爲這一時期中華文明已開始形成，至少連續了九千載。中華文明的久遠，當爲世界四大文明古國之首，徹底否定了中華文明西來之説。九千載之説雖非定論，却已引起舉世關注。此外，江西省上饒市萬年縣大源鄉仙人洞遺址發現的古陶器則產生於一萬九千至兩萬年前，又遠超前述的出土物的製作時間。雖有部分學界人士認爲仙人洞遺址隸屬於舊石器遺址，并未進入文明時代，但其也足可證中華博物史的久遠。

一、何謂"博物"與《中華博物通考》？《通考》的要義與章法何在？

何謂"博物"？"博物"一詞，首見於《左傳·昭公元年》："晋侯聞子產之言，曰：'博物君子也。'"其他典籍也時有記載，如《漢書·楚元王傳贊》："自孔子後，綴文之士衆也，唯孟軻、孫况、董仲舒、司馬遷、劉向、揚雄此數公者，皆博物洽聞，通達古今。"《周書·蘇綽傳》："太祖與公卿往昆明池觀魚，行至城西漢故倉地，顧問左右莫有知者。或曰：'蘇綽博物多通，請問之。'"以上"博物"指博通諸種事物，一般釋爲"知識淵博"。此外，《三國志·魏書·國淵傳》："《二京賦》博物之書也，世人忽略，少有其師可求。"唐釋玄奘《大唐西域記·摩臘婆國》："昔此邑中有婆邏門，生知博物，學冠時彦，内外典籍，究極幽微，曆數玄文，若視諸掌。"明王褘《司馬相如解客難》："借曰多識博物，賦頌所託，勸百而風一。"這些典籍所載之"博物"，即可釋爲今義之"浩博實物"。這一浩博實物，任一博物館盡皆無法全部收藏。本《通考》指稱的"博物"既可以是天然的，也可以是人工的；既可以是静態的，也可以是動態的；既可以是斷代的，也可以是歷時的，是古今并存，巨細俱備，時空縱横，浩浩蕩蕩，但必須是我中華獨有，或是中土化的。研究這浩蕩博物的淵源流變以及同物异名或同名异物之著述即《博物通考》，而爲與西方博物學相區别，故稱之爲《中華博物通考》。

在中國古代久有《皇覽》《北堂書鈔》等類書、《儒學警語》《四庫全書》等叢書以及《爾雅》《説文》等辭書，所涉甚廣，却皆非傳統博物典籍。本書草創之際，唯有《中國學術百科全書》《中華百科全書》《中國大百科全書》之類風行於世，這類百科全書亦皆非博物學專著。專題博物學著作甚爲罕見，僅有今人印嘉祥《物源百科辭書》，俞松年、毛大倫《生活名物史話》，抒鳴、鋭鏵《世界萬物之由來》等幾種，多者收詞約三千條，少者僅一百八十餘款，或洋洋灑灑，或鳳毛麟角，各有千秋，難能可貴。《物源百科辭書》譽稱"我國第一部物源工具書"（見該書序），此書中外兼蓄，虚實并存，堪稱廣博，惜略顯雜蕪。本《通考》則另闢蹊徑，别有建樹，可稱之爲當代第一部"中華古典博物學"。

《通考》甚重對先賢靈智的追踪與考釋。中華民族是滿富慧心的偉大民族，極善觀察探索，即使一些不足挂齒的微末之物也未忽視，且載於典籍，十分翔實生動。如對常見的鳥類飛行方式即有以下描述：鳥學飛曰翎，頻頻試飛曰習，振翅高飛曰翥，向上直飛曰翀，張翼扶摇上飛曰翆，鳥舒緩而飛、不高不疾曰翉、曰翂，快速飛行曰翄，水上飛行曰猠，高飛曰翰，輕飛曰翩，振羽飛行曰翻，等等，不一而足。如此細密的觀察探隱，堪稱世界之最，令人嘆服！而關於禽鳥分類學，在中國古代也有獨到見解。明代李時珍所著《本草綱目》已建立了階梯生態分類系統，將禽鳥劃分爲水禽、原禽、林禽、山禽等生態類別，具有劃時代意義。這一生態分類法較瑞典生物學家林奈的《自然系統》（第十版）中的分類要早一百六十餘年，充分展示了我國古代鳥類分類學的輝煌成就，駁正了中國傳統生物學一貫陳腐落後的舊有觀念。此外，那些目力難及、浩瀚的天體，也盡在先民的觀察探索之中，如關於南天極附近的星象，遠在漢代即有記載。漢武帝元鼎六年（公元前 111），滅南越國，置日南九郡事，《漢書》及顏注、酈道元《水經注》有關 "日南" 的定名中皆有詳述，而西方於 15 世紀始有發現，晚中國一千四百餘年。再如，關於太陽黑子，在我國漢代亦有記載，《漢書・五行志》載："日黑居仄，大如彈丸。"其後《晋書・天文志中》亦載："日中有黑子、黑氣、黑雲。"而西方於 17 世紀始有發現，晚於中國一千六百餘年。惜自清朝入關之後，對於中原民族，對於漢民族長期排斥壓抑，致使靈智難展，尤其是中後期以來的專制國策，遭致國弱民窮，導致久有的科技一蹶不振，於是在列強的視野下，中華民族變成了一個愚昧的 "劣等" 民族。受此影響，一些居留國外或留學國外的學人，亦曾自卑自弃，本書《導論》曾引胡適的評語：中華民族是 "又愚又懶的民族"，是 "一分像人，九分像鬼的不長進民族"（見胡適《介紹我自己的思想》，1930年 12 月亞東圖書館初版《胡適文選》自序）。本《通考》有關民族靈智的追踪考索，巨細無遺，成爲另一大特點。

《通考》遵從以下學術體系：宗法樸學，不尚空論，既重典籍記載，亦重實物（包括傳世與出土文物）考察，除却既有博物類專著自身外，今將博物研究所涉文獻歸納爲十大系統：一曰史志系統，即史書中與紀傳體并列，所設相對獨立的諸志。如《禮樂志》《刑法志》《藝文志》《輿服志》等，頗便檢用。二曰政書類書系統。重在掌握典制的沿革，廣求佚書异文。三曰考證系統。如《古今注》《中華古今注》《敬齋古今黈》等，其書數量無多，見重實物，頗重考辨。四曰博古系統。如《刀劍錄》《過眼雲煙錄》《水雲錄》《墨林快事》等，這些可視爲博物研究散在的子書，各有側重，雖常具玩賞性，却足資藉鑒。五曰本草系統。其書草木蟲魚、水土金石，羅致廣博，雖爲藥用，已似百科全書。六曰注疏系統。爲古代典籍的詮釋與發揮。如《易》王弼注、《詩》毛亨傳、《史記》裴駰集解、《老子》魏源本義、《楚辭》王夫之通釋、《三國志》裴松之注、《水經》酈道元注、《世說新語》

劉孝標注等。七曰雅學系統、許學系統，或直稱之爲訓詁系統，其主體就是名物研究，後世稱爲“名物學”。八曰異名辨析系統。已成爲名物學的獨立體系。如《事物異名》《事物異名録》等，旨在同物異名辨析。九曰説部系統。包括了古代筆記、小説、話本、雜劇之類被正統學者輕視的讀物，這是正統文化之外，隱逸文化、民間文化的淵藪，一些世俗的衣、食、住、行之類日常器物，多藉此得見生動描述。十曰文物考古系統，這是博物研究中至爲重要的最具震撼力的另一方天地，因爲這是以歷代實物遺存爲依據的，足可印證文獻的真僞、糾正其失誤，多有創獲。

二、《通考》内容究如何，今世當作何解讀？

《通考》内容極爲豐富，所涉範圍極廣，古今上下，時空縱橫，實難詳盡論説，今略予概括，主要可分兩大方面，一爲自然諸物，二爲社科諸物，兹逐一分述如下：

（一）自然諸物：包括了天地生殖及人力之外的一切實體、實物，浩博無涯，可謂應有盡有。

如“太陽”“月亮”，在我中華凡是太空中的發光體（包括反射光體）皆被稱爲“星”，因此漢語在吸納現代天文學時，承襲了這一習慣，將“太陽”這類自身發光的等離子物體命名爲恒星。《天宇卷》研究的主體就是天空中的各種星象。星象就是指各種星體的位置、明暗、形狀等的變化。星象極其繁複，難以辨識。於是，在天空中位置相對穩定的恒星就成爲必要的定位標志。在人們目力所及的範圍内，恒星數以千計，先民將漫天看似雜亂無章的恒星位置相近者予以組合并命名，這些組合的星群稱之爲星宿，因而就有了三垣二十八宿之説。在远古難以對宇宙進行深入探索的時代，先民未能建立起完整的天體概念，也不知彼此的運動關係，僅憑藉直感認知，將所見的最強發光體——“太陽”本能地給予更多的關注，作出不同於西方的別樣解釋。視太陽爲天神，太陽的出没也被演繹成天神駕車巡游，而夸父追日、后羿射日等典故，則承載了諸多遠古信息。先民依據太陽的陰陽屬性、形體形象、光熱情況、時序變化、神話傳説及俗稱俗語等特點，賦予了諸多別名和異稱，其數量達一百九十餘種，如“陽精”“丙火”“赤輪”“扶桑”“東君”“摩泥珠”等，可見先民對太陽是何等的尊崇。對人們習見的“月亮”，《天宇卷》同樣考釋了其異名別稱及其得名由來。今知月亮异名別稱竟達二百二十餘種，較之“太陽”所收尤爲宏富。如

"太陰""玉鏡""嬋娟""姮娥""顧兔""桂影""玉蟾蜍""清涼宮",等等。而關於"月亮"的所見所想,所涉傳聞佳話,連綿不絕,超乎所料。掩卷沉思,無盡感慨!中華民族是一個明潔溫婉、追求自由、嚮往和平、極具夢想的偉大民族。愛月、咏月、賞月、拜月,深情綿綿,與月亮別有一番不解之緣!饒有趣味者,爲東君太陽神驅使六龍馭車的羲和,如同爲太陰元君駕車的望舒一樣,竟也是一位女子,可見先民對於女性的信賴與尊崇。何以如此?是母系社會的遺風流韵麽?不得而知!足證《通考》探討"博物"的意義并不衹在"博物"自身,而是關乎"博物"所承載的傳統文化。

再如古代出現的"雪""雹"之類,國人多認定與今世無多大差异,實則不然。《氣象卷》收有"天山雪""陰山雪""燕山雪""嵩山雪""塞北雪""南秦雪""秦淮雪""廬山雪""嶺南雪""犬吠雪"(偏遠的南方之雪。因犬見而驚吠,故稱),等等,這些雪域不衹在長城內外,又達於大江南北,可謂遍及全國各地,令人眼界大開。這些雪域的出現,又并非遠古間事,所見文字記載盡在南北朝之後,而"嶺南雪"竟見於明清時期,致使今人難以置信。若就人們對雪的愛惡而言,有"瑞雪""喜雪""灾雪""惡雪";若就雪的屬性而言,有"乾雪""濕雪""霧雪""雷雪";若就降雪時間長短而言,有"連旬雪""連二旬雪""連三旬雪""連四旬雪";若就雪的危害而言,有"致人凍死雪""致人相食雪"等,不一而足。此外,雪另有色彩之別,本卷收有"紅雪""綠雪""褐雪""黑雪"諸文,何以出現紅、綠、褐、黑等顏色?這是由於大地上各類各色耐寒的藻類植物被捲入高空,與雪片相遇,從而形成不同色彩。對此,先民已有細微觀察,生動描述,但未究其成因。1892年冬,意大利曾有漫天黑雪飄落,經國際氣象學家研究測定,此一現象乃是高空中億萬針尖樣小蟲,在飛翔時與雪片粘連所致。這與藻類植物被捲入高空,導致顏色的變幻同理。或問,今世何以不見彩色之雪?因往昔大地之藻類及針尖樣小蟲,由於生態環境的破壞而消失殆盡。就氣象學而言,古代出現彩雪,是正常中的不正常,現代衹有白雪,則是不正常中的正常。本卷中有關雹的考釋,同樣頗具情趣,十分精彩。依雹的顏色有"白色雹""赤色雹""黑色雹""赤黑色雹",依形狀有"杵狀雹""馬頭狀雹""車輪狀雹""有柄多角雹",依長度有"長徑尺雹""長尺八雹",依重量有"重四五斤雹""重十餘斤雹",依危害則有"傷禾折木雹""擊殺鳥雀雹""擊殺獐鹿雹""擊死牛馬雹""壞屋殺人雹"等,這些記載并非出自戲曲小説,而是全部源於史書或方志,時間地點十分明確,毋庸置疑。古今氣象何以如此不同?何以如此反常?衹嘆中國古代的科研體系多注重對現象的觀察,而不求其成因，祇是將以上現象置於史志之中，予以記載而已。本《通考》對中華“博物”的考辨，不祇是展現了大自然的原貌、大自然的古今變幻，而且也提供了社會的更迭興替和民生的禍福起落等諸多耐人尋味的思考。

另如，《水族卷》中收有棘皮動物“海參”，其物在當代國人心目中，是難得的美味佳餚和滋補珍品。《水族卷》還原其本真面貌，明確指出海參爲海洋動物中的棘皮動物門，海參綱之統稱，而後依據古代典籍，考證其物及得名由來：三國吳沈瑩《臨海水土異物志》：“土肉，正黑，如小兒臂大，中有腹，無口目……炙食。”其時貶稱“土肉”，祇是“炙食”而已。既貶稱爲“土”，又止用於燒烤而食，此即其初始的“身份”“地位”，實是無足稱道。直至明代謝肇淛《五雜俎·物部一》中，始見較高評價，并稱其爲“海參”：“海參，遼東海濱有之，一名海男子。其狀如男子勢然，淡菜之對也。其性温補，足敵人參，故名海參。”“男子勢”，舊注曰“男根”，因海參形如男性生殖器，俗名“海男子”，正與形如女性生殖器的淡菜（又稱“海牝”“東海夫人”，即厚殼貽貝）相對應。此一形似“男根”之物，何以又被重視起來？國人對食療養生素有“以形補形”的觀念，如“芹菜象筋骼，吃了骨頭硬；核桃象大腦，吃了思維靈”之類，而因海參似男根，故認定其有補腎壯陽的功能，這就是“足敵人參”的主要根據之一。謝氏在贊其“足敵人參”的同時，又特別標示了其不雅的綽號“海男子”，則又從另一側面反映了明代對於海參仍非那麼珍視，故而在其當代權威的醫典《本草綱目》中未予記載。“海參”在清朝的國宴“滿漢全席”中始露頭角，漸得青睞。本卷作者在還其本真面貌的過程中，又十分自然地釐清了海參自三國之後的異名別稱。如，“土肉”“海男子”之後，又有“虷”“沙噀”“戚車”“鼅魚”“刺參”“光參”“海鼠”“海瓜”“海瓜皮”“白參”“牛腎”“水參”“春皮”“伏皮”諸稱，“虷”字之外，其他十三個異名別稱，古今辭書無一收録，唯一收録的“虷”字，又含混不清。而“海參”喻稱“海瓜”，則爲英文 sea cucumber 的中文義譯，較中文之喻稱“海男子”似有异曲同工之妙，又可證西人對海參也并不那麼重視。

全書三十六卷，卷卷不同。本書設有《珍奇卷》，別具研究價值。如“孕子石”，發現於江蘇省溧陽市蘇溧地區。此石呈灰黄色，質地堅硬，其外表平凡無奇，但當人們把石頭敲開時，裏面會滚出許多圓形石彈子，直徑 21 厘米左右，和母石相較，顏色稍淺，但成分一致。因石中另包小石，好似母石生下的子石，故稱“孕子石”。這種“石頭孕子”史志無載，首次發現，地質學家們同樣百思而不得其解，祇能“望石興嘆”。再如“預報天旱井", 位於廣西全州縣內, 每年大旱來臨前二十天, 水井會流出渾水, 長達兩天之久, 附近村民見狀, 便知大旱將臨, 便提前做好抗旱準備。此外, 該井每二十四小時漲潮六次, 每次約漲五十分鐘, 水量約增加兩倍。此井如同"孕子石"一樣, 史志無載, 首次發現, 對此井的奇特現象有關專家同樣百思不得其解, 也衹能"望井興嘆"。

（二）社科諸物: 自然物外, 中華博物中的社科諸物漫布於社會生活之中, 其形成發展、古今變化, 尤爲多彩, 展現了一種別樣的國情特徵和民族靈智。

如《國法卷》, 何謂"國法"? 國法係指國家之法紀、法規。國法其詞作爲漢語語詞起源甚爲久遠, 先秦典籍《周禮·秋官·朝士》中即已出現, "國法"之"法"字作"灋", 其文曰: "凡民同貨財者, 令以國灋行之, 犯令者刑罰之。"同書《地官·泉府》中又有另詞"國服", 其文曰: "凡民之貸者, 與其有司辨而授之, 以國服爲之息。"此"國服"言民間貿易必須服從國法, 故稱"國服"。作爲語詞, "國法""國服"互爲匹配。國法爲人而設, 國服隨法而施, 有其法必有其服, 有法無服, 則法罔立, 有服無法, 舉世罔聞。今"國法"一詞存而未改, "國服"則罕見使用。就世界範圍而言, 中國的國法自成體系, 具有國體特色與民族精神, 故西方學者稱之爲"中華法系"或"東方法系"。本《國法卷》即以"中華法系"爲中心論題, 全面考釋, 以現其固有特色與精神。中華法系如同世界諸文明古國法系一樣, 源於宗教, 興於禮俗, 而最終成爲法律, 遂具有指令性、強制性。中華法系一經形成, 即迥异於西方, 因其從不以"永恒不變的人人平等的行爲準則"自詡, 也沒有立法依據的總體理論闡釋, 而是明確標示法律應維護帝王及權貴的利益。在中國古代, 從沒出現過如古希臘或古羅馬的所謂絕對公正的"自然法", 毋須在"自然法"指導下制定"實在法"。中國古代的全部法律皆爲正在施行的"實在法", 但却有不可撼動的權威理論——"君權天授"説支撐。"天", 在先民心目中是無可比擬的最神秘、最巨大的力量。"天", 莊重而仁慈, 嚴屬而公正, 無所不察, 無所不能。上自聖賢哲人, 下至黎民百姓, 少有不"敬天意"、不"畏天命"者, 帝王既稱"天子", 且設有皇皇國法, 條文森然, 何人敢於反叛? 天下黔首, 非處垂死之地, 絕不揭竿而起, 妄與"天"鬥! 故而在中國古代, 帝王擁有最高立法權與司法權, 享有無盡的威嚴與尊貴。今知西周時又強化了宗族關係, 即血緣關係。血緣關係又分爲近親、遠親、异姓之親等。血緣關係成爲一切社會關係的核心, 由血緣關係擴而廣之, 又有師生、朋友及當體恤的其他人等關係。由血緣關係又進而強化了尊卑關係, 即君臣關係、臣民關係, 這些關係較之血緣關係更爲細密, 爲此而設有"八辟"之法，規定帝王之親朋、故舊、近臣等八種人，可以享有減免刑罰之特權。漢代改稱"八議"，三國魏正式載入法典。其後，歷代常有沿襲。這一血緣關係在我國可謂根深蒂固，直至今世而未衰。爲維護這尊卑關係，西周之法典又設有《九刑》，以"不忠"爲首罪。另有《八刑》以"不孝"爲首罪。"忠"，指忠君，"孝"指孝敬父母，兩者難以分割。《九刑》《八刑》雖爲時過境遷之古法，但其倡導的"忠孝"，已成爲中華民族的一種處世觀念，一種道德規範。作爲個人若輕忽"忠孝"，則必極端自私，害及民衆；作爲執政者若輕忽"忠孝"，則必妄行無忌，危及國家。今世早已摒弃愚忠愚孝之舉，但仍然繼承并發揚了"忠孝"的傳統。"忠"不再是"忠君"，而是忠於祖國，忠於人民，或是忠於信守的理想；"孝"謂善事父母，直承百代，迄今不衰。"忠孝"是人們發自心底的感恩之情，唯知感恩，始有報恩，人間纔有真情往還，纔有心靈交融。佛家箴言警語曰"上報四重恩，下濟三途苦"（見《大乘本生心地觀經》），"四重恩"指父母恩、師長恩、國土恩、衆生恩（衆生包括動植物等一切生靈）。我國傳統忠孝文化中又融入了佛家的這一經典旨意，可謂相得益彰。"忠孝"乃我文明古國屹立不敗的根基，絶不可視之爲"封建觀念"。縱觀我中華信史可知，舉凡國家昌盛時代，必是忠孝振興歲月，古今如一，堪稱鐵律。國家可敬又可愛，所激起的正是人們的家國情懷！"忠孝"這一處世觀念，這一道德規範，直涉人際關係，直涉國家命運，成爲我中華獨有、舉世無雙的文化傳統。

中國之國法，并非僅靠威懾之力，更有"禮治"之宣導，而關乎禮治的宣導今人常常忽略。前已述及中華法系如同世界諸文明古國法系一樣，源於宗教，興於禮俗，由禮俗演進爲禮治，禮治早於刑法之前已經萌生。自商周始，《湯刑》《吕刑》（按，《湯刑》《吕刑》之"刑"當釋爲"法"）相繼問世，尤重"禮治"，何謂"禮治"？"禮治"指遵守禮儀道德與社會規範，破除"禮不下庶人"的舊制，將仁義禮智信作爲基本的行爲規範，《孟子·公孫丑上》曰："辭讓之心，禮之端也。""辭讓"指謙和之道，尊重他人，由"禮讓"而漸發展爲"禮制"。至西周時，"禮治"已成定制。這一立法思想備受推崇。夏商以來，三千餘載，王朝更替，如同百戲，雖脚色各异，却多高揚禮制之大旗，以期社會和諧，民生安樂。不瞭解中國之禮治，也就難以瞭解中華法制史，就難以瞭解中國文化史。此後"禮治"配以"刑治"，相輔相成，久行不衰。"禮刑相輔"何以行使？答曰：升平之世，統治者無不強調禮制之作用，藉此以示仁政；若逢亂世，則用重典，施酷刑（下將述及），軟硬兩手交替使用。這就組成了一張巨大的不可錯亂、不可逾越的法律之網，這就是中華民族百代信守的國家法制的核心，這就是中華民族有史以來建國治國之道。這一"禮刑相輔"的治國之道，迴別與西方，爲我中華所獨有，在漫長而多樣的世界法制史中居於前沿地位。

在我古老國度中，國家既已形成，於是又具有了不同尋常的歷史意義與價值觀。自先秦以來，"國家"一詞意味着莊嚴與信賴。在國人心目中，"國"與"家"難以分割，直與身家性命連爲一體，故"報效國家"爲中華民族的最高志節，而"國破家亡"則爲全民族的最大不幸。三十年前本人曾是《漢語大詞典》主要執筆者之一，撰寫"國家"條文時，已注意了先民曾把皇帝直稱爲"國家"。如《東觀漢紀・祭遵傳》："國家知將軍不易，亦不遺力。"《晉書・陶侃傳》："國家年小，不出胸懷。"稱皇帝爲"國家"，以皇帝爲國家的代表或國家的象徵，較之稱皇帝爲天子，更具親切感，更具號召力。中國歷史上的一些明君仁主也多以維護國家法制爲最高宗旨，秦皇、漢武皆曾憑藉堅定地立法與執法而國勢强盛，得以稱雄天下，這對始於西周的"八辟"之法，無疑是一大突破。本書《國法卷》第一章概論論及隋唐五代立法思想時，有以下論述：據《隋書・王誼傳》及文帝相關諸子傳載，文帝楊堅少時同王誼爲摯友，長而將第五女嫁王誼之子，相處極歡，後王誼被控"大逆不道，罪當死"，文帝遂下詔"禁暴除惡"，"賜死於家"。《隋書・文四子傳》又載，文帝三子秦王楊俊，少而英武，曾總管四十四州軍事，頗有令名，文帝甚爲愛惜，獎勵有加。後楊俊漸奢侈，違制度，出錢求息，窮治宮室，文帝免其官。左武衞將軍劉升、重臣楊素，先後力諫曰："秦王非有他過，但費官物、營廨舍而已。"文帝答曰："法不可違！"劉、楊又先後諫曰："秦王之過，不應至此，願陛下詳之。"文帝答曰："我是五兒之父，若如公意，何不別制天子兒律？"文帝四子、五子皆因違法，被廢爲庶民，文帝處置毫不猶豫，毫不留情。隋文帝身爲人君，以萬乘之尊，率先力行，實踐了"王子犯法，與民同罪"的古訓。在位期間，創建"開皇之治"，人丁大增，百業昌盛，國人視文帝爲真龍天子，少數民族則尊稱其爲聖人可汗。《國法卷》主編對歷史上身爲人君的這種舉措，有"忍割親朋私情，立法爲公"的簡要評論。這一評論對於中國這種以宗族故交爲關係網的大國而論，正是切中要害。此後，唐太宗李世民、玄宗李隆基、憲宗李純等君王皆有類似之舉，終成輝煌盛世。時至明代，面對一片混亂腐敗的吏治，明太祖朱元璋更設有"炮烙""剝皮"之類酷刑嚴法，懲治的貪官污吏達十五萬之衆，即便自家的親朋故舊，也毫不留情。如進士出身的駙馬，朱元璋的愛婿歐陽倫只因販茶違法，就直接判以死刑，儘管安慶公主及儲君朱允炆苦苦哀求，也絕不饒恕。據《明史‧循吏傳序》載："〔官吏〕一時受令畏法，潔己愛民，以當上指……民人安樂、吏治澄清者百餘年。"其時，士子們甘願謀求他職，而不敢輕率爲官，而諸多官員却學會了種田或捕魚，呈現了古今難得一見的別樣的政治生態。明太祖的這類嚴酷法令雖是過當，却勝於放縱，故而明朝一度成爲世界經濟大國、經濟强國。中國歷史上的諸多建國之名君仁主，執法雖未若隋文帝之果决，未若明太祖之嚴酷，但無一不重視國家安危。這些建國名君仁主"上以社稷爲重，下以蒼生在念"（見《舊唐書‧桓彦範傳》），故而贏得臣民的擁戴。今之世人多以爲帝王之所以成爲帝王，盡皆爲皇室一己之私利，秖貪圖自家的享榮華富貴而已，實則并非盡皆如此。歷代君王既已建國，亦必全力保國，并垂範後世，以求長治久安。品讀本書《國法卷》，可藉以瞭解我國固有的國情狀况，瞭解我國歷史中的明君仁主如何治理國家，其方策何在，今世仍有藉鑒價值。縱觀我國漫長的歷史進程，有的連續數代，稱爲盛世；有的衰而復起，稱爲中興；有的則二世而亡，如曇花一現。一切取决於先主與後主是否一脉相繼，一切取决於執法是否穩定。要而言之：嚴守國法，則國家興盛，嚴守國法，則社會祥和，此乃舉世不二之又一鐵律。

《國法卷》雖以國法爲研究主體，却力求超越法律研究自身，力求探索法律背後的正反驅動力量，其旨義更加廣遠。因而本卷又區別於常見的法律專著。

另如《巧藝卷》，在《通考》全書中未占多大分量，但在日常社會生活中却有無可替代的獨特地位，藉此大可飽覽先民的生活境遇和精神世界。何謂"巧藝"？古代文獻中無此定義。所謂"巧藝"，專指巧智與技藝性的娱樂及各種健身活動，同時展現了與之相應的家國關係。中華民族的"巧藝"別具特色，所涉内容十分廣泛，除却一般游戲活動外，又包涵了棋類、牌類、養生、武術、四季休閑、宴飲娱樂、動物馴化等等。細閱本卷所載，常爲古人之智巧所折服。如西漢東方朔"射覆"之奇妙，今已成千古佳話。據《漢書‧東方朔傳》載，漢武帝嘗覆守宫（即壁虎）於杯盂之下，令衆方士百般揣度，各顯其能，并無一言中的者，而東方朔却可輕易解密，有如神算，令滿座驚呼。何謂"射覆"？"射覆"爲古代猜測覆物的游戲。射，揣度；覆，覆蓋。"射覆"之戲，至明清始衰，其間頗多高手。這些高手似乎出於特異功能，是古人勝於今人麽？當作何解釋？學界認爲這些高手多善《易》學，故而超乎常人，但今世精於《易》學者并非罕見，却未見有如東方朔者，何也？難以作答，且可不論，但古代對動物的馴化，又何以特別精彩，令今人嘆服？

著名的唐代象舞、馬舞，久負盛名，這些大動物似通人性，故可不論，而那些似乎笨拙的小動物，如"烏龜疊塔""蛤蟆説法"之類的馴養，也常常勝過今人，足可展現先民的巧智，"'疊塔''説法'，固教習之功，但其質性蠢蠢，非他禽鳥可比，誠難矣哉！"（見明陶宗儀《輟耕録·禽戲》）古人終將蠢蠢之蟲馴化得如此聰明可愛，藉此可見古人之扎實沉着，心智之專一，少有後世浮躁之風。目前，國人甚喜馴養，寵物遍地，却未見馴出如同上述的"疊塔"之烏龜與"説法"之蛤蟆，今之馬戲或雜技團體，爲現代專業機構，也未見絶技面世。

《巧藝卷》的條目詮釋，大有建樹，絶不因襲他人成説，明確關聯了具體事物形成的歷史淵源與社會背景。如"踏青"，《漢語大詞典》引用了唐代的書證，并稱其爲"清明節前後，郊野游覽的習俗"。本卷則明確指出，"踏青"是由遠古的"春戲"演變而來。西周時曾爲禮制。漢代已有"人日郊外踏青"之俗，同時指出"踏青"還有"游春"的別稱。《漢語大詞典》與本卷的釋文内容差异如此之大，實出常人之所料。何謂"春戲"？所有辭書皆未收録。本卷有翔實考證，兹録如下：

> 春戲：古代民間春季娛樂活動。以繁衍後代和期盼農作物豐收爲目的的男女歡會活動。始於原始社會末期，西周時仍很流行。《周禮·地官·司徒》："中春之月，令會男女。於是時也，奔者不禁。若無故而不用令者，罰之。司男女之無夫家者而會之。"《墨子·明鬼篇》："燕之有祖，當齊之社稷。宋之有桑林，楚之雲夢也，此男女之所屬而觀也。"《詩·鄭風·溱洧》："溱與洧，瀏其清矣。士與女，殷其盈矣。女曰：'觀乎？'士曰：'既且。''且往觀乎！洧之外，洵訏且樂。'維士與女，伊其將謔，贈之以芍藥。"《楚辭·九歌·少司命》："秋蘭兮糜蕪，羅生兮堂下。緑葉兮素枝，芳菲菲兮襲予。夫人兮自有美子，蓀何以兮愁苦？"戰國以後逐漸演變爲單純的春游活動"踏青"。

《巧藝卷》精心地援引了以上經典，可證在中國上古時期男女歡會非常自然，而且是具有相當規模的群體性活動。此舉在中國遠古時代已有所見，青海大通縣上孫家寨出土的舞蹈紋彩陶盆，已展現了男女携手共舞的親密生動場景，那是馬家窑文化的代表，距今已有五千年歷史，但必須明確，這并非蒙昧時期的亂性之舉。這是一種男女交往的公開宣示。前述《周禮·地官·司徒》曰："中春之月，令會男女……司男女無夫之家者而會之。"其要點是"男女無夫之家者"。這是明確的法律規定，故而作者的篇首語曰："以繁衍後代和期盼農作物豐收爲目的。"這就撥正了後世對於中國古代奴隸社會或封建社會有關男女關係的一些偏頗見解，可證本卷之"巧藝"非同一般的娛樂，所展現的是中華先民多方位的生活狀態。

三、博物研究遭質疑，古老科技又誰知?

《通考》所涉博物盡有所據，無一虛指，如繁星麗天，構成了浩大的博物學體系，千載一脉，本當生生不息，如瀑布之直下，但却似大河之九曲，時有峽谷，時有險灘，終因清廷喪權辱國、全盤西化而戛然中斷，故而迥異於西方。由於西方科技的巨大影響，致使一些學人缺少文化自信，多認爲中國古老的博物學，無其價值。豈知我中華民族從不乏才俊、精英，從不乏偉大的發明，很多祇是不知其名而已。如《淮南子·泰族訓》："欲知遠近而不能，教之以金目則快射。"漢代高誘注曰："金目，深目。所以望遠近射準也。"何謂"金目"? 據高注可知，就是深目。"深目"之"深"，謂深遠也（又説稱"金目"爲黃金之目，用以喻其貴重，恐非是）。"金目"當是現代望遠鏡或眼鏡之類的始祖。"金目"其物，在古代萬千典籍中僅見於《淮南子》一書，別無他載。因屬古代統治者杜絶的"奇技淫巧"，又甚難製作，故此物宮廷不傳，民間絶踪，遂成奇品。上世紀80年代，揚州邗江縣東漢廣陵王劉荆墓中出土一枚凸透鏡，此鏡之鏡片直徑1.3厘米，鑲嵌在用黃金精製而成的小圓環内，視物可放大四五倍，此鏡至遲亦有兩千餘年的歷史。廣陵墓之外，安徽亳州曹操宗族墓等處，亦有出土。是否就是"金目"已難考證。作爲眼鏡其物，發展到宋代，始有明確的文字記載，其時稱之爲"靉靆"（見明方以智《通雅·器用·雜用諸器》引宋趙希鵠《洞天清録》）。今日學者皆將眼鏡視爲西方舶來品，一説來自阿拉伯，又説來自英國，如猜謎語，不一而足；西方的眼鏡實則是由中國傳入的，如若説是西方自家發明，也晚於中國千年之久。

"金目"其物的出現絶非偶然，《墨子》中的《經下》《經説下》已有關於光的直綫傳播、反射、折射、小孔成象、凹凸透鏡成象等連續的科學論述，這一原理的提出，必當有各式透體器物，如鏡片之類爲實驗依據，這類器物的名稱曰何今已不得而知，但製造出金目一類望遠物，是情理之中的必然結果。據上述《經下》《經説下》記載可知，早在戰國時期，先賢已有光學研究的成就，與後世西方光學原理盡同。在中國漫長的古代日常生活中，隨時可見新奇的創造發明，這類創造發明所展現的正是中國獨有的科學。《導論》中所述"被中香爐""長信宮燈"之外，更有"博山爐"（一種形似傳說中神山"博山"的香爐，當香料在爐内點燃時，烟霧通過鏤空的山體宛然飄出，形成群山蒙蒙、衆獸浮動的奇妙景象，約發明於漢代）、"走馬燈"（一種竹木扎成的傳統佳節所用風車狀燈具，外貼人馬等圖案，藉燈内點燃蠟燭的熱力引發空氣對流，輪軸上的人馬圖案隨之旋轉，投身於燈屏上，形成人馬不斷追逐、物换景移的壯觀情景，約發明於隋唐時期）之類。古老中華何止是"四大發明"？此外，約七千年前，在天灾人禍、形勢多變的時代背景之下，先民爲預測未來，指導行爲方嚮，始創有易學，形成於商周之際，今列爲十三經之首，稱爲《周易》，這是今世的科學不能完全解釋的另一門"科學"，其功用不斷地爲當世諸多領域所驗證，在我華夏、乃至歐美，研究者甚衆，本《通考》對此雖有涉及，而未立專論。

那麽，在近現代，國人又是如何對待古代的"奇技奇器"的呢？著名的古代"四大發明"，今已家喻户曉，婦幼皆知，但却如同可愛的國寶大熊猫一樣，乃是西方學者代爲發現。我仁人志士，爲喚醒"東方睡獅"，藉此"四大發明"，竭力張揚，以振奮民族精神。這"四大發明"影響非凡，但在中國傳統文化中亦無重要地位，其中"火藥"見載於唐孫思邈《丹經》，"指南針""印刷術"同見載於宋沈括《夢溪筆談》，皆非要籍鴻篇，唯造紙術見於正史，全文亦僅七十一字，緊要文字祇有可憐的四十三字（見《後漢書・宦者傳・蔡倫》）。而這"四大發明"中有兩大發明，不知爲何人所爲。

在古老中國的歷史長河中，更有另一種科學技術，當今學界稱之爲"黑科技"（意謂超越當今之科技，出於人類的想象之外。按，稱之爲"超科技"，似更易理解，更準確），那就是現代科學技術望塵莫及、無法破解的那些千古之謎。如徐州市龜山西漢楚襄王墓北壁的西邊墻上，非常清晰地顯示一真人大小的影子，酷似一位老者，身着漢服，峨冠博帶，面東而立，作揖手迎客之狀。人們稱其爲"楚王迎賓圖"。最初考古人員發掘清理棺室時，并無壁影。自從設立了旅游區正式開放後，壁影纔逐漸地顯現出來，仿佛是楚王的魂魄顯靈，親自出來歡迎來此參觀的游人一樣。楚襄王名劉注，是西漢第六代楚王，死後葬於此。劉注墓還有五謎，今擇其三：一、工程精度之謎。龜山漢墓南甬道長 55.665 米，北甬道長爲 55.784 米，沿中綫開鑿，最大偏差僅爲 5 毫米，精度達 1/10000；兩甬道相距 19 米，夾角 20 秒，誤差爲 1/16000，其平行度誤差之小，大約需要從徐州一直延伸到西安纔能使兩甬道相交。按當時的技術水準，這樣的墓道是何人如何修建的？二、崖洞墓開鑿之謎。龜山漢墓爲典型的崖洞墓，其墓室和墓道總面積達到 700 多平方米，容積達 2600 多立方米，幾乎掏空了整個山體。勘察發現，劉注墓原棺室的室頂正對着龜山的最高處，劉注府庫中的擎天石柱也正位於南北甬道的中軸綫上。龜山漢墓的工程人員是利用什麼樣的勘探技術掌握龜山的山體石質和結構？三、防盜塞石之謎。南甬道由 26 塊塞石堵塞，分上下兩層，每塊重達六至七噸，兩層塞石接縫非常嚴密，一枚硬幣也難以塞入。漢墓的甬道處於龜山的半山腰，當時生産力低下，人們是用什麼方法把這些龐大的塞石運來并嵌進甬道的？今皆不得而知。

斷言“中國古代祇有技術而没有科學”者，對中國歷史的瞭解實在是太過膚淺，并不瞭解在中國古代不祇有科技，而且竟然有超越科學技術的“黑科技”。

四、當世灾難甚可懼，人間正道何處覓？

在《通考》的編纂過程中，常遇到的重要命題，那就是以上論及的“科技”。今之“科技”，在中國上古曾被混稱爲“奇技奇器”，直至清廷覆亡，迄未得到應有的重視，導致國勢衰微，外寇侵略，民不聊生。這正是西方視之爲愚昧落後，敢於長驅直入，爲所欲爲的原因。因而一個國家、一個民族，要立於不敗之地，必須擁有自家的科技！世人當如何評定“科技”？如何面對“科技”？本書《導論》已有“道器論”，今《總説》以此“道器論”爲據，就現代人類面臨的種種危機，論釋如下：

何謂“道器”？所謂“道”是指形成宇宙萬物之原本，是形成一切事理的依據與根由。何謂“器”？“器”即宇宙間實有的萬物，包括一切科技，一切發明，至巨至大，至細至微，充斥天地間，而盡皆不虚。科技衍生於器，驗證於器，多以器爲載體，是推進或毁壞人類社會的一種無窮力量，故而又必須在人間正道的制約之下。此即本書道器并重之緣由，或可視爲天下之通理也。英國自 18 世紀第一次工業革命以來，其科學技術得以高速而全方位地發展，引起西方乃至全世界的密切關注與重視，影響廣遠。這一時期，英帝國統治者睥睨全球，居高臨下，自我膨脹，發表了“生存競爭，勝者執政”等一系列宏論；托馬斯·馬爾薩斯的《人口論》亦應時而起，其核心理論是：“貧富强弱，難以避免。承認現實，存在即合理。”甚而提出“必須控制人口的大量增長，而戰爭、饑荒、瘟疫是最後抑制人口增長的必要手段”（這一理論在以儒學爲主體的傳統文化中被視爲離經叛道，滅絕人性，而在清廷走投無路全面西化之後，國人亦有崇信者，直至 20 年代初猶見其餘緒）。在這樣的時代背景下，查爾斯·達爾文所著《物種起源》得以衝破基督教的束縛，順利出版，暢行無阻。該書除却大量引用我國典籍《齊民要術》《天工開物》與《本草綱目》之外，還鄭重表明受到馬爾薩斯《人口論》的啓示和影響。《物種起源》的問世，形成了著名的進化理論："物競天擇、優勝劣汰，弱肉强食，適者生存。"（近世對其學説已有諸多評論，此略）進化學説在人們的社會生活中留下了深刻的印迹，在世界範圍内引起巨大反響，當時英國及其他列强利用了自然界"生存法則"的進化理論，將其推行於對外擴張的殖民戰争中，打破了世界原有生態格局，在巨大的聲威之下，暢行無阻，遍及天下。縱觀人類的發展史，尤其是近世以來的發展史可知，科技的高下決定了國家的强弱，以强凌弱，已成定勢，在高科技强國的聲威之下，無盡的搜羅，無盡的采伐，無盡的探測實驗（包括核試驗），自然資源和自然環境漸遭破壞，各種弊端漸次顯露。時至 20 世紀中後期，以原子能、電子電腦、信息技術、空間技術等發明和應用爲標志、第三次科技革命的到來，學界稱之爲"科技革命的紅燈時刻"，其勢如風馳電掣，所向披靡，人類社會發生了翻天覆地的變化，時至 21 世紀，又凸顯了另一灾難，即瘟疫肆虐，病毒猖獗，危及整個人類。這一系列禍患緣何而生？天灾之外，罪魁爲人。何也？世間萬種生靈，習性歸一，盡皆順從於大自然，但求自身生息而已，別無他求，而作爲"萬物之靈"的人類，在茹毛飲血，跨越耕獵時代之後，却欲壑難填，毫無節制！爲追求享樂、滿足一己之貪婪，塗炭萬種生靈，任你山中野外，任你江面海底，任你畫藏夜出，任你天飛地走，皆得作我盤中佳餚。閑暇之日，又喜魚竿獵槍，目睹异類挣扎慘死，以爲暢快，以爲樂趣，若爲一己之喜慶，更可"磨刀霍霍向猪羊"，視之爲正常！"萬物之靈"的人類，永無休止，地表搜刮之外，還有地下的搜索挖掘，如世界著名的南非姆波尼格金礦，雖其開采僅起始於百年前，憑藉當代最先進的科技，挖掘深度已超 4000 米（我國的招遠金礦，北宋真宗年間已進行開采，至今深度不過 2000 米左右），現有 370 千米軌道，用以運送巨大的設備與成噸重的礦石，而每次開采都必須用兩千多公斤的炸藥爆破，可謂地動山摇！金礦之外，又有銀礦、鐵礦、銅礦、煤礦、水晶礦（如墨西哥的奈咯水晶洞，俗稱"神仙水晶礦"，其中一根重達 50 噸，挖出者一夜暴富），種種礦藏數以萬計。此外尚有對石油、純净水，乃至無形的天然氣等的無盡索取，山林破壞，大地沙化，水污染、大氣污染、核污染，地球已是百孔千瘡，而挖掘索取，仍未甘休，愈演愈烈，故今之地球信息科學已經發現地球性能的變异以及由此帶來可怕的全球性灾難。今日世界，各國執政者憑仗高科技，多是從一國、一族或一己之私利出發，或結邦，或聯盟，争强鬥勝，互不相顧，國際關係日趨惡化，人類時刻面臨可怕的威脅，面臨毀滅性的核戰争。凡此種種，怎不令人憂慮，令人悲痛？故而有學者宣稱：“科技確實偉大，也確實可怕。一旦失控，後患無窮。”又稱：“人類擁有了科技，必警惕成爲科技的奴隸。”此語并非危言聳聽，應是當世的警鐘，因爲人類面對强大的科技，常常難以自控，這是科技發展必然的結果。而作爲“萬物之靈”的人類，具有高智慧，能够擁有高科技，確乎超越了萬物，居於萬物主宰的地位，而執政者一旦擁有失控的權力，肆意孤行，其最終結局必將是自戕自毀，必將與萬物同歸於盡。一言以蔽之，毀滅世界的罪魁禍首是人類自己，而并非他類。

面對這多變的現實與可怕的未來，面對這全球性的灾難，中外科學家作了不懈努力，而收效甚微。1988 年 1 月，七十五位諾貝爾獲獎者及世界著名學者齊聚巴黎，探討了 21 世紀科學的發展與人類面臨的種種難題，提出了應對方略。在隆重的新聞發布會上，瑞典物理學家漢内斯·阿爾文發表了鄭重的演說：“如果人類要在 21 世紀生存下去，必須回頭到兩千五百年前去汲取孔子的智慧。”（見 1988 年 1 月 24 日澳大利亞《堪培拉時報》原文——《諾貝爾獎獲得者説要汲取孔子的智慧》）這是何等驚人的預見，又是何等嚴正的警示！這七十五位諾貝爾獲獎者没有一位是我華夏同胞，他們對孔子的認知與崇敬，非常客觀，非常深刻，超乎我們的想象。這種高屋建瓴式的睿智呼籲，振聾發聵，可惜并没有警醒世人，也没有引起足够多的各國領導人的重視。

人類爲了自救，不能不從人類自身發展史中尋求答案。在人類發展史中，不乏偉大的聖人，孔子是少有的没有被神化、起於底層的聖人（今有稱其爲“草根聖人”者），他生於春秋末期，幼年失父，家境貧寒，又正值天下分裂，戰亂不斷，在這樣的不幸世道裏，孔子及其弟子大力宣導“克己復禮”，這是人類歷史上最切實際的空前壯舉。何謂“禮”？《説文·示部》曰：“禮，履也。所以事神致福也。”禮本來是上古祭祀鬼神和先祖的儀式。史稱文、武、成王、周公據禮“以設制度”，此即“周禮”。“周禮”的内容極爲廣泛，舉凡國家的政治、經濟、軍事、行政、法律、宗教、教育、倫理、習俗、行爲規範，以及吉、凶、軍、賓、嘉五類禮儀制度，均被納入禮的範疇。周禮在當時社會中的地位與指導作用，《禮記·曲禮》中有明確記載：“分争辯訟，非禮不決；君臣上下、父子兄弟，非禮不定；宦學事師，非禮不親；班朝治軍、涖官行法，非禮威嚴不行。”當然也維

護了 "君臣朝廷尊卑貴賤之序，下及黎庶車輿衣服宮室飲食嫁娶喪祭之分"（見《史記・禮書》），這符合於那個時代的階級統治背景。孔子提出 "克己復禮"，期望世人克服一己之私欲，以應有的禮儀禮節規範自己的言行，建立一個理想的中庸和諧社會，這已跨越了歷史局限。孔子的核心思想是 "敬天愛人"，何謂 "敬天"？孔子強調 "巍巍乎唯天爲大"（見《論語・泰伯》），又曰："天何言哉？四時行焉，百物生焉，天何言哉！"（見《論語・陽貨》）孔子所言之 "天"，并非指主宰人類命運的上蒼或上帝，并非是孔子的迷信，因 "子不語怪力亂神"（見《論語・述而》）。孔子認爲四季變化、百物生長，皆有自己的運行規律，人類應謹慎遵從，應當敬畏，不得違背。孔子指稱的 "天"，實則指他所認知的宇宙。此即孔子的天人觀、宇宙觀。"巍巍乎唯天爲大"，在此昊天之下，人是何樣的微弱，面臨小小的細菌、病毒，即可淒淒然成片倒下。何謂 "愛人"？孔子推行 "仁義之道"，何謂 "仁"？子曰："仁者，愛人！"（《論語・顔淵》）即人人相親、相愛。又曰："己所不欲，勿施於人。"意即重正義，絕不損人利己。何謂 "義"？"義" 指公正的道理、正直的行爲。子曰："不義而富且貴，於我如浮雲。"（見《論語・述而》）這就是孔子的道德觀與道德規範，當作爲今世處理人與自然、人與社會的規範與行動指南。其弟子又提出 "親親而仁民，仁民而愛物"（見《孟子・盡心上》），漢代大儒又有 "天人之際，合而爲一" 的主張（董仲舒在《春秋繁露・深察名號》中，爲維護皇權的需要而建立了皇權天授的觀念），這種主張已遠遠超越了維護皇權的需要，成爲了一種可貴的哲理。時至宋代，大儒張載再度發揚孟子 "親親而仁民，仁民而愛物" 的襟怀，又有 "民吾同胞，物吾與也"（見其所著《西銘》）之名言箴語，即將天下所有的人皆當作同胞，世間萬物盡視爲同類，最終形成了著名的另一宏大的儒學系統，其主旨則是 "天人合一" 論。何謂 "天人合一"？"天人合一" 有兩層意義：一曰天人一致，天是一大宇宙，人則如同一小宇宙，也就是說人類同天體各有獨立而相似之處；二是天人相應，這是說人與天體在本質上是相通的，是相互相連的。因此，一切人事應順乎自然規律，從而達到人與自然的和諧。達到人與自然的和諧統一，當作爲今世處理人與自然、人與社會的明確規範與行動指南。這是真正的 "人間正道"，唯有遵循這一 "人間正道"，人際關係纔能融洽，社會纔能和諧，天下纔能太平。

　　古老中國在形成 "孔子智慧" 之前，早已重視人與自然的關係。約在七千年前，我中華先祖已能够通過對於蟲鳥之類的物候觀察，熟練地確定天氣、季節的變幻，相當完美地適應了生産、生活、繁衍發展的需求，這一遠古的測算應變之舉，處於世界領先地位。約

四千年前，夏禹之時，已建有令今人嚮往的廣袤的綠野濕地。如《書·禹貢》即記載了
"雷夏""大野""彭蠡""震澤""菏澤""孟豬""豬野""雲夢"諸澤的形成及其利用情
況，如其中指出："淮海惟揚州，彭蠡既豬（瀦），陽鳥攸居；三江既入，震澤底定。篠簜
既敷，厥草惟夭，厥木惟喬……厥貢惟金三品，瑤琨篠簜，齒革羽毛，惟木。"這是説揚
州有彭蠡、震澤兩方綠野濕地，適合於鴻雁類禽鳥居住，適合於篠竹（箭竹）、簜竹（大
竹）生長，青草繁茂，樹木高大，向君主進貢物品有金銀銅等三品，又有瑤琨美玉、箭
竹、大竹以及象齒皮革與孔雀、翡翠等禽鳥羽毛。所謂"大禹治水"，并非衹是被動的抗
災自救，實則是大治山川，廣理田野，調整人與大自然的關係，使之相得益彰。《逸周
書·大聚解》又載，夏禹之時"且以并農力，執成男女之功，夫然則有生不失其宜，萬物
不失其性，人不失其事，天不失其時……放此爲人，此謂正德"，此即所謂夏禹"劃定九
州"之功業所在。其中"放此爲人，此謂正德"的論定，已蘊含了後世儒家初始的"天人
合一"的觀念。西周初期，已設定掌管國土資源的官職"虞衡"，掌山澤者謂"虞"，掌川
林者稱"衡"（見《周禮·天官·太宰》及賈疏）。後世民衆，繼往開來，對於保護生態環
境，保護大自然，采取了各種措施，又設有專司觀察氣象、觀察環境的機構，并有方士之
類的"巫祝史與望氣者"，多管道、多方位進行探測研究，從而防患於未然。《墨子·號令
篇》（一説此篇非墨子所作，乃是研究墨學者取以益其書）曰："巫祝史與望氣者，必以善
言告民，以請（讀爲'情'）上報守（一説即太守），上守獨知其請（情）。無［巫］與望
氣，妄爲不善言，驚恐民，斷弗赦。"這裏明確地指出，由"巫祝史與望氣者"負責預告
各種灾情，但不得驚恐民衆，否則即處以重刑，絶不饒恕。愛惜生態，保護自然，這是何
樣的遠見卓識，這又是何樣的撫民情懷！

　　是的，自夏禹以來，先民對於大自然、對於與蒼生，有一種別樣的愛惜、保護之舉
措，防範措施非常細密，非常全面而嚴厲。《逸周書·大聚解》有以下記載：夏禹時期設
定禁令，大力保護山林、川澤，春季不准帶斧頭上山砍伐初生的林木；夏季不准用漁網撈
取幼小的魚鱉，此即世界最早的環境保護法。《韓非子·内儲説上》又載：殷商時期，在
街道上揚弃垃圾，必斬斷其手。西周時又有更爲具體規定：如，何時可以狩獵，何時禁止
狩獵，何樣的動物可以獵殺，何樣的動物禁止獵殺；何時可以捕魚，何時禁止捕魚，何樣
的魚可以捕取，何樣的魚禁止捕取，皆有明文規定，甚而連網眼的大小也依季節不同而嚴
予區別。并特別强調：不准搗毀鳥巢，不准殺死剛學飛的幼鳥和剛出生的幼獸。春耕季節

不准大興土木。《禮記・月令》又載："毋變天之道，毋絕地之理，毋亂人之紀。"這一"毋變""毋絕""毋亂"之結語，更是展現了後世儒家宣導并嚮往的"天人合一"説。至春秋戰國之際，法律法規的範圍更加全面，特別嚴厲。這一時期已經注意到有關礦山的開發利用，若發現了藏有金銀銅鐵的礦山，立即封禁，"有動封山者，罪死而不赦。有犯令者，左足入，左足斷，右足入，右足斷"（見《管子・地數》）。古人認爲輕罪重罰，最易執行，也最見成效，勝過重罪重罰。這些古老的嚴厲法令，雖是殘酷，實際却是一聲斷喝，讓人止步於犯罪之前，因而犯罪者甚微。這就最大限度地保護了大自然，同時也最大限度地保護了人類自己。而早在西周建立前夕，又曾頒布了令人欽敬的《伐崇令》："文王欲伐崇，先宣言曰……令毋殺人，毋壞室，毋填井，毋伐樹木，毋動六畜，有不如令者，死無赦！崇人聞之，因請降。"（見漢劉向《説苑・指武》）這是指在殘酷的血火較量中，對於敵方人民、財產及生靈的愛惜與保護。我中華上古時期這一《伐崇令》，是世界戰争史中的奇迹，是人類應永恒遵守的法則！當今世界日趨文明，闊步前進，而戰争却日趨野蠻，屠殺對方不擇手段，實是可怖可悲！我華夏先祖所展現的這些大智慧、大慈悲，爲後世留下了賴以繁衍生息的楚山漢水，留下了令人神往的華夏聖地，我國遂成爲幸存至今、世界唯一的文明古國。

五、筆墨革命難預料？卅載成書又何易？

《通考》選題因國内罕見，無所藉鑒，期望成爲經典性的學術專著，難度之大，出乎想象，初創伊始，即邀前輩學者南京大學老校長匡亞明先生主其事。這期間微信尚未興起，寧濟千里，諸多不便，盛岱仁、康戰燕伉儷滿腔熱情，聯絡於匡老與筆者之間，得到先生的熱情鼓勵與全力支持，每逢疑難，必親予答復，但表示難做具體工作，在經濟方面也難以爲力。因爲先生於擔任國家古籍整理領導小組組長之外，又全面主持南京大學中國思想家研究中心的工作，正在編纂《中國思想家評傳》，百卷書稿須親自逐一審定，難堪重任。筆者初赴南大之日，老人家親自接待，就餐時當場現金付款，没有讓服務員公款記賬，筆者深受感動，終生難以忘懷。此後在匡老激勵之下，筆者全力以赴，進而邀得數百作者并肩携手，全面合作，并納入國家"九五"重點出版規劃中。1996 年 12 月，匡老驟然病逝，筆者悲痛不已，孤身隻影，砥礪前行，本書再度確定爲國家"十五"重點出版規劃項目，并將初名更爲今名。那時，作者們盡皆恪守傳統著述方式，憑藏書以考釋，藉筆墨以達志。盛暑寒冬，孜孜矻矻，無敢逸豫。爲尋一詞，急切切，一目十行，翻盡千頁而難得；爲求善本，又常千里奔波，因限定手抄，不得複印，纍日難歸！諸君任勞任怨，潜心典籍，閲書，運筆，晝夜伏案，恂恂然若千年古儒。至上世紀末，一些年輕作者已擁有個人電腦，各種信息，數以億計，中文要籍，一覽無餘，天下藏書，"千頃齋""萬卷樓"之屬，皆可盡納其中，無須跋涉遠求。搜集檢索，祇需"指點"，瞬息可得；形成文章，亦祇需"指點"，頃刻可就。在這世紀之交，面临書寫載體的轉換，老一輩學人步入了一個陌生的电腦世界，遭遇了空前的挑戰。當代作家余秋雨在其名篇《筆墨祭》中有如下陳述："五四新文化運動就遇到過一場載體的轉換，即以白話文代替文言文；這場轉換還有一種更本源性的物質基礎，即以'鋼筆文化'代替'毛筆文化'。"由"毛筆文化"向"鋼筆文化"的轉換，經歷了漫長的數千載，而今日再由"鋼筆文化"向"電腦文化"轉換，却僅僅是二十年左右，其所彰顯的是科學技術的力量、"奇技奇器"的力量。作家所謂的"筆墨"，係指毛筆與烟膠之墨，《筆墨祭》祇在祭五四運動之前的"毛筆文化"。今日當將毛筆文化與鋼筆文化并祭，乃最徹底的"筆墨祭"。面對這世紀性的"筆耕文化"向"電腦文化"的轉換，面對這徹底的"筆墨祭"，老一輩學人没有觀望，没有退縮，同青年作者一道，毅然決然，全力以赴，終於跟上了時代的步伐！筆者爲我老一輩學人驕傲！回眸曩日，步履維艱，隨同筆墨轉型，書稿也隨之經歷了大修改、大增補，其繁雜艱辛，實難言喻。天地逆旅，百代過客，如夢如幻，三十餘年來，那些老一輩學人全部白了頭，却無暇"含飴弄孫"，又在指導後代參與其事。那些"知天命"之年的碩博生導師們皆已年過花甲，却偏喜"舞文弄墨"，又在尋覓指導下一代弟子同步前進。如此前啓後追，無怨無悔，這是何樣的襟懷？憶昔乾嘉學派，人才輩出，時有"高郵王父子，棲霞郝夫婦"投入之佳話，今《通考》團隊，於父子合作、夫婦合作之外，更有舉家投入者，四方學人，全力以赴。但蒼天無情，繼匡老之後，另有幾位同仁亦撒手人寰。上海那位《天宇卷》主編年富力强，却在貧病交加、孩子的驚呼聲中，英年早逝。筆者的另一位老友爲追求舊稿的完美，於深夜手握鼠標闃然永訣，此前他的夫人曾勸其好好休息，答説"我没有那麽多時間"！可謂鞠躬盡瘁，死而後已，這又是何樣的壯志，思之怎能不令人心酸！這就是我的同仁，令我驕傲的同仁！

自 2012 年之後，因面臨多種意外的形勢變化，筆者連同本書回歸原所在單位山東師範大學，于是增加了第一位副總主編——文學院副院長、古籍整理研究所所長韓品玉，解決了編務與財力方面的諸多困難，改變了多年來的孤苦狀況。時至 2017 年春，爲盡快出版、選定新的出版社，又增加了天津人民出版社總編輯、南開大學客座教授陳益民，中國職工教育研究院常務副院長、全國職工教育首席專家俞陽，臺北大學人文學院東西哲學與詮釋學研究中心主任賴賢宗教授三位爲副總主編，於是形成了現今的編纂委員會。

在全書編纂過程中，編纂委員會和學術顧問，以及分卷正副主編、主要作者所在單位計有：中國國家博物館、中國國家圖書館、中央文史研究館、中國佛教圖書文物館、全國總工會、中聯口述歷史研究中心、河北省文物與古建築保護研究院、河北省文物考古研究院、河北閱讀傳媒有限責任公司、北京大學、浙江大學、南京大學、南京師範大學、東北師範大學、鄭州大學、河北大學、河北師範大學、河北醫科大學、廈門大學、佛山大學、山東大學、中國海洋大學、山東師範大學、曲阜師範大學、山東中醫藥大學、濟南大學、山東財經大學、山東體育學院、山東藝術學院、山東工藝美術學院、山東省社會科學院、山東博物館、山東省圖書館、山東省自然資源廳、山東省林業保護和發展服務中心、濟南市園林和林業綠化局、濟南市神通寺、聊城市護國隆興寺、臺北大學、臺灣成功大學、臺灣大同大學、臺北中國文化大學、臺灣中華倫理教育學會，以及澳大利亞國立伊迪斯科文大學等，在此表示由衷的謝忱！

本書出版方——上海交通大學領導以及上海交通大學出版社領導，高瞻遠矚，認定《通考》的編纂出版，不祇是可推動古籍整理、考古研究的成果轉化，在傳承歷史智慧，弘揚中華文明，增強民族凝聚力和認同感，彰顯民族文化自信等各個方面具有重要意義。出版方在組織京滬兩地專家學者審校文字的同時，又付出時間精力，投入了相當的資金，增補了不少插圖，這些插圖多來自古籍，如《考工記解》《考工記圖解》《考工記圖説》《考古圖》《續考古圖》《西清古鑑》《西清續鑑》《毛詩名物圖説》《河工器具圖説》等等，藉此亦可見出版方打造《通考》這一精品工程的決心。而山東師範大學各級領導同樣十分重視，社科處高景海處長一再告知筆者："需要辦什麽事情，儘管吩咐。"諸多問題常迎刃而解，可謂足智善斷。筆者所屬文學院孫書文院長更親行親爲，給予了全面支持，多方關懷，令筆者備感親切，深受鼓舞，壯心未老，必酬千里之志。此前，著名出版家和龔先生早已對本書作出權威鑒定，并建議由三十二卷改爲三十六卷。本書在學術界漂游了三十餘載終得面世，并引起學界的關注。今有國人贊之曰：《通考》是中華優秀傳統文化創造性轉化、創新性發展的優异成果，是一部具有極高人文價值的通代史論性的華夏物態文化專著，凝聚了中華民族的深層記憶，積澱了民族精神和傳統文化的精髓。又有國際友人贊之曰：《通考》如同古老中國一樣，是世界唯一一部記述連續數千載生機盎然的人類生活史。國內外的評論祇是就本書的總體面貌而言，但細予探究，缺憾甚爲明顯，因本書起步於三十餘年前，三十餘年以來，學術界有諸多新的研究成果未得汲取，田野考古又多有新的發現，國內外的各類典藏空前豐富，且檢索方式空前便捷，而本書作者年齡與身體狀況又各自不同，多已是古稀之年，或已作古，或已難執筆，交稿又有先後之別，故而三十六卷未能統一步伐與時俱進，所涉名物，其語源、釋文難能確切，一些舊有地名或相關數據，亦未及修改，而有些同物异名又未及增補。這就不能不有所抱憾，實難稱完美！以上，就是本書編纂團隊的基本面貌，也是本書學術成就的得失狀況。

筆者無盡感慨，卅載一瞬渾似夢，襟懷未展，鬢髮盡斑，萬端心緒何曾了？長卷浩浩，古奧繁難，有幾多知音翻閱？何處求慰藉？人道是紅袖祇揾英雄泪！歲月無情，韶光易逝，幾位分卷主編未見班師，已倏而永別，何人知曉老夫悲苦心情？今藉本書的面世，聊以告慰匡老前輩暨謝世的同仁在天之靈！

張述鋅

丙子中吕初稿於山東師範大學映月亭
甲辰南吕增補於歷下龍泉山莊東籬齋

凡　例

一、本書係通代史性的中華物態文化學術專著，旨在對構成中華博物的名物進行考釋。全書三十六卷，另有附録一卷。各卷之基本體例：第一章爲概論，其後據内容設章，章下分節，爲研究考釋文字，其下分列考釋詞目。

二、本書所涉博物，分兩種類型：一曰"同物異名"，二曰"同名異物"。前者如"女墙"，隨從而來者有"女垣""女堞""女陴""城堞""城雉""陴堞"等，盡皆爲"女墙"的同物異名；後者如"衽"，其右上分別角標有阿拉伯數字，分別作"衽¹"（指衣襟）、"衽²"（指衣服胸前交領部分）、"衽³"（指衣服兩旁掩裳際處）、"衽⁴"（指衣袖）、"衽⁵"（指下裳）等，皆爲"衽"的同名異物。

三、各卷詞目分主條、次條、附條三種。次條、附條的詞頭字型較主條小，并用【　】括起。主條對其得名由來、産生年代、形制體貌、歷史演進做全面考釋，然後列舉古代文獻或實物爲證，并對疑難加以考辨，或列舉諸家之説；次條往往僅用作簡要交代，補主條不足，申説相佐；附條一般衹用作説明，格式如即"××"、同"××"、通"××"、"××"之單稱、"××"之省稱，等等。

四、各卷名物，或見諸文獻記載，或見諸傳世實物，循名責實，依物稽名，於其本稱、別稱、單稱、省稱，務求詳備，代稱、雅稱、謔稱、俗稱、譯稱，旁搜博采。因中華博物的形成、演化有自身規律，實難做人爲的斷代分割。如"朝制"之類名物，隨同帝王的興起而興起，隨同帝王的消亡而消亡，因而其下限達於辛亥革命；"禮俗"之類名物起源於上古，其流緒直達今世；而"冠服"之類名物，有的則起源甚晚，如"中山裝"之類。故各卷收詞時限一般上起史前，下迄清末民初，有的則可達現當代。

五、各卷考釋條目中的文獻書證一般以時代先後爲序；關乎名物之最早的書證，或揭示其淵源成因之書證，尤爲本書所重，必多方鈎索羅致；二十五史除却《史記》《漢書》外，其他諸史皆非同朝人編纂，其書證行用時間則以書名所標時代爲準；引書以古籍爲主，探其語源，逐其流變，間或有近現代書證爲後起之語源者，亦予扼要采用。所引典籍文獻名按學術界的傳統標法。如《詩》不作《詩經》，《書》不作《尚書》，《説文》不作《説文解字》等；若作者自家行文爲了强調或區別於他書，亦可稱《詩經》《尚書》《説文解字》等。文獻卷次用中文小寫數字：不用"千""百""十"，如卷三三一，不作卷三百三十一；"十"作〇，如卷四〇，不作卷四十。

六、本書使用繁體字。根據 1992 年 7 月 7 日新聞出版署、國家語言文字工作委員會發布的《出版物漢字使用規定》第七條第三款、2001 年 1 月 1 日施行的《中華人民共和國通用語言文字法》第二章第十七條第五款之規定，本書作爲大量引徵古籍文獻的考釋性學術專著，既重視博物的源流演變，又重視對同物异名、同名异物的考辨，故所有考釋條目之詞頭及文獻引文，保留典籍原有用字，包括异體字，除明顯錯別字（必要時括注正字訂誤）之外，一仍其舊。其中作者自家釋文，則用正體，不用异體，但關涉次條、附條等异體字詞頭等，仍予保留。繁體字、异體字的確定，以《規範字與繁體字、异體字對照表》（國發〔2013〕23 號附件一）及《通用規範漢字字典》爲依據。

七、行文叙述中的數字一律采用漢字小寫，但標示公元紀年及現代度量衡單位時，用阿拉伯數字。如"三十六計"，不作"36 計"；"36 米"，不作"三十六米"。

八、各卷對所收考釋詞條設音序索引，附於卷末，以便檢索。

目 錄

序 言 1

第一章 概 論 1

第一節 禮俗概述 1

第二節 禮俗起源 3

第三節 禮俗變遷 6

第二章 禮尚説 9

第一節 國禮考 9

第二節 禮器考 129

第三節 社交考 156

第三章 歲時説 208

第一節 春俗考 208

第二節 夏俗考 256

第三節 秋俗考 275

第四節 冬俗考 304

第四章　婚育説 329

　第一節　婚戀考 329

　第二節　婚嫁考 355

　第三節　稱謂考 398

　第四節　生育考 434

第五章　喪葬説 447

　第一節　殯具考 447

　第二節　儀仗考 472

　第三節　喪車考 495

　第四節　葬物考 510

　第五節　棺槨考 522

　第六節　墓地考 558

　第七節　墓道考 573

　第八節　碑志考 579

　第九節　墳墓考 595

　第十節　墓穴考 612

　第十一節　喪居考 621

　第十二節　陵園考 629

第六章　祭祀説 651

　第一節　犧牲考 651

　第二節　供食考 671

　第三節　雜用考 687

　第四節　莫品考 709

　第五節　處所考 745

　第六節　祭典考 775

　第七節　名器考 791

附録一：异風陋俗説 809

附録二：其他風習 914

索　引 923

序　言

　　《中華博物通考》（下稱《通考》）是一部通代史論性的華夏物態文化專著，係"十四五"國家重點出版物出版專項規劃項目，并得到 2020 年度國家出版基金資助。全書共三十六卷，另有附錄一卷，達三千萬字，《禮俗卷》即其中的一卷。

　　何謂"禮俗"？禮俗爲禮制、風俗之合稱，它既包含形而上的觀念，也包括形而下的事物。"禮俗"一詞先秦是否已行用，尚存疑，而作爲一種觀念與事物，先秦早已有之。《周禮·天官·大宰》："以八則治都鄙：一曰祭祀，以馭其神……六曰禮俗，以馭其民。"（按，《周禮》成書於漢代）《詩·商頌·殷武》"商邑翼翼，四方之極"漢鄭玄箋："極，中也。商邑之禮俗翼翼然……乃四方之中正也。"可見上古禮俗，乃統治者爲馭使百姓所作的爲人行事規範。對於"禮俗"，歷代統治者從不敢輕忽怠慢，認爲其馭民之效，如同祀神一樣，同樣可以決定江山社稷之安危，故而"有裨於國家休養生息之效，豈小也哉？"（明唐順之《救荒渰記》）。其中的"風俗"，指一地或一國沿襲既久的風尚、習俗，因來源於民間，常連稱其爲"民風民俗"。上古之時，民風民俗十分淳樸，自然地融入禮制，故而禮制與風俗二者難以分割。"風俗"其詞先秦也已行用。《荀子·彊國》："入境，觀其風俗。其百姓樸，其聲樂不流汙，其服不挑（挑，同'佻'）。"這是荀子初入秦境所觀察到的秦國風俗：百姓質樸，聲樂不淫濁，服飾不奇异。《詩·序》又曰："先王以是經夫婦、成孝敬、厚人倫、美教化、移風俗。"孔穎達疏引《漢書·地理志》云："民有剛柔、緩急、音聲不同，繫水土之風氣，故謂之'風'；好惡、取舍、動静，隨君上之情欲，故謂之'俗'。則'風'爲本，'俗'爲末，皆謂民情好惡也。"荀子所見，正是秦國"民情好惡也"。民情關乎國情，故歷代統治者甚重觀察民間風俗，以便鞏固政權。《漢書·平帝紀》中已有元始四年（公元4）平帝"遣太僕王惲等八人，置副假節，分行天下，覽觀風俗"之記載。此類記載史不乏書。

清代汪紱《參讀禮志疑》卷下又釋"禮俗"爲"有禮之俗也"。古代先聖先師反復强調的，不外乎一個"禮"字！此處將禮制與風俗相對獨立而論，是因爲後世的風俗常有變異，并非盡合禮制，故古人認爲必須進行"禮教"和"風化"。《禮記·禮器》曰："忠信，禮之本也；義理，禮之文也。無本不立，無文不行。禮也者，合於天時，設於地財，順於鬼神，合於人心，理萬物者也。"此中之"禮"爲歷代統治階級倡導的"禮俗"核心概念。它既是《書·太甲中》所稱"禮儀法度"，亦爲《書·仲虺之誥》所言"建中于民，以義制事，以禮制心"。誠如宋李光《讀易詳説》卷四所謂："陰麗于下而文明其上，陽止乎上而節制其下，禮樂政刑必假于人爲者，人文也。……觀乎人文，則天下之風俗可變矣。"歷代典籍中的所謂"禮"，即指"禮俗"中的"禮制"。"禮制"，通過外在"禮儀"體現其内涵實質。西周時已建有嚴密的禮儀典章，故有"治其禮儀，以佐宗伯"，乃"國之大事"之説（《周禮·春官·肆師》）；《詩·小雅·楚茨》亦有"獻醻交錯，禮儀卒度"之語。又《大雅·載見》"曰求其章"鄭玄箋曰："求車服禮儀之文章制度也。"《周禮》雖遭際春秋戰國之禮崩樂壞，但崇奉王權、尊卑有等的體制，却在此後愈被推崇，愈加發揚光大。"至秦有天下，悉内（納）六國禮儀，采擇其善"，終成八方遵循的大一統定制（見《史記·禮書》），此後，《後漢書》《隋書》《舊唐書》各正史皆設《禮儀志》，專載當朝禮儀。

本卷甚關注與禮俗相關名物的源流變遷，并藉以展現中華民族特有的禮俗文化。萬千禮俗名物總是貫穿於人們的衣食住行的具體生活，包括人們的歲時活動、交往、婚嫁、生育、喪葬、祭祀，等等。有一些是千百年來世代相傳、同出一脉的，另一些則在穩定有序地變化着，再一些則有鮮明的地域色彩。故而禮俗中以風俗變化更大，所以古有"百里不同風，千里不同俗"之説。本卷對於有關國家法典、朝廷制度方面的禮制考釋較少，因爲本書另設《國法卷》《朝制卷》，各司其職，以避重複。

本卷所涉禮俗甚爲廣博，其考釋極爲精審，主要特色大抵體現於以下五方面。

其一，本卷憑藉浩瀚文獻爲佐證，揭示了大量鮮爲人知的史實。如圍繞帝王陵墓而設的陵邑（又稱園邑）、園陵（又稱陵園）的考證，一是明確了因陵設邑之縣邑與護陵小邑之差異，二是廓清了帝王陵墓與王侯園陵之區別。漢代因陵設邑之縣邑，後世常以“五陵”稱之，有所謂“五陵衣馬自輕肥”“五陵年少爭纏頭”之語，而經考證，漢代陵邑遠不止五處，而是十一處，并且秦代便有了陵邑（秦始皇陵邑叫驪邑）。其中有幾處陵邑在正史中被忽略，後世史家亦熟視無睹，本卷則予以明確補正，進而釐清了陵墓的淵源流變，指出漢魏時一般貴族墓亦有稱陵墓者，此稱到後來纔成爲帝王墓專稱。園陵，古代多指帝王陵，而在清代又用以稱王公和后妃的陵墓，近世以來又指烈士陵園。諸如此類變遷，世人多不求甚解，歷來少有或未有考究者，本卷却深探細究，非常詳備。

其二，在條目設置上，既系統又全面。通過同物異名或异物同名諸詞的考辨與梳理，衆多雜亂紛繁的禮俗名物，得以一一揭示，而且各歸其位，排列有序，使人對於某類名物不僅有較全面的瞭解，而且可以達到見一而知百之功效。如在名物條目“喪葬”部分中，有關奠品、棺椁、墓地、墓道、墳墓、墓穴等，便屬此類。以“墳墓考”爲例，在人們一般的概念裏，墳墓也就是帶墳堆的墓，其稱謂未必會有很多。而本卷“墳墓考”中，僅從名稱上說，按封、墳、塋、丘、冢、壟、墟等多個詞目系列，探究出了墳墓紛繁的異名別稱，諸如“墳壟”“冢塋”“邱隴”“墟墓”“山丘”“丘壤”……達八九十種之多。而且，還區分了一些具有特殊意義的墳墓名稱，如“一抔土”“三尺土”“京觀”“松楸”“琴臺”“生墓”“壽塋”“叢冢”“疑冢”“衣冠冢”，等等。從一種名物詞上可以檢索出如此豐富繁多的同義名物詞，體現了編寫者功力之深。

其三，各篇考證文章中，不乏辨析精到、引據詳贍者。如“傳國璽”“九鼎”“刺”（後世稱“名片”）、“桑中”（即“桑間濮上”）、“影神”“錢塘潮”等，可謂上乘之文。其他如“禮尚”部分的尚方寶劍、登聞鼓、盟書、稽首等，“歲時”部分有關節俗名物的鞭炮、月份牌、土牛、神荼、鬱壘、鍾馗、廣陵潮等，“婚嫁”部分的藍橋、紅葉、泰山（岳父）、媒人、弄璋等，“喪葬”部分的紙錢、銘旌、方相、魂亭等，“祭祀”部分的封禪儀式、祭地神之大社、出土之名器等，“异風陋俗”部分如“揚州瘦馬”之類，皆爲頗見學術水平的考證文章；既查找出事物最早出現時的書證，又旁徵博引，從“十三經”到“二十四史”，從政書、類書到筆記、小說，詳細論說了其歷代發展演變的狀況，可謂治博而精深。本卷中不少結論，常常是通過多個名物詞的構詞背景、方式，從不同的角度展開論證，多方位、綜合地反映出了某種禮俗的整體面貌。研究中國的名物學可知，同一名物未必僅對應一個詞目，而是常常形成一個詞目群體，唯有廣收詞目，方可展現其全貌。本卷作者深諳此道，體現了名物訓詁學的學養。

其四，歷代名物，考證其文獻的出處固然重要，而本卷中在一些條目中還充分應用了考古資料，或以考古資料印證文獻，或以考古資料補文獻之不足，從而更貼近禮俗名物的歷史原貌。如"棺椁考"中，以豐富的考古資料爲據，説明了歷代棺椁的複雜性：質地上有陶、石、木、瓷、金、銀等之差异，類別上也多種多樣；其名稱亦随之变幻不已，僅"木"字之下即有椁、棺、梓、櫬、柩等，不一而足。考古發現，可以使許多文獻失載的名物重見天日。漢代文獻中，記述王公大臣下葬時，常以"黄腸題凑"稱其墓。儘管文獻對此做了很多解釋，如《漢書·霍光傳》〔光薨〕賜"梓宫、便房、黄腸題凑各一具，樅木外臧椁十五具"顏師古注引蘇林曰："以柏木黄心致累棺外，故曰黄腸。木頭皆向内，故曰題凑。"僅憑文獻上的描述，人們很難對"黄腸題凑"有切實的瞭解。而本卷中的"題凑"一文，結合考古發現，對這種墓葬形式做了細緻的叙述，對古代文獻做了翔實的補充。再如，"葬物考"中的鎮墓獸，是古墓隨葬品中的常見物品，而文獻對此少有專釋，故這樣的詞條可補文獻之闕。他如"石券""穀倉"與"魂瓶"等，均屬此類。

其五，糾正古人錯誤，或考辨了文獻版本异同。如"檄書"文，劉勰《文心雕龍·移檄》以張儀"檄楚"爲據，認爲初期檄書就已稱作布告天下的"露布"。按，"露布"一稱，最初指告示天下的公文，作爲軍事告伐檄書，是漢末以後事。再如對於"殣"字，近世辭書多釋爲餓死，乃從杜預之説。按，《詩》有"行有死人，尚或墐之"句，《説文》引此文，"墐"作"殣"。毛傳："墐，路冢也。"荀悦、韋昭皆從毛説，洪亮吉亦指出："杜注云餓死爲殣，蓋隨文生訓。"故本卷作者釋"殣""墐"爲道旁荒冢，亦可見其訓詁之功力所在。又，有關不同版本之字詞考證，亦可正古代文獻之錯謬。如"籣"，《方言》卷九"所以藏箭弩謂之籣"文中，紅蝠山房本"箭"作"弓"，據廣雅書局本正之。"藉田"，《説文·耒部》"耤"字下"故謂之耤"，經韵樓段注初刻本《説文》作"故謂之藉"，疑後者誤，據孫星衍覆刻宋本《説文》正之。又，明代周祈《名義考·地部·耤田》："按《玉篇》'鋤，耤也'。"經查核，今本《玉篇·金部》"鋤"未作"耤"解，而《耒部》"耤"訓"借"，亦不言"鋤"。諸如此類，逐一揭示了古人的疏漏，十分精審。

本卷主編陳益民教授早年就讀於南京大學歷史系考古專業，後考取南開大學碩士研究生，攻讀中國古代史，乃頗有文史功底的"南大人"（南京大學、南開大學兩校學人皆習稱自家爲"南大人"），兼得兩校學風；畢業後在博物館研究文物與歷史，因而對於中華文化名物的探索，有深厚底蘊。三十餘年前，陳君受筆者者之邀參編此書時，正供職於天津人民出版社，後又曾任該社總編輯之職。任内任外，百務一身，而對於《禮俗卷》的編纂可謂殫精竭慮，事必躬親，終使本卷順利完成。尤值一提者，此卷初始之時，陳君曾邀多人共編，後發現一書成於衆人之手，頗有質量差异，陳君乃復以一己之力，晝夜修改與補充，最終完璧。書稿一百一十餘萬言，竟有十之八九的篇幅親出其手。陳君學殖之深厚，做事之認真，實可欽佩。

　　暢然審讀，欣爲此序。

張述錚

太歲旃蒙協恰孟春下浣初執筆於山東師範大學映月亭
太歲重光赤奮若季冬上浣定稿於歷下龍泉山莊東籬齋

第一章 概 論

第一節 禮俗概述

　　"禮"和"俗"本是兩個概念。"禮",《説文·示部》謂"履也,所以事神致福也"。《爾雅·釋言》:"履,禮也。"郭璞注:"禮可以履行。"《書·仲虺之誥》:"以義制事,以禮制心。"漢班固《白虎通·禮樂》:"夫禮者,陰陽之際也,百事之會也,所以尊天地,儐鬼神,序上下,正人道也。"可知"禮"主要指維繫天地、鬼神、人倫關係的人人必須遵守和履行的社會規範。"俗",即習俗,《説文·人部》:"俗,習也。"《詩·序》:"先王以是經夫婦,成孝敬,厚人倫,美教化,移風俗。"孔穎達疏引《漢書·地理志》云:"民有剛柔、緩急、音聲不同,繫水土之風氣,故謂之'風';好惡、取舍、動静,隨君上之情欲,故謂之'俗'。"禮俗并舉,很有深意。《周禮·地官·土均》:"禮俗、喪紀、祭祀,皆以地媺惡爲輕重之灋而行之。"鄭玄注:"禮俗,邦國都鄙民之所行先王舊禮也。君子行禮,不求變俗,隨其土地厚薄,爲之制豐省之節耳。"强調遵循先王規制,尊重傳統禮法,不輕易改變一方的禮制文化;强調理順天地人鬼、萬事萬物之秩序和内蘊。此即古代所謂"禮俗",它反映着構建一個平和、穩定、有序的自然與社會的理想追求。

　　用今日觀點定義禮俗，則是指一定地域範圍内的民族群體，經過漫長歲月的積澱，在思想觀念、語言舉止、生活方式上逐漸形成的社會規範和風俗習慣。它在時間上具有頑强的傳承性，在内容上具有涉及社會方方面面的廣泛性，而且，還具有爲社會群體所認同并自覺遵守或無意識遵循的權威性。

　　中國古人的禮俗，内涵極廣。其核心爲“禮”。廣義的“禮”，包括朝廷典章、政教刑法等一切政治制度。但本書所論，主要還是指與社會規範和習俗相關的“禮”，即人們在“上事天，下事地，尊先祖而隆君師”（《荀子·禮論》）的過程中所形成的種種習俗；“其行之以貨力、辭讓、飲食、冠昏、喪祭、射御、朝聘”（《禮記·禮運》），主要是在人們的日常生活起居、言談舉止、思想信仰、潛在意識中所體現出來的“禮”的風俗。

　　“禮”在古人的生活中雖然名目繁多，無所不在，但經過古代禮家的整理和總結，“禮”被分爲五大類：吉禮、凶禮、賓禮、軍禮、嘉禮。總稱“五禮”，基本涵蓋了禮俗的主要方面。其中賓禮、軍禮基本屬國家大政範疇，與我們通常所指社會習俗并不很密切；另三者雖不脱朝章國典範疇，但却與民間習俗息息相關。

　　吉禮，爲祭禮，居五禮之首。《禮記·祭統》：“禮有五經，莫重於祭。”祭祀的目的，如漢董仲舒《春秋繁露·祭義》所言，爲了通天地鬼神。“祭者，察也，以善逑鬼神之謂也”；“祭之爲言，際也與！祭然後能見不見，見不見之見者，然後知天命鬼神。”通過祭祀可以使人“無所不順”，“必受其福”（《禮記·祭統》）。因此，吉禮所要祭祀的對象，總分三類：天神、地祇、人鬼。具體言之，三大類中又有十二項。《周禮·春官·大宗伯》“以吉禮事邦國之鬼神示”鄭玄注：“吉禮之别十有二。”其祀天神者三：“以禋祀祀昊天上帝，以實柴祀日月星辰，以槱燎祀司中、司命、飌師、雨師”；祀地者三：“以血祭祭社稷、五祀、五嶽，以貍沈祭山林、川澤，以疈辜祭四方百物”；祀人鬼者六：“以肆獻祼享先王，以饋食享先王，以祠春享先王，以禴夏享先王，以嘗秋享先王，以烝冬享先王”。當然，上述十二項祭祀祇是先儒對祭法的總結，未必完全寫實，後代也未必完全照搬。而從恭恭敬敬祭天、祀地、禱先祖的層次上看，則是歷代相承襲，從未曾動搖過的。并且對於祭祀對象、祭祀方式，歷代官方均有嚴格而毫不含糊的規定：“非其所祭而祭之，名曰淫祀。淫祀無福。”（《禮記·曲禮下》）故上自朝廷，下至百姓，凡舉行祭祀，皆受到朝廷確定的吉禮規範的約束。凶禮，爲不吉利之事發生而致哀之禮。它大體分爲喪禮、荒禮、吊禮、襘禮、恤禮五大類。《周禮·春官·大宗伯》：“以喪禮哀死亡，以荒禮哀凶札，以吊禮哀禍烖，以襘禮哀圍敗，以恤禮哀寇亂。"鄭玄注"以凶禮哀邦國之憂"云："哀謂救患分烖。"《左傳·僖公元年》："凡侯伯救患、分災、討罪，禮也。"可知此禮主要是在某種災難發生後進行的救災致哀的禮儀。

賓禮，爲地方王侯、周邊附屬國朝觀中原中央王朝天子的禮儀（此禮亦實施於列國之間），有春朝、夏宗、秋覲、冬遇、時會、殷同以及時聘、殷覜等八種典禮。古人有"有事而會，不協而盟"的風習，并以君命號令天下，故各地諸侯時相會聚，朝觀天子。漢鄭玄注《周禮·春官·大宗伯》云："六服之内，四方以時分來，或朝春，或宗夏，或覲秋，或遇冬，名殊禮異，更遞而遍……諸侯有不順服者，王將有征討之事，則既朝覲，王爲壇於國，外合諸侯而命事焉。"可見賓禮是天子加強控制地方權力的禮儀。

軍禮，是通過武力體現權威、組織民衆護衛國家的禮儀。具體言之，有所謂"大師之禮，用衆也；大均之禮，恤衆也；大田之禮，簡衆也；大役之禮，任衆也；大封之禮，合衆也"（《周禮·春官·大宗伯》）。大凡舉行征伐、狩獵、保護疆土、築城開河、徵收賦稅等大事時，往往要行軍禮。

嘉禮，使天下人相親相和的禮儀。《周禮·春官·大宗伯》"以嘉禮親萬民"鄭玄注："嘉，善也。所以因人心所善者而爲之制。"其内容涉及飲食、婚冠、賓射及其他多種雜儀。從《儀禮》中的"士冠禮""士昏禮""鄉射禮""鄉飲酒禮""燕禮"等篇目不難看出，嘉禮規範着人們在日常活動中的行爲方式，這些方式的區別又體現着尊卑貴賤的等級和仁義孝悌的觀念。

總之，禮俗乃是對上至國家典章、下到民間風習的各種社會現象、社會存在及其變化狀態的總概括。它反映着社會演進中的動態，也體現出一定時期内社會組織結構的靜態。尤其是有關百姓的禮俗，既透露着統治階層意志，也代表着時代風習的基本狀態，因而成爲我們在此論説禮俗的主要方面。

第二節　禮俗起源

禮俗主要指特定社會群體在公認的社會規範引導和約束下的相對穩定的思想和言行方式。它是人類在長期與自然的抗争中和不斷進行的社會鬥争中，爲了群體的生存和發展，通過相互依賴、相互制約的過程，而逐步約定俗成的。我們無法確定禮俗起源的確切時間，但在幾萬或幾十萬年前的原始社會裏，我們的祖先就已在群居生活中，形成了許多有規律性的思維定式、生產和生活方式。這便是禮俗形成的前提。

低級動物是不會有意識地去調整主觀欲望與客觀條件之間的動態平衡的。它們的行爲，一般都出自本能。而人類却能够根據客觀環境的狀况，有意識地對群體的生存力量、生存方式進行安排，自然而然地就會形成相對穩定的生存模式，也就是後人所謂的禮俗，從而在根本上與低級動物相區別。《禮記·曲禮上》謂"今人而無禮，雖能言，不亦禽獸之心乎"，"是故聖人作，爲禮以教人，使人以有禮，知自別於禽獸"，正表明了禮俗對社會群體來説，是一種文明進步的標志。

從北京周口店遺址發現的約18000年前的山頂洞人身上，我們便能見到早期禮俗的一些基本情形——在婚姻上，他們已排除了族內通婚，而實行族外婚；在勞動中，已有了明確分工，强壯男子外出狩獵，老人、婦女和兒童則主要留在住地製造工具、燒烤食物等；在生產技術的進化上，發明了人工取火和弓箭，會磨製骨針；在日常生活中，已有愛美觀念，用獸皮縫製衣服遮蔽軀體，還把經打磨鑽孔的小石珠、獸骨、獸牙等染成紅色，以繩穿起來作爲裝飾品；在喪葬上，埋葬死者時往身體周圍撒赤鐵礦粉，陪葬一些裝飾品。諸如此類，表明先民在生活中已形成了自己群體的特色，這便是他們的禮俗。當先民能够"修火之利，范金、合土，以爲臺榭、宫室、牖户；以炮以燔，以亨以炙，以爲醴酪；治其麻絲，以爲布帛。以養生送死，以事鬼神上帝"（《禮記·禮運》），他們也就徹底告別了茹毛飲血、披獸皮、居巢穴的時代。由此可見，禮俗是人們在追求更美好生活的過程中逐漸形成的，而一旦形成，便有了相對的穩定性，在一個較長的時期内一直承襲。

隨着社會生活的日益豐富，從母系氏族社會到父系氏族社會，再到階級社會，禮俗越來越豐富多彩。尤其在内涵上，隨着階級社會的特殊需要，禮俗也有了新的變化。

原始社會的禮俗是指基於血緣關係的群體爲了共同的利益，而共同確認并遵守的社會規範。它與原始生產的集體性質相適應，受規範的人群除了男女老幼的自然分別外，不會因禮俗的强制性而分出上下尊卑等級。而階級社會因爲有了階級對立，而產生了上下等級，"禮"便成了少數居於統治地位的人用來規範絶大多數被統治者的思想和言行的工具。在它的制約下，一切風習均被納入維護掌權者利益的範疇。

禮起於何時？爲什麼要制禮？古人認爲，這是爲了制約人的欲望，因爲貴賤貧富的差別，使欲望成了世間"大敵"。《釋名》就把"俗"字解釋爲"欲也，俗人所欲也"。《荀子·禮論》謂："禮起於何也？曰：人生而有欲，欲而不得，則不能無求；求而無度量分界，則不能不爭。爭則亂，亂則窮。先王惡其亂也，故制禮義以分之，以養人之欲，給人之求，使欲必不窮乎物，物必不屈於欲，兩者相持而長，是禮之所起也。"《禮記·禮運》亦謂人有七情：喜、怒、哀、懼、愛、惡、欲，"七者弗學而能"；"聖人之所以治人七情，脩十義（按，即父慈、子孝、兄良、弟悌、夫義、婦聽、長惠、幼順、君仁、臣忠），講信敦睦，尚辭讓，去爭奪，舍禮何以治之？"也就是説，"禮"的產生是爲壓制人們超越等級的欲望，是爲維護現存社會秩序、避免任何犯上作亂的發生。因而，"禮"是一種注入了統治階級思想，并通過潛移默化的方式逐漸被強化爲公認的社會道德尺度，如《禮記·曲禮上》所云："夫禮者，所以定親疏、決嫌疑、別同異、明是非也。"又："道德仁義，非禮不成；教訓正俗，非禮不備。"

"禮"是爲了"禁亂之所由生，猶坊止水之所自來也"（《禮記·經解》）。那麼，如何"禁亂"呢？"恭儉莊敬，禮教也"（同上），其實就是對人的言行乃至觀念做出規範，讓每個人按階級社會的等級規定安分守己，在"君君、臣臣、父父、子子"的等級觀念中找準自己的位置，依據禮俗所認定的方式做人、處世、生活。

禮制一產生，就對人的一切思想言行進行規範，從而滲透到社會生活的各個方面，如孔子所說，"非禮勿視，非禮勿聽，非禮勿言，非禮勿動"（《論語·顏淵》）；如漢代董仲舒所言："天地之生萬物也以養人，故其可食者以養身體，其可威者以爲容服，禮之所爲興也。"（《春秋繁露·服制》）表明"禮"不是脱離人世而存在的抽象概念，也不僅僅是社會現象好壞的評判標準，它更是融於人們潛意識、對人們日常生活起着引導作用的一種看不見的力量。在這種力量的支配下，人們便自覺或不自覺地循規蹈矩地生活。而這種模式化的生活，實際上就構成了方方面面的禮俗。這種禮俗，已與原始社會的禮俗有了根本區別，它的形成，對後世的人與社會產生着極爲深遠的影響。

古人言必稱"三代"，以爲"三代"以前，無所謂"禮"，至先王制禮作樂，禮儀乃生。禮儀的長期推行，逐漸將原有的風習演化爲受"禮"規範的習俗，即有別於原始社會的禮俗。而所謂"三代"，正是進入階級社會的時代，因而又可以這樣説，受"禮"規範的習俗，則起始於"三代"中的夏代，即相當於距今 4000 多年前的父系氏族社會晚期。

第三節　禮俗變遷

禮俗包含了在社會公認的價值判斷準則影響下的世間風俗，固然表明在一個大的社會環境中有相對一致性的思維方式和生活傾嚮，但并不意味着舉國上下、朝野遠近，在社會生活的所有方面都整齊劃一，大的原則不可能規範到所有細枝末節。"禮"在具體應用中是靈活的，因時、因地、因事而有不同的表現。比如，"居山以魚鼈爲禮，居澤以鹿豕爲禮，君子謂之不知禮"（《禮記·禮器》）。因爲在不同的地方，須以不同的禮儀行事，由此也就形成了不同地方的禮俗特色。《禮記·曲禮上》説："禮從宜，使從俗。"鄭玄注謂"事不可常也"。《白虎通·社稷》"禮不常存，養人爲用"，正説明"禮"也是因地制宜、入鄉隨俗的。因"百里不同風，千里不同俗"，在社會進步、有了政權組織之後，移風易俗往往成爲重要的社會任務，從而更使禮俗隨着時代要求的不同而顯出種種特色。禮俗因時、因地不同，也就必有不斷發展演進的軌迹。

在人們的社會活動中自然而然地形成的禮俗，帶有明顯的時代烙印，體現出一個時代的精神面貌。《禮記·禮運》云："夫禮之初，始諸飲食，其燔黍捭豚，污尊而抔飲，蕢桴而土鼓，猶若可以致其敬於鬼神。"這是説，禮俗從一開始便體現在人們的日常生活中，尤其是在通過飲食表達敬神觀念的祭祀中。鄭玄對此注解謂："鬼神饗德，不饗味也。中古未有釜甑，釋米捭肉，加於燒石之上而食之耳。"在原始社會，先民們處境艱險，爲了生存而完全依靠群體的力量去奮鬥。面對危機四伏的生存環境，人們必須選出首領，率領群體共同奮鬥，由此會形成對威望、權力乃至神聖的敬奉，而首領"觀乎天文以察時變，觀乎人文以化成天下"（《周易·賁》），察時變與化天下，禮制便孕育於其中。又，面對生死，人們漸生靈魂觀念；面對艱難，人們漸生神祇意識。國之在事，在戎在祀，因而禮俗又較多地與祭禮相關聯。郭沫若説："禮之起，起於祀神，其後擴展而爲對人，更其後擴展而爲吉、凶、軍、賓、嘉等各種儀制。"（《十批判書·孔墨的批判》）

隨着居統治地位的人對權力的崇尚，更需要一套禮制來維持這種狀態。尊卑等級觀念，由此就成爲必不可少的手段。《政和五禮新儀》卷首："先王制禮，以齊萬有不同之情。賤者不得替，貴者不得踰。"宋衛湜《禮記集説》卷二："藍田呂氏曰……非禮不決。君臣上下、父子兄弟，人之大倫，由禮而後定也。"商周時期的君權神授觀念、上下等級思想，便是完備禮制形成的理論基礎。統治者利用了原始先民對神靈的崇拜，通過"禮制"，給具有强制性質的國家制度蒙上了天命的裝飾，使被統治者的思想納入了"禮教"的軌道。"禮也者，合於天時，設於地財，順於鬼神，合於人心，理萬物者也。"（《禮記·禮器》）在"禮教"影響下的習俗，必然體現着十分明顯的國家意志，同時也反映着在强權支配下的公衆普遍帶有的安分守己的社會心態。夏商以後直至封建社會消亡，大到國家政教，小至百姓起居，無一例外地處在"禮"的規範之中。從大的原則方面説，禮俗在很長時期内没有根本性的改變。

而從禮俗的各個具體方面看，它仍是有所變化的。婚嫁、喪葬、節日、祭祀以及衣、食、住、行等，都在"禮"的大原則規範下，顯出不同時代和不同地域的種種特點。夏、商、周"三代之禮一也，民共由之"（《禮記·禮器》），那時等級制度森嚴，人們日常起居的房屋殿堂的大小高低，衣着的色彩紋飾，以至於"器皿之度，棺椁之厚，丘封之大"，等等，均依人的地位高低而不相同。"禮者，因人之情而爲之節文，以爲民坊者也"（《禮記·坊記》），人們的一切舉動、種種習俗，都在等級的規範中。春秋戰國時期，禮崩樂壞，等級制遭到破壞，禮俗也因之大變，超越過去規定的等級隨意行事成爲這一時期的特點。

秦漢以後，爲維護封建君主專制統治，重新確立了封建等級，祇是它没有先秦時期曾有過的那般森嚴。官吏依不同等級有不同的官場風習，而民間則未必受多大的等級束縛。西漢賈誼曾感嘆：時人"非有權勢，吾不與婚姻；非有貴戚，不與兄弟；非富大家，不與出入"（《新書·時變》）。移風易俗，成爲不少儒者的努力目標。漢武帝獨尊儒術後，風俗習慣又受到禮的規範，"使天下移心而向道"（《新書·俗激》）。以後還經佛、道觀念的融入及宋明理學的影響，中國封建社會的禮俗，基本在以儒學爲主體的理論指導下緩慢變遷。

禮俗的再度巨大變化，是在五四新文化運動後發生的。隨着"打倒孔家店"的呼聲的興起，以儒學思想爲根基的禮俗開始融進許多與傳統格格不入的内容。西洋的禮俗，悄悄地進入中國人的生活。傳統固然不會在幾十年中頓時消失，而其中出現大量新氣息却令人耳目一新。男子剪髮、穿西服，女子天足、着旗袍、上學校，廢除跪拜禮，城市中馬車被人力車取代，汽車、飛行器的出現……均説明禮俗已隨時代的演進而變化着。

1949年後，禮俗又有了新的變遷。《婚姻法》的頒布，使國人尤其婦女有了婚姻自主的權利，自由戀愛逐漸取代了媒妁之言；火葬在城鄉的逐漸推廣，使傳統的土葬日益受到限制；歲時節令有了新内容，"五一""六一""七一""八一""十一"等成爲固定節日，而舊時的"七夕""寒食""浴佛"等節日則不復時興；至於衣食住行的變化則更爲顯著，多不勝數。諸如此類，反映出禮俗是與社會形態的變遷密切相關的，時代的進步必然帶動意識形態的變化，思想觀念在社會的演化中作用於人們的生活習慣，使之或潛移默化，或劇烈變遷，并且往往還是不以人的意志爲轉移的。

需要説明的是，禮俗總是與人的活動密切相關，往往須通過一定的場面儀式、行爲動作來展示，雖然離不開禮俗實物的運用，但也必須有非實物的事物呈現過程的體現，因而本卷中必然會涉及許多形而上的抽象名號和包括人的稱謂在内的非實物表述。蓋頭、婚書、同心結是婚禮實物，納采、問名、完婚則是結婚必行的抽象禮儀名號；九鼎、傳國璽、尚方寶劍是與王權相關的實物，登基、警蹕、朝覲則是帝王執政中的抽象禮制名號；"三寸金蓮"、鴉片、骰子是陋俗中的實物，"破鞋""畜生""蠢貨"是以實物喻人的概念性詈詞。人的活動形成了禮俗，人的名號體現其在禮俗中的社會角色，因而名物之"名"，在本卷的論述中尤顯突出。考論古代禮俗，名與物、風習與實物，二者不可偏廢，否則，即難以較全面而深入地反映中國歷代禮俗的本質。故本卷在這一點上，與其他卷可能略有不同，更多地帶有宋高承《事物紀原》、清陳元龍《格致鏡原》對於事物虛實兼顧、名物俱重之遺風。

另外，禮俗本身，實則涉及社會的方方面面。就廣義而言，上自國家制度，下至衣食住行，均屬"禮俗"範疇。而本卷內容，側重於"五禮"，尤其注重在禮尚、歲時、婚禮、喪葬、祭祀、奇風陋俗諸方面，以與《通考》中其他相關卷相區別。即便如此，仍難免會有一些與其他卷相重合之條目。當然，本卷更側重於反映禮與俗之物，在條目選擇和內容撰寫方面，仍會有所差別。如古代禮樂制度中的絲竹管弦，本卷注重樂禮中最重要的禮器鐘、磬、鼓，而略其一般的簫、瑟、箏，即表明了一種輕重選擇；又如條目"黃魚""大椿"，本卷不是要論述黃魚與椿樹，而是主要解讀黃魚象徵的大脚妓女、大椿象徵的父親。可見即使與他卷有條目相同者，亦能見本卷自有的内涵。

《格致鏡原·凡例》云："專務考訂，以助格致之學。故每紀一物，必究其原委，詳其名號，疏其體類，考其制作，以資實用。"這也是本書作者編撰此書的指導思想。當然，追求的目標如此，是否達到這一目標又是一回事。無疑，書中還存在許多不足，尚祈讀者指謬，并待來日重新修訂。

第二章　禮尚説

第一節　國禮考

　　所謂"國禮"，即國家立國的根本，是維護君主"家天下"的基本制度、準則和儀軌。它以確立上下尊卑等級、宣揚王權至上、藉神祇控制臣民思想爲出發點。其最基本的内涵是"五禮"，包括吉禮、凶禮、賓禮、軍禮、嘉禮五個方面。《書·周官》："宗伯掌邦禮，治神人、和上下。"孔傳："春官卿，宗廟官長，主國禮，治天地、神祇、人鬼之事，及國之吉、凶、賓、軍、嘉五禮，以和上下尊卑等列。""國禮"又稱"國典""國制"，上自君主，下至小民，國家上下無不以此爲行事準則。這些準則均被認爲來自天命。《書·太甲上》："顧諟天之明命，以承上下神祇、社稷宗廟，罔不祇肅。天監厥德，用集大命，撫綏萬方。"也就是藉天命，强化國家權力在臣民心中的神聖地位。"天地成位，君臣道生"（唐賈公彦《周禮正義序》引《易緯·通卦驗》）。故丰天地、神祇、人鬼之事的國禮，是治天下的法寶，天經地義，萬衆必須絶對服從。從《禮記·王制》"脩六禮以節民性，明七教以興民德，齊八政以防淫，一道德以同俗"，可知國家禮尚，關乎民性民心，關乎政教治亂，爲歷代統治階層所重視，而長期有力推行的結果，則是臣民對它的絶對認同。以《醒世姻緣傳》第九二回一則小事爲例："晁夫人三年忌辰，在墳上搭棚廠，請僧建脫服道場。也集了無數的親友，都來勸晁梁從吉，晁梁遵國制，不敢矯情。醮事完畢，換了淡素的衣裳。"這雖是喪禮中三年服孝期滿的脫服之禮，却也被視作"國制"，則見"國制"概念涉及之寬，影響之深。《禮記・樂記》曰："禮者，天地之序也。"又曰："天高地下，萬物散殊，而禮制行矣。"孔穎達疏："以天高地下不同，故人倫尊卑有異，其間萬物各散殊塗。禮者，別尊卑，定萬物，是禮之法制行矣……禮加'制'字，而云'禮制行'者，禮以裁制爲義，故特加'制'。"一語道盡了國禮的强制性和不可動搖性。

五禮所包含之儀甚多，其中朝廷常行之禮，主要有祭天地、拜祖宗、朝覲、盟誓，以及田獵、樂禮、籍田、燕射、鄉飲酒、歲時、婚嫁、人生禮儀乃至容禮等，其儀式繁複，規矩甚多，且歷代各有嬗變，而其根本用意則是一致的，即上尊下卑，君君、臣臣、父父、子子。夏商時期，禮制尚處建立發展之中，至周代，形成了一套非常完整的國禮，爲後代的禮制提供了承襲的範本。春秋戰國時期雖然禮崩樂壞，一些煩瑣的禮儀消失了，而根本性的尊君權之禮沒有變。秦以後，王權得到了更加穩固的發展，既藉鑒了周禮，又融入了諸子百家有關强化王權的理論，尤其是儒家學說對於周代禮制的繼承與發展，使得秦漢以後歷朝均在基本一致的國禮規範中，達到天下治理的目標。直至清朝滅亡，延續兩千多年的傳統國家禮制纔最終走向消亡。

宋代衛湜《禮記集説》卷一六〇引藍田吕氏曰："先王制禮之意，象法天地，以達天下之情而已。《書》曰'天叙有典'，體也，人倫之謂也；'天秩有禮'，用也，冠、昏、喪、祭、射、鄉、朝、聘之類也。二者皆本於天，此禮之所由生也。"説明了君王統治國家的根本制度是禮制，禮制源自天地，是天然的、命中注定的，因而永不可動搖，天下人必須傾心遵循不悖。

五禮

古代維護國家制度和社會秩序、約束人民思想和行爲的五種根本規則與禮俗，包括吉禮、凶禮、賓禮、軍禮、嘉禮五方面。此稱先秦時期已行用。文獻稱堯舜時期已行五禮，實爲後儒附會。《書・舜典》"修五禮、五玉"孔傳："修吉、凶、賓、軍、嘉之禮五等。"《史記・五帝本紀》亦載堯時"脩五禮五玉"。《周禮・春官・大宗伯》最早對"五禮"做了總體叙述。同書《地官・大司徒》曰："以五禮防萬民之僞而教之中。"後世代代相傳，成爲各朝立國之本，也成個人立身之基。國家圖書館藏拓片《魏故威烈將軍元尚之墓誌銘》："六藝居心，五禮宅身。"《隋書·劉炫傳》："及蜀王廢，與諸儒修定'五禮'。"宋林之奇《尚書全解》卷二："五禮者，吉、凶、軍、賓、嘉也……伊川云：正五等諸侯之秩序、制度之等差，是修五禮也。"《周易·乾》"亨者，嘉之會也……嘉會足以合禮"清惠棟《周易述》卷一九注："嘉屬五禮，故嘉會足以合禮。"

吉禮

主要指祭祀天地、享薦祖先之禮。古代"五禮"之一。此稱先秦時期已行用。《周禮·春官·大宗伯》"以吉禮事邦國之鬼神示"鄭玄注："吉禮之別十有二。"賈公彥疏："以禋祀、血祭二經，天地各有三；享人鬼有六。故十二也。"凡郊天、大雩、大享明堂、祭日月、大蜡、祭社稷、祭山川、籍田、先蠶、祭天子宗廟、祀先代帝王、功臣配享、上陵、釋奠、祀孔、巡狩、封禪、祭高禖等，皆是。唯其儀歷代興革不一，或簡或繁。《通典·禮六十六》："大唐開元年之制五禮，其儀百五十有二。一曰吉禮，其儀五十有五：一、冬至祀昊天於圓丘；二、正月上辛祈穀於圓丘；三、孟夏雩祀於圓丘；四、季秋大享於明堂；五、立春祀青帝於東郊……五十五、王公以下拜掃、寒食拜掃附。"宋林之奇《尚書全解·皋陶謨》："人君自己爲五禮：以吉禮事邦國之鬼神示，以凶禮哀邦國之憂，以賓禮親邦國，以軍禮同邦國，以嘉禮親萬民。五者各得其常，所以助夫天之所秩也。"因吉禮與敬奉天地神明有關，故居喪不行吉禮。《宋史·高宗紀六》："庚辰，帝不御殿，以方居諒陰，難行吉禮。命秦檜攝冢宰，受書以進。"《宋史紀事本末·契丹盟好》："隆緒曰：

'改元，吉禮也。居喪行吉禮，乃不孝子也。'"

凶禮

哀悼死亡、救患賑災之禮。古代"五禮"之一。此稱先秦時期已行用。《周禮·春官·大宗伯》："以凶禮哀邦國之憂。以喪禮哀死亡，以荒禮哀凶札，以吊禮哀禍裁，以檜禮哀圍敗，以恤禮哀寇亂。"鄭玄注凶禮之哀："哀謂救患分裁。"又同書《地官·大司徒》"八曰殺哀"鄭玄注："殺哀謂省凶禮。"以喪禮哀死亡，指通過對死者進行的各種哀悼儀式，表達對死者逝去的悲哀之情。《禮記·曲禮下》："居喪未葬，讀喪禮；既葬，讀祭禮。"《舊唐書·禮儀志七》沈德潛考證："按有唐典禮，貞觀定後，顯慶修之，開元又復刪改，禮莫備焉。今志所載，吉禮具存，餘賓禮如通邦國、待四夷君長之類俱闕；軍禮如親征、講武、蒐狩、習射、合朔之類俱闕；嘉禮如皇帝加元服、皇太子加元服、臣庶冠、皇帝納后、皇太子納妃、臣庶婚、皇帝受朝賀、冊立皇太子、養老、鄉飲酒之類俱闕；不止凶禮爲未全之書也。"宋趙以夫《易通》卷四釋《周易·益》"六三：益之，用凶事，無咎，有孚中行，告公用圭"云："此爻變則爲凶禮，復其柔則爲賓禮，孚與不孚之間耳。"清人編《明史》，凶禮仍爲重要内容。《明史·禮志十二》："次五曰凶禮。凡山陵、寢廟與喪葬、服紀及士庶喪制，皆以類編次。其謁陵、忌辰之禮，亦附載焉。"

賓禮

諸侯朝覲天子、邦國相互往來之禮。周禮"五禮"之一。此稱先秦時期已行用。《周禮·春官·大宗伯》"以賓禮親邦國"鄭玄注："親謂使之相親附。"賓禮内涵凡八個方面。《大宗伯》：

"春見曰朝，夏見曰宗，秋見曰覲，冬見曰遇，時見曰會，殷見曰同；時聘曰問，殷覜曰視。"孫詒讓正義："謂制朝聘之禮，使諸侯親附，王亦使諸侯自相親附也。"隋王通《中説・魏相篇》："朝廷讀賓禮，軍旅讀軍禮。"歷代禮儀繁簡不一，文獻所載亦常有遺闕。《舊唐書・禮儀志七》沈德潛考證："今志所載，吉禮具存，餘賓禮如通邦國、待四夷君長之類俱闕……"上自國家，下至百姓，均有須遵循之賓禮禮俗。《宋史・禮志十九》："宋之朝儀，政和詳定五禮，列爲賓禮。"宋樓鑰《攻媿集・内制・賜内中酒果》："益修賓禮，用介春祺。"元韓奕《齊天樂・壽内》詞："白頭尚舉齊眉案，相敬未忘賓禮。"清昭槤《嘯亭雜録・何温順公》："上欲藉其軍力，乃延置至興京，款以賓禮，而以公主妻之。"

軍禮

以軍力威天下，穩固疆域、保障經濟之禮。周禮"五禮"之一。包括出兵征討、均衡賦税、狩獵練兵、大興土木、穩固封疆等。此稱先秦時期已行用。《周禮・春官・大宗伯》"以軍禮同邦國"鄭玄注："同謂威其不協僭差者。"軍禮内涵，《大宗伯》又云："大師之禮，用衆也；大均之禮，恤衆也；大田之禮，簡衆也；大役之禮，任衆也；大封之禮，合衆也。"《孔叢子・問軍禮》："陳王問大師曰：'行軍之禮可得備聞乎？'答曰：'天下有道，禮樂征伐自天子出。'"《漢書・周勃傳》："將軍亞夫揖，曰：'介胄之士不拜，請以軍禮見。'"然後代軍禮繁簡不一，而文獻記載亦多遺闕。《舊唐書・禮儀志七》沈德潛考證："今志所載，……軍禮如親征、講武、蒐狩、習射、合朔之類俱闕。"

《資治通鑑・唐德宗建中三年》："汝曹不欲南行，任自歸北，何用誑悖，乖失軍禮！"又同書《唐昭宗天復三年》："是時，四鎮將吏皆功臣、舊人，〔劉〕鄩一旦以降將居其上，諸將具軍禮拜於庭，鄩坐受自如，〔朱〕全忠益奇之。"清查繼佐《罪惟録・兵志總論》："按金陵初定，時詔議軍禮，雖不得其詳，而會試中式十日後并較騎射，此法可飭行也。"

嘉禮

親和萬民、促進生活祥和之禮。周禮"五禮"之一。包括飲食、冠笄、婚姻、賓射、宴饗、賞賜、慶賀等禮儀。此稱先秦時期已行用。《周禮・春官・大宗伯》"以嘉禮親萬民"鄭玄注："嘉，善也。所以因人心而善者。"晋潘岳《悼亡賦》："且伉儷之片合，垂明哲乎嘉禮。"唐蘇鶚《杜陽雜編》卷下："一日，可及乞假爲子娶婦。上曰：'即令送酒米以助汝嘉禮。'"唐羅隱《送沈光及第後東歸兼赴嘉禮》詩："擬把金錢贈嘉禮，不堪棲屑困名場。"《舊唐書・禮儀志七》沈德潛考證："今志所載，……嘉禮如皇帝加元服、皇太子加元服、臣庶冠、皇帝納后、皇太子納妃、臣庶婚、皇帝受朝賀、册立皇太子、養老、鄉飲酒之類俱闕。"《清史稿・禮志七》："二曰嘉禮。屬於天子者，曰朝會、燕饗、册命、經筵諸典；行於庶人者，曰鄉飲酒禮。而婚嫁之禮，則上與下同也。"

天子

君主之代稱。以天爲父，以地爲母，故稱。古人敬奉天地神祇，故有此比擬。漢代蔡邕《獨斷》卷上稱"天子"最初爲外邦對帝王的稱謂，"天子，夷狄之所稱，父天母地，故稱天子"。此説不確。諸夏早已如此稱之。宋高承

《事物紀原・帝王后妃部》引《帝王世紀》所言"神農無任姒有蟜氏名女登"，認爲"帝王之稱天子，自炎帝始也"。此説亦屬揣測，畢竟《帝王世紀》爲晋人所作。然商周時甲骨文、金文中，即往往以"天"字代指天子。羅振玉《殷墟書契前編》4・16・4卜辭："天戊五牢。"意爲：天子宰殺五頭太牢祭祀之牛。董作賓《殷墟文字乙編》6690卜辭："辛丑卜。乙巳歲于天庚。"意爲：乙巳歲祭，祭祀天子盤庚。皆以"天"稱殷王，即天子。周以後"天子"成慣用之稱。《書・康王之誥》："敢敬告天子皇天，改大邦殷之命。"《詩・大雅・江漢》："明明天子，令聞不已。"《禮記・曲禮下》："君天下曰天子。朝諸侯，分職授政任功，曰予一人。"孔穎達疏："不言王者，以父天母地，是上天之子，又爲天所命，子養下民。"《史記・五帝本紀》："於是帝堯老，命舜攝行天子之政，以觀天命。"《戰國策・燕策》："北蠻夷之鄙人，未嘗見天子，故振慴。"《書・益稷》"率作興事，慎乃憲"孔傳："天子率臣下爲起治之事，當慎汝法度，敬其職。"漢董仲舒《春秋繁露・順命》："故德侔天地者，皇天祐而子之，號稱天子。"又，《三代改制質文》言天子與皇帝稱謂之區別："德侔天地者稱皇帝，天祐而子之號稱天子。故聖王生則稱天子，崩遷則存爲三王。"東漢班固《白虎通・號》亦曰："或稱天子，或稱帝王何？以爲接上稱天子，明以爵事天也；接下稱帝王者，得號天下至尊言稱，以號令臣下也。"可見天子强調事天，皇帝强調馭臣。後世沿用此稱，直至清亡。《法苑珠林》卷七六："慕容儁都鄴，處石虎宮中。每夢見虎齧其臂，意謂石虎爲祟，迺募覓虎屍，於東明館掘得之。

屍殭不毁。儁躏之，罵曰：'死胡，敢怖生天子！'"唐高適《燕歌行》："男兒本自重橫行，天子非常賜顏色。"宋蕭楚《春秋辨疑・王天子天王辨》："天子者，言繼天而爲子，至貴之稱。"《草木春秋演義》第八回："天子看那金石斛，堂堂儀表，威風凛凛，心中大悦，賜坐錦墩。"《鏡花緣》第八四回："尤可駭者，鄉愚無知，往往以'天'字取爲名號，殊不知天爲至尊，人間帝王尚且稱爲天子，若世人爲名爲號，其悖謬何可勝言！"

帝

亦稱"帝王"。本指主宰天地間萬事萬物的天神，後藉稱君王，以示其權威至上。郭沫若主編《甲骨文合集》418："鼎（貞）：方帝一羌、二犬，卯一牛。"這是祭祀天帝。又6664："我伐馬方，帝受（授）我又（祐）。一月。"這是卜問天帝是否保佑商人征伐馬方。因帝王視自己爲天之子，故與天帝相關聯。按，傳説時代的五帝已冠以帝名，夏商時期一些帝王也直接稱某帝，如帝發、帝履癸、帝乙、帝辛等，可見君王已將自己視如天神。歷代多有祭祀上帝和五方帝之儀。舊題元何異孫撰《十一經問對・周禮》："問：祀上帝而又祀五帝者何？對曰：上帝是昊天上帝，五帝是祀五方帝。"《舊唐書・禮儀志三》禮官學士賀知章等奏曰："昊天上帝君位，五方時帝臣位。帝號雖同，而君臣異位。陛下享君位於山上，群臣祀臣位於山下。"用意均是要神化王權。《説文・丄部》釋"帝"曰："王天下之號也。"將大神之稱化成了人間君王之號，故亦稱"帝王"。漢儒對"帝"之含義做了道德美化。《太平御覽》卷七六引《易緯》曰："帝者天號也，德配天地，不私公位，稱之曰帝。”漢班固《白虎通・號》曰：“帝王者，號也。號者，功之表也。所以表功明德，號令臣下者也。德合天地者稱帝，仁義合者稱王。”宋代魏了翁《尚書要義・序》則謂“皇帝”可省稱作“帝”，二字皆是美名：“皇帝是皇，今言帝不云皇者，以皇亦帝也，別其美名耳。”後代一直沿襲此稱。晋代皇甫謐著有一部記述遠古以來帝王世系、年代及事迹的史書，名《帝王世紀》。《晋書・后妃傳上・武悼楊皇后》：“太子妃賈氏妒忌，帝將廢之。”又：“惟帝與后，契闊在昔。比翼白屋，雙飛紫閣。”《資治通鑑・梁敬帝太平元年》：“帝遊宴東山，以關、隴未平，投盃震怒，召魏收於前，立爲詔書，宣示遠近，將事西行。”《舊唐書・禮儀志三》：“玄宗因問玉牒之文，前代帝王何故秘之？”同書《后妃傳上・中宗韋庶人》：“帝與后親謁太廟，告謝受尊號之意。”宋蘇軾《減字木蘭花序》：“曰：‘臣無功受賞。’帝曰：‘此事豈容卿有功乎？’同舍每以爲笑。”《宋史・職官志十二》：“御史王奇上言，請天下納職田以助振貸。帝曰：‘奇未曉給納之理。’”清佚名《甲申朝事小紀・萬乘刺船》：“熹廟五年五月十八日，……倏忽大風陡作，舟覆，上與二內臣俱墜水底，兩岸驚呼，從者俱無人色。內官談敬急奔入水，負帝以出。”梁啓超《譚嗣同傳》：“京朝人咸知戀勤殿之事，以爲今日諭旨將下，而卒不下，於是益知西后與帝之不相容矣。”1911年帝制終，此稱亦不復行矣。

【帝王】

即帝。此稱漢代已行用，作爲帝制的象徵終止於1911年。見該文。

皇帝

亦稱“皇上”。封建君主之專稱。此稱始於秦代。先秦已稱傳說時代之先王爲皇、爲帝，有三皇五帝之稱（所涉先王人物諸書記載不一）。漢人釋皇爲盛大顯明，帝爲德配天地。《太平御覽》卷七六引《漢官儀》曰：“皇者，大帝（按，‘帝’應作‘也’），言其煌煌盛美；帝者，德象天地，言其能行天道。舉措審諦，父天母地，爲天下主。”又引《春秋元命苞》：“皇者，煌煌也，道爛然顯明；帝者，諦也。”“皇帝”一稱已見於今本《書・呂刑》：“皇帝哀矜庶戮之不辜，報虐以威，遏絕苗民，無世在下。”然漢代孔傳：“君帝，帝堯也。”唐陸德明音義：“皇帝，皇宜作君字，帝堯也。”孔穎達疏亦曰：“君帝，帝堯。”可知《呂刑》“皇帝”一稱應是“君帝”之訛。然周代確已出現“皇帝”一稱，《師訇簋》（中國社會科學院考古研究所編《殷周金文集成》04342）：“肆皇帝亡斁，臨保我厥周。”銘文中“皇帝”一稱係指天帝、天神，非人間君主。秦王嬴政統一六國後，群臣議尊號，始皇確定名爲“皇帝”，有功兼三皇五帝寓意，并自稱爲始皇帝。《史記・秦始皇本紀》：“臣等謹與博士議曰：‘古有天皇，有地皇，有泰皇。泰皇最貴。臣等昧死上尊號，王爲泰皇……’王曰：‘去泰，著皇，采上古帝位號，號曰皇帝。’”又同書《平津侯主父列傳》：“及至秦王蠶食天下，并吞戰國，稱號曰‘皇帝’。”宋蕭楚《春秋辨疑・葬稱我君辨》析曰：“六國遞舉王號，秦併天下，以‘王’爲不足稱，遂兼‘皇帝’之名焉。”又漢時“皇帝”一稱祇用於諸夏，不用於四夷。《禮記・曲禮下》“君天下曰天子”鄭玄注：“今漢於蠻夷稱天子，於王侯稱皇帝。"至後世未必有此區分，祇要立國，概稱皇帝（他人或尊稱皇上）。此稱一直沿用至清朝覆亡。漢許慎《説文·叙》："皇帝陛下：臣伏見陛下以神明盛德，承遵聖業，上考度於天，下流化於民。"北朝東魏《閭儀同墓誌銘》："隆年不永，以興和二年五月寢疾，薨於館第。皇上嗟悼，群后摧傷，賵贈之典，每加恒數。"唐趙元一《奉天録》卷三："今以國步未清，皇上巡狩，大盜移都。"唐岑參《送許子擢第歸江寧拜親因寄王大昌齡》詩："皇帝受玉册，群臣羅天庭。"宋徐夢莘《三朝北盟會編·宣和五年》二月："且如西京地土，都是兩朝皇帝相重，據理貴朝皇帝更添物，金國皇帝道不須添物，乃是好事。"又同書《宣和五年》六月："阿固達病死，尼堪等遥推烏奇邁爲大金國皇帝。"王安石起草《皇帝問候大遼皇帝書》，亦直呼"遼朝皇帝"，可見此稱與正朔已無關係。《元史·憲宗紀》："大會于闊帖兀阿蘭之地，共推帝即皇帝位於斡難河。"《明史·外戚傳·周彧》："憲宗皇帝詔勛戚之家，不得占據關津陂澤，設肆開廛，侵奪民利。……皇上踐極，亦惟先帝之法是訓是遵。"

【皇上】

"皇帝"之敬稱。此稱南北朝時期已行用，作爲帝制的象徵終止於 1911 年。見該文。

元首

古時爲君主之代稱。元、首，俱指人頭，故喻稱。《左傳·僖公三十三年》"狄人歸其元"杜預注："元，首。"《孟子·滕文公下》"勇士不忘喪其元"朱熹集注："元，首也。"《三國志·魏書·臧洪傳》"凡我同盟，齊心一力，以致臣節，殞首喪元，必無二志"，其元、首，皆此義。由

人之首引申爲國家之君。《書·益稷》："乃歌曰：股肱喜哉，元首起哉，百工熙哉。"孔傳："元首，君也。"漢荀悦《申鑒·政體》："天下國家一體也，君爲元首，臣爲股肱，民爲手足。"《三國志·魏書·文帝紀》："詔曰：'災異之作，以譴元首，而歸過股肱，豈禹、湯罪己之義乎？'"宋趙希弁《郡齋讀書志·附志》載《西漢補遺》一卷曰："商芸《小説》載張良所與商山四皓書，則世所罕見也。其書曰……方今元首欽明文思。"《通鑑紀事本末·武韋之禍》："君爲元首，臣爲股肱，義同一體。"宋真德秀《顯謨閣學士致仕贈龍圖閣學士開府袁公行狀》："元首奮發，則國人莫不奮發矣。"元袁桷《再次韻玉堂畫壁》："持此金石心，黽勉佐元首。"

上

君主之代稱。君主高高在上，故稱。此稱先秦時期已行用。"上"源自對天神的崇拜。商周時即稱天神爲"帝"，爲"上"，或爲"上帝"。《書·吕刑》："虐威庶戮，方告無辜于上。上帝監民，罔有馨香，德刑發聞惟腥。"這一概念後來一直流傳。《墨子·非命上》言"上帝、山川、鬼神，必有幹主"，漢桓譚《新論·言體》言"以祀上帝、禮群神"，其中的上帝均指天神。作爲天神的上帝與自然是合一的，故阮籍《通易論》曰："上者何也？日月相易，盛衰相及，致飾則利之未捷受，故王后不稱，君子不錯。上以厚下，道自然也。""上"由此轉而成爲君王代稱。《吕氏春秋·察今》："上胡不法先王之法？非不賢也，爲其不可得而法。"《史記·傅靳蒯成列傳》："上欲自擊陳豨，蒯成侯泣曰：'……今上常自行，是爲無人可使者乎？'"《漢書·高帝紀下》："戍卒婁敬求見，

說上曰：'陛下取天下與周異，而都洛陽不便，不如入關，據秦之固。'上以問張良，良因勸上。"《舊唐書·肅宗紀》："〔乾元元年四月〕甲寅，上親享九廟，遂有事於圓丘。"明李賢《禮部尚書致仕贈太保謚忠安胡公神道碑銘》："車駕親征北虜，駐蹕宣府。公馳謁行在所。上卧不出，聞公至，喜而起。"明熊龍峰《馮伯玉風月相思小說》："上得捷音，天顏大喜。"《清史稿·理密親王允礽傳》："太子侍疾無憂色，上不懌，遣太子先還。"隨着清朝滅亡，帝制結束，此稱不復使用。

陛下

臣下對君王的敬稱。此稱秦代已行用。君主尊貴，不得直呼，遂呼階陛之下的人轉達，故漸成君主敬稱。漢蔡邕《獨斷》卷上："謂之陛下者，群臣與天子言，不敢指斥天子，故呼在陛下者而告之。由卑達尊之意也。上書亦如之。及群臣士庶相與言，曰殿下、閣下、執事之屬，皆此類也。"《三輔黃圖》卷六："陛下，陛所由陞堂也。天子必有近臣執兵階陛以戒不虞，臣下與天子言，不敢指斥天子，故呼在殿陛下以告之，故稱陛下。因卑達尊之意也。上書亦如之，如群臣士庶相與語曰閣下、足下之屬。"此解說亦見於《漢書·高帝紀下》"大王陛下"顏師古注引應劭語。宋高承《事物紀原·帝王后妃部·陛下》："周以前，天子無陛下之呼。《史記》秦李斯議事，始呼之耳。陛，階也，所以陞堂。天子必有近臣，階則以戒不虞。臣與天子言，不敢指斥，但呼在陛下者與之言，因卑達尊之義。則此號秦禮也。漢霍光奏太后，亦曰陛下也。"《史記·秦始皇本紀》云："今陛下興義兵，誅殘賊，平定天下，海內為郡縣，法令由一統。自古以來未嘗有，五帝所不及。"《三國志·魏書·明帝紀》裴松之注引《魏略》："陛下，天之子也，百姓吏民，亦陛下之子也。"《晉書·劉聰載記》："大漢將應乾受曆，故為陛下自相驅除。"唐段成式《酉陽雜俎·禮異》："秦漢以來，於天子言陛下。"《通鑑紀事本末·武韋之禍》："王者以四海為家，四海之內，孰非臣妾，何者不為陛下家事？"《宋史·李綱傳》："願陛下以宗社為心，以生靈為意，以二聖未還為念，勿以臣去而改其議。"明薛應旂《谿田馬公墓誌銘》："伏願陛下惟以聖經為學，以堯舜文武為法。"清洪昇《長生殿·舞盤》："臣妾楊氏見駕，願陛下萬歲、萬萬歲！"

乘輿

亦作"乘轝"，又稱"車駕""輿駕""駕"。君主之代稱。此稱漢代已行用。天子出行必用車輿，臣下不能直呼主上，故以所乘車代稱；一說天子以天下為家，其車輿所到處即天子所在，故稱。漢蔡邕《獨斷》卷上："天子至尊，不敢褻瀆言之，故托之於乘輿。乘猶載也，輿猶車也。天子以天下為家，不以京師宮室為常處，則當乘車輿以行天下，故群臣托乘輿以言之。或謂之車駕。"《史記·封禪書》："乘轝斥車馬帷幄器物以充其家。"《漢書·高帝紀下》："車駕西都長安。"顏師古注："凡言車駕者，謂天子乘車而行，不敢指斥也。"《後漢書·光武帝紀》："〔建武元年〕冬十月癸丑，車駕入洛陽，幸南宮却非殿，遂定都焉。"《後漢書·獻帝紀》："〔興平二年〕七月甲子，車駕東歸，郭汜自為車騎將軍，楊定為後將軍，楊奉為興義將軍，董承為安集將軍，並侍送乘輿。"

《魏書·禮志一》："〔太和〕十三年……五月庚戌，車駕有事於方澤。"同書《王叡傳》："輿駕詣洛，路幸其州，人庶多爲立銘，置於大路，虛相稱美。"《北齊書·斛律金傳》："車駕復幸其第，六宮及諸王盡從，置酒作樂，極夜方罷。"唐李嶠《汾陰行》詩："埋玉陳牲禮神畢，舉麾上馬乘輿出。"《舊唐書·楊國忠傳》："及哥舒翰出師，凡不數日，乘輿遷幸，朝廷陷没。""車駕"又省稱爲"駕"。《舊唐書·禮儀志二》："自是駕在東都，常以元日冬至於乾元殿受朝賀。"宋洪邁《容齋續筆·淮南守備》："周世宗舉中原百郡之兵南征……自二年之冬訖五年之春，首尾四年，至於乘輿三駕，僅得江北。"宋楊萬里《誠齋集·張魏公傳》："於是趙鼎復相，乘輿自建康還臨安。"宋孟元老《東京夢華録·下赦》："車駕登宣德樓，樓前立大旗數口。"元趙孟頫《明肅樓記》："至元十六年詔立後衛親軍都指揮司，設使副僉事，統選兵萬人，車駕所至常從。"《元史·成宗紀》："〔九年八月〕庚申，車駕至自上都。"明李善《禮部尚書致仕贈大保謚忠安胡公神道碑銘》："車駕親征北虜，駐蹕宣府。"清于敏中《日下舊聞考》卷七二引《大清會典》："巡省方，以嚮導總統一人，先期率官校詣車駕經行之地，周覽山川，通橋梁，夷險隘，計程入告。"清吳梅《風動山·閱兵》："上年廣州一破，車駕奔至梧州。"

【乘轝】

同"乘輿"。此體漢代已行用。見該文。

【車駕】

即乘輿。此稱漢代已行用。見該文。

【輿駕】

即乘輿。此稱南北朝時期已行用。見該文。

【駕】

"車駕"之省稱。即乘輿。此稱魏晋時期已行用。見該文。

縣官

古代天子之代稱。因臣下不敢直呼帝名，故以此稱之。此稱漢代已行用。因周代王畿中稱國都爲縣，官則爲王者治天下之義，故有此稱。《史記·絳侯周勃世家》："庸知其盜賣縣官器，怒而上變告子，事連汙條侯。"司馬貞索隱："縣官，謂天子也。所以謂國家爲縣官者，《夏家（官）》王畿内縣即國都也；王者官天下，故曰縣官也。"《漢書·宣元六王傳·東平思王宇》："今暑熱，縣官年少，持服恐無處所。"顏師古注引張晏曰："不敢指斥成帝，謂之縣官也。"《漢書·陳湯傳》："人以問湯：'第宅不徹，得毋復發徙？'湯曰：'縣官且順聽群臣言，猶且復發徙之也。'"《後漢書·劉盆子傳》："景王大怒曰：'當爲縣官，何故爲賊！'"李賢注："縣官，謂天子也。"《周禮·秋官·司厲》："其奴，男子入於罪隸，女子入於舂稾。"漢鄭玄注："奴，從坐而没入縣官者，男女同名。"《鹽鐵論·授時》："大夫曰：'縣官之於百姓，若慈父之於子也。'"漢王充《論衡·程材》："縣官事務，莫大法令。"後世或用此稱，多作詩文中之典故使用。唐權德輿《唐故義武軍節度使貞武張公遺愛碑銘（并序）》："縣官之所以賦軍宿兵，下尺一之詔者，在排難捍患而已。"宋黃庭堅《二月二日曉夢會於廬陵西齋作寄陳適用》詩："縣官恩乳哺，卜史用鞭撻。"後亦多有釋縣官爲天子者。宋孫奕《履齋示兒編·雜記·人物通稱》："天子可稱鉅公，可稱縣官。"章炳麟《官制索隱》："有以疆域號其君者，如漢世稱天子爲縣官。"昂孫《網廬漫墨》："前後漢時，有稱國君爲縣官者矣。……按，縣官皆指天子，是國君稱謂，不單獨天子也。"

萬歲

俗稱"萬歲爺"。君王之代稱。明清時期爲稱頌君主而有此代稱。"萬歲"最初祇是人們歡呼慶賀之語詞，戰國時已有此風。漢以後漸成爲臣民向君王歡呼時的敬仰之聲。宋高承《事物紀原・帝王后妃部・萬歲》："'萬歲'，考古，逮周未有此禮。戰國時，秦王見藺相如奉璧、田單偽約降燕、馮諼焚孟嘗君債券，左右及民皆呼萬歲。蓋七國時衆所喜慶于君者，皆呼萬歲。"元劉壎《隱居通議・經史二・萬歲》亦謂："萬歲之呼，世以爲起於漢武帝登嵩山，從官奏人有呼萬歲者三，自此遂以爲祝君之禮。然齊田單守即墨，遣使詐約降於燕，燕軍皆呼萬歲，則此禮非起於漢矣。又相如奉璧入秦，秦人皆呼萬歲；紀信詐降，楚皆呼萬歲。"上述說法，出典見於《戰國策》《史記》，如《戰國策・齊策四》："臣竊矯君命，以責賜諸民，因燒其券，民稱萬歲。"明以前"萬歲"未成皇帝稱謂，故漢魏以降多有以"萬歲"名宮殿亭臺、山水縣邑，乃至於一般人名者。《三輔黄圖》卷三："武帝造汾陰，有萬歲宮。"《漢書・地理志上》："句陽，秅，〔王〕莽曰萬歲。"北魏酈道元《水經注・瓠子河》："褚先生曰：漢武帝封金日磾爲侯國，王莽之萬歲矣，世猶謂之爲萬歲亭也。"又同書《耒水》："水出西南萬歲山，……山上悉生靈壽木，溪下即千秋水也，水側民居號萬歲村。"宋晁無咎《奉議郎致仕崔君墓誌銘》："〔崔承之〕卒後八年，大觀元年

閏十月壬寅，葬兗州龔丘縣萬歲鄉之三埠村，其先塋之南。"臣民稱"萬歲"之名，後周有李萬歲（《北史・李遠傳》），隋有史萬歲（《隋書・楊義臣傳》），唐有刁萬歲（殷亮《顏魯公行狀》）。然歷代雖非皇帝專名，漢以後却也祇許對君主歡呼萬歲，"禮無人臣稱萬歲之制"（《後漢書・韓棱傳》）。清趙翼《陔餘叢考・萬歲》引證甚多，并曰："蓋古人飲酒必上壽稱慶曰萬歲，其始上下通用爲慶賀之詞，猶俗所云萬福、萬幸之類耳。因殿陛之間用之，後乃遂爲至尊之專稱。而民間口語未改，故唐末猶有以爲慶賀者，久之，遂莫敢用也。"明代皇宮後面的煤山（清代改稱景山）被稱作"萬歲山"，亦屬皇家專稱。明王直《禮部右侍郎謚文肅錢公神道碑》："宣宗……三年戊申元夕，賜文武近臣觀燈萬歲山。"萬歲"之稱，清以後俗或稱"萬歲爺"。清洪昇《長生殿・絮閣》："奴婢看萬歲爺與娘娘呵，百縱千隨真是少。"《草木春秋演義》第一一回："正言之下，只見有一小軍飛報道：'萬歲爺爺召元戎父子見駕。'"京劇《哭祖廟》第二場："（女巫）哎呀！萬歲爺聖駕在此，參見萬歲！"今戲曲中猶存此稱。

【萬歲爺】

"萬歲"之俗稱。此稱清代已行用。見該文。

龍

傳說中的神物，被視作帝王象徵。龍的形象，早在四五千年前的新石器時代已產生，而成爲王者化身，則始於先秦時期，并沿襲至清代。《周易・乾》有"潛龍勿用""飛龍在天""亢龍有悔"等詞語，以龍比喻"大人"處世方略。後世常藉此喻皇帝興起：稱"潛龍"爲等待時機勃興稱帝，以"龍飛""龍興"稱其登基即

位。《韓非子·説難》首次直接以龍喻王："夫龍之爲蟲也，柔可狎而騎也；然其喉下有逆鱗徑尺，若人有嬰之者，則必殺人。人主亦有逆鱗，説者能無嬰人主之逆鱗，則幾矣。"把帝王比作龍，稱龍喉下有逆鱗，人一觸碰，則必激怒龍而遭其擊殺。《史記·老莊申韓列傳》載此文，張守節正義曰："龍，蟲類也，故言龍之爲蟲。"又曰："説者能不犯人主逆鱗，則庶幾矣。"秦始皇進而被稱作"祖龍"。《史記·秦始皇本紀》："使者從關東夜過華陰平舒道，有人持璧遮使者，……因言曰：'今年祖龍死。'"裴駰集解引蘇林曰："祖，始也；龍，人君象。謂始皇也。"又引應劭曰："祖，人之先；龍，君之象。"又《後漢書·襄楷傳》："昔秦之將衰，華山神操璧以授鄭客曰：'今年祖龍死。'"李賢注："祖龍謂秦始皇也。"後世詩文亦多用此典。唐韋應物《石鼓歌》："秦家祖龍還刻石，碣石之罘李斯跡。"宋樂史《太平寰宇記·序》："祖龍爲炎漢之梯，獨夫啓成周之路。"清弘曆《御製讀史記隨筆》："惟應駕海神鞭石，一節還教讓祖龍。"漢以後，還藉讖緯之説描述一些皇帝有類龍的面貌，諸如"日角""隆準"之類。而此類異相被歷代官修史書所繼承，描述了許多皇帝爲"龍子"，生就一派"龍相"。《漢書·高祖紀》："高祖……母媼嘗息大澤之陂，夢與神遇。是時雷電晦冥，父太公往視，則見交龍於上。已而有娠，遂產高祖。高祖爲人，隆準而龍顏。""交龍"，《史記》作"蛟龍"。《晉書·元帝紀》亦稱："元皇帝……生於洛陽，有神光之異，一室盡明，所藉稿如始刈。及長，白豪生於日角之左，隆準龍顏，目有精曜，顧眄煒如也。"《文選·劉孝標〈辯命論〉》："龍犀日角，

帝王之表。"李善注："朱建平《相書》曰：'額有龍犀入髮，左角日，右角月，王天下也。'"故有不少與皇帝、王權相關之事，被冠以龍之稱，如稱皇帝容貌態度，曰龍顏；皇帝所穿龍紋之袍，曰龍袍；皇帝駕崩，曰龍馭上賓，等等。此類情形廣見於古詩文中，反映出龍與帝的密切關聯和帝所具有的龍的威嚴。唐李治《九月九日》詩："鳳闕澄秋色，龍闈引夕涼。"唐許敬宗《奉和詠雨應詔》詩："激溜分龍闕，斜飛灑鳳樓。"唐杜甫《上韋左相二十韵》："鳳曆軒轅紀，龍飛四十春。"宋佚名《大唐三藏取經詩話·到陝西王長者妻殺兒處》："大唐帝聞奏，淚滴龍衣。"宋楊億《漢武》詩："力通青海求龍種，死諱文成食馬肝。"清洪昇《長生殿·罵賊》："恨子恨潑腥膻莽將龍座滓，癩蝦蟆妄想天鵝啖，生克擦直逼的個官家下殿走天南。"《清史稿·樂志五》："宏開北闕輝龍陛，共祝南山酌兕觥。"龍紋廣見於皇家種種事物中，諸如宮殿柱子、欄杆、階陛上，寶座、車駕上，陶瓷銅玉器物上，衣帽、腰帶、鞋子上，誥命詔書上，無不有龍的裝飾，足見它所具有的帝王的神聖意義。

日角

額骨中央隱隱隆起如日形之骨相，舊時相術家視爲帝王之相，故偶亦作帝王代稱。此稱漢代已行用。實爲神化皇權而附會帝王成龍的形象，以示天命所繫，彰顯其威嚴。《太平御覽》卷八六引《河圖》曰："秦始皇帝名政，虎口、日角、大目、隆鼻……名祖龍。"《後漢書·光武帝紀》："〔光武帝〕美須眉，大口，隆準，日角。"李賢注引漢鄭玄《尚書中候注》云："日角，謂庭中骨起狀如日。"《後漢書·朱祐傳》：

“祐侍譙，從容曰：‘長安政亂，公有日角之相，此天命也。’”漢代抑或用於描寫皇后。《後漢書·梁皇后紀》：“永建三年與姑俱選入掖庭，時年十三，相工茅通見后驚，再拜賀曰：‘此所謂日角偃月，相之極貴。’”古史多附會帝王生來異常，神乎其神，不過是小説家言，却被寫入正史，而且史不絕書。《南史·梁本紀上》稱梁武帝蕭衍之母“嘗夢抱日，已而有娠，遂產帝。帝生而有異光，狀貌殊特，日角龍顏，重岳虎顧”。《遼史·興宗紀》：“幼而聰明，長而魁偉，龍顏日角，豁達大度。”偶或以“日角”作皇帝代稱。《魏書·尒朱榮傳》：“佇龍顏而振腕，想日角以嘆息。”唐李商隱《隋宮》詩：“玉璽不緣歸日角，錦帆應是到天涯。”元周砥《和遂昌鄭先生題大尹所藏唐人書經》詩：“寶氣虹光輝日角，錦囊瑶軸閟雲扃。”清鄒家龍《萬壽詩》四首其三：“日角龍顏應運生，萬年佳節樂稱觥。”清朝覆亡，帝制終結，日角之説亦止。

龍顏

眉骨凸起似龍，喻帝王之相，因藉稱皇帝。此稱漢代已行用。本謂眉骨圓起，龍首亦高額，因稱帝王容貌。《史記·高祖本紀》：“高祖爲人，隆準而龍顏。”裴駰集解引應劭曰：“隆，高也；準，頰權準也；顏，額顙也。齊人謂之顙，汝南淮泗之間曰顏。”司馬貞索隱：“始皇蜂目長準，蓋鼻高起。文穎説是高祖感龍而生，故其顏貌似龍，長頸而高鼻。”帝王藉此而神化，擬作龍則更神聖。《易緯·乾鑿度》載帝王十種異相，其中亦有：“復表日角，臨表龍顏。”《晋書·元帝紀》載帝王生來神異：“元皇帝……生於洛陽，有神光之異，一室盡明，所藉稿如始

刈。及長，白豪生於日角之左，隆準龍顏。”同書《慕容皝載記》：“慕容皝……龍顏版齒。”唐裴庭裕《東觀奏記》上卷：“奏事下三四刻，龍顏忽怡然，謂宰臣曰：‘可以聞話矣。’”後由帝王容顏而藉指帝王。晋袁宏《七賢序》：“夫未遇伯樂，則千載無一驥；時值龍顏，則當年控三傑。”南朝梁沈約《郊居賦》：“值龍顏之鬱起，乃憑風而矯翼。”唐吳兢《貞觀政要·封建》：“借使李斯、王綰之輩盛開四履，將閭、子嬰之徒俱啓千乘，豈能逆帝子之勃興，抗龍顏之基命者也！”唐杜甫《至日遣興奉寄北省舊閣老兩院故人》二首之一：“憶昨逍遥供奉班，去年今日侍龍顏。”明謝榛《四溟詩話》引何仲默詩曰：“千官齊鵠立，萬國候龍顏。”《禪真後史》第四〇回：“臣得侍龍顏，親聆珠玉，臣無任感戴。”《蕩寇志》第一〇一回：“他時博寵乎龍顏，實此日肇基於猿臂也。”隨着清朝滅亡，帝制結束，龍顏一稱亦趨於終結。

龍座

朝廷正殿上雕有龍紋的皇帝御座，以龍神聖威嚴，爲皇帝象徵，故龍座亦成王權象徵。偶亦藉以指代皇帝。此稱宋代已行用，廣泛行用則在明清時期。宋梁燾《駕幸太學》：“原廟親持十月觴，天回寶輦款虞庠。當陽赭幄翔龍

故宮保和殿皇帝寶座

座，屬地霜袍振鷺行。"明王九思《曲江春》第一折："撫乾坤，龍座穩。蓬萊殿，五彩雲。紫宸朝，萬國臣。"《醒世恒言·佛印師四調琴娘》："端卿……直捱到龍座御膝之前。偷眼看聖容時，果然龍鳳之姿，天日之表，天威咫尺，毛骨俱悚，不敢恣意觀瞻，慌忙退步。却被神宗龍目看見了。"《西遊記》第四五回："慌得國王收了關文，急下龍座，著近侍的設了繡墩，躬身迎接。"《再生緣》第九回："轉奏君王龍座下，懇求聖旨賜諧婚。"明顧禄《擬朝會樂章》二十六首之一即以龍座指代皇帝："鷄鳴欲曙天，冠蓋集群賢。拜舞瞻龍座，歡愉侍御筵。"

龍墀

皇宫大殿中的地面，指皇帝升朝之地，乃至藉稱朝廷或皇上。龍是皇帝象徵，故稱。此稱唐代已行用。《舊唐書·穆宗紀》："裴度來朝，對於麟德殿，伏奏龍墀，因叙河北用兵，嗚咽流涕，上改容慰勞之。"同書《敬宗紀》："戊辰，群臣入閣，日高猶未坐。有不任立而踣者，諫議大夫李渤出次白宰相，俄而始坐。班退，左拾遺劉栖楚極諫，頭叩龍墀血流，上爲之動容。"同書《文宗紀下》："紫宸奏事，宰相路隨至龍墀，仆於地，令中人掖之。翌日，上疏陳退，識者嘉之。"此皆指殿中地面。唐劉禹錫《楊柳枝》詩三十八首之一："鳳闕輕遮翡翠幃，龍墀遥望麴塵絲。"此則藉稱皇上。《敦煌曲子詞·望江南》："數年路隔失朝儀，目斷望龍墀。"此則藉指朝廷或京城。唐以後此稱直沿用至清。宋王稱《東都事略·本紀一》："宣徽使引太祖就龍墀，北面拜受。宰相扶太祖升殿，易服東序，還即皇帝位。"《宋史·彭龜年傳》："同知樞密院余端禮曰：'扣額龍墀，曲致忠懇，

臣子至此，爲得已邪？'上云知之。"宋李伯圭《挽胡季昭》詩二首之一："聖朝寬詔下龍墀，盡放纍臣脱串羈。"宋真德秀《東宫》詩五首之一："鶴駕通宵入問安，龍墀清晚押朝班。"宋陸游《史院書事（是日丞相過局）》："孤臣曾趨龍墀對，白首爲郎只自傷。"自注："紹興辛巳嘗蒙恩賜對，今三十九年矣。"《金史·百官志一》："殿中侍御史二員，正七品。每遇朝對，立於龍墀之下，專劾朝者儀矩。凡百僚假告事，具奏目進呈。"元泰不華《上尊號聽詔李供奉以病不出奉寄》詩："侍臣亦有文園病，卧聽龍墀鼓吹聲。"明宋訥《壬子秋過故宫》詩八首之一："虎衛龍墀人不見，戍兵騎馬出蕭墻。"明王直《雪》詩："大雪下龍墀，蓬萊曙色移。"

勸進

勸人稱帝。此稱三國時期已行用。勸進多爲一種表演，或爲欲纂皇位者做輿論鋪墊，或爲繼位者營造廣受擁戴之象。此時被"勸"者往往故作姿態，假意推辭，最後再表示不得不爾。河南許昌南曹魏故城漢獻帝廟中有"上尊號碑"，又名"勸進碑"，碑文記録魏王曹丕稱帝之事。《晋書·文帝紀》："公卿將校皆詣府喻旨，帝以禮辭讓，司空鄭沖率群官勸進。"勸進往往被正人君子視爲可耻。《四庫全書總目提要·晋記》："阮籍雖未仕晋，然《勸進》一牋，本集具載，此其意存黨纂，百喙無辭。"《晋書·劉琨傳》："是時，西都不守，元帝稱制，江左琨乃令長史温嶠勸進，於是河朔征鎮夷夏一百八十人連名上表。"同書《王導傳》："初，西都覆没，海内思主，群臣及四方並勸進於帝。"《資治通鑑·梁武帝中大通四年》："使斛斯椿奉勸進表，椿入帷門，磬折延首而不敢

前。"《舊五代史·唐書·莊宗紀》:"河中節度使朱友謙、昭義節度使李嗣昭、滄州節度使李存審、定州節度使王處直、邢州節度使李嗣源、成德軍兵馬留後張文禮、遙領天平軍節度使閻寶、大同軍節度使李存璋、新州節度使王郁、振武節度使李存進、同州節度使朱令德,各遣使勸進,請帝紹唐帝位,帝報書不允。自是諸鎮凡三上章勸進,各獻貨幣數十萬,以助即位之費。帝左右亦勸帝早副人望,帝攝挹久之。"可看出兵權在握與勸進的關係。宋李心傳《建炎以來繫年要錄·建炎元年四月》:"門下侍郎耿南仲在軍中率群僚勸進,王避席嗚咽,掩面流涕,辭遜不受。"《元史·武宗紀》:"十一年春,聞成宗崩……諸王也只里昔嘗與叛王通,今亦預謀。既辭服伏誅,乃因闍辭勸進。帝謝曰:'吾母吾弟在大都,俟宗親畢會,議之。'"《明史·成祖紀》:"丙寅,諸王群臣上表勸進。"又同書《世宗紀》:"大學士楊廷和等請如禮臣所具儀,由東安門入居文華殿,擇日登極,不允。會皇太后趣群臣上箋勸進,乃即郊外受箋。"

尊號

尊崇皇帝、皇后的稱號,亦專指"皇帝"之號。此稱秦代已行用。宋高承《事物紀原·帝王后妃部》引項峻《始學篇》,謂"天地立有天皇,號曰天靈",高承稱此"即帝王尊號之始也"。按,此為後人之揣度,先秦未見有以帝王為"天皇"、號"天靈"者。至秦乃有上尊號之說。《史記·秦始皇本紀》:"臣等昧死上尊號,王為泰皇,命為制,令為詔,天子自稱曰朕。"《漢書·高帝紀下》:"於是諸侯王及太尉長安侯臣綰等三百人,與博士稷嗣君叔孫通,謹擇良日,二月甲子上尊號,漢王即皇帝位於氾水之陽。"又:"群臣曰:帝起細微,撥亂世反之正,平定天下,為漢太祖,功最高,上尊號曰高皇帝。"顏師古注:"尊號,謚也。"可知漢初尊號與謚號混淆。漢董仲舒《春秋繁露·三代改制質文》:"帝,尊號也。"漢荀悅《前漢紀·孝宣帝紀》:"禮,父為士,子為天子,祭以天子悼考園,宜稱尊號曰皇考,立廟置縣。"《漢書·五行志上》:"時傅太后欲與成帝母等號齊尊,大臣孔光、師丹等執政以為不可,太后皆免官爵,遂稱尊號。"《後漢書·祭祀志下》:"和帝崩,上尊號曰穆宗。"《資治通鑑·漢孝哀帝建平二年》:"傅太后欲求稱尊號,與成帝母齊尊。"《晉書·后妃傳上·武悼楊皇后》:"因舊譜參論撰次,尊號之重,一無改替。"《初學記》卷六引裴景仁《苻書》(按,應為《秦記》)曰:"苻健至長安,賈玄等上尊號。依舊儀立百官,設壇城南,於渭水之陽。"《通鑑紀事本末·魏伐後燕》:"燕群臣復上尊號。丙子,長樂王〔慕容〕盛始即皇帝位。"《宋書·孝武帝紀》:"〔元嘉三十年四月〕丁卯,大將軍江夏王義恭來奔,奉表上尊號。戊辰,上至于新亭。己巳,即皇帝位,大赦天下。"唐以前,尊號主要是指帝王之尊,唐以後,給皇帝、皇后加種種尊稱成為定制。《新唐書·順宗紀》:"元和元年正月,皇帝率群臣上尊號曰應乾聖壽太上皇。是月,崩於咸寧殿,年四十六。"《資治通鑑·後晉高祖天福三年》:"帝上尊號於契丹主及太后。戊寅,以馮道為太后冊禮使,左僕射劉煦為契丹主冊禮使,備鹵簿儀仗車輅,詣契丹行禮。契丹主大悅。"《宋史·太祖紀》:"〔乾德元年十一月〕甲子,有事南郊,大赦,改元乾德。百官奉玉册上尊號曰‘應天廣運聖文武至德皇帝’。丙寅，南唐進賀南郊、尊號銀絹萬計。”宋高承《事物紀原·帝王后妃部》：“至唐高宗上元二年九月壬辰始稱天皇；中宗神龍元年十月上尊號曰應天皇帝，景龍元年八月丙戌加號應天神龍；玄宗開元已後宰相始率百官上尊號，以爲常制。宋朝神宗熙寧中，上以虚名無實，遂罷之也。”按，宋神宗以後上尊號事實上未曾終止。《宋史·欽宗紀》：“金人濟河，……命刑部尚書王雲副康王使斡離不軍，許割三鎮，奉袞冕、車輅，尊其主爲皇叔，上尊號。”《明史·世宗紀》：“〔嘉靖元年三月〕丁巳，上慈壽皇太后尊號曰‘昭聖慈壽皇太后’，武宗皇后曰‘莊肅皇后’。”《清史稿·禮志七》：“皇帝御殿，皆跪。八大臣出班，跪進上尊號表，侍臣受，跪御前宣讀。”

稱尊號

亦稱“即尊號”“登尊號”。謂稱帝。因尊號爲皇帝專有，故稱。此稱漢代已行用。《淮南子·泰族訓》：“所謂有天下者，非謂其履勢位、受傳籍、稱尊號也，言運天下之力，而得天下之心。”東漢時有“即尊號”之稱。漢蔡邕《獨斷》卷下：“殤帝崩，無子弟，安帝以和帝兄子，從清河王子即尊號。”三國以後又稱“登尊號”。或謂西漢時已有此稱，《太平御覽》卷二二八引《史記》曰：“高祖滅秦，登尊號，群臣飲，爭功，醉或怨妄呼，拔劍擊柱，上患之。”按，《史記·劉敬叔孫通列傳》原文爲“漢五年，已并天下，諸侯共尊漢王爲皇帝……群臣飲酒爭功，醉或妄呼，拔劍擊柱，高帝患之”，并無“登尊號”之説。《三國志·吳書·妃嬪傳》：“〔孫〕權爲吳王及即尊號，〔孫〕登爲太子。”又《吳主五子傳》：“黃龍元年，〔孫〕權稱尊號。”後世沿用上述稱謂。《資治通鑑·晋懷帝永嘉五年》：“〔石勒〕問以晋故，〔王〕衍具陳禍敗之由，云計不在己，且自言少無宦情，不豫世事。因勸勒稱尊號，冀以自免。”《晋書·王導傳》：“及帝登尊號，百官陪列。”《隋書·李密傳》：“其黨勸〔李〕密即尊號，密不許。”清查繼佐《罪惟録·唐主朱聿附紀》：“〔隆武二年〕十一月之朔，王行監國禮，使主事陳邦彦奉箋，觀桂肇慶未返五之日，遽稱尊號，改元紹武。”

【即尊號】

即稱尊號。此稱漢代已行用。見該文。

【登尊號】

即稱尊號。此稱晋代已行用。見該文。

即位

亦稱“踐阼”“即阼”“登極”“登基”。稱帝，登上王位。此稱先秦時期已行用。《禮記·曲禮下》：“踐阼、臨祭祀，内事曰孝王某，外事曰嗣王某。”《春秋·桓公元年》：“春，王正月，公即位。”《左傳·隱公四年》：“宋殤公之即位也，公子馮出奔鄭。”約成書於戰國時期的《竹書紀年》卷上載夏代世系，其中云：“帝仲康：元年己丑，帝即位，居斟鄩。”秦始皇是中國歷史上稱皇帝第一人。據《史記·秦始皇本紀》，其泰山刻石稱“皇帝臨位”；秦始皇死，“太子胡亥襲位”，均未言“即位”“登基”。漢以後乃多用此稱。《史記·孝文本紀》：“太子即位於高廟。丁未，襲號曰皇帝。”《三國志·魏書·文帝紀》：“王升壇即阼，百官陪位。”同書《魏書·明帝紀》裴松之注引《魏書》：“即位之後，褒禮大臣，料簡功能，真偽不得相貿，務絕浮華譖毁之端。"《宋書·檀道濟傳》:"太祖未至,道濟入守朝堂。上即位,進號征北將軍。"《魏書·茹皓傳》:"宣武踐阼,皓侍直禁中,稍被寵接。"《周書·宗懍傳》:"孝閔帝踐阼,拜車騎大將軍、儀同三司。"唐錢起《歸義寺題震上人壁》詩:"堯王未登極,此地曾隱霧。"唐莫休符《桂林風土記·古今事跡·袁恕己》:"〔袁〕恕己等與左羽林將軍李多祚率兵五百人,就宮中斬易之、昌宗,梟首天津橋,廢則天,迎中宗即位,重興大唐社稷。"宋熊克《中興小紀·建炎四年四月》:"自藝祖踐祚,與趙普講明利害,著爲令典,萬世守之,不可失也。"宋佚名《楓窗小牘》卷下:"元祐六年七月朔,皇帝既視文德,朝翰林,學士拜疏於庭曰:'陛下即位,尊有德,親有道……'"明楊廷和《視草餘錄》:"先是,奉迎官啓行時即與之約,以四月十八九至京師,二十二日嗣君即位。或有沮撓者,已斥之矣。"《明史·仁宗紀》:"成祖踐阼,以北平爲北京。"又同書《世宗紀》:"大學士楊廷和等請如禮臣所具儀,由東安門入居文華殿,擇日登極,不允。"《清史稿·禮志七》載清太祖登基儀較詳:"登極儀。清初太祖創業,建元天命,正月朔即位,貝勒、群臣集殿前,按翼序立。皇帝御殿,皆跪。八大臣出班,跪進上尊號表,侍臣受,跪御前宣讀。帝降座,焚香告天,率貝勒、群臣行禮,三跪九叩,畢,復座,貝勒等各率旗屬慶賀。"

【踐阼】

即即位。此稱先秦時期已行用。見該文。

【即阼】

即即位。此稱三國期已行用。見該文。

【登極】

即即位。此稱唐代已行用。見該文。

【登基】

即即位。此稱清代已行用。見該文。

禪讓

亦稱"禪位"。君王讓出王位、移交王權。此稱先秦時期已行用,真實的禪讓行爲則始於漢,達於清。有主動讓位和被動讓位二類。主動型通常爲君王年歲高或出於其他特殊原因而讓,被動型則是被强迫讓位。相傳堯、舜、禹之間的王位是通過禪讓方式實現的,今人或認爲這是原始氏族社會部族首領間和平的權力交接。《書》中《堯典》《大禹謨》和《史記·五帝本紀》均記述了後世所謂的"禪讓"之事。然而,誠如顧頡剛《古史辨》所説:"禪讓之説乃是戰國學者受了時勢的刺激,在想象中構成的烏托邦。"而史籍中也有與"禪讓"相反的記載。《史記·五帝本紀》"堯崩,三年之喪畢,舜讓避丹朱於南河之南"張守節正義引古本《竹書紀年》云:"昔堯德衰,爲舜所囚也";"舜囚堯,復偃塞丹朱,使不與父相見也"。《韓非子·説疑》中亦有"舜逼堯,禹逼舜"記載;《荀子·正論》則明確指出:"夫曰堯舜禪讓,是虛言也,是淺者之傳、陋者之説也。"後世卻盛贊堯舜禹間的"禪讓",均是儒者的一種理想。《書·堯典》"明明揚側陋"漢孔安國傳:"堯知子不肖,有禪位之志,故明舉明人在側陋者,廣求賢也。"元胡震《周易衍義》卷七:"建天下之大功,出於人所不常見者,謂之'大過'。如堯舜之禪位,湯武之放伐,皆大過人之事也。"漢以後"禪位"屢有發生,然而多與篡位有關。《三國志·魏書·文帝紀》:"漢帝以衆望在魏，乃召群公卿士，告祠高廟，使兼御史大夫張音持節奉璽綬禪位。"《資治通鑑·梁武帝中大通四年》："〔元修〕乃爲安定王作詔策而禪位焉。戊子，孝武帝即位於東郭之外。"又同書《後梁太祖開平元年》："〔羅紹威〕入見王曰：'今四方稱兵爲王患者，皆以翼戴唐室爲名，王不如早滅唐以絶人望。'王雖不許，而心德之，乃亟歸。壬寅，至大梁。甲辰，唐昭宣帝遣御史大夫薛貽矩至大梁，勞王。貽矩請以臣禮見王，……乃北面拜舞於庭，王側身避之。貽矩還言於帝曰：'元帥有受禪之意矣。'帝乃下詔，以二月禪位于梁。"《皇朝文鑑·赦文·建隆登極赦文》："幼主以曆數有歸，尋行禪讓。"元劉壎《隱居通議·經史一·周恭帝禪位詔》："五代開皇紀載恭帝禪位詔，與宋朝《太祖實録》所載無一字同。殆史官改易元本，乃知盡信書不如無書。"歷代主動禪位的皇帝相對較少，多屬年長或無力應對危局而禪位於子嗣，諸如唐玄宗、宋徽宗、宋高宗、清乾隆帝等，皆是。明吳寬《跋王氏紹興敕牒》："紹興三十二年，高宗禪位之歲也。"

【禪位】

即禪讓。此稱漢代已行用。見該文。

遜位

國家首腦讓位交權。此稱漢代已行用。《史記·太史公自序》："唐堯遜位，虞舜不臺。"《後漢書·獻帝紀》："〔建安二十五年〕冬十月，皇帝遜位，魏王丕稱天子。"《宋書·武帝紀上》："念四代之高義，稽天人之至望，予其遜位別宮，歸禪於宋，一依唐虞、漢魏故事。"宋王讜《唐語林·補遺一》："高宗將下詔遜位於則天，攝知國政，召宰臣議之。"《清史稿·刑法志一》："迨宣統遜位，而中國數千年相傳之刑典俱廢。"

禪代

亦稱"受禪"。通過禪讓方式取得皇位。此稱漢代已行用。多爲以武力相逼而實現。《漢書·叙傳上》："雖其遭遇異時，禪代不同，至乎應天順民，其揆一也。"《三國志·魏書·明帝紀》裴松之注引《獻帝傳》："仲尼盛稱堯、舜巍巍蕩蕩之功者，以爲禪代乃大聖之懿事也。"《晉書·禮志上》："武帝泰始元年十二月丙寅，受禪。"《晉書·賈充傳》："〔賈〕充既論説時事，因謂〔諸葛〕誕曰：'天下皆願禪代，君以爲何如？'"《資治通鑑·宋武帝永初元年》："宋王欲受禪而難於發言，乃集朝臣宴飲，從容言曰：'桓玄篡位，鼎命已移，我首唱大義，興復帝室。'"《隋書·衛玄傳》："及高祖受禪，〔衛玄〕遷淮州總管，進封同軌郡公，坐事免。"宋蕭常《續後漢書·魏載記·王粲》："〔曹〕丕嗣相位，還漢朝爲侍郎，勸贊禪代之事，且爲文誥之辭。"宋王十朋《上殿劄子》："陛下應天受禪，天下罔不歡欣鼓舞，咸謂真主既出，恢復指日可期也。"

【受禪】

即禪代。此稱漢代已行用。見該文。

篡位

亦稱"篡立"。非法奪取王位稱帝。此稱漢代已行用。漢荀悦《前漢紀·孝成皇帝紀贊》："建始已後，王氏始執國命，迄爲哀、平，莽遂篡位。蓋其威福所由來漸矣。"《左傳·隱公十一年》"不書葬，不成喪也"杜預注："桓弑隱篡位，故喪禮不成。"《春秋·桓公元年》"公即位"杜預注："桓公篡立而用常禮，欲自同於遭喪繼位者。"晋常璩《華陽國志·劉先主志》："殿下以曹操父子逼主篡位，故乃羈旅萬里，糾合士衆，將以討賊。"《資治通鑑·宋武帝永初元年》："宋王欲受禪而難於發言，乃集朝臣宴飲，從容言曰：'桓玄篡位，鼎命已移，我首唱大義，興復帝室。'"《通鑑紀事本末·郢王篡弒》："郢王〔朱〕友珪既篡立，諸宿將多憤怒。"宋楊萬里《誠齋集·張魏公傳》："〔張〕浚念天下事二十年爲和議所移，邊備蕩弛，且聞元顏亮篡立，勢已驕悍。浚憂之。"《明史·吳貞毓傳》："立大廟，定朝儀，擬改國號曰後明，日夕謀篡位。王聞憂懼。"

【篡立】

即篡位。此稱漢代已行用。見該文。

潛號

非正統的稱帝改元。此稱三國時期已行用。《資治通鑑·魏明帝景初元年》："今吳蜀二賊，非徒白地小虜聚邑之寇，乃潛號稱帝，欲與中國爭衡。"晋傅玄《晋鼓吹曲·惟庸蜀》："惟庸蜀，潛號天一隅。劉備逆帝命，禪亮承其餘。"清谷應泰《明史紀事本末·平鄖陽盜論》："劉通以膂力號劉千斤，石龍以妖識號石和尚，憲宗之世，潛號改元，唐、鄧、荆、襄騷然不靖。"清蔣良騏《東華錄·順治二年六月》："馬登洪、林慶業等已曾歸順，後聞福王潛號南京，遂不果來。"

阼

本指大堂前東面臺階，天子祭祀、主人迎客時所站之地，因藉指帝位。謂天子即位時踐阼升殿。此稱先秦時期已行用。《説文·阜部》："阼，主階也。"《書·顧命》"阼階"孔穎達疏："阼階者，東階也。"《儀禮·士冠禮》："主人玄端爵韠，立于阼階下。"鄭玄注："阼猶酢也。東階，所以答酢賓客也。"《禮記·曲禮下》："踐阼、臨祭祀，内事曰：孝王某；外事曰：嗣王某。"孔穎達疏："踐，履也；阼，主人階也。"因阼階爲殿前主階，遂成爲王位或王權代稱。稱"踐阼"，即謂繼王位或執掌朝政。《禮記·文王世子》："成王幼，不能莅阼，周公相，踐阼而治。"《史記·魯周公世家》："周公乃踐阼代成王攝行政當國。"《史記·孝文本紀》："代王曰：'奉高帝宗廟，重事也。寡人不佞，不足以稱宗廟。'……遂即天子位。……辛亥，皇帝即阼，謁高廟。"張守節正義："主人階也。"可知皇帝方可在宗廟"即阼"。《資治通鑑·漢孺子嬰初始元年》："九月，〔王〕莽母功顯君死，莽自以居攝踐阼，奉漢大宗之後，爲功顯君緦縗，弁而加麻環絰，如天子弔諸侯服。"明王世貞《弇山堂别集·中官考一》："事由獨斷，參寄文武，雖阼有變遷，而禍絶閹竪。"

神器

王權、帝位之代稱。本指政權、國家，引申爲君權。此稱先秦時期已行用。《老子》第二六章："將欲取天下而爲之，吾見其不得已。天下神器，不可爲也。爲者敗之。"王弼注："神，無形無方也；器，合成也。無形以合，故謂之神器也。"王注頗抽象，實指天下至高威權。然神器又非完全抽象，亦與實物相關。帝王之璽、九鼎之類，均可視爲神器。唯神器并非僅指此等實物而已。《漢書·叙傳上》："世俗見高祖興於布衣，不達其故，以爲適遭暴亂，得奮其劍，游説之士至比天下於逐鹿，幸捷而得之，不知神器有命，不可以智力求也。"顏師古注："劉德曰：'神器，璽也。'李奇曰：'帝王賞罰之柄也。'李説是也。"王先謙補注："劉奉世曰'神器者，聖人之大寶曰位'是也。'"《三國志·魏書·董昭傳》："方今群凶猾夏，四海未寧，神器至重，事在維輔，必須衆賢，以清王軌。"《晋書·武十三王傳》："天下大業，帝王神器，必建儲副，以固洪基。"晋潘岳《西征賦》："竟横噬於虎口，輸文武之神器。"《文選·左思〈魏都賦〉》："劉宗委馭，巽其神器。"吕延濟注："神器，帝位。"《宋書·武帝紀上》："未有因心撫民，而誠發理應，援神器於已淪，若在今之盛者也。"《資治通鑑·梁武帝中大通四年》胡三省注："雖天人樂推神器，歸屬賢君，處此之時，慄慄乎懼其不勝也。"唐杜甫《送從弟亞赴河西判官》詩："經綸皆新語，足以正神器。"清仇兆鰲注引《漢書注》："神器，政令也。"宋徐夢莘《三朝北盟會編·紹興三十一年十月》："惟海陵郡庶人〔完顏〕亮包藏禍心，覬覦神器，除煽奸黨，遂成篡逆。"《三國演義》第八〇回："曹氏大駡曰：'吾父功蓋寰區，威震天下，然且不敢篡竊神器。'"曹亞伯《武昌革命真史·武昌起義·檄各府州縣電》："窺竊我神器，誅鋤我人民。"

傳國璽

亦稱"傳國寶"。象徵皇權且表明君權受命於天、具有永久合法性的玉印。此稱漢代已行用。此物始於秦，毀於五代後唐清泰三年（936）。宋、元、明、清猶有假托之傳國璽出世，皆爲博人主歡心之僞物。秦一統中國，定"璽"爲皇帝印章專稱。漢蔡邕《獨斷》卷上："秦以來，天子獨以印稱璽，又獨以玉，群臣莫敢用也。"按，秦始皇時有"天子六璽"。《宋書·禮志九》："乘輿六璽，秦制也。《漢舊儀》曰：'皇帝行璽、皇帝之璽、皇帝信璽、天子行璽、天子之璽、天子信璽。'"六璽各有專門用途，而傳國璽不在其中。《隋書·禮儀志六》説傳國璽"方四寸"，魏晋時史籍亦有此説。《太平御覽》卷六八二引十六國後趙王度《二石傳》稱石虎得到以爲瑞兆之璽："方四寸，厚二寸。"如此規格之璽與用於封緘之"天子六璽"是不同的。它最初衹是皇帝佩戴在身、象徵最高權力之物。《太平御覽》卷六八二引崔浩《漢紀音義》又曰："傳國璽是和氏璧作之。"此説於史無據，且璧薄璽厚，二者無法轉換。"傳國璽"一稱始於漢。《漢書·元后傳》："初，漢高祖入咸陽，至霸上，秦王子嬰降於軹道，奉上始皇璽。及高祖誅項籍，即天子位，因御服其璽，世世傳受，號曰'漢傳國璽'。"璽上文字，《北堂書鈔》卷一三一引漢應劭《漢官儀》云："天子有傳國璽，文曰：'受命于天，既壽且康。'不以封也。"而《續漢書·輿服志下》劉昭注引晋徐廣曰："傳國璽文曰：'受天之命，皇帝壽昌。'"西漢末，王莽篡漢，逼元后交出傳國璽。《漢書·元后傳》："以孺子未立，璽臧長樂宮。及莽即位，請璽，太后不肯授莽。莽使安陽侯舜諭指。……太后知其爲莽求璽，怒駡之曰：'……若自以金匱符命爲新皇帝，變更正朔、服制，亦當自更作璽，傳之萬世，何用此亡國不祥璽爲，而欲求之！我漢家老寡婦，且暮且死，欲與此璽俱葬，終不可得！'太后……乃出漢傳國璽，投之地以授舜。……舜既得傳國璽，奏之。莽大説。"王莽被殺，傳國璽先後歸綠林、赤眉軍。劉秀定天下，"樊崇乃將盆子及丞相徐宣以下三十餘人肉袒降。上所得傳國璽綬，更始七尺寶劍及玉璧各一"（《後漢書·劉盆子傳》）；《後漢書·光武帝紀》："〔建武三年〕二月己未，祠高廟，受傳國璽。"漢末天下大亂，晉袁宏《後漢紀·孝靈帝紀》稱"得六璽，失傳國璽"。後傳孫堅尋得之。《續漢書·輿服志下》劉昭注引三國吳韋昭《吳書》曰："漢室大亂，天子北詣河上，六璽不自隨，掌璽者以投井中。孫堅北討董卓，頓軍城南，官署有井，……使人濬井，得傳國璽。其文曰：'受命于天，既壽永昌。'方圓四寸。"璽旋入袁術之手。《後漢書·袁術傳》："以袁氏出陳爲舜後，以黃代赤，德運之次，遂有僭逆之謀。又聞孫堅得傳國璽，遂拘堅妻奪之。"《三國志·魏書·武帝紀》"十三年……以公爲丞相"裴松之注引《先賢行狀》："〔袁〕術死後，〔徐〕璆得術璽，致之漢朝。"曹丕代漢，漢再失璽。《後漢書·皇后紀·獻穆曹皇后》："魏受禪，遣使求璽綬，后怒不與。如此數輩，后乃呼使者入，親數讓之，以璽抵軒下，因涕泣橫流曰：'天不祚爾。'"《三國志·魏書·三少帝紀》載晉代魏，璽又歸司馬炎："天祿永終，曆數在晉。詔群公卿士具儀設壇于南郊，使使者奉皇帝璽綬册，禪位于晉嗣王，如漢魏故事。"永嘉之亂，"遷〔懷〕帝及惠帝羊后、傳國六璽于平陽"（《晉書·劉聰載記》）。劉聰死，劉曜稱帝。《晉書·劉曜載記》："尚書令靳明爲盟主，遣卜泰奉傳國六璽降于曜。"劉曜爲後趙石勒擒殺，"季龍克上邽，遣主簿趙封送傳國玉璽、金璽、太子玉璽各一于勒"（《晉書·石勒載記》）。石勒死，石季龍廢勒子自立，璽歸之。季龍死，後趙內亂，冉閔盡誅石氏而立，璽又歸冉閔。閔爲前燕滅，太子冉智攜傳國璽鎮鄴，時"冉

智尚幼，蔣幹遣侍中繆嵩、詹事劉猗奉表歸順，且乞師于晉。濮陽太守戴施自倉垣次于棘津，止猗，不聽進，責其傳國璽。猗使嵩還鄴復命，幹沈吟未決，施乃率壯士百餘人入鄴，助守三臺，譎之曰：'且出璽付我。今凶寇在外，道路不通，未敢送也。須得璽，當馳白天子耳。天子聞璽已在吾處，信卿至誠，必遣軍糧厚相救餉。'幹以爲然，乃出璽付之。施宣言使督護何融迎糧，陰令懷璽送于京師"（《晉書·冉閔載記》）。《太平御覽》卷一五引十六國北燕范亨《燕書》亦云："元璽元年，蔣幹遣侍中繆嵩、太子詹事劉猗賫傳國璽詣晉求救。"璽乃歸東晉。東晉亡後，江南政權歷宋、齊、梁"禪讓"，璽亦隨轉於各代君主之手。侯景叛亂，奪傳國璽。景敗，璽遷北齊。《北齊書·辛術傳》："景敗，侍中趙思賢以璽投景南兗州刺史郭元建，送于術，故術以進焉。"後北齊尚書令斛律孝卿從後主高緯處詐得傳國璽，投奔北周。《北史·斛律孝卿傳》："後主至齊州，以孝卿爲尚書令，又以中書侍郎薛道衡爲侍中，封北海王。二人勸後主作承光詔，禪位任城王。令孝卿齎詔策及傳國璽往瀛州，孝卿便詣鄴。仍從周武帝入關，授儀同大將軍，宣納上士。"及楊堅"禪代"北周，璽遷隋。《隋書·高祖紀》："大宗伯、大將軍、金城公趙煚奉皇帝璽綬，百官勸進。高祖乃受焉。"隋末煬帝被宇文化及所殺，竇建德爲隋攻之，《資治通鑑·唐高祖武德二年》載："建德入城，生擒化及。先謁隋蕭皇后，語皆稱臣，素服哭煬帝盡哀，收傳國璽及鹵簿儀仗。"竇建德又爲唐李世民所擒，《舊唐書·竇建德傳》云：建德妻曹氏、左僕射齊善行"舉山東之地，奉傳國等八璽來降"。唐代改

稱爲"傳國寶"。唐亡，璽又遷。《新五代史·唐六臣傳》："三月，唐哀帝遜位于梁，遣中書侍郎、同中書門下平章事張文蔚爲册禮使，……楊涉爲押傳國寶使，……四月甲子，文蔚等自上源驛奉册寶，乘輅車，導以金吾仗衞、太常鹵簿，朝梁于金祥殿。"後梁將亡，璽再入後唐。《資治通鑑·後唐莊宗同光元年》："復召宰相謀之，鄭珏請自懷傳國寶詐降以紓國難，梁主曰：'今日固不敢愛寶，但如卿此策，竟可了否？'珏俯首久之，曰：'但恐未了。'左右皆縮頸而笑。梁主日夜涕泣，不知所爲；置傳國寶于卧内，忽失之，已爲左右竊之迎唐軍矣。"後唐末，傳國璽被毀。《資治通鑑·後唐末帝清泰三年》："辛巳，唐主與曹太后、劉皇后、雍王重美及宋審虔等携傳國寶登玄武樓自焚。"至此，傳承1150多年的傳國璽，徹底湮滅無踪。然而，後世帝王對此物的追求并未終止。後唐以後，歷宋、元、明、清，均曾有所謂"傳國璽"被發現而出現向皇上敬獻的鬧劇。《新五代史·前蜀世家》："初，田令孜之爲監軍也，盗唐傳國璽入于蜀而埋之。〔永平二年〕二月，尚食使歐陽柔治令孜故第，穿地而得之以獻。"宋王栐《燕翼詒謀録》卷三："哲宗元符元年，咸陽民段義獻玉璽，云紹聖三年河南鄉脩造家舍掘得之，色緑如藍，文曰'受命于天，既壽永昌'。其背螭紐五盤。詔蔡京等議之，咸以爲真秦璽也。詔仍舊爲傳國璽。"元代黄溍爲河南江北等處行中書省平章政事札剌爾所寫神道碑（載《文獻集·碑文》），言其得到傳國璽，未及獻而去世，其夫人乃"因御史中丞崔公或以進于徽仁裕聖皇后，既而成宗皇帝入繼大統，以爲兹寔受命之符"。明太祖朱元璋曾"連

年遠征，北出沙漠，爲耻不得傳國璽耳"（《明史·周敬心傳》）。後依然屢有傳國璽之議。清錢謙益《工部右侍郎贈尚書程公傳》載天啓四年（1624）臨漳出土玉璽，人稱是傳國璽。而程紹上疏力辯其誣："區區傳國寶，其真僞豈足論哉！"疏奏觸怒皇上，程紹因之被解職。至明末清初，還有人給皇太極獻傳國璽。可見此物的象徵意義之大，即使是假的也無妨。

【傳國寶】

即傳國璽。此稱唐代已行用。見該文。

大寶

皇位、王權之代稱。此稱先秦時期已行用。《周易·繫辭下》："天地之大德曰生，聖人之大寶曰位。"孔穎達疏："位是有用之地，寶是有用之物。若以居盛位，能廣用無疆，故稱大寶也。"晋潘岳《西征賦》："唯生與位，謂之大寶。"《資治通鑑·唐憲宗元和四年》："翰林學士李絳等奏曰：'陛下嗣膺大寶，四年於兹，而儲闈未立，典册不行，是開窺覦之端，乖重慎之義，非所以承宗廟、重社稷也。'"；《宋太宗皇帝實録·雍熙四年九月》："朕嗣守大寶，惟懷永圖。"宋李心傳《建炎以來繫年要録·紹興三年》："逮二聖北行，陛下應天順人，遂登大寶，其視肅宗靈武之事，大不相侔。"《皇朝文鑑·赦文·建隆登極赦文》："兆民不可以無主，萬機不可以曠時。勉徇群心，已登大寶。"明張獻翼《讀易紀聞·下傳第一章》："大寶者，非聖人自以爲寶也，天下有生幸聖人之得位，以蒙其澤，故天下以爲寶也。"

黼扆

亦作"黼依""斧扆""斧依"。帝王寶座後的屏風，上有莊重花紋，一説爲斧紋，以彰顯

王者威嚴。此稱先秦時期已行用。《書・顧命》：
"狄設黼扆綴衣。"孔安國傳："扆，屏風，畫
爲斧文，置户牖間。"《逸周書・明堂解》："天
子之位，負斧扆，南面立。"《周禮・春官・司
几筵》："凡封國命諸侯，王位設黼依。依前南
鄉。"鄭玄注："斧謂之黼，其繡白黑采，以絳
帛爲質；依，其制如屏風，然於依前爲王設席，
左右有几，慢至尊也。"是知"黼"與"斧"、
"扆"與"依"，皆音同假藉。然賈公彦疏謂
"黼即白黑文而爲斧形"，亦爲較流行之説。《儀
禮・覲禮》："天子設斧依於户牖之間，左右
几。"鄭玄注："'依'如今綈素屏風也。有繡斧
文，所以示威也。斧謂之黼。"後世沿用此稱。
唐顔師古《明堂議》："昔者周公朝諸侯於明堂
之位，天子負斧扆，南鄉而立明堂也者，明
諸侯之尊卑也。"唐崔融《吏部兵部選人議》：
"今天皇垂衣裳，負黼扆，獨得千年之景運，
猶懼一物之未安。"明方孝孺《二月十四日書
事》："斧扆臨軒几硯閑，春風和氣滿龍顔。"
清于敏中《日下舊聞考・國朝宫室五》："皇帝
御門聽政，則於門下陳設御座黼扆，部院以次
啓事。"古時甚至有以"黼扆"代指皇帝者。
宋李曾伯《謝再降官》："獨防黼扆之深知，獲
免稿街之加戮。"又《上四川桂制帥啓》："既
寬黼扆之憂，旋任繡衣之寄。"

【黼依】

同"黼扆"。此體先秦時期已行用。見該文。

【斧扆】

同"黼扆"。此體先秦時期已行用。見該文。

【斧依】

同"黼扆"。此體先秦時期已行用。見該文。

黃袍

亦稱"黃衣"。皇帝專用的黃色衣袍。初期
爲斗篷披肩形式，元明以後乃作衣袍形式。此
稱唐代已行用。按，早在周代即崇尚黃色，認
爲黃裳尊貴吉祥。《周易・坤》："六五：黃裳，
元吉。"漢代五祀之祭，中央爲土，祭后土，其
色尚黃。《淮南子・時則訓》："季夏之月，……
其位中央，其日戊巳，盛德在土。……天子衣
黃衣，乘黃騮，服黃玉，建黃旗。"可知與其
他顔色相比，黃色具有更尊貴的象徵性。然其
時猶未將其作爲王者專用之服色。唐以前，黃
袍亦非尊者所獨用。《宋書・樂志一》："咸熙
舞者，進賢冠、黑介幘、生黃袍、單衣白合幅
袴。"《魏書・樂志五》亦有相同記載。至隋唐，
黃袍始爲皇帝專用。宋高承《事物紀原・帝王
后妃部・御袍》："《二儀實録》曰：唐武德初
用隋制，天子常服黃袍及衫，後漸用赤黃，遂
禁止士庶不得服。其事自唐神堯始也。後又曰
赭黃，王建《宫詞》曰：日色赭黃相似。謂赤
黃也。今俗又以天子常服淺黃爲赭黃也。"這是
説，隋代皇帝常服黃袍，至唐高祖時始禁臣民
用之。然同書《帝王后妃部・服御》，又以天子
衣黃源於韋縚之請："《唐會要》曰：天寶七年
正月二十八日，韋縚奏御案床褥，望去紫用赤
黃。制可。然則天子服御之以黃，自韋縚之請
也。"至五代末趙匡胤黃袍加身，黃袍與皇權關
聯更趨緊密。《宋史・太祖本紀》："諸校露刃列
於庭，曰：'諸軍無主，願策太尉爲天子。'未
及對，有以黃衣加太祖身，衆皆羅拜呼萬歲。"
同書《理宗紀》："〔寶慶元年正月〕庚午，湖
州盗潘壬、潘丙、潘甫謀立濟王竑，竑聞變，
匿水竇中，盗得之，擁至州治，以黃袍加其

身，守臣謝周卿率官屬入賀。"元陳應潤《周易爻變易緼》卷一爲黄袍找理論依據，認爲後世皇帝着黄衣取法於三代以前王者以衣裳垂象治天下之傳説：《繋辭》曰：黄帝、堯、舜垂衣裳而天下治，蓋取諸乾坤，玄衣法天，黄裳法地。……後世以黄袍爲帝者燕居之服，臣下不聽衣黄也。"故黄袍與龍興相關聯。元張憲《韓太師》："黄袍飛着嘉王體，閣門知事從龍起。"元曲中亦有黄袍唱詞，可見已深入人心。元吳弘道《越調·鬥鵪鶉》套曲："願吾皇永穿着飛鳳赭黄袍，願吾皇永坐着萬萬載盤龍亢金椅。"明代皇帝每在重大典禮時着黄袍。明余汝楫《禮部志稿·儀制司職掌》："至日，祭社稷畢，昧爽，上具翼善冠、黄袍，御奉天門。太常寺官奏請詣先農壇，上陛輦，鹵簿導從，詣壇所具服殿更衣致祭。"明清小説中亦多援引"黄袍加身"典故。《説岳全傳》第一回："自從陳橋兵變，黄袍加體，即位以來，稱爲'見龍天子'。"《水滸後傳》第一回："黄袍加身御海宇，五代紛争從此休。"清子虛子《湘事記·軍事篇二》："然陳橋之役，趙匡胤黄袍加身，遂膺天命矣。"

【黄衣】

即黄袍。此稱宋代已行用。見該文。

【黄背子】

斗篷披肩式黄袍。以披於肩背上，故稱。此稱宋代已行用。宋神宗駕崩，年幼之端王即位，即披一件小款的黄背子登基。宋晁説之《晁氏客語》引司馬植之語云："神宗疾大漸，太母諭梁惟簡曰：'令你新婦作一領黄背子，十來歲孩兒著得者，不得令人知。'次日惟簡袖進。哲宗即位柩前，衣此背子也。"宋曾布《曾公遺録》卷九："皇太后坐簾下，諭端王云：'皇帝已棄天下，無子，端王當立。'……聞簾中都知以下傳聲索帽子，遂退立廷下。少選，卷簾，上頂帽被黄背子，即御坐。"宋李燾《續資治通鑑長編·宋哲宗元符三年》亦載此事："少選，卷簾，上頂帽披黄背子，即御坐。"宋王明清《揮麈三録》卷二："内侍一人，自上而下引之，升一小殿中。上已先坐，披黄背子，頂青玉冠，宫女環侍。"宋項安世《讀本朝史有感》詩十首之一："天上那無黄背子，人間豈有白桃花。"

黄帊

藴含帝王神聖色彩的黄布帛。多用於覆蓋在呈獻給皇上的物品上，以示敬重。此稱唐代已行用。後世猶藉用此稱。以明黄色爲皇帝所特有，故有此禮。《新唐書·禮樂志四》："刺史、令贄其土之實，錦、綺、繒、布、葛、越皆五兩爲束，錦以黄帊。常貢之物皆筐，其屬執列令後。"《太平御覽》卷三九八引《唐書》曰："肅宗……精誠祈夢。其夜夢故内侍胡普寂等三人，持案覆以黄帊，自天而下，至上前，有素版丹書文章甚多。"宋謝采伯《密齋筆記》卷三："修成當代將來法，讀盡生平未見書。黄帊奏篇登御府，紫綸加秩下宸除。"宋方勺《青溪寇軌》："士庶之家，一石一木，稍堪玩者，即領健卒直入其家，用黄帊覆之，指爲御物。"宋李綱《繳進根刷到遞角劄子》："有金字牌子肆箇，已開奏狀五十紙，并實封奏狀二十封，用黄帊封全，謹具進納。"宋陸游《史院書事（是日丞相過局）》："信史新修稿滿床，牙籤黄帊帶芸香。中人馳賜初宣旨，丞相傳呼早出堂。"後世藉用此稱，而未必實有此禮。明姚士粦《原州夜哭》詩："明日邊騎來，捷書覆黃帊。"明劉球《畜鷹賦》："一旦應明詔，沽善價，貯雕笯，覆黃帊。足紆碧絲之紹以爲常，首冠纘韋之幘而少謝。"

龍袍

皇帝專有的繡有龍紋之袍。因龍與皇帝相關，故名。一般爲明黃色，亦有紅色者。此稱元代已行用。按，天子衣袍飾龍，早在周代已有之。《禮記·禮器》："禮有以文爲貴者。天子龍袞，諸侯黼，大夫黻，士玄衣纁裳。"然周以後漫長的時期裏，并未以此作爲君主特有之服，與後世龍袍無繼承關係。另，近代有京劇《打龍袍》，演義宋代包公故事。然宋時亦無"龍袍"一稱，龍紋尚未作爲皇帝專有服飾紋樣。至元代始視龍紋爲皇帝專有，作爲器具、服飾上的特殊裝飾。從元王惲兩首咏史詩中可見一斑。《讀明皇雜事》："西內凄涼慘落暉，高將軍去事猶危。起居聽徹公卿表，淚拭龍袍祇自悲。"《沙丘懷古》五首之四："陌上行人去不還，眼中豺虎滿朝班。齊雲樓下陂陀血，紅比龍袍色更殷。"（右讀《唐昭宗紀》）元柯九思《長信宮秋詞》亦有"猶恐九霄風露早，明朝擬送袞龍袍"句。然元朝皇帝對龍袍的使用尚存隨意性，故偶或將其賜予宗親。《元史·速哥傳》："速哥，蒙古人。……太宗以爲才，……嘗出金盤龍袍及宮女賜之。"明代龍袍具有至高神聖性。《明史·樂志三》："迎膳曲，《水龍吟》：春滿雕盤獻玉桃，葭管動，日輪高。烹微霽色，遙映袞龍袍。"明沈德符《萬曆野獲編·觸忌》："在西苑召太醫院使徐偉察脉，上坐小榻，袞衣曳地，偉避不前。上問故，偉答曰：'皇上龍袍在地上，臣不敢進。'"然明代龍袍亦偶或賜予親近臣下。《萬曆野獲編·補遺》卷一載，明嘉靖間有人獻白鹿之瑞，"上大悅，賜白金百兩，大紅金彩袞龍袍三襲。自來人臣賜服，以坐蟒爲極，時猶以爲逼上，至'袞龍'二字，非至尊不敢稱。永樂間始有賜親王及他王者，以爲非常之典，然皆親皇弟侄也。自英宗以來，間及疏屬郡王，最爲濫典，而無人救正。世宗英主，亟宜厘革，反以寵貢諛裨王，時乙丑年事，正大小臣工相率獻瑞時也。穆宗以後，藩府之得此賜者少矣"。甚至關帝也被賜龍袍。清王禮《臺灣縣志·雜記志》："嘉靖十年，太常卿黃芳昭奏改稱'漢前將軍漢壽亭侯廟'。萬曆甲寅十月，司禮太監李恩始齎九旒冠、玉帶、龍袍、金牌，敕封爲'帝'，頒行天下。"清代此制甚嚴，臣下無敢用龍袍者。《清史稿·輿服志二》："龍袍，色用明黃。領、袖俱石青，片金緣。繡文金龍九。列十二章，間以五色雲。領前後正龍各一，左、右及交襟處行龍各一，袖端正龍各一。下幅八寶立水，襟左右開，棉、袷、紗、裘，各惟其時。"《皇清秘史》第一二九回："不知道元首於冬至日親自祀天。現在所有冕旒龍袍業已做就，但是尚少玉璽，非在清室方面去取不可。"

誥

亦稱"誥敕""誥命"。帝王對臣子的訓令，以及官職任命的文書，爵位、榮譽封贈的諭旨。此稱先秦時期已行用。《説文·言部》："誥，告也。"段玉裁注："此誥爲上告下之字。"《書·湯誥》"湯誥"孔傳："以伐桀大義告天下。"《文選·潘勗〈册魏公九錫文〉》"制詔"李善注引蔡邕《獨斷》："詔，猶誥也。"《後漢書·竇憲傳》："和帝即位，太后臨朝，〔竇〕憲以侍中内干機密,出宣誥命。"誥敕"之稱行於宋以後(按,"敕"或作"勅""敇")。《三朝名臣言行録·參政歐陽文忠公》:"公嘗因嘉祐水災,凡再上疏請選立皇太子,……宗室不領職事,忽有此除,天下皆知陛下意矣。然誥敕付閤門,得以不受。今立爲皇子,則詔書一出而事定矣。"明李賢《吏部尚書致仕贈太保謚文端王公神道碑銘》:"宣宗爲皇太子,慎選宫僚,首陞公右春坊右庶子,仍兼侍讀學士。凡經筵講義及文武群臣誥敕,皆以屬公。""誥命"多用於封贈。《宋史·沈繼宗傳》:"繼宗以其父曾任集賢殿學士及監修國史之職,輒引薛居正、王溥爲比,則彼皆奮迹辭場,歷典誥命,以文爲謚,允合國章。至於集賢、國史皆宰相兼領之,任非必由文雅而登。其沈倫謚,伏望如故。從之。"《明史·職官志一》:"京官滿一考,及外官滿一考,而以最聞者皆給本身誥敕,七品以上皆得推恩;其先,五品以上授誥命,六品以下授敕命。"又《明史·楊廷和傳》:"正德二年,由詹事入東閣,專典誥敕。"又《楊守隨傳》:"〔楊守隨〕坐庇鄉人,重獄,除名,追毁誥命,再罰米二百石。"

【誥敕】

即誥。此稱宋代已行用。見該文。

【誥命】

即誥。此稱宋代已行用。見該文。

誥　命

聖旨

省稱"旨"。皇帝的命令。此稱漢代已行用。《後漢書·蔡邕傳》:"〔蔡〕邕上封事曰:'臣伏讀聖旨,雖周成遇風,訊諸執事;宣王遭旱,密勿祇畏,無以或加。'"《晋書·禮志上》:"聖旨深弘,遠迹上世,敦崇唐虞,舍七廟之繁華,遵一宫之遠旨。"明楊廷和《視草餘録》:"慈壽遣散本官,傳諭欲改懿旨爲聖旨。"明黄佐《泰泉鄉禮·鄉社》:"祭文曰:某府州縣某鄉某里社里長某人,承本縣裁旨,欽奉皇帝聖旨,普天之下,后土之上,無不有人,無不有鬼神。人鬼之道,幽明雖殊,其理則一。"《草木春秋演義》第八回:"金石斛吩咐快列香案,忙迎聖旨,俯伏聽宣。"清亡後不復有"聖旨"。然近現代戲劇中猶有此稱。

【旨】

即聖旨。此稱漢代已行用。見該文。

詔

亦稱"詔書"。皇帝頒布的正式書面命令。此稱秦代已行用。秦代出現"詔"字,并作爲皇帝命令之專稱。"詔書"之書,表明非口頭旨意,而以書面形式下達。《説文·言部》"誥,告也"段玉裁注:"秦造詔字,惟天子獨稱之……秦以前無詔字,至《倉頡篇》乃有'幼子承詔'之語。故許書不録'詔'字。"《釋名·釋典藝》:"詔書:詔,昭也。人暗不見事宜,則有所犯,以此示之,使昭然知所由也。"漢蔡邕《獨斷》卷上:"詔書者,詔誥也。"《文選·潘勗〈册魏公九錫文〉》"制詔"李善注引蔡邕《獨斷》:"詔,猶誥也。三代無其文,秦漢有也。"《史記·秦始皇本紀》:"丞相綰、御史大夫劫、廷尉斯等皆曰:'……臣等昧死上尊號，王爲泰皇。命爲制，令爲詔，天子自稱曰朕。'……制曰：'可。'"又："臣請具刻詔書刻石，因明白矣。"《漢書・景帝紀》："元年冬十月，詔曰：'蓋聞古者祖有功而宗有德，制禮樂各有由。'"《舊唐書・懿宗紀》："比以制馭乖方，頻致騷擾。……或有被罪奔逃，雖朝廷頻下詔書，並令一切不問，猶恐尚懷疑懼，未委招攜，結聚山林，終成詿誤。"《元史・唐仁祖傳》："〔唐仁祖〕奉詔督工織絲像世祖御容，越三年告成。"《明史・楊士奇傳》："帝監國時，憾御史舒仲成，至是欲罪之。〔楊〕士奇曰：'陛下即位詔，向忤旨者皆得宥，若治仲成，則詔書不信，懼者衆矣。'"清末宣統皇帝奉隆裕太后懿旨，下退位詔，成爲最後一道皇帝詔書（按，僞滿洲國亦有所謂"皇帝詔書"，然僞國不足訓也）。

【詔書】

即詔。此稱秦代已行用。見該文。

矯詔

亦稱"矯制"。假托奉君主詔命發號施令。此稱漢代已行用。矯王命行事，兩周時已有之。然稱"矯詔"則是漢以後事。《周禮・秋官・士師》"五曰撟邦令"鄭玄注："稱詐以有爲者。"賈公彥疏："撟即詐也。"明王志長《周禮注疏删翼》卷二三云："撟與矯同，猶今言矯詔書也。"《史記・呂太后本紀》："而諸呂又擅自尊官，聚兵嚴威，劫列侯忠臣，矯制以令天下，宗廟所以危。"又《汲鄭列傳》："臣過河南，河南貧人傷水旱萬餘家，或父子相食，臣謹以便宜，持節發河南倉粟以振貧民。臣請歸節，伏矯制之罪。"《漢書・佞幸傳・石顯》："後果有上書，告〔石〕顯顓命矯詔開宮門。"《梁

書・高祖三王傳》："時范陽祖皓斬〔董〕紹先，據廣陵城起義，期以〔蕭〕會理爲内應。皓敗，辭相連。及〔侯〕景矯詔，免會理官。"元程端學《春秋本義・春秋綱領》："爲人臣而稱兵以向闕，出境外而矯詔以行事。"

【矯制】

即矯詔。此稱漢代已行用。見該文。

制

亦稱"制詔""制書""制敕"。朝廷按皇帝意旨下達的命令。此稱秦代已行用。《史記・秦始皇本紀》："丞相綰、御史大夫劫、廷尉斯等皆曰：'……臣等昧死上尊號，王爲泰皇。命爲制，令爲詔，天子自稱曰朕。'……制曰：'可。'"《漢書・高后紀》"太后臨朝稱制"顔師古注："天子之言，一曰制書，二曰詔書。制書者，謂爲制度之命也。"漢蔡邕《獨斷》卷上："制書，帝者制度之命也。其文曰制詔三公、赦令、贖令之屬是也。……凡制書，有印使符下，遠近皆璽封。"《文選・潘勗〈册魏公九錫文〉》"制詔"李善注引蔡邕《獨斷》："制詔者，王之言必爲法制也。詔，猶誥也。三代無其文，秦漢有也。"《資治通鑑・梁武帝中大通六年》："帝乃敕文武官北來者，任其去留。遂下制書，數〔高〕歡咎惡。"唐以後亦稱"制敕""勅制"。《舊唐書・高宗紀下》："勅制比用白紙，多爲蟲蠹。今後尚書省下諸司州縣，宜並用黄紙。其承制勅之司，量爲卷軸，以備披檢。"《通鑑紀事本末・藩鎮連兵、涇原之變（李懷光之變附）》："時上遣崔漢衡詣吐蕃發兵，吐蕃相尚結贊言：'蕃法發兵，以主兵大臣爲信。今制書無懷光署名，故不敢進。'"宋蘇軾《書傳・周書・文侯之命》："唐德宗奉天

之難，陸贄爲作制書，武夫悍卒，皆爲出涕。”《明史·袁洪愈傳》：“〔袁洪愈〕具言〔譚〕希思所陳，載王可大《國憲家猷》、薛應旂《憲章録》二書。帝以所據非頒行制書，謫希思雜職。”《明史·職官志三》：“凡制敕宣行，大事覆奏，小事署而頒之。有失，封還執奏。”

【制詔】

即制。此稱漢代已行用。見該文。

【制書】

即制。此稱漢代已行用。見該文。

【制敕】

即制。此稱唐代已行用。見該文。

【制辭】

即制。此稱唐代已行用。《資治通鑑·唐憲宗元和十四年》：“〔令狐〕楚自草制辭，盛言天后竊位，姦臣擅權。”又同書《唐文宗開成元年》：“〔魏〕謩於疑似之間，皆能盡言，可謂愛我，不忝厥祖矣。命中書優爲制辭以賞之。”宋吕誨《請罷韓琦等轉官》：“臣伏睹宰臣韓琦等轉官制辭，皆賞先議建儲之功，於體似未爲便。”金元好問《中州集·辛集》：“〔吕〕唐卿自縊死，朝臣有辨其冤者，詔復官，希顔爲制辭云：‘毀譽之來，在仁賢而不免；是非之論，至久遠而乃公。’”

敕

亦作“勅”“勑”，亦稱“敕書”。皇帝的命令。此稱晉代已行用。《説文·攴部》：“敕，誡也。”段玉裁注：“後人用‘勅’爲‘敕’。……又或從力，作‘勑’。”晉代以前，用於尊者對卑者的訓誡、整飭，固然包括帝王對臣民的命令，一般臣民亦可用之。《書·皋陶謨》：“天叙有典，敕我五典五惇哉！”《周易·噬嗑》：“先

王以明罰敕法。”《後漢書·明帝紀》：“十二月甲寅詔曰：‘方春戒節，人以耕桑，其敕有司，務順時氣，使無煩擾。’”此均爲一般意義的訓誡。故非帝王亦可用“敕”稱。《三國志·魏書·崔琰傳》：“大將軍袁紹聞而辟之。時士卒横暴，掘發丘隴，琰諫曰：‘……今道路暴骨，民未見德。宜敕郡縣，掩骼埋胔，示惜怛之愛，追文王之仁。’”又同書《張遼傳》：“孫權復叛，帝遣〔張〕遼乘舟與曹休至海陵，臨江，權甚憚焉，敕諸將：‘張遼雖病，不可當也，慎之。’”《南史·顧憲之傳》：“天監八年卒於家，臨終爲制，敕其子曰……”表明至南北朝時猶用此稱爲訓誡。然晉以後，詔敕乃爲皇帝專用。皇帝下達的詔命，通常由穿着傳詔服的“敕使”到各地傳達。《晉書·何無忌傳》：“初，劉裕嘗爲劉牢之參軍，與〔何〕無忌素相親結，至是因密共圖〔桓〕玄……因共要〔劉〕毅與相推結，遂共舉義兵，襲京口。無忌僞著傳詔服，稱敕，使城中無敢動者。”《晉書·武帝紀》：“〔十一月〕甲申，敕内外敢有犯者罪之。”《資治通鑑·晉安帝元興三年》載同一事：“無忌著傳詔服，稱敕使居前，徒衆隨之。”胡三省注：“著傳詔之服，因自稱敕使。”《宋書·蕭思話傳》：“太祖賜以弓琴，手敕曰：‘丈人頃何所作，事務之暇，故以琴書爲娛耳，所得不曰義邪！’”《資治通鑑·梁武帝中大通五年》：“帝又密敕東徐州刺史潘紹業殺其弟〔高〕敖曹，敖曹先聞〔高〕乾死，伏壯士於路，執紹業，得敕書於袍領，遂將十餘騎奔晉陽。”《梁書·高祖三王傳》：“侯景遣前臨江太守董紹先，以高祖手敕召〔蕭〕會理，其僚佐咸勸距之。”《金史·宣宗本紀》：“貞祐三年三月丙

寅，敕河東、河北、大名長貳官訓練隨處義兵，鄰境有警，責其救援。"《元史·朶爾直班傳》："金商義兵，……甚精銳。列其功以聞，賜敕書褒獎之。"明清亦指對臣下的封贈。《明史·職官志一》："京官滿一考，及外官滿一考，而以最聞者皆給本身誥敕，七品以上皆得推恩；其先，五品以上授誥命，六品以下授敕命。"清蔣良騏《東華錄·順治元年四月》："上御篤恭殿，賜攝政睿親王多爾袞大將軍敕印。敕曰：'我皇祖肇造丕基，皇考底定宏業，重大之任，付於眇躬。'"

【勑】

同"敕"。此體晉代已行用。見該文。

【勅】

同"敕"。此體晉代已行用。見該文。

【敕書】

即敕。此稱晉代已行用。見該文。

策[1]

亦稱"簡策""詔策""策書"。帝王任命官員及下達政令用的文書。春秋至漢晉多用竹簡、木牘，唐以後乃多爲紙質。此稱先秦時期已行用。《釋名·釋書契》："策書，教令於上，所以驅策諸下也。"《周禮·春官·內史》："凡命諸侯及孤卿大夫，則策命之。"鄭司農注："策謂以簡策書王命也。"《左傳·僖公二十八年》："王命尹氏及王子虎、內史叔興父，策命晉侯爲侯伯。"漢蔡邕《獨斷》卷上："策書，策者簡也。……其制長二尺，短者半之；其次一長一短兩編，下附篆書，起年月日，稱皇帝曰……"《太平御覽》卷五九三引《殷洪小説》（按，疑爲《殷芸小説》）曰："魏國初建，潘勖（字元茂）爲策命文。自漢武以來未有此制。勖乃依

倣商周憲章，唐虞辭義，温雅與誥同風。……及晉王爲太傅，臘日大會賓客，勖子蒲時亦在焉，宣王謂之曰：'尊君作封魏君策高妙，信不可及。'"《資治通鑑·梁武帝中大通四年》："〔元修〕乃爲安定王作詔策而禪位焉。戊子，孝武帝即位於東郭之外。"

【簡策】

即策。此稱漢代已行用。見該文。

【詔策】

即策。此稱漢代已行用。見該文。

【策書】

即策。此稱漢代已行用。見該文。

黃榜

皇帝下達的詔命。亦指寺院上奏的賀表。因以黃紙或黃帛書寫，故稱。此稱宋代已行用。明清時期尤指科考放榜之進士榜。宋徐夢莘《三朝北盟會編·靖康元年正月》："大金國見其數未足，復遣使人諭意，難爲退軍……將去今來，計無所出，遂將前後所出黃榜並行拘收，別出榜文，訓諭朝廷愛民憂國之意。"宋李心傳《建炎以來朝野雜記·朝事二》"開禧去凶和敵日記"條："二十一日庚寅，詔侍從兩省臺諫赴都堂詳議，限一日聞奏。與金人議以函首易淮陝侵地故也。……二十二日辛卯，有旨依奏。二十三日壬辰，降黃榜下臨安府、兩淮、荊襄、四川曉諭。"佛寺向皇帝獻書，用黃帛，亦稱黃榜。元釋德輝《敕修百丈清規·祝釐章》"聖節"一節下有"黃榜式"，爲佛寺敬祝皇帝生日的賀表格式，略謂："某州某府某寺，某月某日，欽遇天壽聖節，本寺預於今月某日恭就大佛寶殿，啓建金剛無量壽道場一月日，逐日輪僧上殿，披閱真詮，宣持密號所萃，洪因端

爲祝延，今上皇帝聖壽萬歲萬歲萬萬歲……"明清時此稱多指科考放榜之進士榜，爲朱書黃紙，張挂於紫禁城午門外。《明史·選舉志二》："試於奉天殿，擢吳伯宗第一。午門外張挂黃榜，奉天殿宣諭，賜宴中書省。"明王世貞《科試考》一："〔永樂二十二年〕廷試，賜邢寬、梁湮、孫曰恭及第。初，上取第一孫曰恭，嫌其名近暴，曰：'孫暴不如邢寬。'遂擢寬第一，仍用朱書填黃榜，一時稱異事云。"《西遊記》第六八回："我萬歲爺爺久不上朝，今日乃黃道良辰，正與文武多官議出黃榜。"清張鑒瀛《宦鄉要則·貢舉》："殿試讀卷畢，以欽定前十名合二三甲進士名次，書黃榜，進呈御覽。"《鏡花緣》第六六回："侄女如今中了第一名部元，現有黃榜張挂禮部門首，誰人不知？"《白圭志》第一〇回："旨意一下，三百進士，俱於明日五鼓，齊集於午朝門外。但見黃榜高挂，狀元便是張庭瑞，榜眼張蘭，探花武建章。"《雪月梅》第三〇回："已看黃榜將名播，又見紅鸞照命來。"

册寶

給皇帝、后妃上徽號、尊號、謚號、廟號禮儀中所用之册書與寶璽。此稱先秦時期已行用。册書通常用紅絲串聯條形玉片成册，上書金字，可以捲舒，以金填字；寶璽即皇帝、皇后金璽、玉璽。明清時多用金册金璽。此制由來甚久，尤其作册，周代已有之，唯册命不完全是爲上尊號謚號而已。《書·顧命》：成王崩三日，"命作册度"。孔傳："三日命史爲册，書法度，傳顧命於康王。"孔穎達疏："命内史爲策書也。"稱"册寶"始於宋，達於清。《宋史·禮志十一》："禮儀使當幄前俯伏跪奏：

'禮儀使臣某言，請皇帝行奉上徽宗皇帝發册寶之禮。'……舉册舉寶官升殿，入册寶幄。"宋周密《武林舊事·慶壽册寶》："淳熙三年，光堯聖壽七十，預於舊歲冬至加上兩宮尊號，立春日行慶壽禮。至十三年，太上八十，正月元日，再舉慶典，其日……上服通天冠，絳紗袍，執大圭，恭行册寶之禮。"《宋會要輯稿·禮四九》："凡舉册寶，并置册寶於案，皆禮部職掌助舉。"《大金集禮·帝號上》亦載"天德貞元册禮"，詳述册寶出行儀式："太常博士、通事舍人自册寶幄次分引册，太常卿前導，吏部侍郎押册而行，奉册太尉，讀册中書令，舉册官貞元儀進册，舉册官於册後以次從之。次太常博士、通事舍人二員分引寶，禮部侍郎押寶而行，奉寶司徒，讀寶侍中，舉寶官貞元儀進寶，舉寶官於寶後以次從之。"《大明會典·禮部七》載皇太后上徽號儀，行上册寶禮："行禮前一日，内侍官設册寶案於奉天殿，册東寶西。設册寶、設防輿於丹墀內，設香亭一於册寶輿。"明清時期不僅上尊號等，册立后妃亦用之。《大明會典·册立一》載皇后册立儀："侍儀司設册寶案於御寶案之南，册東寶西。……設奉册奉寶官位於册寶案之西東。"清惲毓鼎《澄齋日記·宣統元年》："〔正月〕二十二日晴。辰正二刻，本日孝欽顯皇后三滿月大祭，午初三刻恭上尊謚册寶，詣几筵前告祭（册寶以沉香木爲之，奉安時藏於地宮，另製絹册、絹寶，以便焚化。其玉册、玉寶藏於太廟，俟祔廟前恭製）。"據此則可知清代册寶，册亦有絹、沉香木、玉等不同質地，用於不同場合。

票擬

亦稱"條旨"。内閣大臣對相關議題題寫的建議墨箋，供皇上定奪。始於明宣德間，廢於晚清。明清時期，由於來自全國各地官員的奏章内容繁雜，故在送呈皇帝批閱前，先由機要大臣初閱，再用小票墨書批閱建議，此票箋貼在奏疏封面，供皇帝批紅時參考。按，唐宋以降，中書省、門下省、翰林院等各自參與草擬詔令和審核奏章，事涉中央要務，而事權分散。明初皇帝强化皇權，廢丞相，分中書省權力於六部，各部尚書直接向皇帝負責。此舉使皇權得到强化，但事繁難於應付，遂設内閣輔助。因擬議題寫在票箋上，故又稱"條旨"。明吕毖《明朝小史·宣德紀》："帝在位，始令内閣，凡中外奏章許用小票墨書，貼各疏面以進，謂之條旨。"《明會要·職官一》："宣宗屢幸内閣。中外章奏，宰相均用小票墨書，貼名疏面以進，謂之條旨。"内閣之"票擬"是爲皇帝提供參考意見，提高行政效率。票擬是否采納，則取決於皇帝御批（批紅）。明沈德符《萬曆野獲編·大計糾内閣》："閣臣票擬去留，或下部院覆議罪狀當否，以聽上裁。"然終對皇帝有所約束。《明史·朱賡傳》云，萬曆三十三年（1605）考核京官，帝欲留遭彈劾之官員，閣臣表示反對，稱"今若出自票擬，則二百餘年大典，自臣壞之，死不敢奉詔"。同書《楊廷和傳》亦載楊廷和"先後封還御批者四"，以致"帝常忽忽有所恨"。而爲防内閣專權，皇帝也用内臣對其制衡。清趙翼《廿二史劄記·明内閣首輔之權最重》謂："由於人主不親政事，故事權下移。長君在御，尚以票擬歸内閣；至荒主童昏，則地近者權益專，而閣臣亦聽命矣！"

明代後期由司禮監掌管批紅權，形成了外廷票擬與内廷批紅的雙軌制。趙翼又曰："王振竊柄時，票擬尚在内閣。然涂棐疏言，'英宗時，批答多參以中官，内閣或不與'。則已有不盡出内閣者。"清代沿襲内閣票擬制度，但内臣不得參與，唯增設樞密近臣侵削内閣之權。《清史稿·職官志一》："先是，世祖親政，日至票本房，大學士司票擬，意任隆密。康熙時，改内閣，分其職設翰林院。雍正時，青海告警，復分其職設軍機處，議者謂與内三院無異。顧南書房翰林雖典内廷書詔，而軍國機要綜歸内閣，猶爲重寄。至本章歸内閣，大政由樞臣承旨，權任漸輕矣。"清吳振棫《養吉齋叢錄》卷四亦述清朝票擬制度變化："順治間，大學士等俱内直。諸章奏即日票擬，面賜裁決。"而順治十八年（1661）後，輔政大臣、大學士不參與候旨；至康熙八年（1669），仍復舊制。"其後章疏票擬，主之内閣。軍國機要，主之議政處。"雍正七年（1729）以後，設軍機房，"尋常吏事，仍由内閣票擬，大政皆由樞臣面奉指揮，擬旨繕發"。又同書卷二三："内閣大學士沿明制，主票擬，然一一皆稟上裁，大學士無權也。"可見清朝康雍以後票擬也不能決斷要務，凡中樞機要，多由南書房、軍機處的親近之臣參與，内閣票擬雜務而已。清梁章鉅、朱智《樞垣記略》卷二二引《鶴半巢詩集序》曰："國家初制，章疏票擬主之内閣，軍國機要主之議政處，其特頒詔旨，由南書房、翰林院視草。"

【條旨】

即票擬。此稱明代已行用。見該文。

批紅

亦稱"朱批""硃批""票旨"。皇帝在内

閣票擬基礎上，用紅筆在奏章上所作批示，亦即御批紅字。此稱明代已行用。明孫鑛《書畫跋跋》卷一叙其批復過程云：“内閣擬票，六科看詳，六部議覆，每日章疏送科部侍郎。入科畫本即以面上御批紅字，謄録於後：某年某月某日於會極門奉聖旨云云，侍郎某押。皆手細書，若不畫不押，猶可封還不行也。”明張居正《明制體以重王言疏》亦述其制：“竊照閣臣之職，專一視草代言，故其官謂之知制誥。……凡官員應給誥敕，該部題奉欽依手本到閣，撰述官先具稿送臣等看詳改定，謄寫進呈，候批紅，發下撰述官，用關防挂號，然後發中書舍人寫軸用寶，此定制也。”清孫承澤《春明夢餘録》卷四九亦載，此制至明末猶行：“崇禎元年上諭各衙門，章奏未經御覽批紅，不許報房抄發，洩漏機密；一概私揭，不許擅行抄傳，違者治罪。”然而宣德以降，因不少皇帝疏於理政，時常由宦官代爲批紅，由此加大了宦官的權力。《明史·職官志一》：“然内閣之擬票，不得不決於内監之批紅，而相權轉歸之寺人。於是朝廷之紀綱，賢士大夫之進退，悉顛倒於其手。”甚而視朱批如兒戲。明末秦蘭徵《天啓宮詞》諷當時亂象曰：“何來章奏瀆宸聰，方與工倕鬥巧工。官職姓名才誦罷，幾批硃語幾留中。”自注：“上好自造漆器、硯牀、梳匣之類。當勞削得意之時，或有急切章疏，奏請定奪。命識字宮女，朗誦官職、姓名及所奏事，便曰：‘我都知道了！你們用心去行！’諸奸於是徇其受贈，恣意批紅執行。舊制，凡奏語文書，御筆親批數本，其餘則司禮監監官遵閣票字樣，或奉旨更改，用硃筆批之，是以謂‘硃批’。”清承明制，而宦官不得干政，故朱批制

度執行甚嚴。清王士禎《池北偶談·談故二》：“凡中外章奏用小票墨書，貼各疏面以進，謂之條旨；中易紅書批出，今謂之票旨，尚沿其制；而批紅則内閣學士之職。”清黄宗羲《明夷待訪録·置相》：“天子批紅。天子不能盡，則宰相批之，下六部施行。”凡批紅原件，臣下不得私藏，必交宮中存檔。清葉名澧《橋西雜記·絲綸簿》：“今内閣進本擬簽，經御定後，學士照簽批紅於本面，原寫進簽，仍交漢票簽收存，直班中書記於檔册。”清吳振棫《養吉齋叢録》卷二三：“今直省大臣奏事，奉硃批後，將原摺發回。所積既多，應封送軍機處，轉交内奏事，不敢存於私家。……若部院奉有硃批，次日奏繳軍機處。奉有硃筆諭旨，或經硃筆改定諭旨，於月杪彙繳。”此實爲王權運行的一種方式。

【朱批】

即批紅。此稱明代已行用。見該文。

【硃批】

即批紅。同“朱批”。此稱明代已行用。見該文。

【票旨】

即批紅。此稱明代已行用。見該文。

欽録簿

明代記録皇帝詔命、臣下重要奏章及皇帝御批的會要體檔案。由中書省、大都督府、御史臺分設銅櫃收藏，以備理政參考及作爲修實録的依據。此稱明代已行用，始置於明太祖洪武五年（1372），沿用至明末。這本是皇帝處理朝政的外朝檔案記録，却又被藉用於記録皇帝與後宮關聯的事務，從而也成爲内朝檔案。《明太祖實録·洪武五年十二月》載：“凡諸欽録聖旨，及奏事簿籍、紀載時政可以垂法後世

者，宜依會要，編類爲書，使後之議事者有所考焉。"外朝欽錄由給事中整理記錄，分別交由中書省、大都督府、御史臺收藏，"其臺省府宜各置銅匱，藏欽錄簿，以備稽考"。又同書《洪武六年三月》對檔案記錄過程的規定："定設給事中十二人，秩正七品，看詳諸司奏本及日錄旨意等事，分爲吏户禮兵刑工六科，每科二人。凡省府及諸司奏事，給事中各隨所掌，於殿庭左右執筆紀錄，具批旨意可否於奏本之後，仍於文簿内注寫'本日給事中某'。欽記相同，以防壅遏欺蔽之弊。如有特旨，皆纂錄付外施行。……置欽錄簿三：中書省一，文職官錄之；大都督府一，武職官錄之；御史臺一，監察御史錄之。"清錢謙益《蕭伯玉墓志銘》："轉南禮部祠祭司主事，申明洪武欽錄簿，以國法扶佛法。"可見明後期此制仍被沿襲。而作爲皇帝與後宮關係的記事檔案，則表明皇帝制度下的内朝與外朝關聯交織之密。明楊慎《丹鉛餘錄》卷四："《周禮》'掌王之陰事陰令'注：'陰事，群妃御見之事。漢掖庭令晝漏不盡八刻，白錄所記，推當御見者。'今宮中亦有之，名欽錄簿。則其來古矣。"後宮欽錄簿所錄事項亦多，明田藝蘅《留青日札·月運紅潮》："我朝宮中欽錄簿，女官掌之。……有報宮之箋，有衛門之寢，有承御之名，有紀幸之籍，其事甚詳且密。雖聖上亦不得而觀覽也。"清史夢蘭《全史宮詞》卷二〇載咏明宮宮詞，亦有"夜來欽錄候彤闈"句。

起居注

　　記錄皇帝日常言行起居、執政情況的實錄。通常隨時由史官記錄。這成爲後世修史之重要史料。此稱漢代已行用。按，春秋時期列國已設專職史官記王者事，至漢代宮中設史官記錄君主言行起居，出現"起居注"之稱。宋高承《事物紀原·帝王后妃部·記注》述其源流："漢武有禁中起居，後漢明德馬皇后自撰顯宗起居注。蓋周禮左右史之事耳。謂之起居注，則自前漢始也。唐《藝文志》亦有獻帝起居注，自兹歷代咸有也。""起居注"一稱最早見於《後漢書·皇后紀上·馬皇后》："自撰顯宗起居注，削去兄防參醫藥事。帝請曰：'黄門舅旦夕供養且一年，既無褒異，又不錄勤勞，無乃過乎！'"晋以後著作郎、起居舍人等職掌起居注撰寫。《晋書·后妃傳上·武悼楊皇后》："伏見惠皇帝起居注、群臣議奏，列〔楊〕駿作逆，謀危社稷。"又同書《苻堅載記上》："初，〔苻〕堅母少寡，將軍李威有辟陽之寵，史官載之。至是，堅收起居注及著作所錄而觀之，見其事慚怒，乃焚其書，而大檢史官，將加其罪。著作郎趙泉、車敬等已死，乃止。"《宋書·蔡廓傳》也載："推王姬下王后一等，則皇子居然在王公之上，陸士衡《起居注》《式乾殿集》，諸皇子悉在三司上，今抄疏如別。"又《氏胡傳》："茂虔又求晋趙起居注諸雜書數十件。"北魏詳定了起居注制度。《魏書·高祖紀下》："〔太和十四年二月〕戊寅，初詔定起居注制。"又同書《山偉傳》："〔元〕義令僕射元欽引〔山〕偉兼尚書二千石郎，後正名士郎，修起居注。"北齊時設有起居省掌修起居注。《北齊書·源彪傳》："趙彦深於起居省密訪〔源〕文宗。"唐李濬《松窗雜錄》："帝既勤於書，海内之風翕然率化。尤注意於起居注。……自先天元年至天寶十一載冬季，起居注撰成七百卷，内起居注撰成三百卷。"《宋史·蘇頌傳》："召〔蘇頌〕

修起居注,擢知制誥、知通進銀臺司、知審刑院。"明清時各個皇帝均修實錄,故起居注作爲編纂實錄的資料。《明太祖實錄》卷七七:"今起居注紀言紀事,藏之金匱,是爲實錄。"清王士禎《池北偶談·起居注》:"康熙十年,復設起居注館,在午門內之西,與實錄館相對。其官則自掌院學士詹事以下、史官以上皆得充之。初止八人,後增至十六人。"清陳啓源《毛詩稽古編·小雅·鼓鐘》:"幽王十一年中巡歷游幸之事,胡氏能一一數之如後代實錄起居注乎?不然,何由保其不一至淮徐也!"

梓童

俗傳皇帝對皇后的稱呼,亦作皇后自稱。此稱明代已行用。按,道教有梓潼帝君,管人間功名祿位,明以後訛稱梓童帝君,世俗亦因以作皇后代稱。《西遊記》第四六回:"龍座後面,閃上三宮皇后道:'我主,是梓童親手放的山河社稷襖,乾坤地理裙。'"《封神演義》第七回:"紂王曰:'命左右設坐,請梓童坐。'姜皇后謝恩,坐於右首。"清代沿用此稱。《雙鳳奇緣》第六九回:"漢王聞奏,龍淚雙流道:'梓童所奏,極是正理,爾姊昭君,爲孤亡身,何日心中將她放心?明日孤陪梓童一同掃墓。'"《再生緣》第七三回:"元天子哈哈大笑說:'梓童真正刁猾,被你猜着了!'"《鋒劍春秋》第三五回:"孤勸梓童,隱於深宮。國家用兵,無煩女將。"

懿旨

皇后、皇太后下達的指令。此稱元代已行用。元蒲道源《守素大師女冠錢善道墓誌銘》:"善道姓錢氏,杭之錢塘人,……至元丙子宋滅,隨其君來朝,留京師。奉睿聖皇后懿旨,於其

年之九月望日,俾居昭應宮。"《續通志·元武宗紀》:"〔至大三年七月〕己亥,禁權要商販挾聖旨、懿旨、令旨阻礙會通河民船。"明楊廷和《視草餘錄》:"慈壽遣散本官,傳諭欲改懿旨爲聖旨。予與同官言,……若欲改稱聖旨,事體似有未安。因檢祖訓'皇后不許干預朝政'一條示之,云皇祖內令如此之嚴;又檢《大明律》內'皇后稱懿旨'一條示之,曰:'我輩不敢差了。'久之,又來傳諭云:'前代有稱聖旨,是如何?'我輩云:'世代不同,法度亦異。如前代宰相封王,童貫內臣亦封王,此等事今日行得否?老太后盛德大功,爲今日女中堯舜,我輩豈敢不成就盛美,以致貽譏後世邪?'遂不復言。"《明史·蔣冕傳》:"陛下嗣承丕基,固因倫序素定,然非聖母昭聖皇太后懿旨與武宗皇帝遺詔,則將無所受命。"《清史稿·禮志七》:"御史董元醇奏請皇太后暫權朝政,稱旨,命王大臣等議垂簾儀制。議上,懿旨猶謂'垂簾非所樂爲,唯以時事多艱,王大臣等不能無所稟承,姑允所請'云。"清朱彝尊《題趙淑人宮門待漏圖》:"詣大內者僅五十有三人,步入西華門,拜于殿下,懿旨傳賜鮮果。"

垂簾聽政

省稱"垂簾"。女子當朝坐於簾帷後主持朝政。通常是皇帝年幼,理政時雖端坐朝中,但由簾帷後的皇太后代行其權。抑或皇帝病重或懦弱,強勢的皇后得以干政。此稱唐代已行用。王后或太后稱制,先秦時期已有之,而垂簾聽政則自唐朝武則天始。武則天先是代多病的唐高宗理政,高宗駕崩後則自己稱帝,成爲中國古代唯一一位女皇帝。故此稱後成爲女人執政的代稱。《舊唐書·高宗紀下》:"時帝風疹,不

能聽朝，政事皆決於天后。自誅上官儀後，上每視朝，天后垂簾於御座後，政事大小皆預聞之。"《新唐書・后妃傳上・高宗則天順聖皇后武氏》："群臣朝，四方奏章，皆曰'二聖'。每視朝，殿中垂簾，帝與后偶坐，生殺賞罰惟所命。"宋趙善璙《自警編・操修類・操守》："哲宗嗣位，宣仁太后垂簾聽政，用司馬溫公、呂申公爲宰相。"《宋史・仁宗紀》："〔乾興元年三月〕庚寅，初御崇德殿。太后設幄次於承明殿，垂簾以見輔臣。"元陳應潤《周易爻變易縕》卷五："宋仁宗初喪，英宗尚幼，曹太后垂簾，内侍任守忠間喋母子，幾有則天之禍。賴大臣韓琦撤去曹后之簾，逐守忠，與歐陽修、司馬光等同心輔政，克復英宗之辟。"《宋史・寧宗紀四》："皇帝崩于福寧殿，年五十七。史彌遠傳遺詔，立姪貴誠爲皇子，更名昀，即皇帝位，尊皇后爲皇太后，垂簾聽政。"元、明兩代防王后干政甚嚴，故無垂簾事。《明史・后妃傳二・恭恪貴妃鄭氏》："及光宗崩，有言妃與李選侍同居乾清宮，謀垂簾聽政者，久之始息。"清朝又出現垂簾聽政，尤以慈禧太后專權爲甚。《清史稿・禮志七》："垂簾儀：咸豐十一年，文宗崩，穆宗幼沖嗣位。御史董元醇奏請皇太后暫權朝政，稱旨，命王大臣等議垂簾儀制。"徐珂編《清稗類鈔・帝德類》"咸豐季年三奸伏誅"條："穆宗御正殿，即位，以明年爲同治元年，上母后皇太后尊號曰慈安皇太后，聖母皇太后尊號曰慈禧皇太后，垂簾聽政。"此制終止於清末隆裕太后時。

【垂簾】

"垂簾聽政"之省稱。此稱唐代已行用。見該文。

攝政

代天子理政。多爲天子年幼，由重要大臣或皇太后代行王權，即文獻所謂"攝行天子政"。始於周，達於清。此稱漢代已行用。世傳堯時已讓舜攝政，然終屬傳説，其事難辨。《史記・五帝本紀》："堯老，使舜攝行天子政，巡狩。舜得舉用事二十年，而堯使攝政。攝政八年而堯崩。"周代已有明確攝政記載，唯此稱漢代始用。《禮記・文王世子》謂周武王死，"成王幼，不能涖阼。周公相，踐阼而治"。鄭玄注："代成王履阼階，攝王位，治天下也。"《書・金滕》"武王既喪，管叔及其群弟乃流言於國"孔傳："武王死，周公攝政，其弟管叔及蔡叔、霍叔乃放言於國，以誣周公。"《漢書・翟方進傳》："〔王〕莽曰抱孺子會群臣而稱曰：'昔成王幼，周公攝政，而管蔡挾祿父以畔。'"《孟子・公孫丑下》："周公使管叔監殷，管叔以殷畔。"朱熹集注："武王崩，成王幼，周公攝政。"宋林之奇《尚書全解・康誥》："管蔡當周公之攝政，憤然有不平之心，於是挾武庚作亂。"漢以後攝政事漸多，往往對皇權構成威脅，甚至成爲篡位稱帝前奏。王莽、曹操，直至清初多爾袞，均曾"攝政"。《漢書・楚元王傳》："或説大將軍霍光曰：'將軍不見諸呂之事乎？處伊尹周公之位，攝政擅權，而背宗室，不與共職，是以天下不信，卒至於滅亡。'"《後漢書・祭祀志下》："殤帝生三百餘日而崩，鄧太后攝政，以尚嬰孫，故不列於廟，就陵寢祭之而已。"《宋史・司馬光傳》："今攝政之際，大臣忠厚如王曾，清純如張知白，剛正如魯宗道，質直如薛奎者，當信用之。"清蔣良騏《東華錄・順治元年四月》："今蒙古、朝鮮俱已歸服，漢人城郭、土地雖漸攻克，猶多抗拒。念當此創業垂統之時，征討之舉所關甚重。朕年沖幼，未能親履戎行，特命爾攝政和碩睿親王多爾袞代統大軍，往定中原。"

監國

　　君主外出，爲防不測而由太子坐鎮都城或其他要衝之地，控制朝廷；亦指君主因故不能親政，由宗親或權臣攝政。此稱先秦時期已行用。《國語·晋語一》："君行，大子居以監國也；君行，大子從以撫軍也。"《左傳·閔公二年》："大子，奉冢祀社稷之粢盛，以朝夕視君膳者也，故曰冢子。君行則守，有守則從。從曰撫軍，守曰監國。古之制也。"《史記·晋世家》亦有相同記載。後世沿襲此制。《晋書·姚興載記下》："〔姚〕興如華陰，以〔姚〕泓監國。入居西宮，因疾篤，還長安，泓欲出迎，其宮臣曰：'今主上疾篤，奸臣在側，廣平公每希覬非常，變故難測。……自宜深抑情禮，以寧宗社。'泓從之，乃拜迎於黄龍門樓下。"如太子年幼，可委任朝中最可信賴之重臣輔佐。《舊唐書·太宗紀》："〔貞觀〕十九年春二月庚戌，上親統六軍發洛陽。乙卯，詔皇太子留定州監國。開府儀同三司申國公高士廉攝太子太傅，與侍中劉洎、中書令馬周、太子少詹事張行成、太子右庶子高季輔五人同掌機務。"宋李光《讀易詳説》卷九："古者天子之出，太子監國。"《明史·楊士奇傳》："帝監國時，憾御史舒仲成，至是欲罪之。"清毛奇齡《春秋占筮書》卷三引《聽齋雜記》云："明土木之變，南冢宰魏驥將集同官上監國疏。"清惠士奇《禮説·夏官一》："太子將兵歟？曰：否！所謂兵甲之事者，謂太子有監國、撫軍之事。在軍則國子守遷主，在

國則國子守王宮也。以爲是宿衛之親軍。"以權臣攝政指監國，主要出現於唐以後。《新五代史·周太祖紀》："〔漢〕太后制，以〔郭〕威監國。"元鄭光祖《輔成王周公攝政》第三折："我子爲君王幼小權監國，除此外別無他意。"《東周列國志》第四回："次日早朝，莊公假傳一令，使大夫祭足監國，自己往周朝面君輔政。"蔡東藩《清史演義》第八九回："我今朝纔曉得你的心肝了。你想兒子即位，你好監國，這等癡心妄想，勸你趁早甘休！"

稱制 [1]

　　執政，尤指稱帝。自秦始皇起，皇帝之命叫"制"，故稱。此稱漢代已行用。《史記·魏其武安侯列傳》："孝景崩，即日太子立，稱制，所鎮撫多有田蚡賓客計筴。"又《酈生陸賈列傳》："陳丞相等乃言陸生爲太中大夫，往使尉他，令尉他去黄屋稱制，令比諸侯，皆如意旨。"《後漢書·章帝紀》："帝親稱制臨決。"《晋書·姚萇載記》："〔姚〕萇乃從緯謀，以太元九年，自稱大將軍大單于萬年秦王，大赦境内，年號白雀，稱制行事。"《舊五代史·周書·孔知濬傳》："契丹主稱制，〔孔知濬〕署滑州節度使；漢祖受命，自鎮入朝。"《明史紀事本末·太祖平夏論》："〔明〕玉珍不以此時北趨子午，入叩關隴，南下夷陵，先窺漢沔，而但固守夔門，改元稱制，偏隅自割，坐待滅亡，此策之最下者。"《明史·禮志二》："宜令群臣，博考詩書禮經所載郊祀之文，及漢宋諸儒匡衡、劉安世、朱熹等之定論，以及太祖國初分祀之舊制，陛下稱制而裁定之。"

稱制 [2]

　　代皇帝主持朝政，尤指太后代行王權。此

稱漢代已行用。《漢書・高后紀》："惠帝崩，太子立爲皇帝，年幼，太后臨朝稱制。"顏師古注："天子之言，一曰制書，二曰詔書。制書者，謂爲制度之命也，非皇后所得稱。今曰太后臨朝行天子事，斷決萬機，故稱制詔。"《宋史・后妃傳上・章獻明肅劉皇后》："初，仁宗即位尚少，太后稱制，雖政出宮闈，而號令嚴明，恩威加天下。"

鐵字牌

省稱"鐵牌"。刻有禁止外戚宦官干政文字的鐵質牌子，牌塗紅色，字爲金字，用以警示內外。此稱明代已行用。始設於明洪武間，止於清末。《明史・后妃傳序》載，洪武間，"命工部製紅牌，鏤戒諭后妃之詞，懸於宮中。牌用鐵，字飾以金"。明英宗時，宦官王振干政，公然毀掉鐵牌。王振死，復之。明末清初尤侗《王先生》詩諷王振："太皇太后女堯舜，宮嬪加刃誅王振。不見高皇竪鐵牌，內宮不許干朝政。"清史夢蘭《全史宮詞》卷二〇載明朝宮詞："料理珠璫綰玉釵，鋪宮有例宴新排。龍藜燕啄懸殷鑒，認取高皇鐵字牌。"清代仍有此種鐵牌，順治間立。近代夏仁虎《舊京瑣記・宮闈》："宮監之制綦嚴，順治十二年，立鐵牌於十三衙門，其文曰：'中官之設雖自古不廢，然任使失宜，遂貽禍亂。近如明朝王振、汪直、曹吉祥、劉瑾、魏忠賢等專擅威權，干預朝政；開廠緝事，枉殺無辜；出鎮典兵，流毒邊境；甚至謀爲不軌，陷害忠良，煽引黨類，稱功頌德，以致國事日非，覆敗相尋，足爲鑒戒。朕今裁定內官衙門及員數職掌，法制甚明，以後倘有犯法干政、竊權納賄、囑託內外衙門、交結滿漢官員、越分擅奏

外事、上言官吏能否者，即行凌遲處死，定不姑貸。特立鐵券，子孫永守'云云。終清之世，無奄寺之禍者，蓋由此也。"則鐵牌確有震懾作用。

【鐵牌】

"鐵字牌"之省稱。此稱明清時期已行用。見該文。

顧命大臣

帝王臨終囑托輔佐嗣君治理朝政的大臣。《書・顧命序》孔傳："臨終之命曰顧命。"孔穎達疏："言臨將死去，回顧而爲語也。"清黃生《義府》卷上："《尚書》以'顧命'名。顧，眷顧也。命大臣輔嗣主，鄭重而眷顧之也。"《資治通鑑・晉穆帝永和十一年論》："臣光曰：顧命大臣，所以輔導嗣子，爲之羽翼也。"待幼帝長大，方由其親政。此制周代已出現。周武王崩，由其弟召公、畢公等輔佐成王。《書・顧命序》："成王將崩，命召公、畢公，率諸侯相康王。作《顧命》。"馬融注："成王將崩，顧命康王，命召公、畢公率諸侯輔相之。"其後歷代沿襲此制。《春秋・僖公九年》"晉里克弒其君之子奚齊"宋謝湜釋曰："奚齊不可以主社稷，當與顧命大臣明大義，以告宗廟而後更立可也。"三國蜀漢劉備亦曾將子劉禪托付諸葛亮輔佐，故諸葛亮《前出師表》有言："先帝知臣謹慎，故臨崩寄臣以大事也。……北定中原，庶竭駑鈍，攘除姦凶，興復漢室，還於舊都。此臣所以報先帝而忠陛下之職分也。"而稱"顧命大臣"，始於南北朝時期。《魏書・僭晉司馬叡傳》："又招〔王〕衍荊州刺史陶侃欲共討〔蘇〕峻。侃不從，曰：'吾疆場外將，本非顧命大臣，今日之事，所不敢當。'"《舊唐書・褚

遂良傳》："帝謂李勣曰：'册立武昭儀之事，遂良固執不從。遂良既是受顧命大臣，事若不可，當且止也。'"《新唐書·上官儀傳》："高宗之不君，可與爲治邪？内牽嬖陰，外劫讒言，以無忌之親，遂良之忠，皆顧命大臣，一旦誅斥，忍而不省。反天之剛，撓陽之明。"宋胡仔《苕溪漁隱叢話·後集·賀方回》："改法之初，以天下公論，謂之流俗，内則太后，外則顧命大臣等，尚不能回，何况臺諫侍從州縣乎？"《明實録·明神宗顯皇帝實録》萬曆六年（1578）六月："臣，顧命大臣，義當以死報國，雖赴湯蹈火，皆所不避，况於毁譽得失之間！"清王夫之《宋論·英宗》："况守忠所挾者，垂簾之母后，所欲動摇者，入繼之嗣君。則天位危，而顧命大臣之鼠死，在俄頃間。"《明珠緣》第三三回："只有楊漣是個顧命大臣，皇上認得他的。"《清實録·咸豐朝實録》咸豐五年（1855）十月："道光三十年正月十四日，皇考宣宗成皇帝升遐。朕與顧命大臣敬啓密緘，欽奉硃諭：'皇六子奕訢封爲親王，欽此。'"

【顧命】

"顧命大臣"之省稱。此稱先秦時期已行用。《三國志·魏書·曹爽傳》："今大將軍爽背棄顧命，敗亂國典，内則僭擬，外專威權。"唐駱賓王《爲徐敬業討武氏檄》："公等或家傳漢爵，或地恊周親，或膺重寄於爪牙，或受顧命於宣室；言猶在耳，忠豈忘心！"宋徐夢莘《三朝北盟會編·紹興三十一年十月》："朕惟燕宗孝成皇帝，以武元嫡孫，受文烈顧命，即位十有五年，偃兵息民，中外乂安。"清陳鼎《東林列傳·劉一燝傳》："數日，上疾大漸，召群臣入宫受顧命。"

建儲

亦稱"立嗣"。天子、諸侯王在位時確立王位繼承人之制。此稱先秦時期已行用。商代多行兄終弟即制，周乃確立嫡長子繼承制。秦漢以後，王位繼承人稱太子，一般由嫡長子爲之，故稱之爲"冢嗣"。若須换人，則必行廢立，常引起禮議之争。建儲關涉王位争奪，故臣下議立嗣，往往或得褒獎，或獲罪責。立嗣以長不以賢，春秋時禮制已如此規定。《穀梁傳·隱公四年》《春秋》之義，諸侯與正而不與賢也"范甯注："正，謂嫡長也……建儲非以私親，所以定名分。"《漢書·文帝紀》："立嗣必子，所從來遠矣。高帝始平天下，建諸侯，爲帝者太祖，諸侯王列侯始受國者亦皆爲其國祖，子孫繼嗣，世世不絶，天下之大義也。"《晋書·武十三王傳》："齊王〔司馬〕冏表曰：'東宫曠然，冢嗣莫繼。天下大業，帝王神器，必建儲副，以固洪基。'"宋洪邁《容齋三筆·仁宗立嗣》："東坡作范蜀公墓志云：'仁宗即位三十五年未有繼嗣。嘉祐初得疾，中外危恐，公獨上疏，乞擇宗室賢者，異其禮物，以繫天下心。凡章十九上。'至元祐初，韓維上言，謂其首開建儲之議。"宋吕誨《蕭罷韓琦等轉官》："臣伏睹宰臣韓琦等轉官制辭，皆賞先議建儲之功，於體似未爲便。"《清史稿·高宗紀五》："金從善以上言建儲立后，納諫施德，忤旨，論斬。"

【立嗣】

即建儲。此稱先秦時期已行用。見該文。

儲位

亦稱"儲君""嗣皇""國儲君副"。太子之位。亦即預備承嗣君主王位的皇子。此稱晋代已行用。《晋書·外戚傳·羊琇》："〔羊琇〕觀察文帝爲政損益，揆度應所顧問之事，皆令武帝默而識之。其後文帝與武帝論當世之務及人間可否，武帝答無不允，由是儲位遂定。"晋陶潛《咏二疏》："長揖儲君傳，餞送傾皇朝。"宋鄭文寶《南唐近事》卷一："上曰：'天意諄諄，信非偶爾，成吾家事，其惟此子乎！'旬月之間，遂正儲位。"明胡廣等《春秋大全》卷七："諸侯之嫡子必誓於王，莊雖嫡長而未誓，安得爲國儲君副，稱世子也？"清陳鼎《東林列傳·劉一燝傳》："數日，上疾大漸，召群臣入宫受顧命。李選侍從幄後趣熹宗，出傳封后，一燝訝曰：'皇上憑几延群臣，彼紅衣幄後者何人？'語聞，中外皆知宫中將不利於嗣皇矣。"

【儲君】

即儲位。此稱晋代已行用。見該文。

【嗣皇】

即儲位。此稱明清時期已行用。見該文。

【國儲君副】

即儲位。此稱明清時期已行用。見該文。

【儲貳】

亦作"儲二"。即儲位。此稱始於晋，達於清。晋葛洪《抱朴子·釋滯》："昔子晋舍視膳之役，棄儲貳之重，而靈王不責之以不孝。"唐韓愈《順宗實錄三》："建儲貳以承宗祧，所以啓迪大猷。"唐元稹《四皓廟》詩："如何一朝起，屈作儲貳賓。"宋吕誨《請罷韓琦等轉官》："儲貳者，國家之根本，根本未立，大臣不言，誰其言之？"《春秋·莊公二十三年》宋吕本中集解："天子諸侯十五而冠者，以娶必先冠，而國不可久無儲貳，欲人君早有繼體，故因以爲節也。"元郝經《續後漢書·儒學傳論》："孟光責費禕之濫赦，詰卻正儲貳之學，可謂英偉不

群之士矣。"明唐順之《請皇太子受朝疏》："深惟宗社根本之重，早正東宫儲二之位，以繫宇内之心者，貳載於兹矣。"

【儲二】

同"儲貳"。此體明代已行用。見該文。

御

與天子相關的事物和舉動之稱謂。此稱漢代已行用。漢蔡邕《獨斷》卷上："御者，進也。凡衣服加於身，飲食入於口，妃妾接於寢，皆曰御。"按，漢以前無此用法，而稱陰事《周禮·天官·内小臣》"掌王之陰事陰令"鄭玄注："陰事，群妃御見之事。若今掖庭令晝漏不盡八刻，白録所記，推當御見者。"孫詒讓正義："御，猶進也，侍也。"此稱呼後用於所有與皇帝相關的各種事情上，且被此後各朝沿襲。《三國志·魏書·明帝紀》裴松之注引《魏氏春秋》："時太子芳年八歲，秦王九歲，在於御側。"《舊唐書·肅宗紀》："翌日，〔肅宗〕御明鳳門，大赦天下。"宋佚名《靖康要録》卷一："靖康元年正月一日丁卯，皇帝御明堂青陽左个，以歲運播告天下。"元黄公紹編、熊忠舉要《古今韵會舉要·去聲》："天子所止謂之御。前曰御前，書曰御書，服曰御服，皆取統御四海之義。"此説強調了駕馭之義，更近其義。清徐乾學《讀禮通考》卷七六引《明典·禮志》："上御西角門，朝不鳴鐘鼓，祭用素食。文武群臣聞喪，素服、烏紗帽、黑角帶。"《清史稿·禮志七》："皇帝御殿，皆跪。八大臣出班，跪進上尊號表，侍臣受，跪御前宣讀。"

正朔

王朝正統所在。本指一年之始，因用以轉稱皇帝年號或一朝曆法，并由此引申爲王朝的

正統性、合法性。每至改朝換代，或新皇帝登基，均須"改正朔"，以示新朝開始。此稱先秦時期已行用。《禮記·大傳》："立權度量，考文章，改正朔，易服色，殊徽號，異器械，別衣服，此其所得與民變革者也。"孔穎達疏："改正朔者，正謂年始，朔謂月初，言王者得政，示從我始，改故用新，隨寅、丑、子所建也。周子、殷丑、夏寅，是改正也；周夜半，殷鷄鳴，夏平旦，是易朔也。"《史記·曆書》："王者易姓受命，必慎始初，改正朔，易服色，推本天元，順承厥意。"又同書《殷本紀》："湯乃改正朔，易服色，上白，朝會以晝。"又同書《太史公自序》："漢興以來，至明天子，獲符瑞，封禪，改正朔，易服色，受命於穆清，澤流罔極。"《三國志·魏書·文帝紀》："黃初元年十一月，癸酉，以河之山陽邑萬户奉漢帝爲山陽公，行漢正朔，以天子之禮郊祭，上書不稱臣。"《宋史·禮志二十四》："南唐平，帝御明德門，露布引李煜及其子弟官屬素服待罪。初，有司請如獻劉鋹。帝以煜奉正朔，非若鋹拒命，寢露布弗宣，遣閣門使承制釋之。"《宋史·蘇軾傳》："高麗入貢，使者發幣於官吏，書稱甲子。〔蘇〕軾却之曰：'高麗於本朝稱臣，而不稟正朔，吾安敢受！'使者易書稱熙寧，然後受之。"明王世貞《弇州四部稿·説部·宛委餘編四》："錢鏐歷事唐，及梁唐雖奉正朔，而寔三改元。"參閱清趙翼《陔餘叢考·周秦改正朔不改月次辨》。

朝會

省稱"朝"，亦稱"朝賀"。在重大節日、重大事件中諸侯、臣屬及外國使者朝見天子之禮儀。此稱先秦時期已行用。《周禮·春官·大宗伯》解釋："春見曰朝，夏見曰宗，秋見曰覲，冬見曰遇，時見曰會，殷見曰同。"鄭玄注："此六禮者，以諸侯見王爲文。……名殊禮異，更遞而遍。朝，猶朝也，欲其來之早。"朝會是極隆重之禮。《詩·小雅·采菽》："君子來朝，言觀其旗。其旗淠淠，鸞聲嘒嘒。載驂載駟，君子所屆。"《采菽序》："刺幽王也，侮慢諸侯。諸侯來朝，不能錫命以禮，數徵會之，而無信義。"鄭玄箋："諸侯來朝，王使人迎之，因觀其衣服車乘之威儀，所以爲敬，且省禍福也。諸侯將朝於王，則驂乘，乘四馬而往，此之服飾，君子法制之極也。言其尊，而王今不尊也。""朝會"之名始見於《史記·殷本紀》："湯乃改正朔，易服色，上白，朝會以晝。""朝賀"之稱始於秦。《史記·秦始皇本紀》："改年始，朝賀皆自十月朔。"後世朝會之儀皆很隆重。《三國志·吳書·妃嬪傳》："長秋官僚，備員而已，受朝賀表疏如故。""朝會"常簡稱爲"朝"。《三國志·魏書·董昭傳》："將軍興義兵以誅暴亂，入朝天子，輔翼王室，此五伯之功也。""朝會"有較固定時間。《梁書·孫謙傳》："年逾九十，强壯如五十者，每朝會，輒先衆到公門。"《南史·褚裕之傳》："每朝會，百僚遠國使，莫不延首目送。"後代一般在元旦和冬至日朝賀。《通典·禮二十一》："〔南朝宋明帝〕泰始六年正月，有司奏：'被敕皇太子正冬朝賀，合著衮冕九章不？'"《舊唐書·禮儀志二》："自是駕在東都，常以元日冬至於乾元殿受朝賀。"宋代又稱"大朝會"。《宋史·禮志十九》："大朝會。宋承前代之制，以元日、五月朔、冬至行大朝會之禮。太祖建隆二年正月朔，始受朝賀於崇元殿，服衮冕，設宮縣、仗衞如儀。仗退，群臣詣皇太后宮門奉賀。帝常服御廣德殿，群臣上壽，用教坊樂。"宋孟元老《東京夢華錄·元旦朝會》："正旦大朝會，車駕坐大慶殿。有介冑長大人四人，立於殿角，謂之鎮殿將軍。諸國使人入賀。殿庭列法駕儀仗，百官皆冠冕朝服。"宋陸游《己酉元日》詩："行宮放朝賀，共識慕堯心。"朝會禮儀沿至明清。明陸容《菽園雜記》卷八："襲封衍聖公，每歲赴京朝賀，沿途水陸驛傳起中馬站船廩給。"明謝肇淛《五雜俎·地部一》："〔建都〕所貴於中者，取其便朝會耳。"《東周列國志》第五〇回："正旦，朝賀方畢，仲遂啓奏……"劉師培《文說》："記貢納，必飾百牢；叙朝會，必稱萬國。"

【朝賀】

即朝會。此稱先秦時期已行用。見該文。

【朝】

"朝會"之省稱。此稱先秦時期已行用。見該文。

朝覲

省稱"覲"。諸侯定期覲見天子之禮。約始於夏以前之傳説時代，達於春秋。後世猶用此稱，然已非朝覲禮儀，祇指臣下對天子的朝拜。據傳，舜時即已行此禮。《書·舜典》："正月……輯五瑞，既月，乃日覲四岳九牧，班瑞于群后。"《儀禮·覲禮》鄭玄《目錄》云："覲，見也，諸侯秋見天子之禮。春見曰朝，夏見曰宗，秋見曰覲，冬見曰遇。朝宗禮備，覲遇禮省，是以享獻不見焉。三時禮亡，唯此存。爾覲禮於五禮屬賓。"《史記·封禪書》亦云："〔舜〕遂覲東后。東后者，諸侯也。"《禮記·曲禮下》："天子當依而立，諸侯北面而見

天子，曰覲；天子當宁而立，諸公東面、諸侯西面，曰朝。"《周禮·春官·肆師》："大朝覲佐賓。"在西周晚期的不少青銅器銘文中，記有貴族在宗廟覲見周王之禮。周王也通常在此種儀式上册命朝覲者。《望簋》："佳（唯）王十又三年六月初吉戊戌，王才（在）周康宮新宮，旦，王各（格）大室，即立（位），宰倗父右（佑）望入門，立中廷，北鄉（向），王乎（呼）史年册令（命）望。"可見當時朝覲禮是由專人（宰倗父）引導，進入王所在的大室（即太廟），站廟庭中央，向北對王行禮。夷王時期《蔡簋》亦記："唯元年既望丁亥，王才雍居，旦，王各廟，既立，宰習入右蔡立中廷，王乎史年册令蔡。"又周厲王時期的《晋侯穌鐘》："旦，王各大室，即立。王乎膳夫曶召晋侯穌，入門，立中廷。王親錫駒四匹。穌拜稽首，受駒以出；反入，拜稽首。"這些青銅器銘文與《詩·大雅·韓奕》所載"韓侯受命，王親命之，……韓侯入覲，以其介圭，入覲于王。王錫韓侯……"情形頗有相似處。春秋時期禮崩樂壞，諸侯或不朝天子，朝覲禮漸不行。故周靈王時，周祇能以鬼神咒之。《史記·封禪書》："周力少，萇弘乃明鬼神事，設射'狸首'。狸首者，諸侯之不來者。"宋趙以夫《易通》卷四釋《周易·益》"告公用圭"云："'告公用圭'者，以朝覲會同之禮告之公也。"後代猶用"朝覲"一詞，指大臣覲見皇帝，與先秦諸侯朝覲天子之禮大有區別。《隋書·禮儀三》："自秦兼天下，朝覲之禮遂廢。及周封蕭詧爲梁王，訖於隋，恒稱藩國，始有朝見之儀。"《宋史·司馬光傳》："拜尚書左僕射兼門下侍郎，免朝覲，許乘肩輿，三日一入省。"

《明史·職官志二》："凡學術不正,上書陳言變亂成憲希進用者,劾;遇朝覲、考察,術不正、上書陳言變大獄重囚,會鞫於外朝,偕刑部大理讞平之。"

【覲】

"朝覲"之省稱。此稱先秦時期已行用。見該文。

朝貢

省稱"貢",亦稱"貢獻"。諸侯、异族、藩屬國遣使前來朝拜中原王朝天子并供奉方物之禮(此禮亦存在於强弱地位不等、有依附關係的列國之間)。此稱先秦時期已行用。通常要供奉其地特產,同時也獲得中央朝廷、强國、宗主國的賞賜。這是主要以華夏王朝爲中心的主從附屬統治體系,體現着華夏中央王朝的權威,和地方、附屬國對它的歸附。始於商,達於清。相傳夏代已有所謂"貢"。《書·禹貢》:"禹別九州,隨山濬川,任土作貢。"孔傳:"任其土地所有,定其貢賦之差。"宋林之奇《尚書全解·禹貢》釋"貢"爲"朝貢":"蓋天子之都必求其舟楫之所可至,使夫諸侯之朝貢、商賈之貿易,雖其地甚遠,而其輸甚易。"此應是後世假托。夏朝影響範圍有限,未必有成型的朝貢制度。《書·禹貢》有關天下九州對中央的方物供奉,實爲商周以下禮制的構想。《詩·大雅·長發》言商代有朝貢:"昔有成湯,自彼氐羌,莫敢不來享,莫敢不來王,曰商是常。"《書·旅獒》言西周初:"惟克商,遂通道于九夷八蠻……四夷咸賓,無有遠邇,畢獻方物。"《周禮·秋官·大行人》根據距都城遠近,分別稱其地爲侯服、甸服、男服、采服、衛服、要服,規定各自朝貢年限,漢鄭玄注:"此六服去王城三千五百里,相距方七千里,公侯伯子男封焉。其朝貢之歲,四方各四分趨,四時而來,或朝春,或宗夏,或覲秋,或遇冬祀。貢者犧牲之屬。"《史記·周本紀》載此制曰:"夫先王之制,邦内甸服,邦外侯服,侯衛賓服,夷蠻要服,戎翟荒服。甸服者祭,侯服者祀,賓服者享,要服者貢,荒服者王,日祭、月祀、時享、歲貢、終王。"裴駰集解:"韋昭曰:王,王事天子也。《詩》曰:'莫敢不來王。'"可見朝貢禮體現着中原中央王朝的權威。周成王從成周遷都洛邑,《書·召誥》謂"至于洛,卜宅",何以要遷洛?宋陳經《尚書詳解·召誥》:"成王欲宅洛,使召公相宅,……建都於洛邑,蓋取其天下之中,四方朝貢道里均焉。"然而春秋時期禮崩樂壞,諸侯稱霸,朝貢亦體現在强國與弱小國的關係上。《春秋·襄公二十八年》"仲孫羯如晋"清毛奇齡傳:"向使世無伯主,則大小與國,修睦講信,何至好即朝貢,怒則侵伐,至于如此!"《孟子·萬章》"故源源而來,不及貢,以政接於有庳"漢趙岐注:"不及貢者,不待朝貢諸侯常禮乃來也。"朱熹集注:"來,謂來朝覲也。不及貢以政接於有庳,謂不待及諸侯朝貢之期,而以政事接見有庳之君。"《後漢書·南蠻傳》:"楚子稱霸,朝貢百越。"先秦亦稱"貢獻"。《國語·吳語》:"春秋貢獻,不解於王府。""朝貢"一稱始於漢,漢以後此禮一直未絶。《漢書·王莽傳上》:"請以新野田二萬五千六百頃,益封莽滿百里。莽謝曰:'……臣莽國邑足以共朝貢,不須復加益地之寵,願歸所益。'"《後漢書·光武帝紀下》:"是歲,烏桓大人率衆内屬,詣闕朝貢。"《後漢書·劉虞傳》:"自鮮卑、烏桓、夫餘、穢貊之輩，皆隨時朝貢，無敢擾邊者。"《三國志·魏書·毌丘儉傳》："烏丸單于寇婁敦、遼西烏丸都督率衆王護留等，昔隨袁尚奔遼東者，率衆五千餘人降。寇婁敦遣弟阿羅槃等詣闕朝貢，封其渠率二十餘人爲侯、王，賜輿馬繒采各有差。"《晋書·李雄載記》："雄以中原喪亂，乃頻遣朝貢，與晋穆帝分天下。"《魏書·肅宗紀》："吐谷渾、宕昌、鄧至諸國並遣朝貢。"《隋書·高祖紀》："〔開皇〕十一年春正月……辛丑，高麗遣使朝貢。"又："二月戊子，吐谷渾遣使貢方物"；"夏四月戊午，突厥雍虞閭可汗遣其特勤來朝"。《舊唐書·裴矩傳》："帝至東都，〔裴〕矩以蠻夷朝貢者多，諷帝大徵四方奇技，作魚龍曼延角觝於洛邑，以誇諸戎狄，終月而罷。"按，朝貢不衹是表示藩屬對中央王朝的臣服與附屬，還表示中央王朝對朝貢者的恩惠。《宋史·西南溪峒諸蠻傳上》："其年，夔蠻千五百人乞朝貢，上慮其勞費，不許。"《明史·太祖紀》："〔二十六年四月〕丙申，以安南擅廢立，絕其朝貢。"又同書《土司傳》："帝以馭蠻當順其情，所授諸司宜有等殺。……令三年一朝貢如故事。"因朝貢而建立起附屬國受宗主國保護的體系。明清時期日本數度入侵朝鮮，明清朝廷總是作爲宗主國出兵救援。而近代作爲清附屬國的琉球國遭日本侵略，曾請求清國出兵，其時清廷自顧不暇，致琉球爲日本所吞并。

【貢】

"朝貢"之省稱。此稱先秦時期已行用。見該文。

【貢獻】

即朝貢。此稱先秦時期已行用。見該文。

歲貢

各地諸侯、附屬國定期向中央、宗主國供奉地方特產的禮儀。商周時期，根據距離中央都城地理遠近，有一年至六年不等的朝貢時間。此禮始於商周，此稱漢代已行用，沿至清。《史記·周本紀》："甸服者祭，侯服者祀，賓服者享，要服者貢，荒服者王，日祭、月祀、時享、歲貢、終王。"《史記·周本紀》"要服者貢"裴駰集解："韋昭曰：供歲貢。"《周禮·秋官·大行人》載歲貢時間曰："邦畿方千里，其外方五百里，謂之侯服，歲壹見其貢祀物；又其外方五百里，謂之甸服，二歲壹見其貢嬪物；又其外方五百里謂之男服，三歲壹見其貢器物；又其外方五百里，謂之采服，四歲壹見其貢服物；又其外方五百里，謂之衛服，五歲壹見其貢材物；又其外方五百里，謂之要服，六歲壹見其貢貨物。"後世雖時時強調觀見禮要遵從周禮，却未必真按此制實施。然中央王朝新皇帝登基等重大典禮，詔告天下，各地必携禮物前來參加朝觀禮。各藩屬國新君繼位，亦須遣使携禮物至宗主國觀見。此類情況均非定期。因中原文明的强大吸引力，周邊少數民族或小國無不向慕，往往以成附屬國爲榮，正如《魏書·契丹傳》所言："契丹國……真君以來求朝獻，歲貢名馬。顯祖時，使莫弗紇何辰奉獻，得班饗於諸國之末，歸而相謂，言國家之美，心皆忻慕。於是東北群狄聞之，莫不思服。"《隋書·突厥傳》載突厥請求內附奏章，內稱："感慕淳風，歸心有道，屈膝稽顙，永爲藩附。雖復南瞻魏闕，山川悠遠，北面之禮，不敢廢失。當今侍子入朝，神馬歲貢，朝夕恭承，唯命是視。"後世一直有此禮，直至清代。唐殷堯藩《帝京》詩二首之一："禮樂日稽三代盛，梯航歲貢萬方同。"元薛漢《送柳湯佐》詩："七賢舊竹風流在，萬善新茶歲貢兼。"明楊慎《升菴集·茶錄》："片茶炙造，實捲摸中串之，惟建、劍則既炙而研，編竹爲格，置焙室中，最爲精潔，他處不能造，其名有……十二等，以充歲貢及邦國之用。"清弘曆《咏痕都斯坦玉盤》詩："新疆歲貢果，三品恰宜盛。"自注："回部歲貢蘋果、石榴、木瓜三果，每以盤貯陳設，向曾與乾清宮西暖閣几上虎錞內所供之吉祥草，同繪爲《歲朝圖》，因以聯句。"

方物

亦稱"貢物"。各地定期朝貢給中央王朝或宗主國的地方土特物。此稱先秦時期已行用。《書·旅獒》言西周初："四夷咸賓，無有遠邇，畢獻方物。"《孝經·聖治章》"周公因祀五方上帝於明堂，乃尊文王以配之也。是以四海之內，各以其職來祭"邢昺疏："謂四海之內，六服諸侯，各脩其職，貢方物也。"此謂諸侯進獻方物，參加祭典。《左傳·僖公七年》："管仲言於齊侯曰：'臣聞之，招攜以禮，懷遠以德，德禮不易，無人不懷。'齊侯脩禮於諸侯，諸侯官受方物。"杜預注："諸侯官司各於齊，受其方所當貢天子之物。"此禮後世沿襲不輟。《舊唐書·高宗紀下》："雞林道行軍大總管大破新羅之衆於七重城，斬獲甚衆。新羅遣使入朝，獻方物，伏罪。赦之，復其王金法敏官爵。"此可見令邊遠之國朝貢，不僅靠懷柔，亦憑武力。《宋史·蠻夷傳一》："歸順等州蠻田思欽等以方物來獻，時來者三百一人。……詔安遠、天賜、保順、南順等州蠻貢京師，道里遼遠，而罹寒暑之苦，其聽以貢物留施州，所賜就給之。

願入貢者，十人聽三二人至闕下，首領聽三年一至。"此則見朝廷對朝貢者之恩典。而與中原王朝對峙之國，亦對周邊部族有貢物規定。《遼史·興宗紀三》："長白山太師柴葛、回跋部太師撒喇都來貢方物。"邊臣异族，俱有獻方物之責。宋末謝翺《南平王歸朝》詩："錦韉道賜帶盤鵰，方物南來進龍腦。"《元史·世祖紀十三》："安南國王陳日烜，遣其中大夫陳克用來貢方物。"內附之邊族小國新君立，須請中原王朝册命，并以入貢方物示敬。《明史·西域傳三》："萬曆七年，貢使言，闡化王長子札釋藏卜乞嗣職，如其請。久之卒，其子請襲，神宗許之，而制書但稱'闡化王'，用閣臣沈一貫言，加稱'烏斯藏怕木竹巴灌頂國師'。闡化王其後奉貢不替，所貢物有畫佛、銅佛、銅塔、珊瑚、犀角、氈毹、左髻、毛纓、竹力麻、鐵力麻、刀劍、明甲冑之屬。"同書《四川土司傳》："烏蒙、烏撒、東川、芒部諸部長百二十人來朝，貢方物。詔各授以官，賜朝服冠帶、錦綺鈔錠有差。"明余子俊《土官阻留貢物疏》："土官阻留貢物事，准禮部咨安南國陪臣陳仲立等奏稱，本國差臣等齎捧表文方物赴京進貢，到廣西思明府憑祥縣被土官……取索貨財。"清徐倬《聖駕南巡視河吳越歡迎曲》八首之一："太平時節盛鶯花，碧水丹山貢物華。"

【貢物】

即方物。此稱明代已行用。見該文。

八佾

古代舞樂名。此稱先秦時期已行用。周天子擁有的六十四人《大夏》樂舞，舞者執羽籥（雉羽和管狀樂器），分八行八列排列。祇在盛大朝會、宴饗或祭祀時方舉行。遠古以來，八就被賦予獨特的意義，與八卦、八風、八政、八節、八音、八方、八荒等相關聯，因而八佾在西周時也具有極高的象徵意義，祇有天子面前纔配表演八佾舞蹈。周公因功德高大，去世後，他的封地魯國在清廟祭祀時，得到王室恩准，纔被允許舞八佾。春秋以後，禮崩樂壞，諸侯、大夫紛紛僭越等級，舞八佾之類非禮的事層出不窮。故孔子曾怒斥"是可忍，孰不可忍"。《禮記·祭統》："夫大嘗禘，升歌清廟，下而管象，朱干玉戚以舞《大武》，八佾以舞《大夏》，此天子之樂也。"鄭玄注："佾，猶列也。《大夏》，禹樂，文舞也，執羽籥。文武之舞皆八列。"《春秋·隱公五年》有"初獻六羽"文，《公羊傳》："初獻六羽何以書？譏。何譏爾？譏始僭諸公也。六羽之爲僭奈何？天子八佾，諸公六，諸侯四。"漢何休注："佾者列也。八人爲列，八八六十四人。"何休稱八佾"法八風"；依等級遞減，則諸公六人隊列"法六律"，爲三十六人；諸侯四人隊列"法四時"，爲十六人。《穀梁傳》亦釋："穀梁子曰：舞夏，天子八佾，諸公六佾，諸侯四佾。初獻六羽，始僭樂矣。《尸子》曰：舞夏自天子至諸侯，皆用八佾，初獻六羽，始屬樂矣。"范甯集解："夏，大也。大謂大雉。大雉，翟雉。佾之言列，八人爲列，又有八列，八八六十四人也，並執翟雉之羽而舞也。天子用八，象八風；諸公用六，降殺以兩也。不言六佾者言羽，則佾在其中，明婦人無武事，獨奏文樂。"集解又謂："穀梁子言其始僭，尸子言其始降。"可見二者矛盾。《左傳·隱公五年》亦載："公問羽數於衆仲，對曰：'天子用八，諸侯用六，大夫四，士二。夫舞，所以節八音而行八風，故自

八以下。'"元程端學《三傳辨疑·隱公》辨析："劉氏曰：經言初獻者，譏始僭也。……魯隱以前未嘗舞六佾於群公之廟，……衆仲不知諸侯名位不同，禮亦異數，因天子八佾，遂兼稱諸侯六佾，致使魯僭諸公之禮也。此《春秋》所以書其初也。"可見魯隱公作爲諸侯，僭越了諸公等級。諸侯六佾尚且僭越，大夫八佾則更是犯上作亂。《論語·八佾》："孔子謂季氏八佾舞於庭，是可忍也，孰不可忍也！"朱熹集注："季氏，魯大夫季孫氏也。佾，舞列也。……季氏以大夫而僭用天子之禮樂，孔子言其此事尚忍爲之，則何事不可忍爲？或曰忍，容忍也，蓋深疾之之辭。"宋陳祥道《論語全解·八佾》亦對此有申説："大夫之僭天子，季氏之八佾是也。……樂之八音，所以擬八風也。佾舞，所以節八音而行八風也。以其節八音而行八風，故自八以下，此天子所以八佾也。季氏之舞八佾，則是樂於是大壞，而民將無所措手足焉。"指明八佾被僭用，則臣民對禮樂制度無所適從了。故在周禮風行時代，八佾是至高等級的樂舞。又，對於數字"八"的神聖性，《漢書·律曆志上》有言："人者，繼天順地，序氣成物。統八卦，調八風，理八政，正八節，諧八音，舞八佾，監八方，被八荒，以終天地之功。故八八六十四，其義極天地之變。"八佾制度在戰國以後不復存在。

【八溢】

即八佾。此稱漢代已行用。《漢書·禮樂志二》："千童羅舞成八溢，合好效歡虞泰一。"

【八羽】

即八佾。此稱南北朝時期已行用。《宋書·樂志二》："六瑚貳室，八羽華庭"。

幸

亦稱"巡幸"。皇帝駕臨、施予恩澤之謂。此稱秦代已行用。所謂幸，漢蔡邕《獨斷》卷上云："幸者，宜幸也。世俗謂幸爲僥倖。車駕所至，民臣被其德澤，以僥倖，故曰幸也。"《史記·秦始皇本紀》："始皇帝幸梁山宮，從山上見丞相車騎從，弗善也。"後世代代相沿。《漢書·郊祀志上》："始巡幸郡縣，寖尋於泰山矣。"《後漢書·光武帝紀》："〔建武元年〕冬十月癸丑，車駕入洛陽，幸南宮却非殿，遂定都焉。"《三國志·魏書·文帝紀》："〔延康五年〕七月行東，巡幸許昌宮。"唐鄭啓《嚴塘經亂書事》詩："塵生宮闕霧濛濛，萬騎龍飛幸蜀中。"《元史·崔斌傳》："帝幸上都，嘗召〔崔〕斌。斌下馬步從，帝命之騎。"明王志長《周禮注疏删翼》卷七引宋東萊呂氏曰："唐西都不登則幸東都，在高宗時，有逐糧天子之語。"《春秋·文公十三年》"太室屋壞"宋黃仲炎《春秋通説》云："唐明皇將幸東都，而太廟屋壞。宰相宋璟、蘇頲以爲三年喪未終，不可巡幸。"《宋史·太祖紀一》："〔建隆三年〕五月甲子，幸相國寺禱雨。遂幸迎春苑，宴射。"宋孟元老《東京夢華錄·駕幸臨水殿觀爭標錫宴》："駕先幸池之臨水殿，錫宴。"《明史·武宗紀》："〔正德十三年〕夏四月己巳朔，謁六陵，遂幸密雲。"《清史稿·聖祖紀》："〔康熙五十九年〕二月甲辰，上巡幸畿甸。"不衹是駕臨，皇帝與后妃交歡，亦稱幸。《孽海花》第二七回："如皇帝曾與皇后行房，須告以行房的時間，太監就記在册上：某年月日某時，皇帝幸某皇后。"

【巡幸】

即幸。此稱漢代已行用。見該文。

巡狩

亦稱"巡守""出狩"。君王出行巡視，亦藉爲君主外出逃亡之諱稱。諸侯爲君主守土一方，君主前去巡視，故稱。此稱先秦時期已行用。傳堯舜時已巡狩各地。《書·舜典》："歲二月，東巡守，至于岱宗，柴。"孔傳："諸侯爲天子守土，故稱守，巡行之。"周以後形成定制。《禮記·王制》："天子五年一巡守。"《周禮·考工記·玉人》："大璋、中璋九寸，邊璋七寸，……天子以巡守，宗祝以前馬。"後世沿襲。《漢書·郊祀志上》："〔秦始皇〕即帝位三年，東巡狩郡縣，祠騶嶧山，頌功業。"漢班固《白虎通·巡狩》："王者所以巡狩者何？巡者，循也；狩，牧也。爲天下循行守牧民也。"南朝梁慧皎《高僧傳·義解二》："朕將與公南游吳越，整六師而巡狩，涉會稽以觀滄海，不亦樂乎！"《舊唐書·禮儀志三》："麟德二年二月，車駕發京東巡狩，詔禮官博士撰定封禪儀注。"宋李心傳《建炎以來繫年要錄·紹興三年》："天子巡狩，猶載遷廟之主以行，示有所尊。""出狩"多爲皇帝出逃的諱稱，見於唐以後文獻。《舊唐書·王處存傳》："處存家在京師，世受國恩，以賊寇未平，鑾輿出狩，每言及時事，未嘗不喑鳴流涕。"宋佚名《靖康要錄》卷一："〔朱孝莊〕因奏：聞諸道路，宰執欲奉陛下出狩以避敵，果行之，宗社危矣。"清洪昇《長生殿·見月》："西川出狩乍東歸，駐蹕離宮對夕暉。"

【巡守】

同"巡狩"。此體唐代已行用。見該文。

【出狩】

即巡狩。此稱唐代已行用。見該文。

駐蹕

亦稱"警趯""警蹕""儆蹕"。天子外出，清道警戒之制。此稱先秦已行用。蹕，《説文・走部》謂"止行也"，即清道戒嚴。周代單稱"蹕"；漢代開始稱"警蹕""儆蹕"。《周禮・夏官・隸僕》："掌蹕宮中之事。"鄭司農注："蹕謂止行者。清道，若今時儆蹕。"又同書《地官・師氏》："使其屬帥四夷之隸，各以其兵服守王之門外，且蹕。"鄭玄注："蹕，止行人不得迫王宮也。"《三輔黄圖》："天子出入警蹕。舊典，行幸所至，必遣静室令先按行清净殿殿中，以虞非常。"漢代"蹕"亦作"趯"。《漢書・文三王傳》："〔梁孝王〕得賜天子旌旗，從千乘萬騎，出稱警，入言趯，儗於天子。"顔師古注："警者，戒肅也；趯，止行人也。……《漢儀注》：皇帝輦動，左右侍帷幄者稱警；出殿則傳蹕，止人清道也。"《廣韻・入質》："蹕同趯。"《宋書・禮志五》亦稱："《漢儀》曰：'出稱警，入稱蹕。'説者云，車駕出則應稱警，入則應稱蹕也，而今俱唱之。史臣以爲警者，警戒也；蹕者，止行也。今從乘輿而出者，並警戒以備非常也。"《三國志・魏書・武帝紀》："〔建安二十一年〕夏四月，天子命王設天子旌旗，出入稱警蹕。"晋崔豹《古今注・輿服》："警蹕，所以戒行徒也。周禮蹕而不警，秦制出警入蹕。謂出軍者皆警戒，入國者皆蹕止也。……一曰蹕，路也，謂行者皆警於塗路也。""駐蹕"一稱出現於西晋，爲後代所沿用。晋左思《吴都賦》："於是弭節頓轡，齊鑣駐蹕。"劉淵林注："蹕，止行者也。王者出入警蹕。"《晋書・苻丕苻登載記論》："自謂戰必勝，攻必取，便欲鳴鸞禹穴，駐蹕疑山。"唐段成式

《酉陽雜俎・禮異》："梁主從東堂中出，云齋在外宿，故不由上閣來，擊鐘鼓，乘輿警蹕。"唐李嶠《汾陰行》詩："回旌駐蹕降靈場，焚香奠醑邀百祥。"宋鄭文寶《南唐近事》卷一："元宗南幸，道由蠡澤。〔史〕虚白鶴氅杖藜，謁鑾輅於江左。元宗駐蹕存問，頒之穀帛。"宋岳珂《桯史・歲星之祥》："建炎庚戌……秋，駐蹕會稽，時虜初退師，尚宿留淮泗。"明李善《禮部尚書致仕贈大保諡忠安胡公神道碑銘》："車駕親征北虜，駐蹕宣府。"清洪昇《長生殿・驛備》："今更有大事臨頭，太上皇來此駐蹕。"《大清聖祖仁皇帝聖訓・聖孝》："先是，上駐蹕博洛和屯，聞太皇太后聖體違和，星夜回鑾。"

【警趯】

即駐蹕。此稱漢代已行用。見該文。

【警蹕】

即駐蹕。同"警趯"。此稱漢代已行用。見該文。

【儆蹕】

即駐蹕。同"警趯"。此稱漢代已行用。見該文。

木鐸

提醒人們注意用的木舌大銅鈴。在宣布政令、防險報警、采集民情民風時摇動發出響聲。此稱先秦時期已行用。周朝由小宰掌管政令宣布，振鐸以警衆。《周禮・天官・小宰》："正歲，帥治官之屬，而觀治象之法。徇以木鐸，曰：不用法者，國有常刑。"鄭玄注："古者將有新令，必奮木鐸以警衆，使明聽也。"賈公彦疏："鐸，皆以金爲之，以木爲舌則曰木鐸，以金爲舌則曰金鐸也。"又同書《地官・鼓人》"以金鐸通鼓"賈公彦疏："此是金鈴金舌，故曰金

鐸。在軍所振對金鈴。木舌者爲木鐸，施令時所振。"又同書《地官·鄉師》："凡四時之徵令有常者，以木鐸徇於市朝。"《禮記·明堂位》："振木鐸於朝，天子之政也。"後世詩文猶引用周代此典。宋蘇軾《元祐三年春帖子詞·皇帝閣》之一："藹藹龍旗色，琅琅木鐸音。"因木鐸與官方號令相關，故世人或比之爲指路聖哲或思想明燈。《論語·八佾》曰："天下之無道也久矣，天將以夫子爲木鐸。"清鄒容《革命軍》第四章："自古司東亞文化之木鐸者，實惟我皇漢民族焉。"又，周代防險報警亦搖木鐸。《周禮·秋官·司烜氏》："中春以木鐸修火禁于國中。"《禮記·月令》："先雷三日，奮木鐸以令兆民。"先秦時又有道人之官，搖木鐸到各地采集民情。《説文·丌部》："古之道人以木鐸記詩言。"《左傳·襄公十四年》："《夏書》曰：道人以木鐸徇于路。"杜預注："道人，行令之官也；木鐸，木舌金鈴；徇於路，求歌謠之言。"此風漢代猶然。《漢書·食貨志》："孟春三月，群居者將散，行人振木鐸徇於路，以采詩，獻之大師，比其音律，以聞於天子。故曰：'王者不窺牖户而知天下。'"

清道旗

天子以下各級官員貴族出行儀仗中及民間賽會游行隊伍中清路用的旗幡。此稱漢代已行用。漢以後君王出行有清道之制。《三輔黄圖》："清道謂天子將出，或有齋祠，先令道路掃灑清净。"《後漢書·張禹傳》："王者動設先置，止則交戟。清道而後行，清室而後御。"劉昭注："舊典，天子行幸，所至必遣静室令先案行清静殿中，以虞非常。"又同書《百官志四》"右屬執金吾"劉昭注："本有式道、左右中候三人，

六百石。車駕出，掌在前清道，還持麾至宮門，宮門乃開。"言"持麾"清道，可知清道旗雛形在漢世已有之，唯無其名而已。歷代均有清道官吏。《舊唐書·張建封傳》："辟爲參謀，奏授左清道兵曹，不樂吏役而去。"又同書《職官志二》："左右清道率府曰直蕩。"然清道旗之稱，出現於明代。《明史·儀衞志》："永樂二年，禮部言東宮儀仗，有司失紀載，視親王差少，宜增置……紅令旗二、清道旗四。"又："郡王儀仗：令旗二、清道旗二、幰弩一、刀盾十六、弓箭十八……"《續文獻通考·王禮考·后妃命婦以下車輦鹵簿》："皇妃儀仗：紅杖二，清道旗、絳引幡各二。"明楊寅秋《平播覆議機宜》："應置藍絹紅邊巡視清道旗十面，……備不時調遣機密之用。"《明會典·工部·儀仗五》："清道旗一對，純青質硃漆攢竹竿，通長一丈二尺五寸；貼金木鎗頭，長一尺七寸，銅束。"清錢泳《履園叢話·出會》："每當三春無事，疑鬼疑神，名曰出會，……其前導者爲清道旗、金鼓，'肅静''迴避'兩牌，與地方官吏無異。"《官場現形記》第六回："後面方是欽差閲兵大臣的執事，什麼衝鋒旗、帥字旗、官銜牌、頭鑼、腰鑼、傘扇、令旗、令箭、劊子手、清道旗、飛虎旗、十八般兵器、馬道馬傘、金瓜鉞斧、朝天凳、頂馬、提爐、親兵、戈什哈、巡捕，一對一對的過完，才見那撫院坐着一頂八人抬的綠大呢轎子，緩緩而來。"

肅静牌

官員貴族儀仗和民間賽會隊伍中警示安静用的木牌。此稱明代已行用。明以前也有肅静旗幡，宋代《四明續志》卷六即有"額外管押

訓練肅静旗三面、令牌二面"之記載。而作爲儀仗隊中木牌,行於明清時期。明馮夢龍《山歌·序》引《十六不諧》云:"二不諧:御史頭行肅静牌。呀,莫側聲。"《清朝通典·嘉禮五》:"巡撫:杏黃繳青扇、獸劍、金黃棍、桐棍、槊、迴避牌、肅静牌、旗槍各二,青旗八。"《清朝文獻通考·王禮考二十二》:"總兵官:杏黃繳青扇、飛虎旗、大刀、獸劍、迴避牌、肅静牌、旗槍各二,青旗八。"清錢泳《履園叢話·出會》:"每當三春無事,疑鬼疑神,名曰出會,……其前導者爲清道旗、金鼓,'肅静''迴避'兩牌,與地方官吏無異。"

迴避牌

官員貴族儀仗中和官府衙門外警示閑人迴避用的木牌。通常與"肅静"牌并用。此稱清代已行用。《大清會典·禮部·儀制清吏司》:"直省官文官:總督,旗八,飛虎旗、黃繳扇、兵拳鷹翎刀、獸劍、黃棍、桐棍、槊各二,槍四,迴避牌二,肅静牌二……"徐珂編《清稗類鈔·禮制類》"官吏儀衞"條:"州、縣官出行,前導有肅静、迴避牌,銜牌、金鑼、傘、扇六、衝清道旗、紅黑帽繼之。"近現代戲劇中猶有此道具。

净鞭

皇帝上朝或出行時,爲提示肅静勿喧嘩而揮甩出聲的長鞭。由成雙成對的侍從持之。上朝時,净鞭三響,即提示文武百官肅静。此稱宋代已行用。宋佚名《大宋宣和遺事·亨集》:"明堂坐天子,月朔朝諸侯;净鞭三下響,文武兩班齊。"元佚名《七國春秋平話》卷上:"却說齊王設朝,金殿上净鞭三鞭響,玉階前文武兩班齊。"元楊梓《承明殿霍光鬼諫》第一折:

"我過得蕭牆,我待朝帝王。不聽的古剌剌净鞭三下響;不見文官每列在左壁,武官每列在右厢。"《水滸全傳》第五四回:"當日五更三點,道君皇帝升殿。净鞭三下響,文武兩班齊,天子駕坐。"《禪真逸史》第二回:"九重宮闕開閶闔,萬國衣冠拜冕旒。只聽得净鞭三響,文武兩班山呼舞蹈已畢。"《再生緣》第七七回:"净鞭三響鳴鐘鼓,紅燈兩盞照前行。金鑾殿,坐君王,寶扇分開飄御香。"夏仁虎《舊京瑣記·時變》:"宣統之登極也,其父攝政王抱之而升,净鞭甫鳴,宣統大啼,攝政王慰之曰:'皇帝別哭,一會兒就完了。'"

【静鞭】

即净鞭。此稱元代已行用。元鄧玉賓《端正好·俺便似畫圖中》:"静鞭三下如雷響,階下時直報日光。左有青龍,右分白虎,後委玄冥,朱雀在南方。鳳凰池上,依八卦擺班行。"元袁桷《内宴》二首之一:"樅殿沈沈曉日清,静鞭初徹四無聲。"元宋無《唐宮詞補遺》:"罷朝輕輦駐花邊,催喚黃門住静鞭。"《清史稿·輿服志四》:"皇帝大駕鹵簿,圜丘、祈穀、常雩三大祀用之。大閱時詣行宮,禮成還宮,亦用之。其制,前列導象四,次寶象五,次静鞭四。"

黃麾

初指指揮儀仗隊列用的黃色、紅色、金色旌旗。晋崔豹《古今注·輿服》:"麾,所以指麾,武王右執白旄以麾是也。乘輿以黃,諸公以朱,刺史二千石以纁。"後轉稱擎此旗幟的儀仗隊。舉此旗者少則數十人,多則成千上萬人。既彰顯聲勢,亦起警蹕作用。多爲皇帝大駕所用,高官貴族出行亦用之。漢代多用於引導指揮隊列。傳漢劉歆著、東晋葛洪輯抄的《西京雜記》卷三云："漢朝輿駕祠甘泉汾陰，備千乘萬騎。太僕執轡，大將軍陪乘，名爲大駕。……前黃麾騎中道；自此分爲八校，左四右四。護駕御史騎左右；御史中丞駕一，中道。"《宋史·儀衞志六》述漢制曰："黃麾，古有黃、朱、繡三色，所以指麾也。漢鹵簿有前黃麾護駕御史。"其後多指舉旗幟的儀仗隊。《東觀漢記·班超傳》："建初八年，稱超爲將兵長史，假鼓吹黃麾。"《隋書·禮儀志三》："梁、陳時，依宋元嘉二十五年蒐宣武場。……獵日，……皇帝乘馬戎服，從者悉絳衫幘，黃麾警蹕，鼓吹如常儀。"《大唐開元禮·序例中·大駕鹵簿》："次金吾果毅二人，領虞候佽飛四十八騎，夾道單行，分左右，引到黃麾仗。"唐王勃《七夕賦》："馳朱軒於九域，振黃麾於萬里。"唐沈佺期《上之回》詩："黃麾搖晝日，青幰曳松風。"《宋史·儀衞志六》述宋代黃麾："宋制，絳帛爲之，如幡，錯采成'黃麾'字，下繡交龍；朱漆竿，金龍首，上垂朱綠小蓋。"宋周密《武林舊事·元正》："朝廷元日、冬至行大朝會儀，則百官冠冕朝服，備法駕，設黃麾仗三千三百五十人，視東京已減三之一。"宋洪适《降仙臺》："黃麾列仗貔貅整，氣壓江潮。"明代猶行之。《明集禮·嘉禮一·朝防》："宋大慶殿大朝防，黃麾大仗，用五千二十五人；文德殿視朝，黃麾半仗，用二千二百六十五人。"又曰明代："五輅先陳於庭，兵部設黃麾仗於殿之内外。"

黃 麾
（明王圻等《三才圖會》）

晏駕

帝王及皇后死亡的諱稱。此稱先秦時期已行用。戰國時，王者崩殂，其車駕不能按時早出，故稱。《戰國策·秦策五》："秦王老矣，一日晏駕，雖有子異人，不足以結秦。"《史記·范雎蔡澤列傳》："宮車一日晏駕，是事之不可知者。"裴駰集解："應劭曰：'天子當晨起早作，如方崩殂，故稱晏駕。'韋昭曰：'凡初崩爲晏駕者，臣子之心猶謂宮車當駕而晚出。'"《文選·江淹〈恨賦〉》"一旦魂斷，宮車晚出"唐吕延濟注曰："天子崩謂宮車晏駕。晚出，晏駕也。"漢應劭《風俗通》曰："天子夜寢早作，故有萬機。今忽崩隤，則爲晏駕。"北魏酈道元《水經注·河水五》："明年，宮車晏駕，徵解瀆侯爲漢嗣，是爲靈帝。"《漢書·外戚傳·孝成趙皇后》"雖末有皇子，萬歲之後未能持國"顏師古注："萬歲言晏駕也。"《十國春秋·南唐元宗紀》："烈祖晏駕，秘不發喪。"此稱沿用至明清。《明實錄·武宗實錄》弘治十八年（1505）五月："大行皇帝宮車晏駕，正殿下宅憂之時。"清亡，帝制終，此稱不復行用。

大駕

皇帝出行時等級最高的儀仗隊。此稱先秦已行用。《通典·嘉禮十一》載秦代鹵簿："秦制：大駕屬車八十一乘，法駕半之。"漢代多承秦制，大駕由大臣奉引，大將軍騎行陪伴，隨從之車八十一乘。《史記·孝文本紀》"乃使太僕〔灌〕嬰與東牟侯〔劉〕興居清宮，奉天

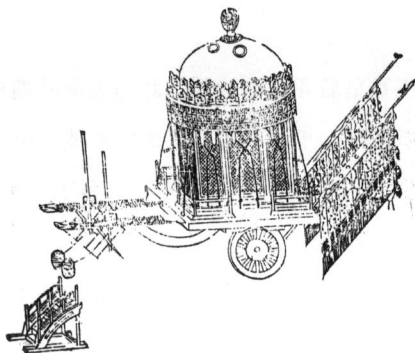

清代皇帝大駕鹵簿玉輅
（清允祿等《皇朝禮器圖式》卷一）

子法駕，迎於代邸"司馬貞索隱引《漢官儀》："天子鹵簿有大駕、法駕。大駕公卿奉引，大將軍參乘，屬車八十一乘。"《漢書·王莽傳下》："三年正月，九廟蓋構成，納神主，莽謁見，大駕乘六馬，以五采毛爲龍文衣，著角，長三尺。"漢張衡《西京賦》："大駕幸乎平樂，張甲乙而襲翠被。"《魏書·禮志一》："〔太和〕十三年正月，帝以大駕有事於圜丘。"《文獻通考·郊祀考三》："後周……皇帝乘蒼輅，戴元冕，備大駕而行，從祭者皆蒼服。"《宋史·樂志十四》載嘉定二年（1210）册皇太子樂章："大駕言旋，警蹕鳴兮；燕祉無疆，邦之榮兮。"大駕多是皇帝有重大典禮儀式時所用，而明清時已無大駕、法駕之別，祇要皇帝出行，車駕即可稱大駕。清谷應泰《明史紀事本末·景帝登極守御》："額森殊喜，言迎使夕來，大駕朝發。"

法駕

亦稱"鑾仗"。皇帝出行時等級次於大駕的儀仗隊。此稱秦代已行用。《通典·嘉禮十一》載秦代鹵簿："秦制：大駕屬車八十一乘，法駕半之。"漢代法駕由京兆尹等京畿長官奉引，侍中奉陪，隨從之車三十六乘。後世漸無此嚴格規定。《史記·孝文本紀》："乃使太僕〔灌〕嬰與東牟侯〔劉〕興居清宮，奉天子法駕，迎於代邸。"司馬貞索隱引《漢官儀》："天子鹵簿有大駕、法駕。大駕公卿奉引，大將軍參乘，屬車八十一乘；法駕公卿不在鹵簿中，惟京兆尹、執金吾、長安令奉引，侍中參乘，屬車三十六乘也。"南朝梁慧皎《高僧傳·義解二》："會〔苻〕堅出東苑，命〔道〕安升輦同載。僕射權翼諫曰：'臣聞天子法駕，侍中陪乘。道安毀形，寧可參厠。'堅勃然作色曰：'安公道德可尊，朕以天下不易。輿輦之榮，未稱其德！'"《文獻通考·郊祀考三》："煬帝大業……十年冬至，祀圜丘，帝不齋於次。詰朝，備法駕至，便行禮。"《舊唐書·肅宗紀》："〔乾元元年四月〕辛亥，九廟成，備法駕自長安殿迎九廟神主入新廟。"宋孟元老《東京夢華錄·元旦朝會》："正旦大朝會，……殿庭列法駕儀仗，百官皆冠冕朝服。""鑾仗"一稱出現於宋以後，爲皇帝儀仗的美稱。宋宋祁《孟冬駕狩近郊》詩："行在移鑾仗，壄中集幔城。"宋周密《武林舊事·元正》："朝廷元日、冬至行大朝會儀，則百官冠冕朝服，備法駕，設黃麾仗三千三百五十人，視東京已減三之一。"清洪昇《長生殿·收京》："你將這令箭一枝，帶領龍虎軍士五千，備齊法駕，賫我表文，前往武靈，奉迎今上皇帝告廟。"又同書《見月》："重華迎待，促歸程把回鑾仗排。"

【鑾仗】

即法駕。此稱宋代已行用。見該文。

玉路

帝王舉行祀天大典時所乘車，以玉飾車，故名。此車等級最高。此稱先秦時期已行用。《周禮·春官·巾車》："王之五路，一曰玉路，鍚，樊纓，十有再就，建大常，十有二旒，以祀。"又《天官·夏采》"以乘車建綏復于四郊"鄭玄注："王祀四郊，乘玉路，建大常。"後世沿襲。《晋書·輿服志》："玉路最尊，建太常，十有二旒，九仞委地，畫日月升龍以祀天。……玉路駕六黑馬。"《新唐書·車服志》："唐初受命，車服皆因隋舊。武德四年始著車輿衣服之令，上得兼下，下不得僭上。凡天子之車：曰玉路者，祭祀納后所乘也，青質玉飾末。"

【玉輅】

同"玉路"。此體漢代已行用。《廣韻·去暮》："輅，車輅。《釋名》曰：'天子乘玉輅，以玉飾車也。'輅亦車也，謂之輅者，言行於道路也。"《元史·輿服志一》："至治元年，英宗親祀太廟，詔中書及太常禮儀院、禮部定擬制鹵簿五輅。……是年，玉輅成。明年，親祀御之。"

金路

亦作"金輅"，亦稱"大輅"。帝王會見賓客、行鄉射宴飲禮時所乘；又用於分封同姓諸侯時乘坐。此稱先秦時期已行用。《周禮·春官·巾車》："金路，鉤，樊纓九就，建大旂，以賓，同姓以封。"鄭玄注："金路，以金飾諸末；鉤，婁頷之鉤也。金路無鍚，有鉤，亦以金爲之，其樊及纓以五采罽飾之，而九成大旂，九旗之畫交龍者；以賓，以會賓客；同姓以封，

謂王子母弟率以功德出封，雖爲侯伯，其旂畫服猶如上公。"後世多沿襲此制。《後漢書·馬融傳》載馬融《廣成頌》："乘輿乃以吉月之陽朔，登于疏鏤之金路；六驪騄之玄龍，建雄虹之旌夏，揭鳴鳶之修橦。"李賢注："疏鏤謂彫鏤也。周遷《輿服雜記》曰：'玉路，重輅也；金路、玉路，形制如一。六駕，六馬也。'《續漢志》曰：'天子五路，駕六馬。'"《晋書·輿服志》："金路，建大旗九旒，以會萬國之賓，亦以賜上公及王子母弟。"《新唐書·車服志》："凡天子之車：……金路者，饗、射、祀還、飲至所乘也，赤質，金飾末。""金路"之"路"亦作"輅"。明清時亦稱"大輅"。《清史稿·輿服志一》："清初仍明舊，有玉輅、大輅……〔乾隆〕八年，改大輅爲金輅。"

【金輅】

同"金路"。此體清代已行用。見該文。

【大輅】

即金路。此稱清代已行用。見該文。

象路

亦作"象輅"。帝王舉行朝聘、分封、燕饗禮儀時所用之車。此稱先秦時期已行用。周王五路之一。等級低於玉輅、金輅，高於革輅、木輅。《周禮·夏官·道僕》："道僕掌馭象路，以朝夕燕出入。其灋儀如齊車。"又同書《春官·巾車》："象路，朱，樊纓七就，建大赤，以朝，異姓以封。"鄭玄注："象路，以象飾諸末。……以朝，以日視朝；異姓，王甥舅。"後世猶用此稱。《晋書·輿服志》："象路，建大赤，通赤無畫，所以視朝，亦以賜諸侯。"《新唐書·車服志》："凡天子之車：……象路者，行道所乘也，黃質象飾末。"《清史稿·輿服志

一》："清初仍明舊，有玉輅、大輅、大馬輦、小馬輦之制……〔乾隆〕八年，改大輅爲金輅、大馬輦爲象輅。"

【象輅】

同"象路"。此體清代已行用。見該文。

【先路】

即象路。亦作"先輅"。此稱先秦時期已行用。《書・顧命》："先輅在左塾之前，次輅在右塾之前。"孔傳："先輅，象；次輅，木金玉象，皆以飾車。"《左傳・襄公二十六年》："鄭伯賞入陳之功，享子展，賜之先路三命之服。"杜預注："先路、次路，皆王所賜車之總名。蓋請之於王。"又同書《成公二年》："賜三帥先路三命之服。"杜預注："三帥却克、士燮、欒書已嘗受王先路之賜，今改而易新，并此車所建所服之物。"明陳士元《論語類考・車乘考》："殷尚質，無別彫飾，乘以祭天，謂之大路。殷有三路：先路、次路、大路也。"此稱後世猶用之。《文選・張衡〈東京賦〉》："奉引既畢，先輅乃發。"李善注引《漢官儀》曰："大駕則公卿奉引。"

【先輅】

同"先路"。此體先秦時期已行用。見該文。

次路

亦稱"後路""貳車"。帝王象路（象輅）的副車。此稱先秦時期已行用。明陳士元《論語類考・車乘考》論商代車制："殷尚質，無別彫飾，乘以祭天，謂之大路。殷有三路：先路、次路、大路也。"《禮記・禮器》："大路繁纓一就，次路繁纓七就。"又同書《雜記上》："諸侯相襚，以後路與冕服，先路與襃衣不以襚。"鄭玄注："後路，貳車。貳車行在後也。"孔穎達疏："後路爲上路之後，次路也。"《周禮・夏官・馭夫》："馭夫掌馭貳車、從車、使車。"鄭玄注："貳車，象路之副也。"又同書《夏官・司戈盾》："軍旅會同，授貳車戈盾。"

【後路】

即次路。此稱先秦時期已行用。見該文。

【貳車】

即次路。此稱先秦時期已行用。見該文。

革路

亦作"革輅"，亦稱"戎車""戎輅"。行軍禮時帝王所乘之車。車無彩飾。此稱先秦時期已行用。本爲周王五路之一。等級低於玉輅、金輅、象輅，高於木輅。通常用於帝王閱兵、練兵、巡視、出征等場合。《周禮・夏官・戎僕》："戎僕掌馭戎車……犯軷如王路之儀。凡巡守及兵車之會亦如之。"鄭玄注："戎車，革路也。師出，王乘以自將。"又同書《春官・巾車》："革路，龍勒條纓五就，建大白，以即戎，以封四衛。"鄭玄注："革路，鞔之以革而漆之，無他飾。……即戎，謂兵事；四衛，四方諸侯守衛者，蠻服以內。"《漢書・張良傳》"殷事以畢，偃革爲軒"顏師古注引蘇林曰："革者，兵車，革輅。軒者，朱軒也。"後世帝王行軍打仗所乘車，以此爲名；亦以之賜封疆大吏。《晋書・輿服志》："革路，建大白，以即戎兵事，亦以賜四鎮諸侯。"《新唐書・車服志》："凡天子之車：……革路者，臨兵巡守所乘也，白質鞔以革。"《續資治通鑑長編・宋真宗景德元年》："上謂輔臣曰：'……朕當親征決勝，卿等共議，何時可以進發？'畢士安等曰：'陛下……必若戎輅親行，宜且駐蹕澶淵。'"又載寇準言："若車駕不行，益恐蕃賊戕害生靈；

或是革輅親舉，亦須度大河，且幸澶淵，就近易爲制置，會合控扼。"《大明會典·冠服一》："國初行親征遣將禮，則服武弁。乘革輅。"

【革輅】

同"革路"。此體宋代已行用。見該文。

【戎車】

即革路。此稱先秦時期已行用。見該文。

【戎輅】

即革路。此稱宋代已行用。見該文。

木路

亦作"木輅"，亦稱"田路"。帝王田獵或巡行縣邑時所乘之車。車無彩飾。此稱先秦時期已行用。周王五路之一。等級低於玉輅、金輅、象輅、革輅。《周禮·夏官·田僕》："田僕掌馭田路，以田以鄙。"鄭玄注："田路，木路也。田，田獵也；鄙，循行縣鄙。"又同書《春官·巾車》："木路，前樊鵠纓，建大麾，以田，以封蕃國。"鄭玄注："木路，不輓，以革漆之而已。……田，四時田獵；蕃國，謂九州之外夷服鎮服蕃服。"後世帝王沿襲此制。《晉書·輿服志》："木路，建大麾，以田獵，其麾色黑。亦以賜藩國。"《新唐書·車服志》："凡天子之車：……木路者，蒐田所乘也，黑質漆之。"《敦煌經部文獻合集·孝經注·卿大夫章第四》："天子乘玉輅，朱輪四輈；諸侯乘木輅，大夫乘草輅。"

【木輅】

同"木路"。此體唐代已行用。見該文。

【田路】

即木路。此稱先秦時期已行用。見該文。

從車

戎路、田路的副車。此稱先秦時期已行用。

《周禮·夏官·馭夫》："馭夫掌馭貳車、從車、使車。"鄭玄注："從車，戎路、田路之副也。"

使車

迎客及奉命爲其他要務驅馳之車。此稱先秦時期已行用。《周禮·夏官·馭夫》："馭夫掌馭貳車、從車、使車。"鄭玄注："使車，驅逆之車。"《穀梁傳·成公五年》："伯尊來，遇輦者。輦者不辟使車。右下而鞭之。"

殷墟

亦作"殷虛"。被廢弃的商代後期都城遺址。本名朝歌，位於今河南省安陽市小屯村附近。其地居洹水之濱。此稱南北朝時期已行用。北魏酈道元《水經注·洹水》："洹水出山東，逕殷墟北。《竹書紀年》曰：'盤庚即位，自奄遷于北蒙曰殷。'""北蒙"一作"北冢"。《史記·殷本紀》"殷契"張守節正義："《括地志》云：'相州安陽本盤庚所都，即北冢殷墟。南去朝歌城百四十六里。'《竹書紀年》云：'盤庚自奄遷於北冢曰殷墟，南去鄴四十里。'是舊都城西南三十里，有洹水，南岸三里有安陽城，西有城名殷墟，所謂北冢者也。今按，洹水在相州北四里，安陽城即相州外城。"按，《括地志》指殷墟與朝歌爲兩地，誤。《太平御覽》卷一六一引《圖經》亦曰："安陽，紂都也，在淇、洹二水之間，本殷墟，所謂北冢是也。"周武王滅商後，封商紂王之子武庚於此，設管叔、蔡叔、霍叔"三監"監督之。周成王時，武庚與管叔、蔡叔叛亂，被鎮壓。殷商遺民七族被分遣各地。康叔分封於衛，監管朝歌。《左傳·定公四年》："分康叔……殷民七族，……聃季授土，陶叔授民，命以《康誥》，而封於殷虛。皆啓以商政，疆以周索。"杜預注："殷虛，朝歌也。"《書·康誥》載周王之命，令康叔以殷商舊法治理殷商遺民。孔穎達疏："既衞居殷墟，又周承於殷後，刑書相因，故兼用其有理者。"宋魏了翁《儀禮要義·士冠禮三》亦釋曰："君子所往之國不求變彼國之俗，若衞居殷墟者也。故《康誥》周公戒康叔居殷墟，當用殷法。"殷墟一稱後世一直沿用。北魏楊衒之《洛陽伽藍記·自叙》："《麥秀》之感，非獨殷墟；《黍離》之悲，信哉周室。"《北史·景穆十二王傳·任城王雲》："陛下經殷墟而弔比干。"清顧炎武《日知錄·文王以百里》："紂之所有，不過河內殷墟，其從之者亦但東方諸國而已。"近人王國維《〈殷墟書契考釋〉序》："其《殷墟書契考釋》始成，於是卜辭文字可讀者，十得五六。"20 世紀以來，殷墟經過科學發掘，已發現商代宮殿區、王陵區及其他祭祀遺址，出土大量商代珍貴文物，尤其是大批甲骨文的發現，對於解開殷墟的歷史之謎，提供了大量重要資料。

【殷虛】

同"殷墟"。此體先秦時期已行用。見該文。

麥秀

殷商遺民微子（一說箕子）過殷墟而悲，所吟誦的感懷之歌。後世因作慨嘆亡國的典故，常與"黍離"并舉。然其事首見於漢代追述，未見先秦文獻記述。此稱後世一直沿用至清。《文選·陸機〈辯亡論〉》"《麥秀》無悲殷之思，《黍離》無愍周之感"李善注引舊題漢伏勝撰《尚書大傳》曰："微子將朝周，過殷之故墟，見麥秀之蕲蕲，曰此父母之國，宗廟社稷之所立也。志動心悲，欲哭則朝周，俯泣則婦人。推而廣之，作雅聲。"宋吳曾《能改齋漫錄·事實》引《尚書大傳》所記微子《麥秀歌》曰："麥秀漸漸兮禾黍油油，彼狡童兮不我好仇。"《史記·宋微子世家》："箕子朝周，過故殷虛，感宮室毀壞生禾黍。箕子傷之，欲哭則不可，欲泣爲其近婦人，乃作《麥秀》之詩以歌咏之，其詩曰：'麥秀漸漸兮禾黍油油，彼狡僮兮不與我好兮。'所謂狡童者，紂也。殷民聞之，皆爲流涕。"則《麥秀》一詩，《尚書大傳》謂微子所歌，《史記》謂箕子所咏。然《史記·淮南衡山列傳》又載漢人語："臣聞微子過故國而悲，於是作《麥秀》之歌，是痛紂之不用王子比干也。"後世詩文引此典，多作悲憫故國之嘆。北魏楊衒之《洛陽伽藍記·自叙》記目睹兵燹後的洛陽而發麥秀之嘆，實動人心魂："余因行役，重覽洛陽。城郭崩毀、宮室傾覆、寺觀灰燼、廟塔丘墟、墻被蒿艾、巷羅荆棘。野獸穴於荒階，山鳥巢於庭樹。遊兒牧豎，躑躅於九逵，農夫耕稼藝黍於雙闕。始知《麥秀》之感，非獨殷墟；《黍離》之悲，信哉周室。"《梁書·武帝紀上》："朽肉枯骸，烏鳶是厭，加以天灾人火，屢焚宮掖，官府臺寺，尺椽無遺。悲甚《黍離》，痛兼《麥秀》，遂使億兆離心，疆徽侵弱。斯人何辜，離此塗炭。"唐王師簡《下泊宮三茅君素像記》："嘗遣一畎之宮于山之陽，去而復返，其號下泊。久不治，榛蕪積焉。遊者憮然則有東周《黍離》、殷墟《麥秀》之嘆，矧靈仙何處哉！"唐玄奘《大唐西域記·記贊》曰："覽神迹而增懷，仰玄風而永嘆。匪唯《麥秀》悲殷，《黍離》愍周而已。"元戴良《懷宋庸菴》詩："《麥秀》歌殘已白頭，逢人猶自說東周。風塵澒洞遭黎老，草木凋傷故國秋。"

靈臺

周文王所建高臺，立於豐邑中，可在其上觀天象、占吉凶。民衆踴躍建臺，體現出對文王有德行的支持。此稱先秦時期已行用。相傳夏、商時早有名爲"靈臺"之臺。漢趙曄《吳越春秋·勾踐陰謀外傳》："昔者桀起靈臺，紂起鹿臺，陰陽不和，寒暑不時，五穀不熟。"《晏子春秋·諫下十八》："殷之衰也，其王紂作爲頃宮、靈臺，卑狹者有罪，高大者有賞，是以身及焉。"而桀、紂因統治失德，其靈臺皆被認爲不能上達天意、下恤民情，故桀、紂俱亡。而文王勃然興周，古人認爲其靈臺有上鑒天意、下得民心之效。《詩·大雅·靈臺》："經始靈臺，經之營之。庶民攻之，不日成之。"《詩·序》云："靈臺，民始附也。文王受命而民樂其有靈德，以及鳥獸昆蟲焉。"鄭玄箋："天子有靈臺者，所以觀祲象，察氣之妖祥也。文王受命而作邑于豐，立靈臺。《春秋》傳曰：公既視朔，遂登觀臺以望，而書雲物爲備故也。"陸德明音義："靈臺，杜預注《左傳》云：靈臺在始平鄠縣，今屬京兆府所管。"孔穎達疏："四方而高曰臺，以天象在上，須登臺望之，故作臺以觀天也。春官視祲，掌十煇之法，以觀妖祥、辨吉凶。"説明靈臺有觀天象、辨吉凶的作用。《三輔黃圖·臺榭》："周文王靈臺，在長安西北四十里。"春秋時臺猶在。《左傳·僖公十五年》："以太子罃、弘與女簡璧登臺而履薪焉……乃舍諸靈臺。"杜預注："在京兆鄠縣，周之故臺。"臺後被毀。故漢代又在長安西北八里建靈臺，爲觀象臺。《三輔黃圖》曰："漢始曰清臺，本爲候者觀陰陽天文之變，更名曰靈臺。"而後世或將周靈臺與漢靈臺相混淆。清楊守敬注疏

《水經注·渭水》，辨曰："豐宮之靈臺爲周，而長安之靈臺爲漢。"後代文獻常提及周文王靈臺。《漢書·平帝紀》："義和劉歆等四人使治明堂辟廱，令漢與文王靈臺、周公作洛同符。"顔師古注："文王築靈臺，周公成雒邑，言與之符合。"

黍離

周朝舊宮遺址的荒涼景象，多引作王朝覆亡後舊宮成墟、遍生黍稷的亡國象徵。此稱先秦時期已行用。語出《詩·王風·黍離》。西周經幽王之亂，至平王時不得不東遷。其後周大夫途經西周故都，見舊時宮室宗廟盡成廢墟，悲從中來，慨嘆不已，賦《黍離》之詩。按，吟咏先王偉業之詩，列《詩》大雅、小雅中，而《黍離》被列入國風，成"王風"首篇，揭示了西周雅頌的消亡。《黍離》詩毛序："《黍離》，閔宗周也。周大夫行役，至于宗周。過故宗廟宮室，盡爲禾黍。閔宗室之顛覆，彷徨不忍去，而作是詩也。"《詩》曰："彼黍離離，彼稷之苗。"毛注："彼，彼宗廟宮室。"鄭玄箋："宗廟宮室毀壞，而其地盡爲禾黍。"《左傳·襄公二十九年》"爲之歌《王》"杜預注："《王》，《黍離》也。幽王遇西戎之禍，平王東遷。王政不行於天下，風俗下與諸侯同，故不爲雅。"孔穎達疏："平王東遷王城。於時王政不行於天下，其風俗下同諸侯。王畿內之人怨刺者，以其政同諸侯，皆作風詩，不復爲雅。"《孟子·離婁上》"王者之迹熄而《詩》亡，《詩》亡然後《春秋》作"朱熹集注亦曰："《詩》亡謂《黍離》降爲國風而雅亡也。"可見"黍離"一詞蘊含着亡國之痛，同時也意味着王朝禮制的崩塌。後世詩文多用此典，以指國家喪亡後

之荒凉。晋向秀《思舊賦》："嘆《黍離》之愍周兮，悲《麥秀》於殷墟。"晋陸機《辯亡論》："故能保其社稷，而固其土宇，《麥秀》無悲殷之思，《黍離》無愍周之感矣。"南朝宋謝靈運《撰征賦》："至如昏祲蔽景，鼎祚傾基。《黍離》有嘆，《鴻雁》無期。"唐韋莊《齊安郡》詩："黍離緣底事，撩我起長嘆。"《舊唐書·肅宗紀論》："史臣曰：臣每讀《詩》，至許穆夫人閔宗國之顛覆，周大夫傷宮室之《黍離》，其辭情於邑，賦諭勤懇，未嘗不廢書興嘆。"元楊維楨《夜行船·吊古》套曲："宮中鹿走草萋萋，黍離故墟，過客傷悲。"清王士禎《分甘餘話》卷三："元初西僧發會稽六陵事，亘古未聞。唐、林二義士《冬青引》諸篇，沈痛過於《黍離》《麥秀》載於《宋遺民錄》《輟耕錄》者，與其人俱不朽矣。"

行在所

省稱"行在"。天子離京後所在之處。意謂天子行至何處，何處即朝廷。此稱漢代已行用。《史記·衛將軍驃騎列傳》："大將軍……遂囚〔蘇〕建詣行在所。"又同書《滑稽列傳》："武帝時，徵北海太守詣行在所。"漢蔡邕《獨斷》卷上："天子自謂曰行在所。猶言今雖在京師，行所至耳，巡狩天下，所奏事處皆爲宮。……唯當時所在，或曰朝廷。亦依違尊者所都，連舉朝廷以言之也。"《三輔黃圖》："行在所：天子以四海爲家，不以京師宮室居處爲常。則當乘車輿以行天下。車輿所至，奏事皆曰行在。"《後漢書·梁統傳》："建武五年，〔梁〕統等各遣使隨竇融、長史劉鈞詣闕奉貢，願得詣行在所。詔加統宣德將軍。"《晋書·忠義傳·嵇紹》："〔嵇〕紹以天子蒙塵，承詔馳詣行在所。"

《資治通鑑·梁武帝中大通六年》："〔帝〕召賀拔勝赴行在所。"《舊唐書·張行成傳》："太子又使〔張〕行成詣行在所，太宗見之甚悦。"宋宋祁《孟冬駕狩近郊》詩："行在移鑾仗，塗中集幔城。"宋岳珂《桯史·歲星之祥》："時虜初退師，尚宿留淮泗，朝議凛凛，懼其反旆，士大夫皆有杞國之憂。范丞相（宗尹）薦朝散大夫毛隨有甘石學，有詔赴行在。"《宋史·王彥傳》："〔紹興五年〕六月，以八字軍萬人赴行在。"宋劉爚《西山先生蔡公墓誌銘》云："淳熙戊申，太常少卿尤袤，秘書少監楊萬里，以律曆薦於朝廷，下郡津，遣赴行在，先生以疾辭。"明李賢《禮部尚書致仕贈太保諡忠安胡公神道碑銘》："車駕親征北虜，駐蹕宣府。公馳謁行在所。上卧不出，聞公至，喜而起。"

【行在】

"行在所"之省稱。此稱漢代已行用。見該文。

輦轂下

朝廷之代稱。輦指皇帝所乘車，轂爲車輪中心插車軸的部分。皇帝至尊，不可直呼，故以其所乘車稱之，由此而以車輪或車輪之下代指朝廷。此稱漢代已行用。漢司馬遷《報任安書》："僕賴先人緒業，得待罪輦轂下，二十餘年矣。"漢桓譚《新論·譴非》："國家設理官，制刑辟，所以定奸邪，又内量中丞、御史，以正齊轂下。"《宋史·職官志六》："開封典司轂下，自建隆以來，爲要劇之任。"宋趙鼎《舟中呈耿元直》："念昔一笑相逢初，我時尚少君壯夫。十年再見輦轂下，我鬢斕斑君白鬚。"明焦竑《國朝獻徵錄》卷七一載葉向高《南京光禄寺卿南溟敖先生鯤墓誌銘》："順天在輦轂下，事多掣肘。先生持大體，無所撓屈，貴戚憚之。"

廟堂

指朝廷。君主爲政，有大事必告於宗廟、議於明堂，故稱。此稱先秦時期已行用。《楚辭·九嘆·逢紛》："始結言於廟堂兮，信中塗而叛之。"王逸注："廟者，先祖所居也，言人君爲政舉事，必告於宗廟，議之於明堂。"《管子·形勢》："上無事則民自試，抱蜀不言而廟堂既修。"房玄齡注："蜀，祠器也。君人者但抱祠器，以身率道，雖復静然不言，廟堂之政既以修理矣。"《淮南子·兵略訓》："故運籌於廟堂之上，而決勝乎千里之外矣。"《大戴禮記·盛德》："君子考德，而天下之治亂得失，可坐廟堂之上而知也。"《資治通鑑·漢成帝永始三年》："廟堂之議，非草茅所言也。臣誠恐身塗野草，尸并卒伍，故數上書求見。"《孫子·計篇》："夫未戰而廟算勝者得算多也，未戰而廟算不勝者得算少也。"唐李筌注："夫戰者，決勝廟堂，然後與人争利。"北魏《魏故使持節侍中太保大司馬録尚書事司州牧城陽王墓誌銘》："運籌衽席，制勝廟堂。"唐韓偓《夢中作》詩："扇合却循黄道退，廟堂談笑百司閑。"唐蘇頲《送朔方大總管張仁亶》詩："老臣帷幄算，元宰廟堂機。"宋王禹偁《爲宰臣以彗星見求退表》："望陛下思宗社之遠圖，惜廟堂之重任，旁求巖穴，博采搢紳，俯順人心，上答天誠。"宋朱震《漢上易傳叢説》："斗六星二十六度，天廟也；危二星十度，冢宰之官，主邑居廟堂祭祀之事。"《明史·羅倫傳》："陛下無謂廟堂無賢臣，庶官無賢士。君，盂也；臣，水也。水之方圓，盂實主之。"又："比年以來，朝廷以奪情爲常典，縉紳以起復爲美名。食稻衣錦之徒，接踵廟堂，不知此人於天下之重何關耶？"清汪楫《崇禎長編·四年十二月》："臣等安能敗壞朝廷制度，輕自屈抑于刑餘之下，以羞廟堂而辱當世！"

【廊廟】

即廟堂。此稱先秦時期已行用。《戰國策·秦策》："今君相秦，計不下席，謀不出廊廟，坐制諸侯利。"《越絶書·越絶請糴内傳》："范蠡曰：'君王圖之廊廟，失之中野，可乎？'"《資治通鑑·漢殤帝延平元年》："又多徵名儒，布在廊廟。每讌會，則論難衎衎，共求政化。"明吴敬所《國色天香·龍會蘭池録》詩："廊廟無人能捧日，江湖有我亦憂天。"

禁中

亦稱"禁闈""禁闥""禁城"。皇宫之内。始於秦，達於清。《史記·李斯列傳》："二世用其計，乃不坐朝廷見大臣，居禁中。"《資治通鑑·漢高祖十一年》："帝有疾，惡見人，卧禁中，詔户者無得入群臣。"《三輔黄圖》："漢宫中謂之禁中，謂宫中門闥有禁，非侍衛通籍之臣不得妄入。行道豹尾中亦視禁中。"漢蔡邕《獨斷》卷上亦有類似解説："禁中者，門户有禁，非侍御者不得入，故曰禁中。"因有門闥之禁，漢晋以後又稱"禁闈""禁闥"。《史記·汲鄭列傳》："臣願爲中郎，出入禁闈，補過拾遺。"晋潘尼《答陸士衡》詩："昔游禁闥，祗畏夕惕。""禁中"爲歷代帝王宫闈通稱。《北史·后妃傳下·隋文獻皇后獨孤氏》："及周宣帝崩，隋文居禁中，總百揆。"唐李濬《松窗雜録》："開元中，禁中初重木芍藥，即今牡丹也。"宋鄭伯謙《太平經國書·節財》："黄門給事禁中。"宋周密《武林舊事·元夕》："禁中自去歲九月賞菊燈之後，迤邐試燈，謂之預賞。"

《元史・葉李傳》："尚書係天下輕重，朕以煩卿，卿其勿辭。賜大小車各一，許乘小車入禁中。仍給扶升殿。"唐以後又稱"禁城"。唐孟棨《本事詩・情感》："一葉題詩出禁城，誰人酬和獨含情？"明清"禁中"有專名，稱"紫禁城"，然仍以"禁中"等爲泛稱。《明史・選舉志二》："又擢其年少俊異者張唯、王輝等，爲翰林院編修，蕭韶爲秘書監直長，令入禁中文華堂肄業，太子贊善大夫宋濂等爲之師。"清陳鼎《東林列傳・劉一燝傳》："禁闥秘密，非臣所知。"清王式通《〈梅村家藏稿〉序》："雖梨洲舊說，糾及無韻之文；而長慶嗣音，麗軼前人之製。是以聲傳河滿，播於禁中。"《清史稿・儒林傳一・黃宗羲》："獄竟，〔黃宗羲〕偕諸家子弟設祭獄門，哭聲達禁中。"《鏡花緣》第六六回："閨臣於五鼓起來，帶着衆姊妹到了禁城。"

【禁闥】

即禁中。此稱漢代已行用。見該文。

【禁闈】

即禁中。此稱漢代已行用。見該文。

【禁城】

即禁中。此稱唐代已行用。見該文。

【省中】

即禁中。此稱漢代已行用。《三輔黃圖》："漢宮中謂之禁中，……至孝元皇后父名禁，避之，改曰省中。省，察也，言出入禁中皆當省察，不可妄也。"漢蔡邕《獨斷》卷上亦曰："禁中者，門戶有禁，非侍御者不得入，故曰禁中。孝元皇后父大司馬陽平侯名禁，當時避之，故曰省中。"一說"省中"爲諸公所居。《文選・左思〈魏都賦〉》"禁臺省中，連閣對廊"

李善注引《魏武集》荀欣等注曰："漢制，王所居曰禁中，諸公所居曰省中。"

【禁庭】

即禁中。此稱晋代已行用。《晋書・五行志下》："太安元年四月癸酉，有人自云龍門入殿前，北面再拜，曰'我當作中書監'。即收斬之。干寶以爲禁庭尊秘之處，今賤人徑入而門衛不覺者，宮室將虛而下人踰上之妖也。"《魏書・文苑傳・裴伯茂》："二年，因內宴，伯茂侮慢殿中尚書章武王景哲，景哲遂申啓稱伯茂棄其本列，與監同行，以梨擊桉，傍汙冠服，禁庭之內令人挈衣。詔付所司，後竟無坐。"《舊唐書・鄭畋傳》："十年，王師討徐，方禁庭書詔。旁午，〔鄭〕畋灑翰泉湧，動無滯思，言皆破的，同僚閣筆推之。"《舊五代史・唐書・趙光逢傳》："時有道士許巖士、瞽者馬道殷出入禁庭，驟至列卿。宮相因此以左道求進者衆。"宋李心傳《建炎以來繫年要錄・紹興三年十一月》："壬申，御筆皇城司係專一掌管禁庭出入。"宋熊克《中興小紀・建炎四年四月》："仁宗時，親事官謀不軌，直入禁庭，幾成大禍。"《明史・曹凱傳》："英宗北征，〔曹凱〕諫甚力，……帝不從，乘輿果陷。凱痛哭竟日，聲徹禁庭。"

臺城

六朝宮城。即孫吳、東晋、宋、齊、梁、陳都城建康（建鄴）中的宮城。其地在今南京玄武湖南側九華山（覆舟山）一帶。東吳建太初宮，其地在東晋臺城的西南。唐許嵩《建康實錄・吳中・太祖》謂"太初官成，周迴五百丈"。宋張敦頤《六朝事迹編類・總叙門・六朝宮殿》："太初宮：……在晋建康宮城西南，即臺城之西南也。"又曰："建康宫,《建康實録》:晋成帝咸和七年新宫成,名曰建康宫,亦名顯陽宫。注云:即今之所謂臺城也。"東晋臺城實建於吴太初宫後的苑城中。宋周應合《景定建康志・城闕志一》曰："臺城一曰苑城,本吴後苑城。晋成帝咸和中新宫成,名建康宫,即今所謂臺城也。在上元縣東北五里,周八里;濠潤五丈,深七尺。今胭脂井南至高陽樓基二里,即古臺城之地。"此書引《宫苑記》:"古臺城即建康宫城,本吴後苑城,晋咸和中修繕爲宫。"又引《吴實録》曰:"臺城,蓋宫省之所寓也。"按吴時是否已有"臺城"一稱,存疑。明王樵《閲内城記》亦謂:"〔太初〕宫之後有苑城,晋所謂臺城即此也。"臺城迭經戰亂,屢廢屢興。晋有蘇峻、王敦之亂。前引《景定建康志》又曰:"成帝時,蘇峻作亂,焚燒宫室。温嶠以下咸議遷都,惟王導固争不許。咸和五年作新宫,始繕苑城。"《晋書・汪坦傳》:"坦謂人曰:'觀〔蘇〕峻之勢,必破臺城……'既而臺城陷,戎服者多死。"梁武帝時,又有侯景之亂,臺城殘破。梁武帝餓死臺城中,爲後世嘆。《陳書・孝行傳・殷不害》:"侯景之亂,不害從簡文入臺。及臺城陷,簡文在中書省,景帶甲將兵入朝陛見,過謁簡文。"及隋亡陳,臺城再毁,此後徹底被廢弃。《南史・王准之附王猛傳》:"及聞臺城不守,〔王猛〕乃舉哀素服,藉藁不食。"《太平廣記》卷九二引唐張讀《宣室志》:"時陳氏已亡。宫闕盡廢,臺城牢落,荆榛蔽路;景陽結綺,空基尚存;衣冠文物,闃無所觀。"此後臺城成爲後人吟咏六朝興亡的標志性宫殿群。唐韋莊《臺城》詩:"無情最是臺城柳,依舊烟籠十里堤。"唐許渾《遊江令舊宅》詩:"閑

愁此地更西望,潮浸臺城春草長。"宋王辟之《澠水燕談録・讜論》:"梁武造長干塔,舍利長有光,臺城之敗,何能致福!"宋葉潤《鶯啼序》:"《離騷》困吟夢醒,訪臺城舊路。"元邵亨貞《齊天樂・寄張翔南》詞:"六朝千古臺城路,傷心幾番興廢。"元楊維楨《夜行船・吊古》套曲:"離宫廢,誰避暑?……臺城上,臺城上,夜烏啼。"清沈雄《金明池・秣陵懷古》詞:"最傷心烟柳臺城,盡巷口烏衣,興亡難訴。"《花月痕》第五二回:"戰壘經春草又生,風烟慘澹古臺城。"

紫禁城

亦稱"故宫"。明清皇宫專稱。此稱明代已行用。明代南京皇宫本用此稱,成祖朱棣遷都北京,建皇宫,因其名。而南京紫禁城之稱不廢,至明亡乃止。清朝沿用明朝北京紫禁城。原址今存。"紫禁城"一名源自天空紫微星垣,古人以紫微星垣喻皇宫禁地。《文選・謝莊〈宋孝武宣貴妃誄〉》"掩彩瑶光,收華紫禁"李善注:"王者之宫以象紫微,故謂宫中爲紫禁。"北京紫禁城之建造,清顧祖禹《讀史方輿紀要・北直二》有記述:"永樂初,建爲北京。四年,營建宫殿,百度惟新。十八年,宫殿始成,乃繕治京城,於内爲宫城,週六里一十六步,亦曰紫禁城。南曰午門……北曰玄武門。"清嘉慶《大清一統志・京師一》亦載其規模:"紫禁城:在皇城中,周六里,南北長二百三十六丈二尺,東西長三百有二丈九尺五寸,高三丈。……太和門内爲太和殿,六朝正殿也。……孫承澤《春明夢餘録》:紫禁城門凡八,曰承天門,曰端門,曰午門,東曰左掖門,西曰右掖門,再東曰東華門,再西曰西華門,向北曰元

武門。蓋皇城自遼金以來，遞經改徙，至元明二代，而制度乃備。本朝順治、康熙間重建諸宮殿，各門規模益宏整云。"清錢大昕《萬先生（斯同）傳》有南京皇宮稱紫禁城之記述："建文一朝無實錄，野史因有遜國出亡之說，後人多信之。先生直斷之曰：紫禁城無水關，無可出之理，鬼門亦無其地。"明清文獻中"紫禁城"多指北京皇宮。《明史·樂志三》："進膳曲，《水龍吟》：紫禁瓊筵暖應冬，驂八螭，乘六龍，玉卮瓊斝，繡座獻重瞳。"明沈德符《萬曆野獲編·煤山梳妝臺》："今京師厚載門內逼紫禁城，俗所謂煤山者，本名萬歲山，其高數十仞，衆木森然。"清吳梅村《讀史偶述四十首》詩其二十八："新題御墨賜屛顏，紫禁城頭喚景山。傳與外廷誇勝事，蓬瀛小島在人間。"《聖祖仁皇帝聖訓》卷一："欽惟世祖章皇帝，因朕幼年時未經出痘，令保母護視於紫禁城外，父母膝下未得一日承懽。此朕六十年來抱歉之處。"《平定準噶爾方略·正編·乾隆二十五年二月》："命兆惠、富德及參贊大臣明瑞、阿里袞、舒赫德俱於紫禁城內乘馬。"《清史稿·李鶴年傳》："〔同治〕十年，擢閩浙總督。明年，陛見，賜紫禁城騎馬。"清亡，以舊時宮城，稱"故宮"至今。按，"故宮"一稱作爲泛稱，古已有之，詳"故宮[2]"文。

【故宮】[1]

即紫禁城。此稱近現代已行用。始於1925年。見該文。

故宮[2]

舊時的宮殿。爲一個王朝覆亡後留存的宮殿之泛稱，偶亦指舊時王侯宮殿。此稱漢代已行用。《詩》中的《黍離》篇，是最早提及王朝舊宮殿之詩。《毛詩·序》云："周大夫行役，至于宗周，過故宗廟宮室，盡爲禾黍，閔周室之顛覆，彷徨不忍去，而作是詩也。"然詩中尚無"故宮"一稱，唯其詩開舊宮咏懷先河，爲後世所模仿。《元和郡縣圖志·河南道·河南府一》"洛陽縣"記："自劉曜入洛，元帝渡江，官署里閭鞠爲茂草。後魏孝文帝太和十七年，幸洛陽，巡故宮，遂咏《黍離》之詩，爲之流涕。"按，"故宮"一稱最早見於《史記·平準書》："公卿議封禪事，而天下郡國皆豫治道橋，繕故宮。"此故宮指各地原有的離宮。後歷朝沿用此稱。《三國志·蜀書·後主傳》："〔鄧〕艾使後主止其故宮，身往造焉。"《資治通鑑·宋武帝元嘉四年》"帝至故宮"胡三省注："晉之東遷也，劉氏自彭城移居晉陵丹徒之京口里，陵墓及故宮在焉。"《元史·董文用傳》："有以帝命建佛塔於宋故宮者，有司奉行甚急，天大雨雪，入山伐木，死者數百人，猶欲並建大寺。"明徐芳烈《浙東紀略》載明末周卜年詩，痛悼金陵淪陷："京國冠裳嗟掃地，故宮花草痛成墟。"北京紫禁城建立之前，金、元兩代亦在北京有皇宮，改朝換代後，遺老曾稱之爲故宮。《日下舊聞考·京城總記一》云："閱絳雲樓書目，有《皇元建都記》及蕭洵有《故宮遺錄》二編，惜燔於火。今博訪未得，金元之遺蹟遂多湮滅而無徵矣。"自清朝覆亡，故宮即專指紫禁城，不復爲泛稱。又，古時作爲泛稱，亦非專指皇宮，也包括王侯宮殿。《晉書·齊王冏傳》："冏於是輔政，居〔司馬〕攸故宮。"《太平御覽》卷九七九引南朝梁任昉《述異記》："長沙定王故宮有蓼園，云定王故園也。"皆此類也。

金鑾殿

皇帝上朝理政的主殿。除唐朝確有金鑾殿之外，後世各朝未必有之，而民間則常以此作宫中主殿泛稱，尤其多見於戲曲小説。唐朝金鑾殿，爲長安大明宫西北一處便殿，唐玄宗以後各個皇帝常在此召見近臣議決大事。元代富大用等《新編古今事文類聚》卷二〇云："又置東翰林院於金鑾殿之西，隨上所在而遷，取其便近。"唐代李紳有《憶夜直金鑾殿承旨》七律詩，鄭谷《賀左省新除韋拾遺》詩亦咏："百寮班列趨丹陛，兩掖風清上碧天。從此追飛何處去，金鑾殿與玉堂連。"李白曾應召入金鑾殿，大受玄宗贊賞。宋樂史《李翰林別集序》云："〔李〕翰林在唐天寶中賀秘監，聞於明皇帝，召見金鑾殿，降步輦迎，如見綺皓。"元辛文房《唐才子傳·李白》亦載："〔李白〕薦於玄宗，召見金鑾殿，論時事，因奏頌一篇。帝喜，賜食，親爲調羹，詔供奉翰林。"金鑾殿遂被視爲最接近皇帝之地，乃至成爲朝廷象徵。宋王禹偁《滁上謫居》詩："迹去金鑾殿，官移玉笋班。"元虞集《風入松·寄柯敬仲》詞："幾回晚直金鑾殿，東風軟、花裏停驂。"明清戲曲小説對金鑾殿多有描述。明屠隆《彩毫記·他鄉持正》叙李白上金鑾殿故事："醉來猶憶金鑾殿，酩酊揮成五彩箋。"《海公案》第六七回："少頃，只聞龍鳳樓中畫鼓響，景陽宫内御鐘鳴，净鞭三下，金鑾殿上一朵紅雲捧玉皇，萬曆天子坐朝是也。"《再生緣》第六一回："朕原要從中取事，所以用這些深心。金鑾殿上竭力相幫，天香館内款留同宿。"

魏闕

亦作"巍闕"，省稱"闕"，亦稱"象魏"。宫門外成雙的高臺式建築，通常呈墙狀向兩邊延伸。因立於君王宫殿前，故亦引申爲朝廷代稱。此稱先秦時期已行用。所謂闕，爲王宫前標志性建築，其上或有樓閣，可登上遠眺。又以闕上懸教化臣民之物象，故稱"象魏"；戰國時以宫闕巍然高大，故稱"魏闕"。《周禮·天官·大宰》："正月之吉，始和，布治于邦國都鄙，乃縣治象之法于象魏。"漢鄭司農云："象魏，闕也。"《莊子·讓王》："身在江海之上，心居乎魏闕之下。"郭象注："象魏觀闕，人君門也。"《吕氏春秋·審爲》亦引上述語，高誘注："魏闕，象魏也，懸教象之法，浹日而收之，魏魏高大，故曰魏闕。"漢張衡《西京賦》："圜闕竦以造天，若雙碣之相望。"三國魏張揖《廣雅·釋室》："象魏，闕也。"晋崔豹《古今注·都邑》："闕，觀也。古每門樹兩觀於其前，所以標表宫門也。其上可居登之，則可遠觀，故謂之觀。人臣將朝，至此則思其所闕多少，故謂之闕。其上皆丹堊，其下皆畫雲氣仙靈奇禽怪獸，以昭示四方焉。蒼龍闕畫蒼龍，白虎闕畫白虎，玄武闕畫玄武，朱雀闕上有朱雀二枚。""魏"或寫作"巍"。前引《莊子》文郭象注曰："魏闕，《淮南》作巍。司馬本同，云：'巍讀曰魏。'"然後世不用此字。晋左思《魏都賦》："墨首之豪，鐻耳之傑，斂衽魏闕。置酒文昌，高張宿設。"南朝宋江淹《詣建平王上書》："日者，謬得升降承明之闕，出入金華之殿。"宋張敦頤《六朝事迹編類·形勢門·石闕》："縣北五里有四石闕，在臺城之門南，高五丈，廣三丈六寸。梁武帝所造。及成，朝士銘之，時陸倕字佐公，其文甚佳，士流推伏。"唐孟浩然《泛舟經湖海》詩："觀濤壯枚發，弔屈痛沉湘。魏闕心常在，金門詔不忘。”唐鄭啓《嚴塘經亂書事》詩：“塵生宮闕霧濛濛，萬騎龍飛幸蜀中。”《宋史・欽宗紀》：“太學諸生陳東等及都民數萬人伏闕上書，請復用李綱及种師道。”清惠士奇《禮說・天官上》：“宮之中門曰雉門，……門之外，左右有樓，謂之觀，總名爲闕。秦漢闕外有桴思。……正歲五官縣象魏於其上。象魏者，治象、教象、政象、刑象、事象，所謂天垂象，聖人象之者也。”清蔣良騏《東華錄・順治元年七月》：“闖賊李自成稱兵犯闕，手毒君親。”因不僅有宮闕，還有墓闕，且漢魏時非皇族的貴族亦可爲自己設闕，故“闕”非王者獨有，而“魏闕”“象魏”則專指皇家宮闕，不指墓闕。

【騩闕】

同“魏闕”。此體漢代已行用。見該文。

【闕】

“魏闕”之省稱。此稱漢代已行用。見該文。

【象魏】

即魏闕。此稱先秦時期已行用。見該文。

【當塗高】

即魏闕。爲曹魏代漢之讖語。後世亦作篡位奪權代稱。此稱漢代已行用。後世多用爲典故。語出《春秋讖》。東漢讖諱盛行，論述事物兆應的專書《春秋讖》中，有“代漢者當塗高”語。漢末天下大亂，覬覦代漢者紛起，故對“當塗高”有種種解讀。公孫述、袁術均曾宣稱自己與之相關。《後漢書・公孫述傳》：“帝患之，乃與〔公孫〕述書曰：‘圖讖言公孫即宣帝也，代漢者當塗高，君豈高之身邪？’”李賢注引《東觀記》中亦有奇談：“光武與述書曰：承赤者，黃也。姓當塗，其名高也。”又同

書《袁術傳》：“〔袁術〕又少見讖書，言‘代漢者當塗高’。自云名字應之。當塗高者，魏也。然術自以術及路，皆是塗，故云應之。”隨着被封爲“魏王”的曹操權勢日重，挾天子以令諸侯，乃有人認爲：魏闕謂高大之闕，又在道上，正與“當塗高”含義暗合，暗示魏之興起。《三國志・蜀書・周群傳》：“時人有問：《春秋讖》曰：代漢者當塗高。此何謂也？’〔周〕舒曰：‘當塗高者，魏也。’”又《杜瓊傳》：“〔譙〕周因問曰：‘昔周徵君以爲當塗高者，魏也。其義何也？’〔杜〕瓊答曰：‘魏，闕名也。當塗而高，聖人取類而言耳。’”《三國志・魏書・文帝紀》裴松之注引《獻帝傳》載禪代事曰：“故白馬令李雲上事曰：‘許昌氣見于當塗高，當塗高者當昌于許。’當塗高者，魏也；象魏者，兩觀闕是也；當道而高大者魏。魏當代漢。今魏基昌于許，漢徵絶于許，乃今效見，如李雲之言，許昌相應也。”唐長孫無忌《進律表疏》“所以當塗撫運，樂平除慘酷之刑”此山賁冶子釋文：“魏闕當塗高，乃漢末曹氏代漢讖語，當塗撫運，言魏應運而爲君也。”後世常用此典，或作篡位代稱。《資治通鑑・晋愍帝建興元年》：“王浚以其父字處道，自謂應‘當塗高’之讖，謀稱尊號。”胡三省注：“王浚，又一袁術也。”宋何薳《春渚紀聞・記研・銅雀臺瓦》：“雖云當塗高，會有食槽馬。”明徐維起《徐氏筆精・詩談》言及郊居生《金銅仙人辭漢歌》，詩有句云：“青天爲客驚曉別，天籟啼聲地維裂。銅臺又折當塗高，夜夜相思渭城月。”徐氏稱嘆：“小李絕唱後，萬代詞人不可著筆。此生膽大而有是作也！呼天籟，裂地維，鼎定天下見於此矣。銅臺折當塗高，又豈爲卯金氏感慨也哉！”

罘罳

亦作"浮思""桴思"，亦稱"復思"。皇宮門、城郭門内外帶樓閣之墻，或作高臺狀，與門闕左右相連。既起裝飾作用，亦可遮蔽朝内看之視綫。抑或指門中的屏壁，類似後世照壁。說者以爲臣下覲見君主前，至墻前可復思應奏之事以爲慎重。此稱先秦時期已行用。後世仍沿用。《漢書·文帝紀》："未央宮東闕罘罳災。"顔師古注："罘罳，謂連闕曲閣也。以覆重刻垣墉之處，其形罘罳然。一曰屏也。"《周禮·考工記·匠人》："宮隅之制七雉，城隅之制九雉。"漢鄭玄注："宮隅、城隅謂角浮思也。"陸德明音義："浮思並如字。本或作罘罳。"《禮記·明堂位》："疏屏，天子之廟飾也。"漢鄭玄注："屏謂之樹，今桴思也。刻之爲雲氣蟲獸，如今闕上爲之矣。"孔穎達疏："浮思，小樓也。城隅闕上皆有之。然則屏上亦爲屋以覆屏牆，故稱屏曰浮思。"按，阮元校刻本《十三經注疏》鄭注"今桴思也"孔疏引作"今浮思也"，而《漢書·文帝紀》王先謙補注亦謂"《明堂位》注作桴思"，可知鄭注應爲"桴思"。王補注又云，"罘罳""浮思""桴思"，"皆古字假借"。晋崔豹《古今注·都邑》："罘罳，屏之遺象也，塾門外之舍也。臣來朝君，至門外，當就舍更衣，熟詳所應對之事。塾之言熟也。行至門内屏外，復應思。惟罘罳，言復思也。漢西京罘罳，合版爲之，亦築土爲之。每門闕殿舍前皆有焉。于今郡國廳前，亦樹之。"唐代一般人已不明瞭罘罳結構及用途，多以爲是設於建築簷下防鳥雀築巢的金屬網。唐段成式《酉陽雜俎續集·貶誤》："士林間多呼殿檐桷護雀網爲罘罳，其淺誤也如此。……張揖《廣雅》曰：'復思謂之屏。'劉熙《釋名》曰：'罘罳在門外。罘，復也，臣將入請事，此復重思。'西漢文帝七年，未央宮東闕罘罳災，罘罳在外，諸侯之象。後果七國舉兵。又王莽性好時日小數，遣使壞渭陵延陵園門罘罳，曰使民無復思漢也。魚豢《魏略》曰：'黄初三年，築諸門闕外罘罳。'"明王世貞《弇州四部稿·說部·宛委餘編四》云："余見前輩詩語稱罘罳，及余時有所作詩，俱似殿閣簷角網。"而以此難釋《漢書·文帝紀》"未央宮東闕罘罳災"："按，作簷角網不應獨災而不及殿宇，第所釋之義終未明耳。而'罘罳'二字形類罝網，又杜詩'罘罳朝共落'，則唐時士大夫真以爲護雀網矣。又《古今注》云：罘罳，復思也，合板爲之，亦築土爲之。每門闕殿舍皆有焉，郡國前亦樹之。然則今之照牆也。"清顧炎武亦認爲用作屏，《日知錄·罘罳》："罘罳字雖從網，……參考諸書，當從屏說。又《五行志》，劉向以爲東闕所以朝諸侯之門也。罘罳在其外，諸侯之象也。則其爲屏明甚。而或在門内，或在門外，則制各不同耳。"又引《陳氏禮書》曰："古者門皆有屏，天子設之於外，諸侯設之於内。"

【浮思】

同"罘罳"。此體漢代已行用。見該文。

【桴思】

同"罘罳"。此體漢代已行用。見該文。

【復思】

即罘罳。此稱漢代已行用。見該文。

【罦罳】

同"罘罳"。此體三國時期已行用。魏張揖《廣雅·釋室》："罦罳謂之屏。"按，唐段成式《酉陽雜俎續集》引作"復思謂之屏"，見前

"罘罳"文。北魏酈道元《水經注・陰溝水》："廟北有二石闕雙峙，高一丈六尺，榱櫨及柱皆雕鏤雲矩，上罘罳已碎。闕北有圭碑，題云'漢故中常侍長樂太僕特進費亭侯曹君之碑'，延熹三年立也。"《初學記》卷三引南朝梁蕭子雲《歲暮直廬賦》（明方以智《通雅・植物》引作《雪賦》）："韜罘罳之飛棟，没屠蘇之高影。"明朱謀㙔《駢雅・釋宮》："罘罳，屏也。"明于慎行《武定侯墓歌》："閉門行馬卧莓苔，舊館罘罳藏雨雪。"清惠士奇《禮説・天官上》："宮之中門曰雉門……門之外，左右有樓，謂之觀，總名爲闕。秦漢闕外有桴思。今之樓，古之觀也，觀謂之闕；罘罳謂之屏。"

華表[1]

亦稱"桓表""和表""交午"。宮殿前具象徵意義之柱子。亦爲陵墓前之標志物。參見本書"喪葬説""華表[2]"文。此稱漢代已行用。初爲木質，後爲石質。其含義，一曰方位標識，指明衢路方嚮或標明墓地所在；二曰等級標志，以其裝飾提升建築地位；三曰納諫牌，臣民有所進諫可書於此。按，方位標識和等級標志，現存南京南朝梁吳平忠侯蕭景墓神道石柱、北京明清天安門前華表，均是。納諫之説出於古代傳説，傳説既久，則其物即被賦予勸君納諫含義。傳華表源於堯時"誹謗木"。晉崔豹《古今注・問答釋義》："程雅問曰：堯設誹謗之木，何也？答曰：今之華表木也。"《淮南子・主術訓》："故堯置敢諫之鼓，舜立誹謗之木。"漢代稱"桓表""和表"，指宮殿、官衙、驛亭前的木柱。《説文・木部》："桓，亭郵表也。"《漢書・酷吏傳・尹賞》"瘞寺門桓東"顏師古注："如淳曰：'……舊亭傳於四角面百步

築土四方，上有屋，屋上有柱出，高丈餘，有大板貫柱四出，名曰桓表。縣所治夾兩邊各一桓。陳宋之俗言桓聲如和，今猶謂之和表。'即華表也。"明朱謀㙔《駢雅・釋宮》："華表，柱識也。"清沈自南《藝林彙考（棟宇篇）・廟室類》引《丹鉛録》考證華、桓、和三字音近相混："《漢書》注作'和表'，《禮記》《字林》俱作'桓表'，'公室視桓楹'注：'桓，墓前表柱也。'華、和、桓三音相混。……華表作和表、桓表，義實葉矣。"魏晉以後多稱"華表"，又稱"交午"。前引崔豹《古今注・問答釋義》又曰："今之華表木也，以橫木交柱頭，狀若花也，形似桔槔，大路交衢悉施焉。或謂之表木以表王者納諫也，亦以表識衢路也。秦乃除之，漢始復修焉。今西京謂之交午木。"《文選・何晏〈景福殿賦〉》："故其華表則鎬鎬鑠鑠，赫奕章灼。"李善注："華表，謂華飾屋之外表也。"華表頂部常有禽獸裝飾。《南齊書・五行志》："建元元年，朱爵航華表柱生枝葉。"宋羅願《爾雅翼・釋鳥・鶴》："古以鶴爲祥，故立之華表。《説文》相亭郵表也。一説漢法，亭部四角建大木，貫以方表，名曰相表。"《宋史・五行志上》："〔乾德〕四年八月，泗州大風，浮梁竹笮鐵索斷，華表石柱折。"明歸有光《鍾山行》二首之二："朱紅交午歧路當，貔狖百萬晝伏藏。"

【桓表】

即華表[1]。此稱漢代已行用。見該文。

【和表】

即華表[1]。此稱漢代已行用。見該文。

【交午】

即華表[1]。此稱魏晉時期已行用。見該文。

衙門

指官府。此稱南北朝時期已行用。“衙門”源自“牙門”。牙門原指軍旅營門，因牙旗得名。《三國志·魏書·典韋傳》：“〔典〕韋爲士，屬司馬趙寵。牙門旗長大，人莫能勝，韋一手建之，寵異其才力。”後因聲相近，“牙門”訛作“衙門”，且包括宮廷官府之門，都稱之。《舊唐書·張仲方傳》“兩省官入朝宣政，衙門未開”，《宋史·禮志十九》“入正衙門，執笏不端”，均是其義。後由官府之門轉稱官衙。明周祈《名義考·地部·衙門》：“古者天子出，建大牙旗，故有建牙之號。《吳志》孫權作黃龍大牙帶在軍中，視其所向，又立於帳前，謂之牙門。《公孫瓚傳》拔其牙門是也。唐制，天子居曰衙，行曰駕。遂謂正朝爲正衙。後通謂官府爲衙門，乃牙門之訛，不知何始。”按，官府稱衙門，南北朝已有之。《北齊書·循吏傳·宋世良》：“每日衙門虛寂，無復訴訟者。”元佚名《陳州糶米》第一折：“任從他賊醜生，百般家著智能。遍衙門告不成，也還要上登聞將怨鼓鳴。”清孫承澤《春明夢餘録·詹事府》：“〔洪武〕二十二年，以各衙門無所統屬，始置詹事院。”明王陽明《處置平復地方以圖久安疏》：“今擬因其城垣，略加改創修理，備立應設衙門。地僻事簡，官不必備。”清李漁《玉搔頭·奸圖》：“只指望討幾封薦書，往各衙門走走。”《官場現形記》第四五回：“區奉仁道：‘混帳！我的衙門裏准他們把屍首擡來的嗎？’”

【官衙】

即衙門。此稱宋元時期已行用。元劉詵《野人家》詩：“州符昨夜急如火，馬蹄踏月趨官衙。”明歸有光《鍾山行》詩之二：“日色澹照官衙牆，北風蕭蕭吹日光。”清洪亮吉《荆州喜晤錢上舍伯坰即送南歸并寄令叔維喬》詩：“騎馬直詣官衙中，攔門握手久相視。”

機關

政府機構和社會組織之俗稱。此稱清代已行用。是晚清從日語引進之詞。日語“機關”（きかん）一詞，含義爲組織、機構、役所等。按，“機關”一詞漢語古已有之，但古漢語該詞沒有機構、組織之含義，日語藉用漢語古詞而賦予其新含義，近代再被中國引入漢語，使之亦新增此義。“機關”，古漢語原指機械裝置的關鍵部分，漢孔安國《尚書序》“撮其機要”唐孔穎達疏：“‘機’者，機關，撮取其機關之要者。”《陳書·高宗二十九王傳·長沙王叔堅》：“刻木爲偶人，衣以道士之服，施機關，能拜跪。”唐代日本僧人遍照金剛《文鏡秘府論·論病》引用該詞，亦取其機械義：“今世筆體，第四句末不得與第八句末同聲，俗呼爲踏發聲。譬如機關，踏尾而頭發，以其軒輕不平故也。”因政府機構、社會組織的運行，有引導、協調各方關係的作用，近世日語遂藉用漢語“機關”一詞予以表述。而漢語也因缺少類似之詞，故又從日語引入，遂在中國流行起來。《清史稿·學校志二》：“擇教育重要數門，加習一年，以資深造。科目：人倫道德、教育學、教育制度、教育政令機關、美學……”《清史稿·張仁黼傳》：“奏請敕部院大臣會訂法律，略言：‘法律主要在乎組織、立法、機關，而所以成之者有三……’”近人連震東《連雅堂先生家傳》：“日俄戰後，先生……在厦門創《福建日日新報》，鼓吹排滿。時同盟會同志在南洋者，閲報大喜，派閩人林竹癡先生來厦，商改組爲同盟會機關報。"今該詞尤作政府部門、場所的泛稱，如稱政府機關、機關大院、機關食堂、機關幹部、機關報，等等。

誹謗木

省稱"謗木"。傳堯時讓臣民進言用的橋梁木柱。其上之邊板可書寫諫言。此稱漢代已行用。堯時設誹謗木當屬傳聞，無史實依據。而後世則以此傳說爲君主納諫之典範。後世之華表，亦被視爲誹謗木之衍化。《漢書·文帝紀》："〔二年〕五月詔曰：古之治天下，朝有進善之旌、誹謗之木，所以通治道而來諫者也。"顏師古注："服虔曰：'堯作之，橋梁交午柱頭也。'應劭曰：'橋梁籧板，所以書政治之愆失也。至秦去之。今乃復施也。'應說是也。"唐盧碩《畫諫》："兩漢故事：文帝三年，於永明殿畫屈軼草、進善旌、誹謗木、敢諫鼓、獬豸，凡有五色物也。"《新唐書·吳兢傳》："古者設誹謗木，欲聞己過。今封事，謗木比也。"宋石介《上李灄端書》："以堯、舜爲之君，稷、契、咎陶爲之臣，朝立敢諫鼓、進善旌、誹謗木，闢四門，達四聰，明四目，言有不從之乎？諫有愎之乎？"清孫承澤《春明夢餘錄·詹事府》引霍韜《東宮聖學疏》："臣等據事直辭，無所忌諱，……欲皇太子預養納言之量，無俾古人樹誹謗木者專美於前也。"

【謗木】

"誹謗木"之省稱。此稱隋唐時期已行用。見該文。

進善旌

帝王鼓勵臣民進言所設旌幡。此稱漢代已行用。傳堯時所設，後世據以爲典因之。《漢書·文帝紀》："〔二年〕五月詔曰：古之治天下，朝有進善之旌。"顏師古注："應劭曰：'旌，幡也。堯設之五達之道，令民進善也。'如淳曰：'欲有進者，立於旌下言之。'"唐陸龜蒙《自憐賦》："敢諫鼓不陳，進善旌不理，布衣之說無由自通乎天子。"唐司空圖《丁巳元日》詩："累降搜賢詔，兼持進善旌。"宋范仲淹《帝王好尚論》："堯設敢諫鼓，建進善旌。舜好問而成至化，禹拜昌言而立大功。"元梅致和《進善旌》詩："巍巍古元聖，制作何其精。設旌五達衢，錫以進善名。"清朝皇帝出行時的法駕儀仗隊中，猶有進善旌，象徵鼓勵臣民進言。《大清會典》卷七七："教孝表節旌、明刑弼教旌、行慶施惠旌、褒功懷遠旌、振武旌、敷文旌、納言旌、進善旌各二，均以絳綺爲旌，長七尺三寸，廣六寸五分。中綴黃綺牌，各按旌名繡清漢金字。"

登聞鼓

亦稱"路鼓"。設於朝堂門外，供有急務之人擊打，以向君王傳達下情用的大鼓。此稱晉代已行用。周代稱"路鼓"。《周禮·夏官·太僕》："建路鼓於大寢之門外，而掌其政，以待窮達者與遽令。聞鼓聲，則速逆御僕與御庶子。"所謂"大寢之門外"，鄭玄注謂"則內朝之中，如今宮殿端門下矣"；賈公彥疏謂"路寢門外正朝之處"。鼓之功用，鄭司農注："窮謂窮冤失職，則來擊此鼓，以達於王。若今時上變事擊鼓矣。遽，傳也，若今時驛馬軍書當急聞者，亦擊此鼓。"賈疏："此鼓所用，或擊之以聲早晏，或有窮遽者擊之以聲冤枉也。"然戰國秦漢時，此制久廢。至三國以後漸恢復。魏晉之際，稱之爲"登聞鼓"，并沿至明朝。清代戲曲中猶存。《晉書·武帝紀》："西平人麴路伐登聞鼓，言多袄謗，有司奏棄市。帝曰：‘朕之過也。’捨而不問。”《資治通鑑·晉武帝元康元年》：“衛瓘女與國臣書曰：‘先公名謚未顯，每怪一國，蔑然無言，春秋之失，其咎安在！’於是太保主簿劉繇等執黃幡，撾登聞鼓，上言。”胡三省注：“古者設諫鼓、立謗木，所以通下情也。《周禮》太僕建路鼓於大寢之門外，以待達窮者。……此則登聞鼓之始也。登聞鼓之名蓋始於魏晉之間。”南北朝至隋唐，朝堂外均設。《魏書·刑罰志》載北魏世祖時情形：“闕左懸登聞鼓，人有窮冤則撾鼓，公車上奏其表。”《梁書·孝行傳·吉翂》：“天監初，父爲吳興原鄉令，爲姦吏所誣，逮詣廷尉。……罪當大辟。〔吉〕翂乃撾登聞鼓，乞代父命。高祖異之。”《舊唐書·文宗紀下》：“京兆尹楊虞卿家人出妖言，下御史臺。虞卿弟司封郎中漢公並男知進等八人，撾登聞鼓稱冤。”宋元時設“登聞鼓院”，專受理臣民撾鼓申訴之事。宋吳曾《能改齋漫錄·事始·登聞鼓院之始》：“高承《事物紀原》著登聞鼓院之始云：‘《國朝會要》曰：鼓院，舊曰鼓司，景德四年五月九日詔改爲登聞鼓院。’予按《資治通鑑》魏世祖懸登聞鼓以達冤人，乃知登聞鼓其來甚久，第院之始或起於本朝也。”《宋史·欽宗紀》：“吳敏傳宣，衆不退，遂撾登聞鼓，山呼動地。”《宋史·蘇舜欽傳》：“玉清昭應宮灾，舜欽年二十一，詣登聞鼓院上疏。”《周禮集説》卷七：“〔太僕〕掌受臣民奏報，漢之公車，今之登聞鼓院也。”《元史·世祖紀》：“敕諸事赴省臺訴之，理決不平者，許詣登聞鼓院擊鼓以聞。”元佚名《陳州糶米》第一折：“任從他賊醜生，百般家著智能。遍衙門告不成，也還要上登聞將

怨鼓鳴。”明朱謀㙔《騈雅·釋器》：“於朝曰登聞鼓，於府寺曰朝哺鼓。”《明史·職官志》：“詞訴必自下而上。有事重而迫者，許擊登聞鼓。”清惠士奇《禮説·夏官一》：“周正樂曰：馬上鼓曰提，有木可提執。施於朝則登聞鼓、敢諫之鼓是也。……然則達窮之路鼓，即後世之登聞，亦有木可提持者歟。”清代猶有投廳擊鼓之説。《清史稿·刑法志》：“其投廳擊鼓，或遇乘輿出郊，迎擊駕申訴者，名曰‘叩閽’。”

【路鼓】[1]

即登聞鼓。此稱先秦時期已行用。見該文。

牙牌 [1]

標示官員身份、賦予其特殊權益的象牙牌。此稱宋代已行用。象牙是稀罕物，故成爲皇帝給予某些臣子某種特殊待遇的標示牌。牙牌用途有二類：其一，屬於覲見皇上時所用象牙牌，無牌者不得陛見。宋代朝見前，須將牙牌先遞入宮中；明代則作爲入宮的通行證明，掛在腰間。宋歐陽修《早朝感事》：“玉勒爭門隨仗入，牙牌當殿報班齊。”宋王明清《揮塵餘話》卷一：“牙牌曉奏集英班，日照雲龍下九關。紅臘青烟寒食後，翠華黃屋太微間。”宋王珪《宮詞》：“禁庭漏促斜沉月，殿燭光寒未捲簾。御仗催班元會集，牙牌先入奏中嚴。”宋孟元老《東京夢華錄·車駕宿大慶殿》：“有兩樓對峙，謂之鐘鼓樓，上有太史局生，測驗刻漏，每時刻作鷄唱，鳴鼓一下。則一服綠者執牙牌而奏之。”即使不是入朝，在外地覲見，亦以此牌方可見之。宋岳珂《桯史·萬歲山瑞禽》：“一日，徽祖幸是山，聞清道聲，望而群翔者數萬焉。翁輒先以牙牌奏道左，曰：‘萬歲山瑞禽迎駕。’”元代猶沿襲此制。元楊瑀《山居新話》

卷二載作者曾臨時接到皇帝宣召參預密謀通知，以所給牙牌爲據入宮："瑀於至元六年二月十五日夜，御前以牙牌宣入玉德殿，親奉綸音，黜逐伯顏太師之事。"《大明會典·律例七·兵律一》："凡朝參文武官及內官，懸帶牙牌鐵牌；厨子校尉入內，各帶銅木牌面。"然明代牙牌更是一種身份象徵，不同牙牌體現着不同等級。除了入宮時用於驗證身份外，參加天子舉行的祭禮時，唯有佩戴特製象牙牌者方可進入。《明史·禮志一》："制陪祀官入壇牙牌，凡天子親祀則佩以入。其制有二：圓者，與祭官佩之；方者，執事人佩之。俱藏內府，遇祭則給，無者不得入壇。"可見參加祭禮的牙牌由內府管理，遇大祭始出之，與官員日常隨身佩戴之牌有別。《明史·輿服志》："嘉靖九年，皇后行親蠶禮，文官四品以上、武官三品以上、命婦及使人，俱於上寶司領牙牌。有雲花圓牌、鳥形長牌之異。凡文武朝參官、錦衣衛當駕官，亦領牙牌，以防姦僞。洪武十一年始也。其制以象牙爲之，刻官職於上，不佩則門者却之。私相借者論如律。牙牌字號，公侯伯以'勳'字，駙馬都尉以'親'字，文官以'文'字，武官以'武'字，教坊官以'樂'字，入內官以'官'字。正德十六年，禮科邢寰言，牙牌惟常朝職官得懸。比來權姦侵柄，傳旨陞官者輒佩牙牌，宜清核以重名器。乃命文職不朝參者，毋得濫給牙牌；武官進御侍班、佩刀執金爐者給與。"足見牙牌上體現着嚴格的等級區分。因牙牌具有受皇上恩寵的意義，佩戴它四處招搖，當時也是很風光之事。明張昱《輦下曲》之一："鬥鵪初住草初黃，錦袋牙牌日自將。鬧市閑坊尋搭對，紅塵走殺少季狂。"《金瓶梅詞話》第

七〇回："朱太尉頭戴烏紗，身穿猩紅斗牛絨袍，腰橫四指荆山白玉玲瓏帶，脚靭皂靴，腰懸太保牙牌。"明王恭《題前給事陳行四讀書室》："牙牌角帶厭羈縻，大布烏巾任閒逸。"《明史·金鉉傳》："〔金鉉〕知帝已崩，解牙牌拜授家人，即投金水河。"其二，屬於對立有重大功勛的人員之賞賜，牌上往往注明地方官員品級，獲牌即意味着獲某官職。此情形多流行於戰爭頻仍的南宋時期。宋李心傳《建炎以來繫年要錄·高宗紹興五年》："十有一月庚午朔，初置節度使已下象牙牌。其法，自節鉞正任至橫行遙郡，第其官資，書之於牌。御書押字，刻金填之，仍合用製造，一留禁中，一降付都督府。相臣主其事，緩急臨敵，果有建立奇勳之人，量其功勞，先次給賜，以爲執守。自軍興以來，皆宣撫使便宜給劄補轉，至是都省有此請焉。"說明宣撫使一度可以書劄任官，至此方以牙牌爲據，將權力收歸皇上。宋曹勛《宮詞》："爲銷烽燧拯吾民，都督親行號令新。仍詔尅戎恩寵異，牙牌御札賜功臣。"《宋史·畢再遇傳》："郭倪來饗士，出御寶刺史牙牌授再遇，辭曰：'國家河南八十有一州，今下泗兩城即得一刺史，繼此何以賞之？且招撫得朝廷幾牙牌來？'固辭不受。"同書《忠義傳·米立》："米立……署爲帳前都統制。大兵略江西，立迎戰于江坊，被執不降，繫獄行省。遣萬石諭之曰：'吾官銜一個牙牌寫不盡，今亦降矣。'"

膳牌

亦稱"粉牌"，亦俗稱"綠頭牌"。大臣呈遞御前供皇上選擇是否召見的木牌，向皇上引薦官員時亦用之，上書官員官職、姓名及主要勳績等；而妃嬪侍寢，亦用此等書有妃嬪名號

之牌，供皇帝選擇。行於清代。寬約一寸，長不及尺，以白漆薄木片爲之。因通常是在皇上進膳時遞請皇上欽點，故稱膳牌；又因木牌塗有白油粉，別稱“粉牌”；復因頂端飾綠色，俗名“綠頭牌”。清昭槤《嘯亭雜錄·綠頭牌》：“定制，凡召見、引見等名次，皆用粉牌書名，雁行以進。王、貝勒用紅頭牌，公以下皆用綠頭牌。繕寫姓名籍貫及入仕年歲，出師勳績諸事，以便上之觀覽焉。”又同書《膳牌》：“凡王公大臣有入朝奏事者，皆書名粉牌以進，待上召見。於用膳時呈進，名曰膳牌焉。”清吳振棫《養吉齋叢錄》卷二三：“膳牌，以極薄木片爲之，塗以白油粉，闊一寸，長不及尺。其上寸許綠色，中間書某官某人。凡内官奏事、外省文武大員入覲，皆遞牌。是日召見者，即將牌子留下。奏事處人傳知進見先後、起數，或一二起，或十餘起。預備宣召，俗謂叫起兒。餘則散出。入覲大員有連日召見者，下殿時，命次日再遞牌子。及陛辭，則不復遞矣。牌至御前，在用膳之頃，故曰膳牌。”是書又載，若皇上外出還京，在京所有大員均呈遞膳牌，“預備召見，謂之全牌子”，即平日唯奏事者遞牌，此時則全部遞牌。當皇帝巡行在外，當地官員覲見，也須預先呈膳牌。清查慎行《南巡歌八章》之一：“綠牌曉奏知名姓，特慰輿情一渡江。”仿召見大臣之例，晚間挑選妃嬪侍御，竟亦用此種牌子，則對皇帝而言，外朝内朝、國事家事，皆混淆爲一。此事正史不載，唯取自親歷者見聞的野史記之甚詳，或可參考。民國初梁溪坐觀老人《清代野記·敬事房太監之職務》云：“每日晚膳時，凡妃子之備幸者皆有一綠頭牌，書姓名於牌面，式與京外官引見之牌同。或十餘牌，或數十牌，敬事房太監舉而置之大銀盤中，備晚膳時呈進，亦謂之膳牌。帝食畢，太監舉盤跪帝前，若無所幸則曰去；若有屬意，則取牌翻轉之，以背向上。太監下，則摘取此牌又交一太監，乃專以駝妃子入帝榻者。”民國初李岳瑞《悔逸齋筆乘·紀惠陵末命異聞》則謂後宮膳牌須經皇后鈐印方可上呈：“清朝宮禁故事：諸妃嬪進御者，每夕由皇后預備膳牌呈上，上留某人牌，則召某人詣寢宮。……若天子欲行幸諸妃嬪宮，先時須由皇后傳諭某妃嬪，飭令預備，然後大駕始前往。其諭必鈐用皇后璽，若未傳諭，或有諭而未鈐璽，大駕雖至，然諸妃嬪得拒弗納。此蓋沿前明舊制。明世宗自楊金英變後，始定此制，蓋以防不測也。”其説或有所本。

【粉牌】

即膳牌。此稱清代已行用。見該文。

【綠頭牌】

“膳牌”之俗稱。此稱清代已行用。見該文。

【綠頭籤】

即膳牌。此稱行於清。清吳振棫《養吉齋叢錄》卷二三：“今引見官員，用綠頭籤。繕寫年貫履歷。”徐珂《清稗類鈔·朝貢類》：“紅綠頭牌：召見引見等名次，皆用粉牌書名以進。王貝勒用紅頭牌，公以下用綠頭牌，俗稱紅綠頭籤，皆繕寫姓名、籍貫及入仕年歲、出師勳績，以便御覽。”除呈報官職名號外，亦作奏報情況之牌。清高士奇《扈從雜紀詩》四首之一：“邊地蕭條風景別，今宵有夢到長安。曠野春深日馭遲，獵場近遠奏先知。”自注：“獵場先遣侍衛看定，前一夕書綠頭籤奏明。"見"膳牌"文。

【綠牌】

即膳牌。"綠頭牌"之省稱。此稱清代已行用。乾隆五十年（1785）《欽定千叟宴詩》卷二載根敦達爾扎詩："寶光雲蔭瑞彌天，中外同瞻壽鏡懸。名隸綠牌參宿衛，身依丹禁列周躔（臣侍直乾清門行走）。"乾隆帝弘曆《大考翰苑黜陟事畢因而有作》詩云："考績明廷選木天，勸懲要以策群賢。綠牌覿面詳詳審，硃筆按名一一填。"《清朝文獻通考·刑考十二》："大理寺卿房可壯奏：……即重如人命，亦祇憑綠牌面奏，先行處決，後補招疏，似非良法。"

紅頭牌

亦稱"紅頭籤"。親王、貝勒覲見皇上時呈遞的個人介紹木牌，上書其官職、姓名及勳績。以頂端飾紅色，故名。與綠頭牌相區別，以體現對本朝宗親的特殊推崇。此稱清代已行用。清昭槤《嘯亭雜錄·綠頭牌》："定制，凡召見、引見等名次，皆用粉牌書名，雁行以進。王、貝勒用紅頭牌，公以下皆用綠頭牌。"

【紅頭籤】

即紅頭牌。此稱清代已行用。見該文。

綉女

亦稱"秀女""室女"。備選爲妃嬪宮女的少女。此稱明代已行用。此制自漢代始，以後歷代均有從民間挑選宮嬪之舉，唯元代稱所選之女爲"室女"，明清則稱"綉女""秀女"。《後漢書·皇后紀序》載："漢法，常因八月算人，遣中大夫與掖庭丞及相工，於洛陽鄉中閱視良家童女，年十三以上，二十以下，姿色端麗合法相者，載還後宮，擇視可否，乃用登御。"此漢代有定期揀選童女之證。又《漢書·王莽傳》載：王莽"遣中散大夫、謁者各四十五人，分行天下，博采鄉里所高有淑女者上名"。而一入宮門深似海，自公卿至吏民，均深恐自己之女入選。《藝文類聚》卷三五引魏陳王曹植《叙愁賦》，記述了其情形之一斑："時家二女弟，故漢皇帝聘以爲貴人。家母見二弟愁思，故令予作賦，曰：'嗟妾身之微薄，信未達乎義方。……委微軀於帝室，充末列於椒房。荷印紱之令服，非陋才之所望。對牀帳而太息，慕二親以增傷。揚羅袖而掩涕，起出户而彷徨。顧堂宇之舊處，悲一別之異鄉。'"故歷朝每屆選宮女，常致天下騷動。《晉書·武元楊皇后傳》載，晉武帝"博選良家以充後宮。先下書禁天下嫁娶，使宦者乘使車，給騶騎，馳傳州郡，召充選者，使后揀擇……司、冀、兗、豫四州二千石將吏家，補良人以下，名家盛族子女，多敗衣瘁貌以避之"。《隋書·煬帝紀》載，煬帝"密詔江淮南諸郡，閱視民間童女姿質端麗者，每歲貢之"。唐宋以後，此風雖有所收斂，但依然存在。《元史·耶律楚材傳》："時侍臣脱歡奏簡天下室女，詔下，楚材尼之不行，帝怒。"又同書《耶律鑄傳》："耶律鑄言：'有司官吏以采室女，乘時害民。如令大郡歲取三人，小郡二人，擇其可者，厚賜其父母，否則遣還爲宜。'從之。"趙翼《廿二史劄記·元史》記"元時選秀女之制"，稱元時乃至明初并有選高麗女之例："文宗以宮中高麗女不顏帖你賜丞相燕鐵木兒，高麗王請割國中田以爲資齎。順帝次皇后奇氏完者忽都，本高麗女，選入宮有寵，遂進爲后。而其時選擇未已，臺臣言：'國初，高麗首先效順，而近年屢遣使往選媵妾，使生女不舉，女長不嫁，乞禁止。'從之。"至明初猶然："明永樂中，高麗猶有貢女之例，成祖有妃權氏，即高麗人也，後封賢妃。"明清稱此制爲選綉（秀）女、采綉（秀）女。按，綉女本指綉花女，宋郭若虛《圖畫見聞志》言周文矩"有貴戚遊春、擣衣、熨帛、綉女等圖傳於世"；秀女本指佳麗，明楊爵《春日十二首》其三有"雨霽春郊秀女蘺，閒雲偏惹落霞多"句。而明清藉用爲備選宮嬪的少女。明田藝蘅《留青日札·月運紅潮》云："余之高祖姑蔡氏之姊，杭之豐寧坊人也，當憲廟時爲女官，甚得幸。以選綉女一差至杭，宦官侍者四人，與三司諸大夫抗禮。"可見明代由宮廷女官和太監負責外出選綉女，其地位類乎欽差大臣，地方大員須出面接待。由於民間深恐被選上，故每聞選秀風，則地方訛傳四起。《留青日札·風變》："隆慶二年戊辰正月……初八九日，民間訛言朝廷點選綉女，自湖州而來，人家女子七八歲已上、二十歲已下，無不婚嫁。不及擇配，東送西迎，街市接踵，勢如抄奪。甚則畏官府禁之，黑夜潛行，惟恐失曉。歌笑哭泣之聲，喧嚷達旦。千里鼎沸，無問大小長幼美惡貧富，以出門得偶即爲大幸。雖山谷村落之僻，士夫詩禮之家，亦皆不免。時偶一大將官抵北關，放炮三聲，民間愈慌，驚走，曰朝使太監至矣。倉忙激變，幾至於亂。"此情形有明一朝普遍如此。明馮夢龍《智囊補·明智·大水》亦載："天啓初，吳中訛言中官來采綉女，民間若狂，一時婚嫁殆盡。"清代略有不同，秀女祇從滿、蒙古、漢軍旗籍未婚少女中挑選，皇后妃嬪或皇室子孫妻室，皆以此種方式挑選。清代文獻載之較詳，其制始於順治十年（1653）。每三年一選，由內務府總負責，户部則照內務府選秀女之例做

最初的普選，八旗須定期將未婚適齡女造册送户部備選。《大清會典·八旗都統》："凡閲選秀女，以三年爲率。屆期户部移文，八旗都統飭各佐領，取具族長保結，參佐領詳覈，申都統造册，咨送户部，請旨閲選。有故後期及未及歲者，竢下次補閲。"凡隱匿遺漏不報、弄虛作假及未經閲選而私自聘嫁者，一律治罪。除三年一次的閲選，也有一年一次閲選者。《國朝宮史·典禮四·宮規》："選看秀女：凡三年一次引選八旗秀女，由户部奏請日期，屆日於神武門外預備，宮殿監率各該處首領太監關防，以次引看畢，引出其秀女，各給飯食竝車價銀兩，俱由户部支領。凡一年一次引選內務府所屬秀女，屆期由總管內務府奏請日期，奉旨後知會宮殿監，宮殿監奏請引看之例同，其賞給飯食竝車價銀兩，俱由廣儲司支領。"一般是在冬天進行閲選，故《國朝宮史·訓諭二·聖祖仁皇帝諭旨》康熙三十九年（1700）十二月十九日上諭，有"今日天氣甚冷，應選秀女多係貧寒之家，爾等帶至和暖處所，賞給熱湯飯，毋致凍餒"語。清朝金松岑、曾樸《孽海花》雖爲小説家言，然多少反映彼時現實，其第二七回："選綉女的那年，內務府呈進綉女的花名册。那綉女花名册，照例要把綉女的姓名、旗色、生年月日詳細記載。文宗翻到老佛爺的一頁，只見上面寫着：'那拉氏，正黃旗，名翠，年若干歲，道光十四年十月初十日生。'"每屆選秀女，與前朝一樣，常引發騷動。清褚人穫《堅瓠五集·嫁娶謔詞》："康熙壬申仲冬，訛傳采選綉女。邑中愚民，紛然嫁娶，花轎盈街，鼓吹聒耳。"夏仁虎《舊京瑣記·宮闈》："選取之制，率於二三月間，凡包衣旗人家生女皆入册

籍，及歲者皆得與選，曰選綉女。富家多不願女入宮，或賄不入選，或以醜陋者應名，冀落選，亦事所恒有。”選秀制度是帝王專制制度的一部分，隨着清王朝的滅亡，方從歷史上消亡。

【秀女】

即綉女。此稱明清時期已行用。見該文。

【室女】

即綉女。此稱元代已行用。見該文。

長門

冷宮代稱。即失寵后妃幽閉之所，後亦成被冷落女性的居處泛稱。本爲漢宮名。之前爲館陶長公主劉嫖的私家園林，以長公主面首董偃名義獻漢武帝，改建成宮，作皇帝祭祖時中途休息之地。宋宋敏求《長安志·宮室二》：“長門宮，武帝陳皇后退居長門宮。”畢沅校注：“宮在長安故城之東。”按，漢武帝陳皇后爲館陶長公主之女，失寵後幽閉長門宮。世傳陳皇后請司馬相如寫《長門賦》，述幽閉之悲，武帝爲之動容，復幸之。《長門賦序》云：“孝武皇帝陳皇后時得幸，頗妒。別在長門宮，愁悶悲思。聞蜀郡成都司馬相如天下工爲文，奉黃金百斤爲相如、文君取酒，因于解悲愁之辭。而相如爲文以悟主上，陳皇后復得親幸。”按，陳皇后幽居長門宮屬實，求司馬相如撰《長門賦》，恐係後人假托之說，而言武帝讀賦回心轉意，尤屬穿鑿。《史記·外戚世家》：“陳皇后驕貴。聞衛子夫大幸，恚，幾死者數矣。上愈怒。陳皇后挾婦人媚道，其事頗覺，於是廢陳皇后。”司馬貞索隱：“廢后居長門宮。故司馬相如賦云‘陳皇后別在長門宮，怨悶悲思，奉黃金百斤爲相如取酒，乃爲作頌以奏，皇后復親幸’。作頌信有之也，復親幸之恐非實也。”《漢書·外戚傳上》：“后又挾婦人媚道，頗覺。元光五年，上遂窮治之，……使有司賜皇后策曰：‘皇后失序，惑於巫祝，不可以承天命。其上璽綬，罷退居長門宮。’”此事遂成後世皇后被廢的前車之鑑。《後漢書·桓譚傳》：“是時高安侯董賢寵倖，女弟爲昭儀，皇后日已疏，〔傅〕晏嘿嘿不得意。〔桓〕譚進說曰：‘昔武帝欲立衛子夫，陰求陳皇后之過，而陳后終廢，子夫竟立。’”李賢注：“陳皇后，武帝姑長公主嫖女也。擅寵十餘年，無子，聞子夫得幸，幾死者數焉。上怒，遂挾婦人媚道，事覺，廢居長門宮。”對《長門賦》的異議，又見清代何焯《義門讀書記》卷四五：“司馬長卿《長門賦》：此文乃後人所擬，非相如作。其詞細麗，蓋平子之流也。”清顧炎武《日知錄·假設之辭》亦曰：《長門賦》所云，陳皇后復得幸者，亦本無其事。俳諧之文，不當與之莊論矣。”自注：“《長門賦》，乃後人托名之作，相如以元狩五年卒，安得言孝武皇帝哉！”儘管如此，“長門”一稱自此成爲后妃乃至普通女性被冷落所居之處。古詩文中多用此典。唐李白《長門怨二首》，其一：“天回北斗挂西樓，金屋無人螢火流。月光欲到長門殿，別作深宮一段愁。”其二：“桂殿長愁不記春，黃金四屋起秋塵。夜懸明鏡青天上，獨照長門宮裏人。”唐岑參《長門怨》：“君王嫌妾妒，閉妾在長門。”唐杜審言《賦得妾薄命》：“草綠長門掩，苔青永巷幽。”宋周邦彥《水龍吟·越調梨花》詞：“傳火樓臺，妒花風雨，長門深閉。”宋柳永《鬥百花》詞三首之一：“長門深鎖悄悄，滿庭秋色將晚。”元關漢卿《一枝花·贈珠簾秀》套曲：“恨的是篩曲檻西風剪剪，愛的是透長門夜月娟娟。”此稱沿至清代。《石點頭》第一三回：“孤念臣妾，幼處深宮，身居密禁。長門夜月，獨照愁人；幽閣春花，每縈離夢。”《隋唐演義》第二〇回：“宣華道：‘……今求陛下依皇后懿旨，將妾罰入冷宮，自首長門，方爲萬全。’”

命婦

受朝廷贈予封號的婦女。多爲官員之母或妻。享有禮儀上的尊崇待遇。其封號從朝廷女官，到各品級官員之母或妻，有不同等級，一般依丈夫官爵的高低而定。此稱先秦時期已行用，初多指大夫之妻。《國語·魯語下》：“命婦，成祭服。”韋昭注：“命婦，大夫之妻也。”《禮記·禮器》：“大廟之内敬矣！君親牽牲，大夫贊幣而從。君親制祭，夫人薦盎。君親割牲，夫人薦酒。卿大夫從君，命婦從夫人。”漢以後漸形成較完備的制度。《太平御覽》卷六九〇引晋徐廣《輿服雜注》曰：“晋《先蠶儀注》：皇后衣純青之衣，特進卿世婦、二千石命婦，助蠶則青絹上下。”《南史·后妃傳上·宋孝穆趙皇后》：“有司奏追贈〔趙〕裔光禄大夫，加金章紫綬；裔命婦孫氏封豫章郡建昌縣君。”唐陳鴻《長恨歌傳》：“每歲十月，駕幸華清宮，内外命婦，熠耀景從。”《新唐書·禮樂志五》：“皇后初采桑，典制等各以鈎授内外命婦。皇后采桑訖，内外命婦以次采，女史執筐者受之。”《新元史·列女傳下》：“金氏，詳定使四明程徐妻也。京城既破，謂其女曰：‘汝父出捍城，我三品命婦，汝儒家女又進士妻，不可受辱。’”萬曆本《金瓶梅詞話》第六三回：“鋪大紅官紵題旌。西門慶要寫‘詔封錦衣西門慶恭人李氏柩’十一字。伯爵再三不肯，説：‘見有正室夫人在，如何使得？’杜中書道説：‘曾生過子，

於禮也無礙。’講了半日，去了‘恭’字，改了‘室人’。温秀才道：‘恭人係命婦，有爵。室人乃室内之人，只是個渾然通常之稱。’於是用白粉題畢，‘詔封’二字貼了金，懸於靈前。”明張應俞《杜騙新書·媒賺春元娶命婦》：“適有崔命婦者，年近三十，猶綽約如處子。以爲夫除服，入寺建醮。”《歡喜冤家》第四回：“夫人失節，理該死。丘繼修姦命婦，亦該死。”清亡，此制不復存。

【誥命夫人】

“命婦”之俗稱。此稱宋代已行用。宋范浚《范香溪先生文集·書論》：“塾黨庠序所以肄業者，固已目習耳熟，則於上之誥命夫人，而能通其義。”民間頗以此爲榮。《儒林外史》第二〇回：“待要把你送在娘家住，那裏房子窄，我而今是要做官的，你就是誥命夫人，住在那地方不成體面，不如還是家去好。”《癡人福》第八回：“吳氏道：‘這幾句話頗有些難解。請問這誥命夫人，是從那裏來的？’鄒小姐道：‘是皇帝敕封的誥命。’”

信幡

亦作“信旛”。標示官職等級并展示威信用的旗幡，通常在官員的儀仗中展示。此稱漢代已行用。《通典·嘉禮十一》載漢代鹵簿：“騎將軍四人，騎校靴角金鼓鈴下信幡軍校並駕一，功曹吏主簿並騎從。”《東觀漢記·梁諷傳》：“匈奴畏感，奔馳來降，〔梁〕諷輒爲信旛遣還營，前後萬餘人，相屬于道。”信幡上往往有體現尊卑地位的動物圖案。晋崔豹《古今注·輿服》：“信幡，古之徽號也。所以題表官號，以爲符信，故謂之信幡。乘輿則畫爲白虎，取其義而有威信之德也。魏朝有青龍幡、朱雀

幡、玄武幡、白虎幡、黃龍幡，而五色以詔。……亦以麒麟幡。高貴鄉公討晉文王，自秉黃龍幡以麾是令。晉朝唯用白虎幡。畫信幡用鳥書，取其飛騰輕疾也。一曰以鴻雁、燕鳦者，有去來之信也。"《魏書·禮志四》："五品朝臣使列乘輿前兩

信旛
（清蔣廷錫等《古今圖書集成》）

廂，官卑者先引，王公侯子車旗、麾蓋、信幡，及散官構服，一皆純黑。"信幡爲儀仗中衆多旗幡之一種。《宋史·儀衛志一》："殿庭立仗，本充庭之制。唐禮，殿庭屯門皆列諸衛，黃麾大仗。宋興，太祖增創錯繡諸旗，並幡氅等。……信幡二十二，分左右。"信幡動物圖案中往往還繡一"信"字。《元史·輿服志二》："信旛制如傳教旛，錯綵爲'信'字，承以雙龍，立仗者繪飛鳳。"《明會典·工部·儀仗三》："信旛二對，與傳教旛制同，惟三簪用黃額，内青'信'字。"

【信旛】

同"信幡"。此體漢代已行用。見該文。

廠衣

較尊貴的官服。此稱明代已行用。《醒世姻緣傳》第一回："珍哥笑道：'我的不在行的哥兒！穿着廠衣去打圍，妝老兒燈哩！'"又第二六回："若有幾個村錢，那庶民百姓穿了廠衣，戴了五六十兩的帽套。"《魏忠賢小説斥奸書》第二回："披着花花一領蟒廠衣，坐着

斑斑一張虎皮椅。"清吳偉業《鹿樵紀聞·闖獻發難》："王兒傳至各歙欷，御手親將換廠衣，對仗兩班同哭罷，殿庭但有燕雙飛（《太子》）。"

補服

亦稱"補子""胸背"，省稱"補"。標示官員地位等級、縫貼在上衣前後的帶有不同圖案的布片。有圓形和方形兩種。此稱明代已行用。明以前曾偶有官服飾紋樣者。《太平御覽》卷六九三引《唐書》："武后出緋紫單羅銘襟背袍，以賜文武臣，其袍文各有炯戒。諸王則飾以盤石及鹿，宰相飾以鳳池，尚書飾以對雁，左右衛將軍飾以麒麟，左右武衛飾以對虎，左右鷹揚飾以鷹，左右千牛飾以牛，左右豹韜飾以師子，左右金吾飾以象。又銘其襟背作八字迴文焉。"此與後世"補子"相類，然唐武則天以後此制未推廣。直至明代，始成常制。不同的衣服顏色、補子圖案，體現官品的高低貴賤。《明會典·冠服二》載，"令官民人等不許僭用服色花樣"，明確各級品官補服圖案，"公、侯、駙馬、伯服，繡麒麟、白澤；文官一品仙鶴，二品錦雞，三品孔雀，四品雲雁，五品白鷴，六品鷺鷥，七品𪄠鶒，八品黃鸝，九品鵪鶉；雜職練鵲，風憲官獬豸；武官一品、二品獅子，三品、四品虎豹，五品熊羆，六品、七品彪，八品犀牛，九品海馬"。《金瓶梅詞話》描寫宋代情形，却用了明代補服內容，而其補服又未必與明代品官合拍。第三一回描寫地方提刑官西門慶："頭戴烏紗，身穿五彩灑綫揉頭獅子補子員領。"這獅子補子就未免等級過高。又第七〇回："尚書張邦昌與侍郎蔡攸，都是紅吉服孔雀補子，一個犀帶，一個金帶，進去拜畢。"這

一圖案倒與其等第大致相當。清代補子比明代補子小而簡單，文官繡單禽，武官繡猛獸；底色爲青、黑、深紅等深顏色。對皇子和功勳卓著近臣，往往賞賜四團正龍補服。清昭槤《嘯亭雜錄·用傅文忠》："故特命晚間獨對，復賞給黃帶、四團龍補服、寶石頂、雙眼花翎以示尊寵。"清吳振棫《養吉齋叢錄》卷二二："皇子、親王、郡王、親王世子，用四團龍補服。有賞四團正龍補服者，特恩也。"又曰："雍正間，隆科多、年羹堯賜四團龍補服、黃帶、紫韁。"又："乾隆間，大學士黃廷桂以定準噶爾功，賜寶石頂、四團龍補。"此處之"補"爲省稱。補服圖案等級也不時有小的調整。同上書同卷又曰："舊制，武官一二品皆用獅子補服。康熙元年，題准一品用麒麟補。又舊制，三品用虎，四品用豹。康熙三年，改三品用豹，四品用虎。"補服象徵等級，故小說中多有因獲某級補服而感榮耀的描寫。《二十年目睹之怪現狀》第四回："後頭送出來的主人，却是穿的棗紅寧綢箭衣，天青緞子外褂，褂上還綴着上品的錦鷄補服。"專制時代注重等級，補服正是等級的象徵物。清亡，官員補服自此消失。

【補子】

即補服。此稱明清時期已行用。見該文。

【胸背】

即補服。此稱明清時期已行用。見該文。

【補】

"補服"之省稱。此稱明清時期已行用。見該文。

頂戴

俗稱"頂子"。朝服中用以區別官員品級的帽頂飾物。此稱清代已行用。飾物以紅寶石品級最高，以下依次爲珊瑚、藍寶石、青寶石、水晶、硨磲、素金、鏤花陰文金頂、鏤花陽文金頂等；帽頂又飾一束翎羽垂於後，分爲花翎、藍翎。花翎賜予五品及以上，翎上有孔雀羽毛般之斑眼，分單眼、雙眼、三眼，眼多者爲貴。藍翎爲藍色鶡羽，長羽無眼，等級低於花翎，一般賜予六品以下官員。官帽又分夏季所戴凉帽和冬季所戴暖帽，飾以區別等級之物。革職或降職時，即摘去所戴品級的頂子。清方濬師《蕉軒續錄·染藍鷺鷥翎》："《大清會典》載：崇德元年定戴翎之制，貝子戴三眼孔雀翎，根綴藍翎；鎮國公、輔國公戴雙眼孔雀翎，根綴藍翎；護軍統領、參領戴單眼孔雀翎，根綴藍翎；護軍校戴染藍鷺鷥翎，蓋即今之藍翎也。……頂戴之別，始於雍正五年。其時二品、三品官咸起花珊瑚頂；至八年，始改三品爲藍寶石頂焉。"《平定兩金川方略》卷一〇六："明亮、舒常奏言：……協領成德自乾隆三十六年派赴南路出兵，遇有打仗，無不奮勉自效。……左臂被鎗傷骨，實屬奮勉出色。臣等謹將皇上備賞花翎，給與頂戴，以示鼓勵。奏入報聞。"清丁曰健《賞加二品頂戴恭謝天恩摺》（《治臺必告錄》卷七）："茲又復邀寵命，賞加二品頂戴；感鴻施之逾格，覺報稱之爲難。"《九尾狐》第六一回："有什麼官銜，戴什麼頂子。頂子是朝廷名器，豈非最貴重、最體面、最要緊的東西嗎？"《官場現形記》第一八回："我替老堂臺想，你們帶來的營頭，還有炮船那些統領、幫帶、哨官、什長，那一個不是顏色頂子？"

【頂子】

"頂戴"俗稱。此稱清代已行用。見該文。

花翎

清朝官員、貴族綴於禮帽頂部并後垂的孔雀翎冠飾。禮帽上有頂珠，頂珠下有白玉或翡翠翎管，插以翎枝。插孔雀翎爲冠飾者稱花翎。花翎有單眼、雙眼、三眼（指孔雀翎毛上的圓花紋）之別，戴三眼花翎一般須有貝子、固倫額駙爵位，戴雙眼花翎須爲鎮國公、輔國公、和碩額駙，或有大功勳的品官；一般品官奉特賞得花翎，多爲單眼。品官革職則奪其花翎。《國朝耆獻類徵初編·疆臣四十一·鄂輝》："上以鄂輝等勇略最著，……御製贊曰：'無前出力，屯練之兵；將軍鄂輝，實率以行。覆穴摧壘，到處功成；勇而有謀，覃國之英。'叙功，賞雙眼花翎、雲騎尉世職。"清姚瑩《雞籠破獲夷舟奏（夾片）》（載《東溟奏稿》卷二）："道光二十一年十月十一日，奉上諭：'達洪阿等奏逆夷滋擾臺郡、官兵沈船奪械、捡斬夷匪多名一摺，覽奏，嘉悦之至，已明降諭旨，將該鎮道等賞戴花翎，分別議叙矣。……發去賞達洪阿雙眼花翎一枝、賞姚瑩花翎一枝，著即祇領。'"《彭公案》第二一七回："追風俠説：'大人所委何事？'馬玉龍説：'我在潼關失去黃馬褂、大花翎，聽説落在這一方，求老英雄給尋找尋找！'"

藍翎

清朝官階較低的功臣所獲獎賞的帽飾，以藍色鶡羽製成，插於冠頂并後垂。後賞賜過濫，并可捐錢獲得，故不甚稀罕。此稱清代已行用。清昭槤《嘯亭續録·花翎藍翎定制》："凡領侍衛府官、護軍營、前鋒營、火器營、鑾儀衛滿員五品以上者，皆冠戴孔雀花翎；六品以下者冠戴鶡羽藍翎，以爲辨別。王府頭等護衛始許冠戴花翎，餘皆冠戴藍翎云。"《平定準噶爾方略正編》卷八四："〔乾隆二十五年春正月〕上幸萬壽山，御勤政殿，布魯特阿濟比使人錫喇噶斯等行禮畢，上召至御座前，親加慰問。……命陞賞厄魯特，獎賞藍翎薩爾泰等有差。"《清實録·咸豐朝實録》咸豐十年（1860）十一月："以浙江湖州府防守出力，免副將鄂爾霍巴失守處分，賞都司劉利安、守備蕭得勝……等花翎；守備楊洪彪等藍翎。餘升叙有差。"

朝珠

亦稱"牟尼串"。皇帝與官員挂在胸前的串珠，爲地位象徵。皇上亦常以賜珠示恩寵。行用於清代。皇上的朝珠最講究，從珠的質地、墜飾、串珠之條等，均不同一般。此稱清代已行用。《清史稿·輿服志二》："朝珠，用東珠一百有八，佛頭、記念、背雲、大小墜雜飾，各惟其宜，大典禮御之。惟祀天以青金石爲飾，祀地珠用蜜珀，朝日用珊瑚，夕月用綠松石，雜飾惟宜。條皆明黃色。"臣下懸珠，亦須有相應地位。清吳振棫《養吉齋叢録》卷二二謂清前期唯內侍纂修官、南書房行走等可懸珠。"軍機處行走章京、筆帖式，均准懸珠，自雍正七年始。"乾隆二十七年（1762）以後，纂修官"雖非內廷，亦懸珠矣。庶吉士未授職，非有史館等差使，不准懸珠。然庶常乞假，一出都門，亦無不懸珠者"。又卷二五謂清代一品大員年六十以上，"遇旬壽每有賜壽之典"，賜物就包括朝珠。命內三院卿一人携賜物至大臣之宅，大臣"庭中設香案，至大門跪接欽使，鼓樂宮鐙前導，隨入，立案前。欽使手遞如意、朝珠，乃行三跪九叩"。因朝珠可以帶給人榮耀，往往被好虛榮者用以招搖。《冷眼觀》第二一回：

"咏新進士回籍有兩句：'非是京官喜告假，要從桑梓晾朝珠。'"雖爲小説，確爲實録。因與佛徒所掛佛珠相似，故又稱"牟尼串"。清梁章鉅《樞垣記略·機庭紀事》："朝衫重繫牟尼串，雅步趨翔内右門。"郭則澐《十朝詩乘》卷八釋曰："章京依内廷例，得掛朝珠也。"

【牟尼串】

即朝珠。此稱清代已行用。見該文。

笏

亦稱"笏板"。上朝時所持記事板。有玉、木、竹等不同質地。此稱先秦時期已行用。《釋名·釋書契》："笏，勿也。君有教命及所啓白，則書其上，備忽忘也。"《儀禮·士喪禮》"竹笏"鄭玄注："笏，所以書思對命者。"周禮規定不同等級用不同的笏。《禮記·玉藻》："笏，天子以球玉，諸侯以象，大夫以魚須文竹，士竹本，象可也。見於天子與射，無説笏；入大廟説笏，非古也……凡有指畫於君前，用笏；造受命於君前，則書於笏。笏，畢用也，因飾焉。笏度，

持笏板的官員
（明《文林妙錦萬寶全書·官品門》）

二尺有六寸，其中博三寸，其殺六分而去一。"《禮記·樂記》："射息也，裨冕搢笏，而虎賁之士説劍也。"孔穎達疏："搢笏，插笏也。"唐杜荀鶴《賀顧雲侍御府主與子弟奏官》詩："戲把藍袍包果子，嬌將竹笏惱先生。"唐以後亦稱"笏板"。宋曾慥《類説》卷七引

宋代青白釉褐彩持笏俑
（景德鎮出土）

《唐寶記·八寶》："一曰玄黄天符，形如笏板，上圓下方，黄玉也。"《宋史·仁宗紀》："詔五日一開資善堂，太子秉笏南鄉立，聽輔臣參決諸司事。"《宋史·禮志十九》："入正衙門，執笏不端，行立遲緩。"元代笏板成爲一種復古的禮儀用具，已不用於記事。《元史·祭祀志三》："禮直官引司徒、齋郎奉饌升自太階，由正門入；諸太祝迎於階上，各跪奠於神座前。齋郎執笏俛伏，興，遍奠訖，樂止。"明代其物已不行用，多見於詩文中。倘或有人用實物，必曰復古。明朱樸《豐厓社飲席上聞前星之喜分韻得國字》："玉音中使傳，群臣正袍笏。"清黄宗羲《明儒學案·泰州學案一》："〔王艮〕乃按禮經製五常冠、深衣、大帶、笏板，服之，曰：'言堯之言，行堯之行，而不服堯之服，可乎？'"

【笏板】

即笏。此稱唐代已行用。見該文。

青囊[1]

朝官盛放官印用的青色小布袋。初多爲監察官用，後演化成官員均可用的盛官印或奏疏的袋子。此稱晉代已行用。晉崔豹《古今注・輿服》："青囊，所以盛印也。奏劾者，則以青布囊盛印於前，示奉王法而行也；非奏劾日，則以青繒爲囊，盛印於後也。謂劾尚質直，故用布；非奏劾者尚文明，故用繒。自晉朝以來，劾奏之官專以印居前，非劾奏之官專以印居後。"《梁書・文學傳下・何思澄》："遷治書侍御史。宋齊以來，此職稍輕，天監初始重其選。車前依尚書二丞給三騶，執盛印青囊。舊事糾彈官印綬在前故也。"隋唐以後青囊多用以盛上疏時的奏章。宋李心傳《建炎以來繫年要錄・建炎三年三月》："太后曰：'必中丞未嘗見諸人文字，相公可同至都堂視之。'既至，朱勝非自於青囊出宋邠等所上書以示〔鄭〕毅、〔王〕庭秀。"

資歷

官職升遷時作爲審核條件的資格與經歷。此稱南北朝時期已行用。《梁書・裴子野傳》："時中書范縝與子野未遇，聞其行業而善焉。會遷國子博士，乃上表讓之……有司以資歷非次，弗爲通。"古代典章制度中，明文規定任官須審查資歷。《唐大詔令集・改元天寶赦》："其京文武官五品以上清資並郎官，據資歷人才堪爲刺史者，各任封狀自舉。"《太平御覽》卷二一六引《唐六典》："吏部員外郎二人。一人掌判南曹，每歲選人有解狀簿書，資歷考課必由之，以覆其實。乃上三銓，其三銓進甲，則署焉。"《資治通鑑・唐玄宗開元七年》："上以岐山令王仁琛，藩邸故吏，墨敕令與五品官。宋璟奏故

舊恩私則有大例，除官資歷，非無公道。"唐杜甫《早發》詩："薇蕨餓首陽，粟馬資歷聘。"《太平廣記》卷一五一引唐溫畬《續定命錄》："是歲，渾太師瑊鎮蒲津，請〔李〕稜爲管記從事。稜乃曰：'公雖愛稜甚，然奈某不閑檢束，夙好藍田山水，據使銜合得畿尉，雖考秩淺，如公勳望崇重，特爲某奏請，必諧矣……'渾遂表薦之。德宗令中書商量，當從渾之奏。……經月餘，稜詣執政，謂曰：'足下資歷淺，未合入畿尉。如何憑渾之功高求僥倖耶！'遂檢吏部格上，時帝方留意萬幾，所奏遂寢。"亦可見未經資歷考核、欲走門路升職之難。然光憑資歷，不問其他，亦不免弊病。宋張栻《漢丞相諸葛忠武侯傳》："亮用人惟其才能，不論資歷先後。"明歸有光《三途并用議》："今成均教養之法不具，獨令以資歷待選而已，非復如古之舍法，此其科貢之源不清也。"清吳梅村《少保大學士王文通公神道碑銘》："問其循序爲注補，曰員缺之汰也，資歷之有不相當也，即如是，有十年之人而不得官也。"此稱一直沿用至今。

履歷

人的平生主要經歷記錄。官員升職時須審核之。此稱南北朝時期已行用。本指周游行走或經歷事情。比如，晉陶潛《還舊居》詩"履歷周故居，鄰老罕復遺"，唐玄宗《授薛謙光東都留守元行沖副留守制》中的"履歷時久，精明日新"，後世所謂"凡所履歷并記之"（明人史鑑《記西湖》），皆此義。由經歷演化爲生平記錄。《魏書・獻文六王傳・廣陵王羽》："〔孝文帝〕謂長兼尚書于果曰：'卿履歷卑淺，超升名任，不能勤謹夙夜，數辭以疾。長兼之職，位亞正員，今解卿長兼，可光祿大夫守尚書。'"

宋黄履翁《古今源流至論別集·吏胥》："夫唐以書史縣胥之流而得居卿相之地，其視漢之趙尹張王之先後履歷，亦同此意也。"元亍尤魯狆《張文忠公〈歸田類稿〉序》："公諱養浩，字希孟，雲莊其自號也。行業履歷，家乘、國史有載，兹不容贅。"《聖祖仁皇帝聖訓》卷三六："康熙五十七年戊戌十月甲寅：上諭吏部考試月選官，令作八股時文，大都抄錄舊文，苟且塞責。嗣後不必作八股時文，止令寫履歷，以三百字爲限。"因歲數與任職時間有一定關聯，官場上便常有擅改履歷做法。清王士禛《池北偶談·官年》："三十年來，士大夫履歷，例減年歲，甚或減至十餘年。即同人宴會，亦無以真年告人者，可謂薄俗。按，洪容齋《四筆》，宋時有真年、官年之説，至形於制書，乃知此風由來遠矣。"清徐乾學《讀禮通考·喪儀節二十四》："被劾聽調及聽勘未明病故者，務稽考其平生履歷，人品高下，功罪重輕，議擬奏請定奪。"《官場現形記》第三七回："現在只須托個人把他的三代履歷抄出來，照樣謄上一張，只要是他的三代履歷，他好説不收！"

敕牒

亦作"勑牒""勅牒"。皇帝敕命，多指官員任命書。此稱隋唐時期已行用。唐代官員經尚書省銓選、擬文、進奏畫敕字，再行發牒公布。《資治通鑑·唐睿宗景雲元年》："舊制，三品以上官冊授，五品以上制授，六品以下敕授。皆委尚書省奏擬，文屬吏部，武屬兵部。尚書曰中銓，侍郎曰東西銓。"胡三省注："唐王言之制有七：一曰冊書，二曰制書，……七曰敕牒。"可知敕牒曾作爲皇帝對六品以下官員之任命書。《舊唐書·德宗紀上》："朕憫其知過之心，

念其赴難之效，以功贖罪，務在優恩。今遣給事中孔巢父賚先授懷光太子太保敕牒，往河中宣諭。三日内便與懷光同赴上都。"《太平廣記》卷一五一引唐韋絢《劉賓客嘉話録》："至酉時，見一人從北岸入舟，袒而招舟甚急。使人遥問之，乃曰州之腳力。將及岸，問曰：'有何除政？且有崔員外奏副使過否？'曰：'不過。却得虔州刺史敕牒在兹。'"《舊五代史·梁書·末帝紀下》："應面賜章服，仍令閤門使取本官狀申中書門下，受勅牒後，方可結入新銜。"宋以後敕牒或被權臣掌控，引發爭議。宋陳均《九朝編年備要·仁宗至和元年》："故事，遷降官皆有誥命。前年因事黜御史吳中復，蔡襄當草制，封還詞頭，執政耻爲所沮；且單用敕牒，因循習熟，遂成久例。今後除命，合用誥辭者，乞遵故事。"《續資治通鑑長編·宋神宗熙寧三年》："〔九月〕甲辰，出空名敕牒三十，宣徽院頭子各一百。"宋熊克《中興小紀·紹興十七年》："初，宣撫司得便宜補官，皆預給敕牒。至是會萃，令吏部換給。秦檜疑其未實，多格不行。"《元史·順帝紀》："中書省言：'近立分司農司，宜於江浙、淮東等處召募能種水田及修築圍堰之人各一千名，爲農師，教民播種。宜降空名添設職事勅牒一十二道，遣使賚往其地。有能募農民一百名者授正九品，二百名者正八品，三百名者從七品。即書填流官職名給之，就令管領所募農夫。'"

【勑牒】

同"敕牒"。此體五代時期已行用。見該文。

【勅牒】

同"敕牒"。此體元代已行用。見該文。

官誥

亦作"官告"。皇帝賜爵或授官的文書。此稱隋代已行用。通常與敕牒相配下達。敕牒爲任命書，官誥除任命說明外，尤强調此爲皇帝恩賜。據宋釋契嵩《謝李太尉啓》"伏蒙特附所賜紫衣牒一道、書一緘。到杭州日，知府唐公見召出山，面付前件敕牒並書"，可知其如書信一般緘封下達。隋唐五代時亦稱"官告"。《北史·隋宗室諸王傳·庶人楊諒》："先是，并州謠言：'一張紙，兩張紙，客量小兒作天子。'時僞署官告身皆一紙，別授則二紙。〔楊〕諒聞謠，喜曰：'我幼字阿客，量與諒同音，吾於皇家最小。'以爲應之。"《舊唐書·憲宗紀》："新授桂管觀察使房啓降爲太僕少卿。啓初拜桂管，啓吏略吏部主者，私得官告以授啓。俄有詔命中使賷告、牒與啓，曰'受之五日矣'。上怒杖吏部令、史，罰郎官，啓亦即降之。"唐杜荀鶴《賀顧雲侍御府主與子弟奏官》詩："《孝經》始向堂前徹，官誥當從幕下迎。"《舊五代史·唐書·明宗紀》："中書門下上言：'宣旨令進納新授諸道判官、州縣官，官告敕牒，祇應宣賜。準往例，除將相外，並不賜官告。即因梁氏起例，凡宣授官，並特恩賜。臣等商量，自兩使判官令録在京除授者，即於内殿謝恩，便辭赴任，不更進納官誥；判司主簿，不合更許朝對。敕下後，望準舊例處分。'從之。"宋文同《謝復官表》："臣某言：某今月一日進奏院遞到勑牒官誥各一道，伏蒙聖恩，以祀明堂，禮畢特授臣尚書祠部員外郎者，議禮不當，奪官至輕，固宜終身不復舊秩，豈謂今日再蒙新恩。"宋孟元老《東京夢華録·育子》："至來歲生日，謂之'周晬'，羅列盤琖於地，盛菓木、飲食、官誥、筆研、算秤等經卷針綫應用之物，觀其所先拈者，以爲徵兆，謂之'試晬'。"元王實甫《西廂記》第五本第四折："張珙如愚，酬志了三尺龍泉萬卷書；鶯鶯有福，穩請了五花官誥七香車。"清趙翼《李郎曲》："五花官誥合移封，郎不言勞轉謙謝。"

【官告】

同"官誥"。此體隋代已行用。見該文。

文憑

省稱"憑"，亦作"文凴"。官員任職憑證。此稱宋代已行用。初指官府頒發的種種憑據。《舊唐書·李德裕傳》"臣今於蒜山渡點其過者，一日一百餘人，勘問，唯十四人是舊日沙彌，餘是蘇常百姓，亦無本州文憑"，指戶籍憑證；《宋史·食貨志十八》"請自今用物貴賤多寡計稅，官給文憑，聽鬻於部内"，指計稅憑證。作爲任官憑證，始於宋。《續資治通鑑長編·宋仁宗慶曆元年》："〔五月〕戊子，詔選人乞侍養者，須及三年，乃聽於所在給文凴，赴流内銓注官。"《元史·刑法志》："諸職官受除未任，因承差而犯贓者，同見任論邊遠遷；轉官已任而未受文憑犯贓者，亦如之。"《明史·職官志三》："吏科，凡吏部引選，則掌科同至御前請旨，外官領文凴，皆先赴科畫字。内外官考察自陳，後則與各科具奏，拾遺糾其不職者。"《醒世姻緣傳》第八六回："吕祥道：'……只因我吏部裏認的人多，換憑是大事，沒奈何留我在京，我這如今不見拿着憑哩。我看沒有憑怎麼去到任！'……吕祥將憑遞上。素姐接憑在手，當面拆了封皮，何嘗有甚麼文憑在内，剛剛只有一張空白湖廣呈文。"現代"文憑"，專指學歷。與古代"文憑"無關。

【憑】

"文憑"之省稱。此稱清代已行用。見該文。

【文憑】

同"文憑"。此體宋代已行用。見該文。

通籍

單稱"籍"。進入皇宮的通行憑證。此稱漢代已行用。漢代通籍上書有進宮者年齡、姓名、職務，須與宮門所挂名字牌相符方可入。《漢書·元帝紀》："令從官給事宮司馬中者，得爲大父母、父母、兄弟通籍。"顏師古注引應劭曰："司馬中者，宮內門也……籍者，爲二尺竹牒，記其年紀、名字物色，縣之宮門，案省相應，乃得入也。"按，"二尺"應爲"尺二"之誤。晋崔豹《古今注·問答釋義》："籍者，尺二竹牒，記人之年、名、字、物色。縣之宮門，案省相應，乃得入也。"《三輔黃圖》："漢宮中謂之禁中，謂宮中門閤有禁，非侍衛通籍之臣不得妄入行道。"《漢書·京房傳》："〔京〕房上中郎任良、姚平，願以爲刺史：'試考功法，臣得通籍殿中爲奏事，以防雍塞。'"《周書·樂運傳》："建德二年除萬年縣丞，抑挫豪右，號稱彊直。高祖嘉之，特許通籍。事有不便於時者，令巨細奏聞。"《舊唐書·文苑傳中·孫逖》："拜〔孫〕逖中書舍人。逖自以通籍禁闈，其父官纔邑宰，乃上表陳情……"《元史·安童傳》："中統初，世祖追録元勳，召〔安童〕入長宿衛，年方十三，位在百寮上。母弘吉剌氏，昭睿皇后之姊，通籍禁中。"清朱彝尊《騰笑集序》："故事，翰林非進士及第與改庶吉士者，不居是職，而主人以布衣通籍，洵異數矣。"又《汪司城詩序》："予留京師不相見久，比歸，而〔周〕季青通籍，除北城兵馬司指揮。"近人夏仁

虎《舊京瑣記·宮闈》："孝欽晚年有二女友，一爲樞臣榮禄之妻，一爲禮尚懷塔布之母，得通籍入禁中，侍談宴，宮中呼之爲福禄壽三星。"

【籍】

"通籍"之單稱。此稱漢代已行用。見該文。

關防

爲某職責而特頒發給官員的印信。欽差大臣多用之。本意是關城守衛，因轉稱，寓把關、防範意。此稱明代已行用。《明史·兵志三》："敕沿江守備官互相應援，並給關防。著爲令。"《清史稿·文宗紀》："〔咸豐五年五月〕辛未，上御乾清門，奉命大將軍惠親王綿愉、參贊大臣親王僧格林沁恭繳大將軍印、參贊關防。"《清史稿·職官志一》："鑄印局題銷鑄印，掌鑄寶璽，凡内外諸司印信，並範冶之。……餘用關防或圖記、條記也。"清楊岳斌《刊木質關防片》："臣募勇赴閩，幫辦軍務，所有奏報事件，遇有有印官之處，自可借用印信，以資封發。惟念軍行在途，往往郡邑懸隔，設當緊急之際，必待展轉借印，未免稽滯可虞。謹刊就木質關防一顆，文曰'欽差幫辦福建軍務、前陝甘總督行營之關防'，於九月二十二日開用，以後奏報各事，擬即用此關防封發，以昭信守。"咸豐朝《東華續録》卷六六："〔咸豐十年十二月〕京師設立總理各國通商事務衙門，著即派恭親王奕訢、大學士桂良、户部左侍郎文祥管理，並著禮部頒給'欽命總理各國通商事務'關防。"

節 [1]

亦稱"符節""璽節"。證明人的身份、所帶貨物情形及所負公私事務的憑證。此稱先秦時期已行用。《書·康誥》"矧惟外庶子訓人、

惟厥正人越小臣諸節"孔傳："諸有符節之吏。"爲不同目的而出行到不同地方，有不同的節。《周禮・地官・掌節》："掌守邦節而辨其用，以輔王命。守邦國者用玉節，守都鄙者用角節。凡邦國之使節：山國用虎節，土國用人節，澤國用龍節。皆金也，以英蕩輔之。"鄭玄注："王有命則別其節之用，以授使者，輔王命者執以行爲信。"又同書《秋官・小行人》："達天下之六節：山國用虎節，土國用人節，澤國用龍節，皆以金爲之；道路用旌節，門關用符節，都鄙用管節，皆以竹爲之。"鄭玄注："此謂邦國之節也。"又同書《地官・司關》："司關掌國貨之節，以聯門市。"鄭玄注："貨節謂商本所發司市之璽節也。"又："凡所達貨賄者，則以節傳出之。"鄭玄注："商或取貨於民間無璽節者，至關，關爲之璽節及傳出之。"《墨子・號令》："莫，令騎若使者操節閉城者，皆以執戮。昏鼓鼓十，諸門亭皆閉之。行者斷。必擊，問行故，乃行其罪。晨，見掌文鼓縱行者，諸城門吏各人請籥開門已，輒復上籥。有符節不用此令。"《漢書・吕后紀》："〔劉〕章已殺〔吕〕產，帝令謁者持節勞章。章欲奪節，謁者不肯。章迺從與載，因節信馳斬長樂衛尉吕更始。"顏師古注："因謁者所持之節，用爲信也。章與謁者同車，故爲門者所信，得入長樂宫。"晋左思《魏都賦》："符節謁者，典璽儲吏。"唐段成式《酉陽雜俎・禮異》："凡節，守國用玉節，守都鄙用角節，使山邦用虎節，土邦用人節，澤邦用龍節，門關用符節，貨賄用璽節，道路用旌節。"元李翀《日聞錄》："《周禮・掌節》：'門關用符節，貨賄用璽節，道路用旌節。'鄭氏曰：'旌節，今使者所擁節是也。'按旌與節非

一物。符節以合符爲信，璽節以印封爲信，則旌節以旌旗爲信。又非瑞節之謂也。旌節，旗類。'孑孑干旄，招虞人以旌'，爲其有柄可揭，有斿可垂，故能建之於城，來者可指以爲望也。"

【符節】

即節[1]。此稱先秦時期已行用。見該文。

【璽節】

即節[1]。此稱先秦時期已行用。見該文。

傳

亦稱"過所"。通行證。多以簡牘爲之。其上或標人名、時間、地名、貨物，或衹是通關標識。此稱漢代已行用。晋崔豹《古今注・問答釋義》："凡傳皆以木爲之，長尺五寸，書符信於上。又以一版封之，階封以御史印章，所以爲信也。如今之過所也。"《説文・辵部》："過，度也。"意謂經過。《周禮・地官・司關》"凡所達貨賄者，則以節傳出之"鄭玄注："商或取貨於民間無璽節者，至關，關爲之璽節及傳出之。其有璽節，亦爲之傳。傳如今移過所文書。"既有節璽，又有傳。《漢書・酷吏傳・甯成》："迺解脱，詐刻傳，出關歸家。"顏師古注："傳，所以出關之符也。"按，漢代"傳"，或不載人名、起止地點，故陳直《漢書新證・酷吏傳第六十》："《居延漢簡釋文》卷一，八十二頁，有簡文云'永始五年四月戊午入關傳'"。傳與符雖相同，但傳不載人名，及旅程起訖地點。而《敦煌懸泉漢簡釋文選》（《文物》2000年第5期）載編號爲"Ⅰ90DXT110①：5"的"過所"釋文不同："永始二年三月丙戌朔，庚寅，濼涫長崇守丞延移過所，遣□佐王武逐殺人賊朱順敦煌郡中。當舍傳舍，從者如

律令。"元李翀《日聞錄》："古者使有節、傳。節，操也，瑞信也，謂持節者必盡人臣之節操。長一尺二寸。秦漢以下改爲旌幢之形，漸長數尺。傳則馳傳也，謂奉之而疾行也。傳以木爲之，長尺五寸，書符於上，又以一板偕，封以御史印章，所以爲信也。"

【過所】

即傳。此稱漢代已行用。見該文。

起馬牌

高官出行，提前告知將去的各地方之官吏準備迎候的牌子。此稱明代已行用。通常提前三天送達將去之地。明馮夢龍《王陽明靖亂錄》："却說宸濠打聽南贛軍門起馬牌，是六月初六日發的，舊規三日前發牌。算定初九日准行。"《檮杌閑評明珠緣》第八回："程中書忙將本送進，果然就批出來，道：'湖廣礦稅錢糧，著程士宏清查，著寫敕與他。'……發了起馬牌，由水路而來，擺列得十分氣焰。"明佚名《鳴鳳記·林公理冤》："自家是醴陵縣禄口驛驛丞。到任以來，銅錢無處取覓，鎮日迎官接府。……方纔起馬牌來，巡江林老爺就到，不免又要去接。"明祁彪佳《甲乙日曆》甲申（1644）五月初六："予於班中辭大老及五府勳臣，且哭且別。……發起馬牌，分賞各役。"《定鼎奇聞》第一九回："忽有新任淮安府知府固元亮，行個起馬牌，那挂牌的鋪兵，徑到察院來禀見。"關於新官上任的起馬牌，清張鑒瀛《宦鄉要則》卷二有"新任起馬牌式"，可略見其行文概貌。文曰："新任某府某縣正堂某姓爲公務事：照得本縣某月某日吉時上任，合遣牌知會。爲此仰本役前去，着仰兵、禮、工、庫等房並屬驛知悉，查照舊規，各將新任合辦事宜，火速齊備，

毋得臨期遲誤。經管庫役人等，不許擅離，迎接須至牌者。右牌仰吏、兵等房併屬驛衙門，准此。"其文以下尚有對仰工房、仰禮房吏員的要求。《大清會典則例》對學政巡視地方科舉考場前，發起馬牌，亦有規定。其《禮部·儀制清吏司·學校三》曰："順治九年，題准學政出巡，半月前行巡視學校牌，三日前行起馬牌。各提調教官遇巡視牌到，將應考生童册籍及應行事宜，逐一備完府提調官；遇起馬牌到，將應考生童數目，開揭送覈，就近調取生童可足兩場者候考，其餘竢下馬日，品搭定期出示。"民間偶或藉用此稱，作尊者將到的通知牌。《初刻拍案驚奇》卷一〇："子文又到館中，靜坐了一月有餘，宗師起馬牌已到。"

溜單

亦稱"溜子"。公家舟車出行時給要經過的地方發出的要求提供各類供給、傭工經費等的通知單。此稱清代已行用。清惲毓鼎《澄齋日記》光緒二十九年（1903）二月："清苑縣齊耀琳（字震巖，乙未進士，本任曲周）起溜單，移下站。十五日，陰。黎明起，日出啓行。"《儒林外史》第四二回："到十六日，叫小厮拿了一個'都督府'的溜子，溜了一班戲子來謝神。"而此類通知單常被官員假公濟私，用於私家方便。清周恒祺《請整飭吏治疏》（載《皇朝經世文三編·治體九·廣論》）："查河南等省陋習，凡州縣官之子弟親友，無不擅用差車，上站出一印帖或發溜單，下站即如數應付。甚至家丁之丁、募友之友，儼然乘傳往來，相習成風。"甚而有結幫拉派，出一紙溜單就能逼地方提供方便。《清實錄·道光朝實錄》道光五年（1825）六月辛酉："諭軍機大臣等：御史王

世綏奏，請防糧船水手設教斂錢流弊一摺。據稱各幫糧船舵水，……水手雇值，向例不過一兩二錢。近年挾制旗丁，每名索二三十千不等。及銜尾前進，忽然停泊。老官傳出一紙，名曰'溜子'，索添價值，旗丁不敢不從。"又道光十年（1830）二月丁卯："諭內閣：前據御史陸以烜奏，浙江寧前等幫水手橫恣，沿途勒索旗丁錢文，逼寫溜子。稍不遂意，往往聚衆滋鬧。"《刑案彙覽三編》載道光十三年（1833）案："糧船水手索加工錢糾衆吵鬧，蘇撫題：……據審明，該犯等止圖加增工錢，并無傳發溜子、欺陵橫索情事。"

【溜子】

即溜單。此稱清代已行用。見該文。

點卯

官衙在早晨卯時（五點至七點）點名查點到班人員。不同時期、不同衙門、不同官員點卯頻率、點卯內容不盡相同，或天天點，或月朔點，甚至更長時間一點。此稱明代已行用。《大明穆宗莊皇帝寶訓·恤民》："〔隆慶二年五月〕自本部及監收兩道之外，凡各衙門點卯挂號，一切停止。"明余象斗《北遊記·靈耀大鬧瓊花會》："我如今每日在大堂上點卯，你要在堂上伺候聽點。"清代官場亦流行。清徐棟《牧令書·政略》載王鳳生論述"馭下"："衙門之患，全在壅蔽。而能操壅蔽之權者，則又門印爲之也。余所至處，先出朱諭，榜示大堂。凡書役禀單，令其於某月之下旁注某日某時字樣，緊急者隨時送署，余於早晚堂事畢後，當堂呈遞，並於點卯時，將事無巨細，必躬必親，家人等斷不能代作主張。"徐珂《清稗類鈔·爵秩類》載《汪孟鋗初到內閣口號》："畫行事細粗能曉，點卯人多猝未詳。夜直若非連兩夜，軍機須去面中堂。（供事皂隸、紙匠、蘇拉朔望日赴廳唱名，漢典籍無圍直，夜直連兩日。）"《官場現形記》第三四回："等到拜過印，升堂點卯，六房書吏只有三個人，差役亦只有五六個。點卯應名都是一個人輪流上來好幾趟。"

卯簿

用於點卯的考勤簿。有的還詳細注明了官吏年齡、相貌、家庭住址、家屬等信息。此稱明代已行用。明佚名《新官軌範·體立爲政事情·公務》："糧長不可別有委託及科派應付，若能公勤、素不惧事者，放其優閑，不必日常聽候。其卯簿附寫年貌及實徵總數在下，以便查考。"清姚廷遴《歷年記》中，康熙二年（1662）："承好友倪習之云：'十月初一，陳縣公將你名字改工房經制矣，如不願做，快去周全。'不料新官將到，卯簿已送去，無可挽回。"徐珂《清稗類鈔·爵秩類》載何士祁關於"補缺"論述："點卯前三日，諭吏兵二房，凡書役入卯者，屆期親身聽點，務令於簿內注明某縣某都某圖人，家有父母妻子，皆注名字、年歲、面貌。每詳細注入，點卯時志之，可免正身避匿之弊。（書役卯簿，宜注明年貌、住址、家屬。）"

撞木鐘

亦稱"順風旗"。欺詐蒙騙，尤指官衙訴訟中向原被告索賄，自稱可內部打通關節，實則拿錢財後并無作爲，勝則吞其錢財，負則退錢財於原主。木製鐘，敲不出響聲，祇能擺樣子，故稱。此稱明清時期已行用。清翟灝《通俗編·器用》："今以假借官事欺人曰'撞木鐘'。"《癡人說夢記》第一一回："廣東有一種騙子，專門攛掇人通關節，人家功名不得，他却獲利而去，名頭叫做'撞木鐘'。"清鄭端《政學録·聽訟》："刁悍之地多有保歇詐騙，私向人犯稱云我能打點衙門，我能關通相公掌稿，令之封銀若干，俟事定後收用者。凡事曲直必有勝負，負家原銀雖還，勝家則被此輩哄去矣。此等到處多有之，蜀滇黔謂之'順風旗'，中州吴楚謂之'撞太歲'，都中近日謂之'撞木鐘'。"此稱始於明。《三刻拍案驚奇》第三〇回："起初還假我的威勢騙人，後來竟盜我威勢弄我，賣牌、批狀，浸至過龍，撞木鐘，無所不至。"清代此風尤爲流行。《野叟曝言》第三六回："若不是盜賊引綫，就是撞鐘太歲，只嚴審他便知端的。"《儒林外史》第二三回："牛浦三日兩日進衙門去走走，借著講詩爲名，順便撞兩處木鐘，弄起幾個錢來。"《最近官場秘密史》卷一九："一衆客家，暗笑他的也有，羨慕他的也有，還有一種老世事的，明知他是吹牛皮的，一路人跑來撞木鐘的。"《二十年目睹之怪現狀》第四六回："這一回那藩臺開了手摺，不知怎樣，被他帳房裏一位師爺偷看見了，便出來撞木鐘。"

【順風旗】

即撞木鐘。此稱清代已行用，行於雲貴川區域。見該文。

【撞太歲】

即撞木鐘。因天空太歲一歲一見，見之或吉或凶，故有碰運氣之義。此稱明代已行用。初僅指碰運氣，明王元壽《異夢記·詭謀》："我前拾得小的碧甸環，如今來到渭塘央人到顧家去説親，這叫做撞太歲，撞得着也是好的。"《醒世姻緣傳》第四回："這個小産的生死是間

不容髮的，豈是你撞太歲的時候。"後乃被奸滑之徒運用於官衙訴訟。清袁守定《圖民録·撞木鐘》引《逌旃瑣言》："訟者求勝心切，每好使錢，謂之鑽門路。奸徒從中播弄，給之曰：'吾有路矣，議金若干。'固封，交在事人掌之，待事成交收。其後事幸中，則曰孔方兄之力也。訟者感激圖謝之不暇，何暇窮其所以。不中，則曰爾不能言。或曰爾理太屈，官無能爲。以原金反之。訟者得金。亦不虞有他。所以百不發一，謂之撞木鐘，亦曰撞太歲。明世已有之。"明陸容《菽園雜記》卷一四："京師有勾結官府，訛詐人財物者，名撞太歲。"《型世言》第三〇回："他又乖覺，這公事值五百，他定要五百，值三百，定要三百。他裏邊自去半價兒，要何知縣得。其餘小事兒，他拿得定便不與何知縣，臨審時三言兩語，一點撥都與依他。外邊撞太歲、敲木鐘的事也做了許多。"

邸報

向州、縣報道朝廷或地方政情、要聞的公文文書，其形式近似後世的報紙或雜志，内容主要有皇帝詔令、要員任命、重要疏奏及人員往來報到，等等。初由邸吏抄寫，印刷術發明後改爲刻印。此稱唐宋時期已行用。按，漢代已在京城設"郡邸"，相當於地方在都城的辦事處。《漢書·魏相丙吉傳》有云："郡邸獄繫者獨賴〔丙〕吉得生，恩及四海矣。"中央政情多通過郡邸傳送到地方州郡。後世稱傳遞各地的這種文書爲"邸報"，應與漢以後的郡邸有關聯。唐宋時改稱郡郡爲"進奏院"，起上傳下達作用。《舊唐書·代宗紀》：〔大曆十二年五月〕甲寅，諸道邸務在上都名曰留後，改爲進奏院。"傳唐德宗建中初年已見"邸報"一稱。宋

計敏夫《唐詩紀事・韓翃》記韓翃賦閑十餘年，"時已遲暮，不得意"。某日夜半，忽有客登門賀喜，稱韓翃晋升官職爲"員外除駕部郎中知制誥"。韓翃認爲此必有誤，客曰："邸報：制誥闕人，中書兩進名，不從。又請之，曰'與韓翃'。時有同姓名者爲江淮刺史，又具二人同進。御批曰：'春城無處不開花，寒食東風御柳斜。日暮漢宫傳蠟燭，青烟散入五侯家。'又批曰：'與此韓翃。'"此詩確爲韓翃所作，故晋級消息不誤，"時建中初也"。當然這是宋人追記，尚未見唐人筆下所書"邸報"一稱。而宋以後直至清代，歷朝邸報均甚流行。《宋史・劉奉世傳》："進奏院每五日具定本報狀，上樞密院，然後傳之四方。"宋王銍《四六話》卷上："楊子安侍郎坐黨籍謫官洛陽，其謝再任宫祠表云：'地載海涵，莫測包荒之度；春生秋殺，皆成造化之功。'邸報至丹陽，蔡元度在郡見報，驚嘆諷味之。"此可見邸報不僅報官職升降，亦載官員的疏奏。宋蘇軾《小飲公瑾舟中》詩："坐觀邸報談迂叟，閒説滁山憶醉翁。"自注："鄧，滁人也。是日坐中觀邸報，云叟入下省。"《宋史・辛次膺傳》："近觀邸報，樞密院編修官胡銓妄議和好，歷詆大臣，除名遠竄。"元以後廢止進奏院。而地方進京彙報及瞭解情况及中央向地方發布消息，一直未停息。《明史・錢龍錫傳》："故事：纂修實録，分遣國學生採事迹於四方。龍錫言：實録所需，在邸報及諸司奏牘，遣使無益，徒滋擾，宜停罷。"《明史・王應熊傳》："故事：奏章非發抄，外人無由聞；非奉旨，邸報不許抄。"明胡世寧《乞恩辭免加官以昭公道疏》："行至濟寧地方，忽聞邸報，復蒙聖恩陞臣刑部尚書。臣思班列愈峻而政務益繁，菲才病軀，决所不堪。"清《世宗憲皇帝硃批諭旨・硃批石禮哈奏摺》："臣竊閲邸報，雍正二年十一月十五日奉旨，法海補授浙江巡撫，石文焯調補西安巡撫臣。"

【朝報】

即邸報。此稱宋代已行用。宋周密《武林舊事・小經紀（他處所無者）》："班朝録、供朝報、選官圖……"因朝報多簡訊，據説王安石因《春秋》過於簡略而將其與朝報作比，戲稱作"斷爛朝報"。宋牟巘《厲瑞甫〈唐宋百衲集〉序》："半山平生崛彊執拗，行新法則詆諸老爲流俗，作《字説》新經義，則自《春秋》爲斷爛朝報。"宋林希逸《竹溪鬳齋十一槁續集・學記》引林和靖曰："介甫未嘗廢《春秋》。廢《春秋》以爲'斷爛朝報'，皆後來無忌憚者托介甫之言也。"朝報後世沿用，直至清末。明陳汝元《金蓮記・驚訛》："母親不須愁煩。聞公公去買朝報。想就知消息也。"《蜃樓志》第八回："此旨一下，這廣糧通判申晋，放了浙江金衢嚴兵備道。朝報到了廣東，各官都至糧廳道喜。"《仙俠五花劍・序》："然朝報或嫌斷爛野語，又病荒蕪。"《清實録・嘉慶朝實録》嘉慶四年（1799）十一月載《恭建高宗純皇帝聖德神功碑》："水旱偏祲，朝報夕發。賑濟復緩之詔，歲不絶書。"

宫門抄

由内閣發布的有關宫廷動態、官員奏摺等情况的文告，并傳遞到各部及各省。此稱清代已行用。《林公案》第五四回："那時候中國尚無新聞紙，京中官場消息，只有宫門抄。外省官場消息，只有督撫轅門抄，除此以外，絶無消息可得。"清惲毓鼎《澄齋日記・光緒卅四年》十月十二日："花農前輩恭閱宮門抄，兩聖不御殿見樞臣。"宮門抄或由報房抄出，爲《京報》內容之一；或由宮門口抄出，單獨印刷發售。《官場現形記》第五六回："北京出的《京報》，上面所載的不過是'宮門抄'，同日本的幾道諭旨以及幾個摺奏，並沒有什麼深文奧義。"

轅門抄

各省總督或巡撫官署發布的官場文書，多載地方政情，并抄印發送所屬各府、州、縣。因古代地方要員衙署大門稱轅門，故稱。此稱行於清代。《活地獄》第三六回："撫臺便發一個五百里排單給黃大老爺，叫他連夜來省。……黃大老爺辭了出來，又打發人招呼了號房，叫他不要上轅門抄，遂即連夜起身回縣。人不知鬼不曉，同寅裏都沒一個曉得。"《廿年繁華夢》第一三回："果然到了第二天，轅門抄把紅單發出，張督帥就確調任湖廣去了。"《官場現形記》第五四回："前天兄弟看見制臺轅門抄上寫着，省城裏已經設了一個保商局，派了黃觀察做總辦。"《二十年目睹之怪現狀》第八七回："及至明日，轅門抄上刻出了'苟某人請期服假數天'，大家都知道他兒子病了半年，這一下更是通國皆知了。"

九錫

"錫"音古讀入聲，《廣韻·入錫》云"先擊切"，《書·洪範》"天乃錫禹洪範九疇"陸德明釋音："錫，星歷反。"君王對臣下之至重賞賜，所賜有九種特殊物品。始於周，此稱漢代已行用。以鐘鼎文觀之，周代君主已對有功之臣予以相關物品賞賜。《大盂鼎》："易（賜）女（汝）鬯一卣、冂（冕）衣、車馬。"《虢季子白盤》："王賜（賜）乘馬，是用左（佐）王；賜用弓彤矢，其央；賜用戉，用政（征）蠻方。"《書·文侯之命》："平王錫晉文侯秬鬯、圭瓚，作《文侯之命》。……用賚爾秬鬯一卣，彤弓一、彤矢百，盧弓一、盧矢百，馬四匹。"而文獻所載"九錫"，即包括上述所賜物品。可知"九錫"之被尊崇，與周有淵源。衹是此稱至漢代纔出現。"錫"通"賜"。《爾雅·釋詁》："錫，賜也。"《春秋·莊公元年》"王使榮叔來錫桓公命"公羊傳："錫者何？賜也。命者何？加我服也。"漢何休注："禮有九錫：一曰車馬、二曰衣服、三曰樂則、四曰朱戶、五曰納陛、六曰虎賁、七曰弓矢、八曰鈇鉞、九曰秬鬯。皆所以勸善扶不能。"《文選·潘勗〈册魏公九錫文〉》李善注引《韓詩外傳》亦云："諸侯之有德，天子錫之。一錫車馬，再錫衣服，三錫虎賁，四錫樂器，五錫納陛，六錫朱戶，七錫弓矢，八錫鈇鉞，九錫秬鬯，謂之九錫也。"漢班固《白虎通·考黜》亦載"禮記九錫"，與上述內容相同，并釋其象徵意義："皆隨其德可行而賜車馬，能安民者賜衣服，能使民和樂者賜以樂，民衆多者賜以朱戶，能進善者賜以納陛，能退惡者賜以虎賁，能誅有罪者賜以鈇鉞，能征不義者賜以弓矢，孝道備者賜以秬鬯。"後世"九錫"固然與被賜者功高相關，然亦常成爲篡權奪位者進身之階，故清張尚瑗《左傳折諸》卷七對此有所辨析："襄王使召伯賜齊桓公命，而內傳不詳，詳於《齊語》曰：大輅、龍旗、九旒、渠門、赤旗；至賜晉文公，而二路、弓矢、秬鬯、虎賁，又絕與賜齊者異。閱戰國顯王亦有黼黻之服以賜秦伯，蓋迄周之世，終無定制也。班固《白虎通》稱'九錫'曰：車馬、衣服、樂、朱户、納陛、虎賁、鈇鉞、弓矢、秬鬯，於是垂爲不刊矣。《韓詩外傳》亦有其説。李善注《文選》之漢季《册魏公九錫文》，潘勗所撰，而劉宋蕭齊，南北朝無不艷稱，爲權臣受禪之階。若春秋齊晋宣力王室，固未可同年語也。”此制漢以後代代相沿，唯未必真用先秦九錫中的九種物品，重在其尊貴的象徵意義而已。晋潘勗《册魏公九錫文》：“今又加君九錫，其敬德後命。”《後漢書・獻帝紀》：“〔建安十八年〕夏五月丙申，曹操自立爲魏公，加九錫。”《三國志・魏書・文帝紀》：“使太常邢貞持節拜〔孫〕權爲大將軍，封吴王，加九錫。”《資治通鑑・晋成帝咸康七年》：“公孫淵無尺寸之益於吴，吴主封爲燕王，加以九錫。”宋鄭清之《觀王導傳作》詩：“江東老子惠之和，九錫牛車愠蔡婆。不殺伯仁君信否，澹然推分意如何？”《宋書・王弘傳》：“義熙十一年，徵爲太尉長史，轉左長史。從北征，前鋒已平洛陽，而未遣九錫，弘銜使還京師，諷旨朝廷。”明沈德符《萬曆野獲編・言官論人》：“又云今日皇子誕生，加恩大臣，使居正而在，必進侯伯加九錫矣。從來後宫誕育，未有恩及宰輔者，有之實自江陵身後始，有識者頗以爲非。”

黄馬褂

亦稱“黄褶”。隨皇帝巡行的扈從大臣官服，包括御前大臣、侍衛大臣等可服此褂。後也賜予軍功大臣。用明黄色的綢緞或紗製成，没有花紋和彩袖。此稱清代已行用。清昭槤《嘯亭續録・黄馬褂定制》：“凡領侍衛内大臣、御前大臣、侍衛、乾清門侍衛、外班侍衛、班領、護軍統領、前引十大臣，皆服黄馬褂。”乾隆五十年（1785）《欽定千叟宴詩》卷二載根敦達爾扎詩：“記從蘋野隨呦鹿，仰葉豳歌效獻豜（臣因射鹿，恩賞黄褂花翎）。已拜裳華黄褶賜，復承鶺領翠翎編。”可見此褂又稱“黄褶”，參與皇帝圍獵亦常得賞。清吴振棫《養吉齋叢録》卷二二：“大臣立勳，賞黄馬褂。亦有行圍隨扈而賞者。”《清史稿・温承惠傳》：“上幸天津，賞黄馬褂。尋以巡幸點景科派，爲肥鄉令所揭，褫花翎、黄馬褂，旋復之。……鉅鹿縣民孫維儉等傳習大乘教，灤州民董懷信傳習金丹、八卦教，先後發覺，失察輕縱，褫官銜、花翎、黄馬褂，革職留任。”可見這又是隨時可賞、也隨時可奪之物。又，黄馬褂最初衹賞賜有功武臣，後來擴大到賜予文臣。近世郭則澐《十朝詩乘》卷一一：“孔雀翎、黄馬褂之麥，皆以勵戎，故文臣罕及。漢大臣由翰林出身得賞花翎黄褂者，肇始於于文襄，其事在乾隆四十一年。……雖以皇孫之貴得賜花翎黄褂者，亦視爲殊麥，見於奎章，誠重之也。迨至末葉，南齋諸臣乃有以躍路宣勞，拜黄褂之賜者。”“賞穿黄馬褂”相當於賜予某種特權，獲得較高尊崇地位，與内大臣和御前侍衛所穿黄馬褂不同。後者是由職務關係而穿，如果職任解除，黄馬褂就不能再穿，這與賞賜之黄馬褂可以在一切莊重場合穿着不同。

【黄褶】

即黄馬褂。此稱清代已行用。見該文。

【黄褂】

“黄馬褂”之省稱。此稱清代已行用。清劉銘傳《劉壯肅公奏議・卷首・獎賢略序九》：“朝棟積功晋二品階候選道，再平彰亂，解圍城，踐父志，特賞黄褂寵異之。”清李鴻章《李文忠公選集・附録》載御製碑文曰：“旌武功而輝增黄裼，錫章服而色映紫韁。"清黄遵憲《馮將軍歌》："江南十載戰功高，黄裼色映花翎飄。"

鉞

本作"戊"。具有威嚴權杖象徵之大斧。有銅鉞、玉鉞、石鉞之别。石鉞主要屬於砍伐實用物，銅鉞既有權威性質，亦具實用砍伐功能；玉鉞則衹作象徵王權的禮器。新石器時代晚期已有石鉞，銅鉞出現於夏商，達於春秋。後世猶用此稱。形制多爲寬刃，背脊有柄。新石器時代石鉞，中部多有圓孔，以利於綁在木柄上。銅鉞器身多有體現威嚴的饕餮紋或其他獸形紋。商代鉞更窄長，周鉞刃更寬呈弧形。1979年商代婦好墓出土兩件銅鉞，其中雙身龍紋鉞通高39.3厘米，刃寬11.8厘米，鉞身近肩部鑄銘文"婦好"。甲骨文爲象形字，書作"戊"。《甲骨文合集》4279："鼎（貞）：戊其乎（呼）來。"金文亦作"戊"。《虢季子白盤》："賜用戊，用政（征）巒方。""鉞"爲春秋以後出現之字。但後世抄録春秋以前文獻皆寫作"鉞"，乃後世假托。《書·牧誓》載周武王伐紂，持鉞誓師："王左杖黄鉞，右秉白旄以麾。"孔傳："鉞，以

婦好墓雙身龍紋鉞

黄金飾斧。"而宋孫奕《示兒編·字説·集字》："左杖黄戊，今作鉞。"《詩·商頌·長發》："武王載斾，有虔秉鉞。"《周禮·夏官·大司馬》："若師有功，則左執律，右秉鉞，以先，愷樂獻於社。"鄭玄注："律所以聽軍聲，鉞所以爲將威也。"元佚名《周禮集説》卷六引王安石曰："右秉鉞示勝而不忘戰，司馬之事也。"春秋城濮之戰，晉勝楚，周襄王封晉文公爲侯伯，賜鉞。《左傳·昭公十五年》："其後襄之二路，鏚鉞、秬鬯、彤弓、虎賁，文公受之，以有南陽之田。"杜預注："鏚，斧也；鉞，金鉞。"後世猶以奉王命專征爲秉王鉞。明楊基《轅門十咏·鉞》詩："寵錫王堦前，專征欲定邊。奏功須右秉，長在節旄先。"封疆大吏，亦多用秉鉞表示權勢，而實際并非真地被皇上授予了黄鉞。《太平廣記》卷二三九引《北夢瑣言》："温韜……賜國姓，或擁旄鉞。"

【戊】

"鉞"之本字。此體先秦時期已行用。見該文。

節鉞

省稱"節"。君主賜予代君命行使威權的符節。此稱漢代已行用。《孔叢子·問軍禮》："故天子命將出征，……天子當階南面命，授之節鉞，大將受，天子乃東面西向而揖之。示弗御也。"《史記·汲鄭列傳》："臣過河南，河南貧人傷水旱萬餘家，或父子相食，臣謹以便宜，持節發河南倉粟以振貧民。臣請歸節，伏矯制之罪。"《晉書·禮志下》言漢魏授節鉞之儀："漢魏故事，遣將出征，符節郎授節鉞於朝堂。其後荀顗等所定新禮，遣將，御臨軒，尚書授節鉞。依古兵書跪而推轂之義也。"節鉞不衹是作爲出征將帥在外的專斷權力，也作爲朝

廷重臣之權勢體現。《後漢書·董卓傳》："乃以張楊爲大司馬、楊奉爲車騎將軍、韓暹爲大將軍領司隸校尉，皆假節鉞。"又同書《袁紹傳》："二年，使將作大匠孔融持節拜〔袁〕紹大將軍，錫弓矢、節鉞、虎賁百人。"《三國志·魏書·曹真傳》："黃初三年還京都，以〔曹〕真爲上軍大將軍，都督中外諸軍事，假節鉞。"《晋書·武帝紀》："王濬以舟師至於建鄴之石頭，孫皓大懼，面縛輿櫬，降於軍門。濬杖節，解縛焚櫬，送於京都。"又《杜預傳》："沅湘以南，至於交廣，吳之州郡望風歸命，奉送印綬，〔杜〕預仗節稱詔而綏撫之。"《南齊書·蠻傳·東南夷》："建武二年，牟大遣使上表曰：'臣自昔受封，世被朝榮，忝荷節鉞，剋攘列辟。'"唐宋以後亦作爲朝廷給予封疆大吏坐鎮一方的權力。《舊唐書·田悅傳》："建中二年，鎮州李寶臣卒，子惟岳求襲節鉞；俄而淄青李正己卒，子納岳求節鉞。朝廷皆不允。"唐劉禹錫《酬太原令狐相公見寄》詩："衣冠南渡遠，旌節北門雄。"抑或省稱"鉞"。明末瞿共美《粵游見聞》載南明唐王即位於閩中時事："拜〔鄭〕鴻逵爲大將軍，擇吉授鉞。至期，大風雨；駕既登壇，當授鉞時，風吹所懸區，墮中鉞柄折爲二，乘馬冒雨還宮。"

【節】

"節鉞"之省稱。此稱漢代已行用。見該文。

尚方斬馬劍

亦稱"上方斷馬劍""尚方劍""尚方寶劍"。皇帝賜予臣下、使有專殺之權的寶劍。此稱漢代已行用。因漢代刀劍由尚方（管宮廷器物製造的機構）鑄造，故稱。《漢書·朱雲傳》："臣願賜尚方斬馬劍，斷佞臣一人，以厲其餘。"顏師古注："尚方，少府之屬官也，作供御器物，故有斬馬劍。劍利可以斬馬也。"後世叙此事，省稱"尚方斬馬劍"爲"尚方劍"。《四庫全書總目提要·史部三》論漢荀悅《漢紀》曰："朱雲請尚方劍，《漢書》作'斬馬'，〔荀〕悅書乃作'斷馬'，證以唐張渭詩'願得上方斷馬劍，斬取朱門公子頭'句，知《漢書》字誤。"按，古時"尚方"或稱"上方"，故亦有"上方斷馬劍"之説。後人常引此典。《晋書·段灼傳》："〔張〕禹佞諂不忠，挾懷私計，徒低仰於五侯之間，苟取容媚而已。是以朱雲抗節求尚方斬馬劍，欲以斬禹，以戒其餘，可謂忠矣。"宋吳淑《事類賦·服用部·劍》："白帝號大澤，朱雲請尚方。"按，明以前，歷代僅以漢朱雲事作典，不流行皇帝賜尚方劍以示專斷專殺。至明代中葉，或直呼"尚方劍"，乃有代皇帝督戰專斷之意。明末以遼東戰事急，内地又多造反農民軍，故受賜尚方劍出征之事頻出。《明史·魏學曾傳》："帝用尚書星言，賜〔魏〕學曾尚方劍督戰。"清于敏中《日下舊聞考·宫室（明二）》引談遷《國榷》："崇禎十二年九月，命大學士楊嗣昌以原官兼兵部尚書，督師討流寇，賜尚方劍。"雍正《山西通志·遺事二》載李建泰傳："加〔李〕建泰兵部尚書，賜尚方劍，便宜從事。"又："上手金卮親酌建泰者三，即以賜之，乃出手敕曰：'代朕親征。'宴畢，内臣爲披紅簪花，用鼓樂導尚方劍而出。建泰頓首謝，且辭行。上目送之。"清代不復行賜尚方劍出征之事。而近現代戲劇小説中則多有表現，稱此劍爲"尚方寶劍"，且成爲表示可先斬後奏含義的成語。京劇《望江亭》第三場："（譚記兒白）噢！這就是尚方寶劍哪？（楊衙内白）嗯，先斬後奏！"

京劇《謝瑤環》第一場："你所奏各節深合朕意。就升你爲右御史臺，改名謝仲舉，巡按江南。所到之處，察吏民善惡，觀風俗得失，查問疾苦，賑濟饑貧。賜你尚方寶劍一口。"

【上方斷馬劍】

即尚方斬馬劍。此稱漢代已行用。見該文。

【尚方劍】

即尚方斬馬劍。此稱明代已行用。見該文。

【尚方寶劍】

即尚方斬馬劍。此稱近代已行用。見該文。

【誓劍】

即尚方斬馬劍。此稱元代已行用。元佚名《全相平話·樂毅圖齊七國春秋後集》："燕王曰：'既拜將軍爲帥，有誓劍，何不誅之？'樂毅得敕，把刃在手，大呼：'先斬賊臣，然後舉兵！'"明洪楩《清平山堂話本·風月瑞仙亭》："近有巴蜀開通南夷諸道，用軍興法，轉漕繁冗，驚擾夷民。宮裏聞知大怒，……乃拜長卿爲中郎將，持節，擁誓劍、金牌，先斬後奏。"明王世貞《弇山堂別集·史乘考誤三》："《枝山野記》謂：駙馬梅殷受遺詔誓劍，勉强釋兵，以直言取忌。"又王世貞《大學士夏公言傳》："會〔曾〕銑疏復請給誓劍，得專戮節帥以下，上心惡之。"清谷應泰《明史紀事本末·嚴嵩用事》："〔嚴〕嵩則極言其不可，語頗侵〔夏〕言。及言請給誓劍，得專夷節帥以下，上亦稍稍惡之。"

同盟

亦稱"大盟"。國家之間、族群之間訂和約、結聯盟。此稱先秦時期已行用。《左傳·隱公七年》："凡諸侯同盟，于是稱名，故薨則赴以名。"又《僖公九年》："齊侯盟諸侯于葵丘，曰：'凡我同盟之人，既盟之後，言歸于好。'"《周禮·地官·封人》："凡喪紀、賓客、軍旅、大盟，則飾其牛牲。"鄭玄注："大盟，會同之盟。"唐鄭啓《嚴塘經亂書事》詩："雖知四海同盟久，未合中原武備空。"《舊唐書·代宗紀》："吐蕃請和，詔宰臣元載、杜鴻漸與蕃使同盟于興唐寺。"又《渾瑊傳》："尚結贊入寇，陷我鹽、夏二州，以兵守之，欲長驅犯京師，而畏瑊與李晟、馬燧，欲陰計圖之。乃卑詞遜禮告馬燧，請重立盟誓，則蕃軍引去。……上乃令崔翰入蕃報結贊言，還我鹽、夏，則許同盟。"明林希元《易經存疑》卷五："劉琨奔薊，匹磾見琨，與結婚姻，爲兄弟，歃血同盟，翼戴晉室。"《東周列國志》第六回："祭足對曰：'齊、宋原非深交，皆因衛侯居間糾合，雖然同盟，實非本心。"當代世界各國之間關係，猶有結成同盟與不結盟之别。20世紀第一次世界大戰，即同盟國與協約國兩大軍事集團之間的戰争。

【大盟】

即同盟。此稱先秦時期已行用。見該文。

盟書

亦稱"載書""誓書""盟誓"。會盟時訂立的誓約文書。此稱先秦時期已行用。《左傳·襄公九年》："晉士莊子爲載書，曰：'自今日既盟之後，鄭國而不唯晉命是聽，而或有異志者，有如此盟。'"杜預注："載書，盟書。"又同書《昭公元年》："楚令尹圍請用牲，讀舊書，加于牲上而已。"杜注："舊書，宋之盟書。"盟誓時須殺牲，歃血以表誠意；并掘坎，將牲之餘血埋坎中。還須訂立盟約，雙方共臨坎上宣讀，以示昭告神明。《左傳·僖公二十六年》"坎血加書，僞與子儀子邊盟者"杜注："掘地爲坎，以埋盟之餘血，加盟書其上。"盟載之辭必須遵守，非盟載之辭，則不受約束，故《襄公二十八年》有鄭伯因"非盟載之言"而不去楚國的記載。《周禮·秋官·司盟》"掌盟載之法"鄭玄注："載，盟辭也。盟者書其辭於策，殺牲取血，坎其牲，加書於上而埋之，謂之載書。"同書《司盟》又云："凡邦國有疑會同，則掌其盟約之載，及其禮儀。北面詔明神。"鄭玄注："詔之者，讀其載書以告之也。"《禮記·曲禮下》："約信曰誓，涖牲曰盟。"鄭玄注："坎用牲，臨而讀其盟書。聘禮今存，遇、會、誓、盟禮亡。"孔穎達疏："以其不能自和好，故用言辭共相約束以爲信也。……盟者，殺牲歃血，誓於神也。"從鄭注中可知，春秋時的遇禮、會禮、誓禮、盟禮到漢代已不存在。現代考古發掘的盟書主要有三批：一批爲春秋盟書，1965年在山西侯馬春秋晚期晉國遺址發現，共五千多片；另二批爲戰國盟書，先後於1942年出土於河南沁縣、1980年出土於河南温縣，總計五千多片。其中以侯馬盟書最爲重要。其載體爲石片和玉片，形狀有上尖下平的圭形、長方形、圓形及不規則形。長18～32厘米，寬約2～4厘米。每片上的字數不等，最多者達二百餘字。其內容分"宗盟""委質""反納室""詛咒""卜筮"等，反映了公元前5世紀晉國上層貴族間的聯合與鬥争。秦漢以後，盟誓禮雖不存，而訂立盟約、簽訂盟書的事却代代相因。《三國志·吳書·吳主傳》："凡百之約，皆如載書。"《新唐書·逆臣傳上·安禄山》："慶緒懼人之貳己，設壇加載書、牲血，與群臣盟。"宋金時期亦稱"誓書""盟誓"。《大金吊伐録·大宋與大金國誓書》云："維宣和五年

歲次癸卯三月甲寅朔，四日丁巳，大宋皇帝致誓書於大金大聖皇帝闕下……"同書《答宋主書》："來書云……所有燕城，候各立盟誓，然後交割。今立誓草，付國信使副，到請依草著誓。"然稱"載書"仍是主流。同上書《回南宋國書》："復紆使傳之華，克示載書之信，指以萬世，昭然一言。"《東周列國志》第四二回："衛成公疑歂犬之言，遣人密地打探，見元咺奉叔武入盟，名列載書，不暇致詳，即時回報衛侯。"《香閨秘史》第一回："祭神立誓，歃血訂盟，……做下一紙盟書。"至今各國間猶須就國與國某方面關係達成某種誓約，然當代已改稱爲"和約""條約""協議"等。

【載書】

即盟書。此稱先秦時期已行用。見該文。

【誓書】

即盟書。此稱先秦時期已行用。見該文。

【盟誓】

即盟書。此稱宋金時期已行用。見該文。

載辭

省稱"載"，亦稱"盟辭""祝辭"。記録於玉片、石片或簡策上的盟誓之辭，有向神發誓的含義。此稱先秦時期已行用。《周禮·春官·詛祝》："作盟詛之載辭，以叙國之信用。"鄭玄注："載辭，爲辭而載之於策。"同書《秋官·司盟》"掌盟載之法"鄭玄注："載，盟辭也。盟者書其辭於策。"《左傳·僖公二十六年》："載在盟府。"戰國以後，列國間結盟不復書盟誓。漢以後追述其事，稱之爲"祝辭"。《書·金縢》"植璧秉珪，乃告大王王季文王"孔傳："周公秉桓珪以爲贄。告謂祝辭。"漢王充《論衡·死僞篇》："植璧秉圭，乃告于太王

王季文王，史乃策祝辭。"後世"祝辭"多指祭祀祝文，與盟誓之辭無關。南朝梁劉勰《文心雕龍·祝盟》叙其文體云："若夫《楚辭·招魂》，可謂祝辭之組麗者也。"

【載】

"載辭"之省稱。此稱先秦時期已行用。見該文。

【盟辭】

即載辭。此稱先秦時期已行用。見該文。

【祝辭】

即載辭。此稱漢代已行用。見該文。

執牛耳

亦稱"盟主""尸盟者"。指主盟人，即盟誓的召集人及主導者。盟約時須殺牲，王侯之犧牲爲牛，通常由主盟人執牛耳以取牲血，故稱。此稱先秦時期已行用。《周禮·夏官·戎右》："盟，……贊牛耳，桃茢。"鄭玄注："尸盟者割牛耳取血，助爲之；及血在敦中，以桃茢沸之，又助之也。耳者，盛以珠盤，尸盟者執之；桃，鬼所畏也；茢，苕帚，所以掃不祥。"《左傳·哀公十七年》："諸侯盟，誰執牛耳？"杜預注："執牛耳，尸盟者。"又同書《昭公元年》："恤大舍小，足以爲盟主。"同書《昭公二十五年》："宋右師必亡。奉君命以使，而欲背盟以干盟主，無不祥大焉。"後世引申爲凡主持某要務皆可稱之，而并不在乎是否盟誓。明謝榛《四溟詩話·王漁洋序》："是時濟南李于鱗、吳郡王元美結社燕市，茂秦以布衣執牛耳。"

【盟主】

"執牛耳"之正稱。此稱先秦時期已行用。見該文。

【尸盟者】

即執牛耳。此稱先秦時期已行用。見該文。

歃血

省稱"歃"。盟誓時以牲血抹嘴唇或含口中以示信的儀式。此稱先秦時期已行用。《説文·囧部》："盟，殺牲歃血。"《廣韻·平庚》："盟，盟約，殺牲歃血也。"先秦時歃血多爲國家之間、諸侯大夫之間盟誓。《左傳·襄公九年》："與大國盟，口血未乾而背之，可乎？"《國語·晉語八》："宋之盟，楚人固請先歃。"韋昭注："歃，飲血也。"《左傳·隱公七年》："陳五父如鄭涖盟。壬申，及鄭伯盟，歃如忘。"孔穎達疏："歃，謂口含血也。"南朝梁劉勰《文心雕龍·事類》引三國魏劉劭《趙都賦》云："公子之客，叱勁楚令歃盟；管庫隸臣，呵強秦使鼓缶。"《三國志·魏書·臧洪傳》："乃設壇場，方共盟誓。諸州郡更相讓，莫敢當，咸共推洪，洪乃升壇，操槃歃血而盟。"《資治通鑑·梁武帝中大通五年》："賀拔岳遣行臺郎馮景詣晉陽，丞相歡聞岳使至，甚喜，曰：'賀拔公詎憶吾邪！'與景歃血，約與岳爲兄弟。"隋唐以後歃血多爲民間誓約所行儀式。《宋史·吳玠傳》："有謀劫〔吳〕玠兄弟北去者，玠知之，召諸將歃血盟，勉以忠義。將士皆感泣，願爲用。"《香閨秘史》第一回："祭神立誓，歃血訂盟，義氣願若桃園，節概擬追管鮑。"

【歃】

"歃血"之省稱。此稱先秦時期已行用。見該文。

使者

省稱"使"，亦稱"信使"。奉命前往异

國、异族傳達本方意願、履行本方職責者；或指對人傳達君主意志之人。此稱先秦時期已行用。《左傳·襄公二十七年》："〔子鮮〕遂出奔晋。公使止之，不可。及河，又使止之，止使者而盟于河。託于木門，不鄉衛國而坐。"《戰國策·齊策四》："齊王使使者問趙威后。書未發，威后問使者曰：'歲亦無恙耶？民亦無恙耶？王亦無恙耶？'使者不說，曰：'臣奉使使威后，今不問王而先問歲與民，豈先賤而後尊貴者乎！'"《墨子·號令》："莫，令騎若使者操節閉城者，皆以執戈。"《史記·燕召公世家》："大夫將渠謂燕王曰：'與人通關約交，以五百金飲人之王，使者報而反攻之，不祥，兵無成功。'燕王不聽。"甘肅省文物考古研究所《敦煌懸泉漢簡釋文選》（《文物》2000 年第 5 期）載編號爲"Ⅰ90DXT0309③：20"簡牘："烏孫、莎車王使者四人、貴人十七，獻橐佗六匹。陽賜記教。"南北朝以後亦稱"信使"。《宋書·夷蠻傳》："願二國信使往來不絕。"《魏書·西域傳論》："西域雖通魏氏，而中原始平，天子方以混一爲心，未遑征伐。其信使往來，深得羈縻勿絕之道耳。"《舊唐書·穆宗紀》："壬戌，盛飾安國、慈恩、千福、開業、章敬等寺，縱吐蕃使者觀之。"《宋史·太祖紀三》："大食國遣使來獻。"元李翀《日聞録》："古者使有節傳。節，操也，瑞信也，謂持節者必盡人臣之節操。……傳則馳傳也，謂奉之而疾行也。……封以御史印章，所以爲信也。"《元史·張文謙傳》："世祖征大理，其臣高祥拒命，殺信使遁去。世祖怒，將屠其城。"《明史·張士誠傳》："自今信使往來，毋惑讒言，以生邊釁。"

【使】

"使者"之省稱。此稱先秦時期已行用。見該文。

【信使】

即使者。此稱南北朝時期已行用。見該文。

【國信使】

即使者。此稱五代時期已行用。《舊五代史·唐書·明宗紀》："以左金吾將軍烏昭遠爲左衛上將軍，充入蠻國信使。"宋陳暘《樂書·樂圖論·胡部》載交趾與宋朝往來："聖朝淳化中朝貢，嘗遣宋鎬、王世則等充國信使。"《大金吊伐録·答宋主書》："今立誓草，付國信使副，到請依草著誓。"宋張世南《游宦紀聞》卷六："是年，〔高麗〕有請於上，願得能書者至國中。於是得旨，以徐兢爲國信使禮物官。"《元史·伯顏傳》："國信使廉希賢至建康傳旨，令諸將各守營壘，毋得妄有侵掠。"

袒右

袒露右臂，在盟誓禮儀中表示發誓，在軍禮中表示負罪認罰。此稱先秦時期已行用。先秦禮儀，事無論吉凶，一般皆袒左臂。《儀禮·鄉射禮》"司射適堂西，袒決遂，取弓于階西，兼挾乘矢"鄭玄注："袒左，免衣也。"賈公彥疏："知袒左者，凡事無問吉凶，皆袒左。是以士喪，主人左袒；此及大射，亦皆袒左，不以吉凶相反，唯有受刑袒右。故《覲禮》云：'乃右肉袒于廟門之東。'注云：'右肉袒者，刑宜施于右是也。'"袒右通常祇施於受刑者及軍禮兵敗負罪者。《孔叢子·問軍禮》："王曰：'將居軍中之禮，勝敗之變，則如之何？'大師曰：'將帥尚左，士卒尚右。……若不幸軍敗，則駟騎赴告於天子。……天子使使迎於軍，命將帥無請命。然後將師結草自縛、袒右肩而入，蓋喪禮也。’”倘或無故對人袒臂，則爲不敬之舉。《左傳·哀公十七年》：“良夫乘衷甸，兩牡，紫衣狐裘。至，袒裘不釋劍而食。大子使牽以退，數之以三罪而殺之。”杜預注：“食而熱，故偏袒，亦不敬。”袒右爲凶相。清惠士奇《禮説·秋官二》曰：“《覲禮》‘三享畢，侯氏乃右肉袒於廟門之東，入門右，北面立，告聽事’注云：‘凡禮事左袒，右肉袒者，刑宜施於右也。’……軍禮不功將帥，結草自縛，袒右肩而入。射禮，司馬與司射交於階前相左；喪禮，商祝與夏祝交於階下則反之。康成謂，吉事交相左、凶事交相右者，以此。蓋左爲陽爲吉，右爲陰爲凶也。”右袒喻凶相，故亦用於詛咒發誓。《資治通鑑·周赧王三十二年》：“王孫賈乃入市中呼曰：‘淖齒亂齊國，殺愍王，欲與我誅之者，袒右！’市人從者四百人。”胡三省注：“袒右肩也。”《史記·陳涉世家》：“袒右，稱大楚，爲壇而盟，祭以尉首。陳勝自立爲將軍，吳廣爲都尉。”《淮南子·兵略訓》：“戍卒陳勝，興於大澤，攘臂袒右，稱爲大楚。”高誘注：“袒右，脫右臂衣也。”後世尚有引此爲典故者。唐韓偓《八月六日作》四首之一：“左牽犬馬誠難測，右袒簪纓最負恩。”

委質

亦作“委贄”，省稱“質”，亦稱“策”。載有委身對方、任由對方驅使之誓辭的公文。此稱先秦時期已行用。《左傳·僖公二十三年》云：“策名委質。”又同書《宣公四年》：“子越又惡之，乃以若敖氏之族，圄伯嬴于野，將攻王。王以三王之子爲質焉，弗受。”《國語·晋語九》云：“臣聞之，委質爲臣，無有二心，委質而策死。”韋昭注：“方委贄於臣，書名手册，示必死也。”可見，所謂“策名委質”，“書名手册，示必死”，就是把自己的名字寫在簡策或簡册上，將其奉送給主君，以示唯其所使，效死不辭。《戰國策·齊策三》：“楚王死，太子在齊質。蘇子秦謂薛公曰：‘君何不留楚太子，以市其下東國？’薛公曰：‘不可。我留太子，郢中立王，然則是我抱空質而行不義於天下也。’”《小爾雅·廣言》：“質，信也。”後世雖有委質之名，但已失上述含義。下引之文“委質”意爲歸附即此。《漢書·儒林傳序》：“陳涉起匹夫，毆適戍以立號，不滿歲而滅亡，其事至微淺，然而搢紳先生負禮器往委質爲臣者，何也？”《三國志·蜀書·黃忠傳》：“先生南定諸郡，〔黃〕忠遂委質。”又同書《魏書·董昭傳》：“〔楊〕奉少黨援，將獨委質。”明張煌言《子房報韓論》：“觀史載漢王歸國，子房送之南鄭。辭歸，勸以燒絶棧道。此時雖爲畫策，尚未委質於漢也。”然後世以某某人爲人質，猶存先秦“委質”部分古義。《新五代史·吳越世家》：“初，元璙質於宣州，以胡進思、戴惲等自隨。”《宋史·柳開傳》：“全西溪洞有粟氏，聚族五百餘人，常鈔劫民口糧畜，〔柳〕開爲作衣帶巾帽，選牙吏勇辯者得三輩，使入諭之曰：‘爾能歸我，即有厚賞，給田爲屋處之；不然，發兵深入，滅爾類矣。’粟氏懼，留二吏爲質，率其酋四人與一吏偕來。”

【委贄】

同“委質”。此體先秦時期已行用。見該文。

【質】

“委質”之省稱。此稱先秦時期已行用。見該文。

【策】[2]

即委質。此稱先秦時期已行用。見該文。

義兵

講道義、主正義、守禮儀的軍隊。此稱先秦時期已行用。《詩・小雅・采菽序》"以禮數徵會之，而無信義"漢鄭玄箋："幽王徵會諸侯，爲合義兵征討有罪。既往而無之，是於義事不信也。"又同書《大雅・皇矣》"密人不恭，敢距大邦"鄭玄箋："密須之人乃敢距其義兵，違正道，是不直也。"《淮南子・兵略訓》："故義兵之至也，至於不戰而止。"《史記・淮陰侯列傳》："成安君，儒者也，常稱義兵不用詐謀奇計。"《三國志・魏書・公孫瓚傳》："關東義兵起，〔董〕卓遂劫帝西遷。"又《臧洪傳》："糾合義兵，並赴國難。"《晋書・五行志下》："永寧初，齊王冏唱義兵，誅除亂逆，乘輿反正。"《宋書・孝武帝紀》："上率衆入討。荆州刺史南譙王義宣、雍州刺史臧質並舉義兵。"宋程子《伊川易傳・師》："所謂義兵，王者之師也。"按，宋元時亦稱團練之類地方武裝爲"義兵"。《金史・宣宗本紀》："貞祐三年三月丙寅，敕河東河北大名長貳官訓練隨處義兵，鄰境有警，責其救援。"《元史・朵爾直班傳》："金商義兵，……甚精銳。列其功以聞，賜敕書褒獎之。"此與起正義之師的本義無涉。

閱兵

亦稱"徇師""大閱""觀師""觀兵"。元首或統帥檢閱軍隊、考察戰備、展示軍威的禮儀。此稱先秦時期已行用。周代稱"徇師""觀師"，并開始稱"大閱"；漢以後亦稱"觀兵"。《書・泰誓中》："王乃徇師而誓曰：'嗚呼！西土有衆，咸聽朕言。'"孔傳："徇，循。"陸德明音義："徇，以俊反。《字詁》云：徇，巡也。"又同書《泰誓上》"惟十有一年，武王伐殷"孔傳："武王……觀兵孟津，以卜諸侯伐紂之心。"宋黃倫《尚書精義》卷二四引吳氏曰："武王觀兵，不期而會者十三國，伐紂之心固可知也。"《周禮・夏官・大司馬》："中冬，教大閱。"鄭玄注："至冬大閱，簡軍實。"賈公彥疏："以冬時農隙，故大簡閱軍實之凡要也。"《春秋・桓公六年》："秋八月壬午，大閱。"宋李明復《春秋集義》卷八引胡安國注："大閱，簡車馬也……不因田獵而閱兵車屬農，失政甚矣。"《左傳・僖公二十八年》："晋侯登有莘之虛以觀師，曰：'少長有禮，其可用也。'遂伐其木，以益其兵。"漢末始稱"閱兵"，後世代代相沿。《晋書・禮志下》："建安二十一年，魏國有司奏：'……但以立秋擇吉日，大朝車騎，號曰閱兵。上合禮名，下承漢制。'奏可。是冬閱兵，魏王親執金鼓以令進退。"《三國志・魏書・文帝紀》："〔黃初六年〕冬十月，行幸廣陵故城，臨江觀兵，戎卒十餘萬，旌旗數百里。"裴松之注："《魏書》載帝於馬上爲詩曰：'觀兵臨江水，水流何湯湯！戈矛成山林，玄甲耀日光。猛將懷暴怒，膽氣正從橫。誰云江水廣，一葦可以航，不戰屈敵虜，戢兵稱賢良……'"《新唐書・李靖傳》："武德四年八月，大閱兵虁州。"《宋史・太祖紀》："〔乾德三年〕九月己巳，閱諸道兵。以騎軍爲驍雄，步軍爲雄武，並隸

清代皇帝大閱胄
（清允祿等《皇朝禮器圖式》卷一三）

親軍。"同書《蘇軾傳》:"會春大閲，將吏久廢上下之分，軾舉舊典，帥常服出帳中，將吏戎服執事。"同書《禮志二十四》:"淳熙四年十二月，大閲於茅灘。十年十一月，大閲於龍山。十六年十月，大閲於城南大教場。"可知當時大閲爲不定期舉行。清代，大閲中有了携帶新式武器的隊伍，且有鳴槍放炮内容，無論場面還是聲勢，均是空前的。《清史稿·禮志九》:"〔康熙〕三十四年，復幸南苑行閲，分八旗爲三隊，帝率皇子擐甲，内大臣等扈從，後建龍纛三，上三旗侍衛隨行。遍閲驍騎、護軍、前鋒、火器諸營。立馬軍前，角螺鳴，伐鼓，行陣舁鹿角進。甲士麾紅旗，槍礮齊發。鳴金止，再伐鼓，發槍礮如初。如是者九。初進率五丈，再進亦如之。至十進，槍礮環發無間。開鹿角成八門，首隊出，二隊、三隊從。既成列，門闔，角鳴，呼噪進。兩翼隊皆雁綴進，鳴金收軍。立本陣，結隊徐旋，首隊殿。"又:"乾隆二年，大閲，幸南苑，御帳殿。"晚清吴梅《風動山·閲兵》:"今日是大閲之期，閣部親自看操，我們且在此伺候。"又:"今日是閲兵之期，大小三軍已在校場伺候。"閲兵禮儀沿襲至今，通常在逢十周年的國慶日舉行，由不同兵種、

不同武器裝備組成方陣，列隊行進，氣勢磅礴。

【徇師】

即閲兵。此稱先秦時期已行用。見該文。

【大閲】

即閲兵。此稱先秦時期已行用。見該文。

【觀師】

即閲兵。此稱先秦時期已行用。見該文。

【觀兵】

即閲兵。此稱漢代已行用。見該文。

【視師】

即閲兵。語義源自巡視軍隊。此稱宋代已行用。《宋史·職官志二》:"紹興三十一年，金主亮來攻，帝將臨江視師。"又同書《職官志七》:"未幾，〔張〕浚獨被旨江上視師，置都督行府。"《元史·忙兀台傳》:"阿朮既渡南岸，翼日丞相伯顔視師，則大江南北皆北軍旗幟。"清薛福成《書科爾沁忠親王大沽之敗》:"洋兵以大小輪船七暨舢板船，駛入内河，直薄天津。……遂命科爾沁親王僧格林沁以欽差大臣視師通州。"

校閲

亦稱"閲操"。檢閲軍隊和軍備之禮儀。此稱南北朝時期已行用。《魏書·道武七王傳·陽平王熙》:"太宗治兵於東部，詔〔拓跋〕熙督十二軍，校閲甚得軍儀，太宗嘉之。"唐李濯《内人馬伎賦》:"搴旗命伍，抽戈按節，侔三邊之挑戰，壯六軍之校閲。"明唐順之《條陳薊鎮練兵事宜》:"高皇帝以武功定天下，深慮承平之後，武備寖弛，以啓戎心，而定爲御前閲試之法，千萬里外亦分番送上，躬自校閲。"清黄軒祖《游梁瑣記·王天沖》:"嚴飭弟兄鳴槍致敬，詰朝再請校閲陣法。"《官場現形記》第三

清代皇帝大閲甲
（清允禄等《皇朝禮器圖式》卷一三）

○回："歇上三年，制臺閱操一次，有的是臨時招人，有的還是前後接應。……況且制臺年紀大了，又要修道養心，大半是派營務處上的道臺替他校閱。"明清以後亦稱"閱操"。清查繼佐《罪惟錄·神宗顯皇帝紀》："〔萬曆六年五月〕居正甫堊畢，即赴守巡，請閱操，服上所賜服成事。"清劉獻廷《廣陽雜記》卷一："明南畿，凡閱操分二日：第一日，則兵部職方司郎與科道涖其事；次日，則内外守備與大司馬涖其事。"

【閱操】

即校閱。此稱明代已行用。見該文。

【教閱】

即校閱。此稱唐代已行用。《舊唐書·郝廷玉傳》："〔郝〕廷玉與馬璘率五千人屯於渭橋西窯底。觀軍容使魚朝恩以廷玉善陣，欲觀其教閱。廷玉乃於營内列部伍，鳴鼓角而出。分而爲陣，箕張翼舒，乍離乍合，坐作進退，其衆如一。朝恩嘆曰：'吾在兵間十餘年，始見郝將軍之訓練耳！'"《舊五代史·梁書·太祖紀》："〔乾化元年八月〕丙子，閲四蕃將軍屯衛兵士於天津橋南至龍門廣化寺。戊寅，幸興安鞠場大教閱。帝自指麾，無不踴抃，坐作進退，聲振宫掖。"《宋史·禮志二十四》："慶元元年十月，以在諒暗，令宰執於大教場教閱。"

校場

亦稱"教場"。比武練兵、檢閱軍備的場地。此稱唐代已行用。唐李濯《内人馬伎賦》："始爭鋒於校場，遽寫鞚於金埒。若乃楊葉既指，珊弓斯彀，百步應的，七札皆透。"宋陸游《老學庵筆記》卷一："淳熙己酉十月二十八日，車駕幸候潮門外大校場，大閱。"《朱子

語類·朱子三》："某在漳州，初到時，教習諸軍弓射等事，皆無一人能之。後分許多軍作三番，每月輪番入校場挽弓，及等者有賞。"《宋史·禮志二十四》："慶元元年十月，以在諒暗，令宰執於大教場教閱。"明吳之鯨《武林梵志·城外南山分脉》："最上爲御校場，宋殿前司營親軍護衛之所。……相傳孝宗時登頂閱江操，執鐵杖六十觔許，上下如飛，以志恢復。一稱女校場。"明鄭紀《奏設武舉以培養將材疏》："末場則兵部請欽命京營總兵官五府掌府事并科道掌印等官，於大較場中考試，務盡一日之力，俾弓馬陣勢，各得以盡其材。"清藍鼎元《平臺紀略·朱一貴之亂》："李茂吉爲賊所執，至南較場見戴穆，挺立岸然。"《官場現形記》第六回："且説這校場原在東門外頭，地方甚是空闊。上面一座高臺，幾間廠房，是演武廳，東面是將臺，西面是馬道。"晚清吳梅《風動山·閱兵》："今日是閱兵之期，大小三軍已在校場伺候。"川劇《江油關》第二場："將軍賜宴，妾當奉陪。祇是今日是校場操演之期，不如操演歸來，再與將軍夜飲。"因在校場上教練軍隊，故清代亦稱"教場"。《欽定日下舊聞考》卷七二引《大清會典》："凡大閱，……八旗將領簡精鋭，飭器械，集教場結陣，肅聽軍令。"

【教場】

即校場。此稱清代已行用。見該文。

【演武場】

即校場。此稱清代已行用。清袁枚《子不語·買蒜叟》："南陽縣有楊二相公者，……率其徒行教常州，每至演武場傳授槍棒，觀者如堵。"清全祖望《明故兵部尚書兼東閣大學士贈

太保吏部尚書謚忠介錢公神道第二碑銘》：“之仁至城東，請諸鄉老大會於演武場，坐定，之仁出三賓書靴中，對衆朗誦。”

廟戰

亦稱“廟算”。運籌於朝，以期不戰而勝的戰略。此稱先秦時期已行用。《孫子·始計》：“夫未戰而廟算勝者，得算多也；未戰而廟算不勝者，得算少也。”《淮南子·兵略訓》：“故廟戰者帝，神化者王。”又：“凡用兵者，必先自廟戰。主孰賢，將孰能，民孰附，國孰治，蓄積孰多，士卒孰精，甲兵孰利，器備孰便，故運籌於廟堂之上，而決勝乎千里之外矣。”《文子·自然》：“廟戰者法天道，神化者明四時。修政於境内，而遠方懷德；制勝於未戰，而諸侯賓服也。”杜道堅引舊注：“廟戰者以道制而爲帝，神化者以兵勝而爲王，不得已而用之。”又同書《微明》：“察於刀筆之迹者不知治亂之本，習於行陣之事者不知廟戰之權。”晋潘岳《西征賦》：“故制勝於廟算，砰揚桴以振塵，繽瓦解而冰泮。”南朝梁任昉《奏彈曹景宗》：“伏惟聖武英挺，略不世出，料敵制變，萬里無差，奉而行之，實弘廟算。”唐李商隱《爲李貽孫上李相公啓》：“向若非薛公料敵，先陳三策，充國爲學，盡通四夷，則何以雪高廟稱臣之羞，全肅宗復京之好？此廟戰之功一也。”《宋史·忠義傳·姚興》：“金人立〔王〕權旗幟以誤〔姚〕興，興往奔之，父子俱死焉。事聞，詔……即其砦立廟。既復淮西，又立廟戰所，賜額旌忠。”

【廟算】

即廟戰。此稱先秦時期已行用。見該文。

露布 [1]

亦稱“露版”。起兵討伐時申明正義、聲討罪惡的文告。因其文公布於天下，此稱漢代已行用。此稱最初意爲不封緘之公文，南朝齊劉勰《文心雕龍·移檄》：“露布者，蓋露板不封，播諸視聽也。”《東觀漢記·李雲傳》云：“白馬令李雲素剛，憂國，乃露布上書。”《後漢書·鮑昱傳》：“臣聞故事，通官文書不著姓，又當司徒露布。”此二書證均表明當時“露布”未作名詞用。并且，當時由皇帝下達的赦令、贖令等也以“露布”形式公布到州郡。漢蔡邕《獨斷》卷上：“惟赦令、贖令，召三公詣朝堂受制書，司徒印封，露布下州郡。”《後漢書·光武帝紀上》“更始奔高陵。辛未，詔曰”注引《漢制度》曰：“帝之下書有四：一曰策書，二曰制書，三曰詔書，四曰誡敕。……制書者，帝者制度之命，其文曰制詔三公，皆璽封，尚書令印重封，露布州郡也。”至三國時，一些詔書、律令亦以“露布”形式在各地公告。《三國志·蜀書·後主傳》裴松之注引《諸葛亮集》：“他如詔書律令，丞相其露布天下，使稱朕意焉。”作爲軍事告伐之文，始於漢末。清趙翼《陔餘叢考·露布》謂：“自賈洪作此討曹操後，遂專用於軍事。”賈洪事見《三國志·魏書·王肅傳》“明帝時，大司農弘農董遇等”裴松之注引三國魏魚豢《魏略》：“後馬超反，超劫〔賈〕洪，將詣華陰，使作露布。洪不獲已，爲作之。司徒鍾繇在東，識其文，曰：‘此賈洪作也。’”後世沿襲。南朝宋劉義慶《世説新語·文學》：“桓宣武北征，袁虎時從，被責免官，會須露布文，喚袁倚馬前令作，手不輟筆，俄得七紙，殊可觀。”《北史·盧愷傳》：“建德四年，李穆攻拔軹關、柏崖二鎮，命〔盧〕愷作露布。帝讀大悦曰：'盧愷文章大進。'"《資治通鑑·梁武帝天監三年》："蔡靈恩勢窮，八月，乙酉，降於魏。三關戍將聞之，辛酉，亦棄城走。〔元〕英使司馬陸希道爲露版，嫌其不精，命傅永改之；永不增文彩，直爲之陳列軍事處置形要而已，英深賞之，曰：'觀此經算，雖有金城湯池，不能失矣。'"《宋史·王安石傳》："時出師安南，諜得其露布，言：'另作青苗、助役之法，窮困生民。我今出兵，欲相拯濟！'安石怒，自草敕榜詆之。"清陳夢雷《贈秘書覺道弘五十韻》："露布降封豕，珊戈掃孽鯨。"

【露版】

即露布[1]。此稱南北朝時期已行用。見該文。

檄書[1]

省稱"檄"。起兵討逆時聲討敵方罪行的文告。此稱先秦時期已行用。此物始現於夏。夏啟伐有扈，作《甘誓》，《書·甘誓》孔傳："將戰先誓。"其後商湯作《湯誓》，周武王作《泰誓》《牧誓》，俱載於《書》，均爲戰前動員令。其與後世討逆檄書尚不盡相同。南朝齊劉勰《文心雕龍·移檄》："周穆西征，祭公謀父稱'古有威讓之令，令有文告之辭'，即檄之本源也。及春秋征伐，自諸侯出，懼敵弗服，故兵出須名。振此威風，暴彼昏亂，劉獻公之所謂'告之以文辭，董之以武師'者也。齊桓征楚，詰苞茅之缺；晉厲伐秦，責箕郜之焚。管仲、呂相，奉辭先路，詳其意義，即今之檄文。暨乎戰國，始稱爲檄。檄者，皦也。宣露於外，皦然明白也。"初期檄書并非布告天下之"露布"，劉勰謂"張儀《檄楚》，書以尺二，

明白之文，或稱露布"實誤。《史記·張儀列傳》："張儀既相秦，爲文檄告楚相曰：'始吾從若飲，我不盜而璧，若笞我。若善守汝國，我顧且盜而城！'"可知這是寄給楚相的信函，與後世露布不同。《六韜·分合》："太公曰：'凡用兵之法，三軍之衆必有分合之變，其大將先定戰地戰日，然後移檄書與諸將吏。'"這也是軍中傳達命令之文書。《後漢書·寇恂傳》："檄書至，〔寇〕恂即勒軍馳出，並移告屬縣，發兵會於溫下。"其意亦同。然秦漢之際已經出現軍事告伐檄書。《史記·淮陰侯列傳》："今大王舉而東，三秦可傳檄而定也。"司馬貞索隱："《説文》云'檄，二尺書也'。此云'傳檄'，謂爲檄書以責所伐者。"漢末陳琳《爲袁紹檄豫州》更是檄之絕佳者。又《三國志·魏書·王肅傳》裴松之注引三國魏魚豢《魏略》："後馬超反，超劫〔賈〕洪，將詣華陰，使作露布。洪不獲已，爲作之。司徒鍾繇在東，識其文，曰：'此賈洪作也。'及超破走，太祖召洪署軍謀掾。猶以其前爲超作露布文，故不即叙。"又《董昭傳》："時郡右姓孫伉等數十人專爲謀主，驚動吏民。〔董〕昭至郡，僞作〔袁〕紹檄告郡云：'……檄到收行軍法，惡止其身，妻子勿坐。'"後世亦不乏其例。《宋書·范曄傳》："熙先使弟休先先爲檄文……徐湛之上表曰：'……於是悉出檄書、選事，及同惡人名、手墨翰迹，謹封上呈。'"唐駱賓王《爲徐敬業討武氏檄》爲歷史上最著名的伐罪檄書之一，連被其撻伐的武則天猶對此文大加贊嘆。唐劉長卿《行營酬呂侍御》詩："孔璋才素健，早晚檄書成。"宋劉過《水龍吟·寄陸放翁》詞："想見鸞飛，如椽健筆，檄書親草。"《天妃林娘娘傳》第三一回：

"那龍王得天妃檄文,大會群臣,……乃盡點部下甲兵,……與天妃相會。"清蔣良騏《東華録·順治元年四月》:"今三桂已悉簡精鋭,以圖相機勦滅。幸王速整虎旅,直入山海,首尾夾攻,逆賊可擒,京東西可傳檄而定也。又仁義之師,首重安民;所發檄文,最爲嚴切。更祈令大軍秋毫無犯,則民心服而財土亦得,何事不成哉!"今多稱"檄文"。

【檄】

"檄書[1]"之省稱。此稱先秦時期已行用。見該文。

偏戰

交戰雙方提前約好作戰時間、地點的軍禮。届時雙方布好戰陣,方鳴鼓而戰。周禮提倡堂堂正正攻戰,摒弃相互欺詐。詐戰爲非禮。此禮盛行於春秋。《穀梁傳·僖公二十三年》范甯集解引何休曰:"春秋貴偏戰而惡詐戰。宋襄公所以敗于泓者,守禮偏戰也。"《公羊傳·僖公二十二年》:"偏戰者,日爾。"又同書《哀公十一年》"齊師敗績,獲齊國書"何休注:"言獲者,能結日偏戰少進也。"春秋時不遵守偏戰,即屬失禮,被視作懦夫,爲人所不齒。《左傳·文公十二年》:"不待期而薄人于險,無勇也。"

鼓戰

擊鼓開戰的軍禮。周禮,不擊鼓則不開戰,須待雙方布陣完畢乃可擊鼓交戰。此稱先秦時期已行用。《公羊傳·僖公二十二年》:"君子大其不鼓不成列,臨大事而不忘大禮。"何休注:"《軍法》:以鼓戰,以金止。不鼓不戰。……君子不戰未成陳之師。"《左傳·僖公二十二年》載宋襄公語:"不鼓不成列。"杜預注:"耻以詐

勝。"《司馬法·仁本》:"成列而鼓,是以明其信也。"出征討伐,亦必鐘鼓齊鳴以聲其罪。《周禮·夏官·大司馬》"賊賢害民則伐之"鄭玄注:"有鐘鼓曰伐。則伐者,兵入其竟,鳴鐘鼓以往,所以聲其罪。"戰國以後不再遵守"不鼓不成列"之説,而不鼓不戰的開戰方式則沿襲下來。《淮南子·兵略訓》:"夫戰而不勝者,非鼓之日也。"高誘注:"鼓之日,謂陳兵擊鼓鬭之日也。"後世作戰亦擊鼓,然多爲鼓舞士氣,而與軍禮無關矣。《舊唐書·李光弼傳》:"光弼連麾,三軍望旗俱進,聲動天地,一鼓而賊大潰。"

鼖鼓

亦作"賁鼓"。用於禮樂活動及軍事行動之大鼓。此稱先秦時期已行用。《書·顧命》:"胤之舞衣、大貝、鼖鼓,在西房。"孔傳:"鼖鼓,長八尺,商周傳寶之。"《周禮·地官·鼓人》:"以鼖鼓鼓軍事。"鄭玄注:"大鼓謂之鼖。鼖鼓長八尺。"《爾雅·釋器》:"大鼓謂之鼖。""鼖"字亦作"賁"。《周禮·夏官·大司馬》:"諸侯執賁鼓。"而同書《地官·鼓人》賈公彦疏引此文作"諸侯執鼖鼓"。《詩·大雅·靈臺》:"虡業維樅,賁鼓維鏞。於論鼓鐘,於樂辟靡。"毛傳:"賁,大鼓也。"後世猶偶用"賁鼓"一稱。《大清會典則例·樂部和聲署·鐃歌大樂章》載《四時念》曰:"仲春時,司馬教振旅;……執鐃執鐸兼賁鼓,盤旋處如組,還如舞。"

【賁鼓】

同"鼖鼓"。此體先秦時期已行用。見該文。

昏鼓

亦稱"鼜"。夜間警戒之鼓。此稱先秦時期已行用。周代多稱"鼜"。《周禮·地官·鼓

人》："凡軍旅，夜鼓鼜。"鄭玄注："鼜，夜戒守鼓也。《司馬法》曰：昏鼓四通爲大鼜，夜半三通爲晨戒，旦明五通爲發晌。"賈公彥疏："在軍警戒，急在於夜，故軍旅於夜，鼓其鼜鼓以警衆也。"孫詒讓正義："謂擊鼓行夜戒守也。"又同書《春官·鎛師》："凡軍之夜，三鼜皆鼓之。守鼜亦如之。"鄭玄注："守鼜，備守鼓也。"春秋戰國以後稱"昏鼓"。《墨子·號令》："昏鼓鼓十，諸門亭皆閉之。"按，後世軍中、城中夜裏報時擊鼓，多稱"昏鼓"。宋何薳《春渚紀聞》卷六引《東坡事實·裕陵睠賢士》：〔蘇軾〕云：某初逮繫御史獄，獄具奏上。是夕昏鼓既畢，某方就寢，忽見一人排闥而入，投篋于地，即枕臥之。至四鼓，某睡中覺有撼體，而連語云學士賀喜者。"

【鼜】

即昏鼓。此稱先秦時期已行用。見該文。

鳴金

敲鐘、鉦等以示停戰收兵的號令。此稱先秦時期已行用。周禮，擊鼓以開戰、鼓氣，鳴金而止鼓、收兵。此制歷代相沿。《公羊傳·僖公二十二年》"君子不鼓不成列"何休注："《軍法》：以鼓戰，以金止。"《左傳·哀公十一年》："陳書曰：'此行也，吾聞鼓而已，不聞金矣。'"杜預注："鼓以進軍，金以退軍。"所謂"金"通常指"鐃"，抑或指鉦。《漢書·李陵傳》："令曰：聞鼓聲而縱，聞金聲而止。"顏師古注："金謂鉦也，一名鐲。"《後漢書·張玄傳》："鳴金鼓，整行陣。"《隋書·禮儀志三》："教士耳，使習金鼓動止之節：聲鼓則進，鳴金則止。"《元史·賽典赤瞻思丁傳》："俄而將卒有乘城進攻者，賽典赤大怒，遽鳴金止之。"《明史·楊鎬傳》："〔楊〕鎬以如梅未至，不欲〔陳〕寅功出其上，遽鳴金收軍。"然歷朝鳴金未必皆指收兵，金聲亦常與鼓聲相配，作鼓舞士氣之用。漢司馬相如《子虛賦》："摐金鼓。"《晉書·王導傳》："先進忘揖讓之容，後生惟金鼓是聞。"唐李白《塞下曲》六首之一："曉戰隨金鼓，宵眠抱玉鞍。"唐崔顥《遼西作》詩："露重寶刀濕，沙虛金鼓鳴。"宋佚名《靖康要錄》卷九："敵兵據河陽，望見河南官軍甚衆，鳴金鼓以拒之。"皆爲此意。

鐃

帶柄的小鈴，鈴中無舌，搖響以示退兵；後多用於軍樂。此稱先秦時期已行用。《說文·金部》："鐃，小鉦也。……軍法，卒長執鐃。"段玉裁注："鉦、鐃一物，而鐃較小，渾言不別，析言則有辨也。《周禮》言鐃不言鉦，《詩》言鉦不言鐃。"《廣韻·平肴》："鐃似鈴，無舌。"按，此據宋本《廣韻》，"鈴"應是"鈴"字之誤。《周禮·地官·鼓人》："以金鐃止鼓。"鄭玄注："鐃如鈴，無舌有秉，執而鳴之，以止擊鼓。司馬職曰'鳴鐃且却'。"賈公彥疏："《哀公傳》陳書曰：吾聞鼓而已，不聞金矣。是進軍之時擊鼓，退軍之時鳴鐃。……軍却退時鳴之，是止鼓時所用也。"漢以後多用於軍樂。《晉書·樂志下》："漢時有短簫鐃歌之樂，其曲有朱鷺、思悲翁、艾如張、上之回、雍離、戰城南、巫山高……等曲列於鼓吹，多序戰陣之事。"宋郭茂倩《樂府詩集·鼓吹曲辭》載漢樂府《鐃歌十八曲》，釋曰："崔豹《古今注》曰：短簫鐃歌，軍樂也。黃帝使岐伯作，所以建武揚威德，風勸戰士也。《周禮》所謂王大捷，則令凱樂。漢樂有《黃門鼓吹》，天子所以宴樂群臣也。《短簫鐃歌》，鼓吹之一章爾，亦以錫有功諸侯。"

金鐸

軍隊中用於與鼓聲配合的大鈴，鈴中有金屬舌。常爲軍禮與作戰時的重要樂器。此稱先秦時期已行用。《説文・金部》："鐸，大鈴也。"《周禮・地官・鼓人》："以金鐸通鼓。"鄭玄注："鐸，大鈴也，振之以通鼓。司馬職曰'司馬振鐸'。"賈公彦疏："此是金鈴金舌，故曰金鐸。在軍所振對金鈴。木舌者爲木鐸，施令時所振。言通鼓者，兩司馬振鐸，軍將已下即擊鼓，故云通鼓也。"又同書《天官・小宰》"徇以木鐸"鄭玄注："古者……文事奮木鐸，武事奮金鐸。"《國語・吳語》有云："王乃秉枹，親就鳴鐘鼓，丁寧、錞于振鐸，勇怯皆應，三軍皆嘩扣以振旅，其聲動天地。"

鉦

亦稱"鐲""丁寧""令丁"。舉行軍禮及軍事行動中與鼓聲節奏相配的小銅鐘。鐘內無舌。用以鼓舞士氣，同時亦有警戒人心作用。此稱先秦時期已行用。《説文・金部》"鐃，小鉦也"段玉裁注："鉦、鐃一物，而鐃較小，渾言不別，析言則有辨也。《周禮》言鐃不言鉦，《詩》言鉦不言鐃。"又"鉦，鐃也"段注："鉦似鈴而異於鈴者，鐲、鈴似鐘，有柄，爲之舌以有聲；鉦則無舌。"《周禮・地官・鼓人》："以金鐲節鼓。"鄭玄注："鐲，鉦也。形如小鍾，軍行鳴之，以爲鼓節。司馬職曰軍行鳴鐲。"賈公彦疏："此謂在軍之時所用節鼓，與鼓爲節也。……案《詩》有'鉦人伐鼓，就而解之'，彼注'鉦以静之'，此解以爲軍行所用，不同者，義亦一也，以其動静俱用故也。云形如小

鍾者，亦據漢法而言也。"按，鄭注所謂"鐲，鉦也"，亦見《説文》。又《漢書・李陵傳》"聞金聲而止"顏師古注："金謂鉦也，一名鐲。鐲音濁。"又《説文・金部》稱："鈴，令丁也。"《國語・晉語十一》韋昭注："丁寧，令丁，謂鉦也。"又同書《晉語五》："伐備鐘鼓，聲其罪也；戰以錞于、丁寧，儆其民也。"又同書《吳語》："昧明，王乃秉枹，親就鳴鐘鼓、丁寧、錞于，振鐸。"《左傳・宣公四年》云楚王所乘軍車上有鼓有丁寧："伯棼射王，汰輈，及鼓跗，著於丁寧。"杜預注："丁寧，鉦也。"蓋"丁寧""令丁"因其聲響若"叮嚀""嚀叮"而得名。後世鉦、鐘、鈴難分，常被混用，成爲泛稱。《國色天香・龍會蘭池録》："時興福倚江行劫，路轉烏林，鉦鼓喧天，旌旗蔽野。"

【鐲】

即鉦。此稱先秦時期已行用。見該文。

【丁寧】

即鉦。此稱先秦時期已行用。見該文。

【令丁】

即鉦。此稱先秦時期已行用。見該文。

金錞

省稱"錞"，亦稱"錞于"。大鐘，用於軍隊進軍時與鼓聲相和。常爲軍禮與作戰時的重要樂器。此稱先秦時期已行用。《周禮・地官・鼓人》："以金錞和鼓。"鄭玄注："錞，錞于也。圜如碓頭，大上小下，樂作鳴之，與鼓相和。"賈公彦疏："謂作樂之時，以此金錞和於鼓節也。……錞于之名，出于漢之大予樂官。"按，"錞于"之名春秋時已有之。《國語・吳語》曰："王乃秉枹，親就鳴鐘鼓、丁寧、錞于，振鐸，勇怯皆應，三軍皆嘩，扣以振旅，其聲動

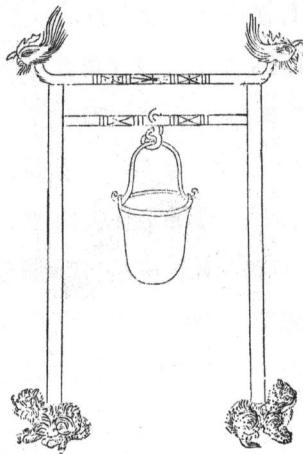

金　錞
（明王圻等《三才圖會》）

天地。”《淮南子・兵略訓》：“兩軍相當，鼓錞相望。”高誘注：“錞，錞于，大鐘也。”

【錞】

“金錞”之省稱。此稱先秦時期已行用。見該文。

【錞于】

即金錞。此稱先秦時期已行用。見該文。

刁斗

亦作“刀斗”。軍中警夜之小鈴。此稱先秦時期已行用。《廣韻・平蕭》：“刁，軍器也。《篆文》曰：‘刁斗，持時鈴也。’……俗作刀。”《史記・李將軍列傳》：“〔李〕廣行無部伍行陳，就善水草屯，舍止，人人自便，不擊刁斗以自衞。”裴駰集解引孟康曰：“以銅作鐎器，受一斗，晝炊飯食，夜擊持行，名曰刁斗。”司馬貞索隱：“刀音貂。按，荀悅云‘刁斗，小鈴，如宮中傳夜鈴也’。蘇林云‘形如銷，以銅作之，無緣，受一斗，故云刁斗’。銷即鈴也。”《漢書・李廣傳》：“不擊刁斗自衞。”按，“刀”“刁”同音，字形亦近，故通用。唐方干《元日》詩：“晨鷄兩遍報更闌，刁斗無聲曉漏

乾。”唐高適《燕歌行》：“殺氣三時作陣雲，寒聲一夜傳刁斗。”有關其形制與用途，歷來衆説紛紜。元劉壎《隱居通議・經史三・李廣不擊刁斗》：“一説謂以銅作鐎器，受一斗，晝炊飯食，夜擊持行，名曰刁斗；一説謂小鈴，如宮中傳夜鈴也；一説謂形如銷，以銅作之，無緣，受一斗，故云刁斗，銷即鈴也；一説云鐎，溫器，有柄，斗似銚而無緣，音鐎。夫以一刁斗，古人猶不能詳其制，言之各異其説。然其實祇是今日搖鈴擊柝之類，以警夜備非常耳。”宋以後不用此器警夜，而此稱則沿用至清。常用作戰場的象徵。明阮大鋮《燕子箋・入幕》：“連營刁斗月如霜，逃虜窮追汧水陽。”清黃燮清《居官鑒・海警》：“甬東兒女入邊愁，數聲夕陽刁斗。”清末吳梅《風洞山・獨嘆》：“半階明月影荒涼，一城刁斗聲悲壯。”

【刀斗】

同“刁斗”。此體漢代已行用。見該文。

令箭

軍事行動中傳令所用小旗。因旗杆杆頭有箭鏃，故稱。此稱明代已行用。《明史・劉宇亮傳》：“〔劉〕宇亮大怒，傳令箭：亟納師，否則軍法從事！”《皇清開國方略・太宗文皇帝崇德三年》：“是日，明總兵祖大壽遣二人執令箭赴錦州，豫親王多鐸生擒之。”清吳偉業《綏寇紀略・開縣敗》：“〔張〕獻忠妻妾九人，被擒者七。獲僞金印一，鏤金龍棒一，僞令旗令箭各八。”《世宗憲皇帝硃批諭旨・硃批鄂爾泰奏摺》雍正八年七月：“本司張鉞等諄切曉以利害，指以生死，隨發令箭十枝，准予招安。”清洪昇《長生殿・收京》：“你將這令箭一枝，前去出榜安民，復歸舊業。”清李漁《巧團圓・全節》：

"（末持令箭上）小小一枝箭，發出如雷電，陵谷轉滄桑，世界須臾變。"《花月痕》第四二回："譙如把酒臨風，正在揚揚得意，忽然大營來了令箭，大加申飭，不准輕動。"

不逐奔

作戰不窮追敗逃之敵、田獵不窮追逃出狩獵圈的禽獸之禮。此稱先秦時期已行用。周禮不主張追逐敗逃，有所謂追敵百步以內即止之説。《穀梁傳·隱公五年》："戰不逐奔，誅不填服。"《司馬法·仁本》："古者，逐奔不過百步，縱綏不過三舍，是以明其禮也。"《詩·小雅·車攻》："田車既好，四牡孔阜。東有甫草，駕言行狩。"孔傳："戰不出頃，田不出防，不逐奔，走古之道也。"《荀子·議兵》："奔命者不獲。"

不填服

亦稱"不殺降"。出兵征伐不誅殺降服者之禮。此爲周代禮儀，亦成爲後世用兵征伐須遵循之道義。此稱先秦時期已行用。兩周時期稱"不填服"。《穀梁傳·隱公五年》："伐不踰時，戰不逐奔，誅不填服。"范甯集解："來服者不復填厭之。"王引之《經義述聞·春秋穀梁傳》："填讀爲殄，謂殄戮之也。不填服，猶言不殺降也。作'填'者，假借字耳。"進入戰國後，禮制破壞，不僅不復稱"不填服"，且大規模殺降事件時有發生。秦將白起坑殺數十萬趙國降卒即顯例。漢以後稱"不殺降"。《鶡冠子·近迭》："行枉則禁，反正則舍，是故不殺降人。主道所高，莫貴約束。得地失信，聖王弗據；倍言負約，各將有故。"《宋史·太祖紀》："〔乾德三年十一月〕乙未，劍州刺史張仁謙坐殺降，貶宋州教練。"《明史·樂志三》載"表正萬邦舞曲"："其二《武士嘆》：'……掃除殘甲如風蕩，凱歌傳四方，仁聖不殺降。'"清孫承澤《春明夢餘録·兵部二》："征戎法：避鋭不避歸，殺衆不殺降。"

【不殺降】

即不填服。此稱漢代已行用。見該文。

露布 [2]

奏捷文告。此稱晉代已行用。唐封演《封氏聞見記·露布》釋云："露布，捷書之別名也。諸軍破賊，則以帛書建諸竿上，兵部謂之露布。"元李翀《日聞録》亦云："若戰克，乃書帛於漆竿之上，以明告中外，名曰露布。漢季李雲露布，上書移副三府。時劾宦官用事，欲衆聞知，亦爲露布。"唐代杜佑認爲此稱始於南北朝時期，誤。《通典·禮三十六》："後魏每攻戰克捷，欲天下聞知，乃書帛，建於漆竿上，名爲露布，自此始也。其後相因施行。"按，《資治通鑑·晉惠帝永寧元年》："張泓等進據陽翟，與齊王同戰，屢破之。……孫輔、徐建軍夜亂，徑歸洛自首曰：'齊王兵盛，不可當，泓等已没矣！'趙王倫大恐，秘之，而召其子虔及許超還。會泓破同露布至，倫乃復遣之。"可知晉已有之。後世沿襲。《北齊書·杜弼傳》："後從高祖破西魏於邙山，命爲露布，〔杜〕弼手即書絹，曾不起草。"《周書·吕思禮傳》："沙苑之捷，命爲露布，食頃便成。"作爲奏捷的"露布"在隋唐時成爲相對固定的文體，亦即形成奏捷禮儀中的格式化公文。《全唐文》中即收録駱賓王《兵部奏姚州破賊設蒙儉等露布》、張説《爲河内郡王武懿宗平冀州賊契丹等露布》、王維《兵部起請露布文》、樊衡《河西破蕃賊露布》、楊譚《兵部奏劍南節度破西山賊露布》、楊復光《收復京城奏捷露布》等多篇。然而露布也常流於虛報戰績之弊。《舊唐書·令狐通傳》："歲中改壽州團練使、檢校御史中丞。每與賊戰，必虛張虜獲，得賊數人，即爲露布上之，宰相武元衡笑而不奏。"《金史·酈瓊傳》："江南諸帥，才能不及中人。每當出兵，……幸一小捷，則露布飛馳，增加俘級，以爲己功。"獻俘禮中有宣露布儀式。《宋史·禮志二十四》："嶺南平，劉鋹就擒，……有司率武士繫鋹等白練，露布前引。……引露布案詣樓前北向，宣付中書、門下，如宣制儀。通事舍人跪受露布，轉授中書，門下轉授攝兵部尚書。"明張四維《雙烈記·從征》："捷書不必通家信，露布先須達帝京。"《天妃林娘娘傳》第二五回："明帝……祭畢回朝，大作平番露布，播告天下。"清陳玉樹《乙酉春有感》詩："瘴海珠江馳露布，金戈鐵馬逐天驕。"

羽檄

亦稱"羽書""檄書"。奏捷文告或告急文書。因其上插羽毛以示重要和緊急，故稱。此稱漢代已行用。《漢書·高帝紀第一下》："吾以羽檄徵天下兵，未有至者，今計唯獨邯鄲中兵耳。"晉以後詩文常用爲表現戰爭的典故。南朝梁劉勰《文心雕龍·移檄》："插羽以示迅，不可使辭緩。"元李翀《日聞錄》："魏武奏事，有急則以雞羽插木檄，謂之羽檄。《説文》云：檄以木簡爲之，長尺二寸。"按，漢代始有之。《後漢書·劉陶傳》："前遇張角之亂，後遭邊章之寇。每聞羽書告急之聲，心灼內熱，四體驚竦。"《後漢書·南匈奴傳贊》："匈奴既分，羽書稀聞。野心難悔，終亦紛紜。"唐李賢注："檄書有急，即插鳥羽其上也。"《三國志·魏

書·董昭傳》："時郡界大亂，賊以萬數，遣使往來，交易市賣。〔董〕昭厚待之，因用爲間，乘虛掩討，輒大克破，二日之中，羽檄三至。"晉傅玄《晉鼓吹曲·惟庸蜀》："擁衆數十萬，闚隙乘我虛。驛騎進羽檄，天下不遑居。"《舊唐書·陽惠元傳》："河南大擾，羽書警急。乃詔移京西戎兵萬二千人，以備關東。"唐高適《燕歌行》："校尉羽書飛瀚海，單于獵火照狼山。"《舊五代史·梁書·趙犨傳》："〔趙〕犨因令間道奉羽書，乞師於太祖。太祖素多犨之勇果，乃許之。"清汪楫《崇禎長編·三年五月》："惟是去歲窮年，辦鹵各道將紛馳如雨，但有入犯聲息，即令檄報飛馳。如西延慶漢四府，羽書旁午往來如織，各馬戶叫天無辜，謂從來所未有。"明阮大鋮《燕子箋·刺奸》："你看他翻身入，不轉頭，賊奴此時命合休。一紙檄書投，把機關早成就。"清吳偉業《丁石萊七十序》："適會京江告警，羽書狎至。"

【羽書】

即羽檄。此稱漢代已行用。見該文。

【檄書】[2]

即羽檄。此稱唐代已行用。見該文。

隕命

亦作"殞命"。作戰中俘獲敵國國君，以禮相待之儀。此稱先秦時期已行用。漢魏時亦藉用此稱以稱國君出降。《國語·晉語五》："靡笄之役也，郤獻子伐齊，齊侯來。獻之以得隕命之禮。"韋昭注："獻，致饗也，獻籩豆之數。如征伐所獲國君之獻禮也。以得，言不得也。伐國獲君，若秦獲晉惠，是爲隕命。"注又引《司馬法》曰："其有隕命，行禮如會，所爭義，不爭利也。"清沈廷芳《十三經注疏正字·春秋

左氏傳成公》引"卻獻子伐齊，齊侯來，獻之以得殞命之禮"，"隕"作"殞"。漢以後猶用此稱。《漢書·嚴助傳》："天誘其衷，閩王隕命。"後世多轉稱喪命爲"殞命"，與古義不同。

【殞命】

同"隕命"。此體先秦時期已行用。見該文。

面縛銜璧

亦稱"肉袒面縛""面縛輿櫬""面縛牽羊"。反綁雙臂（肉袒則爲袒露右臂）、口含玉璧，向勝利者臣服，爲亡國之禮。或兼帶"輿櫬"（棺材）以示罪該萬死、"牽羊"以示屈服之儀式。此稱先秦時期已行用。《左傳·僖公六年》："許男面縛銜璧，大夫衰絰，士輿櫬。楚子問諸逢伯，對曰：'昔武王克殷，微子啓如是。武王親釋其縛，受其璧而祓之，焚其櫬，禮而命之，使復其所。'楚子從之。"杜預注："縛手於後，唯見其面，以璧爲贄，手縛，故銜之。"《史記·宋微子世家》："周武王伐紂克殷，微子乃持其祭器造於軍門，肉袒面縛，左牽羊，右把茅，膝行而前以告。於是武王乃釋微子，復其位如故。"司馬貞索隱："肉袒者，袒而露肉也。面縛者，縛手於背而面向前也。"然此説後世多有異議。明梅鷟《尚書考異·泰誓上》："夫微子手縛于後，故以口銜璧，又焉得牽羊把茅，此皆史遷之妄耳。"明馬明衡《尚書疑義》卷三："微子之去，其義甚微，有難知者，故後世傳習，多爲異説。《左傳》謂'面縛輿櫬以見武王'，司馬遷又謂'抱祭器歸周'，此皆以後世之事而論古人也。"明楊于庭《春秋質疑》卷五："武王討紂之罪，何與微子而面縛輿櫬耶？左氏浮誇，此其驗矣。"清王夫之《尚書稗疏》卷四下："伐紂之師不按微境，諸侯之歸周者不但微子，又何面縛銜璧如逢伯之云耶！況其面縛牽羊，語自相悖，有如楊用修四手之笑者乎？"而作爲一種亡國之禮，先秦時期無疑已有之，後世遂沿襲。《晋書·武帝紀》："王濬以舟師至於建鄴之石頭，孫皓大懼，面縛輿櫬，降於軍門。濬仗節解縛焚櫬，送於京都。"晋傅玄《晋鼓吹曲·惟庸蜀》："逋虜畏天誅，面縛造壘門。"《資治通鑑·晋孝武帝太元元年》："秦兵至姑臧，〔張〕天錫素車白馬，面縛輿櫬，降於軍門。苟萇釋縛焚櫬，送於長安。"《舊唐書·王珂傳》："〔王〕珂欲面縛牽羊以見，〔朱〕溫報曰：'太師阿舅之恩，何時可忘耶！郎君若以亡國之禮相見，黄泉其謂我何？'"《周易·屯》"君子舍之，往吝窮也"清喬萊《易俟》卷二："窮者，智窮力竭，銜璧輿櫬、束手就縛之象也。"近現代戲劇中猶有其演義場面。京劇《哭祖廟》第五場："後主面縛輿櫬，出城投降。"

【肉袒面縛】

即面縛銜璧。此稱先秦時期已行用。見該文。

【面縛輿櫬】

即面縛銜璧。此稱先秦時期已行用。見該文。

【面縛牽羊】

即面縛銜璧。此稱先秦時期已行用。見該文。

振旅

軍隊出征凱旋或備戰練兵回歸時的班師禮。此稱先秦時期已行用。傳夏代大禹出征凱旋已行此禮。《書·禹謨》："禹拜昌言曰：'俞。'班師振旅。"孔傳："兵入曰振旅，言整衆。"商代卜辭亦有此稱。中國社會科學院歷史研究所《甲骨文合集》36426："丁丑王卜，貞：其振旅，囗（延）弋于盂，往來亡灾。王占曰：

吉。"周代，其禮更規範。《周禮·夏官·大司馬》"中春，教振旅"鄭玄注："凡師出曰治兵，入曰振旅。"其儀式，《詩·小雅·采芑》"伐鼓淵淵，振旅闐闐"毛傳："入曰振旅，復長幼也。"孔穎達疏引孫炎曰："出則幼賤在前，貴勇力也；入則尊老在前，復常法也。"《左傳·僖公二十八年》："七月丙申，振旅，愷以入于晉。獻俘授馘，飲至大賞，徵會討貳。"又同書《成公十六年》："韓之戰，惠公不振旅。"《漢書·陳湯傳》："臣與吏士共誅郅支單于，幸得禽滅，萬里振旅，宜有使者迎勞道路。"顏師古注："師入曰振旅。"《資治通鑑·漢孺子嬰初始元年》："王邑等還京師，西與王級等合擊趙朋、霍鴻。二月，朋等殄滅，諸縣悉平，還師振旅。"《晉書·杜預傳》："孫皓既平，振旅凱入。"北魏《魏使持節驃騎將軍冀州刺史尚書左僕射安樂王墓誌銘》："〔王詮〕以振旅之功，除使持節都督定州諸軍事平北將軍定州刺史。"唐皇甫冉《送袁郎中破賊北歸》詩："黃香省闥登朝去，楊僕樓船振旅歸。"清薛福成《庸盦筆記·述異·左侯相之夢》："設官置防，布置粗定，然後振旅入塞，返其故鎮。"

凱歌

亦作"愷歌"，亦稱"愷樂"。出征勝利歸來時喜慶奏樂的禮儀。此稱先秦時期已行用。凱歌之儀多在社廟進行。《周禮·夏官·大司馬》："若師有功，……愷樂獻於社。"鄭玄注："兵樂曰愷；獻於社，獻功於社也。《司馬法》曰：得意則愷樂、愷歌，示喜也。"又同書《春官·樂師》："凡軍大獻，教愷歌，遂倡之。"賈公彥疏："云大獻者，謂師克勝獻捷於祖廟也。云教愷歌者，愷謂愷詩。"又同書《春官·鎛師》："軍大獻，則鼓其愷樂。"賈公彥疏："軍大獻謂獻捷於祖，作愷歌亦以晉鼓鼓之。"戰國以後仍有此禮，然其儀已無此前之嚴格了。《宋史·樂志六》："歌於軍中，周之愷樂、愷歌是也。"《明史·樂志三》載"表正萬邦舞曲"："其二《武士嘆》：'……掃除殘甲如風蕩，凱歌傳四方，仁聖不殺降。'"清蔣元益《平定金川詩》六首之一："闐闐振旅凱歌陳，楊柳人歸正及春。"《皇朝通典·軍禮二》："上出黃幄，乘騎鐃歌鳴螺咸止，馬上凱歌樂作，奏《邕皇威之章》，在鹵簿前行。凱歌樂隨駕左右，行至黃新莊宮門外排立。"

【愷歌】

同"凱歌"。此體先秦時期已行用。見該文。

【愷樂】

即凱歌。此稱先秦時期已行用。見該文。

受降禮

獲勝者接受失敗方投降的禮儀。此稱先秦時期已行用。據周禮，戰敗方須衣喪服，奉神主，聽候戰勝方處置。《左傳·襄公二十五年》："陳侯使司馬桓子賂以宗器。陳侯免，擁社。"杜預注："免，喪服；擁社，抱社主，示服。"陸德明音義則謂"〔免〕音萬，喪冠也"。同書《襄公二十五年》又載："使其眾男女別而縶，以待于朝。子展執縶而見，再拜稽首，承飲而進獻。子美入數俘而出。祝祓社，司徒致民，司馬致節，司空致地，乃還。"大意是，鄭攻克陳國，陳國君衣喪服，奉神主，讓男女臣民繫上繩索，等候鄭主帥。鄭主帥不失臣子之禮，奉觴向陳侯進酒共飲。清點俘虜人數，并不押走，命其主政各官安定百姓，祇毀掉陳國宗室社廟而已。又《左傳·僖公六年》載楚國戰勝許國，"許男面縛銜璧，大夫衰絰，士輿櫬"，楚"武王親釋其縛，受其璧而被之，焚其櫬，禮而命之，使復其所"。此可見春秋受降禮之一斑。戰國以後受降禮已不完全按周禮方式，對失敗一方多有欺辱甚至殘害之舉，白起坑殺趙降卒四十萬，項羽坑殺秦降卒十萬，是其例。《漢書·武帝紀》載太初元年（公元前104），"遣因杅將軍公孫敖築塞外受降城"；《後漢書·光武帝紀上》載劉秀先後於館陶、蒲陽大戰銅馬軍，"悉破降之，封其渠帥爲列侯"，"衆遂數十萬"。可見受降儀漢代亦盛行。後世因之。《宋史·禮志二十四》詳載受降禮："太祖平蜀，孟昶降，詔有司約前代儀制爲受降禮。昶至前一日，設御坐仗衛於崇元殿，如元會儀。至日，大陳馬步諸軍於天街左右，設昶及其官屬素案席褥於明德門外，表案於橫街北。通事舍人引昶及其官屬素服紗帽北向序立。昶跪奉表授閤門使，復位待命。表至御前，侍臣讀訖，閤門使承旨出。昶等俯伏。通事舍人掖昶起，官屬亦起，宣制釋罪，昶等再拜呼萬歲。衣庫使導所賜襲衣、冠帶陳於前，昶等又再拜跪受，改服乘馬，至升龍門下馬，官屬至啓運門下馬，就次。帝常服升坐，百官先入起居，班立。閤門使引昶等入，舞蹈拜謝。召昶升殿，閤門使引自東階升，宣撫使承旨安撫之。昶至御坐前，躬承問訖，還位，與官屬舞蹈出。中書率百官稱賀，遂宴近臣及昶於大明殿。"《明史·禮志十一》載軍禮中的受降禮："洪武四年七月，蜀夏明昇降表至京師，太祖命中書集議受降禮。省部請如宋太祖受蜀主孟昶降故事。"

獻馘

作戰勝利後向君王及宗廟報捷，獻上殺死之敵的耳朵或頭顱的禮儀。此稱先秦時期已行用。"馘"原指割下的敵方被殺人員的左耳，隋唐以後多指首級。西周宣王時期青銅禮器《虢季子白盤》銘文："桓桓子白，獻馘于王。"《詩·魯頌·泮水》："明明魯侯，克明其德。既作泮宮，淮夷攸服。矯矯虎臣，在泮獻馘。淑問如皋陶，在泮獻囚。"鄭玄箋："馘，所格者之左耳。……囚，所虜獲者。"《左傳·僖公二十二年》："楚子使師縉示之俘馘。"杜預注："俘，所得囚；馘，所截耳。"《三國志·魏書·武帝紀》："獻馘萬計。"《隋書·高祖紀》："〔開皇九年〕夏四月己亥，幸驪山，親勞旋師。乙巳，三軍凱入，獻俘於太廟。"唐陳子昂《奏白鼠表》："執馘獻俘，期在不遠。"《資治通鑑·唐玄宗開元十九年論》："古者有發，則命大司徒教士以車甲，嬴股肱決射御。受成獻馘，莫不在學，所以然者，欲其先禮義而後勇力也。"《新五代史·雜傳·安重榮》："重威使人擒之，斬首以獻，高祖御樓受馘，命漆其首送于契丹。"《宋史·禮志二十四》："四月三日，禮部太常寺條具獻馘典故，俟逆〔吳〕曦首函至日，臨安府差人防守，殿前司差甲士二百人同大理寺官監引赴都堂審驗。奏獻太廟、別廟差近上宗室南班，奏獻太社、太稷差侍從官，各前一日赴祠所致齋，至日行奏獻之禮。大理寺、殿前司計會行禮時刻，監引首函設置以俟。奏獻禮畢，梟於市三日，付大理寺藏於庫。"明胡居仁《易象抄》卷七："世或獻馘獻囚，盛張功伐，聖人以爲大無功。"

獻俘

亦稱"獻囚"。作戰勝利後向君王及宗廟報捷時獻上俘虜之敵及戰利品的禮儀。此稱先秦時期已行用。《詩·魯頌·泮水》：“淑問如皋陶，在泮獻囚。”鄭玄箋：“囚，所虜獲者。”《左傳·僖公二十二年》：“楚子使師縉示之俘馘。”杜預注：“俘，所得囚。”又同書《僖公二十八年》：“楚師敗績。……獻楚俘于王，駟介百乘，徒兵千。”唐陳子昂《奏白鼠表》：“執馘獻俘，期在不遠。”《宋史·禮志二十四》詳載獻俘儀式：“嶺南平，劉鋹就擒，詔有司撰獻俘禮。鋹至，上御明德門，列仗衛，諸軍、百官常服班樓前。別設獻俘位於東西街之南，北向；其將校位於獻俘位前，北上西向。有司率武士繫鋹等白練，露布前引。至太廟西南門，鋹等並下馬，入南神門，北向西上立，監將校官次南立。俟告禮畢，於西南門出，乘馬押至太社，如上儀。乃押至樓南御路之西，下馬立俟。獻俘將校，戎服帶刀。攝侍中版奏中嚴，百官班定；版奏外辦，帝常服御坐。百官舞蹈起居畢，通事舍人引鋹就獻俘位，將校等詣樓前舞蹈訖，次引露布案詣樓前，北向，宣付中書、門下，如宣制儀。通事舍人跪受露布，轉授中書，門下轉授攝兵部尚書。次攝刑部尚書詣樓前跪奏以所獻俘付有司。上召鋹詰責，鋹伏地待罪。詔誅其臣龔澄樞等，特釋鋹縛與其弟保興等罪，仍賜襲衣、冠帶、靴笏、器幣、鞍馬，各服其服列謝樓下。百官稱賀畢，放仗如儀。”明胡居仁《易象抄》卷七：“世或獻馘獻囚，盛張功伐，聖人以為大無功。”《明史·職官志》：“尚書掌天下禮儀，祭祀、宴饗、貢舉之政，令侍郎佐之儀……若經筵、日講、耕耤、視學、策士、傳臚、巡狩、親征、進曆、進春、獻俘奏捷。”又同書《黃龍傳》：“獻俘於朝，帝大喜，磔〔毛〕承祿等，傳首九邊。”《皇朝通典·軍禮二》：“雍正二年，命將討平青海，解送俘囚至京師。擇日獻俘於太廟、社稷。”

【獻囚】

即獻俘。此稱先秦時期已行用。見該文。

黃冊

每年秋讞，即皇帝秋審命案時，呈送皇帝定奪是否執行死刑的刑事人員名冊。此稱清代已行用。此稱原是明朝為核實戶口、徵調賦役而製成的戶口版籍，清代因藉作呈皇帝過目的要犯花名冊。乾隆七年（1742）內廷大學士鄂爾泰等奉旨編纂的《國朝宮史·典禮一·禮儀上》記“勾到儀”，載其事曰：“歲秋讞，九卿會議以聞，得旨情實人犯，著覆奏內閣，按省分遠近，定期請旨（朝審由欽天監擇日，內閣奏聞請旨）。既允行，刑部預進各省情實人犯黃冊，各道御史進覆奏本。”太監提前在乾清門外懋勤殿設二低案，其中前案置黃冊，右案置硃筆、硃硯。巳時，皇帝素服升座，內閣學士一人捧名單匣至皇帝前之案前跪下，大學士捧覆奏本匣至右案跪下。皇帝賜坐。“內閣學士啟匣，以次舉名，奏請皇帝展閱黃冊（大學士等各展閱所攜手摺），詳酌宥否。其予勾者，大學士舉硃筆加勾。既畢，內閣學士斂名摺於匣，大學士捧勾到覆奏本於匣，偕眾退。皇帝還便殿。紅本處收黃冊。大學士以勾到本授紅本處批發（其朝審勾到本徑交刑部）。”清吳振棫《養吉齋叢錄》卷六亦記黃冊定案之制：凡死罪案，由地方逐級上報，直至中央刑部。“刑部核之，九卿科道簽商、面摺、定議上聞。又下科臣覆奏，始擇期勾到。……案置黃冊，……滿閣學一人跪讀本案前。上升座，閱黃冊。”滿閣學一人啟奏某省某人某案，皇帝定案，“法無可貸者，秉筆之大學士以硃筆勾其姓名”；情有可原者免勾。然後依次審下一案，“上論諭如前。以次勾畢，大學士捧黃册退”。按，古人認爲秋季主殺，漢董仲舒《春秋繁露・四時之副》曰：“天之道，春暖以生，夏暑以養，秋清以殺，冬寒以藏。……罰爲秋，刑爲冬。”因此歷代帝王多以秋後問斬。一般案犯死刑通常在秋天霜降以後、冬至以前執行。清代承此制，黃册即爲清帝定人存亡的生死簿。然《清會典・宗人府》所謂“黃檔房，掌書黃册、紅册”，其中黃册乃指宗人府記載宗室的户籍簿，屬另一性質，與刑罰黃册無關。人之生死，決於彼時皇帝的一念之間，此亦皇帝生殺予奪專制權力的一種體現。清亡，黃册不復存。

田獵

亦稱“甸”“畋”“校獵”，省稱“田”。各級貴族在野外狩獵的禮儀。此稱先秦時期已行用。《周易・巽》：“六四，悔亡，田獲三品。象曰：田獲三品，有功也。”孔穎達疏：“取譬田獵能獲，而有益莫善三品。”《周禮・夏官・大司馬》記田獵以練兵、祭祀甚詳：“教振旅，司馬以旗致民，平列陳，如戰之陳”，四季分別進行“蒐田”“苗田”“獮田”“狩田”，既“教治兵”“修戰法”，又獻禽獸以“祭社”“享礿”“祀祊”，“致禽鱐獸于郊，入獻禽以享烝”。表明田獵禮本質上是寓兵於農，寓戰於獵，訓練兵士，强化戰備，并爲祭祀和宴飲提供美味。《穀梁傳・桓公四年》：“四時之田，皆爲宗廟之事也。春曰田，夏曰苗，秋曰蒐，冬曰狩。”《太平御覽》卷八三二引漢班固《白虎通》亦云：“王者諸侯所以田獵者何？爲田除害，上以供宗廟，下以簡集士衆也。”然田獵有時令限制。《禮記・月令》規定：孟春之月“田獵罝罘、羅網、畢翳、餧爲獸之藥，毋出九門”；孟夏之月“驅獸毋害五穀，無大田獵”。《吕氏春秋・義賞》：“竭澤而漁，豈不獲得，而明年無魚；焚藪而田，豈不獲得，而明年無獸。”《韓非子・説難》亦云：“焚林而田，偷取多獸，後必無獸。”田獵與出征一樣，開始之前要先進行宗廟祭祀。《周禮・春官・肆師》：“凡師甸，用牲于社宗。”賈公彦疏：“師謂出師征伐，甸謂四時田獵。”田獵禮歷代因之。劉信芳、梁柱《云夢龍崗秦簡》（科學出版社1997年版，第37頁）載秦簡：“廿四年正月甲寅以來，吏行田……”《簡牘學研究》第一輯（甘肅人民出版社1996年版）載胡平生《云夢龍崗秦簡考釋校證》：“‘行田’即行獵，是進行田獵的意思。”亦稱“畋”。漢司馬相如《子虚賦》：“楚使子虚使於齊。王悉發車騎，與使者出畋。”司馬彪注：“畋，獵也。”按，《漢書・司馬相如傳》引《子虚賦》，“畋”作“田”。顔師古注：“田，獵也。”此禮後世沿襲。唐杜佑《通典・職官十五》：“司兵參軍……大唐掌軍防烽、驛傳、送馬、門禁、田獵、儀仗之事。”《宋史・禮志二十四》：“太祖建隆二年，始校獵於近郊。先出禁軍爲圍場，五坊以鷙禽細犬從。帝親射走兔三，從官貢馬稱賀。其後多以秋冬或正月田於四郊。”又：“陛下暫幸近郊，順時田獵，取鮮殺而登廟俎，所以昭孝德也。”《清史稿・禮志九》：“是因治兵、振旅、茇舍、大閱之教，而寓蒐、苗、獮、狩之儀，以爲社、礿、祊、烝之祭。如是，則講武爲有名，而殺獸爲有禮。”

【甸】

即田獵。同"田"。此稱先秦時期已行用。見該文。

【畋】

即田獵。同"田"。此稱漢代已行用。見該文。

【田】

"田獵"之省稱。此稱先秦時期已行用。見該文。

【校獵】

即田獵。此稱先秦時期已行用。見該文。

【蒐田】

即田獵。此稱先秦時期已行用。《詩・召南・騶虞》毛序:"天下純被文王之化,則庶類蕃殖,蒐田以時,仁如騶虞,則王道成也。"陸德明音義:"蒐,所留反。春獵爲蒐,田獵也。杜預云:蒐,索,擇取不孕者也。《穀梁傳》云:四時之田,春曰田,夏曰苗,秋曰蒐,冬曰狩。"《三國志・魏書・明帝紀》:"改太和曆曰景初曆。其春夏秋冬孟仲季月雖與正歲不同,至於郊祀迎氣、祐祠蒸嘗、巡狩蒐田、分至啓閉、班宣時令、中氣早晚、敬授民事,皆以正歲斗建爲曆數之序。"清顧棟高《春秋大事表・自序》:"郊、禘、社、雩,崩、薨、卒、葬,蒐田、大閱、會盟、聘享、逆女、納幣,列吉、凶、賓、軍、嘉五禮以紀。"

逐禽左

駕車從禽獸左邊射之之禮。此稱先秦時期已行用。因田獵所得上等禽獸,常用以祭祀,而周人祭祀,輒將牲體右側朝上,射禽獸左側,可保證右側完整,以示對神靈虔敬。《周禮・地官・保氏》"四曰五馭"鄭玄注:"鳴和鸞,逐水曲,過君表,舞交衢,逐禽左。"一說"逐

禽左"是駕車驅禽獸,使其左邊面對人君以便其射。上文賈公彥疏:"謂御驅逆之車逆驅禽獸,使左當人君以射之,人君自左射。"此說衹能說是"逐禽左"之過程,并非其根本目的。《詩・秦風・駟驖》:"公曰左之,舍拔則獲。"鄭玄箋:"左之者,從禽之左射之也。"段昌武集解引朱熹曰:"公曰左之者,命御者使左其車,以射獸之左也。蓋射必中其左,乃爲中殺。五御所謂逐禽左者,爲是故也。"胡承珙《毛詩後箋》卷一一引《毛詩明辨錄》:"逐禽左者,逆驅禽獸,使左當人君以射之。夫周人尚右,何以射獸必左,乃爲中殺?蓋射必有傷,以實鼎俎,近於不虔;殺其左而右體俱整,仍是尚右之意。"

上殺

各級貴族狩獵活動中對禽獸的上等射殺法,指箭從禽獸左膘(小腹部)射入,穿心臟達於右肩胛。上殺之禽獸死得快,用作宗廟祭祀。此稱先秦時期已行用。《穀梁傳・桓公四年》:"四時之田用三焉,唯其所先得。一爲乾豆……"范甯集解:"上殺中心,死速,乾之以爲豆實,可以祭祀。"《詩・小雅・車攻》毛傳:"自左膘而射之,達于右隅,爲上殺;射右耳本次之;射左髀,達于右,爲下殺。"《周易・巽》"田獲三品"唐李鼎祚集解:"一爲乾豆,二爲賓客,三爲充君之庖。注云上殺中心,乾之爲豆實;次殺中髀骼,以供賓客;下殺中腹,充君之庖厨,尊神敬客之義也。"宋范處義《詩補傳》卷一七:"一曰乾豆,謂以上殺爲豆實,以供宗廟。……自左膘射之,達于右隅,爲上殺。……以死之速爲上,遲爲下故也。"

中殺

各級貴族狩獵活動中對禽獸的中等射殺法，其方式一説射禽獸右耳根致死，一説射禽獸左髀（即股骨）。中殺之禽獸用於宴饗賓客。此稱先秦時期已行用。《詩·小雅·車攻》毛傳：“自左膘而射之，達於右腢，爲上殺；射右耳本次之。”《穀梁傳·桓公四年》：“四時之田用三焉，唯其所先得。一爲乾豆，二爲賓客……”范甯集解：“次殺射髀髂，死差遲。”楊士勛疏：“何休云，自左膘射之，達於右脾。遠心，死難。故爲次殺。毛傳云次殺者，射右耳本次之。今注云射髀髂，則與彼異也。”沈彤《釋骨》云：“自兩髂而下，在膝以上者，曰髀骨，曰股骨。”《周禮·夏官·田僕》“令獲者植旌及獻比禽”清代《欽定周官義疏》卷三二注：“比禽謂比次所獻禽種物各相從，且別其上殺、中殺、下殺也。”

下殺

貴族狩獵中對禽獸的下等射殺法，指射中禽獸下腹部。所殺禽獸供公家庖廚。此稱先秦時期已行用。《詩·小雅·車攻》毛傳：“射左髀，達於右，爲下殺。”《穀梁傳·桓公四年》：“四時之田用三焉，唯其所先得。……三爲充君之庖。”范甯集解：“下殺，中腸污泡，死最遲。先宗廟，次賓客，後庖廚。尊神敬客之義。”宋范處義《詩補傳》卷一七：“以下殺充庖厨。……下殺，謂自左股外達右脇也。以死之速爲上，遲爲下故也。”

詭遇

不按禮法的射獵。此稱先秦時期已行用。《孟子·滕文公下》：“吾爲之範我馳驅，終日不獲一；爲之詭遇，一朝而十獲。”趙岐注：“橫而射之曰詭遇。”所謂不按禮法，宋范處義《詩補傳》卷一七舉有數例：“面傷不獻，謂射中面者；踐毛不獻，謂在傍逆射者；不成禽不獻，謂傷小弱者。禽雖多，擇取三十焉，謂每禽取三十，其餘以與大夫、士以習射于澤宮。田雖多得禽，射中則得取禽。古者以辭遜取，不以勇力取故也。”《詩·小雅·采芑》“四黃既駕，兩驂不猗，不失其馳，舍矢如破”元朱公遷《詩經疏義會通》卷一〇引蘇氏曰：“不善射御者，詭遇則獲；不然，不能也。今御者不失其馳驅之法而射者舍矢如破，則可謂善射御矣。”

珥

田獵禮儀活動中割下的野獸左耳，以計擒獲之數。此稱先秦時期已行用。《周禮·地官·山虞》：“若大田獵，……植虞旗於中，致禽而珥焉。”鄭玄注：“令獲者皆致其禽而校其耳，以知獲數也。”鄭司農云：“珥者，取禽左耳以效功也。”

射禮

將射箭活動融入君臣、長幼、貴賤含義，以塑造人的君子人格和道德風尚的禮儀。屬於五禮中的嘉禮。此稱先秦時期已行用。《儀禮·鄉射禮》鄭玄《目録》云：“射禮於五禮屬嘉禮。”《禮記·射義》：“言君臣相與盡志於射，以習禮樂，則安則譽也。”《論語·八佾》：“君子無所爭，必也射乎！揖讓而升，下而飲，其爭也君子。”可知射禮有敦教化之功能。商代已有射牲之禮。楊樹達《卜辭瑣記·射牢》引有一片卜辭云：“其射二牢，惟尹？”《漢書·匈奴傳》顏師古注引韋昭曰：“射禮，三而止，每射四矢。”元陳師凱《書蔡氏傳旁通》卷一下載先秦射禮之制：“〔大射〕此祭祀之射也。其次有賓射：諸侯來朝，天子入而與之射；或諸侯相朝而與之射。其次爲燕射：謂燕息而與之射也。天子諸侯大夫三射皆具，惟士無大射而有賓射、燕射。三射之外，又有鄉射：鄉大夫貢賢能之後，行鄉射之禮而詢衆庶。又有州長射：于州序，其侯並同賓射之法。"歷代射禮屢有興廢。唐杜佑《通典·禮三十七》："〔開元二十一年八月〕敕下大射……其三九射禮即宜依舊遵行。以今年九月九日賜於安福樓下，其射侯儀，具開元禮。自此以後，其禮又息。"唐孫樵《讀開元雜報》："又嘗入太學，見叢蕞負工而起若皇堂者，就視得石刻，乃射堂舊址。則射禮廢已久矣。"清代《皇朝通典·軍禮二》："又巡幸所至，閱射頒賞，并定十五善射之制。皆於習勤示惠之中，寓序賢選能之意，視古射禮爲益精矣。"既練習射藝，又選賢與能，亦可見射禮內涵之豐。

東漢射士畫像磚
（四川德陽出土）

大射

天子、諸侯、卿大夫各自所主持的射禮。後世主要指天子主持下與大臣進行的射禮。參與射者人數較多。屬五禮中之嘉禮。此稱先秦時期已行用。西周青銅器銘文多稱天子射禮爲大射，而《周禮》等文獻所載則天子、諸侯、卿大夫射禮均可稱大射。《文物》1998年第9期載西周《柞伯簋》銘文曰："佳（惟）八月辰才（在）庚申，王大射才（在）周。"《周禮·天官·司裘》："王大射，則共虎侯、熊侯、豹侯，設其鵠。"鄭玄《目録》云："名曰大射者，諸侯將有祭祀之事，與其群臣射以觀其禮。數中者，得與於祭，不數中者，不得與於祭。"此説可商榷，孫希旦《禮記集解》卷六〇已駁之。清金鶚《求古録禮説·大射説》："其事所該甚廣，與射之人甚衆，而天子亦必親爲之，大於賓射、燕射、鄉射，所以名大也。"《資治通鑑·漢孺子嬰居攝元年》："春正月，王莽祀上帝於南郊，又行迎春、大射、養老之禮。"大射常在太學舉行。袁宏《後漢紀·孝明帝紀上論》："上初禮于學，臨辟雍，行大射禮；使天下郡國行鄉飲酒禮于學校。"唐孫樵《讀開元雜報》："又嘗入太學，見叢蕞負工而起若皇堂者，就視得石刻，乃射堂舊址。則射禮廢已久矣。國家安得行大射禮邪！"宋章如愚《群書考索·禮門·射類》："宋朝《淳化大射圖》：五年九月中書門下獻大射圖。先是，上有意於大射，詔有司講求典故，自《周官》射禮及開元、開寶禮，斟酌損益，草定其儀，大約如朝謁元會之禮。"清查繼佐《罪惟録·禮志》："洪武三年五月，詔行大射禮。上以先王大射禮廢，弧矢唯武夫習之，而文士不果解。命太學及郡州縣各學諸生，以時肄習。"

賓射

宴樂時舉行的射箭禮，爲融洽賓主關係的娛樂比賽。此稱先秦時期已行用。《周禮·春官·大宗伯》："以賓射之禮，親故舊朋友。"賈公彥疏："以此賓射之禮者，謂行燕飲之禮，乃與之射，所以申歡樂之情。故云親故舊朋友也。"《詩·小雅·賓之初筵》"賓之初筵，左右秩秩"鄭玄箋："射禮有三：有大射、有賓射、有燕射。"《論語·八佾》"射不主皮"何晏集解："馬融曰：射有五善焉。一曰和志，體和也；二曰和容，有容儀也；三曰主皮，能中質也；四曰和頌，合雅頌也；五曰興儛，與舞同也。"元陳師凱《書蔡氏傳旁通》卷一下："〔大射〕此祭祀之射也。其次有賓射：諸侯來朝，天子入而與之射；或諸侯相朝而與之射。"

燕射

行燕饗飲食禮後舉行的射藝。用意在於娛樂賓客、融洽氣氛。此稱先秦時期已行用。《禮記·射義》："古者諸侯之射也，必先行燕禮；卿大夫士之射也，必先行鄉飲酒之禮。燕禮者，所以明君臣之義也；鄉飲酒之禮者，所以明長幼之序也。"《詩·小雅·賓之初筵》"大侯既抗，弓矢斯張"毛傳："大侯，君侯也；抗，舉也。有燕射之禮。"《儀禮·鄉射禮》"君國中射，則皮樹中，以翻旌獲，白羽與朱羽糅"鄭玄注："國中，城中也，謂燕射也。"《周禮·春官·樂師》："燕射，帥射夫以弓矢舞，樂出入，令奏鐘鼓。"《穀梁傳·襄公二十四年》"弛侯"范甯集解："弛，廢也。侯，射侯也。廢侯不燕射。"楊士勛疏："燕則因歡燕而爲射。既國大饑，君不宜燕樂，故注舉燕射言之，其實尚不祭鬼，神亦不應有大射賓射之禮，故傳以弛侯總之。或以爲燕射一侯，禮最省，故舉之以明餘者亦不爲之耳，理亦通之。"

鄉射

地方上通過射禮選賢能的儀式。此稱先秦時期已行用。此本周禮，後世亦模仿之。《儀禮·鄉射禮》鄭玄《目錄》云："州長春秋以禮會民，而射於州序之禮。謂之鄉者，州鄉之屬。……射禮於五禮屬嘉禮。"又《儀禮·鄉射禮》"鄉射之禮"鄭注："今郡國行此禮以季春。周禮，鄉老及鄉大夫三年正月獻賢能之書於王，退而以鄉射之禮，五物詢衆庶。"《王隱晋書·逸民傳·索襲》（見清湯球輯《九家舊晋書輯本》）："〔陰〕澹欲行鄉射之禮，請〔索〕襲爲三老。"《續通典》卷九一載宋代朝會樂云："古之鄉射禮，三笙一和而成聲，謂三人吹笙，一人吹和。今朝會作樂，丹墀之上巢笙和笙各二人，其數相敵，非也。蓋鄉射乃列國大夫、士之禮，請增倍爲八人，丹墀東西各三巢，一和其六。"鄉射禮，後世雖曰模仿，然多雜以後人揣測，故亦難成定制。明方孝孺《好古齋記》："爲州閭隣里之法以治其情，爲鄉飲鄉射之法以勉其怠，爲冠昏喪祭之法以厚其倫，而今之行者寡矣。"

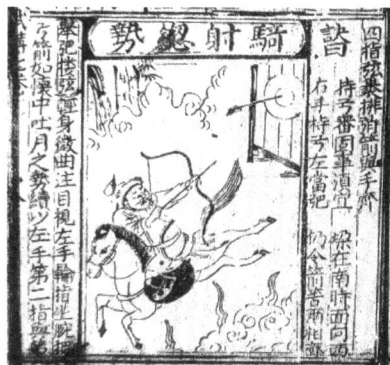

騎射要領
（明《文林妙錦萬寶全書·武備門》）

五射

射箭禮儀。有五種射藝和要求，爲培養學子的"六藝"之一。此稱先秦時期已行用。《周禮·地官·保氏》："養國子以道，乃教之六藝：……三曰五射……"鄭司農注："五射：白矢、參連、剡注、襄尺、井儀也。"賈公彥疏：
"云白矢者，矢在侯而貫侯過，見其鏃白；云參
連者，前放一矢，後三矢連續而去也；云剡注
者，謂羽頭高而鏃低而去，剡剡然；云襄尺者，
臣與君射，不與君並立，襄君一尺而退；云井
儀者，四矢貫侯，如井之容儀也。"《禮記·少
儀》："士依於德，游於藝。"鄭玄又注："藝，
六藝也。一曰五禮、二曰六樂、三曰五射、四
曰五御、五曰六書、六曰九數。"後世雖亦時
有模仿此法，然多形式而已。清代程同文《閩
校射御闈有期用前韻勖習謝諸友》詩，有"五
射周人貢舉由，有如對策勝其儔"句，即譏其
"于古事非相馬牛"（清梁章鉅《樞垣記略》卷
二一引）。

射宮

亦稱"射堂"。教授與選能的學宮。通常
在此以射禮選賢。此稱先秦時期已行用。《禮
記·射義》："諸侯歲獻貢士於天子，天子試之
於射宮。……中多者，得與於祭。"《周禮·夏
官·大司馬》："若大射則合諸侯之六耦"鄭玄
注："大射，王將祭射於射宮，以選賢也。""射
宮"亦稱"某射"（即"某榭"）。《春秋·宣公
十六年》"成周宣榭火"李明復《春秋集義》卷
三四引胡安國注："古者爵有德，祿有功，必於
太廟，示不敢專也。榭者，射堂之制，其堂無
室，以便射事。故凡無室者皆謂之榭。宣王之
廟謂之榭者，其廟制如榭也。"宋呂大臨《考古
圖》卷三所收錄之"鄘敦"，有銘文"丁亥，王
各（格）于宣射（榭）"，呂氏曰："宣榭者，蓋
宣王之廟也。榭，射堂之制也。……古射字，
執弓矢以射之象，因名其堂曰射（音謝，後從
木）。其堂無室，以便射事，故凡無室者皆謂之
木。

榭。宣王之廟制如榭，故謂之宣榭。"《唐開元
禮·軍禮》有"皇帝射於射宮"條。後世又稱
"射堂"。唐孫樵《讀開元雜報》："又嘗入太學，
見叢蠹負工而起若皇堂者，就視得石刻，乃射
堂舊址。則射禮廢已久矣。"

【射堂】

即射宮。此稱唐宋時期已行用。見該文。

大射正

負責君主與諸侯舉行大射禮儀的職官。此
稱先秦時期已行用。《儀禮·大射儀》"大射正
擯"鄭玄注："大射正，射人之長。"按，射人
指負責各類射箭禮儀的官職，大射正為其長官。
《周禮·夏官·射人》："王射，則令去侯立于
後，以矢行告；卒，令取矢。"鄭玄注："鄭司
農云：射人主令人去侯所，而立于後也，以矢
行告。射人主以矢行高下左右告于王也。《大射
禮》曰：大射正立于公後，以矢告于公，下
曰留，上曰揚，左右曰方。"表明射禮進行時，
有射人避於靶子後面，觀察射箭狀況；大射正
則站在君主、諸侯身後，根據射人的報告而提
示君主和諸侯所射的箭離靶心的上下左右距離。

司射

為主人管理射儀的小吏。此稱先秦時期已
行用。《儀禮·鄉射禮》："司射適堂西，袒決
遂，取弓于階西，兼挾乘矢，升自西階。階上
北面，告於賓曰：弓矢既具，有司請射。"鄭玄
注："司射，主人之吏也。"賈公彥疏："大射，
諸侯禮有大射正為長，射人次之，司射又次之，
小射正次之，皆是士為也。"

侯

亦作"矦"。射禮所用的布靶。此稱先秦時
期已行用。《小爾雅·廣器》："射有張布謂之

侯。”“矦”爲“侯”之本字。《説文·矢部》：“矦，春饗所射侯也。从人从厂，象張布，矢在其下。……矦，古文侯。”《儀禮·大射》“司馬命量人量侯道與所設乏”鄭玄注：“侯謂所射布也。”《詩·小雅·賓之初筵》“大侯既抗，弓矢斯張”毛傳：“大侯，君侯也；抗，舉也。”鄭玄箋：“舉者，舉鵠而棲之於侯也。……天子諸侯之射，皆張三侯，故君侯謂之大侯。”侯分不同種類，用於不同的射禮場合。《周禮·天官·司裘》：“王大射，則共虎侯、熊侯、豹侯，設其鵠；諸侯，則共熊侯、豹侯；卿大夫，則共麋侯。皆設其鵠。”以上述動物之皮裝飾侯的兩側，中間亦以獸皮爲鵠作準心。《周禮·考工記·梓人》“張皮侯而棲鵠”鄭玄注：“皮侯，以皮所飾之侯。”賈公彦疏：“天子三侯，用虎、熊、豹皮飾侯之側，號曰皮侯。”《儀禮·鄉射禮·記》：“凡侯，天子熊侯，白質；諸侯麋侯，赤質；大夫布侯，畫以虎豹；士布侯，畫以鹿豕。凡畫者丹質。”鄭玄注：“此所謂獸侯也，燕射則張多。”然清孫詒讓《周禮正義》卷八二謂天子、諸侯之侯不畫獸頭，獸侯兼取獸皮及畫獸爲名。其説爲是。《考工記·梓人》又曰：“張五采之侯，則遠國屬。”鄭玄注：“五采之侯，謂以五采畫正之侯也。”《小爾雅·廣器》：“射有張布謂之侯。”宋咸注：“言布侯者，不采其地，直於其侯正面畫虎豹頭而已。”《論語·八佾》“射不主皮”何晏集解：“馬融曰……天子有三侯，以熊、虎、豹皮爲之。言射者不但，以中皮爲善。”漢王充《論衡·亂龍篇》：“名布爲侯，示射無道諸侯也。夫畫布爲熊麋之象，名布爲侯，禮貴意象，示義取名也。”明劉績《三禮圖》卷四：“凡侯有三：皮、布、獸。雖不同，而鵠則皆以皮爲之加于上。”要言之，皮侯以不去毛之獸皮飾侯兩側，獸侯是在侯正面畫虎豹鹿豕等獸首，采侯是以五彩色畫“正”（準心）之侯。後代仍沿襲射禮設侯。唐蕭嵩等撰《唐開元禮·軍禮·皇帝射於射宫》：“張熊侯，去殿九十步。”

【矦】

同“侯”。此體先秦時期已行用。見該文。

鵠

侯（布靶）中間的準心，以獸皮爲之。此稱先秦時期已行用。《詩·小雅·賓之初筵》“大侯既抗，弓矢斯張”毛傳：“大侯，君侯也；抗，舉也。”鄭玄箋：“舉者，舉鵠而棲之於侯也。”意爲侯中間之準心如鵠棲侯。《禮記·射義》“射者各射己之鵠”鄭康成亦曰：“鵠，鴻鵠也。小鳥難中，是以中之爲雋。”《周禮·考工記·梓人》：“梓人爲侯，廣與崇方，參分其廣，而鵠居一焉。……張皮侯而棲鵠。”所射準心又有“正”“的”等概念，《禮記·中庸》：“子曰：射有似乎君子失諸正鵠，反求諸其身。”鄭玄注：“畫布曰正，棲皮曰鵠。”《戰國策·齊策五》：“今夫鵠的非咎罪於人也，便弓引弩而射之，中者則善，不中則愧。”鮑彪注：“的即鵠也，所謂侯中。”《詩·齊風·猗嗟》：“終日射侯，不出正兮。”《小爾雅·廣器》：“侯中者謂之鵠，鵠中者謂之正，正方二尺。”宋咸注：“棲皮謂之鵠，方制獸皮貼於侯中，如鳥之棲木。”明周祈《名義考·人部·射侯正鵠》：“侯，其所射者也；正鵠，射之的也……三分侯中而正鵠居其一。”歷代對此衆説紛紜，一説鵠中有“正”，“正”中心又有“的”；一説皮侯準心稱“鵠”，布侯準心稱“正”；一説鵠、正、的爲同一物。射鵠之禮至清代猶沿襲。《鏡花緣》第七九回："張鳳雛道：'此地想是老師射鵠消遣去處，我們進去望望。'一齊走進。裏面五間敞廳，架上懸著許多弓箭，面前長長一條箭道，迎面高高一個敞篷，篷內懸一五色皮鵠。"

中

盛放用以計算射禮投壺所中數的算籌之器具。通常爲木質，刻成前足下跪的獸形，獸背有放算籌之孔。此稱先秦時期已行用。《儀禮·鄉射禮》："鹿中髹，前足跪，鑿背，容八算，釋獲者奉之，先首。"鄭玄注："前足跪者，象教擾之獸受負也。"《禮記·投壺》"司射奉中"孔穎達疏："其中之形，刻木爲之。狀如兕鹿而伏，背上立一圓圈以盛算。"中因等級不同而有別。《儀禮·鄉射禮》又曰："君國中射，則皮樹中，以翿旌獲，白羽與朱羽糅；於郊，則閭中，以旌獲；於竟，則虎中，龍旜。大夫兕中，各以其物獲。士鹿中，翿旌以獲。"皮樹、閭中皆爲奇獸，唯君可用皮樹中、閭中、虎中，大夫用兕（野牛）中，士用鹿中。

箙

亦作"服"，亦稱"步叉"。射禮中盛矢之器。此稱先秦時期已行用。《周禮·夏官·司弓矢》"中春獻弓弩，中秋獻矢箙"鄭玄注："箙，盛矢器也，以獸皮爲之。"《方言》卷九："所以藏箭弩謂之箙。"郭璞注："盛弩箭器也。"《説文·竹部》："箙，弩矢箙也。"段玉裁注："按本以竹木爲之，故字從竹。"而後多以動物皮爲之，且書作"服"。《詩·小雅·采薇》"四牡翼翼，象弭魚服"毛傳："魚服，魚皮也。"鄭玄箋："服，矢服也。"孔穎達疏："其矢則以魚皮爲服。"《國語·鄭語》"檿弧箕服，實亡周國"韋昭注："服，矢房。"隋唐時又稱"步叉"。《漢書·五行志下》"檿弧其服，實亡周國"唐顏師古注："服，盛箭者，即今之步叉也；其，草，似荻而細，織之爲服也。"明張岱《夜航船·兵刑部》："檿弧其服：檿，山桑也。木弓曰弧。服，盛箭具也。其草似荻，細織之，而爲服也。"

【服】

同"箙"。此體先秦時期已行用。見該文。

【步叉】

即箙。此稱隋唐時期已行用。見該文。

楅

射禮中盛矢之器。此稱先秦時期已行用。《儀禮·鄉射禮》："楅長如笴，博三寸，厚寸有半，龍首，其中蛇交，韋當，楅髹。"鄭玄注："兩端爲龍首，中央爲蛇身相交也。蛇龍，君子之類也。交者，象君子取矢於楅上也。直心背之衣曰當，以丹韋爲之。"後世沿襲其制。唐蕭嵩等撰《唐開元禮·軍禮·皇帝射於射宮》："張熊侯，去殿九十步；設乏於侯西十步、北十步……設五楅庭前少西（楅長七尺，博三寸，厚一寸，半龍首蛇身，所以委矢）。"《新唐書·禮樂志六》："張熊侯，去殿九十步，設乏於侯西十步、北十步。設五楅庭前少西。"《明集禮·軍禮三·大射》追述唐代射禮："唐制……陳侍射者弓矢於西門外，設五楅於庭前少西。陳賞物於東階下少東。皇帝觀射儀陳設，並如親射。"

櫜鞬

亦稱"韇""韇丸""櫝丸"。盛弓矢之器，射禮必用之。此稱先秦時期已行用。初稱"韇"，而春秋以後多稱"櫜鞬"，漢代稱"韇丸”或“櫝丸”。《國語·晋語四》：“若不獲命，其左執鞭弭，右屬櫜鞬，以與君周旋。”韋昭注：“櫜，矢房；鞬，弓弢也。”《儀禮·士冠禮》“筮人執筴抽上櫝兼執之”鄭玄注：“櫝，藏筴之器。今時藏弓矢者，謂之櫝丸也。”《左傳·僖公二十三年》“左執鞭弭，右屬櫜鞬”杜預注：“櫜以受箭，鞬以受弓。”孔穎達疏：“《詩》云‘載櫜弓矢’，則弓矢所藏，俱名櫜也。昭元年傳‘伍舉請垂櫜而入’，注云‘示無弓’，則櫜亦受弓之物。《方言》云：‘弓藏謂之鞬。’此櫜、鞬二物，必一弓一矢。以鞬是受弓，故云櫜以受箭，因對文而分之耳。”《廣韻·平元》：“鞬，馬上盛弓矢器。”《後漢書·南匈奴傳》曰：“今齎雜繒五百匹，弓鞬韇丸一，矢四發，遣遺單于。”可知“韇丸”“櫝丸”，既盛矢，亦納弓也。因此物收藏弓矢，故又在軍禮中作爲止干戈、停戰火之象徵。唐元稹《對才識兼茂明於體用策》：“我太宗文皇帝櫜鞬干戈。”《舊唐書·裴度傳》：“明日，〔裴〕度建彰義軍節，領洄曲降卒萬人繼進，李愬具櫜鞬，以軍禮迎度，拜之路左。”直至清代，此物猶在軍禮射禮中使用。清于敏中《日下舊聞考》卷七二引《大清會典》：“凡大閱，皇帝躬擐甲胄，御櫜鞬，巡閱軍營，登臺視操。”

【韇】

即櫜鞬。此稱先秦時期已行用。見該文。

【韇丸】

即櫜鞬。此稱漢代已行用。見該文。

【櫝丸】

即櫜鞬。同“韇丸”。此體漢代已行用。見該文。

弢

亦稱“韔”“韣”。盛弓的皮袋，射禮中常用之。以去毛熟治的獸皮爲之。此稱先秦時期已行用。《説文·弓部》：“弢，弓衣也。”段玉裁注：“《月令》曰‘帶以弓韣’，《少儀》曰‘弓則以左手屈韣執拊’，是又名韣而可屈，則以韋爲之也。”又《韋部》：“韔，弓衣也。”“韣，弓衣也。”可知三者爲同一物。《玉篇·弓部》“弢”字解釋與《説文》同。《廣韻·入燭》亦曰：“韣，弓衣。”《詩·秦風·小戎》：“蒙伐有苑，虎韔鏤膺。交韔二弓，竹閉緄縢。”毛注：“韔，弓室也。”又《小雅·采綠》：“之子于狩，言韔其弓。”孔穎達疏：“韔其弓謂射訖，與之弛弓，納于韔中也。”《禮記·檀弓下》：“工尹商陽與陳棄疾追吳師，及之。陳棄疾謂工尹商陽曰：‘王事也，子手弓而可。手弓，子射諸！’射之，斃一人，韔弓。又及，謂之，又斃二人。每斃一人，揜其目，止其御曰：‘朝不坐，燕不與，殺三人，亦足以反命矣。’孔子曰：‘殺人之中，又有禮焉。’”又同書《明堂位》：“是以魯君孟春乘大路，載弧韣，旂十有二旒，日月之章，祀帝於郊，配以后稷，天子之禮也。”又同書《月令》：“乃禮天子所御，帶以弓韣，授以弓矢，于高禖之前。”《吕氏春秋·仲春》亦有相同記載，漢高誘注曰：“韣，弓韜也。”《左傳·成公十六年》：“王召養由基，與之兩矢，使射吕錡，中項，伏弢。以一矢復命。”又：“石首曰：‘衛懿公唯不去其旗，是以敗于熒。’乃内旌于弢中。”後世猶用其稱。宋陸游《九月十六日夜夢駐軍覺而有作》詩：“將軍櫪上汗血馬，猛士腰間虎文韔。”

【鞁】

即弢。此稱先秦時期已行用。見該文。

【韇】

即弢。此稱先秦時期已行用。見該文。

乏

亦稱"容""防"。射禮進行時唱射者避箭之物。狀如屏風，以皮革爲之。此稱先秦時期已行用。《儀禮・鄉射禮》："乏參侯道，居侯黨之一，西五步。"又同書《大射儀》："命量人量侯道與所設乏，……設乏各去其俟西十北十……凡乏用革。"鄭玄注："容謂之乏，所以爲獲者之御矢。"《爾雅・釋宮》"容謂之防"郭璞注："形如今床頭小曲屏風，唱射者所以自防隱。"唐蕭嵩等撰《唐開元禮・軍禮・皇帝射於射宮》："張熊侯，去殿九十步；設乏於侯西十步、北十步（乏，侯邊避矢物，以革爲之，高廣七尺。先有垛爲之則不須更設）。"

【容】

即乏。此稱漢代已行用。見該文。

【防】

即乏。此稱漢代已行用。見該文。

藉田

亦作"耤田""籍田"。帝王親自祭祀農神，并至農田象徵性耕作以勸農之禮。此稱先秦時期已行用。關於"藉田"之"藉"的含義，諸説不一。應劭謂帝王典籍之慣例，臣瓚、顏師古謂躬親，鄭玄、許慎、韋昭謂藉民之力（應劭亦有此説，詳後），清段玉裁注《説文・耒部》"耤"，則謂以上諸説"皆非也。親耕不能終事，故借民力而謂之藉田。言藉者，歉然，於當親事而未能親事也"。周祈訓耤爲鋤，服虔、盧植釋藉爲耕。按，服、盧之説近

之。耤、藉、籍三字相通。《説文・耒部》"耤，帝耤千畝也。古者使民如借，故謂之耤"（此據孫星衍覆刻宋本《説文》，而經韵樓段注初刻本《説文》"故謂之耤"作"故謂之藉"，疑誤）。清王先謙據《説文》補注《漢書・文帝紀》"開藉田"時認爲："據注，應〔劭〕本作藉，韋〔昭〕本作籍，當正作耤。"明周祈《名義考・地部・耤田》："按《玉篇》'鋤，耤也'，天子親耕有事於鋤，故曰耤田。盧植曰：'藉，耕也。'引《左傳》'郮人藉耕'，意雖得而字不免於誤。"按，今本《玉篇・金部》"鋤"未作"耤"解，而《耒部》"耤"訓"借"，不言"鋤"；《左傳》原文爲郮人"藉稻"，非"藉耕"，然二者義同爾。其餘諸説見《漢書・文帝紀》："夫農，天下之本也。其開藉田，朕親率耕，以給宗廟粢盛。"顏師古注："應劭曰：'古者天子耕藉田十畝。爲天下先。藉者，帝王典藉之常也。'韋昭曰：'藉，借也。借民力以治之，以奉宗廟，且以勸率天下，使務農也。'臣瓚曰：'景帝詔曰；朕親耕，后親桑，爲天下先。本以躬親爲義，不得以假借爲稱也。藉謂蹈藉也。'瓚説是也。"按，應劭《風俗通・祀典》"古者，使民如借，故曰藉田"，則應劭亦贊同韋昭説。歷代藉田禮甚隆重。《國語・周語上》："宣王即位，不藉千畝。虢文公諫曰：不可。……大史贊王，王敬從之。王耕一墢，班三之，庶人終于千畝。"據《國語》可知，藉田禮之前，周王還須齋戒沐浴，飲醴酒，即所謂"王即齊宮""淳濯饗醴""裸鬯饗醴"。韋昭注："淳，沃也；濯，溉也；饗，飲也；謂王沐浴飲醴酒"，"皆所以自香潔"。《左傳・昭公十八年》："六月，郮人藉稻。"杜預注："郮，妘姓國也，

其君自出藉稻，蓋履行之。”孔穎達疏引服虔曰：“藉，耕種於藉田也。”《後漢書·獻帝紀》：“〔興平元年正月〕丁亥，帝耕於藉田。”唐許嵩《建康實錄·陳高宗孝宣皇帝》：“〔大建九年〕二月壬子，輿駕耕藉田。”此禮在十六國北朝至隋代久廢不行，至唐初乃恢復。《舊唐書·禮儀志四》：“太宗貞觀三年正月，親祭先農，躬御耒耜，藉於千畝存之甸。初，晋時南遷，後魏來自雲、朔，中原分裂，又雜以獫、戎，代歷周、隋，此禮久廢，而今始行之，觀者莫不駭躍。於是秘書郎岑文本獻《藉田頌》以美之。”唐孫樵《讀開元雜報》：“樵曩於襄漢間得數十幅書，繫日條事，不立首末，其略曰：某日皇帝親耕籍田，行九推禮。”此後各代承平時帝王均行此禮。宋代《太宗皇帝實錄·雍熙四年九月》：“以來年正月擇日，有事於東郊，行耤田之禮……以翰林學士宋白、賈黄中、蘇易簡同詳定耤田儀注。”《明史·禮志三》載禮官錢用壬等言歷朝祀先農及帝王藉田之禮，謂“至漢以耤田之日祀先農，而其禮始著。由晋至唐宋相沿不廢。政和間命有司享先農，止行親耕之禮；南渡後復親祀。元雖議耕耤，竟不親行，

其祀先農，命有司攝事。今議：耕耤之日，皇帝躬祀先農，禮畢，躬耕耤田。以仲春擇日行事”。明太祖從其議。“洪武元年，諭廷臣以來春舉行耤田禮。”《明史·禮志三》又載弘治時期藉田禮過程甚詳：“弘治元年定耕耤儀。前期百官致齋，順天府官以耒耜及種稑種進呈，内官仍捧出授之。由午門左出，置綵輿，鼓樂送至耤田所。至期，帝翼善冠、黄袍，詣壇所具服殿，服衮冕。祭先農。畢，還，更翼善冠、黄袍。太常卿導引至耕耤位，南向立；三公以下各就位。户部尚書北向，跪進耒耜；順天府官北向，跪進鞭。帝秉耒，三推三反訖，户部尚書跪受耒耜，順天府官跪受鞭。太常卿奏請復位，府尹挾青箱以種子播而覆之。帝御外門，南向坐，觀三公五推，尚書九卿九推。太常卿奏耕畢，帝還具服殿，陞座。府尹率兩縣令耆老人行禮畢，引上中下農夫各十人，執農器朝，見令其終畝。百官行慶賀禮。”

【耤田】

同“藉田”。此體先秦時期已行用。見該文。

【籍田】

同“藉田”。此體先秦時期已行用。見該文。

第二節　禮器考

禮器指古代舉行重要禮制活動時所用之器物，故禮器使用中，其數量、大小、質地，都象徵使用者身份地位的高低，不可等閑視之。不合規範地使用禮器，便是非禮。而非禮，罪莫大焉。《左傳·襄公十九年》稱征伐後作禮器是爲“銘其功烈以示子孫，昭明德而懲無禮也”；《禮記·禮器》：“禮器，是故大備；大備，盛德也。”鄭玄注：“禮器，言禮使人成器。”可見禮器在國家聖德、社會人倫中所具有的重要作用。舉行朝聘、祭祀、征

伐、宴享、喪葬、婚冠等重大禮儀活動時均用之。故清鄂爾泰《日講禮記解義·禮器》有云：“禮之不可無，猶器之不可闕也。器有二義，一是學禮者成德器之美，一是行禮者明用器之制。”

禮器主要包括宴飲器具、樂器，以及其他具有儀仗性質的器具。尤以成組的鼎、豆、簋、簠、匜，及鐘、磬等爲主，它們被賦予了與國家制度相提并論的含義。《禮記·樂記》：“簠簋俎豆，制度文章，禮之器也。”周代列鼎制度，有天子九鼎、公侯七鼎、卿大夫五鼎、士三鼎之規定。《公羊傳·桓公二年》：“宋始以不義取之，故謂之郜鼎。”何休注：“禮祭：天子九鼎，諸侯七，卿大夫五，元士三也。”與之相配，簠簋等亦有相應的不等數量。通常正鼎爲單數，簋爲雙數。《詩·小雅·伐木》“于粲灑埽，陳饋八簋”毛傳：“圓曰簋。天子八簋。”《儀禮·公食大夫》載卿大夫用禮器：“上大夫八豆、八簋、六鉶、六俎。”春秋戰國時期禮崩樂壞，禮器漸不嚴格按周禮規定使用。秦漢以後，舉行祭祀、朝會禮儀時，仍用禮器，然先秦時期的青銅禮器不復使用，取而代之的是玉器、金銀器、銅器、漆器、瓷器等，不再有統一的列鼎編鐘規定，禮器數量各代亦各有損益。

查考古代禮器内涵、作用，誠如宋代呂大臨《考古圖記》所言，非爲賞玩而已，更在於通過器物瞭解久遠時代的社會制度、文化内涵，從而也補經史典籍之不足：“非敢以器爲玩也。觀其器，誦其言，形容髣髴以追三代之遺風，如見其人矣。以意逆志，或探其制作之原，以補經傳之闕亡，正諸儒之謬誤。天下後世之君子，有意於古者，亦將有考焉。”經過 20 世紀以來不斷的考古發掘，各地出土了大量古代禮器，學界得以通過整理與考證，辨明禮器的名物用途、時代特徵和反映的歷史文化，從中可以看出禮制對於中國古代社會和思想觀念的深刻影響，看出其在歷史文化中的重要價值，以及某些方面的負面作用，這對於後人進一步認識歷史，尤其先秦禮制史，有着非常深遠的意義。

禮器

亦稱“彝器”。舉行朝聘、祭祀、征伐、宴享、喪葬、婚冠等重大禮儀活動時所用器物的通稱。因其具有體現禮樂制度中身份等級高低的象徵意義，故稱。此稱先秦時期已行用。禮器是禮樂的一部分，是當時的社會制度、社會秩序的象徵。《禮記·樂記》曰：“簠簋俎豆，制度文章，禮之器也。”故習禮明器至關重要。清鄂爾泰《日講禮記解義·禮器》：“禮之不可無，猶器之不可闕也。器有二義，一是學禮者成德器之美，一是行禮者明用器之制。”又稱“彝器”，亦爲禮器總稱。《左傳·襄公十九年》：

"且夫大伐小，取其所得以作彝器，銘其功烈以示子孫，昭明德而懲無禮也。"杜預注："彝，常也，謂鐘鼎爲宗廟之常器。"商周禮制強調禮器對社會人倫的作用。《禮記·禮器》："禮器，是故大備；大備，盛德也。"鄭玄注："禮器言禮使人成器。"《左傳·昭公十五年》"撫之以彝器"杜預注："弓鉞之屬。"可見彝器不限於飲食禮器，也包括其他類別的禮器。後世沿襲。《史記·儒林列傳》："陳涉之王也，而魯諸儒持孔氏之禮器往歸陳王。"《漢書·儒林傳序》："陳涉之王也，……搢紳先生負禮器往委質爲臣者，何也？"《鹽鐵論·褒賢》亦載齊魯儒墨搢紳之徒"負孔氏之禮器、詩書，委質爲臣"。《書·顧命》"大玉、夷玉、天球、河圖，在東序"宋黃倫《尚書精義》卷四六引無垢曰："天球，雍州所貢之玉。色如天者，皆璞未見琢治，故不以禮器名之。"《宋史·欽宗紀》："金人以帝及皇后、皇太子北歸。凡法駕、鹵簿，皇后以下車輅、鹵簿、冠服、禮器、法物……爲之一空。"宋趙明誠《金石錄·古器物銘第一》："夏商時人淳質，皆以甲乙爲號。今世人家所藏彝器銘文，如此類甚衆，未必帝祖丁也。"《明史·職官志》："凡鳥獸之肉、皮革、骨角、羽毛，可以供祭祀、賓客膳羞之需，禮器、軍實之用，歲下諸司采捕。"清弘曆《喻言》詩："白石與白玉，未始非一類。石以爲杵臼，玉以爲禮器。"

【彝器】

即禮器。此稱先秦時期已行用。見該文。

【尊彝】

即禮器。此稱先秦時期已行用。商周青銅禮器銘文中又多稱"寶尊彝"。晚商《我作父己

段》："……貝五朋，用乍（作）父己寶隥彝。"（楊樹達《積微居金文說·我作父己段跋》）中國社會科學院考古研究所《殷周金文集成》5955《佣尊》："佣乍厥考寶尊彝。用萬年事。"又5964《毃乍父乙方尊》："毃乍父乙宗寶尊彝。子子孫孫其永寶。"《周禮·春官》有"司尊彝"之職，"掌六尊六彝之位"。《國語·周語中》："出其尊彝，陳其鼎俎。"

尊　彝
（宋《續考古圖》）

【宗彝】

即禮器。因禮器多用於宗廟祭祀，故稱。此稱先秦時期已行用。中國社會科學院考古研究所《殷周金文集成》2800《小克鼎》："王命善（膳）夫克舍令于成周。遹正八師之年，克乍（作）朕皇且（祖）釐季寶宗彝。"《書·洪範》："武王既勝殷，邦諸侯，班宗彝。"孔傳："賦宗廟彝器酒罇賜諸侯。"孔穎達疏："盛鬯者爲彝，盛酒者爲尊，皆祭廟之酒器也。"又《益稷》："作會，宗彝。"鄭玄注："謂宗廟之鬱鬯樽也。"唐韓愈《省試學生代齋郎議》："宗廟社稷事雖小，不可以不專，敬之至也，古之道也。今若以學生兼其事，及其歲時日月，然後授其宗彝罍洗，其周旋必不合度。"明徐渭《魏文靖公卮》詩："魏家名德並恢恢，魏氏宗彝並偉瑰。"近代章炳麟《訄書·序種姓下》："古者貞世系，辨鄉望，皆樹之官府，銘之宗彝，誓之皇門。"按，清龔自珍有《說宗彝》文，述"宗彝"甚詳，略謂："彝者，常也；宗者，宗

廟也。彝者，百器之總名也；宗彝也者，宗廟之器。然而暨於百器，皆以宗名，何也？事莫始於宗廟，地莫嚴於宗廟。"然則宗彝者何？龔氏謂，爲古之祭器、養器、享器、藏器、陳器、好器、征器、旌器、約劑器、分器、賂器、獻器、媵器、抱器、殉器、樂器、徵器、瑞器，每一類皆有其説，涵蓋禮制衆多方面。故又曰："自夏后氏以降，莫不尊器者，莫不關器者；其吉凶常變、興滅存亡之際，未有不關器者。"

鼎

祭祀時用以盛牲的禮器。多爲三足兩耳圓腹，亦有方形四足者。有陶質、銅質、鐵質及玉質等類。此稱先秦時期已行用。初爲實用炊器，《説文·鼎部》謂"和五味之寶器也"。在距今五千至四千年的新石器時代晚期，先民已廣泛使用陶鼎作烹煮食物之具。進入夏商以後，鼎成爲最重要的禮器，列鼎數量多寡，表明使用者地位等級高低。尤其青銅鼎，甚至還是王權象徵。《左傳·宣公三年》即記載楚王問周鼎之大小輕重，周大夫王孫滿答道："在德不在鼎。昔夏之方有德也，遠方圖物，貢金九牧，鑄鼎象物……桀有昏德，鼎遷于商，載祀六百；商紂暴虐，鼎遷于周。"故凡大祭禮儀，鼎必不可少。夏代青銅鼎實物尚未發現，商代銅鼎則出土甚多，其中殷墟於 1938 年所出"司母戊"（今或釋作"后母戊"）巨型方鼎，重達 875 公斤，爲我國青銅文化中已發現的最大銅器。甲骨文中有鼎字。郭沫若主編《甲骨文合集》20275："王乍（作）邑，于牛鼎。"自商代至兩漢，鼎具有鼎新革故含義，《周易·鼎》："鼎，象也。"王弼注："法象也。"孔穎達正義："明鼎有烹飪成新之法象也。"代表等級之列鼎

一般爲奇數。《禮記·郊特牲》："鼎俎奇而籩豆偶。"在周禮中，通常認爲天子可用九鼎，諸侯七鼎，大夫五鼎，士三鼎或一鼎。《公羊傳·桓公二年》"宋始以不義取之，故謂之郜鼎"何休注："禮祭：天子九鼎，諸侯七，卿大夫五，元士三也。"然實際應用中越禮現象時有發生。《周禮·天官·膳夫》載天子之禮云："王日一舉，鼎十有二，物皆有俎。"鄭玄注："鼎十有二，牢鼎九、陪鼎三。"而同書《秋官·掌客》載諸侯之禮也稱"鼎、簋十有二"，鄭玄注仍説："鼎十有二者，飪一牢，正鼎九與陪鼎三。"《孟子·梁惠王下》："〔魯平公〕曰：'或告寡人曰，孟子之後喪逾前喪，是以不往見也。'曰：'何哉君所謂逾者，前以士，後以大夫，前以三鼎，而後以五鼎與？'"趙岐注："禮：士祭三鼎，大夫祭五鼎故也。"鼎總是與簋、簠、俎、盤、豆、匜……相配成固定組合。河南三門峽虢國墓地一座元士身份的西周晚期貴族墓（M2013），出土的禮器組合爲三鼎二簋一盤一匜（《三門峽虢國墓地M2013 的發掘清理》，《文物》2000 年第 12 期）。鼎中所陳爲祭祀之牲。鄭玄注《周禮·秋官·掌客》又謂："鼎，牲器也。"《儀禮·士昏禮》"陳三鼎於寢門外"鄭玄注："鼎三者，升豚、魚、臘也。"又同書《有司徹》："卒熟，乃升羊、豕、魚三鼎。"列鼎示等級，然"列鼎"一稱出現於漢。漢劉向《説苑·建本》："列鼎而食。"《漢書·主父偃傳》："丈夫生不五鼎食，死則五鼎亨耳。"可見當時鼎仍是食器。魏晉以後，鼎不再爲炊器，除大型祭儀還用之，不復有漢以前"列鼎"顯尊貴情形。《南齊書·武帝紀》："四爵內陳，義不期侈；三鼎外列，事之存奢。"明沈受先《三

元記・辭親》："前呼後擁，顯親揚名，也勝是死後三牲五鼎之祭。"明陸采《懷香記・欽賜異香》："莫把年華空斷送，整五鼎三脩供。"清孔尚任《集賢賓・博古閑情》套曲："喜的是殘書卷，愛的是古鼎彝，月俸錢支來不勾一揮。"又，後世偶發掘出先秦古鼎，常以爲瑞兆。《太平御覽》卷七五六引《晋中興書》："成帝咸和元年，宣城春穀山崩，得古鼎……群官畢賀。"鼎也常被後世當作古代青銅器泛稱。由金文被稱作"鐘鼎文"可見一斑。而清黄宗炎《周易象辭》卷一四論《周易・鼎》竟稱："爲敦、爲彝、爲登、爲盉、爲鬲、爲甑，以供祭祀燕饗之器，其形則殊，然皆可呼之爲鼎。"實爲器形混淆之説。有關鼎之成語典故亦頗多，諸如"三足鼎立""問鼎中原""鐘鳴鼎食""人聲鼎沸""一言九鼎"……可知鼎已成爲華夏文明中一種重要歷史文化符號。其餘緒影響至今。

九鼎 [1]

由九件大鼎組成、象徵帝王最高權力的禮器。此稱先秦時期已行用。一説大禹時"九牧貢金爲鼎，故稱九鼎，其實一鼎"，見唐孔穎達《尚書正義・召誥》。然此解甚謬，不足爲據。九鼎相傳始於大禹，夏商周三代相沿，周亡而不知所終。後世復有重鑄之舉，然與先秦九鼎的象徵意義相去甚遠。按，晚近由國家所鑄最新九鼎，成於 2006 年。"禹作九鼎"是歷代相沿的傳説，蓋襲《史記・孝武本紀》"禹收九牧之金，鑄九鼎"之説。但是現在所見最早記録九鼎來源的文獻——《左傳・宣公三年》中，并未提大禹鑄鼎："昔夏之方有德也，遠方圖物，貢金九牧，鑄鼎象物，百物而爲之備，使民知神姦。故民入川澤山林，不逢

不若，螭魅罔兩，莫能逢之。"這段文字祇説夏代鑄鼎，鼎上有九州圖像。它倒也表明九鼎象徵九州，從而也象徵王權；并通過祭祀，可驅邪避害，讓九州之民敬畏。而始鑄九鼎之人是誰，最早的説法見於《墨子・耕柱》："昔者夏后開使蜚廉折金於山川，而陶鑄之於昆吾。……九鼎既成……""夏后開"即夏禹之子夏啓。這説明始鑄九鼎者應是啓而非禹。從現代考古看，青銅鑄造在夏代尚屬草創，到商代技術方臻成熟，且夏代銅鼎實物至今尚未發現過，因而商王的九鼎是否來自夏朝，尚存疑。商代僅僅祭祀王后的"司母戊鼎"就重達 875 公斤，那麽，作爲國家重器的九鼎在規制上無疑會有過之而無不及，從《左傳・宣公三年》王孫滿稱運輸一鼎須用九萬人看，雖不免誇張，却也可想見其鼎之大了。而夏代應没有能力鑄出那樣的巨型禮器，祇是歷代文獻均言九鼎係夏商周三代相傳。《左傳・宣公三年》又云："桀有昏德，鼎遷于商，載祀六百；商紂暴虐，鼎遷于周。"《墨子・耕柱》亦云："九鼎既成，遷於三國。夏后氏失之，殷人受之；殷人失之，周人受之。"《逸周書・世俘》載武王克商後"薦俘殷王鼎……告天宗上帝"，可見獲取"王鼎"之非同尋常。周之九鼎，一直也爲列國所覬覦。前引《左傳》文又云：公元前 606 年，楚莊王到雒水，"觀兵於周疆"，向周朝"問鼎之大小輕重"。晋杜預注："是欲逼周取天下。"雖然楚莊王稱"楚國折鈎之喙，足以爲九鼎"，但誰都知道，自鑄九鼎與三代所傳九鼎的象徵意義是不同的。因而到戰國時期，圍繞九鼎發生了更多爭鬥。《戰國策・東周》："秦興師臨周而求九鼎。"這是周顯王時（公元前 368 至前

321）事，而其時齊、楚、魏均謀奪九鼎。同書《西周》即有"齊秦恐楚之取九鼎也"的記述。又同書《秦策》：張儀勸秦攻周奪鼎，"據九鼎，按圖籍，挾天子以令天下，天下莫敢不聽，此王業也"。這是秦惠王時（公元前337至前311）事。可知當時周鼎岌岌可危。關於周鼎後來的下落，《史記・封禪書》云："秦滅周，周之九鼎入於秦。或曰宋太丘社亡，而鼎没於泗水彭城下。"秦滅周在秦昭王時，九鼎被認爲遷入秦國。《漢書・地理志》亦有"〔秦〕昭王開巴蜀，滅周，取九鼎"之説。而另一説則謂九鼎沉入泗水，後世不復得見。從《史記・秦始皇本紀》所記始皇二十八年（公元前219）"欲出周鼎泗水，使千人没水求之，弗得"來看，周之九鼎應當未曾入秦。故《史記・孝武本紀》又載："周德衰，宋之社亡，鼎乃淪伏而不見。"東漢王充在《論衡・儒增》中也認爲："昭王三世得始皇帝，秦無危亂之禍，鼎不宜亡，亡時殆在周。"《漢書・郊祀志上》"鼎淪没於泗水彭城下"王先謙補注引沈欽韓曰："九鼎之亡，周自亡之。虞大國之數甘心也。爲宗社之殃，又當困乏時，銷毁爲貨，謬云鼎亡耳。"沈説甚是，惜無證據耳。漢武帝時，汾陰出土古鼎。《孝武本紀》張守節正義附會云："鼎雖淪泗水，逢聖興起，故出汾陰。"實屬荒誕。然九鼎與王權相關，素來被賦予天命神授的神秘色彩。戰國時發生"三家分晋"，表明周王室衰微，史書便藉地震稱九鼎震動。《史記・周本紀》："威烈王二十三年，九鼎震。命韓、魏、趙爲諸侯。"《漢書・五行志》對此的解釋是："金震，木動之也。是時周室衰微，刑重而虐，號令不從，以亂金氣。鼎者，宗廟之寶器也。

宗廟將廢，寶鼎將遷，故震動也。是歲晉三卿韓、魏、趙篡晉君而分其地，威烈王命以爲諸侯。天子不恤同姓，而爵其賊臣，天下不附矣。後三世，周致德祚於秦。其後秦遂滅周，而取九鼎。"九鼎還與所謂德政相關。《淮南子・俶真訓》"九鼎重味"高誘注："九鼎……一曰象九德。"後世屢有鑄九鼎之議。《梁書・處士傳・何胤》："吾昔於齊朝欲陳兩三條事：……欲更鑄九鼎，……鼎者神器，有國所先。"唐代武則天爲證明武周天下之正統，新鑄九鼎。《舊唐書・禮儀志二》云："〔萬歲通天元年〕鑄銅爲九州鼎，既成，置於明堂之庭，各依方位列焉。"用唐代度量衡衡量，其中神州鼎高"一丈八尺"，其餘八州之鼎高"一丈四尺"，共用銅"五十六萬七百一十二斤"。"鼎成，自玄武門曳入"，動用十餘萬宿衛兵，以及大牛、白象等，可見規制之巨。因"九鼎初成，大赦，改元爲神功"，足見九鼎與天命、神功的關聯。故"九鼎"亦象徵國家。唐吳融《敷水有丐者云是馬侍中諸孫，憫而有贈》詩："天地塵昏九鼎危，大貂曾出武侯師。"《宋史・五行志四》也載宋徽宗鑄九鼎以示八方來朝："崇寧四年三月，鑄九鼎，用金甚厚，取九州水土内鼎中。既奉安於九成宫，車駕臨幸，遍禮焉。"具有諷刺意味的是，不久即發生"靖康之難"，"祭器、八寶、九鼎、圭璧"等"爲之一空"（《宋史・欽宗紀》）。民國時也曾發生鑄九鼎鬧劇。1943年初，英、美等國希望中國加大抗戰力度，宣布放弃百年來不平等條約。這對中國人民來説是個喜訊。而某些國民黨人將此歸功於蔣介石個人，當年2月28日"中央社訊"就報道了《鑄九鼎呈獻總裁》，以歌功頌德。顧頡剛奉命撰

《九鼎銘》："於維總裁，允文允武。親仁善鄰，罔或予侮。……獻兹九鼎，寶於萬古。"此事引來多方非議。陳寅恪即有詩嘲曰："九鼎銘詞争頌德，百年粗糲總傷貧。"（見《竺可楨日記》）故當九鼎鑄成將行典禮時，蔣忽然對此失去興趣，此事就此收場。當代盛世，在國家夏商周斷代工程推動下，依據商周青銅鼎風格復原了中華九鼎，其形制爲一圓鼎、八方鼎，其中圓鼎高 99.9 厘米，方鼎高 66.6 厘米，分別代表豫、梁、冀、兖、青、徐、揚、荆、雍九州。但它祇是一種展示華夏文明的文化符號，不再有立國重器的象徵性。該九鼎於 2006 年 5 月正式在中國國家博物館展出，此後在該館永久保存。

簠

祭祀或宴享時盛黍、稷、稻、粱的圓形或長形圓角禮器。有陶質、銅質，史稱還有竹質、木質等類。銅簠多有器蓋，有的器蓋與器身造型一致。器身多爲侈口、圈足，有的圈足下又加三足或四足。有的帶兩耳或四耳，有的還有方形圈足座。此稱先秦時期已行用。始於新石器時代晚期，盛行於商至戰國。甲骨文即出現此字。漢以後多爲對先秦禮器的仿品。簠常與簋并用，二者區別主要在於器物四角：簋圓簠方。《説文·竹部》稱簠"方器也"，誤。《周禮·地官·舍人》："凡祭祀共簠簋，實之陳之。"鄭玄注："方曰簠，圓曰簋。盛黍稷稻粱器。"《詩·小雅·伐木》"于粲洒埽，陳饋八簋"毛傳："圓曰簋。天子八簋。"又同書《小雅·大東》："有饛簋飧，有捄棘匕。"文獻稱古有竹簠、木簠，"簠"字從竹可證，《儀禮·聘禮》亦云："夫人使下大夫勞以二竹簠方。"鄭玄注："竹簠方者，器名也，以竹爲之。"漢王

符《潛夫論·讚學》也稱："夫瑚簠之器，朝祭之服，其始也，乃山野之木、蠶繭之絲耳。"然歷代考古未曾發現竹簠、木簠，或許爲保存不下來的緣故。陶簠出現於新石器時代晚期，銅簠出現於商周時期。簠最初爲飲食用具，《説文·竹部》"簠"段玉裁注："瓦簠，常用器也。"夏以後隨着禮制的逐步建立，簠成爲祭祀與宴飲過程中體現使用者身份等級的禮器。《周易·習》"樽酒簋貳，用缶納約，自牖，終無咎"王弼注："雖復一樽之酒，二簋之食，瓦缶之器，納此至約，自進於牖，乃可羞之於王公，薦之於宗廟。"故《周禮·考工記·瓬人》"瓬人爲簋"賈公彥疏："今此用瓦簋，據祭天地之外神尚質，器用陶匏之類也。"《周易·損》云："曷之用，二簋可用享。"王弼注："二簋，質薄之器也，行損以信，雖二簋而可用享。"《孔子家語·正論解》云，衛孔文子欲發兵攻太叔疾，其時"孔子舍璩伯玉之家，文子就而訪焉，孔子曰：'簠簋之事，則嘗聞學之矣；兵甲之事，未之聞也。'"此處以"簠簋"象徵禮制。《詩·秦風·權輿》："于我乎，每食四簋。"毛傳："四簋，黍稷稻粱。"作爲禮器，往往爲偶數陳列，并與奇數的鼎相配合使用。河南三門

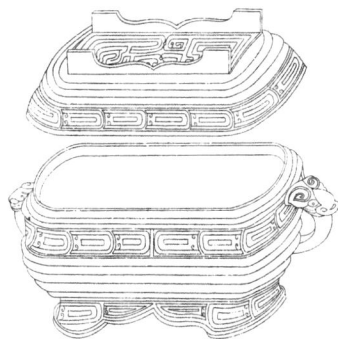

簠（周苗簠）
（清梁詩正等《西清古鑑》）

甲骨文"簠"的寫法

金文"簠"的寫法

峽上村嶺虢國墓地虢太子墓（M1057），出土了七鼎六簠銅器，象徵其等級（《上村嶺虢國墓地》，科學出版社 1959 年版）。《儀禮·公食大夫》載卿大夫用禮器規定："上大夫八豆、八簠、六鉶、六俎。"同書《聘禮》："八簠繼之，黍其南稷錯。"西周春秋銅器銘文中，"簠"寫作"𣪘"。《文物》2006 年第 8 期《山西絳縣橫水西周墓發掘簡報》報道出土銅簠（編號M1：199）有銘文曰："倗伯作畢姬寶旅𣪘。"戰國以後簠的使用大爲減少。《漢書·賈誼傳》："簠簋不飾。"宋代多將出土之商周銅簠誤名作"敦"。宋代呂大臨《考古圖》卷三收録之"伯庶父敦"，實爲簠，其銘文曰："唯二月戊寅，白（伯）庶父乍（作）王姑凡姜尊𣪘，其永寶用。"仿先秦禮器的銅簠、瓷簠，後世一直存在，至明清猶能見之。《宋會要輯稿·禮十七》高宗紹興十三年（1143）朝饗太廟禮："簠實以稻、粱，粱在稻前；簋實以黍、稷，稷在黍前。"又，《儀禮·公食大夫禮》"宰夫設黍稷六簋于俎西"鄭玄注："古文簋皆作軌。"然此說似無據。

簠

亦作"匩""𠤳""盠"。古代盛稻、粱等飯食的方形或長方形禮器。此稱先秦時期已行用。初爲竹製，西周早期出現銅簠，沿用至戰

國。後來有仿製品。其形有四足。銅簠多有蓋，蓋往往與器身造型相同。《說文·竹部》稱簠爲"圓器也"，誤。《周禮·地官·舍人》："凡祭祀，共簠、簋，實而陳之。"鄭玄注："方曰簠，圓曰簋，盛黍稷稻粱器。"在出土青銅簠中，其銘文往往稱簠爲匩、𠤳、鈷、祜等。如西周晚期虢國墓地一貴族墓（M2013）出土的一件銅簠上就有這樣的銘文："虢中（仲）乍（作）丑姜寶匩，其萬年子子孫孫永寶用。"（《三門峽虢國墓地M2013 的發掘清理》，《文物》2000 年第 12 期）匩即簠。《集韻·上嘆》："簠，古作盠、匩。"《玉篇·匸部》："匩，祭器，今作簠。"《康熙字典·子集下·匸部》釋"𠤳"引《正字通》曰："與匩同，見古鐘鼎文。"按，這類字從古得聲，與"胡"字一樣，均屬上古魚部字。而"胡"，文獻中也用以稱"簠"。《左傳·哀公十一年》："仲尼曰：'胡簋之事，則嘗學之矣；甲兵之事，未之聞也。'"《孔子家語·正論解》記同一內容，則稱"胡簋"爲"簠簋"，可知先秦時人們往往以同音字稱簠。由此推之，《禮記·明堂位》所載"殷之六瑚，周之八簋"，漢王符《潛夫論·讚學》所謂"瑚簋之器，朝祭之服"，其中之"瑚"亦應是"簠"。故《論語·公冶長》"瑚璉"朱熹集注曰："夏曰瑚，商曰璉，周曰簠簋。皆宗廟盛黍稷之器而飾以玉。"簠爲禮器，從上引《左傳》文以

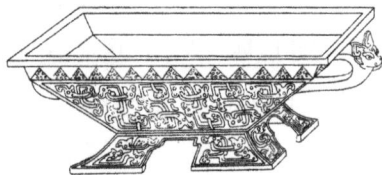

簠（周蟠夔簠）
（清梁詩正等《西清古鑑》）

"簠簋"象徵禮制、與"甲兵"象徵武力相對應亦可知。《儀禮·聘禮》又載禮儀云："兩簋繼之，梁在西，皆二以並，南陳。"《周禮·秋官·掌客》載諸侯之禮，稱上公用十簋，侯伯用八簋，子男用六簋。戰國以後簋漸消失，但後代多仿品。《新唐書·高麗傳》："食用籩、豆、簠、簋、罍、洗。"《宋會要輯稿·禮十七》高宗紹興十三年（1143）朝饗太廟禮："禮部奠册於案，太府卿入陳幣，光禄卿入實籩、豆、簠、簋，太官令入實俎，良醖令入實彝及尊、罍。"

【㲃】

同"簋"。此體先秦時期已行用。見該文。

【簠】

同"簋"。此體先秦時期已行用。見該文。

【簋】

同"簋"。此體先秦時期已行用。見該文。

鬲

炊具，亦爲禮器。此稱先秦時期已行用。有陶質、銅質。形制一般爲大口、袋形腹、三足，腹與足常構成袋足狀。銅鬲口沿上或有雙立耳。陶鬲出現於新石器時代，沿至漢代；青銅鬲出現於商代中期，達於西周。西周中期以後，實行反映宗法等級的"列鼎制度"，與列鼎相配的成組的鬲，也成爲使用者的等級象徵。凡成組之鬲，其形制、大小、紋飾、銘文等基本相同。1961 年陝西長安張家坡出土的西周窖藏銅器，内有"伯庸父鬲"一組八件，即體現貴族地位之器。故鬲被視爲一種重要禮器。《曾子單鬲》（中國社會科學院考古研究所編《殷周金文集成》625）："曾子單用吉金，自乍（作）寶鬲。"關於其形制，《爾雅·釋器》曰："〔鼎〕款足者謂之鬲。"郭璞注："鼎曲脚也。"《周

禮·考工記·陶人》："鬲實五觳。"《漢書·郊祀志上》："〔鼎〕其空足曰鬲。"顔師古注引蘇林曰："鬲音歷。足中空不實者名曰鬲也。"戰國秦漢時，不同地區對鬲有不同稱呼。《方言》卷五："鍑，北燕、朝鮮洌水之間或謂之錪，或謂之鉼；江淮、陳楚之間謂之錡，或謂之鏤；吴揚之間謂之鬲。"然祇是形近而已，未必實指同一物。亦即均屬釜一類器物。《急就篇》卷三"鐵鈇鑽錐釜鍑鍪"顔師古注："大者曰釜，小者曰鍑。"按，釜或無足，鬲必有三足。故《詩·召南·采蘋》"惟錡及釜"毛傳："有足曰錡，無足曰釜。"

甗

蒸煮食物之炊器。常作爲禮器。此稱先秦時期已行用。質地有銅質、陶質。上部爲深腹敞口甑，下部爲三袋足的鬲形，二者中間爲帶孔箅子。有上下連體者，亦有上下分體者。後期甗的下半部三足漸消失。陶甗出現於新石器時代，而既爲炊具同時也作爲禮器的銅甗，則出現於商代中期，沿至戰國。銅甗常與鼎、簋、豆、壺、盤等組成成套禮器。2005 年發掘的山西絳縣橫水鎮一號墓（西周時期），出土的青銅禮器組合爲五鼎、五簋、一甗、一鬲、一盂、二盤、二盉、一提梁壺、一觶、五甬鍾（《山西絳縣橫水西周墓發掘簡報》，《文物》2006 年第8 期）。《周禮·考工記·陶人》"陶人爲甗"鄭司農注："甗，無底甑。"《廣韻·平元》據此亦曰："甗，無底甑也。"《説文·瓦部》："甗，甑也。"1976 年河南安陽殷墟婦好墓出土的三聯甗，造型奇特，爲甗與下半部分體，下半部分爲長方形案，有六方足。案面有三孔，置三甑，甑高約 26 厘米；長方形案長 103.7 厘米，

寬 44.5 厘米。此爲青銅甗中之極品。宋薛尚功《歷代鐘鼎彝器款識法帖》卷一六著錄《伯溫父甗》："伯𥧌父乍（作）旅甗。"按，原所釋"溫"字，後人釋作"𥧌"（參見天津古籍出版社 2013 年出版王玉哲編著《宋代著錄金文編》第五）。又宋歐陽修《集古錄》卷一："古器銘六，余嘗見其二，曰甗也、寶龢鍾也。太宗皇帝時，長安民有耕地得此甗，初無識者。其狀下爲鼎三足，上爲方甑，中設銅箄，可以開闔。製作甚精，有銘在其側，學士句中正工於篆籀，能識其文，曰甗也，遂藏於秘閣。"宋呂大臨《考古圖》卷二載《仲信父方旅甗》："史（仲）信父乍（作）旅甗，其萬年子子孫孫永寶用。"

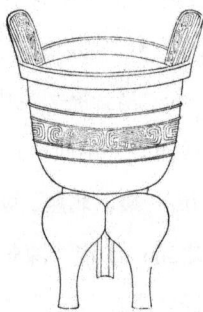

甗（漢直耳甗）
（清《亦政堂重修宣和博古圖錄》）

豆

亦作"桓"。盛放腌菜、醬肉以調味之食器。禮器之一。此稱先秦時期已行用。質地多樣，有陶、竹木、青銅等。陶豆、竹木豆出現於新石器時代，即夏以前；青銅豆出現於商代，達於戰國。漢以後之豆，銅質少，多瓷質。其造型，一般爲上作盤狀，下爲喇叭形圈足。春秋戰國之豆往往豆盤較深，帶蓋，下接柱形柄，圈足厚重。竹、木之豆因不便留存，後世難見。《集韻·去候》曰豆"或从木"作"桓"，《説文·豆部》："木豆謂之桓。"然爲甲骨文和金文所無，應是漢以後之後起字。《周生豆》（中國社會科學院考古研究所編《殷周金文集成》4682）："周生乍（作）豆。用宣于宗室。"按周禮制度，用豆之數體現尊卑等級。《禮記·禮器》："天子之豆二十有六，諸公十有六，諸侯十有二，上大夫八，下大夫六。"豆常與其他禮器成組相配。《周禮·秋官·掌客》："凡諸侯之禮，……殽五牢，食四十，簋十、豆四十、鉶四十有二、壺四十。"祭祀中常用於盛調味的食物。《穀梁傳·桓公四年》："四時之田用三焉，唯其所先得。一爲乾豆……"范甯集解："上殺中心，死速，乾之以爲豆實，可以祭祀。"楊士勛疏："豆，祭器。"《儀禮·鄉射禮》："醢以豆，出自東房，臟長尺二寸。"鄭玄注："醢以豆，豆宜濡物也。"後世器物不若漢以前禮器之嚴整，但禮儀活動中猶用之。《史記·樂書》："簠簋俎豆，禮之器也。"《舊唐書·禮儀志四》："每郊帝及配座，用方色犢各一，籩、豆各四。"《宋會要輯稿·禮十七》："開寶初，上親享太廟，見所陳籩、豆、簠、簋，問曰：'此何物也？'左右以禮器對。"清孔尚任《桃花扇·闖

豆（周蟠虺豆）
（清《亦政堂重修宣和博古圖錄》）

甲骨文"豆"的寫法

金文"豆"的寫法

丁》："司籩執豆，魯諸生盡是瑚璉選。"

【梪】

同"豆"。此體漢代已行用。見該文。

籩

亦稱"笾""豆籩""籩豆"。竹製之豆。本爲日常食具，常用作祭器，且常爲婦人祭時所用。此稱先秦時期已行用。《爾雅·釋器》："竹豆謂之籩。"《説文·竹部》："籩，竹豆也。"《周禮·春官·内宗》："内宗掌宗廟之祭祀，薦加豆籩。"鄭司農注："謂婦人所薦。"孔穎達疏："婦人無外事，惟有宗廟祭祀，薦加豆籩。以豆籩是婦人之事，故薦之。"又《天官·籩人》："掌四籩之實。"《儀禮·鄉射禮》："薦脯用籩五臟，祭半臟橫于上。"鄭玄注："脯用籩，籩宜乾物也。"《詩·小雅·賓之初筵》："籩豆有楚，殽核維旅。"鄭玄箋："豆實，菹醢也；籩實，有桃梅之屬。"《論語·泰伯》："籩豆之事，則有司存。"《集韻·去候》曰豆或從"竹"作"笾"，然爲甲骨文和金文所無，應是漢以後之後起字。《爾雅·釋器》："木豆謂之梪，竹豆謂之籩。"《舊唐書·禮儀志四》："勾芒已下五星及三辰、七宿，每宿牲用少牢，每座籩豆、簠簋、甄俎各一。"《元史·王都中傳》："都中乃大治學舍，作籩豆、簠簋、笙磬、琴瑟之屬，使其民識先王禮樂之器。"《東周列國志》第三四回："設享於太廟之中，行九

祭天地、祈穀所用之籩（清《欽定大清會典圖》）

獻禮，比於天子。食品數百，外加籩豆六器，宴享之侈，列國所未有也。"清孔尚任《桃花扇·閏丁》："司籩執豆，魯諸生盡是瑚璉選。"

【笾】

即籩。此稱漢魏時期已行用。見該文。

【豆籩】

即籩。此稱先秦時期已行用。見該文。

【籩豆】

即籩。此稱先秦時期已行用。見該文。

鉶

盛菜和羹的禮器。多用於宴饗之禮，與鼎、豆等禮器配套使用。此稱先秦時期已行用。《儀禮·公食大夫禮》："宰夫設鉶四於豆西。"鄭玄注："鉶，菜和羹之器。"《周禮·秋官·掌客》："群介行人宰史，皆有牢，飧五牢。食四十、簋十、豆四十、鉶四十有二、壺四十、鼎簋十有二，牲三十有六，皆陳。"宋易祓《周官總義》卷二五："蓋牽牲無鉶鼎，腥牲亦無鉶鼎。"後世猶仿用其物。唐李治《宗廟薦享別奠詔》："自今以後，宗廟享爵及簠簋登鉶，各宜別奠。"

盂

用以盛飯的青銅食器，亦用作盛水。此稱先秦時期已行用。器型較大。一般爲侈口深腹圈足。有獸首耳或附耳。《虢弔盂》（中國社會科學院考古研究所編《殷周金文集成》10306）："虢弔乍（作）旅盂。"《説文·皿部》："盂，飲器也。"清王又樸《易翼述信》卷八論《周易·震》云："互坎於仰盂之中，酌酒尚在斝。"《佩文韻府·上平·虞韻一》"盂"："《伯王盂》，銘曰：伯王防作寶盂，其萬年子子孫孫其永寶用。"又："《伯索盂》，銘曰：伯索史作季。"後世猶用此稱指盛酒器，然已不同於先秦禮器。

唐皇甫松《拋球樂》詩："上客終須醉，觥盂且亂排。"

盨

盛黍、稷、稻、粱的青銅食器。禮器之一。此稱先秦時期已行用。其形制近於簋，呈長方圓角形，斂口，鼓腹，雙耳，圈足。蓋亦爲橢方形，可仰置食物。按，"盨"名不見於周代"三禮"，舊將盨、簋混稱，明清以後始將二者相區別。《説文·皿部》："盨，槓盨，負戴器也。"段玉裁注："負戴器者，謂藉以負戴物之器。"按，段氏據《漢書·東方朔傳》"寠數"顏師古注："寠數，戴器也，以盆盛物戴於頭者，則以寠數薦之。"以爲盨爲頂在頭頂盛物之器，誤。《玉篇·皿部》："盨，山縷切。戴器也。"亦不確。宋薛尚功《歷代鐘鼎彝器款識法帖》卷一五著録《叔高父簋》："叔高父作旅簋，其萬年子子孫孫永寶用。"據王玉哲編著《宋代著録金文編》（天津古籍出版社 2013 年出版）第五，前句釋作："弔良父乍（作）旅盨。"查其字型，"簋"字確應作"盨"。薛尚功同書同卷又著録《寅簋》："寅拜稽首，對揚天子，丕顯魯休，用作寶簋，叔邦父叔姞萬年子子孫孫永寶用。"其"簋"字亦應作"盨"。可見宋人尚未將二者區分。今考古發掘中有發現，與其他禮器配套。《師克盨》（中國社會科學院考古研究所編《殷周金文集成》4467）："克敢對揚天子不（丕）顯魯休，用乍（作）旅盨。克其萬年，子子孫孫永寶用。"

敦

盛飯食的器具。禮器之一。有銅質、陶質兩類。此稱先秦時期已行用。其形制一般爲器蓋與器身相同，上下相扣成一完整器物。多爲兩個半球形相合，上下各有三足或圈足。亦有上下不對稱、平底者。《儀禮》中往往"簋""敦"不分，宋代金石圖録中則多稱"簋"爲"敦"，稱"敦"爲"鼎"。宋呂大臨《考古圖》卷三收録之"伯庶父敦"，實爲簋，其銘文亦自名"尊毁"。《禮記·內則》："敦牟巵匜，非餕莫敢用。"鄭玄注："敦、牟，黍稷器也。"《儀禮·士喪禮》："新盆、槃、瓶、廢敦、重鬲，皆濯造於西階下。"鄭玄注："廢敦，敦無足者，所以盛米也。"明劉績《三禮圖》卷四："敦有首足而蓋亦然矣……敦，簋屬也，所以實黍稷。上古以瓦，亦謂之'土簋'，見《韓非子》；中古始用金，少牢禮主婦執金敦黍是也。古敦形制尚質，未有耳足，《士喪禮》所謂廢敦是也。"

禁

承置酒器的銅案，與酒器等禮器配套使用。形制爲長方形銅架，高約二三十厘米，頂面有圓形孔，將圓底酒器放孔上，使之固定，可防傾覆。其名取義於禁酒。此稱先秦時期已行用。《儀禮·士昏禮》："尊於室中北墉下，有禁。"鄭玄注："禁，所以庋甒者。"賈公彥疏："云'禁，所以庋甒者'，《士冠》云甒，此亦士禮，雖不言甒，然此尊亦甒也。庋承於甒。禁者，因爲酒戒，故以禁言之也。"賈注謂"此亦士禮"，可知禁亦作禮器。《儀禮·特牲饋食禮》："壺禁在東序，豆籩鉶在東房。"先秦銅禁存世極少，天津博物館藏西周銅禁、河南博物院藏春秋淅川雲紋銅禁，皆罕見精品。

爵

禮儀活動中用於盛酒飲酒的禮器。青銅質爲主，亦有玉質。此稱先秦時期已行用。盛行於商，周以後漸衰微。其形制，一般前爲流，流接杯口處有釘狀雙柱；杯沿另一端爲尖形尾；杯身有鋬；外壁多有紋飾；杯底有三尖足。《周禮·天官·大宰》："及祀之日，贊玉、幣、爵之事。"鄭玄注："爵，所以獻齊酒。不用玉爵，尚質也。"又："享先王，亦如之贊玉几玉爵。"鄭玄注："宗廟，獻用玉爵。"《禮記·明堂位》："爵，夏后氏以琖，殷以斝，周以爵。"爵是等級較高的酒器，由尊者執之。《儀禮·鄉射禮》"獻用爵，其他用觶"鄭玄注："爵尊，不可褻也。"《禮記·禮器》亦曰："宗廟之祭，貴者獻以爵，賤者獻以散。"明季本《詩説解頤字義·卷耳》："宗廟之祭，尊者獻以爵，卑者獻以散。尊者舉觶，卑者舉角，則爵貴而其餘爲賤。"等級雖尊，而容量較小。《儀禮·士昏禮》賈公彥疏引《韓詩外傳》云："一升曰爵，二升曰觚，三升曰觶，四升曰角，五升曰散。"

尊

亦作"樽"。一種常作禮器使用的青銅盛酒器。其形制主要有三類：有肩大口尊、觚形尊、鳥獸尊。此稱先秦時期已行用。《説文·酋部》："尊，酒器也。"《乍父辛尊》（中國社會科學院考古研究所編《殷周金文集成》5837）："乍（作）父辛寶尊彝。"《周禮·春官·司尊彝》："春祠夏禴，祼用鷄彝、鳥彝，皆有舟；其朝踐用兩獻尊，其再獻用兩象尊，皆有罍，諸臣之所昨也。秋嘗冬烝，祼用斝彝、黃彝，皆有舟；其朝獻用兩著尊，其饋獻用兩壺尊，皆有罍，諸臣之所昨也。"鄭司農注："舟，尊下臺，若今時承槃。獻讀爲犧，犧尊飾以翡翠，象尊以象鳳皇，或曰以象骨飾尊。"從其犧尊、象尊、著尊、壺尊等名稱可知，尊的形制多種多

樣。然古人對古器名稱亦多混淆，《禮記·明堂位》："山罍，夏后氏之尊也；著，殷尊也；犧象，周尊也。"按，山罍未必就是尊。戰國以後"尊"字或加"木"旁爲"樽"。《莊子·馬蹄》："純樸不殘，孰爲犧樽？"漢馬融《東巡頌》："鬱鬯宗彝，明冰玄樽。"魏晉以後陶瓷尊或加"缶"旁作"罇"，飲酒器，實際已非禮器。宋孫奕《示兒編·字説·集字》："尊者，酒尊也，俗作罇。"1938年出土於湖南寧鄉的商代晚期四羊方尊，是尊中極品，且爲已發現的最大的青銅方尊，高58.3厘米，重近34.5公斤，現藏中國國家博物館。

【樽】

同"尊"。此體先秦時期已行用。見該文。

犧尊

又作"犧樽""犧罇"。青銅尊之一種。爲鳥獸造型之尊，鳥獸背部有注口。盛酒禮器。此稱先秦時期已行用。後世偶有之，多爲仿商周之物。商周多爲銅製，後代亦有以木質或陶瓷仿青銅犧尊者，故漢以後又有"犧樽""犧罇"之稱。銅犧尊造型多樣，牛形、羊形、象形、鳧形、貘形等皆常見，故《説文·牛部》："犧，宗廟之牲也。"即各種牲均稱犧。而《類篇·牛部》又釋"犧"爲"酒尊名"，并不直呼某某動物尊。陝西寶鷄茹家莊西周早中期墓（見《文物》1976年第4期）、河南三門峽市上村嶺東周初虢國墓（見《上村嶺虢國墓地》M1704），均有犧尊實物出土。《禮記·明堂位》"尊用犧象山罍"鄭玄注："尊，酒器也。"孔穎達疏："山罍，爲夏后氏之尊。"《莊子·馬蹄》："純樸不殘，孰爲犧樽？"而漢以後有的儒者對犧尊解釋不甚準確。《詩·魯頌·閟宮》：

"白牡騂剛，犧尊將將。"毛傳："犧尊，有沙飾也。"孔穎達疏："傳言沙，即娑之字也。阮諶《禮圖》云：犧尊飾以牛，象尊飾以象，於尊腹之上畫爲牛、象之形。"以此作解，則犧尊之"犧"，讀作"娑"（音suō）。前引《明堂位》"尊用犧象山罍"鄭玄注："犧尊以沙羽爲畫飾。"陸德明釋文："犧象，素何反。注下皆同。"又《禮記·禮器》"犧尊疏布鼏，樿杓"陸德明釋文："犧尊，鄭〔玄〕素何反，王〔肅〕如字。"《國語·周語中》"奉其犧象"韋昭注："犧，犧樽，飾以犧牛。"均謂在尊腹飾以牛、象之類圖案。此說誤。"犧"讀"娑"恐亦誤。從歷來出土實物看，犧尊實指動物造型之酒尊。《閟宮》"犧尊將將"王肅注："太和中，魯郡於地中得齊大夫子尾送女器，有犧尊，以犧牛爲尊。然則象尊，尊爲象形也。"朱熹注亦持此說："或曰尊作牛形，鑿其背以入酒也。"後世因時有兩周犧尊實物出土，故此說漸盛行。明胡翰《犧尊辨》曰："禮有犧尊，即獻尊也。《司尊彝》曰：其朝踐用兩獻尊，其再獻用兩象尊。鄭氏讀獻爲犧。又音犧爲摩莎之莎，非也。獻舉其事，犧言其象。其爲尊一而已。……蓋犧尊爲牛形，象尊爲象形，皆周尊也。王肅云：犧象之尊，全刻牛象之形，鑿背爲尊。"又明

犧尊（周犧尊二）
（清《亦政堂重修宣和博古圖録》）

焦竑《焦氏筆談·犧尊》："謹按《博古圖》作牛形，背上開竅以注酒，曰犧罇。如象者曰象罇。"此說甚確。《梁書·劉杳傳》："古者樽彝皆刻木爲鳥獸，鑿頂及背，以出内酒。頃魏世魯郡地中得齊大夫子尾送女器，有犧樽作犧牛形。晋永嘉，賊曹嶷於青州發齊景公冢，又得此二樽，形亦爲牛象。"後世猶有仿周禮之舉，故亦有仿冒商周犧尊之禮器。宋王安石《比部員外郎陳君墓誌銘》："或斷而焚，或剖以爲犧尊。"《金史·禮志三》載朝享儀："司尊彝帥其屬設彝尊之位於室尸之左，每位斚彝一、黄彝一、犧尊二、象尊二、著尊二、山罍二。"

【犧樽】

同"犧尊"。此體漢代已行用。見該文。

【犧罇】

同"犧尊"。此體漢代已行用。見該文。

觚

青銅飲酒禮器。造型通常是上三分之二爲喇叭形侈口，下三分之一爲圈足。此稱先秦時期已行用。銅觚最初器形較粗，商晚期至周初器腰漸變細，自圈足以上呈細體管狀喇叭形，外觀看不出腹。《周禮·考工記·梓人》："梓人爲飲器，勺一升，爵一升，觚三升。獻以爵而酬以觚。"《儀禮·鄉射禮》："主人降，賓洗南坐奠觚，少進辭降，主人東面對。賓坐取觚，奠於篚下，盥洗。"周以後出現仿銅觚造型的漆木觚。《儀禮·特牲饋食禮》："實二爵、二觚、四觶、一角、一散。"從爵、觚、觶、角、散的次序看，觚爲次於爵的較尊貴的器物。《詩·周南·卷耳》"我姑酌彼兕觥"孔穎達疏引《韓詩說》："一升曰爵，爵，盡也，足也。二升曰觚，觚，寡也，飲當寡少。"又，用觚當以禮，

不以禮則意味着失道。《論語·雍也》："子曰：'觚不觚，觚哉！觚哉！'"邢昺疏："觚者，禮器，所以盛酒。二升曰觚。言觚者，用之當以禮，

觚（商亞形觚）
（清《亦政堂重修宣和博古圖録》）

若用之失禮，則不成爲觚也，故孔子嘆之'觚哉！觚哉！'言非觚也，以喻人君爲政當以道，若不得其道，則不成爲政也。"後世多祖述三代禮制。清孫光祖《六書緣起》："三代遺文，多載於鐘、鼎、彝、敦、鬲、甌、盉、卣、壺、觚、爵、斝、豆、匜、盤、盂之銘。"按，漢以後已不用爵、觚之類青銅器飲酒，而此稱則沿用下來。晉劉伶《酒德頌》："止則操卮執觚，動則挈榼提壺，唯酒是務，焉知其餘？"

斝

盛酒禮器。此稱先秦時期已行用。質地多爲青銅，文獻稱還有玉質者。其形制，器口上有雙釘狀柱，侈口；頸內收，頸部有鋬；鼓腹，平底或圓底；下有三足，足多爲空心錐足，或爲袋狀足；腹、足或爲鬲形；器外壁多有紋飾。亦偶見方形斝。因形制近乎爵，故古人常以之與爵混淆。《詩·大雅·行葦》："或獻或酢，洗爵奠斝。"毛傳："斝，爵也。夏曰醆，殷曰斝，周

斝（周饕餮斝）
（清《亦政堂重修宣和博古圖録》）

曰爵。"以斝混同爵，誤。而漢儒誤釋尚不止此。《禮記·明堂位》："爵……殷以斝。"鄭玄注："斝，畫禾稼也。"孔穎達疏："竝以爵爲形，……殷以斝者，殷亦爵形而畫爲禾稼，故名斝。斝，稼也。"稱器身飾稼禾，純屬想象之説。斝或無紋飾，或飾與其他青銅酒器相同之紋飾，如雲雷紋、饕餮紋之類。斝爲重要禮器，或用於祭祀，或用於交往禮儀。《周禮·春官·司尊彝》："秋嘗冬烝，祼用斝彝、黄彝，皆有舟。"《左傳·昭公七年》："燕人歸燕姬，賂以瑤甕玉櫝斝耳，不克而還。"又同書《昭公十七年》："宋衛陳鄭將同日火，若我用瓘斝玉瓚，鄭必不火。"後世文人墨客猶用此詞，但已與禮器無關。宋洪咨夔《更漏子·次黄宰夜聞桂香》："緩歌弦，停酒斝。待得香風吹下。斜月轉，斷雲回。"

觶

青銅飲酒禮器。在宴饗賓客禮儀中多用之。此稱先秦時期已行用。造型一爲扁體，一爲圓形；一般爲侈口、束頸、腹下垂、圈足，有的帶蓋。器形之大小，《儀禮·士昏禮》賈公彥疏引《韓詩外傳》云："一升曰爵，二升曰觚，三升曰觶，四升曰角，五升曰散。"《禮記·禮器》："宗廟之祭……尊者舉觶，卑者舉角。"《儀禮·鄉射禮》："使二人舉觶於賓與大夫。"《朱子語類·中庸第十九章》："旅酬禮：下爲上交勸，先一人如鄉吏之屬升觶，或二人

觶
（明王圻等《三才圖會》）

舉觶獻賓，賓不飲，却以獻執事。執事一人受之，以獻于長。以次獻，至於沃盥，所謂逮賤者也。"

觥

亦作"觵"。青銅飲酒禮器。多用爲對違反禮制、有不敬行爲者的罰酒之具。容量約爲周制五升（或言七升）。此稱先秦時期已行用。其造型多爲獸形，圈足或三足、四足，前突之獸嘴下頜爲流，嘴上部獸首連至獸脊爲器蓋，獸尾爲鋬，周身多有紋飾。戰國以後此種器物不再行用，以之飲酒罰酒之禮亦消失，而此稱則延至後世，且成爲飲酒器泛稱。《周禮·春官·小胥》："掌學士之徵令而比之，觥其不敬者。"鄭玄注："不敬，謂慢期不時至也；觥，罰爵也。《詩》云：'兕觥其觩。'"陸德明音義："觥，古横反。本或作觵，同。"按，鄭玄所引"兕觥其觩"，出《詩·小雅·桑扈》，而原詩通行版本中，"觥"作"觵"："兕觵其觩，旨酒思柔。"陸德明音義："兕，徐履反，獸名；觵，古横反，以兕角爲之。"《說文·角部》亦稱"觥"爲"觵"之俗字，"觵，兕牛角，可以飲者也"。可見觥、觵爲同一器物，而稱其以兕角製成則存疑。今所謂觥，皆青銅酒器，考古發掘極難見兕角製作之器。或文獻所載"兕觥"與今所稱之"觥"非同一種器；或觥"以兕角爲之"乃儒者揣測之辭。蓋"兕觥"，指觥有動物造型而已。《詩·周南·卷耳》："我姑酌彼兕觥，維以不永傷。"孔穎達疏引《韓詩》說："觥亦五升，所以罰不敬。觥，廓也，所以著明之貌，君子有過，廓然著明，非所以餉，不得名觴。"疏又謂《毛詩》說"觥，大七升"，引許慎語："觥罰有過，一飲而盡，七升爲過多。"

可知觥或謂五升，或謂七升，器大，用以罰酒。宴饗禮多用之，然未必皆用於罰酒。《詩·豳風·七月》："九月肅霜，十月滌場。朋酒斯饗，曰殺羔羊，躋彼公堂。稱彼兕觥：萬壽無疆！"以觥祝壽，固非罰酒之用。後世藉此稱，泛指飲酒器具。唐孫棨《北里志·附録·胡證尚書》："〔胡證〕謂衆人曰：'鄙夫請非次改令，凡三鍾引滿一遍，三臺酒須盡，仍不得有滴瀝，犯令者一鐵躋。'胡復一舉三鍾。次及一角觥者，凡三臺三遍。"宋曾覿《訴衷情·史丞相宴曲水席上作》詞："綺羅香擁處、觥籌錯。"後世亦常以此稱用於祝壽。宋盧祖皋《沁園春·戊辰歲壽攻愧舅》詞："東閣郎君，南宮進士，管領孫枝扶壽觥。"周學熙《巨溟同年六十壽》詩二首之一："優游歲月唐虞世，好誦南山進兕觥。"

觵
（明王圻等《三才圖會》）

【觵】

同"觥"。此稱先秦時期已行用。見該文。

角

用於飲酒的青銅禮器。宋代以來確定爵形器無流而具兩翼若尾者爲角。此稱先秦時期已行用。其造型下部如爵，上部口沿多無柱，有二尖形尾而無流；但少數在腹部有管狀流。或帶蓋。下有三錐形足。這是等級略低之酒器，排在爵、觚、觶之後。《禮記·禮器》："宗廟之祭……尊者舉觶，卑者舉角。"《儀禮·特牲饋食禮》："實二爵二觚四觶一角一散。"《儀禮·士昏禮》賈公彥疏引《韓詩外傳》云："一升曰爵，二升曰觚，三升曰觶，四升曰角，五升曰散。"

彝

亦稱"夷""方彝"。一種盛酒的青銅禮器，亦被用作青銅禮器通稱。此稱先秦時期已行用。《爾雅·釋器》："彝、卣、罍，器也。"郭璞注："皆盛酒尊，彝其總名。"明劉績《三禮圖》卷四："以其常用曰彝，奉而高之曰尊，故祭器皆銘曰'寶尊彝'，非謂形似也。"宋以後將一種方形酒器命名爲"彝"或"方彝"。造型爲長方體，上有屋頂形蓋，下有圈足，圈足每邊的中央有小缺口。從器蓋到圈足均有四條或八條棱脊。周身有紋飾。"彝""夷"同音，故通用。《禮記·明堂位》："灌尊，夏后氏以雞夷。"鄭玄注："夷讀爲彝。"《周禮·春官·司尊彝》："春祠夏禴，祼用雞彝、鳥彝，皆有舟。"鄭玄注："雞彝、鳥彝，謂刻而畫之爲雞、鳳凰之形。"1976年殷墟婦好墓出土一件奇特方彝，器身横長是縱長的一倍，看似兩件方彝之合并，上有整體的屋狀器蓋，被稱作"偶方彝"。器高60厘米、長88.2厘米、寬17.5厘米。爲少見之精品，現藏中國國家博物館。後世猶有仿周禮之舉，故亦仿冒商周之禮器。《金史·禮志三》載朝享儀云："司尊彝帥其屬，設尊彝之位於室户之左，每位斝彝一、

彝（周百乳彝二）
（清梁詩正等《西清古鑑》）

方彝（商若癸方彝）
（清梁詩正等《西清古鑑》）

黄彝一……"作爲青銅禮器通稱，多稱作"宗彝""尊彝"，詳見該文。

【夷】

即彝。此稱先秦時期已行用。見該文。

【方彝】

即彝。此稱宋代已行用。見該文。

罍

盛酒青銅禮器。此稱先秦時期已行用。造形以圓體爲主，亦有方體。圓體罍一般爲束頸，廣肩，寬腹，腹最大徑偏於器身上部，肩部有雙環耳，通體有紋飾，底爲圈足。或帶蓋。方體罍較瘦長，爲高頸狹圓肩高圈足，帶蓋。《爾雅·釋器》："彝、卣、罍，器也。小罍謂之坎。"郭璞注："罍形似壺大者，受一斛。"《玉篇·缶部》："罍，樽也。"視罍爲樽，知爲類似尊之酒器。罍常用於祭祀和宴饗。《不白缶》（中國社會科學院考古研究所編《殷周金文集成》10006）："隹正月，初吉丁亥，不白夐子自乍（作）寶罍。用祈眉壽無疆，子子孫孫永寶用之。"《周禮·春官·司尊彝》："其朝踐用兩獻尊，其

罍（周象首罍）
（清《亦政堂重修宣和博古圖録》）

再獻用兩象尊，皆有罍，諸臣之所昨也。"鄭玄注："朝踐謂薦血腥酌醴始行祭祀。"《詩·周南·卷耳》："我姑酌彼金罍，維以不永懷。"陸德明音義："罍，盧回反，酒罇也。"鄭玄箋："臣出使，功成而反，君且當設饗燕之禮，與之飲酒以勞之。我則以是不復長憂思也。"說明罍用於饗燕之禮。《禮記·明堂位》："山罍，夏后氏之尊也。"孔穎達疏："罍猶雲雷也，畫爲山雲之形也。"明劉績《三禮圖》卷四："按，山罍，刻雷紋於尊上，作山形也，其名亦取此爲文。"

卣

亦稱"脩"。盛酒的青銅禮器。此稱先秦時期已行用。其造型有扁圓體、橢方體、筒形、方形、鳥獸形等多種，通常爲帶蓋、短頸、斜肩、鼓腹、平底或圈足。肩部安有提梁。《爾雅·釋器》："卣、罍，器也。……卣，中尊也。"《廣韻·上有》："卣，中形罇。"《周禮·春官·鬯人》："廟用脩。"鄭玄注："脩讀曰卣。卣，中尊。"明劉績《三禮圖》卷四："按彝盛鬱鬯，極小；卣盛秬鬯，亦小。"《書·洛誥》："乃命寧，予以秬鬯二卣。"孔穎達疏："《周禮》：鬱鬯之酒實之於彝。此言在卣者，《詩·大雅·江漢》及《文侯之命》皆言秬鬯一卣，告於文人。則未祭實之於卣，祭時實之於彝。"按，秬鬯是祭祀時用的一種香酒，周王常以卣盛這種香酒賞賜有功之臣。《大盂鼎》銘文即有"易（賜）女（汝）鬯一卣"的記

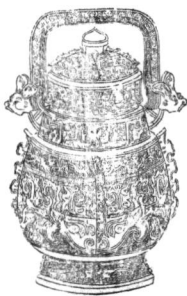

卣
（明王圻等《三才圖會》）

述。春秋城濮之戰，晉勝楚，周襄王封晉文公爲侯伯并大加賞賜。《左傳·僖公二十八年》："策命晉侯爲侯伯，賜之……秬鬯一卣。"1970年湖南寧鄉發現一件盛有三百多件玉飾的銅卣，內壁有戈形銘記，被稱作"銅戈卣"（熊傳新《湖南寧鄉新發現一批商周銅器》，《文物》1983年第10期）。《士上卣》（中國社會科學院考古研究所編《殷周金文集成》5422）："王令士上眾史寅□于成周，□百生（姓）豚。眾賞卣鬯貝，用乍父癸寶□彝。"

【脩】[1]

即卣。此稱先秦時期已行用。見該文。

盉

調和酒水的青銅禮器。此稱先秦時期已行用。其造型多爲圓腹，帶蓋，前有管狀流，與流對應的一邊或有鋬。有的有提梁。器腹下有三足，亦有四足或圈足者。商周時期，盉口大，腹深，流直，多作分檔式袋足或柱形足。春秋戰國時，盉口變小，腹部或呈扁圓體，流往往做成彎曲的鳥頭或獸頭狀，蹄形足較爲常見。其功用，《說文·皿部》："盉，調味也。"《廣韻·平戈》："盉，調五味器。"按，盉多與其他禮器配套使用。它是盛水器，與酒器組合，用以調和酒；它與盤組合，則可用於盥洗。《河南登封告成東周墓地三號墓》（《文物》2006年第4期）報道發掘大約爲"鄭伯公子子耳"之墓，墓內青銅禮器組合爲：五鼎、四簋、二方壺、一扁壺、一盤、一盉、一瓶、一盆。盤、盉顯然爲配套禮器。"盉"通"和"，調和之意。《說文·龢部》："龢，五味盉龢也。……《詩》曰'亦有和龢'。"按，《詩·商頌·烈祖》："亦有和羹。"《書·說命下》："若作和羹，爾惟鹽

盉（周蛟螭盉）
（清《亦政堂重修宣和博古圖録》）

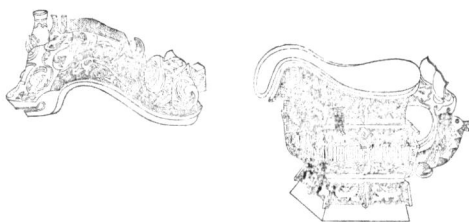

匜（商鳳匜）
（清《亦政堂重修宣和博古圖録》）

梅。”《左傳·昭公二十年》亦言“和如羹”。宋歐陽修《集古録》卷一收録古器銘曰：“古器銘四，尚書屯田員外郎楊南仲爲余讀之……其二曰寶盉，其文完可讀，曰：‘伯玉般子作寶盉。’”

匜

盛水以盥洗之禮器。常與盤配套使用，即用匜注水洗手或洗物，用盤接注下之水。此稱先秦時期已行用。時爲重要禮器之一。後世猶有其名而已無先秦禮器地位。匜造型多爲槽形流，與流對應的另一端爲鋬。長形腹，腹下四獸足。戰國時多爲平底，淺槽流或管狀流。《玉篇·匚部》：“匜，沃盥器。”1992年河南三門峽虢國墓地出土之西周晚期青銅匜，内底有銘文：“季隙父乍（作）匜，子子孫孫永寶用。”（《三門峽虢國墓地M2013的發掘清理》，《文物》2000年第12期）宋薛尚功《歷代鐘鼎彝器款識法帖》卷一二著録《叔匜》：“叔作旅匜。”薛氏釋曰：“銘云叔作旅匜，如伯作寶鬲，特以伯仲第其序耳。”《禮記·内則》：“敦牟卮匜，非餕莫敢用。”鄭玄注：“卮、匜，酒漿器。”《儀禮·特牲饋食禮》：“尸盥，匜水實于槃中，簞巾在門内之右。”鄭玄注：“設盥水及巾。尸尊，不就洗，又不揮。”《國語·晉語四》：“公子使奉匜沃盥，既而揮之。嬴怒曰：

‘秦晉匹也，何以卑我！’”韋昭注：“婚禮，嫡入於室，媵御奉匜盥。揮，灑也。”又同書《吳語》：“一介嫡男，奉槃匜以隨諸御。”後世雖還有以此稱命名之器，然與作爲禮器的先秦之匜已大不相同。《唐六典·太常寺》：“太祝……凡國有大祭祀，盥則奉匜。”

盤

亦作“槃”。盛水盥器。此稱先秦時期已行用。質地有陶質、銅質。其型制多爲敞口、斜腹、圈足；商代無耳，周代常有之；周盤圈足下或有附足。其作用爲宴饗祭祀前後洗手時盛弃水之用。盤總是與其他盥器配合使用。多爲盤匜相配，即用匜澆水於手，用盤承接弃水。《卭仲盤》（宋薛尚功《歷代鐘鼎彝器款識法帖》卷一六，四庫全書本收録時“盤”書作“槃”）：“惟王月初吉日丁亥，卭仲之孫伯戔自乍（作）囗盤，用祈眉壽，萬年無疆，子子孫孫永寶用之。”西周時亦常以盉盤相配。《儀禮·公食大夫禮》：“小臣具槃匜，在東堂下。”鄭玄注：“爲公盥也。公尊，不就洗。”又同書《士喪禮》：“新盆、槃、瓶、廢敦、重鬲，皆濯造於西階下。”鄭玄注：“槃，承澳濯。”《國語·吳語》：“一介嫡男，奉槃匜以隨諸御。”韋昭注：“槃，承盥器也。《晉語》曰奉匜沃盥。”後世常有仿周禮之舉，故禮儀活動中亦有所謂盤匜。

盤（周夔紋盤）
（清梁詩正等《西清古鑑》）

《金史·禮志三》載朝享儀云："太常卿奏請皇帝詣罍洗位，……内侍跪取匜，興，沃水；又内侍跪取盤，興，承水。"

【槃】

同"盤"。此體先秦時期已行用。見該文。

勺

挹酒或舀水之器。舉行禮儀時常用之。直柄，柄端連接一較小的圓底或平底杯。此稱先秦時期已行用。《禮記·明堂位》："其勺，夏后氏以龍勺，殷以疏勺，周以蒲勺。"按，"斗""枓"亦為舀酒或水之具，然比勺更大。明劉績《三禮圖》卷三："蓋勺小，挹於尊；斗大，挹於罍者也。斗又可挹水，前有流，如勺若鑴斗可溫物，則作流於旁。"後世猶有仿周禮之勺。《金史·禮志三》載朝享儀曰："每位斝彝一、黃彝一、犧尊二、象尊二、著尊二、山罍二，各加勺、冪、坫，為酌尊。"

斗

亦作"枓"。較大的挹酒或舀水之具。舉行禮儀時常用之。此稱先秦時期已行用。曲柄長三尺（周制），頂端有勺較大。《詩·大雅·行葦》："曾孫維主，酒醴維醹。酌以大斗，以祈黃耇。"毛傳："大斗長三尺也。"陸德明音義："斗字又作枓，都口反；徐又音主。三尺謂大斗之柄也。"孔穎達疏："大斗長三尺謂其柄也。漢禮器制度注'勺五升，徑六寸，長三尺'是

也。此蓋從大器挹之，以樽用此勺耳；其在樽中，不當用如此之長勺也。"《禮記·喪大記》："浴水用盆，沃水用枓。"《儀禮·士喪禮》鄭玄注引《喪大記》"沃水用枓"賈公彥疏："枓，酌水器，受五升，方有柄。今用大魁，不方，用挹盆中水以沃尸。"《儀禮·少牢饋食禮》："司宮設罍水於洗東，有枓，設篚於洗西南肆。"鄭玄注："枓，斟水器也。凡設水用罍，沃盥用枓，禮在此也。"陸德明音義："枓，音主。"明劉績《三禮圖》卷三："斗又可挹水，前有流，如勺若鑴斗可溫物，則作流於旁。李氏錄詩云：'維北有斗，不可以挹酒漿。'此斗乃可挹者也。"清王夫之《詩經稗疏》卷三釋《詩·大雅·生民之什》"酌以大斗"云："此'斗'字本音知庾切，字或作枓。《儀禮》'司宮設罍於洗東有枓'注云'斟器也'，如字讀作陡者，量器；其音知庾切者，斟器。音義各別。按，《宣和博古圖》有漢龍首鑴斗，其器圓容一升；又有熊足鑴斗，圓而上有口承蓋，容一升四合有半，皆有流有柄三足有耳。"

【枓】

同"斗"。此體先秦時期已行用。見該文。

瓿

盛酒或水的銅禮器。此稱漢代已行用。此物則出現於先秦時期。器型似尊而略小。圓體、斂口、廣肩、大腹、圈足，有帶蓋和不帶蓋、帶耳與不帶耳者。亦有方形瓿。器身常飾饕餮、乳釘、雲雷等紋飾，兩耳多做成獸頭狀。按，先秦無"瓿"字（"瓿"字出現於漢代），故此類器型在先秦時名稱較雜亂。《說文·瓦部》："瓿，甊也。"又："甊，似小瓿，大口而卑，用食。"《方言》卷五："缶謂之瓿甊。"《玉

篇·瓦部》：“瓶，瓶甄，小罌也。”《爾雅·釋器》：“盎謂之缶。”郭璞注：“盆也。”可知先秦兩漢瓶與瓿、缶、盆、盎、罌，近乎一物。此所謂盆，亦非後世敞口之盆。明劉績《三禮圖》卷四辨之：“瓶即甕，以具漿醴釁蟲。……《方言》‘缶謂之瓶瓿，其小者謂之瓶’，則古之盆、盎，今之大口甕也。《易》‘鼓缶而歌’，莊生作‘鼓盆’，其實一也。”

壺

　　盛酒的酒器，亦用作盛水之盥器。禮器之一。此稱先秦時期已行用。漢以後，壺多爲實用器，不復有嚴格的禮器功用。以銅壺、陶壺爲主，造型較大。一般爲長頸、垂腹、圈足，或帶蓋，或有提梁。有瓠形、細長頸圓腹形、扁形、方形等多種形制。《召仲考父壺》（宋薛尚功《歷代鐘鼎彝器款識法帖》卷一一）：“惟六月初吉，丁亥，召仲考父自乍（作）壺，用祀用饗多福滂，用祈眉壽，萬年無疆，子子孫孫永寶是尚。”《周禮·春官·司尊彝》：“其朝獻，用兩著尊；其饋獻，用兩壺尊，皆有罍。諸臣之所昨也。”又同書《秋官·掌客》：“夫人致禮八壺、八豆、八邊，膳大牢，致饗大牢，食大牢，卿皆見以羔膳大牢。”《禮記·禮器》：“五獻之尊，門外缶，門内壺。”《儀禮·特牲饋食禮》：“設洗於阼階東南，壺禁在東序。”1923年河南新鄭李家樓春秋鄭公大墓曾出土兩件蓮鶴銅方壺，高 126 厘米，蓋頂有仰起雙層蓮瓣和佇立於蓮芯展翅欲飛之鶴；鏤雕伏龍雙耳，頸面及腹四面以伏獸代扉棱。周身飾龍虎紋飾，圈足下承以吐舌帶角雙獸。造型奇特華美，爲稀世珍品。

鐘

　　亦作“鍾”。青銅打擊樂器。此稱先秦時期已行用。在重大禮儀活動中用以奏樂。因上部懸掛鐘的部分不同而有甬鐘、鈕鐘之别。西周以甬鐘爲主，春秋戰國以鈕鐘爲主。漢以後不復行用。甬鐘是鐘體上部有懸掛鐘體的柄（稱“甬”），鐘斜着懸掛；鈕鐘上部有半環狀鈕，鈕下或帶透雕獸形座，鐘直懸。鐘體有二種：一爲扁體，如兩片覆瓦相扣合，兩邊相接處呈尖角，這種鐘體的不同位置可以敲擊出不同音；另一種鐘體爲橢圓體或圓體，祇能敲擊出一種音。大小不同的成組之鐘稱“編鐘”，可以構成高低不同的音階。鐘以合樂，古人稱作“和”或“龢”。宋吕大臨《考古圖》卷七載《走鐘》：“走乍（作）朕皇祖文考寶和鐘，走其萬年，子子孫孫永寶用享。”又有鄦子鐘即鈕鐘，銘文中有“和鐘”等字。《國語·周語下》：“二十三年，王將鑄無射，而爲之大林。……二十四年，鐘成，伶人告和。王謂伶州鳩曰：‘鐘果和矣。’”韋昭注：“無射，鍾名，律中無射也。大林，無射之覆也。作無射而爲大林以覆之，其律中林鐘也。”《詩·小雅·賓之初筵》：“鍾鼓既設，舉醻逸逸。”《周禮·地官·鼓人》“以晋鼓鼓金奏”鄭玄注：“金奏謂樂作擊編鍾。”《淮南子·天文訓》：“故黄鐘之律九寸，宫音調，……黄者，土德之色；鐘者，氣之所種也。”又同書《泰

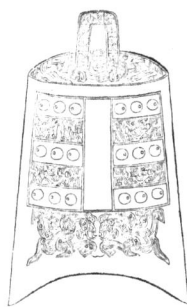

鐘（周小編鐘）
（清《亦政堂重修宣和博古圖録》）

族訓》曰："闔閭伐楚，五戰入郢，燒高府之粟，破九龍之鐘。"

【鍾】

同"鐘"。此稱先秦時期已行用。見該文。

鎛

亦作"鏄"。青銅打擊樂器。下爲扁形鐘體，上爲有獸形座的鈕。此稱先秦時期已行用。其形制與鈕鐘相同而器形特大。爲單個打擊樂器，不成組使用。《説文·金部》："鎛，大鐘，錞于之屬。所以應鐘磬也。"《周禮·春官序》鄭玄注"鎛師"曰："鎛如鍾而大。"又同書《春官·鎛師》"鎛師掌金奏之鼓"賈公彥疏："鎛與鍾同類，大小異耳。"《儀禮·大射儀》："笙磬西面，其南笙鍾，其南鎛，皆南陳。"鄭玄注："鎛如鍾而大，奏樂以鼓鎛爲節。"《宣和博古圖》卷二二"鐘總説"："有鎛焉，則大於編鐘而減於特鐘者也。"湖北隨州擂鼓墩曾侯乙墓出土的成套編鐘架的下層正中，有一件楚王舍章贈給曾侯的大鐘，被認爲是鎛，它通高92.5厘米，134.8公斤，時代爲戰國早期。

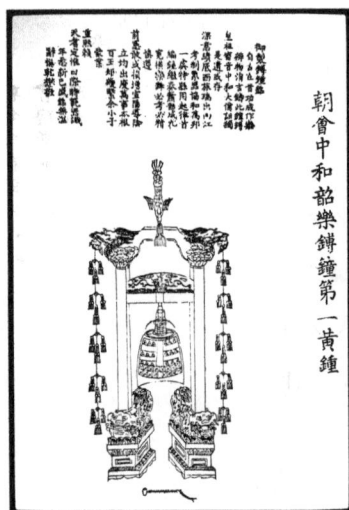

清代朝會中和韶樂鎛鐘第一黃鐘
（清允祿等《皇朝禮器圖式》）

【鏄】

同"鎛"。此體先秦時期已行用。見該文。

磬

打擊樂器。呈不等邊三角形或折尺形，片狀，上有一孔以便穿索懸挂。用木棰敲擊出音。以石磬爲主，亦有玉磬、銅磬。單個大石磬稱特磬，成組音高不同的磬稱編磬。此稱先秦時期已行用。夏商石磬多呈上弧下直的不等邊三角形；周至戰國多爲上部作倨句形，下作微弧形；漢以後則上下兩邊均爲倨句形。《周禮·考工記·磬氏》有關於磬的形制描述："磬氏爲磬，倨句一矩有半。其博爲一，股爲二，鼓爲三。參分其股博，去一以爲鼓博；參分其鼓博，以其一爲之厚。已上則摩其旁，已下則摩其耑。"《宣和博古圖》卷二六釋曰："其制則中高而上大者爲股，其下而小者於所當擊則爲鼓。上股下鼓，分爲倨句之勢，以成磬而屬之於簴。"文獻中磬字最早見於《書·禹貢》："泗濱浮磬。"孔傳："泗水涯，水中見石，可以爲磬。"又同書《益稷》"擊石拊石，百獸率舞，庶尹允諧"亦指擊石磬爲樂舞伴奏。《詩·商頌·那》："鞉鼓淵淵，嘒嘒管聲。既和且平，依我磬聲。"鄭玄箋："磬，玉磬也。……玉磬尊，故異言之。"按，玉磬罕見，樂奏以石磬爲主。且樂奏欲八音和諧，必以石磬爲本。宋易祓《周官總義》卷二八釋《周禮·考工記·磬氏》云：《詩》曰'依我磬聲'。磬，石也。石有一定之聲，而衆聲依焉。故八音之中，石爲難調。先調石聲與七音不相扞格，然後謂之無相奪倫。"磬用於重大禮儀活動中。《禮記·樂記》："鐘磬竽瑟以和之，干戚旄狄以舞之，此所以祭先王之廟也，所以獻酬酳酢也，所以官序貴賤、各得其宜也，所以示後世有尊卑長幼之序也。"《左傳·成公二年》："齊侯使賓媚人賂以紀甗、玉磬與地。"20 世紀 70 年代，山西夏縣東下馮遺址出土一件大石磬，長 60 厘米，上有一穿，擊之聲音悦耳。其時代屬夏代，爲迄今所見最早的磬。

晋鼓

奏樂時與鐘應和之鼓。爲周禮六鼓之一。此稱先秦時期已行用。《周禮·地官·鼓人》："以晋鼓鼓金奏。"鄭玄注："晋鼓長六尺六寸。金奏謂樂作擊編鐘。"賈公彦疏："凡作樂則先擊鐘。故《鍾師》'以鐘鼓奏九夏'，鄭云'先擊鐘，次擊鼓'。金則鐘也，奏則擊也。則是擊鐘後即擊鼓。……鐘之編與不編，作之皆是金奏，晋鼓皆和之矣。"又同書《春官·鎛師》"掌金奏之鼓"鄭玄注："謂主擊晋鼓，以奏其鐘鎛也。"

鼓吹

舉行盛大典禮時所用的吹打樂。多由龐大樂隊構成。此稱漢代已行用。《漢書·叙傳》："出入弋獵，旌旗鼓吹。"《資治通鑑·漢安帝永初元年》："〔六月〕壬午，詔：'太僕少府減黄門鼓吹，以補羽林士。'"胡三省注："《漢官儀》曰：'黄門鼓吹，百四十五人。羽林左監主羽林八百人，右監主九百人。'杜佑曰：'漢代有黄門鼓吹，享宴食舉樂十三曲，與魏代鼓吹長簫，《伎録》並云絲竹合作，執節者歌。'又《建初録》云：《務成》《玄雲》《遠期》，皆騎吹曲，非鼓吹曲。此則列於殿庭者爲鼓吹，今從行者爲騎吹，二曲異也。孫權觀魏武軍作鼓吹而還，應是此鼓吹。魏、晋代給鼓吹甚輕，牙門督將五校，悉有鼓吹，齊、梁至陳則重矣。今代短

簫鐃歌，亦謂之鼓吹。蔡邕曰：鼓吹，軍樂也，黄帝岐伯所作，以揚威武，勸士諷敵也。雍門周說孟嘗君鼓吹於不測之淵。說者云，鼓自一物，吹自竽籟之屬，非簫鼓合奏，别爲一樂之名也。然則短簫鐃歌，此時未名鼓吹矣。宋白曰：鼓吹，據崔豹《古今注》，張騫使西域得《摩訶兜勒》一曲，李延年增之，分爲二十八曲。梁置清商鼓吹令二人，唐又有擱鼓、金鉦、大鼓、長鳴歌、簫、笳、笛，合爲鼓吹十二。案，大享會，則設於縣外。"《晋書·輿服志》："武帝太康中平吴後，南越獻馴象，詔作大車駕之，以載黄門鼓吹數十人，使越人騎之。元正大會，駕象入庭。"又同書《樂志下》："成帝咸康七年，尚書蔡謨奏《八年正會儀注》，惟作鼓吹鐘鼓，其餘伎樂盡不作。"《隋書·高祖紀》："仰惟祭享宗廟，瞻敬如在，罔極之感，情深兹日。而禮畢升路，鼓吹發音，還入宮門，金石振響。斯則哀樂同日，心事相違，……自今已後，享廟日不須備鼓吹，殿庭勿設樂懸。"《宋史·禮志二》："故事，惟郊廟及景靈宮禮神用樂，鹵簿鼓吹及樓前宮架諸軍音樂皆備而不作。警場止鳴金鉦鼓角。"《文獻通考·樂考二十》："郊祀之時，太常雅樂以禮神，鼓吹嚴警以戒衆。或病其雅、鄭雜襲，失齋肅寅恭之誼者此也。又鼓吹本軍中之樂。郊裡齋宿之時，大駕鹵簿以及從官、六軍、百執事，輿衛繁多，千乘萬騎，旅宿以將事，蓋雖非征伐，而所動者衆，所謂軍行師從是也。則夜警晨嚴之制，誠不可廢。"《明會典·禮部三》載登極儀："皇帝衮冕陞御座，大樂鼓吹振作。"《明史·樂志一》："進湯，鼓吹饗節前導至殿外；鼓吹止，殿上樂作。"

璧

重大禮儀活動中所用圓形帶孔玉器。常用於祭祀天地。中間圓孔稱"好"，環孔之玉身稱"肉"。肉寬度大於好直徑。新石器時代文化遺址中已出現此物，如青海民和喇家遺址出土的齊家文化玉璧。此稱先秦時期已行用。《爾雅·釋器》："璧大六寸謂之宣。肉倍好謂之璧。"鄭樵注："肉，邊也；好，呼報反，孔也。"《書·金滕》："植璧秉珪，乃告大王王季文王。"孔傳："璧以禮神。"《詩·大雅·雲漢》："靡神不舉，靡愛斯牲。圭璧既卒，寧莫我聽。"朱熹集傳："圭璧，禮神之玉也。"浙江餘杭的良渚文化遺存中發現許多大型玉璧，直徑多在 20～30 厘米。璧象徵天，故用以禮天。《玉篇·玉部》："璧，瑞玉，圓以象天也。"《周禮·春官·大宗伯》"以蒼璧禮天"鄭玄注："禮神者必象其類。璧圓象天。"然亦有以璧禮地之祭。《儀禮·覲禮》："方明者，木也，方四尺，設六色……上玄下黃。設六玉：上圭下璧……"鄭玄注："六色象其神，六玉以禮之。上宜以蒼璧，下宜以黃琮，而不以者，則上下之神，非天地之至貴者也。"據《周禮·春官·大宗伯》賈公彥疏，因"彼上下之神是日

月"，故上圭下璧，而非上璧下琮。《周禮·考工記·玉人》："圭璧五寸，以祀日月星辰。"孫詒讓正義引聶崇義注："於六寸璧上，琢出一圭，長五寸。"璧因紋飾不同而有不同稱呼。同書《春官·典瑞》："子執穀璧，男執蒲璧。"這是指朝覲禮中不同等級人所執不同玉器。《左傳·成公二年》："韓厥執縶馬前，再拜稽首，奉觴加璧以進。"杜預注："進觴璧亦以示敬。"後世沿襲此禮。《後漢書·明帝紀》："親執圭璧，恭祀天地。"《隋書·高祖紀》："禮之為用，時義大矣。黃琮蒼璧，降天地之神。"唐段成式《酉陽雜俎·禮異》："古者安平用璧，與事用圭。"唐封演《封氏聞見記·紙錢》："按古者享祀鬼神有圭璧幣帛，事畢則埋之。"宋范鎮《大報天賦》："聖人凝旒以則數，薦璧而象圓。"明唐順之《送人上陵作》詩："恭將圭璧朝群帝，遙奉馨香薦五陵。"

琮

祭祀等重大禮儀所用柱狀玉器。此稱先秦時期已行用。造型有圓筒柱狀和內圓外方形柱狀二種；有四條對稱的豎槽將琮體分成四角或四塊弧形凸面；琮體中部上下貫通一孔，孔徑大小不一；琮體上下分節，多者達十餘節。《說文·玉部》："琮，瑞玉，……似車釭。"《玉篇·玉部》："琮，玉八角，象地。"距今四五千

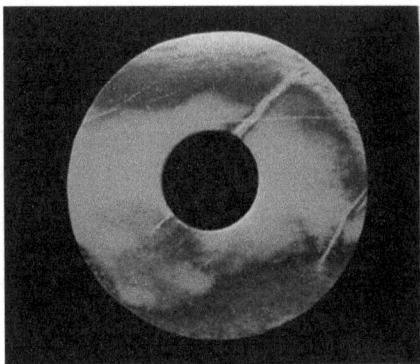

齊家文化玉璧
（青海民和喇家遺址出土）

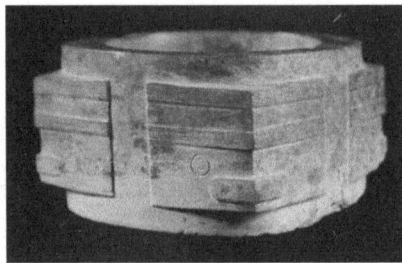

良渚文化玉琮
（江蘇阜寧陸莊三號墓出土）

年的良渚文化遺存中發現大量玉琮，多有精美紋飾，尤其獸面或人獸面合一紋飾，"可説是構成良渚玉琮的核心因素，是良渚玉琮的靈魂"（劉斌《良渚文化玉琮初探》，《文物》1990 年第 2 期）。琮象徵地，故常用於禮地。《周禮·春官·大宗伯》："以蒼璧禮天，以黃琮禮地。"鄭玄注："禮神者必象其類。璧圜象天，琮八方象地。"賈公彥疏："地用黃琮，依地色。"又同書《春官·典瑞》："璪圭璋璧琮，繅皆二采一就，以覜聘。"鄭玄注："璋以聘后、夫人，以琮享之也。"《儀禮·聘禮》："聘於夫人用璋，享用琮。"朱熹注："行聘禮畢而後行享禮。聘是以命圭通信，獻而仍還之；享是獻其圭璧琮璜，非命圭也。"後世仍有琮，然祇是對先秦禮制之琮的仿製。《隋書·高祖紀》："禮之爲用，時義大矣。黃琮蒼璧，降天地之神。"唐褚亮《祭神州樂章·雍和》："黝牲在列，黃琮俯映。"唐段成式《酉陽雜俎·禮異》："大喪用琮。"

珪

亦作"圭"。重大禮儀活動所用上尖下方的長形玉器。爲周官禮天地四方的六玉之一。此稱先秦時期已行用。《玉篇·玉部》："珪，古文圭。"《周禮·春官·大宗伯》："以玉作六器，以禮天地四方。以蒼璧禮天，以黃琮禮地，以青圭禮東方……"鄭玄注："禮神者必象其類。圭鋭象春物初生。"《儀禮·覲禮》："方明者，……設六玉：……東方圭。"執不同的圭璧反映不同等級。《周禮·春官·典瑞》："王晉大圭，執鎮圭，……公執桓圭，侯執信圭，伯執躬圭，……子執穀璧，男執蒲璧。"《公羊傳·定公八年》"璋判白"何休注："禮，珪以朝。"《左傳·昭公五年》："朝聘有珪，享覜有璋。"杜

預注："珪以爲信。"《周禮·考工記·玉人》有不同等級的人所執圭之大小尺寸："鎮圭尺有二寸，天子守之；命圭九寸，謂之桓圭，公守之；命圭七寸，謂之信圭，侯守之；命圭七寸，謂之躬圭，伯守之。"天子所用大圭又稱"珽"。《爾雅·釋器》："珪大尺二寸謂之玠。"《莊子·馬蹄》："白玉不毀，孰爲珪璋？"郭象注："鋭上方下曰珪。"《金史·禮志三》載朝享儀云："太常卿奏請摺鎮圭，皇帝摺鎮圭……太常卿奉請執鎮圭前導，皇帝升殿。"

【圭】

同"珪"。"珪"之本字。此體先秦時期已行用。見該文。

璋

亦作"章"。祭祀所用尖首長形玉器。因尖首爲一道斜邊，故造型似圭的一半。此稱先秦時期已行用。《玉篇·玉部》："璋，半珪也。"《書·顧命》："秉璋以酢。"孔傳："半圭曰璋。"大璋又稱"琡"。《爾雅·釋器》："璋大八寸謂之琡。"璋，在商周時初寫作"章"。《亞龏乍且丁簋》（《殷周金文集成》3940）："亞。乙亥，王易（賜）龏舟□玉十丰（珪）章（璋），用乍（作）且（祖）丁尊彝。"璋又有大璋、中璋、邊璋之別。《周禮·考工記·玉人》："大璋中璋九寸，邊璋七寸，射四寸，厚寸。……天子以巡守，宗祝以前馬。"鄭玄注："天子巡守，有事山川，……於大山川，則用大璋。"《三禮圖·大璋瓚》："周天子十二年一巡守，所過大山川，禮敬其神，用黃駒以祈沉，則宗祝先用大璋之勺酌鬱鬯以禮神。"《周禮·春官·典瑞》亦載璋用途："璋邸射，以祀山川，以造贈賓客。"又同書《春官·大宗伯》："以赤璋

禮南方。”鄭玄注：“禮神者必象其類。……半圭曰璋，象夏物半死。”《儀禮・覲禮》：“方明者，……設六玉：上圭下璧，南方璋……”鄭玄注：“六色象其神，六玉以禮之。”《詩・大雅・棫樸》：“濟濟辟王，左右奉璋。”毛傳：“半圭曰璋。”《左傳・昭公五年》：“朝聘有珪，享覜有璋。”杜預注：“享，饗也；覜，見也。既朝聘而享見也。臣爲君使執璋。”《公羊傳・定公八年》：“寶者何？璋判白。”何休注：“判，半也。半珪曰璋。”《莊子・馬蹄》：“白玉不毀，孰爲珪璋？”郭象注：“銳上方下曰珪，半珪曰璋。”《山海經・南山經》：“其祠之禮：毛用一璋玉瘞。”郭璞注：“半圭爲璋。”漢馬融《東巡頌》：“珪璋峨峨，犧牲潔純。”唐段成式《酉陽雜俎・禮異》：“古者安平用璧，興事成功用璋。”

【章】

同“璋”。此體先秦時期已行用。見該文。

琥

用於祭祀的虎形玉禮器。此稱先秦時期已行用。琥多用於祭祀西方之神。其造型，清桂馥《説文解字義證・玉部》“琥”字注引《三禮圖》謂：“白琥以玉，長九寸，廣五寸，刻伏虎形，高三寸。”《周禮・春官・大宗伯》：“以玉作六器，以禮天地四方。……以白琥禮西方。”鄭玄注：“禮神者必象其類。……琥猛象秋嚴。”賈公彥疏：“以玉爲虎，形猛，屬西方，是象秋嚴也。”《儀禮・覲禮》：“方明者，木也，……設六玉：……西方琥。”宋蘇軾《龍尾硯歌》：“黃琮白琥天不惜，顧恐貪夫死懷璧。”元或明代佚名《靈寶玉鑑》卷一：“古者以……白琥禮西方。”

璜

弧形玉器。用於祭祀，也用作體現等級的裝飾。此稱先秦時期已行用。文獻多稱如“半璧”，實則不及半而衹及璧之三分之一者甚多。其形式多樣，有扇形、半環形、半月形、拱橋形等。良渚文化遺址發現許多不規整的半璧狀璜，可見璜出現甚早。《説文・玉部》和《玉篇・玉部》均曰：“璜，半璧也。”璜常用於祭北方之神。《周禮・春官・大宗伯》：“以玉作六器，以禮天地四方。……以玄璜禮北方。”鄭玄注：“禮神者必象其類。……半璧曰璜，象冬閉藏，地上無物，唯天半見。”《儀禮・覲禮》：“方明者，木也，……設六玉：……北方璜。”《淮南子・説林訓》：“曹氏之裂布，蛷者貴之，然非夏后氏之璜。”高誘注：“半璧曰璜。璜以發衆，國家之寶，故曰非夏后氏之璜也。”元或明代佚名《靈寶玉鑑》卷一：“古者以……玄璜禮北方。亦各有牲帛，皆倣其氣之色。”明李時珍《本草綱目・金石二・玉》：“古禮，玄珪蒼璧，黃琮赤璋，白琥玄璜，以象天地四時而立名。”

玉瓚

省稱“瓚”，亦稱“圭瓚”“璋瓚”。此稱先秦時期已行用。祭祀時酌香酒降神之勺。勺以圭形玉爲柄。勺或如盤，可容五升。圭形柄稱“圭瓚”，璋形柄稱“璋瓚”。《詩・大雅・旱麓》：“瑟彼玉瓚，黃流在中。”毛傳：“玉瓚，圭瓚也。”鄭玄箋：“圭瓚之狀，以圭爲柄，黃金爲勺，青金爲外，朱中央矣。”孔穎達疏：“瓚者，器名，以圭爲柄，圭以玉爲之，指其體，謂之玉瓚。據《成器》謂之圭瓚，故云玉瓚，圭瓚也。瓚者，盛鬯酒之器，以黃金爲勺，而有鼻口，鬯酒從中流出。”《詩・大雅・棫樸》：“濟濟辟王，左右奉璋。"漢鄭玄箋："璋，璋瓚也。祭祀之禮，王祼以圭瓚，諸臣助之亞祼以璋瓚。"可知圭瓚等級高於璋瓚。《禮記·明堂位》："季夏六月，以禘禮祀周公於大廟，……灌用玉瓚、大圭。"鄭玄注："瓚形如槃，容五升，以大圭爲柄，是謂圭瓚。"後世猶仿周制爲之，而非常禮。唐李德裕《上尊號玉册文》："捧玉瓚而一獻，先靈來格；振金石而六變，魄寶照靈。"《金史·禮志三》載朝享儀云："奉瓚盤官以瓚跪進，皇帝受瓚，內侍奉匜，沃水；又內侍跪，奉槃承水。洗瓚訖。內侍跪奉巾以進，皇帝拭瓚訖，內侍奠槃匜，又奠巾於篚。奉瓚槃官以槃受瓚。"

【瓚】

"玉瓚"之省稱。此稱先秦時期已行用。見該文。

【璋瓚】

璋形柄之玉瓚。此稱漢代已行用。見該文。

【圭瓚】

圭形柄之玉瓚。此稱先秦時期已行用。見該文。

【玉鬯】

即圭瓚。長一尺二寸。此稱先秦時期已行用。《周禮·春官·大宗伯》："凡祀大神，享大鬼，祭大示，帥執事而卜日宿，眡滌濯，涖玉鬯，省牲鑊，奉玉齍，詔大號，治其大禮，詔相王之大禮。"孫詒讓正義："玉鬯，圭瓚也。"《國語·周語上》："十五年，有神降於莘……王使太宰忌父帥傅氏及祝史，奉犧牲玉鬯往祭焉。"韋昭注："玉鬯，鬯酒之圭，長尺二寸，有瓚，所以灌地降神之器也。"參閱清王引之《經義述聞·涖玉鬯》。

玉帛

用於盛大朝會、盟誓、祭祀等禮儀時的美玉和束帛。此稱先秦時期已行用。傳說大禹時代曾大會各地部族首領，與會者皆執玉帛表示歸服。按，華夏重玉之風由來久遠，良渚文化美玉盛行，其時代遠在大禹時代之前。故先民以玉及帛會盟，應是事實。《書·舜典》有"修五禮，五玉三帛"語，孔傳："修吉凶賓軍嘉之禮五等，諸侯執其玉。"《左傳·哀公七年》："禹合諸侯於塗山，執玉帛者萬國。"杜預注："諸侯執玉，附庸執帛。"可知執玉者尊，執帛者地位略低。《左傳·莊公二十四年》："男贄大者玉帛，小者禽鳥，以章物也。"杜預注曰，"公、侯、伯、子、男執玉，諸侯世子、附庸、孤卿執帛"，"卿執羔，大夫執鴈，士執雉"，這樣可以"所執之物別貴賤"。可見執玉最尊，執帛次之。《周禮·春官·小宗伯》："若國大貞，則奉玉帛以詔號。"此指占卜立國君、封諸侯之類大事時，要奉玉帛敬神靈。又同書《春官·肆師》："肆師之職，掌立國祀之禮，以佐大宗伯。立大祀，用玉帛、牲牷；立次祀，用牲幣；立小祀，用牲。"這是說祭天地這樣的大祀，用玉帛。《左傳》中關於玉帛作用頗有記述，如《莊公十年》："公曰：'犧牲玉帛，弗敢加也，必以信。'"此亦指祭祀時誠心用玉帛向神祇示敬。又如《莊公二十二年》："庭實旅百，奉之以玉帛，天地之美具焉。故曰利用賓于王。"此指朝會時敬獻玉帛，杜預注："艮爲門庭，乾爲金玉，坤爲布帛，諸侯朝王，陳摰幣之象。"再如《僖公十五年》："上天降灾，使我兩君匪以玉帛相見，而以興戎。"此指兩國交兵，而非以玉帛通友好。《淮南子·原道訓》

亦有對禹會天下萬國的追述："夏鯀作三仞之城，諸侯背之，海外有狡心。禹知天下之叛也，乃壞城平池，散財物焚甲兵，施之以德，海外賓伏，四夷納職。合諸侯於塗山，執玉帛者萬國。"高誘注："玉，圭；帛，玄纁也。"可見戰國以前，玉帛在軍國禮儀中作用重大。而秦漢以後，玉帛原有的深義僅存於語詞上，不再以實物形式表示其重要性。《晉書·苻生載記》："晉王思與張王齊曜大明，交玉帛之好，兼與君公同金蘭之契。"此玉帛之好指人與人的友好。宋葉夢得《送嚴壻侍郎北使》詩："傳車玉帛風塵息，盟府山河歲月長。寄語遺民知帝力，勉拋鋒鏑事耕桑。"此處玉帛象徵國與國交好。而後世更多的是將玉帛作爲財富象徵，常以"玉帛子女"指可以擁有的財寶人口。《舊唐書·良吏傳·倪若水》："陛下昔潛龍藩邸，備歷艱虞。今氛祲廓清，高居九五，玉帛子女充於後庭，職貢珍奇盈於內府，過此之外復何求哉？"元曹文晦《效老杜出塞》詩九首之一："婦女連車歸，玉帛不可數。"明田汝成《順昌縣改作學宮記》："其諸不在學校之養，而行義有聞、文學高第者，又招以旗旃，聘以玉帛，俾無遺良焉。"亦有用春秋盟誓使用玉帛的典故者。清曹貞吉《賀新涼·寄鄧孝威》詞："屈指騷壇誰執耳，羨葵丘玉帛長干側。"因玉帛作爲友好的象徵，近代以來"化干戈爲玉帛"成常用之典。清王炳耀《中日戰輯選錄·遣使議和》："本大臣亦憐兩國人民塗炭，深願言歸於好，化干戈爲玉帛；乃貴大臣概不應允，其故何歟？"

第三節　社交考

人生禮儀，主要指人從小到大所應經歷與遵守之禮。它主要包括人的出生、成長、婚姻、壽誕、社交、喪葬等方面的內容。人生禮俗體現着人倫綱常，規範着人與人之間、人與社會之間的和諧關係。因出生、婚姻、喪葬已見於本書其他章節，故本節祇述與成長、壽誕、敬老、社交等相關禮儀名物。

古人未成年時，稱總角。《玉篇·角部》："男女未及冠笄爲總角。"一到成人的年齡，則行成人禮，男冠女笄。《禮記·冠義》："冠者禮之始也。"同書《內則》曰："女子……十有五年而笄。"鄭玄注："謂應年許嫁者。女子許嫁，笄而字之；其未許嫁，二十則笄。"男女成人了，即可婚嫁，即須擔負起對家庭、社會的責任。

自戰國時起，人們便已非常重視人的生日。《楚辭·離騷》："皇覽揆余于初度兮，肇錫余以嘉名。"清胡鳴玉《訂譌雜錄·覽揆初度》釋曰："詞人以生辰爲覽揆，爲初度，本之《離騷》。"祝壽之俗在周代金文中已有所反映，《小克鼎》云"屯（純）右（佑）眉壽，永令靈冬（終）"；《秦公簋》云"眉壽無疆"；《詩·小雅·南山有臺》亦有"樂只君子，萬壽無疆"語；皆爲祝壽詞。宋高承《事物紀原·帝王后妃部·上壽》謂祝壽始於戰國時期，實誤："按《淳于髡傳》，髡對齊威王有侍酒于前、奉觴上壽之語，及楚莊王置酒優孟前爲壽，皆戰國時事，蓋不自漢始也。春秋之間亦無聞焉。疑即七雄之禮云。"但稱"生日"，始於唐代。《資治通鑑·唐太宗貞觀二十年》："上謂長孫無忌等曰：'今日吾生日。世俗皆爲樂，在朕翻成傷感。今君臨天下，富有四海，而承歡膝下永不可得，此子路所以有負米之恨也。《詩》云：哀哀父母，生我劬勞。奈何以劬勞之日，更爲宴樂乎！'因泣數行下，左右皆悲。"宋吳曾《能改齋漫録·事始·生日祝壽始》據此謂生日壽慶始自唐太宗。唐以後皇帝壽辰還被定爲國家法定節日，但因許多皇帝在位時間短，這樣的節日很難長期沿襲。而世人對於自家親近之人的壽誕則十分看重，尤其是年長者的六十、七十、八十、九十整壽辰，必設宴行慶賀禮，且藉《詩·小雅·南山有臺》"南山有臺，北山有萊。樂只君子，邦家之基。樂只君子，萬壽無期"之句意，以"壽比南山"祝福。與祝壽相關，則是敬老。授年長者几杖，即敬老中的重要禮儀。《禮記·月令》："養衰老，授几杖，行糜粥飲食。"按周禮，不同歲數的老者可在不同等次的地方持杖行走。同書《内則》："五十杖於家，六十杖於鄉，七十杖於國，八十杖於朝。"漢代甚至規定"高年賜王杖，上有鳩，使百姓望見之，比於節"（見甘肅武威出土漢宣帝本始年間《王杖詔令册》簡牘），賜年長者几杖，至唐宋猶如此。

古人的社交禮儀中，以見面禮最爲繁複。人對外，講究容禮。漢賈誼《新書·容經》對人的坐卧跪拜、站立行走、目視氣息、言談表情等多方面的容禮有記述，且曰："容有四起：朝廷之容，師師然翼翼然，整以敬；祭祀之容，遂遂然粥粥然，敬以婉；軍旅之容，湢然肅然，固以猛；喪紀之容，恫然懾然，若不還。"儀容之禮以外，則是複雜的拜禮。周禮規定的拜禮多至九種。《周禮·春官·大祝》："辨九拜：一曰稽首，二曰頓首，三曰空首，四曰振動，五曰吉拜，六曰凶拜，七曰奇拜，八曰褒拜，九曰肅拜。"而後代見面禮又不斷演變，相繼又有拱手、作揖、鞠躬、唱喏、斂袵、道萬福、打千兒、握手，等等。見面須通報姓名，故名刺（今稱名片）産生。漢代稱名片爲"謁"。《釋名·釋書契》云："謁，詣也。詣，告也，書其姓名於上以告所至詣者也。"後又稱"刺"。清趙翼《陔餘叢考·名帖》："六經及先秦、西漢之書，並無'刺'字，漢初猶謂之'謁'。……竊意古人通名，本用削木書字，漢時謂之謁，漢末謂之刺，漢以後則雖用紙而仍相沿曰刺。"

則紙發明以後，通名姓多用紙片，然稱謂沿用"刺"名。明張萱《疑耀·拜帖不古》："古人書啓往來及姓名相通，皆以木竹爲之，所謂刺也。……意東漢造紙後，簡札之制已爲之一變矣。"後又稱"名紙""名帖""投名狀"。宋孫光憲《北夢瑣言·李涪尚書改切韵》："古之製字卷紙，題名姓，號曰名紙。"明彭大翼《山堂肆考·科第·謝衣鉢》亦謂："名紙，謂寫名於紙上也。"

與名片相關，則是書信。漢代始稱"尺牘"，因信多書於長約一尺的木牘上，故稱。《漢書·游俠傳·陳遵》："〔陳遵〕略涉傳記，贍於文辭，性善書，與人尺牘，主皆藏去以爲榮。"後世沿用此稱，并又有書帖、帖子等新的稱謂。"書信""書函"之稱亦沿用較廣，清孔尚任《桃花扇·投轅》："（末問丑介）你稱解糧到此，有何公文？（丑）没有公文，止有書函。"清顧炎武《一鴈》詩："塞上愁書信，人間畏網羅。"

宴請賓客，也是重要社交禮儀。宴客的主人爲"東道主"，請客吃飯叫"做東"。宴席上的座位有主次之分，重要賓客及年長者坐在主座，即"上坐"。《漢書·高帝紀上》："吕公者好相人，見高祖狀貌，因重敬之，引入坐上坐。"顏師古注："上坐，尊處也。令於尊處坐。"蔡邕《獨斷》卷上："上者，尊位所在也。"此禮自古至今，一直沿襲不輟。

總角

少兒將頭髮分梳至兩邊結成兩角。指未成年人。此稱先秦時期已行用。《玉篇·角部》："男女未及冠笄爲總角。"《禮記·內則》："男女未冠笄者，雞初鳴，咸盥洗，櫛，縱，拂髦，總角，衿纓，皆佩容臭。"鄭玄注："總角，收髮結之。"《詩·齊風·甫田》："婉兮孌兮，總角丱兮。"毛傳："總角，聚兩髦也。"孔穎達疏："總聚其髮以爲兩角。"晋潘岳《懷舊賦》："余總角而獲見，承戴侯之清塵。"《晋書·周顗傳》："〔王〕敦曰：'伯仁總角於東宫相遇，一面披襟，便許之三事，何圖不幸自貽王法。'"宋鄭文寶《南唐近事》卷一："晚節放達，好乘雙犢板轅，挂酒壺於車上，山童總角負瓢以隨，往來廬阜之間，任意所適。"明熊龍峰《馮伯玉風月相思小説》："〔馮琛〕至總角，穎悟聰明，詞章翰墨，舉世罕有。"

弱冠

亦稱"冠禮"。男子二十歲所行加冠成人禮。因之"弱冠"亦爲男子二十歲代稱。此稱先秦時期已行用。古人認爲，冠禮爲禮制之本。《禮記·冠義》："冠者禮之始也，是故古者聖王重冠。古者冠禮，筮日筮賓，所以敬冠事；敬冠事，所以重禮；重禮，所以爲國本也。"《禮記·曲禮上》："人生十年曰幼學，二十曰弱冠。"然先秦時亦有十五而冠之禮。《左傳·襄公九年》："國君十五而生子。冠而生子，禮也。"此蓋國君之禮。又，禮有輕重，國君即位禮與冠禮相較，即重前者輕後者。周成王崩，康王未冠而即位，清毛奇齡《尚書廣聽録》卷五論曰："夫冠禮可與即位較乎？先王重即位而輕冠禮。苟人君未冠而即位，則冠禮遂廢。"《鹽鐵論·未通》："古者，十五入大學，與小役；二十冠而成人，與戎。"又："二十而冠，三十而娶，可以從戎事。"《三國志·蜀書·關羽傳》："弱冠爲侍中、中監軍，數歲卒。"晋潘岳《閑居賦》："閱自弱冠涉乎知命之年，八徙官，而一進階、再免、一除名、一不拜職，遷者三而已矣。"《晋書·劉聰載記》："弱冠游於京師，名士莫不交結，樂廣、張華尤異之也。"隋王通《中説·魏相篇》："既冠讀冠禮。"《隋書·楊義臣傳》："時義臣尚幼，養於宫中，年未弱冠，奉詔宿衛如千牛者數年。"唐裴度《唐太尉中書令西平王李公神道碑銘》："未弱冠游秦凉間，元侯宿將見者咸器異之。"《宋史·臧丙傳》："臧丙字夢壽，大名人，弱冠好學。"《國色天香·龍會蘭池録》："宋南渡，汴郡中都路人蔣生世隆，年弱冠，學行名時，以韓、蘇自許。"明熊龍峰《張生彩鸞燈傳》："意似鴛鴦飛比翼，情同鸞鳳舞和鳴。"《喻世明言·張舜美燈宵得麗女》："那人是越州人氏，姓張，雙名舜美。年方弱冠。"清錢泳《履園叢話·書周孝子事》："其父文榮，弱冠游楚。"清袁枚《子不語·江軼林》："江軼林……娶妻彭氏，情好甚篤。彭歸江三年，軼林甫弱冠，未遊庠。"

【冠禮】

即弱冠。此稱先秦時期已行用。見該文。

及笄

女子盤髮插簪以示成人的禮儀。女子一般以十五歲成人，可以嫁人，古稱嫁人爲"字"；如未許嫁人，則二十歲笄。此稱先秦時期已行用。《禮記·内則》曰："女子……十有五年而笄。"鄭玄注："謂應年許嫁者。女子許嫁，笄而字之；其未許嫁，二十則笄。"《太平廣記》卷一六〇引唐佚名《異聞録》："崔家小娘子，容德無比，年已及笄。"《宋史·列女傳》："夫之妹尚幼，〔陳〕堂前教育之。及笄，以厚禮嫁。"《警世通言·王嬌鸞百年長恨》："因愛女慎於擇配，所以及笄未嫁。"《周易·屯》"十年乃字，反常也"清黄宗炎《周易象辭》卷三："女子及笄則字，其常道也。草昧之世，名位未定，天人未合，寧愆期而有待，無失身而莫道，不可以常道論也。十年乃字，得其時宜，雖反乎常道，何傷哉！"

笄

亦稱"簪"。簪子，女子以之結髮，表示成人。已許婚者十五而簪，二十而嫁；未許婚者，至二十而簪。此稱先秦時期已行用。《説文·竹部》："簪，笄也。"笄與簪爲同義詞。古時此物男女通用，漢以後分稱男子繫髮穿冠者爲簪，女子固髻者爲笄。故女子初結髮成髻之時曰"及笄"。《禮記·曲禮上》："子許嫁，笄而字。"

清末笄髮打扮的女子

同書《雜記》亦曰："女子十有五年許嫁，笄而字。"笄上往往有首飾，稱"副笄"。《詩·鄘風·君子偕老》："君子偕老，副笄六珈。"毛傳："笄，衡笄也。"鄭玄箋："副，既笄而加飾，如今步搖上飾。"《史記·周本紀》："漦化爲玄黿，以入王後宮，後宮之童妾，既齔而遭之，既笄而孕，無夫而生子，懼而棄之。"張守節正義："笄音鷄。《禮記》云'女子許嫁而笄'，鄭玄云：'笄，今簪。'"《三國志·魏書·王朗傳》："十年之後，既笄者必盈巷；二十年之後，勝兵者必滿野矣。"《宋史·后妃傳上·太祖母昭憲杜太后》："母范氏，生五子三女，太后居長。既笄，歸於宣祖。"清錢謙益《曾祖母陳氏贈一品夫人制》："鄉里婦孺，晦昧百年。翟茀副笄，詔於幽夑。國恩至是，可謂隆矣！"

【簪】

即笄。此稱漢代已行用。見該文。

生肖

以十二紀爲序，將十二地支配以十二種動物，作爲人出生年份的屬相。地支配動物分別是子鼠、丑牛、寅虎、卯兔、辰龍、巳蛇、午馬、未羊、申猴、酉鷄、戌狗、亥豬。古人依據不同屬相的動物特徵，推測人的特性，并據此認定不同屬相人的婚姻及其他人生大事的相生相剋關係。以時間配動物，春秋已有之；作爲生肖，今所見最早文字記載爲秦代《日書》，此風俗流傳至今。十二紀即太陽月亮和二十八宿運行的十二年周期，又稱十二辰，其由來久遠。《周禮·春官·馮相氏》："馮相氏掌十有二歲、十有二月、十有二辰、十日，二十有八星之位，辨其序事，以會天位。"《書·洪範》"五紀……四曰星辰"孔安國傳："二十八宿迭見，

以叙氣節；十二辰以紀日月所會。"地支配動物屬相的文獻，已見於《詩·小雅·吉日》："吉日庚午，既差我馬。"此處以庚午之日配馬，實與歲時地支之午無異。明方以智《通雅·天文》論生肖，不明其起源："十二生肖即十二時書而爲之說也。方言以十二生肖配十二辰，爲人命所屬，莫知其起。"清胡煦《周易函書別集·篝燈約旨》則稱："十二生肖皆出於《周易》(《周易》'十二支'火珠林傳之，如丑肖牛、未肖羊之類，皆自卦爻經驗者也)。"清陳大章《詩傳名物集覽·蟲豸》釋"維虺維蛇"，亦以八卦爲生肖之源："其爲卦也，名之曰習坎，十二支，辰爲龍，巳爲蛇。"聊備其說。1975年湖北雲夢出土秦代竹簡《日書》，其中有《盜者》篇，已將屬相與人的特徵緊密關聯："子，鼠也，盜者兌(鋭)口，希(稀)須(鬚)，……丑，牛也，盜者大鼻長頸，……寅，虎也，盜者狀，希須，面有黑焉。卯，兔也，盜者大面頭。辰，□□，盜者男子，青赤色……巳，蟲也，盜者長而黑蛇目。午，鹿也，盜者長頸小胻，其身不全。……未，馬也，盜者長須耳。申，環也，盜者圓面……酉，水也……戌，老羊也……亥，豕也。"其時少數生肖與後世略有差別，如午對鹿，未對馬，戌對老羊等，而多數與後世生肖相符。漢王充《論衡》已將十二生肖記全。其《物勢》篇："寅，木也，其禽虎也；戌，土也，其禽犬也；……午，馬也；子，鼠也；酉，鷄也；卯，兔也；……亥，豕也；未，羊也；丑，牛也；……巳，虵也；申，猴也。"以上凡十一種生肖，尚缺龍，而該書《言毒》篇又載："辰爲龍，巳爲蛇。"則東漢時，十二生肖所對應的動物，已明確下來，并爲後世所沿襲。清趙

翼《陔餘叢考·十二相屬》謂："蓋北俗初無所謂子丑寅卯之十二辰，但以鼠牛虎兔之類分紀歲時，浸尋流傳於中國，遂相沿不廢耳。"又其《十二相屬起於後漢》謂："竊意此本起於北俗，至漢時呼韓邪款塞，入居五原，與齊民相雜，遂流傳入中國耳。"然其説生肖源自匈奴，未出書證，爲揣度之詞，不可據。按，此俗實爲中州歷經久遠自成之俗，前述秦簡可證。此風自漢以降，盛行不輟。《太平御覽》卷四○○引《續漢書》，有"今年歲在辰，明年歲在巳"之語。晋干寶《搜神記》卷三載東漢管輅軼事，亦有"蛇者協辰巳之位"之説。《周書·晋蕩公護傳》記述了北周宇文護的母親在齊所寫信："昔在武川鎮生汝兄弟，大者屬鼠，次者屬兔，汝身屬蛇。"這是正史關於生肖與出生年相關聯的較早記載。生肖還被賦予了與命運相關的迷信色彩。明葉子奇《草木子·克謹篇》："在昔唐明皇酉生肖鷄。明皇好鬥鷄，兵爭象也。其後卒有禄山之亂。"因此生肖中包含着一些禁忌。明沈德符《萬曆野獲編·禁宰豬》："宋徽宗崇寧間，范致虛爲諫官，謂上爲壬戌生，於生肖屬犬，人間不宜殺犬。徽宗允其議，命屠狗者有屬禁。"又因十二生肖相生相剋的命理學説，往往影響到人們的婚嫁。《皇朝經世文統編·雜著部一》載《借西俗以袪中弊説》："自唐代以後，術士始創門命之説，所言十二辰生肖雖本古書，究嫌穿鑿。……今中國習俗，凡男女初生，即以墮地年月日時，謂之八字，授術人推算終身窮達，若一成而不易。或有無知婦女，竟因術士之説，妄分愛憎，至於長大成人，男女婚配，……惟以術士所推八字爲憑。"《上古秘史》第七九回："原來古人擇日，並

不如後世有黃道、黑道、星宿、生肖冲剋的講究。"古人或以十二生肖入詩，甚別致。明卞榮《述懷效生肖體》："槐葉初生如鼠目，蝸牛緣樹蔭新綠。馮軒高吟坐虎皮，一掃頓令千兔禿。墨池之魚曾化龍，三尺青蛇在袖中。失馬休嗟塞上翁，忘羊歧路迷西東。沐猴而冠良足恥，五百鬥鷄同夢死。狗監明當薦上林，牧豬長揖商丘子。"明吳寬《失猫偶讀古人十二辰詩戲作一首招之》："鼠輩公然書出游，厨中恣食肥如牛。虎斑非韡憶此物，兔口無關嗟爲傭。徒聞豢龍術曾學，安論捕蛇功可收。塞翁失馬終非福，牧子亡羊政爾憂。獼猴若馴我豈愛，鷄犬或放人須求。歸來買豬肉餒汝，置汝十二生肖頭。"生肖動物是如何確定的，明徐應秋《玉芝堂談薈·十二生肖》引楊慎語曰："子鼠丑牛十二屬之説，朱子謂不知所始。余以爲此天地自然之理，非人能爲也。日中有金鷄，乃酉之屬；月中有玉兔，乃卯之屬，日月陰陽，互藏其宅也。古篆巳字作蛇形，亥字作猪形，餘可推而知矣。"認爲是一種純自然的選擇。生肖迄今猶盛行。

生日

亦稱"誕日"。每年人的出生周年紀念日。世人每值此日，多宴樂慶賀。此稱唐代已行用。《資治通鑑·唐太宗貞觀二十年》："〔十二月〕癸未，上謂長孫無忌等曰：'今日吾生日。世俗皆爲樂，在朕翻成傷感。今君臨天下，富有四海，而承歡膝下永不可得，此子路所以有負米之恨也。《詩》云：哀哀父母，生我劬勞。奈何以劬勞之日，更爲宴樂乎！'因泣數行下，左右皆悲。"宋吳曾《能改齋漫録·事始·生日祝壽始》亦謂生日壽慶始自唐太宗。宋王

讔《唐語林・德行》："崔吏部樞夫人，太尉西平王晟之女也。晟生日，中堂大宴，方食，有小婢附崔氏婦耳，語久之。"《新唐書・韋執誼傳》："帝誕日，皇太子獻畫浮屠象，帝使執誼贊之，太子賜以帛。"《資治通鑑・唐昭宗天祐元年》："王建賦斂重，人莫敢言。馮涓因建生日獻頌，先美功德，後言生民之苦。建愧謝。"宋朱熹《五朝名臣言行録・丞相萊國寇忠愍公》引《記聞》："初，萊公在藩鎮，嘗因生日造山棚大宴，又服用僭侈，爲人所奏。"宋洪邁《容齋三筆・禍福有命》："張淵道以張和公生日詩，幾責柳，而幸脱。"宋法雲《翻譯名義集・林木篇》："又《僧史略》云'江表以今四月八日爲佛生日'者，依《瑞應經》也。如用周正，合是今二月八日。今用建巳，乃周之六月也。"宋胡宿《文恭集》卷二七："《皇帝賀大遼太后生辰書》：義重睦鄰，禮敦誕日。企徽慈之凝範，因慶育之履祥。"明周祈《名義考・人部》："今人謂生辰曰誕日。"慶生日往往設宴收禮物。《金瓶梅詞話》第三九回："那日是潘金蓮生日，有吳大妗子、潘姥姥、楊姑娘、郁大姐，都在月娘上房坐的。見廟裏送了齋來，又是許多羹果插卓禮物，擺了四張桌子，還擺不下，都亂出來觀看。"《醒世姻緣傳》第七二回："屬狗兒的，這十一月初三是他的生日。"《紅樓夢》第六二回："探春笑道：'……平兒的生日，我們也不知道，這也是才知道的。'平兒笑道：'我們是那牌兒名上的人，生日也没拜壽的福，又没受禮的職分……'"《穀梁傳・襄公二十一年》"庚子，孔子生"四庫全書本《召南考證》："今相傳孔子誕日在八月，即據此傳。"清王士禛《居易録》卷一五："馬逢知以提督鎮松江，……

好延致文士，會生日，賓客雲集爲壽。"《文明小史》第二二回："這時正值撫院生日，傳諭出來，一概禮物不收。"

【誕日】

即生日。此稱唐代已行用。見該文。

【生辰】

即生日。此稱宋代已行用。《宋史・太祖紀》："〔建隆三年三月〕乙亥，遣使賜南唐主生辰禮物。"同書《禮志二十二》："合照舊例，北使賀生辰聖節，使副隨宰臣紫宸殿上壽，進壽酒畢，皇帝宰臣以下同使副酒三行，教坊作樂。"《金史・章宗紀》："辛酉，諭尚書省：'宰執所以總持國家，不得受人饋遺。或遇生辰，受所獻毋過萬錢。'"宋范公偁《過庭録》："子文與李氏邂逅長安，而李君已死，適值其妻生辰，命子姪宴子文於書舍。"明張岱《西湖夢尋・靈芝寺》："六月六日是其生辰，游人闐塞。"清秦蕙田《五禮通考・賓禮七》："宋與契丹約爲兄弟之國，凡生辰及正旦及大喪大慶，輒有信使往來。"清洪昇《長生殿・舞盤》："薄命生辰，荷蒙天寵。"清朱彝尊《題趙淑人宮門待漏圖》："崇禎七年三月甲寅（二十八日），孝節皇后生辰，詔命婦入賀。"

壽誕

亦稱"壽辰""壽日"。猶生日。多用作敬稱。此稱明代已行用。《明集禮・嘉禮二》："國朝正旦、冬至、中宮壽誕、皇太子親王行禮，内使監設皇后御座於坤寧宮正中。"《醒世恒言・十五貫戲言成巧禍》："便是我日逐愁悶過日子，連那泰山的壽誕也都忘了。"《醒世姻緣傳》第九二回："衆人倒也記的初二是他壽辰，蒸的點心，做的肴品，算計大家享用。"《紅樓夢》第七〇回："次日乃是探春的壽日，元春早打發了兩個小太監，送了幾件玩器。"清黄宗羲《明儒學案·東林學案二》："皇貴妃又求皇太后止福王行，謂明年七十壽誕，留此恭祝。"《萬壽盛典初集·慶祝三》載清康熙年間廣西巡撫陳元龍奏摺《謹題爲微臣恭詣湘山無量壽佛道場啓建經壇慶祝聖壽事》："正届聖壽誕辰，臣於三月初二日率屬員自柳州起程，前赴湘山寺叩賀。"清姚鼐《吴伯知八十壽序》："〔吴〕維彦以歲十月爲君之八十壽辰，告余將請歸，爲父壽。"

【壽辰】

即壽誕。此稱明代已行用。見該文。

【壽日】

即壽誕。此稱明代已行用。見該文。

【誕辰】[1]

指在世的尊者之生日。用作敬稱。此稱唐代已行用。唐代新羅人崔致遠（咸通九年至中和四年，即868—884年游中國）《獻生日物狀》："今者正融韶景，共慶誕辰。四方飽開闔之恩，萬族獻稱觴之悃。"宋真德秀《端午帖子詞·皇后閣》五首之一："纔過端辰又誕辰，天家風物鎮長新。"宋胡宿《文恭集》卷二七："白溝驛賜却迴北使御筵并撫問口宣：卿等爲壽誕辰，戒言歸國。歷疆亭而載邈，率旅從以良勞。特示宴慈，用昭寵餞。"清錢謙益《范太公八十序》："太公之誕辰以八月，枚乘所謂八月之望，與諸侯兄弟觀濤於廣陵之曲江，此其候也。"

初度

亦稱"覽揆"。本指出生之年時。此稱先秦時期已行用。典出《楚辭·離騷》："皇覽揆余於初度兮，肇錫余以嘉名。"王逸注："覽，觀也；揆，度也……言父伯庸觀我始生年時，度其日月，皆合天地之正中，故賜我以美善之名也。"王夫之通釋："覽其初生之日，合於吉度，因錫以美名。"後因以"初度"指生日。而清胡鳴玉《訂譌雜録·覽揆初度》辨析曰："詞人以生辰爲覽揆，爲初度，本之《離騷》……覽者，視其狀貌；揆者，度其將來。初度，猶言初時日月星辰，各以度成時也。言皇考於己初生時，覽其狀貌不凡，揆其將來必異，因賜以嘉名也。流俗不明二字之義，輒誤作'攬揆'。"以"覽揆"稱生辰是誤解，而後世終是將錯就錯。明周祈《名義考·人部》亦評世俗用此典所生謬誤："初度猶言初節也。古者子生三月父名之，謂命名之初節也，非謂生也。今自幼而壯而老皆云初度，是期頤皆三月時矣。其謬誤有如此者。"後世言生日多用此典。宋周必大《答衆官狀（紹興二年）》："字余靈均，恨焉初度之日；俾爾耆艾，愧甚東方之詩。"《元史·順帝紀》："帝以天下多故，却天壽節朝賀。詔群臣曰：'朕方今宜敬天地、法祖宗以自修省。朕初度之日，群臣毋賀。'"明孫承恩《瑞鶴仙·壽陸東湖尊堂太君》："高堂拱賢母，看華髮童顏，又逢初度。"明楊士奇《壽尹先生七十詩序》："三月壬子，實惟初度之日。凡其鄉之門人學子，與其交游之子弟，相謂先生今年越歷四百二十甲子矣，相率持酒醪列拜爲壽。"明胡應麟《白嶽游記》："適暮春，三日當玄君覽揆之辰，爰覓笋輿發峪口。"明葉春及《東源公壽序》："九月既望，東源公覽揆之晨。長君次君赴公車上壽。"清吴偉業《丁石萊七十序》："吾郡丁又兼，……以己亥八月既望之五日爲其尊人石萊翁七十攬揆之辰，先期屬余言爲壽。"清洪昇《長生殿·舞盤》："今日妃子初度，寡人特設長生之宴，同爲竟日之歡。"

【攬揆】

即初度。此稱先秦時期已行用。見該文。

冥壽

亦稱"陰壽""誕辰[2]"。逝者生日周年紀念日。《紅樓夢》第六二回："大年初一也不白過，……又是大祖太爺的生日冥壽。"又第一一八回："到了八月初三，這一日正是賈母的冥壽。"《二十年目睹之怪現狀》第七九回回目爲"論喪禮痛砭陋俗，祝冥壽惹出奇談"。又第七九回："伯明道：'一個人死了，總要照他的面龐，畫一個真容出來，到了過年時，挂出來供奉，這拜陰壽更是必不可少的。'"

【陰壽】

即冥壽。此稱清代已行用。見該文。

【誕辰】[2]

即冥壽。此稱近代已行用。見該文。

聖誕

皇帝、皇后生日。此稱唐代已行用。唐權德輿《左諫議大夫韋公詩集序》："今兹詩集以類相從，獻酬屬和因亦編次，且以聖誕日麟德殿三教講論詩爲首。"宋秦觀《代賀興龍節表》："大呂飛灰，爰屬星迴之序；靈樞繞電，寔當聖誕之期。"清錢謙益《故南京國子監祭酒贈詹事府詹事翰林院侍讀學士石門許公合葬墓誌銘》："恭閱皇考實錄，總紀于世系獨略，皇上娠教之年、聖誕之日不書，……凡此皆原錄備載而改錄故削者也。"明清以來，隨着基督教東傳，西方基督誕日爲聖誕節亦東傳，聖誕遂專指聖誕節，直至今日。

千秋節

爲慶祝皇帝生日所設節日。此稱唐代已行用。然唐宋時不同皇帝誕日有不同節名。此俗始於唐玄宗開元十七年（729）。《資治通鑑·唐玄宗開元十七年》："八月癸亥，上以生日，宴百官於花萼樓下。左丞相乾曜右丞相説帥百官上表，請以每歲八月五日爲千秋節，布於天下，咸令宴樂。"宋王明清《揮麈前錄》卷一叙玄宗千秋節曰："誕日建節，蓋肇于此。天寶七載八月己亥，詔改爲天長節。"此後至宋代，各皇帝紛紛效仿。前引《揮麈前錄》卷一和明陳耀文《天中記·誕聖》均有關於諸帝壽誕節日名稱之記載：唐肅宗爲"天成節"，代宗爲"天興節"，順宗爲"聖壽節"，文宗爲"慶成節"，武宗爲"慶陽節"，宣宗爲"壽昌節"，懿宗爲"延慶節"，僖宗爲"應天節"，昭宗爲"嘉會節"，哀帝爲"延和節"（一作"乾和節"）；五代後梁太祖爲"大明節"，後梁末帝爲"明聖節"，後唐莊宗爲"萬壽節"，後唐明宗爲"應聖節"，後唐末帝爲"千春節"，後晉高祖爲"天和節"，後晉少帝爲"啓聖節"，後漢高祖爲"聖壽節"，後漢隱帝爲"嘉慶節"，後周太祖爲"永壽節"，

清代《萬壽圖》局部
（清王原祁等《萬壽盛典初集》）

後周世宗爲"天清節"，後周恭帝爲"天壽節"；宋太祖爲"長春節"，太宗爲"乾明節"（後改爲"壽寧節"），真宗爲"承天節"，仁宗爲"乾元節"，英宗爲"壽聖節"，神宗爲"同天節"，哲宗爲"興龍節"，徽宗爲"天寧節"，欽宗爲"乾龍節"，高宗爲"天申節"，孝宗爲"會慶節"，光宗爲"重明節"，寧宗爲"瑞慶節"，理宗爲"天基節"，度宗爲"乾會節"，恭帝爲"天瑞節"。《舊唐書》《舊五代史》《宋史》等亦多有記載。宋以後猶有皇帝壽誕日爲節之禮，唯各個皇帝不再各設誕日之節名，而其名亦各不一。《金史·章宗紀》："詔以生辰爲天壽節。"《元史·禮樂志一》："遇八月帝生日，號曰天壽聖節。"明代有"聖壽節""萬壽節"等。《明集禮·嘉禮一》："國朝之制，正旦、冬至、聖壽節，於奉天殿受朝畢，賜宴於謹身殿及東西廡。"明唐順之《萬壽節（三首之一）》："去去朝元使，先年漢署郎。"明代甚至皇太子生日亦設節，稱"千秋節"。明俞汝楫《禮部志稿》卷九："洪武二十六年，定東宮千秋節百官朝賀禮儀。與正旦、冬至同，但致詞云：'兹遇皇太子殿下壽誕之辰，臣某等敬祝千歲壽！'"清代亦有"萬壽節"，與元旦、冬至并稱清廷三大節。康熙六十大壽規模隆重，有《萬壽圖卷》《萬壽盛典初集》等記録其活動盛况并歌功頌德。

上壽

祝福人長壽之禮。稱先秦時期已行用。唐以前上壽多爲日常隨時進行之祝福，宋以後專指生日祝壽。宋高承《事物紀原·帝王后妃部·上壽》："按《淳于髡傳》，髡對齊威王有侍酒于前、奉觴上壽之語，及楚莊王置酒優孟前爲壽，皆戰國時事，蓋不自漢始也。春秋之間亦無聞焉。疑即七雄之禮云。"按，高承謂祝壽禮始於戰國，誤。商周時代鐘鼎文中每見祝壽語。《小克鼎》云"屯（純）右（佑）眉壽，永令靈冬（終）"；《秦公簋》云"眉壽無疆"；《詩·小雅·南山有臺》亦有"樂只君子，萬壽無疆"語，皆爲祝壽詞。上壽未必僅在酒宴上表達祝福，漢唐時日常表示敬仰、激動時隨時會行"上壽"禮。《史記·孝武本紀》："天子從封禪還，坐明堂，群臣更上壽。"《漢書·昭帝紀》："始元元年春二月，黃鵠下建章宮太液池中，公卿上壽。"《後漢書·張奮傳》："〔張〕奮來朝上壽，引見宣平殿。"《資治通鑑·唐太宗貞觀十三年》："上御齊政殿餞之，思摩涕泣奉觴上壽。"宋以後多指爲人生日祝壽。《太宗皇帝實録·雍熙四年九月》："乾明節，群臣上壽。已亥，賜宰相及近臣御製《苑中見群鶴飛》七言詩一首，令屬和。"宋歐陽修《乞外任第一劄子》："然臣愚心衹，欲俟壽聖節隨班上壽，一展臣子之誠以爲榮幸，然後懇求罷去。"皇帝甚至爲天神上壽。《宋史·禮志二》："上壽禮：皇帝致詞曰：'皇帝臣某言，享帝合宮受天純嘏，臣某與百僚不勝大慶，謹上千萬歲壽！'"清姚鼐《吳伯知八十壽序》："八年二月爲府君七十壽辰，不孝俌觴上壽。"《紅樓夢》第六二回："兩個女兒先要彈詞上壽。衆人都説：'我們這裏没人聽那些野話……'"又："當下又值寶玉生日已到。……家中常走的男女，先一日來上壽。"

祝壽

祝賀生日之禮。此稱唐代已行用。宋吳曾《能改齋漫録·事始·生日祝壽始》："生日祝壽始見於唐明皇，然識者以爲非。……明皇建節雖出於源乾曜、張說之議，然中宗常以降誕日宴侍臣內戚於內庭，與學士聯句柏梁體詩，以是知循習久矣。"《雲笈七籤》卷一〇三："親王祝壽須焚禱，遞相虔潔向君親。"宋王偁《東都事略・蘇軾傳》："高麗久不入貢，失賜予厚利，意欲來朝矣，未測朝廷所以待之厚薄，故因祭亡僧而行祝壽之禮。"《續資治通鑑長編・宋哲宗元祐四年》："又言古今詩句用海變桑田事者稍多，只近年蘇軾作坤成節大宴致語，亦云'欲採蟠桃歸獻壽，蓬萊清淺半桑田'，蓋祝壽之辭猶用之，何得謂之用此故事尤非佳句？"清程川《朱子五經語類・詩三》錄葉賀孫錄："及'草木如雲，酌以大斗，以祈黃耇'，亦是歡合之時，祝壽之意。"清錢謙益《馮亮工六十序》："嘆美其子孫多賢，食報未艾，請余爲祝嘏之辭、生辰祝壽之文。"

【賀壽】

即祝壽。此稱宋代已行用。宋方秋崖有《賀壽明皇太后》文。宋周密《齊東野語・用事切當》："楊誠齋爲光宗宮僚時，寧宗已在平陽邸。其賀壽詩云：'祖堯父舜眞千載，禹子湯孫更一家。'"《醒世姻緣傳》第七二回："這十一月初三是他的生日，每年家，咱這縣衙裏爺們都來與他賀壽。"明祝允明《韓襄》："沈大隱君貞歲八十，公去賀壽。賀頃，倏忽不寧，便沈劇，公脉之，報無害，飲以湯劑訖，君就枕席。"

【拜壽】

即祝壽。此稱宋代已行用。多指晚輩對長者之祝壽。宋鄭獬《劉丞相生辰辭并序》："於是日也，皇帝有晏賜，公卿更睨間。士大夫爭前而拜壽者，車闐巷、馬塞門，冠衣相戞磨。"

《紅樓夢》第六二回："襲人笑推寶玉：'你再作揖。'寶玉道：'已經完了，怎麼又作揖？'襲人笑道：'這是他來給你拜壽。今兒也是他的生日，你也該給他拜壽。'寶玉聽了，喜的忙作下揖去，說：'原來今兒也是姐姐的芳誕。'平兒還福不迭。"李廣田《種菜將軍》："有時候，這些車輛馬匹會全體出動，譬如有什麼盛會，看社戲、趕香火，或是到縣城裏去給縣長拜壽。"

南山

祝人長壽時作比擬的山峰，謂壽與山同長久。此稱先秦時期已行用。語出《詩・小雅・南山有臺》："南山有臺，北山有萊。樂只君子，邦家之基。樂只君子，萬壽無期。""南山有桑，北山有楊。樂只君子，邦家之光。樂只君子，萬壽無疆。"原詩意爲國家因有賢人可以萬壽無疆。後人遂取詩首句"南山"之詞，與末句"萬壽"關聯，即成祝壽語。《太平廣記》卷一七三引隋陽玠《談藪・庾杲之》："齊武帝嘗謂群臣曰：'我後當何諡？'莫有對者。王儉因目庾杲之對，杲之曰：'陛下壽比南山，與日月齊明。千載之後，豈是臣子輕所度量！'時人稱其辯答。"唐李白《春日行》："小臣拜獻南山壽，陛下萬古垂鴻名。"唐韓偓《夢中作》詩："九曜再新環北極，萬方依舊祝南山。"宋魏泰《東軒筆錄》卷一一："王尚書素出守平涼，〔歐陽〕文忠亦作《漁家傲》一詞以送之，其斷章曰：'戰勝歸來飛捷奏，傾賀酒，玉階遙獻南山壽。'顧謂王曰：'此眞元帥之事也。'"明楊士奇《壽尹先生七十詩序》："余讀《詩》至'南山有臺'，未嘗不嘆昔人之善於祝願也。"清陳鼎《東林列傳・劉一燝傳》："先是，一燝侍講東宮，偉容止，聲音弘亮，光宗心識之。一日請對，引南山萬壽之詩以開廣上意。”清陳元龍《格致鏡原·珍寶類·古窑器》：“壽比南山久，福如東海深。”

賀箋

祝賀壽誕、節日的詩文箋。此稱唐代已行用。《明集禮·嘉禮三》述“賀箋”發展源流曰：“漢班固有《上東平王箋》，魏吳質有《上太子箋》，然不專於慶賀也。唐令有百官上東宮箋式，於皇太子稱殿下，自稱名不稱臣，蓋始用於慶賀矣。宋群臣上皇太子箋，與唐同。元正旦及千秋，在内省院臺進箋，赴詹事院收受；在外行省亦然，其所屬五品以上第進所屬上司，類進詹事院。皆稱名不稱臣。國朝正旦、冬至、千秋，各行中書省進箋稱賀，及類進所屬府州賀箋，赴中書省；其各處分衛守御官各進於都督府，其直隸府州則進於禮部。其寫箋式，參用唐制，起首具官某等誠忻誠忭、頓首頓首上言云云。”元劉壎《隱居通議·駢儷二·趙次山諸作》載有關宋代“賀箋”軼事曰：“時度宗以忠王立爲皇太子，四月九日乃其誕辰。〔趙〕次山爲曾公作賀箋，有曰：‘純乾直月，祥開初九之潛；索震承華，德禀涵三之極。’諸司傳誦，交稱精切。蓋四月應乾而初九潛龍，爻應儲副，且協其誕日也。”元余闕《青陽集》卷六亦載有《正旦賀箋》文。清洪昇《長生殿·舞盤》：“韓、虢、秦三國夫人，獻上壽禮賀箋，在外朝賀。（丑取箋送生看介。）”

壽酒

本意爲祝壽之酒，後世演化爲專指壽宴。此稱先秦時期已行用。《戰國策·燕策》：“燕王喜使栗腹以百金爲趙孝成王壽酒。”《左傳·哀公二十五年》“公宴于五梧，武伯爲祝”晋杜預注：“祝，上壽酒。”《晋書·樂志下》：“事之大者，不過上壽酒、稱萬歲，已許其大，不足復闕鐘鼓鼓吹也。”《隋書·音樂志上》載梁武帝時：“上壽酒，奏介雅，取《詩》‘君子萬年，介爾景福’也。”《資治通鑑·梁簡文帝大寶二年》：“〔王〕偉與左衛將軍彭儁、王脩纂進酒於太宗，曰：‘丞相以陛下幽憂既久，使臣等來上壽。’太宗笑曰：‘已禪帝位，何得言陛下！此壽酒將不盡此乎！’”明吳寬《匏翁家藏集》卷四六載“中秋節皇太后宴致語”：“酌壽酒以齊傾，望慈宫而上獻。”清代以後“壽酒”指壽宴。《紅樓夢》第六二回：“兩家皆辦了壽酒，互相酬送，彼此同領。”

壽禮

亦稱“上壽禮物”。祝壽的禮物。此稱唐代已行用。《新唐書·后妃傳下·穆宗貞獻皇后蕭氏》：“開成中，正月望夜，帝御咸泰殿，大然鐙作樂，迎三宫太后，奉觴進壽禮如家人。”宋秦觀《代賀皇太后生辰表》：“考曆占星氣，應元英之候；稱觴獻壽禮，行長樂之言。”宋沈與求《秀守館待交代樂語》：“樂備歙趨，願奉千鍾之壽；禮行酬酢，期存百世之盟。”宋李心傳《建炎以來繫年要錄·紹興二十九年》：“上以皇太后年八十，詣慈寧殿行慶壽之禮；宰執使相皆進上壽禮物。”清洪昇《長生殿·舞盤》：“韓、虢、秦三國夫人，獻上壽禮賀箋，在外朝賀。”《紅樓夢》第六二回：“花團錦簇，擠了一廳的人。誰知薛蝌又送了巾扇香帛四色壽禮給寶玉，寶玉於是過去陪他吃面。”《文明小史》第二二回：“自己不便合那鄧門上的交涉，叫家人王福去結交了他，説明是送院上壽禮，托他從中吹噓，是必是賞收的。”

【上壽禮物】

即壽禮。多特指獻於皇帝、皇后的壽禮。此稱宋代已行用。見該文。

【上壽禮】

即壽禮。“上壽禮物”之省稱。此稱明清時期已行用。見該文。

生辰綱

亦稱“生辰擔”“生辰損”。傳爲慶賀北宋徽宗時宰相蔡京生辰，各地所供奉的金銀財寶。因由人肩挑擔子送去，故稱。按，蔡京當政時，權傾天下，過生日確實講排場，當時頗多文人爲之賦詩獻詞賀壽。如《四庫全書總目提要》評宋毛滂《東堂詞》，謂“集中有太師生辰詞數首，實爲蔡京而作。蔡絛《鐵圍山叢談》載其父柄政時，滂獻一詞甚偉麗，驟得進用者，當即在此數首之中”。又如汪藻亦有《上蔡太師生辰》律詩。明蔣一葵《堯山堂外紀》卷五五“周邦彦”條，亦稱周邦彦曾獻佳句：“蔡元長生日，天下郡國皆有饋獻，號太師生辰綱，文士錦囊玉軸，競進詩詞。周美成有句云：‘化行禹貢山川外，人在周公禮樂中。’蔡獨喜之。”然“生辰綱”一說，未見載於宋史籍。所謂各地挑擔送壽禮之說，多出自元明以後小說家言，於史無據。元初佚名《大宋宣和遺事・元集》首演義其事，其中猶無“生辰綱”一稱，文曰：“宣和二年五月，有北京留守梁師寶將十萬貫金珠、珍寶、奇巧緞物，差縣尉馬安國一行人，擔奔至京師，趁六月初一日爲蔡太師上壽。”此稱實自明代始見。明初瞿佑《歸田詩話・周公禮樂》：“蔡京當國，倡爲豐亨豫大之說，以肆蠱惑。其生日，天下郡國皆有饋獻，號‘太師

生辰綱’，富侈可知也。”儘管近人丁傳靖《宋人軼事彙編》卷一三稱“按，瞿宗吉明初人，所言似非出演義”，然此終爲揣測之詞。此後明代小說、戲曲多有關於“生辰綱”的描述。《水滸傳》第一三回：“生辰綱貢諸珍貝，總被斯人送將來。”又同書第一五回：“梁中書道：“着落大名府差十輛太平車子，帳前撥十個廂禁監押着車，每輛車上各插一把黃旗，上寫着：‘獻賀太師生辰綱’。”明許自昌《水滸記・遙祝》：“目今生辰在邇，稱觴不用蟠桃，獻壽豈徒華祝。連年舊例，搜括珠寶，獻納京師，叫做生辰綱。”明代又稱“生辰擔”“生辰損”。《金瓶梅詞話》第三一回：“蒙你照顧他往東京押生辰擔，雖是太師與了他這個前程，就是你抬舉他一般。”同書第五五回：“各路文武官員，進京慶賀壽旦的，也有進生辰損的，不計其數。”

【生辰擔】

即生辰綱。此稱明代已行用。見該文。

【生辰損】

即生辰綱。此稱明代已行用。見該文。

壽星

亦稱“老人星”。長壽老人及象徵長壽的圖畫、物品，亦指過生日的人。此稱宋代已行用。壽星本爲天上星宿。《爾雅・釋天》：“壽星，角亢也。”郭璞注：“數起角亢，列宿之長，故曰壽。”古人認爲天空壽星顯現，則爲吉祥。《史記・孝武本紀》：“德星昭衍，厥維休祥，壽星仍出。”司馬貞索隱：“壽星，南極老人星也。見則天下理安，故言之也。”至宋代，乃以之與人間幸福長壽相關聯。《宋史・樂志十三》載哲宗“元符大朝會”樂曲，其中一首曰：“再舉酒壽星：倬彼星象，於昭于天。維南有極，離丙

之蹕。既明且大，應聖乘乾。誕受景福，億萬斯年。"又同書《臧丙傳》："臧丙字夢壽，……丙舊名愚，字仲回。既孤，常夢其父召丙偶立於庭，向空指曰：'老人星見矣。'丙仰視之，黄明潤大，因望而拜。既寤，私喜曰：'吉祥也。'以壽星出丙入丁，乃改名焉。"宋以後有了種種象徵長壽的"壽星"。宋岳珂《桯史·壽星通犀帶》："市有北賈，携通犀帶一，因左璫以進於内。帶十三銙，銙皆正透，有一壽星，扶杖立。上得之喜，不復問價，將以爲元日壽厄之侑。"宋朱彧《萍洲可談》卷三："近世長吏生日，寮佐畫壽星爲獻，例只受文字，其畫却回。"《紅樓夢》第六二回："還有幾處僧尼廟的和尚姑子送了供尖兒，並壽星、紙馬、疏頭，並本宮星官、值年太歲、周歲换的鎖。"又同書："鳳姐兒是一個宫制四面扣合堆繡荷包，裝一個金壽星。"清以後亦把過生日的人稱作"壽星"。《紅樓夢》第六二回："衆人都笑説：'壽星全了！'上面四座，定要讓他們四個人坐。"

【老人星】

即壽星。此稱唐宋時期已行用。見該文。

鄉飲酒

省稱"鄉飲"。各地向王朝舉薦賢能者時，與之飲酒、射箭娛樂以示崇奉之禮。後亦演化成定期在學宫舉行的敬老禮儀。此稱先秦時期已行用。本爲周禮，後世沿襲。《周禮·地官·鄉大夫》："興賢者能者，鄉老及鄉大夫帥其吏，與其衆寡以禮，禮賓之。"鄭司農注："興賢者謂若今舉孝廉，興能者謂若今舉茂才。"鄭玄注："變舉言興者，謂合衆而尊寵之，以鄉飲酒之禮，禮而賓之。"《禮記·射義》："古者諸侯之射也，必先行燕禮；卿大夫士之射也，

必先行鄉飲酒之禮。……鄉飲酒之禮者，所以明長幼之序也。"《儀禮·鄉飲酒》鄭玄《目録》注："諸侯之鄉大夫三年大比，獻賢者能者於其君，以禮賓之，與之飲酒。於五禮屬嘉禮。"鄉飲酒禮體現着一種尊重賢能、敬老愛幼的平和禮讓氛圍。《孔子家語·五刑解》："鄉飲酒之禮者，所以明長幼之序而崇敬讓也。"《漢書·梅福傳》曰："欲以承平之法治暴秦之緒，猶以鄉飲酒之禮理軍市也。"漢桓寬《鹽鐵論·未通》："鄉飲酒之禮，耆老異饌，所以優耆耄而明養老也。"鄉飲酒禮時斷時續。《後漢書·伏湛傳》："是歲，〔伏湛〕奏行鄉飲酒禮，遂施行之。"《通典·選舉三》："大唐貢士之法，多循隋制。……每歲仲冬，郡縣館監課試其成者，長吏會屬僚，設賓主，陳俎豆，備管弦，牲用少牢，行鄉飲酒禮，歌鹿鳴之詩，徵耆艾，叙少長而觀焉。既饒而與計偕，其不在館學而舉者，謂之鄉貢。"宋楊萬里《中奉大夫通判洪州楊公墓表》："二廣究處也，士不知學。公首延士子，俢學校，與諸生行鄉飲酒禮，民風一變，聲最諸邑。"《文獻通考·學校考六》："古者建國必立三卿，鄉飲酒必立三賓，而養老必立三老。"清查繼佐《罪惟録·禮志》："洪武二年行鄉飲讀法之令，五年頒里社鄉飲禮讀律儀式并圖，命有司及學官每歲孟春冬，督百家爲一會糧，里長主席賓齒最高者居中坐定，選一人讀律，宣明戒飭既畢，行飲酒禮。拜則年倍者坐受，長十年者立受，餘抗禮。"可見至明代，此禮既重尊老，加強風化教育，亦成爲國家法律宣傳活動。清吳偉業《丁石萊七十序》："吾郡丁又兼，……以己亥八月既望之五日爲其尊人石萊翁七十攬揆之辰，先期屬余言爲壽。適會

京江告警，羽書狎至，又兼修其禮於不廢，勿以亂故緩，余笑應之曰：'鄉飲酒不可以理軍市，此豈君家上壽時乎！'"《儒林外史》第二四回："黃老爹道：'他是做過福建汀州知府，和我同年，今年八十二歲，朝廷請他做鄉飲大賓了。'"

【鄉飲】

"鄉飲酒"之省稱。此稱先秦時期已行用。見該文。

乞骸骨

省稱"乞骸"。官員請求退休的謙辭，意謂乞求讓自己的骸骨得歸葬故鄉。此稱漢代已行用。《史記・張丞相列傳》："韋丞相玄成者……于丞相乞骸骨免，而爲丞相。"漢劉向《說苑・政理》："臣愚不能復治東阿，願乞骸骨，避賢者之路。"《漢書・王莽傳上》："〔王〕莽上疏乞骸骨，哀帝遣尚書令詔莽曰：'先帝委政於君而棄群臣，朕得奉宗廟，誠嘉與君，同心合意。今君移病求退，以著朕之不能奉順先帝之意。'"晋陶潛《咏二疏・序》："即日上疏乞骸骨，宣帝許之。公卿大夫、故人邑子設祖道供帳東都門外，送者車數百兩。"《隋書・衞玄傳》："玄自以年老，上表乞骸骨，帝使内史舍人封德彝馳諭之曰：'京師國本，王業所基，宗廟園陵所在，藉公耆舊，臥以鎮之。'"《資治通鑑・唐順宗永貞元年》："賈耽以王叔文黨用事，心惡之，稱疾不出，屢乞骸骨。"宋朱彧《萍洲可談》卷三："張昇杲卿自樞府乞骸，除侍中、河陽三城節度使致仕，幅巾還第。"明宋濂《元故文林郎同知重慶路瀘州事羅君墓誌銘》："乃上乞骸骨之請，以文林郎同知重慶府瀘州事致仕，年僅六十三耳。"

【乞骸】

"乞骸骨"之省稱。此稱漢代已行用。見該文。

賜杖

古代爲尊老而賜予老者手杖之禮，以示優待。因是以帝王名義所賜，故其杖亦稱"王杖"。此稱漢代已行用。此制當始於先秦。《禮記・月令》："〔仲秋之月〕養衰老，授几杖，行糜粥飲食。"鄭玄注："行猶賜也。"《周禮・秋官・伊耆氏》"共王之齒杖"鄭玄注："王之所以賜老者之杖。"按周禮，不同歲數的老者可在不同等次的地方持杖行走。《禮記・内則》："五十杖於家，六十杖於鄉，七十杖於國，八十杖於朝。"漢初劉邦時有了"賜王杖"制度。甘肅武威曾出土漢宣帝本始年間《王杖詔令册》："高皇帝以來至本始二年，朕甚哀憐耆老。高年賜王杖，上有鳩，使百姓望見之，比於節。"（《武威磨咀子漢墓出土王杖十簡釋文》，《考古》1960年第9期）册文還稱，吏民有敢欺辱持杖老者，按大逆不道論；老者還有權出入官府，經商可以免稅。關於杖上有鳩形裝飾，《藝文類聚》卷九二引《風俗通》："俗說高祖與項羽戰，敗於京索，遁叢薄中。羽追求之，時鳩正鳴其上，追者以鳥在無人，遂得脱。及即位，異此鳥，故作鳩杖以賜老者。"而《通典・禮二十七》有另一種解釋："靈帝以袁逢爲三老，賜以玉杖（玉杖長九尺，端以鳩爲飾，鳩者不咽之鳥，欲老人之不咽也）。"一般而言，民年七十以上授杖。漢王充《論衡・謝短篇》："七十賜王杖，何起？"《續漢書・禮儀志》亦曰："年七十者授之以王杖，餔之糜粥；八十、九十禮有加賜。王杖長尺，端以鳩鳥爲飾。"漢崔駰有《杖頌》，表明扶杖祈壽之含義："植根蒸於湘浦，承雷夏之洪澤，寓流雲而貽我，合天生乎裁剥。用以爲杖，角以犀角，王母扶持，永保百福，壽如南極，子孫千億。"晋卞範之《杖贊》亦曰："遺而杖之，以協天秩。"向老者賜杖制度後世沿襲。《北堂書鈔》卷一三三引《續漢書》："魏文帝詔云：漢太尉楊彪，乃祖以來，世著名績，其錫公延年杖，謁請之日，便使杖入也。"《三國志·魏書·文帝紀》"授楊彪光禄大夫"裴松之注曰："夫先王制几杖之賜，所以賓禮黄耇、褒崇元老也。昔孔光、卓茂皆以淑德高年，受兹嘉錫。……其賜公延年杖及馮几；謁請之日，便使杖入。"同書《魏書·高允傳》："特賜允蜀牛一頭，四望蜀車一乘，素几杖各一，蜀刀一口。"《通典·禮二十七》："北齊制，仲春令辰，陳養老禮。……都下及外州人年七十以上，賜鳩杖黄帽（有敕則給，不爲常也）。"又："後周武帝保定三年，詔以太傅燕國公于謹爲三老，賜延年杖。"清查慎行《山野老人遠來祝萬壽者以千計目睹盛事紀之以詩》："賜酺還賜杖，好向後生誇。"《清史稿·沈德潛傳》："復詣京師祝皇太后七十萬壽，進《歷代聖母圖册》，入朝賜杖。"

鳩杖

亦稱"王杖""靈壽杖""壽杖"。以皇帝名義賜七十以上老者之手杖。以杖頂端飾有鳩形，故稱。此稱漢代已行用。因杖來自皇帝之賜，故漢代又稱"王杖"。《周禮·秋官·伊耆氏》"共王之齒杖"漢鄭司農注："謂年七十當以王命受杖者。今時亦命之爲'王杖'。"持王杖相當於持符節，有種種特許權利。甘肅武威出土的漢代《王杖十簡》曰："高年受王杖，上有鳩，使百姓望見之，比於節。有敢妄罵詈毆之者，比逆不道。得出入官府、郎第，行馳道旁道。市賣復毋所與，如山東。""年七十受王杖，比六百石，入官廷不趨；犯罪耐以上，毋二尺告劾"（《武威磨咀子漢墓出土王杖十簡釋文》，《考古》1960 年第 9 期）。杖上有鳩形，相傳源自漢高祖一次傳奇經歷。北魏酈道元《水經注·濟水》："《風俗通》曰：俗説高祖與項羽戰於京、索，遁於薄中。羽追求之，時鳩止鳴其上，追之者以爲必無人，遂得脱。及即位，異此鳩，故作鳩杖以扶老。"其杖多以靈壽木製作，以其木多節結，又取其名吉祥，故稱靈壽杖，省稱壽杖。《漢書·孔光傳》："其令太師每朝，十日一賜餐，賜太師靈壽杖。"顏師古注："孟康曰：扶老杖也。服虔曰：靈壽，木名。師古曰：木有枝節，長不過八九尺，圍三四寸，自然有合杖制，不似竹須削治也。"《太平御覽》卷七一〇引《東觀漢記》："黄香爲尚書郎，以香父尚在，賜卧几、靈壽杖。"此俗後世沿襲。《魏書·高祖紀下》："〔承明十六年〕十有二月，賜京邑老人鳩杖。"《新唐書·玄宗紀》："〔開元二年九月〕丁酉，宴京師侍老於含元殿庭，賜九十以上几杖，八十以上鳩杖，婦人亦如之，賜於其家。"宋張元幹《千秋歲·壽》詞："龐眉扶壽杖。"宋李劉《四六標準·賀史丞相除太傅》："乘雪邊之節傳，無因拜壽杖之尊。"宋陳師道《送何子溫移亳州》三首之一："會看靈壽杖，扶出富民侯。"宋劉克莊《耀庵敖先生墓誌銘》："朱文公在經筵，以耆艾難立講，除外

鳩 杖
（宋《續考古圖》）

祠。先生送篇，有曰：‘當年靈壽杖，止合扶孔光。’”宋劉宰《感懷寄趙章泉》：“應携靈壽杖，雪蕊嗅梅稍。”《清史稿·王傑傳》：“陛辭日，賜高宗御用玉鳩杖、御製詩二章，以寵其行。”《鏡花緣》第四〇回：“太后因壽爲五福之首，凡婦人年屆古稀，家世清白者，賜與壽杖牌匾。”

【王杖】

即鳩杖。此稱漢代已行用。見該文。

【靈壽杖】

即鳩杖。此稱漢代已行用。見該文。

【壽杖】

即鳩杖。此稱漢代已行用。見該文。

凭几

省稱“几”，亦作“机”“凴几”“憑几”“馮几”。在地上或牀上坐着時所依憑的小桌。常用以敬老。此稱先秦時期已行用。《説文·几部》：“凭，依几也。從任、几。《周書》曰：‘凭玉几。’”段玉裁注：“今《尚書》作憑，衛包所改俗字也。古假借祇作馮。”《小爾雅·廣言》：“憑，依也。”《説文·馬部》“馮”字宋徐鉉注：“本音皮冰切。經典通用爲依馮之馮，今別作憑，非是。”《玉篇·几部》：“几，案也，亦作机。”“凭，皮冰切。依几也。”宋《集韻·去證》：“憑，依几也。或作凴。”可知在倚靠含義上，“凭”“凴”“馮”“憑”可以相互通用。憑字後起。行正規禮儀時，人倚靠凭几而坐爲失禮。然大朝覲、大饗射以及封侯時，君王可凭几召見諸侯。《書·顧命》：“相被冕服，憑玉几。”又“華玉仍几”孔傳：“華玉以飾憑几。仍，因也，因生時，几不改作。”《周禮·春官·司几筵》：“凡大朝覲、大饗射，凡封國命

諸侯，王位設黼依，依前南向，設……左右玉几。”《禮記·月令》：“〔仲秋之月〕養衰老，授几杖，行糜粥飲食。”《左傳·昭公五年》：“聖王務行禮，不求耻人。朝聘有珪，享頫有璋。小有述職，大有巡功。机而不倚，爵盈而不飲。”孔穎達疏：“朝聘之禮，有設几進爵之時。”《孟子·公孫丑下》：“孟子去齊，宿於晝。有欲爲王留行者，坐而言。不應，隱几而卧。客不悦。”《漢書·孔光傳》：“黄門令爲太師省中坐置几。”《北堂書鈔》卷一三三引《魏志》曰：“太祖平柳城，特以素屏風、素凭几賜毛玠，曰：‘君有古人之風，故賜之以古人之服。’”《魏書·高允傳》：“高祖、文明太后……遣使備賜御膳珍羞，自酒米至於鹽醯百有餘品，皆盡時味，及床帳、衣服、茵被、几杖，羅列於庭。”《北史·道武七王傳·陽平王熙》：“孝文時，〔淮南王佗〕位司徒，賜安車几杖，入朝不趨。”清陳鼎《東林列傳·劉一燝傳》：“數日，上疾大漸，召群臣入宮受顧命。李選侍從，幄後趣熹宗出，傳封后，一燝訝曰：‘皇上憑几延群臣，彼紅衣幄後者何人？’”

【几】[1]

“凭几”之省稱。此稱先秦時期已行用。見該文。

【机】

即凭几。同“几”。此體南北朝時期已行用。見該文。

【凴几】

同“凭几”。此體宋代已行用。見該文。

【憑几】

同“凭几”。此體漢代已行用。見該文。

【馮几】

通“凭几”。此體五代時期已行用。見該文。

五福

人生最如意幸福的五個方面。反映着世人的幸福觀。此稱先秦時期已行用。《書·洪範》：“五福：一曰壽，二曰富，三曰康寧，四曰攸好德，五曰考終命。”孔安國傳云，壽爲“百二十年”（此説過甚，應爲長壽而已），富指“財豐備”，康寧指“無疾病”，攸好德指“所好者德福之道”，考終命指“各成其短長之命，以自終不橫夭”。而世俗對五福的理解更切生活實際，故後世五福內容有所變化。漢桓譚《新論·辨惑》：“五福：壽、富、貴、安樂、子孫衆多。”五項詞句改了三項，貴指地位尊貴，安樂近於康寧而尤强調幸福感，子孫衆多取代原來過於看重個人生死的觀念，反映對血緣宗親的關注。唐人解釋周代五福無貴，以爲貴則危。佚名《大唐傳載》：“韓太保皋常言，《洪範》五福，獨不言貴者，近於高危。”實則周人未必不重“貴”，《周禮·天官·大宰》：“以八柄詔王馭群臣：一曰爵以馭其貴，二曰祿以馭其富，三曰予以馭其幸，四曰置以馭其行，五曰生以馭其福，六曰奪以馭其貧，七曰廢以馭其罪，八曰誅以馭其過。”可知五福之所得，多來自君王的賜予，體現着君馭臣之權與術。故强調“攸好德”，實亦蘊含尊崇君道之義。而後世五福內容的變化，正體現出民間對個人本體期望的追求，而不祇仰望於君權的賜予。《後漢書·楊賜傳》：“休徵則五福應，咎徵則六極至。”反映了人對命運的順從。此後五福成爲歷代人生吉祥的代稱。北周庾信《傷心賦》：“予五福無徵，三靈有譴。”《舊唐書·高宗諸子傳·孝敬皇帝弘》：“億兆攸繫，方崇下武之基；五福無徵，俄遷上賓之駕。”宋秦觀《喜遷鶯》詞：“天付與，五福隨身，總是陰功種。”宋張元幹《滿庭芳》詞：“問千齡誰比，五福俱全。”清方成培《雷峰塔·開行》：“朝來喜鵲聲聲噪，庭前報發靈芝草。禎祥五福招，敢是吾門有些吉兆。”《鏡花緣》第四〇回：“太后因壽爲五福之首，凡婦人年屆古稀，家世清白者，賜與壽杖牌匾。”近現代以來，民間常以五個蝙蝠圖案作爲五福裝飾，以求吉祥。此俗至今猶存。

容禮

亦作“頌禮”。人在外觀、舉止、談吐方面表現出的氣質、風度和規矩。《玉篇·宀部》：“容，容儀也。”此禮始於周，此稱漢代已行用。周禮講究人的言行舉止之容。《禮記·少儀》：“執玉，執龜筴，不趨。堂上不趨，城上不趨；武車不式，介者不拜。”鄭玄注：“於重器，於近尊，於迫狹，無容也。步張足曰趨。”又注：“兵車不以容禮，下人也。”《儀禮·聘禮》“及享發氣焉盈容”鄭玄注：“孔子之於享禮有容色。”元敖繼公《儀禮集説·聘禮》：“聘時屏氣，享時發氣，又且盈容。禮有重輕，故敬亦有隆殺。”清毛奇齡《四書賸言》卷一曰：“容經即儀禮。古以容字代儀字，所謂容禮、容臺禮者，此必儀禮逸文也。”所謂“容經”，見漢賈誼《新書·容經》。其中有對於人的坐臥跪拜、站立行走、目視氣息、言談表情等多方面的容禮記述，且曰：“容有四起：朝廷之容，師師然翼翼然，整以敬；祭祀之容，遂遂然粥粥然，敬以婉；軍旅之容，湢然肅然，固以猛；喪紀之容，怮然懾然，若不還。”《廣韻·平鍾》：“容，盛也，儀也……《司馬法》云‘軍容不入國，國容不入軍’是也。”又：“頌，形頌。”按，此“頌”字讀爲“容”，即“余封切”。《詩·周頌譜》鄭玄箋：“頌之言，容。歌成功之容狀也。”清惠周惕《詩説》卷上曰：“鄭氏《頌譜》頌訓爲容，蓋漢讀然也。”《漢書·儒林傳·王式》：“唐生、褚生應博士弟子選，詣博士，摳衣登堂，頌禮甚嚴。”顏師古注：“頌讀曰容。”又同書《儒林傳·毛公》：“魯徐生善爲頌。孝文時，徐生以頌爲禮，官大夫。傳子至孫延、襄。”顏師古注：“蘇林曰：‘《漢舊儀》有二郎爲此頌貌威儀事。有徐氏，徐氏後有張氏，不知經，但能盤辟爲禮容，天下郡國有容史，皆詣魯學之。’頌讀與容同。”後世沿襲此禮。《梁書·到洽傳》：“時鑾輿欲親戎，軍國容禮，多自〔到〕洽出。”《隋書·李禮成傳》：“於時貴公子皆競習弓馬，被服多爲軍容。禮成雖善騎射，而從容儒服，不失素望。”容禮有成套儀式，須選好禮者教習。宋朱熹《民臣禮議》：“禮書既班，則又當使州縣擇士人之篤厚好禮者，講誦其説，習其頌禮。州縣各爲若干人，廩之於學，名曰治禮。每將舉事，則使教焉。”宋王庭珪《重修安福縣學記》：“八月上丁，凡邑之士咸集薦獻，頌禮甚肅。”明方以智《通雅·禮儀》亦辨“頌”爲“容”曰：“‘善爲頌’，言能爲頌貌威儀也，故有容。……按頌乃古容字，從頁公，平聲。……《漢書》‘容繫’一作‘頌繫’，借爲‘雅頌’之‘頌’，借義奪正義，故頌貌反借用容内之容。一曰《詩》序云頌者美盛德之形容也，正當作余封切。讀《詩紀》載‘舟張辟廱’之詩，末引《周官》注所載曰：‘敕爾瞽，率爾衆工，奏爾悲誦，肅肅雝雝，無吉無凶’，誦音容。是皆

頌之轉聲。則頌爲容字益明矣。”

【頌禮】

同“容禮”。此體漢代已行用。見該文。

紹介[1]

省稱“介”，亦稱“介紹”。聯絡原本不相識或無關聯的兩方之中間人。此稱先秦時期已行用。《戰國策·趙策三》：“平原君遂見辛垣衍，曰：‘東國有魯連先生，其人在此，勝請爲紹介而見之於將軍。’”《儀禮·士昏禮》“下達納采用鴈”漢鄭玄注：《詩》云‘取妻如之何？匪媒不得昏’。必由媒交接，設紹介，皆所以養廉恥。”宋蘇軾《物不可以苟合論》：“足非不能行也，而待擯相之詔禮；口非不能言也，而待紹介之傳命。此所以久而不相瀆也。”宋元以後，“紹介”又稱“介紹”。元劉壎《隱居通議·經史二·紹介》：“今人未相識而求以引導之者，率曰介紹。非也。按，平原君謂魯仲連曰：勝請爲紹介。注引郭璞曰：紹介蓋相佑助者。又引索隱曰：紹介猶媒介也。古禮，賓至必因介以傳辭。紹者繼也，介非一人，故禮云介繼而傳命。又鄉飲酒必立介。”今俗稱“介紹人”。

【介】

“紹介[1]”之省稱。此稱元代已行用。見該文。

【介紹】[1]

即紹介[1]。此稱宋元时期已行用。見該文。

【媒介】

即紹介[1]。此稱先秦時期已行用。晋常璩《華陽國志·廣漢士女》：“〔便〕敬亦早亡，〔王〕和養姑守義。蜀郡何玉因媒介求之，兄曉喻以公族可憑。和恚，割一耳。”唐張九齡《上姚令公書》：“爲君侯之計，謝媒介之徒，即雖有所長，一皆沮抑。專謀選衆之舉，息彼訕上

之失。"宋王十朋《代曾尉上陳安撫》："太山北斗，十年懷景仰之勤；白日青天，一旦快清明之睹。實自寅緣之幸，靡由媒介之先行。"

九拜

周禮規定的九種表達敬意的不同程度和在不同場合行用的跪拜禮。其中最重要的是稽首。此稱先秦時期已行用。後世除了稽首、頓首、空首常用外，其餘拜禮很少行用。《周禮·春官·大祝》："辨九拜：一曰稽首，二曰頓首，三曰空首，四曰振動，五曰吉拜，六曰凶拜，七曰奇拜，八曰褒拜，九曰肅拜。以享右祭祀。"九禮在後世多有變化，不復有那樣多繁文縟節，甚至僅藉此稱表示極度敬仰而已。隋釋彥琮《沙門不應拜俗總論》："敬乃通心。《曲禮》稱無不敬拜，唯身屈周，陳九拜之儀。且君父尊嚴，心敬無容，不可法律，崇重身拜，有爽通經，以拜代敬，用將爲允，故其書曰不拜爲文。"宋釋普濟《五燈會元》卷二〇："時真歇居江心，聞師至，恐緣法未熟，特過江迎歸方丈。大展九拜，以誘温人，由是翕然歸敬。"《續資治通鑑·宋仁宗寶元二年》載西夏元昊致宋朝國書曰："臣偶以狂斐，制小蕃文字，改大漢衣冠，革樂之五音爲一音，裁禮之九拜爲三拜。衣冠既就，文字既行，禮樂既張，器用既備，……是以受册即皇帝位。"元袁桷《安南行·送李景山侍郎出使》詩："後車並載朝未央，稽顙九拜乞取金印歸炎荒。"清彭昌《癸丑元旦上詣壽皇殿命隨同行禮恭紀》詩："六飛翠罕來中禁，九拜瑶墀感從臣。"

稽首[1]

亦稱"拜稽首"。跪拜禮。行禮時，屈膝跪下，俯身，手着地，額頭觸地并略作停留。

這是"九拜"中最隆重的拜禮。此稱先秦時期已行用。文獻中，遠在舜時即有此禮。時又稱"拜稽首"。《書·舜典》："禹拜稽首，讓于稷契暨皋陶。"孔傳："稽首，首至地。"孔穎達疏："稽首爲敬之極，故爲首至地。"明王樵《尚書日記·舜典》："稽首，首至地，臣事君之禮。《周禮》：'太祝辨九拜，一曰稽首。'稽首是拜内之别名，爲拜乃稽首，故曰拜稽首也。"此禮作爲重禮，爲歷代所重。《周禮·春官·大祝》"一曰稽首"賈公彥疏："稽首，其稽，稽留之字。頭至地多時，則爲稽首也。"《禮記·曲禮下》："士大夫見於國君，君若勞之，則還辟再拜稽首。"《左傳·哀公十七年》載齊魯君主相見，拜禮不等，而生糾紛："公會齊侯，盟于蒙。孟武伯相。齊侯稽首，公拜，齊人怒。武伯曰：'非天子，寡君無所稽首。'"可知稽首祇用於卑者對尊者所行之禮。《孔叢子·問軍禮》："天子當階南面命授之節鉞，大將受，天子乃東面西向而揖。示弗御也。然後告大社，冢宰執蜃宣於社之右，南面授大將。大將北面稽首再拜而受之。"《資治通鑑·漢平帝元始五年》："策命安漢公〔王〕莽以九錫，莽稽首再拜。"《晉書·王導傳》："〔王〕導稽首謝曰：'逆臣賊子，何世無之，豈意者近出臣族！'"宋王讜《唐語林·言語》："武德四年，王世充平。後其行臺僕射蘇世長以漢南歸順。高祖責其後服，世長稽首曰：'自古帝王受命，爲逐鹿之喻。一人得之，萬夫斂手。豈有獵鹿之後，忿同獵之徒，問争肉之罪也。'"《東周列國志》第二回："乃召老臣尹吉甫、召虎托孤。二臣直至榻前，稽首問安。"清洪昇《長生殿·私祭》："（老旦、貼出見介）李師父，弟子每稽首。"清孔尚任

《桃花扇·入道》："弟子蔡益所、藍田叔，稽首了。"《紅樓夢》第六六回："湘蓮便起身稽首相問：'此係何方？仙師何號？'"

【拜稽首】

即稽首[1]。此稱先秦時期已行用。見該文。

【叩頭】

"稽首[1]"之俗稱。亦稱"磕頭""叩首"。此稱漢代已行用。《集韻·去候》："叩，以手至首。"《史記·滑稽列傳》："有詔問之曰：'何以治北海，令盜賊不起？'叩頭對言：'非臣之力，盡陛下神靈威武之所變化也。'"《漢書·霍光傳》："〔霍〕中孺扶服叩頭曰：'老臣得託命將軍，此天力也。'"又同書《元后傳》："上召見〔劉〕歆誦讀詩賦，甚說之，欲以爲中常侍。召取衣冠，臨，當拜，左右皆曰：'未曉大將軍。'上曰：'此小事何須關大將軍？'左右叩頭爭之。"《晋書·賈充傳》："會〔賈〕充當鎮關右，公卿供帳祖道，〔賈〕荃、〔賈〕浚懼充遂去，乃排幔出於坐中，叩頭流血，向充及群僚陳母應還之意。"成書於魏晋時的《列異傳》云："汝南有妖，常作太守服，詣府門椎鼓，郡患之。及費長房知是魅，乃呵之。即解衣冠叩頭，乞自改變爲老鱉。"晋稽含《南方草木狀》卷上："吏叩頭曰：'嘗從臣求莞席，臣以席有數，不敢與。'"宋王讜《唐語林·言語》："太宗止一樹下，頗嘉之。宇文士及從而頌美之不容於口。帝正色曰：'魏徵常勸我遠佞人，我不悟佞人爲誰，意疑汝而未明也。今乃果然。'士及叩頭謝曰：'南衙群官面折廷爭，陛下常不能舉首，今臣幸在左右，若不少順從陛下，雖貴爲天子，亦何聊乎！'"《太平廣記》卷一五二引唐佚名《德璘傳》："韋氏乃悟，恐悸，召叟

登舟，拜而進酒果，叩頭曰：'吾之父母當在水府，可省覲否？'"《宋史·賀鑄傳》："〔賀鑄〕自袒其膚，杖之數下，貴人子叩頭祈哀，即大笑釋去。"清陳鼎《東林列傳·劉一燝傳》："〔王〕安抱上疾趨而出，一燝顧冢宰周嘉謨等叩頭呼萬歲，蓋即定位號，絕他倖也。"清袁枚《子不語·買蒜叟》："老人寂然無聲，但見楊雙膝跪地，叩頭曰：'晚生知罪了。'"《紅樓夢》第六九回："鳳姐聽了，叩頭起來，又求賈母……"後俗亦稱"磕頭"，并沿襲至今。《紅樓夢》第六七回："興兒戰兢兢的朝上磕頭道：'奶奶問的是什麼事，奴才和爺辦壞了？'"磕頭除了表示敬重，也表示歉疚，甚至是求饒。《紅樓夢》第七三回："查得大頭家三人，小頭家八人，聚賭者統共二十多人，都帶來見賈母，跪在院內，磕響頭求饒。"《老殘游記》第一六回："那父女兩個連連叩頭說：'青天大老爺，實在是冤枉！'"因磕頭是表示最敬重的禮節，故又被稱作"大禮"。《醒世恒言·十五貫戲言成巧禍》："瑞虹……哭拜在地。那人慌忙扶住道：'小姐何消行此大禮？有話請起來說。'"《紅樓夢》第六九回："〔鳳姐〕忙拉二姐兒說：'這是太婆婆了，快磕頭。'二姐兒忙行了大禮。"《文明小史》第一八回："姚老夫子要叫兒子磕頭。孔監督道：'我們這敝學堂裏，不開館是不要磕頭的。等到開館的那一天，我們要請上海道委了委員，到我們這學堂裏監察開館，到那時候是要磕頭的。'姚世兄聽了，於是始作了一個揖。"

【磕頭】

即叩頭。此稱清代已行用。見該文。

【叩首】

即叩頭。此稱漢代已行用。見該文。

頓首

跪拜禮。下跪，俯身，手着地，頭觸地即離開，不停留。次於稽首的拜禮。此稱先秦時期已行用。《周禮·春官·大祝》"二曰頓首"賈公彥疏："頓首者，爲空首之時引頭至地，首頓地即舉，故名頓首。"《戰國策·燕策一》："齊王大説，乃歸燕城，以金千斤謝其後，頓首塗中，願爲兄弟，而請罪於秦。"《史記·高祖本紀》："沛父兄皆頓首曰：'沛幸得復，豐未復，唯陛下哀憐之。'"《北史·盧玄傳附盧愷傳》："〔盧〕愷免冠頓首曰：'皇太子將以通事舍人蘇夔爲舍人。夔，威之子，臣以夔未當遷，固啓而止。臣若與威有私，豈當如此？'"後也常常用作書信名帖中表示謙恭的敬辭。宋贊寧《大宋僧史略·禮儀沿革》："余觀廬山遠公太山朗公答王臣之作，皆名下稱'頓首'。遠公講禮，講賢辨義，豈濫用哉！且頓首者，頭委頓而拜也。今文云'頓首'，而身不躬折，何爲拜乎！"《儒林外史》第二八回："次日早晨，一個人坐了轎子來拜，傳進帖子，上寫'年家眷同學弟宗姬頓首拜'。"

拜手

亦稱"手拜""空首"。跪拜禮。下跪，俯身，拱手着地，頭觸手而不着地。是次於稽首、頓首的拜禮。此稱先秦時期已行用。《周禮·春官·大祝》"三曰空首"鄭玄注："空首，拜頭至手，所謂拜手也。"賈公彥疏："一曰稽首，二曰頓首，三曰空首，此三者相因而爲之。空首者，先以兩手拱至地，乃頭至手，是爲空首也。以其頭不至地，故名空首也。"《書·益稷》："皋陶拜手稽首。"又同書《召誥》："拜手稽首，旅王若公，誥告庶殷，越自乃御事。"《禮記·少儀》："婦人吉事，雖有君賜，肅拜。爲尸坐，則不手拜，肅拜。爲喪主則不手拜。"鄭玄注："手拜，手至地也。婦人以肅拜爲正。凶事乃手拜耳。"孔穎達疏："此手拜之法，先以手至地而頭來至手。"

【手拜】

即拜手。此稱先秦時期已行用。見該文。

【空首】

即拜手。此稱先秦時期已行用。見該文。

稽顙

亦稱"凶拜"。跪拜禮。初爲凶禮中表達哀戚的跪拜大禮，後亦用於表達失望、懊悔、痛苦情緒之禮。此稱先秦時期已行用。清顧炎武《日知録·稽首頓首》稱："凶拜，喪禮也，稽顙，觸地無容而拜也。顙頓於地而稽留之曰稽顙。""凶拜"一稱見於周禮，後世不常用。《周禮·春官·大祝》："辨九拜：……六曰凶拜。"可知這是"九拜"之一。然世人多用"稽顙"稱之。《禮記·檀弓上》："拜而後稽顙，頽乎其順也。"鄭玄注："此殷之喪拜也。頽，順也，先拜賓順於事也。"又："稽顙而後拜，頽乎其至也。"鄭玄注："此周之喪拜也。頽，至也，先觸地無容，哀之至。"孔穎達疏："稽顙者，觸地無容也，頽然不逆之意也。拜是爲賓，稽顙爲己，前賓後己，各以爲頽然而順序也。"《儀禮·士喪禮》："弔者致命，主人哭拜，稽顙成踊。"《荀子·大略》簡而言之："平衡曰拜，下衡曰稽首，至地曰稽顙。"顧炎武《日知録·拜稽首》以此説"似未然。古惟喪禮始用稽顙，蓋以頭觸地。其與稽首乃有容與無容之別"。即二者區別主要在於人的情緒有無悲傷之別，後世文獻亦多此種用法。《漢書・李廣傳》："若乃免冠徒跣，稽顙請罪，豈朕之指哉！"清袁枚《續子不語・癡鬼戀妻》："鬼避立牆隅，仍翹首望婦。吾偕婦出，回顧，見其遠遠隨至娶者家，爲門神所阻。稽顙哀乞，乃得入。"《紅樓夢》第六三回："賈珍下了馬，和賈蓉放聲大哭，從大門外便跪爬起來，至棺前稽顙泣血，直哭到天亮，喉嚨都哭啞了方住。"然後世亦或不專指"九拜"中的"凶拜"。《晉書・王濟傳》："齊王攸當之藩，〔王〕濟既陳請，又累使公主與甄德妻長廣公主俱入，稽顙泣請帝留攸。"《世說新語・方正》亦載此事。唐裴鉶《傳奇・裴航》："盧灝稽顙曰：'兄既得道，如何乞一言而不教授？'"清許奉恩《里乘・富翁子》："乳姆聞之，皇遽投地，稽顙有聲。"

【凶拜】

即稽顙。此稱先秦時期已行用。見該文。

稽首 [2]

佛教禮儀。出家人所行見面禮。不跪拜，站着舉手至鼻前，略低首以示敬意。此稱宋代已行用。宋贊寧《大宋僧史略・禮儀沿革》："今文云'頓首'，而身不躬折，何爲拜乎！又道流相見，交手叩頭而云'稽首'亦同也。"元馬致遠《陳摶高臥》第三折："只打個稽首，權充拜禮。"《水滸傳》第一〇回："那先生看了道：'保正休怪，貧道稽首。'"《金瓶梅詞話》第二九回："神仙見西門慶，長揖稽首就坐。"《老殘遊記續集》第二回："老姑子率領了青雲、紫雲、素雲三個小姑子，送到山門外邊，等轎子走出，打了稽首送行。"又《老殘遊記續集遺稿》第一回："只見那兩個老姑子上前打了一個

稽首。"

肅拜

亦省稱"肅"，亦稱"擅"。躬身手觸地而不跪拜之禮。此稱先秦時期已行用。《周禮・春官・大祝》："辨九拜：……九曰肅拜。"鄭司農注："肅拜，但俯下手，今時擅是也。"《左傳・成公十六年》："却至見客，免冑承命曰：'……爲事之故，敢肅使者。'三肅使者而退。"杜預注："肅，手至地，若今擅。"孔穎達疏："《晉宋儀注》：貴人待賤人、賤人拜貴人，擅。"《禮記・少儀》"武車不式，介者不拜"鄭玄注："車中之拜，肅拜。"《少儀》又曰："婦人吉事，雖有君賜，肅拜。爲尸坐，則不手拜，肅拜。爲喪主則不手拜。"鄭玄注："肅拜，拜低頭也；手拜，手至地也。婦人以肅拜爲正。凶事乃手拜耳。"元吳澄《書纂言・顧命》："肅者，肅拜也。……肅，致敬也。"稱"擅"始於漢，《說文・手部》："擅，拜，舉首下手也。"而《說文・手部》"撎"字段玉裁注："推手曰撎，引手曰厭。……《周禮》疏、《儀禮》疏，厭或作擅，譌字不可從。"按，字雖譌而屢被引用，故浸以成俗矣。《文選・潘岳〈西征賦〉》："肅天威之臨顏，率軍禮以長擅。"劉良注："擅，撎也。"《周禮・秋官・司儀》"土揖庶姓，時揖異姓，天揖同姓"賈公彥疏："凡揖皆推手，至於擅，即引手爲異也。"

【肅】

"肅拜"之省稱。此稱先秦時期已行用。見該文。

【擅】

即肅拜。此稱漢代已行用。見該文。

鞠躬

向前躬身之禮。此稱漢代已行用。《漢書·馮奉世傳贊》："宜鄉侯參鞠躬履方，擇地而行，可謂淑人君子。"顏師古注："鞠躬，謹敬貌。"宋祁曰："注中鞠躬，當云'鞠躬，曲躬也'。"《資治通鑑·魏明帝太和二年》："臣鞠躬盡瘁，死而後已。至於成敗利鈍，非臣之明所能逆睹也。"又同書《梁武帝太清元年》："帝設法會，乘輦行香，〔高〕歡執香爐步從，鞠躬屏氣，承望顏色。"《宋史·禮志二十四》："降王以下俯伏，東上閤門官至，令通事舍人掖之起，首領以下皆起，鞠躬。……舍人宣曰有敕，降王以下再拜鞠躬；舍人稱各賜某物，賜物畢，又再拜稱萬歲。"《元史·祭祀志五》："奠訖，出笏就拜，興，平身，少退；再拜，鞠躬；拜，興；拜，興，平身。"《明史·何騰蛟等傳贊》："何騰蛟、瞿式耜崎嶇危難之中，介然以艱貞自守。雖其設施經畫，未能一睹厥效，要亦時勢使然。其於鞠躬盡瘁之操，無少虧損，固未可以是爲訾議也。"清孔尚任《桃花扇·閏丁》："（副末上，唱禮介）排班。班齊。鞠躬，俯伏、興，俯伏、興，俯伏、興，俯伏、興。（衆依禮各四拜介。）"近現代以來多以此禮示敬。《大公報》1913年4月14日《追悼會志盛》："祖克中宣讀國民黨祭文、李仲吟宣讀湖南同鄉祭文畢，大衆向宋先生遺像行三鞠躬禮。"民國二十二年（1933）《滄縣志》："'磬折'：即今之鞠躬，特不脱帽耳。泛交相逢於路，率行之……'鞠躬'：此民國之制，脱帽一鞠躬爲常禮，脱帽三鞠躬爲大禮。"

揖讓

兩手相抱作揖以辭讓的禮節。此稱先秦時期已行用。《詩·小雅·青蠅》"賓之初筵，左右秩秩"鄭玄箋："左右謂折旋揖讓也。"孔穎達疏："以賓與主人爲禮，隨其左右之宜。其行或方折或迴旋，相揖而辭讓也。"《儀禮·鄉射禮》："主人以賓三揖，皆行，及階，三讓，主人升一等。"又："賓卒洗，揖讓如初升。"《左傳·昭公二十五年》："子大叔見趙簡子，簡子問揖讓周旋之禮焉。對曰：'是儀也，非禮也。'"孔穎達疏："禮是儀之心，儀是禮之貌。本其心謂之禮，察其貌謂之儀。行禮必爲儀，爲儀未是禮，故云儀非禮也。"《論語·八佾》："子曰：君子無所爭，必也射乎！揖讓而升，下而飲。"何晏集解引王肅曰："射於堂，升及下皆揖讓而相飲也。"《韓非子·八説》："當大爭之世而循揖讓之軌，非聖人之治也。"漢董仲舒《春秋繁露·五刑相生》："君臣有位，長幼有序，朝廷有爵，鄉黨以齒，升降揖讓，般伏拜謁，折旋中矩，立而磬折，拱則抱鼓。"北周庾信撰有郊廟歌辭《皇夏（皇帝入門）》："揖讓展禮，衡璜節步。"唐杜甫《早行》詩："干戈未揖讓，崩迫開其情。"明王陽明《答聶文蔚書》："故夫揖讓談笑於溺人之傍而不知救，此惟行路之人無親戚骨肉之情者能之，然已謂之無惻隱之心，非人矣。"《天妃林娘娘傳》第二五回："蓋揖讓不可勝殘，而征伐所以禁暴。"

作揖

省稱"揖"，亦稱"打躬""打恭"。又手指或抱拳拱臂於身前并躬身施禮的禮節。依古禮：吉禮，男子左手壓右手，左手拇指壓右手拇指；女子相反，右手壓左手；凶禮則又相反，男右女左。拱手當胸。此稱先秦時期已行用。古來又稱"揖讓"之禮。《周禮·秋官·司儀》：

“掌九儀之賓客擯相之禮，以詔儀容辭令揖讓之節。”并有“三揖三讓”禮節。先秦時“揖”又有土揖、時揖、天揖等不同含義之動作。《周禮·秋官·司儀》：“詔王儀南鄉見諸侯，土揖庶姓，時揖異姓，天揖同姓。”鄭玄注：“王揖之者，定其位也。庶姓，無親者也。土揖，推手小下之也。異姓，昏姻也。時揖，平推手也。……天揖，推手小舉之。”《說文·手部》：“揖，攘也。……一曰手箸匈曰揖。”段玉裁注：“攘，汲古閣改作讓，誤。”《史記·汲鄭列傳》：“太后弟武安侯蚡爲丞相，中二千石來拜謁，蚡不爲禮。然〔汲〕黯見蚡未嘗拜，常揖之。”衛湜《禮記集說》卷一一：“江陵項氏曰：……今之折腰揖即古之拜也；今之低首揖即古之稽首也；今之拜伏，其頭至地乃類古之稽顙耳。然今之拜自是古之跪、俛、伏三事，殊與古拜不類。今之揖，其形用古之拜，其聲用今之喏，亦是兩事，皆與古揖不類也，古揖舉手而無聲。”宋朱彧《萍洲可談》卷三：“世傳杜祁公罷相歸鄉里，不事冠帶。一日在河南府客次，

作　揖
（清末明信片局部）

道帽深衣，坐席末。會府尹出衙皂，不識其故相。有本路運勾至，年少貴游子弟，怪祁公不起揖，厲聲問：‘足下前任甚處？’祁公曰：‘同中書門下平章事。’”宋曾慥《高齋漫録》：“鄧俄頃上馬，迴鞭揖諸公，頗有德色。”《醒世姻緣傳》第七五回：“我昨日家裏起身，與其作揖，辭他。”明陳耀文《天中記·朋友》引《風土記》言越人定交禮曰：“祝曰：‘卿雖乘車我戴笠，後日相逢下車揖。我雖步行卿乘馬，後日相逢卿當下。’”《金瓶梅詞話》第四九回：“西門慶說起苗青之事……蔡御史道：‘這個不妨，我見宋年兄說，設使就提來，放了他去就是了。’西門慶又作揖謝了。”《儒林外史》第二九回：“僧官才把衆位拉到樓底下從新作揖奉坐，向金東崖謝了又謝。”拱手拜一下稱爲作一個揖，拜多次則稱連連作揖。《紅樓夢》第六二回：“平兒便拜下去，寶玉作揖不迭；平兒又跪下去，寶玉也忙還跪下，襲人忙攙起來；又拜了一拜，寶玉又還了一揖。”《老殘遊記》第七回：“〔申子平〕走進堂屋，先替乃兄作了個揖。東造就説：‘這就是舍弟，號子平。’回過臉來説：‘這是錢補殘先生。’申子平走近一步，作了個揖。”又：“東造聽了，連連作揖道謝，説：‘……今日得聞這番議論，如夢初醒。’”明清以後又稱“打躬”“打恭”。《儒林外史》第一二回：“換過三遍茶，那廳官打了躬又打躬，作別去了。”又第二八回：“〔宗姬〕吃了茶，打恭上轎而去。”

【揖】

“作揖”之省稱。此稱先秦時期已行用。見該文。

【打躬】

即作揖。爲俗稱。此稱明清時期已行用。見該文。

【打恭】

即作揖。爲俗稱。此稱明清時期已行用。見該文。

【叉手】

即作揖。此稱晋代已行用。前秦竺佛念譯《出曜經》卷一：“爾時尊者阿難長跪，叉手，前白佛言：‘唯然世尊，我向晨朝著衣持缽入城乞食，見有男子作倡伎樂五欲自娱。’”《法苑珠林·伽藍·致敬》：“《善現論》云：禮佛時，應遶三匝三拜，四方作禮，合十指掌，叉手於頂，却行而出。”清錢謙益《書盧孔禮事》：“傍近諸少年聞伯和來，皆叉手扣頭，代孔禮稱謝。”《儒林外史》第三八回：“因見郭孝子生的雄偉，不敢下手，便叉手向前道：‘客人，你自走你的路罷了，管我怎的？’”

厭

拱手作揖時將手由外内收壓胸。此稱先秦時期已行用。《儀禮·鄉飲酒》：“主人揖，先入；賓厭介，入門左；介厭衆賓入。”鄭玄注：“賓之屬相厭，變於主人也。推手曰揖，引手曰厭。今文皆作揖。”《説文·手部》：“揖，攘也。……一曰手箸匈曰揖。”段玉裁注：“上言揖以爲讓，謂手遠於胸；此言手箸於胸曰揖者，……禮經有揖有厭。……推手曰揖，引手曰厭。推者，推之遠胸；引者，引之箸胸。”清朱駿聲《説文通訓定聲·謙部》：“厭，又爲摩。……引手，按胸也。《荀子·解蔽》‘厭目而視者，一以爲兩’注：‘指按也。’”

拱手

省稱“拱”。兩手抱握、拇指相壓，環臂若抱鼓或收臂當胸的拜禮。施九拜禮時拱手至地，站立時拱手於胸。此稱先秦時期已行用。《説文·手部》：“拱，斂手也。”段玉裁注：“斂當作撿。……皇侃《論語疏》曰：拱，逻手也。九拜皆必拱手而至地，立時敬則拱手。”漢董仲舒《春秋繁露·五刑相生》：“立而磬折，拱則抱鼓。”按，因拱手禮而引申出拱着手無所作爲的含義。《戰國策·秦策四》：“王一善楚，而關内二萬乘之主注地於齊（按，“齊”當作“秦”），齊之右壤可拱手而取也。”鮑彪注：“拱，斂手。”《資治通鑑·漢桓帝延熹二年》：“〔梁〕冀秉政幾二十年，威行内外，天子拱手不得有所親與。”拱手禮沿至近世。宋邵雍《對酒吟》詩：“客去有時閑拱手，日高無事静梳頭。”《醒世恒言·鄭節使立功神臂弓》：“王勃知老叟不是凡人，隨拱手立於塊石之側。老叟命勃同坐，王勃不敢，再三相讓方坐。”《老殘游記》第九回：“只見那人已經進來，……見

清代見面禮儀

了子平，拱一拱手，說：'申先生，來了多時了？'"《文明小史》第一八回："姚文通問他貴姓，他正含着一枝烟槍，湊在燈上，抽個不了。好容易等他把這袋烟抽完，又拿茶呷了一口，然後坐起來，朝着姚文通拱拱手，連說：'對不住！放肆！'"近世以來，拱手爲較輕之禮。民國二十二年（1933）《滄縣志》："'拱手'，與相揖略同，惟其人其事稍輕，則拱手而不揖。"

【拱】

"拱手"之省稱。此稱先秦時期已行用。見該文。

唱喏

一邊作揖，一邊嘴裏發出喏聲表示尊敬。此稱宋代已行用。宋陸游《老學庵筆記》卷八："古所謂揖，但舉手而已。今所謂喏，乃始於江左諸王。方其時，惟王氏子弟爲之。故支道林入東見王子猷兄弟還，人問諸王何如，答曰：'見一群白項烏，但聞喚啞啞聲。'即今喏也。"宋佚名《家禮·通禮》："子能言，教之自名及唱喏、萬福。"宋朱彧《萍洲可談》卷三："富鄭公致政，歸西都，嘗着布直裰，跨驢出郊，逢水南巡檢，……將干悟曰：'乃相公也。'下馬執銳伏謁道左，其候贊曰：'水南巡檢。'唱喏。公舉鞭去。"宋李元弼《作邑自箴·處事》："州府官員到縣日，一見之凌晨，遣人吏往彼唱喏，非惟人情周至，亦所以奉州郡之禮也。"元王實甫《西廂記》第一本第三折："他先出門兒外等着紅娘，深深唱個喏道：'小生姓張名珙，字君瑞，本貫西洛人也，年二十三歲，正月十七日子時建生，並不曾娶妻。'"《清平山堂話本·楊溫攔路虎傳》："楊官人出來，唱三個喏，衆人還禮。"《醒世姻緣傳》第八三回："有

的說：'呵！把着大門哩！你就作揖唱喏，殺鷄扯嗉兒的，待央及的我們出去哩麽！'"

打千兒

亦作"打謙"。相見禮節。左腿在前屈膝，右腿在後彎曲，俯身，右臂前觸地。此稱清代已行用。此禮的敬重程度次於雙膝下跪的拜禮。常在表示尊敬或謝罪時施此禮。《紅樓夢》第六四回："寶玉聽了，連忙起身，迎至大門以內等待，恰好賈璉自外下馬進來，於是寶玉先迎着賈璉打千兒，口中給賈母王夫人等請了

打　千
（清末明信片局部）

安，又給賈璉請了安。"因賈母、王夫人等自外歸來，故寶玉迎到大門內等待；賈璉與寶玉同輩，故與之打千兒。又第六七回："鳳姐兒道：'你二爺在外頭弄了人，你知道不知道？'旺兒又打着千兒，回道：'奴才天天在二門上聽差事，如何能知道二爺外頭的事情呢？'"《官場現形記》第四〇回："那管家一見太太趕到，曉得其事已破，連忙上前打一個千。"《老殘游記》第一九回："許亮進來，打了個千兒。"民國二十二年（1933）《滄縣志》："'請安'：亦曰'打謙'，屈右膝也。清時宦家子弟、僕從皆用之。"

請安

亦稱"問安"。問候人身體安康的禮節。此稱先秦時期已行用。《儀禮·鄉射禮》："司正洗觶,升自西階,由楹內適阼階上,北面受命于主人。西階上,北面請安于賓。"《左傳·昭公二十七年》:"公如齊,齊侯請饗之。子家子曰:'朝夕立於其朝,又何饗焉?其飲酒也。'乃飲酒,使宰獻而請安。"《大清聖祖仁皇帝聖訓·聖孝》:"康熙十一年壬子正月庚午,上詣太皇太后宮問安。"《紅樓夢》第六三回:"賈蓉只管信口開合胡言亂道之間,只見他老娘醒了,請安問好。"這是向長輩問好;又六五回:"賈璉便推門進去,説:'大爺在這裏呢,兄弟來請安。'"這是平輩間問好。

【問安】

即請安。此稱清代已行用。見該文。

萬福

省稱"福"。本爲對人的祝福語,後在祝福的同時還加以相應的動作。此稱先秦時期已行用。《詩·小雅·蓼蕭》:"既見君子,鞗革忡忡。和鸞雝雝,萬福攸同。"又同書《小雅·桑扈》:"彼交匪敖,萬福來求。"自先秦至宋代均祇是祝福語。《資治通鑑·陳文帝天嘉二年》:"〔高〕元海曰:'皇太后萬福,至尊孝友異常,殿下不須異慮。'"唐李白《爲趙宣城與楊右相書》:"首冬初寒,伏惟相公尊體起居萬福!"《太平廣記》卷一八八引《戎幕閑談》:"〔李〕輔國令兵士咸韜刃於鞘中,齊聲云:'太上皇萬福!'一時拜舞。"宋佚名《家禮·通禮》:"子能言,教之自名及唱喏、萬福。"元以後説祝福語同時乃有相應禮儀動作,即婦人道萬福時兩手相叠抱拳置於右胯,雙腿略彎曲,上身前傾,以示敬意。元王實甫《西厢記》第一本第二折:"長老萬福!夫人使侍妾來問:幾時好與老相公做好事?"又:"(末迎紅娘祇揖科)小娘子拜揖!(紅云)先生萬福!"《醒世恒言·喬太守亂點鴛鴦譜》:"劉璞……便向玉郎作揖,玉郎背轉身,道了個萬福。"清代僅婦女行此禮。偶亦簡稱"福"。《老殘游記》第八回:"裏面出來一個十八九歲的女子……見客福了一福,子平慌忙長揖答禮。"

【福】[1]

"萬福"之省稱。此稱清代已行用。見該文。

斂衽

亦作"斂袵"。整飭衣襟以示恭敬。後成爲女人的一種拜禮。此稱先秦時期已行用。《戰國策·楚策一》:"一國之衆,見君莫不斂衽而拜,撫委而服。"《史記·留侯世家》:"德義已行,陛下南鄉稱霸,楚必斂衽而朝。"漢桓寬《鹽鐵論·非鞅》:"諸侯斂衽,西面而向風。"晋左思《魏都賦》:"鬌首之豪,鐻耳之傑,斂衽魏闕。置酒文昌,高張宿設。"晋陶潛《勸農》詩:"敢不斂衽,敬贊德美?"唐鍾輅《前定錄·陳彦博》:"其人引至案傍,有紫衣人執象簡,彦博見之,斂衽而退。"宋葉適《李仲舉墓誌銘》:"深之少余二歲,余從童子戲,深之儼然端默,余慚,爲棄戲斂衽。"明方孝孺《深慮論》四:"當七國之時,周雖已衰,使有賢主,如宣王者復出,赫然奮發,舉文武之遺典而修明之,諸侯有不斂衽而朝者乎!"作爲女子的一種拜禮,始於明,并且沿至近現代。明湯顯祖《牡丹亭·圍釋》:"(净看書介)'通家生杜寶斂衽楊老娘娘帳前',咳也,杜安撫與娘娘,又通家起來。(末)大王通得去,娘娘也通得去。

（净）也通得去。只漢子不該説斂袵。（末）娘娘肯斂袵而朝，安撫敢不斂袵而拜！"《東周列國志》第五二回："夏姬斂袵對曰：'主公玉趾下臨，敝廬增色。賤妾備有蔬酒，未敢獻上。'"明高廉《玉簪記・假宿》："我把秋波偷轉屏後邊，何處客臨軒，斂袵且相見。"清趙翼《陔餘叢考・斂袵》："虞兆漋謂：今世女人拜，稱斂袵。"《隔簾花影》第一四回："先使一個丫頭送一紅帖，上寫'忝盟妹胡門馬氏斂袵拜'，説道：'俺奶奶先過來拜了沈大娘，另來赴席。'"清王韜《淞濱瑣話・田荔裳》："女已入内，向生斂袵作禮。"

【斂衽】

同"斂袵"。此體先秦時期已行用。見該文。

問訊

本義爲問安。後成佛家見面禮節。先雙手合十打一躬，再舉手至眉心，然後放下。此稱三國時期已行用。《三國志・吴書・朱然傳》："〔朱〕然每遣使表疾病消息，〔孫〕權輒召見，口自問訊。"此爲問安之意。晋以後此稱始用作指佛徒相見禮。晋法顯譯《大般涅槃經》卷中："弗迦娑……見如來坐息樹下，合掌問訊，却坐一面。"宋施護等譯《佛説白衣金幢二婆羅門緣起經》卷上："彼憍薩羅主勝軍大王，於佛如來，歡喜慰安、恭敬禮拜、前起承迎、合掌問訊者，其王不以沙門瞿曇是高勝族，王亦不起。"《警世通言・假神仙大鬧華光廟》："〔魏公〕走不多步，恰好一個法師，手中拿着法環摇將過來，朝着打個問訊。"《儒林外史》第二八回："當家的老和尚出來見，……打個問訊，請諸位坐下，問了姓名、地方。"此稱直沿用至近現代。

尊姓

亦稱"貴姓"。詢問他人姓氏的敬語。此稱清代已行用。《儒林外史》第二八回："那人道：'先生尊姓？'季恬逸道：'賤姓季。'"《鏡花緣》第五一回："請問女子尊姓？爲何到此？"《官場現形記》第三〇回："〔冒得官〕慢慢的問他：'你貴姓？聽你口音不像本地人氏，怎麼會到得此地來的？'"《文明小史》第一八回："姚文通向主人作過揖，又朝着同席的招呼；坐了下來，又一個個問貴姓臺甫。"

【貴姓】

即尊姓。此稱清代已行用。見該文。

殿下

對太子、王侯的敬稱。不直呼其名，而以指宫殿之下示敬。此稱漢代已行用。漢蔡邕《獨斷》卷上："謂之陛下者，群臣與天子言，不敢指斥天子，故呼在陛下者而告之。由卑達尊之意也。上書亦如之。及群臣士庶相與言，曰殿下、閣下、執事之屬，皆此類也。"《三國志・魏書・三少帝紀》："臣等伏惟殿下仁慈過隆，雖存大義，猶垂哀矜。"《魏書・景穆十二王傳・任城王》："順曰：'庖人雖不治庖，尸祝不得越樽俎而代之。未聞有別旨令殿下參選事。'"唐杜佑《通典・職官一》："梁因前代。定制：諸王言曰令，境内稱之曰殿下。"唐段成式《酉陽雜俎・禮異》："秦漢以來，於天子言陛下，於皇太子言殿下，將言麾下，使者言節下、轂下，二千石長史言閣下。"《舊唐書・姚班傳》："伏惟殿下睿德洪深，天姿聰敏，近代成敗，前古安危，莫不懸鑒在心。"宋葉夢得《石林燕語》卷二亦對此稱歷史有所申論："司馬仲達稱曹操，范縝稱竟陵王子良，皆曰殿下，則諸侯王，漢以來皆通稱殿下矣。至唐初制令，惟皇太后、皇后，百官上疏稱殿下，至今循用之，蓋自唐始也。"明倪謙《賀皇太子箋》："敬惟皇太子殿下，聰明天授，浚哲生知。龍鳳之姿，卓冠乎群倫；天日之表，首出乎庶物。"

閣下

對人的尊稱。表示不敢直呼其名，而言樓閣之下以代之。此稱漢代已行用。漢蔡邕《獨斷》卷上："謂之陛下者，群臣與天子言，不敢指斥天子，故呼在陛下者而告之。由卑達尊之意也。上書亦如之。及群臣士庶相與言，曰殿下、閣下、執事之屬，皆此類也。"唐段成式《酉陽雜俎·禮異》："秦漢以來，於天子言陛下，於皇太子言殿下，將言麾下，使者言節下、轂下，二千石長史言閣下。"唐柳宗元《上門下李夷簡相公書》："宗元得罪之由，致謗之自，以閣下之明，其知之久矣。"宋朱熹《三朝名臣言行録·諫議劉公》引《道護録後》："向者論俞玘筆病出於偶然，乃蒙閣下推之以及脩身之道，何嗜學之篤也。"宋汪藻《見謝給事書》："藻自兒童時聞閣下之名，如東隅之日，雖未赫然經天，而温厚之氣固足以感人也。"明歸有光《上瞿侍郎書》："所以復敢瀆於閣下者，非復有望於榮進，亦欲使之得全其後世之名而已。"

執事

對主事官員的敬稱。此稱先秦時期已行用。此稱本指周代主持某事的職官。《周禮·夏官·大司馬》："若大師則掌其戒令，涖大卜，帥執事，涖釁主及軍器。"後乃成爲對主事者的尊稱。《左傳·襄公二十八年》載，鄭國使者游吉尊稱楚國使臣子大叔爲"執事"："寡君是故使吉奉其皮幣，以歲之不易，聘於下執事。"又

同書《成公十三年》："君若惠顧諸侯，矜哀寡人而賜之盟，則寡人之願也。……君若不施大惠，寡人不佞其不能，以諸侯退矣。敢盡布之執事，俾執事實圖利之。"漢蔡邕《獨斷》卷上："謂之陛下者，群臣與天子言，不敢指斥天子，故呼在陛下者而告之。由卑達尊之意也。上書亦如之。及群臣士庶相與言，曰殿下、閣下、執事之屬，皆此類也。"《通鑑紀事本末·秦滅後涼》："〔孟〕禕曰：'禕受呂氏厚恩，分符守土。若明公大軍甫至，望旗歸附，恐獲罪於執事矣。'"《太平廣記》卷四二七引唐張讀《宣室志》："往者吾與執事同年成名，交契深密，異於常友。自聲容間阻，時去如流，想望風儀，心目俱斷。不意今日，獲君念舊之言。雖然，執事何爲不我見，而自匿於草莽中？"

足下

對人的敬稱。不直呼其名，而稱足下以示敬。此稱先秦時期已行用。《韓非子·難三》："今足下雖強，未若知氏；韓魏雖弱，未至如其晉陽之下也。"《史記·酈生陸賈列傳》："臣善其令，請得使之，令下足下。即不聽，足下舉兵攻多，臣爲內應。"甘肅省文物考古研究所《敦煌懸泉漢簡釋文選》(《文物》2000 年第 5 期)載編號"Ⅱ 90DXT0114 ③：611"簡牘："元伏地再拜請子方足下善毋恙。"《漢書·蘇武傳》："李陵置酒，賀〔蘇〕武曰：'今足下還歸，揚名於匈奴，功顯於漢室。'"唐段成式《酉陽雜俎·禮異》："秦漢以來，於天子言陛下，於皇太子言殿下，將言麾下，使者言節下、轂下，二千石長史言閣下，父母言膝下，通類相言於足下。"宋朱彧《萍洲可談》卷三："有本路運勾至年少貴游子弟，怪祁公不起揖，厲聲間：

'足下前任甚處？'祁公曰：'同中書門下平章事。'"《水滸傳》第四三回："戴宗道：'若得足下作伴，實是萬幸。'"宋朱熹《三朝名臣言行錄·諫議劉公》引《言行錄》："溫公薦充館職，因謂公曰：'知所以相薦否？'公曰：'獲從公游舊矣。'溫公曰：'非也。光居間，足下時節問訊不絕；光位政府，足下獨無書。此光之所以相薦也。'"《東周列國志》第七二回："祇見東皋公叩門而入，見了伍員，大驚曰：'足下須鬢，何以忽然改色？得無愁思所致耶？'"《儒林外史》第三五回："莊徵君……扶住那人，説道：'足下是誰？我一向不曾認得。'"

綽號

亦稱"諢名""諢號""外號"。體現人某方面特徵的別稱。多爲世俗間贊許、逞威、打趣或貶損的稱謂。此稱宋代已行用。宋阮閱《百家詩話總龜後集·評論門》引宋葛立方《丹陽集》曰："咸平景德中，錢惟演、劉筠首變詩格，而楊文公與之鼎立，綽號'江東三虎'。"清厲鶚《宋詩紀事·楊億》引《丹陽集》與此相同。《水滸傳》第四三回："朱貴向前先引李雲拜見晁〔蓋〕、宋〔江〕二頭領，相見眾好漢，説道：'此人是沂水縣都頭，姓李，名雲，綽號青眼虎。'"清于敏中《日下舊聞考·雜綴四》引清毛奇齡《西河詩話》："《增明玉熙宮承應》，有《御前王留子》雜劇。王留見元曲，是善撒科所云打牙諢匹者。或曰天啓六年有鐘鼓司僉書王進朝，綽號'王瘤子'，善抹臉詼諧。'瘤子'即'留子'。"《鏡花緣》第八六回："有一家姓王，弟兄八個，求人替起名字，並求替起綽號。……第一個，王字頭上加一點，名喚王主，綽號叫做'硬出頭的王大'。"清盧文

弨《浙江紹興府知府朱公涵齋家傳》："少年無賴者擾害里閭，且詭立名字以自標異，如'九尾狐''小羅成''賽秦瓊'之類，俗所謂綽號是也。其所到，人皆畏之。"今人王力《姓名》："由綽號小名變爲姓的原因，據説是在從前同姓同名的人太多了。"由宋至清，綽號的同義詞還有"諢名""諢號"等。宋陶穀《清異錄·獸·黃毛菩薩》："予陽翟莊舍左右有田老者，不爲欺心事，出言鯁直，諢名'撞倒墻'。"《日下舊聞考·雜綴四》引《兩朝識小錄》："至崇禎年，枚卜閣臣，一時大僚及臺諫相搆不休，其不得與。會推者因造爲二十四氣之目，以搖惑中外。其曰二十四氣者：殺氣吳甡、棍氣孫晉、戾氣金光宸、陰氣章正宸、妖氣吳昌時……各有諢號，中間賢不肖參雜。"清查繼佐《罪惟錄·劉通傳》："劉通者，諢名'千斤'，河南西華縣人。有膂力，能手舉石獅，眾乃諢之。"今稱"外號"。

【諢名】

即綽號。此稱宋代已行用。見該文。

【諢號】

即綽號。此稱清代已行用。見該文。

【外號】

即綽號。此稱當代已行用。見該文。

打諢

亦作"打顐"。説幽默有趣的話逗樂。此稱唐宋時期已行用。《遼史·伶官傳·羅衣輕》："先是，元昊獲遼人輒劓其鼻，有奔北者惟恐追及，故羅衣輕止之曰：'且觀鼻在否？'上怒，以氂索繫帳後，將殺之。太子笑曰：'打諢底不是黃幡綽。'羅衣輕應聲曰：'行兵底亦不是唐太宗。'上聞而釋之。"宋王暐《道山清話》：

"劉貢父言，每見介甫道《字説》，便待打諢。"
宋劉昌詩《蘆浦筆記·打字》："飲席有打馬、
打令，打雜劇打諢。"（按，"雜劇"前一"打"
字疑爲衍字）宋吳自牧《夢粱録·妓樂》："末
泥色主張，引戲色分付，副净色發喬，副末色
打諢，或添一人名曰裝孤。"清吳玉搢《別雅》
卷四："打顐，打諢也。《遼史·伶官傳》'打諢
得不是黄幡綽'；《廣韻》'諢'引《玉篇》'弄
言'，謂'鄙藝之言也'。《吕氏童蒙訓》摘《總
龜詩話》謂'顐'即'諢'，今打顐是也。《唐
書·元結傳》曰：'諧臣顐官怡愉天顔。'《李栖
筠傳》：'故事，賜百官宴曲江，教坊倡顐雜侍，
栖筠以任國風憲，獨不往。'（汲古閣本刻作
'鄲'，恐誤。）顐並與諢同，今俗語恒用之。"

【打顐】

同"打諢"。此體清代已行用。見該文。

同志

志嚮和追求相同的人。此稱漢代已行用。
《周禮·地官·大司徒》"四曰聯師儒，五曰聯
朋友"漢鄭玄注："同師曰朋，同志曰友。同
猶齊也。"三國魏王弼《周易注·周易略例》：
"夫應者，同志之象也；位者，爻所處之象也。"
《雲笈七籤》卷三三引唐孫思邈《攝養枕中方》：
"余研覈方書蓋亦久矣，……凡著五章，爲一卷，
與我同志者寶而行之云爾。"唐范攄《雲谿友
議·題紅怨》："盧渥舍人應舉之歲，偶臨御溝，
見一紅葉，命僕搴來。葉上乃有一絶句，置於
巾箱，或呈於同志。"《周易·鼎》："象曰：鼎
耳革，失其義也。"宋程頤注："非應，失求合
之道也；不中，非同志之象也。是以其行塞而
不通。"宋朱熹《易學啓蒙·序》："近世學者類
喜談易，而不察乎此，其專於文義者，既支離

散漫而無所根著；其涉於象數者，又皆牽合傅
會，而或以爲出於聖人心思智慮之所爲也。若
是者，予竊病焉，因與同志頗輯舊聞，爲書四
篇，以示初學，使毋疑於其説云。"明陳耀文
《天中記·朋友》引衆説釋曰："同志：同師曰
朋，同志曰友（鄭玄注）。同門曰朋（《公羊》）。
友，愛也，同志爲友（《説文》）。友，有也，相
保有也（《釋名》）。"清畢沅《吕氏春秋新校正
序》："暇日，取元人大字本以下，悉心校勘，
同志如抱經前輩等，又各有所訂正。遂據以付
梓。"《文明小史》第二〇回："魏榜賢從旁説
道：'今天演説，全是女人。新近我們同志，從
遠處來的，算了算，足足有六七十位。兄弟的
意思，打算過天借徐家花園地方，開一個同志
大會，定了日子，就發傳單，有願演説的，一
齊請去演説演説。'"天津檔案館藏 1910 年 12
月 15 日《宋壽恒爲聯合同志上書資政院請速開
黨禁事致天津商會函》："爲請開黨禁事，擬聯
合同志上書資政院，兹印呈書稿十份，請代聯
絡同人，如有願簽名者，請開具銜名、年歲、
籍貫、職業、住址，趕緊賜下爲荷。"1922 年 9
月 10 日《益世報》載《和尚罷工》："西關大街
九天廟和尚……因生活程度日高，每日工錢不
敷支持，聯絡同志，組織增薪團。"近世國民黨
成立之初，黨員間亦以同志相稱。宋雲彬《奴
隸篇》："孫中山先生臨終時告訴他的同志們説，
'革命尚未成功，同志仍須努力'。"中國共産黨
自 1921 年成立後，也將彼此都有共産主義信仰
的人稱作同志。

關節

亦稱"關説""交關""關通"。指門路，即
通過非正常渠道結成的人際關係。通常稱通關

節。此稱漢代已行用。"關説"一稱較早。《漢書·佞幸傳序》："此兩人非有材能，但以婉媚貴幸，與上臥起，公卿皆因關説。"師古注："關説者，言由之而納説，亦如行者之有關津。"《三國志·魏書·曹爽傳》："又以黄門張當爲都監，專共交關。看察至尊，候伺神器；離間二宫，傷害骨肉。"《梁書·謝覽傳》："覽未到郡，睦之子弟來迎，覽逐去其船，杖吏爲通者。自是睦之家杜門不出，不敢與公私關通。"唐以後稱"關節"。宋吳曾《能改齋漫録·事始·關節》："世以下之所以通欵曲於上者曰關節，然唐已有此語。段文昌言於文宗曰：'今歲禮部殊不公，所取進士皆子弟無藝，以關節得之。'又《唐摭言》云：'造請權要謂之關節。'按《漢〔書〕·佞幸傳》高祖有籍孺，孝惠時有閎孺，與上臥起，公卿皆因關説。乃知關節蓋本於關説也。"唐蘇鶚《杜陽雜編》卷上："瑶英善爲巧媚，載惑之，怠於塵務，而瑶英之父曰宗本，兄曰從義，與趙娟遞相出入，以構賄賂，號爲關節。"後關節與關通之稱并行。《新唐書·元載傳》："外委主書卓英倩、李待榮，内劫婦言，縱諸子關通貨賄。"《資治通鑑·唐穆宗長慶三年》："〔王〕守澄專制國事，勢傾中外，〔鄭〕注日夜出入其家，與之謀議，語必通夕，關通賂遺，人莫能窺其迹。"《宋史·包拯傳》："人以包拯笑比黄河清。童稚婦女，亦知其名，呼曰'包待制'。京師爲之語曰：'關節不到，有閻羅包老。'"元陶宗儀《説郛》卷七六引宋王銍《雜纂續》："'暗歡喜'：丈夫遠行歸、無子聞女使懷姙、賣棺聞人病重、舉子與試官有關節。"元關漢卿《望江亭》第三折："你爲公事來到這些，不知你怎生做兀的關節？"元張光

祖《言行高擡貴手·德行》："籍其家，得士大夫書，多干請關通者，悉焚之，不以聞。"《水滸傳》第六二回："蔡福、蔡慶兩個商議定了，暗地裏把金子買上告下，關節已定。"清錢謙益《列朝詩集小傳·丙集·唐解元寅》："己未會試，〔程〕敏政爲考官，同舍舉子關通考官家人，事延〔唐〕伯虎，詔獄諒問無狀。"《鏡花緣》第五一回："無如總是關節夤緣，非爲故舊，即因錢財，所取真才，不及一半。"清唐甄《潛書·食難》："昔之致客，猶盛事也。若其所好，則有之矣：善賈之徒，善優之徒，善使命之徒，善關通之徒。"郭沫若《蔡文姬》第四幕："曹操：哼，這豈不是暗通關節嗎？"

【關説】

猶關節。此稱漢代已行用。見該文。

【交關】

猶關節。此稱魏晉時期已行用。見該文。

【關通】

即關節。此稱唐代已行用。見該文。

握手 [1]

亦稱"拉手"。見面或分別時相互握住對方手之禮儀。此稱漢代已行用。而其含義，古代多爲人與人關係親近的表示，即手拉着手，表達興奮或不舍之情。其時尚須握住手上下搖一搖。當代握手禮儀始自晚清，由西方傳入。文獻所見"握手"一稱甚多。《後漢書·李通傳》："及相見，共語移日，握手極歡。"南朝梁顔之推《顔氏家訓·名實》："鄴下有一少年，出爲襄國令，頗自勉篤。公事經懷，每加撫恤，以求聲譽。凡遣兵役，握手送離，或齎梨棗餅餌，人人贈別。"《北齊書·杜弼傳》："〔杜〕弼請陳曰：'天下大務，莫過賞罰二端，賞一人使天

下人喜，罰一人使天下人服。但能二事得中，自然盡美。'世宗大悦曰：'言雖不多，於理甚要。'握手而別。"《隋書·高祖紀》："上以疾甚，卧於仁壽宫，與百官辭訣，並握手歔欷。"唐李白《下途歸石門舊居》詩："吴山高，越水清，握手無言傷别情。將欲辭君挂帆去，離魂不散烟郊樹。"《舊唐書·王珂傳》："朱温自洛陽至，……〔王〕珂出迎之於路，握手歔欷，聯轡而入。"《金瓶梅詞話》第四九回："蔡御史……因告辭道：'四泉，今日酒大多了，令盛價收過去罷。'於是與西門慶握手相語。"清錢大昕《閻先生（若璩）傳》："世宗皇帝在潛邸，聞其名，手書延至京師，握手賜坐，呼先生而不名。"現代"握手"禮儀隨晚清西方文化傳入中國。傳入之初，一些中國人頗不習慣，難免鬧出不愉快。《文明小史》第二回描述一意大利"礦師"與中國官員初次相見情形，便反映出不懂西洋見面握手禮節之尷尬："見面之後，礦師一隻手探掉帽子；柳知府是懂外國禮信的，連忙伸出一隻右手，同他拉手。下來便是讀過三個月洋書的張師爺，更不消説這個禮信也是會的，還説了一句外國話，礦師也答還他一句。末了方是首縣，上來伸錯了一隻手，伸的是隻左手，那礦師便不肯同他去拉，幸虧張師爺看了出來，趕緊把他的右手拉了出來，方算把禮行過。"當時不稱"握手"而稱"拉手"，可見未將古代所謂"握手"與西方見面禮儀之握手相混淆。《官場現形記》第三一回亦曰："齊巧龍都司要去討好，上去同他拉手，周旋他。"藉用古代"握手"一稱指現代握手禮節，是民國以後事。1938年9月6日漢口《大公報》載《一個漢奸的懺悔》："那時李先生就將我藉機

介紹，並且説我怎樣能幹，吹噓一番，於是日軍官就與我握手言笑。"即便如此，民國時期偶爾還會沿用"拉手"一稱。1941年初版錢鍾書《圍城》五："阿福上車的時候，正像歡迎會上跟來賓拉手的要人，恨不能像千手觀音菩薩分幾雙手來才够用。"握手作爲見面和送别禮儀，至今仍在行用。

【拉手】

即握手[1]。此稱清代已行用。見該文。

鼓掌

亦作"鼓掌"。雙手連續相拍以示興奮、贊賞之禮。此稱宋元時期已行用。按，人高興而拍掌，爲人之常情，自古而然。唯宋元時始有"鼓掌"一稱。而在人數衆多的場合群起爆發熱烈掌聲，則是近世以來形成的表示敬意、激勵和贊同的禮儀。宋高承《事物紀原·博弈嬉戲部》："今俗兒戲有打麥，鼓掌作打麥聲。後必三拍之。"然此尚不是指慶賀之鼓掌，而祇指拍拍手而已。元以後此稱乃多指興奮和慶賀，并沿至今。《雍熙樂府》卷七載散曲《耍孩兒·隱士》："一個能吟詩李白酹三碗，一個違酒令張仙罰兩瓢。鼓掌，呵呵！"元王實甫《西厢記》第二本第一折："長老在法堂上高叫：'兩廊僧俗，但有退兵之策的，倒陪房奩，斷送鶯鶯與他爲妻。'（潔叫了，住）（末鼓掌上，云）我有退兵之策，何不問我？"元賈仲明《鐵拐李度金童玉女》第二折："（鐵拐鼓掌大笑，云）你愚眉肉眼，怎識的貧道那？"明吴之鯨《武林梵志·外七縣梵刹》："謀于十數載之前，而余與澹公成于十數載之後，不約而合，無心而成，九原可作，當爲鼓掌。"《明史·蔡毅中傳》："臣正與諸生講《爲君難》一書，忽接楊漣劾

〔魏〕忠賢疏，合監師生千有餘人，無不鼓掌稱慶。"明謝榛《四溟詩話》："予曰：'觀此體輕，氣薄如葉子金，非錠子金也……'遂勉更六句云：'燈火石頭驛，風烟揚子津。一年將盡夜，萬里未歸人。萍梗南浮越，功名西向秦。明朝對清鏡，衰鬢又逢春。'舉座鼓掌，笑曰：'如此氣重體厚，非錠子金而何！'"清沈復《浮生六記·閑情記趣》："〔陳〕芸曰：'携一砂罐去，以鐵叉串罐柄，去其鍋，懸於行灶中，加柴火煎茶，不亦便乎？'余鼓掌稱善。"清黄宗羲《陳叔大四書述序》："然學者工夫未到，沉痛只在字義上。分疏炙輠，淋漓總屬恍惚，決不能於江漢源頭，酣歌鼓掌耳。"清查繼佐《罪惟錄·刑法志論》："何孟春曰：文莊地下有知，應爲鼓掌。"此稱一直沿用至今。

【拍掌】

即鼓掌。此稱宋代已行用。宋謝懋《喜遷鶯·春宴》詞："好春易苦風雨，人意難逢舒放。但拍掌。醉陶然一笑，忘形天壤。"元杜本《谷音》上載崔璆（子玉）小傳："璆美風儀，善談論。晚病狂，携大瓢貯酒行市，拍掌歌笑。"《二刻拍案驚奇》卷三九："兩個飲酒中間，細説昨日光景，拍掌大笑。"清胡思敬《國聞備乘·廣東十姊妹》："唐紹儀亦廣東人，廣交遊，善揮霍，……各工賈聞其將至，不謀而集，爲之備厨傳、爲之陳器皿、爲之張設古玩字畫、爲之點綴花木，凡室内所需之物，一日之間皆不徙而具。事畢，各以單至索錢，輒悉如其數予之，咸拍掌歡笑而散。"《文明小史》第二〇回："賈子猷兄弟三人，同姚小通，跟了魏榜賢、劉學深到不纏足會聽了一會女會員演説，説來説去，所説的無非是報紙上常有的話，

並没有什麼稀罕，然而堂上下拍掌之聲，業已不絶於耳。"

刺

亦稱"謁""書刺""名刺""通刺"。書有個人姓名、籍貫、官職等内容以向人介紹的木片或紙箋，其作用類似今日的名片。此稱漢代已行用。西漢始以竹簡或木片爲之，用刀削平，上書姓名、籍貫、官銜等，當時稱作"謁"。東漢後期一般稱"刺"，漢末開始可能有紙質的"謁"（或"刺"）。明張萱《疑耀·拜帖不古》考證："古人書啓往來及姓名相通，皆以木竹爲之，所謂刺也。……意東漢造紙後，簡札之制已爲之一變矣。"清趙翼《陔餘叢考·名帖》亦云："六經及先秦、西漢之書，並無'刺'字，漢初猶謂之'謁'。……竊意古人通名，本用削木書字，漢時謂之謁，漢末謂之刺，漢以後則雖用紙而仍相沿曰刺。"漢代稱"謁"，《釋名·釋書契》云："謁，詣也。詣，告也，書其姓名於上以告所至詣者也。"《史記·酈生陸賈列傳》："酈生踵軍門上謁……瞋目案劍叱使者曰：'走！復入言沛公，吾高陽酒徒也，非儒人也。'使者懼而失謁，跪拾謁，還走，復入報曰：'客，天下壯士也，叱臣，臣恐，至失謁。'"《後漢書·王符傳》有漢後期已稱"刺"之記述："度遼將軍皇甫規解官歸安定，鄉人有以貨得雁門太守者，亦去職還家，書刺謁規。"然《太平御覽》卷六〇六引晉魚豢《三國典略》載同一事，有"既坐，……以其刺刮髀"之描述，則可知其時雖稱"刺"，而仍以竹木爲之，故可用以剟蹭大腿。按，皇甫規解官歸安定時在東漢桓帝延熹五年（162），則用紙之"刺"的時興應晚於是年。而長沙走馬樓三國孫吳時

期古井出土簡牘中，猶有名刺，其中編號 J22-2697 簡云："弟子黃朝再拜　問起居　長沙益陽字元寶"（正面），"弟子史先再拜"（背面）（見《文物》1999 年第 5 期第 20 頁），則可知直至三國時，簡牘名刺猶在流行。因係在刺上寫字，故上引《王符傳》稱"書刺"。《釋名‧釋書契》又云："書姓字於奏上曰書刺。"書寫在刺上之字時間長了易漫漶。《後漢書‧文苑傳‧禰衡》："建安初，來游許下，始達潁川，乃陰懷一刺，既而無所之適，至於刺字漫滅。"後世詩文常藉用此典。唐李商隱《江上》詩："刺字從漫滅，歸途尚阻修。"用刺之習代代相沿。晋干寶《搜神記》卷一八記傳説："有一斑狐，積年能爲變幻，乃變作一書生，……持刺謁〔張〕華。"因刺上有姓名，南北朝時又稱"名刺"，沿用至今。《梁書‧江淹傳》："永元中，崔惠景舉兵圍京城，衣冠悉投名刺，淹稱疾不往。及事平，世服其先見。"《通鑑紀事本末‧蕭道成篡宋》："許公輿詐稱桂陵王在新亭，士民惶惑，詣蕭道成壘投刺者以千數。道成得皆焚之，登北城謂曰：'劉休範父子昨已就戮，尸在南岡下。身是蕭平南，諸君諦視之，名刺皆已焚，勿憂懼也。'"唐元稹《重酬樂天》詩："最笑近來黃叔度，自投名刺占陂湖。"清錢謙益《都察院司務無回沈君墓誌銘》："公車二十年，不以名刺謁監司，不以竿牘干縣令，自守泊如也。"清錢大昕《潛研堂文集‧記侯黃兩忠節公事》："侯黃又遣人賫名刺訪境內拳勇少年，悉召致之，具賓主禮。"至現代，"名刺"一稱漸不行用，而在深受中華文化影響的日本，日語中却至今保留了此稱。因刺用以通報姓名，故自南北朝至唐又稱"通刺"。《太平御覽》卷六〇六引南朝宋劉義慶《幽明錄》："一士人姓王，坐齋中。有一人通刺詣之，題刺云'舒甄仲'。既去，疑非人，尋刺，曰：'是予舍西土瓦中人。'"南朝宋劉敬叔《異苑》卷五："陶侃字士行，微時遭父艱，有人長九尺，端悦通刺，字不可識，心怪非常。"《史記‧高祖本紀》"乃給爲謁曰'賀萬錢'"唐司馬貞索隱："謁謂以札書姓名，若今之通刺。"《三國志‧魏書‧邴原傳》裴松之注引《原別傳》（按，應爲《邴原別傳》）："太祖曰：'孤反，鄴守諸君必將來迎，今日明旦，度皆至矣。其不來者，獨有邴祭酒耳！'言訖未久，而原先至。門下通謁，太祖大驚喜。"《太平廣記》卷一五一引《感定錄》："及頃，有人通刺，稱進士顧少連謁。〔李〕頜驚而見之。"宋以後用刺之習猶然。宋歐陽修《送楊子聰》文："參軍每上府，望門而趨，吏摩以肩，過不揖，反就焉，持刺執板求通姓名。"明陸容《菽園雜記》卷五："東西長安街朝官居住最多，至此者不問識與不識，望門投刺。"明楊廷和《視草餘錄》："回詔條中，若軍門皇店官校豹房番僧寫亦虎仙數事，尚未入草，予別用小摺親書，密緘之，藏於刺函中，防漏泄也。"1923 年 6 月 26 日上海《民國日報》載《吳佩孚向張紹曾退親》："〔遲雲鵬〕昨日特到河北張宅，投刺入見。"

【謁】

即刺。此稱漢代已行用。見該文。

【書刺】

即刺。此稱漢代已行用。見該文。

【名刺】

即刺。此稱南北朝時期已行用。見該文。

【通刺】

即刺。此稱南北朝時期已行用。見該文。

爵里刺

主要記個人籍貫、官職的竹木，以向人介紹。此稱漢代已行用。《釋名・釋書契》："爵里刺，書其官爵、郡縣、鄉里也。"《太平御覽》卷六〇六引《魏名臣奏》曰："黃門侍郎荀俣奏曰：今吏初除，有二通爵里刺，條疏行狀。"又引《夏侯榮傳》："榮字幼權，淵第五子。幼聰明，經目輒識。文帝聞而請焉。賓客百餘人，一奏刺，悉書其鄉邑、姓名，世所謂爵里刺。示之一過，而使之遍談，不謬一人。文帝奇之。"

名紙

亦稱"名帖""書帖"。猶名片。此稱南北朝時期已行用。宋祝穆《古今事文類聚別集・人事部・謁見》："《群書要語》：古者未有紙，削竹木以書姓名，故謂之刺。後以紙書，故謂之名紙。"宋孫光憲《北夢瑣言・李涪尚書改切韻》："古之製字卷紙，題名姓，號曰名紙。"明彭大翼《山堂肆考・科第・謝衣鉢》解釋："名紙，謂寫名於紙上也。"宋潘自牧《記纂淵海・性行部・奔競》引《續世說》云："梁何思澄終日造謁，每宿夕，作名紙一束，曉便命駕，朝賢無不悉狎，所在命食。"宋吳曾《能改齋漫録・事始・名紙》引此故事，稱"蓋名紙始見於此"。然《續世說》由北宋孔平仲編纂，其說出處未詳。故據此祇能推測南北朝已有"名紙"一稱。現所見此稱最早出處，仍爲唐人詩。唐劉魯風《江西投謁所知爲典客所阻因賦》："萬卷書生劉魯風，煙波萬里謁文翁。無錢乞與韓知客，名紙毛生不肯通。"五代王仁裕《開元天寶遺事・風流藪澤》："長安有平康坊，妓女所居之地，京都俠少萃集於此，兼每年新進士以紅牋名紙，游謁其中。"五代王定保《唐摭言・謝恩》："狀元已下，到主司宅門下馬，綴行而立，斂名紙通呈。入門並叙，……主司揖，狀元已下與主司對拜。"明文徵明《拜年》詩："不求見面惟道謁，名紙朝來滿敝廬。"又稱"名帖"。唯唐時其用途不祇限於作自我推介。宋王讜《唐語林・政事下》："宣宗獵苑北，見樵者數人，因留與語，言涇陽百姓。因問邑宰爲誰？曰李行言。爲政何如？曰性執滯，有劫賊五六人匿，軍家取來，直不肯與，盡杖殺之。上還宮以書其名帖于殿柱上。"清趙翼《陔餘叢考・名帖》引唐劉存、前蜀馮鑒《事始》云："古昔削木以書姓名，故謂之刺；後世以紙書，謂之名帖。"明陸容《菽園雜記》卷五："東西長安街朝官居住最多，至此者不問識與不識，望門投刺，有不下馬或不過其門令人送名帖者。遇點僕應門，則皆却而不受。"清張勇《爲叛賊差送逆書特疏舉首事》："今於康熙十三年二月二十日酉時，執得成都府茂州、邏州逆差王則孝、王友英二名，并帶有鈐印路票一張、稅票二張，又與臣書一封。問據來差供稱，有話俱在書內。臣隨拆閱，內有吳之茂名帖，則此書係吳逆差送前來，以簧鼓兵心無疑矣。"清黃燮清《居官鑒・授鑒》："啓爺：有王爺解送軍裝糧餉到來，名帖在此。"明代以來，又有名"書帖"者，亦此義。明張萱《疑耀・拜帖不古》："宋時王荊公居半山寺，每以金漆木版寫經書名目，往寺僧處借經，時人遂以金漆版代書帖。……是時書帖已有長餘，但不如今之侈耳。其以金漆版代書帖，特取一時之便，倣古制而爲之，決非古制至此時猶存也。若從前未有書帖，何言代乎！”清汪楫《崇禎長編·崇禎五年正月》：“兵部尚書熊明遇疏覆武進士陳値等條奏，因立規條以進：‘一曰迎送之困苦當卹，一曰領糧之費勒當除，一曰遊客之書帖當嚴……”

【名帖】

即名紙。此稱唐代已行用。見該文。

【書帖】[1]

即名紙。此稱明代已行用。見該文。

簡版

亦作“簡板”，亦稱“簡札”。用木板製成的精緻名帖，屬一時風興之特製物，以代書帖。此稱宋代已行用。明張萱《疑耀·拜帖不古》云：“古人書啓往來及姓名相通，皆以木竹爲之，所謂刺也。至宋時王荆公居半山寺，每以金漆木版寫經書名目，往寺僧處借經，時人遂以金漆版代書帖。已而恐有宣洩，又作兩版相合，以片紙封其際。久之，其製漸精，或又以縑囊盛而封之。在宋時，南人謂之簡板，北人謂之牌。其後通謂之簡版。……余謂簡札用紙，其來已久矣。……王沂公取殘束，裂去前幅以遺孫京，是時書帖已有長餘，但不如今之侈耳。其以金漆版代書帖，特取一時之便，倣古制而爲之，決非古制至此時猶存也。若從前未有書帖，何言代乎！”元陸友《墨史》卷下載宋代事：“舒泰之、翁彦卿皆嘗供御造墨……劉葉之徒專尚油烟，油烟宜簡版，不宜紙也。”明楊慎《丹鉛續錄·簡牘》：“古人與朋儕往來者，以漆版代書帖。又苦其露泄，遂作二版相合，以片紙封其際，故曰簡版。或云赤牘。”

【簡板】

同“簡版”。此體宋代已行用。見該文。

【簡札】

即簡版。此稱明代已行用。見該文。

狀

亦稱“門狀”“門啓”“投名狀”。特指名刺、名片。此稱唐代已行用。宋陸游《老學庵筆記》卷三：“‘刺’或云‘狀’。”宋孫光憲《北夢瑣言·李涪尚書改切韵》載唐大中年間薛保遜事：“方作門狀，洎後仍以所懷列於啓事，隨啓詣公相門，號爲門狀、門啓，雖繁於名紙，各便於時也。”宋胡繼宗《書言故事·午集·謁見類》：“作門狀曰修刺。”按，“刺”與“刺”義近。宋代“門狀”又有大狀、小狀之別。宋周密《癸辛雜識·送刺》：“昔日投門狀，有大狀、小狀。大狀則全紙，小狀則半紙。今時之刺大不盈掌，足見禮之薄矣。”

【門狀】

即狀。此稱唐代已行用。見該文。

【門啓】

即狀。此稱唐代已行用。見該文。

【投名狀】

即狀。此稱宋代已行用。見該文。

手刺

亦稱“手簡”。官員的名刺、名帖。因係手書，故稱。此稱宋代已行用。宋神宗元豐年間始盛行，沿至南宋。宋陸游《老學庵筆記》卷三：“元豐後，又盛行手刺。前不具銜，止云‘某謹上。謁某官。某月日’，結銜姓名。‘刺’或云‘狀’。亦或不結銜，止書郡名，然手書，蘇、黄、晁、張諸公皆然。”明張萱《疑耀·拜帖不古》：“至淳熙之世，朝士乃以小紙高四五寸、濶尺餘相往來，謂之手簡。”

【手簡】

即手刺。此稱宋代已行用。見該文。

拜帖

亦稱"紅帖"。始於宋，達於清。恭敬向人通報姓名的名帖。行用於明清。明張萱《疑耀·拜帖不古》："今之拜帖用紙，蓋起于熙寧也。……余嘗見楊公士奇一帖，其紙即今長安中之連七紙最粗惡者，亦僅三摺，面上一紅籤僅如筋，姓名之字僅大如指，頂其所語事，即書於左，不用今之副啓。"爲表敬意，如《疑耀》所言，宋代常在拜帖的中間貼一長條形紅箋，上書姓名。明清時則往往直接用紅紙作拜帖，故又稱之爲"紅帖"。《儒林外史》第一二回："只見看門人拿着紅帖，飛跑進來説道：'新任街道廳魏老爺上門請二位老爺的安。'"《紅樓夢》第六三回："晴雯忙啓硯拿了出來，却是一張字帖兒，遞給寶玉看時，原來是一張粉紅箋紙，上面寫着：'檻外人妙玉恭肅遥叩芳辰。'……〔寶玉〕説着便將拜帖取給岫烟看。"清查繼佐《罪惟録·清介諸臣傳·莊昹》："比〔莊〕昹見之，東陽戲曰：'公今復能用大筆字作拜帖乎？'"

【紅帖】

即拜帖。以紅紙書寫之拜帖。此稱明代已行用。見該文。

名片

亦稱"姓名小片""片子"。介紹個人姓名、職務等的紙片。此稱清代已行用。名片源自古代的名刺、名紙。古代紙帖大小、顏色、書字大小、書寫内容，均無定制。當代名片形式較固定：用大小較統一的長方形卡片（尺寸一般爲 9×5.5 厘米），書寫姓名、職務、供職單位或從事行當、聯繫方式等。清楊静亭《都門雜咏·名片》："新正投刺古移風，小楷端書樣若窮。羨慕翰林名字大，也將紅紙印來工。"《文明小史》第一八回："姚老夫子恭恭敬敬的從懷裏掏出一張片子，交代了茶房，叫他進去通報。這學堂裏有位監督，姓孔，……片子投進，等了一會，孔監督出來，茶房説了一聲：'請！'"

【姓名小片】

即名片。此稱近現代已行用。見該文。

【片子】

即名片。此稱近現代已行用。見該文。

投刺

亦稱"投名刺""投謁""送刺""送名狀""送名帖"。投送個人名帖的禮俗。名帖猶今之名片，用於個人推介。此俗始於漢。此稱南北朝時期已行用。《通鑑紀事本末·蕭道成篡宋》："許公輿詐稱桂陵王在新亭，士民惶惑，詣蕭道成壘投刺者以千數。"《梁書·江淹傳》："永元中，崔惠景舉兵圍京城，衣冠悉投名刺，淹稱疾不往。及事平，世服其先見。""謁"是漢代對"刺"的稱謂，唐代因之稱"投謁"。唐劉魯風有《江西投謁所知爲典客所阻因賦》。宋代稱"刺"爲"名狀"，故有"送名狀"之禮。宋周密《癸辛雜識·送刺》："節序交賀之禮，不能親至者，每以束刺僉名於上，使一僕遍投之，俗以爲常。……滎陽吕公亦言送門狀習以成風。"明清復又多稱"投刺"，偶稱"送名帖"。明陸容《菽園雜記》卷五："京師元日後，上自朝官，下至市人，往來交錯道路者連日，謂之拜年。……東西長安街朝官居住最多，至此者不問識與不識，望門投刺，有不下馬或不過其門令人送名帖者。遇黠僕應門，則皆却而不受。”清吳肅公《明語林·方正》：“至則授刺，使自投之。陸〔平泉〕不言，懷其刺入，一揖而出。”清錢謙益《列朝詩集小傳·丁集下·王山人野》：“貴人慕其名，訪之，累數刺，始一報謁。蹇驢造門，稱‘布衣王野’，投刺徑去。”清王士禛《分甘餘話》卷二：“順治末社事甚盛，京師衣冠人士輻輳之地，往來投刺無不稱社盟者。”

【投名刺】

“投刺”之全稱。此稱南北朝時期已行用。見該文。

【送刺】

即投刺。此稱南北朝時期已行用。見該文。

【送名帖】

即投刺。此稱南北朝時期已行用。見該文。

【投謁】

即投刺。此稱唐代已行用。見該文。

【送名狀】

即投刺。此稱宋代已行用。見該文。

贄[1]

拜謁人時所奉上之見面禮。名帖亦是。此稱宋代已行用。宋洪邁《容齋三筆·李元亮詩啓》：“〔李元亮〕不以辭色假人。崇寧中在大學，蔡薿爲學録，元亮惡其人，不以所事前廊之禮事之。蔡擢第魁多士，元亮失意歸鄉。……〔蔡薿〕至給事中，出補外，正臨此邦，元亮不肯入謁。蔡自到官，即戒津吏門卒，凡士大夫往來，無問官高卑，必飛報，雖布衣亦然。既知其來，便命駕先造所館。元亮驚喜出迎，謝曰：‘所以來，顓爲門下之故。方脩贄見之禮，須明旦扣典客。不意給事先生卑躬下賤如此，

前贄不可復用，當別撰一通，然後敬謁。’蔡退，元亮旋營一啓，且而往焉。其警策曰：‘定館而見長者，古所不然；輕身以先匹夫，今無此事。’”明宋濂《送東陽馬生序》：“余朝京師，生以鄉人子謁余，撰長書以爲贄，辭甚暢達。”

帖子

亦稱“帖兒”。各種書信、請柬、賀卡、名帖、對聯，乃至其他函件的泛稱。此稱唐代已行用。可分爲五小類。一爲名帖、拜帖。宋王讜《唐語林·政事下》：“上還宮以書其名帖于殿柱上。後二年，行言領海州，中謝，上曰：‘曾宰涇陽否？’對：‘在涇陽二年。’上曰：‘賜金紫。’再謝，上曰：‘卿知着紫來由否？’行言奏不知。上顧左右取殿柱帖子來宣示。”《醒世恒言·吳衙内鄰舟赴約》：“府尹對夫人道：‘此人昔年至京應試，與我有交。向爲錢塘總尉，不道也升遷了。既在此相遇，禮合拜訪。’教從人取帖兒過去傳報。”《儒林外史》第一六回：“保正帽子裏取出一個單帖來遞與他，上寫‘侍生李本英拜’。匡超人看見是本縣縣主的帖子，嚇了一跳。”《紅樓夢》第六三回：“寶玉回房，寫了帖子，上面只寫‘檻内人寶玉熏沐謹拜’幾字，親自拿了到櫳翠庵，只隔門縫兒投進去，便回來了。”其二，爲請柬。《鏡花緣》第六八回：“只見管門家人拿著許多帖子進來道：‘卞老爺着人下帖，請諸位才女明日午飯，並有早面，請早些過去。’”《紅樓夢》第六七回：“薛姨媽説：‘……同你去的夥計們，也該擺桌酒，給他們道道乏才是……’薛蟠聽説，便道：‘……要不然，定了明兒後兒，下帖兒請罷。’”其三，爲賀卡。《紅樓夢》第六三回：“晴雯忙啓硯拿了出來，却是一張字帖兒，遞給

寶玉看時，原來是一張粉紅箋紙，上面寫着：'檻外人妙玉恭肅遙叩芳辰。'寶玉看畢，直跳了起來，忙問：'是誰接了來的？也不告訴！'襲人晴雯等見了這般，不知當是那個要緊的人來的帖子，忙一齊問：'昨兒是誰接下了一個帖子？'"其四，爲書信。宋姚雲文《八聲甘州·競渡》："嘆內家帖子，閑却縷金箋。"《紅樓夢》第七四回："打開看時，裏面是一個同心如意，並一個字帖兒。……那帖是大紅雙喜箋。"其五，爲對聯。《花月痕》第三回："兩扇油漆黑溜溜的大門，門上朱紅帖子，是'終南雪霽，渭北春來'八個大字。"

【帖兒】

即帖子。此稱明清時期已行用。見該文。

請帖

邀請人參加某項活動的請柬。此稱明代已行用。明吳寬《丁未歲作同年會請帖》："茲擇正月二十日作同年會者。佳節再臨，畢官假於中旬之末；清朝共立，罄私情於一日之間……"《儒林外史》第一五回："頃刻，胡家管家來下請帖，兩副：一副寫洪太爺，一副寫馬老爺。帖子上是：'明日湖亭一厄小集，候教！胡縝拜訂。'"《紅樓夢》第六七回："且說薛蟠聽了母親之言，急下了請帖，辦了酒席。"今多稱"請柬"。

尺牘

亦稱"赤牘""書尺"。書信。最初人們以木牘（亦有用竹簡者）寫信，因寫信之木牘長多爲一尺左右，故稱。紙張發明并普及後，書信多用紙書寫，簡牘不復行用，然此稱則沿襲下來。此稱先秦時期已行用。《史記·扁鵲倉公列傳論》："倉公乃匿迹自隱而當刑，緹縈通尺牘，父得以後寧。"《漢書·游俠傳·陳遵》："〔陳遵〕略涉傳記，贍於文辭，性善書，與人尺牘，主皆藏去以爲榮。"《後漢書·蔡邕傳》："因引諸生能爲文賦者。本頗以經學相招，後諸爲尺牘及工書鳥篆者，皆加引召，遂至數十人。"李賢注："《説文》曰：'牘，書板也。長一尺。'"《晋書·文六王傳·齊獻王攸》："齊獻王攸，……愛經籍，能屬文。善尺牘，爲世所楷。"《文選·謝瞻〈王撫君庾西陽集別作〉》："誰謂情可書，盡言非尺牘。"李周翰注："言一尺之版，不可盡其情也。"北齊顏之推《顏氏家訓·雜藝》："真草書迹，微須留意。江南諺云'尺牘書疏，千里面目'也。"宋歐陽修《與王文恪公書》："自到此，公私未嘗發尺牘，惟有書來即答，餘外惟自藏於密。"宋以後亦稱"赤牘"。明楊慎《丹鉛續録·簡牘》："古人與朋儕往來者，以漆版代書帖，……曰簡版。或云赤牘。"清吳玉搢《別雅》卷五："赤寸，尺寸也；赤牘，尺牘也。《文獻通考》：深赤者，十寸之赤也。《禽經》：雉上有丈，鷃上有赤。雉上飛能丈，鷃上飛能尺。赤與尺通。《字彙補》云：尺牘，古作赤牘。"近代劉師培《〈文章學史〉序》："有由下告上之詞，則爲奏疏；有同輩相告之詞，則爲書啓尺牘。"又或作"書尺"。元謝應芳《答管伯齡書》："一別十年，相去幾二百里，非惟會面之難，而書尺亦不能寄。""尺牘"一稱沿至近現代。

【赤牘】

即尺牘。此稱宋元時期已行用。見該文。

【書尺】

即尺牘。此稱宋元時期已行用。見該文。

尺素

帛書之信。因紙發明以前，書信或寫於帛上，故言"素"；又藉用"尺牘"之尺，故稱。此稱晋代已行用。晋陸機《文賦》："課虛無以責有，叩寂寞而求音。函綿邈於尺素，吐滂沛乎寸心。"唐駱賓王《代女道士王靈妃贈道士李榮》詩："青牛紫氣度靈關，尺素艷鱗去不還。"《馮伯玉風月相思小説》："憑鴻雁，潛通尺素，盼殺董妖嬈。"

書信

省稱"信"，亦稱"信函""書函""書帖"。寄送之信。此稱南北朝時期已行用。《資治通鑑·齊武帝永明八年》："守臣累遣書信呼法亮，乞白服相見，法亮終不肯。"唐劉禹錫《訓太原令狐相公見寄》詩："書信來天外，瓊瑶滿匣中。"宋司馬光《和不疑送虜使還道中聞鄰幾聖俞長逝作詩哭之》："昨夕郵吏來，叩門致書函。

狀元修家書交承局投遞
（元雜劇《荆釵記·傳魚》插圖）

呼奴取以入，就火開其緘。"宋歐陽修《十六日就驛賜契丹賀乾元節人使内中酒果口宣（四月十七日）》："卿等夙奉信函，方休賓館。惟此醇甘之品，用推寵賚之恩，聊侑宴歡，以伸優遇。"《醒世恒言·十五貫戲言成巧禍》："魏生起身去解手，那同年偶翻桌上書帖，看見了這封家書。"清孔尚任《桃花扇·投轅》："（末問丑介）你稱解糧到此，有何公文？（丑）沒有公文，止有書函。"清顧炎武《一鴈》詩："塞上愁書信，人間畏網羅。"《紅樓夢》第七〇回："這日，衆姊妹皆在房中侍早膳畢，便有賈政書信到了了。"《文明小史》第四八回："勞航芥一早起身，回到棧房，盧慕韓請吃酒的信已經來了。"今多稱"書信"。

【信】

"書信"之省稱。此稱魏晋時期已行用。見該文。

【信函】

即書信。此稱唐宋時期已行用。見該文。

【書函】

即書信。此稱唐宋時期已行用。見該文。

【書帖】[2]

即書信。此稱明清時期已行用。見該文。

書簡

省稱"簡"，亦稱"簡帖"。即書信。因漢代書信多書於簡牘上，故藉稱。此稱宋代已行用。明馮復京《六家詩名物疏·出車篇》考"簡"字曰："《爾雅》云：簡謂之畢。注：今簡札也。《説文》云：簡，牒也。蔡邕《獨斷》曰：策者，簡也。其制長二尺，短者半之；其次一長一短，兩編下附。孔仲達云：簡之所容一行字耳。牘乃方版，版廣於簡，可以並容數行。

凡爲書字有多有少，一行可盡者書之於簡，數行乃盡者書之於方。方所不容者乃書於策。《釋名》云：簡，間也。編之篇，篇有間也。”宋代始稱書信爲“書簡”。宋吳曾《能改齋漫録・事始・書簡用多幅》：“唐盧光啓策名後揚歷臺省，受知於租庸張濬，濬出征并、汾，盧每致書疏，凡一事別爲一幅，朝士至今教之。蓋重叠別紙，自光啓始也，見《北夢瑣言》。乃知今人書簡務爲多幅，其來久矣。”《宋史・王曾傳》：“平生自奉甚儉。有故人子孫京來告別，曾留之具饌食。後合中送數軸簡紙，啓視之，皆它人書簡後裁取者也。”後世沿用此稱。元王實甫《西廂記》第三本第二折：“將簡帖兒拈，把妝盒兒按，開拆封皮孜孜看，顚來倒去不害心煩。”

【簡】

“書簡”之省稱。此稱漢代已行用。見該文。

【簡帖】

即書簡。此稱宋代已行用。見該文。

手札

亦稱“手書”。手寫的書信、疏奏。此稱唐代已行用。唐杜甫《暮秋枉裴道州手札率爾遣興寄近呈蘇涣侍御》：“道州手札適復至，紙長要自三過讀。”《通鑑紀事本末・楊行密據淮南》：“〔高〕駢曰：‘吾不欲復出兵相攻。君可選一溫信大將，以我手札諭之。若其未從，當別處分用之。’”元謝應芳《答管伯齡書》：“美上人自錦里來歸，得手札併佳章，情誼藹然，文藻燦爛。”明王守仁《寄希淵》：“守忠來承手札，喻及出處，此見希顔愛我之深。”《馮伯玉風月相思小説》：“一日，生語韶華曰：‘我有手書一緘，煩汝送〔雲〕瓊，幸勿沉滯。’”清張勇《張襄公奏疏・爲叛賊差送逆書特疏舉首事》：“今於康熙十三年二月二十日酉時，執得成都府茂州遲州逆差王則孝王友英二名，……細加搜檢，又獲出與陝西提臣王輔臣手札一封。”《儒林外史》第一二回：“表叔要會權先生，得閑之日，却未可必，如今寫書差的當人去，況又有楊先生的手書，那權先生也未必見外。”

【手書】

即手札。此稱明清時期已行用。見該文。

青鸞

亦稱“青鳥”。書信之雅稱。傳西王母出行，必遣青鳥前往要去之地報信。後人遂以“青鸞”“青鳥”藉指傳遞信息的使者，并由此引申爲書信。此稱唐代已行用。青鳥傳説約始於漢。《藝文類聚》卷九一引《漢武故事》：“七月七日，上於承華殿齋正中，忽有一青鳥從西方來，集殿前。上問東方朔，朔曰：‘此西王母欲來也。’有頃，王母至，有二青鳥如烏，挾持王母旁。”有關青鳥報信，還有其他傳説。《太平廣記》卷七〇引前蜀杜光庭《墉城集仙録》：“緱仙姑，長沙人也。入道居衡山。……有一青鳥，形如鳩鴿，紅頂長尾。飛來所居，自語云：‘我南嶽夫人使也，以姑修道精苦，獨棲窮林，命我爲伴。’……每有人游山，必青鳥先言其姓字。又曰：河南緱氏乃王母修道之故山也。又一日，青鳥飛來曰：‘今夕有暴客，無害，勿以爲怖也。’其夕果有十餘僧來毀魏夫人仙壇。”後世用上述典故。唐李曄《巫山一段雲》詞（之一）：“青鳥不來愁絶，忍看鴛鴦雙結。”唐陳陶《巫山高》詩：“青鸞不在懶吹簫，斑竹題詩寄江妾。”南唐李璟《浣溪沙》詞：“青鳥不傳雲外信，丁香空結雨中愁。”宋趙令時《蝶戀花》詞："廢寢忘餐思想徧。賴有青鸞，不必憑魚雁。"宋周弼《真娘墓》詩："青鳥傳書渡海遲，亂山衰草葬蛾眉。"元周砥《和遂昌鄭先生題大尹所藏唐人書經》詩："霓旌羽從三青鳥，雲篆鸞回五采翎。"明徐應秋《玉芝堂談薈·青鳥無傳書事》："今人訛傳漢宮七夕青鳥傳書。"《警世通言·王嬌鸞百年長恨》："情洽有心勞白髮，天高無計託青鸞。"清納蘭性德《月上海棠·中元塞外》詞："青鸞杳，碧天雲海音絕。"

【青鳥】

即青鸞。此稱唐代已行用。見該文。

魚雁

亦作"魚鴈"。書信之代稱。通過"魚腹""雁足"傳遞信息。此稱先秦時期已行用。陳勝藉魚腹之書以鼓動人心。《史記·陳涉世家》："乃丹書帛曰：'陳勝王。'置人所罾魚腹中。卒買魚亨食，得魚腹中書，固以怪之矣。"蘇武因雁足傳書的傳聞得以獲釋。《漢書·蘇武傳》："漢求〔蘇〕武等，匈奴詭言武死。後漢使復至匈奴，常惠請其守者與俱，得夜見漢使，具自陳道，教使者謂單于言：天子射上林中，得鴈，足有係帛書，言武等在某澤中。使者大喜，如惠語，以讓單于。單于視左右而驚謝。"後世遂以"魚雁"代稱書信。清吳任臣《十國春秋·前蜀高祖紀》："頃在前朝，各封異姓。土茅分裂，皆超將相之尊；魚鴈往來，久約弟兄之契。"宋趙令畤《蝶戀花》詞："廢寢忘餐思想徧。賴有青鸞，不必憑魚雁。"宋王十朋《和昌齡弟見寄》詩："甌越相望數百里，魚雁來往安能常？"《雍熙樂府》卷四載《仙吕宮·村里迓古》："恨不的結成配偶，兩情相愛同心歡暢。誰待教魚鴈傳，枉閑的蜂蝶戲。"晚

清吳梅《風動山·游湖》："與榕江相隔止有百里，魚雁往來，倒也便捷。"

【魚鴈】

同"魚雁"。此體漢代已行用。見該文。

鴻雁

亦作"鴻鴈"。猶魚雁。書信代稱。鴻雁即大雁，會隨季節變化而南來北往。《詩·小雅·鴻鴈》："鴻鴈于飛，肅肅其羽。"毛傳："大曰鴻，小曰鴈。"鄭玄箋："鴻鴈知辟陰陽寒暑。"傳聞漢代蘇武因雁足傳書而獲釋，自匈奴歸漢，由此以"鴻雁"代稱書信。《漢書·蘇武傳》："漢求〔蘇〕武等，匈奴詭言武死。……使者謂單于言：天子射上林中，得鴈，足有係帛書，言武等在某澤中。"唐釋齊己《送人潤州尋兄弟》詩："弟兄新得信，鴻雁久離行。"南唐李璟《浣溪沙》詞："沙上未聞鴻鴈信，竹間時有鷓鴣啼。"《馮伯玉風月相思小説》："憑鴻雁，潛通尺素，盼殺董妖嬈。"

【鴻鴈】

同"鴻雁"。此體漢代已行用。見該文。

家書

亦稱"家信"。給家人寫的書信。此稱始於漢，達於今。晉袁宏《後漢紀·孝帝紀》："明帝初，人有上書言〔班〕固私改史記者，詔收固京兆獄，悉斂家書封上。"《資治通鑑·唐德宗興元元年》："〔朱〕泚使〔李〕晟親近以家書遺晟曰：'公家無恙。'晟怒曰：'爾敢為賊為間！'立斬之。"《醒世恒言·十五貫戲言成巧禍》："魏生起身去解手，那同年偶翻桌上書帖，看見了這封家書。"《儒林外史》第一二回："新任街道廳魏老爺上門請二老爺的安，在京帶有大老爺的家書，説要見二位老爺，有話面

稟。”清沈復《浮生六記·中山記歷》：“是夜修家書，以慰芸之懸繫，而歸心益切。”《躋云樓》第一一回：“〔柳毅〕就修了兩封家書，差了一個的當官員，先往洞庭投書。”清黃燮清《居官鑒·椿訓》：“今日發浙江家信，署中大略情形，自會寫上。”又：“家書權當官箴示，不比尋常囑咐詞。”晚清吳梅《風動山·游湖》：“家中接了家書，老夫人要爺商酌哩。”

【家信】

即家書。此稱明清時期已行用。見該文。

驪駒

亦稱“驪歌”“驪聲”。古代離別時所吟唱之歌。此稱漢代已行用。原爲《詩》逸篇。漢以後道別時人們常吟唱之，因以爲典，至清猶用之。《漢書·儒林傳·王式》：“〔王〕式謂歌吹，諸生曰‘歌《驪駒》’。式曰：‘聞之於師，客歌《驪駒》，主人歌《客毋庸歸》。’”顏師古注：“服虔曰：‘逸《詩》篇名也，見《大戴禮》。客欲去，歌之。’文穎曰：‘其辭云：驪駒在門，僕夫具存；驪駒在路，僕夫整駕也。’”唐韓翃《贈兗州孟都督》詩：“願學平原十日飲，此時不忍歌《驪駒》。”明佚名《鳴鳳記·南北分別》：“愁蘊結，心似裂，孤飛兩處風與雪，腸斷《驪駒》聲慘切。”明阮大鋮《燕子箋·約試》：“鱣堂今已報遷鶯，唱驪聲。”清朱彝尊《送陳上舍還杭州》詩之一：“門外《驪駒》莫便催，紅闌亭子上行杯。”清黃燮清《居官鑒·花頌》：“翻勞你芝蘭贈言，折楊柳驪歌餞。”

【驪歌】

即驪駒。此稱先秦時期已行用。見該文。

【驪聲】

即驪駒。此稱元明時期已行用。見該文。

折柳

送人遠行時折楊柳以贈別之俗。此稱漢代已行用。漢代長安城東有霸橋，送人遠行通常至此止步，并折橋邊楊柳以贈遠行人。自此折柳成送別代稱。《三輔黃圖》：“霸橋在長安東，跨水作橋。”今本《三輔黃圖》卷六此文後原有“漢人送客至此橋，折柳贈別”，孫星衍、莊逵吉認爲“下十一字後人妄加”。此後人究爲漢魏人，抑或南北朝人，不得而知。而唐以後送行折柳，浸成風氣，并常反映在詩詞中。唐李白《春夜洛城聞笛》詩：“此夜曲中聞折柳，何人不起故園情！”唐權德輿《送陸太祝赴湖南幕同用送字》詩：“不憚征路遙，定緣賓禮重。新知折柳贈，舊侶乘籃送。”唐杜牧《汴河懷古》詩：“游人閑起前朝念，折柳孤吟斷殺腸。”宋王十朋《擬賦江南寄梅花》詩：“情深殊折柳，意重勝題柑。”宋楊萬里《己亥正月二日送李伯和提幹歸豫章》詩：“白雲飛處忽心動，不堪折柳還相送。我自爲客仍送君，梅邊雪裏正新春。”明阮大鋮《燕子箋·約試》：“河橋新柳，贈別短長亭。”清黃燮清《居官鑒·花頌》：“翻勞你芝蘭贈言，折楊柳驪歌餞。”

餞行

省稱“餞”，亦稱“餞送”。爲遠行人置酒席送行之禮。古時多在城郭門外，設帳置宴以送別。此稱先秦時期已行用。《集韻·去線》：“餞，《字林》：送去食也。”《詩·大雅·韓奕》：“韓侯出祖，出宿于屠。顯父餞之，清酒百壺。”鄭玄箋：“顯父，周之公卿也，餞送之，故有酒。”明方孝孺《送徐思勉之山東按察司僉事詩序》諉《詩》曰：“《韓奕》《烝民》《崧高》諸篇，皆餞行之辭。”《太平御覽》卷八八引三國魏曹丕《列異傳》：“昔有貞婦，其夫從役，遠赴國難，婦携弱子餞送此山，立望而形化爲石。”晋陶潛《咏二疏》詩：“長揖儲君傅，餞送傾皇朝。”《舊唐書·宣宗紀》：“每山池曲宴，學士詩什屬和；公卿出鎮，亦賦詩餞行。”唐孟浩然《高陽池送朱二》詩：“此地朝來餞行者，翻向此中牧征馬。”宋朱熹《三朝名臣言行録·丞相申國吕正獻公》引《聞見録》：“尹賈公昌衡率温公程伯淳餞於福先寺上東院，……〔程〕顥以詩解之曰：‘二龍閑卧洛波清，此日都門獨餞行。’”《儒林外史》第三五回：“滿朝官員都來餞送，莊徵君都辭了。”

【餞】

“餞行”之省稱。此稱先秦時期已行用。見該文。

【餞送】

即餞行。此稱漢代已行用。見該文。

祖道

省稱“祖”。設帷幕、置酒席，饗客人、祭路神，爲送行之禮。始於先秦，達於清。《左傳·昭公七年》：“公將往，夢襄公祖。”杜預注：“祖，祭道神。”道神曰“軷”。祭後以車輪碾過祭牲，即表示遠行者前程無艱險。《詩·大雅·韓奕》：“韓侯出祖，出宿于屠。”鄭玄箋：“祖，將去而祀軷也。既覲而反國必祖者，尊其所往，去則如始行焉，祖于國外。”《資治通鑑·漢平帝元始三年》：“王莽遣使徵〔嚴〕翮，官屬數百人爲設祖道。”晋陶潛《咏二疏·序》：“即日上疏乞骸骨，宣帝許之。公卿大夫、故人邑子設祖道供帳東都門外，送者車數百兩。”北

魏酈道元《水經注·河水》：“漢又立其前王質子尉屠耆爲王，更名其國爲鄯善。百官祖道横門。”《宋書·范曄傳》：“征北將軍衡陽王義季、右將軍南平王鑠出鎮，上於武帳岡祖道，曄等期以其日爲亂。”又同書《檀道濟傳》：“〔元嘉〕十三年春，將遣道濟還鎮，已下船矣，會上疾動，召入祖道，收付廷尉。”宋劉克莊《爲林先輩與廟堂書》：“當六士之貶，同舍無敢舉幡者，祖道者，鄉人無敢援者。”清朱彝尊《送十一叔游中州》詩二首之一：“天涯方遠客，祖道且深杯。”

【祖】

“祖道”之省稱。此稱先秦時期已行用。見該文。

【祖帳】

即祖道。亦稱“帳餞”。此稱唐代已行用。唐楊炯《祭汾陰公文》：“垂繐帷與祖帳兮，罷歌臺與舞閣。”《舊五代史·梁書·王師範傳》：“會韓建移鎮青州，太祖帳餞於郊。”宋文天祥《贈秘書王監丞》詩：“太子師傅兩疏氏，東門祖帳羅群公。”明梁辰魚《浣紗記·得赦》：“今日是端陽佳節，特具筵宴於前殿之中，更設祖帳於蛇門之外，送子歸鄉，願他日毋相忘也。”明于慎行《送少傅陳相公致仕還蜀二》詩二首之一：“祖帳一時傳道路，車塵到處走兒童。”《明史·王章傳》：“王章字漢臣，武進人。崇禎元年進士，授諸暨知縣。少孤，母訓之嚴。及爲令，祖帳歸，少暮，母訶跪予杖，曰：‘朝廷以百里授酒人乎！’章伏地不敢仰視。”清陳鼎《東林列傳·劉一燝傳》：“抗疏求去，十二上乃得歸，加少師廕璽丞。一燝疏曰：‘以擊楫枕戈之日，侈東門祖帳之榮，他日史册書廣寧

失陷、有加官廢子以行者，臣節掃地矣。'"《清史稿·禮志九》："康熙十三年，命將分出湖廣、四川。禮畢，駕出長安右門送行。出征王率各官行至陳兵所，禮部設祖帳，光祿寺備茶酒，內大臣等奉引謝恩。"清蒲松齡《聊齋志異·聶小倩》："迨營謀既就，趣裝欲歸，燕生設祖帳，情義殷渥。"

【帳餞】

即祖帳。此稱唐宋時期已行用。見該文。

排當

亦稱"排檔"。皇家宴席，多在宮中舉行。此稱宋代已行用。然元明以後，民間宴席亦藉用此稱，尤其明以後還訛稱作"排檔"，則專指大眾普通宴席了。"排檔"一名至今沿用，已與古時初意相去甚遠。初蓋宮中宴席食器食物排列繁複，飲食儀式亦多，故稱。宋周密《武林舊事·賞花》："大內宴賞，初坐，再坐，插食盤架者，謂之'排當'。否則但謂之'進酒'。"《宋史·禮志二十二》："宴日，契丹使副以下服所賜，承受引赴長春殿門外，并侍宴臣僚宰執親王樞密使以下祇候，俟長春殿諸司排當有備，閤門使附入內都知奏班齊。"《宋史·王伯大傳》："排當之聲，時有流聞。"元劉一清《錢塘遺事·排當》："宮中飲宴名'排當'。理宗朝排當之禮多內侍自爲之，一有排當，則必有私事密啓，度宗因之。故咸淳丙寅，給事陳宗禮有曰：'內侍用心，非借排當以規羨餘，則假秩筵以奉殷勤。不知聚幾州汗血之勞，而供一夕笙歌之費。'此說可想矣。有詩云：'花甎緩步退朝衙，排當今朝早賞花。'"亦見當時排當之奢侈。皇帝甚至微服出宮，在外暗赴"排當"。《宋史·曹輔傳》："政和後，帝多微行，乘小轎子，

數內臣導從置行幸局。局中以帝出日，謂之'有排當'。"至清代，帝筵猶稱之。弘曆御製詩《上元燈詞》："排當總要呈新巧，長此安窮語可思。"元以後民間宴席亦稱排當，見元陶宗儀《南村輟耕錄·四司六局》："俗稱四司六局者，多不能舉其目。《古杭夢游錄》云：官府貴家置四司六局，各有所掌。故筵席排當，凡事整齊，都下街市亦有之。"明袁宏道《觴政·五之遇》亦云："飲有五合，有十乖。……日炙風燥，一乖也；神情索莫，二乖也；特地排檔，飲戶不暢，三乖也……"今街市大眾化之餐館猶有稱"排檔""大排檔"者，實古風之遺。

【排檔】

即排當。爲俗稱。此稱明代已行用。見該文。

投壺

宴請賓客時的一種游戲。此稱先秦時期已行用。此爲隔一定距離向銅壺投擲箭矢的游戲，通常一局投三矢，入壺多者勝。多在宴賓開宴前進行，成爲愉悅賓客的禮儀。壺中往往盛豆，使矢在投入壺時不至於彈出。漢劉歆《西京雜記》云："武帝時郭舍人善投壺，以竹爲矢，不用棘也。古之投壺取中而不求還，故實小豆，惡其矢躍而出也。"後抑或不盛豆，有意讓箭入壺中又彈出，投者迅速接住再往裏投，從而更增娛樂氣氛。此禮始於周，達於明代。清以後漸消失。《禮記》有專篇曰《投壺》，其中謂："投壺之禮，主人奉矢，司射奉中，使人執壺。主人請曰：某有枉矢哨壺，請以樂賓。"而賓客會請辭，謂既獲賜"旨酒嘉肴，又重以樂，敢辭"。主人固請再三。賓最後以"固辭不得命，敢不敬從"。投壺禮畢，始就筵。《禮記·投壺》鄭玄《目錄》注："投壺者，主人與客燕飲，講

論才藝之禮也。"《儀禮·鄉射禮》"賓對曰：'某不能，爲二三子。'許諾"賈公彥疏："投壺禮，賓固辭乃許者，彼因燕而爲之再辭乃許。"此禮在先秦外交禮儀中或成爲鬥争手段。《左傳·昭公十二年》："晋侯以齊侯宴，中行穆子相。投壺，晋侯先。穆子曰：'有酒如淮，有肉如坻。寡君中此，爲諸侯師。'中之。齊侯舉矢，曰：'有酒如澠，有肉如陵。寡人中此，與君代興。'亦中之。伯瑕謂穆子曰：'子失辭。吾固師諸侯矣，壺何爲焉，其以中儁也？齊君弱吾君，歸弗來矣！'穆子曰：'吾軍帥强禦，卒乘競勸，今猶古也，齊將何事？'公孫傁趨進曰：'日旰君勤，可以出矣！'以齊侯出。"宋吕祖謙《左氏傳續説·昭公》釋投壺："投壺與射，皆是樂賓。以二者論之，投壺禮簡，射又大於投壺。古人宴時有此禮。《禮記》與《左傳》不同，記主人先讓賓，《左傳》晋侯是伯主，所以先之。此制固不同。"後世雖存此禮，然多轉而成爲一般性娱樂，甚至作爲賭博手段，不復有先秦禮儀之重了。《北史·百濟傳》："有鼓角、箜篌、箏竽、篪笛之樂，投壺、樗蒲、弄珠、握槊等雜戲。"此可見周邊國家亦傳此俗。《舊唐書·裴寬傳》："寬通略，以文詞進，騎射、彈棋、投壺特妙。"唐羅虬《比紅兒詩》其一："五雲高捧紫金堂，花下投壺侍玉皇。"唐王建《宫詞》其一："分明閒坐賭櫻桃，收却投壺玉腕勞。各把沈香雙陸子，局中鬮纍阿誰高。"宋蘇軾《送將官梁左藏赴莫州》："葛巾羽扇紅塵静，投壺雅歌清燕閒。"明羅欽順《臨清堂記》："君遂出酒觴，余雅歌投壺，樂飲無算。"明劉麟《崇雅社約·儀節》："酒再行，或投壺，或聯句，或鳴琴、熱香、觀書、啜茗，不拘不

肆，劇談盡歡。"此皆可見其主要爲一種優雅的游戲。

高壺

古人宴請賓客時舉行投壺禮所用之大壺。一般爲銅壺，後亦用玉壺。投高壺之禮有娱樂賓客用意。此稱先秦時期已行用。《淮南子·兵略訓》："敦六博，投高壺。"宋蔡襄《衡州國博啓》："□□露冕之餘，無廢高壺之樂。"萬曆本《金瓶梅詞話》第七回："四面挂名人山水，大理石屏風安著兩座投箭高壺。"又第七二回："西門慶便一聲兒没言語。抬過高壺來，只顧投壺飲酒，四個小優兒在傍彈唱。"明胡文學編《甬上耆舊詩》卷二一録沈嘉則《浴鳧池館觀朱邦憲唐子才投高壺歌呈趙太僕時章》，述投高壺之樂："高館澄波沉緑雨，唐生選勝邀賓處。……堂中玉壺高丈許，兩雄對壘誇長技。矢聲落鼓春漏遲，酒滿玻璃寒玉乳。鏗鏘迸地墜流星，貫耳穿心驚復喜。負徒就飲攦長纓，飢蛟注海吞無聲。勝者張旗鼓餘勇，把箭似欲摧長城……出門賓主俱大醉，太僕先還碧玉蹄。"

東道主

亦稱"東道主人"。原意爲東方道路上的主人，後指接待、資助、宴請客人的主人。此稱先秦時期已行用。公元前630年，秦晋圍鄭，鄭勸秦退兵，認爲秦、鄭邊上有晋國，滅鄭，利於晋而對秦無益。鄭在秦東方，秦不如讓鄭作爲"東道主"，秦國往來有事，鄭都將像主人一樣予以協助。秦遂解圍而去。《左傳·僖公三十年》："若舍鄭以爲東道主，行李之往來，共其乏困，君亦無所害。"後世援用"東道主"一稱，并引申爲待客之主人。《陳書·魯廣達

傳》："王僧辯之討侯景也，廣達出境候接，資奉軍儲。僧辯謂沈炯曰：'魯晉州亦是王師東道主人。'"《周書‧文帝紀》："然〔高〕歡入洛之始，本有姦謀，令親人蔡儁作牧河、濟，厚相恩贍，以爲東道主人。"宋程師孟《秦少游題郡中蓬萊閣次其韵》："我是蓬萊東道主，倚欄長占日初明。"宋周必大《玉堂雜記》卷下："是秋開講，鄭主席，謂予亦院官，當與其事。予但簽書招客之目，而以不兼講讀不赴坐。時胡邦衡銓以工侍兼侍講，坐中賦罩字韵詩，見及予次其韵，有云'寓直敢同東道主'，蓋謂是也。"明清以後，又由此而稱請客爲"做東"（或"作東"），還席宴請爲"還東"。《儒林外史》第一四回："當下鎖了樓門，同差人到酒店裏，馬二先生做東，大盤大碗請差人吃着，商議此事。"《風柳情》第一八回："陸書道：'實是兄弟昏了，今日罰兄弟做東。'"《蜃樓志》第一六回："這七月廿四日是他生辰，因在制中，並未驚動戚友，惟與惠若、小霞、阿珠、阿美輪流作東。"《紅樓夢》第六三回："忽見平兒笑嘻嘻的走來，說：'我親自來請昨日在席的人，今日我還東，短一個也使不得。'"又："今兒他還席，必自來請你，你等着罷。"

【東道主人】

即東道主。此稱先秦時期已行用。見該文。

上坐

亦作"上座"，亦稱"首坐""上首""上席"。宴席上的尊位。通常爲靠着廳堂主壁、與大門相對的位置。此稱漢代已行用。先秦已有首坐（上位）和下位之別。《儀禮‧大射儀》："小臣師執中，先首坐設之，東面退。"鄭玄注："小臣師退反東堂下位。"《史記‧酈生陸賈列傳》："酈生曰：'必聚徒合義誅無道秦，不宜倨見長者。'於是沛公輟洗，起攝衣，延酈生上坐，謝之。"又同書《淮陰侯列傳》："〔韓〕信拜禮畢，上坐。"漢蔡邕《獨斷》卷上："上者，尊位所在也。"《漢書‧高帝紀上》："呂公者好相人，見高祖狀貌，因重敬之，引入坐上坐。"顏師古注："上坐，尊處也。令於尊處坐。"《後漢書‧張綱傳》："〔張綱〕徑造〔張〕嬰壘以慰安之，求得與長老相見，申示國恩。嬰初大驚，既見綱誠信，乃出拜謁。綱延置上坐，問所疾苦。"《金史‧毛碩傳》："有書生投書於〔毛〕碩，辭涉謗訕，僚屬皆不能堪。碩延之上座，謝曰：'使碩常聞斯言，庶乎寡過。'"宋羅大經《鶴林玉露》卷一○："縣令命〔馮京〕作《偷狗賦》，援筆立成，警聯云：'團飯引來，喜掉續貂之尾；索綯牽去，驚回顧兔之頭。'令擊節釋之，延之上座。"《醒世恒言‧賣油郎獨佔花魁》："朱重方才認得是丈人、丈母，請他上坐，夫妻二人，重新拜見。"《鏡花緣》第六九回："〔寶雲〕帶着六個妹子上來讓史幽探首坐。幽探連連搖手道：'……比我年長的，就是我的姐姐，自然該他上坐。'"《紅樓夢》第六五回："至次日，二姐兒另備了酒，賈璉也不出門，至午間，特請他妹妹過來和他母親上坐。"老舍《四世同堂》四八："祁老人的必定讓客人坐上座，祁老人的一會兒一讓茶，祁老人的謙恭與繁瑣，都使富善先生滿意。"明清時期亦有稱"上席""上首"者。明黃綰《陽明先生行狀》："初見〔江〕彬輩，皆設席于傍，令公坐。公乃佯爲不知，遂坐上席，轉傍席于下以坐彬輩。彬輩唧之。"《儒林外史》第二回："〔夏總甲〕走進門來，和衆人拱一拱手，一屁股就坐在上席。”又第二六回：“孫家老太太，戴着鳳冠，穿着霞帔，把我奉在上席正中間，臉朝下坐了。”《紅樓夢》第六四回：“賈璉仍將上首讓與二姐兒，説了幾句見面情兒。”

【上座】

同“上坐”。此體宋金時期已行用。見該文。

【首坐】

即上坐。此稱明清時期已行用。見該文。

【上席】

即上坐。此稱明清時期已行用。見該文。

【上首】

即上坐。此稱明清時期已行用。見該文。

菜單

餐館用於客人點菜的單子，上有菜名及價目等信息。此稱清代已行用。清孫家振《海上繁華夢（初集）》第三回：“幼安固却不從，錦衣一手拉住，那裏肯放？只得一同進內。冶之起身相迎，定要送菜單過來點菜。”《文明小史》第八回：“西崽呈上菜單，主人請他點菜，他肚子裏一樣菜都没有，仍舊託主人替他點了一湯四菜。”

酒令

酒席上的一種助興游戲。通常是席間出一題目，衆人依題輪流説詩詞或其他聯語，抑或做其他形式的類似競賽的遊戲。推一人爲令官，違令而負者罰酒。此稱漢代已行用。漢荀悦《前漢紀·高后紀》：“朱虚侯章怒吕氏專權，侍宴，高后令章爲酒令。章自請曰：‘臣將種也，請以軍法行酒令。’后可之。酒酣，章進起舞，曰：‘請爲太后作歸田之歌。’”《資治通鑑·唐太宗貞觀二十二年》：“會與諸武臣宴，宫中行酒令，使各言小名。君羨自言名‘五娘’，上愕

然。”又同書《唐武宗會昌四年》：“上聞揚州倡女善爲酒令，敕淮南監軍選十七人獻之。”宋劉克莊《書第二考》詩：“兵去未妨行酒令，印收不礙掌詩權。”《鏡花緣》第七八回：“妹子還有一個愚見：少刻坐了，斷無啞酒之理，少不得行個酒令方覺有趣。”京劇《打漁殺家》第二場：“你犯了我們的酒令了，罰你三杯！”

宴　席
（清刊本《今古奇觀·沈小霞相會出師表》插圖）

酒籌

行酒令時罰飲酒的計數籌。多用細竹木條爲之。此稱魏晋時期已行用。晋嵇含《南方草木狀》卷下：“越王竹，根生石上，若細荻，高尺餘，南海有之。南人愛其青色，用爲酒籌。”唐段公路《北户録·越王竹》亦載此物：“嚴州産越王竹，根於石上，狀若荻枝，高尺餘，土人加其色，用代酒籌。”唐白居易《同李十一醉憶元九》詩：“花時同醉破春愁，醉折花枝當酒籌。”清于敏中《日下舊聞考》卷九八引《明水軒日紀》：“原萬曆己未夏，予與崑山顧錫疇

（九疇）、華亭董象恒（臣棻）過極樂寺。柳陰結軌，命酒賦詩。予詩有'連空碧草皆游幕，到處垂楊作酒籌'之句。"明末清初彭孫貽《青樓曲》二首之一："急管繁弦代酒籌，酒酣頻整玉搔頭。"清高士奇《松亭行紀》卷下："是日，御製《塞上宴諸藩》詩。敬錄於左：'龍沙張宴塞云收，帳外連營散酒籌。'"《鏡花緣》第八四回："如今妹子意欲借此把這《真經》對衆敬誦一遍，普席都以句之落處飲酒。假如'敬天地'，順數第三位即架一籌，周而復始。念完之後，以面前酒籌多寡，照數飲酒。"又："命丫鬟取了一副酒籌，一面念着，一面散籌。不多時，把《真經》念完。衆丫鬟七手八脚，都在各度查看衆人面前酒籌，照數斟酒。"

牙籤

亦稱"牙杖""剔牙杖"。用以剔除牙縫間所塞食物的竹質或木質小細棒。其一端或兩端爲尖形。始於明，達於今。明楊基《端陽十咏·鬬草》："珠玉賭牙籤，争奇手自拈。一籌矜獨勝，袖有謝公髯。"《鏡花緣》第八四回："〔紫芝〕把牙杖接過。閔蘭蓀張口仰首，紫芝朝裏望一望道：'姐姐，你的牙縫甚寬，塞的東西甚大，你拿這根小小牙籤去剔，豈非大海撈針麽？'"亦有用金屬材質製者。《負曝閑談》第二九回："尹仁看見胡麗井鈕扣上挂着赤金剔牙杖，手上套着金珀班指。"

【牙杖】

即牙籤。此稱明代已行用。見該文。

【剔牙杖】

即牙籤。此稱明代已行用。見該文。

楊枝

用以清潔牙齒的楊樹細枝條。佛教有以嚼楊枝清潔牙齒之儀。本爲天竺之法，隨佛教傳入中國。此稱三國時期已行用。這應是後世用牙籤剔牙之先聲。三國吳優婆塞支謙譯《佛說菩薩本業經》："手執楊枝，當願衆生，學以法句，擿去諸垢，澡漱口齒。"前秦鳩摩羅什譯《大莊嚴論經》卷一〇："有一比丘詣檀越家。時彼檀越既嚼楊枝以用漱口，又取牛黃用塗其額。"晉佛馱跋陀羅譯《大方廣佛華嚴經》卷六："晨嚼楊枝，當願衆生，得調伏牙，噬諸煩惱。"

分子

亦作"份子"。衆人爲做某事而共同出的錢物，尤指爲賀喜或弔喪而多人合在一起送的禮。此稱明代已行用。明陸人龍《丹忠錄》第三〇回："況近來風習，不差奔兢，窮儒哪得去厚禮拜門生，厚鈔應份子，做屏做軸，也央分上。"《紅樓夢》第六二回："今日一天不放平兒出去，我們也大家凑了分子過生日呢。"又："今日是平姑娘的好日子，外頭預備的是上頭的，這如今我們私下又凑了分子，單爲平姑娘預備兩桌請他。"《儒林外史》第二回："但你們說了一場，我也少不得搭個分子，任憑你們那一位做頭。"又第二七回："搬家那日，倆邊鄰居都送着盒，歸姑爺也來行人情，出分子。"《二十年目睹之怪現狀》第五回："莫非是哪一位同寅的喜事壽日，大家要送戲？若是如此，我總認一個份子，戲是不必點的。"今衹稱"份子"。

【份子】

同"分子"。此體清代已行用。見該文。

面子

亦稱"面目""顏面""面皮""臉面"。給人帶來愉悦的面表風光，或指可以影響人言行的某種特別關係。此稱明代已行用。爲博取他人敬重和贊揚，滿足自己虛榮心而做某事，稱"好面子"；因某方面事情廣受人們贊賞，稱"有面子"；礙於人與人的關係而違背規則，做出某事以滿足彼或此所提要求，稱"給面子"。面子與虛榮心有關，往往是爲使世人羡慕而爲之；也與人際關係有關，爲人情世故而不得不爲之。按，此爲人之常情，故其習遠古即有之，沿襲至今。初稱"面目""顏面"，本指人的臉部、臉色，引申作臉色對外界的反應。後世所言無顏見江東父老、無面目相見，等等，即與面子有關。《史記·項羽本紀》：項羽兵敗，曰："籍與江東子弟八千人渡江而西，今無一人還，縱江東父兄憐而王我，我何面目見之！"《晋書·劉聰載記》載，趙染與索綝對壘，輕敵。長史魯徽勸其按兵不動，見機行事，染不聽，執意出戰，大敗。"染歸，悔曰：'吾不用魯徽之言，以至於此，何面見之？'於是斬徽。徽臨刑謂染曰：'將軍……誅戮忠良以逞愚忿，亦何顏面瞬息世間哉！'"此皆爲無面子、丢面子之事。可知"面目""顏面"之稱使用較早，并沿用至後世。《舊唐書·長孫無忌傳》："帝曰：'又聞所在官司，猶自多有顏面。'無忌曰：'顏面阿私，自古不免。然聖化所漸，人皆向公。至於肆情曲法，實謂必無此事。小小收取人情，恐陛下尚亦不免，況臣下私其親戚，豈敢頓言絶無？'"長孫無忌所言，正是礙於面子而曲法

的情形。宋熊方《補後漢書年表》："唐劉子元言，作史有五不可，曰史局深籍禁門，所以杜顏面，防請謁……"然"面子""面皮""臉面"諸稱，始行於明代，至今沿用。《水滸傳》第八回："柴進説這話，原來只怕林冲礙柴進的面皮，不肯使出本事來。"《儒林外史》第二四回："而今看見你在人家招了親，留你個臉面，不好就説，你倒回出這樣話來！"《紅樓夢》第六五回："如今闔家大小，除了老太太、太太兩個，沒有不恨他的，只不過面子情兒怕他。"又第七二回："倘或老太太知道了，倒把我這幾年的臉面都丢了！"《香閨秘史》第二回："非是我做嫂嫂的不存顏面，因見你一表非俗，將來必然發達，意欲結納於未遇之先。"《官場現形記》第六回："王協臺原本因他是武鼎甲出身，撫院不給他面子，免他步射，一時火性發作，有意五支不中。"《糊塗世界》第一回："既然説是裏面已説通了，要我做面子，我亦何樂不爲？"

【面目】

即面子。此稱先秦時期已行用。見該文。

【顏面】

即面子。此稱晋代已行用。見該文。

【面皮】

即面子。此稱明代已行用。見該文。

【臉面】

即面子。此稱明代已行用。見該文。

第三章　歲時說

第一節　春俗考

春季爲四時之首。宋人吳自牧《夢粱録·正月》云："正月朔日，謂之旦，俗呼爲新年。一歲節序，此爲之首。"萬物萌生，色彩繽紛，人們喜迎新年到來。

新年與上一年歲末的年俗緊密相聯，爆竹聲中迎新春。爆竹源於"庭燎"，最初以火燒竹，畢剥有聲，用以驅邪除妖。至宋代，火藥發明，人們開始以紙張密裹火藥，接以引綫，點燃引爆，爆竹遂發展成"爆仗"。與爆竹燃放相伴，是放焰火，亦極烘托節日的喜慶氣氛。同樣，爲求吉祥，辟邪驅祟，門首還貼門神，挂葦索，門窗貼吊箋，家中貼年畫，無不體現着過年的氣氛。除了這樣的環境與氛圍，人們在過年時的重要活動之一，就是拜年。家家户户，相互拜年，互祝吉祥。正如明代陸容《菽園雜記》卷五所記："京師元日後，上自朝官，下至市人，往來交錯道路者連日，謂之拜年。"明清時期拜年的舉措之一，是到各家各户投名片。文徵明有《拜年》詩咏其俗："不求見面惟通謁，名紙朝來滿敝廬。我亦隨人投數紙，世情嫌簡不嫌虛。"正月十五的元宵節，是過年期間最後的一個活動高潮。這一天人們吃元宵，猜謎語，觀焰火，看花燈。明代湯顯祖《紫釵記·許放觀燈》對燈節的描述，可見其熱鬧之一斑："今夕上元佳節，月淡風和。蒙聖上宣旨，分付士民通宵遊賞。正是金吾不禁夜，玉漏莫相催。"鰲山燈杆、火樹銀花，這是元宵節最突出的景觀。舞獅子、耍龍燈、跑旱船、踩高蹺、打腰鼓、扭秧歌、土臺戲，張燈結彩，精彩紛呈，煞是熱鬧。

二月初爲宴饗賦詩、互贈瓜果、樂舞百戲、出游勸農的中和節。唐德宗因二月無節日而設此節。《新唐書·李泌傳》説，德宗按李泌建議，確定："廢正月晦，以二月朔爲中和節，因賜大臣戚里尺，謂之裁度。民間以青囊盛百穀瓜果種相問遺，號爲獻生子。里閭釀宜春酒，以祭勾芒神，祈豐年。百官進農書，以示務本。"於是在唐代，上巳、中和、重九成爲一年中三个重要的時令節日。明清以來，中和節又演化爲"二月二，龍抬頭"節日，每届此時，人們要外出"走百病"。與中和節祈求豐年的希望有關，春天還有其他勸農舉措。如立春，皇帝要舉行藉田禮，以示重農。朝野又有鞭打春牛之禮，明劉侗、于奕正《帝京景物略·春場》："立春候，府縣官吏具公服，禮勾芒，各以綵杖鞭牛者三，勸耕也。"此禮流行逾千年。此外，還流行迎春、咬春習俗，食五辛盤，互贈食品。元代陳元靚《歲時廣記》卷八引《皇朝歲時雜記》曰："立春前一日，大内出春盤并酒，以賜近臣，盤中生菜，染蘿蔔爲之，裝飾置奩中，烹豚、白熟餅、大環餅，比人家散子，其大十倍。民間亦以春盤相饋。"可謂貴戚與民衆同樂。

三月三日是上巳節，此時春暖花開，大地披翠，是人們到郊野踏青賞花的時節。從周代開始，世人在此時會到水邊活動，祈求祛邪除災。《周禮·春官·女巫》"女巫掌歲時祓除釁浴"鄭玄注："歲時祓除，如今三月上巳如水上之類。釁浴，謂以香薰草藥沐浴。"魏晉以後，文人墨客在這一節日裏舉行流觴曲水活動，尤其是晋永和九年（353）會稽蘭亭的雅集，留下王羲之一篇千古絕唱《蘭亭集序》，使得這一節俗更加長盛不衰。宋張耒《和周廉彥》詩咏修禊與踏青："修禊洛濱期一醉，天津春浪綠浮堤。"

三月又有清明節，古人還在這時候過寒食節。人們爲紀念介子推而在此時不吃熱食，北魏賈思勰《齊民要求·煮醴酪》云："介子推抱樹而死，百姓哀之，忌日爲之斷火，煮醴而食，名曰寒食。"寒食與清明二節相近，故古時亦往往將二者相重合。唐張説《奉和聖製寒食作應制》詩："寒食春過半，花穠鳥復嬌。從來禁火日，會接清明朝。"清明時節，人們上墳掃墓，祭祀先人。又因時值春光美好，在郊野猶如春游，故此時又成爲踏青賞花的好時節。宋曾鞏《出郊》詩："家家賣酒清明近，紅白花開一兩枝。"宋程顥《郊行即事》詩："況是清明好天氣，不妨遊衍莫忘歸。"道盡春游之趣。

總之，春季節日多，反映了國人對當下的關注和對未來的期盼。

元旦

亦稱"元日""上日""元旦""正旦"。新年第一天。此稱明代已行用。古人指農曆第一天，亦即農曆大年初一。民國以後采用公曆，遂將公曆一月一日稱"元旦"，而農曆大年初一則稱"春節"。此俗始於先秦，達於今。"元"即首，第一之意，故一月亦稱元月，一日稱元旦、元日。此俗最早見於《書·舜典》："月正元日，舜格于文祖。"孔傳："月正，正月；元日，上日也。"可知到漢代亦稱"上日"。自古以來，朝野都十分重視這一天。從朝廷而言，此日有兩項重要活動。一是君主要祭天祈穀。《禮記·月令》："〔孟春之月〕天子乃以元日，祈穀於上帝。"鄭玄注："謂以上辛郊祭天也。"《呂氏春秋·仲春》："擇元日，命人社。"二是各地諸侯要前來朝賀。《文選·張衡〈東京賦〉》："於是孟春元日，群后旁戾。"薛綜注："言諸侯正月一日從四方而至。"民間亦重元日，并形成種種禮俗。《初學記》卷四引崔寔《四民月令》曰："正月一日是謂正日，潔祀祖禰，進酒降神。"又引隋杜臺卿《玉燭寶典》曰："正月爲端月。其一日爲元日（元者，善之長也。先王體元以居正。又元者，原也，始也，一也，首也）。亦云上日，亦云正朝。"宋王得臣《麈史·占驗》："江湖間人，常於歲除汲江水秤，與元日又秤，重則大水。"明謝肇淛《五雜俎·天部二》："元旦，古人有畫鷄、懸葦、酌椒柏、服桃湯、食膠餳、折松枝之儀，今俱

不傳矣。惟有換桃符及神荼、鬱壘爾。"明戴羲《養餘月令》卷一："元旦，迎祀竈神，釘桃符。"清昭連《嘯亭雜録·李恭勤公》："元日俗例，上司屬員雖不接見，亦必肩輿到門。"《清史稿·禮志七》："冬至宴，順治間制定如元旦儀，後往往停罷。"《風柳情》第二八回："新正元旦午後，賈銘就到了鳳林家裏。"因元旦爲正月之始，故亦稱"元正"。晋傅玄《朝會賦》："考夏后之遺訓，綜殷周之典制，采秦漢之舊儀，肇元正之嘉會。"《舊唐書·禮儀志四》："自至德二載收兩京，唯元正含元殿受朝賀，設宮懸之樂。"宋楊無咎《望江南·張節使生辰》："鍾陵好，佳節慶元正。瑞色潛將春共到，臺星遥映月初升。"宋周密《武林舊事·人使到闕》："元正朝賀禮畢，遣大臣就驛賜御筵，中使傳宣勸酒九行。"《元史·刑法志二》："諸流囚居役，非遇元正、寒食、重午等節，並勿給假。"《清史稿·禮志七》："元會宴，凡元正朝會，歲有常經，遇萬壽正慶，或十年國慶，特行宴禮。"又稱"正旦"。《列子·説符》："邯鄲之民，以正月之旦，獻鳩於簡子，簡子大悦，厚賞之。客問其故，簡子曰：'正旦放生，示有恩也。'"《後漢書·黨錮傳·陳翔》："時正旦朝賀，大將軍梁冀威儀不整。"《晋書·劉聰載記》："正旦，〔劉〕聰宴於光極前殿，逼〔晋懷〕帝行酒。"唐元稹《酬復言》詩："苦思正旦酬白雪，閑觀風色動青旗。"《宋史·后妃傳上·章獻明肅劉皇后》："天聖五年正旦，太后御會慶殿。群臣

及契丹使者班廷中，帝再拜跪上壽。"宋樓鑰《攻媿集·内制》載《金國賀正旦使人赴闕口宣盱眙軍傳宣撫問賜御筵》："有敕：卿等遠將聘禮來賀歲元，既加壹勞之勤，首示肆筵之渥。其祇眷意，益謹賓儀。"《金史·章宗紀》："〔大定二十九年十二月〕甲寅，宋、高麗、夏遣使來賀正旦。"《明史·彭韶傳》："正旦者，歲事之始。"

【元日】

即元旦。此稱先秦時期已行用。見該文。

【上日】

即元旦。此稱隋代已行用。見該文。

【元正】

即元旦。此稱晋代已行用。見該文。

【正旦】

即元旦。此稱先秦時期已行用。見該文。

新年

亦稱"新正"。正月年節。一般爲初一開始後的十五到二十天。此稱南北朝時期已行用。北周庾信《春賦》："新年鳥聲千種囀，二月楊花滿路飛。"唐以後亦稱"新正"。唐孟浩然《歲除夜會樂成張少府宅》詩："舊曲梅花唱，新正柏酒樽。"宋陸游《壬子除夕》詩："老逢新正幸強健，却視徂歲何峥嶸。"《張生彩鸞燈傳》："倏忽間鳥飛電走，又換新正。"在年節期間官員有假。唐白居易《歲假内命酒贈周判官蕭協律》詩："共知欲老流年急，且喜新正假日頻。"逢年相互拜賀祝福。唐薛逢《元日田家》詩："相逢但祝新正壽，對舉那愁暮景催。"《儒林外史》第二回："想這新年大節，老爺衙門裏，三班六房，那一位不送帖子來。我怎好不去賀節？"過年通常要穿新衣。唐白居易《繡

婦嘆》詩："連枝花樣繡羅襦，本擬新年餉小姑。"新年期間有觀花燈習俗。明沈德符《萬曆野獲編補遺·畿輔·元夕放燈》："每年終，禮部援引前例請旨，許來年新正，民間放燈，凡十晝夜。"亦有稱元旦爲新年者。宋吴自牧《夢粱錄·正月》："正月朔日，謂之旦，俗呼爲新年。一歲節序，此爲之首。"宋陸游《歲未盡前數日偶題長句》詩五首之一："漸近新年日愈長，不辭扶病舉椒觴。"明清以後一直沿襲。《平山冷燕》第二回："因歲暮，就在家過了年，新正方起身上任。"清王士禛《池北偶談·談藝三·御畫牛》："戊申新正五日，過宋牧仲慈仁寺僧舍，恭睹世祖皇帝畫渡水牛。"《蜃樓志》第六回："李匠山會集東家説明，即日解館，並新正回家，不能再留之故。"《文明小史》第一五回："轉眼間早過了新年初五，兄弟三人又接到姚老夫子的信，問他們幾時動身。"民國以後，因使用公曆紀年，"新年"亦指"新的一年"，如《人民日報》1962年1月1日發表社論《新年獻詞》，即非爲農曆正月初一的獻詞。

【新正】

即新年。此稱唐代已行用。見該文。

社日

祭祀社神（即后土）的日子。有春社和秋社之分。此稱先秦時期已行用。按漢鄭玄注《禮記·郊特牲》"社，祭土而主陰氣"所説"國中之神，莫貴于社"，則社日是個極其重要的日子。周代社日在一年之始。《禮記·月令》"擇元日，命民社"鄭玄注："社，后土也。使民祀焉，神其農業也。祀社日用甲。"但後代社日的日期并不統一。清顧炎武《日知録·社日用甲》謂："漢用午，魏用未，晋用酉，各因其

行運。"唐代長壽元年（692）始增設秋社。《舊唐書·則天皇后紀》："改元爲長壽。改用九月爲社，大酺七日。"玄宗開元十八年（730）又下詔，移社日就千秋節（農曆八月五日）。宋以後沿襲唐俗，春社、秋社并舉。宋陳元靚《歲時廣記》卷一四："《統天萬年曆》曰：'立春後五戊爲春社，立秋後五戊爲秋社。'……國朝乃以五戊爲定法。"每至社日，朝野皆行祭祀土地神、農業神之禮。《三國志·魏書·王脩傳》："母以社日亡，來歲鄰里社，脩感念母，哀甚。鄰里聞之，爲之罷社。"晋潘尼《皇太子社詩》："孟月涉初旬，吉日惟上酉。"南朝梁宗懍《荊楚歲時記》："社日，四鄰並結綜會社，宰牲牢，爲屋於樹下，先祭神，然後餉其胙。"宋胡繼宗《書言故事·酉集·社日》："《提要録》：社公社母，不食舊水。故社日以有雨謂社翁雨。"宋魏泰《東軒筆録》卷六："京師春秋社祭，多差兩制攝事。"宋以後還成爲迎來送往的節日。宋孟元老《東京夢華録·秋社》："八月秋社。各以社糕、社酒相賚送。貴戚宮院以豬羊肉、腰子、奶房、鴨餅、瓜薑之屬，切作棋子片樣，滋味調和，鋪於飯上，謂之社飯，請客供養。人家婦女皆歸外家。晚歸，即外公、姨、舅皆以新葫蘆兒、棗兒爲遺，俗云'宜良外甥'。市學先生預斂諸生錢作社會，以致雇倩祇應、白席、歌唱之人。歸時各携花籃、果實、食物、社糕而散。春社、重午、重九，亦是如此。"清代以後除了依舊祀神祈之外，社日還成爲演戲娛樂的日子。清嘉慶二十二年（1817）《湘潭縣志》："春社，農夫或屆日下種，名'社種'；是日雨，謂之'社公雨'。"1949年後不復有此俗。

剛卯

漢代用以辟邪的佩飾。此稱漢代已行用。新莽一度廢止，東漢又復。其物爲四方體，漢制高三寸，四面各寬一寸，其上刻有咒辭吉語，中軸有孔，穿以絲或革帶，以便佩戴。其材料有金、玉或桃木等多種。因其象徵剛強，且於正月卯日製成，故名。"卯"者，"劉"之首，以示尊崇國姓。《漢書·王莽傳中》："今百姓咸言，皇天革漢而立新，廢劉而興王。夫'劉'之爲字，'卯金刀'也。正月剛卯、金刀之利，皆不得行。"顏師古注曰："服虔曰：'剛卯，以正月卯日作，佩之。長三寸，廣一寸，四方。或用玉，或用金，或用桃，著革帶佩之。今有玉在者，銘其一面曰：正月剛卯。金刀，莽所鑄之錢也。'晋灼曰：'剛卯，長一寸，廣五分，四方。當中央從穿作孔，以采絲茸其底，如冠纓頭蕤，刻其上面，作兩行書。文曰：正月剛卯既央，靈殳四方，赤青白黃，四色是當。帝令祝融，以教夔龍，庶疫剛癉，莫我敢當。其一銘曰：疾日嚴卯，帝令夔化，順爾固伏，化茲靈殳。既正既直，既觚既方，庶疫剛癉，莫我敢當。'師古曰：今往往有土中得玉剛卯者，案大小及文，服說是也。"按，今世出土之剛

剛　卯
（湖北荊州鳳凰臺一號漢墓出土）

卯，大小多如服説；但其銘文却并非一面，亦有如晋説之四面者。又稱"卯金"。《後漢書·禮儀志中》："周人木德，以桃爲更，言氣相更也。漢兼用之，故以五月五日朱索、五色印爲門户飾。"南朝梁劉昭注："桃印，本漢制，所以輔卯金。"後世時有出土。宋馬永卿《嬾真子》卷三："僕仕於關中，於士人王（愻）君求家見一古物，似玉，長短廣狹正如中指，上有四字非篆非隸。上二字乃'正月'字也，下二字不可認。問之君求，云：'前漢剛卯字也。漢人以正月卯日作，佩之，銘其一面曰：正月剛卯。"

【卯金】

即剛卯。此稱南北朝時期已行用。見該文。

鏡聽

亦稱"聽響卜""卜歲""耳卜"。舊俗於除夕或歲首，夜深人静時，懷揣古鏡或舊鏡，出門暗聽路人語，以卜新歲吉凶或諸事休咎。此稱唐代已行用。此俗由來已久，或謂始於戰國秦漢間。《古今圖書集成·歲功典·元旦部》引《鬼谷子》："元旦之夕汎掃，置香燈于門，注水滿鑑，置杓于水。虔禮拜祝，撥杓使旋，隨柄所指之方，抱鏡出門，密聽人言，第一句即是卜者之兆。"此文可能爲後人僞托，然言此俗始於南北朝以前，或可據。唐以後，此俗漸流行。唐王建《鏡聽詞》："重重摩挲嫁時鏡，夫婿遠行憑鏡聽。"李廓亦有《鏡聽詞》述其卜聽遠行人消息："匣中取鏡祠竈王，羅衣掩盡明月光。昔時長着照容色，今夜潛將聽消息。門前地黑人來稀，無人錯道朝夕歸。更深弱體冷如鐵，綉帶菱花懷裏熱。銅片銅片如有靈，願得照見行人千里形。"元伊世珍《嫏嬛記》卷上亦記其俗："鏡聽咒曰：'並光類儷，終諧協吉。'

先覓一古鏡，錦囊盛之，獨向神竈，雙手捧鏡，勿令人見。誦咒七遍，出聽人言，以定吉凶。又閉目信足走七步，開眼照鏡，隨其所照，以合人言，無不驗也。"自五代始，又稱"聽響卜""卜歲""耳卜"。五代王定保《唐摭言·聽響卜》："畢誠相公及第年，與一二同人聽響卜。夜艾人稀，久無所聞，俄遇人投骨於地，群犬爭趨，又一人曰：'後來者必銜得。'"宋王明清《揮麈後録》卷六："楚俗，過元夕第三夜，多以更闌時微行聽人言語，以卜一歲之通塞。"清李漁《蜃中樓·耳卜》："生曰：世上人有心事不明，往往於除夕之夜，静聽人言，以占休咎，謂之耳卜；我與伯騰姻緣未偶，曾約他今晚去聽卜。"清吴景旭《歷代詩話·庚集中之中·唐詩》言鏡聽曰："鏡聽之法即《月令》廣義所言響卜也。顧元慶謂懷鏡於通衢間，聽往來之言以占休咎。近世人懷杓以聽，亦猶是也。又有無所懷，直以耳聽之者，謂之響卜。蓋以有心

鏡　聽
（選自《詳注聊齋志異圖詠》）

聽無心耳。余觀李廓亦有《鏡聽詞》云'匣中取鏡祠竈王',蓋聽者必先竈前跪拜。"

【聽響卜】

即鏡聽。此稱五代時期已行用。見該文。

【卜歲】

即鏡聽。此稱宋代已行用。見該文。

【耳卜】

即鏡聽。此稱清代已行用。見該文。

挂錢

亦稱"門吊子""挂箋""挂千""吊錢""門箋"。農曆元旦(即今春節)貼於房屋門窗上求吉祛邪的紅色剪紙。貼至二月二中和節,摘而焚之以祭神。其"錢"或作"千""箋"。此稱明代已行用。源自宋代的"年幡""春勝",用紙剪出類似方勝的花樣,過年時挂門楣上,或戴在婦女頭上。明代始稱"門吊子",抑或在祭奠場合用之。明萬曆本《金瓶梅詞話》第六八回:"到初五日,早請八眾女僧,在花園捲棚內建立道場,各門上貼歡門吊子,諷誦《華嚴》《金剛》經咒。"其時品類不一,或有以紅箋蓋官印者。明謝肇淛《滇略·俗略》:"歲首,官府開印,則自胥曹而下至于輿隸廝養,咸以紅箋乞印一顆,歸貼門上,以辟不祥。外逮塾生村甿,無不轉託衙役,代為請乞,動千百計。"明呂毖《明宮史·飲食好尚》則載歲暮"編結黃錢如龍",此亦後世挂錢之雛形。《陝西通志·風俗》引《韓城縣志》,則曰"紙剪車輪貼門上為招財進寶"。後不斷發展演化。清富察敦崇《燕京歲時記·挂千》:"挂千者,用吉祥語於紅紙之上,長尺有咫,粘之門前,與桃符相輝映。其上有八仙人物者,乃佛前所懸也。是物民戶多用之。"供佛者較小,"黃紙長三寸,

紅紙長寸餘者,曰小挂千,乃市肆所用也"。農村常見者為長約一尺,寬約七寸長方形紅紙。四周有圖案,中為"五穀豐登""吉慶有餘"之類吉祥語,下呈穗狀。清代,滿族用白紙,中刻一滿文"壽"字,外為金錢花紋,貼於神前木板。每逢春節,挂錢粘貼於門楣之上,為新年祈福。清潘榮陛《帝京歲時紀勝·中和節》:"其祭神雲馬,題曰太陽星君。焚帛時,將新正各門戶張貼之五色挂錢,摘而焚之,曰太陽錢糧。"《鍾馗斬鬼傳》第九回:"此時臘盡春至,正是新正佳節,家家貼門對,戶戶挂錢章。"此俗今仍流行民間。

【挂箋】

即挂錢。此稱明清時期已行用。見該文。

【挂千】

即挂錢。此稱明清時期已行用。見該文。

【吊錢】

即挂錢。此稱近現代已行用。見該文。

【門箋】

即挂錢。此稱近現代已行用。見該文。

【門吊子】

"挂錢"之俗稱。此稱近現代已行用。見該文。

年畫

農曆新年(春節)時張貼的民間繪畫或版畫。由古代門神畫演變而來,多以吉祥如意、祛邪驅鬼為內容。源於漢代門神畫,其俗達於今。漢王充《論衡·訂鬼》引《山海經》:"滄海之中有度朔之山,……上有二神人,一曰神荼,一曰鬱壘,主閱領萬鬼,惡害之鬼,執以葦索而以食虎。於是黃帝乃作禮,以時驅之,立大桃人,門戶畫神荼、鬱壘與虎,懸葦索以

禦，凶魅有形，故執以食虎。"神荼、鬱壘，俗稱門神。隋唐前門神畫多直接畫在桃版上或紙上，唐初雕版印刷術發明，木版年畫興起。唐代門神由大將軍秦叔寶和尉遲敬德代替了傳說中的神荼和鬱壘。宋代出現木版浮水印年畫，有單色，亦有套色。現存最早的木版年畫是宋版《隋朝窈窕呈傾國之芳容》，上爲王昭君、趙飛燕、班姬和綠珠四位古代美女，又稱《四美圖》。宋代貼年畫成風。宋吳自牧《夢粱錄·除夜》："士庶家不論大小家，俱灑掃門閭，去塵穢、淨庭户、換門神、挂鍾馗、釘桃符、貼春牌、祭祀祖先。"此處春牌當爲年畫之一種。明田汝成《西湖遊覽志餘·熙朝樂事》："十二月二十四日……人家各換桃符、門神、春帖、鍾馗、福禄、虎頭、和合諸圖，黏貼房壁。"和合圖亦爲年畫。明末清初木版年畫達到全盛，出現了天津楊柳青、蘇州桃花塢和山東濰縣三大民間木刻年畫中心。河南朱仙鎮、河北武强、陝西鳳翔、福建漳州等地的年畫，亦各具特色。傳統年畫，木刻浮水印，綫條單純，色彩鮮明，畫面熱鬧，題材以五穀豐登、春牛、嬰戲、風景、花鳥、蟲魚等爲主，多含祝福新年之意。當今新年畫多以愛國主義、勞動生產、移風易俗爲題材，反映現實生活。年畫形式，有門畫、四條屏、單幅、方、窗頂、桌圍、竈圍、缸畫、喜幡、紅幡、錦地毯等。近代上海鄭曼陀把月曆與年畫合在一起，製成"月曆牌"年畫和挂曆年畫，采用膠版精印，細潤柔和，色彩繽紛，饒有趣味，風行全國。《隋朝窈窕呈傾國之芳容》圖像於清宣統元年（1909）在甘肅黑水城舊址發現，現藏俄羅斯聖彼得堡東方博物館。

桃符 [1]

亦稱"桃梗"。過年時置於大門兩邊起避邪作用的桃木板。最初衹是桃枝桃木，故有桃梗之稱；後乃在桃板上書神荼、鬱壘二神名，或畫二神圖像，相傳以此可鎮百鬼。此稱先秦時期已行用。古人視桃木爲仙木，可辟邪驅鬼，此俗戰國以前或已有之。《戰國策·齊策三》載寓言，言及桃梗刻人像："有土偶人與桃梗相與語。桃梗謂土偶人曰：'子，西岸之土也，挺子以爲人，至歲八月降雨下，淄水至，則汝殘矣。'土偶曰：'不然，吾，西岸之土也，土則復西岸耳。今子，東國之桃梗也，刻削子以爲人，降雨下，淄水至，流子而去，則子漂漂者將何如耳？'"作辟邪門神最早見於戰國文獻記述。《藝文類聚》卷八六引《莊子》佚文言及門户插桃枝以辟邪："插桃枝於户，連灰其下，童子入不畏，而鬼畏之。"王充《論衡·訂鬼篇》引《山海經》佚文則詳述桃木山上有二鎮鬼之

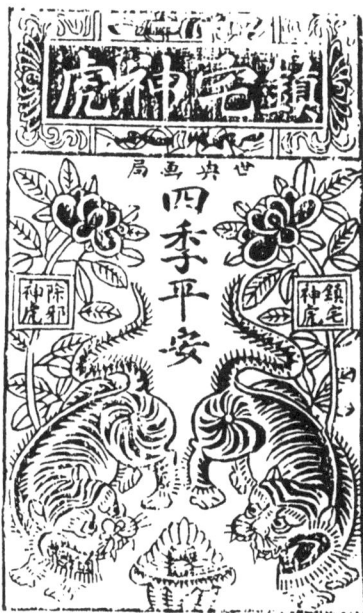

清代"鎮宅神虎"瑞符
（陝西鳳翔傳統年畫）

神的神話："滄海之中，有度朔之山。上有大桃木，其屈蟠三千里。其枝間東北曰鬼門，萬鬼所出入也。上有二神人，一曰神荼，一曰鬱壘，主閱領萬鬼。惡害之鬼，執以葦索而以食虎。於是黃帝乃作禮以時驅之，立大桃人，門戶畫神荼、鬱壘與虎，懸葦索以禦凶魅。"此説至漢代被廣爲傳播。漢蔡邕《獨斷》卷上："立桃人，葦索，儋牙虎，神荼、鬱壘以執之，儋牙虎。神荼、鬱壘二神。海中有度朔之山，上有桃木，蟠屈三千里，卑枝東北有鬼門，萬鬼所出入也。神荼與鬱壘二神居其門，主閱領諸鬼。其惡害之鬼，執以葦索食虎。故十二月歲竟，常以先臘之夜逐除之也，乃畫荼、壘並懸葦索於門戶，以禦凶也。"按，時人應劭的《風俗通·祀典》亦載此事，并傳後代。唐徐堅《初學記·果木部·桃》引《典術》言桃木制鬼之由："桃者，五木之精也，故厭伏邪氣，制百鬼。故今人作桃符，著門以厭邪。此仙木也。"因可辟邪，兩晋南北朝時有人還以桃符爲名。《晋書·文六王傳·齊獻王攸》："初，攸特爲文帝所寵愛，每見攸，輒撫牀呼其小字曰：'此桃符座也。'"南北朝時已稱桃木上所繪神荼與鬱壘爲門神。南朝梁宗懍《荊楚歲時記》："造桃板著户謂之仙木，繪二神貼户左右，左神荼右鬱壘，俗謂之門神。"唐張鷟《朝野僉載》卷三亦載桃木被釘於門邊的傳説："明崇儼有術法。大帝試之，爲地窖，遣妓奏樂。引儼至，謂曰：'此地常聞管弦，是何祥也，卿能止之乎？'儼曰：'諾。'遂書二桃符，於其上釘之，其聲寂然。上笑喚妓人間，云：'見二龍頭張口向上，遂怖懼，不敢奏樂也。'上大悦。"宋陳元靚《歲時廣記·寫桃板》引《皇朝歲時雜記》：

"桃符之制，以薄木板長二三尺，大四五寸，上畫神像狻猊、白澤之屬，下書左鬱壘、右神荼，或寫春詞，或書祝禱之語。歲旦則更之。"可見宋代新年換桃符，其上或繪二神像，或寫春詞，或書祝禱語，已與隋唐以前不同。又《歲時廣記·插桃梧》載宋代情形曰："今人以桃梗徑寸，長七八寸，中分之，書祈福禳災之辭，歲旦插門左右之地釘之，即其制。"又宋范成大《吳郡志·風俗》："除夜……夜分，祭瘟神，易門神桃符之屬。"此後歷代俱保持了此風俗。清于敏中《日下舊聞考·風俗二》引《北京歲華紀》："元旦，貴戚家懸神荼、鬱壘。"而唐宋以來的詩詞曲中，亦常見桃符一稱，多代指門神。唐韋璀《贈嫂》詩："案牘可申生節目，桃符雖聖欲何爲？"宋蘇軾《除夜野宿常州城外》詩二首其一："老去怕看新曆日，退歸擬學舊桃符。"宋趙師俠《鷓鴣天·丁巳除夕》詞："殘蠟燭，舊桃符。寧辭末後飲屠蘇。"元佚名《玎玎璫璫盆兒鬼》第三折："吓！俺將你畫的，這惡支殺樣勢。莫不是盹睡了門神也那户尉，兩下裏桃符定甚大腿，（做扯碎鍾馗科，唱）手擩了這應夢的鍾馗。"清姚之駰《元明事類鈔·歲時門》引《名世類苑》記除夕詩話："章文懿爲福建僉事，以振風紀爲己任。嘗因歲序却桃符，題其門曰：'要使鬼神司屋漏，不須鬱壘衞門庭。'"

【桃梗】

即桃符[1]。此稱先秦時期已行用。見該文。

桃人[1]

桃木門神。係用桃木畫或刻神像，置門上以辟邪驅鬼。所刻畫神像多爲神荼、鬱壘。此稱漢代已行用。元明以後多以紙繪門神，用桃木門神者漸消失。梁宗懍《荊楚歲時記》隋杜公瞻注引應劭《風俗通》:"《黃帝書》稱,上古之時有神荼、鬱壘兄弟二人,住度朔山上桃樹下,簡百鬼。鬼妄捎人,援以葦索,執以食虎。於是縣官以臘除夕,飾桃人,垂葦索,畫虎於門,效前事也。"宋羅泌《路史·餘論三·神荼鬱壘(儺)》:"《漢舊儀》乃引《山海經》云:神荼、鬱壘二神人,主執惡害之鬼。黃帝乃立桃人于門户,畫荼、壘與虎索,以禦鬼。"《太平御覽》卷九六七引《金樓子》曰:"東南有桃都山,山上有樹,……樹下有兩鬼,對持葦索,取不祥之鬼食之。今人正朝作兩桃人,法乎此也。"又同書卷二九引《玄中記》曰:"今人正朝作兩桃人立門旁,以雄雞毛置索中,蓋遺勇也。"宋吳淑《事類賦·果部·桃》:"雖云六果之下,誠爲五木之精(《典術》曰:桃者五木之精,其精生鬼門,制百鬼,故今作桃人著門,以厭邪)。"

神荼

省稱"荼",亦作"荼與"。鎮鬼之神,與鬱壘爲兄弟。被世俗刻畫於桃木板上,與鬱壘分別被置於門邊,後世抑或畫成門神,印於紙上,以避邪。此稱先秦時期已行用。漢應劭《風俗通·祀典》引《黃帝書》稱:"上古之時,有荼與鬱壘昆弟二人,性能執鬼。度朔山上章桃樹下,簡閲百鬼,無道理,妄爲人禍害,荼與鬱壘縛以葦索,執以食虎。於是縣官常以臘除夕,飾桃人,垂葦茭,畫虎於門。皆追效於前事,冀以衛凶也。"後世神荼與鬱壘二門神,俱源自戰國以來此俗。又,魏晉以前,其名有若干异寫之字。《戰國策·齊策三》"今子東國之桃梗也"漢高誘注作"餘與"。又,或認爲神荼、鬱壘本爲一人。清俞正燮《癸巳存稿·神

神荼、鬱壘
(明本《三教搜神大全》)

荼鬱壘》辨曰:"晋司馬彪《續漢書·禮儀志》云:'大儺訖,設桃梗鬱壘。'是專有荼壘或鬱偏一桃木人,而不云神荼、神蔡。晋葛洪《枕中書》云:'元都大真王言:蔡鬱壘爲東方鬼帝。'語雖不可據,然可知漢魏晋道士相傳,神荼、鬱壘止是一神,姓蔡名鬱壘。漢時宫廷禮制,亦以爲一人。"按,此説反映了風俗之變,却不能據此認定二神之非;事實上至漢代,神荼、鬱壘爲二神,已成當時風俗。參見"桃符[1]"文。

【荼】

"神荼"之省稱。此稱先秦時期已行用。見該文。

【荼與】

即神荼。蓋古人傳寫之誤。此稱漢代已行用。見該文。

鬱壘

亦作"鬱檑",亦稱"鬱雷"。鎮鬼之神,與神荼爲兄弟。二者被世俗刻畫於桃木板上,

置於門邊，後世抑或畫成門神，以辟邪。此俗約始於戰國，達於清。漢王充《論衡·亂龍篇》："上古之人有神荼、鬱壘者，昆弟二人，性能執鬼，居東海度朔山上，立桃樹下，簡閱百鬼。鬼無道理，妄爲人禍，荼與鬱壘縛以盧索，執以食虎。故今縣官斬桃爲人，立之户側；畫虎之形，著之門闌。"漢張衡《東京賦》："度朔作梗，守以鬱壘，神荼副焉，對操索葦。目察區陬，司執遺鬼。京室密清，罔有不虔。"後世鬱壘與神荼二門神，俱源自戰國以來此風俗。又，隋唐以前，其名有若干异寫之字。《戰國策·齊策三》"今子東國之桃梗也"漢高誘注書作"鬱雷"；宋王楙《野客叢書·人物名字不同》引《括地圖》曰："度朔山尖桃樹下有二神，一名鬱，一名櫑。"是將此神一分爲二矣。又，或以神荼與鬱壘并爲一神之説，祇能説明漢以前傳説的多樣性。詳見"神荼"文。

【鬱雷】

即鬱壘。此稱漢代已行用。見該文。

【鬱櫑】

同"鬱壘"。此體漢晋時期已行用。見該文。

春聯

亦稱"楹聯""對聯"。過年和立春時貼於門兩邊或成對廊柱上的聯語。一般多爲吉祥語，後亦用於表達人的好惡志趣。此稱唐代已行用。其淵源與先秦以來桃符有關。桃符本是懸挂於大門兩邊的桃木板，上刻畫鎮鬼的神荼、鬱壘像。後世或在其上題寫聯語，遂藉用"桃符"一稱。立春時所貼對聯，一般稱"春帖子"，省稱"春帖"。因對聯往往成對貼在門柱、廊柱之上，故又稱"楹聯"。世人常把五代十國後蜀的孟昶除夕題詞，作爲春聯起源。《宋史·蜀世家》曰："每歲除日，命翰林爲詞題桃符，正旦置寢門左右。末年，學士辛寅遜撰詞，昶以其非工，自命筆題云：'新年納餘慶，嘉節號長春。'"又宋黄休復《茅亭客話·蜀先兆》："蜀主每歲除日諸宫門各給桃符一對，俾題'元亨利正'四字。"實則唐代已出現春聯。《英藏敦煌文獻》編號S.0610V的敦煌文書："歲日：三陽始布，四序初開。福慶初新，壽禄延長……立春日：銅渾初慶軌，玉律始調陽。五福除三禍，萬吉殄百殃……書門左右，吾黨康哉。"該文書寫於開元十一年（723）前後，抄於《啓顔録》卷子背後，應是唐人抄録的春聯資料。其中明確提及"書門左右"，且均爲祈福求吉的對仗聯句，應是迄今所見最早的春聯。後世沿襲此習俗。《朱子語類》卷一〇三："'春風駘蕩家家到，天理流行事事清。'此南軒題桃符云爾。"元楊瑀《山居新話》卷一："元統間，余爲奎章閣屬官，題所寓春帖曰：'光依東壁圖書府，心在西湖山水間。'"元胡行簡《和劉楚奇韵題張飛卿書房》："春聯綺席千鍾酒，夜擁銀燈一卷書。"明郎瑛《七修類稿·詩文類·除夕元旦詞》載時人沈明《蝶戀花·元旦》詞："新褙鍾馗先挂了，大紅春帖銷金好。"清乾隆敕修《國朝宫史·典禮四·宫規》："每歲十二月二十六日，張挂春聯門神。"又同書《宫殿三·内廷》："東暖閣門扁曰樂天閣，内室門聯曰：'仲尼不爲已甚者，惟帝若是其難之。'"明代以後又稱楹聯、對聯。明沈德符《萬曆野獲編·嘉靖青詞》："世廟居西内事齋醮，一時詞臣，以青詞得寵眷者甚衆。而最工巧最稱上意者，無如袁文榮、董尚書，然皆諛妄不典之言。如世所傳對聯云：'洛水玄龜初獻瑞，陰數九，陽數九，九九八十一數，數通乎道，道合元始天尊，一誠有感；岐山丹鳳兩呈祥，雄鳴六，雌鳴六，六六三十六聲，聲聞於天，天生嘉靖皇帝，萬壽無疆。'此袁所撰，最爲時所膾炙。"明吕毖《明宫史》卷一："先師位供安向南，其楹聯曰：'學未到孔聖，門牆須努力。'"晚清倪在田《續明紀事本末》卷二記南明史事云："興慶宫成，王鐸以'萬事不如杯在手'爲楹聯，大被獎許。"《人海潮》第二回："牆上一個福字，一副刻竹對聯，刻着八個字：'問花笑誰''聽鳥説甚'，是沈其蓁所書。"可知楹聯、對聯已不限於過年時書寫張貼了。其風習直沿襲至今。

【楹聯】

即春聯。亦稱"對聯"，含義略廣，不局限於過年時所貼聯。此稱明代已行用。見該文。

【對聯】

即春聯。此稱明代已行用。見該文。

【桃符】[2]

即春聯。此稱五代時期已行用。古時新年在門首或門邊釘桃木板以辟鬼，在桃板上寫神荼、鬱壘名，或繪此二神之圖。五代以後又在桃木上寫吉祥語，語詞或對仗，即成後世所謂楹聯。元明以後以紙代桃木書聯語，而此稱猶繼續使用。宋李攸《宋朝事實·削平僭僞》言桃符來源："初，〔孟〕昶在蜀，……每歲除，命學士爲詞題桃符，置寢門左右。末年，學士辛寅遜撰詞，以其非工，昶自命筆題云：新年納餘慶，嘉節號長春。"明曹學佺《蜀中廣記·詩話記》引《鑑戒録》亦曰："孟蜀每歲除日，諸宫門各給桃符，書'元亨利貞'四字。時昶子善書，剗取本宫策勳府符書云：'天垂餘慶，地接長春。'"《朱子語類》卷一〇七："先生書所居之桃符云：'愛君希道泰，憂國願年豐。'書竹林精舍桃符云：'道迷前聖統，朋誤遠方來。'"宋劉克莊《後村詩話》卷三："辛幼安晚題桃符云：'身爲僧禪老，家因赴詔貧。'"宋王楙《野客叢書·取亭館名》："僕叔祖嘗以桃符丐唯室先生書，先生書曰：'但願兒孫勤筆墨，不妨老子自婆娑。'此語甚得體。"元陶宗儀《南村輟耕録·桃符讖》："張之翰字周卿，邯鄲人，由翰林學士除授松江知府，自題桃符云：'雲間太守過三載，天下元貞第二年。'是歲卒，亦讖也。"元韋居安《梅磵詩話》卷上："余圩下年前之杭，常登吳山崗，見一第宅桃符云：'地高春易盛，天近澤常多。'亦以'地高'對'天近'，仿前人句法也。"又卷中："蜀人劉朔齊震孫，嘉熙間由宰掾守雩，郡圃桃符云：'坡仙舊有棠陰在，蜀客新從花底來。'殊不泛。余嘗居雩之城南，咸淳丁卯歲題桃符云：'曆頒歲首三元日，春滿城南尺五天。'"對聯表人志趣，故亦有因聯獲咎者。宋周密《癸辛雜識續集·桃符獲罪》云："鹽官縣學教諭黄謙之，永嘉人，甲午歲題桃符云：'宜入新年怎生呵，百事大吉那般者。'爲人告之，官遂罷去。"明葉盛《水東日記》卷五："聶大年詩翰著名一時，不得預京銜。或曰，大年嘗署桃符云：'文章高似翰林院，法度嚴如按察司。'以此見忤達官。"對聯多有警語。同書卷九又曰："嘗聞楊文定公桃符有曰：'黎庶但教無菜色，官居何必用桃符。'"乾隆五十年（1785）《欽定千叟宴詩》卷一九收永泰詩："五色卿雲捧日華，桃符新處頌椒花。"近現代以來此稱漸不行用。

春帖子

省稱"春帖"。此稱宋代已行用。立春日大

臣進獻於禁中的帖子詞，貼於宮門及帷帳上。多爲應景絕句，內容或歌頌升平，或寓意規諫。因有的帖子詞對仗很工整，又貼於門上或兩楹，故抑或指春聯。宋朱弁《曲洧舊聞》卷七："故事，進春帖子，自皇后、貴妃以下，諸閣皆有。……〔歐陽修〕取小紅箋，自錄其詩云：'忽聞海上有仙山，烟鎖樓臺日月閑。花下玉容長不老，只應春色勝人間。'既進，上大喜。"宋周密《武林舊事·立春》："學士院撰進春帖子。帝后貴妃夫人諸閣，各有定式，絳羅金縷，華粲可觀。"宋周煇《清波雜志·冷茶》直言其詞多逢迎："蓋時以婦人有標緻者爲'韻'。……宣和間，衣着曰'韻纈'，果實曰'韻梅'，詞曲曰'韻令'，乃梁師成爲鄆邸倡爲此讖。時趙野春帖子亦有'復道密通蕃衍宅，諸王誰似鄆王賢'，亦迎合之意也。"明王樵《方麓集·戊申筆記》稱宋代宮中春帖子內容不衹是吉慶，亦寓規諫意："春帖子詞，歐、蘇集中爲朝廷作，皆用四句，如：'陽進陞君子，陰消退小人。聖君南面治，布政法新春。''共道十年無臘雪，喜看三白壓春田。盡驅南畝扶犂手，稍發中都朽貫錢。'不惟辭義之佳，而舉筆納忠隨寓有箴銘之助，豈其他文人所及哉！"後來代代傳承此習。明文徵明《除夕》詩："梅花欲動意婆娑，雪霰侵陵奈歲何。呵凍笑供春帖子，殘年清債已無多。"此爲民間年俗。清沈初《西清筆記·紀典故》："每歲立春日前，進春帖子詞。"清吳振棫《養吉齋叢錄》卷一三："立春製春帖子。乾隆初年，首數無定。庚辰後，以五絕二首、七絕一首爲率。嘉慶間，每歲亦作三絕句如舊式，親書小軸，懸養心殿東暖閣之隨安室，易舊歲者藏之"。又云"進春帖子爲內

直諸臣事"。內直諸臣指軍機大臣、南書房行走，皆爲位高權重的皇帝近臣，足見皇帝對此之重視。"進春帖子，軍機爲一摺，南書房爲一摺，人各五絕一、七絕二，書名於下。屆時同至懋勤殿，置摺於案，行叩頭禮。內監捧以進"。皇帝通常會各賜筆二十支、硃二十錠、五色絹箋二十張、硃紅描金方絹箋五張。此稱又省稱"春帖"。宋翁元龍《西江月·立春》詞："畫閣換粘春帖，寶箏拋學銀鈎。"（見宋周密《浩然齋詞話》）

【春帖】

"春帖子"之省稱。此稱宋代已行用。見該文。

福字

過年時貼在門上的紅紙箋，上書寫一個大"福"字。爲祈求吉祥幸福之意。此稱清代已行用。清初康熙年間始行於過年時的皇宮中，以皇帝書"福"字賜臣下爲禮。後漸外傳，近世以來則朝野浸成風俗，迄今猶然。按，宋代已有在人背上刺"福"字之例，如宋朝叛將王則，其母曾在其背刺一"福"字。宋李攸《宋朝事實》卷一六："王則據城叛……遂言背有'福'字自然隱起，以惑衆。衆頗信事之。"然此非普遍習俗。又宋朱熹曾題寫"福"字刻於石上，《福建通志·古蹟》載福州府石刻："朱熹'福'字，在烏石山觀音巖傍，字大盈丈，今名福字坪。"雖寓吉祥意，但非年節慣例。至清代，宮庭中過年行開筆禮，書寫福字即其此典禮中的一個儀式。清吳振棫《養吉齋叢錄》卷一四："十二月初一日，有開筆書福之典。溯其緣起，自聖祖時已書賜近臣。查《初白集》載，康熙四十三年甲申除夕前一日（按，近年賞王大臣福字名單，皆在十二月二十日後），蒙恩賜御書

大福字。恭紀七言律詩一首，有‘捧出深宮榮並受’句，則當時同直者皆得受賜可知。又康熙丁未冬賜大臣福字，以蔣文肅廷錫居母憂，特書金牋福字以賜，時稱異數。據此，則自康熙以來，已歲爲恒例。……乾隆以來，皆以季冬朔日，在重華宮開筆書福。……書福之牋，質以絹，傅以丹砂，繪以金雲龍。”《世宗憲皇帝硃批諭旨》卷一九上載雍正二年（1724）正月十四日福建巡撫黃國材奏摺《奏爲恭謝天恩事》：“臣齎摺，家人回閩，恭捧皇上恩賜御書福字一幅到臣，臣恭設香案，望闕叩頭謝恩。”《養吉齋叢錄》卷一四又載：“闓福寺建於乾隆十一年。自十七年後，季冬之朔，高宗開筆書福，必先詣寺拈香。還御重華宮之漱芳齋書福，歲爲恒典。仁宗、宣宗以後，皆踵行之。又開筆書第一福字，所用筆管，端鐫正書四字，曰‘賜福蒼生’。相傳爲聖祖御用。”清汪由敦《內閣衙門齋宿》詩：“恩賜福字恭紀宸，章百幅散雲烟禁。”近現代以來，民間不限於過年貼福字於門上，平時抑或貼於廳堂中。

葦索

亦稱“葦茭”。蒲葦編結、用以驅鬼的繩索。年節時懸挂於門首。此稱漢代已行用。葦索驅鬼的傳說始於先秦，將其懸挂於門之俗漢代已盛行，沿至近世。漢王充《論衡·訂鬼》引《山海經》：“滄海之中，有度朔之山，上有大桃木，其屈蟠三千里，其枝間東北曰鬼門，萬鬼所出入也。上有二神人，一曰神荼，一曰鬱壘，主閱領萬鬼，惡害之鬼，執以葦索，而以食虎。於是黃帝乃作禮，以時驅之，立大桃人，門户畫神荼、鬱壘與虎，懸葦索以禦，凶魅有形，故執以食虎。”“葦索”或寫作“索葦”。《文選·張衡〈東京賦〉》：“度朔作梗，守以鬱壘，神荼副焉，對操索葦。”薛綜注：“東海中度朔山有二神，一曰神荼，二曰鬱壘，領衆鬼之惡害者，執以葦索而用食虎。”漢應劭《風俗通·祀典·葦茭》：“神荼與鬱壘縛以葦索，執以食虎。於是縣官常以臘除夕飾桃人，垂葦茭，畫虎於門；皆追效於前事，冀以禦凶也。”《晋書·禮志上》：“歲旦常設葦茭、桃梗，磔雞於宮及百寺之門，以禳惡氣。”《宋書·禮志一》亦有類似記載。又南朝梁宗懍《荆楚歲時記》云：“〔正月一日〕貼畫鷄户上，懸葦索於其上，插符其傍，百鬼畏之。”唐佚名《春賦》：“畫鷄葦索以皆陳，柏酒桃湯而具備。”宋阮閱《詩話總龜後集·節候門》：“歲時有祓除不祥之具，而元日尤多，如桃版、葦索、磔雞之類是也。”清唐孫華《門神同查夏仲愷功戲作》詩：“桃符葦索一時新，對立春風突兀身。”可見此物被歷代使用，直至近現代猶見於民間。胡樸安《中華全國風俗志·上編·湖南》附“時令”：“正月一日，是三元之日也。……貼畫鷄户上，懸葦索於其上，插桃符其旁，百鬼畏之。”

【葦茭】

即葦索。此稱漢代已行用。見該文。

火城

參加重大朝會典禮時，皇帝和高官要員的火炬儀仗。通常燃數百火炬，備極壯觀。皇帝、宰相各自有火炬儀仗。而群官遇宰相到來，須滅掉自己的火城。此稱唐代已行用。按，此俗仿周朝“庭燎”。《詩·小雅·庭燎》“庭燎之光”毛注：“庭燎，大燭。”鄭玄箋：“於庭設大燭，使諸侯早來朝。”唐李肇《國史補》卷下載：

"每元日、冬至立仗，大官皆備珂傘，列燭有至五六佰炬者，謂之火城。宰相火城將至，則衆少皆撲滅以避之。"宋葉廷珪《海錄碎事·帝王朝會》："唐百官早朝列燭，有五六百炬，謂之火城，宰相至則撲滅。"唐羅隱《寄金吾李蓀常侍》詩："曉色嚴天仗，春寒避火城。"至宋代，地方官也有用火城者。宋蘇軾《興述古自有美堂乘月夜歸》詩："共喜使君能鼓樂，萬人爭看火城還。"當時蘇軾知杭州。宋王禹偁《待漏院記》："北闕向曙，東方未明，相君啓行，煌煌火城。"宋吳自牧《夢粱錄·正月》引趙師真詩："風傳御道蹕聲清，兩道紗籠列火城。"宋朱彧《萍洲可談》卷一載："朝時自四鼓，舊城諸門啓關放入，都下人謂四更時，朝馬動，朝士至者，以燭籠相圍繞聚首，謂之火城。宰執最後至，至則火城滅燭。大臣自從官及親王駙馬皆有位次，在皇城外仗舍，謂之待漏院，不與庶官同處火城。"宋王安石《退朝》詩："火城夜闇雲藏闕，玉座朝寒雪被宸。"宋李璧注："每歲，正旦曉漏以前，宰相三司使大金吾皆以樺燭百炬，擁馬方布象城，謂之火城。仍雜以衣繡鳴珂，盤耀街陌，如逢宰相，即諸司火城悉皆撲滅。"又注："此詩作於嘉祐初，時爲群牧判官提點府界。"參閱明張岱《夜航船·天文部·春》、清高士奇《天祿識餘》卷下。

爆竹

亦稱"炮竹"。原爲燃燒竹子發出爆響以驚鬼，後乃指以紙扎裹火藥，加引蕊點燃後可以爆響的節俗物。此稱先秦時期已行用。燃竹發出爆響之俗源自先秦，而今天所用的爆竹要到宋代以後，以火藥爲原料并流傳許久。漢東方朔《神異經·山臊》言歷史傳說："西方深山有

人焉，身長尺餘，袒身捕蝦蟹，性不畏人。見人止宿，暮依其火以炙蝦蟹，伺人不在而縮火鹽以食蝦蟹，名曰山臊。其音自叫，人嘗以竹著火中，熚烞有聲，臊皆驚憚。"按，此文《四庫全書》本作"西方深山中有山臊，長尺餘，犯人則病，畏爆竹聲"。《太平御覽》卷一七引南朝宋劉敬叔《異苑》："潯陽曇春者世居長沙，有古井每夜輒聞有炮竹聲，相承謂之龍吒。"南朝梁宗懍《荊楚歲時記》亦載："正月一日……雞鳴而起，先於庭前爆竹、燃草，以辟山臊惡鬼。"可見自先秦以來，一直通過燃竹以驅鬼壓邪。至唐代，劉禹錫《畬田行》詩猶記："照潭出老蛟，爆竹驚山鬼。"宋代火藥發明，以多層紙張密裹火藥，接以引綫，點燃引爆，又襲用原有的"爆竹""炮竹"之稱，每逢佳節、慶典或喜事即燃放。宋王安石《元日》詩："爆竹聲中一歲除，春風送暖入屠蘇。"此後爆竹品種日多。明沈榜《宛署雜記·民風一》載："有聲者，曰響砲。高起者，曰起火。起火中帶砲連聲者，曰三級浪。不響不起，旋遶地上者，曰地老鼠。"清代爆竹更盛，有大爆竹直徑達三四尺，高八尺，聲如雷鳴，震驚遠近。清李聲振《百戲竹枝詞·爆竹》："一聲爆竹除殘臘，換盡桃符逐祟回。且緩屠蘇守歲餘，聽他萬戶震天雷。"至近現代，爆竹的品種、樣式越來越多，色彩越來越複雜，除傳統的"百子爆仗"單響、雙響外，電光雷、母子雷、射天雷等新品種層出不窮。燃放爆竹是民間表示喜慶的方式，爲節日增添了喜慶色彩。

【炮竹】

即爆竹。此稱南北朝時期已行用。見該文。

爆仗

亦作"爆杖""爆張"。爆竹之一種。以紙裹硫黄等引爆。此稱宋代已行用。世傳三國魏馬鈞始製。明羅頎《物原》："魏馬鈞製爆張。""爆張"即"爆仗"。清鄭方坤《全閩詩話》卷三引《閩書》曰："今人除夕，以竹著人，燒爆於庭中。兒童當街燒爆相望，戲呼達旦，謂之燒火爆張。"然稱其始於三國，無所憑據。宋代始有之，且震響聲極巨。宋孟元老《東京夢華録·駕登寶津樓諸軍呈百戲》："忽作一聲如霹靂，謂之爆仗。"宋周密《武林舊事·歲除》："至於爆竹……内藏藥綫，一爇連百餘不絶。"《朱子語類》卷七二："雷，如今之爆竹，蓋鬱積之極而迸發者也。"清顧思張《土風録·爆仗》："紙裹硫磺謂之爆仗。"清陳恒慶《諫書稀庵筆記·爆竹》："濰邑善制爆竹，其聯而長者曰'鞭'，其單響者曰'爆仗'。冬至後陳於市，遠近來購者，車載擔負，絡繹於道。"

【爆杖】

同"爆仗"。此體宋代已行用。見該文。

【爆張】

同"爆仗"。此體宋代已行用。見該文。

【炮焥】

亦作"炮燁""礮燁""炮仗""礮仗"。即爆仗。此稱明清時期已行用。《金瓶梅詞話》第七八回："玳安與王經穿着新衣裳，新靴新帽，在門首踢毽子，放炮焥，磕瓜子兒。"《醒世姻緣傳》第三三回："這一年十二月十五日，早早的放了年下的學，回到家中，叫人捍炮燁，買鬼臉，尋琉璃喇叭。"《儒林外史》第二九回："祇見老和尚慢慢走進來，手裏拏着一個錦盒子，打開來，裏面拏出一串祁門小礮燁。"《紅樓夢》第五四回："這擡炮仗的人抱怨賣炮仗的扦的不結實，没等放就散了。"《官場現形記》第五五回："我自小被礮仗嚇壞了，往常聽見放鞭炮，總是護着耳朵的。"

【炮燁】

同"炮焥"。此體清代已行用。見該文。

【礮燁】

同"炮焥"。此體清代已行用。見該文。

【炮仗】

同"炮焥"。此體清代已行用。見該文。

【礮仗】

同"炮焥"。此體清代已行用。見該文。

二踢脚

一種雙響爆竹。一響之後，爆竹騰空，再發一響，故稱。舊時多在年節喜事日施放。此稱清代已行用。清富察敦崇《燕京歲時記·燈節》："花炮棚子製造各色烟火，競巧爭奇，有盒子、花盆、烟花杆子、綫穿牡丹、水澆蓮、金盤落日、葡萄架、旗火、二踢脚……富室豪門，爭相購買，銀花火樹，光彩點人，車馬喧闐，笙歌聒耳。"林斤瀾《春節》："這時，窗外一個'二踢脚'上了半空，跟着有花炮呲呲，鳥炮啾啾，還有小孩子的歡叫。"

鞭炮

爆竹之一種。以其編結成串，燃放時以竹竿等挑放，恰如鞭子之狀，故名。過年、婚禮、喪儀及其他重要典禮，須燃放鞭炮。此稱清代已行用。清富察敦崇《燕京歲時記·正月填倉》："每至二十五日，糧商米販致祭倉神，鞭炮最盛。"《檮杌萃編》第九回："到了五點多鐘，只見四個紗燈一班鼓樂，迎着一頂藍呢四轎，玻璃窗都用紅綢幔子遮着，進了大門就鞭炮不絕，一直抬到上房院子裏歇下。"《官場現形記》第五五回："我自小被礮仗嚇壞了，往常聽見放鞭炮，總是護着耳朵的。"

花炮

亦稱"花爆"。爆竹、烟花的總稱。烟花燃放似繁花，爆竹如雷爆響，故名。此稱明代已行用。《水滸傳》第六五回："未到黄昏，一輪明月却湧上來，照得六街三市，熔作金銀一片。士女挨肩疊背，烟火花炮比前越添得盛了。"清富察敦崇《燕京歲時記·燈節》："花炮棚子製造各色烟火，競巧爭奇，有盒子、花盆、烟火杆子、綫穿牡丹……富室豪門，爭相購買。"《紅樓夢》第五四回："這烟火俱係各處進貢之物，雖不甚大，却極精緻，各色故事俱全，夾着各色的花炮。"清朝以後又稱作"花爆"。《隋唐演義》第六回："柴豹聽見，忙在袖中取出一個花爆，點着火，向婦人頭上懸空拋去。衆女只聽得頭上一聲炮響，星火滿天。"

【花爆】

即花炮。此稱清代已行用。見該文。

盒子

一種焰火。外形若盒子，内裝不同花色的烟火，燃放時各種花樣紛然而下，層出不窮。此稱明代已行用。明劉若愚《酌中志·内府衙門職掌》："花礮、巧綫、盒子、烟火之類，皆在城下放看，如元宵焉。"清富察敦崇《燕京歲時記·燈節》："花炮棚子製造各色烟火，競巧爭奇，有盒子、花盒……天地燈等名目。富室豪門，爭相購買。"清張燾《津門雜記·烟火盒子》："二月十九日俗傳爲觀音誕辰，居人向於是日醵錢施放盒子。盒子者，津人之謂烟火也。屆期，白晝演戲；上燈後，陸續燃放花筒，即點盒子。花樣有太師圖、八仙上壽、海屋添籌、魚龍變化、對聯寶塔、蓮燈、火扇、牌坊、襄陽城、草船借箭，又有葡萄架、高糧地、四面斗等類……遠近來觀者，無不嘖嘖稱妙。"《國朝宮史·訓諭四》："乾隆四年正月十六日，上諭：朕昨見果親王大阿哥在山高水長看烟火，見朕時竟爾藏匿，是何道理？王子阿哥尚小，正宜讀書之時，如看戲、入宴、放花炮盒子，當令預坐，時自有諭旨，何得任意行走爾？"清讓廉《春明歲時瑣記》："其盒於晚間月下燃機發，則盒中人物花鳥墜落如挂，歷歷分明。移時始没，謂之一層。大盒有至數層者，其花則萬朵零落，千燈四散，新奇妙製，殊難意會。"清李静山《增補都門雜咏》詩："花燈徹夜是元宵，盒架高支望去遥。最怕層層分不斷，連皮帶骨一齊燒。"

人日

正月初七日，爲祝福人類繁衍生息的日子。此稱晋代已行用。民間將正月頭八日各確定爲某物之日，其中除人日、穀日外，其他均爲牲畜之日。可見此俗與民衆現實生活緊密相關。南朝梁宗懍《荆楚歲時記》："正月七日爲人日，以七種菜爲羹，剪綵爲人，或鏤金箔爲人，以貼屏風，亦戴之頭鬢。又造華勝以相遺，登高賦詩。"宋朱勝非《紺珠集》卷五引唐劉禹錫《嘉話録·人日》："正月七日謂之人日者，董勛《問禮》：俗曰正月一日雞、二日狗、三日豬、四日羊、五日牛、六日馬、七日人、八日穀。其日陰晴，兆其豐稔。"明謝肇淛《五雜俎·天部二》："歲後八日，一雞、二豬、三羊、四狗、五牛、六馬、七人、八穀。此雖出東方朔《占書》，然亦俗説，晋以前不甚言也。案晋議郎董勛答問禮，謂之俗言。魏主置百寮，問‘人日’之義，惟魏收知之，以邢子才之博，不能知也。然收但知引董勛言，而不知引東方朔《占書》，則固未爲真知耳。”清富察敦崇《燕京歲時記·人日》：“初七日謂之人日。是日天氣清明者則人生繁衍。”清孔尚任《桃花扇·罵筵》：“今乃乙酉新年人日佳節，下官約同龍友，移樽賞心亭。”

鬧蛾兒

亦稱“鬧嚷嚷”。婦女節日頭飾。春節期間，婦女剪彩爲花，或剪紙作草蟲、蝴蝶、飛蛾形之頭飾。以頭飾花梢，猶如飛蛾兒振顫鬧騰，故名。南北朝已有此俗，此稱宋代已行用。南朝梁宗懍《荆楚歲時記》：“正月七日爲人日，以七種菜爲羹。剪綵爲人，或鏤金箔爲人，以貼屏風，亦戴之頭鬢，又造華勝以相遺。”是爲鬧蛾兒之來源。至唐代稱之爲鬧裝。唐白居易《渭村退居寄禮部崔侍郎翰林錢舍人詩一百咏》之一：“貴主冠浮動，親王轡鬧裝。”合衆寶雜綴而成，又如蛾而飛動，故稱鬧裝。宋黃昇《中興以來絶妙詞選》卷六載馬莊父《孤鸞·早春》詞：“玉梅對鮀雪柳，鬧蛾兒象生嬌顫。歸去爭先戴取，倚寶雙燕。”同書卷一〇載洪瑹《阮郎歸·壬辰邵武試鐙夕》詞：“鬧蛾兒簇小蜻蜓，相呼看試鐙。”宋佚名《宣和遺事》前集：“京師民有似雲浪，盡頭上戴着玉梅雪柳鬧蛾兒，直到鼇山下看燈。”明清時仍盛行。明沈榜《宛署雜記·民風》：“以烏金紙爲飛鵝（蛾）、蝴蝶、螞蚱之形，大如掌，小如錢，呼曰鬧嚷嚷。大小男女，各戴一枝於首中，貴人有戴滿頭者。”明劉侗、于奕正《帝京景物略·春場》：“今唯元旦日，小民以鬂穿烏金紙，畫麭爲鬧蛾，簪之。”《金瓶梅詞話》第一五回：“剪春蛾，鬢邊斜插鬧春風。”清姚之駰《元明事類鈔·元日鬧嚷嚷》引《北京歲華記》：“元旦人家兒女剪烏金作紙蝴蝶戴之，名曰鬧嚷嚷。”《古今圖書集成·歲功典》引《直隸志書·宛平縣》：“市井男女，以鬂穿烏紙畫綵爲鬧蛾兒簪之。”此俗近現代尚在民間流行。

【鬧嚷嚷】

“鬧蛾兒”之戲稱。此稱清代已行用。見該文。

乞如願

亦稱“打如願”“打灰堆”。在除夕或元旦祈求一年如意的風俗。此稱晋代已行用。晋干寶《搜神記》卷四載傳説：“盧陵歐明，從賈客道經彭澤湖，每以舟中所有多少投湖中，云以爲禮。積數年後復過，忽見湖中有大道，上多風塵，有數吏乘車馬，來候明，云是青洪君使。須臾達，見有府舍、門下吏卒，明甚怖。吏曰：‘無可怖。青洪君感君前後有禮，故要君，必有重遺君者勿取，獨求如願耳。’明既見青洪君，乃求如願。使逐明去。如願者，青洪君婢也。明將歸，所願輒得，數年大富。”此傳説以婢女名如願，述人如願得到財富，遂成世人乞如願的依據。南朝梁宗懍《荆楚歲時記》：“正月一日……以錢貫繫杖脚，迴以投糞掃上，云‘令如願’。”杜公瞻注：“今北人正旦夜立於糞掃邊，令人執杖打糞堆，以答假痛。……意者亦爲如願故事耳。”然而隋代以後如願傳聞也有異説。陳元靚《歲時廣記·乞如願》引隋代佚名《錄異記》：“〔歐明〕意漸驕盈，不復愛如願。正月歲朝鷄初鳴，呼如願，如願不即起，明大怒，欲捶之，如願乃走於糞上。有故歲掃除聚薪，足以偃人，如願乃於此逃得去。明謂逃在積薪糞中，乃以杖捶糞使出。又無出者，乃知不能得，因曰：'汝但使我當貴，後不捶汝。'今人歲朝雞鳴時輒往捶糞，云使人富。"唐宋承此俗。唐馮贄《雲仙雜記》卷一〇："今人正旦，以細繩繫綿人投糞中，掃之，云乞如願。"宋范成大《臘月村田樂府・打灰堆詞》："除夜將闌曉星爛，糞掃堆頭打如願。"宋代《吳郡志・風俗》："守歲盤夜……夜向明，則持杖擊灰積，有祝詞，謂之'打灰堆'，蓋彭蠡廟中如願故事。"又明彭大翼《山堂肆考・時令・十二月》釋"打灰堆"："吳中風俗，除夜將曉，雞且鳴，婢獲持杖擊糞壤，致詞以致利市，謂之'打灰堆'。此本彭蠡清湖君如願故事，惟吳中至今不廢。"直至清代，仍見此俗遺風。清顧祿《清嘉錄・小年夜大年夜》："〔除夕〕舊俗，雞且鳴，持杖擊灰積，致詞以獻利市，名曰打灰堆。"此俗今不存。

【打如願】

即乞如願。此稱約南北朝時期已行用。見該文。

【打灰堆】

即乞如願。此稱宋代已行用。見該文。

拜年

正月初一至十五期間，人們相互賀年的禮俗。此稱明代已行用。"拜年"一稱雖出現於宋金時期，然最初係指皇帝壽誕日為皇帝賀壽，與過年無關。金張九思《送錢伯全上春官》詩即其例："九天宮闕龍飛日，率土衣冠虎拜年。"明代方出現"拜年"一稱。明陳子壯《罪記》："時將屆萬壽節，又履端節，圜中故事，是早齊依官班，向天北拜。議者一則謂囚服不宜拜節，

一則以朝中亦有青衣小帽拜于墀下者為例。予謂君親壽考，無日忘之，眇爾罪人，庸知改歲乎！于是陳子拜聖節不拜年。"拜年目的，近人鮑振炳以宣統元年（1909）調查書《歙縣風俗之習慣・歲時》云："諺有云：'老親必拜年。'以親情漸疏，藉此歲一聯合，示不忘也。"（載劉汝驥《陶甓公牘》卷一二）拜年時，人們往往投送自己的名帖。明陸容《菽園雜記》卷五："京師元日後，上自朝官，下至市人，往來交錯道路者連日，謂之拜年。"明文徵明《拜年》詩："不求見面惟通謁，名紙朝來滿敝廬。"明劉侗、于奕正《帝京景物略・春場》："家長少畢拜，姻友投箋互拜，曰拜年也。"清佚名《燕京雜記》："正月初旬，拜年者踵門，疾呼接帖，投一名刺，匆匆馳去，多不面主人。"清褚人穫《堅瓠首集・拜年》："元旦拜年，明末清初用古簡，有稱呼。康熙中則易紅單，書'某人拜賀'。素無往還、道路不揖者，而單亦及之。大是可憎。"魯迅《過年》："但對於這'曆'的待遇是一樣的：結帳、祀神、祭祖、放鞭炮、打馬將、拜年、'恭喜發財'！"俞平伯《元旦試筆》："從前在大紅紙上寫過'元旦舉筆百事大吉'之後，便照着黃曆所載喜神方位走出去拜年。"1949年後，人們多走親串戶拜年。而進

清代民間過年風俗
（楊柳青傳統年畫）

入 21 世紀以來，手機普及，手機短信賀歲時興，世人拜年又多不相見矣。如今手機微信等應用程序風行，又多通過圖文轉發拜年祝福，缺乏個人自創圖文，故拜年復流於形式，與舊時望門投刺近之。

拜年帖

亦稱“飛帖”。拜年的名帖。新年將書有自己名字的帖子贈送親朋好友，乃至送給不曾往來却有意與之交往的人，以示祝賀節日。此稱明代已行用。源於古代交際往來中的名刺、門狀等物。魏晉以前未流行紙時，削竹木寫上自己的名字，拜訪通名時用，西漢稱謁，東漢稱刺。後來雖然改用紙，仍相沿稱刺或名刺。唐代已有紙質的“名刺”和“門狀”。唐李匡乂《資暇集·門狀》：“文宗朝以前無之，自朱崖李相貴盛於武宗朝，且近代稀有生一品，百官無以希取其意，以爲舊刺輕（刺則今之名紙）。相扇留其銜，候起居狀。而今又益競以善價紙，如出印之字，巧詔曲媚，猶有未臻之遺恨，井丹、禰正平生於今日，其亦如是乎？”唐元稹《重酬樂天》詩：“最笑近來黃叔度，自投名刺占陂湖。”至宋代形成新年投遞拜年帖之俗。宋周煇《清波雜志》卷六：“正至交賀，多不親往，有一士人，令人持馬銜，每至一門，撼數聲而留刺字，以表到。”宋周密《癸辛雜識·送刺》：“節序交賀之禮，不能親至者，每以束刺斂名於上，使一僕遍投之，俗以爲常。”明清時此風大盛。明陸容《菽園雜記》卷五：“京師元日後……如東西長安街，朝官居住最多。至此者，不問識與不識，望門投刺。有不下馬，或不至其門令人送名帖者，遇黠僕應門，則皆却而不納，或有閉門不納者。”明文徵明《拜年》詩：“不求見面惟通謁，名紙朝來滿敝廬。我亦隨人投數紙，世情嫌簡不嫌虛。”清佚名《燕京雜記》：“正月初旬，拜年者踵門，疾呼接帖，投一名刺，匆匆馳去，多不面晤主人。”清楊静亭《都門雜咏·名片》：“新正投刺古遺風，小楷端書樣若窮，羨慕翰林名字大，也將紅紙印來工。”近人胡樸安《中華全國風俗志·下編·江蘇》記儀徵歲時：“〔拜年〕有不及至者，命僕投刺，曰拜年帖。”又記吳中歲時：“賀年有不親往，而遣僮僕投紅單刺至戚若友家者，答拜者亦如之，謂之飛帖。”初時，拜年帖多以梅花箋紙裁製，約二寸寬，三寸長，上端書受帖者姓名，下端署贈者姓名，中間或書吉辭賀語。清代康熙年間，拜年帖始以紅色硬紙片製成，放在名爲“拜盒”的綿盒内，送給對方，以示莊重。當代稱拜年帖爲賀年片，印製精美，花色衆多，圖案五彩繽紛，考究大方，有單頁、連頁、合頁及書箋形式多種。近年出現有香味和有聲電子賀年片。

【飛帖】

即拜年帖。此稱近現代已行用。見該文。

遣白虎

祭祀白虎神，并製作白虎圖形懸挂門上，以趨吉避害的習俗。流行於江浙一帶。此稱明代已行用。明佚名《道法會元》二載有《遣白虎牒》，係道士呈請“都天太歲地司猛吏至德殷元帥”，“督勒本家司命主者五祀六神，轄起五方爲禍白虎之神”之牒。大旨爲勿冒犯白虎之神，以求吉避凶。牒文略曰：“元始一炁萬神雷司：今據入意。本司得此，事干利濟、理難抑違，除已啓告師真，請恩施行外，切惟好生惡殺，廣太上之慈仁；趨吉避凶，著聖人之易象。

既有犯威靈之赫奕，亦宜遵教法以遣禳。"并要求"內外干係一切神煞，各率厥類，齊赴行壇。飲血茹毛，既來歆於祀事；垂頭妥尾，速遠離於民居。更無吞噬之謀，悉化慈悲之念"。可見是舉行祭白虎之神的巫術活動中，使用的通神文告。則所謂遣白虎，實爲尊奉白虎，使之驅邪逐魅。清代以後多在正月十四日舉行遣白虎活動。以紅綠綫釘虎形圖於門，以敬奉白虎神。《古今圖書集成·歲功典》引《浙江志書·山陰縣》："正月十四日，用巫人以牲醴祀白虎之神，祭畢以紅綠綫釘虎於門上，謂之遣白虎。"

元宵節

　　省稱"元宵"，亦稱"上元節""上元"。正月十五日吃元宵、賞花燈、玩百戲的節日。正月爲農曆元月，初十五爲新年第一個月圓日，古人稱夜爲"宵"，取意元月十五之夜含義，故名。此稱唐代已行用。此節期間，民間多有舞龍舞獅、跑旱船、踩高蹺、扭秧歌、賞圓月，尤其吃元宵、看花燈等活動。唐以前，是日或有迎神、登高活動。南朝梁宗懍《荊楚歲時記》有"正月十五日作豆糜，加油膏其上，以祠門戶。其夕迎紫姑，以卜將來蠶桑，並占眾事"記述。隋杜公瞻注引《石虎鄴中記》曰："正月十五日有登高之會。"稱此節爲"元宵"，乃唐以後事。唐韓偓《元夜即席》詩："元宵清景亞元正，絲雨霏霏向晚傾。……更待今宵開霽後，九衢車馬未妨行。"詩中表明元宵節期間取消了宵禁。唐李節《上元》（一作《奉和山燈》）詩三首之一："新正圓月夜，尤重看燈時。"可知當時元夕看燈已成習氣。宋晁說之《晁氏客語》："蔡君謨守福州，上元日，令民間一家點燈七盞。陳烈作大燈長丈餘，大書云：'富家

一盞燈，太倉一粒粟。貧家一盞燈，父子相對哭。風流太守知不知，猶恨笙歌無妙曲。'君謨見之，還輿罷燈。"宋曾慥《高齋漫録》："熙寧中，上元，宣仁太后御樓觀燈，召外族悉集樓上。"宋張孝祥《憶秦娥·元夕》詞："元宵節，鳳樓相對鰲山結。鰲山結，香塵隨步，柳梢微月。"宋吳自牧《夢粱録·元宵》："正月十五日元夕節，乃上元天官賜福之辰。"明田汝成《西湖遊覽志餘·熙朝樂事》："正月十五日爲上元節，前後張燈五夜。相傳宋時止三夜，錢王納土獻錢買添兩夜。先是，臘後春前，壽安坊而下至眾安橋，謂之燈市，出售各色華燈。"《禪真後史》第二回："轉眼之間，又早冬去春來。上元佳節，瞿天民進城看燈，就便探望劉浣。"明湯顯祖《紫釵記·許放觀燈》："今夕上元佳節，月淡風和。蒙聖上宣旨，分付士民通宵游賞。正是金吾不禁夜，玉漏莫相催。"明熊龍峰《張生彩鸞燈傳》："正逢着上元佳節，舜美不免關閉房門，游玩則個。"清孔尚任《落燈風》詞："元宵過了，想歌臺舞榭，閑被東風掃。"清朱彝尊《西谿子》："那日樽前同坐，剛值上元燈火。引杯深，賭葉子，拋骰子。"

【上元節】

　　即元宵節。此稱唐代已行用。見該文。

【上元】

　　即元宵節。"上元節"之省稱。此稱唐代已行用。見該文。

【元宵】[1]

　　"元宵節"之省稱。此稱唐代已行用。見該文。

元宵[2]

　　亦稱"圓子""湯圓""粉糰"。以糯米粉

和麵裹餡的圓球形食品，爲元宵節最主要的小吃。元宵節吃元宵之俗始見於宋，沿襲至今。明沈德符《萬曆野獲編·賜百官食》云："正月元夕吃元宵圓子。"然宋元時期多稱之爲"圓子""湯糰"，明代以後纔稱"元宵"。宋周必大《元宵煮浮圓子前輩似未嘗賦此坐間成四韵》："今夕知何夕，團圓事事同。湯官尋舊味，灶婢詫新功。星燦烏雲裏，珠浮濁水中。歲時編雜咏，附此説家風。"詩中吟咏了湯圓與團圓含義之關聯、煮湯圓之技巧，類實録，然稱前輩未曾爲此賦詩則失之。宋趙師俠《南鄉子·尹先之索净圓子》詞："元夜景尤殊。萬斛金蓮照九衢。鎚拍豉湯都賣得，争如。甘露杯中萬顆珠。應是著工夫。腦麝濃薰費小廚。不比七夕黃蠟做，知無。要底圓兒糖上浮。"其後咏湯圓詩詞更多。宋史浩《粉蝶兒·咏圓子》詞："玉屑輕盈，鮫綃霎時鋪遍。看仙娥、騁些神變。咄嗟間，如撒下、真珠一串。火方然，湯初滾、盡浮鍋面。"據此，宋代湯糰做法實與後世相似。又，明以後始稱"湯圓"。明吕毖《明宮史·飲食好尚》："吃元宵，其製法，用糯米細面，内用核桃仁、白糖爲果餡，灑水滾成如核桃大，即江南所稱湯圓者。"清吴振棫《養吉齋叢録》卷二四："浮圓子以元宵節食之，遂名元宵。宮中亦以此爲節物。"《紅樓夢》第五四回："一時上湯後，又接獻元宵來。賈母便命將戲暫歇，……又命將各色果子元宵等物拿些與他們吃去。"清光緒《恒春縣志·物產》："湯圓：糯粉爲圓，實餡，或糖或肉，均有。"《二十年目睹之怪現狀》第五二回："旁邊是一個賣湯圓的擔子，那火便是煮湯圓的火。"明清時亦叫"粉糰"。清朝所編《甲申朝事小紀》載王譽昌撰

《崇禎宮辭》："一日，上諭買元宵，即粉糰也，所司隨進一碗。"

【圓子】

即元宵[2]。此稱宋代已行用。見該文。

【湯圓】

即元宵[2]。此稱明代已行用。見該文。

【粉糰】

即元宵[2]。此稱明代已行用。見該文。

【湯糰】

即元宵[2]。此稱宋代已行用。宋吴自牧《夢粱録·諸色雜貨》："沿街叫賣小兒諸般食件：……糍糕、麻團、湯糰、水團……"《警世通言·俞仲舉題詩遇上皇》："衹見俞良立在那竈邊，手裏拿着一碗湯糰正吃哩，被使命叫一聲：'俞良聽聖旨。'"《海上花列傳》第三〇回："秀英道：'阿要也買仔兩個湯糰罷？'朴齋説：'好。'棧使受錢而去。"

燈節

元宵節及其後數日，即正月十五至十七八日的節慶日子。因張燈觀燈爲此期間最重要活動，故稱。此稱唐代已行用。唐張鷟《朝野僉載》卷三："睿宗先天二年正月十五、十六夜，於京師安福門外作燈輪，高二十丈，衣以錦綺，飾以金玉，燃五萬盞燈，簇之如花樹。"《五朝名臣言行録·樞密馬正惠公》引馬知節神道碑："知延州。至郡，羌方以兵覷邊，會上元開門張燈，視以無爲，而羌卒不能爲寇。"明沈德符《萬曆野獲編·節假》："永樂間，文皇帝賜燈節假十日。蓋以上元遊樂，爲太平盛事，故假期反優於元旦，至今循以爲例。"明王守仁《玉山東嶽廟遇舊識嚴星士》："春夜絶憐燈節近，溪聲最好月中聞。"1924年2月21日天津《益世

報》載《元宵節街市中之見聞》："我國舊曆正月十五日，即俗謂燈節，一般住户婦女及妓女等，以是日爲繁盛之日。"

鬧元宵

熱鬧度元宵之習俗。元宵節前後娛樂活動多，喧鬧；又張燈結彩，花團錦簇，迷亂人眼，故稱。此稱宋代已行用。元王實甫《西厢記》第一本第四折："老的小的，村的俏的，没顛没倒，勝似鬧元宵。"元張憲《韓太師》詩："行燈午夜鬧元宵，京尹明朝轉恩澤。"清姚之駰《元明事類鈔·器用門·燈》引《明詩話》，載王磐譏諷李空同以老賣老之詩："自分不知年老大，也隨兒女鬧元宵。"《金瓶梅詞話》第七四回："正月十五鬧元宵，滿把焚香天地燒。"清顧禄《清嘉録·鬧元宵》記鬧元宵時之娛樂盛況："元宵前後，比户以鑼鼓鐃鈸，敲擊成文，謂之鬧元宵。有跑馬、雨夾雪、七五三、跳財神、下西風諸名。或三五成群，各執一器，兒

元宵節觀焰火
（明崇禎刊本《金瓶梅》插圖）

童圍繞以行，且行且擊，滿街鼎沸，俗呼走馬鑼鼓。范來宗《鑼鼓》詩云：'轟連爆竹近還遥，到處喧闐破寂寥。聽去有聲兼有節，鬧來元旦過元宵。'自案《崑新合志》：'上元節，鳴金達旦，曰鬧元宵。'"《古今圖書集成·歲功典》引《江南志書·嘉定縣》："至期則結綵棚於衢巷，懸燈爭勝。白日遊觀名曰看綵色，夜擊鑼鼓曰鬧元宵。"直至近現代，包括社戲在内的各種表演，層出不窮。近人朱瑞麒於宣統元年（1909）調查之後寫《績溪風俗之習慣·歲時》云："上元日，各處社土壇、神廟，張紙燈，或演劇，或扮童戲，馳火馬、舞青獅、遊燭龍，徧巡衢巷，名曰鬧元宵。米粉爲丸祀灶，謂之迎灶神。是日，西北鄉有太子會燈劇尤甚。"（載劉汝驥《陶甓公牘》卷一二）

紫姑

主管蠶桑及家庭諸事的神。世人多於正月十五日夜間舉行迎紫姑神之祭，以卜問未來蠶桑及衆事。因古人又視之爲厕神，故祭禮活動

紫姑神
（明刊本《三教搜神大全》）

多在厠邊舉行。此稱南北朝時期已行用。世傳紫姑又名子姑、坑三姑娘，本人家之妾，爲大婦所嫉，常役以穢事，正月十五激憤而亡。故後世以其日作其形，夜間於厠邊或猪欄傍迎祭。事見南朝宋劉敬叔《異苑》卷五。一說，姓何名楣，字麗卿，爲唐壽陽刺史李景之妾，爲大婦曹氏所嫉，正月十五日夜，被害於厠中。天帝憐憫，命爲厠神。民人每於元宵夜祀於厠中，并迎以扶乩。事見《顯異錄》及宋蘇軾《子姑神記》。南朝梁宗懍《荊楚歲時記》："〔正月十五日〕其夕迎紫姑，以卜將來蠶桑，並占衆事。"杜公瞻注："按劉敬叔《異苑》云：'紫姑本人家妾，爲大婦所妬，正月十五日感激而死，故世人作其形迎之。'……《洞覽》云：'是帝嚳女，將死，云生平好樂，至正月半可以衣見迎。'又其事也。《雜五行書》：'厠神名。'……俗云，溷厠之間必須静，然後致紫姑。"可知除《異苑》諸說外，又有《洞覽》《雜五行書》諸說。按，宋高承《事物紀原·歲時風俗·紫姑》亦引《洞覽記》云："帝俈之女胥死，生好音樂，正月十五日，可以衣見迎。"女胥，爲古代女樂官，此又一說也。唐李商隱《正月十五夜聞京有燈恨不得觀》詩："身閑不睹中興盛，羞逐鄉人賽紫姑。""賽"，酬祭也。宋陸游《軍中雜歌》之八："征人樓上看太白，思婦城南迎紫姑。"明清時期俗又稱迎紫姑爲"接坑三姑娘"。清顧禄《清嘉錄·接坑三姑娘》："望夕迎紫姑，俗稱'接坑三姑娘'，問終歲之休咎。"

箕姑

上元節前後用筲箕、箬帚、竹葦之類物品所祭之神。謂祭之可以占卜一年休咎。多由婦人尤其婢女爲之。其神抑或因所用祭物不同而分別稱作箬帚姑、針姑、葦姑、筲箕姑等名目。此俗尤盛行於江南。此稱五代時期已行用。宋陳元靚《歲時廣記·卜飯箕》引宋初徐鉉《稽神錄》："江左有支戩者，好學爲文。正月望日，俗取箕，衣以衣服，插箸爲觜，使畫粉盤，以卜一歲休咎。戩見家人爲之，即戲祝曰：'請卜支秀才，他日至何官？'乃畫粉成空字。後戩仕至檢校司空，果如其卜。"可見此俗與扶乩占卜有關聯。又宋人范成大有《上元紀吳中節物俳諧體三十二韵》，其中有詩咏此俗，且注其情形："撚粉團欒意（團子），熬稃膨脖聲（炒糯穀以卜，俗名孛婁，北人號糯米花）。筵籫巫志怪，香火婢輸誠（俗謂正月百草靈，故帚葦針箕之屬皆卜焉，多婢子之輩爲之）。箸卜拖裙驗（弊帚繫裙以卜，名埽帚姑），箕詩落筆驚（即古紫姑，今謂之大仙，俗名筲箕姑）。微如針屬尾（以針姑卜伺其尾相屬爲兆，名針姑），賤及葦分莖（葦莖分合爲卜，名葦姑）。"按，箕姑實爲紫姑的一個方面。宋陸游《箕卜》詩："孟春百草靈，古俗迎紫姑。厨中取竹箕，冒以婦裙襦。竪子挾扶持，插筆祝其書。"此俗元明清猶沿襲。《佩文韻府·平虞·姑》"箕姑"一詞下引明馮應京、戴任輯《月令廣義》："吳俗謂正月百草俱靈，故于燈時備諸祠卜之戲，然多婢子輩爲。故于箕帚竹葦之類，皆能響卜。如箕姑，則以筲箕插筋，蒙以巾帕請之，至則兩手托其脅，能寫字能擊人，或但舂舉以應卜者所叩。又帚姑，以敝帚繫裙以卜，至則能起卧以占事。"明田汝成《西湖遊覽志餘·熙朝樂事》："正月十五日爲上元節，……或祭賽，……人家婦女，則召帚姑、針姑、葦姑、筲箕姑，以卜問一歲吉凶。"胡樸安《中華全國風俗志・下編・浙江》記臨安歲時亦沿前人之説："上元節……人家婦女，則召帚姑、針姑、葦姑、筲箕姑，以卜問一歲吉凶。"此俗今已消失。

傳柑

正月十五皇宮夜宴，貴戚近臣以黃柑相贈之俗。此稱南北朝時期已行用。明彭大翼《山堂肆考・宮集・傳柑》引南朝梁宗懍《荆楚歲時記》逸文："上元夜，貴戚例以黃柑相遺，謂之傳柑。"唐孫思邈《千金月令・傳柑》："上元夜登樓，貴戚例有黃柑相遺，謂之傳柑。"至宋代風氣更盛。宋陳元靚《歲時廣記・傳黃柑》引《詩話》："上元夜登樓，貴戚宮人，以黃柑遺近臣，謂之傳柑。"宋蘇軾《上元侍飲樓上》詩之三："老病行穿萬馬群，九衢人散月紛紛。歸來一點殘燈在，猶有傳柑遺細君。"公自注：侍飲樓上，則貴戚爭以黃柑遺近臣，謂之傳柑。聽携以歸，蓋故事也。又《上元夜過赴儋守召獨坐有感》詩："搔首凄涼十年事，傳柑歸遺滿朝衣。"又《戲答王都尉傳柑》詩："侍史傳柑玉座傍，人間草木盡天漿。"明清兩代亦流行。明張煌言《海上觀燈限删咸二韻》詩："自來三五傳柑勝，豈惜霞觴付酒監。"清吳偉業《元夕》詩："傳柑曲裏啼鶯到，爆竹光中戰馬收。"此俗近代已不流行。

采青

元宵節前後女子結伴到他人菜園偷取蔬菜，以卜婚事之俗。如被發現，菜園主人不以爲意，笑而遺之。此稱金元時期已行用。明劉侗、于奕正《帝京景物略・城東内外》："元夕……金元時，三日放偷，偷至，笑遺之，雖竊至妻女不加罪。"按，正月十五之夜上他人家竊物，所竊爲院落内外一般物品，正如近人胡建偉纂輯《澎湖紀略・歲時》所言："是夜男女出遊，以竊得物件爲吉兆。未字之女，必偷他人的蔥菜。諺云：'偷得蔥，嫁好公；偷得菜，嫁好婿。'未配之男，竊取他家牆頭老古石。諺云：'偷老古，得好婦。'又婦人竊得别人家餵豬盆，被人咒罵，則爲生男之兆，周年吉慶云。"而對此俗官府不禁，物主不捉，發覺後取回失物，不加責怪。清李調元《南越筆記・打仔采青》："自初十至十五竊蔬者相淫奔曰采青。"清樊彬《燕都雜咏》："上元良夜永，燈火暢遨遊，守户勞黃犬，金吾正放偷。"近人胡樸安《中華全國風俗志・上編・廣東》："〔正月〕十六夜，婦女走百病，擷取園中生菜曰采青。"均有求得一年平安吉祥之意。

鰲山

亦作"鼇山"，亦稱"鰲嶺"。元宵節之夜，用彩色絲綢和木架結成山狀，形如神話中之鰲山，上懸各種花燈的景觀。此稱宋代已行用。"鰲山"一稱本指神仙之山，宋魏野《和王衢見寄兼呈董行父》詩："棄繻東入武牢關，帝里經年豈是閑。鷁退暫知淹鳳藻，鵬殘即看上鰲山。"詩中所言乃遣世登仙山之意。後乃以燈節上的山形景觀稱之，且或稱作"鰲嶺"。宋錢惟濟《燈夕寄獻内翰虢略公》詩，燈夕言及"鰲嶺"："祇開鰲嶺神仙客，再拜雲邊捧壽觴。"關於鰲山盛況，宋孟元老《東京夢華録・元宵》有記述，然未言"鰲山"之名："燈山上綵，金碧相射，錦繡交輝。面北悉以綵結山沓，上皆畫神仙故事……綵山左右，以綵結文殊、普賢，跨獅子、白象。"宋周密《乾淳歲時記・元夕》亦描述燈山景觀云："山燈凡數千百種，極其新巧，怪怪奇奇無所不有，中以五色玉棚簇成'皇帝萬歲'四大字，其上伶官奏樂，稱念口號致語，其下爲大露臺，百藝群工，競呈奇技。"此即"鰲山"盛景。周密《武林舊事·元夕》言及作爲燈山的"鰲山"名："至二鼓，上乘小輦幸宣德門，觀鰲山。"南宋以後，元宵節觀鰲山成爲城鄉流行風俗。《元史·張養浩傳》："會元夕，帝欲於内庭張燈爲鰲山，〔張養浩〕即上疏於左丞相拜住，拜住袖其疏入諫。"傳爲宋元時人所作之《京本通俗小説·志誠張主管》："不如去一處看，那裏也抓縛着一座鰲山。"《水滸傳》第三三回："且説這清風寨鎮上居民……去土地大王廟前紥縛起一座小鰲山，上面結綵懸花，張挂五六百碗花燈。"明田汝成《西湖遊覽志餘·熙朝樂事》："正月十五日爲上元節，前後張燈五夜……或祭賽神廟，則有社火鰲山，臺閣戲劇，滾燈烟火。"《金瓶梅詞話》第一五回："當街搭數十座燈架……覽不盡鰲山景。"明徐復祚《紅梨記·豪讌》："想梅花已漏江南信。看鰲山切雲。"西南邊陲亦如此。明謝肇淛《滇略·俗略》："元夕家家燃燈，亦有魚龍走馬及鰲山諸戲。然皆染紙爲之，無他奇巧。市上結綵爲架，作松棚如小屋，然爇燈其中。遊人歌舞達旦。然僅自十三至十五而止。"清代仍盛行此俗。清陳學夔《榕城景物考》稱，福州閩山廟，"每年十三至十五，架鰲山，玲瓏飛動，人物花卉，都以裁繒剪綵爲之，高挂異樣奇燈"。現代節日游行中的各種大型彩車，是鰲山燈彩的發展。

【鼇山】

同"鰲山"。此體宋代已行用。見該文。

【鰲嶺】

即鼇山。此稱宋代已行用。見該文。

火樹

亦稱"燈樹"。元宵節前後以樹木搭建、上面多挂燈火的樹狀燈架。爲人們賞燈、游藝之展示物。此稱魏晉時期已行用。按，正月十五放燈，相傳源自佛教，漢代或已有之。宋高承《事物紀原·放燈》引《僧史略》云："《漢法本傳》曰，西域十二月三十日，是此方正月望，謂之大神變日，漢明帝令燒燈，表佛法大明也。"抑或有人以漢代及其以前之"庭燎"爲後世火樹之源，《史記·樂書》："漢家常以正月上辛祠太一甘泉，以昏時夜祀，到明而終。"然此類夜間點火之祭禮與後世燃燈觀賞之習俗仍大有區別。魏晉以後，燈樹之俗應已流行起來。晉傅玄《朝會賦》云："華燈若乎火樹，熾百枝之煌煌。"梁簡文帝《列燈賦》云："九微間吐，百枝交布。聚類炎洲，迹同大樹。"所賦應是燈樹盛況。火樹、燈樹與佛教有關，應大致不誤。隋煬帝《正月十五日于通衢建燈夜升南樓》詩："法輪天上轉，梵聲天上來。燈樹千光照，花燄七枝開。"唐段成式《觀山燈獻徐尚書》詩："道樹千花發，扶桑九日移。因山成衆像，不復藉蟠螭。湧出多寶塔，往來飛錫僧。分明三五月，傳照百千燈。……火樹枝柯密，燭龍鱗甲張。"自唐至宋，元宵節立燈樹之風很盛。唐張説《十五夜御前口號踏歌辭》二首之一："龍銜火樹千燈艷，雞踏蓮花萬歲春。"後蜀王仁裕《開元天寶遺事·百枝燈樹》："韓國夫人置百枝燈樹，高八十尺，竪之高山，上元夜點之，百里皆見，光明奪月色也。"《續資治通鑑長編·宋太祖建隆二年》："〔正月〕己酉，上御明德門觀燈,宴從臣,江南吳越使皆與焉。樓前設燈山火樹,露臺張樂,陳百戲。"宋錢惟濟《燈夕寄獻內翰虢略公》詩:"九枝火樹連金狄,萬里霜輪上碧瑠。"宋李宗諤《燈夕寄獻內翰虢略公》詩:"歷歷星榆光奪晝,煌煌火樹艷爭春。"宋孟元老《東京夢華錄 · 十六日》:"兩廊有詩牌燈,云'天碧銀河欲下來,月華如水照樓臺';并'火樹銀花合,星橋鐵鎖開'之詩,其燈以木牌爲之,雕鏤成字,以紗絹冪之,於內密燃其燈,相次排定,亦可愛賞。"足見宋代都市燈樹之盛。元代猶沿前俗。爲建燈樹常常要伐很多樹木。元宋褧《奉元路總管致仕文公神道碑》:"里俗上元伐柏構燈樹,歲數千株。小民急迫,每盜斫墓中木,公悉禁止。"此俗甚至傳至周邊各番屬國。元黎崱《安南志略 · 風俗》:"元宵,立燈樹於廣庭,名廣照燈,萬點交輝,光徹上下,僧繞諷經,群僚羅拜,謂之朝燈。"明清依然流行。明劉侗、于奕正《帝京景物略 · 燈市》:"絲竹肉聲,不辨拍煞。光影五色,照人無妍媸,烟胃塵籠,月不得明,露不得下。"清潘榮陛《帝京歲時紀勝 · 上元》:"城市張燈,自十三日至十六日四永夕,金吾不禁。"此俗當今仍盛行於民間。

【燈樹】

即火樹。此稱宋代已行用。見該文。

燈市

過年(尤其元宵節)前後夜夜舉行的觀賞花燈、參與游藝、品嘗美食的節慶活動。此稱宋代已行用。按,宋代燈市未必限於元宵前後,甚或臘月就已有之。商家趁乘售賣物品,游人從中獲得快樂。宋范成大《上元紀吳下節物排諧體三十二韻》詩之一:"酒壚先砆鼓,燈市蚤

投瓊。"自注:"臘月即有燈市。珍奇者,數人釀買之,相與呼盧,采勝者得燈。"宋周密《武林舊事 · 元夕》:"都城自舊歲冬孟駕回……天街茶肆,漸已羅列燈球等求售,謂之燈市。自此以後,每夕皆然。"因元宵燈市反映着都市的繁華熱鬧,故宋人多有詩詞咏之。宋范成大《燈市行》詩:"吳臺今古繁華地,偏愛元宵燈影戲。春前臘後天好晴,已向街頭作燈市。"宋陳師道《和元夜》詩:"笳鼓喧燈市,車輿避火城。"宋京鏜《絳都春 · 元宵》:"升平似舊。正錦里元夕,輕寒時候。十里輪蹄,萬户簾帷香風透。火城燈市爭輝照。"宋趙抃《次韵毛維瞻度支過杭見贈》詩:"秋後濤江增氣勢,夜深燈市鬭光輝。"宋韓淲《十五日晴窻》詩:"絳霄誰復記宣和,燈市錢塘未覺多。"可見宋代燈市内容之豐富多彩。至明清時期,燈市依然熱鬧。明申佳允《元宵風雨寄懷小有》二首之二:"願得來春燈市裏,長安同上酒家樓。"明沈德符《萬曆野獲編補遺 · 淹九》記燈市結束時間:"京師正月燈市,例以十八日收燈,城中遊冶頓寂。"清汪歷賢《燈市竹枝詞》:"長安燈市晝連宵,遊女爭呈馬上腰。躝躝燈光莫歸去,前門釘子玉河橋。"清丘逢甲《元夕無月》詩:"滿城燈

燈 市
(清末石印本《帝鑒圖説》)

市蕩春烟，寶月沈沈隔海天。”當代元宵燈會文化內涵更濃，東北地區的冰燈、電視臺的元宵晚會，皆爲燈市在新時期的延展和提升。

燈樓

亦稱“燈牌樓”。元宵節以繒絹等結成、上設衆多燈火之牌樓。爲元宵夜之燈火景觀。此稱唐代已行用。上元放燈與佛教有關，故唐代日僧釋圓仁《入唐求法巡禮行記》記正月十五日夜長安燈樓盛況云：“十五日夜，東西街中，人宅燃燈，與本國年盡晦夜不殊矣。寺裏燃燈供養佛，兼奠祭師影，俗人亦爾。當寺佛殿前，建燈樓；砌下、庭中及行廊側皆燃油，其燈盞數不遑計知。”宮廷與民間結燈樓之俗亦盛。唐鄭處誨《明皇雜録》：“上在東都，遇正月望夜，移仗上陽宮，大陳影燈，設庭燎，自禁中至於殿庭，皆設蠟炬，連屬不絕。時有匠毛順，巧思結創繒彩爲燈樓三十間，高一百五十尺，懸珠玉金銀，微風一至，鏘然成韵，乃以燈爲龍鳳虎豹騰躍之狀，似非人力。”《太平廣記》卷七七引唐佚名《廣德神異録》，所載燈樓事與此略同。唐以後，此俗流行甚廣，至清不衰。宋李彭老《木蘭花慢》詞：“記舊時遊冶，燈樓倚扇，水院移船。”宋李心傳《建炎以來繫年要録·高宗紹興十三年》：“上元結燈樓，簾幙歲一易。”元馮子振《鸚鵡曲·夷門懷古》：“説宣和錦片繁華，輦路看元宵去。馬行街直轉州橋，相國寺燈樓幾處。”清代又稱“燈牌樓”。清孫點《歷下志游》：“上元燈市自十三起至十八止，隔五六家即安一燈架，高約丈餘，或嵌玻璃，或糊紗絹彩畫各劇，謂之燈牌樓，街衢恒如白晝。”此俗今仍流行民間。

【燈牌樓】

即燈樓。此稱清代已行用。見該文。

燈謎

亦稱“商燈”“燈虎”。讓人猜測爲何語詞、何物、何事、何人、何狀態之類的謎語。因元宵之夜賞燈時，多進行猜謎活動，故稱。此稱明代已行用。按，猜謎語始於春秋以前，“燈謎”源於先秦的廋辭、隱語游藝，歷史久遠。元宵賞燈在唐宋時已盛行，但當時尚未出現賞燈猜謎活動，至明代始有之。一般是將謎語寫在花燈上，或書於紙上貼挂於燈下，讓觀衆一邊賞燈，一邊猜謎，以助游興。故或稱之爲猜燈。明田汝成《西湖遊覽志餘·熙朝樂事》：“正月十五日爲上元節，前後張燈五夜。……好事者或爲藏頭詩句，任人商揣，謂之猜燈。”清錢德蒼《解人頤·消悶集》言“詩謎”曰：“古之所謂‘廋詞’，即今之‘隱語’，而俗所稱‘謎’也。遂安毛鶴舫先生有燈謎十二首，每首隱古人四名，俱在一部書内，亦奇思也。”燈謎的謎格種類繁多，最著稱者爲《韻鶴軒筆談》卷下所言“廣陵十八格”，謂“燈謎有十八格，曹娥格爲最古，次莫如增損格……”按，常見謎格有捲簾、徐妃、拆字、解鈴、繫鈴、秋千、會意、諧聲、典雅、碎錦、迴文，等等。猜燈謎需要知識面寬、反應敏捷及掌握多種謎格，因而它成爲一種有文化品位的娛樂活動。明張岱《陶庵夢憶·紹興燈景》：“十字街搭木棚，挂大燈一，俗曰‘呆燈’；畫‘四書’、《千家詩》故事，或寫燈謎，環立猜射之。”明尤侗《意難忘·元宵》詞：“月明車馬如雷，有舞旋鮑老，歌打洪崖。……百忙裏、鬧成燈謎，擲與郎猜。”明末錢謙益《癸亥元夕宿墳上》詩：“猜殘燈謎無人解，何處平添兩鬢絲。"清褚人穫《堅瓠九集·燈謎》："康熙乙亥，新正雨雪連旬。元宵後重整花燈，燈謎盈壁。采其佳句如故：退之曰'韓文公死了'，遇丈人曰'阿伯那裏去'（吳中婿稱妻父曰阿伯）。"《紅樓夢》第二二回："只見一個小太監拿了一盞四角平頭白紗燈，專爲燈謎而製，上面已有了一個，衆人都爭着亂猜。"又第五〇回："賈母道：'有做詩的，不如做些燈謎兒，大家正月裏好玩。'衆人答應。"《風月鑒》第九回："不覺臘盡春初，到了上元佳節，嫣娘就想製燈屏，將園裏設詩社燈謎。"清蒲松齡《聊齋志異·小二》："閉門靜對，猜燈謎，憶亡書，以是角低昂，負者駢二指擊腕臂焉。"《鏡花緣》第三一回："二人只得跟着到了廳堂，壁上貼着各色紙條，上面寫着無數燈謎，兩旁圍着多人在那裏觀看。"近人夏仁虎《歲華憶語·春燈謎》："文人學士，暇時製爲謎語，新年鮮事，則張條於衢，曰春燈候教。萬頭攢動，聚影一燈，忽然有悟，高聲請問，則群耳傾注，或拍手狂噱，此遊戲之近雅者。"燈謎亦稱"商燈""燈虎"。明方以智《通雅·釋詁》："廋辭讔喻，謂隱書也。離合詩、井謎、商燈其流也。"明劉侗、于奕正《帝京景物略·春場》："有以詩隱物幌於寺壁者，曰商燈，立想而漫射之，無靈蠢。"清張起南《橐園春燈話》卷上："謎必用燈，不知何人作俑。古名商燈，又曰春燈，或呼爲燈虎。虎字必有所本，商則取商榷之義，惟春燈之名，最爲雅碻，蓋春市一燈，文人小集，必在上元良夜，金吾不禁時也。"近人謝雲聲《靈簫閣謎話初集》："燈虎：燈虎者，取燈謎、文虎二名而合成之者也。商燈：燈謎亦稱商燈，商燈二字，不知

何解，或曰，取有待商量之意。"又："謎之名目，自古迄今，言人人殊，究無可考。或曰文虎，或曰廋辭，或曰燈謎。""商燈"與商議有關；"燈虎"則可能因謎面構思奇巧，猜時頗費周折，有如射虎一樣難，故稱。《兒女英雄傳》第二二回："你聽吧，甚麼古記兒、笑話兒、燈虎兒，他一肚子呢！"猜燈謎之俗近代以來依然甚盛。民國時還出現了諸如"北平射虎社"之類團體。隨着"燈謎"與"謎語"二稱相混淆，"燈謎"一稱也不限於在元宵節期間使用了，在平時一些群衆聯歡活動中，亦很常見。

【商燈】

即燈謎。此稱明代已行用。見該文。

【燈虎】

即燈謎。此稱明代已行用。見該文。

【廋辭】

"燈謎"之古稱。省稱"廋"。然與燈謎有所不同處在於，它并不使用於元宵燈市中。此稱先秦時期已行用。宋元以後偶用此稱，多屬敘述謎語歷史時用之。《國語·晋語五》："范文子莫退於朝，武子曰：'何莫也？'對曰：'有秦客廋辭於朝，大夫莫之能對也。吾知三焉。'"韋昭注："廋，隱也，謂以隱伏譎詭之言問於朝也。"《資治通鑑·後漢隱帝乾祐二年》："飛龍使瑕丘後匡贊、茶酒使太原郭允明以諂媚得幸，帝好與之爲廋辭、醜語，太后屢戒之，帝不以爲意。"《孟子·公孫丑上》"遁辭知其所窮"宋孫奭疏："大抵廋辭云者，如今呼筆爲'管城子'、紙爲'楮先生'、錢爲'白水真人'，又爲'阿堵物'之類是也。"宋吳曾《能改齋漫錄·沿襲·薏苡芎藭》："張右史來晝臥，口占云：'病栽薏苡，無勞謗濕，要芎藭不待廋。'

東坡亦云：'巧語屢曾傷薏苡，廋辭那復託芎藭。'"明方以智《通雅·釋詁》："廋辭讔喻，謂隱書也。離合詩、井謎、商燈其流也。"明宋濂《徐教授文集序》："廋辭隱語，雜以詼諧者，非文也。"明王世貞《漫興》八首其一："海内猶傳何李詩，三吳少年多廋辭。"清黃宗羲《金介山詩序》："古之能自盡其情者，莫如淵明，然而《述酒》等作，未嘗不爲廋辭矣。"近人謝雲聲《靈簫閣謎話初集》："燈謎亦稱廋辭，廋辭甚古，實即比興、寓言之類，於今日燈謎實不相同，不過借用之耳。"

【廋】

"廋辭"之省稱。此稱先秦時期已行用。見該文。

【隱語】

"燈謎"之古稱。省稱"隱""讔"，亦稱"商謎"。然與燈謎有所不同處在於，明代以前，它尚未使用於元宵燈市中。此稱先秦時期已行用。《史記·滑稽列傳》："齊威王之時喜隱。"司馬貞索隱："喜隱謂好隱語。"漢劉向《新序·雜事》："〔無鹽女〕良久曰：'竊嘗喜隱。'〔齊宣〕王曰：'隱，固寡人之所願也，試一行之。'"《國語·晉語五》"有秦客廋辭於朝"三國吳韋昭注："廋，隱也，謂以隱伏譎詭之言問於朝也。東方朔曰'非敢試之，乃與爲隱耳'是也。"《漢書·東方朔傳》："〔東方〕朔笑之曰：'咄口無毛，聲謷謷，尻益高。'舍人恚曰：'朔擅詆欺天子從官，當棄市。'上問朔何故詆之？對曰：'臣非敢詆之，迺與爲隱耳。上曰：'隱云何？'朔曰：'夫口無毛者，狗竇也；聲謷謷者，烏哺鷇也；尻益高者，鶴俛啄也。'"顏師古注："隱謂隱語也。"南朝梁劉勰《文心

雕龍·諧讔》："漢世隱書十有八篇，〔劉〕歆、〔班〕固編文，録之歌末。昔楚莊、齊威性好隱語，至東方曼倩尤巧辭述，但謬辭詆戲，無益規補。"《左傳·哀公十三年》"梁則無矣，粗則有之。若登首山以呼曰，庚癸乎！則諾"唐孔穎達疏："若我登首山以叫呼'庚癸乎'，女則諾。軍中不得出糧與人，故作隱語，爲私期也。庚在西方，穀以秋熟，故以庚主穀。癸在北方，居水之位，故以癸主水。言欲致餅並致飲也。"《舊唐書·劉文靜傳》："高祖謂曰：'本設法令，使人共解，而往代相承，多爲隱語，執法之官，緣此舞弄。'"唐裴鉶《昆侖奴傳》："一品曰：'郎君閑暇，必須一相訪，無間老夫也。'命紅綃送出院。時生回顧，妓立三指，又反掌者三，然後指胸前小鏡子，云：'記取。'……生又白其隱語。〔磨〕勒曰：'有何難會。立三指者，一品宅中有十院歌姬，此乃第三院耳。反掌三者，數十五指，以應十五日之數。胸前小鏡子，十五夜月圓如鏡，令郎來耳。'"這是用動作、手勢來猜事情。宋以後又有"商謎"之稱。宋吳自牧《夢粱録·小説講經史》："商謎者，先用鼓兒賀之，然後聚人，猜詩謎、字謎、戾謎、社謎，本是隱語。"宋周密《武林舊事·燈品》："又有以絹燈翦寫詩詞，時寓譏笑，及畫人物、藏頭隱語，及舊京諢語，戲弄行人。""藏頭隱語"，即指謎語。明焦竑《俗書刊誤·俗用雜字》："隱語曰謎。"明周祈《名義考·人部·橐槶》舉隱語之例："《古樂府》'橐槶'，謂夫也。古有罪者，席橐伏於槶上，以鈇斬之。言橐槶則兼言鈇矣。鈇與夫同音，故隱語'橐槶'爲'夫'也。"隱語還存在於人們的對話中。清蒲松齡《聊齋志異·宮夢弼》："慧婢瀹茗，各以

隱語道寒暄，相視淚熒。"

【隱】

"隱語"之省稱。此稱先秦時期已行用。見該文。

【讔】

即隱語。同"隱"。此稱南北朝時期已行用。見該文。

【商謎】

即隱語。此稱宋代已行用。見該文。

【謎語】

即燈謎。此稱魏晉時期已行用。此稱爲猜謎詞語之通稱，未必僅用於元宵節時。南朝梁劉勰《文心雕龍・諧讔》："自魏代已來，頗非俳優而君子嘲，隱化爲謎語。謎也者，迴互其辭，使昏迷也。或體目文字，或圖象品物，纖巧以弄思，淺察以衒辭，義欲婉而正，辭欲隱而顯。"唐張籍《和左司元郎中秋居十首》："古鏡銘文淺，神方謎語多。"唐李公佐《謝小娥傳》："有孀婦名小娥者，每來寺中，示我十二字謎語，某不能辨。"宋楊彥齡《楊公筆錄》："謎語自古有之。'一八四八，飛泉仰流'，鮑昭'井'謎。"元馮子振《鸚鵡曲・泣江婦》曲："夏侯瞞智肖楊修，强說不我來去。怕文章洩漏風光，謎語到難開口處。"此俗此稱至今仍盛行。

走馬燈

亦稱"馬騎燈""轉燈"。一種將動態剪紙影像投映於燈罩上的燈籠。燈籠内設輪軸，輪軸上貼剪紙，點燃蠟燭，可將剪紙之影映在燈籠外壁上；因蠟燭熱氣驅動，輪軸隨轉，帶着剪紙旋轉，使得映在籠壁上的投影也轉動起來。又因剪紙多武將騎馬圖像，燈籠壁便呈現人馬相逐之狀，故稱"走馬燈"。多在元宵、中秋等節日懸挂。此稱唐代已行用。唐代稱"影燈"或"燈影"。唐馮贄《雲仙雜記・上元影燈》引《影燈記》："洛陽人家上元以影燈多者爲上，其相勝之辭曰'千影萬影'。"《説郛》卷六九亦引《影燈記》："上在東都，遇正月望夜，移仗上陽宮，大陳燈影，設庭燎，自禁中至於殿庭，皆設蠟炬，連屬不絶。"至宋不斷發展，更引人注目。宋吳自牧《夢粱錄・夜市》："春冬撲賣玉栅小球燈、奇巧玉栅屏風、捧燈球、快行胡女兒沙戲、走馬燈……等物。"宋范成大《上元紀吳下節物俳諧體三十二韻》："映光魚隱見，轉影騎縱横。"自注："馬騎燈。"宋周密《武林舊事・燈品》："此外有五色蠟紙，菩提葉，若沙戲影燈馬騎人物，旋轉如飛。"元耶律楚材《轉燈》詩："三世塵沙佛，皆如轉燈過。"元佚名《百花亭》第一折："往來的人一上一下，似走馬燈兒一般。"《三國演義》第五回："這三個圍住吕布，轉燈兒般廝殺。"清顧禄《清嘉録・燈市》："臘後春前，吳趨坊、申衙里、皋橋中市一帶，貨郎出售各色花燈，精奇百出……其奇巧，則有琉璃球、萬眼羅、走馬燈、梅裹燈。"清富察敦崇《燕京歲時記・走馬燈》："走馬燈者，剪紙爲輪，以燭噓之，則車馳馬驟，團團不休，燭滅則頓止矣。"清子鴻《燕京竹枝詞・走馬燈》："剪紙爲輪製造精，飛繞人間不夜城。兒童更愛團團輪，車馳馬驟却無聲。"走馬燈至今仍盛行民間。漢語中，還藉用此稱指輪換得快。

【馬騎燈】

即走馬燈。此稱宋代已行用。見該文。

【轉燈】

即走馬燈。此稱元代已行用。見該文。

跳百索

亦稱“跳白索”。跳繩活動，爲兒童游戲。舊俗多於元宵節、中秋節進行。此稱南北朝時期已行用。最早見載於《北齊書·幼主紀》：“遊童戲者，好以兩手持繩，拂地而却上，跳且唱曰‘高末、高末’之言。”至唐代稱跳繩爲“透索”。唐段成式《酉陽雜俎·境異》：“婆羅遮，並服狗頭猴面，男女無晝夜歌舞。八月十五日，行像及透索爲戲。”宋孟元老《東京夢華録·六月六日崔府君生日二十四日神保觀神生日》：“至二十四日……自早呈拽百戲。如上竿、趯弄、跳索、相撲。”明代，成年人也參加。《金瓶梅詞話》第一八回：“西門慶帶酒罵道：‘淫婦們閒的聲唤，平白跳甚麽百索兒！’”明沈榜《宛署雜記·民風一》：“跳百索。十六日，兒以一繩長丈許，兩兒對牽，飛擺不定，令難凝視，似乎百索，其實一也。群兒乘其動時，輪跳其上，以能過者爲勝，否則爲索所絆，聽掌繩者繩擊爲罰。”明劉侗、于奕正《帝京景物略·燈市》：“〔元夕〕二童子引索略地，如白光輪；一童子跳光中，曰跳白索。”這種兩人舞繩，衆人輪跳的形式，是一種帶有吉祥色彩的娛樂游戲。抑或用跳繩時的狀態比喻人的瘋狂，元佚名《點絳唇·元和令》：“一個舞喬捉蛇呆木答，一個舞屍裏蛆的法刀把，一個跳百索攧背兒仰刺叉。”明清時稱作“跳白索”。清潘榮陛《帝京歲時紀勝·歲時雜戲》：“博戲則騎竹馬、撲蝴蝶、跳白索、藏矇兒。”清佚名《燕臺口號一百首·輪跳白索》：“輪跳白索鬧城闉，元夕燒香柏作薪。絡索連環聲響應，太平鼓打

送年人。”此游戲傳承至今。其跳法有一人自拋繩自跳，有兩人拋繩一人跳，有用單脚跳或同時用雙脚跳，有兩人先拋空繩，後衆人依次輪跳，又有雙跳，多繩集體跳，拋一次繩多次跳，單人花樣跳等。

【跳白索】

即跳百索。此稱清代已行用。見該文。

補天穿

因紀念女媧補天而形成的所謂補天風俗。通常認爲正月二十日是天穿日，要用紅綫穿煎餅等，置庭中或高挂屋頂，以示補天穿。相傳女媧氏以是日補天。此稱晋代已行用。宋陳元靚《歲時廣記·繫煎餅》引晋王嘉《拾遺記》：“江東俗號正月二十日爲天穿日，以紅縷繫煎餅餌置屋上，謂之補天穿。”南朝梁宗懍《荆楚歲時記》：“北人此日食煎餅，於庭中作之，云薰火，未知所出。”宋李靚《正月二十日俗號天穿日以煎餅置屋上謂之補天感而爲詩》：“媧皇没後幾多年，夏伏冬愆任自然。祇有人間閑婦女，一枚煎餅補天穿。”元楊維楨《鐵崖古樂府·皇媧補天謡》：“聖媧巧手煉奇石，飛廉鼓韝虞淵赤。紅絲穿餅補天穿，太虛一碧玻璃色。”到清代仍流行。清褚人穫《堅瓠補集·補天穿》：“宋以前以正月二十三日爲天穿節。相傳女媧氏以是日補天。俗以煎餅置屋上。名曰補天穿。葛魯卿有《驀山溪》一闋，咏天穿節郊射也。”胡樸安《中華全國風俗志·上編·廣東》：“〔花縣〕正月十九烙糯粉爲圓塊，加綫穿其上，謂之補天穿……十九日挂蒜於門，以辟惡，廣州謂爲天穿日，作餺禱神曰補天穿。”同書上編，載陝西風俗：“正月二十日爲天穿，以紅縷繫餅餌，擲之屋上，謂之補天。”陝西人認爲女媧曾

在驪山煉五色石補天地，并將正月二十作爲女媧誕辰，家家户户吃補天餅。有的吃煎餅、烙餅，總的要求是餅圓而薄。飯前舉行簡單儀式，由家庭主婦撕餅拋向房頂，象徵補天，然後扔向井中或擱於地上，象徵補地。

填五窮

亦稱"送窮鬼""送窮子""送窮"。正月晦日（清代改作正月初五），飽食，弃敝衣於陋巷，以示送窮的習俗。古稱送窮節，抑或將此日定在正月晦日。此稱清代已行用。此俗則早在南北朝時期已出現。初稱"送窮鬼"或"送窮子"。南朝梁宗懍《荊楚歲時記》載，正月"晦日送窮"。隋杜公瞻注："按《金谷園記》云：'高陽氏子瘦約，好衣敝食糜。人作新衣與之，即裂破，以火燒穿着之，宮中號曰窮子。正月晦日巷死。'今人作糜，棄破衣，是日祀於巷，曰送窮鬼。"唐韓愈《送窮文》："元和六年正月乙丑晦，主人使奴星結柳作車，縛草爲船，載糗輿糧，牛繫軛下，引帆上檣，三揖窮鬼而告之。"自注："予嘗見《文宗備問》：'顓頊高辛時，宮中生一子，不著完衣，號爲窮子。其後正月晦死，宮人葬之，相謂曰：今日送窮子。'自爾相承送之。"又唐《四時寶鑒》云："高陽氏子好衣弊食糜，正月晦巷死也，作糜棄破衣，是日祝於巷，曰除貧也。"唐姚合《晦日送窮》詩三首之一："年年到此日，灑酒拜街中。萬户千門看，無人不送窮。"宋楊湜《古今詞話》："太學有士人長於滑稽，正月晦日，以芭蕉船送窮作《臨江仙》，極有理致。其詞曰：'莫怪錢神容易致，錢神盡是愚夫。爲何此鬼却相於。祇由頻展義，長是泣窮途。韓氏有文曾餞汝，臨行慎莫躊躇。青燈雙點照平湖。蕉

船從此逝，相共送陶朱。'"可見唐宋時期送窮習俗甚盛。延至清代，此俗猶存。清褚人穫《堅瓠續集・送窮》："至今池陽風俗，以正月二十九日爲窮九，掃除屋室塵穢，投之水中，謂之送窮。"清代以來，送窮日由晦日變成正月初五日。《中國地方志民俗資料彙編・西北卷》清康熙十五年（1676）《延綏鎮志》："〔正月〕五日黎明，掃除塵垢，多送窮神，是日飽食，謂之填五窮。"同書引清光緒三十一年（1905）《綏德州志》："初五日黎明，起則燃礦焚香，曰送五窮。家人飽食糕餅，謂之填五窮。"時人認爲此日飽食，終生不挨餓。

【送窮鬼】

即填五窮。省稱"送窮"。此稱隋代已行用。見該文。

【送窮子】

即填五窮。省稱"送窮"。此稱唐代已行用。見該文。

【送窮】

即填五窮。"送窮鬼"和"送窮子"之省稱。此稱隋代已行用。見該文。

迎富

二月二日人們外出采蓬茲，於門前祭之以祈富之俗。蓬茲，草名，諧"逢子"之音。傳古巢氏於二月二日喜得人子，養育後致富，故祭蓬茲可得吉兆。此稱唐代已行用。唐韓鄂《歲華紀麗》卷一："巢人乞子以得富。"注云："昔巢氏時，二月二乞得人子，歸養之，家便大富。後以此日出野曰采蓬茲，向門前以祭之，云迎富。"二月二日迎富成俗，民間以迎富果子相饋贈，士民亦多出郊宴游。宋陳元靚《歲時廣記》引《文昌雜錄》："唐歲時節物，二月一

日，則有迎富果子。”宋承此俗。宋魏了翁《二月二日遂寧北郭迎富》詩：“才過結柳送貧日，又見簪花迎富時。”明清沿襲此俗，增添了娛樂內容。逐漸由原來的祈富演變爲民間的歲首歡慶，并認爲正月底送窮，二月初迎富。明謝肇淛《五雜俎·天部二》：“秦俗以二月二日，携鼓樂郊外，朝往暮回，謂之迎富……大凡月盡爲窮，月新爲富，每月皆然，而聊以歲首舉行之故，正月晦送窮，而二月二日迎富也。”然亦常有人對此頗加譏諷。明沈守正《初度》詩二首之二：“采蓬傳舊俗，生我值兹時。怡悦桃花面，梧桐楊柳枝。笑當迎富日，偏咏送窮詩。短髮今如此，浮沉任所之。”清錢大昕《十駕齋養新錄·迎富》亦云：“今人但知送窮，不知迎富亦有故事。魏華父有《二月二日遂寧北郭迎富故事詩》云：‘才過結柳送貧日，又見簪花迎富時。誰爲貧驅竟難逐，素爲富逼豈容辭。貧如易去人所欲，富若可求吾亦爲。里俗相傳今已久，謾隨人意看兒嬉。’此蜀中舊俗，不知今尚行之否？”今民間已無此俗。

中和節

　　二月初宴饗賦詩、互贈瓜果、樂舞百戲、出游祈農的節日。此稱隋代已行用。而明清以來又演化爲“二月二，龍抬頭”節日，延至今。唐德宗以前，二月無節日。應大臣李泌之請，德宗確定二月朔爲中和節。《新唐書·李泌傳》：“帝以前世上巳、九日，皆大宴集，而寒食多與上巳同時，欲以三月名節，自我爲古，若何而可？〔李〕泌請：‘廢正月晦，以二月朔爲中和節，因賜大臣戚里尺，謂之裁度。民間以青囊盛百穀瓜果種相問遺，號爲獻生子。里閭釀宜春酒，以祭勾芒神，祈豐年。百官進農書，以

示務本。’帝悦，乃著令，與上巳、九日爲三令節，中外皆賜繒錢燕會。”可知中和節確立，有祈求閭里和諧、農桑豐饒之意。此俗從此得以推廣。唐王季友《皇帝移晦日爲中和節》詩贊曰：“皇心不向晦，改節號中和。淑氣同風景，嘉名別咏歌。湔裙移舊俗，賜尺下新科。曆象千年正，醞釀四海多。花隨春令發，鴻度歲陽過。天地齊休慶，歡聲欲蕩波。”此節日甚或大搞游藝活動。唐梁肅《中和節奉陪杜尚書宴集序》記揚州中和節，“謂二月之吉，殷天人之和。肇以是日，爲中和節”。其盛況：“列于賓席者百有餘人。火旗在門，雷鼓在庭。合樂既成，大庖既盈。左右無聲，旨酒斯行。乃陳獻酬之事，乃酣無算之飲。於是群戲坌入，絲竹雜沓。球蹈、槃舞、橦懸、索走之疾，飛丸、拔距、扛鼎、踰刃之奇，迭作於庭内。急管參差，長袖嫋娜之美；陽春白雪，流徵清角之妙，更奏於堂上。風和景遲，既樂且儀。自朝及暮，惟節是度。”宋代，此節時間延長至二日。宋周密《武林舊事·挑菜》：“二月一日，謂之‘中和節’，唐人最重。今惟作假，及進單羅御服，百官服單羅公裳而已。二日，宮中排辦挑菜御宴。”宋吳自牧《夢粱錄·二月》：“二月朔，謂之‘中和節’，民間尚以青囊盛百穀、瓜、果子種互相遺送，爲獻生子。禁中宮女，以百草鬥戲。百官進農書，以示務本。”到明代，中和節更注重二月初二日，且出現龍抬頭之傳聞。《燕京歲時記·二月龍擡頭》：“二月二日，古之中和節也。今人呼爲龍擡頭。是日食餅者謂之龍鱗餅，食面者謂之龍鬚麵。閨中停止針綫，恐傷龍目也。”清侶岩荷禪師《客中壽友》詩：“幸值中和節，喜逢大慶年。”《老殘游記續集》

第三回："又想正月香市，初一我穿什麼衣裳，十五我穿什麼衣裳；二月二龍擡頭，我穿什麼衣裳。"近現代以來中和節不再流行，而"龍抬頭"之日人們要外出"走百病"則成習俗。

龍抬頭

相傳農曆二月二日蟄伏的龍開始抬頭，民間因之進行表示敬畏的活動。是日世人以灰或糠從井邊撒一條白道，直至自家廚房繞水缸一周；又不掃地、女人不動針綫，恐傷龍目；所吃食物亦有專稱，如炊餅稱爲龍鱗餅，麵條稱作龍鬚麵。此稱元代已行用。按，農曆二月初，節氣近驚蟄，大地回暖，百蟲萌動，民間視爲潛龍蘇醒，故有敬奉之儀。元熊夢祥曰："二月二日，謂之龍擡頭。五更時，各家以石灰於井畔周遭糝引白道，直入家中房内，男子婦人不用掃地，恐驚了龍眼睛。"（見《析津志輯佚・歲紀》）元佚名《朱太守風雪漁樵記》第三折："他著我擡起頭來，我道'老漢不敢擡頭'，他道'你爲甚麼不擡頭'。我道：'我直到二月二那時，可是龍擡頭，我也不敢擡頭！'"清潘榮陛《帝京歲時紀勝・薰蟲》："〔二月〕二日爲龍擡頭日。鄉民用灰自門外蜿蜒布入宅厨，旋繞水缸，呼爲引龍迴。"清富察敦崇《燕京歲時記・龍擡頭》："二月二日，古之中和節也。今人呼爲龍擡頭。是日食餅者謂之龍鱗餅，食麵者謂之龍鬚麵。閨中停止針綫，恐傷龍目也。"《老殘游記》第三回："二月二龍擡頭，我穿什麼衣裳……我多威武。"近人夏仁虎《歲華憶語・龍擡頭》："二月二日，俗謂之龍擡頭，不知何本，殆龍蛇起蟄之義歟？人家率於是日接女歸寧，故諺云'二月二日龍擡頭，家家接女訴冤仇'，蓋一歲婦工，以此時爲最閑，可以展

省叙情話也。"當代尚有二月二龍抬頭習俗，雖不再從井邊往家裏撒石灰綫，但所吃食物仍有講究。如稱此時的餃子爲"龍耳"，炸糕爲"龍膽"，春餅爲"龍鱗"，麵條爲"龍鬚"，等等。此外，許多地方還盛行在此日吃"爛子"。

引龍迴

亦稱"引錢龍"。二月二龍抬頭日，引"龍"入室以祈福求財之俗。屆時家家以灰或糠撒一圈於户外水井，復引向屋内牆根、竈脚、水缸等處，彎曲似龍蜿蜒入室，故稱。此稱明代已行用。明沈榜《宛署雜記・民風一》："〔二月二〕鄉民用灰自門外委蜒布入宅厨，旋繞水缸，呼爲引龍迴。"清張燾《津門雜記・歲時風俗》："二月初二日，以百蟲皆蟄，謂之龍擡頭，以穀糠引錢龍至家。"清乾隆《保德州志・風土》："二月二日，人家以灰引至門，謂之'引錢龍'。"近人胡樸安《中華全國風俗志・下編・山東》："二月朔日，爲春龍節，取竈灰圍物如龍蛇狀，名曰'引錢龍'。"此俗今已不存。

【引錢龍】

即引龍迴。此稱清代已行用。見該文。

獻生子

二月一日中和節，民間以青囊盛果物種子，相互饋贈之俗。此稱唐代已行用。《新唐書・李泌傳》："泌請廢正月晦，以二月朔爲中和節，因賜大臣戚里尺，謂之裁度。民間以青囊盛百穀瓜果種相問遺，號爲獻生子。……以示務本。"唐尉遲樞《南楚新聞》："李泌謂以二月一日爲中和節，人家以青囊盛百穀果實更相饋遺，務極新巧，宮中亦然，謂之獻生子。"宋吳自牧《夢粱録・二月》："二月朔，謂之中和節，民間尚以青囊盛百穀、瓜果子種，互相遺送，爲

獻生子。"《古今圖書集成・歲功典》引《湖廣志書・寶慶府》："二月朔日，以青囊百穀瓜果種相遺，謂之獻生子。"明田汝成《西湖遊覽志餘・熙朝樂事》："二月朔日，唐宋時謂之'中和節'，今雖不舉，而民間猶以青囊盛五穀、瓜果之種相遺，謂之'獻生子'。"

咬春

立春之日設春盤、咬生蘿蔔、吃春餅之俗。春盤是將蔥、蒜、椒、薑、芥五種辛辣味的生菜置於盤內，稱"五辛盤"；又以麥麵、蘿蔔等共食，謂之咬春。有迎新春之義，俗謂可以解除春困。鄰里且相互饋贈春盤。此稱明代已行用。而此俗相傳出現於晋代。宋陳元靚《歲時廣記・饋春盤》引《攄遺》曰："東晋李鄂，立春日命蘆菔、芹芽爲菜盤饋貺，江淮人多傚之。《爾雅》曰：蘆菔即蘿蔔也。古詩云，蘆菔白玉縷，生菜青絲盤。老杜詩云：春日春盤細生菜，忽憶兩京梅發時。盤出高門行白玉，菜傳纖手送青絲。"宋代宮中亦有此習俗。《歲時廣記・賜春饌》又引《皇朝歲時雜記》："立春前一日，大內出春盤并酒，以賜近臣，盤中生菜、染蘿蔔爲之，裝飾置奩中，烹豚、白熟餅、大環餅，比人家散之，其大十倍。民間亦以春盤相饋。"明清時，禮儀趨簡，主要是吃蘿蔔。明劉若愚《酌中志・飲食好尚紀略》云："至次日立春之時，無貴賤皆嚼蘿蔔，曰咬春。"清陳維崧《黃編修庭表宮詞序》："鬧蛾撲蝶輦下新聞，消九咬春官家瑣事。"自注："按燕京立春日，宮中食生蘿蔔爲咬春。"清高士奇《金鰲退食筆記》卷下："南花園在西苑門迤南東向，明時曰灰池，種植瓜蔬，於炕洞內烘養新菜，以備春盤薦生之用。立春日進鮮蘿蔔，名曰咬春。"清潘榮陛《帝京歲時紀勝・春盤》："新春日獻辛盤，雖士庶之家，亦必割鷄豚，炊麵餅，而雜以生菜、青韭菜、羊角蔥，冲和合菜皮，兼生食水紅蘿蔔，名曰咬春。"清富察敦崇《燕京歲時記・打春》："打春即立春……是日富家多食春餅，婦女等多買蘿蔔而食之，曰咬春，謂可以却春困也。"清張燾《津門雜記・歲時風俗》："立春日，食紫色蘿蔔，啖餅，謂之咬春。"

春臺

立春日親朋好友郊游踏青，擇高處勝境置席宴飲之所。此稱先秦時期已行用。先秦時人們已有春游之習。《老子》第二〇章："衆人熙熙，如享太牢，如登春臺。"唯"春臺"一稱先秦是否已出現，尚存爭議。上文出河上公本《老子》，注家多認爲"如登春臺"應作"如春登臺"。俞樾亦曰："按'如春登臺'與十五章'若冬涉川'一律，河上公本作'如登春臺'非是。然其注曰：'春陰陽交通，萬物感動，登臺觀之，意志淫淫然。'是亦未嘗以'春臺'連文，其所據本，亦必作'春登臺'，今傳寫誤倒耳。"此說可據。"如春登臺"活動先秦時期即已開始，而魏晋以後稱之爲"登春臺""上春臺""陟春臺"等，屢見於詩文。晋潘岳《秋興賦》："登春臺之熙熙兮，珥金貂之炯炯。"唐陳子昂有《春臺引寒食集畢録事宅作》之賦。宋蘇軾《木蘭花令》："元宵似是歡遊好，何況公庭民訟少。萬家遊賞上春臺，十里神仙迷海島。"宋柳永《玉蝴蝶》："雅俗熙熙，下車成宴盡春臺。好雍容、東山妓女，堪笑傲、北海尊罍。"明清時期，此風猶熾，或將其用爲天下熙和太平之習語。《清史稿・樂志五》："五服施章采，萬方寧謐陟春臺。"又："旭日和風接上臺，繽紛采仗雲排。步花磚，如上春臺，宮漏銅壺緩緩催。"清代《八旬萬壽盛典·恩賚八》載雲南巡撫譚尚忠謝恩文："謹題爲恭謝天恩事。……惟我皇上惠洽垓埏，恩覃雨露，調四時之玉燭，共上春臺；席萬禩之蕪圖，同登壽寓。"游宴吃春盤、咬春餅亦爲常習，故清代亦將此時之宴稱作春臺席或春臺座。《古今圖書集成·歲功典》引《江西志書·建昌府》："新春人家以生菜作春盤，茹春餅，集親友，謂之會春客，席謂之春臺座。"清王柏心《監利風土志》："立春先一日，官師班春於廟，農人皆趨觀焉。以土牛采色占水旱等災，以句芒鞋占寒燠晴雨。啗春餅生菜，親朋會飲，謂之春臺席。"今人春游，多開汽車到郊野之樹林、草地間，鋪席置食物，亦傳統春臺席之遺風。

春盤

　　立春時所食用的新鮮蔬果盤。其强調吃生菜以迎新，食"五辛"以導氣。此稱魏晋時期已行用。宋祝穆《古今事文類聚（前集）·天時部》詩話載"食生菜"條，曰："東晋李鄂立春日，命以蘆菔、芹芽爲菜盤，相饋貺（《摭遺》）。唐立春日，春餅、生菜號春盤（《四時寶鏡》）。《齊人月令》：立春日食生菜，取迎新之意。"明徐應秋《玉芝堂談薈·歲華節次》："以蘆菔、芹芽爲菜盤相餽貺，作五辛盤進漿粥，見《齊民月令》。"宋代宮中春盤十分講究。《宋史·禮志二十二》："立春賜春盤。"宋周密《武林舊事·立春》："辦造春盤供進及分賜貴邸宰臣巨璫，翠縷紅絲，金雞玉燕，備極精巧，每盤直萬錢。"《遼史·禮志六》："立春儀……臣僚依位坐，酒兩行；春盤入，酒三行。畢，行茶，皆起，禮畢。"民間亦甚重春盤。宋范成大

《癸亥日泊舟吳會亭》："去年春盤浙江驛，湛湛清波動浮石。今年春盤吳會亭，冥冥細雨濕高城。"宋晁補之《洞仙歌·江陵種橘》："何況江濤轉千里。帶天香，含洞乳，宜入春盤，紅荔子，馳驛風流僅比。"元耶律楚材《是日驛中作窮春盤》（自注："是日早行，始憶昨日立春。"）："昨朝春日偶然忘，試作春盤我一嘗。木案初開銀縷亂，砂瓶煮熟藕絲長。勻和豌豆揉蔥白（自注：西人煮餅必投以豌豆），細剪蔞蒿點韭黃。也與何曾同是飽，區區何必待膏粱。"至清代猶盛行。《陝西通志·風俗·時令》："立春前一日，職官迎春於東郊。樂人扮雜劇，女童唱春詞，街民捧盒酒獻官長。鑼鼓彩旗，聚觀雜沓。設春盤捲春餅，謂之咬春。"（《臨潼縣志》）

春幡

　　亦作"春旛"，亦稱"年幡"。立春日張挂之彩箋、彩繒。或挂於樹梢，或挂於門户，或簪爲頭飾。往往用箋紙繒絹剪成一個個小幡相連綴，以示迎春。此稱南北朝時期已行用。而立幡迎春之俗早見於漢代。《後漢書·禮儀志上》："立春之日，夜漏未盡五刻，京師百官皆衣青衣，郡國縣道官下至斗食令史，皆服青幘，立青旛，施土牛耕人于門外，以示兆民。"南朝陳徐陵《玉臺新咏·雜曲》："立春曆日自當新，正月春幡底須故。"至宋此俗更盛。宋孟元老《東京夢華錄·立春》："至日絶早，府僚打春，如方州儀，府前左右百姓賣小春牛，往往花裝欄坐，上列百戲人物，春幡雪柳，各相獻遺。"宋高承《事物紀原·春幡》："今世或剪綵錯緝爲幡勝，雖朝廷之制，亦縷金銀或繒絹爲之，戴於首，亦因此相承設之。或於歲旦刻

青繪爲小幡樣，重累凡十餘，相連綴以簪之。此亦漢之遺事也。俗間因又曰年幡，此亦其誤也。"可見此物過年時即已使用。宋佚名《翰苑新書後集·元旦》引《歲時記》："年幡：以鴉青紙或絹剪四十九小幡爲一幡，或以家長年齡數戴之，或貼於門楣。"按，此文出自宋陳元靚《歲時廣記·剪年幡》引《皇朝歲時雜記》："元旦以鴉青紙或青絹剪四十九幡，圍一大幡，或以家長年齡戴之，或貼於門楣。"由此而知，後世之挂箋本於此。而作頭飾佩戴頭上仍是主流。宋辛棄疾《漢宮春·立春日》詞："春已歸來，看美人頭上，嫋嫋春幡。"明劉侗、于奕正《帝京景物略·春場》："唐制，立春日……民間剪綵爲春幡簪首。今惟元旦日，小民以鬃穿烏金紙，畫綵爲鬧蛾，簪之。"明田汝成《西湖遊覽志餘·熙朝樂事》："民間婦女各以春旛、春勝，鏤金簇綵，爲燕蝶之屬，問遺親戚，綴之釵頭。"

【春旛】

同"春幡"。此體明代已行用。見該文。

【年幡】

即春幡。此稱宋代已行用。見該文。

春勝

亦稱"幡勝"。立春時用彩箋紙或彩繪絹剪刻成的頭飾。人們認爲佩戴它可以趨吉避害。宋代已盛行，傳至明清。因與漢以來立春日"服青幘，立青旛"之俗有淵源關係，故宋馬永卿《嬾真子》卷三曰："今人立春或戴春勝春幡，亦古制也。"《宋史·真宗紀》："〔大中祥符元年六月〕丁酉，詔宮苑皇親臣庶第宅飾以五綵及用羅製幡勝繒帛爲假花者，並禁之。"同書《禮志二十二》："立春奉内朝者，皆

賜幡勝。"詔禁幡勝假花，可見事關禮儀，十分重要，宜由皇家饋贈方合禮。而民間製作幡勝之風盛行，官家不禁。世人以幡勝相贈、互祝福安。宋范成大《代兒童作立春貼門詩》三首之一："剪綵宜春勝，泥金祝壽幡。"宋張元幹《好事近》詞："花姑玉貌笑東風，今朝放春早。看取鬢邊幡勝，永宜春難老。"宋劉鎮《水龍吟·丙子立春懷内》詞："三山臘雪才消，夜來誰轉回寅斗。試燈簾幕，送寒幡勝，暗香攜手。"宋吳自牧《夢粱録·立春》："街市以花裝欄，坐乘小春牛，及春幡、春勝，各相獻遺於貴家宅舍，示豐稔之兆。宰臣以下皆賜金銀幡勝，懸於幞頭上，入朝稱賀。"明田汝成《西湖遊覽志餘·熙朝樂事》："民間婦女各以春旛、春勝，鏤金簇綵，爲燕蝶之屬，問遺親戚，綴之釵頭。"

【幡勝】

即春勝。此稱宋代已行用。見該文。

消疹

亦稱"散疹"。立春日向春牛競撒菽稻、豆麻等以求消散疹疾之俗。此稱南北朝時期已行用。時僅指消除疹疾之意，至明清時方強調向土牛撒菽稻等習。北齊蕭放（一作北齊劉逖）《浴溫湯泉》："神井堪消疹，溫泉足蕩邪。"此詩祇是説神奇的井中溫泉可以消除疹疾。直到明清始與春牛習俗相關聯。《古今圖書集成·歲功典》卷一九引《江西志書·朱陽縣》："迎春看土牛。灑菽稻，名曰消疹。"康熙《廣東通志·風俗志》："歲時：迎春日競看土牛，或灑以菽稻，名曰消疹。"清屈大均《廣東新語·廣州時序》："立春日，有司逆句芒、土牛。句芒，名趕春童，著帽則春暖，否則春寒；土牛

色紅則旱，黑則水，競以紅豆五色米灑之，以消一歲之疾疹。"胡樸安《中華全國風俗志·上編·廣東》:"〔城固〕是日男婦携兒女看春，俟土牛過，爭以豆麻撒之，謂之散疹。"又引《郝志》:"迎春日，競看土牛，或灑以菽、稻，名曰消疹。"此俗今已不流行。

【散疹】

即消疹。此稱清代已行用。見該文。

土牛

亦稱"春牛"。用土製造以象徵春耕之牛。爲立春日勸農迎耕、祈求豐年等祭祀活動（鞭春）之用具。多由知縣或勸農官執春鞭（柳枝）隨鼓擊牛三下，後交由吏民擊之使碎，俗傳其碎土能治病痛。此稱先秦時期已行用。先秦於十二月製作土牛以送寒氣。後俗於立春日造土牛，以勸農耕，象徵春耕之始。《禮記·月令》:"〔季冬之月〕命有司，大難旁磔，出土牛，以送寒氣。"鄭玄注:"此月之中，日曆虛危。虛危有墳墓四司之氣，爲厲鬼，將隨强陰出害人也，旁磔於四方之門。磔，攘也。出，猶作也。作土牛者，丑爲牛，牛可牽止也。送，猶畢也。"《吕氏春秋·季冬》:"命有司大儺，旁磔，出土牛。"《淮南子·時則訓》"出土牛"高誘注:"今鄉縣出勸農耕之土牛於外是也。"《後漢書·禮儀志上》:"立春之日……立青旛，施土牛耕人于門外，以示兆民。"唐白居易《和三月三十日四十韻》:"布澤木龍催，迎春土牛助。"唐代視土牛禮俗爲國家大計，故朝廷十分重視。唐李涪《李氏刊誤·出土牛》:"《月令》:'出土牛，以示農耕之早晚。'謂於國城之南立土牛，其言立春在十二月望，策牛人近前示其農早也。立春在十二月晦及正月朔，則策牛人當中，示

其農中也。立春在正月望，策牛人在後，示其農晚也。爲國之大計，不失農時。故聖人急於養民，務成東作。今天下州郡，立春日製一土牛，飾以文綵，即以綵杖鞭之，既而碎之，各持其土以祈豐稔，不亦乖乎？"宋陸游《春日》詩:"老夫一臥三山下，兩見城門送土牛。"其土牛樣式，每年依年月干支有統一規定。清初，有造土牛之坊，稱爲"春牛經"。用冬至辰日，以歲德方取水土造成，用桑柘木爲胎骨。牛身高四尺，象四時，頭至尾長八尺，象八節。至清末改用紙扎土牛，即以竹作骨，外糊以紙。立春日，迎春儀式開始後，人們抬着身上扎紅掛綠、頭插金花之土牛，由句芒神牽行或隨行或并行，并有鞭春牛活動。鞭春牛，又稱"打春牛"，歷代詩文中常見此俗。唐盧肇《謫連州書春牛榜子》詩:"不得職田飢欲死，兒儂何事打春牛。"宋孟元老《東京夢華録·立春》:"立春前一日，開封府進春牛入禁中鞭春。開封、祥符兩縣，置春牛於府前，至日絶早，府僚打春，如方州儀。"元尚仲賢《單鞭奪槊》第二折:"祇待將他盆吊死，單怕他一拳打的我做春牛。"明清承此俗。明劉侗、于奕正《帝京景物略·春場》:"立春候，府縣官吏具公服，禮句芒，各以綵杖鞭牛者三，勸耕也。"清富察敦崇

春牛圖
（晚清山東楊家埠年畫）

《燕京歲時記·打春》："禮畢回署，引春牛而擊之。"此俗近現代已不多見。

【春牛】

即土牛。此稱唐代已行用。見該文。

賽烏鬼

省稱"賽烏"，亦稱"養烏鬼"。正月蜀中成群人在田間舉行的驅邪祛病儀式。此稱唐代已行用。由數十上百人結夥，於田間設牲酒祭祀，然後操兵鼓噪。賽，酬祭；烏鬼，烏蠻鬼。時傳川地有烏蠻戰場，其鬼化爲凶神，多與人爲厲，故舉行儀式以禳之。唐元稹《聽庾及之彈烏夜啼引》："當時我爲賽烏人，死葬咸陽原上地。"程大昌《演繁露·烏鬼》釋曰："按稹此詩，即是其妻爲稹賽烏而得還家者，則唐人賽烏鬼有來矣。"唐杜甫《戲作俳諧遣悶》詩之一："異俗吁可怪，斯人難並居。家家養烏鬼，頓頓食黃魚。"仇兆鰲注："蔡寬夫《詩話》：元稹之《江陵》詩'病賽烏稱鬼，巫占瓦代卜'自注云：'南人染病，競賽烏鬼；楚巫列肆，悉賣鬼卜。'烏鬼之名見於此。巴楚間，常有殺人祭鬼者，曰烏野七神頭，則烏鬼乃所事神名耳。或云'養'字乃'賽'字之誤，理或然也。邵伯溫《聞見錄》：'夔峽之人，歲正月，十百爲曹，設牲酒於田間，已而衆操兵大噪，謂之養烏鬼。長老言地近烏蠻戰場，多與人爲厲，用以禳之。'《藝苑雌黃》謂烏蠻鬼。"按，"烏鬼"另有二説，一曰爲鸕鷀的別名，二曰爲猪的別名。前引杜詩之"養烏鬼"因而多有異解。

【賽烏】

"賽烏鬼"之省稱。此稱唐代已行用。見該文。

【養烏鬼】

即賽烏鬼。此稱唐代已行用。見該文。

湔裳

亦稱"湔裳裙""湔裙""湔衫"。正月裏士女酹酒、洗衣於水邊以祓除不祥之俗。此稱唐代已行用。而此俗南北朝時期已見。南朝梁宗懍《荆楚歲時記》："元日至於月晦，並爲酺聚飲食。士女泛舟，或臨水宴樂。"《初學記》卷四引隋杜臺卿《玉燭寶典》爲《荆楚歲時記》作解釋云："元日至於月晦，民並爲酺食渡水，士女悉湔裳，酹酒於水湄，以爲度厄。今世人唯晦日臨河解除，婦人或湔裙。"這就是説，南北朝至隋代，俱有湔裳之俗，然而原先正月裏一直存在的習俗，到隋朝時衹限於在正月三十日這一天爲之。清褚人穫《堅瓠續集·修禊》引隋唐文獻分析："《隋志》：北齊正月晦日，中書舍人奏祓除泛舟。皇帝乘輿，與王公登舟置酒。士女悉臨河解除，湔裳裙。酹酒於水湄。唐景龍四年正月晦，上幸渭水。宗楚客應制詩：'御輦出明光，乘流泛羽觴。'則正月祓除，亦泛觴，與上巳同。"按，唐宋以後其俗已與上巳相近，甚或二者合一。又，宋代"湔裳"或作"湔衫"。宋穆脩《清明連上巳》詩："改火清明度，湔衫上巳連。"因此時多郊野士女相會，故宋詞中每見湔裙時節之愛情低語。宋晏幾道《木蘭花》詞："湔裙曲水曾相遇。挽斷羅巾容易去。啼珠彈盡又成行，畢竟心情無會處。"宋毛開《滿江紅》詞："飛蓋低迷南苑路，湔裙悵望東城約。但老來、憔悴惜春心，年年覺。"宋高觀國《玉樓春》詞："十年春事十年心，怕説湔裙當日事。"然後世猶存正月湔裳之俗。明郁逢慶《續書畫題跋記》卷一二載《文衡山〈石湖圖〉彭隆池楷書詩序》："三陽獻歲，迓淑氣於東郊；七日逢人，肆娛遊於南浦。湔裳戴勝，樂事賞心，斯固巧歷之所難齊，百年之所罕通也。"

【湔裳裙】

即湔裳。此稱隋代已行用。見該文。

【湔裙】

即湔裳。此稱隋代已行用。見該文。

【湔衫】

即湔裳。此稱宋代已行用。見該文。

流觴曲水

亦稱"曲水流觴""流杯曲水""流觴修""流杯""曲水觴"，省稱"流觴"。三月三日坐水濱飲酒、賦詩及修禊祛邪的雅集。此稱晉代已行用。傳周代已有此俗，漢代沿之，而"流觴曲水"名世，實爲晉以後事，直至清代猶有其俗。古人三月三日上巳，於水濱結集宴飲，祓除不祥，通常環曲水而坐，又有木製或瓷質之觴，即小而輕之酒杯，底有托，杯中有酒，浮水游動。杯順流停駐於誰邊上，誰即須飲杯中酒，以此爲樂。世傳周公時已有此俗。《晉書·束皙傳》："武帝嘗問摯虞三日曲水之義……〔束皙進曰〕昔周公城洛邑，因流水以泛酒，故逸詩云：羽觴隨波。"兩漢相沿，皆成盛集。《晉書·禮志下》："漢儀，季春上巳，官及百姓皆禊於東流水上，洗濯祓除去宿垢。而自魏以後，但用三日，不以上巳也。"又言晉代情形："懷帝亦會天泉池，賦詩。陸機云：'天泉池南石溝引御溝水，池西積石爲禊堂。'本水流杯飲酒，亦不言曲水。元帝又詔罷三日弄具。海西於鍾山立流杯曲水，延百僚，皆其事也。"可知東晉以後乃有曲水之稱。且祓禊的同

時，以春游爲主。每至三月三日，人們邀集友人會於環水旁，曲水流觴，飲酒賦詩。南朝宋劉義慶《世說新語·企羨》"王右軍得人以《蘭亭集序》方《金谷詩序》"劉孝標注引王羲之《臨河敘》："此地有崇山峻嶺，茂林脩竹，又有清流激湍，映帶左右，引以爲流觴曲水，列坐其次。"晉永和九年（354）三月初三，王羲之與友人在會稽山陰（今浙江紹興）蘭亭舉行春禊儀式，飲酒吟詩，撰成《蘭亭集序》，成千古名篇。觴在誰面前打轉或停留，誰就要即興賦詩，作不出詩就要罰酒。上巳吟詩大約自兹始，爲後世效仿。南朝梁宗懍《荊楚歲時記》："三月三日，士民並出江渚池沼間，爲流杯曲水之飲。"北周庾信《春賦》詩："樹下流杯客，沙頭渡水人。"隋唐承其俗。唐杜甫《麗人行》："三月三日天氣新，長安水邊多麗人。"唐元稹《代曲江老人》詩："曲水流觴日，倡優醉度旬。"宋以後此風仍盛。宋歐陽修《三日赴宴口占》："共喜流觴修故事，自憐霜鬢惜年華。"宋蘇軾《和王勝之》之二："流觴曲水無多日，更作新詩繼永和。"清魏源《岱麓諸谷詩·岱谷陪尾山源》："人間曲水觴，竟忘仙鬼宅。"清劉大櫆《遊黃山記》："巨石鎮其中流，平潤如臺，其上可布席而坐，其下可流觴。"清代主要在宮廷舉行。即在亭內地面上人工築造一條彎曲折繞的流水槽，衆人環坐槽邊，浮杯於上，作曲水流觴之戲，其地有"流杯亭"。今北京潭柘寺、故宮、中南海等處均保留此亭建築。清代後此俗逐漸消亡。

【曲水流觴】

即流觴曲水。此稱南北朝時期已行用。見該文。

【流杯曲水】

即流觴曲水。此稱南北朝時期已行用。見該文。

【流杯】

即流觴曲水。此稱南北朝時期已行用。見該文。

【流觴】

"流觴曲水"之省稱。此稱宋代已行用。見該文。

【流觴修】

即流觴曲水。此稱宋代已行用。見該文。

【曲水觴】

即流觴曲水。此稱清代已行用。見該文。

修禊

亦作"脩禊"。三月上巳日在水濱舉行的求福除灾儀式。此稱先秦時期已行用。傳初春到水濱洗濯，可以被除不祥。《周禮·春官·女巫》："女巫掌歲時被除釁浴。"鄭玄注："歲時被除，如今三月上巳如水上之類。釁浴謂以香薰草藥沐浴。"傳周公還曾在水濱行曲水之宴。《晉書·束皙傳》："武帝嘗問摯虞三日曲水之義……〔束皙進曰〕昔周公城洛邑，因流水以泛酒，故逸《詩》云：羽觴隨波。"春秋鄭國，每逢上巳，人們在溱洧兩水之上招魂續魄，秉執蘭草，被除不祥。《詩·鄭風·溱洧》："溱與洧，方涣涣兮。士與女，方秉蘭兮。"《論語·侍坐》有"暮春者，春服既成，冠者五六人，童子六七人，浴乎沂，風乎舞雩，咏而歸"之句，亦爲水濱沐浴游春記述。《宋書·禮志二》釋曰："《論語》：'暮春浴乎沂。'自上及下，古有此禮。今三月上巳，被於水濱，蓋出此也。"漢代已確定爲上巳日至水濱祛邪去垢。《後漢書·禮儀志上》："是月上巳，官民皆絜於東流水上，曰洗濯被除去宿垢疢爲大絜。"至三國魏以後改爲三月三日。《晉書·禮志下》："漢儀，季春上巳，官及百姓皆禊於東流水上，洗濯被除去宿垢，而自魏以後，但用三日，不以上巳也。"晋王羲之《蘭亭集序》："永和九年，歲在癸丑，暮春之初，會於會稽山陰之蘭亭，修禊事也。"此後乃以三月三日爲上巳，是日修禊。宋陳元靚《歲時廣記·上巳》引《韻語陽秋》曰："上巳於流水上洗濯、被除，去宿垢，謂之禊。禊者，潔也。"又引《漢書》注云："古時被禊，三月巳日爲吉，偶值三日，故後人因以三日爲上巳，遂成俗也。"宋張耒《和周廉彦》詩："修禊洛濱期一醉，天津春浪綠浮堤。"宋張元幹《念奴嬌·燕集葉尚書蕊香堂賞海棠》詞："修禊當時今日，群賢絃管裏，英姿如許。"宋代尚有求子之俗，元代則有水上迎祥之樂。明謝榛《四溟詩話》卷四："譬若王羲之偕諸賢於蘭亭脩禊，適高麗使者至，遂延之席末，流觴賦詩，文雅雖同，加此眼生者，便非諸賢氣象。"清洪昇《長生殿·禊遊》："今日修禊之辰，我每同往曲江遊玩。"明清以後被禊之意日益減淡，逐漸演變爲春游節，有"尋春直須三月三"之諺。按，今日俗衆不復重此俗，唯文人們偶或行之，以示風雅。

【脩禊】

同"修禊"。此體宋代已行用。見該文。

清明

農曆二十四節氣之一，亦爲民間掃墓踏青節日。此稱魏晋時期已行用。清明節的起源與古代"墓祭"有關。每至此時，人們前往掃墓拜祭。因正逢春天，人們紛紛出郊，便形成踏青習俗。因寒食節與清明節時間相近，唐朝時將二者合而爲一。寒食禁火吃冷食，耐不住寒冷，於是在此期間又有了各種體育活動，如郊游、蕩秋千、插柳、拔河、鬥鷄等，使得清明節除了祭祖掃墓外，還有了各項野外健身運動。元馬端臨《文獻通考·郊社考二十一》："一說，三月三日，清明之節，將修事於水側，禱祀以祈豐年也。"此說乃先秦至漢代之俗，而其時"清明"一稱多指春夏間的清明之風。(《論語·八佾》宋邢昺疏引服虔曰："巽音木，其風清明。"又引《易緯·通卦驗》："立夏清明風至。"或指天者純陽、清明無形之狀。《周易·乾》"飛龍在天，利見大人"鄭玄注："天者，清明無形。"尚非魏晉以後清明節之意。清明爲節日後，乃代代相傳，直至今日。北魏賈思勰《齊民要術·種穀》："三月上旬及清明節，桃始花，爲中時。"唐張説《奉和聖製寒食作應制》詩："寒食春過半，花穠鳥復嬌。從來禁火日，會接清明朝。"唐柳公權《閶門即事》詩："試上吳門看郡郭，清明幾處有新烟。"南唐李煜《蝶戀花》詞："遥夜亭皋閑信步，乍過清明，早覺傷春暮。"宋歐陽修《采桑子》詞："清明上巳西湖好，滿目繁華。爭道誰家。綠柳朱輪走鈿車。"宋曾鞏《出郊》詩："家家賣酒清明近，紅白花開一兩枝。"宋陳與義《清明》詩："寒食清明驚客意，暖風晴日醉梨花。"元仇遠《次胡葦杭韻》："曾識清明上巳時，懶能遊冶步芳菲。……雙塚年深人祭少，孤山日晚客來稀。"又《和韻胡希聖湖上》："清明寒食荒城晚，燕子梨花細雨愁。賜火恩榮皆舊夢，禁烟風景似初秋。"《醒世恒言·賣油郎獨佔花魁》："其時清明節屆，家家掃墓，處處踏青。"

清佚名《二荷花史·聆音問答》："話曰花深咽日清明節，得遇我地賢嬌兩玉人。"

寒食

傳爲懷念春秋時人介子推而不生火、不熱食的習俗。不熱食時間歷代有較大變化。最初在冬季，後世固定在清明時節。此稱漢代已行用。此俗起源於漢代山西太原郡（今山西太原及晉中一帶），唐以前流傳於北方，唐以後乃流行全國。漢代時，寒食一是在冬季進行，二是主要流行於太原郡，三是"不舉火"時間長。漢桓譚《新論·離事》："太原郡隆冬不火食五日，雖病不敢觸犯，爲介之推故也。"《後漢書·周舉傳》："太原一郡，舊俗以介子推焚骸，有龍忌之禁。至其亡月，咸言神靈不樂舉火，由是士民每冬中輒一月寒食，莫敢烟爨。"魏晉時，寒食時間改爲冬至後一百零五日，即

寒食上父母墳拜祭
（元雜劇《殺狗記·王老諫主》插圖）

相當於後世的清明之時。而其流行區域有所擴大。漢曹操《明罰令》曰："聞太原、上黨、西河、雁門冬至後百五日皆絕火寒食，云爲介子推……"晋陸翽《鄴中記》亦曰："鄴俗冬至一百五日爲介子推斷火，冷食三日，作乾粥，是今之糗。"世俗亦有誤傳，謂五月五日爲介子推忌日，須冷食。《鄴中記》爲之辯曰："并州俗以介子推五月五日燒死，世人爲其忌，故不舉餉食。非也。北方五月五日自作飲食祀神，及作五色新盤相問遺，不爲介子推也。"十六國後趙興起於太原一帶，介子推被認爲是鄉神，此俗遂得到官府推廣。《晋書·石勒載記》："徐光曰：'……去年禁寒食。介推，帝鄉之神也，歷代所尊，或者以爲未宜替也。'……〔石〕勒下書曰：'寒食既并州之舊風，朕生其俗，不能異也……'有司奏，以子推歷代攸尊，請普復寒食，更爲殖嘉樹，立祠堂，給户奉祀。"據《魏書·高祖紀上》載，北魏延興四年（474）二月辛未曾"禁斷寒食"，而太和十六年（492）二月辛卯再度"罷寒食饗"，則可知此風在民間屢禁不止。故其時賈思勰《齊民要求·煮醴酪》猶云："介子推抱樹而死，百姓哀之，忌日爲之斷火，煮醴而食，名曰寒食。"唐以後寒食正值清明祭掃，遂成爲清明時節的重要内容。唐柳宗元《寄許京兆孟容書》："近世禮重拜埽，今闕者四年。每遇寒食，北向長號，以首頓地。"以"清明節"與"寒食節"相近，後亦常常將二者合稱爲一，而清明踏青游春活動，也成爲寒食節的活動内容。唐李淖《秦中歲時記》："寒食節，内僕司車與諸軍使爲繩樞之戲。"五代王仁裕《開元天寶遺事》："天寶宮中至寒食節，競築秋千，令宮嬪輩戲笑以爲宴

樂，帝呼爲半仙之戲，都中士民相與傚之。"宋盧祖皋《西江月》詞："禁街微雨灑香塵。寒食清明相近。"古來咏寒食的詩詞亦很多。唐盧象《寒食》詩："之推言避世，山火遂焚身。四海同寒食，千秋爲一人。"唐王昌齡《寒食即事》詩："晋陽寒食地，風俗舊來傳。"唐胡曾《綿上氣節》詩："祇今禁火悲寒食，勝却年年挂紙錢。"唐韓偓《自沙縣抵龍溪縣值泉州軍過後村落皆空因有一絕》："千村萬落如寒食，不見人烟空見花。"宋吳錫疇《春日》詩："燕未成家寒食雨，人如中酒落花風。"宋王禹偁《寒食》詩："寒食江都郡，青旗賣楚醪。"宋吕渭老《齊天樂·觀競渡》詞："香紅飄没明春水，寒食萬家游舫。"元柳貫《寒食山居》詩："歲月無情日變遷，惜春留得酒家錢。梨花小雨驚寒食，楊柳東風似去年。"元劉因《寒食道中》詩："簪花楚楚歸寧女，荷鍤紛紛上塚人。萬古人心生意在，又隨桃李一番新。"明謝肇淛《五雜俎·天部二》論寒食今昔曰："《琴操》謂介子推以五月五日死，文公哀之，令民不得舉火，今人以冬至一百五日爲寒食，其説已互異矣。……至唐時，遂有'普天皆滅焰，匝地盡藏烟'之語，則無論朝野貴賤皆絕火食。故曰'日暮漢宮傳蠟燭'，謂至是始舉火也。然此猶之可也，至於民間犯禁，以鷄羽插入灰中，焦者輒論死，是何等刑法耶？國朝之不禁火，其見卓矣。"清惠士奇《禮説·夏官一》謂寒食不舉火，源於冬春之際山野乾燥易焚，欲避火灾，而非源於紀念介子推，聊備此一説："夏官掌火，冬禁焚萊。後世因之，而莫知其由。盛冬去火，目爲龍忌，蓋龍星木位，火生於寅、壯於午、死於戌。夫文戌火爲威，故爲之禁，焚

萊者罰。并州舊俗遂莫敢烟爨，每冬中輒一月寒食。好事者因附會介子推焉。”清孔尚任《桃花扇·沈江》：“山雲變，江岸遷，一霎時忠魂不見，寒食何人知墓田。”清洪昇《寒食郊游晚歸》詩：“禁火徒然悲介子，臨源無復問秦人。”

插柳

亦稱“插柳枝”“插楊柳”。寒食與清明日家家插楊柳枝於門上之俗。謂可明人眼目，避邪除害。農人則於該日卜占水旱。此稱南北朝時期已行用。南朝梁宗懍《荆楚歲時記》載：“正月旦取柳枝着户上，百鬼不入家……插柳以辟鬼。”後多於寒食節或清明日爲之。山西等地，在門口插柳，或以柳枝穿插於用麵和棗泥做成的“子推燕”挂於門上，謂招介子推母子之魂。唐段成式《酉陽雜俎》云，唐中宗於“三月三日，賜侍臣細柳圈，言帶之免蠆毒”。可見此俗在唐代宮中已成重要禮儀。五代時，家家於寒食節插楊柳於門。至宋代此禮尤盛。清明日，民間有賣柳條者，人家買之，插於門上。宋吳自牧《夢粱錄·清明節》：“清明日，家家以柳條插於門上，名曰‘明眼’。凡官民不論小大家，子女未冠笄者，以此日上頭。”婦女結楊柳球戴鬢畔，謂紅顏不老。宋陳元靚《歲時廣記·插柳枝》引《歲時雜記》：“今人寒食家家折柳枝插門上，唯江淮之間尤盛，無一家不插者，北人稍辦者又加以子推。”明清時期相沿其俗。明田汝成《西湖遊覽志餘·熙朝樂事》載：“人家插柳滿簷，青蒨可愛，男女亦咸戴之。諺云：‘清明不戴柳，紅顏成皓首。’”清顧禄《清嘉錄·插楊柳》亦曰：“清明日，滿街叫賣楊柳，人家買之，插於門上，農人以插柳日晴雨占水旱，若雨主水。諺云：簷前插青柳，

農夫休望晴。”胡樸安《中華全國風俗志·下編·安徽》：“清明日，家家門插新柳，俗意謂可袪疫鬼。”楊韞華《山塘棹歌》：“清明一霎又今朝，聽得沿街賣柳條，相約比鄰諸姊妹，一枝斜插綵雲翹。”此俗今已不流行。

【插柳枝】

即插柳。此稱宋代已行用。見該文。

【插楊柳】

即插柳。此稱明代已行用。見該文。

挂墓

亦稱“挂紙”。清明時節家家上墳祭祖，且在墓上張挂紙錢之俗。此稱明清時期已行用。紙錢源於瘞錢。《史記·酷吏列傳》云：“會人有盜發孝文園瘞錢。”裴駰集解引如淳曰：“瘞埋錢於園陵以送死。”瘞錢即殉葬的錢幣。至唐代玄宗時，王璵“爲祠祭使。璵專以祠解中帝意，有所禳祓，大抵類巫覡。漢以來，葬喪皆有瘞錢，後世里俗稍以紙寓錢爲鬼事，至是璵乃用之”（《新唐書·王璵傳》）。可見唐玄宗開元二十六年（738）王璵爲祠祭使，主張將漢代瘞錢改爲紙錢，以禳祓祭祀。唐王建《寒食行》詩：“三日無火燒紙錢，紙錢那得到黄泉。”可見唐中期以後紙錢已流行，并被後世沿襲。宋陳元靚《歲時廣記·焚紙錢》引《五代周本紀後序》：“寒食野祭而焚紙錢。”然而在墓上挂紙錢，則是明清以後之俗。《古今圖書集成·歲功典》卷三九引《江南志書·興化縣》：“清明佩柳祀先，先後十日掃墓，灑麥飯，挂紙錢。”清顧禄《清嘉錄·紙錠》：“土俗，家祭墓祭，皆焚化紙錠……其有挂於墓者，則綵箋剪長縷，俗呼‘挂墓’。”《包公案》第五三回：“時值三月清明節，人家各上墳挂紙。”民國十

年（1922）《南平縣志·禮俗志》："清明，婦女帶柳。士庶祭掃先塋，牲醴外，用青樹葉染秫米爲飯團，或用餅果，果和艾，祭畢，以楮錢挂墓。"胡樸安《中華全國風俗志·上編·浙江》："清明，男女上塚祭掃，挂紙錢於上，謂之摽青。"此俗至今仍流行民間。

【挂紙】

即挂墓。此稱明清時期已行用。見該文。

掃墓

亦稱"添土"。清明上先人墓地祭掃、增添墳土、挂紙錢，以示懷念之俗。此稱宋代已行用。按，先秦無墓祭，《禮記·曾子問》"孔子曰：望墓而爲壇，以時祭"鄭玄注："有子孫存，不可以乏先祖之祀，望墓爲壇，謂不祭於廟。"秦代開始在墓上祭祀，并爲後代沿襲。然漢至南北朝所稱"掃墓"，主要指預備墳墓待喪。漢荀悦《前漢紀·孝宣紀》："延年母從東海來，適見報囚，母怒延年曰：'天道神明，人不可獨殺。行矣去汝，東歸除掃墓地待汝耳。'"《梁書·文學傳下·劉峻》亦曰："且于公，高門以待封，嚴母掃墓以望喪，此君子所以自彊不息也。"皆此含義。然南北朝後期，開始有拜掃先人墓之稱呼。《北史·薛孝通傳》："及〔蕭〕寶夤將有異志，孝通悟其萌，託以拜埽求歸。"此後此稱漸流行，尤其宋以後更盛。《宋史·唐恪傳》："〔唐恪〕以延康殿學士知潭州，請往錢塘掃墓，然後之官。"宋孟元老《東京夢華錄·清明節》載，"凡新墳皆用此日拜掃"。又，明代以後以"添土"一詞專指掃墓。《初刻拍案驚奇》卷三八："正説間，只見引孫來墳頭收拾鐵鍬，看見伯父伯娘便拜。此時媽媽不比平日，覺得親熱了好些，問道：'你來此做甚麽？'引

孫道：'侄兒特來上墳添土來。'媽媽對員外道：'親的則是親，引孫也來上過墳，添過土了。他們還不見到。'"清顧禄《清嘉録·上墳》載："道遠則泛舟具饌以往，近則提壺擔盒而出。挑新土，燒楮錢，祭山神，奠墳鄰，皆向來之舊俗也。凡新娶婦，必挈以同行，謂之'上花墳'。新葬者，又皆在社前祭掃。諺云'新墳不過社'。"清雍正《廣東通志·風俗志》："至三月上巳祓禊，清明插柳於門。其前五日始，一月中掃墓，郊行謂之踏青，亦曰剗草，俗曰壓紙，以楮置墳上也。"即掃墓時還用土石將紙錢壓在墳頭上。不能爲先人掃墓，向爲世人心中憾事。近人周學熙有《清明道阻不得掃墓》詩即云："望斷家山懸萬里，夜來魂夢繞荒陵。"

【添土】

即掃墓。此稱明代已行用。見該文。

【上墳】

即掃墓。此稱元代已行用。元賈仲明《蕭淑蘭情寄菩薩蠻》第一折："今日清明節令，滿門家眷都去上墳。"元關漢卿《包待制智斬魯齋郎》第一折："（魯齋郎上，云）……我今回到這鄭州，時遇清明節令，家家上墳祭掃，必有生得好的女人，我領着張龍一行步從，直到郊野外踏青走一遭去來。（下）（正末引貼旦上，云）自家張珪。時遇寒食，家家上墳。我今領着妻子，上墳走一遭去。"《金瓶梅詞話》第九二回："玉樓又把清明節上墳，在永福寺遇見春梅，在金蓮墳上燒紙的話告訴他。"《綠野仙踪》第一五回："你們連夜備辦上好菜幾桌，我要與先人上墳；與陸芳也做一桌，我要來到他墳前走走。"可知上墳要備祭品，且一墳備一桌。又《儒林外史》第一七回："太公又吩咐買

個牲醴到祖墳上去拜奠。那日上墳回來，太公覺得身體不大爽利。"

踏青

亦作"蹋青"。民衆春日上郊外掃墓、春游之俗，尤以清明前後爲盛。此俗始於先秦，此稱唐代已行用。唐孟浩然《大堤行》："歲歲春草生，踏青二三月。"唐杜甫《清明》詩："著處繁花務是日，長沙千人萬人出。"又唐白居易《寒食臥病》詩："渲渲里巷蹋青歸，笑閉柴門度寒食。"宋吳自牧《夢粱録·三月》："三月三日上巳之辰，曲水流觴故事，起於晋時。唐朝賜宴曲江，傾都襖飮踏青，亦是此意。"是知踏青不限於清明前後數日。宋辛棄疾《江神子·和人韻》詞："試著春衫，依舊怯東風。何處。踏青人未去，呼女伴，認驕驄。"元楊允孚《灤京雜咏》詩："高柳豈堪供過客，好花留待蹋青人。"明沈德符《萬曆野獲編補遺·淹九》："京師自此日後，冠紳閨閣，尋春選勝，繼以上塚踏青，寶馬鈿車，更番雜遝，競出西闈。水邊林下，壺榼無虛日，至端午射柳南郊，而遊事漸歇矣。"清紀昀《閱微草堂筆記·槐西雜志（一）》："我嘗清明上眪，見遊女蹋青。"自古以來，踏青的內容都甚豐富，有野餐、采百草、撲蝴蝶、鬥鷄、拔河、蕩秋千、蹴鞠、放風箏等，而且還是青年男女相識相戀的機會。踏青沿至當代，其内容亦有增益，還出現了有組織的春游活動。

【蹋青】

同"踏青"。此體唐代已行用。見該文。

鞦韆

亦作"秋千"，亦稱"罥索"。春天踏青時節的一種娛樂器械。用一塊木板，兩端繫繩，吊於高處的橫杆或樹枝上，人在板上站立或坐，前後大幅度摇蕩以爲娛樂。多於立春、寒食、清明、端午諸節在户外進行。《宋史·禮志十二》謂"上元結燈樓，寒食設鞦韆，七夕設摩睺羅"，可知鞦韆爲春天節日（尤其寒食節）盛行的活動。此稱南北朝時期已行用。相傳蕩鞦韆活動源自春秋時北方的山戎，以此鍛煉人的身姿矯健。據稱齊威王時引入中原。《藝文類聚》卷四引《古今藝術圖》曰："北方山戎，寒食日用鞦韆爲戲，以習輕趫者。"宋祝穆《古今事文類聚前集·天時部·三月》亦引《古今藝術圖》，所述更詳："北方戎狄，至寒食爲鞦韆戲，以習輕趫。後中國女子學之，乃以綵繩懸木立架，士女坐立其上，推引之，謂之鞦韆。或曰本山戎之戲，自齊威公北伐山戎，此戲始傳中國。一云作'千秋'字，本出漢宮祝壽詞，後世誤倒讀爲'秋千'耳。"可知其名與漢宮中的祝壽詞"千秋"有關，後人遂倒讀成"秋千"。宋徐鉉增釋《説文》，謂"鞦韆"爲"俗書，譌謬不合六書之體"，曰："鞦韆，按詞人高無際作《鞦韆賦序》云：'漢武帝後庭之戲也。本云千秋，祝壽之詞也。語譌轉爲秋千。'後人不本其意，乃造此字，非皮革所爲，非車馬之用，不合從革。"宋孫奕《示兒編·字説·集字》亦曰："秋千，俗作鞦韆。"説明是先有"秋千"名，後乃造"鞦韆"字。南北朝以後成春日娛樂習俗一景。南朝梁宗懍《荆楚歲時記》："立春之日……爲施鈎之戲，以緪作篾纜相胃，綿亘數里，鳴鼓牽之。又爲打球鞦韆之戲。"隋杜公瞻注："楚俗亦謂之'施鈎'。《涅槃經》謂之'罥索'。"是見此俗又有別稱。按，《涅槃經》，東晋時傳入我國。唐代此習俗遍天下，杜甫《清明》詩二首之一："十年蹴踘將雛遠，萬里鞦韆習俗同。"其娛樂性高，唐高無際因而作《鞦韆賦》，其中以"一去一來，鬭舞空之花蝶；雙上雙下，亂晴野之虹蜺"爲嘆。而唐玄宗甚至贊此爲"半仙之戲"。宋黄朝英《靖康緗素雜記·鞦韆》引《開元遺事》云："天寶宮中至寒食節，皆戲秋千。令宮嬪輩以爲燕樂，帝呼爲半仙之戲。都下士民因而呼之。"而安史之亂，唐玄宗有《初入秦川路逢寒食》詩，猶爲歡快不再而悲傷："可憐寒食與清明，光輝並在長安道。自從關路入秦川，爭道何人不戲鞭。公子途中妨蹴踘，佳人馬上廢鞦韆。渭水長橋今欲渡，蔥蔥漸見新豐樹。遠看驪岫入雲霄，預想湯池起烟霧……"宋代還有玩秋千出意外之事，亦可想見其玩樂時的動態之劇烈。宋張杲《醫說·蹴鞦韆墜損》："宣和中……卧輈中扶下一内人，快行送至。奉旨取軍令狀，限日下安痊醫診。視之已昏死矣，問其從人，……云因蹴鞦韆，自空而下墜死。"而世人輒以玩鞦韆爲樂。宋周應合《景定建康志·文籍志五》引任希夷《鍾山春遊》詩："青樓醞醁客中聖，碧苑鞦韆人半仙。"宮廷鞦韆製作很講究，故亦大費銀兩，或成大臣議論之事。《明史·詹仰庇傳》："陛下前取户部銀，用備緩急。今如本監所稱，則盡以創鰲山、修宮苑、製鞦韆、造龍鳳艦、治金櫃玉盆，群小因乾没，累聖德，虧國計，望陛下深省。"鞦韆之戲還傳至域外。明鄭若曾撰《朝鮮圖說》（見《鄭開陽雜著·風俗》）："端午節有鞦韆之戲。"清代《皇朝通典·禮吉六》載《御製安祐宫碑》言祭禮時稱："漢之原廟，不過月出衣冠一遊耳。至宋之時，乃有神御之名，蓋奉安列朝御容所也。上元結燈樓，寒食設秋千，其視漢爲已備矣。"說明了蕩秋千不衹是一種娛樂，更是一種禮儀。故清《八旬萬壽盛典·圖繪四》載，皇帝八十大壽盛典圖中，亦有秋千："稍東徑演劇臺粉牆一帶，扶以朱欄，碧桃玉李，芬鬱異色。隔花則秋千胃索，曳縠揄裙。"秋千至今猶存，然衹供百姓娛樂，不再有春日禮儀性質。

【秋千】

同"鞦韆"。此體漢代已行用。見該文。

【胃索】

即鞦韆。此稱南北朝時期已行用。見該文。

挑青

江南蠶家清明祭祠并挑食青螺之俗。古人以青螺妨蠶，故有是舉。此稱清代已行用。《古今圖書集成·歲功典》卷三九引《浙江志書·嘉興縣》："清明晚食青螺，謂之挑青。"清周煌《吳興蠶詞》："清明節，育蠶之家設祭，又食螺，謂之挑青。以其殼散於屋上，謂之趕白虎。門前畫彎弓之狀，祛蠶祟也。"其詩曰："好是風風雨雨天，清明時節鬧桑田。青螺白虎剛祠罷，留得灰弓月樣圓。"清明前後，螺螄肥壯，俗有"清明螺，賽隻鵝"之諺，人家都拾捉螺螄煮食，食後將螺螄殼撒上瓦，謂之"除瓦刺"。清雍正《浙江通志·風俗上·嘉興府》引《桐鄉縣志》："三月三日，農家婦女出避於外，曰避青。晚食螺螄，曰挑青。"按，近人胡樸安《中華全國風俗志·上編·浙江》亦引述此文。

第二節　夏俗考

夏季節俗，主要有浴佛、端午等。

浴佛節與佛教有關。佛教自東漢後期傳入中國後，在中國的影響日益擴大。其中與佛教相關的禮儀，逐漸演化爲民間節俗。四月八日，傳爲佛祖釋迦牟尼誕日，一說爲其成佛日，故爲佛教徒的重要節日。《後漢書・陶謙傳》云："每浴佛，輒多設飲飯，布施於路。"可知東漢已傳入此節俗。《灌洗佛形像經》謂四月八日："佛告天下人民，十方諸佛皆用四月八日夜半時生，皆用四月八日夜半時去家學道，皆用四月八日夜半時得佛道，皆用四月八日夜半時般泥洹。佛言，所以用四月八日者，爲春夏之際殃罪悉畢，萬物普生，毒氣未行。"指出四月八日既是佛誕日，又是去家學道日，還是成佛日，而且因春夏之交，萬物萌生，利於人民禮佛敬佛。在這一日，以金盆盛香水浴佛像。宋孟元老《東京夢華錄・四月八日》載："四月八日佛生日，十大禪院各有浴佛齋生，煎香藥糠水相遺，名曰'浴佛水'。"通過浴佛，增進對佛陀的崇敬，加深徒眾對佛教的敬奉及相互間的關聯。此俗一直沿襲至今。

端午節又稱端陽節，爲農曆五月初五。此時已至初夏，蟲害增多，人稱此月爲"惡月"，要進行祛邪活動，包括門戶懸艾草，婦女兒童手臂繫百索，飲雄黃酒和菖蒲酒，踏百草，等等。《初學記》卷四引漢應劭《風俗通》："五月五日，以五綵絲繫臂，名長命縷，一名續命縷，一名辟兵繒，一名五色縷，一名朱索，辟兵及鬼，命人不病溫。"漢王符《潛夫論・浮侈》言及此俗："或裂拆繒綵，裁廣數分，長各五寸，縫繪佩之。或紡綵絲而縻，斷截以繞臂。此長無益於吉凶。"還有五色花紙之類，可以讓"赤口白舌"盡消滅云。明田汝成《熙朝樂事》："家家買葵榴蒲艾，植之堂中，標以五色花紙，貼畫虎蠍或天師之像，或硃書'五月五日天中節，赤口白舌盡消滅'之句，揭之楣間。"《古今圖書集成・歲功典》引《浙江志書・杭州府》："五月端午，門貼五色花紙，堂設天師像，梁懸符篆。"

端午節的又一重要節俗是吃粽子。關於粽子起源，一般認爲是爲紀念屈原投汨羅江，然亦有稱是爲紀念伍子胥，或說是衞國女子盼歸傳說。然後二說均不及前說流傳之廣。南朝梁吳均《續齊諧記》："屈原五月五日投汨羅而死，楚人哀之，每至此日，竹筒貯米投水祭之。"隋杜公瞻注《荊楚歲時記》曰："邯鄲淳《曹娥碑》云：'五月五日，時迎伍君，逆濤而上，爲水所淹。'斯又東吳之俗，事在子胥，不關屈平也。"粽子初投江中，後不復投。明劉侗、于奕正《帝京景物略·春場》："〔京師〕無江城繫絲投角黍俗，而亦爲角黍。"

　　端午還有一重要習俗，就是競龍舟。此俗亦與紀念屈原有關。南朝梁宗懍《荆楚歲時記》："五月五日……是日競渡，采雜藥。"杜公瞻注："按五月五日競渡，俗爲屈原投汨羅日，傷其死所，故並命舟檝以拯之。舸舟取其輕利，謂之飛鳧，一自以爲水車，一自以爲水馬，州將及土人悉臨水而觀之。"賽龍舟不祇是競技，還有驅疫辟邪之義。明謝肇淛《五雜俎·天部二》："至於競渡，楚、蜀爲甚，吾閩亦喜爲之，云以驅疫，有司禁之不能也。"此俗至今依然盛行。

浴佛節

　　亦稱"佛誕日""灌佛會""龍華會"。農曆四月初八紀念佛祖釋迦牟尼誕辰的節日。釋迦牟尼爲佛教創始人，史載他於公元前1027年誕生在古印度迦毗羅衛國（今尼泊爾南部提羅拉特附近）。相傳他降生時，有九龍爲之噴水沐浴。故後世有佛誕日浴佛、灌佛習俗。此稱漢代已行用。佛教自東漢傳入中國，佛誕之日的浴佛、灌佛習俗亦隨之而至，後歷代傳揚。然爲浴佛制定儀軌，則始自唐代。唐惠琳著《浴像儀軌》，詳述浴佛時間、用具、程式、念誦等。然其説未得到推廣。直至元代，《敕修百丈清規·報本章》有"佛降誕"條，對浴佛儀制有了明確規定，乃被廣泛奉行。其中稱："至日，庫司嚴設花亭，中置佛降生像，於香湯盆內，安二小杓。佛前敷陳供養畢，住持上堂祝香。……上香三拜……住持跪爐。維那白佛云：'一月在天，影涵衆水；一佛出世，各坐一華。白毫舒而三界明，甘露灑而四生潤。'宣疏畢，唱浴佛偈。"文獻所見較早的灌佛記載，見《後漢書·陶謙傳》："〔笮融〕大起浮屠寺……每浴佛，輒多設飲飯，布施於路。"而佛經有關灌佛的記述，時間應當比《陶謙傳》所載更早。佛經謂"灌佛"爲成佛時的儀軌。《法苑珠林·納妃部·灌帶部》引《因果經》云："尒時捷闥婆王白十方佛言：我見過去佛初成道時，咸昇金剛壇。金瓶盛水，用灌佛頂，成就法王位。今見釋尊始得菩提，亦如前佛昇金剛壇。我聞山王下七重青海內有八功德水，往古諸佛欲昇法王位，皆登金剛壇，用水灌頂。我自往取，欲灌釋迦頂。"又《興福篇·洗僧部》亦引《摩訶刹頭經》（又名《灌洗佛形像經》），謂四月八日浴佛原因："佛告天下人民，十方諸佛皆用四月八日夜半時生，皆用四月八日夜半時去家學道，皆用四月八日夜半時得佛道，皆用四月八日夜半時般泥洹。佛言，所以用四月八日者，爲春夏之際殃罪悉畢，萬物普生，毒氣未行。不寒不熱，時氣和適。今是佛生日，故諸天下人民共念佛功德，浴佛形像，如佛在時，以示天下人。"魏晉以後，灌佛習俗一直延續。《法苑珠林・潛遁篇・感應緣》："建平四年四月八日，〔石〕勒至寺觀佛，微風吹鈴有聲。"建平四年爲公元333年。南朝梁宗懍《荊楚歲時記》："四月八日諸寺設齋，以五色香水浴佛，共作龍華會。"《南史・張融傳》："王母殷淑儀薨，後四月八日建齋並灌佛，僚佐儭者多至一萬，少不減五千，〔張〕融獨注儭百錢。帝不悦。"《宋書・劉敬宣傳》："敬宣八歲喪母……四月八日，敬宣見衆人灌佛，乃下頭上金鏡以爲母灌，因泣不自勝。"宋孟元老《東京夢華錄・四月八日》："四月八日佛生日，十大禪院各有浴佛齋生，煎香藥糠水相遺，名曰'浴佛水'。"同書《十二月》篇又載："初八日，街巷中有僧尼三五人作隊念佛，以銀銅沙羅或好盆器，坐一金銅或木佛像，浸以香水，楊枝灑浴，排門教化。諸大寺作浴佛會，並送七寶五味粥與門徒，謂之'臘八粥'。"宋周密《武林舊事・浴佛》："四月八日爲佛誕日，諸寺院各有浴佛會，僧尼輩競以小盆貯銅像，浸以糖水，覆以花棚，鐃鈸交迎，遍往邸第富室，以小杓澆灌，以求施利。是日西湖作放生會，舟楫甚盛。"清蒲松齡《聊齋志異・阿寶》："浴佛節，聞將降香水月寺。"《清朝通典・吉禮三・堂子》："四月初八日浴佛節，請神至堂子。禮畢，請神還宮。其儀節並詳《大清會典》及《欽定滿洲祭神祭天典禮》。"近人許南英《浴佛節過開元寺》詩："靈辰浴佛來隨喜，唄饗鐘聲禮法王。懺悔十年除慧業，通靈一瓣熱心香。"夏仁虎《歲華憶語・浴佛》："四月八日浴佛節，寺廟皆作齋醮。浴佛之典，惟西城臥佛寺曾一舉之，後亦遂輟。"今佛寺仍行此禮。

【佛誕日】

即浴佛節。據推測，此稱漢代已行用。見該文。

【灌佛會】

即浴佛節。據推測，此稱漢代已行用。見該文。

【龍華會】

即浴佛節。此稱南北朝時期已行用。見該文。

端午

亦作"端五"，亦稱"端陽""重午"。農曆五月初五驅除瘟疫、競渡觀燈船、食粽飲雄黃酒的節日。此稱唐代已行用。然稱"端午節"乃隋唐時事。南朝梁宗懍《荊楚歲時記》稱"五月五日謂之浴蘭節"，可知當時尚未稱端午節。至唐乃正式稱之。《舊唐書・文宗紀下》："端午節辰，方鎮例有進奉。"宋吳仁傑《兩漢刊誤補遺・五日一》考"端午"與"端五"之名甚詳："周處《風土記》：'仲夏端午，烹鶩進角黍。'注云：'端，始也。'蓋以五月如遇午日爲端午，如三月如遇巳日爲上巳耳。近世角黍不用午日而但用五月五日，然猶謂之端午。"又同書《五日二》："《資暇錄》：'端午謂五月五日也。'今人多書'午'字，其義無取。濟翁家有元和中端五詔書，竝無作'午'字處。《容齋隨筆》謂明皇以八月五日生，張說上《大衍曆序》云：'謹以八月端午獻之。'宋璟表亦云：'月惟仲秋，日在端午。'然則凡月之五日皆可稱端午。"明謝肇淛《五雜組・天部二》亦有考證："凡月之五日，皆可稱端午也。余謂古人午、五二字相通用。端，始也。端午，猶言初五耳。"端午是民間重要節日。清李光地《朱子禮纂・祭》引陳淳錄《語類》："向南軒廢俗節之祭，某問於端午能不食粽乎？重陽能不飲茱萸酒乎？不祭而自享於汝安乎？”明黄佐泰《泉鄉禮·鄉禮綱領》：“元夕、上巳、端午、中秋、重陽、臘日，立爲六會，相與燕遊山水，以宣樂意。”端午民間有許多活動。前引謝肇淛《五雜俎·天部二》又曰：“古人歲時之事，行於今者，獨端午爲多，競渡也，作粽也，繫五色絲也，飲菖蒲也，懸艾也，作艾虎也，佩符也，浴蘭湯也，鬥草也，采藥也，書儀方也，而又以雄黄入酒飲之，並噴屋壁、床帳，嬰兒塗其耳鼻，云以辟蛇、蟲諸毒，蘭湯不可得，則以午時取五色草沸而浴之。”《警世通言·況太守斷死孩兒》：“其時五月端五日，支助拉得貴回家，吃雄黄酒。”清王士禎《南唐宫詞》六首之六：“重午龍舟歲歲陳，輕鳧飛燕各如雲。”端午節所處五月，對應地支爲午月，又因午時被稱爲陽辰，故端午亦稱“端陽”。宋真德秀《皇后閣端午帖子詞》二首之二：“夢月佳辰近，端陽令節新。何須纏綵縷，金母自千春。”《警世通言·王嬌鸞百年長恨》：“端陽一别杳無音，兩地相看對月明。”清孔尚任《桃花扇·鬧榭》：“節鬧端陽只一瞬，滿眼繁華，王謝少人問。”《紅樓夢》第三一回：“這日正是端陽佳節，蒲艾簪門，虎符繫臂。”《官場現形記》第四五回：“這日州官區奉仁正辦了兩席酒，請一班幕友、官親，慶賞端陽。”前述古代“午”“五”二字相通用，故五月五日爲重五，亦稱“重午”。宋王讜《唐語林·德行》：“明皇時，重午日賜丞相鍾乳。宋璟命子弟將此付醫人合鍊。”明吴子孝《齊天樂·午日》：“幾人得在家鄉老，蒲觴再逢重午。”明孫承恩《瑞鶴仙·壽陸東湖尊堂太君》：“薰風飄綺户，正景屬、熙明節當重午。”

【端五】

同“端午”。此體唐代已行用。見該文。

【端陽】

即端午。此稱宋代已行用。見該文。

【重午】

即端午。此稱唐代已行用。見該文。

粽子

省稱“粽”“糉”，亦稱“角黍”。端午節用楝葉包扎糯米蒸熟的食物。此稱宋代已行用。其來源被認爲與先秦楚國詩人屈原投江有關，係爲紀念屈原。《廣韻·去送》：“糉，蘆葉裹米。粽，俗〔字〕。”《藝文類聚》卷四引南朝梁吴均《續齊諧記》：“屈原五月五日投汨羅而死，楚人哀之，每至此日，竹筒貯米投水祭之。漢建武中，長沙歐（按，一作‘區’）回白日忽見一人，自稱三閭大夫，謂曰：‘君當見祭，甚善。但常所遺，苦蛟龍所竊。今若有惠，可以楝樹葉塞其上，以五采絲縛之。此二物蛟龍所憚也。’回依其言。世人作粽，并帶五色絲及楝葉，皆汨羅之遺風也。”因用楝葉包扎成帶角的形狀，故又稱“角黍”。南朝梁宗懍《荆楚歲時記》：“夏至節日食糉。”杜公瞻注引晋周處《風土記》謂：“爲角黍，人並以新竹爲筒糉楝葉。”《太平御覽》卷九六二引《荆楚歲時記》曰：“夏至節日食糉，周處謂爲角黍。”五代王仁裕《開元天寶遺事》卷二：“宫中每到端午節，造粉糰、角黍，貯於金盤中。”宋吴自牧《夢粱録·葷素從食店》：“又有粉食店，專賣山藥丸子、真珠丸子、金橘水糰、澄粉水糰、乳糖槌、拍花糕、糖蜜糕、裹蒸粽子、栗粽、金鋌裹蒸茭粽、糖蜜韵果、巧粽、豆糰、麻糰、麻糍及四時糖食點心。”食粽子也是對先人的敬重。清李光地《朱子禮纂・祭》："向南軒廢俗節之祭。某問於端午能不食粽乎？重陽能不飲茱萸酒乎？不祭而自享，於汝安乎？"《明會典・光祿寺》："凡遇節令，文武百官例有宴。如遇立春日春餅，正月元宵圓子，四月八日不落莢，五月端午涼糕、粽子……"《警世通言・況太守斷死孩兒》："支助道：'不吃酒，且吃隻粽子。'"明吳子孝《齊天樂・午日》詞："角黍筵前，試看畫扇長生縷。"明楊基《端陽十咏・角黍》："紅絲繫綠蔓，金糈沃香餳。風雨羅江上，家家祭屈平。"明劉侗、于奕正《帝京景物略・春場》："〔京師〕無江城繫絲投角黍俗，而亦爲角黍。"《儒林外史》第一四回："櫃上擺着許多碟子：桔餅、芝麻糖、粽子、燒餅、處片、黑棗、煮栗子。"《紅樓夢》第三一回："黛玉笑道：'大節下，怎麼好好兒的哭起來了？難道是爲爭粽子吃，爭惱了不成？'"

【粽】

"粽子"之省稱。此稱南北朝時期已行用。見該文。

【糉】

即粽子。同"粽"，此稱南北朝時期已行用。見該文。

【角黍】

即粽子。此稱晉代已行用。見該文。

百索粽

用表示避邪趨吉含義的絲繩綁粽子。此稱晉代已行用。古人稱五月爲"惡月"，多邪氣，故時興用五彩絲繩（亦即百索）繫臂，以袪邪。《初學記》卷四引晉周處《風土記》曰："仲夏端午，烹鶩角黍，……造百索繫臂，一名長命縷。"可見百索有特殊意義。《唐六典・少府軍

器監・中尚署》："五月五日，進百索綬帶。"清陳元龍《格致鏡原・日用器物類・繩》引唐李華《翰林志》："端午賜百索爲壽索。"粽子縛以百索，亦有吉祥長壽意思。宋龐元英《文昌雜錄》卷三："唐歲時節物，……五月五日則有百索糉子。"故唐代曾流行此稱，祇是此稱未被後世沿用。

解粽

解開綁粽絲繩吃粽子的習俗。吃粽子須解開繩子和菰葉，故稱。此稱宋代已行用。粽葉有大小長短，唯解開方知，故宋代端午節日人們常以解開粽繩比粽葉長短爲游戲。明彭大翼《山堂肆考・時令・五月》引宋呂原明《歲時雜記》："京師以端午爲解粽節，以粽葉長者勝，短者輸。"宋陸游《過鄰家》詩："端五數日間，更約同解粽。"宋李之問《端午詞》："願得年年，長共我兒解粽。""粽"或寫作"糉"。宋周密《浩然齋雅談》卷上："李易安紹興癸亥在行都，有親聯爲內命婦者，因端午進帖子……夫人閣云：'三宮催解糉，妝罷未天明。'"按，宋以後雖存此稱，但未必竟比粽葉長短矣。明田汝成《西湖遊覽志餘・才情雅致》載節日何處爲雅事，曰："五月：清夏堂觀魚、聽鶯亭摘瓜、安閑堂解粽、重午節泛蒲……"是謂在杭州安閑堂解粽，爲一雅事。《金瓶梅詞話》第一六回："李瓶兒治了一席酒，請過西門慶來，一者解粽，二者商議過門之日。"清彭孫遹《五日閨詞》之一："百索爭傳舊俗來，艾絲管角帶雙縷。情知腰細無多食，強把纖纖解粽開。"

競渡

俗稱"賽龍舟"。端午節前後舉行的龍舟比賽。其來源有數說，一謂紀念屈原，一謂紀念

伍子胥，另有衛女思歸、驅疫諸説。此稱魏晋時期已行用。南朝梁宗懍《荊楚歲時記》："五月五日……是日競渡，采雜藥。"杜公瞻注："按五月五日競渡，俗爲屈原投汨羅日，傷其死所，故並命舟檝以拯之。舸舟取其輕利，謂之飛鳧，一自以爲水車，一自以爲水馬，州將及土人悉臨水而觀之。蓋越人以舟爲車，以楫爲馬也。"一説競渡源自紀念伍子胥，自越王勾踐始。前書杜公瞻又注曰："邯鄲淳《曹娥碑》云：'五月五日，時迎伍君，逆濤而上，爲水所淹。'斯又東吳之俗，事在子胥，不關屈平也。《越地傳》云起於越王勾踐，不可詳矣。"然此爲一時一地之説，與後世言競渡以驅疫、競渡以述衛女思歸之説相類。明謝肇淛《五雜俎·天部二》："至於競渡，楚、蜀爲甚，吾閩亦喜爲之，云以驅疫，有司禁之不能也。"明朱謀㙔《詩故》卷二："《竹竿》，衛女思歸也。淇流廣大，故多舟楫之嬉。女伴群出縱觀，相與巧笑而佩玉。蓋若江南觀競渡者，述衛俗也。"按，諸説紛紜，仍以紀念屈原爲正宗。宋劉方叔《賀新郎》詞："龍舟噀水飛相逐。記當年，懷沙舊恨，至今遺俗。"宋劉潛夫《賀新郎》詞："誰肯獨醒弔古？泛幾盞菖蒲綠醑，兩兩龍舟爭競渡。"後遂成端午重要競技習俗。明佘翔

龍舟競渡
（清代西方人的中國風情畫）

《午日謝性卿招集齋中薄暮登樓賦此》："競渡逢佳節，多君折簡招。"明張岱《陶庵夢憶·金山競渡》："看西湖競渡十二三次，己巳競渡於秦淮，辛未競渡於無錫，壬午競渡於瓜州、於金山寺。西湖競渡，看競渡之人勝，無錫亦如之……"明楊基《端陽十咏·競渡》："船頭花帽欹，船尾花袍舞。江神不敢行，百面鼉皮鼓。"清沈復《浮生六記·中山記歷》："舟泛龍潭看競渡，重陽錯認作端陽。"沈從文《邊城》三，對賽龍舟具體情形亦有描述："船隻的形式，與平常木船大不相同，形體一律又長又狹，兩頭高高翹起，船身繪着朱紅顏色長綫，平常時節多擱在河邊乾燥洞穴裏，要用它時，拖下水去。每隻船可坐十二個到十八個槳手，一個帶頭的，一個鼓手，一個鑼手。槳手每人持一支短槳，隨了鼓聲緩促爲節拍，把船向前劃去。坐在船頭上，頭上纏裹着紅布包頭，手上拿兩支小令旗，左右揮動，指揮船隻的進退。擂鼓打鑼的，多坐在船隻的中部，船一划動便即刻蓬蓬鏜鏜把鑼鼓很單純的敲打起來，爲划槳水手調理下槳節拍。一船快慢既不得不靠鼓聲，故每當兩船競賽到劇烈時，鼓聲如雷鳴，加上兩岸人吶喊助威，便使人想起梁紅玉老鸛河時水戰擂鼓，牛皋水擒楊幺時也是水戰擂鼓。"

【賽龍舟】

即競渡。此稱南北朝時期已行用。見該文。

龍船

亦稱"龍舟"。端午節在水上競渡之船。因船身做成龍形，故稱。船前有人擊鼓鼓勁并作爲水手劃水的節奏，船中水手爲八對或十餘對，持槳整齊劃水；船尾有人掌舵。抑或前爲揮舞令旗指方嚮者，後爲擊鼓及掌舵者。此稱宋代

已行用。其俗相傳源於人們競相划船到水裏去救屈原，南北朝時期始見於文獻記載。南朝梁宗懍《荆楚歲時記》“五月五日……是日競渡”隋杜公瞻注：“按五月五日競渡，俗爲屈原投汨羅日，傷其死所，故並命舟檝以拯之。”後世則演化爲一種節日競技活動。宋吕渭老《齊天樂・觀競渡》詞：“江波蕩漾，稱彩艦龍舟，繡衣霞槳。”宋劉方叔《賀新郎・端午》詞：“龍舟噀水飛相逐。記當年、懷沙舊恨，至今遺俗。”元鄧學可《端正好・樂道》套曲：“正修禊傳觴流曲，不覺擊鼉鼓競渡龍舟。”明張岱《陶庵夢憶・金山競渡》：“龍船無瓜州比，而看龍船亦無金山寺比。瓜州龍船一二十隻，記得晝龍頭尾，取其怒；傍坐二十人持大楫，取其悍；中用彩篷，前後旌幢繡傘，取其絢；撞鉦撾鼓，取其節；艄後列軍器一架，取其鍔；龍頭上一人足倒竪，敁敠其上，取其危；龍尾挂一小兒，取其險。自五月初一至十五日，日晝地而出。……金山上人團簇，隔江望之，蟻附蜂屯，蠢蠢欲動。”《禪真後史》第二回：“瞿天民……到鼎州地界，穿城而過，衹聽得一派鑼鼓之聲，喧鬨振耳。近前看時，乃是城河内划龍舟作耍，心内忖道：‘愁緒如麻，已忘時序。明午正值端陽佳節母親壽日了，怎麼是好？’”明吴子孝《齊天樂・午日》詞：“喜川競舟龍，門懸艾虎。”《風柳情》第二八回：“端陽節，賈銘又雇遊船同着鳳林去看龍舟。”清弘曆《迴鑾趙北口駐蹕》御製詩：“明當辰弗集，預命罷龍舟。”自注：“節近午日，有司陳競渡之戲，以詰旦日食，先期脩省，已之。”清沈復《浮生六記・中山記歷》：“重陽具龍舟競渡於龍潭。琉球亦於五月競渡，重陽之戲，專爲宴天使而設。”

【龍舟】

即龍船。此稱宋代已行用。見該文。

燈船

端午張設彩燈的游船。多爲觀看競渡時游客所乘游船。始於明代，逹於今。明張岱《陶庵夢憶・秦淮河房》：“年年端午，京城士女填溢，競看燈船。好事者集小篷船百什艇，篷上挂羊角燈如聯珠。船首尾相銜，有連至十餘艇者。”清杜濬《初聞燈船鼓吹詞》：“騰騰便有鼓音來，燈船到處遊船開。”清孔尚任《桃花扇・鬧榭》：“（雜指介）你聽鼓吹之聲，燈船早已來了。”清弘曆《午日奉皇太后觀競渡》詩：“江鄉早覺燈船鬧，御苑初陳節物嬉。”清余懷《板橋雜記・雅遊》：“秦淮燈船之盛，天下所無。”

射柳

端午節舉行的射箭競技活動。在操場上插柳，馳馬射之，中者爲勝。此稱魏晋時期已行用。源自古鮮卑族秋祭時馳馬繞柳枝三周的儀式。《漢書・匈奴傳上》“大會蹛林”顔師古注：“蹛者，繞林木而祭也。鮮卑之俗，自古相傳，秋天之祭，無林木者尚竪柳枝，衆騎馳繞三週迺止。此其遺法。”射柳在魏晋南北朝傳入中原，成爲漢族的一種騎射活動。北周庾信《周大將軍司馬裔碑》上就載有“射柳琱弓”的文字，説明北周時期中原地區已有射柳活動。唐李涉《看射柳枝》詩：“玉弝朱弦敕賜弓，新加二斗得秋風。萬人齊看翻金勒，百步穿楊逐箭空。”宋孟元老《東京夢華録・駕登寶津樓諸軍呈百戲》：“以柳枝插於地，數騎以剗子箭，或弓或弩射之，謂之褙柳枝。”表明唐宋間多將此作爲游戲，其矢鏃闊於常鏃略可寸餘。中之輒斷，名曰躧柳。而契丹族、女真族則視爲祭祀重典。《遼史·太宗紀上》："射柳於太祖行宮。"契丹族的遥輦蘇可汗修訂"瑟瑟儀"，用於拜天求雨。同書《禮志一》："前期，置百柱天棚。及期，皇帝致奠於先帝御容，乃射柳。皇帝再射，親王、宰執以次各一射。中柳者質誌柳者冠服，不中者以冠服質之。不勝者進飲於勝者，然後各歸其冠服。"金元仍盛行。《金史·禮志八》："凡重五日，拜天禮畢，插柳球場爲兩行，當射者以尊卑序，各以帕識其枝。去地約數寸，削其皮而白之。先以一人馳馬前導，後馳馬以無羽横鏃箭射之。既斷柳，又以手接而馳去者爲上；斷而不能接去者次之；或斷其青處及中而不能斷與不能中者爲負。每射必伐鼓以助其氣。"明代射柳演化爲剪柳。明沈德符《萬曆野獲編·端陽》："京師及邊鎮最重端午節，至今各邊，是日俱射柳較勝，士卒命中者，將帥次第賞賚……則修射柳故事，其名曰走驃騎，蓋沿金元之俗。"清潘榮陛《帝京歲時紀勝·天壇》："〔清代〕仍修射柳故事，於天壇長垣之下，騁騎走隙。"此俗今已不傳。

長命縷

亦稱"續命縷""續命絲"。初夏所佩挂之五彩絲繩飾物。多繫於婦女兒童臂上腿上，或懸於門楣，以求消灾延命。或結爲人形佩於婦女兒童胸前，或挂於帳間。因仲夏蠶始出，故亦將續命絲表蠶桑之功。此稱漢代已行用。後多於端午期間佩戴。漢王符《潛夫論·浮侈》言及此俗，謂不信其效："或裂拆繒彩，裁廣數分，長各五寸，縫繪佩之。或紡彩絲而縻，斷截以繞臂。此長無益於吉凶。"宋吳淑《事類賦》卷四"綵絲通問遺之情"自注引漢應劭《風俗通》："五月五日以五綵絲繫臂，名長命縷，一名續命縷，一名辟兵繒，一名五色縷，一名朱索。"（按，今本《風俗通》未見此文。）《荆楚歲時記》"以五綵絲繫臂，名曰辟兵"杜公瞻注引漢佚名《孝經援神契》："仲夏蠶始出，婦人染練，……文繡金縷，貢獻所尊。一名長命縷，一名續命縷。"《太平御覽》卷九六二引《荆楚歲時記》曰："夏至節日……練葉插五絲，繫臂，謂爲長命縷。"（按，今本《荆楚歲時記》無此文。）《淵鑒類函·歲時·五月五日》引晉周處《風土記》："〔端午〕造百索繫臂，一名長命縷，一名續命縷，一名辟兵縷，一名五色縷，一名五色絲，一名朱索，又有條達等織組雜物以相贈遺。"宋向子諲《減字木蘭花》詞："去年端午。共結綵絲長命縷。"宋歐陽修《端午帖子詞·皇后閣》五首之一："畫扇催迎暑，靈符喜辟邪。……更以親蠶繭，紉爲續命絲。"長命縷往往還做成人形纏於臂。《契丹國志·歲時雜記·端午》："五月五日……又以雜絲結合歡索，纏於臂膊；婦人進長命縷，宛轉皆爲人象帶之。"明沈德符《萬曆野獲編·端陽》："聞之先輩云：孝宗在御日，遇午節會於便殿手書一桃符，云：'采綫結成長命縷，丹砂書就辟兵符。'"明張岱《夜航船·天文部》"續命縷"條："午日以五綵絲繫臂上，謂之續命縷，辟兵及鬼，令人不病。"可見此俗古時非常流行。

【續命縷】

即長命縷。此稱漢代已行用。見該文。

【續命絲】

即長命縷。此稱漢代已行用。見該文。

【五色絲】

即長命縷。亦稱"五綵""五綵絲""五絲

命縷""五色縷""五絲長命縷"，省稱"五絲"。因用五種顏色的綢帛結成，故稱。五綵（彩），爲青、赤、白、黑、黃。青代表東方，赤代表南方，白代表西方，黑代表北方，黃代表中央。此稱漢代已行用。《太平御覽》卷二三引漢應劭《風俗通》："夏至著五綵辟兵，題曰游光厲鬼，知其名者，無溫疾。五綵，辟五兵也。按，人取新斷織繫戶，亦此類也。"又卷八一四引上書："五月五日，〔五〕色續命絲，俗說益人命。"卷三一又引云："五月五日，以五綵絲繫臂者，辟兵及鬼，令人不病溫。"《宋書・文帝紀》："〔元嘉四年春〕壬寅，禁斷夏至日五絲命縷之屬。"宋高承《事物紀原・歲時風俗・百索》："又以綵絲結紐而成者爲百索紐，以約股者名'五絲'云。"清乾隆《重修臺灣縣志・風土志》："午時，爲小兒女結五色縷，男繫左腕，女繫右腕，曰神煉。"清郝懿行《宋瑣語・言詮》釋"五絲命縷"曰："按'五絲長命縷'，今人於端午日佩之。"

【五綵】

即五色絲。此稱漢代已行用。見該文。

【五綵絲】

即五色絲。此稱漢代已行用。見該文。

【五絲命縷】

即五色絲。此稱南北朝時期已行用。見該文。

【五色縷】

即五色絲。此稱清代已行用。見該文。

【五絲長命縷】

即五色絲。此稱清代已行用。見該文。

【五絲】

"五色絲"之省稱。此稱宋代已行用。見該文。

【朱索】

即長命縷。亦稱"百索"。此稱漢代已行用。《太平御覽》卷三一引謝承《後漢書》："五月五日，朱索五色桃印爲門戶飾，以止惡氣也。"唐韓鄂《歲時紀麗・端午》："百索繞臂，五綵纏筒。"原注："以五綵縷造百索繫臂，一名長命縷。"宋高承《事物紀原・歲時風俗・百索》言之甚確："《續漢書》曰：夏至陰氣萌作，恐物不成，以朱索連心桃印文施門戶，故漢五月五日，以朱索五色印爲門戶飾，以禁止惡氣。今有百索，即朱索之遺事也。蓋始於漢，本以飾門戶，而今人以約臂，相承之誤也。"宋章得象《午閣帖子》："清曉會披香，朱絲續命長。"按，後世小兒過周歲亦用此物。

【百索】

即朱索。亦即長命縷。此稱漢代已行用。見該文。

【合歡索】[1]

亦稱"合歡結""宛轉繩"。即長命縷。此稱唐代已行用。結作人像，爲北朝婦人所佩。唐段成式《酉陽雜俎・禮異》："北朝婦人常以冬至日進履襪及靴，正月進箕帚、長生花……五月進五時圖、五時花，施帳之上。是日又進長命縷、宛轉繩，皆結爲人像帶之。"《遼史・禮志六》："五月重五日，午時……以五綵絲爲索纏臂，謂之'合歡結'。"《契丹國志・歲時雜記・端午》："五月五日……以雜絲結合歡索纏於臂膊，婦人進長命縷，宛轉皆爲人象帶之。"清陳元龍《格致鏡原・冠服類五》引《提要錄》："北人端午以綵絲結合歡索纏手臂。"

【合歡結】

即合歡索。此稱遼代已行用。見該文。

【宛轉繩】

即合歡索。此稱唐代已行用。見該文。

辟兵符

亦稱“赤靈符”。猶長命縷、續命縷。避免兵禍的辟邪符，佩戴在臂上或胸前或身上其他地方，被認爲可辟兵燹；戰士佩戴則爲作戰求勝。此稱漢代已行用。按，古人以五彩絲、長命縷之類皆可辟兵禍，故常與避兵符相混淆。《荆楚歲時記》“以五綵絲繫臂，名曰辟兵”杜公瞻注引漢佚名《孝經援神契》：“仲夏蠶始出，婦人染練，咸有作務。日月星辰，鳥獸之狀，文繡金縷，貢獻所尊。一名長命縷，一名續命縷，一名辟兵繒，一名五色絲，一名百索。”信巫術者作戰時尤重辟兵符。《三國志·魏書·董卓傳》“〔牛〕輔等逆與〔李〕肅戰，肅敗走弘農，〔呂〕布誅肅”裴松之注引《魏書》曰：“輔恇怯失守，不能自安，常把辟兵符以鐵鑕致其旁，欲以自强。”《新唐書·太宗諸子傳·越王貞》：“以韋慶禮爲司馬，署官五百，然脅誘無鬬志，家童皆佩符以辟兵。”清周召《雙橋隨筆》卷二評曰：“唐越王貞起兵豫州，武后命麴崇裕攻之。貞使道士及僧誦經以求事成，左右及戰士皆帶避兵符。已而兵潰。”辟兵符常與其他符并用。晋葛洪《抱朴子内篇·遐覽》：“《武孝經》：燕君龍虎三囊、辟兵符、包元符、沈羲符、禹蹻符、消灾符……”又同書《雜應》：“或問辟五兵之道。《抱朴子》答曰：‘……或以五月五日作赤靈符，著心前。或丙午日日中時，作燕君龍虎三囊符。……或佩西王母兵信之符，或佩熒惑朱雀之符，或佩南極鑠金之符，或戴却刃之符……’”宋吴自牧《夢粱録·五月》亦載後世對此風之傳承，尤其端午多用之：“諸宫觀亦以經筒、符袋、靈符、卷軸、巧粽、夏橘等送饋貴宦之家。如市井看經道流，亦以分遺施主家。所謂經筒、符袋者，蓋因《抱朴子》問辟五兵之道，以五月午日佩赤靈符挂心前，今以釵符佩帶，即此意也。”宋宋庠《皇帝閤端午帖子詞》：“天關却暑金爲狄，帝坐禳氛斗轉樞。不似人間傳節物，歲時嘗作辟兵符。”宋歐陽修《端午帖子詞·皇帝閤》六首之一：“五兵消以德，何用赤靈符。”後世此風不減，祗爲避邪求吉。元賈仲明《鐵拐李度金童玉女》第三折：“繫同心長命縷，佩辟惡赤靈符。”清汪琬《送方外吴枚臣北上》詩：“持訣只持禳斗訣，製符先製避兵符。”深受中華文化影響的日本亦用之。清羅大春《臺灣海防并開山日記》附日本依田學海《征番紀勳》：“若欲得避兵符，參軍必喜授之。”

【赤靈符】

即辟兵符。此稱晋代已行用。見該文。

【辟兵繒】

即辟兵符。此稱魏晋時期已行用。唐李商隱《爲安平公謝端午賜物狀》“賜臣手詔一通，兼前件端午紫衣、銀器、百索并大將衣者”徐樹穀箋注引晋周處《風土記》：“端午造百索繫臂，一名長命縷，一名續命縷，一名辟兵繒，一名五色縷，一名五色絲，一名朱索。”後世沿用之。唐張鷟《龍筋鳳髓判》卷二：“續命之縷漸染成風，辟兵之繒因循不絶。”宋蘇轍《學士院端午帖子》二十七首之一：“飲食祈君千萬壽，良辰更上辟兵繒。”《御定分類字錦·端午》：“辟兵繒：裴元（玄）《新語》：‘五月五日集五綵縷，謂之辟兵符。'章粲《端午帖子詞》：'繭館初成長命縷，珠囊仍帶辟兵繒。'"《林蘭香》第五三回："端午這一日，耿朗家戶挂靈符，門插艾葉。一時親眷送來的長命索，辟兵繒，朱符赤印及新蘿蔔、新王瓜、新扁豆、新茄子，無一不備。"

五色瘟紙

亦稱"五色紙錢""五色花紙"。端午節在門楣或寢處挂五種色彩的花箋之俗。花箋或剪作錢形，或畫五毒之形，謂可避瘟疫。五毒，一般是指蟾蜍、蜥蜴、蜘蛛、蛇、蚿（節肢動物，有臭腺，俗稱"香延蟲"）。五色瘟紙源於魏晉以來的五色鏤花。此稱宋代已行用。宋吳自牧《夢粱錄・五月》："杭都風俗，自初一至端午日，家家買桃、柳、葵、榴、蒲葉……又並市茭、粽、五色水糰、時果、五色瘟紙，當門供養。"宋周密《武林舊事・端午》："道宮法院，多送佩帶符篆。而市人門首，各設大盆，雜植艾、蒲、葵花，上挂五色紙錢，排釘果粽。"明田汝成《熙朝樂事》："家家買葵榴蒲艾，植之堂中，標以五色花紙，貼畫虎蠍或天師之像，或砵書'五月五日天中節，赤口白舌盡消滅'之句，揭之楹間。"《古今圖書集成・歲功典》引《浙江志書・杭州府》："五月端午，門貼五色花紙，堂設天師像，梁懸符篆。"明清時穀雨與端午并挂此物，稱"五毒符""五毒圖符"。

【五色紙錢】

即五色瘟紙。此稱宋代已行用。見該文。

【五色花紙】

即五色瘟紙。此稱明代已行用。見該文。

【五毒符】

"五色瘟紙"之屬。亦稱"五毒圖符"。此稱清代已行用。清董穀士《古今類傳・歲時類》："五毒符：〔青齊風俗〕穀雨日畫圖蠍子、蜈蚣、蛇虺、蜂、蝛之狀，各畫一針刺之，刊布家戶帖之，以禳蟲毒。"清顧禄《清嘉錄・五毒符》："尼庵剪五色彩箋，狀蟾蜍、蜥蜴、蜘蛛、蛇、蚿之形，分貽檀越，貼門楣寢次，能魘毒蟲，謂之五毒符。"又引《青齊風俗記》云："穀雨日，畫五毒圖符，圖蠍子、蜈蚣、虺蛇、蜂、蝛之狀，各畫一針刺之，刊布家戶，以禳蟲毒。吳俗則在端午。蔡鐵翁注《吳歈》云：'五毒，蟾蜍、蜥蜴、蜘蛛、蛇、蚿也。'"

【五毒圖符】

即五毒符。"五色瘟紙"之屬。此稱清代已行用。見該文。

桃印

亦稱"桃卯""五色印"。端午節之辟邪符籙。以桃木刻印，以五色書咒語，連同朱索等物，以飾門戶。桃印長六寸，方三寸。舊傳鬼畏桃木，故以之爲印。此稱漢代已行用。爲漢代剛卯之一種。曹魏時廢止，其後漸代之以綾符。《後漢書・禮儀志》："仲夏之月，萬物方盛。日夏至，陰氣萌作，恐物不楙。其禮以朱索連葷菜……以桃印長六寸，方三寸，五色書文如法，以施門戶。"王先謙集解："錢大昕曰：桃印，《宋書・禮志》作'桃卯'，注稱'桃印'，本《漢志》'所以輔卯金'，則印當爲'卯'之譌。黃山曰：《事物紀原》載'漢用朱索，連五色剛卯爲門戶飾'，是桃印即剛卯矣。而《輿服志》明以'卯'爲印，則'桃卯'亦可謂桃印，非譌也。"同書《禮儀志》又曰："周人木德，以桃爲更，言氣相更也。漢兼用之，故以五月五日朱索、五色印爲門户飾，以難止惡氣。"劉昭注："桃印，本漢制，所以輔卯金。魏除之也。"

【桃卯】

即桃印。此稱漢代已行用。見該文。

【五色印】

即桃印。此稱漢代已行用。見該文。

綵符

端午節期間以五彩之繒或絨編成的符牌，置於門户牖帳間，以辟邪祟。親友間常以之相互贈送。有"五綵繒篆符""五綵綫篆符""五色絨綫符牌"多種。源於漢代桃印。此稱魏晉時期已行用。宋高承《事物紀原・什物器用部》"綵符"條："漢五月五日以五色印爲門户飾，《續漢書》所謂桃印者也。劉昭曰：'桃印本漢制。'今世端午以五綵繒篆符以相間遺，亦以置户牖帳屏之間，蓋本於漢桃印之制。"按，"符"或作"綵符"。《古今圖書集成・歲功典》引《江南書志・江寧縣》："五月五日，庭懸道士硃符，人戴佩五色絨綫符牌，門户以縷繫獨蒜，以及綵帛通草制五毒蟲：虎、蠍、蜘蛛、蜈蚣、蟠，綴於大艾上，懸於門。"《金瓶梅詞話》第五一回："李瓶兒正在屋裏，與孩子做那端午戴的絨綫符牌兒，及各色紗小粽兒，並解毒艾虎兒。"

艾人

端午節期間以艾草剪作人形，懸挂或釘於門上，用以辟邪之壓勝物。此稱南北朝時期已行用。南朝梁宗懔《荆楚歲時記》："五月五日……采艾以爲人形，懸門户上，以禳毒氣。"宋孟元老《東京夢華録・端午》："又釘艾人於門上，士庶遞相宴賞。"近人胡樸安《中華全國

風俗志・下編・江蘇》記南京歲時："端午節，飲菖蒲，作艾人，各處皆然矣。"

健人

以帛製成，作騎虎狀，配有金銀絲等編織物的婦女首飾，有趨吉辟邪之義。此稱清代已行用。文獻載此物約始於唐宋。清顧禄《清嘉録・健人》："市人以金銀絲製爲繁纓、鐘鈴諸狀，騎人於虎，極精細，綴小釵貫爲串。或有用銅絲、金箔爲之者，供婦女插鬢。又互相獻齎，名曰健人。案《唐宋遺記》：'江淮南北，五日釵頭綵勝之製，備極奇巧。凡以繒綃剪製艾葉，或攢繡仙佛、禽鳥、蟲魚、百獸之形，八寶群花之類……名曰豆娘，不可勝記。'蓋吾鄉之健人也。"清吴存楷《江鄉節物詩》序："杭俗，健人即艾人，易之以帛，作騎虎狀，婦女皆戴之。"按，"豆娘"當爲艾花之屬；"健人"乃直承艾人發展而來。

蒲人

端午節期間用菖蒲刻成人形或葫蘆形，戴在頭上以辟邪的壓勝物。此稱南北朝時期已行用。蒲人本屬於傳説中以菖蒲製作的人，與之類似的還有艾人、桃人。漢魏以後多有與此相關的傳説，唐宋以後則演變成辟邪物，世人懸挂或佩戴，並沿用至近世。北魏楊衒之《洛陽伽藍記》卷四："〔韋〕英早卒，其妻梁氏不治喪而嫁，更約河内人向子集爲夫。雖云改嫁，仍居英宅。英聞梁氏嫁，白日來歸，乘馬將數人至於庭前，呼曰：'阿梁，卿忘我也？'子集驚怖，張弓射之，應弦而倒，即變爲桃人，所騎之馬亦變爲茅馬，從者數人盡化爲蒲人。"是爲蒲人傳奇故事。宋陳元靚《歲時廣記・帶菖蒲人》："《歲時雜記》：'端五刻蒲爲小人子，或

葫蘆形，帶之辟邪。'王沂公《端五帖子》云：'明朝知是天中節，旋刻菖蒲要辟邪。'又秦少游《端午詞》云：'粽糰桃柳，盈門共壘，把菖蒲旋刻個人兒。'"

艾符

亦稱"符艾"。端午節以艾草編刻之避邪符。此稱唐代已行用。唐殷堯藩《端午日》詩："不效艾符趨習俗，但祈蒲酒話昇平。"宋張大烈《南歌子》："艾符雲鬢颭，蒲黃酒斝浮。"明佘翔《午日謝性卿招集齋中薄暮登樓賦此》："艾符方在户，莆酒且盈瓢。"清光緒《重修金華府志・風俗》："〔端陽〕是日，取箬葉裹黏米爲角黍相餽，置菖蒲雄黃於酒飲之。婦女佩符艾，或以繭作虎。小兒絲繩繫臂，綴繡符於衣帶，謂可消灾。"清毛奇齡《黃浦午日作》："海榴花發日正長，我游滬瀆逢端陽。朱絲乍縮艾符小，畫舫欲開蒲葉香。"

【符艾】

即艾符。此稱清代已行用。見該文。

艾虎

農曆五月五日以艾草製作的虎形驅邪物。以艾草編成虎形，或以彩布剪成虎形并粘上艾葉，佩戴在臂上，俗言可以祛邪避五毒。此稱南北朝時期已行用。按，漢代已有虎可驅邪震魔傳説，而艾草有消毒功能，故後世以艾葉編虎形以避邪。梁宗懍《荊楚歲時記》"五月五日……采艾以爲人懸門户上以禳毒氣"隋杜公瞻注："今人以艾爲虎形，或剪綵爲小虎粘艾葉以戴之。"後遂成端午節期間習見之物。清吳任臣《十國春秋・楚七・石文德傳》："值端午宴集，文德賦《艾虎》長篇，學士劉昭禹見之，大爲稱許。"宋楊無咎《齊天樂・端午》

詞："衫裁艾虎。更釵嫋朱符，臂纏紅縷。"宋周紫芝《永遇樂・五日》詞："艾虎釵頭，菖蒲酒裏，舊約渾無據。"宋祝穆《古今事文類聚前集・天時部》引《歲時記》記"戴艾虎"："王沂公帖子：'釵頭艾虎辟群邪，曉駕祥雲護寶車。'章簡公云：'花陰轉午清風細，玉燕釵頭艾虎輕。'"明王世貞《弇山堂別集・異典述六・君臣同遊》："十五年端陽節，賜文武百官宴於奉天殿。宴畢，上幸西苑，預命侯郭勛、大學士李時、尚書夏言候於崇智殿，遣中官齎賜艾虎、花繺、百索、牙扇等物。"

艾花

端午節時婦女的一種頭飾。以艾草編刻禽鳥、蟲魚形象，或以綢、紙剪製成石榴、萱草等假花粘艾葉，插戴頭髮上，謂可辟邪去惡。此稱宋代已行用。宋孟元老《東京夢華錄・端午》："端午節物：百索、艾花、銀樣鼓兒、花花巧畫扇……"宋周密《武林舊事・端午》："插食盈架，設天師艾虎，意思山子數十座，五色蒲絲百草霜，以大合三層，飾以珠翠、葵榴、艾花……"宋范成大《吳郡志・風俗》："吳中……重午，以角黍、水糰、綵索、艾花、畫扇相餉。"宋劉方叔《賀新郎・端午》詞："笑倛人、福壽低相祝。金鳳鞘，艾花蠹。"

蒲劍

端午節懸於門上以鎮妖辟魔的菖蒲葉，因葉形似劍，故稱。此稱唐代已行用。唐李咸用《和殷衡推春霖即事》詩中即有"柳眉低帶泣，蒲劍歲初抽"之句。作爲風俗約始於元明時期，沿至近代。明萬曆二十八年（1600）《嘉興府志・風俗》："端午，艾旗蒲劍懸於門，飲葛歜酒。"清富察敦崇《燕京歲時記・菖蒲艾子》：

"端午日用菖蒲、艾子插於門旁，以禳不祥，亦古者艾虎、蒲劍之遺意。"清吳存楷《紅鄉節物詩·蒲劍》題注："蒲劍，截蒲爲之，利以殺鬼，醉舞婆娑，老魅亦當退辟。"其詩云："破他鬼膽試新硎，三尺光瑩石上青。醉裏偶然歌斫地，只憐蒲柳易先零。"《蕩寇志》第七九回："次日一早起身，正是那端陽佳節，一路上祇見家家户户都插蒲劍艾旗。"

蓬鞭

端午節割蓬蒿梗爲鞭，與蒲劍一起懸挂床頭、户頂，以驅邪却鬼之俗。此稱清代已行用。清顧禄《清嘉録·蒲劍蓬鞭》："截蒲爲劍，割蓬作鞭，副以桃梗、蒜頭，懸於牀户，皆以却鬼。"又引《崑新合志》："五日户懸蒲、蓬、桃、荆等物以辟邪。"

菖蒲酒

省稱"蒲酒"，亦稱"蒲黄酒"。"蒲"或寫作"莆"。端午節期間飲用的藥酒，有助於延年益壽。以其有保健功能，故被視爲五月祛邪除害必飲之酒。此稱南北朝時期已行用。按，菖蒲是多年生草本植物，古人視之爲防疫驅邪靈草，甚至相信久食可成仙。蓋因多服此草藥易產生幻覺，故古人有是看法。北魏酈道元《水經注·伊水》曰："石上菖蒲，一寸九節，爲藥最妙，服久化仙。"唐陸廣微《吳地記》亦載："〔蔡〕經，後漢人，有道術，煉大丹，服菖蒲，得仙。"然此草藥確有清熱解毒功效，明張介賓《景岳全書·大集本草正上·毒草部》："大戟百三四味苦，大寒，有毒。……若中其毒，惟菖蒲可以解之。"故古人以之釀菖蒲酒，作藥酒，有通血脉、療骨痿之效。《永樂大典》（殘卷）卷一一六二〇引《壽親養老新書》："菖蒲

酒：通血脉，調榮衛，主風治骨。"明李時珍《本草綱目·穀部·酒》："菖蒲酒：治風痹，通血脉，療骨痿。"此酒起源，明董斯張《廣博物志·食飲·酒》引《後漢書》稱："孟佗字伯良，以菖蒲酒一斛遺張讓，即拜涼州刺史。"此說將菖蒲酒起源歷史上溯至後漢，實誤。漢魏原著所指非菖蒲酒，乃葡萄酒。《後漢書·宦者傳·張讓》："佗分以遺讓，讓大喜，遂以佗爲涼州刺史。"李賢注引《三輔決録注》曰："佗字伯郎。以蒲陶酒一斗遺讓，讓即拜佗爲涼州刺史。"端午飲此酒最早見載於南朝梁宗懍《荆楚歲時記》："五月五日……以菖蒲或鏤或屑以泛酒。"《御定月令輯要·五月令》引唐孫思邈《千金月令》有相同記述："端午以菖蒲，或鏤或屑以泛酒。"唐蘇鶚《杜陽雜編》卷下："洲人曰：此乃滄浪洲，去中國已數萬里，乃出菖蒲酒、桃花酒飲之，而神氣清爽焉。"《白孔六帖》卷一四亦載此說："滄洲去國萬里，出菖蒲酒……飲之而神氣清爽。"此爲傳說故事，竟將菖蒲酒説成是海外島國所產，實屬杜撰。宋以後端午飲菖蒲酒成風，直至清代猶然。宋歐陽修《漁家傲》詞："正是浴蘭時節動。菖蒲酒美清尊共。"宋向子諲《南歌子》詞："共飲菖蒲細，同分綵綫長。"宋梁克家《淳熙三山志·土俗類》："舊俗婦禮，是日上續壽衣服、鞋履、糭粽、扇子、菖蒲酒。今鮮行之矣。"又："飲菖蒲酒：李彤《四序總要》云：'五日，婦禮：上續壽菖蒲酒。'以《本草》云：'菖蒲可以延年。'今州人是日飲之，名曰飲續。"又稱"蒲黄酒"。宋張大烈《南歌子》："艾符雲鬢颭，蒲黄酒斝浮。"省稱"蒲酒"。此稱唐已有之，然當時應是指葡萄酒，明以後乃多指菖蒲酒。明

佘翔《午日謝性卿招集齋中薄暮登樓賦此》還省稱此酒爲"莆酒"："艾符方在戶，莆酒且盈瓢。"清計六奇《明季北略·崇禎十七年甲申》："五月午日，過友人家，見几供葵榴，愀然不樂，復出蒲酒相勸，公怒擲杯於地。"

【蒲酒】

"菖蒲酒"之省稱。此稱明代已行用。見該文。

【蒲黃酒】

即菖蒲酒。此稱宋代已行用。見該文。

雄黃酒

用研磨成粉末的雄黃炮製的藥酒，一般在端午節飲用，有祛邪解毒功效。調製此種藥酒始於明代，而用雄黃和水以治病則唐宋以來一直流行。雄黃酒至今仍行用。按，雄黃是一種含硫和砷的礦石，可用作治病之藥，主療燥濕、祛風、殺蟲、解毒等。方士亦將其作爲煉丹、鑄金的原料之一。《揚子法言·學行》"或問世言鑄造金，金可鑄造與"晉李軌注："方術之家言能銷五石，化爲黃金。"所謂"五石"，《抱朴子·登涉》云："五石者，雄黃、丹砂、雌黃、礬石、曾青也。"《雲笈七籤》卷一二引《黃帝九鼎神丹經》亦云有"八瓊"組成成仙的神丹："帝服之而升仙，與天地相畢，乘雲駕龍，出入太清。八瓊：丹砂、雄黃、雌黃、空青、硫黃、雲母、戎鹽、消石等物是也。"雄黃亦爲八瓊之一。故此種礦物深得世人看重。南朝梁江淹《遂古篇》爲之吟咏："雄黃雌石出山垠兮，青白蓮花被水濱兮。"明代文獻始見雄黃酒之稱，且多於端午時飲用。明高濂《遵生八牋·四時調攝牋下》："五日午時飲菖蒲雄黃酒，辟除百疾而禁百蟲。"《西遊記》第六九回："國王道：

'三年前，正值端陽之節，朕與嬪后都在御花園海榴亭下解粽插艾，飲菖蒲雄黃酒，看鬥龍舟。忽然一陣風至，半空中現出一個妖精。'"《金瓶梅詞話》第九七回："正值五月端午佳節，春梅在西書院花亭上置了一卓酒席，和孫二娘、陳敬濟吃雄黃酒，解粽歡娛。"《警世通言·蔣淑真刎頸鴛鴦會》："本婦叫道：'今日是個端陽佳節，那家不吃幾杯雄黃酒？'"清魏之琇《續名醫類案》卷四七引《新按方懋說》："四明顧氏女十餘歲，尪羸骨立，百治不瘥，奄奄待斃。偶端午，家人調雄黃酒，女竊飲之，不覺大醉，嘔穢狼藉……自後女日長成無恙矣。"清康熙時的《鶴林天樹植禪師語錄》："五月五日是端陽，俗人爭吃雄黃酒。"雄黃酒性烈，不可多飲。近人梁章鉅《浪迹叢談·雄黃酒》："吾鄉每過端午節，家家必飲雄黃燒酒，近始知其非宜也。《一斑錄》云：'雄黃能解蛇虺諸毒，而其性最烈，用以愈疾，多外治，若內服，只可分厘之少，更不可冲燒酒飲之。有表親錢某，於端午大飲雄黃燒酒，少時腹痛，如服砒信，家衆誤認爲痧，百計治之。有知者云：雄黃性烈，得燒酒而愈烈，飲又太多，是亦爲患也。急覓解法，而已無及矣。'"雄黃酒又用於給兒童點抹額頭、鼻端以辟邪。清富察敦崇《燕京歲時記·雄黃酒》："每至端陽，自初一日起，取雄黃合酒曬之，用塗小兒額及鼻耳間，以避毒物。"此酒當今仍有之。

遺扇

端午節以扇相贈表深情之俗。魏晉南北朝時即有贈扇佳話，至唐太宗以後乃形成端午饋扇習俗，至宋猶然。宋以後漸不興，贈扇祇成少數人所爲之的雅事。晉傅咸有《扇銘》，其序云："武都太守房仲發遺扇，無以報之，爲銘以識之。"扇銘中有"取於執政，用爲君清暑"之句。南朝齊謝朓《爲諸娣祭阮夫人文》曰："契闊未幾，音塵如昨；中景遽傾，芳荄先落。曦日交觴，享也虛薦；帶上先結，握中遺扇。迸淚失聲，潺湲如霰。"亦感先夫人贈扇之情。唐太宗端午日以飛白扇賜大臣，更爲示君臣諧和之意。而此後乃沿襲成習。宋高承《事物紀原·歲時風俗·遺扇》："《唐會要》曰：'貞觀十八年五月五日，太宗謂長孫無忌、楊師道曰：五日舊俗，必用服玩相賀，今朕各遺卿飛白扇二枚，庶動清風，增美德。'以推舊俗之語，則知端午之以扇相遺，自唐太宗始也。"至宋代，此俗甚盛，但相贈之扇，多爲供玩賞之小扇，有青、黄、赤、白諸色，或繡成畫，或鏤金，或合色，形制多樣，時稱"花花巧畫扇"。宋孟元老《東京夢華録·端午》："端午節物：百索、艾花、銀樣鼓兒、花花巧畫扇。"宋陳元靚《歲時廣記·送鼓扇》："《歲時雜記》：'又造小扇子，皆青、黄、赤、白色，或繡成畫，或鏤金，或合色，制亦不同。'又《秦中歲時記》云：'端午前二日，東京謂之扇市，車馬於是特盛。'"後世仍以遺扇爲雅，唯未成流風而已。清乾隆《貴州通志》卷一九載，清代按察貴州的陳金官遷雲南布政，"父老請留爲以識遺愛。金以所揮扇畀之，衆寶藏焉，時有遺扇清風之咏，倡和成帙"。

【花花巧畫扇】

遺扇中之一種小彩扇。此稱宋代已行用。見該文。

銀樣鼓兒

端午節相饋贈之銀色小鼓，有吉祥之意。此稱宋代已行用。宋陳元靚《歲時廣記·送鼓扇》引宋吕原明《歲時雜記》："鼓、扇、百索市在潘樓下，麗景門外，閶闔門外，朱雀門外，相國寺東廊外，睦親、廣親前，皆賣此物。自五月初一日，富貴之家，多乘車萃買，以相饋遺。鼓皆小鼓，或懸於架，或置於座，或鞀鼓（今稱撥浪鼓）、雷鼓（似鞀鼓而聲沉重），其制不一。"宋孟元老《東京夢華録·端午》："端午節物：百索、艾花、銀樣鼓兒、花花巧畫扇、香糖、菓子、糉子……"

捉蝦蟆

五月五日捕蟾蜍，謂帶之可避兵、食之能益壽之俗。此時的蟾蜍又稱"肉芝"，意謂如靈芝一般，食者可長壽。《文子·上德》"蟾蜍辟兵"注曰："案《萬畢術》：蟾蜍五月中殺塗五兵，入軍陣而不傷。"《太平御覽》卷九四九引晉葛洪《抱朴子》曰："蟾蜍頭上有角，頷下有丹書八字再重，以五月五日中時取之，陰乾百日，以其左足畫地，即爲流水，帶其左手於身，辟五兵。若敵人射己者，弓弩矢皆反還自向也。"宋陳元靚《歲時廣記·捉蝦蟆》："《神農本草》：'蝦蟆一名苦蠪，五月五日取東行者四枚，反縛著密室中閉之，明旦啓視，自解者取爲術用，能使人縛亦自解，燒灰傅瘡立驗，其筋塗玉，刻之如蠟。'又《藥性論》云：'端午取蝦蟆眉脂，以硃砂、麝香爲丸，如麻子大，孩兒疳瘦者，空心一丸，如腦疳，以奶汁調滴鼻中，立愈。'"又同書《取螻蛄》："《四民月令》：五月五日取蟾蜍，可合惡疽藥。'"同書《捕蟾蜍》引《荆楚歲時記》："五月五日，俗以此日取蟾蜍爲辟兵，六日則不中用。"後世"辟兵"之説淡化，配藥之説盛行。明劉侗、于奕正《帝京景物略·春場》："五月一日至五日……捉蝦蟆，取蟾酥也。其法，針棗葉刺蟾之眉間，漿射葉上，以蔽人目，不令傷也。"這樣取蟾酥是爲配製療瘡解毒之藥。胡樸安《中華全國風俗志·下編·江蘇》記吳中歲時云："端五日……藥市收癩蝦蟆，刺取其沫，謂之蟾酥，爲修合丹丸之用。"

蹋百草

端午節清晨踩踏百草，脚沾露水以祛毒、祛暑的禳禍習俗。此稱漢代已行用。《樂府詩集》卷四九載《江陵樂》三："陽春二三月，相將蹋百草。"漢代踏百草，是在春天二三月間。到南北朝時期，踏百草成爲端午節的活動内容。南朝梁宗懍《荊楚歲時記》："〔五月五日〕四民並蹋百草之戲。"唐宋社會生活繁榮時代，此風甚盛。宋曾豐《應童子科歐陽文成覓詩漫以塞責》："馬蹄輕踏百草香，鶯花助喜酒助狂。"至清代此俗仍存。康熙十三年（1674）湖南營田《李氏族譜》："端午日晨，田夫赤足於草中行，盡瞰露水，謂蹋百草露水，以祛泥中濕熱之氣，去夏秋癰痛之苦。"此俗今不存。

晾經會

亦稱"曬經會""翻經會"，"會"字或稱作"節"。六月六日曝曬經籍及書帙衣物等其他物品之節俗。初主要在佛寺曬經，後推而廣之，皇室、民間均在此日晾曬書帙衣物。傳釋迦牟尼曾於六月六日曝曬佛經，故後世有此習俗；一說玄奘從天竺取經歸來，不慎於六月六日有經卷落水，乃將經卷放石上晾曬，遂成曬經之俗。按，玄奘，唐人，而曬經習俗早在唐以前即已傳入。晾曬經籍時，信徒不時翻動經頁，言可得善報，故"晾經會"又稱"翻經會"。此

俗歷代傳承不輟，直至今日。按，魏晉時已有晾曬衣物書籍之習。南朝宋劉義慶《世說新語·任誕》載："七月七日，北阮盛曬衣，皆紗羅錦綺。"《太平御覽》卷三一引《世說》曰："郝隆七月七日見鄰人皆曝曬衣物。"仲夏曬物，防潮防黴，故代代相沿。唐儲光羲《樵父詞》載："清澗日濯足，喬木時曝衣。"可見此習俗并不局限於佛寺。然"曬經會""晾經會"諸稱，實明代以來始有之，此前有其俗而無其名。雖金代元好問《次曹次仲韻因以自感》有"相從願結翻經會，共過壺中日月閑"句，而其詩當指翻譯經籍或翻閱經籍，非晾曬義。明宋登春《老僧》詩乃言及曬經："石上曬經茶未熟，花間童子進雙梨。"明沈德符《萬曆野獲編·六月六日》載："六月六日，本非令節。但内府皇史宬曬曝列聖實録、列聖御製文集諸大函。"表明六月六日雖非令節，曬物却浸已成俗。明劉侗、于奕正《帝京景物略·城東内外》："民間亦曬其衣物，老儒破書，貧女敝緼，反覆勤日光，晡乃收。"清富察敦崇《燕京歲時記·三月戒壇》："凡游潭柘者，必至戒壇。蓋戒壇無定期，惟六月六日有晾經會，縱人游觀，而游者卒鮮。"清震鈞《咫尺偶聞》卷七："每六月六日有晾經會，實無所晾，士女雲集，駢闐竟日而已。"清張燾《津門雜記·歲時風俗》："六月六日，曝曬書帙衣服等件，鈴鐺閣作晾經會。"近人胡樸安《中華全國風俗志·下編·浙江》："曬經之人，大半爲婦女，各寺院廟觀，咸有婦女曬經，有曬一廟之經者，有曬數廟者，有曬全邑各寺觀者。但曬經雖定爲初六日，而曬經婦女，初五日晚間，即群集佛前，喃喃誦經。至旭日東昇，即停誦四散。廟中杳無人迹，而

所謂曬經者，特其名耳，並無於日中曬經之實事也。"同書下編載江蘇吳中歲時："六月六日，諸叢林各以藏經曝烈日中，僧人集村嫗，爲翻經會，謂翻經十次，他生可轉男身。"此俗今已不流行。

【曬經會】

即晾經會。此稱明代已行用。見該文。

【翻經會】

即晾經會。此稱明代已行用。見該文。

天貺節

宋代因所謂天降天書，設六月六日爲祈禱上天護佑的節日，後世則演化爲清暑曬物的節俗。此稱宋代已行用。按，大中祥符二年（1009），術士假傳天降天書，宋真宗喜，詔以六月六日爲天貺節，自此宋朝從朝廷到地方，百官均於是日舉行儀式，祭拜上清天神。《續資治通鑑·宋真宗大中祥符二年》："壬戌，詔兗州長吏，以天書降泰山日詣天貺殿建道場設醮，以其日爲天貺節，令諸州皆設醮，從知并州劉綜請也。"《宋史·真宗紀》："詔以六月六日天書再降日爲天貺節。"《宋大詔令集》卷一二九："是月也，天貺節。宰臣率百辟朝謁神霄宫；諸郡則長吏與其屬造聖祖殿。有司弛刑三日。奉常按視五方齋宫壇壝。"《宋史·禮志十五》："以六月六日爲天貺節，京師斷屠宰，百官行香上清宫。"宋周密《齊東野語·端平襄州本末》："唐州守楊侁稟議，因言本州統制軍馬郭勝有異志。……初六日，〔郭勝〕乘楊侁朝拜天貺節，遂閉城，率衆射死侁於涼轎中。"宋名臣王安石亦爲皇上寫有《天貺節皇帝謝内中露香表》，王士禛《香祖筆記》卷五引宋龐元英《文昌雜録》云："休假歲凡

七十六日，元日、寒食……立夏、端午、天貺節……"均表明當時對此節俗之看重。而宋以後，此節猶在，此俗變遷。依道經於此時清暑之説，而有了清洗消毒殺蟲、曝曬書籍衣物之習。明李一楫《月令采奇·六月令》："祥符四年（按，應爲二年），此日天書再降，遂改爲天貺節。道經以此日爲清暑日。宜貯神水，製擦牙鹽，洗六畜，曝衣服書畫等物。仙志戒曰：此日不宜開掘土。"明程羽文《香艷叢書·清閑供·月令演》："六月：避伏（三日）、天貺節（六日）、薦麥瓜（初伏）……"

火把節

亦稱"星回節"。西南少數民族於六月二十四日（亦有作二十五日、二十八日者），村寨燃火堆，家家燃火炬，人人舉火把之節日。其來源，或與原始社會先民舉行火祭、祈禱豐年有關。然文獻所載多稱與西南古國歷史事件相關，故其真正起源，尚屬謎團。據文獻，一説諸葛亮擒孟獲，放歸後，孟獲舉火除邪；一説唐五代時的南詔王爲了統一各部，將五詔首領誘至松明樓上引火燒死，人們因舉火相慶；一説元代梁王無端殺害大理段功，後人舉火懷念。衆説紛紜，莫終一是。明王士性《廣志繹·西南諸省》："雲南一省以六月二十四日爲正火把節。云是日南詔誘殺五詔於松明樓，故以是日爲節。或云孟獲爲武侯擒縱而歸，是日至滇，因舉火被除。或又云是梁王擒殺段功之日，命其屬舉火以禳之也。二十後，各家俱燃巨燎於庭，人持一小炬，老幼皆然，互相焚燎爲戲，爐鬚髮不顧，貧富咸群飲於市，舉火相撲達旦，遇水則持火躍之。黑鹽井則合各村分爲二隊，火下鬥武，多所殺傷，自普安以達於

雲南，一境皆然，至二十五乃止。"可見此俗與尚武有關，亦與辟邪禳害有關。明沈德符《萬曆野獲編·風俗·火把節》："今滇中以六月念八日爲火把節。是日，人家縛荻蘆高七八尺，置門外燒之，至夜火光燭天。又用牲肉細縷如膾，和以鹽醯生食之。問其原，則是日爲洪武間遣待制王忠文（禕）説元梁王納款不從，爲其所醢，以此立節。亦晉人禁寒食、楚人投角黍之意也。但考忠文被害爲十二月廿四日，何以改爲六月？即介推亦以五月五日亡，似當與屈正平同日受唁，今移之清明。乃知古今傳訛不少矣。"此又傳火把節因明朝王禕被害而起，故沈德符辨其訛。明楊慎《增訂南詔野史》卷下："猓玀……每歲六月廿四日，名火把節，燃松炬，照村砦田廬。"清許仲元《三異筆談·塑匠》："圓通寺有柏二株，其高入雲，……土人云有蝴蝶朝王之異。予羈棲無俚，日日往觀，六月望後，即見柏杪漸有翔集者。……積增至十九日，滿柏頂皆白，如梅花盛開，土人云，南海者皆歸矣。至廿二三，則低枝曲幹，亦稱疊合併，無少間隙。……土人神之，雖小兒女莫敢撲。廿五晨興往視，則翠柏森然，杳然不得一蝶。考六月廿四爲火把節，段功被難之日，或有忠魂毅魄殉於兹山，此栩栩者無乃碧血所化？"按，西南在唐代已有"星回節"，後世則稱星回節即火把節。陳耀文《天中記·帝王》引前蜀佚名《玉谿編事》言及星回節："南詔以十二月十六日謂之星回節，日游于避風臺，命清平官賦詩。"而唐代南詔驃信有《星回節游避風臺與清平官賦》："自我居震旦，翊衛類夔契。伊昔頸皇運，艱難仰忠烈。不覺歲雲暮，感極星回節。"而當時之南詔清平官趙叔達

亦有唱和詩《星回節避風臺驃信命賦》："法駕避星回，波羅毗勇猜。……願將不才質，千載侍游臺。"可知星回節最初是在歲末，與紀念愛國忠君的忠烈有關係。蓋後世舉火多以段功被冤殺爲説，遂將六月紀念先烈的火把節與冬季原有的憶先烈之回星節合而爲一，而原來十二月十六日的節日則漸湮没無聞。明楊慎有《星回節》詩，曰："忽見庭花折刺桐，故園珍樹幾然紅。年年六月星回節，長在天涯客路中。"已將星回節説成在六月。近人郭則澐《十朝詩乘》卷一六記六月星回節（亦即火把節）的諸般由來甚詳，所引唐守誠之詩，言與火把節相關之歷史傳聞尤夥，引如下："滇俗，以六月廿四日爲星回節。是日，遍然火炬，銜林燭野，錯落如繁星。兒童具鼓吹，空巷而嬉，莫詳所防。鄉曲舊聞，其説不一，類出附會。唐訓導（守誠）《星回節歌》云：'星回節與滇南地，年年六月二十四。松脂碎灑松炬燃，城市鄉村兒女戲。我昔隨戲登陌頭，登城四望紅田疇。連天千點復萬點，隱現明滅星躔稠。戲罷歸來問父老，相傳此風由來早。建興三載武鄉侯，七縱七擒征蠻獠。今夕擒得孟獲回，設燎遠迎相拜倒。又言慈善夫人賢，鄧賧詔赴蒙舍筵。鐵釧約臂深閨訂，預知松明樓火燃。認釧尋屍得歸葬，閉城殉節不負天。又言群蠻叛新莽，夷婦貞心如星朗。越嶲獨立邛谷王，阿南失身遭軦髒。賊欲脅從誓不從，投火自焚情慨慷。嗟乎！古來人没名不没，即此蠻婦勝簪笏。火炬縱非爲彼光，後世流傳重芳烈。即今多説祈年豐，俗成迤南迤西東。黃昏點綴太平景，星光火光百里紅。我思平蠻功業重，小詩仍擬歌卧龍。'滇中至今多武侯廟，疑防自征蠻者近是。"

其說可資參考。星回節（火把節）意義深遠，頗得世人讚賞。近人由雲龍《定庵詩話續編》云："星回節，亦雲南歷史上有價值之紀念日，惜已廢墜不舉矣。袁蘇亭有《松明樓樂府》，謂進賢烈、惡淫惡也。"

【星回節】

"火把節"之藉稱。此稱唐代已行用。時指另一節日。元明以後，與火把節合而為一，并沿至近代。見該文。

吃生

亦稱"剎生"。舊時西南地區部分少數民族火把節期間有吃生肉的習俗。此稱明代已行用。傳是為紀念在勸降雲南的元軍時被殺害的明朝使節王禕。一般在六月二十八日（或二十四日）舉行。明江盈科《雪濤談叢》："滇省風俗，每年於六月二十八日……各家俱用生肉切為膾，調以醯蒜，不加烹飪，名曰吃生。問其故，謂弔忠臣王禕。"吃生所用之肉一般為豬肉，野蔬有苦刺花、玉合花、蕨菜等。食法是將生肉切成薄片，蘸大蒜汁而食。胡樸安《中華全國風俗志·上編·雲南》引《蒙自縣志》："蒙邑之節令禮儀，與中土同。惟六月二十四日有剎生之俗。剎生者，以雞豕魚肉、生研縷絲，雜以鮮蔬，和椒桂而狙之，其名曰吃生，蓋古研膾之法。"

【剎生】

即吃生。此稱近現代已行用。見該文。

第三節　秋俗考

秋季到了，先秦以來，歷代朝野均在此時有種種節俗。如《禮記·月令》："凉風至，白露降，寒蟬鳴"，"立秋之日，天子親帥三公、九卿、諸侯、大夫，以迎秋於西郊"。而種種禮俗中，尤以七月初七、七月十五、八月十五、九月九日四個節日為主，體現着人們對美好生活的讚美、對人生歷程的感慨和對亡者的懷念。

七夕，是中國傳統的女兒節，它源於優美的神話傳說。民間女子拜祭織女，乞求她給人以智慧和技巧。七夕乞巧的禮俗在漢代已經萌芽。《西京雜記》卷一謂"漢綵女常以七月七日穿七孔鍼於開襟樓，俱以習之"，說明穿七孔針之俗已行於漢代。晋代以後，到南北朝，牛郎織女的傳說已風行，女子穿針乞巧、陳瓜果於庭以敬織女星。南朝梁宗懍《荊楚歲時記》："七月七日為牽牛、織女聚會之夜……是夕，人家婦女結綵樓，穿七孔針，或以金銀鍮石為針，陳几筵酒脯瓜果於庭中以乞巧。"唐宋以後直至近現代，此風俗一直很盛，恰如唐林傑《乞巧》詩所言："家家乞巧望秋月，穿盡紅絲幾萬條。"

七月十五中元節，俗稱"鬼節"，為祭祖悼亡的日子。它起源於道教，有地官赦罪於此日的傳說。而佛教傳入後，又加入了目蓮救母故事，稱節俗爲盂蘭盆會，頗添爲親情而祭奠之敬意。宋吳自牧《夢粱録·解制日（中元附）》：“七月十五日……其日又值中元地官赦罪之辰，諸宮觀設普度醮，與士庶祭拔。宗親貴家有力者於家設醮，飯僧薦悼，或拔孤魂，僧寺亦於此日建盂蘭盆會，率施主錢米，與之薦亡。”是日夜晚，還在河中放河燈，傳可以爲亡人超度地獄之難。《品花寶鑒》第五六回：“中元時候，是個蘭盆鬼節。南京風俗，處處給鬼施食，燒紙念經，並用油紙扎了燈綵，點了放在河中，要照見九泉之意。”雖說南京之事，實則通得各地。其時又多有情趣盎然之習。清潘榮陛《帝京歲時紀勝·中元》：“每歲中元建盂蘭道場，……用琉璃作荷花燈數千盞，隨波上下。中流駕龍舟，奏梵樂，作禪誦，自瀛臺南過金鰲玉蝀橋，繞萬歲山至五龍亭而回。河漢微凉，秋蟾正沼，至今傳爲勝事。”此俗當今民間仍有爲之者。

中秋月圓，是人們賞月、供月、拜月、玩月的佳期，此時天上月圓，地上人圓，家家團聚歡慶，吃月餅，吟詩詞，別有歡趣韵味。迎寒祭月，周代有之。玩月之舉，始乎漢武。《三輔黃圖·池沼》：“影娥池，武帝鑿池以玩月，其旁起望鵠臺以眺，月影入池中，使宮人乘舟弄月影，名影娥池，亦曰眺蟾臺。”此爲中秋賞月之始，後世遂浸成風習。唐韋應物《月下會徐十一草堂》詩：“暫輟觀書夜，還題玩月詩。”是爲題詩。宋孟元老《東京夢華録·中秋》：“中秋夜，貴家結飾臺樹，民間争占酒樓玩月。”是爲酒樓賞月。圓月寓團圓之意，故是夕輒求家人團圓，吃圓形月餅、圓形瓜果。明劉侗、于奕正《帝京景物略·春場》：“八月十五日祭月，其祭果餅必圓……月餅月果，戚屬饋相報，餅有徑二尺者。女歸寧，是日必返其夫家，曰團圓節也。”

九九重陽節，人們相約出郊登高，佩戴茱萸，求祛除邪氣；飲菊花酒，祝益壽延年。《楚辭·遠游》已提及“重陽”：“集重陽入帝宮兮，造旬始而觀清都。”漢代九月九日已有佩茱萸、食蓬餌、飲菊花酒和敬老之俗。《西京雜記》卷三：“九月九日，佩茱萸、食蓬餌，飲菊花酒，令人長壽。”三國魏曹丕《九日與鍾繇書》又載：“歲往月來，忽復九月九日。九爲陽數，而日月並應，俗嘉其名，以爲宜於長久，故以享宴高會。”是爲宴享登高之始。唐王維之“遙知兄弟登高處，遍插茱萸少一人”（《九月九日憶山東兄弟》）爲最著名登高詩。唐岑參《奉陪封大夫九日登高》亦言及登高飲酒：“九日黃花酒，登高會昔聞。”此外，古人尚有戴楸葉、吃蓮藕等俗。明劉若愚《酌中志·飲食好尚紀略》：“立秋之日戴楸葉，吃蓮藕，曬伏薑，賞茉莉、栀子、蘭、芙蓉等花。”

以傳統的觀念來看，秋季是個陽氣漸收的時期，於是世人開始有了相應的處世養生習俗。

乞巧

七月初七夜，婦女穿針引綫向織女乞求巧智之俗。起源於牛郎織女的神話傳説。相傳牛郎織女被天界分隔在天河兩岸，每年七月初七纔能通過鵲橋相會一次。這一傳説在周代就已產生，《詩·小雅·大東》："維天有漢，監亦有光。跂彼織女，終日七襄。雖則七襄，不成報章。睆彼牽牛，不以服箱。"每逢七夕，婦女都要進行對月穿針引綫的活動，以表示向織女乞求靈巧。此稱南北朝時期已行用。此俗則始於漢代。《西京雜記》卷一："漢綵女常以七月七日穿七孔鍼於開襟樓，俱以習之。"當時主要爲游戲。至晉時，出現向牛女二神祈求賜福的活動，乃與後來乞巧活動相類。宋陳元靚《歲時廣記·乞富貴》引晉周處《風土記》："七月七日……祈請何鼓、織女，言此二星當會。守夜者咸懷私願。或云，見天漢中有奕奕白氣，或光耀五色，以此爲徵應，見者便拜而陳願。乞富乞壽，無子乞子，唯得乞一，不得兼求，三年後方得言之。"南朝梁宗懍《荆楚歲時記》："七月七日爲牽牛、織女聚會之夜……是夕，人家婦女結綵樓，穿七孔針，或以金銀鍮石爲針，陳几筵酒脯瓜果於庭中以乞巧。"其針如箴子，爲七孔（或兩孔、五孔），專爲乞巧之用，不用於針綫活。宋高承《事物紀原·乞巧》："吳均《續齊諧記》曰：'桂陽成武丁有仙道，忽謂其弟曰：七月七日，織女當渡河，暫詣牽牛。'世

至今云織女嫁牽牛……則七夕之乞巧，自成武丁始也。"齊武帝時有"穿針樓"之設。唐時，七夕有祭儀，宮中立"乞巧樓"。《新唐書·百官志三》載，織染署於"七月七日，祭杼"。五代王仁裕《開元天寶遺事·乞巧樓》："宮中以錦結成樓殿，高百尺，上可以勝數十人，陳以瓜果酒炙，設坐具，以祀牛、女二星。嬪妃各以九孔針、五色綫向月穿之，過者爲得巧之候。動清商之曲，宴樂達旦，士民之家皆傚之。"唐林傑《乞巧》詩："家家乞巧望秋月，穿盡紅絲幾萬條。"唐祖詠《七夕》詩："向月穿針易，臨風整綫難，不知誰得巧，明月試試看。"穿針乞巧的形式很多，有雙手放背後暗穿，亦有連穿兩根或七根針，以快者爲"得巧"，遲者爲"輸巧"。宋以後，乞巧活動增添了男孩祀牛郎之俗。又，每逢七夕，設"乞巧市"，專賣乞巧物品。民間以竹或木或麻稭，編成"乞巧棚"。宋陳元靚《歲時廣記·乞巧棚》引宋吕原明《歲時雜記》："京師人七夕以竹或木或麻藍，編而爲棚。剪五色綵爲層樓，又爲仙樓，刻牛女像及仙從等於上，以乞巧。"宋蘇軾《鵲橋仙·七夕》詞："人生何處不兒嬉，看乞巧、朱樓綵舫。"而乞求手巧一直是主流。宋梅堯臣《乞巧賦》："孟秋七日夕，……家人之在庭，列時花與美果，祈織女而丁寧，乞天巧之付與，惡心手之鈍冥。"宋至明清，對月穿針的乞巧變爲投針於水碗中的丟巧針。清代廣東還衍變成

七娘會。今此俗不復流行。

卜巧

七夕以蜘蛛占卜女子是否手巧的風俗。於七月七日夜捉蜘蛛藏盒中，天明啓盒視所織蛛網，密者爲得巧多，稀者則得巧少。此稱南北朝時期已行用。南朝梁宗懍《荆楚歲時記》："陳几筵酒脯瓜菓於庭中以乞巧。有蟢子網於瓜上，則以爲符應。"蟢子係蜘蛛的一種，如在瓜果上織網，則暗示是織女星降臨。唐宋之間《七夕》詩："傳道仙星媛，年年會水隅。停梭借蟋蟀，留巧付蜘蛛。"五代王仁裕《開元天寶遺事·蛛絲卜巧》："帝與貴妃，每至七月七日夜……又各捉蜘蛛閉於小盒中，至曉開視蛛網稀密，以爲得巧之候：密者言巧多，稀者言巧少。民間亦傚之。"宋代此俗很盛行。宋孟元老《東京夢華錄·七夕》："婦女望月穿針，或以小蜘蛛安盒子內，次日看之，若網圓正，謂之'得巧'。"宋趙師俠《鵲橋仙·丁巳七夕》詞："花瓜應節，蛛絲卜巧，望月穿針樓外。"清代仍承此俗，不僅適用於女孩，亦適用於男孩。清光緒三年（1877）《樂亭縣志》："童男置蜘蛛於小盒，次日視絲稀密爲乞巧多少，亦開元遺風，今乞者少矣。"此俗今不存。

乞巧樓

初爲宮中爲乞巧建造之樓殿，飾以錦綉，可登數十人，陳瓜果共度七夕；後乃流行民間，成七夕祭祀牛郎織女、競巧娛樂之所。此稱唐代已行用。尤以唐宋爲盛。據五代王仁裕《開元天寶遺事·乞巧樓》載，唐開元間宮中已有之："宮中以錦結成樓殿，高百尺，上可以勝數十人，陳以瓜果酒炙，設坐具，以祀牛、女二星。"至唐末昭宗時猶建之於思政殿旁，七

夕過後，仍保留，成爲皇帝日常居所。宋宋敏求《長安志·宮室四》："乞巧樓，光化三年造，二樓構飛橋，以通來往思玄門、應乾門、問安宮。"《舊唐書·昭宗紀》述光復三年（903）兵變，政變者"突入宣化門，行至思政殿便行殺戮，徑至乞巧樓下。帝遽見兵士，驚墮牀下"。《新唐書·宦者傳下·劉季述》載唐昭帝是在乞巧樓中："帝方坐乞巧樓，見兵入，驚墮於牀。"《資治通鑑·唐昭宗光化三年》"上在乞巧樓"胡三省注："乞巧樓在思玄門內，近思政殿。"傳爲前蜀王建之《宮詞》有云："畫作天河刻作牛，玉梭金鑷采橋頭。每年宮女穿針夜，敕賜諸親乞巧樓。"（見宋趙與旹《賓退錄》卷八）據此可知唐至五代宮廷年年七夕均在乞巧樓有活動。宋代乞巧樓已行於民間，多飾以彩帛。宋金盈之《醉翁談錄·七月》："夫乞巧樓多以采帛爲之。"宋孟元老《東京夢華錄·七夕》："至初六七日晚，貴家多結綵樓於庭，謂之乞巧樓。鋪陳磨喝樂、花瓜酒炙、筆硯針綫，或兒童裁詩，女郎呈巧，焚香列拜，謂之乞巧。"宋陳淵《七夕》詩三首之一："天上銀蟾曲似鉤，人間簫鼓萬家浮。從來世事俱兒戲，不獨秦娥乞巧樓。"宋以後猶有之，然其盛況已大不如前。時人詩文中間或咏之。明徐𤊹《徐氏筆精·詩談》載木庵和尚詩："金元時有僧木庵，與元好問厚善。嘗有《七夕感懷》詩云：'銀河如練月如舟，花滿人間乞巧樓。野老家風依舊拙，蒲團又度一年秋。'"明祝允明《偕美賦》："賞月峰上，追綵鸞以遇文篇；乞巧樓頭，笑天孫之嫁河鼓。"清曹貞吉《玉簟涼·七夕有感和其年》詞："十載長安。記如此良宵，團扇拋殘。龍梭初罷織，赴碧落幽歡。幾多鈿合蟢

子，陳瓜果、乞巧樓前。”

乞巧棚

用竹木或麻稭扎成之棚子，飾以五色彩紙，以爲七夕乞巧之用。此稱南北朝時期已行用。清陳元龍《格致鏡原·宮室類·棚》引南朝梁宗懍《荆楚歲時記》云：“富家七夕結綵錦爲乞巧棚。”然該書今本未見此文。宋陳元靚《歲時廣記·乞巧棚》引宋呂原明《歲時雜記》：“京師人七夕以竹或木或麻藠，編而爲棚。剪五色綵爲層樓，又爲仙樓，刻牛女像及仙從等於上，以乞巧。”元宋褧《都城雜咏》四首之一：“風物鮮妍餙禁城，豪家戚里競留情。花圍錦幄清明宴，香擁珠樓乞巧棚。”可知乞巧棚多爲富家所製作，以圖七夕比奢競豪。明清無之。

乞巧市

七夕前後京城專賣乞巧物品的市場。此稱宋代已行用。七夕前數日，此市場車水馬龍，摩肩接踵，乞巧物銷售火爆，成當時著名集市。宋金盈之《醉翁談録·七月》云：“七夕：潘樓前賣乞巧物，自七月一日車馬嗔咽，至七夕前三日，車馬不通行。相次壅遏，不復得出，至夜方散。嘉祐中，有以私忿易乞巧市乘馬行者，開封尹得其人，竄之遠方。自後再就潘樓。其次麗景、保康諸門及睦親門外，亦有乞巧市，然終不及潘樓之繁盛也。”宋陳元靚《歲時廣記·乞巧棚》引宋呂原明《歲時雜記》：“東京潘樓前有乞巧市，賣乞巧物。自七月初一日爲始，車馬喧闐。七夕前兩三日，車馬相次壅遏，不復得出，至夜方散。其次麗景、保康、闐闐門外，及睦親、廣親宅前，亦有乞巧市。然皆不及潘樓。”明清時此類市場漸無聞。

泥孩兒

亦稱“摩睺羅”“磨喝樂”“摩孩羅”。以木爲龍骨并以泥土塑成的各種人像，類似後世的小型泥塑，供人觀賞玩樂。往往有基座，有繁盛彩飾，多用於七夕期間。此稱宋代已行用。此物應與佛教有關，最初蓋自天竺傳入，《淵鑑類函》卷一九引《歲時紀事》亦云：“七夕，俗以蠟作嬰兒浮水中以爲戲，爲婦人生子之祥，謂之化生，本出於西域，謂之摩睺羅。”“摩睺羅”“磨喝樂”“摩孩羅”當爲天竺同類物之音譯。或疑爲《五百弟子本起經》中之“羅睺羅”（見《阿彌陀經疏》卷一），姑存疑。宋孟元老《東京夢華録·七夕》：“七月七夕，潘樓街東宋門外瓦子、州西梁門外瓦子、北門外、南朱雀門外街及馬行街内，皆賣磨喝樂，乃小塑土偶耳。悉以雕木彩裝欄座，或用紅紗碧籠，或飾以金珠牙翠，有一對直數千者。禁中及貴家與士庶爲時物追陪。”宋陸游《老學庵筆記》卷五：“鄜州田氏作泥孩兒名天下，態度無窮，雖京師工效之，莫能及。一對至直十縑，一床至直十千。一床者，或五或七也。小者二三寸，大者尺餘，無絶大者。予家藏一臥者，有小字云：‘鄜畤田玘製。’”說明名家在所做泥孩兒上刻有商標性質的詞語。宋周密《武林舊事·乞巧》：“七夕節物多尚果食、茜雞及泥孩兒，號‘摩睺羅’，有極精巧飾以金珠者，其直不貲。……小兒女多衣荷葉半臂，手持荷葉，效顰摩睺羅。大抵皆中原舊俗也。七夕前，修内司例進摩睺羅十卓，每卓三十枚，大者至高三尺。或用象牙雕鏤，或用龍涎佛手香製造，悉用鏤金珠翠，衣帽、金錢、釵鐲、佩環、真珠、頭鬚及手中所執戲具，皆七寶爲之。”從小孩子效仿衣半臂、持蓮葉來看，亦可見此物源自佛教。宋趙師俠《鵲橋仙・丁巳七夕》有"摩孩羅荷葉傘兒輕"句，亦爲此類。宋吳自牧《夢梁錄・七夕》詞："内庭與貴宅皆塑賣'磨喝樂'，又名'摩睺羅孩兒'，悉以土木雕塑，更以造綵裝襴座，用碧紗罩籠之，下以桌面架之，用青綠銷金桌衣圍護，或以金玉珠翠裝飾尤佳。"宋金盈之《醉翁談錄・七月》："京師是日多博泥孩兒，端正細膩，京語謂之摩睺羅，小大甚不一，價亦不廉。或加飾以男女衣服，有及於華侈者。南人目爲'巧兒'。"以上均表明，其物不大，而價值不菲。宋許棐還有《泥孩兒》詩，既嘆其身價之貴，亦嘆其具有保佑女人生子之吉祥含義："牧瀆一塊泥，裝塑恣華侈。所恨肌體微，金珠載不起。雙罩紅紗厨，嬌立瓶花底。少婦初嘗酸，一玩一心喜。潛乞大士靈，生子願如爾。"此俗宋以後猶存，唯不及宋時流行。且其製作工藝還有所發展。明王鏊《姑蘇志・人物十八・藝術》："袁遇昌，居吳縣木瀆，善塑化生摩睺羅。每搏埴一對，價三數十緡。其衣襞腦囟按之蠕動。遇昌不傳其子，藝遂絕。"則泥人内藏機關，某些部分可以活動，這是一種工藝的進步。近代以來，泥人藝術大有發展，不再是固定在七夕時節纔使用的工藝品。當今的泥人，以天津的"泥人張"泥人、無錫的惠山泥娃娃較著稱。

【摩睺羅】

即泥孩兒。此稱宋代已行用。見該文。

【磨喝樂】

即泥孩兒。此稱宋代已行用。見該文。

【摩孩羅】

即泥孩兒。此稱宋代已行用。見該文。

七娘會

七夕女子將手工列於庭内八仙桌上，供人評賞，并以此乞巧迎仙之俗。此稱宋代已行用。清屈大均《廣東新語・事語》："七月初七夕爲七娘會。乞巧，沐浴天孫聖水。以素馨、茉莉結高尾艇，翠羽爲篷，游泛沉香之浦，以象星槎。"七娘會由衆女子相約，集資若干，用通草、色紙、米粒等各種物品，製成花果、人物、器物、宮室等造像，於初六日雜以針綫、脂粉、古董、珍玩、花生、時果列在庭内八仙桌上，供人評賞。初七日開始迎仙、拜仙、拜牛郎等，禮節繁縟。胡樸安《中華全國風俗志・下編・廣東》載："廣州風俗，縶重七夕，實則初六夜也。諸女士每逢是夕，於廣庭設鵲橋，陳瓜果，焚檀楠，爇巨燭，綿屏繡椅，靚粧列坐，任人入觀不禁，至三更而罷，極一時之盛。"此俗今不存。

中元節

農曆七月十五日祭奠鬼神以使亡人超度苦獄的節日。此稱五代時期已行用。十國前蜀花蕊夫人有《宮詞・梨園子弟》："法雲寺裏中元節，又是官家誕降辰。"而七月十五祭祖之俗起源甚早，且與道教有關。初傳入中國之佛教極力在教義宣傳上與中國固有習俗相結合，稱七月十五日有目蓮救母典故，即可知漢魏以後七月十五薦亡之俗已見端倪。《初學記》卷四引晋竺法護傳譯之《盂蘭盆經》，言目蓮於"七月十五日，嘗爲七代父母厄難中者，具百味五果，以著盆中"，求八方大德營救。按，此節俗最初本是源於中國本土的道教。早期道教經籍難覓，據後世道經稱，天官、地官、水官爲"三官"，亦稱"三元"，即上元、中元、下元。中元地官誕日爲七月十五日，故於是日世人敬奉"中元"。道經《太上三官寶經・太上三元賜福赦罪解厄消災延生保命妙經》稱："天官賜福，地官赦罪，水官解厄。"又曰："地官至七月十五日，即與獄囚、地獄受苦衆生，除罪簿、滅惡根；削死名、上生籍……逢赦除之。"故宋以後文獻多有地官赦罪、爲亡者解脫苦難提法。《政和五禮新儀》卷首："士庶每歲中元節折竹爲樓，紙作偶人，如僧居其側，號曰盂蘭盆。釋子曰，薦嚴亡者，解脫地獄，往生天界。"宋孟元老《東京夢華錄・中元節》："七月十五日中元節。先數日，市井賣冥器靴鞋、幞頭帽子、金犀假帶、五綵衣服。以紙糊架子盤遊出賣。"宋吳自牧《夢粱錄・解制日（中元附）》："七月十五日……其日又值中元地官赦罪之辰，諸宮觀設普度醮，與士庶祭被宗親。貴家有力者於家設醮，飯僧薦悼，或被孤魂，僧寺亦於此日建盂蘭盆會，率施主錢米，與之薦亡。家市賣冥衣，亦有賣轉明菜花、花油餅、酸餡、沙餡、乳糕、豐糕之類。賣麻穀窠兒者，以此祭祖宗，寓預報秋成之意。"詳述了薦亡所用諸般錢物。宋周密《武林舊事・中元》："七月十五日，道家謂之中元節，各有齋醮等會。僧寺則於此日作盂蘭盆齋，人家亦以此日祀先。例用新米新醬、冥衣時果、綵段麵棊（按，疑應作'冥衣綵段、時果麵棊'），茹素者幾十八九，屠門爲之罷市。"此俗至明清猶盛行。明謝肇淛《五雜俎・天部二》："閩人最重中元節，家家設楮陌冥衣，具列先人號位，祭而燎之。女家則具父母冠服袍笏之類，皆紙爲者，籠之以紗，謂之'紗箱'，送父母家。"明田汝成《西湖遊覽志餘・熙朝樂事》："七月十五日爲中元節，俗

傳地官赦罪之辰，人家多持齋誦經，薦奠祖考，攝孤判斛，屠門罷市。僧家建盂蘭盆會，放燈西湖及塔上河中，謂之'照冥'。官府亦祭郡厲邑厲壇。"明李東陽《出郊》詩："好風晴日中元節，白露清霜半夜心。"清毛奇齡《盛處士墓誌銘》："杭俗中元節放燈船于湖，火爆笙歌達晝夜。"清佚名《畫舫餘譚》："中元節以畫舫載僧衆，鐃鈸丁冬，放焰口，濟孤魂。"此俗至今猶盛行，每至此日，世人或燒紙，或做河燈。

【鬼節】
　　"中元節"之俗稱。因此節之活動以祭鬼薦亡爲主，故稱。此稱明代已行用。明張瀚《松窗夢語・時序紀》："七月望祀，釋家謂之盂蘭齋。俗云'鬼節'，謂地獄放假五日，則矯飾甚矣。時民間翦紙爲花，燃硝磺爲燈，以木板泛於湖上，多至數百，夜望如星，亦足娛目。"清沈復《浮生六記・閨房記樂》："七月望，俗謂鬼節。"清郭則澐《十朝詩乘》卷一一："中元爲鬼節，京都小兒每於是夕手持荷葉燈行街市，翠盤擎燭，搖漾生輝。或剜西瓜爲燈，中空外映，涼碧如玉；又或以青蒿折枝，上綴香條千百藝之，曰'星星燈'。護城河水是夕放蓮燈，隨波流去。或即於地上燃之，云以施鬼。"《品花寶鑒》第五六回："此時正是中元時候，是個蘭盆鬼節。南京風俗，處處給鬼施食，燒紙念經，並用油紙扎了燈綵，點了放在河中，要照見九泉之意。"《陝西通志・風俗・時令》引《咸寧縣志》："中元：折麻穀，具繙酒，以獻祖考。士大夫多至墓所以祭。俗云'鬼節'。"此稱至今猶沿用。

盂蘭盆會
　　農曆七月十五日爲逝去親人送食物用品的

節俗。爲佛教節日，既在寺院焚香進供品，亦於夜間至水濱放河燈。此稱晋代已行用。其俗從天竺傳來，約魏晋以後開始在中國流行，并流傳至今。據《初學記》卷四引晋竺法護譯《盂蘭盆經》，言盂蘭盆節源於目蓮救母，略謂："目連見其亡母生餓鬼中，即鉢盛飯往餉其母。食未入口，化成火炭，遂不得食。目連大叫：'馳還白佛！'佛言：'汝母罪重，非汝一人所奈何，當須十方衆僧威神之力。'至七月十五日，嘗爲七代父母厄難中者，具百味五果，以著盆中，供養十方大德。佛敕衆僧，皆爲施主祝願七代父母，行禪定意，然後受食。是時目連母得脱一切餓鬼之苦。目連白佛：'未來世佛，弟子行孝順者，亦應奉盂蘭盆供養。'佛言大善。故後人因此廣爲華飾，乃至刻木割竹，飴蠟剪綵，模花葉之形，極工妙之巧。"此傳説强調對佛祖供奉，對父母孝敬，方得拯救陰間中的父母出水火，故很能啓發信徒善心。此俗亦長盛不衰。宋代沙門志磐《佛祖統紀》卷三七載，梁武帝蕭衍大同四年（538），"帝幸同泰寺設盂蘭盆齋（梵語盂蘭此云解倒懸。是目連尊者設此盆供，得脱母氏餓鬼之苦）"。南朝梁宗懍《荆楚歲時記》曰："七月十五日，僧尼道俗，悉營盆供諸佛。"杜公瞻注："按《盂蘭盆經》云：有七葉功德，并幡花歌鼓果實送之。蓋由此也。"南朝梁顔之推《顔氏家訓・終制》："四時祭祀，周、孔所教，欲人勿死其親，不忘孝道也。……若報罔極之德，霜露之悲，有時齋供，及七月半盂蘭盆，望於汝也。"《舊唐書・文苑傳上・楊炯》："如意元年七月望日，宮中出盂蘭盆，分送佛寺，則天御洛南門，與百僚觀之。〔楊〕炯獻《盂蘭盆賦》，詞甚雅麗。"

同書《王縉傳》："代宗七月望日於内道場造盂蘭盆，飾以金翠，所費百萬。又設高祖已下七聖神座，備幡節、龍傘、衣裳之制，各書尊號於幡上以識之，舁出内，陳於寺觀。"同書《穆宗紀》："是日，上幸安國寺觀盂蘭盆。"盂蘭盆不是指一個盛物之盆，凡種種敬奉之舉，皆可稱之。宋孟元老《東京夢華録・中元節》："又以竹竿斫成三脚，高三五尺，上織燈窩之狀，謂之盂蘭盆，挂搭衣服冥錢在上焚之。"宋吳自牧《夢粱録・社會》："七月十五日，建盂蘭盆會。"又同書《解制日》："僧寺亦於此日建盂蘭盆會，率施主錢米，與之薦亡。家市賣冥衣，亦有賣轉明菜花、油餅、酸餡、沙餡、乳糕、豐糕之類，賣麻穀窠兒者，以此祭祖宗。"宋梁克家《淳熙三山志・土俗類二》："盂蘭盆會：州人以是日嚴潔廳宇，排設祖考齋筵，逐位薦獻。貧者率就寺院，標題先世位號供設。"又："是日，盂蘭盆會因怪像以招游人，遂成墟市。相傳謂之看死佛。"明劉侗、于奕正《帝京景物略・春場》："七月……十五日諸寺建盂蘭盆會，夜於水次放燈，曰放河燈。"明田汝成《西湖遊覽志餘・熙朝樂事》："七月十五日爲中元節，俗傳地官赦罪之辰，人家多持齋誦經，薦奠祖考，攝孤判斛，屠門罷市。僧家建盂蘭盆會，放燈西湖及塔上、河中，謂之'照冥'。"《古今圖書集成・歲功典》卷六八引《浙江志書・烏程縣》："中元節，僧家建盂蘭盆會，夜則放燄口施食，沿河放燈，謂之照冥。"清弘曆《中元夕放燈》詩："例事盂蘭傳梵唄，便看朔塞放燈船。"

照冥

亦稱"放河燈"。農曆七月十五日晚在水濱

放燈，爲亡者照路之風俗。爲中元節和盂蘭盆會活動之一。製作紙燈放入水中，相傳可以爲死者靈魂引路，使之得到超度。七月十五日原爲宗教節日，即道教的中元節、佛教的盂蘭盆會。節日内容與祭祖薦亡有關。道教中的地官下凡定人間善惡，民間在中元節拯孤照冥；佛教設盂蘭盆會，晚上放河燈，燒法船。此稱魏晋時期已行用，然起初尚非爲亡人照路之意。晋阮籍《大人先生傳》：“朝造駕乎湯谷兮，夕息馬乎長泉；時峈嵫而易氣兮，輝若華以照冥。”唐以後乃開始指照亮冥界。唐盧士牟《唐貞觀銅鐘銘》：“法輪覺夢，慧炬照冥。”宋代以後乃指放河燈以照冥路了。宋吴自牧《夢粱録·解制日》云：“七月十五日……後殿賜錢，差内侍往龍山放江燈萬盞。”宋周密《武林舊事·中秋》：“此夕浙江放一點紅羊皮小水燈，數十萬盞，浮滿水面，爛如繁星，有足觀者。或謂此乃江神所喜，非徒事觀美也。”説明還有祭江神的含義。明蔣一葵《堯山堂外紀》卷七三載元朝事：“俗傳七月十五日爲中元節，僧家建盂蘭盆會，放燈西湖及塔上河中，謂之照冥。”元張天雨有《西湖放燈》詩：“共泛蘭舟燈火鬧，不知風露濕青冥。”明田汝成《西湖遊覽志餘·熙朝樂事》：“七月十五日爲中元節，俗傳地官赦罪之辰，人家多持齋誦經，薦奠祖考，攝孤判斛，屠門罷市。僧家建盂蘭盆會，放燈西湖及塔上河中，謂之照冥。”清代徑稱“放河燈”，其俗增添了許多游樂賞玩的内容。清潘榮陛《帝京歲時紀勝·中元》：“每歲中元建盂蘭道場，自十三日至十五日放河燈，使小内監持荷葉燃燭其中，羅列兩岸，以數千計。又用琉璃作荷花燈數千盞，隨波上下。中

流駕龍舟，奏梵樂，作禪誦，自瀛臺南過金鼇玉蝀橋，繞萬歲山至五龍亭而回。河漢微凉，秋蟾正沼，至今傳爲勝事。”此俗至今民間仍有爲之者。

【放河燈】

即照冥。爲俗稱。此稱清代已行用。見該文。

戴楸葉

立秋日以楸葉剪成花樣插戴。此稱漢代已行用。漢崔寔《四民月令》：“京師立秋滿街賣楸葉，婦女兒童皆剪成花樣戴之，形制不一。”至宋代亦流行。宋孟元老《東京夢華録·立秋》：“立秋日，滿街賣楸葉，婦女兒童輩，皆剪成花樣戴之。”宋吴自牧《夢粱録·七月》：“立秋日……都城内外，侵晨滿街叫賣楸葉，婦人女子及兒童輩争買之，剪如花樣，插於鬢邊，以應時序。”明清時，此俗亦流行於北京。明劉若愚《酌中志·飲食好尚紀略》：“立秋之日戴楸葉，吃蓮藕，曬伏薑，賞茉莉、梔子、蘭、芙蓉等花。”《古今圖書集成·歲功典》卷六四引《直隸志書·昌平州》：“孟秋月，立秋日，婦女插戴楸葉。”此俗今不流行。

咬秋

立秋日吃瓜，謂可避免今冬明春腹瀉之俗。先秦已有秋天食瓜之習。《詩·豳風·七月》有“七月食瓜”之句。至漢代就更明確了。漢崔寔《四民月令》：“初伏，則薦麥瓜於祖禰。”（《清嘉録》引）五代後，西瓜傳入我國，人們於立秋時節所食之瓜，多爲西瓜，并以西瓜相互饋贈嘗新。然咬秋一詞出現甚晚，至清代在文獻中使用。清張燾《津門雜記·歲時風俗》：“立秋之時食瓜，曰咬秋，可免腹瀉。”清顧禄《清嘉録·立秋西瓜》：“立秋前一月，街坊已擔賣

西瓜，至是，居人始薦於祖禰，並以之相餽貽，俗稱'立秋西瓜'，或食瓜飲燒酒，以迎新爽。"清潘榮陛《帝京歲時紀勝·立秋雨》："立秋預日，陳冰瓜，蒸茄脯，煎香薷飲，院中露一宿，新秋日闔家食飲之，謂秋後無餘暑瘧痢之疾。"地方志中，多有"立秋日，按時食瓜"的記載。此俗今仍流行民間。

天灸

亦稱"點百病"。農曆八月一日或十四日用露水研墨或硃砂，點額、太陽穴、腹部等處，謂能去百病之風俗。此稱漢代已行用。明陳耀文《天中記》卷五引漢應劭《風俗通》佚文言"天灸"："八月一日是六神日，以露水調硃砂蘸小指，宜點灸去百病。"南朝梁宗懍《荊楚歲時記》："八月十四日民並以硃水點兒頭額，名為天灸，以厭疾。"可見此法近乎巫術。《說郛》卷三二引佚名《潛居錄》："八月朔，以椀盛取樹葉露，研辰砂，以牙筯染點身上，百病俱消，謂之天灸。"明方以智《物理小識·地類》："八月取露研砂，以墨點之，曰'天灸'也。"明李時珍《本草綱目·水一·露水》："八月朔日，收取摩墨，點太陽穴止頭痛，點膏肓穴治勞瘵，謂之'天灸'。"明高濂《遵生八牋·四時調攝牋》言"秋八月事宜"引《田家五行》曰："侵辰用磁器收百草頭上露，磨濃墨，頭痛者點太陽穴，勞瘵者點膏肓之類，謂之'天灸'。"《古今圖書集成·歲功典》卷六九引《山東志書·諸城縣》："八月一日，好事老嫗於黎明取草頭清露，迨正午以好墨研露濃汁，用箸頭蘸墨汁於兒童心窩及四下點百點，謂之點百病。"至清代仍廣為流行。清顧祿《清嘉錄·天灸》："〔八月〕朔日，蚤起取草頭露磨墨，點小兒額

腹，以祛百病，謂之'天灸'。"今仍在民間流行。

【點百病】

即天灸。為俗稱。此稱清代已行用。見該文。

中秋節

省稱"中秋"，亦稱"夕月"。農曆八月十五日萬家團圓、賞月祭月拜月的節日。因其值三秋之半、仲秋之中，故名。此稱先秦時期已行用。史書中的中秋習俗出現頗多。先秦已有祭月之習，至漢魏已有賞月之風；作為一個節日，始於宋初，其後一直沿襲至今。祭月拜月，與仲春敬日一樣，是對天地神祇的敬畏，是對歲時更替的看重，自古有春祭日、秋祭月之說；賞圓月寓闔家團圓之意，此時一起賞月，吃月餅，吃棗糕，賞桂花，飲桂花酒，闔家其樂融融。故而中秋與元旦（今稱春節）、清明、端午一起，并稱為中國傳統四大節日。《書·堯典》："日中星鳥，以殷仲春"；"宵中星虛，以殷仲秋"。漢孔安國傳："宵，夜也。春言日，秋言夜，互相備虛。"按，《史記·五帝本紀》書作"夜中星虛，以正中秋"，語意是以中秋晝夜交替之際與虛星見於南方正中之時，考定中秋，表明了先民對這一時間節點的重視。"中秋"一稱首見於《周禮·天官·司裘》："中秋，獻良裘。"陸德明音義："中音仲。"又同書《春官·籥章》："中春，晝擊土鼓，龡《豳》詩以逆暑。中秋，夜迎寒亦如之。"鄭玄注："迎寒以夜，求諸陰。"強調了在中秋夜求陰迎寒的儀式。直至漢代，這種具有祭祀內涵的風習依然盛行。《漢書·武帝紀》"朝日夕月"顏師古注："應劭曰：天子春朝日、秋夕月。朝日以朝，夕月以夕。臣瓚曰：《漢儀注》，郊泰時，皇帝平

旦出行宫，東向揖日；其夕，西南向揖月。……師古曰：春朝朝日，秋暮夕月，蓋常禮也。郊泰時而揖日月，此又別儀。”夕月之祭，多在秋分時節進行。然而後世亦稱中秋爲“夕月”，也源於這種祭月儀式。明徐應秋《玉芝堂談薈·歲華節次》：“八月十五爲‘月夕’，見《提要録》。”漢魏至南北朝，有中秋團聚或望月思親之風。南朝陳徐陵《玉臺新咏·近代吳歌九首》之“秋歌”：“秋風入牕裏，羅帳起飄颺。仰頭看明月，寄情千里光。”而唐宋時，又稱中秋賞月爲“玩月”。唐代劉禹錫有《中秋玩月》詩，歐陽詹有《玩月詩序》。歐陽詹序曰：“月可玩。玩月，古也。謝賦鮑詩，眺之庭前，亮之樓中，皆玩也。貞元十二年，甌閩君子陳可封游在秦，寓於永崇里華陽觀。予與鄉人安陽邵楚萇、濟南林藴、潁川陳詡亦旅長安。秋八月十五日夜詣陳之居，修厥玩事。……秋之於時，後夏先冬；八月於秋，季始孟終；十五於夜，又月之中。稽於天道則寒暑均，取於月數則蟾兔圓。”言中秋爲暑寒交替之際，賞其時之美、其游之樂。宋孫復《中秋夜不見月》詩亦記中秋佳會：“長記去年：中秋玩月出草堂，冰輪直可鑑毫芒。是時家釀又新熟，呼童開席羅清觴。纖埃不起零露下，對此陶陶樂未央。”而中秋作爲節日，却是始於宋初。一説始於唐代。明彭大翼《山堂肆考·時令》“獻鏡”條引《唐太宗記》：“八月十五日爲千秋節，三公以下獻鏡及盛露囊。”而《淵鑑類函·歲時部九》“獻鏡”條引《唐太宗記》則曰：“八月十五日爲中秋節，三公以下獻鏡及盛露囊。”前者曰千秋節，指皇帝誕辰節日，而唐太宗生日在十二月，顯然不確；後者曰中秋節，而此事不見於新舊

《唐書》記載。而《舊唐書·玄宗紀》開元十七年（729）却有相似文字：“以每年八月五日爲千秋節，王公已下獻鏡及承露囊。”可知太宗設中秋節之説，應是玄宗千秋節之誤植，實則宋代始有中秋節之設。北宋初，王禹偁《送夏侯正言奉使江南》詩：“歸期莫過中秋節，侍宴甘泉月滿庭。”楊萬里《丞相周公招王才臣中秋賞桂花寄以長句》：“素娥大作中秋節，一夜廣寒桂花發。”朝野形成空前的中秋節日盛況。宋孟元老《東京夢華録·中秋》：“中秋夜，貴家結飾臺榭、民間爭占酒樓玩月。絲簧鼎沸，近内庭居民夜深遥聞笙竽之聲，宛若雲外。閭里兒童連宵嬉戲，夜市駢闐，至於通曉。”但朝廷一直未頒定中秋之節。直至南宋孝宗初，始設節日，宣布節日官員放假。時人羅願上疏諫稱節日將使官員精神更涣散：“近者又明詔天下增中秋之節，臣竊惑之。”（《羅鄂州小集》卷五“擬進劄子”條）此後中秋節成法定節日，爲各代沿襲。南宋吳自牧《夢粱録·中秋》：“八月十五日中秋節，此夜月色倍明於常時。又謂之‘月夕’。”許應龍《贈韓倅》詩：“中秋節近月嬋娟，正好平分通夕宴。”明王鏊《漁家傲》詞：“寶月天邊光未缺，昨宵纔過中秋節。大官酒饌年年設，今年別、壽筵開處依林樾。”清玄燁《中秋夜對月再成絶句》：“明月中秋節，馳書海外來。自今天漢上，萬里烟雲開。”清張英《吳門竹枝詞》二十首之一：“虎丘待月中秋節，玉管冰絃薄暮過。”清洪昇《長生殿·補恨》：“團圓等待中秋節，管教你情償意愜。”近代以來，中秋傳統依舊。民國十一年（1922）《文安縣誌·人民部·風俗志》：“中秋：婦女設瓜果、月餅於庭，待月致祭；男則飲酒賞月，終夜弦

歌。”中秋親人團圓，風習至今猶然。近二三十年，電視臺每年有中秋聯歡晚會節目。2006年，中秋節被國務院列入首批國家非物質文化遺産名録。

【中秋】

“中秋節”之省稱。此稱先秦時期已行用。見該文。

【夕月】

即中秋節。此稱漢代已行用。見該文。

團圓節

亦稱“圓月”。中秋闔家團聚歡宴共同觀月之俗。此稱明代已行用。此時的月餅、瓜果，必求圓形，以仿月圓，寓意團圓、圓滿。明劉侗、于奕正《帝京景物略·春場》：“八月十五日祭月，其祭果餅必圓……紙肆市月光紙……家設月光位，於月所出方，向月供而拜，則焚月光紙，撤所供，散家之人必遍。月餅月果，戚屬饋相報，餅有徑二尺者。女歸寧，是日必返其夫家，曰團圓節也。”《紅樓夢》第七六回：“賈母看時，寶釵姊妹二人不在坐内，知他家去圓月。”清孫點《歷下志游》：“中秋節作家宴者少，鋪户中各出一人互相邀請，然絶無人來。請畢，閉户暢飲，達旦方息，謂之圓月。”清張燾《津門雜記·歲時風俗》：“中秋節，陳月餅、瓜果拜月，曰圓月。”

【圓月】

即團圓節。此稱清代已行用。見該文。

中秋月

亦稱“端正月”。農曆八月十五日之夜的明月。一年中此時月亮最明，故形成賞月習俗。先秦已有中秋迎寒之祭，至漢代稱之爲“夕月”，可見是祭此時之月。漢代已偶有人於此際結伴賞月觀潮，而中秋聚會、對月吟詩風氣，至唐始流行。雖然晋孫綽有詩曰“蕭瑟仲秋月，颺喛風雲高”（《藝文類聚》卷三），但尚非賞月之詩。唐代玩月成風，詩咏中秋月乃多。唐趙嘏《錢塘》詩：“一千里色中秋月，十萬軍聲半夜潮。”爲上佳句。其時不少人以《中秋月》爲題吟月，如薛瑩詩：“勸君莫惜登樓望，雲放嬋娟不久長。”馬戴詩：“陰魄出海上，望之增苦吟。”潘緯詩：“古今逢此夜，共冀沆瀯明。豈是月華别，祗應秋氣清。影當中土正，輪對八荒平。尋客徒留望，璿璣自有程。”皆爲望月感懷。其後自宋至今，中秋團圓歡聚或孤旅獨愁，往往與中秋月有關聯。宋龔明之《中吴紀聞·慈受禪師》：“因中秋賞月書一絶寄瓚老，云：‘……今宵共賞中秋月，莫道山家不往還。’（師名懷深）”蘇軾《和魯人孔周翰題詩》二首其一：“定知來歲中秋月，又照先生枕麴眠。”明朱存理《珊瑚木難》卷六載《奉和中秋玩月佳什三首録上虚白先生宗遠隱君用發一笑鮑恂再拜》：“數年不對中秋月，月色依然不負秋。”明郁逢慶《書畫題跋記》卷一〇載董其昌《題石田竹書》（挂幅）：“少年漫見中秋月，視與常時不分别。老來珍重不易觀，要把深杯戀佳節。老人能得幾中秋，信是流光不可留。古今換人不換月，舊月新人風馬牛……”甚有哲理。清聖祖玄燁《塞上行》詩則反其意用中秋思鄉：“塞上中秋月似霜，牧群歌起叠伊凉。歸駝都載新蒬鹿，絶少征人夜望鄉。”清蒲松齡《聊齋志異·素秋》亦載中秋宴飲：“恂九邀公子去，曰：‘中秋月明如晝，妹子素秋具有蔬酒，勿違其意。’”因中秋月圓而正，故又稱“端正月”。唐韓愈《和崔舍人咏月二十韻》：“三秋端正月，今夜出東溟。"面對中秋朗月，古人多有人生感慨。宋李曾伯《臨江仙·甲寅中秋和劉舍人賞月》詞："同此三秋端正月，地高先得光輝。分明身世玉琉璃。不妨人未老，長與月相期。"宋張炎《唐多令·壽月溪》："傍取溪邊端正月，對玉兔，話長生。"明彭大翼《山堂肆考·時令》"中秋"條有"前輩名中秋月曰端正月"之語，似明代已不常用此稱。但仍有人用之。明薛蕙《中秋看月》詩二首其一："穆穆金波端正月，寥寥碧落蔚藍天。"

【端正月】

即中秋月。此稱明代已行用。見該文。

賞月

亦稱"玩月"。八月十五中秋之夜闔家設宴團聚，共賞中秋圓月之俗。此稱宋代已行用。賞月固人之常情，先秦已有之，而形成習俗，則始於漢代，沿至今日。周代每逢中秋夜要舉行迎寒和祭月活動。《周禮·春官·籥章》："中春晝，擊土鼓，龡《豳》詩，以逆暑。中秋夜迎寒，亦如之。"這該是中秋月夜賞玩之先河。漢武帝曾建造"俯月臺"用以"眺蟾"，此乃賞月之濫觴。漢代《三輔黃圖·池沼》："影娥池，武帝鑿池以玩月，其旁起望鵠臺以眺，月影入池中，使宮人乘舟弄月影，名影娥池，亦曰眺蟾臺。"舊題後漢郭憲撰《洞冥記》卷三亦載此事："帝於望鵠臺西起俯月臺，臺下穿池廣千尺，登臺以眺，月影入池中。使仙人（按，應爲宮人）乘舟弄月影，因名影娥池，亦曰眺蟾臺。"後世多有咏漢武眺蟾之詩文，元劉基《龍虎臺賦（至順癸酉會試作）》即嘆："彼呼鷹戲馬，適足彰其陋；而眺蟾望鵠，曷足逞其雄。"元楊維楨《賓月軒記》："吾達士所賓，自眺蟾

主人賓於景祀之上，月固未受其賓也。"魏晉以後此風漸盛。民間文人墨客，多三五邀集，對月酌酒，吟詩作樂，成爲時尚。唐段成式《酉陽雜俎·天咫》："長慶中，八月十五夜，有人玩月。"唐韋應物《月下會徐十一草堂》："空齋無一事，岸幘故人期。暫輟觀書夜，還題玩月詩。"宋孟元老《東京夢華錄·中秋》："中秋夜，貴家結飾臺榭，民間爭占酒樓玩月。"宋吳自牧《夢粱錄·中秋》："八月十五日中秋節……王孫公子，富家巨室，莫不登危樓，臨軒玩月……至如鋪席之家，亦登小小月臺，安排家宴，團圞子女，以酬佳節。雖陋巷貧窶之人，解衣布酒，勉強迎歡，不肯虛度。此夜天街賣買，直至五鼓，玩月遊人，婆娑於市，至曉不絕。""賞月"一稱，宋代始出現。宋周密《武林舊事·中秋》："禁中是夕有賞月延桂排當，如倚桂閣、秋暉堂、碧岑，皆臨時取旨，夜深天樂直徹人間。"元費著《歲華紀麗譜》記成都賞月："八月十五日，中秋玩月。舊宴於西樓，望月於錦亭，今宴於大慈寺。"明清時此風不衰。明都穆《南濠詩話》載元明之際倪元鎮事："是歲中秋，鄒氏開宴賞月，〔倪〕元鎮以脾泄戒飲，凄然弗樂，乃賦詩曰：'……莫負尊前今夜月，長吟桂影一伸眉。'"明田汝成《西湖遊覽志餘·熙朝樂事》："是夕，人家有賞月之燕，或携樍湖船，沿游徹曉。"《禪真逸史》第八回："兩個坐了一會，一面玩月，一面把閑話支吾。看看坐到更深，皓月當空，並無一點雲翳，果然好個中秋良夜。"1949年後，中秋佳節，仍盛行賞月、食月餅、吃團圓飯等習俗。

【玩月】

即賞月。此稱漢代已行用。見該文。

月餅

以小麥粉等爲皮、内裏各種餡的小餅。因是中秋月圓時食品，故稱。外觀多作圓形，仿圓月，寓團圓之意。此稱宋代已行用。宋吳自牧《夢粱錄・葷素從食店》：“市食點心，四時皆有，任便索喚，不誤主顧。且如蒸作面行，賣四色饅頭、細餡大包子，賣米薄皮春繭、……棗箍荷葉餅、芙蓉餅、菊花餅、月餅、梅花餅、開爐餅……”大約當時所謂“月餅”并不限於中秋節月圓時吃，祇是以其形如月名之而已，它與其他各種餅及饅頭、包子等日常食品同時銷售。此俗後世一直沿襲。明田汝成《西湖遊覽志餘・熙朝樂事》：“民間以月餅相遺，取團圓之義。”明劉侗、于奕正《帝京景物略・春場》：“八月十五日祭月，其祭果餅必圓……月餅月果，戚屬饋相報，餅有徑二尺者。”

廣寒宮

亦稱“月宮”“蟾宮”。傳說月中的宮殿。相傳嫦娥奔月後居於此。宮中還有玉兔、蟾蜍、桂樹及仙人吳剛，等等。此稱漢代已行用。宋佚名《錦繡萬花谷前集》卷一引漢東方朔《十洲記》：“廣寒宮：冬至後，月養魄於廣寒宮。”古人認爲月爲水精，屬陰，寒凉。《淮南子・天文訓》：“積陰之寒氣爲水，水氣之精者爲月。”故以“廣寒”名其宮殿。道教視作天廷宮殿之一。《初學記》卷二三引《曲素决辭經》曰：“高上玉皇辭曰：目即西華館，意合廣寒宮。”《雲笈七籤》卷九七：“慶雲纏丹爐，煉玉飛八瓊。宴晤廣寒宮，萬椿愈童嬰。”傳月中有蟾蜍，一說嫦娥入月宮化作蟾蜍，故又稱“蟾宮”。《藝文類聚》卷一引漢張衡《靈憲》曰：“姮娥奔月，是爲蟾蜍。”唐玄宗登天游廣寒宮，是較著

名的傳說。唐白居易《白孔六帖》卷一引《龍城錄》：“開元六年，上皇與申天師、道士鴻都客，八月望日夜，天師作術，二人同上皇上遊月中。過天門，在玉光中飛浮宮殿，往來無定，寒氣逼人，露濡衣紳皆濕。望見大府榜曰：‘廣寒清虚之府。’”而宋祝穆《古今事文類聚前集・天時部・八月》“銀橋升天”條引《唐逸史》又曰：“羅公遠，鄂州人。開元中中秋夜，侍玄宗於宮中玩月。公遠奏曰：‘陛下莫要至月中看否？’乃取拄杖向空擲之，化爲大橋，其色如銀。請玄宗同登，約行數十里，精光奪目，寒氣侵人，遂至大城闕。公遠曰：‘此月宮也。’”唐宋以後多有詩詞吟咏廣寒宮。宋秦觀《中秋口號》詩：“二十四橋人望處，臺星正在廣寒宮。”宋周邦彥《鵲橋仙令・歇指》詞：“晚凉拜月，六銖衣動，應被姮娥認得。翩然欲上廣寒宮，橫玉度、一聲天碧。”宋蘇頌《和梁簽判潁州西湖十三題・清風亭》：“廣寒宮殿誠誇誕，消暑樓臺久寂寥。”元朱希晦《比述》詩二首之一：“寶鏡何團團，光輝瑩冰雪。……又疑廣寒宮，飛墮一片月。照人不照心，紅顏易衰歇。”清洪昇《長生殿・傳概》：“唐明皇歡好霓裳宴，楊貴妃魂斷漁陽變。鴻都客引會廣寒宮，織女星盟證長生殿。”又《得信》：“娘娘說，今年中秋之夕，月宮奏演《霓裳》，娘娘也在那裏。教仙師引著萬歲爺，到月宮裏相會。”清尤侗《五君咏》五首之一：“却入廣寒宮，醉倒珊瑚樹。”而稱蟾宮當是元以後事。元王吉昌《減字木蘭花・右初五日巽配震》詞：“五返雲雷，玉桂蟾宮應候開。”明朱鼎《玉鏡臺記・閨思》：“歲月易推遷，倏爾經年，又是秋之半，蟾宮幾缺圓。”以蟾宮中有桂樹，又常以蟾宮

折桂喻科考奪冠。元柯丹邱《荆釵記·家門》："獨步蟾宫，高攀仙桂，一舉鰲頭姓氏香。"《紅樓夢》第九回："彼時黛玉在窗下對鏡理妝，聽寶玉説上學去，因笑道：'好，這一去，可是要蟾宫折桂了，我不能送你了。'"近人周學熙《師鄭同年以鄉薦四十年爲杯酒之約適養疴西山賦詩寄謝》："彈指蟾宫四十秋，清輝無恙不勝愁。"廣寒宫作爲美麗傳説，至今猶在流傳。

【月宫】

即廣寒宫。此稱漢代已行用。見該文。

【蟾宫】

即廣寒宫。此稱元代已行用。見該文。

嫦娥

亦作"恒娥""姮娥"。傳説中一位居處月中的仙女。古代神話稱她本是后羿之妻，后羿從西王母處要來長生不老藥，嫦娥偷吃後，即飛入了月宫，且化作蟾蜍。此稱先秦時期已行用。戰國時已有此傳説，流傳至今。《楚辭·天問》有"安得夫良藥，不能固臧"之問，舊注多以爲此指《列仙傳》崔文子學仙於王子喬，

嫦娥
（清石印本《詳注聊齋志異圖詠·嫦娥》）

王子喬化作白蜺持藥給崔文子，崔驚怪而擊殺之。朱熹集注對此認爲："事極鄙妄，不足復論。"清蔣驥《山帶閣注楚辭·天問》則釋曰："謂月神也。"并引《淮南子》《靈憲》《通雅》之文證爲嫦娥竊藥之事。按，《淮南子·覽冥訓》："譬若羿請不死之藥於西王母，姮娥竊以奔月。悵然有喪，無以續之。"漢高誘注："姮娥，羿妻。羿請不死之藥於西王母，未及服之，姮娥盜食之，得仙奔入月中，爲月精。"漢代張衡《靈憲》亦對嫦娥傳説有詳説："羿請無死之藥於西王母，姮娥竊之以奔月。將往，枚筮之於有黄。有黄筮之曰：吉。翩翩歸妹，獨將西行。逢天晦芒，毋驚毋恐，後且大昌。姮娥遂託身於月，是爲蟾蜍。"故嫦娥奔月傳説，應形成於戰國秦漢之間。嫦娥一名晚出，漢時稱姮娥，漢以前稱恒娥，因避漢文帝劉恒名諱而改。上引《淮南子》莊逵吉校曰："姮娥，諸本皆作恒，唯《意林》作姮，《文選》注引此作常。淮南王當諱恒，不應作恒，疑《意林》是也。"而恒娥（嫦娥）名稱由來，更早於戰國秦漢間的奔月傳説。《山海經·大荒西經》："有女子方浴月，帝俊妻常羲生月十有二，此始浴之。"晉郭璞注："羲與羲和浴日同。"此言帝俊之妻名叫"常羲"，生孩子十二，孩子皆爲月。"常""嫦"同音，"羲"與"娥"古音相近，故此爲嫦娥傳説初始源頭。而王謨輯本《世本》稱："帝嚳卜其四妃之子皆有天下……次妃訾陬氏之女，曰常儀，生帝摯。"常儀、常羲皆帝妻，應是同一人。《左傳·昭公元年》莒國有邑名"常儀靡"，後人認爲應是常儀氏之後封於其地。《吕氏春秋·勿躬》又曰："羲和作占日，尚儀作占月。"畢沅校注："尚儀即常儀。古讀儀爲何。後世

遂有嫦娥之鄙言。"《晉書·律曆志中》："軒轅紀三綱而闡書契，乃使羲和占日，常儀占月。"按，"尚""常"古同音，"儀"與"娥"音近。宋洪适《隸釋》卷九："《周官》注云，義、儀二字，古皆音俄。《詩》以'實惟我儀'協'在彼中河'；'樂且有儀'協'在彼中阿'。"尚儀、常儀爲占月之官，其音與"嫦娥"近，故而尚儀（常儀）亦成嫦娥傳說來源之一。宋史繩祖《學齋佔畢·常儀常娥之辨》："後人多引《淮南子》以注屈原《天問》，朱文公常辨之云：《淮南子》似因《天問》而設爲傅會之說也。余嘗疑其所載常娥一事，許慎注云：常娥，羿妻也。羿請不死之藥於西王母，常娥竊之以奔月。後漢張衡《靈憲論》遂引之爲證，且云常娥託身於月，是爲蟾蜍。余又笑其豈有人而變爲蟾蜍之理……余常觀《漢志》，黃帝使羲和占日，常儀占月，車區占星。而每疑所謂常娥即因常儀字之誤而起紛紛之說。"史繩祖笑嫦娥化蟾蜍之說荒誕，實是將神話作史實看而言，不可據。然其認爲常娥因常儀訛變而來，有其道理。明陳耀文《正楊·嫦娥》引明胡應麟《胡氏筆叢》評曰："非常儀占月，則常義生月之說無由附會也；非義爲帝俊妻，則嫦娥爲羿妻無由附會也。"明顧起元《說略·象緯》亦證之："予謂'儀'之作'俄'，此誠可據。或後人轉寫爲'娥'，羿妃竊藥奔月之說從而傅會之耳。《楚辭·天問》：'安得夫靈藥，不能固藏。'則其妄已久。又考之《通鑑》前編，常儀乃帝嚳之四妃，是知後人謂爲月娥者，以有常儀占月事，而又惑于帝妃之文故也。"清吳玉搢《別雅》卷二"尚儀常娥也"條亦析曰："《呂氏春秋·勿躬篇》'尚儀作占月'方子謙曰：'古者羲和占

日，常儀占月。皆官名也。'《左傳》有'常儀靡'，即常儀氏之後。尚、常形聲相近，故得通用。儀亦有娥音也，一作常義。《山海經》有'……帝俊妻常義生月十有二，此始浴之'。義、儀字近，相沿改作。"可知嫦娥源自常儀，常儀又寫作"尚儀"，且與"常義"混淆。常字，後又加女字偏旁作"嫦"，字晚出（按，《說文》無"嫦"字，宋代歐陽德隆《增修校正押韵釋疑·校正條例》則列"嫦"爲俗字）。因嫦娥與月亮關聯密切，每屆中秋賞月，古人多有詩詞咏嫦娥，寄情美好，且邀嫦娥下凡成爲一種期盼。《晉書·摯虞傳》："擾兔兔於月窟兮，詰姮娥於薄收。"《梁書·張纘傳》："流姮娥之逸響，發王子之清韵。"唐元稹《八月十四夜玩月》詩："猶欠一宵輪未滿，紫霞紅襯碧雲端。誰能喚得嫦娥下，引向堂前仔細看。"宋吳潛《訴衷情》詞："風陣緊，電光流。雨聲颼。嫦娥應道，未卜明年，是樂還愁。"宋張孝祥《訴衷情·中秋不見月》詞："喚新愁。嫦娥貪共，暮雨朝雲，忘了中秋。"宋李坦然《風流子》詞："更嫦娥爲愛，寒光滿地。故移疏影，來伴南枝。"盼望嫦娥下凡，遂有元宵以湯圓、中秋以酒盞月餅邀嫦娥之俗。元陶宗儀《說郛》卷三二下引佚名《三餘帖》又載一傳說："嫦娥奔月之後，羿晝夜思惟成疾。正月十四夜，忽有童子詣宮求見，曰：'臣夫人之使也。夫人知君懷思，無從得降。明日乃月圓之候，君宜用米粉作丸，團團如月，置室西北方，呼夫人之名。三夕可降耳。'如期果降，復爲夫婦如初。"明尹臺《戲作月川歌酒中調武岡守備周閭使》："吁嗟！武川之水一斛波，明月其奈將軍何，願飛玉盞邀嫦娥。"清陸求可《鵲橋仙·佳人對

鏡》詞：“空明似水，團圝非月，縱有姮娥難
到。”嫦娥至今猶爲國人心中美好形象，故中國
的月球探測工程被命名爲“嫦娥工程”，探月衛
星亦以嫦娥命名，寄托了美好願望。

【恒娥】

即嫦娥。“嫦娥”早期名稱。此稱先秦時期
已行用。見該文。

【姮娥】

即嫦娥。此稱漢代已行用。見該文。

【素娥】

“嫦娥”之雅稱。亦稱“孀娥”“霜娥”。因
傳説月宫冰清、玉凉、晶瑩，嫦娥居其間，故
名。此稱唐代已行用。漢代有“孀娥”之稱，
後世稱“霜娥”，唐以後多稱“素娥”，達於清。
宋祝穆《古今事文類聚前集·天時部》“孀娥怨”
條：“古樂府有《孀娥怨》之曲，注云：‘漢人
因中秋無月而度此曲。’所謂孀娥者，蓋指言月
中姮娥也。羅隱《中秋不見月》詩：‘天爲素娥
孀怨苦，故教西北起浮雲。’”唐李商隱《霜月》
詩亦云：“青女素娥俱耐冷，月中霜裏鬬嬋娟。”
宋楊萬里《丞相周公招王才臣中秋賞桂花寄以
長句》：“素娥大作中秋節，一夜廣寒桂花發。”
宋郭祥正《和倪敦復觀梅》詩三首之一：“月壓
江梅似雪光，史君要我共飛觴。不饒桂樹輪中
影，獨占霜娥鑑裏香。”元白樸《水調歌頭·咏
月》詞：“怪霜娥，才二八，減容光。蛾眉幾
畫，新樣晚鏡爲誰妝？”元柯九思《送林彦清
歸永嘉》詩：“遙瞻廣寒殿，素娥正憑闌。白兔
擣月魄，指顧成神丹。”明鄭真《用王理問中秋
韵》詩：“梯空我欲招素娥，廣寒孤眠奈愁何。”

【孀娥】

即素娥。此稱漢魏時期已行用。見該文。

【霜娥】

即素娥。此稱宋代已行用。見該文。

蟾蜍

亦稱“詹諸”“蟾蠩”。傳説月中形似蛤蟆
的精靈，偶或代指月亮。因玉兔屬陰，故設屬
陽之蟾蜍以與玉兔相制衡。一説兔爲月之精，
蟾蜍則爲助月之行的星精（按，此説時代較早，
戰國已有之）。又一説以爲蟾蜍爲月之精，兔爲
照於月上的日之光，日月陰陽，相輔相成。更
有一説認爲嫦娥奔月後化作蟾蜍。可見諸説紛
紜不一。此稱先秦時期已行用。其傳説始於戰
國，至漢代已雜説紛呈，後世則逐漸視之爲與
兔共同構成月中陰精。明楊慎《丹鉛總録·天
文類》引戰國《甘氏星經》曰：“月一星在昴畢
間，故昴畢之間爲天街，黃道之所經也。月者
陰精之宗也，爲兔四足，爲蟾蜍三足。兔在月
中，而蟾蜍之精爲星，以司太陰之行，度月生
於西，故於是位焉。”可見最初蟾蜍衹是主太陰
之行（即月行軌道）的一顆星（此説後世亦沿
襲），漢以後乃特别强調蟾蜍爲月中之精。《太
平御覽》卷四引漢佚名《春秋演孔圖》曰：“蟾
蜍，月精也。”又引漢佚名《春秋元命苞》曰：
“陰精爲月。……又月之爲言，闕也。兩設以
蟾蜍與兔者，陰陽相居，明陽之制陰，陰之倚
陽。”按，《太平御覽》卷九〇七引三國魏魚豢
《典略》曰：“兔者，明月之精。”可見蟾蜍與
兔俱爲月精，而二者亦分陰陽。漢魏伯陽《參
同契》曰：“蟾蜍與兔魄，日月無雙明。蟾蜍視
卦節，兔者吐生光。”宋俞琰《周易參同契發
揮》卷上釋曰：“蟾蜍者月之精，兔魄者日之
光。……上半月爲陽，屬震兑乾；下半月爲陰，
屬巽艮坤，故曰蟾蜍視卦節。月爲太陰，日爲

太陽。陽主吐，陰主納。月本無光，受日之光而白，故曰兔者吐生光。"漢張衡《靈憲》謂嫦娥化爲蟾蜍，然後人多不接受此説："羿請無死之藥於西王母，姮娥竊之以奔月，……託身於月，是爲蟾蜍。"晋干寶《搜神記》卷一四述此故事，"蟾蜍"作"蟾蠩"。《類篇・蟲部》："蜍，常如切。蟾蜍，蟲名。或從諸。"蟾蜍形似蝦蟇（後人稱蛤蟆）。《後漢書・張衡傳》"蟾蜍張口承之"李賢注："蟾蜍，蝦蟇也。蟾音時占反，蜍音時諸反。"亦稱"詹諸""蟾諸"。《淮南子・説林訓》"月照天下，蝕於詹諸"漢高誘注："詹諸，月中蝦蟇，食月。"據高注，則漢時又稱蟾蜍食月，恰如天狗食月，亦非吉者。可見傳説之駁雜。《爾雅・釋魚》"蟾諸"晋郭璞注："似蝦蟆，居陸地。"説明了它似蛤蟆而非蛤蟆。宋戴侗《六書故・動物四》："蟾蜍，黽屬也。古單作詹諸。"清吴玉搢《別雅》卷一："詹諸、蟾諸，蟾蠩也。"古來素有反對月中有蟾蜍之説者。或提出不過是月中氣流之影，或是地形的陰影。漢王充《論衡・談天篇》："夫烏、兔、蟾蜍，日月氣也，若人之腹臟，萬物之心脅也。"唐段成式《酉陽雜俎・天咫》："舊言月中有桂，有蟾蜍。……或言月中蟾、桂，地影也，空處水影也，此語差近。"而歷來人們仍常於中秋之夜言及蟾蜍，甚至寄予美好詩咏。《北堂書鈔》卷一五〇："白兔擣藥，設以蟾蠩。"唐封演《封氏聞見記・月桂子》："月中云有蟾蜍、玉兔并桂樹，相傳如此。"唐羅隱《中秋夜不見月》詩："只恐異時開霽後，玉輪依舊養蟾蜍。"《宋史・樂志八》："精凝蟾蜍，輝光嬋娟。"《五燈會元》卷一七："寂兮寥兮，蟾蜍皎皎下空穀；寬兮廓兮，曦光赫赫流四海。"清

沈蕊《虞美人・題瘦吟樓研》："畫樓空鎖舊時春，惟有一鉤，殘月吊詩魂。蟾蜍露滴香猶膩，密字真珠細。"

【詹諸】

即蟾蜍。此稱漢魏時期已行用。見該文。

【蟾蠩】

即蟾蜍。此稱漢代已行用。見該文。

玉兔

傳説月中的白兔，偶或代指月亮。古人認爲兔爲月精，屬陰。初始傳説稱，兔望月而孕，口有缺，吐而生子。指月圓時明月中能見兔影，天下兔望之而受孕。祭祀宗廟之兔稱"明視"（見《禮記・曲禮下》"凡祭宗廟之禮……兔曰明視"），亦見其明亮眺望含義。後又傳説兔在月中擣仙藥，以供仙人長生，并與蟾蜍、嫦娥相關聯。春秋戰國時已傳月中有玉兔，與日中所謂金烏形成對應。此傳説後代流傳甚廣，直至近現代。按，月上兔影，實際是月上地形的高低起伏及受地球氣流影響，在太陽照射下形成了陰影，古人肉眼望之如兔，遂産生月中玉兔傳説。《楚辭・天問》："夜光何德，死則又育。厥利維何，而顧菟在腹。"朱熹集注："菟，一作兔，與兔同。夜光，月也。死，其晦也；育，生也。此問月有何德，乃能死而復生？月有何利，而顧望之菟常居其腹乎！……月光常滿，但自人所立處視之，有偏有正，故見其光有盈有虧，非既死而復生也。若顧菟在腹之間，則世俗桂樹蛙兔之傳，其惑久矣。"可見宋人已譏月中有兔之説荒誕。而古來此傳説仍流傳不輟。《太平御覽》卷九〇七引漢佚名《春秋元命苞》"君失德則地吐泉、魚衛兔"三國魏宋均注："兔陰精；魚是陽，見制也。"又引三國魏魚豢

《典略》曰："兔者，明月之精。"《説郛》卷五上引《春秋運斗樞》："玉衡星散而爲兔，行世瑶光則兔出月。"按，清陳元龍《格致鏡原·獸類七》引此文，"行世瑶光"作"瑶光行失"。宋洪興祖《楚詞補注·天問章句》"厥利維何，而顧菟在腹"引諸傳説曰："《靈憲》曰：月者陰精之宗，積而成獸，象兔陰之類，其數偶。蘇鶚演義云：兔十二屬配卯位，處望日，月最圓而出於卯上，卯兔也。其形入於月中，遂有是形。《古今注》云：兔口有缺。《博物志》云：兔望月而孕，自吐其子，故《天對》云：玄陰多缺，爰感厥兔，不形之形，惟神是類。"宋陸佃《埤雅·釋獸》："兔口有缺，吐而生子，故謂之兔。兔，吐也。舊説兔者，明月之精，視月而孕，故《楚辭》曰'顧兔在腹'，言顧兔居月之腹，而天下之兔望焉，於是感氣。《禮》曰'兔曰明視'，其以此歟。"清蔣驥《山帶閣注楚辭·天問》辨析月中影形成原因，一説是大地之影映在月上，二説月上地勢虛實不一形成陰影，后説近之："按顧兔在腹，指月中微黑處。説者謂是地之影。蘇子瞻詩'九州居月中，有似蛇蟠鏡'，妄言桂兔蟇俗語，皆可屏是也。又西域傅汎際云：月體中虛實不一，實故受日光，虛則光出不返，所以闇影斑駁也。倪綏甫云：月中黑闇，乃本體渣滓不受日彩。或謂外入之影，則月有高下，東西影當有變，何以隨在不殊乎？二説與前又各不同。"魏晉以後，又出現玉兔搗藥傳説。《太平御覽》卷四引晉傅玄《擬天問》："月中何有？玉兔搗藥。"卷九〇七又引傅玄歌辭曰："兔搗藥月間安足道，神烏戲雲間安足道。"所搗藥爲長生不老藥，故《雲笈七籤》卷一九："白兔搗藥，蟾蜍在傍。太一

和劑，彭祖先嘗。服一刀圭，面目生光。身出毛羽，上謁上皇。"《北堂書鈔》卷一五〇："白兔搗藥，設以蟾蟆。"唐杜甫《月》詩："天上秋期近，人間月影清。入河蟾不没，搗藥兔長生。"而後世每有對玉兔搗藥之訕笑。宋梅堯臣《赴刁景純招作將進酒呈同會》詩："嫦娥與玉兔，搗藥何所瘳？大患不自治，更被蝦蟆偷。"元郭鈺《秋夜讀劉昕賓旭子夜歌因效其體賦》二首其一："玉兔搗藥三千年，近見嫦娥搔白髮。"明練子寧《待月歌》："玉兔搗藥能長生，不管麻姑鬢如雪。"而歷來世人仍多以此傳説寄情美好想像，并寓中秋佳節美好願望。宋向子諲《望江南·八月十四日爲壽近有弄璋之慶》詞："微雨過，庭院静無塵。天上秋期明日是，人間月影十分清。真不負佳辰。稱壽處，香霧繞花身。玉兔已成千歲藥，桂花更與一枝新。喜氣滿重闈。"宋黃裳《中秋月》詩："玉兔搗藥將何爲，應造神丹送仙伯。"《宋史·樂志八》載隋佚名《大觀秋分夕月》四首之一《降神高安》："玉兔影孤，金莖露溢。"元白樸《水調歌頭·咏月》詞："銀蟾吸清露，白兔搗玄霜。青天萬古明月，中有物蒼蒼。想是臨風丹桂，費盡斫雲玉斧，秋藥自芬芳。直透一輪影，吹下九天香。"中秋製作繪有玉兔的月宮符以拜月，成爲明清時的節俗。《御定月令輯要·八月令》"月宮符"條："《北京歲華記》：中秋夜，人家各置月宮符像，符上兔如人立，陳瓜果於庭，餅面繪月宮蟾兔，男女肅拜，燒香，旦而焚之。"

兔兒爺

中秋節拜祀的吉祥物。用土做成兔形，衣冠踞坐如人狀，人家兒女祀拜之。傳説月中有

玉兔，故祀兔即拜月。中秋前後，街上多有售賣。此稱明代已行用。明陸啓浤《北京歲華記》："市中以黃土搏成，曰兔兒爺，著花袍，高有二三尺者。"清潘榮陛《帝京歲時紀勝・彩兔》："京師以黃沙土作白玉兔，飾以五彩粧顏，千奇百狀，集聚天街月下，市而易之。"清富察敦崇《燕京歲時記・兔兒爺攤子》："每屆中秋，市人之巧者用黃土搏成蟾兔之像以出售，謂之兔兒爺。有衣冠而張蓋者，有甲冑而帶纛旗者，有騎虎者，有默坐者。大者三尺，小者尺餘。其餘匠藝工人無美不備，蓋亦譃而虐矣。"清蔣士銓《京師樂府詞十六首・兔兒爺》："月中不聞杵臼聲，搗藥使者功暫停。酬庸特許享時祭，

兔兒爺
（據傳世品繪）

搏泥範作千萬形。"清楊靜亭《都門雜咏・中秋》："瞥眼忽驚佳節近，滿街爭擺兔兒山。"近人方元鵾《都門雜咏》："兒女先時爭禮拜，擔邊買得兔兒爺。"民間取月中蟾蜍玉兔祭拜，以祈中秋順遂吉祥。此俗今已不行。

吳剛

傳說因罪過而被天廷罰在月宮砍斫桂樹的仙人。此稱唐代已行用。其所犯何罪不詳。月中桂樹高達五百丈，故須砍斫。而桂樹隨砍隨癒，故永遠砍伐不盡。唐段成式《酉陽雜俎・天咫》始載此傳說："舊言月中有桂，有蟾蜍，故《異書》言，月桂高五百丈，下有一人常斫之，樹創隨合。人姓吳名剛，西河人，學仙有過，謫令伐樹。"戰國時有砍伐桂樹記述（《莊子・人間世》："桂可食，故伐之。"）；漢代已傳月中有桂樹（《太平御覽》卷九五七引《淮南子》："月中有桂樹。"），其說流傳至唐代。唐權德輿《古興》詩："月中有桂樹，無翼難上天。"而仙人月中斫桂，自唐代始有演義。吳剛月中斫桂樹之外，時又有吳質倚憑月中桂樹傳說。李賀《李憑箜篌引》："吳質不眠倚桂樹，露腳斜飛濕寒兔。"後世或將吳質與吳剛視作同一人。宋胡仔《苕溪漁隱叢話後集・玉溪生》引宋嚴有翼《藝苑雌黃》辨之曰："義山詩：'莫羨仙家有上真，仙家暫謫亦千春。月中桂樹高多少，試問西河斫樹人。'……宋子京《嘲月詩》亦云：'吳生斫鈍西河斧，無奈婆娑又滿輪。'《緗素雜記》嘗論吳生斫桂事，引李賀《箜篌引》云'吳質不眠倚桂樹'，李賀謂之吳質，段成式謂之吳剛，未詳其義。竊意《箜篌引》所謂吳質非吳剛也，恐別是一事，魏有吳季重亦名質。"可見二者未必是同一人。唐以後吳剛斫桂成爲典故。宋楊萬里《木犀初發呈張功父又和六首》其一："分得吳剛斫處林，鵝兒酒色不須深。"宋毛珝《浣溪沙・桂》詞："吟倚畫欄懷李賀，笑持玉斧恨吳剛，素娥不嫁爲誰妝。"元吳昌齡《張天師斷風花雪月》第四折："現放着斫桂的吳剛巨斧風般快，只問他奔月的嫦娥曾否下妝臺？更和那搗藥的兔兒那日當何在？"明鄭真《用王理問中秋韵》："吳剛斫桂頗驚恐，仰天却愛清光多。"清高宗弘曆《晚歸》詩："碧天無際玉輪高，世界如遊廣寒

宛。竪峰横嶺大光明，萬樹蔚作丹桂榮。却笑吳剛縱有斧，一時何以脩交撐。”又，因晉代郤詵參加賢良對策時很有信心，自認爲是“桂林之一枝，昆山之片玉”（《晋書·郤詵傳》），唐以後遂以科舉奪冠稱作“折桂”。月宫有桂樹，則稱之爲“蟾宫折桂”，而吳剛斫桂蟾宫，亦因之成爲助科考成功者。金末元初段成己《題張氏雄飛亭》詩：“讀書養就郤詵才，成名不用吳剛斧。青雲繞足躡丹梯，聳身平步非攀躋。一枝月裏手親折，百人榜上名高題。歸來天香滿衫袖，簫鼓歡迎絢晴晝。”元成廷珪《沙子中監縣二子善才善慶俱登第因名其所居之山曰聯桂所以紀瑞也詩以美之》其二：“吳剛持斧不敢近，郤詵對策將如何。豈惟二季在仙籍，諸孫還見援枝柯。”《孽海花》第五回：“舉人是月宫裏管的，只要吳剛老爹修桂樹的玉斧砍下一枝半枝，肯賜給我們爺，我們爺就可以中舉，名叫蟾宫折桂。”

廣陵潮

　　亦稱“廣陵濤”。古時揚州城旁長江入海處的海潮。揚州古名廣陵，故稱。此稱南北朝時期已行用。八月十五以後數日海潮最盛，成爲漢代六朝時的觀賞勝景，觀潮遂成風習。中唐以後，因江流出海口變遷，廣陵不復見大潮。海潮形成與月球引力有關。古人已關注到月亮與潮汐之關係。漢王充《論衡·書虛》：“濤之起也，隨月盛衰，小大滿損不齊同。”唐盧肇《〈海潮賦〉序》：“夫潮之生，因乎日也；其盈其虛，繫乎月也。”長江出海口大潮又與當地地理形勢有關。今揚州在内陸，而漢晉南北朝時則瀕海靠江，當時長江出海口在此呈喇叭口形，揚州江邊之瓜洲與對岸之京口（今江蘇鎮江），其間有山如闕，稱“海門”或“海門山”。唐盧仝《揚子津》詩咏曰：“風捲魚龍暗楚關，白波沉却海門山。鵬騰鼇倒且快性，地坼天開總是閑。”宋祝穆《方輿勝覽·鎮江府》引宋周洪道《雜記》亦云，在京口江心的金山上，“登妙高峰望焦山、海門，皆歷歷”。海門外開闊，且有較多沙洲；海門内狹窄，有山有岸岩。八月漲潮時潮水洶涌至此受阻，而後浪又層層叠至，故形成大潮。前引《論衡》又曰：“其發海中之時，漾馳而已。入三江之中，殆小淺狹，水激沸起，故騰爲濤。……大江浩洋，曲江有濤，竟以隘狹也。”《太平御覽》卷六八引《抱朴子》亦曰：“潮水從東，地廣道遠，乍入狹處，陵山觸岸，從直赴曲，其勢不泄，故隆崇涌起而爲濤。”《初學記》卷六“地部中”叙事，言“激赤岸”引南朝宋山謙之《南徐州記》：“京江，《禹貢》北江也，闊漫三十里，通望大壑。常以春秋朔望，輒有大濤，聲勢駭狀極爲奇觀。濤至江北，激赤岸尤更迅猛。”廣陵潮由來既久，觀潮之風亦當久遠，而觀潮咏詩賦，則始於漢。魏晉以降，直至清代，詩咏不絶。《論衡·書虛》有“廣陵曲江有濤，文人賦之”之説。漢枚乘《七發》七描述“觀濤”曰：“將以八月之望，與諸侯遠方交遊兄弟，並往觀濤乎廣陵之曲江。……疾雷聞百里。江水逆流，海水上潮。……横奔似雷行。誠奮厥武，如振如怒。沌沌渾渾，狀如奔馬；混混庉庉，聲如雷鼓。”廣陵濤之壯觀，於此可見。而魏文帝亦因之罷南征。《資治通鑑·魏文帝黄初六年》：“如廣陵故城，臨江觀兵。……帝見波濤洶涌，嘆曰：‘嗟乎，固天所以限南北也！’”南朝宋時檀道濟每以中秋在此觀潮。《南齊書·州郡志上》："刺史每以秋月，多出海陵觀濤，與京口對岸，江之壯闊處也。"海陵爲廣陵屬縣，在今泰州，時靠江邊。南朝樂府《長干曲》："逆浪故相邀，菱舟不怕搖。妾家揚子住，便弄廣陵潮。"南朝梁庾信《將命使北始渡瓜步江》詩："輜軒臨磧岸，旌節映江沱。觀濤想帷蓋，争長憶干戈。"南朝陳陰鏗《廣陵岸送北使》詩："行人引去節，送客艤歸艫。即是觀濤處，仍爲郊贈衢。"隋柳䛒《奉和晚日揚子江應教》詩："未睹纖羅動，先聽遠濤聲。空濛雲色晦，浹叠浪華生。"唐孔德紹《送蔡君知入蜀》詩二首之一："靈關九折險，蜀道二星遥。乘槎若有便，希泛廣陵潮。"唐李白《送當塗趙少府赴長蘆》詩："我來揚都市，送客迴輕舸。因誇吴太子，便睹廣陵濤。"唐賈島《送路》詩："從軍當此去，風起廣陵濤。"以上俱見漢至唐前期，廣陵潮之壯觀及世人觀潮之風習。然而，隨着長江挾帶泥沙的淤積，長江口逐漸東移，揚州離出海口便有了距離，尤其到唐朝大曆以後，揚州城郭離江、海均已較遠，不復有觀潮風習。唐李紳《〈入揚州郭〉序》："潮水舊通揚州郭内。大曆已後，潮信不通。李頎詩'鸕鷀山頭片雨晴，揚州郭里見潮生'，此可以驗。"因揚州不再靠海，後人或懷疑"廣陵濤"的存在。《文選·枚乘〈七發〉》"凌赤岸，篲扶桑，横奔似雷行"唐李善注曰："赤岸，蓋地名也。曹子建表曰：'南至赤岸。'山謙之《南徐州記》曰：'……有大濤至江乘，北激赤岸，尤更迅猛。'然並以赤岸在廣陵，而此文勢似在遠方，非廣陵也。"李善疑赤岸不在廣陵，則似指廣陵濤亦不在廣陵了。按，赤岸位於東南長江邊靠海，由來已久。《三國志·魏書·陳思王植傳》："撫

劍東顧，而心已馳於吴會矣。臣昔從先武皇帝，南極赤岸，東臨滄海。"南朝梁張纘《南征賦》："青溢赤岸，控汐引潮。"今揚州城北尚有"赤岸鄉""赤岸村"，或即古赤岸之遺。而後人猶或不信有廣陵潮。清王錫《弄潮詞》衹認錢塘潮而譏笑枚乘"杜撰"廣陵潮之妄："狂瀾乍湧海門高，崒崒銀山駕六鼇。《七發》應嗤枚叔陋，詭觀但説'廣陵濤'。"清李斗《揚州畫舫録》卷九亦載："若'廣陵濤'之名，辯之者如聚訟，皆以《七發》所云'觀濤於廣陵之曲江'，謂曲江指今之浙江，以其觀濤也。"甚而至於稱揚州有名爲"廣陵濤"之泉、之茶肆、之浴池，謂此即廣陵濤由來，實屬荒謬。《揚州畫舫録》卷九載郭時若語："濤在廣陵，必非井泉小水之謂也。"雖有廣陵潮懷疑論，而宋以降，視舊時"廣陵濤"爲海潮者依然普遍。宋司馬光《寄揚州侯都監仲倫》詩："木落淮南樹，秋風日夜高。月臨揚子渡，雪捲廣陵濤。"宋宋庠《送上元張尉》詩："州臨建業水，路出廣陵潮。"明范景文《過江抵維揚》詩："廣陵濤起漲秋間，一棹乘潮夜抵關。"明徐渭《送蘭公子》（自注：阿翁學師也，揚州人）："八月廣陵濤，一葉渡殘照。"清曹爾堪《滿江紅·酬西樵再和》詞："萬馬齊奔，親曾見，廣陵濤漲。"清毛奇齡《奉和李使君行衛即景十咏原韻》："欲上隋堤南去遠，教人空憶廣陵濤。"可見宋以後"廣陵濤"已成文學典故。

【廣陵濤】

即廣陵潮。此稱唐代已行用。見該文。

錢塘潮

亦稱"浙江潮"。錢塘江入海口因海潮倒灌與江水相遇而形成的大潮。爲一大自然景觀，

每年農曆八月十六日至十八日達到高潮，因之形成觀潮風習，歷二千餘年不息。此稱宋代已行用。觀潮風尚始於先秦，達於今。

名稱由來。錢塘潮亦稱"浙江潮"，因錢塘江又名浙江。元陶宗儀《南村輟耕錄·浙江潮候》："浙江，一名錢塘江。"清顧祖禹《讀史方輿紀要·浙江二》："錢塘江，……即浙江也。"錢塘，本名"錢唐"，《史記·秦始皇本紀》"至錢唐，臨浙江"張守節正義："錢唐，今杭州縣。"此稱至隋朝猶沿用。《隋書·地理志下》："錢唐，舊置錢唐郡。平陳，廢郡。"漢以後歷代均有築堤防海潮之舉，用土築海堤，"錢唐"遂又稱"錢塘"，"唐"加"土"字偏旁。《後漢書·朱儁傳》"更封錢塘侯"李賢注引南朝宋劉道真《錢塘記》："昔郡議曹華信義立此塘，以防海水。始開募，有能致土石一斛，與錢一千。旬日之間，來者雲集，……塘以之成也。"唐李吉甫《元和郡縣圖志·江南道一》亦引《錢塘記》："昔州境逼近海，……郡議曹華信乃立塘，以防海水，募有能致土石者即與錢。及塘成，縣境蒙利，乃還理此地，於是改爲錢塘。"又南朝宋劉義慶《世說新語·雅量》"投錢唐亭住"劉孝標注引《錢唐縣記》曰："縣近海，爲潮漂没。縣諸豪姓斂錢雇人，輦土爲塘，因以爲名也。"前引《讀史方輿紀要》謂華信爲三國時人："沿江之塘，歷代修築。《錢塘記》：三國時，功曹華信以江濤爲患，議立塘以捍之。……因曰錢塘。"由此可見六朝時人防禦錢塘潮甚爲努力。

錢塘潮形成原因。一因天文：此時日、月、地球同處一條綫上，其時海水受引潮力最大，形成巨瀾；二因地形：錢塘江口呈喇叭形，寬處僅數公里，南岸赭山以東狀如半島，對江口形成遮蔽，而杭州灣外口寬達百公里，大潮涌入湍急，至江口時退却則難，加之江口灘高水淺，潮水後浪推前浪，遂層層相叠，滾滾向前；三因風嚮：此時風嚮多東南，風助潮勢。故此地江水出海口形成壯觀大潮爲中國之最。清翟均廉《海塘録·雜志》引宋姚寬《西溪殘語》曰："或問四海潮皆平，惟浙江濤至則亘如山岳，奮如雷霆，冰岸橫飛，雪崖傍射。澎騰奔激，其故何也？或云：夾岸有山，南曰龕，北曰赭（引者注：赭山原在北岸，南與龕山相對，後江道北移，今赭山亦居南岸），二山相對，謂之海門。岸狹勢逼，湧而爲濤耳。"元裴伯宣《浙江潮候圖説》亦曰："凡水之入於海者，無不通潮，而浙江之潮獨異，地勢然也。浙江之口有兩山焉，其南曰龕山，其北曰赭山。並峙於江海之會，謂之海門。下有沙潬，跨江西東三百餘里，若伏檻然。潮之入於江也，發乎浩渺之區，而頓就斂束，逼礙沙潬，回薄激射，折而趨於兩山之間，拗怒不洩，則奮而上躋，如素蜺橫空，奔雷殷地。觀者膽掉，涉者心悸，故爲東南之至險，非他江之可同也。原其消長之故者，曰天河激湧，曰地機翕張；揆其晨夕之候者，曰依陰而附陽，曰隨日而應月。"所論甚確。

錢塘潮之氣勢、潮起時間，築堤防潮之舉措，宋以後多有論説。李長民《順濟廟記》："浙江之潮，蓋天地間壯偉絕特之觀。其江自南之蕩灣，距海門百餘里，水浩渺無際，殆天造是險，以示東南形勢。"宋周密《武林舊事·觀潮》："浙江之潮，天下之偉觀也。自既望以至十八日爲最盛。方其遠出海門，僅如銀綫。既而漸定，則玉城雪嶺際天而來，大聲如雷霆，震撼激射，吞天沃日，勢極雄豪。楊誠齋詩云‘海闊銀爲郭，江橫玉繫腰’者是也。”明張岱《夜航船·地理部·錢塘潮》：“朝夕兩至，初三日起水，二十日落水。每月十八潮大，八月十八潮尤大。有《候潮歌》曰：‘午未未未申，寅卯卯辰辰。巳巳巳午午，朔望一般輪。’”唐以後，猶不斷築堤墻防海潮。宋王讜《唐語林·文學》載：“〔白〕居易在杭，始築堤捍錢塘潮，鍾聚其水，溉田千頃。”五代時，吳越國王錢鏐亦在錢塘江出海口築成堤壩。明陳繼儒《狂夫之言》卷四：“余嘗同一名衲雪公，同登杭州六和塔，觀錢塘潮。……余曰：……即如錢武肅王始築捍海塘，潮水晝夜沖激。因命强弩數百，以射潮頭，潮水避錢塘。東擊西陵，遂成堤岸。”

濤神傳說。古人關注錢塘潮，由來已久。清李斗《揚州畫舫錄》卷九：“浙江之潮，在春秋已然，觀伍胥、文種皆乘白馬而爲濤是也。”古人以伍子胥爲濤神，稱江東大江大河出海口之海潮是伍子胥所爲。漢枚乘《七發》描述海潮澎湃，有“弭節伍子之山”之句。宋范成大《吳郡志·考證》：“後世乃以子胥爲濤神，謂浙江之濤，子胥所作。又以杭之吳山爲子胥祠，或亦曰胥山。”《太平廣記》卷二九一引《錢塘志》，亦言伍子胥被吳王賜死，“臨終，戒其子曰：‘……以鮧魚皮裹吾尸，投於江中，吾當朝暮乘潮，以觀吳之敗。’自是自海門山，潮頭洶高數百尺，越錢塘漁浦，方漸低小。朝暮再來，其聲震怒，雷奔電走百餘里。時有見子胥乘素車白馬在潮頭之中。因立廟以祠焉”。從崇奉伍子胥爲濤神，亦可見觀潮風習之久遠。

觀潮吟咏。錢塘潮存在歷史久遠，潮流之起也不限於八月，然以八月最盛，故觀潮多在八月中秋後數日進行。唐宋以後因錢塘觀潮而詩咏日多。唐宋之間《靈隱寺》詩：“樓觀滄海日，門對浙江潮。桂子月中落，天香雲外飄。”宋釋寶曇《觀潮行》詩：“八月十八錢塘時，潮頭攬海雷怒飛。”宋黃庭堅《西禪聽戴道士彈琴》詩：“十二峰前巫峽雨，七八月後錢塘潮。”宋周紫芝《觀潮》詩：“錢塘附滄海，八月壯潮瀾。始疑一練白，條作萬馬翻。海門屹中開，方喜忽當前。不知何巨鰲，爲我戴三山。銀光射傑閣，玉笋垂朱闌。須臾擊飛雷，噴薄上簾顏。相看如驚顧，日暮殊未還。”因潮流之大，南宋甚至趁此進行水師校閱。既有大潮，又有弄潮兒，其時前往觀賞之士女傾城而出。宋周密《武林舊事·觀潮》曰：“每歲京尹出浙江亭，教閱水軍。艨艟數百，分列兩岸。既而盡奔騰，分合五陣之勢。并有乘騎，弄旗標槍舞刀於水面者，如履平地。”宋潘閬《酒泉子》詞：“長憶觀潮，滿郭人争江上望。來疑滄海盡成空，萬面鼓聲中。弄潮兒向濤頭立，手把紅旗旗不濕。別來幾向夢中看，夢覺尚心寒。”宋代文素《如净和尚語錄》載禪師於明州天童景德寺得浙翁書信，云：“八月十八錢塘潮，浙翁聲價潑天高。盡教四海弄潮手，徹底窮淵輥一遭。”元明清觀潮之風依然甚盛。元楊維楨《春俠雜詞》十二首之一：“錢塘潮生當午信，丹鷄飛上上頭啼。”明田藝蘅《浙江詞》：“秋風捲入海門關，白浪高于龕赭山。直向富春祠下過，寒流常帶月明還。”明黄尊素《浙江觀潮賦》詳記觀潮盛況：“吳公子過武林。當八月十八日，油壁接軫，繡轀盈途。員冠峨如，大裙襜如。士女皆觀潮而出，城郭爲之空虚。主人謂公子曰：‘此枚乘所謂怪異詭觀也，盍與子偕往乎？’至則錦帳翠幕，山輜路織，歌吹沸天，紅紫錯爲，波影山光，攬雜彩爲一色。”清劉廷璣《錢塘觀濤》詩亦記其勝景：“滾滾長江去復回，蛟龍飛處響如雷。萬千人盡回頭望，一片銀山駕海來。”清龔自珍《西郊落花歌》：“如錢塘潮夜澎湃，如昆陽戰晨披靡。”至今錢塘江觀潮仍爲每年盛況。

【浙江潮】

即錢江潮。此稱唐代已行用。見該文。

重陽節

農曆九月初九，進行登高、踏秋、賞菊、插茱萸、飲黃酒及祭祖、敬老等活動的節日。此稱南北朝時期已行用。按，《周易》之説，九爲陽數。宋程頤《伊川易傳》卷一云：“九，陽數之盛。”農曆九月九日，兩個九相重，故名重陽，亦稱重九。春秋戰國時期已有“重陽”之稱，作爲節日應是漢魏時事。《楚辭·遠遊》詩已提及“重陽”：“集重陽入帝宮兮，造旬始而觀清都。”明羅頎《物原·天原》曰：“齊景公始置重陽。”此説若指重陽節，則屬臆説，依史籍所載，漢以後始有其稱。漢代九月九日已有佩茱萸、食蓬餌，飲菊花酒和敬老之俗。《西京雜記》卷三：“九月九日，佩茱萸、食蓬餌，飲菊花酒，令人長壽。”三國魏曹丕《九日與鍾繇書》中載：“歲往月來，忽復九月九日。九爲陽數，而日月並應，俗嘉其名，以爲宜於長久，故以享宴高會。”其時登高宴會已流行。晋陶潛《〈九日閒居〉序》：“余閑居愛重九之名，秋菊盈園，而持醪靡由。空服九華，寄懷於言。”南北朝時始見“重陽節”一稱。南朝梁庾肩吾《九日侍宴》詩曰：“秋暉逐行漏，朔氣繞相風。獻壽重陽節，迴鸞上苑中。疏山開輦道，間樹

出離宮。玉醴吹花菊，銀床落井桐。飲羽山西射，浮雲冀北驄。”描寫了秋日出郊飲菊花酒、狩獵的景象。唐以後多有詩文言及重陽節。唐王勃《九日》詩：“九日重陽節，開門有菊花。不知來送酒，若個是陶家。”唐孟浩然《秋登萬山寄張五》詩：“相望始登高，心隨鴈飛滅。愁因薄暮起，興是清秋發。……何當載酒來，共醉重陽節。”《舊唐書·李珏傳》：“臣等聞諸道路，不知信否？皆云有詔追李光顏、李愬，欲於重陽節日合宴群臣。儻誠有之，乃陛下念群臣敷惠澤之慈旨也。”宋王溥《唐會要·節日》：“貞元四年九月重陽節，賜宰臣百寮宴於曲江亭。帝賦詩錫之。”《續資治通鑑長編·宋神宗熙寧三年》：“詔諸路州軍遇正至、寒食、端午、重陽節序，無得以酒相饋。”明吳之鯨《武林梵志·外七縣梵刹·餘杭縣》：“方九叙詩：黃花漸報重陽節，白社遥尋古道場。”

簪菊

農曆九月九日重陽日人們佩戴菊花之俗。此稱宋代已行用。此俗在唐代已盛行，沿至近世。宋陳元靚《歲時廣記·簪菊花》引唐佚名《輦下歲時記》載：“九日宮掖間爭插菊花，民俗尤甚。”唐杜牧《九日齊山登高》詩云：“塵世難逢開口笑，菊花須插滿頭歸。”初時或有辟邪内容，後則純爲裝飾。宋周密《乾淳歲時記·重九》：“都人是日飲新酒，汎萸簪菊，且各以菊餻爲饋。”宋司馬光《九日贈梅聖俞瑟姬歌》：“不肯那錢買珠翠，任教堆插階前菊。”宋蘇軾《次韵蘇伯固主簿重九》詩：“髻重不嫌黃菊滿，手香新喜綠橙搓。”《紅樓夢》第三七回：“菊若能解語，使人狂喜不禁，便越要親近他，第九竟是簪菊。”近人朱庸齋《南浦·重九寄懷

陳嘯湖》詞：“佩萸簪菊年時事。兩鬢吳霜容易見，供得幾多憔悴。”此俗至今仍流行民間。

茱萸會

亦稱“登高會”。九月九日重陽節相約登高，飲菊花酒，佩戴茱萸，以除邪氣之風俗。此稱漢代已行用。漢代已有佩茱萸、食蓬餌、飲菊花酒等俗。《西京雜記》卷三：“〔宮人賈佩蘭〕後出爲扶風人段儒妻，説在宮内時……九月九日，佩茱萸、食蓬餌、飲菊花酒，令人長壽。”晉周處《風土記》：“以重陽相會，登山飲菊花酒，謂之登高會，又云茱萸會。”南朝梁宗懔《荆楚歲時記》“九月九日四民並藉野宴飲”杜公瞻注：“九月九日宴會，未知起於何代。然自漢至宋未改。今北人亦重此節。佩茱萸、食餌、飲菊花酒，云令人長壽。近代皆設宴於臺榭。”宋陳元靚《歲時廣記·重九上》引南朝梁吳均《續齊諧記》曰：“汝南桓景隨費長房游學累年，長房因謂景曰：‘九月九日，汝家當有灾厄，宜急去，令家人各作絳囊，盛茱萸以繫臂，登高飲菊酒，禍乃可消。’景如其言，舉家登山，夕還，見雞犬牛羊一時暴死。長房聞之曰：‘此可代之矣。’今世人九日登高飲酒，婦女帶茱萸囊，因此也。”唐宋以後，有關茱萸、登高之詩詞甚多。唐張説《湘州九日城北亭子》詩：“西楚茱萸節，南淮戲馬臺。”唐王維《九月九日憶山東兄弟》詩：“遥知兄弟登高處，遍插茱萸少一人。”唐岑參《奉陪封大夫九日登高》詩：“九日黄花酒，登高會昔聞。”唐白居易《九日寄微之》詩：“蟋蟀聲寒初過雨，茱萸色淺未經霜。去秋共數登高會，又被今年減一場。”又宋王隱《次韵之〈秋日雨後〉韵》：“尚記登高會，重呇細菊斑。”可見其時此俗甚盛，

而人們值此時亦多有歲月老去之嘆。宋代此俗情形，又見載於宋孟元老《東京夢華録·重陽》：“都人多出郊外登高。”宋吳自牧《夢粱録·九月》：“今世人以菊花、茱萸，浮於酒飲之，蓋茱萸名‘辟邪翁’，菊花爲‘延壽客’，故假此兩物服之，以消陽九之厄。”明清時承襲此習俗。明程敏政《篁墩文集》卷八〇載《和韵》：“比來五負登高會，青鏡霜毛積漸多。”清富察敦崇《燕京歲時記·九月九》：“京師謂重陽節爲九月九。每屆九月九日，則都人士提壺携榼，出郭登高……賦詩飲酒，烤肉分飱，洵一時之快事也。”

【登高會】

即茱萸會。此稱晉代已行用。見該文。

茱萸

一種常綠帶香植物，屬落葉喬木或灌木。此稱漢代已行用。枝常對生，葉綠，花呈傘狀。具有消毒驅蟲、除寒祛風功效。古人常以農曆九月九日重陽節結伴登高，折茱萸插頭上，或置茱萸囊中繫臂上以袪邪；并共同嗅其氣味、觀其花色，作爲重陽節親朋共聚時之活動。又或製成茱萸酒、吳茱萸（藥）、茱萸錦等各種物品，飲用或使用，以期吉祥。先秦已用之作蒸煮三牲之調料，登高佩茱萸之俗蓋始於秦漢。是後其俗流傳千年以上，尤以唐宋爲盛。其餘緒直延至清代。《禮記·内則》“三牲用藙”漢鄭玄注：“藙，煎茱萸也。漢律，會稽獻焉。《爾雅》謂之櫠。”孔穎達疏：“賀氏云：今蜀郡作之，九月九日取茱萸折其枝，連其實，廣長四五寸，一升實可和十升膏，名之藙也。”此可見自先秦至唐代取茱萸作藥膳之風習。《太平御覽》卷三二引舊題漢劉歆《西京雜

記》："九月九日佩茱萸，食蓬餌，飲菊花酒，云令人長壽。蓋相傳自古，莫知其由。"是謂漢以前其俗已有之。又引南朝梁吳均《續齊諧記》曰："汝南桓景隨費長房遊學累年，長房謂之曰：九月九日汝家當有災厄，宜急去，令家人各作絳囊盛茱萸以繫臂，登高飲菊花酒，此禍可消。景如言，舉家登山。夕還，見雞犬牛羊一時暴死。……今世人每至九月九日登高飲酒，婦人帶茱萸囊，因此也。"此言其風習由來，故事雖近小説家言，而其歷史風俗可見一斑。《太平御覽》同卷又引《風土記》曰："九月九日律中無射而數九，俗於此日以茱萸氣烈成熟，當此日折茱萸房以插頭，言辟惡氣而禦初寒。"亦見茱萸氣濃烈有助於祛寒氣。《藝文類聚》卷八九引南朝宋劉敬叔《異苑》亦描述茱萸酒氣之濃："庚紹爲湘東郡王，宗協與紹中表，且服茱萸酒，忽見紹來，仍求酒。執酒杯還，置云：'有茱萸氣。'協云：'惡之邪？'紹云：'上官皆畏之，況我乎！'"唐孫思邈《千金翼方》卷六："單行茱萸酒，治産後腹內疾痛方。"此則更見茱萸有治病功效。《太平御覽》卷九九一引《吳氏本草》亦曰："山茱萸，一名魃實，一名鼠矢，一名雞足。"唐宋詩詞，多見重陽節與茱萸相關之習俗。一是親朋相聚，不能相聚則有思親之嘆。唐王維《九月九日憶山東兄弟》詩："獨在異鄉爲異客，每逢佳節倍思親。遙知兄弟登高處，遍插茱萸少一人。"宋歐陽修《漁家傲》詞："香不斷。年年自作茱萸伴。"二是登高，插茱萸。唐李白《宣城九日聞崔四侍御與宇文太守遊敬亭余時登響山不同此賞醉後寄崔侍御》詩二首之一："九日茱萸熟，插鬢傷早白。登高望山海，滿目悲古昔。"宋秦觀《碧

芙蓉·九日》詞："携酒登高，把茱萸簪徹。"又《摸魚兒·重九》詞："聊摘取茱萸，殷勤插鬢，香霧滿衫袖。"三是飲茱萸酒。唐《寒山子詩集》之一："暖腹茱萸酒，空心枸杞羹。"宋向子諲《減字木蘭花》詞："且傾白酒。賴有茱萸枝在手。可是清甘，繞遍東籬摘未堪。"總之，這是一個寄托世人美好願望的節日。"蟋蟀期歸晚，茱萸節候新。"（唐杜審言《重九日宴江陰》）"開笑口。又是茱萸重九。"（宋洪咨夔《謁金門·九日》）而白居易一首《九日登巴臺》，道盡重九日天涯孤旅之寂聊："黍香酒初熟，菊暖花未開。閒聽竹枝曲，淺酌茱萸杯。去年重陽日，漂泊溢城隈。今歲重陽日，蕭條巴子臺。旅鬢尋已白，鄉書久不來。臨觴一搔首，座客亦徘徊。"宋以後其俗仍流行，直至清代。明王寵《奉同東橋顧丈夜宴賞菊之作》詩："中歲無所成，飄颻慕長生。未諳鍊玉法，采菊餐其英。腰佩茱萸囊，冠垂蘿薜纓……"明韓邦奇《木蘭花慢·重陽》詞："鉼中茱萸酒綠，東籬下還見菊花黃。試問人間佳節，一年幾度重陽。"《陝西通志·風俗·時令》："〔九月〕九日，婦女以口采茱萸，有可治心疼之諺。（《西鄉縣志》）"

茱萸囊

盛茱萸枝葉花果的紅色小布袋或小絲囊。古人多在九月九日重陽節將其繫在臂上或隨身携帶，以驅邪。茱萸爲帶香氣的植物，既可驅蟲，亦可祛寒，古人采擷之以作辟邪物。此稱南北朝時期已行用。其俗始於漢，盛於唐宋，明清以後漸形式微。《藝文類聚》卷四引南朝梁吳均《續齊諧記》曰："汝南桓景隨費長房遊學累年，長房謂之曰：'九月九日汝家當有災厄，

急宜去，令家人各作絳囊，盛茱萸以繫臂，登高，飲菊酒，此禍可消。'景如言，舉家登山。夕還家，見雞狗牛羊一時暴死。長房聞之曰：'代之矣。'今世人每至九日登山飲菊酒，婦人帶茱萸囊是也。"此言漢人故事，謂用茱萸囊之俗始於茲。《太平御覽》卷九九一引《地理志》亦曰："九月九日為絲茱萸囊戴之。"此《地理志》蓋指《漢書·地理志》（然今本無此文）。《太平御覽》卷三二又引《盧公範》曰："九月重陽日，上五色糕、菊花枝、茱萸樹，飲菊花，佩茱萸囊，令人長壽。"《北堂書鈔》卷一五五"茱萸囊"明陳禹謨補注引《仙書》云："茱萸為辟邪翁，菊花為延壽客。故假此二物以消陽九之厄。"道出此物趨吉除害功效。唐以後直至明清，此俗一直流行。唐郭元振《秋歌》二首之一："避惡茱萸囊，延年菊花酒。"宋華鎮《次韻和劉五秀才重陽不見菊詩》："高堂滿泛黃金盞，相陪何用茱萸囊。"明王寵《奉同東橋顧丈夜宴賞菊之作》詩："腰佩茱萸囊，冠垂蘿薜纓。"

茱萸酒

將茱萸枝葉揉碎，雜以黍米釀造而成之米酒。古人多在九月九日重陽節飲之，謂可以辟邪，利於長壽。此稱魏晋時期已行用。《法苑珠林·酒肉篇·感應緣》引南朝梁王琰《冥祥記》："晋新野庾紹……與南陽宋協中表昆弟，情好綢繆。紹元興末病卒，義熙中忽見形詣協……末復求酒，協時時餌茱萸酒，因為設之酒，至對杯不飲，云有茱萸氣。協曰：'為惡之耶？'答云：'下官皆畏之，非獨我也。'"《北堂書鈔》卷一五五"登高"明陳禹謨補注引舊題唐孫思邈《齊人月令》云："重陽之日必以肴

酒登高眺遠，為時藨之遊賞，以暢秋志。酒必采茱萸、甘菊以泛之，既醉而還。"此酒有醫藥功效。孫思邈《千金翼方》卷六："單行茱萸酒，治產後腹内疾痛方。"明代《普濟方·產後諸疾門》："茱萸酒，治產後心腹内外痛（用吳茱萸一升，以酒三升，煎取一升，空心溫二服）。"歷代視飲此酒為重九日必行之禮俗。唐王建《酬柏侍御答酒》："茱萸酒法大家同，好是盛來白椀中。"《朱子語類·禮七》："向南軒廢俗節之祭，某問：於午日能不食粽乎？重陽能不飲茱萸酒乎？不祭而自享於心安乎？"宋蘇籀《重陽》詩："閨娃犀藥香盈把，朝士茱萸酒一卮。"《遼史·禮志六》："研茱萸酒灑門户，以檜禳。"（此又見以酒灑門户之儀式）元舒頔《九日飲姪女家》詩："菊花杯泛茱萸酒，楊柳邨沿石鏡山。"明顧璘《九日登柳山》詩："佳節登臨感歲華，蒼梧雲影向秋賒。……衰遲自愛茱萸酒，瘴癘誰悲薏苡車。"清德普《九日登香山來青軒步杜工部九日藍田崔氏莊韻》："豁目層巒宇宙寬，登臨九日有餘歡。泛瓢共挹茱萸酒，探菊同簪桑葉冠。"《雲南通志·風俗》："重陽登高，飲茱萸酒，以麵簇諸菓為花糕，親識相酬饋。"《陝西通志·風俗·時令》："重陽上驪山飲茱萸酒，所親以棗糕相餽。"（《臨潼縣志》）近世以來此俗不復流行。

菊花酒

省稱"菊酒"。采菊花莖葉糅碎，雜入黍米中，釀造而成之米酒，有保健功效。古人多在九月九日重陽節飲此酒，以祛寒辟邪。此稱漢代已行用。舊題漢劉歆《西京雜記》卷三："九月九日佩茱萸，食蓬餌，飲菊花酒，令人長壽。菊花舒時，并采莖葉，雜黍米釀之，至來年九

月九日始熟，就飲焉，故謂之菊花酒。"可知須提前一年釀造，密封儲存一年方飲用。宋周密《齊東野語·椰酒菊酒》引此文，言以菊花釀造之法，"此皆目前之事"，可知其法至宋猶流傳。又古時有飲此酒避禍之傳聞。《太平寰宇記·江南東道十三·建州》引南朝梁吳均《續齊諧記》云："費長房語桓景曰：'君家當有厄。可以九月九日舉家登高，飲菊花酒，則免之。'景如其言，九日登山，暮歸，見雞犬鳥鵲皆斷頭而死。"事雖怪誕，但反映了認爲飲菊花酒可避禍之俗。此俗流傳甚廣。梁宗懍《荆楚歲時記》"九月九日四民並藉野飲宴"隋杜公瞻注："九月九日宴會，未知起於何代，然自漢至宋未改。今北人亦重此節，佩茱萸，食餌，飲菊花酒，云令人長壽。"《遼史·聖宗紀二》："以重九登高，于高水南皐祭天。賜從臣命婦菊花酒。""菊花酒"亦省稱"菊酒"，《太平御覽》卷三二引《臨海記》曰："民俗極重九日，每菊酒之辰，宴會于此山者常至三四百人。"此俗沿襲至明清。清于敏中《日下舊聞考·皇城四》引清高士奇《金鰲退食筆記》："老監云，明時重九，或幸萬歲山，或幸兔兒山清虛殿登高。宮眷内臣皆著重陽景，菊花補服，吃迎霜兔、菊花酒。"

【菊酒】

"菊花酒"之省稱。此稱宋代已行用。見該文。

秋興

亦稱"鬥賺績""鬥蟋蟀"。本謂秋日之情懷與興會，後藉指以蟋蟀相鬥爲樂。通常於秋末舉行。此稱唐代已行用。唐孟浩然《奉先張明府休沐還鄉海亭宴集》詩："何以發秋興，陰蟲鳴夜階。"從皇室到民間秋興之風盛行。宋顧文薦《負暄雜錄·禽蟲獸鬥》："鬥蛩之戲始

於天寶間。長安富人鏤象牙爲籠而畜之，以萬金之資付之一喙。"南宋宰相賈似道酷愛養鬥蟋蟀，在相府中築了一座半閑堂，專門養鬥蟋蟀。《宋史·賈似道傳》："〔賈似道〕嘗與群妾踞地鬥蟋蟀。"他還著有《促織經》，是研究蟋蟀的專著。明劉侗、于奕正《帝京景物略·城南内外·胡家村》引宋羅願《爾雅翼》："蟋蟀生野中，好吟於土石磚甓間，鬥則矜鳴，其聲如織。"宋姜夔《調寄齊天樂·咏蟋蟀序》："丙辰歲，與張功父會飲張達可之堂，聞屋壁間蟋蟀有聲。功父約予同賦，以授歌者。功父先成，辭甚美。予徘徊茉莉花間，仰見秋月，頓起幽思，尋亦得此。蟋蟀，中都呼爲促織，善鬥。好事者或以三二十萬錢致一枚，鏤象齒爲樓觀以貯之。"明代秋興之風更盛。明沈德符《萬曆野獲編·鬥物》："我朝宣宗最嫺此戲，曾密詔蘇州知府况鍾進千個，一時語云：促織瞿瞿叫，宣德皇帝要。"宣宗之後，鬥蟋蟀活動遍及大江南北，不分官民貧富，競以秋興爲樂。明袁宏道《畜促織》："京師人至七八月家家皆養促織……瓦盆泥罐，遍市井皆是。不論老幼男女，皆引鬥以爲樂。"明謝肇淛《五雜俎·物部一》："三吳有鬥促織之戲。然極無謂。鬥之有場，盛之有器，必大小相配，兩家審視數四，然後登場決賭。"至清，活動愈發考究。選蟋蟀，首先要求無"四病"，其次觀察蟋蟀顏色。引鬥蟋蟀的草須蒸熟後特製纔能使用。城鎮、集市多設賭場。清顧禄《清嘉録·秋興》："白露前後，馴養蟋蟀，以爲賭鬥之樂，謂之秋興，俗名鬥賺績。提籠相望，結隊成群，呼其蟲爲將軍，以頭大足長爲貴，青黄紅黑白正色爲優，大小相若，銖兩適均，然後開册鬥。"自注："吾鄉

謂之賺績，其義本通……又云，江北呼爲郎郎，江南呼爲賺績。白露後開鬥，重陽後止鬥。"清陳元龍《格致鏡原‧昆蟲類‧蟋蟀三》引《虎苑》："吳俗好鬥蟋蟀，用黃金花馬爲注。"清廷亦曾查禁鬥蟋蟀的賭博，《世宗憲皇帝諭行旗務奏議》卷一載雍正元年（1723）十月初二日同意禁八旗賭博，兵部之議覆爲："嗣後將開鬥雞鵪鶉場及鬥蟋蟀之處，一併嚴行禁止，倘有

犯者，立行緝捕，交部照賭博例治罪。"雍正帝批："依議。"然而此俗在民間一直流行不輟。直至近現代以來猶然。至今各地還陸續成立蟋蟀協會，舉辦鬥蟋蟀大戰，蟋蟀市場亦甚火爆。

【鬥賺績】

即秋興。爲俗稱。此稱清代已行用。見該文。

【鬥蟋蟀】

即秋興。爲俗稱。此稱宋代已行用。見該文。

第四節　冬俗考

　　冬季農閑，禮俗活動甚多。其中之一就是祭社神，有臘祭、蜡祭。《禮記‧郊特牲》："歲十二月，合聚萬物而索饗之也。蜡之祭也，主先嗇而祭司嗇也。祭百種，以報嗇也。"可見是爲報答天地神靈對五穀豐登的保佑，同時也祭祖宗，以求吉祥。又擊臘鼓，跳儺舞。清褚人穫《堅瓠續集‧儺》："今吳中以臘月一日行儺，至二十四止，丐者爲之，謂之跳灶王。"其情甚盛。諸如此類，夏商或已有之，代代相傳，直至清代。

　　冬天天氣冷了，人們惦念逝去親人的冷暖，遂有送寒衣之俗。唐代天寶二年（743）有《九月一日薦衣陵寢制》，是爲陵寢薦寒衣之始（《唐大詔令集》卷七七）。此後此風習在民間廣爲流傳，宋孟元老《東京夢華錄‧重陽》："〔九月〕下旬，即賣冥衣靴鞋席帽衣段，以十月朔日燒獻故也。"然"送寒衣"之稱始於元代。元熊夢祥《析津志》："都中人民七月祀先，用麻稭尊酒爲誠。買紙錢冥衣燒化於墳，謂之'送寒衣'。"是後代代相沿，直至今日。明劉侗、于奕正《帝京景物略‧春場》："十月一日，紙肆裁紙五色，作男女衣，長尺有咫，曰寒衣。有疏印緘，織其姓字輩行，如寄書然，家家修具夜奠，呼而焚之其門，曰送寒衣。"

　　十二月八日吃臘八粥，因與佛教有關，又稱吃佛粥。宋贊寧《大宋僧史略‧佛降生年代》引《祇洹圖經》："寺中有坡黎師子，形如拳許大，口出妙音。菩薩聞之，皆超地位。每至臘月八日，舍衛城中士女競持香花，來聽法音。"則知天竺以臘八爲節日，并在中國廣爲傳播。《帝京景物略‧春場》："是日家傚庵寺，豆果雜米爲粥，供而朝食，曰臘八粥。"

此俗至今猶盛行。

到歲末，各種禮俗成爲過年的前奏，儀式亦頗繁雜。

其一是祭竈。傳竈王爺於臘月二十三日上天彙報人事，故此日家家祭竈神，以使之上天多説好話。夏仁虎《歲華憶語·祀竈》：“二十三，俗謂之小除夕。是晚，人家祀竈神，供紅棗湯，以飴和芝麻，曰竈糖；供料豆，云秣神馬；取竈神像焚之，云送上天。”竈神俗稱“竈王爺”（俗又作“灶王爺”），故《續紅樓夢》第五回中有“竈王爺不敢當咱們的祭”之語。而由於竈王爺上天，傳人間此期間無管束之神，故除夕前幾日世人被認爲可以百無禁忌。清潘榮陛《帝京歲時紀勝·亂歲》曰：“二十五日至除夕，傳爲亂歲日。因竈神已上天，除夕方旋駕，諸凶煞俱不用事。多於五日内婚嫁，謂之百無禁忌。”其二，挂神子，祭祖宗；貼鍾馗，驅邪惡；還有置將軍炭以護門户，畫米囤以祈年禳灾，以保證新的一年無灾無害。清顧禄《清嘉録·挂喜神》曰：“比户懸挂祖先畫像，具香蠟、茶果、粉丸、糍餻，肅衣冠，率妻孥以次拜，或三日五日十日，上元夜始祭而收者，至戚相賀。或有展拜尊親遺像者，謂之拜喜神。”明吕毖《明宫史·飲食好尚》亦曰：“〔臘月〕三十日歲暮……傍植桃符板、將軍炭，貼門神，室内懸挂福神、鬼判鍾馗等畫。”其三是燃火堆、點蠟炬。此或爲照田蠶，如《清嘉録·照田財》所謂：“村農以長竿燃燈插田間，云祈有秋，焰高者稔，謂之照田財。”或是燃松盆驅邪，如《帝京景物略·春場》所言：“〔除夕〕夜以松柏枝雜柴燎院中，曰燒松盆，熰歲也。”或是點燈照虚耗，若宋吕原明《歲時雜記》之記述：“交年之夜，門及床下以至圊溷，皆燃燈，除夕亦然，謂之照虚耗。”或除夕燃守歲燭，見吴曼雲《江鄉節物詞》小序：“燭之大者，可通夕，除夕燃之，爲守歲計。”皆燃炬辟邪之意。其四，闔家吃團圓飯，給壓歲錢。此俗自古至今，傳揚不止。南朝梁宗懔《荆楚歲時記》：“歲暮，家家具餚蔌，謂宿歲之儲，以迎新年。相聚酣飲。”元吴當《除夕有感》：“家人共守迎春酒，童稚争分壓歲錢。”皆見過年之喜慶氛圍。

新年前夕，還要“打塵埃”搞衛生，要挂年曆迎新春，要放鞭炮驅鬼祟。一切趨吉避害做到位，則新的一年將被認爲祥和美滿。故宋孟元老《東京夢華録·除夕》謂“共千餘人，自禁中驅祟出南薰門，外轉龍彎，謂之‘埋祟’”，《遵生八牋》載“除夕惟杭城居民家户架柴燔燎，火光燭天，擂鼓鳴金，放炮起火，……紅光萬道，炎焰火雲”，俱見古人過年節俗之盛況也。

臘祭

省稱"臘"。孟冬大祭。所祭之日爲臘日。此稱先秦時期已行用。周制歲終祭祖,後世演化爲泛祭衆神。《禮記・月令》:"〔孟冬之月〕天子乃祈來年于天宗,大割祠于公社及門閭,臘先祖五祀,勞農以休息之。"孔穎達疏:"臘,獵也。謂獵取禽獸以祭先祖五祀也。"《左傳・僖公五年》:"宮之奇以其族行,曰:'虞不臘矣。'"杜預注:"臘,歲終祭衆神之名。"漢蔡邕《獨斷》卷上:"四代臘之別名:夏曰嘉平,殷曰清祀,周曰大蜡,漢曰臘。"按,先秦"臘"與"腊"不同。臘祭祖,腊祭神。嘉平、清祀,皆指腊,而非臘。秦漢以後兩者無別,統稱臘。"周曰大蜡"亦不確,"大蜡"特指天子之祭,作爲一代祭名,應稱之爲"蜡"。《漢書・武帝紀》"比臘"顔師古注:"臘者,冬至後臘祭百神也。"南朝梁宗懍《荊楚歲時記》:"十二月八日爲臘日。"

【臘】

"臘祭"之省稱。此稱先秦時期已行用。見該文。

蜡祭

省稱"蜡",亦稱"清祀""嘉平"。周制十二月於郊野以五穀、犧牲祭百神,爲歲終休老息民之舉。據傳蜡祭始於上古伊耆氏之後。先秦時祭先祖曰腊,祭百神曰蜡,秦漢代以後統稱"腊"。《禮記・郊特牲》:"天子大蜡八,伊耆氏始爲蜡。蜡也者,索也。歲十二月,合聚萬物而索饗之也。蜡之祭也,主先嗇而祭司嗇也。祭百種,以報嗇也。"鄭玄注:"蜡祭有八神,先嗇一,司嗇二,農三,郵表畷四,貓虎五,坊六,水庸七,昆蟲八……歲十二月,

周之正數,謂建亥之月也。饗者祭其神也。萬物有功而加於民者,神之爲之也,祭之以報焉,造者配之也。"孔穎達疏:"但以此八神爲主,蜡云'大'者,是天子之蜡,對諸侯爲大。天子既有八神,則諸侯之神未必八也。"又疏:"知諸侯亦有蜡者,《禮運》云'仲尼與于蜡賓',是諸侯有蜡也……此經文據周,故爲十二月。"又《禮運》:"昔者仲尼與于蜡賓。"陸德明釋文:"蜡,祭名。夏曰清祀,殷曰嘉平,周曰蜡,秦曰腊。"南朝宋劉義慶《世說新語・德行》:"〔華〕歆蜡日嘗集子姪燕飲。"劉孝標注:"晋博士張亮議曰:'蜡者,合聚百物索饗之。歲終休老息民也。'"元虞集《太歲》:"百神俱來,群蜡畢通。"《新唐書・禮樂志二》:"蜡祭:神農氏、伊耆氏、少牢。"明楊慎《升菴經說・禮記・蜡腊二祭不同》:"蜡與腊不同。《玉燭寶典》云:'臘,祭先祖;蜡,祭百神。臘,取禽獸以祭,故字從'獵'省;蜡,享農功之畢,故字從'蜡'省。臘,於廟;蜡,於郊。'"清唐孫華《責貓》詩:"蜡祭有迎貓,田鼠祈噬齧。"

【蜡】

"蜡祭"之省稱。此稱先秦時期已行用。見該文。陸德明音義:"蜡,仕嫁反。"按,見《禮記・雜記下》"子貢觀於蜡"注。仕,《唐韵》爲鉏里切。

【清祀】

即蜡祭。此稱先秦時期已行用。見該文及"臘祭"文。

【嘉平】

即蜡祭。此稱先秦時期已行用。見該文及"臘祭"文。

臘八粥

亦作"臈八粥"，亦稱"佛粥"。農曆十二月八日（即臘八）世人吃的有多種穀物的粥。此稱宋代已行用。最初與蜡祭有關。《禮記·郊特牲》："天子大蜡八，伊耆氏始爲蜡。蜡也者，索也。歲十二月，合聚萬物而索饗之也。"合聚萬物，表明了聚合、眾多的意義。宋代民間有臘月八日爲佛誕日子的傳聞，宋贊寧《大宋僧史略·佛降生年代》辯駁曰："今東京以臘月八日浴佛，言佛生日者。案《祇洹圖經》：'寺中有坡黎師子，形如拳許大，口出妙音。菩薩聞之，皆超地位。每至臘月八日，舍衛城中士女競持香花，來聽法音。'詳彼，不言佛生日。疑天竺以臘八爲節日耳。"因與佛教有關，故宋以後又徑稱臘八粥爲"佛粥"。宋陸游《十二月八日步至西村》詩："臘月風和意已春，時因散策過吾鄰。……今朝佛粥更相餽，更覺江村節物新。"陸游又有《歲末盡前數日偶題長句》五首之一："釜粥芬香餉鄰父，闌豬豐腯祭家神。"自注："臘月八日以粥相餽，北俗也。"因"臈"爲"臘"之異體字，故"臘八粥"又作"臈八粥"。明田汝成《西湖遊覽志餘·熙朝樂事》："十月……八日，則以白米和胡桃、榛松、乳菌、棗栗之類作粥，謂之臈八粥。"明代朝廷宴席或吃麵。《明會典·光祿寺》："凡遇節令，文武百官例有宴。……臘月八日麵。"《日下舊聞考·風俗二》引《燕史》："臘月八日賜餐百果粥。"明劉侗、于奕正《帝京景物略·春場》："是日家倣庵寺，豆果雜米爲粥，供而朝食，曰臘八粥。"清厲鶚《歲暮自題南湖所居》詩四首之一："佛粥近分林下寺，竈餳新賣水邊人。"近人夏仁虎《臘八》詩："臘八家家煮粥多，大

臣特派到雍和。聖慈亦是當今佛，進奉熬成第二鍋。"

【臈八粥】

同"臘八粥"。此體明代已行用。見該文。

【佛粥】

即臘八粥。以與佛教十二月八日的節日有關，故稱。此稱宋代已行用。見該文。

賽社

冬日農事畢，陳酒食以祭田神祈福，同時歡聚宴樂的活動。此稱宋代已行用。淵源與周之蜡祭有關。"賽社"之"賽"，有酬報之義。先秦已有歲末祭祀以報神功之舉。《禮記·雜記下》曰："子貢觀於蜡……子曰：'百日之蜡，一日之澤。'"鄭玄注："蜡也者，索也，歲十二月……國索鬼神而祭祀，則黨正以禮屬民而飲酒于序，以正齒位。於是時民無不醉者如狂矣。"後世沿襲，至宋代稱"賽社"。宋高承《事物紀原·歲時風俗部·賽神》："飲酒勞農而休息之，使之燕樂，是君之澤也。令賽社則其事爾。今人以歲十月農功畢，里社致酒食以報田神，因相與飲樂，世謂巫禮。始於周人之蜡云。"宋姜特立《歌豐年》詩："新君鍾瑞慶，舊俗迓昇平。賽社鷄豚具，迎神笛鼓鳴。"可見此亦爲歌舞升平，贊頌聖君之體現。而其開銷卻不菲。宋周密《武林舊事·西湖游幸》："都人凡締姻、賽社、會親、送葬、經會、獻神、仕宦、恩賞之經營，……日糜金錢，靡有紀極。"故歷來亦頗有奏請禁絕之議。元蘇天爵《元名臣事略·左丞姚文獻公》據姚樞神道碑載其疏奏及君主認可此奏："'祈神賽社，費以不貲，宜悉禁絕。'從之。"而此俗一直流行民間，成爲農家歲末生活一部分。元關漢卿《五侯宴》

第三折："秋收已罷，賽社迎神。"明田汝成《炎徼紀聞·楊輝》："〔謝士元〕視學，適州民賽社，士元等因坐學宮觀之。"清陸世儀《思辨錄輯要·撰修齊類》認爲："種田唱歌最妙……凡田家作苦，孝弟力行，以及種植事宜、家常工課，與夫較時量雨、賽社祈年之類，俱入之歌中。"清黃景仁《車中雜詩》："賽社鬧鵝鴨，趁虛喧蟊蚊。"爲其盛況實錄。

下元節

農曆十月祭祀神靈、祛禳灾邪、祈求豐收的節日。時間在農曆十月十五日，抑或認爲在十月一日。此稱五代時期已行用。其本源與道教有關。道教在一年中有三個重要節日：一月十五日上元節、七月十五日中元節、十月十五日下元節。上元爲天官，中元爲地官，下元爲水官。《三國志·魏書·張魯傳》注引《典略》言及祈禱文，"作三通，其一上之天著山上，其一埋之地，其一沈之水，謂之三官手書"。可知所謂"三官"源自漢末，來源甚遠。"三官"在後世稱"三元"，爲道教較早供祀的神明。三者職掌，天官賜福，地官赦罪，水官解厄。則下元節，爲消災解困的節日。"下元""下元日"或"下元節"，已較多地見諸宋代文獻。《宋史·禮志十二》："太平興國……五年十月下元節，依中元例，張燈三夜。"此節日張燈，可見很受重視。當時這個節日官員甚至還可休假。《續資治通鑑·宋太宗太平興國六年》："〔十月〕庚辰，詔：'自今下元節，宜如上元，並賜休假三日，著於令。'"民間亦重此節。宋吳自牧《夢粱錄·十月》："十五日，水官解厄之日，宮觀士庶，設齋建醮，或解厄，或薦亡。"宋佚名《沁園春》："記垂弧令節，恰當後日，下元好

景，正屬前朝。"其俗後世沿襲。明田汝成《西湖遊覽志餘·熙朝樂事》："十月朔日，人家祭奠於祖考，或有舉掃松澆墓之禮者。……十五日爲下元節，俗傳水官解厄之辰，亦有持齋誦經者。"明談遷《棗林雜俎·幽冥》言"三官"，其中水官："其祝日……十月之朔謂下元節，祝水官。"清姚廷遴《歷年記》上："世俗以十月初一爲下元節，大家小户必祭其先，爲農事告成也。"近人劉汝驥《陶甓公牘》卷一二載宣統元年（1908）方振均起草之祁門風俗習慣調查，云："十月下元節，祭墓，建醮，賑孤。"今唯道教中人尚重之，民間已不存其俗。

送寒衣

祭掃祖墓之俗。祭掃時，於墳前焚燒紙糊竹扎的衣服鞋帽，謂冬季來臨，氣候日冷，爲陰間鬼魂送衣服禦寒，故名。此俗始於唐，此稱元代已行用。《唐大詔令集》卷七七載天寶二年（743）《九月一日薦衣陵寢制》："禋祀者，所以展誠敬之心；薦新者，所以申霜露之思。……自今以後每至九月一日，薦衣於陵寢，貽範千載，庶展孝思。"清顧炎武《日知錄·墓祭》稱唐朝此制爲後世送寒衣之先聲，衹是送寒衣時間比唐代要晚："今關中之俗有所謂送寒衣者，其遺教也（今俗乃用十月一日）。"宋代沿襲了唐代風習。宋孟元老《東京夢華錄·重陽》："九月……下旬，即賣冥衣靴鞋席帽衣段，以十月朔日燒獻故也。"元以前"送寒衣"一稱指給遠方親人寄送過冬寒衣，正如宋朱敦儒《十二時》所云："征人最愁處，送寒衣時節。"元關漢卿《竇娥冤》第二折"則待要百年同墓穴，那裏肯千里送寒衣"句，亦爲千里給親人送衣服之意。然正是從元代始，亦稱給亡人送寒衣。

清于敏中《日下舊聞考·風俗三》引元熊夢祥《析津志》："都中人民七月祀先，用麻楷尊酒爲誠。買紙錢冥衣燒化於墳，謂之'送寒衣'。仍以新土覆墓。"按，七月祀先，爲中元節事，十月方送寒衣，故此處所引元大都七月送寒衣，疑誤。明清以後，送寒衣基本是指燒紙錢、紙衣送亡人。明劉侗、于奕正《帝京景物略·春場》："十月一日，紙肆裁紙五色，作男女衣，長尺有咫，曰寒衣。有疏印緘，織其姓字輩行，如寄書然，家家修具夜奠，呼而焚之其門，曰送寒衣。新喪，白紙爲之，曰新鬼不敢衣綵也。"後演變爲用彩紙刻印成衣狀。明沈榜《宛署雜記·民風一》："十月送寒衣，坊民刻板爲男女衣狀，飾文五色，印以出售，農民競以是月初一日齎去，焚之祖考，名曰送寒衣。"清代仍沿此俗，且多藉用現實生活情形。清佚名《燕臺口號》一百首之一："寒衣好向孟冬燒，門外飛灰到遠郊。一串紙錢分送處，九原尚可認封包。"自注："十月朔燒紙於門外，曰燒寒衣。紙錢銀錠作大封套，上寫其祖先某某收拆。"是爲給遠方親人寄送冬衣之模仿。又清富察敦崇《燕京歲時記·十月一》："十月初一日，乃都人祭掃之候，俗謂之送寒衣。"又："今則以包袱代之，有寒衣之名，無寒衣之實矣。包袱者，以冥鏹封於紙函中，題其姓名行輩。"清潘榮陛《帝京歲時紀勝·送寒衣》："十月一日：晚夕，緘書冥楮，加以五色綵帛作成冠帶衣履，於門外奠而焚之。"此俗至今仍流行民間。

撑門炭

亦稱"把門炭""將軍炭""炭將軍"。除夕倚長炭於門以辟邪，亦取一年吃燒不愁之意。此稱明代已行用。明呂毖《明宮史·飲食好尚》："〔臘月〕三十日歲暮……傍植桃符板、將軍炭，貼門神，室內懸挂福神、鬼判鍾馗等畫。"《古今圖書集成·歲功典》卷九五引《江南志書·武進縣》："撑門炭：闔戶時，擇炭之堅而銳者，三挺紅絲繚繞之，厠之門角；又以蔥數本同結束，或云於炭取剛，於蔥取蓊鬱也。"清顧禄《清嘉錄·撑門炭》："植炭於門户之側，名曰撑門炭。"又引《崑新合志》："除夕，每門必倚長炭，名把門炭，俗稱炭將軍。"此禮俗今已不行。

【把門炭】

即撑門炭。此稱明代已行用。見該文。

【將軍炭】

即撑門炭。"撑門炭"之美稱。此稱明代已行用。見該文。

【炭將軍】

即撑門炭。"撑門炭"之美稱。此稱清代已行用。見該文。

臘鼓

臘日或臘前一日，擊鼓驅疫之俗。此稱南北朝時期已行用。此俗源於原始的巫舞，在先秦已見記載。《吕氏春秋·季冬》"命有司大儺，旁磔，出土牛"高誘注："今人臘歲前一日擊鼓驅疫，謂之驅除是也。"周代此俗盛行不衰。漢代傳入宮中，成爲規模盛大、隆重的驅鬼逐疫儀式。《後漢書·禮儀志中》："其儀：選中黄門子弟年十歲以上，十二以下，百二十人爲侲子。皆赤幘皂製，執大鼗。方相氏黄金四目，蒙熊皮，玄衣朱裳，執戈揚盾。十二獸有衣毛角。中黄門行之，冗從僕射將之，以逐惡鬼于禁中。"劉昭注引漢衛宏《漢舊儀》曰："顓頊氏有三子，生而亡去爲疫鬼。一居江水，是爲虎（虐鬼）；一居若水，是爲罔兩蜮鬼；一居人宮室區隅（漚庚），善驚小人兒。"漢蔡邕《月令章句》曰："日行北方之宿，北方大陰，恐爲所抑，故命有司大儺，所以扶陽抑陰也。"漢張衡《東京賦》："卒歲大儺，驅除群厲。方相秉鉞，巫覡操茢。侲子萬童，丹首玄制。桃弧棘矢，所發無桌。"魏晋南北朝時期，臘鼓的侲子人數大增。南朝梁宗懍《荊楚歲時記》："十二月八日爲臘日。……諺言：'臘鼓鳴，春草生。'村人並繫細腰鼓，戴胡公頭，及作金剛力士以逐疫。"習俗上金剛力士被認爲是佛家護法神，亦爲驅除邪魔、疫病之天神。可見此時荊楚之地的臘鼓融入了一部分佛教文化。唐代臘鼓禮儀演變成一種儺戲歌舞，被除疫病的內容減少，更多地成爲一種娛樂活動。唐韓翃《送崔秀才赴上元兼省叔父》詩："寒塘斂暮雪，臘鼓迎春早。"宋高承《事物紀原·嗔拳》："江淮之俗，每作諸戲，必先設嗔拳笑面……今南方爲此戲者，必戴面如胡人狀，作勇士之勢，謂之嗔拳，則知其爲荊楚故舊矣。"清佚名《燕京雜記》："十二月擊羯鼓，或謂之臘鼓，又謂之迎年鼓。"表演的色彩加強了，驅疫逐鬼的含義被淡化。清褚人穫《堅瓠續集·儺》："今吳中以臘月一日行儺，至二十四止，丐者爲之，謂之跳灶王。"近人演化爲"端公舞"或"儺戲"擊鼓驅疫。今不復存在。其面具可謂臘鼓的活化石。

年曆

省稱"曆"，亦稱"日曆""曆日""曆頭"。反映日月時序的紙牌或紙本。通常在頭一年的十二月頒行。此稱唐代已行用。今將日曆分爲三種：每頁顯示一日的叫日曆，每頁顯示一個月的叫月曆，每頁顯示全年的叫年曆。古時不這樣劃分。古有專官掌天文曆法，《文獻通考·職官十》叙"秘書監"之"太史局令"曰："後漢太史令掌天時、星曆。凡歲將終，奏新年曆。凡國祭祀、喪、娶之事，掌奏良日及時節禁忌。國有瑞應、災異，則掌記之。"此雖提及"年曆"，然彼時尚無頒行天下之年曆。又《宋書·禮志二》已言及主管天文曆法之太史每年奏報時令，提及"上某年曆"："太史每歲上某年曆。先立春立夏大暑立秋立冬，常讀五時令。皇帝所服，各隨五時之色。帝陞御坐，尚書令以下就席位，尚書三公郎以令著録案上，奉以入，就席伏讀訖，賜酒一卮。官有其注。……晋成帝咸和五年六月丁未，有司奏讀秋令。……〔荀弈、曹宇〕駁曰：'尚書三公曹奏讀秋令儀注。新荒以來，舊典未備。臣等參議光禄大夫臣華恒議，武皇帝以秋夏盛暑，常闕不讀令，在春冬不廢也。夫先王所以從時讀令者，蓋後天而奉天時。正服，尊嚴之所重，今服章多闕如。'"是知此爲太史奏時令，三公曹奏讀時令儀注，其時亦無頒布年曆之舉。又宋吳曾《能改齋漫録·事始·日曆之始》："唐順宗時，宰相韋執誼監修國史，奏始令史官撰日曆。此日曆之始也，見《通鑑》。"按《資治通鑑·唐順宗永貞元年》所載"監修國史韋執誼奏，始令史官撰日曆"，此"日曆"當指按日編寫的編年史書，未必是年曆。然年曆確實出現在唐代，時稱"曆日"，省稱"曆"。當時已流行過年時張貼曆日及鍾馗像。唐劉禹錫《代杜相公謝鍾馗曆日》："臣某言：高品某至奉宣聖旨，賜臣畫鍾馗一、新曆日一軸。星紀分回，雖逢歲盡，恩輝忽降，已覺春來。伏以圖寫威神，驅除群瘴；頒行律曆，敬授四時。”稱“畫鍾馗一、新曆日一軸”，二者或合而爲一軸歟？果如此，則可視爲後世挂曆之濫觴。又《舊唐書·職官志二》：〔司天臺〕每年預造來年曆頒于天下。”《通鑑紀事本末·回鶻叛服》：“〔唐懿宗咸通〕七年冬十二月，點戞斯遣將軍乙支連幾入貢，奏遣鞍馬，迎册立使，及請亥年曆日。”此俗後世沿襲。《宋史·太祖紀》：“〔建隆三年十一月〕壬午，賜南唐建隆四年曆。”《明英宗實録·正統十四年》：“免順天、河間二府明年該納藥材、曆日紙扎。”晚清小説《隔簾花影》第一二回：“取了曆頭，看的是正月二十八日下禮，二月十五日完婚。花朝大吉，不寒不熱的。”近人馮文洵《丙寅天津竹枝詞》之一：“日曆官場改用新，東郊不復祀芒神。”

【曆】

“年曆”之省稱。此稱唐代已行用。見該文。

【日曆】

即年曆。此稱唐代已行用。見該文。

【曆日】

即年曆。此稱唐代已行用。見該文。

【曆頭】

即年曆。爲俗稱。此稱清代已行用。見該文。

【皇曆】

即年曆。亦作“黄曆”。因年曆每年須由朝廷頒行，私人不得擅自編印，故稱。此稱明代已行用。按，南北朝時亦有此稱，然係指王朝統治，諸如南朝宋鮑照《河清頌》：“皇曆攸歸，謀從筮協。”（“皇曆”一本作“黄曆”）《陳書·文學傳·杜之偉》：“皇曆惟新，驅取軒昊。”唐盧照鄰《中和樂九章·歌登封第一》：“炎圖喪寶，黄曆開璿。”此俱指皇勢帝運，與年曆無關。至明代，乃始作年曆之稱。《喻世明言·滕大尹鬼斷家私》：“太守大喜。講定財禮，討皇曆看個吉日，又恐兒子阻擋，就在莊上行聘，莊上做親。”《醒世姻緣傳》第七五回：“狄希陳喜的跳高三尺，先與了周嫂兒、馬嫂兒一兩喜錢：‘皇曆上明日就是上吉良辰，先下一個定禮，至於過聘，或是制辦，或是折乾，你二位討個明示。娶的日子，我另央人選擇。’”又第八回：“拿黄曆來看，四月八就好，是洗佛的日子。”《鬼神傳》第二回：“〔尹恒升〕即將皇曆卜定吉期。乃七月初一，上上吉日。虔備金豬、匾額，五生五熟，五果五菜，諸般等物；金爐錫貢，一切等寶。”清袁枚《子不語·鷄脚人》：“終日與前舟人款接往來，幾忘身在世外也，惜無黄曆考日時。”《官場現形記》第四〇回：“瞿老爺忌諱最深，這日原定了時辰接印，説是黄曆上雖然好星宿不少，底下還有個壞星宿，恐怕衝撞了不好，特地在補褂當中挂了一面小銅鏡子，鏡子上還畫了一個八卦，原取‘諸邪迴避’的意思。”

【黄曆】

同“皇曆”。即此體明代已行用。見該文。

時憲書

亦稱“時憲曆”。皇家頒布的曆書，爲年曆。此稱清代已行用。有二類：一爲一年年曆，二爲從某年開始的許多年年曆。通常在頭一年的十月朔日頒行。“時憲”一稱源於《書·説命中》：“惟天聰明，惟聖時憲。”孔傳：“憲，法也。言聖王法天以立教。”其義本爲國家教令，因法天象，故後成爲曆書的名稱。《日下舊聞考·國朝宮室二》引《大清會典》：“凡頒朔之禮，歲以孟冬一日頒來歲十有二月之朔。欽天監官設黃案於午門外正中，又設二案於御道左右，奉恭進皇帝時憲書於中案，奉頒給王公百官時憲書於左右案。"按，初名"時憲曆"，以避弘曆諱，清乾隆元年（1736）改稱"時憲書"。清吳振棫《養吉齋叢錄》卷六："乾隆元年，避御名，改時憲曆爲時憲書。"是書又記時憲書頒發事："曩時，頒朔之日，聖駕至乾清宮閱時憲書，蓋是日爲孟冬時饗。先期，由圓明園入大內，齋戒祭畢，遂至乾清宮也。""世宗以壬寅十一月登極，以明年癸卯爲雍正元年。而是年時憲書已於十月頒發，故令天下軍民仍用康熙六十二年之書。至欽天監元旦所進雍正元年時憲書，僅頒賜王大臣文武官吏。"乾隆間編纂的《國朝宮史·典禮四·宮規》亦載宮中進時憲書情形："每歲十月朔，欽天監恭進時憲書。先期掌儀司知會宮殿監，率各該處首領太監等，具蟒袍補挂，齊集乾清門，俟禮部欽天監官員恭請時憲書至，宮殿監領侍一人恭捧御覽時憲書。宮殿監副侍二人前引，由乾清門中門進至御前，皇帝御覽畢，交懋勤殿首領太監收貯。"乾隆皇帝曾作《十月朔日頒時憲書》詩。《清史稿·高宗紀六》："〔乾隆六十年〕冬十月戊寅朔，頒嘉慶元年時憲書。"《禮記·月令》"孟夏之月，日在畢昏翼中旦婺女中"，乾隆《欽定禮記義疏》曰："今時憲書，立夏日在胃一度，小滿日在昴三度。"時憲書初時內容簡單，乾隆以後吸收民間通書之長，增加吉凶宜忌等內容，遂與通書無別。又，時憲書最初祇列一個甲子即六十年的年曆（按，宋代曾有過最早的兩個甲子的曆書），清乾隆以後時憲書始展示兩個甲子。清趙翼《陔餘叢考·時憲書後列兩甲子》："向來時憲書後止追列一甲子六十年，近月吾鄉劉文定公奏請再列一甲子，以便檢閱，遂著爲例。按，此本宋初故事也。"按，《續資治通鑑長編·太宗至道二年》："十一月丁卯朔，司天冬官正楊文鑑上言請於新曆六十甲子外，更增二十年。……上曰：'支干相承，雖止於六十，儻兩周甲子，共成上壽之數，期頤之人得見所生之歲，不亦善乎！因詔有司，新曆以百二十甲子爲限。"然宋代兩個甲子的曆書未被長期沿襲。

【時憲曆】

即時憲書。此稱清代已行用。見該文。

通書

民間流行的年曆，以時憲書爲基礎，增加了星象變化、每日宜忌內容。此稱清代已行用。最早見於徽州。清吳振棫《養吉齋叢錄》卷六："通書起自康熙五十年間。徽州治堪輿者，編次一年宜忌，以時憲書爲君，而雜以選擇條款，民間尚之。雍正元年，給事中赫碩色請禁私制通書。迨乾隆初，於時憲書上下增注宜忌、星辰，亦通書之意，特不別刊爲書而已。"則隨着時憲書吸收通書之長，也就混同於通書了。晚清蔡召華《笏山記》第四十七回稱，"按十二〔周〕星，於逐月每日之下，明注宜忌及吉凶神煞，頒行家户，使人知所趨避，名曰通書"。"王已建元矣，……聯黃赤之交，測順逆之度，製一通書，載我元，以頒示中外，使人知奉一統之義，而趨吉避凶。"還明言通書上有二十四節氣。近現代以來，通書猶存，唯不復有帝制年號內容了。

月份牌

有年畫一類彩圖，配以中西曆對照、有月曆和節氣的單頁年曆。通常在頭一年的十二月發行。最早出現在 19 世紀 70 年代的上海，一直沿襲至今。它的産生源自近代以來外國資本進入中國和照相石印技術的引進與發展。近代上海開埠後，外國資本家在華投資日多，須藉助廣告宣傳進行商品傾銷。他們藉鑒了最具群衆基礎的年畫形式，將中國傳統繪畫題材與近現代時尚元素糅合一起，將傳統工筆彩繪發展爲以西洋擦筆水彩畫爲主的寫實表現手法，通過石印技術，用銅版紙彩印而成，色彩明快鮮麗，廣受顧客歡迎。尤其是它上面往往帶有廣告，除了銷售外，也常常免費贈送，從而迅速占領了早期的年曆市場。至今所見較早有關月份牌的記録，見於《申報》光緒元年十二月初七（1876年1月3日）到十四日（1月10日）商家"棋盤街海利號"做的廣告："本店新印光緒二年華英月份牌發售，内有英美法輪船公司帶書信來往日期，該期係照英字繹（譯）出，並無錯悮（誤）。又印開各樣色顔色墨，俾閲者易得醒目。如蒙光顧，其價格外公道。"這是新年將到之際，洋商製作的帶有廣告性質的年曆。奉送月份牌，以及有關月份牌上的内容介紹、挂於何處等，從光緒九年十二月二十八日（1884年1月25日）《申報》上申報館做的廣告可見一斑："奉送月份牌：本館託點石齋精製華洋月份牌，准於明年正月初六日隨報分送，不取分文。此牌格外加工，字分紅緑二色，華曆紅字，西曆緑字，相間成文。華曆二十四節氣分列於每月之下，西人禮拜日亦挨准注於行間，最宜查驗。印以厚實潔白之外國紙，而牌之四周加印巧樣花邊，殊堪悦目。諸君或懸諸畫壁，或夾入書氈，無不相宜。"光緒九年十一月廿二日（1883年12月21日）《申報》刊登的"豐和行"廣告，還是較早見到的出售商品

（彩票）附贈月份牌的記録。月份牌畫的黄金時期是進入民國後的前三十年。當時畫月份牌的名家以鄭曼陀、周柏生、徐咏青、金梅生等最著名。所畫内容也以受西方文化影響的新型家庭温馨生活爲主題，顯現出引領當時時尚的色彩。1949年後，月份牌的圖畫内容焕然一新，主要以反映新中國人民群衆的新生活爲主題，同時也藴含了較多的時代色彩。20世紀80年代以後，月份牌圖畫内容呈百花齊放局面，從傳統年畫内容，到現代時尚明星照片，到藝術品鑒賞等，豐富多彩。但人們習慣上已不再稱之爲"月份牌"，而多稱爲"年曆"。另外，還演化出一月一張，共十二張的"挂曆"。

竈神

省稱"竈"，俗寫作"灶"，亦俗稱"竈王爺"，亦寫作"灶王爺"。傳説中與竈相關、能主人家吉凶之神。此稱先秦時期已行用。祀竈神之俗沿至今。祀竈時間，古來或在臘八，或在除夕，明清以來則在臘月二十三日。古時竈與户、霤、門、井共同構成世俗日常家居祭祀的"五祀"。初爲火神，後爲主吉凶禍福之神，再後來則被認爲是年終上天向天帝報告家人罪過之神。《禮記·月令》云，孟夏之月"其祀竈"。鄭玄注："夏陽氣盛熱於外，祀之於竈，從熱類也。"可見初夏祭竈神，是爲去暑熱，故將遠古主火之神與竈神混爲一談。《淮南子·氾論訓》："炎帝於火，而死爲竈。"高誘注："炎帝……死託祀於竈神。"漢王充《論衡·祭意篇》："或曰：炎帝作火，死而爲竈。"漢應劭《風俗通·竈神》引《周禮説》："顓頊氏有子曰黎，爲祝融，祀以爲竈神。"《史記·孝武本紀》"是時而李少君亦以祠竈、穀道、却老方見上，

上尊之"司馬貞索隱:"如淳云:'祠竈可以致福。'案,禮竈者,老婦之祭,盛於盆,尊於瓶。《説文》:《周禮》以竈祠祝融。"按,許慎《五經異義》引《周禮説》文,又加竈神"姓蘇名吉利,婦姓王名摶頰"語,可知先秦時期主火的竈神,到漢代演化成近於凡人的神,有了類似凡俗的姓氏,還有妻室,且將此神由主火轉爲主飲食,更契合世俗生活。《太平御覽》卷一八六引《夢書》曰:"竈,主食。"而《風俗通》又引《漢紀》,進一步記述了竈神更爲傳奇的故事:"南陽陰子方積恩好施,喜祀竈。臘日晨炊而竈神見,再拜受神。時有黃羊,因以祀之。其孫識執金吾,封原鹿侯、興衛尉、銅陽侯。家凡二侯,牧守數十。其後子孫常以臘日祀竈以黃羊。"按,陰子方之孫陰識,《後漢書》有傳,亦載此傳聞,所述略同,而李賢注引《雜五行書》又曰:"竈神名禪,字子郭。衣黃衣,夜被髮,從竈中出。知其名,呼之可除凶惡。宜市豬肝泥竈,令婦孝。"竈神又多了一個姓名,且有了形象。《莊子·達生》"竈有髻"晉司馬彪注也稱:"髻,竈神,著赤衣,狀如美女。"魏晉以後,竈神傳聞更多,乃至出現竈神上天言人罪狀事。晉葛洪《抱朴子內篇·微旨》:"月晦之夜,竈神亦上天白人罪狀,大者奪紀,紀者三百日也;小者奪算,算者三日也。"《太平御覽》卷一八六引《萬畢術》曰:"竈神晦日歸天白人罪。"由此不能不讓俗人畏懼,於是在竈神上天白人罪過之日,祭之。南朝梁宗懔《荊楚歲時記》記臘八日,"其日并以豚酒祭竈神"。到唐代,與此神相關的傳聞更豐富。唐段成式《酉陽雜俎·諾皋記上》:"竈神名隗,狀如美女。又姓張名單,字子郭;夫人

字卿忌。有六女,皆名察洽。常以月晦日上天白人罪狀,……故爲天帝督使,下爲地精。己丑日日出卯時上天,禺中下行,署此日祭,得福。其屬神有天帝嬌孫、天帝大夫、天帝都尉、天帝長兄、硎上童子、突上紫宮君、太和君、玉池夫人等。一曰竈神名壤子也。"《舊唐書·經籍志下》載有《祠竈經》一卷,足見對此神的祭祀有一定規程。此後,這種儀式往往成爲年終前驅邪和祭神活動的組成部分。宋孟元老《東京夢華錄·除夕》謂,"至除日,禁中呈大儺儀,並用皇城親事官。諸班直戴假面,繡畫色衣,執金槍龍旗"。有裝扮驅鬼將軍、門神和判官者,"又裝鍾馗小妹、土地、竈神之類,共千餘人,自禁中驅祟出南薰門,外轉龍彎,謂之'埋祟'而罷"。此俗後代相襲,直至民國時期。元高文秀《保成公徑赴澠池會》楔子:"門神戶尉,肩搭着紙剪的神刀;井神竈神,手拿着紙糊的巨斧。"明清時祀竈日吃齋,祭禮用麥芽糖。明謝肇淛《五雜俎·天部二》:"俗皆以十二月二十四日祀竈,謂竈神是夜上天,以一家所行善惡奏於天也。至是日,婦人女子多持齋。余於戊子歲,以二十五日至姑蘇,蘇人家家燒楮茹素,無論男婦皆然,問其故,曰:'昨夜竈神所奏善惡,今日天曹遣所由覆核耳。'"晚清《九尾龜》第一三一回:"差不多吃到十二點鐘光景,方才撤席。這個時候,大家都在那裏迎接竈神,只聽得一片的爆竹聲喧。"而明清以降,祀竈多用麥芽糖,相傳是爲使竈神吃了後上天甜言蜜語;一說是爲了用黏稠之糖封住竈神之嘴。近人夏仁虎《歲華憶語·祀竈》:"二十三,俗謂之小除夕。是晚,人家祀竈神,供紅棗湯,以飴和芝麻,曰竈糖;供料豆,云秣神馬;取

竈神像焚之，云送上天。"明以後俗稱竈神爲"竈王爺"。《兒女英雄傳》第三六回："見安老爺回到上房，且不坐下受兒子的頭，……舅太太先納悶兒道：'怎麼今兒個他又"外厨房裏的竈王爺"，鬧了個獨坐兒呢？'""竈"字，明以後俗或寫作"灶"，如《四庫全書》本明方以智《通雅·金石》説鹽的生産，有"淮南則煎灶所成"語；《康熙字典·巳集中·火部》灶字："音躁，俗竈字。"故晚清以後，"竈王爺"多寫作"灶王爺"。此習俗今猶存。

【竈】

"竈神"之省稱。此稱先秦時期已行用。見該文。

【灶】

即竈神。"竈"之俗字。此體明代已行用。見該文。

【竈王爺】

即竈神。爲俗稱。此稱明代已行用。見該文。

【灶王爺】

即竈神。同"竈王爺"。此體明代已行用。見該文。

竈糖

亦作"竈餳"。臘月二十三日祭竈神的麥芽糖。相傳竈神此日要上天向天帝彙報，故食之以糖，使説好話（意爲甜言）；一説糖很黏，因以黏住其嘴使不説壞話。有長條形、扁圓形等形狀。它也成爲春節期間人家的點心。此稱清代已行用。竈神之祭源於先秦，漢代祀竈神有用黄羊者，宋代以酒糟塗抹竈凹，使竈神醉云。而以竈糖祀竈神之俗，約出現於清代。清吳振棫《養吉齋叢録》卷八："大内祀竈，用餳，俗謂竈糖。每歲十二月，奉天内務府備貢

運京，謂之糖貢。"清厲鶚《歲暮自題南湖所居》詩四首之一："佛粥近分林下寺，竈餳新賣水邊人。"《續紅樓夢》第五回："我就問他，咱們怎麼也不祭送竈王呢？他説竈王爺不敢當咱們的祭，他明日反倒要把收下人家的竈糖，差人送些來給咱們吃呢。"清陳作霖《金陵物産風土志·本境食物品考》："祀竈有竈糖，作元寶狀，以芝麻和糖，焙焦之爲金；以大麥糖糅之爲銀，兆家富也。"近人夏仁虎《歲華憶語·祀竈》："二十三，俗謂之小除夕。是晚，人家祀竈神，供紅棗湯，以飴和芝麻，曰竈糖；供料豆，云秣神馬；取竈神像焚之，云送上天。祀竈，婦媪之祀也。"

【竈餳】

同"竈糖"。此體清代已行用。見該文。

亂歲日

省稱"亂歲"。指農曆十二月二十五日至除夕期間可以百無禁忌的日子。俗信此時竈神上天言事，其他諸神不管事，人間出現一段無神管束的空白。此時做事不會觸犯神明，於是貧家或趁機嫁娶，可不過於講究禮數；冠禮笄禮、沐浴齋戒，均無所禁忌。此稱宋代已行用。宋陳元靚《歲時廣記·參吉辰》引宋吕原明《歲時雜記》："世俗以歲除爲亂歲，百無所忌，冠婚沐浴，皆用此日。"明清沿襲此俗，然亂歲具體時間，不同時期、不是地方，有所不同。《古今圖書集成·歲功典》卷四一引明徐充《暖姝由筆》："大寒前後十日爲陽宅亂歲，寒食前後爲陰宅亂歲。今人不知，但指臘底二十四夜爲亂歲。"清潘榮陛《帝京歲時紀勝·亂歲》："二十五日至除夕傳爲亂歲日。因灶神已上天，除夕方旋駕，諸凶煞俱不用事。多於五日内婚

嫁,謂之百無禁忌。"舊時民間有諺云:"既娶媳婦又過年。"說明此俗沿至近代。

【亂歲】

"亂歲日"之省稱。此稱宋代已行用。見該文。

鍾馗

原稱"終葵""鍾葵"。打鬼之神。本指驅疫之槌,後世爲辟邪而往往視之爲人名,流傳既久,民間又附會成能打鬼食鬼、名"鍾馗"的人物。此稱南北朝時期已行用。《周禮·考工記·玉人》:"大圭長三尺,杼上終葵首。"鄭玄注:"終葵,椎也。爲椎於其杼上,明無所屈也。"又《禮記·玉藻》"笏度二尺有六寸,其中博三寸,其殺六分而去一"鄭玄注:"殺猶杼也。天子杼上終葵首,諸侯不終葵首。"南朝梁顏之推《顏氏家訓·名實》盧文弨注:"謂椎爲終葵,齊人語也。……椎,直追切,今之槌也。"清黃生《義府·終葵》亦云:"終葵二字即椎,字之切,音急言之曰椎,緩言之則曰終葵(椎當作錐,或古字通用)。"按,"椎"爲辟邪之槌,在漢馬融《廣成頌》有所體現:"導鬼區,徑神場;詔靈保,召方相;驅厲疫,走蜮祥;梢罔兩,拂游光;枷天狗,緤墳羊。……翬終葵,揚關斧;刊重冰,撥蟄户;測潛鱗,踵介旅。""翬"同"揮"。揮舞終葵,舉起關斧,可知終葵(鍾葵)爲用於"驅厲疫""梢罔兩"的辟邪之物。按,《左傳·定公四年》載"殷民七族"中有"終葵氏",不知與辟邪含義是否有關。而南北朝以後,世人往往以此爲人名,則含辟邪之義。《魏書·堯暄傳》:"堯暄,字辟邪,……本名鍾葵。"其名與字反映了鍾葵與辟邪的關係。以鍾葵爲名者還有張鍾葵、李鍾葵、

慕容鍾葵、段鍾葵,等等。《魏書·唐和傳》:"杏城民蓋平定聚衆爲逆,顯祖遣給事楊鍾葵擊平定,不克而還。"《北史·道武七王傳·陽平王熙》:"吐萬弟鍾葵,早卒。"并且北朝至隋已出現鍾馗之名。《北史·恩幸傳·齊諸宦者》中有宮鍾馗。《隋書·楊義臣傳》:"漢王諒作亂并州。時代州總管李景爲漢王將喬鍾葵所圍,詔義臣救之。"而《北史·隋宗室諸王傳·庶人楊諒》中,"喬鍾葵"作"喬鍾馗",可知因"葵""馗"音同而互稱。以"鍾葵""鍾馗"爲名之習至唐代猶然。《新唐書·王武俊傳》:"武俊使張鍾葵攻趙州,日知斬其首以聞。"《天中記》卷四引《唐逸史》言鍾馗打鬼來源:"明皇開元……晝夢一小鬼,……盜太真繡香囊及上玉笛,繞殿奔戲上前。上叱問之,小鬼奏曰:'臣乃虛耗也。……耗人家喜事成憂。'上怒,欲呼武士。俄見一大鬼,頂破帽,衣藍袍,繫角帶,靸朝靴。徑捉小鬼,先刳其目,然後劈而啖之。上問大者:'爾何人也?'奏云:'臣終南山進士鍾馗也。因武德中應舉不捷,羞歸故里,觸殿階而死。是時奉旨賜綠袍以葬之,感恩發誓與我王除天下虛耗妖孽之事。'言訖夢覺,痁疾頓瘳,乃詔畫工吳道子曰:'試與朕如夢圖之。'道子奉旨,恍若有睹,立筆成圖。進呈,上視久之,撫几曰:'是卿與朕同夢耳。'"後世因此流行鍾馗打鬼圖。按,

"鍾馗"竪披
(山西新絳傳統年畫)

《唐逸史》謂能"啖鬼"之鍾馗源自唐武德年間進士鍾馗，其説甚謬。清趙翼《陔餘叢考·鍾馗》駁之："古人名字往往有取佛仙神鬼之類以爲名者，張鍾葵無論，若楊鍾葵等係六朝人，俱在唐前。倘食鬼之鍾馗係唐武德中進士，則楊鍾葵等之命名，何由逆知後世有是辟鬼之神而取之也哉？則《天中記》之説真附會也。"明李時珍《本草綱目·服器·鍾馗》謂有一種菌亦名"鍾馗"："《爾雅》云：鍾馗，菌名也。《考工記》注云：終葵，椎名也。菌以椎形，椎以菌形，故得同稱。俗畫神執一椎擊鬼，故亦名鍾馗。好事者因作鍾馗傳，言是未第進士，能啖鬼。遂成故事，不知其訛矣。"按，《爾雅》作"中馗"，不知其是否與鍾馗有關。清顧炎武《日知録·終葵》述終葵、鍾葵之演變甚確："蓋古人以椎逐鬼，若大儺之爲耳。……終葵本以逐鬼，後世以其有辟邪之用，遂取爲人名。流傳既久，則又忘其辟邪之物，而意其爲逐鬼之人，乃附會爲真有是食鬼之人姓鍾名馗者耳。"唐代已流行在歲末張貼鍾馗打鬼圖之俗。唐劉禹錫《代李中丞謝鍾馗曆日》："臣某言：中使某奉宣聖旨，賜神畫鍾馗一、新曆日一軸，恩降云霄，光生里巷。雖當歲暮，如煦陽和（中謝）。伏以將慶新年，聿循故事。繢其神象，表去癘之方；頒以曆書，敬授時之始。微臣何幸？天意不遺。無任感戴屏營之至。"疑其時鍾馗圖與新頒曆日置於同一軸上。此俗後世沿襲，唯很長時間流行繪本鍾馗，而印製之鍾馗出現較晚。《新五代史·吳越世家》："歲除，畫工獻《鍾馗擊鬼圖》，〔元〕倧以詩題圖上。"清吳任臣《十國春秋·後蜀九·黃筌》："黃筌，字要叔，成都人也。以善畫早得名。……前蜀後主常詔筌内殿觀吳道子鍾馗繪本，謂筌曰：'道子畫鍾馗，以右手第二指抉鬼目，不若以拇指爲有力。'令筌改進。筌於是不用道子本，別以拇指改進。前蜀後主怪其不如旨，筌對曰：'道子所畫，眼色意思俱在第二指；臣所畫，眼色意思俱在拇指。'"宋沈括《夢溪筆談·雜志一》："歲首畫鍾馗于門，不知起自何時。皇祐中，金陵發一塚，有石誌，乃宋宗愨母鄭夫人。宗愨有妹名鍾馗，則知鍾馗之設亦遠。"宋蘇轍《題舊鍾馗·詩引》："癸丑歲，予爲興德軍掌書記。是歲大旱，除日，府中饋畫鍾馗行雪中狀，甚怪。"宋吳泳《別歲》詩："竈塗醉司命，門貼畫鍾馗。"除繪本外，亦偶有其他形式之鍾馗。《夢溪筆談·象數一》："慶曆中，有一術士姓李，多巧思。嘗木刻一舞鍾馗，高二三尺，右手持鐵簡，以香餌置鍾馗左手中。鼠緣手取食，則左手扼鼠，右手運簡斃之。"清厲鶚《東城雜記·鍾馗圖》："鄭虛原家藏《鍾馗圖》，爲舊人筆，至正甲辰春以贈海虞曹立。"明吕毖《明宮史·飲食好尚》："〔臘月〕三十日歲暮……傍植桃符板、將軍炭，貼門神，室内懸挂福神、鬼判鍾馗等畫。"明田汝成《西湖遊覽志餘·熙朝樂事》："正月十五日爲上元節，前後張燈五夜。……出售各色華燈。其像生，人物則有老子美人、鍾馗捉鬼、月明度妓、劉海戲蟾之屬。"貼鍾馗像之俗直沿襲至今。

【終葵】

即鍾馗。此稱先秦時期已行用。見該文。

【鍾葵】

即鍾馗。此稱南北朝時期已行用。見該文。

神子 [1]

亦稱"喜神"。祖宗遺像或超凡神像。歲

末年初將其懸挂於堂供祭，以求保佑，獲得福祉。此稱明代已行用。爲祖宗畫像之俗由來已久。清厲鶚《樊榭山房集・杭可庵先生遺像記》云："古者人子之於親亡也，爲之旗以識之，爲之重主以依之，爲之尸以祭之。至漢代以來迺有畫像，雖非古制，實寓生存，相沿不能廢。宋之先儒有恐似他人之議，則畫手不可不工也。"而稱此畫像爲"神子"或"喜神"，始於明。明代小説《三教偶拈・濟顛羅漢凈慈寺顯聖記》："且説濟公在周畫工門首過，見畫一個神像在壁間。畫工曰：'濟公你看，這是兀誰喜神？'濟公曰：'倒像我的嘴臉。'……濟公將了神子，作別入城，徑到裱褙鋪徐家。……袖中摸出神子，道：'這幅小像，就要與我裱一裱。'"畫神仙多爲求護佑，畫祖宗多是表示對亡故祖先之敬仰，仿佛其還活在世間一般。《西遊記》第九七回："〔刺史〕即出來，對着畫兒焚香禱告道：'伯考姜公乾一神位……'行者暗笑道：'此是他大爺的神子。'"清俞樾《茶香室續鈔・神子》："舒紹言等《新年雜咏》云：歲終懸祖先像，新年晨夕設供，至落鐙而罷。金介山《落鐙夜收神子》詩：'若非除夜何能見，纔過鐙宵不可留。'自注：'俗稱祖先遺像爲神子。'按，神子之稱甚俗，不謂亦見於前人吟咏也。"清顧禄《清嘉録・挂喜神》："比户懸挂祖先畫像，具香蠟、茶果、粉丸、糍餻，肅衣冠，率妻孥以次拜，或三日五日十日，上元夜始祭而收者，至戚相賀。或有展拜尊親遺像者，謂之拜喜神。"近人胡樸安《中華全國風俗志・下編・安徽》記歙縣紀俗詩："喜氣宵來溢洞房，影堂（供真處）寶炬燦餘光。"各族宗祠，例以新正初五日收真。此俗至今民間仍流行。

【喜神】

即神子。此稱明代已行用。見該文。

射草狗

歲末射狗形或人形草靶子，射畢祭之，既爲娱樂，又爲袪邪。此稱元代已行用。《元史・祭祀志六》："每歲十二月下旬擇日，於西鎮國寺内牆下灑掃平地，太府監供綵幣，中尚監供細氈鍼綫，武備寺供弓箭環刀。束稈草爲人形一、爲狗一，剪雜色綵段爲之腸胃。選達官世家之貴重者交射之……射至糜爛，以羊酒祭之。祭畢，帝后及太子嬪妃併射者，各解所服衣，俾蒙古巫覡祝讚之。祝讚畢，遂以與之，名曰脱災。國俗謂之'射草狗'。"參加者有嚴格限制，必有較高等級之氏族，如別速、扎剌爾、乃蠻、忙古、台列班、塔達、珊竹、雪泥等，方可參加。此俗實爲薩滿教的禮儀，接受巫師"祝贊"則是喇嘛教的形式。從中可見多種宗教信仰并舉之意。此俗亦反映了射獵生活在蒙古族宗教和文化生活中的重要地位。明清沿襲其俗。清彭蘊章《幽州風土吟・射草狗》："束草稈，射草狗。草狗爛，祭羊酒。圍場紛紛祈脱災，可惜健兒好身手。"

打塵埃

臘月將盡，灑掃庭户，除袪塵穢，迎接新年之俗。時間不一，或在臘月二十三日，或在二十七日，大致均在除夕前數日掃塵。此稱清代已行用。然"帚"字在先秦時期已見於甲骨文。陝西出土的商周青銅器上，亦有"子"持"帚"作掃形的銘文。可見，人們在三千年以前就用掃帚掃除了。《禮記・内則》中有"凡内外，鷄初鳴……灑掃室堂及庭"的記載，説明人們很早就已注意衛生清潔。唐宋時，年前灑掃庭户成風。宋陳元靚《歲時廣記·掃屋宇》引宋呂原明《歲時雜記》：“唯交年日，掃屋宇無忌，不擇吉。諺云，交年日掃屋，不生塵埃。”宋吳自牧《夢粱録·除夜》：“士庶家，不以大小，俱灑掃門閭，去塵穢，净庭户。”至清代，乃稱年末掃除爲打塵埃。清顧禄《清嘉録·打塵埃》：“臘將殘，擇憲書宜掃舍宇日，去庭户塵穢。或有在二十三日、二十四日及二十七日者，俗呼打塵埃。”清潘榮陛《帝京歲時紀勝·歲暮雜務》：“送灶神後，掃除祠堂舍宇。”舊時打塵埃往往要翻曆書，找黄道吉日進行。

【除殘】

即打塵埃。此稱明代已行用。明袁宏道《歲時紀異》：“十二月……二十七日掃屋塵，曰除殘。”《古今圖書集成·歲功典》卷九一引《山東志書·登州府》：“十二月二十四掃屋塵，謂之除殘。”清秦嘉謨《月令粹編》卷一八：“十二月二十四日掃屋塵，名曰除殘。”

照田蠶

亦稱“照田財”。歲末於田間燃火炬以利耕種、育蠶之俗。流行於江南地區。實爲民間驅儺禮儀，以祈穀物及蠶桑豐收。此稱宋代已行用。宋范成大《吳郡志》云：“是夕，爆竹及儺，田間燃高炬，名照田蠶。”宋姜夔《自石湖歸苕溪》詩“桑間篝火却宜蠶，風土相傳我未諳”，亦咏照田蠶事。明高啓《照田蠶詞》：“東村西村作除夕，高炬千竿照田赤。老人笑祝小兒歌，願得宜蠶又宜麥。明星影亂棲烏驚，火光辟寒春已生。夜深然罷歸白屋，共説豐年真可卜。”《古今圖書集成·歲功典》卷九一引《江西志書·祁陽縣》：“十二月二十五日，人家門首然薪滿盆，謂之相暖熱。村落則以禿帚若麻藋竹枝然火炬，縛長竿之杪以照田，爛然遍野，以祈絲穀，謂之照田蠶。”清顧禄《清嘉録·照田財》：“村農以長竿燃燈插田間，云祈有秋，焰高者稔，謂之照田財。”引方鵬《崑山志》：“歲朝或次日，束薪於長竿，爲高炬，視火色赤白，以占水旱，争取餘燼置牀頭，謂宜蠶，名照田蠶。”又引《吳江縣志》：“鄉村之人，就田中立長竿，用槁篠夾爆竹，縛其上，四旁金鼓聲不絶，起自初更，至夜半，乃舉火焚之，名曰‘燒田財’，黎里庵村爲盛，蓋類昔照田蠶之俗，云但在正月二十夜。”清雍正《浙江通志·風俗上》引《西吳里語》：“各村歲晚以竹葦雜他草木，束炬舉火燃之，名曰照田蠶，謂宜耕種、育蠶二事。”

【照田財】

“照田蠶”之别稱。此稱清代已行用。見該文。

煴歲

亦稱“燒骨骴”“煠歲”。除夕夜燃松柏枝以迎年，藉以祛邪并取暖。此稱明代已行用。唐代稱“燒骨骴”。唐韓鄂《歲華紀麗》：“除夜燒骨骴，爲熙庭助陽氣。”又韓鄂《四時纂要》：“除夜積柴於庭，燎火辟灾。”（俱見宋陳元靚《歲時廣記·燒骨骴》所引）是爲煴歲來源。宋代承其俗。陳元靚《歲時廣記·作䕡燭》引宋呂原明《歲時雜記》：“除夕作䕡燭，以麻粘濃油如庭燎，守結監司廳皆公庫供之，冬除夜亦然。”明清稱煴歲。明劉侗、于奕正《帝京景物略·春場》：“〔除夕〕夜以松柏枝雜柴燎院中，曰燒松盆，煴歲也。”明邱瑜《長安除夕》詩：“帝城團鼓迎年急，鄰院松盆煴歲明。”清李調元《齋瑣録·戊録》引《吕毖小史》：“正旦，院中焚柏枝柴火，名曰熰歲。"清潘榮陛《帝京歲時紀勝·歲暮雜務》："〔歲暮〕爐內焚松枝、柏葉、南蒼朮、吉祥丹，名曰熰歲。"清樊彬《燕都雜咏》："遺風沿照耗，熰歲柏枝香。"自注："焚柏枝名熰歲。"近代此俗尚存，俗名旺火，已失去"燎祟"的作用，單純爲營造除夕節日喜慶氣氛而已。

【燒骨骶】

即熰歲。此稱唐代已行用。見該文。

【熰歲】

即熰歲。此體明代已行用。見該文。

火盆

亦稱"火山""松盆""年爐"。年前夜晚爲驅邪祈吉，在庭院燃燒松柏木柴之爐盆。此俗世稱燒火盆，於除夕或臘月二十五夜進行。此稱清代已行用。然起源甚早，隋代歲末宮中燃巨型火堆，時號"火山"。《太平廣記》卷二三六引《紀聞》："隋主每當除夜至歲夜，殿前諸院設火山數十，盡沈香木根也。每一山焚沉香數車，火光暗則以甲煎沃之，焰起數丈。沉香甲煎之香，旁聞數十里。一夜之中則用沉香二百餘乘，甲煎二百石。"足見其場面之氣派。唐宋時宮廷不再如此奢靡，然"火山"之稱猶在，宋陳元靚《歲時廣記》即有"設火山"條目，表明宮中及豪門大家仍追求燃燒火堆之巨。因世間家家燃松盆，故自宋至明，在大都市中仍多壯觀景象。《歲時廣記·燒骨骶》引唐韓鄂《歲華紀麗》："除夜燒骨骶，爲熙庭助陽氣。"宋范成大《燒火盆行》："春前五日初更後，排門然火如晴畫。"明高濂《遵生八牋·四時調攝牋》載除夕登吳山看松盆盛況："除夕惟杭城居民家户架柴燔燎，火光燭天，摑鼓鳴金，

放炮起火，謂之松盆。無論他處無敵，即杭之鄉村亦無此勝。斯時抱幽趣者，登吳山高曠，就南北望之，紅光萬道，炎焰火雲。"明劉侗、于奕正《帝京景物略·春場》："〔除夕〕夜以松柏枝雜柴燎院中，曰燒松盆，熰歲也。"《古今小說·蔣興哥重會珍珠衫》："光陰似箭，不覺殘年將盡，家家戶户鬧轟轟的暖火盆，放爆竹，契合家歡耍子。"清代承此俗。清毛奇齡有和高陽夫子《除夕草制》原韵詩，其中云："日次行將盡，天階望不前。松盆驚歲晚，花餤待春妍。"(《西河集》卷一七一)《紅樓夢》第五三回："當地火盆內焚着松柏香、百合草。"清顧祿《清嘉錄·燒松盆》："〔臘月二十五日〕是夜，鄉農人家各於門首架松柴成井字形。齊屋，舉火焚之，烟焰燭天，爛如霞布，謂之燒松盆。"清光緒十八年（1892）《嘉善縣志》卷八："除夜，換桃符易門神，祀神及祠堂，束爆竹松薪之類，焚於中庭，謂之年爐。"

【火山】

即火盆。爲古稱。此稱隋代已行用。見該文。

【松盆】

即火盆。因多用松枝焚燒，故稱。此稱明代已行用。見該文。

【年爐】

即火盆。此稱清代已行用。見該文。

【粔盆】

即火盆。亦稱"生盆""笙盆"。此稱宋代已行用。宋曾布《曾公遺錄》卷九："密院據開封狀，乞燒粔盆，奏從之。"宋劉昌詩《蘆浦筆記·粔盆》："今日祠祭或燕設，多以高架然薪照庭下，號爲生盆，莫曉其義。予因執事合宮，見御路兩旁火盆皆叠麻粔，始悟爲粔盆，

俗呼爲生也。"宋孟元老《東京夢華録·十六日》:"粢盆照耀,有如白日。"宋周密《武林舊事·歲晚節物》:"〔除夕〕至夜,賣燭糝盆,紅映霄漢。"《元史·兵志二》:"致和元年六月,以享太廟,用躧街濤路軍一百名,看粢盆軍一百名。"明田汝成《西湖遊覽志餘·熙朝樂事》:"除夕人家祀先及百神,架松柴齊屋,舉火焚之,謂之粢盆。烟焰燭天,爛如霞布。"《古今圖書集成·歲功典》卷九十五引《江南志書·常熟縣》:"十二月……二十五日,家户多持清齋,爲玉皇下降日,門外燃火爐,焰高者喜,古謂之粢盆。"清厲鶚《粢盆》詩:"屈指開爐後,生盆即漸催。紅飛松葉火,白壓豆萁灰。列屋明通夕,深廳聭一回。兒童應未覺,扶暖上簪梅。"自注:"〔粢盆〕宋時亦呼生盆。"近人胡樸安《中華全國風俗志·上編·浙江》:"除夕,聚雜柴爇於庭,古謂之火山,今曰笙盆,光焰燭天。"此俗今不存。

【生盆】

即粢盆。此稱宋代已行用。見該文。

【笙盆】

即粢盆。同"生盆"。此體近現代已行用。見該文。

照虛耗

除夕夜於各處燃燈及旦,以驅除耗鬼之俗。此稱唐代已行用。虛耗,俗傳是使財物虛耗之鬼,即耗鬼,古謂"魖"。《説文·鬼部》:"魖,耗鬼也。""虛耗"一稱,最初見於《唐逸史》,宋陳元靚《歲時廣記·夢鍾馗》引該書曰:"〔明皇夢一小鬼〕上叱問之,小鬼奏曰:'臣乃虛耗也。'上曰:'未聞虛耗之名。'小鬼奏曰:'虛者望空虛中盜人物如戲,耗即耗人家

喜事成憂。'"唐佚名《輦下歲時記》:"〔除夕〕夜於灶裏點燈,謂之照虛耗。"宋承唐俗。宋孟元老《東京夢華録·十二月》:"二十四日交年,……夜於床底點燈,謂之'照虛耗'。"陳元靚《歲時廣記·照虛耗》引宋吕原明《歲時雜記》:"交年之夜,門及床下以至圊溷,皆燃燈,除夕亦然,謂之照虛耗。"宋佚名《異聞總録》卷四云:"京師風俗,每除夜必明燈於厨厠等處,謂之照虛耗。"宋周密《武林舊事·歲晚節物》:"至除夜……又明燈牀下,謂之照虛耗。"《古今圖書集成·歲功典》卷九一引《瑣碎録》:"〔十二月〕二十四牀底點燈,謂之照虛耗也。"《中國地方志民俗資料彙編·華北卷》載清宣統元年(1908)《新河縣志》:"以黍麵蒸爲小燈數百盞,凡灶陘、井臼、户雷、階欄,各置一盞,謂之'除虛耗'。"照虛耗含有驅邪求吉之意。一說是要把一切不吉利的東西照得無影無踪,使新的一年吉祥如意;又一說謂虛耗即老鼠,點燈照明意在驚走偷食供品的老鼠。此俗今已不流行。

歲燭

亦稱"守歲燭"。除夕守歲所用大蠟燭。守歲時在房内燃點大蠟燭,滿屋明光四射,表示光明祥瑞,祛除不祥。此稱清代已行用。守歲之俗始於唐,守歲時必燃燭,此俗後延至清代。唐代守歲,宫中燃巨燭,甚至燃燎火,稱之爲庭燎。時皇上賜大臣守歲宴,并命群臣賦詩。故其時多有守歲應制詩。《資治通鑑·唐中宗景龍二年》:"〔十二月〕丁巳晦,敕中書、門下與學士、諸王、駙馬入閣守歲,設庭燎,置酒,奏樂。"唐杜審言《守歲侍宴應制》:"季冬除夜接新年,帝子王孫捧御筵。宫闕星河低拂樹,

殿廷燈燭上熏天。"唐沈佺期《守歲應制》:"殿上燈人争烈火,宮中侲子亂驅妖。"此後各朝沿襲此習俗。明蔣一葵《堯山堂外紀》卷八四:"嘗歲除,〔劉〕原博邀之守歲,〔劉〕廷美因挾所藏鍾馗畫像求題,原博遂援筆大書一詩於上。"清錢祖述《杭俗遺風》:"除夕之夜,金吾不禁,城廂内外,山上山下,各寺院廟宇,均有人家去點歲燭,大者數百十斤。"清厲秀芳《真州風土記》:"守歲燭將半殘,聽鐘聲已十二,夜過半矣。"清顧禄《清嘉録·守歲燭》:"燃雙椽燭於寢室中,宵永燼長,生花報喜,紅榮四照,直接晨光,謂之守歲燭。"自案:"孟襄陽詩:'續明催畫燭,守歲接長筵。'家雪亭《土風録》謂'即今之守歲燭'。……又吳曼雲《江鄉節物詞》小序云:'燭之大者,可通夕,除夕燃之,爲守歲計。'吳穀人《咏守歲燭》詩云:'燭房人乍醒,蠟炬未全銷。閲歲心三寸,流光影一條。誰參無盡意,此是可憐宵。掩映迎神處,春紅隔訴摇。'"近人胡樸安《中華全國風俗志·下編·江蘇》引《武進歲時記》:"居民亦有至夜半就寢者,惟卧室内必燃紅燭一對,謂之守歲燭。天明以後,則頓易新年氣象矣。"隨着電燈普及,蠟燭基本不復使用,此俗如今亦不再流行。

【守歲燭】

即歲燭。此稱清代已行用。見該文。

丢百病

歲末丢弃或焚燒舊日的藥物、藥方,以保新的一年百病消除之俗。此稱清代已行用。此俗宋代已有之。宋陳元靚《歲時廣記·焚廢藥》引宋吕原明《歲時雜記》:"除日,集家中不用之藥,焚之中庭,以辟瘟疫之氣。"至清代仍有此俗。清潘榮陛《帝京歲時紀勝·丢百病》:"歲暮,將一年食餘藥餌,抛棄門外,並將所集藥方,揀而焚之,名丢百病。"近人胡樸安《中華全國風俗志·下編·江蘇》載江蘇六合縣之歲時:"〔正月〕至十六日落燈,夜静,婦女出游,携瓦罐,抛棄〔藥物〕於橋樑之畔,以爲禳病云。"此俗今不流行。

畫米囤

除夕在庭院用石灰畫出的米囤形圓圈。亦或畫作元寶、弓矢、干戈等形,以祈豐稔、發財、禳灾、袪邪。俗謂鬼帶陰氣,喜黑畏白,故以石灰畫之。《古今圖書集成·歲功典》卷九五引《江南志書·嘉定縣》:"〔除夕〕更深人静畫灰於道,象弓矢戈戟之狀,以射祟,以布囊或竹籃盛石灰印地上,謂之白米囤。"清顧禄《清嘉録·畫米囤》:"鄉農人家,以石灰畫米囤於場。或象戟矢、元寶之形,祈年禳灾,謂之畫米囤。"清袁景瀾《吳郡歲華紀麗》卷一二載《畫米囤》詩:"畫得團團米囤圓,滿庭小圈復大圈。"自注:"農家除夕閉門守歲時,競以石灰畫於地,圈中大書吉語,以祈豐稔。又畫米囤、元寶於場,以祈年穀,畫弓矢戈矛之形,以禳灾避祟。總謂之畫米囤。"此俗今不復流行。

打夜狐

亦稱"打夜胡""打野胡""野雲戲"。臘月裏街市貧民、乞丐三五成群,扮成神鬼、判官、鍾馗、灶王等形象,敲鑼擊鼓,上人家門請求施舍的風俗。届時,他們沿門乞討,宣稱爲施主驅疫逐鬼。各家均願施舍,以求吉利。此稱唐代已行用。按,此俗源於魏晋南北朝時的游戲。《南史·曹景宗傳》:"〔曹景宗〕臘月於宅中使人作邪呼逐除，徧往人家乞酒食。本以爲戲。”此應爲打夜狐的前身。至唐敬宗時乃形成其俗。《舊唐書·敬宗紀》：“帝好深夜自捕狐狸，宮中謂之‘打夜狐’。”後民間稱跳鬼驅祟。唐李淖《秦中歲時記》：“歲除日進儺，皆作鬼神狀，内二老兒，儺公儺母。”宋代此俗已相當普遍，且訛爲“打野胡”。宋趙彦衛《雲麓漫鈔》卷九：“世俗歲將除，鄉人相率爲儺，俚語謂之打野胡。按《論語》：‘鄉人儺，朝服立於阼階。’注：‘大儺，驅逐疫鬼也。’亦呼野雲戲，今人又訛耳。”宋孟元老《東京夢華録·十二月》：“自入此月，即有貧者三數人爲一火，裝婦人、神鬼，敲鑼擊鼓，巡門乞錢，俗呼爲‘打夜胡’。亦驅祟之道也。”宋吳自牧《夢粱録·十二月》：“街市有貧丐者，三五人爲一隊，裝神鬼、判官、鍾馗小妹等形，敲鑼擊鼓，沿門乞錢，俗呼爲‘打夜胡’，亦驅儺之意也。”明清時仍盛行不衰。《古今圖書集成·歲功典》卷九五引《福建志書·福州府》：“迄今閩俗乃曰：打夜狐，蓋唐敬宗夜捕狐狸爲樂，謂之打夜狐。閩俗豈以作邪呼逐除之戲，與夜捕狐之戲同，故云，抑亦作邪呼之語，訛而爲打夜狐歟？”今已不流行。

【打夜胡】

即打夜狐。此稱宋代已行用。見該文。

【打野胡】

即打夜狐。此稱宋代已行用。見該文。

【野雲戲】

即打夜狐。此稱宋代已行用。見該文。

【跳灶王】

即打夜狐。此稱宋代已行用。宋顧張思《土風録》卷一：“臘月丐户裝鍾馗、灶神，到人家乞錢米，自朔日至廿四日止，名曰跳灶王。”此俗後代相沿。清顧禄《清嘉録·跳灶王》：“〔十二月〕月朔，乞兒三五人爲一隊，扮灶公、灶婆，各執竹杖，噪於門庭以乞錢，至二十四日止，謂之跳灶王。周宗泰《姑蘇竹枝詞》云：‘又是殘冬急景催，街頭財馬店齊開，灶神人媚將人媚，畢竟錢從囊底來。’”自按：“褚人穫《堅瓠集》云：‘今吳中以臘月一日行儺，至二十四日止，丐者爲之，謂之跳灶王。’”又：“吳曼雲《江鄉節物詞》小序云：‘杭俗跳灶王，丐者至臘月下旬，塗粉墨於面，跳踉街市，以索錢米。’詩云：‘借名司命作鄉儺，不醉其如屢舞傞。粉墨當場供笑罵，只誇囊底得錢多。’”此俗今已不存。

壓歲錢

亦作“押歲錢”，亦稱“壓腰錢”。過年時由長輩向晚輩分贈的錢，以彩繩穿編成串，繫在小兒胸前，謂可壓邪祟。此俗源於古代的厭勝錢，後世泛指守歲時尊長分賜晚輩之錢。此稱元代已行用。舊時人們認爲小兒魂魄不全，用厭勝錢來驅邪，可助小兒度過年關，故有此舉。厭勝錢形似錢幣，上有求吉辟邪的文字或圖形，用以壓伏邪氣。世傳“祟”與“歲”諧音，故將“壓祟”轉作“壓歲”。因在守歲夜給小兒，故又稱“守歲錢”。其錢用彩綫穿綴，置於牀脚、枕邊，或炕席、香爐、飯鍋、水缸底下，既爲酬謝家内小神，亦爲辟除宅中邪氣。元吳當《除夕有感》：“家人共守迎春酒，童穉争分壓歲錢。”元代官場還有藉壓歲錢之名以索賄之陋習。清陳鼎《東林列傳·馮琦傳論》：“元之末年，所用多非讀書人，罔然不知廉恥爲何物。其間人討錢，各有名目：下屬始參，曰見面錢；無事白要，曰撒花錢；逢節索貢，曰追節錢；上元曰花燈錢，端陽曰蒲粽錢，中秋曰月餅錢，重陽曰萸糕錢，冬至曰餛飩錢，除夕曰壓歲錢。"後世猶有如此用法。清姚元之《竹葉亭雜記》卷五："乙丑除夕，余至公家，問公歲事如何，因舉胸前荷囊示曰：'可憐此中空空，押歲錢尚無一文也。'有頃，閽人以節儀呈報曰：'門生某爺某爺節儀若干封。'"世俗則多用於新年賜少兒零花錢。清富察敦崇《燕京歲時記·壓歲錢》："以綵繩穿錢，編作龍形，置於牀脚，謂之壓歲錢。尊長之賜小兒者，亦謂之壓歲錢。"《紅樓夢》第五三回："〔賈母〕然後散了押歲錢并荷包金銀錁等物。"清董以寧《霜天曉角·辛卯除夜》："道是明朝元日，廢吾書、三太息。流年催急，更怕看新歷。床頭壓歲錢兒，謀之婦、何曾得。"清楊米人《都門竹枝詞》："太平鼓打鼕鼕響，紅綫穿成壓歲錢。"清厲秀芳《真州風土記》："〔除夕〕以紅頭繩穿綫謂之曰壓歲錢。"北方一些地區稱衣上口袋爲腰，因俗稱"壓腰錢"。胡樸安《中華全國風俗志·下編·河南》記沘源縣（今唐河縣）年俗："家長出錢，分散長幼，謂之壓腰錢。"紙幣和鎳幣出現後，民間往往以紅紙包錢，漸失辟邪禳災之意，多供兒童作零用錢。此稱至今仍沿用。

【押歲錢】

同"壓歲錢"。此體清代已行用。見該文。

【壓腰錢】

即壓歲錢。此稱近現代已行用。見該文。

除夕

亦稱"歲除""歲除夜""除夜"。農曆歲末，一年的最後一天，此時除舊迎新，千家萬戶團聚。古時此日須舉行驅除鬼怪儺儀，并燃放鞭炮辟邪；整夜不睡，謂守歲，迎接新年到來。除者，更替，易也，去也。此稱漢代已行用。此俗則始於商周。清李鵬年《六部成語·禮部》："除夕，十二月三十日爲歲除，夕者晚也。"明董斯張《廣博物志·時序》訛稱"巫咸始置除夕節"，指傳說時代已置此節，無文獻依據。按，其語義源自《詩·唐風·蟋蟀》："蟋蟀在堂，歲聿其莫。今我不樂，日月其除。"毛傳："蟋蟀，蛬也，九月在堂。聿，遂；除，去也。"按，九月，何以稱"歲聿其莫"？孔穎達疏："時當九月，則歲未爲暮。而言歲聿其暮者，言其過此月後，則歲遂將暮耳。謂十月以後爲歲暮也，此月未爲暮也。"是謂十月爲歲末。清顧棟高《毛詩類釋·釋時令》引張以寧曰："周以十一月爲歲首，故此言九月以後爲歲莫。周正也。"顧氏又案："'日月其除'，除者，除舊布新。今人以臘月三十日爲除夕，是詩明言九月爲歲將暮，十月爲歲除，是以十一月爲歲首之明證也。"可知周代以農曆十一月爲一年之始，故十月爲歲末。歲末正是除舊迎新、萬象更始之際。《詩·小雅·小明》"日月方除"毛傳："除，除陳生新也。"《禮記·月令》："季冬之月，……日窮于次，月窮于紀，星回于天。數將幾終，歲且更始。"除夕舉行驅鬼辟邪儀式，是商周以來固有禮俗，直沿襲至明清。春秋戰國以後，又漸次出現貼門神、挂桃符、放鞭炮等習俗，亦是辟邪求吉之意。《呂氏春秋·十二月紀》："命有司大儺，旁磔，出土牛，以送寒氣。"漢高誘注："大儺逐盡陰氣爲陽導也。今人臘歲前一日擊鼓驅疫，謂之逐除是也。"之所以如此，傳上古顓頊氏有三子化作鬼，其一居人宫室角落，不時驚嚇人，故歲末行儺儀驅鬼，以使新的一年吉祥。《文選·張衡〈東京賦〉》：
"爾乃卒歲大儺，毆除群厲。方相秉鉞，巫覡操
茢。"李善注："卒，終，謂一歲之終；儺，逐
疫鬼。"注又引《漢舊儀》曰："昔顓頊氏之有
三子，已而爲疫鬼。一居江水爲瘧鬼，一居若
水爲罔兩蜮鬼，一居人宮室區隅善驚人爲小鬼。
于是以歲十二月使方相氏蒙虎皮，黃金四目，
玄衣丹裳，執戈持盾，帥百隸及童子而時儺，
以索室中而毆疫鬼也。"然"除夕"一稱首見於
漢應劭《風俗通·桃梗葦茭畫虎》："縣官常以
臘除夕，飾桃人乘葦茭，畫虎於門。"魏晉以後
又稱歲除。《魏書·禮志四之四》："高宗和平三
年十二月，因歲除大儺之禮，遂燿兵示武。"唐
以後亦稱歲除夜，省稱除夜。此時已有守歲之
俗。唐王建有《歲除夜》詩；唐元稹《除夜》
詩："憶昔歲除夜，見君花燭前。今宵祝文上，
重叠叙新年。"唐白居易《除夜宿洺州》詩：
"家寄關西住，身爲河北遊。蕭條歲除夜，旅泊
在洺州。"宋陳巖肖《庚溪詩話》："澄江朱正民
舉直嘗云，少陵《今夕行》指意不苟，其語云：
'今夕何夕歲云徂，則言歲除夜也；更長燭明不
可孤，則言夜永人多守歲不寐，當有以自遣也；
咸陽客舍一事無，則言旅中少況且無干也；相
與博塞爲歡娛，此則言爲此猶賢乎已也！蓋謂
窮冬佳節，旅中永夕，無事方可爲此自遣耳，
他時不可也。'"從詩話中可知守夜時會有一些
娛樂活動。宋孟元老《東京夢華錄·除夕》記
述宮廷除夕習俗尤詳："至除日，禁中呈大儺
儀，並用皇城親事官諸班直，戴假面，繡畫色
衣，執金槍龍旗。教坊使孟景初身品魁偉，貫
金副金鍍銅甲裝將軍，用鎮殿將軍二人亦介胄
裝門神。教坊南河炭醜惡魁肥裝判官，又裝鍾

馗小妹、土地、竈神之類，共千餘人，自禁中
驅祟出南薰門外，轉龍彎，謂之埋祟而罷。是
夜禁中爆竹山呼，聲聞于外。士庶之家圍爐團
坐，達旦不寐，謂之守歲。"宋吳自牧《夢粱
錄·除夜》亦有類似記載。除夕有豐盛食物，
宮中還有賞賜。宋周必大草敕文《歲除賜內中
酒果（內侍李回）》："有敕卿等，言持使節，甫
達聘儀。出醍核于嚴宸，循壺觴于除夕。茲惟
寵錫，尚體釀恩。"因守歲不寐，故點燈燃檀。
元陳元靚《事林廣記前集·節序類》引《南部
新書》云："歲除日，太常卿領官屬樂吏并護童
侲子千人，晚入內。至夜，於寢殿前儺，燃蠟
炬，燎沉檀，熒煌如晝。上與親王妃王以下觀
之。其夕賞賜甚多。今人除夜滿室皆點燈照歲，
是其故事也。"除夕還貼桃符、門神、對聯、窗
花等。清黃宗羲《明儒學案·甘泉學案一》：
"每歲除，命學士爲詞，題桃符，置寢門左右。"
除夕燃放鞭炮，流傳久遠。明俞弁《逸老堂詩
話》卷下："唐士絅《夢餘錄》云：'古人爆竹，
必於元旦鷄鳴之時。今人易以除夜，似失古
意。'余近讀張燕公《守歲》詩云：'竹爆好驚
眠。'始知唐時除夜爆竹，其來久矣。"舊時或於
除夕竊聽人語以推知來年禍福之俗，稱"鏡聽"。
清蒲松齡《聊齋志異·鏡聽》有"竊於除夜以鏡
聽卜"之語。數千年除夕風俗，多沿襲至今。今
雖極少熬夜守歲、舉行儺儀，而放鞭炮、焰火，
貼對聯，挂吊箋，團聚娛樂等習俗依然流行。隨
着電視的普及，自1983年以後，觀看中央電視
臺春節文藝聯歡晚會，又成新時期除夕不可或缺
的重要內容，爲人民生活增添了喜慶歡樂氣氛。

【歲除】

即除夕。此稱魏晉時期已行用。見該文。

【歲除夜】

即除夕。此稱唐代已行用。見該文。

【除夜】

即除夕。"歲除夜"省稱。此稱唐代已行用。見該文。

坐年

亦稱"守歲"。過年時全家共聚熬夜之俗。過年過程中會一起喝酒吃點心、玩游戲等。此稱宋代已行用。宋陳造《房陵》十首之七："丁寧向去坐年日，要似如今斂脯時。"自注："年日飲食曰坐年。"明朱瞻基《除夕玉樓春》詩："屠蘇酒畔誰年少，守歲笙歌歡徹曉。"乾隆《重修福建臺灣府志・風俗》："除夕……焚香張燈，闔家圍爐團飲，坐以待曙，謂之'守歲'。"胡樸安《中華全國風俗志・下編・安徽》："安徽婺源風俗，於臘月二十四以後，各家均有做年之例……婺源人於坐年之夕，有吃年湯之俗。當夕焚香祀祖後，家人齊集廚房內，各揎拳挲袖，有調粉者，有切菜者，有刷鍋者，有洗碗盞者。俟一切齊備，共至廳前，談笑片時。俟至夜分約十一點時，將備就之豬頭，放入鍋中，加湯疉之。疉熟後，用鐵鏈撈起，放入他器中，再將所謂之粉，攪入豬頭湯中，更將肉丁、冬笋、丁香等，使成糊狀，然後盛之以碗盞，闔家團聚而食，其味異常鮮美。"全家人團坐而食，因具有闔家團圓祝福意，故俗以湯吃得越多越吉利。有人還將湯饋送親友族鄰分享祝福，受者無不歡喜。此俗今不流行。

【守歲】

即坐年。此稱明代已行用。見該文。

年夜飯

省稱"年飯"，亦稱"闔家歡"。除夕夜闔家團聚歡度佳節的家宴。此稱清代已行用。而此俗於南北朝時期則已出現。南朝梁宗懍《荆楚歲時記》："歲暮，家家具餚蔌，謂宿歲之儲，以迎新年。相聚酣飲。"後世沿襲此俗。《古今小說・蔣興歌重會珍珠衫》："光陰似箭，不覺殘年將盡，家家户户鬧轟轟的暖火盆，放爆竹，吃闔家歡耍子。"《古今圖書集成・歲功典》卷九五引《江南志書・武進縣》："飲守歲酒，吃年夜飯。"清顧禄《清嘉錄・年夜飯》："除夜，家庭舉宴，長幼咸集，多作吉利語，名曰年夜飯，俗呼闔家歡。周宗泰《姑蘇竹枝詞》云：'妻孥一室話團圓，魚肉瓜茄雜果盤。下筯頻教聽讖語，家家家裏闔家歡。'案，褚人穫《堅瓠集》云：'除夕，家庭舉宴，長幼咸集，謂之闔家歡。'"清富察敦崇《燕京歲時記・年飯》："年飯用金銀米爲之，上插松柏枝，綴以金錢、棗、栗、龍眼、番枝，破五之後方始去之。"近人胡樸安《中華全國風俗志・下編・浙江》記湖州歲時："十二月三十日或二十九日家家食年夜飯。飯餐之豐儉，碗數之多寡，須視其家一年來境遇爲轉移。除必備者外，其餘不勝枚舉。而有趣者，如食鷄蛋曰元寶，茹菇曰時來，芋艿曰運來。俗云食之則來年可萬事如意，交運發財也。"北方年夜飯多食餃子，取"更年交子"之意。吃馬齒莧的，譽爲吃長壽菜；食青菜，謂食安樂菜；黃豆菜，謂食如意菜。吃魚，寓意吃過有餘。此俗今猶盛行。

【年飯】

"年夜飯"之省稱。此稱清代已行用。見該文。

【闔家歡】

即年夜飯。因吃年夜飯正是闔家歡聚，故稱。此稱明代已行用。見該文。

宿歲飯

省稱"歲飯"，亦稱"隔年飯"。除夕蒸好、到新年時食用的飯食。古來人們在新年期間往往不做新飯，以示不勞作。此稱南北朝時期已行用。南朝梁宗懍《荆楚歲時記》曰："歲暮，家家具肴蔌，詣宿歲之位，以迎新年，相聚酣飲，留宿歲飯。"宿歲飯至正月十二日尚未吃完，則須到街頭傾倒掉，以示除舊納新。故《荆楚歲時記》又曰："留宿歲飯至新年十二日，則棄之街衢，以爲去故納新也。"此俗歷代沿襲，至近現代猶然。《太平廣記》卷一五三引唐盧肇《逸史》載一故事，言及有客正月初一到人家，主人稱除夕"作歲飯食"："李宗回……曾與一客自洛至關。……臨正旦一日，將往華陰縣。縣令與李公舊知，……謂二客曰：'某有一女子，……某昨惱渠，遣檢校作歲飯食。適來云有五般餛飩，問煮那盤。某云總煮來。'"宋方翥《元日》詩："時難逢歲飯，日暖換春衣。"明明周《都門除夕》詩："半夜兩年夢，孤燈千里身。鉢分新歲飯，衣拂舊時塵。"乾隆五十二年《永春州志》："〔造〕飯兼數日之炊，曰'宿歲飯'。(《大田志》：除夕蒸飯藏之，謂之'歲飯'。)"因是跨年度的飯食，宋代以後亦稱"隔年飯"。宋梁克家《淳熙三山志·土俗類二·歲時》："於除夕留宿歲飯，謂之隔年飯，爲節假内之備。"清代仍有此稱。雍正八年（1730）《石樓縣志》："煮乾飯次日食之，曰'隔年飯'。"同治《金門志》：除夕"留宿飯於明日，曰'隔年飯'"。同治十三年（1874）《潯州府志》："除夕……煮飯，免來日炊烟，謂之'隔年飯'。"民國十年（1921）《南平縣志·禮俗志》："除夕，蒸飯儲之，謂之歲飯。"清徐時棟《烟嶼樓筆記》卷一言及宿歲飯的做法："除日亦爲宿歲飯，取米蒸之，攤令略燥，名曰飯富。富字取美名，其實蓋是飯脯。以乾飯比之乾肉耳。新歲朔日，以後十餘日不復煮米作飯，即以飯富入水，下釜中爲食。俟飯富食盡，始依常煮生米也。"是知所蒸飯較乾、較硬，便於留存，食用前須加水蒸煮。此俗今不存。

布魚挂飾
（傳統民間年節用品）

【歲飯】

"宿歲飯"之省稱。此稱唐代已行用。見該文。

【隔年飯】

即宿歲飯。此稱宋代已行用。見該文。

国家出版基金项目
NATIONAL PUBLICATION FOUNDATION

中華博物通考

總主編 張述錚

禮俗卷

中

本卷主編
陳益民

上海交通大学出版社

第四章　婚育説

第一節　婚戀考

　　戀愛、婚姻是人生大事。人進入成年，便有求偶願望。男女之情，油然而生。這雖是一種本能，却又不能不受社會倫理的規範。中國古代的禮制，對婚戀有着種種約束。按《禮記·昏義》的説法，婚姻禮儀是要"合二姓之好，上以事宗廟而下以繼後世也"。

　　然而，先秦時期儒家思想尚未占統治地位，人們的婚戀便也保留了一些遠古時期的自由遺痕。《周禮·地官·媒氏》云："中春之月，令會男女。於是時也，奔者不禁。"既然"奔者不禁"，便會有《詩·鄘風·桑中》那動人的情愛詩句："爰采唐矣，沫之鄉矣。云誰之思，美孟姜矣。期我乎桑中，要我乎上宫，送我乎淇之上矣。"由此也出現了桑間陌上"自由戀愛"的美談。高誘注《淮南子·時則訓》云："桑林者，桑山之林，能興作雨也"，"此男女之所樂而觀之"。

　　自漢代獨尊儒術後，人們的情愛也被納入"父母之命""媒妁之言"的禮教規範，此後兩千多年"桑間濮上之行"便爲人所不齒。即便如此，男女感情是束縛不住的，我們依然可以從古人富於想象的愛情故事中，看到愛情的無邊力量。

　　自古以來有許多關於男女情愛的神話傳説，其中尤以巫山云雨、牛郎織女、蕭史弄玉、月下老人、望夫山、相思樹、連理枝、比翼鳥、藍橋等著稱，至今猶在民間産生着影響。古來也有許多歷史典故感人至深，如秦晉之好、御溝紅葉、破鏡重圓以及偷香竊玉之類，總令人回味歷史中的愛情遺韵。

　　男女戀情是聖潔的，許多表達兩性恩愛的物品，也被賦予了愛的含義。鸞鳳、鴛鴦象徵兩情關係緊密，紅豆寓意相思，并蒂蓮、同心草象徵兩性不可分離，合歡被、同心結、魚水表達兩性在一起時的歡娛。諸如此類，無不在中華傳統文化中刻下了十分美好、多彩的印記。

　　唐代王維《相思》詩："紅豆生南國，秋來發幾枝。勸君多采擷，此物最相思。"白居易《長恨歌》："在天願作比翼鳥，在地願爲連理枝。"這是影響最廣的愛情詩句之一，藉物以抒懷，正體現了中國人對婚戀所寄予的美好願望。這般將愛戀寄托於物之風，在中國古代是不勝枚舉的。祇不過，在那個男女授受不親、全憑媒妁之言的時代，男女自由情愛，仍是困難重重的，正如宋代應廓《七夕》詩所謂："牛女佳期情不斷，古今遺恨意難窮。"

桑中

　　亦稱"桑林""桑間濮上""桑間陌上"。男女幽會之地。此稱先秦時期已行用。本爲商周時期的社祭場所，因祭祀時節不禁男女往來，故轉稱。漢儒不明先秦風俗，視男女如此相會爲非禮而貶斥之，故此後"桑中""桑林"成爲貶義詞，并衍生出"桑間濮上""桑間陌上"等貶義説法。"桑中"最早見於《詩》，"桑林"最早見於《墨子》。商周時期在桑林中祭神求雨。《呂氏春秋·順民》云："昔者湯克夏而正天下，天大旱，五年不收，湯乃以身禱於桑林。"同書《慎大》亦曰："〔周武王〕立成湯之後於宋，以奉桑林。"《帝王世紀》載："禱於桑林者，社也。"《路史·餘記》亦云："桑林者，社也。"《左傳·昭公十六年》亦有類似記載："有事于桑林，斬其木，不雨。"桑中、桑林，指桑樹林，也就是桑間，而非具體地名。故《詩·鄘風·桑中》裏的"桑中"，毛傳但云"所期之地"，未稱爲地名。《穆天子傳》卷五："天子作居范宮，以觀桑者，乃飲于桑中。"郭璞注亦謂："桑林之中。"《墨子·明鬼下》則言及男女幽會與桑林的關係："燕之有祖，當齊之社稷，宋之有桑林，楚之有云夢也，此男女之所屬而觀也。"所謂"屬"，如《周禮·地官·州長》"若以歲時祭祀州社，則屬其民"之"屬"，鄭玄注曰："猶合也，聚也。"男女聚合於桑林，做什麼？高誘注《淮南子·時則訓》云："桑林者，桑山之林，能興作雨也"，"此男女之所樂而觀之"，與《墨子·明鬼下》所言"男女之所屬而觀"如出一轍。這"觀"字，意爲"歡"，與《詩·鄭風·溱洧》中"女曰觀乎？士曰既且。且往觀乎"之"觀"意同。聚在一起如何"歡"呢？《禮記·月令》將祭禮與性愛的關聯説得更明白："仲春之月……玄鳥至，以太牢祀於高禖。天子親往，后妃帥九嬪御，乃禮天子所御。帶以弓韣，授以弓矢於高禖之前。"當代學者陳炳良在《神話、儀式、文學》（臺北聯經出版公司1985年版）一書上説："不管天子所御的是他的后妃或女祭司或聖妓，總之，一個實際的或象徵的性愛行爲就在神前舉行。同時，授弓矢這儀式也象徵男女交媾。"這説明，在那求雨祭祀的場所，男歡女愛也成爲祭典過程的一部分。由此就可以理解，春日祭祀時會聚男女相親相愛，并不違禁。《周禮·地官·媒氏》云："中春之月，令會男女。於是時也，奔者不禁。"既然"奔者不禁"，當然就是不違禮的。因此，《詩·鄘風·桑中》會有這樣動人的情愛詩句："爰采唐矣，沬之鄉矣。云誰之思，美孟姜矣。期我乎桑中，要我乎上宮，送我乎淇之上矣。"郭沫若《甲骨文字研究·釋祖妣》説："桑中即桑林所在之地，上宮即祀桑之祠，士女於此合歡。"又："《溱洧》之詩咏溱洧之遊春士女：'女曰觀乎？士曰既且。'觀者歡也，委言之也。且者祖也，言己與他女歡御也。"而迂闊者亦有之，《禮記·樂記》稱："桑間濮上之音，亡國之音也。其政散，其民流，誣上行私而不可止也。"《桑中》詩《毛詩序》亦解云："刺奔也。衛之公室淫亂，男女相奔，至於世族在位，相竊妻妾，期於幽遠，政散民流，而不可止。"鄭玄箋："男女相奔，不待媒氏以禮會之也。"因桑間在衛地濮上，《漢書·地理志下》曰："衛地有桑間濮上之阻，男女亦亟聚會，聲色生

焉。"此説流行，便爲歷代所不齒了。明王世貞《艷異編·宮掖部一》："俗謂遊樂之處爲桑中也，《詩》中《衛風》云'期我乎桑中'，蓋類此也。"清戴名世《憂庵集》六九："遇風日之美，林花之開，結伴出游，皆子從其母，夫從其婦，女從其父母，桑間陌上之事，在今日萬無此。"清蒲松齡《聊齋志異·竇氏》："桑中之約，不可長也。日在綆繣之下，倘肯賜以姻好，父母必以爲榮，當無不庇，宜速爲計。"清王韜《淞隱漫録·白素秋》："果蒙垂愛，請遣媒妁來，當無不諧。苟以非禮相干，爲桑間濮上之行，妾非能從也。"晚清章炳麟《東夷詩》之八亦云："匪寇求婚姻，和親亦良願，拜賜待三年，桑中會相見。"

【桑林】

即桑中。此稱先秦時期已行用。見該文。

【桑間濮上】

即桑中。此稱先秦時期已行用。見該文。

【桑間陌上】

即桑中。此稱清代已行用。見該文。

巫山雲雨

亦稱"巫山""高唐""陽臺"。原指古代神話傳説巫山神女興雲降雨之事。後因巫山神女與楚襄王幽會的傳説，而以此稱男女歡合。此稱先秦時期已行用。典出戰國楚宋玉《高唐賦序》："昔者楚襄王與宋玉遊於雲夢之臺，望高唐之觀。……玉曰：'昔者，先王嘗遊高唐，怠而晝寢，夢見一婦人，曰：妾，巫山之女也，爲高唐之客。聞君遊高唐，願薦枕席。王因幸之。去而辭曰：妾在巫山之陽，高丘之阻，旦爲朝雲，暮爲行雨，朝朝暮暮，陽臺之下。旦朝視之如言，故爲立廟，號曰朝雲。'王曰：

'朝雲始出，狀若何也？'玉對曰：'其始出也，
嶭兮若松榯。其少進也，晰兮若姣姬。揚袂鄣
日，而望所思。忽兮改容，偈兮若駕駟馬，建
羽旗。湫兮如風，淒兮如雨；風止雨霽，雲無
處所。'王曰：'寡人方今可以遊乎？'玉曰：
'可。'"《文選·宋玉〈高唐賦〉》李善注引《襄
陽耆舊傳》："赤帝女曰姚姬，未行而卒，葬於
巫山之陽，故曰巫山之女。楚懷王遊於高唐，
畫寢，夢見與神遇，自稱是巫山之女，王因幸
之。遂爲置觀於巫山之南，號爲朝雲。後至襄
王時，復遊高唐。"因上述傳說中提及巫山、高
唐、陽臺等地名，故這些地名後皆用以指男女
情愛。唐玄宗李隆基《首夏花萼樓觀群臣宴寧
王山亭回樓下又申之以賞樂賦詩》："別賞陽臺
樂，前旬暮雨飛。"《太平廣記》卷一六八引唐
盧言《盧氏雜說》："及明年，其夫歸，已失姬
之所在。尋訪知處，遂爲詩求媒標寄之。詩云：
'陰雲漠漠下陽臺，惹著襄王更不迴……'"元
王實甫《西廂記》第二本第四折："疏簾風細，
幽室燈清，都只是一層兒紅紙，幾榥兒疏櫺，
兀的不是隔着雲山幾萬重，怎得個人來信息
通？便做道十二巫峰，他也曾賦《高唐》來夢
中。"又第四本楔子："出畫閣，向書房，離楚
岫，赴高唐，學竊玉，試偷香，巫娥女，楚襄
王；楚襄王敢先在陽臺上。"《雍熙樂府》卷四
《仙呂宮·明皇哀告葉靖》："你更比巫山十二
峰，又添出三四重。恨不得高燒銀燭用錦圍
封，更難如落花流水桃源洞，更慳如朝雲暮雨
陽臺夢。"《警世通言·王嬌鸞百年長恨》："勸
君莫想陽臺夢，努力攻書入翰林。"《說岳全傳》
第三五回："十二巫山雲雨會，襄王今夜上陽
臺。"

【巫山】

"巫山雲雨"之省稱。此稱先秦時期已行
用。見該文。

【高唐】

即巫山雲雨。此稱先秦時期已行用。見該文。

【陽臺】

即巫山雲雨。此稱先秦時期已行用。見該文。

秦晋之好

亦稱"秦晋之匹"。指美好的婚姻。此稱
明代已行用。然典故源自春秋時秦晋兩國世代
聯姻，故藉稱。出於政治考慮，秦穆公娶晋獻
公長女爲夫人；獻公死，其子夷吾在姐夫秦穆
公幫助下回國繼位；夷吾後與秦失和，雙方發
生戰爭，晋敗，夷吾派公子圉入秦爲質，而秦
穆公又將女兒懷嬴嫁與圉；後公子圉逃歸，懷
嬴未隨行；圉與秦不友好，秦遂幫助獻公之公
子重耳復位，是爲晋文公，并將懷嬴改嫁於
他。《左傳·僖公二十四年》："晋侯逆夫人嬴
氏以歸。"秦穆公死，繼位者康公正是晋獻公長
女之子，亦即晋文公之姊，故晋文公又爲秦康
公之舅。晋文公死，晋襄公繼位。襄公死，在
討論繼承人時，"趙孟曰立公子雍"，其理由是
"好善而長，先君愛之，且近於秦。秦，舊好
也。……結舊則安。"又曰："秦大而近，足以
爲援。"（《左傳·文公六年》）可見通過聯姻構
成的秦晋之好，對兩國關係發生了重大而深遠
的影響。後世遂藉用此典以喻男女姻緣。《梁
書·侯景傳》："幸以故舊之義，欲持子孫相
託，方爲秦晋之匹，共成劉范之親。"《太平廣
記》卷一六〇引唐佚名《異聞錄》："〔殷氏〕
謂軍伶曰：'崔家小娘子，容德無比，年已及
笄，供奉與他取家狀，到府日，求秦晋之匹可

乎？’”宋張嵲《紫微集·求婚書》：“敝族之交於大門，敢謂秦晉之匹；佇結褵之有命，永繼好於無窮。”金董解元《西廂記諸宫調》卷七：“暗思向日，共他駕衾，效學秦晉。”明王鏊《祭靳文僖公文》：“秦晉之好，由斯而結。”

【秦晉之匹】

即秦晉之好。此稱南北朝時期已行用。見該文。

牛郎織女

省稱“牛女”或“女牛”；“牛郎”亦作“牽牛”。中國古代民間故事之一。銀河兩邊相望的兩顆星，傳說每至農曆七月七日夜有鵲在銀河上架成橋，使分隔兩處的牛郎星與織女星得以相會。後世用以喻男女愛侶相思相戀。先秦時期，即有文獻記載織女星和牽牛星。《詩·小雅·大東》：“跂彼織女，終日七襄。”《史記·天官書》：“牽牛爲犧牲。其北河鼓。……織女，天女孫也。”一説“河（何）鼓”爲牽牛星。《爾雅·釋天》：“何鼓謂之牽牛。”郭璞注：“今荊楚人呼牽牛星爲擔鼓，擔者荷也。”賦予牽牛、織女愛情含義的傳説，蓋在秦漢間。初視若民間俗男俗女，聚離不定。睡虎地秦簡《日書》甲種：“戊申、己酉，牽牛以取（娶）織女，不果，三棄。”（一五五正）“戊申、己酉，牽牛以取（娶）織女，不出三歲，

“牛郎織女”拂塵紙
（山西臨汾傳統年畫）

棄若亡。”（三背壹）先娶後弃，似未特別强調愛情。西漢已在傳説中將此二星下凡至人間。《文選·班固〈西都賦〉》：“臨乎昆明之池，左牽牛而右織女，似雲漢之無涯。”李善注引《漢宫闕疏》：“昆明池有二石人，牽牛、織女像。”又有了鵲橋相會傳言。宋祝穆《古今事文類聚前集·天時部》引《淮南子》：“烏鵲填河而渡織女。”唐韓鄂《歲華紀麗》卷三引漢應劭《風俗通》云：“織女七夕當渡河，使鵲爲橋。”東漢時牛郎、織女七夕相會傳説基本形成。崔寔《四民月令》：“七月七日，河鼓、織女二星神當會。”《古詩十九首》之一〇：“迢迢牽牛星，皎皎河漢女。纖纖擢素手，札札弄機杼。終日不成章，泣涕零如雨。河漢清且淺，相去復幾許。盈盈一水間，脉脉不得語。”織女、牛郎間的相思，已躍然紙上。三國以後此傳説廣爲流傳。《文選·曹植〈洛神賦〉》“嘆匏瓜之無匹兮，咏牽牛之獨處”李善注引曹植《九咏注》：“牽牛爲夫，織女爲婦，織女、牽牛之星，各處河鼓之旁，七月七日，乃得一會。”晉張華《博物志》卷一〇：“舊説云，天河與海通。近世有人居海濱者，……乘槎而去，十餘日中猶觀星月日辰，自後芒芒忽忽，亦不覺晝夜。去十餘日，奄至一處，有城郭狀，屋舍甚嚴，遥望宫中多織婦，見一丈夫牽牛渚次飲之。……因還如期。後至蜀，問君平，曰：某年月日有客星犯牽牛宿。計年月，正是此人到天河時也。”南朝梁吴均《續齊諧記》：“桂陽成武丁，有仙道，常在人間，忽謂其弟曰：‘七月七日，織女當渡河，諸仙悉還宫。吾向已被召，不得停，與爾别矣。’弟問曰：‘織女何事渡河？去當何還？’答曰：‘織女暫詣牽牛，吾復三年當還。’明日

失武丁所在。世人至今云織女嫁牽牛也。"南朝梁王僧儒《爲人傷逝而不見》詩："我有一心人，同鄉不異縣。異縣不成隔，同鄉更脉脉。脉脉如牛女，何由寄一語。"唐杜甫《牛女》詩："牽牛出河西，織女處其東。萬古永相望，七夕誰見同。"《警世通言·王嬌鸞百年長恨》："遙望香閨深鎖，如唐玄宗離月宮而空想嫦娥；要從花圃戲游，似牽牛郎隔天河而苦思織女。"《清平山堂話本·快嘴李翠蓮記》："鼓樂喧天響汴州，今朝織女配牽牛。"《馮伯玉風月相思小說》："生不勝懊恨，仰見輕雲翳月，乍明乍滅。織女牽牛，黯淡莫辨。"《國色天香·龍會蘭池錄》："昨夜星家應駭月，女牛出局會天墟。"清洪昇《長生殿·密誓》："吾乃織女是也。蒙上帝玉敕，與牛郎結爲天上夫婦。年年七夕，渡河相見。"清宣鼎《夜雨秋燈錄·青天白日》："即迢迢牛女，亦復睽違，鵲橋無日矣。"

【牛女】

"牛郎織女"之省稱。此稱唐代已行用。見該文。

【女牛】

"牛郎織女"之省稱。此稱明代已行用。見該文。

【牽牛】

即"牛郎織女"之牛郎。此稱漢代已行用。見該文。

天孫

亦稱"織女"。傳說爲天宮中天帝之孫（一說爲天帝之女）。因與牛郎織女神話相關，被視作織造仙女，後世詩文多引用於擬人。此稱明代已行用。《詩·小雅·大東》："跂彼織女，終日七襄。"《史記·天官書》："八星絕漢曰天潢、

匏瓜，其北河鼓、務女，其北織女。織女，天孫也。"司馬貞索隱："按《荆州占》云：'織女一名天女，天子女也。'"先秦至漢魏，此皆天上仙踪神話。晋以後乃出現織女下凡傳聞。晋張華《博物志》卷一〇、南朝梁吳均《續齊諧記》俱載其事（詳前"牛郎織女"文）。而時代愈晚，傳說情節愈富傳奇性。《太平廣記》卷六八引《靈怪集》，叙織女下凡與民間士子郭翰生出戀情，竟不與牛郎一心："當盛暑，〔郭翰〕乘月卧庭中。……見有人冉冉而下，直至翰前，乃一少女也。……女微笑曰：'吾天上織女也。久無主對，而佳期阻曠，幽態盈懷。上帝賜命遊人間，仰慕清風，願托神契。'……自後夜夜皆來，情好轉切。翰戲之曰：'牽郎何在？那敢獨行？'對曰：'陰陽變化，關渠何事？且河漢隔絕，無可復知；縱復知之，不足爲慮。'"依今人觀點，是爲偷情。而唐代世風開放，傳奇多寓人間烟火氣，使仙家神話被世俗化。故唐楊炯《少室山少姨廟碑銘》亦云："天孫忽降，暫停支石之機；神女相歡，即起投壺之電。"而且，唐人還常將皇室公主比爲天孫。《唐大詔令集》卷四一載《封長寧公主等制》："紫宿揚輝，爰稱婺女；絳河分彩，是曰天孫。"唐竇常《凉國惠康公主挽歌》："共知何駙馬，垂白抱天孫。"均將天仙比附人間公主。但無論如何，唐以後直至當代，織女與牛郎配對、織女本職擅織巧，仍是七夕傳說的主流。唐彥謙《七夕》詩："而予願乞天孫巧，五色紉針補袞衣。"宋陸游《觀蘇滄浪草書絹圖歌》："天孫獨處河之湄，龍梭夜織冰蠶絲，機頭翦落光陸離。"元謝應芳《新親賀七夕劄子》二首之二："月老檢書，久訂婚姻之約；天孫分巧，豈無兒女之

情。"清玄燁《玉壺殆不是過》詩："七襄可識天孫錦，彌望盈盈接絳河。"

【織女】

即天孫。此稱先秦時期已行用。見該文。

鵲橋

亦稱"鵲梁""鵲槎"。傳說農曆七月初七夜，爲使銀河兩邊的牛郎、織女得以相會，天上有烏鵲群起爲其過河搭成的橋梁。後世常以此喻爲兩情相悅的人牽綫搭橋。此稱唐代已行用。最早在漢代已有文獻記載。唐韓鄂《歲華紀麗》卷三引漢應劭《風俗通》："織女七夕當渡河，使鵲爲橋。"唐蘇頲《奉和七夕宴兩儀殿應制》詩："竊觀棲烏至，疑向鵲橋回。"宋秦觀《鵲橋仙》詞："柔情似水，佳期如夢，忍顧鵲橋歸路。"清洪昇《長生殿・見月》："記鵲橋河畔，也有你姮娥在，如何厭賴！索應該，攛掇他牛和女，完成咱盒共釵。"清宋犖《天河》詩："年年鵲橋渡，牛女可憐情。"按，在古詩文中，鵲橋還常被形容爲"丹鵲橋""喜鵲橋""靈鵲橋"。宋辛棄疾《綠頭鴨・七夕》詞："飛光淺，青童語款，丹鵲橋來。"宋晏幾道《蝶戀花》詞："喜鵲橋成催鳳駕，天爲歡遲，乞與初凉夜。"明韓邦奇《醉蓬萊・七夕》詞："靈鵲橋成銀河，喜度迢迢。"又，"鵲橋"還稱"鵲梁""鵲槎"。宋周紫芝《牛女行》詩："天孫曉織雲錦章，跂彼終日成七襄。含情倚杼長脉脉，靈河南北遥相望。天風吹衣香冉冉，烏鵲梁成月華淺。"清周亮工《己丑冬懷東齋中分得麻姑降蔡經家》詩："未能控鶴分麟脯，願見牽牛渡鵲梁。"清龔鼎孳《浪淘沙・長安七夕和辰六》詞："薄幸是牽牛，會少離稠，鵲槎一夕錦雲收。我做牛郎他織女，夜夜橋頭。"

【鵲梁】

即鵲橋。此稱宋代已行用。見該文。

【鵲槎】

即鵲橋。此稱明代已行用。見該文。

【烏鵲橋】

即鵲橋。因鵲爲烏色，故名。即鵲橋。此稱唐代已行用。漢代及南北朝時期已流行"烏鵲成橋"的故事。宋葉廷珪《海錄碎事・地部上・橋道門》"鵲橋"條釋曰："《淮南子》曰：烏鵲成橋而渡織女。"清何琇《樵香小記・俗說》："初讀馬縞《中華古今注》，稱'俗說七月七日烏鵲爲橋渡織女'，以爲縞述流俗之說耳。後讀《隋書・經籍志》，褚家有沈約《俗說》三卷，乃知'俗說'爲書名，'烏鵲橋'事爲約所記也。"宋羅願《爾雅翼》卷一三："涉秋七日，鵲首無故皆髡。相傳以爲是日河鼓與織女會於河東，役烏鵲爲梁以渡，故毛皆脱去。"唐詩宋詞中多有此稱。唐李郢《七夕》詩："烏鵲橋頭雙扇開，年年一度過河來。"唐李商隱《送女子》詩："青娥婉婉聚爲裳，烏鵲橋成別恨長。"宋賀鑄《減字浣溪沙》詞："烏鵲橋邊河絡角，鴛鴦樓外月西南。"明屈大均《聲聲慢・七夕病中》詞："看飽娟左側，烏鵲橋東。"

織女橋

亦稱"織女雲橋""雲橋""天孫橋"。傳說七夕銀河之上由烏鵲組成的橋，或謂役使烏鵲架設的雲橋，以使牛郎、織女過橋相會。織女又稱天孫。此稱唐代已行用。唐李邕《奉和初春幸太平公主南莊應制》詩："織女橋邊烏鵲起，仙人樓上鳳凰飛。"唐元稹《生春》詩："織女雲橋斷，波神玉貌融。"宋張耒《七夕歌》詩："神宮召集役靈鵲，直渡天河作雲橋。"宋程卓《雲岩》詩:"香爐捧出仙人掌,輦輅行過織女橋。"《三寶太監西洋記通俗演義》第六九回:"香爐捧出仙人掌,輦路行來織女橋。"清吳偉業《蕭史青門曲》:"明年鐵騎燒宮闕,君后倉黃相訣絕。仙人樓上看灰飛,織女橋邊聽流血。"《燕子箋》第一四回:"天孫橋畔理秋梭,不是黃姑莫渡河。"清筆練閣主人《五色石》卷一:"織女橋邊烏鵲起,懸知此地是神仙。"

【織女雲橋】

即織女橋。此稱唐代已行用。見該文。

【雲橋】

即織女橋。此稱宋代已行用。見該文。

【天孫橋】

即織女橋。此稱清代已行用。見該文。

【星橋】

即鵲橋。傳說七夕夜群鵲於銀河上架設的讓牛郎星和織女星相會之橋。此稱南北朝時期已行用。北周庾信《舟中望月》詩:"天漢看珠蚌,星橋似桂花。"唐薛濤《試新服裁製初成三首》之一:"霜色毳寒冰瑩净,嫦娥笑指織星橋。"宋李清照《行香子》詞:"星橋鵲駕,經年才見,想離情,別恨難窮。"宋李宗諤《代意》詩:"洞房斗帳承新愛,河漢星橋隔後期。"明陶牧《七夕和徹廬》詩:"祇有星橋仍可渡,天孫日守歲寒盟。"《天雨花》第一七回:"豈料星橋遠橫漢,依然仍度玉人來。"

簫史弄玉

男女相愛的典故。傳秦穆公時有蕭史善吹簫,穆公女弄玉好之,二人成爲夫妻,并同吹簫。後簫聲引來鳳凰,二人乃隨鳳凰飛去。此稱漢代已行用。典出漢劉向《列仙傳》卷上:

"蕭史者,秦穆公時人也,善吹簫,能致白孔雀於庭,穆公有女字弄玉,好之,公遂以女妻焉。日教弄玉作鳳鳴。居數年,吹似鳳聲,鳳凰來止其屋,公爲作鳳臺。夫婦止其上,不下數年,一旦隨鳳凰飛去。故秦人爲作鳳女祠於雍宮中,時有簫聲而已。"又:"蕭史妙吹,鳳雀舞庭。"漢代此傳說甚流行,故《後漢書·逸民傳·喬慎》有"足下審能騎龍弄鳳、翔嬉雲間者,亦非狐兔燕雀所敢謀也"之說,李賢注:《列仙傳》曰:'蕭史,秦繆公時人,善吹簫,公女弄玉好之,以妻之,遂教弄玉作鳳鳴。居數十年,吹鳳凰聲,鳳來止其屋。爲作鳳臺,夫婦止其上,一旦隨鳳凰飛去。'"有關此傳說,又見諸後世多種文獻,如《太平廣記》卷四引《仙傳拾遺·蕭史》、宋張邦畿《侍兒小名録拾遺》引晉皇甫謐《帝王世紀》、元趙道一《歷世真仙體通鑒·嬴女》等,所述大意相同,唯繁簡不一。後代詩文中常藉此典故象徵男女愛情。然用語不一,且"簫史""蕭史"俱用,如簫史王后、簫史嬴女、秦娥蕭史、蕭郎秦女、蕭郎神女、秦樓夫婦、秦樓仙侶、吹簫伴侶、乘龍跨鳳、跨鸞騎鳳、嬴臺乘鸞、乘鸞逐鳳、吹簫跨鳳、嬴女驂鸞、跨鳳秦樓、弄玉上天、跨鳳登臺、學鳳吹簫,以至吹鳳、鳳吹、引鳳、鳳曲、鸞馭、鸞驂、乘鳳、騎鳳、雙飛、蕭玉、女史、鳳女、簫侶……不一而足。晉張華《游仙》詩:"簫史登鳳臺,王后吹鳴竽。"南朝宋鮑照《簫史曲》詩:"簫史愛長年,嬴女却童顔。"南朝梁周興嗣《笑吳均》詩:"一往玉壺上,兼復見簫史。"南朝陳江總《新入姬應令》詩:"來時向月別姮娥,別時清吹悲簫史。"宋張齊賢《洛陽搢紳舊聞記·梁太祖》:"蓋誚徐賦有'直論簫史王喬，長生孰見？任是秦皇漢武，不死何歸'。"元高明《琵琶記·再報佳期》："憶逢他簫史，愧對弄玉。"元李唐賓《李雲英風送梧桐葉》第三折："若耶溪西施戲瓢，九龍池玉環鬥草，鳳凰臺秦女吹簫。"明湯顯祖《紫釵記·榮歸燕喜》："御道塵銷春晝永，綵雲簫史門庭。"清洪昇《東家女兒歌》："吹簫欲化秦臺鳳，乘月雙飛入綵雲。"《紅樓夢》第七八回："弄玉吹笙，寒簧擊敔。"清李漁《慎鸞交·目許》："却像要趁扁舟，隨簫史歸蓬島。"清陳球《燕山外史》卷四："昔居弄玉之樓，忝爲簫史。"清王韜《後聊齋志異·蕭補烟》："此外如王子晉、簫史、劉綱，皆夫婦同入清班，共參正果。"清黃遵憲《游箱根》詩："洪崖揖浮丘，簫史媚弄玉。"

望夫石

　　亦指"望夫山"。相傳古時有女子盼遠方服兵役的丈夫早歸，常登山遠眺，久而久之，感化成石，人們遂稱其石爲望夫石，石所在山爲望夫山。此稱三國時期已行用。典出三國魏曹丕《列異傳》。因古時男子遠行服兵役徭役、妻子在家苦苦等待的情形極普遍，故不少地方有望夫山、望夫石，此傳說在不同地方形成不同版本，其主要分布地在長江流域，即今湖北、安徽、江西、江蘇一帶，以及河南甚至福建等地。《太平御覽》卷八八引三國魏曹丕《列異傳》："武昌陽新縣北山上有望夫石，狀若人立。傳云：昔有貞婦，其夫從役，遠赴國難，婦携弱子餞送此山，立望而形化爲石。"此謂其石在三國武昌陽新縣（北魏酈道元《水經注·江水》亦有"又東逕望夫山南，……又西北逕下雉縣，王莽更名之潤光矣，後併陽新"之記載，與此

爲同一事）。而《太平御覽》卷四八引南朝梁顧野王《輿地記》："望夫山上有望夫石，……石高三丈，形如女人，謂之望夫石。"又曰："武昌郡奉新縣北山上有望夫石，狀若人立者，《今古傳》云：昔有貞婦，其夫從役，遠赴國難，携弱子餞送於此山。既而立望其夫，乃化爲石，因以爲名焉。"此言山在南朝武昌郡奉新縣。《太平御覽》卷五二又引顧野王《輿地志》云："南陵縣有女觀山。俗傳云，昔有婦人，夫官於蜀，屢愆秋期，憂思感傷，登此騁望，因化爲石，如人之形。所牽狗亦爲石，今狗形猶存。"是謂在南陵縣。《水經注·江水》："夷道縣，……縣北有女觀山，厥處高顯，回眺極目。古老傳言，昔有思婦，夫官于蜀，屢愆秋期。登此山絕望，憂感而死，山木枯悴，鞠爲童枯。鄉人哀之，因名此山爲女觀焉。"此說亦爲望夫，在夷道縣，唯未提化石事。《太平御覽》卷四六引《宣城圖經》："望夫山：昔人往楚，累歲不還，其妻登此山望夫，乃化爲石。其山臨江，周迴五十里，高一百丈。"（《漢唐地理書鈔》謂此文出南朝紀義《宣城記》）是謂在宣城。按，此望夫山，又另見於宋樂史《太平寰宇記·江南西道三·太平州》記述："望夫山在〔當塗〕縣北四十七里，昔人往楚，累歲不還，其妻登此山望夫，乃化爲石。周迴五十里，高一百丈，臨江。"另，清顧祖禹《讀史方輿紀要·南直九·太平府》所載亦略同："望夫山，亦在府西北四十里。《志》云：山週五十里，高百丈，正對和州城樓。"實均在唐宋太平州（明清稱太平府）。還有，宋王象之《輿地紀勝·袁州》："望夫石在分宜縣四十里，地名望夫塈。舊傳有婦於此望夫不至，化爲石。晋人有詩：'望夫子古

堰，化石一真身。'"（清雍正《江西通志·山川二·袁州府》亦載："望夫石在分宜縣西十五里昌山峽水中，地名望夫堰。"）此謂在分宜縣。唐李吉甫《元和郡縣圖志·劍南道·劍州普安縣》："石新婦神，在縣東北四十九里，大劍東北三十里。夫遠征，婦極望忘歸，因化爲石。"此則謂在普安縣。《輿地紀勝·江州》："望夫山，在德安縣西北一十五里，高一百丈。按，《方輿記》云：夫行役未回，其妻登而望，每登山輒以藤箱盛土，積石累功，漸益高峻，故以名焉。"是謂在德安縣。宋常棠《海鹽澉水志》卷上："望夫石在永安湖仰天塢之右，山巔石磐，磐側立石。昔日有海商失期不返，其妻登磐望夫泣殞，化而爲石，因名。"是謂在海鹽。可見望夫山、望夫石多見於南方。然北方亦有之。《水經注·濁漳水》："漳水又東北歷望夫山，山之南有石人佇於山上，狀有懷於雲表，因以名焉。"此謂在潞縣。《太平寰宇記·河東道六·潞州》所載黎城縣望夫山，與之爲同一地："望夫山，《今古》望夫嶺，《郡國志》云，有石人竚立於山上。"此外，明代詹詹外史《情史·望夫石》："新野白河上有石如人，名望夫石。相傳一婦送夫從戎，別於此，婦悵望久之，遂化爲石。"此則又謂在新野。可知歷代各地望夫石、望夫山甚多。歷代詩文中亦常用此典。所言或指女子望夫歸來所登之山及其死後化成之望夫石，抑或徑指思婦。唐李白《別內赴征》詩之一："白玉高樓看不見，相思須上望夫山。"唐劉禹錫《望夫山》詩："終日望夫夫不歸，化爲孤石苦相思。望來已是幾千載，只似當時初望時。"唐王建《望夫石》詩："望夫處，江悠悠。化爲石，不回頭。山頭日日風復雨，行人

歸來石應語。"元王實甫《西廂記》第三本第二折："爲一個不酸不醋風魔漢，隔牆兒險化做望夫山。"又第四本第三折："眼底空留意，尋思起就裏，險化作望夫石。"元關漢卿《趙盼兒風月救風塵》第一折："的朝一日，準確搭救你這塊望夫石。"明張景《飛丸記·誓盟牛女》："淚逐江流和水汲，白龍江作望夫山。"世人亦或徑稱"化石"。唐李瀕《寄遠》詩："化石早曾聞節婦，沈湘何必獨靈妃。"

【望夫山】

望夫石所在之山。此稱宋代已行用。見該文。

【望夫臺】

即望夫石。此稱唐代已行用。唐李白《長干行》詩："常存抱柱信，豈上望夫臺。"明湯顯祖《牡丹亭·婚走》："嘆孤墳何處是俺望夫臺。"明詹詹外史《情史·楊玉香》："八字嬌娥恨不開，陽臺今作望夫臺。"《筆生花》第一七回："莫不是良緣還有望，那佳人，前盟未絕望夫臺？"

【望夫岡】

即望夫石。岡因爲山脊之義，與望夫山傳說有淵源。此稱晋代已行用。晋干寶《搜神記》卷一一："鄱陽西有望夫岡。昔縣人陳明，與梅氏爲婚，未成，而妖魅詐迎婦去。明詣卜者，決云：'行西北五十里求之。'明如言，見一大穴，深邃無底。以繩懸入，遂得其婦。乃令婦先出，而明所將鄰人秦文，遂不取明。其婦乃自誓執志，登此岡而望其夫，因以名焉。"此事又見載於《初學記》卷八引《鄱陽記》。按，南朝宋劉澄之、唐朝徐湛（一作徐諶）和王德璉均曾撰《鄱陽記》（後者所作又稱《鄱陽縣記》）。《初學記》《說郛》引上述故事，均稱出

自《鄱陽記》，而不言出自《搜神記》，疑《搜神記》之文係後人摘編自《鄱陽記》。後世沿用此典。清顧炎武《望夫石》詩："威遠臺前春草萋，望夫岡畔夜鳴啼。"

偷香竊玉

男女私相交好的典故。後世亦用以指男子玩弄女性。偷香，典出《晋書・賈充傳》："〔韓壽〕美姿貌，善容止，賈充辟爲司空掾。充每宴賓僚，其女輒於青鎖中窺之，見壽而悦焉。問其左右識此人不，有一婢説壽姓字，云是故主人。女大感想，發於寤寐。婢後往壽家，具説女意，並言其女光麗艷逸，端美絶倫。壽聞而心動，便令爲通殷勤。婢以白女，女遂潛修音好，厚相贈結，呼壽夕入。壽勁捷過人，逾垣而至，家中莫知，惟充覺其女悦暢異於常日。時西域有貢奇香，一著人則經月不歇，帝甚貴之，惟以賜充及大司馬陳騫。其女密盜以遺壽，充僚屬與壽燕處，聞其芬馥，稱之於充。自是充意知女與壽通，而其門閣嚴峻，不知所由得入。乃夜中陽驚，託言有盜，因使循牆以觀其變。左右白曰：'無餘異，惟東北角如狐狸行處。'充乃考問女之左右，具以狀對。充秘之，遂以女妻壽。"竊玉，具體故事情節不可考。蓋一鄭姓男子爲戀人所爲。與"韓壽偷香"一樣，後人常把未婚青年男女私相戀愛，稱作"鄭生竊玉"。宋阮閲《詩話總龜・書事門》引衆説，稱竊玉典出宋樂史《楊太真外傳》："妃子無何，竊寧王紫玉笛吹。故詩人張祜詩云：'梨花深院無人見，閑把寧王玉笛吹。'因此又忤旨放出。"今人王季思先生注《西廂記》第一本第二折則謂：《雍熙樂府》卷八《南吕・一枝花・弟子收心》套曲有'鄭生玉竊，韓生香拈'語。又

卷十《南吕・一枝花・孤悶》套曲有'羽房中勉强韓生，蘭房裏生疏鄭五（玉）'語。又同卷《南吕・一枝花・酒》套曲有'我有那鄭生竊玉權術，韓生偷香見識'語，《太平樂府》周仲彬《蝶戀花》套曲：'朱門深悶賈充香，蘭房强揣鄭生玉'，皆可證其事屬於鄭生，而《太平樂府》孫季昌《端正好・集雜劇名咏情》有'揣着竊玉心，偷香性'語，更可知其爲當時雜劇之一種，惜其事本末一時未能考明也。"後世多將偷香與竊玉二典合并，用以指男女私會交歡。元白樸《東牆記》第三折："似這等偷香竊玉，幾得一發明白了。"元佚名《百花亭・楔子》："從今後牢收起愛月惜花心，緊抄定偷香竊玉手。"《醒世恒言・吳衙内鄰舟赴約》："安排布地瞞天謊，成就了偷香竊玉情。"《警世通言・王嬌鸞百年長恨》："滿身竊玉偷香膽，一片撩云撥雨心。"明吳敬所《國色天香・龍會蘭池録》："夫人曰：'賈香偷韓壽，奈何？'尚書曰：'張賀家五嫁者，猶爲宰相妻也，無妨。'"《再生緣》第二六回："今朝既到佳人側，我何妨，做個偷香竊玉人。"清李漁《十二樓・拂雲樓》第五回："我看你舉止風流，不是個正經子弟，偷香竊玉，一定是做慣的了。"

破鏡重圓

亦稱"鸞鏡之圓""金鏡重完"。陳朝樂昌公主與丈夫徐德言失散後又重聚的典故。樂昌公主，陳後主叔寶之妹，嫁太子舍人徐德言。傳説陳將亡，面臨彼此流離散失，徐德言破鏡爲二，與夫人各執半面，以爲日後重見時信物。陳亡，樂昌公主爲隋越國公楊素所有。徐德言輾轉尋至京師，夫妻得以破鏡重圓。唐孟棨《本事詩・情感》："陳太子舍人徐德言之妻，

後主叔寶之妹，封樂昌公主。才色冠絕。時陳政方亂，德言知不相保，謂其妻曰：'以君之才容，國亡必入權豪之家……'乃破一鏡，人執其半，約曰：'他日必以正月望日賣於都市，我當在，即以是日訪之。'及陳亡，其妻果入越公楊素之家，寵嬖殊厚。德言流離辛苦，僅能至京。遂以正月望日訪於都市。有蒼頭賣半鏡者，大高其價，人皆笑之。德言直引至其居，設食，具言其故，出半鏡以合之。仍題詩曰：'鏡與人俱去，鏡歸人不歸。無復嫦娥影，空留明月輝。'陳氏得詩，涕泣不食。素知之，愴然改容，即召德言，還其妻，仍厚遺之。"唐代《兩京新記》、宋代《太平廣記》卷一六六、曾慥《類説》卷五一、佚名《錦繡萬花谷後集・夫婦》俱引述此故事，《太平御覽》卷三〇引宋劉斧編輯之《青瑣集》亦載此事。後世沿用此典，直至今日，并稱鸞鏡重圓。元謝應芳《新親賀七夕劄子》二首之一："卜兒曹鸞鏡之圓，看合子蛛絲之喜。"明吳敬所《國色天香・龍會蘭池錄》："玉簫再合，特託諸天；金鏡重完，委之乎命。"又："倘樂昌之鏡終破，而元積之詩亦空題矣，則亦命也，數也，卿之薄也。"清袁枚《續子不語・郭六》："郭六改行，箕子爲之奴也；孟村女抗節，比干諫而死也。古人於徐孝克妻、樂昌公主尚憐之，而況此二人乎！"

【鸞鏡之圓】

即破鏡重圓。此稱元代已行用。見該文。

【金鏡重完】

即破鏡重圓。此稱明代已行用。見該文。

藍橋

唐代傳奇小説中裴航偶遇雲英，經不懈努力，感動天人、喜結良緣之地。後世遂以"藍橋"指男女相識相愛的地方，如"魂斷藍橋"。此稱唐代已行用。唐代關中有藍橋驛，在今陝西藍田東南藍溪，其地有藍橋。唐人東出長安，必經此處，故詩人每每在此驛留詩。元積、白居易先後遭貶謫，至此俱題詩。白居易《藍橋驛見元九詩》云："藍橋春雪君歸日，秦嶺秋風我去時；每到驛亭先下馬，循牆繞柱覓君詩。"然"藍橋"與愛情相關，源自唐代裴鉶《傳奇・裴航》描寫的裴航、雲英愛情故事：唐長慶中，秀才裴航出游湘、漢，同舟的樊夫人贈其一詩："一飲瓊漿百感生，玄霜搗盡見雲英。藍橋便是神仙窟，何必崎嶇上玉清。"裴航初不解其意。後經藍橋驛，因渴而向一老嫗求水喝。嫗喚孫女雲英"擎一甌漿"來獻，裴航一飲頓覺異香氳郁，"真玉液也"；又見雲英"艷麗驚人，姿容擢世"，有心娶之。嫗謂"有神仙遺靈丹一刀圭，但須玉杵臼，搗之百日，方可就吞，當得後天而老。君約娶此女者，得玉杵臼，吾當與之也"。裴航遂以百日爲期，決意謀杵臼來娶之。裴航遍訪京都，後在虢州傾囊中所有購得，携抵藍橋。又以玉杵臼搗藥百日。藥成，嫗持而吞之，於是出車駕迎裴航至一如雲宅第，與雲英成婚，并遍見諸賓，多爲神仙中人，其中有雲英之姊，正是裴航當初游湘、漢時所遇樊夫人，此時稱雲翹夫人，乃玉皇之女吏。"嫗遂遣航將妻入玉峰洞中，瓊樓珠室而居之，餌以絳雪瓊英之丹，體性清虛，毛髮紺綠，神化自在，超爲上仙"。至太和年間，友人盧灝曾遇之於藍橋驛西，談及得道之事，而"後世人莫有遇者"。按，此故事又被稱爲"藍橋搗藥""玄霜搗盡"等。後代一些話本戲曲，諸如宋元話本《藍橋記》，元代庚天錫

《裴航遇雲英》，明代龍膺《藍橋記》、吕天成《藍橋記》、楊之炯《藍橋玉杵記》，清代黄兆森《裴航遇仙》等，均以此故事爲題材。亦有人把《莊子・盜跖》"尾生與女子期於梁下，女子不來，水至不去，抱梁柱而死"當成藍橋典故出處。此説甚牽强，因原文祇提"梁"（橋）而未言及"藍橋"。唐以後詩文中常引此典故。宋劉克莊《沁園春・林卿得女》詞："藍橋路近，玉杵携將。"宋蘇軾《南歌子》詞："藍橋何處覓雲英？祇有多情流水伴人行。"宋晁補之《洞仙歌》詞："神京遠，惟有藍橋路近。"元李唐賓《李雲英風送梧桐葉》第四折："想當初雲英不利廣寒宫，裴航空作游仙夢。祇今日藍橋路不通，玄霜玉杵成何用？"明吳敬所《國色天香・龍會蘭池録》："伏願藍橋夜月，適載裴航之遇。"清納蘭性德《畫堂春》詞："漿向藍橋易乞，藥成碧海難奔。"

繾綣司

亦稱"絪緼司"。傳説中主管人世姻緣婚配的機構。此稱宋代已行用。"繾綣"本爲情意纏綿之意，《詩・大雅・民勞》有"無縱詭隨，以謹繾綣"之句。宋元時因以稱傳説中掌管愛情婚姻之機構。宋陶穀《清異録・仙宗門》："世人陰陽之契，有繾綣司總統，其長官號氤氳大使。"對如此美好之民間傳説，《四庫全書總目提要・子部四十三・雜家》藉評宋士宗《學統》一書而貶之曰："如《清異録》所載繾綣司、氤氳大使之類，豈亦有關於道學之統乎？"明清時又稱作"絪緼司"。《隔簾花影》第三二回："古書上説，那藍田種玉、赤繩繫足，俱有月老檢書，冰人作伐。那陰曹地主，有一絪緼司冥官，專主此事。"

【絪緼司】

即繾綣司。此稱明代已行用。見該文。

赤繩

亦稱"紅繩"。象徵男女姻緣前世注定的紅色絲綫。典出唐代傳奇。謂月下老人用紅綫繫定男女之足，則該男女必成夫婦。後成婚姻或媒妁代稱。此稱唐代已行用。《太平廣記》卷一五九引唐李復言《續幽怪録・定婚店》：唐貞觀初，韋固在龍興寺門外見"有老人倚巾囊，坐於階上，向月檢書"。問其爲何書，答曰"天下之婚牘耳"。韋固問自己婚事可否遂意。〔老人〕曰：'未也，君之婦適三歲矣。年十七當入君門。'因問囊中何物，曰：'赤繩子耳，以繫夫婦之足。及其坐則潛用相繫，雖讐敵之家，貴賤懸隔，天涯從宦，吳楚異鄉，此繩一繫，終不可逭。君之脚已繫於彼矣，他求何益！'曰：'固妻安在？其家何爲？'曰：'此店北賣菜家嫗女耳。'"後十七年，韋固果娶此女。宋佚名《分門古今類事・婚兆門・韋固赤繩》亦載此事，唯誤稱其出處爲《幽怪録》。因"陰騭之定，不可變也"，故古人認爲男女姻緣爲命中注定。後世據此以爲男女姻緣由赤繩（亦稱紅繩、紅綫、紅絲）牽定。宋胡繼宗《書言故事・子集・婚姻》："言婚姻前定曰赤繩繫足。"明吳敬所《國色天香・龍會蘭池録》："白璧不須於來客，紅繩終結於老人。"又："兹者驛使既通，而赤繩之結可偶；涸魚在轍，而江水之恩何遲。"明熊龍峰《馮伯玉風月相思小説》："紅葉溝中傳密意，赤繩月下結良緣。"明張景《飛丸記・梨園鼓吹》："冤翻思結，姻聯月下之赤繩；媒倩丸投，事類溝中之紅葉。"《水滸後傳》第一二回："況天緣是月下老人赤繩繫定的，不必多疑。"《醒世恒言·吳衙內鄰舟赴約》："五百年前合爲夫婦，月下老赤繩繫足。"清蒲松齡《聊齋志異·柳生》："我日爲君物色佳偶，今始得之。適在內作小術，求月老繫赤繩耳。"又《八月爲李大廳復孫俊服啓》："赤繩自生前繫定，遂教鵲駕銀河。"《隔簾花影》第三二回："古書上説，那藍田種玉、赤繩繫足，俱有月老檢書，冰人作伐。"

【紅繩】

即赤繩。此稱明代已行用。見該文。

【紅綫】

亦稱"紅絲"，即赤繩。此稱五代時期已行用。五代王仁裕《開元天寶遺事·牽紅絲娶婦》載唐朝開元年間郭元振紅綫娶婦傳聞："郭元振少時美風姿，有才藝，宰相張嘉正欲納爲壻。元振曰：'知公門下有女五人，未知孰陋。事不可倉卒，更待忖之。'張曰：'吾女各有姿色，即不知誰是匹偶。以子風骨奇秀，非常人也。吾欲令五女各持一絲幔前，使子取便牽之，得者爲婚。'元振欣然從命，遂牽一紅絲綫，得第三女，大有姿色。後果然隨夫貴達也。"元韓奕《清平樂·壽內》詞："當初黃卷相逢，後來紅綫相從，此去白頭相守，榴花無限薰風。"元王實甫《西廂記》第二本第二折："休傻俸，不要你半絲兒紅綫，成就了一世兒前程。"《醒世恒言·錢秀才錯占鳳凰儔》："自古姻緣皆分定，紅絲豈是有心牽。"《警世通言·王嬌鸞百年長恨》："帕出佳人分外香，天公教付有情郎。殷勤寄取相思句，擬作紅絲入洞房。"明王錂《春蕪記·瞥見》："這羅帕呵，就請你做紅絲繫足緣。"明湯顯祖《紫釵記·婉拒强婚》："撥不斷的紅絲怎纏？"《國色天香·龍會蘭池録》："不

須再導風花案，一綫紅絲百歲期。"《三俠五義》第四回："據老夫看來，並非妖邪作祟，竟爲賢契作紅綫來。"《紅樓夢》第五七回："自古道：'千里姻緣一綫牽。'管姻緣的有一位月下老人，預先注定，暗裏只用一根紅絲，把這兩個人的脚絆住，憑你兩家隔着海，隔着國，有世仇的，也終久有機會作了夫婦。"又："若月下老人不用紅綫拴的，再不能到一處。"清孔尚任《桃花扇·拒媒》："兩處紅絲千里繫，一條黑路六人忙。"清吳梅《風動山·鳩媒》："心驚，因緣天作成，人謀終不能；莫相争，幾寸紅絲繫住，萬種恩情。"此稱至今猶用之。

【紅絲】

通"紅綫"。即赤繩。此稱明代已行用。見該文。

繡球

亦作"綉球"，又稱"綵球""打頭球"。女子拋向男子以擇親之繡花球。多自綵（彩）樓高處拋下，習稱"拋繡球"。此稱宋代已行用。因非父母之命、媒妁之言，隨意性大，故最初亦有限定，即所擇對象應是取得功名者。元明時期戲曲小説有關"拋繡球"情節雖承此習，却漸淡化了男子須有功名之限定。其俗應源於唐宋宫廷拋綵球歌舞。唐崔令欽《教坊記》載有宫廷歌舞曲名叫"拋球樂"。《宋史·樂志十七》載九曲"大石調"："花下宴、甘雨足、畫秋千、夾竹桃、攀露桃、燕初來、踏青回、拋繡球、潑火雨。"從九曲各調亦可看出，與宫廷娛樂有關。明確記述男女拋綵球風習，最早見於宋人周去非《嶺外代答·蠻俗門·飛駞》："交阯俗，上巳日男女聚會，各爲行列，以五色結爲球，歌而拋之，謂之'飛駞'。男女自成，

則女受馳而男婚已定。"所謂"飛馳"即抛繡球。然作者歸之爲蠻俗，可知非漢人婚俗。然宋代宮廷已有抛繡球以表達宮女盼望承歡之俗。宋趙令畤《侯鯖録》卷二："余少從李慎言希古學，自言昔夢中至一宮殿，有儀衛，中數百妓抛球，人唱一詩：'……朝來自覺承恩最，笑請傍人認繡球。'又云：'隋家宮殿鎖清秋，曾見嬋娟繡球。'"宋代高官貴族風行招新科進士爲婿，宋彭乘《墨客揮犀》卷一云："今人於榜下擇婿，號'臠婿'。"他們的小姐往往以綵球抛向獲進士的男子。明代高啟由宋代進士所用絲鞭聯想當時貴戚家綵球招婿情形，即表明此俗非限於西南邊遠地方。其詩《觀顧蕃所藏宋賜進士絲鞭歌》曰："臚傳殿下呼名字，進士新充探花使。内人縮結綵鞭成，恩與宮袍一時賜。不用頻將柳下揮，馬蹄得意自如飛。影裊夕陽何處去，曲江園裏宴初歸。天街直拂花枝過，擇婿樓高綵球墮。令人把玩憶當時，零落春風幾縷絲。"而元明時期戲曲小說則大肆渲染抛綵球定終身，蓋爲民間突破傳統婚俗約束意願之體現。元佚名《趙匡義智娶符金錠》第三折，符彥卿面對趙匡義、韓松兩人爭娶己女情形，讓女兒擲繡球以定："（正旦云）梅香，將過繡球兒來。……（梅香云）姐姐，你則望着我這趙姐夫抛了罷。（正旦唱）你也有心偏向，我將這繡球兒抛下。準備着齊整的陪房。……我望着這趙匡義身上丢下去。（做抛下繡球科，趙匡義做接了科，韓松做奪了繡球科。）"元王實甫《破窰記》第一折："我如今要與女孩兒尋一門親事，恐怕不得全美，想姻緣是天之所定。今日結起綵樓，着梅香領着小姐，到綵樓上，抛繡球兒，憑天匹配。但是繡球兒落在那

個人身上的，不問官員士庶，經商客旅，便招他爲婿，那繡球兒便是三媒六證一般之禮也。"元關漢卿《裴度還帶》第四折："繡球打着狀元了，請狀元下馬接絲鞭就親！"明佚名《蘇九淫奔》："下甚麼問名財，吃甚麼通路酒，結甚麼打頭球，若兩情相合，把萬事都勾。"《西遊記》第九回："有丞相所生一女，名喚溫嬌，又名滿堂嬌，未曾婚配，正高結綵樓，抛打繡球卜婿。適值陳光蕊在樓下經過，小姐一見光蕊人材出衆，知是新科狀元，心内十分歡喜，就將繡球抛下，恰打着光蕊的烏紗帽。"又第九三回："近因國王的公主娘娘，年登二十青春，正在十字街頭，高結綵樓，抛打繡球，撞天婚招駙馬。"又："三藏立於道旁，對行者道：'他這裏人物衣冠、宮室器用、言語談吐，也與我大唐一般。我想着我俗家先母也是抛打繡球遇舊姻緣，結了夫婦。此處亦有此等風俗。'"又記抛繡球盛況："正當午時三刻，三藏與行者雜入人叢，行近樓下。那公主才拈香焚起，祝告天地。左右有五七十胭嬌繡女，近侍的捧繡球。那樓八窗玲瓏，公主轉睛觀看，見唐僧來得至近，將繡球取過來，親手抛在唐僧頭上。唐僧着了一驚，把個毗盧帽子打歪，雙手忙扶着那球，那球轂轆的滾在他衣袖之内。那樓上齊聲發喊道：'打着個和尚了，打着個和尚了！'噫！十字街頭，那些客商人等，濟濟哄哄，都來奔搶繡球。"清沈廷桂《虞美人傳》："内設合歡之牀，剪春羅以爲帷，懸繡球以爲綵。"直至近現代，在西南少數民族聚居區猶有此俗，而漢族民間所傳此俗多小説家言，并不流行。唯此稱流傳甚廣。清梁玉繩《蜕稿·黔苗詞》"鷄羽翹翹孰比肩"注云："未娶者插白鷄羽跳月；

又以五色布爲球，謂之‘花球’，視所歡者擲之。”清光緒三十一年（1905）《廣南府志》：“正月：男女拋繡球，戲撲。”

【綉球】

同“繡球”。此體宋代已行用。見該文。

【綵球】

即繡球。此稱明代已行用。見該文。

【打頭球】

即繡球。球打在頭上，非舉手搶得，表明是天意，故稱。此稱明代已行用。見該文。

綵樓

用彩色布帛裝飾的臨時性木樓臺，用於從上往下拋繡球擇親。此稱唐代已行用。元明清戲劇小説中多有其情景描述。按，唐宋時綵（彩）樓用途頗多，或用於頒布詔敕，或用於民間七夕乞巧，不一而足。然用於擇親，多爲貴戚富家所爲。且結綵樓擇親，蓋受天竺國所傳佛教影響。潘重規《敦煌變文集新書》（文津出版社 1994 年出版）一書收録《太子成道經》一卷，其中有云：“太子聞説，遂奏大王：‘若〔與〕兒取其新婦，令巧匠造一金指環，〔兒〕手上帶之。父母及兒三人知，餘人不知。若與兒有緣，知兒手上金指環者，則爲夫婦。’大王聞太子奏對，遂遣國門高縛綵樓。召其合國人民，有在室女者，盡令於綵雲樓下齊集，當令太子，自揀婚對。太子於綵樓上，便私發願：若是前生眷屬者，知我手上有金指環。知者即爲夫婦。即時有釋種婆羅門，名摩訶那摩女耶輸陀羅，望綵樓上，便思發言：吟前生與殿下法（結）良緣，賤妾如今豈敢專，是日耶輸再三請，太子當時脱指環。餘殘諸女，盡皆分散，各自還家。只殘耶輸陀羅一身。”雖無拋繡球之舉，而有登綵樓擇親之説，則宋代同類綵樓，來源應與佛教有關。後之文學作品，遂對此多有描述。元喬吉《金錢記》第三折：“（賀知章云）相公放心，小姐這親事都在小官身上。老相公不必遲慢，便結綵樓，選日成親。（詩云）也不須媒證結婚姻，指日佳人就此親。”元李唐賓《李雲英風送梧桐葉》第二折：“父親搭蓋綵樓，教你同金哥妹子共求佳配。你是他姐姐，索先問你。若實有守志的心呵，也隨的你。教你引金哥妹子登綵樓拋繡球，你心下如何？”《西遊記》第九三回：“你不阻我呵，我徑奔綵樓之下，一繡球打着我老豬，那公主招了我，却不美哉、妙哉？”

絲鞭

向獲得功名的進士遞送的傳遞求偶願望之馬鞭。以絲織成。此稱元代已行用。元明時戲曲小説多有描述。元方回《續古今攷·撲作教刑官刑俱用》：“近世士大夫從駕，新進士用絲鞭。”可知當時新科進士多使用絲鞭跟從皇帝出行。而民間藝人則將絲鞭演繹成男女姻緣的信物，女方自己投送，或請他人遞送，男方祇要接受，即表示定情，將結姻緣。元李唐賓《李雲英風送梧桐葉》第三折：“（小旦打着花狀元遞絲鞭科）（正旦云）妹子，後面狀元接了絲鞭也。（唱）美姻緣天凑巧。成就了錦片前程，常則是同歡到老。”元關漢卿《拜月亭·詔贅仙郎》：“（末）俺老爺奉朝廷恩命，將二位小姐招贅文武狀元，喚你遞送絲鞭。”又關漢卿《裴度還帶》第四折：“繡球打着狀元了，請狀元下馬接絲鞭就親！年少風流美狀元，溫柔可喜女嬋娟。今宵洞房花燭夜，試看狀元一條鞭。”明沈受先《三元記·謁相》：“俺丞相有一小姐，年方十八。今已在綵樓，欲招狀元爲壻。特奉絲鞭，請狀元收下。"明吳敬所《國色天香·龍會蘭池録》："世隆受冰贈鞭，仍見瑞蘭賀束。"

琴瑟

和美夫妻代稱。琴與瑟均爲樂器，同時彈奏，其聲諧和，故喻夫婦。此稱先秦時期已行用。典出《詩·小雅·常棣》："妻子好合，如鼓瑟琴。"鄭玄箋："好合，志意合也。合者，如鼓瑟琴之聲，相應和也。"最初亦用於表兄弟友情。三國魏曹植《王仲宣誄》："吾與夫子，義貫丹青，好和琴瑟，分過今生。"後乃專用於稱夫妻深情。南朝齊王融《和南海王殿下咏秋胡妻》詩："且協金蘭好，方愉琴瑟情。佳人忽千里，空閨積思生。"《太平廣記》卷四二九引唐薛漁思《河東記》載申屠澄詩："琴瑟情雖重，山林志自深。常憂時節變，辜負百年心。"宋陳著《次韻長兒生日示諸弟》："夫妻琴瑟方爲順，伯仲塤篪便是詩。"晚清吳梅《風動山·游湖》："小生小時曾聘下于元燁小女紺珠爲妻，只因滿地兵戈，遲我數年琴瑟。"

鳳凰

古人以鳳凰鳴叫諧和，又相偕而飛，喻和好恩愛的夫妻。且多以"鳳凰于飛"稱之。此稱先秦時期已行用。鳳凰鳴聲和諧，最早見於《書·益稷》記載："簫韶九成，鳳凰來儀。"稱"鳳凰于飛"，出自《詩·大雅·卷阿》："鳳凰于飛，翽翽其羽。"毛傳："鳳凰，靈鳥，仁瑞也。雄曰鳳，雌曰凰。"《左傳·莊公二十二年》："初，懿氏卜妻敬仲。其妻占之曰：吉，是謂鳳凰于飛，和鳴鏘鏘。"後世據此常以作婚姻美滿之祝詞。唐李白《早夏于江將軍叔宅與諸昆季送傅八之江南序》："前許州司馬宋公，

蘊冰清之姿，重傅侯玉潤之德，妻以其子。鳳凰于飛，潘楊之好，斯爲睦矣。"唐顔真卿《和政公主神道碑》："鳳凰于飛，梧桐是依。嘩嘩喈喈，福禄攸歸。"明熊龍峰《張生彩鸞燈傳》："意似鴛鴦飛比翼，情同鸞鳳舞和鳴。"或簡稱"于飛"。《警世通言·王嬌鸞百年長恨》："婚書寫定燒蒼穹，始結于飛在天命。"

鸞鳳

鸞、鳳均被認爲是雄雌成雙成對的靈鳥，其鳴聲亦和諧，因喻夫妻。且常以"鸞鳳和鳴"喻夫妻和諧美好。此稱唐代已行用。因其被視爲珍禽，故唐宋以前，亦多喻杰出人才。晋袁宏《後漢紀·光武帝建武十三年》論曰："夫以鄧生之才，參擬王佐之略，損翮弭鱗，棲遲刀筆之間，豈以爲謙，勢誠然也。及其遇雲雨，騰龍津，豈猶吳漢之疇，能就成天之構；馬武之徒，亦與鸞鳳參飛。"稱"鸞鳳和鳴"約始於魏晋，初多用以比喻琴瑟和鳴。《文選·嵇康〈琴賦〉》："遠而聽之，若鸞鳳和鳴戲雲中。"吕向注："聲清和而高也。"唐宋以後乃用以喻夫妻。宋曾慥《類説》卷四六引宋劉斧《續青瑣高議·賢鷄君傳》："霞衣吏請奏鸞鳳和鳴曲，又奏雲雨慶先期曲。"明熊龍峰《張生彩鸞燈傳》："意似鴛鴦飛比翼，情同鸞鳳舞和鳴。"《金瓶梅詞話》第二〇回："燈光掩映，不啻鏡中之鸞鳳和鳴；香氣薰籠，好似花間之蝴蝶對舞。"《警世通言·王嬌鸞百年長恨》："居傍侯門亦有緣，異鄉孤另果堪憐。若容鸞鳳雙棲樹，一夜簫聲入九天。"

鴛鴦

一種雄雌長聚不離、毛色美麗的水鳥，因喻恩愛夫妻。此稱先秦時期已行用。《詩·小

雅・鴛鴦》："鴛鴦于飛，畢之羅之。"毛傳："鴛鴦，匹鳥。"鄭玄箋："云匹鳥，言其止則相耦，飛則爲雙，性馴耦也。"晋崔豹《古今注・鳥獸》："鴛鴦，水鳥，鳧類也。雌雄未嘗相離，人得其一，一思而死。故謂之疋鳥也。"晋傅玄《飲馬長城窟行》曰："夢君如鴛鴦，比翼雲間翔。既覺寂無見，曠若參與商。"晋干寶《搜神記》卷一一載韓憑妻被宋康王奪走，韓憑自殺，其妻後亦自盡。二人之冢相望，"宿昔之間，便有大梓木生於二冢之端，……根交于下，枝錯于上。又有鴛鴦，雌雄各一，恒棲樹上，晨夕不去，交頸悲鳴，音聲感人"。人們常將鴛鴦圖案繡在衣被上以喻夫妻情意。南朝梁蕭綱《和徐録事見内人作臥具》詩："衣裁合歡襦，文作鴛鴦連。"唐王建《題花子贈渭州陳判官》："鴛鴦比翼人初帖，蛺蝶重飛樣未傳。況復蕭郎有情思，可憐春日鏡臺前。"宋孫光憲《北夢瑣言》卷九："江淮間有徐月英，名娼也，其送人詩云：'惆悵人間事久違，兩人同去一人歸。生憎平望亭前水，忍照鴛鴦相背飛。'"元王實甫《西廂記》第二本第二折："俺那裏准備着鴛鴦夜月銷金帳，孔雀春風軟玉屏。"元馬祖常《鴛鴦》詩："比翼鴛鴦金縷衣，沙頭雙立對晴暉。情知愛此清江水，不向南湖北澗飛。"明熊龍峰《馮伯玉風月相思小説》："翠荷花裏鴛鴦浴，碧桃枝上流鶯宿。"明阮大鋮《燕子箋・偽緝》："顧不得横塘一曲，兩兩鴛鴦。"至今猶以此喻夫妻恩愛。黄梅戲《天仙配》第四場："織蝴蝶蝴蝶成雙對，織鴛鴦鴛鴦不離分。"

比翼鳥

傳説中祇有一目一翼、須雌雄并翼纔能飛行的鳥。常用以喻恩愛情侶或夫妻。此稱先秦時期已行用。典出《山海經・海外南經》："比翼鳥在其東，其爲鳥青、赤，兩鳥比翼。"又《西山經》："崇吾之山……有鳥焉，其狀如鳧，而一翼一目，相得乃飛，名曰蠻蠻，見則天下大水。"《爾雅・釋地》："南方有比翼鳥焉，不比不飛，其名謂之鶼鶼。"郭璞注："似鳧，青赤色。一目一翼，相得乃飛。"晋張華《博物志》卷三："比翼鳥，一青一赤，在參嵎山。"北魏酈道元《水經注・温水》："比翼鳥，不比不飛，鳥名歸飛，鳴聲自呼。"三國以後以之喻情侶或夫妻。三國魏曹植《送應氏》二首之一："山川阻且遠，别促會日長。願爲比翼鳥，施翮起高翔。"唐白居易《長恨歌》："在天願作比翼鳥，在地願爲連理枝。"唐佚名《新林驛女吟示歐陽訓》詩："月明階悄悄，影隻腰身小。誰是鶱翔人，願爲比翼鳥。"元佚名《逞風流王焕百花亭》第一折楔子："恨天公怎不與人方便？鏟連理樹，撅并頭蓮，捋比翼鳥，打交頸鴛。"清方式濟《鐵五送至蒲河賦别》詩："生同比翼鳥，夜夜長相思。"

魚水

魚與水關係密切，喻男女間親密和諧的情感或性生活。此稱元代已行用。以魚水比喻人之間關係密切，初見於《三國志・蜀書・諸葛亮傳》：劉備爲表明自己對諸葛亮的信任及情有獨鍾，對關羽、張飛說："孤之有孔明，猶魚之有水也，願諸君勿復言。"宋元以後漸演化作對男女關係的比喻，且多稱"魚水之歡"。元王實甫《西廂記》第二本第二折："小生到得卧房内，和姐姐解帶脱衣，顛鸞倒鳳，同諧魚水之歡，共效于飛之願。"明熊龍峰《馮伯玉風月相思小説》："相憐相愛，還了平生憔悴債；魚水歡情，剪下青絲結誓盟。"《封神演義》第五四回："若是你心中情願，與我暫効魚水之歡，我便赦你。"明佚名《解人頤·游戲集》："不須媒妁，能邀魚水之歡；何用逾牆，可赴邱中之約。"

糟糠

窮人用以充飢的酒渣、米糠等粗劣食物，藉指曾共患難的妻子，尤指結髮之妻。此稱漢代已行用。語出東漢宋弘拒攀高枝、不弃結髮之妻的典故。《東觀漢記·宋弘傳》："上姊湖陽公主新寡，上與共論朝臣，微觀其意。主曰：'宋公威容德器，群臣莫及。'上曰方且圖之。後弘見上，令主坐屏風後。因謂弘曰：'諺言：貴易交，富易妻。人情乎？'弘曰：'臣聞貧賤之交不可忘，糟糠之妻不下堂。'上顧謂主曰：'事不諧矣。'"後世遂以糟糠喻陪伴自己經歷過磨難的結髮妻子。《南齊書·劉悛傳》："〔劉悛〕從駕登蔣山，上數嘆曰：'貧賤之交不可忘，糟糠之妻不下堂。'顧謂悛曰：'此況卿也。'"《舊唐書·安慶緒傳》："慶緒，禄山第二子也。母康氏，禄山糟糠之妻。"唐范攄《雲谿友議·真詩解》："不念糟糠之情，別倚絲蘿之勢。"清蒲松齡《聊齋志異·八大王》："生辭曰：'糟糠之妻不下堂，寧死不敢承命。王如聽臣自贖，傾家可也。'"

絲蘿

以菟絲與女蘿喻婚姻。菟絲、女蘿均為蔓生植物，纏繞於草木，不易分開，故用以喻男女姻緣。此稱三國時期已行用。菟絲、女蘿見於《詩·小雅·頍弁》"蔦與女蘿"毛傳："女蘿，菟絲，松蘿也。"陸德明釋文："在草曰菟絲，在木曰松蘿。"魏晉以後以之喻婚姻。《古詩十九首·冉冉孤生竹》："與君為新婚，兔絲附女蘿。"唐范攄《雲谿友議·真詩解》："不念糟糠之情，別倚絲蘿之勢。"元柯丹邱《荊釵記·受釵》："願天早與人方便，絲蘿共結。"元謝應芳《袁與陸三幅啓》："荷葑菲之不遺，俾絲蘿之爲好。"《警世通言·蘇知縣羅衫再合》："王尚書道：'老夫有一末堂幼女，年方二八，才貌頗稱，倘蒙御史公不棄老朽，老夫願結絲蘿。'"清錢泳《履園叢話·譚詩·以詩存人》："空負絲蘿約，蘭闈淚滿襟。"

紅葉

秋天楓、槭、梧桐、黃櫨等樹落葉多呈紅色，因以"紅葉"為男女傳情的媒介。此稱唐代已行用。典故發生於唐代，并沿用至今。唐宣宗大中年間，盧渥從御溝中拾得宮人的紅葉題詩，後又巧與宮人結為夫婦。世人遂藉此典以指情思、閨怨及良緣巧合。事見唐范攄《雲谿友議·題紅怨》："盧渥舍人應舉之歲，偶臨御溝，見一紅葉，命僕拏來。葉上乃有一絶句，置於巾箱，或呈於同志。及宣宗既省宮人，初下詔許從百官司吏，獨不許貢舉人。渥後亦一任范陽，獲其退宮人，睹紅葉而吁嗟久之，曰：'當時偶題隨流，不謂郎君收藏巾篋。'驗其書，無不訝焉。詩曰：'水流何太急，深宮盡日閒。慇懃謝紅葉，好去到人間。'"《太平廣記》卷一九八亦引此文。然此事出典不止於此，尚有另五說。

一曰顧況與宮人對詩。上引《雲谿友議·題紅怨》又載："明皇代以楊妃號國寵盛，宮娥皆頗衰悴，不備披庭，嘗書落葉隨御水而流云：'舊寵悲秋扇，新恩寄早春。聊題一片葉，將寄接流人。'顧況著作聞而和之，既達宸聰，遣出禁内者不少，或有五使之號焉。和曰：'愁見鶯啼柳絮飛，上陽宮女斷腸時。君恩不禁東流水，葉上題詩寄與誰？'"此又謂是唐玄宗時事。唐孟棨《本事詩·情感》言之更詳："顧況在洛乘門，與三詩友游於苑中，坐流水上，得大梧葉題詩上曰：'一入深宮裏，年年不見春。聊題一片葉，寄與有情人。'況明日於上游亦題葉上，放於波中，詩曰：'花落深宮鶯亦悲，上陽宮女斷腸時。帝城不禁東流水，葉上題詩欲寄誰？'後十餘日，有人於苑中尋春，又於葉上得詩，以示況，詩曰：'一葉題詩出禁城，誰人酬和獨含情？自嗟不及波中葉，蕩漾乘春取次行。'"

二曰爲唐僖宗時李茵遇宮人事。宋孫光憲《北夢瑣言·雲芳子魂事李茵》："僖宗幸蜀年，有進士李茵，襄州人，奔竄南山民家，見一宮娥，自云宮中侍書家雲芳子，有才思，與李同行詣蜀，具述宮中之事，兼曾有詩書紅葉上流出御溝中，即此姬也。行及綿州，逢内官田大夫識之，乃曰：'書家何得在此？'逼令上馬與之前去。李甚快悵，無可奈何。宮娥與李情愛至深，至前驛自縊而死。其魂追及李生，具道憶戀之意。"明顧起元《説略·典述下》評盧渥、顧況、李茵三人故事云："前三則本一人一事，而傳記者各異耳。"

三曰唐僖宗時于祐與宮人韓氏事。宋曾慥《類説》卷四六引宋劉斧《青瑣高議》曰："《流紅記》：唐僖宗時有于祐晚步，禁衢流一紅葉，上有二句云：'慇懃謝紅葉，好去到人間。'祐復題云：'曾聞葉上題紅意，葉上題詩問阿誰？'好事者贈詩曰：'君恩不禁東流水，流出宮情是此溝。'祐後取一宮人韓氏，於祐書笥中

見紅葉，驚曰：'此吾所作。吾於水亦得紅葉。'即祐所題。得葉之初，嘗有詩云：'獨步天溝岸，臨流得葉時。此情誰會得，腸斷一聯詩。'於是相對感泣，曰事豈偶然，莫非前定。"然宋胡仔《苕溪漁隱叢話後集·唐人雜紀上》辯駁此乃劉斧雜竄顧況、盧渥二人事而成："青瑣乃互竄二事合爲一傳，曰《流紅記》，仍託他人姓名。嗚呼，孰謂小説而可盡信乎！"

四曰唐德宗時賈全虛與宮人事。宋王銍《侍兒小名錄》："貞元中，進士賈全虛黜于春官，臨御溝得葉，悲想其人，涕泗交集，不能離溝上街。吏頗疑其事。金吾奏其實，德宗亦爲感動，令中人細詢之，乃翠筠宮奉恩院王才人養女鳳兒也。德宗召全虛授金吾衛兵曹，以鳳兒賜之，并其院資皆畀焉。"按，明徐應《秋玉芝堂談薈·御溝題葉》又稱此文出自陸游。明顧起元《説略·典述下》曰："按此又非顧況事，然其名賈全虛，或是烏有子虛亡是之類，後人假撰名姓耳。"

五曰侯繼圖與任氏題葉詩姻緣。《太平廣記》卷一六〇引五代金利用《玉溪編事》："侯繼圖……秋風四起，方倚檻於大慈寺樓，忽有木葉飄然而墜，上有詩曰：'拭翠斂雙蛾，爲鬱心中事。搦管下庭除，書成相思字。此字不書石，此字不書紙，書向秋葉上，願逐秋風起。天下有心人，盡解相思死。'後貯巾篋凡五六年。旋與任氏爲婚，嘗念此詩。任氏曰：'此是書葉詩，時在左綿書，爭得至此？'侯以今書辨驗，與葉上無異也。"

由此可知，此事被小説家編出了多個版本。而後代詩文亦常引此典，且有多種稱謂：紅葉題詩、御溝題葉、御溝紅葉、詩題紅葉、紅

葉詩、題紅葉、題紅、紅葉留詩、葉題、宮葉字、紅葉溝流、傳波紅葉，不一而足。宋晏幾道《虞美人》詞：“一聲長笛倚樓時，應恨不題紅葉寄相思。”元高明《琵琶記・牛相奉旨招壻》：“紅樓此日，紅絲待選，須教紅葉傳情。”元李唐賓《李雲英風送梧桐葉》第二折：“（做風吹梧葉科，正旦拾葉，云）妹子，你看怎生風吹一片葉子來？我與你將描筆兒寫一首詩在上，天若可憐，借這大風吹這葉兒上詩到家，教俺丈夫知我音耗咱。……掯管下庭除，書作相思字。此字不書名，此字不書紙。書在秋葉上，願逐秋風起。天下有情人，爲我相思死。天下薄情人，不解相思意。有情與薄情，知他落何地。（做手拈葉子，對天祝告科，云）風呵，可憐見妾身流落他鄉，願借一陣知人心解人意慈悲好風，吹這葉子到俺兒夫行去。”宋張孝祥《滿江紅》詞：“紅葉題詩誰與寄，青樓薄倖空遺迹。”元王實甫《西廂記》第五本第二折：“不聞黃犬音，難傳紅葉詩，驛長不遇梅花使。”明吳敬所《國色天香・龍會蘭池録》：“或以蘭有似於神潭五花歟？亦有似於天臺紅葉歟？”明熊龍峰《馮伯玉風月相思小説》：“紅葉溝中傳密意，赤繩月下結良緣。”明張景《飛丸記・梨園鼓吹》：“冤翻思結，姻聯月下之赤繩；媒倩丸投，事類溝中之紅葉。”明沈受先《三元記・慶緣》：“一段姻緣天上來，何須紅葉良媒。”清龔自珍《小重山令》詞：“碧玉寒門産麗華。誤隨紅葉去，到天涯。”清孔尚任等《小忽雷・開場》：“紅葉水，翠鴛衾，梧桐終是鳳凰林。”

紅豆

亦稱“相思子”。海紅豆落葉喬木之種子。其外觀鮮紅光亮，呈闊卵形。生長於南方。古人賦予其相互思念的含義，且稱其樹爲“相思木”，所結子爲“相思子”，故與愛情相關，以“紅豆”喻相思。此稱唐代已行用。唐李匡《資暇集》卷下：“豆有圓而紅，其首烏者，舉世呼爲相思子，即紅豆之異名也。其木，斜斫之則有文，可爲彈博局及琵琶槽。其樹也，大株而白枝，葉似槐。其花與皂莢花無殊。其子若豆，處於甲中，通身皆紅。李善云‘其實赤如珊瑚’是也。”唐王維《相思》詩：“紅豆生南國，秋來發幾枝。勸君多采擷，此物最相思。”唐温庭筠《錦城曲》：“江頭學種相思子，樹成寄與望鄉人。”又《新添聲楊柳枝辭》二首之二：“玲瓏骰子安紅豆，入骨相思知不知？”曾益箋注：“紅豆名相思子。”宋宋祁《益部方物略記》：“葉圓以澤，素蕍春敷，子生莢間，纍纍綴珠。——右紅豆。（花白色，實若大紅豆，以似得名。葉如冬青。蜀人以爲果飣。）”一説“相思子”非指“紅豆”，唯此説不爲人所注意。明徐𤊺《徐氏筆精・詩談》：“相思子：《筆叢》謂唐人骰子近方寸，凡四點，當加緋者，或嵌相思子其中。温庭筠詩云：‘玲瓏骰子安紅豆，入骨相思知也無？’相思子即今紅豆也。愚按嶺南閩中有相思木，歲久結子，色紅如大豆，故名相思子。每一樹結子數斛，非即紅豆也，惟《和兄子夜歌》云：‘紅豆落深坑，到底相思子。’亦沿襲温語之誤。”歷代沿用“紅豆”“相思子”之典。前蜀牛希濟《生查子》詞：“紅豆不堪看，滿眼相思淚。”宋程大昌《演繁露》卷六：“唐世則鏤骨爲竅，朱墨雜塗數以爲采。亦有出意爲巧者，取相思紅子納實竅中，使其色明現而易見，故温飛卿艷詞曰……”清孔尚任

《桃花扇·傳歌》："莫將紅豆輕拋棄，學就曉風殘月墜。"近人王蘊章《碧血花·吊烈》："一領青衫之泪，未免有情；三生紅豆之思，誰能遣此？"宗璞《紅豆》："江玫坐在床邊，用發顫的手揭開盒蓋。盒中露出血點似的兩粒紅豆，鑲在一個銀絲編成的指環上。"

【相思子】

即紅豆。爲俗稱。此稱唐代已行用。見該文。

相思樹[1]

亦稱"相思木"。紅豆樹、海紅豆及相思子等類喬木。傳說中象徵夫妻愛戀和思念之樹。此稱晋代已行用。《文選·左思〈吳都賦〉》："楠榴之木，相思之樹。"劉淵林注："相思，大樹也。材理堅，邪斫之則文，可作器。其實如珊瑚，歷年不變，東冶有之。"南朝梁蕭衍《歡聞歌》之二："南有相思木，合影復同心。"唐王建《春詞》："庭中並種相思樹，夜夜還棲雙鳳凰。"唐黃損《鷓鴣》詩："而今世上多離別，莫向相思樹下啼。"明徐㷟《徐氏筆精·詩談》："愚按嶺南閩中有相思木，歲久結子，色紅如大豆，故名相思子。"

【相思木】

即相思樹[1]。此稱晋代已行用。見該文。

連理枝

亦稱"連理木""相思樹""鴛鴦木"，引申爲"連理花"。相傳兩棵樹上面樹枝相連、地下樹根相接，古人視爲瑞徵，常用以喻相愛的夫妻。此稱晋代已行用。晋干寶《搜神記》卷一一："宋康王舍人韓憑娶妻何氏美，康王奪之。憑怨，王囚之，論爲城旦。……俄而憑乃自殺。其妻乃陰腐其衣，王與之登臺，妻遂自投臺，左右攬之，衣不中手而死。遺書於帶，曰：'王利其生，妾利其死，願以屍骨，賜憑合葬。'王怒，弗聽，使里人埋之，冢相望也。王曰：'爾夫婦相愛不已，若能使冢合，則吾弗阻也。'宿昔之間，便有大梓木生於二冢之端，旬日而大盈抱，屈體相就，根交于下，枝錯于上。又有鴛鴦，雌雄各一，恒棲樹上，晨夕不去，交頸悲鳴，音聲感人。宋人哀之，遂號其木曰相思樹。相思之名起于此也。"南朝梁任昉《述異記》卷上亦曰："昔戰國時，魏國苦秦之難，嘗有民從征戍秦，久不返，妻思而卒。即葬，塚上生木，枝葉皆向夫所在而傾，因謂之相思木。"《太平廣記》卷四四六引唐李隱（一說柳祥）《瀟湘錄》："鵲橋織女會，也是不多時。今日送君處，羞言連理枝。"宋阮閱《詩話總龜·警句門中》引宋蔡居厚《詩史》："韓襄客者，漢南女子……襄客閨怨詩曰：'連理枝前同設誓，丁香樹下共論心。'先公熙寧中迓虜使成堯錫，見遺衣服，刺此聯於裏肚上，其下復刺丁香連理、男女設誓之狀，虜人重此句爲佳製。"宋陳耆卿《赤城志·紀遺門》："天台山闡法寺楓榆共榦，三分三合。其時游客以詩屬曾守宏父，有'政成不用中和頌，看取春郊連理枝'之句，曾因作頌以獻於朝。"自注："又通判廳後有連理，號鴛鴦木。"元王實甫《西廂記》第二本第二折："自古云：'地生連理木，水出並頭蓮。'"明徐伯齡《蟫精雋·女人咏史》："宋朱淑真，錢塘民家女也，能詩詞。偶非其類而悒悒不得志，往往形諸語言文字，間有詩云：'鷗鷺鴛鴦作一池，誰知羽翼不相宜。東君不與花爲主，何事休生連理枝？'"清沈起鳳《諧鐸·屏角相郎》："一日坐下，折短箋作觴政，有并蒂花、并頭花、連理花、葉底花諸名色。"

【連理木】

即連理枝。此稱元代已行用。見該文。

【相思樹】[2]

"連理枝"的別稱。此稱晋代已行用。見該文。

【鴛鴦木】

"連理枝"的別稱。此稱宋代已行用。見該文。

【連理花】

即連理枝。此稱清代已行用。見該文。

并蒂蓮

亦稱"併目蓮""並頭蓮""雙頭蓮""併蒂花""併頭花"。一蒂開出兩朵蓮花，且"蓮"與"憐愛"之"憐"諧音，因喻男女相愛相親。此稱宋代已行用。古人認爲并蒂蓮是瑞兆。宋吳芾《再見雙頭蓮》詩曰："我來纔見月初圓，兩度池開併蒂蓮。嘉瑞還來非偶爾，懸知連歲有豐年。"而更多的時候人們將其與夫妻恩愛相關聯。《樂府詩集》卷四九載南朝民歌《青陽度》三曲之三："青荷蓋緑水，芙蓉披紅鮮。下有並根藕，上生併目蓮。"按，"併目蓮"，《玉臺新詠》卷一作"同心蓮"，《古樂府》卷七又作"併頭蓮"。元丁鶴年《采蓮曲》："朝采並蒂蓮，暮綰同心結。不學緑楊枝，含嚬送離別。"元王實甫《西廂記》第四本第三折："你與俺崔相國做女婿，妻榮夫貴，但得一個併頭蓮，煞强如狀元及第。"元佚名《抱妝盒》第一折："這的是在地成連理樹，入水長併頭蓮。"明張洪《悼貞婦》詩："義當死生共，恩始夫婦全。亭亭朱絲繩，雙懸併頭蓮。"《馮伯玉風月相思小説》："昨日窗前閱簡編，銀缸雙結併頭蓮。"清洪昇《長生殿·舞盤》："果合歡桃生千歲，花併蒂蓮開十丈。"清孔尚任《沁園春·小吟蟬琶》："看牙箍肩削，迴文錦浪；鈿鋪背滿，併蒂花枝。"清沈起鳳《諧鐸·屏角相郎》："緗琯拈得併蒂花，曰：'庶幾夙夜，妻子好合。'洪昵而笑曰：'夜合一語，妙出天然。真慧心人也！'繼拈得併頭花，洪曰：'宜爾室家，男子之祥。'"王蘊章《碧血花·香盟》："紅燈説劍，艷開併蒂之花；緑酒澆愁，灑遍同心之草。"

【併目蓮】

即并蒂蓮。此稱南北朝時期已行用。見該文。

【併頭蓮】

即并蒂蓮。此稱南北朝時期已行用。見該文。

【雙頭蓮】

即并蒂蓮。此稱宋代已行用。見該文。

【併蒂花】

即并蒂蓮。此稱清代已行用。見該文。

【併頭花】

即并蒂蓮。此稱清代已行用。見該文。

【同心蓮】

亦稱"同心藕""合歡蓮""嘉蓮"。即并蒂蓮。此稱南北朝時期已行用。《玉臺新詠》卷一載南朝民歌《青陽歌曲》："下有並根藕，上生同心蓮。"南朝梁劉孝威《都縣遇見人織率爾寄婦》詩："鏤玉同心藕，雜寶連枝花。"唐徐彦伯《采蓮曲》："即覓同心侶，復采同心蓮。"明胡侍《真珠船·雙頭蓮》："雙頭蓮，即合歡蓮，一名嘉蓮，一名同心蓮。"

【同心藕】

即同心蓮。此稱南北朝時期已行用。見該文。

【合歡蓮】

即同心蓮。此稱明代已行用。見該文。

【嘉蓮】

即同心蓮。此稱明代已行用。見該文。

合歡桃

亦稱"合歡果"。桃子的果仁由兩瓣合成，因用以喻男女相親相愛。此稱唐代已行用。合歡之稱，漢代已有之。而稱合歡桃、合歡果，傳始於隋代。宋朱勝非《紺珠集》卷五引唐劉禹錫《嘉話録·女相如》："煬帝以合歡水果賜，吳絳仙以紅牋小簡進詩謝。帝曰：'絳仙才調，女相如也。'"其文轉自《南部烟花記》。明董斯張《廣博物志·閨壼·才婦》載其事更詳，稱出自《大業拾遺記》（《南部烟花記》別名）："有郎將自瓜州進合歡果，帝命小黃門以一雙馳騎賜吳絳儔。遇馬急摇解，絳儔拜賜，私附紅牋上進曰：'驛騎傳雙果，君王寵念深。寧知辭帝里，無復合歡心。'"唐温庭筠《新添聲楊柳枝辭》："合歡桃核終堪恨，裏許元來別有人。"曾益箋注引《烟花記》："煬帝以合歡水果賜吳絳儔。"宋黃庭堅《少年心》詞："合下休傳音問。你有我、我無你分。似合歡桃核，真堪人恨。心兒裏，有兩個人人。"清洪昇《長生殿·舞盤》："果合歡桃生千歲，花併蒂蓮開十丈。"

【合歡果】

即合歡桃。此稱隋代已行用。見該文。

同心草

亦稱"合歡草"。傳説中同一株草而約有百莖，衆莖白日分開，夜間合而爲一。世人多以此象徵男女情愛，兩人同心。此稱晋代已行用。《法苑珠林·華香篇·感應録》引晋顧微（一説裴淵）《廣州記》曰："新興縣悉是沉香，如同心草。"晋王嘉《拾遺記》卷七："魏爲土德，斯爲靈徵。苑囿及民家草樹皆生連理。有合歡草，狀如蓍，一株百莖。畫則衆條扶疏，夜則合爲一莖。萬不遺一，謂之神草。"清陳元龍《格致鏡原·草類二·奇草》引上文，稱出自《洞冥記》（舊題東漢郭憲撰），可疑。後世多用此稱指愛情。南朝梁蕭綱《倡婦怨情》詩："風散同心草，月送可憐光。"唐薛濤《錦江春望詞》："檻草結同心，將以遺知音。春愁正斷絶，春鳥復哀吟。"又："風花日將老，佳期猶渺渺。不結同心人，空結同心草。"明屠隆爲某嫠婦作《木州嶺謡》四首之三："知汝雖滄花，知汝雖茹草，不飡併蒂花，不茹合歡草。嶺脚水粼粼，嶺頭石皓皓。一死表吾真，區區焉足道。"（收於清胡文學《甬上耆舊詩》卷一九）王藴章《碧血花·香盟》："紅燈説劍，艷開併蒂之花；綠酒澆愁，灑遍同心之草。"

【合歡草】

即同心草。此稱晋代已行用。見該文。

同心結

省稱"同心"。用錦帶編成的帶連環迴文樣式的結子，用以象徵愛情堅貞。此稱南北朝時期已行用。南朝梁蕭衍《有所思》詩："腰中雙綺帶，夢爲同心結。"《隋書·后妃傳·宣華夫人》："太子遣使者齎金合子，帖紙於際，親署封字，以賜夫人。夫人見之惶懼，以爲鴆毒，不敢發。使者促之，於是乃發，見合中有同心結數枚。"唐劉禹錫《楊柳枝》詞："如今縮作同心結，將贈行人知不知。"唐長孫佐輔《答邊信》詩："揮刀就燭裁紅綺，結作同心答千里。"宋鄭文妻孫氏《憶秦娥》詞："閑將柳帶，試結同心。"宋吳自牧《夢粱録·嫁娶》："行參諸親之禮畢，女復倒行，執同心結，牽新郎回房，講交拜禮，再坐床。"明劉基《雙帶子》詩之二："結得同心欲寄郎，還將雙帶刺鴛鴦。"《初刻拍案驚奇》卷三二："〔唐卿〕開了箱子，取出一條白羅帕子來，將一個胡桃繫着，綰上一個同心結，拋到女子面前。"《金瓶梅詞話》第一○○回："一面叫出小姐來，和孝歌兒推在一處，飲合巹杯，綰同心結。"清洪昇《長生殿·定情》："願似他並翅交飛，牢扣同心結合歡。"清梁國正《溫柔鄉記》卷一："鄉人重心結而輕紈扇，欲與締交，以同心結通欵曲，可得其歡心。"清吳騫《扶風傳信錄》："從今後必再與你訂山盟海誓金，必再要挽同心情更歡。"

【同心】

"同心結"之省稱。此稱宋代已行用。見該文。

【同心扣】

指同心結。亦稱"同心花"。此稱宋金時期已見行用。宋朱熹《擬古》詩之七："結作同心花，綴在紅羅襦。"金完顏璟《蝶戀花·聚骨扇》詞："金縷小鈿花草鬭，舉條更結同心扣。"元關漢卿《竇娥冤》第一折："愁則愁眼昏騰扭不上同心扣，愁則愁意朦朧睡不穩芙蓉褥。"清吳偉業《戲贈》詩之一："繡囊藥結同心扣，十里風來袴褶香。"

【同心花】

即同心扣。此稱宋金時期已行用。見該文。

同心縷

亦稱"同心帶"。編有兩心交搭狀的五綵絲帶，或束髮，或束腰，或繫臂，常作男女信物，言可連接男女之愛。此稱漢代已行用。漢劉歆《西京雜記》卷三："至七月七日臨百子池，作《于闐樂》。樂畢，以五色縷相羈，謂

爲相連愛。"《三輔黄圖》、晉干寶《搜神記》卷二俱載此事。北周庾信《題結綖袋子》詩："一寸同心縷，千年長命花。"唐楊衡《夷陵郡内叙别》詩："留念同心帶，贈遠芙蓉簪。"宋張元幹《清平樂》詞："明珠翠羽，小綰同心縷。"宋歐陽修《武陵春》："金泥雙結同心帶，留與記情濃。"《説郛》卷八○引《謝氏詩源》："輕云鬢甚長，每梳頭，立於榻上猶拂地，已綰髻，左右餘各粗一指，結束作同心帶，垂於兩肩，以珠翠飾之，謂之流蘇髻。"清洪棟園《後南柯·招駙》："同心帶看雙雙共把，管教永享榮華。"

【同心帶】

即同心縷。此稱唐代已行用。見該文。

同心方勝

省稱"方勝"。兩個連接在一起的菱形結，多用以表示男女愛情。方勝，原爲女子頭上菱形飾物，以金箔、絲絨或錦帛剪製而成。此稱元代已行用。元王實甫《西廂記》第三本第一折："不移時，把花牋錦字，叠做個同心方勝兒。"《張生彩鸞燈傳》："那女子回身，捽袖中遺下一個同心方勝兒。"《醒世恒言·陸五漢硬留合色鞋》："張藎袖中摸出一條紅綾汗巾，結個同心方勝，團做一塊，望上擲來。"《警世通言·王嬌鸞百年長恨》："廷章道：'小生有小詩一章，相煩致於小姐，即以羅帕奉還。'……廷章去不多時，携詩而至。桃花箋叠成方勝。"

【方勝】

"同心方勝"之省稱。此稱元代已行用。見該文。

同心苣

指織有連鎖火炬狀圖案花紋的同心結。苣

乃"炬"之本字，指火炬。古人常以之象徵愛情如火。此稱南北朝時期已行用。南朝梁沈約《少年新婚爲之咏》："錦履並花紋，繡帶同心苣。"唐段成式《嘲飛卿》詩之五："愁機懶織同心苣，悶繡先描連理枝。"前蜀牛嶠《菩薩蠻》詞："窗寒天欲曙，猶結同心苣。"清納蘭性德《虞美人》詞："銀牋別夢當時句，密縮同心苣。"

羅帶

絲織的腰帶，古時常爲戀人間臨別相贈的信物。有的絲帶還打上同心結，以示永不變心。此稱唐代已行用。唐李白《擬古十二首》之一："別後羅帶長，愁寬去時衣。"宋范成大《桂海虞衡志·志山》："韓退之詩云：'水作青羅帶，山如碧玉篸。'"宋秦觀《滿庭芳》詞："銷魂，當此際，香囊暗解，羅帶輕分。"宋周密《武林舊事·元夕》："李筸房詩云：……香塵掠粉翻羅帶，密炬籠綃鬬玉鈿。"宋高觀國《蘭陵王·爲十年故人作》："春愁欲解丁香結。整新歡羅帶，舊香宮篋。"

香囊

亦稱"香袋"。盛香料的小袋，挂在身上或懸在房間帳幃中以產生香氣。常作男女戀人間信物。製作精緻，多有錦繡紋飾。此稱漢代已行用。晋代賈充之女"偷香"贈韓壽典故，便與香囊有關。宋秦觀《滿庭芳》詞："銷魂，當此際，香囊暗解，羅帶輕分。"《雍熙樂府》卷四有《哭香囊》套曲，其中唱詞曰："向椒房，對紗窗，是他用心兒親製得風流樣，四停八當將蕙蘭裝。也曾暗懸低帳幕。輕染舞《霓裳》；也曾暖偎香體態，也曾濃撲睡君王。"表明了香囊的用法。元白樸《御水流紅葉》殘折："做了

個香囊盛了揣着肉。"揣着肉，謂揣在懷裏，即緊貼肉體。《國色天香·劉生覓蓮記》："〔文仙〕乃取一犀簪，解一香囊，留贈而別。生觀之，親繡一絶句：'獨坐紗窗理繡針，一針一綫費芳心。從求知己親相贈，佩取殷勤愛我深。'生始感文仙愛己出於真誠。"《張生彩鸞燈傳》："因元宵到乾明寺看燈，忽於殿上拾得一紅綃帕子，帕角繫一個香囊，細看帕上，有詩一首。"然男女相贈物，往往會有男歡女愛內涵。《紅樓夢》第七三回："正往山石背後掏促織去，忽見一個五綵繡香囊，上面繡的並非花鳥等物，一面却是兩個人，赤條條的相抱；一面是幾個字。這癡丫頭原不認得是春意兒，心下打量：'敢是兩個妖精打架？不就是兩個人打架呢？'"清陸以湉《冷廬雜識·釀錢啓》錄沈芝岩之文："情縈兒女，懼累英雄；肘繫香囊，恐妨書史。"明清時又稱作香袋。《紅樓夢》第七四回："鳳姐忙拾起一看，見是十錦春意香袋，也嚇了一跳。"

【香袋】

即香囊。此稱清代已行用。見該文。

油壁車

省稱"油車"。婚戀中女子所乘之輕便小車。車上以竹篝爲車厢，罩以塗油的帷幔，故稱。此稱南北朝時期已行用。《資治通鑑·齊明帝建武元年》："制局監謝粲説〔蕭〕鸞及隨王〔蕭〕子隆曰：'二王但乘油壁車入宫。'"胡三省注："油壁車者，加青油衣於車壁也。王儉議曰：今衣書車十二乘，古副車之象也。榆轂輪，篝子壁，綠油衣。"因南朝樂府有情詩言及女子乘油壁車，男子騎青驄馬，後人遂以之描述婚戀女子所乘之車。南朝梁蕭衍《小小歌》：

"我乘油壁車，郎騎青驄馬。何處結同心，西陵松柏下。"唐李商隱《木蘭》詩："紫絲何日障，油壁幾時車。"宋康與之《長相思·遊西湖》詞："郎意濃，妾意濃，油壁車輕郎馬驄，相逢九里松。"金元好問《芳華怨》詩："小小油壁車，軋軋出東華。"元劉汶《贈劉禹玉》詩："朝騎白鼻騧，暮逐油壁車。得錢即沽酒，携妓顔如花。"明高啓《雨中春望》詩："郡樓高望見江頭，油壁行春事已休。"清墨浪子《西湖佳話·西泠韵迹》："〔蘇小小〕遂叫人去製造一駕小小的香車來乘坐，四圍有幔幕垂垂，命名爲'油壁車'。這油壁車，怎生形狀？有《臨江仙》詞一首爲證：'氊裹緑雲四壁，幔垂白月當門。雕蘭鑒桂以爲輪，舟行非槳力，馬走没蹄痕。'"清孔尚任《桃花扇·傳歌》："纏頭擲錦，携手傾杯，催妝艷句，迎婚油壁。"

【油車】

"油壁車"之省稱。此稱唐代已行用。見該文。

第二節　婚嫁考

　　婚姻是人類延續生命的重要方式，也是人類社會構成的基礎。《周易·序卦》云："有天地，然後有萬物；有萬物，然後有男女；有男女，然後有夫婦；有夫婦，然後有父子；有父子，然後有君臣；有君臣，然後有上下；有上下，然後禮義有所錯。"唐孔穎達《周易正義·卷首》亦謂："人道之興，必由夫婦，所以奉承祖宗，爲天地之主。"中國古人把男婚女嫁，視如天與地、陽與陰相互交感二者并存的關係。故婚姻被賦予了極爲神聖的意義。

　　然而，遠古婚姻曾十分雜亂無序，經歷過後人所謂群婚、對偶婚（氏族内的血親婚姻或氏族外的群體性婚姻，及短暫的對偶同居）。"其民聚生群處，知母不知父，無親戚兄弟夫妻男女之别，無上下長幼之道"（《吕氏春秋·恃君》）。河南仰韶文化常見男女分區合葬墓及母親與子女合葬墓，也反映了這樣的婚姻形態。從母系氏族社會過渡到父系氏族社會，一夫一妻或多妻制開始出現。屬新石器時代晚期的山西陶寺文化類型（年代約爲公元前25—前20世紀）的遺址中，發現有成年男性的主墓及若干成年女性陪葬墓；客省莊二期文化（時代亦相當於陶寺類型）遺址中，發現成年男女合葬墓，均表明了後人所謂"有男女然後有夫婦"之"夫婦"關係的産生。

　　夏商以後，在貴族階層基本流行一夫多妻（或一夫一妻多妾）制，對於不同等級的人的婚姻狀態有不同的規定。史稱天子可以"立六宫，三夫人，九嬪，二十七世婦，八十一御妻"（《禮記·昏義》），以下按等級依次遞減，如"諸侯一聘九女"（《公羊傳·莊公十九年》），"士一妾，大夫二"（漢桓寬《鹽鐵論·散不足》），但這未必完全真實。《孟子·盡心下》謂大人"侍妾數百人"，《管子·小匡》云齊襄公"陳妾數千"。直到漢代，在妻妾人數上，"諸侯百數，卿大夫十數，中者侍御，富者盈室"（《鹽鐵論·散不足》）。結果是"內多怨女，外多曠夫"（《漢書·貢禹傳》），平民百姓一般或一妻，或單身。此後除天子外，妻妾成百上千的狀況固然不復存在，而一夫多妻制卻一直延綿到近現代。儘管貴族妻妾成群，但多妻中總有正妻；而就庶民而言，一夫一妻制仍是婚姻形式的主流。

中國人對婚姻關係的完成過程十分重視，有非常完備的婚嫁禮儀。按《儀禮·士昏禮》載，周以後形成了所謂"六禮"，今擇其正文、注文，逐一闡釋如下。

一、納采。"下達納采，用鴈。"鄭玄注：男方"先使媒氏下通其言"（即提親），"女氏許之，乃後使人納其采擇之禮。用鴈爲摯者，取其順陰陽往來"。賈公彥疏："鴈，木落南翔，冰泮北徂。夫爲陽，婦爲陰。今用雁者，亦取婦人從夫之義。"按，秦漢以後，摯禮所用物還有羔羊、合歡、嘉禾、膠漆，等等。

二、問名。"賓執鴈，請問名。主人許，賓入授。"鄭玄注："問名者，將歸卜其吉凶。"問女方姓名、排行、出生年月日時等，以讓男方卜其凶吉。後世又謂之"合婚"，由男家索女家"草帖子"，或兩家互換"草帖子"，送算命者占卜，確定吉凶。

三、納吉。占卜得吉兆後向女方定親。"納吉"鄭玄注："歸卜於廟，得吉兆，復使使者往告，昏姻之事於是定。"唐代"報婚書"，宋代"起細帖子"，近現代"送婚帖"，均是這一禮儀的別稱。

四、納徵。男方向女方送訂婚彩禮。"納徵，玄纁束帛儷皮，如納吉禮"。鄭玄注："徵，成也，使使者納幣以成昏禮。"後世又稱"下彩禮"。彩禮品種歷代不同，近現代往往由"男家定期偕冰人備衣飾、豚酒等物，送之女家，俗曰'下禮'"（民國十六年《興城縣志》）。

五、請期。男方請女方選定成婚日期。因日期在卜問時即已確定，故"請期"實爲謙辭。"請期用鴈。主人辭，賓許告期，如納徵禮。"鄭玄注："主人辭者，陽倡陰和。期日宜由夫家來也。夫家必先卜之，得吉日乃使使者往，辭即告之。"宋代稱"報成結日子"，近現代或稱"送日子""過大禮"。

六、親迎。新郎於黃昏時分親去迎接女家，共同歸來。《詩·大雅·大明》即有文王

"親迎于渭"的記載。後世一直沿襲。

婚嫁"六禮"，後世往往合并爲五禮四禮，甚至三禮二禮。如《朱子家禮》提出婚禮簡要，衹用納采、納徵、親迎，實際是把問名附於納采，納吉和請期附於納徵。這表明周代婚禮繁文縟節，難以在全社會普遍推行，故後代多有精簡。同時也有一些新的結婚風習產生。據宋孟元老《東京夢華録·娶婦》載，娶婦大致包括："先起草帖子，兩家允許，然後起細帖子"；又互贈食品，再"下小定、大定，或相媳婦與不相"；"下定了，即旦望媒人傳語"；"次下財禮，次報成結日子，次過大禮"；"至迎娶日，兒家以車子，或花簷子發迎客，引至女家門"。迎親後還有下車、入房、坐堂、對拜等許多禮儀。近現代禮儀，亦多古代"六禮"之變異。民國十八年（1929）《懷德縣志》載，婚禮有議婚、合婚、過小禮、過大禮、親迎、拜天地、坐帳、"夫婦對坐而飲"等儀式，既有先秦六禮遺風，又糅合了宋元以後變化的婚俗。至當代，禮儀已大大簡化，且并不千篇一律，形式更爲豐富多彩。

婚禮

亦作"昏禮"。指婚姻的儀軌禮制，亦指結婚禮節儀式。此稱先秦時期已行用。《禮記·昏義》對婚姻禮儀之解釋言簡意賅："昏禮者，將合二姓之好，上以事宗廟而下以繼後世也。故君子重之。是以昏禮，納采、問名、納吉、納徵、請期，皆主人筵几於廟而拜迎於門外，入揖讓而升，聽命於廟，所以敬慎重正昏禮也。"陸德明釋文："昏者，一本作昏禮者。婚禮用昏，故經典多止作昏字。"（十三經注疏本《禮記·昏義》阮元校勘記："按昏字，毛本及衛氏集說與此本同，各本並作昏，與石經同……按作昏是也。《説文》云，從日氐省。"）可知因先秦婚禮多在黃昏進行，故稱"昏禮"。隋王通《中説·魏相篇》："既冠讀冠禮，將婚讀婚禮，居喪讀喪禮，既葬讀祭禮，朝廷讀賓禮，軍旅讀軍禮。故君子終身不違禮。"宋歐陽修《詩本義·摽有梅》："古者婚禮不自爲主，人求我庶士，非男女自相求。"《明史·李善長傳》："初訂婚禮，公主修婦道甚肅。"近現代以來，"婚禮"多指結婚儀式。

【昏禮】

同"婚禮"。此體先秦時期已行用。見該文。

婚姻

亦作"昏姻"，亦稱"姻媾"。由男女到一起生活形成的合法結合。中國古代以女方嫁入男方家庭爲主，極少數爲男方入贅女方家庭。女家之父爲婚，男家之父爲姻。兩家父母互稱婚姻。此稱先秦時期已行用。按，先秦多稱"昏姻"，以結婚多在黃昏時進行，故用"昏"字。《禮記·樂記》："昏姻冠笄，所以別男女也。"《左傳・文公二年》："凡君即位，好舅甥，脩昏姻，娶元妃以奉粢盛，孝也。"張衡《東京賦》"天子乃以三揖之禮禮之"李善注："《周禮》曰：'王揖庶姓，時揖異姓，天揖同姓。'鄭玄曰：'……異姓，昏姻也。時揖，平推手也。'"《詩・陳風・東門之楊》毛序："刺時也。昏姻失時，男女多違，親迎女猶有不至者也。"《周禮・春官・大宗伯》"以昏冠之禮親成男女"唐賈公彥疏："昏姻之禮，所以親男女，使男女相親。三十之男、二十之女配爲夫妻是也。"清仇兆鰲《杜詩詳注》卷二五錄《唐故范陽太君盧氏墓誌》："而某等凤遭内艱，有長自太君之手者，至於昏姻之禮，則盡是太君主之。"秦漢以後多以"婚"代"昏"。《說文・女部》："婚，歸家也。"又："姻，壻家也。女之所因，故曰姻。"《釋名・釋親》："婦之父爲婚。"又："壻之父爲姻。"《爾雅・釋親》："壻之父爲姻，婦之父爲婚。……婦之父母、壻之父母，相謂爲婚姻。"《儀禮・士昏禮》："若不親迎，則婦入三月然後壻見，曰：某以得爲外昏姻，請覿。"鄭玄注："女氏稱昏，壻氏稱姻。"《後漢書・蔡邕傳》："初，朝議以州郡相黨，人情比周，乃制婚姻之家及兩州人士不得對相監臨。"晉潘岳《懷舊賦》："予十二而獲見于父友東武戴侯楊君，遂申之以婚姻。"《晋書・賈充傳》："俄而侍宴，論太子婚姻事，〔荀〕勖因言〔賈〕充女才質令淑，宜配儲宫。"《北齊書・斛律金傳》："〔帝〕因謂〔斛律〕金曰：'公元勳佐命，父子忠誠，朕當結以婚姻，永爲蕃衛。'"《北史・盧仲義傳》："〔盧〕崇兄弟官雖不達，婚姻常與〔盧〕玄家齊等。"《隋書・高祖紀》："正父子君臣之序，明婚姻喪紀之節。"《唐律疏議・户婚》："'知而共爲婚姻者'，謂妻父稱婚，婿父稱姻，二家相知是服制之内，故爲婚姻者，各減罪五等。"金董解元《西厢記諸宫調》卷八："你可三思：姻婚良賤，明存着法律，莫粗疏。"元王實甫《西厢記》第二本第二折："自寺中一見了小姐後，不想今日得成婚姻，豈不爲前生分定？"元謝應芳《新親賀七夕劄子》二首之二："月老檢書，久訂婚姻之約。"《國色天香・龍會蘭池録》："〔蔣〕世隆疑其羅敷，語，實乃女子，約爲婚姻，乃偕入浙。"又同書《劉生覓蓮記》："姻媾之好，今宵親訂。"《醒世恒言・獨孤生歸途鬧夢》："那白行簡的兒子叫做白長吉，是個凶惡勢利之徒，見退叔家道窮了，就要賴他的婚姻，將妹子另配安陵富家。"《警世通言・王嬌鸞百年長恨》："倘於定省之間，即議婚姻之事，早完誓願，免致情牽。"清錢泳《履園叢話・鬼婚》："蓋兩家子女長成又欲爲婚姻，已有成説也。"《蜃樓志》第六回："幸婚媾已成，攀援有自。"《桃花女》第一〇回："這是婚姻大事，也要兩家情願。"

【昏姻】

同"婚姻"。此體先秦時期已行用。見該文。

【姻媾】

即婚姻。此稱明代已行用。見該文。

指腹爲婚

亦稱"指腹爲親"。兩家女人尚在孕期，即約定若生一男一女，則此兒女將來長大後結爲婚姻之婚俗。此稱南北朝時期已行用。漢代此現象未必普遍，但已有之。典出《後漢書・賈復傳》："復傷創甚，光武大驚曰：'……失吾名將！聞其婦有孕，生女邪，我子娶之；生男邪，我女嫁之。不令其憂妻子也。'"南北朝時，此俗已流行，并有了此稱。《南史·韋放傳》：“初，放與吳郡張率皆有側室懷孕，因指爲婚姻。其後各産男女，未及成長而率亡，遺嗣孤弱，放常贍恤之。及爲北徐州時，有貴族請昏者，放曰：‘吾不失信於故友。’乃以息岐娶率女，又以女適率子。”《北史·王慧龍傳》：“尚書盧遐妻崔浩女也。初，〔王〕寶興母及遐妻俱孕，浩謂曰：‘汝等將來所生，皆我之自出，可指腹爲親。’及昏，浩爲撰儀，躬自監視，謂諸客曰：‘此家禮事，宜盡其美。’”按，王寶興母爲崔浩弟崔恬之女，故崔浩稱指腹爲婚爲“家禮事”。宋人對此俗頗有指摘。宋應俊《琴堂諭俗編·重婚姻》引司馬光語云：“世俗好於繦褓童幼之時輕許爲婚，亦有指腹爲婚者。及其既長，或不肖無賴，或有惡疾，或家貧凍餒，或喪服相仍，或從宦遠方，遂至棄信負約，速獄致訟者多矣。”故至明代猶有其議。明丘濬《大學衍義補》卷五〇：“臣按：司馬光此言非但昏娶不可太蚤，而聘定亦不可太蚤。朝廷宜定爲中制，以爲禁令，是亦可以厚風俗，息争訟。”所謂争訟，確實存在。《江南通志·人物志·列女（義烈三）》：“施之濬妻徐氏，字領姑，宣城人，與施氏指腹爲婚。或嗾湯一泰欲強委禽焉，徐不受，促濬完婚，湯訟之。”湯一泰提起訴訟，可見指腹爲婚其時或被視爲於法無據。然世俗仍視指腹爲訂婚，即使男女雙方并未舉行婚禮，仍算有了婚約。《紅樓夢》第六四回：“我老娘在那一家時，就把我二姨兒許給皇糧莊頭張家，指腹爲婚。”按，書中尤二姐與張華係指腹爲婚、長大後未曾舉行婚儀，而第六八回稱張華爲尤氏老娘的女婿：“女婿現在才十九歲，成日在外賭博，不理世業。”并且因未解除婚約而成

爲張華告狀的理由。《風柳情》第二七回：“此女並未受過他人聘定以及指腹、割襟、换杯、過房、承繼情事。”

【指腹爲親】

即指腹爲婚。此稱南北朝時期已行用。見該文。

作伐

喻作媒。此稱清代已行用。此俗起源甚早。典出《詩·豳風·伐柯》：“伐柯如何？匪斧不克。取妻如何？匪媒不得。”大意爲砍伐柯木没有斧子不行，男女結好没有媒人不行。後世用此典喻媒人作媒。元謝應芳《納采道日劄子》：“伐柯以斧，言當納采之時，差穀有書，喜得用柔之日。”《蜃樓志》第五回：“必元是勢利之徒，與富翁結親，希圖陪嫁，忙浼了一位鹽政廳呂公作伐。”《鏡花緣》第九四回：“那時雖有許多媒人來替闈臣作伐，林氏同女兒商議，闈臣是要等父親回來隨父親做主，林氏只得把媒人回了。”此稱近現代猶行用。近人惲毓鼎《澄齋日記·光緒廿九年癸卯》正月初九：“丁筱村自保定來，面議姻事（余作伐，以效曾丈之次女字之）。”

草帖子

亦稱“草地脚”“草八字”。議親時書有男方或女方生辰八字之類内容的帖子。因事情尚不確定，故名。古時兩家議親，先由媒人以紅箋書男庚致女家，女家同意後即發女庚，以備卜吉，俗謂此時之庚書爲“草帖子”；婚姻確定後，纔正式下定帖。此稱宋代已行用。宋孟元老《東京夢華録·娶婦》：“凡娶媳婦先起草帖子，兩家允許，然後起細帖子，序三代名諱，議親人，有服親、田産、官職之類。”宋吳自牧

《夢粱録·嫁娶》:"婚娶之法,先憑媒氏,以草帖子通於男家,男家以草帖問卜,或禱籤,得吉無咎,方回草帖。"清光緒二十四年(1898)《杭州府志·風俗二》:"議婚之初,女家有草八字,男家有草地脚,即草帖子也……互相求籤問卜,吉則成,否則互還所送之帖,另議婚焉。"

【草地脚】

男方所寫草帖子。此稱清代已行用。見該文。

【草八字】

女方所寫草帖子。此稱清代已行用。見該文。

定帖

亦稱"細帖子"。嫁娶時男女雙方交換的訂婚文書。其中詳細開列家庭、本人及有關婚儀的各項事宜。此稱宋代已行用。宋孟元老《東京夢華録·娶婦》:"凡娶媳婦,先起草帖子,兩家允許,然後起細帖子,序三代名諱,議親人,有服親、田産、官職之類。"宋吳自牧《夢粱録·嫁娶》:"婚娶之法,先憑媒氏,以草帖子通於男家……然後過細帖,又謂定帖。帖中序男家三代官品、職位、名諱、議親,第幾位男,及官職、年甲月日時生,父母或在堂,或不在堂,或書主婚何位尊長,或入贅,明開將帶金銀、田土、財産、宅舍、房廊、山園,俱列帖子内。"又:"女家回定帖,亦如前開寫……其伐柯人兩家通報,擇日過帖,各以色綵襯盤,安定帖送過,方爲定論。"胡樸安《中華全國風俗志·下編·浙江》記杭州風俗:"先憑媒氏以草帖子通於男家,男家以草帖問卜或禱簽,得吉無咎,方回草帖。亦卜吉,媒氏通音,然後通細帖,又謂定帖。"

【細帖子】

即定帖。因帖中内容較詳細,故稱。此稱宋代已行用。見該文。

【吉帖】

即定帖。亦稱"允帖"。特指女方表示允婚,回復男方的喜帖。此稱明代已行用。明朱權《荆釵記·議親》:"近聞得賢郎堂試魁名,貢元不勝之喜,今着老夫送吉帖到宅,望乞安人允就,不必推辭。"又《受釵》:"交了年庚吉帖,就有禮物登門。"《初刻拍案驚奇》卷一○:"〔太守〕問道:'你聘金家女兒,有何憑據?'程元道:'六禮既行,便是憑據了。'……又道:'你媳婦的吉帖拿與我看。'程元道:'一時失帶在身邊。'"近現代又稱"允帖"。其帖式通常有幾句客套話。民國二十三年(1934)《偃師縣風土志略》云:"若男女之家父母皆無他説,則擇吉交換允帖。其帖式,男曰:'不揣固陋,妄攀名門,倘蒙金諾,昌勝雀躍。'女曰:'敬接冰語,聯姻高門,幸蒙俯允,昌勝忭舞。'"

【允帖】

即吉帖。此稱近現代已行用。見該文。

【庚帖】

即定帖。女方允婚,回復男方,寫着姓名及生辰八字的紅紙帖子。因其載有年庚,故名。此稱元代已行用。《金瓶梅詞話》第三七回:"因問道:'是誰家的女子?問他討個庚帖兒來我瞧。'"明湯顯祖《牡丹亭·冥誓》:"杜麗娘小字有庚帖,年華二八,正是婚時節。"清閻若璩《與石企齋書》:"納采、問名二禮雖備,尚在未定之天。古禮如此,不可以今日討庚帖便算繩之。"然有些地方抑或有不用庚帖者。清雍正十三年(1735)《陝西通志·風俗》:"婚女家許允，男家同媒妁擇吉，衣冠拜女之先祖及女之父母。女家待酒，終無改易，無婚啓庚帖。”而多數地方有之。《紅樓夢》第七二回：“前兒官媒拿了庚帖來求親，太太還説老爺才來家，每日歡天喜地的説骨肉完聚，忽然提起這事，恐老爺又傷心，所以且不叫提起。”《蜃樓志》第六回：“〔萬魁〕身邊取出紅緞庚帖，包着雙鳳銜珠金釵一股，遞與仲翁轉送匠山。”近現代仍見此俗。1923 年 6 月 26 日《民國日報》載《吳佩孚向張紹曾退親》：“洛陽吳巡閲使（佩孚）於日前特派遲雲鵬至津，携帶原與張紹曾長女訂婚庚帖全份，令遲往見張氏，當面璧還（遲爲吳張訂婚之大媒）。”

【喜帖】

即庚帖。以婚嫁爲喜事，故稱。此稱明代已行用。按，此稱宋代以來本指中進士報喜之帖，《續資治通鑑長編·宋仁宗天聖九年》言契丹制度：“三歲一試進士，貢院以二寸紙書及第者姓名給之，號‘喜帖’。”明以後藉爲議定婚姻之帖。《歡喜冤家》第七回：“只見媒婆與一小使，捧一盒子進來。媒婆道：‘大娘子好造化，一説一成。送聘金三十兩與潘阿大，明晚好日，便要過門。’潘玉夫妻歡喜，寫個喜帖，出了年庚，各自别去。”《大明奇俠傳》第一五回：“文正……答道：‘卑職得世兄爲婿，真是喜出望外，但小女性直，恐過門不睦，反爲不美。既如此見愛，卑職允親便了。’包成道：‘既蒙見允，望即書一庚帖爲之。趁張大人在此，一言爲定了。’……左右是伺候現成的，忙捧上大紅喜帖、文房四寶道：‘請老爺寫。’”近現代以來又多指邀請參加婚禮的請帖。

【婚帖】

即庚帖。此稱明代已行用。《金瓶梅詞話》第九七回：“薛嫂子送花兒來，袖中取出個婚帖兒來。”《二十年目睹之怪現狀》第三四回：“無論他出身微賤，總是明媒正娶的……有他的禮書、婚帖在這裏。”

【鸞書】

“庚帖”之雅稱。鸞爲傳説中雄雌成雙配對的神鳥，古人常將其與鳳凰一樣，比喻夫婦，因稱。此稱明代已行用。明孟稱舜《張玉娘貞文醑》：“道是王家的，央了縣裏大爺，親把鸞書來送。”清光緒八年（1882）《應城縣志》：“初議婚，媒以描金鸞鳳朱紙書男女生年月日，謂之‘鸞書’。”清盛昱《雪屐尋碑録》卷一五集録《孝淑皇后曾祖父母碑》：“德冠六宮，沛渥典於鸞書；恩加四世，既剖信圭而錫爵。”

婚書

亦稱“全帖”“婚約”。訂婚的文約。多用紅紙書寫。此稱唐代已行用。指男家致書女家請求確訂婚約，女家亦具文約答復允婚。《唐律疏議·户婚》：“諸許嫁女，已報婚書及有私約，而輒悔者，杖六十。疏議曰：許嫁女已報婚書者，謂男家致書禮請，女氏答書許訖。”宋秦觀《淮南集》卷三七有《婚書》文數篇。明清時“婚書”又稱“全帖”“婚約”。《初刻拍案驚奇》卷一〇：“〔金朝奉〕便取出一幅全帖，上寫着道：‘立婚約金聲，係徽州人。生女朝霞，年十六歲，自幼未曾許聘何人。今有台州府天台縣儒生韓子文，禮聘爲妻，實出兩願。自受聘之後，更無他説……’”又：“再央一個鄉官，在太守處説了人情，婚約一紙，只須一筆勾消。”又：“子文就開拜匣，取了婚書、吉帖與那頭，一同的望着典鋪中來。"《國色天香·龍會蘭池録》："乃行大禮。其婚書則同年友、榜眼仇萬頃所製。"《警世通言·王嬌鸞百年長恨》："曹姨道：'二位賢甥，既要我爲媒，可寫合同婚書四紙，將一紙焚於天地，以告鬼神；一紙留於吾手，以爲媒證；你二人各執一紙，爲他日合巹之驗。'"《儒林外史》第一四回："現今丫頭已是他拐到手了，又有這些事，料想要不回來，不如趁此就寫一張婚書，上寫收了他身價銀一百兩。"清錢泳《履園叢話·鬼婚》："乃寫婚書一紙，與楮錢同焚之。"清紀昀《閱微草堂筆記·姑妄聽之三》："其父早年與一友訂婚姻，一諾爲定，無媒妁，無婚書庚帖，亦無聘幣，然子女則並知之也。"清代以後抑或婚書與庚帖相混淆，并不兩出。清嘉慶十七年（1812）《江安縣志》："故媒妁傳言，主人具書曰：'伏承不鄙，許以令愛覛室某之子某。兹有先人之禮，謹專人納采，因以問名，敢請令愛爲誰氏出，及所生年月日，將以告之先人。'女家以書告於祖祠，覆書曰：'伏承不棄，擇某之第幾女作配幾令嗣，敢不拜從。謹具所出及生年月日如別幅。'此俗所謂婚書庚帖也。"現代又指結婚證。

【全帖】

即婚書。此稱明代已行用。見該文。

【婚約】

即婚書。此稱明代已行用。見該文。

報板

爲防止悔婚，女家受聘禮的當日，其父兄及在場者寫下姓名以作憑證的木板。須將其回報於男方。此稱晋代已行用。晋葛洪《抱朴子·弭訟》："壻小不得意，便得改悔，結離速

禍，莫此之甚矣！羲人畫法，盧關終始，杜漸防萌，思之精良，而不關恣奪之路，斷以報板之制者，殆有意乎！"又："可使女氏受聘，禮無豐約，皆以即日報板，後皆使時人署姓名於別板，必十人已上，以備退行及死亡。"清陸以湉《冷廬雜識·釀錢啓》録沈芝岩之文："姻聯白建，喜得勝流；緣合老人，即期報板矣。"

納采

男方請媒妁往女方議婚，女方初步應允，男方因其作出選擇而送上禮物的婚俗。這是婚禮第一步。此稱先秦時期已行用。按周禮，納采以雁爲禮，後世多沿襲，然禮物隨時代不同亦有所變化。《儀禮·士昏禮》："昏禮，下達納采用鴈。"鄭玄注："將欲與彼合昏姻，必先使媒氏下通其言，女氏許之，乃後使人納其采擇之禮。納采而用鴈爲摰者，取其順陰陽往來。"賈公彦疏："言納者，恐女氏不受，若《春秋》納納之義。若然，納采言納者，以其始相采擇，恐女家不許，故言納。"《詩·邶風·匏有苦葉》"匏有苦葉，濟有深涉"鄭玄箋："瓠葉苦，而渡處深，謂八月之時，陰陽交會，始可以爲昏禮，納采問名。"《通典·禮十八》："納采用鴈，謂始語言，采擇可不。"清戴震《〈詩·摽有梅〉解》："而衞詩曰：'士如歸妻，迨冰未泮。'言自納采至親迎，節次非可驟施，從容用禮然。"《禮記·昏義》"昏禮，納采、問名、納吉、納徵、請期"孔穎達疏："采謂采擇之禮，故昏禮下達。納采用鴈，謂使媒氏下通其言，女許之，然後納采。"《漢書·王莽傳上》："〔王〕莽白願見女，太后遣長樂少府宗正尚書令納采，見女，還奏言：公女漸漬德化，有窈窕之容，宜承天序、奉祭祀。"漢班固《白虎通·嫁娶》："納采

辭曰：'吾子有惠貺，貺室某某。有先人之禮，使某也請納采。'"納采禮行，婚事乃正。唐代某郡守被責强娶下屬之女，然其有納采禮在先，乃免於責。唐白居易《得甲爲郡守部下漁色御史將責之辭云，未授官已前納采》："甲既榮爲郡，且念宜家禮，未及於結褵，責已加於執憲。求娶於本部之内，雖處嫌疑；訂婚於授官之前，未爲縱欲。況禮先納采，足明嬿婉之求；聘則爲妻，殊非强暴之政。"《宋史·禮志十八》載王公婚禮："其諸王以下納采，賓曰：某官以伉儷之重，施於某王（某官謂主人，某王謂壻）；某王率循彝典，以某將事，敢請納采（某王謂壻父，某謂賓）。"元謝應芳《袁與陸三幅啓》："薄言納采，厚望包荒。"

問名

通過媒妁問女方的母親姓氏，以合同姓不婚習慣之婚俗。這是婚禮第二環節。後世演化爲問女方姓名、年庚，并按迷信方法卜其生辰八字，看男女命中相生相尅情形。此稱先秦時期已行用。《穀梁傳·莊公二十二年》："禮有納采，有問名，有納徵，有告期，四者備而後娶，禮也。"《禮記·昏義》"昏禮，納采、問名、納吉、納徵、請期"孔穎達疏："問名者，問其母所生之姓名，故昏禮云爲誰氏，言女之母何姓也。"《藝文類聚》卷四〇引漢郭興《婚禮謁文》："問名，謂問女名，將歸卜之也。"《儀禮·士昏禮》"下達納采用鴈"賈公彦疏："言納者，恐女氏不受，若《春秋》納幣之義。……問名不言納者，女氏已許，故不言納也。"唐吳兢《貞觀政要·禮樂》："市朝既遷，風俗陵替，……名不著於州閭，身未免於貧賤，自號高門之冑，不敦匹嫡之儀，問名惟在於竊貲，

結褵必歸於富室。"《通典·禮十八》："問名用鴈，謂問女名目，將卜之也。"此俗自宫廷至民間皆如此。清惲敬《駁朱錫鬯書楊太真外傳後》："唐制納后，凡納采、問名、納吉、納徵，皆下制書，非册也……皇太子、親王納妃亦然。"清王韜《淞隱漫録·李韵蘭》："及長，姿容秀逸，豐致娉婷，見者無不爲之神移志奪，遠近問名者踵至。"

納吉

男方問名、合八字後，將卜婚的吉兆通知女方，并送禮表示要訂婚的禮儀。這是婚禮第三個環節。此稱先秦時期已行用。《公羊傳·文公二年》"三年之内不圖婚"漢何休注："僖公以十二月薨，至此未滿二十五月，又禮先納采、問名、納吉，乃納幣，此四者皆在三年之内，故云爾。"《儀禮·士昏禮》："納吉用鴈，如納采禮。"鄭玄注："歸卜於廟，得吉兆，復使使者往告，婚姻之事於是定。"《禮記·昏義》"昏禮，納采、問名、納吉、納徵、請期"孔穎達疏："納吉者，謂男家既卜得吉與女氏也。"《藝文類聚》卷四〇引漢郭興《婚禮謁文》："納吉，謂歸卜吉，往告之也。"《儀禮·士昏禮》"下達納采用鴈"賈公彦疏："納吉言納者，男家卜吉，往與女氏，復恐女家翻悔不受，故更言納也。"《通典·禮十八》："納吉用鴈，謂卜得吉，往告之也。"此俗自宫廷至民間皆如此。清惲敬《駁朱錫鬯書楊太真外傳後》："唐制納后，凡納采、問名、納吉、納徵，皆下制書，非册也……皇太子、親王納妃亦然。"

納徵

亦稱"納幣"。男家在納吉之後，將幣帛等貴重彩禮送給女家，納幣以成婚禮之俗。這是

婚禮的第四個環節。此稱先秦時期已行用。《儀禮·士昏禮》："納徵，玄纁、束帛、儷皮，如納吉禮。"鄭玄注："徵，成也。使使者納幣以成昏禮。用玄纁者，象陰陽備也。束帛，十端也。"又"昏禮，下達納采用鴈"賈公彥疏："納采用鴈者，昏禮有六，五禮用鴈，納采、問名、納吉、請期、親迎是也；唯納徵不用鴈，以其自有幣帛可執故也。"《禮記·曾子問》："昏禮既納幣，有吉日，女之父母死，則如之何？"又《昏義》"昏禮，納采、問名、納吉、納徵、請期"孔穎達疏："納徵者，納聘財也。徵，成也，先納聘財而後昏成。《春秋》則謂之納幣。……唯納徵無鴈，以有幣故。其餘皆用鴈。"漢班固《白虎通·嫁娶》："納徵辭曰：'吾子有加命，貺室某也。有先人之禮，儷皮、束帛，使某請納徵。'"《藝文類聚》卷四〇引漢郭興《婚禮謁文》："納徵，用束帛徵成也。"《通典·禮十八》："納徵用束帛。徵，成也，謂婚姻禮成也。"《明史·禮志九》："納徵用玄纁、束帛、六馬、穀圭等物。制詞曰：'兹聘某官某女爲皇后，命卿等持節行納吉納徵告期禮。'"

【納幣】

即納徵。此稱先秦時期已行用。見該文。

請期

亦稱"擇日"。女方允婚後，男方派人向女方詢問迎娶日期之俗。這是婚禮的第五個環節。此稱先秦時期已行用。《禮記·昏義》"昏禮，納采、問名、納吉、納徵、請期"孔穎達疏："請期者，謂男家使人請女家以昏時之期。請者，謙敬之辭，示不敢自專也。"《儀禮·士昏禮》"下達納采用鴈"賈公彥疏："言納者，恐女氏不受，若《春秋》納納之義。……請期、

親迎不言納者，納幣則昏禮已成，女家不得移改，故皆不言納也。"《通典·禮十八》："請期用鴈，娶婦日也。"後世或合并婚禮環節。《宋史·禮志十八》："士庶人婚禮，并問名於納采，并請期於納成。"明黃佐《泰泉鄉禮·鄉禮綱領》："凡昏禮，古有問名、納采、納吉、納徵、請期、親迎六節，今隨俗省略，惟行納采、納徵、請期、親迎。"宋元以後，"請期"又稱作"擇日"。元謝應芳《問名道日劄子》："月老檢書，幸自天而作合；星翁視曆，敢擇日以尋盟。"《紅樓夢》第六六回："又説起親事一節，凡一應東西皆置辦妥當，只等擇日。"《儒林外史》第二七回："到明日，拿四樣首飾來，仍舊叫我家堂客送與他，擇個日子就抬人便了。"

【擇日】

即請期。此稱元代已行用。見該文。

吉日

亦稱"吉期"。舉行婚禮的日期。此稱先秦時期已行用。古時吉日須經占卜來確定，近現代以來則往往選擇氣候溫和的雙數日期。《儀禮·士昏禮》："請期，曰：'吾子有賜，命某既申受命矣。惟是三族之不虞，使某也請吉日。'"賈公彥疏："吉日者，今將成昏，須及吉時，但吉凶不相干，若值凶不得行吉禮。故云惟是三族死生不可億度之事。"又："請期用鴈"鄭玄注："期日宜由夫家來也。夫家必先卜之得吉日，乃使使者往。"賈公彥疏："婿之父使使納徵訖，乃下卜婚月，得吉日，又使使往女家告日，是期由男家來。"《禮記·曾子問》："昏禮既納幣，有吉日，女之父母死，則如之何？"鄭玄注："吉日，取女之吉日。"元佚名《桃花女》第三折："（正旦唱）他揀定這黑道的凶

辰，帶云我將這净席呵，唱與他換過了黃道的吉日。"《初刻拍案驚奇》卷一〇："擇個吉日，就要成親。"又卷一三："過了兩月，又近吉日，却又欠迎親之費。"《喻世明言·滕大尹鬼斷家私》："太守大喜。講定財禮，討皇曆看個吉日，又恐兒子阻擋，就在莊上行聘，莊上做親。"《金瓶梅詞話》第一七回："也不消你行聘，擇個吉日良辰，招你進來入門爲贅。"《三國演義》第一六回："若復遠擇吉期，或竟乘我良辰，伏兵半路以奪之，如之奈何？"清蒲松齡《聊齋志異·神女》："公子辭而出，曰：'明夜七月初九，新月鈎辰，天孫有少女下嫁，吉期也，可備青廬。'"《品花寶鑒》第三九回："到了吉期，自有梅宅家人料理，備了兩桌酒，一席送顔夫人，一席待媒人。"清道光八年（1828）《清澗縣志》："將娶，延女家長幼，訂吉期，謂之議話。"胡樸安《中華全國風俗志·下編·奉天》："大定後，或一年，或二年，男家議娶。即擇吉日兩個，一過禮，一娶期。"

【吉期】

即吉日。此稱先秦時期已行用。見該文。

【周堂】

即吉日。婚嫁所選良辰吉期。一般由陰陽生選定。此稱明代已行用。明葉憲祖《夭桃紈扇》第五折："（旦）莫不是算夫宮命不齊？莫不是數周堂時不利？"《警世通言·宋小官團圓破氈笠》："劉翁往陰陽生家選擇周堂吉日，回復了媽媽，將船駕回昆山。"《彙評證道西遊記》第九四回："正臺陰陽官奏道：'婚期已定本年本月十二日。壬子辰良，周堂通利，宜配婚姻。'"《韓湘子全傳》第三回："元自虛翻來覆去，看不出一個好日子來，只得嘆一口氣道：

'這二月十三日雖是個神仙日，犯著孤鸞寡宿，却合得周堂，且寫去與韓家，但憑他自作主張罷。'"《黑籍冤魂》第一五回："下月初二，也是個周堂，但於營造不甚合宜，有個大將軍在方位上。"《紅樓復夢》第四五回："夢玉同梅解元正在暢談，見薛蝌出來指著笑道：'真是造化，合了周堂，後天是婚嫁吉日，就娶竺姑娘過來，請姑丈在這兒做主婚。'"

字人

省稱"字"。女子許嫁的代稱。先秦同姓不婚，女子許婚即以己姓配於夫姓之後，故稱。此稱先秦時期已行用。此禮在納徵禮之後。《儀禮·士昏禮》："女子許嫁，笄而醴之，稱字。"鄭玄注："許嫁，已受納徵禮也。"漢班固《白虎通·姓名》："思慮定，故許嫁，笄而字，故禮經曰：女子十五許嫁，笄禮之，稱字之。婦姓以配字何？明不娶同姓也。"清袁枚《續子不語·天后》："林遠峰曰：天后聖母，余二十八世祖姑母也。未字而化，靈顯最著。"清沈起鳳《諧鐸·屏角相郎》："〔緗珀〕年及笄，母氏將字之。"《梅蘭佳話》第一一段："今蘭氏已別字他人，我欲再說親事，必須才貌雙絶。"《蜃樓志》第一六回："聞得令愛待字閨中，我意欲替施大舅求親，未知尊意允否？"清王韜《淞隱漫録·華璘姑》："眉史固未議聘，而聞璘姑亦未字人。"

【字】

"字人"之省稱。此稱先秦時期已行用。見該文。

待字

亦稱"待聘"。女子到了婚嫁年齡，等待婚聘之稱。因婚後己姓隨夫姓，故稱。此稱唐代已行用。清汪鋆《十二硯齋金石過眼録》卷一四録唐代《米氏女墓誌銘》："長及笄年，未娉待字。"清陳維崧《賀毛大可新納姬人序》："鳴蟬薄鬂，齡宛宛以初笄；墮馬斜鬢，歲盈盈而待字。"清蒲松齡《聊齋志異・鴉頭》："〔王文〕問：'麗者何人？'趙〔東樓〕曰：'此媪次女，小字鴉頭，年十四矣。纏頭者屢以重金啖媪，女執不願，致母鞭楚，女以齒稚哀免。今尚待聘耳。'"清汪琬《醜女賦》："嗚呼噫嘻！此豈未笄之子、寡居之婦，待聘而往、守貞而處者邪？"川劇《江油關》第四場："只望兒待字成人後，弄玉吹簫引鳳樓。"

【待聘】

即待字。此稱清代已行用。見該文。

親迎

新婿親往女家迎娶新娘的儀式。通常是男家將婚期通知女家後，到成婚日，由新郎親往女家迎接新娘，或由男家派迎親隊伍迎娶，新郎在家等候。爲婚禮第六個環節。此稱先秦時期已行用。《通典・禮十八》："夏親迎於庭，殷於堂。周制，限男女之歲，定婚姻之時，親迎於户，六禮之儀始備。"《禮記・曾子問》："曾子問曰：'親迎女在塗，而婿之父母死，如之何？'"《詩・齊風・著序》："刺時也，時不親迎也。"鄭玄箋："時不親迎，故陳親迎之禮以刺之。"《儀禮・士昏禮》："若不親迎，則婦入三月然後婿見。"《宋書・禮志一》："孝武納王皇后，……其納采、問名、納吉、請期、親迎，皆用白鴈白羊各一頭，酒米各十二斛。"宋范祖禹《論立后上太皇太后》："大昏既至，冕而親迎，親之也。"《周易・咸》"男下女"孔穎達疏；"婚姻之義，男先求女，親迎之禮、御輪三周皆

是。"孔包注："艮男居兑女之下，故曰男下女，所謂男先求于女也，親迎、御輪前導，皆此意也。"婚禮中的六禮，迎親是極重要一環，故歷代相沿，而其他環節或有省略。清汪中《女子許嫁而婿死從死及守志議》："女子之嫁，其禮有三：親迎也、同牢也、見舅姑也。若夫納采、問名、納吉、納徵、請期，固六禮與？然是禮所由行也，非禮所由成也。"

【迎親】

即親迎。此稱漢代已行用。《藝文類聚》卷四〇引漢郭興《婚禮謁文》："請期，請吉日，將迎親，謂成禮也。"宋吳自牧《夢粱録・嫁娶》："至迎親日，男家刻定時辰，預令行郎，各以執色如花瓶、花燭、香球、沙羅洗漱、妝合、照臺、裙箱、衣匣、百結、青凉傘、交椅，授事街司等人，及顧借官私妓女乘馬，及和僱樂官鼓吹，引迎花簷子或粽簷子藤轎，前往女家，迎取新人。"《東周列國志》第九回："僖公曰：'吾已親口許下自往送親，安可失信？'説猶未畢，人報魯侯停駕謹邑，專候迎親。"《初刻拍案驚奇》卷一三："過了兩月，又近吉日，却又欠迎親之費。"

小定

初步約定婚姻的聘禮，即男家送給女家作爲初步定禮的禮金或飾物。小定禮物較簡約，多爲簪環、戒指等。此稱宋代已行用。宋孟元老《東京夢華録・娶婦》："或下小定、大定，或相媳婦與不相。"明顧起元《客座贅語・禮制》："今留都初締姻，具禮往拜女家，曰'謝允'；次具儀，曰'小定'。"《天雨花》第三回："因先人貪他富豪，結下姻親，去年下了小定，花紅酒禮，約費百金而已。"清昭槤《嘯亭

雜録·滿洲嫁娶禮儀》："男家主婦至女家問名，相女年貌，意既洽，贈如意或釵釧諸物以爲定禮，名曰小定。"直到民國時期，進入訂婚階段，先是下小定，"婚姻經過'小定'始能正式成立"（民國二十三年《萬全縣志》）。

大定

男女雙方議婚，男方在下完"小定"的初始聘禮後，再次送女方之彩禮，以示婚姻最終確立。此稱宋代已行用。宋孟元老《東京夢華録·娶婦》："或下小定、大定，或相媳婦與不相。"近人胡樸安《中華全國風俗志·下編·奉天》："小定之後，即擇吉大定。除各禮外，有匣子二隻，一裝庚帖，一裝銀，計女一歲銀一兩。"

定禮

亦稱"定物""定錢"。確定婚姻的聘禮。古人訂婚或分小定、大定，抑或二者混淆爲一，所謂定禮即是。此稱魏晋時期已行用。南朝宋劉義慶《世説新語·假譎》："晋時溫嶠北征劉聰，得玉鏡臺一枚。從姑有女，囑代覓婚，溫密有自婚意，遂下玉鏡臺作爲定禮。"宋吳自牧《夢粱録·嫁娶》："既已插釵，則伐柯人通好，議定禮，往女家報定。"金董解元《西廂記諸宫調》卷六："相公的嬌女許我作新郎，這事體你尋思，定物終須要。"元曾瑞卿《留鞋記》第一折："姐姐，我去便去，則是把什麼做定禮那？"因作爲定禮的物品均可折算作錢數，故亦稱之爲定錢。《醒世姻緣傳》第七二回："媒婆道：'你可同着我留下定錢。'周龍皋從袖子裏掏出來了兩方首帕，兩股釵子，四個戒指，一對寶簪，遞與媒婆手内。媒婆轉遞與孫氏道：'請收下定禮。'"《醒世恒言·鬧樊樓多情周勝

僊》："兩下説成了，下了定禮，都無別事。"《清平山堂話本·合同文字記》："李社長對劉添祥説：'我有個女兒，劉二哥求做媳婦，就今日説開。'劉大言：'既如此，選個吉日良辰下些定禮。'"《紅樓夢》第六六回："你我一言爲定。只是我信不過二弟，你是萍踪浪迹，倘然去了不來，豈不悞了人家一輩子的大事？須得留一個定禮。"又："定者，定也；原怕返悔，所以爲定。豈有婚姻之事，出入隨意的？這個斷乎使不得。"《二十年目睹之怪現狀》第五二回："我家姑娘頭回定親的時節，受了他家二十弔錢定禮。"

【定物】

即定禮。此稱金代已行用。見該文。

【定錢】

即定禮。此稱清代已行用。見該文。

【紅定】

即定禮。因訂婚的聘禮多有紅色飾物，或以紅布包裹，故稱。此稱宋代已行用。《雍熙樂府》卷一一録《新水令·念遠》："你本是秋水無塵，我本是美玉無瑕。十字爲媒，又不圖紅定黃茶。"元佚名《鴛鴦被》第三折："當初也無紅定，無媒證。"元康進之《李逵負荆》第一折："纔此這杯酒是肯酒，這褡膊是紅定，把你這女孩兒與俺宋公明哥哥做壓寨夫人。"元王實甫《西廂記》第二本第二折："憑着你滅寇功，舉將能，兩般兒功效如紅定。"明陳汝元《金蓮記·小星》："既荷玉成，須將紅定；早備洞房花燭，更催雕輦笙簫。"《兒女英雄傳》第二六回："這兩匣子就是紅定，莫非那長些的匣子裏裝的是尺頭，短些的裏放的是釵釧？"

繳擔紅

訂婚時被纏以花形紅彩的禮擔。男方將送與女方禮物的擔子纏上紅綢，以營造喜慶氣氛，故名。此稱宋代已行用。宋孟元老《東京夢華錄·娶婦》："凡娶媳婦……以花紅繳擔上，謂之繳擔紅，與女家。"按，"檐"應爲"擔"之誤。宋吳自牧《夢粱錄·嫁娶》記載，富裕人家，定禮中除金銀首飾、緞匹、茶餅及雙羊外，還有"以金瓶酒四尊或八尊，裝以大花銀方勝，紅綠銷金酒衣簇蓋酒上，或以羅帛貼套花爲酒衣，酒擔以紅綵繳之"。擔酒成訂婚必有之禮儀。《金屋夢》第一〇回："又拿紅帖請過沈員外來，作了揖，只說恭喜。方才安了坐，就是牽了兩隻羊，一擔紅泥頭御酒，大紅氈包裹四匹金緞，又是一對銀花瓶，有一百斤重。"後世還多在送鵝酒或羊酒擔子時，酒簍上貼雙喜字，扁擔上繫紅綢（布）花結。近代江南婚嫁迎娶時有所謂"十里紅妝"之說，爲諸物均繫紅綢、貼紅紙以表現吉祥喜慶的含義。

贄 2

亦作"摯"。婚嫁時的聘禮泛稱。此稱先秦時期已行用。贄多用鴈一類畜禽，或用鹿皮、棗栗等。《玉篇·心部》釋"慶"："古禮以鹿皮爲贄。"《穀梁傳·莊公二十四年》："男子之贄，羔鴈雉腒；婦人之贄，棗栗腶脩。"范甯注："贄，所以至者也。"《禮記·曲禮下》："凡摯，天子鬯，諸侯圭，卿羔，大夫鴈，士雉。庶人之摯，匹童子委摯而退。"鄭氏注："摯之言，至也。"漢班固《白虎通·嫁娶》："禮曰：女子十五許嫁，納采問名，納吉請期，親迎以鴈贄。納徵曰玄纁，故不用鴈。贄用鴈者，取其隨時南北，不失其節，明不奪女子之時也。

又取飛成行止成列也，明嫁娶之禮，長幼有序，不相踰越也。又婚禮，贄不用死雉，故用鴈也。"按，此處所言"贄用鴈"，謂"隨時南北，不失其節"之大鴈，古人此解實誤，《說文》及段注謂鴈乃鵝，其說可據，參下文"羔鴈"。《禮記·昏義》："昏禮，納采、問名、納吉、納徵、請期，皆主人筵几於廟而拜迎於門外。"宋陳祥道注："納吉則其禮成矣，故納徵。納采、問名、納吉、請期，以禽贄。"

【摯】

同"贄 2"。此稱先秦時期已行用。見該文。

羔鴈

本爲周代卿大夫所用贄禮（見面禮），後藉以稱婚姻聘禮。此稱先秦時期已行用。《禮記·曲禮下》："凡摯，天子鬯，諸侯圭，卿羔，大夫鴈。"《穀梁傳·莊公二十四年》："男子之贄，羔鴈雉腒。"范甯注："上大夫用羔，取其從群，帥而不黨也；下大夫用鴈，取其知時，飛翔有行列也。"羔爲小羊；鴈，人多釋爲大雁。按，《說文·鳥部》："鴈，鵝也。"段玉裁注："'鴈'與'雁'各字，鵝與駏鵝各物。許意《佳部》'雁'爲鴻雁，《鳥部》'鴈'爲鵝。駏鵝爲野鵝，單呼鵝爲有家所畜之鵝。今字'雁''鴈'不分久矣。"清毛奇齡《續詩傳鳥名卷》卷一："乃鴈以時至，苟非其時，則或以鶩、鵁、鵝、鸛之類代之。李涪《刊誤》所云或代以他物者，而宋人無賴，且刻木鴈以行事。故古凡假借之物以僞亂真者皆名曰鴈。"此謂鴈或以鶩、鵁、鵝、鸛之類代之，或以木刻假鴈代之，故後世所謂有贋品之"贋"，實"鴈"之訛。此說可謂新人耳目。又王光漢《詞典問題研究·辭書編纂與食古泥古》認爲，大雁在一地有季節性，不易得，以之爲贄大爲不便；且贄不用死禽，用活雁亦不易得。故鴈應爲鵝。又指出，"羔雁"，《辭源》《辭海》《漢語大詞典》等便俱釋爲"小羊和雁"，説是古代卿大夫相見時的禮品，不確。羔鴈爲贄之俗沿襲甚久。晋傳玄《艷歌行》："媒氏陳束帛，羔鴈鳴前堂。百兩盈中路，起若鸞鳳翔。"唐鮑溶《古意》詩："三五定君婚，結髮早移天。肅肅羔鴈禮，泠泠琴瑟篇。"

【羔雁】

同"羔鴈"。實爲誤稱，因雁、鴈本非一物。然古人多沿襲此誤，故謬誤久傳。此體漢代已行用。宋以后使用頗多。宋孫覿《代答婚》："龜筮協吉，羔雁旅陳。伏承某人，大丞相之家，典刑故在；而某從孫女，老書生之子，蠶織初更。異日相望，風馬不交於齊楚；餘生何幸，門牆遂接於朱陳。"元王實甫《西廂記》第五本第三折："又不曾執羔雁邀媒，獻幣帛問肯。恰洗了塵，便待要過門；枉腌了他金屋銀屏，枉汙了他錦衾繡裯。"元賈仲明《蕭淑蘭情寄菩薩蠻》第四折："哥哥下三千貫正財禮錢招張雲傑爲婿，羔雁茶禮，斷送房奩，盡行出辦。"

儷皮

亦作"麗皮"。用作訂婚禮物的成對鹿皮。此稱先秦時期已行用。按，鹿皮本爲聘問、酬謝之禮，《儀禮·士冠禮》："乃醴賓以一獻之禮，主人酬賓束帛、儷皮。"鄭玄注："儷皮，兩鹿皮也。"因亦用作訂婚禮物。《儀禮·士昏禮》："納吉用鴈，如納采禮。納徵，玄纁、束帛、儷皮，如納吉禮。"《説文·鹿部》："麗，旅行也。鹿之性，見食急，則必旅行……《禮》：

麗皮納聘，蓋鹿皮也。"三國蜀譙周《古史考》："伏羲制嫁娶，以儷皮爲禮。"《晋書·禮志下》："王肅《納徵辭》云：'玄纁束帛，儷皮鴈羊。'"《南齊書·良政傳·裴昭明》："有司奏太子婚，納徵用玉璧虎皮，未詳何所準據。昭明議：'禮納徵，儷皮爲庭實，鹿皮也。'"清葉燮《原詩·内篇上》："古者儷皮爲禮，後世易以玉帛，遂有千純百璧之侈。"近人康有爲《大同書》己部第一章："凡兩家判合者以儷皮通其儀，爲酒食召其親友而號告之。"

【麗皮】

同"儷皮"。此體先秦時期已行用。見該文。

委禽

遣媒妁説親時帶給女方的禽類禮物。禽指鴈，亦包括鶩、鴿、鵝、鶴之屬，納采所用。此稱先秦時期已行用。《左傳·昭公元年》："鄭徐吾犯之妹美，公孫楚聘之矣，公孫黑又使强委禽焉。"杜預注："禽，鴈也。納采用鴈。"宋孫光憲《北夢瑣言·吳湘事》："時有零落衣冠顏氏女，寄寓廣陵，有容色，相國欲納之，吳湘强委禽焉。"乾隆《江南通志·人物志·列女（義烈三）》："施之澬妻徐氏，字領姑，宣城人，與施氏指腹爲婚。或嗾湯一泰欲强委禽焉，徐不受，促澬完婚，湯訟之。"清蒲松齡《聊齋志異·細柳》："時有高生者，世家名士，聞細柳之名，委禽焉。"

【禽儀】

即委禽。亦稱"禽妝"。此稱明清時期已行用。清蒲松齡《聊齋志異·公孫九娘》："〔朱〕出金爵一，晋珠百枚。曰：'他無長物，聊代禽儀。'"又同書《王桂庵》："大郎復命，王乃盛備禽妝，納采於孟，假館太僕之家，親迎成禮。"又同書《續黃粱》："又且平民膏腴，任肆饜食；良家女子，强委禽妝。"

【禽妝】

即禽儀。此稱明代已行用。見該文。

鴈幣

亦作"雁幣"。指鴈一類的禽和幣帛。本爲聘問或婚嫁所送之禮，後漸成爲聘禮之代稱。古時婚禮分納徵、納采、問名、納吉、請期、親迎等六禮。其間須以幣、鴈爲聘禮。此稱漢代已行用。此稱則沿至近世。《詩·召南·野有死麕序》"野有死麕，惡無禮也"漢鄭玄箋："無禮者，爲不由媒妁，鴈幣不至，劫脅以成昏。"唐楊衡《夷陵郡内妊別》詩："鴈幣任野薄，恩愛緣義深。"然實際上未必盡用鴈幣，不過襲用其稱謂而已。參下"鴈奠"文。宋佚名《錦繡萬花谷前集·婚姻》引黃庭堅言定禮之文："和鳴雖恊於鳳占，定禮尚稽於鴈幣。問名納綵，式存先後之儀；修詞立誠，允著再三之義。"可見此稱在婚儀中多被使用。《宋史·禮志十八》："時兖國公主下嫁李瑋，詔賜出降日，令夫家主婚者具合用鴈幣、玉馬等物，陳於内東門外。"宋樓鑰《從子澤請婚舒氏書》："定五世之交，久篤金蘭之契；合二姓之好，敢稽鴈幣之恭。惟（令女）素習婦功，（某男）粗修子職。既無嫌于齊鄭，將永好于朱陳。"清王韜《淞濱瑣話·田荔裳》："當曰君夫人爲九王子所愛，已遣鳩媒通雁幣。"

【雁幣】

同"鴈幣"。此體宋代已行用。見該文。

鴈奠

亦作"雁奠"，亦稱"奠鴈"。訂婚、親迎時男方向女家所獻鴈，以爲定禮。此稱漢代已

行用。《北堂書鈔》卷八四引漢崔駰《婚禮文》曰："載納嘉贄，内結縈襟。委禽奠鴈，配以鹿皮。"其所以用鴈者，漢班固《白虎通·嫁娶》謂："取其隨時而南北，不失其節，明其不奪女子之時也；又是隨陽之鳥，妻從夫之義也。又取飛成行，止成列也。明嫁娶之禮，長幼有序，不相踰越也。又婚禮，贄不用死雉，故用鴈也。"按，大鴈本不易得，且寒暑南來北往更難以捕獲，故古人或認爲彩禮雖有"鴈"之名，實多以鶩、鵁、鵝、鸛之類代之。清毛奇齡《續詩傳鳥名卷》卷一："乃鴈以時至，苟非其時，則或以鶩、鵁、鵝、鸛之類代之。"實際上替代物甚多，不局限於禽類，唯藉用此稱而已。《宋史·禮志十八》："士庶人婚禮，……其無鴈奠者，三舍生聽用羊，庶人聽以雉及雞鶩代。"唐宋以後或寫作"雁奠"。宋謝枋得《十一月請期啓》："曩諧占鳳，已欽季諾之承；今漸登龍，欲效秦貧之贄。況一陽來復之際，正兩家合好之時。輒修雁奠之儀，并致鸞裝之禮。"明單本《蕉帕記·備聘》："要他別的過聘，還有些理。怎麼勒他寶貝？那裏討寶和珠作聘錢，只盡些意和情爲雁奠。"民國九年（1920）《綿竹縣志》："奠雁用雞鴨。"

【雁奠】

同"鴈奠"。此體宋代已行用。見該文。

【奠鴈】

即鴈奠。此稱漢代已行用。見該文。

玄纁

訂婚時作爲聘禮的紅色和黑色布帛。常與"束帛"一詞連用，指同一物。在數量上，玄三纁二。此稱先秦時期已行用。玄爲黑帛，纁爲赤帛，《書·禹貢》有"玄纁璣組"語，《左

傳・哀公十一年》“熨之以玄纁”楊伯峻注亦謂“此謂紅黑色與淺紅色之帛”。因玄象徵天，纁象徵地，天地陰陽，故用以喻男女婚姻之物。《周禮・天官・染人》“夏纁玄”鄭玄注：“玄纁者，天地之色也。”按，玄纁爲各種重要禮儀常用之禮物，婚禮中亦自不可少。《儀禮・士昏禮》：“納徵，玄纁束帛儷皮，如納吉禮。”鄭玄注：“徵，成也。使使者納幣以成昏。禮用玄纁者，象陰陽備也。”賈公彥疏：“玄纁者，合言之陽奇陰耦三玄二纁也。”玄用陽數三，纁用陰數二，《禮記・雜記》謂“取三天兩地之義”。漢班固《白虎通・嫁娶》：“納徵，玄纁束帛離皮。玄三法天，纁二法地也。陽奇陰偶，明陽道之大也。”後世僅皇室沿襲此俗以示合符禮儀，一般人家多不行之。《晋書・禮志下》：“太康中有司奏：‘太子婚，納徵用玄纁束帛，加羊馬二駟。’”又：“孝武納王皇后，……玄纁用帛三匹，絳二匹。”《宋書・禮志一》載，南朝宋明帝時因皇太子納妃，令衆臣議納徵禮儀，諸臣引經據典，謂“《儀禮》納徵，直云玄纁束帛離皮而已”，可見大臣不提醒，則可能玄纁束帛之儀難備。宋至明代，皇帝迎娶皇后，猶用此禮。《明史・禮志九》：“納徵用玄纁、束帛、六馬、穀圭等物。制詞曰：‘玆聘某官某女爲皇后，命卿等持節行納吉納徵告期禮。’”後世或藉爲拜師之聘禮，以示敬重。《舊唐書・儒學傳・張士衡》：“貞觀中，幽州都督燕王靈夔備玄纁束帛之禮，就家迎聘，北面師之。”

束帛

訂婚納徵時所用成捆的絲絹。此稱先秦時期已行用。按，束帛爲各種重要禮儀（如冠禮、覲禮、喪禮等等）所常用禮物，婚禮中自不可少。周代，納徵時男方送給女方的禮物爲玄纁、束帛、儷皮。《儀禮・士昏禮》：“納徵，玄纁束帛，儷皮，如納吉禮。”鄭玄注：“束帛，十端也，《周禮》曰：‘凡嫁子取妻入幣，純帛無過五兩。’”束帛每端二丈，十端五匹爲一束。周代庶人用緇帛五兩。晋代“大婚用玄纁束帛”（《晋書・禮志下》）。北齊皇太子及品官納徵禮中用“束帛十匹”。唐元稹《陽城驛》詩：“何以持爲聘，束帛藉琳球。”宋代，皇帝大婚用束帛（司馬光《書儀》）。明代，迎娶皇后行納徵禮皆有束帛。《明史・禮志九》：“納徵用玄纁、束帛、六馬、穀圭等物。制詞曰：‘玆聘某官某女爲皇后，命卿等持節行納吉納徵告期禮。’”

聘禮

亦稱“財禮”“彩禮”。訂婚及結婚時，男方送給女方的錢財禮物。爲婚姻關係成立的一種條件。此稱南北朝時已行用。南朝梁沈約《奏彈王源》：“源父子因共詳議，判與爲婚，〔滿〕璋之下錢五萬，以爲聘禮。”宋孫光憲《北夢瑣言・鄭氏女廬墓》：“其室女年二十四，先亡父，未行誉已前，許嫁右驍雄軍健李元慶，未受財禮。”宋吳自牧《夢梁録・嫁娶》：“且論聘禮，富貴之家當備三金送之……若鋪席宅舍，或無金器，以銀鍍代之……又送官會銀錠，謂之下財禮。”元王實甫《西廂記》第二本第二折：“（末云）小生書劍飄零，無以爲財禮，却是怎生？（紅唱）聘財斷不争，婚姻自有成，新婚燕爾安排定。”元佚名《桃花女》第三折：“今日吉日，周公家下財禮是我媒婆的身上事。”明朱權《荆釵記・議親》：“聘禮不拘輕重，隨意下些便可成親。”《金瓶梅詞話》第三七回：“宅内老爹看了你家孩子的帖兒，甚喜不盡。説來，不教你這裏費一絲兒東西，一應妝奩陪送，都是宅內管，還與你二十兩銀子財禮。"《醒世恒言 · 吳衙內鄰舟赴約》："準備聘禮，寫起回書，差人同去求親。"《二刻拍案驚奇》卷六："我家祇要許得女婿好，那在財禮。"清李漁《連城璧 · 辰集》："那舉人該造化，知道我要尋死，預先叫人來把財禮退了去。"《紅樓夢》第六五回："一應彩禮，都有我們置辦，母親也不用操心。"《麟兒報》第七回："已約定明日有千金的聘禮送來，家中個個知道。"清孔尚任《桃花扇 · 媚座》："叫長班家人拿着衣服財禮，竟去娶她。"

【財禮】

即聘禮。此稱宋代已行用。見該文。

【彩禮】

即聘禮。此稱清代已行用。見該文。

【財聘】

即聘禮。亦稱"聘財""娉財"。此稱三國時期已行用。三國蜀諸葛亮《便宜十六策 · 舉措》："故女慕財聘而達其貞，士慕玄纁而達其名，以禮聘士，而其國乃寧矣。"《唐律疏議 · 戶婚》："婚禮先以娉財爲信，故《禮》云：'娉則爲妻。'雖無許婚之書，但受娉財亦是。"《太平廣記》卷三四九引《河東記》："某舉子貧寒，無意婚娶。其人曰：'請與君作媒氏。今有人家女子，容德可觀，中外清顯，姻屬甚廣，自有資從，不煩君財聘。'"元王實甫《西廂記》第二本第二折："聘財斷不爭，婚姻事有成。"明朱權《荊釵記 · 議親》："母親這荊釵又不是金銀造，如何做聘財！"

【聘財】

即財聘。此稱宋代已行用。見該文。

【娉財】

即財聘。同"聘財"。此體唐代已行用。見該文。

【聘金】

即禮。亦稱"娉幣""彩幣"。因金錢是彩禮中極重要一項，故稱。此稱漢代已行用。《漢書 · 淮陽憲王欽傳》："趙王使謁者持牛酒，黃金三十斤勞博，博不受；復使人願尚女，聘金二百斤，博未許。"《北史 · 列女傳 · 涇州貞女兒先氏》："涇州貞女兒先氏者，許嫁彭老生爲妻，娉幣既畢，未及成禮。"宋陸游《長干行》詩："聘金雖如山，不願入侯家。"《初刻拍案驚奇》卷一○："前日聘金原是五十兩，若肯加倍償還，就退了婚也得。"《蜃樓志》第一六回："一切彩幣首飾，費有千金，都是吉士置辦。"

【娉幣】

即聘金。此稱南北朝時期已行用。見該文。

【彩幣】

即聘金。此稱清代已行用。見該文。

【聘錢】

即聘禮。此稱唐代多指對部屬的資助，如李商隱有《上河東公謝聘錢啓》文。宋以後乃多指聘禮，沿至近世。宋劉筠《戊申年七夕》詩："伯勞東翥燕西飛，又報黃姑織女期。天帝聘錢還得否，晉人求富是虛辭。"明單本《蕉帕記 · 備聘》："正撞着賢孟光好將姻眷聯，要他別的過聘，還有些理。怎麼勒他寶貝，那裏討寶和珠作聘錢。只盡些意和情爲雁奠。"晚清陸以湉《冷廬雜識 · 醵錢啓》錄沈芝岩之文："阮修婚費，斂自名流；黃姑聘錢，貰從天帝。"

頭面

婚嫁中男方送給新娘的首飾。此稱宋代已

行用。初指人的頭部、顏面或首飾，宋以後又常指婚嫁妝奩。漢王符《潛夫論・相列》："人之相法，……頭面手足，身形骨節，皆欲相副。"此指頭部；唐孫棨《北里志・王蘇蘇》："進士李標……性褊，頭面通赤，命駕先歸。"此指顏面。宋孟元老《東京夢華録・娶婦》以此稱用於婚嫁："七日則取女歸，盛送綵緞、頭面與之，謂之洗頭。"後世沿用之。元李行道《灰闌記》第一折："是我不許他再穿衣服，重戴頭面。"明王世貞《弇山堂別集・詔令雜考四》載永樂十二年（1414）六月初四日敕："那有志氣的人，不愛惜家財，將父母財物、妻兒媳婦頭面首飾，買馬出來立功。"《醒世姻緣傳》第七五回："童奶奶説來，……務必圖個體面好看，插戴、下茶、衣服、頭面、茶果、財禮都要齊整，別要苟簡了。"《隔簾花影》第一二回："師師手忙腳亂的收拾箱子，取頭面看首飾。"《官場現形記》第八回："身價不要，只要一副珍珠頭面。"

玉鏡臺

省稱"玉鏡"。婚娶中作爲聘禮的玉鏡。此稱南北朝時期已行用。南朝宋劉義慶《世説新語・假譎》："晋時温嶠北征劉聰，得玉鏡臺一枚。從姑有女，囑代覓婚，温密有自婚意，遂下玉鏡臺作爲定禮。"唐李白《送族弟凝之滁求婚崔氏》詩："玉臺挂寶鏡，持此意何如？"唐張紘《行路難》詩："君不見温家玉鏡臺，提携抱握九重來。"明梅鼎祚《玉合記・參成》："這分明，是温家勾鳳引鸞的玉鏡。"《群音類選・犀珮記・勢逼改嫁》："好將聘物早持歸，自有温郎玉鏡臺。"又《玉丸記・病起成親》："追往昔玉鏡親收，喜今日東牀堪選。"又《藍田記・約玉請期》："玉臺一鏡成佳偶，又何須，用珠三斛。"清李慈銘《越縵堂讀書記・外家紀聞》："北江與其內姊適程氏者，幼相親愛，頗有玉鏡臺之慕，而姻事不諧。"清蒲松齡《聊齋志異・辛十四娘》："竊不自揣，願以鏡臺自獻。"現代詩詞中仍見引用。

【玉鏡】

"玉鏡臺"之省稱。此稱明代已行用。見該文。

玉杵

傳説唐代裴航在藍橋求婚時的聘禮，爲玉製春杵。後常用爲婚嫁姻緣的典故。此稱唐代已行用。典出唐裴鉶《傳奇・裴航》。唐長慶中，秀才裴航經藍橋驛，遇一老嫗，有孫女名雲英，艷麗殊絶。欲娶之，嫗曰："君約取此女者，得玉杵臼，吾當與之也。"裴航後以重價訪得，更爲嫗搗藥百日，然後與女成婚，終成上仙。後世詩文戲曲多用此典故。宋盧炳《水調歌頭》："藍橋何處，試尋玉杵恣追遊。擬待鉛霜搗就，緩引瓊漿沈醉，誰信是良籌。"元喬吉《李太白匹配金錢記》第四折："若不是前世宿緣招，焉能勾玉杵會藍橋。"明楊珽《龍膏記・空訪》："多情委路塵，怕永負今生玉杵盟。"清李漁《笠翁對韻・八庚》："玄霜春玉杵，白露貯金莖。"清蒲松齡《聊齋志異・辛十四娘》："千金覓玉杵，殷勤手自將。"

茶禮

亦稱"茶銀"。婚禮中男方送給女方聘禮的泛稱。本爲贈送的茶葉禮物或品茶的禮節，因茶爲聘禮中必不可少之物，故稱。此稱明代已行用。《西廂記》第五本第三折："（夫人怒云）……俺相國之家，世無與人做次妻之理。

既然張生奉聖旨娶了妻，孩兒，你揀個吉日良辰，依着姑夫的言語，依舊入來做女婿者。（净云）倘或張生有言語，怎生？（夫人云）放着我哩，明日揀個吉日良辰，你便過門來。（下）（净云）中了我的計策了，準備筵席、茶禮、花紅，尅日過門者。"《金瓶梅詞話》第九一回："衛内道：'我已見過，不必再相。只擇吉日良時，行茶禮過去就是了。'"清孔尚任《桃花扇・媚座》："花花綵轎門前擠，不少欠分毫茶禮。"明清時又將宋代以來徵購茶葉銀之"茶銀"一稱用於婚禮。清袁于令《西樓記・凌窘》："母親寫下婚書，茶銀五百親收。"茶在聘禮中必不可少。故民國四年（1915）《漢口小志》："俗謂納采爲'行茶'，果味雖備，必主以茶鹽，而名之曰'山茗海沙'。"

【茶銀】

即茶禮。此稱清代已行用。見該文。

【茶餅】

即茶禮。因宋代茶葉常做成團餅狀，以爲禮物，故稱。此稱宋代已行用。宋吳自牧《夢粱錄・嫁娶》："既已插釵，則伐柯人通好，議定禮，往女家報定。若豐富之家，以珠翠首飾、金器，銷金裙褶及段疋、茶餅，加以雙羊牽送。"《明史・列女傳二》："某寡婦更適人，饋以茶餅。鄭〔氏〕怒，命傾之。"《桃花女》第一〇回："昨日我小女下茶的日子，一應主顧人家我都要將這茶餅送些。"

下茶

亦稱"吃茶"。婚禮中男方向女方贈送聘禮之俗。因聘禮中茶是必不可少之物，古人以茶不外移，栽則生子，取其吉祥，故名。先秦已有送聘禮之俗，以茶爲禮約始於宋。此稱明代已行用。明許次紓《茶疏・考本》："茶不移本，植必子生。古人結昏，必以茶爲禮，取其不移置子之意也。今人猶名其禮曰下茶，亦曰吃茶。"明湯顯祖《牡丹亭・硬拷》："呀！我女已亡故三年，不説到納采下茶，便是指腹裁襟，一些没有。"《醒世姻緣傳》第七五回："童奶奶説來，……務必圖個體面好看，插戴、下茶、衣服、頭面、茶果、財禮都要齊整，別要苟簡了。"《紅樓夢》第一一八回："王夫人聽了，想起來還是前次給甄寶玉説了李綺，後來放定下茶，想來此時甄家要娶過門，所以李嬸娘來商量這件事情。"《兒女英雄傳》第二六回："這事也没有十天八天一月半月的耽擱，一切下茶、通聘、奠雁、送妝都在今日。"《桃花女》第一〇回："昨日我小女下茶的日子，一應主顧人家我都要將這茶餅送些。"清佚名《瀋陽百咏》："'百圓饅首雙罍酒，妥帖安排到下茶。'俗謂納采曰下茶。"

【吃茶】

即下茶。此稱明代已行用。見該文。

【過禮】

即下茶。亦稱"下插定"。本指人際交往中的送禮，因藉稱。此稱明代已行用。明湯顯祖《紫簫記・納聘》："你且在東廂坐地，待俺回了小姐話來，請出老夫人過禮。"清昭槤《嘯亭雜錄・滿洲嫁娶禮儀》："改月擇吉，男家下聘，用酒筵、衣服、綢緞、羊鵝諸物，名曰過禮。"《儒林外史》第二六回："但我説明了他家是没有公婆的，不要叫鮑老太自己來下插定。"清光緒十一年（1885）《順天府志》："將娶，行聘禮，用衣飾及羊酒果餅等物，俗名下茶，又名過禮。"直到近現代，農村中仍有此俗。

【下插定】

即過禮。此稱清代已行用。見該文。

回盤

婚娶前男家行聘禮後，女家所回禮物。此稱宋代已行用。此俗宋代已有，沿至當代。宋吳自牧《夢粱録·嫁娶》：“今富家女氏既受聘，亦以禮物答回，以綠紫羅雙匹、綵色段匹、金玉文房玩具、珠翠髻掠女工等。”《初刻拍案驚奇》卷一〇：“那金朝奉是個大富之家，與媽媽程氏見他禮不豐厚，雖然不甚喜歡，爲是點繡女頭裏，只得收了，回盤甚是整齊。”清陳作霖《炳燭里談·金陵昏禮撮要》：“女氏答以允吉、登嘉二帖，具新壻冠帶并蜜食齎還，謂之回盤。”《二十年目睹之怪現狀》第八二回：“回盤東西，一點也没預備。”《繪芳録》第五〇回：“王喜那邊也叫了數名行人，送聘禮過來，均是方夫人做主收下，又備了回盤，賞封開發來人。”道光年間《泰州志》：“女家答禮，曰回盤。”民國三十六年（1947）《新繁縣志》：“屆日，男方具釵釧、繒帛、羊豕等物，躬往女家”，“女家復具幅履、繒帛、文具等物答之，謂之回盤”。有些地方除送翁姑、新郎針綫物外，還須回給“三代衣”，即腰帶、鈔袋、襪帶；“帶”“袋”與“代”諧音相通，意在預祝男家子孫興旺、吉祥如意。

回魚筋

男方議婚下定後，女方的回禮。通常用空尊盛清水、活魚和筷子等作回禮，故稱。此稱宋代已行用。後世回禮，所回物品略有區別。宋孟元老《東京夢華録·娶婦》：“女家以淡水二瓶，活魚三五個，筋一雙，悉送在元酒瓶内，謂之回魚筋。”富家的魚、筋往往也用金銀打造。宋吳自牧《夢粱録·嫁娶》：“〔女家〕更以空酒罇雙，投入清水，盛四金魚，以筋一雙、蔥兩株，安於罇内，謂之回魚筋。若以富家官户，多用金銀打造魚、筋各一雙，並以綵帛造像生蔥雙株，挂於魚水罇外答之。”清代猶如此。清嘉慶四年（1799）《壽光縣志》載：“納幣之日，婦家以棗栗二物、葶十雙、筋十雙，作回敬之。博山一帶則回箸九雙，謂之‘十停九住’。”是爲取吉祥之意。

裝遣

省稱“裝”。女子出嫁時，娘家陪送錢物之泛稱。遣，意爲派人送去。因嫁妝皆由女方送至夫家，故稱。此稱漢代已行用。按，語本治裝遣送含義，《戰國策·燕三》即有“乃爲裝遣荆軻”語，注以“裝”爲“行具”。漢以後因轉稱陪送的嫁裝。此稱沿用至明清。《後漢書·列女傳·袁隗妻》：“汝南袁隗妻者，扶風馬融之女也……融家世豐豪，裝遣甚盛。”宋謝維新《古今合璧事類備要（前集）·婚禮門》：“富婚：資裝遣嫁。”宋任廣《書叙指南·婚姻媒妁》：“房卧多曰裝遣甚盛。”《永樂大典殘卷》卷一一六一八引宋陳直《壽親養老新書》：“有晚生兒女三人，初以爲慮，文定視之如一，嫁幼妹與己女裝遣奩具無少異。”明程敏政《沙溪處士汪君墓志銘》：“一庶妹失愛於父，君厚其裝遣之，與二姊同。”明孫繼皋《秦母王宜人墓誌銘》：“嫁女盡力爲裝遣，而自乃衣澣衣。”

【裝】

“裝遣”之省稱。此稱漢代已行用。見該文。

嫁裝

亦作“嫁粧”“嫁妝”。女子出嫁時，娘家陪送的衣物。此稱宋代已行用。宋莊季裕《鷄肋編》卷中："如貧下之家，女年十四五，即使自營嫁裝，辦而後嫁。"元白樸《陽春曲·題情》曲："百忙裏鉸甚鞋兒樣，寂寞羅幃冷篆香。向前搜定可憎娘，止不過趕嫁妝，誤了又何妨。"《大明律集解附例·刑律·鬪毆》："若非理毆子孫之婦及乞養異姓子孫，致令廢疾者，杖八十；篤疾者加一等。并令歸宗，子孫之婦追還嫁粧。"《金瓶梅詞話》第三七回："西門慶又替他買了半副嫁妝，描金箱籠、揀妝、鏡架、盒罐、銅錫盆、净桶、火架等件。"《儒林外史》第二〇回："見那新娘子辛小姐，真有沉魚落雁之容，閉月羞花之貌，人物又標致，嫁裝又齊整。"清翟灝《通俗編·婦女·陪嫁》："俗云：陪嫁，本陪門之陪也，今亦謂之嫁粧。律例：非理毆子孫之婦致廢疾者，追還嫁粧。"清至民國，嫁裝一般必有長命燈（新婚之夜用）、子孫桶（日後生子用）、馬桶或尿盆三宗物品。又，"嫁送裝奩，豐儉稱家有無，唯門簾所必需，亦喜門楣之意歟"（清光緒十二年《遵化縣志》）。直到現代，社會仍有此俗。

【嫁粧】

同"嫁裝"。此體宋代已行用。見該文。

【嫁妝】

同"嫁裝"。此體近現代已行用。見該文。

清代西方人所繪《送嫁妝圖》

妝奩

亦作"糚奩"。本爲古代婦女梳妝用的鏡匣，因陪嫁物中多有此物，故成嫁妝泛稱。其實物秦漢時已多見，如河南泌陽官莊秦墓出土一件彩繪"云紋圓漆盒器"。又，湖北襄陽擂鼓臺一號漢墓出土一件"彩繪人物圖漆盒"，兩盒皆甚精美，可視爲秦漢時期鏡匣之代表。"鏡奩"一稱，《後漢書·光烈陰皇后紀》中已見行用。"妝奩"一稱則始見於南北朝之文獻，且沿用至清代。北周庾信《鏡賦》："暫設妝奩，還抽鏡匣。"唐范攄《雲谿友議·苗夫人》："韋乃遂辭東遊，妻罄糚奩贈送。"宋元之後多徑稱"嫁裝"或"嫁粧"。《元典章·户部四·夫亡》："隨嫁奩田等物，今後應嫁婦人，不問生前離異，夫死寡居，但欲再適他人，其隨嫁妝奩原財産等物，一聽前夫之家爲主，並不許似前搬取隨身。"《三國演義》第一六回："〔吕布〕連夜具辦妝奩，收拾寶馬香車，令宋憲、魏續一同韓胤送女前去。"《醒世恒言·獨孤生歸途鬧夢》："白長吉强他不過，祇得原嫁與遇叔。却是隨身衣飾，並無一毫妝奩。"《紅樓夢》第六四回："於是二人商量着，使人看房子，打首飾，給二姐兒置買妝奩，及新房中應用床帳等物。"

【糚奩】

同"妝奩"。此體唐代已行用。見該文。

【房奩】

即妝奩。此稱宋代已行用。《宋史·職官志四》："置知大宗正丞一員，以文臣充掌……嫁娶房奩、分析財產，酌厚薄多寡而訂其議。"宋袁燮《太夫人戴氏壙誌》："先君執大父喪，家務不理。太夫人攻苦食淡，斥房奩營喪葬，償逋負，買田宅，恭儉恪勤，生理粗立。"元石德玉《秋胡戲妻》第一折："雖然没甚房奩送，倒也落得三朝吃喜筵。"明朱權《荆釵記·繡房》："我須房奩不整，反被那人相輕。"《水滸傳》第二四回："那個大户以此記恨於心，却倒賠些房奩，不要武大一文錢，白白地嫁與他。"

奩資

亦稱"奩幣"。陪嫁帶至夫家的財物。此稱唐代已行用。唐范攄《雲谿友議·苗夫人》："韋乃遂辭東遊，妻罄糚奩贈送。清河公喜其往也賚以七驢馱物，每之一驛，則附遞一馱而還。行經七驛，所送之物盡歸之也。其所有者，清河氏所贈奩資及布囊書册而已。清河公睹之，莫可測也。"宋李石《故宜人薛氏墓誌銘》："潔巾帨以奉兩堂之饋祀，空奩資以公一門之婚嫁。"宋張鎡《仕學規範·陰德》："及笄，擇一婿，亦頗良，具奩幣歸之。"明孫繼皋《河南開封府太康縣知縣友樵周公暨配曹孺人合葬墓誌銘》："男女之婚嫁，爲畫奩幣，補苴相助。"清蒲松齡《聊齋志異·大男》："有保寧賈，聞其富有奩資，以多金唼苴賺娶之。"徐珂編《清稗類鈔·方外類》："遂成婚，夫婦甚相浹也。女奩資贏千金，奩田亦數百畝，張則貨之鬻之，一歲去其半。"

【奩幣】

即奩資。此稱宋代已行用。見該文。

房卧

本爲卧室、鋪蓋、衣飾之稱，後引申爲嫁妝。此稱宋代已行用。《文選·范曄〈宦者傳論〉》"以張卿爲大謁者，出入卧内受宣詔命"李善注："仲長子《昌言》曰：宦竪傅近房卧之内，交錯婦人之間。"此房卧指宮人房間。宋朱弁《曲洧舊聞》卷一："良久，降指揮：自某人

以下三十人，盡放出宮，房卧所有，各隨身不得隱落。"此指鋪蓋衣物。而宋孟元老《東京夢華録·娶婦》中之"房卧"已有嫁妝含義："前一日女家先來挂帳，鋪設房卧，謂之'鋪房'。女家親人有茶酒利市之類。"宋任廣《書叙指南·婚姻媒妁》："房卧多曰裝遣甚盛。"又《宋會要輯稿·職官二十》："户案，係掌行南班宗室請受，非祖免以下親降生、分割財産、嫁娶房卧錢並宗室出磨添破……等事務。"《警世通言·三現身包龍圖斷冤》曰："迎兒嫁將去，那得三個月，把房卧都費盡了。"

婚田

亦稱"奩田"。女子出嫁時娘家陪送的田産。此稱唐代已行用。《舊唐書·職官志三》："户曹、司户掌户籍、計帳、道路、逆旅、婚田之事。"《舊五代史·周太祖紀四》："其婚田争訟、賦税丁徭，合是令佐之職；其擒姦捕盜、庇護部民，合是軍鎮警察之職。"宋真德秀《趙邵武墓誌銘》："壻李氏時得奩田二頃，其後歷官久，卒無大增益。"宋王禹偁《單州成武縣主簿廳記》："其間有鬪訟相高、婚田未決、畜産交奪、契券不明者，在乎察其情僞，正其曲直，助令長詳而決之。"明董斯張《吳興備志·笄禕徵》引《瀛奎律髓》："吳興林憲，……賀參政允中奇其才，妻以女孫，而不取奩田。"明鄭真《楊母黄夫人墓誌銘》："每以不逮事舅姑爲恨，於母家尤克致其厚，割奩田之半以歸其兄。"清姚瑩《痛定録》："未幾，復畀以千金之債。醒庵府君支撑數年，至是益累。春樹府君乃命鬻宅及徐太宜人奩田以償。"

【奩田】

即婚田。此稱宋代已行用。見該文。

結婚

亦稱"成婚""成親""結親""做親""完親"。結成婚姻組成家庭。本名"結婚姻",因結了婚就成了親戚,故又稱"結親""成親"。此稱漢代已行用。《春秋・僖公二十五年》"宋蕩伯姬來逆婦"公羊傳:"其言來逆婦何?兄弟辭也。"漢何休注:"宋魯之間名結婚姻爲兄弟。"又同書《昭公七年》"春王正月暨齊平"何休注:"時魯方結婚於吳,外慕強楚,故不汲汲於齊。"《漢書・張良傳》:"良因要項伯見沛公,沛公與伯飲,爲壽,結婚,令伯具言沛公不敢背項王。"後世一直沿用此稱。金董解元《西廂記諸宮調》卷八:"明存着法律莫粗疏,姑舅做親,便不敗壞風俗?""成親"等與親戚相關的稱呼始於宋以後。元王實甫《西廂記》第五本第三折:"自小京師同住,慣會尋章摘句,姑夫許我成親,誰敢將言相拒!"《喻世明言・劉小官雌雄兄弟》:"太守大喜。講

婚 禮
(清刊本《今古奇觀》插圖)

定財禮,討皇曆看個吉日,又恐兒子阻擋,就在莊上行聘,莊上做親。"《醒世恒言・賣油郎獨占花魁》:"朱重……立心要訪求個出色的女子,方才肯成親。"同書《喬太守亂點鴛鴦譜》:"且說劉璞自從結親這夜,驚出那身冷汗來,漸漸痊可。"明戴冠《濯纓亭筆記》卷五:"鑑止計無所出,更爲擇婿,得朱氏,卜日成婚。"《詩・齊風・敝笱序》"齊人惡魯桓公微弱"清陳啓源《毛詩稽古編》卷六釋曰:"魯桓弒君自立,惟恐諸侯討己,急結婚於齊以固其位。故不由媒介,自會齊侯,以成婚文姜。"《隔簾花影》第一二回:"我替他算來,你去下禮、完親、謝親,還有他家的親眷添箱的、道喜的,也得十數席酒。"《春染鄉塍》第四回:"兩個做親之後,起初甚是鬧熱。"

【成婚】

即結婚。此稱清代已行用。見該文。

【成親】

即結婚。此稱元代已行用。見該文。

【結親】

即結婚。此稱明代已行用。見該文。

【做親】

即結婚。此稱金代已行用。見該文。

【完親】

即結婚。此稱清代已行用。見該文。

過門

亦稱"出閣""出門"。出嫁。謂女子離開娘家,嫁入夫家。此稱元代已行用。元王實甫《西廂記》第五本第三折:"又不曾執羔雁邀媒,獻幣帛問肯。恰洗了塵,便待要過門;枉腌了他金屋銀屏,枉汙了他錦衾繡裀。"《醒世恒言・獨孤生歸途鬧夢》:"白氏過門之後,甘

守貧寒，全無半點怨恨。”《警世通言・王嬌鸞百年長恨》：“過了半年，魏氏過門，夫妻恩愛，如魚似水。”《醒世姻緣傳》第七六回：“各色催趲齊備，看就十月十八日卯時迎新人過門。”《紅樓夢》第六四回：“鳳姐道：‘……雖説有三姑娘幫着辦理，他又是個没出閣的姑娘，也有叫他知道得的，也有往他説不得的事，也只好強扎掙着罷了。總不得心静一會兒。’”又：“這裏賈璉等見諸事已妥，遂擇了初三黄道吉日，以便迎娶二姐兒過門。”《儒林外史》第二七回：“沈天孚……叫沈大脚去下插定。那裏接了，擇定十月十三日過門。”《蜃樓志》第六回：“史氏道：‘大相公不知，他今年三月出閣了。’”《津門艷迹》第九回：“幸而這位醫生是個通儒，由脉象上斷是喜。怎奈一個未出閣的閨秀，便是十拿九穩，天膽亦不敢道破。”清代俗又稱“出門”。《紅樓夢》第七一回：“喜鸞因笑道：‘二哥哥，你别這麼説，等這裏姐姐們果然都出了門，横竪老太太、太太也悶的慌，我來和你作伴兒。’李紈、尤氏都笑道：‘姑娘也别説呆話。難道你是不出門子的嗎？’一句説的喜鸞也臊了，低了頭。”“過門”“出閣”稱呼直沿用至今。《津門艷迹》第九回：“西樓和碩士三堂會審般問連仲：去年在石口鎮楊宅，如何與未過門的媳婦楊四姑娘幽會？”

【出閣】

即過門。此稱清代已行用。見該文。

【出門】

即過門。此稱清代已行用。見該文。

肯酒

亦稱“許口酒”。男女雙方同意訂婚時吃的定親酒。宋代稱“許口酒”，元以後多稱“肯酒”。宋孟元老《東京夢華録・娶婦》：“凡娶媳婦，……檐許口酒，以絡盛酒瓶。”“檐”乃“擔”之誤。元石德玉《秋胡戲妻》第二折：“羅〔大户〕云……恰纔這鍾酒是肯酒，這塊紅是紅定。”元王曄《桃花女破法嫁周公》第二折：“適纔周公家肯酒你也吃了，紅定你也收了，怎還推辭得那？”《西遊記》第五四回：“八戒道：‘太師，切莫要口裏擺菜碟兒，既然我們許諾，且教你主先安排一席，與我們吃鍾肯酒，如何？’”

【許口酒】

即肯酒。此稱宋代已行用。見該文。

女兒酒

亦稱“女酒”，後亦稱“女兒紅”。嫁女時宴客之陳酒。南方舊俗，生女即釀酒貯藏，至女出嫁時方取出宴客，故名。最早見載於晋嵇含《南方草木狀・草曲》：“南人有女數歳，即大釀酒。即漉，候冬陂池竭時，置酒罌中，密固其上。瘞陂中，至春漲水滿亦不復發矣。女將嫁，乃發陂取酒以供賀客，謂之女酒。其味絶美。”後世沿襲此俗。宋莊季裕《鷄肋編》卷下：“廣南富家生女，即蓄酒藏之田中，至嫁方取飲，名曰女酒。”按，此文原出唐房千里《投荒雜録》（《太平廣記》卷二三三引）。此酒香醇，遂成醇美之酒泛稱。宋黄庭堅《醇碧頌序》：“田子緑麹，妙在蒸麥；女酒尤者，美生其手。”然明清時唯紹興尚存此俗，且名其酒爲“女兒酒”。《鏡花緣》第九六回中，一酒家稱有各地名酒，即包括“紹興女兒酒”。此酒行銷各地，多在喜慶宴上享用。清孫星衍《周駕堂給諫（厚轅）視漕天津兼榷釐使詩以紀事》：“析津民吏盡歡騰，黄昏除書得未曾？朝傳忽持雙使節,頭銜猶愛一條冰。女兒酒到儀俱却,學士鹽行價不增。却稱東方貧轉運,運租船上作吟朋。”晚清陸以湉《冷廬雜識·釀錢啓》:“庫乏男錢,罌乾女酒。”晚清梁章鉅《浪迹三談·女兒酒》言及此酒更多傳聞:“相傳紹興富家養女,甫彌月,必開釀好酒數罎,直至此女出門,即以此酒陪嫁,余已載其説於《浪迹續談》中。近聞杭人言是男家所釀,直至娶婦時,以此酒爲納幣之需,故謂之女兒酒,則其説微有不同。嗣閲《格致鏡原》所引《投荒雜録》云:‘南人有女數歲,即大釀酒,既漉,候冬陂池水竭時,置酒罌,密固其上,瘞於陂中,至春漲水滿不復發矣,候女將嫁,因决陂水,取供賀客,謂之女酒。味絶美,居常不可致也。’似即世所傳女兒酒矣。”晚清以來,多稱此酒爲“女兒紅”,以其酒色紅,紅爲喜慶色,又爲嫁女所釀,故稱。《孽海花》第二八回:“丁成雖是個算小愛恭維的人,倒也有些過意不去,有一天,忽然來約他道:‘我有一罎‘女兒紅’,今晚爲你開了,請你到公館來,在我房間裏咱們較一較酒量,喝個暢。’”

【女酒】

“女兒酒”之舊稱。此稱晋代已行用。見該文。

【女兒紅】

即女兒酒。此稱清代已行用。見該文。

喜酒

婚宴。舉行婚禮、宴請賓客的酒或酒席。此稱元代已行用。元張國賓《薛仁貴榮歸故里》第二折:“我在莊東裏吃做親的喜酒去來。”《醒世恒言·錢秀才錯占鳳凰儔》:“〔高贊〕準備大開筵宴,遍請遠近親鄰吃喜酒。”《醒世姻緣

傳》第七二回:“這素姐若也略略的省些人事,知道公公這日大擺喜酒,不相干的還都倩他來助忙料理,你是個長房媳婦,豈可視如膜外若罔聞知?”《儒林外史》第二六回:“沈大脚道:‘我姓沈。因有一頭親事來效勞,將來好吃太太喜酒。”又:“衙裏排了三天喜酒,無一人不吃到。”《蜃樓志》第六回:“史氏道:‘大相公爲什麼不在前頭吃杯喜酒?’”《隔簾花影》第三二回:“孫媒婆正在樓上吃喜酒,兩三日不回家,也騙了許多喜錢。”

會親

新婚後新郎家延請女方家族及親眷舉辦之豐盛酒宴。此稱宋代已行用。宋吳自牧《夢粱録·嫁娶》:“至一月,女家送彌月禮合,壻家開筵延款親家及親眷,謂之賀滿月會親。”《金瓶梅詞話》第二〇回:“不覺到二十五日,西門慶家中吃會親酒,安排插花筵席,一起雜耍步戲。”《初刻拍案驚奇》卷一三:“祇得又尋了王三,寫一紙票,又往褚員外家借了六十金,方得發迎會親。”

喜幛

婚禮中賀喜的整幅綢緞。上貼有祝頌之辭。此稱清代已行用。《九尾狐》第四回:“楊四見堂中挂燈結彩,喜幛高懸,一派富麗的氣象。他人不曉得的,只道他是娶妻,怎知他是納妾?”《海上塵天影》第七回:“是日送禮的已是絡繹不絶,有送銀洋的,有送禮票的,有送金銀、鈴英手鎖、百索、項圈的,有送燭酒、糕團、火腿、魚翅現物的,有送喜聯、喜幛的。”

青廬

青布搭成的舉行婚宴或交拜儀式的帳篷,與游牧民族生活習性有關。此稱漢代已行用。

《玉臺新咏·古詩爲焦仲卿妻作》："其日牛馬嘶，新婦入青廬。"南朝宋劉義慶《世說新語·假譎》："魏武少時，嘗與袁紹好爲游俠，觀人新婚，因潛入主人園中，夜叫呼云：'有偷兒賊！'青廬中人皆出觀。魏武乃入，抽刃劫新婦。"唐段成式《酉陽雜俎·禮異》："北朝婚禮，青布幔爲屋，在門內外，謂之青廬，於此交拜。"元謝應芳《新親賀冬至劄子》："日迎脩暑，喜添紅綫之工；月閏來春，擬講青廬之禮。"清蒲松齡《聊齋志異·神女》："公子辭而出，曰：'明夜七月初九，新月鈎辰，天孫有少女下嫁，吉期也，可備青廬。'"近現代猶有記載。民國二十三年（1934）《奉天通志》載滿族風俗："新婦之不入室，户右預設青布帳棚，中施衾褥，坐於其中。"

魚軒

本指貴婦人所乘用魚皮裝飾的車，先秦時期迎親常用之，因稱迎親之車。此稱先秦時期已行用。《左傳·閔公二年》："歸夫人魚軒，重錦三十兩。"杜預注："魚軒，夫人車。以魚皮爲飾。"宋胡繼宗《書言故事·子集·婚姻》："親迎啓用，敬迓魚軒。《左》閔公二年：衛戴公立，齊侯歸夫人魚軒。"陳玩直解："婦人嫁曰歸。……蓋齊侯嫁其女與戴公而乘魚軒。"明朱權《荊釵記·辭靈》："百拜哀哀辭膝下，及門無母施聲。未知何日返家園，出門銀燭闇，白日照魚軒。"

花轎

亦稱"簷子""華轎"。婚禮中迎娶新娘的有華彩裝飾之轎子。此稱宋代已行用。宋以前迎親多用車，唐段成式《酉陽雜俎·禮異》有"近代婚禮，當迎婦，……婦上車，婿騎而環車

三匝"之語。宋以後雖仍用車，但俗用轎子亦甚普遍。其時"花轎"爲女人出行所乘轎之泛稱；迎親之轎，多稱"簷子"。宋吳自牧《夢粱錄·清明節》："嬉酒貪歡，不覺日晚。紅霞映水，月挂柳梢；歌韻清圓，樂聲嘹亮，此時尚猶未絕。男跨雕鞍，女乘花轎，次第入城。"是爲女人所乘轎之泛稱。宋司馬光《書儀·婚儀上》："今婦人幸有氈車可乘，而世俗重簷子，輕氈車。"宋孟元老《東京夢華錄·娶婦》："至迎娶日，兒家以車子或花簷子發迎客引至女家門，女家管待迎客，與之綵段，作樂催妝上車簷。從人未肯起，炒咬利市，謂之'起簷子'，與了然後行。"《宋史·輿服志二》載有南宋皇后所乘簷子之制："中興，以太后用龍輿，后惟用簷子，示有所尊也。其制：方質，椶頂，施走脊龍四，走脊雲子六，朱漆紅黄藤織百花龍爲障；緋門簾，看牕簾，朱漆藤坐椅，踏子，紅羅裀褥，軟屏，夾幔。"可見"簷子"指宋代迎親之轎。元代迎親，依然車、轎均用，元佚名《桃花女》第三折猶有"媒婆扶新人上車"之語。元楊景賢《西遊記》第四本第一三折："（豬云）花轎都將在此，我和娘子去咱。"明以後盛行轎子，亦稱"華轎"。清乾隆四十四年（1779）《河南府志》："今俗，無貴賤皆得肩輿，

狀元娶親及花轎圖
（山東楊家埠年畫）

曰'華轎',婿或乘馬。"民國六年（1917）《洛寧縣志》："今俗親迎用肩輿,女輿綵飾,名曰'華轎'。"而"花轎"一稱依然流行。《桃花女》第一〇回："花轎上繡八洞神仙,花轎要用雜色綢結成。"《兒女英雄傳》第二七回："安太太走後,只聽得鼓樂喧天,花轎已到門首,搭進院子來。"《津門艷迹》第九回："不想一路長行到津,當日又在花轎裏一陣顛簸,冲動胎氣,到在拜堂時節,瓜熟蒂落,產生下來。"民國十二年（1923）《新鄉縣續志》："鼓樂儀仗,轎之多寡,貧富不同,然至簡必用花轎一乘。"

【簷子】

即花轎。此稱宋代已行用。見該文。

【華轎】

同"花轎"。此體明代已行用。見該文。

傳袋

亦稱"傳席""轉席"。婚儀中給新娘墊脚以踏進夫家之門的布袋。舊時婚娶人家在花轎臨門新娘下轎時,以袋鋪地,新婦踏在袋上走進婆家門,通常用兩三個布袋,隨新娘的脚步次第前傳,故名。"袋"與"代"同音,取"傳宗接代"的吉義。此稱清代已行用。由唐時的毡席、褥席鋪地演化而來。清顧張思《土風錄》："《芥隱筆記》及《輟耕錄》俱云:'今新婦到門,則傳席以入,弗令履地。'案此風唐時已有之。"唐白居易《和春深》詩："何處春深好,春深嫁女家……青衣傳氈褥,錦繡一條斜。"所言即指此。故明張岱《夜航船·禮樂部·婚姻》亦云："唐新婦輿至大門,傳席勿履地。"至宋此俗益盛。宋龔頤正《芥隱筆記·轉席》："今新婦轉席,唐人已爾。"宋代孟元老《東京夢華錄》、吳自牧《夢粱錄》中,對此均

有記述。元陶宗儀《輟耕錄·傳席》："今人家娶婦,輿轎迎至大門,則傳席以入,弗令履地也。"宋以後沿襲。《再生緣》第二四回："傳袋傳袋,子孫萬代。"清褚人穫《堅瓠續集·傳席撒帳》："又新婦入門,不踏光地,必傳席始行,唐人呼爲轉席。"清陳作霖《炳燭里談·金陵昏禮撮要》："今吾鄉仍其風,惟初下輿時,先藉以米袋三,取傳代之義,而後以紅氈接之,引至堂。"清代鋪地用物較多,有"氈蚝",或"履黄絹而入",或"步則藉以紅布或生絹"等。民國時多以紅氈鋪地,"地鋪紅氈,足不着地。如氈少,則用走過之氈向前連接,謂之倒氈"（民國二十二年《静海縣志》）。

【轉席】

即傳袋。此稱宋代已行用。見該文。

【傳席】

即傳袋。此稱宋代已行用。見該文。

利市

亦稱"利市錢"。婚禮上女方所賞之喜錢,亦指生育孩子時的喜錢。後世又指新婦爲親友所做的某方面奉獻。此稱宋代已行用。宋孟元老《東京夢華錄·娶婦》："女家親人有茶酒利市之類。至迎娶日,兒家以車子或花簷子發迎客引至女家門,女家管待迎客,與之綵段,作樂催粧上車簷。從人未肯起,炒咬利市,謂之'起簷子',與了然後行。"宋吳自牧《夢粱錄·嫁娶》："迎娶新人,其女家以酒禮款待行郎,散花紅銀楪、利市錢。"明賈仲名《金安壽》第一折："一個先生來化齋求利市。"《儒林外史》第二七回："南京的風俗,但凡新媳婦進門,三天就要到厨下去收拾一樣菜,發個利市。"宋蘇軾《減字木蘭花》詞所言利市,則是

指生孩子的喜錢喜果："犀錢玉果。利市平分沾四坐。"

【利市錢】

即利市。此稱宋代已行用。見該文。

【喜錢】

即利市。此稱元代已行用。元鄭廷玉《看錢奴》第三折："你那裏知道，畫匠開光明又要喜錢。"《醒世姻緣傳》第七五回："狄希陳喜的跳高三尺，先與了周嫂兒、馬嫂兒一兩喜錢。"《儒林外史》第三三回："他這番盤程帶少了，又多住了幾天，在轅門上又被人要了多少喜錢去，叫了一隻船回南京，船錢三兩銀子也欠着。"《隔簾花影》第一二回："你去下禮、完親、謝親，還有他家的親眷添箱的、道喜的，也得十數席酒，這些賞錢、喜錢也得一二百金。"又第三二回："孫媒婆正在樓上吃喜酒，兩三日不回家，也騙了許多喜錢。"《官場現形記》第二回："趙溫到此不過化上幾個喜錢，沒有別的嚕嗦。"

開門錢

娶親時，男方到女家迎新娘，女家關門索要的開門之錢；亦指新娘轎子到男家門口或入贅新郎到女家門口，請對方開門時所給予之錢。此稱清代已行用。《綠牡丹》第六〇回："他來娶不是辰時，就是巳時，我等切不可早發新人，祇推山東有此規矩：要開門錢。看他來時，即將大門關閉，向他要大大的開門錢；聽憑多少，祇叫他左添右添，三次四次，祇管嚮他添錢。到下午時候，我等再慢慢的發人。"《儒林外史》第一九回："那日新娘到門，那裏把門關了，潘三拿出二百錢，來做開門錢，然後開了門。"又第一〇回："引著四人大轎，蘧公孫端坐在內。

後面四乘轎子，便是婁府兩公子、陳和甫、牛布衣，同送公孫入贅。到了魯宅門口，開門錢送了幾封，只見重門洞開，裏面一派樂聲，迎了出來。"《轟天雷》第三回："即時請新貴人上轎。大吹大擂，進了閶門。到桃花塢貝家門口，送了幾封開門錢。只見重門洞開，裏面一派樂聲，迎了出來。外面升了三個炮，媒人先下轎進去。貝大史金頂貂套，朝珠緞靴，迎了出來，行了一個禮。"

撒帳

婚禮上在床邊撒下喜錢、五穀、百果等之俗。新婚夫婦交拜畢，并坐床沿，撒帳先生或新婦繞床擲撒諸吉祥物品。此稱唐代已行用。古人多認爲此俗源於漢代。明張岱《夜航船·禮樂部·婚姻》："巫咸制撒帳厭勝。京房嫁女，翼奉子撒豆穀禳煞。"《説郛》卷三一下引《戊辰雜鈔》曰："撒帳始于漢武帝，非始于翼奉也。李夫人初至，坐七寶流蘇輦，障鳳羽長生扇。帝迎入帳中共坐，昏飲之後，預戒宮人遙撒五色同心花果，帝與夫人以衣裾盛之，云得多得子多也。"明董斯張《廣博物志》卷一一引此文，稱出自《原始》。撒帳寓多子多福之意不錯，然稱其始於漢，應是後世小説家言。此俗唐代以後始多記載。明胡我琨《錢通·鑄辨》引《舊譜》曰："景龍中，中宗出降睿宗女荊山公主，特鑄撒帳錢用以撒帳。"《太平廣記》卷三三七引唐戴孚《廣異記》："府君家撒帳錢甚大，四十鬼不能舉一枚。"宋代，新婚夫妻在洞房對拜，男女相嚮坐床，"禮官以金錢、綵綫、雜果撒帳"（《宋孟元老《東京夢華録·娶婦》）。明代"婦進房，令陰陽家一人，高唱催妝詩，以五穀及諸果遍撒，號曰撒帳"（《宛署雜記·民風一》)。《清平山堂話本·快嘴李翠蓮記》:"先生念詩賦,請新人入房,坐床撒帳。"清代猶然。《儒林外史》第二七回:"到晚,一乘轎子,四對燈籠火把,娶進門來。進房撒帳,説四言八句;拜花燭,吃交杯盞,不必細説。"光緒十二年(1886)《遵化縣志》:"坐床撒帳,世族有之。"民國時期,新婚夫婦坐床後,贊禮者"以主家早備之米、錢撒房之四周"(民國二十一年《平壩縣志》)。徐志摩《再説一説曼殊斐兒》:"坐床撒帳——我應當説戒指,度蜜月,我説話真是太古氣。"按,撒帳時多有祝福詞語,然在民間有些地方,此類詞語極鄙陋。今人路大荒輯録整理的清初作家蒲松齡説唱作品集《聊齋俚曲集》中,收録蒲氏《禳妒咒》劇,其中記撒帳先生一邊撒帳、一邊唱念的粗鄙俚詞:"撒帳東,天丁力士劈鼉叢,春風一度桃花落,從此鴻溝有路通。撒帳南,抱頸雙雙入畫簾,鑿井穿渠皆大吉,明年此日産雙男。……撒帳西,天生一對好夫妻,巫襄夜夜陽臺會,臨睡常聞妙小屄(急改口道:'報曉鷄')。……撒帳北,夫妻和好兩相隨,從此夜夜無空床,偕老雙雙到一百。撒帳上,百年偕老永無恙,小登科後大登科,坐聽禹門三級浪。"從中可見清代民間婚俗之一斑。

撒帳果

夫妻對拜後入洞房繞床所拋撒之百果。寓意可以多子。世傳此俗與漢京房嫁女有關。明周祈《名義考·人部·置草迎新婦》:"京師娶婦之家,置草於門,以緋方尺冪其上,人多未知其故。昔漢京房之女適翼奉子,奉擇日迎之。房以其日三煞在門,三煞者青羊青牛烏鷄之神,新婦犯之,損尊長及無子。奉俟新婦至門,以

穀豆與草禳之。京師迎新婦置草者,猶踵此也。"京房深諳《周易》八卦,言嫁娶須避三煞,其事或有所本。則後世撒帳時之撒果,或與京房嫁女事有淵原關係。而《説郛》卷三一下引元陶宗儀編《戊辰雜鈔》曰:"撒帳始於漢武帝,非始於翼奉也。李夫人初至,……帝迎入帳中共坐,巹飲之後,預戒宮人遥撒五色同心花果,帝與夫人以衣裾盛之,云得多得子多也。"此應爲小説家據後世習俗杜撰之故事。唐以後乃漸成習俗。明蔣之翹《天啓宮詞》:"十二笄聯燦紫磨,扇筤雲簇月生波。兩行引贊交迎跪,撒果争聞唱得多。"自注:"撒帳果,即唐宋撒帳錢遺制。世俗合巹,至今有此,但皇家宮人撒之,盛於帝后衣裾。云得子多也。此爲張后而咏。"

撒帳錢

撒帳婚俗中圍繞床帳所拋撒之錢。其錢多飾有吉祥文字和圖案。此稱唐代已行用。《太平廣記》卷三三七引唐戴孚《廣異記》載神鬼故事云:"〔韋璘〕又云:'府君家撒帳錢甚大,四十鬼不能舉一枚,我亦致之。'"明胡我琨《錢通》引《舊譜》載唐中宗嫁公主拋撒帳錢云:"景龍中,中宗出降睿宗女荆山公主,特鑄撒帳錢,用以撒帳,敕近臣及修文館學士拾錢。其銀錢則散貯絹中,金錢每十文即繫一綵。"宋吳自牧《夢粱録·嫁娶》:"〔男女〕講交拜禮,再坐床。禮官以金銀盤盛金銀錢、綵錢、雜果撒帳次。"

花紅 [1]

婚慶中犒賞忙活的人的錢物。此稱宋代已行用。宋孟元老《東京夢華録·娶婦》:"迎客先回至女家門,從人及兒家人乞覓利市錢物、

花紅等，謂之攔門。"元石德玉《秋胡戲妻·退契》："媽媽，成親之後，自有禮物登門謝媒，花紅羊酒錦段贈之。"明高明《琵琶記·再報佳期》："終日走千遭，走得腳無毛……花紅也不曾見半分毫。"《清平山堂話本·快嘴李翠蓮記》："花紅利市多多賞，富貴榮華過百秋。"《醒世恒言·喬太守亂點鴛鴦譜》："劉媽媽請衆赴過花紅筵席，各自分頭歇息。"《今古奇觀·蘇小妹三難新郎》："内又走出一個侍兒，手捧銀壺，將美酒斟於玉盞之内，獻上新郎，口稱：'才子請滿飲三杯，權當花紅賞勞。'"清李漁《巧團圓·嘩嗣》："前廳吃喜酒，就有花紅送出來。"後亦將別的喜事稱作"花紅"。明潘季馴《查覈直銀疏》："成化二十二年，該本部尚書馬文升題爲勸懲武學師生事内開：每次會舉，備辦花紅酒席，動支缺官柴薪銀八十兩。"

牢燭

婚禮中所用雕飾豪華的花燭。牢指高級的祭牲，意謂新婚夫妻同牢共食所燃之燭。此稱南北朝時期已行用。《南齊書·禮志上》："言太古之時，無共牢之禮……又連卺以鏁，蓋出近俗，復別有牢燭，雕費采飾，亦虧囊制……堂人執燭，足充炳燎，牢燭華侈，亦宜停省。"可見當時此俗已盛。後世猶傳此稱。清陸以湉《冷廬雜識·釀錢啓》録沈芝岩之文："縑練繭紬，難捐嘉飾；方欂牢燭，不少門財。"清盛世佐《儀禮集編·綱領》論《儀禮》所記之禮不可廢，引郝敬之説，猶有"入室同牢，燭出燕息"語。

花燭

舉行婚禮時所用有彩飾的蠟燭，是婚禮上必備物。此稱南北朝時期已行用。明清以後代稱結婚，至今猶然。南朝梁蕭綱《咏人棄妾》："昔日嬌玉步，含羞花燭邊。"南朝梁何遜《看伏郎新婚》詩："何如花燭夜，輕扇掩紅粧。"《隋書·誠節傳·馮慈明》："〔馮忱〕遣奴負父屍柩詣東都，身不自送。未幾，又盛花燭納室，時論醜之。"唐封演《封氏聞見記·花燭》："近代婚嫁有障車、下壻却扇及觀花燭之事……上自皇室，下至士庶，莫不皆然。"《唐會要·嫁娶》："會昌元年十一月敕：婚娶家音樂，并公私局會花燭，並宜禁斷。"宋吳自牧《夢粱録·嫁娶》："方請新人下車，一妓女倒朝東行，捧鏡，又以數妓女執蓮炬、花燭，導前迎引。"《初刻拍案驚奇》卷一〇："花燭之後，朝霞見韓生氣宇軒昂，豐神俊朗，才貌甚是相當，那裏管他家貧？自然你恩我愛。"《醒世恒言·賣油郎獨佔花魁》："劉四媽就做大媒送親，朱重與花魁娘子花燭洞房，歡喜無限。"明阮大鋮《燕子箋·拒挑》："這現成的一幅金榜挂名、洞房花燭，我若不欺心欺心，天下那有這樣個呆子？"《儒林外史》第一〇回："兩公子就託陳和甫選定花燭之期。"又第二七回："到晚，一乘轎子，四對燈籠火把，娶進門來。進房撒帳，説四言八句；拜花燭，吃交杯盞，不必細説。"《品花寶鑒》第三九回："元茂與新娘拜了花燭，送入新房，坐床撒帳，飲了交杯，復又請新郎上席，坐了華筵。"《隔簾花影》第三四回："〔侯瘸子〕又見桂姐生得美貌，摟了一把，實時走泄，算完了一場洞房花燭了，豈不省了多少邪態。"清陳鼎《滇南土司婚禮記》："忽一夕，外姑携酒筵來，大紅花燭於下房，盛設幃幔衾枕。"

高座

亦作"高坐"。婚禮中讓新郎騎坐的象徵馬的座子。於中堂上使兩椅相背，上置馬鞍，新郎高坐其上，三請始下，故稱。此稱五代時期已行用。宋歐陽修《歸田錄》卷下載："今之士族當婚之夕，以兩椅相背置一馬鞍，反令壻坐其上，飲以三爵，女家遣人三請而後下，乃成婚禮，謂之上高座。"宋孟元老《東京夢華錄·娶婦》："壻具公裳、花勝、簇面，於中堂昇一榻，上置椅子，謂之高坐。先媒氏請，次姨氏或姑氏請，各斟一盃飲之。次丈母請，方下坐。"南宋末年，吳自牧《夢粱錄·嫁娶》："向者迎新娘禮，其婿服綠裳花襆頭，於中堂升一高座。"并指出"今此禮久不用矣"。後不再流傳。

【高坐】

同"高座"。此體五代時期已行用。見該文。

拜天地

婚禮中新郎、新娘叩拜天地神靈的儀式。寓天地作證之意。後藉指結婚。此稱明代已行用。《明史·禮志九》："弘治二年册封仁和長公主重定婚儀，入府，公主駙馬同拜天地，行八拜禮。"清孫承澤《春明夢餘錄·禮部二》："今士大夫庶人親迎，夫婦拜天地、拜舅姑，尚有婦人同夫拜輿、拜輿之事。"《紅樓夢》第六五回："一時，賈璉素服坐了小轎來了，拜過了天地，焚了紙馬。"《桃花女》第一〇回："〔任安人〕道：'員外大喜！今日還是與人家贅禮郎也，還是娶了姨娘、簪花挂紅拜過天地？'"《津門艷迹》第九回："不想一路長行到津，當日又在花轎裏一陣顛簸，冲動胎氣，到在拜堂時節，瓜熟蒂落，產生下來。……不過產生的

時候叫人爲難。早不落薅，晚不落薅，偏在拜天地的時候生下來啦！"

拜堂

婚禮中在廳堂上拜天地、祖宗、父母及新人對拜的儀式。此稱宋代已行用。宋孟元老《東京夢華錄·娶婦》："次日五更，用一卓盛鏡臺鏡子於其上，望上展拜，謂之新婦拜堂。"《清平山堂話本·快嘴李翠蓮》："一道烟先進去了，也不管他下轎，也不管他拜堂。"《儒林外史》第二一回："又一個大捧盤，十杯高菓子茶，送了過來，以爲明早拜堂之用。"清李漁《連城璧·辰集》："成親之夜，拜堂禮畢，齊入洞房。"

拜父母
（清初刊本《今古奇觀·錢秀才錯占鳳凰儔》）

洞房

亦稱"紅暗房"。指新婚夫婦的臥室。此稱晉代已行用。"洞房"原指深邃的居室。《楚辭·招魂》："姱容修態，絙洞房些。"古人以爲居室安排在深邃之處可以避邪，故多將新房安排在深邃偏僻之處。後泛指新婚夫婦婚禮合巹夜的住房。晉陸機《君子有所思行》："甲第崇高闥，洞房結阿閣。"唐沈亞之《賢良方正能直言極諫策》："市言唯恐田園陂地之不廣也，簪珥羽鈿之不侈也，洞房綺闥之不邃也。"唐朱慶

餘《近試上張籍水部》詩：“洞房昨夜停紅燭，待曉堂前拜舅姑。”宋周邦彥《感皇恩》詞：“洞房見説，云深無路。憑丈青鸞道情素。”元王實甫《西廂記》第一本第二折：“過得主廊，引入洞房，好事從天降。”元關漢卿《裴度還帶》第四折：“繡球打着狀元了，請狀元下馬接絲鞭就親！年少風流美狀元，温柔可喜女嬋娟。今宵洞房花燭夜，試看狀元一條鞭。”《警世通言·王嬌鸞百年長恨》：“帕出佳人分外香，天公教付有情郎。殷勤寄取相思句，擬作紅絲入洞房。”《古今小説·金玉奴棒打薄情郎》：“雙雙拜了天地，又拜了丈人丈母，然後交拜禮畢，送歸洞房做花燭筵席。”《儒林外史》第二八回：“當下説着笑話，天色晚了下來，裏面吹打着，引季葦蕭進了洞房。”清李漁《連城璧·辰集》：“成親之夜，拜堂禮畢，齊入洞房。”新婚時，洞房内安置有供新郎、新娘用的床等生活用具，并要點花燭，門口貼對聯和寫有咒語的佛紙，親友於洞房戲耍新娘取樂，以求驅魔避

洞房花燭
（明末刊本《西湖二集》插圖）

邪，增添新婚喜氣。清光緒十年（1884）《光化縣志·風俗》：“載婿先歸，及女至，婿偕登堂拜神。偕於洞房，燃花燭，交拜，並坐飲茶。及夕，合卺於室。”

【紅暗房】[1]

即洞房。此稱近代已行用。見該文。

【玉洞】

“洞房”之美稱。此稱明代已行用。《群音類選·草廬記·玄德合卺》：“玉洞春濃，正猊爐香爇，玉盞高溶。今夕何夕，喜王孫著意乘龍。”《情樓迷史》第一一回：“須臾之間，只見兩班新人擁簇着兩個新人，果然金枝玉葉嫁才子，朝郎駙馬配佳人，説不盡金山銀海，皇家富貴。有詞爲證：玉洞金池，喜親迎天女，成就婚期……”徐珂編《清稗類鈔·詼諧類·八竅妙判》：“厥有蚩氓，初諧婚媾。……但覘玉洞桃花，未睹後庭瓊樹。”

【新房】

即洞房。此稱明代已行用。《醒世恒言·喬太守亂點鴛鴦譜》：“劉媽媽叫劉公看着兒子，自己引新人進新房中去。”《儒林外史》第一九回：“鄭家把匡超人請進新房，見新娘端端正正，好個相貌，滿心歡喜。”又第二八回：“只見那辛先生、金先生和一個道士，又有一個人，一齊來吵房。委葦蕭讓了進去，新房裏吵了一會，出來坐下。”《紅樓夢》第六四回：“於是二人商量着，使人看房子，打首飾，給二姐兒置買妝奩，及新房應用床帳等物。”《快心編三集》第一二回：“又叫王忠等，叫了匠工人役，收拾後樓，便做新房。”今多指新婚夫婦的卧室。

鬧新房

亦稱“鬧洞房”“吵房”。婚禮過程中賓客

以種種方法與新人打趣逗樂、讓其難堪的習俗。因多在新房中進行，故稱。然此俗約始於魏晉。此稱清代已行用。此俗雖給婚禮增添不少快樂，但也往往因逗樂過頭造成不良後果，故有時或成陋俗。晋葛洪《抱朴子外篇・疾謬》即載："俗間有戲婦之法，於稠衆之中，親屬之前，問以醜言，責以慢對，其爲鄙黷不可忍論。或蹙以楚撻，或繫脚倒懸。酒客腦醉不知限齊，至使有傷於血流，踒折支體者，可嘆者也。"唐段成式《酉陽雜俎・禮異》："又娶婦之家，弄新婦。"又："北朝婚禮，……婿拜閣日，婦家親賓婦女畢集，各以杖打婿爲戲樂，至有大委頓者。"又："律有甲娶，乙丙共戲甲。旁有櫃，比之爲獄，舉置櫃中，覆之。甲因氣絶，論當鬼薪。"元鄭德輝《梅香》第三折："您吵鬧起花燭洞房，自支吾待月西廂。"《儒林外史》第二八回："只見那辛先生、金先生和一個道士，又有一個人，一齊來吵房。委蕤蕭讓了進去，新房裏吵了一會，出來坐下。"《説岳全傳》第六七回回目："趙王府莽漢鬧新房，問月庵兄弟雙配匹。"徐珂編《清稗類鈔・婚姻類》載淮安婚夕鬧房："鬧房者，鬧新房也。新婦既入洞房，男女賓咸入，以欲博新婦之笑，謔浪笑敖，無所不至。"

【鬧洞房】

即鬧新房。此稱元代已行用。見該文。

【吵房】

即鬧新房。此稱清代已行用。見該文。

蓋頭

男家送給新婦蒙在頭上的紅布或紅綢。至婿家拜堂時或入洞房後，由婿或女親用簪、秤、杼或木枳等挑下。此稱宋代已行用。宋吳自牧《夢粱録・嫁娶》："先三日，男家送催妝花髻、銷金蓋頭……迎取新人……其禮官請兩新人出房，詣中堂參堂……並立堂前，遂請男家雙全女親，以秤或用機杼挑蓋頭，方露花容。"《雍熙樂府》卷三《正宮・端正好》："把蓋頭遮了我一撲叢髭鬚，那裏取傾城色玉骨冰肌？恰便似三門前娶得個金剛女。"金董解元《西廂記諸宮調》卷一："把蓋頭兒揭起，不甚梳粧，自然異常。"《紅樓夢》第九七回："寶玉見喜娘披着紅，扶着新人，幪着蓋頭。"清光緒二十四年（1898）《杭州府志・風俗二》："坐牀撒帳交卺之禮，今亦如之，挑蓋頭者，今挑巾也。"蓋頭原爲縐紗一類絲織品，後多爲紅綢或緞子的方帕，上面綉着多種花樣。近代蓋頭演進成三尺五寸見方的紅綢緞，四周勾織絲網和四角的穗子，用緑珠串起。

縭

女子出嫁時用於覆首或佩戴的佩巾。出嫁時母親爲女兒佩戴紅色頭巾，稱"結縭"，故亦轉稱結婚爲結縭。此稱先秦時期已行用。《爾雅・釋器》"婦人之褘謂之縭"郝懿行義疏："褘本蔽膝……女子嫁時用絳巾覆首，故曰結縭，即今之所謂上頭也。"母親親爲女兒結縭，表示她已歸屬別人家。《詩・豳風・東山》："親結其縭，九十其儀。"鄭玄箋："縭，婦人之褘也。母戒女，施衿結帨。"孔穎達疏："此女子既嫁之所著，示繫屬於人。"唐韓愈《寄崔二十六立之》詩："長女當及事，誰助出帨縭。"清姚燮《雙鳩篇》："與郎生小閭門裏，與郎結縭在燕市。"

纓

女子許嫁時所佩之彩繩。此稱先秦時期已

行用。女子着纓表示許嫁定親，新婚之夜由婿解纓表示結成夫妻。《禮記·曲禮上》："女子許嫁，纓。"鄭玄注："著纓，明有繫也。"纓是五彩繩。《儀禮·士昏禮》："主人入，親脱婦之纓。"鄭玄注："入者，從房還入室也，婦人十五許嫁，笄而禮之。因著纓，明有繫也，蓋以五采爲之。"

花紅 [2]

婚禮中禮物上均繫有紅綢，以營造喜慶氛圍，因藉指喜事中的禮物。此稱元代已行用。元關漢卿《竇娥冤》第二折："相守三朝五夕……又無羊酒段匹，又無花紅財禮。"元柯丹邱《荆釵記·繡房》："（丑）這段姻緣非厮逞，少什麽花紅送迎？"《西遊記》第五三回："但欲求水者，須要花紅表禮，羊酒果盤，志誠奉獻。"明佚名《黑旋風仗義疏財》第二折："却怎生走將來不下些花紅定，平白的强奪了個女娉婷。"洪深《申屠氏》第三本："方蛟領着一隊人，扛着花紅表禮，鳳冠花燭，招搖而過。"

牽巾

亦稱"牽紅"。新婚夫婦拜堂後，牽一綰有同心結的彩帶入洞房之俗。此稱宋代已行用。其淵源蓋起於晋武帝。宋趙令畤《侯鯖録》卷一："〔晋武帝〕選士庶女子有姿色者，以緋綵繫其臂。大將軍胡奮女泣叫不伏繫臂，左右掩其口。今定親之家，亦有繫臂者，續古事也。"宋孟元老《東京夢華録·娶婦》："婿於床前請新婦出，二客各出綵段綰一同心，謂之'牽巾'。男挂於笏，女搭於手，男倒行出，面皆相向，至家廟前參拜畢，女復倒行扶入房講拜。"宋吳自牧《夢梁録·嫁娶》："其禮官請兩新人出房，詣中堂參堂，男執槐簡，挂紅緑彩，綰

雙同心結，倒行，女搭於手，面相向而行，謂之'牽巾'。"宋林希逸《長孫遣聘五更戲作》："月下有書何日定，一門三見綫牽紅。"自注："祖子孫皆婚方氏。"《醒世姻緣傳》第七六回："拜天地、吃交巡酒、撒帳、牽紅，都有李奶奶合駱校尉娘子照管，凡事都也井井有條。"清康熙十二年（1673）《蓬萊縣志·風俗》："〔花轎〕至婿門，婿先入，以待婦入門。先以紅綵繫寶瓶，令新婦抱持，婦執其兩端，牽引而行，謂之牽紅。"民國十八年（1929）《翼城縣志》載，新娘下轎"以紅綾一條，令新郎、新婦各執一端，謂之'牽紅'"。然後踏紅毡，男先女隨進院拜天地。

【牽紅】

即牽巾。此稱清代已行用。見該文。

合歡梁

亦稱"通心錦"。婚禮中新婚夫婦各執一端、牽入新房的錦帶，以其相連如橋梁，故稱，喻夫婦永結同心。此稱明代已行用。按，此俗蓋源於唐代郭元振牽紅綫娶妻典故。五代王仁裕《開元天寶遺事·牽紅絲娶婦》云，宰相張嘉貞有五女，欲納郭元振爲婿。"張曰：'……吾欲令五女各持一絲，幔前使子取便牽之，得者爲婿。'元振欣然從命，遂牽一紅絲綫，得第三女，大有姿色。"此爲後世婚禮中牽紅綢帶之來源。宋時稱此種錦帶爲"合歡梁"或"通心錦"。《説郛》卷三一引陶宗儀編《戊辰雜鈔》："女初至門，壻去丈許逆之，相者授以紅緑連理之錦，各持一頭。然後入，俗謂之通心錦，又謂之合歡梁。言夫婦自此相通如橋梁也。"後世雖不用此稱，而新人相牽綾羅綢緞帶子入洞房之俗一直沿襲至近世，亦即所謂"牽紅"。清吳

綺《董少君輓詞序》：“轉車輪於午夜，瘦盡燈花；駕艇子以秋風，來逢月樹。遂使當時才子，競着黃衫；命世清流，爲牽紅綫。”

【通心錦】

即合歡梁。此稱明代已行用。見該文。

披紅

成親日新人及媒人、儐相、衆童僕身披的紅綢，以示喜慶之俗。此稱明代已行用。按，婚禮披帛之俗，晋代已有之。晋崔豹《古今注》：“世俗婚娶不論男婦，皆被絳帛。”然至明代以後纔盛行披紅綢。協辦婚禮的衆人披紅綢，是爲烘托喜慶氣氛。《醒世恒言·錢秀才錯占鳳凰儔》：“什飯已畢，重排喜筵。儐相披紅喝禮，兩位新人打扮登堂，照依堂規行禮，結了花燭。”《再生緣》第三一回：“賀喜諸人員，齊穿吉服。走差僕從，個個披紅。”又同書第七四回：“家人對對披紅錦，僮僕雙雙挂綵行。”《紅樓夢》第九七回：“儐相請了新人出轎，寶玉見喜娘披着紅扶着新人。”《于公案》第一二四回：“何秀才吩咐家人安排喜宴，四人官轎，鼓手火把燈籠，柳媒插花披紅，騎馬出村，鼓樂喧天。”而給新郎披紅，更是婚禮亮色。《蝴蝶媒》第一〇回：“行內走出二三十個丫頭、養娘來，手中捧了新衣花紅，走到蔣青岩身邊，一齊動手，替蔣青岩換了一衣新郎的衣服，披紅插花起來。”光緒十二年（1886）《遵化通志》亦載，“親迎，則新郎簪花披紅，乘馬綵輿至女家”，“岳家爲其雙披紅作交文”。民國時猶如此。民國二十二年（1933）《營口縣志》載，“新婿身披紅錦，十字絲條，頭冠紮紅錦，綾穗下垂，作狀元及第式，謂之小登科”。

合歡帶

亦稱“合歡索”“歡喜帶”。一種繪有對稱花紋圖案、象徵男女歡愛的絲帶。此稱宋代已行用。宋曹勛《美女篇》：“被服妖且妍，細涅薔薇香。下有合歡帶，繡作雙鴛鴦。上有雙同心，結作明月璫。”宋劉方叔《賀新郎·端午》：“又還是、蘭湯新浴，手弄合歡雙綵索。”宋朱熹《擬古》詩之七：“結作同心花，綴在紅羅襦。雙垂合歡帶，麗服眷微軀。”元武漢臣《玉壺春》第四折：“準備了佳期，合歡帶掌拴繫。”元賈仲名《荊楚臣重對玉梳記》第三折：“肩厮並比翼鳥，腮厮貼比目魚，手厮把合歡帶同心結連枝樹。”明何景明《搗衣》詩：“願爲合歡帶，得傍君衣襟。”清吳偉業《子夜歌》之五：“尚有宛轉絲，織成合歡帶。”明以後亦稱“歡喜帶”。《金瓶梅詞話》第八六回：“雲淡淡天邊鸞鳳，水沉沉波底鴛鴦。寫成今世不休書，結下來生歡喜帶。”

【合歡索】[2]

即合歡帶。此稱宋代已行用。見該文。

【歡喜帶】

即合歡帶。此稱明代已行用。見該文。

合歡被

亦作“合懽被”。織有對稱花紋圖案，象徵男女歡愛的聯幅被子。此稱漢代已行用。《古詩十九首·客從遠方來》：“文采雙鴛鴦，裁爲合懽被。”合歡被蘊含男女深情，很被古人看重。晋夏侯孝若還撰有《合歡被賦》。南朝梁王僧孺《爲人述夢》詩：“以親芙蓉褥，方開合歡被。”南朝梁簡文帝《藥名詩》雖言藥名，亦反映婚俗：“重臺蕩子妾，黃昏獨自傷。燭映合歡被，帷飄蘇合香。”唐白居易《庾順之以紫霞綺遠贈以詩答之》："不如縫作合歡被，窈窕相思如對君。"唐温庭筠《織錦詞》："爲君裁破合歡被，星斗迢迢共千里。"元張可久《普樂天·道情》曲："未冷鴛幃合歡被，畫樓前玉碎花飛。"

【合懽被】

同"合歡被"。此體漢代已行用。見該文。

合歡杯

婚禮上新婚夫婦同飲的酒杯。象徵合歡偕老。此稱唐代已行用。唐黄滔《催妝》詩："烟樹迴垂連蒂杏，綵童交捧合歡杯。"唐宋之問《壽陽王花燭圖》詩："莫令銀箭曉，爲盡合歡杯。"唐施肩吾《起夜來》詩："香銷連理帶，塵覆合歡杯。懶卧相思枕，愁吟起夜來。"清袁枚《子不語·替鬼做媒》："具鑼鼓音樂，擺酒席，送合歡杯，使男女二人成禮。"《紅樓夢》第九四回："莫道此花知識淺，欣榮預佐合歡杯。"《蘭閨恨》第八回："佳婿東床之選，女兒西子之妝，葉覆鴛鴦，花眠蛺蝶，我當先作東道主人，爲一對玉人斟合歡杯也。"現代仍有此俗。

合巹

亦稱"交杯"。結婚的代稱。原指將一瓠分成二瓢，結婚儀式上，新郎新娘各執一瓢斟酒漱口的禮儀，後演化爲兩位新人共飲一杯酒的儀式。俗稱"飲交杯酒"。因轉稱結婚。此稱先秦時期已行用。《廣韻·上隱》："巹，以瓢爲酒器，婚禮用之也。"《儀禮·士昏禮》"四爵合巹"鄭玄注："合巹，破匏也。"《禮記·昏義》"合巹而酳"陸德明釋文："巹，破瓢爲卮也。"孔穎達疏："巹謂半瓢，以一瓠分爲兩瓢謂之巹，壻之與婦各執一片以酳，故云合巹而酳。"酳，以酒嗽口。以後把合巹作爲結婚的代稱。

《陳書·袁樞傳》："蓋以王姬之重，庶姓之輕，若不加其等級，寧可合巹而酳，所以假駙馬之位，乃崇於皇女也。"《南齊書·武帝紀》："合巹之禮無虧，寧儉之義斯在。"宋周煇《清波雜志》卷八："頃歲兒女合巹之夕，壻登高座，賦詩催妝爲常禮。"元謝應芳《新親賀七夕劄子》二首之一："華屋神仙，想穿針于良夜；洞房花燭，宜合巹于明年。"明朱權《荆釵記·合巹》："合巹交歡喜頗濃，琴調瑟弄兩和同。"《警世通言·王嬌鸞百年長恨》："可寫合同婚書四紙，將一紙焚於天地，以告鬼神；一紙留於吾手，以爲媒證；你二人各執一紙，爲他日合巹之驗。"《西遊記》第九四回："合巹宴亦已完備，葷素共五百餘席。"《初刻拍案驚奇》卷五："元來唐時衣冠人家婚禮，極重合巹之夜，凡屬兩姓親朋，無有不來的。"清蒲松齡《聊齋志異·青梅》："母笑慰之，因謀涓吉合巹。"《鏡花緣》第二六回："唐敖意欲承志就在船上婚配，一路起坐也便。承志因感妻子賢德，不肯草草，定要日後勤王得了功名，方肯合巹。"清道光間曹梧岡《梅蘭佳話》第一一段："今蘭氏已別字他人，我欲再説親事，必須才貌雙絶，這合巹杯决不欲與人共飲，雖我父母亦不能强我所不欲。"《隔簾花影》第三一回："取過銀壺，斟滿一杯合巹酒，金二官人吃了一半，少不得香玉啓朱唇、露玉齒，略一沾唇，做羞不飲。"宋以後又俗稱"交杯"。宋王得臣《麈史·風俗》："古者婚禮合巹，今以雙杯綵絲連足，夫婦傳飲，謂之交杯。"民國四年（1915）《漢口小志》："合巹，謂之'飲交杯酒'。"

【交杯】

即合巹。爲俗稱。此稱宋代已行用。見該文。

交杯酒

亦作"交盃酒""交巡酒"。婚禮時，將二酒杯以紅絲相繫，令新婚夫婦輪換喝對方杯中酒，此即"交杯酒"。此稱宋代已行用。宋孟元老《東京夢華錄・娶婦》："然後用兩盞以綵結連之，互飲一盞，謂之交盃酒。飲訖擲盞并花冠子於床下，盞一仰一合，俗云大吉。"元關漢卿《裴度還帶》第四折："夫妻飲罷交杯酒，準備今宵鬧臥房。"《醒世姻緣傳》第七六回："拜天地、吃交巡酒、撒帳、牽紅，都有李奶奶合駱校尉娘子照管，凡事都也井井有條。"《連城璧》卷五："何小姐籠著雙手，只是不接。里侯道：'交杯酒是做親的大禮，爲甚麼不接？'"歐陽予倩《桃花扇》第一幕："侯朝宗與李香君對飲交杯酒。"

【交盃酒】

同"交杯酒"。此體宋代已行用。見該文。

【交巡酒】

即交杯酒。此稱明代已行用。見該文。

交杯盞

亦作"交盃盞""同心杯"。新人飲交杯酒所用之杯。此稱元代已行用。元鄭光祖《梅香》第四折："將酒來，與狀元飲個交盃盞兒。"《西遊記》第七一回："假春嬌在旁執着酒壺道：'大王與娘娘今夜纔遞交杯盞，請各飲乾。'"《儒林外史》第二七回："拜花燭，吃交杯盞，不必細説。"《紅樓夢》第二〇回："交杯盞兒還沒吃，就上了頭了。"清姚燮《雙鳩篇》詩："但得生死常相隨，此酒不減同心杯。"清張燾《津門雜記・婚娶》："設弓箭，拜天地，飲合卺杯，名曰交杯盞。"亦有以男女情深而稱飲同心杯者，非指婚禮上者。清郭則澐《十朝詩乘》

卷一六引孫子瀟《蕩湖船》詩："郎飲同心杯，妾歌同心曲。一杯未竟一歌續，沈醉不妨船裏宿。"

【交盃盞】

同"交杯盞"。此體元代已行用。見該文。

【同心杯】

即交杯盞。此稱清代已行用。見該文。

元紅

女子初次性愛時流出的血。古人以此判斷女子的貞潔與否，如新婚夫妻第一次同房時新娘無"元紅"，即被認爲非處女，從而將遭夫家歧視甚至退婚。此事極爲古人看重。此稱明代已行用。《初刻拍案驚奇》卷二三："崔生與慶娘定情之夕，只見慶娘含苞未破，元紅尚在，仍是處子之身。"又同書卷三四："到裏頭一搜，搜出白綾汗巾十九條，皆有女子元紅在上。"《品花寶鑒》第三九回："見新娘遞塊帕子與他，元茂想起有什麼'元紅'的説法，把帕子擦了塞在枕邊，明日試驗。"《一片情》第一三回："愛姑以裙扯開一看，只見三角粉餃上，凝住一汪鮮血，乃對天成道：'我之元紅已爲你取，我後日將何物嫁人？'天成道：'姐姐你身既爲我所破，我安敢棄姐姐，而另娶他人。天理不容，神明作證。'"

餪女

亦作"暖女"，亦稱"餪敬"。新婚三日娘家往婆家送去給新娘的禮物。因怕女兒離開自己家不習慣，故送食物和用品以示安慰，"餪"爲本字，俗訛作"暖"。此稱魏晉時期已行用。唐段公路《北户錄・食目》："餪女，《字林》曰餪女也，音乃管反。《證俗音》云：今謂女嫁後三日餉食，爲餪女也。"按，《字林》爲晉人吕忱著，《證俗音》爲北齊顔之推（一題南朝宋顔延之）撰，則晋代此俗已流行，至南北朝猶然。宋以後文獻多有記述。宋趙令時《侯鯖録》卷三："世之嫁女三日送食，俗謂之暖女。《廣韻》中正有此説，使餪字。"按，明方以智《通雅·謏原》引此文，《廣韻》作《唐韵》。宋邵博《聞見後録》卷二七載："大儒宋景文公……嘗納子婦三日，子以婦家饋食物書白，一過目，即曰書錯一字。姑報之。至白報書，即怒曰：'吾薄他人錯字，汝亦爾邪？'子皇駭却立，緩扣其錯，以筆塗'暖'字。蓋婦家書以食物暖女云，報亦如之。子益駭，又緩扣當用何'暖'字？久之，怒聲曰：'從食從而從大。'子退檢字書《博雅》中出'餪'字，注云'女嫁三日，餉食爲餪女'。始知俗間餪女云者，自有本字。"可知"暖"爲俗字，却被廣泛使用。宋孟元老《東京夢華録·娶婦》："三日，女家送綵段油蜜蒸餅，謂之蜜和油蒸餅，其女家來作會，謂之暖女。"宋吳自牧《夢粱録·嫁娶》亦有關於此風俗的記載，所送物品包括冠花彩緞、鵝羊、茶餅、果盒，以及用金銀缸盛的蜜和油蒸餅等，稱之爲"煖女會"。故清代趙信《南宋襍事詩》卷七有"親串三朝餪女後，並肩絮語坐紗窗"之句。此俗至清猶然。清于邑《花燭閑談》："女家送與男家者，有金沙玉屑等物，謂之餪敬。"《古今圖書集成·方輿彙編·職方典》載《濟南府部彙考·濟南府風俗考》："是日食時，婦家具饌陳於舅姑之前，舅姑饗之。日午，女家邀親眷向男家，具餚果申謝，謂之餪敬。"

【暖女】

同"餪女"。此稱宋代已行用。見該文。

【餪敬】

即餪女。此稱清代已行用。見該文。

【三朝禮】

即餪女。亦稱"三朝盤"。女出嫁三日，娘家送男家的禮物。通常包括彩緞、茶葉、鵝、羊等，分贈翁姑尊長。此稱宋代已行用。宋吳自牧《夢粱録·嫁娶》："〔婚後〕三日，女家送冠花、綵段、鵝蛋，以金銀缸兒盛油蜜，頓於盤中，四圍撒帖套丁膠於上，並以茶餅、鵝、羊、果物等合送去壻家，謂之送'三朝禮'也。"清范祖述《杭俗遺風·婚姻類·三朝》："是日，女家又送三朝盤於男家。蓋岳父母與女壻、女兒之上賀也。以箱架用段盒鋪擺，男色靴帽袍套、各式繡袋之類，女色所應陪嫁之衣餙，如便簪、耳挖、耳環、珠領、戒指、皮裙、皮襖之屬，凡行聘所不備者，尤有鈔袋、匙袋、油榻、粉撲之類。"清光緒二十四年（1898）《杭州府志·風俗二》："按送三朝，今俗所云三朝盤是也，禮亦如之。"

【三朝盤】

即三朝禮。爲俗稱。此稱清代已行用。見該文。

洗頭

新娘回門後返夫家時，娘家所贈食物和彩緞等禮物。後亦泛指婚前親鄰送與新婚之家的財物。此稱宋代已行用。宋孟元老《東京夢華録·娶婦》："七日則取女歸，盛送綵緞、頭面與之，謂之洗頭。"宋吳自牧《夢粱録·嫁娶》："自後迎女回家，以冠花、段疋、合食之類，送歸壻家，謂之洗頭。"清嘉慶七年（1802）《延安府志·禮略三》："婚前三日，男女家各請外氏宴飲，謂之告外家。次日男女外家各饋儀物，厚薄不等，謂之洗頭。"

歸寧

亦稱"回門"。古代婚後一段時間女方回娘家省親之俗。一般是三日回娘家一次，九日又回一次，前者稱"三朝回門"，後者稱"回九"。後來多爲滿月時回去省親。此稱先秦時期已行用。歸寧，有回歸娘家而心乃安寧之意。一説爲回家對父母問安。《詩·周南·葛覃》："害澣害否，歸寧父母。"朱熹集傳："寧，安也。謂問安也。"漢張衡《思玄賦》："子有故於玄鳥兮，歸母氏而後寧。"《後漢書·列女傳·劉長卿妻》："妻防遠嫌疑，不肯歸寧。"明戴冠《濯纓亭筆記》卷七："都下民俗，成婚三日，婿與婦同歸父母家。"《醒世姻緣傳》第九二回："香頭們又猜是魯王妃歸寧父母，不敢仰視。"又同書第七六回："寄姐三日回門，也不帶他回去。"《清平山堂話本·快嘴李翠蓮記》："待我滿月回門來，親自上門叫聒噪。"明歸有光《項脊軒志》："吾妻歸寧，述諸小妹語曰：'聞姊家有閣

女子回娘家省親
（清代明信片）

子，且何謂閣子也？'"明王鐸《兵部尚書節寰袁公夫人宋氏行狀》："公授弟子于張氏，夫人歸寧，問車于張，弗之予夫人不義。"《東周列國志》第八回："忽一日魏氏歸寧，隨外家出郊省墓。"《紅樓夢》第九八回："那日恰是回九之期，説是若不過去，薛姨媽臉上過不去；若説去呢，寶玉這般光景，明知是爲黛玉而起，欲要告訴明白，又恐氣急生變。"又同書第一○八回："一日，史湘雲出嫁回門，來賈母這邊請安。""歸寧"之"寧"偶或異寫作"甯"。清趙翼《蟂磯靈澤夫人廟》詩："歸甯手自抱阿斗，亦見異母恩勤厚。"清王韜《淞隱漫録·白素秋》："田女彌月歸甯，白女亦欲返其家。"

【回門】

即歸寧。此稱明代已行用。見該文。

離异

夫妻解除婚約之禮制。此稱先秦時期已使用。《楚辭·九章·思美人》中有"佩繽紛以繚轉兮，遂萎絶而離異"句，係指摒弃，本與婚姻無關。至唐乃用以稱婚姻解除。《舊唐書·肅宗代宗諸子傳·兗王僴》："兗王僴，肅宗第六子。母韋妃，刑部尚書堅之妹。肅宗在東宮，選爲太子妃，生僴及永和公主。後堅爲李林甫誣構被誅，太子懼，奏請與妃離異，於別宮安置。"唐以後，此稱一直沿用至今。《續資治通鑑長編·宋真宗天禧元年》："〔夏〕竦娶楊氏，頗工筆札，有鈎距。竦浸顯，多內寵，與楊不睦。楊與弟倡疏竦陰事，竊出訟之。又竦母與楊氏母相詬罵，皆詣開封府，府以聞，下御史臺置劾而責之，仍令與楊離異。"《宋史·刑法志三》："端拱初，廣定軍民安崇緒隸禁兵，訴繼母馮與父知逸離，全奪資産與己子。大理當

崇緒訟母罪死。太宗疑之，判大理張佖固執前斷，遂下臺省雜議。徐鉉議曰：今第明其母馮嘗離，即須歸宗；否即崇緒準法處死。今詳案內不曾離異，其證有四。"《金史·完顏思敬傳》："思敬前爲真定尹，其子取部民女爲妾。至是其兄乞離異，其妾畏思敬在相位，不敢去，詔還其家。"《元史·選舉志四》："婦人因夫子得封者，不許再嫁，如不遵守，將所受宣敕追奪，斷罪離異。"明代承襲此規定。《明會典·文官封贈》中即載有類似條文。《醒世姻緣傳》第九八回："周相公道：'你的妻子，你不願離異，也由得你。莫説是太守，憑他是誰也强不得的事。'"明沈德符《野獲編補遺·婦女·南和伯妾》："御馬監左監丞龍閩，娶方瑛妾許氏爲妻。事發，上命離異，閩送司禮監治之。"清袁枚《隨園詩話補遺》卷一〇："夫疑之，訟於府。太守巴公焚其詩，不以奸科，而許其離異。"

【離婚】

即離异。此稱魏晉時期已行用。按，離婚習俗古已有之。《漢書·孔光傳》："夫婦之道，有義則合，無義則離。"魏晉以後乃稱"離婚"。《晉書·羊聃傳》："有司奏〔羊〕聃罪當死，……兄子賁尚公主，自表求解婚。詔曰：'罪不相及，古今之令典也。聃雖極法，於賁何有！其特不聽離婚。'"宋朱彧《萍洲可談》卷三："後數年，沈姊離婚，歸宗嫁吳寬。"又："呂吉甫太尉自言其家不利女壻，……後竟離婚。"

休書

亦稱"離婚書"。古代男子休妻、解除婚約的憑證。因在封建禮制下，夫爲妻綱，夫有"七出"（七種休妻的理由）決斷權，妻不得不

接受。此稱元代已行用。據史料載，唐代已有此種文書，時稱"放妻書"。近現代以來則稱離婚證。唐耕耦、陸宏基編《敦煌社會經濟文獻真迹釋録》（書目文獻出版社1986年版）載有唐代"某李甲謹立放妻書"，稱："既以二心不同，難歸一意，快會及諸親，以求一別，物色書之，各還本道。願妻娘子相離之後，重梳蟬鬢，美掃娥眉，巧逞窈窕之姿，選聘高官之主，弄影庭前，美效琴瑟合韵之態。"然而女人有休書後，亦可另再嫁人。元關漢卿《趙盼兒風月救風塵》第四折："（外旦付休書）（正旦換科，云〕引章，你再要嫁人時，全憑這一張紙是個照證。你收好者。（外旦接科。周舍趕上喝云〕賤人那裏去！宋引章，你是我的老婆如何逃走！（外旦云）周舍，你與了我休書，趕出我來了。"古時離婚，妻子是被動者，有休妻而不得有休夫。《醒世姻緣傳》第七三回："寫了休書，快着叫人送與我來，我家裏洗了手等着！"又第九八回："天下第一件傷天害理的事是與人寫休書，寫退婚文約，合那拆散人家的事情。"《喻世明言·蔣興哥重會珍珠衫》記有休書內容："在婆子手中接書，拆開看時，却是休書一紙。上寫道：'立休書人蔣德，係襄陽府棗陽縣人。從幼憑媒聘定王氏爲妻。豈期過門之後，本婦多有過失，正合七出之條。因念夫妻之情，不忍明言，情願退還本宗，聽憑改嫁，並無異言，休書是實。成化二年月日，手掌爲記。'"《紅樓夢》第六八回："我到了這裏，幹錯了什麼不是，你這麼利害？或是老太太、太太有了話在你心裏，叫你們做這個圈套擠我出去？如今咱們兩個一同去見官，分證明白，回來咱們公同請了合族中人，大家觀面説個明白，給我

休書，我就走！"《新增刑案彙覽》卷九載光緒十年（1884）《故殺義絶外姻緦麻尊屬擬辦章程》："郝甸沅至張廣財家告知嫁賣實情，並向張廣財逼索休書。"清代又稱"離婚書"。清蒲松齡《聊齋志異·阿纖》："家人競相猜議。女微察之，至夜語三郎曰：'妾從君數年，未嘗少失婦德；今置之不以人齒，請賜離婚書，聽君自擇良偶。'"清梁恭辰《北東園筆録·悔過》："有錢某者，自言於近村作離婚書，以室中無几也，陳硯於地而布紙於股以書之。歸後，股微痛，審視之，隱隱見指痕，色青紫。少焉，沈痛不可忍，因悟離婚者之爲祟也。"清王韜《淞隱漫録·周貞女》："嫗曰：'牧牛兒安知許事？愒之以勢，誘之以利，無不從者。一紙離婚書，保在老身雙手取來，嫂可安然作富翁岳母也。'"當代稱離婚證。

【離婚書】

即休書。此稱清代已行用。見該文。

再醮

女人再度嫁人。此稱三國時期已行用。"醮"爲先秦婚禮中上酒和食物的禮儀。《儀禮·士昏禮》："庶婦，則使人醮之。"鄭玄注："庶婦，庶子之婦也。使人醮之，不饗也。酒不酬酢曰醮。"指婚禮中不用主人敬賓客酒、賓客回敬主人酒之儀。後世遂稱始嫁爲"醮"，改嫁再行此禮爲"再醮"。"再醮"一稱約出現於漢。《孔子家語·本命解》："女子者……無專制之義，而有三從之道：幼從父兄，既嫁從夫，夫死從子。言無再醮之端。"王肅注："始嫁言醮。禮無再醮之端，言不改事人也。"後世沿用此稱。《太平御覽》卷四四〇引十六國前趙和苞《漢趙記》："妾聞女不再醮，男以義烈聞。"《晉書·列女傳·梁緯妻辛氏》亦載同一事："妾聞男以義烈，女不再醮。妾夫已死，理無獨全。"古時對終身不再醮者多有褒獎，旌表門閭。《南齊書·孝義傳·韓靈敏》："丁〔氏〕長子婦王氏守寡，執志不再醮。州郡上言，詔表門閭，蠲租稅。"《喻世明言·滕大尹鬼斷家私》："滕爺一眼看着趙裁的老婆，千不説，萬不説，開口便問他曾否再醮。劉氏道：'家貧難守，已嫁人了。'"清錢泳《履園叢話·鬼婚》："時適有漁户吳氏新喪其夫，生女亦四五齡。於是媒人爲之説合，竟再醮於蔣姓。"清紀昀《閱微草堂筆記·灤陽續録二》："且聞嫁已有期，而干支無刑尅，斷不再醮。"

【改嫁】

即再醮。亦稱"改適"。此稱漢代已行用。《後漢書·鄧皇后紀》："桓帝鄧皇后，……鄧香之女也。母宣初適香，生后，改嫁梁紀。"《三國志·吳書·駱統傳》："駱統……父俊，官至陳相，爲袁術所害。統母改適，爲華歆小妻。"晉常璩《華陽國志·廣漢士女》："〔馮〕季宰亦早亡，父母欲改嫁，〔李〕進娥亦剪髮自誓，各養子終義。"《醒世姻緣傳》第七六回："出過喪，謝畢了紙，素姐立帶調羹改嫁。"清沈起鳳《諧鐸·節母死時箴》："後宗支繁衍，代有節婦，間亦有改適者。"

【改適】

即改嫁。此稱三國時期已行用。見該文。

冥婚

亦作"冥昏"。將死亡而無婚約的未婚男女合葬在一起的葬俗。此稱南北朝時期已行用。按，周禮規定，當時禁止冥婚，視之爲非禮。《周禮·地官·媒氏》："禁遷葬者與嫁殤者。"

漢鄭玄注："遷葬謂生時非夫婦，死既葬遷之，使相從也。殤，十九以下未嫁而死者，生不以禮相接，死而合之，是亦亂人倫者也。鄭司農云：嫁殤者謂嫁死人也。"賈公彦疏："遷葬，謂成人鰥寡，生時非夫婦，死乃嫁之。嫁殤者，生年十九已下而死，死乃嫁之。"宋王昭禹《周禮詳解》卷一三進而詮釋《周禮》禁此俗原因："男女皆殤而死，未嘗爲夫婦也，而合葬之，謂之嫁殤。夫婚姻所以合二姓之好，天地之義也。受命則於祖，親迎則於庭，三月而後廟見。未廟見而死，猶不遷於祖，祔於皇姑，歸葬於女氏之黨，以示其未成婦。此則殤而死者，乃妄爲嫁娶，豈禮之意乎？"因未經拜天地祖宗，未經迎娶聘禮，故認爲非禮。甚或認爲此猶男女私奔，實亂人倫。清徐乾學《讀禮通考·葬考一》："嫁殤而遷葬者何也？曰生不以禮相接，死而同之，在男比之苟合，在女比之私奔，是亦亂人倫矣。"雖非禮，至漢魏時猶有之。曹操就曾想爲夭亡愛子舉行冥婚。《三國志·魏書·邴原傳》："〔邴〕原女早亡，時太祖愛子倉舒亦殁。太祖欲求合葬，原辭曰：'合葬非禮也……'太祖乃止。""冥婚"一稱始見於南北朝。《北史·穆崇傳》："〔穆〕正國子平城早卒，孝文時始平公主薨於宮，追贈平城駙馬都尉，與公主冥婚。"此後此風一直流行。《舊唐書·蕭至忠傳》："韋庶人又爲亡弟贈汝南王洵與至忠亡女爲冥婚合葬。及韋氏敗，至忠發墓，持其

女柩歸，人以此譏之。"《太平廣記》卷三三三引唐牛肅《紀聞》，記天寶初會稽主簿季攸外甥女的傳奇故事：女死，與主簿下屬楊姓胥吏亡子冥婚，"設冥婚禮，厚加棺斂，合葬於東郊"。然此俗至唐宋時猶頗招人詬病。《新五代史·雜傳·馬胤孫》："初，鄭餘慶嘗采唐士庶吉凶書疏之式，雜以當時家人之禮，爲《書儀》兩卷。明宗見其有起復冥昏之制，嘆曰：'……無金革之事，起復可乎？婚，吉禮也，用於死者可乎？'"宋朱熹《楚詞集注·序》："至於語冥昏而越禮，攄怨憤而失中，則又風雅之再變矣。"宋周去非《嶺外代答·蟲魚門》"迎茅娘"條："昔魏武愛子倉舒卒，聘甄氏亡女合葬；明帝愛女淑卒，娶甄氏亡孫合葬。……曹氏父子直爲冥婚，豈足尚哉！"然直至近世，此習猶流行。清俞樾《右臺仙館筆記》卷一〇："有數人來發塚，舁其棺去。問之，曰：'棺中乃某氏處女，未嫁而死。今其父母用嫁殤之法與某氏子爲冥婚，故遷其棺，與合葬也。'"民國十六年（1927）《上海倪王家乘·世譜》："鉉煦：……殤於〔光緒〕三十三年丁未五月二十日酉時，年十五歲，未娶。冥婚吳氏，生光緒二十年甲午六月二十日申時，殤於三十三年丁未五月初二日酉時，年十四歲。"

【冥昏】

同"冥婚"。此稱宋代已行用。見該文。

第三節　稱謂考

婚禮過程中涉及的相關之人，有許多特殊稱謂。這些稱謂反映着婚戀的進程，也反映着婚姻的關係。

其一是媒人。《詩·豳風·伐柯》："取妻如何，匪媒不得。"毛傳："媒，所以用禮也。"鄭玄箋："媒者，能通二姓之言，定人室家之道。"可見早在先秦時期，媒妁已是婚姻締結所不可缺少的中介。當時稱之爲媒、媒妁、媒氏、蹇脩，其中媒氏猶後世的"官媒"，專管婚姻之事。後世民間稱媒嫗、媒婆、媒人。因媒人能說會道，多困難的男女兩方都可能被說成，故又有"撮合山"一類稱謂。也因來回傳話，又難免被世人貶損，《金瓶梅詞話》第三七回就譏道："媒人婆地裏小鬼，兩頭來回抹油嘴。"然而，媒人成人之美，古來也有一些美好傳說，如晋代的冰人作伐、唐代的月老檢書、元曲中的紅娘，至今還常被世人稱及。

其二是算命先生、儐相之類相關人員。舊時男女婚姻要算八字，看男女之命是相生還是相剋；八字合符了，纔能下定禮、行婚儀。婚禮中又有儐相張羅、照料新人。《周禮·秋官·司儀》鄭玄注："出接賓曰擯，入贊禮曰相。"可見他們也是必不可少的人物。

其三是夫妻。夫妻亦稱伉儷、夫婦。《左傳·成公十一年》"已不能庇其伉儷而亡之"孔穎達疏："伉儷者，言是相敵之匹耦。"即夫妻和好相匹偶。倘夫妻離异，則被視爲傷風敗俗。《詩·邶風·谷風序》："衛人化其上，淫於新昏棄其舊室，夫婦離絶，國俗傷敗焉。"可見古來强調鸞鳳和鳴，夫妻如琴瑟和諧。此外，有關夫和妻的稱謂，各有很多，"丈夫"一稱源於先秦時期，《儀禮·士昏禮》："若異邦，則贈丈夫送者以束錦。"後世又演化出"老公""漢子"等俗稱。"妻子"一稱也始於先秦時期，《詩·小雅·常棣》："妻子好合，如鼓瑟琴。"而妻子因地位不同也反映在稱謂上。《禮記·曲禮下》："天子之妃曰后，諸侯曰夫人，大夫曰孺人，士曰婦人，庶人曰妻。"可知不同地位的人的妻子名稱是不同的。祇是隨着時代的不同，稱謂也發生着變化，"夫人"一稱在後世被廣泛使用即一例。稱"太太"也曾是貴族家眷專稱，後亦被一般人使用。古代夫爲妻綱，妻子依附於丈夫，故丈夫在"妻子"一稱上還有許多謙稱，諸如荆妻、荆室、敝房、糟糠、渾家之類，甚至還有一些蔑稱和虐稱，如夜叉、河東獅等，反映了丈夫對妻子的主導地位。

妻死，丈夫可以"續弦"，或稱"繼妻""填房"。宋張載《禮記説》："男子正爲無嗣承祭祀之重，猶可再娶。"這是把有子嗣、續香火作爲丈夫續娶的理由。相反，女子改嫁却備受責難。《孔子家語‧本命解》："女子者……無專制之義，而有三從之道：幼從父兄，既嫁從夫，夫死從子。言無再醮之端。"古來有所謂"烈女""貞女""節婦"，便多是守一而終的女性。而且，有正妻，丈夫還可以納妾，"正室"之外，又有"偏房""側室"，有所謂"二夫人""次妻"，於此可見古時男尊女卑之一斑。

其四是長輩。女婿稱岳父爲"泰山"，爲"丈人"。據傳這源自唐代封禪使張説隨玄宗封禪，歸來後其女婿鄭鎰遷官很快，人稱這得益於"泰山之力"。此稱沿用至今。與之相輔，則稱妻子的母親爲"岳母""丈母"，也不足爲奇。女婿稱謂亦有趣聞。"東床坦腹"典故，即讓後人直稱女婿爲"東床"了。又，與今日稱謂不同，古時稱公婆爲"舅姑"，《爾雅‧釋訓》："婦稱夫之父曰舅，稱夫之母曰姑。"但宋元以來媳婦所稱"公公""婆婆"，含義則與今同。此外，還有"親家""姻家""婆家""娘家"，古今使用相同，可知有些稱謂沿用時間甚爲漫長。

光棍 [1]

未娶妻的單身漢。此稱明代已行用。明馮惟敏《僧尼共犯》第一折："哄俺弟子都做光棍，一世没個老婆。"《二刻拍案驚奇》卷二二："却是一向是個公子，那個來兜他？又兼目下已做了單身光棍，種火又長，拄門又短，誰來要這個廢物？"清洪棟園《後南柯‧招駙》："妹妹已有人家，阿兄猶然光棍，豈不愧煞人也。"《蕩寇志‧結子》："一位高明先生説：'那一百單八個好漢，並非個個都是光棍，人人没有後代，當時未必殺戮得盡。傳到日後，子孫知他祖宗正刑之苦，所以編出這一番話來，替他祖宗爭光輝。'"清曾衍東《小豆棚‧醋姑娘》："生亦出一對曰：'芍藥花開，紅粉佳人做春夢。'女知其謗己也，應聲曰：'梧桐葉落，青皮光棍打秋風。'"《官場現形記》第四五回：

"爲的是一個人家有個女兒，有個光棍想要娶他。那家不肯，這光棍就托人化了錢給錢太爺，託錢太爺出票子拿抓那個該女兒的人，説是抓了來要打板子。"

媒妁

省稱"媒"。介紹男女婚姻的中間人。此稱先秦時期已行用。《説文‧女部》："媒，謀也，謀合二姓者也。"又："妁，酌也，斟酌二姓者也。"古時有媒介紹之婚姻，方被認爲符合禮儀。《詩‧豳風‧伐柯》："取妻如何，匪媒不得。"毛傳："媒，所以用禮也。"鄭玄箋："媒者，能通二姓之言，定人室家之道。"又同書《衛風‧氓》："送子涉淇，至于頓丘；匪我愆期，子無良媒。"鄭玄箋："非我以欲過子之期，子無善媒來告期時。"《孟子‧滕文公下》："不待父母之命，媒妁之言，鑽穴隙相窺，逾牆相從，則父母國人皆賤之。"《楚辭·九章·思美人》："媒絕路阻兮，言不可結而詒。"《淮南子·繆稱訓》："媒妁譽人，而莫之德也。"漢班固《白虎通·嫁娶》："必由父母、須媒妁何？遠恥防淫泆也。"《太平廣記》卷一六八引《盧氏雜説》："江陵寓居士子，……戒其姬曰：'我若五年不歸，任爾改適。'士子去後，五年未歸，姬遂爲前刺史所納，在高麗坡底。及明年，其夫歸，已失姬之所在，尋訪知處，遂爲詩求媒標寄之。"元柯丹邱《荆釵記·啓媒》："人世姻緣天所授，惟媒妁得預其謀。"元曾瑞卿《留鞋記》第一折："何須尋月老，則你是良媒。"明戴冠《濯纓亭筆記》卷七："正德改元，都下有王氏者，家甚富，聘孫氏女爲子婦，將婚，子瘵疾死，恐孫氏匿其聘財，秘不發喪，詐令媒妁請期。"清許奉恩《里乘·黄勤敏公》："會生失偶，指天信誓，聘妾爲繼室，決不相負。妾信爲真，苟且從之，來往年餘。屢促通媒妁，但漫應之。"《警世通言·王嬌鸞百年長恨》："夫婦已是前生定，至死靡他；媒妁傳來今日言，爲期未決。"清王韜《淞隱漫録·李韵蘭》："鄰有陸生者……方將擇偶，聞女名，遣媒妁往求焉。"民國三十六年（1947）《新繁縣志》："今之初議婚也，但憑媒妁之言，得兩姓同意，即用紅帖書女之生年、月、日，由媒氏送至男家。"

【媒】

"媒妁"之省稱。此稱先秦時期已行用。見該文。

【媒人】

即媒妁。此稱南北朝時期已行用。《魏書·島夷桓玄傳》："取妾之偝，殆同六禮，乃

仍百書僕射爲媒人，長史爲迎客。"宋孟元老《東京夢華録·娶婦》有"其媒人有數等"語。元王實甫《西厢記》第三本第三折："爲甚媒人，心無驚怕，赤緊的夫妻們、意不争差。"元曾瑞卿《留鞋記》第一折："姐姐，我説便也。説了，則没個媒人怎生是好？"《清平山堂話本·快嘴李翠蓮記》："衆人都來面前站，合多合少等我散。擡轎的合五貫，先生媒人兩貫半。"《醒世恒言·十五貫戲言成巧禍》："奴家不幸喪了丈夫，却被媒人哄誘，嫁了這個老兒。"清孔尚任《桃花扇·拒媒》："雙雙媒人來你家，還不喜哩。"

媒婆

亦稱"媒嫗""媒人婆"。介紹男女婚姻的女性媒人。做媒人者多是上年歲婦女，因稱。此稱明代已行用。唐宋時已出現從事該職業的婦女，稱"媒嫗"。唐韓愈《大理王君墓誌》："君曰：'……聞其女賢，不可以失。'即謾謂媒嫗：'……若能令翁許我，請進百金爲嫗謝。'"明代也稱"媒人婆"。《金瓶梅詞話》第三七回："媒人婆地裏小鬼，兩頭來回抹油嘴；一日走勾千千步，祇是苦了兩只腿。"《清平山堂話本·快嘴李翠蓮記》："這裏多得一貫文，與你這媒人婆買個燒餅，到家哄你呆老漢。"明代至今多稱"媒婆"。明朱權《荆釵記·遏契》："此親若得周全我，酬勞財禮敢虚過？花紅羊酒謝媒婆。"《醒世姻緣傳》第三九回："可奈又把一個結髮妻來死了，家中没了主人婆。那湯裏來的東西，由不得不水裏要去，只得唤了媒婆要娶繼室。"又第七五回："每次相看，都央了童奶奶袖着拜錢合兩個媒婆騎着驢子，串街道，走胡同，一去就是半日。"《儒林外史》第

二六回："沈天孚的老婆也是一個媒婆，有名的沈大腳。"清李漁《連城璧·辰集》："這次媒人來說親，祇道有個財主要相，不說姓闕不姓闕，奇醜不奇醜。及至相的時節，周氏見他身上臉上景致不少，就有些疑心起來，又不好問得，祇把媒婆一頓臭罵道：'陽間怕沒有人家，要到陰間去領鬼來相？'"《隔簾花影》第三二回："孫媒婆正在樓上吃喜酒，兩三日不回家，也騙了許多喜錢。"清吳梅《風動山·鳩媒》："婚姻算是今朝定，多謝媒婆來作證。"

【媒嫗】

即媒婆。此稱唐代已行用。見該文。

【媒人婆】

即媒婆。此稱明代已行用。見該文。

蹇修

亦作"蹇脩"。本爲傳說中伏羲時代專事媒妁活動的人的名字，後代因作媒人代稱。此稱先秦時期已行用。《楚辭·離騷》："解佩纕以結言兮，吾令蹇脩以爲理。"王逸注："蹇脩，伏羲氏之臣也。……使古賢蹇脩而爲媒理也。"清王夫之《楚辭通釋·離騷經》則謂："蹇修，舊以爲伏羲臣。蓋始爲媒氏者。理，合二姓之好也。"宋胡繼宗《書言故事·子集·媒妁》："媒曰蹇脩。"并引《離騷》例句；陳玩直注："蹇修，人名。理，爲媒，以通詞理也。……蹇修似是古女之能爲媒者。然亦未有考也。"後代以此稱媒人。清蒲松齡《聊齋志異·辛十四娘》："生不忘蹇修，翼日，往祭其墓。"

【蹇脩】

同"蹇修"。此體先秦時期已行用。見該文。

媒氏

最初指典掌婚姻事務的職官，後世因轉稱媒人。此稱先秦時期已行用。《周禮·地官·媒氏》："媒氏掌萬民之判。凡男女自成名以上，皆書年月日名焉，令男三十而娶，女二十而嫁。凡娶判妻入子者，皆書之。中春之月，令會男女，於是時也，奔者不禁，若無故而不用令者，罰之。司男女之無夫家者而會之。凡嫁子娶妻，入幣純帛，無過五兩。禁遷葬者與嫁殤者。凡男女之陰訟，聽之于勝國之社，其附于刑者，歸之于士。"可見此官職發揮着爲男女婚姻牽綫搭橋的作用，後世因以稱媒人。《儀禮·士昏禮》"下達納采，用鴈"鄭玄注："將欲與彼合昏姻，必先使媒氏下通其言。"《禮記·昏義》"昏禮，納采、問名、納吉、納徵、請期"孔穎達疏："納采用鴈，謂使媒氏下通其言，女許之，然後納采。"唐元稹《會真記》："若因媒氏而娶，納采問名，則三數月間，索我於枯魚之肆矣。"明戴冠《濯纓亭筆記》卷五："〔李〕勗起，視日尚早，即疾行抵媒氏家，隔岸呼船以渡。"民國十年（1921）《合川縣志》："外具庚書，書男之年庚於左，媒氏持往女氏。"

官媒

"官媒婆"之省稱。專以做媒爲職業的女人。此稱元代已行用。元鄭德輝《梅香》第四折："自家是個官媒婆，這京城內外官宦人家，都是俺說合親事。"元佚名《桃花女》第三折："別人家聘女求妻也，索是兩家門對寫婚書，要立官媒，下花紅送羊酒，都選個良辰吉日大綱，來爲正禮當宜。"《鏡花緣》第二四回："駙馬大怒，將女兒毒打，並發官媒變賣。"《紅樓夢》第七二回："就是官媒婆朱嫂子，因有個什麼孫大人來和咱們求親，所以他這兩日天天弄個帖子來，鬧得人怪煩的。"又同書七七回："且近日家中多故，又有邢夫人遣人過來知會，明日接迎春家去住兩日，以備人家相看；且又有官媒來求説探春等，心緒正煩。"又："前兒官媒拿了個庚帖來求親。"

【官媒婆】

即官媒。此稱元代已行用。見該文。

冰人

婚姻介紹人。此稱明代已行用。典出晋代令狐策夢見自己站在冰上與冰下人語，解夢者謂這是將爲人作媒之兆。後因以"冰人"稱媒人。《晋書·索統傳》："孝廉令狐策夢立冰上，與冰下人語。統曰：'冰上爲陽，冰下爲陰，陰陽事也。士如歸妻，迨冰未泮，婚姻事也。君在冰上，與冰下人語，爲陽語陰，媒介事也。君當爲人作媒，冰泮而婚成。'策曰：'老夫耄矣，不爲媒也。'會太守田豹因策爲子求鄉人張公徵女，仲春而成婚焉。"按，《詩·邶風·匏有苦葉》有"士如歸妻，迨冰未泮"句，爲婚姻與冰封相關之語源。明朱權《荆釵記·議親》："萱親寧奈，冰人休怪。"《金瓶梅詞話》第一七回："今既蒙金諾之言，何用冰人之講。"《警世通言·王嬌鸞百年長恨》："多情果有相憐意，好倩冰人片語傳。"清王韜《淞隱漫録·華璘姑》："時鄰省有狄生者，女父所取士也，弱冠登賢書，文名噪甚，特遣冰人求女。女父許之，行聘有日矣。"又同書《白素秋》："鄉闈已捷，然後遣冰人往説，當無不諧。"近現代此稱多用於書面語。《大公報》1928 年 1 月 5 日載張大倫《山東的婚俗》："媒人把親事説妥，經雙方滿意地承認以後，男家跟着要'請冰教'，就是把冰人和女家方面關係人及其它爲奔走的都請在一塊大吃大喝一頓。"民國十八年

（1929）《橫山縣志》："迎娶之前，男家遣房頭、冰人携新婦衣衾、首飾、化妝等品至女家，爲送衣裳。"

月老

"月下老人"之省稱，亦稱"月下老"。傳説中主管婚姻之神，據稱此神掌天下婚牘，并在冥冥中用赤繩繫有緣分的男女之足，促成婚姻。世人因以此神代稱媒人。此稱元代已行用。典出《太平御覽》卷一五九引唐李復言《續幽怪録·定婚店》："杜陵韋固，少孤，思早娶婦，多歧，求婚不成。貞觀二年，將游清河，旅次宋城南店。客有以前清河司馬潘昉女爲議者。來旦期於店西龍興寺門。固以求之意切，且往焉，斜月尚明，有老人倚巾囊，坐於階上，向月檢書……曰：'天下之婚牘耳。'固喜曰：'固少孤，嘗願早娶，以廣後嗣，爾來十年，多方求之，竟不遂意。今者人有期此，與議潘司馬女，可以成乎？'曰：'未也。君之婦適三歲矣，年十七，當入君門。'因問囊中何物，曰：

月下老人
（清刊本《毓秀堂畫傳》）

'赤繩子耳。以繫夫婦之足。及其坐則潛用相繫，雖仇敵之家，貴賤懸隔，天涯從宦，吳楚異鄉，此繩一繫，終不可逭。君之腳已繫於彼矣，他求何益？'"宋何夢桂《請婚于方宅劄子》："聞某人令愛玉君封，毓秀金閨，尚閟月下老人之籍。"宋胡繼宗《書言故事·子集·婚姻》："婚成曰喜諧月下老之書。"元曾瑞卿《留鞋記》第一折："何須尋月老，則你是良媒。"元謝應芳《問名道日劄子》："月老檢書，幸自天而作合；星翁視曆，敢擇日以尋盟。"明朱權《荊釵記·遣契》："匹配姻緣憑月老，調和風月仗冰人。"《初刻拍案驚奇》卷五："每說婚姻是宿緣，定經月老把繩牽。"又："話說婚姻事皆係前定。從來說月下老赤繩繫足，雖千里之外，到底相合。"《水滸後傳》第一二回："況天緣是月下老人赤繩繫定的，不必多疑。"清吳梅《風動山·鳩媒》："這般配偶，定是天成。謝牽絲月老，締姻緣名士傾城。"

【月下老人】

"月老"之省稱。此稱宋代已行用。見該文。

【月下老】

即月老。此稱宋代已行用。見該文。

氤氳大使

亦稱"氤氳使者"。傳說中主管人世姻緣的神。此稱宋代已行用。"氤氳"之稱取意於先秦經典。《周易·繫辭下》："天地絪縕，萬物化醇，男女構精，萬物化生。"韓康伯注："天地無心，自然得一，唯二氣絪縕，共相和會，萬物感之，變化而精醇也。……男女陰陽相感，任其自然，得一之性，故合其精則萬物化生也。"漢班固《白虎通·嫁娶》："男女之交、人情之始，莫若夫婦。《易》曰：'天地氤氳，萬物化

淳。男婦構精，萬物化生。'"宋以後即以"氤氳"命名掌管男女情愛婚姻的神。宋陶穀《清異錄·仙宗門》："世人陰陽之契，有繾綣司總統，其長官號氤氳大使。諸夙緣冥數當合者，須鴛鴦牒下乃成，雖伉儷之正，婢妾之微，買笑之略，偷期之秘，仙凡交會，華戎配接，率由一道焉。"《初刻拍案驚奇》卷五："婚姻事皆係前定。……多是氤氳大使暗中主張，非人力可以安排也。"又同書卷三四："若道姻緣人可強，氤氳使者有何功？"

【氤氳使者】

即氤氳大使。此稱明代已行用。見該文。

保親

亦稱"保山"。古時證婚人。此稱元代已行用。元曾瑞卿《留鞋記》第一折："（梅香云）誰是保親的？（正旦唱）保親的是鴛鴦字。"《金瓶梅詞話》第一七回："既要做親，須得要個保山來說，方成禮數。"《紅樓夢》第六五回："我做的保山如何？要錯過了，打着燈籠還沒處尋！"

【保山】

即保親。此稱明代已行用。見該文。

牽頭

牽合雙方結成姻緣者。指媒人。時常含貶義。此稱元代已行用。元王實甫《西廂記》第四本第二折："老夫人猜那窮酸做了新婚，小姐做了嬌妻，這小賤人做了牽頭。"《水滸傳》第二十五回："鄆哥道：'便罵你這馬泊六，做牽頭的老狗，直甚麼屁！'"《古今小說·蔣興哥重會珍珠衫》："婆子只為圖這些不義之財，所以肯做牽頭。"清李漁《玉搔頭·篾哄》："老實說，這個牽頭要讓我們做的，若是別人來做媒，

我們實要和他拚命。"

撮合山

媒婆的趣稱。謂哪怕是兩座山，經其撮合，亦能結合。古人稱介紹婚姻爲撮合。此稱元代已行用。元王實甫《西廂記》第三本第二折："似這等辰勾空把佳期盼，我將這角門兒世不曾牢拴，祇顧你做夫妻無危難。我向這筵席頭上整扮，做一個縫了口的撮合山。"《二刻拍案驚奇》卷一七："小弟尚未有室，吾兄與小弟做個撮合山何如？"《京本通俗小說·西山一窟鬼》："原來那婆子是個撮合山，專靠做媒爲生。"清許秋垞《聞見異辭·捫虱新談》："吳感其情，即遣媒撮合締姻。"

紅娘

促成他人姻緣的媒人，尤指女性媒人。此稱宋代已行用。源自唐宋元時期的小說戲曲人物。唐貞元年間，元稹據好友李公垂談及的民間傳說，將崔鶯鶯與張生的愛情故事寫成《會真記》。在這篇傳奇中，婢女紅娘雖在崔、張姻緣中起了一定的穿針引綫作用，但其人物形象并不鮮明。此後該故事流傳越來越廣，既有文人吟咏，又有民間說唱。宋秦觀《調笑令·鶯鶯》："紅娘深夜行雲送，困嚲釵橫金鳳。"詞前有詩曰："崔家有女名鶯鶯，未識春光先有情。河橋兵亂依蕭寺，紅愁綠慘見張生。張生一見春情重，明月拂牆花影動。夜半紅娘擁抱來，脉脉驚魂若春夢。"詩詞配合，將元稹《會真記》中鶯鶯張生月下私期的一段故事重新演繹，成爲當時教坊曲中的名段。趙令畤《蝶戀花鼓子詞》，亦述"待月西廂人不寐，簾影搖光，朱户猶慵閉"情事。而民間藝人則改編出話本《鶯鶯傳》和官本雜劇《鶯鶯六幺》。不過，紅娘這個人物在故事中依然很平淡。至金代董解元編成《西廂記諸宮調》，紅娘形象纔變得活靈活現起來。而元代王實甫撰雜劇《西廂記》，將故事在前人基礎上進行了再創造，使得紅娘形象更爲有血有肉，成爲崔、張愛情發展過程中不可或缺的重要人物。"紅娘"一稱也因此而成爲後來媒人的代稱，并沿用至今。明陸采《明珠記·送愁》："俺小姐冰清玉潔，不比鶯鶯莽；侍兒每心荒膽小，做不得紅娘。"明吳敬所《國色天香·劉生覓蓮記》："〔碧〕蓮笑謂〔素〕梅曰：'汝年紀長矣，名桂紅不諧，私呼汝爲紅娘可乎？'……梅曰：'以桂紅呼紅娘爲尊，莫若以素梅爲媒婆之爲愈尊也。'"

喜娘[1]

指媒人。此稱明代已行用。明范濂《雲間據目抄·記風俗》："〔賣婆〕或包攬做面箆頭，或假充喜娘說合，苟可射利，靡所不爲。"李定夷《民國趣史·新黑幕》述拐犯之黑幕："蘇州喜娘之拐案，遠如范李氏之騙取恒孚珠花至一萬數千元之巨案，近如小顧客人之拐賣婦女。若輩處心積慮，無非在'拐騙'兩字着想。"

介紹人

省稱"紹介""介紹"。猶媒妁。此稱近代已行用。按，"介紹"一詞源於先秦，介、紹均爲傳遞命令之人，《禮記·聘義》有"介紹而傳命"語。因將其作爲溝通兩方之含義，尤指介紹婚姻。《儀禮·士昏禮》"昏禮，下達納采用鴈"漢鄭玄注："《詩》云：'取妻如之何？匪媒不得。'昏必由媒交接，設紹介，皆所以養廉耻。"元劉壎《隱居通議·經史二·紹介》："今人未相識而求以引導之者，率曰介紹。"近人王蘊章《碧血花·香盟》："幸喜前承李十娘與余談心介紹，得與桐城孫武公相識，三生緣好，一見情深。”近現代以來將媒妁、媒人稱作介紹人。

【紹介】[2]

即介紹人。此稱漢代已行用。見該文。

【介紹】[2]

即介紹人。此稱元代已行用。見該文。

八字先生

省稱“八字”，亦稱“算命先生”。推算男女相互的命運是否利於結合成婚的占卜者。其所爲屬迷信行當。八字算命用天干、地支相配，標出一個人出生的年、月、日、時四項，分別稱作年柱、月柱、日柱和時柱。一般而言，多據日柱算命。年干支代表祖基；月干支代表父母；日干代表本人，日支代表配偶；時代表子嗣。更取命宮、胎元、大運、小運、流年，配合行年太歲、月令等的五行相生相剋，推定休咎。算命起源於先秦，八字算命定型於宋代徐子平，故有“子平命學”之稱。八字先生、算命先生之類稱謂，行於明清至近代。清雍正九年（1731）三月十二日江西按察使在任守制樓儼《謹奏爲請開供首唆訟之路以除刁攬事》：“詰問主唆之人，該犯則一口咬定，堅供並無其事。復究其狀係何人所作，非稱過路外客，即云算命先生。”《文明小史》第三九回：“難爲姑娘替我請個八字來占占，要是合呢，就定下便了。”又同書第四〇回：“如今算命先生説有什麼冲犯，大少爺不肯，也是他一點孝心，太太只得依他。”當然算命不局限於推算人未來婚姻的好壞，亦算人的其他方面的命運。

【八字】[1]

“八字先生”之省稱。此稱清代已行用。見該文。

即八字先生。此稱清代已行用。見該文。

【算命先生】[1]

即八字先生。此稱清代已行用。見該文。

婚主

主持議婚、訂婚及婚儀諸事的人。此稱魏晉時期已行用。《通典·禮典二十》載晉元康二年（292）司徒王渾奏：“國子祭酒鄒湛有弟婦喪，爲息蒙娶婦拜時，蒙有周服；……湛職儒官，身雖無服，據爲婚主。”唐武三思《大周無上孝明高皇后碑銘并序》：“洎乎鳳凰開籙，獨堅匪席之心；烏鵲成橋，果迫如綸之命。於是使桂陽公主爲婚主，禮娉所須，並令官給。”《舊唐書·蕭至忠傳》：“至忠又以女適庶人舅崔從禮之子。成禮日，中宗爲蕭氏婚主，韋庶人爲崔氏婚主，時人謂之‘天子嫁女，皇后娶婦’。”後唐同光二年（924）佚名《上皇太子婚禮奏》：“今皇太子興聖宮使繼岌，雖未封建，官是檢校太尉，合准一品婚禮施行。……其日平明，皇帝差官告親廟一室，宗正卿攝婚主行禮。”《宋史·禮志十八》：“婿家有二世食祿，即許娶宗室女，……婿之三代、鄉貫、生月、人材書劄，止令婚主問驗，以告宗正寺、大宗正司，寺、司詳視，如條保明。”可見婚主有核驗結親對方家庭背景、個人情況的責任。明張應俞《杜騙新書·媒賺春元娶命婦》：“崔家人曰：‘那位是媒？’管家曰：‘媒去叫你大伯。’崔家人曰：‘有甚大伯？’管家曰：‘是你家交銀主婚的。’崔唾其面曰：‘你一夥小輩，該死的。此是崔爹府中，你信何人哄，在此胡説。’”

儐相[1]

亦作“擯相”。主持婚禮等隆重儀式的人。此稱先秦時期已行用。先秦始稱“擯相”，然其職不限於婚禮，諸般禮儀之迎客送客、贊禮儀式均主之。《周禮·秋官·司儀》："掌九儀之賓客擯相之禮，以詔儀容辭令揖讓之節。"鄭玄注："出接賓曰擯，入贊禮曰相。""儐""擯"義同，《說文·人部》："儐，導也。……擯，儐或從手。"《詩·小雅·常棣》："儐爾籩豆，飲酒之飫。"宋蘇軾《物不可以苟合論》："足非不能行也，而待擯相之詔禮；口非不能言也，而待紹介之傳命。此所以久而不相瀆也。"宋蘇轍《齊州閔子祠堂記》："籩豆有列，儐相有位。"《紅樓夢》第九七回："儐相喝禮，拜了天地。"

【擯相】

同"儐相[1]"。此體先秦時期已行用。見該文。

儐相[2]

女方貼身護送新娘的女伴和男方陪伴新郎迎新人的男伴。男的稱"男儐相"，俗稱"伴郎"；女的稱"女儐相"，俗稱"伴娘"。此稱清代已行用。《二十年目睹之怪現狀》第一〇三回："明天清早傳儐相，傳喜娘。"錢鍾書《圍城》五："我也沒跟她多說話，那個做男儐相的人，曹元朗的朋友，纏住她一刻不放鬆。"

喜娘[2]

女儐相。婚禮上陪伴照料新娘的女伴。此稱元代已行用。元柯丹邱《荊釵記·合巹》："實不相瞞親家說，沒有喜娘，還要我一身充兩役。"《兒女英雄傳》第二八回："那張褚兩個引着喜娘兒便扶定新人上了三層臺階兒。"《紅樓夢》第九七回："寶玉見喜娘披着紅，扶着新人，幪着蓋頭。"《二十年目睹之怪現狀》第一〇三回："明天清早傳儐相，傳喜娘。"

夫妻

結成婚姻的男女，即丈夫和妻子。此稱先秦時期已行用。人類的婚姻制度始於氏族社會時期，經歷了由一夫多妻和一妻多夫的群婚制過渡到一夫一妻制的演化。夏商以後至今皆行一夫一妻制，夫妻即指這種關係。《周易·小畜》："九三，輿說輻，夫妻反目。象曰：夫妻反目，不能正室也。"《漢書·五行志中》："哀帝時，大司馬董賢……驕嫚不敬，大失臣道，見戒不改。後賢夫妻自殺，家徙合浦。"成書於魏晉的《列異傳》："為夫妻，生一兒，已二歲。"《雲笈七籤》卷三三："凡甲寅日，是尸鬼競亂、精神躁穢之日，不得與夫妻同席，言語面會，必當清净沐浴，不寢警備也。"金董解元《西廂記諸宮調》卷八："比及夫妻每重相遇，各自準備下萬言千語，及至相逢却没一句。"明湯顯祖《紫釵記·門楣絮別》："咱夫妻覆不着桐花鳳，子母空啼桂樹烏。"《醒世恒言·吳衙内鄰舟赴約》："秀娥過門之後，孝敬公姑，夫妻和順，頗有賢名。"同書《蔡瑞虹忍辱報仇》："小姐，我與你郎才女貌，做對夫妻，也不辱抹了你。今夜與我成親，圖個白頭到老。"《警世通言·王嬌鸞百年長恨》："過了半年，魏氏過門，夫妻恩愛，如魚似水。"《桃花女》第四回："當日石婆子進至中堂，便忙忙辭別任太公夫妻二人回家。"清黃燮清《居官鑒·送姬》："嘆今朝銷魂無如我，熱淚更番墮，夫妻別恨多。"京劇《哭祖廟》第四場："人生百歲終有死，恩愛夫妻不團圓。"

【伉儷】

即夫妻。謂相匹配成雙。此稱先秦時期已行用。《左傳·成公十一年》："己不能庇其伉儷而亡之，又不能字人之孤而殺之。"杜預注："伉，敵也。"孔穎達疏："伉儷者，言是相敵之匹耦。"又"鳥獸猶不失儷"杜預注："儷，耦也。"丈夫與正妻構成伉儷，丈夫與妾不能稱伉儷。《左傳·昭公二年》："晋少姜卒，公如晋，及河，晋侯使士文伯來辭曰：'非伉儷也，請君無辱。'"孔穎達疏："言少姜是妾，非敵身對耦之人也。"社稷祭禮，正妻可參與，妾則不行。故《左傳·昭公三年》又曰："寡君不能獨任其社稷之事，未有伉儷，在縗絰之中。"孔穎達疏："未有伉儷者，蓋晋侯當時無正夫人。"晋潘岳《悼亡賦》："且伉儷之片合，垂明哲乎嘉禮。"《陳書·袁樞傳》："今公主早薨，伉儷已絕，既無禮數致疑，何須駙馬之授！"明曹臣《舌華録·凄語》記魏晋時王濟、孫楚事："孫子荆除婦服，作詩以示王武子。王曰：'未知文生於情，情生於文？覽之凄然，增伉儷之重。'"《國色天香·龍會蘭池録》："自謂同人永相伉儷，詎期大有輒出妾災。"《警世通言·王嬌鸞百年長恨》："廷章遂央姨為媒，誓諧伉儷，口中咒願如流而出。"明袁凱《賦朱焕章所畜鵁鶄鳥》："沈思當日伉儷初，豈料如今各羇旅。"清王韜《淞隱漫録·華璘姑》："主者以君情重，令同回陽世成伉儷。"

【夫婦】

即夫妻。此稱先秦時期已行用。《左傳·隱公八年》："鄭公子忽如陳，逆婦媯。辛亥，以媯氏歸。甲寅，入於鄭。陳鍼子送女，先配而後祖。鍼子曰：'是不為夫婦。誣其祖矣，非禮也。'"《詩·邶風·谷風序》："衛人化其上，淫於新昏棄其舊室，夫婦離絶，國俗傷敗焉。"《列異傳》："談生者，年四十，無婦。常感激讀《詩經》，夜半有女子可年十五六，姿顔服飾，天下無雙，來就生為夫婦之言……"古時

夫婦關係，夫為妻綱，妻當事夫。西晋支法度譯《佛説善生子經》："婦又當以十四事事於夫。何謂十四？善作為、善為成、受付審、晨起、夜息、事必學、闔門待君子、君子歸問訊、辭氣和、言語順、正几席、潔飲食、念布施、供養夫，是為西方二分所欲者，得古聖制法夫婦之宜。"《唐律疏議·户婚》："若以妻為妾，以婢為妻，違别議約，便虧夫婦之正道。"《警世通言·王嬌鸞百年長恨》："夫婦已是前生定，至死靡他；媒妁傳來今日言，為期未決。"《清平山堂話本·快嘴李翠蓮記》："有吉有慶，夫婦雙全。"明熊龍峰《張生彩鸞燈傳》："妾處深閨，祝天求合，得成夫婦。"清曾衍東《小豆棚·金駝子》："甲聞之憬然，繼且痛哭，深以為悔。乃載駝之夫婦養於家，歸其米囷之田。"《躋云樓》第一一回："請暫且各回母家，俟五年後，再為朝廷建立奇功，使皇上不生猜疑，群下悉泯誹謗，乃吾夫婦團聚日也。"

新人

新婚的人，即新郎、新娘。此稱唐代已行用。"新人"初亦指科舉新中榜進士，甚至稱新繼位帝王。五代王定保《唐摭言》有"〔唐太宗〕開成五年，李景讓中榜，於時上在諒闇，乃放新人游宴"記載，五代王仁裕《王氏見聞》亦曾謂"新人已即位矣"。而唐、五代已稱新婚者為"新人"。《太平廣記》卷三三二引唐陳劭《通幽記》："〔前妻〕言笑謂〔唐〕晅曰：'君情既不易平生，然聞已再婚。君新人在淮南，吾亦知。'"又卷三四三引《異聞録》："今嗣子别娶，徵我筐筥刀尺祭祀舊物，以授新人，我不忍與。"宋以後乃專指婚姻中新人。宋孟元老《東京夢華録·娶婦》："新人下車檐，踏青布條

或氈席，不得踏地，一人捧鏡倒行，引新人跨鞍藁草及秤上過入門。"《清平山堂話本·快嘴李翠蓮記》："他是個媒人，出言不可大甚。自古新人無有此等道理。"《醒世姻緣傳》第七六回："各色催趲齊備，看就十月十八日卯時迎新人過門。"《醒世恒言·吳衙內鄰舟赴約》："兩個花燭下新人，錦衾內一雙鳳友。"《儒林外史》第二八回："鮑廷璽……次日來賀喜，看新人。"《隔簾花影》第一二回："眼前就做新人，還靦腆甚麼！"

新郎

亦稱"新婿"。新婚丈夫。此稱唐代已行用。明胡應麟《少室山房筆叢》卷二三："今俗以新娶男稱新郎，女稱新婦。……惟宋世詞有賀新郎，或當起於此時。"此說宋時始稱新郎，誤，按唐已有此稱。唐代《論呪願新郎文》："願新郎日勝千强，開闢天地，則有婚姻。陰陽道洽，正合二儀。納親之後，已過吉期。從

新　郎
（清石印本《詳注聊齋志異圖詠》）

此以後，萬善百福相宜。"（轉引自黃徵、吳偉《敦煌願文集》，嶽麓書社1995年版，第405頁）唐詩中亦有"新婿"之稱。唐佚名《題西明院房》詩："姚家新婿是房郎，未解芳顏意欲狂。"後世沿襲，直至今日。《雍熙樂府》卷四《點絳唇·贈妓》套曲："珍羞美味，則不如家常飯食。免得棄舊人迎新婿，到大來無是無非。"（"大"應爲"頭"之誤）明楊慎《升菴集·戲婦》："娶婦之家，新婿避匿，群男子競作戲調以弄新婦，謂之謔親。"

【新婿】

即新郎。此稱唐代已行用。見該文。

新婦

新過門的媳婦。此稱魏晋時期已行用。明胡應麟《少室山房筆叢》卷二三："按新婦之稱蓋六代已然，而唐最爲通行，見諸小說稗官家不可勝舉。"《晋書·賈充傳》："充母柳見古今重節義，竟不知充與成濟事，以濟不忠，數追罵之。侍者聞之，無不竊笑。及將亡，充問所欲言，柳曰：'我教汝迎李新婦尚不肯，安問他事！'遂無言。"南朝宋劉義慶《世說新語·方正》："〔謝〕裒子石，娶〔諸葛〕恢小女，……王右軍往謝家看新婦，猶有恢之遺法，威儀端詳，容服光整。王嘆曰：'我在遣女裁得爾耳！'"清俞正燮《癸巳存稿》卷一一云，自古以來即有新婦過門、人們圍觀新婦禮俗："看新婦，古禮也。後亦有之。《世說》云：'王右軍往謝家看新婦。'《南史·齊河東王傳》云：'武帝爲納柳世隆女，帝與群臣看新婦。'《顧協傳》：'晋、宋以來，初昏三日，婦見舅姑，衆賓皆列觀。'"隋仍稱"新婦"。《隋書·文四子傳》："新婦初亡，我深疑使馬嗣明藥殺。"唐

代新婦進門，婆家人還須隨其後進門，以求吉利。唐段成式《酉陽雜俎・禮異》：“婦入門，舅姑以下悉從便門出，更從門入，言當躝新婦迹。”此稱後世沿襲。明歸有光《書張貞女死事》：“一日，〔胡〕嚴衆言曰：‘汪嫗且老，……新娘子誠大佳。吾已寢處其姑，其婦寧能走上天乎！’遂入與嫗曰：‘小新婦介介不可人意，得與胡郎共寢，即懽然一家，吾等快意行樂，誰復言之者？’嫗亦以爲然。”娶新婦入門須聽人擺布。明楊慎《升菴集・戲婦》：“娶婦之家，新婿避匿，群男子競作戲調以弄新婦，謂之謔親。”《清平山堂話本・快嘴李翠蓮記》：“才向西來又向東，休將新婦便牽籠。”清袁枚《續子不語・梁氏新婦》：“杭州故事：新婚婦手執寶瓶，内盛五穀，入門交替。梁氏新婦執寶瓶過城門，司門者索錢吵鬧，新婦大驚。”

【新娘】

即新婦。亦稱“新娘子”。此稱明代已行用。《清平山堂話本・快嘴李翠蓮記》：“先生道：‘新娘子息怒。他是個媒人，出言不可大甚。”明張岱《陶庵夢憶・寧了》：“有一新娘子善睡，黎明〔寧了〕輒呼曰：‘新娘子，天明了，起來罷！太太叫，快起來！’”明吳應雷《撥悶》詩：“更憐黃口哺糜湯，顛倒學步號新娘。”《儒林外史》第二回：“就如女兒嫁人的：嫁時稱爲‘新娘’，後來稱呼‘奶奶’‘太太’，就不叫‘新娘’了。”清毛奇齡《菩薩蠻》：“鸚鵡結釵樓，新娘半上頭。”

【新娘子】

即新娘。此稱明代已行用。見該文。

丈夫

省稱“夫”。男女婚姻中男性的一方，已婚女子的配偶。此稱先秦時期已行用。《儀禮・士昏禮》：“若異邦，則贈丈夫送者以束錦。”又同書《喪服》：“何以服齊衰三月也？妻言與民同也。”鄭玄注：“妻雖從夫而出，古者大夫不外娶，婦人歸宗，往來猶民也。”《醒世恒言・十五貫戲言成巧禍》：“丈夫今日無端賣我，我須先去與爹娘説知。”《醒世姻緣傳》第七三回：“凡是丈夫，没有不罵説：‘臭淫婦……’”《儒林外史》第二六回：“你也是嫁過了兩個丈夫的了，還守甚麼節！”

【夫】

“丈夫”之省稱。此稱漢代已行用。見該文。

【老公】

“丈夫”之俗稱。此稱元代已行用。元楊顯之《酷寒亭》第三折：“我老公不在家，我和你永遠做夫妻，可不受用。”《水滸傳》第五回：“那大王叫一聲：‘做什麼便打老公？’魯智深喝道：‘教你認得老婆！’”《喻世明言・滕大尹鬼斷家私》：“好像個妓女，全没有良家體段。看來是個做身分的頭兒，擒老公的太歲。”《西遊記》第三五回：“這樣個寶貝，也怕老公，雌見了雄，就不敢裝了。”《京本通俗小説・錯斬崔寧》：“你在京中娶了一個小老婆，我在家中也嫁了個小老公。”

【漢子】

“丈夫”之俗稱。此稱明代已行用。《醒世姻緣傳》第七三回：“別家也有漸漸來接的，或是漢子，或是兒子。”《金瓶梅詞話》第五九回：“月娘因問玳安：‘你爹昨日坐轎子往誰家吃酒，吃到那咱晚才回家？想必又在韓道國家，望他那老婆去來……’玳安道：‘不是。他漢子來家，爹怎好去的！’”《儒林外史》第一四回：

"那些女人的後面都跟着自己的漢子，揹着一把傘，手裏拿着一個衣包。"

【良人】

即丈夫。省稱"良"。此稱先秦時期已行用。《儀禮·士昏禮》"媵衽良席在東"鄭玄注："婦人稱夫曰良。"《孟子·離婁下》："齊人有一妻一妾而處室者，其良人出，則必饜酒肉而後反。……其妻歸，告其妾曰：'良人者，所仰望而終身也。'"朱熹集注："良人，夫也。"晉潘岳《寡婦賦》："榮華曄其始茂兮，良人忽以捐背。"宋洪皓《松漠紀聞》卷一："契丹、女真諸國皆有女倡，而其良人皆有小婦侍婢，唯渤海無之。"

【良】[1]

"良人"之省稱。此稱先秦時期已行用。見該文。

官人

妻子對丈夫的敬稱。此稱宋代已行用。本意指官員。《左傳·哀公三年》："官人肅給。"《太平廣記》卷一〇九引南朝齊王琰《冥祥記》："行至一城，有若州郭。引到側院，見一官人，衣冠大袖，憑案而坐。"皆指官員。宋以後引申爲丈夫。宋釋普濟《五燈會元·南嶽下·兜率悅禪師法嗣》："〔張商英〕夜坐書院中，研墨吮筆，憑紙長吟，中夜不眠。向氏呼曰：'官人夜深，何不睡去？'"金董解元《西廂記諸宮調》卷二："但道自從別來，官人萬福，一件件對他分付。"《古今小說·沈小霞相會出師表》："閔氏覷個空，向丈夫丟個眼色，又道：'官人早回，休教奴久待則個。'"《喻世明言·陳從善梅嶺失渾家》："官人若要見孺人，可在我寺中住幾時。"《醒世恒言·喬太守亂點鴛鴦譜》："娘子，這便是你官人，如今病好了，特來見你。"清李漁《奈何天·攜俊》："（小旦）孤家年過二八，未有東床，要選個俊俏男子做壓寨官人。"

妻子

省稱"妻"。男女結婚後女方的稱謂。此稱先秦時期已行用。此稱最早見於《周易·困》："入于其宮，不見其妻。"《詩·小雅·常棣》："妻子好合，如鼓瑟琴。"先秦"妻"多爲平民所用。《禮記·曲禮下》："庶人曰妻。"故《詩·大雅·思齊》言貴族之妻須冠以"寡"稱："刑于寡妻，至于兄弟，以御于家邦。"毛傳："寡妻，適妻也。"鄭玄箋："寡妻，寡有之妻，言賢也。"《釋名·釋親屬》："士庶人曰妻。妻，齊也。夫賤不足以尊稱，故齊等言也。"《列子·湯問》："公扈反齊嬰之室，而有其妻子，妻子不弗識。"古文中之"妻子"多爲妻和子女的合稱。唐宋之後漸漸專指丈夫的配偶。唐杜甫《新婚別》詩："結髮爲妻子，席不暖君牀。"《醒世恒言·喬太守亂點鴛鴦譜》："劉璞見妻子美貌非常，甚是快樂。"又同書《十五貫戲言成巧禍》："丈人取出十五貫錢來，付與劉官人道：'姐夫，且將這些錢去，收拾起店面，開張有日，我便再應付你十貫。你妻子且留在此過日子，待有了開店日子，老漢親送女兒到你家。'"《喻世明言·陳從善梅嶺失渾家》："官人若要見孺人，可在我寺中住幾時。等申陽公來時，我勸化他回心，放還你妻如何？"明葉憲祖《鸞鎞記·諧姻》："婚姻之事，一向蹉跎。誰想令狐丞相要強娶我妻子。"《儒林外史》第二四回："鮑文卿進了水西門，到家和妻子見了。"《紅樓夢》第七九回："如今得了這一個妻子，正在新鮮興頭上，凡事未免盡讓他些。”

【妻】

“妻子”之省稱。此稱先秦時期已行用。見該文。

【夫人】

“妻子”之敬稱。此稱先秦時期已行用。先秦時此稱有尊貴含義，爲君王公侯正妻的專稱。《禮記·曲禮下》：“諸侯曰夫人，……公侯有夫人，有世婦，有妻有妾。夫人自稱于天曰老婦，自稱于諸侯曰寡小君。”《論語·季氏》：“邦君之妻，君稱之曰夫人，夫人自稱曰小童；邦人稱之曰君夫人，稱諸異邦曰寡小君；異邦人稱之亦曰君夫人。”《釋名·釋親屬》：“諸侯之妃曰夫人。夫，扶也，扶助其君也。”可知君稱妻爲夫人，他人稱君之妻爲君夫人。漢代以後，這一稱呼雖然仍較尊貴，但也漸被一般人廣泛使用。《金瓶梅詞話》第三三回：“昨日他家大夫人生日，房下坐轎子行人情，他夫人留飲至二更方回。”《紅樓夢》第八〇回：“你別和我充夫人娘子！你老子使了我五千銀子，把你准折賣給我的。”《草木春秋演義》第八回：“金石斛入內，與夫人作別，連夜起行。”

【太太】

“妻子”之敬稱。初爲官宦人家或財主大戶的女主人之稱，近現代以來則普通人的妻子亦用此稱。此稱明代已行用。此稱或與漢哀帝尊傅昭儀爲“皇太太后”有關（見《資治通鑑·漢哀帝建平二年》）。然此稱明以後方盛行。清鄭方坤《全閩詩話》卷八引明胡應麟《甲乙剩言》曰：“有一邊道轉御史中丞，作《除夕》詩云：‘幸喜荊妻稱太太，且斟柏酒樂陶陶。’蓋部民呼有司眷屬，惟中丞以上得呼太太耳，故幸而見之歌咏。”《儒林外史》第二六回：“因他有幾分顏色，從十七歲就賣與北門橋來家做小。……要人稱呼他是‘太太’，被大娘子知道，一頓嘴巴子，趕了出來。”《官場現形記》第五回：“太太急得淌眼淚説：‘到底怎麽樣？’嘴裏如此説，心上到底幫着自己的丈夫，竭力的把他丈夫往旁邊拉。何藩臺一看太太這個樣子，心早已軟了。”在與姨太太相提并論時，又稱“大太太”。

【老婆】

“妻子”之俗稱。是與“老公”相對應的稱謂。此稱宋代已行用。它原本泛指婦女或老婦人。宋陶岳《五代史補·羅隱東歸》：“媼嘆曰：‘秀才何自迷甚焉，且天下皆知羅隱，何須一第然後爲得哉！不如急取富貴，則老婆之願也。’”此指老婦人；《金瓶梅詞話》第三三回描寫韓道國妻子與小叔子韓二有奸情被人發現，稱“韓二奪門就走”，“老婆還在炕上”，則此“老婆”之稱指女人。明以後開始稱妻子爲老婆，并逐漸成爲專稱。《金瓶梅詞話》第五九回：“月娘因問玳安：‘你爹昨日坐轎子往誰家吃酒，吃到那咱晚才回家？想必又在韓道國家，望他那老婆去來。’”《喻世明言·滕大尹鬼斷家私》：“滕爺一眼看着趙裁的老婆，千不説，萬不説，開口便問他曾否再醮。”《警世通言·趙春兒重旺曹家莊》：“〔曹可成〕初任是福建同安縣二尹，就升了本省泉州府經歷，都是老婆幫他做官，宦聲大振。”《水滸傳》第二五回：“他在紫石街王婆茶坊裏，和賣炊餅的武大老婆做一處。”《紅樓夢》第七九回：“人家鳳凰蛋似的，好容易養了一個女兒，比花朵兒還輕巧；原看的你是個人物，才給你作老婆。”《儒林外史》第二六回：“沈天孚的老婆也是一個媒婆，有名的沈大脚。”

【婆娘】

即妻子。此稱宋代已行用。《雍熙樂府》卷三《端正好·慶朔堂》套曲：“倘秀才拜堂時險忘了婆娘的禮體，合卺處改不了村沙樣勢，他將個咲臉兒來迎我怒面皮，不曾見這色情縈潑東西是甚道理！”《金瓶梅詞話》第一回：“人人自知武大是个懦弱之人，却不知他娶得這個婆娘在屋里，風流伶俐。”今在某些地區的方言中猶有此稱。

【孺人】

“妻子”之別稱。此稱先秦時期已行用。先秦時本爲大夫之妻的專稱。漢至隋唐成爲王公之妾的稱謂，宋至明清又爲對官員妻子或母親的封誥稱呼。《禮記·曲禮下》：“天子之妃曰后，諸侯曰夫人，大夫曰孺人，士曰婦人，庶人曰妻。”鄭玄注：“孺之言屬。”《隋書·禮儀志五》：“上媛婦、中大夫孺人，自玄輅而下五；下媛婦、大夫孺人，自夏篆而下四。”宋朱熹《皇考左承議郎守尚書吏部員外郎兼史館校勘累贈通議大夫朱公行狀》：“公娶同郡祝氏，封孺人。”作爲普通人的妻子稱謂，約始於南北朝，沿襲至清。南朝梁江淹《恨賦》：“左對孺人，顧弄稚子。”唐儲光羲《田家雜興》詩之八：“孺人喜逢迎，稚子解趨走。”宋梅堯臣《歲日旅泊家人相與爲壽》詩：“孺人相慶拜，共坐列杯盤。”《京本通俗小説·馮玉梅團圓》：“馮公又問道：‘令孺人何姓？是結髮還是再娶？’”《喻世明言·陳從善梅嶺失渾家》：“陳巡檢爲因孺人無有消息，心中好悶，思憶渾家，終日下淚。”

娘子

妻子尚年輕時的稱謂。此稱南北朝時已行用。《北齊書·祖珽傳》：“所乘老馬常稱騮駒，又與寡婦王氏姦通。每人前相聞往復。裴讓之與珽早狎，於衆中嘲珽曰：‘卿那得如此詭異：老馬十歲猶號騮駒，一妻耳順尚稱娘子？’”後世沿用此稱。《宋史·袁韶傳》：“賤吏不敢辱娘子，聘財盡以相奉。”《醒世姻緣傳》第七二回：“前面那位娘子醜的象八怪似的，周大叔看眼裏撥不出來。”與妾相提并論時，亦稱“大娘子”。《金瓶梅詞話》第六九回：“身邊除了大娘子，乃是清河左衛吳千户之女，填房與他爲繼室，只成房頭、穿袍兒的，也有五六個。”《儒林外史》第二四回：“鄰居道：‘你剛才出門，隨即二乘轎子，一擔行李，一個堂客來到，你家娘子接了進去。’”《紅樓夢》第八〇回：“你別和我充夫人娘子！你老子使了我五千銀子，把你准折賣給我的。”《隔簾花影》第二二回：“卞千户娘子比鮑指揮娘子小三歲，生得白净面皮，描着兩道長眉兒，原是個風流的，又守了二年寡，因和阮守備勾搭上了。”清黄燮清《居官鑑·授鑒》：“如若娘子愁悶之時，你要從旁解慰才好，切不要對蹙雙眉數淚珠。”

【相公娘】

即娘子。尤指他人對妻子的稱謂。此稱明代已行用。因元代以來戲劇常稱丈夫爲相公，故引申出此稱。《儒林外史》第二七回：“兩個丫頭……叫的太太一片聲響。錢包老太聽見道：‘在我這裏叫甚麼太太！連奶奶也叫不的，祇好叫個相公娘罷了！’”

媳婦 [1]

民間對妻子的稱謂。此稱宋代已行用。宋

張師正《括異志·潘郎中》：“今我往生冀州北門内街西磨坊某人媳婦處爲女，因得來此。”元趙彦暉《醉中天》：“他媳婦問它索休，别無甚圓就，到官司打與一個拳頭。”清鍾祖芬《招隱居·誡子》：“你而今，封了富員外；你媳婦，封了皇國太。”《紅樓夢》裏有周瑞家媳婦、來旺媳婦等許多媳婦管家，第七二回還有“好容易看準一個媳婦”的提法。

黄裳

正妻代稱。此稱先秦時期已行用。語出《詩·邶風·緑衣》：“緑兮衣兮，緑衣黄裳。”鄭玄箋：“婦人之服，不殊衣裳，上下同色。今衣黑而裳黄，喻亂嫡妾之禮。”因衣色不同以喻妻妾。後世詩文常引用此典。宋劉克莊《賀新郎》：“芳魂再反應無藥。似詩咏、緑衣黄裳，感傷而作。”明陳汝元《金蓮記·媒合》：“徘徊自想，怕他緑衣妬殺黄裳。”明馮時可《疑賦》：“上履下幘，緑衣黄裳。”

寡妻 [1]

亦稱“小君”“寡小君”“細君”。諸侯、大夫之妻的專稱。此稱先秦時期已行用。言小言寡，以相對於主公而言則渺小。《公羊傳·莊公二十二年》：“葬我小君文姜。文姜者何？莊公之母也。”何休注：“言小君者，比於君爲小，俱臣子辭也。”然而稱“寡”有不同解釋。《詩·大雅·思齊》：“刑于寡妻，至于兄弟，以御于家邦。”鄭玄箋：“寡妻，寡有之妻。言賢也。”朱熹《詩經集傳》卷六云：“刑，儀法也。寡妻，猶言寡小君也。”而《孟子·梁惠王上》引“刑于寡妻”，朱熹集注又釋“寡”爲寡德之謙辭：“寡妻，寡德之妻，謙辭也。”《文選·曹植〈求通親親表〉》“《詩》曰‘刑于寡妻’”吕

向注則謂：“寡妻，嫡妻也。”諸説紛紜，而終以專指諸侯、大夫之妻爲是。《儀禮·聘禮》“夕，夫人使下大夫韋弁歸禮”鄭玄注：“云夫人者，以致辭當稱寡小君。”賈公彦疏：“以其致辭於賓客時，當稱寡小君。”後亦有人仿此諸侯妻稱而擬稱自己之妻。《漢書·東方朔傳》：“歸遺細君，又何仁也！”顔師古注：“細君，朔妻之名。一説，細，小也。朔輒自比於諸侯，謂其妻曰小君。”

【小君】

即寡妻[1]。此稱先秦時期已行用。見該文。

【寡小君】

即寡妻[1]。此稱先秦時期已行用。見該文。

【細君】

即寡妻[1]。此稱先秦時期已行用。見該文。

寡妻 [2]

喪夫守寡之婦人。此稱元代已行用。元吴伯慶《挽張伯成》詩：“寡妻弱子將焉托，節傳遺文只益悲。”明蘇伯衡《謝氏西山阡表》：“先父之没也，寡妻幼子，煢煢孤立。”明邵璨《香囊記·尋兄》：“奴家今日呵，煢煢寡妻，路途遥怎到得沙場裏。”明邵經邦《弘道録·智·夫婦之智》：“正以在己者存之乎疢疾，故在天者玉之乎成人。蓋不但孤臣孽子，而寡妻貞婦，亦莫不然矣。”《欽定大清會典則例·八旗都統·優恤》：“諭各省駐防兵丁……有物故者，其骸骨及寡妻仍令各回本旗。”

内人

亦稱“内子”“内眷”“女眷”。指妻子，因在宫内侍奉，或在閨門之内治家，故稱。此稱先秦時期已行用。源於先秦對宫女、卿大夫之妻的稱謂。《周禮·天官·寺人》：“寺人掌王

之内人及女宫之戒令。"鄭玄注:"内人,女御也。"這是指侍奉君王的宫女;卿大夫妻則稱"内子"。《釋名·釋親屬》云:"卿之妃曰内子。子,女子也,在閨門之内治家也。"《詩·周南·葛覃》"是刈是濩,爲絺爲綌,服之無斁"毛傳:"古者王后織玄紞,公侯夫人紘綖,卿之内子大帶,大夫命婦成祭服,士妻朝服,庶士以下各衣其夫。"《周禮·天官·屨人》"命屨、功屨、散屨"鄭玄注:"於孤卿大夫則白屨、黑屨,九嬪内子亦然。"後乃藉用爲妻子通稱。《禮記·檀弓下》:"今及其死也,朋友諸臣未有出涕者,而内人皆行哭失聲。"鄭玄注:"内人,妻妾。"《孔叢子·記義》:"今死而内人從死者二人焉,若此於長者薄,於婦人厚也。"後世沿襲此稱。《金瓶梅詞話》第一四回:"若似花子虛終日落魄飄風,謾無紀律,而欲其内人不生他意,豈可得乎?"清以來,又稱"内眷""女眷"。《紅樓夢》第八一回:"因他常到當鋪裏去,那當鋪裏人的内眷都和他好的,他就使了個法兒,叫人家的内人便得了邪病,家翻宅亂起來。"清孫枝蔚《燕子樓》詩:"不見魯文伯,内人行哭時。"《文明小史》第一六回:"賈家兄弟瞧了,以爲這女人一定是人家的内眷,所以才有如此打扮,及至看到脚下拖着一雙拖鞋,又連連說道:'不像不像!人家女眷,斷無趿着鞋皮就走出來上茶館的!'"近現代以來猶用"内人"之稱。川劇《江油關》第五場:"祇因末將投降元帥,不之要緊,連累末將的内人李氏,同着兩歲多一個女兒,一同死節了。"

【内子】

即内人。此稱漢代已行用。見該文。

【内眷】

即内人。此稱清代已行用。見該文。

【女眷】

即内人。此稱清代已行用。見該文。

【堂客】

即内人。因妻子在堂屋之内治家,故稱。此稱清代已行用。《儒林外史》第二六回:"不到一年光景,王三胖就死了。這堂客才得二十一歲。"《隔簾花影》第一四回:"他江南的風俗,比咱北方不同,多少做生意的,都是堂客掌櫃。"

尊閫

亦稱"尊壼""尊閣"。對他人妻子的敬稱。"閫""壼""閣"皆指内室,妻子治家於内,因藉稱。此稱宋代已行用。明唐順之《稗編》卷六四引宋洪邁《謝石拆字》:"有朝士妻懷妊過月,手書一'也'字,令夫持問〔謝〕石。……曰:'謂語助者,焉哉乎也,固知是公内助所書。尊閫盛年三十一否?'曰:'是也。'"按,宋何薳《春渚紀聞·謝石拆字》載同一事,"尊閫"作"尊閣"。明倪謙《慶孫母董太夫人壽九十序》:"太夫人董氏,乃奉天翊衛推誠宣力武臣特進光禄大夫柱國會昌侯孫公之尊壼,聖烈慈壽皇太后之母也。"明程敏政《回于宅聘定啓》:"敏政借易,上問尊閫夫人暨令嗣令姪、合宅仙眷,主饋有嚴,起居特勝,侍綵多暇,福履並臻!"《儒林外史》第三五回:"我們日日可以游玩,不像杜少卿,要把尊壼帶了清凉山去看花。"川劇《江油關》第五場:"尊閫死節,乃婦人守身之義。"

【尊壼】

同"尊閫"。此體宋代已行用。見該文。

【尊閣】

即尊閫。此稱宋代已行用。見該文。

荆室

亦稱"敝房""房下"。對他人稱自己妻子的謙辭。本指用荆條搭建的陋屋，引申爲貧寒人家之妻。此稱明代已行用。《醒世恒言·張廷秀逃生救父》："小子今晚要回去看看家裏，相求員外借些工錢，買辦柴米，安頓了敝房，明日蚤來。"明陳汝元《金蓮記·外謫》："經年遠別，千里相逢，常思故國萱堂，難消歲月。料應客途荆室，備經風霜。"《金瓶梅詞話》第一三回："子虛道：'房下剛才已是説了，教我明日來家。'"又："西門慶道：'房下自來好性兒，不然，我房裏怎生容得這許多人兒。'"

【敝房】

即荆室。此稱明代已行用。見該文。

【房下】

即荆室。此稱明代已行用。見該文。

荆妻

對他人稱自己妻子的謙辭。荆本爲落葉灌木，其枝條可編筐、籃等，寓低賤貧寒之意。此稱宋代已行用。宋朱繼芳《負薪》詩十首之八："蒸梨炊黍付荆妻，指點青山澗水西。"明朱樸《乙酉歲除書事》詩："去年我病淹殘臘，今日荆妻卧歲除。"明佚名《録親記·託夢》："周羽屈受這灾危，拚殘軀便做他鄉之鬼，可憐賢達我荆妻，便做有男兒也難存濟。"清李漁《憐香伴·僦居》："衹是荆妻早逝，後嗣杳然。"清鄭燮《閑居》詩："荆妻拭硯磨新墨，弱女持箋學楷書。"清冒襄《影梅庵憶語》："每見姬星靨如蠟，弱骨如柴，吾母太恭人，及荆妻憐之感之。"

【拙荆】

即荆妻。此稱宋代已行用。宋陽枋《通蘷守田都統劄子》："蓋拙荆未祔先塋，欲議歸藏。"《初刻拍案驚奇》卷一八："只須留下尊嫂在此，此煉丹之所，又無閑雜人來往，學生當喚幾個老成婦女前來陪伴，晚間或是接到拙荆處一同寢處。"清梅文鼎《方程論·發凡》："歲壬子，拙荆見背，閉户養痾。"《文明小史》第二〇回："不料拙荆竟因體虛，産後險症百出。"

底老

俗稱妻子。此稱明代已行用。清翟灝《通俗編·識餘》："江湖人市語尤多，……夫曰蓋老，妻曰底老。"明朱權《卓文君》第三折："聞知此間有個秀才，引着個底老，十分放浪。"《野叟曝言》第九七回："除去漲鶯，誰做他的底老？豈不是天生一對。"

渾家

亦稱"渾舍"。俗稱妻子。謙稱，猶言家中妻子渾渾噩噩。此稱唐代已行用。清錢大昕《恒言録·親屬稱謂》云："稱妻曰渾家，見鄭文寶《南唐近事》。"按，此稱出現早於五代十國，唐代已行用。唐韓愈《寄盧仝》詩："每騎屋山下窺闞，渾舍驚怕走折趾。"宋曾慥《類説》卷一六引唐李濬《松窗雜録》云："曹琰郎中忽落一牙，詩曰：'爲報妻兒莫惆悵，舌存足以養渾家。'"按，今本《松窗雜録》未見此條。宋鄭文寶《南唐近事》卷一："〔史虛白〕又賦《隱士》詩云：'風雨揭却屋，渾家醉不知。'"按，《南唐書·史虛白傳》引該詩題作《谿居》。宋徐夢莘《三朝北盟會編·紹興三十一年》十一月條："無錢買刀劍，典盡渾家衣。"元以後此稱常見於戲曲小説中。元關漢卿《寶娥冤・楔子》中就有"不幸渾家亡化已過，撇下這個女孩兒"說法。又，元王實甫《西廂記》第二本第一折："（末云）既是恁的，休諕了我渾家，請入臥房裏去，俺自有退兵之策。"《醒世恒言・十五貫戲言成巧禍》："〔劉官人〕便同渾家王氏，收拾隨身衣服打叠個包兒，交與老王背了。"明文林《永康》詩："直輸漁父蘆汀畔，斗酒渾家醉野航。"《清平山堂話本・快嘴李翠蓮記》："你道我是你媳婦，莫言就是你渾家。"《京本通俗小說・碾玉觀音》："崔寧到家中，没情没緒，走進房中，只見渾家坐在牀上。"《金瓶梅詞話》第三三回："他渾家乃是宰牲口王屠妹子，排行六姐，生的長挑身材，瓜子面皮，紫膛色，約二十八九年紀。"《儒林外史》第二四回："渾家在屏風後張見，迎着他告訴道：'這就是去年來的你長房舅舅，今日又來了。'"

【渾舍】

即渾家。此稱唐代已行用。見該文。

秋胡戲

妻子代稱。實爲一歇後語"秋胡戲——妻"，以源於元代石君寶《秋胡戲妻》雜劇名（亦名《魯大夫秋胡戲妻》）。此稱明代已行用。《醒世姻緣傳》第二回："我只好跑到你頭裏罷了！跑的遲些，你那'秋胡戲'待善擺布我哩！"又第三回："珍哥說道：'不消去查，是你'秋胡戲'。從頭裏就'號啕痛'了，怕你心焦，我没做聲。'"《金瓶梅詞話》第二三回："只聽老婆問西門慶說：'你家第五的'秋胡戲'，你娶他來家多少時了？'"清蒲松齡《聊齋俚曲集・開場》："不怕天不怕地，單單怕那秋胡戲。性子發了要殺人，進來屋裏没了氣。"

《歧路燈》第七二回："你要真真奈何我，我就躲上幾天，向家中看看俺那'秋胡戲'。"

夜叉

對妻子的蔑稱。此稱南北朝時期已行用。爲梵文"Yaka"的譯音，意思是"捷疾鬼""能咬鬼"。後秦鳩摩羅什譯《維摩詰經・佛國品》即著録"夜叉"一詞。傳原爲一種形象醜惡的鬼，勇健暴戾，能食人，後受佛之教化而成爲護法神。《勝軍不動明王四十八使者秘密成就儀軌》："七天五母夜叉王：西方彌陀所變身。右左持鉢，恭敬形也，赤色形也。若人欲求得敬愛者呼使者。"後世則仍取夜叉爲鬼之含義，比喻凶狠的老婆。并常稱作"母夜叉""夜叉婆"。《醒世姻緣傳》第七五回："狄希陳離了那夜叉，有了旺氣。"《紅樓夢》第六五回："二姐只穿着大紅小襖，散挽烏雲，滿臉春色，比白日更增了俏麗。賈璉摟着他笑道：'人人都説我們那夜叉婆俊，如今我看來，給你拾鞋也不要！'"又："這麼一個夜叉，怎麼反怕屋裏的人呢？"

河東獅

亦稱"河東獅子"。悍妒之婦的代稱。此稱宋代已行用。典出宋人陳慥妻柳氏悍妒異常，蘇軾戲稱其"河東師子吼"。後世遂稱悍婦爲"河東獅"，"河東獅吼"亦成爲成語。按，柳姓郡望在河東，因以河東指柳氏。宋洪邁《容齋三筆・陳季常》："陳慥……自稱龍邱先生，又曰方山子。好賓客，喜畜聲妓。然其妻柳氏絶凶妒，故東坡有詩云：'龍邱居士亦可憐，談空説有夜不眠。忽聞河東師子吼，拄杖落手心茫然。'河東獅子，指柳氏也。"後世沿用此典。《清平山堂話本・快嘴李翠蓮記》："你娘的臭屁！你家老婆便是河東獅子！"清鍾祖芬《招隱居·誡子》：“大婆娘吼出河東，二少爺威加江北。”

【河東獅子】

即河東獅。此稱宋代已行用。見該文。

元配

最早迎娶之妻，爲家中正妻。元意爲初始、首要，故稱。此稱宋代已行用。因先秦即有妻妾制，故作爲正妻的元配，先秦已有之，唯宋以前無此稱而已。《春秋·定公十五年》“辛巳葬定姒”清俞汝言《春秋平義》卷一一引明代屠明靖集傳：“書曰定姒，則知其爲定公之元配矣。子已嗣位而母不成喪，不書夫人與小君，蓋紀當時之實事也。”此即言及元配、夫人、小君，可見其各有別。宋代始稱正妻爲元配。與後娶者相比，元配應處於尊位。宋歐陽修《上仁宗議四后祔饗》：“於今爲不可者又有四焉：淑德皇后，太宗之元配也，列于元德之下；章懷皇后，真宗之元配也，列于章懿之下。其位序先後不倫，一也……”宋曾肇《蘇丞相頌墓誌銘》：“元配凌氏，吳國夫人，屯田郎中景陽女；繼室辛氏，韓國夫人，駕部員外郎有則女。”《金史·后妃傳下·睿宗欽慈皇后》：“睿宗欽慈皇后富察氏，睿宗元配。”清趙翼《廿二史劄記·新舊唐書》：“明世宗有三后，孝源，元配也。繼張后被廢，繼孝烈方氏薨。……隆慶中，從群臣議，仍以元配孝源后合葬永陵。”《繪芳錄》第六五回亦載元配與姨太太、偏房有別：“紅雯……尋思道：‘……太太本是老爺的元配誥命夫人，我怎敢比得上他？惟有沈家裏，他無非早來了幾年，終久是個姨娘。現今不過養了兒子，也沒有別的什麼希奇。可笑太太叫我凡事要敬重他，仍要叫我跟他學做人。……我未曾收房，我是太太貼身丫頭，他是老爺的偏房，即沒有高下了。我今日也做了老爺偏房，倒比他低下了一層麼？’”

續弦

亦作“續絃”。男人喪妻後續娶，亦指再娶之妻。古時以琴瑟比喻夫妻，妻死謂“斷弦”，夫再娶乃爲“續弦”。此稱明代已行用。語源出自《詩·小雅·常棣》：“妻子好合，如鼓瑟琴。”明彭大翼《山堂肆考·典禮·斷絃》：“《詩》云：‘妻子好合，如鼓瑟琴。’故世俗夫喪妻者曰斷絃，言如琴瑟之斷其絃也；復娶者謂之續絃。”《通俗編·婦女》：“今俗謂喪妻曰斷弦，再娶曰續弦。”《醒世姻緣傳》第七二回：“不論門當戶對，只要尋一個人物俊俏的續弦。”《喻世明言·蔣興哥重會珍珠衫》：“張七嫂道：‘他也是續弦了，原對老身說：不拘頭婚二婚，只要人才出眾。似娘子這般豐姿，怕不中意？’”川劇《江油關》第五場：“尊夫人是髫年結髮，還是續弦再娶？”

【續絃】

同“續弦”。此體明代已行用。見該文。

【鸞膠】

即續弦。亦稱“續膠”。此稱漢代已行用。語出《漢武外傳》：“西海獻鸞膠。武帝弦斷，以膠續之，弦兩頭遂相著。終日射，不斷。帝大悅。”因傳說中鸞膠能膠合斷弓、斷弦，而古人又將夫妻喻爲琴瑟，琴亦有弦，故以此稱藉指丈夫續娶妻子。宋陶穀《風光好》：“琵琶撥盡相思調，知音少，待得鸞膠續斷絃，是何年！”然亦有人疑“鸞膠”之名源自《十洲記》。《太平御覽》卷九一五引《十洲記》（約成書於六朝時）曰：“群仙家煮鳳喙及麟角，合煎作膠，名之爲‘集絃膠’，或名‘連金泥’，能連弓弩斷絃、刀劍斷斫。”宋劉昌詩《蘆浦筆記·陶穀使江南詞》：“穀贈歌姬秦弱蘭《風光好》，有‘鸞膠續斷絃’之句。按東方朔《十洲記》：仙家煮鳳喙及麟角煎作膠，名爲‘續絃’，能續弓弩絕絃。却非鸞膠，豈其誤耶？不如杜詩：‘麟角鳳觜世莫識，煎膠續絃奇自見。’”聊備其說。舊時詩文常引此典。宋鄭清之《村邊以湯婆樣惠示與詩俱來依元韵》：“只恐甆花陶學士，風流未了續膠緣。”《金瓶梅詞話》第四六回：“非干是我自專，只不見的鸞膠續斷絃，憶枕上盟言。”明祝允明《偕美賦（并叙）》：“金春玉應兮和瑶琴於錦瑟，聲應氣求兮投鸞膠於鳳漆。”清雍正十一年（1733）《廣西通志·卓行·李廷芬》：“受母命婚於同里王氏，唱隨七載，相敬如賓。旋遭鼓盆戚，子亨謙尚幼。執〔摯〕友每以續膠致辭。”

【續膠】

即鸞膠。此稱宋代已行用。見該文。

繼室

亦稱“繼妻”“填房”。妻子亡故後續娶的女人。此稱先秦時期已行用。《左傳·隱公元年》：“惠公元妃孟子，孟子卒，繼室以聲子，生隱公。”杜預注：“聲，謚也，蓋孟子之姪娣也。諸侯始娶，則同姓之國以姪娣媵。元妃死，則次妃攝治內事，猶不得稱夫人，故謂之繼室。”可知先秦有姐姐亡則妹妹爲繼室之俗。後世沿用此稱。《太平廣記》卷一六〇引唐佚名《異聞録》：“李〔仁鈞〕憫然曰：‘……刔崔〔晤〕之孤女，實余之表姪女也。余視之等於女弟矣，彼亦視余猶兄焉。微曩秀師之言，信如符契，納爲繼室，余固崔兄之凤眷也。’遂

定婚。”之所以續娶，禮家冠冕堂皇的説法是爲了有子嗣、續香火。宋衛湜《禮記集説》卷六七引張載《禮記説》：“男子正爲無嗣承祭祀之重，猶可再娶。雖再娶，尚謂之繼室。”元貢師泰《玩齋集·雙孝傳》：“夫人既没，繼室史夫人，真定人，性貞淑，善女紅，讀書知古今事。”《金瓶梅詞話》第二回：“衹爲亡了渾家，無人管理家務，新近又娶了本縣清河左衛吳千户之女，填房爲繼室。”又第六九回：“身邊除了大娘子——乃是清河左衛吳千户之女，填房與他爲繼室——衹成房頭、穿袍兒的，也有五六個。”《醒世姻緣傳》第三九回：“可奈又把一個結髮妻來死了，家中没了主人婆。那湯裏來的東西，由不得不水裏要去，只得喚了媒婆要娶繼室。”又同書第七二回：“適值有一個外郎周龍皋喪了偶，要娶繼室。”《警世通言·王嬌鸞百年長恨》：“〔王忠〕夫人周氏，原係繼妻。”繼室、填房均爲妻，地位高於妾。《儒林外史》第五回：“王氏道：‘何不向你爺説，明日我若死了，就把你扶正做個填房。’”清許奉恩《里乘·黄勤敏公》：“會生失偶，指天信誓，聘妾爲繼室，決不相負。”《二十年目睹之怪現狀》第三回：“只要你娶了我做填房，不許再娶別人。”

【繼妻】

即繼室。此稱明代已行用。見該文。

【填房】

即繼室。此稱明代已行用。見該文。

正室

亦稱“正房”。嫡妻。是與側室、偏房相對應的稱謂。此稱南北朝時期已行用。《三國志·魏書·鍾會傳》“鍾會字士季，潁川長社

人，太傅繇小子也”南朝宋裴松之注：“鍾繇于時老矣，而方納正室。”宋張齊賢《洛陽搢紳舊聞記・張相夫人始否終泰》：“數歲，張之正室亡，遂以士子之妻爲繼室。”明湯顯祖《牡丹亭・僕貞》：“活鬼頭還做了秀才正房，俺那死姑娘到做了梅香伴當。”《紅樓夢》第六四回：“過個一年半載，只等鳳姐一死，便接了二姨兒進去做正室。”

【正房】

即正室。此稱明代已行用。見該文。

【大房】[1]

即正室。此稱明代已行用。《醒世姻緣傳》第九六回：“你倒引了兩個賊老婆來家，數黃瓜，道茄子的，我倒是二房了！大房是怎麼模樣呀？我起爲頭能呀能的，如今叫你降伏了？”《金瓶梅詞話》第一三回：“婦人道：‘他五娘貴庚多少？’西門慶道：‘他與大房下同年。’”

清代夫與妻妾合影

小妻

亦稱“小婦”“次妻”。正妻以下的妾。中國古代男尊女卑，男子可以擁有一妻多妾。因身份低於正妻，故稱。此稱漢代已行用。《漢書・孔光傳》：“時定陵侯淳于長坐大逆誅，長小妻迺始等六人，皆以長事未發覺時棄去或更嫁。”《漢書・佞幸傳序》：“其人謹敕，無所虧

損，爲其小妻所毒，薨。”《漢書・元后傳》：“〔王〕鳳知其小婦弟張美人已嘗適人，於禮不宜配御至尊。”《三國志・吳書・駱統傳》：“駱統……父俊，官至陳相，爲袁術所害。統母改適，爲華歆小妻。”《太平廣記》卷一六〇引唐佚名《異聞録》：“〔崔〕曄落拓者，好遠游，惟小妻殷氏獨在。”宋洪皓《松漠紀聞》卷一：“契丹、女真諸國皆有女倡，而其良人皆有小婦侍婢，唯渤海無之。”元王實甫《西廂記》第五本第三折：“尚書説道：‘我女奉聖旨結綵樓，你着崔小姐做次妻。他是先姦後娶的，不應取他。’”明王世貞《艷異編・宮掖部二》：“東方朔娶宛若爲小妻，生三子，與朔同日死。”

【小婦】

即小妻。此稱漢代已行用。見該文。

【次妻】

即小妻。此稱元代已行用。見該文。

【小老婆】

“小妻”之俗稱。與民間作爲正妻之俗稱“老婆”相對應而稱“小”。此稱明代已行用。《醒世恒言・十五貫戲言成巧禍》：“我在京中早晚無人照管，已討了一個小老婆，專候夫人到京，同享榮華。”《二十年目睹之怪現狀》第七九回：“前年兩江總督死了個小老婆，也這麼大鋪張起來，被京裏御史上摺子參了一本，説他濫用朝廷名器。”

【小】

“小妻”之省稱。此稱明代已行用。多稱爲“做小”，即當小老婆，這是與“做大”的正妻相對而言。《二刻拍案驚奇》卷一一：“文姬是先娶的，須讓他做大；這邊朱家，又是官家小姐，料不肯做小，却又兩難。”《儒林外史》第

二六回："因他有幾分顏色，從十七歲就賣與北門橋來家做小。"《官場現形記》第三九回："瞿耐庵望子心切，每逢提起沒有兒子的話，總是長吁短嘆。心上想弄小，只是怕太太，不敢出口。"又第四〇回："老爺討小，他歡喜，我是沒有什麼歡喜。"

小星

妾之代稱。妾如無名星辰，眾多而不居重要位置，故稱。此稱先秦時期已行用。見《詩·召南·小星》："嘒彼小星，三五在東。"毛傳："嘒，微貌；小星，眾無名者。三心五噣，四時更見。"鄭玄箋："云眾無名之星，隨心噣在天，猶諸妾隨夫人以次序進御於君也。"後世遂藉指小妾，至清代猶然。明王樂善《後長門賦》："卬奉君之清燕兮，頗遂君之壼教；通貫魚於小星兮，寧屯膏於煬竈。"清沈起鳳《諧鐸·屏角相郎》："〔緗珺〕年及笄，母氏將字之。緗珺曰：'兒相薄，不宜主人中饋，母誠愛我，但賦小星可矣。'"清弘曆《慧賢皇貴妃挽詩疊舊作春懷詩韵》："悼淑勵不傷，虧盈月規半。徘徊虛堂襟，小星三五爛。有愧莊叟達，匪學陳王嘆。"

偏房

亦稱"側室"。妾的代稱。妾的地位低於正妻，舊時庭院中的正房由嫡妻住，妾祇能住側室偏房，故藉稱。係與"正房""正室"相對應而稱"偏"，又稱"側"。此稱漢代已行用。漢劉向《古列女傳·賢明傳·晉趙衰妻頌》："身雖尊貴，不妬偏房。"元陶宗儀《南村輟耕錄·陰府辯詞》："側室刁氏有娠，妻怒之。"明王世貞《鳴鳳記·夏公命將》："前在揚州娶一女蘇賽瓊，用作偏房，以圖後胤。"《喻世明言·蔣興哥重會珍珠衫》："女兒到有四個，這是我第四個了，嫁與徽州朱八朝奉做偏房，就在這北門外開鹽店的。"又《滕大尹鬼斷家私》："我家老爺見你女孫兒生得齊整，意欲聘爲偏房。雖說是做小，老奶奶去世已久，上面並無人拘管。"清查慎行《德尹以堦前大紅洋茶花二律來索和次原韵》二首之二："遲開寧免妬，芍藥在偏房。"《儒林外史》第五三回："自古婦人無貴賤，任憑他是青樓婢妾，到得收他做了側室，後來生出兒子做了官，就可算的母以子貴。"

【側室】

即偏房。此稱元代已行用。見該文。

【二房】

即偏房。此稱清代已行用。《醒世姻緣傳》第九六回："你倒引了兩個賊老婆來家，數黃瓜，道茄子的，我倒是二房了！大房是怎麼模樣呀？我起爲頭能呀能的，如今叫你降伏了？"《紅樓夢》第六四回："叔叔既這麼愛他，我給叔叔作媒，說了做二房何如？"《廿年繁華夢》第一六回："原來周少西家的大娘子來了，瑞香即回馬氏的房子裏伺候。因這幾天象完冷脚，各家來往漸漸多了，都由二房接待堂客。"

二夫人

亦稱"二娘子"。正妻以外第一次所娶的妾。此稱清代已行用。《醒世恒言·十五貫戲言成巧禍》："官人直恁負恩！甫能得官，便娶了二夫人。"清李漁《十二樓·拂云樓》："只怕他要我做二夫人，我還不情願做，要等他求上幾次方肯承受着哩。"《清平山堂話本·錯認屍》："鄰船上有一販棗子客人，要取一個二娘子。"

【二娘子】

即二夫人。此稱清代已行用。見該文。

如夫人

妾。此稱先秦時期已行用。其名源於先秦宮廷內嬖。《左傳·僖公十七年》："齊侯好內，多內寵，內嬖如夫人者六人。"後世乃藉稱妾。宋姜夔《滿江紅》詞"命駕群龍金作軛，相從諸娣玉爲冠"自注："廟中列坐如夫人者十三人。"元蘇天爵《副萬戶趙公神道碑》："夫人常氏，如夫人者七。"《檮杌萃編》第一六回："達怡軒道：'端翁這真是公而忘私、國而忘家。可敬！可敬！端翁身邊有幾位如夫人？一時續弦不續弦？世兄想已完姻没有？'賈端甫道：'兄弟是要想學敝老師屬中堂的樣子，既不續弦，又不納妾。'"

通房

兼做小妾的丫環。此稱元代已行用。元楊顯之《瀟湘雨》第四折："我老實説，梅香便做梅香，也須是個通房。"《醒世恒言·白玉娘忍苦成夫》："不要説起！當初我因無子，要娶他做個通房。不想自到家來，從不曾解衣而睡。"《警世通言·金令史美婢酬秀童》："金令史平昔愛如己女，欲要把這婢子來出脱，思想再等一二年，遇個貴人公子，或小妻，或通房，嫁他出去，也討得百來兩銀子。"《檮杌萃編》第七回："我要不願，就是叫我做貴妃、福晉、夫人，我也不要做；我要願，就是叫我做個外婦私窩、通房丫頭，也没有甚麼不可。"《施公案》第四六回："雖説通房使妾，行出醜事，關係方門聲名。到底王氏年輕，不知羞恥，必有私情。"此稱流行至近世。《二十年目睹之怪現狀》第三回："到如今偌大年紀，他

那十七八歲的姨太太，還有六七房，那通房的丫頭，還不在內呢。"

外婦

亦稱"外宅""外室"。未被男子正式迎娶、無妻妾名分的女子。此稱漢代已行用。《史記·齊悼惠王世家》："齊悼惠王劉肥者，高祖長庶男也。其母外婦也，曰曹氏。"《漢書·高五王傳·齊悼惠王肥》"外婦"顏師古注："謂與旁通者。"歷代沿用此稱。《舊唐書·竇參傳》："吳通玄取宗室女爲外婦，德宗知其毁〔陸〕贄，且令察視，具得其姦狀，乃貶……吳通玄爲泉州司馬。"唐朱慶餘《冥音録》："李侃……太和初，卒於官。有外婦崔氏，本廣陵倡家。"《宋史·李清臣傳》："上幸楚王第，有狂婦人遮道叫呼，告清臣謀反，屬吏捕治，本澶州娼而爲清臣姑子田氏外婦者。"《明史·馬森傳》："有進士嬖外婦而殺妻，撫按欲緩其獄，〔馬〕森卒抵之法。"《清史稿·布占泰拜音達里傳》："康古魯與扈爾干爭父業。扈爾干怒曰：'汝，我父外婦子也，寧得爭父業乎？'"而明代以後，又稱"外宅""外室"。《水滸傳》第二三回："那婆子笑道：'官人，你養的外宅在東街上，如何不請老身去吃茶？'"《初刻拍案驚奇》卷二："元來這個所有是這汪錫一個囤子，專一設法良家婦女到此，認作親戚，拐那一等浮浪子弟……或是迷了的，便做個外宅居住，賺他銀子無數。"《金瓶梅詞話》第四七回："這樂三……説道：'不打緊，間壁韓家就是提刑西門老爹的外室，又是他家夥計，和俺家交往的甚好，凡事百依百隨。'"《孽海花》第八回："從此大郎橋巷就做了雯青的外宅，無日不來，兩人打得如火的一般熱。"《官場現形記》第四八

回："薦頭聽了，還當是刁大人有甚麼外室，瞞住了太太；因是熟慣了，便湊前一步，附耳間道：'可是去伺候姨太太？'"《市聲》第七回："伯廉何曾在家住過一夜？……如今却另做了一個尖先生，叫做陸姍姍。花了一注大財，替她贖了身，做了個外室，天天晚上住在那裏。"上述稱呼，今世不復存。

【外宅】

即外婦。此稱明代已行用。見該文。

【外室】

即外婦。此稱明代已行用。見該文。

寡婦

亦稱"嫠""孀婦""嫠婦""孤孀"。死了丈夫的單身婦女。此稱先秦時期已行用。"嫠"初見於《左傳·襄公二十五年》："崔子曰：'嫠也，何害？先夫當之矣。'"杜預注："寡婦曰嫠。"又《左韻·昭公二十四年》："嫠不恤其緯。"《廣韻·平之》："嫠，無夫。"《詩·小雅·魚麗》"魚麗于罶"毛注："罶，曲梁也，寡婦之笱也。"明馮復京《六家詩名物疏·魚麗篇》引毛注，"寡婦之笱"寫作"嫠婦之笱"。《禮記·坊記》："寡婦不夜哭。"《漢書·元后傳》："我漢家老寡婦，且暮且死，欲與此璽俱葬，終不可得。"《隋書·煬帝紀》："〔大業十三年〕九月己丑，帝括江都人女寡婦，以配從兵。"南北朝時出現"孀婦"之稱。《南史·垣閎傳》："〔曇深〕隨〔劉〕楷未至交州而卒。楷惆悵良久。曇深妻鄭氏，……仍隨楷到鎮，……居一年，私裝了，乃告楷求還。楷大驚曰：'去鄉萬里，固非孀婦所濟。'"《隋書·裴矩傳》："矩召江都境內寡婦及未嫁女，皆集宮監，又召將士及兵等恣其所娶。"宋蘇軾《前赤壁

賦》："舞幽壑之潛蛟，泣孤舟之嫠婦。"宋佚名《南窗記談》："李文定公以故相守兗州，有嫠婦爲其里人以僞券誣討田產，訴於官，凡十餘皆不得直。"《明會典·户部七》："凡民間寡婦，三十以前夫亡守志者，五十以後不改節者，旌表門閭，除免本家差役。"《醒世姻緣傳》第七三回："我有兒麼？你姐姐也沒有兄弟。脱不了只俺娘兒兩個寡婦呢！"《警世通言·況太守斷死孩兒》："自古云：'呷得三斗醋，做得孤孀婦。'孤孀不是好守的。"《鏡花緣》第五七回："另有覃恩十二條，專爲婦女而設，諸如旌表孝悌、掩埋枯骨、釋放宮娥、恩養嫠婦……"清紀昀《閱微草堂筆記·如是我聞二》："陵縣一嫠婦，夏夜爲盜撬窗入，乘其睡汙之。"清沈起鳳《諧鐸·屏角相郎》："我報郎於生者日短，報郎於死者日長。且我之爲孀婦，於相信之；我之爲節婦，亦於相信之。"近現代以來，"嫠婦"一稱漸不行用。按，古時亦將丈夫在外、自己在家寡居的妻子稱作"寡婦""孀婦"。三國魏陳琳《飲馬長城窟行》："邊城多健少，内舍多寡婦。"然明清以來此種用法不再行用。

【嫠】

即寡婦。此稱先秦時期已行用。見該文。

【孀婦】

即寡婦。此稱南北朝時期已行用。見該文。

【嫠婦】

即寡婦。此稱宋代已行用。見該文。

【孤孀】

即寡婦。此稱明代已行用。見該文。

貞婦

亦稱"節婦""烈女"。保持貞節而終的已婚女人。此稱漢代已行用。通常有三類：一爲

丈夫過世時，爲夫殉死；二爲丈夫死後，終身未改嫁，守寡數十年；三爲遭遇强暴或逼迫改嫁時寧死守節。此類女子是深受封建禮教推崇的閨閣典範，歷代正史及各地方志中多有《列女傳》爲之頌德；宋元以後朝廷還往往爲之賜匾立貞節牌坊，旌表其門。《漢書·元后傳》："迺令太后四時車駕巡狩四郊，存見孤寡貞婦。"《太平御覽》卷四四〇引十六國前趙和苞《漢趙記》："今上殺晋散騎常侍梁緯，召妻辛氏，伏地大哭，仰白今上曰：'妾聞女不再醮，男以義烈聞。妾夫已死，理無獨生……'遂號哭不止。上曰：'貞婦也，其任之。'"唐劉愴《寄遠》詩："化石早曾爲節婦，沈湘何必獨靈妃。"宋徐積《濰陽》詩："吾聞古烈女，犖犖非無奇。"宋樂史《太平寰宇記·興國郡·永興縣》："山上有石，高三丈，形如女人，謂之望夫石。傳云，昔有貞婦，其夫赴國難，婦送於此，遂化爲石。"金董解元《西廂記諸宮調》卷八："浣紗節婦，昔年抱石身亡；好色窮人，今日投階而死。"《明孝宗實録·弘治三年》："旌表孝子五人，節婦十人。……以夫亡誓不再適，或孝

烈　女
（清末石印本《繡像醒世第二奇書》）

事舅姑，或鞠孤成立，旌其門曰貞節。"清袁枚《續子不語·郭六》："翁姑哀號曰：'是本貞婦，以我二人故至此也。'"清沈起鳳《諧鐸·屏角相郎》："我報郎於生者日短，報郎於死者日長。且我之爲孺婦，於相信之；我之爲節婦，亦於相信之。"川劇《江油關》第二場："（李氏）忠臣節婦凜千秋，（馬邈）權且同她合二流。"

【節婦】

即貞婦。此稱唐代已行用。見該文。

【烈女】

即貞婦。此稱宋代已行用。見該文。

岳父

亦稱"泰山""岳翁""岳丈"。"岳"又寫作"嶽"。妻子之父的代稱。此稱唐代已行用。唐段成式《酉陽雜俎·語資》："明皇封禪泰山，張説爲封禪使。説女壻鄭鎰本九品官。舊例，封禪後自三公以下皆遷轉一級，惟鄭鎰因説驟遷五品，兼賜緋服。因大酺次，玄宗見鎰官位騰躍，怪而問之，鎰無詞以對。黃旛綽曰：'此泰山之力也。'"因泰山爲東嶽，又爲五嶽之首，故有"嶽父"之稱。然有關此稱來源素有爭議。宋晁説之《晁氏客語》："呼妻父爲泰山，一説云，泰山有丈人峰。一説云，開元十三年，封禪於泰山，三公以下例進一階。張説爲封壇使，説婿鄭鎰，以故自九品驟遷至五品，兼賜緋，因大酺宴，明皇訝問之，無可對。伶人黃旛綽奏曰：'此泰山之力也。'今人乃呼嶽翁，又有呼妻母爲泰水，呼伯叔丈人爲列嶽，謬誤愈甚。"明陳耀文《天中記·翁壻》引衆書亦言及諸般説法："丈人：明皇封禪太山，張説爲封禪使。説女壻鄭鎰本九品官，舊例封禪後自三公以下皆遷轉一級，惟鄭鎰因説驟遷五品，兼

賜緋服，因大酺次，玄宗見鑑官位騰跳，怪而
問之，鑑無辭以對。黃幡綽曰：'此乃太山之力
也。'（《酉陽雜俎》）自此遂目丈人爲泰山（蘇
鶚《演義》）。或謂泰山有丈人峰，故名（《叢
書》）。青城山乃五嶽之長，故名丈人山，今世
俗呼人婦翁爲令嶽，妻之伯叔父爲列嶽，往往
因此（《青城山記》）。"然而清沈自南《藝林彙
考·稱號篇·戚屬類》力辯上述泰山作嶽丈來
源之說爲非："《黃氏筆記》：俗呼人之婦翁曰嶽
丈，曰泰山，說者以爲泰山有丈人峰，故有是
稱。然古者通謂尊長曰丈人，非特婦翁也。或
又以張說因東封而其壻鄭遷五品，故稱之曰泰
山。其說尤鑿。按漢《郊祀志》大山川有嶽山，
小山川有嶽壻山，嶽而有壻，則嶽可以謂之婦
翁矣。世俗之稱謂，未必不以是；又因嶽山而
轉爲泰山耳。核則宋孫持正云：俗呼妻父爲嶽
丈，以泰山有丈人峰也，似亦有理。而呼妻母
爲泰水何耶？然晉樂廣，衛玠妻父也，所謂婦
翁冰清，女壻玉潤者。嶽丈當是樂丈之訛耳。"
可知其來源，諸說有五：一謂源自漢代稱大山
川爲嶽山，小山川爲嶽壻山；二謂源自晉樂
廣（樂丈）稱嶽丈之訛；三謂源自泰山有丈人
峰；四謂青城山乃五嶽之長，故名丈人山；五
謂出自唐朝張說官職驟遷典故。諸說中，影響
最大的仍爲第五說。此稱後代一直沿襲。《醒世
恒言·十五貫戲言成巧禍》："便是我日逐愁悶
過日子，連那泰山的壽誕也都忘了。"《蜃云樓》
第一三回："柳毅答道：'小婿幸托岳丈福力，
叨膺王家爵賞。'"

【嶽父】

同"岳父"。此體唐代已行用。見該文。

【泰山】

即岳父。此稱唐代已行用。見該文。

【岳翁】

即岳父。此稱宋代已行用。見該文。

【嶽翁】

即岳父。此體宋代已行用。見該文。

【岳丈】

即岳父。此稱宋代已行用。見該文。

【嶽丈】

即岳父。此體宋代已行用。見該文。

【丈人】

即岳父。此稱漢代已行用。清沈自南《藝
林彙考·稱號篇·戚屬類》："《野客叢書》：今
人呼丈人爲泰山。或者謂泰山有丈人峰，故云。
據《雜俎》載，唐明皇東封，以張說爲封禪使。
及已，三公以下皆轉一品。說以壻鄭鑑官九品，
因說遷五品。玄宗怪而問之，鑑不能對。黃幡
綽對曰：'泰山之力也。'與前說不同。陳後山
《送外舅》詩：'丈人東南英'，注謂丈人字，俗
以爲婦翁之稱，然字則遠矣。其言雖如此，而
不考所自。僕觀《三國志》裴松之注'獻帝舅
車騎將軍董'句下，謂'古無丈人之名，故謂
之舅。'按，裴松之，宋元嘉時人，呼婦翁爲丈
人，已見此時。"按，漢代已有"丈人"之稱，
唯是指岳父還是父親，待考。甘肅省文物考古
研究所《敦煌懸泉漢簡釋文選》（《文物》2000
年第5期）載編號爲"Ⅱ 90DXT0114 ③：611"、
名"元"的人致"子方"信的簡牘："丈人家室
兒子毋恙，元伏地願子方毋憂丈人家室。"宋朱
弁《曲洧舊聞》卷一〇："丈人本父友之稱，不
必婦翁。《漢書·匈奴傳》'漢天子，我丈人'
是也。唐人尤喜稱之。杜子美《上韋左丞》詩

曰‘丈人試静聽’，而不聞子美之婦爲韋氏也。如此比甚多。”丈人之稱唐以後甚流行。《太平廣記》卷一五一引唐盧肇《逸史》：“貞元中，有孟員外者，少時應進士舉，久不中第。將罷舉，又無所歸，託於親丈人省郎殷君宅，爲殷氏賤厭，近至不容。”《醒世恒言·十五貫戲言成巧禍》：“離城二十餘里，到了丈人王員外家，叙了寒温。”明熊龍峰《張生彩鸞燈傳》：“二人別了丈人丈母，到家見了父母。”《儒林外史》第二六回：“這要娶他的人就是我丈人抱養這個小孩子。”《躋云樓》第二回：“柳毅……住有半月，並不見他回來，着人去問他丈人。”明周祈《名義考·人部》對“丈人”有一番考證：“丈人，師古曰‘嚴莊之稱，凡親而老者皆稱焉’。……又十尺曰丈，古一丈得今六尺六寸。丈夫、丈人以身長言也。而倚仗、嚴莊之義在其中。”稱丈人之“丈”指身高，確否存疑。

【外舅】

即岳父。此稱漢代已行用。《爾雅·釋親》：“妻之父爲外舅，妻之母爲外姑。”《禮記·坊記》：“昏禮，壻親迎，見於舅姑。舅姑承子以授壻，恐事之違也。”鄭玄注：“舅姑，妻之父母也。妻之父爲外舅，妻之母爲外姑。”宋盧祖皋有《江城子·壽外姑外舅》詞。《明史·外戚傳·馬公》：“惟外舅、外姑實生賢女，正位中宫。朕既追封外舅爲徐王，外姑爲王夫人，以王無繼嗣，立廟京師，歲時致祭。”

岳母

亦作“嶽母”，亦稱“丈母”“泰水”。妻子之母的謬稱。因妻子之父稱泰山、岳父或嶽翁，乃衍生出此稱。此稱宋代已行用。宋晁説之《晁氏客語》：“呼妻父爲泰山，……今人乃呼嶽翁。又有呼妻母爲泰水，呼伯叔丈人爲列嶽，謬誤愈甚。”清沈自南《藝林彙考·稱號篇·戚屬類》亦云：“俗呼妻父爲嶽丈，以泰山有丈人峰也，似亦有理。而呼妻母爲泰水何耶？”此稱宋以後廣爲流行。宋曾慥《高齋漫録》：“毗陵有成郎中，宣和中爲省官，貌不揚而多髭。再娶之夕，岳母陋之，曰：‘我女菩薩，乃嫁一麻胡。’”明湯顯祖《紫釵記》：“瑶池西母，把絳桃深護，咱把壽山的嶽母向遥天祝。”明熊龍峰《張生彩鸞燈傳》：“二人別了丈人丈母，到家見了父母。”《醒世恒言·賣油郎獨佔花魁》：“朱重方才認得是丈人、丈母，請他上坐，夫妻二人，重新拜見。”《儒林外史》第二六回：“歸姑爺想道：‘果然有五六百銀子，我丈母心裏也歡喜了。’”《草木春秋演義》第八回：“黄茂要拜别岳丈岳母回去。”

【嶽母】

同“岳母”。此稱宋代已行用。見該文。

【丈母】

即岳母。此稱宋代已行用。見該文。

【泰水】

即岳母。此稱宋代已行用。見該文。

【外姑】

即岳母。此稱漢代已行用。《爾雅·釋親》：“妻之母爲外姑。”明朱謀㙔《駢雅·釋名稱》：“妻之父母曰外舅、外姑。”唐陳子昂有《祭外姑宇文夫人文》。《太平廣記》卷三四二引《乾鐉子》：“王氏殂，柳生挈妻與輕紅自金城赴喪。金吾之子既見，遂告父，父擒柳生。生云：‘某於外姑王氏處納采娶妻，非越禮私誘也。’”宋吴自牧《夢粱録·嫁娶》：“向者迎新郎禮，其婿服緑裳、花幞頭，於中堂升一高座，先以媒氏或親戚互斟酒，請下高座歸房，至外姑致請，方下座回房坐富貴。"

公婆

亦稱"舅姑""姑舅"。丈夫的父母。此稱元代已行用。但起源甚早，自先秦起即稱丈夫之父爲舅，其母爲姑。故合稱之。宋元時期俗亦稱公婆，因單稱丈夫之父爲公公，母爲婆婆，故合稱。此稱直沿至今。《爾雅·釋訓》："婦稱夫之父曰舅，稱夫之母曰姑。姑舅在，則曰君舅君姑；没，則曰先舅先姑。"《禮記·內則》："婦或賜之飲食、衣服、布帛、佩帨、茝蘭，則受而獻諸舅姑。舅姑受之則喜，如新受賜。"《儀禮·士昏禮》："舅姑入于室，婦盥饋。"漢應劭《風俗通·愆禮》："妻者，既齊於己，澄灑酒，以養姑舅，……其爲恩篤勤至矣。"《太平御覽》卷四四〇引十六國前趙和苞《漢趙記》："妾夫已死，理無獨生。乞就辟有司，地下以事舅姑。"唐段成式《酉陽雜俎·禮異》："婦入門，舅姑以下悉從便門出，更從門入，言當躡新婦迹。"《宋史·列女傳》："〔陳堂前〕既葬其夫，事親治家有法，舅姑安之。"元高明《琵琶記·南浦囑別》："奴不慮山遥路遠，奴不慮衾寒枕冷。奴只慮，公婆没主，一旦冷清清。"《明孝宗實録·弘治三年》："旌表孝子五人，節婦十人。……以夫亡誓不再適，或孝事舅姑，或鞠孤成立，旌其門曰貞節。"《明史·羅倫傳》："婦於舅姑喪亦三年，孫於祖父母服則齊衰。"《清平山堂話本·快嘴李翠蓮記》："誤了時辰公婆惱，你兩口兒討分曉。"清袁枚《續子不語·陰氏妹》："時方中秋，家人方共飲，聞比鄰婦逆其姑，詬誶聲甚厲。"清紀昀《閱微草堂筆記·如是我聞二》："某婦亦能

得姑舅歡，然退與其夫有怨言。"《紅樓夢》第七一回："若太老實了，没有個機變，公婆又嫌太老實了，家裏人也不怕。"

【舅姑】

即公婆。此稱先秦時期已行用。見該文。

【姑舅】

即公婆。此稱漢代已行用。見該文。

翁姑

亦稱"嫜姑""公姑"。年老的公婆。"嫜姑"一稱或始於唐以前，元明以後多稱"翁姑""公姑"。明周祈《名義考·人部·阿翁姑嫜賤息子姓》："翁姑，嫜姑也。……'嫜'本作'嫜'。杜詩'何以拜姑嫜'。又《釋名》：'兄公'亦曰'兄嫜'，'舅公'亦曰'舅嫜'。"清袁枚《續子不語·郭六》："翁姑哀號曰：'是本貞婦，以我二人故至此也。'"《醒世恒言·吳衙內鄰舟赴約》："秀娥過門之後，孝敬公姑，夫妻和順，頗有賢名。"明熊龍峰《張生彩鸞燈傳》："二人別了丈人丈母，到家見了父母。舜美告知前事，令妻出拜公姑。"蔣景緘《俠女魂·足冤》："你一人放足，已置翁姑於無地，何况是背高堂，約姬姜，易新裝。"

【嫜姑】

即翁姑。此稱明代已行用。見該文。

【公姑】

即翁姑。此稱明代已行用。見該文。

公公

亦稱"舅""君舅"。丈夫的父親。此稱明代已行用。漢代始稱"舅""君舅"，宋元以後多稱"公公"。"公公"一稱直沿用至今。《爾雅·釋訓》："婦稱夫之父曰舅。"明朱謀㙔《駢雅·釋名稱》："夫之父曰君舅。"《儀禮·士昏

禮》："質明，贊見婦于舅姑。席于阼，舅即席。席于房外，南面，姑即席。"《漢書·景十三王傳·廣川惠王越》"背尊章"顏師古注："尊章，猶言舅姑也。今關中俗婦呼舅爲鍾。鍾者，尊聲之轉也。"《舊唐書·德宗諸子傳·珍王誠》："又以公主、郡縣主出降，與舅姑抗禮，詔曰：'……自近古禮教陵夷，公郡法度，僭差殊制，姻族闕齒序之義，舅姑有拜下之禮。'"《清平山堂話本·快嘴李翠蓮記》："打緊他公公難理會，不比等閑的，婆婆又兜答。"《醒世姻緣傳》第七四回："你公公躲在裏間，甚麼是敢出頭，只說'天黑了，不敢見罷'。"《紅樓夢》第七六回："可憐你公公已死了二年多了，可是我倒忘了，該罰我一大杯。"

【舅】

即公公。此稱先秦時期已行用。見該文。

【君舅】

即公公。此稱明代已行用。見該文。

婆婆

丈夫的母親。此稱明代已行用。先秦時稱"姑""君姑"，後又衍生出"尊章""威姑"之稱；至宋元以後始稱"婆婆"，并沿用至今。《爾雅·釋訓》："婦稱夫之父曰舅，稱夫之母曰姑。"《說文·女部》"威"字下引《漢律》："婦告威姑。"明朱謀㙔《騈雅·釋名稱》："夫之父曰君舅，母曰君姑、曰尊章、曰威姑。"《漢書·景十三王傳·廣川惠王越》："背尊章，嫖以忽。"顏師古注："尊章，猶言舅姑也。"明周祈《名義考·人部·阿翁姑章賤息子姓》："或曰：舅姑爲尊章。'章'本作'嫜'。杜詩'何以拜姑嫜'。又《釋名》：'兄公'亦曰'兄章'，'舅公'亦曰'舅章'。"《清平山堂話本·快嘴李翠蓮記》："打緊他公公難理會，不比等閑的，婆婆又兜答。"《紅樓夢》第六五回："如今連他正經婆婆都嫌他，說他'雀兒揀着旺兒飛'……"又同書第八〇回："這是誰家的規矩？婆婆在這裏說話，媳婦隔着窗子拌嘴，虧你是舊人家的女兒！"蔣景緘《俠女魂·足冤》："祇是媳婦的九歲女兒，還望婆婆照看則個。"

【姑】

即婆婆。此稱漢代已行用。見該文。

【君姑】

即婆婆。此稱明代已行用。見該文。

【尊章】

即婆婆。此稱漢代已行用。見該文。

【威姑】

即婆婆。此稱漢代已行用。見該文。

高堂

本指房屋正室廳堂，因轉作父母敬稱。此稱唐代已行用。唐陳子昂《宿空舲峽青樹村浦》詩："委別高堂愛，窺覦明主恩。"唐韋應物《送黎六郎赴陽翟少府》詩："祇應傳善政，日夕慰高堂。"明孟稱舜《嬌紅記·訪麗》："自商量，若還娶得他，拜罷高堂，同入流蘇帳。"明馮夢龍《精忠旗·若水效節》："小人還有一言，太老爺與太夫人俱已年老了。……痛親老高堂無倚。"明陳汝元《金蓮記·接武》："蘭蓀正吐芳，萱草頻凝望。且重尋故里，笑訪高堂。"清王韜《淞隱漫録·杞憂生》："欲報深恩無可報，留將清白慰高堂。"此稱沿用至近代。周學熙《己卯除夕感懷》："高堂菽水嗟難再，扶拜龍鍾俎豆前。"

蓼莪

喻令人感念之已逝父母。此稱唐代已行用。本意指高大的莪蒿，一種春天生長時有香氣之草，以其抱根叢生，如子女受父母養護，故轉稱。語出《詩·小雅·蓼莪》："蓼蓼者莪，匪莪伊蒿；哀哀父母，生我劬勞。"朱熹集注："言昔謂之莪，而今非莪也，特蒿而已。以比父母生我以爲美材，可賴以終其身，而今乃不得其養以死。於是乃言父母生我之劬勞而重自哀傷也。"清多隆阿《毛詩多識·小雅下》："莪始生香美可食，至秋老大爲蒿則粗惡不可食，故菁莪以喻人才，而蒿止爲鹿食也。"後世遂以"蓼莪"喻逝去之父母，以寄子女懷念。《大唐故彭州唐昌縣令衛府君墓誌銘》（載《隋唐五代墓誌彙編·洛陽卷》第十冊）："胤子鷟等，攀號罔極，擗踊無從，踐霜露以增悲，瞻蓼莪而起思。"明胡應麟《先宜人不幸棄背泣血苫次志哀四章》之一："夜月沈蘭茝，秋風瘁蓼莪。流黄叠空筐，觸目動悲歌。"近人周學熙《先妣忌日祭》詩："一別慈容四十年，蓼莪抱恨竟終天。"

萱堂

省稱"萱"，亦稱"萱室"。母親或岳母代稱。此稱宋代已行用。萱草本是百合科萱草屬多年生草本植物。因古人賦予它可以忘憂、可以生子等屬性，遂被視作忘憂草、宜男草。《説文·艸部》："藼，令人忘憂草也。……《詩》曰：'安得藼草'。薏，或從'暖'；萱，或從'宣'。"按，所引《詩》爲《詩·衛風·伯兮》，原句爲"焉得諼草，言樹之背"，毛傳："諼草，令人忘憂；背，北堂也。"可知諼草、薏草、藼草、萱草，爲同一種草。《四庫全書》本《毛詩注疏》卷五考證"臣光型"按："諼，萱草也，

一名鹿葱，一名宜男，一名忘憂草。萱、諼字音同。觀《釋文》本作萱。《説文》作藼，又作薏，則爲草名無疑。"萱草又稱"鹿葱""宜男"，蓋始自漢魏時期。明陳耀文《天中記》卷五三引成於漢魏時的《名醫別録》曰："萱草是今之鹿葱也。"而鹿葱與水葱相似，魏晋時婦人已有佩戴水葱花或鹿葱花以求子之俗。晋嵇含《南方草木狀》卷上："水葱，花葉皆如鹿葱，花色有紅黄紫三種，出始興。婦人懷姙，佩其花生男者，即此花。……交廣人佩之極有驗。"而後世祇稱鹿葱宜男，不言水葱。《湖廣通志·田賦志（附物產）》湖南省常德府："萱草俗呼鹿葱，一名忘憂，一名宜男。"宋姚寬《西溪叢語》卷上引《風土記》云："婦人有妊，佩之生男子，故謂之'宜男草'。"認爲萱草宜男，遂成風俗。清褚人穫《堅瓠廣集》卷四："按醫書，萱草一名'宜男'。以萱諭母，義或本此。"宋洪咨夔《西江月》："庭下宜男萱草，牆頭結子榴花。"明朱謀瑋《駢雅·釋草》："宜男、療愁，萱草也。"萱草花因之與母親有了關聯。又因《伯兮》毛傳言及萱草宜於生長之北堂，後世遂稱母親或岳母爲"萱堂"。宋蔡襄《喜弟及第》詩："連登桂籍青袍客，共拜萱堂白首親。"元陳櫟《送汪希道入都》詩："當路願鑒之，萱草癯北堂。俾得早言歸，爲養及壽康。"元柯丹邱《荊釵記·家門》："修書遠報萱堂，中道奸謀變禍殃。岳母生嗔，逼凌改嫁，山妻守節，潛地去投江。"又《繡房》："惟喜椿庭身在室，何堪萱室魄歸天。"明朱鼎《玉鏡臺記·得書》："温嶠百拜，岳母萱堂，祇爲勞王事遠離故鄉。料二母偕妻室各保安康，封寄陽關啼數行。"古人又把父親比作椿樹，故以

"椿萱"指父母。近人周學熙《丙子除夕薦辛盤》詩二首之一："我生初及中興年，家慶椿萱福禄綿。"

【萱室】

即萱堂。此稱元代已行用。見該文。

【萱】

"萱堂"之省稱。此稱漢代已行用。見該文。

北堂

母親代稱。此稱漢代已行用。《詩·衛風·伯兮》"焉得諼草，言樹之背"漢毛亨傳："諼草，令人忘憂；背，北堂也。"朱熹集注："北堂，蓋古之植花草之處。"按，漢魏以後世人把母親比作萱草，《伯兮》詩言及萱草宜生長於北堂，故轉稱。然古人或對此感到困惑。宋王楙《野客叢書·萱堂桑梓》："今人稱母爲北堂。萱蓋祖毛詩《伯兮》詩'焉得諼草，言樹之背'。……蓋北堂幽陰之地，可以種萱，初未嘗言母也，不知何以遂相承爲母事。借謂北堂居幽陰之地，則凡婦人皆可以言北堂矣，何獨母哉？"清褚人穫《堅瓠廣集》卷四引《覆瓿集》："北堂謂之背。婦洗在北堂，見於《婚禮》之文。而萱草忘憂，出於嵇叔夜之論。後世相承以北堂謂母，而有萱堂之稱，不知其何所據。"雖有疑問，而以北堂稱母甚爲流行。宋孔平仲《次韻和常父發越州》詩："北堂相送出城西，忍見臨分獨自歸。日暮荒村一回首，秋風吹涕各霑衣。"宋劉弇《春日舟中即事》詩："不因門有北堂親，肯泛孤舟瘴海濱。"明胡應麟《先宜人不幸棄背泣血苫次志哀四章》之一："一夜西風色，俄然到北堂。千秋黄壤遠，萬感白雲長。"清沈季友《聞施孺人之訃賦寄令子大文客子》詩："與爾各懷終古恨，憐予猶有北堂親。"近人周學熙《生日述懷》詩二首之一："遺愛心欽南服日，慈祥耳熟北堂時。"

大椿

省稱"椿"。父親代稱。此稱先秦時期已行用。本是大椿樹，語出《莊子·逍遥遊》："上古有大椿者，以八千歲爲春，八千歲爲秋。"大椿長壽，後因喻父親，望父如大椿一般長生不老。唐以後始有如此用法。宋趙磻老《永遇樂》："袞衣揺曳，簪纓閒繞，共祝大椿難老。"明楊珽《龍膏記·砥節》："痛驚風大椿忽掊，恨臨霜靈萱摧朽。"清王韜《淞隱漫録·吳也仙》："而乃纔撤甘棠之陰，旋失大椿之庇。"近人周學熙《酬筱汀親家見惠壽詩》三首之一："愧乏瓊瑶鳴瓦缶，心香遥祝大椿年。"省稱"椿"常用於"椿萱"（椿蕙）一語，代指父母。唐牟融《送徐浩》詩："知君此去情偏急，堂上椿萱雪滿頭。"元陳櫟《送畢永仲遊姑蘇省親兼訪虛谷》詩："須念椿萱頻傻指，歸期莫待近新秋。"元程鉅夫《雪樓集》附録程鉅夫年譜（諸孫世京編録）："椿蕙壽考，叔季宦成，孝友之著焉。"周學熙《丙子除夕薦辛盤》詩二首之一："我生初及中興年，家慶椿萱福禄綿。"

【椿】

"大椿"之省稱。此稱唐代已行用。見該文。

【椿庭】

即大椿。此稱宋代已行用。因《論語·季氏》載孔鯉見父親孔子在庭，"鯉趨而過庭"的典故而得名。故後世合椿、庭而代指父親。宋許應龍《潘上舍父挽詩》："登雲將慰椿庭望，陟岵俄驚薤露悲。"元柯丹邱《荊釵記·會講》："不幸椿庭早逝，惟賴母親訓誨成人。"又《辭靈》："我生胡不辰，緥褓失慈母，鞠育賴椿庭，成立多艱楚。"元高明《琵琶記·蔡公逼試》："萱室椿庭衰老矣，指望你改換門閭。"明張寧《朱彥明新居》詩："椿庭日已遠，萱室懷深憂

女婿

亦作"女壻"，省稱"婿""壻"。女兒的丈夫。此稱晋代已行用。《説文·士部》："壻，夫也。……婿，壻或從女。"段玉裁注："夫者，丈夫也。然則壻爲男子之美稱，因以爲女夫之稱。"《爾雅·釋親》："女子子之夫爲壻。"邢昺疏："鄭注《喪服》傳云：女子子者，子女也。"《儀禮·士昏禮》："壻乘其車，先俟于門外。婦至，主人揖婦以入。"《晋書·賈充傳》："河南尹夏侯和謂充曰：'卿二女婿，親疏等耳，立人當立德。'充不答。"《太平廣記》卷一六〇引唐佚名《異聞録》："李〔仁鈞〕詰旦歸旅舍，見崔〔晤〕，唯説秀師云某，説終爲兄之女壻。崔曰：'我女縱薄命死，且何能嫁與田舍老翁作婦！'"宋朱彧《萍洲可談》卷三："胡家相傳，祖塋三女山尤美，甚利子壻。……吕吉甫太尉自言其家不利女壻，……後竟離婚。"元王實甫《西廂記》第四本第二折："我如今將鶯鶯與你爲妻，只是俺三輩兒不招白衣女婿，你明日便上朝取應去。"明湯顯祖《紫釵記·門楣絮别》："覷得着新狀元爲女婿，正喜氣門闌懽聚。一盃春酒王孫路，看不足怎教去。"又《牡丹亭·急難》："平白地鳳婿過門，好似半青天鵲影成橋。"《醒世姻緣傳》第三九回："你多拜上汪澄宇：他曉得薛如卞是俺家女婿麽？曾少欠他什麽，他要打他？"又同書第七三回："説親家主着，叫女婿休俺閨女，是真個呀？"《紅樓夢》第七二回："前日太太見彩霞大了，二則又多病多災的，因此開恩，打發他出去了，給他老子

隨便自己擇女婿去罷。"清曾衍東《小豆棚·醋姑娘》："舊女婿爲新女婿，半子之分當兼；小姨夫是大姨夫，兩大之間並重。"

【女壻】

同"女婿"。此體唐代已行用。見該文。

【婿】

"女婿"之省稱。此稱漢代已行用。見該文。

【壻】

即女婿。此稱先秦時期已行用。見該文。

【嬌客】

"女婿"之美稱。此稱元代已行用。元薩都剌《送外舅慎翁之燕京》詩："晋府舊臣還塞北，星門嬌客卧床東。"元楊維楨《題二喬觀書圖》："弟兄不減骨肉親，喜作喬家兩嬌客。"元康進之《梁山泊李逵負荆》第二折："帽兒光光，今日做個新郎；袖兒窄窄，今日做個嬌客。"《金瓶梅詞話》第八六回："我不才是他家女婿嬌客，你無故只是他家行財，你也擠撮我起來。"《笏山記》第一四回："嬌鶯娘子聞嬌客到時，便帶着幾個人府上去了。"

贅壻

亦作"贅婿"。指婚後入住女家的丈夫。此稱先秦時期已行用。丈夫入贅女家之俗約始於戰國，沿至當代。當代稱此俗爲"入贅"，又俗稱"倒插門"。戰國秦漢時贅壻多因貧寒無錢，娶不起妻，衹好入贅女家。近人陳顧遠《中國古代婚姻史》（商務印書館民國十四年初版，第21頁）云："按《説文》解釋'贅'字爲'以物質錢'，那麽，贅壻實不外'家貧無有聘財，以身爲質'是了。……家裏既没有錢，不能交出買價，只好以身作質，代替幣物，而成就婚事。後來《賈子》和《漢書》上的'家貧子壯

則出贅'，可謂一語道破。"因以身爲質，其地位甚低，漢以前乃近於奴僕。《六韜·練士》："有贅婿入虜欲揚迹揚名者，聚爲一卒，名曰勵鈍之士。"《史記·秦始皇本紀》："發諸嘗逋亡人、贅婿、賈人略取陸梁地，爲桂林、象郡、南海，以適遣戍。"裴駰集解引臣瓚曰："贅，謂居窮有子，使就其婦家爲贅婿。"《史記·滑稽列傳》："淳于髡者，齊之贅婿也。"司馬貞索隱："女之夫也。比於子，如人疣贅，是餘剩之物也。"後代咏史詩文多襲用此含義。唐盧照鄰《五悲·悲才難》："若夫管仲不遇齊桓，則城陽之贅婿。"唐劉禹錫《題淳于髡墓》詩："生爲齊贅婿，死作楚先賢。"清金農《送賀十五德輿之辰州》詩："滑稽齊贅婿，潦倒楚狂夫。"按，魏晉以後贅婿不再像先前那樣地位卑微，而漸爲女家所看重。女婿多因女方獨女無子而入贅，世人看重的是子嗣問題。故贅婿以女之父母爲父母，所生子女從母姓，承嗣母方宗祧。《資治通鑑·後晉高祖天福六年》："〔劉〕知遠微時，爲晉陽李氏贅婿。"按，《新五代史·漢家人傳》謂劉知遠"少爲軍卒，牧馬晉陽，夜入其家劫取之"，可見係强行入贅，而非不得已入贅。清袁枚《新齊諧·黑柱》："紹興嚴姓，爲王氏贅婿。"

【贅婿】

同"贅壻"。此體先秦時期已行用。見該文。

東床

亦稱"坦腹""坦"。女婿代稱。此稱晉代已行用。後世多用爲書面語。典出晉朝王羲之被郗鑒選爲女婿事。南朝宋劉義慶《世說新語·雅量》："郗太傅在京口，遣門生與王丞相書，求女壻。丞相語郗信：'君往東廂任意選之。'門生歸白郗曰：'王家諸郎，亦皆可嘉。聞來覓壻，咸自矜持，唯有一郎在東牀上坦腹臥，如不聞。'郗公云：'正此好。'訪之，乃是逸少，因嫁女與焉。"《晉書·王羲之傳》亦載此事。後世遂有"東床坦腹"典故，且以"東床"或"坦腹"喻女婿。"坦"亦或作"袒"。明沈受先《三元記·議親》："我操國柄佐聖明，我是九棘三槐位裏人，要擇個袒腹東床，豈無個貴戚王孫。"明湯顯祖《紫釵記·延媒勸贅》："李參軍蓋世文章，俺家中有淑女正紅妝。夏卿呵，你和他好友，借重你商量，要他坦腹不須强項。"清李漁《奈何天·擄俊》："（小旦）孤家年過二八，未有東床，要選個俊俏男子做壓寨官人。"《紅樓夢》第七九回："此人名喚孫紹祖，……因未曾娶妻，賈赦見是世交子姪，且人品家當都相稱合，遂擇爲東床姣婿。"抑或省稱作"坦"。清曾衍東《小豆棚·醋姑娘》："翁曰：'我以匆匆去濟，故未留信於坦。'後欲相訪，又恐坦不在濟，遂不果。"近現代以來古裝戲猶有此稱。京劇《鍘美案》："悔婚男兒招東床，殺妻滅子良心喪。"

【坦腹】

即東床。爲"東床坦腹"之省稱。此稱晉代已行用。見該文。

【坦】

即東床。爲"東床坦腹"之省稱。此稱晉代已行用。見該文。

駙馬

古代帝王女婿的稱謂。此稱漢代已行用。因漢代"駙馬都尉"官職得名。漢武帝時始置此官，掌副車之馬。三國時魏國何晏以帝婿身份授此職；晉代杜預娶晉宣帝女安陸公主、王濟娶晋文帝女常山公主，均授駙馬都尉。此後帝婿加"駙馬都尉"稱號加成慣例，簡稱"駙馬"，非實官。由此漸成帝婿專稱。《廣韻·去遇》："駙馬都尉，官名，漢武帝置，掌駙馬。晋尚公主者並加之。駙，副馬也。"明陸容《菽園雜記》卷七："駙馬都尉，本秦漢官。漢有奉車都尉，主車輿；駙馬都尉，主駙馬；騎都尉，主羽林騎。是謂三都尉。今止稱駙馬，省文耳。"《通典·職官十一》述唐以前"駙馬"沿革甚詳："奉車、駙馬、騎三都尉，並漢武帝元鼎二年初置。……駙馬掌駙馬（駙馬，非正駕車，皆為副馬。一曰：駙，近也，疾也）。……後罷奉車、騎二都尉，唯留駙馬都尉奉朝請而已。諸尚公主者，若劉惔、桓溫等皆為之。宋武帝永初以來，以奉朝請選雜，其尚主者唯拜駙馬都尉。……（《齊職儀》曰：'凡尚公主拜駙馬都尉。'）……梁陳駙馬皆尚公主者為之。……後魏駙馬都尉亦為尚公主官，雖位高卿尹，而此職不去。……北齊駙馬與後魏同。隋開皇六年，罷奉朝請。煬帝時，奉車、駙馬並廢。大唐駙馬都尉從五品，皆尚主者為之。開元三年八月敕：駙馬都尉從五品階，宜依令式，仍借紫金魚袋。天寶以前悉以儀容美麗者充選。"此稱歷代相沿。《陳書·袁樞傳》："今公主早薨，伉儷已絕，既無禮數致疑，何須駙馬之授！"《舊唐書·房玄齡傳》："次子遺愛，尚太宗女高陽公主，拜駙馬都尉。"宋朱彧《萍洲可談》卷三："駙馬都尉李端愿，居戚里最號恭慎。"《鏡花緣》第二四回："駙馬為人剛暴，下人稍有不好，立即處死，就是國王也懼他三分。"近現代古裝戲劇中猶見此稱。京劇《鍘美案》："秦香蓮三十二歲，狀告當朝駙馬郎。"

媳婦 [2]

兒子之妻。此稱元代已行用。元貢師泰《玩齋集·雙孝傳》："〔史夫人〕事姑尤孝……姑嘗語人：'媳婦孝我，今無以報，願子子孫孫婆婦皆如媳婦。'"明王世貞《弇山堂別集·詔令雜考四》載永樂十二年（1414）六月初四日敕："那有志氣的人，不愛惜家財，將父母財物、妻兒媳婦頭面首飾，買馬出來立功。"明唐順之《與呂沃洲巡按》："若使官民盡匱，固亦無如之何，俗所謂好媳婦做不得没米不炊也。"明楊繼盛《赴義前一夕遺囑》二首之二："每吃飯，你兩個〔兄弟〕同你母一處吃，兩個媳婦一處吃，不可各人合各人媳婦自己房裏吃。"《警世通言·趙春兒重旺曹家莊》："〔太公〕又對媳婦道：'娘子，你夫妻是一世之事，莫要冷眼相看，須將好言諫勸丈夫，同心合膽，共做人家。'"《紅樓夢》第七四回："誰知迎春的乳母之媳玉柱兒媳婦為他婆婆得罪，來求迎春去討情。"又第八〇回："這是誰家的規矩？婆婆在這裏說話，媳婦隔着窗子拌嘴，虧你是舊人家的女兒！"

婆家

亦稱"婆婆家"。媳婦對丈夫家的稱謂。此稱清代已行用。《紅樓夢》第六八回："鳳姐一面使旺兒在外打聽這二姐的底細，皆已深知，果然已有了婆家的。"《鏡花緣》第六六回："據妹子遇見：莫若早早尋個婆婆家，到了要緊關頭，到底有個姐夫可以照應。"《老殘游記》第六回："他女兒十七八歲，長的有十分人材，還沒有婆家。"《檮杌萃編》第八回："你世妹已孀居三年了，他婆家也沒有甚麼人，現在還是跟我過着，你想可憐不可憐呢？"京劇《打漁殺家》第六場："將你婆家的聘禮慶頂珠、衣服、戒刀一齊收拾好了。"

【婆婆家】

即婆家。此稱清代已行用。見該文。

娘家

媳婦對自己父母家的稱謂。此稱明代已行用。《西遊記》第二三回："婦人道：'此間乃西牛賀洲之地。小婦人娘家姓賈，夫家姓莫。幼年不幸，公姑早亡，與丈夫守承祖業。'"《紅樓夢》第二五回："〔趙姨娘〕回身向道婆説：'了不得，了不得！提起這個主兒，這一分家私要不都叫他搬了娘家去，我也不是個人！'"《儒林外史》第二六回："不到一年光景，王三胖就死了。這堂客才得二十一歲，……又没兒女，所以娘家主張着嫁人。"

親家

亦稱"姻家"。丈夫父母與妻子父母之間的相互關係和稱呼。古時偶亦作岳父母之稱。所謂"姻家"，即"婚姻家"之省稱。《左傳·哀公十五年》"稱姻妾"晋杜預注："自稱婚姻家妾。"漢代開始稱"姻家"。《後漢書·蔡邕傳》："凡休假小吏，非結恨之本。與〔羊〕陟姻家，豈敢申助私黨？"唐以後多稱"親家"。《新唐書·蕭嵩傳》："子衡，尚新昌公主，嵩妻入謁，帝呼爲親家。"宋王讜《唐語林·德行》："路相隨幼孤，其母問：'汝識汝父否？'曰：'不識。'曰：'正如汝面。'隨號絶久之，終身不照鏡。李衛公慕其淳篤，結爲親家，以

女適路氏。"《醒世姻緣傳》第七三回："説親家主着，叫女婿休俺閨女，是真個呀？"《金瓶梅詞話》第六九回："東京蔡太師是他乾爺，朱太尉是他衛主，翟管家是他親家。"明楊廷和《視草餘録》："旋聞晏駕之變。……十七日朝臨罷，魏英出右順門，向予言曰：'親家煩扶持。'謂〔江〕彬也。予云：'公親家，朝廷大總兵也，安用扶持！'"《儒林外史》第二四回："況且我又是客邊，借這親家住着，那裏來的幾兩銀子與老爹？"《紅樓夢》第七二回："太霸道了，日後你們兩親家也難走動。"錢鍾書《圍城》四："這種鄙吝勢利的暴發户，咱們不稀罕和他們做親家。""親"字讀去聲。清褚人穫《堅瓠廣集·親家》："世俗凡男女締姻者，兩家相謂曰'親家'。……北方以'親'字爲去聲。盧綸作《王駙馬花燭》詩：'人主人臣是親家。'"親家中，男稱"親家翁"，女稱"親家母"。上引《堅瓠廣集》又曰："《避暑漫鈔》：蕭瑀自稱'唐朝左僕射，天子親家翁'。《五代史》：劉昫與馮道爲姻家，而同爲相。道罷，李愚代之。愚素惡道之爲人，凡事有稽失者，愚必指以誚昫曰：'此公親家翁所爲。'……人稱'親家翁'，亦有所本。"《太平廣記》卷二六二引《笑林》："有民妻不識鏡，夫市之而歸。……其母亦照曰：又領親家母來也。"

【姻家】

即親家。此稱漢代已行用。見該文。

第四節　生育考

生育禮俗，由來久遠。新石器時代前期，人們曾因知其母不知其父，而對負生育之責的女性大加推崇。遼寧喀左縣曾出土這一時期孕婦形象的陶俑，非常生動，即這一觀念的反映。

古人重視生孩子，到新石器時代後期，隨着男性在家庭中地位的提高，男子作爲主要勞動力，成爲家庭存續的重要支柱，相反，女兒出嫁後生活在他人家中，對娘家的貢獻有限，故從先秦時期起，即已存在非常嚴重的重男輕女現象。《韓非子・六反》："父母之於子也，産男則相賀，産女則殺之。此俱出父母之懷袵。然男子受賀，女子殺之者，慮其後便計之長利也。"此種弊端後世一直延續，從《漢書・刑法志》所說"生女不生男，緩急非有益也"，到宋蘇軾《賀子由生第四孫》中的"有子萬事足"，到《紅樓夢》第八一回所謂"嫁出去的女孩兒，潑出去的水"，再到民國二十年（1931）《遷安縣志・歌謠》："杜梨樹，開白花，養活閨女是白搭"，均表明了重男輕女這一傳統陋習。唯殺女嬰現象，因過於殘忍，後世逐漸減少，如此而已。

多子多福，一直是古人根深蒂固的觀念。爲此，婚禮上贈送棗栗、九子蒲、子孫餑餑、面子帳、五子衣等，均表明人們對生男兒的期盼。石榴紅了之時，也作饋贈佳品，象徵多子；贈送紅棗，象徵早生貴子。世人藉物品諧音寓吉祥含義。女人懷孕了，娘家或送"催生禮"，亦祝福早生早育。

古時没有公衆醫院，生孩子一般都在家中進行。因而需要有接生經驗的接生婆（古稱"穩婆"）接生，即使宫廷中后妃生子亦不例外。孩子生下來了，若母親乳水不足，則需要乳母幫着喂乳。因而乳母也成爲古代兒童成長過程中的重要人物，因爲她們不僅喂乳，孩子大些後還須當保姆，陪伴幼兒長大成人。

孩子出生後，有一系列禮儀。在嬰兒的用品方面，先秦時，生男，置床上，讓他玩玉璋；生女，置地上，讓她玩陶紡輪。從人之初即讓孩子去適應自己將在社會中承擔的角色。《詩・小雅・斯干》："乃生男子，載寢之牀，載衣之裳，載弄之璋……乃生女子，載寢之地，載衣之裼，載弄之瓦。"毛傳："裼，褓也；瓦，紡磚也。"鄭玄箋："男子生而臥於牀，尊之也。裳，晝日衣也，衣以裳者，明當主於外事也。玩以璋者，欲其比德焉。正以璋者，明成之有漸。"又箋："臥於地，卑之也。褓，夜衣也。明當主於內事。"這種習俗由來久遠，在距今四千年前的黄河上游馬家窑文化半山類型的文化遺存中，即曾發現男性墓中多隨葬石斧等農耕工具，而女性墓則多隨葬陶紡輪，體現了男耕女織的社會分工。還有"男射女帨"之習，亦顯示着男女社會角色的區別。《禮記・内則》："子生，男子設弧於門左，女子設帨於門右。"鄭玄注："表男女也。弧者示有事於武也；帨，事人之佩巾也。"又《内則》："三日……射人以桑弧蓬矢六，射天地四方。"又："三月之末，擇日，翦髮爲鬌，男角女羈，否則男左女右。"又："子能食食，教以右手；能言，男唯女俞，男鞶革，女鞶絲。"鄭玄注："俞，然也。鞶，小囊，盛帨巾者。男用韋，女用繒。"由此可見先秦時期生育習俗之一斑。

生子後一段時期内須陸續舉行種種禮儀，自先秦至當代皆然。但具體多長時間，舉行何種儀式，歷代仍各有别。大致言之，以下諸習相沿較久：三日洗兒禮，三十日"做滿月"，百日"過百歲"，一年過"周晬"（今稱"周歲""抓周"），等等。祇是不同時代所舉行的儀式、所使用的物品有所區别而已。

生子而相賀，賀禮多是營養食品或有象徵意義之吉祥物。《漢書・盧綰傳》："高祖、〔盧〕綰同日生，里中持羊、酒賀兩家。"宋孟元老《東京夢華録・育子》："就蓐分娩訖，人争送粟米炭醋之類……至滿月，則生色及繃繡錢，貴富家金銀犀玉爲之。"又："生子百日置會，謂之百晬；至來歲生日，謂之'周晬'。"民國二十年（1931）《安東縣志・風俗》："子生三日，開湯餅會，曰'洗三'，鄰里各饋米麵、鷄卵與産婦……至十二日，主人設筵酬之，曰'吃十二日'。亦有富紳得子，戚友分送金銀、鈴、鎖、手鐲等於小兒，以資慶賀。至彌月而酬客者，曰'過滿月'。至百天，戚屬贈錢幣、冠服於小兒，曰'作百歲'，祝其長生也。"南北朝時期以後，孩子滿周歲時，還有"抓周"的風俗，此俗直沿襲至近現代。北齊顔之推《顔氏家訓・風操》："江南風俗，兒生一期，爲製新衣，盥浴裝飾。男則用弓矢、紙筆，女則刀尺、針縷，並加飲食之物及珍寶服玩，置之兒前，觀其發意所取，以驗貪廉愚智，名之爲晬。親表聚集，致燕享焉。"宋孟元老《東京夢華録・育子》："羅列盤琖於地，盛果木、飲食、官誥、筆研、算秤等，經卷、針綫、應用之物，觀其所先拈者，以爲徵兆，謂之試晬。此小兒之盛禮也。"民國二十年（1931）《天津志略・風俗》："兒生一歲，陳筆墨、算盤、銀錢、食品及零星物於其前，令抓取之，視所取何物，以卜此兒將來之貴賤貧富、智愚巧拙，曰'抓周'。"足見此俗沿襲之久。

當代洗兒禮、抓周等習俗已不多見，而生子後的賀禮、滿月時的宴請、百日時照相、周歲慶生日等，仍是民間十分重視之事。

九子蒲

一種象徵多子多福的蒲草。因其種子繁多，故藉稱。古代婚禮納采時用之。此稱唐代已行用。唐段成式《酉陽雜俎‧禮異》：「婚禮納采有：合歡嘉禾、阿膠、九子蒲、朱葦、雙石、綿絮、長命縷、乾漆。」宋佚名《錦繡萬花谷前集‧婚姻》引《酉陽雜俎》，又曰：「雙石：婚禮，有九子蒲、朱葦、雙石。蒲、葦，取其心可屈伸；雙石，義在兩固。」明方以智《通雅‧禮儀》：「納幣笲實有膠漆、九子之稱，今猶古也。……《酉陽雜俎》言納采九事曰合驪、曰嘉禾、曰阿膠、曰九子蒲……九事，皆有詞，各有取義智。」

棗栗

用於婚禮中的紅棗、栗子。最初爲讓出嫁女子早起、勤快之象徵，後世則多以之寓早生貴子之意。此稱先秦時期已行用。《左傳‧莊公二十四年》：「女贄，不過榛、栗、棗、脩，以告虔也。」孔穎達疏：「皆取其名以示敬者，先儒以爲栗取其戰栗也，棗取其早起也。」以此激勵女子之「婦德」「婦順」。新婦拜見舅姑時用棗栗，《儀禮‧士昏禮》新婦見舅姑：「婦執笲棗栗，自門入，升自西階，進拜，奠于席。」賈公彥疏：「棗栗取其早自謹敬。」《禮記‧曲禮下》：「婦人之摯，椇榛、脯脩、棗栗。」孔穎達疏：「棗，早也；栗，肅也。婦人有法，始至脩身，早起肅敬也。」後代婚禮用棗栗，諧音「早生立子」之意。《風月夢》第二八回：「鳳林將桌盒內糕糖、桂圓、元棗、花生米、瓜子抓了敬賈銘，又說了許多吉利話，什麼高高爽爽、甜甜蜜蜜、元元發發、早生貴子、長生不老、瓜蒂綿綿。」舊時婚禮撒帳常用之，由親屬中一位子

孫滿堂、兒女雙全的年長婦女，手執盛有大棗和栗子的食盤，一邊抓着撒向新人寢帳，一邊唱「一把栗子一把棗，小的跟着大的跑」之類的歌詞，意在祝願早生貴子，子孫滿堂。

子孫餑餑

婚禮儀式中給新娘、新郎做的餑餑。俗謂新婚夫婦吃了可多子多孫。此稱清代已行用。《兒女英雄傳》第二八回：「進門便放下金盞銀臺，行交杯合卺禮。接着扣銅盆，吃子孫餑餑，放捧盒，挑長壽麵；吃完了，便搭衣襟，倒寶瓶，對坐成雙，金錢撒帳。但覺洞房中歡聲滿耳，喜氣揚眉。」清孫點《歷下志遊》：「入房坐牀之後，例吃子孫餑餑……先期一日，用麵包素者，作水角子，以爲新人坐牀吃子孫餑餑之用。」愛新覺羅溥儀《我的前半生》第三章：「行過‘合卺禮’，吃過了‘子孫餑餑’，進入這間一片暗紅色的屋子裏。」胡樸安《中華全國風俗志‧下編‧山東》引《濟南采風記》：「入房坐牀之後，例吃子孫餑餑。」

子孫桶

紅漆馬桶。婚禮中的嫁妝之一。清代以來流行於江南。「子孫桶」爲嫁妝中必備之物。桶中通常放入紅雞蛋、花生、紅棗等物。嫁妝送到男家後，將桶中紅蛋、喜果取出交與主婚太太，叫作「送子」，寓早生貴子意。也有在成親之夜由喜娘倒「子孫桶」中的喜果，邊倒邊念：「子孫桶，滴溜圓，代代子孫做狀元。」取祝傳宗接代和光耀門庭之意。清范祖述《杭俗遺風‧婚姻類‧發奩》：「粧奩有全鋪房一封書之名，此言無所不有也……桌有春臺、榻春臺、梳角桌之別。再衣架、臉架、琴櫈、杌櫈、小腳櫈、馬箱、子孫桶、大中浴盆……」又同書

《婚嫁》："子孫桶內有喜蛋、喜果一包，擾扶送與本家太太，名曰送子。"現代江浙一帶農村陪嫁之物中仍常有"子孫桶"。

寶瓶

婚禮中所用盛五穀百果、金銀珠飾等物之瓶子，置喜轎內，新娘下轎時手捧之，寓意"抱平（瓶）保安"。此稱清代已行用。清袁枚《續子不語·梁氏新婦》："杭州故事，新婚婦手執寶瓶，內盛五穀，入門交替。梁氏新婦執寶瓶過城門，司門者索錢吵鬧，新婦大驚，遂覺恍惚。"清孫橒《餘墨偶談·瓶鞍》："京都娶婦家新婦入門，則以五穀寶瓶授之，使其抱以出轎；又備小鞍以紅氈覆之，令新人跨過，意取步步平安之兆。"清昭槤《嘯亭雜錄·滿洲嫁娶禮儀》："新婦既至，新壻用弓矢對輿射之，新婦懷抱寶瓶入，坐向吉方。"清咸豐七年（1857）《開原縣志》亦載，新娘下轎，"伴婦授以寶瓶，內貯銀米"或"瓶置金銀、五穀之屬"，抱之入房。此俗沿至民國。民國二十三年（1934）《奉天通志》載："擇中少婦（須親屬全者）、稚女二、僕婦，合六人，以紅氈裹之，以八寸瓷貯五色粟，紅絹束其口，至輿前，揭簾探首，置瓶於胸，使抱之，取多子之義。"

百子帳

古代婚禮所用之帳篷。由北方游牧民族婚禮所用"青廬"演變而來。此稱南北朝時期已行用。始見於《南史·夷貊傳下·河南王》："有屋宇，雜以百子帳，即穹廬也。"唐陸暢《雲安公主下降奉詔作催粧》詩："催鋪百子帳，待障七香車。"宋程大昌《演繁露·百子帳》："唐人昏禮，多用百子帳，特貴其名與昏宜，而其制度則非有子孫衆多之義。蓋其制本出塞外，特穹廬拂廬之具體而微者耳。椦柳為圈以相連瑣，可張可闔，為其圈之多也，故以百子總之，亦非真有百圈也。其施張既成，大抵如今尖頂圓亭子，而用青氈通冒四隅上下，便於移置耳。"後世多在床前挂起彩紗或綢緞做的帳幔，另有織繡百子嬉戲圖，亦稱百子帳，是多福、多壽、多兒子的象徵。

妊娠

省稱"妊"、"娠"，"妊"又作"姙"，亦稱"嫭"。女人腹內孕育胎兒成長的過程。妊娠從卵子受精開始，一般要經過十個月，至嬰兒出生為止。提前或推遲出生的時間過多均不利於嬰兒成長。此稱先秦時期已行用。《說文·女部》："妊，孕也。"又："娠，女妊身動也。"又："嫭，婦人妊娠也。"《左傳·哀公元年》："后緡方娠，逃出自竇，歸于有仍，生少康焉。"杜預注："娠，懷身也。""嫭"稱唯行用於漢代。《廣韻·平虞》"嫭"字引漢崔瑗《清河王誄》："惠於嫭孀。"清王鳴盛《蛾術編·說字》釋曰："'惠於嫭孀。'嫭是妊身，孀是無夫，皆婦人可憐憫者，故並言之。"後世書面語猶藉用"嫭"稱。清錢謙益《嫁女詞》之一："阿母向我言，撫汝嬌且長；十載違汝家，頓頓頓類嫭孀。"而世人通常多稱"懷孕"和"妊娠"，亦析稱為懷、孕、妊、娠。《三國志·吳書·妃嬪傳》："夫人與姊俱輸織室，〔孫〕權見而異之，召充後宮，得幸有娠。"晉張華《博物志》卷一〇："婦人妊娠未滿三月，著壻衣冠，平旦左遶井三匝，晙祥影而去，勿反顧，勿令人知見，必生男。"北魏賈思勰《齊民要術·種薑》引《博物志》曰："妊娠不可食薑，令子盈指。"《法苑珠林·宿命·感應》："趙家妻又夢此兒來云：'當與娘爲息。'因而有娠。"《唐律疏義 · 户婚上》："居父母喪生子，已於《名例》免所居官章中解訖，皆謂在二十七月內而姙娠生子者，及兄弟別籍異財，各徒一年。"唐段成式《酉陽雜俎續集 · 貶誤》："無何，其妻有姙，父母詰之，妻具説其故。"《明史 · 佞幸傳 · 江彬》："初，延綏總兵官馬昂罷免，有女弟善歌，能騎射，解外國語，嫁指揮畢春，有娠矣。"

【妊】

"妊娠"之省稱。此稱漢代已行用。見該文。

【姙】

即妊娠。同"妊"。此體晉代已行用。見該文。

【娠】

"妊娠"之省稱。此稱先秦時期已行用。見該文。

【嫄】

即妊娠。此稱漢代已行用。見該文。

【懷孕】

即妊娠，因肚中懷有孕育中的孩子，故稱。省稱"孕"，亦稱"懷子""有身孕"。此稱漢代已行用。商代甲骨文即已有"孕"字。《説文 · 子部》："孕，懷子也。"《集韻 · 去證》："孕，妊也。"《周易 · 漸》："夫征不復，婦孕不育，凶。"《左傳 · 僖公十六年》"梁嬴孕過期"杜預注："懷子曰孕。"《詩 · 大雅 · 大明》："大任有身，生此文王。"毛傳："身，重也。"漢鄭玄箋："重謂懷孕也。"《太平御覽》卷三六〇引十六國前秦車頻《秦書》："苻堅母苟氏浴漳水，經西門豹祠，歸，夜夢若有龍蛇感己，遂懷孕而生堅。"《醒世恒言 · 獨孤生歸途鬧夢》："到一月之後，夢見渾家懷孕在身，醒來付之一

笑。"《警世通言 · 況太守斷死孩兒》："邵氏當初做了六年親，不曾生育，如今才得三五月，不覺便胸高腹大，有了身孕。"明佚名《六壬大全》卷六："二旺當懷孕，合卦宜所歸。（夫妻行年俱旺，當懷孕生子也。）"《東周列國志》第一〇三回："王翦曰：'太后懷妊十月，而生今王，其爲先君所出無疑。'"

【孕】

"懷孕"之省稱。此稱先秦時期已行用。見該文。

【懷子】

即懷孕。此稱漢代已行用。見該文。

【有身孕】

即懷孕。此稱明代已行用。見該文。

孕婦

懷孕的女人。此稱先秦時期已行用。《書 · 泰誓》："今商王受，弗敬上天，降灾下民。……焚炙忠良，刳剔孕婦。"按，《泰誓》不在漢伏生所傳二十八篇《古文尚書》之中，則此段引文應屬東晉梅賾所獻《尚書》之文，其時代不會早至周代。漢魏以後多用此稱，并沿襲至今。《北史 · 道武七王傳 · 清河王紹》："有孕婦，紹剖觀其胎。"宋吳自牧《夢粱録 · 育子》："杭城人家育子，如孕婦八月初，月初外舅姑家以銀盆或綵盆，盛粟桿一束，上以錦或紙蓋之；上簇花朵通草，貼套五男二女意思及眠羊卧鹿，併以綵畫鴨蛋一百二十枚，膳食羊、生棗栗果，及牙兒繡繃綵衣，送至婿家，名催生禮。"元吾丘衍《閑居録》："沈道士賣醮筵符籙，……乃大爲印造之，所有粘綴者，令孕婦爲之。"《醒世恒言 · 獨孤生歸途鬧夢》："遐叔聽見翠翹説道娘子無恙，這句話就如分娩

的孕婦，'团'底一聲，孩子頭落地，心下好不寬暢。"

熟肚

生過孩子的婦人的代稱。此稱清代已行用。《八洞天·醒敗類》："不若待她產過了，那時是熟肚，受胎甚便，回來還有個算計。"《五色石》第二回："他們正要討個熟肚，若是二娘現今懷孕，不妨娶過門去，等分娩滿月之後成親也罷。"

穩婆

亦稱"收生婆""接生婆"。給孕婦接生的女人。此稱宋代已行用。初時專指爲宮廷或官府服役的接生者及乳母，宋元以後成爲朝野接生者的泛稱。舊時此類婦人地位甚低，故被貶爲"三姑六婆"之一。宋蔣一葵《長安客話·三婆》："每季就收生婆中預選名籍在官，以待内庭召用，如選女則用以辨別妍媸可否，如選奶口則用等第乳汁厚薄、隱疾有無，名曰穩婆。"元陶宗儀《南村輟耕録·三姑六婆》："六婆者，牙婆、媒婆、師婆、虔婆、藥婆、穩婆也。蓋與三刑六害同也。人家有一於此而不致奸盜者，幾希矣。"元李行道《包待制智賺灰欄記》第二折："現放着收生的劉四嬸，剃胎頭的張大嫂，俺孩兒未經滿月早問道我十數遭。"民國三十三年（1934）《洛川縣志·風俗》："臨盆時，以家中或鄰里老年婦人助產，俗稱'收生婆'。"胡樸安《中華全國風俗志·下編·浙江》："穩婆：俗稱收生婆。婦人遇有生產，皆雇往收生。其家居門首，皆懸有招牌一塊，大書'祖傳某奶奶收生在此'。"在當代，"穩婆""收生婆"之稱已基本不行用，"接生婆"則專指不在正規醫院接生的婦人。

【收生婆】

即穩婆。爲俗稱。此稱宋代已行用。見該文。

【接生婆】

即穩婆。爲俗稱。此稱近現代已行用。見該文。

產房

婦人生孩子的房間。近現代抑或專指生女孩的房間。此稱元代已行用。元楊文奎《翠紅鄉兒女兩團圓》第二折："（王獸醫云）……我拿起這揢鼻木來，喝了一聲道：甚麼人？他便道：我是個叫化的。我便道：你是男子也是婦人？他便道：我是婦人，在這裏養娃娃哩。（正末云）哥，可得了個兒也是女？（王獸醫云）沒產房，我不曾進去。……我問他得了個兒也是女，他便道：得了個小廝兒。"元李行道《包待制智賺灰欄記》第二折："（劉丑云）待我想來。那一日產房裏，關得黑洞洞的，也不看見人的嘴臉，但是我手裏摸去，那產門像是大娘子的。"

暗房

亦稱"紅暗房"。產婦生子及坐月子的房間。因產婦不能受風，房間封閉甚密，故稱。此稱明代已行用。《金瓶梅詞話》第七九回："要請月娘拜見，吳大舅便道：'舍妹暗房出不來，如此這般，就是同日添了個娃兒。'"《醒世姻緣傳》第七六回："狄希陳通在狄員外房中宿卧，調羹也滿月出了暗房。"因新近一個月内死過人的房間也稱暗房，故又有紅、白暗房之别，謂結婚新房及生孩子的房間稱紅暗房，以示喜慶；死人房間稱白暗房，以示悲哀。

【紅暗房】[2]

即暗房。此稱近現代已行用。見該文。

赤子

初生嬰兒。因人初生時皮膚呈赤色，故稱。此稱先秦時期已行用。《書‧康誥》："若保赤子，惟民其康乂。"孔穎達疏："子生赤色，故言赤子。"《漢書‧賈誼傳》："故自爲赤子而教固已行矣。"顏師古注："赤子，言其新生未有眉髮，其色赤。"《雲笈七籤》卷五六："赤子心無情欲意，無辨認。"胎兒亦被稱作赤子。宋張君房《雲笈七籤》卷五五："元者安雌雄，雌雄者心也，一名明堂。得元，因共養合成赤子。赤子，自然也。"道教甚至視赤子爲神。《雲笈七籤》卷五四："其三元宮所在，其上元宮，泥丸中也，其神赤子。"後世一直沿用此稱。晋潘岳《西征賦》："夭赤子於新安，坎路側而瘞之。"唐韓愈《行難》："吾不忍赤子之不得乳於其母也。"清李慈銘《越縵堂讀書記‧槎庵小乘》對赤子得名另有一解釋，似較牽强："尺字古通用赤……赤子者謂始生小兒僅長一尺也。"因初生嬰兒最爲純潔，自古世人亦常以赤子之心喻人善良單純。《孟子‧離婁下》："大人者，不失其赤子之心者也。"

嬰兒

多指襁褓中初生小兒。抑或指二三歲幼兒。此稱先秦時期已行用。《黃帝內經‧靈樞經‧逆順肥瘦》："黃帝曰：刺嬰兒奈何？岐伯曰：嬰兒者，其肉脆，血少氣弱，刺此者以豪刺，淺刺而疾發，針日再可也。"晋皇甫謐《針灸甲乙經‧針灸禁忌》亦引述此文。道教將其比爲體內拘制魂魄之神。宋張君房《雲笈七籤》卷五四："其三元宮所在，其上元宮，泥丸中也，其神赤子，字元先，一名帝卿；其中元宮，絳房中是也，其神真人，字子丹，一名光堅；下元丹田宮，臍下三寸是也，其神嬰兒，字元陽，一名穀玄。此三一之神矣，欲拘制魂魄之時，皆先陰呼其名存三神，皆玉色金光存嬰兒之貌中。上二元皆赤衣，下元衣黃，頭如嬰兒始生之狀也。"後世多指幼小孩子。唐李肇《唐國史補》卷中："竟陵僧有于水濱得嬰兒者，育爲弟子。"明朱謀㙔《駢雅‧釋名稱》："嬰婗、嬰彌，嬰兒也。"京劇《哭祖廟》第四場："（手指案上嬰兒）我三歲的嬰兒也要被刀斬！"

花下子

結婚初夜便懷孕而生下的孩子。此稱元代已行用。元劉時中《紅繡鞋‧勸收心》："雖然沒花下子，也須是腳頭妻，立下個婦名兒少甚的？"明單本《蕉帕記‧鬧婚》："（中淨）你怎麼就曉得正月半生兒子了？（丑）我是一掌金掐過了。如今四月，到明年正月半，剛剛十個月。是真正的花下子。"明佚名《錄鬼簿續編》："諸公傳奇失載名氏，並附於此……《花下子》：明散財，天賜妳乾兒；暗團圓，智藏花下子。"《石點頭》第三回："張氏巴不得兒子就種個花下子，傳續後代。那知新人是黃花閨女，未便解衣。"

遺腹子

父親去世後出生之子。此稱漢代已行用。《史記‧李將軍列傳》："〔李〕當户有遺腹子名陵。"《漢書‧昭帝紀》："戴王前薨，以毋嗣國除，後宮有遺腹子暖。"《漢書‧元后傳》："安成侯崇薨，諡曰共侯。有遺腹子奉世嗣。"《後漢書‧鄭玄傳》："〔鄭〕玄唯有一子益恩，孔融在北海，舉爲孝廉。及融爲黃巾所圍，益恩赴難隕身，有遺腹子。"《魏書‧島夷蕭衍傳》："〔蕭〕衍遣豫章王綜鎮彭城。綜，蕭寶卷之遺腹子也。"《明史·外戚傳·錢貴》："〔錢〕欽爲錦衣衛指揮使,與弟鍾俱殁於土木。欽無子,以鍾遺腹子雄爲後。"因遺腹子未曾見父親,或出生後母親亦早亡,《儀禮·喪服》稱其"不及知父母"。漢鄭氏注："不及知父母,父母早卒。"賈公彦疏："或遺腹子,或幼小未有知識,而父母早死者也。"

乳母

亦作"乳姆"。亦稱"乳媪""乳娘""奶母""奶媽""奶娘"。產後用自己的乳汁喂養他人孩子的女人。因像媽媽,故稱。且因其帶孩子時間長,此稱實際又指陪伴幼兒成長的保姆。此稱漢代已行用。《漢書·王莽傳》："改明光宫爲定安館,定安太后居之。故大鴻臚府爲定安公第,皆置門衛使者監領。敕阿乳母不得與語。"王先謙補注引王孫曰:"阿下當有保字。"《三國志·魏書·司馬芝傳》："特進曹洪乳母當,與臨汾公主侍者共事無澗神繫獄。"《晋書·賈充傳》："初,黎民年三歲,乳母抱之當閣。黎民見〔賈〕充入,喜笑,充就而拊之。〔郭〕槐望見,謂充私乳母,即鞭殺之。"《法苑珠林·宿命·感應》："晋羊太傅祜……年五歲時,嘗令乳母取先所弄指環。"《太平御覽》卷三六一引《後趙書》："黎陽民妻産三男一女,〔石〕勒賜乳母穀帛,以爲休祥。"唐蘇鶚《杜陽雜編》卷下:"同日,葬乳母。上又作祭乳母文,詞理悲切。"宋佚名《家禮·通禮》："凡子始生,若爲之求乳母,必擇良家婦人稍温謹者。"宋龔明之《中吳紀聞·丁氏賢惠録》："里人張紳世與陳舊,其婦娩而没,夫人褓其嬰,歸付乳媪,親加撫視。"《宋史·范祖禹傳》："聞禁中覓乳媪,祖禹以帝年十四,非近女色之

時,上疏勸進德愛身。"《紅樓夢》第七三回:"原來這大頭家,……一個是迎春之乳母。"《鏡花緣》第二六回:"侄女帶着乳母,原想同回故鄉,因不知本國近來光景,不敢冒昧回去。"因乳母如保姆,故又稱"乳姆"。宋李新《再上家提舉手書》:"其病者爲設醫,其棄遺則爲僱乳姆。"元王惲《故趙州寧晋縣善士荆君墓碣銘并序》:"壬子歲,州縣通籍冒占者有禁,里嫗瞀而來依者,惻然以乳姆收恤。"《御選歷代詩餘》卷一一八:"永樂元年賜周憲王一穿宫老嫗。嫗爲元后乳姆之女,久居内庭,通書翰,記元宫中事甚悉。"清許奉恩《里乘·富翁子》:"偶遊後園,見乳姆於荷池爲兒洗濯衣袴,蓬頭悲泣。"明清以後,俗又稱"奶母""奶娘""奶媽"。其中後者直沿用至近現代。《醒世姻緣傳》第四九回:"他與婆婆合氣,要與婆婆分開另住,他漢子又不依他,賭氣的要舍了孩子與人家做奶母。"《鏡花緣》第五七回:"〔余承志〕今見奶公,歡喜非常。當時乳母領宣信與麗蓉、司徒婋兒見禮。"《春秋配》第七回:"秋蓮道:'奴家因被繼母趕出,路上又遇歹人殺我奶娘,搶去了所帶包袱。'"《紅樓夢》第七四回:"入畫聽説,跪地哀求,百般苦告。尤氏和奶媽等人也都十分解説……"《通宵樂》第一七回:"艷芳恐怕孩子累身不好作樂,就雇了兩個奶娘,把孩子抱去撫養。"川劇《江油關》第四場:"(乳娘)……見過夫人。(李氏)乳娘不消。快把小姑娘抱來。"1949年後,亦有帶孩子的保姆。

【乳媪】

即乳母。此稱宋代已行用。見該文。

【乳娘】

即乳母。此稱近現代已行用。見該文。

【奶母】

即乳母。此稱清代已行用。見該文。

【奶媽】

即乳母。此稱現代已行用。見該文。

【奶娘】

即乳母。此稱清代已行用。見該文。

【乳姆】

同"乳母"。此體宋代已行用。見該文。

奶子

世俗對產後用自己乳汁喂養他人孩子的女人俗稱。因屬伺候人的下人，故常含卑賤之義。此稱明代已行用。《金瓶梅詞話》第五九回："李瓶兒與他穿上紅緞衫兒，安頓在外間炕上頑耍，迎春守着，奶子便在旁吃飯。"《醒世姻緣傳》第四九回："再說晁、姜二位夫人差了媒婆各處雇覓奶子，急不能得。"又同書第七六回："又叫相大舅把小孩子抱到家去，尋奶子喂養。"《紅樓夢》第七三回："大約這些奶子們，一個個仗着奶過哥兒姐兒，原比別人有些體面，他們就生事。"

嬤嬤

猶奶母。用自己乳汁喂養過他人孩子的女人。此稱清代已行用。《紅樓夢》第七三回："如今這柱兒媳婦和他婆婆，仗着是嬤嬤，又瞅着二姐姐好性兒，私自拿了首飾去賭錢。"《清實錄·乾隆五年》："有程涵芬煤窰一座，關係闔邑泉源，久已訐訟封閉。乃薛宣、王彝、尚四等，覬覦復開。托艾學曾鑽尋履親王門上太監李姓，及緘親王嬤嬤之子趙七，並議定謝銀一千五百兩。"

弄璋

亦作"弄麞"。生兒子的代稱。此稱先秦時期已行用。語出《詩·小雅·斯干》："乃生男子，載寢之牀，載衣之裳，載弄之璋。"毛傳："半珪曰璋，裳下之飾也。璋，臣之職也。"鄭玄箋："男子生而臥於牀，尊之也。裳，晝日衣也。衣以裳者，明當主於外事也。玩以璋者，欲其比德焉。"後世遂以"弄璋"代指生兒。南北朝時世人或起名爲"弄璋"，亦可見對生子之喜愛與渴求。如南齊前軍荀伯玉字弄璋，又有長史王弄璋，梁有武州刺史蕭弄璋。唐白居易《崔侍御以孩子三日示其所生詩見示因以二絕句和之》之二："弄璋詩句多才思，愁殺無兒老鄧攸。"明吳之鯨《武林梵志·宰官護持》："一日，〔史〕浩坐廳上，儼然見覺〔長老〕突入堂中，使人往寺廉之，則報覺死矣。茶頃，浩後院弄璋，浩默然，知爲覺也。"又因唐朝宰相李林甫曾將"弄璋"錯寫成"弄麞"，後世亦往往稱生兒爲"弄麞"。《舊唐書·李林甫傳》："太常少卿姜度，林甫舅子，度妻誕子，林甫手書慶之曰：'聞有弄麞之慶。'客視之掩口。"宋蘇軾《賀陳述古弟章生子》詩："甚欲去爲湯餅客，祇愁錯寫弄麞書。"又宋周密《癸辛雜識別集·何生五行》："平陽縣八丈村有何生者，雖爲傭而能談五行。當詔歲，設肆城中。有士人以女命來扣，云：'有孕方可免灾。'問：'弄璋邪？弄瓦邪？'答云：'也弄璋，也弄瓦。'不知爲何等語而去。後果孿生二子：一男一女也。"清許奉恩《里乘·周孝廉妾》："惠氏拊掌笑曰：'此大快事！夫人可安心，靜候弄璋，保無他慮矣。'不數日，果舉一子，一家歡慶。"

【弄麞】

同"弄璋"。係訛稱。此體唐代已行用。見該文。

弄瓦

生女的代稱。因女人多從事紡織，故以陶（瓦）紡輪暗喻。語出《詩·小雅·斯干》："乃生女子，載寢之地，載衣之裼，載弄之瓦。"毛傳："裼，褓也；瓦，紡塼也。"鄭玄箋："臥於地，卑之也；褓，夜衣也。明當主於內事，紡塼習其一，有所事也。"元方回《五月旦抵舊隱》詩："長男近弄瓦，累重詎足賀。"明馮夢龍《古今笑史·弄瓦詩》："無錫鄒光大連年生女，俱召翟永齡飲。翟作詩嘲云：'去歲相召云弄瓦，今年弄瓦又相召。寄詩上覆鄒光大，令正原來是瓦窰。'"此稱沿至近代。民國二十四年（1935）《張北縣志》："初生第一胎小孩，生男曰弄璋，生女曰弄瓦。"

湯餅會

亦稱"洗三""洗兒會""賀彌月""做滿月"。生子後所舉行的酬謝賓客之宴會。此稱清代已行用。此俗已見於唐代。初多於生子後三日進行。唐劉禹錫《送張盥赴舉》詩："爾生始懸弧，我作座上賓。引手舉湯餅，祝詞天麒麟。"唐白居易《崔侍御以孩子三日示其所生詩見示因以二絕句和之》二首之二："洞房門上掛桑弧，香水盆中浴鳳雛。"宋孟元老《東京夢華錄·育子》："滿月則生色及繃繡錢。富貴家則金銀犀玉爲之，并菓子，大展洗兒會。親賓盛集，煎香湯於盆中。"元戴表元《和阮侯得子》詩："先隨湯餅祝，聊當賀錢釀。"《兒女英雄傳》第二八回："如今小兒洗三下麵，古謂之'湯餅會'。"民國二十年（1931）《天津志略》："兒生三日，產婆以槐條、艾枝水洗之，曰'洗三'，即'湯餅會'。"稍後則指滿月後的宴請，亦稱"湯餅會"或"賀彌月"，俗稱"做滿月"。民國二十三年（1934）《樂山縣志》："生子之家三日請客，謂之'三朝酒'；匝月有'湯餅會'。"民國二十九年（1940）《武安縣志》："'賀彌月'，即古人湯餅會之遺。婦人誕子彌月，親友群往慶賀，俗謂之'做滿月'……至湯餅筵，常至數十席，所費不貲，貧家常以爲苦。"

【洗三】

即湯餅會。此稱清代已行用。見該文。

【洗兒會】

即湯餅會。此稱宋代已行用。見該文。

【賀彌月】

即湯餅會。此稱近現代已行用。見該文。

【做滿月】

即湯餅會。此稱近現代已行用。見該文。

滿月

嬰兒出生一個月時的慶典。此稱唐代已行用。唯歷代慶賀滿月之禮有所不同。《舊唐書·高宗紀上》："〔龍朔二年〕秋七月丁亥朔，以東宮誕育滿月，大赦天下，賜酺三日。"宋佚名《愛日齋叢鈔》卷一引《北户錄》云："嶺俗家富者婦產三日或足月洗兒，作團油飯……足月即滿月也。"清光緒八年（1882）《平遥縣志》："生子……彌月，外家以銀鐲、首飾、綢帛遺其女；以銀鎖、衣帽、衾褓遺外甥。親友亦有作幛文并銀物往賀者。"民國二十九年（1940）《武安縣志》："婦人誕子彌月，親友群往慶賀，俗謂之做滿月。"此俗至今猶然。

百晬

亦稱"百歲"。嬰兒出生一百天舉行的慶典。此稱宋代已行用。宋孟元老《東京夢華錄·育子》："生子百日置會，謂之百晬。"近現代稱"百歲"。民國二十四年（1925）《臨江縣志》："小兒誕生……亦有百日會親友者，名曰吃百歲。"

【百歲】

即百晬。此稱近現代已行用。見該文。

周晬

嬰兒出生一周歲時的慶典。此稱南北朝時期已行用。此俗起源，清顧炎武據《顏氏家訓·風操》云，"梁孝元年少之時，每八月六日載誕之辰，嘗設齋講"，認爲"是此禮起於齊梁之間。逮唐宋以後，自天子至於庶人，無不崇飾"（《日知錄·生日》）。後世此俗一直爲民間所重。宋孟元老《東京夢華錄·育子》："生子……至來歲生日謂之周晬。"宋佚名《愛日齋叢鈔》卷一："晬謂子生一歲。"民國八年（1919）《聞喜縣志》："小兒周晬，戚屬皆饋以骨嗟……用發麵兩手把握成條，火烤取熟之食品也。周晬所饋，長且壯，不烤而蒸。俗云爲小兒安腿。"今人在嬰兒周歲時要吃長壽麵，并給嬰兒照相留念。

試兒

亦稱"試周""試晬""抓周""抓生"。嬰兒一周歲時，大人檢測其未來志嚮、智愚與命運的一種迷信禮俗。在嬰兒前陳列多種有象徵意義的物品：男兒多用弓矢（意爲尚武）、筆墨（習文）、算盤（經商）、農具（務農）及珍寶玩物（游手好閑）等；女兒多用剪刀針綫、食品玩具等，"令抓取之，視所取何物，以卜此兒將來之貴賤貧富、智愚巧拙"（民國二十年《天津志略》）。此稱南北朝時期已行用。北齊顏之推《顏氏家訓·風操》："江南風俗，兒生一朞，爲製新衣，盥浴裝飾。男則用弓矢紙筆，女則刀尺針縷，并加飲食之物及珍寶服玩，置之兒前，觀其發意所取，以驗貪廉愚智，名之爲試兒。親表聚集，致燕享焉。"後世一直沿襲此俗，祇是試兒用的東西時有不同。宋孟元老《東京夢華錄·育子》："至來歲生日謂之周晬。羅列盤琖於地，盛菓木飲食、官誥筆研算秤等，經卷針綫、應用之物，觀其所先拈者以爲徵兆，謂之試晬。此小兒之盛禮也。"宋以後又稱"試周"。宋佚名《愛日齋叢鈔》卷一："《玉壺野史》記曹武惠王始生周晬日，父母以百玩之具羅於席，觀其所取。武惠王左手提干戈，右手取俎豆，斯須取一印，餘無所視。曹真定人。江南遺俗乃在北。今俗謂試周是也。"明清亦稱"抓周"。清同治八年（1869）《江夏縣志》："周歲設晬盤，坐兒前羅諸物，視兒所取物先後卜終身，曰'抓周'。"近現代此俗猶然。民國十八年（1929）《開原縣志》："周歲試兒，男用弓矢、筆墨、珠算、農具，女用刀尺、針綫、珍寶、玩物，置兒前任兒自取，以觀志向，名'試周歲'。"近現代又稱"抓生"。民國二十二年（1933）《滄縣志》："試兒，今滄地行之，名曰抓生。"但此俗已不普遍，民國二十二年《鐵嶺縣志》中即有"此俗不普通，惟斯文家行之"之語。

【試周】

即試兒。此稱宋代已行用。見該文。

【試晬】

即試兒。此稱宋代已行用。見該文。

【抓周】

即試兒。此稱清代已行用。見該文。

【抓生】

即試兒。此稱近現代已行用。見該文。

剃胎髮

亦稱"剃長毛"。嬰兒滿百日或滿周歲時剪落頭上胎毛之禮。此稱宋代已行用。宋孟元老《東京夢華錄·育子》："至滿月……浴兒畢，落胎髮。"清乾隆四十八年（1783）《府谷縣志》："百日……始剃胎髮。亦有恐生子難存，不剃胎髮爲取吉者。"此俗沿至當代，唯不限定日期，一般滿月以後視其頭髮長短來確定。然亦偶有留胎毛至周年以上者。

【剃長毛】

即剃胎髮。爲地方俗語。此稱當代已行用。見該文。

浴兒包子

亦稱"繃繡錢"。生子三日或滿月洗兒時，贈送給賓客的禮錢，以錦緞或金銀銅玉爲之。此稱宋代已行用。宋蔡絛《鐵圍山叢談》卷四："祖宗故事，誕育皇子公主，每侈其慶，則有浴兒包子，並賚巨臣戚里。包子者，皆金銀大小錢、金粟塗金果、犀玉錢、犀玉方勝之屬。"宋孟元老《東京夢華錄·生育》："至滿月則生色及繃繡錢，貴富家金銀犀玉爲之，并菓子。大展洗兒會。"

【繃繡錢】

即浴兒包子。此稱宋代已行用。見該文。

百家鎖

亦稱"麒麟鎖"。爲求吉利而套在嬰兒項上的金銀項圈。此稱清代已行用。清范祖述《杭俗遺風·壽誕類·生子》："周歲則孩著鞋襪，戴百家鎖，坐竹車，而車下須置坐餅及糖餅，使之有坐性也。"清同治八年（1869）《江夏縣志》："生兒欲長命，或慮不壽，恒斂白金百分鑄鎖，梏其項，曰'百家鎖'。"民國二十年（1931）《天津志略》："以鎖鎖兒口及手、足，謂可謹言慎行也。"民國十五年（1936）《新民縣志》："彌月，醵金製送金銀麒麟鎖、狀元牌、手鐲等物，謂爲'作滿月'。"或謂欲使兒慎言慎行。

【麒麟鎖】

即百家鎖。此稱近現代已行用。見該文。

百家綫

從親朋各家乞來佩在新生兒身上的彩綫。寓意爲托百家之福，長壽富貴。多是平民所爲。此稱清代已行用。清同治八年（1869）《江夏縣志》："生兒欲長命，或慮不壽，恒斂白金百分鑄鎖，梏其項，曰'百家鎖'。力或不給，則家乞一綫紉佩之，曰'百家綫'。"

百歲錢

生子滿百日時娘家送來的一百枚錢幣。此稱近現代已行用。民國二十六年（1937）《海城縣志》："〔生子〕至百天，母家……與小兒錢百枚，曰百歲錢，蓋取長壽之義。"亦有說滿月時行此禮，民國二十七年（1938）《西豐縣志》："吃滿月酒，母家贈饅首百枚，曰'蒸百歲'；贈錢百枚，曰'百歲錢'。""滿月"恐爲"百日"之誤，因"百歲"乃指嬰兒"百日"之慶典。按，民國十五年（1926）《雙城縣志》即將百日時的慶賀謂之"過百歲"。

蒸百歲

嬰兒出生滿百日時，娘家贈送一百個饅頭的慶典。此稱近現代已行用。民國二十年

（1931）《輯安縣志》："〔生子〕至百天，母家贈饅首百枚，曰蒸百歲。"民國二十六年（1937）《海城縣志》："〔生子〕至百天，母家贈饅首百個，曰蒸百歲；與小兒錢百枚，曰百歲錢，蓋取長壽之義。"

蔥

本爲植物名，因讀音同聰明之聰，遂用作祝福新生兒聰明的禮物。此稱宋代已行用。宋佚名《愛日齋叢鈔》卷一："東坡又記閩人生子三朝浴兒時，家人及賓客皆戴蔥錢，曰蔥使兒聰明，錢使兒富。"民國二十年（1931）《天津志略》："以蔥莖輕擊兒身，謂可聰明也。"

育嬰堂

專門收養弃嬰的場所。此稱清代已行用。生兒後不養育，遺弃於外，主要原因：一是重男輕女，遺弃女嬰；二是家境貧困，養育不起；三是嬰兒有殘疾，不願養育。明代已出現育嬰社，開了弃嬰收養先河。明劉宗周《人譜類記》卷下："揚州蔡璉建育嬰社，募衆協舉，其法以四人共養一嬰，每人月出銀一錢五分。遇路遺子女，收至社所，有貧婦領乳者，月給工食銀六錢，每逢月塑，驗兒給銀，考其肥瘠，以定賞罰。三年爲滿，待人領養。此法不獨恤幼，又能賑貧，免一時溺嬰之慘，興四方好善之心。"清初一些地方已設此場所。《河南通志·人物三·河南府》："何玉如字璞公，洛陽人，順治乙未進士。任浙江錢塘令，爲政慈惠，創建育嬰堂，蓄乳母哺棄兒。嚴禁溺女錮婢。"康熙初京師肇建育嬰堂，自此漸在全國推廣。清于敏中《日下舊聞考·城市》："育嬰堂：在廣渠門內夕照寺西。本朝康熙元年建。"《大清會典則例·户部·蠲恤一》："康熙元年於京師廣渠門内建立育嬰堂，遇有遺棄病廢之嬰兒，收養於堂。有姓名、年月日時可稽者，一一詳注於册，雇覓乳婦善爲乳哺。撫養有願收爲子孫者，問明居址姓名方與之，仍補注於册籍。至本家有訪求到堂識認者，亦必詳細問明，與原注册籍無訛，方許歸宗。"可見會對弃嬰進行登記造册，有收養手續。其成效頗著。《世宗憲皇帝上諭内閣》雍正二年（1724）閏四月上諭順天府府尹："聞廣渠門内有育嬰堂一區，凡孩稺之不能養育者，收留於此。數十年來，成立者頗衆。"故清黃驚來《育嬰堂記》亦載地方受京師辦育嬰堂影響："閩中舊無育嬰堂，有之自雍正二年始。維時聖天子子惠黎庶，加意幼孤，深嘉京師有育嬰之設，頒區賜金，宣諭中外大吏。而撫閩都御史、海洲黃公奉行德意，特於會城之北，擇廢庵一區，繕葺爲堂，以居棄嬰。"因屬公設機構，必想法籌措資金。清戴肇辰《從公錄·海州建育嬰堂議》："查江南省各州縣，多有育嬰堂，而海州獨無之。……設於此時，議建立育嬰堂，亦復何難？……不必取諸庫中，即查照義倉，按引攤捐一分之例，已可舉而行之。"近現代隨着西方傳教士在各地建立育嬰堂，弃嬰救助乃更有成效。

第五章　喪葬説

第一節　殯具考

古代喪禮中，自人死至下葬，要對死者進行一系列殯殮禮儀。殯具即此期間行殯葬禮儀所用的殯殮物品。

自先秦至近世，殯殮禮儀大同小異。歷代記述喪禮的禮書很多，如《儀禮·士喪禮》《新唐書·禮樂志十》《明史·禮志十四》等，對人初終之禮有詳細記述，大致情形如下。

人之將死，移處正寢，換上新衣，有遺言記其遺言，無遺言則"屬纊"（置新綿於口上，驗其呼吸狀況），以靜觀其變。先秦屬纊須二三天。"屬纊於口者，孝子欲生其親也。"（《白虎通·崩薨》）

確信人已死，乃哭，并抬放地上。人出生時降於地，故死後亦須在地。"男子白布衣，被髮，徒跣；婦人女子青縑衣，去首飾。"又設床於室戶內之西，"將床安設停當，鋪了被褥"（《紅樓夢》第一一〇回），"遷尸於牀，南首，覆用斂衾，去死衣，楔齒以角柶，綴足以燕几"（《新唐書·禮樂志十》）。還讓人持死者上衣，登上房頂，向北面爲死者招魂，口呼"皋某復"三遍。《儀禮·士喪禮》："復者一人，以爵弁服簪裳于衣左，向之，扱領于帶。升自前東榮中屋，北面招以衣，曰'皋某復'三，降衣于前。"《楚辭·招魂》亦詳載了古代荊楚地區巫師向東南西北及上天下地六方招魂歸來的招辭。

繼而須爲死者沐浴梳理，洗後的污水須倒入階間近西南處的小坑中，并掩埋，"以其已經尸用，恐人褻之"（《儀禮·士喪禮》"澡濯棄于坎"賈公彥疏）。梳理掉下來的頭髮、剪下來的指甲等，先秦至兩漢時亦掩埋在小坑中，唐以後至明清則置於棺內的角落。沐浴梳理完畢，置尸於床，"衣以明衣裳，以方巾覆面，仍以大斂之衾覆之"（《新唐書·禮樂志十》）。又用白纊充耳，置握手，着舄於脚。嘴中有飯含，尊者用璧玉粱稷，卑者用貝用米。其用意，《公羊傳·文公五年》何休注謂："緣生以事死，不忍虛其口，天子以珠，諸侯以玉，大夫以碧，士以貝。"又爲死者簪髮髻，"不冠故也"，"笄之中央以安髮"（《儀禮·士喪禮》鄭玄注）。

爲死者穿衣裹布稱小斂，將尸體覆衾入棺稱大斂。清沈赤水《寒夜叢談·談禮》云："古所謂小斂者，屍沐浴著衣畢，乃韜之以冒，不使人見其屍形，再用布絞束之，縱者一，橫者三，裹以覆衾。至大斂，又以布絞束之，縱者三，橫者五，裹以覆衾。"戰國秦漢時大斂甚至有用"金縷玉衣"者，但僅限於少數皇親貴戚。《呂氏春秋·節喪》："國彌大，家彌富，葬彌厚，含珠鱗施。"高誘注："施玉於死者之體如魚鱗也。""擇了吉時成殮，停靈正寢"（《紅樓夢》第一一〇回）期間，須發喪，稱"報喪"，公告於衆。聞喪，直系親屬即奔喪，回家服喪；他人則吊喪，以安慰死者家屬，且行賻賵之禮。

"居喪未葬，謂喪禮"（《禮記·曲禮下》）。爲死者"殯殮"後，纔算"成禮"（《後漢書·杜喬傳》）。喪禮中有種種殯殮之儀，直至送葬、下葬之後乃畢。

正寢 [1]

亦稱"路寢""適室"。古代喪禮中人將死及死後尸體暫時所處的正室。此稱先秦時期已行用。先秦至漢代天子諸侯之正寢稱路寢，卿大夫士稱適室，正寢則爲通稱。《公羊傳·莊公三十二年》："八月癸亥，公薨于路寢。路寢者何？正寢也。"《穀梁傳·莊公三十二年》："路寢，正寢也。寢疾居正寢，正也。"《禮記·喪大記》："君夫人卒於路寢，大夫世婦卒於適寢。"鄭玄注："言死者必皆於正處也。寢、室通耳。"《儀禮·士喪禮》："士喪禮死于適室，幠用斂衾。"鄭玄注："適室，正寢之室也。"漢王延壽《魯靈光殿賦序》："奚斯頌僖，歌其路寢，而功績存乎辭，德音昭乎聲。"漢以後多稱"正寢"。《新唐書·魏徵傳》："〔貞觀〕十七年，疾甚。徵家初無正寢，帝命輟小殿材爲營構，五日畢。"《明史·禮志十四》："凡初終之禮，疾病，遷於正寢。"《紅樓夢》第一一〇回："擇了吉時成殮，停靈正寢。"

【路寢】

即正寢[1]。此稱先秦時期已行用。見該文。

【適室】

即正寢[1]。此稱先秦時期已行用。見該文。

纊

絲綿絮。古人在人將死時，置少許絲綿於其口鼻前，觀察有無氣息以判斷死亡與否。此稱先秦時期已行用。此俗通常稱"屬纊"，先秦亦偶稱"絑纊"。《禮記·喪大記》："屬纊以俟絕氣。"鄭玄注："纊，今之新緜，易動搖，置口鼻之上以爲候。"《荀子·禮論》："絑纊聽息之時，則夫忠臣孝子，亦知其閔已。"楊倞注："絑讀爲注，注纊即屬纊也。"《唐大詔令集·太宗遺詔》："屬纊之後，七日便殯。"《明史·禮志十四》："凡初終之禮，疾病，遷於正寢。屬纊，俟絕氣乃哭。"清蒲松齡《聊齋志異·蘇仙》："女泣詢歸期，〔兒〕答曰：'待母屬纊，兒始來。'"

神帛 [1]

俗稱"招魂幡"。招魂所用之帛。喪禮中用以招死者之魂，俗謂死者可能隨飄帛之招引復而還魂。懸挂於靈堂外。由上古之復衣裳演化而來。漢代典籍即有類似記載。漢許慎《五經異義》有"大夫束帛依神"之説。宋代流行用神帛招魂。《文獻通考·王禮·神帛》："紹興三十一年五月二十二日，禮部侍郎金安節等言：檢會典故，切詳神帛之制，雖不經見，然考之於古，蓋復之遺意也。《禮運》曰：'及其死也，升屋而號，告曰：皋某復。'然古之復者以衣，

今用神帛招魂，其意蓋本於此。"《宋史·禮志二十五》："其吉凶仗如安陵，惟增輴輬車、神帛肩輿，鹵簿三千五百三十九人。"後世多稱"招魂幡"。參閲宋李攸《宋朝事實·英宗葬永厚陵》《明史·禮志十二》。

【招魂幡】

"神帛[2]"之俗稱。此稱宋代已行用。見該文。

塯

亦作"坺"。用土塊臨時築成之竈，用以煮浴尸之水。《説文·土部》："坺，陶竈窓也。"此稱先秦時期已行用。《儀禮·士喪禮》："爲塯于西墻下，東鄉。"鄭玄注："塯，塊竈也。"賈公彥疏："案《既夕禮》云'塯用塊'，是以塊爲竈名。爲塯，用之以煮沐浴者之潘水。"言以土塊臨時築灶，煮浴水，浴尸。《禮記·喪大記》："甸人爲塯于西墻下，陶人出重鬲，管人受沐，乃煮之。"後世多沿襲此習。《新唐書·禮樂志十》："沐浴。掘坎於階間……爲塯竈於西墻下，東向，以俟煮沐。"《續通典·禮三十三》引明丘濬《家禮補》："有沐浴之具，幃，掘坎爲塯，盆、瓶、沐巾、浴巾、櫛組。"

【坺】

同"塯"。此體漢代已行用。見該文。

坎 [1]

亦作"埳"。古代盛放并掩埋死者尸身沐浴用過的潘水、巾、櫛、浴衣及剪下的指甲、鬍鬚之小坑。古人認爲，沐浴死者所用之物必須埋藏起來，否則他人再用，即是對死者不敬。此俗始於先秦，歷代僅細節上略有變化，沿至明清。先秦掘坎於庭階偏西，由甸人主其事。《儀禮·士喪禮》："甸人掘坎于階間，少西。"鄭玄注："甸人，有司主田野者。"又："澳濯棄

于坎。"鄭注："沐浴餘潘水、巾、櫛、浴衣，亦並棄之。"賈公彥疏："以其已經屍用，恐人褻之……棄於坎。"《禮記・喪大記》亦載此俗："小臣爪足，浴餘水棄于坎……小臣爪手翦鬚，濡濯棄于坎。"殯畢死者，乃埋坎。《儀禮・士喪禮》："巾栖鬠蚤埋于坎。"鄭注："坎至此築之也。"坎之大小、方嚮，《儀禮・既夕禮》云："掘坎，南順，廣尺，輪三尺，深三尺，南其壤。"此俗歷代沿襲。《新唐書・禮樂志十》："沐浴，掘埳於階間，近西，南順，廣尺，長二尺，深三尺，南其壤。"《明史・禮志十四》記品官喪禮："設屍床，帷堂，掘坎，設沐具。"但《新唐書・禮樂志十》《續通典・禮三十三》《明會典・喪禮四》均載後死者"生時所落齒及所剪爪納於棺角"，坎中祇供倒沐浴的潘水及雜物。此俗今廢。

【埳】

同"坎[1]"。此體唐代已行用。見該文。

釁鬯

古代喪禮中用以塗抹尸體的香酒。行用於先秦。釁，《國語・齊語》"三釁三浴"注謂"以香塗身自釁"。按，先秦有歲時用香熏草藥水沐浴以祓除不祥之俗，《周禮・春官・女巫》稱作"歲時祓除釁浴"。鬯，用鬱金草汁調和之酒，其氣香濃。清朱駿聲《說文通訓定聲・壯部》："鬯以秬釀鬱草，芬芳攸服以降神也。"可知釁鬯就是通過塗香酒於尸，降神以驅邪。《周禮・春官・鬯人》："大喪之大渳，設斗，共其釁鬯。"鄭玄注："斗，所以沃尸也。釁尸以鬯酒，使之香美者。"賈公彥疏："鬯酒，非如三酒可飲之物。大喪以鬯浴尸，明此亦給王洗浴，使之香美也。"

潘

淘米水，古代喪禮中用煮過的淘米水沐浴死者。此稱先秦時期已行用。《說文・水部》："潘，淅米汁也。"《玉篇・水部》："潘，孚袁切，淅米汁。"《左傳・哀公十四年》："使疾而遺之潘沐。"杜預注："潘，米汁，可以沐頭。"《禮記・內則》："〔父母〕面垢，燂潘請靧。"鄭玄注："潘，米瀾也。"《一切經音義》卷九："江北名泔，江南曰潘。"《儀禮・士喪禮》："祝淅米于堂，南面用盆。管人盡階不升堂，受潘煮于垼，用重鬲。"《通典・凶禮四十四・沐浴》："將沐浴，內掌事者奉米潘及湯，各盛以盤併沐。"《大唐開元禮・凶禮・四品五品喪之一》載"沐浴"："取潘煮之，又汲爲湯以俟浴，以盆盛潘及沐盤，升自西階。授沐者執潘及盤入，主人皆出戶外。"

鬠蚤

死者被梳理下來的亂髮和剪下之指甲。鬠，梳理下來的亂頭髮；蚤，通"爪"，指甲。喪禮中須將鬠蚤挖坎埋之。此稱先秦時期已行用。《儀禮・士喪禮》："蚤揃如他日……巾栖鬠蚤埋于坎。"鄭玄注："蚤讀爲爪。斷爪揃鬚也。"胡培翬正義："古人以爪爲手足甲之字……鬠，櫛餘亂髮也。蚤，所斷手足爪也。"《禮記・喪大記》："君大夫鬠爪，實于綠中，土埋之。"鄭玄注："綠，當爲角聲之誤也。角中，謂棺內四隅也。鬠，亂髮也。將實爪棺中必爲小囊盛之。"《通典・凶禮四十四・沐浴》："易床設枕，理其鬚髮斷爪，盛於小囊。"此禮至清代仍沿用。

布巾

亦稱"幎巾""面衣"。死者飯含時，蓋在臉上的方巾，二尺二寸見方。先秦時分兩種：

士以下的死者用不開口的布巾，大夫以上死者用開口布巾，即布巾在死者的口部處所設開口，專爲飯含而用。此稱先秦時期已行用。《儀禮·士喪禮》：“布巾環幅不鑿。”不鑿，即不開口。鄭玄注：“環幅，廣袤等也。不鑿者，士之子親含，反其巾而已；大夫以上，賓爲之含，當口鑿之，嫌有惡。”清蔡德晋《禮經本義·凶禮·士喪禮上》：“布巾用以覆屍面者。環幅謂廣袤相等，蓋方二尺二寸也。不鑿者，大夫以上使賓爲親含，恐屍爲賓所憎穢，故於覆面之巾當口鑿穿之，令含得入口也。士之子自爲親含，必揭開當口之巾，故不鑿。”後來隨時代發展，大夫以下，包括庶人和士，皆用開口布巾。《禮記·雜記下》：“鑿巾以飯，公羊賈爲之也。”鄭玄注：“記士失禮，所由始也。士親飯必發其巾，大夫以上，賓爲飯焉，始有鑿巾。”孔穎達疏：“飯含也，大夫以上貴，故使賓爲其親含，恐屍爲賓所憎穢，故設巾覆屍面而當口鑿穿之，令含得入口也。而士賤不得使賓，則子自含其親，不得憎穢之，故不得鑿巾，但露面而含耳。於是公羊賈是士，自含其親而用鑿巾，則是自憎穢其親，故爲失禮也。”至唐代，庶民百姓皆用鑿口布巾。唐段成式《酉陽雜俎續集·支諾皋上》云：“崔生初隔紙隙見亡兄以帛抹唇如損狀，僕使共訝之。一婢泣曰：‘幾郎就木之時，面衣忘開口，其時忽忽就剪，誤傷下唇，然傍人無所見者。不知幽冥中二十餘年，猶負此苦。’”使用面巾的習俗後代一直沿襲。《明會典·禮部·喪禮四》引《明集禮》載庶人禮：“以幎巾徹枕覆面，喪主就屍東，由足而西，床上坐，東面，舉巾，以匙抄米實於屍口，併實以錢。”

【幎巾】

即布巾。此稱明代已行用。見該文。

【面衣】[1]

即布巾。此稱隋唐時期已行用。見該文。

幎目

亦稱“偪目”。喪禮中爲死者覆面之布。黑布做表，紅布做裏，中間充以絲綿。其四角各有帶子，皆於腦後結之。此稱先秦時期已行用。《儀禮·士喪禮》：“幎目用緇，方尺二寸，經裏，著，組繫。”鄭玄注：“幎目，覆面者也……赤也。著，充之以絮也。組繫，爲可結也。”《荀子·禮論》：“始卒……設掩面偪目，鬠而不冠笄矣。”梁啓雄注：“偪目，即《儀禮》之‘幎目’也。”

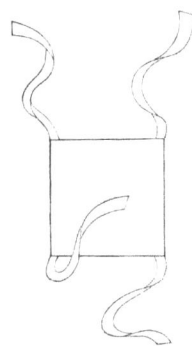

幎　目
（清蔣廷錫等《古今圖書集成》）

《明集禮·凶禮三》載唐宋庶人喪儀：“唐宋制，襲衣一稱。《家禮》：幅巾一，充耳二，用白纊；幎目，帛以覆面，方尺五寸。”《續通典·禮三十三》：“侍者加幅巾、充耳，設幎目。”《明會典·禮部·喪禮四》引《明集禮》載庶人禮：“侍者加幅巾、充耳，設幎目，納履，乃襲深衣，結大帶，設握手，覆以衾，置靈座，設魂帛，立銘旌。”設幎目的習俗一直沿襲至近世。民國十二年《平潭縣志》：“初喪……設幎目。馮屍哭。”

【偪目】

即幎目。此稱先秦時期已行用。見該文。

面帛

亦稱"覆面帛""方巾""面衣"。猶幎目，覆蓋於死者臉上之帛布。此俗相傳始於春秋末年，吳王夫差羞見伍子胥於地下，故用之。《呂氏春秋・貴直論・直諫》："夫差將死，曰：'死者如有知也，吾何面以見子胥於地下！'乃爲幎以冒而死。"此稱宋代已行用。宋高承《事物紀原・吉凶典制・面帛》："面帛，今人死，取方帛覆面者。"并引《呂氏春秋》載夫差事，謂"此其始也"。又稱覆面帛、方巾、面衣。《新唐書・禮樂志十》："以明衣裳，以方巾覆面。"《續資治通鑑長編・宋哲宗元符三年》："余又再召都知已下諭之云：'雖已聞皇帝大漸，然宰執未曾親見，乞入至御榻前。'……得旨，令引入，開御帳，見大行已冠櫛小斂訖，寢以衣衾。從政等令解開覆面帛，見大行面如傅粉，余等皆哀泣。"宋洪邁《夷堅乙志・張銳醫》："銳揭面帛注視，呼仵匠語之曰：'若嘗見夏月死者面色赤乎？'曰：'無。''口開乎？'曰：'無。''然則汗不出而蹶耳，不死也。'"《明會典・禮部・喪禮四》記品官喪禮云，小殮以後，"去巾，加面衣"。巾，指飯含時所用布巾，此處"面衣"，則是覆面的"面帛"。

【覆面帛】

即面帛。此稱唐代已行用。見該文。

【方巾】

即面帛。此稱唐代已行用。見該文。

【面衣】[2]

即面帛。此稱明清時期已行用。見該文。

覆面紙

覆蓋於死者臉上的紙。世傳春秋吳國夫差因剛愎自用，不聽伍子胥勸諫，致身死國亡。臨死，以帛蒙面，羞見子胥於地下。此爲面帛起源。明清以後，許多地方尤其鄉村以覆面紙代替面帛，俗稱蓋臉紙。明郎瑛《七修類稿・辯證類》認爲此俗與夫差無關："人死以紙覆面，小說以爲起於春秋吳王夫差臨終曰：'吾無面目見子胥，爲我以帛冒之。'此說恐非。只是生人不忍見死者之意。"明顧起元《說略》卷十亦載類似看法："今人死以紙覆面，小說以爲起於春秋吳王夫差臨終曰：'吾無面目見子胥，爲我以帛冒之。'此說恐非，只是記曰：'人死斯惡之矣。'當是孝子不忍他人惡其親之意。"

冒

套尸的布囊。上部叫質，黑色；下部叫殺，淺絳色。上下象徵天地，用組繫相聯。其套法，先以殺套足而上，再以質套首而下，至齊手，覆蓋殺。此稱先秦時期已行用。《儀禮・士喪禮》："冒，緇。質長與手齊。經殺，掩足。"鄭玄注："冒，韜屍者，制如直囊。上曰質，下曰殺。質，正也。其用之先，以殺韜足而上，後以質韜首而下，齊手。上玄下纁，象天地也。"古代喪禮，貴族生前的身份不同，死後所用的冒也不相同。《禮記・喪大記》："君錦冒黼殺，綴旁七；大夫玄冒黼殺，綴旁五；士緇冒赬殺，綴旁三。凡冒，質長與手齊，殺三尺。"《文物》1982 年第 10 期載湖北江陵馬磚一號戰國墓出土"冒"的實物：死者身穿錦

冒
（清蔣廷錫等《古今圖書集成》）

袍，從頭部至腹部，蓋一件長方形錦巾，并在鼻腔處用組帶將錦巾緊繫在頭上。從腹部至雙腳，套一件錦緣黄絹裙。漢以後，"冒"的形制大有變化，與先秦文獻所載不盡相同。如長沙馬王堆一號漢墓出土的女尸，包裹尸體織物中的第八層即白麻層似爲冒。此後用冒之俗漸趨消失。《續通典·禮三十三》引宋司馬光《書儀注》："古者，死之明日小殮，又明日大殮，顛倒衣裳，使之正方，束以絞衾，韜以衾冒，皆所以保肌體也。今世俗有襲而無大小殮，所闕多矣。"宋李如箎《東園叢說·三禮說》："殺者，冒之下韜足者也。"

掩 [1]

喪禮中一種裹尸的布條。先秦裹頭用掩，後代則分數組以裹綁全身。先秦用白帛做成，長五尺，寬終幅。用時將布兩端各析爲二，共四條，以便繫結；先用布一端所析的二條，結於頤下，再用另一端二條，反結於項中。這樣就用掩完全裹住了死者的頭部。此稱先秦時期已行用。《儀禮·士喪禮》："掩，練帛，廣終幅，長五尺，析其末。"鄭玄注："掩，裹首也。析其末，爲將結頤下，又還結於項中。"胡培翬正義："掩，所以代冠，惟有掩，故不用冠也。練帛，熟帛，經不言色，蓋用素帛……云'析其末，爲將結於頤下，又還結於項中'者，蓋即以前後掩兩端之末，各析爲二條以爲繫，後二條向前結於頤下，前二條向後結於項中，不別用組繫也。"後世沿襲此俗，

掩
（清蔣廷錫等《古今圖書集成》）

大殮用掩。宋司馬光《書儀·喪儀一》記大殮："收衾，先掩足，次掩首，次掩左，次掩右，令棺中平滿。主人主婦憑哭盡哀，婦人退入幕下，然後召匠加蓋下釘。"《明會典·喪禮四》記品官喪禮：在始死時，祇加面衣，不用掩；小殮時，"未掩其面，蓋孝子猶欲俟其復生，欲時見其面也"。至"大殮之禮……掩首結絞……以衾先掩足，次掩首，次掩左，次掩右，令棺中平滿"。此與先秦時期掩首之禮有別。

衾

喪禮中自始死至小殮、大殮時，覆尸、殮尸、覆棺所用衾被之總稱。衾被皆雙層，中有絲絮（後代爲棉絮）。此稱先秦時期已行用。衾即被子，《詩·召南·小星》"抱衾與裯"孔傳："衾，被也。"衾可分爲小殮衾、大殮衾、夷衾。衾上有花紋。各級貴族所用衾的規格各不相同。《禮記·喪大記》："小殮布絞，縮者一，橫者三，君錦衾，大夫縞衾，士緇衾，皆一……〔大殮〕二衾，君、大夫、士一也。"《穀梁傳·隱公元年》："衣衾曰襚。"後世此禮代代相傳。《新唐書·禮樂志十》記諸臣之喪："既襲，覆以大殮之衾……已殮，覆以夷衾……内喪，則有花釵，衾一。"又："奉屍殮於棺，乃加蓋，覆以夷衾。"《明史·禮志十四》："柳車以衾覆棺。"《清史稿·禮志十二》亦記載有"復衾"。《繡球緣》第二一回："胡豹怒氣匆匆〔沖沖〕出堂而立，吩咐家人置備棺衾，開喪挂孝。"清同治七年《鹽山縣志》："初喪……設靈床，覆單衾，張素帷。"

壽衣

人死後所用衣衾，須提前做好或死後從壽衣鋪買來。此稱明代已行用。明清時多是自家

預先做好，近世以來則從鋪子裏去買。《醒世恒言·陸五漢硬留合色鞋》："我也不管，是必要在你身上完成。我便再加十兩銀子，兩匹段頭，與你老人家做壽衣何如？"《醒世姻緣傳》第三九回："如今且先買幾匹細布與他做壽衣要緊，再先買下木頭，其外便臨期也還不遲。"做壽衣是件重要的事情，因而往往還要挑黃道吉日。《忠義水滸傳》第二三回："王婆道：'……老身也前日央人看來，說道明日是個黃道好日；老身只道裁衣不用黃道日，了不記他。'那婦人道：'歸壽衣正要黃道日好，何用別選日。'"壽衣主要指衾被，分多層。清劉汝驥《陶甓公牘》卷一二："衾襯，俗呼曰壽衣，有九層，有七層，有五層，或緞、或綾、或布不等。"

絞衾

裹尸裝束。絞爲綁束衣衾之布條，衾爲裹尸衣被。既爲維護肌體，又爲免於讓人看到死者容顏軀體。此稱先秦時期已行用。《禮記·檀弓下》："制絞衾，設蔞翣，爲使人勿惡也。"鄭玄注："絞衾，尸之飾。"元吳澄《禮記纂言·檀弓》："絞以束斂屍之衣，而衾包於絞之內，以此飾屍，使人不惡其穢也。"《儀禮·士喪禮》："陳衣於房，南領西上，綪、絞、紟、衾二。"又："商祝布絞衾、散衣、祭服。祭服不倒，美者在中。"後世沿襲。漢董仲舒《春秋繁露·服制》："生有軒冕之服位貴禄田宅之分，死有棺椁絞衾壙襲之度。"《續通典·禮三十三》："司馬光《書儀注》："古者死之明日小斂，又明日大斂。顛倒衣裳，使之正方，束以絞衾，韜以衾冒，皆所以保肌體也。"《大明會典·喪禮四》記明代品官小斂："鋪絞衾衣，舉之升自西階，置於屍南。"

紟

喪禮中覆尸用的單被，五幅。此稱先秦時期已行用。《儀禮·士喪禮》："陳衣於房，南領西上，綪、絞、紟、衾二。"鄭玄注："紟，單被也。"又："商祝布絞、紟、衾、衣，美者在外，君襚不倒。"宋李覯《盱江集·教道第五》："哀哉死者乎，爲其形之將敗也，而人惡之矣。……是故絞、紟、衾、冒以周其內，棺、椁、墻、翣以文其外，爲使人勿惡也。"按古禮所言，衾紟檔次不得減省。清王夫之《讀通鑑論·漢順帝》："士之禄入亦薄矣，而《士喪禮》之所記，衣衾、紟絞、罌茵、抗席、殷奠、三虞之盛，不以貧而殺焉。"

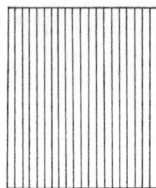

紟

（清蔣廷錫等《古今圖書集成》）

殮衾

喪禮中覆尸、覆棺所用的衾被。此稱先秦時期已行用。《儀禮·士喪禮》："撫用殮衾。"殮衾可分爲大殮衾、小殮衾。小殮完畢，用衾被覆蓋死者，這種衾被稱爲小殮衾，用一條衾被。《禮記·喪大記》："小殮……君錦衾，大夫縞衾，士緇衾，皆一。"死者入棺稱大殮。大殮後，以衾被覆棺，這種衾被稱爲大殮被，用二條。中國歷代皆有使用殮衾的禮俗。《新唐書·禮樂志十》："遷屍於床，南首，覆用殮衾……大殮內於棺中……仍以大殮之衾覆之。"

布衾

粗糙單薄的布幅衣被，大殮時用於蓋棺，或殯斂死者，爲貧寒之家所爲。此稱明清時期已行用。《清史稿·禮志十二》記士庶喪禮："轝以布衾覆棺。"明紀坤《哭董天士》四首之一："布衾兩幅無妨殮，在日黔妻不畏寒。"清佚名《笑林廣記·貪吝部·賣肉忌賒》："臨終之日，呼諸子而問曰：'我死後，汝輩當如何殯殮？'長子曰：'仰體大人惜費之心，不敢從厚，縞衣布衾，二寸之棺，一寸之椁，墓道僅以土封。'"

夷衾

喪禮中覆蓋死者或棺柩的帶花紋絲綿被。夷衾分爲上下兩截，拼接而成，上部黑色，下部淺絳色。此稱先秦時期已行用。《儀禮·士喪禮》："床笫、夷衾，饌于西坫南。"鄭玄注："夷衾，覆屍之衾。《喪大記》曰：'自小斂以往用夷衾。'夷衾，質殺之裁猶冒也。"又《既

夷　衾
（清蔣廷錫等《古今圖書集成》）

夕禮》："商祝拂柩用功布，幠用夷衾。"夷衾祇作覆屍、覆棺用，不入棺。《新唐書·禮樂志十》："已斂，覆以夷衾……奉屍斂放棺，乃加蓋，覆以夷衾。"《政和五禮新儀·凶禮·品官喪儀上》記初終禮："設床笫於室戶內之西，去腳舒簟，設枕施幄，去裙，遷屍於床，南首，覆用夷衾（大殮時所用之衾也，黃衣素裏）。"此俗沿至明清。《明集禮·凶禮二·品官喪儀上》："遂下柩於壙內席上，北首覆以夷衾。"

千秋幡

亦作"千秋旛""千秋旙"。大殮之前蓋在死者身上的一種彩旌。源於先秦喪禮中用衾覆蓋屍首或靈柩之俗。此稱明代已行用。平民百姓喪禮中用之。近代消失。《金瓶梅詞話》第

六回："陰陽宣念經畢，揭起千秋旛，扯開白絹，用五輪八寶玩着那兩點神水。"又第六三回："這韓先生用手揭起千秋旛，用五輪寶玩着兩點神水。打一觀看，見李瓶兒勒着鴉青手帕，雖故久病，其顏色如生。"《貫華堂第五才子書水滸傳》第二四回："何九叔看着武大屍首，揭起千秋旛，扯開白絹，用五輪八寶犯着兩點神水眼，定睛看時，何九叔大叫一聲，望後便倒，口裏噴出血來。"明崇禎劉興我刊本《水滸忠義志傳》第二五回亦載："我到武大家裏，見他的老婆是個不良之婦，心裏疑忌。揭起千秋旛，看見武大面皮紫黑，七竅出血，定是中毒。"

【千秋旛】

同"千秋幡"。此體明代已行用。見該文。

【千秋旙】

同"千秋幡"。此體明代已行用。見該文。

帟

喪禮中在停殯時張蓋在棺柩及神主上的小帳幕。此稱先秦時期已行用。《禮記·檀弓上》："君于士，有賜帟。"鄭玄注："帟，幕之小者，所以承塵，賜之則張于殯上。"《周禮·天官·掌次》："凡喪，王則張帟三重，諸侯再重，公卿大夫不重。"鄭玄注："張帟柩上，承塵。"又《地官·遂師》："大喪，使帥其屬以幄帟先，道野役，及窆，抱磿，共丘籠及蜃車之役。"鄭玄注："幄帟先，所以爲葬窆之閒，先張神坐也。"後代皆有張帟蔽塵的習俗。《新唐書·禮樂志十》："設帟於殯上。"《續通典·禮三十四》記宋品官喪禮："卒塗〔棺〕，乃設帟於殯上。"

帷堂

喪禮中用以遮掩屍體的帷幕。此稱先秦時期已行用。初設帷堂以蔽屍，小殮後撤除帷堂；

將舉行大殮，又設之，等大殮後再撤除。《禮記‧檀弓上》："尸未設飾，故帷堂，小斂而徹帷。"鄭玄注："帷堂，爲人褻之。"孫希旦集解："帷堂有二時：一則將襲帷堂，既小殮而徹帷；一則將大殮帷堂，既殮而徹帷。"《儀禮‧士喪禮》："奠脯醢醴酒，升自阼階，奠於屍東，帷堂。"《左傳‧文公十五年》："不視帷堂而哭。"北周《大周譙國夫人墓誌銘》："帷堂野設，帳奠郊行。"《新唐書‧禮樂志十》："乃適於東階下新饌所，帷堂內外皆少退，立哭。御者斂，加冠若花釵，覆以衾。開帷，喪者東西憑哭如小殮。"《明史‧禮志十四》："設屍床，帷堂，掘坎。"

總帳

亦稱"幬帳"。大殮後爲死者虛設的靈床外所施細而疏的麻布帷。此俗約始於漢代，尤以魏晉南北朝盛行。《文選‧謝玄暉〈同謝諮議銅雀臺詩〉》李善題注引《魏武遺令》："吾使人皆著銅爵臺，於臺上施六尺床，總帳，朝晡上脯糒之屬。月朝十五日，輒向帳作伎，汝等時時登銅爵臺，望吾西陵墓田。"《文選‧顏延年〈拜陵廟作〉》："衣冠終冥漠。"李善注引《吊魏武文》："悼繐帳之冥漠。"《晉書‧后妃傳上‧左貴嬪》："空設幬帳，虛置衣衾。"南朝梁劉孝標《廣絕交論》："繐帳猶懸，門罕漬酒之彥；墳未宿草，野絕動輪之賓。"唐劉禹錫《哭龐京兆》詩："今朝繐帳哭君處，前日見鋪歌舞筵。"清史夢蘭《全史宮詞‧南朝》："妃子魂歸繐帳寒，空將通替制金棺。"康有爲《大同書》甲部第五章："握手永訣，玉棺側葬……摩挲故劍，披展繐帳。"

【幬帳】

即繐帳。此稱晉代已行用。見該文。

【繐帷】

即繐帳。此稱南北朝時期已行用。南朝齊謝朓《銅爵悲》詩："落日高城上，餘光入繐帷。"南朝梁沈約《郊居賦》："繐帷一朝冥漠，西陵忽其蔥楚。"唐李賀《漢唐姬飲酒歌》："無處張繐帷，如何望松柏。"宋梅堯臣《晨起裴吳二直講過門云鳳閣韓舍人物故作五章以哭之》詩之四："昔時賓宴地，今見繐帷遮。"

夷槃

爲防尸體腐爛而置於尸床下的盛有冰塊的大盤。此稱先秦時期已行用。《周禮‧天官‧凌人》："大喪，共夷槃冰。"鄭玄注："夷之言尸也，實冰於夷槃中，置之尸床之下，所以寒屍……漢禮器制度，大槃廣八尺，長丈二尺，深三尺，漆赤中。"

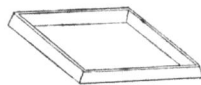

夷　槃
（清蔣廷錫等《古今圖書集成》）

宋魏了翁《鶴山集‧周禮折衷》釋鄭注云："周謂之夷槃，漢謂之大槃，是別代異名。《喪大記》君設大槃，諸侯不敢與天子同名，大夫云夷槃，卑不嫌得與天子同名，其制則小也。"《儀禮‧士喪禮》："士有冰，用夷槃可也。"鄭玄注："謂夏月而君加賜冰也。夷槃，承尸之槃。"用夷槃盛冰以寒尸主要在夏月進行，秋涼而止。此俗後代沿襲，此稱則廢止。《後漢書‧禮儀志下》："槃冰如禮。"《通典‧禮四十四》："大唐之制，諸職事官三品以上，散官二品以上，暑月薨者給冰。"

夷床

亦作"侇牀"。喪禮中用於遷尸的床。此稱

先秦時期已行用。《儀禮·既夕禮》："夷床饌於階間。"鄭玄注："夷之言尸也，朝正柩用此床。"宋聶崇義《三禮圖集注》卷一七："夷床以遷屍，

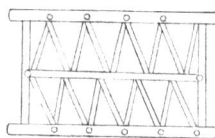

夷　床
（清蔣廷錫等《古今圖書集成》）

長丈二尺，廣七尺，旁爲四鐶，前後亦有鐶，爲鈕於兩旁，以繩直貫中，欲下屍則引其直繩，諸鈕悉夷解矣。"此俗至唐宋時期仍行用。《新唐書·禮樂志十》："乃設床於室户内之西，去脚、簟、枕，施幄、去裙。遷屍於床，南首，覆用殮衾……設床於屍東，衽下莞上簟。浴者舉屍，易床，設枕。"唐宋時亦或指承棺之床。宋李攸《宋朝事實·儀注三》載英宗喪葬："梓宮升石樿西首，御夷床，下不及地尺而止。"《續通典·禮三十四》引宋吕祖謙《吕氏家範》："按《書儀》'置柩於席北首'，不唯於事不便，亦於理不合。據《儀禮·既夕禮》遷於祖，正柩於兩間，用夷床，是則古禮朝祖，置柩於床不於席也。今世俗置柩用凳，亦夷床之遺意。"按，清秦蕙田《五禮通考·凶禮十六》引上述《既夕禮》文，"夷床"作"侇牀"。《四庫全書》本《禮儀注疏》亦用"侇"字，四庫館臣考證："'侇'字，石經及敖本作'夷'。""侇"爲後起字，約始於魏晋。唐陸德明音義："侇音夷，本亦作'夷'。"

【侇牀】

同"夷床"。此體魏晋時期已行用。見該文。

肆器

喪禮中用以陳尸之器，一説是盛洗尸香水之器。此稱先秦時期已行用。《周禮·春官·鬱人》："大喪之渳，共其肆器。"鄭玄注："肆器，陳尸之器。"《禮記·喪大記》："君設大盤造冰焉，大夫設夷盤造冰焉，士併瓦盤，無冰，設床襢第，有枕，此之謂肆器，天子亦用夷盤。"賈公彦疏："肆訓爲陳。"然而後世關於肆器之用及其質地，或有争議。宋黄度《周禮説》認爲："肆器，蓋所以盛沃盥，非陳器盤之屬。"清惠士奇《禮説·春官一》曰："所謂肆器者，非玉器而何？康成以肆器爲大盤，非。"此與鄭注賈疏相左。

靈床 [1]

殮前停放尸體的床鋪。《儀禮·既夕禮》："設床第，當牖，衽下莞上簟，設枕。"此即後世所謂靈床。此稱漢代已行用。《後漢書·張奐傳》："幸有前㳙，朝殞夕下，措屍靈床，幅巾而已。"南朝宋劉義慶《世説新語·傷逝》："武子喪時，名士無不至者，子荊後來，臨屍慟哭……哭畢，向靈床曰：'卿常好我作驢鳴，今我爲卿作。'"《二十年目睹之怪現狀》第二回："我父親已經先一個時辰咽了氣了……到了晚間，我在靈床旁邊守着。"

靈床 [2]

亦稱"儀床"。爲死者虛設的坐卧之具。此稱魏晋南北朝時期已行用。南朝宋劉義慶《世説新語·傷逝》："顧彦先平生好琴，及喪，家人常以琴置靈床上。張季鷹往哭之，不勝其慟，遂徑上床，鼓琴，作數曲。"《晋書·姚興載記下》："時西胡梁國兒於平凉作壽冢，每將妻妾入冢飲讌，酒酣，升靈床而歌。"《太平廣記》卷一〇三引唐唐臨《冥報記·尼修行》："弟置布於靈床上，經宿即成。"唐曹唐《哭陷邊許兵馬使》詩："除却《陰符》與兵法，更

無一物在儀床。"《明史·禮志十四》："又明日大殮，蓋棺，設靈床於柩東。"《金瓶梅詞話》第八〇回："這花娘……與月娘兩個大嚷大鬧，拍着西門慶靈床子，哭哭啼啼，叫叫嚷嚷。"此俗至清代猶然。

【儀床】

即靈床[2]。此稱唐代已行用。見該文。

七星板

喪禮中在停放尸體的尸床上或棺材中放置的木板。木板上鑿有七孔，再斜鑿梘槽一道，使七孔相連，象徵北斗七星。大殮時放入棺內。此稱魏晉時期已行用。七孔象徵北斗七星，以七星爲主死星宿。晋干寶《搜神記》卷三："南斗注生，北斗注死……所有祈求，皆向北斗。"喪禮中用七星板爲禮，有向主死星宿祈求福佑之意。北齊顏之推《顏氏家訓·終制》："吾當松棺二寸，衣帽已外，一不得自隨，床上唯施七星板。"此俗後代流傳，直至當代。《通典·凶禮四十五》："其日大殮……司空引梓宮升自西階，置於大行皇帝西南首，加七星板於梓宮內。"《金瓶梅詞話》第六三回："放下一七星板，擱上紫蓋，忤作四面用長命釘一齊釘起來。"清范祖述《杭俗遺風·批書入殮》："入殮時辰已到，仍須山人著叠燒太歲紙，孝子捧頭捧腳，男女親人均跪於材前。材內底下稍用桴炭草紙蓋好，再用七星板壓住，然後衾褥。"清光緒十年《高陵縣志》："楊氏禮，棺內實木炭一稱，鋪燈草及七星板、柏枕。今縣俗亦或用之。"七星板之實物，古代墓葬中曾有出土。參閱《明徐達五世孫徐俌夫婦墓》《明兵部尚書趙炳然夫婦合葬墓》（《文物》1982年第2期）。

素几

喪事中所用以白灰塗抹的几案。設几以近鬼神。此稱先秦時期已行用。宋戴侗《六書故·几部》釋"几"曰："居履切。古人坐于地，几，坐所馮也。象形。周官司几筵掌五几之名物：玉几、雕几、彤几、漆几、素几。"《周禮·春官·司几筵》："凡喪事設葦席，右素几。"孫詒讓正義："巾車、素車，注云：以白土堊車也，此素几當與彼同。"《儀禮·士虞禮》："素几葦席，在西序下。"殯斂時用素几。清吳卓信《喪禮經傳約》："虞用柔日，即葬日也。……素几葦席。虞乃几也。若君則始死即具几席，虞而沐浴，始飾也。"宋聶崇義《三禮圖集注》卷八謂素几爲神而設："右雕几、右漆几、右素几，俱爲神設也。又云筵國賓，左彤几，爲生者設也。"後世猶沿其禮。《新唐書·禮樂志十》："虞。主用桑，長尺，方四寸，孔徑九分。鳥漆匱，置於靈座，在寢室內戶西，東向；素几在右。"

角枕

枕尸所用之枕，用動物之角製成。抑或作祭祀用物。此稱先秦時期已行用。《周禮·天官·玉府》："大喪，共含玉，復衣裳，角枕、角柶。"鄭玄注："角枕以枕尸。"《禮記·喪大記》記沐浴之後："設床襢第，有枕。含一床，襲一床，遷尸于堂又一床，皆有枕席，君大夫、士一也。"《詩·唐風·葛生》："角枕粲兮，錦衾爛兮。"孔傳："齊則角枕錦衾。"齊是祭祀。鄭玄箋云："夫雖不在，不失其祭也。攝主主婦，猶自齊而行事。"可見枕用於祭祀亦可稱角枕。後世所用之枕未必稱角枕，而用枕尸之枕一直傳襲至近代。《新唐書·禮樂志十》："乃設牀於室戶内之西，去脚、簞、枕，施幄、去裙。”後世又常藉“角枕粲兮”之典，描寫孤女思夫，隋薛道衡《豫章行》：“空憶常時角枕處，無復前日畫眉人。”則無枕尸含義矣。

角柶

喪禮中用以楔齒、抌張死者之口以便飯含的器具。此稱先秦時期已行用。以角製成，長六寸，兩頭屈曲。人始死，爲防尸體僵硬後牙關緊閉，不能飯含，乃用之。《周禮·天官·玉府》：“大喪共含玉，復衣裳，角枕角柶。”鄭玄注：“角柶，角匕也，以楔齒。”《儀禮·士喪禮》：“楔齒用角柶。”鄭玄注：“爲將含，恐其口閉急也。”《禮記·喪大記》：“始死……小臣楔齒用角柶。”《新唐書·禮樂志十》：“楔齒以角柶，綴足以燕几。”

鬠笄

死者盤頭髮所用的桑木簪子。桑、喪同音，故葬禮假藉之。此稱先秦時期已行用。《儀禮·士喪禮》：“鬠笄用桑，長四寸，緇中。”鄭玄注：“桑之爲言喪也，用爲笄，取其名也。長四寸，不冠故也。緇，笄之中央以安髮。”宋戴侗《六書故·人五》：“鬠：括髮也。《士喪禮》‘鬠用組，鬠笄用桑’。……《説文解字》無髻、鬠二字。徐鉉曰：古通用結字。按，髻、結、括同聲，古無髻鬠二字，單作結、括。鬠亦通作會，莊周曰會，撮指天。”清惠士奇《易説》卷二：“笄以聚髮，兼以固冠。古曰笄，漢曰簪，……及其襲也，則云鬠笄，用桑鬠，謂會髮，仍言笄不言簪。”秦漢以後，死者安髮多用骨、玉

鬠　笄
（清蔣廷錫等《古今圖書集成》）

或其他金屬製成之笄，失去“桑”本義。古代“事死如事生”，男女死者安髮皆用笄。然清代男子留辮不留髮，故不再用笄。女子用笄如舊，直至近代。

瑱

亦稱“充耳”。本意爲玉耳塞，《説文·玉部》：“瑱，以玉充耳也。”係生人所用之物。先秦用絲綿球給死者塞耳，亦稱瑱。《儀禮·士喪禮》：“瑱用白纊。”鄭玄注：“瑱，充耳。纊，新綿。”賈公彦疏：“死者直用纊塞耳而已，異於生也。”又《既夕禮》：“瑱塞耳。”以纊塞耳是在浴尸後進行。漢以後不稱瑱，稱充耳。《新唐書·禮樂志十》：“乃襲……充耳，白纊。”《明會典·喪禮四》：“加面衣，設充耳。”此俗沿至近代。

【充耳】

即瑱。此稱漢代已行用。見該文。

含

亦作“唅”，專指含玉時又作“琀”。喪禮中放在死者口中的米、貝、璧、珠、錢、玉等的總稱。《説文·玉部》：“琀，送死口中玉也。”《集韻·去勘》：“琀、含，《説文解字》送死口中玉也。通作唅。”《類篇·口部》：“含，送死口中玉。”始於先秦，達於近代。《春秋·文公五年》：“王使榮叔歸含且賵。”杜預注：“珠玉曰含。含，口實。”又注：“含，本亦作唅，户暗反，《説文解字》作琀。”《荀子·大略》：“玉貝曰唅。”《後漢書·趙咨傳》：“周室……招復含斂之禮。”李賢注：“含，以玉珠實口也。”《後漢書·禮儀志下》劉昭注引《漢舊儀》：“帝崩，唅以珠。”又注引《禮緯·稽命徵》：“天子飯以珠，唅以玉；諸侯飯以珠，唅以珠；卿大

夫士飯以珠，晗以貝。"可見"含"之用是有等級區別的。後代一直延續此俗，《新唐書·禮樂志十》《明史·禮志十四》等俱載有不同地位的人所用的不同類別的含。珠玉爲較高地位的人所用。《太平廣記》卷一六八引唐佚名《尚書故實》："始殯商胡時，〔李〕約自以夜光晗之，人莫知也。"宋文瑩《玉壺清話》卷七："〔楊信〕至翌日卒，〔太宗〕賜瑞玉小玦爲含。"普通民衆祇用稻米、貝類。宋以後還出現以錢爲含，僅士庶行用。此俗沿至近代。《老殘游記》第五回："吳氏將于朝棟屍首領回，親視含殮，換了孝服。"又第一八回："〔白公〕問：'入殮的時候，你親視含殮了沒有？'答稱：'親視含殮的。'"

【晗】

同"含"。此體漢代已行用。見該文。

【琀】

同"含"。專指含玉之"含"。此體漢代已行用。見該文。

含玉

喪禮中含在死者口中的玉。據《文物》1987年第2期載，山西洪洞永凝堡發現的西周墓葬BM6墓主口内含三十片碎玉，NM14墓主口内含十餘片碎玉。此稱先秦時期已行用。《左傳·哀公十一年》載，齊國陳氏與舊貴族國氏、高氏發生戰争時，"陳子行，命其徒具含玉"，以示不怕死的決心。死者口中含玉最早祇是一種習俗，而春秋、戰國以後逐漸成爲富貴和表示身份地位的象徵。《周禮·天官·玉府》："大喪，共含玉。"賈公彦疏："含玉，璧形而小，以爲口實。"《説苑·修文》："天子含實以珠，諸侯以玉，大夫以璣（一作璧），士以貝，庶

人以穀實。"當時祇有諸侯身份以上者死時纔有含玉的特權。後世規定就寬鬆得多。《新唐書·禮樂志十》："一品至於三品，飯用粱，晗用璧；四品至於五品，飯用稷，晗用碧。"《清史稿·禮志十二》記品官喪禮："乃含，三品以上用小珠玉。"璧、碧、珠玉，皆玉器，皆是含玉禮俗的傳襲和發展。

飯含

亦作"飯晗"。喪禮中放置於死者口中的黍、稷、粱及玉、珠、貝等物。先秦"飯""含"義通。《禮記·檀弓下》："飯用米貝，弗忍虛也。"孔穎達疏："凡含用米貝。"又《雜記》："天子飯九貝。"故這二字連用以指實於死者口中的米、貝、珠、玉之類。此稱漢代已行用。《戰國策·趙策三》："鄒魯之臣生則不得事養，死則不得飯含。"《後漢書·袁安傳》："〔袁〕卒於執金吾，朝廷以逢嘗爲三老，特優禮之，賜以珠畫特詔秘器，飯含珠玉二十六品。"《後漢書·禮儀志下》："〔天子〕登遐……飯晗珠玉如禮。"《明史·禮志十四》："飯含，五品以上飯稷含珠，九品以上飯粱含小珠。"清光緒十年《高陵縣志》："飯含，品官含用玉，六品下主自含。縣俗氣絶口開即含，楔齒亦廢。"

【飯晗】

同"飯含"。此體漢代已行用。見該文。

【飯玉】

"飯含"之一種。即放在死者口中雜以穀物的碎玉。此稱先秦時期已行用。《周禮·春官·典瑞》："大喪，共飯玉含玉贈玉。"鄭玄注："飯玉，碎玉以雜米也。"賈公彦疏："飯玉者，天子飯以黍，諸侯飯用粱，大夫飯用稷，

天子之士飯用粱，諸侯之士飯用稻。其飯用玉，亦與米同時。"

【飯米飯貝】

"飯含"之一種。即放在死者口中的米、貝。盛行於先秦，沿至明清，其中"飯貝"在宋以後趨於消失。古人認爲死人與活人有別，口中不能放活人吃、用之物，米、貝爲自然之物，未經加工，故用之。《周禮·地官·舍人》："喪紀，共飯米。"鄭玄注："君用粱，大夫用稷，士用粱，皆四升。"《荀子·禮論》："飯用生稻。"《禮記·檀弓下》："飯用米貝，弗忍虛也。不以食道，用美焉爾。"鄭玄注："尊之也。食道褻，米貝美。"孔穎達疏："死者既無所知，所以飯用米貝，不忍虛其口。既不忍虛其口，所以不用飯食之道以實之……飯食人所造作，細碎不絜，故爲褻也；米貝天性，自然爲美。"

含錢

亦稱"口含錢"。喪葬中含在死者口中的銅錢（今多用鐵鎳合金的一元幣）。西周、兩漢至唐宋，飯含用貝、米、珠、玉等物，約至宋代，飯含始用錢，其俗沿至今日。因錢多不足爲貴，且嘴中難以多放，故一般僅放三枚錢。《續通典·禮三十三》引司馬光《書儀》："侍者陳飯含之具於堂前西壁下，南上錢三，實於小箱。"注："古者飯用米貝，今用錢，猶古用貝也。大夫以上仍有珠玉，錢多既不足貴，又口所不容；珠玉則更爲盜賊之招，故但用三錢而已。"元曲中又往往藉此稱代指從人牙縫裏摳出來的一點小錢。元李行道《灰闌記》第二折："今日個浪包婁到公庭混賴着，您街坊每常好是不合天道，得這些口含錢直恁般使的堅牢。"元佚名《雲窗夢》第一折："覷一覷要飯吃，搜一搜要衣穿，我與你積趲下些口含錢。"元佚名《滿庭芳》曲："枉乖柳青，貪食餓鬼，劫鏝妖精，爲幾文口含錢，做死的和人競。"口含錢的禮俗主要流傳在下層民衆間。明丘濬《家禮補》："有含具、錢箱、米碗也……以匙抄米實以口，并實以錢。"《明史·禮志十四》載士庶人喪禮："飯用粱，含錢三。"明王應遴《逍遥游》雜劇："誰想這骷髏失了含錢，便把這小廝的包裹雨傘奪了！"民國二十七年《西豐縣志》："以制錢納之口中，此即古之'含飯'，今則以錢代之。"

【口含錢】

即含錢。此稱元代已行用。見該文。

貝

含在死者口中的貝殼。古代先民在親人死時，不忍心讓其空腹而死，而在死者口中填上貝、米等物。貝是最早的貨幣，象徵財富。這種禮俗源於西周。1984—1985年在陝西長安縣（今西安市長安區）灃西清理四十四座西周墓葬，多數墓主人口內含貝，兩手握貝。M3墓主口內含貝達二十枚。山西洪洞永凝堡發現的西周墓葬NM3墓主口中含一玉鸮及十七枚小海貝。參閱《文物》1987年第2期。據古文獻記載，死者口含貝多少是有等級的。《禮記·雜記》："天子飯九貝，諸侯七、大夫五、士三。"《儀禮·士喪禮》記載身份是士的人死時，口內左、中、右各放一貝，然後用米將口填滿。從考古發掘可以看出，西周含貝還沒有完全按等級，按等級自春秋、戰國始。唐代，含貝成爲下級官員的喪禮，《新唐書·禮樂志十》記諸臣之喪："乃唅……六品至於九品，飯用粱，唅用貝。"《續通典·禮三十三》引司馬光《書儀》："贊者奉盤及筭，飯用稷，含用貝。升堂，主人出，盥手於戶外，洗粱貝，實於笲，執以入，徹枕，奠笲於屍東。主人坐於東，西面，發面巾，實飯含於屍口。"元明以後飯含不再用貝，而用錢，上層貴族則口含玉。

殮屍六玉

喪禮大殮時，在屍體周圍放置的圭、璋、璧、琮、琥、璜六種主要玉器。然實際用玉或不限於此六種玉器，或未必這六種全用。喪葬用玉源於新石器時代晚期，形成六玉禮俗則在西周時。良渚文化墓葬中常見玉琮、玉璧等，夏商文化的墓葬亦如之。殷墟婦好墓出土有玉璜、玉璧、玉瑗、玉圭等七百五十五件玉器，品類多樣。但這個時期墓葬還沒有完整的殮屍六玉禮俗，至西周始有之。《周禮・春官・典瑞》："駔圭、璋、璧、琮、琥、璜之渠眉，疏璧琮以殮屍。"鄭玄注："以殮屍者，於大殮爲加之也。駔讀爲組……渠眉，玉飾之溝瑑也，以組穿聯六玉溝瑑之中，以殮屍，圭在左，璋在首，琥在右，璜在足，璧在背，琮在腹，蓋取象方明，神之也。"殮屍六玉成爲一定地位的象徵。但實際上貴族往往還在六玉之外另增玉飾。清吳卓信《喪禮經傳約》釋《禮經》云："大夫以下六玉殮屍，於其貴者加之也。"《文物》1994 年第 8 期載山西天馬曲村晉侯墓地發掘報告，其中的 I 11M32 出土了完整的玉覆面、項飾、胸飾及背、腹玉飾品，反映了兩周時期貴族以"六玉"殮屍之禮俗。《墨子・節葬下》："今王公大人之爲葬埋……璧玉既具……"後世仍重隨葬玉器。《後漢書・禮儀志下》記皇帝之大喪："安梓宮內珪璋諸物，近臣佐如故事。"

玉衣

亦稱"玉匣""玉柙"。君王貴族所用以玉片組成的葬服。將許多方形、長方形玉片，用金絲、銀絲或銅絲通過玉片四角的小孔穿綴起來，連成與人體相合的玉服，現代考古學分別稱之爲金縷玉衣、銀縷玉衣和銅縷玉衣（乃據文獻"金縷玉匣"得名）。古人認爲玉能防腐，使屍體永存如初，故用之。此俗約始於戰國，三國以後所謂玉衣，應是指有玉飾之衣，非真正的玉衣。《呂氏春秋・節喪》："國彌大，家彌富，葬彌厚，含珠鱗施。"高誘注："鱗施，施玉於死者之體如魚鱗也。"按，《太平御覽》卷五四九引《呂氏春秋》此文，注文作："鱗施，施玉匣於死者之體如魚鱗。"鱗施之説，又見於引述戰國思想頗多的《淮南子・齊俗訓》："古者……非不能竭國糜民、虛府殫財、含珠鱗施、綸組節束追送死也，以爲窮民絶業而無益於槁骨腐肉也。"此語表明了玉衣使用與防腐觀念相關。《後漢書・劉盆子傳》所謂"發掘諸陵，取其寶貨。遂污辱呂后屍，凡賊所發，有玉匣殮者，率皆如生"之記載，亦是對玉衣作用的誇大。"玉衣""玉柙""玉匣"之稱，漢代已行用，指玉片像鎧甲片一般相連綴。《漢書・霍光傳》："光薨……賜金錢，繒絮繡被百領，衣五十篋，璧珠璣玉衣。"顏師古注引《漢儀注》："以玉爲襦，如鎧狀連綴之，以黃金爲縷；要已下玉爲札，長尺，廣二寸半，爲甲，下至足，亦綴以黃金縷。"《漢書・佞幸傳・董賢》："珠襦玉柙。"顏師古注引《漢舊儀》："要以下玉爲柙，至足亦縫以黃金爲鏤。"《後漢書・梁竦傳》："賜東園畫棺、玉匣、衣衾。"李賢注引《漢儀注》亦曰："王侯葬，腰已下玉爲札，長尺，廣二寸半，爲匣，下至足，綴以黃金縷爲之匣。'匣'字或作'柙'也。"可知柙、匣同。腰以下，用更長的玉片（玉札）綴成。而據出土實物，臀以下雙腿之玉片構成兩個匣狀，玉片大小基本與上身同。目前已發現的較早實物，是屬於西漢文帝、景帝時期的陝西咸陽楊家灣漢墓、江蘇徐州北洞山漢墓和山東臨沂洪家店漢墓等所出土的玉衣。1968 年河北滿城漢中山靖王劉勝墓和 1973 年河北定縣漢中山懷王劉修墓出土的金縷玉衣最具代表性。劉勝的金縷玉衣全長 1.88 米，共用玉片 2498 片。玉片的大小和形狀按人體各部分的大小和不同形狀而設計，長方形和方形者居多，另有三角形、梯形、多邊形等。玉片角上穿孔，以便用金絲編綴。君主皇后與王侯方可服用玉衣，他人使用屬僭越。《後漢書·禮儀志下》："守宮令兼東園匠將女執事，黃綿緹繒、金縷玉柙如故事。"劉昭注引《漢舊儀》："帝崩，唅以珠，纏以緹繒十二重，以玉爲朡，如鎧狀連縫之，以黃金爲縷；腰以下以玉爲札，長一尺二寸半，爲柙下至足，亦縫以黃金縷。"漢王充《論衡·死僞篇》："亡新改葬元帝傅后，發其棺，取玉柙印璽送定陶，以民禮葬之。"《後漢書·孝崇匽皇后紀》："元嘉二年崩，以帝弟平原王石爲喪主，斂以東園畫梓壽器、玉匣飯含之具。"而越制之事常有。《漢書·外戚傳》："丁姬死，葬逾制度。……當改如媵妾也……共王母及丁姬棺皆名梓宮，珠玉之衣非藩妾服，請更以木棺，代去珠玉衣，葬丁姬媵妾之次。"尤其到東漢後期，有錢的富豪往往葬用玉衣。漢王符《潛夫論·浮侈篇》："今京師貴戚，郡縣豪家，生不極養，死乃崇喪。或至刻金鏤玉，檽梓楩柟，

良田造塋，黃壤致藏，多埋珍寶偶人車馬。"而《後漢書·王符傳》引此文，"刻金鏤玉"四字作"金縷玉匣"。至三國魏文帝曹丕提倡薄葬，禁用玉衣，此物乃漸不行用。《三國志·魏書·文帝紀》："表首陽山東爲壽陵，作終制曰：'……飯含無以珠玉，無施珠襦玉匣，諸愚俗所爲也……喪亂以來，漢氏諸陵無不發掘，至乃燒取玉匣金縷，骸骨併盡，是焚如之刑也。'"今考古發掘所見最晚實物，是安徽亳州董家村漢墓出土的玉衣，墓葬年代爲漢桓帝延熹七年（164），三國實物尚未發現。儘管如此，玉衣名稱後世仍沿用，直至宋代，其物與漢魏玉衣已非同物，蓋指有玉飾之衣。《舊唐書·后妃傳下·代宗貞懿皇后獨孤氏》："萬乘悼懷，群臣慕思，玉衣追慶，金鈿同儀。"宋李攸《宋朝事實·祖宗世次》："仙鼎已成，不返荊山之御；玉衣雖在，空陳渭水之游。"元陶宗儀《南村輟耕録·發宋陵寢》："歲戊寅，有總江南浮屠者楊璉真珈，怙恩橫肆，執焰爍人，窮驕極淫，不可具狀。十二月十有二日，帥徒役頓蕭山，發趙氏諸陵寢，至斷殘支體，攫珠襦玉柙，焚其胔，棄骨草莽間。"按，三國時雖不再時興用金縷（銀縷）玉衣，但邊遠藩屬國或地區先前得到漢王朝賜予玉衣，猶有存者。《三國志·魏書·夫餘傳》："漢時，夫餘王葬用玉匣，常豫以付。玄菟郡王死則迎取以葬。公孫淵伏誅，玄菟庫猶有玉匣一具。今夫餘庫有玉璧珪瓚，數代之物，傳世以爲寶，耆老言先代之所賜也。"

【玉匣】

即玉衣。此稱漢代已行用。見該文。

【玉柙】

即玉衣。同"玉匣"。此體漢代已行用。見該文。

握

亦稱"握手"。喪禮中套於死者手上的囊形物。此稱先秦時期已行用。先秦指纏在手上的布帶。《儀禮·士喪禮》："握手用玄纁裏，長尺二寸，廣五寸，牢中旁寸，著組繫。"又："設握乃連擊"鄭玄注："設握者，以綦繫鈎中指，由手表與決帶之餘連結之。"賈公彥疏："握手，長尺二寸，裏手一端繞於手表，必重宜於上掩者，屬一繫於下角，乃以繫繞手一匝，當手表中指，向上鈎中指，又反而上繞，取繫鄉下，與決之帶餘連結之。"又《既夕禮》："設握，裏親膚，繫鈎中指，結於擊。"據此，知"握手"長一尺二寸，寬五寸，表層玄（黑）色，裏層纁（淺紅）色，上以組爲繫。設握方法，大約是置握於手中，兩端外露，靠內的一端繞於手背，并以繫纏繞，在手掌後的手腕處爲結。考古發掘所見實物與此略有不同。《文物》1982年第10期載，湖北江陵馬磚一號墓是戰國中晚期的一座楚墓，墓主雙手各握一件捲成長條狀的絹團。彭浩認爲這應是文獻中的"握"或"握手"。這個"握手"用雙層絹縫成，裏層爲黃色，表層爲褐色，捲成筒狀，中間納以絲綿，周邊有錦緣，兩端由一根組帶繫住，中間不能斷開，長約20.6厘米。這大約亦是"握手"的一種形式。按，春秋戰國尤其漢代以後，握手的形制、質地及使用方式并不僅限於《儀禮》所載的那一種。《釋名·釋喪制》："握，以物著屍手中，使握之也。"則握於死者手中之物，俱可稱"握"或"握手"。考古資料表明，漢魏以後死者手中或手旁往往有絲絹飾、絹面香囊、璜形玉器、木棒、小銅鏡乃至銅錢之類物品，均應屬握手。而先秦文獻所載握手制度，在後世仍有沿襲。《新唐書·禮樂志十》："握手，玄纁裏，長尺二寸，廣五寸，削約於內旁寸，著以綿組繫。"《明會典·喪禮四》："著握手。"

【握手】[2]

即握。此稱先秦時期已行用。見該文。

殔

在庭院西階暫時停放棺柩的坑。此稱先秦時期已行用。《儀禮·士喪禮》："掘殔見衽。"鄭玄注："殔，埋棺之坎也，掘之於西階上。衽，小要也。"衽是接榫以上的部分。殔之深不及棺高，棺蓋在地面以上。清《皇朝經世文編·禮政九·喪禮上》引吳卓信《喪禮經傳約》，釋禮經關於銘旌的放置："以銘移置於重。卒塗，置於殔；臨葬，置於茵，因以入壙。"《呂氏春秋·先識覽》："〔周〕威公薨，殔，九月不得葬，周乃分爲二。"此俗後代沿襲。南朝宋顏延年《宋文皇帝元皇后哀策文》："戒涼在殔，杪秋即歲。"《續通典·禮三十四》："宋品官喪，掘殯坎於西階之上，棺入內，外哭止，升棺於殯。"宋元以後喪禮不再置殔。

殯

臨時安葬死者之處。古代喪禮有殯、葬二儀。大殮後先假葬於家，假葬之處稱"殯"。先掘淺坑，置柩於內，上下掩泥，而以木鋪蓋，木上塗泥。又以帷幕遮障。此稱先秦時期已行用，宋元以後，其制略有變化。此俗曾傳於鄰邦高麗。《儀禮·士喪禮》："賓出，婦人踊，主人拜送於門外。入，及兄弟北面哭殯。"《禮記·檀弓上》："夏后氏殯於東階之上，則猶在阼也；殷人殯於兩楹之間，則與賓主夾之也；周人殯於西階之上，則猶賓之也。"殯之制，尊卑不同。《禮記‧喪大記》："君殯用輴，欑置于上，畢塗屋。大夫殯以幬，欑置于西序，塗不暨于棺。士殯見衽，塗上，帷之。"鄭玄注："此記參差，以《檀弓》參之：天子之殯，居棺以龍輴，欑木題湊象椁，上四注如屋以覆之，盡塗之。諸侯輴不畫龍，欑木題湊象椁，其他亦如之。大夫之殯，廢輴，置棺西墻下，就墻欑其三面，塗之不及棺者，言欑中狹小，裁取容棺。然則天子、諸侯差寬大矣。士不欑，掘地下棺，見小要耳，帷之，鬼神尚幽暗也，士達於天子皆然。"漢應劭《風俗通‧愆禮》："山陽太守汝南薛恭祖，喪其妻，不哭臨殯。"《北史‧高麗傳》："死者殯在屋內，經三年，擇吉日而葬。"宋元以後直至近現代，"殯"一般仍指用棺殮好死者，置於室內，却不一定挖坎淺埋。移死者往墓地掩埋，稱"出殯"；親友參加葬禮，稱"送殯"。但"殯""葬"二概念區分不甚嚴格，往往以"殯葬"籠統指抬棺到墓地埋葬。元佚名《湖海新聞夷堅續志‧負約求娶》："忽一日，此女氣噎而死，孫〔助教〕召仵作具棺以殯。仵作謂：'小口喪不可停，某有園在五里頭，可以殯葬。'"清姚鼐《惜抱軒筆記‧經部二‧禮記》："孔子少孤，不知其墓殯於五父之衢。"又："古人殯亦掘坎，而其上畢塗，與葬相似，此亦正如今人之浮厝耳。故見之者以爲葬，待訪知父墓而後合葬。"《儒林外史》第四五回："將靈柩請進口堂，候張雲峰擇了日子，出殯歸葬，甚是盡禮。那日，闔縣送殯有許多人。"又第三五回："這兩個老人家就窮苦到這個地步！我雖則在此一宿，我不殯葬

他，誰人殯葬？"

抗木

亦稱"亦"。古代土坑豎穴墓架於墓口以承墳土的木架。此稱先秦時期已行用。《儀禮‧既夕禮》："抗木橫三縮二。"鄭玄注："抗，禦也，所以禦止土者，其橫與縮各足掩壙。"又："亦縮二橫三。"鄭玄注："亦者，亦抗木也。""抗"或作"杭"字。《説文‧手部》："抗或从木。"段玉裁注："若《既夕禮》

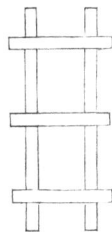

抗　木
（清蔣廷錫等《古今圖書集成》）

'抗木橫三縮二'，其字固可从木矣。"後世沿襲此禮。唐杜佑《通典‧禮四十六》："抗木椵三縮二。"注："抗，秖也，所以秖止土者。其椵與縮，各足掩壙。"清王夫之《讀通鑑論‧德宗》："遣車抗木，茵嬰明器，空中人之産，士貧且賤，猶且必供。"

【亦】

即抗木。此稱先秦時期已行用。見該文。

孝堂

亦稱"喪庭""靈堂"。喪禮中擺放靈床、靈座及靈柩的廳堂，亦即靈堂。出殯前哭祭吊喪均在此進行。漢魏時已有之，沿襲至今。魏晋南北朝時多稱"喪庭"。《三國志‧蜀書‧馬忠傳》："〔馬忠〕處事能斷，威恩并立，是以蠻夷畏而愛之。及卒，莫不自致喪庭，流涕盡哀。"《晋書‧哀帝紀》："太妃喪庭，廓然靡寄，悲痛感摧，五內抽割。"《周書‧司馬裔傳》："〔司馬裔〕身死之日，家無餘財。宅宇卑陋，喪庭無所。"唐宋以後多稱"孝堂"。宋蘇舜

欽《廣陵太君高氏墓誌銘》："一日，指旁屋曰：'此可作孝堂，吊者至，爾哭於某處。'"《金瓶梅詞話》第八〇回："那時李銘日日假以孝堂助忙，暗暗教李嬌兒偷轉東西與他。"《喻世明言・滕大尹鬼斷家私》："殯殮成服後，梅氏和小孩子兩口中，守着孝堂，早暮啼哭，寸步不離。"近代以來稱之爲靈堂。《靖江寶卷》載黃立清演唱、吳根元搜集整理《藥王寶卷》："目連設立靈堂，來家守孝。"

【喪庭】

即孝堂。此稱南北朝時期已行用。見該文。

【靈堂】

即孝堂。此稱多於現代行用。見該文。

重鬲

懸於重木上的陶製炊器。重木，暫代神主之長條方木；鬲，侈口，圓腹，有三個袋形足。人初死，立重木於庭，上懸鬲，鬲中盛粥，使死者靈魂有所依憑。此稱先秦時期已行用。《儀禮・士喪禮》："新盆、槃、瓶、廢敦、重鬲，皆濯，造于西階下。"重，在後代逐漸有了等

敦煌一五八窟涅槃經變之《伽葉奔喪圖》

級。《新唐書・禮樂志十》："鑿木爲重，一品至于三品，長八尺，橫者半之，三分庭一在南；四品至于五品，長七尺；六品至于九品，長六尺。以沐之米爲粥，實于鬲，蓋以疏布，繫以竹籚。懸于重木，覆用葦席，北面，屈兩端交後，西端在上，綴以竹籚。祝取置于重。殯堂前楹下，夾以葦席。"《宋史・禮志二十七》："諸重，一品柱鬲六，五品以上四，六品以下二。"宋張載《張子全書・祭祀》也認爲重鬲爲神主："爲重鬲以爲主道，其形制甚陋。止用葦篋爲之，又設於中庭，則是敬鬼神而遠之之義。……謂人所嗜者飲食，故死以飲食依之，既葬然後爲主。未葬之時，棺柩尚存，未可爲主，故以重爲主。今人之喪，既設魂帛，又設重，則是兩主道也。"重鬲後世又衍生出凶門、柏歷。

柏歷

亦作"栢歷"，亦稱"柏裝"。用柏枝架起的凶門，以表喪。始於晋代，達於隋唐。凶門實源自先秦之"重"。《儀禮・士喪禮》："重，木刊鑿之，甸人置重于中庭，三分庭一在南。夏祝鬻餘飯，用二鬲于西牆下，冪用疏布，久之繫用鈐，縣于重，冪用葦席，北面左袵，帶用賀之，結于後。祝取銘置于重。"此稱晋代已行用。《晋書・琅邪悼王煥傳》："〔晋元帝〕悼念無已，將葬，以煥既封列國，加以成人之禮，詔立凶門、栢歷，備吉凶儀服。營起陵園，功役甚衆。琅邪國右常侍會稽孫宵上疏諫曰：'……凶門、栢歷，禮典所無，天晴可不用，遇雨則無益，此至宜節省者也。'"《通典・禮三十九》載東晋成帝咸康七年杜皇后喪儀曰："有司奏，大行皇后陵所作凶門、柏歷門，號明陽端門。詔曰：'門如所處。凶門、柏

歷，大爲繁費，停之。'按蔡謨説，以二瓦器盛始死之祭，繫於木，裹以葦席，置庭中，近南，名爲重，今之凶門是其象也。"表明其禮亦不固定。《宋書·禮志二》亦載："有司奏：'大行皇后陵所做凶門、柏歷，門號顯陽端門。'詔曰：'門如何處，凶門、柏歷，大爲煩費，停之。'"又曰："凶門非古，古有懸重，形似凶門，後人出之門外以表喪，俗遂行之。"《南史·孔琳之傳》："凶門、柏裝，不出禮典，起自末代，積習生常，遂成舊俗，爰自天子，達於庶人。"《隋書·禮儀志三》："王、郡公主、太妃、儀同三司已上及令、僕，皆聽立凶門、柏歷。"清翟灝《通俗編·儀節》："今喪家結白絹爲旒，表之門外，俗呼爲前者（凶門），當即此也。"

【柏歷】

同"柏歷"。此體晉代已行用。見該文。

【柏裝】

即柏歷。此稱南北朝時期已行用。見該文。

訃

亦稱"赴""訃告"。先秦至魏晉，指報喪；約南北朝以後，專指告喪的文書。但"赴"主要在先秦漢魏時用以稱報喪，不指告喪文書。《禮記·雜記上》："凡訃於其君，曰'君之臣某死'；父母妻長子，曰'君之臣某之某死'。君訃於他國之君，曰'寡君不禄，敢告於執事'。"漢鄭玄注："訃，或皆作赴。"《左傳·隱公三年》："王三月壬戌，平王崩，赴以庚戌，故書之。"《玉篇·言部》訃："告喪也。"又《走部》赴："告也，奔也。或作訃。"約南北朝以後，始有以書信文字報喪的形式。唐張鷟《朝野僉載》卷二："御史中丞李謹度……遭母喪，不肯舉發哀，訃到，皆匿之。"唐韓愈《與李秘書論小功不税書》："今之時，男出仕，女出嫁，或千里之外，家貧，訃告不及時，則是不服小功者恒多，而服小功者恒鮮矣。"唐柳宗元《虞鳴鶴誄》："禍丁氏舅，漂淪海沂，捧訃號呼，匍匐增悲。"《明會典·喪禮四》："始死，訃告於親戚。"《明史·禮志十四》："凡中宮父母薨，訃報太常寺，轉報内使監。"《清史稿·禮志十二》："其在外聞喪者，訃至，易服，哭，奔喪。"近代以來，訃告形式又有所發展。訃告内容包括叙述死者的生平功績、履歷，祭葬的時間、地點等，或投寄親友，或張貼諭衆，或載於報端，以此種形式向死者生前親友發喪。

【赴】

即訃。此稱漢代已行用。見該文。

【訃告】

即訃。此稱唐代已行用。見該文。

賵賻

亦稱"賻賵"。賵、賻的總稱，指送予喪家以助喪的車馬錢財。此稱先秦時期已行用。《荀子·大略篇》："貨財曰賻，輿馬曰賵，衣服曰

清代京官吊喪圖

襚，玩好曰贈，玉貝曰唅。賵賻，所以佐生也；贈襚，所以送死也。"《禮記·文王世子》："至於賵賻承含，皆有正焉。"《後漢書·馬廖傳》："和帝以廖先帝之舅，厚加賵賻。"《遼史·禮志二》："宋國……使者出少頃，復入，陳賵賻於柩前。"元閻復《太師廣平貞憲王碑》："〔伊囉勒〕薨於賜第之正寢，雨木冰者連日，春秋五十有四。上聞之震悼不已，敕有司給喪，賵賻有加。"元吳澄《易纂言》卷二亦曰賵賻之類是爲幫助喪家治喪："喪禮有襚賵賻贈，亦資人之益者。"

【賵賻】

即賻賵。此稱先秦時期已行用。見該文。

賵

送予喪家助葬的車馬等物。賵，《玉篇·貝部》："贈死也。"《類篇·貝部》："贈死之物。"《廣韻·去送》："賵，賵賻。"此稱先秦時期已行用。《春秋·文公五年》："王使榮叔歸含且賵。"杜預注："車馬曰賵。"《左傳·隱公元年》："秋七月，天王使宰咺來歸惠公仲子之賵。"杜預注："賵，助喪之物。"《公羊傳·隱公元年》："賵者何？喪事有賵。賵者蓋以馬，以乘馬束帛。車馬曰賵，貨財曰賻。"《漢書·景帝紀》："〔中元〕二年春二月……王薨，遣光祿大夫吊襚、祠、賵，視喪事。"《後漢書·劉般傳》："〔劉〕般妻卒，厚加賵贈及賜冢塋地於顯節陵下。"又《班超傳》："〔班超〕卒，年七十一，朝廷憫惜焉，使者吊祭，贈賵甚厚。"

賻

亦稱"賻布""致賻"。古代助喪禮儀。以布帛財物送給喪家助辦葬事。《廣韻·去遇》：

"賻，贈死也，助也。"此稱先秦時期已行用。《周禮·秋官·小行人》："若國札喪，則令賻補之。"鄭玄注引鄭司農云："賻補之，謂賻喪家補助其不足也。"宋司馬光《書儀·賻襚》："《詩》云：'凡民有喪，匍匐救之。'故古有含襚賵賻之禮。珠玉曰含，衣衾曰襚，車馬曰賵，貨財曰賻。皆所以矜恤喪家，助其斂葬也。"春秋時，又稱"賻布"，《禮記·檀弓上》："既葬，子碩欲以賻布之餘具祭器。"至漢代，賻助之風盛行。《漢書·宋建傳》："往賻凡五百金。"《後漢書·王丹傳》："其友人喪親，遵爲護喪事，賻助甚豐。"漢代官員死後，國家給予賻物，如二千石官死後或受賻錢百萬。魏晉至唐，沿襲漢制。《通典·禮四十六》："諸執事官薨卒，文武一品，賻物二百段，粟二百石；二品物一百五十段，粟一百五十石……諸賻物及粟，皆出所在倉庫，服終則不給。"宋以後，賻贈多以紙錢代替。宋司馬光《書儀·賻襚》："今人皆送紙錢，贈作諸偶物，焚爲灰燼，何益喪家？不若復賻襚之禮。"亦贈其他物品。《明史·禮志十四》："賻贈之典，一品米六十石，麻布六十匹。二品以五，三品、四品以四，五品、六品以三，公侯則以百。"民間助喪，又稱"致賻"。《金瓶梅詞話》第五九回："夏提刑打聽得知，早辰衙門散時，就來吊問，致賻慰懷。"及至近代，猶有此禮。民國二十二年《營口縣志》："遠近親友畢吊，以資爲賻，曰'奠儀'。"

【賻布】

即賻。此稱先秦時期已行用。見該文。

【致賻】

即賻。此稱明代已行用。見該文。

襚

亦作"祝"。本指死者所穿蓋的衣衾。《説文·衣部》："襚,衣死人也。"《玉篇·衣部》："襚,衣死人也。"引申爲助喪送給死者的衣被。《説文·衣部》："贈終者衣被曰祝。"《小爾雅·廣名》："饋死者謂之賵,衣服謂之襚。"此稱先秦時期已行用。《公羊傳·隱公元年》："衣被曰襚。"何休注："襚猶遺也,遺是助死之禮。知生者賵賻,知死者贈襚。"《春秋·文公五年》:"王使榮叔歸含且賵。"洪亮吉詁引鄭康成曰："後之喪,含爲先,襚次之,賵次之,賻次之。"可見助喪之物有先後。《左傳·文公九年》："秦人來歸僖公、成風之襚,禮也。"《儀禮·士喪禮》："君使人襚,徹帷,主人如初。襚者左執領,右執要,入升致命。"鄭玄注："襚之言遺也。衣被曰襚。"《漢書·景帝紀》:"〔中元〕二年春二月王薨,遣光禄大夫吊襚、祠、賵,視喪事。""祝"多行用於漢魏時。《漢書·朱建傳》："建母死,貧未有以發喪……辟陽侯乃奉百金祝。"顏師古注："贈終者之衣被曰祝,言以百金爲衣被之具。"按,《史記·酈生陸賈列傳》"祝"作"税":"辟陽侯乃奉百金往税。"裴駰集解引韋昭語曰:"衣服曰税。税當爲'襚'。"《漢書·鮑宣傳》:"〔郇越〕病死,〔王〕莽太子遣使祝以衣衾。"《明史·禮志十四》："斂隨所用衣衾,及親戚襚儀,隨所用。"

【祝】

同"襚"。此體漢代已行用。抑或誤書作"税"。見該文。

【君襚】

"襚"之一種。即諸侯、卿大夫乃至士死後國君賜予的衣被。此稱先秦時期已行用。《儀禮·士喪禮》："商祝布絞紟衾衣,美者在外,君襚不倒。"清方苞《禮記析疑·雜記下》釋曰："大斂之衣,惟君襚不倒。所謂不倒者,順鋪以薦於下,而左右掩之,以覆於上也。其餘則卷叠顛倒,以實左右肩之上,股肱足脛之旁,以與當身之廣厚相稱。"此稱後代罕見,然君贈臣衣被之類以送葬之俗,傳至明清。

【庶襚】

"襚"之一種。即親朋贈給死者的衣被。此稱先秦時期已行用。《儀禮·士喪禮》："厥明滅燎,陳衣于房南領西上。綪、絞、紟、衾二,君襚、祭服、散衣、庶襚,凡三十稱。"賈公彥疏："庶襚者,謂朋友兄弟之等來襚者也。"

贈

古代喪禮中贈予喪家以爲死者送葬的奠品。此稱先秦時期已行用。《儀禮·既夕禮》："知死者贈,知生者賻。"鄭玄注："言無。與死者相識,則稱贈;與死者之家族相識,則稱賻。"《荀子·大略》："玩好曰贈……贈襚,所以送死也。"《後漢書·禮儀志下》："司徒跪曰:'請進贈。'侍中奉持鴻洞。贈玉珪長尺四寸,薦以紫巾,廣袤各三寸,緹裏,赤繡周緣;贈幣,玄三纁二,各長尺二寸,廣充幅。"唐代,於祖奠後行贈禮。《新唐書·禮樂志十》："賓有贈者,既祖奠,賓立於大門外西廂,東面,從者以篚奉玄纁立於西南,以馬陳於賓東南,北首西上。"明代,遷奠禮後行贈。《明史·禮志十二》："設遷奠禮……陳明器,行贈禮。"

贈玉

贈送喪家隨葬的璧玉。先秦時代,玉器被視爲溝通人鬼的主要媒介之一。甲骨文中的禮字，似在器皿中放置兩串玉。周代，贈玉之風極爲盛行。此稱先秦時期已行用。《周禮·天官·大宰》："大喪贊贈玉、含玉。"鄭玄注："贈玉，既窆所以送先王。"殯葬用玉多以璧圭爲之。《周禮·春官·典瑞》："大喪，共飯玉、含玉、贈玉。"鄭玄注："贈玉，蓋璧也。贈有束帛，六幣璧以帛。"贈玉之禮代代流傳。《後漢書·禮儀志下》："贈玉珪長尺四寸。"《宋史·禮志二十五》："宣祖衮冕，昭憲皇后花釵、翟衣、贈玉。"

贈幣

贈喪家用於下葬之布帛。此稱先秦時期已行用。《禮記·檀弓下》："既封，主人贈。"鄭玄注："贈，以幣送死者於壙也。"周代，大夫士喪禮，由諸侯派人贈幣。《儀禮·既夕禮》："〔柩〕至於邦門，公使宰夫贈玄纁束"；既窆，主人"襲，贈用制幣玄纁束"；"賓奉幣，由馬西，當前輅，北面致命。"鄭玄注："賓，使者；幣，玄纁也。"周代，贈幣多寡并無統一規定，故《既夕禮》曰："凡贈幣無常。"漢代贈幣，玄三纁二。《後漢書·禮儀志下》："贈幣，玄三纁二，各長尺二寸，廣充幅。"唐代於輔束行贈幣禮。《新唐書·禮樂志十》："賓進輔束，西面，奠幣於車上，西出，主人拜稽顙送之。"

生芻

本謂新鮮青草，後因藉以稱頌死者品行高潔，故將吊喪禮物稱爲生芻。典出《詩·小雅·白駒》："生芻一束，其人如玉。"《後漢書·徐稺傳》："及林宗有母憂，〔徐〕稺往吊之，置生芻一束於廬前而去。衆怪，不知其故。林宗曰：'此必南州高士徐孺子也。《詩》不云乎：生芻一束，其人如玉。吾無德以堪之。'"

後世藉生芻一稱指賻物，本此。明清以來，此稱一般用於祭文中，有薄祭之意，以表死者之高潔。明袁宗道《祭兵部尚書張公文》："敬獻生芻，告公之靈，公其俯鑒，尚饗！"明張居正《祭秦白崖先生文》："乃寄辭於柔翰，托生芻以寫忱。"明張岱《祭周戩伯文》："兄告彌月，弟貧無可將意，止携絮酒生芻，走向靈輀。"清歸莊《祭蔣路然文》："秋臨歧而携手，冬入門而憑棺。奠生芻之一束，灑老淚於靈筵。"清蒲松齡《祭李公著明老親家文》："生芻一束，絮酒盈卮，側身四望，涕墮如縻！"

奠儀

亦稱"賻儀"。吊喪送給死者親屬的金錢財物。源於古賻禮，助喪的禮錢和賻物稱"奠儀"。此稱宋代已行用。宋孔平仲《孔氏談苑·丁諷久居》："一旦，有妄傳諷死者，京師諸公競致奠儀，紙酒塞門。"明清時期，奠儀中含有賻贈的內容。《金瓶梅詞話》第六三回："吳銀兒與李桂姐都是三錢奠儀。"又第六五回："吳道官廟中抬了三牲祭器、湯飯盤、餅饊、素食、金銀錠香紙之類，又是一匹尺頭，以爲奠儀。"同書第六六回又作"賻儀"："外具賻儀，少表微忱，希莞納。"有時，奠儀不包括現銀，《紅樓夢》第一七回："賈母幫了幾十兩銀子，外又另備奠儀，寶玉去吊祭。"或特指現銀，《綠野仙踪》第一七回："本縣聞知，立即差人送下十二兩奠儀。"民國時期，賻用銀錢，親友以冥資、食盒、祭品前來致祭，稱"奠儀"或"賻儀"。《畿輔通志·輿地略·風俗》引《鹽山縣志》："親友具牲醴帳聯爲奠儀，賻用銀錢。"又，1934年刊《望都縣志》述："及期，賓友持冥資、食盒奠儀或帳挽聯赴喪家。"

【賻儀】

即奠儀。此稱明代已行用。見該文。

【奠饋】[1]

即奠儀。此稱南北朝時期已行用。南朝宋王僧達《祭顔老禄文》：“以此忍哀，敬陳奠饋。”宋宋庠《祭孫僕射文》：“靡皇執紼，遐伸奠饋。靈兮如在，俯昭誠志。”宋王庭珪《故令人劉氏墓誌銘》：“唯謹視兄嫂如舅姑，又能協于上下内外，春秋祀事，奠饋必遵胡氏家法尤肅。”清于敏中《日下舊聞考·郊坰》：“因命所司仍其封域之制，并爲之建祠三間，使有奠饋申酌之地。”

賵馬

古代送與喪家用於駕喪車之馬。此稱先秦時期已行用。《禮記·少儀》：“賵馬入廟門。”鄭玄注：“以其主於死者。”孔穎達疏：“以馬送死曰賵……入門者，欲以供駕魂車也。”後世因以指拉靈車的馬。唐温庭筠《莊恪太子挽歌詞之二》：“塵陌都人恨，霜郊賵馬悲。”《金史·太祖紀》：“他日，阿息保復來，徑騎至康宗殯所，閲賵馬，欲取之。太祖怒，將殺之，宗雄諫而止。”清玄燁《敕賜碑於武英殿大學士兼吏部尚書佐領加二級謚文清阿蘭泰墓（聖祖仁皇帝御製碑文）》：“賵馬賻金，恤爾身後，臨喪祖奠，如朕親行。”

賻馬

古代送與喪家的助喪之馬。此稱先秦時期已行用。《禮記·少儀》：“賻馬與其幣、大白兵車不入廟門。”鄭玄注：“以其主於生人也。”孔穎達疏：“以馬助生人營葬曰賻馬。”宋黄震《黄氏日抄·讀禮記七》據孔穎達説又曰：“賵馬送死，故入廟門；賻馬幣以下，助主人喪用，

故不入廟門。”《舊五代史·晋書·少帝紀》：“庚辰，契丹遣使致祭於高祖，賻馬三匹、衣三襲。”

賵方

亦稱“書方”。喪禮中用以書寫賵贈物品及人名的木板。此禮始於先秦，漢以後葬前舉行儀式，派人宣讀，稱爲讀賵。《儀禮·既夕禮》：“書賵於方，若九，若七，若五。”鄭玄注：“賵，所以助主人之送葬也。”又注：“方，板也。書賵奠賻贈之人名與其物於板，每板若九行、若七行、若五行。”《禮記·曲禮下》：“書方，衰，凶器，不以告，不入公門。”鄭玄注：“方，板也。《士喪禮》下篇曰：書賵於方。”孔穎達疏：“書，謂條録送死者物件數目多少，如今死人移書也；方，板也。百字以上，用方板書之，故云書方也。”清朱彝尊《禮部尚書兼掌翰林院學士長洲韓公墓碑》：“老成凋謝，泣下者多。公之諸子，發喪故宅。絮酒生芻，賵方遣策，靡不中禮。”

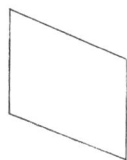

賵　方
（清蔣廷錫等《古今圖書集成》）

【書方】

即賵方。此稱先秦時期已行用。見該文。

屍格

古時仵作查驗尸體後填寫的驗尸單。此稱明清時期已行用。《喻世明言·蔣興哥重會珍珠衫》：“縣主道：‘若不見貼骨傷痕，凶身怎肯伏罪？沒有屍格，如何申得上司過？’”《蕩寇志》第八〇回：“天錫將屍格供單看了，便喚劉二上來訊問。”清覺羅烏爾通阿《居官日省録·人

命》："間有犯人與屍親争傷，而檢官竟不經目，止執一筆爲仵作謄録耳。及再更檢官，再更仵作，或暗買屍格，約與雷同。"《清實録·道光朝實録》嘉慶二十五年（1820）十月辛亥上諭："其承審各員，於案内寄贓，緊要關鍵，並未訊明。該縣原填屍格，亦有遺漏。均須徹底根究。"《施公案》第三三四回："據仵作喝報：'驗得屍身委係因酒後爲人綁縛，拋棄入水身死。'陳知縣據報，出位周視一遍，遂命書差填明屍格。"《大清會典·刑部·聽斷》："據供立案，隨帶仵作一人、吏一人、役二人，親詣尸所，如法驗報。立尸格，具圖，詳開致命不致命各傷形色。"

【尸格】

同"屍格"。此體清代已行用。見該文。

第二節　儀仗考

喪禮中的儀仗，指護送靈柩的車馬旗鼓隊列，包括旌旗、鼓吹、車轎及各種隨行的祭奠物品。通常自停柩到出殯，須始終陳列運作，象徵護送死者從陽世走向冥界。

此俗商周時已有之，歷代沿襲，至今猶然。古代儀仗因死者地位的高低不同，而有不同的規模與氣派。天子權勢最大，其儀仗陳列車旗之多、使用儀從之衆、奠品檔次之高，均非他輩可比。天子以下，依官品、財富的遞減而儀仗規模與氣派也趨小，至平民百姓，則非常簡單，難有大的排場。

先秦儀仗已有以下幾方面意義：其一，驅除邪惡。給死者送葬，須爲之開路辟邪，使之在陰間平平安安。如設方相，即因"喪所多有凶邪，故使之導也"（《周禮·夏官·方相氏》賈公彦疏）。其二，體現尊卑身份。旌旗的數量、種類和旗上的紋飾，馬車的乘數、類别等，均有明確規定，《周禮·春官》中的司常、巾車，即專掌此事。喪車插旗，"皆畫其象焉。官府各象其事，州里各象其名，家各象其號"（同上書《司常》），等級森嚴。其三，事死如生。生前所服用之物、所擁有之儀衛，死後仍須有所保持，故死者生前穿戴的衣冠朝服、乘坐的車馬，扈從的其他儀衛等，均出現在其死後的儀仗中。《儀禮·既夕禮》"薦車"鄭玄注"象生時將行，陳駕也"，即屬此類。漢以後，儀仗的上述三種含義被沿續下來，其制度也漸趨固定。《後漢書·禮儀志下》載帝王大喪儀仗：大僕御方相氏，乘四馬先驅；銘旌書"天子之柩"，上繪日月昇龍圖案；後有載衣冠之類的金根車、容根車等車駕；又有三百人執紼引柩。時送葬儀仗中往往有數百乃至數千人之衆。《漢書·孔光傳》：

"〔孔光〕薨……羽林孤兒諸生合四百人輓送。"同書《游俠傳·劇孟》:"孟母死,自遠方送喪蓋千乘。"《後漢書·申屠蟠傳》:"〔黄〕瓊卒,歸葬江夏,四方名豪會帳下者六七千人。"李賢注:"帳下,葬處。"其時貴族儀仗之盛可以想見。魏晉以後,有較高地位的人死後,常有鑾輅、黄屋左纛、輼輬車、前後羽葆、鼓吹、挽歌,及虎賁班劍數十或上百人。唐宋時,儀仗中除傳統固有諸名目外,也出現了某些新内容。《宋史·禮志二十七》載勳戚大官之凶儀云:"皆有買道方相、引魂車、香蓋、紙錢、鵝毛影輿、錦綉虚車、大輿、銘旌、儀棺、行幕各一;挽歌十六。"其中的紙錢即唐代出現的。不僅如此,其他紙製品進入儀仗行列亦漸成風氣,且沿襲至當代。明清以來,儀仗中幡亭紙扎甚多,人們往往以出殯場面的氣派宏大爲榮。《金瓶梅詞話》第六五回即有一段精彩描述,有"花喪鼓""地吊鑼"的喧鬧,有"銘旌"招展、"起火"軒天,有"開路鬼"和"險道神"開道,還有大小"絹亭"幾十座,以及"引魂轎""把花""雪柳""寶蓋""銀幢"等,錦綉棺輿也套上了"五老雲鶴、華蓋頂、四垂頭流蘇帶、大紅銷金寶像花棺罩"。此俗沿至近世。《二十年目睹之怪現狀》第七八回、胡樸安《中華全國風俗志》及各地之地方志等,均有此類記載。今人喪儀有紙扎花圈、財寶箱、冥幣、牲畜及魂亭等,猶存傳統儀仗之遺意。

方相

亦稱"防喪""險道神""顯道神""開路神君""開路神""阡陌將軍"。原爲上古傳説中驅除疫鬼和山川精怪之神靈,經演化而爲喪禮中用以辟邪驅惡的狰獰可怖之面具與衣飾,由人穿戴,執刀斧之類兵器在送葬的隊伍前面作先導。後代亦有泥塑方相者,由人手捧走在隊列前。此稱先秦時期已行用。羅振玉《殷墟書契前編》7·37·1,郭沫若主編《甲骨文合集》6063正載,有這樣一片商代甲骨卜辭:"癸巳卜,争貞:旬亡禍?……允有來艱自西?盾告曰……夾方相四邑。"其中"夾方相四邑"前面一字,郭沫若《卜辭通纂》釋爲"魌",認爲"象人戴面具之形,當是魌之初文"。"得此

字,可知魌頭之俗,實自殷代以來矣。"然郭又謂方、相皆邑名,反而前後矛盾。(參閲《郭沫若全集》考古編第二卷,科學出版社1983年版,第431頁。)其他不少專家亦認爲方、相之間須斷句。唯陳邦懷在1959年天津人民出版社出版的《殷代社會史料徵存》卷下"方相"篇中認爲:"卜辭'方、相'二字當連續,即《周禮》之'方相'……今繹卜辭辭意,夾爲人名,即執行方相之事者。䖒之上截爲方相氏逐疫時所戴之頭飾,魌魌然盛大,遂稱爲魌。而所掌者爲逐疫之事,即所謂方相是也。'方相',《周禮》爲名詞,而卜辭爲動詞。"且言"有魌名夾者,執行方相氏逐疫之事。四邑,猶言四方也"。如果陳先生之考證可據,則"方相"一稱

已見於商代矣。周代方相，多爲蒙以熊皮的裝扮。《周禮・夏官・方相氏》："方相氏掌蒙熊皮，黃金四目，玄衣朱裳，執戈揚盾，帥百隸而時難（儺），以索室毆疫。"鄭玄注："蒙，冒也，冒熊皮者，以驚毆疫癘之鬼。"又："大喪，先匶；及墓，入壙，以戈擊四隅，毆方良。"鄭玄注爲前去安葬時使爲先導，驅除墓壙中的方良（即魍魎）。漢馬融《廣成頌》："召方相，驅厲疫，走蜮祥。"《晉書・庾翼傳》："翼如厠，見一物如方相，俄而疽發背。"唐裴鉶《傳奇・盧涵》："又東畔柏林中，見一大方相骨，遂俱毀拆而焚之。"又《宋史・禮志二十八》載：太平興國七年正月，李昉等奉詔重定士庶喪葬制度，上奏"身無官而葬用方相者，望嚴禁之"，帝從之。但禁令終是空文。方相起着護喪作用，故唐宋時期亦稱"防喪"。前蜀馮鑒《續事始》："黃帝周游時，元妃嫘帝死於道，令次妃嫫姆護監，因置方相氏以護喪，亦曰防喪。"宋高承《事物紀原》亦有類似記載。元明以後，此俗一直沿襲。《明會典・喪禮四》載品官喪禮："靈車動，徒者如常。靈車後方相車……次柩車。"明張瀚《松窗夢語・風俗記》："迨舉父喪，一遵家禮，所列唯方相、香亭。"清趙翼《戲題魁星像》詩："黃金點目唯方相，牛頭夜叉舞跳踉。"宋以後，民間還稱方相爲"險道神""顯道神""開路神君""開路神""阡陌將軍"等。《事物紀原・吉凶典制部・方相》謂方相，"俗號險道神"。元關漢卿《金綫池》第一折："炕頭上主燒埋的顯道神，沒事呢，麻頭斜皮臉老魔君。"《三教源流搜神大全》："開路神君，乃是《周禮》之方相氏是也。其神身長丈餘，頭廣三尺，鬚長三尺五寸……出柩以先行之，能押諸凶煞，惡鬼藏形，行柩之吉神也，留傳之於後世矣。"《西游記》第二九回："〔八戒〕把腰一躬，就長了有八九丈長，却似個開路神一般。"《古今圖書集成・神異典》引《賢奕》："軒轅黃帝……置方相以防夜，蓋其始也，俗名險道神、阡陌將軍，又名爲開路神。"近世民間喪俗尚有之。

開路神
（崇禎本《金瓶梅詞話》）

人裝扮之方相氏
（宋聶崇義《三禮圖集注》）

【防喪】

　　即方相。此稱唐宋時期已行用。見該文。

【險道神】

　　"方相"之俗稱。亦作"顯道神"。此稱宋代已行用。見該文。

【顯道神】

　　"方相"之俗稱。同"險道神"。此稱元代已行用。見該文。

【開路神君】

　　"方相"之俗稱。此稱元代已行用。見該文。

【開路神】

　　"方相"之俗稱。"開路神君"之省稱。此稱明代已行用。見該文。

【阡陌將軍】

　　"方相"之俗稱。此稱明清時期已行用。見該文。

【顯呆子】

　　"方相"之俗稱。省稱"呆子"，亦稱"大人"。此稱明代已行用。明吳應箕《留都見聞記》："癸酉五月，沐府出殯，所製方相最大，俗號'顯呆子'。"胡樸安《中華全國風俗志·下編·江蘇》引《南京采風記》："出殯，羽葆紛繁，鼓樂導引，喪儀盛者數十人數百人不等。其儀節則有誥命亭、開路神（赤藍面）、方弼方相（身高丈餘）、大人（俗稱呆子）。"

【呆子】[1]

　　"顯呆子"之省稱。此稱明代已行用。見該文。

【大人】

　　即顯呆子。此稱明代已行用。見該文。

【魌頭】

　　即方相。省稱"魌"。《甲骨文合集》6063

正："𦥑夾方相四邑。"其中第一字，郭沫若《卜辭通纂》釋爲"魌"，認爲"象人戴面具之形，當是魌之初文"。此說爲學界多數人所接受。如無誤，則商代已有此物。此稱漢代已行用。《廣韻·平之》：顤、傾、魌，"方相，《說文解字》曰：醜也，今逐疫有顤頭"。鄭玄注《周禮·夏官·方相氏》謂方相"如今魌頭也"。《說文·頁部》："顤，醜也……今逐疫有顤頭。"段玉裁注："此舉漢事以爲證也……魌、顤字同，頭大，故從頁也。亦作傾。"《太平御覽》卷五五二引漢應劭《風俗通》："俗說亡人魂氣飛揚，故作魌頭以存之，言頭體魌魌然盛大也。或謂魌頭爲觸壙，殊方語也。"唐宋以後魌頭與方相略有區別。唐段成式《酉陽雜俎·屍殠》："世人死者有作伎樂，名爲樂喪魌頭，所以存亡者之魂氣也。一名蘇衣被，蘇蘇如也。一曰狂阻，一曰觸壙；四目曰方相，兩目曰僾據。……方相或鬼物也，前聖設官象之。"宋王溥《唐會要·服紀下》："五品以上，……挽歌一十六人。並無朱絲網絡。方相用魌頭車。纛竿減一尺。魂車准前。九品以上，……挽歌十人。纛竿減一尺。幛額魌頭魂車准前。"又："工商百姓諸色人吏無官者，諸軍人無職掌者，喪車魌頭同用合轍車。"宋高承《事物紀原·吉凶典制部·方相》引《宋朝喪葬令》謂"世以四目爲方相，兩目爲魌頭"。當時皆隨官品高低分別使用。《宋史·禮志二十七》："諸四品已上用方相，七品已上用魌頭。"宋王栐《燕翼詒謀錄》卷三："太平興國六年，又禁喪葬不得用樂，庶人不得用方相魌頭。今犯此禁者，所在皆是也。"

【魑】

"魑頭"之省稱。此稱先秦時期已行用。見該文。

方弼

驅邪之神，送殯時用此神像開道。其形象恐怖，在木架上蒙以怪狀紙殼，高者或至丈餘，由活人在其內部操縱它活動。一般與方相搭配，爲殯葬隊列的先導。此稱明代已行用。《封神演義》中有方弼、方相二人名，顯然是民間開路神的反映，小說第四六回："子牙曰：'黃

民國初年舊天津出殯儀仗

飛虎新收二將，乃是方弼、方相。'燃燈嘆曰：'天數已定，萬物難逃，就命方弼破風吼陣走一遭。'"清蒲松齡《聊齋志異‧金和尚》："方弼、方相，以紙殼製巨人，皂帕金鎧；空中而橫以木架，納活人內負之行。設機轉動，鬚眉飛舞；目光鑠閃，如將叱吒。"《歧路燈》第六三回："香案食桌，陳設俱遵《家禮》；方弼方相，戈盾皆準《周官》。"胡樸安《中華全國風俗志‧下編‧江蘇》引《南京采風記》："出殯，羽葆紛繁……其儀節則有誥命亭、開路神（赤鬚藍面）、方弼方相（身高丈餘）、大人（俗稱呆子）。"

魂車 [1]

亦稱"魂輿"。古代喪葬儀仗之一。死者生前乘坐之車，出葬時陳列之。後改用竹木紙布扎成，內設死者衣冠，像人乘坐之形。周代已有此物。此稱漢代已行用。《儀禮‧既夕禮》："薦車直東榮北輈。"鄭玄注："薦，進也，進車者，象生時將行，陳駕也。今時謂之魂車。"賈公彥疏："以其神靈在焉，故謂之魂車也。"《文選‧陸機〈挽歌〉》："魂輿寂無響，但見冠輿帶。備物象平生，長旐誰爲施？"張銑注："魂輿，魂車也，中有平生冠帶也。"李善注引周遷《輿服志》："禮葬有魂車。"唐元稹《傷悼詩‧空屋題》："更想咸陽道，魂車昨夜回。"《舊唐書‧后妃傳上‧中宗和思皇后趙氏》："以皇后褘衣於陵所寢宮招魂，置衣於魂輿，以太牢告祭，遷衣於寢宮。"《宋史‧禮志二十五》："吉仗用大駕、鹵簿，凶仗用大升輿、龍輴、鵝茸纛、魂車、香輿、銘旌、哀諡冊寶車、方相、買道車。"又《禮志二十七》："凡吉仗皆有買道、方相、引魂車。"近代又有魂轎等產生。

【魂輿】

即魂車 [1]。此稱魏晉時期已行用。見該文。

魂亭

亦稱"神亭"。喪葬儀仗之一。用紙、竹等扎製成亭子狀，由二人合抬，出葬時用來安置死者靈牌。此稱宋代已行用。宋陸游《放翁家訓》："近世出葬，或作香亭、魂亭、寓人、寓馬之類，一切當屏去。"《明史‧禮志十二》："設神亭、神帛輿、諡冊寶輿於丹陛上，設祖奠，如啓奠儀……舊御儀仗居前，冊寶神帛神亭銘旌以次行。"胡樸安《中華全國風俗志‧下編‧浙江》引《海寧風俗記》："魂亭以紙竹糊成，俗稱座頭，自迎神之日起供設。富有之家，向冥器鋪定造，規模宏敞，儼若樓臺。旁嵌楹

聯，或書‘月鏡水花，浮生一夢’‘紙窗竹屋，小住三年’等字樣，左右有紙製童男童女各一，手執茗盤、烟筒，分立兩旁。”又引《蕭山閒俗記》：“將葬之數日，大燕賓客，設祭，至期，鼓樂、旌旗、傘扇、僧道等等前導，其儀仗有所謂三件者、五件者、七件者、九件者。三件者，即像亭、銘旌、材罩也，五件者視三件增高燈、主亭，七件者視五件增神亭、香亭，九件者又視七件增魂轎、敲棚。又有種種紙賀，如開路神、回搖頭等。”現代民俗喪葬時用紙、竹扎的“樓子”，即其遺俗。

【神亭】

即魂亭。此稱明代已行用。見該文。

香亭

亦稱“彩亭”。結彩爲亭，内置香爐，可抬，出殯時用之。宋代即爲喪葬儀仗之一。後世沿之。宋陸游《放翁家訓》：“近世出葬，或作香亭、魂亭、寓人、寓馬之類，一切當屏去。”元劉一清《錢塘遺事・祈請使行程記》：“燕京大興總管府排辦神道、彩亭、中餘座、鼓鈸、幡蓋之類，送至洞神觀側殯焉。”《殺子報》第九回：“還有香亭魂轎，前用一對長幡，約有四五丈長。”胡樸安《中華全國風俗志・下編・浙江》引《蕭山閒俗記》：“將葬之數日，大燕賓客……其儀仗有所謂三件者、五件者、七件者、九件者……七件者視五件增神亭、香亭。”

【彩亭】

即香亭。此稱元代已行用。見該文。

銘

書有死者姓名的旗幡，舊時喪禮中以標明死者是誰，有職銜者還加上官名。旗幡樹於靈堂中的靈柩或靈座旁。此俗始於先秦。《禮記・檀弓下》：“以死者爲不可別已，故以其旗識之。”先秦庶人無銘，士人以上纔有。銘上書寫内容，《禮記・喪服小記》云：“復與書銘，自天子達於士，其辭一也。男子稱名，婦人書姓與伯仲，如不知姓則書氏。”銘之規格形狀，《儀禮・士喪禮》曰：“爲銘，各以其物。亡，則以緇，長半幅，赬末，長終幅，廣三寸。書名于末，曰某氏某之柩。”所謂“各以其物”，指周代不同等級的人用不同圖案的銘，其中，大夫士建物，卿建旟，諸侯建旗，王建大常。《周禮・春官・司常》：“日月爲常，交龍爲旗，通帛爲旟，雜帛爲物。”又：“大喪，共銘旌。”鄭玄注：“銘旌，王則大常也。”地位不同，銘之長短亦有別。上書《司常》賈公彦疏云：“按《禮緯》云：‘天子之旌高九刃，諸侯七刃，大夫五刃，士三刃。’按《士喪禮》：‘竹杠長三尺。’則死者以尺易刃。天子九尺，諸侯七尺，大夫五尺，士三尺。”刃，即“仞”。漢以後，不復依循先秦舊制，銘之長短和圖案限定不嚴格。考古發掘所見漢代帛畫，實際就是銘旌。長沙馬王堆M1漢墓帛畫長2.05米，武威磨咀子M23漢墓銘旌長僅1.15米，長短相差懸殊。且庶人亦用銘旌。唐宋以後，官吏按品級高低嚴格限定了銘旌規格。《大唐元陵儀注》《宋史・禮志二十七》俱載：銘旌，三品以上長九尺，五品以上八尺，六品以下七尺，“皆書某官封姓之柩”。此俗沿至明清以後，多以紙代替布帛爲之，且有請名士題寫銘旌之風。

【銘旌】

“銘”之全稱。亦作“明旌”，亦稱“旌銘”。此稱先秦時期已行用。《禮記・檀弓下》：

"銘，明旌也。"鄭玄注："神明之精。"《後漢書·趙咨傳》："復重以牆翣之飾，表以旌銘之儀。"《通典·禮典》："〔南朝宋〕崔元凱《喪儀》云：'銘旌，今人旐也。天子丈二尺，皆施跗樹於壙中。'"又："設吉服，導從其鼓吹，

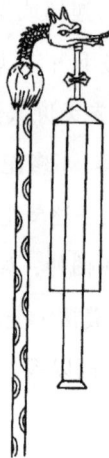

銘　旌
（清蔣廷錫等《古今圖書集成》）

宜除銘旌，建太常，畫日月星辰。"《開元禮》："主人拜稽顙，旌銘、志石於壙門之內置。"唐韓愈《祭郴州李使君文》："見明旌之低昂，尚遲疑於別袂。"《宋史·禮志二十七》："凡凶儀，皆有買道、方相、引魂車、香蓋、紙錢、鵝毛影輿、錦綉虛車、大輿、銘旌、儀棺、行幕各一。"《明會要·肅皇帝喪禮》："大殮，奉安梓宮，設几筵，安神帛，立銘旌，哭盡哀。"《儒林外史》第二六回："向道臺道：'誰人題的銘旌？'鮑廷璽道：'小的和人商議，說銘旌上不好寫。'"

【明旌】

同"銘旌"。此體先秦時期已行用。見該文。

【旌銘】

即銘旌。此稱漢代已行用。見該文。

【柩】[1]

即銘。因棺柩上所覆的銘旌上書有某某之柩，故直呼銘爲柩。此稱漢代已行用。《周禮·春官·小祝》："大喪贊渳，設熬置銘。"鄭玄注："銘，今書或作名。鄭司農云：'銘，書

死者名於旌，今謂之柩。'"賈公彥疏："銘所以表柩，故漢時謂銘爲柩。"《漢書·薛宣傳》："獄掾王立家私受賕，而立不知，殺身以自明。立誠廉士，甚可閔惜，其以'府決曹掾'書立之柩以顯其魂。"《後漢書·禮儀志下》："旐之制長三仞，十有二斿，曳地，畫日月升龍，書旐曰'天子之柩'。"《考古》1960年第9期《甘肅武威磨咀子漢墓發掘》載所發掘的M22中的一件銘旌，上書"姑臧渠門里張□□之柩"。

翣

亦作"翿"。古代王侯貴族車上的飾物，用牦牛尾或雉尾製成，或爲用羽毛做的舞具。此稱先秦時期已行用。《詩·王風·君子陽陽》："君子陶陶，左執翿。"毛傳："翿，翳也。"春秋戰國以後亦成爲喪葬儀仗，將其縛在長杆上，出葬時用以指揮柩車。《周禮·地官·鄉師》："及葬，執纛以與匠師御匶而治役。"鄭玄注引鄭司農云："纛，翳也，以指麾輓柩之役，止其行列進退。"《南史·南豐伯赤斧傳》："詔贈穎胄丞相，前後部羽葆、鼓吹，班劍三十人，輼輬車，黃屋左纛。"《宋史·禮志二十七》："諸翣，五品已上其竿長九尺，已下五尺。"《明會典·喪禮四》："啓之日，掌事者納柩車於大門之內……執紼者皆入，掌事者徹帷，持翣者俱升，以翣障柩。執紼者乃升，執鐸者入，夾西

翣
（清蔣廷錫等《古今圖書集成》）

階立；執蘥者入，當西階南，北面立；執旌者立於蘥者南，北向……執蘥者却行而引，止則迴北向立。執旌者繼蘥而行，止則北向立。喪主以下，以次從枢哭而降，主婦以下又次之。"又："靈車動，從者如常，靈車後方相車，次志石車，次冥器輿，次下帳輿，次米輿，次酒脯輿，次食輿，次銘旌，次蘥，次鐸，次挽歌，次枢車。"近現代民間尚存之。

【翿】

同"蘥"。此體先秦時期已行用。見該文。

羽葆

高官貴族儀仗之一，插有鳥羽的傘蓋狀長柄器具，喪禮儀仗中用以指揮枢車或御棺。此稱先秦時期已行用。《禮記·喪大記》："君葬用輴，四綍二碑，御棺用羽葆。"孔穎達疏："御棺用羽葆者，《雜記》云：諸侯用匠人執羽葆，以鳥羽注於柄末如蓋，而御者執之居前，以指麾爲節度也。"《漢書·韓延壽傳》："建幢棨，植羽葆。"《文選·任昉〈王文憲集序〉》："追贈太傅，侍中、中書監如故，給節，加羽葆、鼓吹，增班劍爲六十人。"張銑注："羽葆、班劍，並葬之儀衛。"《南史·南豐伯赤斧傳》："詔贈穎冑丞相，前後部羽葆、鼓吹，班劍三十人。"元陶宗儀《南村輟耕錄·功布》："大夫御枢以茅，諸侯以羽葆，天子以蘥，指引前後左右，皆如功

羽　葆
（清蔣廷錫等《古今圖書集成》）

布之施爲也。"胡樸安《中華全國風俗志·下編·江蘇》引《南京采風記》："出殯，羽葆紛繁，鼓樂導引。"

班劍

本指鑲嵌紋飾或包裹飾物之劍，常由一隊武士持之，故亦代稱持班劍的儀仗隊。以持劍人數多寡見儀仗等級高低。通常是有功績受賜班劍儀仗，尤以有地位的人去世受賜班劍儀仗常見，獲此賜予實屬殊榮。春秋時已有鑲嵌金絲紋飾之劍，而至漢代始有"班劍"一稱，據稱漢時飾以虎皮。《文選·任昉〈王文憲集序〉》："〔王儉〕薨于建康官舍……給節，加羽葆鼓吹，增班劍六十人。"李善注引《漢官儀》："班劍者，以虎皮飾之。"因屬儀仗用劍，晉至南朝一度用木製假劍替代，稱"象劍"。《宋史·儀衛志六》："班劍，本漢朝服帶劍。晉以木代之，亦曰'象劍'，取裝飾斑斕之義。鞘以黃質，紫斑文，金銅飾，紫絲絛紛錯。"《宋會要輯稿·輿服四》記"朝服"："自秦及西漢，艱危用武之時，朝、祭服皆佩劍。東漢大祭祀，玉佩、絢履以行事，惟朝尚佩劍。晉制，服劍以木代之，謂之'班劍'，東齊謂之'象劍'。"此風歷代一直盛行。《太平御覽》卷五五四引南朝宋何法盛《晉中興書》："王導薨，詔給九旒輼輬車，黃屋左纛，前後羽葆鼓吹，挽歌兩部，虎賁班劍百人。中興名臣，莫與爲比也。"《舊唐書·魏徵傳》："〔魏〕徵薨，……給羽葆鼓吹，班劍四十人。"《新元史·輿服志二》："班劍，制劍，鞘黃質，紫斑，又金銅裝，紫絲紛錯。"《大明會典·營造四下·儀仗五》載親王妃儀仗："垂紅絲紛錯班劍一對，刻木貼銀爲劍、靶刻龍頭銜劍，並鞘皆貼金爲飾。"

功布 [1]

喪禮中用以迎神之布，啓殯時亦有在棺前指揮起降的作用。其長三尺，懸於竿頭，形如旗幡，由粗麻布加工而成，比較細白。此稱先秦時期已行用。《儀禮・既夕禮》："商祝免祖，執功布入。"鄭玄注："功布，灰治之布也，執之以接神，爲有所拂扐也。"賈公彥疏："謂拂扐去凶邪之氣也。"清吳卓信《喪禮經傳約》釋曰："祝執功布却行柩前。詔執披者知所低昂也。"《儀禮・士喪禮》亦言其制。《新唐書・禮樂志十》："祝衰服執功布，升自東階，詣殯南，北向，内外止哭，三聲噫嘻，乃曰：'謹以吉辰啓殯。'既告，内外哭。"宋吕祖謙《東萊別集・家範三》："按《儀禮》注：功布，灰治之布也。正義云：商祝拂柩用功布。是拂拭去塵也。《三禮圖》云：舊圖云，功布謂以大功之布，長三尺，以御柩，居前爲行者節度。又隱義云，羽葆功布等，其象皆如麾旌旗無旒者，周謂之大麾。以此考之，則功布，啓殯時手執之以拂拭，出葬時竿揭之以指麾。"

功　布

（清蔣廷錫等《古今圖書集成》）

茅

竿頂用白茅或旄牛尾裝飾之旗幟，大夫出葬時用以導引柩車，其作用與羽葆、響尺、纛等同。春秋以前用途較廣。此稱先秦時期已行用。《左傳・宣公十二年》："前茅慮無。"《公羊傳・宣公十二年》："鄭伯肉袒，左執茅旌，右執鸞刀。"戰國時成爲喪葬儀禮。《禮記・雜記下》："大夫之喪，其升正柩也，執引者三百人，執鐸者左右各四人，御柩以茅。"孫希旦集解："茅，編輯白茅爲之，亦所以指麾也。"清李光坡《禮記述注・雜記下》亦曰："茅，以茅爲麾也。"按，茅至薄、至下之物，而又用於至重、至要場合，此爲古人以敬畏謹慎心對待大事的人生態度。宋王宗傳《童溪易傳》卷一三云："夫茅之爲物薄，而其用可重也。謹斯術也以往，其無所失矣。夫大過之初，以茅爲象者，非薄其物也，以其在下也，有可重之用，故取之云爾。"

綿絡

古代喪葬儀仗之一，送葬時用來招魂的旗幡。行進在棺柩之前。春秋時已有此物。《楚辭・招魂》："秦篝齊縷，鄭綿絡些。"諸家注釋略有差別。宋洪興祖《楚詞補注》卷九："綿，纏也；絡，縛也。言爲君魂作衣，乃使秦人織其篝絡，齊人作彩縷，鄭國之工纏而縛之，堅而且好也。"清王夫之《楚辭通釋》卷九："以綿縷絡篝，工祝執之以招魂者……疑竿幡之類。"清蔣驥《山帶閣注楚辭》卷六："綿絡，靈幡也。古者人死，以其服升屋而號曰：'皋某復。'又以車建綏復於四郊，綏以牛尾爲之，綴於橦上，冀神識之而來歸。此言綿絡，蓋其遺意也。秦、齊、鄭以其國善爲此而名。"後世不傳。

旐

古代喪葬所用儀仗之一，俗稱魂幡。出葬時爲棺柩引路的黑色旗幡，其上一般畫有蛇等圖像。《爾雅・釋天》："緇廣充幅長尋曰旐。"

郭璞注："帛全幅長八尺。"邢昺疏："以黑色之帛，廣全幅長八尺，屬於杠，名旐。"夏代已有此物，歷代沿襲。《禮記·檀弓上》："孔子之喪，公西赤爲志焉，飾棺墻，置翣設披，周也；設崇，殷也；綢練設旐，夏也。"鄭玄注："旌之旒，緇布廣充幅長尋，曰旐。"漢代或將其與"銘"相混淆，《後漢書·禮儀志下》有"書旐曰'天子之柩'"的記載。然後世仍嚴加區別。《文選·潘岳〈寡婦賦〉》："龍輀儼其星駕兮，飛旐翩以啓路。"李善注："喪柩之旐也。"吕延濟注："引柩幡也。"晋戴祚《甄異録》："空中見人，垂旐羅列，狀如送葬。"《晋書·孝友傳·顔含》："家人迎喪，旐每繞樹而不可解，引喪者顛僕。"北魏《魏故司空府參軍事元〔馗〕君墓誌銘》："丹旐翩翩，龍輀炎炎，漸即鬼途，稍辭人邑。"《通典·禮四十四》："北齊制旐，一品九旒，二品三品七旒，四品五品五旒，六品七品三旒，八品以下達於庶人，唯旐而已。"唐杜甫《八哀》詩："飛旐出江漢，孤舟轉荆衡。"唐陳羽《觀朱舍人歸葬吳中》："翩翩絳旐寒流中，行引東歸萬里魂。"清顧炎武《挽殷公子岳》詩："嶺雲緣旐下，溪鳥夾棺飛。"近現代民間喪俗尚存之。

旗

旌旗的一種。喪葬儀仗。上畫有兩龍，并在竿頭懸鈴，周代用以標示人的身份地位。此稱先秦時期已行用。《周禮·春官·司常》："交龍爲旗……諸侯建旗。"《孟子·萬章下》："敢問招虞人何以？曰：以皮冠，庶人以旃，士以旗，大夫以旌。"先秦時期還未成爲喪葬儀仗，到東漢時方爲帝王、官僚喪葬之用。其制：依生前官爵確定其旒數、長度，大殮後建於殿堂兩階，葬時爲儀仗。《後漢書·禮儀志下》："大駕，太僕御……旗之制，長三仞，十有二游，曳地，畫日、月、升龍，書旐曰'天子之柩'。"《通典·禮四十四》："晋杜元凱云：諸侯建大旗，杠七仞，旂至地……北齊制：旗，一品九旒，二品、三品七旒，四品、五品五旒，六品、七品三旒，八品以下達於庶人唯旐而已；其建，三品以上及開國子男，其長至軫，四品、五品至輪，六品、七品及九品至較，勳品達於庶人不過七尺。"《大唐元陵儀注》："大殮訖，所司設太常。畫日月，十有二旒，杠九仞，旂委地。大殮之後分置殿庭之兩階。"

旐旗

亦稱"旒旐"。爲書寫死者德行之幡旗。因旗邊或帶旐蘇，故稱。出殯時常用於棺柩前引路。此稱魏晋時期已行用。《文選·潘岳〈楊荆州誄序〉》："行以號彰，德以述美，敢託旐旗，爰作斯誄。"劉良注："旐旗，謂銘旌，幡也，古人用以書德行。"南朝宋劉義慶《世説新語·排調》："顧愷之曰：'火燒平原無遺燎。'桓曰：'白布纏棺豎旐旗。'"北齊顔之推《顔氏家訓·終制》："糧罌明器，故不得營；碑志旐旗，彌在言外。"唐張説《惠文太子挽歌》二首之一："旐旗飛行樹，帷宫宿野烟。"宋葛勝仲《祭施氏妹恭人文》："云何不吊殞病痱兮，去年罷郡賦式微兮，方諧燕笑事已非兮，窆於新阡旐旗緋兮，涕泣祖饋頤交揮兮。"明陸深《愚庵李府君誄》："緬託旐旗，爰述兹誄。"明皇甫汸《徐東皋誄》："竄玄廬以啓路，表鴻烈於旐旗。"

【旒旐】

即旐旗。此稱南北朝時期已行用。見該文。

雲蓋

亦稱"寶蓋"。民間喪葬所用的傘蓋，覆於幡上，出葬時與方相等行進在棺柩前，此俗約始於明代。雲蓋、寶蓋原是出行儀仗中遮陽蔽雨之物，唯有身份地位高者用之。漢司馬相如《大人賦》有"屯余車其萬乘兮，綷雲蓋而樹華旗"之句，《觀佛三昧海經·觀四威儀品》亦曰："無量寶幡懸其幢頭，一百億寶蓋彌覆其上。"明以後乃藉用於喪儀中。《金瓶梅詞話》第九五回："到廿七日早晨，僱了八名青衣白帽小童，大紅銷金棺，與幡幢、雲蓋、玉梅、雪柳圍隨。"又第六五回："這邊把花與雪柳爭輝，那邊寶蓋與銀幢作對。"《紅樓夢》第一五回："早有前面法鼓金鐃，幢幡寶蓋，鐵檻寺接靈衆僧齊至。"此喪俗近代民間尚存。胡樸安《中華全國風俗志·下編·江蘇》引《儀徵婚喪俗記》："又有方弼方相等紙絹人相望於道，若干羽士執葫蘆燈，而導一亭；或若干僧，執西方接引燈，而導一亭。或靈幡寶蓋，聲聲細樂，或灑花亞字，種種喪儀。"

【寶蓋】

即雲蓋。此稱明代已行用。見該文。

羽幡

亦作"羽旛"，亦稱"仙幢""旛幢"。本指仙道儀仗中之旗幟，後因藉指送葬用作導引之紙幡。此稱明代已行用。《明會典·喪禮四》載品官喪禮："羽幡，竿長九尺，五品以上一人執之以引柩，六品以下不用。"《續通典》卷七八、明俞汝楫《禮部志稿》卷三三俱載此文，唯"羽幡"作"羽旛"。又明章潢《圖書編》卷一一〇："六品以下無墻翣、羽幡。"《明史》卷六二："旛幢繚繞兮導來踪。"清吳嘉紀《送瑶

兒》詩："送瑶兒，出門闌，門外生死別，行人駐足觀。鬼馬在後，仙幢在前。"近世民間喪俗尚有之。胡樸安《中華全國風俗志·下編·山東》記惠民縣之喪禮："葬日剪紙爲明器，引柩於路，有鼓吹、旛幢，男女皆隨葬行，葬用銘旌，覆棺上。"

【羽旛】

同"羽幡"。此體明代已行用。見該文。

【仙幢】

即羽幡。此稱明清時期已行用。見該文。

【旛幢】

即羽幡。此稱明清時期已行用。見該文。

玉梅

亦稱"把花"。舊時民間喪葬時所用儀仗之一，用白紙與樹枝製作成花束，作送葬婦女首飾。此物宋代已有，明清民間出殯時婦女多用之。本指冰雪時節的梅花，《艷異編·宮掖部五》載隋煬帝時後宮侯夫人《看梅》詩，即有"玉梅謝後陽和至"之句，因仿其形，製作成女人頭飾。宋孟元老《東京夢華錄·十六日》："市人賣玉梅、夜蛾、蜂兒、雪柳。"明張瀚《松窗夢語·風俗記》："追舉父喪，一遵《家禮》，所列惟方相、香亭、神亭、旌亭、包笋、銀瓶、把花、雪柳而已，鼓樂陳而不作，盡削杭城繁縟之習。"《金瓶梅詞話》第五九回："到廿七日早晨，僱了八名青衣白帽小童，大紅銷金棺，與幡幢、雲蓋、玉梅、雪柳圍隨。"又第六五回："這邊把花與雪柳爭輝，那邊寶蓋與銀幢作對。"《麴頭陀傳》第三三回："把花雪柳三十二副，鬮翠功布一十六名，明暗靈車二乘，翁仲儀制全部，……大轝一座，男女喪幛二棚。濟公看了半日，無處入身，只見大轝相近之際，

孝子執杖，匍匐哀呼而來。"

【把花】

即玉梅。此稱明清時期已行用。見該文。

雪柳

俗稱"哭喪杖""哭喪棒"。舊時喪葬儀仗之一。用細長條白紙花連綴，串挂於木棍而成，供奉在靈前，出殯時用作儀仗之物。此稱宋代已行用。宋孟元老《東京夢華録·十六日》："市人賣玉梅、夜娥、蜂兒、雪柳。"明張瀚《松窗夢語·風俗記》云："迨舉父喪，一遵《家禮》，所列惟方相、香亭……把花、雪柳而已。"《明史·禮志十三》："靈柩前儀仗，内使女樂二十四人，花幡、雪柳女隊子二十人，女將軍十一人。"《金瓶梅詞話》第五九回："到廿七日早晨，僱了八名青衣白帽小童，大紅銷金棺，與幡幢、雲蓋、玉梅、雪柳圍隨。"近世民間喪俗尚存之。胡樸安《中華全國風俗志·下編·江蘇》引《南京采風記》："其儀節則有誥命亭，開路神（赤鬚藍面），方弼方相（身高丈餘），大人（俗稱獃子），楊柳雪柳（以白紙剪成）……"近世以來，俗稱"哭喪杖""哭喪棒"。魯迅《阿Q正傳》中，言及"哭喪棒"。哭喪杖上一般粘白紙條。民國二十八年《天水縣志》："杖，用柳木，粘紙條。……婦人……不杖。"

【哭喪杖】

"雪柳"之俗稱。此稱於近世行用。見該文。

【哭喪棒】

"雪柳"之俗稱。此稱於近世行用。見該文。

杖

成年男子爲親人哭喪時所挂棍棒。出殯時持，以示哀痛傷體，走路須扶杖。此稱先秦時期已行用。女性、童子不持杖。《儀禮·喪服》："杖者何？輔病也。童子何以不杖？不能病也；婦人何以不杖，亦不能病也。"先秦兩漢時居父喪持竹棒，稱"苴杖"；居母喪持桐棒，稱"削杖"。後世杖用竹或其他樹木并無嚴格規定。《禮記·喪大記》："大夫士哭殯則杖。"《儀禮·喪服》："苴杖，竹也。"賈公彦疏："爲父所以杖竹者，父者，子之天，竹圓亦象天；竹又外内有節，象子爲父亦有外内之痛。又竹能貫四時而不變，子之爲父哀痛亦經寒温而不改。故用竹也。"又："削杖，桐也。"賈公彦疏："爲母杖桐者，欲取桐之言同，内心同之於父，外無節象家無二尊。"唐段成式《酉陽雜俎續集·貶誤》："今之士大夫喪妻往往杖竹甚長，謂之過頭杖。"

【苴杖】

"杖"之一種。孝子居父喪所持竹杖。此稱先秦時期已行用。見該文。

【削杖】

"杖"之一種。孝子服母喪所持桐木杖。此稱先秦時期已行用。見該文。

白布轎

省稱"白轎"。女子送葬時所乘的轎子，以白布爲帷幕，故稱。明代已有之，沿用至近世。清范祖述《杭俗遺風·喪事類·開吊舉殯》："孝媳及送喪女客轎上，均有白布頂圍。"近人胡樸安《中華全國風俗志·下編·江蘇》引《儀徵婚喪禮俗記》："孝子匍匐執仗，號泣徙之，再者若干白布轎，諸女眷送殯。"近世又簡稱"白轎"。民國十八年《霞浦縣志》："末後一魂轎，孝子扶柩而行，女眷數十人乘素輿哭送，俗稱'白轎'。"

【白轎】

"白布轎"之省稱。此稱行用於近世。見該文。

魂轎

送葬儀仗中的紙扎轎子。此稱宋代已行用。《朱子語類·禮六》："先生葬長子喪儀，銘旌、埋銘、魂轎，柩止用紫蓋，盡去繁文。（賀孫）"《醫界鏡》第八回："只見茶樓前面街上，排著許多旗傘、冥亭、魂轎之類，頗好排場。"《濟公全傳》第一四〇回："魂轎、魂椅、魂車，用七曲紅羅傘。"

亞牌

亦稱"亞字"。古代官宦人家出殯時列柩前的儀具。以木爲框，方形，高二尺四寸，上蒙以白布，下有柄，手可握之，舉以蔽柩前行。源自古代"黼翣""黻翣"，唯古翣多繪雲紋，亞牌布上畫的是兩"弓"相背的圖形，如"亞"字，故稱。此物明清時民間喪俗有之。《海上塵天影》第二一回："儀仗既發，前頭路由牌，次清道旗，次蕭靜、迴避牌，次顧府盍燈，次銜牌，書着雲騎尉、二品銜、候選知府、光祿寺卿、太醫院等字樣。過後便是銘旌次，亞字牌……"《二十年目睹之怪現狀》第七八回："以後還有甚麽頂馬、素頂馬、細樂、和尚、師姑、道士、萬民傘、逍遥傘、銘旌亭、祭亭、香亭、喜神亭、功布、亞牌……過後，便是棺材。"胡樸安《中華全國風俗志·下編·江蘇》引《儀徵婚喪禮俗記》："或靈幡寶蓋，聲聲細樂；或灑花亞字，種種喪儀。"清吳榮光《吾學錄·喪禮門三》亦有記載。

【亞字】

即亞牌。此稱明清時期已行用。見該文。

響板

亦稱"響尺"。舊時民間喪葬儀仗之一。出殯時用以指揮引導抬棺隊伍的木板。由一人執之，敲響并揮動，指揮抬棺者的行動。此稱明清時期已行用。《金瓶梅詞話》第六五回："有仵作一員官立於增架上，敲響板，指撥抬材人上肩。"近代尚存此俗。清惲毓鼎《澄齋日記·光緒三十四年》正月二十三日："喪家出殯，有人持一木尺，在柩前擊之，名爲響尺。此尺管轄諸舁杠人，如舁時有失，以此尺立時擊殺，無庸抵命。"胡樸安《中華全國風俗志·下編·京兆》引《北京輶軒錄》："京師凡有死喪之家，抬棺安葬，先期由槓房召集抬棺人，抬槓頭目皆經衆工選舉，其人必年高望衆，爲儕輩所尊及尤須熟於北京地理者，方能膺選。抬棺出門，首領執響尺敲之，在前引導，衆工聽其尺聲以爲進止，無敢逾越。"

【響尺】

即響板。此稱清代已行用。見該文。

出　殯
（清石印本《詳注聊齋志異圖詠》）

服具

發喪時所用器具之總稱。此稱漢代已行用。《史記·酈生陸賈列傳》："平原君家貧，未有以發喪，方假貸服具，陸生令平原君發喪。"《漢書·朱建傳》："建母死，貧未有以發喪，方假貸服具。"後世此稱不多見。唐任華《與京尹杜中丞書》言及服具，亦屬論史："昔辟陽侯欲與朱建相知，建不與相見。無何，建母喪，家貧，假貸服具。而辟陽侯乃奉百金往稅焉。及辟陽侯遭讒，而竟獲免者，建之力也。"

虞殯

送葬歌曲。源於發引啓靈、下葬棺木時人們一邊用力一邊唱出的哀聲。此歌先秦時期已行用，後世藉指所有挽歌。《左傳·哀公十一年》："將戰，公孫夏命其徒歌《虞殯》。"杜預注："虞殯，送葬歌曲，示必死。"孔穎達疏："禮，啓殯而葬，葬即下棺。反，日中而虞。蓋以啓殯將虞之歌謂之虞殯。歌者，樂也。喪者，哀也。送葬得有歌者，蓋挽引之人爲歌聲以助哀。今之挽歌是也。"《史記·絳侯周勃世家》："常爲人吹簫給喪事。"司馬貞索隱："《左傳》'歌虞殯'，猶今挽歌類也。"後世未必唱《虞殯》之歌，但沿用此稱。《續資治通鑑長編·宋真宗景德四年》："〔王〕欽若爲人傾巧，……同僚皆疾之，使陳越寢如屍以爲欽若，石中立作欽若妻，哭其傍，餘人歌《虞殯》於前。"清談遷《薤露》詩："富貴曾幾時，門故歌《虞殯》。"

挽歌

送葬時唱的哀傷歌曲。此稱漢代已行用。漢初，高祖劉邦召田橫進京，田橫自殺，其門人哀傷，唱悲歌，是爲"挽歌"之始。《史記·田儋列傳》："以王者禮葬田橫。"張守節正義："崔豹《古今注》云：'《薤露》《蒿里》，送哀歌也，出田橫門人。橫自殺，門人傷之而作悲歌，言人命如薤上露，易晞滅。至李延年乃分爲二曲，《薤露》送王公貴人，《蒿里》送士大夫庶人，使挽逝者歌之，俗呼爲挽歌。'"《文選·挽歌》李善注引三國譙周《法訓》、晋干寶《搜神記》卷一六俱載此事。然一説挽歌出於漢武帝時役人的勞作之聲，或將其與先秦"虞殯"混爲一談。唐段成式《酉陽雜俎續集·貶誤》："摰虞《初禮議》：'挽歌出於漢武帝役人勞苦，歌聲哀切，遂以送終，非古制也。'工部郎中嚴厚本云：'挽歌其來久矣，據《左氏傳》：公會吳子伐齊，將戰，公孫夏命其徒歌《虞殯》，示必死也。'予近讀《莊子》曰：'紼謳於所生，必於斥苦。'司馬彪注云：'紼讀曰拂，引柩索；謳，挽歌；斥，疏緩苦急促，言引紼謳者，爲人用力也。'""挽歌"之稱源於田橫之死斷無疑義。唯後世將發引執紼時所唱哀樂亦稱挽歌，遂與先秦"虞殯"等發引之哀聲相混淆了。唐段成式《酉陽雜俎·尸䠊》："桐人起虞卿，明衣起左伯桃，挽歌起紼謳。"南朝宋劉義慶《世説新語·容止》："張驎酒後挽歌甚悽苦，桓車騎曰：'卿非田橫門人，何乃頓爾至致？'"《左傳·哀公十一年》："將戰，公孫夏命其徒歌《虞殯》。"孔穎達疏："送葬得有歌者，蓋挽引之人爲歌聲以助哀。今之挽歌是也。"後世沿用此稱至今。唐蘇鶚《杜陽雜編》卷下："公主薨，上哀痛之，自製挽歌詞，令百官繼和。"《明史·諸王傳·靈丘王遜烇》："俊格，能文善書。嘉靖時，獻《皇儲明堂》二頌、《興獻帝后挽歌》，賜金帛。"

薤露

亦稱"薤歌"。送葬時所唱悲歌之歌名，歌詞大意爲人命如薤上露珠，易於消逝。一般爲王公貴人的逝去而唱。此稱秦漢時期已行用。《文選·陸機〈挽歌詩〉》（三首之一）："聽我《薤露詩》。"李善注引崔豹《古今注》："《薤露》《蒿里》，並喪歌，出田橫門人。橫自殺，門人傷之，爲之悲歌，言人命如薤上之露，易晞滅；亦謂人死魂精歸乎蒿里。故有二章，其一曰：'薤上朝露何易晞，露晞明朝更復落，人死一去何時歸？'……至李延年乃分二章爲二曲。《薤露》送王公貴人，《蒿里》送士大夫庶人，使挽柩者歌之，世亦呼爲'挽歌'也。"後世往往以之作爲挽歌的泛稱，未必有固定歌詞。《文物》1985 年第 11 期《寧夏固原北周李賢夫婦墓發掘簡報》載《大周柱國河西公墓銘》："夫人宇文氏，婉娩嬪風，優柔母德。草塵未永，薤露先悲。"《太平廣記》卷四八四引《異聞集》："乃歌《薤露》之章，舉聲清越，響振林木，曲度未終，聞者歔欷掩泣。"所謂"歌《薤露》之章"，又省稱"薤歌"。同上書卷二六〇引唐李亢《獨異志》："而薤歌一聲，凡百齊和。"《隋唐五代墓誌彙編·北京卷》第一冊（天津古籍出版社 1991 年版）載唐開元二十年（732）尹君墓誌："薤歌凄而入漢，素蓋飄以搏空。"唐張籍《北邙行》："車前齊唱薤露歌，高墳新起白峨峨。"宋林亦之《小練林承事挽詞》二首之一："薤歌才唱已堪嗟，莫道生平隔海涯。"宋周必大《益國夫人裹奉謝守狀》："自頃悼亡，迨兹送往。疊勤芻奠，仍制薤歌。"明張居正《朱漢水墓》詩："清秋薤露湛，霄漢客星懸。"

【薤歌】

即薤露。此稱唐代已行用。見該文。

蒿里 [1]

送葬時所唱悲歌之歌名，歌詞大意爲人死魂魄歸蒿里，與人世永別。蒿里爲傳說中泰山下聚集死者的陰魂之所，因用爲曲名。一般爲士庶的逝去而唱。此稱秦漢時期已行用。《文選·陸機〈挽歌詩〉》（三首之一）"聽我《薤露詩》"李善注引崔豹《古今注》："《薤露》《蒿里》，並喪歌，……謂人死魂精歸乎蒿里。……其二章曰：'蒿里誰家地，聚斂魂魄無賢愚，鬼伯一何相催促，人命不得少踟躕。'"漢以後成爲士大夫、庶人送葬時所唱挽歌。後世這種挽歌未必有固定歌詞，成爲表達一種沉痛情緒的旋律。《文物》1985 年第 11 期《寧夏固原北周李賢夫婦墓發掘簡報》載《大周柱國河西公墓銘》："是日遷优儷於蒿里，合雙魂而同穴。"唐杜甫《哭李尚書之芳》詩："漳濱與蒿里，逝水竟同年。"浦起龍注："蒿里，送喪歌也。"《舊唐書·音樂志四》："道赫梧宮，悲盈蒿里。"元朱希晦《自述》四首之一："驅車經北邙，悲歌淚如水。君看冢累累，埋沒蓬蒿里。"

棺飾

棺柩外之裝飾物總稱。包括棺罩、帷、荒、池、翣、振容等。尊卑不同，棺飾的規格亦不同，古代禮制有明確規定。自先秦至明清，雖歷代有所增損，但爲飾棺之義則一。下葬時，諸般棺飾隨棺埋入墓穴。《周禮·天官·縫人》："縫人掌王宮之縫線之事……喪縫棺飾焉。"鄭玄注："孝子既啓，見棺猶見親之身；既載，飾而以行，遂以葬若存時居于帷幕而加文綉。"《史記·季布欒布列傳》"乃髡鉗季布，衣褐衣，置廣柳車中"裴駰集解："服虔曰：'東郡謂廣轊車爲柳。'鄧展曰：'皆棺飾也。載以喪車，欲人不知也。'"司馬貞索隱："鄧展所説'柳皆棺飾，載以喪車，欲人不知也'，事義相協，最爲通允。故禮曰'設柳翣，爲使人勿惡也'。鄭玄注《周禮》云'柳，聚也，諸飾所聚也'。則是喪車稱柳，後人通謂車爲柳也。"可知有棺飾的喪車亦稱柳車。

見

棺罩、帷、荒一類棺飾的總稱。因飾於棺外能看見，故稱。此稱先秦時期已行用。《禮記·雜記上》："瓮、甒、筲、衡，實見間而後折入。"鄭玄注："實見間，藏於見外椁内也。折，承席也。"孔穎達疏："實見間：見謂棺外之飾，言實此瓮、甒、筲等於見外椁内二者之間，故云實見間。"陸德明音義："見音間，厠之間。棺衣也。"《儀禮·既夕禮》："藏器，於旁加見。"鄭玄注："器，用器、役器也。見，棺飾也。更謂之見者，加此則棺柩不復見矣。先言藏器，乃云加見者，器在見内也。"賈公彦疏："飾則帷荒，以其與棺爲飾……以其唯見此帷荒，故名帷荒爲見。"清盛世佐《儀禮集編》卷三〇："敖氏曰：墙柳之屬謂之見者，以其見於棺器之外，故因以名之。"

蔞翣

亦作"柳翣""僂翣"，亦稱"翣柳"。裝飾棺柩與靈車的帷蓋之總稱。因人死爲生者所忌，故用帷蓋遮蔽，以免人惡之。此稱先秦時期已行用。"蔞"又作"柳""僂"。《禮記·檀弓下》："制絞衾，設蔞翣，爲使人勿惡也。"鄭玄注："蔞翣，棺之墙飾。《周禮》'蔞'作'柳'。"吳澄《禮記纂言·檀弓》亦釋曰："蔞即柳也，

柳施帷幌以華載柩之車，而翣障於柳之旁，以此飾柩，使人不惡其凶也。"《釋名·釋喪制》："輿棺之車曰輀，其蓋曰柳。柳，聚也。衆飾之所聚，亦其形僂也。"《類篇·人部》："僂，又力九切，喪車飾也。"《駢雅·釋器》："蔞翣、聚僂，棺飾也。"孫詒讓《周禮正義》卷一五："柩車之上，上荒下帷，内柳外衣，通得柳名，柳固無所不賅矣。"此俗後世代代相沿，唯此稱行用較少，且或寫作"柳"。《晉書·后妃傳上·武元楊皇后》："銘旌樹表，翣柳雲敷。"北魏永興二年《魏故廣平郡君長孫氏宋墓誌》："庭列翣柳，車蔚龍螭，玉醑虛湛，寶帳空垂。"明李翊《戒庵老人漫筆·論堪輿》："瓦棺墍周漆椑柳翣，三王制也。"

【柳翣】

通"蔞翣"。此體先秦時期已行用。見該文。

【僂翣】

通"蔞翣"。此體先秦時期已行用。見該文。

【翣柳】

即蔞翣。此稱魏晉時期已行用。見該文。

翣

棺飾。此稱先秦時期已行用。其形如扇而柄甚長，以木爲邊框，蒙以白布，飾以彩繪。兩上角高出，以圭玉或絲穗爲飾。死者地位不同，而有不同圖案，分龍翣、黼翣、黻翣、畫翣等。翣置棺柩兩側，靈車行則使人持之以從，下葬封墓時樹於壙中。《説文·羽部》："翣，棺羽飾也。天子八，諸侯六，大夫四，士二。"段玉裁注："翣者，下垂於棺兩旁，如羽翼然，故字從羽，非真羽也。"《淮南子·氾論訓》："周人墙置翣。"高誘注："周人兼用棺椁，故墙設翣，狀如今要扇，畫文插置棺車箱以爲飾，多

少之差各從其爵命之數也。"《禮記·檀弓上》："周人墻置翣。"孔穎達疏："周人棺椁，又更於椁傍置柳置翣扇。"又《喪大記》："黼翣二，黻翣二，畫翣二。"鄭玄注："漢禮，翣以木爲筐，廣三尺，高二尺四寸，方，兩角高，衣以白布。畫者畫雲氣，其餘各如其象。柄長五尺，車行，使人持之而從，既窆，樹於壙中。"又《禮器》："天子崩，七月而葬，五重八翣；諸侯五月而葬，三重六翣；大夫三月而葬，再重四翣。此以多爲貴也。"此禮後代大同小异：唐時，一品六翣，五品以上四翣，六品至九品二翣。宋時，三品以上六翣，四品四翣，五品以下無。明時，公侯六翣，三品以上四翣，五品以上二翣。清時，五品以上四翣，六品、七品二翣。清姚鼐《封文林郎巫山縣知縣金壇段君墓誌銘》："歸翣故鄉，藏斯寶也。"關於"翣"字，古代詞典中或有誤釋。《集韻·入葉》："翣，柩羽飾。"而《集韻·入狎》"翣"字云："《說文解字》：棺羽飾也。……下垂。或作妾、接、澀、攝、㶒。"按，"接""澀""㶒"與雲時之"雿"通，非棺飾。《說文·羽部》："㶒，捷也，飛之疾也。……讀若瀒。"段玉裁注："瀒，不滑也，與澀同義而雙聲。讀若瀒即讀若澀。"《爾雅·釋詁》："際、接、㶒，捷也。"郭璞注："捷謂相接續。"故知"翣"在迅捷含義上與諸字通，同時諸字有粗澀意而《爾雅》未言也。

墻

棺飾，帷荒之類的總稱。此稱先秦時期已行用。《禮記·檀弓上》："周人墻置翣。"鄭玄注："墻，柳衣也。"《周禮·春官·喪祝》："及墉說載除飾。"鄭玄注："除飾，便其窆爾。周人之葬，墻置澀。"賈公彥疏："《檀弓》云殷人棺椁，周人墻置翣。墻謂帷荒，與柩爲鄣若墻然，故謂之墻。"《淮南子·氾論訓》："周人墻置翣。"高誘注："周人兼用棺椁，故墻設翣，狀如今要扇，畫文插置棺車箱以爲飾，多少之差各從其爵命之數也。"清孫詒讓《周禮正義》卷一五："凡覆柩車者，上曰柳，下曰墻，柳衣謂之荒，墻衣謂之帷。若總言之，則墻亦通名謂柳，柳亦通名墻。"清姚鼐《中議大夫太僕寺卿戴公墓誌銘》："歸翣墻，於此藏。"

帷荒

棺飾。覆蓋在棺柩四邊及上方的幔幕。在旁者曰帷，在上者曰荒。帷與荒之間以紐相連。此稱先秦時期已行用。先秦時白布爲之，士帷荒無藻飾，大夫以上以彩繪爲飾，二者又復不同，以示尊卑。帷荒在停棺時爲靈柩之飾，出葬時爲喪車之飾，下窆則并埋入墓穴。《禮記·喪大記》："飾棺：君龍帷，三池，振容，黼荒。"鄭玄注："荒，蒙也。在旁曰帷，在上曰荒，皆所以衣柳也……紐所以結連帷荒者也。"後世猶用此稱。清方苞《祭顧書宣先生文》："忽承凶問，帶絰長號，緋輤帷荒。"

【僂】

即帷荒。本指喪車的頂蓋，亦轉稱帷荒。棺飾，上曰荒，故僂有時指荒。又因帷荒相連，故僂亦通指帷荒。此稱先秦時期已行用。《吕氏春秋·節喪》："世俗之行喪，載之以大輴，羽旄旌旗如雲，僂翣以督之，珠玉以備之，黼黻文章以飾之。"高誘注："僂，蓋也；翣，棺飾也。"

荒

"帷荒"之一部分。亦稱"鱉甲"。爲覆蓋於棺柩上方的幔布。因隆起如鱉之背，故又名

"鱉甲"。此稱先秦時期已行用。先秦時以白布爲之，大夫以上飾以彩繪，尊卑又有不同。上部中央形圓如車蓋，高三尺，直徑二尺餘，以彩色絲繩穿貝，連綴其上以爲飾，四散紛披，若後世之流蘇。《禮記·喪大記》："君龍帷，三池，振容，黼荒。"鄭玄注："荒，蒙也。在旁曰帷，在上曰荒，皆所以衣柳也。士布帷布荒者，白布也。君大夫加文章焉。"孔穎達疏："荒，蒙也。謂柳車上覆，謂鱉甲也。"又曰："齊、五采者，謂鱉甲上當中央形員如華蓋，高三尺，徑二尺餘；五采，謂人君以五采繪衣之，列行相次，故云五采也。"宋聶崇義《三禮圖集注》卷一九稱天子之荒象徵宮室曰："天子之荒緣荒邊畫龍，又畫雲氣，次畫白黑之黼文，又畫火形如半環，又畫兩己相背之黻文於其間。……荒下又用白錦爲屋，以葬車在道象宮室也。"《釋名·釋喪制》："輿棺之車曰轜……其蓋曰柳……亦曰鱉甲，似鱉甲然也。"畢沅疏證："殯車之蓋名輴，葬車之蓋名荒，其謂之鱉甲則同也。"後世沿用之。《宋史·禮志二十七》："轜車……庶人，鱉甲，車無幰畫飾。"

【鱉甲】

即荒。此稱唐宋時期已行用。見該文。

帷

"帷荒"之一部分。即圍於棺柩四周的幕布。此稱先秦時期已行用。先秦時期，大夫以上，柩外加素錦做成的棺罩，外面再蒙以帷荒。帷與荒之間，用赤色紐帶相連，左右各三，凡六紐。帷上繪飾不同，以別尊卑，故有龍帷、畫帷、布帷之分。當時帷荒皆用白布，後世質料或有不同。《禮記·喪大記》："飾棺：君龍帷，三池，振容，黼荒。"鄭玄注："飾棺者，以華道路及壙中，不欲衆惡其親也。荒，蒙也。在旁曰帷，在上曰荒，皆所以衣柳也。"孔穎達疏："君龍帷者：君，諸侯也。帷，柳車邊障也，以白布爲之。王侯皆畫爲龍，象人君之德，故云龍帷也。"《清史稿·禮志十二》："製柩轝，上用竹格，結以彩，旁施帷幔，四角垂流蘇，繒荒繒帷並青藍色。公、侯、伯織五采，一、二品用銷金，五品以上畫雲氣，六、七品素繒無飾。"

繒帷

亦作"繒幃"。蒙覆棺柩帷幕之四圍。帷幕上曰荒，旁曰帷。先秦時以白布爲之。清代以繒爲帷荒。繒，絲織品的總稱。《説文·糸部》："繒，帛也。"尊卑不同，其上彩飾亦異。此稱清代已行用。《清史稿·禮志十二》："製柩轝，上用竹格，結以彩，旁施帷幔，四角垂流蘇。繒荒、繒帷，並青藍色。公、侯、伯織五采；一、二品用銷金；五品以上畫雲氣；六、七品素繒無飾。"《大清通禮·凶禮》亦載官員喪禮："製柩轝下爲方床，上編竹格爲蓋，四出檐垂流蘇，繒荒繒帷。五品以上畫雲氣爲飾，六品七品素繒無飾。"清末《臺灣私法人事編》第一章第一節（據臨時舊慣調查會宣統二年、三年刊行之臺灣私法報告書編成）載："製柩轝，下爲方床，上編竹格爲蓋，四出檐垂流蘇，繪荒繒幃均青藍色。"

【繒幃】

同"繒帷"。此體清代已行用。見該文。

繒荒

蒙覆棺柩帷幕之頂部。帷幕上曰荒，旁曰帷。《禮記·喪大記》："士布帷，布荒。"鄭玄

注："荒,蒙也。在旁曰帷,在上曰荒。皆所以衣柳也。"古代喪制,荒、帷皆以白布爲之。後世所用質料有所不同。繒荒即以繒縫製之荒。此稱清代已行用。《清史稿·禮志十二》："繒荒、繒帷,並青藍色。公、侯、伯織五采;一、二品用銷金;五品以上畫雲氣;六、七品素繒無飾。"徐珂《清稗類鈔·物品類》言柩轝:"轝制,下爲方牀,上編竹格爲蓋,四出檐,垂流蘇,繒荒繒幃均青藍色,公侯伯織五采,二品以上施散金,五品以上畫雲氣,六、七品素繒無飾。"

蟻結

棺罩四角所畫圖案。其形如蟻結隊而行,往來交錯,故名。此稱先秦時期已行用。《禮記·檀弓上》:"子張之喪,公明儀爲志焉。褚幕丹質,蟻結于四隅,殷士也。"鄭玄注:"畫褚之四角,其文如蟻行,往來相交錯。蟻,蚍蜉也。殷之蟻結,似今蛇文畫。"孔穎達疏:"所以畫蟻者,殷禮,士葬之飾也。"元陳澔《禮記集説·檀弓上》:"褚之四角畫蚍蜉之形交結往來,故云蟻結于四隅,此殷禮,士葬飾也。"《日講禮記解義·檀弓上》:"此記孔子弟子送葬之事也。褚,覆棺之物;蟻結,畫蚍蜉之形於褚之四角也。"

振容

棺飾。以蒼黃色絲綢製成,長一丈餘,形如旗幡。上面畫有雉鳥之形,雉鳥以青色爲底,五彩紛呈。懸於池下,以爲裝飾。柩車走動,則旗幡飄搖,望之如水草臨水而動,故名。此稱先秦時期已行用。《禮記·喪大記》:"飾棺:君龍帷,三池,振容。"鄭玄注:"畫之於絞繒而垂之以爲振容,象水草之動搖。"孔穎達疏:

"振容者,振,動也;容,飾也。謂以絞繒爲之,長丈餘,如幡,畫幡上爲雉縣於池下爲容飾。車行則幡動,故名振容。"大夫以下等級不得用振容。《禮記·雜記上》:"大夫不揄絞,屬於池下。"鄭玄注:"人君之柳,其池繫絞繒於下而畫翟雉焉,名曰振容……大夫去振容。"後世多於哀册、墓誌中用此稱。《隋書·元德太子昭傳》載虞世基爲太子撰哀册文:"抗銘旌以啓路,動徐輪於振容。"《宋大詔令集·宣仁聖烈哀册》:"臨遣奠以興哀,瞻振容而永慕。"

布帷

棺飾。士階層的棺柩四周所圍之布幕。以白布爲之,無繪飾。此稱先秦時期已行用。《禮記·喪大記》:"士布帷,布荒,一池。"鄭玄注:"布帷、布荒者,白布也。君大夫加文章焉。"孔穎達疏:"士布帷、布荒者,士帷及荒者,白布爲之而不畫也。"元吳澄《禮記纂言》卷一〇:"士布帷布荒者,白布也。君大夫加文章焉。"因其棺飾簡樸,故後世多爲喪禮從簡者所用。宋葉適《姚君愈墓志銘》:"將死,戒其弟棺前止須布帷一幅,置瓦爐於案。"清代朱彝尊《曝書亭集》卷一九記其老來喪子,老友梅文鼎"歸自閩中,扁舟過慰",因"成詩百韵,次日送之還宣城兼寄孝廉(庚)":"老夫初失子,痛若遭鞭刑。騷騷理喪具,裂布帷兩楹。本爲共命鳥,卒然翦其翎。"

魚躍拂池

棺飾。棺外布帷上部邊緣挂"池"(竹籠蒙青布若小車笭)、下懸絞雉與銅魚的裝飾。靈車行進時,銅魚因受震動而上下跳躍拂池,故名。此稱先秦時期已行用。《禮記·喪大記》:"飾棺:君龍帷,三池,振容……魚躍拂池。"鄭玄注:

"君、大夫以銅爲魚，縣於池下……行則又魚上拂池。"孔穎達疏："魚躍拂池者，凡池必有魚，故此車池縣絞雉又縣銅魚於池下，若車行則魚跳躍上拂池也。"《朱子語類·禮四》："宇間：'《禮記》：主人既祖，填池。鄭氏作奠徹，恐只是填池，是殯車所用者。'曰：'如魚躍拂池，固是如此。但見葬車用此，恐殯車不用此，此處亦有疑。'"宋魏了翁《儀禮要義·既夕禮一》："《喪大記》大夫有魚躍拂池，士則無。鄭注云士則去魚。"清徐乾學《讀禮通考·喪具二》："魚躍拂池者，凡池必有魚，故此車池縣絞雉，又縣銅魚於振容間。若車行則魚跳躍，上拂池也。"

池

棺飾。以竹編小籠，外蒙青布，挂於棺罩的邊角，像現實中宮室的承溜。池數尊卑不同，諸侯王三池，大夫二池，士一池。若喪主爲君、大夫，則另以銅魚懸於其下。此稱先秦時期已行用。《禮記·喪大記》："飾棺：君龍帷，三池。"鄭玄注："池以竹爲之，如小車笒，衣以青布。柳象宮室，縣池於荒之爪端，若承霤然云。君、大夫以銅爲魚，縣於池下。"孔穎達疏："池，謂編竹爲籠，衣以青布，挂著於柳上荒邊爪端，象平生宮室有承霤也。"宋聶崇義《三禮圖集注》卷一九亦曰："池者，織竹爲之，狀如小車笒，衣以青布，挂著於柳上荒之爪端，象平生宮室承霤然。"清李鍾倫《周禮纂訓》卷四："池象屋承霤，屋承霤以木爲之，承於屋，霤入此木中。又從木中而霤於地。池者象焉，但以織竹爲之，衣以青布。天子四池，諸侯闕後一。振容者，以絞繒畫搖雉懸池下，車行幡動以振容。"

柳

棺飾。諸棺飾所依附之框架，布帷、布荒聚附其上，故此狀況亦稱作"衣柳"。此稱先秦時期已行用。其具體含義諸説不一。一謂荒之框架。《儀禮·既夕禮》："商祝飾柩。"鄭玄注："飾柩，爲設牆柳也……牆有布帷，柳有布荒。"《禮記·喪大記》："飾棺：君龍帷，三池，振容，黼荒。"鄭玄注："荒，蒙也。在旁曰帷，在上曰荒，皆所以衣柳也。"清刊《欽定禮記義疏》卷八二："案：柳之言，聚也，諸飾所聚也。孝子啓殯見棺猶見親，身載飾而行，遂以葬若存時居，帷幕而加文綉也。"一謂帷、荒等棺飾的總稱。《周禮·天官·縫人》："衣翣柳之材。"鄭玄注："柳之言聚，諸飾之所聚。"賈公彥疏："翣即上注方扇是也。柳即上注引《喪大記》帷荒是也。二者皆有材，縫人以采繒衣纏之，乃後張飾於其上，故云衣翣柳之材也。"按，孫詒讓《周禮正義》卷一五："凡覆柩車者，上曰柳，下曰牆。柳衣謂之荒，牆衣謂之帷……若總言之，則牆亦通名柳，柳亦通名牆。則柩車之上，上荒下帷，內材外衣，通得柳名，柳固無所不晐矣。"可知"柳"亦可作棺飾總稱。亦爲後世沿稱。北魏《魏故散騎常侍鎮南將軍金紫光禄大夫領國子祭酒濟州刺史王使君墓誌》："影影牆柳，淒淒薤露，出塋銜悲，臨穴興慕。"

龍帷

棺飾。君主靈柩四周的布幕。上畫龍形圖案，以象徵君王的德行與威儀。此稱先秦時期已行用。《禮記·喪大記》："飾棺：君龍帷。"孔穎達疏："君龍帷者，君，諸侯也。帷，柳車邊障也。以白布爲之。王侯皆畫爲龍，象人君之德，故云龍帷也。"《周禮・天官・縫人》："縫人掌王宮之縫綫之事……縫王及后之衣服。喪縫棺飾焉。"鄭玄注引上《禮記》文，曰："此諸侯禮也。"又引漢禮器制度曰："飾棺，天子龍火黼黻皆五列。"南朝齊謝朓《齊敬皇后哀策文》："繼池綷於通軌兮，接龍帷於造舟。"

龍翣

繪有龍紋圖案的扇形棺飾，爲天子所用。此稱漢代已行用。天子八翣，其中二翣爲龍翣，繪龍形圖案，上加璧玉爲飾。《周禮・天官・縫

龍翣、黻翣、黼翣、畫翣
（清蔣廷錫等《古今圖書集成》）

人》："縫人掌王宮之縫綫之事，以役女御，以縫王及后之衣服。喪縫棺飾焉。"鄭玄注："漢禮器制度：飾棺，天子龍火黼黻皆五列。又有龍翣二，其戴皆加璧。"宋聶崇義《三禮圖集注》卷一九："天子八翣，加龍翣二，其戴皆加璧垂羽。"

璧翣

周天子棺飾之一，飾有璧玉的翣。此稱先秦時期已行用。《禮記・明堂位》："有虞氏之綏，夏后氏之綢練，殷之崇牙，周之璧翣。"鄭玄注："天子八翣，皆戴璧垂羽。"孔穎達疏："周之璧翣者，謂周代以物爲翣，翣上戴之以

璧，陳之而郭柩車。"宋衞湜《禮記集說》卷八〇引長樂陳氏曰："蓋筍虡所以縣鍾磬，崇牙璧翣所以飾筍虡。夏后氏飾以龍而無崇牙，殷飾以崇牙而無璧翣。至周則極文而三者具矣。設業設虡崇牙樹羽是也。"

黼荒

諸侯棺飾之一。邊緣畫有黼紋的荒。諸侯之棺，有素錦作爲棺罩，外面再蒙覆荒帷。荒的四周繪有黼形圖案（斧形，刃白而身黑），裏邊還有三道火紋，三道黼紋。此稱先秦時期已行用。《禮記・喪大記》："飾棺：君龍帷，三池，振容，黼荒，火三列，黻三列。"鄭玄注："黼荒，緣邊爲黼文。"孔穎達疏："黼荒者：荒，蒙也，謂柳車上覆，謂鱉甲也。緣荒邊爲白黑斧文，故云黼荒。火三列者：列，行也。於鱉甲黼文之上荒中央又畫爲火三行也。火形如半環也。黻三列者：又畫爲兩己相背爲三行也。"清李鍾倫《周禮纂訓》卷四："荒者蒙也，謂車上覆鱉甲也，亦柳爲之，以繒衣之緣邊畫爲黼文，故曰黼荒。又於荒中央畫火及黻各三行，火形如半環黻，兩己相背。"

黻翣

棺飾。繪有黻紋的翣。古代大夫以上喪禮用之。黻紋爲兩个相背的"己"形圖案。《爾雅・釋言》："黼黻，彰也。"郭璞注："黼文如斧，黻文如兩'己'相背。"此稱先秦時期已行用。《周禮・春官・司服》賈公彥疏："黻，黑與青，爲形則兩'己'相背，取臣民背惡向善，亦取君臣有合離之義，去就之理也。"黻翣頂端綴有絲穗，蒙絡其下以爲飾。《禮記・喪大記》："飾棺：君龍帷，三池……黼翣二，黻翣二，畫翣二。"鄭玄注："漢禮，翣以木爲筐，廣三

尺，高二尺四寸，方，兩角高，衣以白布。畫者，畫雲氣，其餘各如其象。”孔穎達疏：“翣形似扇，以木爲之，在路則障車，入椁則障柩也。凡有六枚，二畫爲黼，二畫爲黻，二畫爲雲氣。”《周禮·天官·縫人》：“喪縫棺飾焉。”孔穎達疏：“黑與青謂之黻，兩己相背。”

黼翣

棺飾。繪有黼紋的翣。翣形如扇，安有長柄，在路障靈車，入穴障棺柩。黼紋爲斧形，黑白相間，刃白而身黑。此稱先秦時期已行用。《禮記·喪大記》：“黼翣二，黻翣二，畫翣二，皆戴圭。”鄭玄注：“畫者，畫雲氣。其餘各如其象。”《周禮·夏官·御僕》：“大喪，持翣。”鄭玄注：“翣，棺飾也。持之者，夾輿車。”賈公彦疏：“畫者，畫雲氣謂之畫翣，畫之以黼謂之黼翣之類是也。”後世沿用此稱。《藝文類聚》卷一三引晋佚名《晋穆帝哀策文》：“祖載華庭，晏駕崇丘。俯執饋奠，仰攀龍輈；炎炎黼翣，飄飄素斿。感想平昔，人懷崩抽；號聲如震，灑涕成流。”《新唐書·禮樂志十》：“一品引四、披六、鐸左右各八、黼翣二、黻翣二、畫翣二。”《韓頭陀傳》第三三回：“把花雪柳三十二副，黼翣功布一十六名。”

畫荒

繪有雲氣圖形的棺飾。先秦時爲大夫之棺飾。其棺柩有白色絲織品作爲棺罩，外面再蒙覆荒帷。荒的四周繪有雲氣，裏邊有三道火紋，三道黻紋（如兩“己”相背之狀）。此稱先秦時期已行用。《禮記·喪大記》：“飾棺：君龍帷，三池，振容，黻荒，火三列，黼三列……大夫畫帷，二池，不振容，畫荒，火三列，黻三列。”鄭玄注：“畫荒，緣邊爲雲氣。火、黻

爲列於其中耳。”孔穎達疏：“黼荒，緣邊爲黼文；畫荒，緣邊爲雲氣者。既云黼荒、畫荒，又云火三列、黻三列，火、黻既爲三列，其處寬多，宜在荒之中央，則知黼之與畫宜在荒之外畔云。”漢代又以此稱指平民之棺飾。漢桓寬《鹽鐵論·散不足》：“今富者綉墻題湊，中者梓棺梗椁，貧者畫荒衣袍，繒囊緹橐。”

畫帷

畫有雲氣的白布棺飾。先秦時多指大夫棺柩四周所圍畫有雲形圖紋的布幕，後世亦指王與后靈車裝飾。此稱先秦時期已行用。《禮記·喪大記》：“大夫畫帷，二池，不振容。”鄭玄注：“在旁曰帷，在上曰荒，皆所以衣柳也。士布帷、布荒者，白布也。君大夫加文章焉。黼荒，緣邊爲黼文；畫荒，緣邊爲雲氣。”孔穎達疏：“大夫畫帷者，不得爲龍，畫爲雲氣。”《南齊書·輿服志九》：“輼輬車（四輪，飾如金根。四角龍首，施組銜璧，垂五采，析羽葆流蘇，前後雲氣錯畫帷裳，以素爲池而黼黻。）”明彭大翼《山堂肆考·典禮·畫帷畫荒》：“黼荒畫帷畫荒，皆畫爲雲氣也。”

畫翣

繪有雲氣的翣。翣似長柄扇，蒙以白布，飾以彩繪。置棺側。靈車行，使人持之以從。臨葬，樹墓穴中。先秦時，君、大夫各畫翣二。用於君者翣頂綴有圭玉，用於大夫者翣頂綴有五彩之羽毛。此稱先秦時期已行用。《禮記·喪大記》：“飾棺：君龍帷……黼翣二，黻翣二，畫翣二，皆戴圭……大夫畫帷……黻翣二，畫翣二，皆戴綏。”鄭玄注：“翣以木爲筐，廣三尺，高二尺四寸，方，兩角高，衣以白布。畫者，畫雲氣。其餘各如其象。柄長五尺，車行

使人持之而從，既窆，樹於壙中。《檀弓》曰'周人墻置翣'是也。綏當爲緌，讀如冠蕤之蕤，蓋五采羽。"後世猶用此稱。《宋史·樂志十五》載《祔陵歌》："鑾輅曉駕載龍旗，路逶遲。鈴歌怨，畫翣引華芝，霧薄風微。"然宋以後未必沿用其制，唯襲用此稱而已。明程敏政《祭襄城侯夫人汪氏文》："畫翣載陳，丹旐將出。敢酹一觴，幸鑒於室。"

布荒

不加彩繪的荒。古代士的棺飾之一。此稱先秦時期已行用。《禮記·喪大記》："士布帷布荒。"鄭玄注："荒，蒙也。在旁曰帷，在上曰荒，皆所以衣柳也。士布帷布荒者，白布也。君大夫加文章焉。"孔穎達疏："士布帷布荒者，士帷及荒者，白布爲之而不畫也。"元吳澄《禮記纂言·喪大記》："帷是邊墻，荒是上蓋。褚覆竟而加帷荒於褚外也。"士棺無褚，以帷荒直接蒙覆其外，帷荒皆無繪飾。明彭大翼《山堂肆考·典禮·畫帷畫荒》："繡荒畫帷畫荒，皆畫爲雲氣也。布帷布荒，皆白布不畫也。"又，鄭注或曰荒在上，或曰荒在旁，清陸隴其《讀禮志疑》卷一釋曰："鄭康成《既夕》注云'墻有布帷，柳有布荒'，《喪大記》注又云'在旁曰帷，在上曰荒'，皆所以衣柳也。則帷荒總名爲柳。賈公彦疏云：對而言之則帷爲墻，象宮室有墻壁；荒爲柳，以其荒有黼黻及齊三采諸色所聚，故得柳名。柳之言，聚也，總而言之皆得爲墻，巾奠乃墻。及《檀弓》云'周人墻置翣'，皆墻中兼有柳。《縫人》'衣翣柳之材'，柳中兼墻。愚按經文用字，有此對言總言之二法，不可不知。"

戴

繫連棺束與柳材的絲帛。棺飾之一。尊卑不同，戴的色澤與數目亦不同。《周禮》：諸侯六戴，大紅色；大夫四戴，前邊左右各一，爲大紅，後邊左右各一，爲黑紅；士亦四戴，但前二爲大紅，後二爲黑色。此稱先秦時期已行用。《禮記·喪大記》："君繢戴六，繢披六。"又："大夫戴，前繢後玄……士戴，前繢後緇。"鄭玄注："戴之言值也，所以連繫棺束與柳材，使相值，因而接前後披也。"孔穎達疏："君繢戴六者，事異飾棺，故更言君也。繢戴，謂用繢帛繫棺紐者，柳骨也。謂之戴者，戴，值也，使棺堅值。棺橫束有三，亦每一束兩邊輒各屈處爲紐，三束有六紐，今穿繢戴於紐以繫柳骨，故有六戴也。"又疏："大夫戴前繢後玄者，事異，故更言大夫也。降人君，故不並用繢也。其數與披同，用四也……士戴前繢後緇者，事異，故直言士也。戴當棺束，每束各在兩邊，前頭二戴用繢，後頭二戴用緇，通兩邊爲四戴，舉一邊即兩戴也。"

屋

以木、素錦或葦席製作的棺帳，棺飾之一。此稱先秦時期已行用。《禮記·雜記上》："諸侯行而死於館，則其復如於其國……其輤有裧，緇布裳帷，素錦以爲屋而行……士輤，葦席以爲屋。"鄭玄注："輤象宮室，屋，其中小帳。"孔穎達疏："素錦以爲屋者，於此裳帷之中又用素錦以爲屋小帳。"宋衞湜《禮記集說·雜記上》釋之更詳："鄭氏曰，言以葦席爲屋，則無素錦爲帳。孔氏曰，此一經明士輤也，謂用葦席屈之以爲輤棺之屋，蒲席以爲裳帷，圍繞於屋旁也。然大夫無以他物爲屋之文，則是用素錦爲帳矣。既有素錦帷帳，帳外上有布輤，旁有布裳帷；則士之葦席屋之外，旁有蒲席裳帷，則屋上當以蒲席爲輤覆於上。"《墨子·節葬下》："王公大人有喪者……車馬藏乎壙，又必多爲屋幕。"此制後世猶沿襲。宮室狀木屋，曾見古代墓葬中有實物出土。參閲喬今同《甘肅漳縣元代汪世顯家族墓葬》，《文物》1982年第2期。

第三節　喪車考

喪車是古代喪禮中使用的車輿。其種類大致有四類：一爲載柩之車，一爲服喪所乘車，一爲拉衣物奠品之車，一爲隨葬之車。前三類因在喪儀的不同時期的不同作用及使用者的等級差別而有諸多名目。但"三禮"所言喪車名義多不見於後世，而後世文獻所載，或制度相同而名義有異，或名義相同而其實各別，紛紜繁雜，難以究詰。

喪車之名，始見於兩周，《周禮·春官·巾車》即有"王之喪車五乘"之語。後世一直沿用此稱。《穆天子傳》卷六："甲辰，天子南葬盛姬於樂池之南……乃周姑繇之水以圍喪車。"所言爲西周事，而書爲戰國之作。《左傳·定公九年》："坐引者以師哭之。"杜預注："停喪車以盡哀也。"就考古材料而言，喪車在夏商時即已出現，并在貴族喪禮中廣爲行用。

隨葬之車，商周貴族大墓多有之。一般埋於主墓室旁的坑穴中，考古界稱之爲車馬坑，每坑多是一車一馬或數馬，亦有數車數馬的，如北京琉璃河西周燕國墓地1100號車馬坑即有五車十三馬（參見《考古》1984年第5期）。春秋時期，隨葬馬車仍是等級標志之一，其數量和規模與商周相比有過之而無不及。當時士階層之墓一般均有車馬器，卿大夫墓常有車馬坑，諸侯以上墓則必有數量較多的車馬器或車馬坑。據《東周墓葬》（參見《中國大百科全書·考古學》）載，太原金勝村M251的車馬坑葬十六車四十四馬；上村嶺虢國墓十車二十馬和五車十馬兩種車馬坑；鳳翔八旗屯墓地有三車六馬和一車二馬兩種車馬坑。各地情形不一樣，但都體現出墓主人等級的高低。戰國至西漢，除地位較高的貴族外，一般人的墓葬隨葬馬車的現象逐漸減少，且隨葬位置也從商周時的車馬坑漸漸轉向墓室或墓道内。《後漢書·禮儀志下》劉昭注引《漢舊儀》言天子墓："其設四通羨門，容大車六馬。"此説未必確切。從滿城漢中山靖王劉勝墓出土六車十六馬、曲阜九龍山漢魯王墓出土十二車五十馬的情況看，天子墓隨葬之車馬不應如此之少。但從總體來説，西漢墓隨葬馬車已非普遍現象。至西漢晚期，隨葬真車真馬之俗基本消失，代之而起的是車馬明器，并爲此後歷代沿襲。

載柩車，自商周至明清一直行用。據其用途可分爲二類：一爲自停殯處移送棺柩至墓地之車，一般稱作柩車；一爲出殯及自墓道下棺入墓室之車，多稱之爲輴車。柩車前有引導之"紼"（或稱"引"），兩邊有保持靈柩平衡的"披"，皆由人執之。《呂氏春秋・節喪》謂豪奢之家"引紼者左右萬人"，人數如此之多當是特例，但動用成百上千人牽引柩車在先秦兩漢時并不稀罕，後代則多爲幾人至數十人而已。柩車四輪，上施帷幔，且以衾覆棺。輴車，先載棺出殯所，移棺上柩車，在柩車到達墓所後，又用輴車承接棺材，再沿墓道載至墓室。輴車亦四輪，車身車輪俱比常車小，鄭玄注《周禮・地官・遂師》謂這種車"四輪迫地而行"。因此這種車不隨葬，運棺至墓室後即返回，故今考古發掘很難看到實物。載柩車自先秦至明清沒有根本性變化，從《新唐書・禮樂志十》可窺見其使用方式："輴出，升車，執披者執前後披，紼者引輴出……輴出到輴車，執紼者解屬於輴車，設帷帳於輴後，遂升柩。"又："喪至於墓所，下柩，進輴車於柩車之後，張帷下柩於輴。"又："執紼者屬紼於輴，遂下柩於壙。"

喪車，裝載隨葬品及祭奠品之車。先秦已有之。《周禮・春官・巾車》："王之喪車五乘：木車、蒲蔽、犬𧝄、尾囊、疏飾。"鄭玄注："天子喪服之車，漢儀亦然。"則先秦至漢王者喪車制度相似。天子以下不同地位的人在喪車數量、大小、紋飾上均有不同。漢以後，尤其唐宋時，喪車成爲喪葬儀仗中的主要內容。《新唐書・禮樂志十》：送葬，"掌事者以蒲葦苞牲體下節五，以繩束之，盛以盤，載於輿。前方相、大棺車、輴車，明器輿、下帳輿、米輿、酒脯醢輿、苞牲輿、食輿，爲六輿"。宋承唐制，《宋史・禮志二十七》言一品官葬禮："輴車、魂車、儀棹車、買道車、志石車各一……香輿、影輿、蓋輿、錢輿、五穀輿、酒醢輿、衣物輿、庖牲輿各一。"元明清時仍有此種制度遺存，如《明會典》卷九九載，品官送葬之儀，靈車之後，尚有米輿、酒脯輿及食輿等。由於紙扎奠品流行，許多物品不須動用真車裝載，故喪車的數量大大減少，已不及唐宋時的規模。近世以來，出殯時猶用喪車。如民國十四年《興京縣志》："遷柩於喪輿，曰升棺。"民國十五年《新民縣志》："起靈爲發引，升柩於輿。"今則不用傳統的喪車，而多由數人至十幾人抬棺，奠品、隨葬品亦多由人拿，很少使用馬車。今城市中人均以汽車出殯，更與古時不同。

古時喪葬之車中還包括供生者乘坐前往送葬之車，其狀況詳本書《交通卷》有關車之文，此不贅述。

喪車

　　喪禮所用馬車的總稱。歷代主要指載柩之車，同時亦指服喪者乘坐之車、出殯時載死者衣物及各種奠品之車，以及直接用於殉葬的隨葬之車。此稱先秦時期已行用。貴族墓殉葬真馬、真車多行於商周，至漢初猶見於少數貴族墓，後世此俗消失，隨葬以陶車馬明器代之。商代車馬隨葬，已在河南安陽殷墟、陝西西安老牛坡、山東益都蘇埠屯和滕州前掌大等地遺址中發現（參閱鄭若葵《試論商代的車馬葬》，《考古》1987年第5期）。春秋時隨葬車馬達到極致，多在貴族主墓旁另挖車馬坑陪葬。如河南三門峽上村嶺發掘的虢國太子墓（M1052），有單獨的車馬坑，殉車十輛，馬二十四（參閱中國科學院考古研究所《上村嶺虢國墓地》，科學出版社1959年版）。喪車其他功能，《周禮》有詳説。《周禮·春官·巾車》稱"王之喪車五乘"，即木車、素車、藻車、駹車、漆車，均有不同用途。《禮記·雜記上》："端衰喪車皆無等。"漢鄭玄注："喪車，惡車也。喪者衣衰及所乘之車貴賤同。孝子於親一也。"元陳澔《禮記集説·樂記》："喪車，孝子所乘惡車也。"此指服喪者所乘車及載奠品之車。戰國時代的《穆天子傳》卷六言西周事："甲辰，天子南葬盛姬於樂池之南……乃周姑繇之水以圍喪車。"《左傳·定公九年》："坐引者，以師哭之。"杜預注："停喪車以盡哀也。"二者均爲載柩之車。後世服喪者所乘車和裝奠品之車多有專稱，故"喪車"一稱實際上主要指載柩車。《後漢書·袁敞傳》："特加襘覆，喪車復還，白骨更肉。"《晉書·長沙王乂傳》："乂將殯於城東，官屬莫敢往。故掾劉佑獨送之，步持喪車，悲號斷絶，

哀感路人。"《宋書·孝武十四王傳·始平孝敬王子鸞》："追進淑儀爲貴妃，……上自臨南掖門，臨過喪車，悲不自勝，左右莫不感動。"唐陳鴻祖《東城老父傳》："父〔賈〕忠死太山下，得子禮奉屍歸葬雍州。縣官爲葬器。喪車乘傳洛陽道。"唐張籍《北邙行》："洛陽北門北邙道，喪車轔轔入秋草。"宋佚名《三命指迷賦》："五鬼多而乘勢兮麾旌前引，三元衰而煞旺兮喪車疾馳。"宋翟汝文《祭保甲於淋文》："哀死字孤，魂兮來歸，登此喪車，嗚呼哀哉！"明范景文《贈王慶我一門三節奉詔旌閭叙》："一門之內，數年之間，喪車頻駕，白晝爲昏。"明唐寅《與文徵明書》："父母妻子，躑躅而没。喪車屢駕，黃口嗷嗷。"

柩車

　　亦稱"蜃車""輴車""柩路""輴路""柩輅"。出喪時的載柩之車。今稱靈車。其制异於常車，車上飾以帷荒，四个無輻的實木小輪，底部中間有轅前後出，以人牽引前行。此稱漢代已行用。《周禮·地官·遂師》："大喪，使帥其屬以幄帟先道野役。及窆，抱磨共丘籠及蜃車之役。"鄭玄注："蜃車，柩路也。柩路載柳，四輪迫地而行，有似於蜃，因取名焉。行至壙，乃説更復載以龍輴。蜃，《禮記》或作槫，或作輇。"又《周禮·地官·稍人》："大喪，帥蜃車與其役，以至掌其政令，以聽於司徒。"又《春官·巾車》："小喪共柩路與其飾。"鄭玄注："柩路，載柩車也。"又《春官·喪祝》："掌大喪勸防之事……及祖，飾棺，乃載，遂御。"漢鄭司農注："喪祝爲柩車御也。"宋易祓《周官總義》卷一五注此文，"柩"作"輴"，曰："昧爽，載輴至廟，則居前以御輴也。又及祖廟，

設祖祭之禮，加帷荒以飾棺，乃移所載匶車於庭中，遂爲之御。"清方苞《儀禮析疑·既夕禮》釋"主人入祖乃載"，曰："正柩後，天子諸侯陳柩輅，卿大夫陳命車。"近世以前，柩車皆由人牽引；當今則多由汽車載棺上墓地，與古不同。晋潘岳《夏侯常侍誄》："柩輅既祖，容體長歸。"明宋濂《巢國華武公神道碑》："旋其柩車，就鄉而窆。"明劉三吾《安陸侯黔國威毅吳公神道碑銘（有序）》："柩車至龍江，遣官祭奠，賜宅兆鍾山之陰。"清毛奇齡《孝子聲遠王君暨節婦汪孺人合窆墓誌銘》："先大人以甲子棄世……今將扶先慈柩車，行合窆禮。"

【屢車】

即柩車。此稱先秦時期已行用。見該文。

【匶車】

同"柩車"。此體先秦時期已行用。見該文。

【柩路】

即柩車。此稱先秦時期已行用。見該文。

【匶路】

即柩車。此稱先秦時期已行用。見該文。

【柩輅】

即柩車。輅通"路"。此體魏晋時期已行用。見該文。

【輲車】

即柩車。亦稱"輇車"。此稱先秦時期已行用。《禮記·雜記上》："至於家而說輴，載以輲車。"鄭玄注："輲，讀爲輇，或作槫。許氏《說文解字》曰：'有輻曰輪，無輻曰輇。'《周禮》又有蜃車，天子以載柩，蜃、輇聲相近，其制同乎輇。"明周祈《名義考·物部·車制》："有輇車，無輻，直斫木爲之，若推輪也。"明彭大翼《山堂肆考·典禮》考釋："輲車，輲讀爲輇。《說文》：'有輻曰輪，無輻曰輇。'有輻者，別用木以爲輻也；無輻者，合大木爲之也。大夫死于道，以白布爲輴。行至于家而脫輴，則載以輲車。"

【輇車】

即輲車。此稱先秦時期已行用。見該文。

【柳車】

即柩車。宋聶崇義《三禮圖集注》卷一九："柳車名有四：殯謂之輴車，葬謂之柳車，以其迫地而行則曰屢車，以其無輴則曰輇車。"可知柳車既可作幾種殯葬車的總稱，亦指安葬時之載柩車。柳車周邊有垂飾。此稱唐代已行用。《禮記·檀弓上》："池視重霤。"唐孔穎達疏："池者柳車之池也。"唐張九齡《故滎陽君蘇氏挽歌詞》三首之一："更悲泉火滅，徒見柳車迴。"《舊唐書·李勣傳》："葬日，帝幸未央古城登樓臨送，望柳車慟哭，並爲設祭。"《明會典·喪葬禮》記柳車之制："上用竹格以彩結之，旁施帷幔，四角垂流蘇。"《明史·禮志十四》："庶民……明器一事。功布以白布三尺

柳　車
（宋聶崇義《三禮圖集注》）

引柩，柳車以衾覆棺。"

【靈車】

即柩車。此稱唐代已行用。《舊唐書·高祖二十二子傳·彭王元則》："發引之日，高宗登望春宮，望其靈車，哭之甚慟。"《新五代史·晋本紀》："庚子，祔高祖神主于太廟。辛丑，蠲高祖靈車所過民租之半。"清徐乾學《資治通鑑後編·宋孝宗淳熙六年》："初，金主自濟南改西京留守，過良鄉，使魯國公主葬〔昭德皇〕后于宛平縣之土魯原。至是，改葬大房山，太子允恭徒行挽靈車。"《明會典·喪禮三》載品官喪禮："啓之日，掌事者納柩車于大門之內，當門南向，進靈車于柩車之右。"

輼涼車

亦作"輼輬車"。本屬安車一類，分別稱爲"輼車"和"輬車"。輼車密閉，故溫暖；而輬車有窗，通風，故清涼。二車之車型均較大，可供卧息，而且往往同行，以便乘車者選用。秦時因輼車曾載秦始皇尸，遂逐漸成爲專用喪車，其名稱亦合二而一，不再分別。沿用至南朝初。王侯高官出殯，亦時以此車載之。《説文·車部》："輼，卧車也。"段玉裁注："〔顔〕師古曰：'輼、輬本安車，可以卧息，後因載喪，飾以柳翣，故遂爲喪車耳。輼者密閉，輬者旁開窗牖，各別一乘，隨事爲名。後人既專以載喪，又去其一，總爲藩飾，而合二名呼之耳。'按，顔説是也。本是二車，可偃息者。故許〔慎〕分解曰卧車。《始皇本紀》上渾言'輼輬車'，下言'上輼車臭'，以屍實在輼車，不在輬也。"按，顔説見《漢書·霍光傳》。或説"輼輬車"爲一物，形如衣車，有窗牖。閉之則溫，開之則涼，故以"輼輬"名之。《史記·秦始皇本紀》："〔始皇帝崩後〕棺載輼涼車中……會暑，上輼車臭。"又《李斯列傳》："始皇崩……置始皇居輼輬車中。"裴駰集解引文穎曰："輼輬車，如今喪轜車也。"引孟康曰："如衣車，有窗牖。閉之則溫，開之則涼，故名之'輼輬車'也。"按，始皇帝暴崩於巡察途中，無喪車之備，不得已而將尸載於輼涼車。其時，輼涼車非喪車也。《漢書·霍光傳》："載光屍柩以輼輬車。"其形制又見《宋書·禮志五》："漢制：大行載輼輬車，四輪，其飾如金根〔車〕加施組連璧、交絡四角，金龍首銜璧，垂五采析羽流蘇，前後雲氣畫帷裳，文畫曲蕃，長與車等。"《後漢書·禮儀志下》："太史令奉謚哀策。"劉昭注："近檢《梁儀》：自梓宮將登輼輬，版奏皆稱某謚皇帝。"《北史·清河王岳傳》："〔清河王〕薨，朝野惜之，時年三十四。詔……給輼輬車。"《宋會要輯稿·禮二十九》："開寶九年十月二十日，太祖崩……少府監言山陵、輼輬車并諸色擎舁共五千九百五十六人，請下步軍司差，從之。"按，輼輬車爲天子喪車，霍光等王侯葬以殊禮，故亦用輼輬車，特例也。

【輼輬車】

同"輼涼車"。此體秦代已行用。見該文。

清素車

省稱"素車"。用白布爲幔的喪車。此稱魏晋時期已行用。《魏書·刁沖傳》引刁雍《行孝論》："轜車止用白布爲幔，不加畫飾，名爲清素車。"喪車衹用白布爲幔，已見於先秦，然不名清素車。《禮記·雜記上》："大夫、士死於道，則升其乘車之左轂，以其綏復。如於館死，則其復如於家。大夫以布爲輤而行。"鄭玄注：

"大夫輤言用布，白布不染也。言輤者，達名也。不言裳帷，俱用布無所別也。"後常省稱爲"素車"。《文物》1973 年第 11 期載北齊崔昂墓誌："客轉素車，旐隨白馬。"唐張九齡《爲吏部侍郎祭故人文》："驅白馬而何見，瞻素車而已。"唐李華《祭劉左丞文》："回望舊邦，素車遲遲。"《新唐書·魏徵傳》："乃用素車，白布幨帷。"

【素車】[1]

"清素車"之省稱。此稱南北朝時期已行用。見該文。

輤

亦作"輁"，亦稱"靈輤"。古代喪車，入殯、出殯、朝祖及下葬時用於移柩。此稱先秦時期已行用。《説文·車部》："一曰下棺車曰輁。"段玉裁注："禮經有輤車，《玉篇》《廣韻》皆謂輁、輤同字也。……天子、諸侯窆用輁也。"《廣韻·平諄》："輤，載柩車也。"《儀禮·既夕禮》："遷於祖，用軸。"鄭玄注："軸，輁軸也……大夫、諸侯以上有四周謂之輤，天子畫之以龍。"胡培翬正義以"大夫"二字爲衍文。《禮記·檀弓上》："天子之殯也，菆塗龍輴以椁。"南朝宋謝莊《宋孝武宣貴妃誄》："階撤兩奠，庭引雙輤。"帝、后用龍輴，自先秦至清皆然。或以"靈輤"泛指喪車。晋潘岳《哀永逝文》："盡余哀兮祖之晨，揚明燎兮援靈輤。"宋王安石《永壽縣太君周氏輓辭》二首之二："靈輤悲吉路，象服儼虚容。"

【輁】

同"輤"。此體先秦時期已行用。見該文。

【靈輤】

即輤。此稱魏晋時期已行用。見該文。

龍輴

亦稱"龍輁"。天子、皇后入殯、出殯、遷柩、朝祖及入葬時用的載柩車。形制如輁軸，唯車轅上畫以龍，故名。此稱先秦時期已行用。《禮記·檀弓上》："天子之殯也，菆塗龍輴以椁。"鄭玄注："天子殯以輴車，畫轅爲龍。"孔穎達疏："殯時輴車載柩而畫

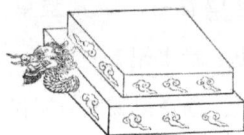

龍 輴
（清蔣廷錫等《古今圖書集成》）

轅爲龍，故云龍輴也。"《明會典·喪禮一》："執事官奉梓宮升龍輴由中門入，皇太子、親王俱由左門入，詣獻殿安奉。"又："設大昇轝於午門外……奏請梓宮升龍輴。"《大清會典事例》卷三六九："諸臣率校尉先奉聖祖仁皇帝龍輴入地宮，次奉孝恭仁皇后龍輴入地宮。"《文選·顏延年〈宋文皇帝元皇后哀策文〉》："龍輁纚綍，容翟結駿。"李善注："龍輁，凶飾也。……《儀禮》曰'遷於祖用軸'鄭玄曰：'……軸，輁軸也。狀如轉轔，刻兩頭爲軹輁，狀如長床，穿桯，前後著金而關軸焉。……天子畫之以龍也。'輁音卭。"又有皇太子妃用龍輴者，非常例。《宋書·禮志二》："宋孝武大明五年閏月，皇太子妃薨……載以龍輴。"

【龍輁】

即龍輴。此稱南北朝時期已行用。見該文。

豚楯

有漆繪裝飾的喪車。豚猶篆，漆繪；楯即輴，載棺車。此稱先秦時期已行用。《莊子·達生》："生有軒冕之尊，死得於豚楯之上，聚僂之中，則爲之。"王先謙注引司馬彪云："豚，猶篆也。"又引王念孫則曰："豚讀爲輇，謂載

柩車也……楯讀爲輴，亦載柩車也。”王説豚爲
輇似非。明焦竑《莊子翼·達生》引方思善曰：
“豚楯，陸氏音義云：字當作篆輴。畫輴車，所
以載柩。……續考《禮記·檀弓篇》‘天子之殯，
菆塗龍輴以椁’，……龍輴則篆畫龍文也。”清
净挺《漆園指通》卷二亦釋曰：“豚楯，文縷之
案。”

輀軸

省稱“軸”。士、大夫階層喪禮中用以停柩
及移柩之車。此稱先秦時期已行用。《廣韻·上
腫》：“輀軸，所以支棺。”《集韻·上腫》：“輀
軸，喪遷柩之具。”《儀禮·士喪禮》：“棺入，
主人不哭，升棺用軸。”鄭玄注：“軸，輀軸也。
輀狀如床，軸，其輪輇而行。”又《既夕禮》：
“遷於祖，用軸。”鄭玄注：“軸狀如轉轔，刻兩
頭爲軹；輀狀如長床，穿桯前後，著金而關軸
焉。”據此知輀爲車架，形如床，兩側木較厚而
堅實，前後桿各穿一孔，孔内置車釧，軸雖名
爲輪，但與常車之輪異，唯以長圓木爲之，兩
端刻畫輪形圖以代輪，牽輇而行。又宋聶崇義
《三禮圖集注》卷一八云：“案阮氏〔諶〕圖云：
輀軸與輴長一丈二尺，廣四尺，士漆，大夫以
朱飾。”若此，則士之輀軸色黑，大夫之輀軸色
朱。後世文獻似未見有言喪車用輀軸者。如南
朝宋顏延之《宋文皇帝元皇后哀策文》“龍輀纚

輀 軸
（清蔣廷錫等《古今圖書集成》）

緯”所云龍輀，實龍輴也。

【軸】

“輀軸”之省稱。此稱先秦時期已行用。見
該文。

大昇輿

載皇帝、皇后靈柩入殯的喪車。此稱宋
代已行用。《宋會要輯稿·禮二十九》：“太宗
崩……詔翰林寫先帝服及絳紗袍、通天冠、御
容二，奉帳座列於仗衛、大昇輿之前。”又
《禮三十一》：“〔昭憲皇后崩〕工部尚書竇儀
攝司徒率捧紫宮官奉昇大昇輿。”《明世宗實
録·嘉靖二十七年四月》：“孝烈皇后崩……
初十日梓宮發引。先一日，司禮監、禮部、錦
衣衛官及諸執事設大昇輿於午門内，列葬儀於
午門外至大明門外。”《清史稿·禮志十一》：
“順治十八年，世祖崩……届日奉梓宮登大昇
輿……奉安壽皇殿。”

輀車

省稱“輀”。柩車。原指柩車上用作裝飾的
覆蓋物。上爲蓋，蓋之周邊有下垂的裙狀物曰
裧；蓋下四周有裳帷，其内有屋。後轉稱柩車。
等級不同，則作輀車的材料亦異。《禮記·雜記
上》：“〔諸侯〕其輀有裧，緇布裳帷，素錦以
爲屋而行……大夫以布爲輀而行……士輀，葦
席以爲屋，蒲席以爲裳帷。”鄭玄注：“輀，載
柩將殯之車飾也……載柩之車飾曰柳……輀象
宫室。屋，其中小帳襯覆棺者。”此稱唐代已行
用。唐宋以後引申爲柩車。《直音篇·車部》：
“輀，載柩車。”《廣韻·去霽》：“輀，載柩車。
蓋大夫以布，士以葦席。”唐柳宗元《爲安南楊
侍御祭張都護文》：“瞻容莫及，報德何階。輀
車北轅，申奠克諧。望拜徒至，音塵永乖。”宋

曾鞏《胡太傅挽詞》之二："輤車俄就路，瑞節始還鄉。"明歸有光《居君墓誌銘》："期月之間遭三喪，與改葬者凡六。輤車相屬道，旁觀者莫不嘆息淚下。"

【輤】

"輤車"之省稱。此稱漢代已行用。見該文。

輀

亦作"轜""輭""輌"。多以輀車、輌車名之。載柩之車。其車有繁縟的裝飾，多爲貴族富人所用。始於先秦，達於近世。《説文・車部》："轜，喪車也。从車，重而。"段玉裁注："從重而者，蓋喪車多飾，如《喪大記》所載致爲繁縟。而者，須也。多飾如須之下垂，故從重而。"《釋名・釋喪制》："輿棺之車曰輀。輀，耳也。縣於左右前後銅魚摇絞之屬，耳耳然也。"耳耳，盛美之貌。此言柩車周邊飾物如銅魚流蘇之類，在柩車行進時擺動的樣子。《集韻・平之》："輀……或作輌。"《類篇・車部》："輀，人之切。《説文》：'喪車也。'或作轜、輌。"此稱漢代已行用。《漢書・王莽傳下》："百官竊言，此似輀車，非僊物也。"漢應劭《風俗通・十反・豫章太守封祈》："〔封〕祈與黄叔度、郅伯嚮、盛孔叔留隨輭柩。"《南齊書・張緒傳》："遺命作蘆葭輭車，靈上置杯水香火，不設祭。"《宋史・禮志二十七》："諸輀車，三品已上油幰，朱絲絡網，施禩，兩厢畫龍，幰竿諸末，垂六旒蘇。"元戴九復《祭先師柳待制文》："輌車既駕，恭陳薄奠，矢辭告衷。"明孫承恩《嘉議大夫工部右侍郎雙橋蔣公淦墓誌銘》："輀車敦敦，僕夫在門。公喪曷歸，萬里于南。"

【轜】

同"輀"。此體漢代已行用。見該文。

【輭】

同"輀"。此體漢代已行用。見該文。

【輌】

同"輀"。此體宋代已行用。見該文。

【靈輀】

即輀。亦稱"輭軒""龍輭""龍輀"。此稱三國時已行用。三國魏曹植《平原懿公主誄》："成禮於宫，靈輀交轂。"又《王仲宣誄》："靈輀迴軌，白驥悲鳴。"《文選・陸機〈挽歌〉之三》："素驂佇輭軒，玄駟騖飛蓋。"劉良注："輭軒，喪車也。"晋潘岳《寡婦賦》："龍輭儼其星駕兮，飛旐翩以啓路。"《考古學報》1984年第2期《臨淄北朝崔氏墓》載東魏崔鶊墓志："言惟衿綍，睠此龍輭，徂輴如慕，還軫如疑。"《曲石精廬藏唐墓誌》三三《洛州河南縣郭府君墓誌》："與夫人鄭氏同葬於北邙之柏。龍輀後進，飛旐前通。"可見"龍輭""龍輀"非帝王專用稱呼。遼宋復圭《馮從順墓誌銘》："今則靈輭乍挽，玄户將扃。"明敖英《東谷贅言》卷下："越王趙佗之葬，靈輀四出，塴無定處。"明茅坤《祭林如齋年兄文》："靈輀晨啓，白驥宵鳴。返爾故國，閟爾佳城。"

【輭軒】

即靈輀。此稱魏晋時期已行用。見該文。

【龍輭】

"靈輀"之美稱。此稱魏晋時期已行用。見該文。

【龍輀】

即靈輀。同"龍輭"。此體魏晋時期已行用。見該文。

靈輿

亦作"靈轝",亦稱"喪輿"。載柩之車。漢代已用此稱指天子馬車,漢揚雄《羽獵賦》即有"六白虎,載靈輿"之語。後世將之作爲載靈柩之車的稱呼。《考古通訊》1957年第3期載河北景縣出土東魏《魏故侍中司徒尚書左僕射封公墓誌銘》:"靈輿戒道,徂就幃荒,賓親佇列,車騎成行。"唐《紀國陸妃碑》:"陪葬於昭陵……又令京□五品監護靈輿遷京。"唐《魏邀墓誌》:"匡贊親侍靈轝……葬於京兆府萬年縣之畢原。"元郝經《班師議》:"遣一軍逆蒙哥罕靈轝,收皇帝璽。遣使召旭烈、阿里不哥、莫哥及諸王駙馬會喪和林。"清蒲松齡《聊齋志異·堪輿》:"靈輿至歧路,兄弟各率其屬以爭。"《小謝》:"見有喪輿過,秋容直出,入棺而没。"民國十四年《興京縣志》:"遷柩於喪輿,曰升棺。孝子執紼,孝孫執紙幡前導,孝眷哭泣輿隨,親友相送。"

【靈轝】

同"靈輿"。此體唐宋時期已行用。見該文。

【喪輿】

"靈輿"之俗稱。此稱明清時期已行用。見該文。

廣柳車

初指以牛牽引的載棺車。但唐宋以後唯指載棺喪車,未必由牛牽引。此稱秦漢時期已行用。《史記·季布欒布列傳》:"乃髡鉗季布,衣褐衣,置廣柳車中。"裴駰集解:"鄧展曰:'皆棺飾也。載以喪車,欲人不知也。'李奇曰:'大牛車也。車上覆爲柳。'"晋至唐代猶有此稱。晋陸機《挽歌》詩三首之一:"龍帷被廣柳,前驅矯輕旗。"然晋以後人們多不瞭解此車,故上引《史記》集解中,服虔稱其爲"廣轍車",臣瓚稱其爲"運轉大車",俱不言喪車,失其本意。唐溫庭筠《病中書懷呈友人》倒是猶視爲載有棺材的喪車:"頑童逃廣柳,羸馬卧平蕪。"清錢謙益《白溝河題張于度屋壁》:"夕陽亭下頻留客,廣柳車中每貯人。"

羸蘭車

天子喪車。此稱漢代已行用。《集韻·上果》:"羸:羸蘭,車名。喪服所乘。"《周禮·春官·巾車》:"王之喪車五乘:木車,蒲蔽……"鄭玄注引鄭司農云:"蒲蔽謂羸蘭車,以蒲爲蔽,天子喪服之車,漢儀亦然。"羸蘭,注文作贏蘭,此從阮元校勘記。

藻車

服喪所乘喪車。以蒼色之土塗飾,以蒼色之帛爲車蔽,車色如水藻,故名。此稱先秦時期已行用。《周禮·春官·巾車》:"王之喪車五乘……藻車,藻蔽,鹿淺,革飾。"鄭玄注:"藻,水草,蒼色。以蒼土堊車,以蒼繒爲蔽也。"藻即藻字。宋項安世《項氏家説·説經·巾車》又釋:"喪車五乘,自王至士無等降,三年之喪皆乘木車,齊衰,素車,大功藻車,小功驄車。"宋易祓《周官總義》卷一六亦曰:"藻車則既練所乘之車……大功之喪皆乘藻車。"此稱後世猶存,唯其制未必與先秦完全一致。《隋書·禮儀志五》:"皇帝、皇后在喪之車五:一曰木車,初喪乘之。二曰素車,卒哭乘之。三曰藻車,既練乘之……"

木車

亦稱"惡車"。無漆飾之喪車。始爲喪家所乘之車。此稱先秦時期已行用。《周禮·春官·巾車》:"王之喪車五乘:木車,蒲蔽……"

鄭玄注："木車，不漆者。"賈公彥疏："云此始遭喪所乘者，此喪車五乘，貴賤皆同乘之，是以《士喪禮》，主人乘惡車，鄭注引《雜記》曰：端衰喪車皆無等。然則此惡車，王喪之木車也，是以尊卑同也。"宋易祓《周官總義》卷一六："木車則始遭喪之車。……三年之喪皆乘惡車，則指木車而言。"《儀禮·既夕禮》："主人乘惡車，白狗幦、蒲蔽。"鄭玄注："此惡車，王喪之木車也。"此制至南北朝猶沿用。《隋書·禮儀志五》："皇帝、皇后在喪之車五：一曰木車，初喪乘之……"

【惡車】

即木車。此稱先秦時期已行用。見該文。

素車 [2]

亦稱"堊車"。服喪時所乘車。以白土塗飾，故名。此稱先秦時期已行用。《周禮·春官·巾車》："王之喪車五乘……素車。"鄭玄注："以白土堊車也……此卒哭所乘。"賈公彥疏："素是白土飾之也。《爾雅·釋宮》云：地謂之黝，墻謂之堊。堊謂以白土爲飾，則此素車亦白土爲飾可知。"宋易祓《周官總義》卷一六："素車則卒哭所乘之車。……齊衰之喪皆乘素車。"此制至南北朝猶沿用。《隋書·禮儀志五》："皇帝、皇后在喪之車五：一曰木車，初喪乘之。二曰素車，卒哭乘之。三曰藻車，既練乘之。四曰駹車，祥而乘之。五曰漆車，禫而乘之。"宋葉廷珪《海錄碎事·政事·葬送》："將卜葬，主人乘堊車，詣宅兆所。"後世另有言素車者，未必爲堊車，或爲清素車之省。

【堊車】

即素車 [2]。此稱漢代已行用。見該文。

漆車

漆成黑色的喪車。喪家過了除服之月所乘之車。此稱先秦時期已行用。《周禮·春官·巾車》："王之喪車五乘……漆車，藩蔽。"鄭玄注："漆車，黑車也。"賈公彥疏："凡漆不言色者，皆黑。"宋易祓《周官總義》卷一六："漆車則禫月所乘之車。"《南史·梁宗室傳上·臨川靖惠王宏》："宏又與帝女永興主私通，因是遂謀弒逆……搜僮得刀，辭爲宏所使。帝秘之，殺二僮於內，以漆車載主出。主恚死，帝竟不臨之。"《隋書·禮儀志五》："皇帝、皇后在喪之車五：……五曰漆車，禫而乘之。"又，大夫所乘墨車及士所乘棧車亦皆髹以黑漆，但爲吉時所乘。

駹車

兩側塗漆的喪車。爲先人服喪滿兩周年舉行祭祀時所乘之車。此稱先秦時期已行用。《周禮·春官·巾車》："王之喪車五乘……駹車，萑蔽。"鄭玄注："駹車，邊側有漆飾也。"賈公彥疏："後鄭知駹爲邊側之飾者，以下文漆車全有漆。則此時未全爲漆，故知駹是邊側少有漆也。"孫詒讓則認爲："駹爲雜色，〔鄭〕玄謂駹車邊側有漆飾也者，亦取雜文之義。"《玉篇·馬部》："駹，馬黑，白面。"據此，知所謂駹車當以黑漆髹飾車廂兩側，而前後露白（木之本質色）。其功能，宋易祓《周官總義》卷一六曰："駹車則大祥所乘之車。"此制至南北朝猶沿用。《隋書·禮儀志五》："皇帝、皇后在喪之車五：……四曰駹車，祥而乘之。"

棠車

本爲田獵、巡行之車。亦用於送葬，載死者生前服飾。此稱先秦時期已行用。《儀禮·既夕禮》："藁車載蓑笠。"鄭玄注："藁猶散也。散車，以田以鄙之車。蓑笠，備服。"賈公彦疏："以田以鄙，謂王行小小田獵巡行縣鄙……笠所以御。喪事不辟暑，是以並云備之服。"清方苞《儀禮析疑·既夕禮》："乘車、道車、藁車各載生時所服何也？柩入壙，斂而載於柩車，迎精而反，將以設於寢廟也。"清盛世佐《儀禮集編·既夕禮》引郝敬曰："乘車以象武，道車以象文，藁車以象輜重，各載死者衣物於上，以象魂靈如生。"

大白兵車

送喪之從車。本爲田獵、戰争之車，車上建有白色旗幟。此稱先秦時期已行用。《禮記·少儀》："賵馬入廟門，賻馬與其幣、大白兵車不入廟門。"鄭玄注："以其主於生人也。兵車，革路也，雖爲死者來，陳之於外，戰伐田獵之服，非盛者也。《周禮》：'革路建大白以即戎。'"孔穎達疏："雖並爲送喪之從車，而其本是田戰之具，故不可入廟門……此謂諸侯有喪，鄰國之君有以大白兵車賵之者，或家國自有也。"

道車

君臣行朝夕禮所乘以送葬之車。載死者朝服送葬，棺入壙，朝服載歸，送入寢廟。此稱先秦時期已行用。《儀禮·既夕禮》："道車載朝服。"鄭玄注："道車，朝夕及燕出入之車。朝服，日視朝之服也。"清盛世佐《儀禮集編·既夕禮》引郝敬曰："遣車三：乘車以象武，道車以象文，藁車以象輜重，各載死者衣物于上，以象魂靈如生。"清方苞《儀禮析疑·既夕禮》："乘車、道車、藁車各載生時所服何也？柩入壙，斂而載於柩車，迎精而反，將以設於

寢廟也。"此稱後世猶用之，而用途未必與先秦相同。唐李華《潤州天鄉寺故大德雲禪師碑》："至魏受禪，洛陽宮中有浮圖，毀除之。沙門以佛舍利擲水生光，由是移於道車，廣開禪室。"

容翟

婦人喪車。容翟本爲王、侯夫人生時所乘車。《周禮·春官·巾車》："王后之五路：重翟……厭翟……安車，雕面鷖總，皆有容蓋。翟車，貝面組總。"鄭玄注引鄭司農云："容謂幨車，山東謂之裳幃，或曰幢容。"孫詒讓云："車裳帷，詳言曰潼容，省文則曰容。故《釋名·釋車》云：'容車，婦人所載小車也。其蓋施帷，所以隱蔽其形容也。'"翟車，則言用翟鳥之羽飾車。漢以後，喪車用容翟，言其車飾制度同生時。此稱南北朝時期已行用。《文選·顔延之〈宋文皇帝元皇后哀策文序〉》："龍輤纚綷，容翟結驂。"張銑注："龍輤，凶飾；容翟，吉制。雖爲喪事，而同生儀也。"李善注："容翟，吉儀也。"注又引《周禮》"王后之五路"鄭司農云："容，謂幨車也。"

祥車

亦稱"魂車"。死者生前所乘車，喪禮中用以招魂。出葬日，候於庭，如死者生時所乘。車左空位，象徵死者魂靈坐之。此稱先秦時期已行用。唐以後多稱"魂車"。《禮記·曲禮上》："祥車曠左。"鄭玄注："〔曠左〕空神位也。祥車，葬之乘車。"孔穎達疏："祥猶吉也。吉車爲平生時所乘也，死葬時用爲魂車。"《後漢書·禮儀志下》："太皇太后、皇太后崩。"劉昭注引丁孚《漢儀》云："永平七年，陰太后崩。晏駕詔曰：'太后魂車，鸞路，青羽蓋，駟馬，龍旂。'"《續通典·凶禮·喪制下》："晋葬儀據

漢魏故事，……摯虞以爲祥車曠左，則今之容車也。宜定新禮，設吉服導從如舊。”

【魂車】[2]

即祥車。此稱唐代已行用。見該文。

容車

亦稱“金根容車”“容根車”。死者生前所乘，送葬時載死者衣冠、畫像等物品之車。其制始於先秦，此稱則出現於秦漢。《後漢書・祭遵傳》：“贈以將軍、侯印綬，朱輪容車。”李賢注：“容車，容飾之車，象生時也。”帝王用者，仿生前所乘金根車，故稱金根容車或容根車。關於金根車制，《宋書・禮志五》云：“秦閱三代之車，獨取殷制。古曰桑根車，秦曰金根車也。漢氏因秦之舊亦爲乘輿……漢之金根亦周之玉路也。漢制乘輿金根車，輪皆朱斑，重轂兩轄、飛軨、轂外復有轓、施轓，其外復設轓施，銅貫其中。”漢以後因之稱容車，用於喪葬。《後漢書・禮儀志下》：“大駕甘泉鹵簿，金根容車，蘭臺法駕。喪服大行載飾如金根車……中黃門尚衣奉衣登容根車。”至陵，“容車幄坐羨道西，南向，車當坐，南向，中黃門尚衣奉衣就幄坐”。此後，“容根車游載容衣”。此制後世沿襲。《晉書・武元楊皇后傳》：“服翬褕狄，寄象容車。”晉潘岳《南陽長公主誄》：“容車戒路，祖奠在庭。”南朝陳徐陵《陳文皇帝哀策文》：“容車晚駕，幄殿晨張。”唐張九齡《故榮陽君蘇氏挽歌詞》三首之一：“容車候曉發，何歲是歸期？”唐權德輿《大行皇太后（王氏）挽歌詞》三首之一：“容車攀望處，孺慕切皇情。”《宋史・樂志十五》載《警場內》三曲之一《六州》：“寶津池面落花鋪，愁晚容車來禁途。鳳簫鑾翠，西指昭陵去。”清王夫之

《春秋稗疏・隱公》言古代葬制：“喪禮，葬有容車，列生時所乘者於匶，以爲容觀，不以殉也。”亦有以肩輿代替車駕者。清袁枚《隨園隨筆・容車》：“今喪禮以肩輿輿畫像而行，號曰容車，其禮最古，所謂祥車曠左是也。”

【金根容車】

特指帝王之容車。此稱漢代已行用。見該文。

【容根車】

特指帝王之容車。此稱漢代已行用。見該文。

遣車

亦稱“鸞車”“鸞輅”。送葬時載運喪奠所用牲體之車。以有鸞鈴、鸞旗，故亦稱“鸞車”。此稱先秦時期已行用。《周禮・春官・巾車》：“大喪，飾遣車。”鄭玄注：“遣車一曰鸞車。”賈公彥疏：“遣車，謂將葬遣送之車入壙者也。”又《夏官・虎賁氏》：“虎賁氏掌先後王而趨以卒伍……國有大故，則守王門。大喪，亦如之。及葬，從遣車而哭。”鄭玄注：“遣車，王之魂魄所馮依。”《禮記・雜記上》：“遣車，視牢具……載粻，有子曰‘非禮也，喪奠，脯醢而已’。”鄭玄注：“言車多少，各如所包遣奠牲體之數也。然則遣車載所包遣奠而藏之者與！”孔穎達疏：“遣車，送葬載牲體之車也……〔鄭玄〕云‘然則遣車載所包遣奠而藏

遣　車
（清蔣廷錫等《古今圖書集成》）

之者與'者，以遣車所用無文。"據此，可知遣車之用途，文獻記載較爲含糊。鄭注、孔疏皆據文推測之辭。喪奠所用牲體，天子大牢，包九個；諸侯亦大牢，包七個；大夫亦大牢，包五個；士少牢，包三個。大夫以上乃有遣車。如此，則天子遣車九乘、諸侯七乘、大夫五乘。據常制，士無遣車。《國語·周語下》："晋侯弑，於翼東門葬，以車一乘。"韋昭注亦載諸侯等級應有遣車七乘："翼，晋別都也。傳曰'葬之於翼東門之外'，不得同於先君也。禮，諸侯七命，遣車七乘。以車一乘，不成喪也。"遣車之名目，後世少見。《明會典·喪禮三》記品官之葬，靈車之後，有米輿、酒脯輿及食輿，或爲遣車之遺制。遣車亦用於國君、公及大夫之殤子。《禮記·檀弓下》："君之適長殤，車三乘；公之庶長殤，車一乘；大夫之適長殤，車一乘。"鄭玄注："皆下成人也。自上而下降殺以兩。成人遣車五乘，長殤三乘，下殤一乘，尊卑以此差之。"殺，少也。遣車或稱鸞車、鑾輅。《周禮·春官·冢人》："及葬，言鸞車、象人。"鄭玄注："鸞車，巾車所飾遣車也，亦設鸞旗。"賈公彦疏："以其遣車有鸞龢之鈴兼有旌旗。"《宋書·孝武十四王傳·始平孝敬王子鸞》："追進淑儀爲貴妃，……葬給輼輬車，虎賁、班劍，鑾輅九旒，黄屋左纛。"

【鸞車】

即遣車。此稱先秦時期已行用。見該文。

【鑾輅】

即遣車。此稱南北朝時期已行用。見該文。

廞車

遣車之一種。喪禮中插有銘旌旗幟、以供陳列的喪車。此稱先秦時期已行用。《周禮·春官·司常》："大喪，共銘旌；建廞車之旌。"賈公彦疏："此謂在廟陳時建之，謂以廞旌建於遣車之上。"孫詒讓云："廞車即廞遣車。"《禮記·檀弓上》："綢練設旐。"孔穎達疏："《司常》又云'建廞車之旌'，廞謂興作之，則明器之車也。"按，孔曰廞車爲明器之車，恐不確。後世詩文中猶用此稱，而内涵蓋爲喪車泛稱。宋宋祁《故贈太師章公夫人追封鄧國太夫人張氏墓誌銘》："己卯孟冬之乙酉辰，與姓合。乃備廞車靈輀，奉尊柩于新域，從吉道也。"明鄭善夫《祭張巽所文》："廞車于于，飛旐翩翩。形魂在地，精神在天。"

鱉甲車

祇具蓋飾而無帷幔等飾物的喪車。因車蓋周邊之袡呈裙狀，形同鱉甲，故名。喪車蓋飾形同鱉甲，先秦已然。但鱉甲車之名義和制度則約出現於漢代。《禮記·雜記上》："諸侯行而死於館……其輴有袡。"鄭玄注："袡謂鱉甲邊緣。"《釋名·釋喪制》："輿棺之車曰輀。其蓋曰柳……亦曰鱉甲，似鱉甲然也。"北齊顔之推《顔氏家訓·終制》："今年老疾侵，儵然奄忽，豈求備禮乎……載以鱉甲車。"《通典·禮四十六》："隋文帝初，定禮：輴車三品以上油幰……八品以下達於庶人，鱉甲車，無幰、襈、旒蘇畫飾。"《宋史·禮志二十七》："庶人，鱉甲車，無幰、襈、畫飾。"

車馬坑

殉葬有馬車的坑。始於商，達於戰國。王侯貴族爲表示死後猶能乘馬車出游，在墓道中或墓旁邊的土坑中放置馬和車。埋葬多者一坑達十餘輛馬車。此風尤以西周最盛。在陝西西安長安區、寶鷄市，河南洛陽市、浚縣、三門峽市，及北京琉璃河等地的周代墓地中，都有車馬坑發現。其車的轅、輪、衡、軛、輿等部分，均以木質爲主幹，上面安有銅配件。一車通常用二馬或四馬，爲偶數。北京房山琉璃河黃土坡發現的屬西周早期的一號車馬坑，爲四馬拉車，即《詩·秦風·駟驖》所謂"駟驖孔阜"之"駟"（參閱《考古》1974 年第 5 期，第 320 頁）。又西安西周豐鎬遺址發現的三座車馬坑，其中一坑，"坑長 13.1、寬 3.5、深 1.23米，……爲四車一行排列，前兩車各兩馬，後兩車各四馬，馬臥躺，下鋪有席。……車均爲獨轅，長約 3.08 米。雙輪，輪徑 1.38、牙高0.09 米。輪輻 22 根，軸長 2.88 米。"（參閱《文物》2002 年第 12 期，第 4 頁）《左傳·成公二年》："宋文公卒。始厚葬，用蜃炭，益車馬，始用殉。"杜預注："多埋車馬。"漢班固《白虎通·致仕》述周禮："大夫老歸，死以大夫禮葬車馬衣服。"此即指馬車殉葬。

引

亦稱"綍""紼"。出殯時牽引柩車的繩索或白布。"紼"爲"綍"之异體，"綍"與"引"其含義則各有側重。綍强調連接柩車之繩，引則着重指送葬行進中牽引柩車之繩。此稱先秦時期已行用。《儀禮·既夕禮》"屬引"鄭玄注："屬猶著也。引，所以引柩車，在軸輴曰綍。"賈公彥疏："言綍見繩體，言引見用力。"《禮記·曲禮上》："助葬必執綍。"鄭玄注："綍，引車索。"《左傳·宣公八年》："始用葛紼。"杜預注："紼，所以引柩。"先秦以衆多的人執引。《左傳·定公九年》："乃得其尸。公三襚之，與之犀軒與直蓋，而先歸之。坐引者，以師哭之，親推之三。"《呂氏春秋·節喪》："引綍者

左右萬人以行之。"高誘注："綍，引棺索也。禮，送葬皆執綍。"漢代或不以人引柩，故鄭玄注《既夕禮》"屬引"云："古者人引柩。"顯係針對漢時不以人引柩而言。但亦有特例。《後漢書·獨行傳·范式》："〔范〕式因執綍而引，柩於是乃前。"此俗後代沿襲。晋干寶《搜神記》卷六："挽歌，執綍相偶和之者。"《隋書·禮儀志三》："執綍，一品五十人，三品已上四十人，四品三十人，並布幘深衣。"《遼史·禮志二》："發引，至祭所，凡五致奠。"宋文瑩《湘山野錄》卷下："真宗國郵，凡蔭補子弟有當齋挽之職者，若齋郎止侍齋祭，若挽郎至有執綍翣導靈仗者，子弟或叛之。"宋陸九淵《祭呂伯恭文》："誰謂及門，綍翣已邁。"《明史·禮志十四》："引者，引車之綍也。"按，明代至近世，不復用繩索爲引，改用白布。上書又載士庶人喪禮："功布以白布三尺引柩。"清吳榮光《吾學錄·喪禮三》："挽車之索謂之引，亦謂之綍，今以整匹白布爲之，繫於杠之兩端，前屬於翣，柩行，引布前導……凡有服親屬皆在引布之內，孝子最後。"

【綍】

即引。此稱先秦時期已行用。見該文。

【紼】

即引。此稱先秦時期已行用。見該文。

披

送葬時繫於棺兩側，用於牽輓以防柩車傾倚之帛。此稱先秦時期已行用。《禮記·檀弓上》："孔子之喪，公西赤爲志焉。飾棺牆，置翣，設披。"鄭玄注："披，柩行夾引棺者。"孔穎達疏："恐柩車傾虧，而以繩左右維持之。"柩車所用披數與身份等級相關。鄭玄注《周

禮·夏官·司士》引鄭司農云："披者，扶持棺
險者也。天子旁十二、諸侯旁八、大夫六、士
四。"後代仍等級森嚴，《宋史·禮志二十七》：
"三品以上，四引四披……四品二引而披。"《明
史·禮志十四》："披者，以纁爲之，繫於輀車
四柱，在旁執之，以備傾覆者也……公侯四引
六披。"

功布 [2]

喪葬用以引柩或御棺之物。此稱先秦時期
已行用。《禮記·喪大記》："御棺用功布。"孔
穎達疏："功布，大功布也，士用大功布爲御
也。"《儀禮·既夕禮》："商祝執功布以御柩。"
鄭玄注："居柩車之前，若道有低仰傾虧，則以
布爲抑揚左右之節，使引者執披者知之。"《明
會典·喪禮四·品官》："功布，品官用之，長
三尺。"《金瓶梅詞話》第六五回："功布招颭，
孝眷聲哀。"清乾隆四十四年《甘州府志》："殯
之日，以方相開路，輿前列功布、翣牌、銘旌、
冥器。"《二十年目睹之怪現狀》第七八回："以
後還有什麼頂馬、頂素馬、細樂、和尚、師姑、
道士、萬民傘、逍遥傘、銘旌亭、祭亭、香亭、
喜神亭、功布、亞牌……過後，便是棺材。"近
代民間喪葬尚有此物。

然禩

用猓然皮製作的車覆笭。王之喪車中驪車
所用。此稱先秦時期已行用。《周禮·春官·巾
車》："王之喪車五乘……驪車，雚蔽，然禩髤
飾。"鄭玄注："然，果然也。"賈公彦疏："果
然，獸名。"《文選·左思〈吳都賦〉》李善注引
劉逵曰："猓然，猿狖之類，居樹，色青赤，有
文。"明李時珍《本草綱目·獸部》"果然"條
引羅願云："南人名㺄猴，俗作猓然。"

犬服

用白色狗皮做的盛箭矢的袋子，送葬時用。
人君之喪，以此作武備護衛。此稱先秦時期已
行用。《儀禮·既夕禮》："主人乘惡車……犬
服。"鄭玄注："以犬皮爲之，取堅也，亦白。"
賈公彦疏："亦白者，鬐用白狗皮，明此亦用
白犬皮也。"關於犬服之服，鄭玄有進一步解
釋。《周禮·春官·巾車》："犬禩尾囊疏飾小服
皆疏。"鄭玄注："服讀爲箙。小箙，刀劍短兵
之衣，此始遭喪所乘。爲君之道尚微，備奸臣
也。"宋魏了翁《儀禮要義·既夕禮四》亦釋：
"犬服云笭間兵服者。凡兵器建之於車上笭間，
喪中乘車亦有兵器自衛，以白犬皮爲服，故云
以犬皮爲之，取其堅固也。"

白狗攝服

用白狗皮製，并以狗皮緣邊的軍服。狗毛
朝裏翻，且置於其喪車之副車上，表明等級低
於主人及其主喪車。此稱先秦時期已行用。《儀
禮·既夕禮》："貳車，白狗攝服。"鄭玄注：
"貳，副也；攝，猶緣也。"賈公彦疏："有兵
服，服又加白狗皮緣之，謂攝服。……主人服
無緣，此則有緣，是差也。"按，據"犬服"條
鄭注及賈疏，知喪車上所用犬服爲白狗皮所製，
與此相類。然亦存异説。清盛世佐《儀禮集
編·既夕禮》："白狗攝服，著其異于乘車者也。
攝猶辟也，《士昏》記云'執皮攝之内文'是
也。此服以白狗皮襲攝爲之，而毛在内，下主
人也。"其書引郝敬則曰："貳車，主婦從行者，
載兵器爲衛。白狗皮爲服攝束之，不似主人車
列仗于車上也。"又引張爾岐釋曰："服亦謂盛
兵器之服。"此指白狗攝服爲盛放兵器的狗皮袋
子。故知其并無定解。後世無此禮儀。

藩蔽

亦稱“蒲蔽”。服喪時所乘漆車上起遮蔽作用的葦席，塗有黑漆。此稱先秦時期已行用。《周禮・春官・巾車》：“王之喪車五乘……漆車，藩蔽。”鄭玄注：“藩，今時小車藩，漆席以爲之。”同篇：“駹車，雚蔽。”鄭玄注云：“雚，細葦席也，以爲蔽者，漆則成藩。”賈公彦疏：“云‘漆則成藩’者……因此舊蔽而漆之則藩。”賈疏又言：“凡漆不言色者皆黑。”《儀禮・既夕禮》“蒲蔽”鄭玄注：“蔽藩。”賈公彦疏：“藩，謂車兩邊禦風爲藩蔽，以蒲草，亦無飾也。”

【蒲蔽】

即蔽藩。此稱先秦時期已行用。見該文。

木錧

車轂兩端的金屬插銷，可防止車輪外脱。喪車用木錧，以使聲小。此稱先秦時期已行用。《儀禮・既夕禮》：“主人乘惡車，白狗幦……犬服、木錧、約綏約轡。”鄭玄注：“〔木錧〕取少聲，今文錧爲鎋。”賈公彦疏：“車錧，常用金。喪用木，是取少聲也。”

木鑣

喪車之馬所用勒口之木具。此稱先秦時期已行用。鑣，勒馬口具，與馬銜連用，銜在口内，鑣在口兩旁。鑣本用金屬製作，殷周用銅，後世或以鐵，間或用骨、角。喪車之馬用木鑣，與車用木錧同義，亦取其聲小。漢以後殉葬車馬漸少，故此物亦趨消失。《儀禮・既夕禮》：“主人乘惡車，白狗幦，御以蒲菆……木鑣。”鄭玄注：“亦取少聲。”賈公彦疏：“平常用馬鑣以金爲之，今用木，故知亦取少聲也。”

韣

亦作“韈”“緤”。喪車之馬所用的韁與鞍具。此稱先秦時期已行用。《儀禮・既夕禮》：“薦乘車，鹿淺幦、干笮革韣。”鄭玄注：“韣，韁也。”《玉篇・糸部》：“緤，馬韁也。”《廣雅・釋器》：“韣，鞍也。”《廣韻・去祭》：“韣，以馬鞍贈亡人。”一説以馬贈亡人。《玉篇・革部》：“韣，以馬贈亡人。”而同部：“韈，以鞍贈亡人也。”疑“馬”後奪“鞍”字。

【韈】

同“韣”。此體先秦時期已行用。見該文。

【緤】

同“韣”。此體先秦時期已行用。見該文。

第四節　葬物考

葬物是古代喪禮中隨死者一起埋入墓壙中的隨葬品。其類别極廣，既有與人的日常起居息息相關的生活用品，又有可體現人生前的地位、等級的特殊物件；既有標志死者生前職業的璽印、兵器、樂器、生産工具等，又有起避邪作用的鎮墓器物，還有種種象徵人和各種物品的明器。因上述不少種類的物品已在本書其他類别的條目中叙述甚詳，故此處側重於明器之類物品的介紹。

人死後隨葬生産工具和生活用品，起源甚早，在舊石器時代，人們的墓葬即有隨葬打製石器者。到新石器時代，隨葬品不僅數量已較豐富，類別上也多種多樣。最常見的有石製生産工具和陶製生活用器。商周時，生産工具、兵器、禮器、樂器、車馬器等各種隨葬品均有，質地以陶、青銅爲主，玉石器、蚌角器、漆器等亦占一定比例。明器也已較多地行用，以動物形象爲主，亦有模仿人物、房屋及其他生産、生活用品的。動物形象，有玉石的飛禽走獸、水族昆蟲及其他怪獸，無奇不有。人物形象既有地位較高的主人形象（如安陽小屯五號商代大墓出土的踞坐形玉人），也有手戴枷鎖的奴隸形象（如《考古》1959年第 4 期第 188 頁所載西周初期墓出土的玉人）。安陽殷墟的一些商代大墓還出土了各種玉石製的簋、戈、矛、鉞、大刀、小刀、斧、鑿、鏟、鐮、鏟、紡輪等物品。玉石質地較軟，上面也無使用痕迹，非實用之物，應是明器。可見當時明器内涵已較廣泛。之所以使用明器，誠如《禮記·檀弓上》所云"神明之也"。鄭玄注："神明者，非人所知，故其器如此。"春秋戰國以後，生産、生活用品及明器等隨葬更普遍，其中明器中俑的大量使用，與殉葬人不斷減少的習俗相對應，這本是一個歷史性的進步，却曾遭到某些試圖恢復商周禮樂制度的人的反對。《孟子·梁惠王上》載孔子語："始作俑者，其無後乎！爲其象人而用之也。"隨葬俑之類明器日益風行，并不以反對者的意志爲轉移。

古人"以爲死人有知，與生人無以異"，"故作偶人，以侍尸柩；多藏食物，以歆精魂"（漢王充《論衡·薄葬》）。現實生活中的一切，都儘量通過隨葬品等體現在墳墓中。此俗漢以後長盛不衰，其與先秦不同處在於，先秦注重禮器的規格和組合，漢以後則更着重隨葬生活用品和明器，如漢桓寬《鹽鐵論·散不足》所云："厚資多藏，器用如生人。"考古發掘所見，漢以後隨葬品主要有衣物飾品、食品美酒、器皿用品、生産工具、武器車具、樂器文具、印璽簿籍、模型明器，等等。長沙馬王堆三號漢墓出土有以竹簡聯編成的"遣策"，上面載有墓中隨葬物品的名稱和數量，基本上與實際出土物相符，包括食品、器皿、衣物、樂器、明器等種類。此後，文獻中關於隨葬品的記載亦很多。《新唐書·禮樂志十》載墓壙中狀況："以帳張於柩東，南向；米酒脯於東北，食盤設於前，醓醢設於盤南；苞牲置於四隅，明器設於右。"《宋史·禮志》載，不同地位的人隨葬明器數量均有限定：一品官九十件，五、六品官三十件，庶人僅十二件。此後直至明清，隨葬各種物品仍成風氣。如明朝開平王常遇春下葬時，就有"明器九十事納之墓中"（《明史·禮志十四》）。近世以來，一般人的墓穴僅能容棺，隨葬物品極少，且多置於棺中。

明器

亦作"盟器"，亦稱"凶器"。古代用以隨葬的器物，其形制仿實用器而較小，質地以陶爲主，還有木、竹、石、玉、銅、鐵、帛、紙等多種材質，類別以日用品爲主，兼及建築、車轎、兵器、錢幣、禽獸、神物、人物等。安葬時隨棺柩埋入墓壙、墓道中。始於夏商，沿至清末。之所以稱"明器""盟器"，謂神靈所用之器。明，謂神鬼明知。盟，通"明"。一說，明，明潔之謂。敬神鬼必潔也。此稱先秦時期已行用。《禮記·檀弓上》："是故竹不成用，瓦不成味，木不成斲，琴瑟張而不平，竽笙備而不和，有鐘磬而無簨虡。其曰明器，神明之也。"鄭玄注："言神明，死者也。神明者，非人所知，故其器如此。"《檀弓上》又載："夫明器，鬼器也""夏后氏用明器"。到商代，明器造型已很精巧，以動物形象爲主，有玉、石、陶、蚌、銅等多種質地。周以後，貴族墓多有明器，文獻亦載之甚詳。《儀禮·既夕禮》："陳明器於乘車之西。"鄭玄注："明器，藏器也。"

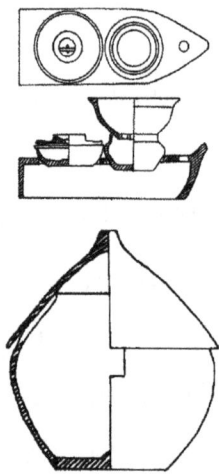

上：陶竈　下：陶倉
明器示意圖

《周禮·春官·冢人》："及窆，執斧以蒞，遂入藏凶器。"鄭玄注："凶器，明器。"漢王充《論衡·薄葬》："用偶人葬，恐後用生殉，用明器，獨不爲後用善器葬乎？"《孔子家語·曲禮公西赤問》："其曰盟器，神明之也。"《魏書·刁冲傳》："又去挽歌、方相並盟器雜物。"唐裴鉶《傳奇·盧涵》："遂搜柏林中，見一大盟器婢子，高二尺許。"《宋史·禮志二十六》："明器止用鉛錫。"明器埋於墓中。清代紀昀在《閲微草堂筆記·槐西雜志一》中對此俗頗有異議，以爲："明器之禮，自夏后氏以來矣。使神在主而不在墓，則明器當設於廟。乃皆瘞之於墓中，是以器供神而置於神所不至也。"

【盟器】

同"明器"。此體先秦時期已行用。見該文。

【凶器】[1]

即明器。此稱漢代已行用。見該文。

【冥器】

即明器。尤指用紙扎成的隨葬或祭奠之物。此稱唐代已行用，宋以後主要指祭奠後焚化的紙摺物。唐吳兢《貞觀政要·儉約》："閭閻之內或侈靡而傷風，以厚葬爲奉終，以高墳爲行孝，遂使衣衾棺椁，極雕刻之華；靈輀冥器，窮金玉之飾。"宋趙彥衛《雲麓漫鈔》卷五："古之明器，神明之也。今之以紙爲之，謂之冥器。錢曰冥財。冥之爲言，本於漢武紀，用冥羊馬。"《金瓶梅詞話》第六回："且説王婆拿銀子來買棺材冥器。"

俑

亦稱"象人"。古代木質、陶質、瓷質、玉質及銅質人形隨葬品。現代抑或兼指動物隨葬品。商周時貴族大墓尚流行用活人、活牲殉葬，以俑隨葬者較少，考古發掘偶見玉俑、陶俑。此稱先秦時期已行用。《周禮·春官·冢人》："及葬，言鸞車象人。"鄭玄注引鄭司農云："象人，以芻爲人。"春秋以後用俑隨葬漸多，當時頗引起某些人反對。《禮記·檀弓下》："孔子謂爲芻靈者善，謂爲俑者不仁，殆於用人乎哉！"鄭玄注："俑，偶人也，有面目機發，有似於生人。"《孟子·梁惠王上》："仲尼曰：'始作俑者，其無後乎！爲其象人而用之也。'"趙岐注："俑，偶人也，用之送死。"戰國至秦漢時期，盛行木俑、陶俑，俑身着彩繪以爲衣飾，有的木俑或裸身着布帛。秦始皇陵兵馬俑以製作精巧、規模龐大而空前絕後。魏晉以後，陶瓷俑人占據主流。漢王充《論衡·薄葬》："俑則偶人，象類生人。"南朝宋謝惠連《祭古冢文》："黃腸既毀，便房已頹。循題興念，撫俑增哀。"因俑像人，故有"象人"之稱。《孟子·梁惠王上》："始作俑者，其無後乎。"焦循正義："俑則能轉動象人，以其象生人，故即名象人。"

【象人】

即俑。此稱先秦時期已行用。見該文。

偶人

亦作"禺人""寓人"。即人形俑。因有木、陶質地的不同而又稱"木人""木偶人""土偶人"。此稱漢代已行用。《史記·殷本紀》："帝武乙無道，爲偶人，謂之天神。"張守節正義："偶，對也。以土木爲人，對象於人形也。"同書《孟嘗君列傳》："見木禺人與土禺人相與語。"漢應劭《風俗通·祀典》引此語作："有土偶人焉，與桃梗相與語。"《淮南子·繆稱訓》："魯以偶人葬而孔子嘆。"唐戴孚《廣異記·王玄之》："婢亦帳中木人也，其貌正與從

者相似。"唐李肇《唐國史補》卷中："鞏縣陶者多爲瓷偶人。"《元典章·禮部三·禁約厚喪》："凡有喪葬，大其棺槨，厚其衣衾，廣其宅兆，備存珍寶、偶人、馬車之器物。"宋以後，紙扎的人形亦稱寓人，但不隨棺入葬，而是在祭奠後焚化。宋陸游《放翁家訓》："近時出葬，或作香亭、魂亭、寓人、寓馬之類，當一切屏去。"

【禺人】

同"偶人"。此體漢代已行用。見該文。

【寓人】

同"偶人"。此體宋代已行用。見該文。

玉痛

古代用玉石雕製的人像隨葬品。玉製人像分三類：一爲墓主形象，二爲墓主所喜好之人造型，三爲奴婢雕像。玉製品因其質地堅硬而被認爲能留存久遠，隨葬玉人像，具有使墓主及其周圍有關的人永遠保持生前狀態的含義。河南安陽小屯發現的屬商代後期的"婦好墓"，出土了雕琢精細的跽坐形玉人，似爲貴族形象，這是已知較早的玉人像。周代玉人亦多有發現，其中《考古》1959年第4期所載洛陽東郊西周初期墓出土的戴枷鎖玉人，爲已發現的較早的奴隸玉雕像。玉人隨葬品歷代均有，而稱之爲"玉痛"，蓋始於宋元以後。明李日華《六研齋筆記》："京口廖山人喜蓄古物，出一玉人……廖曰：'此周孝王像也。'余曰：'不然，此古人殉葬玉痛。蓋王者妻妾或其所嬖，肖己形而納之壙中，以表同穴之情耳。'"後世詩文或以此詞爲典。清敦敏《吊宅三卜孝廉》："青楓照夜寒，薤露悲吟苦。想君深閨夢，念切題名簿。嗚呼埋玉痛，暫寄他鄉土。"自注："宅三因會

試馳赴京師，入闈前三日而卒。"

桐人

桐木偶。古代用來殉葬的俑。此俗源自商周殉人制度，用桐木俑以代人殉葬。此稱漢代已行用。漢桓寬《鹽鐵論・散不足》："匹夫無貌領，桐人衣紈綈。"三國魏王肅《喪服要紀》："孔子曰：'寧設桐人乎？'公曰：'齊人虞卿，遇惡繼母不得養父，死不能葬，自知有過，故作桐人。吾父生得供養，何桐人爲？'"唐段成式《酉陽雜俎・尸穸》："桐人起虞卿，明衣起左伯桃，挽歌起紼謳。"宋高承《事物紀原・農業陶漁・桐人》："今喪葬家，於壙中置桐人，有仰視俯聽，乃蒿里老人之類。段成式《酉陽雜俎》云：'桐人起於虞卿也。'"

脱空

塑像。因須脱出胎心，僅留中空的外殼，故名。其中外貼金銀者稱"大脱空"，施彩繪者稱"小脱空"。此稱唐代已行用，佛道塑像多屬此類。《舊唐書・代宗紀》："太僕寺佛堂有小脱空金剛。"可見，"脱空"之名出現應不晚於唐代。而古人或將脱空用於喪禮。宋陶穀《清異錄・喪葬》："長安人物繁，習俗侈，喪葬陳拽寓象，其表以綾綃金銀者曰大脱空，楮外而設色者曰小脱空。"《何典》第六回："一日，來到一個鬼廟前，便信步走入去看看，却是個脱空祖師廟，那裏塑得披頭散髮、赤腳跌倒的坐在上面。"

【大脱空】

"脱空"之一種。用於喪葬或供奉的以綾綃金銀爲外飾的空心偶像。此稱宋代已行用。見該文。

【小脱空】

"脱空"之一種。用於喪葬或供奉的外着色彩的空心偶像。此稱唐代已行用。

寓車馬

用以隨葬或祭祀的木質或陶質車馬明器。隨葬寓車馬之俗約始於春秋戰國時，漢代始行用此稱。直至明清，猶有隨葬陶車馬者。唯宋代以後，"寓車""寓馬"之名多指紙糊的車馬，祭奠後焚化，并不隨葬。《漢書・韓延壽傳》："百姓遵用其教，賣偶車馬、下里僞物者，棄之市道。"顏師古注："偶謂木土爲之，象真車馬之形也。"按，"偶"與"寓"通，亦作"禺""耦"。《史記・孝武本紀》："以木禺馬代駒焉。"司馬貞索隱："木耦馬。一音偶。"又《封禪書》："時駒四匹，木禺龍欒車一駟，木禺車馬一駟，各如其帝色。"司馬貞索隱："禺，一音寓，寄也。寄龍形於木，寓馬亦然。"宋王應麟《困學紀聞》卷一四："朱文公謂漢祭河用寓龍寓馬，以木爲之，已是紙錢之漸。"《新唐書・李勣傳》："明器惟作五六寓馬，下帳施幔，爲皂頂白紗裙。"《漢書・郊祀志上》："木寓龍一駟，木寓車馬一駟。"王先謙集解引清顧炎武語："古人用以事神及送死者，皆木偶人木偶馬，今人代以紙人紙馬。"清黄宗羲《金石要例》："碑版之體，至宋末元初而壞。逮至今日，作者既張王李趙之流，子孫得之以答賄奠，與紙錢寓馬相爲出入，使人知其子侄婚姻而已，

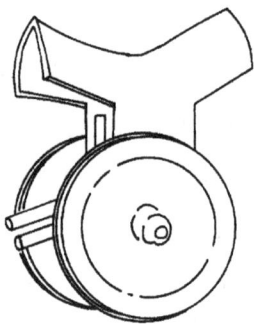

寓　車

其壞又甚於元時。”

【寓車】

“寓車馬”之分稱。此稱先秦時期已行用。
見該文。

【寓馬】

“寓車馬”之分稱。此稱先秦時期已行用。
見該文。

塗芻

“塗車”與“芻靈”，亦即車、俑類明器的
總稱。此稱唐代已行用。唐以後亦常把塗車芻
靈簡稱爲塗芻。唐王維《故西河郡杜太守挽歌》
之三：“塗芻去國門，秘器出東園。”唐黄滔
《祭崔補闕》：“而况昨日軒車，今朝塗芻，唱
《薤露》以出門，飛粉旌而戒途。”《太平廣記》
卷三二七引唐李復言《續玄怪録》：“〔唐儉〕將
出都，爲塗芻之阻，問：‘何人？’對曰：‘貨
師薛良之柩也。’”元柳貫有爲仙華先生寓祠植
碣之詩（載《柳待制集》卷二）：“葆兹泉阿藏，
免彼塗芻蹴。”

塗車

隨葬所用的車形明器。此稱先秦時期已行
用。但此稱在宋以後極少用。《禮記·檀弓下》：
“塗車、芻靈，自古有之，明器之道也。”孫希
旦集解以爲：“塗車即遣車，以采色塗飾之，以
象金玉。”亦揣度之詞。隨葬用車，考古材料及
傳世文獻皆不乏見。戰國時期的曾侯乙墓出土
車器數量較多，其遺册所記用車有政車、安車、
畋車、路車等許多種名目。《後漢書·禮儀志
下》記大喪：“東園武士執事下明器：……輓車
九乘，芻靈三十六匹。”此隨葬輓車亦爲明器。
唐《于夫人李氏墓誌》云：“塗車芻靈，儀□□
具。”宋司馬光《翰林彭學士挽辭》：“遣靈瞻素

几，僞物屏塗車。”後世所稱“塗車”亦祇是隨
文遣詞，用其名義而已。

芻靈

用茅編成的人形、馬形明器。此稱先秦時
期已行用。《駢雅·釋器》：“芻靈，殉偶人也。”
《禮記·檀弓下》：“塗車芻靈，自古有之，明器
之道也。”鄭玄注：“芻靈，束茅爲人馬，謂之
靈者，神之類。”孫希旦集解：“塗車、芻靈，
皆送葬之物也。”《後漢書·禮儀志下》：“東園
武士執事下明器：……輓車九乘，芻靈三十六
匹。”《三國志·魏書·文帝紀》：“吾營此丘墟
不食之地，欲使易代之後不知其處。無施葦炭，
無藏金銀銅鐵，一以瓦器，合古塗車、芻靈之
義。”南朝宋謝惠連《祭古冢文》：“芻靈已毀，
塗車既摧。”《舊唐書·李勣傳》：“明器惟作
馬五六匹，下帳用幔布爲頂，白紗爲裙，其中
著十個木人，示依古禮芻靈之義，此外一物不
用。”清蒲松齡《聊齋志異·蓮香》：“生追出，
提抱以歸，身輕若芻靈。”

皮車

用獸皮裝飾的車子，爲古代喪葬所用的明
器。此稱先秦時期已行用。《周禮·天官·司
裘》：“大喪，廞裘，飾皮車。”賈公彦疏：“云
飾皮車者，亦謂明器之車，以皮飾之。”孫詒讓
正義：“此革路亦稱皮車。皮、革，散文通。”
明器亦分高低檔次。漢劉向《新序·雜事》：
“昔者吾先君中行穆子皮車十乘，不憂其薄也，
憂德義之不足也。今主君有革車百乘，不憂德
義之薄也，唯患車之不足也。”是知皮車檔次低
於革車。此物後代不多見。

茅馬

束茅爲馬，以作殉葬的明器。此稱漢代

已行用。《後漢書·光武帝紀下》:"古者帝王之葬,皆陶人瓦器,木車茅馬。"漢王充《論衡·對作篇》:"光武皇帝草車茅馬,爲明器者不姦。何世書俗言不載?"北魏楊衒之《洛陽伽藍記·城西》:"韋英早卒,其妻梁氏不治喪而嫁,更約河内人向子集爲夫,雖云改嫁,仍居英宅。英聞梁氏嫁,白日來歸,乘馬將數人至於庭,……子集驚怖,張弓射之,應弦而倒,即變爲桃人,所騎之馬亦變爲茅馬,從者數人盡化爲蒲人。"唐段成式《酉陽雜俎·冥迹》:"魏韋英卒後,妻梁氏嫁向子集。嫁日,英歸至庭,呼曰:'阿梁,卿忘我耶?'子集驚,張弓射之,即變爲桃人茅馬。"喪用茅馬之俗始於先秦,其名傳至後世,後之詩文中時或見之。宋舒岳祥《跋王達善燒痕藁》:"其所售者,康瓠窶藪之具、芻靈茅馬之類而已。"

茅娘

爲未娶而亡的男子所配用茅草束成的婦人,用以合葬。這是古代的一種冥婚風俗。此稱宋代已行用。宋周去非《嶺外代答·迎茅娘》:"欽廉,子未娶而死,則束茅爲婦於郊,備鼓樂迎歸而以合葬,謂之迎茅娘。"

鎮墓獸

考古學術語。古代在墓道、墓室或棺中放置的獸形或俑形明器。形象怪异凶猛,起鎮墓辟邪作用,多爲陶質,亦有用石、木、金屬製作者。漢代已行用,沿至宋元,南北朝隋唐時尤爲盛行。唐以前形制較小,唐代造型普遍較大。宋元以後趨於消失。《考古與文物》2000年第5期載楊效俊《東魏、北齊墓葬的考古學研究》謂北朝鎮墓獸"分爲人面與獸面兩種",背部往往樹鬃毛,背頂或有衝天戟狀器。《考古》1987年第9期《河南新安縣磁澗出土的唐三彩》:"鎮墓獸:二件。一人面,一獅面,均爲獸身。蹲坐於方座上……肩部有翅膀。人面鎮墓獸通高76厘米。閉口,瞪目,高鼻,兩耳扇形。面施粉彩,黑眉,頭頂有一棗紅色錐形角。"文獻中所見彊良、祖思、祖明之類驅邪神,應爲鎮墓獸之屬。

彊良

亦作"强良""强梁"。傳說中的驅邪之神,其狀虎首四蹄。鎮墓獸中或見其形。此稱先秦時期已行用。《山海經·大荒北經》:"又有神銜蛇操蛇,其狀虎首人身,四蹄長肘,名曰彊良。"郝懿行箋疏:"《後漢·禮儀志》説十二神云:'强梁、祖明共食磔死寄生。'疑强梁即彊良,古字通也。"袁珂按:"'彊良',藏經本作'强良'。"《後漢書·禮儀志中》:"黄門令奏曰:'侲子備,請逐疫。'於是中黄門倡,侲子和,曰:'……强梁、祖明共食磔死寄生,……凡使十二神追惡凶。"《上古秘史》第一二四回:"玄光玉女聽了,就轉身向强梁道:'你名叫强良,性質亦太强梁。……責令爾以後爲天下人民驅除瘟疫凶邪,汝願意嗎?'强良將首點點。"

【强良】

同"彊良"。此體先秦時期已行用。見該文。

【强梁】

同"彊良"。此體先秦時期已行用。見該文。

祖思

傳說中一種驅邪之神,或作爲鎮墓辟邪的明器,置墓中。此稱宋代已行用。《宋史·禮志二十七》:"入墳有當壙、當野、祖思、祖明、地軸、十二時神、志石、券石、鐵券各一。"又:"墓方圓九十步,墳高一丈八尺,明器九十事，石作六事，音身隊二十人，當壙、當野、祖明、祖思、地軸、十二時神、墳厨帳、暖帳各一，輬車一，挽歌三十六人。”宋李攸《宋朝事實·儀注三》載英宗喪葬：“別置五星、十二辰及祖思、祖明尊位於四壁。”

祖明

傳説中一種吃被磔死邪物之神獸。或被作爲鎮墓辟邪之明器，置墓中。此稱漢代已行用。《後漢書·禮儀志中》：“强梁、祖明共食磔死寄生。”《隋書·禮儀志三》：“又作窮奇、祖明之類，凡十二獸，皆有毛角，鼓吹令率之，中黄門行之，冗從僕射將之，以逐惡鬼於禁中。”唐杜佑《通典·凶禮八》言喪制：“凡喪葬供明器之屬……當野、祖明、地軸、鞦馬、偶人，其高各一尺其餘；音聲隊與僮僕之屬，威儀服玩，各視生之品秩。”唐段安節《樂府雜録·驅儺》：“祖明、强食，共食磔死寄生者。”《宋史·禮志二十七》：“入墳有當壙、當野、祖思、祖明、地軸、十二時神、志石、券石、鐵券各一。”明黄佐《泰泉鄉禮·鄉社》所載多唐宋舊文：“强梁、祖明共食磔死寄生……凡使十二神追惡凶……此乃古禮，雖孔子所不敢廢也。後世此禮廢絶。”明言此禮已廢絶。

五穀囊

一種隨葬物品。古代葬俗，恐鬼魂飢餒而爲之備儲糧口袋，内裝五種穀物。按，五穀，有謂麻、黍、稷、麥、豆，有謂稻、菽、稷、麥、黍，有謂稻、稷、麥、豆、麻，説法不一。隨靈柩入葬，故稱。《太平御覽》卷七〇四引三國魏王肅《喪服要紀》：“五穀囊者，起伯夷、叔齊讓國不食周粟而餓首陽之山，恐魂乏飢，故作五穀囊。”此俗始於周初，流行於兩漢。考古發掘的漢代墓葬有隨葬的稻、麥等穀物可以爲證。魏晋時此俗有所演變。晋顧微《廣州記》：“廣州廳事梁上懸五羊像。又作五穀囊，隨像懸之。”至宋，以糧罌代五穀囊。宋高承《事物紀原·農業陶漁》：“今喪家棺斂，柩中必置糧罌者。王肅《喪服要紀》曰：‘昔魯哀公祖載其父。’孔子問：‘寧設五穀囊者？’公曰：‘否也。五穀囊者，起自伯夷叔齊不食周粟而餓死，恐其魂之飢也，故設五穀囊。吾父食味含哺而死，何用此爲？’”明郎瑛《七修類稿·辯證類》亦曰：“今‘包筍’謂之‘糧罌瓶’者，因夷、齊餓死後，人恐其魂飢而設五穀之囊，故《禮記》曰：‘重生道也。’起於商。”後世以至今日，人們用貢果等物作爲祭奠之品，以供亡靈享用的習俗即源於此。

穀倉

亦稱“五穀倉”。本是古代糧倉稱謂，喪禮中爲表達糧多富裕而隨葬一種象徵糧倉的陶瓷罐。出現於東漢，沿至南北朝。主要流行於江南。因穀倉中積貯各種穀物，故又稱五穀倉。隨葬各種穀物的葬俗可以溯源至商周，至東漢乃以五穀倉表示糧食充足、不愁饑饉之意。五穀通常指稻、黍、稷、麥、菽，故穀倉形制，東漢時有五聯罐造型以示貯有五穀，即在橢圓形罐腹的上部做出五個盤口壺形小罐，其中中間一罐較大。三國以後，五聯罐頂部的大罐逐漸變大，周圍四罐則縮小，且開始堆貼人物、樓閣、畜禽等。最後頂部大罐演變爲大口，樓閣亭闕、人物畜禽等堆塑趨大趨複雜化，而四小罐漸小，完全成了不起眼的次要附件。堆塑中甚至有佛像、器樂演奏及各種雜耍形象，表明原來僅象徵糧倉的含義發生變化，成爲墓主日常生活的反映及魂歸西天净土的體現。東晋以後作爲明器的穀倉漸不流行，但後世依然存在。參閲中國硅酸鹽學會主編《中國陶瓷史》。此稱晋代已行用。晋惠達《肇論疏》卷上："穀府爲倉。倉，藏也。"其文係闡釋佛教教義，故藉穀倉作喻："釋論云：穀倉喻身也。行者身業因緣結實入倉，因緣熟便得人身。倉中麻麥等即是身中種種不净也。"《明會典・工部十六》載職官墳塋，曰："營繕所木造牙仗二……門神二、儀仗人十二、女使八、武士四、翣六、五穀倉二……"清代徐乾學《讀禮通考・喪儀節二十四》亦載此文。

【五穀倉】

即穀倉。此稱明代已行用。見該文。

魂瓶

亦稱"攝魂瓶""貯魂瓶"。死者魂魄所依憑的瓷瓶。造型與穀倉有淵源關繋，呈細而高的形狀。流行於宋元時期，尤以浙江、江蘇、江西和安徽等地多見。器身似瓶，肩部以上堆塑樓閣、人物和飛禽走獸，內容多樣。因瓶形似塔，所貼塑內容又往往帶有佛教意義，以讓死者魂歸佛界，故名魂瓶。今考古界又稱爲"皈依瓶"，而明清小説中所稱"攝魂瓶""貯魂瓶"，雖與此有類似之處，然缺乏一種敬畏鬼神之意，且考古發掘表明，明清喪葬禮儀中亦不見此類器物。《濟公全傳》第一四二回："那廟裏西配房屋中，條案桌上有一個瓶，叫攝魂瓶，咱們施主王安士的魂，被那廟裏老道拘了去，摑在瓶裏。"《三寶太監西洋記》第九一回："閻羅王道：'倒有些不好處得。怎麽不好處得？欲待要多叫過些鬼司來，搬動那一干游魂索、貯魂瓶、錐魂鑽、削魂刀，怕他們走上天去。'"

【攝魂瓶】

即魂瓶。此稱明清時期已行用。見該文。

【貯魂瓶】

即魂瓶。此稱明清時期已行用。見該文。

苞筲

亦稱"糧罌瓶"。喪禮中用來包裹牲體的葦苞和盛飯的竹器（類似筲箕）。皆用於隨葬，以免死者在陰間飢餓。先秦已出現苞與筲。《儀禮・既夕禮》："苞二筲三，黍稷麥。"鄭玄注：苞"所以裹奠羊、豕之肉"；"筲，畚種類也，其容蓋與簋同，一穀也"。賈公彦疏云："筲以菅草爲之，畚器，所以盛種。此筲與畚同類也。"此禮後世猶沿襲。《明史・禮志十四》："初，洪武二年敕葬開平王常遇春於鍾山之陰，給明器九十事，納之墓中……雜物，翣六，璧一，筐、筲、樿、椸、衿、鑿各一，苞二，筲二，糧漿瓶二，油瓶一，紗厨、暖帳各一。"明代又稱"糧罌瓶"。明顧起元《説略》卷一〇："今'包筲'謂之'糧罌瓶'者，因夷、齊餓死，後人恐其魂飢，而設五穀之囊。故《禮記》曰：'重生道也。'"明郎瑛《七修類稿・辯證類》亦載此説。

【糧罌瓶】

"包筲"之俗稱。此稱明代已行用。見該文。

金蠶

亦作"金蚕"。用黃金鑄成的蠶形隨葬品。隨葬金蠶之俗始於先秦，考古發掘中此物并不多見。《後漢書・張奐傳》："奢非晋文。"李賢注引晋陸翽《鄴中記》："永嘉末，發齊桓公墓，得水銀池、金蠶數十箔。"《太平御覽》卷五五八引《南齊書》："于時人發桓温女冢，得金巾箱，織金篾爲嚴器，又有金蚕銀蠶等物甚

多。"《南史·王玄象傳》："有一棺尚全，有金
鑾、銅人以百數。"南朝梁何遜《塘邊見古冢》
詩："金鑾不可織，玉樹何時蕊？"唐許渾《懿
安太后挽歌詞》："未信金鑾老，先驚玉燕空。"
清蔣士銓《一片石·夢樓》："金鑾玉佩，多是
野人鋤，難覓周官墓。"

【金蠶】

同"金鑾"。此體南北朝時期已行用。見該文。

玉豚

亦作"玉豖"，亦稱"玉豬""玉猪""滑
石猪""石豚"。玉或石刻的小豬，作爲吉祥物
或隨葬品。古人認爲玉猪可帶給人財富和好運。
始於東漢，盛行於魏晉南北朝，唐以後此物消
失，此稱傳至今。考古發現除玉猪外，更多的
是石猪。湖北鄂城1956—1983年發掘六朝墓，
出土石器中，"豚，64件，分別出自38座孫吳、
兩晉南北朝墓中，一般每座墓出土1件、2件，
少數墓出土4件……以兩晉南朝墓隨葬石豚的
現象較爲普遍"，石豚長度一般在5～10厘米
之間（參閲《鄂城六朝墓》，科學出版社2007
年版第301頁）。石豚屬於古人所説的"玉豚"。
因玉出自石，古人常常玉石并稱，如《太平御
覽》卷八〇四引漢佚名《禮緯含文嘉》有"玉
石得宜"語。北齊顔之推《顔氏家訓·終制》
談隨葬品，即言及"玉豚"，與考古出土大量石
豚的情形相近："吾當松棺二寸，衣帽已外，一
不得自隨。床上唯施七星板，至如蠟弩牙、玉
豚、錫人之屬，並須停省；糧罌明器，故不
得營；碑誌、旐旒，彌在言外；載以鱉甲車，
襯土而下，平地無墳。"完全是談當時喪葬習
俗。之所以看重玉豚，在於當時人視之爲可讓
人發財致富的吉物。南朝宋劉敬叔《異苑》卷
二："弘農楊子陽，聞土中有聲，掘得玉独，長
可尺許。屋棟間乃自漏秫米，如此三年，晝夜
不息。"《太平御覽》卷四七二引南朝宋劉義慶
《幽明録》曰："餘杭人沈縱家素貧，與父同入
山，得一玉豚。從此所向如意，田蠶並收，家
富。"從上可知，玉豚又寫作"玉独"。後還稱
"玉豬""玉猪"。《太平廣記》卷四〇一引唐牛
肅《紀聞列異》："執金吾陸大鈞從子某，其妻
嘗夜寢中，聞有物啁啾鬥聲，既覺，於枕下攬
之得二物。遽以火照，皆曰玉猪子也。大數寸，
狀甚精妙，置之枕中而寶之。自此財貨日增，
家轉蕃衍，有求必遂，名位遷騰。如此二十
年，一夕忽失所在，而陸氏亦不昌矣。"明徐應
秋《玉芝堂談薈·土中玉独》、明高濂《遵生八
牋·叙古諸品寶玩》引述此故事，"玉豬"俱作
"玉猪"；而《駢字類編·珍寶門三》引此文，
仍作"玉豬"。古時此物即有出土記載，被視爲
奇物，釋作古時賄賂夷狄的特別物品。宋羅願
《爾雅翼·釋獸三》："今有在地中得玉独、金狗
之屬，此皆古賂夷狄之奇貨也。"今考古學界多
稱作"滑石猪"。《西安中華社區東漢墓發掘簡
報》報道M15出土"滑石猪"："伏卧於地，簡
單幾刀便刻出猪的外形，吻下和尾部各橫穿一
個小孔。"（參閲《文物》2002年第12期）

【玉独】

同"玉豚"。此體南北朝時期已行用。見該文。

【玉豬】

即玉豚。此稱唐代已行用。見該文。

【玉猪】

即玉豚。此稱明代已行用。見該文。

【滑石猪】

即玉豚。考古學名稱。此稱當代行用。見

該文。

【石豚】

即玉豚。考古學名稱。此稱當代行用。見該文。

役器

隨葬的兵革之類器物。此稱先秦時期已行用。《儀禮・既夕禮》：“役器：甲、冑、干、笮。”鄭玄注：“此皆師役之器。甲，鎧；冑，兜鍪；干，楯；笮，矢箙。”以兵革爲隨葬品的葬俗始於夏商，盛行於戰國時代。此俗後代一直沿襲，多出現在武將武士墓中。《明史・禮志十四》：“初，洪武二年敕葬開平王常遇春於鍾山之陰，給明器九十事，納之墓中……弓二，箭三……甲、頭盔……槍、劍、斧、弩。”

明弓矢

用來隨葬的弓矢。因屬明器，故稱。始於商周，至明代仍以弓矢作爲隨葬的明器。隨葬弓矢作明器，一般等級規格較高。清代後期，隨着火銃成爲陸地步兵作戰的主要武器，弓箭退居次要位置直至被淘汰，殉葬弓矢明器的現象亦不復存在。《周禮・夏官・司弓矢》：“大喪，共明弓矢。”鄭玄注：“弓矢，明器之用器也。”《儀禮・既夕禮》：“用器：弓矢、耒耜、兩敦、兩杅、槃匜。”鄭玄注：“此皆常用之器也。”《後漢書・禮儀志下》：“〔大喪〕東園武士執事下明器……彤矢四，軒輖中，亦短衛。彤矢四，骨，短衛。彤弓一。”《明史・禮志十四》：“初，洪武二年敕葬開平王常遇春於鍾山之陰，給明器九十事，納之墓中……弓二，箭三。”

几 [2]

亦稱“桁”“衡”。供憑靠或放置器皿的隨葬品。古人席地而坐，以憑几爲倚靠，并可當桌子用。始於先秦，宋以後，隨着椅子的出現和人們席地而坐的習慣的改變，几不再用爲隨葬品。先秦亦稱“桁”“衡”。《儀禮・既夕禮》：“苞二，筲三：黍、稷、麥，甕三：醯、醢、屑，冪用疏布；瓾二：醴、酒，冪用功布，皆木桁久之。”鄭玄注：“桁，所以庋苞、屑、甕、瓾也。”《禮記・雜記上》：“甕、瓾、筲、衡，實見間，而後折入。”鄭玄注：“此謂葬時藏物也。衡當爲桁，所以庋甕、瓾之屬，聲之誤也。”《太平廣記》卷三八九引《西京雜記》：“石床方四尺，上有石几。”北朝顏之推《顏氏家訓・終制》：“靈筵勿設枕几。”唐宋以後明器几消失。

【桁】

即几 [2]。此稱先秦時期已行用。見該文。

【衡】 [1]

即几 [2]。此稱先秦時期已行用。見該文。

地券

爲近似地契的隨葬明器。其性質有二類，一屬於買地所立契文，説明墓地具體位置、範圍，列出賣地人、保見人、書契人、執契人等，具有一定的實用意義；另一類純屬與山神土地神訂立的盟券，無買地之類實際內容。西漢時已出現。地券質地以石、木、磚爲主，此外尚有瓷券、玉券、金屬券等。券文內容，早期簡單，僅幾十字或百餘字，唐宋以後內容趨複雜，往往有三四百字以上。清端方《陶齋藏石記》卷一載東漢武靡嬰買地玉券文：“建初六年十一月十六日乙酉，武孟子男靡嬰買馬起宜、朱大弟少卿冢田，南廣九十四步，西長六十八步，北廣六十五步，東長七十九步，爲田廿三畝奇百六十四步，直錢十萬二仟。東陳田比介，北、西、南朱少比介。時知券約趙滿、何非，沽酒各二斗。"又南京吳墓出土建衡元年買地券，與前者同類，亦爲有實用意義之地券："建衡元年十二月丁巳朔五日辛酉，相府吏繆承今還丹楊業建□鄉梅府里，卜安冢宅，從地主古糸買地三頃五十畝，直錢三百五十萬。鄉吏朱恂證知糸賣承買，對共破莂，先立可信，乃爲手書。"參閲張學鋒《南京濱江開發區吳墓出土"建衡元年"買地券補釋》，《東南文化》2010年第1期。以下是另一類：向山神土地買地之契。清葉奕苞《金石録補》卷二七："萬曆初，元會稽倪簡冢地内，掘得晋太康閒冢中杯及瓦券，券文云：'大男楊紹，從土人公買冢一邱，東極闞澤，西極黄藤，南極山背，北極於湖，直錢四百萬，即日交畢。日月爲證，四時爲佐。太康五年九月廿六日。對共剪破，民有私約如律令。'"地券還具有鎮墓的意義，北宋崇寧四年李宣義地券稱："凡有精邪魍魎，不可刑克。"南宋淳祐十二年《余六貢士地券》云："魑魅魍魎，憑陵幽宫，豺狼狐兔，跳梁墓道，神其殛之，以安先靈。"（參閲《考古》1987年第3期第230—231頁）與地神的買地交易屬虚構，故地券上

吳建衡元年買地券磚
（南京濱江開發區吳墓出土）

的錢數極離譜，地理位置亦空泛不實。清韓泰華《無事爲福齋隨筆》卷上："古人塟地，於未安埋之先，輒焚楮錠，買諸冥司，質諸神明，其事雖不見於經傳，而近年出土者有漢地節二年石刻《楊量買地券》、吳黄武四年磚文《九江男子浩宗買地券》。陜西新得金明昌碑刻買地券，其文曰：'維大金明昌七年……謹用錢九千九百九十九貫文，兼五綵信幣，買地一段：東至青龍，西至白虎，南至朱雀，北至玄武。内方句陳，分掌四域。□□墓伯，封部□□。道路將軍，整齊阡陌。千秋萬歲，永無殃咎。若□干犯，訶禁者將軍、亭長，收付河伯。……若違此約，地府主使，自當其禍。'元明以後，作爲隨葬明器的地券漸不通行。

遣

隨葬之物泛稱。此稱先秦時期已行用。《儀禮·既夕禮》："書遣於策，乃代哭如初。"鄭玄注："遣猶送也，謂所當藏物茵以下。"又："公史自西方東面，命毋哭，主人主婦皆不哭；讀遣卒，命哭，滅燭出。"鄭玄注："遣者，入壙之物。"《禮記·檀弓下》："始死，脯醢之奠；將行，遣而行之；既葬而食之。"鄭玄注："葬有遣奠。"

遣策

書寫隨葬物清單的竹簡、木牘。先秦已出現。後世墓志祭文中或引用此稱。《儀禮·既夕禮》："書遣於策。"鄭玄注："策，簡也；遣猶送也，謂所當藏物茵以下。"賈公彦疏："則盡遣送死者明器之等並贈死者玩好之物，名字多，故書之於策。"送葬物數量少，書之於賵方；數量多則書之於策。宋聶崇義《三禮圖集注》卷一八："《士喪禮》下篇云：書遣於策，注云：

策，簡也；遣，猶送也。賈釋云：策，簡也者，編連爲策，不編爲簡。上云書賵於方，此云書遣於策者，《聘禮》記云：百名以上書之於策，不及百名書之於方。"

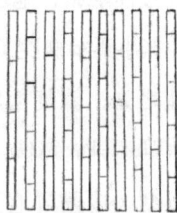

遣　策
（清蔣廷錫等《古今圖書集成》）

長沙馬王堆漢墓中即有遣策，由成百片竹簡編連成册，上載隨葬品名稱、大小、數量等（參閱《文物》1974 年第 7 期）。此稱後世一直沿用。朱彝尊《禮部尚書兼掌翰林院學士長洲韓公墓碑》："公之諸子發喪故宅，絮酒、生芻、賵方、遣策，靡不中禮。"今考古學上亦稱"遣册"（按，文獻中"遣册"多指册封的公文，與此不同）。

筲

喪禮所用的隨葬容器，以菅草編成，用以盛隨葬的黍、稷、麥。此稱先秦時期已行用。《儀禮·既夕禮》："筲三，黍、稷、麥。"鄭玄注："筲，畚種類也，其容蓋與簋同，一穀也。"賈公彥疏："穀受斗二升。"《後漢書·禮儀志下》："東園武士執事下明器。筲八盛，容三升，黍一、稷一、麥一、粱一、稻一、麻一、菽一、小豆一。"《明史·禮志十四》："初，洪武二年敕葬開平王常遇春

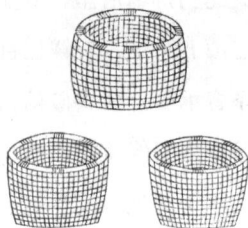

筲
（清蔣廷錫等《古今圖書集成》）

於鍾山之陰，給明器九十事，納之墓中……雜物，甕六、璧一、筐、筲、椑、梳、衿、鬐各一，苞二、筲二，糧漿瓶二，油瓶一，紗厨、暖帳各一。"

第五節　棺椁考

棺椁，安置死者尸體的匣形器具。包括棺材、椁室等。質地以木爲主，亦有銅、鐵、石、陶等種類。《説文·木部》："棺，關也，所以掩屍。"又："椁，葬有木椁也。"段玉裁注："木椁者，以木爲之，周於棺，如城之有椁也。"

傳説古代最早的墓葬無封土和標志，最原始的葬具爲薪。《周易·繫辭下》："古之葬者，厚衣之以薪。葬之中野，不封不樹，喪期無數。"孔穎達正義曰："不云上古直云古之葬者，若極遠者則云上古，其次遠者則直云古。則'厚衣之以薪，葬之中野'，猶在穴居結繩之後，故直云古也。'不封不樹'者，不積土爲墳是不封也，不種樹以標其處是不樹也。'喪期無數'者，哀除則止，無日月限數也。"衣者，覆蓋也。《説文·艸部》："葬，

臧也，從死在茻中，一其中，所以荐之。《易》曰：'古者葬，厚衣之以薪。'"段玉裁注：
"荐，各本作薦，今正。荐，草席也。有藉義，故凡藉於下者，用此字。"又注曰："此引
《周易·繫辭》，説從死在茻中之意也。上古厚衣以薪，故其字上下皆草。"今人張舜徽按
曰："古之葬者，厚衣之以薪。從人持弓，會毆禽。合葬篆説解觀之，可知太古無棺斂深
埋之制，人死但棄之厚野，用草覆荐之而已。又恐遽見殘於禽獸，故問終者必持弓以往，
爲守候焉。今日籀繹許書，亦可從文字以考明古史，此類是也。"

　　至新石器時代，乃出現木棺、瓮棺、石棺等。屬母系氏族社會的西安半坡仰韶文化
遺址中，就出土有木棺、瓮棺等，同屬此時期的華縣元君廟墓地亦出土有石棺、紅燒土
塊（應是後世所謂"土周"）。此後的文化遺址中各種棺具日益常見。文獻亦載："有虞氏
瓦棺，夏后氏堲周，殷人棺椁。"（《禮記·檀弓上》）史籍稱"棺椁之作，自黃帝始"（《漢
書·楚元王傳》），其説不確。從考古發掘考察，棺椁形成制度約始於商。依照死者地位高
低，墓葬也有尊卑區分。王室、方國首領大墓，有椁有棺，椁室巨大，多以柏木構建，平
面呈"亞"字形或長方形；普通貴族墓，有椁有棺，規制略小；平民墓，有棺無椁；奴隸
墓，無棺無椁，往往以席裹尸埋葬。西周春秋時，棺椁制度成爲"周禮"的重要内容之
一，體現着森嚴的等級觀念。《莊子·天下》《荀子·禮論》俱載："天子棺椁七重，諸侯
五重，大夫三重，士再重。"（今本《荀子》"七重"作"十重"，蓋訛。）據考古情況判斷，
棺椁"再重"大概指一棺一椁，"三重"指雙棺一椁，"五重""七重"雖尚未見實物，但
雙椁（或一椁）多棺（三重以上棺）是可能的。椁室用材，《禮記·喪大記》謂"君松椁，
大夫柏椁，士雜木椁"，均體現墓主地位尊卑。戰國至西漢，以柏木枋堆疊成的大型椁室
又稱"黃腸題湊"。《漢書·霍光傳》："〔霍光薨〕賜金錢、繒絮、繡被百領……梓宮、便
房、黃腸題湊各一具。"顏師古注引蘇林曰："以柏木黃心致累棺外，故曰黃腸。木頭皆向
内，故曰題湊。"黃腸題湊之内，有數重棺木，其外則填塞大量木炭、石灰，如《吕氏春
秋·節喪》所謂"題湊之室，棺椁數襲，積石積炭，以環其外"。考古發掘中已發現其具
體構造，北京大葆臺一號西漢墓（參見《文物》1977 年第 6 期）、江蘇高郵天山一號西漢
墓（參見《人民日報》1980 年 7 月 18 日）等，即典型。中型以下之墓椁室與棺木并用現
象仍很時興。到東漢，木棺墓即呈急劇減少之趨勢。

　　始於戰國，發展於西漢的磚石墓，至東漢成爲貴族墓的主流，從而取代了此前盛行了
一千多年的木椁墓。墓室以磚、石仿地上建築建造。"棺椁"實際是有棺無椁，雖後代偶

有石椁等，但衹是特例，并不普遍。

　　自東漢至清代，多有棺無椁，貴族墓仍有用數重棺者。晋陸機《挽歌》：“嘆息重櫬側，念我疇昔時。”宋蘇軾《真相院釋迦舍利塔銘》：“棺椁十襲閟精圜，神光晝夜發層巔。”普通人一般用單棺，且此俗沿襲至今時諸多鄉村。雖常見“棺椁”連稱，實則僅指棺而已。明徐霖《綉襦記·詭代傮居》：“（丑）媽媽忽得暴疾，如今將垂死已。（旦）呀，怎麼好！他衣衾棺椁可曾備？”《紅樓夢》第六九回：“賈璉忙進去找鳳姐，要銀子治辦棺椁喪禮。”陶鈍《第三件棉衣》：“爲了製辦衣衾棺椁，發喪出殯，又取了一份四分利的錢。”

凶器 [2]

　　喪葬用具，尤其棺材和陪葬物之類的代稱。此稱本指兵器，又指行凶所用器械。因用兵打仗爲凶事，打架鬥毆亦非善事，故稱兵器及械鬥之具爲凶器。不幸、不吉爲凶，死亡亦爲凶，故喪葬用具亦稱凶器。棺椁即爲重要凶器之一。此稱先秦時期已行用。《周禮·天官·閽人》：“閽人，掌守王宮之中門之禁，喪服凶器不入宮。”又《春官·冢人》：“大喪……及窆，執斧以涖，遂入藏凶器。”鄭玄注：“凶器，明器。”《禮記·曲禮下》：“書方、衰、凶器，不以告，不入公門。”孔穎達疏：“凶器者，棺材及棺中服器也。”陳澔注：“凶器，若棺椁牆翣明器之屬。”唐白行簡《李娃傳》：“初，二肆之傭凶器者，互争勝負。其東肆車轝皆奇麗，殆不敵，唯哀挽劣焉。”宋陶穀《清異録·喪葬》：“余嘗臨外氏之喪，正見漆工之髹裹凶器。”《醒世姻緣傳》第三三回：“一個好好的人家，乾乾净净的房屋，層層叠叠的都放了這等凶器，看了慘人。”

凶具

　　本泛指喪葬所用各種器物，常亦專指棺材。

此稱魏晋時期已行用。晋干寶《搜神記》卷一○：“須臾如厠，便倒氣絕。謝爲凶具，一如其夢。”《南史·王僧虔傳》：“劉鎮之年三十許，疾篤，已辦凶具；既而疾愈，因畜棺以爲壽，九十餘乃亡，此器方用。”《唐大詔令集·拯恤疾疫詔》：“諸道應灾荒處，疾疫之家，有一門盡殁者，官給凶具，隨事瘞藏。”宋徐鉉《稽神録·王瞻》：“既瘳便能下床，自出傮舍，營辦凶具。”清蒲松齡《聊齋志異·宫夢弼》：“柳〔芳華〕病卒，至無以治凶具。”

喪具

　　亦稱“棺衾”。人死後所需的棺椁、衣被之類。此稱先秦時期已行用。棺者，棺材；衾者，衾被，殮尸的包被。《禮記·檀弓上》：“喪具，君子耻具。”鄭玄注：“喪具，棺衣之屬。”《孝經·喪親章》：“爲之棺椁衣衾而舉之。”邢昺疏：“衾謂單被，覆屍薦屍所用。”故泛指殮尸之具。《禮記·檀弓上》：“喪具，君子耻具。”鄭玄注：“喪具，棺衣之屬。”唐李商隱《爲濮陽公與劉稹書》：“喪具躋陵，飛走之期既絶。”明汪道昆《許恭襄公論傳》：“冬十月，公自理喪具，端坐而終。”亦稱“棺衾”。《晋書·石勒載記》:"〔石〕勒令州郡，有墳發掘不掩覆者推劾之，骸骨暴露者縣爲備棺衾之具。"《舊唐書·來瑱傳》:"〔來〕瑱之被刑也，門客四散，掩於坎中。校書郎殷亮後至，獨哭于屍側，貨所乘驢以備棺衾，夜詣縣令長孫演以情告之，演義而從之。亮夜葬而祭。"清吳嘉紀《七歌》之二:"慈母謝世值饑年，棺衾草草何曾厚。"《儒林外史》第二一回:"吩咐外甥女兒看好了老爹，你同我出去料理棺衾。"

【棺衾】

即喪具。此稱魏晋時期已行用。見該文。

葬具

葬死者所用器具總稱。包括盛放尸體的各種棺椁、器皿、墊裹，覆蓋尸體的薪、席、木板等。葬具出現於新石器時代，今亦多見於考古發掘報告和著作。開封地區文管會《河南新鄭裴李崗新石器時代遺址》:"〔清理的八座墓葬〕坑内未發現有葬具痕迹。"中國社會科學院考古研究所《新中國的考古發現和研究》:"在〔大汶口文化〕中、晚期墓地上，墓葬間的規模、葬具、隨葬品存在着明顯的差别，説明社會上出現了貧富分化。"又:"〔龍山文化〕墓葬均爲長方形竪穴，各墓地都發現了一定數量有葬具的墓葬。"又:"〔齊家文化〕墓葬的形制以竪穴土坑墓爲主……葬具有木棺、獨木棺與墊板等。"葬具的産生與墓葬的出現密切相關，其種類亦因葬俗和處理尸體的方法不同而各異。"葬具"一稱漢代已行用。《漢書·高帝紀》:"令士卒從軍死者，爲槥歸其縣，縣給衣衾棺葬具。"此後歷代沿襲，均指喪葬所用棺衾器具。《後漢書·崔駰傳附崔寔傳》:"〔崔寔〕建寧中病卒，家徒四壁立，無以殯斂。光禄勳楊

賜、太僕袁逢、少府段熲爲備棺椁葬具。"《儀禮·既夕禮》:"加抗席三。"唐賈公彦疏:"折於抗席前用而不加於抗席之上者，以長大，故别陳於南，用之仍在茵後。其茵用之在明器前，入而陳之於明器上者，以其同葬具，故與抗木同陳於上也。"《文獻通考·王禮考十九》:"堯葬濟陰，邱壠皆小，葬具甚微。"《元史·劉秉忠傳》:"〔劉秉忠〕奔父喪，賜金百兩爲葬具，仍遣使送至邢州。"明唐順之《唐郎中嘿庵墓志銘》:"刑部郎中嘿菴唐君卒於南京之官舍，貧不能具棺殮。尚書及諸寮賻之錢若干，乃棺以還其家。而知縣茅君又賻之錢爲葬具。"

薪

最原始的葬具，即木柴乾草之類。傳説爲上古之世的墓葬用物，安葬時以薪荐覆尸體，後被瓦棺取代。此稱先秦時期已行用。《周易·繫辭下》:"古之葬者，厚衣之以薪。葬之中野，不封不樹。"《禮記·檀弓上》:"有虞氏瓦棺。"鄭玄注:"始不用薪也。"《漢書·楚元王傳》引"衣之以薪"，顔師古注:"曰厚衣之以薪，言積薪以覆之也。"

棺具

亦稱"斂具""終具"。安葬死者所需的棺材等物。此稱漢代已行用。《後漢書·孔融傳》:"郡人無後及四方游士有死亡者，皆爲棺具而殯葬之。"南朝梁蕭衍《埋枯骨詔》:"若委骸不葬或蕪衣莫改，即就收斂，量給棺具。"亦稱"斂具"。《後漢書·方術傳上·謝夷吾》:"時博士渤海郭鳳亦好圖讖，善説灾異，吉凶占應。先自知死期，豫令弟子市棺斂具，至其日而終。"斂，通"殮"。斂具，即斂尸的器具。《清史稿·禮志十二》載親王暨福晋等喪儀:"斂具，

親王至貝勒采棺，藉五層。貝子至輔國公棺同，藉三層。鎮國將軍以下朱棺，藉一層。"唐又稱"終具"。終，即人死亡。《禮記·文王世子》："文王九十七乃終。"《文選·楊惲〈報孫會宗書〉》："送其終也。"李善注："終謂終沒也。"人死送終之具謂終具，爲棺、椁等喪葬用具的統稱。《新唐書·韋弘機傳》："太子弘薨，詔蒲州刺使李冲寂治陵，成而玄堂厄，不容終具，將更爲之。"《古今圖書集成·醫部全録·醫術名流列傳》："按《太平府志》：謝承文，……有欲試之，見承文至，跨高而墮仆地佯死，令家人扳輿求救。承文診畢，謂曰：'急治終具，無生理矣。'"

【斂具】

即棺具。殮尸之具。此稱漢代已行用。見該文。

【終具】

即棺具。此稱唐宋時期已行用。見該文。

棺椁

亦作"棺郭""棺槨"。棺與椁的合稱。古代葬具有多重，棺在內，椁在外，此稱始於先秦。此稱先秦時期已行用。《周易·繫辭下》："古之葬者，厚衣之以薪，葬之中野，不封不樹，喪期無數。後世聖人易之以棺椁，蓋取諸大過。"《韓非子·內儲說上》："齊國好厚葬，布帛盡於衣衾，材木盡於棺椁。"《管子·禁藏》："棺槨足以朽骨。"《莊子·人間世》："散木也，以爲舟則沉，以爲棺槨則速腐。"《漢書·楊王孫傳》："裹以幣帛，鬲以棺槨，支體絡束，口含玉石，欲化不得，鬱爲枯臘。"漢董仲舒《春秋繁露·服制》："生有軒冕、服位、貴禄、田宅之分，死有棺槨、絞衾、壙襲之

度。"《隸釋·漢楚相孫叔敖碑》："病甚，臨卒，將無棺郭。"宋蘇軾《真相院釋迦舍利塔銘》："棺椁十襲閟精圜，神光晝夜發層巔。"後來棺椁亦泛指棺材。明徐霖《繡襦記·詭代僞居》："（丑）媽媽忽得暴疾，如今將垂死已。（旦）呀，怎麼好！他衣衾棺椁何曾備？"《金瓶梅詞話》第九九回："在他襖子上拴着不是，奴替他裝殮在棺椁內了。"《花月痕》第四三回："贊甫、雨農領著穆升，照料衣衾棺椁，用的棺就是停放樓下那一口。"此物史載始於商代，盛行於中原地區，并於周代形成等級制度。上引《周易·繫辭下》文孔穎達疏："若《禮記》云有虞氏瓦棺，未必用木爲棺也。則《禮記》又云殷人之棺椁以前云椁無文也……則喪期無數在堯已前，而棺椁自殷已後。則夏已前，棺椁未具也。"《禮記·檀弓上》："夏后氏塈周，殷人棺椁。"又："衣足以飾身，棺周於衣，椁周於棺，土周於椁……天子之棺四重。"《南史·顧歡傳》："棺殯椁葬，中夏之風；火焚水沉，西戎之俗。"《莊子·天下》和《荀子·禮論》均曰："天子棺椁七重，諸侯五重，大夫三重，士再重。"（按，今本《荀子》"七重"作"十重"，蓋因漢人書寫"十""七"皆爲一橫一竪，僅

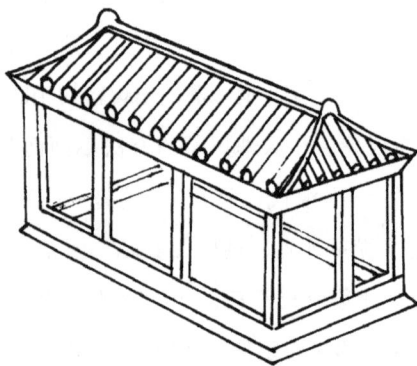

唐代章懷太子之石槨示意圖

"十"字豎筆較長而誤。）甚至棺椁之間的空隙亦有等級規定。《禮記·喪服大記》："棺椁之間，君容柷，大夫容壺，士容甒。"考古研究表明，此物始於新石器時代晚期，盛行於商周至西漢前期，西漢以後逐漸少見。今所見最原始的棺椁套用的實物是大汶口十號墓。該墓規模很大，墓底用二層臺和用原木臥叠構成的"井"字形木椁，椁內壁塗朱。墓底中央又下挖一長方坑，坑內放置棺類葬具，合爲一棺一椁。結構複雜、保存較好、形制分明的套用實物，有江陵天星觀一號、望山一號二號、藤店一號、沙冢一號和馬王堆一號等漢墓。其中後者爲軑侯利蒼夫人的墓葬，四棺一椁，規模屬諸侯等級。王仲殊《漢代考古學概説·漢代的墓葬（上）》："中國古代，一般是棺椁並稱，兩者都屬葬具。西漢前期的竪穴式木椁墓，仍然如此。"參閲山東省文物管理處《大汶口——新石器時代墓葬發掘報告》、湖北省荆州地區博物館《江陵雨臺山楚墓》、何介鈞等《馬王堆漢墓》和湖南省博物館《馬王堆漢墓研究》。

【棺郭】

同"棺椁"。此體漢代已行用。見該文。

【棺槨】

同"棺椁"。"槨"爲"椁"之异體。此體先秦時期已行用。見該文。

【重櫬】

即棺椁。櫬，本指套棺的最裏一層棺，亦可泛指棺材。古代埋葬有用棺椁或複棺之俗，因有多重，故稱。此稱晋代已見行用。《文選·陸機〈挽歌三首〉》其一："嘆息重櫬側，念我疇昔時。"李善注："杜預左氏傳曰：櫬，棺也。"

木

特指椁材或棺材。此稱先秦時期已行用。先秦指椁材，漢至清指棺材。《左傳·僖公二十三年》："我二十五年矣，又如是而嫁，則就木焉。"《禮記·檀弓下》："孔子之故人曰原壤。其母死，夫子助之沐椁。原壤登木曰：'久矣予之不托於音也。'"鄭玄注："木，椁材也。"《後漢書·耿純傳》："老病者皆載木自隨，奉迎於育。"李賢注："木，謂棺也。老病者恐死，故載以從軍。"清蒲松齡《聊齋志異·樂仲》："〔瓊華〕曰：'我本散花天女，偶涉凡念，遂謫人間三十餘年，今限已滿。'遂登木自入。"

瓦棺

陶質葬具。此稱先秦時期已行用。周爲專稱，漢以後爲統稱。《禮記·檀弓上》："有虞氏瓦棺，夏后氏堲周。"鄭玄注："有虞氏上陶。"又："〔周人〕以有虞氏之瓦棺葬無服之殤。"陳澔注曰："七歲以下爲無服之殤。生未三月不爲殤。"《鹽鐵論·散不足》："古者瓦棺容屍，木板堲周，足以收形骸、藏髮齒而已。"瓦棺，即陶棺，是用陶器製作的葬具。有虞氏爲遠古部落，居蒲阪，舜乃其領袖。其時瓦棺應爲通用葬具。據考古發現多爲甕棺葬具。中國科學院考古研究所《考古學基礎》："〔甕棺葬〕這種墓葬僅使用陶罐作葬具，專爲埋葬幼兒。但這種葬小孩用的陶罐並不是特製的，而衹是一種廢

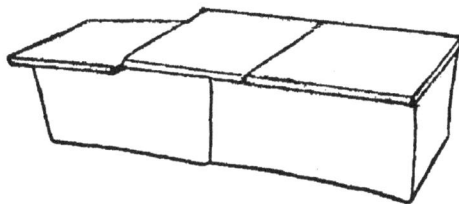

瓦　棺

物利用。這種葬法見於周代的文獻記載，在新石器時代的仰韶文化中已有發現，此後戰國和漢代仍然沿用。"自漢代開始，瓦棺不衹甕棺一種。《西京雜記》卷六："袁盎冢以瓦爲棺椁。"《後漢書・王堂傳》："年八十六卒，遺令薄殮，瓦棺以葬。"《南史・梁元帝諸子傳・武烈世子方等》："生在蒿蓬，死葬溝壑，瓦棺石椁，何以異兹！"按，瓦棺與石椁并列，此瓦棺應爲成人葬具。宋陸游《老學庵筆記》卷五："臨邛夾門鎮，山險處，得瓦棺，長七尺，厚幾二寸，與今木棺略同，但蓋底相反。"1952 年洛陽東郊泰山廟區發掘的五十八號戰國墓，用大板瓦爲棺。1954 年洛陽中州路發現的東漢陶棺，總體與當時的木棺形狀相同。這種陶棺和用瓦片覆蓋的墓葬，1955 年在洛陽澗西區漢墓中也有發現。1957 年在臨汝夏店發現的明代陶棺，棺身雕刻人物、龍虎圖案，并經過粉畫，是晚期陶棺的代表作。在三門峽發掘的宋代漏澤園的葬具則爲大板瓦、大陶缸。蓋自戰國、漢代以來，瓦棺之形制不一，或陶缸，或大瓦，或特製的陶棺，皆因貧富、喜好不同而异。故甕棺、陶棺及其他陶製葬具皆應爲瓦棺之屬。唯現今考古學瓦棺之含義，則與文獻中瓦棺之含義略有不同。考古學上對陶質葬具的定名與分類，有的主張甕棺爲統稱，下分瓦棺和瓦罐；大多數人則主張瓦棺爲統稱，下分瓦棺和甕棺，即把專門燒造的木棺形陶棺或用瓦排列起來代替棺材的葬具，叫"瓦棺"，而把用大型陶容器做的葬具，則叫"甕棺"。

甕棺

考古學名詞。陶製葬具。即利用日常使用的陶器或其廢物、特製物做的葬具。多係兩件陶器相扣合，亦有單用一件陶器者。專爲埋葬嬰幼兒，少數爲成人二次葬。周代稱"瓦棺"，詳該文。此稱，不見於文獻，僅見於考古學著作。中國社會科學院考古研究所《新中國的考古發現和研究》："〔半坡遺址的甕棺〕絕大多數埋於住房周圍，形成兩大甕棺群。"又："〔姜寨遺址〕一部分甕棺葬埋在氏族墓地之內，也有一部分甕棺，如半坡那樣，葬於住房周圍。"又："邱公城的這種成人甕棺一群五個，看來是將成人遺骨遷入甕中同時安葬的。"何賢武等《中國文物考古辭典》："〔甕棺〕主要埋葬小孩，個別成人也用甕棺作爲葬具。"安金槐《中國考古》："一般説來，一個土坑埋一個甕棺，但也有一個土坑内埋有數個甕棺的。"最早於 1954 年發現在西安半坡遺址，因幼兒葬具大多用陶甕作爲棺的主體，另用一件小陶器扣在其口上爲棺蓋，故得名。後即成爲甕或其他陶器作葬具的統稱。許順湛《中原遠古文化》："所謂甕棺，即是用甕、鉢和甕、盆相扣合作葬具，把小孩尸骨裝入埋葬。"又："在葬具上，最突出的是埋葬小孩的甕棺，它是仰韶文化中一種較普遍的葬俗。成年人的甕棺葬是一種少數的特殊的葬俗。"中國科學院考古研究所《考古學基礎》："用一些陶罐和瓦片來埋葬幼童的，這就是所謂'甕棺葬'和'瓦棺葬'。"石興邦《半

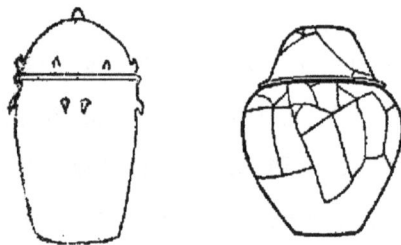

左：新石器時代　　右：東漢

甕　棺

坡氏族公社》：“小孩死後，絕大多數是用陶器作葬具來埋葬的。我們習慣稱作‘甕棺葬’。”上引《中國考古》：“‘甕棺葬’視葬具的不同，也有稱爲‘瓦棺葬’或‘瓦罐葬’的。”甕棺葬盛行於新石器時代，沿用於戰國至漢代。新石器時代的甕棺主要分布於黄河中游和渭水流域，亦擴及黄河下游、漢水流域。在北辛文化、仰韶文化、馬家窰文化、河南龍山文化、陝西龍山文化、齊家文化、大溪文化、屈家嶺文化中都有發現。尤以仰韶文化發現的數量最多，特徵最典型。其甕棺所用陶器，一般爲日用器，亦有專門燒製的甕棺。覆蓋在陶甕上的盆和鉢的底部中間往往有意鑿一個小孔。1958—1961年在安陽殷墟發掘的125座商代甕棺，其葬法，先把陶器打碎，下鋪上蓋，將尸體置於兩層陶片中，再封土埋葬。西周甕棺也以陶罐居多，另有陶鬲和陶盆，使用時不打碎。東周甕棺，所用陶器爲陶甕或陶鬲。漢代甕棺，多爲大陶罐和甕之類。1958年在洛陽澗西出土的東漢兒童甕棺，即由大陶罐與陶盆扣合而成。其時甕棺使用已呈下降趨勢，東漢以後則消失。今藏於中國國家博物館的著名人面魚紋彩陶盆、鸛魚石斧圖彩陶缸，均爲新石器時代的甕棺葬具。

玉棺

棺材名。此稱漢代已行用。漢唐專指傳説中上天降下的玉製棺材。《後漢書·方術傳上·王喬》：“〔王喬〕顯宗世爲葉令……每當朝時，葉門下鼓不擊自鳴，聞於京師。後天下玉棺於堂前，吏人推排，終不摇動。喬曰：‘天帝獨召我邪？’乃沐浴服飾，寢其中，蓋便立覆，宿昔葬於城東，土自成墳……或云此即古仙人王子喬也。”唐杜甫《昔游》詩：“玉棺已上天，白日亦寂寞。”宋代亦爲棺材的美稱，直到明清。宋蘇軾《和蔡景繁海州石室》詩：“何年霹靂起神物，玉棺飛出王喬墓。”宋胡仲弓《哭趙吏部》詩：“惜無金輅封同姓，空有玉棺歸九京。”清龔自珍《己亥雜詩》之一八七：“償得三生幽怨否，許儂親對玉棺眠。”

布漆山

亦稱“漆宅”“漆宫”。民間對油漆大棺的特稱。此稱唐宋時期已行用。宋陶穀《清異録·喪葬》：“天成、開運以來，俗尚巨棺，有停之中寝人立兩邊不相見者，凶肆號‘布漆山’。”凶肆乃唐宋時專門出售喪葬用物的商店。因塗漆棺材之大，又稱作宫或宅。前引《清異録·喪葬》又云：“余嘗臨外氏之喪，正見漆工之鬃裹凶器。余因言棺椁甚如法。漆工曰：‘七郎中隨身富貴，只贏得一座漆宅，豈可鹵莽。’”又云：“蘇司空禹珪薨，百官致祭，侍御史何登撰版文曰：‘漆宫永閟，沙府告成。’”

【漆宅】

即布漆山。此稱宋代已行用。見該文。

【漆宫】

即布漆山。此稱宋代已行用。見該文。

永息庵

棺材別稱。此稱宋代已行用。因棺材若人死後休息之所，故稱。宋陶穀《清異録·喪葬》：“永息庵：右補闕正己四十四致仕，預製棺，題曰‘永息庵’，置諸寝室。人勸移之僻地，曰：‘吾欲見之，常運死想，滅除貪愛耳。’”可見其視死爲永久休息，乃泰然待死自戲。唯此稱未廣爲流傳，爲一時一地之特稱耳。

朱棺

亦稱“朱壽之器”。鬃紅漆的棺材。此物

商代已出現。1973年河北藁城（今石家莊藁城區）臺西村發現十二座商代中晚期墓葬中有朱漆棺材痕迹。春秋戰國以後，朱棺始流行。漢至宋代時稱"朱壽之器"，爲婉辭。《後漢書・梁商傳》："及薨，帝親臨喪……賜以東園朱壽之器、銀鏤、黃腸、玉匣、什物二十八種。"李賢注："壽器，棺也，以朱飾之。"宋胡繼宗《書言故事・子集・凶事類》："棺木曰朱壽之器。梁商薨，詔賜東園朱壽之器。"至清代此婉稱仍沿用。清和邦額《夜譚隨錄・堪輿》："今觀佳城鬱鬱，而土色純殷，恐致不祥，請一觀朱壽之器。"同時直稱"朱棺"，屬凶禮規定的夭亡皇子、將軍或侯、伯、一品以下乃至士、庶所用棺制。《清史稿・禮志十二》："康熙中，定制，凡皇子殤，備小式朱棺，祔葬黃花山，唯開墓穴平葬，不封不樹。"又："鎮國將軍以下朱棺，藉一層。"又："侯、伯、一品官以下朱棺。"又："順治初年，定制，士、庶卒，用朱棺，櫬一層，鞍馬一。"

【朱壽之器】

即朱棺。此稱漢代已行用。見該文。

石棺

石製棺材。古代葬具之一。此稱漢代已行用。《史記・秦本紀》："是時蜚廉爲紂石北方，還無所報，爲壇霍太山而報，得石棺，銘曰：'帝令處父，不與殷亂，賜爾石棺以華氏。'死，遂葬於霍太山。"此文記述的是商代情形。明談遷《棗林雜俎・軒轅陵》則記述了更早的石棺傳聞："平陽太平縣東三十里，上魯村東汾河內有石棺，以鐵束之，隱現不同。世傳爲軒轅棺云。"按，石棺起源於新石器時代，盛行於戰國兩漢，沿續至近世。其製作有三種。一爲礫石

棺，用大小石塊壘築而成；二爲石板棺，用六塊或多於六塊的石板拼砌而成；三爲岩棺，用整塊岩石鑿成。1958年在華縣元君廟仰韶文化墓地M458，骨架周圍用礫石堆砌三四層的長方形石垣，是較早之礫石棺實物。1983年在紅山文化牛梁河遺址發掘的積石冢，是礫石棺最爲集中之地。1975年在馬家窑文化張家臺墓地發現的十一座石板棺，棺底、四壁大多由一整塊石板平鋪、圍立而成，棺蓋則由數塊石板拼成，爲石板棺早期實物。清黃叔璥《番俗六考》："〔臺灣鳳山番〕埋葬，於屋內挖穴，四圍立石。先後死者，次第坐穴中，無棺木，只以番布包裹，其一份物件置屍側。大石爲蓋，米粥和柴灰黏石縛。"所載亦爲石板棺情形。1977年洛陽市郊瀍河鄉上窑村發現北魏石棺，由蓋、左右幫和前後檔六塊石板安榫裝配而成，棺身雕刻紋飾，爲升仙畫像石棺的代表，亦爲石板棺的成熟形態。東海岸平地與大馬璘遺址所出土的新石器時代的岩棺，爲岩棺早期實物。漢代岩棺在四川多有發現。隋唐時期，僧尼多火葬，盛骨灰多用小石棺，或以之盛佛舍利。俗人岩棺除木棺狀的長方形外，還出現了房屋式石棺，陝西省博物館藏李靜訓石棺，呈宮殿式樣。棺床亦用一整石雕成。宋、遼、金、元的火葬，尸骨火化後或盛小石棺內。1977年鄭州開元寺塔宋代塔基的地宮內也發現石棺，有精緻的天

石　棺

王、力士和佛涅槃綫雕。棺座四角雕力士扛鼎狀，其上再雕伎樂和獅子。有紀年，爲舍利石棺代表作。明清猶存岩棺。文獻中亦多有關於石棺的記載。《北堂書鈔》卷九二引《荊州記》："臨湘水中有二石床，床上有二石棺，色絶如洞鏡，莫能詳者也。"宋洪邁《夷堅乙志·石棺中婦人》："紹興初，南劍州將樂尉蘭敏，因捕盜至山村，見農人掘地得石棺，無鏬，呼匠者鑿開。"

【礫石棺】

"石棺"之一種。考古學術語。指用石塊壘成的棺材。流行於新石器時代中期至青銅時代。

【石板棺】

"石棺"之一種。考古學術語。指用石板砌成的棺材。流行於新石器時代中期至鐵器時代早期。

【岩棺】

"石棺"之一種。用整塊岩石鑿成的棺材。流行於新石器時代至清代。

長生板

亦稱"吉祥板"。"棺材"之婉稱。此稱清代已行用。《二十載繁華夢》第一二回："正在交杯共飲的時候，忽見四房的丫鬟彩鳳和梳傭六姐到來，報告四房錦霞的喪事……馬氏道：'府裏還有管家，既然是沒了，就買副吉祥板，把他殮葬了就是。'"又："駱管家再復向他請示，馬氏便着循例開喪，命丫鬟們上孝，三七二十一天之内，造三次好事，買了一副百把銀子的長生板，越日就殮他去了。"長生板一詞源自明代以來的"板"或"壽板"。板或壽板本指棺木之材。《警世通言·宋小官團圓破氈笠》："客人若要看壽板，小店有真正婺源

加料雙拼的在裏面；若要現成的，就殿中但憑揀擇。"《醒世姻緣傳》第九回："計大官問道：'家裏有板没有？'晁大舍道：'家裏雖有收下的幾副，祇怕用不過。'"《兒女英雄傳》第三二回："到了我慶八十的這年，又有位四川木商的朋友，送了我副上好的建昌板。"後遂嬗變爲棺材的婉稱，繼而又由"板"或"壽板"嬗變出"長生板""吉祥板"之稱，皆取婉轉、吉利之意。今中原農村仍稱棺材爲"板"，稱棺材的板料爲"板片""土料"，即可爲證。

【吉祥板】

即長生板。此稱清代已行用。見該文。

金棺

金飾或金製之棺，又專指貴妃之棺。此稱南北朝時期已行用，初指盛放佛像之器具。北魏酈道元《水經注·河水一》："佛泥洹後，天人以新白㲲裹佛，以香花供養，滿七日，盛以金棺，送出王宫。"唐代仍襲用此稱。敦煌願文中有臨壙悼亡文，其一云："無餘涅槃，金棺永

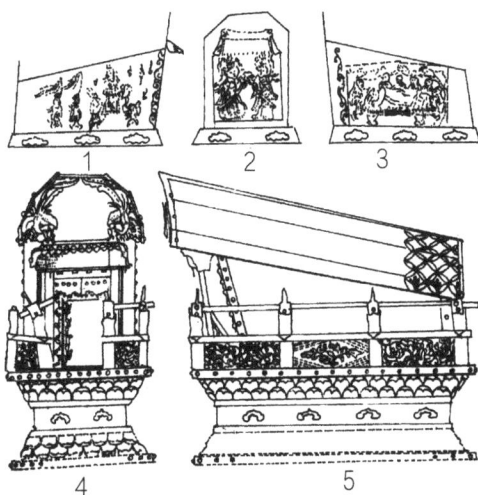

1.金棺左側棺板　2.金棺前檔　3.金棺右側棺板
4.銀椁正視圖　5.銀椁側視圖
金棺　銀椁

寂；有爲生死，火宅恒然。"參閱黃徵、吳偉編《敦煌願文集》，嶽麓書社 1995 年版，第 789 頁。此蓋帶金飾之棺。其時此物仍多用於供奉佛骨舍利。唐釋道宣《集神州塔寺三寶感通錄》，顯慶五年春三月，取法門寺舍利往東都洛陽宮中供養，"皇后舍所寢衣帳直絹一千匹，爲舍利造金棺銀槨，數有九重，雕鏤窮奇"。按，唐以後詩人抑或以此稱指秦始皇之棺。唐李白《古風》之三："徐市載秦女，樓船幾時回？但見三泉下，金棺葬寒灰。"《史記·秦始皇本紀》："始皇初即位，穿治酈山……穿三泉，下銅而致槨，宮觀百官、奇器珍怪，徙藏滿之。"按，所涉葬具僅銅槨而已。銅，古稱金。故始皇之金棺爲銅棺或金飾之棺均有可能。今所見金棺出土實物，皆盛舍利之小型棺式金函。瘞埋佛舍利，印度盛以窣堵坡，再建塔瘞埋。中國後承此俗，將印度式窣堵坡改爲中國式金棺槨，置寺塔地宮中。且常與銀槨配套。此風自北朝至隋唐，漸流行。唐代按中國傳統的棺槨形式，形成外有石函、銅函，內以金棺銀槨爲主的成套舍利寶函制度，多者裏外可達九重。1965 年甘肅涇川大雲寺塔基地宮，出土金棺銀槨，埋葬時間是武則天延載元年，是年代較早的金棺實物，全套裏外有五重舍利容器。棺內放舍利琉璃瓶。銀槨套在金棺外，製作精美。此外在其他唐墓中曾發現蓋嵌寶石、棺內鋪錦衾、中藏兩個舍利玻璃瓶的金棺。至晚唐，金棺銀槨演變爲銀棺、石棺或玉棺、水晶槨，甚至以塔取代。自此，以金棺銀槨爲主的成套舍利容器，逐步向以塔、幢爲主的成套舍利容器轉化。1987 年陝西扶風法門寺發現的封埋於唐懿宗咸通十五年的塔基地宮，內有四套瘞藏佛骨的器

具，均未使用金棺銀槨，可見葬制的變化。五代以後，塔基地宮中的金棺銀槨已難見到。金棺名稱此後仍在使用，而它并不是以金打製的。《清會典事例·禮部·陵寢二》："昭陵，祭儀皆與康熙六十年同，二十二年，奉移淑嘉皇貴妃金棺於孝賢皇后陵寢安葬。"徐珂《清稗類鈔·物器·金棺》："貴妃之棺稱金棺。"《清史稿·禮志十一》："雍正三年，敦蕭皇貴妃年氏薨，輟朝五日……金棺啓行，王公百官從。"又《禮志十二》："乾隆三年，皇次子永璉薨……金棺用桐木。"又："嘉慶十三年，宣宗時爲皇次子，其福晉鈕祜祿氏薨，帝命即日成服，初祭後除。未分府皇子福晉依親王福晉例，金棺、座罩皆紅色。"

銀槨

套於金棺外的銀製之槨。唐代至北宋前期按中國傳統葬制和習慣瘞埋佛舍利的成套容器之一。體型甚小，所見實物皆與金棺相套。

采棺

亦稱"采板""彩繪棺"。"采"通"彩"，指髹漆并彩繪的棺材。商代彩繪棺實物已見於安陽殷墟，木棺表面常塗紅、黃或紅、黑色漆，棺槨上面還覆蓋彩繪畫幔。至春秋戰國時代，彩繪棺紋飾趨複雜。流行區域進一步擴大。河南光山黃君孟夫婦合葬墓、湖北隨縣曾侯乙墓之彩繪棺均爲該時期的代表。此稱漢代已行用。漢桓寬《鹽鐵論·散不足》載漢以前風俗："桐棺不衣，采棺不斫。"至漢代，帝王貴族喪葬皆用彩繪棺材。《後漢書·皇后紀下·孝崇匽皇后》："元嘉二年崩，以帝弟平原王石爲喪主，斂以東園畫梓壽器。"李賢注："梓木爲棺，以漆畫之。"又《禮儀志下》："東園匠、考

工令奏東園秘器：表裏洞赤、虡文，畫日、月、鳥、龜、龍、虎、連璧、偃月、牙檜梓宮如故事。”諸侯王、公主、貴人用“樟棺：洞朱，雲氣畫”。孫機《漢代物質文化資料圖説》：“所謂虡文，相當於現代通稱的雲氣禽獸紋，構圖大體上應與長沙馬王堆一號墓及長沙砂子塘西漢墓所出彩繪漆棺的紋飾接近。”由於社會上層的使用與重視，漢代的彩繪棺紋飾精美、圖案複雜、内涵豐富、製作講究。以東漢末王符《潛夫論·浮侈》所説“計一棺之成功將千萬夫”一語衡之，確然不虚。此風後世亦有所承繼。至清代，彩繪棺爲清朝喪儀規定的親王、貝勒、公爵等所使用。《清史稿·禮志十二》：“親王至貝勒采棺，藉五層。貝子至輔國公棺同，藉三層。”又：“護喪諸執事人治棺，民公采板，侯、伯、一品官以下朱棺。”

【采板】

即采棺。此稱明清時期已行用。見該文。

【彩繪棺】

即采棺。有彩繪裝飾的棺材。爲近現代稱謂。見該文。

東園秘器

省稱“秘器”“東園器”，亦稱“東園梓棺”“東園梓器”“東園畫梓壽器”。秘亦作“祕”。皇帝之棺。亦可由皇帝賜與重臣。東園，署名，屬少府，掌管陵内器物、葬具的製造與供應。秘器，棺也。因皇帝之棺是由主作凶器的東園署製作的，故名。此稱漢代已行用。《漢書·佞幸傳·董賢》：“及至東園秘器，珠襦玉柙，豫以賜賢，無不備具。”顏師古注：“東園，署名也，《漢舊儀》云：‘東園秘器作棺梓，素木長二丈，崇廣四尺。’”又《孔光傳》：

“及薨薨，上素服臨吊者再，至賜東園祕器、錢帛。”至東漢，此稱仍沿用。其制爲裏外皆朱漆，表繪畫飾。《後漢書·禮儀志下》：“東園匠、考工令奏東園秘器：表裏洞赤、虡文，畫日、月、鳥、龜、龍、虎、連璧、偃月、牙檜梓宮如故事。”《後漢書·伏湛傳》：“〔伏湛〕因謁見中暑，病卒。賜祕器，帝親吊祠，遣使者送喪修冢。”同時因東園秘器用梓木製作，且有畫飾，故又稱“東園梓棺”“東園梓器”或“東園畫梓壽器”。《後漢書·蔡茂傳》：“賜東園梓棺，賻贈甚厚。”又《儒林傳·戴憑》：“詔賜東園梓器，錢二十萬。”又《皇后紀下·孝崇匽皇后》：“〔匽皇后〕元嘉二年崩，以帝弟平原王石爲喪主，斂以東園畫梓壽器、玉匣、飯含之具。”按，東漢一代，皇帝以東園秘器賞賜者最多。上列各傳及《後漢書》之《和熹鄧皇后紀》《馮勤傳》《劉愷傳》《楊賜傳》《胡廣傳》《蓋勳傳》《單超傳》等所記均屬此類事例。當時的東園秘器，實爲皇帝與皇室親貴、顯宦大臣所共用之葬具。魏晉以後至於唐，“秘器”與“東園秘器”繼續沿稱，漢代其他名稱則不見行用。《晉書·王祥傳》：“泰始五年薨，詔賜東園祕器，朝服一具。”《南史·豫章文獻王嶷傳》：“薨，年四十九。其日上視疾，至薨乃還宫。詔斂以衮冕之服，温明秘器，大鴻臚持節護喪事。”《陳書·侯瑱傳》：“〔侯瑱〕於道薨，時年五十二。贈侍中、驃騎大將軍、大司馬，加羽葆、鼓吹、班劍二十人，給東園祕器。”《新唐書·太宗紀》：“二月丁巳，營九嵕山爲陵，賜功臣密戚陪塋地及祕器。”唐楊炯《中書令汾陰公薛振行狀》：“賜物四百段、米粟四百石、東園秘器，凶事，給儀仗，至墓所往還。”至清代，則省稱爲"東園器"。王國維《蜀道難》詩："銅鼓聊當《蒿里》歌，鐵籠便是東園器。"

【東園祕器】

同"東園秘器"。此體漢代已行用。見該文。

【秘器】

"東園秘器"之省稱。此稱漢代已行用。見該文。

【祕器】

同"秘器"。此體漢代已行用。見該文。

【東園梓棺】

即東園秘器。此稱漢代已行用。見該文。

【東園梓器】

即東園秘器。此稱漢代已行用。見該文。

【東園畫梓壽器】

即東園秘器。此稱漢代已行用。見該文。

【東園器】

"東園秘器"之省稱。此稱清代已行用。見該文。

梓宮

亦稱"梓棺""梓器"。用梓木製作的棺材。梓木輕軟、耐久，故常用於做器材。先秦時多用作外棺，稱梓棺，爲天子、諸侯、大夫之棺制。喪禮規定，天子之棺四重，諸公三重，諸侯再重，大夫一重，士不重。《禮記·檀弓上》："天子之棺四重，水兕革棺被之，其厚三寸，杝棺一，梓棺二。四者皆周。"鄭玄注："尚深邃也。諸公三重，大夫一重，士不重。"孔穎達疏："天子之棺四重者，尊者尚深邃也。"按，鄭注之"諸公"，似應作"諸侯"。見下文"棺"文中清代金鄂説。又《喪大記》："君大棺八寸，屬六寸，椑四寸。上大夫大棺八寸，屬六寸。下大夫大棺六寸，屬四寸。士棺六寸。"鄭

玄注："大棺及屬用梓，椑用杝。"此稱漢代已行用，以指帝王所用梓木棺材。《駢雅·釋器》："梓宮，天子棺也。"由東園署製作，亦可賞賜重臣。漢桓寬《鹽鐵論·散不足》："古者瓦棺容屍……今富者繡墻題湊，中者梓棺楩椁。"《漢書·霍光傳》："〔光薨〕賜金錢、繒絮、綉被百領，衣五十篋，璧珠璣玉衣、梓宮……皆如乘輿制度。"顏師古注："服虔曰：'棺也。'以梓木爲之，親身之棺也。爲天子制，故亦稱梓宮。"東漢時梓棺又稱梓器，并指東園秘器。《後漢書·蔡茂傳》："二十三年薨於位，時年七十二。賜東園梓棺，賻贈甚厚。"又，《胡廣傳》："〔胡廣〕年八十二，熹平元年薨。使五官中郎將持節奉策贈太傅、安樂鄉侯印綬，給東園梓器。"同時沿稱"梓宮"。《後漢書·禮儀志下》大喪："東園匠、考工令奏東園秘器：表裏洞赤、虞文，畫日、月、鳥、龜、龍、虎、連璧、偃月、牙檜梓宮如故事。"梓宮亦指帝后之棺。《文選·謝玄暉〈齊敬皇后哀策文〉》："敬皇后梓宮，啓自先塋，時祔於某陵。"李善注引《風俗通》曰："梓宮者，禮：天子斂以梓器。宮者，存時所居，緣生事亡，因以爲名。凡人呼棺，亦爲宮也。"唐陳子昂《請靈駕入京書》："梓宮將遷坐京師，鑾輿亦欲陪幸。"稱之爲宮，至明清猶然。《明史·成祖紀三》："壬子，及郊，皇太子迎入仁智殿，加殮納梓宮。"《清史稿·禮志十一》："康熙六十一年，聖祖崩，大斂，命王公大臣入乾清門瞻仰梓宮。"又："順治六年四月，太宗皇后博爾濟吉特氏崩，梓宮奉安宮中，正殿設几筵，建丹旐門外右旁。"清孔尚任《桃花扇·閑話》："可憐皇帝、皇后兩位梓宮，丟在路旁，竟没人偢睬。"

【梓棺】

即梓宫。此稱先秦時期已行用。實物在湖南湘鄉牛形山戰國楚墓、長沙象鼻嘴一號西漢墓和馬王堆一號漢墓中均有發現。

【梓器】

即梓宫。先秦時泛指木工所製的各種木器具，至漢代亦專指用梓木所做棺材。漢以後此稱不復行用。

通替棺

省稱"通替"，亦稱"抽替棺"。南朝宋孝武帝所製一種形似抽屜可隨時開閉的棺材。替，通"屜"。此稱南北朝時期已行用。《南史·后妃傳上·宋孝武殷淑儀》："及薨，帝常思見之，遂爲通替棺，欲見輒引替睹屍，如此積日，形色不異。"宋孔平仲《孔氏雜説》則徑引作"抽替棺"。後世每以此作典故入詩文寄托哀思。清葉廷琯《讀朗玉弟〈湘烟小録〉綴成韵語代寫哀思》詩之一四："更無通替能相見，落葉哀蟬一哭中。"清代《秦淮畫舫録》記蘭村《鳩煤曲》："通替棺輕呼僕買，斷腸碑好倩人鐫。"清史夢蘭《全史宫詞·南朝》："妃子魂歸繐帳寒，空將通替製金棺。謝莊哀策傳都下，細寫花箋不忍看。"

【抽替棺】

即通替棺。此稱宋代已行用。見該文。

【通替】

"通替棺"之省稱。此稱明清時期已行用。見該文。

棺

裝殮尸體的匣形器具。《説文·木部》："棺，關也，所以掩屍。"《孝經·喪親》："爲之棺椁。"邢昺疏："周尸爲棺。"此物始於新石器時代中期，達於現今。古代多爲木製，亦有石製或陶製，極個別爲銅製。且有"單棺"和"複棺"之分。因古人尚厚葬，故不少棺是與椁相套或多棺相套。依古禮，各層均有專名，地位越高，層數越多，用料越厚。此稱先秦時期已行用。《周禮·春官·喪祝》："及祖，飾棺，乃載，遂御。"《禮記·檀弓上》："〔天子之棺四重〕水兕革棺被之，其厚三寸，杝棺一，梓棺二。"鄭玄注："〔天子之棺四重〕尚深邃也。諸公三重，諸侯再重，大夫一重，士不重。……〔杝棺一〕所謂椑棺也。……〔杝棺二〕所謂屬與大棺。"孫希旦集解："水兕革棺，蓋以木爲幹，以水牛、兕牛之皮爲之表裏，合之而其厚三寸也。被之者，言其最在内而被體也。二牛之皮，堅而耐濕，故用之以爲親身之棺。"此解與唐成伯瑒《禮記外傳》所説的"凡棺之重數，從内數向外，如席之重也"相一致。但鄭玄劃分等級有誤。清金鄂《棺椁考》認爲，古代禮制一般在天子之下爲五等，諸侯不分"諸公"和"諸侯"。諸侯之下爲大夫和士二級。其説頗可取。若然，則鄭注應改爲：天子四重，諸侯三重，大夫再重，士不重。此制，考古發現之戰國、西漢墓葬亦多有驗證。又《喪大記》："君大棺八寸，屬六寸，椑四寸。上大夫大棺八寸，屬六寸。下大夫大棺六寸，屬四寸。士棺六寸。"鄭玄注："大棺，棺之在表者也……大棺及屬用梓，椑用杝……庶人之棺四寸。"《儀禮·聘禮》："士介死，爲之棺斂之。"此稱自先秦始見，到漢代以後雖有"棺木""棺材""棺器""棺函"等其他專名出現，但該稱一直行用不廢，沿襲至今。唐韓愈《祭河南張員外文》："哭不憑棺，奠不親斝。"清紀昀《閱微草堂筆記・如是我聞二》：“棺中之骨，攢聚於一角，如積薪然。”又《槐西雜志四》：“余曰：‘其下必古冢，人在上，鬼不安耳，何不掘出其骨，具棺遷葬？’”巴金《懷念烈文》：“晚上回家之前總要在先生棺前站立一會，望着玻璃棺蓋下面那張我們熟悉的臉。”

棺木

木製之棺。盛放尸體的器具。此稱漢代已行用。《東觀漢記・歐陽歙傳》：“〔歐陽歙〕坐在汝南贓罪死獄中，歙掾陳元上書追訟之。言甚切至，帝乃賜棺木，贈賻三千。”《後漢書・董卓傳》：“葬日，大風雨，霆震卓墓，流水入藏，漂其棺木。”《水滸傳》第二○回：“宋江便道：‘王公，我日前曾許你一具棺木錢，一向不曾把得與你。’”《西游記》第五七回：“你看着師父的屍靈，等我把馬騎到那個府州縣鄉村店集賣幾兩銀子，買口棺木，把師父埋了。”今人洪深《趙閻王》第一節第一幕：“幾百人埋在一坑，上無墓土，下無棺木。”考古學上則稱作“木棺”。《中國大百科全書・考古學・中國古代墓葬制度》：“新石器時代晚期，有些地區已用木棺作葬具。”《新中國的考古發現和研究》：“1975年對該墓地進行一次發掘，發現半山類型墓葬二十二座。葬具有木棺和石棺等。”較早的實物是仰韶文化半坡墓地一五二號墓的雛形木棺。用長寬不同的木板插入尸體周圍，圍成平面略呈長方形的葬具。其次是山東大汶口墓地的木棺，係用原木築成。有頂、底和四壁，或無底，祇有枕木。四壁均用原木卧叠圍築，四角交叉，構成“井”字形。其製作非常原始。至夏商西周，木棺已脫離原始形態。形制均爲長方匣形，板材刨光，且開始髹漆、彩

繪。至春秋戰國時期，木棺之形制，中原多是前後兩端寬度、高度相等的匣形方棺；楚墓除匣形方棺外，又有兩幫和蓋凸作弧狀的“弧棺”和棺底棚在兩幫半空的“懸底棺”，棺表裏均髹漆；巴蜀、福建武夷山等地區則有形狀如獨木舟的“船棺”。至漢代，除木槨墓的木棺形狀與戰國時代一樣爲匣形外，大多數木棺是前寬高、後狹低。其製作西漢多用榫卯相接，“細腰”合蓋，東漢則普遍使用鐵釘合成。漢以後至於清，由於木槨墓逐漸少見，故頭端大、足端小的梯形棺即成爲最後統一的木棺形制。

【棺材】

即棺木。單稱“材”。《説文・木部》：“材，木梃也。”《正字通・木部》：“材，木質幹也。”因多以樹幹木材製成，故名。《左傳・哀公十一年》：“〔子胥〕將死，曰：‘樹吾墓檟，檟可材也，吳其亡乎！’”檟，木名，一名山楸。古人常以之做棺槨，或植墓前。此稱南北朝時期已行用。《南齊書・劉祥傳》：“楊死不殯葬，崇聖寺尼慧首剃頭爲尼，以五百錢爲買棺材，以泥洹輿送葬劉墓。”北魏賈思勰《齊民要術・種槐柳楸梓梧柞》：“以爲棺材，勝於松柏。”《南史・謝純傳》：“及景仁卒，哀號過禮，景仁肥壯，買材數具皆不合用。”《陳書・周弘直傳》：“氣絶已後，便買市中見材，材必須小形者，使易提挈。”此後二稱一直沿用。《金瓶梅詞話》第六五回：“吳月娘坐大轎在頭裏，後面李嬌兒等本家轎子十餘頂，一字兒緊跟材後走。”《儒林外史》第二一回：“當下同到卜老相熟的店裏賒了一具棺材，又拿了許多的布，叫裁縫趕着做起衣裳來，當晚入殮。”有時又專指空棺。《紅樓夢》第一一六回：“我想好幾口材，都要帶回

去。我一個人怎麼能够照應？想着把蓉哥兒帶了去，况且有他媳婦的棺材也在裏頭。"

【材】

"棺材"之單稱。即棺木。此稱先秦時期已行用。見該文。

棺器

單稱"器"。泛指裝殮死人的器具。《説文·皿部》："器，皿也。"段玉裁注："器乃凡器統偁。……《木部》曰：有所盛曰器。"蓋古代凡物具器皿皆可稱器，祇因事而别。若冠以專名則以用途、性質相區别，如兵器、武器是也。棺爲皿，故名"器"或"棺器"。西漢以前即已稱之。《史記·伍子胥列傳》："〔伍子胥〕乃告其舍人曰：'必樹吾墓上以梓，令可以爲器；而抉吾眼縣吴東門之上，以觀越寇之入滅吴也。'乃自剄死。"張守節正義："器謂棺也，以吴必亡也。《左傳》云：'樹吾墓檟，檟可材也，吴其亡乎！'"至魏晋猶沿用。唐張彦遠《法書要録·王羲之書劄》："市器俱不合用，令摧之也。"孫機《漢代物質文化資料圖説·殮具》："王羲之書劄中有'市器俱不合用'之語，此所謂器，即指'棺器'。"此稱魏晋時期已行用。《晋書·杜預傳》："預先爲遺令曰：'古不合葬……至時皆用洛水圓石，開隧道南向，儀制取法於鄭大夫，欲以儉自完耳。棺器小斂之事，皆當稱此。'子孫一以遵之。"《顔氏家訓·終制》："棺器率薄，藏内無磚。"自南北朝後，"器"之稱漸不行用，"棺器"則繼續沿用。南朝宋劉義慶《世説新語·文學》："人有問殷中軍：'何以將得位而夢棺器，將得財而夢矢穢？'"《南史·齊高帝諸子傳上·豫章文獻王嶷》："嶷臨終，召子子廉、子恪曰：'吾

無後……棺器及墓中勿用餘物爲後患也。朝服之外，唯下鐵環刀一口。作冢勿令深，一一依格，莫過度也。'"唐李綽《尚書故實》："明日將軍召吏發掘，果得二骸，備衣衾棺器，禮而葬之。"清周亮工《書影》卷一〇：〔周洽〕卒於都水使者，無以殯殮，吏人爲買棺器。"

【器】

"棺器"之單稱。此稱先秦時期已行用。見該文。

棺函

棺之别稱。函，即匣子。《集韻·平咸》："函，匱也。"《説文·匚部》："匱，匣也。"棺本爲匣形若函，故稱。此稱宋金時期已行用。金王喆《咏骷髏》："無事閑行郊野過，見棺函板破。裏頭白白一骷髏，獨瀟灑愁愁。"元代此稱尤流行。元岳伯川《鐵拐李》第二折："怕你子母每受窮時典賣盤纏，比如包屍裹骨棺函内爛。"元宫天挺《死生交范張鷄黍》第二折："我且將孩兒停在棺函裏，過了七日之後，選日辰埋葬孩兒。"元王伯成《哨遍·贈長春宫雪庵學士》套曲："因見無常，謾勞供養看經懺，雖有六親人，誰能替入棺函。"元賈仲明《荆楚臣重對玉梳記》第二折："（帶云）絞錦不穿呵，（唱）莫不留着棺函中裝裏？（卜兒云）忤逆弟子，你待着我死哩！"元石君寶《李亞仙花酒曲江池》第二折："（卜兒云）你只看他穿着那一套衣服。（正旦唱）可顯他身貧志不貧。（卜兒云）他緊靠定那棺函兒哩。"明清時此稱猶偶被行用。《陝西通志·人物七·忠節》記党威傳略："及城陷，汪〔喬年〕自經，〔党〕威復馳驟，數創失馬，自刎而屍不仆者移時。賊帥爲具棺函瘞之。"清魏象樞《挽應州左翼宸前輩用

己亥贈答韵》：“幸得有棺函素骨，銘旌和淚托雙魚。”

棺椑

單稱“椑”，亦稱“椑棺”“杝椑”“杝棺”。椴木做的棺材。亦爲棺材泛稱。“椑”之稱本指先秦天子内棺中的第二層棺，或諸侯所用内棺的最裏面一層棺。因當時多用杝木製作，故亦稱“杝棺”。杝，《爾雅·釋木》作“椵”，椴木，形似白楊，材輕而耐濕，做棺經久耐用。明方以智《通雅·器用》：“椑棺曰櫬，小棺曰櫝……按《禮》，杝椑，棺椑也。”明張自烈《正字通·木部》：“椑，親身棺，即杝棺。”此稱先秦時期已行用。《禮記·檀弓上》：“君即位而爲椑。”鄭玄注：“椑，謂杝棺親屍者。椑，堅著之言也。言天子椑内又有水兕革棺。”陸德明釋文：“椑……櫬屍棺。”又：“天子之棺四重，水兕革棺被之，其厚三寸，杝棺一，梓棺二。”鄭玄注：“〔杝棺一〕所謂椑棺也……〔杝棺二〕所謂屬與大棺。”又《喪大記》：“君大棺八寸，屬六寸，椑四寸。”鄭玄注：“大棺，棺之在表者也……大棺及屬用梓。椑用杝。”賈公彦疏：“此經上、下大夫但云大棺與屬，無杝椑，是大夫無椑，一重也。”《孝經·喪親章》：“爲之棺椁衣衾而舉之，周尸爲棺，周棺爲椁。”邢昺疏：“棺椁之數，貴賤不同。皇侃據《檀弓》以天子之棺四重，謂水兕革棺、杝棺一，梓棺二。……又有杝棺，厚四寸，謂之椑棺，言漆之椑椑然。”漢

椑
（清蔣廷錫等《古今圖書集成》）

代以後多指最裏面一層棺。《明史·成祖紀三》：“辛卯，崩，年六十有五……秘不發喪，鎔錫爲椑以殮。”至清代“椑”則爲統稱，泛指棺材。同時亦始稱“棺椑”。清王應奎《柳南隨筆》卷一：“〔周子肇〕年甫六十，即製一椑，極其精美。所至輒載以自隨，謂逆旅旦夕不測，身後可無慮也。”清劉大櫆《汪府君墓誌銘》：“〔汪景晃〕一以施濟爲己事……死而手足不掩形，贈以棺椑，而里之賴以殯殮者至三千餘人。”

【椑】

“棺椑”之單稱。此稱先秦時期已行用。見該文。

【椑棺】

即棺椑。此稱先秦時期已行用。見該文。

【杝椑】

即棺椑。此稱先秦時期已行用。見該文。

【杝棺】

即棺椑。此稱先秦時期已行用。見該文。

棺櫬

泛指棺材。此稱由“櫬”從專稱嬗變爲統稱滋生而來。此稱南北朝時期已行用。《南史·何承天傳》：“丁況三家數十年中葬輒無棺櫬，實由淺情薄恩同於禽獸者耳。”唐佚名《開河記》：“叔謀乃自備棺櫬，葬於城西隅之地。”宋沈括《夢溪筆談·雜志二》：“天聖中，侍御史知雜事章頻使遼，死於虜中，虜中無棺櫬，轝至范陽方就殮。”

棺櫝

粗劣而窄小之棺。先秦時稱“櫝”，亦稱“槶”，漢代稱“槶櫝”，南北朝時又有“棺槶”“單櫝”之稱，至清代則稱“櫝槶”。《説文·木部》：“槶，棺櫝也。”《漢書·高帝紀

下》："令士卒從軍死者，爲櫝歸其縣，縣給衣衾棺葬具。"顏師古注："初爲櫝櫝，至縣更給衣及棺，備其葬具耳。"又引臣瓚曰："初以櫝致其屍於家，縣官更給棺衣更斂之也。《金布令》曰：不幸死，死所爲櫝，傳歸所居縣，賜以衣棺也。"《魏書·高祖紀上》延興三年詔："自今京師及天下之囚，罪未分判，在獄致死無近親者，公給衣衾棺櫝葬埋之，不得曝露。"明方孝孺《啓（洪武三十年九月初十日）》："省興作以養其力，給棺櫝以厚其終。"其實物，1964年在洛陽東漢刑徒墓地即有發現。墓坑長約1.6～2.3米，寬約0.4～0.5米，最深不超過1米。從墓坑規模及木棺朽痕看，這種木棺非常簡單，由窄薄板拼成，大小勉强能容下一具尸體。

【櫝】

即棺櫝。亦作"匵"。《廣雅·釋器》："櫝，棺也。"《廣韻·平屋》："櫝，小棺。"《説文·木部》："櫝，匵也。"又："槽，棺櫝也。"段玉裁注："櫝，匵也，棺之小者，故謂之棺櫝……櫝，即槽也。"此稱先秦時期已行用。《左傳·昭公二十九年》："衛侯來獻其乘馬，曰啓服，塹而死，公將爲之櫝。"杜預注："爲作棺也。"《漢書·楊王孫傳》："昔帝堯之葬也，窾木爲匵，葛藟爲緘，其穿下不亂泉，上不泄殠。"顏師古注："匵即櫝字也。櫝，小棺也。"《周書·李彦傳》："彦臨終遺誡其子等曰：'昔人以窾木爲櫝，葛藟爲緘，下不亂泉，上不泄臭。此實吾平生之志也。'"《新唐書·回鶻傳下》："死以木匵斂置山中，或繫於樹，送葬哭泣，與突厥同。"

【匵】

同"櫝"。此體漢代已行用。見該文。

【槽】

即棺櫝。《説文·木部》："槽，棺櫝也。"段玉裁注："櫝，即槽也。"《廣雅·釋器》："槽，棺也。"王念孫疏證："槽者，小貌也。"此稱先秦時期已行用。《資治通鑑·漢武帝元光二年》："今邊境數驚，士卒傷死，中國槽車相望。"胡三省注："應劭曰：槽，小棺也，今謂之櫝。《金布令》曰：不幸死，死所爲櫝，傳歸所居縣。師古曰：從軍死者，以槽送致其喪，載槽之車相望於道，言其多也。槽音衞。"《梁書·昭明太子傳》："若死亡無可以斂者，爲備棺槽。"明徐渭《贈李長公序》："其身死，無以葬，輒給槽錢。"清蒲松齡《聊齋志異·青梅》："即出金營葬，雙槽具舉。"

【槽櫝】

即棺櫝。亦作"槥櫝"，亦稱"櫝槥"。此稱漢代已行用。《漢書·成帝紀》："其爲水所流壓死，不能自葬，令郡國給槽櫝葬埋。"顏師古注："槽櫝，謂小棺。"《梁書·武帝紀下》："掩骼埋胔，義重周經。槽櫝有加，事美漢策。"唐鄭榮《開天傳信紀》卷三："命有司具槥櫝，壘石爲墓。"槥，同"槽"。《集韻·去祭》："槽，或作慧〔槥〕。"《新唐書·令狐楚傳》："楚以新誅大臣，暴骸未收，怨沴感結，稱疾不出，乃請給衣衾槽櫝，以斂刑骨，順陽氣。"宋司馬光《啓殯祭文》："旅宦飄飄，家無常所，槽櫝未瘞，久寓西郊。"明宋濂《謝節婦傳》："乃舅姑卒，鬻所居廬，以易槽櫝，行喪治葬，務合儀則。"清王晫《今世説·規箴》："〔汪汝蕃〕又埋胔掩骼，二十年内，櫝槽千餘。"

【櫽櫝】

同“槥櫝”。此體唐代已行用。見該文。

【櫝槥】

即槥櫝。此稱清代已行用。見該文。

【棺槥】

即棺櫝。此稱南北朝時期已行用。《南史·梁武帝紀上》：“及城開，帝並加隱，其死者命給棺槥。”《漢書·成帝紀》：“令郡國給槥櫝葬埋。”顏師古注：“槥櫝謂小棺槥。”《舊唐書·于頔傳》：“州境陸地褊狹，其送終者往往不掩其棺槥。”《新唐書·盧鈞傳》：“其子姓窮弱不能自還者，爲營棺槥還葬。”明唐順之《封知府朱公墓誌銘》：“寺傍空室一區，寺僧以寄棺槥。”

【單櫝】

即棺櫝。主要行用於南北朝時期。《魏書·源賀傳》：“吾終之後，所葬時服單櫝，足申孝心，芻靈明器，一無用也。”《北史·源賀傳》亦載此語。

空木

亦稱“窾木”。傳説堯死後用中空之木作棺，後因以爲空木棺的代稱，以表簡樸。此稱漢代已行用。漢劉向《説苑·反質》：“昔堯之葬者，空木爲櫝，葛藟爲緘。”《漢書·楊王孫傳》：“昔帝堯之葬也，窾木爲匵，葛藟爲緘，其穿下不亂泉，上不泄殠。”按，匵，即櫝。小棺也。晋陶潛《擬挽歌辭》之一：“魂氣散何之，枯形寄空木。”《周書·李彥傳》：“〔李〕彥臨終，遺誡其子等曰：‘昔人以窾木爲櫝，葛藟爲緘，下不亂泉，上不泄臭。此實吾平生之志也。’”

【窾木】

即空木。此稱漢代已行用。見該文。

壽器

亦稱“壽材”“壽具”“壽木”。生前預製的棺材。傳説有仙木稱壽木。《呂氏春秋·本味》：“壽木之華。”高誘注：“壽木，崑崙山上木也。華，實也，食其實者不死，故曰壽木。”木既華，又可延壽，故後世藉稱生前爲死後準備裝殮的棺材，屬婉稱，有期望其永久之義。此稱漢代已行用。《後漢書·孝崇匽皇后紀》：“元嘉二年崩。以帝弟平原王石爲喪主，斂以東園畫梓壽器。”李賢等注：“梓木爲棺，以漆畫之。稱壽器者，欲其久長也，猶如壽堂、壽宮、壽陵之類也。”《太平御覽》卷七六六引晋蕭廣濟《孝子傳》曰：“申屠勳字君游，少失父與母，居家貧，傭力供養作壽器，用漆五六斛，十年乃成。”唐杜牧《池州李使君没後十一日處州新命始到感而成詩》：“縉雲新命詔初行，纔是孤魂壽器成。”元謝應芳《賀置壽器劄子》：“鼎新壽器，比銀鏤之黄腸；珍重安居，喜玉枝之無汗。”宋元以後稱“壽材”“壽具”。宋王鞏《隨手雜録》：“先是十年前，有富人治壽材。”《水滸傳》第二一回：“王公道：‘恩主時常覷老漢，又蒙與終身壽具，老子今世不能報答，後世做驢做馬，報答押司。’”明李昌祺《剪燈餘話·武平靈怪録》：“項氏遭禍，墳庵圮毀，其家寄一壽木於彼，近亦被人劈而爲薪，止餘蓋在。”《金瓶梅詞話》第六二回：“剛才花大舅和我説，教我早與你看下副壽木，冲你冲，管情你就好了。”清陸以湉《冷廬雜識·題棺》：“蕭山汪龍莊大令治壽木，題前和曰：‘汪龍莊歸室。’”《紅樓夢》第六三回：“壽木早年已經備下，寄在此廟的，甚是便宜。三日後便開喪破孝，一面且做起道場來。"《儒林外史》第三二回："老伯的壽器是我備下的，如今用不着，是不好帶去了。"

【壽木】

即壽器。此稱先秦時期已行用。見該文。

【壽材】

即壽器。此稱宋代已行用。見該文。

【壽具】

即壽器。此稱明代已行用。見該文。

樟棺

亦稱"樟宫"。王侯、公主、貴人的棺材。因用樟木製作，故稱。樟木的香氣具有防蠹之效，古代多用來製作器具。以此預製棺材可防蟲蛀，埋葬後可防蟲蛇入棺擾尸。故自漢代開始，喪禮就規定樟棺爲諸侯王等貴族所專用。《後漢書·禮儀志下》："諸侯王、公主、貴人皆樟棺，洞朱，雲氣畫。公，特進樟棺黑漆。"《宋書·禮志二》："宋孝武大明五年閏月，皇太子妃薨。樟木爲櫬，號曰樟宫，載以龍輴。"宋宋祁《荆王墓誌銘》："初，魏國之葬也，當王墓之次。故即用其穴，以三月庚寅，具鹵簿鼓吹，奉樟宫自京師如河南之永安。以夏四月癸卯，啓魏國之挺，從禮而合諸墓。"

【樟宫】

即樟棺。此稱南北朝時期已行用。見該文。

櫝傍

亦作"櫝旁"。每邊均用整塊木板做成的棺材。《廣韻·平唐》："傍，亦作旁。此稱先秦時期已行用。《莊子·人間世》："宋有荆氏者，宜楸柏桑……七圍八圍，貴人富商之家求櫝傍者斬之。"陸德明釋文："崔〔譔〕云：櫝傍，棺

也。"唐成玄英疏："櫝傍，棺材也。亦言：棺之全一邊而不兩合者謂之櫝傍。"今中原地區，鄉人則謂之"獨板棺"或"獨幫棺"。常與那些用二至三塊合成一邊的"拼板棺"相對而言，以示區別。

【櫝旁】

同"櫝傍"。此體唐代已行用。見該文。

大棺

套棺的最外一層棺。古代天子、諸侯及卿大夫之棺皆有數重，其最外一重則謂之大棺。用梓木製成。此稱先秦時期已行用。《禮記·檀弓上》："天子之棺四重，水兕革棺被之，其厚三寸，杝棺一，梓棺二。"鄭玄注："〔梓棺二〕所謂屬與大棺。"又《喪大記》："君大棺八寸，屬六寸，椑四寸。上大夫大棺八寸，屬六寸。下大夫大棺六寸，屬四寸。士棺六寸。"鄭玄注："大棺，棺之在表者也……大棺及屬用梓。"此制主要行用於周代。以後隨着禮樂制度的崩壞，受周禮支配的棺椁制度已不嚴格，套棺的重數逐漸由多重減少爲一重或不重，因而此稱便不再使用。而考古學上則常常把套棺的最外層叫作"外棺"，其裏面不論有幾層均叫"內棺"。

柩²

亦作"匶"。已裝尸體的棺材。無尸稱棺，有尸稱柩。《説文·匚部》："匶，棺也。從匚，久聲。柩，或從木；匶，籀文從舊。"段玉裁注："棺柩義別。虛者爲棺，實者爲柩。"籀文是春秋戰國時通行於秦國的一種字體。《廣韻·去宥》謂"匶"爲"柩"的古文。此稱先秦時期已行用。《禮記·曲禮下》及《問喪》皆曰："在床曰屍，在棺曰柩。"《釋名·釋喪制》：

"屍已在棺曰柩。柩，究也，送終隨身之制皆究備也。"《小爾雅·廣名》："空棺謂之櫬，有屍謂之柩。"《周禮·春官·喪祝》："及朝，御匶，乃奠。"《左傳·僖公三十二年》："晉文公卒，庚辰，將殯於曲沃。出絳，柩有聲如牛。"又《昭公十八年》："里析死矣，未葬，子產使輿三十人遷其柩。"漢班固《東都賦》："於時之亂，生人幾亡，鬼神泯絕，壑無完柩。"唐韓愈《祭郴州李使君文》："憶交酬而迭舞，奠單盃而哭柩。"《新唐書·李勣傳》："我死，布裝露車載柩，斂以常服。"清和邦額《夜譚隨錄·堪輿》："時有山西布客死京邸……子扶柩歸，於路墜馬折一臂，遂成廢疾。"清沈起鳳《諧鐸·雛伶盡孝》："血症驟發而死，蘭哀毀幾不欲生，奉其匶與父合葬訖，取舊日所置翠翹插鳳與一切繡帕花鞵之屬，盡投諸火。"清方苞《陳馭虛君墓誌銘》："余復至京師，君果殂，遺命必得余文以葬。"朱自清《哀韋傑三君》："我到古月堂一問，知道柩安放在舊禮堂裏。"

【匛】

同"柩²"。此體漢代已行用。見該文。

【匶】

"柩²"之古體字。此體先秦時期已行用。《周禮·地官·小司徒》："及葬，執纛以與匠師御匶而治役。"宋歐陽修《尚書駕部員外郎致仕薛君墓志銘》："匶車來歸兮，鄉人奔走；遺思在人兮，刻銘不朽。"明李鄴嗣《贈語溪曹黃門歌》："語溪黃門義丈夫，肯將十匶覆黃壚。"清王闓運《吊朱生文》："同治四年春三月望，王闓運於真定逆旅逢同縣舉人朱君之匶，因以所攜之酒，酌奠其靈，而爲詞吊之。"

【櫃】

同"柩²"。此體唐代已行用。《新唐書·于頔傳》："州地庳薄，葬者不掩櫃。"清劉大櫆《舅氏楊君權厝誌》："其兄子某，以君之櫃權厝於縣城之北月山之麓。"

【屍柩】

即柩²。此稱先秦時期已行用。《禮記·喪大記》："君吊，見屍柩而後踊。"《漢書·師丹傳》："前大行屍柩在堂，而官爵臣等以及親屬，赫然皆貴寵。"

【棺柩】

即柩²。此稱漢代已行用。漢班固《白虎通·崩薨》："臣子悲哀慟怛，莫不欲觀君父之棺柩，盡悲哀者也。"南朝梁任昉《〈王文憲集〉序》："廢毀舊塋，投棄棺柩。"宋蘇軾《繳進張誠一詞頭奏狀》："及慮棺柩內，更有賊人盜不盡物，爲誠一等私竊收藏，其族人當有知者。"《太平天國資料·清美政府勾結的幾個文件》："閏五月初四日，白齊文等被風翻船於匯頭灘斃命，其棺柩現在蘭溪縣地方。"

【喪柩】

即柩²。喪者，尸也。《春秋·僖公元年》："夫人氏之喪至自齊。"《後漢書·伏湛傳》："詔隆中弟咸收隆喪。"《資治通鑑·漢獻帝初平三年》："鮑信戰死，操購求其喪不得，乃刻木如信狀，祭而哭焉。"以上所言之"喪"皆此義。喪柩猶"屍柩"也。此稱漢代已行用。《後漢書·皇后紀上·光武郭皇后》："遣使者迎昌喪柩，與主合葬，追贈昌陽安侯印綬，謚曰思侯。"三國魏曹植《王仲宣誄》："喪柩既臻，將及魏京。"

【靈柩】

即柩[2]。此稱三國時期已行用。三國魏曹植《贈白馬王彪》詩："孤魂翔故域，靈柩寄京師。"《三國志·吳書·賁傳》："孫賁……〔孫〕堅同產兄也……堅薨，賁攝帥餘衆，扶送靈柩。"唐沈佺期《傷王學士》詩："靈柩寄何處，精魂今何之？"元王實甫《西廂記》第一本楔子："將這靈柩寄在普救寺內。"

櫬

棺，初指近身之棺，亦稱椑棺；或稱空棺爲櫬。後泛指棺。此稱先秦時期已行用。《左傳·僖公六年》："許男面縛銜璧，大夫衰絰，士輿櫬。"杜預注："櫬，棺也。"又《襄公二年》："夏，齊姜薨。初，穆姜使擇美檟，以自爲櫬。"孔穎達疏："櫬，親身棺也，以親近其身，故以櫬爲名焉。"楊伯峻注："櫬，近身之棺，猶後代以近身之衣曰襯衣。"又《襄公四年》："秋，定姒薨，不殯於廟，無櫬，不虞。"杜預注："櫬，親身棺。"或謂櫬木爲之而得名。《爾雅·釋木》："櫬，梧。"郭璞注："今梧桐。"郝懿行義疏："櫬本木名，即梧桐。古以桐木爲棺，因亦名棺爲櫬。"此說不確。《說文》《爾雅》及郭注均未作此解。按，先秦天子所用的最裏面一層棺爲水兕革棺，諸侯所用的最裏面一層棺爲椑，用杝製作。參閱《禮記·檀弓上》。又《喪大記》："君大棺八寸，屬六寸，椑四寸。"鄭玄注："大棺及屬用梓，椑用杝，以是差之。"後亦有以檟（楸木或梓木）、樟木爲櫬者。《漢書·霍光傳》："玉衣梓宮。"顏師古注："以梓木爲之，親身之棺也，爲天子制，故亦稱梓宮。"《宋書·禮志二》："宋孝武大明五年閏月，皇太子妃薨。樟木爲櫬，號曰'樟宮'，載以

龍輴。"如是而獨以梧桐名櫬，實與事理相悖。追其源，蓋由明李時珍《本草綱目·木部·梧桐》誤導："櫬，時珍曰：梧桐名，義未詳。《爾雅》謂之櫬，因其可爲棺，《左傳》所謂'桐棺三寸'是矣。"又因古代諸侯及皇帝所用複棺的最裏面一層棺稱"椑"，故"櫬"與"椑"又同爲一物。《說文·木部》："櫬，棺也。"桂馥義證："《增韵》，椑棺謂之櫬。馥案：《喪大記》，大棺八寸，屬六寸，椑四寸，從外嚮内親身也。"王筠句讀："櫬，附身棺也，依《太平御覽》引補……天子之棺四重，諸公三重，諸侯再重，大夫一重，士不重，其親身一重謂之櫬，亦謂之椑。"漢代以後，"櫬"亦指空棺。《小爾雅·廣名》："空棺謂之櫬，有屍謂之柩。"胡承珙義證："櫬，字從木，從親，故爲親身之義……或因待罪，或由豫備，皆設而未用，已有櫬名，故空棺謂之櫬也。"《三國志·吳書·孫皓傳》："壬申，王濬最先到，於是受皓之降，解縛焚櫬，延請相見。"晋以後，"櫬"由單字、專稱演變爲複字、統稱。"重櫬""棺櫬""靈櫬""旅櫬""灰櫬"相繼行用，分別指棺椁、棺材、靈柩和骨灰盒。至清代，"櫬"則泛指棺材。《清史稿·禮志十二》："士庶卒，用朱棺櫬一層，鞍馬一。"清黄軒祖《游梁瑣記·張勤果軼事》："逾年，侍御客死京都，櫬不得歸。"徐珂《清稗類鈔·外交類》："十三日，日軍入劉公島收船械，復以康濟一艦，送汝昌櫬南歸。"

【靈櫬】

即櫬。亦稱"幽櫬"。此稱晋代已行用。《文選·潘岳〈哀永逝文〉》："撫靈櫬兮訣幽房，棺冥冥兮埏窈窕。"李善注引杜預《左氏傳

注》曰："櫬，親身之棺。"又《爲諸婦祭庚新婦文》："潛形幽櫬，寧神舊宇。室虛風生，床塵帷舉。"唐歐陽詹《南陽孝子傳》："某既占鄭書，又知鄭侍君靈櫬自南，當由彼而還也，意其必鄭焉。"近世孫仲因《重九戰記》："發喪之日，靈櫬之多，爲世所罕覯，延長六七里，送葬者數十萬人。"

【幽櫬】

即靈櫬。此稱晉代已行用。見該文。

屬

亦稱"屬棺"。椑棺外、大棺內之棺。用梓木製作。此稱先秦時期已行用。至唐代人作注疏時則稱作"屬棺"。《禮記·喪大記》："君大棺八寸，屬六寸，椑四寸。"鄭玄注："大棺及屬用梓。"又《檀弓上》："杝棺一，梓棺二。"孔穎達疏："梓棺二者，杝棺之外，又有屬棺，屬棺之外，又有大棺，大棺與屬棺並用梓，故云二也。"唐以後"屬棺"之稱不見行用。

【屬棺】

即屬。此稱唐代已行用。見該文。

屬椑

亦作"屬辟"。屬棺與椑棺之合稱。分別由梓木和杝木製作而成。此稱先秦時期已行用。《禮記·喪大記》："君大棺八寸，屬六寸，椑四寸。上大夫大棺八寸，屬六寸，下大夫大棺六寸，屬四寸，士棺六寸。"鄭玄注："大夫無椑，一重也；士無屬，不重也……趙簡子云：'不設屬椑，時僭也。'"《左傳·哀公二年》："若其有罪，絞縊以戮，桐棺三寸，不設屬辟。"杜預注："屬辟，棺之重數。"

【屬辟】

同"屬椑"。此體先秦時期已行用。見該文。

喪事

本爲泛稱，指人死後殮奠殯葬等事宜，至今亦然。作爲特稱，則多指被護送的靈柩。蓋因古代稱尸爲喪，送尸必殮以棺，故稱。此稱漢代已行用。《後漢書·伏隆傳》："詔隆中弟咸收隆喪，賜給棺斂，太中大夫護送喪事，詔告琅邪作冢。"《南史·宋武帝紀上》："九月己丑，零陵王殂……使兼太尉持節護喪事，葬以晉禮。"

祔柩

謂應合葬之柩。由"柩"義衍生而來。因死者已入殮棺內尚待掩埋合葬，故稱。此稱先秦時期已行用。《晏子春秋·外篇上十一》："今其母不幸而死，祔柩未葬。"《禮記·檀弓上》："季武子曰：'周公蓋祔。'"鄭玄注："祔謂合葬，合葬自周公始。"孔穎達疏："周公以來，蓋始祔葬，祔即合也，言將後喪合前喪。"注疏所言甚是。唯祔葬始自周公不確。按，合葬之墓新石器時代即已出現。以後逐漸盛行，并有異穴與同穴合葬之分，至今仍廣爲流行。故祔柩的出現應當自新石器時代始。但早期實物因棺木腐朽太甚或異穴，不易辨認確定。戰國以來乃至近世之實物，因保存較好且有文字佐證，則容易認定，故發表的資料較多。

椁柩

指已下葬之棺材。古代棺、椁常并稱，因已葬之棺必有尸，故名"柩"。此稱唐代已行用。唐韓愈《南山》詩："又如游九原，墳墓包椁柩。"元柳貫與友游左溪山，訪佛僧朗大師遺迹，其《柳待制文集》卷一載，"至大師藏叇石壁下，衆壑生寒。夕陽散采，躊躇攬勝，迨晚始歸，歸而成詩"："誰初藏舍利，駕説包椁柩。"

旅櫬

客死他鄉者的靈柩。亦謂暫寄在外的靈柩。旅，即旅行、寄居、客處；櫬，即棺。旅途中死而斂棺，故稱。此稱唐代已行用。唐杜甫《哭李尚書》詩："客亭鞍馬歇，旅櫬網蟲懸。"唐劉禹錫《爲鄂州李大夫祭柳員外文》："聞君旅櫬，既及岳陽。寢門一慟，貫裂衷腸。"《舊唐書·列女傳·女道士李玄真》："哀妾三代旅櫬暴露，各在一方，特與發遣，歸就大塋合祔。"宋洪邁《夷堅丙志·雍熙婦人詞》："此寺蓋其旅櫬所在也。"元王實甫《西廂記》第一本楔子："夫主京師祿命終，子母孤孀途路窮，因此上旅櫬在梵王宮。"明湯顯祖《牡丹亭·鬧殤》："旅櫬夢魂中，盼家山千萬重。"清錢泳《履園叢話·景賢·書周孝子事》："土著之民，墓田丙舍，皆已爲谷爲陵，矧旅櫬耶？"

水兕革棺

包裹着水兕皮革之棺。先秦天子所用的最裏面一層棺。此稱先秦時期已行用。《禮記·檀弓上》："天子之棺四重，水兕革棺被之，其厚三寸，杝棺一，梓棺二。"鄭玄注："以水牛兕牛之革以爲棺，被革各厚三寸，合六寸也，此爲一重。"孔穎達疏："四重者，水牛、兕牛皮二物爲一重也……又二皮六寸，合二尺四寸也。"又："水兕二皮並不能厚三寸，故合被之令各厚三寸也。二皮能濕，故最在裏近屍也。"孫希旦集解："水兕革棺，蓋以木爲幹，以水牛、兕牛之皮爲之表裏，合之而其厚三寸也。被之者，言其最在內而被體也。二牛之皮，堅而耐濕，故用之以爲親身之棺。"鄭注、孔疏、孫集解皆有誤。夏鼐《長沙馬王堆一號漢墓的

棺椁制度》一文認爲："'水兕革'即'水牛革'，並非二物。'兕牛'可簡稱爲'兕'，但'水牛'不能簡稱爲'水'，'兕'即青兕，這裏似乎即指青牛，亦即水牛，故可稱水兕，而非指獨角的雌犀。正文明言'水兕革棺被之'，其內當另有一棺，並非水牛皮、兕牛皮爲二物，算成二層。"所言甚是。此物僅行用於周代。以後帝王親身之棺，則爲"椑棺"。

柏棺

用柏木製成的棺材。先秦時，喪禮規定貴族棺木之材用皮革、椴木（即杝）、梓木。柏木則爲天子、大夫之椁材。民間是否用柏棺，存疑。至北朝時，用柏木做棺已有明文記載。北魏楊衒之《洛陽伽藍記·菩提寺》："〔崔〕涵謂曰：作柏木棺，勿以桑木爲欀。"以後各代沿稱襲用。宋孔傳《東家雜記·祖林古迹》："先聖墓：孔子歿，公西赤爲之識，及掌其殯葬焉。……桐棺四寸，柏棺五寸，葬魯城北泗水上。"明傅希摯《南京國子監祭酒閭樸墓誌》："邑尹辛樂卒，助以柏棺，直可數鎰。"晚清王韜《淞隱漫録·鵑紅女史》："乃以柏棺盛屍，載之南還，啓女冢合葬焉。"至今中原地區鄉村仍傳説柏木棺可防止穿山甲打洞入內食骨肉。又因柏木堅硬耐朽，而該地區成材者又較少，故人們都以柏木棺材爲良棺。

棺　木

桐棺

　　桐木棺材。指質地樸素的棺木。古人常以此與帝堯斲木爲櫝一道表示薄葬。相傳夏禹曾用桐棺，爲見於文獻的最早使用者。至春秋時則用作罪人之棺制。至戰國時，墨子尚儉而倡行桐棺。《越絕書》卷八：“〔禹〕因病亡死，葬會稽，葦椁桐棺，穿壙七尺。上無漏泄，下無即水。”《左傳·哀公二年》趙簡子言罰曰：“若其有罪，絞縊以戮，桐棺三寸，不設屬辟。”杜預注：“案禮：上大夫棺八寸，屬六寸，下大夫棺六寸，屬四寸，無三寸棺制也。棺用難朽之木，桐木易壞，不堪爲棺，故以爲罰。墨子尚儉有桐棺三寸。”相傳孔子棺木，“桐棺四寸，柏棺五寸”。參閱宋孔傳《東家雜記·祖林古迹》。《墨子·節葬下》：“〔禹〕葬會稽之山，衣衾三領，桐棺三寸，葛以緘之。”又曰：“故古聖王制爲葬埋之法曰：桐棺三寸足以朽體，衣衾三領足以覆惡，及其葬也，下毋及泉，上毋通其臭，壟若參耕之畝，則止矣。”戰國以後各代，出於種種動機而效法古聖王之制者，亦不乏其例。但僅示薄葬，并不一定祇用桐棺，甚至也不一定用桐木爲之。《後漢書·周磐傳》：“若命終之日，桐棺足以周身，外椁足以周棺，斂形懸封，濯衣幅巾。”漢桓寬《鹽鐵論·散不足》：“桐棺不衣，采棺不斲。”至明清時，亦用作皇子棺制。《清史稿·禮志十二》：“禮臣奏言：皇太子喪禮，《會典》未載。舊制，沖齡薨，不成服。今議，皇帝素服，輟朝七日……金棺用桐木。”今河南鄉村，喪葬仍普遍用桐木爲棺，蓋此地盛産粗幹泡桐而已。

椁

　　亦作“槨”。套在棺外面的葬具。以木製者爲多，亦有以石、磚、瓦砌築者。用椁之俗由來已久，上自夏商，下延續至20世紀中葉。椁與棺之區別及特徵是：棺以殮尸，是預先用木板製成的一個或幾個有蓋、髹漆、加飾之木匣；椁爲墓室的一部分，是用原木、厚木或木板在墓壙中搭圍成井形或方框形結構，或用枋木纍積成上尖下方的題湊之室，亦即四阿椁。其木材一般都是斫削成形後不再髹漆加飾。木椁之材質與重數，自天子以下因身份等級不同而各有等差。最貴重者爲黃腸題湊，其次爲松椁、柏椁、雜木椁。最高與棺合爲七重。文獻對此頗多記載。此稱先秦時期已行用。《周禮·地官·閭師》：“不樹者無椁。”鄭玄注：“椁，周棺也。”《孝經·喪親》：“爲之棺椁衣衾而舉之。”邢昺疏：“周屍爲棺，周棺爲椁。”《禮記·檀弓上》：“衣足以飾身，棺周於衣，椁周於棺，土周於椁。”又“柏椁以端”鄭玄注：“以端，題湊也，其方蓋一尺。”孔穎達疏：“端，猶頭也。積柏材作椁，並茸材頭也，故云以端。”又《喪大記》：“君松椁，大夫柏椁，士雜木椁。”鄭玄注：“椁，謂周棺者也。天子柏椁以端，長六尺。夫子制於中都，使庶人之椁五寸。五寸，謂端方也……自天子、諸侯、卿、大夫、士、庶人六等，其椁長自六尺而下，其方自五寸而上，未聞其差所定也。”陳澔注：“天子柏椁，故諸侯以松。大夫同於天子者，卑遠不嫌僭也。”孫希旦集解：“愚謂天子柏椁以端，而大夫亦用柏椁者，天子之柏椁、諸侯之松椁，皆用松柏之心，所謂黃腸也；大夫雖用柏椁，而不得用黃腸，則降於人君矣。”《莊子·天下》：“古之喪禮，貴賤有儀，上下有等。天子棺椁七重，諸侯五重，大夫三重，士再重。"又:"桐棺三寸而無槨。"《儀禮·士喪禮》:"既井椁。"鄭玄注:"匠人爲椁,刊治其材。"胡培翬正義:"椁無飾,刊治之即成,故云刊治其材。"《漢書·外戚傳下》:"爲致椁作冢。"顏師古注:"致,謂累也。"現今人們對古代文獻中的"椁"至少有兩種理解:其一是指"複棺"的外棺。《辭源·木部》(1915年版):"椁,外棺也。"其二是指椁室,不論是木室、磚室或是石室。柏木做的稱爲"柏椁",梗木做的稱爲"梗椁",石頭做的稱爲"石椁"。前人也有將"椁"字特指木椁的。《説文·木部》:"椁,葬有木章也。"段玉裁注:"木章者,以木爲之,周於棺,如城之有章也。"今考古學則稱"木椁"。但兩種意義都是指內棺以外的結構,合於古人"椁周於棺""椁大於棺"或今人"内棺外椁"的概念。按,古代椁之形制結構、規模大小差別亦較大。大型者用隔板將椁室分成棺室、頭箱、左右邊箱和足箱。後三者亦統稱爲"邊箱",或叫作"外藏椁"。分別放置隨葬物,其寬窄依等級不同而各異。《禮記·喪大記》:"棺椁之間,君容柷,大夫容壺,士容甒。"有的用方形短木横嚮纍積爲壁,形成題凑,其外再設迴廊。在長沙發掘的二六〇號、四〇六號楚墓,江陵雨臺山楚墓,長沙馬王堆漢墓,北京大葆臺漢墓均屬此類。小型者没有放置大量隨葬物的空隙處,故不設邊箱,椁室僅足容棺。前引《檀弓上》"椁周於棺"即爲狹小之椁室。這種椁在田野工作中與外棺很難區别。在長沙發掘的一二四號、二〇七號墓等均屬此類。

【椁】

同"椁"。此體先秦時期已行用。見該文。

生椁

亦作"生槨"。生前預製的椁。古代喪禮,人死三日而大殮,殯後數月而出葬,故年老者皆生前置備棺木,而椁則在葬前或葬後製成。富裕之家亦預爲製成者,稱生椁。此稱宋元時期已行用。元李存《挽劉千户母萬氏太夫人》詩:"遽沐原生椁,深孤潘令輿。想應秋月夜,騎鳳戲東湖。"清程瓊請他人爲自己的棺材題額,自己還賦有《屬玉勾生椁外題小眠齋三字》詩。胡樸安《中華全國風俗志·下編·浙江》引《蕭山問俗記》:"椁種類甚多,有所謂熟椁者,置棺於地,以磚圍之;生椁則預爲製成,而以土覆之;又有所謂石椁者,以石六,形如棺而較大,不復覆土。此僅龕山一隅之大家爲然。"

【生槨】

同"生椁"。此體宋元時期已行用。見該文。

石椁

亦作"石槨""石郭"。古墓中置棺的石室。亦謂石製的外棺。此稱先秦時期已行用。《禮記·檀弓上》:"昔者夫子居於宋,見桓司馬自爲石椁,三年而不成。夫子曰:'若是其靡也,死不如速朽之愈也。'"《莊子·則陽》:"卜葬於沙丘而吉,掘之數仞,得石槨焉。"《史記·秦本紀》:"蜚廉爲紂石北方。"裴駰集解引徐廣曰:"皇甫謐云'作石椁於北方'。"按《本紀》"爲紂石北方","石"前脱一"作","石"後脱一"椁於"。《漢書·張釋之傳》:"〔釋之〕從行至霸陵,上居外臨廁……意悽愴悲懷,顧謂群臣曰:'嗟乎!以北山石爲椁,用紵絮斮陳漆其間,豈可動哉?'"同書《明帝紀》:"帝初作壽陵……石椁廣一丈二尺,長二丈五尺。"北魏酈道元《水經注·泗水》:"泗水又南逕宋大夫桓魋冢西，山抗泗水，而上盡石，鑿而爲冢，今人謂之石郭者也。郭有二重，石作工巧，夫子以爲不如死之速朽也。”此物早在新石器時代中晚期即已出現，至宋元仍沿用，以後少見。周代以前製作較原始，主要是用石塊、小石板叠疊而成的周於木棺的礫石椁。1986 年在遼寧牛河梁紅山文化遺址、1973 年在山東日照縣東海峪龍山文化遺址、1958 年在内蒙古寧城縣南山根夏家店上層文化墓葬，均發現有代表性的石椁。漢以後，中原地區石椁向石室發展。南北朝以後又出現用整塊岩石或幾塊巨石製成的套在棺外的岩石椁，製作極考究。椁身雕刻門窗，人物及鳥獸花草等紋飾。椁蓋上或刻“開者即死”等咒語。其形多爲長方盒形、廡殿式頂，個別爲歇山式頂石椁。在陝西西安市梁家莊隋代李静訓墓、陝西乾縣唐永泰公主墓、懿德太子墓、章懷太子墓發現的石椁，均爲這種石椁的代表。

【石槨】

同“石椁”。此體先秦時期已行用。見該文。

【石郭】

同“石椁”。此體南北朝時期行用。見該文。

四阿椁

亦稱“四注椁”。頂蓋做成宫殿屋頂式的椁。屋頂有兩注（兩面坡，前後有檐霤）、四注（四面坡，四面均有屋檐）之分。因屋角多曲而向上翹起，故又稱四阿頂。古人事死如生，故墓室葬具多仿人間房屋建築。《逸周書‧作雒》：“咸有四阿。”孔晁注：“宫廟四下曰阿。”朱右曾校釋：“四阿，四注屋，四面有霤阿下也。”清程瑶田《釋宫小記‧中霤義述》：“故天子、諸侯屋皆四注，則有東西南北之霤凡四。”棺椁作四阿式，始於周代，木構。爲天子之制，後其他貴族也僭用。《左傳‧成公二年》：“宋文公卒，始厚葬，用蜃炭，益車馬，始用殉，重器備，椁有四阿，棺有翰檜。”杜預注：“四阿，四注椁也。翰，旁飾。檜，上飾。皆王禮。”孔穎達疏：“鄭玄云：‘阿，棟也。’四角設棟也，是爲四注椁也。《士喪禮》下篇陳明器云：‘抗木横三縮二。’謂於椁之上設此木從二横三以負土，則士之椁上平也。今此椁上四注而下，則其上方而尖也。《禮》：‘天子椁題凑，諸侯不題凑。’不題凑則無四阿。”《禮記‧喪大記》：“君殯用輴，攢至於上。”鄭玄注：“天子之殯，居棺以龍輴，攢木題凑象椁。上四注，如屋以覆之。”清程瑶田《釋宫小記‧棟梁本義述上》：“天子棺載龍輴，其上加椁，椁上加縿幕，幕上攢之，謂菆聚，其木周於其外，以四注如屋而盡塗之也。”至漢代，題凑爲帝王之制，亦可賜用於勳臣貴戚。四阿椁的製作、使用空前發展（詳“題凑”文）。至隋唐，皇室成員和一些大臣的四阿椁亦用石製成。其上多爲廡殿式四阿頂。個別爲歇山式四阿頂。椁壁雕刻人物、鳥獸、門窗、花草等紋飾，極盡工巧。唐代以後石製四阿椁逐漸少見。今藏陝西乾縣懿德太子墓、章懷太子墓博物館的石椁，即均爲四阿椁，椁頂皆作廡殿式，即一中脊、四垂脊的四面坡。參閱《唐懿德太子墓發掘簡報》《唐章懷太子墓發掘簡報》，《文物》1972 年第 6 期。

【四注椁】

即四阿椁。此稱漢代已行用。見該文。

柏椁

亦作“栢椁”。用柏木製作的椁。後亦泛指棺椁。此物此稱皆始於先秦，爲喪禮規定的天子至大夫之椁制。其中天子柏椁的結構是用柏木堆疊的題湊式椁。《禮記·檀弓上》:"〔天子〕柏椁以端，長六尺。"鄭玄注:"以端，題湊也，其方蓋一尺。"孔穎達疏:"柏椁者謂爲椁用柏也……端猶頭也。積柏材作椁，並茸材頭也，故云以端。"又:"長六尺者，天子椁材每段長六尺而方一尺。"又:"椁材並皆從下疊至上，始爲題湊。湊，嚮也。言木之頭相嚮而作四阿也。"又《喪大記》:"君松椁，大夫柏椁，士雜木椁。"陳澔注:"天子栢椁，故諸侯以松。大夫同於天子者，卑遠不嫌僭也。"《左傳·定公元年》:"〔魏子〕還，卒於甯。范獻子去其柏椁，以其未復命而田也。"杜預注:"范獻子代魏子爲政，去其柏椁，示貶之。"至漢代沿用，爲諸侯、貴人等貴族之椁制。《後漢書·禮儀志下》:"諸侯王、列侯、始封貴人、公主薨，皆令贈印璽、玉柙銀縷……使者治喪，穿作，栢椁，百官會送，如故事。"朱謀埠《駢雅·釋器》:"黃腸，栢椁也。"漢以後此稱少見。至宋代則義變爲泛指棺椁。宋王禹偁《瞿使君挽歌》之二:"豈難存栢椁，亦合葬桐鄉。"

【栢椁】

同"柏椁"。此體漢代已行用。見該文。

梗椁

用梗木製作的椁室。梗，南方大木，質地堅密耐朽，宜爲椁材，故名。此稱漢代已行用。漢桓寬《鹽鐵論·散不足》:"今富者綉墙題湊，中者梓棺梗椁，貧者畫荒衣袍、繒囊緹橐。"宋王楙《野客叢書》卷二五引此文謂王孫所言"中者梓棺梗椁"在漢時屬"喪葬過制"。舊注將"便房"誤作"梗椁"。《漢書·霍光傳》:"光薨……賜金錢、繒絮、綉被百領、衣五十篋、

璧珠璣玉衣、梓宮、便房、黃腸題湊各一具。"顏師古注:"如淳曰:'《漢儀注》天子陵中明中高丈二尺四寸，周二丈，内梓宮，次梗椁，柏黃腸題湊。'師古曰:'便房，小曲室也。如氏以爲梗木名，非也。'"夏鼐《長沙馬王堆一號漢墓的棺椁制度》一文認爲:"梗木做的稱爲'梗椁'，可能便是《漢書·霍光傳》中的'便房'，即椁室中的棺房。"或承如淳之誤，義尤含混。

銅椁

亦作"銅槨"。用銅鑄成的椁。始於春秋，延至秦。《越絕書》卷二:"闔廬冢在閶門外，名虎丘。下池廣六十步，水深丈五尺，銅槨三重。"張宗祥校注曰:"《史記集解》引《越絶》作'桐棺三重'，非。"李步嘉校釋曰:"槨即'椁'。椁爲棺外之物，故可三重，知錢、張説當爲'椁'字者是。"按，鑄銅爲棺椁者，最早僅見於我國南方地區之墓葬。除闔閭銅椁外，1964年在云南祥雲大波那戰國時期的木椁墓中還發現類銅椁之物。整個銅椁呈長方形、人字坡頂。由七塊銅板組合而成，底下設支脚，四壁與頂蓋飾回紋、三角紋和動物圖案，製作非常精巧。能以銅爲棺椁者，蓋因春秋戰國時期滇貴之地盛産銅礦且鑄銅業正值興盛。至秦代，始皇帝也用銅椁。《史記·秦始皇本紀》:"九月，葬始皇驪山。始皇初即位，穿治驪山。及并天下，天下徒送詣七十餘萬人，穿三泉，下銅而致椁，宫觀百官奇器珍怪徙臧滿之。"按，秦始皇陵能鑄銅爲椁，蓋因秦統一六國後收繳大量銅器之故。以後隨着銅礦資源的減少和商業貨幣需求量的增大，銅器的使用常常受到限制，故鑄銅爲椁漸趨消失。

【銅槨】

同“銅椁”。此體漢代已行用。見該文。

聖周

亦稱“土聖”。葬具。以紅燒土塊砌成之墓棺。始用於夏代，傳用至周代。此稱漢代已行用。《禮記·檀弓上》：“有虞氏瓦棺，夏后氏聖周，殷人棺椁，周人墻置翣。周人以殷人之棺椁葬長殤，以夏后氏之聖周葬中殤下殤，以有虞氏之瓦棺葬無服之殤。”鄭玄注：“火熟曰聖。燒土冶以周於棺也，或謂之土周，由是也。”孔穎達疏：“云燒土冶以周於棺也者，謂鑿土爲陶冶之形，大小得容棺，故云燒土冶以周於棺也……云由是者，燒土周棺得喚作土周。”陳澔注：“聖周，或謂之土周，聖者，火之餘燼。蓋治土爲而四周於棺之坎也。”漢桓寬《鹽鐵論·散不足》：“古者瓦棺容屍，木板聖周，足以收形骸，藏齒而已。”《淮南子·氾論訓》：“夏后氏聖周。”高誘注：“夏后氏禹世無棺椁，以瓦廣二尺，長四尺，側身累之以蔽土，曰聖周。”《通雅·器用·雜用諸器》引《卮言》：“舜作瓦棺土聖。”關於聖周之形義，歷代注家解釋不一。一説，古代葬俗，燒土爲磚繞放於棺材四周以葬，故名。陳注屬此，不確。按，磚瓦最早出現於西周，陝西周原建築基址出土有實物，至於磚室墓的出現則更晚至戰國時期。故此説缺乏實物證據。一説，燒土爲瓦棺。高注屬此，亦不確。按一般語言習慣，《檀弓》所言有虞氏、夏后氏、殷人、周人，當爲不同的發展階段。瓦棺、聖周、棺椁、墻置翣，當爲不同時代的用物。若聖周爲瓦棺，有虞氏與夏后氏就不應分而言之。既分而言之，則應爲二物。又按其尺寸與壘法，頗似空心磚，但此時

也缺實物證據。一説，用燒土爲棺，即土棺。此説甚是，鄭注孔疏當屬此。其物疑即新石器時代的紅燒土墓。如1959年在陝西華縣元君廟仰韶文化墓地發掘的四二九號墓、1974年在遼寧敖漢旗小河沿遺址發掘的紅山文化墓葬等。前者用大小不等的紅燒土塊鋪砌墓底，骨架下尤平整，尸體放入後再用紅燒土塊封填；後者墓坑在葬人前經過火烤，使坑內呈紅燒土狀。用火烘烤成紅燒土是新石器時代居民建造房屋的重要手段和材料，用於墓葬，發掘報告《元君廟仰韶墓地》推測其目的爲兩種：“其一用之防潮，對尸體作保護措施；其二用之象徵房屋，按現實世界情景建造靈魂住所。”頗有道理，符合中國人待死如生、仿人間房屋營造墓室的傳統習俗。故聖即紅燒土墓室，應大體不誤。

【土聖】

即聖周。此稱漢代已行用。見該文。

【土周】

即聖周。此稱漢代已行用。《禮記·曾子問》：“下殤土周葬於園。”鄭玄注：“土周，聖周也。周人以夏后氏之聖周葬下殤於園中，以其去成人遠，不就墓也。”

題湊

亦作“題奏”。貴族死後，用正方形厚木壘築的上尖下方，猶如屋檐四垂的椁室。因用枋木攢積而成，且木條頭端皆向內，故稱。墓葬中的題湊之制源於周代天子、王侯所使用的“椁有四阿”“檐至於上”的四阿椁和“柏椁以端”的柏椁椁制。其結構的形成與使用不晚於春秋中期。1976年陝西鳳翔三時原秦景公墓發現的這種設施，爲迄今所知年代最早的實物證據。至遲在戰國時期王侯葬禮中此制已不罕

見。1978 年河北平山戰國中山王陵出土的《兆域圖》銅板上就有"題湊長三尺"的記載。參閱《考古學報》1980 年第 1 期《戰國中山王陵及兆域圖研究》。但至秦代，文獻中纔始見此稱。《呂氏春秋·節喪》："諸養生之具，無不從者，題湊之室，棺椁數襲，積石積炭，以環其外。"高誘注："室，椁藏也，題湊，複絫。"記載頗明確。但迄今對戰國墓葬中題湊的形制和用材均缺乏瞭解。至漢代題湊的製作與使用達到頂峰，它不僅爲帝王普遍使用的椁制，經朝廷特賜，勛臣貴戚亦可使用。其名稱無論記述本朝或追記前代，均仍沿稱題湊。《史記·滑稽列傳》："臣請以雕玉爲棺，文梓爲椁，梗楓豫章爲題湊。"裴駰集解引蘇林曰："以木累棺外，木頭皆內向，故曰題湊。"《吳越春秋·闔閭內傳》："〔吳王女勝玉〕自殺。闔閭痛之，葬於國西閶門外，鑿池積土，文石爲椁，題湊爲中，金鼎玉杯，銀樽珠襦之寶，皆以送女。"同時由於所用材質的不同，又有剛柏題湊、黄腸題湊之稱。又《霍光傳》："光薨……賜金錢……梓宮、便房、黄腸題湊各一具。"顏師古注引蘇林曰："以柏木黄心致累棺外，故曰黄腸；木頭皆向內，故曰題湊。"《後漢書·禮儀志下》大喪治"黄腸題湊、便房如禮"劉昭注："《漢書音義》曰：'題，頭也。湊，以頭向內，所以爲固也。'"1978 年在河北石家莊市小沿村西漢初年墓中發掘的木構題湊，一是層層叠壘，一般不用榫卯；二是木頭皆內嚮，即題湊四壁所壘築的枋木全與同側椁室壁板呈垂直方嚮，從內側看，四壁都祇見枋木的端頭，題湊一名便是由這種特定的構築方式衍生出來的。1974—1975 年於北京豐臺區郭公莊發掘的西漢廣陽頃王

劉建黄腸題湊墓也是如此，此墓共用柏木枋 15880 根，每根枋長 90 厘米，寬厚均爲 10 厘米。自東漢中晚期以後，隨着大型多室磚墓的盛行，題湊之制趨於消弭。1959 年發現的河北定縣北莊中山簡王劉焉墓，在磚室的四周和頂部用特製的石塊構築"題湊"，即爲題湊、黄腸石之制在衰敗過程中的演變物。其後石材題湊亦不復流行，至南朝偶見記載。南朝宋謝莊《宋孝武宣貴妃誄》："題湊既肅，龜筮既辰。階撤兩奠，庭引雙輔。"南朝以後此物之使用不見文獻記載，故"題湊"及其滋生諸稱不見行用。後代記前代之事時或寫作"題奏"。明胡應麟《少室山房筆叢·三墳補逸下》："王伯厚《困學紀聞》引《皇覽冢墓記》云，符節令宋元上言，秦昭王與呂不韋好書，皆以書葬。王至尊，不韋久貴，冢皆以黄腸題奏，處地高燥未壞，臣願發昭王不韋冢。"

【題奏】

同"題湊"。此體宋代已行用。見該文。

剛柏題湊

"題湊"之一種。用柏木堆壘的椁。剛柏，堅硬的柏木。此稱漢代已行用。《漢書·佞幸傳·董賢》："令將作爲賢起冢塋義陵旁，內爲便房，剛柏題湊，外爲徼道，周垣數里。"顏師古注引孟康曰："堅剛之柏也。"

黄腸題湊

椁室四周用柏木枋堆壘成的框形結構，古代墓葬所用題湊式椁的一種。因以柏木心或脱皮柏木作枋木壘築而成，木色淡黄，故稱黄腸；又以木端皆向內，故稱題湊。根據漢代禮制，它與玉衣、梓宮、便房、外藏椁同屬帝王、皇族陵墓中的重要組成部分，朝廷重臣亦有受賞

賜而得此殊遇者。今出土有黃腸題湊實物的漢代諸侯王王室墓葬已有數處，如西漢早期的湖南長沙象鼻嘴一號墓和陡壁山一號曹墓、西漢中期的北京大葆臺一號燕王旦墓、西漢晚期的河北定縣四十號中山王劉修墓、江蘇高郵天山一號墓等。其時代均爲西漢時期，迄今尚未發現東漢時期黃腸題湊實例。其類型均屬豎穴木椁墓，但題湊的平面結構并不一致，枋木的根數、長寬尺寸及疊壘層數也不一樣。如象鼻嘴一號墓的黃腸題湊平面呈“凸”字形，柏木枋寬 25 厘米、厚 30 厘米、長 170 厘米左右，共用 908 根。後壁六層，餘皆四層。曹墓的黃腸題湊平面呈方形，柏木枋寬、厚各 40 厘米，長 117 厘米左右，共用 179 根。前壁壘二層，餘皆三層。這兩座墓的題湊形制、用材、尺寸、堆壘方法均比較清楚，是可以確認的“黃腸題湊”的早期例證。其共同的時代特點是高度低於椁室。燕王旦墓的黃腸題湊規模宏大，其平面呈長方形，外徑長 18 米，寬 10.8 米，高達 3 米，直抵墓室頂部。由 15880 根黃腸木堆叠而成。每根高、寬均爲 10 厘米，長 90 厘米。四壁各 30 層，南壁有門。其內設迴廊及前、後室。堆壘嚴固，結構更具獨立性，應屬黃腸題湊的成熟形態。高郵天山一號墓的黃腸題湊，

黃腸題湊發掘實物

結構複雜，製作考究。共用枋木 850 多根，彼此用榫卯嵌合，同時又全部嵌置在一個框架結構中，與墓室牢固的連成一體。其構築方法與題湊的原型已頗不相同，可視爲黃腸題湊在發展中出現的一個新類型。參閱《文物》1977 年第 6 期《大葆臺西漢木椁墓發掘簡報》、《人民日報》1980 年 7 月 18 日《江蘇高郵發掘一座大型漢墓》。

【柏黃腸題湊】

即黃腸題湊。因椁室用柏木黃心壘築而成，故直稱之。此稱漢代已行用。漢衛宏《漢舊儀·補遺下》：“武帝墳高二十丈，明中高一丈七尺，四周二丈，內梓棺，柏黃腸題湊。”《漢書·霍光傳》“梓宮、便房、黃腸題湊各一具”顏師古注引如淳曰：“《漢儀注》：‘天子陵中明中高丈二尺四寸，周二丈，內梓宮，次梗椁，柏黃腸題湊。’”參見“黃腸題湊”文。

【黃腸】

“黃腸題湊”之省稱。此稱南北朝時期已行用。南朝宋謝惠連《祭古冢文》：“黃腸既毀，便房已頹。”唐吳兢《貞觀政要·儉約》：“黃腸再開，同暴骸於中野。”清惜秋、旅生《維新夢·授職》：“只是小臣抱黃腸之慟，銜白首之悲，呵壁不能問天，拔劍祇堪斫地。”

黃腸石

漢代皇帝陵墓中黃腸題湊外壘砌的石頭。此制源於周代天子葬禮中棺外表石之制。《周禮·夏官·方相氏》“方良”鄭玄注：“天子之椁，柏黃腸爲裏，而表以石焉。”至漢代形成爲帝王所用椁制的一部分。該石均經加工，其上刻銘文。內容多爲地名、官名、匠工姓名、尺寸、序次和年月。其實物屢有發現。羅振玉

《松翁近稿·黃腸石拓本跋》：“漢石刻三十，中有二石但記石工名，其他二十八石均詳記年月、尺寸與人名及石之次第，近年出洛陽。先是光緒中葉，曾出數石，歸涇陽端忠愍公方載之《陶齋臧石記》，顧不能定爲何物，題爲‘永建五年墓石題字’‘冷攸石題字’‘禹伯石題字’者是也。公別有建寧五年一石，於年月、尺寸、人名外，有‘更黃腸掾王條主’等字。予考定爲古陵墓中之黃腸石。石之形制，前籍無徵，據此二十八石中所記尺寸，則皆廣三尺；厚則尺五寸者十有九，二尺者七，尺三寸及三尺者各一；長則自二尺至三尺八寸不等，殆廣有定而長無定也。此石今藏開封圖書館。”又曰：“建德周氏藏一殘石，石工姓名及年月、尺寸均殘損，惟‘更黃腸石史袁庚主’七字獨完。匋齋舊藏建寧五年三月有‘更黃腸掾王條主’一石，今亦歸周氏。此二石黃腸上均冠以‘更’字，疑石損更易而命掾史主其事也。”1964年發掘的河南孟津送莊漢桓帝時期的貴族墓葬，1970年發掘的徐州土山東漢晚期彭城國王室墓葬，也都發現有這種刻有銘文的墓石。從石銘體例及墓中使用情況看，其性質與上述黃腸不同，説明黃腸石在漢代的使用還是比較廣泛的。它的使用最終代替了黃腸木，使黃腸題湊之制遂成絕響。

井椁

用厚木在墓坑中做成的“井”字形椁。此稱先秦時期已行用。《儀禮·士喪禮》：“既井椁，主人西面拜工。”胡培翬正義：“椁周於棺，其形方，又空其中，以俟下棺。有似於井，故云井椁……葬時必先施椁乃下棺。”《周禮·地官·掌蜃》：“掌蜃掌斂互物蜃物，以共闉壙之

蜃。”鄭玄注：“闉猶塞也，將井椁先塞下以蜃，御濕也。”在大汶口文化大中型墓葬中發現的用原木卧疊構成的井框形結構，是迄今所知年代最早的“井”字形椁，也是時代最早的木椁。商周時期此風最爲普遍。至西漢早期的長沙象鼻嘴一號墓和陡壁山一號墓的木椁，前端均設門，套棺由墓道推入椁室内，開始擺脱傳統“井椁”的固有形式。以後隨着磚室、石室墓的興起，井形木椁便趨於消失，但此稱一直沿用。明徐石麒《憩古墓作》詩：“此中陳死人，井椁安足恃。”清朱彝尊《亡妻馮孺人行述》：“謀葬安度先生、唐孺人于長水之東，將井椁矣，葬師僉言不利主婦，謂改歲乃可。”清錢泳《履園叢話·書周孝子事》：“既而卜兆於祖墓之旁，營治井椁，即於十一月初九日安葬。”

灰櫬

亦作“灰儭”。骨灰盒。此稱元代已行用。元佚名《劉弘嫁婢》第一折：“你那亡父的灰櫬兒在那裏？”明朱有燉《香囊怨》第四折：“這一堆灰儭骨殖，也無用了。”明代以後文獻中不見此稱。

【灰儭】

同“灰櫬”。此體元明時期已行用。見該文。

罨盂

坐葬用以代棺之瓦器。我國古代東部地區少數民族所使用的一種葬具。類似於中原地區的瓮棺和陶棺。此稱宋代已行用。《太平廣記》卷一九七引《史系》：“又天監五年，丹陽山南得瓦物，高五尺，圍四尺，上鋭下平，蓋如合焉。中得劍一，瓷具數十，時人莫識。沈約云：‘此東夷罨盂也，葬則用之代棺。此制度卑小，則隨當時矣。東夷死則坐葬之。’”明朱謀

埠《駢雅·釋器》："罋盂，東夷棺也。"或釋之爲聖周。明方以智《通雅·器用·雜用諸器》："罋盂，聖周也。《卮言》曰：舜作瓦棺土聖。見古史，《史系》：天監五年，丹陽山南得瓦物。高五尺，圍四尺，上銳下平，如盒。沈約云：此罋盂也，死則坐葬之。《檀弓》夏后氏聖周是也。"此說可疑。

灰釘

棺中石灰與釘棺的釘子之合稱。此二者皆爲殮尸與封棺時所必用之物，故古詩文中常連用。亦藉指人之死亡。此稱南北朝時期已行用。南朝陳徐陵《陳公九錫文》："玉斧將揮，金鉦且戒，襖酋震懾，遽請灰釘。爇櫬以表其含弘，焚書以安其反側，此又公之功也。"又《與楊僕射（遵彦）書》："若鄙言爲謬，來旨必通，分請灰釘，甘從斧鑊。"《梁書·徐勉傳》："故屬纊纔畢，灰釘已具。忘狐鼠之顧步，愧燕雀之徊翔。"唐李商隱《爲濮陽公與劉稹書》："喪具躋陵，飛走之期既絶；投戈散地，灰釘之望斯窮。"清黄宗羲《留仙馮公神道碑銘》："鐘鼓無靈，灰釘見志。"

和

亦作"咊"，亦稱"棺當"。棺材兩頭的木擋板。此稱秦代已見行用，而歷代釋解不盡相同。東漢時釋爲棺頭。《吕氏春秋·開春》："見棺之前和。"高誘注："棺題曰和。"清代畢沅校注："題，舊本作頭。據李善注《文選·謝靈運〈祭古冢文〉》所引改。"三國時釋爲棺當，和作"咊"。《廣雅·釋器》："其當謂之咊。"至南北朝時，"和"指棺的兩頭部分。南朝宋謝惠連《祭古冢文》："中有二棺，正方，兩頭無和。"至宋代復釋爲棺當，和仍作"咊"。《廣韻·平

戈》："咊，棺頭。"至清代釋爲棺之前後蔽。清王念孫《廣雅疏證》卷八上："當，謂棺前後蔽也，車前後蔽謂之咊，義與棺當同。咊，通作'和'。"今人考釋和乃"桓"之假藉字，棺前後兩端突出之部分謂之和，此說甚確。唯言"棺頭曰和"應爲"棺題曰和"，似仍值得商榷。參閲陳奇猷《吕氏春秋校釋》卷二一"開春篇"注二十二。此稱清代猶在行用。清李斗《揚州畫舫録·小秦淮録》："鄒必顯……後患噎食病，鬻棺自書一詩，以題其和。"

【咊】

同"和"。此體三國時期已行用。見該文。

【棺當】

即和。此稱三國時期已行用。見該文。

前和

俗稱"前和頭"。棺的前額。此稱秦代已行用。《吕氏春秋·開春》："昔王季歷葬於渦山之尾，灤水齧其墓，見棺之前和。"唐封演《封氏聞見記·文字》："善長注《水經》云：臨淄人發古冢，得銅棺前和，外隱起爲隸字。"明劉侗、于奕正《帝京景物略·李文正公祠》："〔李東陽〕墓在畏吾村。萬曆中，鄉人取土，幾露前和。"清陸以湉《冷盧雜識·題棺》："蕭山汪龍莊大令治壽木，題前和曰：汪龍莊歸室。"同時方言謂"前和頭"。林紓《畏廬漫録·梁氏女》："復室空空無人居，儲壽材八方及前和二。"章炳麟《新方言·釋器》："今浙江猶謂棺之前端曰前和頭……淮南謂題字於棺前端曰題和。"

【前和頭】

"前和"之俗稱。此稱多行用於近現代。見該文。

細腰

亦作"細要"，亦稱"小要""衽"。用以連接、固定棺蓋與棺木的木楔榫。兩頭寬，中間窄，嵌入棺蓋與棺材相接處，即棺口兩旁的坎中，使蓋與棺身密合。此稱先秦時期已行用，稱爲"衽"。兩邊各三枚，兩頭各二枚。《禮記·檀弓上》："棺束，縮二，衡三。衽，每束一。"鄭玄注："衡亦當爲'橫'；衽，今小腰。"孔穎達疏："衽，小要也。其形，兩頭廣，中央小也。既不用釘棺，但先鑿棺邊及兩頭合際處作坎形，則以小要連之，令固棺并相對。每束之處，以一行之衽連之。若豎束之處，則豎著其衽以連棺蓋及底之木，使與棺頭尾之材相固，漢時呼衽爲小要也。"陳澔注："衽，形如今之銀則子。兩端大而中小。漢時呼爲小要。不言何物爲之，其亦木乎？衣之縫合處曰衽。以小要連合棺與蓋之際，故亦名衽。先鑿木置衽，然後束以皮。每束處必用一衽，故云衽每束一也。"《儀禮·士喪禮》："奠席在饌北，斂席在其東，掘肂見衽。"鄭玄注："肂，埋棺之坎者也……衽，小要也。"至漢代名爲細要、小要。漢王符《潛夫論·浮侈》："釘細要，削除鐽，靡不見際會。"《釋名·釋喪制》："古者棺不釘也，旁際曰小要，其要約小也。又謂之衽。衽，任也。任制際會使不解也。"南北朝時襲用，作"細腰"。南朝梁江淹《銅劍贊》："往古之事，棺皆不用釘，悉用細腰。其細腰之法，長七寸，廣三寸，厚二寸五分，狀如木枰，兩頭大而中央小……棺凡用細腰五十四枚。"後因使用鐵釘，細腰與釘子并行。至今河南民間土葬者，其棺仍用細腰合蓋，此當古俗之遺留。

【細要】

同"細腰"。此體漢代已行用。見該文。

【小要】

即細腰。此稱漢代已行用。見該文。

【衽】

即細腰。此稱先秦時期已行用。見該文。

棺束

省稱"束"，亦稱"咸""緘""械""緘繩"。捆束棺木的繩子，使棺蓋與棺身牢固結合。古代棺不用釘而用衽連接，又用棺束扎緊。棺束有橫有縱，束數有定制，其材質有皮、藤、麻繩、麻布和葛布。此物之出現甚早，其源可追溯到新石器時代中期。在河南魯山邱公城、河南鄭州大河村、臨汝閻村、伊川土門發現的瓮棺，近口處帶有上下對應的倒鈎，即爲捆繩束棺之用。馬家窑文化和齊家文化發現的木棺，其外圍則扣合三道木條兼有細腰和束之功用，爲棺束之原始形態。至周代此物已正式形成。稱"棺束"，或省稱"束"。以皮爲之，束之多寡依等級而定。《禮記·檀弓上》："〔天子〕棺束，縮二，衡三。"孔穎達疏："棺束者，古棺木無釘，故用皮束合之。縮二者，縮，縱也。縱束者，用二行也。衡三者，橫束者三行也。"陳澔集說："古者，棺木不用釘，惟以皮條直束之二道，橫束之三道。"胡培翬正義："古棺無釘，用皮束之。縮，縱也。縱者二，以固棺之首尾與底、蓋之材也。橫者三，以固棺之兩旁與底、蓋之材也。"又《喪大記》："君蓋用漆，三衽三束。"同時亦稱"咸""緘"。以葛爲之。《禮記·喪大記》："凡封，用綍去碑負引。君封以衡，大夫、士以咸。"《墨子·節葬下》："穀木之棺，葛以緘之。"至秦漢時通稱棺束，齊人則稱緘繩。以麻繩、麻布爲之。《釋名・釋喪制》：“棺束曰緘。緘，函也，古者棺不釘也。”《禮記・喪大記》：“大夫士以咸。”鄭玄注：“咸讀爲緘……今齊人謂棺束爲緘繩。咸作爲械。”孔穎達疏：“云‘今齊人謂棺束爲緘繩’者，以今人之語證經，緘是束棺之物。”1975年湖北江陵鳳凰山西漢墓地中，一六七號墓即出土有麻繩棺束，一六八號墓則爲麻布棺束。至南北朝時復稱緘，以藤爲之。北周庾信《傷心賦》：“藤緘轊櫝，柠掩虞棺。”唐代以後亦稱“束”，用藤爲之。唐韓愈《小女道死留題驛梁》詩：“數條藤束木皮棺，草殯荒山白骨寒。”至明代復稱“棺束”。《駢雅・釋器》：“緘繩，棺束也。”近代鄉俗，出葬時用白布纏棺，或用白布帶束棺，乃古棺束之孑遺。

【束】

“棺束”之省稱。此稱先秦時期已行用。見該文。

【咸】

即棺束。此稱先秦時期已行用。見該文。

【緘】

即棺束。通“咸”。本指扎束器物之繩，亦特指捆束棺木的繩子。多用葛、藤爲之。此稱先秦時期已行用。

【械】

即棺束。通“咸”。此體漢代已行用。見該文。

【緘繩】

即棺束。此稱漢代已行用。見該文。

棺釘

亦稱“長命釘”。釘棺材用的釘子。亦專指封棺時釘棺蓋用的大釘。古代早期葬俗棺不用釘，故棺釘之出現較晚，普遍之使用則更晚。《釋名・釋喪制》：“古者棺不釘也。旁際曰小要，其要約小也。又謂之衽。衽，任也；任制際會使不解也。”南朝梁江淹《銅劍贊》：“往古之事，棺皆不用釘，悉用細腰。”受此制約，雖然戰國時在個別墓葬中已經出現了鐵釘，但直到西漢時，講究的棺木仍不用棺釘。長沙馬王堆一號西漢墓的木棺，甚至細腰也不用。其壁板用半肩透榫接合，蓋板與棺體用子母企口扣合，底板與四壁以木栓嵌合。安徽天長西漢晚期墓的木棺，蓋板與棺體用三道子母企口扣合，接縫處再楔入細腰。至東漢時，高等貴族之棺，棺釘方與細腰并舉兼用。一般棺木則普遍使用鐵釘。《後漢書・禮儀志》：“〔皇帝之棺〕下釘衽。”《後漢書・張奐傳》：“牢以釘密。”可足爲證。洛陽燒溝漢墓從東漢早期開始，即已普遍使用棺釘，此又爲一證。至魏晉南北朝時棺釘之使用更爲普遍。除鐵釘之外，又有銅釘。南朝宋劉義慶《世說新語・方正》：“淮妻，太尉王凌之妹，坐簧事，當並誅。”劉孝標注引三國魏魚豢《魏略》：“自知凌罪重，試索棺釘以觀太傅意，太傅給之。”《南史・宋武帝紀上》：“己卯，禁喪事用銅釘。”至明代封棺之釘則又稱“長命釘”。《金瓶梅詞話》第五九回：“李瓶兒哭着往房中尋出他幾件小道衣、道髻、鞋襪之類，替他安放在柩內，釘了長命釘。”又第六三回：“不一時，放下了七星板，擱上紫蓋，仵作四面用長命釘一齊釘起來，一家大小放聲號哭。”近世鄉俗，棺體皆用鐵釘合成，而封棺蓋則釘子與木楔并行，是可知細腰仍有遺存。

【長命釘】

即棺釘。此稱明清時期已行用。見該文。

棺題

棺材前端的突出部分。按，棺材的一般形制是後端較低較窄較整齊，前端則較高較寬且突出。此稱清代始有。一説漢代有此稱，不確。《呂氏春秋·開春》：“昔王季歷葬於渦山之尾，灤水齧其墓，見棺之前和。”陳奇猷校釋曰：“高注：‘棺題曰和。’畢沅曰：‘題’舊本作‘頭’，據李善注《文選·謝惠連〈祭古冢文〉》所引改。《説文解字》云‘題，額也’。桂馥曰：《廣雅》‘棺當謂之㡰’，又云‘㡰，棺頭’。”可知漢高誘所注本爲棺頭。後人桂馥亦持此説。至清代畢沅纔改作“棺題”。故棺題之稱應自清始，而不應自漢有。又：“奇猷案：畢改是，今從之。于先生説至確。”于省吾《雙劍誃諸子新證·呂氏春秋二》：“‘和’乃‘桓’之假字……棺題曰桓者，謂棺之前端特出者爲桓也。”又可知今人于省吾、陳奇猷皆畢沅説的支持者。棺頭、棺題并存，和之釋孰爲是，尚待進一步之考證。

楄柎

亦稱“楄部”“笭床”。棺中用以墊尸體的長方形木板。此稱先秦時期已行用。《左傳·昭公二十五年》：“若以群子之靈，獲保首領以殁，唯是楄柎所以藉幹者，請無及先君。”杜預注：“楄柎，棺中笭床也。”《晏子春秋·外篇上十一》：“子爲寡人吊之，因問其楄柎（一本作‘偏柎’）何所在。”《説文·木部》：“楄，楄部，方木也，从木扁聲。《春秋傳》曰：‘楄部薦幹。’”湖北江陵楚木椁墓中出土的“懸底棺”，其隔在兩幫半空的棺底板，性質實與楄柎同。至漢代稱“笭床”。因棺中藉尸之板，形狀與功用略同於船底用於隔潮的襯板——笭，故

名。《釋名·釋船》：“舟中床以薦物者曰笭，言但有簀如笭床也。”至南北朝則省稱“床”。魏晋以後亦稱“七星板”。北齊顏之推《顏氏家訓·終制》：“吾當松棺二寸，衣帽已外，一不得自隨。床上唯施七星板。”王利器集解引曹斯棟《稗販》卷八：“棺中藉幹者爲七星板，蔡補軒謂即《左傳》之‘楄柎’。愚案：楄柎，棺中笭床也。《顏氏家訓》云云，則楄柎又似藉以安床之物。然案《釋名》‘薦物者曰笭。言濕漏之水，突然從下過也’，即指爲楄柎亦可。”明朱謀㙔《駢雅·釋器》：“楄柎，笭床也。”“楄柎”“笭床”之稱後世鮮見行用，一般稱爲“七星板”。參見“七星板”文。

【楄部】

即楄柎。此稱漢代已行用。見該文。

【笭床】

即楄柎。省稱“床”。棺中藉尸之板。此稱漢代已行用。見該文。

衡 [2]

君王、諸侯下棺時所用的大木。以大木穿過束棺之繩，緩慢下棺，以免棺傾側。因起平衡作用，故名。此稱先秦時期已行用。《禮記·喪大記》：“君封以衡，大夫士以咸。”鄭玄注：“封，《周禮》作‘窆’。窆，下棺也。衡，平也……人君之喪，又以木橫貫緘耳，居旁持而平之。”孔穎達疏：“諸侯禮大物多棺重，恐棺不正，下棺之時別以大木爲衡，貫穿棺束之緘，平持而下，備傾頓也。”清徐乾學《讀禮通考·喪儀節八》述“下壙”曰：“君封以衡者，諸侯棺重，恐棺不正，下棺之時別以大木爲衡，貫穿棺束之緘，平持而下，備傾頓也。大夫士無衡，以紼直繫棺束之緘而下也。”《周禮·春

官・冢人》"及竁"賈公彥疏："衡，橫也，謂以木橫之於棺傍，乃以緋繫木下棺。大夫以咸者，大夫卑，不得以木橫之，直有棺傍咸耳，以緋繫之而下棺也。"此物至南北朝時隨着棺環的使用而逐漸被淘汰。

響圈

棺底兩側的金屬環。左右各二。入葬時下棺之索穿環而過，下棺後可將繩索抽出，而不被棺柩壓住。一般用於大棺。南北朝時始有此俗，至今仍襲用。唐段成式《酉陽雜俎・尸厺》："後魏俗競厚葬，棺厚高大，多用柏木，兩邊作大銅環鈕。"後世多用鐵環，民間俗稱"響圈"。現今考古學上則稱"棺環"。

茵

古代下葬時放在棺下盛有香料的麻布墊子。此稱先秦時期已行用。《儀禮・既夕禮》："加茵用疏布，緇翦有幅。"鄭玄注："茵，所以藉棺者。翦，淺也。幅，緣之。"賈公彥疏："云加茵者，謂以茵加於抗席之上。此説陳器之時。云用疏布者，謂用大功疏粗之布。云緇翦者，則七入黑汁爲緇……染爲淺緇之色。"又："用一幅布爲之，縫合兩邊幅爲佮，不去邊幅，用之以盛著也，故云有幅也。"可見茵爲淺黑色麻布袋狀，内盛"著"。"著"爲香草香料。《既夕禮》："茵著用荼，實綏澤焉。"鄭玄注："荼，茅秀也；綏，廉薑也；澤，澤蘭也。皆取其香，且御濕。"此物晉時猶行用。《文選・潘岳〈悼亡〉詩》："茵幬張故房，朔望臨爾祭。"李善注："鄭玄《禮記》注曰：'茵，褥也。'"

茵

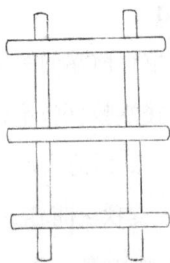

（清蔣廷錫等《古今圖書集成》）

第六節　墓地考

墓地爲埋葬死人較集中的區域，是在世者想象人死後到另一個世界的居住地。墓，漢魏以還之經學家、文字學家或釋爲"慕"，取孝子思慕之意，藉以表示追念。墓地一稱始見於《周禮・春官・墓大夫》："凡爭墓地者，聽其獄訟。"根據迄今的考古調查，中國至遲在舊石器時代晚期已有墓地。此後，墓地制度隨着社會的發展而不斷演變，成爲現實社會發展的一個縮影。

原始的墓地形制是氏族墓地，即氏族所有成員死後共用一塊公共墓地。我國古代的氏族墓地，大多布局規整有序，墓坑排列井然，墓嚮一致或相近，葬式也大體相同，表明古代氏族對墓地多實行統一管理。在西安半坡、臨潼姜寨等仰韶文化遺址中，都有公共墓地的存在。公共墓地不僅見於原始社會，後世的部落社會亦流行。

　　進入階級社會以後，與“溥天之下，莫非王土”的土地國有制緊密相聯，同實行嚴密的宗法制度的社會形態相適應，死者按宗法關係同族而葬，即典籍中所稱的“族墓制”。商代時已盛行宗族墓地。除商王和地方諸侯擁有單獨的墓地外，其餘的人基於宗法血緣關係，不分等級和財富的差別，都葬在族墓地内。西周族墓地又分爲“公墓”和“邦墓”兩大類。公墓是國君和王室貴族及其子孫的墓地，規則十分嚴格。按照宗法關係區分尊卑次序，事先畫好圖樣（稱爲“兆域圖”），排定墓地。《周禮・春官・冢人》：“掌公墓之地，辨其兆域而爲之圖，先王之葬居中，以昭穆爲左右。”邦墓則是普通平民的墓地，由“墓大夫”掌管，同樣需要確定墓葬的位次和封樹的度數。考古發掘中，三門峽上村嶺兩周之際的虢國墓地與江陵雨臺山的楚墓群，分別爲典型的公墓和邦墓。

　　墓地，先秦時稱“兆”“域”。《爾雅・釋言》：“兆，域也。”郭璞注：“謂塋界。”兆，原義爲田界，亦用以指墓地。《儀禮・士喪禮》：“既朝哭，主人皆往兆南，北面，免絰。”域，本指邦國或封邑，引申指墓地。《廣雅・釋邱》：“域，葬地也。”《詩・唐風・葛生》：“葛生蒙荆，蘝蔓于域。”亦合稱“兆域”。先秦行族葬制，同姓之墓集於一處，四周築土爲塯埒。兆域即指墓地四周之界域。又稱“宅兆”。《孝經・喪親章》：“卜其宅兆而安厝之。”孔穎達傳：“宅，墓穴也；兆，塋域也。”

　　春秋戰國之際，西周喪葬禮制被普遍僭越。隨着各國君權的加強，產生了以列國國君爲中心的陵墓制度。秦漢以來，隨着封建制的鞏固和發展，族葬墓地逐漸消失和改變，代之而起的是家族墓地，不同的家族可以依照自己的地位、財力選擇購買不同的墓地。在一個大墓地中，出現了若干不同姓氏的、以家族爲單位的塋域。進入漢代，始稱墓地爲“塋”，或稱“塋域”。《説文・土部》：“塋，墓地。”段玉裁注：“《漢書音義》如淳曰：塋，冢田也。”漢代墓地又稱“冢塋”“冢宅”“冢地”“塋地”等。漢代貴族冢地，往往由國家賜予。《後漢書・張酺傳》：“〔張酺〕薨……賜冢塋地，賵贈恩寵異於它相。”又稱帝王之塋域爲“冢園”“塋園”。南朝梁沈約《齊故安陸昭王碑文》：“東首塋園，即宮長夜。”世家大族的塋域制度大約在東漢成爲定制，一直延續到南北朝，甚至隋唐。世家大族出身的人，生前講究門第，死後則要入祔祖塋，即便是死於异鄉，也要千里迢迢歸葬故土。所以，這些世家大族的塋域，占地廣闊，高冢壘壘。顯宦縉紳以至一般庶民，也各按其地位及財勢，構築相當的墓地。

　　唐至明清時期，各朝的典章對不同等級的品官和庶人墓地的大小都有明確的規定。據唐杜佑《通典》關於禮制中之"凶禮"記載，唐代一品至五品官的墓地依次爲方九十步、八十步、七十步、六十步和五十步，六品以下墓域方二十步。墓域大小與官品的高低成正比，等級昭然。帝王的墳墓規模自然最大，稱爲陵或山陵。明清時代，墓地仍有嚴格的等級制度。如《明史·禮志十四》規定：公侯塋地方一百步；一品至七品官的塋地依次爲方九十步、八十步、七十步、六十步、五十步、四十步、三十步；庶人墓方九步。此外，公侯至五品以上的官吏墓地還設有圍牆。清代承襲明制。《清史稿·禮志十二》："一品塋地九十步，封丈有六尺，遞殺至二十步封二尺止。繚以垣。公、侯、伯周四十丈，守塋四户；二品以上周三十五丈，二户；五品以上周三十丈，一户；六品以下周十二丈，止二人守之。"家族墓地是我國歷史上持續最久、影響最大的墓地形制。强宗豪族的墓地可以綿延數代乃至數十代不休，如孔林，多少猶存族墓制的痕迹。從民間的一般情況而言，由於家族墓地面積有限，而族人又不斷增多，由各支房及各個家族自行選擇墓地成爲必然趨勢，甚至有同一家庭成員不葬在同一墓地的情況。但就普遍意義上説，同一家庭的許多成員葬入同一墓地的情況始終存在并影響至後世。

兆 [1]

亦稱"兆域"。墓地，塋域。兆，原義爲界域，後代指墓地。《爾雅·釋言》："兆，域也。"郭璞注："謂塋界。"古行公墓制，同姓之墓集於一處，四周築土爲墒埒。兆域即指墳墓所處之界域。此稱先秦時期已行用。《儀禮·士喪禮》："既朝哭，主人皆往兆南，北面，免絰。"《左傳·哀公二年》："素車樸馬，無入於兆，下卿之罰也。"杜預注："兆，葬域。"晋陸機《感邱賦》："托崇山以自綏，見兆域之藹藹。"《三國志·魏書·武帝紀》："其公卿大臣列將有功者，宜陪壽陵，其廣爲兆域，使足相容。"北齊顏之推《顏氏家訓·終制》："若懼拜掃不知兆域，當築一堵低墻於左右前後。"唐韓愈《祭十二郎文》："吾力能改葬，終葬汝於先人之兆，

然後惟其所願。"《宋史·禮志二十六》："設宗正卿位于兆外之左，西向。"清錢泳《履園叢話·陵墓》："廣其兆域，崇其冢封。"清歸莊《展墓詩四首》之一："兆域比陵撓，明日葬師誤。"參閱《後漢書·光武帝紀》、晋潘岳《西征賦》、清昭槤《嘯亭雜錄·陸雙全》。

【兆域】

即兆 [1]。此稱魏晉時期已行用。見該文。

【域】

即兆 [1]。亦稱"域兆"。本指邦國或封邑，後引申指墓地，塋域。《廣雅·釋邱》："域，葬地也。"此稱先秦時期已行用。《詩·唐風·葛生》："葛生蒙荆，蘞蔓于域。"毛傳："域，塋域也。"古代家族或宗族墓地依輩份或按家庭組合等方式排列，墓地有一定的境域，故稱。

《周禮·春官·典祀》：“掌外祀之兆守，皆有域。”鄭玄注：“域，兆表之塋域。”孫詒讓正義：“言於兆外封土爲界域也。”漢張衡《冢賦》：“羅竹藩其域。”唐代又稱“域兆”。《舊唐書·吕才傳》：“古之葬者，並在國都之北，域兆既有常所，何取姓墓之義？”唐韓愈《唐故左金吾衛將軍李公墓誌銘》：“其葬用古今禮，以元配韋氏夫人祔而葬，次配崔氏夫人於其域異墓。”《宋史·陳堯佐傳》：“自志其墓曰：‘壽八十二不爲夭，官一品不爲賤，使相納禄不爲辱，三者粗可歸息於父母棲神之域矣。’”《醒世恒言·三孝廉讓產立高名》：“先父母早背，域兆未修。”清顧炎武《十二月十九日奉先妣槁葬》詩：“扶柩已南來，幸至先人域。”清吴昌熾《客窗閑話·雙縊廟》：“生不同衾，死當同域。”

【域兆】

即域。此稱唐代已行用。見該文。

宅兆

墓地。古人侍死如生，視墳墓如住宅，故墓地猶住宅區域。此稱先秦時期已行用。《孝經·喪親章》：“卜其宅兆而安厝之。”孔穎達傳：“宅，墓穴也；兆，塋域也。”《漢書·王莽傳》：“乃遣太傅平晏、大司空王邑之雒陽，營相宅兆，圖起宗廟、社稷、郊兆云。”晋潘岳《哀永逝文》：“宅兆撫靈櫬兮，訣幽房棺冥冥兮。”唐顧況《經徐侍郎墓作》詩：“宅兆鄉關異，平生翰墨空。”唐陳子昂《爲人陳情表》：“今卜居宅兆，將入舊塋。”宋程頤《葬説》：“卜其宅兆，卜其地之美者也。”明高明《琵琶記·五娘葬公婆》：“何曾見葬親兒不到，又道是三匝圍喪，那些個卜其宅兆。”明張翰《松窗夢語·堪輿記》：“至卜其宅兆，則葬埋以安親體魄。”清阮葵生《茶餘客話》卷五：“含襲斂襚棺椁宅兆之屬是也。”

兆域圖

墓地地形、墓穴位置分布圖，即陵墓的平面設計圖。始於先秦，歷代沿襲。西周以來貴族的墓地稱爲“公墓”，由“冢人”管理；平民的墓地稱爲“邦墓”，由“墓大夫”掌管。各類墓地事先都經過規劃設計，有嚴格的制度。《周禮·春官·冢人》：“掌公墓之地，辨其兆域而爲之圖。先王之葬居中，以昭穆爲左右；凡諸侯居左右以前；卿大夫士居後，各以其族。”鄭玄注：“圖，謂畫其地形及丘壟所處而藏之。先王，造塋者。昭居左，穆居右，夾處東西。”賈公彦疏：“謂未有死者之時，先畫其地之形勢，豫圖出其丘壟之處。”元李好文《長安圖志》中有《唐高宗乾陵圖》《唐昭陵圖》《唐肅宗建陵圖》等。1978 年河北平山縣戰國中山王墓出土兆域圖一塊，長 94 厘米，寬 48 厘米，厚 1 厘米。這是現在所見最早的一件兆域圖實物。它通過金銀鑲錯出一幅兆域平面圖，從中可以看到陵墓各部分的大小及相互之間的位置和距離。

兆　域
（［日］中川忠英《清俗紀聞》）

圍上標明宮垣及墳塋所在地，建築各部名稱、大小、位置，并刊有中山王詔書，命令按規定標準營造。兆域圖一份從葬，一份保存在王府。可見賈公彥所云未死時預圖其丘壟，可信。但冢人所掌者爲整個公墓之兆域圖。而中山王墓之兆域圖則爲國王一家之兆域圖。參閱《考古學報》1980 年第 1 期楊鴻勛《戰國中山王陵及兆域圖研究》一文。

墓地

亦稱“冢地”“冢塋地”“陰宅”“陰地”“墳地”。埋葬死人的土地。不論人數多寡。始於先秦，達於當代。先秦常混稱之爲兆域。至兩漢乃稱冢地，偶或稱之爲“冢塋地”。《漢書·金日磾傳》：“〔金日磾〕薨，賜葬具冢地。”又《成帝紀》：“賜丞相御史將軍列侯公主中二千石冢地第宅。”《後漢書·卓茂傳》：“建武四年，〔卓茂〕薨，賜棺椁冢地。”又《張酺傳》：“〔張酺〕薨……賜冢塋地，賵贈恩寵異於它相。”《後漢書·牟融傳》：“建初四年薨，車駕親臨其喪。時融長子麟歸鄉里，帝以其餘子幼弱，敕太尉掾史教其威儀進止，贈賵恩寵篤密焉。又賜冢塋地於顯節陵下，除麟爲郎。”又《張酺傳》：“數月，代魯恭爲司徒。月餘薨。乘輿縞素臨弔，賜冢塋地。”民國二十三年《井陘縣志

嶽麓山辛亥革命志士墓

料·風土·喪禮》：“俗重堪輿，迷信風水，目塋地爲‘陰宅’。”“陰地”一稱僅偶爾行用於宋元。元佚名《湖海新聞夷堅續志·警戒門·占人陰地》：“宋寶祐乙卯，鄂州有勢家，强占他人陰地爲墳。”明清至當代，俗稱“墓地”“墳地”。明李詡《戒庵老人漫筆·論堪輿》：“江右故相家墓地，正德間爲逆黨發棄殆盡。”《大清律·刑律·賊盜·發冢》：“於有主墳地内盜葬者，杖八十，勒限移葬。”

【冢地】

即墓地。此稱漢代已行用。見該文。

【冢塋地】

即墓地。此稱漢代已行用。見該文。

【陰宅】

即墓地。此稱清代已行用。見該文。

【陰地】

即墓地。此稱宋元時期已行用。見該文。

【墳地】

即墓地。此稱清代已行用。見該文。

【墓田】

即墓地。亦稱“冢田”“塋田”。此稱漢代已行用。《後漢書·儒林傳·高詡》：“建武十一年拜大司農。在朝以方正稱。十三年卒官，賜錢及冢田。”《晋書·賈充傳》：“葬禮依霍光及安平獻王故事，給塋田一頃。”又《忠義傳·嵇紹》：“〔帝〕賜墓田一頃，客十户，祠以少牢。”《南史·毛喜傳》：“遣員外散騎常侍杜緬圖其墓田，上親與緬案圖指畫，其見重如此。”墓田面積大小，自品官至庶民依等級而有別，且繪出墓域圖示其四圍所至。法律對此亦有明文規定，《唐律疏議·户婚》即云：“墓田廣袤，令有制限。”誰也不得隨意侵占他人墓田，“諸盜

耕人墓田，杖一百……盗葬他人田者，笞五十；墓田，加一等。仍令移葬"。墓田若是先祖葬地，每至寒食、清明，即須祭掃。宋高翥《清明日對酒》詩："南北山頭多墓田，清明祭掃各紛然。"而游子遠在他鄉，不能祭掃，則常爲之哀慟不安。元虞集《至正改元辛巳寒食日示弟及諸子侄》："江山信美非吾土，飄泊栖遲近百年。山舍墓田同水曲，不堪夢覺聽啼鵑。"清洪昇《寒食》詩："七度逢寒食，何曾掃墓田。"

【冢田】

即墓田。此稱漢代已行用。見該文。

【塋田】

即墓田。此稱魏晉時期已行用。見該文。

【塋】[1]

即墓地。此稱漢代已行用。《説文·土部》："塋，墓地。"段玉裁注："《漢書音義》如淳曰：塋，冢田也……按塋之言營也，營者，匝居也；經營其地而葬之，故其字從營。"《漢書·張安世傳》："安世復强起視事，至秋薨……賜塋杜東，將作穿復土，起冢祠堂。"《後漢書·馬援傳》："不敢以喪還舊塋，裁買城西數畝地，槀葬而已。"《魏書·劉昶傳》："豫營墓於彭城西南，與三公主同塋而異穴。"唐王維《吏部達奚侍郎夫人寇氏挽詞》："卜塋占二室，行哭度千門。"宋張載《張天祺墓誌銘》："越翌日壬申，歸附大振社先大夫之塋。"明李開先《庠生李松石合葬墓誌銘》："塋在城西南二里許，祖父以來葬地也。"清劉獻廷《廣陽雜記》卷五："《方言》：凡葬無墳者謂之墓，有墳者謂之塋。"按，此爲漢時析言之，統言之則無別。《紅樓夢》第一六回："林如海已葬入祖塋了，諸事停妥。"

【塋域】

即墓地。亦稱"塋兆""塋墓""墳域"。《説文·土部》："塋，墓地。"《廣雅·釋丘》："域，葬地也。"合稱塋域。此稱漢代已行用。秦漢以來，族葬墓地逐漸消失和改變，代之而起的是家族葬。在一個大墓地中，出現了若干不同姓氏的、以家族爲單位的塋域。《周禮·春官·肆師》："掌兆中廟中之禁令。"漢鄭玄注："兆壇，塋域。"《後漢書·欒巴傳》："大行皇帝晏駕有日，卜擇陵園，務從省約，塋域所極，裁二十頃。"隨後又出現了世家大族的塋域。這些塋域，占地廣闊，高冢壘壘。北魏酈道元《水經注·洧水》："東南流逕漢弘農太守張伯雅墓，塋域四周，壘石爲垣。"《周書·孝義傳·荆可》："然可家舊墓，塋域極大。榛蕪至深，去家十餘里而可獨宿其中，與禽獸雜處。"《宋書·袁粲傳》："粲、秉前年改葬，塋兆未修，材官可爲經略，粗合周禮。"唐柳宗元《寄許京兆孟容書》："不敢望歸掃塋域，退托先人之廬，以盡餘齒。"《新唐書·唐休璟傳》："以賦絹數千散賙其族，又出財數十萬大爲塋墓，盡葬其五服親，當時稱重。"《宋史·禮志二十六》："廟制用一品，夫人任氏墳域，亦稱爲園。"宋陳元靚《事林廣記·家禮類》："三月而葬，前期擇地之可葬者，擇日開塋域。"清阮葵生《茶餘客話·民公溘逝之禮》載："及三周日，悉期塋域致祭，羊豬饌筵，各視前減半。"清康熙十二年《齊河縣志·喪禮》："葬則開塋域，祀后土，刻志石，題神主，一循古禮。"

【塋兆】

即塋域。此稱南北朝時期已行用。見該文。

【塋墓】

即塋域。此稱唐代已行用。見該文。

【墳域】

即塋域。此稱宋代已行用。見該文。

【塋地】

即墓地。亦稱"塋壟""塋封"。此稱始見於晉，沿襲至清。晉張悛《爲吳令謝詢求爲諸孫置守冢人表》："乞差五人，躅其徭役，使四時修護頹毀，掃除塋壟，永以爲常。"唐韓愈《祭鄭夫人文》："日月有時，歸合塋封。終天永辭，絶而復蘇。"《舊唐書・太宗紀下》："功臣密戚及德業佐時者，如有薨亡，宜賜塋地一所。"此後直至近代，一直沿稱塋地。《唐大詔令集・九嵕山卜陵詔》："自今已後，功臣密戚及德業尤著，如有薨亡，宜賜塋地一所。"宋王讜《唐語林・補遺一》："子若不諱，我若此身未亡，灑埽塋壟，出入奄歹，奉君周旋。"明瞿佑《翦燈新話・翠翠傳》："復泣而言曰：'妾生而不幸，不得視膳庭闈；歿且無緣，不得首丘塋壟。'"清顧炎武《日知録・前代陵墓》："或功濟當時，德章一世，而塋壟攢穢，封樹不修。"清陳確《與同社書》："且欲以一人之朽骨，長據數畝之腴田，其塋封開廣者，或更至數十畝，苟此俗不變，地何以給？"清代喪禮關於塋地，《清史稿・禮志十二》載："一品塋地九十步，封丈有六尺，遞殺至二十步封二尺止。"又："士塋地圍二十步，封高六尺……庶人塋地九步，封四尺。"

【塋壟】

即塋地。此稱晉代已行用。見該文。

【塋封】

即塋地。此稱唐代已行用。見該文。

【冢塋】[1]

即墓地。亦稱"冢園""塋園""冢宅"。此稱漢代已行用。《周禮・春官・序官》"墓大夫"漢鄭玄注："墓，冢塋之地，孝子所思慕之處。"《漢書・夏侯勝傳》："〔夏侯勝〕年九十，卒官，賜冢塋，葬平陵。"古代帝王之塋域，則稱"冢園"。《史記・齊悼惠王世家》："天子憐齊，爲悼惠王冢園在郡，割臨菑東環悼惠王冢園邑，盡以予菑川，以奉悼惠王祭祀。"南北朝時，又稱"塋園"。《文選・沈約〈齊故安陸昭王碑文〉》："東首塋園，即宮長夜。"李善注："《漢書音義》如淳曰：'塋，冢田也。'"亦稱"冢宅"。北魏酈道元《水經注・淄水》："北門外東北二百步，有齊相晏嬰冢宅。"清顧炎武《酬歸祚明戴笠王仍潘檉章四子韭溪草堂聯句見懷二十韵》："夢猶經冢宅，愁不到中閨。"

【冢園】

即冢塋。此稱宋代已行用。見該文。

【塋園】

即冢塋。此稱南北朝時期已行用。見該文。

【冢宅】

即冢塋。此稱南北朝時期已行用。見該文。

祖墓

亦稱"祖山""祖塋"。安葬祖先的墓地。始於先秦，達於近世。古人聚族而葬，葬地選在據認爲"風水"好的地方。墓位按輩分、尊卑排列。家族的高祖居中，以下左昭右穆，依次安葬。遠古先民即有同族共葬一處之俗，唯墓位安排尚無嚴格規定。周代設公墓、邦墓，王公及士民按家族社會地位分別葬於這二種墓葬區。戰國以後，不再設公墓邦墓，族葬制則一直延續下來，直至近代。家族中的每個人如無特殊原因，都應葬於祖墳之側，以盡鄭玄所謂"生相近，死相迫"之意（見《周禮·地官·大司徒》"族墳墓"鄭注）。"祖墓"一稱始於漢魏。《太平御覽》卷一八〇引《吳地記》曰："《吳志》云：漢廬江太守陸康與袁術有隙，使侄遜與其子績率宗族逃此避難，居于是谷。谷東有崑山，祖墓在焉。"晋以後此稱被廣爲使用。《晋書·羊祜傳》："有善相墓者言，祜祖墓所有帝王氣，若鑿之則無後。祜遂鑿之。"南北朝以後亦稱"祖山"。《魏書·劉芳傳》："高祖崩於行宫。及世宗即位，芳手加袞冕。高祖自襲斂，暨於啓祖山陵，練除，始末喪事，皆芳撰定。"《舊唐書·馮宿傳》："草歲隨父子華廬祖墓，有靈芝白兔之祥。"宋以後又有"祖塋"之稱。宋程珌《程用之墓誌銘》："於是相率去黄墩，由草市而上，各擇勝地散居之……與夫番陽諸族則又由臨溪而後始散也。故臨溪古墓山，猶有祖塋在焉。"諸稱後世并用。《元史·朱顯傳》："乃會拜祖墓下，取分券焚之，復與同居。"明葉盛《水東日記·郁氏錢氏先墓》："景泰中進士薊州錢源者，嘗以公事至崑，訪其祖塋。"清紀昀《閲微草堂筆記·槐西雜志（一）》："前記閣學札公祖墓巨蟒事，據總憲舒穆嚕公之言也。"清錢謙益《列朝詩集小傳·丁集中》："新安潘月樵見而慨然出錢，以營窀穸，乃得葬於袁氏祖山。"清錢泳《履園叢話·書周孝子事》："既而卜兆於祖墓之旁，營治井椁，即於十一月初九日安葬。"清陳天華《警世鐘》："有甘心做各國的奴隸，不替祖宗報仇的，生不進祖祠，死不進祖山。"近代以來，祖墓日趨減少。

【祖山】

即祖墓。此稱南北朝時期已行用。見該文。

【祖塋】

即祖墓。此稱宋代已行用。見該文。

【祖塋】

即祖墓。此稱宋代已行用。宋陸九淵《吳公行狀》："〔吳漸〕卒之年秋九月壬申，葬於金谿縣歸德鄉金石源祖塋之側。"明張瀚《松窗夢語·堪輿紀》："張〔文忠〕時已舉於鄉，將上春官，邀駱〔太常〕祖塋登覽。"清徐芳烈《浙東紀略》閏六月："〔倪父徵〕齎二磁缸，置祖塋左，懇諸少年覆之。"《儒林外史》第一七回："因房屋褊窄，停放過了頭七，將靈柩送在祖塋安葬。"洪深《五奎橋》第一幕："周氏子孫又添買了許多田，並且在祖塋後面蓋造了一所祠堂。"

【祖墳】

即祖墓。此稱宋元時期已行用。元佚名《延安府》第一折："俺去那祖墳裏燒一陌紙去。若要富，敬上祖。"明張瀚《松窗夢語·堪輿紀》："近年行術者咸尋訪登覽，謂此祖墳，宜出鉅公。"《儒林外史》第二一回："次早，雇了八個脚子，抬往祖墳安葬。"

【大塋】

即祖墓。此稱唐代已行用。《舊唐書·列女傳·女道士李玄真》："今護四喪，已到長樂旅店權下，未委故越王墳所在，伏乞天恩，允妾所奏，許歸大塋。"《宋史·包拯傳》："後世子孫，仕宦有犯贓者，不得放歸本家，死不得葬大塋中。"

【舊塋】

即祖墓。亦作"舊塋"，亦稱"舊墓"。此

稱漢代已行用。《後漢書·獨行傳·溫序》："光武聞而憐之，命〔王〕忠送〔溫序〕喪到洛陽，賜城傍爲冢地……長子壽服竟爲鄒平侯。相夢，序告之曰：'久客思鄉里。'壽即棄官，上書乞骸骨歸葬，帝許之，乃反舊塋焉。"王先謙注："官本塋作壄，字通。"又《馬援傳》："不敢以喪還舊塋，裁買城西數畝地，槀葬而已。"《三國志·吳書·虞翻傳》："在南十餘年，年七十卒。歸葬舊墓，妻子得還。"又《魏書·諸葛誕傳》："聽雟虎收斂〔文〕欽喪，給其車牛，致斂舊墓。"《宋書·彭城王義康傳》："義康女玉秀等露板辭……乞反葬舊塋。"宋李心傳《建炎以來繫年要錄·紹興三十年四月》："今七百餘穴皆在禁地，一旦悉令挑去，恐頓泄地氣，兼於人情未安。乞從本朝宮陵儀制所載，民户舊墓，願遷出者聽令自陳，不願遷者仍舊。"

【舊塋】

即祖墓。此體漢代已行用。見該文。

【舊墓】

即祖墓。此稱三國時期已行用。見該文。

【先墓】

即祖墓。亦稱"先人冢""先人墓""先人壟""先人域""先墳""先壟""先壠""先隴"。係"先人墳墓"（"墳墓"或省作墓，或作冢、壟、域）之省稱。《漢書·游俠列傳·原涉》："涉自以爲前讓南陽賻送，身得其名，而令先人墳墓儉約，非孝也。"又《游俠列傳·樓護》："〔樓護〕上書求上先人冢。""先人墓""先人壟""先人域"等稱沿用，又有省稱"先墳""先壟"（壟或作壠、隴）等。《後漢書·蔡邕傳論》："但願北首舊邱，歸骸先壟。"《舊唐書·張行成傳》："太子謂〔張〕行成曰：'今者送公衣錦

還鄉。'於是令有司祀其先人墓。"唐韓愈《柳子厚墓誌銘》："子厚以元和……十五年七月十日，歸葬萬年先人墓側。"又《祭女文》："逢歲之吉，致汝先墓。"遼楊佶《張儉墓誌銘》："密邇先壟，別開吉壄。"《太平廣記》卷三九〇引《紀聞》："華陰太守趙冬曦，先人壟在鼓城縣。"宋蘇轍《送韓康公歸許州》詩："兹行迫寒食，歸及埽先壟。"《宋史·魏咸信傳》："〔咸信〕知曹州……上言：'先墳在洛，欲立碑，求莅盟津，以便其事。'即改知河陽。"明王錡《寓圃雜記·周中書冢樹》："中書舍人周惠疇之先隴，有一樹，儼如卓筆。"清徐芳烈《浙東紀略》："六月……〔劉宗周〕遂詣辭先墓，暫息靈峰寺。"清顧炎武《十二月十九日奉先妣槀葬》詩："扶柩已南來，幸至先人域。"

【先人墳墓】

"先墓"之全稱。此稱漢代已行用。見該文。

【先人冢】

即先墓。此稱漢代已行用。見該文。

【先人墓】

即先墓。此稱唐代已行用。見該文。

【先人壟】

即先墓。此稱宋代已行用。見該文。

【先人域】

即先墓。此稱清代已行用。見該文。

【先墳】

即先墓。此稱宋代已行用。見該文。

【先壟】

即先墓。此稱漢代已行用。見該文。

【先壠】

即先墓。此稱遼代已行用。見該文。

【先隴】

即先墓。此稱明代已行用。見該文。

【先塋】

即祖墓。此稱南北朝已行用，沿至明清。南朝齊謝朓《齊敬皇后哀策文》：“啓自先塋，將祔於某陵。”宋韓琦《重修五代祖塋域記》：“推及先塋之八世，得以歲時奉事，少慰嗣續之志。”元陶宗儀《南村輟耕録》卷六載：“明年，葬於海鹽。邇顧氏之先塋，歲時祭享惟謹。”明李翊《戒庵老人漫筆·論堪輿》：“術家相傳，新昌石氏以縣官陰毁先塋牛鼓，一旦罷官，幾及百人。”

公墓

亦稱“公氏”。先秦國君、王侯貴族之墓地。由冢人掌管，事先有一定規劃，確定墓地範圍，按宗法等級關係排定墓位，并繪成圖樣。其制源於氏族社會以血緣關係爲紐帶的聚族而葬的葬俗。商周確立宗法等級制度，公墓成爲這一制度的組成部分之一，體現出與氏族社會不同的貴賤尊卑觀念。此稱先秦時期已行用。《周禮·春官·冢人》：“掌公墓之地，辨其兆域而爲之圖，先王之葬居中，以昭穆爲左右。

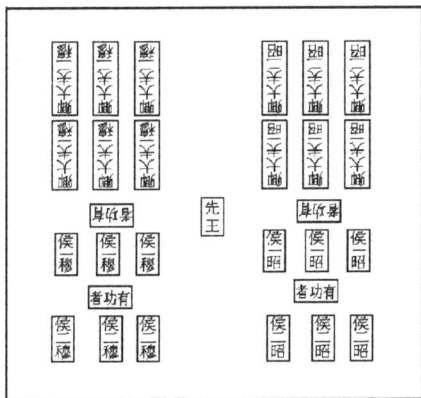

公 墓
（明王應電《周禮圖説》）

凡諸侯居左右以前，卿大夫、士居後，各以其族。”鄭玄注：“公，君也……先王造塋者，昭居左，穆居右，夾處東西。”孫詒讓正義：“公墓，謂公家之墓地，鄭訓爲君者，以王之所葬也。惠士奇云：‘公墓，《左傳》謂之公氏。’”又：“文武葬地，在鎬京之東，蓋王城外近郊之隙地。周初諸王，及王子弟，皆葬於彼，即此經所謂公墓。”公墓設於城郭北面。《禮記·檀弓下》：“葬于北方北首，三代之達禮也，之幽之故也。”漢班固《白虎通·崩薨》：“所以於北方何？就陰也。《檀弓》曰：‘孔子卒，所以受魯君之璜玉，葬魯城北。’”戰國時，這種以宗族爲單位的墓葬制度漸趨瓦解。

【公氏】

即公墓。此稱先秦時期已行用。見該文。

邦墓

先秦自由民的墓地。源於氏族社會的公共墓地。屬於母系氏族社會的西安半坡仰韶文化遺址中，即有墓穴排列有序的公共墓地。這種以血緣關係爲紐帶、聚族而葬的葬俗，到商代成了體現尊卑貴賤關係的族葬制。進入周代，更成爲周朝立國根基宗法等級制度的一個組成部分，“邦墓”即其具體表現。此稱先秦時期已行用。《周禮·春官·墓大夫》：“掌凡邦墓之地域，爲之圖，令國民族葬。”鄭玄注：“凡邦中之墓地，萬民所葬地。”孫詒讓正義：“萬民族葬之處謂之邦墓。於邦墓之中分地，令民各以族相從而葬。”通過族葬以加强宗族關係。同書《地官·大司徒》：“族墳墓。”鄭玄注：“族猶類也。同宗者，生相近，死相迫。”同宗聚葬，亦須別尊卑，由墓大夫“掌其禁令，正其位，掌其度數”，“墓大夫”鄭注：“位謂昭穆也。度數，爵等之大小。"以宗族爲單位的邦墓在春秋時漸趨消失，戰國以後，完全被一個個以小家族爲單位的墓葬制度取代。

溝壑

貧困落魄士民的葬處。因戰亂、災荒而流離失所，死無葬地的人，常拋尸於山野溪谷，故稱。此稱先秦時期已行用。《左傳·昭公十三年》："小人老而無子，知擠于溝壑矣。"填溝壑者，不能備棺椁。《孟子·滕文公下》："志士不忘在溝壑，勇士不忘喪其元。"趙岐注："君子固窮，故常念死無棺椁、没溝壑而不恨也。"《史記·范雎蔡澤列傳》："使臣卒然填溝壑，君雖恨於臣，亦無可奈何。"《資治通鑑·漢武帝建元六年》："間者數年，歲比不登，民待賣爵贅子，以接衣食。賴陛下德澤振救之，得毋轉死溝壑。"《三國志·吳書·張昭傳》："是以思盡臣節，以報厚恩，使泯没之後，有可稱述，而意慮淺短，違逆盛旨，自分幽淪，長棄溝壑，不圖復蒙引見，得奉帷幄。"晋左思《咏史》詩："當其未遇時，憂在填溝壑。"《書·微子》"告予顛隮，若之何其"唐孔穎達疏："顛謂從上而隕，隮謂墜於溝壑，皆滅亡之意也。"《舊唐書·劉武周傳》："〔劉武周〕遂椎牛縱酒大言曰：'盜賊若此，壯士守志，並死溝壑。今倉内積粟皆爛，誰能與我取之？'"明張慎言《送別韓中散之參上》詩："不孝倘爾填溝壑，雙眼看爾騰青眼。"清蒲松齡《聊齋志異·青梅》："己將轉溝壑，誰收親骨者？"

義冢

亦作"義塚"，亦稱"義阡"。收埋無主尸骸的墓地。此稱宋代已行用。多由民間自發出資設置，亦有官府出錢主持者。遼壽昌五年（1099）《義冢幢記》："野有餓莩，交相枕藉。時有義士收其義骸，僅三千數，於縣之東南郊，同瘞於一穴。洎改元今號，己卯春二月，厭其卑湮……乃遷葬於粟山之屺，目曰'義冢'。"《宋史·理宗紀三》："〔淳祐四年〕命兩淮、京湖、四川制司，收瘞頻年交兵遺骸，立爲義塚。"《元史·孝友傳一·王薦》："州禁民死不葬者，時民貧未葬者眾，畏令，悉焚柩，棄骨野中。〔王〕薦哀之，以地爲義阡收瘞之。"明王直《彭氏義阡表》："彭氏義阡者，葬彭氏之死於義者也。"《初刻拍案驚奇》卷一一："墳傍屍首，掘起驗時，手爪有沙，是個失水的。無有屍親，責令仵作埋之義冢。"光緒《婺源縣志·人物·義行》："〔余席珍〕設義渡、義棺、義冢，貲竭難敷，席珍集六邑紳士捐田產，爲長久計。"今廢。

【義塚】

同"義冢"。此體宋代已行用。見該文。

【義阡】

即義冢。此稱元代已行用。見該文。

漏澤園

官府設置的收殮貧困無主死者或戍邊士卒死者的叢葬地。始於宋代，明代亦行之。此稱則沿用至清。"漏澤"意爲施予恩澤。唐五代已有此用法。《漢書·吾丘壽王傳》："德澤上昭天下漏泉。"唐顏師古釋曰："漏言潤澤下沾如屋之漏。"《舊五代史·周書·閻弘魯傳》："閻弘魯、崔周度義死之臣，禮加二等，所以滲漏澤而賁黃泉也。"宋神宗元豐年間始設漏澤園。宋徐度《却掃編》卷下："漏澤園之法起於元豐間。初，予外祖以朝官爲開封府界使者，常行部……四望積骸蔽野，皆貧無以葬者委骨於此，意惻然哀之，即具以所見聞，請斥官地數頃以葬之。即日報可。神宗乃命外祖總其事，凡得遺骸八萬餘。"漏澤園旁設寺廟，由寺僧主園事。《宋史·食貨志上六》："〔崇寧〕三年又置漏澤園。初，神宗詔開封府界僧寺旅寄棺柩，貧不能葬，令畿縣各度官不毛地三五頃，聽人安厝，命僧主之。……至是蔡京推廣爲園置籍。瘞人並深三尺，毋令暴露。"此制并由開封府推廣至全國各地。宋王稱《東都事略·徽宗紀》："〔崇寧三年〕二月丁未，州縣置漏澤園。"此後屢有興廢，然一直沿襲。《宋史·高宗紀》："〔紹興十四年〕十二月……己卯，命諸郡收養老疾貧乏之民，復置漏澤園葬死而無歸者。"《歷代名臣奏議·去邪》載南宋寧宗時衛涇奏議："本軍舊有漏澤園一所，士卒葬埋之地。"然人多地少，漏澤園仍不能遍葬貧死者。清顧炎武《日知錄·火葬》："自宋以來此風日盛，國家雖有漏澤園之設，而地窄人多，不能遍葬。"元代官府無此舉。至明洪武年間，又設置，清代延續。《明史·食貨志一》："初，太祖設養濟院，收無告者，月給糧；設漏澤園，葬貧民；天下府州縣立義冢。"《明史·孝宗紀》："〔弘治十五年七月〕辛卯，命各邊衛設養濟院、漏澤園。"清代詩文中尚見此稱。清宣瘦梅《夜雨秋燈録·銀雁》："問：'渠父可有葬地？'曰：'野葬耳！免入漏澤園足矣，尚敢卜牛眠歟？'"因漏澤園爲叢葬，故還不如自家"野葬"。

蒿里[2]

亦作"薧里"。本爲泰山南面的山名，漢代爲挽歌之曲名；又因是士民叢葬處，因用作墓地的代稱。此稱漢代已行用。《史記·田儋列傳》："以王者禮葬田横。"張守節正義引晋崔豹《古今注》云："《薤露》《蒿里》，送哀歌也，出田橫門人……至李延年乃分爲二曲，《薤露》送王公貴人，《蒿里》送士大夫庶人。"以"蒿里"爲題的挽歌祇用於士大夫和庶民，可知蒿里非王公貴人的葬地。《漢書·廣陵厲王胥傳》："〔劉胥被賜死〕歌曰：'蒿里召兮郭門閱，死不得取代庸，身自逝。'"顏師古注："蒿里，死人里。"則當時已用爲墓地代稱。後代相沿。《漢書·韓延壽傳》"下里僞物"顏師古注引三國魏張晏曰："蒿里，僞物也。"晋陶潛《從事敬遠》："長歸蒿里，邈無還期。"南朝陳江總《顧舍人》詩："何言蒿里別，非復竹林期。"《舊唐書·音樂志四》："道赫梧宫，悲盈蒿里。"唐張説《封禪壇頌》："垂白之老，樂過以泣，不圖蒿里之魂，復見乾封之事。"偶或寫作"薧里"。《漢書·武帝紀》"蒿里"清沈欽韓疏證引《玉篇》："薧里，黄泉也，死人里也。"參閲《玉篇·死部》。

【薧里】

同"蒿里[2]"。此體漢代已行用。見該文。

下里

窮苦人死後埋葬的墓地。里，原指蒿里。此稱漢代已行用。《漢書·韓延壽傳》："百姓遵用其教，賣偶車馬，下里僞物者，棄之市道。"顏師古注引三國魏張晏曰："下里，地下蒿里僞物者。"人死隨葬用明器等物，亦稱下里物。《漢書·酷吏傳·田延年》："先是，茂陵富人焦氏、賈氏以數千萬陰積貯炭葦諸下里物。"顏師古注引孟康曰："死者歸蒿里，葬地下，故曰下里。"宋陳與義《又和歲除感懷用前韻》："高門召客車稠叠，下里燒香篆屈盤。"

九原

亦稱"九京"。本爲山名。春秋時晋國卿大夫的墓地，位於今山西絳縣北境。此稱漢代已行用。《禮記·檀弓下》："晋獻文子〔趙武〕成室，晋大夫發焉……文子曰：'武也，得歌于斯，哭于斯，聚國族于斯，是全要領以從先大夫于九京也。'北面再拜稽首。"鄭玄注："晋卿大夫之墓地在九原，京蓋字之誤，當爲'原'。"清胡鳴玉《訂訛雜録》卷二："方氏曰：'九京即九原，指其地之高曰京，指其地之廣曰原。'則九京、九原本通用。"《國語·晋語八》："趙文子與叔向游于九京。"韋昭注："京當爲原。九原，晋墓地。"漢劉向《新序·雜事四》："晋平公過九原而曰：'嗟乎！此地之蘊吾良臣多矣。'"戰國以後，九原不再作爲貴族墓地，而成了一般宗族、士大夫墓地的泛稱。宋胡繼宗《書言故事·墳墓類》："稱祖宗墓地曰九京。"晋傅咸《登芒賦》："趙有感于九原，覽登芒之哀賦。"唐岑參《故僕射裴公挽歌》："遥知九原上，漸覺吊人稀。"唐皎然《短歌行》："蕭蕭烟雨九原上，白楊青松葬者誰？"宋黄庭堅《送范德孺知慶州》詩："平生端有活國計，百不一試薶九京。"金劉祈《歸潛志》卷二引史學優《哭屏山》詩："張侯新作九原人，梁子吟爲戰血塵。"明王偁《鷄公壟》詩："生前意氣動山嶽，身後凄凉邇九原。"清佚名《燕臺口號一百首》："一串紙錢分送處，九原倘可認封包。"此稱沿用。近世易宗夔《新世説·傷逝》："蓋棺論定，公亦當含笑於九京。"

【九京】

即九原。此稱先秦時期已行用。見該文。

北邙

亦作"北芒"。即邙山。古時洛陽地區最主要的墓區。因在洛陽之北，故名。山位於今河南省洛陽市東北，接偃師、鞏、孟津三地界，綿延四百餘里，古時王侯公卿多葬於此，後亦藉指宗族、士大夫墓地。東漢建武十一年（35）城陽王劉祉始葬於北邙，其後歷代王侯公卿多選此爲墓地。《後漢書·公孫瓚傳》："瓚具豚酒於北芒上，祭辭先人。"漢梁鴻《五噫歌》："陟彼北芒兮，顧瞻帝京兮，噫！"晋張載《七哀詩》："北芒何壘壘，高陵有四五。借問誰家墳，皆云漢世主。"晋陶潛《擬古九首》之一："一旦百歲後，相與還北邙。"北周王褒《送劉中書葬》詩："昔別傷南浦，今歸去北邙。"唐沈佺期《邙山》詩："北邙山上列墳塋，萬古千秋對洛城。"唐白居易《古挽歌》："春風秋草北邙山，此地年年生死别。"宋徐鉉《吳王隴西公墓志銘》："瞻上陽之宫闕，望北邙之靈樹。"元查德卿《柳營曲·金陵故址》："南柯夢一覺初回，北邙墳三尺荒堆。"明于慎行《武定侯墓歌》："前車已却後車馳，請君但看北邙上。"清黄仲則《梅花嶺吊史閣部》詩："生無君相與南國，死有衣冠葬北邙。"《紅樓夢》第一回："三劫後，我在北邙山等你，會齊了，同往太虛幻境銷號。"近代民間猶有"生於蘇杭，葬於北邙"的説法。

【北芒】

同"北邙"。此體漢代已行用。見該文。

佳城

宗族、士大夫墓地之雅稱。後亦作普通人墓地之美稱。此稱魏晋時期已行用。宋胡繼宗《書言故事·墳墓類》："稱人墓地曰佳城。"出典見《西京雜記》卷四："滕公駕至東都門，馬鳴，蹋不肯前，以足跑地久之。滕公使士卒掘馬所跑地，入三尺所，得石槨。滕公以燭照之，有銘焉……曰：'佳城鬱鬱，三千年，見白日，吁嗟滕公居此室。'滕公曰：'嗟乎天也！吾死其即安此乎！'死遂葬焉。"後世因此稱墓地爲佳城。南朝梁沈約《冬節後至丞相第詣世子車中》詩："誰當九原上，鬱鬱望佳城。"李周翰注："佳城，墓之塋域也。"唐劉禹錫《遙傷段右丞》詩："何言馬蹄下，一旦是佳城。"唐李邕《雲麾將軍李府君神道碑》："桐柏烈烈，碑闕崇崇。盛業何許？佳城此中。"唐劉長卿《故女道士婉儀太原郭氏挽歌》："逝水年無限，佳城日易曛。"南唐李煜《昭惠周后誄》："蛾眉寂寞兮閉佳城，哀寢悲氛兮竟徒爾。"明徐霖《繡襦記·慈母感念》："嘆老景誰奉肥甘，葬佳城誰舉靈輀！"清蒲松齡《聊齋志異·姊妹易嫁》："汝家墓地，本是毛公佳城，何得久假此？"《雪月梅》第一〇回："岑夫人們下了車子，認得是自己的祖墳，因對蔣君道：怎不先到佳城上去？"

吉地

亦稱"吉壤""福地"。古代堪輿之説，指有山有水且山勢水形俱佳的風水好的墓地。相墓之俗，始於商周時代，選擇墓地通常以占卜方式進行。魏晉以來，愈演愈烈，而尤以唐、宋、明、清四代爲盛。明王文禄《葬度·擇地》云："古云：五害不侵，高山忌石巉巖，平原忌水衝射。土脉膏潤，草木暢榮，來龍迢遙，結穴端正，水環沙護，即吉地也。"古人迷信，祖宗墳墓的地理位置是否合乎風水，與後嗣子孫的福禍命運有直接關係。宋何薳《春渚紀聞·張鬼靈相墓術》："墓前午上一潭水甚佳，然其家子弟若有乘馬墜此潭，幾至不救者，即是吉地。而發祥自此始矣。"明張翰《松窗夢語·堪輿紀》："於是貪求吉地，不獨愚昧細民，即搢紳士大夫亦惑於此。"亦稱"吉壤"。宋徐夢莘《三朝北盟會編·紹興十二年八月》："禮備送終，天啓固陵之吉壤；志伸就養，日承長樂之慈顏。"明沈德符《萬曆野獲編補遺·列朝·大峪山用舍》："至十七年十二月，章聖太后崩，上忽下詔，遷顯陵梓宮改葬於北。六飛親閲，得吉壤於天壽山之大峪。"清錢謙益《列朝詩集小傳·丁集下》載："同舍生王夢鼎爲視含斂，扶其柩以歸，營吉壤以葬焉。"清宣瘦梅《夜雨秋燈錄》卷一："閱三載，始得一穴，沙水分明，良爲吉壤……杜得意非常，告李曰：'此福地也。令尊人古道，爲鄉里重，居此，諒無愧焉。願公等更修德以培之，則子孫貴真莫及。'"帝王陵寢選卜萬年吉地，被認爲是關係帝運盛衰、國祚綿長的大事。《清史稿·禮志十一》："自世宗親營泰陵吉壤，工需動用內帑，並諭毋建石像，惜人力。"選卜萬年吉地，一般由欽派王公大臣和堪輿人員等利用羅盤儀器到陵區各處，攀登山巒，相度勘查。清代兩江總督高其倬就是精通風水的士大夫。《清史稿·高其倬傳》："上以其倬通堪輿術……復召至京師，令從怡親王勘定太平峪萬年吉地。"清代帝、后陵稱爲"萬年吉地"，妃嬪及其他皇室成員的園寢稱爲"福地"。《遵化通志》卷一三述東陵稱："陵園吉地，並萃昌端一山，其間群峰朝拱，衆水環流，清淑之氣，有獨鍾焉。"

【吉壤】

即吉地。此稱宋代已行用。見該文。

【福地】

即吉地。此稱清代已行用。見該文。

牛眠地

省稱"牛眠",亦稱"眠地"。古代迷信説法,指宜於下葬的風水吉地。宋胡繼宗《書言故事·墳墓類》:"稱得地葬牛眠。"古代風水説盛行,重視選擇墓地。商周時代,已有此俗,秦漢以來,把墓地風水與子孫命運相聯係的堪輿之説極爲盛行。牛眠一説則始見於晋朝。《晋書·周仲孫傳》載:"初,陶侃微時,丁艱,將葬,家中忽失牛而不知所在。遇一老父,謂曰:'前崗見一牛眠山污中,其地若葬,位極人臣矣。'又指一山云:'此亦其次,當世出二千石。'言訖不見。侃尋牛得之,因葬其處,以所指别山與〔周〕訪。訪父死,葬焉,果爲刺史……自訪以下,三世爲益州四十一年,如其所言云。"又《江西通志·九江府》:"陶母墓:在府治西白鶴鄉。初,侃擇地葬母,遇人云:'前有牛眠地可葬。'言畢,化鶴而去,侃行一里餘,果見牛眠於此,遂以葬母。"後世因稱適於卜葬的風水寶地爲"牛眠地",簡稱"牛眠""眠牛"。唐司空圖《蒲帥燕國太夫人石氏墓誌》:"眠牛勝地,兆永繼於公侯。"元丁鶴年《送奉祠王良佐奔訃還鄞城》詩:"佳城已卜牛眠地,屏立泰山帶圍泗。"又《上明州太守》詩:"過客尚知來下馬,僊翁誰復指眠牛。"清歸莊《展墓詩四首》之一:"何時遂所願,重卜牛眠處?"清蒲松齡《聊齋志異·堪輿》:"經月餘,各得牛眠地,此言封侯,彼言拜相。"清宣瘦梅《夜雨秋燈録·銀雁》:"問:'渠父可有葬地?'曰:'野葬耳!免入漏澤園足矣,尚敢卜牛眠歟?'"

【牛眠】

"牛眠地"之省稱。亦稱"眠牛"。此稱晋代已行用。見該文。

【眠牛】

即牛眠地。此稱唐代已行用。見該文。

内人斜

古代埋葬宫人之墓所。不同地方之宫人墓地,又另有"玉鈎斜""宫人斜""廿四堆"等名稱。内人,即宫人。此稱宋代已行用。宋曾慥編《類説》卷四引《秦京雜記》云:"咸陽舊墻内謂之内人斜,宫人死者葬之,長二三里,風雨聞歌哭聲。"後泛指葬宫人處。清屈大均《廣東新語·墳語·素馨斜》:"花田舊是内人斜,南漢風流此一家。"隋代江都有"玉鈎斜",相傳爲隋煬帝葬宫人處。明陳仁《潛確居類書》卷七三引《廣輿記》:"玉鈎斜在江都治之西,煬帝葬宫人處。"宋陳師道《後山詩話》:"廣陵亦有戲馬臺,其下有路,號玉鈎斜。"明張士行《玉鈎斜》詩:"宫中佳麗三千人,半作玉鈎斜上土。"唐代葬宫女處稱爲"宫人斜"。唐人竇鞏、權德輿、孟遲、陸龜蒙等均作有《宫人斜》詩。唐孟遲《宫人斜》:"雲慘烟愁苑路斜,路傍丘冢盡宫娃。"宋宋敏求《春明退朝録》卷上:"唐内人墓謂之宫人斜,四仲遣使者祭之。"宋周輝《清波雜志》卷四引此文,"四仲遣使者"作"四時遣使"。亦泛稱宫人墓地。元楊維楨《錢塘懷古率堵無傲同賦》:"惟有宫人斜畔月,多情還自照吹簫。"清吴偉業《銀泉山》詩:"宫人斜畔伯勞啼,聲聲怨爲驪姬訴。"南宋葬宫人墓,稱"廿四堆"或"二十四堆"。清袁枚《隨園詩話》卷一"五九":"南宋宫嬪墓在越中者甚多,賀湖之濱,獅山之側,塋址可識者，二十四處，俗傳‘廿四堆’是也。山陰邵薑畦先生詩云：‘……二十四堆春草緑，錢塘風雨翠華來。’”清梁紹壬《兩般秋雨盦隨筆·廿四堆》載：“越中湖之濱，獅山之側，俗名廿四堆，皆南宋宮人墓也。”

【玉鈎斜】

　　即内人斜。此稱隋代已行用。見該文。

【宮人斜】

　　即内人斜。此稱唐代已行用。見該文。

【廿四堆】

　　即内人斜。亦稱“二十四堆”。明清特指南宋宮人墓地。見該文。

【二十四堆】

　　即内人斜。此稱明清時期已行用。見該文。

第七節　墓道考

　　墓道是通向墓室的過道。分地面神道和地下隧道兩部分。神道通向墳丘前的墓門，長十餘米至數百米，甚至十幾里。道旁有松、柏等樹木及石像生，爲死者神魂通行之道。隧道自地表通向地下墓室，長數米至上百米不等，既是爲下葬方便而設，亦有供墓主靈魂進出的象徵意義。

　　隧道又稱“埏道”“羨道”。遠古先民之墓多爲竪穴，無隧道。其出現蓋始自夏商之際的帝王大墓。儘管文獻追述周禮，謂祇有周王墓可設隧道，諸侯以下懸棺下葬，無須墓隧，如《左傳·僖公二十五年》：“〔晋侯〕請隧，〔王〕弗許。”杜預注：“闕地通路曰隧，王之葬禮也。”《禮記·喪大記》：“凡封，用綍去碑負引，君封以衡。”鄭玄注：“禮唯天子葬有隧。”但考古發掘表明，自商至西周的大中型墓，多帶隧道，這些墓并非都是王墓，或許文獻所載，乃夏朝情况。商周隧道有一、二、四條之别（四條隧道的周墓尚未發現），主隧道一般朝南，多呈斜坡狀，有的大墓的北隧道作臺階狀。隧道内往往挖有車馬坑，甚至殉葬人。春秋戰國乃至西漢，隧道形制與商周相近，國君王侯的隧道有的規模更大。河南輝縣固圍村一座戰國魏國大墓，南北隧道總長達二百米。《史記·秦始皇本紀》載始皇陵隧道，裏外有數重羨門（墓門），殉葬了大批工匠，其規模一定很大。《後漢書·禮儀志下》劉昭注引《漢舊儀》載西漢帝陵隧道“設四通羨門，容大車六馬”，可知仍有商代遺風。漢以後又流行磚墓，在墓室或甬道外砌起封門墻，墻外爲土隧道。隧道祇設一條，一般長者數十米，短者不足一米，普通官僚墓多如此，并沿至唐宋。但隋唐皇親貴族大墓隧道仍有其獨特之處。《大唐新語·紀異》云：“墓欲深而狹，深者取其幽，狹者取其固。”墓室距地表較深，斜坡式隧道因而較長，隋從一品官李和墓，墓室、甬道、隧道全長 44.15 米；唐懿德太子墓，全長達 100.80 米。這類墓的隧道有多個天井，有的有精美的長幅壁畫，有多個放置隨葬品的龕，頗具氣派。唐宋遼金時中小官僚墓隧道一般不長，故還盛行一種豎穴隧道，自地表垂直而下。明清時除帝王大官僚外，一般墓不設隧道。

　　神道，此稱出現於漢，但其制約始於春秋時，《左傳・定公元年》即有“葬昭公於墓道南”的記載。最初在墳墓入口處設柱子作標志，前面開道，由此形成神道。《後漢書・中山簡王焉傳》：“〔焉薨〕大爲修冢塋，開神道。”李賢注：“墓前開道，建石柱以爲標，謂之神道。”漢以後神道邊又添置石碑記載死者生平，設石像生以爲護衛，建墓闕作神道入口標志。漢武帝茂陵的陪葬墓霍去病墓，其神道兩旁的成組石獸、石人雕刻（共發現十六件），是迄今所見最早、最完整的神道石刻。魏晋亂世，帝王公侯因懼盜墓，多不置神道，亦“不墳不樹”，使人不知墳墓所在（參見《三國志・魏書・文帝紀》《晉書・宣帝紀》等）。至南北朝，神道恢復，與漢代不同的是，道旁石刻數量少而造型龐大，很有氣勢。如南朝王侯神道通常僅三組石刻：一對石麒麟，一對高約 6 米的石柱，一通高約 5 米的石碑。唐以後，神道趨於規範化，不同地位的王侯達官，在神道長短、道旁石像生檔次上，均有不同。唐代帝王神道長或數公里，道旁石刻一般爲：華表一對、飛馬一對、朱雀一對、立馬五對、翁仲十對、石碑數通。大臣神道則通常祇有數對翁仲、石虎、石羊、石碑等。宋承唐制，祇是神道旁石像生的種類與數量有所區別。明代自成祖以後，帝王神道發生很大變化，不再是各陵單設神道，而是諸帝陵共用同一條總神道，有華表，“有石橋，有石像人物十八對，擎天柱四，石望柱二”（《明史・禮志十四》）。此制還爲清代帝陵所承襲。明清大臣貴戚墓的神道與唐宋規格相近，設神道碑和石馬、石羊、石虎、石翁仲數對而已。清亡，神道廢止。

隧

　　亦作“壥”，亦稱“幽隧”“泉隧”。通向墓門、墓室的地下隧道。《玉篇・阜部》：“隧，墓道也，掘地通路也。”又《土部》：“壥，墓道也，正作隧。”此稱先秦時期已行用。《左傳・隱公元年》：“闕地及泉，隧而相見。”杜預注：“隧若今延道。”又《僖公二十五年》：“〔晉侯〕請隧，〔王〕弗許。”杜預注：“闕地通路曰隧，王之葬禮也。”《文選・潘岳〈哀永逝文〉》：“撫靈櫬兮訣幽房，棺冥冥兮埏窈窕。”李善注引杜預曰：“埏，墓隧也。”按，此稱多指帝王隧道，唐宋以後，亦兼稱官僚貴族隧道。《三國志·魏書·文帝紀》："自殯及葬，皆以終制從事。"裴松之注引晋人孫盛曰："夫以義感之情，猶盡臨隧之哀，况乎天性發中，敦禮者重之哉！"北魏酈道元《水經注·汝水》："城北祝社里下，土中得銅鼎，銘曰'楚武王'。是知武王隧也。"《南史·齊鬱林王昭業紀》："又多往文帝崇安陵隧中，與群小共作諸鄙褻擲塗賭跳、放鷹走狗雜狡獪。"《宋大詔令集》卷一〇："大隧一扃，幽堂永寂。"明馬騤《重立忠清粹德碑狀》："〔司馬温〕公薨之明年，哲宗命蘇文忠公撰其隧碑。"唐宋時，亦盛行"幽隧""泉隧"之稱。唐楊炎《承天皇后哀册文》："入幽隧之穹林，伏盤原之宫闕。"遼宋復圭《馮從順墓誌銘》："清烏啓兆，指幽隧以長歸。"遼楊佶《秦晋國大長公主墓誌銘》："龜筮叶吉，袝泉隧兮。"

【㯟】

同"隧"。此體魏晋南北朝時期已行用。見該文。

【幽隧】

即隧。此稱唐代已行用。見該文。

【泉隧】

即隧。此稱遼代已行用。見該文。

【隧道】

即隧。亦稱"隧路"。此稱南北朝已行用。《南史·齊豫章文獻王嶷傳》："上數幸嶷第，宋

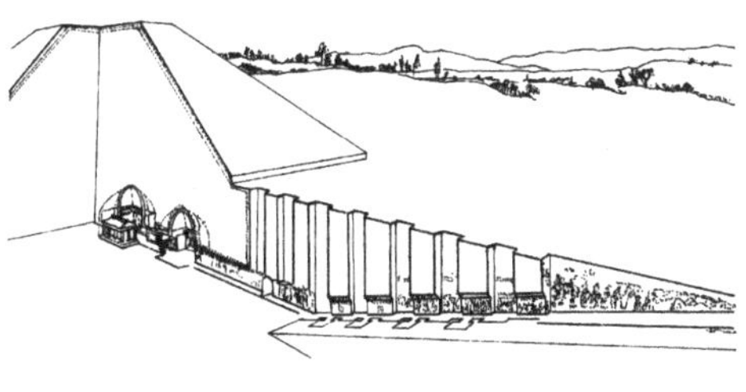

唐懿德太子墓隧道剖面圖

長寧陵隧道出第前路，上曰：'我便是入他家墓内尋人。'"《文選·謝莊〈宋孝武宣貴妃誄〉》："山庭寢日，隧路抽陰。"李善注引鄭玄《周禮》注："隧，墓道也。"唐牛僧儒《玄怪録·盧涣》："中門内有一石床，骷髏枕之，水漂，已半垂於床下。因却，爲封兩門，窒隧路矣。"明鄭曉《今言》一二五："諸妃陪葬，不由隧道，列於外垣之内，寶山城之外，明樓之前，左右相向，以次而袝。"明王士性《廣志繹》卷三："周、秦、漢王侯將相多葬北邙，然古者冢墓大隧道至長里餘者，明器多用金、銀、銅、鐵。"《清朝續文獻通考·王禮考·山陵》："丹陛前接造平臺，支搭戧橋，石碑樓門外亦搭戧橋，入地宫隧道。"

【隧路】

即隧。此稱南北朝時期已行用。見該文。

【丘隧】

即隧。亦稱"陵隧""墓隧""塋隧"。尤指王公貴族墓的地下墓道。此稱先秦時期已行用。《周禮·春官·冢人》："及竁，以度爲丘隧。"鄭玄注："隧，羡道也。"北魏酈道元《水經注·易水》："中山簡王之窆也，厚其葬，採涿郡山石以樹墳塋，陵隧碑獸，並出此山，謂之石虎山。"又《清水》："太和中，高祖孝文皇帝南巡，親幸其墳而加吊焉，刊石樹碑，列於墓隧矣。"《南史·孝武昭路太后傳》："前歲遭諸蕃之難，禮從權宜，未暇營改，而塋隧之所，山原卑陋。"

【陵隧】

即隧。此稱南北朝時期已行用。見該文。

【墓隧】

即隧。此稱南北朝時期已行用。見該文。

【塹隧】

即隧。此稱南北朝時期已行用。見該文。

【埏】

即隧。亦作"延"，亦稱"埏隧""埏道""延道""幽埏""埏路"。《史記·衛康叔世家》："共伯入釐侯羨自殺。"司馬貞索隱："〔羨〕音延。延，墓道。"《廣韻·平仙》："埏，墓道。"此稱行用於漢至唐宋。《後漢書·陳蕃傳》："民有趙宣，葬親而不閉埏隧。"李賢注："埏隧，今人墓道也。"晉潘岳《悼亡》詩："落葉委埏側，枯荄帶墳隅。"晉陸機《大墓賦》："屯送客於山足，伏埏道而哭之。"《南齊書·明帝紀》："昔中京淪覆，鼎玉東遷，晋元締構之始，簡文遺咏在民，而松門夷替，埏路榛蕪。"《梁書·昭明太子傳》："幽埏夙啟，玄宮獻成。"唐戴孚《廣異記·奴官冢》："初入埏前，見有鵝，鼓翅擊人。"《唐大詔令集·節愍太子哀册文》："思臺空築，幽埏永閟。"《太平廣記》卷三九〇引《逸史》："天寶初……〔嚴〕安之即領所由並器杖，往掩捕，見六七人，方穴地道，纔及埏路。一時擒獲。"

【延】

同"埏"。此體魏晉時期已行用。見該文。

【埏隧】

即埏。此稱漢代已行用。見該文。

【埏道】

即埏。此稱魏晉時期已行用。見該文。

【延道】

即埏。同"埏道"。此體魏晉時期已行用。見該文。

【幽埏】

即埏。此稱南北朝時期已行用。見該文。

【埏路】

即埏。此稱南北朝時期已行用。見該文。

【埏】

即隧。本是墓道，却被後世誤解作一般道路。此稱先秦時期已行用。《儀禮·既夕禮》："唯君命止柩于埏，其餘則否。"《禮記·曾子問》："葬引至于埏，日有食之，則有變乎？且不乎？"因鄭玄注謂"埏，道也"，後世遂相沿，《廣韻·去嶝》釋爲"路"，《博雅》《類篇》等均釋"道也"，而未明言"墓道"，以訛傳訛所致也。

羨道

單稱"羨"，亦稱"羨門道"。通向地下墓門的墓道。《史記·秦始皇本紀》："大事畢，已臧，閉中羨。"張守節正義："〔羨〕謂冢中神道。"又《衛康叔世家》："共伯入釐侯羨自殺，衛人因葬之釐侯旁。"司馬貞索隱："〔羨〕音延。延，墓道。"漢以前，"羨道"與"隧道"有別，《周禮·春官·冢人》："及竁，以度爲丘隧。"賈公彥疏："天子有隧，諸侯已下有羨道。隧與羨異者，隧道則上有負土……羨道上無負土。"漢以後，"羨"與"隧"無别。《後漢書·禮儀志下》："大鴻臚設九賓，隨立陵南羨門道東，北面。"《南史·裴子野傳》："邵陵王又立墓誌，埋於羨道。"《大明會典·喪禮四》載品官喪禮："贊者引喪主以下哭於羨道東西面北上，妻及女子子以下哭於羨道西東面北上，哭踊無算。"

【羨】

"羨道"之單稱。此稱先秦時期已行用。見該文。

【羨門道】

即羨道。此稱漢代已行用。見該文。

羨門

亦稱"埏門""石門"。墓道與墓室連接處的石門。唐以前多稱羨門、埏門,唐以後則稱石門。此稱秦漢時期已行用。《史記·秦始皇本紀》:"大事畢,已臧,閉中羨,下外羨門,盡閉工匠臧者,無復出者。"《後漢書·禮儀志下》:"方石治黄腸題湊、便房如禮。"劉昭注引《漢舊儀》:"臧畢,其設四通羨門。"《隋書·禮儀志三》:"梁天監元年,齊臨川獻王所生妾謝墓被發,不至埏門。"唐牛僧儒《玄怪録·盧涣》:"即悉力發掘,入其隧路,漸至壙中,有三石門,皆以鐵封之。"《清朝續文獻通考·王禮考·山陵》:"大監執燈前導,派出之王大臣等隨入,敬視永安於寶床上,執事者以龍輴木軌出,敬封石門。"

【埏門】

即羨門。此稱南北朝時期已行用。見該文。

【石門】

即羨門。此稱唐代已行用。見該文。

泉户

亦稱"泉扃""泉扉""玄户"。地下墓門的雅稱。古人稱人死深埋之地爲九泉或黄泉,謂掘到一定深處則有泉水。故墓門稱泉户。此稱南北朝已出現,隋唐時盛行。南朝梁江淹《蕭太傅追贈父祖表》:"寵輝泉扃,恩凝松石。"唐王縉《奉天皇帝哀册文》:"岁臺椒閨,泉户彤庭。"唐姚合《莊恪太子挽詞》之二:"《薤露》歌連哭,泉扉夜作晨。"遼宋復圭《馮從順墓誌銘》:"今則靈輤乍挽,玄户將扃。辱見托以摛詞,敢去華而就簡。"明高明《琵琶記·感格墳成》:"只見松柏森森繞四圍,孤墳新土掩泉扉。"清彭孫貽《虔臺寒食怨》詩:"幾人江上共招魂,瘴海青蠅吊泉户。"

【泉扃】

即泉户。此稱南北朝時期已行用。見該文。

【泉扉】

即泉户。此稱唐代已行用。見該文。

【玄户】

即泉户。此稱遼代已行用。見該文。

【玄扃】

即泉户。亦稱"幽扃"。盛行於隋唐,沿至明清。隋楊廣《秦孝王誄》:"苦玄扃而無曉,悲黄泉而永幽。"唐陳元光《太母魏氏半徑題石》詩:"喬岳標仙迹,玄扃妥壽姬。"遼陳覺《秦晋國妃墓誌銘》:"駐仙軒兮時促,閉幽扃兮夜長。"明高啓《題晚節堂》詩:"人生百年壽,六十未爲晚。胡爲鑿玄扃,結亭此山阪?"

【幽扃】

即泉户。此稱遼代已行用。見該文。

墓門

神道盡頭進入隧道、墓室之門。墓門有石門或封門磚。無甬道的直穴式墓更簡陋,則無墓門。此稱先秦時期已行用。《詩·陳風·墓門》:"墓門有棘,斧以斯之。"毛傳:"墓門,墓道之門。"《廣倉磚録》收録有"漢議郎趙相劉君之墓門,中平四年三月東平侯作"的石刻。宋李覯《處士饒君墓表》:"揭之墓門,千載可讀。"明沈一貫《南京禮部右侍郎贈禮部尚書謚文敏後渠崔公神道碑銘》:"未緘金匱,立之墓門。於萬斯年,來徵斯文。"清姜紹書《韵石齋筆談》卷下:"今人之欲志壙石,尚不遠千里而徵文,豈秉筆者皆造墓門方染翰邪!"《清史稿・禮志十二》："士塋地圍二十步，封高六尺。墓門石碣，圓首方趺。"清陳維崧《瑞木賦》："倚墓門而悚惕兮，臨竁穴以沉思。"

神道

亦稱"神路""甬路"。通向墓門的大道。道旁最初設木柱或石柱以爲墳墓標志，秦漢以後漸演化出華表或石闕、碑碣、石獸、石翁仲等，其規模大小成爲墓主身份等級高低的象徵。此稱漢代已行用。《漢書・李廣傳》："李蔡以丞相坐詔賜冢地陽陵當得二十畝，蔡盜取三頃，頗賣得四十餘萬，又盜取神道外壖地一畝葬其中，當下獄，自殺。"《後漢書・中山簡王焉傳》："大爲修冢塋，開神道。"李賢注："墓前開道，建石柱以爲標，謂之神道。"《三國志・魏書・文帝紀》："壽陵因山爲體，無爲封樹，無立寢殿，造園邑，通神道。"《舊唐書・張說傳》："玄宗爲〔張〕說自製神道碑文，御筆賜謚曰文貞。"《宋史・禮志二十六》："其百官位，舊設陵所，從祝官及皇親客，使分於神道左右。"《明史・禮志十四》："長陵迤南有總神道，有石橋，有石像人物十八對，擎天柱四，石望柱二。"明清時又稱"神路""甬路"。《金瓶梅詞話》第四八回："教陰陽徐先生看了，從新立了一座墳門，砌的明堂神路。"又："新蓋的墳門，兩邊坡峰上去，周圍石墻，當中甬路。"

【神路】

即神道。此稱明代已行用。見該文。

【甬路】

即神道。此稱明代已行用。見該文。

【墓道】

即神道。此稱先秦時期已行用。《左傳・定公元年》："葬昭公於墓道南。"宋費袞《梁溪漫志》卷六："碑猶立於墓道，人得見之；志乃藏於壙中，自非開發，莫之睹也。"明何良俊《董隱君墓表》："隱君歿之十四年，爲嘉靖丙辰，墓道之石尚闕而不書。"清曾衍東《小豆棚・劉碧環》："衆遂擇虎丘貞娘墓傍葬之，顏其墓道碑云'劉碧環之墓'。"

松路

亦稱"松徑"。松林中的墓道。古人墓地多植松柏，墓道須穿林而過，故稱。後亦成墓道泛稱。此稱南北朝時期已行用。南朝宋吳邁遠《臨終》詩："傷歌入松路，斗酒望青山；誰非一邱土，參差前後間。"北周庾信《思舊銘》："潁川賓客，遙悲松路。"又《長孫儉碑銘》："陵田野寂，松逕寒深。"唐李德裕《寄題惠林李侍郎舊館》："半壁懸秋日，空林滿夕塵。只應雙鶴吊，松路更無人。"宋司馬光《溫國文正司馬公集》卷一一："慟哭出松徑，悲風爲颯然。"

【松徑】

即松路。此稱南北朝時期已行用。見該文。

阡 [1]

亦作"仟"。指墓道。本意爲田野小道，墳墓墓道皆在荒野，因轉稱。此稱始於漢，達於明清。阡旁多有松柏、墓碑，較大的官僚貴族墓還有石人、石獸。《漢書・游俠傳・原涉》："初，武帝時京兆尹曹氏葬茂陵，民謂其道爲京兆仟。〔原〕涉慕之，乃買地，開道立表，署曰'南陽仟'。人不肯從，謂之原氏仟。"南朝齊沈約《宿東園》詩："野徑既盈紆，荒阡亦交互。"唐宋詩人常用原涉典故。唐楊炯《同州長史宇文公碑》："或旌原氏之仟，或表滕公之墓。"唐劉禹錫《哭龐京兆》詩："天上别歸京兆府，人間空數茂陵阡。"宋陳師道《還里》詩："手開南陽仟，松柏鬱蒼蒼。"《宋大詔令集》卷一六："洛川兮斯堂，松柏兮有阡。"宋歐陽修《瀧岡阡表》："惟我皇考崇公卜吉於瀧岡之六十年，其子修始克表於其阡，非敢緩也，蓋有待也。"明唐順之《朱公墓誌銘》："署其墓者以爲此梧州之阡。"

【仟】

同"阡¹"。此體漢代已行用。見該文。

第八節　碑志考

碑志（誌）是豎在墓前、墓中或墓道前的一種石刻。上刻死者姓名、生平等文字，用以標示冢墓、頌揚功德，有墓碑、墓志、神道碑、墓表、墓碣等多種稱呼。《玉篇·石部》："碑，銘石。"明代徐師曾《文體明辨序説》："按志者，記也；銘者，名也。"志文記叙死者家世、姓名、爵位、治行、年壽、卒葬日月等，以防後人因陵谷變遷而無法尋覓祖先的葬身之處。碑志可以單獨樹立，也可以與其他石刻一起組成紀念性石刻群，以體現墓主生前高貴的地位。

碑起於春秋時期。《説文·石部》稱："碑，豎石也。"早期的碑有三種：一是立於宫門前測識日影的石柱。二是宗廟院内拴祭祀牲畜的石樁。以上兩種統稱廟碑，後來演變成紀功頌德的刻石，一般樹立在城邑要衝、禮制官署建築等處。第三種是墓碑，先秦時爲木製，《禮記·檀弓下》中所謂"公侯視豐碑"即是。"豐碑"原指下葬引棺用的轆轤支架。先秦王公貴族殯葬時，因墓穴很深，於墓穴四角和兩邊豎木碑，棺柩用轆轤繫繩緩緩而下，待葬儀結束後，碑也隨之埋入墓中。早期的漢碑石中多有圓穿，其源蓋於此。近世學者馬衡先生所著《凡將齋金石叢稿》卷二載："漢碑之制，首多有穿，穿之外或有暈者，乃墓碑施鹿盧之遺制。其初蓋因墓所引棺之碑而利用之，以述德紀事於其上，其後相習成風，碑遂爲刻辭而設。"

早期墓碑的主要功能是貫索引棺，上面没有文字。秦漢以來，始命文士褒贊功德刻於石，稱碑碣。西漢中晚期以來，隨着生産的發展，社會財富的兼并集中，社會上厚葬之風愈演愈烈，標識墓葬的習慣逐漸普及。石碑取代了原來的木碑，立於墓前或墓道上，成爲葬儀的組成部分。及至東漢，墓前樹碑已蔚然成風，墓碑成了豪門貴族炫耀顯赫身世的重要手段。梁劉勰《文心雕龍·誄碑》："自後漢以來，碑碣雲起。"許多墓碑除墓主姓名、官爵外，還刻有長篇銘文，歌功頌德之辭溢於碑表。碑陰則詳刻立碑人的姓名。魏晋時，墓前立碑一度被禁止，魏晋以後重又流行，一直沿用至現代。

歷代傳留下來的碑，大小各异，裝飾及附屬成分亦各不相同，但其主要部分均爲一塊加工成長方體的岩石。碑的上方稱碑額或碑首（碑頭），刻螭、虎、龍、雀等圖案。漢碑用一塊完整的石板雕成。大約南北朝以後，碑額和碑面分用兩塊石板鑿製而成，刻碑文的一面稱"碑陽"，其背面爲"碑陰"。碑身下碑座稱"碑趺"。魏晋以後將碑座雕刻成巨龜形，後人稱爲"贔屓"。漢碑都比較矮小，魏晋以後，愈來愈高大。及至唐代，碑石的製作愈加精工，由蟠龍纏繞組成的螭首已經與碑身明顯地分開，形成螭首、碑身、龜趺三部分組成的碑式。這種碑式自唐以降至明清一直被帝王貴族豪門所沿用。

與墓碑相似的還有墓碣，其首爲圓形。原本稱"楬"，周代已有之。後來改用石質，纔通用"碣"字。《後漢書・竇憲傳》："封神丘兮建隆碣。"唐李賢注："方者謂之碑，圓者謂之碣。碣，亦碑也。"在漢代，碑和碣并稱於世，兩者無使用區別。唐代以後，用碑、用碣則根據死者生前官階而定，高官立碑，小官用碣，此後形成嚴格的等級制度。及至宋代，始有"墓碣"之稱。明清碑碣制度承襲唐代。《金石例》卷一載："五品以下不名碑，謂之墓碣，圭首方座。"清代規定，士"墓門石碣，圓首方趺"，庶人則"有志無碣"。進入民國，碑碣制度漸衰，多依死者社會地位和財力而定。

墓碑因立處各异，亦有不同名稱。立在墓道上的則稱"神道碑"或"墓表"。古代堪輿家認爲墓道的東南是"神道"，故立碑於神道，就稱神道碑。墓碑爲樹立在冢墓前方正中的石刻，神道碑則樹立在墓前神道兩側，左右對稱。神道碑多刻有墓主家世及諸多頌揚之詞。立在墓前的碑碣一般衹刻官爵、姓氏、名諱等。後世神道碑與墓碑漸相混淆。隋唐時期，冢墓前僅樹立一碑，亦在銘文中自稱神道碑。明清時期，立於帝王皇陵神道上的稱"神功聖德碑"，還建有大碑樓。

墓志的出現晚於墓碑。東漢後期，墓中始有類似墓志的方版或小墓碑，雖不自稱爲墓志，但所記内容已與墓志相近，實爲後世墓志之濫觴。當時由於盛行在墓前立碑，因而很少將志石埋進墓冢。魏晋時期嚴禁在墓前立碑，墓碑遂轉入地下，埋志之風遂盛，至北朝魏齊盛極。南北朝時，始稱"墓志"。因墓志多爲石質，故又稱"石志"。唐代稱爲"塋記"和"志石"。宋元以後，多稱"壙志"。

墓志之式，其初本無定例，多類似墓碑而較小。北魏以後，方形墓志逐漸定型，一直沿續至明清。墓志蓋在南北朝時期尚不普遍，隋唐以後，志蓋與志石相合，遂成定制。定型後的墓志一般由兩塊正方形青石上下相合而成。上石爲志蓋，刻有標題（某朝某官墓志），亦稱"篆蓋"；下石爲志底，刻寫志銘。志文的内容也逐漸形成一種固定的文體。稱"墓志銘"。首先叙述死者姓名、籍貫和家世譜系；再記其生平事迹，官職履歷，并頌揚其政績德行；最後記其卒葬年月和葬地；志文後是四字韵語的"銘"，以表達對死者的悼念哀思之情。墓志的作用，是向陰間冥府介紹死者的基本情況，相當於一篇介紹書。南北朝至隋的墓志上皆不署撰者、書者姓名，唐代以後始在志文標題下署上撰者和書者的姓名及官銜。墓志一般放在柩前，或墓室門處，也有的埋在墓側。

　　在墓前神道兩側設置石人、石獸，有展示死者生前威儀和驅鬼辟邪的功用。宋代高承《事物紀原·碑碣》載："秦漢以來，帝王陵寢有石麟、辟邪、兕馬之屬，人臣有石人、羊、虎、柱之類。皆表飾墳壟，如生前儀衞。"墓前放置石像生，最早見於西漢年間，以後歷代沿用。各朝陵前所列石像生數目與種類略有不同。漢代尚無定制，東漢墓前石刻組合中，普遍存在一種享堂一座，墓碑一座，墓闕一對，石望柱一對（有些附有神道碑一對）的組合形式，并雜用石虎、羊、鹿、馬、駱駝、獅等石獸及石人。南朝帝王陵墓的石刻組合形式則是石獸（麒麟或石獅）一對，石望柱一對，神道碑一對（有些墓爲神道碑兩對）。隋代，墓前不得造石人、石獸，唐代以後對各種官員墓前所置石像生都有詳細規定，尤以帝陵前石刻最具代表性。

碑

　　亦稱"豐碑"。古代下葬時用以引棺入墓的柱狀葬具，後演化成爲記述死者功德的刻石。《説文·石部》："碑，豎石也。"段玉裁注："其材，宫、廟以石，窆用木……非石而亦曰碑，假借之偶也。"明朱謀㙔《駢雅·釋器》："豐碑、桓楹，下棺具也。"碑起於春秋時期，最初爲木制，形如石碑，稱豐碑。《禮記·檀弓下》："公室視豐碑，三家視桓楹。"鄭玄注："豐碑，斲大木爲之，形如石碑，於椁前後四角樹之。穿中於間爲鹿盧，下棺以綍繞。"這種木碑的實物已於 1986 年在陝西鳳翔秦公大墓中發現，時代爲春秋晚期。先秦時期，王公貴族殯葬時，因墓穴很深，棺柩要用轆轤繫繩（即"綍"）緩緩地放下去，裝轆轤的支架即爲碑。《釋名·釋典藝》："碑，被也。此本葬時所設也。施鹿盧以繩被其上，引以下棺。臣子追述君父之功美，以書其上，後人因焉。故建於道陌之頭，顯見之處，名其文，謂之碑也。"可見最初是在木碑上書文贊譽死者。及至漢代，石碑逐漸取代了原來的木碑，并形成定制。清葉昌熾《語石》中稱："凡刻石之文皆謂之碑，當自漢以後始。"現存最早的墓碑是西漢河平三年（公元前 26）的《麃孝禹碑》，是清同治九年（1870）在山東發現的。該碑高 1.45 米，表面粗糙，未經磨光。樹立墓碑之風至東漢開始盛行，墓碑成了豪門貴族炫耀顯赫身世的重要手段。北魏酈道元《水經注》中曾記錄了當時見到的一百餘座漢碑。宋代《隸釋》中亦收錄漢碑文一百一十五件。這些漢碑大都具有相近的固定形制，製作精細，爲後代碑石確立了沿循的模式。《後漢書·崔寔傳》："建寧中，〔崔寔〕病卒，家徒四壁立，無以殯斂，光禄勛楊賜、太僕袁逢、少府段熲爲備棺椁葬具，大鴻臚袁隗樹碑頌德。"東漢時期，世家大族多延請名流碩儒撰寫碑文。《後漢書·郭符傳》："同志者乃共刻石立碑，蔡邕爲其文，既而謂涿郡盧植曰：'吾爲碑銘多矣，皆有慙德，唯郭有道無愧色耳。'"漢代一般庶民亦可立碑，甚至早夭的幼童也有墓碑。漢蔡邕《童幼胡根碑》："親屬李陶等相與追慕先君，悲悼遺嗣，樹碑刊辭，以慰哀思。"魏晉時，墓前立碑一度被禁止，魏晉以後重又流行。漢碑都比較矮小，魏晉以後，愈來愈高大，故又稱"豐碑"。豐，大之意。北周庾信《周隴右總管長史贈太子少保豆盧公神道碑》："石壇承祀，豐碑頌靈。"及至唐代，碑石的製作愈加精工。《初學記》卷一四載："碑，所以悲往事也，今宮廟屋墓隧之碣，鎸文於石，皆曰碑。"唐宋時，僅准許一定級別的官員立碑。據《唐六典》卷四載碑碣之制稱："五品以上立碑，螭首龜趺，趺上高不過九尺。"又，碑首稱碑額，刻螭、虎、龍、雀等圖案。清王

芑孫《碑版文廣例》卷六載："碑首或刻製螭、虎、龍、雀以爲飾，就剜其中爲圭首，或無他飾，直爲圭首，方銳圓橢，不一其制。"漢時，碑額分兩種，尖的爲"圭首"，圓的稱"暈首"。早期的碑，碑額和碑面是連在一起的整塊石板。南北朝以後，碑額和碑面分用兩塊石板鑿製而成。碑身下碑座稱龜趺。魏晉以後將碑座雕刻爲巨龜形，後人稱趺爲贔。明楊慎《升菴集·龍生九子》云："俗傳龍生九子……一曰贔屭，形似龜，好負重，今石碑下龜趺是也。"唐代以降，由蟠龍纏繞組成的螭首已經與碑身明顯地分開，形成螭首、碑身、趺座三部分組成的碑式。這種碑式至明清一直被帝王貴族豪門沿用。原則上平民不得立碑，但這種禁令難以嚴格執行，所以一般人死後多有立碑，祇是體小製陋，又無趺座而已。清康熙四十一年玄燁《敕賜碑於武英殿大學士兼吏部尚書佐領加二級謚文清阿蘭泰墓》："朕無溢辭，務傳其實。……千秋不泯，際此豐碑。"周學熙《游倪氏林園》詩："豐碑大碣將軍墓，木斫墻圬處士廬。"立碑之風，一直沿續到現代。

【豐碑】

"碑"之美稱。此稱先秦時期已行用，後也用以稱墓碑。見該文。

瓊板

碑板雅稱。初爲道教中刻錄道者生死事迹的青石板，世人因藉稱墓碑。此稱唐代已行用。《太平御覽》卷六六一引唐佚名《三洞珠囊》曰："元君領玉真司命，主諸學道死生圖籍，攝王三官關，校罪考文，授金闕聖君，青瓊板、丹籙文。"唐皮日休《顧道士亡弟子以束帛乞銘於余魯望因賦戲贈日休奉和》詩："瓊板欲刊知

不朽，冰紈將受恐通靈。"元張翥《輓張伯雨宗契》三首之一："丹成自浣天壇雨，劍解空埋月礒墳。山友分將石刻帖，門人唱得錦飛群。他時會續君前傳，刊作青瓊板上文。"自注："月礒，塋所。"後世此稱不多見。

神道碑

亦稱"墓表"。立於墓道前記載死者生平事迹的石碑。神道，神明之道，即墓道。此稱漢代已行用。迄今所知神道碑以漢楊震所題《太尉楊公神道碑銘》爲最早。宋歐陽修《集古錄》跋尾記述漢楊震所題碑首爲"故太尉楊公神道碑銘"。及至晋宋，神道碑已廣爲流行。宋高承《事物紀原·吉凶典制》載："秦漢以來，死有功業，生有德政者，皆碑之……晋宋之世，始又有神道碑，天子及諸侯皆有之。其刻文止曰某帝或某官神道之碑。"墓碑爲樹立在冢墓前方正中的石刻。而現在可見到的南朝神道碑，如現存南京的梁臨川靜惠王蕭宏、梁安成康王蕭秀墓前神道碑，則是樹立在墓前神道兩側，左右對稱的兩座石刻。後世或將神道碑與墓碑相混淆。《舊唐書·杜如晦傳》："如晦以高孝基有知人之鑒，爲其樹神道碑以紀其德。"《舊五代史·唐書·閔帝紀》："藩侯帶平章事以上薨，許立神道碑，差官撰文。"《明史·禮志十四》："明初，文武大臣薨逝，例請於上，命翰林官制文，立神道碑。"碑竪在墓前神道上，以表彰死者，故又稱"墓表"。清王芑孫《碑版文廣例》卷九載："墓表與神道碑異名同物，故墓表之有銘者亦多。"清趙翼《陔餘叢考·碑表》："朱竹垞引漢元初五年謁者景君始有墓表，其崇四尺，圭首方趺，其文由左而右。按，表即碑之類。"《舊唐書·權德輿傳》："初，〔權〕皋卒，韓洄、王定爲服朋友之喪，李華爲其墓表，以爲分天下善惡，一人而已。"然從南北朝墓志看，"墓表"亦多與墓志相混淆。

【墓表】

即神道碑。此稱漢代已行用。見該文。

贔屭

亦稱"霸下"。石碑下馱碑之神獸，爲狀如龜形之碑座。傳説中龍的九子之一，氣壯力大，故以其馱碑。明焦竑《玉堂叢語·文學》："贔屭，形似龜，好負重，今石碑下龜趺是也。"按，漢晋時已流行此稱，指力氣巨大，抑或指大力神獸。漢張衡《西京賦》："巨靈贔屭，高掌遠蹠。"晋左思《吴都賦》："巨鼇贔屭，首冠靈山。"唐宋時猶視爲超級神獸，或以出人頭地的人物與之作比。唐杜甫《送顧八分文學適洪吉州》詩："昔在開元中，韓蔡同贔屭。"宋黃庭堅《次韻李之純少監惠硯》詩："林端乃見石空洞，猛獸贔屭踞上頭。"清集雲堂編《宗鑑法林》卷七三引宋釋法應輯《禪宗頌古聯珠通集》："風雨濛濛，烏雲靉靉。贔屭上山，狐狸入海。"然龍生九子傳聞多見於明代記載。明沈德符《萬曆野獲編·內閣》"龍子"條："長沙李文正公在閣，孝宗忽下御劄，問'龍生九子'之詳。文正對云：'其子蒲牢好鳴，今爲鐘上鈕鼻；囚牛好音，今爲胡琴頭刻獸；睚眥好殺，今爲刀劍上吞口；嘲風好險，今爲殿閣走獸；

清代贔屭

狻猊好坐，今爲佛座騎象；霸下好負重，今爲碑碣石趺；狴犴好訟，今爲獄户首鎮壓；贔屭貝財好文，今爲碑兩旁蜿蜒；豈吻好吞，今爲殿脊獸頭。凡九物皆龍種。"明謝肇淛《五雜俎·物部一》："龍生九子：蒲牢好鳴，囚牛好音，蚩吻好吞，嘲風好險，睚眦好殺，屓屭好文，狴犴好訟，狻猊好坐，霸下好負重。"此説認爲石碑下之獸又叫"霸下"，而贔屭指石碑的文字紋飾，聊備其説。作爲石碑碑座，古時多稱作"螭首龜趺"，其石刻造型已見於隋代。《隋書·禮儀志三》："在京師葬者，去城七里外。三品已上立碑，螭首龜趺。趺上高不得過九尺。"後浸成風俗。唐劉禹錫《吏部侍郎奚公神道碑》："螭首龜趺，德輝是紀。"宋樓鑰《游隱清》詩云："藤繞龜身增贔屭，水涵虹影照屛顔。"元張昱《鄭竹隱處士墓上作》詩："蛟螭贔屭碑文古，松柏陰森墓道新。"清錢謙益《韓蘄王墓碑記》："豐碑巋然，贔屭屈盤。"清丘逢甲《和平里行》："屢經劫火碑難燒，碑趺贔屭臨虹橋。"清田雯《碧嶢書院歌吊楊升菴先生》詩："潮州儋耳同一轍，祠廟贔屭摩青蒼。"《紅

修建岳忠武鄂王寢宮碑記

樓夢》第七六回："贔屭朝光透，罘罳曉露屯。"因碑座贔屭貌似龜，世人常誤之爲龜。清沈起鳳《諧鐸·石贔屭》："吳門小橋里弟兄某，春日游滄浪亭。旋過學署，見碑下贔屭，不識也，誤以爲龜……〔贔屭神〕大呼曰：'我，贔屭神也！本爲龍子，上帝憐我有勇無文，故令負石學宫，稍窺文墨。不幸負形蠢坕，賊奴誤認爲龜。'"清李光庭《鄉言解頤·天部》"石"條："碑下之爲贔屭，訛爲龜也。有翁婿同行，翁見碑下之物曰：如此力量，比石敢當高多了。"

【霸下】

即贔屭。此稱明代已行用。見該文。

碣

亦作"嵑"。墓碑的別體。古代以長方形方頂者爲碑，長方形圓頂或上窄下寬頂方平者爲碣。碣原本作"楬"，周代已有。《周禮·秋官·蜡氏》："若有死於道路者，則令埋而置楬焉，書其日月焉。"楬的原始形狀是小木椿，用於書寫死者的姓名，與早期墓碑類似而略有不同。後來楬亦改用石質，纔通用"碣"字。《説文·石部》："碣，特立之石。"秦漢以來，始命文士褒贊功績，鐫刻於没有固定形制的天然石塊上。這種在天然石塊上刻寫的碣，至兩漢三國期間還有之。《隸釋·漢國三老袁良碑銘》："民被澤，邦畿乂，才本德，曜其碣。"兩漢三國以後，碣這種形式的石刻已經很少出現。故馬衡《中國金石學概要》中稱："蓋自碑盛行以後，而碣之制遂漸廢。"西漢中晚期以後，墓前或墓道上立碑碣漸成風尚，成爲葬儀的組成部分。南朝梁劉勰《文心雕龍·誄碑》曰："自後漢以來，碑碣雲起。"及至唐代，人們已多不解

古代碣的本義。《後漢書·竇憲傳》："封神丘兮建隆碣，熙帝載兮振萬世。"李賢注："方者謂之碑，圓者謂之碣。碣亦碑也。"可見當時碑、碣不分，兩者往往并稱於世。在唐代，使用墓碑和墓碣依死者生前的官品高低而定。高官用碑，小官用碣，庶民亦可破例用碣。《唐六典》卷四載："碑碣之制，五品以上立碑，螭首龜趺，趺上高不過九尺；七品以上立碣，圭首方趺，趺上高不過四尺；若隱論道素，孝儀著聞，雖不仕，亦立碣。"宋代以後，始稱墓碣。宋司馬光《答劉賢良蒙書》："凡當時王公大人，廟碑墓碣，靡不請焉。"宋蘇軾《與曾子固書》："祖父之没，軾年十二矣，固能記憶其爲人，又嘗見先君欲求人爲撰墓碣。"明郎瑛《七修類稿·詩文一》："埋銘、墓志、墓表、墓碣，皆一類也。"明清碑碣制度承襲唐代。《明史·禮志十四》："五品以上用碑，龜趺螭首；六品以下用碣，方趺圓首。"《金石例》卷一："五品以下不名碑，謂之墓碣，圭首方座。"清代規定，士"墓門石碣，圓首方趺"，庶人"有志無碣"。民國時期墓碣制度取消，是否立碑碣，多依死者社會地位和財力而定。

【碣】

同"碣"。此體漢代已行用。見該文。

員石

初指墓碑，後亦指墓志。員，通"圓"。古時墓碣多爲圓形，故稱。此稱漢代已行用。《後漢書·趙岐傳》："〔趙岐〕年三十餘，有重疾，臥蓐七年，自慮奄忽，乃爲遺令敕兄子曰：'大丈夫生世，遯無箕山之操，仕無伊、呂之勛，天不我與，復何言哉！可立一員石於吾墓前，刻之曰：漢有逸人，姓趙名嘉。有志無時，命

也奈何！'其後疾瘳。"北京圖書館藏東魏時期《魏博陵元公故李夫人墓誌銘》："寒暑進退，陵谷斡流，式銘員石，永播芳猷。"

神功聖德碑

頌揚皇帝一生功績的大石碑。立於明清皇陵神道最前端，并建有巨型碑樓。始自明太祖朱元璋孝陵，終於清嘉慶帝昌陵。明代除孝陵、成祖長陵有碑文外，餘十二陵的神功聖德碑均不鐫一字，俗稱爲"無字碑"。《明史·禮志十四》："諸陵碑俱設門外，率無字……長陵有神功聖德碑，仁宗御撰，在神道正南。"清顧炎武《昌平山水記》卷上載："入門一里有碑亭，重檐四出陛，中有穹碑，高三丈餘，龍頭龜趺，題曰大明長陵神功聖德碑，仁宗皇帝御製文也。"清代神功聖德碑均陰刻滿漢兩種文字，康熙以下皆立雙碑，碑立於贔屓之上。碑文多長達千餘字，多溢美之詞。神聖功德碑碑樓多爲重檐歇山式建築，高大雄偉。今存碑樓，以清乾隆裕陵神功聖德碑樓最爲壯觀。碑樓高達九丈九尺九寸，俗稱"大碑樓"。

遠鄉牌

古代客死他鄉的人，葬他鄉時在墓頂上所插之木牌。牌上寫明死者姓名履歷，以備其家人前來認領。也有的在牌上寫"遠鄉牌"字樣。此稱元代已行用。元張國賓《薛仁貴》第二折："哎喲，兒也，你可只落的定一面遠鄉牌。"元馬致遠《薦福碑》第三折："但占着龍虎榜，誰思量這遠鄉牌。"元佚名《碧桃花》第四折："若不是薩真人顯出神通廣大，則我這墓頂上籤釘遠鄉牌。"元康進之《李逵負荆》第四折："敬臨山寨，行一步如上嚇魂臺。我死後，墓頂誰定遠鄉牌？靈位邊誰咒天生界？"

墓志

亦作"墓誌",亦稱"墓石""碑志""冢志"。古人於喪葬時所用,埋於墓壙之中刻有死者生前事迹的方形或長方形石刻,偶亦有瓷質、磚刻者。明吳訥《文章辨體序題・墓碑、墓碣、墓表、墓志、墓記、埋銘》:"墓志,則直述世系、歲月、名字、爵里,用防陵谷遷改。埋銘、墓記,與墓誌同,而墓記則無銘辭耳。"墓志是爲了標示墓穴所在,以免後人因陵谷變遷而無法尋覓祖宗的葬身之處。墓志的出現晚於墓碑,東漢後期,墓中始有類似墓志的方板或小墓碑。由於當時盛行在墓前立碑,因而很少將志石埋進墓冢。《西京雜記》卷三載:"杜子夏葬長安北四里,臨終作文曰:'魏郡杜鄴,立志忠欵,犬馬未陳,奄先草露。骨肉歸於后土,氣魄無所不之。何必故丘,然後即化。封於長安北郭,此爲宴息。'及死,命刊石,埋於墓側。"此爲文獻有關墓志的最早記載。刻石墓志的風氣開始盛行於北魏。魏晋時期,由於國家禁令墓前樹碑,盛極一時的墓碑開始從地面上消失,并逐漸轉入地下。清汪汲《事物原會・墓誌銘》:"齊武帝欲爲裴后立石誌墓中,王儉以爲非古也,或以爲宋元嘉中顏延之爲王球作墓誌,有銘自宋始。隋得王戎墓銘爲自晋始,亦非是。今世有崔子玉書張衡墓銘,則墓有銘自東漢已有之。"南北朝時期,墓志的名稱已正式出現。宋司馬光《書儀・碑誌》:"降自南朝,復有銘志埋之墓中。"墓志上加添死者生前功德業績,并定爲制度,其形制和文體等也相對穩定成型。南朝劉宋大明八年劉懷民墓志:《宋故建威將軍齊北海二郡太守笠鄉侯東陽城主劉府君墓誌銘》,是已發現的最早自名爲"墓志"的

實物。定型後的墓志一般用兩塊正方石板相合。下底上蓋,底刻志銘。上石爲志蓋,用篆書題刊"某朝某官某人墓志",亦稱"篆蓋";下石爲志底,刻有死者姓氏、籍貫、官銜、生卒年月和生平事迹及頌揚之銘,稱"墓志銘"。南北朝至隋代的墓志上皆不署撰述和書寫志文者的姓名,唐以後往往署有撰者與書者的姓名及官銜。南朝梁任昉有《劉先生夫人墓誌》。《南史・顧越傳》:"所著詩頌碑志箋表凡二百餘篇。"《北史・裴讓之傳》:"楊愔閨門改葬,托誄之頓作十餘墓誌,文皆可觀。"《新唐書・李栖筠傳》:"栖筠見帝猜違不斷,亦內憂憤,卒,年五十八,自爲墓誌。"唐代國祚長久,已出土的墓志,數量遠遠超過南北朝。當時社會,流行出錢請名家撰墓志銘之風氣。此風直傳承至明清。宋文天祥《贈蒲陽卓大著順寧精舍》詩:"趙岐圖壽藏,杜物擬墓志。"杜物即杜子夏。明沈德符《萬曆野獲編・致仕官》:"〔孫簡肅〕以原官致仕。身後其家求先大父文其墓石,因於銜上入致仕二字。"清蒲松齡《聊齋志異・伍秋月》:"亦無冢志,惟立片石於棺側曰:'女秋月,葬無冢,三十年,嫁王鼎。'"墓志一般放在柩前,或墓室門處,也有的埋在墓側。《金石例・墓志制度》:"墓志納之墓中,柩前平放,其狀如方石斗二。底撮面平而不凹,大小無定制。"此俗一直延續至近代。參閱宋高承《事物紀原・墓誌》、清趙翼《陔餘叢考・墓誌銘》。

【墓誌】

同"墓志"。此稱南北朝時期已行用。見該文。

【碑志】

即墓志。此稱南北朝時期已行用。見該文。

【冢志】

即墓志。此稱明清時期已行用。見該文。

【墓石】

即墓志。此稱明清時期已行用。見該文。

【石誌】

即墓志。亦稱“誌石”。古代墓志多爲石質，故稱。此稱南北朝時期已行用。《南齊書·禮志下》載：“近宋元嘉中，顏延作王球石誌。素族無碑策，故以紀德。自爾以來，王公以下，咸共遵用。”清趙翼《陔餘叢考·墓誌銘》：“齊武帝裴皇后薨，時議欲立石誌……今儲妃之重，既有哀策，不煩石誌。”石誌埋入墓壙，上面刻寫死者的姓氏、生平及卒葬日期等。且貴賤皆可用之，不似墓碑那樣有等級之分。唐封演《封氏聞見記·石誌》：“古葬無石誌，近代貴賤皆用之。齊太子穆妃將葬立石誌，王儉曰：石誌不出禮經，起宋元嘉中，顏延爲王球石誌，素族無名策，故以紀行述耳，自此遂相祖習。”宋郭彖《睽車志》卷四：“家故澤州有第宅，園圃墻角有古冢，因治地發之，得一石誌，題曰‘郡守李公之墓’。”唐前期誌石形體巨大，雕鏤極精。中唐以後，誌石趨小，高廣四五十厘米。當時社會風習，通行隆重出殯，《唐會要》記載出殯的隊伍中有“誌石亭”，可知誌石是在出殯時裝在一個彩扎的亭子裏公開送到墓地。《新唐書·禮樂志十》載：“陳器用……方相、誌石、大棺車及明器以下，陳於柩車之前。”唐賈島《哭盧仝》詩：“冢側誌石短，文字行參差。”宋代以後，誌石普遍流行於民間。《宋史·禮志二十七》：“入壙有當壙、當野、祖思、祖明、地軸、十二時神、誌石、券石、鐵券各一。”誌石上的文字內容，宋司馬光

《書儀·喪儀三·碑誌》有記述：“誌石刻文云：某官姓名（婦人云某姓名妻某封某氏）；某州某縣人，考諱某某，官某氏某封（無官封者但云姓名或某氏）；某年月日生，叙歷官遷次（婦人云年若干，適某氏，叙因夫子致封邑，無官封者皆不叙）；某年月日終，某年月日葬（丈夫云娶某氏某人之女封某邑）……”埋誌石之法，據明丘濬《文公家禮·誌石》載：“墓在平地，則於壙內近南先佈磚一重，置石其上，又以磚四圍之而覆其上。若墓在山側峻處，則於壙南數尺開掘地深四五尺，依此法埋之。”誌石由上下兩相同方石組成，一爲誌蓋，一爲誌底。《明史·禮志十四》：“刻誌石，造明器，備大舉，作神主。”清孫承澤《天府廣記·喪制》：“誌石二片，品官皆用之。其一爲蓋，書某官之墓；其一爲底，書姓名、鄉里、三代、生年、卒葬月日及子孫葬地。婦人則隨夫或子孫封贈。二石相向，鐵束埋墓中。”

【誌石】

即石誌。此稱唐代已行用。見該文。

【壙誌】

即墓志。亦作“壙志”。宋元以後多稱墓志爲“壙誌”。南宋時朱熹作有《亡嗣子壙誌》。明胡侍《珍珠船·墳碑之制》引《大明會典》云：“五品以上許用碑，六品以下許用壙誌。”明葉盛《水東日記》卷四：“鮮于困學壙志，趙文敏公書，小楷精絶，篆筆出石鼓文。”明張萱《疑耀·生乞壙志》：“宋時有諛王安石者，嘗守番禺，以書求安石曰：‘某所恨微軀安健，惟願早就木，冀得丞相一埋銘，庶幾名附雄文不磨滅乎！’後世遂有乞生壙志於名公貴人者，想同之也。”除預先請人刻寫的生壙志和一般死後

方刻的壙志以外，亦有自爲壙志者。清錢謙益《列朝詩集小傳·丙集·楊議部循吉》："晚節落寞，益堅僻自好，寄食以卒。自爲壙志，年八十有九。"清錢泳《履園叢話·陵墓·文穆王墓》："請掘壙志以爲驗。"清代壙志書寫的格式據《清史稿·禮志十二》載："刻壙誌用石二片，一爲蓋，書某官之墓，一爲底，書姓名、鄉里、三代、生年、卒葬月日及子孫葬地。"

【壙志】

同"壙誌"。此體宋代已行用。見該文。

塋記

亦稱"墓記""葬記"。墓志之一種。記述與死者喪葬相關事情之碑石。一般文辭質樸，不求華藻，且有記而無銘。此稱唐代已行用。清王芑孫《碑版文廣例·塋記兆記之例》稱："漢魏以來，有墓碑，有墓志，無塋記之名。唐初高士廉陪葬昭陵，有塋兆記。塋記立名自李陽冰始，其文簡質，無銘辭，爲後來葬記所從出。"撰葬記以刻石，在宋代很流行。宋李之儀《李氏歸葬記》記李氏遷葬事，文末言"詳書之以昭其成，其諸具載誌銘，今并舊刻石，移置壙中來者，可以再見也"。宋宋庠撰《宗室內園使貴州刺史殤子墓記》、周必大《孟媼葬記》等，均屬此類。後世亦有之。明溫純受朋友之託撰《相天張君塋記》，稱張相天"仲子永業以狀及世穴次與塋規請余記"，因而他"特記之繫牲之石"。明方豪《提舉孔元鐸墓記》："又見一碑覆地，翻而讀之，爲孔元氏塋記。"

【墓記】

即塋記。此稱唐代已行用。見該文。

【葬記】

即塋記。此稱唐代已行用。見該文。

哀册

亦作"哀策"。刻寫有哀悼皇帝皇后、皇親貴族崩殂的祭文的簡册。有玉質、石質、木質等不同類，呈長條形或方形簡狀。祭文在葬日遣奠時宣讀，讀畢將哀册隨葬於墓中。始見於漢。初稱"哀策"。《後漢書·禮儀志下》："太史奉哀策、葦篋詣陵。"又："司徒跪曰：'大駕請舍！'太史令自車南北面，讀哀策。"這種文辭的主體爲韵文，一般是四字，或四六駢體。《晉書·后妃傳上·文明王皇后》："后崩，時年五十二，合葬崇陽陵。將遷祔，帝手疏后德行，命史官爲哀策，曰：明明先后，興我晉道。暉章淑問，以翼皇考。邁德宣猷，大業有造。貽慶孤矇，堂搆是保。庶資復顧，永享難老。奄然登遐，棄我何早。沉哀罔訴，如何窮昊……"晉以後，稱"哀册"。《晉書·王珣傳》："帝崩，哀册、謐議，皆〔王〕珣所草。"南北朝至隋時

唐李撝哀册

的哀册規格，見《隋書·禮儀志四》："諸王、三公、儀同尚書令、五等開國、太妃、妃、公主恭拜册，軸一枚，長二尺，以白練衣之，用竹簡十二枚。六枚與軸等，六枚長尺二寸。文出集書，書皆篆字。哀册贈册亦同。"此禮一直沿續。《梁書·昭明太子傳》："〔蕭統〕薨……詔司徒左長史王筠爲哀册。"《北史·李穆傳》："〔李穆〕開皇六年薨……詔太常卿牛弘齎哀册文，祭以大牢。"《隋書·煬三子傳·元德太子昭》："太子昭……薨，詔内史侍郎虞世基爲哀册。"《舊唐書·崔融傳》："〔崔〕融爲文典麗，當時罕有其比，朝廷所須《洛出寶圖頌》《則天哀册文》及諸大手筆，並手敕付融。撰哀册文，用思精苦，遂發病卒。"《宋史·后妃傳上·孝章宋皇后》："孝章宋皇后……祔葬永昌陵北，命吏部侍郎李至撰哀册文。"考古發現較著名的哀册，有唐懿德太子李重潤哀册（《唐懿德太子墓發掘簡報》，《文物》1972年第7期）、前蜀王建哀册（馮漢驥《前蜀王建墓發掘報告》，文物出版社2002年版）等。明定陵出土哀册爲木簡，較唐宋爲簡略。

【哀策】

同"哀册"。此體漢代已行用。見該文。

石像生

古代置於帝王或名臣陵寝神道兩側的石人、石獸像。墓前放置石像生，有展示死者生前威儀和驅鬼避邪的功用。起源於秦，以後歷代均有。宋高承《事物紀原·石羊虎》："秦漢以來，帝王陵寝有石麟、辟邪、兕馬之屬，人臣墓有石人、羊、虎、柱之類，皆表飾墳壟，如生前儀。"據《西京雜記》載，秦始皇驪山陵前立有兩個石麒麟。各朝所列石像生數目與種類略有

不同。一般爲獅虎（表威儀）、獬豸（表正直）、羊、麒麟（表吉祥）、馬（示征伐）、象、鴕鳥、駱駝（示統治疆域之廣）以及翁仲（代表文武百官）等。每種多爲一對或二對，對稱排列於神道兩側。西漢名將霍去病墓前所存之石虎、馬踏匈奴等十四件實物，爲今所見最古者。《漢書·霍去病傳》："爲冢象祁連山。"顏師古注："在茂陵旁，冢上有竪石，冢前有石人馬者是也。"漢代墓前置石像生尚無定制，雜用石虎、羊、鹿、馬、駱駝、獅等石獸及石人。《後漢書·楊震傳》："於是時人立石鳥象於其墓所。"《水經注·雎水》云："冢東有廟，廟南列二柱，柱東有二石羊，羊北有二石虎。廟前東北有石駝，駝西北有二石馬，皆高大，亦不甚雕毁。"隋代規定，墓前不得造石人、石獸。《隋書·禮儀志三》："凡墓不得造石人獸碑，唯聽作石柱，記名位而已。"唐代諸陵一般置獅子、馬、牛、玄鳥、文臣、蕃酋等。唐王建《北邙行》詩："山頭澗底石漸稀，盡向墳前作羊虎。"《通典·禮六十八》："其獸等，三品以上六事，五品以上四事。"唐代皇陵的石像生數目和種類相差很大。如高宗與武則天合葬墓前有六棱柱華表一對，翼馬、朱雀各一對，石馬五對，直閤將軍石人十對。另有當時參加高宗葬禮的各民族首領及使臣石刻像六十一尊。宋代皇陵的石像生數目種類相差不大。《宋史·禮志二十七》規定品官"墳所有石羊虎、望柱各二，三品以上加石人二人"。金代，一品官用石人四。《金石例·石人羊虎柱制度》載："金制諸葬儀：一品官，石人四事。石虎、石羊、石柱各二事。"明代，規定品官所用石像生數目種類，據《明史·禮志十四》載："一品、二品石人二，文武

各一，虎、羊、馬、望柱各二。三品、四品無石人，五品無石虎，六品以下無。"明代十三陵神道兩旁，置有石像生十八對，包括獅子、獬豸、駱駝、象、麒麟、馬二坐二立，共二十四座，另有武臣、文臣、勛臣十二尊。《明史·禮志十四》："長陵迤南有總神道，有石橋，有石像人物十八對。"清孝陵用石像生十八對，其中文臣武將、獬豸、馬、象、狻猊、麒麟各一對。乾隆裕陵有八對，其他皇陵各有五對。泰陵建置之初，其前區神道未設石像生。《清實錄·世宗實錄》卷八九載雍正帝諭："其石像生等件所需用石工浩繁，頗費人力，不必建設。"清代大臣墓前用石像生，與明代相同。《清史稿·禮志十二》："公至二品，用石人、望柱暨虎、羊、馬各二，三品無石人，四品無石羊，五品無石虎。"

翁仲

亦稱"石翁仲"。古代帝王及大臣陵墓前武士石像及銅像之稱。宋胡繼宗《書言故事·墳

民國初年的石翁仲

墓類》："冢間石人曰翁仲。"相傳翁仲本秦始皇時巨人，阮姓，身長一丈三尺，氣質端勇，异於常人。秦始皇派他鎮守臨洮，聲震匈奴。死後，秦始皇爲之鑄銅像立於咸陽宮司馬門外。後世因稱墓前銅像、石像爲翁仲，即本此。《史記·陳涉世家》："鑄以爲金人十二。"司馬貞索隱曰："各重千石，坐高二丈，號曰翁仲。"《淮南子·氾論訓》："秦之時……鑄金人。"漢高誘注："秦皇帝二十六年，初兼天下，有長人見於臨洮，其高五丈，足迹六尺。放寫其形，鑄金人以象之，翁仲君何是也。"北魏酈道元《水經注·河水》："有物居水中，父老云，銅翁仲所設處。"後來宮門前所列銅人像亦稱翁仲。《宋書·五行志一》："魏明帝景初元年，發銅鑄爲巨人二，號曰'翁仲'，置之司馬門外。"唐以後，稱墓前石人爲翁仲。清王芑孫《碑版文廣例》卷六載："墓前石人，不知制從何始……唐人亦謂之翁仲。"唐柳宗元《衡陽與夢得分路贈別》詩："伏波故道風烟在，翁仲遺墟草樹平。"《宋史·宋祁傳》："毋以金銅雜物置冢中……勿請謚，勿受贈典。冢上植五株柏，墳高三尺，石翁仲他獸不得用。"明孫友篪《過程學士墓》詩："行人欲問前朝事，翁仲無言對夕陽。"明徐石麒《憩古墓作》詩："石馬被文韉，翁仲夾而侍。"明陳繼儒《偃曝餘談》卷下載："墓前石人，通謂之翁仲，未有析言之者。或作有墳前石人，翁與仲之語。"

【石翁仲】

即翁仲。因多以石製，故稱。此稱宋代已行用。見該文。

華表[2]

亦稱"表柱""擎天柱"。陵墓前作爲標志

和裝飾用之柱形建築。按，原指古代用以表示王者納諫或指路之木柱，後用以稱古代設於橋梁、宮殿、城垣乃至陵墓的標志性石柱或木柱。傳華表源於古時的"誹謗木"，其説見晉崔豹《古今注·問答釋義》。戰國時代墓前已有華表。《太平御覽》卷一九八載有"燕昭王墓前華表"。晉干寶《搜神記》卷一八：〔張〕華曰：世傳燕昭王墓前有華表木，已經千年。"此事又見南朝梁吳均《續齊諧記·千年華表》："昭王墓前華表已千年，使人伐之。"西漢時墓道前樹立華表已漸流行。《漢書·酷吏傳·尹賞》："瘞寺門桓東，楬著其姓名。"顔師古注："舊亭傳於四角面百步，築土四方，上有屋，屋上有柱出，高丈餘，有大板。貫柱四出，名曰桓表……陳宋之俗言桓聲如和，今猶謂之和表……即華表也。"東漢時盛行用石柱立於神道前端，作爲神道的標志。《後漢書·中山簡王焉傳》："大爲修冢塋，開神道。"李賢注："墓前開道建石柱以爲標，謂之神道。"南北朝以後，墓前立華表極爲盛行。唐許嵩《建康實録·宋世祖孝武皇帝》："〔大明六年〕大風折和寧陵華表。"《南史·陳宣帝紀》："〔太建九年七月〕庚辰，大雨，震萬安陵華表。"北周庾信《燕歌行》："定取金丹作幾服，能令華表得千年。"南北朝時期華表柱頂多爲蹲獸。至唐代則柱身多爲八棱形狀，柱頂與柱礎刻有捲草紋雕飾。唐杜甫《陪李司馬皂江上觀

華　表

造竹橋》詩："天寒白鶴歸華表，日落青龍見水中。"唐顔胄《適思》詩："石人徒瞑目，表柱燒無聲。"宋以後，皇陵華表通身雕刻蟠龍紋，皇后則刻丹鳳、牡丹纏枝紋等。元顧德輝《金粟冢中秋日燕集》詩："石削華表立，碑刻金窠鍍。"清徐乾學《讀禮通考·葬考·山陵六》引《江寧府志》："明太祖孝陵在鍾山之陽，……御橋、孝陵殿、廊臺、墀道、戟門、文武方門、大殿門、左右方門、御河橋、欞星門、華表，多同大内制。"《古今小説·羊角哀舍命全交》："四圍築墻栽樹，離墳三十步建享堂，塑伯桃儀容，立華表，柱上建碑額。"《醒世姻緣傳》第九二回："只因陳師娘在堂，遵奉母命尚未全得始終，又不曾與兄晁源立得後嗣，墳上墓表、誥命、華表、碑碣尚未竪立。"又第九三回："墳上立了墓表、誥命、碑碣、華表、牌坊、供桌、香案，又種了三四千株松柏，按了品級，立了翁仲冥器。"明清時，皇陵華表又稱"擎天柱"。《明史·禮志十四》："長陵迤南有總神道，有石橋，有石像人物十八對，擎天柱四，石望柱二。"清谷應泰《明史紀事本末·壬午殉難》："〔方〕孝友口占一詩曰：'阿兄何必淚漕漕，取義成仁在此間。華表柱頭千載後，旅魂依舊到家山。'士論壯之。"清顧炎武《悼亡》詩："虛堂一夕琴先斷，華表千年鶴未歸。"清代皇陵的華表上部爲一塊雕鏤的如意雲板，柱礎四周又添設望柱及欄板等。

【表柱】

即華表[2]。此稱唐代已行用。見該文。

【擎天柱】

即華表[2]。此稱明代已行用。見該文。

石闕

亦稱“墓闕”“雙闕”“雙表”。古代陵墓神道入口處所設的石砌建築。其用意是供墓主靈魂登高起居，是一種象徵性建築。其制盛於兩漢，現存漢墓闕以四川新都的王稚子墓闕和雅安縣的高頤墓闕最有名。闕本爲宮殿門前的高臺建築，最初用於登高遠望。其源自春秋時宮殿前之“觀”。《春秋・定公二年》：“雉門及兩觀災。”杜預注：“兩觀，闕也。”《爾雅・釋宮》：“觀，謂之闕。”郭璞注：“宮門雙闕。”漢代以來，貴族官僚們亦盛行在墓域的前方立墓闕。石闕多爲摹仿木構雕鑿而成，用以標志墳墓所在及表示墓主身份等級，故有單闕、二出闕、三出闕之分。三出闕爲皇帝專用，太守以上二千石俸禄者用二出闕，一般官僚則用單闕。石闕一般高四至六米，通常左右各一，雙闕之間的空缺即形成通道，故稱爲“闕”（即空缺）。《漢書・霍光傳》：“改〔霍〕光時所自造塋制而侈大之，起三出闕，築神道，北臨昭靈，南出承恩。”又因闕皆成雙，故有“雙闕”“雙表”之稱。《後漢書・宦者傳・侯覽》：“〔侯覽〕又豫作壽冢，石椁雙闕，高廡百尺。”大凡石闕，題字之外凡有空處皆有畫像及圖案花紋。清阮元《廣陵詩事》載：“漢石闕二，在寶應，其一爲孔子見老子及力士庖厨等物象。”闕身所刻人物圖案或有邊框如窗，有枈鄂之飾。北魏酈道元《水經注・陰溝水》：“廟北有二石闕雙峙，高一丈六尺，榱櫨及柱皆雕鏤雲矩，上枈鄂已碎。”石闕之上往往有題刻，多爲墓主官銜、行事等。宋趙明誠《金石録》卷一九云：“漢楊宗墓闕銘在蜀中，凡十六大字云：漢故益州太守楊府君諱宗字德仲墓闕。”《水經注・濟水》：“黄水東南流，水南有漢荊州刺史李剛墓，有石闕。”石闕爲漢魏之際盛行建築，故後世有“漢魏宮闕”之語。漢以後，晋闕著録無幾，梁闕皆在金陵，隋唐以下趨於式微。《新五代史・雜傳・張全義》：“全義以謂梁雖仇敵，今已屠滅其家，足以報怨，剖棺之戮，非王者以大度示天下也。莊宗以爲然，鏟去墓闕而已。”唐柳宗元於元和十二年撰《祭楊憑詹事文》：“天道悠遠，人世多虞。寄心雙表，長恨囚拘。”宋童宗説等注“雙表”：“謂墓闕。”宋元以後石闕多成了人們憑吊的古迹。清丘逢甲《謁潮陽東山張許二公祠》詩：“石闕苔荒一徑深，悲秋懷古此登臨。”明清時，達官顯宦及孝子節婦之獲旌表者，多樹牌坊，亦可視爲漢以來石闕之遺制。

曹植墓門闕

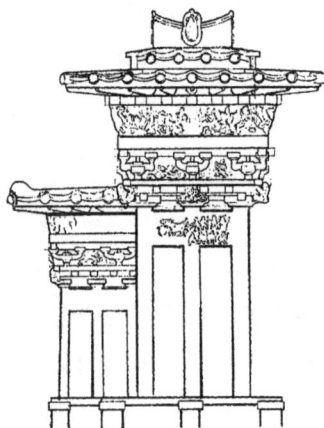

四川雅安漢代高頤墓闕

北京午門平面呈凹形，左右兩側突出的建築亦是古代石闕的變通。

【墓闕】

即石闕。此稱漢代已行用。見該文。

【雙闕】

即石闕。此稱漢代已行用。見該文。

【雙表】

即石闕。此稱唐代已行用。見該文。

望柱

亦稱“石柱”“石望柱”“望柱石”。古代立於帝王貴族墓前神道兩側之石柱。始見於漢。宋高承《事物紀原·石羊虎》：“《炙轂子》曰：秦漢以來，帝王陵寢，有石麟、辟邪、兕馬之屬，人臣墓有石人、羊、虎、柱之類，皆表飾墳壟，如生前儀衛……然則墓前之石人、柱、羊、虎之類，皆起於漢也。”北魏酈道元《水經注·清水》：“獲嘉縣故城西有漢桂陽太守趙越墓……碑北有石柱、石牛羊虎，俱碎，淪毀莫記。”宋以後，墓前石柱始稱“望柱”。《宋會要輯稿·禮三十七》：“南神門外宮人二，文武官各二，石羊、石虎各四，石馬各二並控馬者，望柱石二。”望柱石各二，對稱置於神道兩側。《明史·禮志十四》：“長陵迤南有總神道，有石橋，有石像人物十八對，擎天柱四，石望柱二。”清顧炎武《昌平山水記》卷上載：“〔長陵〕石柱二，刻雲氣，並夾侍神路之旁，迤邐而南，以接乎碑亭。”據《明會典》的規定，公侯至五品官墓前均有石望柱一對。清代沿用明制《清史稿·禮志十二》：“公至二品，用石人、望柱暨虎、羊、馬各二，三品無石人，四品無石羊，五品無石虎。”清孫承澤《天府廣記·喪制》：“石人四，文武各二，石虎羊馬望柱各二。”

【石柱】

即望柱。此稱魏晉時期已行用。見該文。

【石望柱】

即望柱。此稱宋代已行用。見該文。

【望柱石】

即望柱。此稱宋代已行用。見該文。

天禄

亦作“天鹿”。古代神話傳説中的一種靈獸名，常作爲官員墳墓神道邊的石獸之一，成雙相對而置。其形爲一角、大嘴、有翅膀，體型矯健。此稱漢代已行用。《漢書·西域傳上·烏弋山離國》：“有桃拔、獅子、犀牛。”顏師古注引孟康云：“桃拔，一名符拔，似鹿，長尾。一角者，或爲天鹿；兩角者，或爲辟邪。”東漢後，始用作陵墓前的石雕飾。天禄的品位比麒麟、辟邪低，故多爲中層官僚使用。宋歐陽修《集古録·後漢天禄辟邪字》：“漢‘天禄辟邪’四字，在宗資墓前石獸膊上。按《後漢書》，宗資，南陽安衆人也。今墓在鄧州南陽界中，墓前有二石獸，刻其膊上，一曰天禄，一曰辟邪。”《後漢書·孝靈帝紀》：“復修玉堂殿，鑄銅人四，黃鐘四，及天禄、蝦蟆。”北魏酈道元《水經注·沔水》：“有蔡瑁冢，冢前刻石爲大（當爲‘天’之誤）鹿，狀甚大，頭高九尺，製作甚工。”宋趙明誠《金石録》卷一五載：“漢州輔墓石獸膊字，其一辟邪，酈道元所見也。其一乃天禄字，差大，皆完好可喜。”明清三品官墓碑，碑首飾以天禄辟邪。《明史·禮志十四》：“碑碣……一品螭首，二品麟鳳蓋，三品天禄、辟邪蓋，四品至七品方趺。”清阮葵生《茶餘客話》卷五載：“古有飾墓禮。明代定制，碑：一品螭頭，二品麒麟，三品天禄、辟邪，

南朝梁蕭景墓辟邪

四品至七品圓首方趺。"《清史稿·禮志十二》："一品螭首，二品麒麟首，三品天祿辟邪首。"

【天鹿】

同"天祿"。此體漢代已行用。見該文。

辟邪

古代神話傳說中一種象徵祥瑞之神獸，似鹿而長尾，似獅而有翼，有兩角，造型矯健凶猛。東漢以來用爲墓前神道兩側石雕。《急就篇》卷三有"射魅辟邪除群凶"的記載。顏師古注："射魅、辟邪，皆神獸名……辟邪，言能辟禦妖邪也。"天祿一角，辟邪兩角。明于慎行《穀山筆塵》卷一四："天祿者，天鹿也，天鹿、辟邪自是兩物，一角爲天鹿，二角爲辟邪，又總謂之桃拔。"南北朝時盛行。北魏酈道元《水經注·滍水》："人有掘出一獸，猶全不破，甚高壯，頭去地減一丈許，作制甚工；左膊上刻作辟邪字。"隋唐以後則不多見。唐秦弢玉《豪家》詩："地衣鎮角香獅子，簾額停鉤繡辟邪。"明清時期，天祿辟邪合稱，用作品官墓碑蓋飾。《清史稿·禮志十二》："其墓門勒碑……一品螭首，二品麒麟首，三品天祿辟邪首。"清龔自珍《贈太子太師兵部尚書兩廣總督謚敏肅涿州盧公神道碑銘》："後有式者，天祿辟邪，鬐鬣飛揚。"

牌坊

俗稱"牌樓"。爲表彰功勛、科第、德政及忠孝節義而立的門樓式建築。一般設於陵墓神道、宮觀衙署、城市街口。因唐以後城市以坊巷分區，後世牌坊近似坊門，故稱。分石牌坊、木牌坊、琉璃牌坊、簡易彩門樓等種類。結構有"一間二柱""三間四柱""五間六柱"等形式，頂上有橫木橫板乃至檐式樓面，樓數有一樓、三樓、五樓、七樓、九樓等不同等級。其雛形可以追溯到始於西周的"衡門"、始於春秋的"兩觀"（雙闕）和始於魏晉的"凶門"；正式成型於明，沿用至今。《詩·陳風·衡門》記載衡門爲簡陋之門，《春秋·定公二年》記載兩觀爲宮殿陵墓前的磚石大門，《晋書·琅邪悼王煥傳》記載凶門爲喪禮所扎臨時之門。旌表門閭以揚善抑惡之風，歷史悠久。《書·畢命》曰："旌別淑慝，表厥宅里，彰善癉惡，樹之風聲。"牌坊就是提倡和宣傳忠義思想的標志性建築。明唐順之《與郭似庵巡按書》："《書》曰'彰善癉惡，樹之風聲'。近世牌坊之製，蓋仿此意。"唐五代開始有官府旌表義族之門事例。五代後晋天福四年（939）七月戶部《請定旌表門閭式議》曰："李自倫義居七世，准敕旌表門閭。先有鄧州義門王仲昭六代同居，其旌表有廳事步欄，前列屏樹烏頭，正門閥閱一丈二尺，二柱相去一丈，柱端安瓦桶墨染，號爲'烏頭'。築雙闕一丈，在烏頭之南三丈七尺，夾街十有五步，槐柳成列。"所謂"廳事步欄"，即類似後世之牌坊。至明代，出現正式的牌坊。明楊一清《關中奏議》卷一○載《爲旌死節以勵人臣事疏》："都指揮楊忠、李睿獨能挺身罵賊，不屈以死；百戶張欽不肯臣順，卒以殉亡。此忠義之臣，氣節凜然孤立，若不別加恩典，何以激勸人心？合無具實上聞，一體起立牌坊，以表其門廬。"陵墓之牌坊，體現着墓主人的等級地位。《明史·禮志十四》："長陵有《神功聖德碑》，仁宗御撰，在神道正南。南爲紅門，門外石牌坊一。"《明史·楊漣傳》："近又於河間毀人居屋，起建牌坊，鏤鳳雕龍，干雲插漢，又不止塋地僭擬陵寢而已。"《醒世姻緣傳》第九三回："墳上立了墓表、誥命碑碣、華表、牌坊、供桌、香案；又種了三四千株松柏；按了品級，立了翁仲冥器。"牌坊既有官府倡建者，亦有民間自建者。《醒世姻緣傳》第二二回："雖是大家的墳地，咱誰去種來？叫咱認糧？他家在墳上立蛟龍碑，蓋牌坊的，他不納糧，叫咱認，這也説不響。"《七劍十三俠》第一回："節婦義士，以及樂善好施的，朝廷給與表揚旌獎，建牌坊、賜匾額的勉勵他。"《清朝通典·吉禮十》載雍正二年上諭，論直省忠義節孝等祠："旌表節義，給銀建坊，民間往往視爲具文，未曾建立，恐日久仍至泯沒，不能使民間有所觀感。著於學宮內建忠義祠一所，立石碑一通，於學宮附近處購買基地建節孝祠一所，立大牌坊一座。其石碑、牌坊，將前後忠孝節義之人悉標姓氏於其上，已故者設牌位於祠中，春秋祭祀，用闡幽光，以垂永久。"民間喪禮，常有臨時性簡易門樓，一般稱"牌樓"。《紅樓夢》第一一〇："孝棚高起，大門前的牌樓立時竪起。上下人等登時成服。"《九雲記》第三五回："從魏府大門起，至內宅門，扇扇大開，一色净白紙糊了，孝棚高起，大門前的牌樓立時竪起。上下一等，登時成服。"

【牌樓】

"牌坊"之俗稱。此稱明代已行用。見該文。

碑亭

古代陵墓前護碑的亭閣式建築。碑亭四面各設一門，亭內贔屭頭向正南，背馱石碑。此稱元代已行用。元以後盛行。元高文秀《黑旋風》第一折："他見我這威凜凜的身似碑亭，他可慣聽我這莽狀漢！"明十三陵碑亭多建在棱恩門內的第一進院落東南角。《明史·禮志十四》載："門外神庫或一或二，神廚宰牲亭，有聖迹碑亭。"清顧炎武《昌平山水記》卷上："入門一里有碑亭，重檐四出陛，中有穹碑，高三丈餘，龍頭龜跌，題曰大明長陵神功聖德碑，仁宗御製文也。"清孔尚任《桃花扇·閒説》："從新修造亭殿碑亭、門墻橋道。"清代碑亭多建在陵寢大門外、神道盡頭處，又稱"神道碑亭"。又因與神功聖德碑樓相嚮而建，形制較小，亦稱"小碑樓"。《清史稿·禮志十三》："工部樹碑建亭，貝勒以下碑自建，給葬費有差。"

第九節　墳墓考

掩埋死人并壘築隆起之封土的土穴、土堆叫作墳墓。通常在地面挖長方形坑，置死者棺於其中，上覆土成丘壟。古代貴族大墓亦有"因山爲體"者，以自然之山爲其巨大墳丘，但爲數有限，且主要是帝王之墓。

遠古先民土葬，僅挖墓穴掩埋尸體，不起墳壟。《周易・繫辭下》謂"古之葬者，厚衣之以薪，葬之中野，不封不樹"，《禮記・檀弓上》云"古也墓而不墳"，即證明。從考古資料看，自石器時代至夏、商，均未發現墓葬帶墳堆。鄭玄注"古也墓而不墳"謂"古謂殷時"，尚不確，應指殷及其以前。周代甚重禮樂，墳墓也成爲當時禮樂制度的一部分，故其形制發生了很大變化。爲便於後人懷念死者，開始起墳作埋葬地標志，又爲了區別尊卑等級，始以墳壟的大小高低和墳上植樹的數量與品種體現死者的身份地位。《周禮・春官・冢人》："以爵等爲丘封之度，與其樹數。"賈公彥疏引《春秋緯》云："天子墳高三仞，樹以松；諸侯半之，樹以柏；大夫八尺，樹以藥草；士四尺，樹以槐；庶人無墳，樹以楊柳。"這大約是西周至春秋時期的狀況。河南固始侯古堆曾發掘一座據認爲是楚國之封君的家屬墓，開挖時該墓尚有高 7 米、直徑 55 米的封土堆（見《文物》1981 年第 1 期），超出了文獻所載的等級規定標準，表明春秋戰國之際，已出現僭越等級的現象。隨着"禮崩樂壞"，不僅墳壟大小的規定遭破壞，連庶人也開始有墳壟了。

漢代，喪葬奢靡之風大盛，《漢律》雖規定了"列侯墳高四丈，關內侯以下至庶人各有差"（《周禮・春官・冢人》"以爵等爲丘封之度，與其樹數"鄭玄注引），但不少"富者積土成山，列樹成林"（《鹽鐵論・散不足》），已遠超律令限制。安徽阜陽雙古堆汝陰侯墓，現存封土底徑約 100 米，南北寬 60 ～ 70 米，原封土高約 20 米，即越制甚多。爲維護尊卑等級，朝廷不得不進行約束，"明帝時，桑民揪陽侯坐冢過制髡削"（《潛夫論・浮侈》），即一例，但仍難阻止人們"造起大冢，廣種松柏"（同上）。

魏晉南北朝時，戰亂不已。前代的高墳大冢多遭盜掘，故此時期王公貴族墓往往"因山爲體，無爲封樹"（《三國志・魏書・文帝紀》），甚而至於"隨得一地，地足爲坎，坎足容棺，不須甃，不勞封樹"（《南齊書・劉歊傳》）。雖然不是所有人都如此，但墳壟高大現象極少則是實際狀況。北魏時曾任渤海太守的吳某葬後，時間一長，其後人"欲改葬，亡失墳墓，推尋弗獲"（《北史・孝行傳・吳悉達》），亦可見此狀況之一斑。

隋唐至明清，墳丘大小仍按死者地位高低而有所限定。《通典》載唐代品官墳墓，一品至五品官墳高依次爲一丈八尺、一丈六尺、一丈四尺、一丈二尺和九尺，六品以下高七尺。倘過於超越禮制規定，必遭非議。《舊唐書・宋璟傳》載開府儀同三司王皎死後，家人欲造五丈一尺高墳，因遭大臣反對而未果，可見當時墳壟高低是不能任意確定的。宋以後，朝廷雖仍對墳壟加以限定，但已不甚嚴格，官僚庶民不按規定營築墳丘亦很常見，如宋代布衣李玭，先後爲母親及叔伯父母營造七墓，“負土成墳”，墳高皆丈餘，時人以爲孝（《宋史·孝義傳·李玭》）。此後，墳墓大小主要受死者財力、能力情況左右，官府也規定了墳丘等級標準（如《清史稿·禮志十二》載，一品官墳高一丈六尺，以下依次遞減，至士高六尺，庶民四尺），但未必完全依照實施。

造墳之習沿襲至今，尤盛行於部分鄉村。然當今推廣火葬，營建墳墓的土葬正在逐漸減少。

墓

埋葬死者處。周以前，墓無墳堆，亦不植樹爲墓葬標志。此稱先秦時期已行用。《周易·繫辭下》：“古之葬者，厚衣之以薪，葬之中野，不封不樹。”孔穎達疏：“不封不樹者，不積土爲墳是不封也，不種樹以標其處是不樹也。”《禮記·檀弓上》：“古也墓而不墳。”鄭玄注：“墓謂兆域，今之封塋也。古謂殷時也。”《方言》卷一三：“凡葬而無墳謂之墓。”墓葬一般有較固定的方位，按規則分布。這已從各地新石器時代的墓葬群和殷墟墓區的鑽探發掘得到證明。到周代，此制猶存，《周禮·春官·冢人》云，當時設有“公墓”，“先王之葬居中，以昭穆爲左右。凡諸侯居左右以前，卿大夫、士居後，各以其族”。又《墓大夫》還有“邦墓”“令國民族葬”“正其位”。因周以前墓無墳丘封樹，時間一長，不便於活人確定墓葬位置及喪葬等級，而周代極重尊卑等級和忠孝之禮，故墓皆起墳。一是便於活人懷念死者。《周禮·春官·序官》：“墓大夫。”鄭玄注：“墓，冢塋之地，孝子所思慕之處。”《釋名·釋喪制》：“墓，慕也，孝子思慕之處也。”《禮記·檀弓上》載孔子葬其母，子曰：“吾聞之，古也墓而不墳，今丘也，東西南北之人也，不可以弗識也。”孔穎達疏：“今既東西南北，不但在鄉，若久乃歸還，不知葬之處所，故云不可以不作封墳記識其處。”二是通過墳之高低、樹之多少，體現嚴格的尊卑等級。《周禮·春官·冢人》：“以爵等爲丘封之度與其樹數。”賈公彥疏引《春秋緯》：“天子墳高三仞，樹以松；諸侯半之，樹以柏；大夫八尺，樹以藥草；士四尺，樹以槐；庶人無墳，樹以楊柳。”春秋以後禮崩樂壞，以墓上墳、樹別尊卑之制漸被人淡漠，但墓必有墳丘則歷代相沿，直至當代。《說文·土部》：“墓，丘也。”晉干寶《搜神記》卷一六：“〔韓〕重哭泣哀慟，具牲幣，往吊於墓前。”《法苑珠林·忠孝篇·感應緣》引《冥報拾遺》：“廬於墓左，負土成墳。”宋司馬光《禮部尚書張公墓誌銘》：“公將以八月壬申葬，子爲我銘公之墓。”明張瀚《松窗夢語·東游紀》：“〔霸王〕祠後墓甚高大，宛如一小山，意者古人之葬，皆高封其丘。”清蒲松齡《聊齋志異·蓮香》：“一日，寒食，燕曰：‘此每歲妾與郎君哭姊日也。’遂與親登其墓，荒草離離，木已拱矣。"此稱至今仍沿用。

墳

亦作"隤"。隆起若丘之墓。此稱先秦時期已行用。《說文·土部》:"墳,墓也。"段玉裁注:"此渾言之也。析言之則墓爲平處,墳爲高處。"《方言》卷一:"青幽之間,凡土而高且大者謂之墳。"又卷一三:"冢,秦晉之間謂之墳。"《集韻·平文》:"〔墳〕亦作隤。"遠古墓不起墳。《禮記·檀弓上》:"古也墓而不墳。"鄭玄注:"土之高者曰墳。"周以後,以墳之大小別尊卑。漢班固《白虎通·崩薨》引《春秋含文嘉》言周代墳制:"天子墳高三仞,樹以松;諸侯半之,樹以柏;大夫八尺,樹以欒;士四尺,樹以槐;庶人無墳,樹以楊柳。"秦漢以後,墳仍有等級差別,但庶人喪葬亦普遍有墳。《周禮·春官·冢人》:"以爵等爲丘封之度與其樹數。"鄭玄注引《漢律》:"列侯墳高四丈,關內侯以下至庶人各有差。"《太平御覽》卷九〇〇引晉祖台之《志怪》:"此牛所眠,便好作墓。安墳當之,致極貴。"北魏酈道元《水經注·清水》:"太和中,高祖孝文皇帝南巡,親幸其墳而加吊焉。"唐李賀《秋來》詩:"秋墳鬼唱鮑家詩,恨血千年土中碧。"宋陸象山《陸修職墓表》:"表公之墳與,斯銘其長存。"明陳洪謨《繼世紀聞》卷二:"〔劉〕瑾等數人,皆贈父祖爲都督、都指揮,母爲夫人,造墳祭葬。"此稱至今仍沿用。

【隤】

同"墳"。此體宋代已行用。見該文。

墳墓

泛指埋葬死者處。春秋之前,墳、墓有別,隆起者爲墳,平者爲墓,兩者合稱則無別。後乃成泛稱。此稱先秦時期已行用。《周禮·地官·大司徒》已出現此稱:"以本俗六,安萬民……二曰族墳墓。"春秋以前,墳、墓有別,墓無土堆。《禮記·檀弓上》:"古也墓而不墳。"戰國以後,墳墓多有墳堆,以爲葬地標識。故墳、墓二者無別,往往連稱。《管子·九變》:"大者,親戚墳墓之所在也。"《墨子·七患》:"死又修墳墓。"《漢書·元帝紀》:"奏徙郡國民以奉園陵,令百姓遠棄先祖墳墓,破業失產。"漢應劭《風俗通·愆禮》:"凡今杖者,皆在權戚之門,至有家遭齊衰同生之痛,俯伏墳墓而不歸來,真不愛其親而愛他人者也。"北魏酈道元《水經注·濟水》:"蓋所毀者傅太后陵耳,丁姬墳墓,事與書違,不甚過毀,未必一如史說也。"《舊唐書·韋溫傳》:"睿宗即位,仍令削平〔韋〕玄貞及〔韋〕洵等墳墓。"宋莊綽《雞肋編》卷上:"或寒食日陰雨,及有墳墓異地者,必擇良辰,相繼而出。"元佚名《湖海新聞夷堅續志·神明門·家神送物》:"爲他人祀祖宗,謂可徼福,反以本生祖宗置之度外,歲時不祭,墳墓不登,雖有子孫,絶嗣何異?"明熊龍峰《孔淑芳雙魚扇墜記》:"見今新河壩孔家墳墓見存。"《二十年目睹之怪現狀》第九四回:"你看築起鐵路來,墳墓也要遷讓呢,何況祠堂!"當代推行火葬,城市人不土葬,唯鄉村仍流行墳墓。

【墳壟】

即墳墓。亦作"墳壠""墳隴"。此稱漢代已行用。漢應劭《風俗通·山澤》:"今王公墳壟,各稱陵也。"《北史·魏文成帝紀》:"自今有穿墳壠者,斬之。"又《魏孝文帝紀》:"命兗州爲孔子起園柏,修飾墳隴,更建碑銘,褒揚聖德。"宋范成大《諭葬文》："又倍於巫卜，因生事，小不如意，即歸罪墳壠。"

【墳壠】

同"墳壟"。此體南北朝時期已行用。見該文。

【墳隴】

同"墳壟"。此體南北朝時期已行用。見該文。

【墳塋】

即墳墓。此稱魏晋時期已行用。晋潘岳《西征賦》："眷鞏洛而掩涕，思纏綿於墳塋。"北魏酈道元《水經注·易水》："其東謂之石虎罡，范曄《漢書》云：中山簡王之窆也，後其葬，採涿郡山石以樹墳塋。"《宋書·文袁元后傳》："外戚尊屬，不宜使墳塋蕪穢。"唐陳子昂《爲義興公求拜掃表》："墳塋莫掃，松柏凋荒。"《唐律疏議·雜律》："墳塋者，一品方九十步，墳高一丈八尺。"《初刻拍案驚奇》卷一一："如今屍首現在墳塋左側，萬乞老爺差人前去掘取，祇看有屍是真，無屍是假。"清王又槐《辦案要略·論雜案》："如控盜砍墳樹者，惟於墳塋步數内，或附墳不甚遠隔之樹，照例擬斷。"

【墳瘞】

即墳墓。此稱魏晋南北朝時期已行用。晋潘岳《傷弱子辭》："還眺兮墳瘞，草莽莽兮木森森。"《北史·外戚傳·胡國珍》："太后以太上君墳瘞卑局，更增廣，爲起塋域門闕碑表。"唐許嵩《建康實録·宋太宗明皇帝》："〔泰始三年〕五月丙申詔：宣太后崇寧陵禁内墳瘞遷徙者，給葬直，蠲復其家。"

【墳冢】

即墳墓。亦作"墳塚"。墳和冢始於先秦，俱指有墳堆之墓。此稱漢代已行用。《後漢書·欒巴傳》："陵左右或有小人墳冢，主者欲

有所侵毀。"北魏酈道元《水經注·濟水》："時有群燕數千，銜土投於丁姬竆中，今其墳冢，巍然尚秀。"又《水經注·沔水》："劉表墓……今墳冢及祠堂猶高顯整頓。"後蜀何光遠《鑒誡録·鬼傳書》："蜀人呼老弱爲波，墳冢爲塊。"宋佚名《靖康要録》卷三："以搜尋奇玩而發人籠篋者有之，以訪求古物而掘人墳塚者有之。"《三國演義》第六回："〔董卓〕又差呂布發掘先皇及后妃陵寝，取其金寶。軍士乘勢掘官民墳冢殆盡。"清蒲松齡《聊齋志異·嬰寧》："生諾之，然慮墳冢迷於荒草，女言無慮。"

【墳塚】

即墳墓。同"墳冢"。此體宋代已行用。見該文。

【墳圢】

即墳墓。此稱元代已行用。元宫天挺《死生交范張鷄黍》第二折："哥哥若不到時，我靈車不動，不入墳圢。"又："築墳圢蓋廬舍，修墻垣種松柏，那其間尚未捨。"

墳壘

重重的墳堆。壘，重重叠叠的意思。此稱由"墳壘壘"演化而來。此稱晋代已行用。《文選·潘岳〈懷舊賦〉》："墳壘壘而接壟，柏森森以欑植。"李善注："古樂府詩曰：還望故鄉鬱何壘。《廣雅》曰：壘，重也。"南朝宋鮑照《行路難》十九首之一："高墳壘壘滿山隅，長袖紛紛徒競世。"後乃以"墳壘"稱墳堆。唐元稹《贈左散騎常侍河東薛公神道碑》："前年孟亡，今年仲死，撫視遺孤，瞻望墳壘。"

冢

亦作"塚"。本義爲山頂，藉稱高大的墳墓，因墳堆隆起如山丘，故稱。後成爲墳墓

泛稱。此稱先秦時期已行用。本意爲山頂。《詩·小雅·十月之交》：“山冢崒崩。”毛傳：“山頂曰冢。”《爾雅·釋山》：“山頂，冢。”因用以指高大的墳墓。《説文·冖部》：“冢，高墳也。”《釋名·釋喪制》：“冢，腫也，象山頂之高腫起也。”《玉篇·土部》：“塚，塚墓也，正作冢。”漢以後，亦作墳墓的泛稱。《方言》卷一三：“冢，秦晋之間謂之墳，或謂之培，或謂之堬，或謂之埰，或謂之埌，或謂之壠。自關而東謂之丘，小者謂之塿，大者謂之丘。”《文選·顔延之〈拜陵廟〉》：“山烟冒壠生。”李善注引《方言》亦曰：“秦晋之間冢謂之壠。”周朝設冢人之官，《周禮·春官·冢人》云“掌公墓之地，辨其兆域而爲之圖”，則當時已視墳墓爲冢，故《春官·序官》“冢人”鄭玄注：“冢，封土爲丘壟，象冢而爲之。”因冢高大，先秦至漢初主要指帝王公侯墳墓。《史記·高祖本紀》：“秦始皇帝、楚隱王陳涉、魏安釐王、齊愍王、趙悼襄王皆絶無後，予守冢各十家。”又《吕不韋列傳》“吕不韋自度稍侵，恐誅，乃飲酖而死”裴駰集解引《皇覽》：“吕不韋冢在河南洛陽北邙，道西大冢是也。”漢以後，無論墓之大小，無論貴族墓、平民墓，皆稱作冢。漢應劭《風俗通·十反》：“叔矩……因將人客於九江，田種畜牧，多所收獲，以解債，負土成冢，立祀。”晋干寶《搜神記》卷一一：“王怒，弗聽，使里人埋之，冢相望也。”《法苑珠林·呪術篇·感應緣》：“田融《趙記》云：〔佛圖〕澄未亡數年，自營塚壙。”南朝梁殷芸《小説·魏世人》：“魏王北征蹋頓，陟嶺眺矚，見一岡，不生百草。王粲曰：‘此必古冢。’”唐戴孚《廣異記·孫緬家奴》：“〔奴〕入東園，園有古塚。

宋莊綽《鷄肋編》卷上：“寒食日上冢，亦不設香火，紙錢挂於塋樹。”明熊龍峰《孔淑芳雙魚扇墜傳》：“女父母見了扇墜，方信是女爲祟，告官發冢。”清紀昀《閲微草堂筆記·槐西雜志（一）》：“我嘗清明上冢，見游女踏青，其妖媚弄姿者，諸鬼隨之嬉笑；其幽閒貞静者，左右無一鬼。”

【塚】

　同“冢”。此體魏晋時期已行用。見該文。

【冢墓】

　即冢。亦稱“冢塋”“塋冢”。此稱先秦時期已行用。《史記·田單列傳》：“〔田〕單又縱反間曰：‘吾懼燕人掘吾城外冢墓，僇先人，可爲寒心。’燕軍盡掘壟墓，燒死人。”《漢書·張禹傳》：“〔張〕禹年老，自治冢塋，起祠室。”《後漢書·中山簡王劉焉傳》：“〔劉焉〕薨……詔濟南、東海二王皆會，大爲修冢塋，開神道。平夷吏人冢墓以千數，作者萬餘人。”晋戴祚《甄異録·秦樹》：“〔秦〕樹低頭急去數十步，顧其宿處，乃是冢墓。”《太平廣記》卷三九〇引宋徐鉉《稽神録·海陵夏氏》：“戊戌歲，城海陵縣爲郡，侵人冢墓。”《宋史·石介傳》：“國家無故剖人冢墓，何以示後世？”明何景明《盤江行》詩：“牧童驅羊上塋冢，田夫牽牛耕戰場。”

【冢塋】[2]

　即冢墓。此稱漢代已行用。見該文。

【塋冢】

　即冢墓。此稱明代已行用。見該文。

丘

　亦作“邱”。高大的墳墓。本意爲小土山，《説文·丘部》：“丘，土之高也。”因墳墓堆土如丘，故轉稱。《説文・土部》："墓，丘也。"《釋名・釋喪制》："丘，象丘形也。"此稱先秦時期已行用。《禮記・曲禮下》："爲宫室，不斬於丘木。"鄭玄注："丘，壟也。"北魏酈道元《水經注・渭水》引《春秋説題辭》："丘者，墓也。"《吕氏春秋・孟冬紀》："營丘壟之小大高卑。"高誘注："丘，墳。"《廣雅・釋丘》："丘、墓，冢也。"《玉篇・丘部》釋"丘"："冢也。"丘最初指大墳墓，《方言》卷一三："冢……自關而東謂之丘，小者謂之塿，大者謂之丘。"周代專指王公貴族墓。《周禮・春官・冢人》："以爵等爲丘封之度與其樹數。"鄭玄注："王公曰丘，諸臣曰封。"賈公彦疏："尊者丘高而樹多，卑者封下而樹少。"但賈疏以《爾雅》爲據，謂"土之高者曰丘，高丘曰阜，是自然之物，故屬之王公也；聚土曰封，人所造，故屬之諸臣"。此説不確，今考古發掘表明，先秦王公墳丘多由人工夯築而成，一般非自然山丘。戰國時，丘仍指貴族大墓。《吕氏春秋・安死》："又視名丘大墓，葬之厚者，求舍便居，以微拍之。"漢以後直至清代，大小墓皆稱丘，丘不復體現尊卑含義。《漢書・劉向傳》稱秦穆公、樗里子"皆無丘壟"。漢王充《論衡・四諱》則稱普通刑徒墓爲丘，謂："世俗信而謂之皆凶，其失至於不弔鄉黨屍，不升他人之丘，惑也。"丘成爲墓的泛稱。唐李白《登金陵鳳凰臺》詩："吴宫花草埋幽徑，晋代衣冠成古丘。"清孫原湘《霸王之墓詩後》詩："七十戰纔餘寸土，八千人恨不同丘。"因文字通假，丘或寫作邱。金元好問《續夷堅志・張童入冥》："明日欲埋之，又復不忍，但纍作邱，入地一二尺許。"民國以後，墳墓不復稱丘。

【邱】

同"丘"。此體金代已行用。見該文。

丘壟

亦作"邱隴""丘壠""邱壟""邱壠""丘隴"。亦稱"丘封"。因墳墓在荒野如土丘、土壟，故稱。此稱先秦時期已行用。周至秦漢稱"丘封"。《周禮・春官・冢人》"辨其兆域而爲之圖"鄭玄注："圖謂畫其地形及丘壟所處而藏之。"賈公彦疏："丘壟之言，即下文丘封是也。"又："以爵等爲丘封之度與其樹數。"鄭注："王公曰丘，諸臣曰封。"丘壟、邱隴等稱謂出現於戰國時，因墳墓堆土如山丘，故稱。《墨子・節葬》："王公大人有喪者……邱隴必巨。"《吕氏春秋・孟冬》："飭喪紀，辨衣裳，審棺椁之厚薄，營丘壟之小大高卑薄厚之度、貴賤之等級。"高誘注："丘，墳；壟，冢也。度，其制度貴者高大，賤者卑小。"《周禮・春官・序官》"冢人"鄭玄注："冢，封土爲丘壟，象冢而爲之。"賈公彦疏："《爾雅》：'山頂曰冢。'故云象冢而爲之。"此稱歷代沿襲。《漢書・劉向傳》："無德寡知，其葬愈厚，丘隴彌高，宫廟甚麗，發掘必速。"晋張載《七哀詩》："丘隴日已遠，纏綿彌思深。"《太平廣記》卷三二二引晋戴祚《甄異記》："丘壠累積，尤多古冢。"《北史・孝行傳・王頒》："請發其丘隴，斫櫬焚骨。"宋司馬光《論劉平招魂葬狀》："聖人作爲丘壟以藏其形，作爲宗廟以饗其神。"明王世貞《鳴鳳記・拜謁忠靈》："丘隴頹，桑田變，天涯和鶴空悲咽。"清佚名《三元里平夷録》："而且田園被傷，室廬被毀，邱壟被掘。"周學熙《清明家祭》詩："心摧邱壠今朝恨，痛切門閭昔日情。"

【丘封】

即丘壟。此稱唐代已行用。見該文。

【邱隴】

同"丘壟"。此體先秦時期已行用。見該文。

【丘隴】

同"丘壟"。此體漢代已行用。見該文。

【丘壠】

同"丘壟"。此體晋代已行用。見該文。

【邱壟】

同"丘壟"。此體清代已行用。見該文。

【邱壠】

同"丘壟"。此體近代行用。見該文。

【丘冢】

即丘壟。亦作"邱冢""坵冢"。"丘"或作"邱"。本指土山，因藉稱墳墓。此稱漢代已行用。《史記·吳王濞列傳》："天殺無罪，燒殘民家，掘其丘冢，甚爲暴虐。"漢王充《論衡·薄葬》："齊國之民高大邱冢，多藏財物。"《雜阿含經》卷三九："一時，佛住王城寒林中丘塚間。"唐玄應等《一切經音義》卷七"冢埌"引《通俗文》："丘冢謂之壙埌。"按，《莊子·應帝王》"游無何有之鄉，以處壙埌之野"中之"壙埌"，意與此同，俱含曠野荒冢意。《宋史·韓綜傳》："河溢金堤，民依丘冢者數百家。"元鄭光祖《老君堂》第一折："繞著這週圍看，盡都是坵冢摧殘，埋没了多少英雄漢。"

【邱冢】

同"丘冢"。此體漢代已行用。見該文。

【坵冢】

同"丘冢"。此體元代已行用。見該文。

【丘墳】

即丘壟。亦作"坵墳"，"丘"抑或作"邱"。此稱漢代已行用。《史記·司馬相如列傳》："涉乎蓬蒿，馳乎丘墳，前有利獸之樂，而内無存變之意，其爲禍也不亦難矣！"北魏酈道元《水經注·河水》："陵在濟北，丘墳高巨，雖中經發壞，猶若層陵矣。"南朝宋謝靈運《撰征賦·序》："詳觀城邑，周覽丘墳，眷言古迹，其懷已多。"唐楊烱《唐右將軍魏哲神道碑》："栖遲膠墊，悦懌邱墳。"《舊五代史·唐莊宗紀七》："山陵封域之内，先有丘墳，合令子孫改卜。"《白雪遺音·南詞·世間男女》："在生雖則同衾枕，怎能到老合坵墳。"

【坵墳】

同"丘墳"。此體漢代已行用。見該文。

【邱墳】

同"丘墳"。此體唐代已行用。見該文。

丘阜

亦稱"丘坡"。荒原上的丘墓。丘、阜皆爲小土山，二者并稱則指原野上之丘陵，因轉稱荒原墳墓。明崔銑《士翼·述言中》言"自秦之虐，劉項之戰，丘阜積骸，川原流血"，其丘阜即指原野山丘。《說文·丘部》："丘，土之高也。"《爾雅·釋地》："高平曰陸，大陸曰阜。"魏晋以後轉稱墳墓。北魏酈道元《水經注·河水》："山南有古冢，陵柏蔚然，攢茂丘阜，俗謂之夷齊墓也。"又稱"丘坡"。唐王建《遼東行》："年年郡縣送征人，將與遼東作丘坡。"此稱沿用至宋元。宋楊萬里《再和雲龍歌留陸務觀西湖小集且督戰云》詩："少陵浣花舊時屋，太白青山何處墳？二仙死可埋丘阜，二仙生可著韋布。"

【丘坡】

即丘阜。此稱唐代已行用。見該文。

山丘

喻高大的墳墓。本意爲土山，因墳墓壘土如山，故稱。此稱三國時期已行用，尤盛行於唐宋時。三國魏曹植《箜篌引》詩：“生在華屋處，零落歸山丘。”後代多用此典。唐韓休《惠宣太子哀册文》：“庭樹槭以驚秋，川波咽而不流。歷神皋兮望國寢，背華宇兮歸山丘。”金劉祁《歸潛志》卷九引李長源《代金谷佳人答》詩：“鐘鳴漏盡行不休，生存華屋歸山丘。”清羅以智《攬屋哀》詩：“紙錢一陌酒一滴，魂兮何日歸山丘。”

丘墟

亦作“丘虛”“坵墟”。本意指荒野高低不平的土堆，因轉稱喪葬丘壟。謂其地荒涼也。此稱先秦時期已行用。《玉篇·北部》釋“丘”：“虛也，聚也，冢也。”又：“虛，丘居切，大丘也。今作墟。”《呂氏春秋·禁塞》：“吳王夫差、智伯瑤知必國爲丘墟，身爲刑戮，吾未知其爲不善無道侵奪之至於此也。”《漢書·司馬相如傳》：“涉豐草，騁丘虛，前有利獸之樂，而内無存變之意，其爲害也不難矣。”北魏酈道元《水經注·濟水》引曹大家《東征賦》：“睹蒲城之丘墟兮，生荆棘之蓁蓁；蘧氏在城之東南兮，民亦饗其丘墳；唯令德之不朽兮，身既没而名存。”《舊五代史·世襲傳·李茂貞》：“茂貞之衆因犯京師，焚燒宮闕，大掠坊市而去，自此長安大内盡爲丘墟矣。”宋陸游《嘆老》詩：“朋儕什九墮丘墟，自笑身如脱網魚。”清席鎬《除夕感懷亡弟湘北》詩：“弟兄我七人，强半歸坵墟。”

【丘虛】

同“丘墟”。此體漢代已行用。見該文。

【坵墟】

同“丘墟”。此體漢代已行用。見該文。

墟墓

指荒墳、墳墓。此稱先秦時期已行用。初多指祖先墳墓，魏晋以後乃成墳墓泛稱。《禮記·檀弓下》：“墟墓之間，未施哀於民而民哀。”鄭玄注：“墟，毁滅無後之地。”《三國志·魏書·孫禮傳》：“墟墓或遷就高敞，或徙避仇雠。”晋潘岳《悼亡》詩：“徘徊墟墓間，欲去復不忍。”唐李邕《兖州孔子廟碑》：“墟墓之地，禮曰自哀；聽訟之樹，詩云勿剪。”宋李覯《陳伯英墓表》：“逝者如斯，徒使吾文不施於樂歌舞蹈，而施於墟墓間也。”清蒲松齡《聊齋志異·水災》：“水落歸家，一村盡成墟墓。”清紀昀《閲微草堂筆記·如是我聞（一）》：“吾言此地花事殊勝，惟墟墓間多鬼可憎。”

【丘墓】

即墟墓。亦稱“丘壟”。此稱漢代已行用。漢代主要指祖先墳墓。漢司馬遷《報任安書》：“僕以口語遇遭此禍，重爲鄉黨戮笑，污辱先人，亦何面目復上父母之丘墓乎！”侍奉先人墳墓，即盡孝道，故楊惲爲有罪未遭極刑而慶幸，《漢書·楊惲傳》：“身幽北闕，妻子滿獄，當此之時，自以夷滅不足以塞責，豈意得全首領、復奉先人之丘墓乎？”馮衍因遠離祖墓不得侍奉而悲哀，《後漢書·馮衍傳》：“悼丘墓之蕪穢兮，恨昭穆之不榮。”受過刑而身體傷殘之人，被忌諱上祖先墓地，漢王充《論衡·四諱》：“諱被刑爲徒，不上丘墓。”其原因一是“先祖全而生之，子孫亦當全而歸之”；二是先祖在地下，“見子孫被刑，惻怛憯傷，恐其臨祀，不忍歆享”。居祖墓之側，叫守丘壟。晋潘岳《楊荆州誅》：“退守丘壟，杜門不出，游目典墳，縱心儒術。”魏晋以後，丘墓不專指祖墓，成爲墳壟的泛指，尤指荒墳，晋阮籍《咏懷詩》：“開軒臨四野，登高望所思。丘墓蔽山岡，萬代同一時。”《南史·宋孝武帝紀》：“詔上林苑内士庶丘墓欲還合葬者，勿禁。”《文選·阮籍〈咏懷詩〉》“松柏翳岡岑”李善注：“松柏岡岑，丘墓所在也。”唐劉禹錫《虎丘寺路宴》詩：“兹峰淪寶玉，千載惟丘墓。”宋陸游《清明》詩：“老增丘墓感，貧苦道途難。”

【丘壟】

即丘墓。此稱魏晋時期已行用。見該文。

壟

亦作“壠”“隴”“壟墓”。指高大的墳墓。本意爲土丘，因墳墓堆土如山丘，故轉稱。《説文·土部》：“壟，丘壟也。”《方言》卷一三：“冢，秦晋之間……或謂之壟。”《玉篇·土部》：“〔壟〕亦作壠。”《淮南子·説林訓》：“或謂冢，或謂隴。”又《墬形訓》“后稷壟在建木西”高誘注：“壠，冢也。”漢東方朔《七諫·沈江》“封比干之丘壟”王逸注：“大曰壟。‘壟’一作‘隴’。”此稱先秦時期已行用。《禮記·曲禮上》：“適墓不登壟，助葬必執紼。”《管子·侈靡》：“巨瘗培所以使貧民也，美壟墓所以文明也，巨棺椁所以起木工也。”房玄齡注：“壟墓高美文明而不滅也。”先秦至漢初，壟之大小高低與人的地位尊卑密切相關。《淮南子·時則訓》：“飾喪紀，審棺椁衣衾之薄厚，營邱壟之小大高痺，使貴賤卑尊，各有等級。”但漢代上自皇帝，下至庶民，追求高墳大壟成風。《淮南子·道應訓》説臣民：“含珠鱗、施綸組，以貧其財；深鑿高壟，以盡其力。”《漢書·劉向傳》説皇帝：“與

暴秦亂君競爲奢侈，比方丘隴，説愚夫之目，隆一時之觀。”天下競相僭越等級，故漢以後墳壟難以成爲地位高低之標志，“壟”遂成了墳墓的泛稱。《列子·周穆王》：“〔同行者〕指壟曰：‘此若先人之冢。’其人哭不自禁。”唐裴鉶《傳奇·盧涵》：“昔日羅衣今化盡，白楊風起隴頭寒。”

【壠】

同“壟”。此體先秦時期已行用。見該文。

【隴】

同“壟”。此體先秦時期已行用。見該文。

【壟墓】

即壟。指冢墓。此稱先秦時期已行用。見該文。

塋 [2]

初指有封土之墳，後泛指墳墓。此稱漢代已行用。《説文·土部》：“塋，墓也。”《廣韻·上腫》“冢”引《方言》：“墳、瑜、培塿、埰、埌、塋、壟，皆冢別名。”清劉獻廷《廣陽雜記》卷五引《方言》：“凡葬無墳者謂之墓，有墳者謂之塋。”（今本《方言》脱下句）後代墓無論有墳無墳，俱稱“塋”。漢王充《論衡·知實》：“有塋自在防，殯於衢路，聖人不能先知。”南朝梁殷芸《小説·魏世人》：“見一岡，不生百草。王粲曰：‘此必古冢。其人在世服生礜石，熱蒸出外，故草木焦滅。’遂令鑿看，果是大墓，礜石滿塋。”宋劉辰翁《菩薩蠻·春日山行》詞：“何處不青青，青青是漢塋。”明張瀚《松窗夢語·堪輿紀》：“駱自北來歸，將至清河，睹山巒秀拔，指示輿人繞山而行，登山麓一冢，云：‘此中大有佳處。’詢爲誰氏墓，土人曰：‘丁秀士父

堲也。’”清紀昀《閲微草堂筆記·姑妄聽之（四）》：“謹以殉棺薄物，祈君貨鬻，歸途以所得之直，修治荒堲。”

封 [1]

墳，尤指墓上墳堆。此稱先秦時期已行用。遠古墓上無封土。《周易·繫辭下》：“古之葬者，厚衣之以薪，葬之中野，不封不樹。”孔穎達疏：“不積土爲墳是不封也。”周以後，墓皆有封土，且以爵位高低定封土大小。《周禮·春官·冢人》：“以爵等爲丘封之度。”鄭玄注：“王公曰丘，諸臣曰封。”可知丘大而封小。《禮記·檀弓下》：“〔季子〕長子死……既葬而封，廣輪掩坎，其高可隱也。”鄭玄注：“隱，據也，封可手據，謂高四尺。”《書·武成》：“釋箕子囚，封比干墓。”亦有壘石爲封者。《後漢書·東夷傳·高句驪》：“金銀財幣盡於厚葬，積石爲封，亦種柏松。”封土爲墓，歷代沿襲。《太平廣記》卷三四九引《宣室志》：“府公於此峻城池，搆城屋，工人伐我封内樹且盡。”唐駱賓王《破蒙儉露布》：“積員顱於重皁，殆成京觀之封。”《舊五代史·唐閔帝紀》：“帝遇鴆而崩……與秦王及末帝子重吉並葬於徽陵域中，封纔數尺，路人觀者悲之。”明李濂《族葬論》：“曰掌其度數，謂差其丘封之度與其樹數也。”

馬鬣封

初指孔子墳壟，後成爲墳丘的泛稱。出典源自春秋，後世行用此稱至近世。謂其儉約，以馬頸鬣毛下的皮薄，比喻墳丘低矮，故名。因孔子卒，有燕人來觀，孔子弟子子夏子告以墳壟較低，以馬鬣爲喻，使之易於理解。《禮記·檀弓上》：“昔者夫子言之曰：‘吾見封之若堂者矣，見若坊者矣，見若覆夏屋者矣，見若斧者矣。從若斧者焉。’馬鬣封之謂也。今一日而三斬板而已封，尚行夫子之志乎哉！”漢鄭玄注謂馬鬣封是“俗閒名”。孔穎達疏：“子夏既道從若斧形，恐燕人不識，故舉俗稱馬鬣封之謂也，以語燕人。馬鬣鬣之上其肉薄，封形似之。”元陳澔《禮記集説·檀弓上》解釋上述四種墳壟，顯示斧形墳壟最儉。曰：“此言封土有此四者之形：封築土爲墳也，若堂者，如堂之基四方而高也；坊堤也，若坊者上平旁殺而南北長也；若覆夏屋者，旁廣而卑也；若斧者，上狹如刃。較之上三者，皆用功力多而難成，此則儉而易就，故俗謂之‘馬鬣封’。馬鬣鬣之上，其肉薄，封形似之也。”宋衛湜《禮記集説》卷一九亦引漢馬融曰：“馬鬣封則從於儉，而後世可傳矣。”元俞琰《書齋夜話》卷一：“乃若馬鬣封之封，却是如字，與《易》不封樹之封同矣。”後世遂以此作小墳丘的泛稱。唐李賀《王濬墓下作》詩：“耕勢魚鱗起，墳斜馬鬣封。”宋方鳳《憶同張子長游北山諸名勝》詩：“零落螭頭墨，荒凉馬鬣封。”遼楊佶《張儉墓誌銘》：“桐山西分桑水東，龍耳岡兮馬鬣封。”明詹同《北邙行》：“不見馬鬣封，但見白骨荒。”明李進《漂母墓》：“雲迷馬鬣封難認，草没龜趺字已昏。”

堬

秦漢時陝西、山西一帶方言，指墳墓。此稱秦漢時期已行用。《方言》卷一三：“冢，秦晋之間謂之墳，或謂之培，或謂之堬。”《廣雅·釋丘》：“墳、堬……冢也。”王念孫疏證：“培、塿、堬，聲之轉。冢謂之堬，亦謂之培塿……義並相近也。”宋羅泌《路史·前紀八》：“于肺山得華胥之封，于黄龍得女媧之碣，于荼水得炎帝之陵，于蛾眉得黃帝之欨，于離得帝鴻之坋，于雲陽得少昊之瑜。”又《路史·餘論九》：“漢文帝敕治霸陵，一皆瓦器，不得以金銀銅鐵爲飾，故魏晉群盜發掘陵瑜，而霸陵獨得不抇。”

宰

亦稱“埰”。“墳”之別稱。古代秦晉一帶方言。此稱先秦時期已行用。《公羊傳·僖公三十三年》：“秦伯怒曰：‘若爾之年者，宰上之木拱矣。’”何休注：“宰，冢也。”《方言》卷一三：“冢，秦晉之間……或謂之埰。”郭璞注：“古者卿大夫有采地，死葬之，因名也。”按，“埰”係漢代前後秦晉間方言，因與“宰”音近，故指稱冢，與采地之“采”無關，郭注誤。《廣雅·釋丘》“埰、埌、壟、培塿、丘、墓，冢也”王念孫疏證：“‘埰’之言宰也。宰，亦高貌也……‘宰’與‘冢’聲相近，故冢謂之埰，亦謂之宰。”《列子·天瑞》：“望其壙，睪如也，宰如也。”《荀子·大略》“望其壙，皋如也”楊倞注：“皋當爲宰。宰，冢也；宰如，高貌。”宋黃庭堅《奉答謝公定與榮子邕論狄元規孫少述詩長韻》：“謝公遂如此，宰木已三霜。”

【埰】

即宰。此稱漢代已行用。見該文。

培塿

省稱“培”“塿”。本意爲小土丘，因轉稱小墳墓。此稱秦漢時期已行用。《方言》卷一三：“冢，秦晉之間謂之墳，或謂之培……自關而東謂之丘，小者謂之塿。”郭璞注：“培塿，亦堆高之貌。”《廣雅·釋丘》：“瑜、埰、埌、壟、培塿、丘、墓，冢也。”王念孫疏證：“培、塿、瑜，聲之轉。冢謂之瑜，亦謂之培塿……

義並相近也。”唐杜甫《祭故相國清河房公文》：“培塿滿地，崑崙無群。”唐白居易《青冢》詩：“茫茫邊雪裏，一掬沙培塿。傳是昭君墓，埋閉蛾眉久。”

【培】

“培塿”之省稱。此稱漢代已行用。見該文。

【塿】

“培塿”之省稱。此稱漢代已行用。見該文。

阡 ²

本指墓道，引申爲墳墓。此稱唐代已行用，唐杜甫《秋日夔府咏懷奉寄鄭監李賓客一百韻》詩：“共誰論昔事，幾處有新阡。”宋戴復古《杜甫祠》詩：“麒麟守高阡，貂蟬入畫像。”明王道《簡穆公墓誌銘》：“埋石幽阡，詔億萬年。”清紀昀《閱微草堂筆記·灤陽消夏錄（五）》：“荒阡廢冢，往往見鬼。”

壙埌

省稱“埌”，“埌”或作“良”。亦稱“壙壟”。泛指各式墳墓。此稱主要行用於先秦兩漢，後代亦偶有用之者。《荀子·禮論》：“壙壟，其象室屋也。”《莊子·列禦寇》：“闔胡嘗視其良，既爲秋柏之實矣。”陸德明音義：“良或作埌，冢也。”《方言》卷一三：“冢，秦晉之間謂之墳……或謂之埌。”後代詞典、韻書多釋爲冢。《廣雅·釋丘》：“埌、壟、培、塿、丘、墓，冢也。”《一切經音義》卷七“冢埌”引《通俗文》：“丘冢謂之壙埌。”《集韻·去宕》：“埌，冢也。”明歸有光《上宋明府書》：“壙埌之表，灰埃蓬勃。”

【埌】

“壙埌”之省稱。此稱漢代已行用。見該文。

【良】[2]

即壙埌。通"埌"。此稱漢代已行用。見該文。

【壙壟】

即壙埌。此稱先秦時期已行用。見該文。

琴

亦稱"琴城""琴臺"。泛指墳墓。古楚方言，行於先秦至唐宋。古楚方言中，冢、琴音近。《山海經·海內經》："百穀自生，冬夏播琴。"郭璞注："播琴猶播殖，方俗言耳。"清畢沅云："播琴，播種也。《水經注》云：'楚人謂冢為琴。'冢、種聲相近也。"可知因音近而訛稱冢為琴。按，此含義之"琴"，字本作"岑"。《後漢書·郡國志二》"銍陽"注引三國魏劉昭等《皇覽》："縣有葛陂鄉，城東北有楚武王冢，民謂之楚王岑。"岑、琴聲近而訛轉。實多指大冢。北魏酈道元《水經注·沘水》："〔六安〕縣都陂中有大冢，民傳曰公琴者，即皋陶冢也。楚人謂冢為琴矣。"又《汝水》："〔銅陽故〕城之東北有楚武王冢，民謂之楚王琴城。"又《淮水》："水首受陂水於深丘北，東徑釣臺南，臺在水曲之中，臺北有琴臺。"隋唐以後此稱已不僅僅行於楚地。隋楊廣《秦孝文誄》："卒歲，琴臺夜開，書帷晝閉。"明方以智《通雅·地輿》："琴城，冢也。"清徐文靖《管城碩記·通雅》："《後漢·郡國志》'吳郡安縣'劉昭注引《越絕書》曰：'有西岑冢，越王孫開所立，以備春申君，使其子守之。子死遂葬城中。'然則'琴'乃'岑'之訛，'瑟'又'琴'之訛也。"

【琴城】

即琴。此稱南北朝時期已行用。見該文。

【琴臺】

即琴。此稱南北朝時期已行用。見該文。

松楸

亦稱"松櫃"。墳墓、墓地的代稱。始於魏晉時期。本指種在墓地的松樹、楸樹。"櫃"即"楸"，《説文·木部》："櫃，楸也。"《左傳·哀公十一年》："〔伍子胥〕將死，曰：'樹吾墓櫃。櫃可材也，吳其亡乎！'"魏晉以後轉指墳地、墳墓。南朝齊謝朓《齊敬皇后哀策文》："陳象設於園寢兮，映輿錂於松楸。"唐劉禹錫《酬樂天見寄》詩："若使吾徒還早達，亦應簫鼓入松楸。"遼王言敷《董匡信及妻王氏墓誌銘》："志松楸之所，以虞陵谷之遷。"此稱直沿用至清代。《清朝續文獻通考·王禮考·山陵》："眷念松楸，時殷追慕，因展謁大典。"偶亦用"松櫃"之稱。宋文瑩《玉壺野史》卷七："今去國修觀，還邦未期，萬一不能再掃松櫃，願王英德各遂所安，無恤墜緒。"

【松櫃】

即松楸。此稱宋代已行用。見該文。

【松柏】

即松楸。墳墓代稱。本指墓上松樹、柏樹，因轉稱。魏晉時已見行用。《文選·張載〈七哀〉》："顧望無所見，惟睹松柏陰。"李善注："松柏，丘墓。"唐駱賓王《丹陽刺史挽詞》："唯餘松柏壟，朝夕起寒烟。"《宋大詔令集·欽慈皇后哀冊》："洛川兮斯塋，松柏兮有阡。"

一抔土

亦稱"一培土"。喻指墳墓，多寓憐惜之意。語出《史記·張釋之列傳》："今盜宗廟器而族之，有如萬分之一，假令愚民取長陵一抔土，陛下何以加其法乎？"司馬貞索隱："《禮運》云'汙尊而抔飲'，鄭氏云：'抔，手掬之，字從手。'"原以取漢高祖長陵上的一捧土，暗喻盜掘皇陵。後以此稱轉指墳墓，沿襲至清。唐駱賓王《爲徐敬業討武氏檄》："一抔之土未乾，六尺之孤何托？"唐劉禹錫《平蔡州》三首之二："妖童擢髮不足數，血汙城西一抔土。"宋李清照《上樞密韓肖胄》詩："欲將血淚寄山河，去灑東山一抔土。"明常倫《過韓信嶺》詩："長陵一抔土，寂寞亦三秦。"《紅樓夢》第二七回："未若錦囊收艷骨，一抔净土掩風流。"唐以後，由一抔之土，還引申出一培、一掬之土。唐白居易《青冢》詩："茫茫邊雪裏，一掬沙培塿。"《資治通鑑·後周世宗顯德三年》："吾思之熟矣，終不負永陵一培土。"胡三省注："一培土猶言一冢土也。歐史作一抔土。"

【一培土】

即一抔土。此稱宋代已行用。見該文。

一丘土

省稱"一丘"。猶言一堆墳土。古人稱墳堆爲丘，因轉稱。此稱南北朝時期已行用。《南齊書·王秀之傳》："丈夫處世，豈可寂寞恩榮，空爲後代一丘土？"《文選·阮籍〈咏懷詩〉》："千秋萬歲後，榮名安所之？乃悞羨門子，嗷嗷今自蚩。"李善注："沈約曰：'自我以前，徂謝者非一，雖或稅駕參差，同爲今日之一丘，夫豈異哉！'"北周庾信《傷心賦》："人惟一丘，亭遂千秋。"唐劉禹錫《酬樂天見寄》詩："昔時猶自居三品，得老終須卜一丘。"宋黃庭堅《清明》詩："賢愚千載知誰是，滿眼蓬蒿共一丘。"

【一丘】

"一丘土"之省稱。此稱南北朝時期已行

用。見該文。

【丘壤】

即一丘土。喻指墳墓，常寓無情之意。此稱南北朝時期已行用。《宋書·顏延之傳》："柔麗之身亟委土木，剛清之才遽爲丘壤。"南朝梁沈約《傷謝朓》詩："尺璧爾何冤，一旦同丘壤。"元胡布《放歌行》："可憐功業歸偏將，道傍枕藉成丘壤。"

三尺墓

亦稱"三尺墳""三尺土"。平民墳墓代稱。因古代普通士民之墓墳堆高約三四尺，故稱。此稱唐代已行用。唐殷文圭《經李翰林墓》詩："十字遺碑三尺墓，祇應吟客吊秋烟。"唐杜荀鶴《過賈島墓》詩："山根三尺墓，人口散聯詩。"唐温庭筠《重游圭峰宗密禪師精廬》詩："百尺青崖三尺墳，微言已絶杳難聞。"元楊景賢《劉行首》第一折："你則待貪也波嗔紅塵中空自滚，遮莫恁有金貲怎離三尺墳。"明張瀚《松窗夢語·堪輿紀》："有此六尺之軀，必有三尺之土。"清鄭燮《徐君墓》詩："爲表延陵萬古心，忍負徐君三尺土。"多用於詩歌詞曲。今廢。

【三尺墳】

即三尺墓。此稱明清時期已行用。見該文。

【三尺土】

即三尺墓。此稱唐代已行用。見該文。

土饅頭

墳墓的喻稱。南北朝以降，人們稱帶餡包子爲饅頭，因墳墓裏面埋着人，形似帶餡饅頭，故以土饅頭比喻。此稱唐代已行用。其稱始見於宋釋惠洪《冷齋夜話》卷一〇引唐代詩僧王梵志詩："城外土饅頭，餡草在城裏。一人吃一個，莫嫌没滋味。"《太平廣記》卷三七引五代沈汾《續仙傳》亦載："〔賣藥翁〕多於城市笑罵人曰：'有錢不買藥吃，盡作土饅頭去！'"宋以後此稱較流行。宋范成大《重九日行營壽藏之地》："縱有千年鐵門限，終須一個土饅頭。"明徐庸《門有車馬客》："往昔各青春，於今俱白首。嘆息復嘆息，彷徨更彷徨。視彼土饅頭，終焉歸北邙。"《石點頭》第一一回："盤古冢，煬帝墳，聖主昏君，總在土饅頭一堆包裹。"清張起南《橐園春燈話》卷上言及古文謎語，有"以終須一個土饅頭，射故陵不免耳"句。清宣鼎《夜雨秋燈録·東鄰墓》記解大紳耳孫解必昌軼事，言其宅門之東有古墓，乃"鎸短碣曰'東鄰墓'。左泐小篆曰：'一個土饅頭，在吾門之首，下有長眠人，名姓失傳久。墓既爲吾鄰，鬼即爲吾友。寒食自年年，歌哭奠杯酒。吾子與吾孫，慎勿當敵帚。'"事爲時人所譏云。

京觀

省稱"京"，亦稱"京丘"。京字本意爲高土壟，《爾雅·釋丘》謂"絶高爲之京"。係人爲而成，《説文·京部》："人所爲絶高丘也。"古人作戰勝利後，收集敵方尸首，封土堆成高大墳丘，故稱。意在炫耀武功，并震懾敵方。始於先秦，宋以後，築京觀現象已罕見，但此稱沿用。《左傳·宣公十二年》："古者明王，伐不敬，取其鯨鯢而封之，以爲大戮，於是乎有京觀，以懲淫慝。"杜預注："鯨鯢，大魚名，以喻不義之人。"又："君盍築武軍，而收晋屍，以爲京觀？"杜注："積屍封土其上，謂之京觀。"《吕氏春秋·禁塞》："故暴骸骨無量數，爲京丘，若山陵。"高誘注："戰鬥殺人，合土

築之以爲京觀，故謂之京丘，若山陵高大也。"又《不廣》："〔趙軍〕與齊人戰，大敗之，齊將死。得車二千，得屍三萬，以爲二京。"注："古者軍伐克敗，於其所獲屍合土葬之，以爲京觀。"《晋書·劉聰載記》："〔劉〕曜於是害諸王公及百官已下三萬餘人，於洛水北築爲京觀。"晋葛洪《抱朴子·明本》："流血漂櫓，積屍築京。"《舊唐書·太宗紀下》："〔貞觀五年〕七月甲辰，遣使毁高麗所立京觀，收隋人骸骨，祭而葬之。"又《屈突通傳》："〔屈突〕通候其無備，簡精甲夜襲之，賊衆大潰，斬〔劉〕迦論并首級萬餘，於上郡南山築爲京觀。"明徐渭《上督府公生日》詩："鯨鯢久已封京觀，翡翠行看出越裳。"

【京】

"京觀"之省稱。此稱先秦時期已行用。見該文。

【京丘】

即京觀。此稱秦代已行用。見該文。

壽冢

亦稱"壽藏""壽堂""壽坎""壽塋""壽穴""壽壙"。生前預造的墳墓、墓室。多爲王公貴人所爲。墓主人自選葬地，按己意構建，更符合其意。戰國時已有此俗，沿襲至清。稱"壽藏""壽冢"始於漢。《後漢書·趙岐傳》："〔趙岐〕年九十餘，建安六年卒。先自爲壽藏。"李賢注："壽藏謂冢壙也。稱壽者，取其久遠之意也。"又《宦者傳·侯覽》："〔侯覽〕豫作壽冢，石椁雙闕，高廡百尺。"李賢注："生而自爲冢爲壽冢。"《晋書·姚興載記下》："時西胡梁國兒於平凉作壽冢，每將妻妾入冢飲讌，酒酣，升靈床而歌。時人或譏之，國兒不

以爲意。"《南史·王僧虔傳》："前將軍陳天福，坐討唐寓之於錢唐掠奪百姓財物棄市。先是天福將行，令家人豫作壽冢，未至東，又倍催速就。冢成而得罪，因以葬焉。"宋范成大有詩題曰《重九日行營壽藏之地》。"壽堂""壽坎""壽塋""壽穴""壽壙"諸稱，多行用於唐以後。唐符載《爲劉尚書祭韋太尉文》："諒祖奠之無路，瞻壽堂而潸然。"宋文瑩《玉壺清話》卷五："舅姑將老附塋，選美丘，大爲壽坎，松檟茂密，盡得其制。"宋洪邁《夷堅丙志·應夢石人》："既葬二親，又自爲壽塋於左次。"宋孫奕《示兒編·正誤·壽堂》："林逋自作《壽堂》詩曰：'湖外青山對結廬，壙前修竹亦蕭疏。茂陵它日求遺藁，猶喜曾無封禪書。'（《皇朝文鑒》）又指邱冢爲壽堂也。"元陶宗儀《南村輟耕錄·王眉叟》："劉君時中者，海内名士也，即卒，貧無以葬。〔王眉叟〕躬往吊哭，周其遺孤，舉其柩葬於德清縣，與己之壽穴相近。"清龔煒《巢林筆談·林氏曠達》："更擇一地，葬其同侍之娣某氏，而營壽壙於其右。"

【壽藏】

即壽冢。此稱漢代已行用。見該文。

【壽堂】

即壽冢。此稱唐代已行用。見該文。

【壽塋】

即壽冢。此稱宋代已行用。見該文。

【壽坎】

即壽冢。尤指預造的墓室。此稱宋代已行用。見該文。

【壽穴】

即壽冢。尤指預造的墓室。此稱元代已行用。見該文。

【壽壙】

即壽冢。尤指預造的墓室。此稱清代已行用。見該文。

【生墓】

即壽冢。亦稱"生壙"。此稱南北朝時期已行用。北魏酈道元《水經注·濁漳水》："田融以爲紫陌也。趙建武十一年，造紫陌浮橋於水上，爲佛圖澄，先造生墓於紫陌，建武十五年卒，十二月葬焉，即此處也。"《舊唐書·方伎傳·嚴善思》："陵墓所安必資勝地。……伏望依漢朝之故事，改魏晉之頹綱，於乾陵之傍更擇吉地，取生墓之法，別起一陵，既得從葬之儀，又成固本之業。"宋劉克莊《耕仕詩》："貧求生墓爲謀早，病學還丹見事遲。"清姚之駰《元明事類鈔·吉凶門》："楊循吉自撰生壙碑：愧無寸長，不欲勞他人之筆，所貴以自述爲不誣。"清王士禛《香祖筆記》卷一："工部郎中萬公爆疏云，'臣於三月詣陵，開工過香山碧雲寺，見魏忠賢所營墳墓，碑石崢嶸，隧道深閼，翁仲簪朝冠而環列，羊虎接駝馬以森羅。制作規模，仿佛陵寢'云云。則閹擅國柄時自營生壙已久，特既誅之後，未有建議毀之者，故倖存至今耳。"清周瀛《王侯宅》詩："更構生壙屋，地下求栖止。"

【生壙】

即生墓。此稱清代已行用。見該文。

衣冠冢

埋葬死者衣物的墳墓，以紀念死者。多因無尸骸而以衣冠代之。此俗源於先秦，傳黄帝、禹等均有衣冠冢。《史記·封禪書》："黃帝已仙上天，群臣葬其衣冠。"《漢書·郊祀志上》亦載此説。晉葛洪《抱朴子·極言》亦云，"君臣追慕"黄帝，"或取其衣冠，葬而守之"。元楊維楨《禹穴賦》："世以爲衣冠之壙兮神書之寶也，圭璧出乎耕土兮彼巨石者不可扣也。"後世沿襲，直至明清。宋范致明《岳陽風土記》："寶慈觀乃張真人煉丹飛升之所，弟子葬其衣冠，俗謂之衣冠冢。丹竈遺迹尚存。"明沈榜《宛署雜記·恩澤·功臣》："河間、定興二王俱死王事，敕賜衣冠冢於縣南盧溝橋新店，立祠其上，有司歲祀。"

叢冢

將衆多死者埋在一起所堆起的大墳。多爲無主尸骸的聚葬墓。此稱宋代已行用。宋蘇軾《富鄭公神道碑》："流民死者，爲大冢葬之，謂之叢冢。"宋趙彦衛《雲麓漫鈔》卷九："今縣治之南有數叢冢，形制特大。"《宋史·劉爚傳》："都大坑冶耿某閱遺骸暴露，議用浮屠法葬之水火，爚貽書曰：'使死者有知，禍亦慘矣。'請擇高阜爲叢冢以葬。"清紀昀《閱微草堂筆記·如是我聞（四）》："一夕，雨霽月明，〔書生〕命小奴罌酒詣叢冢間，四顧呼曰：'良夜獨游，殊爲寂寞，泉下諸友，有肯來共酌者乎？'"

疑冢

亦作"疑塚"。爲防人盜掘而故意虛設的墳墓。此俗盛行於魏晋南北朝時，後代偶亦有之。蓋源於北方少數民族風俗。《南燕録》："慕容德死，爲十餘棺，夜分出四門，潛瘞山谷，莫知其屍所在。"《宋書·索虜傳》亦云："死則潛埋，無墳壟處所。至於葬送，皆虛設棺柩，立冢椁。"唐以後始有此稱。《舊唐書·孝友傳·張琇》："市人斂錢，於死所造義井，並葬〔張〕瑝、〔張〕琇於北邙，又恐〔楊〕萬頃家人發之，

並作疑塚數所。"世傳曹操死後有疑冢七十二座在漳河畔，但《三國志》和《水經注》均不載此事，或爲傳聞。元陶宗儀《南村輟耕録·疑塚》："直須盡發疑塚七十二，必有一塚藏君屍。"《三國演義》第七八回："又遺命於彰德府講武城外，設立疑塚七十二：'勿令後人知吾葬處，恐爲人所發掘故也。'"明王士性《廣志繹》卷三："曹操七十二疑塚，皆聚於一處，不數十里而遠，今亦有沉於漳河中者。"明敖英《東谷贅言》卷下："越王趙佗之葬，靈輀四出，壙無定處；曹操祖其智而設疑塚。"

【疑塚】

同"疑冢"。此體唐代已行用。見該文。

墐

亦作"殣"，亦稱"路冢"。道旁荒冢。此稱行用於先秦兩漢。《詩·小雅·小弁》："行有死人，尚或墐之。"毛傳："墐，路冢也。"孔穎達疏："墐者，埋藏之名耳。此言行有死人，是於路傍，故曰路冢。"《説文·歺部》引《詩》，"墐"作"殣"。《玉篇·歹部》："殣，奇吝切，路冢也。"《左傳·昭公三年》："庶民罷敝，而宮室滋侈；道殣相望，而女富溢尤。"按，孔穎達疏毛詩引《左傳》，"殣"又作"墐"。杜預注謂"餓死爲殣"，蓋誤。清洪亮吉《春秋左傳詁·昭公一》："《説文解字》：'殣，道中死人，人所覆也。荀悦曰：道瘞謂之殣，亦作墐。韋昭從毛傳曰：道冢爲墐。按杜注云餓死爲殣，蓋隨文生訓，究不若以上諸説之確。'"而近世辭書多從杜説，失其本義。

【殣】

同"墐"。此體先秦時期已行用。見該文。

【路冢】

即壙。此稱漢代已行用。見該文。

瘗

本意爲埋葬，引申爲墳墓、墓穴。此稱始於漢，達於唐宋。《後漢書・范式傳》:"〔陳〕平子被病將亡……乃裂素爲書以遺〔范〕巨卿。既終，妻從其言。時〔范〕式出行適還，省書見瘗，愴然感之，向墳揖哭，以爲死友。"

《太平御覽》卷七一〇引《列異傳》:"陳留史均，字威明，嘗得病，臨死，謂其母曰:'我得復生。埋我，杖竪我瘗上。若杖拔，出之。'"《晉書・王敦傳》:"於是發瘗出屍，焚其衣冠，跽而刑之。"《舊唐書・忠義傳下・顔杲卿》:"〔顔〕泉明求其父屍於東都，得其行刑者，言杲卿被害時，先斷一足，與〔袁〕履謙同坎瘗之。及發瘗得屍，果無一足。"

第十節　墓穴考

墓穴是安放棺木、埋葬死人的坑穴，穴內構建木槨或磚石室，則構成墓室。人死後挖穴掩埋之俗源於遠古。屬於舊石器時代晚期的山頂洞人即已有意識地挖坑掩埋同伴的尸體。先民們很早就形成了靈魂不死觀念，相信人死如長眠，故多采用土葬方式，即《周易・繫辭下》所謂"古之葬者，厚衣之以薪，葬之中野"，采用睡眠姿勢安放死者於山野土穴中。到新石器時代前期，人們聚族而居，喪葬時也往往多人共用同一墓穴，《周禮・地官・大司徒》鄭玄注"同宗者，生相近，死相迫"，實際反映了遠古此俗，這在西安半坡的母系氏族典型遺址中也有所體現。

隨着氏族組織的解體和一夫一妻制的確立，階級對立和等級尊卑開始形成，反映在墓穴上，即集體合葬的墓穴逐步消失，單人葬或夫妻合葬墓穴盛行，并有了不少安葬主人時殉葬奴隸的墓穴。衆墓穴既有相對集中的區域，亦有按尊卑規則依次排列的次序。沿至商周，發展爲一種嚴格的禮制。考古發掘表明，當時王侯大型墓墓穴平面呈"亞"字形或長方形，長寬均有一二十米，穴深一般爲七八米，墓壁經捶拍；普通貴族的中型墓，規模大致爲大型墓的一半；平民的小型墓，則僅能容身而已。大、中型墓墓坑中有槨室，用較大的木料構建。漢班固《白虎通・崩薨》回顧古時棺槨制度，謂"有虞氏瓦棺"，"夏后氏益文，故易之以塈周，謂塈木相周"，"殷人棺槨有膠漆之用"，與考古發現大致相同。儘管夏朝的墓葬遺址尚難確定，但從商代較成熟的槨室構建技術看，應與夏代有淵源關係。槨室發展到西周，成爲一種嚴格的等級標志，《莊子・天下》《荀子・禮論》《禮記・檀弓上》

等對天子、諸侯、大夫、士的椁室規格均做了記述。大致來説，貴族墓穴皆有椁，且依其地位高低而有椁室大小、繁簡之不同。庶民墓則有穴無椁。

春秋戰國"禮崩樂壞"，僭越等級營構墓穴者比比皆是，建造技術之精也遠在商、西周之上。河南輝縣三座并列戰國墓（可能爲魏王一級大墓），最大者墓坑上口 18×20 米，穴深 18 米，南北墓壁爲石壁，墓底鋪八層石板，厚達 1.6 米。穴内用巨大木料構建内外椁，椁壁厚 1 米，内外椁及與坑壁之間填以細沙。精巧程度超過商周王墓。當時多稱墓穴爲"穴""壙""坎""窆"，因穴中營構的豪奢墓室體現着古人"事死如生，事亡如存"（《荀子·禮論》）之意，故墓穴有了與宅、室相關的名稱如"幽宅""玄室"等。西漢承襲了戰國墓穴風格，在規格上則有過之而無不及。如皇帝墓穴："方中用地一頃，深十三丈"；墓室："明中高丈二尺四寸，周二丈"（《漢書·霍光傳》《後漢書·禮儀志下》二書注引《漢舊儀》）。大墓墓室如《漢書·霍光傳》所云，均有"便房""黃腸題凑"等。戰國時還出現空心磚墓，用大型空心磚搭建墓室。演變到漢代，小磚券頂或穹隆頂墓盛行，尤其東漢以後，自王侯貴族至下級官僚基本上都造磚石墓，木椁墓漸消失。磚墓結構多樣，往往用小磚壘砌出一間或多間以甬道相連的墓室。早在春秋時，因墓室封閉後漆黑如夜，永不復明，故有"窀穸"之稱；漢以後，幽寂虚廓的墓室進而有了"夜臺""穸臺""玄宅""玄廬""幽房"等雅稱，古人試圖在幽暗冥寞的陰間營造一種如陽世的氛圍。又因墓穴深及地下泉水，古人諱言墓穴，故"黃泉""九泉"之類亦成其代稱，并自戰國秦漢一直沿用至今。磚墓在魏晉南北朝時結構趨於簡單，多爲長方形單券頂墓室，尺度規模亦不大。唐宋時貴族墓室甚講究，爲一室或若干個室，深入地下。室壁往往仿地面房屋結構，用磚砌出柱、枋、闌額、斗拱等，室頂或爲券形，或爲叠澀而成的四面合拱形。室頂室壁或施彩繪，或浮雕人物花卉、天文圖像。普通官吏墓多爲小型單室磚墓或土洞墓，墓内設施簡單。明清時期唯帝王公侯可仿宫殿布局營造巨大的地下墓室（其中帝王墓室稱作"玄宫"或"地宫"）。普通官吏多用小型磚室墓。以上主要叙述的是歷代官僚貴族墓穴、墓室之演變，至於平民百姓，死後基本上是挖一長方形土坑直接埋葬，墓穴形制歷朝無大變化。

近代以來，大型墓室消失，磚砌小型單室墓盛行，且沿襲至今。

穴

墓坑。凡土葬，必挖坑以掩埋尸骨。始於遠古，達於當代。墓坑深淺大小，與死者身份地位高低密切相關。秦漢至唐代，王公貴人甚至有穿山爲藏、鑿石爲穴者。此稱出現於西周時，《詩·王風·大車》："穀則異室，死則同穴。"鄭玄箋："穴，謂冢壙中也。"晋潘岳《馬汧督誄》："薰屍滿窟，掊穴以斂。"《資治通鑑·梁武帝太清元年》："甲申，虛葬齊獻武王於漳水之西，潛鑿成安鼓山石窟佛寺之旁爲穴，納其柩而塞之。"唐韓愈《祭十二郎文》："斂不憑其棺，窆不臨其穴。"《舊五代史·唐莊宗紀六》："關內諸陵，頃因喪亂，例遭穿穴。"遼壽昌五年《義冢幢記》："時有義士，收其義骸，僅三千數，於縣之東南郊，同瘞於一穴。"宋陸九淵《黃夫人墓誌》："天實酬之，窆以斯穴。"明張瀚《松窗夢語·東游紀》："今人於墓頂建廟，廟後壘小堆爲葬穴。"清蒲松齡《聊齋志異·羅刹海市》："靈輿至殯宮，有女子縗絰臨穴。"清紀昀《閱微草堂筆記·如是我聞（二）》："余聞陝西有遷葬者，啓穴時，棺已半焦。"

【穴室】

"穴"之美稱。將墓穴比之於居室，事死如生之意。此稱先秦時期已行用。《莊子·盜跖》："盜跖從卒九千人橫行天下，侵暴諸侯穴室樞户。"唐蔡德章《唐故朝議郎前行宣州南陵縣尉柱國張府君墓誌銘》："滕公夏侯嬰將葬佳城，駟馬不進而鳴，乃掘其下，遇有穴室，中得石記。"元金源璹《終南山神仙重陽真人全真教祖碑》："後別號重陽子，於南時村，作穴室居之，名曰活死人墓。"

【土穴】

即穴。尤指平民的土墓穴。此稱漢代已行用。《後漢書·盧植傳》："〔盧植〕初平三年卒。臨困，敕其子儉葬於土穴，不用棺椁，附體單帛而已。"《唐朝開國演義》第三九回："貴賤總教同土穴，榮枯何異夢邯鄲。"《包公案》第二一回："張龍領旨去到苦株林，仍見那鳥叫聲如前，即覷那鳥所在，尋個蹤跡，只見山凹土穴露出死人屍首。"

【竁穴】

即穴。竁本爲挖墓穴之意，元末明初鄭真《元故洪處士墓表》："初，處士之卜葬也，將竁穴，霖雨流潦。"清陳維崧《瑞木賦》："倚墓門而悚惕兮，臨竁穴以沉思。"自注："《周禮》'卜葬兆甫，竁亦如之'注：穿壙曰竁。"轉指墓穴。此稱唐代已行用。唐柳宗元《書律和尚碑陰》："凡葬大浮屠，無竁穴，其於用碑不宜。"宋余靖《韶州净源山定慧禪院思長老自造壽塔銘》："寺之西數百步有崗，蜿蜒盤屈，左右峰巒擁抱。其前平敞可愛，乃即崗之南麓爲竁穴陶甓，以累其傍上，而側設隧道以入。又於其上屋之爲塔之形，曰吾將歸骨於此。"

壙

亦作"廣"。墓穴。此稱先秦時期已行用。《周禮·春官·喪祝》："及壙，説載除飾。"鄭司農注："壙謂穿中也。"《儀禮·既夕禮》："柩至于壙，斂服載之。"《孔子家語·困誓》："望其壙，皋如也。"《列子·天瑞》引作"壙"。《史記·滑稽列傳》："臣請以雕玉爲棺，文梓爲椁，梗楓豫章爲題凑，發甲卒爲穿壙。"《後漢書·范式傳》："〔范〕式未及到而喪已發引，既至壙，將窆，而柩不肯進。"《法苑珠林·咒述篇·感應緣》：“〔石〕虎悲慟嗚咽，知其必逝，即爲鑿壙營墳。”《舊唐書·孝友傳·梁文貞》：“少從征役，比迴而父母皆卒。文貞恨不獲終養，乃穿壙爲門，磴道出入，晨夕灑掃其中。”《太平廣記》卷三九一引宋何先《異聞記·鄭欽悦》：“〔任〕昇之五代祖仕梁爲太常。初任南陽王帳下，於鍾山懸岸圮壙之中得古銘。”宋李覯《宋故朝奉郎尚書都官員外郎上騎都尉賜緋魚袋陳公墓碣銘》：“葬禮有碣，宜爲之銘，其繫世則志諸壙。”元佚名《湖海新聞夷堅續志·人事門·風水前定》：“山下羅居士詠之，得地一穴以葬母。開壙自卧於中。”明張瀚《松窗夢語·堪輿紀》：“乃開壙下棺，即今積慶山也。”清紀昀《閲微草堂筆記·如是我聞（二）》：“王爲曾母營葬，督工勞倦，假寐壙側。”

【壙】

同“壙”。此體魏晉時期已行用。見該文。

【冢壙】

即壙。亦作“塚壙”，亦稱“墳壙”“墓壙”“幽壙”。此稱秦漢時期已行用。《詩·秦風·黄鳥》“臨其穴”漢鄭玄箋：“穴謂塚壙中也。”《漢書·佞幸傳·董賢》：“治第宅，造冢壙，放效無極，不異王制。”北魏酈道元《水經注·渭水三》：“秦始皇大興厚葬，營建冢壙于麗戎之山。”《全遼文·涿州涿鹿山云居寺續秘藏石經塔記》：“夫見古之墓壙得銘石者，其石温潤，其字分朗。”《宋史·孝義傳·侯義》：“咸平中，母卒，義力自辦葬，不掩墳壙，晝則負土築墳，夜則慟哭柩側。”明王直《彭氏義阡表》：“即芓溪大塘口之原，開兆域，營冢壙。”清蒲松齡《聊齋志異·嬌娜》：“生以幽壙不可久居，議同旋里。”

【塚壙】

同“冢壙”。此體秦漢時期已行用。見該文。

【墓壙】

即壙。此稱遼代已行用。見該文。

【墳壙】

即壙。此稱宋代已行用。見該文。

【幽壙】

即壙。此稱清代已行用。見該文。

坎 [2]

亦稱“坎穴”“幽坎”。不太深的墓穴。多指貴人薄葬或貧者喪葬簡陋。此稱先秦時期已行用。《禮記·檀弓下》：“其坎深不至于泉，其斂以時服。既葬而封，廣輪掩坎，其高可隱也。”《漢書·劉向傳》：“封墳掩坎，其高可隱。”《晋書·石苞傳》：“定窆之後，覆土滿坎，一不得起墳種樹。”《北史·魏文成文明皇后傳》：“山陵之節，亦有成命，内則方丈，外裁奄坎。”又《高車傳》：“其死亡送葬，掘地作坎，坐屍於中，張臂引弓，佩刀挾槊，無異於生，而露坎不掩。”唐戴孚《廣異記·杜萬》：“〔杜萬〕欲收妻骸骨，及觀坎穴，但葦尚存。”唐杜牧《傷猿》詩：“獨折南園一朵梅，重尋幽坎已生苔。”清翁洲老民《海東逸史·忠義四》：“紹興破，市酒肴，飲里中少年，求辦一事。有諾之者，偕至墓所，命掘坎自瘞。”

【坎穴】

即坎 [2]。此稱唐代已行用。見該文。

【幽坎】

即坎 [2]。此稱唐代已行用。見該文。

窆

亦稱“冢窆”“幽窆”“堲窆”“封窆”“山窆”。本意爲挖坑穴，轉指墓穴。此稱始於先秦，沿至明清。《小爾雅·廣名》："壙謂之窀。"《周禮·夏官·量人》："掌喪祭奠窀之俎實。"孔穎達疏："窀是壙內。"又《秋官·司烜氏》："邦若屋誅，則爲明窀焉。"北魏酈道元《水經注·濟水一》："時有群燕數千，銜土投于丁姬窀中。"《南史·到溉傳》："氣絕便斂，斂以法服，先有冢窀，斂竟便葬，不須擇日。"唐張説《滎陽夫人鄭氏墓誌銘》："實銘幽窀，用存終古。"宋朱熹《答胡伯量》書："某舊聞風水之説，斷然無之，因謀先人，周旋思慮，不敢輕置，既以審己，又以詢諸人。既葬之後略聞，或者以塋窀坐向少有未安，便覺惕然不安。"元李尤魯卹《范墳》詩："襄城下封窀，汝潁皆京圻。"元陶宗儀《南村雜賦》詩："瘞筆營山窀，橫琴布石床。"明唐順之《都督沈紫江生墓碑記》："若乃自爲塋窀，卧而飲酒，此山澤自放者之所爲也。"明張慎言《明故承德郎大興縣知縣貴聞楊公及元配贈安人王氏合葬墓誌》："今次子仲君載簡，即以公所自擇某月日，葬於所自治宅兆，與王安人合窀焉。"

【冢窀】

即窀。此稱南北朝時期已行用。見該文。

【幽窀】

即窀。此稱唐代已行用。見該文。

殷墟婦好墓墓室

【塋窀】

即窀。此稱宋代已行用。見該文。

【封窀】

即窀。此稱元代已行用。見該文。

【山窀】

即窀。此稱元代已行用。見該文。

【穿】

即窀。墓穴。此稱行用於兩漢。《周禮·春官·小宗伯》"卜葬兆甫窀"鄭玄注："鄭大夫讀窀皆爲穿。"《漢書·外戚傳·丁姬》："時有群燕數千，銜土投丁姬穿中。"顏師古注："穿謂壙中也。"按，《水經注·濟水一》引此文，"穿"作"窀"。又《楊王孫傳》："其穿下不亂泉，上不泄殠。"《後漢書·禮儀志下》："司空擇土造穿，太史卜日。"

藏

亦稱"冢藏""土藏"。本意爲收藏，引申爲藏而不露的墓穴。此稱漢代已行用，尤以漢魏時盛行。《後漢書·陳蕃傳》："況乃寢宿冢藏而孕育其中，誑時惑衆，誣污鬼神乎！"《三國志·魏書·董卓傳》："大風暴雨震〔董〕卓墓，水流入藏，漂其棺椁。"晋陸機《吊魏武文序》引漢曹操《遺令》："吾歷官所得綬皆著藏中。"《三國志·魏書·韓暨傳》："〔韓暨〕薨，遺令斂以時服，葬爲土藏。"唐戴孚《廣異記·華妃》："側立其屍，而於陰中置燭，悉取藏內珍寶，不可勝數，皆徙置偏冢。"

【冢藏】

即藏。此稱漢代已行用。見該文。

【土藏】

即藏。此稱三國時期已行用。見該文。

窆

墓穴。此稱行用於秦漢至宋元，尤盛行於唐代。本意爲下葬，因轉稱。漢劉向《説苑·修文》：“禮，不豫凶事，死而後治凶服，衣衰，飾修棺椁，作穿窆宅兆。”唐李華《祭劉左丞文》：“寄窆空原，時迫興師。”唐張籍《祭退之詩》：“舊塋盟津北，野窆動鼓鉦。”《宋史·王珪傳》：“詔真、揚二州發卒護其窆。”

窀穸

省稱“穸”，亦稱“殯穸”“厚穸”“泉穸”。墓室、墓穴的代稱。本指長夜，原作“屯夕”，因墓室封閉後漆黑如夜，永不復明，故加部首“穴”藉稱。此稱先秦時期已行用。《左傳·襄公十三年》：“唯是春秋窀穸之事，所以從先君於禰廟者，請爲靈若厲，大夫擇焉。”杜預注：“窀，厚也。穸，夜也。厚夜猶長夜。”孔穎達疏：“《説文解字》云：夕，暮也，從月半見。夜字從夕，知是以夕爲夜也。……長夜者，言夜不復明，死不復生，故長夜謂葬埋也。以其事施於葬，故今字皆從穴。”清洪亮吉《春秋左傳詁·襄公一》卷一二亦云：“古字作屯夕，後加穴，以窀穸爲墓穴，是也。”可知此稱源自“屯夕”。後爲歷代沿用。《後漢書·劉陶傳》：“死者悲於窀穸，生者戚於朝野。”南朝梁任昉《王貴嬪哀策文》：“輴車造途，殯穸既辨。”唐常袞《册謚承天皇帝文》：“用極送哀之禮，庶榮厚穸，有感於懷。”遼王言敷《董匡信及妻王氏墓誌銘》：“歲月屢移，窀穸未貴。”宋陸九淵《祭呂伯恭文》：“惟是窀穸，祈厠未殚。”宋劉克莊《發臨川》詩：“管子仕瘴烟，屈叟橫泉穸。”清紀昀《閲微草堂筆記·槐西雜志（一）》：“今幸托蔭得一官，將拮据營窀穸矣。”

清錢泳《履園叢話·書周孝子事》：“乃瀕死更生，負骨窀穸，得報其祖父母遺命於地下者，皆其父文榮之靈，其汪氏之節，鄉邦親故賑窮救患之德，而尤敬芳容之至孝爲不可及也。”

【穸】

“窀穸”之省稱。此稱先秦時期已行用。見該文。

【殯穸】

即窀穸。此稱南北朝時期已行用。見該文。

【厚穸】

即窀穸。此稱唐代已行用。見該文。

【泉穸】

即窀穸。此稱宋代已行用。見該文。

【幽穸】

即窀穸。亦稱“玄穸”。此稱唐代已行用。唐王縉《上兄維詩文表》：“魂而有知，荷寵光於幽穸；殁而不朽，成大名於聖朝。”《唐大詔令集·興王贈恭懿太子制》：“宜寵賁於青宫，俾哀榮於玄穸。”遼宋復圭《馮從順墓誌銘》：“公之歸葬也，命上京副留守邢公定發引之儀，中京度支副使李公備幽穸之禮。”宋曾鞏《雍王顥乳母宋氏贈郡君制》：“是用追命爾封進於列郡，以光幽穸，尚服寵章。”

【玄穸】

即幽穸。此稱唐代已行用。見該文。

夜臺

全稱“長夜臺”，亦稱“穸臺”。墓室、墳墓的雅稱。臺，《説文·至部》謂“與室屋同意”。古人視墓室如居室，因墓室内漆黑如漫漫長夜，故稱。此稱三國時期已行用。三國魏阮瑀《七哀》詩：“冥冥九泉室，漫漫長夜臺。”《文選·陸機〈挽歌詩〉》：“送子長夜臺。”李周翰注：“墳墓一閉，無復見明，故云長夜臺。”北齊盧思道《盧紀室誄》：“出南陽之舊道，掩北邙之夜臺。”唐王縉《奉天皇帝哀策文》：“神輝永戢，軒曜長扃，夛臺椒閨，泉户彤庭。”唐崔玨《哭李商隱》詩：“九泉嘆三光隔，又送文星入夜臺。”開封博物館藏《大唐洛州河南縣故張夫人墓誌銘》：“寂寞蒿里，荒涼夜臺。”宋范成大《吳郡志·異聞》：“白日空昭昭，不照長夜臺。”《宋大詔令集》卷一六：“盛夏徂兮不復春，晨不復兮夜臺路。”清曾衍東《小豆棚·幽宮詩》：“冰寒徹骨桃笙冷，知是君王宴夜臺。”

【長夜臺】

“夜臺”之全稱。此稱三國時期已行用。見該文。

【夛臺】

即夜臺。此稱唐代已行用。見該文。

幽宅

亦稱“玄室”“玄宅”“玄盧”“幽室”“幽房”。墓室、墳墓的雅稱。古人事死如生，故稱埋葬死者之處爲宅、盧、室、房等，與陽世房屋不同處衹在於它屬“幽”“玄”的冥界而已。此稱出現於先秦，盛行於魏晉。《儀禮·士喪禮》：“命曰：‘哀子某，爲其父某甫筮宅，度茲幽宅，兆基無有後艱。’”漢魏至唐宋，貴族墓多用磚砌，仿地面建築壘砌出一間或若干間墓室。墓室中黑暗、虛廓幽寂，故此稱多用於哀悼貴族的誄文、墓誌中。漢張衡《司徒吕公誄》：“玄室冥冥，修夜彌長。”《三國志·魏書·文帝紀》：“〔黃初七年〕六月戊寅，〔文帝〕葬首陽陵。自殯及葬，皆以終制從事。”裴松之注：“甄城侯植爲誄曰：‘……背三光之昭晰兮，歸玄宅之冥冥。’”三國魏曹植《曹仲雍誄》逸

句：“痛玄盧之虛廓。”《晋書·后妃傳·武元楊皇后》：“寧神虞卜，安體玄盧。”又《后妃傳·左貴嬪》：“庭宇過密，幽室增陰……爰定宅兆，克成玄室。”晋陶潛《挽歌》詩：“幽室一已閉，千年不復朝。”《北史·魏文成文明皇后傳》：“其幽房大小，棺椁質約，不設明器，至於素帳縵茵瓷瓦之物，亦皆不置，此則遵先志，從册令。”唐吳兢《貞觀政要·儉約》：“玄盧既發，致焚如夜臺。”戈直注：“玄盧、夜臺，墓之別名也。”宋秦觀《李狀元墓誌銘》：“初，君襄事期迫，不暇納幽室之銘。”宋王禹偁《右衛上將軍贈侍中宋公神道碑》：“宜乎刊勒豐碑，光表幽宅。”元明清時，除皇帝王侯外，一般官僚庶民之墓很少構築寬闊的墓室，但此稱却沿襲下來。明李翊《戒庵老人漫筆·論堪輿》：“驪山玄室，下錮三泉，今安在哉！”清姚鼐《副都統朱公墓誌銘》：“作銘幽室埋其阿，此石可泐名不磨。”

【玄室】

即幽宅。此稱漢代已行用。見該文。

【玄宅】

即幽宅。此稱魏晉時期已行用。見該文。

【玄盧】

即幽宅。此稱魏晉時期已行用。見該文。

【幽室】

即幽宅。此稱魏晉時期已行用。見該文。

【幽房】

即幽宅。此稱魏晉時期已行用。見該文。

【幽堂】

即幽宅。亦稱“冢堂”“玄堂”。漢代多稱“冢堂”，魏晉至明清多行用“幽堂”“玄堂”。《後漢書·安城孝侯傳》：“帝爲營冢堂，

起祠廟，置吏卒，如春陵孝侯。"《三國志·魏書·文帝紀》南朝宋裴松之注引曹植誄文："百神警侍，來賓幽堂，耕禽田獸，望魂之翔。"《北史·魏文成文明皇后傳》："梓宮之裏，玄堂之内，聖靈所憑，已一一奉遵，仰昭儉德。"唐韓愈《劉統軍碑》："有諡有誄，有幽堂之銘。"唐柳宗元《殿中侍御史柳公墓表》："克窆玄堂，掩坎廣輪。"明文徵明《月夜葛氏墓飲酒與子重履仁同賦》詩："寒月照玄堂，荒蒿斷行路。"

【冢堂】

即幽宅。此稱漢代已行用。見該文。

【玄堂】

即幽宅。此稱魏晉時期已行用。見該文。

黄泉

亦稱"窮泉""玄泉"。墓穴的代稱。本意指地下泉水，《孟子·滕文公下》："夫蚓，上食槁壤，下飲黄泉。"引申爲人死後埋葬的地穴深處。地穴有泉，故稱。《史記·鄭世家》："不至黄泉。"裴駰集解引服虔曰："天玄地黄，泉在地中，故言黄泉。"此稱始於先秦，達於當代。《左傳·隱公元年》："不及黄泉，無相見也。"漢王充《論衡·薄葬》："親之生也，坐之高堂之上；其死也，葬之黄泉之下。"晉干寶《搜神記》卷一一："吾以某日死，當以爾時葬，永歸黄泉。"晉潘岳《哀永逝文》："襲窮泉兮朽壤。"北周庾信《周故大將軍趙公墓銘》："夜臺方寂，窮泉無曉。"《唐大詔令集·太宗遺詔》："道存物往，人理同歸，掩乎玄泉，夫亦何恨矣！"唐戴孚《廣異記·韋璜》："黄泉冥寞雖長逝，白日屏帷還重尋。"金劉祁《歸潛志》卷五："若到黄泉見魯仲連、藺相如，道余傳示。"元李行道《灰闌記》第四折："拼的殺了我兩個在黄泉

下，做永遠夫妻，可不好哪！"明焦竑《玉堂叢語·傷逝》："黄泉無客舍，今夜宿誰家？"明熊龍峰《馮伯玉風月相思小説》："伉儷相期壽百年，誰知一旦喪黄泉？"清徐芳烈《浙江紀略》丙戌六月："白水無邊流姓氏，黄泉耐可度寒暄！"清曾衍東《小豆棚·幽宫詩》："白玉樓頭望碧潯，黄泉水繞奈河灣。"近人周學熙《病起追慕慈親》二首之一："最恨絶裾垂淚别，痛心何計及黄泉。"

【窮泉】

即黄泉。此稱魏晉時期已行用。見該文。

【玄泉】

即黄泉。此稱唐代已行用。見該文。

【九泉】

即黄泉。謂地下衆泉，極言其深。此稱始於三國時期，達於當代。三國魏阮瑀《七哀》詩："冥冥九泉室，漫漫長夜臺。"《北史·周武帝紀》："朕雖瞑目九泉，無所復恨。"《南史·王僧虔傳》："若同歸九泉，猶羽化也。"唐崔珏《哭李商隱》詩："九泉莫嘆三光隔，又送文星入夜臺。"元佚名《賺蒯通》第四折："便做有春秋祭饗，也濟不得他九泉下魂魄凄凉。"明熊龍峰《馮伯玉風月相思小説》："九泉未肯望恩愛，一死無由報主恩。"清徐芳烈《浙東紀略》甲午六月："含笑入九泉，浩然留天地。"《儒林外史》第二〇回："倘得遇着個故鄉親戚，把我的喪帶回去，我在九泉之下，也是感激老師父的！"

【泉壤】

即黄泉。亦稱"幽壤"。謂下及泉水的幽冥之處。此稱晉代已行用。《晉書·謝玄傳》："不令微臣，銜恨泉壤。"晉潘岳《寡婦賦》："上瞻

兮遺像，下臨兮泉壤。"南朝宋鮑照《請假啓》："封瘞泉壤，臨送私懷感恨，情痛兼深。"《北史·煬帝紀》："恩加泉壤，澤及枯骨。"《唐大詔令集·齊王贈懷懿太子制》："稽諸前典，式展追榮，特峻徽章，表恩泉壤。"遼陳覺《秦晋國妃墓誌銘》："送終之禮，有越常等。仍命禁林勒銘泉壤。"明焦竑《玉堂叢語·忠節》："兩間正氣歸泉壤，一點丹心在帝鄉。"明宋懋澄《先妣張太孺人乞言狀》："逡巡既久，猶俟九重之寵光，以賁泉壤。"《雪月梅》第一〇回："雖不能受享於生前，亦得榮被於泉壤。"清龔煒《巢林筆談·葬親建祠》："泉壤已封，靈輀不返，長依祖彌之體魄，永絕不肖之晨昏。""幽壤"之稱主要行於唐宋時期。唐戴孚《廣異記·王光本》："語云：'生人過悲，使幽壤不安。'信斯言也。"又《宇文覿》："今明府恩及幽壤，俸錢市櫬，甚惠厚。"

【幽壤】

即泉壤。此稱唐代已行用。見該文。

【下泉】

即黃泉。地下之泉。"下泉"本《詩·曹風》篇名，後代稱墓穴。三國魏王粲《七哀詩》："悟彼下泉人，喟然傷心肝。"南朝宋鮑照《傷逝賦》："棄華宇於明世，閟金扃於下泉。"《南史·任昉傳》："范、張款款於下泉，尹、班陶陶於永夕。"唐徐彥伯《題東山子李適碑陰》："何以贈下泉，生芻唯一束。"宋梅堯臣《和原甫信永叔題枯菊》詩："願公時飲酒，周孔今下泉。"

【泉下】

即黃泉。地泉之下。人死則埋地下，故稱死後所歸之處曰泉下。此稱南北朝時期已行用。

《周書·晋蕩公護傳》："死若有知，冀奉見於泉下爾。"唐李益《野田行》："昔人未爲泉下客，行到此中曾斷腸。"《舊唐書·李景讓傳》："豈特上負天子，亦使百歲母銜羞泉下。"《水滸傳》第一一七回："若非我兄弟相救，宋江已與解珍、解寶同爲泉下之鬼。"清曹寅《哭醉行》："君不見長風烈烈吹綉被，寂寞忍欺泉下睡。"

【三泉】

即黃泉。地層深處。此稱漢代已行用。《史記·秦始皇本紀》載："天下徒送詣七十餘萬人，穿三泉，下銅而致椁。"張守節正義引顏師古云："三重之泉，言至水也。"後喻稱墓地。漢劉向《諫營起昌陵疏》："下錮三泉，上崇三墳。"《後漢書·袁紹傳》："無念愚臣，結恨三泉。"又《黃瓊傳》："庶有萬分，無恨三泉。"晋張華《章懷皇后誄》："杳杳新宮，下絕三泉。"唐李乂《高安公主挽歌》二首之二："一水秋難渡，三泉夜不歸。"唐王勃《上明員外啓》："麟圖緝謐，定榮辱於三泉。"清王頊《魏忠賢衣冠墓》詩："一朝冰山忽傾倒，凶骨不得歸三泉。"

黃壚

本指黃泉下的壚土，因轉指埋葬死人的地穴深處。此稱漢代已行用。《淮南子·覽冥訓》："上際九天，下契黃壚。"高誘注："下契至黃壚，黃泉下壚土也。"三國魏曹植《責躬》詩："嘗懼顛沛，抱罪黃壚。"《三國志·魏書·文德郭皇后傳》："三年春，后崩於許昌，以終制營陵。三月庚寅，葬首陽陵西。"裴松之注引《魏略》："背三光以潛翳，就黃壚而安厝。"晋干寶《搜神記》卷一六："悲結生疾，沒命黃壚。"南朝宋鮑照《行路難》十九首之一："非我昔時千金軀，隨酒逐樂任意去，莫令含嘆下黃壚。"

第十一節　喪居考

喪居爲古代居喪禮儀之一。居喪期間，孝子爲直系親屬（父母或祖父母）服喪守孝，居倚廬，寢苫枕塊，并於墓前搭建廬墓，以表示對亡人的哀悼和思念，謂之喪居。《禮記·喪大記》："父母之喪，居倚廬，不塗，寢苫枕塊，非喪事不言。"喪居之俗源於先秦，至周代爲最盛。周禮繁細，對孝子居喪期間的服飾、飲食、起居、守喪時間等都有嚴格的規定，這些大都記載於"三禮"之中。居喪的思想基礎是孝道與親情，并按照血緣親屬關係，確立居喪守孝的等級。此俗歷代沿續，有些規定還寫進法律，其影響至今猶有遺存。

舊俗，居喪者的住處應樸陋就簡，不得奢華，以示哀情至深。"倚廬"或直稱作"廬"。廬，本指農家爲便於農事搭在野外的簡陋住所，後藉指服喪所居。《儀禮·既夕禮》："居倚廬。"鄭玄注："倚木爲廬，在中門外東方，北户。"宋司馬光《葬論》："食粥居倚廬，哀親之未有所歸也。"倚廬，即用樹木斜靠在殯宮中門外東牆上，用茅草覆蓋而成的臨時居處，孝子（一般指成年男子）居内，所居時間因服屬而定。倚廬僅以草隔障，不得塗飾。待下葬舉行虞祭後，可在廬内塗泥，鋪席而卧。練祭後，可壘磚爲室，四壁用白泥塗刷，但不塗屋頂，稱"堊室"。《禮記·喪大記》："既練，居堊室，不與人居……既祥，黝堊。"孔穎達疏："堊，白也。新塗堊牆壁令白，稍飾故也。"《新唐書·禮樂志十》："小祥，毀廬爲堊室，設蒲席。"先秦喪居之禮，大夫居倚廬，士居堊室，以示親疏貴賤。《禮記·雜記上》："大夫居廬，士居堊室。"堊室亦稱"舍"。《周禮·天官·宫正》："大喪，則授廬舍，辨其親疏貴賤之居。"鄭玄注："廬，倚廬也；舍，堊室也。親者、貴者居倚廬，疏者、賤者居堊室。"古代對五服居廬亦有不同規定。斬衰者居倚廬，齊衰者居堊室，大功者在寢中卧席，小功和緦麻可睡床。婦女和兒童則不居廬。古代喪禮中臨時搭建的守喪居所統稱爲"次"。《儀禮·士喪禮》："主人揖就次。"鄭玄注："次，謂斬衰倚廬，齊衰堊室也。"胡培翬正義："次，喪居之總名。"又稱"喪次""苫次"。《宋史·奸臣傳一·蔡確》："確子渭，京壻也，於喪次中闌訴。"《清史稿·禮志十二》："柩前設靈座，陳奠几，喪主及諸子居苫次，族人各服其服。"又分内次、外次。外次即倚廬，爲喪家男子居處；内次設在殯宮大門内，爲喪家婦女所止處。居喪守孝期間，"婦人不得輒至男子喪次"（宋司馬光《書儀》）。

天子、諸侯喪居之處，稱"諒闇"。亦作"亮暗""梁闇"。《集韻·平覃》："闇，治喪廬也。”亦指古代帝王、諸侯居喪。因喪廬爲寒冷幽闇之地，故稱。古喪禮，天子去世，其子不親政，倚廬守孝三年。《吕氏春秋・重言》：“即位諒闇，三年不言。”又作“亮陰”“諒陰”。舊説，“諒”，信也；“陰”，默也，謂居憂時信默不言。《新唐書・李程傳》：“陛下方諒陰，未宜興作，願回所費奉園陵。”至漢文帝起，天子諒闇終制漸不實行。宋代朱熹注《論語・憲問》曰：“諒陰，天子居喪之名，未詳其義。”後世諒闇亦可指官吏居喪處。漢蔡邕《議郎胡公夫人哀贊》：“敢曰亮闇，叙我憂痛。”《晋書・山濤傳》：“山太常雖尚居諒闇，情在難奪。”

孝子喪居之處陳設極爲簡單，以草席爲鋪，以土塊作枕，謂之“寢苫枕塊”。又稱“苫塊”“苫壤”。始於先秦，達於近代。《儀禮・既夕禮》：“居倚廬，寢苫枕塊……哭晝夜無時。”賈公彦疏：“孝子寢卧之時，寢於苫，以塊枕頭。必寢苫者，哀親之在草。枕塊者，哀親之在土。”苫塊爲“寢苫枕塊”之略稱。民國九年刊《臨淄縣志・喪禮》：“旁置苫塊，子侄輩皆成服匍匐其上。”

孝子居廬期間，深居簡出，不與人往，哀至則哭，晝夜無時。喪主無故不入中門，非喪事不言，甚至要“對而不答”“言而不語”“不與人座”。睡覺時不脱絰帶，和衣而卧。行卒哭祭之後，“柱楣翦屏，苄翦不納”。小祥之後，孝子“居堊室，寢有席”。大祥後可回卧室寢息。喪後第二十七個月行祭祀，始得恢復正常生活。唐宋以後，孝子守孝一周年，即舉行小祥祭祀，脱下孝服，但三年内仍不宜離家遠行。

漢代以後，倚廬搭在墓旁，用以守護墳墓，稱“廬墓”。一般認爲廬墓始於春秋時期。《史記・孔子世家》：“孔子葬魯城北泗上，弟子皆服三年……唯子貢廬於冢上，凡六年，然後去。”到漢魏時期則盛行。亦稱“廬寢”“廬居”“冢廬”等。有子爲父母廬墓者。《漢書・游俠傳・原涉》：“及涉父死，讓還南陽賻送，行喪冢廬三年。”有以兄喪廬墓者。南北朝時又稱“廬堊”“廬户”。《南齊書・禮志下》：“廬堊相間，玄素雜糅。”唐代沿襲此俗，稱“廬堲”。唐方干《哭胡珪》詩：“才高登上第，孝極殁廬堲。”宋代又稱“廬冢”。宋王安石《游褒禪山記》：“今所謂慧空禪院者，褒之廬冢也。”到明清時期，父母或老師死後，廬墓者仍不乏其人。古代廬墓一般爲三年。《明史・劉珝傳》：“〔劉〕珝初遭母憂，廬墓三年。”多者達幾十年。《新唐書・韓思彦傳》：“張僧徹者，廬墓三十年。”廬墓之俗在近代北方仍有流行，時間或四十天，或二至三月乃至周年不等。

父母、祖父母之喪，三年居喪，稱“丁憂”“丁艱”；三年期滿，稱“服闋”。居喪期內一般不得任官，在官任上者須辭官回亡者墓次。朝廷需要時，亦可強徵尚在居喪期內的人出來做官，稱作“奪情”，但不出做官爲“常禮”，奪情爲“權禮”。故清萬斯大《三與應嗣寅書》有云：“《雜記》云，三年之喪，祥而從政。《王制》云，父母之喪，三年不從政。此乃常禮。若據權禮以爲正，是教人忘哀以從利，後世凡奪情者，皆孝子也，如之何其可哉！”

丁憂

爲父母或祖父母居喪，爲期三年。往往廬居墓側。期間不居官、不宴樂，不洗浴，多蓬頭垢面。“丁”指遭逢，《爾雅·釋詁》：“丁，當也。”“憂”指父母（或祖父母）喪，《書·說命上》：“王宅憂，亮陰三祀。”孔穎達疏：“言王居父憂，信任冢宰，默而不言已三年矣。”據此可知此俗先秦已有之。至漢代要求更嚴格，時稱“持服”。《漢書·宣元六王傳·東平思王宇》：“元帝崩，宇謂中謁者信等曰：……今暑熱，縣官年少，持服恐無處所。”漢代始行去官居喪之制。《漢書·薛宣傳》：“後母病死，〔薛〕修去官持服。宣謂修：三年服，少能行之者。兄弟相駁不可。修遂竟服。”後代沿襲此風。《晉書·劉毅傳》：“初，毅丁憂在家，及義旗初興，遂墨絰從事。”《隋書·孝義傳·李德饒》：“及丁憂，水漿不入口五日，哀慟嘔血數升。”《舊唐書·楊炎傳》：“丁憂，廬於墓前，號泣不絕聲，有紫芝白雀之祥。”古人稱居父喪爲“丁外憂”“丁外艱”，居母喪爲“丁內憂”“丁內艱”。唐天授二年《姜遐碑》：“俄丁內憂去職。哀貶柴毀，莫能俯就。”《宋史·李繼昌傳》：“丁外艱。服闋，授西京作坊副使。”《宋史·禮志二十五》：“尋常士大夫丁憂過百日，巾衫皆用細布，出而見客則以黲布。”宋胡仔《漁隱叢話後集·本朝雜記下》引《司馬文正公日錄》：“淮南轉運司體量李定，嘉祐八年四月母亡，不曾丁憂。介甫以李定爲至孝，何其蔽邪！”《元史·張孔孫傳》：“累疏言：……丁憂服闋者，宜待起復。”《明實錄·憲宗實錄》成化四年六月：“復除湖廣布政司左參議曹衡於四川布政司，以衡丁憂起復也。”清朱彝尊《翰林院侍讀喬君墓表》：“〔康熙〕十一年，充順天鄉試同考官，關節不到，以父老請歸終養。尋丁憂，居喪盡禮。服除，補原官。”

【丁艱】

即丁憂。此稱南北朝時期已行用。北魏正光元年《李璧墓誌》（北京圖書館藏拓片）：“尋丁艱窮，沈哀鄉地，栖游漳里廿餘年。”《北史·薛濬傳》：“吾以不造，幼丁艱酷，窮游約處，屢絕簞瓢。”明商輅《兵部左侍郎李公震神道碑銘》：“癸亥，陞右給事中。戊辰，丁艱，喪葬祭一遵家禮。”《山西通志·人物十一》載明代平陽府：“張裕，太平人，正德中貢授臨昭知縣。丁艱，歸，補安定知縣。”徐珂《清稗類鈔·譏諷類》“長其長才不才”條：“時學政丁艱，照例兼攝學篆。”

服闋

爲父母或祖父母居喪三年期滿。漢代已有此制。《書·太甲中》:"惟三祀十有二月朔,伊尹以冕服奉嗣王歸于亳。"漢孔安國傳:"湯以元年十一月崩,至此二十六月,三年服闋。"又注:"逾月即吉服,服闋。"孔穎達疏:"闋,息也。如喪服息,即吉服。"《後漢書·鄧騭傳》:"及新野君薨,……騭等既還里第,竝居冢次。闔至孝骨立,有聞當時。及服闋,詔諭騭還輔朝政,更授前封。騭等叩頭固讓,乃止。"同書《陳蕃傳》:"初仕郡,舉孝廉,除郎中。遭母憂,棄官行喪。服闋,刺史周景辟別駕從事。"《晋書·袁悦之傳》:"始爲謝玄參軍,爲玄所遇。丁憂去職。服闋還都,止齎《戰國策》,言天下要惟此書。"同書《謝鯤傳》:"母憂去職,服闋,遷〔王〕敦大將軍長史。"《宋書·沈懷文傳》:"丁父憂,新安郡送故豐厚。……服闋,除尚書殿中郎。"《舊唐書·蘇頲傳》:"〔蘇〕瓌薨,詔頲起復爲工部侍郎,加銀青光禄大夫。頲抗表固辭,辭理懇切,詔許其終制。服闋就職,襲父爵許國公。"《元史·李稷傳》:"十九年,丁母憂,兩起復,爲陝西行省左丞樞密副使,乞終制不起。服闋,命爲大都路總管兼大興府尹。"明高攀龍《段幻然六十序》:"初令常熟……無何,以憂去。服闋,令輝縣。"清鄭方坤《全閩詩話·國朝》引《本朝詩鈔小傳》"族子三才:出爲東光令。連丁內外艱。服闋,補上元,未之官。"

奪情

尚在爲父母、祖父母居喪期內,朝廷因特別需要而强行任命某人官職的舉措。古有居喪三年的期限,期間不得爲官、娛樂、食珍肴、着鮮衣等,以示哀痛。奪情之禮漢魏已有之,此稱則始見於南北朝。《宋書·鄭鮮之傳》:"父讎明不同戴天日,而爲國不可許復仇,此自以法奪情,即是東關永嘉之喻也。"《周書·王謙傳》:"朝議以謙父殞身行陣,特加殊寵,乃授謙柱國大將軍。以情禮未終,固辭不拜。高祖手詔奪情,襲爵庸公,邑萬户。"奪情爲三年居喪禮之變通。唐李磎《授通議大夫行內省侍張建方起復本官制》:"自東西漢以後,南北朝以來,大臣奪情,固已多矣。蓋以代更文質,事有變通,若皆狥私懷,則誰當王事?"《宋史·楊覃傳》:"淳化中轉屯田員外郎,同判壽州。巡撫使潘慎修上其政績,有詔嘉獎,就命知州事,數月召還,未上道,會丁內艱,州民列狀乞留,轉運使以聞,有詔奪情。"明徐熥《潘布衣》:"今上初年,江陵相用,奪情不解政柄。吳、趙二太史抗疏論劾。"清沈季友《欋李詩繫》卷九載明代項襄毅公忠:"憂去,軍民伏闕請留,詔奪情。"清萬斯大《三與應嗣寅書》辨奪情爲"權禮",不可爲"常禮":"《雜記》云,三年之喪,祥而從政。《王制》云,父母之喪,三年不從政。此乃常禮。若據權禮以爲正,是教人忘哀以從利,後世凡奪情者,皆孝子也,如之何其可哉!"

倚廬

省稱"廬"。古人爲父母守喪期間臨時居住的草棚。多用樹木斜靠在殯宮大門外東墙下,用茅草覆蓋而成。孝子居內,以表示至痛至哀。此稱先秦時期已行用。《儀禮·喪服》:"居倚廬,寢苫枕塊,哭晝夜無時。"至葬後虞祭居倚廬,虞祭後,將倚廬着地一邊抬高,以土塊壘矮墻,稱柱楣。《禮記·喪服大記》:"父母之喪,居倚廬，不塗，寢苫枕，非喪事不言……既葬，柱楣，塗廬，不於顯者。"孔穎達疏："居倚廬者，謂於中門之外東牆下倚木爲廬，故云居倚廬。不塗者，但以草夾障，不以泥塗之也……既葬柱楣者，既葬，謂在墓柱楣稍舉以納日光，又以泥塗辟風寒。"倚廬裏的陳設極爲簡陋。《墨子·節葬下》："處倚廬，寢苫枕塊。"清錢儀吉《三國會要·禮四》："倚廬中施出繼帳，蔴素床，以布巾裹出革。"宋司馬光《葬論》："食粥居倚廬，哀親之未有所歸也。"倚廬亦直稱作"廬"。《荀子·禮論》："齊衰、苴杖、居廬、食粥、席薪、枕塊，是君子所以爲愊詭其所哀痛之文也。"晋干寶《搜神記》卷一一載："哀廬於墓側，且夕常至墓所拜跪，攀柏悲號。"《新唐書·禮樂志十》："廬在殯堂東廊下，近南，設苫。"倚廬之俗，歷代流傳，帝王亦不例外。《資治通鑑·陳宣帝太建六年》："〔三月〕癸酉，太后殂。帝居倚廬，朝夕進一溢米。"《清史稿·宣宗紀三》："甲戌，皇太后崩……上居倚廬，席地寢苫。"

【廬】

"倚廬"之省稱。此稱先秦時期已行用。見該文。

堊室

亦稱"舍"。古代居喪者所住的房子，四壁用白泥塗刷。古喪禮，斬衰居倚廬，齊衰以下居堊室，斬衰至小祥之後亦將倚廬改爲堊室。

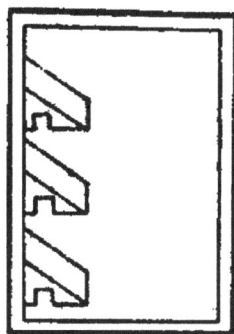

倚　廬
（宋聶崇義《三禮圖集注》）

疊土塹爲矮牆，用堊粉塗刷。此稱先秦時期已行用。《禮記·喪大記》："既練，居堊室，不與人居……既祥，黝堊。"鄭玄注："黝堊，堊室之節也。地謂之黝，牆謂之堊。"孔穎達疏："堊，白也。新塗堊於牆壁令白，稍飾故也。"又《間傳》："父母之喪，居倚廬，寢苫枕塊，不脱絰帶；齊衰之喪，居堊室，苄翦不納。"先秦時期，大夫居倚廬，士居堊室。亦稱"舍"。《周禮·天官·宮正》："大喪，則授廬舍，辨其親疏貴賤之居。"鄭玄注："廬，倚廬也；舍，堊室也。親者、貴者居倚廬，疏者、賤者居堊室。"小祥時改倚廬爲堊室。《新唐書·禮樂志十》："小祥。毀廬爲堊室，設蒲席。堊室者除之，席地。"此俗自先秦一直流傳至清代。《宋史·禮志二十八》："惟素服居堊室，心喪三年，免役解官。"清黄宗羲《子劉子行狀》："丁章太夫人憂，先生於中門之外，創爲堊室，高廣容膝，日哭泣其中。"

【舍】

即堊室。此稱先秦時期已行用。見該文。

次[1]

古代以布帷、廬席臨時搭建的守喪居所的統稱。次，本指茅舍，與廬義近。古時凡有祭

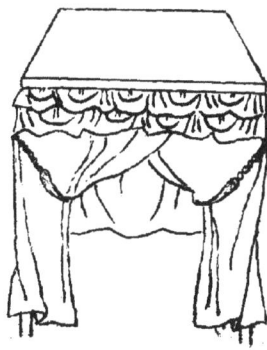

次
（清《儀禮義疏》）

祀、朝覲、田獵、射禮、冠禮、喪禮等活動，均有設次之事。又有大次、小次之分。後世多指居喪之所。此稱先秦時期已行用。《儀禮・既夕禮》：“乃就次。”鄭玄注：“次，倚廬也。”《儀禮・士喪禮》：“衆主人出門，哭止，皆西面於東方，闔門，主人揖就次。”鄭玄注：“次，謂斬衰倚廬，齊衰堊室也。”胡培翬正義：“次，喪居之總名。”《左傳・僖公九年》：“冬，十月，里克殺奚齊于次。”杜預注：“次，喪寢。”漢以後，次亦設於墓側，稱冢次。晋干寶《搜神記》卷一一：“式遂留止冢次，爲修墳樹，然後乃去。”但古時多指在家所設喪居處爲次。晋潘岳《楊仲武誄》：“喪服同次，綢繆累月。”宋陳元靚《事林廣記・家禮類》：“再期而大祥，前期一日沐浴陳器設次。”此爲大祥所設之次。唐喪禮，喪次多設殯宮門外，婦人之次則在門內。《新唐書・禮樂志十》：“若臨喪，則設大次于其門西……婦人次于西房。”子喪，父次亦設於門內。《通典・禮九十八》：“父不爲衆子次于外。”天子之喪，皆設大次。

廬墓

亦稱“廬塋”“廬垐”“廬舍”。古喪禮，服喪期間於墓旁搭蓋的簡陋小屋，用以守護墳墓。亦含居師之喪所居。一般認爲此俗始見於春秋時期。《史記・孔子世家》：“孔子葬魯城北泗上，弟子皆服三年……唯子貢廬於冢上，凡六年，然後去。”又據《水經注・泗水》載：“今泗水南有夫子冢……即子貢廬墓處也。”對此，清顧炎武《日知錄・墓祭》云：“漢以來乃有父母終而廬墓者，不知其置神主何地。其奉之墓次歟？是野祭之也……至於今而此風猶未已也。且孝如曾子，未嘗廬墓；孔子封防既反，

而弟子後至。古人豈有廬墓之事哉！”漢代以後，倚廬搭在墓旁，廬墓之風纔盛行起來。《後漢書・周磐傳》：“及母歿，哀至幾於毀滅，服終，遂廬於冢側。”亦指服喪期間居住的墓側小屋。《後漢書・申屠蟠傳》：“玉之節義，足以感無恥之孫，激忍辱之子。不遭明時，尚當表旌廬墓，況在清聽，而不加哀矜！”南北朝時亦稱“廬塋”。《南齊書・禮志下》：“廬塋相間，玄素雜糅。”唐代稱“廬垐”。唐方干《哭胡珪》詩：“才高登上第，孝極歿廬垐。”清代稱“廬舍”。清歸莊《祭陸孝子鍾烈婦文》：“墓今在城東南隅，四旁皆廬舍，後人無間焉。”古人居廬墓一般爲三年。《明史・劉珝傳》：“〔劉〕珝初遭母憂，廬墓三年。”多者達幾十年。《新唐書・韓思彥傳》：“張僧徹者，廬墓三十年。”清錢泳《履園叢話・沈百五》：“妾張氏收其屍，葬之虎丘東麓，廬墓二十年而死。”此俗在近代北方仍有流行，時間或四十日，或三個月乃至周年不等。

【廬塋】

即廬墓。此稱南北朝時期已行用。見該文。

【廬垐】

即廬墓。此稱唐代已行用。見該文。

【廬舍】

即廬墓。此稱清代已行用。見該文。

【廬寢】

即廬墓。亦稱“廬居”“廬户”。此稱漢代已行用。《後漢書・韋彪傳》：“〔韋〕彪孝行純至，父母卒，哀毀三年，不出廬寢。”漢應劭《風俗通・正失・孝文帝》：“爲皇太后薄氏持三年服，廬居枕塊如禮。”《南史・席闡文傳》：“遭父艱居喪，哀毀三年，廬於墓側。嘗有三足

雀，來集其廬户，衆咸異焉。"

【廬居】

即廬寢。此稱漢代已行用。見該文。

【廬户】

即廬寢。此稱南北朝時已行用。見該文。

【冢廬】

即廬墓。亦稱"廬冢"。此稱漢代已行用。《漢書·游俠傳·原涉》："及涉父死，讓還南陽賻送，行喪冢廬三年，繇是顯名京師。"《後漢書·趙孝傳》："時汝南有王琳巨尉者，年十餘歲，喪父母。因遭大亂，百姓奔逃，惟琳兄弟獨守冢廬，號泣不絕。"南朝宋鮑照《擬古》詩："後面崔嵬者，桓公舊冢廬。"宋代又稱"廬冢"。宋王安石《游褒禪山記》："今所謂慧空禪院者，褒之廬冢也。"

【廬冢】

即冢廬。此稱宋代已行用。見該文。

苫次

古代守喪時以苫席搭建的喪居之處。苫，草席。古人喪居，寢苫枕塊，以示哀痛，故稱。此稱南北朝時期已行用。南朝梁徐勉《梁故侍中司徒驃騎將軍始興忠武王碑》："頻表自陳，反哀苫次。"《新唐書·鄭元璹傳》："會突厥提精騎數十萬，身自將攻太原，詔即苫次起元璹持節往勞。"宋蘇舜欽《亡妻鄭氏墓誌銘》："余時侍盡於苫次，退而又哭於室中。"明袁宗道《祭鄒南皋母夫人文》："然則太孺人固不恃生封爲榮名，而南皋公亦可無悵悵苫次矣。"清阮葵生《茶餘客話·民公溘逝之禮》："既斂，設靈座，陳奠几，五服之人皆成服，喪主及諸子居苫次。"《清史稿·禮志十二》："柩前設靈座，陳奠几，喪主及諸子居苫次，族人各服其服。"

諒闇

亦作"亮闇""梁闇"，亦稱"亮陰""諒陰"。謂古代天子、諸侯居喪。亦指爲父母守喪所居之茅舍、倚廬之類。《集韻·平覃》："闇，治喪廬也。"因喪廬爲寒冷幽暗之地，故稱。始於先秦，達於清。《書·説命上》："王宅憂，亮陰三祀。"孔傳："陰，默也，居憂信默，三年不言。"孔穎達疏："王居父憂，信任冢宰，默而不言，已三年矣。"亮，通"諒"。陸德明釋文："亮，本作諒。"《禮記·喪服四制》："《尚書》曰：'高宗諒闇，三年不言。'善之也。"鄭玄注："諒，古作梁。楣謂之梁……闇謂廬也。廬有梁者，所謂柱楣也。"或作"諒陰"。《論語·憲問》："《尚書》云'高宗諒陰，三年不言'。何謂也？子曰：'何必高宗，古人皆然。君薨，百官總己，以聽於冢宰。'"晋代杜預認爲："古者天子諸侯三年之喪，始同齊斬，既葬除服，諒闇以居，正喪終制，不與士庶同禮。漢氏承秦，率天下爲天子終服三年。"古喪禮，天子去世，其子不親政，倚廬守孝三年。《吕氏春秋·重言》："即位諒闇，三年不言。"《白虎通·崩薨》："嗣子諒闇，三年之後。"《後漢書·和熹鄧皇后紀》："太后諒闇既終。"李賢注："諒闇，居喪之廬也。或爲'諒陰'。諒，信也；陰，默也。言居憂信默不言。"至漢文帝起天子諒陰終制漸不實行，且用於指稱士大夫居喪。漢蔡邕《議郎胡公夫人哀贊》："敢曰亮闇，叙我憂痛。"晋孫綽《表哀詩》序云："敢冒諒闇之譏，以伸罔極之痛。"《晋書·山濤傳》："山太常雖尚居諒闇，情在難奪。"《文選·潘岳〈閑居賦〉》："今天子諒闇之際，領太傅主簿。"李善注："諒闇，今謂凶廬裏寒凉幽暗之處，故曰諒闇。"亦藉指居喪，多用於皇帝。《新唐書·李程傳》："陛下方諒陰，未宜興作，願回所費奉園陵。"《宋史·禮志二十五》："雖軍國多虞，難以諒闇，然衰麻枕戈，非異人任。"《明史·王治傳》："比者人言籍籍，謂陛下燕閑舉動，有非諒暗所宜者。"《清史稿·禮志七》："康熙初元，加上徽號，時以諒陰，不奏書，不行禮，不朝賀。"參閱宋王楙《野客叢書·諒暗登遐》。

【亮闇】

　　同"諒闇"。此體先秦時期已行用。見該文。

【梁闇】

　　同"諒闇"。此體先秦時期已行用。見該文。

【亮陰】

　　即諒闇。此稱先秦時期已行用。見該文。

【諒陰】

　　即諒闇。此稱先秦時期已行用。見該文。

苫席

　　古代居喪所用草編寢席。《廣韻·平鹽》："苫，草履屋。"古人居喪，編稿以爲席，土塊以爲枕，以示哀痛。苫席用草編成，四周剪齊而不納邊。其俗始見於先秦時期。《禮記·間傳》："齊衰之喪，居堊室，苄翦不納……父母之喪，既虞卒哭，柱楣翦屏，苄翦不納。"孔穎達疏："苄翦不納者，苄爲蒲蘋，爲席，翦頭爲之，不編納其頭而藏於內也。"此即言苫席。苫席一稱，見於魏晉以後。《文選·潘岳〈寡婦賦〉》："易錦茵以苫席兮，代羅幬以素帷。"劉良注："居喪者寢苫，張素帷。言居夫喪，故以苫席易錦褥。"

苫塊

　　亦稱"寢苫枕塊"，亦作"苫凷"。亦稱"苫壤"。苫凷，用茅草編的草席。塊，土塊。古喪禮，居父母之喪，倚廬內置苫塊，孝子以草薦爲席，土塊爲枕，以示哀痛。始於先秦，達於近代。《儀禮·既夕禮》："居倚廬，寢苫枕塊。"鄭玄注："苫，編稿。塊，塯也。"賈公彥疏："孝子寢臥之時，寢於苫，以塊枕頭。必寢苫者，哀親之在草。枕塊者，哀親之在土。"胡培翬正義："既殯就次，而後有苫塊。"《禮記·喪大記》："父母之喪，居倚廬不塗，寢苫枕塊。"漢應劭《風俗通·愆禮》："今與黃有恩故矣，孝子寢苫枕塊。"《通典·凶禮九十八》："將成服，掌事者先爲廬於殯堂東廊下，近南，北戶，設苫塊於廬內。"清阮葵生《茶餘客話》卷五："家有苫塊之次，墓有主賓之位，此廬堊之所以設也。"嘉慶《束鹿縣志·風俗》："孝子寢苫枕塊，戒葷酒，宿靈次。"苫塊有時亦代指居父母之喪。《宋史·禮志二十八》："況三年之內，几筵尚存，豈可夫處苫塊之中，婦被綺紈之飾？"宋司馬光《謝檢討啓》："旋居家艱，零丁苫塊。"明袁宗道《祭盛老師文》："聞我師之沒也以胃傷，蓋得之苫塊之間，內鬱沉痛，外斷葷血云。"近代此俗在民間仍有流行。民國九年刊《臨淄縣志·喪禮》："旁置苫塊，子侄輩皆成服匍匐其上。"

【寢苫枕塊】

　　"苫塊"之全稱。此稱先秦時期已行用。見該文。

【苫凷】

　　同"苫塊"。此體先秦時期已行用。見該文。

【苫壤】

　　即苫塊。此稱南北朝時期已行用。《陳書·姚察傳》："冀申情禮，而尪疹相仍，苴茣穢質，非復人流，將畢苫壤。"

枕塊

古時居喪禮節，以土塊爲枕。此稱先秦時期已行用。《禮記·問喪》："居於倚廬；哀親之在外也；寢苫枕塊，哀親之在草；枕塊者，哀親之在土也。"《儀禮·既夕禮》："寢苫枕塊。"賈公彦疏："孝子寢卧之時，寢於苫，以塊枕頭。必寢苫者，哀親之在草；枕塊者，哀親之在土云。"《荀子·禮論》："屬茨倚廬，席薪枕塊。"《淮南子·泰族訓》："食莽飲水，枕塊而死。"《紅樓夢》第六四回："賈珍、賈蓉此時爲禮法所拘，不免在靈旁藉草枕塊，恨苦居喪。"

第十二節　陵園考

陵園是皇家陵區，主要由陵墓、寢廟及園邑組成。陵墓用以安葬皇帝、后妃，寢廟是祭享墓主靈魂的所在，園邑爲看護、管理陵寢的人聚居之處。陵園是古代帝王專制權威的體現，帝王活着的時候所具有的威嚴，在他死後通過陵園中的形象物（如墳墓、殿宇、神道等）、禮儀（如君臣上陵拜謁、定期的祭奠等）以及森嚴的守衛而得到顯示。

陵寢制度確立於秦朝。秦以前，帝王陵區僅有陵墓、陪葬墓或殉葬坑，不設寢廟園邑，用於祭祀的寢廟均在國都中，"前制廟以象朝，後制寢以象寢"（漢蔡邕《獨斷》卷下）。陵墓區，位於國都北面。《禮記·檀弓下》："葬於北方北首，三代之達禮也，之幽之故也。"鄭玄注："北方，國北也。"考古發掘表明，河南安陽殷墟商代後期帝王陵墓區，在今武官村和侯家莊一帶，正處於小屯的宫殿區北面。陵區內按照事先確定的布局排列了十幾座大墓，多爲四條墓道的"亞"字形墓，還有少數幾座"中"字形、"甲"字形墓。大墓旁附葬了一些小型墓。其時大約仍承遠古遺風，陵墓上無封土，但墓穴深，墓道長，墓穴內有巨大椁室，有殉人坑。西周王陵迄今尚未發現，從一些已發掘的大墓看，墓穴、椁室和墓道形制，基本仿效商代，并且亦殉葬人和車馬，推測周王陵與商王陵無大區別。但從文獻看，周以後開始有墳丘、墳樹。漢班固《白虎通·崩薨》引《春秋含文嘉》言周代墳制："天子墳高三仞，樹以松。"這大約是與"不封不樹"的商代王陵的最大區別。春秋戰國時，諸侯紛紛僭越等級，采用王禮興建陵墓，列國均有各自的王陵區。陝西的秦公墓、安徽的蔡侯墓、湖北的曾侯乙墓、河南輝縣大墓（可能爲魏王墓）等，均不減商周王墓氣派。

秦漢時期陵園形成相對穩定的制度。其一，"古不墓祭，漢諸陵皆有園寢，承秦所爲也……秦始出寢，起於墓側，漢因而弗改，故陵上稱寢殿，起居衣服象生人之具，古寢之意也"（《後漢書·祭祀志下》）。其二，夯築墳堆如覆斗形山。秦始皇陵封土現高約 43 米，西漢帝陵封土，《後漢書·禮儀志下》"方石治黃腸題湊便房如禮"劉昭注引《漢舊儀》云："天子……墳高十二丈，武帝墳高二十丈。"其三，墓穴、椁室、墓道的形制多承襲商周風格，但椁內狀況比先秦更講究，往往"宮觀百官奇器珍怪，徙藏滿之"，且"上具天文，下具地理"（《史記·秦始皇本紀》）。東漢陵園規模遠較西漢諸陵小，如光武帝劉秀原陵，"制地不過二三頃，無爲山陵，陂池裁令流水而已"（《後漢書·光武帝紀下》），其餘諸陵則更不必説。魏晉陵園，陵墓多"因山爲體，無爲封樹，無立寢殿、造園邑、通神道"（《三國志·魏書·文帝紀》），以防後人盜墓。但陵園大致位置應是確定的，否則到北魏時不會有"詔漢、魏、晉諸帝陵各禁方百步不得樵蘇踐藉"（《北史·魏孝文帝紀》）的命令。唐宋陵園較前代有所變化，規制更爲恢宏，設有相當於漢代寢殿的下宮建築群和與園廟意義相同的上宮建築群，神道兩邊的石人石獸的數目也有規定。陵墓，唐代多因山爲陵，從山腰挖一深墓道，并在墓道盡頭構建磚墓室。宋陵則深挖墓穴，上覆數層方形陵臺爲墳丘。元代，《續通典·凶禮·大喪初崩及山陵制》謂："太祖崩，葬起輦谷。谷在漠北，不加築爲陵。諸帝皆從葬於此。"起輦谷具體位置在何處至今不明，光緒《畿輔通志》卷一七三引明葉子奇《草木子》載蒙古貴族葬俗："葬畢以馬蹂之使平，殺駱駝於其上，以千騎守之。來歲春草既生，則移帳散去，彌望平衍，人莫知也。"元朝帝陵大約亦如此。明清陵園設置變化甚大：將諸帝陵集中在同一區域，共用同一神道。每陵各自由祾恩殿（清代改稱隆恩殿）、方城明樓、寶城、寶頂、地宮等幾部分構成。祾恩殿（隆恩殿）爲君臣拜謁并祭祀先帝的場所。漢唐以來供先帝靈魂日常起居的寢殿（下宮）則被取消。寶城寶頂，爲用城牆圍起來的巨大墳丘，其形制爲半球體，與此前的帝王墳陵不同。寶城平面，明代呈圓形，清代則演變成前方後圓。地宮，由一條長長墓隧、數重石門、數重券頂墓室及耳室構成，猶如地下宮殿。

辛亥革命以後，隨着最後一個封建王朝的崩潰和封建君主專制統治的結束，再也没出現帝王式陵園。

陵邑 [1]

亦稱"園邑"。爲護衛帝王、王后陵墓而新設置的城邑，外戚重臣或有特賜陵邑者。行於秦至西漢。秦陵邑蓋爲始皇陵旁的麗邑。《史記·外戚世家》："於是乃追尊薄父爲靈文侯，會稽郡置園邑三百家。"《後漢書·東平憲王傳》："園邑之興，始自强秦。"《史記·秦始皇本紀》雖未明言置陵邑，但"始皇初即位，穿治酈山"爲陵，當時"徙謫，實之初縣"現象甚普遍，治陵囚徒多達七十萬人，嬴政十六年在酈山下所置之麗邑爲陵邑當無疑義。但隨秦末戰亂，此邑衰敗。漢高祖十年復在此設新豐縣，徙豐民以實之。西漢置陵邑，名義上是爲保護陵墓，實則爲了强本弱枝，加强中央集權。《漢書·地理志》："漢興，立都長安，徙齊諸田、楚昭屈景及諸功臣家於長陵，後世世徙吏二千石、高訾富人及豪傑并兼之家於諸陵，蓋亦以强幹弱支，非獨爲奉山園也。"西漢中期，中央政權根基已穩固，諸陵邑亦很繁盛，已爲京畿的重要縣邑，强本弱枝的初衷已實現。《漢書·百官公卿表上》"元帝永光元年，分諸陵邑屬三輔"，以便中央管治。《漢書·元帝紀》載，四年，又詔令"今所爲初陵者，勿置縣邑"。自高祖至元帝，共歷七帝，有七座帝陵，故一些文獻僅載七處陵邑，實則不止於長陵、安陵、霸陵、陽陵、茂陵、平陵和杜陵等七座陵邑，還有高祖爲太上皇所起之萬年邑、文帝爲薄太后置的南陵邑、昭帝爲趙婕好所置雲陵邑、宣帝爲其父所置奉明邑等（參閱《太平寰宇記》卷二六）。元帝以後，仍曾有新建陵邑之議，且一度付諸實施。成帝時，大臣解萬年、陳湯上疏："天下民不徙諸陵三十餘歲矣，關東富人益衆，多規良田，役使貧民。可徙初陵，以强京師，衰弱諸侯。"（參閱《漢書·陳湯傳》）成帝從之，起昌陵邑，并於鴻嘉二年"徙郡國豪傑訾五百萬以上五千戶於昌陵"（參閱《漢書·成帝紀》）。數年後，因耗資太大，不得不停建昌陵。丞相御史等均主張"廢昌陵邑中室"，故此邑終未發展起來。東漢也曾有恢復建造陵邑之議。《後漢書·東平憲王傳》載，漢明帝欲爲自己的顯節陵和光武帝的原陵置邑，被臣下諫止。此後，陵邑成爲歷史名詞，杜甫《秋興》詩中的"五陵衣馬自輕肥"、白居易《琵琶行》詩中的"五陵年少爭纏頭"之句，均藉用咸陽原上五座漢代陵邑爲典。儘管後代亦有稱陵園爲園邑、陵邑者，但與城邑的含義有別。

【園邑】[1]

即陵邑[1]。此稱漢代已行用。見該文。

五陵

西漢長安附近五座繁華帝陵及許多達官豪杰與閑散人員埋葬的陵邑，後也成爲這類區域的泛稱。漢初因陵置邑，遷各地二千石官吏、富商、豪强於此，形成以高祖長陵、惠帝安陵、景帝陽陵、武帝茂陵、昭帝平陵五座陵墓爲中心的繁華陵邑。這裏既出了不少公侯將相，又有許多富商勢族，同時也出現成群結幫的紈絝子弟。唐以後詩文多以此爲典故，泛指繁盛而又多豪俠與無賴之地。《漢書·游俠傳·原涉》："原涉……爲殺秦氏，亡命歲餘，逢赦出。郡國諸豪及長安五陵諸爲氣節者，皆歸慕之。"顏師古注："五陵，謂長陵、安陵、陽陵、茂陵、平陵也。"《後漢書·班固傳》載班固《西都賦》，描述當時長安城郊五陵之英豪："若乃觀其四郊，浮游近縣，則南望杜霸，北眺五陵，名都對郭，邑居相承。英俊之域，黻冕所興，冠蓋如雲，七相五公。"李賢注："五陵……在渭北，故北眺也。並徙人以置縣邑，故云名都對郭。……其所徙者皆豪右富貲、吏二千石，故多英俊冠蓋之人。"以五陵典故入詩詞，流行於唐宋。唐李白《少年行》二首之一："五陵年少金市東，銀鞍白馬度春風。落花踏盡游何處，笑入胡姬酒肆中。"唐崔顥《渭城少年行》："萬户樓臺臨渭水，五陵花柳滿秦川。"五代毛熙震《菩薩蠻》："天含殘碧融春色，五陵薄倖無消息。"宋晏幾道《河滿子》："五陵年少渾薄倖，輕如曲水飄香。"宋朱敦儒《朝中措》："當年挾彈五陵間，行處萬人看。"宋以後詩文用此典者漸少，亦偶有之。清曹爾堪《華胥引·蝶夢》："舒捲閑雲，生疏五陵豪俠。"

園邑 [2]

亦稱"陵邑"。本指看護帝王貴戚陵園的人在陵區的居住地。此稱漢代已行用。《漢書·霍光傳》載按皇帝制度安葬霍光時云："發三河卒穿復土，起冢、祠堂，置園邑三百家。"魏晋以後沿用此稱，《北史·外戚傳·胡國珍》云，漢昭靈后等"皆置園邑三百家"，"今秦太上君未有尊諡，陵寢孤立……請上尊諡號曰孝穆，權置園邑三十户"。南朝宋謝莊《孝武帝哀策文》："雪怨園邑，埒耻瀛縣。"唐杜甫《行次昭陵》詩："壯士悲陵邑，幽人拜鼎湖。"《宋大詔令集·太宗哀册》："蕭蕭陵邑兮草樹寒，寂寂寢園兮霜露白。"宋以後不復用此稱。

【陵邑】[2]

即園邑[2]。此稱宋代已行用。見該文。

陵域

亦稱"陵兆"。古代皇帝皇、后陵墓區。此稱魏晋南北朝時期已行用。晋張華《章皇后誄》："茫茫陵域，合體中原。"《晋書·刑法志》："雖陵兆尊嚴，唯毀發，然後族之，此古典也。"《魏書·汝陰王天賜傳》："肅宗初，表陳庶人〔元〕禧、庶人〔元〕愉等，請宥前愆，賜葬陵域。"

【陵兆】

即陵域。此稱晋代已行用。見該文。

園陵

省稱"園"，亦稱"陵園"。以陵墓、寢廟為主體的皇家陵區。始於秦，達於清。秦漢園陵如城，以城垣圍繞，四面皆設城門。時園陵制度初立，《史記·叔孫通列傳》謂"先帝園陵寢廟，群臣莫習"，經儒臣倡導，制度乃趨嚴密，以維護先帝尊嚴為旨歸。《漢書·張湯傳》："會人有盜發孝文園瘞錢，丞相青翟朝與湯約俱謝。至前，湯念獨丞相以四時行園，當謝，湯無與也，不謝。"又《鮑宣傳》："丞相孔光四時行園陵，官屬以令行馳道中。"或將某陵之園稱作某陵園，如《漢書·五行志上》："永光四年六月甲戌，孝宣杜陵園東闕南方災。"後世沿襲。《後漢書·文苑傳上·杜篤》："齋肅致敬，告覲園陵，悽然有懷祖之思，喟然以思諸夏之隆。"魏晋時，皇陵多"因山為體，無為封樹，無立寢殿、造園邑、通神道"（參閱《三國志·魏書·文帝紀》）。園陵即使有，也無甚規模，營造倉猝，《三國志·蜀書·先主甘皇后傳》："梓宫在道，園陵將成，安厝有期。"南北朝時復看重園陵建造。《水經注·濕水》即有關於北魏文明太后陵和高祖陵的陵園之記載。《北史·后妃傳·明元密皇后》亦云："吾母……於先朝，本無位次，不可違禮以從園陵。"唐代帝陵多依山構建，一山一陵，其園陵平面呈方形，規模空前。《唐大詔令集·孝明太皇太后山陵優勞德音》：“園陵之重，典禮是崇。”唐末園陵多遭破壞。《舊唐書·高駢傳》：“今則園陵開毁，宗廟荆榛，遠近痛傷，遐邇嗟怨。”五代改朝换代頻繁，“園陵喪制，皆從簡省”（《續通典·凶禮·大喪初崩及山陵制》）。北宋園陵制度多繼承唐代，南宋則簡陋得多，故《宋史·禮志二十六》載：“擇近地權殯，俟息兵，歸葬園陵。”明清園陵爲長方形，對漢唐宋所注重的供先帝靈魂起居的典制予以取消，繼承并發展了歷代上陵祭奠的“園陵之制”。參閱《明史·禮志十四》。按，自漢至清，帝王園陵又稱陵園。《漢書·貢禹傳》：“諸陵園女亡子者宜悉遣，獨杜陵宫人數百，誠可哀憐也。”《後漢書·欒巴傳》：“大行皇帝晏駕有日，卜擇陵園，務從省約，塋域所極，裁二十頃。”《晋書·元四王傳·琅邪悼王焕》：“營起陵園，功役甚衆。”《宋史·禮志十二》：“熙寧二年，命攝太常卿張揆奉章惠太后神主瘞陵園。”《明史·張學顔傳》：“車駕自山陵還，學顔上疏曰：‘皇上恭奉聖母，扶輦前驅，拜祀陵園，考卜壽域……’”可見陵園與園陵、山陵、壽域，含義相近，唯各有所側重而已。清彭維新《盛京恭謁祖陵大禮慶成頌序》：“愛存愨著，已致於祔禘嘗烝；而優見愾聞，更求諸陵園寢廟。”民國以後，則多指烈士陵區，至今猶然。郭沫若於抗戰勝利後所寫《南京印象》，稱中山陵爲陵園：“九年前，正當淞滬戰事很緊張的時候，我曾經來過陵園兩次。但兩次都失掉了謁陵的機會。”

【園】

“園陵”之省稱。此稱漢代已行用。見該文。

【陵園】

即園陵。此稱漢代已行用。見該文。

陵寢

猶園陵。皇家陵墓及寢廟。始於秦，達於清。先秦寢、廟俱在國都的宗廟中，自秦始皇始於陵側建寢，在陵園内設廟，以示帝王皇宫前朝後寢之意。廟置牌位，寢有衣冠、几杖、象生之具。漢承秦制，在陵旁立廟寢。唐宋陵寢有所發展，在陵區内城設上宫，正對陵墓，爲朝拜和祭祀場所；在外城設下宫，用以供奉墓主靈魂起居。明清廢止供帝王靈魂起居的下宫建築，陵園主要由三部分組成：一、碑亭、神厨、神庫；二、祭殿、配殿；三、寶城、明樓。此稱漢代已行用。漢蔡邕《獨斷》卷下：“古不墓祭，至秦始皇出寢起之於墓側。漢因而不改。”又：“以陵寢爲廟者三：殤帝康陵、冲帝懷陵、質帝静陵是也。”《後漢書·祭祀志下》：“殤帝生三百餘日而崩，鄧太后攝政，以尚嬰孫，故不列於廟，就陵寢祭之而已。”北魏酈道元《水經注·濟水》：“濟南，魏郡治也，世謂之左城，亦名之曰葬城，蓋恭王之陵寢也。”唐温庭筠《金虎臺》詩：“誰言奉陵寢，相顧復沾巾。”《舊五代史·周太祖紀一》：“近代帝王陵寢，合禁樵採。”《續通典·凶禮·大喪初崩及山陵制》：“〔遼天祚帝〕入陵寢，授遺物於皇族外戚及諸大臣。”明左贊《乞修李覯墓狀》：“各處帝王陵寢及名臣賢士墳墓，有被人毁發者，所在有司即時修理如舊。”

寢廟

亦稱“寢廟園”。先秦國都中建有宗廟，多用於祭祀祖先。宗廟中前爲廟，係迎奉神靈處；後爲寢，藏有祖宗衣冠，供其起居用。此稱漢代已行用。《詩・小雅・巧言》："奕奕寢廟，君子作之。"孔穎達疏："奕奕然高大之寢廟，君子之人所能制作之。"《禮記・月令》："寢廟畢備。"鄭玄注："凡廟，前曰廟，後曰寢。"孔穎達疏："廟是接神之處，其處尊，故在前；寢，衣冠所藏之處，對廟爲卑，故在後，但廟制有東西廂，有序墻，寢制唯室而已。故《釋宮》云'室有東西廂曰廟，無東西廂有室曰寢'是也。"自秦朝始將寢廟移至帝陵旁。清顧炎武《日知錄・墓祭》："秦興西戎，宗廟之禮無聞，而特起寢殿於墓側。"《史記・秦始皇本紀》："二世下詔，增始皇寢廟犧牲及山川百祀之禮。"漢承秦制，於陵旁置寢廟。日祭於寢，月祭於廟，并專設廟、寢園令長丞管理其事，且加以守護。《漢書・外戚傳・孝元傅昭儀》："爲恭皇立寢廟於京師。"《後漢書・文苑傳上・杜篤》："宮室寢廟山陵相望，高顯弘麗。"寢廟俱在陵園中，故漢代亦稱"寢廟園"。《漢書・元帝紀》："〔永光五年〕十二月乙酉，毀太上皇、孝惠皇帝寢廟園。"魏晋帝王陵多"不墳不樹"，且廢漢代上陵祭拜禮儀，故寢廟或不設置，或設置而不在陵旁。《三國志・魏書・文昭甄皇后傳》："〔甄皇后〕葬於鄴。明帝即位，有司奏請追謚，使司空王朗持節奉策以太牢告祠於陵，又別立寢廟。"晋左思《吳都賦》："起寢廟於武昌，作離宮於建業。"南北朝恢復漢制。《北史・后妃傳上・魏明元密皇后》："別立后寢廟於崞山，建碑頌德。"唐宋以後稱廟爲獻殿，稱寢爲寢宮，很少用"寢廟"之稱。明清不設寢宮，唯重獻殿祭祀，制度復爲之一變。亦泛指尋常居所，而非專用於祭祀。《詩・大雅・崧高》："有俶其城，寢廟既成。"孔穎達疏："寢，人所處，

廟神亦有寢，但此宜揔據人神，不應獨立廟事，故以爲人寢也。"清王引之《經義述聞・春秋左傳》："經言寢廟，多指宗廟言之，此寢廟則指人之寢室言之。"。

【寢廟園】

　　即寢廟。此稱漢代已行用。見該文。

【寢園】

　　即寢廟。亦稱"園寢"。此稱始於漢，達於清。但清代專指皇子和福晋陵區，與皇帝、皇后之陵寢有別。《漢書・韋玄成傳》："而昭靈后、武哀王、昭哀后、孝文太后、孝昭太后、衛思后、戾太子、戾后，各有寢園，與諸帝合，凡三十所。"《宋大詔令集・太宗哀册》："蕭蕭陵邑兮草樹寒，寂寂寢園兮霜露白。"《清史稿・高宗紀一》："葬端慧皇太子於朱華山寢園。"漢以後此稱又作"園寢"。《後漢書・祭祀志下》："漢諸陵皆有園寢，承秦所爲也。"晋張載《七哀》詩："園寢化爲墟，周墉無遺堵。"《唐大詔令集・光陵優勞德音》："〔朕〕欲躬護園寢，哀達神明。"《清史稿・禮志十一》："仁宗皇后鈕祜禄氏崩，時在福晋位，暫安王佐村園寢。二十五年帝即位，追封孝穆皇后，擬改園寢爲陵寢。"

【園寢】

　　即寢園。此稱漢代已行用。見該文。

園廟

　　省稱"廟"，亦稱"陵廟"，主要指帝王、帝后陵園中的廟。此稱秦漢時期已行用。《漢書・蘇武傳》："〔蘇〕武以始元六年春至京師。詔武奉一太牢謁武帝園廟。"又《韋玄成傳》："京師自高祖下至宣帝與太上皇、悼皇考，各自居陵旁立廟。"《後漢書・光武帝紀上》："〔帝〕

幸春陵，祠園廟。”《後漢書·祭祀志下》：“其南陽春陵，歲時各且因故園廟祭祀。”唐以後改稱“陵廟”“園廟”轉而專指太子與王侯之廟。《舊唐書·職官志三》：“瓜果之屬先時而毓者，必苞甌而進之，以薦陵廟。”《宋史·禮志二十六》：“陵廟之祭，月有薦新，著在令典。”又：“濮安懿王園廟，治平三年詔置園令一人。”《明史·禮志十三》：“睿宗帝后陵寢在安陸州。世宗入立，追謚曰睿宗獻皇帝。葺陵廟，薦號曰顯陵。”

【廟】

“園廟”之省稱。此稱漢代已行用。見該文。

【陵廟】

即園廟。此稱唐代已行用。見該文。

寢

亦作“寑”，亦稱“寢殿”“寢宮”。古代皇家陵園中用以供皇帝靈魂起居及爲已故皇帝舉行祭禮的宮殿。始於秦，達於宋元。先秦本是國都宗廟中的廟後之室。《禮記·月令》“寢廟畢備”鄭玄注：“凡廟，前曰廟，後曰寢。”孔穎達疏：“廟是接神之處，其處尊，故在前；寢，衣冠所藏之處，對廟爲卑，故在後。”自秦朝始，將宗廟之寢移至陵墓之側。此制漢代亦沿襲。漢蔡邕《獨斷》卷下：“古不墓祭，至秦始皇出寢起之於墓側，漢因而不改。故今陵上稱寢殿，有起居衣冠象生之備，皆古寢之意也。”漢代亦作“寑”。《漢書·平帝紀》：“義陵寑神衣在柙中。”寢包括正寢、便殿。漢佚名《三輔黃圖·宗廟》云：“高園於陵上作之，既有正寢，以象平生正殿路寢也。又立便殿於寢側，以象休息閑宴之處也。”每天在寢中進奉四次食物，侍死如侍生。《漢書·韋玄成傳》：

“日祭於寢，月祭於廟，時祭於便殿。寢日四上食。”還有每月自寢出游先帝衣冠於宗廟之制。《漢書·叔孫通傳》：“陛下何自築復道高帝寢，衣冠月出游高廟？”顏師古注：“謂從高帝陵寢出衣冠游於高廟，每月一爲之。”魏晉以後，陵園多不設供皇帝靈魂起居閑晏的正寢、便殿。《三國志·魏書·文帝紀》：“壽陵因山爲體，無爲封樹，無立寢殿。”《資治通鑑·漢武帝建元六年》：“高園便殿火。”胡三省注引南朝沈約曰：“魏武帝葬高陵，有司依漢立陵上祭殿，文帝以爲古不墓祭，皆設於廟，高陵上殿屋皆毀壞……自是至今，陵寢遂絶。”可知此時期寢又從先秦制度，移至宗廟中。唐宋在陵園中設寢宮、寢殿，用以舉行祭禮儀式。《宋史·禮志二十六》：“〔唐朝〕舊儀，詣寢宮，至大次之時，設百官位。奏請行禮，望令先入赴寢殿立班……舊儀，逐寢殿上食，備太牢之饌，珍羞庶品。近以羊豕代太牢。今請備少牢之祭，設奠，讀册畢，復詣寢宮，上珍羞庶品，別行致奠之禮。”明清唯重祾恩殿、隆恩殿的祭奠，不復另設寢、寢殿等。

【寑】

同“寢”。此體漢代已行用。見該文。

【寢殿】

即寢。此稱三國時期已行用。見該文。

【寢宮】

即寢。此稱宋代已行用。見該文。

【正寢】[2]

“寢”之一種。亦稱“中陵”。漢至唐宋帝陵上用以祭祀的正殿，象徵皇帝日常處理朝政的宮殿。《三輔黃圖·宗廟》謂“正寢，以象平生正殿路寢也”。《漢書·韋玄成傳》：“園中各有寢便殿。"顏師古注："寢者，陵上正殿，若平生露寢矣。"又，《成帝紀》："將作大匠萬年言昌陵三年可成，作治五年，中陵司馬殿門內尚未加功。"顏師古注："中陵，陵中正寢也。"

【中陵】

即正寢[2]。此稱漢代已行用。見該文。

【便殿】

"寢"之一種。亦稱"更衣"。漢代帝陵上正寢之側供墓主靈魂休息游樂的別殿。《漢書·武帝紀》："〔建元六年〕夏四月壬子，高園便殿火。"顏師古注："凡言便殿、便室、便坐者，皆非正大之處，所以就便安也。……便殿，爲休息閑宴之處耳。"《後漢書·章帝紀》："更衣在中門之外，處所殊別，宜尊廟曰顯宗。其四時禘祫於光武之堂，閒祀，悉還更衣。"李賢注："更衣者，非正處也。園中有寢、有便殿。寢者，陵上正殿；便殿，寢側之別殿，即更衣也。"

【更衣】

即便殿。此稱漢代已行用。見該文。

山

帝王陵墓的代稱。先秦帝王已有因山爲陵者，但稱山爲陵始於秦，沿用至唐宋。北魏酈道元《水經注·渭水》引《三秦記》云："秦名天子冢曰山。"《漢書·地理志》"非獨爲奉山

因山爲陵的唐高宗乾陵

園也"顏師古注引如淳曰："《黃圖》謂陵冢爲山。"《漢書·劉向傳》以山與墳對應："孝文皇帝去墳薄葬，以儉安神，可以爲則；秦昭、始皇增山厚藏，以侈生害，足以爲戒。"又《外戚傳下·定陶丁姬》亦以山與冢對應："共王母丁姬，前不臣妾，至葬渭陵，冢高與元帝山齊。"唐方干《金州客舍》詩："江流嶓冢雨，路入漢家山。"元以後帝陵不復稱山。

山陵

古代帝王、王后的墳墓。本意指山，漢班固《白虎通·封禪》有"德至山陵則景雲出"之語。因王陵依山爲陵或築墳如山，故轉稱。此稱始於漢，達於清。先秦王公貴族已有造陵墓於山上者。《左傳·僖公三十二年》："殽有二陵焉，其南陵，夏后皋之墓也。"《史記·秦本紀》："寧公生十歲立，立十二年卒，葬西山。"張守節正義："《括地志》云：'秦寧公墓在岐州陳倉縣西北三十七里秦陵山。《帝王世紀》云秦寧公葬西山大麓，故號秦陵山也。'按，文公亦葬西山，蓋秦陵山也。"到秦朝，《史記·秦始皇本紀》載，始皇帝"穿治驪山"爲陵，"樹草木以象山"。今從實地看，始皇陵猶如一座山。據《漢書·劉向傳》漢代帝陵"增坤爲高，積土爲山"成爲定制，遂山、陵連稱。《漢書·外戚恩澤侯表》："綏和二年，〔王況〕坐山陵未成置酒歌舞，免。"北魏酈道元《水經注·渭水》引《三秦記》："秦名天子冢曰山，漢曰陵，故通曰山陵矣。"漢代山陵形如覆斗，皆壘土夯築而成。魏晉南北朝山陵多"因山爲體，無爲封樹"（參閱《三國志·魏書·文帝紀》）。後代很難確定此時期陵墓具體位置，但仍稱山陵。《三國志·魏書·文昭甄皇后傳》"別立寢廟"裴松

之注引《魏書》：“先帝遷神山陵，大禮既備。”《南齊書·武帝紀》：“諸主六宮，並不須從山陵。”《北史·齊孝昭帝紀》：“山陵施用，務從儉約。”北齊顏之推《顏氏家訓·勉學》：“后既痊愈，帝尋疾崩，遺詔恨不見太后山陵之事。”唐《唐律疏議·名例·十惡》云：“山陵者，古先帝王因山而葬，黃帝葬橋山即其事也。或云，帝王之葬，如山如陵，故曰‘山陵’。”此時期山陵除少數如秦漢封土築成外，多沿襲魏晋以降依山爲陵之制，且一山一陵，規制宏偉。唐諸帝每稱“山陵制度，務從儉約”，實難做到。參閱《唐大詔令集》卷一、一二。五代仍稱山陵。《舊五代史·唐莊宗紀七》：“初卜山陵，帝欲祔於代州武皇陵。”但五代政權更迭頻繁，陵墓無足稱者。宋代山陵，規制宏大，耗資巨大，故司馬光《永昭陵寺劄子》言：“國喪之後，支給賞賜，供奉山陵，帑藏空虛，賦役煩多，百姓罷弊。”時山陵呈方形，上有陵臺。元代帝陵不起墳，葬地不明。明清亦不因山爲陵，陵墓爲半球形，仍稱山陵。明于慎行《穀山筆麈·勛戚》：“慈寧故因東李以進，穆廟即位，孝懿雖即山陵，而慈寧不忘東李。”《清續文獻通考·王禮考·山陵》：“是日，山陵禮成，遣官告祭后土、山神。”

【山墳】

即山陵。此稱漢代已行用，後世亦用之，然唐宋以後并非帝王陵專稱。《漢書·劉向傳》：“孝文窴焉，遂薄葬不起山墳。”明葉子奇《草木子·雜制篇》：“歷代送終之禮，至始皇爲甚侈，至窮天下之力以崇山墳。”

【山塋】

即山陵。此稱南北朝時期已行用。《宋書·禮志二》：“造陵於龍山，置大匠卿斷草，司空告后土。謂葬曰山塋。”唐宋溫璩《哀皇后哀册文》：“哀皇后裴氏梓宮，啓自先殯，將遷祔於恭陵之山塋，禮也。”

【丘山】

即山陵。此稱魏晋時期已行用。晋張載《七哀》詩：“昔爲萬乘君，今爲丘山土。”《晋書·康帝紀》：“成帝有疾，中書令庾冰自以舅氏當朝，……改元曰建元。或謂冰曰：‘郭璞讖云：立始之際丘山傾。立者，建也；始者，元也；丘山，諱也。’冰瞿然，既而嘆曰：“如有吉凶，豈改易所能救乎？”

【陵】

即山陵。本指大土山，《詩·小雅·天保》“如岡如陵”孔穎達疏：“土地獨高大名曰阜，最大名爲陵。”因帝王墳墓極高大，戰國時乃用此稱，此後沿襲至近代。《史記·趙世家》：“〔趙肅侯〕十五年起壽陵。”宋呂祖謙《大事紀解題》趙起壽陵：“《秦紀》諸君之葬，至惠文王以後始稱陵。然則名王者之兆域爲陵，其出於戰國之際乎？”按，《史記·秦始皇本紀》所載惠文王至莊襄王等五王的墳墓俱稱陵。因其高大，故《漢書·劉向傳》中有“秦惠文武昭嚴襄五王皆大作丘隴”之語。漢以後，帝王墳墓稱陵成定制。北魏酈道元《水經注·渭水》：“秦名天子冢曰山，漢曰陵。”清顧炎武《日知錄·陵》：“古王者之葬，稱墓而已……至漢則無帝不稱陵矣。”《漢書·地理志下》：“後世徙吏二千石高訾富人及豪桀并兼之家於諸陵。”《北史·隋高祖文帝紀》：“士庶赴葬者，皆聽入視陵內。”但自漢至唐，公侯墓亦有稱陵者。漢應劭《風俗通·山澤》：“今王公墳壟，各稱陵也。"《水經注・睢水》："城內東西道北，有晉梁王妃王氏陵表。"《舊唐書・外戚傳・韋溫》："及〔韋〕玄貞等柩將至，上與后登長樂宮，望喪而泣。加贈玄貞爲酆王，謚曰文獻，仍號其廟曰褒德，陵曰榮先。"晚唐以後直至清代，非帝王之墓，概不稱陵。唐呂巖《沁園春》詞："墳廟江邊，漢陵原畔，勢盡還空皆亦然。"宋王埜《西河》詞："陵圖誰把獻君王，結愁未已。"元代帝陵，《續通典・凶禮・大喪初崩及山陵制》謂："〔元〕太祖崩，葬起輦谷。谷在漠北，不加築爲陵。諸帝皆從葬於此。"明于慎行《穀山筆麈・制典上》："諸陵惟中官灑掃，不遣宮女。"《清史稿・禮志五》："是時三陵建功德碑，嗣凡起陵，皆立碑，如故事。"近代以來，唯偉人及烈士的葬地稱陵，如中山陵（孫中山先生陵墓）、烈士陵園等。

【陵墓】

即山陵。亦稱"丘陵"。戰國以前，帝王墳墓稱"冢""墓"，因其封土高大，自戰國始又稱陵，秦漢以後始稱陵墓、丘陵。漢張衡《西京賦》："若歷世而長存，何遽營乎陵墓！"《周禮・春官・序官》"冢人"賈公彥疏："秦漢已下，天子之丘亦謂之陵也……云丘陵，亦是象丘陵爲之也。"但漢魏時尚未成帝王墓專稱，人臣墓亦有用此稱者。《後漢書・橋玄傳》："〔曹操〕經過玄墓，輒悽愴，致祭奠，自爲其文曰：'……北望貴土，乃心陵墓，裁致薄奠，公其享之。'"沈銘葬注云："此人臣墓亦稱陵……古人文質，今則當有所避矣。"魏晉以後，此稱漸爲帝王墓專用。三國魏曹植《責躬詩》："逝慚陵墓，存愧闕庭。"《南齊書・武帝紀》："陵墓萬世所宅，意嘗恨休安陵未稱，今可用東三處地

最東邊以葬我。"唐張說《漢南》詩："舊國多陵墓，荒凉無歲年。"明陳子龍《二郎神・清明感舊》詞："內家妝，搴帷生一笑，馳寶馬漢家陵墓。"近代以來，此稱不局限於指古帝王墓，亦用於烈士、偉人之墓。

【丘陵】

即山陵。此稱秦漢時期已行用。見該文。

【墳陵】

即山陵。亦稱"陵墳"。此稱漢代已行用。漢《三輔黃圖・陵墓》："〔昭〕帝初作壽陵，令流水而已。石椁廣一丈二尺，長二丈五尺，無得起墳陵。"北魏酈道元《水經注・渭水》："子孫無由起宮於祖宗之墳陵矣。"《宋書・孝懿蕭皇后傳》："孝皇陵墳本用素門之禮，與王者制度奢儉不同。"《唐大詔令集・九嵏山卜陵詔》："猶恐身後之日……崇厚墳陵，今預爲此制，務從儉約。於九嵏之山，足容一棺而已。"明沈榜《宛署雜記・經費上・陵園》："每年合用各陵墳煮牲柴炭，各祭不等。"

【陵墳】

即山陵。此稱南北朝時期已行用。見該文。

壽陵

古代帝王生前爲自己預築的陵墓。此俗始於戰國。《史記・趙世家》："〔趙肅侯〕十五年，起壽陵。"自秦至清，除晉、南朝、元等少數朝代外，歷代帝王陵多爲預先營造。《史記・孝景帝本紀》"五年三月，作陽陵"司馬貞索隱："景帝豫作壽陵也。按，《趙世家》趙肅侯十五年起壽陵，後代遂因之也。"漢佚名《三輔黃圖・陵墓》："〔昭〕帝初作壽陵，令流水而已。"《後漢書・光武帝紀下》"初作壽陵"李賢注："初作陵，未有名，故號壽陵，蓋取長久之

義也。”《後漢書·禮儀志下》“方石治黃腸題湊便房如禮”劉昭注：“《漢舊儀》略載前漢諸帝壽陵曰：‘天子即位明年，將作大匠營陵。’”《三國志·魏書·武帝紀》：“其規西門豹祠西原上爲壽陵，因高爲基，不封不樹。”又《文帝紀》：“〔黃初三年〕冬十月甲子，表首陽山東爲壽陵。”《北史·魏文成文明皇后傳》：“孝文乃詔有司營建壽陵於方山，又起永固石室，將終爲清廟焉。”明鄭曉《今言》七二：“孝烈皇后將葬，上念西苑之變孝烈有大功，欲葬於孝潔皇后之左，已而中止。上新作壽陵，至是定名永陵，令先葬后。”

壽宮

帝王生前爲自己建造的陵墓墓室。預建墓室之習始於戰國，歷代沿襲。稱之爲“壽宮”則始於南北朝，隋唐盛行。《北史·魏文成文明皇后傳》：“初，帝孝於太后，乃於永固陵東北里餘營壽宮，遂有終焉瞻望之志。”《後漢書·趙岐傳》“先自爲壽藏”李賢注：“壽藏謂冢壙也。稱壽者，取其久遠之意也，猶如壽宮、壽器之類。”唐王縉《奉天皇帝哀册文》：“開壽宮兮寂寂，虛玉座兮冥冥。”明鄭曉《今言》九一：“今皇帝因謁七陵，遂有壽宮之役，真達天高世之見。”《清史稿·禮志五》：“先是世祖校獵於此，停轡四顧曰：‘此山王氣蔥鬱，可爲朕壽宮。’因自取佩鞢擲之，諭侍臣曰：‘鞢落處定爲穴。’”

攢宮

天子、皇后崩殂後的殯宮。爲暫殯之所，待山陵建好後再從攢宮移靈陵墓。南宋亦指帝陵。此稱始見於唐末，歷五代，迄於宋代。《舊唐書·哀帝紀》：昭宗於天祐元年八月十二日遇弑，二年二月十一日，“大行皇帝啓攢宮。……至二十日，掩玄宮畢如舊。庚子啓攢宮，文武百寮夕臨於西宮。丁未，靈駕發引。……己酉，葬昭宗皇帝於和陵”。《舊五代史·晉書·少帝紀一》：“癸亥，啓攢宮，百官衣初喪服入臨。”《文獻通考·王禮考·山陵》載宋太祖之喪：“使齊王廷美爲山陵使，兼橋道頓遞。……次年三月奉册寶告於南郊，讀於靈座前。四月啓攢宮，上與群臣皆服如初喪，朝晡臨。易常服出宮城，發引，上親啓奠祖奠。……靈駕發，至都城外，……乙卯，葬永昌陵，在河南鞏縣。”此制爲宋朝諸帝所遵循。北宋諸帝葬河南鞏縣，南宋諸帝葬會稽山陰（今浙江紹興），因南宋有恢復中原之意，待異日移葬中原，故又徑稱山陵爲攢宮。宋張淏《雲谷雜記》卷三：“初，隆祐太后升遐時，朝廷欲建山陵。兩浙漕臣曾公養謂帝后陵寢今存伊洛，不日復中原，即歸祔矣，宜以攢宮爲名。僉以爲當，遂卜吉于會稽。”《大清一統志·紹興府》：“宋攢宮諸陵在會稽縣東南二十五里之山，凡六陵。”元代時南宋諸陵皆被公然盜掘，故攢宮所在地後建有寺廟。然《元史》用元朝說法，詭稱先有寺廟，後建攢宮。《元史·世祖紀十》：“會稽有泰寧寺，宋毀之以建寧宗等攢宮。”明文徵明《會稽雙祠碑》：“尋命以所發宋陵金寶修天衣寺，又以寧宗攢宮故地爲泰寧寺。”元張憲《李嵩宋宮觀潮圖》：“攢宮人飲白骨恨，洪波不洗青衣羞。”

玄宮

亦稱“元宮”“泉宮”“幽宮”“地宮”。古代帝王陵墓的墓室雅稱。因帝王仿宮殿造墓室，以象徵死後仍居朝堂統治天下，故稱。仿宮殿構建墓室之制，則在秦時已實施。秦始皇驪山陵墓墓室，内作宮觀及百官位次，且"上具天文，下具地理"（參閲《史記・秦始皇本紀》及《水經注・渭水》）。《漢書・劉向傳》亦云：室内"宮館之盛，不可勝原。"西漢陵墓墓室，據已發掘同時代墓葬及文獻推測，爲仿宮殿的木槨結構。《漢書・平帝紀》："義陵民冢不妨殿中者勿發。"顏師古注："殿中謂壙中，象正殿處。"東漢以後盛行磚石墓，此後直至明清，陵中墓室皆如地面皇家宮殿布局，往往分前、中、後室，有的還有左右厢。《新五代史・雜傳・温韜》稱唐太宗昭陵墓室："宮室制度閎麗，不異人間，中爲正寢，東西厢列石床。"已發掘的南唐先主李昪、中主李璟二陵，前蜀王建陵，明神宗定陵等，其墓室布局結構也證明了這一點。帝陵墓室，漢代稱"明中"，魏晉時始稱"玄宮"。《晉書・桓玄傳》："若陛下忘先臣大造之功，信貝錦萋菲之説，臣等自當奉還三封，受戮市朝，然後下從先臣，歸先帝於玄宮耳。"《南史・孝武昭路太后傳》："有司奏請修寧陵玄宮，補葺毀壞，權施油殿，暫出梓宮，事畢即窆。詔可。"唐韋良嗣《恭皇后哀册文》："皇矣有熊，處乎玄宮。衣冠所在，祉胤無窮。"唐以後亦偶稱"泉宮""幽宮"。唐李揆《恭懿太子哀册文》："昇玉笙於洞府，閟銀榮於泉宮。"唐王維《過秦皇墓》詩："古墓成蒼嶺，幽宮象紫臺。"但"幽宮"衹是墓室泛稱，無論帝王平民皆可用之。"玄宮"之稱沿用時間最久，因避某些皇帝名字、廟號諱，又稱"元宮"。清代改稱"地宮"。《明史・禮志十二》："將掩玄宮，皇太子以下詣梓宮前跪。"《清朝通志・禮略十二》："届吉時，恭移龍輴，自隧道入地宮，安奉寶床，設香、册寶於左右几，遂掩閉元宮。"

【元宮】

即玄宮。乃避帝諱而改。此稱唐代已行用。見該文。

【泉宮】

即玄宮。此稱唐代已行用。見該文。

【幽宮】

即玄宮。此稱唐代已行用。但此稱君臣均可使用。見該文。

【地宮】

即玄宮。此稱清代已行用。見該文。

方中

王陵墓室之代稱。因先秦營建宮室時，宮室方位與天上定星相對應，須周正，稱方中，《詩・鄘風・定之方中》即有"定之方中，作于楚宮"句。因陵仿宮室建造，故稱。此稱始於漢，達於宋元。《後漢書・禮儀志下》："方石治黃腸題湊、便房如禮。"劉昭注引《漢舊儀》："天子即位明年，將作大匠營陵地，用地七頃，方中用地一頃，深十三丈。"又注引《皇覽》："漢家之葬，方中百步。"《宋史・輿服志六》："古者藏先王衣服于廟寢，至于平生器玩，則前世既不皆納于方中，亦不盡陳于陵寢。"

方城 [1]

漢代帝陵中最外面的一重木槨，構築如城，故稱。其外壘以石塊，其内部爲"黃腸題湊"結構《後漢書・禮儀志下》："方石治黃腸題湊、便房如禮。"劉昭注引《皇覽》："漢家之葬，方中百步。已穿，築爲方城，其中開四門四通，足放六馬。"又注引《漢舊儀》："明中高一丈七尺，四周二丈，内梓棺、柏黃腸題湊以次，百官藏畢，其設四通羨門，容大車六馬。"

明中

漢代帝陵中的墓室。諸帝陵尤以武帝茂陵的明中最大。《漢書·霍光傳》："便房、黄腸題湊各一具。"顔師古注："如淳曰：《漢儀注》：'天子陵中，明中高丈二尺四寸，周二丈，内梓宫，次楩椁、柏黄腸題湊。'"《後漢書·禮儀志下》："方石治黄腸題湊、便房如禮。"劉昭注引《漢舊儀》："武帝墳高二十丈，明中高一丈七尺四，周二丈，内梓棺、柏黄腸題湊。"

便房

古代帝王、貴族墓中墓室側面的小側室，象徵墓主起居晏游之所。室内一般放有座席、文具、樂器及其他日常用品的實物或明器。此制源於商代。商代王侯貴族大墓的墓室和椁室多呈"亞"字形，即主墓室兩側各有一"耳室"。這是後代便房的雛形。西周至戰國的大型木椁墓，雖形制結構多樣，但都設有供墓主靈魂起居使用之物所放置的地方。漢代大型木椁墓承襲戰國遺制而更趨閎麗，有與内椁相連的小室即便房，此稱也自西漢時始行用。《漢書·霍光傳》："便房、黄腸題湊各一具。"顔師古注："服虔曰：'便房，藏中便坐也。'……師古曰：'便房，小曲室也。'"又《陳湯傳》："昌陵因卑爲高，積土爲山，度便房猶在平地上。"東漢以後，墓室多以磚石壘砌，便房亦爲磚石結構。《後漢書·禮儀志下》："方石治黄腸題湊、便房如禮。"此制歷代沿襲，直至清朝。《文選·張載〈七哀詩〉》："毀壞過一抔，便房啓幽户。"李善注："《漢書注》曰：'便房，冢壙中室也。'"南朝宋謝惠連《祭古冢文》："黄腸既毀，便房已頹。"清吴偉業《永和宫詞》："玉匣珠襦啓便房，薤歌無異葬同昌。"

陵臺

宋代帝王陵墓上的臺狀墳丘。此稱源於唐監理帝陵事宜的機構——陵臺。唐初設陵署掌管山陵，玄宗天寶年間改名。《舊唐書·禮儀志五》："〔天寶〕十三載，改獻、昭、乾、定、橋五陵署爲臺，其署令改爲臺令。"《新唐書·禮樂志四》："歲二月八日，公卿朝拜諸陵，陵臺所由導至陵下，禮略，無以盡恭，於是太常約舊禮草定。"宋高承《事物紀原·陵臺令》："改獻、昭等王陵署曰陵臺，此蓋命名之初也。"宋代皇陵皆有陵臺，爲上下三層方形臺。底層周長，據《宋史·禮志二十五》載太宗永熙陵爲"二百五十尺"，其他諸陵當與此相近。《宋史·禮志二十六》："時議改卜安陵於鞏，並以〔孝明、孝惠〕二后陪葬焉。……陵臺再成四面，各長七十五尺。"則周長約"三百尺"可知。

皇堂

皇帝、皇后陵墓的主墓室專稱。始於宋代，達於明代。本意同"堂皇"，即宫殿。《廣雅·釋器》："堂皇，壁也。"壁即殿。皇堂謂地下宫殿。宋初皇堂大小不一，真宗以後規制趨於固定。《宋史·禮志二十五》："皇堂之制，深八十一尺，方百四十尺。"宋人也稱唐代陵墓墓室爲皇堂。宋代歐陽修撰《新唐書·肅宗代宗紀》："〔代宗大曆五年三月〕丙戌，以昭陵皇堂有光，赦京兆、關輔。"《續資治通鑑·宋真宗乾興元年三月》："〔雷〕允恭坐擅移皇堂，並盜金珠銀帛犀玉帶等，杖死於鞏縣。"《宋史·仁宗紀一》："〔乾興元年〕六月己酉，命參知政事王曾按視山陵皇堂。"《明史·禮志十二》："内侍請靈駕赴玄宫，執事官奉梓宫入皇堂。"

上宮

陵園中供君臣上陵拜謁及舉行重要祭典的宮殿。相當於漢代的"園廟"、明清的"饗殿"。始於唐，達於宋。《舊唐書・五行志》："〔元和〕八年三月丙子，大風拔崇陵上宮衙殿西鴟尾，并上宮西神門六戟竿折。"《宋史・禮志二十六》載上陵祭獻儀："凡上宮，用牲牢、祝冊，有司奉事；下宮，備膳羞，內臣執事，百官陪位。"《續資治通鑑・宋仁宗嘉祐八年四月》："京西轉運使吳充、楚建中、知濟州田衶，相繼上言，請遵先帝遺詔，山陵務從儉約，皇堂上宮，除明器之外，金玉珍寶，一切屏去。"

下宮

皇帝、皇后陵園中用以侍奉墓主靈魂"飲食起居"的建築群。始於唐，達於宋。有時亦稱"寢殿""寢宮"。大致包括正殿、影殿、浣濯院、神廚、守陵宮人和官吏的住所等建築以及墓穴。《新唐書・昭宗哀宗紀》："〔天祐二年正月〕丁丑，盜焚乾陵下宮。"《舊五代史・唐莊宗紀六》："〔同光三年六月〕丙戌，詔曰：'關內諸陵，頃因喪亂，例遭穿穴，多未掩修。其下宮殿宇法物等，各令奉陵州府據所管陵園修製，仍四時各依舊例薦饗。'"宋李攸《宋朝事實・英宗葬永厚陵》："英宗梓宮至永厚陵，館於席室。從〔山陵使〕韓公〔琦〕視下宮，有正殿置龍輴，後置御座；影殿置御容，車幄卧神帛，後置御衣數事。齋殿旁，皆守陵宮人所居，其東有浣濯院，有南廚，廚南陵使廨舍，殿西使副廨舍。"《宋史・禮志二十六》："徽宗皇后王氏，大觀二年九月二十六日崩……十二月，奉安梓宮於永裕陵之下宮。"又："哲宗昭慈聖獻皇后孟氏，紹興元年四月崩……六月，殯於會稽上亭鄉，攢宮方百步，下宮深一丈五尺。"

獻殿

亦稱"行享殿""饗殿"。帝王陵園中用以舉行祭典、進行拜謁的主要宮殿。始於唐，達於清。《續資治通鑑長編・宋神宗熙寧九年》："陵宮奉祀牙床、祭器等，祀畢但置於獻殿內，暴露日久，易致腐剝。況諸陵宮門各有東西關庭，專藏牙床、祭器，遇行禮畢，即收藏。"《明史・禮志十二》："至陵，執事官先陳龍輴於獻殿門外，俟大昇轝至。禮官請靈駕降轝，昇龍輴，詣獻殿。"又《禮志十三》："〔嘉靖〕二十六年，皇后方氏崩，即日發喪……部臣復上儀注，改席殿曰行享殿。"清談遷《思陵記》："余仍趨而前。啟右鐍，爲饗殿三楹，奉先帝木主，內殿加峻。其碑'懷宗端皇帝陵'，首篆'大明'金書。殿額'思陵'亦金書。進爲思陵，所至泣拜。"《清朝通志・禮略十二》："靈駕……至陵寢，安奉梓宮於饗殿。"

【行享殿】

即獻殿。此稱明代已行用。見該文。

【饗殿】

即獻殿。此稱明代已行用。見該文。

祾恩殿

明代皇陵內獻殿的專稱，用作祭享、舉行謁陵儀典，爲陵中最主要的殿宇。"祾恩"爲祭陵感恩受福之意，自嘉靖十七年（1538）始用此名，此前唯稱獻殿或享殿。明佚名《太常續考・長陵等陵事宜》："各陵寶城上正前爲明樓，樓前爲石几筵，又前爲祾恩殿、爲祾恩門。"自注："各陵殿舊名享殿，嘉靖十七年上躬祀天壽山諸陵，始名殿曰祾恩殿，門曰祾恩門。祾者，祭而受福之名也；恩者，罔極之恩也。"明朝每年遣官上陵致祭的時間，主要在清明、中元、冬至（明後期改作清明、霜降二祭）。皇帝親謁先帝陵時亦行祭禮。另外，國有大事，必遣官告祭。正德以後還設祠祭署，專司陵墓祭祀事。諸陵祾恩殿至今猶存，其結構爲重檐廡殿式。《明史·禮志十四》："明樓前爲石几筵，又前爲祾恩殿、祾恩門。殿惟長陵重檐九間，左右配殿各十五間。永陵重檐七間，配殿各九間。諸陵俱殿五間，配殿五間。"據實測，規模最宏大的明成祖長陵祾恩殿，面闊九間，達66.75米，進深五間，計29.31米。殿內以十二根優質金絲楠木作柱。殿建在三層漢白玉丹階臺基上，至爲雄偉，足可與故宮太和殿媲美。

隆恩殿

清代皇陵內饗殿的專稱，用以舉行謁陵、祭享禮儀，相當於明代的祾恩殿，爲陵中最大殿宇。每年在此有清明、中元、冬至、歲暮四大祭。朝廷遣官主持其事。皇帝謁陵及國有"靖寇難"大事時，皆行祭禮。殿內擺設，據《清史稿·禮志五》載："安神位隆恩殿，製龕座、寶床、帷幔、衾褥、楎椸如太廟式。"祭祀儀式，《清朝通志·禮略五》載："各陵寢四

乾隆裕陵隆恩殿

時大祭，牲用太牢，獻帛爵，讀祝文，致祭於隆恩殿，具朝服行禮。"《清朝文獻通考·王禮考·山陵》："上詣泰東陵，未至碑亭即降輿，舉哀至隆恩殿梓宮前，行饗奠禮，慟哭良久。"《清史稿·宣宗紀二》："〔道光十一年二月〕丙午，上再謁昌陵，行敷土禮。御隆恩殿行大饗禮。"殿結構爲重檐歇山頂，面闊五間，進深三間，至今猶保存完好。

蘆殿

清朝臨時搭建以放置皇帝靈車的小殿。《清通志·禮略十二》："靈駕發，册寶亭及儀駕咸前列，沿途分站豫設蘆殿，繚以黃幔城。皇子王公以下隨行。靈駕至宿次，奉安蘆殿，乃行晡奠如儀。"又："先葬一日，行遷奠禮儀如饗奠。至時，恭奉梓宮於寶城前蘆殿，皇子三祭酒。"《清朝續文獻通考·王禮考·山陵》："工部豫建蘆殿於隧道丹陛，設龍輴於蘆殿內正中。"

方城 [2]

明清帝陵寶城入口處的建築。爲用石條壘砌而成的高臺，平面呈方形。中有門洞，稱靈寢門。高臺上有明樓。君臣上陵拜謁，皆須在方城前行祭禮。《清史稿·禮志五》："執事從官素服，冠去纓，隨〔帝〕至方城。"《清朝通志·禮略十二》："皇帝於方城前舉哀，祭酒行禮。"《清朝續文獻通考·王禮考·山陵》："仁宗乘輿詣太平峪，入中門，由正殿右進西琉璃門，至方城前階上降輿。"

明樓

明清皇陵內寶城出入處的雙層樓閣式建築。明樓建築在方城上，重檐九脊，是全陵最高建築物。《明史·禮志十四》："凡山陵規制，有寶

城……正前爲明樓，樓中立帝廟諡石碑，下爲靈寢門。”明佚名《太常續考・長陵等陵事宜》：“各陵寶城上正前爲明樓。”清顧炎武《昌平山水記》卷上：“又前爲寶城，城下有甬道，内有黄琉璃屏一座，旁有級分東西上，折而南，是爲明樓，重檐四出陛，前俯享殿，後接寶城，上有榜曰長陵。”《清朝文獻通考・王禮考・山陵》：“上恭謁泰陵，……上出明樓門，猶揮淚徐行，瞻仰慕思，感動左右。”清弘曆《恭謁景陵》詩：“孺慕明樓下，盈盈淚滿觴。”

方城明樓

寶城

亦稱“寶山城”。明清帝陵墳丘稱寶頂，周圍以圍墻環繞，即成寶城。其平面，明代爲圓形，清代前方後圓，入口處有方城明樓。明佚名《太常續考・長陵等陵事宜》：“各陵寶城上正前爲明樓，樓前爲石几筵。”明張居正《山陵禮成奉慰疏》：“寶城三面俱完，工甚堅厚。”《明史・禮志十四》：“凡山陵規則，有寶城，長陵最大，徑一百一丈八尺。次永陵，徑八十一丈。各陵深廣丈尺有差。正前爲明樓。”明代亦稱“寶山城”。明鄭曉《今言》一二五：“諸妃陪葬，不由隧道，列於外垣之内，寶山城之外，明樓之前，左右相向，以次而祔。”《清朝通

志・禮略五》：“〔乾隆帝〕躬祭泰陵，未至碑亭即下輦，步入隆恩門，至隆恩殿行禮，畢，復詣寶城前，奠酒舉哀。”《清朝文獻通考・王禮考・山陵》：“上恭謁泰陵，……詣寶城前行禮恭奠，號慟良久。”《清史稿・禮志五》：“嘉慶五年清明，詣昌瑞山謁高宗裕陵，先敷土……自東磴道升至寶城石欄東，陵寢大臣合土以筐，隨駕至敷土處跪進。帝拱舉，敷畢，授筐，降，脱履。”

【寶山城】

即寶城。此稱明代已行用。見該文。

橋山

山名。唐代以後又稱子午山。相傳山上有黄帝冢，因用以稱黄帝葬地。後代亦藉指帝王陵墓。山在秦漢之際的陽周縣南，即今陝西黄陵縣城北橋山。《漢書・地理志下》“上郡陽周縣”：“橋山在南，有黄帝冢，〔王〕莽曰上陵畤。”又《楚元王傳》：“黄帝葬於橋山。”顏師古注：“在上郡陽周縣。”北魏酈道元《水經注・河水三》：“又東，走馬水注之。水出西南長城北，陽周縣故城南橋山。昔二世賜蒙恬死於此，王莽更名上陵畤時，山上有黄帝冢故也。”秦漢以降，傳黄帝升天成仙，橋山黄帝陵爲衣冠冢。《史記・五帝本紀》：“黄帝崩，葬橋山。”張守節正義引《列仙傳》：“軒轅自擇亡日與群臣辭。還葬橋山，山崩，棺空，唯有劍舄在棺焉。”《史記・孝武本紀》：“〔孝武帝〕北巡朔方，勒兵十餘萬，還祭黄帝冢橋山，澤兵須如。上曰：‘吾聞黄帝不死，今有冢，何也？’或對曰：‘黄帝已仙上天，群臣葬其衣冠。’”晋葛洪《抱朴子・極言》：“或曰：‘黄帝審仙者，橋山之冢，又何爲乎？’抱朴子答曰：‘按《荆山

經》及《龍首記》，皆云黃帝服神丹之後，龍來迎之，群臣追慕，靡所措思，或取其几杖，立廟而祭之；或取其衣冠，葬而守之。'"後代帝王多至橋山祭黃帝。《魏書·禮志一》："和平元年正月，帝東巡。歷橋山，祀黃帝。"後代傾慕黃帝"成仙"，亦常以"橋山"尊稱皇帝、皇后陵。唐徐安貞《讓皇帝哀册文》："列昭穆兮斯在，奉忠孝於橋山。"《唐大詔令集·莊憲皇太后山陵優勞德音》："朕以寡祐，夙罹慇凶。追攀弓劍，閟橋山而未幾；永慕褘翟，合源陵於此時。"

黃帝陵

黃帝的陵墓，傳爲衣冠冢。黃帝又稱軒轅，《史記·五帝本紀》載有其事迹。因時代久遠，其生平多屬傳聞，且帶有濃厚神話色彩，甚至稱其最終升天成仙，故其陵亦屬牽強附會的産物。漢代在當時的陽周縣南（今陝西黃陵縣北）橋山建有黃帝衣冠冢。《漢書·地理志下》"上郡陽周縣"："橋山在南，有黃帝冢，〔王〕莽曰上陵畤。"而稱"黃帝陵"始於唐代。唐李吉甫《元和郡縣圖志·關內道三·寧州》謂真寧縣有"黃帝陵"："子午山亦曰橋山，在縣東八十里。黃帝陵在山上，即群臣葬衣冠之處。《史記》曰：漢武帝北巡朔方，還祭黃帝冢于橋

黃帝陵軒轅殿

山。"宋王溥《唐會要》卷二二："大曆五年四月，鄜坊節度使臧希讓上言：坊州軒轅皇帝陵闕，請置廟，四時饗祭，列於祀典。詔從之。"此後橋山黃帝陵一直存在，直至今日。宋代的《元豐九域志·永興軍路》云："橋山，漢《地理志》云：上郡陽周保南有橋山。《風土記》云：陽周縣南有黃帝陵，在子午山。"然而歷史上并非祇有這一處黃帝陵。清朝學者畢沅《關中勝迹圖志》卷三〇云："按橋陵在關中者，舊志有三：一在慶陽之正寧，一在延安之安定，其一即在中部者是已。三縣皆漢上郡地。"此爲在關中者。另有在京東者。清孫承澤《春明夢餘録·陵園》："京東北平谷縣境内漁子山有大冢，俗呼軒轅臺。相傳爲黃帝陵。舊有廟，今圮。黃帝都冀，故其陵在冀境内。舊云在橋山，又曰在寧州，非也。"可知黃帝陵所在地歷來衆説紛紜。據考，京東黃帝陵亦歷史久遠，唐代已有之。唐陳子昂《軒轅臺》詩："北登薊丘望，求古軒轅臺。應龍已不見，牧馬生黃埃。"清高士奇《松亭行紀》卷上："同侍衛取徑盤山，時訪山家。經漁子山，在平谷縣東北十里，上有大塚，舊傳黃帝陵也。其上有軒轅臺，下有軒轅廟。唐陳子昂詩云：'北登薊丘望，求古軒轅臺。'"

地市

秦始皇驪山陵墓的別稱。以傳説始皇陵地下有市集，故稱。始於漢，達於南北朝。《太平御覽》卷一九一引《郡國志》曰："始皇陵有銀蠶金雁，以多奇物，故俗云秦王地市。"又卷八二七引舊題漢辛氏撰《三秦記》曰："秦始皇作地市，與生死人交易。令云：生人不得欺死者物。市吏告始皇云：死者陵生人，生人走

入市門斬斷馬脊。故俗云秦地市有斷馬。"《魏書 · 高允傳》："秦始皇作爲地市，下錮三泉，金玉寶貨不可計數。死不旋踵，屍焚墓掘。"後人據此傳聞而引作詩文典故。北周庾信《哀江南賦》："渭水貫於天門，驪山迴於地市。"又《周太子太保步陸逞神道碑》："歷對天星，墳連地市。"

秦始皇陵園平面示意圖

秦兵馬俑

省稱"秦俑"，亦稱"秦始皇陵兵馬俑"。秦始皇陵東側規模龐大的陪葬兵馬陶俑坑，體現着秦朝軍陣的氣勢。位於陝西省西安市臨潼區秦始皇陵以東 1.5 千米的兵馬俑坑內。《史記 · 秦始皇本紀》："始皇初即位，穿治酈山；及并天下，天下徒送詣七十餘萬人。"兵馬俑製作，即屬於穿治驪山工程的一部分。兵馬俑坑發現於 1974 年 3 月，7 月開始考古發掘，共有俑坑四處，其中一處有坑無俑，應是秦末戰亂致其未完工。另三個坑，呈品字形分布。一號坑最大，東西長 216 米，寬 62 米，面積 14260 平方米，其兵馬俑表現主軍陣；二號坑東西長 124 米，寬 98 米，面積爲 6000 平方米，兵馬俑呈現由騎兵、戰車和步兵（包括弩兵）組成的多兵種部隊；三號坑面積 520 平方米，其兵馬俑組成戰陣指揮部。兵馬俑坑是土木結構的地下坑道，有多條平行的深約五米的坑道，以厚土墻相隔；坑壁排列木柱，柱上排列橫木，橫木和土隔墻上密集地搭蓋棚木，棚木上再鋪葦席、覆黃土，構成坑頂。俑坑底部用青磚鋪地。坑頂至坑底內部空間高約 3.2 米。整個俑坑坐西朝東，正門在東邊。三個俑坑有陶武士俑 7000 餘件，陶戰馬百匹，木質戰車百輛（殘存木灰）。陶俑身材高大，在 1.8 米上下；陶馬大小與真馬相似。一號坑兵馬俑包括步兵、騎兵、車兵三類，按整體朝前、邊上朝兩側的方式布陣；二號坑有將軍俑、鞍馬俑，立姿和蹲跪姿射俑，并有戰車組成方陣。《尉繚子 · 兵令》述戰陣："有內向，有外向；有立陳，有坐陳。夫內向所以顧中也，外向所以備外也。"這與兵馬俑戰陣頗相似。兵馬俑還體現了秦軍虎狼之師的氣勢，《戰國策 · 韓一》記述："秦帶甲百餘萬，車千乘，騎萬匹。虎摯之士，跿跔科頭、貫頤奮戟者，至不可勝計也。秦馬之良，戎兵之衆，探前趹後，蹄間三尋者，不可稱數也。"秦俑坑作爲秦陵陪葬坑，起保護皇陵作用，同時也爲炫耀始皇蓋世戰功，且欲在冥間繼續起威懾作用。然而，秦亡，始皇陵遭破壞。《史記 · 高祖本紀》："項羽燒秦宮室，掘始皇帝冢。"同書《項羽本紀》："燒秦宮室，火三月不滅。"《水經注 · 渭水》："項羽入關，發之，以三十萬人三十日運物不能窮。關東盜賊，銷椁取銅，牧人尋羊，燒之，火延九十日不能滅。"史載始皇陵被毀，則兵馬俑必不能免。考古發現俑坑中有人爲毀壞和焚燒痕迹，可以證史。兵馬俑的發現，促成了“秦俑學”的形成，有關秦朝軍陣、兵器、裝備、兵種、衛級、爵級等軍事内容研究，成果豐碩。該遺址被譽爲世界古代第八大奇迹。1987年，秦始皇陵及兵馬俑坑被聯合國教科文組織批准列入世界文化遺産名録。兵馬俑考古發掘資料可參看《秦始皇陵兵馬俑坑一號坑發掘報告（1974—1984）》（文物出版社1988年版）、《秦始皇帝陵園考古報告（1999）》（科學出版社2000年版）、《秦始皇帝陵園考古報告（2001—2003）》（文物出版社2007年版）等。

【秦始皇陵兵馬俑】

即秦兵馬俑。始造於秦，發現於1974年。見該文。

【秦俑】

“秦兵馬俑”之省稱。始造於秦，發現於1974年。見該文。

起輦谷

安葬蒙古大汗與元朝諸帝的隱秘陵地。先後有鐵木真、尤赤、察合台及元代列朝君主葬其處。位於漠北，具體位置不詳，或在蒙古國境内，或在中國内蒙古自治區。其地大致有克魯倫河、不兒罕合勒敦山、阿爾泰山三説。傳鐵木真（成吉思汗）曾行軍至此，相中其地，指爲异日自己葬處。《新元史·太祖紀下》：“壬午，帝疾甚。己丑，崩於靈州。……諸皇子奉梓宫還漠北，至薩里川哈老徒（引者注：《元史·太祖紀》作薩里川哈喇圖）之行宫，乃發喪，葬起輦谷。先是，帝道過起輦谷，見一大樹，愛之，盤桓樹下良久，謂從者曰：‘异日必葬我於此。’至是有述前命者，遂葬樹下焉。”

按更可信觀點，其地應是鐵木真征戰天下之發祥地。“起輦谷”爲蒙古語“古連勒古”雅譯，據14世紀初伊利汗國拉施特所編《史集》載，鐵木真第一次稱汗，建牙帳“斡兒朵”，即在古連勒古（起輦谷）地區。故此地意義神聖，宜擇爲葬地。清景方昶《東北輿地釋略·起輦谷》引宋彭大雅《黑韃事略》：“其墓無冢，以馬踐蹂使如平地。若忒没真（引者注：即鐵木真）之墓，則插矢爲垣，闊餘三十里，邏騎以爲衛。”又引宋徐霆疏證：“霆見忒没真墓在臚溝河之側，山水環繞，相傳忒没真生于斯，即死葬于斯。”稱葬地爲出生地，意義近之。然稱鐵木真葬臚溝河側則誤。臚溝河即盧溝河，《日下舊聞考·郊坰（西三）》曰：“原特穆津（引者注：即鐵木真）之墓在盧溝河之側，山水環繞，相傳插矢以爲垣，邏騎以爲衛。闊逾三十里。特穆津生于此，故葬于此。（臣等謹按：特穆津墓今無考。）”而景方昶又曰：“以輦載柩，《蒙古源流》有‘不能請出金身，遂造長陵’之語，則是起柩於輦，就此入土，‘起輦谷’名當即因之而起。”此説亦屬牽强。又，蒙古葬俗，不封不樹，帝王陵亦不起墳陵，葬畢候草長盛，則不復知陵墓所在。明葉子奇《草木子·雜制篇》：“元朝官裏，用楊木二片，鑿空其中，類人形小大合爲棺，置遺體其中。加髹漆畢，則以黄金爲圈，三圈定，送至其直北園寝之地深埋之。則用萬馬蹴平。俟草青方解嚴，則已漫同平坡，無復考志遺迹，豈復有發掘暴露之患哉！誠曠古所無之典也。”《元史·祭祀志六》：“至所葬陵地，其開穴所起之土，成塊依次排列之。棺既下，復依次掩覆之。其有剩土，則遠置他所。送葬官三員，居五里外，日一次燒飯致祭，三年然後返。"《續通典·禮三十》："元國俗舊禮，……太祖崩，葬起輦谷，谷在漠北，不加築爲陵。諸帝皆從葬於此。"《元史·世祖紀》："乙亥，靈駕發引，葬起輦谷，從諸帝陵。"元帝陵如此隱秘，故迄今未發現其踪迹。後世咏史詩，有言及起輦谷者。明高啓《穆陵行》："千秋誰解錮南山，世運興亡覆掌間。起輦谷前馬蹄散，白草無人澆麥飯。"明丘濬《座中有擖箏者作白翎雀曲因話及元事口占此詩》："起輦谷前駝馬迹，居庸關外子規聲。不堪亡國音猶在，促數繁弦叫白翎。"

明十三陵

省稱"十三陵"。位於北京市昌平區天壽山麓的明朝皇陵區。明永樂七年（1409）五月始在此建長陵，至明末崇禎帝1645年入葬思陵，其間二百三十餘年，建有皇陵十三座：成祖長陵、仁宗獻陵、宣宗景陵、英宗裕陵、憲宗茂陵、孝宗泰陵、武宗康陵、世宗永陵、穆宗昭陵、神宗定陵、光宗慶陵、熹宗德陵、毅宗思陵。另有妃子、太監陪葬墓若干。共埋葬皇帝十三位、皇后二十三位、妃嬪三十餘位、太子兩位、太監兩位。按，明朝有十六帝，其中三帝未葬十三陵：一是太祖朱元璋葬南京孝陵；二是惠帝朱允炆因成祖靖難之役不知所踪；三是代宗朱祁鈺因英宗奪門之變遇害，其在十三陵區已建之陵被毀，僅以"王"身份葬北京西郊玉泉山。明沈德符《萬曆野獲編·陵寢之祭》有云："列聖陵寢，俱在京師天壽山。其在金陵，唯太祖孝陵，以及懿文太子寢園耳。"《明史·地理志一》："北有天壽山，成祖以下陵寢咸在。"《清史稿·地理志一》："天壽山，明十三陵在焉。"天壽山初名黄土山，《明史·禮

志十四》："初，成祖易黄土山名天壽山。"以其地風水好而建皇陵。明章潢《圖書編·山》："天壽山……群峰聳拔，若龍翔鳳舞，自天而下。其旁諸山，則玉帶軍都，連亘環抱；銀山神嶺，羅列拱護。氣勢雄固，以奠諸陵。"明倪謙《陪祀三陵倡和詩》四首之一："仰顧天壽山，巍巍倚天表。"陵區以長陵爲中心，其餘諸陵依次在兩側展開。主神道有石牌坊、大紅門、碑樓、石像生、龍鳳門等。長陵規模最大，陵寢平面布局呈前方後圓形狀。前面方形部分爲祭享區，由前後三進院落組成。第一進院落設陵門，有碑亭一座，神厨居左，神庫居右；第二進院落有祾恩門；第三進院落有祾恩殿。後面圓形部分爲明樓寶城，爲地宮所在。其他諸陵，基本依長陵形制而略有損益。如永陵，方院寶城之外，還有甃石縝密的外羅城，爲前七陵所無，原欲葬后妃於此。崇禎帝之思陵最簡陋，反映出明朝覆亡實況。明清兩代均定期對帝陵祭享。清李鵬年《六部成語》："歷代陵寢：前代之陵也如十三陵之屬，歲時應由禮部奏請，派員往祭。"近人郭則澐《十朝詩乘》卷二："明代自成祖以降，陵寢皆在昌平州，稱'十三陵'。設置員户，猶沿舊制，由明裔朱侯春秋致祭。"而王朝滅亡，後世亦多有對十三陵

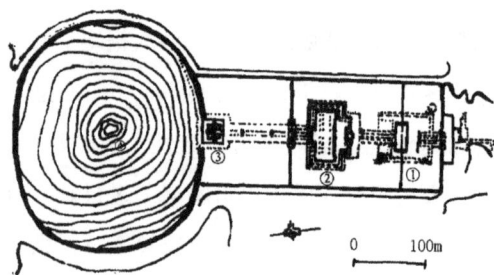

①祾恩門　②祾恩殿　③明樓　④寶頂
明長陵平面示意圖

的咏嘆。明末清初李清《三垣筆記·崇禎二》："其談近事，則十三陵之迹，……無不手畫而口數也。"清納蘭性德《好事近》詞："休尋折戟話當年，只灑悲秋淚。斜日十三陵下，過新豐獵騎。"清王士禄《故明景帝陵》："莫向空山紛感慨，十三陵樹各悲風。"清劉廷璣《在園雜志》卷三："姥姥墳乃明朝葬宮人處也。冢固累累，碑亦林立……余題詩有'莫怨當時恩厚薄，十三陵上亦斜陽'之句。"十三陵如今爲名勝古迹，1961 年被國務院公布爲全國重點文物保護單位，2003 年被聯合國教科文組織批准列入世界文化遺産名録。

【十三陵】

"明十三陵"之省稱。此稱清代已行用。見該文。

清東陵

清朝入關後建於河北省唐山市遵化市西北昌瑞山的皇陵區。因西邊易縣另有一處皇陵，故俗稱此爲清東陵。該陵始建於清順治十八年（1661），至光緒三十四年（1908）慈禧太后陵建成止，凡 247 年，陸續建成包括順治孝陵、康熙景陵、乾隆裕陵、咸豐定陵、同治惠陵，以及孝莊文皇后昭西陵、孝惠章皇后孝東陵等皇后妃嬪陵園共十五座。其地被認爲風水極佳，光緒《畿輔通志·京師》："昌瑞山脉自太行逶迤而來，前有金星峰，後有分水嶺諸山，即太行之支麓。左有鮎魚池、馬蘭峪，右有寬佃峪、黃花山。森羅迴拱，鳳臺左右二水，分流夾繞，俱匯於龍虎峪。……廣袤四十餘里，誠乾坤聚秀之區。"陵區以順治帝孝陵爲中心，背靠昌瑞山（稱靠山），前對金星山（稱朝山），陵墓與朝山之間有影壁山稱案山。三山連綫即爲整

個陵區中軸綫。其餘皇陵俱按尊卑依山勢分列東西兩側，皇后陵和嬪妃園寢則依傍於本朝皇帝陵側。皇后陵神道接本朝皇帝陵神道，各皇陵神道又與陵區中軸綫孝陵神道相接。諸陵布局略分神道區、宮殿區和神厨庫區，從前至後依地勢漸高。中軸綫上的建築依次有石牌坊、神功聖德碑亭、石像生、龍鳳門、石橋、神道碑亭、隆恩門、隆恩殿、方城明樓、寶頂、寶城等。清朝不稱陵區爲"東陵"（"清東陵"爲清亡後的名稱），當時祇稱具體某陵之名。《清朝文獻通考·王禮考二十七》："順治十八年正月不豫，於丁巳日上賓。……葬孝陵。陵豫定於昌瑞山。"《大清會典·禮部·祠祭清吏司》："遥望孝陵、孝東陵、景陵、孝賢皇后陵寢，各行三跪九叩禮。"《清史稿·高宗本紀》："壬辰，上謁昭西陵、孝陵、景陵，詣孝賢皇后陵奠酒。"東陵如今爲名勝古迹，1961 年被列入第一批全國重點文物保護單位，2000 年又被聯合國教科文組織批准列入世界文化遺産名録。

清西陵

位於河北省保定市易縣梁各莊西永寧山下的清代皇陵區。因與東邊遵化昌瑞山另一陵區相對應，故世稱清西陵。始建於雍正八年（1730），至民國四年（1915）清崇陵建成止，歷時凡 185 年。其地有陵墓十四座，包括帝陵四：雍正泰陵、嘉慶昌陵、道光慕陵、光緒崇陵；皇后陵三：泰東陵、昌西陵、慕東陵；另有妃陵三，王公、公主陵寢四。葬有七十餘人。1995 年又建溥儀墓於華龍皇家陵園，墓兩側分葬譚玉齡、婉容。陵區以世宗雍正帝泰陵爲中心，西側分布仁宗昌陵和宣宗慕陵，東側分布

德宗崇陵以及阿哥、公主園寢等。陵區內各陵園共用祖山、石牌坊、大紅門，皇后陵和嬪妃園寢依傍本朝帝陵，諸帝陵神道又與泰陵神道相接，規制與清東陵相同。泰陵主神道長五里，依次有五孔橋、石牌坊、大紅門、具服殿、聖德神功碑樓、七孔石拱橋、石像生，至隆恩門進入祭享區，又有隆恩殿、方城明樓，再接寶城、寶頂，爲地宮所在。雍正至嘉慶時期，泰陵、昌陵建築宏偉，陵寢規制齊備，反映清朝正值鼎盛期；而道光以後，慕陵不設聖德神功碑樓、石像生、明樓、寶城，崇陵陵寢規模甚小，則反映晚清國勢之衰落。按，雍正帝本應葬東陵，因所選之地風水"欠佳"，轉而至永寧山另辟新陵區。《世宗憲皇帝上諭內閣》卷八九雍正七年十二月初二日上諭："朕之本意，原欲於孝陵、景陵之旁卜擇將來吉地。而堪輿之人俱以爲無可營建之處。後經選擇九鳳朝陽山吉壤具奏，朕意此地近依孝陵、景陵，與朕初意相合。及精通堪輿之臣工再加相度，以爲規模雖大而形局未全，穴中之土又帶砂石，實不可用。今據怡親王總督高其倬等奏，稱'相度得易州境內泰寧山天平峪萬年吉地，實乾坤聚秀之區，爲陰陽和會之所，龍穴砂水無美不收，

形勢理氣諸吉咸備'等語。朕覽所奏其言山脉水法，條理分明，洵爲上吉之壤。"按，《大清一統志・京師上》述其地風水之佳曰："永寧山勢來自太行，巍峨聳拔，脉秀力豐。峻嶺崇山，遠拱于外。靈巖翠岫，環衛其門。前則白澗河旋繞，而清沙滋諸水會之；後則巨馬河瀠流，而胡良琉璃大峪諸水會之。信天設之吉地也。"諸大學士奏稱："今泰寧山太平峪萬年吉地，雖於孝陵、景陵相去數百里，然易州及遵化州皆與京師密邇，實未爲遙遠。又泰寧山雄高群巊，抽脉自管涔恒岳而來，襟帶百川分水以拒馬、滹沱爲界。相其形局，既屬大地之凝庥；稽之典章，又合三代而同揆。伏乞遵照定制，敬謹辦理。"參閱《清朝文獻通考・王禮考》。《大清一統志・京師上》又記清西陵建築曰："世宗憲皇帝泰陵在易州西三十里太平峪。孝敬憲皇后同安地宮寶城前爲享殿，曰隆恩殿，門曰隆恩門。神道南爲神享，皇上御製聖德神功碑……亭之南爲龍鳳門，外爲紅門，繚垣長四千三百九十二丈，界周一百五十二里。"西陵如今爲名勝古迹，1961 年被國務院列入第一批全國重點文物保護單位，2000 年被列入世界文化遺產名錄。

国家出版基金项目
NATIONAL PUBLICATION FOUNDATION

中華博物通考

總主編 張述錚

禮俗卷

下

本卷主編
陳益民

上海交通大學出版社

第六章　祭祀説

第一節　犧牲考

祭祀源於原始社會人們對自然充滿的神秘感和對人生所具有的幻想。因爲對許多現象的不瞭解，人們生出畏懼和崇拜心理，從而要通過祭祀活動與神靈溝通，以求得護佑。

古人認爲，自然衆神與祖先神靈皆有意志，與之交流，必須懷着至真至誠之心。因而，祭祀的過程是莊重的，祭祀所用的物品也必須是至純至好的。犧牲，作爲祭祀活動中至爲重要的一部分，正是經過精挑細選、按一定要求確定下來的。

《書·微子》中所記殷商祭祀之物，已有三牲——牛、羊、豕。其中又細分爲犧、牷兩類，色純曰犧，體完曰牷。可見純色體完是犧牲的重要標準。周承殷制，而更周詳。"犧牲"以"六牲"，即豬、牛、羊、犬、馬、鷄爲代表。此外還包括"牲魚"和統稱"三犧"的雁、鶩、雉等飛禽。豬、牛、羊爲"六牲"之核心，根據祭祀對象、場合不同，通過犧牲不同的搭配而體現出不同的等級，如豬、牛、羊三牲俱全爲"太牢"（又稱"大牢"或"牢"），用於最重要的祭祀；祇用羊、豬二牲稱"少牢"（又稱"中牢""上牲"），祭祀對象就低些等級。根據色澤、體積等分，純色全體牲稱"牷物"；"犧牲"軀體稱"牲體"，分爲肩、臂、臑、肫、胳、正脊、橫脊、長脅、短脅等九個部分，又稱“九體”。就“犧牲”中單個一牲來説，不大確指的，牛一頭或豬一頭曰“特牲”；特指的牲中依場合的不同而名稱各异：孔廟中祭先賢的豬稱“兩廡豚”，祭天地用的黑色公牛稱“玄牡”，祭神用的綑綁呈跪狀的羊稱“神羊”，祭行道之神的犬稱“伏”，祭宗廟的雞稱“翰音”，祭宗廟等的鮮魚稱“脡祭”，祭祀宗廟的肥豨稱“疏趾”，等等。

　　兩周時期雖迷信程度稍遜於商代，但一向有“國之大事，在祀與戎”的提法，對祭祀極爲重視。據《周禮・天官・酒正》《春官・肆師》諸文記載，祭祀又分爲大、次、小三類。對昊天、上帝、宗廟等的祭祀，稱大祭；對四望、山川、社稷等的祭祀，稱次祀；對司中、風師、雨師的祭祀，稱小祀。大祀用玉帛、牲牷，次祀用牲幣，小祀用牲。分設肆師、酒正諸官，各掌其事。兩周時乃至有人將自己在政治鬥爭中失敗的原因歸結爲祭祀不厚，以大祭補其不足，祈求成功。

　　秦漢以來，祭祀的地位有所下降，但仍依制定期進行。至於其中“犧牲”的有關制度，大體沿襲下來，唯有些內容較先秦爲簡。

犧牲

　　祭祀所用牲畜的總稱。此稱先秦時期已行用。《周禮・春官・肆師》：“大祭祀，展犧牲繫于牢，頒于職人。”又《天官・大宰》“以九貢致邦國之用，一曰祀貢”鄭玄注引鄭司農云：“祀貢，犧牲包茅之屬。”《淮南子・時則訓》：“立春之日，天子親率三公九卿大夫，以迎歲于東郊。修除祠位，幣禱鬼神，犧牲用牡。”高誘注：“犧牲用牡，尚躅潔也。”《列子・楊朱》：“相捐之道，非不相哀也，不含珠玉，不服文錦，不陳犧牲，不設明器也。”《漢書・王莽傳》：“以十二月朔癸酉爲始建國元年正月之朔。以雞鳴爲時，服色配德上黃，犧牲應正用白。”《資治通鑑・漢王莽始建國元年》胡三省注：“以土繼火，故尚黃；萬物紐牙於丑，其色白，故應正用白。”《三國志・魏書・文帝紀》裴松之注：“魏郊祀奏中，尚書盧毓議祀屬殃事云：‘具犧牲祭器，如前後師出告郊之禮。’”《痛史》第四回：“伯顏道：‘……我這裏容你不下。’喝令斬了，拿他當犧牲去祭那一千餘衆。”

犧[1]

　　祭祀所用純色的牲畜。此稱先秦時期已行用。《説文・牛部》：“犧，宗廟之牲也。”《書・微子》：“今殷民乃攘竊神祇之犧、牷、牲。”孔傳：“色純曰犧，體完曰牷。”《詩・魯頌・閟宮》：“皇皇后帝，皇祖后稷，享以騂犧，是饗是宜。”鄭玄箋：“騂，赤；犧，純也……其牲用赤牛，純色。”《左傳・僖公二十九年》：“介葛盧聞牛鳴，曰：‘是生三犧，皆用之矣。’”《呂氏春秋・行論》“肉袒執犧”高誘注：“犧，牲也。"《史記·秦本紀》:"以犧三百牢祠鄜畤。"《新唐書·文藝傳中·閻朝隱》:"后有疾,令往禱少室山,乃沐浴,伏身俎盤爲犧,請代于疾。"《後漢書·魯恭傳》"其變者唯正朔、服色、犧牲"李賢注:"祭天地宗廟曰犧,卜得吉日曰牲。"近世周學熙《痴頑》詩:"蟠木不争溝脊斷,孤豚豈羨廟犧肥。"

牲

用於祭祀與宴饗禮儀的牲畜。家畜養之稱畜,用時稱牲。故用牲祭祀被稱作"牲禮"。一被用於祭饗,便有了等級象徵意義。此稱先秦時期已行用。《書·微子》:"今殷民乃攘竊神祇之犧、牷、牲。用以容,將食無栖。"孔傳:"色純曰犧,體完曰牷,牛、羊、豕曰牲。"《周禮·地官·閭師》:"凡庶民不畜者,祭無牲。"又《天官·庖人》"掌共六畜、六獸、六禽"鄭玄注:"六畜,六牲也。始養之曰畜,將用之曰牲。"孫詒讓正義:"始養之曰畜,將用之曰牲者,釋畜牲異名之義。養謂豢飲蕃息之,用謂共祭及膳。"《左傳·桓公六年》:"不以畜牲。"孔穎達疏:"牲、畜一物,養之則爲畜,共用則爲牲。"明沈德符《萬曆野獲編補遺·釋道·真君封爵》:"太常寺謂祭用舊饌,今既封帝,宜改用牲。"因牛爲祭饗禮儀中最重要之畜,故或稱完整的牛爲"牲"。《正字通·牛部》:"牲,祭天地宗廟之牛,完全曰牲。"《穀梁傳·哀公八年》:"全曰牲,傷曰牛。"後世沿用此稱。清孔尚任《桃花扇·閑丁》:"捧爵帛,供牲醴,香芹早薦。"《儒林外史》第三五回:"掩埋已畢,莊徵君買了些牲醴紙錢,又做了一篇文。"

牲牷

祭祀所用純色全牲。按,色純曰牷,體完

曰犧。此稱先秦時期已行用。《周禮·地官·牧人》:"掌牧六牲,而阜藩其物,以共祭祀之牲牷。"又《春官·肆師》:"立大祀,用玉帛牲牷。"《左傳·桓公六年》:"吾牲牷肥腯,粢盛豐備,何則不信?"杜預注:"牲,牛羊豕也。牷,純色完全也。"《南史·豫章文獻王嶷傳》:"梁初,郊廟未革牲牷,樂辭皆沈約撰。至是承用。"宋王禹偁《南郊大禮詩》之三:"大羹味薄牲牷潔,至樂聲和鳳鳥飛。"

【牷物】

即牲牷。此稱先秦時期已行用。《周禮·地官·牧人》:"凡時祀之牲,必用牷物。"孫詒讓正義:"凡時祀之牲,必用牷物者,亦謂純色也。"又《秋官·犬人》:"凡祭祀共犬牲,用牷物。"鄭玄注引鄭司農曰:"牷,純也。物,色也。"宋陳祥道《禮書·用牲之別》謂:"凡陽祀用騂牲毛之,陰祀用黝牲毛之,望祀各以其方之色牲毛之。凡時祀之牲,必用牷物;凡外祭毀事,用尨可也。凡祭祀共其犧牲,以授充人繫之。蓋純謂之牷,完謂之犧。……則牷之純在色,犧之完在體也。然牷者亦必完,犧者亦必純。禮凡言牷物,其爲犧可知也;凡言犧牲,其爲純可知也。"

牲牢

亦稱"牢牲"。古代圈養以供祭祀的牲畜。此稱先秦時期已行用。《詩·小雅·瓠葉序》:"上棄禮而不能行,雖有牲牢饔餼,不肯用也。"鄭玄箋:"牛、羊、豕爲牲,繫養者曰牢。"唐李商隱《代李玄爲京兆祭蕭侍郎文》:"牲牢粗潔,酒醴非多。"唐代韓愈、孟郊《城南聯句》:"考鐘饋肴核,戞鼓侑牢牲。"《新五代史·世家序》:"〔十國〕牢牲視人,嶺蜑遭劉。"金元好問《致樂堂記》："故牲牢不加於菽水，三釜無羨乎萬鍾。"清昭槤《嘯亭續録・王文靖》："公家訓云：祭墓無以牲牢，惟以蔬果代之。"

【牢牲】

即牲牢。此稱唐代已行用。見該文。

牢

祭祀禮儀中所用之牲。抑或專指牛、羊、豕三牲或牛、羊二牲。此稱先秦時期已行用。本意爲牲畜圈欄，《説文・牛部》稱"養牛馬圈也"，後轉指祭祀用牲。清朱駿聲《説文通訓定聲・莩部》："養牲所曰牢，故牲即曰牢。"祭祀用牢已見載於卜辭。郭沫若主編，中華書局1978—1982年出版之《甲骨文合集》10130："鼎（貞）：翼（翌）庚子虫于母庚牢。"周代又稱祭祀用牲爲"牢禮"。《周禮・天官・宰夫》"以牢禮之厄"鄭玄注："三牲牛羊豕具爲一牢。"又《秋官・掌客》："掌客掌四方賓客之牢禮、餼獻、飲食之等數，與其政治。"《左傳・僖公十五年》："改館晋侯，饋七牢焉。"杜預注："牛、羊、豕各一爲一牢。"《國語・齊語》："環山於有牢。"韋昭注："牢，牛羊豕也。"一説一牲爲特，二牲以上稱牢。《國語・晋語》："子爲我具特羊之饗。"韋昭注云："凡牲一爲特，二爲牢。"後世成爲各種祭祀之牲的泛稱。《史記・秦本紀》："以犧三百牢祠鄜畤。"《宋史・太祖紀一》："乙亥，澶、濮、曹絳蝗，命以牢祭。"民國二十六年《濼縣志》："今有宗祠者，每歲以清明爲期，牲牢酒醴、品物庶饈惟備，族長率幼輩以祭。"當代口語不複以此指稱祭祀之牲。

太牢

亦作"大牢"。古代天子、諸侯祭祀時所用

牛、羊、豕三牲。此稱先秦時期已行用。二牲以上即稱牢，故以三牲爲太牢。然在商代抑或指特大之牢爲"大牢"。郭沫若主編，中華書局1978—1982年出版之《甲骨文合集》21548："甲寅，子卜，其至大牢，令匕（姒）已用豕。"周以後乃成最高等級之祭牲。《莊子・至樂》："具太牢以爲膳。"成玄英疏："太牢，牛羊豕也。"《禮記・郊特牲》："郊特牲，而社稷大牢。"《公羊傳・桓公八年》"春曰祠，夏曰礿，秋曰嘗，冬曰烝"何休注："禮，天子諸侯卿大夫，牛羊豕凡三牲曰大牢。"祭祀用大牢是一種特權，大夫以下之人不得使用，否則即爲僭越。《禮記・禮器》曰："君子大牢而祭，謂之禮；匹士大牢而祭，謂之攘。"鄭玄注："君子謂大夫以上。攘，緝竊也。"後世沿襲此禮。晋葛洪《抱朴子・道意》："若養之失和，伐之不解，百痾緣隙而結，榮衛竭而不悟，太牢三牲，曷能濟焉。"《晋書・禮志上》："初營宗廟，掘地得玉璽，……明帝爲之改容，以太牢告廟。"又《王導傳》："今遣使持節、謁者僕射任瞻，錫謚曰'文獻'，祠以太牢。魂而有靈，嘉兹榮寵！"《魏書・禮志一》："世祖南征，逕恒山，祀以太牢。浮河、濟，祀以少牢。過岱宗，祀以太牢。至魯，以太牢祭孔子。"宋李心傳《建炎以來繫年要録・紹興十七年》："又祀簡狄姜嫄於壇下，牲用太牢，玉用青幣。放其玉之色，樂舞如南郊之制。"《清史稿・禮志一》："太牢，牛一、羊一、豕一。"抑或專指牛爲太牢。

【大牢】

同"太牢"。此體先秦時期已行用。見該文。

少牢

亦稱"小牢""上牲"。用於祭祀的豕與

羊。此稱先秦時期已行用。商代甲骨文中，以牛爲主的大牢，字形爲寶蓋頭下一牛；而以羊爲主的少牢，寶蓋頭下一羊。故往往稱“小牢”，以與大牢區別。郭沫若主編，中華書局1978—1982年出版之《甲骨文合集》9560·5：“鼎［貞］：尞（燎）于岳，三小牢，卯三。”周代少牢爲卿大夫祭祀所用。始於夏商，達於清代。《儀禮·少牢饋食禮》：“少牢饋食之禮。”鄭玄注：“羊、豕曰少牢，諸侯之卿大夫祭宗廟之牲。”《禮記·曾子問》：“曾子問曰：‘宗子爲士，庶子爲大夫，其祭也，如之何？’孔子曰：‘以上牲祭於宗子之家。’”鄭玄注：“上牲，大夫少牢。”孔穎達疏：“上牲，謂大夫少牢也。宗子是上，合用特牲，今庶子身爲大夫，若祭祖禰，當用少牢之牲，就宗子之家而祭也，以廟在宗子家故也。”《左傳·襄公二十二年》：“祭以特羊，殷以少牢。”杜預注：“四時祀以一羊，三年盛祭以羊、豕。殷，盛也。”漢班固《白虎通·社稷》：“宗廟俱大牢、社稷獨少牢何？宗廟大牢，所以廣孝道也；社稷爲報功，諸侯一國所報者少故也。”晋陶潜《祭程氏妹文》：“淵明以少牢之奠，俛而酹之。”唐李翰《殷太師比干碑》：“下詔追贈殷少師比干爲太師，謚曰忠烈公。遣大臣持節吊贈，申命郡縣封墓葺祠，置守冢五家，以少牢時享。”《聊齋志異·竹青》：“後領薦歸，復謁吳王廟，薦以少牢。”清趙翼《陔餘叢考·太牢少牢》：“《國語》‘鄉舉少牢’注：‘少牢，羊、豕也。’則羊與豕俱稱少牢矣。其不兼用二牲而專用一羊或一豕者，則曰特羊、特豕。可知太牢不專言牛，少牢不專言羊也。”一説以羊爲少牢。《大戴禮記·曾子天圓》：“大夫之祭牲，羊曰少牢。”此

應爲省稱，即省豕稱。

【小牢】

即少牢。此稱先秦時期已行用。見該文。

【上牲】

即少牢。此稱先秦時期已行用。見該文。

【中牢】

即少牢。此稱漢代已行用。《漢書·昭帝紀》：“其務修孝弟以教鄉里，令郡縣常以正月賜羊酒；有不幸者，賜衣被一襲，祠以中牢。”顏師古注：“中牢即少牢，謂羊豕也。”《後漢書·鄧騭傳》：“公卿皆會喪，莫不悲傷之。詔遣使者，祠以中牢。”又《楊震傳》：“今使太守丞以中牢具祠，魂而有靈，儻其歆享。”唐楊炯《爲薛令祭劉少監文》：“中書令河東薛某，謹以清酌中牢之奠，敬祭故劉少監之靈。”

三牢

祭祀或宴賓時所用牛、羊、豕三牲各三頭。爲士階層所用之禮。主要行於西周、春秋時。《周禮·秋官·掌客》：“牽三牢，米百筥，醯醢百瓮，皆陳。米三十車，禾四十車，芻薪倍禾，皆陳。”《儀禮·聘禮》：“上介，饔餼三牢。”清秦蕙田《五禮通考·賓禮二》：“自卿以下，天子待之皆以其爵等爲牢禮之數。如爵卿也，則飱二牢、饔餼五牢；大夫則飱太牢、饔餼三牢；士也則飱少牢、饔餼太牢。”《公羊傳·宣公三年》：“帝牲在于滌三月”漢何休注：“滌，宮名，養帝牲三牢之處也。謂之滌者，取其蕩滌潔清。三牢者，各主一月，取三月，一時足以充其天牲。”《史記·秦本紀》：“〔文公〕十年，初爲鄜畤，用三牢。”

五牢

祭祀或宴賓所用牛、羊、豕各五頭，即五

太牢。用於卿大夫等級。盛行於西周春秋，戰國以後惟帝王行用之，民間一般無此禮。因祭祀與朝聘禮均須按等級陳獻牢物，故亦見於朝聘禮中。《周禮·秋官·掌客》："群介行人宰史，皆有牢，飧五牢"；《禮記·禮器》"大夫五介五牢"，皆表明這一點。鄭玄注曰："大夫五介五牢者，侯伯之卿，使聘者也。"《史記·封禪書》"立五帝壇，祠以五牢具"，則指祭祀用牲。

七牢

祭祀或宴享禮所用牛、羊、豕三牲各七頭。按周禮，唯用於接待諸侯之侯伯。始於周，達於春秋。戰國以後帝王亦偶或用此禮。《周禮·秋官·掌客》："凡諸侯之禮，……侯伯四積……饗餼七牢。"《禮記·禮器》"諸侯七介七牢"鄭玄注："諸侯七介七牢者，周之侯伯也。"孔穎達疏："介，副也；牢，大牢也。謂諸侯朝天子，天子以大牢禮賜之也。"《國語·晋語三》"〔秦君〕乃改館晋君，饋七牢焉"三國吴韋昭注："牛羊豕爲一牢。饗餼七牢，侯伯之禮也。"後世猶藉用先秦七牢以爲富貴之喻。元王惲《趙德明母劉氏慶八十詩序》："吾知案上一杯菽水，過於五鼎七牢矣。"

九牢

祭祀或宴享禮所用牛、羊、豕三牲各九頭。按周禮，唯用於接待上公。始於周，達於春秋。

祭祀後的牛頭枯骨

戰國以後帝王猶用此禮。《周禮·秋官·掌客》："凡諸侯之禮，上公五積……饗餼九牢。"《國語·周語上》："襄王使大宰文公及内史興賜晋文公命。上卿逆于境，晋侯郊勞。館諸宗廟，饋九牢。"韋昭注："牛羊豕爲一牢，上公饗餼九牢。"《大戴禮記·朝事》："上公之禮……禮九牢。"

十二牢

天子宴饗諸侯所用大禮，即賜食牛、羊、豕三牲各十二頭。抑或用於祭祀。此禮行於周代。《周禮·秋官·掌客》："王合諸侯而饗禮，則具十有二牢，庶具百物備，諸侯長十有再獻。"《左傳·哀公七年》："周之王也，制禮上物不過十二，以爲天之大數也。"杜預注："上物，天子之牢。"孔穎達疏："是天子之禮，十二牢也。《郊特牲》云：天子適諸侯，諸侯膳用犢；諸侯適天子，天子賜之禮大牢，貴誠之義也。"十二被認爲是極大之數，故王者用之。《周禮訂義》卷三六注《周禮·春官·司服》引王昭禹曰："天子之尊，國十二門，旗十二斿，馬十二閑，圭尺二寸，冕十二旒，禮物十二牢，其所以取法於天之大數者。"

三牲

亦稱"三犧"。用於祭祀或宴享的三種牲畜。多指牛、羊、豕，亦有將此稱大三牲，而另將猪、魚、鷄稱小三牲者。此稱先秦時期已行用。《周禮·天官·宰夫》"凡朝覲會同賓客，以牢禮之厄"鄭玄注："三牲，牛、羊、豕具爲一牢。"《孝經·紀孝行》："雖日用三牲之養，猶爲不孝也。"邢昺疏："三牲，牛、羊、豕也。"清王引之《經義述聞·春秋左傳下》："今案五牲，牛羊豕犬鷄也；三犧，牛羊豕也。"

晋葛洪《抱朴子·道意》："太牢三牲，曷能濟焉！"古常以三犧五牲對舉，三犧自是指牛、羊、豕。唐李白《明堂賦》："乃潔涾醯，修粢盛，奠三犧，薦五牲，享于神靈。太祝正辭，庶官精誠。"而唐韓愈《李君墓志銘》所言三牲則是指猪、魚、雞："五穀三牲，鹽醯果蔬，人所常御。"一般而言，較大型正規禮儀，三牲多指牛、羊、豕；民間普通百姓家之祭儀，三牲多指小三牲。《金瓶梅詞話》第八九回："三月清明佳節，吳月娘備辦香燭、金錢冥紙、三牲祭物……上新墳祭掃。"《警世通言·趙春兒重旺曹家莊》："春兒備了三牲祭禮、香燭紙錢，到曹氏墳堂拜奠。"《水滸傳》第二回："等我來燒炷頭香，就要三牲獻劉李王。"《初刻拍案驚奇》卷一："叩門進去，祇見堂前燈燭熒煌，三牲福物，正在那裏獻神。"民國二十八年刊《上杭縣志》："祭品，……熟豕、鮮魚、熟雞或鴨爲三牲。"按，道教與世俗不同，其三牲又指麕、鹿、麂，稱爲"玉署三牲"。宋陶穀《清異録·玉堂三牲》："道家流書，言麕、鹿、麂是玉署三牲。神仙所享，故奉道者不忘。"

【三犧】[1]

即三牲。此稱先秦時期已行用。見該文。

五牲

用於祭祀的五種牲畜，即牛、羊、豕、犬、雞。此稱先秦時期已行用。《左傳·昭公十一年》："五牲不相爲用。"杜預注："五牲：牛、羊、豕、犬、雞。"《大戴禮記·曾子天圓》："成五穀之名，序五牲之先後貴賤。"盧文弨注："五牲，牛、羊、豕、犬、雞。先後，謂四時所尚也。"殺五牲祭天，由來已久。北魏酈道元《水經注·洛水》："昔黄帝之時，天大霧三日。帝游洛水之上，見大魚，殺五牲以醮之。天乃甚雨七日七夜，魚流，始得《圖》《書》。今《河圖·視萌篇》是也。"按，此文原出《帝王世紀》(見明陳耀文《天中記》卷二。又清沈炳巽《水經注集釋訂訛·洛水》："黄帝得《圖》《書》見《帝王世紀》。"一説指麋、鹿、麕、狼、兔。《左傳·昭公二十五年》："爲六畜、五牲、三犧，以奉五味。"杜預注："〔五牲〕麋、鹿、麕、狼、兔。"孔穎達疏引漢服虔作麞、鹿、熊、狼、野猪。清王引之《經義述聞·春秋左傳下》"五牲三犧"辯曰"犧牲即在六畜之内，不得以雁鶩雉當矣。今案五牲，牛、羊、豕、犬、雞也。"朱熹強調祭享用五牲合乎自然。《朱子語類·禮四》論《樂記》："或問'天高地下，萬物散殊'一段。先生因嘆此數句意思極好……舊見伯恭愛教人看，只是説得粗，文意不溜亮，……如云'爲六畜、五牲、三犧，以奉五味'云云之類。"民國二十八年刊《上杭縣志》："祭品，……熟豕、鮮魚、熟雞或鴨爲三牲，雞鴨兼備及乾魚爲五牲。"可見到近世，五牲所指又有所變化。

六牲

古時指馬、牛、羊、豕、犬、雞六種馴養動物。用於祭祀或食用。此稱先秦時期已行用。《周禮·地官·牧人》："牧人掌牧六牲，而阜蕃其物，以其祭祀之牲牷。"鄭玄注："六牲，謂馬牛羊豕犬雞。"又《天官·膳夫》："凡王之饋，食用六穀，膳用六牲。"鄭玄注："六牲，馬牛羊豕犬雞也。"一説指牛、羊、豕、犬、雁、魚。清王引之《經義述聞·周官上》："〔《膳夫》〕六牲與《牧人》不同。《牧人》之六牲謂馬、牛、羊、豕、犬、雞，此六牲則牛、羊、豕、犬、雁、魚也。蓋膳夫之食飲膳羞，與《食醫》之六食、六飲、六膳、百羞相應。"
凡祭祀、宴饗，均須正六牲之體。《儀禮·燕禮》
"主人洗，升自西階，獻庶子于阼階上，如獻士
之禮"鄭玄注："庶子，掌正六牲之體及舞位。"
六牲成爲後世對普通家畜通稱。《文苑英華·祭
祀二》載《犧牲判》云："職三犧之純養，供六
牲之蕃物。"且因其爲普通畜禽，故用六牲之禮
頗受後人贊揚。清洪亮吉《卷施閣文甲集·意
言·形質篇》："今之人嗜欲益開，……古之時，
膳用六牲，珍用八物，至矣；今則析燕之窠以
爲餐，剕魚之翅以作食，蚌黃之醬來自南中，
熊白之羹調於北地，非六牲八物之所可比也。"

特牲

祭禮或賓禮所用牛一頭或猪一頭。盛於
先秦，後世有其餘緒，偶用其稱。《周禮·秋
官·掌客》："夫人致禮八壺、八豆、八邊，膳
大牢，致饗大牢，卿皆見以羔膳特牛。"《儀
禮·燕禮》"脯醢無脊"賈公彥疏："脊者升也，
謂升特牲體於俎，故云俎實也。"《左傳·襄公
九年》："〔晋〕祈以幣更，賓以特牲。器用不
作，車服從給。"楊伯峻注："款待貴賓，只用
一種牲畜。一牲曰特。"《國語·楚語下》："大
夫舉以特牲，祀以少牢。"韋昭注："特牲，豕
也。"《禮記·郊特牲》唐陸德明題解："郊者，
祭天之名，用一牛，故曰特牲。"《左傳·隱公
五年》"鳥獸之肉，不登於俎，俎，祭宗廟器。
皮革、齒牙、骨角、毛羽，不登於器"孔穎達
疏："特牲、少牢，祭祀之禮，皆有魚爲俎實。"
《晋書·王祥傳》："著遺令訓子孫曰……家人大
小不須送喪，大小祥設特牲，無違余命。"

下牲

祭祀或敬神用的等級較低的牲畜，如特

（一牲爲特）豕、特豚之類。在凶荒之年降低祭
祀等級用之。行於先秦，後世祭祀抑或用此稱。
《禮記·雜記下》："孔子曰：'凶年則乘駑馬，
祀以下牲。'"鄭玄注："駑馬，六種最下者；下
牲，少牢。若特豕、特豚也。"孔穎達疏："祀
以下牲者，諸侯常祭，大牢；若凶荒，則用少
牢。大夫、士各降一等，並用下特也……天子
諸侯及天子大夫，常祭用大牢，若凶年降用少
牢；諸侯之卿大夫，常祭用少牢，降用特豕；
士常祭用特豕，降用特豚。如此之屬，皆爲下
牲也。"《儀禮·公食大夫禮》"倫膚七"賈公
彥疏："《少牢》大夫之祭，膚出下牲，故取數
於牲之體而九也。"《孔子家語·曲禮子貢問》：
"孔子曰：'凶年則乘駑馬，力役不興，馳道不
修，祈以弊玉，祭祀不懸，祀以下牲。'"王肅
注："當用大牢者用少牢。"

饗

亦作"饗"。舉行賓禮、嘉禮、祭禮、喪禮
時所祭、所食、所贈的已殺之牲體。牲常用於
宴享，故又指烹熟之牲。後又引申作美食的泛
稱。始於周，達於清。周官有内饗、外饗等官
職，專掌宴饗、祭祀所須切割烹調之事。《周
禮·天官·外饗》："掌外祭祀之割亨。……凡
賓客之飱饗饗食之事，亦如之。"鄭玄注："致
禮於客，莫盛於饗。"又《天官·内饗》："内饗
掌王及后世子膳羞之割亨煎和之事，辨體名肉
物，辨百品味之物。"古人重饗殥牢禮，一爲祭
祀，二爲賓客。《周易·鼎》"聖人亨以享上帝，
而大亨以養聖賢"節齋蔡氏曰："亨飪不過祭祀
賓客二事。而祭之大者無出於上帝，賓客之重
者無過於聖賢。"明胡廣等《周易傳義大全》卷
一八亦曰："享帝貴誠，用犢而已；養賢則饗殥

牢禮，當極其盛。"《詩·小雅·祈父》"有母之尸饔"毛傳："饔，熟食也。"此則特指"饔"爲熟食。《周禮·秋官·司儀》"致饔餼"宋朱申《周禮句解·秋官司寇下》亦曰："熟食曰饔，生物曰餼，主君致之於賓。"《孟子·滕文公上》："賢者與民並耕而食，饔飧而治。"漢趙岐注："饔飧，熟食也。朝曰饔，夕曰飧。"後世祭享宴飲禮雖不同於周禮，而"饔"或"饔飧"之稱沿襲甚久，且多泛指美食。漢張衡《西京賦》："酒車酌醴，方駕授饔。"元陳方《呈王本齋尚書》詩："絕知忘夙夜，何暇覓饔飧。"明朱昇《行樞密院判官鄧公勛德頌》："乃納降附，漿酒溫存。受其雞豚，爲之饔飧。使觀其軍，使行其壘。"明朱誼㳆《祀竈詩》："饔飧資釜甄，炊爨立庖厨。"清杭世駿《五六天地之中合賦》："饔飧牢醴，養賢及民。"清李光地《御賜在原至誼扁額刻石恭紀》："父天植忠孝，其汲汲於祖宗族屬之事者，墳廟無不修，祭薦無不舉，停喪無不掩，忽祀無不續，緩其饔飧而是之急，天性然也。"

【饗】

同"饗"。此體先秦時期已行用。見該文。

餼

舉行賓禮、嘉禮、祭禮、喪禮時所祭、所贈的活牲畜，亦泛指美食。始於周，達於清。《周禮·秋官·司儀》："致飧如致積之禮。"鄭玄注："小禮曰飧，大禮曰饗餼。"宋朱申《周禮句解·秋官司寇下》："熟食曰饗，生物曰餼，主君致之於賓。"《左傳·僖公三十三年》"脯資餼牽"杜預注："生曰餼，牽謂牛羊豕。"陸德明音義："牲腥曰餼，牲生曰牽。"孔穎達疏："《聘禮》歸飧饗餼五牢，飪一牢，腥二牢，餼

二牢。以飪是熟肉，腥是生肉，知餼是未殺，故云生曰餼。牛羊豕可牽行，故云牽謂牛羊豕也。"據陸氏音義所言，則"餼"有二解：或曰生牲（活牲），或曰牲腥（已殺之牲）。按，此異解源自鄭玄，鄭注《周禮》《儀禮》皆謂生曰餼，注《詩》則謂腥曰餼。宋魏了翁《春秋左傳要義·桓公七年至十八年》謂"熟饗生餼，鄭無定解"：《周禮》外內饔皆掌割亨之事，亨人給外內饔之爨亨煮。饗者煮肉之名，知熟曰饗。《哀二十四年》傳稱晉人餼臧石牛，以生牛賜之，知生曰餼。又《聘禮》致饗餼五牢，飪一牢，腥二牢，餼二牢。飪是熟肉，腥是生肉。知餼是未殺。鄭玄以爲生牲曰餼。惟《瓠葉》箋云腥曰餼，欲以牽爲牽行，故餼爲已殺，非定解也。"魏了翁認爲："定解猶以生爲餼，傳諸言餼者，皆致生物於賓也。"即宴享時餼指已殺之牲，贈予賓客時餼指活牲。而明陳士元《論語類考·鳥獸考》"餼羊"條曰：《哀公二十四年》晉師乃還餼臧石牛，注云'生曰餼'。《聘禮》云'歸飧饗餼五牢，飪一牢'，注云'餼，生牲也。'惟《僖公三十三年》皇武子曰'餼牽竭'注云'牲腥曰餼，牲生曰牽'，與前注不同者，蓋以餼與牽對言，則牽是牲，可牽行；餼是牲已殺者，故曰牲腥曰餼也。以餼與飪對言，則飪是熟肉，餼是生肉也，故曰牲生曰餼。"此則指與牽對言，餼指活牲；與飪對言，餼指生肉。可見尚無定説。餼之使用又有等級。《儀禮·聘禮》："餼之以其禮，上賓大牢，積惟芻禾，介皆有餼。"鄭玄注："凡賜人以牲，生曰餼。餼猶稟也，給也。以其禮者，尊卑有常差也。常差者，上賓上介，牲用大牢；群介用少牢。"《周禮·秋官·掌客》亦曰："掌四

方賓客之牢禮餼獻飲食之等數。”鄭鍔曰：“牢禮餼獻飲食，皆主國所以待賓客之禮，必有等數焉。”易祓曰：“牢禮即凡用牢之禮，餼謂餼九牢之類，獻謂禽獻之類，飲食謂饗燕膳食之類。”戰國以後，周禮不復行，而餼猶爲祭祀宴會所用犧牲或糧食之泛稱。《南齊書·明帝紀》載永泰元年孔聖祀典詔：“可式循舊典，詳復祭秩。使牢餼備禮，欽饗兼申。”唐柳宗元《晋問》：“禽牢餼饋，交錯文質。饗有嘉樂，宴有庭實。”

饗餼

祭祀、宴饗、饋贈所用牲或糧食。是較隆重的禮儀。始於周，後世不復行周禮，而此稱作爲犧牲、美食一直沿用至近世。《周禮·秋官·司儀》“致飧如致積之禮”漢鄭玄注：“小禮曰飧，大禮曰饗餼。”賈公彥疏：“大禮曰饗餼者，以其有腥有牽，芻薪米禾又多。”孫詒讓正義：“云大禮曰饗餼者，其禮比飧爲盛也。”《左傳·隱公十年》“以勞王爵”杜預注：“勞者叙其勤以答之。諸侯相朝，逆之以饗餼，謂之郊勞。”《詩·小雅·大東》“有饛簋飧，有捄棘匕”鄭玄箋：“飧者，客始至，主人所致之禮也。凡飧，饗餼以其爵等爲之牢禮之數。”可見其用有等級，饗餼乃等級高者。故宋蔡卞《毛詩名物解·釋木》“柳”條有言曰：“兔爲饗餼，體微不足以爲厚。”後世沿用此稱。唐柳宗元《嶺南節度使饗軍堂記》：“嘗往來其縣候館，饗餼將饋之禮，無不畢給。”明歸有光《贈給事中劉侯北上序》：“賓有牲牢饗餼，嘉樂好禮，以同遠合疏；軍有犒饋宴饗，勞旋勤歸，以群力一心。”

牢餼

指祭祀所用牛、羊、豕等犧牲之泛稱。此稱南北朝時期已行用。《南齊書·明帝紀》：“可式循舊典，詳復祭秩，使牢餼備禮，欽饗兼申。”《北史·崔㢴傳》：“吾没後，斂以時服，祭無牢餼，棺足周屍，瘞不泄露而已。”宋司馬光《知人論》：“考制度，司威儀，辨牢餼之等，詳籩豆之數，此宗人之職也。”宋朱廣之《諮顧歡夷夏論》：“寧可見犁牛不登宗廟之用，而永棄於牢餼之具邪？”《周禮·天官·大宰》“以九式均節財用”明柯尚遷《周禮全經釋原·天官上》注解：“式謂燕饗牢餼之等差。”

牽

用於祭祀的活的牛、羊、豕。因其可牽行，故稱。此稱先秦時期已行用。《周禮·天官·宰夫》：“掌其牢禮、委積、膳獻、飲食、賓賜之飧牽，與其陳數。”漢鄭玄注：“牽，牲牢可牽而行者。”宋王昭禹《周禮詳解》卷三亦釋曰：“夕食謂之飧，牢生可牽謂之牽，飧則飧五牢之屬是也，牽則牽四牢之屬是也。”又《秋官·掌客》：“凡諸侯之禮：上公五積，皆眡飧牽，……饗餼九牢，其死牢如飧之陳，牽四牢。”鄭玄注：“牽謂所共如飧，而牽牲以往，不殺也。不殺則無鑊鼎籩簋之實。”宋朱申《周禮句解·秋官司寇下》亦注：“牽謂牽牢而致之也。”《左傳·僖公三十三年》：“吾子淹久於敝邑，唯是脯資餼牽竭矣。”杜預注：“牽謂牛、羊、豕。”孔穎達疏：“牛、羊、豕可牽行，故云牽謂牛、羊、豕也。”《詩·小雅·瓠葉序》“雖有牲牢饔餼”鄭玄箋：“熟曰饔，腥曰餼，生曰牽。”

牲殺

屠宰以供祭祀或宴饗之牲畜。牲必特殺，

故稱。此稱先秦時期已行用。《儀禮·聘禮》：
"君使卿韋弁，歸饔餼五牢。"鄭玄注："牲殺曰
饔，生曰餼。"《孟子·滕文公下》："牲殺、器
皿、衣服不備，不敢以祭，則不敢以宴，亦不
足吊乎！"趙岐注："牲必特殺，故曰殺。"明
嚴嵩《贛州府重修二學記》："二學中合爲廟，
凡所宜有咸一新。有盟燎之位，有牲殺之所。"
明徐渭《春祭先墓文真率爲得》："不仕則無田，
無田則牲殺、器皿、衣服不備而不敢以祭。古
之人於祀死，其重而難於舉若此。"一説畜牧曰
牲，漁獵曰殺。清王夫之《孟子稗疏》："畜牧
曰牲，漁獵曰殺。大夫用麋，士用兔，皆漁獵
所獲，所謂殺也。"

牲牷

省稱"牷"。祭祀所用純色全牲。凡純色之
牲，等級高於雜色之牲。此稱先秦時期已行用。
一説指體格健全之牲，不確。《周禮·地官·牧
人》"以其祭祀之牲牷"漢鄭司農注："牷，純
也。"鄭玄注則云："牷，體完具。"《説文·牛
部》用鄭司農之説："牷，牛純色。禮，祭祀牷
牲。"段玉裁注："按凡時事之牲用牷物，凡外
祭毀事用龙。以龙與牷對舉，則牷爲純色可知
也。"《左傳·桓公六年》："吾牲牷肥腯，粢盛
豐備。"杜預注云："牲，牛羊豕也；牷，純色
完全也。"商代應已有此稱。《書·微子》："今
殷民乃攘竊神祇之犧牷牲用以容，將食無災。"
《禮記·祭義》："及歲時，齋戒沐浴而躬朝
之，犧牷祭牲，必於是取之，敬之至也。"《禮
記·表記》："牲牷禮樂齊盛，是以無害乎鬼神，
無怨乎百姓。"《舊唐書·音樂志三》："載潔牲
牷，爰登俎豆。"清沈起鳳《諧鐸·黑衣太僕》：
"牲牷盛設，燈燭輝煌。"

【犧牷】

即牲牷。亦省稱"牷"。此稱先秦時期已行
用。《禮記·祭義》："古者，天子諸侯必有養
獸之官。及歲時，齋戒沐浴而躬朝之，犧牷祭
牲，必於是取之，敬之至也。"孔穎達疏："犧，
純色，謂天子牲也。牷，完也，謂諸侯牲也。"
《大戴禮記·曾子天圓》："宗廟棧犣蒃蒡，山川曰
犧牷。"《管子·形勢》："犧牷圭璧，不足以饗
鬼神。"《大明會典·郊祀四》："謹用玉幣犧牷，
祗謝生成大福。"清龔自珍《侑神之樂歌》："小
大稽首，以攘犧牷。"

【牷】

"牲牷"與"犧牷"之省稱。此稱先秦時期
已行用。見該文。

牲頭

祭祀所用的牲畜之頭。此稱先秦時期已行
用，多指珥祭社稷所用牲畜之頭，亦用於祭天
地、山川、風雨等。至漢時猶沿襲。後世則無
定制，偶或有先秦珥祭之遺。《周禮·夏官·小
子》："小子掌祭祀，羞羊肆羊殽肉豆。而掌珥
於社稷，祈於五祀。"鄭司農注："珥社稷，以
牲頭祭也。"賈公彥疏："漢時祈禱，有牲頭
祭。"《禮記·少儀》"羞首者進喙祭耳"孔穎
達疏："羞，亦膳羞也；首，頭也；喙，口也。
若膳羞有牲頭者，則進口以嚮尊者。尊者若
祭，先取牲耳祭之也。"《公羊傳·僖公三十一
年》"三望者何？望祭也。然則曷祭？祭大山河
海……有能潤于百里者，天子秋而祭之"漢何
休注："山縣水沈、風磔雨升，燎者取俎上七體
與其珪寶，在辨中置於柴上燒之。"唐徐彥疏：
"言風磔者，即《爾雅》云'祭風曰磔'。……
李氏曰：'祭風以牲頭、蹄及皮，破之以祭，故

曰礫。'"《舊唐書·禮儀志三》:"亦無祭天之文,既云漢儀用牲頭,頭非神俎之物,且祭末俎皆升右胖之脅,唯有三禮。"清翟灝《通俗編·鬼神》:"謂既用全牲以祭,復登其首於北牖下也。今人只用牲頭。蓋沿珥祭之制。"

牲體

祭祀所用犧牲之軀體。牲體的不同位置,用於不同等級的祭祀,故甚重牲體之用。此稱先秦時期已行用。《周禮·天官·外饔》:"外饔,掌外祭祀之割亨,共其脯脩刑膴,陳其鼎俎,實之牲體魚臘,凡賓客之殽饔、饗食之事,亦如之。"《禮記·燕義》:"俎豆牲體薦羞皆有等差,所以明貴賤也。"《儀禮·有司徹》"主婦……興,退。乃升"漢鄭玄注:"升牲體於俎也。"《詩·大雅·既醉》"爾殽既將"鄭玄箋:"殽謂牲體也。"《舊唐書·禮儀志三》:"燔柴所用與升俎不同,是知自在祭初別燔牲體,非於祭末燒神餘饌。"清夏炘《學禮管釋·釋牲體左右胖升載分合上》:"凡牲體有左右胖,由鑊實鼎曰升,由鼎實俎曰載,有用全體者,有用右胖左胖者。大約牲專用於一人,則實全體;分用於衆人,則以右體爲貴,而左體次之。"

牢具

指遣奠(發靈之日所設祭奠)所用被包裹着的牲牢之體。一牲爲一具,故稱。此稱始於先秦,達於漢魏。《禮記·雜記上》:"遣車視牢具,疏布輤四面有章,置於四隅。"鄭玄注:"言車多少各如所包遣奠牲體之數也。"孔穎達疏:"遣車,送葬載牲體之車也。牢具,遣奠所包牲牢之體,貴賤各有數也。一個爲一具,取一車載之也。故云視牢具。"清《日講禮記解義·雜記上》曰:"牢具所包牲牢之體,一個爲

一具。天子太牢包九個,諸侯亦太牢包七個,大夫亦太牢包五個。"《史記·封禪書》:"琅邪在齊東方,蓋歲之所始,皆各用一牢具祠。"又:"其牲用牛犢各一,牢具珪幣各異。"後世關於祭禮中用何牲用何器,亦常有爭議。《宋書·禮志四》:"宋孝武帝大明七年六月丙辰,有司奏:'詔奠祭霍山,未審應奉使何官?用何牲饌?進奠之日,又用何器?'殿中郎丘景先議:'……尋姬典事繼宗伯,漢載持節侍祠,血祭埋沉,經垂明範;酒脯牢具,悉有詳例。又名山著珪幣之異,大冢有嘗禾之加。山海祠霍山,以太牢告玉,此準酌記傳,其可言者也。"

九體

牲體九個部分,即肩、臂、臑、肫、胳、正脊、橫脊、長脅、短脅,用於祭祀。士、大夫、諸侯至天子,用九體皆有等級,分成不同數之包。此禮行於先秦。《儀禮·特牲饋食禮》:"尸俎,右肩、臂、臑、肫、胳、正脊二骨、橫脊、長脅二骨、短脅。"鄭玄注:"尸俎,神俎也。士之正祭禮九體貶於大夫,有併骨二,亦得十一之名,合少牢之體數。"李如圭集釋:"肩、臂、臑、肫、胳、脊、脅爲七體,特牲禮則增橫脊、短脅而九。"《禮記·檀弓下》:"及墓而反,國君七個,遣車七乘;大夫五個,遣車五乘。"鄭玄注:"個謂所包遣奠牲體之數也。"孔穎達疏:"案《既夕禮》'苞牲取下體',鄭注:'前脛折取臂、臑,後脛折取胳。'是一牲取三體。……大夫以上皆用大牢,牲有三體,凡九體。大夫九體分爲十五段,三段爲一包,凡爲五包。"

毛

取純色牲之毛以祭之禮。此稱先秦時期已

行用。《周禮・地官・牧人》：“凡陽祀用騂牲毛之，陰祀用黝牲毛之，望祀各以其方之色牲毛之。”鄭玄注：“騂牲，赤色。毛之，取純毛也。”《山海經・南山經》：“其祠之禮：毛用一璋玉瘞。”郭璞注：“言擇牲取其毛色也。”漢張衡《東京賦》：“毛羣豚胎，亦有和羹。”《大唐開元禮・吉禮・省牲器》：“祭日未明十五刻，太官令帥宰人以鸞刀割牲，齋郎以豆取黃牲之毛血。祝史以豆取毛血各置於饌所，遂烹牲。”

毛血

亦稱“血毛”。犧牲的毛與血，用於祭祀。此稱先秦時期已行用。《禮記・郊特牲》：“毛血，告幽全之物也；告幽全之物者，貴純之道也。”又《禮器》：“納牲詔於庭，血毛詔於室，羹定詔於堂。三詔皆不同位，蓋道求而未之得也。”孔穎達疏：“血毛詔於室者，謂殺牲取血及毛，入以告神於室。”《孔子家語・問禮》：“玄酒以祭，薦其毛血。”《舊唐書・職官志三》：“帥宰人以鸞刀割牲，取其毛血，實之於豆，遂烹牲焉。”唐韓愈《潮州祭神文》之三：“謹卜良日，躬率將吏，薦茲血毛，清酌嘉羞，侑以音聲，以謝神貺。”宋蘇轍《欒城後集・歷代論四・梁武帝》：“郊廟之祭，不薦毛血。”《元史・申屠致遠傳》：“帝遣太常卿字羅問毛血之薦，致遠對曰：‘毛以告純，血以告新，禮也。’”《明史・禮志二》：“〔洪武〕二年夏至，祀皇地祇於方丘，其儀並同。惟迎神後瘞毛血，祭畢，奉牲帛祝饌而埋之，與郊天異。”《清史稿・禮志四》：“凡親饗，先三日致齋。先一日，掌儀司進祝版，割牲瘞毛血，潔治祭品。”

【血毛】

即毛血。此稱唐代已行用。見該文。

犧牛

毛色純正、用於祭祀之牛。爲天子祭禮所用，是等級最高的犧牲。此稱先秦時期已行用。《禮記・曲禮下》：“凡祭……天子以犧牛，諸侯以肥牛，大夫以索牛，士以羊豕。”鄭玄注：“犧，純毛也。”《莊子・列禦寇》：“子見夫犧牛乎？衣以文繡，食以芻叔，及其牽而入於太廟，雖欲爲孤犢，其可得乎？”《史記・老子韓非列傳》：“子獨不見郊祭之犧牛乎？養食之數歲，衣以文繡，以入大廟。當是之時，雖欲爲孤豚，豈可得乎？”《淮南子・齊俗訓》：“犧牛粹毛，宜於廟牲。”秦漢以後未必承襲此禮，而此稱作典故則被後世沿襲。晉葛洪《抱朴子外篇・嘉遁》：“仰栖梧桐，俯集玄洲，孰與銜蠣而伏櫪，同被繡於犧牛哉！”唐羅隱《村橋》詩：“莫學魯人疑海鳥，須知莊叟惡犧牛。”宋王禹偁《對雪感懷》詩：“詎能悲鵬鳥，早舍畏犧牛。”宋張耒《曹子方用釜俎字韻賦詩見遺予泊張文潛晁無咎蔡天啓因以奉酬并示四友》詩：“分同尺鷃搶榆枋，難伸犧牛登鼎俎。”

牛牲

祭祀所用之牛。此稱主要行於先秦時期。《周禮・地官・大司徒》：“祀五帝，奉牛牲，羞其肆。”鄭玄注：“牛能任載地類也，奉猶進也。”又《小司徒》：“凡小祭祀奉牛牲，羞其肆。”又《牛人》：“凡祭祀，共其牛牲之互與其盆簝以待事。”又《地官・封人》：“凡祭祀，飾其牛牲，設其楅衡，置其絼，共其水槀。”按，牛是祭祀中最重要的祭品之一，《禮記・曲禮下》即有“天子以犧牛，諸侯以肥牛，大夫以索牛”之説，可見牛牲在先秦祭祀中的重要地位。後世祭祀依然對此很看重。宋王應麟《困學紀聞·評文》："張說爲廣州宋璟頌曰：'犉牛牲兮菌雞卜，神降福兮公壽考。'"《宋會要輯稿·禮十四》載祭典中皇帝賜予牲體，不同官職雖有數量之不等，但其物無貴賤之分："本朝親祠賜胙，自宰臣等而下之至祝官，雖有多少之差，而無貴賤之等。"執政、親王、宗室等高官，賜予"羊肩、臂、臑五，豕肩、臂、臑五；應用牛牲處，除進胙外，加牛肩、臂、臑五。不足，即以正脊、直脊、橫脊、橫脅、短脅、代脅及肺代"；太常卿、光禄卿等級別之官，則賜給"羊肩、臂、臑三，豕肩、臂、臑三；應用牛牲處，除進胙外，加牛肩、臂、臑三。不足，以正脊、正脅、脾、膊、胳代"。

一元大武

祭祀宗廟所用牛的別稱。此稱先秦時期已行用。後世祭祀時的祝詞中常有此稱。《禮記·曲禮下》："凡祭宗廟之禮，牛曰一元大武。"鄭玄注："號牲物者，異於人用也。元，頭也；武，跡也。"孔穎達疏："牛若肥則脚大，脚大則迹痕大，故云一元大武也。"宋蔡卞《毛詩名物解·釋獸》釋牛曰："《禮》云：牛曰一元大武。六牲之號牛曰一元大武，號最爲美者。牛，大牲故也。"漢蔡邕《宗廟祝嘏辭》："吉日齊宿，敢用潔牲：一元大武、柔毛、剛鬣。"蔡邕《獨斷》卷上："凡祭宗廟禮牲之別名：牛曰一元大武，豕曰剛鬣，豚曰腯肥，羊曰柔毛，……凡祭號牲物異於人者，所以尊鬼神也。"《三國志·魏書·齊王芳傳》："使兼太尉高柔奉策，用一元大武告於宗廟。"《舊唐書·李翱傳》："祝文曰：'孝曾孫皇帝臣某謹遣太尉臣名，敢昭告于高祖神堯皇帝、祖妣太穆皇后竇氏：時惟孟春，永懷罔極。謹以一元大武、柔

毛、剛鬣、明粢、薌萁、嘉蔬、嘉薦、醴齊，敬修時享，以申追慕。'"元柳貫《敕賜天妃廟新祭器記》："舟將發臨，遣省臣率漕府官僚，以一元大武致天子恝祀之命，薦于天妃，得吉卜而後行。"清張惠言代人所寫《富陽縣賽神祝文》："年月日，具官某：謹以一元大武、柔毛、剛鬣致祭於黃帝之靈。"

牡

用於祭祀的公牛。本意爲雄性鳥獸，用於稱祭祀之牲時，專指公牛。此稱先秦時期已行用。羅振玉編《殷虛書契後編》上二五·九："父庚一牡。"這是甲骨文中關於商代祭祀商王用一頭公牛的記錄。《詩·周頌·良耜》有"殺時犉牡，有捄其角"句，犉牡猶言大牡，指秋收後報祭土神、穀神選用牡牲。清代《御纂詩義折中》卷一九釋曰："《良耜》，報社也。《月令》孟冬之月，'天子乃祈來年于天宗，大割牲，祠于公社'是也。'殺是犉牡'，所謂大割也。天子祭社……犉牡報祀。"說明了周代孟冬時節殺公牛祭社的情形。因用於祭祀之公牛的顏色不同，又有"白牡""玄牡"之稱，前者指白色公牛，後者指黑色公牛。明陳士元《論語類考·鳥獸考》釋玄牡曰："孔安國氏曰：殷家尚白，未變夏禮，故用玄牡。元按玄牡，黑牲也。《檀弓》云，夏后氏尚黑，戎事乘驪，牲用玄。殷人尚白，戎事乘翰，牲用白。周人尚赤，戎事乘騵，牲用騂。"

【白牡】

"牡"之一種。祭祀所用白色公牛，傳商代尚白，用之。《禮記·明堂位》："季夏六月，以禘禮祀周公於大廟，牲用白牡。"鄭玄注："白牡，殷牲也。"《公羊傳·文公十三年》"魯祭周

公何以爲牲？周公用白牲”漢何休注：“白牡，殷牲也。”宋楊時《神宗日録辨》：“白牡，商禮也；夏尚黑，周尚騂。則魯兼用也。”祭祀用白牡亦有尊卑等級。《禮記·郊特牲》：“諸侯之宮縣，而祭以白牡，擊玉磬，朱干設錫，冕而舞大武，乘大路，諸侯之僭禮也。”《詩·魯頌·閟宮》：“秋而載嘗，夏而楅衡。白牡騂剛，犧尊將將。”後世祭祀抑或用之。漢張竦《爲陳崇草奏稱莽功德》：“祝宗卜史，備物典策，官司彝器，白牡之牲，郊望之禮。”

【玄牡】

“牡”之一種。祭祀所用黑牛，傳夏代尚黑，用之。《書·湯誥》：“〔湯〕敢用玄牡，敢昭告於上天神后。請罪有夏。”《公羊傳·文公十三年》“魯祭周公何以爲牲？周公用白牲”漢何休注：“白牡，殷牲也。周公死有王禮，謙不敢與文、武同也。不以夏黑牡者，謙改周之文，當以夏辟嫌也。”後世祭祀猶用之。《三國志·魏書·文帝紀》裴松之注引《獻帝傳》：“辛未，魏王登壇受禪，公卿、列侯、諸將、匈奴單于、四夷朝者數萬人陪位，燎祭天地、五嶽、四瀆，曰‘皇帝臣丕敢用玄牡昭告於皇皇后帝……’”晋傅玄《晋郊祀歌·夕牲歌》：“於薦玄牡，進夕其牲，崇德作樂，神祇是聽。”南朝梁劉勰《文心雕龍·祝盟》：“至於商履，聖敬日躋，玄牡告天，以萬方罪己。”陸侃如、牟世金注：“玄牡，黑色公牛。”張雅先《都督府之組織設施及人選》：“〔黎元洪誓師祭天文〕云：予小子實有慚德，辱在擁戴，敢用玄牡，昭告於皇天后土，與爾軍士庶民，戮力協心，殄此寇仇，建立共和政體。”

毛牛

其毛專用於祭祀的牛。此稱先秦時期已行用。《禮記·祭義》：“祭之日，君牽牲，穆答君，卿大夫序從。既入廟門，麗於碑，卿大夫袒，而毛牛尚耳，鸞刀以刲，取膟膋，乃退。”孔穎達疏：“取牛毛薦之，故云毛牛。”清《欽定禮記義疏·祭義》引葉夢得釋曰：“牽牲而入廟門，麗於碑，所謂納牲詔於庭也。毛牛尚耳者，所謂升首於室也。”宋蔡卞《毛詩名物解·釋獸》釋牛曰：“古之視牛者以耳，《祭義》所謂‘大夫袒而毛牛尚耳’是也。”

豭

亦稱“犧豭”。祭祀所用的公猪。此稱主要行用於先秦兩漢時期。《説文·豕部》：“豭，牡豕也。”段玉裁注引《左傳·定公十四年》云：“野人歌曰：‘既定爾婁猪，盍歸吾艾豭。’此豭爲牡豕之證也。”《左傳·隱公十一年》：“鄭伯使卒出豭，行出犬雞，以詛射潁考叔者。”孔穎達疏：“豭，謂豕之牡者……祭祀例不用牝。”又《哀公十五年》：“既食，孔伯姬杖戈而先，太子與五人介，輿豭從之。”《吕氏春秋·本味》：“湯得伊尹，祓之於廟，爝以爟火，釁以犧豭。”又《贊能》：“桓公使人以朝車迎之，祓以爟火，釁以犧豭焉。”高誘注：“小事不用牲，故以豭豚也。”《史記·秦始皇本紀》：“夫爲寄豭，殺之無罪，男秉義程。”司馬貞索隱：“豭，牡豕也。”公猪用於祭祀，儀式極繁複。漢董仲舒《春秋繁露·求雨》：“取三歲雄雞，與三歲豭猪，皆燔之於四通神宇。令闔邑里南門，置水其外；開邑里北門，具老豭猪一，置之於里北門之外；市中亦置豭猪一。聞鼓聲，皆燒豭猪尾。”

【犧猴】

即猴。此稱先秦時期已行用。見該文。

剛鬣

用於祭祀之豕的專稱。此稱先秦時期已行用。《儀禮·士虞禮》："始虞，用柔日，曰：'哀子某哀顯相夙興夜處不寧，敢用絜牲剛鬣。'"鄭玄注："豕曰剛鬣。"《周禮·春官·大祝》"辨六號：……四曰牲號"鄭玄注引鄭司農云："牲號為犧牲皆有名號。《曲禮》曰：牛曰一元大武，豕曰剛鬣。"蔡邕《獨斷》卷上："凡祭宗廟禮牲之別名：牛曰一元大武，豕曰剛鬣，……凡祭號牲物異於人者，所以尊鬼神也。"後世祝詞，多用此稱。《舊唐書·李翱傳》："祝文曰：'……謹以一元大武、柔毛、剛鬣、明粢、薌萁、嘉蔬、嘉薦、醴齊，敬修時享，以申追慕。'"清張惠言代人所寫《富陽縣賽甖祝文》："年月日，具官某：謹以一元大武、柔毛、剛鬣致祭於黃帝之靈。"

腯肥

亦稱"豚"。用於祭祀的小豬之專稱。此稱先秦時期已行用。《小爾雅·廣獸》："豲，豬也。其子曰豚。"《墨子·明鬼下》："必擇六畜之勝腯肥倅毛以為犧牲。"《禮記·曲禮下》："豕曰剛鬣，豚曰腯肥，羊曰柔毛。"孔穎達疏："腯即充滿貌也。"漢蔡邕《獨斷》卷上："凡祭宗廟禮牲之別名：牛曰一元大武，豕曰剛鬣，豚曰腯肥，……凡祭號牲物異於人者，所以尊鬼神也。"唐馮宿《魏府狄梁公祠堂碑》："先一日，執事設次於門西，設柔毛、翰音、腯肥、鮮膏之具。"一說牛羊曰肥，豕曰腯。《左傳·桓公六年》"吾牲牷肥腯"孔穎達疏引服虔曰："牛羊曰肥，豕曰腯。"宋陸游《歲末盡前數日

偶題長句》五首之一："釜粥芬香餉鄰父，闌豬豐腯祭家神。"清楊峴《〈燕下鄉脞録〉序》："今之學者操不律效程朱語録，空言滿紙，頃刻尺許厚，獵盛名，攀高位，或妄希兩廡豚，豈不甚便。"

【豚】

即腯肥。此稱先秦時期已行用。見該文。

歲豬

歲末用於祭祀之豬。此稱宋代已行用。宋蘇軾《與子安兄》："此書到日，相次歲豬鳴矣。"宋吳泳《別歲》詩："故鄉於此時，釀熟歲豬肥。"宋陸游《北國雜咏》詩："林際已看春雉起，屋頭還聽歲豬鳴。"又《殘曆》詩："歲豬鳴屋角，儺鼓轉街頭。"又《歲末盡前數日偶題長句》五首之一"闌豬豐腯祭家神"自注："蜀人豢豬供祭，謂之歲豬。"

柔毛

用於祭祀的羊之專稱。此稱先秦時期已行用。《儀禮·少牢饋食禮》："祝祝曰：'孝孫某敢用柔毛、剛鬣、嘉薦、普淖，用薦歲事于皇祖伯某，以某妃配某氏。尚饗。'"漢鄭玄注："羊曰柔毛。"《禮記·曲禮下》："凡祭宗廟之禮……羊曰柔毛。"孔穎達疏："羊曰柔毛者，若羊肥則毛細而柔弱，故王云柔毛，言肥澤也。"漢蔡邕《獨斷》卷上："凡祭宗廟禮牲之別名：牛曰一元大武，豕曰剛鬣，豚曰腯肥，羊曰柔毛，……凡祭號牲物異於人者，所以尊鬼神也。"蔡邕《宗廟祝嘏辭》："以三月丁亥來自雒，越三月丁巳至於長安，飭躬不慎，寢疾旬日，賴祖宗之靈，以獲有瘳。吉旦齊宿，敢用潔牲一元大武、柔毛、剛鬣、商祭、明視、薌合、嘉蔬、香萁、鹹鹺、豐本、明粢、醴酒，

用告遷來。尚享。"唐楊炯《祭汾陰公文》："楊炯以柔毛清酒之奠，敢昭告於故中書令汾陰公之貴神。"

神羊

本指可用角抵觸奸邪的神獸，其形似羊。傳先民斷疑案，每牽羊至，凡羊以角頂觸者爲有罪。古人因將執法之官的官帽製成其角形，稱獬豸冠。後陵墓神道置石羊，以爲神羊，亦用以辟邪。而世俗後又將其視作祭祀時的牲物，將真羊捆綁成跪狀以祭神，蓋恐羊奮蹄驚神祇。由此失却了上古神羊初義。此稱漢代已行用。漢王充《論衡·是應篇》："儒者説云：觟𧣾者，一角之羊也。性知有罪，皋陶治獄，其罪疑者，令羊觸之。有罪則觸，無罪則不觸。斯蓋天生一角聖獸，助獄爲驗。故皋陶敬羊，起坐事之。"《太平御覽》卷二二七引《漢官儀》："獬豸冠，高五寸，秦制也。法官服之。案董巴《志》云：'獬豸，神羊也。'蔡邕云：'如麟，一角。'應劭云：'由此獸觸不直，故執憲者爲冠以象之。'秦滅楚，以其冠賜御史。"《隋書·禮儀志七》據《禮圖》亦引此文。《晋書·輿服志》："獬豸神羊，能觸邪佞。"明徐應秋《玉芝堂談薈·一角羊》："觟𧣾：一角之羊也，一名解廌。《舊唐書》開元二十一年，富平縣產一角神羊，肉角當頂，白毛上捧，識者以爲獬豸。"後世多指祭祀之羊。元喬吉《水仙子·嘲少年》曲："抱牛腰只怕傷廉，性兒神羊也似善，口兒蜜鉢也似甜。"元關漢卿《望江亭》第二折："我看那廝磕着頭兒一番，恰便是神羊兒忙跪膝，直著他船橫纜斷在江心裏，我可便智賺了金牌，著他去不得。"明魏校《體仁説》："蓋天地之氣，其渣滓爲物，偏而不備，

塞而不通，健順五常之德，不復能全，但隨形氣所及而自爲一理。飛者於空，潛者泳川，蠢動自蠕。……而能若蜂蟻之君臣，虎狼之父子，騶虞之仁，神羊之義，乃其塞處有這一路子開，故只具得這些子，即此一些子，亦便是理。"參閱《明儒學案·崇仁學案三》。

犬牲

用於祭祀之犬。此稱先秦時期已行用。《周禮·秋官·犬人》："犬人掌犬牲。凡祭祀共犬牲，用牷物，伏瘞亦如之。"鄭玄注引鄭司農曰："伏，謂伏犬，以王車轢之。瘞，謂埋祭也。"孫詒讓正義："謂磔犬於軷壤（在廟門外之西），以王車轢而行也。"按，先秦兩漢時，尊者出行，要磔犬祭路神；夏季時節，須磔犬於城門，以避陰氣。後世亦偶有用犬牲祭祀者。《續資治通鑑長編·宋神宗元豐四年》："本朝親祠太廟，三牲之外薦猶未備，不足以稱孝思無窮之意。伏請設刑部尚書一員以奉犬牲，兵部尚書一員以奉魚，仍分腥熟之薦。"此爲元豐四年十月二十一日中書劄子，神宗從之。然以犬爲牲，偶亦有異議。《皇宋通鑑長編紀事本末·徽宗皇帝》："太廟祀祠雖具犬牲，然六牲之薦，蓋亦未備。矧犬爲厭獸，人猶弗食，而載之鼎俎，以享神明，豈事死如事生之意乎？臣等以謂宗廟之祭，宜如六牲之不具馬、雞，四豆之弗薦雁、醢之義，去犬牲不用。"此爲崇寧四年閏八月之議，徽宗從之。

羹獻

用於祭祀之犬的專稱。人喂犬以餘羹，犬肥則用以祭祀，故稱。此稱先秦時期已行用。《禮記·曲禮下》："凡祭宗廟之禮……雞曰翰音，犬曰羹獻。"鄭玄注："羹獻，食人之餘

也。”孔穎達疏：“犬曰羹獻者，人將所食羹餘以與犬，犬得食之肥，肥可以獻祭於鬼神，故曰羹獻也。”《説文・犬部》：“獻，宗廟犬名羹獻，犬肥者以獻之。”段玉裁注：“羹之言良也；獻，本祭祀奉犬牲之偁。”漢蔡邕《獨斷》卷上：“凡祭宗廟禮牲之别名：……犬曰羹獻，雉曰疏趾，兔曰明視。凡祭號牲物異於人者，所以尊鬼神也。”宋吴淑《事類賦・獸部》關於犬的表述：“既號左牽（《曲禮》曰：效馬效羊者右牽之，效犬者左牽之），亦名羹獻（《曲禮》曰：凡祭犬曰羹獻）。”

白犬

盟誓時用作祭品的白色犬。此稱唐代已行用。唐段公路《北户録・鷄卵卜》崔圖注引《風土記》：“越俗性率樸而未散……跪妻定交有禮俗，皆當於山間大樹下封土壇，祭以白犬一，丹雞一，雞子三，名曰木壂。”唐楊炯《唐恒州刺史建昌王公神道碑》：“境接東甌，地鄰南越。言其寶利則瑇瑁珠璣，叙其風俗則丹鷄白犬。”後以“丹鷄白犬”喻盟誓，抑或省稱“白犬”。《新唐書・吐蕃傳上》：“乞力徐曰：‘公忠誠，無不可，恐朝廷未皆信，脱掩吾不備，其可悔？’希逸固邀，乃許。即共刑白犬盟。”清陶梁《感事》詩：“丹鷄白犬辭空費，第一干城仗義民。”

明視

用於祭祀之兔的專稱。此稱先秦時期已行用。《禮記・曲禮下》：“凡祭宗廟之禮，……兔曰明視。”其名由來，一説源自兔兒望月而孕。古人認爲日中有金烏，月中有玉兔。兔爲明月之精，天下之兔望之。宋蔡卞《毛詩名物解・釋獸》集解：“舊説兔者，明月之精，視月而孕，故《楚辭》曰‘顧兔在腹’，言顧兔在月之腹，而天下之兔望焉，於是感氣。《禮》云兔曰‘明視’，亦此意也。”一説兔肥而目明。明代胡廣等撰《禮記大全・曲禮二》：“兔肥則目開而視明，故曰明視。”按，前説似近本義。作爲祭物不稱兔而稱明視，意在敬鬼神，用禮牲獨特之名。漢蔡邕《獨斷》卷上：“凡祭宗廟禮牲之别名：……兔曰明視。凡祭號牲物異於人者，所以尊鬼神也。”蔡邕《宗廟祝嘏辭》：“以三月丁亥來自雒，越三月丁巳至於長安，飭躬不慎，寢疾旬日，賴祖宗之靈，以獲有瘳。吉旦齊宿，敢用潔牲一元大武、柔毛、剛鬣、商祭、明視……用告遷來，尚享。”

騂

赤色或赤黄色的馬，亦指赤色牛羊等，先秦時常用於祭祀。此稱先秦時期已行用。《書・洛誥》：“戊辰，〔成〕王在新邑，烝祭歲，文王騂牛一，武王騂牛一。”這是説用赤色牛祭祀文王、武王。《詩・魯頌・駉》：“薄言駉者，有騅有駓，有騂有騏，以車伾伾。”鄭玄箋：“赤黄曰騂。”又《小雅・大田》：“來方禋祀，以其騂黑，與其黍稷，以享以祀，以介景福。”《禮記・明堂位》：“夏后氏牲尚黑，殷白牡，周騂剛。”孔穎達疏：“騂，赤色也。”《周禮・地官・牧人》：“凡陽祀，用騂牲毛之。”鄭玄注：“騂牲，赤色；毛之，取純毛也。”又《地官・草人》：“凡糞種，騂剛用牛。”鄭注：“謂地色赤而土剛强也。”按，周代祭祀崇尚赤色，故《孔子家語・郊問》曰：“牲用騂，尚赤也。”

犧[2]

祭祀所用禽鳥。此稱先秦時期已行用。《左傳・昭公二十二年》：“賓孟適郊，見雄雞自斷其尾，問之，侍者曰：'自憚其犧也。'"杜預注："畏其爲犧牲奉宗廟，故自殘毀。"明劉基《病足戲呈石末公》詩："塞叟於今知匪禍，周雞從此免爲犧。"因犧以雁、鶩、雉爲主，故常稱"三犧"。

【三犧】²

　　"犧²"之詳稱。此稱先秦時期已行用。《左傳·昭公二十五年》："是故爲禮以奉之，爲六畜、五牲、三犧，以奉五味。"孔穎達疏引服虔曰："三犧，雁、鶩、雉也。"按，杜預注曰"祭天、地、宗廟三者謂之犧"，恐誤。漢班固《東都賦》："於是薦三犧，效五牲，禮神祇，懷百靈。"此稱後世沿用。《元史·禮樂志三》："色純體全，三犧五牲。鸞刀屢奏，毛炰咴羹。"

丹雞

　　祭祀所用赤毛雄雞。此稱先秦時期已行用。《説文·鳥部》："翰……魯郊以丹雞祝曰：'以斯翰音赤羽，去魯侯之咎。'"漢應劭《風俗通·祀典·雄雞》："魯郊祀，常以丹雞祀日，以其朝聲赤羽去魯侯之咎。"後人盟誓時常殺丹雞、白犬以歃血。《太平御覽》卷四〇六引《風土記》："越俗性率樸……初定交有禮俗，皆當於山間大樹下封土爲壇，祭以白犬一、丹雞一、雞子三。"明陳耀文《天中記·朋友》亦引此文。明彭大翼《山堂肆考·人品》引唐段公路《北户録》則曰："越人每相交，于山下築壇，祭以丹雞白犬，歃血而盟。"宋陸游《古別離》詩："死即萬鬼鄰，生當致虞唐。丹雞不須盟，我非兒女腸。"清方文《送姚若侯計偕》詩之二："縱有車徒別，丹雞咏不忘。"

翰音

　　用於祭祀的雞之專稱。此稱先秦時期已行用，兩晉時猶沿用。此稱由來，一曰雞之羽毛有紋彩且善鳴。《周易·中孚》："上九，翰音登于天，貞凶。"清喬萊《易俟》卷一七引臨川吳氏曰："巽爲雞，雞曰翰音。謂其羽有文采而能鳴也。"《禮記·曲禮下》："凡祭宗廟之禮……羊曰柔毛，雞曰翰音。"孔穎達疏："雞曰翰音者，翰，長也。雞肥則其鳴聲長也。"《説文·鳥部》："翰，雞肥，翰音者也。……魯郊以丹雞祝曰：'以斯翰音赤羽，去魯侯之咎。'"一曰雞既能高飛，又能高鳴，則見其雞非凡。宋易祓《周易總義·下經·中孚》釋"翰音登于天"："高飛于上者謂之翰，疾鳴于上者謂之音。"冠此異名以祭，爲敬鬼神。漢蔡邕《獨斷》卷上："凡祭宗廟禮牲之別名：牛曰一元大武，豕曰剛鬣，豚曰腯肥，羊曰柔毛，雞曰翰音，……凡祭號牲物異於人者，所以尊鬼神也。"《文選·張協〈七命〉》："封熊之蹯，翰音之蹠。"呂延濟注："翰音，雞也。"

疏趾

　　祭祀所用野雞之專稱。因雉趾相去疏散，故稱。此稱先秦時期已行用。《禮記·曲禮下》："凡祭宗廟之禮……犬曰羹獻，雉曰疏趾。"孔穎達疏以爲其名源自兩足張開："趾，足也。雉肥則兩足開張，趾相去疏也。"宋蔡卞《毛詩名物解·釋鳥》集解則認爲雉爪張開爲疏趾："《禮》云雉曰疏趾，蓋雁鴨醜趾間有幕，其足蹼；雞雉醜指間無幕，其足疏，故曰疏趾也。"宋陸佃《埤雅·釋鳥·雉》："雞雉醜，指間無幕，其足疏，故曰疏趾也。"祭雉用異名，敬鬼神也。漢蔡邕《獨斷》卷上："凡祭宗廟禮牲之別名：……雉曰疏趾，兔曰明視。凡祭號牲物異於人者，所以尊鬼神也。"

牲魚

亦稱"魚牲"。用於祭祀的魚。此稱先秦時期已行用，宋元時猶沿用。《周禮・夏官・大司馬》："大祭祀，饗食，羞牲魚，授其祭。"鄭玄注："牲魚，魚牲也……鄭司農云：'大司馬主進魚牲。'"孫詒讓正義引王引之《經義述聞・周官上》曰："膳夫六牲：牛、羊、豕、犬、雁、魚。故魚亦謂之牲。"宋王昭禹《周禮詳解》卷二五："牲魚，魚牲也。魚謂之牲者，亦生之而後殺也。"宋王令《古廟》詩："民德且恐報之時，餗肴豐鮮牲魚肥。"

【魚牲】

即牲魚。此稱漢代已行用。見該文。

脡祭

宗廟祭祀所用鮮魚。此稱先秦時期已行用，漢魏時期仍沿用。《禮記・曲禮下》："凡祭宗廟之禮……槁魚曰商祭，鮮魚曰脡祭。"孔穎達疏："脡，直也。祭有鮮魚，必須鮮者，煮熟則脡直；若餒則敗碎不直。"清刊《日講禮記解義・曲禮下》："魚之鮮者，不餒則挺然而直，故鮮魚曰脡祭。"漢蔡邕《獨斷》卷上："凡祭號，牲物異於人者，所以尊鬼神也：脯曰尹祭，槁曰商祭，鮮魚曰脡祭。"

牲物

犧牲和酒等祭祀品。此稱先秦時期已行用。《詩・小雅・信南山》："是烝是享。"漢鄭玄箋："既有牲物而進獻之。"孔穎達疏："上章騂牡是牲也，酒及血膋是物也。"《禮記・曾子問》："凡殤與無後者祭於宗子之家。"鄭玄注："親者共其牲物，宗子皆主其禮。"孔穎達疏："大功雖有同財之義，其經營祭事牲牢之屬，親者主爲之。又牲牢視親者之品命，故云'親者共其

牲物'。就宗子之家，祭其祖禰，故云'宗子皆主其禮'。"

牲幣

犧牲與幣帛等祭祀品。亦作祭品泛稱。此稱先秦時期已行用。《周禮・春官・肆師》："立大祀用玉帛牲牷，立次祀用牲幣，立小祀用牲。"鄭玄注："鄭司農云：'大祀天地，次祀日月星辰，小祀司命已下。'玄謂大祀又有宗廟，次祀又有社稷、五祀、五岳，小祀又有司中、風師、雨師、山川、百物。"又《春官・大宗伯》："以蒼璧禮天，以黃琮禮地，以青圭禮東方，以赤璋禮南方，以白琥禮西方，以玄璜禮北方，皆有牲幣，各放其器之色。"賈公彥疏："言皆則上六玉所禮者，皆有牲與幣也。言各放其器之色，則上蒼璧等六器，所有牲幣，各放此幣之色。"後世用作祭品泛稱。金元好問《樊侯壽冢記》："以吉日壬辰合祭三世，牲幣來助者傾動州里。"清蔣士銓《桂林霜口家祭》："蘋蘩潔，牲幣俱，宣祀之辰籩豆舉。"

牲玉

用於祭祀的犧牲與玉器。此稱先秦時期已行用。《左傳・昭公十八年》："鄭國有枏，晉君、大夫不敢寧居，卜筮走望，不愛牲玉。"《國語・魯語上》："不愛衣食於民，不愛牲玉於神。"韋昭注："牲，犧牲；玉，珪璧，所以祭祀也。"祭祀或積柴燒牲玉，香升於天，以祭天神。《文選・揚雄〈甘泉賦〉》"燎薰皇天，皋搖泰一"李善注引應劭曰："牲玉之香也。"引如淳曰："皋，挈皋也，積柴於挈皋頭，置牲玉於其上，舉而燒之，欲近天也。"唐李白《爲宋中丞祭九江文》："牲玉有禮，祀典無虧。"王琦注："玉，告神時薦於座之玉器，與牲幣俱陳

者。"《舊唐書·懿宗紀》:"内修香火以虔祈,外罄牲玉以精禱。"清康有爲《大同書·甲部第二章》:"望走群祀,歌舞牲玉,神巫則肥,農夫則酷。"

犧盛

詳稱"犧牲粢盛"。用於祭祀的犧牲與穀物。此稱先秦時期已行用,後世詩文猶有用此稱者。《書·泰誓上》:"犧牲粢盛,既于凶盜。"元朱祖義《尚書句解·泰誓上》:"犧牲粢盛:凡國家所蓄色純之犧牛羊豕之牲,黍稷曰粢,在器曰盛。"漢劉向《説苑》卷一八:"使太宰以祝史率狸姓,奉犧牲粢盛玉帛往獻焉,無有祈也。"南朝梁劉勰《文心雕龍·祝盟》:"犧盛惟馨,祝史陳信,資乎文辭。"元虞集《郊祀慶成頌》:"命彼儒臣,酌今之宜,考古于文。玉帛犧盛,越席陶尊,將命實來,則有司存。人習見聞,曰兹既備。"

【犧牲粢盛】

"犧盛"之詳稱。此稱先秦時期已行用。見該文。

血食

被祭祀。因須殺牲取血以祭,故稱。此稱始於春秋,達於清。《左傳·莊公六年》:"楚文王伐申過鄧,鄧祁侯曰:'吾甥也。'止而享之。……三甥曰:'亡鄧國者必此人也,若不早圖,後君噬齊。其及圖之乎!圖之,此爲時矣。'鄧侯曰:'人將不食吾餘。'對曰:'若不從三臣,抑社稷實不血食,而君焉取餘!'"《史記·封禪書》:"周興而邑邰,立后稷之祠,至今血食天下。"又《淮陰侯列傳論》:"假令韓信學道謙讓,不伐己功,不矜其能,則庶幾哉!於漢家勳可以比周、召、太公之徒,後世血食矣。"《舊唐書·魏玄同傳》:"天皇是陛下夫也,皇嗣是陛下子也。陛下正合傳之子孫爲萬代計。況陛下承天皇顧托而有天下,若立承嗣,臣恐天皇不血食矣。"清陳啓源《毛詩稽古編·附録·國風》:"狄難以後,衛得復存者,文公也。自此迄君角,又血食四百餘年。"

第二節 供食考

唐代韓愈在《祭郴州李使君文》中説:"謹以清酌庶羞之奠,敬祭於故郴州李使君之靈。"這是指清酒和精美食物上供,進行祭祀。這種習俗由來已久,并沿續至今。

商周以來,祭祀祖宗、鬼神一直是國家大事,因流行侍死如侍生的觀念,這樣的祭祀中要大量使用人們日常生活中的食物,以示死與生一致。在殷墟遺址中,就曾發現鼎類烹飪器物中,有經過蒸煮的牲體遺骸。古人認爲,神道深不可測,必須極盡虔誠,用最潔、最精的酒水、食物供奉,方顯敬鬼神之禮。《禮記·祭統》:"以神道至玄,可存而不可測也;祭禮主敬,可備而不敢廢也。是故賢者之祭也,致其誠信,與其忠敬,奉之以物,道之以禮,安之以樂,參之以時,明薦之而已矣,不求其爲。"

以神道設教，是歷代統治者的基本國策，漢代王充《論衡·譏日》謂："夫祭者，供食鬼也。"因而敬奉鬼神的祭祀典禮，成爲定期舉行的大事。祭禮所用酒水、食物，一向講究規矩，所作所爲，必須以古禮爲據。由此也難免時常引起一些爭議。如《舊唐書·禮儀志五》載當時有關祭品簡奢的爭議，即其例："禮部員外郎楊仲昌議曰：謹按《禮》曰：夫祭不欲煩，煩則黷；亦不欲簡，簡則怠。又鄭玄云：人生尚褻食，鬼神則不然。神農時雖有黍稷，猶未有酒醴。及後聖作爲醴酪，猶存玄酒，示不忘古。《春秋》曰：蘋蘩蘊藻之菜，潢污行潦之水，可羞於王公，可薦於鬼神。又曰：大羹不和，粢食不鑿。此明君人者有國奉先，敬神嚴享，豈肥濃以爲尚，將儉約以表誠。則陸海之物，鮮肥之類，既乖禮文之情，而變作者之法皆充祭用，非所詳也。《易》曰罇酒簋貳納約自牖，此明祭存簡易，不在繁奢。所以一罇之酒，貳簋之奠，爲明祀也。"

祭祀供食多樣，酒水、米飯、肉食無不具備，多爲活人所用。在水類中，當酒用的水稱"清滌"，露水稱"明水"，酒與清水合稱"浣水"；酒類中，清潔的酒稱"清酒"或"清酌"，"秬鬯"指祭祀時灌地所用香酒；米類中，"糈"指祭神用的精米，"糦"指黍稷稻粱；在飯食中，"內羞"指穀類食物，"粢食"指黍、稷等飯食；肉食中，與食用密切相關的祭肉也屬"供食"："尹祭"指切割方正的乾肉，"胙"指祭後獻賜君臣的肉，"膰"指祭祀用的熟肉，"脤"指祭祀用的生肉，"福"指祭神後食用的酒肉。此外，潔淨的食物稱"明薦"，以螺、蚌爲醬的祭品稱"蠃醢"。《周禮·天官·鱉人》中孔穎達疏云，祭祀所用蠃等亦是"供食物"。

饌

亦稱"饌具"。祭祀前預先陳設的食品及相關禮器。此稱先秦時期已行用。《儀禮·士喪禮》："饌於東堂下，脯、醢、醴、酒。袝奠用功布，實於箄，在饌東。"胡培翬正義："上'饌'字，作陳字解，言陳脯醢醴酒於東堂下也。下云'在饌東'，則即謂脯醢醴酒爲饌矣。'袝奠用功布，實於箄'，未袝也，下奠於尸東乃袝之。"清凌廷堪《禮經釋例》卷八："凡將

奠，皆先饌於東方；徹，則設於西方。"又《儀禮·士昏禮》："贊告具，揖婦即對筵，皆坐皆祭。祭薦黍稷肺。"鄭玄注："贊者西面告饌具也。"《禮記·禮運》："玄酒在室，醴醆在戶，粢醍在堂，澄酒在下；陳其犧牲，備其鼎俎，列其琴瑟管磬鐘鼓。"鄭玄注："此言今禮饌具所因於古及其事義也。"《儒林外史》第三七回："遲均贊：'獻饌。'季恬跪着遞與虞博士獻上去。"清光緒六年《三原縣新志》載祭禮："佈

席于堂東西北上，陳椅盞匙箸，如其人數，傳寄食于燕器，熱酒饌。"亦泛指食品或製作食品。唐杜甫《病後遇王倚飲贈歌》："遣人向市賒香粳，喚婦出房親自饌。"《周易·頤》"觀我朵頤，凶"清王夫之《周易稗疏·上經》："此言貪躁之人見我饌具之豐，注目而視，驚詫而覬分其潤。"

【饌具】

即饌。此稱漢代已行用。見該文。

羞

亦作"饈"。用於祭祀或燕饗的精美食物。此稱先秦時期已行用。初名"羞"，魏晉以後"羞"加"食"旁作"饈"。殷商甲骨文已見此稱。郭沫若主編，中華書局 1978—1982 年出版之《甲骨文合集》30768："丁子（巳）卜：祀其羞，王受又（佑）。"《周禮·天官·内饔》："凡宗廟之祭祀，掌割亨之事。凡燕飲食亦如之。凡掌共羞、脩、刑、膴、胖、骨、鱐，以待共膳。"鄭玄注："羞，庶羞也。"《禮記·王制》："庶羞不逾牲。"鄭玄注："祭以羊，則不以牛肉爲羞。"《荀子·禮論》："祭，齊大羹而飽庶羞，貴本而親用也。"楊倞注："謂尸舉大羹但至齒而已，至庶羞而致飽也。"漢戴德《大戴禮記·禮三本》亦有相同記述："祭，嚌大羹而飽乎庶羞。"《説文·丑部》："羞，……羊所進也。"《集韻·平尤》："饈……致滋味爲羞。"《文選·束晳〈補亡詩·南陔〉》："馨爾夕膳，絜爾晨羞。"李善注："羞有滋味者。"唐韓愈《祭郴州李使君文》："謹以清酌庶羞之奠，敬祭於故郴州李使君之靈。"清惠士奇《禮説·地官三》："《大射儀》曰：'以我安。'安者燕也。則未安之前皆行饗禮，既安，徹俎而薦庶饈，然

後燕禮行焉。"

【饈】

同"羞"。此體南北朝時期已行用。見該文。

薦羞

供祭祀之美味食品。薦指進獻，羞指美味。此稱先秦時期已行用。《周禮·天官·庖人》："凡其死生鮮薨之物，以共王之膳，與其薦羞之物及后、世子之膳羞。"鄭玄注："薦亦進也，備品物曰薦，致滋味乃爲羞。"一説薦指脯醢，羞爲庶羞、内羞。《周禮·天官·宰夫》："以式法掌祭祀之戒具與其薦羞。"鄭玄注："薦，脯醢也。羞，庶羞、内羞。"《左傳·隱公三年》："可薦於鬼神，可羞於王公。"南朝宋鮑照《園葵賦》："顧堇荼而莫偶，豈蘋藻之薦羞。"宋唐庚《祭祖墳文》："嗚呼！酒醴薦羞，雖則不腆，以告其區區之心，祖宗其格思尚享。"

明薦

依時序所進獻的潔淨祭品。"明"猶言潔淨，以示敬神。此稱先秦時期已行用。《禮記·祭統》："施及後王，禮物漸備，作爲酒醴，伏其犧牲，以致馨香，以極豐潔……致其誠信，與其忠敬，奉之以物，道之以禮，安之以樂，參之以時，明薦之而已矣，不求其爲。"鄭玄注："明，猶潔也。"漢戴德《大戴禮記·諸侯遷廟》："祝聲三，曰：'孝嗣侯某潔爲而明薦之享。'"《大唐開元禮·吉禮》載有關"進熟"的祝文曰："謹以制幣犧齊，粢盛庶品，肅恭明薦，侑神作主，尚饗。"《舊唐書·孝友傳·崔沔》："是以血腥燔熟，玄罇犧象，靡不畢登於明薦矣。"宋曾鞏《仲秋告祭諸廟文》："敢率舊章，用陳明薦。"宋朱熹《春祈謁廟文》："惟是雨暘以時，俾無水旱蝗螣之灾，則非人力之所

能及。惟君侯加惠之則幸矣。某祇承祀典，敢不齋肅明薦，以獻以祈！"

脤膰

嘉禮之一。祭祀宗廟社稷、宴享重要賓客所用上品牲肉。按周禮，此爲賜予同性諸侯王的重要贈禮，成爲强化親誼的禮節。春秋戰國禮崩樂壞，此禮或行或廢。而此稱後世一直沿用。生曰脤，熟曰膰。《藝文類聚》卷三八謂《周禮》大宗伯之職："嘉禮之別有六，一曰飲食，二曰婚冠，三曰賓射，四曰饗燕，五曰脤膰，六曰慶賀。"清汪縉《准孟下》言此禮在上古之重要云："古者治天下之大器有三：曰封建、曰井田、曰學校。自有封建，而後有公侯伯子男……有吉、凶、賓、軍、燕饗、脤膰、慶賀之禮……"《周禮·春官·大宗伯》："以脤膰之禮，親兄弟之國。"鄭玄注："脤膰，社稷宗廟之肉，以賜同姓之國，同福祿也。"宋王昭禹《周禮詳解·春官宗伯》："脤膰之禮，脤謂祭祀之肉，而盛以屬器者也；膰謂熟肉，助祭執事因賜之以膰胙者也。"唐韓愈《陸渾山火和皇甫湜用其韵》："紅帷赤幕羅脤膰，嵞池波風肉陵屯。"後世此禮狀況，從宋朝議禮局奏議中可見一斑。《皇宋通鑑長編紀事本末·徽宗皇帝》："脤膰之禮親兄弟之國，慶賀之禮親異姓之國。說者謂兄弟，同姓之國也；異姓，婚姻甥舅之國也。今雖有賜胙之禮，事既畢，比及群臣，其儀已具吉禮。"《宋史·禮志十三》："舊史以飲食、婚冠、賓射、饗宴、脤膰、慶賀之禮爲嘉禮。"

脤

祭祀社稷、宗廟所用生肉。一説祇指祭社稷之肉。此稱主要行於先秦時期。《左傳·閔公二年》："帥師者，受命於廟，受脤於社。"杜預注："脤，宜社之肉。"又《成公十三年》："祀有執膰，戎有受脤，神之大節也。"《穀梁傳·定公十四年》："天子使石尚來歸脤……脤者何也？俎實也，祭肉也。生曰脤，熟曰膰。"《周禮·春官·大宗伯》："以脤膰之禮，親兄弟之國。"鄭玄注："脤膰，社稷宗廟之肉。"賈公彦疏："鄭揔云脤膰，社稷宗廟之肉。分而言之，則脤是社稷之肉，膰是宗廟之肉。……而《公羊》《穀梁》皆云：生居俎上曰脤，熟居俎上曰膰。非鄭義耳。"

膰

亦作"燔""膰"。祭祀所用熟肉。此稱先秦時期已行用。《説文·炙部》："膰，宗廟火熟肉。天子所饋同姓。"段玉裁注："今世經傳多作燔、作膰……《詩》作燔，爲假藉字；他經作膰，乃俗耳。"燔本意爲燒，因與膰音同，且先秦多用於燒烤乾肉，故假藉；許慎又寫作"膰"。《詩·大雅·行葦》"或燔或炙"鄭玄箋："燔用肉。"又《小雅·瓠葉》"燔之炙之"鄭玄箋："乾者燔之。"孔穎達疏："乾者謂脯腊。"《左傳·成公十三年》"祀有執膰"杜預注："膰，祭肉。"《穀梁傳·定公十四年》："生曰脤，熟曰膰。"《孟子·告子下》："孔子爲魯司寇，不用，從而祭，燔肉不至，不税冕而行。"可見先秦多稱祭祀用的熟乾肉爲燔、膰，但漢以後或寫作"膰"。《左傳·僖公二十四年》"天子有事膰焉"杜預注："有事，祭宗廟也；膰，祭肉。"陸德明音義："膰，符袁反。《周禮》又作燔字，音義皆同。"而《説文·炙部》"膰"引此文曰：《春秋》傳曰：天子有事膰焉。"此後沿襲，三字并用。《史記·孔子世家》："魯今且郊，如致膰乎大夫，則吾猶可以止。”漢應劭《風俗通·五岳》：“皆太守自侍祠，若有穢疾，代行事，法七十萬五千三牲，燔柴，上福脯三十朐，縣次傳送京師。”漢蔡邕《與袁公書》：“酌清醴，燔乾魚。”清龔自珍《吳侍郎請陸宣公從祀瞽宗獻侑神之歌》之五：“我有耄士，執籩受膰。”

【燔】

同“膰”。此體先秦時期已行用。見該文。

【𧃒】

同“膰”。此體漢代已行用。見該文。

福²

古指祭神所用酒肉。此稱先秦已行用。甲骨文中，“福”字或爲雙手捧酒壇供奉祭臺之形，金文中略去雙手，多作酒壇與祭臺形。可見此字最初意指祭祀之酒，通過用酒祭祀可以致福。後乃泛指祭神所用酒肉。祭後猶可獻給君王用膳以示致福。《周禮·天官·膳夫》：“凡祭祀之致福者，受而膳之。”鄭玄注：“致福，謂諸臣祭祀進其餘肉歸胙於王。”《國語·晋語二》：“驪姬以君命命申生曰：‘今夕君夢見齊姜，必速祠而歸福……驪既受福，乃寘鴆於酒，寘堇於肉。’”韋昭注：“福，胙肉也。”《宋史·禮志二》：“既享，大宴，號曰飲福。”《遼史·禮志一》：“皇帝、皇后一拜，飲福，受胙，復位。”

福物

祭神所用酒肉，常指牲物。此稱南北朝時期已行用。《法苑珠林·十惡篇·偷盜部》僧物部：“今見愚迷衆生，不簡貴賤，不信三寶。苟貪福物，將用資身。”對於福物的確定，是有較高要求的，須由有地位者依相關教規而定。《廣弘明集》卷四引隋釋彥琮《通極論》：“吾聞天王武庫出給，尚不由臣下，況吾師福物，取與寧獨任凡僧？本雖四輩而來，今屬三寶而用，爲道興供，義乖行福。既爲十方常住，非曰私擬諸已。”後世沿用此稱。宋佚名《張協狀元》第一四齣：“（净）公公，你出個猪頭祭土地。（合）有緣時賀喜。……（净白）明日公公辦些福物，（笑）婆婆辦一張口兒。”《水滸傳》第二回：“且說兩個牌軍買了福物，煮熟，在廟等到巳牌，也不見來。”《三國演義》第四九回：“吾今缺少福物祭旗，願借你首級。”明何良俊《四友齋叢説·史六》：“吳少君言其家居每歲請門生二次，清明一次，冬至一次。皆其祭生福物也。”《初刻拍案驚奇》卷一一：“過了數日，王生見事體平静，又買些三牲福物之類，拜獻了神明、祖宗。”

福食

祭神的食品。佛道皆用此稱。此稱晋代已行用。多見於宋以前文獻。晋葛洪《抱朴子·道意》：“每供福食，無所限劑，市買所具，務於豐泰。”晋法顯《佛國記》：“住處有一白耳龍，與此衆僧作檀越，令國内豐熟，雨澤以時，無諸灾害，使衆僧得安。衆僧感其惠，故爲作龍舍敷置坐處，又爲龍設福食供養。”《雲笈七籤》卷三八：“若見福食，當願一切，無不飽滿，世享天厨。”《法苑珠林·怨苦篇·地獄部》：“復有衆生，腹大項細不能下食，若有所食，變爲膿血。何罪所致？佛言：以前世時偷盜僧食，或爲大會福食，屏處偷啖。吝惜己物，但貪他財。”祭神的供品必須新鮮清潔，這樣祭祀纔能致福。《法苑珠林·破齋篇·感應緣》引南朝齊王琰《冥祥記》：“願父兄勤爲功德，作福食時，務使鮮潔。——如法者受上福，次者次福。若不能然，然後費設耳。"至清代猶可見此稱。《八仙得道》第一回："是一種什麼妖精，附小姐身體，來享人間福食。"

隋

亦作"墮""挼""綏"。祭祀時多餘的祭品。祭後埋之。此稱先秦時期已行用。《說文·肉部》："隋，裂肉也。"段玉裁注："裂肉，謂尸所祭之餘也。"《周禮·春官·守祧》："既祭，則藏其隋。"鄭玄注："隋，尸所祭肺脊、黍稷之屬，藏之以依神。"《儀禮·士虞禮》："祝命佐食隋祭。"古文寫作"墮""挼"，音相同；漢代今文又寫作"綏"。《儀禮·特牲饋食禮》："祝命挼祭，尸左執觶，右取菹，擩于醢，祭于豆間。"鄭玄注："挼祭，祭神食也。《士虞禮》古文曰：祝命佐食墮祭。《周禮》曰：既祭則藏其墮。'墮'與'挼'讀同耳。今文改'挼'皆爲'綏'，古文此皆爲挼祭也。"明胡廣等《禮記大全·曾子問》："綏字當從《周禮》作隋，減毀之名也。尸與主人俱有隋祭，主人減黍稷牢肉而祭之於豆間，尸則取菹及黍稷肺而祭於豆間，所謂隋祭也。"《楚辭·九歌》"蕙肴蒸兮蘭藉"王夫之注："藉，所以承隋祭者，尸祭奠於上。"

【墮】

"隋"之古文。此體先秦時期已行用。見該文。

【挼】

同"隋"。此體先秦時期已行用。見該文。

【綏】

同"隋"。此體先秦時期已行用。見該文。

臄

祭祀所用大塊肥美魚肉。此稱先秦時期已行用。《說文·肉部》謂"臄，無骨腊也"，桂馥義證亦謂"臄，去骨之乾肉"，而段玉裁注："臄亦朕肉大臠。"又："臄胖皆非腊也……許說蓋偏執耳。"段說是。去骨則肥美，稱腊（乾肉）則誤。《周禮·天官·内饔》："凡掌共羞、脩、刑、臄、胖、骨、鱐，以待共膳。"鄭玄注："臄，朕肉大臠，所以祭者。"又《籩人》："朝事之籩，其實麷、蕡、白、黑、形鹽、臄、鮑魚、鱐。"鄭玄注："臄，生魚爲大臠。"《禮記·少儀》："冬右腴，夏右鰭，祭臄。"鄭玄注："臄，大臠，謂刌魚腹也。"《儀禮·有司徹》："皆加臄祭於其上。"鄭玄注："刌魚時割其腹以爲大臠也。"

胙

亦作"酢"。指祭祀祈福所用肉。此稱先秦時期已行用。先秦抑或包括祭祀用的酒、醋之類。《說文·肉部》："胙，祭福肉也。"《左傳·僖公四年》："太子祭于曲沃，歸胙于公。"君王祭祀後，往往以之賜公侯。《左傳·僖公九年》："王使宰孔賜齊侯胙。"而臣下祭祀後，亦往往以餘肉進獻君王。《周禮·天官·膳夫》："凡祭祀之致福者，受而膳之。"鄭玄注："諸臣祭祀，進其餘肉歸胙于王。"春秋戰國時，"胙"或稱"酢"。按，《說文·酉部》"酢，醶也"段玉裁注："酢本醶漿之名。"則以酢爲胙是其引申義。《管子·侈靡》："事道然後可以言名，然後可以承致酢。"尹桐陽注："酢同胙，祭福肉也。"《周禮·天官·膳夫》："徹王之胙俎。"賈公彥疏："胙者酢也。"酢、胙相通，故兼指祭祀所用的酒、醋之類。故上引《左傳·僖公四年》："歸胙于公。"杜預注："胙，祭之酒肉。"秦漢以後，多稱"胙"，亦稱"膰肉"。《史記·周本紀》："〔顯王〕九年，致文武胙於秦孝公。"裴駰集解："胙，膰肉也。"《後漢書·鄧彪傳》："四時致宗廟之胙。"李賢注："胙，祭廟肉也。"宋陸游《仲秋書事》："秋風社散日平西，餘胙殘壺手自提。賜食敢思烹細項，家庖仍禁擘團臍。"自注："昔爲儀曹郎，兼領膳部，每蒙賜食。"元馬祖常《都門一百韻用韓文公會合聯句詩韻》："俎豆觀揖讓，賓介謂獻酢。"清光緒十年《高陵縣志》："主人飲福受胙於香案前。"

【酢】

同"胙"。此體先秦時期已行用。見該文。

胖

本指脅側薄肉，用以祭祀。後多指祭祀所用牲體之一半。此稱先秦時期已行用。《周禮·天官·腊人》："凡祭祀，共豆脯、薦脯、膴胖，凡腊物。"鄭玄注："鄭司農云：'膴，膺肉。鄭大夫云：胖讀爲判。杜子春讀胖爲版。'又云：'膴、胖皆謂夾脊肉。'又云：'禮家以胖爲半體。'……胖宜爲脯而腥。胖之言，片也，析肉意也。"又《天官·內饔》："凡掌共羞、脩、刑、膴、胖、骨、鱐，以待共膳。"鄭玄注："胖，如脯而腥者。"《禮記·內則》"鵠鴞胖"鄭玄亦注："胖謂脅側薄肉也。"可知胖本指脅側薄肉，而禮家又視"胖"爲牲半體，爲後世所沿襲，并稱左胖、右胖。《說文·半部》："胖，半體肉也。"《新唐書·禮樂志二》亦有"內載以俎，皆升右半體十一"之說。又《舊唐書·禮儀志三》："《禮論說》：太常賀循上言，積柴舊在壇南燎，祭天之牲用犢左胖，漢儀用頭，今郊用脅之九個。"《宋史·禮志一》："今親祠南郊，正配位之俎不殊，左右胖不分貴賤，無豚解體解之別。"清黃宗羲《答萬季野喪禮雜

問》："尸俎用右胖，主人俎用左胖。"

胉

亦作"拍"，亦稱"脅"。祭祀或燕享之牲體的兩脅。或謂牲肩頭肉。此稱先秦時期已行用。《周禮·天官·醢人》"豚拍"孫詒讓正義："凡成牲體，解左右脅，各分爲三，前曰代脅，次曰長脅，後曰短脅。豚未成牲，則唯左右脅爲二，《禮》所謂兩胉是也。"《儀禮·士葬禮》："其實特豚，四鬠，去蹄，兩胉、脊、肺。"鄭玄注："胉，脅也。"又《特牲饋食禮》"長脅二骨"胡培翬正義引《禮經釋例》："凡牲，脊兩旁之肋，謂之脅，又謂之胉，又謂之幹。"漢張衡《東京賦》："毛炰豚胉，亦有和羹。"唐韓愈《袁氏先廟碑》："親登邊鉶，肩臑胉骼，其樽玄清。"《明史·禮志一》："豆實以韭俎……豚胉、鼆食、糝食。"《明會典·禮部三十九》載祭祀上帝，有"豆十二，實以……豚胉……"

【拍】

同"胉"。此體先秦時期已行用。見該文。

【脅】

即胉。此體先秦時期已行用。見該文。

肫

祭祀用牲後體股骨的一部分。一說指牲左右胖組成之全體。此稱先秦時期已行用。《儀禮·特牲饋食禮》："尸俎，右肩臂臑肫胳。"胡培翬正義引凌廷堪《禮經釋例》："凡牲……前體謂之肱骨，又謂之前脛骨……後體謂之股骨，又謂之後脛骨。股骨三，最上謂之肫，又謂之膞。"宋衛湜《禮記集說》卷五五："案特牲九體：肩一、臂二、臑三、肫四、胳五、正脊六、橫脊七、長脅八、短脅九。"《儀禮·士昏禮》："腊一肫。"鄭玄注："肫，或作'純'。純，全

也。凡腊用全。”此謂用左右胖全體曰肫或純。

釐

供祭後的餘肉。本指通過祭祀所致之福，因供祭之肉被視爲福祚，故轉稱。此稱漢代已行用。《左傳·僖公四年》太子申生“歸胙于公”，《史記·晉世家》作“歸釐於君”，可知作爲“祭之酒肉”的胙，漢代又稱釐。《史記·屈原賈生列傳》：“孝文帝方受釐，坐宣室。”裴駰集解引徐廣曰：“祭祀福祚也。”《漢書·賈誼傳》：“上方受釐，坐宣室。”顏師古注引應劭曰：“釐，祭餘肉也。”王先謙補注：“《續志》注：‘丁孚《漢儀》：桓帝祠恭懷皇后，詔辭賜皇帝福，太常再拜太牢左辨以致皇帝。’是漢以受胙肉爲受釐之證也。”後世猶沿用此稱。唐李紓《讓皇帝廟樂章·迎俎》：“祀盛體薦，禮協粢盛。方周假廟，用魯純牲。捧撤祇敬，擊拊和鳴。受釐歸胙，既戒而平。”宋米芾《參賦》：“武帝既祠太一，受釐頒胙，意得氣泰，神怡志豫。”明胡廣等《詩傳大全》卷一七引述《詩·大雅·生民》諸注，其中朱熹曰：“此詩未詳所用，豈郊祀之後亦有受釐頒胙之禮也歟？”慶源輔廣曰：“先生疑此詩專言后稷而不及於天，則固非可用於郊祀上帝之時矣。若郊祀後有受釐頒胙之禮，則用此詩可也。按《漢書》注如淳曰：釐，福也。應劭曰：祭餘肉也。顏師古曰：字本作禧，假借用耳。”

膵脊

祭祀宗廟所用的牲血與腸脂。置柴上燎燒，以報神靈，祈求陽氣。此稱先秦時期已行用。後世猶用此稱以申祭陽之義。《禮記·郊特牲》：“取膵脊，燔燎升首，報陽也。”鄭玄注：“膵脊，腸間脂也，與蕭合燒之，亦有黍稷也。”

又《祭義》：“既入廟門，麗於碑。卿大夫袒，而毛牛尚耳。鸞刀以刲，取膵脊，乃退。”鄭玄注：“膵脊，血與腸間脂也。”孔穎達疏：“乃退者，謂殺牲竟而取卿大夫所刲血毛膵脊，薦之竟而退也。”宋范鎮《大報天賦》：“啓膵脊之芬膏，焜爝蒸於高烟；沓馨明之升聞，藹嘉休而肅延。”

脯

切成條塊狀的乾肉，用於祭祀或燕享之禮。此稱先秦時期已行用。《釋名·釋飲食》：“脯，搏也，乾燥相搏著也。又曰修、脩，縮也，乾燥而縮也。”《周禮·天官·腊人》：“掌乾肉。凡田獸之脯、腊、膴、胖之事；凡祭祀，共豆脯、薦脯、膴、胖；凡腊物。”《禮記·內則》：“牛脩、鹿脯、田豕脯、麋脯、麕脯，麋、鹿、田豕、麕皆有軒。”鄭玄注：“脯，皆析乾肉也。”《漢書·貨殖傳》：“濁氏以胃脯而連騎。”顏師古注引晉灼曰：“今太官常以十月作沸湯燖羊胃，以末椒薑坋之，暴使燥是也。”

脩 [2]

用薑桂腌過的乾肉。祭祀或宴饗所用。此稱先秦時期已行用。《周禮·天官·膳夫》：“凡肉脩之頒賜，皆掌之。”鄭司農注：“脩，脯也。”賈公彥疏：“加薑桂鍛治者謂之脩，不加薑桂以鹽乾之者謂之脯。則脩、脯異矣。”又《內饔》：“凡宗廟之祭祀，掌割亨之事。凡燕飲食亦如之。凡掌共羞、脩、刑、膴、胖、骨、鱐，以待共膳。”鄭玄注：“脩，鍛脯也。”《禮記·內則》：“牛脩、鹿脯、田豕脯、麋脯、麕脯，麋、鹿、田豕、麕皆有軒。”

腊

亦稱“腊肉”。用於祭祀或宴饗的乾肉。此

稱先秦時期已行用。《周易・噬嗑》：“噬腊肉。”唐孔穎達疏：“腊是堅剛之肉也。”宋王宗傳《童溪易傳》卷一一：“夫禽獸全乾者謂之腊，噬之最難者也。”《周禮・天官・腊人》：“掌乾肉。凡田獸之脯、腊、膴、胖之事；凡祭祀，共豆脯、薦脯、膴、胖，凡腊物。”鄭玄注：“腊，小物全乾。”清錢謙益《中憲大夫四川叙州府知府趙君墓誌銘》：“士春……謫歸。君以特羊告家廟，喜極而泣曰：‘文毅公拜杖時腊肉猶在。孺子盈吾志矣！’”

【腊肉】

即腊。此稱先秦時期已行用。見該文。

豕腊

古代祭祀用的風乾之猪肉。此稱先秦時期已行用。《禮記・哀公問》：“備其鼎俎，設其豕腊，脩其宗廟。歲時以敬祭祀。”孔穎達疏：“設其豕腊者，謂喪中之奠，有豕有腊也。”宋衛湜《禮記集説・哀公問》引嚴陵方愨曰：“備其鼎俎，言備其祭器也；設其豕腊，言設其祭物也。……物不止於豕腊，器不止於鼎俎，亦各舉其一端以互明之爾。”

尹祭

祭祀所用切割成方正的乾肉。此稱先秦時期已行用。《禮記・曲禮下》：“凡祭宗廟之禮……脯曰尹祭。”孔穎達疏：“尹，正也，裁截方正而用之祭。”《儀禮・士虞禮》記卒哭祭告祔於神之辭與饗尸之辭：“孝子某，孝顯相，夙興夜處，小心畏忌，不惰其身，不寧。用尹祭、嘉薦、普淖、普薦、溲酒，適爾皇祖某甫，以隮祔爾孫某甫。尚饗。”鄭玄注：“尹祭，脯也。”宋陳祥道《禮書》卷七八：“蓋脯割之也謂之尹。《曲禮》《士虞》所謂尹祭是也。”漢

蔡邕《獨斷》卷上：“凡祭號牲物異於人者，所以尊鬼神也。脯曰尹祭。”明胡廣等《禮記大全・曲禮二》：“尹，正也。脯欲剸割方正。”

乾豆

置於祭器中的乾肉，用以祭祀天地祖先。此稱先秦時期已行用，沿至唐宋。乾，乾肉；豆，祭器。《禮記・王制》：“天子諸侯無事，則歲三田，一爲乾豆，二爲賓客，三爲充君之庖。”鄭玄注：“乾豆，謂腊之以爲祭祀豆實也。”孔穎達疏：“一爲乾豆者，謂乾之以爲豆實。”漢揚雄《長楊賦》：“恐不識者，外之則以爲娛樂之游，内之則不以爲乾豆之事。”唐杜甫《朝享太廟賦》：“已而上乾豆以《登歌》，美《休成》之既饗。”元周伯琦《九月一日還自上京途中紀事》五首之一：“乾豆遵彝典，人瞻日月光。”明劉球《畜鷹賦》：“大搏熊狸，小殱兔雉，獻獲虞人，奏功輿次。以羞大庖，以實賓器，以爲乾豆，祖廟有事，思效報以萬一。”

鱐

用於祭祀或燕享之乾魚。此稱先秦時期已行用。《周禮・天官・内饔》：“凡宗廟之祭祀，掌割亨之事。凡燕飲食亦如之。凡掌共羞、脩、刑、膴、胖、骨、鱐，以待共膳。”鄭玄注：“鄭司農云：‘……骨鱐，謂骨有肉者。’……骨，牲體也；鱐，乾魚。”又《籩人》：“朝事之籩，其實麷、蕡、白、黑、形鹽、膴、鮑魚、鱐。”鄭玄注：“鱐者，析乾之，出東海。王者備物，近者腥之，遠者乾之，因其宜也。”又《庖人》：“夏行腒鱐，膳膏臊。”鄭玄注引鄭司農曰：“腒，乾雉；鱐，乾魚；膏臊，豕膏也。以豕膏和之。”

川奠

祭祀所用水產品。此稱先秦時期已行用。《周禮·地官·川衡》："川衡掌巡川澤之禁令……祭祀賓客共川奠。"鄭玄注："川奠，籩豆之實，魚、鱐、蜃、蛤之屬。"孔穎達疏："皆川中所生之物。"宋朱申《周禮句解·地官下》："祭祀賓客共川奠：進川物之類，如魚鱐之類。"明湛若水《格物通·修虞衡上》強調用川奠體現出對祭祀、對賓客的重視："川奠謂籩豆之實，魚鱐蜃蛤之屬也。觀此可見先王制法，非以專於自奉而已。一爲祭祀，一爲賓客，此奉宗廟和神人之大事也。"而宋呂祖謙《增修東萊書說·康王之誥》解釋更廣泛："壤奠，猶言川奠、澤物之奠，謂土產也。"

嬴醢

以螺、蚌肉製成的醬製品，用於祭祀。此稱先秦時期已行用。《周禮·天官·醢人》："饋食之豆，其實葵菹、嬴醢、脾析、蠯醢、蜃、蚳醢、豚拍、魚醢。"孔穎達疏："嬴，蜬蝓；蜃，大蛤；蚳，蛾子。"明王應電《周禮傳·天官下》："凡醢，有骨曰臡，無骨曰醢，肉醬無骨有汁曰醓。醬者菹、醢，總名。"嬴醢與蠯醢、蚳醢一樣，甚微小，而祭祀用之者，爲增加祭祀品類，以示敬鬼神。清刊《欽定周官義疏·天官》注"祭祀共蠯嬴蚳以授醢人"引鄭鍔曰："三者物之微，而祭祀亦用焉，何也？記曰：不敢用常褻味，而貴多品，所以交于神明是也。"

隋釁

殺牲以牲血祭祀。此稱先秦時期已行用。《周禮·春官·大祝》："隋釁，逆牲逆尸。"鄭玄注："隋釁，謂薦血也。凡血祭曰釁。"宋王昭禹《周禮詳解》卷二二："國有大故天裁，彌祀社稷，禱祠隋尸，祭之餘守祧，所謂藏其隋是也。釁，以牲血禦妖。"宋王與之《周禮訂義》卷四三："易氏曰：隋謂尸祭之餘，釁謂薦血之事。二者以誠爲主，故亦取乎明水火之用。"明柯尚遷《周禮全經釋原》卷八："隋，尸之祭；釁，薦血之事。"

薦新[1]

省稱"薦"。以時新食品祭享祖先之禮。此稱先秦時期已行用。《儀禮·士喪禮》："有薦新如朔奠"鄭玄注："薦五穀若時果物新出者。"賈公彥疏："案《月令》：仲春開冰，先薦寢廟；季春云薦鮪于寢廟。孟夏云以彘嘗麥，先薦寢廟；仲夏云羞以含桃，先薦寢廟。皆是薦新。如朔奠者，牲牢籩豆一如上朔奠也。"清毛奇齡《辨定祭禮通俗譜·祭之時》論四時獻禮曰："四時薦新日行獻禮：古有薦新之禮，與薦禮又別。《王制》大夫士宗廟之祭，有田則祭，無田則薦。薦不可兼祭，而祭則可以兼薦。故但舉薦禮，則不問有田無田，皆可以薦。況薦新則尤薦中之最薄者，如庶人春薦韭、夏薦麥、秋薦黍、冬薦稻類。而《月令》則又有薦鮪薦含桃，《國語》有大寒薦名魚，《潛》詩有季冬薦魚、春薦鮪諸語，則凡物新出皆可以薦。"《宋書·禮志三》："廟以藏主，四時祭祀，寢有衣冠象生之具以薦新。"清洪昇《長生殿·收京》："待春園，櫻桃熟綻，薦陳時食。"

【薦】

"薦新[1]"之省稱。此稱先秦時期已行用。見該文。

蘋藻

古人用於祭祀的一種水草。後因泛指祭品。

始於先秦，達於宋元。《左傳·襄公二十八年》："濟澤之阿，行潦之蘋藻，置諸宗室，季蘭尸之，敬也。"《詩·召南·采蘋》："于以采蘋，南澗之濱；于以采藻，于彼行潦。"鄭玄箋："古者婦人先嫁三月，祖廟未毀，教于公宮；祖廟既毀，教于宗室。……教成之祭，牲用魚，芼之以蘋藻，所以成婦順也。"《梁書·蕭子雲傳》："梁初郊廟未革牲牷，樂辭皆沈約撰，至是承用。子雲始建言宜改，啓曰：'……載革牢俎，德通神明，黍稷蘋藻，竭誠嚴配，經國制度，方懸日月，垂訓百王。'"唐韓愈《湘中》詩："蘋藻滿盤無處奠，空聞漁父扣舷歌。"宋史達祖《壽樓春·尋春服感念》："近寒食人家，相思未忘蘋藻香。"

糈

用以祭神的精米之總稱。後亦指米酒。此稱先秦時期已行用。《廣雅·釋器》："糈，餈也。"《玉篇·米部》："糈，祠神米。"《楚辭·離騷》："巫咸將夕降兮，懷椒糈而要之。"王逸注："糈，精米，所以享神。"《山海經·南山經》："其祠之禮：毛用一璋玉瘞，糈用稌米。"郭璞注："糈，祀神之米。……稌，稌稻也。"而《西山經》則謂："其祠之禮：用一吉玉瘞，糈用稷米。"可知"糈"爲稻、稷等糧食之總稱。唐韓愈《潮州祭神文》之一："今以始至……與人吏未相識知，犧糈酒食器皿桶弊，不能嚴清。"宋黃庭堅《觀秘閣蘇子美題壁》詩："招延青雲士，共醉椒糈觴。"明屠應峻《秋懷賦》："伊仙鯉之忽恍兮，具靈糈爲予占之。"

椒糈

以椒香拌精米製成的祭神食物。椒以降神，糈以享神。此稱先秦時期已行用。《楚辭·離騷》："巫咸將夕降兮，懷椒糈而要之。"王逸注："椒，香物，所以降神；糈，精米，所以享神。言巫咸將夕從天上下來，願懷椒糈要之，使筮吉凶。"南朝梁沈約《郊居賦》："揚玉桴，握椒糈。"宋張嵲《憎雨賦》："聞羲御之將駕兮，吾將懷椒糈而要之。"

大糦

大祭時所供黍稷稻粱。此稱先秦時期已行用。《詩·商頌·玄鳥》："龍旗十乘，大糦是承。"鄭玄箋："糦，黍稷也。"宋范處義《詩補傳·商頌》釋曰："龍旗，指諸侯大國之助祭者。十乘，言大國之多也。糦，黍稷，粢盛也。謂之大糦，言大祭，有大國之君奉承之。"後世猶以此祭神。《舊唐書·音樂志三》降神用豫和六變夾鐘宮之二："億上帝，臨下庭。騎日月，陪列星。嘉祝信，大糦馨。澹神心，醉皇靈。"宋葉適《送胡衍道》詩："奉璋承大糦，籲俊迪深知。"

內羞

王宮女官祭祀所用穀類食物。此稱先秦時期已行用。《周禮·天官·世婦》："及祭之日，蒞陳女官之具，凡內羞之物。"鄭玄注："內羞，謂房中之羞。"賈公彥疏："凡內羞之物者，謂糗餌粉餈，案'少牢'皆從房中而來，故名爲內羞。"孫詒讓正義："內羞，皆穀物，女官所供。"又《醢人》："爲王及后、世子，共其內羞。"

薌合

祭祀所用黍類食物。因祭享先祖之黍香氣彌漫，故稱。周代祭禮用之。此稱先秦時期已行用。《禮記·曲禮下》："凡祭宗廟之禮……黍曰薌合，粱曰薌萁。"孔穎達疏："穀秫者曰黍，秫既軟而相合，氣息又香，故曰薌合。"後世歷代祭禮皆沿襲此制。晋殷允《祭徐孺子文》："謹遣左右某甲，奉清酎薌合，一簋單羞，再拜奠故聘士豫章徐先生。"唐蕭嵩等《大唐開元禮・吉禮・皇帝時享於太廟》載太廟祭享時祝文："時維孟春，永懷罔極，伏增遠感，謹以……薌合、薌萁、嘉蔬、嘉薦、醴齊，敬修時享，以申追慕。尚饗。"宋嘉祐四年歐陽修撰《翼祖皇帝册文》："謹以……薌合、薌萁、嘉蔬、嘉薦、醴齊，嚴恭備物，式薦虔心。高祖妣簡恭皇后劉氏配。尚饗。"此風至明清猶然。

薌萁

祭祀所用高粱。高粱甚香，故稱。此稱先秦時期已行用。《禮記・曲禮下》："凡祭宗廟之禮……黍曰薌合，粱曰薌萁，稷曰明粢，稻曰嘉蔬。"孔穎達疏："薌萁者粱，謂白粱、黃粱。"陳澔集説："粱，穀之强者，其葉亦香，故曰薌萁。"後世歷代沿襲此禮。唐《大唐開元禮・吉禮・皇帝時享於太廟》："太祝……跪讀祝文曰：'……時維孟春，永懷罔極，伏增遠感，謹以……薌合、薌萁、嘉蔬、嘉薦、醴齊，敬修時享，以申追慕。尚饗。'"宋嘉祐四年歐陽修撰《真宗皇帝册文》："謹以一元大武、柔毛、剛鬣、粢盛、薌合、薌萁、嘉蔬、嘉薦、醴齊，嚴恭備物，式薦虔心。"清陳其元《庸閑齋筆記・難博學》："先大父在太平府時，嘗閲黃山谷尺牘中有'損惠薌萁'語，忘'薌萁'爲何物。時江右汪巽泉尚書方督學政，大父舉以問之，尚書謝不知。……歸以語余輩，時三弟昕年十二，方讀《禮記》，卒然應曰：'黍曰

薌合，粱曰薌萁，《曲禮》語也。'"清毛奇齡《秋菊賦》："青蓬既結，薌萁垂秀。"

粢盛

指盛在祭器内以供祭祀的黍稷。此稱先秦時期已行用。《左傳・桓公六年》："粢盛豐備。"杜預注："黍稷曰粢，在器曰盛。"孔穎達疏："粢是黍稷之别名，亦爲諸穀之揔號。祭之用米，黍稷爲多，故云黍稷曰粢……盛，謂盛於器，故云在器曰盛。"《禮記・表記》："天子親耕，粢盛秬鬯，以事上帝。"又《郊特牲》："唯社，丘乘共粢盛，所以報本反始也。"《孟子・滕文公下》："諸侯耕助，以供粢盛。"國家舉行大祭，粢盛由各地貢獻，故上引《郊特牲》文孔穎達疏引庾蔚云："粢盛所須者少，故丘乘共之也。"後世祭祀沿用粢盛，唯其來源未必徵調自各地。《漢書・景帝紀》："朕親耕，後親桑，以奉宗廟粢盛、祭服，爲天下先。"《隋書・高祖紀》："禮之爲用，時義大矣。黃琮蒼璧，降天地之神；粢盛牲食，展宗廟之敬。"宋吳自牧《夢粱録・明堂差五使執事官》："而其總務官，職任甚繁……如擦器，滌濯無垢，以奉粢盛。"《明集禮・吉禮一》："以玉帛犧齊粢盛庶品，備兹禋燎，用伸昭告尚享。"明徐霖《繡襦記・謀脱金蟬》："神仙齋供，問腥葷粢盛潔豐。"明吳寬《謁韓蘄王墓》詩："草樹樵蘇斷，粢盛享祀豐。"

【齍盛】

即粢盛。亦作"齊盛"。此體先秦時期已行用。《周禮・地官・舂人》："祭祀共其齍盛之米。"鄭玄注："齍盛，謂黍稷稻粱之屬，可盛以爲簠簋實。"《禮記・祭統》："是故天子親耕於南郊，以共齊盛……諸侯耕於東郊，亦以共

齊盛。"

【齊盛】

同"齍盛"。此體先秦時期已行用。見該文。

粢食

供祭祀用的飯食，多爲黍、稷等。用此以示節省。此稱先秦時期已行用。《左傳·桓公二年》："大羹不致，粢食不鑿，昭其儉也。"杜預注："黍稷曰粢。"孔穎達疏："粢食不鑿，謂以黍稷爲飯，不使細也。"《淮南子·主術訓》："大羹不和，粢食不行。"《公羊傳·文公十三年》"群公廟"唐徐彦疏："正以若其時祭，粢食精鑿，群公之饌一何至此，故知正是祫祭之時，序昭穆之差，所以降于尊祖故也。"《舊唐書·禮儀志五》："〔《春秋》〕曰'大羹不和，粢食不鑿'，此明君人者有國奉先，敬神嚴享，豈肥濃以爲尚，將儉約以表誠。"大羹粢食後常作儉約典故。明劉士驥《〈渡險迂談〉序》："夫世豈乏雕蟲之技，塵飯木哉，未足以果枵腹，則孰與先生之言粢食大羹也。"

看果

用土、木、蠟等製作的仿製果品，用於祭祀或觀賞。此稱五代時期已行用。宋陶穀《清異録·奪真盤飣》："顯德元年，周祖創造供薦之物。世宗以外姓繼統，凡百務從崇厚，靈前看果，雕香爲之，承以黄金，起突疊格，禁中謂之'奪真盤飣'。"宋樓鑰《北行日録·下》："桌前設青玉花六朵，看果用金壘子，高疊七層，皆梨瓜之屬。"後世皆稱五代始有此俗。明郎瑛《七修類稿·辯證類》亦曰："看果，乃五代周祖靈前雕香爲之，形色與真無異。"明張岱《夜航船·禮樂部·喪禮》："五代製靈座前看果。"今在某些祠廟中亦陳設有用蠟或塑料製成

的供果。

五齊

總稱爲"齊酒"。祭祀或燕饗禮儀中所用五種清濁不等的酒。包括泛齊、醴齊、盎齊、緹齊、沈齊。醴以上尤濁，盎以下漸清。此稱先秦時期已行用。《周禮·天官·酒正》："辨五齊之名：一曰泛齊，二曰醴齊，三曰盎齊，四曰緹齊，五曰沈齊。"鄭玄注："齊者，每有祭祀，以度量節作之。"賈公彦疏："謂祭有大小，齊有多少。謂若祫祭備五齊，禘祭備四齊，時祭備二齊，是以度量節作之。"《酒正》又載："凡祭祀，以法共五齊三酒，以實八尊。大祭三貳，中祭再貳，小祭壹貳，皆有酌數。唯齊酒不貳，皆有器量。"鄭玄注："鄭司農云：'三貳，三益副之也。……齊酒不貳，爲尊者質，不敢副益也。'杜子春云：'齊酒不貳，謂五齊以祭不益也。'……祭祀必用五齊者，至敬不尚味而貴多品。"賈公彦疏："齊酒所祭祀，非人所飲，故不副益之。"孫詒讓正義："齊酒尸所飲，主於尊神，故尚質不副益也。"《新唐書·禮樂志二》："凡祀，五齊之上尊，必皆實明水。"

【齊酒】

"五齊"之總稱。此稱先秦時期已行用。見該文。

三酒

祭祀或燕饗所用三種不同形態不同功用的酒，即事酒、昔酒、清酒。事酒爲敬主事者之酒，昔酒爲陳釀之酒，清酒爲極清醇之酒。此稱先秦時期已行用。《周禮·天官·酒正》："辨三酒之物：一曰事酒，二曰昔酒，三曰清酒。……掌其厚薄之齊，以共王之四飲三酒之饌，及后、世子之飲，與其酒。"《酒正》又載：

"凡祭祀，以法共五齊三酒，以實八尊。大祭三貳，中祭再貳，小祭壹貳，皆有酌數。"鄭玄注："三貳、再貳、一貳者，謂就三酒之尊而益之也。"或稱醴酒、醍酒、澄酒爲"三酒"，此爲據酒清濁不同而別出的三種酒。《禮記・坊記》"醴酒在室，醍酒在堂，澄酒在下，示不淫也"鄭玄注："三酒尚質不尚味。"

泛齊

亦作"汎齊"。祭禮或燕饗所用一種能見到漂浮酒釀的酒。此稱先秦時期已行用。《釋名・釋飲食》："汎齊，浮蟻在上汎汎然也。"《周禮・天官・酒正》："辨五齊之名：一曰泛齊。"鄭玄注："泛者，成而滓浮泛泛然，如今宜成醪矣。"

【汎齊】

同"泛齊"。此體漢代已行用。見該文。

醴齊

省稱"醴"，亦稱"醴酒""醴醆"。祭祀或燕饗所用酒與酒糟相混雜的酒。《釋名・釋飲食》："醴齊：醴，禮也，釀之一宿而成禮，有酒味而已也。"此稱先秦時期已行用。《周禮・天官・酒正》："辨五齊之名：一曰泛齊，二曰醴齊。"鄭玄注："醴猶體也，成而汁滓相將，如今恬酒矣。"《禮記・禮運》："醴醆在戶。"又《坊記》："醴酒在室，醍酒在堂，澄酒在下，示不淫也。"《孔子家語・問禮》"醴醆在戶"三國魏王肅注："醴，盎齊也。五齊，二曰醴齊，三曰盎齊。"按，醴齊、盎齊有別，不可混同。此稱至唐以後猶在行用。唐蕭嵩等《大唐開元禮・吉禮・皇帝時享於太廟》記太廟饋食禮之祝文："時維孟春，永懷罔極，伏增遠感，謹以一元大武、柔毛、剛鬣、明粢、薌合、薌萁、

嘉蔬、嘉薦、醴齊，敬修時享，以申追慕。尚饗。"

【醴】

"醴齊"之省稱。此稱先秦時期已行用。見該文。

【醴酒】

即醴齊。此稱先秦時期已行用。見該文。

【醴醆】

即醴齊。此稱先秦時期已行用。見該文。

盎齊

省稱"盎"，亦稱"涗水"。祭祀或燕饗時所用清濁適中的白色酒。多是往酒中兌清水而成。此稱先秦時期已行用。《釋名・釋飲食》："盎齊，盎，翁翁然濁色也。"《周禮・天官・酒正》："辨五齊之名：一曰泛齊，二曰醴齊，三曰盎齊。"鄭玄注："盎猶翁也，成而翁翁然，蔥白色，如今酇白矣。"《禮記・祭統》："君執紖，卿大夫從，士執芻，宗婦執盎從夫人薦涗水。"鄭玄注："涗，盎齊也；盎齊，涗酌也。凡尊有明水，因兼云水爾。"

【盎】

"盎齊"之省稱。此稱先秦時期已行用。見該文。

【涗水】

即盎齊。此稱先秦已行用。見該文。

緹齊

亦稱"醍酒""粢醍"。用於祭祀或燕饗的較清的淺紅色酒。此稱先秦時期已行用。《釋名・釋飲食》："緹齊，色赤如緹也。"《周禮・天官・酒正》："辨五齊之名：一曰泛齊，二曰醴齊，三曰盎齊，四曰緹齊。"鄭玄注："緹者，成而紅赤，如今下酒矣。"《禮記・坊

記》：“醴酒在室，醍酒在堂，澄酒在下，示不淫也。”同書《禮運》則曰：“粢醍在堂。”《孔子家語·問禮》“粢醍在堂”三國魏王肅注：“粢醍，澄齊。”以其清潔，故亦以“澄齊”稱。

【醍酒】

即緹齊。此稱先秦時期已行用。見該文。

【粢醍】

即緹齊。此稱先秦時期已行用。見該文。

事酒

亦稱“醳酒”。祭祀或燕饗時敬給主事者之醇酒。此稱先秦時期已行用。《周禮·天官·酒正》：“辨三酒之物：一曰事酒……”鄭玄注：“鄭司農云：‘事酒，有事而飲也……’玄謂事酒，酌有事者之酒。其酒則今之醳酒也。”王應電《周禮傳·天官下》曰：“事酒，因事而釀，釀畢即漉，所謂濁醪也。”晋左思《魏都賦》：“肴醳順時，腠理則治。”按，亦有將事酒與醳酒相區別者。《釋名·釋飲食》：“醳酒，久釀酉澤也；事酒，有事而釀之酒也。”

【醳酒】

即事酒。此稱漢代已行用。見該文。

昔酒

猶陳酒、老酒，即釀好後儲存已久之白酒。等級不甚高。此稱先秦時期已行用。《周禮·天官·酒正》：“辨三酒之物：……二曰昔酒。”鄭司農注：“昔酒，無事而飲也。”鄭玄注則謂：“昔酒，今之酋久白酒，所謂舊醳者也。”秦蕙田《五禮通考·吉禮三》引王應電曰：“昔酒，久釀乃熟，其味最厚，所謂舊醳也。”《禮記·禮運》“澄酒在下”孔穎達疏：“澄謂沈齊也。酒謂三酒：事酒、昔酒、清酒之等，稍卑之故，陳在堂下也。”

清酒

亦稱“澄酒”“澄齊”“沈齊”。祭祀或燕饗時所用澄清潔净之酒。與事酒、昔酒合稱三酒。冬春間釀成。此稱先秦時期已行用。《詩·小雅·信南山》：“祭以清酒，從以騂牡，享于祖考。”朱熹集傳：“清酒，清潔之酒。”《周禮·天官·酒正》：“辨三酒之物：一曰事酒，二曰昔酒，三曰清酒。”鄭司農注：“清酒，祭祀之酒。”鄭玄注則謂：“清酒，今中山冬釀接夏而成。”秦蕙田《五禮通考·吉禮三》引王應電曰：“清酒者，熟而停久，其色清，其味醇。即《詩經》所謂‘祭以清酒’也。”《酒正》又曰：“辨五齊之名：……五曰沈齊。”鄭玄注：“沈者，成而滓沈，如今造清矣。”《釋名·釋飲食》：“沉齊，濁滓沉下，汁清在上也。”《禮記·禮運》：“玄酒在室，醴醆在户，粢醍在堂，澄酒在下。”又《坊記》：“醴酒在室，醍酒在堂，澄酒在下，示不淫也。”鄭玄注：“淫猶貪也。澄酒，清酒也。”《孔子家語·問禮》“澄酒在下”三國魏王肅注：“澄清漏其酒也。”宋衛湜《禮記集説》卷一二二：“孔氏曰：澄酒謂澄齊也。以其清於醴齊、醍齊，故云清酒也。以此三齊皆云酒，故知澄酒爲澄齊也。”《後漢書·南夷西南夷傳·板楯蠻夷》：“盟曰：‘秦犯夷，輸黄龍一雙；夷犯秦，輸清酒一鍾。’”《兒女英雄傳》第三六回：“杯裏滿滿盛着一杯清酒。”

【澄酒】

即清酒。此稱先秦時期已行用。見該文。

【澄齊】

即清酒。此稱先秦時期已行用。見該文。

【沈齊】

即清酒。"沈"或寫作"沉"。此稱先秦時期已行用。見該文。

【清酌】

即清酒。此稱先秦時期已行用。《禮記·曲禮下》:"凡祭宗廟之禮⋯⋯酒曰清酌。"孔穎達疏:"酌,斟酌也。言此酒甚清澈,可斟酌。"唐韓愈《祭郴州李使君文》:"謹以清酌庶羞之奠,敬祭於故郴州李使君之靈。"宋蘇軾《送張龍公祝文》:"謹以清酌庶羞之奠敢昭告於靈侯張公之神。"近世章炳麟《沈盡哀辭》:"謹以清酌庶羞奠國士沈君之靈。"

秬鬯

省稱"鬯"。芳香的黃色美酒,以鬱金香草和黑黍釀造而成,用於祭祀或朝聘、軍禮等重要場合。此稱先秦時期已行用。《書·洛誥》:"伻來毖殷,乃命寧,予以秬鬯二卣,曰明禋,拜手稽首、休享。"孔傳:"周公攝政七年,致太平,以黑黍酒二器,明絜致敬,告文武以美享,既告而致政,成王留之,本說之。"孔穎達疏:"《釋草》云:'秬,黑黍。'《釋器》云:'卣,中罇也。'以黑黍爲酒,煮鬱金之草,築而和之,使芬香調暢,謂之秬鬯。"西周青銅禮器常見此稱。《大盂鼎》:"易(錫)女(汝)鬯一卣,门衣、市、舄、車。"《毛公鼎》:"易(錫)女(汝)秬鬯一卣,祼圭瓚寶、朱市⋯⋯"《□令方彝》:"明公歸自王。明公易(錫)亢師鬯、金、小牛。"參閱《殷周金文集成》2837、2841、9901。《詩·大雅·江漢》:"釐爾圭瓚,秬鬯一卣,告于文人。"《周禮·春官·鬯人》:"掌共秬鬯而飾之。"《太平御覽》卷八二二引《表記》曰:"天子親耕,粢盛秬

鬯,以事上帝,故諸侯勤以輔事於天子。"《史記·晉世家》:"天子使王子虎命晉侯爲伯,賜大輅,彤弓矢百,玈弓矢千,秬鬯一卣,珪瓚,虎賁三百人。"清程可則《送家立庵學士册封安南》詩:"秬鬯分藩舊,苴茅錫命初。"清熊暉吉《聖主躬耕耤田恭紀》六首之一記藉田禮畢飲秬鬯事:"祈年春首舉,農祀更相仍。報本崇司嗇,陳辭命祝丞。神光紛焜焜,闟闛矗層層。秬鬯惟馨遠,精禋意已升。"

【鬯】

"秬鬯"之省稱。此稱先秦時期已行用。見該文。

椒漿

以椒浸製之酒,多用於祭神。此稱先秦時期已行用。《楚辭·九歌·東皇太一》:"蕙肴蒸兮蘭藉,奠桂酒兮椒漿。"陳第注:"以蘭桂花釀酒,以椒薦漿,皆取香美也。"《漢書·禮樂志》:"百君禮,六龍位,勺椒漿,靈已醉。"唐王維《椒園》詩:"椒漿奠瑤席,欲下云中君。"清朱彝尊《六聘山中吊晉處士霍原》詩:"祠墓久摧没,末由酹椒漿。"

福酒

祭祀用過的酒。此俗始於先秦,此稱則始於南北朝時期。《周禮·夏官·大馭》:"僕左執轡,右祭兩軹,祭軓乃飲。"賈公彥疏:"僕即大馭也。大馭則左執轡,右手祭兩軹,並祭軓之軓前三處,訖乃飲。飲者若祭未飲福酒,乃始轢軷而去。"《宋書·禮志一》:"太祝令各酌福酒,合置一爵中,跪進皇帝,再拜伏。飲福酒訖,博士、太常引帝從東階下,還南階。"《隋書·音樂志下》:"皇帝初獻,奏誠夏之樂;皇帝既獻,作文舞之舞;皇帝飲福酒,作需夏

之樂。"《續資治通鑑長編·宋太祖開寶九年》:"上親告太廟,常服,乘步輦。百官班於廟庭,不設樂懸,止一獻,不行裸禮,不飲福酒,不祭七祀。"《宋史·禮志十一》:"再受爵,飲福酒訖,奠爵,執圭,俛伏,興,再拜,樂止。"清孔尚任《桃花扇·餘韵》:"老夫編了幾句神弦歌,名曰《問蒼天》,今日彈唱樂神,社散之時,分得這瓶福酒。"

玄酒

亦稱"清滌"。祭祀時當酒用的水。此稱先秦時期已行用。《禮記·禮運》:"故玄酒在室,醴醆在户。"孔穎達疏:"玄酒,謂水也。以其色黑,謂之玄。而太古無酒,此水當酒所用,故謂之玄酒。"又《曲禮下》"水曰清滌"孔穎達疏:"古祭用水當酒,謂之玄酒也。而云清滌,言其甚清皎絜也。"晋程曉《贈傅奕休》詩:"厥客伊何,許由巢父;厥醴伊何,玄酒瓠脯。"《南齊書·禮志上》:"玄酒不容多,鮮魚理宜約。"宋葉適《祭蔡行之尚書文》:"燕爾玄酒,公尸之熏。"魯迅《無題》詩:"夜邀潭底影,玄酒頌皇仁。"

【清滌】

即玄酒。此稱先秦時期已行用。見該文。

明水

祭祀所用净水,即露水。此稱始於先秦,沿至唐宋。《周禮·秋官·司烜氏》:"以鑒取明水。"孫詒讓正義:"竊意取明水,止是用鑒承露。"按,《禮記·郊特牲》:"天子大社,必受霜露風雨,以達天地之氣。"又:"祭齊加明水。"鄭玄注:"明水,司烜所取於月之水也。"可知這是用於祭祀的露水。祭祀用之,目的在"達天地之氣",同時也以其清新潔净。《郊特牲》:"明水涚齊,貴新也。凡涚,新之也。其謂之明水也,由主人之絜著此水也。"明水在祭祀中的用途,一是充當玄酒。《周禮·秋官·司烜氏》"以共祭祀之明齍明燭共明水"鄭玄注:"陳明水以爲玄酒。"賈公彦疏:"《禮運》云'玄酒在室',亦謂明水爲玄酒也。"按,《禮記·禮運》"玄酒在室"孔穎達疏:"玄酒謂水也。"另一用途是滌洗祭祀用的穀物。《周禮·秋官·司烜氏》"以共祭祀之明齍明燭共明水"鄭玄注引鄭司農云:"夫發聲明齍,謂以明水修滌粢盛黍稷。"此俗沿襲至唐宋。《新唐書·禮樂志二》:"凡祀,五齊之上尊,必皆實明水。"

第三節　雜用考

祭祀須用多種器具物品,諸如牌位、車、蠟燭、器皿,等等。祭祀所用的牌位,依質地、用途的不同而有不同名稱,祭祀時所用上下四方神明之像稱"方明",石製神主稱"石主",木製神主稱"主祏",行練祭時所供栗木神主爲"栗主"。祭祀所用車,帝王祭祀時所乘車稱"大輅"(又作"大路"),王后陪王祭祀時所用五車稱"五路"(又作"五輅")。

照明所用物品中，設於田頭的火燭稱"田燭"，祭祀場合常用的香燭與燈火稱"香火"，祭祀時所舉用的烽火稱"爟火"（又作"爝火"）。此外，祭祀時濾酒去滓、束成捆的菁茅草稱"苞茅"，蓋祭器的花紋布巾稱"畫布"。陳設或盛放牲物等的祭器，如俎、鼎、豆、籩等，均是祭祀必不可少之物。器具往往是體現等級地位的，如鼎，士用"三鼎"，大夫用"五鼎"，諸侯用"七鼎"，天子用"九鼎"。

周禮對於雜用器具的使用，有詳細規定，遂成爲後代祭禮用具的參照。首先，是強調對祭器的敬重，也就是對祭祀的敬畏。《禮記·王制》："祭器未成，不造燕器。"祭禮是與天地鬼神相交，必須以至誠之心對待。而誠心未必要講究器具華奢。《周禮·天官·冪人》曰："祭祀，以疏布巾冪八尊，以畫布巾冪六彝。"鄭玄注："以疏布者，天地之神尚質。"賈公彥疏："疏布者，大功布。……舉天地，則四望、山川、社稷、林澤皆用疏布，皆是尚質之義也。"

其次，敬天地所用物件，俱有深刻含義。如封禪時所用種種事物，既象徵與天命相應，又有彰顯己功的用意。漢應劭《風俗通·正失·封泰山禪梁父》："封者，立石高一丈二尺……壇廣十二丈，高三尺，階三等，必於其上，示增高也；刻石紀號，著己績也。"而鼓，亦分等級高低不同類別。《周禮·地官·鼓人》："以雷鼓鼓神祀。"賈公彥疏："晋鼓、鼖鼓、皋鼓，三者非祭祀之鼓，皆兩面。則路鼓祭宗廟，宜四面；靈鼓祭地祇，尊於宗廟，宜六面；雷鼓祀天神，又尊於地祇，宜八面。"故祭祀對象是什麽，何時祭祀，在何地祭祀，其用品均是很有講究的，不可隨意使用。

故雜用器具，皆非等閑物。

祭器

祭祀所用飲食器具。始於遠古，達於近世。飲食之器初多陶製，有泥質灰陶、黑陶、白陶、印紋硬陶等，主要見於新石器時代。其中陶豆、陶鼎，仰韶文化、大汶口文化、馬家浜文化均有發現。亦有木製或竹製，商周發展爲銅製或鐵製。祭器極其重要。此稱先秦時期已行用。《禮記·曲禮下》："大夫、士去國，祭器不逾竟。"鄭玄注："此用君祿所作，取以出竟，恐辱親也。"又："凡家造，祭器爲先，犧賦爲次，養器爲後。無田祿者，不設祭器；有田祿者，先爲祭服。君子雖貧，不粥祭器；雖寒，不衣祭服。"又《王制》："祭器未成，不造燕器。"又《表記》："君子敬則用祭器，是以不廢日月，不違龜筮，以敬事其君長，是以上不瀆於民，下不褻於上。"故清代龔自珍《説宗彝》謂：

"君公有國，大夫有家，造祭器爲先。祭器具則爲孝，祭器不具爲不孝。"歷代官民皆有祭器。《戰國策·齊策四》："願諸先王之祭器，立宗廟於薛。"《史記·張儀列傳》："出兵函谷而毋伐，以臨周，祭器必出。"司馬貞索隱："凡王者大祭祀必陳設文物軒車彝器等，因謂此等爲祭器也。"《三國志·魏書·文帝紀》裴松之注："魏郊祀奏中，尚書盧毓議祀厲殃事云：'具犧牲祭器，如前後師出告郊之禮。'"《資治通鑑·後周世宗顯德四年》："庚午，詔有司更造祭器、祭玉等。"宋王應麟《玉海·器用·廟祭器》："慶曆七年……又觀新作郊廟祭器，以景表尺較其制度，未合者悉令改造。"宋衞湜《禮記集説·哀公問》引嚴陵方慤曰："備其鼎俎，言備其祭器也。"《明史·太祖紀》："〔洪武七年二月〕戊午，命修曲阜孔子廟堂祭器樂器。"《儒林外史》第四八回："兩人……走到樓上，見八張大櫃關鎖著樂器、祭器。"

【祭具】

即祭器。此稱漢代已行用。《漢書·郊祀志上》："畫天地泰一諸神鬼，而置祭具以致天神。"王蘊章《碧血花·吊烈》："丑取祭具列案上，小生與小旦同拜。"

供具

祭祀、飲宴時陳置酒食的器具。此稱漢代已行用。《史記·封禪書》："張羽旗，設供具以禮神君。"《漢書·叙傳上》："〔班〕伯至，請問耆老父祖故人有舊恩者，迎延滿堂，日爲供具，執子孫禮。"顏師古注："酒食之具也。"宋王溥《唐會要·京兆尹》："前尹黎干求媚於〔魚〕朝恩，每候其將至監，則盛設供具，酒饌豐潔，爲百人之饌，傾府之吏以辦之。"《宋會要輯稿·職官二十一》："享神以齊，……所用五齊不多，而供具亦甚易。"元王惲《紫藤花歌》："炷香供具禱群龍，莫學癡藤蟠未已，燕南饑民饞欲死。"自注："時普旱無雨二載矣。"元代《國朝文類》卷四一："世祖皇帝定兩都，以受朝貢，備萬乘以息勤勞。次舍有恒處，車廬有恒治，春秋有恒時，游畋有度，燕享有節，有司以時供具而法寓焉。"明沈德符《萬曆野獲編·詐術佞幸》："有梁廷材者，奉詔至雲南雞足山建醮，自稱大真人府贊教，因令有司致齋供具，事竣以聞。上大怒，命錦衣緝捕，竟不可得。"

方明

天地和四方的神明之像。木製，按上下四方之神設六色六玉。多用於朝覲、盟誓和天子祭祀神靈的禮儀。此稱先秦時期已行用。《儀禮·覲禮》："諸侯覲于天子，爲宮方三百步，四門，壇十有二尋，深四尺，加方明于其上。方明者，木也，方四尺。設六色：東方青，南方赤，西方白，北方黑，上玄，下黃。設六玉：上圭，下璧，南方璋，西方琥，北方璜，東方圭。"鄭玄注："方明者，上下四方神明之象也。"賈公彥疏："謂合木爲上下四方，故名方；此則神明之象，故名明。"又疏："天子春帥諸侯拜日於東郊，則爲壇於國東；夏禮日於南郊，則爲壇於國南；秋禮山川丘陵於西郊，則爲壇於國西；冬禮月與四瀆於北郊，則爲壇於國北。既拜禮而還，加方明於壇上而祀焉。"胡培翬正義："方明，以方四尺之木爲之，上下四方，共有六面。設六色者，每面各設壹色，以象其神。設六玉者，每面各設壹玉，以爲之飾。"《周禮·秋官·司儀》："詔王儀南鄉見諸侯。"鄭玄又注："謂王既祀方明，諸侯上介，皆奉其君之旗置于宮。"《漢書・律曆志下》引《書・伊訓》提及"方明"（今本《尚書》無之）："商十二月乙丑朔旦冬至，故《書序》曰：'成湯既没，太甲元年，使伊尹作《伊訓》。'《伊訓》篇曰：'惟太甲元年十有二月乙丑朔，伊尹祀于先王，誕資有牧方明。'言雖有成湯、太丁、外丙之服，以冬至越茀祀先王于方明以配上帝，是朔旦冬至之歲也。"漢以後提及"方明"，多爲歷史回顧。南朝梁劉勰《文心雕龍・盟祝》："盟者，明也。騂毛旄白馬，珠盤玉敦，陳辭乎方明之下，祝告於神明者也。"王國維《東山雜記・盟誓之祀》考證方明神云，"古者盟誓，雖遍告天地四方及人鬼，然有專主盟誓之祀，《周禮・司盟職》所謂'北地詔明神'是也"。《左傳・襄公十一年》載書"司慎司盟"文，《説文》引作"司慎司命"。盟、命兩字古音同部，或通假。而《齊侯壺》銘文中有"誓于大司命"，"則'司命'即《左傳》之'司盟'，亦即《周禮》之'明神'也，其象則覲禮之方明。方明之象，雖兼天地四方，而實以司命爲之主。以其用方木爲之，故謂之方；以其主盟誓，故謂之明"。

遷廟主

亦稱"祖主"。天子出征或巡狩時帶着出行的宗廟祖宗神位。此稱先秦時期已行用。《書・甘誓》"用命賞于祖"孔傳："天子親征必載遷廟之祖主行，有功則賞祖主前，示不專。"《禮記・曾子問》："曾子問曰：'古者師行必以遷廟主行乎？'孔子曰：'天子巡守，以遷廟主行，載于齊車，言必有尊也。'"孔穎達疏："天子諸侯將出，既無遷主，乃以幣帛及皮圭告於祖禰之廟，遂奉以出行，載於齊車，以象受命。"宋李心傳《建炎以來繫年要錄・紹興三年》："天子巡狩，猶載遷廟之主以行，示有所尊。"

【祖主】

即遷廟主。此稱先秦時期已行用。見該文。

社主

亦稱"軍社"。君王出征時隨軍帶着的社神神位。此稱先秦時期已行用。《書・甘誓》："弗用命戮于社。"孔傳："天子親征又載社主，謂之社事。不用命奔北者，則戮之於社主前。社主陰，陰主殺。"《周禮・春官・小宗伯》："若大師，則帥有司而立軍社，奉主車。"鄭玄注："王出軍，必先有事於社及遷廟，而以其主行。社主曰軍社，遷主曰祖。……社之主蓋用石爲之。"孫詒讓《周禮正義》卷四九謂軍社爲"軍行所奉大社石主"。按，商代卜辭中已有軍旅載先王神主隨行的記錄。中國社會科學院考古研究所編《小屯南地甲骨》29："甲申卜，令以示先步，弜先。茲，王步。""示"即神主（參閲陳夢家《殷墟卜辭綜述》，中華書局 1988 年版，第 440 頁），此卜辭大意即商王出征前占卜是否神主先行。又，《史記・周本紀》記武王伐紂，亦載文王神主隨行。可見商代已有此俗。至春秋時猶如此。《左傳・定公四年》："被社釁鼓。"杜預注："師出，先事被禱於社，謂之宜社。"宋林之奇《尚書全解・甘誓》：《左傳》定四年：'君以軍行，被社釁鼓。祝奉以從。'蓋自其以社主行，而被社釁鼓，固已致其嚴社之義耳。"

【軍社】

即社主。此稱先秦時期已行用。見該文。

三鼎

貴族按周禮進行燕饗、祭祀、婚禮、喪葬等禮儀時使用的三件套鼎。依禮制，這是士階層所用鼎數。有青銅鼎、陶鼎之別。此稱先秦時期已行用。《儀禮·士昏禮》：“陳三鼎于寢門外。”鄭玄注：“鼎三者，升豚、魚、臘也。”又《有司徹》：“卒熟，乃升羊、豕、魚三鼎。”又《士虞禮》：“陳三鼎于門外之右，北面，北上設扃鼏。”《孟子·梁惠王下》有關於三鼎、五鼎等級的對話：“〔梁惠王〕曰：‘或告寡人曰，孟子之後喪逾前喪，是以不往見也。’〔樂正子〕曰：‘何哉君所謂逾者？前以士，後以大夫；前以三鼎，而後以五鼎與？’曰：‘否。謂棺椁衣衾之美也。’曰：‘非所謂逾也，貧富不同也。’”表明棺椁衣衾華美尚不足以稱僭越，而用三鼎還是用五鼎，則關乎上下等級。戰國以後列鼎制度遭破壞，世人不復遵守。《南齊書·武帝紀》：“四爵內陳，義不期侈；三鼎外列，事之存奢。”《宋史·禮志四》：“宗祀止用三鼎而不設庶羞之鼎，其俎亦止合用六。”

五鼎

貴族按周禮進行燕饗、祭祀、婚禮、喪葬等禮儀時用五隻鼎的數量。依禮制，這是大夫等級所用鼎數。有青銅鼎、陶鼎之別。行於先秦。此稱後世猶沿用。五鼎一般分盛羊、豕、膚、魚、臘五牲。此稱先秦時期已行用。《儀禮·既夕禮》：“厥明，陳鼎五于門外。”鄭玄注：“鼎五：羊、豕、魚、臘、鮮獸各一鼎也。”賈公彥疏：“五鼎者，少牢。五鼎，大夫之常事。”《孟子·梁惠王下》：“或告寡人曰，孟子之後喪逾前喪，是以不往見也。’曰：‘何哉？君所謂逾者，前以士，後以大夫；前以三鼎，

而後以五鼎與？’”朱熹集注：“三鼎，士祭禮。五鼎，大夫祭禮。”明沈受先《三元記·辭親》：“前呼後擁，顯親揚名，也勝是死後三牲五鼎之祭。”明陸采《懷香記·欽賜異香》：“莫把年華空斷送，整五鼎三牲修供。”

七鼎

貴族按周禮進行燕饗、祭祀、婚禮、喪葬等禮儀時用的七件套鼎。依禮制，這是公侯等級所用鼎數。此稱先秦時期已行用。後世猶沿用，然不復有列鼎之實。《儀禮·公食大夫禮》：“甸人陳鼎七，當門南面。”鄭玄注：“七鼎，一大牢也。”又，《聘禮》：“饔餼三牢，飪一牢，在西，鼎七，羞鼎三。”鄭玄注：“飪鼎七，無鮮魚、鮮臘也。”《周禮·夏官·大司馬》釋曰：“遂以苗田如搜之法車弊獻禽以享礿。”清《欽定周官義疏·夏官司馬》：“惟君用鮮，故時田爲致享而設禮，七鼎七俎者用乾臘，九鼎九俎者則有鮮臘是也。”清秦蕙田《五禮通考》卷六四：“牛、羊、豕曰大牢，凡七鼎、九鼎者大牢，而以魚臘、腸、胃、膚配之者爲七，又加鮮魚、鮮臘者爲九。”

九鼎 [2]

舉行朝聘、燕饗、祭祀、婚禮、喪葬等禮儀時用九件套鼎。按周禮，天子纔能用九鼎，

商代饕餮紋鼎

并多用於大祭、大喪及宴饗上賓。此稱先秦時期已行用。《儀禮·聘禮》："飪一牢，在西，鼎九，羞鼎三。"九鼎中盛不同牲體。《左傳·僖公二十二年》："庭實旅百。"孔穎達疏："上公殀五牢，飪一牢，陳在西階之前，正鼎九：牛一、羊二、豕三、魚四、腊五、腸胃六、膚七、鮮魚八、鮮腊九，從北南陳。……腥四牢，陳於東階之前。牢別九鼎，無陪鼎也。"戰國以後不再列鼎而食，故九鼎常作爲一種地位、等級之象徵語。漢蔡邕《交阯都尉胡夫人黃氏神誥》："九鼎之義，夫人是享。爰暨稚孫，更仕三宮。"唐羅隱《東安鎮新築羅城記》："隱亦嘗以先師之道干名貢府，進取未半，九鼎羹沸。文既不用，武非所習。"清秦蕙田《五禮通考》卷六四："牛、羊、豕曰大牢，凡七鼎、九鼎者大牢，而以魚腊、腸、胃、膚配之者爲七，又加鮮魚、鮮腊者爲九。"此稱後世猶沿用，然已非王者所獨用之稱。唐釋道宣《廣弘明集·悔罪篇·六根懺文》："既貪五黃六禽之旨，又甘九鼎八珍之味。"

羞鼎

亦稱"陪鼎"。正鼎後面排列的陪襯之鼎，用於祭祀。鼎中有犧牲，稱羞；陳列於正鼎後，稱陪。此稱先秦時期已行用。《周禮·天官·膳夫》："鼎十有二。"鄭玄注："鼎十有二，牢鼎九、陪鼎三。"賈公彥疏："陪鼎三者，當內兼膷臐膮，並陪牛羊豕鼎後是也。"《儀禮·聘禮》："飪一牢，在西，鼎九，羞鼎三。"鄭玄注："羞鼎則陪鼎也。以其實言之則曰羞，以其陳言之則曰陪。"《文苑英華·祭祀三》載《牢祭有違判》："列羞鼎於門紡，升俎載於階序。"宋李如圭《儀禮集釋·聘禮》："陪者，陪牛

羊豕正鼎之後也。不用豕腸胃者。君子不食圂腴。"

【陪鼎】

即羞鼎。此稱漢代已行用。見該文。

牢鼎

指盛祭祀牲肴的食鼎。此稱先秦時期已行用。《周禮·天官·膳夫》："鼎十有二。"鄭玄注："牢鼎九，陪鼎三。"賈公彥疏："牢鼎九設於西階前，牛、羊、豕、魚、腊、腸、胃同鼎，膚鮮魚、鮮腊。"此禮漢以後不存，而名目猶在。宋章如愚《群書考索·禮器門》："《聘禮》云'牢鼎九，設於西階前……設扃羃'。今惟牛羊豕三鼎，各自象其形，自魚腊已下並無其制，以其物之細雜無所象故也。"或藉其名稱指宮中御膳之食器。《宋會要輯稿·瑞異二》："熙寧元年正月一日，日有食之。……臣詣閣門拜表曰：'……伏願恢發至仁，俯從眾欲，御九宸之正寧，復四食之常珍。上以隆戶牖之尊，下以慰華夷之望。'批答曰：'……若夫進御虎門之朝，退加牢鼎之膳，請雖誠至，豈朕所望哉！'"

冰鑑

盛冰以使食物保鮮的容器。多用於祭祀或燕饗。此稱先秦時期已行用。《周禮·天官·凌

冰　鑑
（清蔣廷錫等《古今圖書集成》）

人》："春始治鑑。"鄭玄注："鑑如甄，大口，以盛冰，置食物于中，以禦温氣。春而始治之，爲二月，將獻羔而啓冰。"又："祭祀共冰鑑，賓客共冰。"賈公彦疏："冰若有鑑，則冰不銷釋，食得停久。"《宋史·禮志三》："常祭，地祇、配位各用冰鑑一。"《續資治通鑑長編·宋神宗元豐六年》："詔自今小祠亦供冰鑑，從監祭白帝御史翟思請也。"

瑚璉

祭祀時盛黍稷之重要器物。此稱先秦時期已行用，後世多用於比喻禮制。瑚與璉，同物異名。《禮記·明堂位》："有虞氏之兩敦，夏后氏之四璉，殷之六瑚，周之八簋。"鄭玄注："皆黍稷器，制之異同未聞。"何晏集解引包咸曰："瑚璉，黍稷之器。夏曰瑚，殷曰璉，周曰簠簋，宗廟之器貴者。"孫希旦集解："敦、璉、瑚、簋，四代之名雖異，而其實爲一物也。"《論語·公冶長》："子貢問曰：'賜也何如？'子曰：'女，器也。'曰：'何器也？'曰：'瑚璉也。'"宋蘇軾《送程之邵簽判赴闕》詩："念君瑚璉質，當今閣臺宜。"清孔尚任《桃花扇·鬨丁》："司籩執豆魯諸生，盡是瑚璉選。"

登

亦作"豋""鐙"。祭祀所用的盛肉的陶瓷豆。後世或有以金屬爲之者。此稱先秦時期已行用。《爾雅·釋器》："瓦豆謂之登。"《儀禮·公食大夫禮》："大羹湆不和，實于鐙。宰右執鐙，左執蓋，由門入。"鄭玄注："瓦豆謂之鐙。"《詩·大雅·生民》："卬盛于豆，于豆于登。"毛傳："木曰豆，瓦曰登。豆，薦葅醢也；登，大羹也。"《後漢書·禮儀志下》："載以術桁，覆以功布，瓦鐙一，彤矢四……"唐

李治《宗廟薦享别奠詔》："自今以後，宗廟享爵及簠簋登鉶，各宜别奠。"唐韓愈《南山詩》："或累若盆罌，或揭若登豆。"

【豋】

同"登"。此體先秦時期已行用。見該文。

【鐙】

同"登"。此體先秦時期已行用。見該文。

玉豆

玉飾之豆。豆爲食器，形似高足盤，後多用於祭祀。此稱先秦時期已行用。後世沿用其名，其形制則不類先秦之豆。《周禮·春官·外宗》："外宗掌宗廟之祭祀，佐王后薦玉豆眂豆籩。"賈公彦疏："凡王之豆籩，皆玉飾之。"《禮記·明堂位》："薦用玉豆雕篹，爵用玉琖。"孔穎達疏："以玉飾豆，故曰玉豆。"《隋書·音樂志下》："金敦玉豆盛交錯，玉鼓既聲安以樂。"唐楊炯《遂州長江縣先聖孔子廟堂碑》："瓊籩玉豆，中堂奉先聖之儀；石磬金鐘，南面習諸侯之禮。"《舊唐書·儒學傳下·韋叔夏》："按《周禮》，外宗掌宗廟之祭祀，佐王后薦玉豆。……但天地尚質，宗廟尚文。玉豆，宗廟之器，初非祭天所設，請問欽明若王后，助祭天地，在周禮使何人贊佐？"清尹繼善《聖主臨雍禮成恭紀》詩七首之一："無言盥獻達精誠，玉豆雕籩設兩楹。"

玉齍

祭祀時盛黍稷類祭品的玉器。此稱先秦時期已行用。《周禮·天官·九嬪》："凡祭祀，贊玉齍。"鄭玄注："玉齍，玉敦，受黍稷器。"又《春官·大宗伯》："凡祀大神、享大鬼、祭大示……奉玉齍。"宋劉克莊《皇后牋》："臣某中賀：恭惟皇后殿下手操彤管，躬奉玉齍。"宋李

覯《周禮致太平論·内治第五》：“祭祀之禮，豈唯致齋於内，會君於廟，服副褘於東房，執璋瓚而亞祼酌，瑤爵進，玉盞薦，徹豆籩，以嘉魂魄而已乎？是禮之末節，一日可爲者也。”《明史·樂志二》：“神其臨只，有苾有芬，乃獻玉盞，乃奠文繡。”清方望溪《聖主躬耕耤田頌》：“天休可徵，川嶽降神。陰膏應候，神倉充溢。陳因相覆，玉盞鬱鬯。明禋以升，上帝其饗。”

祼圭

亦稱“瑒圭”“鬯圭”。祭祀宗廟所用圭瓚之柄。長一尺二寸，玉質。一端與瓚相連。此稱先秦時期已行用。西周時期毛公鼎銘文：“易（錫）女（汝）秬鬯一卣，祼圭瓚寶、朱市……”古人極看重瓚之柄。《周禮·考工記·玉人》：“祼圭尺有二寸，有瓚，以祀廟。”鄭玄注：“瓚如盤，其柄用圭。”又《春官·典瑞》：“祼圭有瓚，以肆先王，以祼賓客。”鄭玄注引鄭司農云：“於圭頭爲器，可以挹鬯。”《國語·魯語上》：“文仲以鬯圭與玉磬，如齊告糴。”韋昭注：“鬯圭，祼鬯之圭，長尺有二寸，有瓚，以禮廟。”《説文·玉部》：“瑒圭，尺二寸。有瓚。以祠宗廟者也。”段玉裁注：“祼圭謂之瑒圭。瑒讀如暢。《魯語》謂之鬯圭。”唐張齊賢《肅和》：“祼圭既濯，鬱鬯既陳。畫冪雲舉，黄流

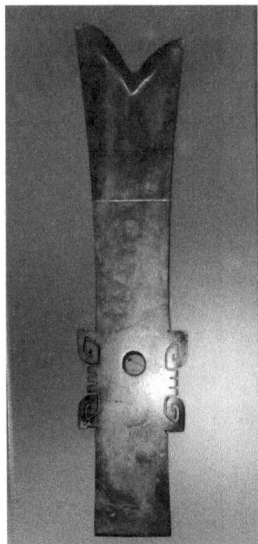

祭祀用的玉璋

玉醇。”《宋史·儒林傳一·聶崇義》：“祼圭尺二寸，王者以祀宗廟。”

【鬯圭】

即祼圭。此稱先秦時期已行用。見該文。

【瑒圭】

即祼圭。此稱漢代已行用。見該文。

香爐

供奉鬼神所用燒香之器。三足，口沿或有雙耳。有銅、瓷、玉等多種質地。此稱漢代已行用。漢衞宏《漢舊儀》：“給尚書郎伯二人，女侍史二人，皆選端正者從直。伯送至止車門還，女侍史執香爐燒熏，以入臺護衣。”漢魏香爐中有一種稱博山爐，甚精巧富麗，故北魏酈道元《水經注·沔水》引《荆州圖副記》猶以之作山峰的比喻：“水導源縣南武當

香爐（博山香爐）
（明王圻等《三才圖會》）

山，……《荆州圖副記》曰：山形特秀，異于衆嶽。峰首狀博山香爐，亭亭遠出。”1968年河北滿城漢中山靖王劉勝墓出土的錯金銅博山爐，爲香爐中的精品。漢魏多用於讓室内香郁熏衣，後世則除重香氣外，還有敬神之意。諸如佛教法會均焚香。《資治通鑑·梁武帝太清元年》：“帝設法會，乘輦行香，〔高〕歡執香爐步從，鞠躬屏氣，承望顏色。”洪深《申屠氏》第五本：“叫人將方六一帶來的金珠聘禮全數奉還，又從香爐内拔了一把香，遞在了六一手内。”

玉牒

帝王封禪用的文書。將封禪文寫在玉製的簡上。牒，簡也，故稱。後世亦藉指皇家世系譜牒。牒一般厚五寸，長一尺三寸，寬五寸。書上文字秘不外傳，常藏於封禪壇方石之下，以石檢封之。此稱漢代已行用。《史記·封禪書》：“封廣丈二尺，高九尺，其下則有玉牒書，書秘。”《後漢書·祭祀志上》：“乃求元封時封禪故事，議封禪所施用。有司奏當用方石，再累置壇中，皆方五尺厚一尺；用玉牒，書藏方石。牒厚五寸，長尺三寸，廣五寸。”又：“以吉日刻玉牒書函藏金匱，璽印封之。”《舊唐書·禮儀志一》：“建武中封禪，用元封時故事，封泰山於圓臺上，四面皆立石闕，並高五丈。有方石再累，藏玉牒書。”同書《禮儀志三》：“玄宗因問：‘玉牒之文，前代帝王何故秘之？’〔賀〕知章對曰：‘玉牒本是通於神明之意。前代帝王所求各異，或禱年算，或思神仙，其事微密，是故莫知之。’”因玉牒的神聖性，後世又引申爲皇朝世系譜牒。《梁書·任昉傳》：“聖賢以此鏤金版而鎸盤盂，書玉牒而刻鐘鼎。”

祝板

省稱“祝”，亦作“祝版”。書寫祭祀祝文之板。板有木質、甲骨、玉質、石質等多種。此禮始於商，此稱始於唐，沿至近世。商代有貞人，周官有大祝、小祝，俱掌祭神之儀，每祭必有祝語，書於甲骨或木板上，是爲板祝之雛型。隋唐以後始稱“祝板”“版祝”。《儀禮·聘禮》：“不及百名書於方。”鄭玄注：“方，板也。”賈公彥疏：“若今之祝板。”《舊唐書·歸崇敬傳》：“每年春秋二時釋奠文宣王，祝板御署訖，北面揖。”《新唐書·禮樂志二》：“祝板，其長一尺一分，廣八寸，厚二分，其木梓、楸。”宋李心傳《建炎以來繫年要録·紹興三年》：“又伏見御名祝版稱‘嗣皇帝’，竊謂嗣字非所宜稱。”宋張栻《與曾節夫撫幹書》：“舊例，祈禱無義理盡削之，只到社壇、風雷雨師壇及於湘南樓望拜堯山灘江，遣官寮奉祝板瘞山間及投江中。”《明集禮·吉禮一》：“其祝板依唐制，長一尺一分，廣八寸，厚二分，用楸、梓木爲之。”《清史稿·禮志四》：“凡親饗，先三日致齋。先一日，掌儀司進祝版，割牲瘞毛血，潔治祭品。”《儒林外史》第三七回：“堂上安了祝版，香案旁樹了麾，堂下樹了庭燎，二門旁擺了盥盆、盥帨。”清光緒二十三年刻《重纂光澤縣志》：“讀祝，次初獻後受胙。”

【祝】

“祝板”之省稱。此稱先秦時期已行用。見該文。

【祝版】

同“祝板”。此體隋唐時期已行用。見該文。

祝幣

幣帛等祭品之泛稱。古人有陳祝幣或置之於柴火堆上燒，以昭告敬天、避免天譴之禮。每遇异常天象，尤其如此。此稱先秦時期已行用。《左傳·成公五年》：“山有朽壤而崩，可若何？國主山川，故山崩川竭，君爲之不舉，降服、乘縵、徹樂、出次、祝幣、史辭以禮焉。”又《左傳·昭公七年》“國無政，不用善，則自取謫于日月之災”孔穎達疏：“降物辟寢以哀之，祝幣史辭以禮之。立貶食去樂之數，制入門廢朝之典。示之以罪己之宜，教之修德之法。所以重天變，警人君也。”《宋史·禮志五》謂凡遇即位、改元、更御名、上尊號、尊太后、立皇后太子、皇子生、籍田、親征、納降、獻俘、朝陵、肆赦、河平及大喪、上謚、山陵、園陵、祔廟、奉遷神主等諸般大事，均須遣官員祭告天地、宗廟、社稷、諸陵、嶽瀆、山川、宮觀、神祠，"其儀用犧尊、籩、豆各一，實以酒、脯、醢。宮寺以素饌、時果代，用祝幣，行一獻禮"。《金史·禮志四》："凡國有大事，皆告。或一室，或遍告及原廟，並一獻禮，用祝幣。"《元史·祭祀志二》載望燎之禮，"太祝各捧篚詣神位前，進取燔玉、祝幣、牲俎並黍稷、飯籩、爵酒，各由其陛降詣燎壇，以祝幣、饌物置柴上，禮直官贊'可燎半柴'"。可見此禮或置祝幣於柴上焚烤以祭天神。《清史稿·禮志五》："隆恩殿大饗用祝幣。其日然明鐙，用牛一、羊二、尊四，帝、后同案位。"

制幣

祭祀時所供獻之帛。以其長寬皆有定制，故稱。此稱先秦時期已行用。《儀禮·既夕禮》："贈用制幣玄纁束。"鄭玄注："丈八尺曰制。"《周禮·天官·內宰》："出其度量淳制。"鄭玄注："故書淳爲'敦'，杜子春讀敦爲'純'……純制，天子巡守禮所云'制幣丈八尺'。"《儀禮·聘禮》："釋幣制玄纁束奠于几下出。"賈公彥疏："作制幣者，每卷丈八尺爲制，合卷爲匹也。"多用於祭祀天上諸神。《隋書·禮儀志一》："梁南郊，爲圓壇，在國之南。……祀天皇上帝之神於其上，以皇考太祖文帝配。禮以蒼璧制幣。"而五方上帝、五官之神、太一、日、月、五星、二十八宿，乃至風伯、雷電、雨師等，皆從祀。又《禮儀志三》："開皇二十年，太尉晉王廣北伐突厥，四月己未，次於河上，禡祭軒轅黃帝，以太牢制幣，陳甲兵，行三獻之

禮。"宋蘇軾《北嶽祈雨祝文》："敢以制幣、茶果，清酌之奠，敢昭告於北嶽安天元聖帝。"王國維《釋幣上》："或廣三尺二寸，長三丈六尺，是爲制幣。"

奠幣

祭禮中敬獻於神靈之帛。此稱先秦時期已行用。《儀禮·聘禮》："馬則北面，奠幣于其前。"又《既夕禮》："賓奠幣于棧左服，出。"《禮記·曾子問》："升奠幣于殯東几上。"漢戴德《大戴禮記·諸侯遷廟》："祝奠幣于几東。"宋洪适《太一宮郊祀畢謝晴青詞》："伏以卜辛日而用郊，陟午階而奠幣，神明所相，雨雪不逢。既竣事以迎釐，敢儲精而拜貺。"《宋會要輯稿·禮三十》載大行喪禮："凡升降及祖奠、遣奠禮，皆太傅後從。……又奏請皇帝受幣、奠幣、執爵，三祭酒於茅苴。"《元史·祭祀志五》："曰：'詣兗國公神位前。'至位，曰：'就位。東向立，奠幣如上儀。'"明湛若水《謁孟子祠文》："今茲過境，敬謁廟庭。奠幣陳詞，虔告神靈。尚饗！"

珪幣

亦作"圭幣"。用於祭祀天地祖宗的玉與帛。此稱漢代已行用。《史記·封禪書》："牢具珪幣各異。"《舊唐書·音樂志三》："誠備祝嘏，禮殫珪幣。"《宋史·樂志七》："肆類上帝，懷柔百神，粢秬既設，珪幣既陳。"宋林之奇《尚書全解》卷二："正其五等制度，並其君臣所執圭幣，皆使合禮也。"宋李攸《宋朝事實·樂律》載治平二年禮官李育言郊廟樂舞不恭謹："竊惟天子親執珪幣以事天地祖考，可謂極嚴恭矣。而舞者紛然旁午縱橫于下，進退取捨，蹙迫如此，非所以稱嚴恭之意也。"宋馬廷鸞《恭

進明堂大禮慶成詩并序》：“謂天難諶，乃爾易見；謂天蓋高，乃爾易回。蓋不待執珪幣，陳犧牲，而景貺固已駢臻矣。”元黃鎮成《用鷺峰師韻送澗泉上人游方十首》其一咏衡嶽：“使華今日嚴珪幣，祖印何年翦草萊。”

【圭幣】

同“珪幣”。此體宋代已行用。見該文。

封 ²

祭天、紀功所立之刻石。或立於名山，或立於祭壇，有向天帝表功之意。此稱漢代已行用。《史記·封禪書》：“令侍中儒者皮弁薦紳，射牛行事，封泰山下東方，如郊祠太一之禮。封廣丈二尺，高九尺。其下則有玉牒書、書秘。禮畢，天子獨與侍中奉車子侯上泰山，亦有封。”漢應劭《風俗通·正失·封泰山禪梁父》：“封者，立石高一丈二尺……壇廣十二丈，高三尺，階三等，必於其上，示增高也；刻石紀號，著己績也。”漢班固北擊匈奴，勒石紀功，名《封燕然山銘》，銘曰：“乃遂封山刊石，昭銘盛德……夐其邈兮亙地界，封神丘兮建隆嵑。”《文選·班固〈封燕然山銘〉》李善注：“《說文解字》曰：碣，立石也。嵑與碣同。”

石岠

亦作“石距”。帝王封禪時竪起作標記的大石。岠，山也。石之形狀高似大山，故名。始於漢。其狀如碑，設於祭壇四周，數量不等。漢武帝封禪時設十八個石岠。後世沿襲。《舊唐書·禮儀志》：“漢封禪故事，設石封，高九尺，上加石蓋，周設石岠十八，如碑之狀。”《新唐書·禮樂志》：“又爲壇於山上，廣五丈，高九尺，四出階，一壇，號登封壇。玉牒、玉檢、石礎、石岠、玉匱、石檢皆如之。”《宋史·夏

侯嶠傳》：“大中祥符初，晟上漢武封禪圖，續金匱玉匱、石礎石岠之狀，咸有注釋，上覽而善之。”石岠或寫作石距。《舊唐書·禮儀志一》：“建武中封禪，用元封時故事，封泰山於圓臺上，……周設石距十八，如碑之狀，去壇二步，其下石跗，入地數尺。”元馬端臨《文獻通考·郊社考十七》：“初，太平興國中有得唐明皇社首玉冊蒼璧，至是令瘞於舊所。文武官升山者皆公服。山上置圜壝……距石十二分，四隅皆闊二尺，厚一尺，長一丈，斜刻其首與礎隅相應，皆再累。”

【石距】

即石岠。此體唐代已行用。見該文。

石檢

封禪石上用以封閉玉檢的條石。檢，乃書函之蓋。以石爲之，故稱。漢武帝沿用上古傳說中的黃帝之制，用十枚石檢列於封禪方石四周，皆長三尺，寬一尺，厚七寸。每檢中刻三處深四寸、方五寸的記號，并用金絲帶纏繞五圈後，用水銀和金封住。此始漢代已行用，後代帝王封禪沿其制。《後漢書·祭祀志上》：“上許梁松等奏，乃求元封時封禪故事，議封禪所施用。有司奏當用方石再累置壇中，皆方五尺，厚一尺，用玉牒書，藏方石。牒厚五寸，長尺三寸，廣五寸，有玉檢。又用石檢十枚，列於石傍，東西各三，南北各二，皆長三尺，廣一尺，厚七寸。檢中刻三處，深四寸，方五寸，有蓋。檢用金縷五周，以水銀和金以爲泥。”唐代襲用漢代封禪用物之禮。《舊唐書·禮儀志一》：“建武中封禪，用元封時故事，封泰山於圓臺上，四面皆立石闕，並高五丈。有方石再累，藏玉牒書。石檢十枚，於四邊檢之，東

西各三，南北各二。"宋代又襲用唐代封禪用物之禮。元馬端臨《文獻通考·郊社考十七》："初，太平興國中有得唐明皇社首玉册蒼璧，至是令瘞於舊所。文武官升山者皆公服。山上置圜臺……爲石檢十以攝礛，皆長三尺，闊一尺，厚七寸，刻三道，廣深如纏繩。"

主土

帝王分封諸侯時，就封地所屬方嚮之色、用白茅包好的壇土。諸侯得之，立國社而奉之，爲擁有土地的象徵。東方爲青色土、南爲赤色土，西爲白色、北爲黑色、中（史稱上方）爲黃色。此始見於周制，後沿之。此稱漢代已行用。《史記·三王世家褚少孫論》："諸侯王始封者，必受土於天子之社，歸立之以爲國社，以歲時祠之……各取其色物，裹以白茅，封以爲社。此始受封於天子者也。此之爲主土。主土者，立社而奉之也。"

神倉

亦稱"御廩"。用於貯放祭祀用穀的糧倉。多收藏帝王藉田之糧。此稱先秦時期已行用。《周禮·地官·廩人》："大祭祀則共其接盛。"鄭玄注："大祭祀之穀，藉田之收，藏於神倉者也。"《禮記·月令》："藏帝籍之收於神倉，祇敬必飭。"孔穎達疏："神倉者，貯祀鬼神之倉也。"先秦又稱"御廩"。《公羊傳·桓公十四年》："御廩者何？粢盛委之所藏也。"漢何休注："黍稷曰粢，在器曰盛。委，積也。御者，謂御用于宗廟。廩者，釋治穀名。禮，天子親耕東田千畝，諸侯百畝，后夫人親西郊采桑，以共粢盛祭服，躬行孝道，以先天下。"《穀梁傳·桓公十四年》晉范甯集解："御廩，藏公所親耕以奉粢盛之倉也。"楊士勛疏："御廩者，

藏公所親耕之物御用於宗廟，故謂之御廩。"後世仍多稱神倉。《新唐書·禮樂志四》："藉田之穀，斂而鍾之神倉，以擬粢盛及五齊、三酒，穰藁以食牲。"

【御廩】

即神倉。此稱先秦時期已行用。見該文。

籩

竹製之豆。用於祭祀。此稱先秦時期已行用。《禮記·明堂位》："以禘禮祀周公於大廟，……薦用玉豆雕籩。"鄭玄注："籩，籩屬也，以竹爲之，雕刻飾其直者也。"孔穎達疏："籩，籩也，以竹爲之，形似筥，亦薦時用也。雕鏤其柄，故曰雕籩也。"明方以智《通雅·器用》認爲即"簒""匴""簓"，"簒即算，器也。《史記·鄭當時傳》'餽遺人不過算器食'徐廣曰：算，竹器"。又曰："算加匡爲匴，《儀禮·士冠禮》云'各一匴'，注：古文爲'籩'，記曰：'食粥于盛，不盥；食于籩者，盥。'康成曰：'竹筥也。'雕籩，注：籩屬，或作簓。陸氏本義作匴。《說文解字》：簒，竹器也，讀若纂。孟堅借用論籩，古之撰、纂音亦通用。"

鼗

亦作"鞉""鞀""藝"。小鼓。在儀禮中多與別種樂器相配。其制中貫手柄，兩側有活動之耳，持柄搖則兩耳擊鼓面，如後世撥浪鼓。此稱先秦時期已行用。《說文·革部》："鞉，鞀或從兆聲。藝，鞀或從鼓兆。"《書·益稷》："下管鞀鼓，合止柷敔。"《周禮·春官·小師》："小師掌教鼓、鼗、柷、敔、塤、簫、管、弦、歌。"鄭玄注："鼗如鼓而小，持其柄搖之，旁耳還自擊。""鼗"又作"鞉"。《詩·周頌·有瞽》："應田縣鼓，鞉磬柷圉。"又《商頌·那》：

"猗與那與，置我鞉鼓。"鄭玄箋："置讀曰植，植鞉鼓者，爲楹貫而樹之。""鼗"又作"鞀"。《漢書·揚雄傳》"鳴鞀磬之和"顏師古注："鞀，古鼗字。鞀，小鼓也。"《後漢書·禮儀志中》："選中黃門子弟……皆赤幘皂製，執大鞀。"《宋書·樂志一》："以枹擊之曰鼓，以手搖之曰鞉。"鼗多與柷、敔、磬、簫等樂器相配，用於祭禮或其他重要禮儀，并爲後世沿襲。《儒林外史》第三七回："金次福、鮑廷璽二人領着司球的一人，司琴的一人，司瑟的一人，司管的一人，司鞀鼓的一人……共是三十六人。"

【鞉】

同"鼗"。此體先秦時期已行用。見該文。

【鞀】

同"鼗"。此體先秦時期已行用。見該文。

【鼗】

同"鼗"。此體先秦時期已行用。見該文。

雷鼓

祭祀天神所用的大鼓。一般認爲有八個面。此體先秦時期已行用。《書·胤征》："瞽奏鼓，嗇夫馳，庶人走。"孔穎達疏："救日以枉

雷　鼓
（明王圻等《三才圖會》）

矢，救月以恒矢，其鼓則蓋用祭天之雷鼓也。"《周禮·地官·鼓人》："以雷鼓鼓神祀。"鄭玄注："雷鼓，八面鼓也。神祀，祀天神也。"因祀天等級最高，故賈公彥疏曰："鄭知雷鼓八面者，雖無正文，案韗人爲皋陶有晋鼓、鼗鼓、皋鼓，三者非祭祀之鼓，皆兩面。則路鼓祭宗廟，宜四面；靈鼓祭地祇，尊於宗廟，宜六面；雷鼓祀天神，又尊於地祇，宜八面。故知義然也。"漢應劭《風俗通·聲音》："《周禮》六鼓：雷鼓八面，路鼓四面，鼖鼓、晋鼓皆二面。"唐楊炯《盂蘭盆賦》："雷鼓八面，龍旗九斿。"一說六面。《周禮·春官·大司樂》鄭玄注引鄭司農云："雷鼓，六面有革可擊者也。"而後世并不照搬周禮，故或有其名而無其實者，如名雷鼓而成小鼓。《元史·禮樂志二》："雷鼓二，制如鼓而小，鞔以馬革，持其柄播之，旁耳自擊，郊祀用之。"此則近乎鞉（鼗）矣。按，戰國以後，此稱亦常爲戰鼓泛稱，不復爲祀天之鼓專用。晋傅玄《晋鼓吹曲·惟庸蜀》："雷鼓震地起，猛勢陵浮雲。"

靈鼓

專用於祭地祇的六面之鼓。此稱先秦時期已行用。《周禮·地官·鼓人》："以靈鼓鼓社祭。"鄭玄注："靈鼓，六面鼓也。社祭，祭地祇也。"賈公彥疏："其實地之大小之祭，皆用靈鼓也。"後世猶有仿其制之作。《史記·司馬相如列傳》載司馬相如《子虛賦》："將息獠者擊靈鼓。"裴駰集解："郭璞曰：靈鼓六面也。"《文選·張衡〈東京賦〉》："撞洪鐘，伐靈鼓，旁震八鄙，軯礚隱訇。"注曰："靈鼓，六面鼓也。"《宋書·樂志一》："鼓及鞉之八面者曰雷鼓、雷鞉。六面者曰靈鼓、靈鞉。四面者曰路

靈　鼓
（明王圻等《三才圖會》）

鼓、路鞉。"隋盧思道《駕出圜丘》詩："黃麾
引朱節，靈鼓應華鐘。"《文獻通考・樂考十三》
載隋代樂制："縣內加雷鼓，地示加靈鼓，宗廟
加路鼓，殿庭不加鼓。"《舊唐書・音樂志二》：
"雷鼓八面以祀天，靈鼓六面以祀地，路鼓四面
以祀鬼神。"

路鼓[2]

朝廷祭祀先祖時所用有四面之鼓。此稱先
秦時期已行用。《周禮・地官・鼓人》："以路鼓
鼓鬼享。"鄭玄注："路鼓，四面鼓也；鬼享，
享宗廟也。"賈公彥疏："案大宗伯宗廟有六享，
禘祫四時，皆言享先王，則皆是大祭。縱有享

路　鼓
（明王圻等《三才圖會》）

先公，爲次祀，祭殤爲小祀，皆用此路鼓。以
其天神地祇大小同鼓故也。"《舊唐書・音樂志
二》："路鼓四面以祀鬼神。"按，路鼓亦有其
他用途。據《周禮・夏官》，大司馬："辨鼓鐸
鐲鐃之用。王執路鼓，諸侯執賁鼓，軍將執晉
鼓。"大僕："掌正王之服位，出入王之大命，
掌諸侯之復逆。……建路鼓于大寢之門外，而
掌其政，以待達窮者與遽令。"御僕："大喪，
持翣，掌王之燕令，以序守路鼓。"

蕡桴

祭祀所用的土塊捏成的鼓槌。一說束蕡
草而成。此稱先秦時期已行用。《禮記・禮
運》："夫禮之初，始諸飲食。其燔黍捭豚，污
尊而抔飲，蕡桴而土鼓，猶若可以致其敬於鬼
神。"鄭玄注："蕡讀爲塊，聲之誤也。塊，堛
也，謂搏土爲桴也。"晉袁宏《後漢紀・和帝
紀上》："古者民人淳樸，制禮至簡，污樽抔
飲，可以盡歡於君親；蕡桴土鼓，可以致敬於
鬼神。"清陳康祺《郎潛紀聞》卷六："蕡桴、
葦籥，頗有上古遺音。"

五路[1]

亦作"五輅"。王舉行祭祀、朝聘、田獵、
燕饗等禮儀時所用的五種車，即玉路、金路、
象路、革路、木路。此禮約始於殷，成體系於
周，後世亦參照之。《論語・衛靈公》"乘殷之
輅"何晏集解引漢馬融曰："殷車曰大輅。"邢
昺疏："殷車曰大輅，木輅也。取其儉素，故
使乘之。"《周禮・春官・巾車》："王之五路：
一曰玉路，錫，樊纓十有再就，建大常十有二
斿，以祀；金路，鉤，樊纓九就，建大旗，以
賓，同姓以封；象路，朱，樊纓七就，建大赤，
以朝，異姓以封；革路，龍勒條纓五就，建大

白，以即戎，以封四衛；木路，前樊鵠纓，建大麾，以田，以封蕃國。”玉路、金路尤爲祭祀時所乘重要車駕。玉路又稱“大輅”（亦作“大路”）、“木輅”（亦作“木路”）、“玉輅”。帝王祭祀及舉行其他重要禮儀時所乘之車。樸質無彩飾。《書·顧命》：“大輅在賓階面。”孔傳：“大輅，玉綴輅。”孔穎達疏：“《周禮》巾車掌王之五輅。玉輅、金輅、象輅、革輅、木輅，是爲五輅也……大輅，輅之最大，故知大輅，玉輅也。”《禮記·禮器》：“大路繁纓一就，次路繁纓七就。”鄭玄注：“大路繁纓一就，殷祭天之車也。”又《明堂位》：“孟春乘大路，載弧，旗十有二旒，日月之章，祀帝於郊。”鄭玄亦注：“大路，殷之祭天車也。”《周禮·夏官·大馭》：“大馭掌馭玉路，以祀及犯軷。”鄭玄注：“行山曰軷犯之者，封土爲山象，以菩芻棘柏爲神主，既祭之，以車轢之而去。”《左傳·桓公二年》“大路越席”杜預注：“大路，玉路。祀天車也。”孔穎達疏：“人君之車，通以路爲名也。”後世猶沿襲其制。《宋史·輿服志一》：“〔政和六年〕禮制局請造大輅如玉輅之制，唯不飾以玉。”宋范鎮《大報天賦》：“迴五輅兮清道，御兩觀於中天。”或認爲天子玉路，唯周稱大路。明馮復京《六家詩名物疏·秦風二·路車》：“禮書云玉路謂之大路，獨周爲然。若夫商之大輅，則木路而已。”漢以後大路又指桑根車。宋衛湜《禮記集説》卷八〇：“鄭氏曰……大路，木路也；乘路，玉路也。漢祭天乘殷之輅，今謂之桑根車。”明清又有所變化。《明史·輿服志一》：“永樂三年更定鹵簿大駕，有大輅、玉輅、大馬輦、小馬輦、步輦、大涼步輦、板轎各一。”《清史稿·輿服志一》：“清

初仍明舊，有玉輅、大輅、大馬輦、小馬輦之制……〔乾隆〕八年，改大輅爲金輅、大馬輦爲象輅。”五路之金路，亦作“金輅”。天子諸侯間祭祀及朝覲、分封、饗食、巡行等禮儀中用以迎送賓客或裝載神主之車。周王五路之一。等級低於玉輅，高於象輅、革輅、木輅。行於周《周禮·夏官·齊僕》：“齊僕掌馭金路以賓。朝覲、宗遇、饗食皆乘金路。其法儀各以其等，爲車送逆之節。”又《春官·巾車》：“金路，鈎，樊纓九就，建大旗，以賓，同姓以封。”鄭玄注：“金路，以金飾諸末。……以賓，以會賓客。同姓以封，謂王子母弟率以功德出封，雖爲侯伯，其畫服猶如上公。”周代諸侯之金路雖亦稱“大路”，然仍與天子之“大路”有別。明陳士元《論語類考·車乘考》：“蓋周之天子大路乃玉路，而諸侯之大路則金路，非殷之木路也。”金路又稱“齊車”。《禮記·曾子問》：“曾子問曰：‘古者師行必以遷廟主行乎？’孔子曰：‘天子巡守，以遷廟主行，載於齊車，言必有尊也。’”鄭玄注：“齊車，金路。”孔穎達疏：“凡祭祀，皆乘玉路，齊車則降一等，乘金路也。”宋林之奇《尚書全解·甘誓》：“蓋自以其遷廟主行，載於齊車；其無遷主，則以幣帛皮圭主行，固以致其尊祖之義耳。”宋方愨解義：“齊車，示有齊敬之心焉。”

【五輅】[1]

同“五路[1]”。此體先秦時期已行用。後世詩文猶用作典故。見該文。

五路[2]

亦作“五輅”。王后在陪同王參加祭祀、朝聘、燕饗等禮儀時所乘車，即重翟、厭翟、安車、翟車、輦車。此稱先秦時期已行用。《周

禮·春官·巾車》：“王后之五路：重翟，錫面朱瓔；厭翟，勒面繢瓔；安車，雕面鷖瓔，皆有容蓋；翟車，貝面組瓔，有握；輦車，組輓，有翣羽蓋。”鄭玄注：“重翟，后從王祭祀所乘；厭翟，后從王賓饗諸侯所乘；安車，無蔽，后朝見於王所乘……〔翟車〕后所乘以出桑……〔輦車〕后居宮中從容所乘。”後世猶仿周制，亦有類似名稱。《明史·輿服志一》：“安車，本《周禮》后五輅之一。”

【五輅】[2]

同“五路[2]”。此體先秦時期已行用。見該文。

干戚

祭祀時舉行兵舞所執的盾和斧。此稱先秦時期已行用。近世邊遠少數民族猶存其俗。《禮記·明堂位》：“以禘禮祀周公於大廟。……朱干玉戚，冕而舞大武。”鄭玄注：“朱干，赤大盾也；戚，斧也。”又《樂記》：“鐘鼓干戚，所以和安樂也。”又：“干戚之舞，非備樂也。”《周禮·地官·鼓人》“凡祭祀百物之神，鼓兵舞帗舞者”鄭玄注：“兵謂干戚也；帗，列五采繒為之，有秉，皆舞者所執。”《左傳·昭公二十五年》“將禘于襄公，萬者二人”孔穎達疏：“《釋天》云：‘禘，大祭也。’執干戚而舞，謂之萬舞也。”可見大祭要舉行干戚之舞。後世沿用其禮，為祭禮中之武舞所用之具。《唐會要·輿服下》：“郊享日，文舞奏《豫和》《順和》等樂，其舞人著委貌冠服，手執籥翟；其武舞奏《凱安》，其舞人著平冕，手執干戚。”《大明會典·王國禮二》：“王國宗廟……文舞三十六人，各執羽籥。武舞如文舞之數，各執干戚。”

庭燎

在庭院大堂的地上所設大火炬，行朝覲、祭祀禮儀時作照明之用。此稱先秦時期已行用。《周禮·秋官·司烜氏》：“凡邦之事，共墳燭庭燎。”鄭玄注：“樹於門外曰大燭，於門內曰庭燎，皆所以照衆為明。”《詩·小雅·庭燎序》：“庭燎，美宣王也。因以箴之。”又《庭燎》：“夜如何其？夜未央，庭燎之光。君子至止，鸞聲將將。”毛傳：“央，旦也。庭燎，大燭。君子謂諸侯也。”鄭玄箋：“云‘夜未央’，猶言夜未渠央也。而於庭設大燭，使諸侯早來朝。”這是說諸侯對周天子行朝覲禮時，朝堂上設大燭。《儀禮·士喪禮》“燭俟于饌東”鄭玄注：“火在地曰燎，執之曰燭。”又《燕禮》：“宵則庶子執燭於阼階上，司宮執燭於西階上，甸人執大燭於庭，閽人為大燭於門外。”賈公彥疏：“在地曰燎，執之曰燭。於地廣設之則曰大燭。其燎亦名大燭。故《詩》云‘庭燎之光’，毛云‘庭燎，大燭’也。”按禮制，大燭因等級不同而有不同數量。《禮記·郊特牲》：“庭燎之百，由齊桓公始也。”鄭玄注：“僭天子也。庭燎之差，公蓋五十，侯伯子男皆三十。”清李光坡《禮記述注·郊特牲》：“《集說》曰：庭燎者，庭中設炬火以照來朝之臣夜入者。《大戴禮》言：天子百燎，上公五十，侯伯子男三十。今侯國皆供百燎，自桓公始之。”

爟火

亦作“爟火”。郊祀時所用的烽火，以示敬天。一說是為各處祭天地時統一舉行而用烽火節度。行封禪大典時亦用之。此稱先秦時期已行用。《史記·封禪書》：“秦以冬十月為歲首，故常以十月上宿郊見，通爟火。”裴駰集解引張晏曰："爟火，烽火也。狀若井挈皋矣，其法類稱，故謂之爟，欲令光明遠照通祀所也。漢祠五畤於雍，五里一烽火。"《漢書·郊祀志上》載此文，顏師古注："凡祭祀通舉火者，或以天子不親至祠所而望拜，或以衆祠各處欲其一時薦饗，宜知早晏，故以火爲之節度也。"《史記·封禪書》又曰："五帝廟南臨渭，北穿蒲池溝水，爟火舉而祠，若光輝然屬天焉。"此禮後世沿襲。宋郭茂倩《樂府詩集·郊廟歌辭一》載南朝宋《天地饗神歌》："建表蕝，設郊宫。田燭置，爟火通。"又《郊廟歌辭二》載《文德宣烈樂》："營泰時，定天衷。思心緒，謀筮從。田燭置，爟火通。大孝昭，國禮融。"按，《宋書·樂志》載《天地饗神歌》，"爟火"作"燋火"。《山東通志·巡狩志下·歷代封禪》載宋真宗封禪，燃爟火："一月，帝自告廟，即屏葷蔬食，自進發至行禮前，竝禁音樂。有司請登封日圜臺立黄麾仗，至山下壇設爟火，將行禮，然炬相屬。"後代猶有詩咏此典故者。清吳偉業《重修太倉州城隍廟碑記》："通爟火兮高烟俱，錫蕃厘兮神宴娱。"

【燋火】

同"爟火"。此體南北朝時期已行用。見該文。

墳燭

亦作"蕡燭"，亦稱"麻燭"。"墳"又書作"蕡"。指大燭。朝覲、祭祀等場合設於門外用以照明。燭一般由人用手執之，執燭人數多寡體現着主人的地位。而遇軍國大事所用墳燭，爲大燭，則不由人執，而與庭燎一樣立於地上，但樹立於院門外。此稱先秦時期已行用。《周禮·秋官·司烜氏》："凡邦之事，共墳燭庭燎。"鄭玄注："故書墳爲蕡。鄭司農云：蕡燭，

麻燭也。玄謂：墳，大也。樹於門外曰大燭，於門内曰庭燎，皆所以照衆爲明。"《儀禮·燕禮》："宵則庶子執燭於阼階上。"鄭玄注："燭，燋也。"賈公彦疏："云'燭，燋也'者，古者無麻燭，而用荆燋。"宋陳祥道《禮書》卷四六云："在手曰燭，在地曰燎，故禮於燭言執，於燎言設而已。古者祭祀、朝覲、賓客，皆用庭燎，而《司烜》'凡邦之大事共墳燭庭'，燎則非大事之所用者，不必司烜所共也。庭燎之差，天子百，公五十，侯伯子男皆三十。此蓋其所設之數也。"

【蕡燭】

同"墳燭"。此體先秦已行用。見該文。

【麻燭】

即墳燭。此稱漢代已行用。見該文。

荆燋

省稱"燋"。作火炬之用的枝木。祭禮或朝聘、燕饗禮時照明之用。此稱唐代已行用。《儀禮·燕禮》："宵則庶子執燭於阼階上。"鄭玄注："燭，燋也。"賈公彦疏："云'燭，燋也'者，古者無麻燭，而用荆燋。"《周禮·秋官·司烜氏》："墳燭庭燎。"賈公彦疏："若人所執者用荆燋，爲之執燭抱燋。《曲禮》云燭不見跋是也。"宋薛季宣《浪語集》卷三二述"周

燋
（清蔣廷錫等《古今圖書集成》）

庭燎箋”曰：“凡燭用麻蕉、荊蕉。庭曰庭燎，門曰門燎，以明賓客之出入。諸臣來朝之夜，入者亦如之。”

【蕉】

“荊蕉”之省稱。此稱唐代已行用。見該文。

田燭

設置於田頭的火炬，天子郊祭時用以照路。此稱先秦時期已行用。《禮記·郊特牲》：“祭之日……喪者不哭，不敢凶服，氾掃反道，鄉爲田燭。”鄭玄注：“田燭，田首爲燭也。”孔穎達疏：“鄉謂郊內六鄉也，六鄉之民，各於田首設燭照路，恐王祭郊之早。”後世沿襲其禮。《隋書·音樂志下》載《圜丘降神奏昭夏辭》：“望燎火，通田燭。”《唐會要·雜郊議上》：“迎俎入用《雍和》：欽惟大帝，戴仰皇穹。始命田燭，爰啓郊宮。”唐杜甫《有事於郊南賦》：“月窟黑而扶桑寒，田燭稠而曉星落。”明張丁《郊禋慶成分得霄字四十韵·宋太史濂序》：“戊午，出宿齋宮。有司氾掃反土，鄉爲田燭，各戒具修，罔敢弗肅。”《清史稿·樂志三》載清高宗御製《大雩雲漢詩》八章之一：“自古在昔，春郊夏雩。曰維龍見，田燭朝趨。”

香燈

世俗祭堂中所設之燈，亦指佛堂道觀敬神時所用之燈。此稱應出現於南北朝以前。《古今圖書集成·歲功典·元旦部》引《鬼谷子》：“元旦之夕汛掃，置香燈于竈門，注水滿鐺，置杓于水。虔禮拜祝。”此文或爲後人僞托，然言此俗始於南北朝以前，當可據。《梁書·止足傳·顧憲之》：“不須常施靈筵，可止設香燈，使致哀者有憑耳。”前蜀杜光庭《太上黃籙齋儀·三元落景行道》：“今屬（某）元御節，大

宥敷恩。爰備香燈，式陳齋薦。法天地二儀之象，大啓皇壇；繼星辰三景之明，上祈玄貺。”宋謝維新《古今合璧事類備要前集》卷一五“節序門·元旦”引《成都記》：“太平興國二年冬，縣司以春牛呈知府，就午門外安排，薦以香燈、酒果，其芒兒壊之頗精。”宋謝枋得《圓峰道院祠堂記》：“朔望有齋饌，晨夕有香燈，如士大夫之奉家廟。”清蔣鏞《澎湖續編》卷上載清柳圓《天后宮東廊石碑記》：“天后爲水師福曜，凡操舟楫者莫不受其德澤。我朝褒封錫匾，典至渥也。……然香燈斷續，亦非所以昭誠敬。”清張湄《七夕》詩：“幽窗還聽唧唧語，花果香燈祝七娘。”

鸞刀

手柄端部帶有活動鐵環之刀，祭祀時用於割牲。切割牲體時鐵環隨刀的來回而有節奏地作響，若鸞鳴之聲，可添祭祀的神聖氣氛。周代已有其物。《詩·小雅·信南山》：“執其鸞刀，以啓其毛，取其血膋。”毛傳：“鸞刀，刀有鸞者，言割中節也。”孔穎達疏：“鸞即鈴也。謂刀環有鈴，其聲中節。”按，毛注謂“刀有鸞”，孔疏謂“刀環有鈴”，皆不甚確。《公羊傳·宣公十二年》：“鄭伯肉袒，左執茅旌，右執鸞刀，以逆莊王。”何休注：“鸞刀，宗廟割切之刀，環有和，鋒有鸞。”宋羅願《爾雅翼·釋鳥·鸞》：“所謂鸞刀者，又特以有鐶爲鸞，亦不特鈴也。凡

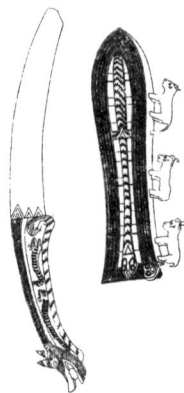

鸞刀（周鸞刀）
（《西清古鑑》）

此皆以鸞善爲聲，故取之。"此二説可據，或指刀身有鸞紋裝飾，而鐵環碰撞聲響被賦予鸞鳴嚯嚯。《禮記·郊特牲》："割刀之用，而鸞刀之貴，貴其義也。聲和而後斷也。"孔疏："割刀之用，必用鸞刀，貴其聲和之義。"後世沿襲此禮，直至明清。唐陳叔達《太廟祼地歌辭》："大哉孝思，嚴恭祖禰。龍衮以祭，鸞刀思啓。"《宋會要輯稿·禮七》："太官令率宰人以鸞刀割牲，祝史以盤取毛血，各置於饌所，遂烹牲。"《明集禮·樂·雅樂三》載司徒奉俎，奏《嘉成之曲》："色純體全，三犧五牲；鸞刀屢奏，毛炰截羹。"

俎

祭祀時放置完整牲體及其他祭品的案子。亦用於宴饗時切肉食。常與鼎、豆等禮器配套使用。多爲木質，亦有青銅俎。此稱先秦時期已行用。《玉篇·且部》："俎，斷木四足也，肉俎也。"《周禮·天官·膳夫》："王日一舉，鼎十有二，物皆有俎。"《詩·小雅·楚茨》："執爨踖踖，爲俎孔碩。"《禮記·燕義》："俎豆牲體，薦羞，皆有等差，所以明貴賤也。"又《祭統》："三牲之俎八簋之實，美物備矣。"又《左傳·隱公五年》："鳥獸之肉，不登於俎。"杜預注："俎，祭宗廟器。"又《宣公十六年》："王享有體薦，宴有折俎。"杜預注："體解節折，升之於俎，物皆可食，所以示慈惠也。"《論語·衛靈公》："俎豆之事，則嘗聞之矣。"何晏集解："孔曰：俎豆，禮器。"《莊子·逍遥游》："庖人雖不治庖，尸祝不越樽俎而代之矣。"唐韓愈《桃源圖》詩："俗持酒食來相饋，禮數不同罇俎異。"《周易·萃》"象曰：澤上於地，萃，君子以除戎器，戒不虞"清潘思榘《周易淺釋》

卷三注曰："俎豆不忘軍旅，禮樂不廢兵戎。"關於俎之結構，王國維《東山雜記·大房》據鄭玄《詩》《禮》之箋注，謂："俎之爲物，下用四足，足間有木以相連相距，距或中足，或在足脛，其距下之跗謂之房。"

【梡】

即俎。此稱相傳行於堯、舜、禹三代。有四足，無紋飾。《禮記·明堂位》："俎，有虞氏以梡。"鄭玄注："斷木爲四足而已。"又："俎用梡嶡。"鄭玄注："梡，始有四足也，嶡爲之距。"賀循注："直有脚曰梡，加脚中央橫木曰嶡。"王國維《觀堂集林·説俎上》："有虞氏之梡，梡者完也；殷以椇，椇者具也；皆全烝之俎。"

【嶡】

即俎。此稱相傳行於夏代。四足，足間有橫木使俎更穩固。《禮記·明堂位》："俎，有虞氏以梡，夏后氏以嶡，殷以椇，周以房俎。"鄭玄注："嶡之言，蹷也。謂中足爲橫距之象。《周禮》謂之距。"又："俎用梡嶡。"鄭玄注："梡，始有四足也，嶡爲之距。"賀循注："直有脚曰梡，加脚中央橫木曰嶡。"宋王應麟《玉海·器用·周房俎（夏嶡殷椇）》："嶡爲之距，猶少牢禮言'俎，距也'。俎足間有橫，似有橫麗之象。"按，"嶡"通"撅"。清錢大昕《潛研堂文集·答問五》："問：《明堂位》'俎用梡嶡'注：'梡始有四足也，嶡爲之距。'嶡字《説文解字》未收，從山，於義無取。曰：陸氏釋文，嶡又作橛。《説文》撅從手有所把也。夏后氏俎用梡，止有四足；殷人加以橫距，謂之撅者，取其手可把持。又謂之距。距，撅，聲相近也。"

【椇】

即俎。此稱相傳行於商代。《禮記·明堂

位》："俎，有虞氏以梡，夏后氏以嶡，殷以椇，周以房俎。"鄭玄注："椇之言，枳椇也，謂曲橈之也。"《爾雅翼·釋木》："四代之俎……商以椇……蓋商俎似椇之曲耳。"王國維《觀堂集林·說俎上》："殷以椇，椇者具也。皆全烝之俎。"

大房 [2]

亦稱"房俎"。將放置兩個半體牲體之俎，合成的一大俎。可使俎上牲體構成一個完整牲體。始於周，此稱後世沿襲。有木質、青銅質、玉石質等不同質地。《禮記·明堂位》："俎，有虞氏以梡，夏后氏以嶡，殷以椇，周以房俎。"鄭玄注："房謂足下跗也，上下兩間，有似於堂房。"《詩·魯頌·閟宮》："毛炰胾羹，籩豆大房。"毛傳："大房，半體之俎也。"鄭玄箋："大房，玉飾俎也，其制，足間有橫，下有柎，似乎堂後有房。"按，王國維《東山雜記·大房》不同意鄭玄"堂房"之釋，謂《國語·周語》"禘郊之事，則有全烝；王公立飲，則有房烝；親戚饗宴，則有殽烝"一語，韋昭注曰："全烝，全其牲體而升之。房，大俎也，謂半解其體，升之房也。殽烝，升體解節折之俎也。"王國維據此認爲："房烝實與全烝相對。蓋升半禮之俎，當有兩房，以半體置一房，合兩房而牲體全，故謂之房。"又曰，少牢饋食亦用房烝之俎，夏商"皆全烝之俎。周始有半體之俎，以其似宮室之有左右房，故謂之房俎。若足跗，則不具房形"。《樂府詩集·郊廟歌辭十二·周宗廟樂舞辭》："黍稷惟馨，籩豆大房。"《後漢書·馬融傳》："山罍常滿，房俎無空。"《清史稿·樂志三》："神來饗，房俎陳。"

【房俎】

即大房 [2]。此稱先秦時期已行用。見該文。

胏俎

盛放祭祀牲體心、舌的案子。行用於先秦。胏，敬奉之意。謂將心、舌敬奉於主祭者。《儀禮·特牲饋食禮》："佐食升胏俎。"鄭玄注："胏，謂心、舌之俎也……言主人之所以敬屍之俎。"又《少牢饋食禮》："心、舌載於胏俎。"《禮記·郊特牲》："胏之爲言敬也。"

匕鬯

祭祀所用匕與鬯。匕，挹取鼎食羹湯的器具；鬯，秬黍所釀的酒。後因指宗廟祭祀。此稱先秦時期已行用。《周易·震》："震驚百里，不喪匕鬯。"王弼注："匕，所以載鼎實；鬯，香酒。"唐宋以後多用作主持祭禮的代稱。唐陳子昂《大同受命頌》："皇帝嗣武，以主匕鬯。"宋王安石《皇太后三代制》九道之一："敕：朕眇然之躬，當奉匕鬯以承宗廟，大賚及於幽顯矣。"明何宗彥《東宮儲學賦》："匕鬯承休，八荒宅宇。"清劉巖《贈人詩》："匕鬯苟不隳，何妨驚百里。"

畢

喪祭時用以撈取牲體的叉子。此稱先秦時期已行用。長三尺，桑木製成。狀如畢星，故名。《禮記·雜記上》："枇以桑，長三尺，或曰五尺；畢用桑，長三尺，刊其柄與末。"孔穎達疏："從鑊以枇升入於鼎，從鼎以枇載之於俎……畢助主人舉肉，用桑者，亦喪祭故也。"《儀禮·特牲饋食禮》："宗人執畢先入。"鄭玄注："畢狀如叉，蓋爲其似畢星取名焉。"

枇

亦作"朼""匕"。祭祀或燕饗時所用大

木匙，用以挑移牲體。此稱先秦時期已行用。《詩·小雅·大東》："有捄棘匕。"朱熹集傳："棘匕，以棘爲匕，所以載鼎肉而升之於俎也。"《禮記·雜記上》："枇以桑，長三尺，或曰五尺。"鄭玄注："枇，所以載牲體者，此謂喪祭也，吉祭枇用棘。"孔穎達疏："枇者所以載牲體，從鑊以枇升入於鼎，從鼎以枇載之於俎。"《儀禮·士喪禮》："乃枇載，載兩髀於兩端。"鄭玄注："乃枇，以枇次出牲體，右人也。"又《士虞禮》："枇俎在西塾之西。"

【枇】

同"枇"。此體先秦時期已行用。見該文。

【匕】

同"枇"。此體先秦時期已行用。見該文。

包茅

亦作"苞茅"，亦稱"菁茅"。束成捆的菁茅草，古代祭祀時用以濾酒去滓。此稱先秦時期已行用。《書·禹貢》："包匭菁茅。"孔傳："菁以爲菹，茅以縮酒。"明王樵《尚書日記·夏書·禹貢》引諸家之説注曰："孔氏以包爲橘柚；匭，匣也；菁以爲菹，茅以縮酒。蔡氏、金氏以菁茅爲一物，以包匭爲一事。或包之或匣之，皆以菁茅。而言菁茅，一茅三脊。《管子》謂出江漢之間。召陵之師責楚貢包茅不入，王祭不共，無以縮酒，即此也……朱子謂古人榨酒不以絲帛，而以編茅。王室祭祀之酒，則以菁茅，取其至潔也。"《左傳·僖公四年》："爾貢包茅不入，王祭不供，無以縮酒。"杜預注："包，裏束也；茅，菁茅也。束茅而灌之酒，爲縮酒。"《後漢書·孔融傳》："齊兵次楚，唯責包茅。"後世猶沿用此稱。唐杜甫《承聞河北諸道節度使入朝歡喜口號絶句》之八："苞茅重入歸關内，王祭還供盡海頭。"《續資治通鑑·元世祖至元十三年》："丙午敕常州府貢包茅。"

【苞茅】

同"包茅"。此體唐代已行用。見該文。

【菁茅】

即包茅。此稱先秦時期已行用。見該文。

【三茅】

即包茅。因濾酒之茅爲三脊茅草，故稱。此稱先秦時期已行用。《管子·輕重丁》："江淮之間，有一茅而三脊，册（貫）至其本，名之曰菁茅……諸從天子封於太山、禪於梁父者，必抱菁茅一束，以爲禪籍，不如令者不得從。"明胡廣等《書經大全》卷三釋《禹貢》"菁茅"，謂："菁茅有刺而三脊，所以供祭祀縮酒之用。既包而又匣之，所以示敬也。……菁、茅，一物也。孔氏謂菁以爲菹者，非是。今辰州麻陽縣苞茅山出苞茅，有刺而三脊繰。"後世猶用此稱。《晉書·禮志上》："武皇帝亦初平寇亂，意先儀範。其吉禮也，則三茅不翦，日觀停瑄。"

茅蒩

"借祭"時所用切成整齊的茅束。此稱先秦時期已行用。《周禮·地官·鄉師》："大祭祀，羞牛牲，共茅蒩。"鄭玄注："鄭大夫讀蒩爲藉，謂祭前藉。"賈公彦疏："鄉師得茅束而切之，長五寸立之祭前以藉祭，故云茅蒩也。"《洪武正韻·五模》："蒩：茅蒩，借封諸侯用之。蒩之言，借也，亦作租。"宋王與之《周禮訂義》卷七對茅束用之於祭有所解説："必用茅者，謂其體順理直，柔而潔白，承祭祀之德當如此也。"是謂用茅於祭，以敬其德。又曰："茅……有共於甸師者祭祀，共蕭茅是也。然甸師之茅，或入鄉師，或入司巫。鄉師之所共者，大祭祀；司巫之所共者，凡祭祀也。茅之爲用或以縮酒，……或以藉物，《士虞禮》曰：鉤袒取黍稷祭于苴，鄉師共茅菹也。"清汪紱《參讀禮志疑》卷上亦曰："茅之於祭有二用。鄭康成《周禮》注云：茅以共祭之苴，亦以縮酒最明。共祭之苴，則鄉師所謂茅菹，及《易》之借用白茅，《士虞禮》之苴刌茅，皆是也。亦以縮酒，則甸師所謂蕭茅，及《左傳》之包茅不入，皆是也。若《禹貢》之包匭菁茅，則似兼此二者之用。茅菹，刌之以藉牲（刌之者，截去其不齊而使之齊也，亦以藉器皿之類）。"

芻狗

爲祭祀而製作的茅草狗。古人稱用於祭祀或送葬的草人草動物爲芻靈，芻狗亦屬芻靈之一。此稱先秦時期已行用。《淮南子·齊俗訓》："所謂禮義者，五帝三王之法籍，風俗一世之迹也。譬若芻狗、土龍之始成，文以青黃，絹以綺繡，纏以朱絲；尸祝袀袨，大夫端冕，以送迎之。"漢高誘注："芻狗，束芻爲狗，以謝過求福。"宋朱熹認爲芻狗還在祭祀時作榨酒（壓槽取酒）之用。《朱子語類·詩二》："某亦嘗疑今人用茅縮酒，古人芻狗乃醡酒之物。則茅之縮酒，乃今以醡酒也。想古人不肯用絹帛，故以茅縮酒也。"然而世人敬重芻狗，祇因在祭祀中憑它以通神靈。而祭祀之後，接神完畢，芻狗不再有用，人們就可隨意弃置毫不在意。故春秋以後，此稱成爲無用之物的代稱，并一直沿襲至清代。《老子》第五章："天地不仁，以萬物爲芻狗；聖人不仁，以百姓爲芻狗。"李隆基注："芻狗者，結芻爲狗也。犬以守禦，則蔽蓋之恩。今芻狗徒有狗形，而無警吠之用，

故無情於仁愛也。言天地視人，亦如人視芻狗，無貴望爾。"（《唐玄宗御注道德真經》）《莊子·天運》："夫芻狗之未陳也，盛以篋衍，巾以文繡，尸祝齋戒以將之。及其已陳也，行者踐其首脊，蘇者取而爨之而已。"郭象注："廢棄之物，於時無用。"晋葛洪《抱朴子內篇·袪惑》："五經四部，並已陳之芻狗，既往之糟粕。"此皆藉芻狗指無用之物，以後直至明清均如此。清洪繻《後地震行》："豈其萬物成芻狗，無復四維聯巨鼇。"亦代指微小事物。近世周學熙《奉和范之先生癸酉除夕之作》："芻狗催成千世界，兵戈製就幾英雄。"

疏布

祭祀天地時或喪葬擺放明器時所用的粗布巾。用意在於尚質樸。此稱先秦時期已行用。《周禮·天官·冪人》："祭祀，以疏布巾冪八尊，以畫布巾冪六彝。"鄭玄注："以疏布者，天地之神尚質。"賈公彥疏："疏布者，大功布。……舉天地，則四望、山川、社稷、林澤皆用疏布，皆是尚質之義也。"喪禮亦用疏布。《儀禮·既夕禮》："加茵用疏布，緇翦有幅，亦縮二橫三。"鄭玄注："茵，所以藉棺者。"賈公彥疏："茵加於抗席之上。此說陳器之時。云用疏布者，謂用大功疏粗之布。"關於其尺寸，宋聶崇義《三禮圖集注·疏布巾》："'祭天地，以疏布巾冪八尊'……此巾亦用二尺二寸之幅而圓也。《禮》，冪巾有用絺綌者；至於帨巾亦用布。今唐禮亦用布，或羅絹而已。"

畫布

蓋祭器的花紋布。布上畫雲氣，用以覆六彝等。此稱先秦時期已行用。《周禮·天官·冪人》："祭祀，以疏布巾冪八尊，以畫布巾冪

六彝。”鄭玄注：“宗廟可以文畫者，畫其雲氣與！”賈公彥疏：“此六彝皆盛鬱鬯，以畫布冪之，故云畫布冪六彝……宗廟亦有八尊，亦用畫布互舉以明義也。”孫詒讓正義：“用玄纁錫布一幅爲巾而畫之。”關於其尺寸，宋聶崇義《三禮圖集注·畫布巾》：“《天官·冪人》云‘以畫布巾冪六彝’，……案舊圖説鼏巾云圓一幅，則不言幅之廣狹。《王制》孔疏云布幅廣二尺二寸，帛幅廣二尺四寸。此畫布當用二尺二寸之幅而亦圓也。”

第四節　奠品考

奠品是古代喪禮中祭奠死者的物品。包括各種食品、紙扎的種種象徵物及布帛、木質的其他祭品。自人死至下葬，每日有祭奠之禮。下葬之後，仍定期祭奠，希冀人在陰間不受窮，不遭麻煩，可以得到所需的各種物品。

使用奠品祭奠死者之俗，可追溯到先秦。《禮記》《儀禮》《周禮》等均記載了此俗狀況。人死後即設奠，“鬼神所依於飲食，故必有祭酹”（《禮記·檀弓上》孔穎達疏）。飲食包括脯醢醴酒及薦新等，通過酒肉、穀物、蔬果的陳設以示生者侍死如侍生之意。除食物外，作爲奠品的還有衣物及其他日用品。《周禮·春官·司服》“奠衣服”鄭玄注稱漢代“坐上魂衣”與之相類，賈公彥疏謂“至祭祀之時則出而陳於坐上”。《禮記·檀弓下》“奠以素器”鄭玄注：“凡物無飾曰素。”孔穎達疏：“奠謂始死至葬之時祭名……悉用素器者，表主人有哀素之心。”這素器，就包括素琴（《禮記·喪服四制》：“祥之日，鼓素琴。”）、甒豆（《集韻·入曷》：“豆不飾曰甒。”《儀禮·士喪禮》：“角觶、木柶、甒豆兩，其實葵菹、芋、蠃醢。”）、素俎（《士喪禮》：“素俎在鼎西。”）之類日用物品。

祭奠之俗歷代沿襲，至今猶然，唯所用奠品各有不同而已。《新唐書·禮樂志十》、宋司馬光《書儀》卷五、《清史稿·禮志十一》等，均詳載有當時喪禮中的祭奠情況。但唐宋以後變化最大者，是大量使用紙扎物品充當奠品，祭奠完後即將其焚燒，表示讓死者將這些物品帶到陰間去使用。有冥宅箱庫（財寶箱）、冥錢楮幣、冠袍帶履、轎馬車船、童男童女、旗幡雪柳，以及方相、開路鬼等，名目繁多。宋趙彥衛《雲麓漫抄》卷五云：“古之明器，神明之也。今以紙爲之，謂之冥器。”可見紙扎奠品與明器有淵源，亦被視作神明所用之物。最初出現的紙奠品是紙錢，出現於唐代。宋佚名《愛日齋叢抄》卷五：“南齊昏帝東昏侯好鬼神之術，剪紙爲錢，以代束帛；至唐，盛行其事，云有益幽冥。又牛僧孺云：'楮錢，唐初剪紙爲之。'"《新唐書・王璵傳》亦載："漢以來葬喪皆有瘞錢，後世里俗稍以紙寓錢爲鬼事。"宋以後，又出現紙衣冠之類奠品。宋孟元老《東京夢華錄・重陽》即有"〔九月〕下旬即賣冥衣、靴鞋、席帽、衣段，以十月朔日燒，獻故也"的記載。明清以後，紙奠品已成爲祭奠物中的主流，品種甚多，自儀仗車馬、衣帽被衾、房屋家具，至錢幣、食物，無不以紙奠品替代。從《同治都門紀略》中的記載可以略見一斑："冥衣鋪，凡喪家所用之車船、轎馬、冠袍、帶履，又樓庫、童人等，無不精妙，與真的無二。"近世以來，又以紙質花圈爲主，但其他紙奠品仍有遺存，尤其是紙錢，至今猶盛行。

始死奠

古代喪禮，人死後未裝殮前所設之供品。始死奠用脯、醢等，酒用吉器。始於先秦。《儀禮・既夕禮》："即床而奠，當腢，用吉器，若醴若酒，無巾柶。"鄭玄注："腢，肩頭也。用吉器，器未變也。或卒無醴，用新酒。"賈公彥疏："此即《檀弓》云'始死之奠，其餘閣也與'。云用吉器，器未變也者，謂未忍異於生，故未變，至小斂奠，則變籩豆之等爲變矣。"始死奠仍用吉器，至小斂奠時方用素。《禮記・檀弓上》："曾子曰：始死之奠，其餘閣也與？"孔穎達疏："始死之奠者，鬼神所依於飲食，故必有祭酹。但始死未容改異，故以生時庋閣上所餘脯醢以爲奠也。"唐代開元禮，五品以上官吏行始死奠，如《儀禮・既夕禮》；六品以下，含而後設奠。《新唐書・禮樂志十》："始死之儀，乃奠以脯、醢，酒用吉器。升自阼階，奠於尸東當腢。"此即始死奠所用之物。宋代始死奠儀漸趨簡化，據宋司馬光《書儀》卷五載："古人常畜脯醢，故始死未暇別具饌，但用脯醢而已，今人或無脯醢，但中見有食物一兩種並酒可也。凡奠，除酒器之外，盡用素器，不用金銀稜裹之物，以主人有哀素之心故也。"宋代始死設奠，又不同於唐開元禮，不論官爵高低，沐浴正尸，然後行奠。《文公家禮・喪禮》："執事者以桌子置脯醢……今不以官品高下，沐浴正屍，然後設奠。"

小斂奠

古喪禮，小斂後所設的供奉死者的食品。先於小斂之前陳設，斂後即奠。古代人死之次

小斂奠圖
（宋楊復《儀禮圖》）

日早晨爲死者裹上衣衾，謂之小斂。小斂在呼復、沐浴、飯含等儀式之後進行。《儀禮·士喪禮》：“饌於東堂下，脯醢醴酒冪奠。用功布，實於筲，在饌東。”此即小斂奠所用物。胡培翬正義云：“小斂辟奠爲事之始，未忍以神事之，大遣奠爲事之終。”大斂前撤小斂奠。《儀禮·士喪禮》：“徹饌，先取醴酒北面。”《禮記·檀弓上》：“小斂之奠在西方，魯禮之未失也。”此禮歷代沿用。《新唐書·禮樂志十》載：“〔小斂〕設奠於東堂下，瓺二，實以醴、酒、觶二，角柶一，少牢、臘三，籩、豆俎各八。設盆盥於饌東，布巾。贊者辟脯醢之，奠於尸床西南。”宋代小斂奠禮較前代略有簡化。宋司馬光《書儀·小斂》：“設桌子於阼階東，用置饌及杯注於其上，冪之以巾。”注云：“古者小斂之奠用牲，今人所難辦，但如待賓客之食，品味稍多於始死之奠，則可也。”

大斂奠

古喪禮，於大斂之後所設的供奉死者的食品。小斂的次日裝尸入棺，謂之大斂。《儀禮·士喪禮》：“東方之饌：兩瓦瓺，其實醴酒，角觶木柶；毼豆兩，其實葵菹芋蠃醢；兩籩無縢，布巾，其實栗不擇，脯四脡。”胡培翬正義：“此饌大斂奠也。”又云：“奠席在饌北，斂席在其東。”鄭玄注：“大斂奠而有席彌神之。”先秦時，大斂奠在室內西南隅。唐代，大斂奠在殯東。《新唐書·禮樂志十》：“設奠如小斂，瓺加勺，篚在東南，籩、豆、俎皆有冪，用功布……熬八篚，黍、稷、粱、稻各二，皆加魚、腊。”宋代以後，於靈座前行大斂奠。宋司馬光《書儀》卷五載：“祝帥執事者盥手，舉新饌自阼階升，置於靈座前。祝焚香洗盞，斟酒奠之，

大斂奠圖
（宋楊復《儀禮圖》）

卑幼再拜哭。皆如小斂奠之儀。”

朝夕奠

亦稱“朝夕哭奠”。古喪禮，大斂之後至啓殯出葬之前，每日早晨及傍晚，親屬均至殯宮哭臨設奠。源於先秦，達於近代。《禮記·檀弓上》：“朝奠日出，夕奠逮日。”大斂成服後，每日早晚兩次置酒食祭奠，先哭而後設奠。朝奠在日出時，將死者生前的早餐及酒果、醴、脯、醢等供祭。朝夕之間在屋中哀則哭。日落時，男女聚到靈柩前，撤朝奠之物，換上新饌，行夕奠之祭。如此祭奠直到出殯時止。《儀禮·士喪禮》：“朝夕哭，不辟子卯……乃奠醴酒脯醢。”胡培翬正義：“乃奠，謂設朝奠也。此朝夕奠與大斂奠殊，大斂奠及朔月、薦新之類則有鼎俎，此無鼎俎，惟醴酒、脯醢而已。”《禮記·雜記下》：“國禁哭則止，朝夕之奠即位，自因也。”鄭玄注：“禁哭謂大祭祀。時雖不哭，猶朝夕奠。”此禮歷代沿用。宋司馬光《書儀·朝夕奠》：“自成服之後，朝夕設奠。朝奠日出，夕奠逮日。如平日朝晡之食，加酒果。”

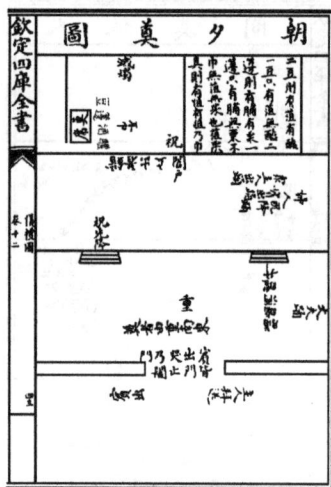

朝夕奠圖
（宋楊復《儀禮圖》）

《文公家禮·朝奠》：“夫朝夕奠者，謂陰陽交接之時，思其親也。朝奠將至，然後撤夕奠。夕奠將至，然後撤朝奠，各用罩子。若暑月恐臭敗，則設饌如食，頃去之，止留茶酒果屬，仍罩之。”明清時代，一般都是百日卒哭，民間稱爲“百日祭”。《明史·禮志十四》品官喪禮：“既成服，朝夕奠，百日而卒哭。”清代品官喪禮，一月內，每日早、午、晚三設奠。百日內，朝夕設奠。《清史稿·禮志十二》：“朝夕奠肴饌，午餅餌。遇朔望，則朝奠具殷奠，肴核加盛。”《清會典則例·禮部·喪禮三》載殯葬儀：“一月內，三設奠；百日內，朝夕奠。”明清時，民間多於靈座前行朝夕奠。《初刻拍案驚奇》卷二三：“三日之後，抬去殯在郊外了。家裏設個靈座，朝夕哭奠。”清周鳳池《金澤小志·風俗》：“設靈座，樹銘旌，朝夕哭奠如禮。”民國年間《南皮縣志·風土志上》：“自初喪至大斂朝夕上食。”

【朝夕哭奠】

即朝夕奠。此稱明代已行用。見該文。

殷奠

古喪禮，棺柩在殯宮時所設的盛大的奠獻。殷者，盛也。因其祭品較平日朝夕奠豐盛，故稱。如朔月奠、薦新等。此俗源於先秦。《釋名·釋喪制》：“朔望祭，曰殷奠，所用殷衆也。”畢沅疏證：“大夫以上則朔望大奠，若士則朔而不望。”《儀禮·士喪禮》：“〔士〕月半不殷奠。”鄭玄注：“殷，盛也。士月半不復如朔盛奠。”《禮記·喪大記》：“大夫、士既殯而君往焉，使人戒之，主人具殷奠之禮，俟於門外。”鄭玄注：“殷，猶大也。朝夕小奠，至月朔則大奠。君將來，則具大奠之禮以待之，榮君之來也。”古禮，大夫以上在每月初一、十五行殷奠，士則祇在朔日行殷奠之禮。清袁枚《隨園隨筆·古人不重望日》：“喪禮朔有殷奠，月半不殷奠，是直指望日之不重也……惟康成注月半不設奠，乃云大夫以上仍有月半之奠。”唐宋以來，各朝殷奠所設奠品不盡相同。《新唐書·禮樂志十》載：“朔望殷奠，饌於東堂下，瓦甒二，實醴及酒，角觶二，木柶一，少牢及臘三俎，二簠、二簋、二鉶、六簋、六豆。其日，不饋於下室。”《清史稿·禮志十一》：“殷奠，列饌筵二十一，酒尊十一，羊九，楮幣九萬。讀文。帝詣几筵哭，內外傳哭，奠酒，率衆三拜，舉哀，焚燎。”

朔月奠

亦稱“朔奠”。古代喪禮，既殯之後至出葬之前，每月初一均於殯宮設大奠供奉死者，源於先秦。《禮記·檀弓上》：“有薦新，如朔奠。”鄭玄注：“重新物爲之殷奠。”孔穎達疏：“如朔奠者，謂未葬前月朔大奠於殯宮者，大奠則牲饌豐也。朔禮視大斂，士則特豚三鼎……大夫以上則朔望大奠，若士，但朔而不望。”士用豚、魚、腊，如大斂奠。大夫以上，月半亦有奠。朔月奠所用供品有牲牢且有黍稷，較朝夕奠豐盛。《儀禮·士喪禮》：“朔月奠，用特豚魚腊，陳三鼎，如初。東方之饌亦如之。”鄭玄注：“朔月，月朔日也。自大夫以上，月半又奠。如初者，謂大斂時。”朔奠之禮歷代沿用。宋司馬光《書儀·喪儀二》：“自成服之後，朝夕設奠……月朔則設饌。”《文公家禮·喪禮》載：“朔日則於朝奠設饌。饌用魚肉麵米食羹飯，各一器，禮如朝奠之儀。”《清史稿·禮志十一》：“百日後至未葬前，日中一設奠，朔望仍三奠。”

【朔奠】

即朔月奠。此稱先秦時期已行用。見該文。

薦新 [2]

古喪禮，亡者入殯至未葬期間，以初熟穀物與時鮮果品，在殯宮獻祭供奉死者。喪禮中之薦新輕於祭禮中之薦新。此稱先秦時期已行用。《禮記·檀弓上》：“有薦新，如朔奠。”鄭玄注：“重新物，爲之殷奠。”孔穎達疏：“薦新，謂未葬中間得新味而薦亡者。如朔奠者，謂未葬前月朔大奠於殯宮者。大奠則牲饌豐也……若有新物及五穀始熟薦於亡者，則其禮牲物如朔之奠也。”天子、諸侯之外，大夫、士亦有薦新，其禮較天子、諸侯略輕。《儀禮·士喪禮》：“有薦新，如朔奠。”鄭玄注：“薦五穀若時果物新出者。”此禮歷代相沿。其祭儀：不須卜日，奠而不祭，不設神主（供奉牌位），物熟後即薦。後世薦新不限於喪時，漸與祭禮中之薦新合一。薦新所用祭品歷代不同。《禮記·月令》有“天子嘗新，先薦寢廟”的記載，

唐《開元通禮》加至五十餘品。明朝規定，每月朔日爲太廟薦新日，薦新儀物一歲五十九種。薦新之禮，最初由皇帝親行，不久改由太常寺攝祀。屆日，太常卿及祭官着法服行禮，望祭，吃鵝羹飯，然後常服行禮，祭儀結束。明余繼登《典故紀聞》卷一八：“隆慶初，詔罷寶坻縣等處采取魚鮮，自今薦新上供俱令光禄寺備辦。”民間亦行薦新禮。清孫雄《燕京歲時雜咏》詩：“生計艱難鬼亦貪，紙灰無處覓金銀。清明寒食都過了，古墓何人爲薦新。”民國年間，此俗猶有流行。《南皮縣志·風土》：“七月十五爲中元。携瓜果、脯醢、楮錢，詣先塋致祭，謂之薦新。”又該縣志《禮俗》：“薦新似未遠及高祖。每遇佳節，依時恭薦新穀蔬菜瓜果之類，如元旦、上元、端陽、中秋、重陽、冬至諸節，除薦新外，亦佐以酒食、香楮、紙錢，用昭穆儀。”

啟奠

亦稱“從奠”。古代喪禮，將葬啟殯時所設之奠。供奉食品與大斂奠同。源於先秦。先秦時啟奠隨靈柩至祖廟而設，故稱從奠。《儀禮·既夕禮》：“遷于祖，用軸。重先，奠從，燭從，柩從，燭從，主人從。升自西階，奠俟于下，東面，北上……正柩于兩楹間，用夷床。主人柩東西面，置重如初。席升，設于柩西，奠設如初，巾之，升降自西階。”鄭玄注：“從奠設如初，東面也。”胡培翬正義：“席，奠席也。上云‘重先，奠從’，故正柩畢置重，乃設奠也。此奠從柩而來，故注謂之從奠。褚氏寅亮云：‘此奠徹後乃設遷祖奠，徹遷祖奠後，乃設祖奠，皆在同日。’”此禮歷代沿用。《後漢書·禮儀志下》：“皇帝從送如禮，太常上啟

奠。”《南齊書・禮志下》：“祠部疑有祖祭及遣啓諸奠九飯之儀不？”唐宋時，先啓殯而後行啓奠。《新唐書・禮樂志十》：“啓殯之日……祝與進饌者各以奠升，設於柩東席上，祝酌醴奠之。”宋司馬光《書儀・啓殯》：“開元禮，不朝祖，徹殯設席於柩東，奠之，謂之啓奠。”明代，先設啓奠而後啓殯。《明史・禮志十二》：“將發，設啓奠。皇帝暨皇太子以下衰服四拜。”清代則於柩車發引前設啓奠。《清會典・禮部・喪禮三》卷三八：“諏日而殯，前期行啓奠禮。”

【從奠】

即啓奠。此稱漢代已行用。見該文。

遷祖奠

亦稱“朝廟奠”。古代喪禮，將葬，從殯中出柩，棺柩由殯宮遷至祖廟後所設之祭奠。遷祖奠在啓奠後、祖奠前進行。先秦時期流行。《儀禮・既夕禮》：“遷於祖，用軸。”鄭玄注：“遷，徙也。徙於祖，朝祖廟也……蓋象平生，將出必辭尊者。”胡培翬正義：“謂從殯宮徙於祖廟是朝祖也。”又《既夕禮》：“質明滅燭……乃奠如初，升降自西階。”鄭玄注：“爲遷祖奠也。”胡培翬正義：“注云‘爲遷祖奠也’者，言此奠爲遷柩朝祖而設，故謂爲遷祖奠也。”《儀禮・既夕禮》：“夙興，設盥於祖廟門外，陳鼎皆如殯，東方之饌亦如之。”胡培翬正義引吳紱云：“凡柩入廟後，先設從奠，徹從奠而後設遷祖奠，徹遷祖奠而後設祖奠，明日乃設遣奠，此其序也。”遷祖奠又名朝廟奠。《周禮・春官・喪祝》：“及朝御匶乃奠。”鄭玄注：“奠，朝廟奠。”商代在朝祖廟後，停柩數月，然後葬。周禮則於朝廟次日，即行葬禮。《儀禮・檀

弓下》：“喪之朝也，順死者之孝心也。其哀離其室也，故至於祖考之廟而後行。殷朝而殯於祖，周朝而遂葬。”所言“朝”，即指朝廟奠。漢以後，遷祖奠漸與祖奠合并。

【朝廟奠】

即遷祖奠。此稱先秦時期已行用。見該文。

祖奠

古代喪禮，啓殯朝祖廟後舉行的祭奠。古人遠行，臨行前祭祀路神稱祖。亦用作喪祭。孝子事死如事生，遷柩朝祖廟之後，設祖奠爲死者餞行，然後就墓而葬。源於先秦。《周禮・春官・喪祝》：“及祖，飾棺，乃載，遂御。”鄭玄注：“祖謂將葬祖於庭，象生時出則祖也。”《儀禮・既夕禮》：“布席，乃奠如初。”鄭玄注：“車已祖，可以爲之奠也，是之謂祖奠。”祖奠的儀式在朝廟遷祖的“遷祖奠”後舉行。《儀禮・既夕禮》孔穎達疏：“爲將還遷車更設祖奠。”周代祖奠儀式據《通典・禮四十六・祖奠》引三國蜀譙周言：“遷祖之奠，升自西階如初。及日載於車，下奠設於西方，乃陳遺物於庭。訖，撤奠以巾席，俟於西方，乃祖。車既祖，旋嚮外，離於載處，爲行始也，布席乃奠如初。”晋潘岳《南陽公主誄》：“容車戒路，祖奠在庭。”唐柳宗元《爲韋京兆祭太常崔少卿文》：“丹旌即路，祖奠在庭。”唐代祖奠儀式據《新唐書・禮樂志十》載：“祝帥執饌者設祖奠於輀東，如大斂。祝酌奠，進饌，北面跪曰：‘永遷之禮，靈辰不留，謹奉旋車，式遵祖道。尚饗。’”先秦至唐代，改葬與初喪葬基本相同，皆設祖奠。宋以後，改葬無祖奠之禮。《宋史・禮志二十五》引《五禮精義》云：“改葬無祖奠，蓋祖奠設於柩車之前以爲行始，至

於改葬，告遷而已……不設祖奠，止於陵所行一虞之祭。”歷代行祖奠時間亦不一致。周代於過午日斜時行祖奠，宋代在傍晚（晡時）行禮。宋司馬光《書儀·祖奠》：“禮，祖用日昃，謂日過中時。今宜比夕奠差早，用晡時可也。”及至明清，祖奠則在夜晚進行。明李開先《祭先母太宜人文》：“今夕祖奠，聊陳籩豆。厥明遷柩，爰撤几筵。”《清史稿·禮志十二》：“諏日發引，前夕祖奠，翌日遣奠，會葬者畢集。”明清天子大喪，到發引當日，於午門外行啓奠與祖奠禮。《明史·禮志十二》：“將發，設啓奠。皇帝暨皇太子以下衰服四拜。奠帛、獻酒、讀祝，四拜。舉哀，興，哀止，望瘞。執事者升，徹帷幙，拂拭梓宮，進龍輴於几筵殿下。設神亭、神帛輿、謐册寶輿於丹陛上，設祖奠如啓奠儀。”

遣奠

亦稱“饋奠”“葬奠”“奠饋”“饗奠”。古代喪禮，棺柩出葬前在殯宮所設的祭奠。遣、饋，均有送的意思，引申爲向死者敬奉食物。

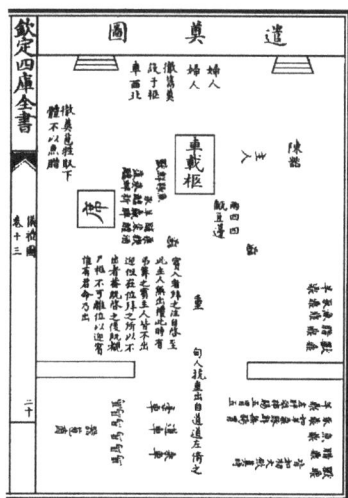

遣奠圖
（宋楊復《儀禮圖》）

《正字通》：“遣，將葬而祭曰遣奠。”遣奠於明旦行之。此奠爲喪祭中最後之奠，故所用祭品特別豐盛。源於先秦。《通典·禮四十六》：“祖奠竟，厥明又大奠。大奠者，加於常一等，士人少牢，大夫太牢，盛葬禮也，是謂遣奠。”出殯日晨用牛羊肉饗祭，亦稱饋奠。《禮記·祭統》：“饋奠之禮，所以仁死喪也。”奠祭後出殯，取其牲體下體部分以葦席裹之，稱包奠，然後裝上遣車送墓地隨葬。《禮記·雜記下》：“夫既遣而包其餘，猶既食而裹其餘與！”文中“遣”即遣奠，“包”即包奠。初，禮經中尚無遣奠之稱，唯見諸鄭玄等人注疏。《禮記·檀弓下》：“始死，脯醢之奠，將行，遣而行之。”鄭玄注：“將行，將葬也。葬有遣奠。”周代，士設遣奠用五鼎，陳少牢（羊），比平時大斂奠、祖奠用三鼎爲隆。《儀禮·既夕禮》：“陳鼎五於門外如初。”鄭玄注：“鼎五，羊、豕、魚、腊、鮮獸各一鼎。士禮特牲三鼎，盛葬奠，加一等，用少牢也。”胡培翬正義：“遣奠於葬日設之，故又名葬奠。自大斂奠用三鼎，至祖奠皆如之，此獨用五鼎，故云盛葬奠也。”吳澄《禮記纂言·檀弓》亦釋曰：“始死即有脯醢之奠，未葬以前皆然，將葬而有遣奠以遣行，既葬而有虞祭以饋食。”南朝宋王僧達《祭顏光祿文》：“以此忍哀，敬陳奠饋。”遣奠一稱，歷代沿用。《新唐書·禮樂志十》：“祝輿執饌者設遣奠於柩車，如祖奠。”唐以後又稱“饗奠”。饗奠，即饋饗祭奠之意。唐白居易《祭弟文》：“朔望晨夕，饗奠復嘗來。”宋代遣奠禮據宋司馬光《書儀·遣奠》述：“厥明，執事者具遣奠……祝帥執事遷靈座于柩前，南向，乃設遣奠。惟婦人不在，餘如朝夕奠之儀。執事者徹所奠之脯，置舁床上。”宋李清臣《欽聖憲肅皇后哀册文》：“痛三牲之養，忽至於遣奠；悲萬壽之祝，俄成於晞露。”明代天子出殯，於午門內行遣奠禮。《明史‧禮志十二》：“至午門內，設遣奠，如祖奠儀。內侍請靈駕進發，皇帝以下哭盡哀，俱還宮。”清代，皇室的遣奠改稱饗奠。《清史稿‧禮志十一》：“至陵翼日行饗奠禮。初，帝以《會典》舊稱‘遣奠’，稱名未當，命儒臣稽所自昉。大學士言：‘遣奠之稱，《禮》經並無明文，唯見諸孔穎達《士喪禮疏》，唐以後相沿用……是將行之祭，本用饗禮，舊稱遣奠，似不若作饗奠爲長。’敕下部更正，從之。”又《清會典‧禮部‧喪禮四》：“金棺暫安饗奠禮。先葬一日，行遣奠禮。”民國時期，遣奠禮猶流行，但其內容已與古代遣奠不同。民國二十五年《完縣縣志》載：“卜葬期定，前一夕，率延禮賓四人爲贊禮，舉行遣奠，富者並延僧道誦經渡橋，爲亡人解脫。”《畿輔通志‧風俗》：“發引日，喪家或用僧道，士大夫家或延庠生，於途行遣奠禮。”

【饋奠】

即遣奠。此稱先秦時期已行用。見該文。

【葬奠】

即遣奠。此稱漢代已行用。見該文。

【奠饋】[2]

即饋奠。此稱南北朝時期已行用。見該文。

【饗奠】

即遣奠。此稱唐代已行用。見該文。

奠席

古代喪禮中，自大斂以後爲死者擺放祭奠物品之席。始於先秦。《儀禮‧士喪禮》：“奠席在饌北。”鄭玄注：“大斂奠而有席，彌神之。”後代陳列祭奠品用奠几和奠席。《新唐書‧禮樂志十》：“乃奠。執巾、几席者升自阼階，入設於室之西南隅，東面。又几、巾已加，贊者以饌升，入室，西面，設於席前。”隨着時間的推移，陳奠祭品的奠席有了等級規格。《清史稿‧禮志十二》：“初祭，陳饌筵羊酒，具楮幣。公筵十五席，羊七，楮四萬；侯筵十二，楮三萬六千；伯筵十二，楮三萬二千，羊俱六。一品官筵十，羊五，楮二萬八千；二品筵八，羊四，楮二萬四千；三品筵六，楮二萬；四品筵五，楮萬六千，羊俱三；五品筵四，楮萬二千；六、七品筵三，楮萬，羊俱二。”清朝根據貴族爵位的尊卑與品官地位的高低規定了使用奠席的規格和數目。此俗沿至近代。

素俎

喪祭禮儀中用以載牲的白色木俎。素俎，素指無飾。此稱先秦時期已行用。《禮記‧檀弓下》：“奠以素器，以生者有哀素之心也。”鄭玄注：“哀素，言哀痛無飾也。凡物無飾曰素。”古喪禮多用素器，如素几、素車、素琴、甒豆、素俎之類。俎，長方形，兩端有足，形如几。多木製，抑或有青銅製。古時祭享以盛牲醴。《儀禮‧士喪禮》：“素俎在鼎西。”鄭玄注：“素俎，喪尚質。”素俎歷代沿用。南朝宋顏延之《爲湘州祭虞舜文》：“咨堯授禹，素俎采堂。”南朝梁劉令嫺《祭徐敬業文》：“素俎空乾，奠觴徒溢。”隋天子郊祀亦用素俎。《隋書‧禮儀志一》：“於是改用素俎，並北郊置四海座。五帝以下，悉用蒲席槀薦，並以素俎。”《通典‧禮二》：“梁武帝即位，用特牛祀天皇大帝於壇上，器以陶匏素俎，席用槀秸。”

靈筵

亦稱"石筵""靈几""几筵"。祭奠時供奉亡靈所用石製的几筵，放置靈座用。始見於南北朝時。《梁書·止足傳·顧憲之》："不須常施靈筵，可止設香燈，使致哀者有憑耳。"北齊顏之推《顏氏家訓·終制》："靈筵勿設枕几，朔望祥禫，唯下白粥清水乾棗，不得有酒肉餅果之祭。"《南齊書·禮志下》："靈筵雖未升廟堂，而舫中即成行廟。"《太平廣記》卷三四○引唐陳劭《通幽録》："凡孝有靈筵，神道交通，他則知汝所在。"靈筵近於後世之靈床，爲人死後虛設供亡靈之几筵，因多以石製成，又稱石筵。唐孟浩然《過景空寺故融公蘭若》詩："既禮新松塔，還尋舊石筵。"唐陳去疾《憶山中》詩："會可標真寄，焚香對石筵。"明以後，又稱靈几或几筵。明夏完淳《孤雁行》詩："拜哭撫靈几，優來不可任。孤兒在左右，呼舅何慇懃。"《明史·禮志十四》："明樓前爲石几筵。"明清天子大喪，宮中設几筵，朝夕祭奠。《明史·禮志十二》："〔京官〕於本署齋宿，朝晡詣几筵哭。"《清史稿·禮志十一》："既大斂，奉梓宮乾清宮，設几筵，朝、晡、日中三設奠。"

【石筵】

即靈筵。此稱唐代已行用。見該文。

【靈几】

即靈筵。此稱明代已行用。見該文。

【几筵】

即靈筵。此稱明代已行用。見該文。

氈豆

亦作"楬豆"。豆之素而無飾者。先秦時喪祭用具。《集韻·入曷》："楬，豆不飾曰楬，亦作氈。"氈豆起源甚古。《禮記·明堂位》："夏后氏以楬豆，殷玉豆，周獻豆。"鄭玄注："楬，無异物之飾也……齊人謂無髮爲禿楬。"周代大斂奠以氈豆裝盛供奉死者的食物。《儀禮·士喪禮》："東方之饌：兩瓦甒，其實醴、酒；角觶、木柶、氈豆兩，其實葵菹、芋、蠃醢。"鄭玄注："氈，白也。"胡培翬正義："《廣雅·釋器》云：'氈，厲也。'氈是毛布，色白。此豆亦白，故取以爲名也。"

【楬豆】

同"氈豆"。此體先秦時期行用。見該文。

祥琴

亦稱"素琴"。古代喪祭禮，親喪大祥祭日，爲示節哀而彈奏的不加裝飾的琴。源於先秦。典出《禮記·檀弓上》："孔子既祥，五日彈琴而不成聲，十日而成笙歌。"喪後二十五月之祭稱大祥。《禮記·喪服四制》："祥之日，鼓素琴。告民有終也，以節制者也。"鄭玄注："鼓素琴，始存樂也。三年不爲樂，樂必崩。"孔穎達疏："大祥之日，得鼓素琴……所以爲此上事，告教其民使哀有終極也……情實未已，仍以禮節爲限制，抑其情也。"喪後鼓祥琴，以寄托生者對死者的哀素親情。《魏書·禮志四》："聖人大祥之後，鼓素琴，成笙歌者，以喪事既終，餘哀之中，可以存樂故也。""祥琴""素琴"之稱，多見諸後世詩文中。漢秦嘉《留郡贈婦詩》之三："芳香去垢穢，素琴有清聲。"《晋書·隱逸傳·陶潛》："〔陶潛〕性不能音，而蓄素琴一張，弦徽不見。"南朝梁江淹《恨賦》："濁醪夕引，素琴晨張。"唐李白《古風》之五十五："安識紫霞客，瑤臺鳴素琴。"宋蘇軾《次韻趙景貺督兩歐陽詩破陳酒戒》詩："祥琴雖未調，餘悲不敢留。"明朱由檢《閑坐》詩：

"聖代自能調化瑟,孤生未忍治祥琴。"清趙翼《服闋後親友多勸赴官》詩:"祥琴才罷忍彈冠,多少鑼聲促上竿。"

【素琴】

即祥琴。此稱先秦時期已行用。見該文。

羹飯

供奉亡靈與祖先的食品。陳設於靈柩前的供桌上。羹與飯爲主食。源於先秦時小斂奠、大斂奠之類。迨至宋代,民間已有爲亡人送羹飯習俗。《文公家禮·喪禮》:"朔日則於朝奠設饌。饌用魚肉麵米食羹飯,各一器,禮如朝奠之儀。"清翟灝《通俗編·神鬼·送羹飯》引宋郭彖《睽車志》載:"有巫送鬼,自持咒前行,令一童擔羹飯。既行,童覺擔漸重,至不能任,巫曰:'此冤鬼難送也。'"明清以來,在未除孝之前,每日三餐,與生前相同,在靈前供奉羹飯。《金瓶梅詞話》第六七回:"西門慶看着迎春擺設羹飯完備,下出匜食來,點上香燭,使綉春後邊請了吳月娘衆人來。"有吊客來吊時,靈前亦備羹飯澆奠。《初刻拍案驚奇》卷一六:"燦若進得門來,在王氏靈前拜了兩拜,哭了一場,備羹飯澆奠了。"上墳祭奠,亦有羹飯之奠。《醒世恒言·劉小官雌雄兄弟》:"喚兩個土工來,收拾入斂過了,又備羹飯祭奠,焚化紙錢。"《金瓶梅詞話》第八九回:"玳安向西門慶墳上祭臺上,擺設桌面三牲、羹飯、祭物,列下紙錢。"又,行周年祭時亦設羹飯。《生綃剪》第一八回:"每年五月二十做郎伯升的羹飯。"舊時過年祭祖,主婦供羹飯菜肴致薦。《清史稿·禮志六》載品官士庶家祭:"每獻,主婦率諸婦致薦,一叩興。初獻比箸醢醬,亞獻羹飯肉戴,三獻餅餌果蔬。"舊俗自除夕至正月十六"落燈"送神,每日三次在祖宗影像前供茶水、羹飯等。清潘榮陛《帝京歲時紀勝·歲暮雜務》:"整齊祭器,擦抹什物,蒸饈點,煤襯供,調羹飯,治祭品,擺供獻。"此俗至今仍流傳。

倒頭飯

亦稱"打狗棒""倒頭羹飯"。舊俗在死者遺體旁供祭的食物。源於先秦。《儀禮·士喪禮》中所記之小斂奠、大斂奠即此類。明時,靈前供一碗"倒頭飯",上插七根秫秸棍,每根棍頂尖上插一個麵球,謂之"打狗棒",說是亡人到陰間經過"惡狗村"時用來打狗的。明沈榜《宛署雜記·民風一》:"靈前供飯一盂,集秫秸七枝,麵裹其頭,插盂上,曰'打狗棒'。"此稱近代仍然沿用,祇不過所插秫秸減至三根,麵球改爲棉球。民國《安達縣志》載:"供米飯一碗,上插秫秸三個,每個頂端綴以棉花,作球狀,俗曰打狗棒,又曰倒頭飯。"倒頭飯,或作倒頭羹飯。清張南莊《何典》第三回:"做過了倒頭羹飯,請送入斂的朋友親眷吃了喪家飯,大家散場。"此俗流行於全國各地。近世陳慶年《西石城風俗志》:"〔人死後〕以飯一盂,筷一雙,放屍旁,名曰'倒頭飯'。俗謂如是死者至冥間就不會成爲餓鬼。"山東民俗,靈床前放一碗生米,上面蓋一張烙餅,放一雙筷子。東北營口等地,以碗盛米,截禾莖長四五寸者,或用竹筷凡三支,上端縛以棉花團,插碗中,獻於靈前。

【打狗棒】

藉指倒頭飯。此稱明代已行用。見該文。

【倒頭羹飯】

即倒頭飯。此稱清代已行用。見該文。

主

亦稱"木主""神主""靈主"。初爲已死的君王、諸侯的牌位，後成普通人亦用的泛稱。其狀正方，用木或石製成，立於宗廟，供祭祀用。漢以後臣民亦用之。古人認爲主乃死者靈魂所依，意即人死"神"猶在，故又稱"神主"。清阮葵生《茶餘客話·墓祭》："古者墓而不墳，又無志碣，故設木主以依神。木也，墓也。"作主之俗周代已有。周喪禮，葬後虞祭始立主，虞祭之前以"重"代之，虞祭後則將之埋掉。《釋名·釋喪制》："比葬未作主，權以重主其神也。"《周禮·春官·司巫》："祭祀，則共匰主。"鄭玄注："主，謂木主也。"《禮記·坊記》："祭祀之有尸也，宗廟之有主也，示民有事也。"君王、諸侯之主長度有別，天子長一尺二寸，諸侯長一尺。《穀梁傳·文公二年》："丁丑，作僖公主。"范甯集解："爲僖公廟作主也。主蓋神之所馮依，其狀正方，穿中央達四方。天子長尺二寸，諸侯長一尺。"至於卿大夫則立尸而不設主。《通典·禮八》引漢許慎《五經異義》："或曰：'卿大夫士有主

不？'答曰：'按公羊説，卿大夫非有土之君，不得祫享昭穆，故無主。'"又，古代如有對外戰爭，亦須載木主而行，表示不忘祖先或靠先人保佑的意思。《史記·周本紀》："〔武王〕東觀兵，至於盟津，爲文王木主，載以車，中軍。"漢代又稱"神主"。《後漢書·光武帝紀上》："〔建武二年〕大司徒鄧禹入長安，遣府掾奉十一帝神主納於高廟。"李賢注："神主，以木爲之，方尺二寸，穿中央達四方。天子主長尺二寸，諸侯主長一尺，虞主用桑，練主用栗。"清汪汲《事物原會·神主》："晋琅玡王妃敬后前薨，而王后纂統加謚法，改神主，神主二字見此。"兩漢魏晋時又稱"靈主"。漢張衡《東京賦》："神歆馨而顧德，祚靈主以元吉。"《魏書·禮志一》："神儀靈主，宜時奉寧。"《晋書·李含傳》："秦王始封，無所連祔，靈主所居，即便爲廟。"魏晋時又稱"神板""神座"。《通典·禮八》："安昌公荀氏祠制：'神板皆正長尺一寸，博四寸五分，厚五寸八分。大書某

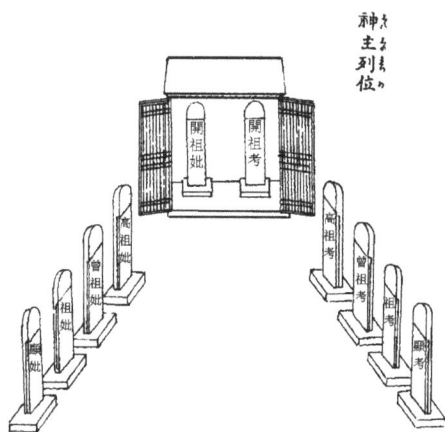

神主圖
（〔日〕中川忠英《清俗紀聞》）

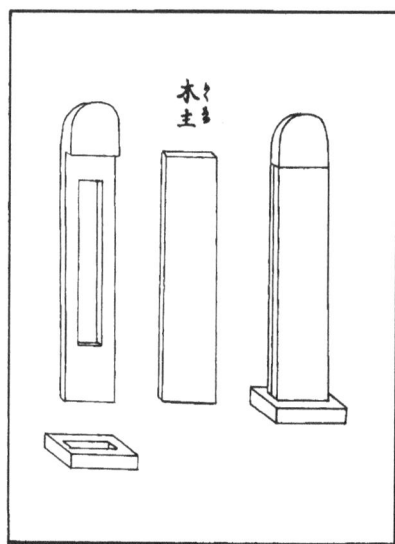

神主示意圖
（〔日〕中川忠英《清俗紀聞》）

祖考某封之神座，夫人某氏之神座，以下皆然。書訖，蠟油炙，令入理，刮拭之。'"後世立主甚普及。宋梅堯臣《次韻景彝奉慈廟孟秋攝事二十韻》："木主升新座，牙盤列庶羞。"明朱權《荊釵記·辭靈》："若是親娘在日，豈忍如此骯髒，不免到祠堂中拜別親娘神主。"後世民間所立神主，俗稱牌位，由座子與豎牌榫合而成，中書官諡姓名字等，旁題主祀之名，形制與早期有異。《金瓶梅詞話》第六五回："後響回靈，吳月娘坐魂轎，抱神主、魂旛。"神主供在祠堂中，平時用長方木匣子套着，看不見裏面的牌位。每到逢年逢節祭祀時纔摘下套子，露出牌位。《紅樓夢》第五三回："當下已是臘月，離年日近，賈珍那邊開了宗祠，著人打掃，收拾供器，請神主。"以便除夕那天祭奠祖先。清孫承澤《天府廣記·禮部下·品官家廟》："主祭開櫝，捧各祖考神主，主婦開櫝捧各祖妣神主，以序安奉於位，子弟捧祔食神主置於東西壁邊。"一般人家沒有祠堂，則奉主於家。光緒年間《昌平州志·風土記》："士大夫奉主於宗祠，鄉民奉主於家。"明代品官葬後題主，大祥後改題神主，將原神主埋於墓側，新題神主奉入祠堂。《明史·禮志十四》："喪至此凡二十五月，亦止用第二祭日祭。陳禫服，告遷於祠堂。改題神主，遞遷而西，奉神主入於祠堂。徹靈座，奉遷主埋於墓側。"清代，品官在改題神主後，將原來的神主藏於夾室。士庶人則祭後埋於墓側。新神主則置於祠堂或寢屋供祭。《清史稿·禮志十二》："訖，改題神主，詣廟設東室，奉祧主藏夾室。乃徹靈座。"清趙翼《陔餘叢考·宗祠塑像》："近世祠堂皆設神主，無復有塑像者，其祖先真容則有畫像，歲時展敬。"民國時期，

神主無桑主、栗主之分。神主木製，高一尺，寬三寸，厚一寸餘，上面半圓頂，下面有雕花底座的木牌。底座上插兩或三個木牌，祇有父母，便是兩個，如有繼母，則爲三個。多分兩層，稱內外兩函，外函寫"顯考某某府君某某之神主"，內函寫某官、某姓、某公、某甫神主及生死年月日。參閱清吳榮光《吾學錄初編》。

【木主】

即主。此稱漢代已行用。見該文。

【神主】

即主。此稱漢代已行用。見該文。

【靈主】

即主。此稱漢代已行用。見該文。

桑主

亦稱"虞主"。葬後虞祭時用桑木所立的神主。人死既葬，還祭於殯宮曰虞祭，用桑主祭。此稱先秦時期已行用。《公羊傳·文公二年》："主者曷用？虞主用桑，練主用栗。"《國語·周語上》："及期，命於武宮，設桑主，布几筵。"韋昭注："主，獻公之主也。練主用栗，虞主用桑。禮，既葬而虞，虞而作主。"桑，音同喪，取其名以嗣孝子之心。過十三個月小祥舉行練祭，改立栗主，而將桑主埋於祖廟門道左處。《舊唐書·禮儀志六》："東都太廟，不合置木主，謹按典禮，虞主用桑，練主用栗，重作栗主，則埋桑主。"桑主不題諡文。《後漢書·禮儀志下》："桑木主尺二寸，不書諡，虞禮畢，祔於廟，如禮。"漢代天子桑主長一尺二寸，唐代長一尺。《新唐書·禮樂志十》："虞，主用桑，長尺，方四寸，孔徑九分，烏漆匱，置於靈座，在寢室內戶西，東向，素几在右。"《續資治通鑑·宋仁宗嘉祐八年》："十一月，己亥，虞主

至自山陵，皇太后迎奠於瓊林苑。"後世多置寢室，待換桑主後，將栗主置於神廟或祠堂。

【虞主】

即桑主。因虞祭時所立，故稱。此稱先秦時期已行用。見該文。

栗主

亦稱"練主"。古代練祭時所立的神主。用栗木做成，故稱。古代死者葬後十三個月舉行練祭，則以栗木替代桑木作神主，上刻謚號，祭後藏於宗廟，用以長年奉祀。源於先秦。《論語·八佾》："魯哀公問主於宰我，宰我對曰：'夏后氏以松，殷人以柏，周人以栗。'"《公羊傳·文公二年》："虞主用桑，練主用栗，用栗者藏主也。"祭後，裝入石函，藏於祖廟西壁（一説北壁）龕中。漢衛宏《漢舊儀》云："作栗木主，長八寸，前方後圓，圍一尺，置牖中。"《舊唐書·禮儀志六》："東都太廟，不合置木主，謹按典禮，虞主用桑，練主用栗，重作栗主，則埋桑主。"《元史·祭祀志三·宗廟上》："其栗主却與舊主牌位各貯箱内，安置金椅下，禮有非宜。"《明史·禮志十二》："神主用栗，制度依家禮。"清吳榮光《吾學録初編》叙清代栗主之制甚詳："作主，用栗，趺方四寸，象歲之四時，高尺有二寸，象十有二月。身博三十分，象月之日。厚十二分，象日之辰……屬謂高曾祖考，稱爲官謚。旁題主祀之名，陷中書姓字及行弟，左書生卒年月日時，右書葬地方向。"由於栗主供長年祭祀，因此神主多就栗主而言。清龔自珍《臣里》："臣窺之，食不忘瞀宗之牲，生不忘栗主之祝。"近人易宗夔《新世説·傷逝》："厲樊榭無子，没後四十餘年，與其妾月上栗主，並委榛莽中。"

【練主】

即栗主。此稱先秦時期已行用。見該文。

石主

祭祀社稷用的石製神主。始於先秦。《新唐書·儒學傳中·張齊賢》："社主用石，以地産最實歟？《吕氏春秋》言，殷人社用石，後魏天平中，遷太社石主，其來尚矣。周之田主用所宜木，其民間之社歟？非太社也。"《宋史·禮志五》："先是，州縣社主不以石。禮部以謂社稷不屋而壇，當受霜露風雨，以達天地之氣，故用石主，取其堅久。"《明會典·禮部·祭祀七》載洪武社稷祭祀儀式："石主長二尺五寸，方一尺，埋於壇南正中，去壇二尺五寸，止露圓尖，餘埋土中。"黄侃《禮學略説》："玉罍之説，石主之説，鸞和之説，雖出傳記，皆謂無明文，遂無以決之。"

主祏

宗廟所藏木製神主。平時藏於石函中。此稱先秦時期已行用。《左傳·昭公十八年》："〔子産〕使祝史徙主祏於周廟，告於先君。"杜預注："祏，廟主石函。"孔穎達疏："每廟木主皆以石函盛之，當祭則出之，事畢則納於函，藏於廟之北壁之内，所以辟火灾也。"《三國志·魏書·韓曁傳》："時新都洛陽，制度未備，而宗廟主祏皆在鄴都。曁奏請迎鄴四廟神主，建立洛陽廟，四時蒸嘗，親奉粢盛。"《歧路燈》第一〇八回："到了家中，拜主祏，與祖母、父親、母親、生母各磕了頭。"

尸

穿死者衣服，代死者受祭，象徵死者神靈的人。流行於先秦。《説文·尸部》："尸，陳也。象卧之形。"容庚《金石編》按："金文'象屈膝之形’，後假‘夷’爲尸，而尸之意晦。祭祀之屍，其陳之祭，有似於尸，故亦以屍名之。”古代除祭祀未成年人不用尸外，其他皆用。一般以臣下或者死者晚輩充任。男者，以其孫或孫輩爲尸；女者，必异姓，以其孫輩之婦爲尸。《儀禮・士虞禮》：“祝迎尸，一人衰絰奉篚，哭從尸。”鄭玄注：“尸，主也。孝子之祭，不見親之形象，心無所繫，立尸而主意焉。”尸，相當於後來的神主。《詩・小雅・楚茨》：“神具醉止，皇尸載起。鼓鍾送尸，神保聿歸。”《公羊傳・宣公八年》：“猶繹，萬人去籥。”何休注：“祭必有尸者，節神也。禮，天子以卿爲尸，諸侯以大夫爲尸，卿大夫以下以孫爲尸。”《禮記・曾子問》：“孔子曰：‘祭成喪者必有尸，尸必以孫，孫幼，則使人抱之。無孫則取於同姓可也。’”古代祭祀祖宗必以尸代饗，尸以孫充當。因爲祖與孫昭穆相同，以孫代祖，由父祭之，體現中國古代“子事父”的倫理觀念。喪祭從虞祭時始用尸。祭祀前從衆孫中選一尸，

尸
（宋陳祥道《禮書》）

由占卜決定，稱“筮尸”。代表祖父受祭的用男孫，代表祖母受祭用孫女，分稱男尸、女尸。《儀禮・士虞禮・記》：“男，男尸；女，女尸，必使異姓，不使賤者。”鄭玄注：“異姓，婦也。賤者，謂庶孫之妾也。尸配尊者，必使適也。”按，异姓，即不同於夫家之姓。故不以孫女爲尸，可以孫婦爲尸。尸享最高之禮。迎尸入室，主人拜請尸安坐，用祭先人的食物進食，并舉行樂舞娛尸。如是天子之祭，祭祀完畢，先請尸進食供品，依次君、卿、大夫、士進食。夏、商、周均以尸代祭。夏代，尸始終站至祭事完畢，謂“立尸”；而殷代的尸坐以受祭，謂“坐尸”；周沿殷制，聽任主人隨便告語和勸請飲食。《禮記・禮器》：“周坐尸，詔侑武方；其禮亦然，其道一也；夏立尸而卒祭；殷坐尸。”戰國以後，尸逐漸被神主所取代，因亦稱神主爲尸。《莊子・逍遥游》：“庖人雖不治庖，尸祝不越樽俎而代之矣。”成玄英疏：“尸者，太廟中神主也。”《楚辭・天問》：“武發殺殷何所悒？載尸集戰何所急？”王逸注：“言武王伐紂載文王木主，稱太子發，急欲奉行天誅，爲民除害也。”洪興祖補注：“尸，神象也。”後世多以神主、魂帛、影像取代尸受祭。

靈坐

亦作“靈座”。舊稱新喪既葬，供奉神主、魂帛的席位。設於柩前，服除而撤，供祭奠用。此稱晋代已行用。晋潘岳《寡婦賦》：“入空室兮望靈座，帷飄飄兮燈螢螢。”《晋書・顧榮傳》：“榮素好琴，及卒，家人常置琴於靈座。”又《傅咸傳》：“咸以身無兄弟，喪祭無主，重自陳乞，乃使於官舍設靈坐。”亦有服除後，仍

設靈坐的。《南史·張永傳》："服制雖除，猶立靈坐，飲食衣服，待之如生。"唐代，殯後即立靈座。《新唐書·禮樂志十》："既殯，設靈座於下室西間，東向，施床、几、桉、屏、帳、服飾，以時上膳羞及湯沐如平生。"唐郎餘令《冥報拾遺·任五娘》："唐龍朔元年，州景福寺比丘尼修行房中，有侍童任五娘死後，修行爲五娘立靈座。"宋代以後，置魂帛於靈座暫代神主。宋司馬光《書儀》卷五："魂帛，結白絹爲之。設椸於屍南，覆以帕，置椅桌其前。置魂帛於椅上，設香爐杯注酒果於桌子上，是爲靈座。"《宋史·禮志二十五》："明年三月十七日，群臣奉謚號冊寶告于南郊，明日讀於靈坐前。"《明史·禮志十四》："靈座設於柩前，用白絹結魂帛以依神。"古代喪祭，一般於靈坐前行奠。《初刻拍案驚奇》卷二五："家裏設個靈座，朝夕哭奠。"《禪真後史》第一四回："次日整備祭禮絹帛至二處靈座前祭獻已罷，就請瞿家合門飲酒。"清阮葵生《茶餘客話·民公溘逝之禮》："既斂，設靈座，陳奠几，五服之人皆成服。"《清史稿·禮志十二》："靈座前置供案，陳賜祭物品，左右分陳自備祭品。"期滿除孝之後，乃撤靈坐，亦可直接焚化。《金瓶梅詞話》第八回："臨佛事完滿，晚夕送靈化財出去，婦人又早除了孝髻，換了一身艷衣服，在簾裏與西門慶兩個並肩而立，看著和尚化燒靈座。"清代大祥以後，藏主入廟，即撤靈坐。《清史稿·禮志十二》："訖，改題神主，詣廟設東室，奉祧主藏夾室。乃徹靈座。後一月禫。喪至此計二十有七月。"清代靈座形制較唐宋時似小。清翟灝《通俗編·儀節·靈座》載："《朱子家禮》：有大祥撤靈座文。按，前史或稱靈床或稱靈座，

大約名異實同也……知當時所云靈床靈座，皆實陳器用，不如今之幻爲小居也。"靈坐近代喪禮仍有使用。

【靈座】

同"靈坐"。此體晉代已行用。見該文。

靈位

亦稱"靈牌""牌位""神牌"。喪葬風俗，人死後暫設寫有死者名字的供位。一般用素綾或白紙居中直書"某某官爵某姓某諱之靈位"。也有先寫主祀者對死者的稱謂，後寫死者身份的，或供於靈床，或貼在牆壁，或疊成長條狀倚牆豎置，供祭祀用。始見於元，盛於明清，至今猶存。元張國賓《羅李郎》第二折："我安了靈位，排了果桌，向大門外將紙錢忙燒。"《元史·祭祀志三·宗廟上》："其祧室栗主宜用綵輿遷納，舊主併牌位安置於箱爲宜。"《喻世明言·楊思溫燕山逢故人》："三人入閣子中看時，却是安排供養着一個牌位，上寫着'亡室韓國夫人之位'。"《金瓶梅詞話》第六回："那婦人歸到家中，樓上去設個靈牌，上寫'亡夫武大郎之靈'。"《說岳全傳》第四〇回："但見上邊坐着一位神道，青臉紅鬚，牌位上寫着'敕封東平王睢陽張公之位'。"靈位爲人初死數天內所設，待設神主之後，一般將此靈位焚化。《水滸傳》第二七回："我哥哥靈床子就今焚化

江西萬載株潭鎮周家大屋祖宗牌位

了……你要管小人罪重，只替小人從實證一證，隨即取靈牌和紙錢燒化了。”也有葬後始設靈位的。《綠野仙踪》第四二回：“如玉將他母親合他父親葬後，守了三日墓，方回家安設靈位，晚間就在靈位前宿歇。”或將靈位長期供奉，以爲神主。明劉若愚《明宮史》載：“凡司禮監掌印、秉筆、隨堂，故後各有牌位，送外經廠供安。”《水滸傳》第七一回：“〔忠義堂〕正廳供養晁天王靈位。”清孔尚任《桃花扇·閑話》：“下官也没等工完，親手寫了神牌，寫了墓碑，連夜走來。”清昭槤《嘯亭雜録·内務府定制》：“〔前後殿之間〕供奉列聖列后神牌。”

【靈牌】

即靈位。此稱元代已行用。見該文。

【牌位】

即靈位。此稱元代已行用。見該文。

【神牌】

即靈位。此稱清代已行用。見該文。

神坐

亦作“神座”，又稱“神版”“神板”。舊稱爲死者所立的牌位，猶神主。神坐起源甚古。初多爲石製。清翟灝《通俗編·神坐》引宋黄伯思《東觀餘論·跋四皓碑後》載：“近歲有商於一耕夫，得漢石刻數種，有云‘圈公神坐，‘綺里季神坐’‘角里先生神坐’。皆漢人隸書，神坐之稱古矣。”始見於先秦。《儀禮·少牢饋食禮》：“祝設几於筵上。”鄭玄注：“布陳神坐也。”《周禮·地官·遂師》“其屬以幄帟先”鄭玄注：“先張神坐也。”晋干寶《搜神記》卷一七：“道士便盛擊鼓，召請諸神魅，乃取伏虎，於神座上吹作角聲音。”《梁書·蕭琛傳》：“郡有項羽廟……甚有靈驗，遂於郡廳事安施床

幕爲神座。”《隋書·禮儀志六》：“今南郊神座，皆用莞席，此獨莞類，未盡質素之理。”《朱子語類》卷九〇：“〔神主牌〕據隋煬帝所編《禮書》，有一篇《荀勖禮》乃是，云：闊四寸，厚五分，八分大書‘某人神座’。”《新唐書·禮樂志十》：“掌饌者引饌入，升自東階，入於室，各設於神座前。”後世神座多爲木製，貯以帛囊，藏於石函或漆函，并有“神版”之稱，每當祭奠時取出。《宋史·禮志十一》：“既晨裸，諸太祝入，以血毛奠神坐。”《元史·祭祀志三》：“諸太祝迎於階上，各跪奠於神座前。”宋趙彦衛《雲麓漫抄》卷二載神版之制：“神版長尺一寸，博四寸五分，厚五寸八分，大書‘某祖考某封之神座’。”《宋史·禮志十二》作“神板”，上面“大書‘某官某大夫之神坐’，貯以帛囊，藏以漆函，歲四享用”。明宋濂《蒲田林氏重建先祠記》：“於是改爲神版者五，高四尺，博一尺八寸，下設趺座，用粉塗而玄書之。”《花月痕》第五一回：“見軒草堂正面一座沉香雕花的龕，約有九尺多高，内奉先人坐像，龕前主題云‘故東越孝廉韋公癡珠神座’。”

【神座】

同“神坐”。此體魏晋時期已行用。見該文。

【神版】

即神坐。此稱宋代已行用。見該文。

【神板】

即神坐。同“神版”。此稱宋代已行用。見該文。

魂帛

亦稱“神帛”。人初死，於靈座上所結之白絹，以暫代神主。用白絹摺成長條，結成同心結狀，肖人形，上書死者名諱，用以依神。至

葬後立神主，將魂帛埋於墓側。魂帛由上古的"重"演變而來。漢代已有"束帛依神"之説。漢許慎《五經異義》："大夫無主，束帛依神。"清吳榮光《吾學録初編・喪禮門二・品官喪一》："魂帛之制，《禮經》所謂古者始死設重，以木爲之，縱橫交貫……司馬〔光〕《書儀》始用許氏慎、鄭氏康成束帛依神之説，易重爲魂帛，謂如魂帛之式。考古之束帛，用絹一匹卷兩端相向而束之。朱子《家禮》改用白絹，摺爲長條，交互穿貫，如世俗所謂同心結者，上出其首，旁出兩耳，下垂其餘爲兩足，肖人之形。近世行禮者遂用其式，於左書死者生年月日時，右書卒年月日時，其長短無定制。"舊時迷信以爲死者可能隨飄帛之招引而還魂。一説神帛由上古的複衣裳演變而來。《文獻通考・王禮十七》："檢會典故，竊詳神帛之制，雖不經見，然考之於古，蓋複之遺意也。《禮運》曰：'及其死也，升屋而號。告曰：皋某複。'"注云："然古之複者以衣，今用神帛招魂，其意蓋本於此。"宋以來，民間以魂帛替代懸重。宋代品官喪儀尚用重，民間則行用魂帛。宋司馬光《書儀・魂帛》："士民之家，未嘗識也，皆用魂帛，魂帛亦主道也。《禮》：大夫無主者，束帛依神。今且從俗，貴其簡易。"宋代設魂帛的儀式：用白絹打成結，在死者南面設一竹竿，以帕覆之。其前擺上桌椅，桌上置香爐、杯酒和果品，椅上則置魂帛，是爲靈座。左設銘旌。侍者朝夕奉飲食衣服，待之如生。待出殯葬後，立神主，將魂帛埋於地下。明代品官喪禮，死者沐浴含口後，設魂帛。《明史・禮志十四》："靈座設於柩前，用白絹結魂帛以依神。"清代大斂後，柩前設靈座奉魂帛。清孫承澤《天府廣記・禮部下・喪制》："靈座置於柩前，用綿絹結魂帛以依神。"及至夜晚，奉魂帛於床，象徵死者平時起居之態。出殯時，奉魂帛於靈車。清阮葵生《茶餘客話・民公溘逝之禮》載："卜日而發引。前夕啓奠。翼日以櫬轝昇柩，以靈車，載魂帛。"葬後，置魂帛於箱，將木主置案上。題主後，魂帛埋於墓側。

【神帛】[2]

即魂帛。此稱宋代已行用。見該文。

重

把盛有米飯的陶鬲懸於庭中，暫代替木主以"主其神"。古代新死者無神主牌，立重木代以受祭。《釋名・釋喪制》："重，死者之資重也。含餘米以爲粥，投入瓮而懸之。比葬，未作主，權以重主其神也。"其俗始於商代。宋聶崇義《三禮圖》云："重起於殷代，以含飯餘粥以鬲盛之，名曰重。"商代人死後，置重於廟庭，設立木主後，仍將重懸於新死者所殯之廟。直到死者出殯後，纔埋起來。周代，人死後，將飯餘之米熬成粥，放入陶鬲中，然後在中庭近南處立柱橫上重木，木上鑿孔用以懸重鬲，外用葦席圍罩，標志此地有神明存在，也表示家中有喪。《儀禮・士喪禮》："重，木刊鑿之。甸人置重於中庭，三分庭，一在南。夏祝粥餘飯，用二鬲於西墙下，冪用疏布，久之，繫用斂，縣於重。"鄭玄注："木也，縣物焉曰重。刊，斫治。鑿

聶崇義本

劉績本

重
（清徐乾學《讀禮通考》）

之，爲懸簪孔也。士重木長三尺。重，主道也。士二鬲，則大夫四，諸侯六，天子八。”所用陶鬲與重木長短等級不一，士二鬲、大夫四鬲、諸侯六鬲、天子八鬲。重木橫長，士三尺、卿大夫五尺、諸侯七尺、天子九尺。《禮記·檀弓下》：“重，主道也。”鄭玄注：“始死未作主，以重主其神也。重，既虞而埋之，乃後作主。”重，代替神主。在未葬前，以重作爲神主，葬後，另立主，即埋重於祖廟門外。故《士喪禮》：“祝取銘置於重。”因銘旌上有死者之名，故將銘旌樹於重之旁。《禮記·雜記》：“重，既虞而埋之。”鄭玄注：“就所倚處埋之。”按，葬前遷柩朝祖時，重亦遷於祖廟，故孔穎達疏：“注‘就所倚之處埋之’，謂於祖廟門外之東也。”漢代，天子大喪，亦用八鬲。《後漢書·禮儀志下》：“以木爲重，高九尺，廣容八歷，裹以葦席。”晋至北朝，一度將懸重改爲凶（喪）門柏歷（鬲）。《晋書·禮志中》引晋人范堅云：“凶門非禮，禮有懸重，形似凶門。後人出之門外以表喪，俗遂行之。”隋文帝時廢凶門之禮，恢復懸重。《隋書·禮儀志三》：“諸重，一品懸鬲六，五品已上四，五品已下二。”唐代重木依品第分爲長九尺、七尺、六尺諸種。設重之禮與周時基本相同。《新唐書·禮樂志十》：“鑿木爲重，一品至於三品，長八尺，橫者半之，三分庭，一在南……以沐之米爲粥，實於鬲，蓋以疏布，繫以竹篾，懸於重木。”宋代，品官喪儀仍置重。一品六鬲，五品以上四鬲，六品以下二鬲，民間則已無設重之儀。宋司馬光《書儀·喪儀一》：“士民之家，未嘗識也。”宋張載《經學理窟·喪紀》云：“‘重，主道也’，謂人所嗜者飲食，故死以飲食依之。既葬然後爲主，

未葬之時，棺柩尚存，未可爲主，故以重爲主。今人之喪，既設魂帛又設重，則是兩主道也。”宋代，民間盛行立魂帛以代重。又，棺殮中置糧罌，亦重之遺意。宋高承《事物紀原·吉凶典制》載：“今喪家棺斂，柩中必置糧罌者……今之糧罌，即古重之遺意也。”明清已無此儀，用魂帛。宋以後至近代，民間喪禮用净罐兩個，中盛以供養餘飯，上蓋白布，尚爲此俗之遺風。馬叙倫《讀書續記》卷一：“今世喪禮，各從其俗。杭州始死三日立主，又有神幡及糧食瓶。糧食瓶，《顏氏家訓》謂之糧罌，實即重上之鬲。惟古用二鬲，今止一瓶，然形并瓶制，是宜名瓮。瓮中實以供養餘飯，置主側，葬則並内壙中。”參閱《魏書·禮志二》、《通典》卷一三八、《宋史·禮志二十七》。

紙劄

亦作“紙紮”。用紙和竹篾扎成的冥器。多爲紙糊的轎馬、樓庫之類，喪祭時焚燒，故又稱“燒活”“樓庫人兒”。此俗源於先秦時代的野蠻殉葬。唐以後，明器陪葬之習漸衰。自宋而後，紙糊的冥器大量出現。宋趙彦衛《雲麓漫抄》卷五：“古之明器，神明之也。今以紙爲之，謂之冥器。”宋孟元老《東京夢華錄·中元節》：“七月十五日中元節。先數日，市井賣冥器靴鞋、幞頭帽子、金犀假帶、五綵衣服。以紙糊架子盤游出賣。”南宋杭州等處，出現了專賣冥器的紙劄鋪。宋吳自牧《夢粱錄·鋪席》載：“向者杭城市肆名家有名者……劉家、吕家、陳家綵帛鋪，舒家紙劄鋪。”元岳伯川《鐵拐李》第四折：“今日是俺哥哥的頭七，請了幾個和尚，買了些紙劄，與哥哥看經。”明清時，焚紙劄之風，已極爲流行。《金瓶梅詞

話》第六五回："到次日發引，先絕早抬出銘旌，各項幡亭紙劄，僧道鼓手，細樂人役，都來伺候。"《紅樓夢》第一四回："這八個人單管各處燈油、蠟燭、紙劄。"清趙吉士《寄園寄所寄》卷上："初四日申時後，故主靈到，即停於祭棚内，陳設猪羊金銀紙劄祭品，同衆舉哀祭奠下葬。"清蒲松齡《日用俗字·紙紮章》："紙紮只待一聲哭，費盡千金一火焚。"舊時北京等地富有之家，爲了顯示闊綽，出殯時紙劄數量之多，製作之精，十分驚人。同治《都門紀略》云："冥衣鋪，凡喪家所用之車、船、轎、馬、冠袍、帶履，又樓庫、童人等，無不精妙，與真的無二，非他處可比。"出大殯的行列可蜿蜒數里，全套紙劄有方弼、方相、開路鬼、噴錢獸、四大金剛、十二美女、松亭、影亭、金山、銀山、陰宅樓庫、紙幡雪柳、箱籠衣服，等等。紙糊轎馬一般於接三時燒化。另外的紙劄全在出殯時，抬到墓穴前，待棺材落葬後焚化。徐珂《清稗類鈔·喪祭類》載淮安人之喪："三日之限滿，本坊土地將死者送往都土地廟，喪家遂以紙紮轎馬，並延僧人、樂手導之，謂之起程。"民國二十年刊《天津志略》載："所用儀仗，貧富不同。富家貴人，則加用全付執事及車、轎、亭、馬，更以松獅、松亭、松鶴、松鹿、童男童女、花盆紙桌，對對排列，銜接而行。"今迷信亦用紙劄。部分農村暴發户之類，出殯時，有紙汽車、紙電視、紙冰箱、紙音響等紙劄，在街衢炫耀，浮費甚多。參閲鄧雲鄉《紅夢識小録·紙紮》。

【紙紮】

同"紙劄"。此體清代已行用。見該文。

寓綵

用紙製成的彩帶，用於喪葬。此稱宋代已行用。《宋史·禮志二十二》："建炎四年，南平王薨，差廣南西路轉運副使尹東珣充吊祭使，賜絹布各五百匹、羊、酒、寓錢、寓綵、寓金銀。"《續通典·禮二十六》亦載此文。《宋會要輯稿·禮四十三》："淳熙三年五月十四日，安南國王李天祚薨，命廣西提刑廖遷時暫兼權本路轉運副使，充安南吊祭使。絹、布各七百匹，羊七十口，面七十石，酒七十瓶，紙錢七十束，寓錢七十瓣，寓綵七十束，寓金銀七十鋌。"古代喪葬用品以紙替代之俗始於唐，宋代以後逐漸流行，并沿傳至今。

寓龍馬

祭祀或喪葬時所用木龍木馬，後演化作紙龍、紙馬，并作爲冥器焚化。漢代指木龍、木馬。漢成帝初即位，丞相匡衡等議言甘泉泰畤紫壇，提及"寓龍馬"。漢荀悦《前漢紀·孝成帝紀》："今甘泉紫壇有文章刻鏤黼黻文綉之飾，及玉女樂石壇、仙人祠瘞、鸞輅騂駒、偶人龍馬之屬，皆宜勿修。"《漢書·郊祀志上》記同一事，則曰："……鸞路騂駒、寓龍馬，不能得其象於古。"按，寓猶後世木偶之偶，亦或寫作禺，《史記·封禪書》"木禺龍欒車一駟"裴駰集解："《漢書音義》曰：禺，寄也。寄生龍形於木也。"司馬貞索隱："禺音偶，謂偶其形於木。禺馬亦然。"清顧炎武《日知録·漢書注》考論"寓"通"偶"甚詳："李奇曰：寓，寄也，寄生龍形於木。此説恐非。古文偶、寓通用（偶亦音寓）。木寓，木偶也。《史記·孝武紀》作木偶馬。而《韓延壽傳》曰'賣偶車馬下里偽物者棄之市道'，古人用以事神及送死，

皆木偶人木偶馬（《魯相史晨孔廟後碑》云：飭
治桐車馬于瀆上）。今人代以紙人紙馬。又《史
記・殷本紀》：帝武乙無道，爲偶人，謂之天
神。索隱曰：偶音寓。《酷吏傳》：匈奴至爲偶
人象郅都。索隱曰：《漢書》作寓人。可以證寓
之爲偶矣。”然或有异說，謂寓爲假藉之意，此
說似不可據。《史記・孝武本紀》“以木耦馬代
駒焉”司馬貞索隱：“一音偶。孟康云：寓，寄
龍形於木。又姚氏云：寓，假也。以言假木龍
馬一駟，非寄寓龍馬形於木也。”漢時祭祀用木
寓龍、木寓馬，唐以後喪葬所用的一些明器逐
漸爲紙製物所替代，故寓龍馬又指紙龍馬。宋
趙彥衛《雲麓漫抄》卷五：“寓龍馬即古之明
器，自周亡至元嘉，而祭禮稍如古。其間豈無
賢良儒學之士？卒不能正。二王請復古禮而莫
之能行，習俗移人如此。”宋代以後紙冥器逐漸
流行，相襲至近世。

紙馬

　　繪有神像、馬匹等供祭祀用的冥紙。古時
祭祀用牲幣，後演變爲用偶馬（即木馬）。唐
代以後，流行用紙馬祭祀鬼神。清王堂《知新
錄》：“唐明皇瀆於鬼神，王璵以紙爲幣，用紙
馬以祀鬼神。”至宋代，紙馬已極爲盛行。《宋
史・禮志二十七》：“焚紙馬，皆舉哭，再拜畢，

用以送葬的紙馬、紙轎

各還次，服吉服，歸驛。”宋代都市中有製作、
售賣紙馬或紙扎冥器的紙馬鋪。宋孟元老《東
京夢華錄・清明節》：“諸門紙馬鋪，皆於當街，
用紙衮疊成樓閣之狀。”紙馬上畫上神像，塗
以彩色，祭畢則焚之。元無名氏《小張屠・楔
子》：“我不合將人上了神靈紙馬，又將來賣與
別人還願。”《金瓶梅詞話》第八四回：“〔吳大
舅〕一面備辦香燭紙馬祭品之物，玳安、來安
兒跟隨，顧了三個頭口。”《綠野仙踪》第五九
回：“吩咐張華買辦祭物，並香燭紙馬之類。自
己又哀哀切切的做了一篇祭文。”《紅樓夢》第
四三回：“那姑子去了半日，連香供紙馬都預備
了來。”祭祀時，將紙馬圈成長筒形支起來，立
於供桌之上，紙馬前設置酒食等各種冥供，祭
後焚化。

【甲馬】

　　即紙馬。此稱明清時期已行用。清袁枚
《子不語・天后》：“天后聖母，……海洋舟中，
必虔奉之。遇風濤不測，呼之立應。有甲馬三：
一畫冕旒秉圭，一畫常服，一畫披髮跣足仗劍
而立。每遇危急，焚冕旒者輒應，焚常服者則
無不應，若焚至披髮仗劍之幅，而猶不應，則
舟不可救矣。”

轎馬

　　舊俗家人爲死者焚化紙扎的轎、馬，作爲
死者在陰間的代步工具。此俗古已有之，沿至
今世。清乾隆年間刻本《束鹿縣志・風俗》：
“死之第二日夜半，紙作轎馬僕從門外焚之，俗
謂送行。”北方民間多在送路時焚燒。民國十七
年重修《房山縣志・禮俗》載：“是夕糊紙車馬
及箱囊等物，死者之家族及戚友，送往五道廟
前焚之，曰‘接三’，又名‘送路’。”一般男喪

送紙馬，女喪送紙轎。清光緒五年刻本《通州志·喪禮》："死之次日，慼友俱送冥鏹，男喪送紙馬，女喪送紙轎。"江南風俗多於臨終之際燒轎馬。胡樸安《中華全國風俗志·下編·江蘇》記南京喪俗："亡者病篤，即預備紙扎轎馬各一事。易簀即避帳，於門外焚轎馬，謂亡者至陰司，即不至徒步以行。"同書《安徽》記合肥風俗又云："人於將死未死前，家人爲之向肆中購紙扎之轎馬及轎夫，焚於門前。焚後用物將灰燼遮好，免爲風吹去，候斷氣時，即揭去，云爲死者乘之以赴陰間也。"

冥宅

亦稱"紙房""陰宅"。舊時爲死者焚化的紙糊房子，迷信以爲可供死者在陰間居住用。始於元代。元王惲《論中都喪祭禮事狀》載："又無問貴賤，多破錢物，一切紙作房室侍從車馬等儀物，不惟生者虛費，於死者實無所益，亦乞一概禁止。"紙作房室，即冥宅。入清以後，製扎冥宅之風極爲盛行，多者竟達數十間，連綿四五畝。清高祐《蘇邱雜鈔》中記："京師喪家出葬，浮費最多……又紙糊'方相'，長亦數丈，紙房纍數十間。"《聊齋志異·金和尚》："冥宅壯麗如宮闕，樓閣房廊連垣數十畝，千門萬戶，入者迷不得出。"又《日用俗字·紙扎章》："一片陰宅四五畝，樓房堡垛似莊邨。"民國年間，這種鋪張浪費的風氣愈演愈烈。《雄縣新志·謠俗編》："又紙糊方相，長亦數丈，紙房累數十間，紙車馬舟船僕從尤難僂數。"冥宅一般在出葬前焚燬，亦有在接三時扎製而焚化者。民國年間《西安縣志略》載："紙扎冥宅、牌樓、僮僕、車馬及一切器玩、金山、銀山皆備焚之，或在接三，或在葬時。"冥宅屬巨碼冥

器，需分別糊出來，然後送到喪家或焚化場時，臨時現擺。此俗今鄉村猶存。

【紙房】

即冥宅。此稱元代已行用。見該文。

【陰宅】[2]

即冥宅。此稱清代行用。見該文。

箱庫

省稱"庫"。亦稱"寄庫""樓庫"。古代喪葬或祭祀時焚化給死者的紙製冥器。以紙、竹扎成箱狀或樓狀，內貯紙錠等物，以供死者在陰間使用。唐代時出現紙製冥器，以後逐漸普及。據清翟灝《通俗編》卷二○載，遼代有"寄庫"之俗："遼俗，十月內五京進紙衣甲器械，十五日國主與押番臣密望木葉山奠酒，用番字書狀，同燒化以奏山神曰：'寄庫。'今婦人焚寓錢於生前，作佛事寄屬冥吏，以冀死後取用，蓋遼俗之漸染也。"明清時，將喪葬或祭祀時焚化的箱狀冥器，稱爲"箱庫"。《金瓶梅詞話》第六六回："煉度已畢，黃真人下高座，道衆音樂送至門外化財，焚燒箱庫。"又簡稱爲"庫"。同書第六七回："只見買了兩座箱庫來，西門慶委付陳經濟裝庫，問月娘尋出李瓶兒兩套錦衣，攬金銀錢紙裝在庫內。"箱庫內各類物品，均用紙糊成。清末宗月鋤《寓崇雜記》云："架蘆作屋，招亡者之魂以居之，名曰'庫'。江南人或就焚於寺觀……庫中篋笥、四時衣服具備。"清俗，又稱"樓庫"。同治《都門紀略》記京師富有之家出殯情形云："冥衣鋪，凡喪家所用之車、船、轎、馬、冠袍、帶履，又樓庫、童人等，無不精妙，與真的無二，非他處可比。"民國年間北京等地，出殯前夜所焚樓庫，包括一樓二庫四杠箱。樓庫杠箱陳列門前

時，不加封條，由僧人念完經咒，往樓庫内撒少許白米，往杠箱和庫内裝些金銀紙錁，然後加"秉教沙門"的十字封條，另附押解護照文書。護照的内容多爲刻板文章："爲飭遵事：兹派張千李萬押解樓庫三座、金銀四箱，送至某城外某地，呈交某某某（亡者姓名）查收，仰城關地方神鬼，驗文放行，勿得借故留難，致干未便，此飭！某年某月某日。"周年祭祀，亦有焚燒樓庫之事。崇彝《道咸以來朝野雜記》載："世俗：父母之喪至小祥，有在寺中辦一周年祭者，亦唪經焚樓庫。"

【寄庫】

即箱庫。此稱遼代已行用。見該文。

【庫】

"箱庫"之省稱。此稱明代已行用。見該文。

【樓庫】

即箱庫。此稱清代已行用。見該文。

輬車

古代焚化給死者的紙扎的紙簏。内裝紙錢，供死者冥間使用。此俗始見於唐代。唐段成式《酉陽雜俎・尸疗》："送亡者又以黄卷、蟻錢、菟毫、弩機、紙疏、挂樹之屬，又作輬車。車，古簏也，簏似屏。"其形類似紙箱。清康熙年間廖百英《正字通・車部・輬》載："輬車，送亡者之紙簏也。……今俗有古簏，方尺許，厚二三寸，似小屏，薦紙爲之，粘飾以銀箔。送亡之資，即此物也。按簏當似箱，古人謂箱爲屏擋，故亦以屏呼之。"參閱明方以智《通雅・器用・雜用諸器》。

冥童

亦稱"童男童女"。喪俗中置於靈座左右兩側的金童玉女。或爲泥塑塗彩，或以竹扎紙糊，手執引魂幡、茗盤等物，俗謂冥童可引亡靈轉世超生。原指侍候仙人的童男童女，係道家傳説。明代以來民間喪俗中立冥童之風漸爲流行。《初刻拍案驚奇》卷二三："紙帶飄摇，冥童綽約。飄摇紙帶，盡寫着梵字金言；綽約冥童，對捧着銀盆綉帨。"亦有單立童女的。《金瓶梅詞話》第六三回："來興又早冥衣鋪裏，做了四座堆金瀝粉侍奉的捧盆巾盥櫛毛女兒，都是珠子纓絡兒，銀厢墜兒，似真的色綾衣服，一邊兩座擺下。"此即言冥童，泥塑塗彩而成。俗又稱"童男童女"。清蒲松齡《日用俗字・紙扎章》："翠柳傘扇牌坊下，童男童女捧巾盆。"乾隆《束鹿縣志・風俗》："設靈幃樹銘旌外，作紙童男童女各一及喪花雪柳等物。"胡樸安《中華全國風俗志・下編・浙江》記海寧風俗云："左右有紙製童男童女各一，手執茗盤烟筒，分立兩旁。"冥童一般在初祭送路時焚化。今俗，山東等地，冥童背後寫有名字，一般男童寫"錢買""自來""二百五"，童女寫"梅香"之類。

【童男童女】

即冥童。此稱清代已行用。見該文。

冥衣

亦稱"鬼衣""紙衣""褚衣"。舊俗喪祭時爲死者焚化的衣服，多爲紙製。源於先秦時的奠衣服。《周禮・春官・司服》"奠衣服"鄭玄注："奠衣服，今坐上魂衣也。"漢代稱"鬼衣"，開始成爲明器。《説文・衣部》："裵，鬼衣也。"段玉裁注："鬼衣，猶魂衣，明器之屬也。"《漢書・王莽傳》："賜魂衣璽韍。"唐段成式《酉陽雜俎・尸疗》："裵，鬼衣也。桐人起虞卿，明衣起左伯桃，挽歌起紼謳。"鬼衣即後世之冥衣。清朱駿聲《説文通訓定聲·鼎部》"裻"字："今蘇俗有冥衣，多以紙爲之。"唐代始見焚紙衣之俗。唐戴孚《廣異記·王綺》："鬼言正爾，乃令家人造紙衣數十對，又爲緋緑等衫，庭中焚之。"《元史·塔本傳》："癸卯立春日宴群僚，歸而疾作，遂卒。是夕星隕，隱隱有聲，遺命葬以紙衣瓦棺。"宋以後，多稱"冥衣"。宋孟元老《東京夢華録·重陽》載："〔九月〕下旬，即賣冥衣、靴鞋、席帽、衣段，以十月朔日燒獻故也。"或作"楮衣"。宋周密《武林舊事·開爐》載："是月遣使朝陵，如寒食儀。都人亦出郊拜墓，用綿球楮衣之類。"十月朔爲寒衣節，届時在墓前或晚間於門外焚燒冥衣，謂爲死者御寒用。清顧禄《清嘉録·十月朝》："月朔，俗稱十月朝，人無貧富，皆祭其先，多燒冥衣之屬，謂之燒衣節。"一般喪祭，亦焚冥衣，與紙錢同時燒化。元熊夢祥《析津志輯佚·歲紀》："富人家祀，先用麻稭奠酒爲誠，買紙錢冥衣燒化於墳。"《警世

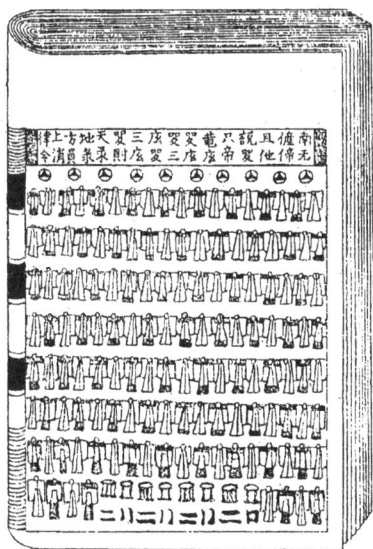

冥衣圖
（〔日〕中川忠英《清俗紀聞》）

通言·蔣淑真刎頸鴛鴦會》："今夜就可辦備福物酒果冥衣各一分，用鬼宿度河之次，嚮西鋪設，苦苦哀求，庶可少救。"焚冥衣之俗至今仍流傳。

【鬼衣】

即冥衣。此稱漢代已行用。見該文。

【紙衣】

即冥衣。此稱唐代已行用。見該文。

【楮衣】

即冥衣。此稱宋代已行用。見該文。

奠衣服

亦稱"遺衣服""魂衣""上天衣"。古代貴族生前所着之衣而未隨葬者，則置於宗廟之寢，喪祭時置於靈座上。源於先秦。《周禮·春官·守祧》："掌守先王先公之廟祧，其遺衣服藏焉。"鄭玄注："遺衣服，大斂之餘也。"又《司服》："大喪，共其復衣服、斂衣服、奠衣服、廞衣服，皆掌其陳序。"鄭玄注："奠衣服，今坐上魂衣也。"賈公彦疏："《守祧職》云'遺衣服藏焉'，鄭云'大斂之餘也'。至祭祀之時，則出而陳於坐上，則此奠衣服者也。"《後漢書·禮儀志下》所記："尚衣奉衣。以次奉器衣物，藏於便殿。"此即奠衣服。唐段成式《酉陽雜俎·尸疚》："亡人坐上作魂衣，謂之上天衣。"古人以爲衣服上附有亡者靈魂，因此稱魂衣。明清品官家廟中供祭奠衣服，因官位高低而規格不同。《明史·禮志六》："兩壁立櫃，西藏遺書衣物，東藏祭器。"清代品官家廟則是東藏衣物，西藏祭器，與明代禮志正相反。據清阮葵生《茶餘客話·品官家祭》載："品官家祭之禮，居室東立家廟。"一品至三品廟五間，"東藏遺衣服，西藏祭器"。三品至九品廟三間，

"以篋分藏遺衣服祭器，陳於東西序"。至於一般庶人則不准建廟，死者衣冠除殮尸及隨葬外，餘皆捆在燒包內焚化。

【遺衣服】

即奠衣服。此稱先秦時期已行用。見該文。

【魂衣】

即奠衣服。此稱漢代已行用。見該文。

【上天衣】

即奠衣服。此稱唐代已行用。見該文。

寒衣

舊曆十月初一爲寒衣節，民間祭掃祖先墳塋，於墓前焚化彩紙剪糊的紙衣靴帽，或於晚間在門外焚化，謂冬季來臨，氣候日冷，爲陰間的鬼魂送衣禦寒。此俗宋代已出現，至今猶流行民間。宋孟元老《東京夢華錄·重陽》："〔九月〕下旬即賣冥衣、靴鞋、席帽、衣段，以十月朔日燒獻故也。"宋周密《武林舊事·開爐》中亦有十月朔"都人亦出郊拜墓，用綿球楮衣之類"的記述。迨至元代，始稱寒衣。元熊夢祥《析津志輯佚·歲紀》："十月天都掃黃葉，酒漿出城相雜還。爇送寒衣單共袷。"明清時，此俗在全國各地流行。明沈榜《宛署雜記·民風一》："坊民刻有男女衣狀，飾文五色，印以出售，農民競以是月初一日，鬻去，焚之祖考，謂之送寒衣。"此爲刻在紙上的寒衣，供貧民用。一般所用均以五色蠟花彩紙糊製而成，由紙肆或冥衣鋪售賣。明劉侗、于奕正《帝京景物略·春場》載："十月一日，紙肆裁紙五色，作男女衣，長尺有咫，曰寒衣。有疏印緘，識其姓字輩行，如寄書然，家家修具夜奠，呼而焚之其門，曰送寒衣。"清張燾《津門雜記·歲時風俗》："〔十月〕初一日，祀祖先，作

五色紙衣焚之，曰送寒衣。紙名蠟花紙。"寒衣亦有帛製者。清潘榮陛《帝京歲時紀勝·送寒衣》："士民家祭祖掃墓，如中元儀。晚夕緘書冥楮，加以五色綵帛作成冠帶衣履，於門外奠而焚之，曰送寒衣。"送寒衣的儀式對新喪另有規定。《帝京景物略·春場》載："新喪，白紙爲之，曰新鬼不敢衣彩也。送白衣者哭，女聲十九，男聲十一。"及至清末，多以紙包袱代之，有寒衣之名，無寒衣之實。有人把這些寒衣剪成衣褲狀，有人不剪，直接裝在包有紙錢、冥鈔的包裹裏焚化。清佚名《燕臺口號一百首》云："寒衣好向孟冬燒，門外飛灰到遠郊。一串紙錢分送處，九原倘可認封包。"自注："十月朔燒紙於門外，曰燒寒衣。紙錢銀錠作大封套，上寫祖先某某收拆。"清富察敦崇《燕京歲時記》載："今則以包袱代之，有寒衣之名，無寒衣之實矣。包袱者，以冥鏹封於紙函中，題其姓名行輩。"民國年間，此俗依舊盛行，北京等地有"十月一，送寒衣"之諺。《民社北京指南·禮俗》："十月初一爲孟冬，朔日上冢，曰穿寒衣；寒衣者，以五色紙剪之爲衣袴，長不滿尺，外有紙袱盛之，上書祖先爵秩名號及年月日，下注後裔某某謹奉，入夜呼而焚之，亦有焚於冢上者，此所以有'十月一，送寒衣'之諺也。"後來此俗漸不很嚴格，一般認爲在十月初一前後十日都可以燒獻。

冥錢

亦稱"冥紙""冥鏹""冥鈔""冥楮"。祭祀時供焚化用的人間錢幣的代用品，多爲紙錢。舊時認爲，人死後前往冥府，亦需錢財花費，因此在靈柩中往往放入錢幣，以供鬼神或死者在陰間享用。約始於魏晉南北朝，至今沿襲。

漢代以前，人死皆用錢、物陪葬，以爲死者所用。漢代猶有瘞錢之俗，《漢書・張湯傳》中即有人死後埋錢於園陵以送死的記載，一直到六朝都是使用當時的錢幣。六朝以後改用紙錢，送葬時焚化之。至唐，此俗漸盛於民間。《太平廣記》卷一五四引五代王仁裕《玉堂閑話》：“其年親卒，遂以其刺兼冥錢焚之。”宋代以後，燒化冥錢之習已很普遍。《東京夢華録・中元節》：“又以竹竿斫成三脚，高三五尺，上織燈窩之狀，謂之盂蘭盆，挂搭衣服冥錢在上焚之。”宋龔明之《中吳紀聞》卷五：“蘇州州學教授王逢率在學，同人謹以香酒果實致奠，化冥紙，祭於學生。”演變到明清，越來越繁複。有作成銅錢狀或印出銅錢圖樣的冥鏹。明沈德符《萬曆野獲編・大行喪禮》：“蓋自唐宋以來，相沿已久，惟冥鏹最屬無謂。”《雪月梅》第五〇回：“金銀冥鏹舍積如山，每夜焚化不盡。”未印銅錢圖樣者，有用大張白紙摺叠起來的冥紙。《金瓶梅詞話》第八八回：“月娘吩咐：‘你明日來，我這裏備一張祭桌、一匹尺頭、一分冥紙，你來送大姐與他公公燒紙去。’”明以後，始有印成人間紙幣式樣的冥鈔流行。《警世通言・宋小官團圓破氈笠》：“還願曾裝冥鈔，祈神并襯威容。”今之冥鈔，多印有“冥國銀行，通用紙幣”字樣，面值不等，俗又稱“冥票”。清代，冥錢又稱冥楮。清潘榮陛《帝京歲時紀勝・送寒衣》：“晚夕緘書冥楮，加以五色綵帛作成冠帶衣履，於門外奠而焚之。”自焚紙錢之法流行，此法便兼用於祭祖祭神。徐珂《清稗類鈔・時令類》：“京師人民祭掃也，冥鏹之外，尚有以紙剪成之衣。”胡樸安《中華全國風俗志・下編・山東》記濟南風俗：“寒食日、中元日、十月朔，皆至墓前，陳祭品展拜，焚冥鏹，加土。”此俗歷代相沿，近世最簡化者唯以黃草紙焚化。

【冥紙】

即冥錢。此稱宋代已行用。見該文。

【冥鏹】

即冥錢。此稱明代已行用。見該文。

【冥鈔】

即冥錢。此稱明代已行用。見該文。

【冥楮】

即冥錢。此稱清代已行用。見該文。

【陰錢】

即冥錢。亦稱“白錢”。迷信認爲是供死者在陰間使用的，故稱。此稱唐代已行用。《太平廣記》卷一二三引唐皇甫枚《三水小牘》：“今還爾兒，與爾重做功德，厚賂爾陰錢，免我乎？”又卷三四一引唐李復言《續玄怪録》：“客曰：‘能行少賂於冥吏，即於此，取其同姓者易其名，可乎？’俟問幾何可。曰：‘陰錢三萬貫。’”後世又稱“白錢”，即白紙錢。《紅樓夢》第五八回：“我昨夜作了一個夢，夢見杏花神和我要一挂白紙錢，不可叫本房人燒，要一個生人替我燒了，我的病就好的快，所以我請了這白錢，巴巴兒的和林姑娘煩了他來，替我燒了祝贊。”

【白錢】

即陰錢。此稱清代已行用。見該文。

寓錢

祭祀或喪葬所用紙錢。最初喪儀祭儀常用圭璧幣帛，祭畢埋於地下，稱“瘞錢”。因常被盜，其後以範土爲錢代替真錢。六朝後又改用紙錢，至唐而大興。因其替代真錢，故稱寓錢。《漢書・張湯傳》："會人有盜發孝文園瘞錢。"唐顏師古注引如淳曰："瘞，埋也。埋錢於園陵以送死。"《新唐書・王璵傳》："漢以來葬喪皆有瘞錢，後世里俗稍以紙寓錢爲鬼事，至是璵乃用之。"《宋史・禮志二十二》："建炎四年，南平王薨，差廣南西路轉運副使尹東珣充吊祭使，賜絹布各五百匹，羊、酒、寓錢、寓綵、寓金銀等。"清搏沙拙老《閑處光陰》卷下："紙錢曰寓錢，言其寓形於錢也。"喪葬用寓錢之俗，唐宋以後逐漸流行，并沿承相襲至近世。

紙錢

喪葬、祭祀時燒化給死者或鬼神的錢幣代用品。多模仿真錢幣形狀或圖案。古代多爲鑿紙仿銅錢形狀，中間有方孔。通常用較大的紙片，上面打出成排的錢形圖案。近世以來，亦有套色印紙，模仿紙幣形式。紙錢之俗源於漢墓瘞錢。魏晉以後有"紙寓錢"。紙錢出現在唐代。宋戴植《鼠璞》卷上："《法苑珠林》載紙錢起於殷長史。唐王璵傳載：漢來皆有瘞錢，後里俗稍以紙寓錢。"宋王應麟《困學紀聞》卷一四載："歐陽子謂五代禮壞，寒食野祭而焚紙錢。案紙錢始於開元二十六年，王璵爲祠祭使，祈禱或焚紙錢，類巫覡，非自五代始也。"《新唐書・王璵傳》載：唐玄宗時，王璵爲祠祭使，"專以祠解中帝意，有所禳被，大抵類巫覡。漢以來葬喪皆有瘞錢，後世里俗稍以紙寓錢爲鬼事，至是璵乃用之"。唐代此俗已漸盛於民間。唐鬼神子《博異志・馬奉忠》："忠憲乃設酒饌紙錢萬貫，於資聖寺前送之。"《太平廣記》卷三四〇引唐薛漁思《河東記》："飄卷紙錢及酒食皆飛去。"寒食、清明祭奠多用之。唐張籍

《北邙行》："寒食家家送紙錢。"唐白居易《寒食野望吟》："風吹曠野紙錢飛，古墓壘壘青草綠。"宋元以後，燒化紙錢之習已很普遍。宋陸游《老學庵筆記》卷七載："俗以望日具素饌享先，織竹作盆盎狀，貯紙錢，承以一竹焚之。"《宋史・禮志二十七》："凡凶儀皆有買道、方相、引魂車、香、蓋、紙錢、鵝毛、影輿、錦繡虛車、大輿、銘旌。"元武漢臣《老生兒》第三折："奠了酒，烈了紙錢，祭祀已畢。"明清時期，燒紙錢的習俗在喪祭活動中普遍行用。紙錢在靈前、墳前、逢時過節祭祖時影前、神主前，上供燒香時均須焚化。《古今小說・諸名姬春風吊柳七》："自葬後，每年清明左右，春風駘蕩，諸名姬不約而同，各備祭禮，往柳七官人墳上，挂紙錢拜掃，喚做'吊柳七'，又喚做'上風流冢'。"《兒女英雄傳》第二一回："外面早有山上山下遠邨近鄉的許多老少男女都來上祭。也有打陌紙錢來的；也有糊個紙包袱，裝些錁錠來的。"一般的祭奠，亦要焚燒紙錢。《儒林外史》第二八回："鮑廷璽哭倒在地，阿三扶了起來，當下不進城了，就同阿三到他哥哥厝基的所在，擺下牲醴，澆奠了酒，焚了紙錢。"求神祈禱，還願做醮，亦要焚化紙錢。《金瓶梅詞話》第八四回："吳大舅領月娘到了岱岳岳廟，正殿上進了香，瞻拜了聖像，廟祝道士老傍，宣念了文書。然後兩廊都燒化了紙錢。"至清代，一般祭神焚"黃表"，即黃紙錢；祭鬼焚白錢，而且有"神三鬼四"的原則。焚"黃表"，每次三張；焚紙錢，每次四張。清福格《聽雨叢談・紙錢》載："京師祀神，用黃紙鑿成錢象，以代焚吊。祭墓則用白紙鑿成大錢，徑圓三四寸，以代冥器。"後世焚燒紙錢已成爲

喪祭活動中不可缺少的一環。

【紙幣】

即紙錢。舊俗喪葬和祭祀活動中所用之紙錢。此稱宋代已行用。宋梅堯臣《廟子灣辭》："竟持紙幣挂廟陬，微風飄揚如喜收。"宋徐度《却掃編》下："杜正獻公家舊時之享，以分至日，不設倚桌，惟用平面席褥，不焚紙幣。"清俗，墓祭焚化紙幣。《清史稿·禮志十二》："墓祭紙幣、酒肴有定數。"

冥資

亦稱"冥財"。舊俗焚化給死者的紙錢、紙元寶等。"冥資"之稱，始見於唐，歷代沿用。唐唐臨《冥報記·冥報拾遺》載："良由般若威力，冥資感應也。"宋代以後，又稱"冥財"。宋趙彥衛《雲麓漫鈔》卷五稱："古之明器，神明之也。今之以紙爲之，謂之冥器。錢曰冥財。"明清以來，一般將紙馬冥錢、阡張楮帛及金銀紙錠之類，泛稱作冥財。《警世通言·宋小官團圓破氈笠》："次日起了黑早，在船中洗盥罷，吃了些素食，净了口手，一對黄布袱馱了冥財，黄布袋安插紙馬文疏，挂於項上，步到陳州娘娘殿前。"《古今小説·蔣興哥重會珍珠衫》："平氏没奈何，只得買木做個外棺包裹，請僧做法事超度，多焚冥資。"明李開先《家堂秋祭文》："冥財羅案，新酒盈卮，以享以獻，來格來儀。"《雪月梅》第一二回："岑夫人又體己備了兩副祭禮，香燭冥資，俱預爲齊備。"民間助喪所送紙錢之類，亦稱"冥資"。清周鳳池《金澤小志·風俗》載："中外戚屬，以棉布冥資行襚禮（俗云上襄）。葬時俱榼果冥資或賻儀奠拜。"俗謂冥資須完全焚化，否則鬼魂在陰間便不能使用。南朝梁任昉《述異記》卷下"冥資"條下記："錠須滿金滿銀，方爲足紋。若紙多，金銀箔少，即係低色。阡張楮帛，須完全焚化。火熄後，宛然一貫青蚨，冥間堪使用。若散亂付火，即如人間將低錢敲碎，不可用矣。"

【冥財】

即冥資。此稱宋代已行用。見該文。

冥寶

亦稱"冥錠""紙錁"，俗呼"紙元寶"。舊時祭祀鬼神或亡者所用的紙摺元寶，以黄紙或錫箔叠成，供死者在冥間當錢用，故稱。始見於五代，盛行於明清。宋陶穀《清異録·喪葬》載："周顯德六年，世宗慶陵殯土，發引之日，百司設祭於道，翰林院楮泉，大若盞口，予令雕印字文，文之黄曰泉臺上寶，白曰冥游亞寶。"明以後，喪祭活動中大量焚燒錫箔元寶。《警世通言·蘇知縣羅衫再合》："御史公備了祭禮及紙錢冥錠，差官到義井墳頭，通名致祭。"冥錠係以金銀箔紙叠成小錠形狀，又稱金銀紙錁。清蒲松齡《日用俗字·紙扎章》："紙錁扛箱皆扎對，吹彈美女亦成群。"《兒女英雄傳》第二一回："禮畢，褚一官出去焚化紙錁，他父女兩個便大哭起來。"《雪月梅》第一〇回："及裝釘好了，曹義又買了些金銀紙錁，雇人抬到義冢地上。"歲時祭奠，亦焚冥寶。清富察敦崇《燕京歲時記·月光馬兒》："月光馬者，以紙爲之……焚香行禮，祭畢，與千張、元寶等一並焚之。"今俗，祭奠仍用紙元寶。

【冥錠】

即冥寶。此稱明代已行用。見該文。

【紙錁】

即冥寶。此稱清代已行用。見該文。

【紙元寶】

"冥寶"之俗稱。此稱清代已行用。見該文。

寓鏹

用白金水塗過的紙冥錢，用於喪葬。此稱宋代始行用。宋洪邁《夷堅乙志·馬妾冤》："呼問之曰：'汝欲銅錢耶，紙錢耶？'笑曰：'我鬼非人，安用銅錢？'乃買寓鏹百束，祝焚之，烟絕而常氏殂。"宋施宿等《會稽志·漏澤園》："暴露者，官給轊，葬日給寓鏹及祭奠酒食。"術士亦以此用於作法術。元張鉉《至大金陵新志·民俗志·風俗》引陸子通《除妖害記》："雉羽寓鏹以飾其怒，長歔距踴以輔其氣，曰吾得請於神矣。"此俗沿傳至近代。

寓金銀

用金銀紙做的冥錢。古代葬俗，以金銀紙仿製成金銀錠，祭奠後焚化，以供死者亡靈在陰府中享用。此稱流行於宋，此物則沿用至今。《宋史·禮志二十二》："建炎四年，南平王薨，差廣南西路轉運副使尹東珣充吊祭使，賜絹布各五百匹，羊、酒、寓銀、寓綵、寓金銀等。"《宋會要輯稿·禮四十三》："淳熙三年五月十四日，安南國王李天祚薨，……太常寺言，欲依天聖、至和、熙寧典故，并紹興八年三月二日指揮，絹、布各五百匹，羊五十口，面五十石，酒五十瓶，紙錢五十束，寓錢五十辮，寓綵五十束，寓金銀五十鋌。得旨，令禮部重別議定以聞。"

楮錠

亦稱"紙錠""金銀錠""金銀紙錠"。舊時用金銀箔紙摺疊而成的金、銀錠紙製模仿品，與"冥寶"近義，异於"紙錢"。約始於五代時期。此稱則近世以來不復流行。清徐乾學《讀禮通考》卷九六認爲五代已有紙元寶："《清異錄》載周世宗發引之日，金銀錢寶皆寓以形，而楮錢大若盞口，其印文黃曰'泉臺上寶'，白曰'冥游亞寶'。則金銀楮錠及錢，亦始於五代時矣。"明清時期，民間普遍使用。《初刻拍案驚奇》卷二三："崔生感興娘之情不已，思量薦度他……盡買香燭楮錠，齎到瓊花觀中，命道士建醮三晝夜，以報恩德。"《醒世姻緣傳》第一一回："燒了許多楮錠，潑了兩瓢漿水，又到靈柩前燒香焚紙。"明劉侗、于奕正《帝京景物略·春場》："三月清明日，男女掃墓，擔提尊榼，轎馬後挂楮錠，粲粲然滿道也。拜者、酹者、哭者、爲墓除草添土者，焚楮錠次，以紙錢置墳頭。"楮錠以金銀箔紙摺疊而成。乾隆甲戌鐫《廣靈縣志·風土》："楮用金銀箔摺錠。"故又有"金銀錠""金銀紙錠"之稱。《金瓶梅詞話》第六回："靈床子前，點一盞琉璃燈，裏面貼些經幡、錢紙、金銀錠之類。"清明上墳，十月一送寒衣，以及辦喪事，都要燒大量錫箔，同時焚燒紙錢，好像死人同活人一樣，既用銀子也用錢。故舊時亦有人認爲此俗太奢，靡費錢財。清孫廷銓《顏山雜記·風土歲時》："喪者相吊，楮錠太豐，雖貧家動損數百錢，此禮恐難繼也。"近代此俗仍流傳。《舊京風俗志稿本》載："至所謂寒衣者，係用五色彩紙摺疊粘糊而成，金銀錠則係金銀紙箔粘摺而成，如金銀錠形。"

【紙錠】

即楮錠。此稱明代已行用。見該文。

【金銀錠】

"楮錠"之俗稱。此稱明代已行用。見該文。

【金銀紙錠】

"楮錠"之俗稱。此稱清代已行用。見該文。

楮錢

亦稱"楮泉""楮紙""楮鏹"。舊俗喪葬或祭祀時焚化的紙錢。紙以楮皮爲之，故稱。始於唐代。楮皮紙東漢時已有，唐以後用作紙錢。成書於宋元時期的《就日録》云："喪葬之焚紙錢，起於漢世之瘞錢也。其禱神而用寓錢，則自王嶼始矣。康節先生《春秋祭祀》約古今禮行之，亦焚楮錢。"宋以後又稱楮泉、楮鏹。宋張師正《括異志·魏侍郎》："歲時月朔，賜草具饌，化楮泉於戶外，使某得以歆領，雖泉下亦不忘報。"宋洪邁《鬼國記》："移時宴罷，乃焚楮鏹，漸次聞人哭聲。"元袁桷《送虞伯生還蜀省墓》詩之二："叢竹雨留銀燭淚，落花風颺楮錢灰。"明瞿佑《剪燈新話·金鳳釵記》："因引生入室，至其靈几前，焚楮錢以告之，舉家號慟。"《林蘭香》第四〇回："侍立一旁，看著從人燒了楮鏹紙蚨，撤了祭禮。"清李來章《連陽八排風土記》卷三："清明，凡祭新墳，親族各送楮紙一束，焚於墓前，主人酬以米糍四塊，肉二片，相聚轟餘。惟婿送楮錢一束，酒一埕。"清代品官喪祭禮俗，小祀不用楮錢。清孫承澤《天府廣記·禮部下》云："十一年六月，上以凡祭祀、大祀、中祀用製帛外，其小祀又有用楮錢者，其事出於近代，甚爲不經，命禮部議之。"

【楮泉】

即楮錢。此稱宋代已行用。見該文。

【楮鏹】

即楮錢。此稱宋代已行用。見該文。

【楮紙】

即楮錢。此稱清代已行用。見該文。

【楮幣】

即楮錢。一説源於漢代的皮幣。清阮葵生《茶餘客話·楮幣》載："漢武帝元狩四年，因用度大空，有司請更錢造幣，以白鹿皮方尺，緣以繢藻，爲皮幣，直四十萬。王侯宗室朝覲聘享，必以皮幣薦璧。按後世楮幣，實肇端於此。然用之以薦璧朝聘，非以此爲閭閻之用也。其制雖與楮鈔不同，而不用金銀，以他物代之，則權輿於此也。"宋代造楮幣爲錢。南宋理宗紹興六年（1233），楮幣發行額高達三億二千多萬緡，造成紙幣大量貶值，民間"葉擲燔燒，不復珍惜"，人間通行的楮幣竟變成了冥間使用的紙錢。《朱子語類》卷一三八："漢中之民當春日，首戴白楮幣，上諸葛墓。"明清以後，祭奠多用楮幣。

楮帛

舊時喪葬、祭祀中用紙與布帛仿製的冥資，代替焚帛之俗。元以後開始流行。元熊夢祥《析津志輯佚》載："惟上獨厚，緞金銀楮帛各一扛車，可謂寵渥天至矣！"《水滸傳》第一〇〇回："濟州奉敕，於梁山泊起造廟宇，但見……紙爐巧匠砌樓臺，四季焚燒楮帛。"《清史稿·禮志十二》："案前設遣官奠位，南設祝案，北向，南設燎位，具楮帛。"清代喪祭活動，大量使用楮帛，所用楮帛因品官規格不同而數量不一。清阮葵生《茶餘客話·品官喪儀》："初祭大祭，一品楮帛二萬八千，羊五，饌筵十。二品楮帛二萬四千，羊筵同一品。三品楮帛二萬，羊三，筵六。四品楮帛一萬六千，羊三，筵五。五品楮帛一萬二千，羊二，饌二。六七八九品楮帛一萬，筵三，羊二。"民間逢年過節，祭祖掃墓，亦焚楮帛。清昭槤《嘯亭雜錄·堂子》："祭日懸黄幡，繫采繩，綴五色繒百縷，楮帛二十有七，備陳香鐙。"清潘榮陛《帝京歲時紀勝·正月·元旦》："士民之家，新衣冠，肅佩帶，祀神祀祖，焚楮帛畢，昧爽闔家團拜，獻椒盤，斟柏酒，飫蒸糕，呷粉羹。"清高凌雯《志餘隨筆》卷六記天津風俗："元旦、清明、七月望、十月朔，祭掃墳墓，或於門外焚楮帛，惟未見有祭奠通衢者。"此稱近代沿用。胡樸安《中華全國風俗志·下編·安徽》引《壽春迷信錄》："親友送禮，或素席香燭，或楮帛銀錠。"

楮陌

舊俗喪祭時用的標有較大面額的紙錢。陌，百文。後亦成爲紙錢之泛稱。此稱明代已行用。明謝肇淛《五雜俎·天部二》："閩人最重中元節，家家設楮陌、冥衣，具列先人號位，祭而燎之。"又記："俗皆以十二月二十四日祀灶……余於戊子歲，以二十五日至姑蘇，蘇人家家燒楮陌茹素，無論男婦皆然。"胡樸安《中華全國風俗志·上編·福建》引《福州府志》云："閩人最重中元節，家設先人號位，祭而燎楮陌。"

鑿楮

鑿出成排銅錢形壓痕的黄紙，象徵錢多。以圓鐵管中含鐵柱，打叠紙上即成外圓中方之錢形。楮，原爲紙的代稱，後用以稱紙錢。迷信傳説紙錢上要鑿數孔，否則陰間不准使用，故稱。今民間猶用此法。此稱唐代時流行。唐封演《封氏聞見記·紙錢》載："今代送葬，爲鑿紙錢，積錢爲山，盛加雕飾，舁以引柩。按古者享祀鬼神，有圭璧幣帛，事畢則埋之。後代既寶錢貨，遂以錢送死。"唐段成式《酉陽雜俎·支諾皋上》："和子遽歸，貨衣具鑿楮，如期，備酹焚之，自見二鬼挈其錢而去。"唐代街市中已有專以此爲生的販錢小販。唐戴孚《廣異記·裴齡》："世作錢於都市，其錢多爲地府所收。君可呼鑿錢人，於家中密室作之，畢，可以袋盛，當於水際焚之，我必得也。"《古今説海》卷一〇八載宋元間佚名《就日錄》："徽廟朝高峰廖用中奏乞禁焚紙錢，有云：'嘗怪世俗鑿紙爲錢，焚之以徼福於鬼神者，不知何所據依？非無荒唐不經之説，要皆下里之所傳耳！'"

紙

亦稱"黄紙""燒紙""順溜紙"。舊俗喪葬、祭祀時燒化給死者或鬼神當錢用的紙片。一般在靈前、墳前、逢時遇節祭祖時神主前、影神前及上供燒香時焚化。燒紙不同於鑿成銅錢式樣的冥錢，用很薄的白綿紙或黄草紙摺叠而成。燒紙之俗，最早源於漢墓瘞錢。據清阮葵生《茶餘客話》卷五載："按自漢以來，即有以紙寓瘞錢之文。"唐代以後，在民間廣爲流行。唐唐臨《冥報記》卷中："見家人正哭，經營殯具，山龍入至屍傍，即蘇。後日，剪紙作錢帛，並酒食，目送於水邊燒之。"唐戴孚《廣異記·楊瑒》："明日，可以三十張紙作錢，及多造餅餤與壺酒。"《太平廣記》卷一二〇引北齊顏之推《還冤記》："可以黄紙筆墨置棺中，死而有知，必當陳訴。"宋元以後，簡稱紙，代指紙錢，稱"紙一束""一陌紙"。元佚名《潮海新聞夷堅續志》前集卷二："每年拜掃，當務酒三埕、飯一盂、紙十束同祭。"元關漢卿《包待制三勘蝴蝶夢》第四折："我叫化亂烘烘的一陌紙，拾得粗坌坌的幾根柴。"唐宋時期，一般於寒食節爲死者上紙錢，及至明清，上紙則不拘時節。《水滸傳》第二回：“先燒了一陌順溜紙，便叫莊客去請這當邨裏三四百史家莊户，都到家中草堂上，序齒坐下。”《金瓶梅詞話》第六三回：“玳安道：‘書童和畫童兩個在靈前，一個打磬，一個伺候焚香燒紙哩。’”《金屋夢》第八回：“難將黄紙賂閻君，誰敢赤心欺判吏。”《綠野仙踪》第四二回：“人家聽得他也不收禮，不宴客，不破孝，樂得與他燒張空紙盡情。”如果是在靈前，有吊客來吊時燒紙，俗稱“吊紙”或“上紙”。《金瓶梅詞話》第六三回：“街坊鄰舍，親朋官長，來吊問上紙祭奠者，不計其數。”《紅樓夢》第一七回：“賈母幫了幾十兩銀子，外又另備奠儀，寶玉去吊紙。”此俗至今仍有流傳。

【黄紙】

即紙。此稱魏晋時期已行用。見該文。

【燒紙】

即紙。此稱明代已行用。見該文。

【順溜紙】

即紙。此稱明代已行用。見該文。

火紙

亦稱“草紙”。舊時一種多用於製作冥錢的粗紙。原料爲竹、麻，製作粗劣者，或麥秆、稻草等，多用於吊亡祭墓時焚化，故稱。唐時已有。明宋應星《天工開物·造竹紙》記：“盛唐時，鬼神事繁，以紙錢代焚帛，故造此者名曰火紙。荆楚近俗，有一焚侈至千斤者。此紙十七供冥燒，十三供日用。”又：“用竹麻者爲竹紙，精者極其潔白……粗者爲火紙。”宋以後，民間盛行紙錢，冥錢多用麥秆、稻草所造粗紙，作包裝紙與厚紙板外，大量充作火紙。

清李來章《連陽八排風土記·風俗》：“凡遇喪，親族用楮紙一束、酒一埕爲祭，婿用草紙三百張、米一斗、酒一埕。”此稱當代猶用之。

【草紙】

即火紙。此稱清代已行用。見該文。

寶花

亦稱“佛朵”。用紙疊成的蓮花座，用於祭祀。行用於清代。寶花本指佛教中的蓮花，潘重規《敦煌變文集新書》（一一）收録《維摩詰經講經文》即云：“若解分明生曉悟，眼前便是寶花開。”因佛教追求人死後歸西天净土，故以蓮座喻其地清净。而寶花因之也有了“佛朵”之稱。清代清明、寒食時節世人往往結此蓮座，上掛紙錢以祭先人。因係紙奠品，祭祀時須焚燒，爲避免火災隱患，清廷屢禁民間在城内製作焚燒紙錢寶花。《清會典則例·步軍統領》：“清明節由禮部知會行内九門，禁止挂紙錢佛朵出城。”皇家雖不焚紙錢，却可做寶花。同書《禮部·祠祭清吏司》：“清明日不焚楮帛，進挂楮錢寶花一座〔即佛朵〕於几筵殿内左旁。”《清朝文獻通考·王禮考二十五》言孝賢皇后祭祀：“寒食進挂楮錢寶花一座。”《清會典·禮部·祠祭清吏司》：“凡每年清明上土之禮前一日，皇陵工部官每陵進設挂紙錢寶花一座，各設於隆恩殿内東旁（歲暮异出同楮帛焚燎）。”

【佛朵】

即寶花。此稱清代已行用。見該文。

錢垛

舊俗謂成串的紙錢。此稱約始於元，盛行於明。《永樂大典殘卷》卷七八九五《汀州府·仙佛》引《臨汀志》：“昨有道人薄暮抵宿，夜半聞穿排錢聲，疑其爲盗，隙窺之，室暗無所睹。晨起窺之，但見錢垛半壁。"《警世通言·白娘子永鎮雷峰塔》："〔許宣〕次日早起買了紙馬、蠟燭、經幡、錢垛一應等項，吃了飯，換了新鞋襪衣服，把子錢馬，使條袱子包了，逕到官巷口李將仕家來。"《水滸傳》第二六回："靈床子前，點一盞琉璃燈，裏面貼些經幡、錢垛、金銀錠、綵繒之屬。"

黃昏紙

亦稱"靈錢""孤魂紙""還魂紙"。居喪期間，於日落黃昏時焚化給死者的紙錢。黃昏時焚紙錢之俗，起源甚早。漢時即有昏寓錢，謂昏晚時將錢埋入壙中。宋高承《事物紀原·寓錢》載："漢葬者有昏寓錢，謂昏晚埋錢於壙中，爲死者之用。"《新唐書·王璵傳》作"紙寓錢"。唐以後祭祀用紙錢，有按早、中、晚三次在靈前燒紙錢習俗。元張憲玉《端午詞》："五色靈錢傍午燒，綵勝金花貼鼓腰。"靈錢即紙錢，古時稱死者爲靈，故稱。明代又有孤魂紙，於夜間焚化。《水滸傳》第六九回："今朝是月盡夜，晚些買貼孤魂紙來燒。"清代有喪人家，每日按早、午、晚三次上供、上香、燒紙、奠酒。黃昏時燒的那一次，稱黃昏紙。《紅樓夢》第一四回："戌初燒過黃昏紙，我親到各處查一遍，回來上夜的交明鑰匙。"戌初，晚上七點左右。清俗，倒頭三日後燒還魂紙，俗亦稱黃昏錢。乾隆《束鹿縣志·風俗》

送路紙錢示意

載："夕，孝子以楮錢及水漿香供至土地祠，焚拜哭而歸，名倒頭紙，又名還魂紙，俗誤曰黃昏錢。"此俗近代習用。民國二十三年刊《井陘縣志料·風土》："死者之子姪孫媳，於黃昏後，赴五道廟祠燒紙，哭號而歸，謂之還魂紙。夜夜如是，至死者入殮方止。"今俗仍稱黃昏紙。

【靈錢】

即黃昏紙。此稱元代已行用。見該文。

【孤魂紙】

即黃昏紙。此稱明代已行用。見該文。

【還魂紙】

即黃昏紙。此稱清代已行用。見該文。

買路錢

舊俗出殯時沿途拋撒的紙錢冥鈔。意爲用錢買路，打發孤魂野鬼，以求亡人順利通過。此亦古時買道之遺意。此俗明代已有，沿襲至今。明田藝蘅《留青日札·買路錢》："高子皋曰：'買道而葬，後難繼也，今人出喪，柩行之道，於前拋金銀紙錢，名曰買路錢。'即高季買道之遺意也。我朝某皇太后出殯，亦見其燒買路錢。"一說，此俗似自日本傳入。清翟灝《通俗編·儀節·買路錢》載："按，日本考，凡殯出，殯前設香亭一座，名曰設孤臺，令一人在前拋銅錢而行，名曰買路錢，任其貧乞者拾之，似此俗又自日本流及中國矣。"入清以後，此俗在民間廣爲流傳。黃宗羲《子婦客死一孫又以痘殤》兩首之一："干戈尚阻離人哭，風雨不飛買路錢。遮骨蓬蒿憐一尺，驚心花鳥怨千年。"乾隆《束鹿縣志·風俗》："隨路拋楮錢，名買路錢。"出殯時，棺由家宅至墓地途中，凡經城門、橋頭、廟觀、河沿、井臺、十字路口及下葬時，均需拋撒紙錢，意即給孤魂野鬼開賞。胡樸安《中華全國風俗志·下編·浙江》引《湖州間俗談》云："凡出殯時，棺材前面，沿路抛楮，恐野魔攔住死者，此爲買路錢之意。"清末北京出大殯的行列中，還有一種噴錢獸，可以由嘴裏噴出紙錢來，亦稱買路錢。同治《都門紀略》載："京師殯出至街，焚錢，以秫秸扎方架，寬五六尺餘，高六七尺，遍粘以紙錢。臨起大槓時，舉火一焚，弨弓一斷，噴出無數紙錢，謂之買路錢。"紙錢通常是用白報紙鑿成，圓形，直徑三寸餘，中有方孔，舊時紙店有售。後來，往空中揚紙錢漸改爲往地下扔紙錢，其錢直徑不過二寸而已。今俗，撒買路錢多用白紙錢。參閱《舊都文物略》卷一二。

鬼票

指陰間的通行證。古時迷信，凡客死外地者，棺柩運回家鄉時，需向城隍廟請鬼票，於沿途所遇關卡津渡焚化，否則鬼魂不能通過。此名始見於清代。清西清《黑龍江外紀》卷六："客死者柩還鄉時，請鬼票於城隍廟，過關津焚之。云不然，魂不得過。"此俗源於古時喪俗中的買路錢，至近代民間尚有之。胡樸安《中華全國風俗志·下編·浙江》引《湖州問俗談·買路錢》："凡出殯時，棺材前面，沿路抛楮，恐野魔攔住死者，此爲買路出錢之意。"

阡張

亦作"千張"。舊時祭祀神佛或祖先所用的冥財，以黃紙刻成條狀，似串串銅錢。其名取自千張紙。清吳其濬《植物名實圖考·木類》："千張紙生廣西，云南、景東、廣南皆有之。大樹，對葉如枇杷葉，亦有毛，面綠背微紫。"阡張紙似古刀布形狀。清阮葵生《茶餘客話·紙錢香燭》載："阡張紙即古刀布形。"明清時

期，民間祭祀神佛活動普遍行用阡張。《警世通言·宋小官團圓破氈笠》："宋敦應允，當下忙忙的辦下些香燭、紙馬、阡張、匹段。"《金瓶梅詞話》第三九回："到正月初八日，先使玳安兒送了一石白米、一擔阡張、十斤官燭、五斤沉檀馬牙香、十二匹生眼布做襯施。"明陳鐸《滑稽餘韵·紙馬鋪》："衆神祇見數還錢，僧道科儀，件件周全，蠟燭堅實，千張高大。"清代北京等地中秋祭月，撤供後，將阡張、元寶等物與月光馬兒一并在庭院焚化。清富察敦崇《燕京歲時記·月光馬兒》："焚香行禮，祭畢與千張、元寶等一并焚之。"又引《宛署雜記》云："千張鑿紙爲條，與冥錢同。"民間新年祭神佛、祭祖先等活動，用黃色細紙剪成阡張，與奠錢、元寶等，置於佛桌前供養，謂之"敬神錢糧"。每日焚香禮拜，以求保佑。明沈榜《宛署雜記·民風一》："燒阡張：各家祖先，俱用三牲熟食，貨草紙細剪者爲阡張，供其前，俟三日後焚而徹之。惟佛前則供用果麵，阡張至元宵罷，乃焚。"祭祖用阡張，三日後即焚；祭佛用阡張，至元宵節後乃焚。清佚名《燕臺口號一百首》："柏葉芝麻燒夜香，葫蘆貼罷供阡張。"注云："元旦作葫蘆、人物、花卉雜貼門戶，鏤白紙供祖先，號'阡張'。"過年祭祀時所用神紙阡張，一般市肆有售。清潘榮陛《帝京歲時紀勝·十二月·市賣》："其次則肥野雞、關東魚、野貓、野鶩、醃臘肉、鐵雀兒、籔架果罩、大佛花、斗光千張、樓子莊元寶。"

【千張】

同"阡張"。此體明代已行用。見該文。

紙包袱

亦稱"包袱""篜子""褡褳"。舊俗，爲亡

靈送紙錢的紙糊包袱，内裝燒紙或金銀箔紙摺疊成的元寶紙錠，供祭祀時焚燒。明清時盛行。明時多以布包袱或草編的袋子盛紙錢。《警世通言・宋小官團圓破氈笠》：「原來宋敦夫妻二口，因難於得子，各處燒香祈嗣，做成黄布袱、黄布袋，裝裹佛馬楮錢之類。」又同書《白娘子永鎮雷峰塔》：「吃了飯，換了新鞋襪衣服，把篝子錢馬，使條袱子包了……懺悔過疏頭，燒了篝子，到佛殿上看衆僧念經。」按，篝子即指用草編製的盛放紙錢的包袱。清代以後，祭奠多焚紙包袱，封套上題寫姓名行輩。《紅樓夢》第五八回：「寶玉忙問道：『你與誰燒紙錢？快不要在這裏燒。你或是爲父母兄弟，你告訴我姓名，外頭去叫小厮們打了包袱寫上名姓去燒。』」《兒女英雄傳》第二一回：「外面早有山上山下遠邨近鄰的許多老少男女都來上祭。也有打陌紙錢來的；也有糊個紙包袱，裝些錁錠來的。」十月一日送寒衣，以冥衣、楮錠之類封於紙包袱。清富察敦崇《燕京歲時記・十月一》：「包袱者，以冥鏹封於紙函中，題其姓名行輩。」民國十七年刻《舊京風俗志稿本》載：「〔包袱〕係用白色毛頭紙糊成約尺餘見方之袋，惟上口不封，袋面用黑色印成佛經咒文，中間留下長方空白，以備填寫收者之名號，下方則收者自填姓名，並書明冥衣若干、金銀錠若干。」在黑龍江地區，人死三日後，爲亡靈送褡褳。褡褳即盛裝紙錢之包袱。胡樸安《中華全國風俗志・下編・黑龍江》：「人死三日，既薄暮，其子以紙囊盛紙錢，負入土地祠，即神曳囊三匝，覺重，曰：『亡者收去。』出而焚之，謂之褡褳。」

【包袱】

即紙包袱。此稱明代已行用。見該文。

【篝子】

即紙包袱。用草編的包袱。此稱明代已行用。見該文。

【褡褳】

即紙包袱。此稱近代行用。見該文。

錢糧

舊俗給亡靈之財物，包括紙錢、紙元寶等。一般送往寺廟等處焚化，俗謂此可以消灾祈福。唐代以來，焚錢之法流行。至宋代，即有專門店鋪售賣紙錢、紙馬及各類紙糊冥器，供祭祀時焚燒。明清時期又盛行焚燒紙錢糧之俗。清顧禄《清嘉録・解天餉》云：「春中，各鄉土地神廟，有解天餉之舉，司香火者董其事。廟中設櫃，收納阡張元寶，俗呼錢糧。」焚燒時常用一紙糊包袱囊括之。《紅樓夢》第二九回：「賈珍退了下來，至外邊預備着申表、焚錢糧、開戲，不在話下。」此稱近世沿用。胡樸安《中華全國風俗志・下編・江蘇》載：「凡飲食、鎮壇、交易、紅緑市、燈燭、錢糧、餑餑、香斗、老米、解結、散花、點心、臺面、挑兒，以及雙分襯錢，一切增加數倍。」

神御

亦稱「御容」。先朝皇帝、皇后的畫像，偶亦有錦繡者。用於瞻仰、祭祀。此稱宋代已行用。宋代往往設於寺廟道觀的神御殿中。《宋史・禮志九》：「國家道觀佛寺，並建別殿，奉安神御。」《宋會要輯稿・禮十三》：「徽宗建中靖國元年七月三日，禮部尚書豐稷言：『奉詔差詣會聖宮、應天禪院，相度奉安哲宗神御。其應天院前殿三位，奉安太祖、太宗、真宗神御合依舊外，其後殿三位奉安仁宗、英宗、神宗神御，元各置帳座，今欲通作一座，分爲四位，以次升遷，奉安哲宗神御。依舊以西爲上。'"又："〔紹興三年〕五月十四日，禮部言：'見塑制昭慈獻烈皇后神御，俟畢，亦合赴温州景靈宫奉安。'"宋徐夢莘《三朝北盟會編·紹興十年》："〔七月〕收復伊陽等八縣，雙敗金人於河清縣，奪到藝祖皇帝御容。"《宣和遺事》後集："高宗離建康，幸浙西，詔改杭州爲臨安府，先令奉太廟藝祖以下九廟神御如臨安。"宋周密《武林舊事·元正》："朝廷元日冬至行大朝會儀，……上服幞頭、玉帶、靴袍，先詣福寧殿龍墀及聖堂炷香，用臘沈腦子；次至天章閣祖宗神御殿，行酌獻禮。"《新元史·世祖諸子傳下》載仁宗皇太子阿剌忒納答剌："〔至順元年〕三月，繪皇太子真容置於安慶寺東鹿頂殿祀之，如累朝神御殿儀。"《清實録·乾隆朝實録》："〔乾隆元年十月〕丁亥，恭奉世宗憲皇帝神御於壽皇殿。上親詣行禮。"設像之殿稱御容殿或神御殿。《遼史·道宗紀》："〔大康七年〕六月甲子，詔月祭觀德殿，歲寒食，諸帝在時生辰及忌日，詣景宗御容殿致奠。"《元史·張昇傳》："召爲太禧院副使，兼奉贊神御殿事。"又，元代或以織錦綉御容，《元史·方技傳·阿尼哥》："原廟列聖御容，織錦爲之，圖畫弗及也。"

【御容】

即神御。此稱宋代已行用。見該文。

影神

省稱"影"，亦稱"影像""大影""大像""神子""神軸""祖宗影神"。亡者或祖先的畫像。古時未有照相技術，在父母年事漸高

或去世後，家人請專門畫神像的畫師爲之畫像，生前叫作"喜容"，去世後稱爲"神軸"，意即人死"神"猶在。靈前懸掛的稱"影"，死後供在家中則稱"祖宗影神"。舊俗，逢年過節或祖先忌日，懸掛先人影像，瞻拜祭祀，以示懷祖之情。此俗源於古代祭尸禮。清趙翼《陔餘叢考·宗祠塑像》載："然宋玉《招魂》，已有像設君室之文，則塑像實自戰國始。顧寧人謂，尸禮廢而像事興，亦風會使然也。近世祠堂皆設神主，無復有塑像者，其祖先真容則有畫像，歲時展敬。"唐代已見"影像"之稱。唐辯機《大唐西域記·那揭羅曷國》："此賢劫中當來世尊亦悲愍汝，皆留影像。"宋代民間普遍行用影像。宋司馬光《書儀·喪儀一》載："又世俗皆畫像，置於魂帛之後。男子生時有畫像，用之，猶無所謂。至於婦人，生時深居閨闈，出則乘輜軿，擁蔽其面。既死，豈可使畫工直入深室，揭掩面之帛，執筆望相，畫其容貌，此殊爲非禮。"宋張載《經學理窟·喪紀》："古人亦不爲影像，繪畫不真，世遠則棄，不免於褻慢

影　神
（〔日〕中川忠英《清俗紀聞》）

也，故不如用主。"元石君寶《秋胡戲妻》第一折："莫不我成親的時分，下車來冲著歲君，拜先靈背了影神？"明代，靈前懸挂用半身影像，出殯時則用大影（亡人全身影像）。《金瓶梅詞話》第六三回："先生，你用心想着，傳畫一軸大影，一軸半身，靈前供養……先趕造出半身來，就要挂；大影不誤出殯就是了。"大影又稱大像。《雪月梅》第四三回："安設靈案，點燭焚香，又請畫工將平日所傳行樂，仿出一幅大像來張挂。"民間懸影於影堂，供人祭吊。《古今小説・楊思温燕山逢故人》："婆子引二人到閣前，只見關着閣子門，門上有牌面寫道：'韓國夫人影堂'……韓思厚看見影神上衣服容貌，與思温元夜所見的無二，韓思厚淚下如雨。"皇宫中則設神御殿，供奉歷代皇帝影像。《元史・祭祀三》："神御殿，舊稱影堂。所奉祖宗御容，皆紋綉局織錦爲之。"影像，一般專指祖先畫像。每逢年節及祖先忌日時，子孫對祖先畫像叩拜，名爲"拜影"。《二刻拍案驚奇》卷二六："伯伯過年，正該在家裏住的，祖宗影神也好拜拜。"《紅樓夢》第三一回："老太太和舅母那日想是纔拜了影回來。"新年祭祖，以祠堂供神主，正室内供祖宗影像。明劉侗、于奕正《帝京影物略・春場》記除夕風俗云："懸先亡影像，祀以獅仙斗糖、麻花饊枝、染五色葦架

清代祖宗影像與牌位

竹罩陳之，家長幼畢拜。"《紅樓夢》第五三回："且説賈珍那邊，開了宗祠，着人打掃，收拾供器，請神主，又打掃上房，以備懸供遺真影像。"在大家族中，分房另過，除父母、祖父母的遺容外，其他曾、高祖父母的遺容都按譜系縮影在一軸圖上，一同懸挂祀奉，稱"神軸"。清顧禄《清嘉録》記"過年"云："擇日懸神軸，供佛馬，具牲醴糕果之屬。"亦呼"神子"。清俞樾《茶香室續鈔・神子》："舒紹言等《新年雜咏》云：歲終懸祖先像，新年晨夕設供，至落燈而罷。金介山《落燈夜收神子》詩：'若非除夜何能見，纔過燈宵不可留。'自注：'俗稱祖先遺像爲神子。'"除夕、元旦拜影習俗，遍及全國各地。清張人鏡《月浦志・風俗志》："正月元旦：具香燭列拜天地宗祠，懸祖先影像於堂。"近代以來，俗多以瓷版畫先人像替代影像。照相技術流行後，影像之俗遂不再流行。

【影像】

即影神。此稱唐代已行用。見該文。

【大影】

即影神。此稱明代已行用。見該文。

【大像】

即影神。此稱明代已行用。見該文。

【神軸】

即影神。此稱明代已行用。見該文。

【神子】[2]

即影神。此稱清代已行用。見該文。

【祖宗影像】

即影神。此稱明清時期已行用。見該文。

【影】

"影神"之省稱。此稱明清時期已行用。見該文。

挽聯

哀挽死者的對聯。挽聯由挽詞演變而來，但挽詞形式多樣，詩、詞、歌、文、賦皆可，而挽聯祇有上下聯。挽聯亦不同於抒發喜慶情感的對聯，其內容一般爲哀悼、憐惜之詞。清梁紹壬《兩般秋雨盦隨筆·挽聯》：“挽聯不知起於何時，古但有挽詞而已。即或有膾炙兩句者，亦其項腹聯耳。”宋葉夢得《石林燕語》卷九載：“韓康公得解，過省、殿試，皆第三人。其後爲執政，自樞密副使、參加政事、拜相，及再宰，四遷皆在熙寧中，此前輩所未有也。蘇子容輓辭云：‘三登慶曆三人第，四入熙寧四輔中。’”此則是挽聯之體也。一般認爲挽聯始於宋代。據南宋陸游《老學庵筆記》卷一載：趙元鎮（鼎）丞相被謫朱崖，病亟自書銘旌：“身騎箕尾歸天上，氣作山河壯本朝。”又據近世張伯駒考，正式的挽聯出現在元末明初。元陶宗儀《南村輟耕錄·醋鉢兒》記：俞俊妻死，“俊縛綵繒爲祭亭，綴銀盤十有四於亭兩柱，書詩聯盤中云：‘清夢斷柳營風月，菲儀表梓里葭莩。’”清以後，始有挽聯一稱。及至清末，挽聯已極爲盛行。近人易宗夔《新世説·傷逝》云：“薤上蒿里，古有挽歌。其語簡質，降而爲誄詞哀文，洋洋數千言，短亦數百字，文繁而哀殺矣。近世有所謂挽聯者，不知始於何時。

道咸以降，諸名人率優爲之。字之多寡無定，語之長短亦無定。對偶必工，語意必哀，亦誄詞中之別開生面者。”清末以來，親友吊祭多送挽聯爲奠。清張燾《津門雜記·喪禮》：“焚燒紙絹扎綵，親友送輓靈綾幛對聯甚夥。”民國二十三年《望都縣志·風土志》：“及期賓友持冥資食盒奠儀或挽帳挽聯赴喪家。”近代，喪家出大殯的行列中亦用挽聯。一般雇人用竹竿舉着，有的一人舉上聯，一人舉下聯，并排而行；遇有人少而挽聯多時，則一人舉一副，前邊正面一聯，後邊背面又一聯。挽聯數目不限，從一對至數十對乃至百對不止，名人送的挽聯放在最前邊。今俗，挽聯一般挂於花圈上，或寫在長幅紙上，挂於追悼會會場牆上，或在紙下襯布，挂在追悼會會場兩側，內容包括對死者的悼念、頌揚等。挽聯，近世或寫作“輓聯”。王蘊章《然脂餘韻》卷一：“纖纖著有《瘦吟樓稿》。西江吳蘭雪負異才，其女弟及閨中人皆工詩，頻伽告以纖纖，頗易之。後至吳門，得見全稿，始大折服，以爲真天人也。福慧難兼，笙鶴遽召，諸名士欲制輓聯未成，適汪宜秋內史玉軫輓對至，衆遂藉口閣筆。其詞云：‘入夢想從君，鶴背恐嫌凡骨重；遺真添畫我，飛仙可要侍兒扶。’”

第五節　處所考

祭祀需要在特定場所進行，這些場所有各種形式的設施和建築，成爲古人溝通天地祖宗神靈的途徑。

《禮記·郊特牲》云：“萬物本乎天，人本乎祖。此所以配上帝也。”鄭玄注：“言俱本可以配郊之祭也，大報本反始也。”祭祀天地祖宗，是朝野回歸本源的最重要的祭禮。

就帝王而言，他們自稱是天帝之子，故祭天地有神化皇權的含義。祭天，登泰山封禪是最高的祭天盛典，一般認爲祇有盛德天子方可封禪。因而不是所有皇帝都會舉行登泰山封禪儀式。而在都城的明堂、圜丘祭天，則是各個朝代每年祭禮所舉行之地。祭天多在南郊進行，《郊特牲》謂：“兆於南郊，就陽位也。”通常稱郊祭。《大戴禮記·盛德》曰：“凡人民疾、六畜疫、五穀灾者，生於天；天道不順，生於明堂不飾，故有天灾，即飾明堂也。”説明天命與民間饑苦有關聯，故要建明堂一類的祭天建築。祭地多在北郊，處陰位，與祭天之地相對應。天地神靈被認爲主宰着人們的命運，因而朝野均對其頂禮膜拜。

古代帝王、貴族祭祀祖先的建築統稱“宗廟”。《禮記·祭法》“分地建國，置都立邑，設廟祧壇墠而祭之”鄭玄注：“廟之言貌也；宗廟者，先祖之尊貌也。”《詩·周頌·清廟》序鄭玄箋：“廟之言貌也，死者精神不可得而見，但以生時之居立宫室象貌爲之耳。”説明宗廟是爲祭祀先祖而設的模仿宫室的建築，以示侍死如生之意。天子的祖廟稱“太廟”（春秋時魯國對於周公廟也稱太廟），先秦時天子的祖廟有七座，稱“七廟”，至王莽時期改行“九廟”制。秦漢以後的“七廟”或“九廟”，有時行分廟制（如七座廟），有時行同堂异室制（一座廟中分若干室）。除皇室以外，士大夫中同族人祭祀祖先的宗廟稱“家廟”（亦稱“宗祠”）。

上述天地與宗廟祭祀，都是大祭。

日、月、星辰、社稷等的祭祀爲中祭。明清天子祭祀日月的場所分別爲日壇和月壇。此外，古人還祭祀土神、穀神，其祭祀處所爲社稷壇，祭禮均帶有祈福保民之意。尤其是“社”，從國家來説有太社，從民間而言有里社（後來又稱土地廟）。《公羊傳·莊公二十三年》“公如齊觀社”漢代何休注：“社者，土地之主；祭者，報德也。生萬物，居人民，德至厚，功至大，故感春秋而祭之。”一語道盡社祭意義之大。

總之，祭所就是依神之地，通神之途，爲歷代朝野所注重。

明堂

周代宗廟之稱。亦爲帝王宣揚政教之地。凡祭祀等大典，在此舉行。因室無四壁，明亮寬敞，故稱。此稱先秦時期已行用。《禮記·祭義》："祀乎明堂，所以教諸侯之孝也。"鄭玄注："祀乎明堂，宗祀文王。"《孝經·聖治章》："宗祀文王於明堂，以配上帝。"周公建明堂，確立王與諸侯之位，明諸侯之尊卑。《周禮·考工記·匠人》："周人明堂，度九尺之筵，東西九筵，南北七筵，堂崇一筵，五室，凡室兩筵。"其制與寢廟相似。至秦漢，明堂之制大異。不僅僅爲南嚮之明堂，亦設有東西南北四堂制。且明堂共有四堂、一大室。四堂又各有一太廟及左牖、右牖，共十二室，天子循五行之周轉，每月換居一室。《大戴禮記·明堂》："明堂者，古有之也，凡九室，一室而有四户八牖，三十六户，七十二牖。以茅蓋屋，上圓下方……堂高三尺，東西九筵，南北七筵，上圓下方，九室十二堂，堂四户，户二牖，其宮方三百步。在近郊，近郊三十里，或以爲明堂者，文王之廟也。"漢以後宮室漸備，另在近郊東南建明堂，以存古制。漢班固《東都賦》："建章、甘泉，館御列仙，孰與靈臺、明堂，統和天人？"後世沿之。三國魏曹植《七啓》："贊典禮於辟雍，講文德於明堂。"《文選·潘岳〈閑居賦〉》"其東則有明堂辟雍，清穆敞閑"李善注引《三輔黃圖》："大司徒宮奏曰：'明堂、辟雍，其實一也。'"《玉臺新咏·木蘭辭》："歸來見天子，天子坐明堂。"關於古代明堂之説，歷代禮家聚訟紛紜。漢代高誘、蔡邕，晋代紀瞻皆以明堂、清廟、太廟、太室、太學爲一事，王國維亦謂宗廟、路寢、明堂同制。

辟雍

亦作"辟廱"。帝王祭祀天地的場所。始於周代，達於清代，然此稱在唐以後不復行用（改稱"圜丘""圓丘"）。此稱先秦時期已行用。本爲西周天子所設大學，形制如璧。《詩·大雅·靈臺》："于樂辟廱。"毛傳："水旋丘如璧曰辟廱。"清李光地《詩所》卷六："辟廱，學名也。辟，璧也；廱，雍也，四面雍水環之，周圍如璧也。"《禮記·王制》："大學在郊，天子曰辟雍。"春秋以後"禮崩樂壞"，辟雍亦消失。西漢武帝、成帝時，均有興建明堂辟雍之議，未付諸實施。"及王莽爲宰衡，欲燿衆庶，遂興辟廱，因以篡位。"（《漢書·禮樂志》）因王莽建辟廱是爲自己登基尋找依據，故辟廱唯作祭祀天地神靈之用。漢明堂辟廱遺址已在漢長安城南二公里處發現。中爲夯土臺，臺上爲"亞"字形中心建築，即明堂，明堂外有圓形水溝。東漢以後，歷代沿襲這種内方外圓形制的明堂辟雍，作祭天地之所。漢班固《東都賦》："太液、昆明，鳥獸之囿，曷若辟雍海流，道德之富？"《文選·潘岳〈閑居賦〉》："其東則有明堂辟廱，清穆敞閑。環林縈映，圓海迴淵。"李善注："陸機《洛陽記》曰：辟廱，在靈臺東，相去一里，俱魏武所徙。《三輔黃圖》：大司徒宮奏曰：明堂、辟廱，其實一也。"又注："《三輔黃圖》曰：明堂、辟廱，水四周於外，象四海也。仲長統《昌言》曰：溝池自周，竹木自環。《白虎通》曰：天子立辟雍者，所以行禮樂，宣教化。辟者，象璧圓以法天；雍者，擁之以水，象教化流行也。"晋戴延之《西征記》："洛陽城南有平昌門，道東辟雍壇，去靈臺三里，俱是魏武帝所立，高七丈。"《宋書·禮志三》："伏尋明堂辟雍，制無定文。"唐以後形制巨變，不再稱辟雍，多稱圜丘或圓丘。唐賈餗即有《至日圓丘祀昊天上帝賦》。

【辟廱】

同"辟雍"。此體先秦時期已行用。見該文。

圜丘

亦作"圓丘""員丘""圜邱"。帝王冬至祭天的圓形高臺。始於先秦，後世帝王沿之，原專祭天，後亦合祭天地。古人認爲"天圓地方"，故祭天之壇皆圓形，祭地之壇皆方形。取自然之丘修成圓形，象徵天圓，因稱。此稱先秦時期已行用。《周禮・春官・大司樂》："冬日至，於地上之圜丘奏之。"賈公彥疏："案《爾雅》：土之高者曰丘，取自然之丘。圜者，象天圓。"《孝經・聖治章》："昔者周公郊祀后稷以配天。"邢昺注："郊謂圜丘祀天也。"《梁書・許懋傳》："《周官》有員丘、方澤者，總爲三事，郊祭天地。"《續資治通鑑・宋理宗紹定元年》："辛巳，日南至，祀天地於圜丘。"明張煌言《鄉薦經義・天地之大德曰生》："故圜邱之祀告以譴，泰折之享降以僭。"明鄭明選《恭閱天壇》詩："圜丘圓殿外，清晝日況沉。"今可考遺址有二地，一爲漢故圜丘，一爲明清北京天壇。《三輔黃圖・圜丘》："昆明故渠南，有漢故圜丘。今按：高二丈，周四百二十步。"天

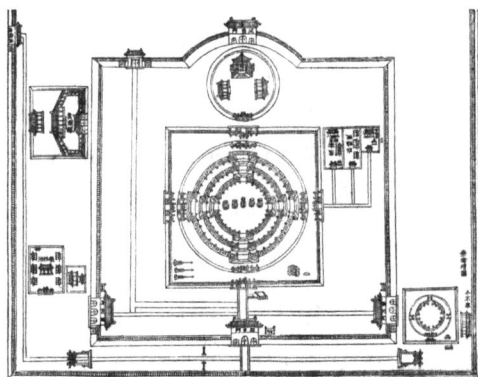

圜丘總圖
（清蔣廷錫等《古今圖書集成》）

壇，包括祈年殿和圓丘壇。後者又稱祭天臺，爲三層圓形的露天石壇。祇有臺基，沒有殿宇，建在外方內圓的兩重圍牆中央。四面有門，均用白色大理石雕成。石壇每層都有雕龍欄杆。

【圓丘】

同"圜丘"。此體漢代已行用。見該文。

【員丘】

同"圜丘"。此體魏晉南北朝時期已行用。見該文。

【圜邱】

同"圜丘"。此體明代已行用。見該文。

圓壇

即圜丘。亦作"圜壇"。此稱行用於漢代至宋代。《後漢書・祭祀志上》："爲圓壇八陛，中又爲重壇，天地位其上，皆南鄉，西上。"《隋書・禮儀志一》："梁南郊爲圓壇，在國之南，高二丈七尺，上徑十一丈，下徑十八丈。其外再壝四門。"宋趙彥衛《雲麓漫鈔》卷五："光武中興，東平王蒼又請復古禮，雖爲圓壇，而多采用前漢故事。"《續資治通鑑・宋孝宗乾道元年》："春，正月，辛亥朔。車駕詣圓壇行禮，大赦，改元。"

【圜壇】

同"圓壇"。此體宋代已行用。見該文。

天壇

明清南郊郊祀天帝的場所，位於明清北京正陽門南。始建於明永樂十八年（1420），清乾隆、光緒間曾重修改建。由南面的圜丘、北面的祈穀兩壇構成，主要建築爲圜丘壇、祈年殿。明朝前期南郊天地共祭，至嘉靖九年（1530），大臣奏議："國家合祀天地於南郊，……古者祀天於圜丘，祭地於方丘。圜丘者，南郊地上之

丘，丘圜而高以象天也；方丘者，北郊澤中之丘，丘方而下以象地也。"（《日下舊聞考·城市》）嘉靖十三年（1534），決定改南郊圜丘曰天壇，專門祭天；移方澤於北郊，設地壇以祭地。明夏言《南宮奏稿》卷五載其《祭祀疏》言："奉聖旨，是圜丘、方澤今後稱天壇、地壇。……今後冬至大報啓蟄祈穀祀天，夏至祭地，祝詞之文俱合稱圜丘、方澤；其省牲及壹應公務，有事壇所，俱稱天壇、地壇。"按，"天壇"之名古已有之，《宋書·禮志三》載漢光武帝"建武中不立北郊，故后地之祇常配食天壇"；《南齊書·禮志上》有"郊爲皇天之位，明堂即上帝之廟……郊爲天壇，則堂非文廟"之語；《元史·祭祀志一》亦載："神位昊天上帝，位天壇之中少北。"而這些"天壇"之名俱是泛稱，至明嘉靖間始成專稱。《明史·禮志三》："建太歲壇於正陽門外之西，與天壇對。"《大清一統志·京師上·壇廟》言其沿革，亦曰："天壇：在正陽門外南郊。按，孫承澤《春明夢餘錄》：明嘉靖九年定分祀天地之制，遂于大祀殿之南建圜丘。後屢有修葺，本朝因之……每年冬至大祀。"《聖祖仁皇帝聖訓》卷一〇："上諭禮部：時已入夏，亢暘不雨……朕晝夜焦勞，不遑啓處。茲虔誠齋戒，躬詣天壇祭告，懇祈甘霖速降。"《世宗憲皇帝上諭內閣》卷六三："天壇內有放鷹打槍、成群飲酒游戲者，著令禮部太常寺，嚴行出示禁止，仍不時派司官前往稽察。"清亡後，不復行祭天禮，天壇此後成爲民衆自由活動的公園，直至今日。

時

亦稱"畤時"。古代祭祀天地五帝之處。五帝分別爲東方青帝、南方赤帝、中央黃帝、西方白帝、北方黑帝。祀五帝，即祀東西南北中各方。時，祭處也。上古時，有好時、鄜時，傳説黃帝之祭處，或説秦文公時立。爲秦漢帝王祭天地之處。《史記·封禪書》："櫟陽雨金，秦獻公自以爲得金瑞，故作畤時櫟陽而祀白帝。"又："文公夢黃蛇自天下屬地，其口止於鄜衍。文公問史敦，敦曰：'此上帝之徵，君其祠之。'於是作鄜時，用三牲郊祭白帝焉。自未作鄜時也，而雍旁故有吳陽武時，雍東有好時，皆廢無祠。"秦襄公時又立西時，祠白帝。至漢高祖劉邦，設置北時，即黑帝祠，祀黑帝。《史記·封禪書》："〔劉邦〕東擊項籍而還，入關，問：'故秦時上帝祠何帝也？'對曰：'四帝，有白、青、黃、赤帝之祠。'高祖曰：'吾聞天有五帝，而有四何也？'莫知其説。於是高祖曰：'吾知之矣，乃待我而具五也。'乃立黑帝祠，命曰北時。有司進祠，上不親往。"漢孝武帝時又立泰時，位於南郊，後世皆沿其制。《漢書·郊祀志下》："往者，孝武皇帝居甘泉宮，即於雲陽立泰時，祭於宮南。"又："祠之必於高山之下時，命曰時。"顏師古注："名其祭處曰時也。"明唐順之《冬至南郊》詩："明王敦大報，泰時禮神君。"

【畤時】

即時。此稱先秦時期已行用。見該文。

壇

古代祭祀天地、帝王、遠祖的高臺。多用土石建成。壇之言坦，平坦明亮的樣子，故稱。壇之形制不一，根據所設地點，所祭對象，所用祭祀材料而分爲山壇、中壇；風壇、雨壇、雷壇、泰昭，屬壇；泰壇、燎壇；等等。此稱先秦時期已行用。《禮記·祭法》："設廟、祧、壇、墠而祭之。"鄭玄注："封土曰壇，除地曰墠。"壇又多設於南方北面，高低不等。此稱始見於先秦典籍，《書·金縢》："公乃自以爲功，爲三壇同墠。爲壇於南方北面，周公立焉。"後沿之。舊時亦指僧道舉行祈禱法事的場所或拜神集會的場地與組織。《初刻拍案驚奇》卷一七："〔任道元〕建壇在家，與人所持，甚著效驗。"又如濟公壇、盛德壇等。

泰壇

古代帝王燔柴祭天的土臺。設於都城南郊。泰壇爲祭天之中祀，即在此祭日、月、星、辰等。始自上古，沿至後世。《禮記·祭法》："燔柴於泰壇，祭天也。"孔穎達疏："謂積薪於壇上，而取玉及牲，置柴上燔之，使氣達於天也。"《孔子家語·郊問》："既至泰壇，王脫裘矣。"《晉書·樂志上》："《天郊饗神歌》：整泰壇，禮皇神。精氣感，百靈賓。"隋薛道衡《老氏碑》："乃允答天人，祇膺揖讓，升泰壇而禮上帝，坐明堂而朝群后。"唐鮑溶《郊天回》詩："日動蕭烟上泰壇，帝從黄道整和鑾。"明李東陽《郊祀前一日齋居候駕》詩："石橋瓊尺倚雕闌，樹裏行宮接泰壇。"清毛奇齡《北郊配位尊西向議》："《祭法》直云：燔柴于泰壇，祭天也；瘞埋于泰折，祭地也。則有其地宗伯之職。"

燎壇

焚柴燎祭天神的壇臺。因以柴燎燒，故稱。此稱南北朝時期已行用。《隋書·禮儀志一》："後齊以孟夏龍見而雩，祭太微五精帝，於夏郊之東爲圓壇，……并燎壇一如南郊，於其上祈穀實。"唐制，大中小祀皆設燎壇，其大小有別。《通典·禮二》："太尉設燎壇於丙地。禮畢，器席有司燒埋之。"《新唐書·禮樂志二》："廣一丈，高一丈二尺，戶方六尺者，大祀之燎壇也。廣八尺，高一丈，戶方三尺者，中祀之燎壇也。廣五尺，戶方二尺者，小祀之燎壇也。"《舊唐書·禮儀志三》："舊禮：郊祀既畢，收取玉帛牲體，置於柴上，然後燔於燎壇之上，其壇於神壇之左。"後沿其制至清。《宋會要輯稿·禮一四》："建隆四年郊祀，望燎之位去燎壇遠，有司不聞告燎柴之聲。"宋燎壇大小與唐制相同。宋潛說友《咸淳臨安志·行在所錄》："燎壇方一丈，高一丈二尺。"《明史·禮志二》："贊禮唱燔柴，郊社令升烟，燔全犢於燎壇。"明何喬新《南郊陪祭》詩："聖朝奠璧禮圜丘，萬炬飛光映冕旒。齋殿雲深清漏迥，燎壇風暖瑞烟浮。"

方丘

亦稱"方澤"。帝王夏至祭地的方形土壇。此稱先秦時期已行用。《淮南子·本經訓》："戴圓履方。"高誘注："圓，天也；方，地也。"將土丘修成方形，設於澤中而祀地祇，故稱。《周禮·春官·大司樂》："夏日至，於澤中之方丘奏之。"賈公彥疏："言澤中方丘者，因高以事

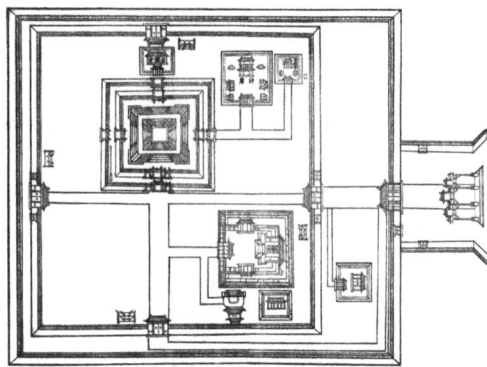

方澤總圖
（清蔣廷錫等《古今圖書集成》）

天，故於地上；因下以事地，故於澤中。取方丘者，水鍾曰澤，不可以水中設祭；故亦取自然之方丘，象地方故也。”傳説上古即有，始見於先秦記載。實爲周制。後世沿之，唐宋時多見於詩文。唐楊炯《少室山少姨廟碑》：“圓丘方澤，所以享天地神祇。”宋王安石《議郊祀壇制》：“天陽而動，地陰而静，故祭於澤中之方丘。”明清修建社稷壇，爲方形大平壇，同古之方丘，今存北京天壇公園對面。

【方澤】

即方丘。此稱唐代已行用，見該文。

泰折

帝王祭祀地神之所。設於都城北郊，與南郊的泰壇相對應。折，明亮貌，意同“壇”。爲表示敬神之意，必爲炤明之名，故稱。此稱先秦時期已行用。《禮記·祭法》：“燔柴於泰壇，祭天也；瘞埋於泰折，祭地也。”鄭玄注：“壇、折，封土爲祭處也。壇之言坦也。坦，明貌也。折，炤晢也。必爲炤明之名，尊神也。”始於上古，後代帝王沿之。《晉書·樂志上》：“《地郊饗神歌》：整泰折，俟皇祇。衆神感，群靈儀。”《舊唐書·禮儀志三》：“享地祇於社首之泰折壇，睿宗大聖貞皇帝配祀。”又《禮儀志四》：“蓋燔柴泰壇，定天位也；瘞埋泰折，就陰位也。”明張煌言《天地之大德曰生》：“放圓丘之祀告以譴，泰折之享降以愆。”或謂“泰折”之“折”，指天圓地方之方。明丘濬《大學衍義補·總論祭祀之禮（下）》引陳澔曰：“瘞埋牲幣，祭地之禮也。泰折即方丘，如折旋之義，喻方也。”《清朝通典·禮一》：“考祭法列叙禮神之處，於祭天曰泰壇，於祭地曰泰折。”

齋壇

帝王祭天地的場所，亦指僧道禮神迎神之處。好仙道的帝王亦喜在齋壇作法术。此稱南北朝時期已行用。《隋書·音樂志中》：“皇帝初獻黄帝奏雲門舞：……齋壇芝曄曄，清野桂馮馮。”唐唐彦謙《游陽明洞王理得諸君》詩：“北斗齋壇天寂寂，東風仙洞草菷菷。”唐趙嘏《早出洞仙觀》：“春生藥圃芝猶短，夜醮齋壇鶴未回。”帝王若好仙道之術，則臣下必極力奉迎齋壇之事。明沈德符《萬曆野獲編·甘露瑞雪》：“顧鼎臣……仍列五事奏之，其事皆齋壇香水供獻之祥也。上大悦，……顧由此得大拜。”民間喪事亦重做齋壇法事。《初刻拍案驚奇》卷一七：“今日是齋壇第三日了。小道有法術攝召，可以致得尊夫亡魂來與娘子相會一番。”

中壇

爲舉行郊祀、封禪等大典而設的壇臺。因皇帝所居地處中央，故稱。此稱漢代已行用。中壇功能，一是顯示帝居中央，統治四方。《漢書·禮樂志》：“帝臨中壇，四方承宇。”二是登壇敬神敬祖，祈福保佑。《後漢書·祭祀志上》：“隴、蜀平後，乃增廣郊祀，高帝配食，位在中壇上，西面北上。天、地、高帝、黄帝各用犢一頭，青帝、赤帝共用犢一頭，白帝、黑帝共用犢一頭，凡用犢六頭。”三是即帝位大事，必登中壇昭告天下。晉左思《魏都賦》：“量寸旬，涓吉日，陟中壇，即帝位。”《晉書·石勒載記上》：“今山川夷静，星辰不孛，夏海重譯，天人繫仰。誠應升御中壇，即皇帝位，使攀附之徒蒙寸尺之潤。”四是與神靈交流，祈降祥瑞。《宋書·禮志三》：“爾乃臨中壇，備盛禮，天降祥錫，壽固皇根，谷動神音，山傳稱響。”《御

定全唐詩·祀九宮貴神樂章》："帝臨中壇，受
釐元神。皇靈萃止，羽旄肅陳。攝提運衡，招
搖移輪。光光宇宙，電耀雷震。"《宋史·樂志
七》載寧宗郊祀曲，亞獻，正安，唱誦："帝臨
中壇，神從八陛。華玉展瑞，明馨薦醴。亦有
嘉德，克相盛禮。獻茲重觴，降福瀰瀰。"

坎[3]

祭月亮、寒暑及山谷的坑地。其既與祭天
相對應，同時亦祭寒暑星月等天象，可見祭
禮範圍較雜而廣。此稱先秦時期已行用。《廣
雅·釋天》："圓丘大壇祭天也，方澤大坎祭
地也，大昭祭四時也，坎壇祭寒暑也。"《禮
記·祭義》："祭日於壇，祭月於坎。"又《祭
法》："四坎壇，祭四方也。"鄭玄注："祭山林
丘陵於壇，川谷於坎，每方各爲坎爲壇。"祭江
河山谷之典稱"坎祭"。《詩·大雅·雲漢》"上
下奠瘞，靡神不宗"明朱朝瑛《讀詩略記》卷
五釋曰："自郊祭天，奠瘞祭地及六宗也，上謂
壇祭，下謂坎祭也。《祭法》：祭天燔柴，祭地
瘞埋，祭時祭寒暑祭日祭月祭星祭水旱皆埋少
牢，皆有坎壇。故曰上下奠瘞。"《宋史·樂志
八》："《嘉安》：少采陳儀，實曰坎祭。禮備樂
舉，嚴恭將事。"

夜明

秋冬時節祭月之壇。爲報答月神對人間的
賜予，先秦時人們就設壇祭月，此禮沿至明
清。此稱先秦時期已行用。《禮記·祭法》："夜
明，祭月也。"孔穎達疏："夜明者，祭月壇名
也。月明於夜，故謂其壇爲夜明也。"先秦時每
年秋分之夜在城西郊外設壇祭祀，儀式隆重。
《管子·輕重己》："秋至而禾熟，天子祀於太
惢，西出其國百三十八里而壇。"《漢書·郊祀

志上》："朝朝日，夕夕月。"三國魏張揖《廣
雅·釋天》："王宮祭日也，夜明祭月也。"歷代
沿行此禮，壇之體制同，而祭祀時間各異。明
代爲冬至日，清代爲八月中秋。明張居正《郊
禮新舊考》："初建國立於大祀殿之南，每冬至
祀天，以大明、夜明、星辰、風雷從祀。"清潘
榮陛《帝京歲時紀勝·八月·中秋》："西郊祭
月，乃國家明禋之大典也。"

風壇

祈風的祭壇。古時祭風神祈風爲小祭，故
常建於土山、土丘之上。亦有與雨同祭的，可
稱"風雨壇"。亦各設專壇祭祀，如風壇、雨
壇、雷壇。風壇高二尺，寬二十三步，并設矮
土圍牆。此稱唐代已行用，而至宋政和之際乃
成制度。唐代史翙《仁壽鏡賦》："炳崑岫之龍
燭，倒風壇之竹掃。"《宋史·禮志六》："政和
之制，風壇廣二十三步，雨、雷壇廣十五步，
皆高二尺，四陛，並一壝，二十五步。"後世沿
之。清陸長春《元宮詞》："頻開禁雨止風壇，
詔寫金經到上蘭。"自注："《灤京雜咏注》：西
番種類不一，每即殊禮。燕享大會，則設止雨
壇於殿隅。《元史·泰定帝紀》：泰定四年三月，
命西僧作止風佛事。"舊時河北東部沿海地區多
設風壇，并建風神廟，香火極盛。其制不一。

泰昭

祭四時之壇。昭，明也，亦指壇，故稱。
此稱先秦時期已行用。《禮記·祭法》："埋少牢
於泰昭，祭時也。"孔穎達疏："埋少牢於泰昭
祭時也者，謂祭四時陰陽之神也，泰昭，壇名
也。昭亦取明也。"陳澔《禮記集說》："泰昭，
壇名也。祭時，祭四時也。"馬晞孟《禮記解》：
"四時有生物之功，地主於成物，此其所以埋少

牢以祭之也。”而清人秦蕙田《五禮通考・吉禮三十二》對上述説法頗有異議：“《祭法》此句，孔安國謂六宗之一，蔡氏書傳因之。然考諸他書及後世禮制，無有議及此者。不若寒暑日月星水旱四方，可自爲一祭。今因祭四時，與四時迎氣相近。……然泰昭之義未詳，豈在四郊五帝兆之南昭明之地與？而少牢用埋，又似祭地祇而非天神。不可强釋，闕疑可也。”意謂古無四時之祭，且此祭究爲祭天還是祭地，尚存疑。聊備其説。

二祧

帝王七廟中兩座保留不遷的遠祖廟。始於周，達於近世。遠廟爲祧。周制，文王、武王廟本應遷移，因其功德而保留不遷，故稱。祧廟位於宮城之内，路門外之左，有奄人看守，名曰守祧，後代帝王沿其制。其先王若有文才，則將遷主藏於文王之祧，有武略則入武王之祧。以上爲鄭玄二祧之説。《禮記・王制》孔穎達疏引王肅《聖證論》，認爲二祧爲高祖之父，高祖之祖。後世多以鄭説爲是。此稱先秦時期已行用。《禮記・祭法》：“遠廟爲祧，有二祧。享嘗乃止。”孔穎達疏：“遠廟謂文、武王廟也。文、武廟在應遷之例，故云遠廟也。特爲功德而留，故謂爲祧。祧之言超也，言其超然上去也。”《周禮・春官・小宗伯》：“辨廟祧之昭穆。”鄭玄注：“廟，謂大祖之廟，及三昭三穆。遷主所藏曰祧。先公之遷主藏於后稷之廟，先王之遷主藏於文、武之廟。遺衣服，大斂之餘也。”《宋史・禮志九》：“翼祖宣祖在二祧之位，猶同祖禰之廟，皆月祭之。與親廟一等，無親疏遠近之殺……請自今二祧神主，殺於親廟，四時之祭，享嘗乃止，不及大祫，不薦新物。”

七廟

天子祭祀祖先的宗廟。周制爲七廟，包括太祖后稷廟與二世至七世祖廟。太祖后稷廟居中，二、四、六世廟居左，謂之“三昭”；三、五、七世廟居右，謂之“三穆”，合而爲七，因稱。《禮制・王制》：“天子七廟，三昭三穆，與太祖之廟而七。”《周禮・春官・小宗伯》：“辨廟祧之昭穆。”鄭玄注：“自始祖之後，父曰昭，子曰穆。”其廟皆橫列，以“左宗廟右社稷”之禮設於宮城内，路門外之東。鄭玄認爲七廟當爲四親廟（父、祖、曾祖、高祖），二祧（文王、武王）廟和始祖廟。而四親廟又稱爲考廟、王考廟、皇考廟、顯考廟，始祖廟則可稱祖考廟。而王肅説，以爲二祧爲高祖之父，高祖之祖，加太祖（始祖）廟及四親廟合而爲七。如依王肅説，古天子宗廟加文王、武王廟應爲九廟，而古籍無九廟之説，故從鄭説。直至王莽地皇元年（20），始增建黄帝太初祖廟和帝虞始祖祧廟。祖廟五，親廟四，爲九廟。七廟、九廟之稱并行於後世，且不時有所爭議。《宋史・禮志十》：“至仁宗親行祫享，嘗議太祖東向，用昭正統之緒。當時在廷之臣僉謂自古必以受命之祖乃居東向之位。本朝太祖乃受命之君，若論七廟之次有僖祖，以降四廟，在上當時大祫，上列昭穆而虚東向，蓋終不敢以非受命之祖而居之也。”後代帝王往往用九廟之制。又，因宗廟被視爲國之根本，七廟、九廟亦爲王室代稱。《南史・宋武帝紀》：“主上播越，流幸非所，神器沈辱，七廟毀墜。”

九廟

帝王在都城所設祭祀皇家祖宗之廟。此稱漢代已行用。先秦帝王皆立七廟祀祖先，至王莽執政時，增建黃帝太初祖廟和帝虞始祖昭廟，合而爲九，因稱。後代帝王皆沿九廟之制。《漢書·王莽傳下》："取其材瓦，以起九廟。"晉潘岳《西征賦》："由僞新之九廟，誇宗虞而祖黃。"《舊唐書·肅宗紀》："九廟爲賊所焚，上素服哭於廟。"清戴名世《徐節婦傳》："數百年故國，威靈震薄海外，而一旦九廟隳，子孫夷，彼公侯將相，未聞有一如節婦者。"參見"七廟"文。

宗廟

此稱先秦時期已行用。古代帝王諸侯祭祀祖先的廟宇，後亦作王朝的代稱。夏后氏稱"世室"，殷人稱"重屋"，周代稱"明堂"，春秋以後稱宗廟。直至後世。周以前，天子宗廟有五：考廟、王考廟、皇考廟、顯考廟、太祖廟。清焦循《群經宮室圖》："蓋五廟之制，自虞至周，自天子至附庸皆同。"周中期，增設文、武二世之廟，而爲七廟，天子七廟、諸侯五廟、大夫三廟、士一廟、庶人無廟。漢以後，有"九廟"。後沿之至清。天子、諸侯的宗廟設在宮城之內，路門外之左。廟皆橫列，大祖廟居中，昭在東，穆在西。漢以後亦爲王室代稱，或僅指王之親廟，而諸侯至士則改稱"家祠""家廟"，以示尊卑。《書·太甲上》："社稷宗廟，罔不祗肅。"《漢書·霍光傳》："伊尹相殷，廢太甲以安宗廟。"《書·周官》"宗伯掌邦禮，治神人，和上下"漢孔安國傳："春官卿，宗廟官長，主國禮，治天地神祇人鬼之事，及國之吉凶賓軍嘉五禮，以和上下，尊卑等列。"近世葉恩《上振見子書》："甲午之役，陵寢躪於戎馬之足；庚子之亂，宗廟翻夫五色之旗。"

【宗室】

即宗廟。此稱先秦時期已行用。《詩·召南·采蘋》："于以奠之，宗室牖下。"鄭玄箋："宗室，大宗之廟。"亦指大宗之家。

【宗祧】

即宗廟。此稱先秦時期已行用。《左傳·襄公二十三年》："紇不佞，失守宗祧，敢告不吊。紇之罪，不及不祀。"杜預注："遠祖廟爲祧。"後引申爲家族世系、宗嗣或嗣續。唐韓愈《順宗實錄三》卷三："惟先王光有天下，必正我邦本，以立人極，建儲貳以承宗祧，所以啓迪大猷，安固洪業，斯前代之令典也。"

【宗】

"宗廟"之省稱。此稱先秦時期已行用。《書·禹謨》："受命於神宗。"孔傳："神宗，文祖之宗廟。"《孔子家語·哀公問政》："設爲宗祧。"王肅注："宗，宗廟也。"

太廟

亦作"大廟"，亦稱"祖考廟""大祖廟"。天子始祖之廟。此稱先秦時期已行用。春秋時魯國以周公爲始祖，故稱周公廟爲大廟，高祖以下稱小廟。各朝天子所尊始祖不同，祖廟亦

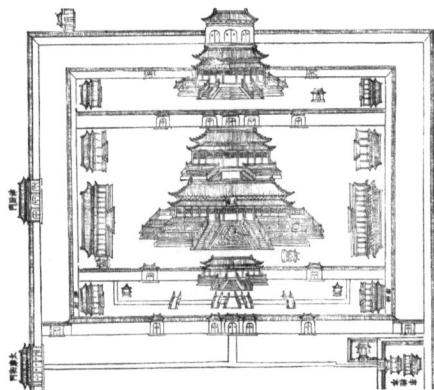

太廟總圖
（清蔣廷錫等《古今圖書集成》）

不同。周制設七廟，大廟亦稱祖考廟，以后稷爲始祖。周公稱大廟，魯公稱世室。《春秋·僖公八年》："秋七月禘於大廟。"杜預注："大廟，周公廟。"《禮記·祭法》："王立七廟，一壇一墠，曰考廟，曰王考廟，曰皇考廟，曰顯考廟、曰祖考廟。皆月祭之。"孔穎達疏："祖考廟者，祖，始也，此廟爲王家之始，故云祖考也。"後世追尊王朝始建者爲太祖。所立之廟亦稱太祖廟。如魏太祖武皇帝曹操，晋太祖文武帝司馬昭，宋太祖趙匡胤等。《公羊傳·文公十三年》："周公稱太廟，魯公稱世室。"清昭槤《嘯亭雜錄·內務府定制》："其祭儀祭器，一如太廟之制。"

【大廟】

同"太廟"。此體先秦時期已行用。見該文。

【祖考廟】

即太廟。此稱先秦時期已行用。見該文。

【大祖廟】

即太廟。周制。王七廟之一的后稷之廟。

【大祖】

"大祖廟"之省稱。此稱先秦時期已行用。《周禮·天官·夏采》："掌大喪，以冕服復于大祖。"鄭玄注："大祖，始祖廟也。'"

世室

亦稱"太室""大室"。夏后氏及魯公宗廟。爲帝王祭祀、朝見諸侯、教學選士之處。因求宗廟世世不毀，故稱。"世"又作"太"，故又稱"太室"或"大室"，且多指太廟中的中室。此稱先秦時期已行用。方法斂摹《金璋所藏甲骨卜辭》46："貞：其隋告于大室。"《書·洛誥》："王入太室，裸。"孔穎達疏："太室，室之大者，故爲清廟。廟有五室，中央曰太室。"

《穀梁傳·文公十三年》："大室猶世室也。周公曰大廟，伯禽曰大室，群公曰宮。"范甯集解："世世有是室，故言世室。"夏之世室，堂進深爲七步，計四丈二尺，其廣爲二十八步，計十六丈八尺。夏代世室，殷稱重屋，周稱明堂，雖形制略有不同，但皆指宗廟，故後亦代稱宗廟。西周時，魯公宗廟亦沿夏制而稱世室。《禮記·明堂位》："魯公之廟，文世室也；武公之廟，武世室也。"鄭玄注："世室者，不毀之名也。魯公，伯禽也；武公，伯禽之玄孫也，名敖。"後代帝王沿周制，多與"明堂"和"宗廟"并稱。《周禮·考工記·匠人》："夏后氏世室，堂修二七，廣四修一"鄭玄注："世室者，宗廟也。"宋文瑩《湘山野錄》卷上："皇祐中明堂大享，時世室亞獻，無宮僚，惟杜祁公以太子太師致仕南京，仁宗詔公歸以侍祠。"《明史·廖紀傳》："光祿署丞何淵請建世室，祀興獻帝。"參見"明堂"文。

【太室】

即世室。此稱先秦時期已行用。見該文。

【大室】

即世室。此體先秦時期已行用。見該文。

重屋

殷人宗廟之稱。因屋有上下兩層，故稱。夏稱世室，殷稱重屋，周稱明堂，皆同指宗廟，唯重屋可以登眺，而世室、明堂不能登眺也。其形制，多爲上圓下方，圓屋以覆中央之五室，以茅草蓋之；方屋以覆外出之四堂，以瓦蓋之。此稱先秦時期已行用。《周禮·考工記·匠人》："殷人重屋，堂修七尋，堂崇三尺，四阿重屋。"鄭玄注："重屋者，王宮正堂，若大寢也。其修七尋五丈六尺。放夏、周，則其廣九尋七丈二尺也。五室各二尋。崇，高也。四阿，若今四注屋。重屋，複笮也。"後代偶有用此稱者。唐李白《明堂賦》："采殷制，酌夏步。雜以代室重屋之名，括以辰次火木之數。"

宗祠[1]

指王室宗廟。此稱漢代已行用。漢晋間因爭議王室六宗之祀，而言及宗祠廢立。《太平御覽》卷五二八引《續漢書・祭祀志》曰："安帝以《尚書》歐陽家説云：六宗者在天四方之

俞氏宗祠

中，爲上下四方之宗，以元始故書，謂六宗亦六子之氣，日月雷風山澤者爲非。三月更立六宗祠於洛陽城西北地，禮比太社。"又引《李郃別傳》曰："郃侍祠南郊，不見六宗祠，奏曰：按《尚書》肆類於上帝，禋于六宗，漢興於甘泉，汾陽祭天地亦禋六宗。"《晋書・禮志上》："《尚書》禋于六宗，諸儒互説往往不同。王莽以易六子，遂立六宗祠。魏明帝時疑其事，以問王肅，亦以爲易六子，故不廢。"《宋書・禮志一》："漢安帝元初六年立宗祠於國西北城亥地，祠儀比泰社。"

親廟

對天子的高、曾、祖、禰四廟之稱。亦指祖廟。祧爲遠祖，親則爲近祖也。《禮記・喪服小記》："王者禘其祖之所自出，以其祖配之，而立四廟。"陳澔集説："諸侯五廟，自大祖外，又立親廟四也。"亦有稱父以上至七世爲親廟的。唐韓愈《請遷玄宗廟議》："其下三昭三穆謂之親廟。"此稱始見於秦漢典籍，沿至後世。漢班固《白虎通・姓名》："《禮服傳》曰：'子生三月則父名之於祖廟。'於祖廟者，謂子之親廟也。"《舊唐書・禮儀志五》："臣等參議，請依晋、宋故事，立親廟六，其祖宗之制，式遵舊典。"明沈德符《萬曆野獲編・廟議獻詔不用》："國子監司業江汝璧請備親廟，謂上享祀宗宮，考廟不可獨缺，宜奉皇考入居昭廟。……其言無非尊興獻以媚上，而上不省。"

行廟

天子出巡或大軍出征時，隨隊伍設立的臨時性宗廟，以向神靈彙報，并祈先人神靈保佑。先秦已有之，沿至明清。《禮記・曾子問》："孔子曰：'天子諸侯將出，必以幣帛皮圭告于祖禰，遂奉以出，載于齊車以行。每舍奠焉，而后就舍。'"孔穎達疏："師出當取遷廟主及幣帛皮圭以行。……孔子言天子諸侯將出，既無遷主，乃以幣帛及皮圭告於祖禰之廟，遂奉以出行，載於齊車，以象受命。"清李光坡《禮記述注・曾子問》："熊氏云：每廟皆以幣玉告，告畢，將所告遠祖幣玉載之而行。若近祖幣玉即埋之，反時以此載行。"可知此禮春秋時已有之。漢魏以後稱之爲行廟。《三國志・魏書・文帝紀下》："設壇於滑臺城東，告行廟以遷土之意。"《晋書・溫嶠傳》："嶠於是創建行廟，廣設壇墠，告皇天后土祖宗之靈。"

祖廟

亦稱"廟祧""廟濯"。祖先的廟宇。始於

商周，達於近世。《儀禮·聘禮》："卿受於祖廟。"鄭玄注："祖，王父也。"舊時同姓而共高祖者，爲祖廟未毀，亦即五服内之親。而同高祖以上之親，則爲祖廟已毀。《周禮·春官·天府》："天府掌祖廟之守藏。"賈公彦疏："《王制》云，天子七廟，三昭三穆與大祖之廟而七。大祖，即始祖廟也。周立后稷廟爲始祖，以其最尊，故寶物藏焉。"清陳康祺《郎潛紀聞初筆·大儒有益鄉國》："蔡文勤居家時，手創家規十六條，懸之祖廟，皆敬宗收族、簡便易行者。"後世又稱"廟祧"。宋王安石《覃恩昭憲杜皇后孝惠賀皇后淑德尹皇后孫佺等轉官制》："敕某等，予大祭于廟祧，而哀夫先后之家，寢替而不章。"《金史·禮志七》："禮官言：'……我國家自祖廟禘祫五享外，惟社稷、嶽鎮海瀆定爲常祀，而天地日月、風雨雷雨其禮尚闕。'"祖廟又有美稱曰"廟濯"。章炳麟《訄書·序種姓下》："雖韓愈依違其間，夷漢互貿，傔辭兹逗，昭穆無質，官氏自此而廟濯自彼，其不蘗芽於豪州受命之世灼灼也。"

【廟祧】

即祖廟。此稱宋代已行用。見該文。

【廟濯】

即祖廟。此稱近代已行用。見該文。

【祠堂】

"祖廟"之俗稱。此稱漢代已行用。舊時祭祀祖先或名臣賢者，均建廟堂，後世封建宗族聚合的宗祠亦稱之。《漢書·張安世傳》："賜塋杜東，將作穿復土，起冢祠堂。"宋司馬光《文潞公家廟碑》："先王之制，自天子至於官師皆有廟，〔秦〕尊君卑臣，於是天子之外無敢營宗廟者。漢世公卿多建祠堂於墓所。"宋熊鉌《游武夷山》詩言及祠堂，爲祭祀之處所："桃源亦其類，好事自誇詡。風氣日已開，蛇斷出真主。遂令閩山陬，盡入職方宇。漢志名始彰，祠堂用魚脯。"宋姚勉《題西湖竹閣寺》二首之一："千古清風白樂天，昔時曾此飽談禪。自從西閣無吟迹，唯有東坡嗣舊傳。……我來再拜祠堂下，笑摘巖花薦井泉。"姚勉詩所言祠堂當指先賢祠一類。

影堂

猶祖廟。因懸挂祖先的影像而得名。此稱宋代已行用。《宋史·劉温叟傳》："温叟……候立堂下，須臾聞樂聲，兩青衣舉箱出庭，奉紫袍兼衣，母命捲簾，見温叟曰：'此即爾父在禁中日，内庫所賜者。'温叟拜受泣下，退開影堂列祭，以文告之。"宋范仲淹《與中舍》："影堂在此，已買好木事，造衹三小間，但貴堅久也。"清李光地《朱子禮纂·祭》："某承詢及影堂，按古禮，廟無二主。嘗原其意，以爲祖考之精神既散，欲其萃聚於此，故不可以二。今有祠版，又有影，是有二主矣。"胡樸安《中華全國風俗志·下編·安徽》記歙縣紀俗詩："喜氣宵來溢洞房，影堂寶炬燦餘光。"

宗祊

祭祀先祖的廟宇。祊，廟門。古人常於廟門内設祭，故稱。此稱先秦時期已行用。《左傳·襄公二十四年》："保姓受氏，以守宗祊，世不絶祀，無國無之。"杜預注："祊，廟門。"《國語·周語中》："今將大泯其宗祊，而蔑殺其民人，宜吾不敢服也。"韋昭注："廟門謂之祊。宗祊，猶宗廟也。"宗祊之制同宗廟，祊較廟小。《禮記·郊特牲》："凡祊有二種：一是正祭之時，既設祭於廟，又求神於廟門之内……

湖南鳳凰古城民居中的先人神位

二是明繹祭之時，設饌於廟門外西室，亦謂之祊。”其大可指王朝宗廟，小可指家族宗祠、家廟。明張治道《虬詩論》：“郊廟之間，焚燎既舉。鍾鼓載陳，尸祝無語。神明感而來通，宗祊求而無所。”清王夫之《讀通鑑論·光武》：“況乎光武之興，自以武功討篡逆而復宗祊，其生也與元帝之崩不相逮，而可厚誣乎哉？”清金埴《不下帶編》卷二：“予耄荒先業，慚對宗祊，如何如何！”

家廟

亦稱“宗祠”。同族人供奉祭祀祖先的祠堂。此俗先秦已有之，此稱則始見於漢，流傳至今。《周禮·春官·司服》：“卿大夫之服自玄冕而下如孤之服。”漢鄭玄注：“大夫爵弁，自祭家廟唯孤爾，其餘皆玄冠。”這是指大夫在家廟私祭時穿爵弁服，公祭時穿冕服戴玄冠。《左傳·昭公二十五年》“將禘于襄公，萬者二人，其衆萬于季氏”晋杜預注：“禘，祭也；萬，舞也。於禮公當三十六人。”孔穎達疏：“季氏私祭家廟，與禘同日，言將禘，是豫部分也。樂人少，季氏先使自足，故於公萬者唯有二人，其衆萬於季氏。輕公重己，故大夫遂怨。”可見家廟由來已久。先秦時，庶人不得立家廟，後乃漸許庶民立之。《舊唐書·楊炎傳》：“初，

〔楊〕炎將立家廟，先有私第在東都，令河南尹趙惠伯貨之，惠伯爲炎市爲官廨。”明代以後，家廟又稱“宗祠”。清代沈佳《明儒言行錄續編·溫純》：“〔溫純〕立義田百畝，創宗祠，著雅約，以化俗。”《明史·列女傳三》：“〔董〕緒居喪過毀得疾，謂妻曰：‘吾無兄弟，又無子，吾死，父母祀絕矣。當以吾屋爲小宗祠，置祀田數畝。”清毛奇齡《重修橫河張氏族譜序》：“既擴尚書舊府，闢爲宗祠，乃復受先所遺譜而親承纂修。”清劉大櫆《方氏支祠碑記》：“然吾以爲後世之宗祠，猶有先王宗法之遺意，彼其所謂統宗之祠，族人莫不宗焉。”《紅樓夢》第一四回：“次日一早，至宗祠行禮，衆子侄都隨往。”胡樸安《中華全國風俗志·下編·浙江》記天台風俗：“祭祀，縉紳大家有家廟。”

【宗祠】[2]

即家廟。此稱明代已行用。見該文。

香火祠

亦稱“香火堂”。供神祭祖的祠堂，亦指先賢祠。因祭祀燃香，故稱。此稱宋代已行用，後世沿之。宋蔡絛《鐵圍山叢談》卷四：“元符末魯公自翰苑謫香火祠。”宋樓鑰《伯中弟可休堂》：“香火祠初奉，勛名鏡屢看。”明丘濬《謁文丞相廟用老杜蜀相韵》：“泮宫西畔偶來尋，香火祠前氣肅森。”清戴璐《藤陰雜記》卷一：“趙甌北翼入翰林，詩以解嘲云：‘……香火祠雖處末僚，翰墨緣仍近藝圃……’”張天翼《反攻·脊背與奶子》：“如今祥大娘子在敦太公的香火堂裏請酒哩。”

【香火堂】

即香火祠。此稱行用於近現代。見該文。

神宇

供奉神靈的屋宇。其所奉神靈往往與人們關係密切，如觀音菩薩、土地神、天地君親師牌位等，商賈之家亦奉伏虎玄壇，即財神。神宇多設於居室之中，亦可稱神堂，一般在廳堂右邊，左邊配以祖宗堂。此稱漢代已行用。漢董仲舒《春秋繁露‧求雨》："取三歲雄雞、猵豬，燔之四通神宇。"《文選‧潘岳〈寡婦賦〉》："仰神宇之寥寥兮，瞻靈衣之披披。"劉良注："神宇，靈室也。"亦指廟宇。南朝梁沈約《善館碑》："至道玄妙，無迹可尋。寄言立稱，已乖宗極。神宇靈房，於義非取。九仙緬邈，等級參差。"唐段成式《酉陽雜俎‧物異》："中宿縣山下有神宇，溱水至此沸騰鼓怒，槎木泛至此淪没，竟無出者。"《舊唐書‧于頔傳》："吳俗事鬼，〔于〕頔疾其淫祀廢生業，神宇皆撤去，唯吳太伯、伍員等三數廟存焉。"宋蘇軾《巫山》詩："攀緣見神宇，憩坐就石位；巉巉隔江波，一一問廟史。"元錢惟善《雨後登吳山過城隍廟眺望》詩："百年香火祠神宇，二月笙歌賣酒家。"

【神宮】

即神宇。此稱魏晉時期已行用。三國魏阮籍《大人先生傳》："先生過神宮而息，漱吳泉而行，迴乎遁而游覽焉。"南朝梁沈約《梁宗廟登歌》之七："神宮肅肅，靈寢微微。"元范德機《木天禁語》："前散《送戴煉師歸隱》：'……龍行靈雨空壇净，鼇負神宮複道懸。'"

叢祠

建於叢林荒野中的神祠。荒郊野外，草木叢生，環境凄涼，易興鬼神之事，故立祠祭祀，因名。"叢"初傳爲草木之神，稱"神叢"。《戰國策‧秦三》：應侯謂昭王曰："亦聞恒思有神叢與？恒思有悍少年，請與叢博，曰：'吾勝叢，叢藉我神三日；不勝叢，叢困我。'乃左手爲叢投，右手自爲投，勝叢。叢藉其神。三日，叢往求之，遂弗歸。五日而叢枯，七日而叢亡。"宋鮑彪注"神叢"："灌木中有神靈托之。"元吳師道補注："《墨子》：建國必擇木之修茂者以爲叢位。《史》'叢祠'索隱云：'高誘注云：神祠，叢樹也。'今高注本缺。"按，《史記‧陳涉世家》："又間令吳廣之次近所旁叢祠中，夜篝火，狐鳴。"司馬貞索隱曰："《墨子》云：建國必擇木之修茂者以爲叢位。高誘注《戰國策》云：叢祠，神祠也。叢，樹也。"後世沿襲此稱。《舊唐書‧僖宗紀》："頃者妖興霧匝，嘯聚叢祠，而岳牧藩侯，備緝不謹。"清寧調元《秋興用草堂韵》之二："叢祠明滅篝燈火，落日凄漣榆塞笳。"清陳維崧《儜園賦》："冷節鞦韆戲鼓酒旗之會，叢祠賽社巫簫蠻管之游。"自注："梵語叢林，譬如大樹叢。叢，《禮‧雜記》注鄭康成謂：穀鬼神而祭祀，州黨以禮屬民，今賽社則其事爾。"一説爲合聚諸神之祭而命名。《急就篇》卷四："祠祀社稷叢臘奉。"顏師古注："叢謂草木岑蔚之所，因立神祠也……一曰：叢者，合聚諸神而祭之也。"

【神祠】

即叢祠。此稱漢代已行用。所建之地可在鄉里，可在郊外。在野外叢林中所建又稱叢祠。其所供奉者亦不拘一神，可山神、地神、風神等。後世沿之。《史記‧封禪書》："繕治宮觀名山神祠。"又《萬石張叔列傳》："天子巡狩海內，修上古神祠，封禪，興禮樂。"《漢書‧地理志上》"雲陽"顏師古注："有休屠、金人及徑路神祠三所。”北魏酈道元《水經注·濟水》：“城南有女郎山，山上有神祠，俗謂之女郎祠，左右民祀焉。”《舊唐書·文宗紀下》：“詔置終南山神祠。”明劉若愚《酌中志·大內規制紀略》：“殿之東曰神祠，內有一井，每年祭司井之神於此。”

民間祠廟

雙廟

謂合祀功烈相當的兩位人士的廟宇。始自唐代張巡與許遠廟，後世沿之，宋代尤盛。其所祀人物各有不同。唐韓愈《張中丞傳後叙》：“愈嘗從事於汴徐二府，屢道於兩府間，親祭於其所謂雙廟者，其老人往往說巡、遠時事。”宋張表臣《珊瑚鉤詩話》卷一：“睢陽雙廟，俗謂之五侯廟。雙廟者，爲張、許忠烈而始建廟也。”按，雖曰雙廟，抑或祠祭二人以上。《新唐書·忠義傳中·張巡》：“大中時，圖〔張〕巡、〔許〕遠、〔南〕霽雲像于凌烟閣。睢陽至今祠，享號‘雙廟’云。”凡入雙廟受祠者，大抵爲百姓尊崇之人物。後漢馬援及路博德，俱建功業於南方，封爲伏波將軍，有伏波將軍廟，亦謂雙廟；唐代狄仁傑與李愬廟，南宋黃復與其子黃侍廟等，皆此類。宋費袞《梁溪漫志·伏波崔府君廟》：“漢馬文淵、路博德皆嘗

爲伏波將軍，又皆有功於嶺南，海上有伏波祠，古今所傳，莫能定於一。東坡作碑，謂兩伏波均當廟食。政和中因修《九域圖志》，以睢陽雙廟爲例，令祀兩神。”《續資治通鑑長編·宋仁宗景祐三年》：“州人歲時祠吳元濟廟。〔王〕質曰：安有逆醜而廟食於民者！毀之，爲更立狄仁傑、李愬像而祠之。蔡人至今號‘雙廟’。”

淫祀

亦稱“淫祠”。不符合禮制的祭神活動及其場所。先秦始稱“淫祀”，晋以後亦稱“淫祠”。古人認爲，不合禮的祭祀，不能得到神的護佑。《禮記·曲禮下》：“非其所祭而祭之，名曰淫祀。淫祀無福。”鄭玄注：“妄祭神不饗。”《晉書·藝術傳·佛圖澄》：“今可斷趙人悉不聽詣寺燒香禮拜，以遵典禮。其百辟卿士逮衆隸，例皆禁之。其有犯者，與淫祀同罪。”《宋書·武帝紀下》：“詔曰：淫祀惑民費財，前典所絕，可並下在所，除諸房廟。其先賢及以勛德立祠者不在此例。”宋史浩《尚書講義》卷一五亦辨淫祀與先賢祠之別：“是故厚宗將禮，以有功者置之元祀，而無文者咸秩之以爲從祀。周公豈淫祀者哉？必其德明可薦之鬼神故也。”《宋史·地理志四》：“北路農作稍惰，多曠土，俗薄而質。歸峽信巫鬼，重淫祀，故嘗下令禁之。”元趙汸《周易文詮》卷二：“其假廟也，順時協禮，不爲淫祀以徼福。”

【淫祠】

即淫祀。此稱晋代已行用。見該文。

社 [1]

亦作“土”，亦稱“社壇”。祭祀土神之所。一般是封土爲社，早期亦有以木或石爲社神者。此俗在夏以前的新石器時代即已有之，

此稱則始於商代，沿至近世。商代將"社"寫作"土"。卜辭中屢見祭社的記載。郭沫若主編《甲骨文合集》14305："亘鼎（貞）：尞（燎）土、方帝。"這是指祭祀社神和天帝。郭沫若《殷契粹編》一七："口申，貞：又伐于土，羌一。"郭沫若釋"土"爲"社"，羌爲被俘羌人。此卜辭意思是殺一羌人祭社神，此爲古時征伐得勝回來後，向社廟舉行獻俘告祭的禮儀。漢代《孔叢子·問軍禮》論商周軍禮時有"捷則報之，振旅復命，簡異功勤，親告廟告社"的記載。漢史游《急就篇》卷四"祠祀社稷叢臘奉"唐顔師古注："社，地主也。"商代的社或用石或用木。《淮南子·齊俗訓》："殷人之禮，其社用石。"江蘇銅山丘灣發現一處商代人祭遺存，以四塊大石爲中心，周圍有被殺的二十具人骨和十二具犬骨，人犬混雜，人曾被捆綁。應是人祭場所。參閱南京博物院《江蘇銅山丘灣古遺址的發掘》，《考古》1973年第2期。又，《論語·八佾》："哀公問社於宰我。宰我對曰：'夏侯氏以松，殷人以柏，周人以栗，曰：使民戰栗。'"就是指夏商周都曾以樹木爲社神。後世多以土爲社。《春秋·哀公四年》："六月辛丑，蒲社灾。"公羊傳："社者，封也。"漢何休注："封土爲社。"又《公羊傳·莊公二十三年》："公如齊觀社。"何休注："觀社者，觀祭社。……社者，土地之主；祭者，報德也。生萬物，居人民，德至厚，功至大，故感春秋而祭之。天子用三牲，諸侯用羊豕。"《莊子·秋水》："䘏䘏乎若祭之有社，其無私福。"社神爲共工氏之子后土，能平九州，故祀以爲社。周制，社分等級。《文獻通考·郊社十五》："王爲群姓立社曰太社，王自爲立社曰王社；諸侯爲百姓立社曰國社，諸侯自爲立社曰侯社；大夫以下成群立社曰置社。"又王與諸侯各立"三社"。王爲大社、王社與亳社；諸侯爲國社、侯社與亳社。大夫以下不能單獨立社，與民族居百家以上的，則立一社，稱置社。同漢以後之里社。天子以五色土爲太社，封四方諸侯，就封地所屬方向之壇土，用白茅包好，授予受封之人，作爲獲得土地的象徵。東方青，南方赤，西方白，北方黑，中央黃。各以所封方向之色，歸國立社。故南方諸侯又有"赤社"，東方諸侯又立"青社"等。漢蔡邕《獨斷》卷下："天子太社，以五色土爲壇。皇子封爲王者，受天子之社，以所封之方色。東方受青，南方受赤，他如其方色，苴以白茅，授之各以其所封方之色，歸國以立社，故謂之受茅土。"土爲人們生活所依，故祭祀不斷，延至後世。因"以五色土爲壇"，故有"社壇"之稱。《新唐書·禮樂志六》："郊社令立輗於社壇四隅，以朱絲繩縈之，太史一人，赤幘赤衣立於社壇北。"祀社神的日子爲社日。社又引申爲社稷、國家。康有爲《讀〈史記·刺客傳〉》詩："封狼當道狐憑社，竟賣中原起沸波。"古代許多民間結社也稱社壇，但與此處所謂社、社壇無涉，如清俞正燮《癸巳存稿·釋社》："俗之敝士通文曰詞壇，曰吟壇，亦社壇也。"

【土】

"社"最初的寫法。此體先秦時期已行用。參見該文。

【社壇】

即社。此稱唐代已行用。見該文。

三社

天子與諸侯各立三種祭祀土神的土壇之合

稱。多行於先秦。《禮記・祭法》："王爲群姓立社,曰大社。王自爲立社,曰王社。諸侯爲百姓立社,曰國社。諸侯自爲立社,曰侯社。大夫以下,成群立社,曰置社。"此處各言二社,另有天子、諸侯之亳社,合之爲三社。故《通典・禮五》云:"周制,天子立三社。《祭法》云:王爲群姓立社,曰大社,於庫門內之西立之;王自立爲社,曰王社,於籍田立之;亡國之社,曰亳社,廟門之外立之。"又:"諸侯立三社。《祭法》云:諸侯爲百姓立社,曰國社,於皋門之西立之;自爲立社,曰侯社,亦於籍田中立之;亳社……"原注:"立處蓋與天子同。"明丘濬《大學衍義補》卷六〇引宋代陳祥道曰:"有天下之社,有一國之社,有衆人之社,有一人之社,有失國之社。大社,天下之社也。國社,一國之社也。王社、侯社,一人之社也。喪國之社,屋之失國之社也。三社之制,大社爲大。"清秦蕙田《五禮通考》卷四二:"諸侯有國社、侯社,與春秋之亳社,亦三社矣。天子之社在雉門之右,而《綿》詩曰'乃立應門',繼之曰'乃立冢土'。冢土,社也。則諸侯之社亦在門內也。"

社稷

亦作"大社""太社"。土神與穀神的總稱,引申爲土神與穀神的祭壇。因中國古代以農爲本,農業又以土地和穀物爲主體,故稱。它既是立國之本,乃成爲帝王爲民祈福和報功的場所。周代已設壇廟,國都中,右社稷以敬土穀神,左宗廟以敬祖宗。而以右爲上。《周禮・春官・小宗伯》:"小宗伯之職,掌建國之神位,右社稷,左宗廟。"賈公彥疏:"周人右社稷者,地道尊右,故社稷在右。是尚尊尊之

義。"又《大宗伯》:"以血祭祭社稷。"鄭玄注:"社稷,土穀之神,有德者配食焉。"五穀是否豐登關係國計民生,故周以後春有籍(耤)田禮,在社稷壇祈福,秋天收穫後則在社稷壇行報恩禮。《詩・周頌・載芟序》:"載芟,春籍田而祈社稷也。"又《良耜序》:"良耜,秋報社稷也。"周代又稱"大社"。《禮記・祭法》:"王爲群姓立社,曰大社。"孔穎達疏:"群姓,謂百官以下及兆民,言群姓者,包百官也。大社在庫門之內右。"又《郊特牲》:"天子大社,必受霜露風雨,以達天地之氣也。"鄭玄注:"大社,王爲群姓所立。"孔穎達疏:"《郊特牲》云'社祭土而主陰氣',又云'社所以神地之道'。又《禮運》云'命降於社之謂殽地'。又《王制》云'祭天地社稷爲越紼而行事'。據此諸文,故知社即地神,稷是社之細別,別名曰稷。"清秦蕙田《五禮通考》卷四二引《禮經會元》:"《小宗伯》:建國之神位,右社稷,左宗廟。有國則有社稷矣。古者立君則曰奉社稷,取女則曰共社稷,死國則曰死社稷,去國則曰去社稷。社稷之重亦明矣。是故大司徒辨制邦國都鄙之畿疆,而首設社稷之壇。"古人還以五行之神配社稷神共祭,可見對自然神祇的敬重。《左傳・昭

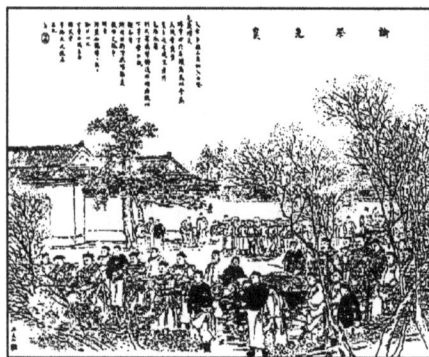

祭祀先農
(《點石齋畫報》)

公二十九年》："社稷五祀，是尊是奉。"孔穎達疏："社本土神之名，稷本穀神之名，配者亦得稱社稷也。此五行之官，配食五行之神，天子制禮使祀焉，是爲王者所尊奉也。"漢班固《白虎通·社稷》言及社稷壇的規制："其壇大如何？《春秋文義》曰：'天子之社稷廣五丈，諸侯半之。'其色如何？《春秋傳》曰：'天子有大社焉，東方青色，南方赤色，西方白色，北方黑色，上冒以黃土。'"又："太社爲天下報功，王社爲京師報功。"秦漢以後歷朝遵此制，但社壇、稷壇分別設立，彼此相對。《漢書·郊祀志下》："〔王〕莽又言：'帝王建立社稷，百王不易。社者，土也。宗廟，王者所居。稷者，百穀之王，所以奉宗廟，共粢盛，人所食以生活也。……聖漢興，禮儀稍定，已有官社，未立官稷。'遂於官社後立官稷，以夏禹配食官社，后稷配食官稷。"顏師古注引臣瓚曰："高帝除秦社稷，立漢社稷，禮所謂太社也。時又立官社，配以夏禹，所謂王社也。見《漢祀令》。而未立官稷，至此始立之。"《宋書·禮志四》："《禮》：左宗廟，右社稷，歷代遵之，故洛京社稷在廟之右，而江左又然也。"《宋史·禮志五》："社稷，自京師至州縣，皆有其祀。歲以春秋二仲月及臘日祭太社、太稷。……太社壇廣五丈，高五尺，五色土爲之。稷壇在西，如其制。"《元史·祭祀志五》："社樹以松，於社稷二壇之南各一株。"《明史·禮志三》："社稷之祀，自京師以及王國府州縣皆有之。"《清史稿·禮志一》："清初定制，凡祭三等：圜丘、方澤、祈穀、太廟、社稷爲大祀。……天子祭天地、宗廟、社稷。"光緒《新竹縣志初稿·典禮志·祭社稷壇》："直省、府、州、縣，各建社稷：皆社右、稷左，異位同壇。壇高二尺一寸、方二丈五尺。歲以春、秋仲月上戊日致祭。長官主之。……按社祭五土、稷祭五穀。宋時，社、稷、風雨師各一壇；明祀社稷爲一壇。"清惲毓鼎《澄齋日記·光緒三十四年》："〔二月〕初二日晴。皇上祭社稷壇，……辰初駕臨，起居注官先面北，向上來路，俟就位時，乃移向西面，禮畢而退（壇敷五色土，中爲方坎，列太社、太稷二神位，以后稷、句龍、后土配）。"按，今北京市天安門西側中山公園內有明清社稷壇，爲漢白玉石砌成的三層方臺。上覆黃（中）、青（東）、紅（南）、白（西）、黑（北）五色土。壇北爲祭殿（今爲中山堂）和戟門；外牆種植古樹古柏，同古制。因社稷對於一個王朝、一個國家的無比重要性，故又成爲國家的象徵。古人每稱國家的股肱之臣爲社稷之臣，國家滅亡爲社稷覆亡。《晏子春秋·景公使進食與裘晏子對以社稷臣》："公曰：'何謂社稷之臣？'對曰：'夫社稷之臣，能立社稷，別上下之義，使當其理；制百官之序，使得其宜；作爲辭令，可分布於四方。'"《晋書·吕纂載記》："以身命之切，且懼社稷覆亡，故出萬死之計，爲國家唱義。"

【大社】

即社稷。亦作"太社"。此稱先秦時期已行用。見該文。

【太社】

即社稷。同"大社"。此稱先秦時期已行用。見該文。

亳社

亦作"薄社"。古指亡國之社。殷朝都城曾建於亳，周建立後爲殷建社，立於周之廟門外，以示警醒，因稱。後世沿其制。每朝始建時，皆爲前一朝建社，亦稱“勝國之社”“亡國之社”或“喪國之社”。《周禮·地官·媒氏》：“凡男女之陰訟，聽之於勝國之社，其附於刑者，歸之於士。”鄭玄注：“陰訟，爭中冓之事以觸法者。勝國，亡國也。亡國之社奄其上而棧其下，使無所通。就之以聽陰訟之情，明不當宣露其罪。不在赦宥者直歸士而刑之，不復以聽。”亳社大多非常簡陋，往往用木架支起，且上下四周遮蔽不與外通，使之不受天陽，不得生機而復生。《穀梁傳·哀公四年》：“亳社者，亳之社也。亳，亡國也。亡國之社以爲廟。屏，戒也。其屋亡國之社，不得上達也。”古建國時必先立社，以祭祀地神。《禮記·郊特牲》：“薄社北牖，使陰明也。”孔穎達疏：“薄社北牖，使陰明也者，即喪國社也。”殷始都薄，故呼其社爲薄社也。《釋文》：“薄作亳。”

【薄社】

同“亳社”。此體先秦時期已行用。見該文。

【勝國之社】

即亳社。此稱先秦時期已行用。見該文。

【亡國之社】

即亳社。此稱先秦時期已行用。見該文。

蒲社

蒲國滅亡後所立社壇。以亡國之社，或視之爲亳社。然非實指亳社。蒲本爲魯境小國，國亡後立蒲社，以作諸侯敬奉天子之戒。行於春秋。《春秋·哀公四年》：“六月辛丑，蒲社災。”陸德明音義：“蒲社，左氏作亳社。”公羊傳：“蒲社者何？亡國之社也。”何休注：“蒲社者，先世之亡國，在魯竟。”唐徐彥疏：“《公羊》解以爲蒲者，古國之名，天子滅之，以封

伯禽，取其社以戒諸侯，使事上。……左氏、穀梁以爲亳社者，殷社也。武王滅殷，遂取其社賜諸侯以爲有國之戒。然則傳說不同，不可爲難。案今《穀梁》經傳皆作亳字，范氏云殷都于亳，武王克紂而班列其社于諸侯，以爲亡國之戒。而賈氏云《公羊》曰薄社也者。蓋所見異。”可知《左傳》《穀梁傳》均將蒲社視作亳社，而據《公羊傳》，則蒲社爲蒲國之社，與之不同。

赤社

護佑南方國土之社壇，位於天子太社之南，植以梓樹，爲祭祀南方土神的場所。按五行，南方屬赤，故稱。分封諸侯時必以太社的赤色土授予之，使歸南方建社，做稱職藩臣。始於先秦。《周禮·考工記·畫繢》：“雜五色，東方謂之青，南方謂之赤。”《史記·三王世家》：“維六年四月乙巳，皇帝使御史大夫湯廟立子胥爲廣陵王，曰：‘於戲，小子胥，受茲赤社。’”《唐大詔令集·册蜀王佸文》：“今遣使門下侍郎兼吏部尚書平章事杜悰、副使左散騎常侍趙格等，持節册爾爲蜀王。爾其宅於坤維，建茲赤社，疏以江漢，鎮以岷嶓，列爲侯王，邇我宮禁。以謹恭而接下，秉忠孝以律身。服是寵光，終於戒慎。”

青社

護佑東方國土之社壇，位於天子太社之東，植以柏樹，爲祭祀東方土神的場所。按五行，東方屬青，故稱。分封諸侯時必以太社的青色土授予之，使歸東方建社，做稱職藩臣。始於先秦。《史記·三王世家》：“於戲！小子閎，受茲青社。”裴駰集解引張晏：“王者以五色土爲太社，封四方諸侯；各以其方色土與之，苴以白茅，歸以立社。”司馬貞索隱：“齊在東方，

故云青社。"《晋書·文六王傳·齊獻王攸》:"我有晋既受順天明命，光建群后，越造王國於東土，錫茲青社，用藩翼我邦家。"《宋史·樂志十四》:"青社分封，前星啓焰。"

西社

護佑西方國土之社壇，位於天子太社之西，植以栗樹，爲祭祀西方土神的場所。按五行，西方屬白，故分封諸侯時必以太社的白色土授予之，使歸西方建社，爲稱職藩臣。始於先秦。漢班固《白虎通·社稷》引《書》逸文曰:"大社唯松，東社唯柏，南社唯梓，西社唯栗，北社唯槐。"後人亦多引此逸文。《魏書·劉芳傳》:"芳以社稷無樹，又上疏曰:'……《五經要義》云:社必樹之以木。《周禮》司徒職曰:班社而樹之，各以土地所生。《尚書》逸篇曰:……西社惟栗。"之所以植以栗樹，意爲要使臣民馴服戰栗。宋羅願《爾雅翼·釋木》釋"栗":"天子五社，西社植栗。而宰我對栗社之義，亦以爲使民戰栗也。"

北社

護佑北方國土之社壇，位於天子太社以北，植以槐樹，爲祭祀北方土神的場所。按五行，北方屬黑，故分封諸侯時必以太社的黑色土授予之，使歸北方建社，做稱職藩臣。始於先秦。《後漢書·祭祀志下》:"建武二年立大社稷於雒陽，在宗廟之右。"劉昭注:"馬融《周禮注》曰:社稷在右，宗廟在左。或曰:王者五社，大社在中門之外，惟松;東社八里，惟柏;西社九里，惟栗;南社七里，惟梓;北社六里，惟槐。"漢班固《白虎通·社稷》:"社稷所以有樹何? 尊而識之，使民人望見師敬之，又所以表功也。……《尚書》亡篇曰:'太社唯松，東社唯柏，南社唯梓，西社唯栗，北社唯槐。'"

社宮

帝王、諸侯舉行社祭及處理朝政之所。其屋中又有一室，在此奉社神而祀。每年春秋二時祭之。始於先秦。《左傳·哀公七年》:"初，曹人或夢衆群子立于社宮而謀亡曹。"杜預注:"社宮，社也。"《史記·管蔡世家》引此文，裴駰集解引鄭衆曰:"社宮，中有室屋者。"《唐會要·后土》:"季冬臘之明日，又祭社稷於社宮，如春秋二仲之禮。"

里社

民間集體供奉土地神的場所。始於先秦，里，古時民間基層行政組織。周代五家爲鄰，五鄰爲里，四里爲鄼，五鄼爲鄙，五鄙爲縣，五縣爲遂。按，周代大夫以下至於庶民不得私立社，須百户以上乃立社。《禮記·祭法》:"王爲群姓立社曰大社，王自爲立社曰王社，諸侯爲百姓立社曰國社，諸侯自爲立社曰侯社，大夫以下成群立社曰置社。"鄭玄注:"群，衆也。大夫以下謂下至庶人也。大夫不得特立社，與民族居，百家以上則共立一社，今時里社是也。"《史記·封禪書》:"有司請令縣常以春三月及時臘祠社稷以羊豕，民里社各自財以祠。"清陳立《白虎通疏證·社稷》:"凡民間所私立之社，皆稱里社，亦不必泥二十五家之社始稱里社也。"宋洪炎《遷居》詩:"松楸幸在望，鄰曲不見遺。葛巾隨里社，庶以保期頤。"元王翰《夜雨》詩:"乾坤迢遞干戈滿，烟火蕭條里社虛。"明顧起綸《國雅品·士品四》載明王元美悼盧少楩之詩:"酒家惜餘負，里社忻安食。"因里社爲鄉人信仰所依憑，故常與鄉梓、故鄉含義相交織。元丁復《送楊文質侍父之西臺》詩：“州城獬廌峨冠度，里社雞豚衣綉還。”

土地廟

亦稱“土地祠”。傳說中管理一個地方的神祇之祠廟。實爲唐宋以前的里社的延續。一般每個城市、每個村鎮皆有。民間相信在一方地面發生的大小事情，都離不開土地神掌控。約始於唐五代時期。土地廟多由民間醵資建造，而非官府所爲。《太平廣記》卷四五九引《玉堂閑語》：“梁貞明中，朱漢賓鎮安陸之初，忽一日曙色纔辨，有大蛇見於城之西南，首枕大城尾，拖於壕南岸土地廟中。”宋王暐《道山清話》：“門旁有土地廟，相傳爲大將軍廟，靈應如響。廟有斷碑，題額篆‘漢大將軍王公之碑’，龕在壁間。堂後官香燭牲酒無虛日。”宋以後又稱“土地祠”。宋蔡絛《鐵圍山叢談》卷四：“劉器之安世，元祐臣也，晚在睢陽以錢二十萬鬻一舊宅第。或謂此地素凶不可止，器之不信。始入即有蛇虺四三出屋室間，……旬日乃至日得五七筐不已也。器之不樂，因自焚香於土地祠前，曰：‘此舍某用己錢易之者，即是某所居矣。蛇安得據以爲怪乎！’”可見人們遇難事往往入土地祠求神。而明代土地廟又曾與太祖傳聞相關，則更趨神奇。明文林《瑯琊漫抄》：“太祖高皇帝生於盱眙縣靈迹鄉土地廟。父老相傳云，生時夜晦，惟廟有火光，明日廟移置東路。至今所生地，方圓丈許不生草。”故土地廟與人們的生活緊密關聯。《金瓶梅詞話》第六一回：“吳神仙雲游之人，來去不定。但來，只在城南土地廟下。”清李斗《揚州畫舫錄·城北錄》：“都土地廟例於中元祀之，先期賽會，至期迎神於城隍行宮，追城隍會回宮。”

《紅風傳》第一回：“小姐哭了多時，抬頭一看，路北有個土地廟，求告：‘土地老爺，與我母親托上一夢，俺娘知道我在這裏，差一家童帶上轎去，把我接回來家去。’”《八段錦》第三段：“楊氏坐了一會，一個瞌睡竟睡着了。天明醒來看時，原來不是人家，是個土地廟。”非但鄉里，城市中也有土地廟。《盛京通志·祠祀二》：“土地祠：在府治大門内之左，正宇一楹。又土神祠在縣治大門内之左，正宇一楹。”都城也有之。清于敏中《日下舊聞考·京城總記一》：“《圖經志書》載，都土地廟在舊城通元（玄）門内路西。通元（玄）乃金都城北門，而都土地廟今在宣武門外西南土地廟斜街。由是觀之，則遼金故都當在今外城迤西以至郊外之地，其東北隅約當與今都城西南隅相接。”甚至官府衙門邊也設土地廟。清王士禛《池北偶談·土地》：“今吏部禮部翰林院衙門土地祠，皆祀韓文公。明南京吏部土地祠則祀蹇忠定公。”

【土地祠】

即土地廟。此稱宋代已行用。見該文。

城隍廟

亦稱“城隍祠”。祭祀守護一方城池之神的廟宇。城隍猶冥界地方官，凡一地天灾人禍、平安和順，均歸其掌管，故地方官民輒定時祭享，求其保佑。所建祠廟，遍佈各地。始於南北朝時期。“城隍”最初指城防，城爲城牆，隍爲塹壕。《周易·泰》：“城復于隍，勿用師。”唐李鼎祚《周易集解》卷四引虞翻曰：“否艮爲城，故稱城坤爲積土；隍，城下溝。無水稱隍，有水稱池。”後乃將城市守護神藉稱爲城隍。《北齊書·慕容儼傳》：“城中先有神祠一所，俗號城隍神，公私每有祈禱。於是順士卒之心，乃相率祈請，冀獲冥祐。”是爲已知最早城隍神祠記載。《隋書·五行志下》：“梁武陵王紀祭城隍神，將烹牛，忽有赤蛇繞牛口。”此記祭祀城隍异事。唐以後祭城隍之風流行。《明史·禮志三》稱：“成都城隍祠，李德裕所建；張説有祭城隍之文；杜牧有祭黄州城隍文。”唐羊士諤《城隍廟賽雨》詩二首之一：“山風簫鼓響，如祭敬亭神。”《宋史·忠義傳四·范旺》：“旺死迹在地隱隱不没，邑人驚异，爲設像城隍廟，歲時祭享。”元蘇天爵《元文類》卷四二載《郊廟》文：“若太史司天之有臺，城隍嶽瀆之有祠，其所以答神休報靈貺之意。”民間對此神祠極爲信奉。元關漢卿《竇娥冤》第四折：“你快與我細吐真情，不要虚言支對，若説的有半厘差錯，牒發你城隍祠内，著你永世不得人身，罰在陰山，永爲餓鬼。”朝廷亦屢申敬城隍之旨。《明史·禮志三》載，洪武二年曾爲城隍定封號官品，“京都爲承天鑒國司民升福明靈王”，次年雖取消封號與品秩，但“定廟制，高廣視官署廳堂”，足見將城隍廟視同於官衙。朝野俱崇奉，信其靈驗。明倪岳《重修都城隍廟之碑》曰：“都城隍廟者，祀都城隍之神者也。廟故在都城之西南隅，設像以祠，國家水旱之禱，百官萬姓疾癘禍福之祈禳，於是乎宗，幾百年於斯，靈響赫然。”清代敬奉亦如之。清胡文學《甬上耆舊詩》卷二七：“〔知縣朱應樞〕卒之夕，永安城隍祠守者夜聞騶從傳呼聲，曰‘朱公新赴官’。相與樹碑廟門，曰《愍德哀思之碑》。”傳聞這位深受民衆愛戴的知縣去世後，赴冥界出任城隍，可見百姓愛之深切。又，明清以來，廟會多在城隍廟所在地方舉行，届時必熱鬧非常。明蔣德璟《游宫市小記》：“京師有三市：廟市者，都城隍廟左右街也，以朔望及念五日……”明鄭紀《修明祀典疏》：“城隍廟、靈濟宫等處，每月朔望燒香獻紙不下萬數，不論官民之家、閨女少婦，塞道填門。”城隍廟會之俗，至今猶然，上海豫園城隍廟即爲顯例。

【城隍祠】

即城隍廟。此稱南北朝時期已行用。見該文。

后土

亦稱“神丘”。指祀土地神的社壇。此稱先秦時期已行用。《書·牧誓》：“予小子其承厥志，告于皇天后土。”孔傳：“后土，社也。”《禮記·檀弓上》：“君舉而哭於后土。”鄭玄注：“后土，社也。”社壇與皇天對應，極爲神聖，故古人甚重之。《左傳·僖公十五年》：“晋大夫三拜稽首曰：‘君履后土而戴皇天，皇天后土實聞君之言，群臣敢在下風。’”《明史·禮志二》：“《尚書》曰‘敢昭告於皇天后土’。按古者或曰‘地祇’，或曰‘后土’，或曰‘社’，皆祭地，則皆對天而言也。……自漢武用祠官寬舒議，立后土祠於汾陰脽上，禮如祀天，而後世因於北郊之外，仍祠后土。”作爲社壇的后土，又稱神丘。《莊子·應帝王》：“鼷鼠深穴乎神丘之下，以避熏鑿之患。”成玄英疏：“神丘，社壇。”漢班固《封燕然山銘》：“夐其邈兮畫地界，封神丘兮建隆嵑。”晋阮籍《獼猴賦》：“歜畏逼以潜身兮，穴神丘之重深。”宋蘇軾《西江月》詞：“后土祠中玉蕊，蓬萊殿后輕紅。”抑或有對神聖后土表示懷疑者。唐羅隱《后土廟》詩：“四海兵戈尚未寧，始於雲外學儀形。九天玄女猶無聖，后土夫人豈有靈。”宋陳師道《後山詩話》揭其緣由：“唐人記后土事，以譏武后爾。”

【神丘】

即后土。此稱先秦時期已行用。見該文。

關帝廟

省稱"關廟"，亦稱"關王廟"。崇祀關羽的神廟。始於宋，達於今。今全國最重要的關帝廟有三處：一爲關羽故里山西解州關廟，有關羽衣冠冢；二爲河南洛陽關林，傳葬關羽首級；三爲湖北當陽關陵，傳葬關羽軀體。關羽作爲三國蜀國大將，殁後很長時期未被世人設祠祭祀，直至宋代始出現相關廟宇。清趙翼《陔餘叢考・關壯繆》曰："獨關壯繆在三國、六朝、唐、宋皆未有禋祀。考之史志，宋徽宗始封爲忠惠公，大觀二年加封武安王，高宗建炎二年加壯繆武安王，孝宗淳熙十四年加英濟王，祭於荊門當陽縣之廟。（《獨醒志》：'李若水初爲大名府元城尉，有村民持一書來，云：夢金甲神人告我，到關大王廟側，遇鐵冠道士，以其書下李縣尉。'《夷堅志》：'明椿都統自立生祠於關王廟側。'是宋時關王廟亦已多。）"據《山西通志・祠廟三》載，澤州府臨晉縣"關王廟，在縣治東，宋開寶九年建"。可見宋初已有之。宋洪邁《夷堅志甲・關王幞頭》："後數月，因出郊入關王廟，見黃衣塑像。"此後隨着關羽日漸受朝廷看重，各地祠廟日多。明王鏊《姑蘇志・壇廟上》："關王廟，祀漢壽亭侯關雲長也。在武狀元坊東大街，元甲午歲道士李原祐建。（一在常熟縣西，至正二年建；一在崇明縣東沙寶慶觀之左。）"朝野俱重關帝廟。清雍正帝《關帝廟後殿崇祀三代碑文》："關帝廟食徧薄海內外，其地自通都大邑，下至山陬海澨村墟窮僻之壤，其人自貞臣賢士仰德誦義之徒，下至愚夫愚婦兒童走卒之微賤，所在崇飾廟貌，

奔走祈禳，敬畏瞻依，凜然若有所見。"甚至欲以關廟厭勝鎮邪。清弘曆《過清河望明陵各題句》咏德陵序曰："天啓昏懦……疑房山金代諸陵與本朝王氣相關，遂行拆毀，勵斷地脉。又建關廟於其地，以爲厭勝。"然清代關帝廟地位仍甚高。《大清會典・工部・營繕清吏司》載壇廟規制，記京師關帝廟，可見其規制之宏："關帝廟在地安門外，南嚮，繚以周垣，廟門一間，左右門各一。正門三間，前殿三間，三出陛各五級。東西廡各三間，殿西御碑亭一。東廡南燎鑪一，廡北齋室各三間。殿後界牆，一重門三內，後殿五間，東西廡及燎鑪與前殿同。殿後東爲祭器庫，西爲治牲所，各三間。石梁一，在廟門外。凡正殿門廡均覆綠琉璃，餘均甋瓦。門楹丹臒，梁棟五采。"各地關廟至今仍存，香火猶盛，世人多至此祈求平安多財。

【關廟】

"關帝廟"之省稱。此稱宋代已行用。見該文。

【關王廟】

即關帝廟。此稱宋代已行用。見該文。

露臺

古代祭祀用的高臺。或用土石，或用木架建造，上無頂蓋，故名。此稱漢代已行用，原意爲觀景之樓臺。《史記・孝文本紀》："〔孝文帝〕嘗欲作露臺，召匠計之，直百金。"南北朝之後，遂轉指祭祀之臺。在平地用土、石築起，可供祭祀、賞景、休息之用。北齊蕭愨《奉和元日》："瑞雲生寶鼎，榮光上露臺。"元馬端臨《文獻通考・郊社考二十三》："肅宗至德二年八月，道士李國正奏：'皇室仙系，修崇靈路。請於昭應縣南三十里山頂置天華上宮露臺，天地三婆、父皇道君〔按《舊唐書・王璵傳附

道士李國禎》作"大地婆父、三皇道君"〕、太古天皇，中古伏羲媧皇等祠堂，並置灑埽宫户一百人。'"《明史·曾翀傳》："〔嘉靖〕二十六年十一月，大高玄殿災，帝禱於露臺。"《清史稿·禮志九》："凡遇日食，……順天府則飭役赴部潔净堂署，内外設香案，露臺上爐槃具，後佈百官拜席。"

宗祏

亦稱"石室""埳室"。宗廟中藏神主的石室。多於廟之北壁砌一凹形石室放木主，以防火災。此稱先秦時期已行用。《左傳·莊公十四年》："先君桓公命我先人，典司宗祏。"杜預注："宗祏，宗廟中藏主石室。"孔穎達疏："宗祏者，慮有非常火災，於廟之北壁内爲石室，以藏木主。有事則出而祭之，既祭，納於石室。"漢以後石室又稱"埳"，收神主於木函，置埳中。漢衛宏《漢舊儀》："已葬，收主，爲木函，藏廟太室中西墙壁埳中。"然《説文》未收"埳"字，可見此字當時并不很流行。故"埳室"一稱，約是南北朝以後出現。《大唐開元禮·凶禮·三品以上喪之三》載"祔廟"儀："掌事者具腰輿，掌廟者、闇寺者入，立於廟庭，北面再拜，升自東階，入，開埳室，出曾祖、曾祖妣神主，置於座。"《舊唐書·禮儀志六》："主宜藏瘞，或就瘞於埳室，或瘞於兩階間，此乃百代常行不易之道也。"《新唐書·禮樂志三》："建石室於寝園以藏神主，至禘祫之歲則祭之。"宋承唐制。《宋史·禮志二十六》："所安木主石埳，於室中西壁三分之一近南去地四尺開埳室，以石爲之，其中可容神主跌匱。"此制沿襲至元代。《元史·祭祀志三》載："主及匱跌皆用栗木，匱跌並用玄漆，設祏室以安

奉。"明清時神主置"夾室"中。

【石室】

即宗祏。以石爲之，此稱先秦時期已行用。見該文。

【埳室】

即宗祏。此稱南北朝時期已行用。見該文。

夾室

祠廟東西厢房後部藏神主之室。自天子諸侯宗廟，至士大夫祠堂，均有此設置。此稱先秦時期已行用。《爾雅·釋宫》："室有東西厢曰廟。"郭璞注："夾室前堂。"邢昺疏："凡大室有東西厢夾室及前堂，有序墻者，曰廟。"《釋名·釋宫室》："夾室，在堂兩頭，故曰夾也。"《禮記·雜記下》："成廟則釁之……門、夾室皆用鷄。"孔穎達疏："夾室，東西厢也。"清任啓運《宫室考》卷上："東西二間通言之，皆謂之厢；分言之，則北一架爲厢，南二架爲夾室，中一架爲東西堂也。……郭氏璞云：厢，夾室前堂。蓋以東西夾室北户，則東西堂在其前，故以北爲前也。"清徐乾學《讀禮通考·廟制下》："萬斯同曰：……大約堂之後爲房室，室居中而東西兩房夾之，此王侯之與卿士無異制也。"又曰："夾室何在？曰：在序之兩旁。東序之東爲東夾，西序之西爲西夾也。……禮，祖宗之祧主皆藏於夾室，以其在序之兩旁，故可藏於此。"先秦至唐宋，宗廟有石室置神主，石室或在夾室中，一説在廟北壁上，諸説不一。唐以後夾室顯然是在廟堂兩厢靠北邊，而歷代對其制猶多有爭議。《唐會要·廟議上》："大歷十四年十月，代宗神主將祔。禮儀使顏真卿以元皇帝世數已遠，准禮合祧。請遷於西夾室。"《續資治通鑑長編·宋神宗熙寧五年》十一月：

"中書奏：'……今或以夾室在右，謂於宗祐爲尊，或以本統所承，措之別宮爲當。類皆離經背理，臣等所不敢知。伏請奉僖祖神主爲太廟始祖，遷順祖神主藏之夾室，依禮不諱。'"宋元多依唐制。《元史·祭祀志三》："唐貞觀故事，遷廟之主，藏於夾室西壁，南北三間。又宋哲宗亦嘗於東夾室奉安，後雖增建一室，是夾室仍舊。"《清史稿·禮志十二》："百日卒哭，次日祔家廟，期年小祥，再期大祥，遷主入廟……訖，改題神主，詣廟設東室，奉神主藏夾室，乃徹靈座。"

厲壇

公祭無親人祭祀的鬼神之壇臺。鬼無所歸，當作祟於人類爲厲，因設壇祭之。按，厲鬼之說源於《左傳·昭公七年》記載："鄭人相驚以伯有，曰'伯有至矣'，則皆走不知所往。……子產曰：'鬼有所歸，乃不爲厲。'"後人置厲壇以祭，明清猶然。《明史·禮志四》："泰厲壇祭無祀鬼神。《春秋》傳曰：鬼有所歸，乃不爲厲，此其義也。《祭法》：王祭泰厲，諸侯祭公厲，大夫祭族厲……洪武三年定制，京都祭泰厲，設壇玄武湖中，歲以清明及十月朔日遣官致祭。"《續通志·禮略·吉禮三》論厲壇曰："明雖不主七祀，而五祀之外別立厲壇，祭無祀之鬼神，以仿古者泰厲、族厲之祭，則又未始不本祭法而變通之矣。"清沿明制，於各省府州縣，各立厲壇於城北郊，每年清明日、七月十五日及十月朔日祭祀本境無祀鬼神。清黃遵憲《都督僉事瑞巖萬公墓表》："新敗之後，走死者載道，公即斂骨埋之，設厲壇以祀。"光緒《新竹縣志初稿·典禮志·厲祭》："直省、府、州、縣歲三月寒食節、七月望日、十月朔日，

祭厲壇於城北郊。前期，守土官飭所司具香燭、公服詣神祇壇，以祭厲告本境城隍之位。至日，奉請城隍神位入壇，設於正中，守土官行禮。"

券臺

俗稱"土筵席"。墳墓前用磚壘成的高寬二三尺的石臺，上書墳墓四至範圍，強調人鬼皆不得侵犯，起人間與冥界之鐵券、地契作用。因其臺可用爲祭臺，故世人或藉稱作"明堂"，而貧窮人家以之爲臨時祭臺時，往往又稱之爲"土筵席"。約始於唐（一說與春秋時期的祠壇有關，詳下），流行於宋，後人多引述其事。《朱子語類·程子之書三》："今人呼墓地前爲'明堂'。嘗見《伊川集》中書爲'券臺'，不曉所以。南軒欲改之，某云不可，且留着。後見唐人文字中，言某朝詔改爲'券臺'。"宋陶穀《清異錄·喪葬》："葬家聽術士說例，用朱書鐵券，若人家契帖，標四界及主名，意謂亡者居室之執守。不知爭地者誰耶？庵墓前甃石若甋表之，面方，長高不登三尺，號曰券臺。貧無力則每祭祀以藉尊俎，謂之土筵席。"《研北雜志》《留青日札》《餘冬序錄》皆記其事。明方以智《通雅·宮室》："券堂，墓前明堂也，俗爲券臺……堪輿有券臺之說。《清異錄》亦言葬家用朱書鐵券甃，方石二尺，曰券臺，貧者謂之土筵席。智按：何子元云，墓前明堂亦名券堂。朱子言初不曉，後見唐詔改名，即《研北雜志》所言也。"清沈自南《藝林彙考·棟宇篇·廟室類》亦曰："《留青日札》：墓前地名明堂，一曰券臺。"并引《清異錄》文。又曰："《餘冬序錄》：墓前地名明堂，一名券臺。《朱子語錄》云不曉所以，後見唐人文字中言某朝詔改爲券臺。按，今地理書有券臺之說，券契

也。理地契處曰券臺。地契用磚石爲之，上書錢若干緡，爲死者買葬於此，山神土龍不得爭競。事甚無謂可笑。”清徐乾學《讀禮通考·喪具五》引《後漢書》，謂券臺與春秋時的祠壇有淵源關係：“瓵甓壇：《後漢書·地理志》注：仲尼墓在魯城北便門之外泗水上，墓前瓵甓爲祠壇，方六尺，與地平。”又引明金九皋《抱甕集》，複述前人所言：“墓前地名明堂，一名券臺。《朱子語錄》云不曉所以，後見唐人文集中言某朝詔改爲券臺。案今地理書有券臺之說，券，契也。埋地契處曰券臺。地契用磚石爲之，上書財若干緡，爲死者用財葬于此，山神土龍不得爭競。貧無力者遇祭祀，則以藉尊俎，謂之土筵席。”後世或以此入詩。清趙信等《南宋襍事詩》卷七：“松柏青青繞券臺，剪棋彩段紙錢堆。拜墳兒女悲霜露，莫向菩提拭淚來。”

【土筵席】

“券臺”之俗稱。此稱宋代已行用。見該文。

次 [2]

舉行祭祀等活動時所設供臨時休息的帳篷。次，幄也，帷幕四合爲帷。原專指爲天子所設篷帳，後廣泛應用於民間。此稱主要行於先秦。人的等級不同，次亦不同。天子祭祀行禮前所居曰大次，禮成所居曰小次；諸侯朝覲初到時居住地爲大次，等待召見處爲小次；王外出休息處亦稱王次；大門內臨時止息處，或有喪事時，婦女臨時更衣、止息處爲內次；大門外臨時止息處爲外次；供尸（代替死者受祭者）居息更衣之處爲尸次；田獵時又有耦次等。《周禮·天官·掌次》：“朝日，祀五帝，則張大次、小次，設重帟重案。合諸侯亦如之。”又：“凡師田，則張幕設案。”又：“凡祭祀，

張其旅幕，張尸次。射，則張耦次。”鄭玄注：“次，謂幄也。”

明廷

亦作“明庭”。古時帝王祭祀神靈，接見諸侯大臣的地方。相傳自黃帝始，在陝西淳化縣西北的甘泉山祭神召會諸侯和百官，故亦指甘泉山或甘泉宮。《史記·封禪書》：“其後黃帝接萬靈明廷。明廷者，甘泉也。”北周庾信《周五聲調曲·徵調曲三》：“眾仙就朝於瑤水，群帝受享於明庭。”然而秦漢以後，明廷之稱雖在而所指不同。漢乃對縣令的敬稱，唐多指聖明的朝廷。而祭神與會合諸侯則在明堂、宗廟中進行。宋陸游《賀明堂表》：“臣官廖遐徼，心繫明廷。”明王志堅《表異錄·職官》：“唐人稱縣曰明府，漢人謂之明廷。”

【明庭】

同“明廷”。此體南北朝時期已行用。見該文。

龍庭

亦作“龍廷”，亦稱“龍城”。古代匈奴單于祭祀天地、大會諸部落的場所。後成鮮卑、突厥、女真等歷朝北方重要民族的王庭所在地。此稱漢代已行用。《後漢書·竇憲傳》：“躡冒頓之區落，焚老上之龍庭。”李賢注：“匈奴五月，大會朝庭，祭其先、天地、鬼神。”其地在今蒙古國鄂爾渾河西側的和碩柴達木湖附近。漢代以後北方重要少數民族政權的王庭，多以此稱之。《隋書·突厥傳》：“帝大悅，賦詩曰：‘鹿塞鴻旗駐，龍庭翠輦迴。氈帷望風舉，穹廬向日開。呼韓頓顙至，屠耆接踵來。索辮擎氈肉，韋韝獻酒杯。何如漢天子，空上單于臺。’”唐李白《古風》之六：“昔別雁門關，今戍龍庭前。”遼李萬開泰九年《耿延毅墓誌銘》：“我公

元祖，起家天北。龍庭右隄，雁磧東麓。"元馬致遠《漢宮秋》第四折："萬里龍廷，知他宿誰家一靈真性。"清龔自珍《皇朝碩輔頌序》："八地九天之奇兵，秘乎豹略；五行十守之正道，撻此龍庭。"

【龍廷】

同"龍庭"。此體元代已行用。見該文。

【龍城】

即龍庭。此稱唐代已行用。見該文。

堂子[1]

清代皇帝祭神的静室。滿洲人崇信薩滿教，故設秘室以尊奉薩滿主神，兼取古明堂會祀群神之義。其制亦沿古明堂。清世祖入關後，建堂子於舊北京長安左門外玉河橋東。正中爲五間神殿，上覆黃琉璃瓦，彙祀諸神。南向前爲拜天圜殿，殿南正中設大內致祭立竿石座。稍後兩翼分設各六行，行各六重，依次爲皇帝、皇子、王公等行祭之用。東南三間神殿，爲皇帝，王公及滿族一品大臣拜天之所。今北京及遼寧瀋陽大東門內存其舊址。清魏源《聖武紀》卷一二："皇帝拜天則於堂子，出征拜天亦如之……則堂子自是滿洲舊俗，祭天、祭神、祭佛之公所。"清昭槤《嘯亭雜錄・堂子》："國家起自遼瀋，有設於祭天之禮。又總祀社稷諸神祇於静室，名曰堂子，實於古明堂會祀群神之制相符，猶沿古禮也。既定鼎中原，建堂子於長安左門外，建祭神殿於正中，即彙祀諸神祇者。"《清史稿・太宗本紀三》："八年春正月丙申朔，上不豫，命和碩親王以下，副都統以上，詣堂子行禮。"

祭田

亦稱"祀田"。專用於祭祀的田地。分三種：帝王爲尊崇聖賢欽撥其後裔田地供祭祀之用；宗族用於祭祀之需；書院及寺院爲祭祀所需添置的田地。北宋真宗大中祥符年間（1008—1016）始見《曲阜孔府檔案史料選編》："衍聖公田土之制，由漢及宋，時賜時替。自大中祥符間始有祀田，沿及金、元，代有贈給。明洪武時定給祭田二千大頃，歲收其租入，以供廟祀。餘悉爲衍聖公廩祿……永樂五年二月，又賜廟田七十三大頃……另還賜給尼山書院祀田。"因祭田歸屬一姓一族，故代代相傳。後代子孫按年輪值經營，收益爲祭祀之用，後亦有作公益事業的。《清史稿・食貨志》："祭田公地，一切免徵。建國初，賜聖賢裔祭田。"《紅樓夢》第一一〇回："再餘下的置買幾頃祭田。"

【祀田】

即祭田。此稱宋代已行用。見該文。

兆[2]

亦作"垗"。古代祭神所用祭壇的界域。古代祭神，封土爲壇，壇外四圍築矮墻或挖溝渠，爲界域，域內稱兆。在其中舉行祭祀活動。兆字本爲垗。《說文・土部》："垗，畔也。爲四畔界，祭其中。"此稱先秦時期已行用，後亦指墓地四面之界畔，墳墓之通稱爲"兆域"。《周禮・春官・肆師》："掌兆中廟中之禁令。"鄭玄注："兆，壇塋域。"賈公彥疏："凡爲壇者，四面皆塋域圍之，若宮墻然，故云兆，壇塋域也。"

【垗】

同"兆"。此體漢代已行用。見該文。

場

亦作"塲"。爲祭神所開闢的平地，通常在祭壇邊。此稱先秦時期已行用。《說文・土部》："場，祭神道也。"段玉裁注："'也'，《廣韻》作'處'。《玉篇》引《國語》：'屏攝之位曰壇，壇之所除地曰場。'"設於祭壇之旁，面積很大，可築室於其中。《孟子・滕文公上》："子貢反，築室於場，獨居三年然後歸。"元方回《古今考・設壇場拜韓信爲大將軍》："未知設壇場拜大將始于何時。師古注'築土而高曰壇，除地曰場'當是。升韓信于壇，拜以受大將軍之命，……既拜命，然後受將士部曲之賀。禮於壇下除地爲場，所以容衆也。"一説"墠"即"場"。《周禮・地官・場人》鄭玄注："場，築地爲墠。季秋除圃中爲之。"

【塲】

同"場"。此體元代已行用。見該文。

墠

爲祭祀而清整的平地。此稱先秦時期已行用。不築土，僅清掃地面以祭祀遠祖，故稱。《禮記・祭法》："是故王立七廟，一壇一墠。"鄭玄注："封土曰壇，除地曰墠。"天子七廟爲四親廟、太祖廟與二祧。凡有四時之祭，四親則就壇受祭，遠祖則就墠受祭。最遠者置於石函中，謂之鬼。故壇、墠所受祭對象不同，其制亦不同。《荀子・正論》"要服者貢，荒服者終王"王先謙集解引三國吳韋昭云："歲貢於壇墠也。"一説壇爲築土起堂，墠爲築土而無屋，《禮記・祭法》："遠廟爲祧，有二祧，享嘗乃止。去祧爲壇，去壇爲墠。壇墠，有禱焉祭之，無禱乃止。去墠曰鬼。"漢蔡邕《獨斷》亦言及此。《隋書・禮儀志二》："祈百辟卿士於雩壇之左，除地爲墠。"清李斗《揚州畫舫錄・新城北錄上》："門北有銀杏樹一株，就樹築土爲墠，上墠築爲堂。"

壝

亦稱"墻埒"。爲壇、墠之低矮圍墻。古天子有事出外止宿平地時，築壇，四周以土堆成低墻，以爲宮，故稱。殷制諸侯朝覲天子，設壝宮方三百步，即九十六尺，四邊有門，高四尺左右。壇有時築於壝內，凡三層，最高層方二丈四尺。後世沿之。此稱先秦時期已行用。《周禮・地官・大司徒》："設其社稷之壝。"孫詒讓正義："蓋壝者委土之名，凡委土平築之謂之壝，於壝之上積土而高若堂謂之壇，外爲庫垣，謂之墻埒，通言之，壝、壇皆得稱壝。"晋潘岳《藉田賦》："封人壝宮，掌舍設桓。"宋蘇轍《擬合祭天地手詔一首》："見上帝於南郊，禮皇地於北壝，二祀特舉，議與周合。"今北京社稷壇外有用四色琉璃磚砌成的壝墻，爲明永樂年間所建，上覆四色琉璃瓦，其色與五色土完全一致，其墻高九十六厘米，跟社稷壇土處於同一水平面，四面壝墻有漢白玉石門與外相通。《明史・禮志一》："壇壝之制……壝去壇十五丈，高八尺一寸，四面靈星門，南三門，東、西、北各一。外垣去壝十五丈，門制同。"清薛福成《庸盦筆記・己丑八月祈年殿柈》："京師天壇……内壝形亦圓，外壝形方。"

【墻埒】

即壝。此稱先秦時期已行用。見該文。

神庫

陵園、祭壇中儲放用於祭祀的犧牲品之房屋。行於明清時期。漢、唐、宋的寢、寢宮或下宮中，亦有儲備犧牲品之地，但無專名。明清無寢宮或下宮，故設神庫以儲存犧牲。《明史・禮志一》："壇壝之制，明初建圜丘於正陽門外……神庫五楹，在外垣北，南向；厨房五楹，在外壇東北，西向。"又《禮志十四》："〔祾恩〕門外神庫或一或二，神厨，宰牲亭。"明佚名《太常續考·長陵等陵事宜》："〔祾恩〕門外爲聖績碑亭，爲神庫、神厨、宰牲亭。"《續通典·禮三》載明代郊祭圜丘週邊方牆，謂其"東南門外建神庫、神厨、祭器庫、宰牲亭"。明劉健《李東陽陵廟對録》："又指其廊間有門，通西一區，曰此奉慈殿也，舊爲神庫。"《清朝文獻通考·王禮考》："宰牲亭、神厨、神庫、井亭，皆繪采。"

神厨

陵園、祭壇中烹煮犧牲品的房屋。此禮唐已有之，此稱宋代已行用。多設於享殿前的側面。《宋史·禮志十二》："〔唐〕玄宗元獻楊后立廟於太廟之西，稽於前文，咸有明據。望令宗正寺於后廟內修奉廟室，爲殿三間，設神門、齋房、神厨以備薦享。"明楊士奇《歷代名臣奏議·禮樂（祭禮）》載宋寧宗慶元中太常少卿虞儔應詔上封事曰："其間壇壝傾圮而不修，齋館摧頹而不葺，牲牷滌養之不謹，神厨割烹之不虔，……其爲褻慢無所不有，將何以感格天地，和協神人。"明劉健《李東陽陵廟對録》："又指其東一區，別爲門，面南五間，東西廊各五間，曰此神厨也。"明末佚名《太常續考·歷代帝王事宜》："廟建于都城之西阜成門內，名曰景德崇聖之殿……前爲景德門，門外東爲神庫、

神厨、宰牲亭、鐘樓，西爲住持房。"《畿輔通志·京師》卷一一載壇廟場所："圜丘壇在正陽門外南郊……壇之東有神庫、神厨、祭器庫、宰牲亭，壇之西有神樂觀、犧牲所、鑾駕庫。"

香池[1]

佛寺中的蓮池。此稱晋代已行用。語本《華嚴經·入法界品》："彼城北有菩提樹，……於彼樹前，有一香池，名'寶華光明演法雷音'，妙寶爲岸，百萬億那由他寶樹圍繞。"後世多以寶樹香池描述有蓮池的寺廟環境。唐王維《大唐大安國寺故大德净覺禪師碑銘》："一花寶樹，八水香池。"明王世貞《秋日登毗盧閣》詩："法座噓烟盤寶樹，香池浴日滿祇林。"明楊慎《浴佛會》詩："三花寶樹下，八水香池邊。"

香池[2]

設在寺廟庭院或路旁的焚香設施。多銅製，亦有鐵製、石製者。體積較大，如水池形，故稱。此稱明清時期已行用。清潘榮陛《帝京歲時紀勝·藥王廟》："歲之四月中旬至廿八日爲藥王誕辰，香火極勝，惟除夕至元日徹夜不斷。拜廟進香者多不得入廟，於神路街外設香池數處，焚香遙拜。"清富察敦崇《燕京歲時記·正月曹老公觀兒》："中殿有鐵香池一，乃崇禎九年管理御馬營太監孫繼武等造。"後沿至今。現一些大寺院多設之。

第六節　祭典考

"國之大事，在戎與祀。"祭祀在中國古人心目中具有極其神聖的含義。《周禮·春官·肆師》："若國有大故，則令國人祭。"《國語·周語上》："夫祀，國之大節也。"故祭祀典禮爲國家立國之根本。

祭祀對象，主要有天神、地祇、人鬼三大類。活着的人，祇有誠心誠意地通過祭祀，纔被認爲可與神、鬼通靈，并得到神鬼保佑。故《周禮·春官·大宗伯》謂大宗伯掌天神人鬼地祇之祭禮，可以"佐王建保邦國"，足見祭祀之重要性。

郊祀天地，是通天神、地祇之道。《詩·周頌·昊天有成命序》："昊天有成命，郊祀天地也。"孔穎達疏："謂於南郊祀所感之天神，於北郊祭神州之地祇也。"郊祭之外，到泰山封禪，即封泰山、禪梁父，是帝王祭天祀地最重大的典禮。《白虎通·封禪》稱，"王者易姓而起"，"功成封禪，以告太平也"。《風俗通·五嶽》亦謂泰山"尊曰岱宗。岱者長也，萬物之始、陰陽交代"，所以要在泰山祭告天地。

祭典等級有高低之分。《周禮·春官·肆師》："立大祀、用玉帛牲牷；立次祀，用牲幣；立小祀，用牲。"鄭玄注："鄭司農云：大祀天地，次祀日月星辰，小祀司命已下。玄謂大祀又有宗廟，次祀又有社稷、五祀、五嶽，小祀又有司中、風師、雨師、山川、百物。"後世基本沿襲此制，而神祇内涵更爲寬泛。如《舊唐書·禮儀志一》："昊天上帝、五方帝、皇地祇、神州及宗廟爲大祀，社稷、日月星辰、先代帝王、嶽鎮海瀆、帝社、先蠶、釋奠爲中祀，司中、司命、風伯、雨師、諸星、山林、川澤之屬爲小祀。"大祀一般由天子親自舉行，特殊情況下，"若王不與祭祀，則〔由大宗伯〕攝位"。小祀則隨意性較大，禮儀不太確定。

總體而言，祭祀是由朝廷主導的，民間聽命於朝廷。然而，民間也有自己的崇拜趨嚮。有些崇祀固然來自朝廷的導嚮，如"里社"祭典便是，而後來在民間則演化成了祭祀土地廟，崇拜土地神；又如天妃祭祀，實起於民間，由民間傳説而演化出海神崇拜，隨着這一崇拜的盛行，朝廷也對此給予了支持，對女神進行敕封，從而有了天妃、天后之號。這樣的祀典，其隆重程度在元明清時期甚至可以與文廟抗禮。其中的要點就在於，這種祀典對於統治秩序來説有益，順乎民心，且與國家神道祭祀一致，不相衝突，因而也就可以大行其道了。

祭

按禮制將物品進獻給崇拜對象以作紀念或祈福的儀式。始於新石器時代，沿至當代。《說文・示部》："祭，祭祀也，從示，昌手持肉。"會意字，像手持肉以祭祀，故《玉篇・示部》云"祭，薦也"。黃河流域的客省莊二期文化，距今四千餘年，發現過亂葬的人骨和獸骨的灰坑，有的人骨身首分離，應是祭品。夏商以後，祭儀更爲繁多，殷墟甚至發現成排的祭祀坑。周以後，祭禮極嚴格。《禮記・曲禮下》："非其所祭而祭之，名曰淫祀，淫祀無福。"《周禮・春官・肆師》："若國有大故，則令國人祭。"《禮記・祭統》："祭者，所以追養繼孝也。"《論語・八佾》："祭如在，祭神如神在。"秦以後，祭禮延綿不輟，直至當代。漢董仲舒《春秋繁露・祭義》："祭者，察也，以善逮鬼神之謂也。"《後漢書・祭祀志上》："光武即位於鄗，爲壇營於鄗之陽，祭告天地。"《晉書・禮志上》："明堂之祭，備物以薦。"《魏書・禮志一》："宮中立星神，一歲一祭。"此後各朝正史禮儀志均載祭儀。

大祭

亦稱"大祀"。古代對天地、宗廟等的重要祭祀。此稱先秦時期已行用。《周禮・天官・酒正》："凡祭祀，以法共五齊三酒，以實八尊。大祭三貳，中祭再貳，小祭壹貳，皆有酌數。"鄭玄注："鄭司農云：'三貳，三益副之也。大祭天地，中祭宗廟，小祭五祀。'……玄謂大祭者，王服大裘、袞冕所祭也；中祭者，王服鷩冕毳冕所祭也；小祭者，王服希冕玄冕所祭也。三貳再貳一貳者，謂就三酒之尊而益之也。"賈公彥疏："王祀昊天、上帝則服大裘而冕，祀五帝亦如之；祀先王則袞冕，祭地亦用大裘，是天地、宗廟皆有大祭一也……《司服》：先公則鷩冕，四望山川則毳冕，是地與宗廟次祭二也。……《司服》：社稷五祀則希冕，群小祀則玄冕，鄭彼注山林山川之屬。鄭雖不言風師雨師等之屬，中兼之也，惟見天地小祭，不見宗廟小祭。"又《春官・肆師》："立大祀用玉、帛、牲牷；立次祀用牲、幣；立小祀用牲。"鄭玄注："鄭司農云：'大祀天地；次祀日月星辰；小祀司命已下。'玄謂：大祀又有宗廟；次祀又有社稷、五祀、五嶽；小祀又有司中、風師、雨師、山川、百物。"按，祀即祭。歷代均有大祭、大祀。《論語・顏淵》："仲弓問仁。子曰：'出門如見大賓，使民如承大祭。'"《唐律疏議・職制》："諸大祀不預申期及不頒所司者，杖六十。〔疏〕議曰：依令，'大祀，謂天地、宗廟、神州等爲大祀。或車駕自行，或三公行事'。"《舊五代史・禮志下》："自今後每大祭祀，應用騂犢，宜令所司量減其數，仍永爲恒式。"《明實錄・世宗實錄》嘉靖四十三年五月："乙巳夏至，大祭 地於方澤。先期請太祖配。及是日行禮，俱命成國公朱希忠代。"

【大祀】

即大祭。此稱先秦時期已行用。見該文。

祀

祭鬼神的儀式。始於新石器時代，達於當代。《說文・示部》："祀，祭無已也。"按，此稱約始於商代。董作賓《殷墟文字乙編》2587："庚寅卜，佇貞：我其祀于河。"《書・洪範》："八政：……三曰祀。"孔傳："敬鬼神以成教。"周以後此稱使用甚廣。《天亡簋》："王祀于天室降。"《禮記・祭法》："夫聖王之制祭祀也，法施於民則祀之，以死勤事則祀之，以勞定國則祀之，能禦大災則祀之，能捍大患則祀之。"《國語·周語上》："夫祀，國之大節也。"《左傳·文公二年》："祀，國之大事也，而逆之，可謂禮乎？"此後歷代沿用此稱不輟。《唐六典·光禄寺》："凡冬至圜丘之祀昊天上帝，籩豆各十二，簠簋甒俎各一。"

祭 禮
（元雜劇《荆釵記》）

郊祀

省稱"郊"。一般指在國都南郊舉行的祭天禮儀，亦兼指在國都北郊舉行的祭地禮儀，故又稱"南北郊"，由帝王主持。始於商周，達於清。《詩·周頌·昊天有成命序》："昊天有成命，郊祀天地也。"孔穎達疏："謂於南郊祀所感之天神，於北郊祭神州之地祇也。"陳奐傳疏："祀天圓丘，祀地方丘也。"《左傳·桓公五年》："凡祀，啓蟄而郊。"杜預注："啓蟄，夏正建寅之月，祀天南郊。"諸侯郊祀則不合禮制。《公羊傳·僖公三十一年》："魯郊，非禮也。魯郊何以非禮？天子祭天，諸侯祭土。"何休注："郊者，所以祭天也。天子所祭，莫重於

郊。於南郊者，就陽位也。"《大戴禮記·禮三本》亦謂："郊止天子，社止諸侯。"郊祀之重要性及郊祀的時間，《春秋繁露·郊義》有解説："郊必以正月上辛者，言以所最尊，首一歲之事；每更紀者以郊，郊祭首之，先賢之義，尊天之道也。"《孔子家語·郊問》也説："萬物本於天，人本乎祖，郊之祭也，大報本反始也。故以配上帝，天垂象，聖人則之。郊所以明天道也。"又云郊祭時間："郊之祭也，迎長日之至也，大報天而主日，配以月，故周之始郊，其月以日至，其日用上辛。至於啓蟄之月，則又祈穀於上帝。"歷代帝王沿襲此制。《史記·封禪書》："有司皆曰'古者天子夏親郊，祀上帝於郊，故曰郊'。於是夏四月，文帝始郊見雍五時祠。"但祭天、祭地的場所在魏晋南北朝時制度較亂。《晋書·禮志上》載晋武帝時"並圓丘方丘於南北郊……圓丘方澤不別立"。而《魏書·禮志一》："〔太祖〕冬至祭上帝於圓丘，夏至祭地於方澤，用牲幣之屬，與二郊同。"又，太和十年，"祀於西郊"；十二年，"帝親築圓丘於南郊"。隋唐以後雖對祭祀天地之場所爭議甚多，但也大致按古禮，"以冬至祀圓丘於南郊，夏至祭方澤於北郊"（《舊唐書·禮儀志一》）。宋孟元老《東京夢華録·駕詣郊壇行禮》："〔冬至〕三更，駕詣郊壇行禮。"明陳洪謨《繼世紀聞》卷四："十二月朔，駕當出郊壇視牲。先是，一夕有傳賊將復至霸州……内閣曰：'省牲事重，若聖駕不出，示人以怯，其關於國體不細。宜嚴加御備，仍舊出郊。'"

【郊】

"郊祀"之省稱。此稱先秦時期已行用。見該文。

封禪

古代帝王登泰山祭祀天地的盛典。在泰山上築壇祭天稱"封"，在泰山下之梁父山上闢場祭地稱"禪"。此稱約始於戰國末齊地陰陽家之說，正式儀式之舉行則始於秦始皇，至宋代真宗封禪後不復舉行。按，封禪之說始出《管子·封禪》："桓公既霸，會諸侯於葵丘，而欲封禪。管仲曰：'古者封泰山禪梁父者七十二家。'"而所謂古者封禪七十二家，不過是力倡五德終始說的陰陽家之杜撰，而後儒又藉題發揮，遂使封禪演化爲來源悠久的"與天地更始"的大典。《大戴禮記·保傳》："〔成王〕封泰山而禪梁甫，朝諸侯而一天下。"漢班固《白虎通·封禪》："王者易姓而起……功成封禪，以告太平也；所以於泰山何？萬物所交代之處也。"因秦始皇統一天下後用五德終始說，認爲秦承"水德"，故勞師動衆東巡，要到"萬物所交代之處"的泰山上去祭告天地。又張守節正義釋封禪之儀："此泰山上築土爲壇以祭天，報天之功，故曰封；此泰山下小山上除地，報地之功，故曰禪。"《史記·封禪書》："上自泰山陽至巔，立石頌秦始皇帝德，明其得封也。從陰道下，禪於梁父。"其後曾正式封禪的帝王有漢武帝（見《漢書·郊祀志》）、漢光武帝（見《後漢書·祭祀志》）、唐高宗與武則天（見《舊唐書·高宗紀下》）、唐玄宗（見《舊唐書·玄宗紀上》）、宋真宗（見《續資治通鑑·宋真宗大中祥符元年》）等，而有封禪之議却未成行（如梁武帝、唐太宗等）或登泰山祭祀而自謙不居封禪之名者（如隋文帝等）尚有不少。封禪是大典，見於歷代各種文獻中。《梁書·許懋傳》："若是聖主，不須封禪；若是凡主，不應封禪。"宋鄭居中《挽崔學正》詩："可惜病相如，誰尋封禪書。"宋釋行海《臨清樓》詩："青山不受秦封禪，白鳥猶驚越霸圖。"

五祀

每年一祭的東、西、南、北、中五方地神。行於周代。《周禮·春官·大宗伯》："以血祭祭社稷、五祀、五嶽。"春秋以後"禮崩樂壞"，五祀不復爲常典，以致漢儒對其解釋也紛紜不一：鄭司農注《大宗伯》，謂"五祀，五色之帝，於王者宫中曰五祀，罷辜，披磔牲以祭"；鄭玄注則謂"此五祀者，五官之神，在四郊，四時迎五行之氣於四郊而祭五德之帝，亦食此神焉"。而《白虎通·五祀》又云："五祀者何謂也？謂門、户、井、灶、中霤也。所以祭何？人之所處出入所飲食，故爲神而祭之。"按，因五方地神之地位在先秦時即不固定，《大宗伯》中五祀列於社稷、五嶽之間，《禮記·曲禮下》則列五祀於山川之下："天子祭天地、祭四方、祭山川、祭五祀，歲遍。"至於五祀指門、户、井、灶、中霤，出自《禮記·月令》，故對五祀之解釋也諸説不一矣。後世亦因不同需要而推行不同含義之五祀。元代蘇天爵編《元文類·樂章·郊祀樂章》載《姑洗徵·鎮寧之曲》："五祀爲大，千古舉行。"清富察敦崇《燕京歲時記·十二月 門神》："夫門爲五祀之首，并非邪神，都人神之而不祀之，失其旨矣。"

望祭

省稱"望"，亦稱"四望"。遥對名山河海之神的祭祀。始於先秦時期。《書·舜典》："望于山川，遍于群神。"漢孔安國傳："九州名山大川、五嶽四瀆之屬，皆一時望祭之。"因先民以泰山至高、至聖，故又往往至泰山望祭天下山川。《禮記·王制》：“歲二月，東巡守，至于岱宗，柴而望祀山川。”漢鄭玄注：“柴祭天，告至也。”關於望祭對象，有不同説法。《周禮·春官·小宗伯》：“兆五帝於四郊，四望四類亦如之。”鄭司農云：“四望，道氣出入。四類，三皇、五帝、九皇、六十四氏咸祀之。”鄭玄注則曰：“四望：五嶽、四鎮、四竇，四類：日月星辰運行無常，以氣類爲之位。兆日於東郊，兆月與風師於西郊，兆司中司命於南郊，兆雨師於北郊。”又《大宗伯》：“國有大故，則旅上帝及四望。”鄭司農云：“四望：日月星海。”鄭玄注：“四望：五嶽四鎮四瀆。”《爾雅·釋山》：“梁山，晋望也。”晋郭璞注：“晋國所望祭者。今在馮翊夏陽縣西北臨河上。”邢昺疏：“言梁山在晋國境内，晋以歲時望祭之，故云晋望也。”望祭内容，《公羊傳·僖公三十一年》曰：“三望者何？望祭也。然則曷祭？祭大山河海。曷爲祭大山河海？山川有能潤于百里者，天子秩而祭之。”漢何休注：“此皆助天宣氣布功，故祭天及之。秩者隨其大小尊卑高下所宜禮。祭天牲角繭栗，社稷、宗廟角握，六宗、五嶽、四瀆角尺。其餘山川，視卿大夫天燎地瘞，日月星辰，布山縣水，沈風磔雨。升燎者，取俎上七體與其珪寶，在辨中置於柴上燒之。”歷代帝王均甚重望祭。《史記·秦始皇本紀》：“二十八年，始皇東行郡縣。……議封禪望祭山川之事。”《漢書·郊祀志下》：“其合樂曰：以六律六鍾五聲八音六舞大合樂，祀天神，祭墜祇，祀四望，祭山川……四望，蓋謂日月星海也。”《隋書·高祖紀下》：“三月己未，至自東巡狩，望祭五嶽海

瀆。”《舊唐書·張柬之傳》：“望祭於千里之外，於國家無絲髮之利，在百姓受終身之酷，臣竊爲國家痛之。”宋吴自牧《夢粱録·龍翔宮》：“朝議以龍翔宮奉感生帝，既屬羽流，合用齋醮之法，其正月上辛日望祭，自如其舊，奉旨從之。”《明史·禮志十》：“過真定，望祭北嶽。帝常服，從臣大臣及巡撫都御史吉服，行禮。”

【望】

“望祭”之省稱。此稱先秦時期已行用。見該文。

【四望】

即望祭。此稱先秦時期已行用。見該文。

山川

一年一祭或數祭的名山大川神祇。此稱先秦時期已行用。《墨子·非攻下》：“率天下之百姓，以農臣事上帝山川鬼神。”《禮記·曲禮下》：“諸侯方祀，祭山川，祭五祀，歲遍。”山川之祭亦分等級，《禮記·王制》：“天子祭天下名山大川……諸侯祭名山大川之在其地者。”漢以後在各地修山川之祠，每歲常祭。因山川之神衆多，故祭禮亦雜亂。《漢書·武帝紀》：“令祠官修山川之祠爲歲事，曲加禮。”又《郊祀志》：“祀天神，祭地祇，祀四望，祭山川……山川，地理也……祀天則天文從，祭地則地理從。”《後漢書·祭祀志中》：“章帝……詔曰：‘山川百神應祀者未盡，其議增修群祀宜享祀者。’”三國魏何晏《景福殿賦》：“〔明帝〕至於許昌，望祠山川。”《晋書·禮志上》：“魏明帝青龍元年，詔郡國，山川不在祀典者勿祠。”

五嶽

每年須祭祀祈福的五大名山之神。五嶽包括東嶽泰山、南嶽霍山（一作衡山）、西嶽華

山、北嶽恒山（一作常山）、中嶽嵩山。約始於商周，達於魏晋。南北朝以後至宋代，唯單獨祭祀其中某嶽，不復以五嶽之祭爲常典。傳舜曾巡行祭祀四嶽，《書·舜典》："歲二月，東巡守，至于岱宗，柴……五月南巡守，至于南嶽，如岱禮。八月西巡守，至于西嶽，如初。十有一月朔巡守，至于北嶽，如西禮。"此説不足爲據，因舜時尚未建立國家，很難想象他會以帝王之勢巡行各地。商周以後已有祭五嶽之常儀。《周禮·春官·大宗伯》："以血祭祭社稷、五祀、五嶽。"五嶽在古人心目中具有特殊意義，漢應劭《風俗通·五嶽》：泰山"尊曰岱宗。岱者長也，萬物之始、陰陽交代"。衡山"一名霍，霍者萬物盛長，垂枝布葉，霍然而大"。"西方華山。華者華也，萬物滋熟變華於西方也。""北方恒山。恒者常也，萬物伏藏於北方有常也。""中央曰嵩高。嵩者高也。"至漢魏時亦祭祀不輟。《漢書·郊祀志》："五岳、四瀆皆有常禮。"《晋書·禮志上》："魏文帝黄初年六月庚子，初禮五嶽四瀆。"唐宋時對泰山、嵩山、華山仍時加祭祀，然重視程度已遠不如前。《舊唐書·禮儀志四》甚至説，天子對"五嶽已下，署而不拜"。

四瀆

每年須祭祀以祈福的四個著名江河之神。四瀆包括黄河、長江、淮河、濟水。始於商周，達於明清。《爾雅·釋水》："江、河、淮、濟爲四瀆。四瀆者，發源注海者也。"之所以祭四瀆，《風俗通·四瀆》引《尚書大傳》謂："江、河、淮、濟爲四瀆。瀆者，通也，所以通中國垢濁，民陵居，殖五穀也。"四瀆之祭僅次於五嶽之祭。《禮記·王制》："天子祭天下名山大川，五岳視三公，四瀆視諸侯。"《史記·封禪書》："至秦稱帝，都咸陽，則五嶽、四瀆皆並在東方……令祠官所常奉天地、名山、大川、鬼神可得而序也。"《漢書·郊祀志》："五嶽、四瀆皆有常禮。"《後漢書·祭祀志中》："海、四瀆共牛一頭。"《晋書·禮志上》："魏文帝黄初二年六月庚子，初禮五嶽四瀆。"《舊唐書·禮儀志四》："五嶽、四鎮、四海、四瀆，年別一祭，各以五郊迎氣日祭之。"《新元史·禮志七》："〔中統〕二十八年正月，帝謂中書省臣曰：'五嶽四瀆祠事，朕宜親往，道遠不可。大臣如卿等又有國務，宜遣重臣代朕祠之。'"《遼東志·建置志·祠祀》附載洪武二年《詔改正祀神名號》："考諸祀典，知五嶽、五鎮、四海、四瀆之封，起自唐世。崇名美號，歷代有加。在朕思之，則有不然。"

八蠟神

周代於十二月農事完畢後祭祀的八種神。上古於臘月祭祀萬物，而以祭八種與百姓生活關係密切的神爲主。始於先秦時期。《禮記·郊特牲》："天子大蠟八，伊耆氏始爲蠟。蠟也者，索也。歲十二月，合聚萬物而索饗之也……八蠟以記四方；四方年不順成，八蠟不通。"漢代鄭玄以爲上古之八蠟神爲：先嗇（祭神農），司嗇（祭后稷），農（祭古田官），郵表畷（祭始創田間、廬舍、開疆界、劃道路之神），衸虎之神，坊神，水庸，昆蟲。漢以後沿古制，但八神和古時不同，三國時去掉昆蟲，衸、虎分祭；宋去昆蟲增百種，也有去神農、昆蟲而增百種而把衸、虎分祭。南北朝時始定於十二月八日爲臘日，此後漸漸附會爲驅蟲害，弭災患之神。但此時神靈面目尚不清。宋元後，附會爲一位神，總管驅蟲弭災。或謂宋末名將劉錡，或謂元末指揮劉猛。清代亦以劉猛爲八蜡神，清袁枚《新齊諧·鬼多變蒼蠅》："蟲魚皆八蜡神所管，只須向劉猛將軍處燒香求禱，便可無恙。"清阮葵生《茶餘客話》卷四："八蜡廟，即將軍祠，由來久矣。直省郡邑皆有劉猛將軍祠，畿輔、齊魯之間祀之尤謹，究不知爲何神。"據《畿輔通志》引《靈異錄》云："將軍姓劉，名承忠，元末指揮，驅蝗保稼，列郡祠之。余按《怡庵雜錄》載，宋景定四年三月，封揚威侯，并載制敕，則神乃南渡名將劉錡也。生則敵愾效忠，死則捍災禦患，其世祀之也固宜。"

侲子

古時特指用以逐鬼的童男童女。侲，童也。此稱漢代已行用，後世沿之，且場面漸大，侲子越多，其年齡有十至十二歲或十二至十六歲不等。漢張衡《東京賦》："侲子萬童。"《後漢書·禮儀志中》："先臘一日，大儺，謂之逐疫。其儀：選中黃門子弟十歲以上，十二以下，百二十人爲侲子。皆赤幘皂製，執大鼗。"《後漢書·后紀十上·鄧皇后紀》："太后以陰陽不和，軍旅數興，詔饗會勿設戲作，樂減逐疫侲子之半。"李賢注："侲子，逐疫之人也，音振。薛綜注《西京賦》云：侲之言，善也。善童，幼子也。"宋高承《事物紀原·驅儺》："按《周禮》有大儺，漢儀有侲子，要之雖原始於黃帝，而大抵周之舊制也。"唐宋時猶存其俗。《新唐書·百官志》："大儺，帥鼓角以助侲子之唱。"元明時雖無其名，而大儺之俗仍存。明宋濂《廣漢儺辭》言漢代"逐惡鬼於禁中，……黃門令奏曰：侲子請備逐疫。於是中黃門倡侲子和其辭，凡八十言"。又謂"自漢至今，朝廷

之儺雖廢，而民間猶有存者。先臘一日，巷萌社隸，飾鬼神貌，御五色龍虎文衣，巡門擊鼓而儺之"。文中"難"即"儺"。其俗延至近世。歐陽予倩《唐代舞蹈》："行儺禮時，要選五百名年齡在十二歲以上，十六歲以下的孩子，穿上紅衣服，戴上假面具，扮作'侲子'。"

社 [2]

亦稱"社神""社公""社鬼""土神""土地""土地公公"。古代謂管理守護一小塊地面的神。此稱先秦時期已行用。古共工之子句龍，能平定九州，始祀以爲社。句龍則爲社神，後世祭祀不斷。漢以後，其名稱亦有所變化，稱"社公""社鬼"。《左傳·昭公二十九年》："共工氏有子曰句龍爲后土……后土爲社。"《荀子·禮論》："故社，祭社也。"王先謙集解："社，土神，以句龍配之。"《禮記·郊特牲》："社祭土而主陰氣也。"孔穎達疏引漢許慎曰："今人謂社神爲社公。"《漢書·王莽傳下》："莽遣使者分赦城中諸獄囚徒，皆授兵，殺豨飲其血，與誓曰：有不爲新室者，社鬼記之。"漢王充《論衡·解除》："世間繕治宅舍，鑿地掘土，功成作畢，解謝土神，名曰解土。"後亦稱"土地神"，俗稱"土地公公"。其形象亦隨着人們的想象而逐漸鮮明。有如白鬚白髮、和藹慈祥的老人，也有白面、黑鬚、幞頭、圓領，似城隍打扮。元施惠《幽閨記·文武同盟》："恨不得掘地翻天。見樹邊一人端然，是個土地公公塑在花園。"《警世通言·趙太祖千里送京娘》："但見土墻徹的三尺高，一個小小廟兒，廟中社公坐於旁邊。"清洪昇《長生殿·情海》："（副净上）馬嵬坡下太荒涼，土地公公也氣不揚。祠廟倒了墻，沒人燒炷香，福禮三牲誰祭享！

小神馬嵬坡土地是也，向來香火頗盛。只因安祿山造反，本境人民盡皆逃散。弄得廟宇荒凉，香烟斷絕。"舊時民間亦爲土地神配有"土地婆婆"，共用香火。《宋代宫闈史》第五二回："又有與她不和的人都嘲笑她，説她的丈夫像廟裏的土地公公，將來就要做土地婆婆了。"

【社神】

即社。此稱唐代已行用。見該文。

【社公】

即社。此稱唐代已行用。見該文。

【社鬼】

即社。此稱漢代已行用。見該文。

【土神】

即社。此稱漢代已行用。見該文。

【土地】

即社。此稱元代已行用。見該文。

【土地公公】

"土地神"之俗稱。此稱元代已行用。見該文。

城隍

守護一方安寧的神祇，爲傳説中的冥界地方官。此稱南北朝時期已行用。今人多認爲其迷信，祠廟雖存而崇奉大不如前。又以其爲一地之神，舊時各地均設廟宇祀之。此稱源於古代城防壁壘。《周易·泰》："城復于隍，勿用師，自邑告命貞吝。象曰：城復于隍，其命亂也。"宋郭雍《郭氏傳家易説》卷二釋曰："泰極必否，故上城復于隍。方是時也，紀綱法度，頹毀將絕，雖自治且不暇，又安能行師以治人之罪乎？……城之所以爲城者，以有立也。城反于隍，君道圮矣。上下之命能無亂乎！觀此則宜戒于城隍未復之時也。"此爲藉城（城墻）與隍（塹壕）以防禦城郭的關係，説明君臣關係

及治亂緣由，足使後人明瞭城隍與城市安危的關聯。故後世徑稱護城冥官爲城隍，其來有自。南北朝已如此稱之。《北史·慕容儼傳》："城中先有神祠一所，俗號城隍神。儼於是順士卒心祈請，須臾衝風驚波，漂斷荻葒。"然此神至唐代猶未列入官方祀典，宋時雖列入，而尚未成常典。明祝允明《興寧縣城隍廟碑》言城隍小史云："唐李陽冰記縉雲城隍神，言祀典無之。《宋史》謂城隍諸祠由禱祈感應而封賜之，非通祠。魏慕容儼有一事云，其地先有城隍神，言有亦非常祀也。陸游記寧德廟，言自唐以來郡縣皆祭之。又云社稷雖尊，特以令式從事，明此非令式。故城隍歷代咸不在祀典，至本朝乃甚重。"元明以前雖非常祀，却仍爲朝野所關注。唐杜甫《送許八拾遺歸江寧覲省甫昔時常客游此縣於許生處乞瓦棺寺維摩圖像志諸篇末》詩："賜書誇父老，壽酒樂城隍。"宋任淵《雙流縣城隍廟記》："郡邑通祀城隍之神，蓋必有初，久而失其傳也。古者祀事下逮户、竈、中霤，况城隍郡邑所恃，有神司之，其尚何疑！"官員蒞臨一地履職，必先行禱告於城隍。宋劉敞《告城隍土地文》："某也守土之臣，方將宣布朝廷之德，惠兹黎庶，罔或不若，惟爾有神，克相其志。"元代城隍地位上升，被封爲王。《元史·文宗紀二》："加封大都城隍神爲護國保寧王，夫人爲護國保寧王妃。"元王惲《汴梁路城隍廟記》謂城隍神祠出現雖晚，却比世俗之社神、五祀之神地位更高："汴梁之廟事城隍神，其來尚矣……按祀典，陽氣升而天神降，地道肅而人鬼出。自邦國達於臣庶，祭秩切近者，社稷、五祀而已，城隍神初未載也。……社與五祀雖有常尊，當時用事莫城隍若也。"至明

代，城隍尊崇地位更進一步。《明史·禮志一》：“禮部太常司官檄城隍神，遍請天下當祀神祇，仍於各廟焚香三日。”又《禮志三》載，明洪武二年，竟爲城隍封爵定品：“乃命加以封爵。京都爲承天鑒國司民升福明靈王，開封、臨濠、太平、和州、滁州皆封爲王。其餘府爲鑒察司民城隍威靈公，秩正二品。州爲鑒察司民城隍靈佑侯，秩三品。縣爲鑒察司民城隍顯佑伯，秩四品。袞章冕旒俱有差。命詞臣撰制文以頒之。”但隨後又取消此規定，然敬奉之意不減。上引祝允明文又曰：“洪武初，以公侯伯三等分封，府州縣其號皆曰‘鑒察司民顯佑’。後復去之而列常典，與社稷均禮。凡小大守臣，禮先夙祭誓於神，然後莅民施政。朔望走謁，祠祀屬則牒邀神共臨之。每行事拜以四，皆懸著令甲，盛之至矣。而民之私事者尤極恭肅，遇事禱祈，匍匐控扣，即無事亦以時瞻頓，凜凜如事生，遠近之所同也。”清代猶然。清李斗《揚州畫舫錄·城北錄》：“都土地廟例於中元祀之，先期賽會，至期迎神於城隍行宮，追城隍會回宮。”清陳廷敬《巡撫浙江兵部右侍郎兼都察院右副都御史公孚張君墓誌銘》：“歲編審丁户，例有心紅千金之饋，公孚誓於城隍之神而革之。”城隍之廟至今有之，唯民間敬奉已大不如前。

關帝

亦稱“關聖”“關聖帝君”。三國蜀將關羽被後世神聖化後之稱呼。其神聖化始於宋，清代至極，至今民間猶崇拜。各地有關帝廟，敬奉其爲“武聖”。關羽字雲長，與劉備、張飛結義打天下，曾斬袁紹大將顏良、解曹操白馬之圍。爲蜀漢大將，曾鎮守荊州，圍襄陽、攻樊城，水淹曹魏七軍，威震天下。後兵敗麥城，被東吳呂蒙所殺。唐以前尚未被世人崇奉，至宋代，朝廷先後面臨北方遼、西夏、金的長期侵擾，亟須塑造一位武將的神聖形象，以激發國人忠君尚武精神，遂開始神聖化關羽。神化過程是逐步提升的，由關羽原來的“漢壽亭侯”封號，漸次擢升爲公、爲王，直至爲帝、爲聖，既反映了朝廷的忠義文化導嚮，亦體現了民間的勇武精神追求。元陶宗儀《説郛》卷四三下引宋張耒《續明道雜志》：“京師有富家子，……甚好看弄影戲，每弄至斬關聖，輒爲之泣下。”可見宋人崇奉關公的狀況。《山西通志·祠廟四》附程敏政《爵謚考》，概括了明代以前關羽封號由來：“宋崇寧元年追封‘忠惠公’；大觀二年加封‘武安王’。李燾《續通鑑長編·宣和五年》正月己卯，禮部奏：關某敕封‘義勇武安王’。……建炎二年三月二十五日加封‘壯繆義勇’；淳熙十四年十一月二十一日加封‘英濟’；淳熙十四年加封‘英濟王’。……洪武元年復稱‘壽亭侯’。嘉靖十年稱‘漢將軍壽亭侯’。萬曆十八年加封‘協天護國忠義帝’，敕解州廟名‘英烈’。四十二年十月十日加封‘三界伏魔大帝神威遠震天尊關聖帝君’。”元代以後封號亦崇。《元史·文宗紀一》：“加封漢將軍關羽爲‘顯靈義勇武安英濟王’，遣使祠其廟。”明陸伸《太倉關王廟記》亦記關羽封號之濫：“公在漢末封爲‘漢壽亭侯’，至宋祥符以來始有‘義勇武安王’之號，迄於元之延祐則併諸號爲一，多至八十餘字，而濫極矣。國初下詔，謂忠臣烈士，惟當時初封以爲實號。宜正書其額曰‘漢壽亭侯關公之廟’。”明初恢復其舊稱，而萬曆末期，天下漸亂，封號遂又提升。與此同時，經過長期的戲曲、小説演繹，關羽崇高形象也在民衆中深入人心。清計六奇《明季北略·辛酉七年紀異》："〔天啓〕六年六月初五日四鼓，廣昌縣地震，搖倒城墻，開三大縫，有大小妖魔，日夜爲祟，民心驚怖。縣令請僧道百人設醮於關帝、城隍諸廟，旬日漸息。"《金瓶梅詞話》第一回："一面又轉過右首來，見下首供着個紅臉的却是關帝，上首又是一個黑面的是趙元壇元帥。"至清代，朝廷對關羽褒揚更甚。《清朝文獻通考·群祀考上》："乾隆二十五年，易關帝原謚爲'神勇'。……三十三年，加封關帝爲'忠義神武靈祐關聖大帝'。四十一年詔易關帝原謚爲'忠義奉諭關帝'。……夫以神之義烈忠誠，海内咸知敬祝，而正史猶存舊謚，隱寓譏評，非所以信萬世也。……祭儀：每歲春秋仲月致祭關聖大帝。"清朝將關帝祭祀當作十二中祀之一，《清史稿·禮志一》："中祀十有二：……春、秋仲月祭歷代帝王、關聖、文昌。"并令各省設祠定時祭祀："各省所祀，如社稷、先農、風雷、境内山川、城隍、厲壇、帝王陵寢、先師、關帝、文昌、名宦、賢良等祠，……悉頒於有司，春秋歲薦。"民間深信關帝神靈，可保佑平安。清紀昀《閲微草堂筆記·灤陽消夏録六》："神祠率有籤，而莫靈於關帝。關帝之籤，莫靈於正陽門側之祠。"故關帝與觀音一樣，爲世俗所崇奉。清于敏中《日下舊聞考·國朝苑囿》："其北樓宇三楹，有'慈雲普護'額，上奉觀音大士，下祀關聖帝君。"

【關聖】

即關帝。此稱宋代已行用。見該文。

【關聖帝君】

即關帝。此稱明代已行用。見該文。

趙公明

亦稱"趙公元帥"。名玄，字公明。民間崇拜的武財神。其像或在祠廟中，或置商家廳堂，或爲民宅門神。此稱晋代已行用。作爲神話人物初見於晋代，原僅爲冢墓保護神。晋干寶《搜神記》卷五："初有妖書云，上帝以三將軍趙公明、鍾士季各督，數下取人，莫知所在。〔王〕祐病，差見此書，與所道趙公明合焉。"又南朝梁陶弘景《真誥·協昌期第二》："天帝告土下冢中王氣五方諸神、趙公明等……辟斥諸禁忌，不得妄爲害。……一如土下九天律令。"至唐宋，猶爲一般小神。元以後乃具較大神通。元楊景賢《西游記·送歸東土》："護法金剛，黑煞天王。沙場之上，展土開疆。保護家邦，恰便似趙公明往下方！"明董斯張《廣博物志·靈異四》："張天師傅八部鬼帥：劉元達行雜病，張元伯行瘟病，趙公明行下痢……"元明時的《三教源流搜神大全》還明確其爲終南山人，"授正一玄壇元帥"之封，民間祈請，則"買賣求財，宜利合和，無不如意"。陝西周至趙代村有明萬曆九年（1581）《重修玄壇趙公元帥廟碑記》又云："趙大村，舊有玄壇神廟，財神生於斯也。"而真正促使趙公明財神地位在民間的廣泛傳播，是《封神演義》。該小説描述了趙公明上天入地的神迹，第九九回還記述其被封神："清福神用幡引趙公明等至臺下，跪聽宣讀敕命。子牙曰：'今奉太上元始敕命：爾趙公明昔修大道，已證三乘根行；深入仙鄉，無奈心頭火熱。德業迥超清净，其如妄境牽纏。一墮惡趣，返真無路。生未能入大羅之境，死當受金誥之封。特敕封爾爲金龍如意正一龍虎玄壇真君之神；率領部下四位正神，迎祥納福，追逃捕亡。'"而其下四神，分別是招寶天尊蕭升，納珍天尊曹寶，招財使者陳九公，利市仙官姚少司。四神俱與財寶有關。此後趙公明便被民間普遍奉作財神。《海上塵天影》第四九回："韵蘭從小看見慣的家鄉風俗，桌子上要祭玄壇趙公明的。"亦有徑稱其名趙玄者。《市聲》第八回："房東黄老太爺，不是開了偌大個衣莊麽？他家裏供了一位神，叫做黑虎趙玄壇，就是那武財神了。他初一月半都燒香給他。到了年節，又是豬頭三牲的祭他，所以生意一年好似一年。"此俗至今仍流行。

【趙公元帥】

"趙公明"之俗稱。此稱明代已行用。見該文。

文昌

亦稱"文曲星"。文昌星座六星中的第四星，古人認爲此星主文運。凡科考成敗、文采高低，俱主於此星。其俗始於唐，達於今。文昌宫爲斗魁之前呈半月形狀分布之星座，有六星，整體并不重在文運，如《晋書·天文志上》所謂"文昌六星……天之六府也，主集計天道"。《史記·天官書》："斗魁戴匡六星曰文昌宫：一曰上將，二曰次將，三曰貴相，四曰司命，五曰司中，六曰司禄。"司馬貞索隱引漢佚名《春秋元命苞》曰："上將建威武，次將正左右，貴相理文緒，司禄賞功進士，司命主老幼，司灾主灾咎也。"其第三星貴相理文緒，與文運略相關，而第四星"司命"其時視作主灾異，與文運無涉。按，清毛奇齡《經問》卷三言文昌司命爲必祭之大神，爲上下各階層所共祭："《祭法》：王爲群姓立七祀，一曰司命；諸侯爲國立五祀，亦一曰司命。《王制》：大夫祭五祀，鄭氏注亦一曰司命是也。是文昌司命爲七祀、五祀之一，在士大夫家所必祭者。"但後來文獻中或把"户、竈、中霤、門、行"稱作五祀，其中無司命，"遂謂文昌司選舉之事"，與五祀無關，"此學人祀文昌之所由始也"。毛氏强調了文昌司命的重要性，認爲"特文昌有大小之分，大小者即邪正之謂……漢魏間亦遂有大小分别"。而清鄭方坤《經稗·三禮》亦徑稱文昌在五祀之外："考司命之稱見《周禮·大宗伯》注，是文昌第四星下又别出祭五祀文，是司命非五祀也。"故後人專稱文昌星座中的"司命"主文事，獨立於五祀之外。然真正將其與科考關聯，爲隋唐科舉制度産生以後方出現。唐李頎《緩歌行》："文昌宫中賜錦衣，長安陌上退朝歸。"比殿試進士及第更榮寵者爲在文昌宫獲賜錦衣。唐薛能《省試夜》："白蓮千朵照廊明，一片承明雅頌聲。更報第三條燭盡，文昌風景畫難成。"宋龔相《復齋漫録》引《廣記》説唐代"文昌風景"之一，殿試時，"舉人試日既暮，許燒燭三條"。唐以後，歷代均將文昌與文運相關聯。宋王臨《題司空表聖王官谷》詩："位至文昌還避世，身甘幽谷是知

北京八大處文昌閣

機。"《月令輯要‧二月令》:"文昌帝君誕:原《續文獻通考》:景泰五年,敕賜文昌宮額,歲以二月初三日爲帝君誕生之辰,遣官致祭。"清阿克敦《恭和御製翰林院宴畢駕幸貢院七律四首元韵》之一:"文昌司命屬三臺,玉尺金臺校衆才。"清代科舉大考,主考官還須在文昌帝君神像前發誓,表示秉公取士。清姜宸英《湛園集‧誓‧誓書》:"維康熙三十八年……考試官某同考官某某等,同致告于場中文昌司命之神曰:今當己卯大比年……茲于聚奎堂焚香公誓,祇告明神,務期滌慮洗心,矢公矢慎,一毫之曖昧莫容,勿以在公而作營私之計……"俗又稱文昌爲"文曲星"。"文曲"由來,清代黃生《義府》卷下認爲北斗星旁的文昌宮亦作文匡宮,即《史記》所謂"斗魁戴匡六星"。"匡"與"曲"二字聲義相通,故稱:"曲字初聲乃匡字,曲簿即竈匡,斗下六星曰文匡宮。後人謂之文曲星。此二字聲義相通之證。"此未必確論,聊備其說。"文曲星"一稱出現於唐代,唐楊筠松《撼龍經》論說觀星象,言及之:"九星皆挾文曲行,若無文曲星無變。變星便看何星多,多者爲主分惡善。文曲星柔最易見,每遇旺方生側面。"而宋以後,文曲星多被擬人化,寫於小說、戲曲中,主天地間文事。宋王禹偁《寄獻鄜州行軍司馬宋侍郎》詩:"鉅賢如木鐸,一振聲蓋代。丈人文曲星,譴謫落下界。"《覆瓿集》卷六宋趙玉淵爲黎獻作挽詩:"文曲星何暝,靈光賦又非。"《西游記》第三回:"〔玉帝〕即著文曲星官修詔,著太白金星招安。"《儒林外史》第三回:"這些中老爺的,都是天上的文曲星。"《醋葫蘆》第一七回:"〔昴宿〕朝見玉帝,以所齎經卷呈上,並將佛意一通送與玉帝。

帝命文曲星官展開封面,讀其略曰……"小說、戲曲傳播使文曲星一稱流傳較廣。文昌崇拜,至今猶然,每屆重要考試,多有考生至文昌閣祈拜文曲星,可見其影響之一斑。

【文曲星】

"文昌"之俗稱。此稱唐代已行用。見該文。

天妃

亦稱"媽祖""天后",并有"天上聖母""天后娘娘""天妃娘娘"之類俗稱。是以中國東南沿海爲中心的海神信仰。人們爲求出海平安,祈禱海神保佑,故有天妃崇拜。始於宋,達於今。此崇祀起源於民間傳說。傳福建湄洲有林氏女,成通天女神,能知人禍福,以其護佑之靈驗,鄉人立廟祀之。又經宋宣和間朝廷敕建,賜額"順濟廟",自此崇祀不斷升級,屢被朝廷加封號,天妃廟遂成沿海各地最重要的神祠之一。今所見最早記述天妃事迹之文獻,爲宋紹興二十年(1150)廖鵬飛所撰《聖墩祖廟重建順濟廟記》,文中述天妃事迹,謂"世傳通天神女也。姓林氏,湄洲嶼人。初,以巫祝爲事,能預知人禍福;既歿,衆爲立廟於本嶼"。元祐丙寅歲(1086),廟常顯靈光。有下海者嘗遇大風浪,禱之而平安,"既還其家,高大其像,則築一靈於舊廟西以妥之。宣和壬寅歲(1122)也。越明年癸卯(1123),給事中路允迪使高麗,道東海,值風浪震盪,舳艫相冲者八,而覆溺者七,獨公所乘舟,有女神登檣竿,爲旋舞狀,俄獲安濟。因詰於衆,時同事者保義郎李振,素奉聖墩之神,具道其詳。還奏諸朝,詔以'順濟'爲廟額。"宋潛說友《咸淳臨安志‧祠祀三》記順濟聖妃屢被受封:"考之廟記,神本莆田林氏女,數著靈異，祠於莆之聖堆。宣和五年賜‘順濟廟’額。自紹興二十六年封靈惠夫人；紹熙三年改封靈惠妃；慶元四年加助順，……至嘉熙三年爲靈惠助順嘉應英烈。艮山有祠。”元代因漕運多走海運，朝廷對天妃的崇奉進一步加大。《元史·世祖紀七》：“制封泉州神女，號‘護國明著靈惠協正善慶顯濟天妃’。”《元史·英宗紀一》：“〔至治元年五月〕辛卯，海漕糧至直沽，遣使祀海神天妃，作行殿于繚山流杯池。”《元史·順帝紀六》：“〔至正十四年十月〕甲辰，詔加號海神爲‘輔國護聖庇民廣濟福惠明著天妃’。”明清依然如故。《明史·禮志四》：“〔洪武二十七年〕五月十三日，南京太常寺官祭天妃。永樂七年封爲‘護國庇民妙靈昭應弘仁普濟天妃’。”《日下舊聞考·郊坰（西九）》載《聖祖御製重修西頂廣仁宮碑》：“元君初號天妃，宋宣和間始著靈異。厥後禦灾捍患，奇迹屢彰，下迄元明，代加封號成弘，而後祠觀尤盛，郊郭之間，五頂環列。”明清以後又稱“天后”。《世宗憲皇帝硃批諭旨》卷一七四之一二《硃批李衛奏摺》，浙江總督李衛謹奏：“伏思海洋之中惟天后最顯靈應……本朝屢奉敕封褒崇，凡近海之處，俱有大廟，商民往來祈福。獨杭州爲省會重地，控扼江海，未有專祀。現今寧邑已奉欽建海神廟，附祀天后。”清蔣鏞《澎湖續編》卷上載清柳圓《天后宮東廊石碑記》：“天后爲水師福曜，凡操舟楫者莫不受其德澤。我朝褒封錫匾，典至渥也。……然香燈斷續，亦非所以昭誠敬。”明代以後又稱媽祖。《世宗憲皇帝硃批諭旨》卷一七四之一一《硃批李衛奏摺》，李衛奏爲敬呈廟工圖式恭請聖鑒指示：“南省所稱海洋靈神，惟天妃爲最，歷朝俱有褒崇。康熙十九年曾加封號，閩浙土人稱爲媽祖。在洋遇險，祈求隨聲而應，故海船出入之口岸，莫不建廟奉祀。”清黃叔璥《臺海使槎錄》卷四載郁永河《臺灣竹枝詞》：“媽祖宮前鑼鼓鬧（自注：海舶演劇酬愿），侏離唱出下南腔（自注：閩以漳泉爲下南）。”而近世以來，娘娘、聖母之類俗稱亦復不少。《臺灣文獻叢刊218·臺灣南部碑文集成（六）》載光緒元年《神佛誕辰碑記》：“〔三月〕二十三日，天妃娘娘聖誕。”《終須夢》第一回：“〔蔡斌彥〕實聞鍾山天后娘娘其神甚靈，有求必應，要往問籤信，求止男女。”清姚瑩《後湘續集》卷五：“癸卯在臺灣就逮，諸生有禱天后者，得讖云：‘制虎降龍静煉丹，從今縱躍出元關。前途一片風光好，不到蓬萊只等閑。’疑或不死，而至登州及來蓬州，乃知其應。”道光《晋江縣志·祠廟志》：“求其効順揚靈，澤被廣遠，懷桑昭報，久益欽崇，未有若天上聖母之神之最著也。神爲莆田林氏女，生而神異，能知休咎，常以席渡海，或乘雲游島嶼中。人咸以龍女目之。以宋雍熙四年三月重九日二十九歲升化，自是神光普照，靈迹昭垂，凡航海者但見彩霞飛至，無不化險爲夷，歷宋、元、明，載籍所記，筆不勝述。”按，此處言宋雍熙四年（987），進一步將天妃之傳聞時間大大提前，唯缺少實據耳。明清以來，各地爲朝廷敕建級别高的天妃廟，以莆田聖墩順濟廟、湄洲祖廟、天津天后宮最著名。

【媽祖】

即天妃。此稱明代已行用。見該文。

【天后】

即天妃。此稱明代已行用。見該文。

【天上聖母】

“天妃”之俗稱。此稱近世行用。見該文。

【天后娘娘】

“天妃”之俗稱。此稱近世行用。見該文。

【天妃娘娘】

“天妃”之俗稱。此稱近世行用。見該文。

馬祖

亦稱“天駟”。馬的祖神，通常以天空星宿房星指代。因古人認爲房星爲龍馬，故指稱，并視作天駟。此稱先秦時期已行用。仲春時節，選剛日，在大澤中祭以少牢，并拘繫馬駒於祭所，禱求馬匹繁衍、强健。《周禮・夏官・校人》：“春祭馬祖，執駒。”鄭玄注：“馬祖，天駟也。《孝經説》曰：‘房爲龍馬。’”賈公彥疏：“馬與人異，無先祖可尋，而言祭祖者，則天駟也，故取《孝經説》‘房爲龍馬’，是馬之祖。春時通淫，求馬蕃息，故祭馬祖。”宋王與之《周禮訂義》卷五五引宋鄭鍔《周易全解》曰：“馬未嘗有祖。此言馬祖者，賈氏謂天駟也，以天文考之，天駟，房星也。房爲龍馬。馬之生者，其氣實本諸此。則馬祖爲天駟可知，於春則祭，春者萬物始生之時，駒始生之馬，血氣未定，不可通淫，順春祭祖之時則執而維縶之，以馴其始生之氣。”按，周代有駒宮，是拘繫馬駒、祭祀馬祖之處。西周中期《衛鼎》：“王在周駒宮，各廟。”（修訂增補本《殷周金文集成》第 2831 號，中華書局 2007 年版）1955 年陝西眉縣李村西周青銅器窖藏出土馬形盠駒尊，有銘文：“王拘駒岸，錫盠駒。”（同上書第 6012 號）爲祭馬反映。《詩・小雅・吉日》亦言及馬祖：“吉日維戊，既伯既禱。田車既好，四牡孔阜。”毛注：“伯，馬祖也。”鄭玄箋：“戊，剛

日也。”孔穎達疏：“於馬祖之伯，既祭之，求禱矣。以田獵當用馬力，故爲之禱祖，求其馬之强健也。”宋李樗、黄櫄《毛詩集解》卷二二：“戊者剛日也，日之吉也。外事用剛，故選以剛日之吉。”按，剛日猶單日，指十天干之甲、丙、戊、庚、壬，此五日居奇位，屬陽剛，故稱。因馬是古代主要交通工具，故此祭禮爲後世沿用。《隋書・禮儀志三》：“隋制，常以仲春，用少牢祭馬祖於大澤，諸預祭官，皆於祭所致齋一日，積柴於燎壇，禮畢，就燎。……牲用少牢，如祭馬祖，埋而不燎。”《舊唐書・禮儀志四》：“春祭馬祖……於大澤，用剛日。牲各用羊一，籩豆各二，簠簋各一。”《明史・禮志四》：“洪武二年，命祭馬祖、先牧、馬社、馬步之神，築壇後湖。禮官言：‘……今定春秋二仲月甲、戊、庚日，遣官致祀爲壇，四樂用時樂，行三獻禮。’”

【天駟】

即馬祖。此稱漢代已行用。見該文。

先牧

於仲夏設壇祭祀的先輩最早養馬者。但無具體所指之人，爲想象之先輩。夏草茂盛，祭之以求放牧之馬肥壯。此稱先秦時期已行用。《周禮・夏官・校人》：“夏祭先牧，頒馬，攻特。”鄭玄注：“先牧，始養馬者，其人未聞。”賈公彥疏：“知先牧是養馬者，以其言先牧是放牧者之先，始知養馬者；祭之者，夏草茂，求肥充也。”馬爲古人重要交通工具，故歷代沿用此禮。《隋書・禮儀志三》：“隋制，常以仲春，用少牢祭馬祖……仲夏祭先牧，仲秋祭馬社，仲冬祭馬步，並於大澤，皆以剛日。”《舊唐書・禮儀志四》：“仲夏祭先牧……於大澤，

用剛日。"宋李綱《報本殿記》："以牧馬爲政，則必爲之祭先牧。凡祭祀之間，所以仁鬼神者，皆推其本而報之，仁之至、義之盡也。"《明史·禮志四》："洪武二年命祭馬祖、先牧、馬社、馬步之神，築壇後湖。禮官言：周官……夏祭先牧，始養馬者。"

馬社

仲秋祭享始駕馬車的先人之社壇。其人傳爲商代先王相土。此稱先秦時期已行用。《周禮·夏官·校人》："秋祭馬社，臧僕。"鄭玄注："馬社，始乘馬者。《世本·作》曰：'相土作乘馬。'鄭司農云：'臧僕，謂簡練馭者，令皆善也。'"賈公彦疏："秋祭馬社者，秋時馬肥盛可乘用，故祭始乘馬者。"相土作乘馬，指相土始駕乘四馬之車。《荀子·解蔽》："奚仲作車乘，杜作乘馬。"楊倞注："杜與土同。乘馬，四馬駕車，起於相土，故曰作乘馬。以其作乘馬之法，故謂之乘，並音剩。相土，契孫也。"北京安峰堂藏傳世西漢宣帝元康四年帶"馬社宫"銘銅鼎（蔡運章、蔡夢珂《西漢馬社宫銅鼎賞析》，載《文化收藏》2013年創刊號），可知漢代猶有祭馬社之宫。後世沿襲此禮。《隋書·禮儀志三》："隋制，……仲秋祭馬社，仲冬祭馬步，並於大澤，皆以剛日。牲用少牢。"《舊唐書·禮儀志四》："春祭馬祖，仲夏祭先牧，仲秋祭馬社，仲冬祭馬步。並於大澤，用剛日，牲各用羊一，籩豆各二，簠簋各一。"《元和郡縣圖志·關内道·京兆府二》載鄠縣："馬祖壇在縣東北三十二里龍堂澤中，每年太常太僕四時祭之。春祭馬祖，夏祭先牧，秋祭馬社，冬祭馬步。"《明史·禮志四》："洪武二年命祭馬祖、先牧、馬社、馬步之神，築壇後湖。

禮官言：'周官……秋祭馬社，始乘馬者。'"

馬步

冬季祭祀之危害馬匹之神。此稱先秦時期已行用。《周禮·夏官·校人》："冬祭馬步，獻馬，講馭夫。"鄭玄注："馬步神，爲灾害馬者。獻馬，見成馬於王也；馭夫，馭貳車、從車、使車者。講猶簡習。"後世沿襲此禮。《隋書·禮儀志三》："仲冬祭馬步，並於大澤，皆以剛日。牲用少牢。"又："於薊城北設壇，祭馬祖於其上，亦有燎。又於其日使有司并祭先牧及馬步，無鐘鼓之樂。"宋曾安止《禾譜·祈報篇》："古有養馬一節，春祭馬祖，夏祭先牧，秋祭馬社，冬祭馬步。此馬之祈謝，歲時惟謹。"《明史·禮志四》："洪武二年命祭馬祖、先牧、馬社、馬步之神，築壇後湖。禮官言：'周官……冬祭馬步，乃神之灾害馬者。'"明歸有光《歸先生文集·雜著二·馬政祀祠》言及明洪武間在滁州建馬祠，永樂間又在通州建祠："其神曰先牧，曰馬祖，曰馬社，曰馬步，曰司馬，凡五神位。每歲春、秋，天子遣太僕少卿主其祭。而天下凡養馬，處處皆有祠，遂爲通祠。"

泰山石敢當

正對橋梁、路口及街巷的宅門之外所置刻寫"泰山石敢當"字樣的石碑，寓鎮宅辟邪、祈福求安之意。此稱漢代已行用，而靈石崇拜則先秦已盛行，由來甚久，其俗流傳至今。漢史游《急就篇》卷一初載此稱："師猛虎，石敢當。所不侵，龍未央。"顏師古注："敢當言所當（一作向）無敵也。"歷代對其來源迄無定説，或稱源於人名，宋祝穆《古今事文類聚別集·性行部》："石敢當：五代漢高祖劉知遠……遣勇士石敢袖鐵椎侍。晉祖虞變，晉祖與愍帝議事，帝左右欲兵之。知遠擁晋祖入室，石敢格鬥死。"此謂"石敢當"源自五代勇士石敢。其說不可據，因其時代甚晚，祇能説其人因世俗崇奉石敢當而取此名而已，何況史籍多稱其石敢而非石敢當。或釋曰："今立門首以爲保障，似取五代之石敢。其曰當者，或爲惟石敢之勇，可當其衝也。"（清褚人穫《堅瓠四集》卷三）然褚人穫又言石敢當之名來源甚早，故"劉元卿《賢弈》、陳眉公《群碎録》俱以石敢當爲五代時人，則誤矣"。清代王士禛《古夫于亭雜録》卷五又稱"石敢當"源自能醫人病之石大夫："齊魯之俗多於邨落巷口立石，刻'太山石敢當'五字，云能暮夜至人家醫病。北人謂醫士爲大夫，因又名之曰石大夫。"此屬民間傳聞，時代更晚，尤不足信。按，今人常光明撰《"泰山石敢當"原爲"泰巖堂"或"泰巖皇"》參閲《東方論壇》2006 年第 2 期。其說多可據。泰山自古就備受尊崇，相傳"管仲曰：古者封泰山、禪梁父者七十二家"（《史記·封禪書》），雖屬傳聞，崇奉泰山之風盛行則無疑義。《詩·大雅·閟宮》："泰山巖巖，魯邦所詹。"孔穎達疏："泰山之高，巖巖然，魯之邦境所至也。"宋范處義《詩補傳》卷二七："巖巖，高也；詹與瞻同。泰山在齊魯之界，二

天津楊柳青鎮民居院墻上的"泰山石敢當"木牌

國皆以爲望也。"所謂望，指望祭，即對境内外重要山川遥望而祭。《公羊傳·僖公三十一年》："三望者何？望祭也。然則曷祭？祭泰山河海。……觸石而出，膚寸而合，不崇朝而遍雨乎天下者，唯泰山爾！"泰山以其崇高而有望祭之禮，而祭之用意不僅在山勢，更在其神靈，即《書·舜典》所謂"望于山川，遍于群神"。可見泰山巖巖，極具神聖内涵。將這一詞語刻寫於石上，自有神聖不可侵犯寓意。而巖字，古有多種寫法，如巖、巗、礹、礘、岩等。在長期傳寫過程中，泰山巖巖訛化作泰山石敢，應是可能的。而石敢當之當，常光明認爲本應作堂，則泰山石敢當本應作"泰巖堂"，指泰山之祭壇"明堂"。按，《唐都學刊》2003 年第 1 期魯寶元《石敢當——日本沖繩所見中國文化留存事物小考》言及在沖繩見到"石敢當""山石敢當"之類碑刻，其中亦有寫作"石巖當""石垣當""石敢堂"者。沖繩即古代琉球，此類碑刻係從中國傳入。秦始皇曾遣徐市率童男女三千東渡扶桑求仙，彼時傳此俗東渡，亦未可知。此或可爲"敢"字源自"巖"、"當"字本作"堂"之旁證。無論如何，漢以後，"泰山石敢當"其名其物已大爲流行。清鄭方坤《全閩詩話》卷一二引宋人劉斧《青瑣集》云："宋慶曆四年，秘書丞張緯出宰莆田，再新縣中堂。其基太高，不與他室等，治之使平，得石銘，長五尺，闊如之。按之無刊鏤痕，乃墨迹也。其文曰：'石敢當，鎮百鬼，壓灾殃，官吏福，百姓康，風教盛，禮樂張。唐大曆五年四月十日縣令鄭押字記。'"此爲唐朝的石敢當記述。元陶宗儀《南村輟耕録·石敢當》："今人家正門適當巷陌橋道之衝，則立一小石將軍，

或植一小石碑，鑴其上曰'石敢當'，以厭禳之。"明陸深《儼山外集·豫章漫抄三》："今市闤之處人家門值路者，必樹一碑，題曰'石敢當'，蓋厭勝之辭。"此皆以石鑴字避邪例。亦有强調石敢當爲武士護民居者，爲五代以後傳説。明徐𤊻《徐氏筆精·雜記·石敢當》："今人家正門適當巷路，則竪小石碑，鑴曰'石敢當'……石敢當生平逢凶化吉，禦侮防危，故後人凡橋路衝要之處，必以石刻其形，書其姓字以捍民居。或贈以詩曰：'甲胄當年一武臣，鎮安天下護居民。捍衝道路三義口，埋没泥塗百戰身。銅柱承陪間紫塞，玉關守禦老紅塵。英雄來往休相問，見盡英雄來往人。'"甚至演繹出志怪小説家言。清李斗《揚州畫舫録·小秦淮録》："東折入河邊，巷中舊多怪，每晚有碧衣人長四尺許，見人輒牽衣索生肉片，遇燈火則匿去，居人苦之。有道士乞緣，且言此怪易除也。命立'泰山石敢當'，除夕日用生肉三片祭之。以法立石，怪遂帖然。"近世此俗未變。民國十八年《同安縣志》："每於巷頭街尾，藉口冲煞，輒竪一短碑，刊'太（泰）山石敢當'五字。"此俗以沿海一帶最流行，皆受以山東爲中心的泰山文化圈之影響。《基隆縣志》（1954—1959年鉛印本）記之甚詳："昔時巷道直衝家門，有於門首立一石碑，上刻'泰山石敢當'。規格是高四尺八寸，闊一尺二寸，厚四寸。埋入土八寸。凡鑿刻石敢當，須擇冬至日後甲辰、丙辰、戊辰、庚辰、壬辰、甲寅、丙寅、戊寅、庚寅、壬寅，此十日爲龍（辰）虎（寅）日，用之大吉。到除夕夜，用生肉三片祭之。元旦日寅時立於門首，立時勿讓人窺見，方有靈驗云。"此俗至今猶然。

第七節　名器考

2002年1月18日，國家文物局印發《首批禁止出國（境）展覽文物目録》，規定六十四件（組）珍貴文物爲首批禁止出國（境）展覽的文物。其中禮器占有很大比重。一批著名禮器成爲國寶，多因其歷史價值、藝術價值及工藝水平極高，具有無可替代性。它們是文物精品中的精品。故本節所選著名禮器，多數爲此目録中之文物。

作爲最著名的古代珍貴器物，首先是其具有很高的歷史研究價值。它或是反映重大歷史事件或重要歷史人物，或是對某種歷史現象提供了有力的佐證材料；它可以補史籍之闕，或糾史籍之誤。其次，是有很高的藝術欣賞價值。無論是器物造型、紋飾，還是銘文，包括器物大小、輕重，都有其獨特的魅力。第三，有高超的工藝水平，可以反映當時的冶煉、鑄造、雕刻水平，看出科技的發展脉絡。

"后母戊鼎"作爲迄今所見古代世界最重的青銅器，不僅以其雄渾威嚴的氣魄令人嘆爲觀止，而且三千多年前的鑄造工藝之精妙也實在讓人不可思議；與商朝武丁時期的重要王后婦好相關的"后母辛方鼎"和周召公所鑄"太保鼎"，是傳至今日不可多得的名人實物；"利簋"有關武王伐商事件的記述，證實了文獻記載是可信的，并提供了詳細的征伐時間；"散氏盤"記錄的散氏與夨人兩個諸侯國爲土地爭端而簽訂和約，反映着那個時代的分封制度和土地狀況；"曶鼎"銘文"用匹馬束絲"換得"五夫"（五名奴僕）的記載，對於西周社會形態研究提供了絕好的實證；"侯馬盟書"則爲春秋晉國歷史補充了大量細節，也豐富了春秋時期有關盟誓的史料；"曾侯乙墓編鐘"是中國音樂史上空前的大發現，一個小國國君墓出土的成組樂器，讓我們看到了中國音樂史上的奇迹。諸如此類，都表明著名禮器在歷史研究和文化承傳上的重要價值。

本節所選著名國寶，多爲禮器。以祭饗時烹煮、盛物、陳列之器爲主。其中，鼎爲烹飪器，尊爲酒器，簋爲盛食器，盤爲盥洗器，禁爲俎案。這些重器爲一切重大祭禮所必備。對天地神祇、先祖鬼神的祭享，均須用這類器物來盛犧牲、五穀、酒水、鮮蔬瓜果等，以示敬意。此外，祭饗典禮中，還有陳列的儀仗，奏樂的儀式。玉琮、玉戈、面具，都具有很強的與神溝通的象徵意義；編鐘則體現着禮樂制度中娛神的功能；還有種種其他雜用之物，都在人神交流中發揮作用。當然，這樣的禮器并非衹用於祭祀，在禮制主導中國國家制度和社會思想文化的古代，禮器還在朝聘禮、盟誓禮、軍禮、婚冠禮、喪葬禮、田獵禮、燕飲禮、射禮等許多禮儀場合中使用。也就是説，在古代吉、凶、賓、軍、嘉五禮中，禮器都是不可或缺的。因此，本節所述名器，均承載着厚重的歷史文化內涵。

因禮器與周禮相關，故著名的禮器以周代居多，此處所選，也以周代禮器爲主。這些禮器多帶有銘文，具有傳之久遠的性質，成爲家族乃至國家的重要"檔案"。它們在當時即被十分看重，流傳至今，則更是絕世珍寶了。

良渚玉琮王

祭祀地神所用玉質禮器。屬新石器時代良渚文化中期，距今五千餘年。因器型較大，爲良渚文化玉琮之最，故名。1986 年出土於浙江餘杭縣反山 M12。出土時，置於墓主頭骨左側，可見它對於墓主的重要性。玉琮呈黃白色，有規則的暗黃色瑕斑，外形爲方柱體，內圓外方。通高 8.8 厘米，上下端爲圓面的射，射徑 17.1 至 17.6 厘米，正中有對鑽圓孔，孔徑 4.9 厘米，重 6.5 公斤。琮體四面中間由約 5 厘米寬的直槽一分爲二，又由橫槽分爲四節。紋飾繁複精緻，四面竪槽內上下布列神人獸面圖案，尚屬首次發現。該圖案綫條細如毫髪，被認爲是良渚人的族徽；橫槽下方則雕有獸面紋，兩側又各綫刻一形體誇張的神鳥圖案。這種神人、獸面和鳥紋的組合紋飾，在同類玉琮中具有代表性。玉琮是祭地的禮器。《説文·玉部》："琮，瑞玉，……似車釭。"《玉篇·玉部》："琮，玉八角，象地。"《周禮·春官·大宗伯》："以蒼璧禮天，以黄琮禮地。"鄭玄注："禮神者必象其類。璧圓象天，琮八方象地。"賈公彦疏："地用黄琮，依地色。"這件呈黄白色、内圓外方的玉琮，應是先民"天圓地方"觀念的體現，此器也是巫師祭祀溝通天地的重要法器。器物製作技術高超，是良渚文化玉器中的極品。該器現藏浙江省文物考古研究所。

大玉戈

　　玉質儀仗器，爲超大型戈。屬商代前期。1974 年湖北黄陂盤龍城李家嘴三號墓出土。仿銅戈樣式琢磨而成，是禮器而非實用兵器，爲迄今所發現最大的玉戈。長 94 厘米、寬 14 厘米、厚 1 厘米。長援短內。援作寬長條形，中脊起棱，兩邊刃，前鋒薄而利，呈三角尖刀形。直內，內前端有一小圓孔。玉色爲黄褐夾灰斑。通體琢磨精細，大而薄，光潤晶瑩，爲罕見之精品。現藏湖北省博物館。按，文獻中亦見執戈作儀仗之例。《左傳·襄公二十八年》："使執寢戈而先後之。"杜預注："寢戈，親近兵杖。"《太平御覽》卷三五一引作"兵仗"。《周禮·春官·喪祝》"王吊則與巫前"鄭玄注引鄭司農云："喪祝與巫以桃茢執戈在王前。"此亦爲祭禮上執戈驅邪之儀式。《漢書·郊祀志下》載古青銅鼎銘文，亦言及賜予雕鏤花紋之戈，應是精美玉戈："是時美陽得鼎……中有刻書曰：'王命尸臣官此栒邑，賜爾旗鸞黼黻琱戈……'"顔師古注："琱戈，刻鏤之戈也。琱與凋同。"

后母戊鼎

　　亦稱"司母戊鼎"。青銅禮器。炊器。商代後期器物。係商王祖庚或祖甲爲祭祀其母戊而鑄造的巨形長方鼎。用於祭祀，并在祭祀後可能隨葬於母戊墓中。1939 年 3 月該鼎在河南安陽武官村商王陵墓東區被當地農民發現。器通高 133 厘米，口長 112 厘米，口寬 79.2 厘米，重量達 875 千克，是至今世界上發現的最大古代青銅鼎，也是我國青銅時代的青銅器代表作之一。該鼎呈長方形，上部有二立耳（出土時少一耳，現有者係後修復），下有四足。鼎耳、腹、足均飾饕餮紋，紋飾風格粗獷凝重。造型厚重典雅，氣勢宏大。如此巨大的青銅鼎，不可能是用於烹飪的實用器，而應是禮器，確切説就是祭器。《墨子·耕柱》："鼅曰：鼎成，三足而方，……以祭於昆吾之墟。"《玉海》引該文，"三"作"四"。按，現代考古發現，方鼎必四足。《墨子》此文雖是説夏后啓時事，但鼅甲占卜、用方鼎祭祀，與商代考古實際情形吻合，亦可視爲商代歷史的記述。后母戊鼎，鼎內壁有"后母戊"三字。最初人們釋讀爲"司母戊"，認爲"母戊"爲墓主人的廟號；"司"讀"祀"，意爲祭祀。現多釋"司"爲"后"，"后母"即王母之意。這三字銘文表示該鼎爲祭祀"母戊"而作。母戊是商王文丁（屬於考古斷代的殷墟三期）之母的廟號，當時認爲該鼎即爲商王文丁所鑄，用來祭祀其母。然 1976 年，安陽殷墟發現了婦好墓，婦好乃商王武丁一位王后，在她墓中發現了后母辛鼎，而通過對比，其形制、紋飾和銘文的風格均和后母戊鼎一致，兩鼎之間的合金配比情況也極相似，而武丁時期正屬於考古斷代的殷墟二期，則后母戊鼎也應屬此時期。故可斷定后母戊之"戊"乃武丁王的另一王后"戊"，此鼎乃商王祖庚或祖甲爲祭祀其母戊所作祭器。有學者認爲，據卜辭，武丁時期有著名王后"帚妌"（婦妌），應是后母戊鼎之享祭者，武丁時期卜辭"惟妣戊妌小宰，王受祐"（中國社會科學院考古研究所《小屯南地甲骨》4023）中的"妣戊妌"，即后母戊。后母戊鼎出土後，幾經危難。先是奸商試圖讓農民將鼎砸成幾塊，以便分批裝箱運走，未遂；繼而是日軍聞訊前來劫掠，幸被農民埋藏未被找到；抗戰勝利後，1946 年器物被運到南京交國民政府，由中央博物院籌備處保存；因器物太重，1949 年未遷往臺灣，留存於南京博物院；1959 年移交中國歷史博物館（即今中國國家博物館），一直收藏至今。

【司母戊鼎】

"后母戊鼎"的早期定名。究竟稱"后母戊"還是"司母戊"，學界仍存爭議。見該文。

后母辛方鼎

青銅禮器。炊器。商代後期器物。應是武丁之子爲祭祀婦好而鑄造。1976 年河南安陽小屯婦好墓出土。現藏中國國家博物館。器身爲長方形，腹下部微斂，平底，折沿方唇，有兩立耳。腹下四柱足，中空。腹四角有扉棱。口沿下飾饕餮紋帶，腹面兩側及底部飾乳釘紋帶。足上飾饕餮紋，下加弦紋。饕餮紋帶可見通鼻脊，但獸眼很小。器物通高 80.1 厘米，口橫 64 厘米，寬 48 厘米。內壁中部有銘文"后母辛"

（一說"司母辛"）。"辛"應是"婦好"的謚號或廟號。"婦好"爲商王武丁之王后。她有着很崇高的地位，曾主持王室隆重的祭祀活動，也曾多次率軍征伐夷方、土方、羌方等周邊部族。在安陽殷墟 YH127 甲骨穴中出土的一萬餘片甲骨中，她的名字出現兩百多次，其中不少涉及軍國重大活動。方法斂《庫方二氏所藏甲骨卜辭》330："辛巳卜，貞：登帚好三千，登旅萬，乎伐羌？"意爲卜問：徵調婦好所屬三千人馬及其他軍士一萬人，命他們去征伐羌國嗎？婦好攻打羌方一次帶兵達一萬三千多人，足見她在"武丁中興"中有着非同尋常的作用。故其子輩要鑄禮器祭祀她，此鼎即其中最重要的祭器。此器造型、紋飾均與"后母戊鼎"相同，應是同一時期器物。因其與武丁王后相關，爲重要歷史人物之祭器，故具有極高的歷史和考古價值。

利簋

青銅禮器。炊食器。西周早期器物。是名叫利的貴族爲祭祀先人檀公而鑄造之器。該器以有記載武王克商史實的銘文而著稱。1976 年 3 月陝西臨潼縣（今臨潼區）零口鎮西段村周代窖藏中出土。現藏中國國家博物館。簋通高 28 厘米，口徑 22 厘米。器身圓形鼓腹，雙獸頭耳帶垂珥，圈足下附方形座。腹及圈足以雲雷紋爲地，分別再飾以獸面紋、夔紋；方座飾獸面紋，四隅飾蟬紋。簋腹內底鑄銘文 4 行 32 字："武王征商，唯甲子朝，歲鼎，克昏夙有商。辛未，王在闌師，賜有事利金，用作檀公寶尊彝。"銘文大意是説，周武王在甲子這天早晨作了占卜，認爲利於征伐，於是率師一舉滅商。又在辛未（克商後第七天）在軍隊駐地賞給任職"有事"（有司）的"利"（人名）以金（銅），用來鑄造這件寶器以爲紀念。由利簋銘文可以證實《逸周書·世俘》"甲子朝，至，接于商。則咸劉商王紂"和《書·牧誓》"時甲子昧爽，王朝至于商郊牧野"的記載準確無誤。銘文所記"甲子朝，歲鼎"，尚存不同的解讀，主流的觀點認爲，即甲子日晨有歲（木）星當空。這爲商周斷代提供了天文學依據。利簋是已知最早的有確切時間記錄的西周青銅器，也是現在所見記述武王伐紂的唯一實物標本，故此簋也被稱作"武王征商簋"。

天亡簋

舊稱"聃簋""大豐簋""朕簋"。青銅禮器。炊食器。西周武王時期器物。係名叫"天亡"的貴族爲紀念助武王祭祀、受武王賞賜而鑄造的器物。該器於清道光年間出土於陝西岐縣禮村。曾被清末著名金石家陳介祺收藏。後輾轉入藏中國歷史博物館（今中國國家博物館）。陳介祺誤釋銘文中"朕"字爲"聃"而稱"聃簋"；郭沫若等因"王又大豐"銘文而稱"大豐簋"；唐蘭以"佳朕又慶"句而稱"朕簋"。簋通高 24.2 厘米，口徑 21 厘米，底徑 18.5 厘米。侈口，四獸首耳，耳下垂方珥，鼓腹較深，圈足下連鑄方座。器腹與圈足飾蝸體夔紋。是西周初年典型器物。器内底鑄銘文 8 行 78 字，其文用韵。文如下："乙亥，王又大豐，王凡三方。王祀于天室，降，天亡又王。衣祀于王丕顯考文王，事喜上帝，文王德才上。不顯王乍省，不肆王乍唐，不克，氣衣王祀！丁丑，王鄉，大宜，王降亡勛爵復觵。佳朕又慶，每揚王休于尊白。"大意是，周武王滅商後，取代商王地位，在辟雍内的明堂舉行盛大祭禮大典，

祭文王及上帝。天亡襄助武王行此典禮，受到武王表彰，并得到賞賜。天亡遂鑄此簋以資紀念。天亡簋銘文以載有西周開國祭祀大典的重大史實而著稱於世，且其文辭押韵，是實物上所見最早的韵文；器型典型，爲周初青銅器斷代的標準器，故彌足珍貴。

【聃簋】

"天亡簋"的早期定名之一。此稱行於晚清。見該文。

【大豐簋】

"天亡簋"的早期定名之一。此稱近世行用。見該文。

【朕簋】

"天亡簋"的早期定名之一。此稱近世行用。見該文。

何尊

青銅禮器。酒器。西周早期器物。是名叫何的貴族爲紀念成王的召誥并懷念其先父而鑄造之器。該器是西周初年有確切紀年的青銅器之一，其銘文記載了周初的一些重大史實。1963 年出土於陝西寶雞東北郊的賈村，1965 年被寶雞市博物館收藏（今藏寶雞青銅器博物院）。器高 38.8 厘米，口徑 28.8 厘米，重 14.6 千克。它口圓體方，通體有四道鏤空大扉棱裝飾，頸部飾蠶紋，口沿下飾蕉葉紋。整個尊體以雷紋爲底，高浮雕處則爲捲角饕餮紋，圈足也飾有饕餮紋。器物内底有銘文 12 行，119 字。銘文如下："唯王初遷，宅于成周。復稟王禮福，自天。在四月丙戌，王誥宗小子于京室，曰：'昔在爾考公氏，克逨文王，肆文王受兹命。唯武王既克大邑商，則廷告于天，曰：余其宅兹中國，自兹乂民。嗚呼！爾有唯小子無

識，視于公氏，有□于天，徹命，敬享哉！'唯王恭德裕天，訓我不敏。王咸誥。何賜貝卅朋，用作庾公寶尊彝。唯王五祀。"銘文大意是：成王五年四月，開始在成周營建都城，并祭祀武王。丙戌這天，王對宗室小子何訓誥：你先父公氏追隨文王有功，文王受天命。武王克商後，祭天，説要在這天下之中建都（表明成王東遷正是秉承武王遺志）。成王又勉勵何像先人一樣努力，并賜給他三十朋貝，何因此作尊以爲紀念。此器物有明確紀年"唯王五祀"（成王五年），使之成爲周初銅器斷代的標準器。銘文記載的周成王營建東都洛邑成周，可與《書》中《雒誥》《召誥》以及《多方》中的記載相印證。而"中國"一稱作爲詞組，也首次在何尊銘文中發現，可知此稱的歷史淵源之久遠。

太保鼎

青銅禮器。炊器。西周早期器物。爲周召公奭所鑄。召公位至三公之一的太保，故名。相傳晚清出土於山東壽張梁山。與青銅尊、甌等六件重器同時出土，時稱"梁山七器"。收藏家李宗岱、丁麟年、徐世昌等先後收藏。1958年，徐世昌之孫媳張秉慧將此器捐獻國家。器物通高50.7厘米，口徑長36厘米，寬23厘米。長方形造型，四柱足，口沿二直耳，耳上各有二立虎，器身有棱脊與紋飾，腹内有"太保鑄"三字銘文。《書・召誥》："惟太保先周公相宅。"孔傳："太保，

太保鼎（周太保鼎一）
（清王傑等《西清續鑑》）

三公官名，召公也。召公於周公前相視洛居。"按，召公奭歷經周初文、武、成、康四世，是當時活躍時間最長的政治家。周成王時任太保職，輔佐朝政，與周公一起分治朝政，陝東由周公管理，爲東伯侯；陝西由召公管理，爲西伯侯。曾爲顧命大臣。《書・顧命》："王不懌……乃同召太保奭、芮伯、彤伯、畢公、衛侯、毛公、師氏、虎臣、百尹、御事。"孔穎達疏："成王病困將崩，召集群臣以言，命太保召公、太師畢公，使率領天下諸侯輔相康王，史叙其事作'顧命'。"因其人在歷史上的重要地位，使此器亦成爲不可多得的重器。該器現藏天津博物館。

班簋

青銅禮器。炊食器。西周穆王時期器物。是毛班爲紀念毛氏族先人卓越功業而鑄造的器物。該器銘文反映了周成王命毛伯征伐東方蠻戎之國的重要史實。器物原爲清宮舊藏，何時何地出土不詳。八國聯軍占領北京時散出。1972年北京市文物管理處從廢舊銅中揀選修復，現藏首都博物館。簋通高27.7厘米，口徑26厘米。四耳飾獸首，下垂長珥作爲支柱，其後又另有小珥。口沿下飾同紋，夾有兩道弦紋。腹飾陽綫構成的獸面紋。低圈足。内底有銘文20行，197字。銘文大意：某年八月，"王令毛伯更虢城公服"（繼承其先祖虢城成公的官位），受王符命監管三個方國："秉繇、蜀、巢令。"王命毛公率"邦冢君"準備車馬兵器將"伐東國"。命吳伯爲毛公左師，吕伯爲毛公右師，"三年靖東國"。"公告厥事于上"，王讓毛班"唯敬德，亡違"。毛班頌揚父考蒙周室福蔭，"廣成厥功"，讓後世無不感念，遂作此器昭顯先

人，子孫永遠寶藏。按，器主名班，是銘文中提及的毛伯後輩，故稱毛班。其名見於《穆天子傳》，叫毛斑。史載穆王晚年曾命毛公斑、共公利和逄公周率師伐大戎。故班簋作器當在穆王時期。而銘文所述毛公征伐事，自文獻考之，乃周成王時事。此器銘文涉及重要歷史史實，故彌足珍貴。

宜侯夨簋

　　青銅禮器。炊食器。西周康王時期器物。是分封在宜的諸侯夨爲紀念康王的賞賜并懷念其先父而鑄造的器物。該器物中的銘文反映了西周初年分封諸侯和開發江南的重要史實。該器1954年6月在江蘇省鎮江市丹徒縣（今稱區）大港鎮東烟墩山出土。《文物參考資料》1955年第5期對出土情況有介紹。器高15.7厘米，口徑22.5厘米，方折沿，淺腹，有四獸首耳，高圈足。腹外壁飾漩渦紋，間以夔龍紋，圈足上也飾夔龍紋，并有四條短扉棱。簋內有銘文，共12行，因有殘缺，估計在120～130字之間。大致可釋讀如下："唯四月辰在丁未，王省武王、成王伐商圖，遂省東國圖。王卜于宜，入土□□。王令虞侯夨曰：遷侯于宜。錫鬯一卣，賞瓚一，彤弓一、彤矢百，旅弓十、旅矢千。錫土：厥川三百□，厥□百又二十，厥宅邑三十又五，厥□百又四十。錫在宜王人□□又七姓。錫奠七伯，厥廬□又五十夫。錫宜庶人六百又□□六夫。宜侯大揚王休，作虞公父丁尊。""夨"是人名，據考證爲仲雍後代。銘文大意爲，周康王將虞侯夨轉封爲宜侯，并賜他鬯酒、銅器、弓箭和山川、田地、奴隸等。賞賜的級別很高，甚至超過了後來爲周室立大功而被封諸侯伯長的晋文公，説明被封者身份

應是王室近族。查春秋三傳，周在淮河以東以南地方没有轉封的諸侯，而宜侯夨簋的出土可補史之闕。"宜"可能在銅器出土的丹徒一帶。該器現藏中國國家博物館。

大盂鼎

　　省稱"盂鼎"。青銅禮器。炊器。西周康王時期器物。是貴族盂爲紀念康王對自己的訓誥和賞賜并懷念其嫡祖南公而鑄造的器物。該器物有明確紀年，其銘也反映了西周文王武王的功業、君臣關係和"人鬲"賞賜等重要史實。該器於清道光年間在陝西眉縣禮村出土，經數度易主，同治間入時任陝甘總督的左宗棠之手，左又轉贈於侍讀學士潘祖蔭。潘死，其後人將鼎携歸蘇州。抗日戰争時期因藏匿隱秘，鼎躲過了日本人的劫掠。1951年，潘氏後人將鼎捐獻國家，入藏上海博物館。1959年，鼎被移交中國歷史博物館（今中國國家博物館），收藏至今。大盂鼎通高101.9厘米，口徑77.8厘米，重153.5千克。雙立耳，下腹略鼓，圜底，三柱足。腹頸部和足上部飾饕餮紋，腹部飾竊曲紋，足上部還有扉棱。腹內壁有銘文19行，共291字。銘文大意是説，周代文、武二王"受天有大命""作邦辟厥，匍有四方""天異臨子，法保先王"。而殷商自"邊侯"至於朝官"正百"，"辟率肆于酉"，即沉湎於酒，以致"古喪追祀"，失去天下。康王説要像文王用股肱之臣一樣，發揮盂的作用。而盂也要像他先祖南公一樣，"雍德巠敏，朝夕入讕（諫），享奔走。畏天畏王曰示命"。康王又賜盂香酒、禮服、車馬及大量臣民"人鬲"，并要求盂"若敬乃政，勿辭朕命"。盂感激王的册命，頌揚王的美德，作此寶鼎，同時也告慰和祭祀祖父南公。

大盂鼎銘文所記西周開國以殷商酗酒爲鑒的史實，可與《書·酒誥》的内容互爲參照。有關賞賜"自馭至于庶人六百又五十又九夫""人鬲千又五十夫"的記載，是研究西周社會形態的重要史料。文末有"隹王廿又三祀"，這是此器物的確切紀年，即康王二十三年。

【盂鼎】

"大盂鼎"之省稱。西周康王時期青銅禮器。見該文。

史墙盤

亦稱"墙盤"。青銅禮器。盥洗器。西周恭王時期器物。是史官墙專爲歌頌先王先祖功德而鑄造。器内銘文反映了西周初年一系列重要史實。1976 年出土於陝西扶風白家村南西周窖藏。現藏於陝西寶雞青銅器博物院。盤高16.2 厘米，口徑 47.3 厘米。器形規整，圓形，淺腹，雙附耳，圈足。腹飾鳥紋，圈足飾竊曲紋。内底鑄有銘文 18 行 284 字。文字釋讀尚存異議，大致爲："曰古文王，初鬑龢于政，上帝降懿德大屏，匍有上下，會受萬邦。□圉武王，遹征四方，達殷畯民，永不鞏狄盧，微伐尸童。憲聖成王，左右綬□剛鯀，用肇徹周邦。淵哲康王，勁尹億疆。宏魯邵王，廣□楚荆，唯 南行。祗景穆王，井帥宇誨，申寧天子。天子恪贊文武長剌，天子□無害，襄祁上下，亟□宣慕，昊照亡斁，上帝司夒尤保，授天子綰命，厚福豐年，方蠻亡不□見。青幽高祖，在微靈處。雩武王既□殷，微史剌祖乃來見武王，武王則令周公舍禹于周，卑處□。曱乙祖逨匹氒辟，遠猷腹心，子納彝明。亞祖祖辛，□毓子孫，繁福多厘，齊角熾光，義其禋祀，害屖文考乙公，遽爽得屯無諫，農穡越曆，唯辟孝

友。史墙夙夜不墜，其日蔑曆，墙弗敢沮，對揚天子丕顯休命，用作寶尊彝，剌、文考，戈貯授墙爾□福，襄福录、黄耇、彌生，龕事氒辟，其萬年永寶用。"銘文前半部分頌揚西周文、武、成、康、昭、穆諸王重要功績，後半部分記述墙所屬微氏家族的家史，與文獻記載可相印證，是研究西周歷史的重要史料。行文措辭工整華美，亦有較高的文學價值。然迄今仍有部分銘文的釋讀存在爭議，尚待進一步研究。參見《文物》1978 年第 3 期、《考古學報》1978 年第 2 期。

【墙盤】

"史墙盤"之省稱。西周恭王時期青銅盤。見該文。

曶鼎

青銅禮器。炊器。西周恭王時期器物。是曶爲紀念周王策命自己管理王室卜事并給予自己賞賜，以及記録兩起自己勝利的訴訟而鑄造此器。此器之銘文爲研究西周中期以後社會經濟狀況、土地制度及階級關係提供了重要資料。惜原鼎久已遺失，傳毀於兵火，僅存銘文拓本，而下緣猶殘泐。清阮元《積古齋鐘鼎彝器款識》卷四云，此鼎原爲清朝學者畢沅得自西安。鼎高二尺，圍四尺，深九寸，款足作牛首形。推測應出土於周原地區。該鼎銘文共 24 行，現存380 字。銘文内容大意：第一部分講周懿王或孝王元年六月乙亥日，周王在穆王大室册命曶，命他繼承祖考的職司掌管周朝的卜事，即銘文所謂"更（賡）乃且（祖）考司卜事"，并賞賜"赤市"。邢侯後人井叔在宗周爲王臣，以"赤金"（銅）一鈞（三十斤）賞賜曶。曶備感榮耀，以赤金作鼎以爲紀念。第二部分銘文記載

同年四月丁酉日，訇以家臣爲代表覲見獄訟官井叔，控告"效父"及其家臣"限"。以"既贖女（汝）五〔夫效〕父，用匹馬束絲"，即已經用一匹馬和一束絲從效父處换得五夫（五名奴僕），而"限"背約，另行提出交换條件，以致訴訟。銘文第三部分追述往昔饑荒之年，"匡衆厥臣二十夫"，即"匡"的農夫和家臣二十人，强搶訇之禾，訇控告於東宫。東宫判處"匡"交出搶禾之人，否則重罰。"匡"遂向訇稽首道歉，并賠償損失。如此細緻記述民間經濟糾紛，勿論西周青銅器銘文，即便在傳世西周文獻中亦屬罕見。故此鼎具有極高史料價值，有助於豐富今人對西周歷史的認識。

晉侯穌編鐘

青銅禮器。樂器。西周厲王時期器物，爲一套十六件編鐘。是晉侯穌爲紀念自己率部參與厲王親征東夷的戰争和晉國輔佐周室、勤王圖强的史實所鑄造之器。其重要價值，一是有明確紀年，其"唯王卅又三年"即周厲王三十三年，從而使該組編鐘成爲此時期青銅鐘斷代的標準器；二是"晉侯穌"名稱有助於考證晉國國君世系，其名稱與史書所載有別；三是銘文記録了周王親征東夷的史實，可補史書之闕；四是"初吉""既生霸""既望""既死霸""方死霸"等紀時詞語，是探索西周曆法的極佳材料；五是全篇銘文用利器刻出，而非鑄字，表明了西周晚期冶金工藝上的某些變化。該組編鐘出土於山西曲沃北趙村晉侯墓地第七代晉侯穌之墓。該墓曾被盜掘，此套編鐘中的十四件流落至香港。1992年底，上海博物館從香港古玩肆中發現并將其購回。另兩件小編鐘後被考古人員從晉侯穌墓中發掘出土。經比對，

從形制、紋飾到銘文，均可確定出土的二件與從香港購回之十四件屬於同一套編鐘。此套編鐘可分爲兩組，每組八件，一組鐘較大，另一組鐘略小。全部編鐘大小相次，排編成兩列音階與音律相諧和的編鐘。皆爲甬鐘，大者高52厘米，小者高22厘米。鐘上銘文用利器刻鑿，刀痕非常明顯，文字規整；各鐘之銘文連綴起來，構成一篇完整的銘文，共355字。銘文内容大意如下：周厲王三十三年，王要親自巡視"東國南國"，正月"步自宗周"，二月"入格成周"。王命晉侯穌"伐夙夷"。"晉侯穌折首百又廿，執訊廿又三夫"，"王親遠省師。王至晉侯穌師。王降自車，立，南鄉，親令晉侯穌自西北遇（隅）敦伐城。晉侯率厥亞旅、小子、呈戈（秩）人先，陷入，折百首，執訊十又一夫。王至淖列，淖列夷出奔，王令晉侯穌帥大室小臣、車僕從，逋逐之。晉侯折首百又一十，執訊廿夫；大室小臣、車僕折首百又五十，執訊六十夫。王唯反歸，在成周公族整師宫"。其後是周王兩次嘉獎賞賜晉侯穌。這是一篇對晉侯協助周王親征東夷的詳細記録，它不見於文獻記載，從而揭示出一段不爲人知的史實。此套編鐘有十四件收藏在上海博物館，二件藏於山西博物院。

大克鼎

亦稱"克鼎""膳夫克鼎"。青銅禮器。炊器。西周中後期器物。是膳夫克專爲紀念周王的功德、周王對自己的賞賜，并懷念其祖父師華父的業績而鑄造。該器銘文有關周王的策命和大量土地、奴隸的賞賜，是研究西周經濟制度的重要史料。清光緒十六年（1890）陝西扶風縣法門鎮任村西周窖藏出土。出土後先被天

津金石收藏家柯劭忞購得，後轉贈潘祖蔭。潘死後，其家人將大克鼎連同其他寶物如大盂鼎等南遷蘇州。其後，潘家先後拒絕了一些政客的索取，尤其是抗戰中深埋地下，躲過了日軍的掠奪。1951 年，潘氏後裔潘達於女士將大克鼎捐獻給國家。大克鼎此後被上海博物館收藏至今。鼎通高 93.1 厘米，口徑 75.6 厘米，腹徑 74.9 厘米，腹深 43 厘米，重 201.5 千克。鼎口有大型雙立耳，斂口侈腹，柱足粗壯。鼎頸部飾有三組對稱變形饕餮紋，相接處有扉棱，凡六道；腹部飾一條兩方連續的大竊曲紋。鼎足上部另飾有凸出的饕餮紋。鼎腹內壁有銘文 28 行，290 字。銘文內容大意是：克頌揚祖父師華父，贊美他有謙虛的品格、美好的德行，能"諫辥（乂）王家，叀（惠）于萬民"。周王深念師華父的偉績，提拔他的孫子，"乎（呼）尹氏冊令（命）善（膳）夫克"，"令（命）女出內（納）朕令（命）"，即讓克負責傳達王命。周王還賞賜給克許多禮服、田地、男女奴隸、下層官吏和樂隊。大克鼎對於研究西周社會等級和土地制度，具有重要參考價值。此外，該鼎銘文行間皆有細綫相隔，使文字非常整齊劃一，字體也圓潤，標志着漢字發展到新的階段。

【克鼎】

即大克鼎。西周青銅禮器。見該文。

【膳夫克鼎】

即大克鼎。西周青銅禮器。見該文。

虢季子白盤

青銅禮器。盥洗器。西周宣王時期器物。是虢季子白專爲紀念出征獫狁（秦漢時稱匈奴）取得勝利、得到周宣王嘉獎和賞賜而鑄造。器物有明確紀年，并見證了西周初年的分封制確

實起到了"以藩屏周"的重要作用。清道光年間該器出土於當時的陝西省鳳翔府寶雞縣虢川司。先被陝西郿縣知縣徐燮鈞獲得，後帶回老家常州；太平軍攻占常州後，被太平軍護王陳坤書當馬槽使用。時任直隸陸路提督的劉銘傳在攻克常州後，得此器甚喜，悄悄送回老家安徽肥西縣收藏。劉卸甲歸田後，專修一亭名"盤亭"，放置該盤，此後還把自己的研究撰成《盤亭小錄》一冊。抗戰時期，劉家人將盤深埋後院，上植槐樹，使之得以完好保存。1949 年後，劉肅曾（劉銘傳第四代孫）主動把虢季子白盤捐獻給政府。1950 年 2 月，文化部特向劉肅曾頒獎予以表彰。此盤入藏中國歷史博物館（今中國國家博物館）。此盤爲長方形圓角造型，口長 130.2 厘米，寬 82.7 厘米，高 41.3 厘米，重 215.5 千克。四壁各有二銜環獸首，飾竊曲紋、環帶紋。盤腹內有銘文 8 行，111 字。釋讀如下："唯十有二年正月初吉丁亥，虢季子白作寶盤，丕顯子白，庸武于戎工，經維四方。薄伐獫狁，于洛之陽。折首五百，執訊五十，是以先行。桓桓子白，獻馘于王。王孔嘉子白義，王格周廟，宣榭爰饗。王曰伯父，孔顯有光。王賜乘馬，是用左王。賜用弓，彤矢其央；賜用戉，用政蠻方。子子孫孫，萬年無疆。"大意是周宣王十二年（公元前 816），虢季子白鑄寶盤作紀念。自己奉王命征伐獫狁，大獲全勝，斬首五百、俘虜五十。王在周廟舉行獻俘禮，慶賀戰功。周王賞賜了馬匹、斧鉞、彤弓、彤矢，并以之專任征伐蠻方。銘文所記與獫狁作戰的內容，與《詩》的《出車》《采薇》《六月》等篇所記史實相類，并且是一篇文辭優美的韻文；其有關宣王紀年、西北地理名稱、獻俘禮

儀等，對研究西周歷史很有參考價值。

柞伯鼎

青銅禮器。炊器。西周中晚期器物。是柞伯受命南征，獲勝凱旋，爲感謝祖宗保佑而鑄造之器。器物銘文涉及西周南征昏國及諸侯間關係問題，可補史闕。此器係中國國家博物館於 2005 年徵集入藏。它與 1993 年河南平頂山應國墓地 M242 出土的柞伯簋有一定關聯，故應屬該地古國（即《左傳・僖公二十四年》提及的“周公之胤”柞國）之器。參閱王龍正等《新發現的柞伯簋及其銘文考釋》，《文物》1998 年第 9 期。此鼎雙立耳、盆形腹、平底、三柱狀足較細。口沿下飾有一周竊曲紋，中腹處有一道凸弦紋。通高 32 厘米，重 10.02 千克。器內壁有銘文 12 行，112 字（含二字合文）。銘文大意是虢仲命柞伯曰：“乃聖祖周公”曾勤勉治理周邦，“廣伐南或（國）”。今命汝“率蔡侯左至于昏邑”。既圍城，命蔡侯馳告虢仲。“虢仲至。辛酉，專（搏）戎”。柞伯擒二俘虜，獲十馘。乃作寶尊鼎追享先祖幽叔。按，文獻多稱“周公東征”，而此器銘文則言及周公南征，且提及南征之地域，故可作爲重要研究資料。

逨盤

青銅禮器。盥洗器。西周晚期器物。是逨爲紀念單氏家族輔佐王室之功、周王對自己册命之榮耀而鑄造。器物銘文對西周王室變遷及年代世系有明確記載，可印證史書記述，亦可對夏商周斷代工作出驗證，同時其長篇銘文也是目前存世青銅盤中字數最多者。2003 年陝西眉縣楊家村窖藏出土，《文物》2003 年第 6 期刊有發掘簡報。其器現藏寶雞青銅器博物院。器物造型優美大氣，方唇、折沿、淺腹、附耳、鋪首，圈足下附四獸足。腹及圈足裝飾竊曲紋，鋪首爲獸銜環。通高 20.4 厘米，口徑 53.6 厘米，圈足直徑 41 厘米，腹深 10.4 厘米，獸足高 4.2 厘米，重 18.5 千克。盤內底鑄銘文 21 行，370 餘字。其內容，回顧了單氏家族數代先人輔佐周王的功績：“單公”輔佐文王、武王滅殷，治理國土；“公叔”輔佐成王管理國家；“新室仲”幫助康王處理朝政；“惠仲父”輔佐昭王、穆王討伐楚國；“零伯”輔佐共王、懿王；“懿仲”輔佐孝王、夷王；“龔叔”輔佐宣王；作器者“逨”輔佐當朝的周王。逨記述周王訓誥：“王若曰：‘逨，丕顯文武，膺受大命，敷有四方，則緐唯乃先聖祖考，夾紹先王，聞勤大命。今余唯經乃先聖祖考，申景乃命，命汝胥榮兌，攝司四方虞林，用宮御。錫汝赤韍、幽衡、鑾勒。’逨敢對天子丕顯魯休揚。”逨輔佐的周王，一説爲周宣王，一説爲周厲王，這也成爲確定逨盤時代的分歧所在。而這分歧，又對宣王、厲王在位時間的原有定論形成了挑戰。故此器尚存疑團待解。

四十二年逨鼎

青銅禮器。炊器。西周晚期器物。據鼎鑄成之年銘文定名。一套二件（有學者疑不止二件，惜未發現餘者而已）。二鼎器形、紋飾、銘文均相同，唯大小重量有別。是逨爲紀念逨與其父因伐戎有功受到周王册封與獎勵而鑄器。此器銘文年、月干支俱全，爲研究西周曆法提供了新資料，可爲夏商周斷代提供實證；涉及的人物、征伐事件等，也可補史之闕。2003 年 1 月陝西省寶雞市眉縣楊家村窖藏出土，《文物》2003 年第 6 期刊有發掘簡報。其器現藏寶雞青銅器博物院。器物造型典雅，立耳，口沿平且外折，圜底，蹄足；口沿下飾變體龍紋，腹部飾環帶紋，耳外側飾凹弦紋。器身鑄扉棱6條，足根部外側面飾饕餮紋。尺寸，其一：高51厘米，口徑43.5厘米，腹深22.7厘米，重35.5千克；其二：高57.8厘米，口徑48.6厘米，腹深24.4厘米，重46千克。銘文鑄於內壁，共計25行，約280字。銘文內容大意是："王在周康宮穆宮"，"司工散佑吳逨"（吳通虞，"虞"是其職官名），入門觀見。"尹氏"授王書。"王呼史淢"冊命逨。王稱贊逨之先祖輔佐周王有功："丕顯文武，膺受大命，敷有四方，則繇唯乃先聖祖考，夾紹先王，聞勤大命，奠周邦。"并稱不忘"聖人孫子"，因"乃先祖考，有勛於周邦"，因而給長父以封地爵位："肇建長父，侯與采。"又贊賞逨出征獲捷："余命汝奠長父休，汝克奠于厥師。汝唯克型乃先祖考，辟玁狁出捷于邢阿，于歷岩。汝不艮戎，汝光長父以追博戎，即宕伐于弓穀，汝執訊獲馘俘器車馬。"周王因逨"敏于戎工，弗逆朕新命"，遂賜以秬鬯、田地。"逨拜稽首，受冊□以出。"逨鑄鼎以"對天子丕顯魯休揚"。此器爲西周晚期斷代的標準器。

四十三年逨鼎

　　青銅禮器。炊器。西周晚期器物。據鼎鑄成之年銘文定名。一套十件。該組器物之器形、紋飾與"四十二年逨鼎"相同，而大小重量有別。是逨爲紀念周王表彰自己先人功勛、冊命自己新任職位、并賜以儀仗和禮器等而鑄器。此器銘文所涉及紀年、人名、官職、禮儀等，爲研究西周歷史提供了新資料，并爲夏商周斷代工程提供了重要實證。2003年1月陝西省寶雞市眉縣楊家村窖藏出土，《文物》2003年第6

期刊有發掘簡報。其器現藏寶雞青銅器博物院。造型典雅，立耳，口沿平且外折，圜底，蹄足，口沿下飾變體龍紋，腹部飾環帶紋，耳外側飾凹弦紋。器身鑄扉棱6條，足根部外側面飾饕餮紋。十件器物的尺寸，按大小排列，其高度分別爲：58厘米、53.6厘米、49厘米、45.6厘米、36厘米、32.6厘米、27.4厘米、27厘米、24.4厘米、22.6厘米；按重量排列，分別爲：44.5千克、33.5千克、29.5千克、22千克、12千克、10千克、7.3千克、6.5千克、4.3千克、3.9千克。器內壁均鑄有內容相同的銘文，通篇銘文計31行，共316字。其中第九、十號鼎因器形小，不能鑄通篇銘文，遂將全文分兩部分，分鑄於兩件器物內壁；一至八號鼎則各鑄通篇文字。銘文內容大意如下："王在周康宮穆宮"，早晨，王到周廟，"司馬壽佑吳逨，入門"觀見（吳通虞，"虞"是其職官名）。"史淢授王命書。王呼尹氏冊命逨"。周王訓誥逨：你先祖"夾紹先王，聞勤大命，奠周邦"。你也曾被任命"匹榮兌，攝司四方虞林，用宮御"。"乃先祖考，有勛於周邦"，你也被重用，再任命你爲"官司歷人"，一定努力，"毋敢妄寧，虔宿夕，惠雍我邦小大猷"。讓你有執政特權，"毋敢不規不型"，"毋韓橐韓橐，唯有宕縱"，要關心鰥寡，爲王盡忠。周王同時賜予逨秬鬯、袞衣、趩舄、車馬儀仗等，令其"敬夙夕，弗廢朕命"。"逨拜稽首，受冊，佩以出"，鑄造此器爲天子祝福。此器爲西周晚期斷代的標準器。

毛公鼎

　　青銅禮器。炊器。西周宣王時期器物。係毛公厝爲紀念周宣王的訓誥和賞賜而鑄造。該器銘文字數之多，爲已發現西周青銅器中之最；

銘文記述的有關宣王中興史實，也對西周後期政治史研究極具研究參考價值。清道光末年該器出土於陝西岐山周原，出土後幾經倒手，被金石學家、收藏家陳介祺收藏。陳病故後，鼎被家人出賣，入兩江總督端方之手。端方被殺後，其家人曾將鼎典押給俄國人在天津開辦的華俄道盛銀行。有英國人曾想購買，未成。後毛公鼎輾轉至時任北洋政府交通總長的葉恭綽手中。抗戰中，葉氏之侄葉公超全力護鼎，使之未落日本人之手。其後鼎一度歸商人陳咏仁，後又贖回。1946 年，葉將鼎捐獻給國民政府，收藏於中央博物院。現藏臺北故宮博物院。毛公鼎通高 53.8 厘米，腹深 27.2 厘米，口徑 47.9 厘米，重 34.7 公斤。雙立耳，敞口，半球狀腹，獸蹄形足。飾弦紋、重環紋。腹内有銘文 32 行、499 字。銘文内容大意：周宣王告誡大臣毛公，爲了中興周室，革除積弊，命其忠心輔佐王室，"汝母（毋）敢妄寧，虔夙夕"；不可橫徵暴斂，壅塞民意；"善效乃友正，母（毋）敢湛于酒"。并且"歷自今，出入專命于外"，授以宣示王命和督促執行之權，"命汝亟一方，弘我邦我家"。毛公感激周王所委重任和所賜之酒食禮器、輿服儀仗、兵器玉飾等，鑄鼎紀念。鼎銘對研究中國冶金史、文字史和西周政治經濟史等均有重要價值。在諸多研究毛公鼎文章中，王國維《毛公鼎銘考釋》、郭沫若《毛公鼎之年代》最具代表性。

散氏盤

青銅禮器。盥洗器。西周厲王時期器物。係矢人和散氏兩個諸侯國爲土地爭議訂立契約而鑄器刻銘以資證明之器。銘文内容對研究西周土地制度提供了第一手珍貴史料。康熙年間該器出土於陝西鳳翔，幾經易手，先後有歙州程氏、揚州徐約齊、揚州洪氏收藏。曾被著名金石學家阮元鑒定爲西周時物，并製作銘文拓片流傳。嘉慶十四年（1809）皇帝五十壽辰，江南鹽運使阿林保將其作爲壽禮進貢。此後該盤一直收藏於内務府。是後沉寂無聞。直至溥儀出宮，盤乃被時任清室善後委員會委員的馬衡再度發現。1933 年，隨南遷文物一起，離開故宮。現藏臺北故宮博物院。器高 20.6 厘米，口徑 54.6 厘米，盤底直徑 41.4 厘米，重 21.312千克。盤附雙耳，盤腹有夔紋，高圈足上飾爲獸面紋。盤内有銘文 19 行、357 字，内容大意爲"用矢撲散邑，乃即散用田"，即矢人侵略散氏田邑引發爭端。後來議和，矢人割田地賠償散氏。雙方和議時，矢人派鮮且等十五名官員進行土地交割，散氏派微父等十名官員前來接收。雙方議定和約，并在周王所派史正仲農監督下訂立正式契約，發誓決不違約。"佳王九月，辰才乙卯，矢俾鮮且、口旅誓曰：'我既付散氏田器，有爽，實余有散氏心賊，則爰千罰千，傳棄之。'"契約内容鑄刻在青銅盤上，且在矢王宮中交付土地之圖："氒受圖矢王于豆新宮東廷。"因而，該盤作爲兩個諸侯國疆界的書面載體，而成爲宗邦重器。

宗周鐘

青銅禮器。樂器。西周厲王時期器物。作器者"鈇"據考證正是《史記·周本紀》所記周厲王胡。"胡""鈇"二字音近可通。故此器爲周厲王所製祀祖樂器，是存世最重要的天子作器。器物銘文記録了厲王征南夷、東夷的重要史實。此器何時何地出土未詳，清初已入藏宮中。現藏臺北故宮博物院。宗周鐘通高 65.6

厘米，舞縱 23.1 厘米，舞横 30 厘米，鼓間距 26.2 厘米，銑間距 35.2 厘米，重 34.9 公斤。鐘兩面飾有三十六枚乳釘。有銘文 123 字，内容記述南方濮國來犯周土，屬王效法文王武王，鞏固疆土，揮師直逼濮國都城，濮君臣服。同時，"南尸東尸具見，廿又六邦"，即南夷、東夷二十六個邦國使臣均來朝拜。"有成亡競"，功烈彪炳，屬王於是作鐘紀念，并向先王祈福。按，郭沫若認爲此器爲周昭王時器，銘文記述了昭王十六年（公元前 1026）征伐荆楚事。姑存此一説。

秦公鎛

青銅禮器。打擊樂器。春秋秦武公時期器物。1978 年出土於陝西省寶鷄市寶鷄縣（今陳倉區）太公廟。是秦宮重要禮器。出自窖藏，同時出土三鎛五鐘，皆大小不一，爲成套樂器。最大之鎛，通高 75.1 厘米，鎛身高 53 厘米，舞寬 30.4×26 厘米，重 62.5 千克。器身上下飾雙首獸紋及蟬紋帶，有四條鏤空龍紋、鳥紋的扉棱。紋飾精緻，疏密恰當。有銘文 135 字，文曰："秦公曰：'我先且（祖）受天命，商（賞）宅受或（國），剌剌卲（烈烈昭）文公、静公、憲公，不惰于上，卲合（昭答）皇天，以虩事蠻方。'公及王姬曰：'余小子，余夙夕虔敬朕祀，以受多福，克明又（厥）心，盭龢（戾和）胤士，咸畜左右，藹藹允義，翼受明德，以康奠協朕或（國），盜百蠻具（俱）即其服，乍（作）𠭯龢（厥和）鐘，靈音鏙鏙雍雍，以宴皇公，以受大福，屯（純）魯多釐，大壽萬年。'秦公其畯綌在位，膺受大令（命），眉壽無彊（疆），匍（敷）有三（四）方，其康寶。"按，周平王東遷，秦襄公扈駕有功，被分

封岐以西，秦自此建國，稱諸侯。銘文稱被周王"賞宅受國"，是對襄公功業的追紀；又對文公、静公、憲公敬奉天命、治國興邦大加宣揚。武公承續先祖遺澤，敬祀天神，以祈福祉。銘文明確了秦國先祖世系，又記其功業，歷史價值極高；而器物精美，敲擊音色雄渾，有極高藝術價值。器物發現於早期秦都平陽城内，應是平陽封宮或宗廟重器。器物收藏於寶鷄青銅器博物院。

秦公簋

青銅禮器。春秋時期秦國宮廷器物。郭沫若考爲秦景公時器，約當公元前 576—前 537 年。1917 年出土於甘肅省禮縣紅河鄉西垂宗廟遺址王家東臺一個青銅器窖藏中。通高 19.8 厘米，口徑 18.5 厘米，足徑 19.5 厘米。器蓋與器身略呈扁圓形。側有二獸首耳，耳無珥。口沿下有勾連紋，腹爲瓦紋，圈足飾波帶紋。有銘文 123 字，另有刻款 18 字，明確説明是秦公用器。銘文記述秦國立國西垂，歷十二君王開疆拓土之功。銘文曰，秦公敕命，謂"丕顯朕皇祖，受天命鼏宅禹責（迹），十又二公，才（在）帝之坏。嚴恭夤天命，保業厥秦，虩（赫）事蠻夏。余雖小子，穆穆帥秉明德"，敕命萬民，"咸畜胤士"，并以强大文武之師，"鎮静不廷，虔敬朕祀"。作此宗彝，"以卲皇且，其嚴禦各，以受屯（純）魯多釐，眉壽無疆，畯疐才（在）天，高弘有慶，竈囿四方"。此器重要性在於，其銘文不僅記述了秦國先祖功業，尤其還提及"鼏宅禹責""虩事蠻夏"，此實爲大禹夏朝在青銅器銘文中的明證。禹責即禹迹，責、迹通假。《説文・辵部》，"迹""或从足、責"作"迹"。《左傳・襄公四年》："芒芒禹迹，

畫爲九州。"明言大禹之作爲稱作"禹迹"。按，亦作"禹績"。《詩·商頌·殷武》："天命多辟，設都于禹之績。"則賣、績皆爲迹之假藉。而秦先公"赫事蠻夏"，也是文獻所稱秦先公"與禹平水土"，因功受封，臣事夏朝，"或在中國，或在夷狄"的反映（《史記·秦本紀》）。故此器可證史、補史之闕，意義重大。該器 1959 年由故宮博物院撥交中國歷史博物館，即今中國國家博物館。按，宋代曾出土"秦公鐘"，銘文與此器銘相似，應是同時期之物，見載於趙明誠《金石録·古器物銘》。

蓮鶴方壺

亦稱"立鶴方壺"。春秋鄭國國君祭祀青銅禮器。其器有兩件，大小基本相同，造型紋飾一致。1927 年出土於河南新鄭。時發現并發掘一春秋大墓，疑爲鄭之國君子嬰墓，出土一批重器，時稱"新鄭彝器"。初藏河南省博物館，中華人民共和國成立前，諸器遷重慶，擬轉遷臺灣。因時局緊迫，新鄭彝器部分遷臺，部分未及遷而留大陸，留者包括此二器。1950年，二器北遷，其一回河南省博物館，郭沫若定名"蓮鶴方壺"；其一歸故宮博物院，故宮稱該器爲"立鶴方壺"。器型略呈扁方，河南器略高爲 126.5 厘米，故宮器高 125.7 厘米。兩器重量俱爲 64.28 千克，方形口，扁腹長 30.5 厘米，寬 54 厘米。器物鑄造極精，呈現圓雕、淺浮雕、細刻、焊接等多種工藝。方形壺蓋作蓮瓣狀，雙層花瓣向外伸展，花瓣有鏤空小孔。蓮瓣中央有活動小蓋，上立仙鶴一隻，作振翅欲飛狀。通體飾蟠龍紋，頸腹兩側有長形帶翼神獸雕塑，腹部四棱上還有小蟠龍雕塑。皆作向上攀緣狀。圈足下又有二捲尾獸雕塑承托器

身。整體造型極優美，紋飾與雕塑繁複，神獸、蟠龍雕塑彼此呼應。藝術水準極高，鑄造工藝極複雜，實爲春秋青銅器極品。2002 年被國家文物局確定爲首批禁止出國（境）展覽文物之一。此類器物用途，可作盛酒器，常常成對使用。《儀禮·聘禮》："八壺設于西序，北上，二以竝，南陳。"鄭玄注："壺，酒尊也。"抑或用於盛水。《周禮·夏官·挈壺氏》："掌挈壺以令軍井。"鄭玄注："盛水器也。"

三星堆縱目銅面具

青銅禮器。祭祀所用造型極誇張的青銅面具。先秦時期巴蜀先民所用。四川廣漢三星堆遺址出土較多，尤其是 1986 年三星堆二號祭祀坑出土的三件巨大青銅縱目面具，最大的一件約高 65 厘米，寬（以兩耳尖爲準）138 厘米，重 80 多千克。這些青銅縱目面具呈方闊大面，粗眉巨眼，眼角上翹，瞳孔呈柱狀往前凸出二三十厘米，鼻子寬闊略鉤，大嘴極闊，嘴角上翹。晉常璩《華陽國志·蜀志》："周失綱紀，蜀先稱王。有蜀侯蠶叢，其目縱，始稱王。"或許縱目銅面具就是"始稱王"的巴蜀先王"蠶叢"的形象。也有學者提出不同看法。一説縱目面具是蜀人的太陽神形象；一説這種巨眼高懸的神可能是古代"蜀"字的起源所據；一説體現"德"字的内涵；一説反映祭祀中的"開目儀式"；一説模仿日神燭龍，取其可燭照九陰，使衆鬼驚恐無所遁形。因無文獻可據，故衆説紛紜，莫衷一是。無論此面具代表着什麽含義，其對人心靈的震撼力，令人由衷敬畏的威嚴，則無時不在，因而在祭祀的場合，它有着無上的神力。

侯馬盟書

晋國公卿貴族間舉行會盟的約信文書，史書上稱之爲"盟書"或"載書"。爲春秋晚期（一説戰國早期）之物。1965—1966年出土於山西省侯馬晉城遺址。該處是晋國宗廟遺址的一部分，盟書坑集中分布於遺址的西北部。坑内大多埋有牛、馬、羊牲之一種，故盟書亦多爲盟誓時祭祀之後留下的。所出盟書多爲圭形或長方形玉石片或石片，共五千餘枚。長短不一，最長者32厘米，寬近4厘米，最短者18厘米，寬不到2厘米。上用毛筆書寫紅字或黑字，内容有五類：一爲宗盟類，要求參與盟誓的人效忠盟主，一致討伐敵對勢力，是主盟人團結其宗族的盟誓；二爲委質類，參與盟誓者表示同逃亡的舊主斷絶關係，并制止其重返晋國；三爲納室類，盟誓人表示盟約後不再爲自己擴充奴隸、土地和財產；四爲詛咒類，對違背誓約的罪行加以詛咒；五爲卜筮類，爲盟誓卜牲時龜卜及筮占文辭的記載，此類不屬於正式盟書。按，《周禮·秋官·司盟》"掌盟載之灋"漢鄭玄注："載，盟辭也。盟者書其辭於策，殺牲取血，坎其牲，加書於上而埋之，謂之載書。"《禮記·曲禮下》亦云："約信曰誓，莅牲曰盟。"鄭玄注："坎用牲，臨而讀其盟書。"孔穎達疏："以其不能自和好，故用言辭共相約束以爲信也。……盟者，殺牲歃血，誓於神也。"侯馬盟書正是主盟人和參與盟約者共同對神靈盟誓、約定共同遵守事項的文書。據統計，參盟人有152人之衆，且有許多"尋盟"（反復舉盟）現象。它反映着春秋後期晋國上層之政爭。一説正反映主盟人趙孟（即趙鞅）與政敵趙尼（即趙稷）的鬥爭；一説是主盟人趙敬侯章與政敵趙北（即武公子朝）的朝争；一説是主盟人趙嘉（趙桓子嘉）與政敵趙化（即趙獻侯浣）的爭位鬥争。總之，這批盟書正是春秋末（或戰國初）晋國内部激烈政治鬥争的見證。當時的諸侯和卿大夫爲鞏固内部團結，打擊敵對勢力，常舉行這種盟誓活動。盟書一份藏於盟府；一份埋於地下或沉於河中，以取信於神鬼。侯馬盟書的發現對於研究中國古代盟誓制度、古文字以及晋國歷史，具有重大意義。

淅川雲紋銅禁

青銅禮器。爲承置酒器之案。春秋中期器物。1978年河南淅川下寺出土。爲存世極少的銅禁之一。先秦文獻有銅禁記載，其名取義於禁酒。《儀禮·士昏禮》："尊于室中北墉下，有禁。"鄭玄注："禁，所以庪甒者。"賈公彥疏："云'禁，所以庪甒者'，《士冠》云甒，此亦士禮，雖不言甒，然此尊亦甒也。庪承於甒。禁者，因爲酒戒，故以禁言之也。"賈注謂"此亦士禮"，可知禁亦作禮器。淅川銅禁通高28.8厘米，器身長103厘米，寬46厘米。器身以粗細不同的銅梗支撐，有多層鏤空云紋，十二隻龍形异獸攀緣於禁的四周，另十二隻蹲於禁下爲足。這是我國迄今發現用失蠟法鑄造的時代最早的銅器，其工藝精湛複雜，具有極高歷史價值和藝術價值。現藏河南博物院。

曾侯乙墓編鐘

亦稱"曾侯乙編鐘"。青銅禮器。樂器。曾國諸侯乙的一套八組青銅打擊樂器。戰國早期文物。1978年出土於湖北省隨縣（今隨州市）擂鼓墩曾侯乙墓。因該墓所出許多青銅器上有"曾侯乙乍持"或"曾侯乙乍持用終"銘文，兵器上則有"曾侯乙之走戈""曾侯乙之用戈"銘文，故稱。曾侯乙爲戰國初曾國（今湖北隨州、棗陽一帶）名"乙"的諸侯。在出土編鐘的下層甬鐘中間，放有一件鎛鐘，形體碩大，鈕呈龍蛇盤繞形，器表裝飾威嚴的蟠虺紋，枚扁平。其上銘文表明乃楚惠王五十六年（公元前 433）所贈。應是楚王得到曾侯辭世訃告後贈送的殉葬品。據此推測，曾侯約死於是年，而編鐘鑄造年份，亦應不晚於此時。據遺骸檢測，曾侯乙身高 162 厘米，終年約 42 或 45 歲。同是諸侯，頭一年，即公元前 434 年，北方晉敬公死；後一年，即前 432 年，南方楚惠王死，其史實均見於《史記》。曾侯雖是小國諸侯，而此時期歷史文獻對其人其國隻字未提，頗令人費解。一説曾國即《左傳》所記之隨國，待考。而此墓所有歷史信息可補文獻之闕，則毋庸置疑。編鐘是禮樂文化的載體，一般在祭祀、朝會或宴飲等禮儀上演奏。《周禮・春官・大司樂》："以六律、六同、五聲、八音、六舞，大合樂，以致鬼神示，以和邦國。"曾侯乙編鐘由六十四件青銅編鐘組成（不含楚王鎛），分三層八組懸掛在呈曲尺形的銅、木構鐘架上。每件鐘均具有一鐘雙音特點。全套編鐘音域跨五個半八度，十二律齊備，可以旋宮轉調。長鐘架長 748 厘米、高 265 厘米；短鐘架長 335 厘米、高 276.3 厘米。最大鐘通高 152.3 厘米，重 203.6 千克；最小鐘通高 20.4 厘米，重 2.4 千克。總重量約 5000 千克。最上層三組十九件爲鈕鐘，形體較小，有方形鈕，有篆體銘文，標注音名。中下兩層五組共四十五件爲甬鐘，有長柄，鐘體遍飾浮雕式蟠虺紋，細密精緻。鐘上有錯金銘文，除"曾侯乙乍持"外，都與音樂有關。鈕鐘的銘文爲樂律名和階名。甬鐘正面隧、鼓部位（即鐘口沿上部正中和兩角部位）的銘文爲階名，如宮、商、角、徵、羽等，反面各部位銘文記載了曾國與楚、晉、齊、周、申等地律名和階名的相互對應關係。每枚在隧部和鼓部能發兩音。實測音響與銘文標記之音相符。據湖北省博物館編著《曾侯乙墓》（文物出版社 1989 年 7 月版）第 122 頁載，在編鐘橫梁上刻有"姑洗之宮"，鐘上有"宮、商、角、徵、羽"等銘文的標音，"有九件鈕鐘……以直書'××之宮'的形式標着樂律名稱"，如"黃鐘之宮""割肆之宮""穆音之宮""大族（蔟）之宮""無鐸之宮""嬴孠之宮""妥（綏）賓之宮"，等等。按，《淮南子・天文訓》："黃鐘爲宮，太蔟爲商，姑洗爲角，林鐘爲徵，南呂爲羽。……黃鐘爲宮，宮者，音之君也。……姑洗之數六十四。"曾侯乙編鐘六十四件所標五聲和樂律關係，既與《淮南子》記載相合，亦多與《周禮・春官・大司樂》所載"奏黃鐘，歌大呂""奏大蔟，歌應鐘""奏姑洗，歌南呂""奏蕤賓，歌函鐘""奏夷則，歌小呂""奏無射，歌夾鐘"相近，"凡六樂者，文以五聲，播之以八音"，可資對照。曾侯乙編鐘是我國迄今發現數量最多、保存最好、音律最全、氣勢最恢宏的一套編鐘，其高超的鑄造技術和良好的音樂性能，舉世矚目。該編鐘現藏湖北省博物館，爲該館鎮館之寶。

【曾侯乙編鐘】

　　即曾侯乙墓編鐘。戰國早期樂器。見該文。

大鑄客鼎

　　亦稱"楚大鼎"。青銅禮器。炊器。戰國時期楚國器物。是現存西周以來最重的銅鼎。

1933 年出土於安徽壽縣朱家集（今屬長豐縣）李三孤堆楚王墓。該楚王被認爲是楚幽王，其墓當時屢經盜掘，此鼎一度落入亦曾派人盜掘的桂系軍閥李品仙之手。抗戰期間，鼎被運往四川避戰火。戰後運回南京。國民黨軍隊撤退臺灣時，倉促逃跑中，此鼎因過重、過大而被遺弃江邊。後被運往合肥，收藏於安徽省博物館。鼎通高 113 厘米，口徑 87 厘米，耳高 36.5 厘米，腹圍 290 厘米，深 52 厘米，足高 67 厘米，重約 400 千克。形制爲圓口方唇，鼓腹圓底，三蹄足。頸側附雙耳，耳上部略外展。鼎腹飾一周突起圓箍，雙耳及頸部外壁飾有模印菱形幾何紋，足根部飾有浮雕漩渦紋。鼎口平沿刻 12 字銘文：“鑄客爲集脀造脀鳴腋脀爲之。”諸家釋讀仍存分歧，或釋爲：“鑄客爲集膴侶膴睘豚膴爲之。”足和腹下刻有“安邦”二字吉語。此器造型雄偉，氣韵凝重，堪稱楚王重器。現藏安徽博物院。

【楚大鼎】

即大鑄客鼎。戰國時期楚國青銅禮器。見該文。

中山王鐵足銅鼎

青銅禮器。炊器。戰國時期中山國器物。1977 年河北省平山縣中山國王墓出土。是中山王墓同時出土的九件列鼎中的首鼎。銅身鐵足，圓腹圜底，雙附耳，蹄形足，上有覆鉢形蓋，蓋頂有三環鈕。通高 51.5 厘米，最大直徑 65.8 厘米。鼎身刻有銘文 77 行 469 字，字數在先秦青銅器銘文中僅次於《毛公鼎》。銘文記載了中山國相邦司馬賙率師伐燕、擴大疆土的功績，告誡後代吸取歷史教訓，警惕周邊諸國侵略。文中說：“先祖趄（桓）王邵（昭）考成王，身勤社稷，行四方。”“賙新（親）趩（率）參（三）軍之衆，以征不宜（義）之邦”，“開啓封疆”。銘文字體修長秀麗，有所謂懸針篆風格；文句典雅優美，具有重要的歷史價值和藝術價值。中山王鼎是我國迄今所見最大的鐵足銅鼎，也是銘文字數最多的一件戰國青銅器。現藏於河北省博物館。

附録一：异風陋俗説

第一節　占卜考

　　所謂占卜，就是用龜殼、獸骨、蓍草、銅錢、竹籤、紙牌、符籙等物品作工具，通過對其體現出的數字、符號、形狀等的解讀，推測未來某方面吉凶；還可通過觀察天體星象、天地灾异，推斷未來禍福。算命與占卜有所區別，但它也是通過對人的所謂面相、手相，以及人的所謂生辰八字等事項，推斷人的未來命運，因而在對未來的預測性上，與占卜有一定關聯。這些方法在很大程度上屬於迷信、方術。而它自古以來長期流行，深深地影響着世人對自然、社會的敬畏和對人生的態度。

　　這種習俗始於原始時代人們對於自然現象的無知，對於事物發展缺乏足够的認識。人們希望知道未來吉凶，因而試圖藉自然界的某種徵兆來作爲行動指針。如某種天象意味着什麼，某種灾异或瑞徵又意味着什麼，等等。但自然徵兆并不常見，所以試圖通過人爲的方式，藉助占卜之類方法，求未來吉凶趨勢的應驗。由此形成種種神秘的驗證儀式，其驗證結果便被世人所信奉。這樣的方法一般沒有科學性可言，其驗證結論多出自偶然性的事物表現，最終要點還在於人如何對那種偶然性的事物呈現作出何種解釋。

　　商周時期流行用龜殼與獸骨占卜。通常選龜之腹骨近足高起部位或牛肩胛骨灼之，據其裂紋判斷所卜事情的吉凶。《周禮・春官・菙氏》："菙氏掌共燋契，以待卜事。"鄭玄注引杜子春云：燋"謂所熱灼龜之木也。……契謂契龜之鑿也"。《詩・大雅・綿》："爰契我龜。"鄭玄箋："契灼其龜而卜之。"貞卜者通過龜甲獸骨上灼裂之紋，判斷所問之事的吉凶。

　　周以後，或以蓍草占卜。尤其《周易》一書的出現，將占卜、算卦推向了一個更高的層次。易學本身包含了合理的辯證思想，其關於乾坤陰陽的變化理論，對於人們正確認識世界、分析世界有積極作用。然而，其在被人們用於未來預測、事物吉凶的解讀之上，也存在不合理的應用。自古以來，對於易學占卦的信奉頗爲流行。宋朱熹《易學啓蒙・序》："聖人觀象以畫卦，揲蓍以命爻，使天下後世之人皆有以決嫌疑、定猶豫，而不迷於吉凶悔吝之塗。"這般贊譽，掩蓋了占卦所帶有的偏頗。事實上，古來也多有人對此持懷疑態度。《宋史・律曆志十五》："比曆書一日之間，吉凶竝出，異端竝用，如'土鬼暗金兀'之類，則添注於凶神之上，猶可也；而其首則揭九良之名，其末則出九曜吉凶之法，……凡閭閻鄙俚之說，無所不有。"

　　由占卜算卦對外界事物的變化的推斷，又引申爲對人生的預測，催生了後來的所謂相面、看生辰八字。人的福祿壽喜情況，婚嫁育子好壞，均被納入算命方術。恰如朱熹所言："《周易》許多占卦淺近，底物事盡無了却，空有個繫辭說得神出鬼沒。"（宋朱鑑《文公易說・繫辭上傳》引沈僩所錄）時人每每以男女生辰八字定其婚姻是否"命中相剋"，又"以人生年月日所直支干，推人禍福死生"。雖說"祿命之說，誠渺茫不足信。人有同年庚日時，而貴賤迥不相同者"（明謝肇淛《五雜組・人部二》），而時人猶信之甚篤。

　　占卜之外，古來尚有其他種種術數，包括所謂奇門遁甲、卦影六壬、堪輿風水之術，多不勝舉。《後漢書・方術傳序》所舉例證即可見其一斑："其流又有風角、遁甲、七政、元氣、六日七分、逢占、日者、挺專、須臾、孤虛之術，及望雲省氣、推處祥妖。"可知推斷環境好壞、人生順逆、時節吉凶之術，在古代有廣泛的社會需求，反映了古人對於自然現象的崇拜和對於人世禍福的關注。其中固然存在科學合理的成分，同時也充滿着迷信和欺騙。是故對這方面的探討，對於解讀國人的信仰、思維模式和社會心理，都有非常重要的意義。

貞

先秦王室占卜未來吉凶的禮儀。多用獸骨或龜甲占卜。先平整龜甲或獸骨（主要是牛肩胛骨）表面，在其背部鑽出一个个圓形槽、鑿出橢圓形穴，再用加熱過的金屬工具灼烤。灼熱使甲骨正面出現不同形狀的裂紋，即判斷吉凶的依據。《説文·卜部》："貞，卜問也。"此禮商代已見於甲骨文。郭若愚《殷墟拾掇》二·四五五："貞：王勿尋，告于示。"胡厚宣《甲骨續存》二·四七六："壬辰卜，貞：商牧。"周代猶存此禮。《周禮·春官·大卜》："凡國大貞，卜立君，卜大封，則眡高作龜。"鄭司農注："貞，問也。國有大疑，問於蓍龜。"因多借助於龜甲，故周人亦稱之爲"貞龜"。《大卜》又曰："國大遷、大師，則貞龜。"此俗沿至春秋。《左傳·哀公十七年》："衛侯貞卜。"杜預注："正卜夢之吉凶。"後世不再用此法。

龜卜

灼龜甲占卜之禮。通常選龜之腹骨近足高起部位灼之，據其裂紋斷所卜事情的吉凶。此禮始於商，達於周。此稱後世猶沿用。《書·金縢》"乃卜三龜一習吉"傳："習，因也。以三王之龜卜一相因而吉。"《周禮·春官·大卜》"眡高作龜"鄭司農注："作龜謂鑿龜，令可爇也。"鄭玄注："卜用龜之腹骨，骨近足者其部高。……作龜謂以火灼之，以作其兆也。"宋儲泳《祛疑説·龜卜説》："龜卜之法，自古有之。《周官》立龜人之職，《洪範》叙稽疑之疇，太史著龜筴之傳，理不可廢。"

龜甲

烏龜的甲殼，商周時期人們用作占卜工具。

以火灼龜殼，根據其上出現的灼裂紋，推斷吉凶。元劉瑾《詩傳通釋》卷一六："契所以然火而灼龜者也，《儀禮》所謂楚焞是也。或曰以刀刻龜甲，欲鑽之處也。"先刻，再灼，再辨其兆。《周禮·春官·大卜》："凡國大貞，卜立君，卜大封，則眡高作龜。"漢鄭玄注："《易》曰：'師貞丈人吉，作龜。'謂以火灼之，以作其兆也。"龜甲可占卜一切大小事。元吳澄《易纂言外翼·變例》："《洛書》者，大禹治水之時，洛有神龜出，而龜甲之拆文有此數也……以天道人事分爲九類，品其緩急先後之次，以配龜甲一二三四五六七八九之文，是爲《洪範》九疇。"雖不免臆測之説，而據龜甲之紋以推知天道、人事，却是事實。清趙繼序《周易圖書質疑·太極圖》亦曰："夫龍馬之象本于乾坤，龜甲之文原于卜兆。"

揲蓍

亦稱"揲策"。用蓍草卜卦之舊俗（迷信）。以蓍草的奇數或偶數占卜預測。此俗始於周代。其法：用五十根蓍草，先抽出一根，再將四十九根隨手分作兩部分，然後四根一數以定陽爻、陰爻，推算一切物象演化。《周易·繫辭上》："大衍之數五十，其用四十有九。分而爲二以象兩，挂一以象三，揲之以四以象四時。歸奇於扐以象閏，五歲再閏，故再扐而後挂。……是故四營而成易，十有八變而成卦，八卦而小成，引而伸之，觸類而長之，天下之能事畢矣。"宋朱熹《易學啓蒙·序》："聖人觀象以畫卦，揲蓍以命爻，使天下後世之人皆有以决嫌疑、定猶豫，而不迷於吉凶悔吝之塗，其功可謂盛矣。"然有關揲法解釋，歷代衆説紛紜。宋朱鑑《文公易説·揲法卜法》引《葉賀孫録》云："蓍卦，當初聖人用之，亦須有個見成圖算。後自失其傳，所僅存者，只有這幾句：大衍之數五十，其用四十有九。分而爲二，挂一，揲之以四，歸奇於扐。只有這幾句，如以象兩、以象三、以象四時、以象閏，已自是添入許多字去説他了。"《葉賀孫録》又云："揲蓍雖是一小事，自孔子以來千五百年，人都理會不得。唐時人説得雖有病痛，大體理會得是。近來説得大乖。"宋姚寬《西溪叢語》卷下："揲蓍之法：用老陽老陰多少之數求之，即偏而不均。若以奇耦之數求之，最爲精妙：三奇老陽，三耦老陰，一奇兩耦少陽，兩奇一耦少陰。少陽震坎，艮也；少陰巽離，兑也。"此法後世一直沿用。《儒林外史》第三五回："次日起來，焚香盥手，自己揲了一個蓍，筮得'天山遁'。"漢代又稱"揲策"。《史記・龜策列傳》："夫揲策定數，灼龜觀兆，變化無窮，是以擇賢而用占焉，可謂聖人重事者乎！"司馬貞索隱："揲謂兩手執蓍分而扐之，故云揲策。"按，古時亦有以擲錢代揲蓍者。宋儲泳《祛疑説・易占説》："筮易以蓍，古法也。近世以錢擲爻，欲其簡便，要不能盡卜筮之道。"

【揲策】

即揲蓍。此稱漢代已行用。見該文。

蓍草

菊科多年生草本植物，莖硬直而長。古人相信此草通靈，故用於占卦。其法行於周代，後世漸不流行。《詩・曹風・下泉》有"冽彼下泉，浸彼苞蓍"句，言及此草。清姚炳《詩識名解》卷一一"草部"釋曰："陸璣謂蓍似藾蕭，青色科生；陸農師以爲蒿屬。按，今蒿是處皆有，而蓍草不概見，且其莖花皆與蒿异，不得以科生便謂爲蒿屬本草。蓍生少室山谷，今蔡州上蔡縣白龜祠傍，其生如蒿作叢，高五六尺，一本一二十莖，至多者三五十莖，生便條直，異於衆蒿。秋後有花出於枝端，紅紫色，形如籬菊，此蓍草之狀也。"又對蓍草之靈不以爲然，曰："舊以蓍草爲神靈之物，上覆青雲，下守神龜，此亦如麐鳳粉飾之説耳。蓍草特爲不易生之物，聖人取其科生條直，足供分挂揲歸之用，故用以筮。且圓神之德存乎易，乃易理之靈，非蓍草之靈也。"而説蓍草神靈，其來有自。《周易・説卦傳》："昔者聖人之作易也，幽贊於神明而生蓍。"古人對此多有申説。宋袁燮《絜齋家塾書鈔》卷九："夫龜之與蓍草，其初皆物之至靈者，故雖至枯骨朽草，而所謂靈者自不可泯没，此卜筮之法所以有取於此也。"宋胡瑗《周易口義・繫辭上》："古者取其蓍草之數，隨其變而占之，以明休咎之事，以究鬼神之奥。"元胡一桂《周易啓蒙翼傳》上篇："蓍草屬蓍，形類蒿，花似菊。……其叢生滿百莖，可以當大衍之數者三，下有神龜守之，上有雲氣覆之。"清晏斯盛《易翼説》卷三："蓍，靈草也，聖人通神明之德，用蓍草作爲筮法，以宣神明之意。"可見蓍草猶商周之龜甲，古人藉之以通神。敬其神靈，古人或以之成賦。晋傅玄有《蓍賦》，贊云："雖離霜而未凋，與潛龜乎通靈。於是原極以道，握形以度，以類萬物之情，以通天下之故。豈唯終始於事業，乃參天而倚數。"唐康子玉亦作《神蓍賦》："神蓍之用兮，誠禀靈於自然。惟神也，適變之義至；惟用也，極數之理全。鈎深孰云乎筮短，藏密彌彰於德圓。"占卦之法，《周易・繫辭上》曰："大衍之數五十，其用四十有九，分而爲二以象兩，挂一以象三，揲之以四以象四時，歸奇於扐以象閏。五歲再閏，故再扐而後挂。"王弼注："演天地之數，所賴者五十也。其用四十有九，則其一不用也。……四十有九，數之極也。"這是指用蓍草五十根，象徵天地奧秘大衍之數，抽出一根不用，將餘下四十九根隨意分開握左右手中，再進行推衍占卦。宋張栻《南軒易説》卷一對此有解説："揲蓍法者，用蓍草四十九，分爲左右手。左小指内挂一莖，先以左手内四莖數之，留其餘，如未遇四即留之。復以右手内四莖數之，又以其餘并左右手，餘作一處，仍以小指内所挂一莖湊之，如此則第一揲若非五即九也。留下第一揲，所餘者蓍，只將餘蓍依前揲復分左右手，亦以所挂一莖湊之，第二揲不四即八也。第三揲亦如前，其數亦不四即八也。每爻三變，然後成一爻。第一揲不五即九，第二揲不四即八，第三揲亦不四即八，此所謂十有八變而成卦也。"可知其法甚複雜。

卜筮

亦稱"龜筮"。指用龜甲、筮草或其他器物預測未來事項之舊俗（迷信）。古人用龜占卜，用蓍草預測，故《書·洪範》："稽疑，擇建立卜筮人。"孔傳："龜曰卜，蓍曰筮。"《禮記·曲禮上》："龜爲卜，策爲筮。"一般是先筮後卜。龜爲象，筮爲數，《左傳·僖公十五年》："龜，象也；筮，數也。物生而後有象，象而後有滋，滋而後有數。"可知古人認爲物先有象而後有數。卜筮時先以蓍草筮，如得吉數，不必再卜；如不吉，再卜其象。并且，卜筮不過三，即一次不吉可再卜，再次不吉可以卜第三次。倘仍不吉，即不可進行第四次了，古人認

爲第四次以下不靈。此或爲後世"事不過三"之由來。又，筮之不吉，可以再卜，而卜之仍不吉，則不能再筮。此法起源甚早，夏商時已有之。《書·洪範》："汝則有大疑，謀及乃心，謀及卿士，謀及庶人，謀及卜筮。"《禮記·表記》："君子敬則用祭器，是以不廢日月，不違龜筮，以敬事其君長，是以上不瀆於民，下不褻於上。"又："昔三代明王，皆事天地之神明，無非卜筮之用，不敢以其私褻事上帝。"後世沿襲此俗。《史記·龜策列傳》："君子謂夫輕卜筮，無神明者，悖；背人道，信禎祥者，鬼神不得其正。"又："王者決定諸疑，參以卜筮，斷以蓍龜，不易之道也。"《漢書·王莽傳上》："太后遣長樂少府宗正尚書令納采，見女，……詔遣大司徒大司空策告宗廟，雜加卜筮，皆曰兆遇金水王相，卦遇父母得位，所謂康强之占、逢吉之符也。"顏師古注："孟康曰：金水相生也。張晏曰：金王則水相也，遇父母謂泰卦，乾下坤上，天下於地，是配享之卦。"晋潘岳《楊仲武誄》："龜筮既襲，埏隧既開，痛矣楊子，與世長乖。"北齊顏之推《顏氏家訓·雜藝》："卜筮者，聖人之業也。但近世無復佳師，多不能中。"《雲笈七籤》卷一一九："王道珂，成都雙流縣南笆居住。當僖宗幸蜀之時，常以卜筮符術爲業。"明謝肇淛《五雜俎·人部二》："不知古卜筮繇詞，皆何所本？"

【龜筮】

即卜筮。此稱先秦時期已行用。見該文。

占卦

亦稱"卜卦""問卜"。依據《易》之卦象推測未來吉凶之舊俗（迷信）。此俗源於周，此稱則約始於漢，并沿至近世。《太平御覽》卷

九九〇引漢魏伯陽《周易參同契》曰："冶葛巴豆一兩入喉，雖周文兆著、孔子占卦、扁鵲操針、巫咸叩鼓，安能蘇之！"《南史・江謐傳》："出〔江〕謐爲鎮北長史、南東海太守，未發憂甚，乃以弈棋占卦。"宋朱鑑《文公易説・繫辭上傳》引沈僴所錄朱熹語："《周易》許多占卦淺近，底物事盡無了却，空有個繫辭説得神出鬼没。"《桃花女》第一回："滿街巷語，俱説：'奇事，從未見過公爺的人，把偌大的前程棄了，來作占卦的營生。俱不知靈不靈，竟要一兩銀子！'"《草木春秋演義》第一三回："軍師決明子道：'元帥恭喜，前令婿問卜於吾，言一年之後決定相見，今果如其言。'金石斛乃謝道：'但小女至今未有下落。請軍師與我再卜一卦。'決明子忙占一卦，判曰：'相別之期有限矣，不過一月之間應必相見。'"

【卜卦】

即占卦。此稱先秦時期已行用。見該文。

【問卜】

即占卦。此稱清代已行用。見該文。

八卦

代表自然與人世萬事萬物變化的陰陽體系。爲卜筮算命（迷信）的基礎。用"—"代表陽、用"--"代表陰，用三個這樣的符號組成八種形式，即八卦。每一卦形代表一定的事物。乾代表天，坤代表地，坎代表水，離代表火，震代表雷，艮代表山，巽代表風，兌代表澤。八卦互相搭配又成六十四卦，用來象徵各種自然和人事現象。此稱先秦時期已行用。《周易・繫辭上》："是故四營而成易，十有八變而成卦，八卦而小成，引而伸之，觸類而長之，天下之能事畢矣。"《周禮・春官・大卜》："其經卦皆八，其別皆六十有四。"後世對此多有申論。宋蔡元定《皇極經世指要・序》："龍馬負圖，伏羲之以畫八卦，重之爲六十四卦。初未有文字，但陽奇陰偶，卦次序而已。今世所傳伏羲八卦，圖以員函方者是也。"《宋史・儒林傳四・蔡沉》："數始於一奇，象成於二偶。奇者數之所以立，偶者數之所以行。故二四而八，八卦之象也；三三而九，九疇之數也。"常據八卦推算吉凶（迷信）。《桃花女》第二回："周公道：'孤這卦按着先天的陰陽，後天的八卦，分厘毫末事俱在上面。'"

卦影

用圖形算卦之舊俗（迷信）。明方以智《通雅・釋詁（綴集）》："卦影，圖占也。"盛行於宋代，至清代猶行。始於宋仁宗至和年間費孝先，一説始於神宗熙寧間。傳費氏受高人指點，創此法。後頗有習其術者。宋蘇軾《東坡志林》卷一〇首載其事："至和二年，成都人有費孝先者，始來眉山，云近往都城山訪老人村，……老人授以易軌革卦影之術，前此未知有此學者。後五六年孝先以致富。今死矣，然四方治其學者所在而有，皆自托於孝先，真僞不可知也。聊復記之，使後人知卦影之所自也。"關於其術，時人多有叙述。宋朱彧《萍洲可談》卷三："熙寧間，蜀中日者費老筮易，以丹青寓吉凶。在十二辰則畫鼠爲子，畫馬爲午，各從其屬。畫牛作二尾則爲失，畫犬作二口爲哭，畫十有一口則爲吉，其類不一，謂之卦影。……朝士米芾好怪，常戴俗帽、衣深衣而躧朝靴，紺緣纈，朋從目爲活卦影。又開封李昂作卦影，自云能識倚伏，每筮得象，則説諭人，亦有理趣。"此則言始於神宗熙寧間。宋朱鑑《文公易説·撲法卜法》引沈僩録朱熹語：“以卦影云‘朱鳥翩翩歸于海之湄，吉’，這個只是説水火合則吉爾。”然時人已譏此術之非。宋曾慥《類説》卷一七引《東軒筆録》言“費孝先卦影”：“嘉祐以來，費孝先以卦影名天下，應者甚多。王平甫曰：‘占卜本欲前知，而卦影驗於事後，何足問邪！’”宋以後此俗猶行。《明史·方伎傳·周述學》：“〔周述學〕撰《大統萬年二曆通議》，以補曆代之所未及。自曆以外，圖書、皇極、律吕、山經、水志、分野、輿地、演算法、太乙、壬遁、演禽、風角、鳥占、兵符、陣法、卦影、禄命、建除、葬術、五運六氣、海道針經，莫不各有成書，凡一千餘卷，統名曰《神道大編》。”清紀昀《閲微草堂筆記·如是我聞三》：“世有圓光術，張素紙於壁，焚符召神，使五六歲童子視之，童子必見紙上突現大圓鏡，鏡中人物歷歷，示未來之事，猶卦影也。但卦影隱示其象，此則明著其形耳。”

六壬

依陰陽五行推算禍福的占卜方法（迷信）。六十甲子中，以“壬”字起頭者有六組，故稱；又，壬被認爲在五行中屬水，故與陰陽五行相關聯。宋潘自牧《記纂淵海·伎術部·六壬》引《黃帝內傳》云：“壬者，乾之首，居在天門；壬者屬水，水數一成數六，故曰六壬也。”南北朝已有此稱，其起源則更早。傳春秋時伍子胥曾據陰陽五行與天文星辰推測吳軍出兵的勝負，見漢趙曄《吳越春秋·夫差內傳》：“子胥曰：今年七月辛亥平旦，大王以首事。辛，歲位也；亥，陰前之辰也。合壬子，歲前合也。利以行武，武決勝矣。然德在合，斗擊丑。丑，辛之本也，大吉，爲白虎而臨。辛，功曹，爲太常所臨。亥，大吉，得辛爲九丑，又與白虎并重。有人若以此首事，前雖小勝，後必大敗。天地行殃，禍不久矣。”後世因以六壬占卜。北齊顔之推《顔氏家訓·雜藝》：“吾嘗學六壬式，亦值世間好匠，聚得《龍首》《金匱》《玉變》《玉曆》十許種書，討求無驗，尋亦悔罷。”《隋書·天文志下》：“凡占灾異，先推九宮分野、六壬日月，不應陰霧風雨而陰霧者，乃可占。”宋朱鑑《文公易説·撲法卜法》引沈僩録朱熹語：“嘗見林艾軒云：世之發六壬課者，以丙配壬則吉，蓋火合水也。”元馬端臨《文獻通考·經籍考四十七》載《廣古今五行志》，引晁氏曰：“六壬之類足以推一時吉凶，星禽五星禄命相術之類足以推一身之吉凶。”明謝肇淛《五雜組·人部二》：“修武有崔生者，善六壬，余在東郡，曾一致之，言多奇中。但其起課法微不同，大約用金口訣，取其簡便耳。”此俗沿至清代。清王夫之《尚書稗疏·虞書堯典》：“乃今之爲六壬之説者，不知雨水日在子，猶以正月亥將推之，求其億中也，不亦難乎！”《鏡花緣》第七六回“講六壬花前闡妙旨，觀四課牖下竊真傳”，述所謂大六壬之法甚詳。

遁甲

一種以十干爲基礎推斷凶吉的方術（迷信）。起於漢代《易緯·乾鑿度》太乙行九宮法，盛於南北朝時期。或稱出自黃帝、風后及九天玄女，皆後世附會之説。其法以十干的乙、丙、丁爲三奇，以戊、已、庚、辛、壬、癸爲六儀。三奇六儀，分置九宮，而以甲統之，視其加臨吉凶，以爲趨避，故稱“遁甲”。《後漢書·方術傳序》：“其流又有風角、遁甲、七政、元氣、六日七分、逢占、日者、挺專、須臾、孤虛之術，及望雲省氣、推處祥妖，時亦有以效於事也。”李賢注：“遁甲，推六甲之陰而隱遁也。今書《七志》有《遁甲經》。”其法流傳甚廣。《北史·隋宗室諸王傳·庶人諒》：“吾曉天文遁甲，今年起兵，得晋地者王。”《新唐書·方技傳·桑道茂》：“桑道茂者，寒人，失其系望，善太一遁甲術。乾元初，官軍圍安慶緒於相州，勢危甚。道茂在圍中密語人曰：‘三月壬申，西師潰。’至期，九節度兵皆敗。”前蜀貫休《古塞下曲》之一：“下營依遁甲，分帥把河隍。”《宋史·藝文志五》載“《遁甲萬一訣》《太一遁甲萬一訣》”。宋潘自牧《記纂淵海·伎術部·遁甲》引《符應經》：“遁者隱也，幽隱道也；甲謂六甲，六儀遞爲直符，天之貴神也常隱居六儀之下，故以遁甲爲名。”又引《遁甲書》，云“三遁者，天遁、地遁、人遁也”。“六甲加六丙，名青龍迴首；六丙加六甲，名飛鳥跌穴”。“陽遁九局，陰遁九局，自冬至後用陽遁，夏至後用陰遁”。此俗明清以後猶盛行。《蕩寇志》第七七回：“那老尼把他領到深山古洞裏，教他一切兵法戰陣、奇門遁甲、太乙六壬之術，半年都學會了。”一說“遁甲”當作“循甲”，遁即循環之“循”，謂以六甲循環推數。參閱宋趙彦衛《雲麓漫抄》卷九。

起課

占卜算卦方法（迷信）。其占法，先確定預測人事之時間，用上下兩個木盤，在固定盤（地盤）確定月的位置，沿十二地支順轉一圈活動盤（天盤）；再定四課，定三傳，最後排十二貴神，從而推斷吉凶。此爲用占目之干支爲推算之本的四課式算卦方法。然亦有搖銅錢看正反面，或用手指掐算，然後根據課義附會人事

推斷吉凶者，亦稱起課。此稱唐代已行用。宋朱鑑《文公易説·作易》引潘時舉録朱熹之説：“上古之時，民心昧然，不知吉凶所在，故聖人作易，教之卜筮。吉則行之，凶則避之。……初但有占而無文，往往如今人用火珠林起課者相似，但用其爻而不用其辭。”宋潘自牧《記纂淵海·伎術部·六壬》：“徐道符作《心鏡》言起課之例及論吉凶。”明高濂《玉簪記·占兒》“〔末〕先生，潘老爺家夫人相請起課，就要同去。〔丑〕小子就行。”《初刻拍案驚奇》卷八：“楊氏道：‘侄兒疑心，尋一個起課的問個吉凶，討個前路便是。’果然尋了一個先生到家，接連占卜了幾處做生意，都是下卦，惟有南京是個上上卦。”《醒世姻緣傳》第七六回：“街上一個打路莊板的瞎子走過，相大舅叫他進來，與狄希陳起課。”《鏡花緣》第五七回：“昨日兄弟偶爾起了一課，父親驛馬星動，大約不日就有遠差。”

拆字

根據某一個或幾個文字卜算人的命運的舊俗（迷信）。宋人假托先秦人作《子華子》，内頗有拆字之説。《四庫全書總目提要·子部·雜家類一》叙《子華子》曰：“今觀其書多采掇黄老之言，而參以術數之説。”元楊維楨《拆字説贈陳相心》：“拆字之術原出于倉頡，而得説於《子華子》……永嘉相心生以拆字術鳴于公卿間，其推原禍福、考索成敗亦既驗矣。”實則其俗起於宋。據宋何薳《春渚紀聞·雜記》載“謝石拆字”云：“有朝士，其室懷姙過月，手書一‘也’字，……石詳視字，謂朝士曰：‘此閤中所書否？’曰：‘何以言之？’石曰：‘謂語助者焉哉乎也，固知是公内助所書。尊閤盛年三十一否？’曰：‘是也。’以‘也’字上

爲三十下爲一字也。'然吾官寄此，當力謀遷動而不可得否？'曰：'正以此爲撓耳。蓋也字着水則爲池，有馬則爲馳；今池運則無水，陸馳則無馬，是安可動也⋯⋯'曰：'誠如所言也。'朝士即謂之曰：'此皆非所問者。但賤室以懷姙過月，方切憂之，所以問耳。'石曰：'是必十三個月也。以也字中有十字，并兩傍二竪下一畫，爲十三也。'"從中可看出拆字之法，一是釋義附會，以語助詞之"助"推知内助之"助"；二是拼合偏旁，將"也"字與"氵""馬"組合，釋其字引申義；三是拆解，"也"字既可拆解爲"三十一"（卅一），又可拆解爲"十三"。又，明張萱《疑耀‧拆字法》："宋人胡易鑑者，能以易卦拆字，知吉凶。於'咸其輔頰舌'，得癸丑狀元；於'臀無膚'，得丁未探花。蓋字文臀即尻也，殿諸其聲，乃以無膚去肉爲殿頭之祥，而以卦爻第三知其名次，以拆字法也。"此法明清時尤盛行。清姚之駰《元明事類鈔‧藝術門》論"拆榜字"引《霏雪録》云："洪武初，參知政事劉某、王某莅浙日，改拱北樓爲來遠樓。榜揭，拆字者張乘槎視之，曰：'三日内主哀喪之事。'如期，王父母夫人皆病卒，劉以事坐法。或問之，張曰：'來者喪字形，遠者哀字形，旁之一點相結者，泪點也。'"清紀昀《閲微草堂筆記‧如是我聞一》："亥有二首六身，是拆字之權輿矣。漢代圖讖，多離合點畫。至宋謝石輩，始以是術專門，然亦往往有奇驗。乾隆甲戌，余殿試後，尚未傳臚，在董文恪公家，偶遇一浙士，能拆字。余書一'墨'字。浙士曰：'龍頭竟不屬君矣。里字拆之爲二甲，下作四點，其二甲第四乎？然必入翰林。四點庶字脚、土吉字

頭，是庶吉士矣。'後果然。又戊子秋，余以漏言獲譴，獄頗急，日以一軍官伴守。一董姓軍官云能拆字。余書'董'字使拆。董曰：'公遠戍矣。是千里、萬里也。'余又書'名'字。董曰：'下爲口字，上爲外字偏旁，是口外矣。日在西爲夕，其西域乎？'問：'將來得歸否？'曰：'字形類君，亦類召，必賜還也。'問：'在何年？'曰：'口爲四字之外圍，而中缺兩筆，其不足四年乎？今年戊子，至四年爲辛卯，夕字卯之偏旁，亦相合也。'果從軍烏魯木齊，以辛卯六月還京。"

八字[2]

亦稱"生辰八字"。舊時推測命運凶吉所依據的人出生的年月日時。爲周易術語"四柱"之俗稱，因每柱以兩字爲名，四柱共八字，故稱。四柱即人出生的年、月、日、時，用天干和地支各出一字相配來代表。這是對一個人出生時的天體運行狀態的比對，故而在一定程度上反映了人與自然的關係。然而依照天干、地支的陰陽五行屬性之相生、相剋關係推測人的吉凶禍福，則多有迷信荒謬成分。年的干支與日的干支是延續的，是實的；月與時的干支是依據年、日的干支推算的，可說是虛的。依生辰算命始於唐代，以八字方法推算則始流行於宋代以後，至今部分地區猶存。唐代李虛中首創生辰算命方法。《五百家注昌黎文集‧碑誌五》載韓愈《殿中侍御史李君墓誌銘》（李虛中墓誌）："最深于五行書（注：今世有《李虛中命書》），以人之始生年月日所直日辰支干，相生勝衰死王相（注：或作相王，並去聲讀），斟酌推人壽夭貴賤利不利。輒先處其年時，百不失一二。其說汪洋奧義，關節開解，萬端千

緒，參錯重出。"宋陳郁《藏一話腴外編》卷上："唐李虛中始以人初生歲月日時，測其十母十二子相生相克，以逆知人之貴賤休咎。若脉診疾，鑑燭形，無一毫錯。世由此遂以推算爲天命。"按，李虛中之法或祇是用年月日而不用時，故不成八字，前人多所論及。明謝肇淛《五雜俎・人部二》："李虛中以人生年月日所直支干，推人禍福死生，百不失一，初不用時也。自宋而後，乃並其時參合之，謂之'八字'。"清紀昀《閲微草堂筆記・槐西雜志二》："世傳推命始於李虛中，其法用年月日而不用時，蓋據昌黎所作虛中墓志也。其書《宋史・藝文志》著錄，今已久佚，惟《永樂大典》載《虛中命書》三卷，尚爲完帙。所説實兼論八字，非不用時，或疑爲宋人所僞托，莫能明也。"清四庫館臣論宋人徐子平注《珞碌子》一書亦曰："臣等謹案《珞琭子三命消息賦注》二卷，宋徐子平撰。《珞碌子》書爲言禄命者所自出。其法專以人生年月日時八字推衍吉凶禍福。……考其書始見於《宋史・藝文志》。而晁公武《讀書志》亦云：宣和建炎之間是書始行，則當爲北宋人所作。……子平事迹無可考，獨命學爲世所宗，今稱推八字者爲子平。"説明宋代徐子平以後，八字算命方法盛行於世。至今猶然。元關漢卿《竇娥冤》第一折："莫不是八字兒該載着一世憂，誰似我無盡頭？"又第二折："孩兒，你可曾算我兩個的八字，紅鸞天喜幾時到命哩？"《桃花女》第二回："周公無奈，道：'你且把兒子的八字生辰報來，待孤與他看看流年如何。'石婆子忙把兒子的八字説上來，是十二月十八丑時生的，今年是二十四歲。"

【生辰八字】

　　"八字"之詳稱。此稱宋代已行用。見該文。

【造】

　　"八字"之別稱。指出生年月日時，用於算命（迷信）。此稱元代已行用。元馬致遠《陳摶高卧》第一折："（趙云）這麼一個先生，無有人識他。咱過去買卦去來。（與末相見科）（趙云）有勞先生，將我兩人賤造看一看。"明楊柔勝《玉環記・皋謁延賞》："（外）不必過謙。且説你的八字來。（生）韋皋賤造生於乙卯年丙戌月丁未日乙丑時。（外）此八字難得。"明張四維《雙烈記・推詳》："（生）先生不可胡猜，請求推算賤造。（丑）官人請説尊造。（生）我是戊寅年甲子月丁未日癸卯時。（丑算科）好好。貴造戊寅年甲子月丁未日癸卯時，乃是個煞印格。"《警世通言・鈍秀才一朝交泰》："〔馬德稱〕與那張先生拱手道：'學生賤造，求教！'先生問了八字，將五行生克之數，五星虛實之理，推算了一回。"清李慶辰《醉茶志怪・水鬼》："瞽者某，將出西郭，路經城隍廟前，有人牽其杖云：'去此數武，煩先生一推賤造。'"《于公案》第四三回："賢臣説：'細看尊造，主貴，正印偏官，多主福禄。但目下稍覺凶險。'"《明珠緣》第一九回記述八字推算云："尊造乃戊辰年丙辰月己巳日庚午時。一派辰中禄馬，入巳爲天元，入丙爲煞。月令帶煞了。己巳日上生出年上戊土來，乃是正櫻時上庚金。坐着天罡，又是地煞。子平云：煞不離櫻，印不離煞。煞印相生，功名顯達。又云：有官無印虛勞碌，有煞無官也落空。月上丙火透出官星。……經云，未看元辰，先尋大運。貴造十歲逆運。十歲丙寅，二十乙丑。"清以後此稱不復行。

禄命

本指人生禄食命運，以世人皆關注禄命推算，遂成人生命運吉凶之相術（迷信）。以推測人生盛衰、禍福、貴賤、壽夭爲旨歸。漢代已盛行，沿至明清。漢王充《論衡·解除篇》："天下人民夭壽貴賤，皆有禄命。"此爲禄食命運之意。《史記·日者列傳》言占卜者之禄命説不可盡信："卜筮者，世俗之所賤簡也。世皆言曰：夫卜者多言夸嚴，以得人情。虚高人禄命以説人志，擅言禍災以傷人心。矯言鬼神，以盡人財。"而此術歷代盛行不輟。《魏書·孫紹傳》："紹善推禄命，事驗甚多，知者異之。"《北齊書·方伎傳》："許遵……明易善筮，兼曉天文風角、占相逆刺。其驗若神。高祖引爲館客，自言禄命不富貴，不横死。"《南史·吉士瞻傳》："吉士瞻……不得志，乃就江陵卜者王先生計禄命。王生曰：'君擁旄杖節非一州，後一年當得戎馬大郡。'"《舊唐書·方伎傳·張憬藏》載蔣儼"遇憬藏，因問禄命"，憬藏推算其數十年貴賤盛衰，據説甚靈驗，"儼後皆如其言"。《金史·宗京傳》："京妻嘗召日者孫邦榮推京禄命，邦榮言留守官至太師，爵封王。"其

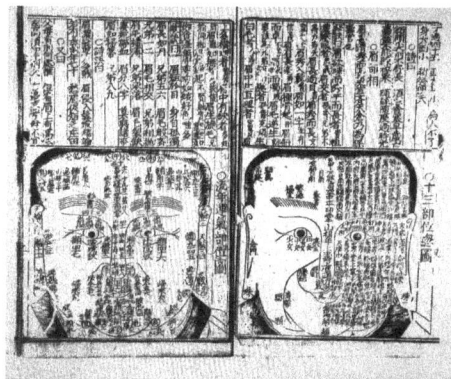

十三部位總圖（左）、流年運氣部位圖（右）
（明劉雙松《文林妙錦萬寶全書》）

法多以年月日時相配，推斷人生，即明謝肇淛《五雜俎·人部二》所謂："推禄命者，年月日時相配，以定吉凶。"然此術亦多遭非議。宋趙希弁《郡齋讀書後志》卷二載《廣古今五行志》，評曰："星禽、五星、禄命、相術之類，足以推一身之吉凶。……其所知若有遠近之異，而或中或否，不可盡信則一也。"明張九韶《理學類編·異端》："唐太宗以近世陰陽雜書訛僞尤多，命太常博士吕才刊定。才皆爲之序……其序禄命曰：禄命之書，多言或中，人乃信之。然長平坑卒，未聞共犯三刑；南陽貴族，何必俱當六合。今亦有同年同禄而貴賤懸殊，共命共胎而夭壽更異。此皆禄命不驗之著明者也。"《五雜俎·人部二》又曰："禄命之説，誠渺茫不足信。人有同年庚日時，而貴賤迥不相同者。"可見此術多臆測，或中或否，并無科學性。近世以來，此術不復流傳。

風鑑

亦作"風鑒"。相人術。根據人的相貌體格、神形氣色等，推斷人的未來吉凶（迷信）。此稱初指人的氣度風貌和眼光見識，《晉書·陸機陸雲傳論》中，"風鑑澄爽，神情俊邁"之"風鑑"即此意。宋以後藉爲相術之稱。宋代陳摶（號希夷先生）有《風鑑》一書，《宋史·藝文志五》："陳摶《人倫風鑑》一卷。"陳摶《神相全編》中多引《風鑑》之説，有云："部位要中正，三停又帶方。金形人入格，自是有名揚。"又云："端厚仍深重，安詳若泰山。心謀難測度，信義動人間。"皆相人術。宋李心傳《建炎以來繫年要録·紹興二十八年八月》："〔皇甫〕坦，夾江人，善風鑒。"《金史·施宜生傳》亦及風鑑相術："初，宜生困於場屋，

遇僧善風鑑，謂之曰：‘子面有權骨，可公可卿。而視子身之毛，皆逆上，且覆腕，必有以合乎此而後可貴也。’”後世沿襲此術。《醒世恒言·施潤澤灘闕遇友》：“裴度未遇時，一貧如洗，功名蹭蹬。就一風鑑，以決行藏。那相士説：‘足下功名事，且不必問。’”清代《御纂醫宗金鑒·編輯四診心法要訣上》“岐黄脉法候病死生，太素脉法陰陽貴清”注：“脉法倡自岐黄，所以候病死生。至楊上善爲風鑑者流，託名太素脉法，以神其説，每多不驗，然其中有近理可采者。”清趙慎畛《榆巢雜識·秘文恭善風鑑》：“秘文恭善風鑑，百不失一。”

【風鑒】

　　同“風鑑”。此體宋代已行用。見該文。

姑布

　　“姑布子卿”之簡稱。春秋時擅長所謂相面的相士。複姓姑布，名子卿。後亦作相人術代稱。《荀子·非相》認爲相人術不可信，但世俗流行：“相人，古之人無有也，學者不道。古者有姑布子卿，今之世，梁有唐舉，相人之形狀顔色，而知其吉凶妖祥，世俗稱之。”唐楊倞注《荀子·非相》云：“相，視也，視其骨狀以知吉凶貴賤也。妄誕者多以此惑世，時人或矜其狀貌而忽於務實，故荀卿作此篇非之。”《史記·趙世家》記載了姑布子卿相人之例：“姑布子卿見簡子，簡子遍召諸子相之。子卿曰：‘無爲將軍者。’簡子曰：‘趙氏其滅乎？’子卿曰：‘吾嘗見一子於路，殆君之子也。’簡子召子毋恤，毋恤至則子卿起曰：‘此真將軍矣。’簡子曰：‘此其母賤翟婢也，奚道貴哉？’子卿曰：‘天所授，雖賤必貴。’……簡子於是知毋恤果賢，乃廢太子伯魯，而以毋恤爲太子。”漢韓嬰《韓詩外傳》卷九亦載姑布子卿相孔子之逸聞，蓋後人演繹者：“孔子出衛之東門，逆姑布子卿。曰：‘二三子引車避，有人將來，必相引車避，有人將來，必相我者也，志之。’……子貢曰：‘賜之師何如？’姑布子卿曰：‘得堯之顙，舜之目，禹之頸，皋陶之喙。從前視之，盎盎乎似有王者；從後視之，高肩弱脊，此惟不及四聖者也。’子貢呀然。姑布子卿曰：‘子何患焉。污面而不惡，葭喙而不借，遠而望之，羸乎若喪家之狗，子何患焉！子何患焉！’子貢以告孔子。孔子無所辭，獨辭喪家之狗耳，曰：‘丘何敢乎？’”後世多用姑布作爲相人術之代稱。元楊維楨《秀州相士歌》：“縹綾方册錦盤囊，首録梅花道人傳。道人不讀姑布書，兩目看天走青電。”元陶宗儀《輟耕録·陰德延壽》：“時有挾姑布子之術曰鬼眼者，設肆省前，言皆奇中，故門常如市。”明孫傳庭《贈相者》詩：“誰將姑布動公卿，洛下原來舊有聲。一領青衣雙碧眼，教人到處説髯生。”《明史紀事本末·中原群盗》：“賊多購蘄黄人爲間，或携藥囊著蔡爲醫卜，或談青烏姑布星家言，或緇流黄冠，或爲乞丐戲術，分布江皖諸境。”清王韜《淞隱漫録·畢志芸》：“此間近來一相士，精姑布子卿之術，風鑒之神，有若操券。”古來時有對此術持異議者，但不能改變世俗對此的迷信。明童軒《感寓》六十八首之一：“相馬必以輿，相士必以居。容取失子羽，言取失宰予。聖人察所安，尚蔽驪黄餘。況彼肉眼夫，乃欲評錙銖。麟楢巧外飾，狗瓦同兒戲。寄言姑布徒，奚以骨相爲？”清毛奇齡《湖州府志序》：“天下不可信者三……姑布子家談人相有休咎……”

風角

依風吹之方嚮、强度、時間及其他表現形態以占卜吉凶的方法（迷信）。始於漢，流傳至清。古人認爲風爲天之號令，蘊含對人世的預告警示。《後漢書・蔡邕傳》："風者，天之號令，所以教人也。"李賢注引《翼氏風角》曰："風者，天之號令，所以譴告人君。"按，翼氏即翼奉，西漢元帝時儒臣，著《風角要候》等占卜風候著作。《晋書・天文志中》亦載西漢"京房著《風角》"。可知風角術在西漢已流行。至東漢，此風尤盛。《後漢書・景鸞傳》："抄風角雜書，列其占驗，作《興道》一篇。"又《郎顗傳》："郎顗……父宗，字仲綏，學京氏易，善風角、星算、六日七分。能望氣，占候吉凶，常賣卜自奉……時卒有暴風，宗占知京師當有大火，記識時日，遣人參候，果如其言。"李賢注："風角，謂候四方四隅之風，以占吉凶也。"可見其因風斷事之概。後世沿襲此術，王公貴族因關切安危陟降，尤好之。《魏書・李業興傳》言李業興"博涉百家圖緯、風角、天文占候，無不討練"；《隋書・楊素傳》言楊素"頗留意於風角"。《北史・后妃傳下・武成皇后胡氏》載狂風預示的政變："帝自晋陽奉太后還鄴，至紫陌，卒遇大風。兼舍人魏僧伽明風角，奏言即時當有暴逆事。"儘管大風會帶來某些世象變化，與某些人的預測偶合，但更多的是人憑經驗而藉大風説事。故《新唐書・李靖傳贊》對李靖長於風角有所辨析："世言靖精風角鳥占、雲祲孤虚之術，爲善用兵，是不然，特以臨機果、料敵明、根於忠智而已。俗人傳著怪詭機祥，皆不足信。"而世情仍對此深信不疑。《宋史・方技傳下・孫守榮》："孫守榮……病瞽，

遇異人，教以風角鳥占之術，其法以音律推五數，播五行，測度萬物始終盛衰之理。凡問者一語頃，輒知休咎。"明謝肇淛《五雜俎・人部二》記述了歷代擅長風角術的代表人物："謝夷吾望閣而知烏程長之死，李郃觀星而知益部使之來，精之至也。後來樊英、管輅之輩，皆本於此，第其術有至未至耳。風吹削脯，楊由知人獻橘；赤蛇分道，許曼知太守爲邊官。至於段翳封藥，門生知與吏鬥破；李南爨室暴風，其女預知死期，可謂通變化，入幽冥，無以加矣。至魏而管輅詣其極，至晋而郭璞集其成。五胡之世，佛圖澄、崔浩、陸法和擅其稱。盛唐之時，羅公遠、僧一行、孫思邈闖其室。五代以降，其術不復傳矣。"然五代以下，祇是流行不如以前，終未絶迹。清紀昀《閱微草堂筆記・灤陽消夏録六》："鄭成功據臺灣時，有粤東異僧泛海至，……兼通壬遁風角。"晚清以後，此術不復傳。

堪輿

亦稱"風水"，根據天象狀況和地理形勢，從時間與空間上全方位考慮一地環境吉凶優劣的術數。就其注重天人合一、人與自然和諧而言，强調環境對人、對社會有很大影響，有一定的科學價值。然而古來亦有無數方士以此推斷人和家族命運，乃至邦國盛衰，則又不免夾雜許多荒誕奇談。故堪輿風水，素兼褒貶，科學與迷信相交織。先秦已有其術，稱堪輿始於漢，稱風水始於魏晋。《周禮・春官》有保章氏，職掌從天文地理、時序氣候等的變遷中"辨其吉凶"，觀其"妖祥"。漢鄭玄注言及堪輿："大界則曰九州，州中諸國中之封域，於星亦有分焉，其書亡矣。堪輿雖有郡國所入度，非古數

也，今其存可言者十二次之分也。"此堪輿關聯的是天象星次與地域分野間的對應。宋王與之《周禮訂義》卷四四引薛氏曰："至韓趙魏三家分晉而堪輿之說起，初分十二諸侯上配天文十二次。"春秋始有十二星次分野之說，亦即有了堪輿術有關天地相應的闡述。對於"堪輿"的字面解讀，古時亦眾說紛紜。《漢書·揚雄傳上》"屬堪輿以壁壘兮，捎夔魖而抶獝狂"顏師古注："張晏曰：堪輿，天地總名也。孟康曰：堪輿，神名，造圖宅書者。……師古曰：堪輿，張說是也。"《文選·揚雄〈甘泉賦〉》李善注："許慎曰：堪，天道也；輿，地道也。"說明堪輿是對於天地之道的研究與判斷。堪輿又稱風水。世傳晉郭璞著《葬書》，略謂："氣乘風則散，界水則止。""古人聚之使不散，行之使有止，故謂之風水。""風水之法，得水爲上，藏風次之。"郭璞是否著《葬書》，《四庫全書總目提要》謂，"璞有《爾雅注》，已著錄葬地之說，莫知其所自來"。而據《後漢書·袁安傳》載安父歿，訪求葬地事，"是其術盛傳於東漢以後，其特以是擅名者，則璞爲最著"。故謂"風水"一稱始於晉，當不爲過。因其博大精深，故深通此道者被稱作堪輿家。所言堪輿風水，抑或可據。明楊孟瑛《請開西湖奏議》以堪輿言杭州地靈："杭州地脈發自天目群山，飛驀駐於錢塘江湖夾抱之間。山停水聚，元氣融結，故堪輿之書有云：勢來形止，是爲全氣；形止氣蓄，化生萬物。又云：外氣橫形，內氣止生，故杭州爲人物之都會，財賦之奧區。"堪輿甚至包括礦產勘探。明何宇度《益部談資》卷上言鹽井之鑽探開挖："開井祇憑堪輿家言，不知何術得此。"然堪輿之說亦多牽強附會。明李濂《汴

京遺迹志·山岳·艮岳壽山》："初，徽宗未有嗣，道士劉混康以法籙符水出入禁中，言京城西北隅地愜堪輿，倘形勢加以少高，當有多男之祥。始命爲數仞岡阜，已而後宮生子漸多。"李濂又有《艮嶽懷古》二首，其一曰："誰言此地愜堪輿，詔築峰巒十里餘。"清李光地《星曆考原》卷四言月事凶神，其"章光"條引《堪輿經》："章光者，陰建前辰也。其日忌嫁娶。"而《協紀辨方書》卷六"章光"條則云："《堪輿經》以月厭前一辰爲章光，後一辰爲無翹。蓋堪輿家專忌月厭，故前後並忌，然亦是後人附會耳。無翹即太陽。"《星曆考原》卷四又言"往亡""氣往亡"引《堪輿經》曰："往者去也，亡者無也。其日忌拜官上任、遠行歸家、出軍征討、嫁娶尋醫。"《新刊陰陽寶鑑剋擇通書》前集卷五引《堪輿經》亦云："支辰往亡日與土忌日同，忌修造動土，如上官赴任、嫁娶出行。"此下猶有"今北方人不忌，有我往彼亡之說"句，蓋非《堪輿經》原文。可見諸多忌諱，繫於堪輿。又清胡煦《周易函書別集·易學須知》："堪輿理氣之說，蔭及子孫而不能蔭及女甥，此即貴陽之真義也。"亦見其說怪异。而民間對堪輿多深信不疑。《大清會典則例》卷一七九載雍正十三年十月上諭："朕又聞漢人多惑於堪輿之說，購求風水以致累年停柩，漸至子孫貧乏，數世不得舉葬，愚悖之風至此爲極。嗣後守土之官必多方勸導，俾得按期葬埋，以妥幽靈。"《掃迷帚》第八回："有光道：'你那曉得，風水一道，如今的官場中尚多信服，吾輩小民，豈可訾議。我聞金陵上元縣署，據堪輿家言，爲仙鶴之形，故照牆例用木壁，恐磚石壓傷鶴頂也。'"清代小說《警富新書》第一

回言陰宅對子孫影響，亦見堪輿奇談：貴興科舉落榜，族叔宗孔謂"必是風水使然"，"古云命運先風水，陰陽後讀書。五者缺一，難以取功名也"。貴興曰："府君遺下七星伴月（諺云一瓮黃金七瓮銀爲七星伴月）衣祿，豈不如人運？"而且"府君在生所有作竈安神，必開羅盤，以定方位，即修渠小故，細選曆書堪輿，未嘗不究四者陰騭"。宗孔曰："風水未嘗無礙。何也？吾恐陽宅有餘而陰宅不足。"貴興雖認爲"今日堪輿不過指東指西，賣弄江詞，以圖糊口之計。豈有真眼可以轉禍爲祥"，但還是請了"半仙"去看祖墳。半仙看畢賀曰："即此一穴，便是龍盤。東邊文筆既顯，西邊催官亦猛。玄武高聳，朱雀坦平，四圍革固，八將歸堂。來龍來得極速，結穴就在這裏。應有一名探花，三名進士。"貴興聞言問曰："既如此，如何屢敗棘圍？"半仙嘆曰："所恨前石室，室位居犯煞，最宜平坦，不合高巍。"原是墳前方有石屋高起而犯煞。由此可見堪輿相宅之一斑。

【風水】

即堪輿。此稱魏晉時期已行用。見該文。

青烏

亦稱"青烏子"。本爲古時一位風水大師之名，後因藉稱堪輿之術，乃至指相地之書。此稱約始於魏晉時期。按，其歷史傳說甚遠，有稱始於黃帝者。宋張君房《雲笈七籤》卷一〇〇引《軒轅本紀》："黃帝始畫野分州……有青烏子能相地理，帝問之以制經。"這無疑是附會。世又傳秦樗里子著《青烏經》，而其文開篇曰"盤古渾淪"，盤古之名始見於三國，則知其經爲魏晉以後人假托。又《太平御覽》卷六五九引梁陶弘景《真誥》："昔彭祖弟子青烏公授明師之教，審仙妙之理，入華陰山學道積年。"雖遠溯傳說中之彭祖，但亦出於南北朝人記述。宋鄭樵《通志·氏族略五》："青烏氏：漢青烏子善術數，《神仙傳》有青烏公。"按，《神仙傳》爲晉葛洪所著。要言之，相地風氣漢代已有之，而稱青烏或青烏術，應是魏晉以後始流行。《初學記·禮部下》引東晉王嘉《王子年拾遺記》曰："相冢書曰《青烏子》，稱山三重相連，名連傘山，葬之二千石。"北周庾信《周柱國大將軍紇干弘神道碑》："青烏甲乙之占，白馬星辰之變。"又《道士步虛詞》十首之一："赤鳳來銜璽，青烏入獻書。"此所謂青烏之占，即相地；青烏獻書，即獻相地之書，即《後漢書·循吏傳·王景》："衆家數術文書冢宅禁忌。"唐李賢注："葬送造宅之法，若黃帝青烏之書也。"又《藝文類聚》卷四七引南朝陳徐陵《司空章昭達墓志銘》曰："大建三年薨於軍幕，爾乃青烏拍墓，白鵠標墳。"拍墓亦指相墓地。唐宋以後相地相、宅書，多與青烏相關。《新唐書·藝文志》載有"《青烏子》三卷"，《宋史·藝文志五》載有"《青烏子》歌訣二卷"。世傳《宅經》，《四庫全書總目提要》謂"《宋史·藝文志》五行類有《相宅經》一卷，疑即此書"。其卷上曰："《青烏子》云，其宅得墓二神，'漸護子孫，祿位乃固。得地得墓，龍驤虎步；物業滋川，財集倉庫；子孫忠孝，天神祐助'。"內容與世傳《青烏經》相類。又《四庫全書總目提要》卷一〇九介紹《玉管照神局》，亦相術書，曰："齊邱生五季俶擾之世，以權譎自喜，尤好術數，凡挾象緯、青烏、姑布、壬遁之術，居門下者常數十輩，皆厚以資之。是書專論相術，疑即出其門下客所撰集，而假齊邱名以行世者也。”有關相地之傳聞，亦代代不絕。開封博物館藏《大周絳州稷山縣右豹韜衛翊府右郎將昝君墓誌銘》：“白鶴相田，青烏占墓，粤窒邙阜，還同武庫。”《太平廣記》卷三九〇引唐薛用弱《集異記》：“張式幼孤，奉遺命葬於洛京。時周士龍識地形，稱郭璞青烏之流也。式與同之外野，歷覽三日而無獲。”《說郛》卷一一七下引唐李復言《續幽怪錄》：“孫晤家於七里瀨，善於葬法，得青烏子之術尤妙，相墳即知其家貴賤貧富官祿人口數。”宋周必大《顯仁太后發引慰皇帝表》：“陟彼屺兮，爰卜青烏之吉；維其時矣，遽瞻畫翣之行。”明田汝成《西湖游覽志・南山勝迹》：“萬工池在寺門外，宋建炎已前寺累遭回祿，鞠爲荆墟。崇熙間有善青烏之術者云，須鑿池以禳之。”清毛奇齡《經問》卷一六：“時俗葬親，多信青烏家言，相地卜兆，逾年不葬，即葬而數遷，此喪禮大弊。”清黎遂球《南海神祠碑記》：“一曰板橋人家抱山而環水，地勢由三老七星峰至南岡，蜿蜒而過，古之善爲青烏術者教立祠宇，而傍鑿二井，以鎮洩其氣脈，俾於爲停聚爲居者利避。”以上足見古來青烏術之盛。

【青烏子】

即青烏。此稱魏晋時期已行用。見該文。

栻盤

古稱“式”或“栻”。羅盤之雛形。用作觀測天文、推算曆象，以及所謂占卜吉凶的器具。始於先秦。後被羅盤取代。爲木胎髹漆，上有圓形天盤，下爲方形地盤。合天圓地方之意。天盤中有北斗七星圖形，其外有兩圈刻度，內圈刻十二時辰或十二神，外圈刻二十八宿。地盤在四邊四角分別刻天干地支、二十八宿及吉凶言辭。天盤地盤中間有軸相連。旋轉天盤，通過看上下盤相對應的刻度標識，推斷天象、節令和五行吉凶。漢以前稱“式”，魏晋以後又稱“栻”。魏張揖《廣雅・釋器》：“曲道，栻枱也。”清毛奇齡《通韻・十三職》：“栻，木局，所以推占吉凶者。”《史記・日者列傳》：“夫卜者，必法天地，象四時，順于仁義，分策定卦，旋式正棋，然後言天地之利害、事之成敗。”裴駰集解引晋徐廣曰：“式音栻。”司馬貞索隱：“按式即栻也，旋轉也。栻之形，上圓象天，下方法地，用之則轉天綱加地之辰，故云旋式棋者。筮之狀正棋，蓋謂下以作卦也。”按，栻盤狀如漢代博局鏡（考古學稱規矩鏡），似六博之博局，故司馬遷有“旋式正棋”之説。明方以智《通雅・釋詁》：“旋式，抱陰陽式法也。《靈棋經》：棋即占局之棋也。”造式之木有講究，一般要求用楓木做天盤，用棗木製地盤。北周庾信《咏樹》：“楓子留爲式，桐孫待作琴。”《廣韻・平東》：“楓，木名，子可爲式。”宋羅願《爾雅翼・釋木》釋“楓”：“其子可以爲式，式局以楓木爲天，棗心爲地。”清代《欽定音韻述微・入沃》：“枱，曲送栻枱也。以楓子棗心木爲之。枱有天地，以推占陰陽吉凶，見《博雅》。通作局。”而其中亦存异説。清陳大章《詩傳名物集覽》卷四引《埤雅》：“古之造式者，木用槐癭棗瘤，而以狼牙爲柱，取其靈智也。”此又謂以槐樹、棗樹之節的橫斷面爲盤板，且稱以狼牙爲上下盤之軸云。其物先秦已有之。《周禮・春官・大史》：“大師抱天時，與大師同車。”鄭玄注引鄭司農云：“大出師，則大史主抱式，以知天時，處吉凶。史官主知天道，故《國語》曰：吾非瞽史，焉知天道。”賈公彥疏："云抱式者，據當時占文謂之式，以其見時候，有法式，故謂載天文者爲式。知天時處吉凶者，候天時、知吉凶，以告王，故云處吉凶。"按，法式、制式、格式之"式"，即源自這種觀天察地相人以作某種判斷的器物，所以曾爲周之太史的老聃，在《道德經》中屢言作爲法式之"式"，應與其觀察天文之職有關。又《史記・龜策列傳》亦載春秋宋元王請太史衛平占夢，"衛平乃援式而起，仰天而視月之光，觀斗所指，定日處鄉。規矩爲輔，副以權衡。四維已定，八卦相望。視其吉凶，介蟲先見"。其中亦言用"式"來觀測占卜。漢代王莽末日遭厄，猶據栻之占卜謂"天意在我"。《漢書・王莽傳》："天文郎按栻於前，日時加某。莽旋席，隨斗柄而坐，曰：'天生德於予，漢兵其如予何。'"顏師古注："栻所以占時日。天文郎，今之用栻者也。音式。""式"甚至用於追尋人的行踪。南朝宋劉義慶《世説新語・文學》述漢代事："〔鄭〕玄亦疑有追，乃坐橋下，在水上據屐。〔馬〕融果轉式逐之，告左右曰：'玄在土下水上而據木，此必死矣。'遂罷追，玄竟以得免。"唐代猶有三類"式"。《唐六典・太卜署》："凡式占，辨三式之同異。（一曰雷公式，二曰太乙式，並禁私家畜；三曰六壬式，士庶通用之。）"并言用式之法："今其局以楓木爲天，棗心爲地，刻十二辰，下布十二辰，以加占爲常，以月將加卜時，視日辰陰陽，以立四課：一曰日之陽，二曰日之陰，三曰辰之陽，四曰辰之陰。四課之中，察其五行。取相克者，三傳爲用。又辨十二將，十二月神。……凡陰陽雜占吉凶悔吝，其類有九，決萬民之猶豫：一曰嫁娶，二曰生產，三曰曆注，四曰屋宅，五曰禄命，六曰拜官，七曰祠祭，八曰發病，九曰殯葬。"可見日常事務舉動，俱在式之占卜中。今所見較早的實物，爲漢代栻盤。《文物》1972年第12期載《武威磨咀子三座漢墓發掘簡報》報道甘肅武威磨咀子M62漢墓出土西漢晚期木胎髹漆栻盤，天盤直徑約6厘米，地盤直徑9厘米，爲栻盤珍貴實物，現藏甘肅省博物館。安徽阜陽雙古堆西漢汝陰侯墓亦出土有太乙九宮栻盤和六壬栻盤，尺寸更大，上有針刻篆書朱塗文字。其太乙九宮栻盤上下盤刻度相配合，展示出方位、節氣與吉凶諸信息，銘文曰："冬至，三十蟄，〔當者有憂〕卅六日廢，明日立春。立春，天溜，〔當者病〕卅六日廢，明日春分。春分，蒼門，〔當者有喜〕卅六日廢，明日立夏。立夏，陰洛，〔當者有僇（瘳）〕卅五日廢，明日夏至。夏至，上天，〔當者顯〕卅六日廢，明日立秋。立秋，玄委，〔當者死〕卅六日廢，日明，明日秋分。秋分，倉果，〔當者有盜爭〕卅五日廢，明日立冬。立冬，新洛，〔當者有患〕卅五日廢，明日冬至。"參閲《阜陽博物館藏品簡介》，《文物天地》2000年第1期。從中可見其與吉凶占卜的關聯。前引方以智《通雅・釋詁》又論式與占卜之天機，引《潛草》曰："無方準不亂，環中四旋，荮羅本具。《洪範》嚮威，微紀稽疑；《易》示吉凶，貞勝因濟。平時以静，正通神明，而問則受命如嚮，物物皆著龜也。觸其端機，何思何慮，須信心自本靈，誠自不爽。末世捷術，給人而汩陳矣。"唐宋以後"式"（栻）不再流行，被羅盤取代。"栻盤"一稱則是今人對它的稱呼。

【式】

"栻盤"之古稱。此稱先秦時期已行用。見該文。

【栻】

"栻盤"之古稱。此稱三國時期已行用。見該文。

羅盤

亦稱"羅經"。舊時堪輿師察看風水時所用勘察地形、測定方位以及所謂判斷吉凶的工具。古時其構造較簡,近世以來實物由天池、內盤、外盤三部分構成。天池有頂針、磁針、海底綫等關鍵構件;內盤爲可轉動之圓盤,上有各種刻度及方位文字;外盤爲托盤,中有天心十道,可用於讀取磁針所指內盤盤面內容。此物源於漢唐以來的指南針,明代以後始有"羅盤""羅經"之稱,羅盤沿用演化至今。作爲測定方嚮的器具,它是古代科學技術發展有代表性的事物,廣泛應用於航海、軍事、林業、建築、勘探、測繪等許多領域。作爲堪輿家勘測風水的工具,有其合乎科學的方面。然而,自古以來亦不乏堪輿家藉題發揮,利用羅盤勘測結果作出種種未必合理的推論,以索取錢財。指南針前身是《韓非子·有度》中所記戰國時期出現的司南,魏晉以後的指南舟、指南車運用了指南針原理。《藝文類聚》卷七一引《晉宮閣記》曰:"靈芝池有鳴鶴舟、指南舟。"《宋書·禮志五》載三國馬鈞造指南車,晉亂而廢;"石虎使解飛、姚興使令狐生又造爲。安帝義熙十三年,宋武帝平長安,始得此車。其制如鼓車,設木人於車上,舉手指南,車雖回轉,所指不移"。宋以後指南針已普遍應用於航海。宋朱彧《萍洲可談》卷二:"舟師識地理,夜則觀星,晝則觀日,陰晦觀指南針。"世傳唐人楊筠松有《青囊奧語》,其弟子作《青囊序》曰:"先天羅經十二支,後天再用干與維,八干四維輔支位,子母公孫同此推。"此謂據方位風水以推人世吉凶,應是元明時人假托。明清時此風尤甚。明方以智《物理小識·占候類》:"春夏秋冬之旋輪,即列于五方之旁羅盤,而析幾類應,孰能逃哉!"明張岱《快園道古·學問部》:"徐文長銘其所用羅盤曰:'斗霄縣北,姬旦指南。道者妙用,在股掌間。'"明程登吉《幼學瓊林·製作》:"周公作指南車,羅盤是其遺制。"(按,史有黃帝、周公製指南車之説,皆誤。)小説中頗多以羅盤堪查風水之描述,可見推斷之概。《警世通言·旌陽宮鐵樹鎮妖》:"郭璞先生行到山麓之下,前觀後察,左顧右盼,遂將羅經下針,審了方嚮,撫掌大笑曰:'璞相地多矣,未有如此之妙!若求富貴,則有起歇;如欲栖隱,大合仙格。觀其岡阜厚圓,位坐深邃;三峰壁立,四環雲拱;內外勾鎖,無不合宜。大凡相地,兼相其人,觀君表裏,正與地符。且西山屬金,以五音論之,先生之姓,羽音屬水,金能生水,合得長生之局,舍此無他往也。'"《蕩寇志》第七一回:"何道士就在空地上安放羅經,打了向樁,另畫了四至八道的界限。"《禪真後史》第一五回:"延請堪輿高士,姓都字道好,點定穴道……都道好笑道:'日前定羅盤時,我看這壙穴的是來龍聚處。'"《掃迷帚》第八回:"某令,本爲風水專家,即豫至署內外,將羅盤針縱橫察看,聲言須改造若干處。由此可知風水之説,不獨愚民深信,他們翎頂輝煌,身任百里侯的且看重此道。"明清時還有研究羅盤勘察風水的專著。《明史·藝文志三》:

"徐之鏌《羅經簡易圖解》一卷"。《清史稿・藝文志三》："《羅經解定》七卷，胡國楨撰。《青囊解惑》四卷，汪沆撰。"其時亦有羅盤製造名家。《清史稿・藝術傳一・蔣平階》："平階生於明末，……地學爲一代大宗，所造羅經，後人多用之，稱爲'蔣盤'云。"《江南通志・食貨志・物産》："羅盤，歙邑稱最。程宏宇、汪永年二家造者尤精。"清方濬師《蕉軒隨録・定時羅》："羅盤稱歙縣爲最，亦以汪、程二姓所造爲精。近則日晷、羅盤專以方秀水家著名，並汪、程之名亦不知之矣。"清馮煦《皖政輯要・農工商科・墾牧樹藝（附物産）》："羅盤、日晷，歙縣特製，今出休寧。"關於羅盤的西傳，近人莫伯驥《五十萬卷樓群書跋・文子部一》跋《論衡》有所論説，曰："法國史學家之主張，謂馬哥孛羅著《游記》一書，其關係不讓哥侖布之西航美洲。歐人讀游記，見所繪羅盤針圖，有謂此物作於中國，而歐洲述之，式樣已比馬圖爲精。意作始者歷數百年，進步當逾百倍。及游中國，過市買之，則與書之圖無差焉，乃索然興嘆而反。"這是指元代已西傳指南針，但用明清羅盤針之名稱之。羅盤至今仍被廣泛應用，唯"羅經"一名近世以來不復稱之。

【羅經】

即羅盤。此稱明代已行用。見該文。

報君知

亦稱"路莊板"。舊時算命先生用以招攬顧主的板子，用兩片鐵梨木或竹片做成，相擊拍出響聲以引人注意。亦或作圓形小銅鑼狀，敲打以發出聲響。宋代已有之，沿至近世。宋釋遠塵《雪竇顯和尚明覺大師頌古集》："一拽石，二般土，發機須是千鈞弩。象骨老師曾

輥球，争似禾山解打鼓。報君知，莫莽鹵，甜者甜分苦者苦。"《古今小説・蔣興哥重會珍珠衫》："到初四日早飯過後，暖雪下樓小解，忽聽得街上噹噹的敲響，響的這件東西，喚作報君知，是瞎子賣卦的行頭。"《初刻拍案驚奇》卷六："恰遇一個瞽目先生敲着報君知走將來。"清陳元龍《格致鏡原・耕織器物類》附"諸雜具"引明黄一正《事物紺珠》云："報君知，員銅片，手提擊。"清佚名《韻鶴軒雜著》："星家所敲小銅鑼曰報君知。"明代以後亦稱"路莊板"。《醒世姻緣傳》第七六回："街上一個打路莊板的瞎子走過，相大舅叫他進來，與狄希陳起課。"

【路莊板】

即報君知。此稱明代已行用。見該文。

籤

竹木籤。籤上標有詩句、語詞、爻辭、數字等，算命者據此推測凶吉（迷信）。求卦者從卦筒中任意抽出一支籤，稱"抽籤"；亦可捧卦筒搖晃，搖出一支籤掉下來，再以此籤"算

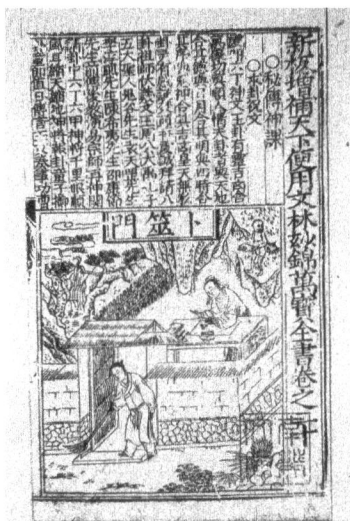

求卦占卜
（明劉雙松《文林妙錦萬寶全書》）

命"。籤的好壞有等級，分爲上、中、下，上中下再各分三等，構成九個等級，即上上、上中、上下；中上、中中、中下；下上、下中、下下。此稱五代時期已行用。宋張唐英《蜀檮杌》卷上記前蜀事："知星者趙延义言曰：此貪狼風千里外，必有破軍殺將之凶。〔王〕衍親禱張惡子廟，抽籤，得'逆天者殃'四字，不悦。"清程川《朱子五經語類·易二十五》引黄螢所録與朱熹問答："問：如何便是爻辭與所占之事相應？曰：自有此道理，如世之抽籤者，尚多有與所占之事相契。"宋潛説友《咸淳臨安志·紀遺四》："紹興二年，兩浙進士類試於臨安，湖州談誼與鄉友七人謁上天竺觀音祈夢……後二年，誼復與周元特（操）赴漕司舉，又同詣寺。前一夕，周夢與諸人同登殿，誼先抽籤，三反而三不吉。"《醒世姻緣傳》第八八回："龍氏家中求神問卜，抽籤打卦。"《醒世恒言·陳多壽生死夫妻》："比及天明，朱世遠教渾家窩伴女兒在床眠息，自己逕到城隍廟裏去抽籤。籤語云：'時運未通亨，年來禍害侵。雲開終見日，福壽自天成。'"《繡雲閣》第六三回："張老曰：'吾四人別無主見，惟到都會府焚香抽籤，以卜子女兒媳能歸與否耳。'"《靖江寶卷·三茅寶卷·總兵失陣》："大夫手捧籤筒搖，口中忙禱告：'東靈神明有靈有感，我們有心化緣修寺，求你老人家付堂籤詩。修得起來付上上籤，修不起來付個下下籤。'"

卦筒

亦稱"課筒""籤筒""卦盒"。盛卦籤或別的算卦物的圓筒。多爲竹筒，亦有木製者。此稱明代已行用。通常將卦籤或銅錢等算卦物放卦筒中，搖一搖，再從裏面抽出或倒出算卦物，

據籤上標示的詩句、爻辭、數字，或銅錢的數量及其正反面的文樣，推算吉凶（迷信）。明高濂《玉簪記·占兒》"〔末〕先生，潘老爺家夫人相請起課，就要同去。〔丑〕小子就行。〔末〕夫人，劉先生到了。〔相見介。老旦〕特請先生問卜。〔丑〕既然如此，拿課筒去，與老夫人禱告。"《紅樓夢》第一〇二回："下人安排定了，他便懷裏掏出卦筒來，走到上頭，恭恭敬敬的作了一個揖，手內搖着卦筒，口裏念道：'伏以太極兩儀，絪縕交感，圖書出而變化不窮，神聖作而誠求必應。兹有信官賈某，爲因母病，虔請伏羲、文王、周公、孔子四大聖人，鑒臨在上。誠感則靈，有凶報凶，有吉報吉。先請內象三爻。'説着，將筒內的錢倒在盤內。"《李公案奇聞》第三回："右邊門洞裏坐着一位道士，穿着青布道袍，手拿棕拂，面前擺著香盤卦筒，一塊小小粉牌，上寫着'善斷吉凶'四個字。"《桃花女》第二回："内堂上石婆子抬頭一看，只見當中擺一張桌子，上放着文房四寶、卦筒、香案等類。……石婆子忙把兒子的八字説上來，是十二月十八丑時生的，今年是二十四歲。周公聽了，把卦盒收了，再把石寶輔的八字排開一看，只叫一聲：'苦呀，凶神當頭，白虎守命。'"又第一回："周公拿起卦筒來搖了幾搖，倒出三個金錢來，一連六次，定了六爻。"《靖江寶卷·三茅寶卷·總兵失陣》："總兵説：'哥哥，這裏有個籤筒，求堂籤詩問問。'大夫手捧籤筒搖，口中忙禱告。"

【課筒】

即卦筒。以古人稱占卜爲課，問卦叫問課，占卜命運叫課命，故稱。此稱明代已行用。見該文。

【籤筒】

即卦筒。此稱明代已行用。見該文。

【卦盒】

猶卦筒。此稱明清時期已行用。見該文。

筶

亦稱"筊""珓"。竹製或木製、黃牛角形或彎月形的卜具。卜具中分作兩半，占卜者在神前投擲，觀其俯仰定吉凶（迷信）。以剖面爲正，一正一反爲吉筶，稱勝筶或聖筶；正面都朝上爲半吉，稱陽筶；兩面都朝下爲凶筶，稱陰筶（亦稱陰杯）。但自己主動祈求陰杯，則不爲凶。約始於元代，明以後形成風氣。元佚名《白兔記·祭賽》："（净打筊介）好筊好筊，三聖連迎筊，災殃疾病消。"元張國賓《合汗衫》第二折："（邦老云）我那徐州東嶽廟至靈至聖：有個玉杯珓兒，擲個上上大吉，便是小廝儿；擲個不合神道，便是鬼胎。"明代《道法會元》卷二三五："聖筶大吉，陽筶半吉，陰筶全凶。"《二十年目睹之怪現狀》第六八回："船上人見了他，便點了香燭，對他叩頭行禮，然後筶卜他的去處。他要到哪里，問的對了，跌下來便是勝筶；得了勝筶之後，便飛跑往大王要到的地方去報。"清陳倫炯《南澳氣》："我等……駕長潮，爲溜所吸，不得開者三四日。無奈禱筶棹退潮吉，乃溜入大洋。"

【筊】

即筶。此稱元代已行用。見該文。

【珓】

即筶。此稱元代已行用。見該文。

【筶】

即筶。此稱明代已行用。明初徐仲由《殺狗記·喬人算帳》："賊在門前討筊筶。"《醒世恒言·汪大尹火焚寶蓮寺》："凡祈嗣的，須要壯年無病的婦女，齋戒七日，親到寺中拜禱，向佛討筶。如討得聖筶，就宿於净室中一宵。"明王玉峰《焚香記·盟誓》："（生）娘子，此間有靈筶在此，待我卜問功名之事如何？（旦）官人，奴家正有此意。（生）王魁此去功名可遂，求個聖筶。（卜介。旦）是個聖筶。（生）途中無阻，討個陰杯。（旦）是個陰杯。（生）再卜妻子桂英。小生去後，他在家無灾無難，乞賜一陽保庇。（旦）呀，好奇怪。擲下是個陽筶，倒轉成個陰杯。這怎麼解？"

青囊 [2]

方士用以盛占卜之具的袋子。此稱晋代已行用。典出於晋代郭璞受業方術。《晋書·郭璞傳》："有郭公者，客居河東，精於卜筮，璞從之受業。公以青囊中書九卷與之。由是遂洞五行、天文、卜筮之術。"後世乃以"青囊之書"爲占卜秘笈。唐陳子昂《酬田逸人游岩見尋不遇題隱居里壁》詩："傳道尋仙友，青囊賣卜來。"唐岑參《上嘉州青衣山中峰題惠净上人幽居寄兵部楊郎中》詩："早歲愛丹經，留心向青囊。"《江西通志·方技》："一日，〔陳〕摶命之歸，曰汝子仙才，能紹業。盡以青囊書授〔吳〕克誠。"《金瓶梅詞話》第六二回："這徐先生向燈下打開青囊，取出萬年曆通書來觀看。"清徐乾學《讀禮通考·葬考一》："張平子《冢賦》述上下岡隴之狀，略如今葬書尋龍捉脉之爲者。至東晋而郭璞專攻其術，世遂依托爲青囊之書，轉相熒惑，其毒遂橫流於天下。"

課錢 [1]

舊時算卦時作爲卜具的銅錢，其作用類似於卦籤。此俗宋代已有之，稱以課錢占卜爲"卜金錢",并沿至近世。宋周密《齊東野語·詩用事》:"吳仲孚……《傷春》絶句云:白髮傷春及一年,閑將心事卜金錢。"元宋褧《送余德輝還池州》詩三首之二:"江頭少婦卜金錢,行人歸來有華髮。"明高濂《玉簪記·占兒》:"〔老旦〕頻頻去卜金錢,金錢似擲我珠淚懸。"至明清時稱用於占卜的金錢爲"課錢"。清俞樾《茶香室叢鈔·觀音課》:"用課錢乎?曰:我自有。"《靖江寶卷·三茅寶卷·登山顯聖》:"元陽將課筒又搖三搖,將課錢對下一倒,是'三爻'兩字。"

天蓬尺

亦作"天篷尺",亦稱"法尺"。道教儀式中用作鎮壇辟邪的法器。爲四面刻有吉凶星宿神符的長尺。有桃木製或銅鐵製兩類。約始於唐宋,達於近世。按,天上有天蓬之星(天蓬又稱天篷)。宋王溥《唐會要·九宮壇》:"《黄帝九宮經》及《萬嵩五行大義》:一宮,其神太一,其星天蓬,其卦坎,其行水,其方白。"俗稱其星爲天蓬元帥,可鎮邪。道士揮動法尺,即恭請天蓬元帥到壇驅邪之意。關於天蓬尺的來源與功用,古人謂先民用於驅邪的桃棒爲其雛形。成書於元大德年間的《道書援神契》曰:

近世銅製天篷尺

"法尺:古者被除不祥有桃枝,后羿死於桃棒,故後世逐鬼用之,今天蓬尺是其類也。"天蓬尺四面分別刻二十八宿、日月、紫微、天蓬、南斗六星、北斗七星之類星名,及各種吉凶象徵的星名(如貴人星、天灾星、天禍星、官禄星、天賊星,財木星、病土星、義水星、官金星、劫火星等等)。與星名對應,法尺上還或有符語,明其功用,如"孤獨星",管路卡、離散、滔食、淫欲、悖連、走失、死人、損財、毆打、致爭等;"害火星",其詞曰:"建門逢破軍,家中出橫人。田宅多破敗,瘟病不離門。"可見其用途在於算命測運驅邪,由道士持之以化凶趨吉。明初佚名《法海遺珠》載"祈雨節次":要作法事三日,從天宮祖師"領敕,步陰斗罡,下出天門,左玉文,右天蓬尺,或劍訣,步至巽方虛書'上帝有命,急召雷神'八字,巽户大開"。清袁枚《續子不語·亡父化妖》:"法官出袖中天蓬尺,從頭量之。"明清小説多有道士持天蓬尺降妖的描述。清佚名《西湖佳話·虎溪笑迹》:"請了這賈道士來衙,登壇設醮,穿戴起星冠羽衣,焚了信香,念了净心神咒;右手拿了七星降妖寶劍,左手用五雷訣捏着法水;踏罡步斗,噴了幾口法水,用天蓬尺在桌上拍一拍道:'一擊天門開,二擊地户裂,三擊神鬼驚!'又拍一拍道:'開天門,閉地户;留人門,塞鬼路;穿鬼心,破鬼肚。'念過了金光咒,又念净天地咒。念完,燒起符來,遣將捉邪。"《元代野史》第四四回:"請羽士來,登壇作法。穿戴星冠羽衣,拈香禮拜。即念净心神咒,一手執七星降魔劍,一手持五雷訣,步罡踏斗。用天蓬尺在案上,三敲四擊,口中唧唧噥噥,又念金光咒、净天地神咒、北方真武蕩魔神咒。念畢，敕符遣將捉邪。龐老以爲此妖定可伏矣。”

【天蓬尺】

同“天蓬尺”。此體宋代已行用。見該文。

【法尺】

即天蓬尺。此稱元代已行用。見該文。

令牌

道教法器。號稱可以召喚神兵天將的木牌或銅牌。上有符篆。令牌本是軍隊作戰傳令之牌，其稱唐宋時期已行用。宋徐夢莘《三朝北盟會編·紹興十年六月》：“先軍中置令牌，每遇出戰，除守禦人外，非帶號挂甲者不得登城。”而元代以後亦成爲道士法器。成書於元大德年間的《道書援神契》曰：“令牌：《周禮》，牙璋以起軍旅；漢，銅虎符，上圓下方，刻五牙，文若垂露狀，背文作一坐虎形，銘其旁曰：‘如古牙璋作虎符’。今召將用令牌，此法也。”《西游記》第六七回：“那道士：頭戴金冠，身穿法衣。令牌敲響，符水施爲。驅神使將，拘到妖魖。”

符籙

亦稱“符曆”“圖籙”“符咒”。道教法術中用以溝通神靈的特殊文字或圖形符號。寫畫在紙、布帛、器物、墙、門等物上，抑或刻在竹板、木牘、石板、玉簡之上。“符”原指朝廷下發的調動軍隊或通關過卡的憑證，道教則用以指下達神旨的信物。《説文·竹部》：“符，信也。”“籙”指記録於諸符間的天神名諱秘文。宋張君房《雲笈七籤》卷四五曰：“籙者亦云録，三天妙氣、十方神仙靈官名號。”“符籙”之意，就是依照天神所授信符，按諸神名册所規定職責，令某神執行一定的任務。道士執“符籙”代天神行使威權，驅邪避害。據前引《雲笈七籤》稱，可以達到“戒録情性，止塞愆非，制斷惡根，發生道業，從凡入聖”。其圖符筆畫屈曲，似字非字、似圖非圖，神乎其神，故常被方士、巫婆藉以裝神弄鬼。此俗漢代已流行，一些漢墓出土的陶罐上，曾發現朱書符籙。文獻亦多有記載。《後漢書·方術傳·費長房》：“長房辭歸，翁與一竹杖……又爲作一符，曰：‘以此主地上鬼神。’長房乘杖，須臾來歸。”《晋書·乞伏乾歸載記》：“夫道應符曆，雖廢必興；圖籙所棄，雖成必敗。……固天命不可虛邀，符籙不可妄冀。”《舊唐書·方伎傳·葉法善》：“法善少傳符籙，尤能厭劾鬼神。”元吾丘衍《閑居録》：“沈道士賣醮筵符籙，……乃大爲印造之，所有粘綴者，令孕婦爲之。”清黄燮清《居官鑑·緝妖》：“小子窮得没法，就剪了一隻三脚貓，念動些符咒試試。”

【符曆】

即符籙。此稱魏晋南北朝時期已行用。見該文。

【圖籙】

即符籙。此稱魏晋南北朝時期已行用。見該文。

【符咒】

即符籙。此稱明清時期已行用。見該文。

課錢[2]

亦稱“卜金”“卜資”“卦資”。舊時算卦的報酬。賣卜獲益之俗，戰國時已有之。《戰國策·齊策一》：“公孫閈乃使人操十金而往卜於市。”古時多稱“卜金”，唐以後乃稱“卜資”“卦資”，元代以後多稱“課錢”。《太平廣記》卷一五一引唐盧肇《逸史》：“〔孟君〕出門，不知所適。街西有善卜者，每以清旦決卦，畫後則閉肆下簾。孟君乃謁之，具陳羈蹇，將填溝壑，盡以所得三鐶爲卜資。卜人遂留宿，及時，爲決一卦。”元王曄《桃花女・楔子》："近因年老，做不的甚麼重大生活，只教他管鋪，無非開鋪面，挂招牌，抹桌櫈，收課錢。”明徐賁《送李山人還越》詩："袖有題詩卷，囊多賣卜金。”明佚名《精忠記・兆夢》："（末）我是岳府中，請你卜卦。（丑）就去。（末）少待。（禀介。相見介。）（老旦）取課錢來。”《喻世明言・蔣興哥重會珍珠衫》："三巧兒分付，喚在樓下坐啓内坐着。討他課錢，通陳過了，走下樓梯，聽他剖斷。”明高濂《玉簪記・占兒》："〔丑〕夫人請坐，待我排卦。卦排員……只在目下，就有應驗。〔老旦〕先生休得差了。〔丑〕我怎麼會差？這是上好之課。只要老夫人重重謝我。〔老旦〕愁懷頓解。謝天天早與人方便，喜從心願。當直的謝了先生。〔末〕先生，課錢在此，請收下。”《醒世姻緣傳》第七六回："相大舅打發了瞎子的課錢。”《桃花女》第二回："周公……早起登坐時卜了一卦，見陰煞過旺，正欲叫彭剪來吩咐今日不許接婦人的卦資，不期頭一個就是帶進一個婦人來。”《明珠緣》第四回："那先生寫完，遞與醜驢道：‘留爲後日應驗。’醜驢送了課錢。那先生也不爭競。醜驢出了肆門，歡天喜地，跑到下處，對老婆説了，將卦詞與他。”

【卜金】

即課錢[2]。此稱先秦時期已行用。見該文。

【卜資】

即課錢[2]。此稱唐代已行用。見該文。

【卦資】

即課錢[2]。此稱唐代已行用。見該文。

凶神

風水堪輿、占卜算卦中所謂不吉利的神。傳此種神主凶惡之事，遇之有難。古人禁忌多，凡有對人不利之時、不利之事，迷信認爲有凶神作怪。此俗漢代已流行，後世沿襲。然漢代有識之士即已指其虛妄。漢王充《論衡・難歲篇》："如以太歲神其衝，獨凶神莫過於天地。天地相與爲衝，則天地之間無生人也。”而歷代此風不止。《宋史・律曆志十五》："比曆書一日之間，吉凶竝出，異端竝用，如‘土鬼暗金兀’之類，則添注於凶神之上，猶可也；而其首則揭九良之名，其末則出九曜吉凶之法，……凡閭閻鄙俚之説，無所不有，是豈正風俗、示四夷之道哉！”《朱子語類・周易十二・下繫》載學履録朱熹語："若是凶神，動與世不相干，則不能爲害。”明萬民英《星學大成・觀星節要》引"寶陶氏十問"："更逢春令，母星有力，縱遇凶神，不能損失。”《桃花女》第二回："石婆子忙把兒子的八字説上來，是十二月十八丑時生的，今年是二十四歲。周公聽了，把卦盒收了，再把石寶輔的八字排開一看，只叫一聲：‘苦呀，凶神當頭，白虎守命。’”清朱彝尊《羊石山題壁》："自堪輿選日之術興而方位歲月始多禁忌。謂有神焉司之，吉神百有二十，凶神二百有二十，數且倍之，以凶配吉，故夫吉日鮮矣。”

掃帚星[1]

亦作"掃箒星"，亦稱"妖星""凶星"。多指彗星。自古迷信認爲此星如掃帚，主掃除，見則有戰禍或天災，於人於事不吉。唐宋時以其出現如妖孽而多稱"袄星"，宋以後又以其不吉利而稱"凶星"；元以後因其形如掃帚而俗稱"掃帚星"，并沿用至今。唐楊炯《奉和上元酺宴應詔》詩："袄星六丈出，沴氣七重懸。"唐劉禹錫《平蔡州》詩之一："蔡州城中衆心死，袄星夜落照壕水。"宋王禹偁《爲宰臣以彗星見求退表》："數日以來，袄星忽見，謀人之國。"宋蘇舜欽《感興》詩三首之三："投顙觸諫函，獻言何耿介；云昨見凶星，上帝下警戒。"宋洪适《代爲子謝安青詞》："伏願飈馭回光，凶星退舍。"或直稱"掃帚（箒）"。元佚名《漁樵記》第三折："他道你枉則有蛾眉蟓首堆鴉髻，可怎生少喜多嗔……道你是個鐵掃箒，掃壞他家門。"明姜寶《春秋事義全考》卷七："彗星光芒長，參參如掃帚。星芒長或一直竟天，或十丈，或二三十丈。"《封神演義》第九九回中，姜子牙妻馬氏被封"掃帚星"，亦有言其凶悍之意。

【掃箒星】

同"掃帚星"。此體元代已行用。見該文。

【袄星】

即掃帚星。此稱唐代已行用。見該文。

【凶星】

即掃帚星。此稱宋代已行用。見該文。

太歲 [1]

古代爲紀年需要而假設的與歲星運行軌迹相反的非實星體，并以其所在位置附會人事禍福。始於漢代。"歲星"即九大行星中的木星，因其繞地球旋轉一周約十二年，故古代把位於天空黄道上二十八星宿分爲"十二次"，每次均有不同名號。歲星每移動一次，即相當於地球上的一年。而虚擬的太歲運動方嚮與之相對，由東向西，并也在黄道附近分出十二

份，稱"十二辰"，每辰也各有名號。據《淮南子·天文訓》載，凡歲星所在方位吉，"五穀豐昌"；與歲星相對應的方位爲"衝"，凶，"歲乃有殃"。這是漢代讖緯之學盛行後出現的迷信説法。漢荀悦《前漢紀·孝宣皇帝紀》："是時，邴吉年老，上重之。望之奏言：'三公非其人則三光不明。今歲星少光，咎在臣等。'"《漢書·王莽傳》："莽策群司曰：'歲星司肅東獄，太師典致時雨。'"王先謙補注："獄字誤，官本南監本皆作嶽。"漢王充《論衡·難歲篇》："如以太歲神其衡，獨凶神莫過於天地。"又《譋時篇》亦言當時將太歲與房屋風水相關聯之俗："世俗起土興功，歲月有所食，所食之地，必有死者。假令太歲在子，歲食於酉；正月建寅，月食於巳；子、寅地興功，則酉、巳之家見食矣。見食之家作起厭勝，以五行之物，懸金木水火；假令歲月食西家，西家懸金；歲月食東家，東家懸炭，設祭祀以除其凶，或空亡徙以辟其殃。"大意是説，建房須避開太歲在該年所侵食之地，如子年房屋西方（酉）有害，寅年房屋的東南方（巳）不利；在此兩處大興土木，則此方嚮的鄰家遭殃。爲此，鄰家將采取厭勝之法辟邪，或乾脆逃亡。宋岳珂《桯史·歲星之祥》："紹興辛巳，逆亮渝盟。有上封者言，吾方得歲，虜且送死。詔以問大史，考步如言。陳文正（康伯）當國，請以著之親征詔書，故其辭有曰：'歲星臨於吳，分冀成淝水之助。'"元楊桓《授時曆轉神注式序》："近古曆法，必注人事動作吉凶之説，其式圖太歲統吉凶之神於帙端，令人知一歲之向背也。"後世沿襲。《宋史·藝文志五》載"王叔政《推太歲行年吉厄》一卷"。《宋史·方技傳上·苗訓》："太歲

日爲歲星之精，人君之象。”遼耶律純《星命總括》卷上：“論倒限：太歲爲衆煞之主，統衆煞行於黑道中，所以爲災不違時刻。”清姚鼐《選擇正宗序》：“天下術家之言，必首以太歲爲重，餘術皆由太歲而生者也。”

太歲[2]

一種介於生物和真菌之間的原質體生物。是自然界中非植物、非動物和非菌類的第四種生命形式。古人對其不理解，以爲是一種具有神力的怪肉。唐代已見記載。唐段成式《酉陽雜俎續集·支諾皋中》：“萊州即墨縣有百姓王豐，兄弟三人。豐不信方位所忌，嘗於太歲上掘坑，見一肉塊大如斗，蠕蠕而動，遂填其肉，隨填而出。豐懼，棄之。經宿長，塞於庭。豐兄弟奴婢數日內悉暴卒。”又《酉陽雜俎·諾皋記下》：“工部員外郎張周封言，舊莊城東狗脊巔西，嘗築墙於太歲上。一夕盡崩。”古人建房子於“太歲”上引發種種惡果。認爲開工建房，必考察神位，尤其不得犯太歲。後世民間遂流行俗語“在太歲頭上動土”，指膽大包天、輕舉妄動。《永樂大典（殘卷）》卷二〇一九七載《大唐李靖僕四門經歷序》：“此書亦遭煨燼。至大唐貞觀元年，帝命李靖丞相再修文曆，至定方位神殺吉凶之期，太歲已下並諸位神殺，盡行抄收各各姓名。……若人誤犯神明位下，損亡人口，諸事不安，大凶立見。”明沈璟《義俠記·釋義》：“〔生〕潑賤虔婆。〔淨上亂跑介，生捏拳介〕你要在太歲當頭動土麽！〔末急上〕好漢權饒過。其間就裏話兒多。”

救星

拯救人脫離災禍的吉祥星宿。古人迷信認爲人的命運由天定，天上既有主災難的凶星，也有主福祿的吉星，救星即屬吉星。此稱約於宋代已行用。明代以後則多引申爲稱給人謀得幸福的人或組織。遼耶律純《星命總括》卷上：“大限方入煞神之初，或出煞神之末，不見救星來，未有不凶者。”明萬民英《星學大成·三辰通載（五星）》：“〔土星〕又主暗昧，若遇水火二宿，更見祿馬，便爲一品之貴，身命逢之，無祿馬救星，有十二般惡病。”《桃花女》第二回：“周公聽了，把卦盒收了，再把石寶輔的八字排開一看，只叫一聲：‘苦呀，凶神當頭，白虎守命，就是神仙也難過此門。命內一點救星也沒有，奈何！’”將人或組織比作救星，明代已有之。《醒世姻緣傳》第一〇〇回：“胡無翳掐算了一會，説道：‘喜得還有救星。’”

速喜

舊時星相家算命所稱有所謂喜慶之事。行於明清。《醒世姻緣傳》第七六回：“街上一個打路莊板的瞎子走過，相大舅叫他進來，與狄希陳起課。説是‘速喜’，時下就到。”《隋唐演義》第七回：“婦人道：‘既如此，你隨口説一個時辰來，我替你占一個小課，看這朋友來不來？’叔寶便説個申時。婦人撚指一算，便道：‘卦名速喜。書上説得好：速喜心偏急，來人不肯忙。來是一定來的，只是尚早哩。’”

扶乩

亦稱“扶箕”“扶鸞”。一种占卜方法（迷信）。在一個木盤上鋪以細沙或灰土，在筲箕或鐵圈、竹圈上固定一支乩筆，扶乩者假扮有神靈附體，按神靈的啓示執筆在沙盤上塗寫，口中念念有詞。在沙盤上所寫字符，由旁人記錄下來，視爲神靈的指示，并據此預測未來。約始於唐宋時，傳至近世。宋陸游《新歲》詩：

"載糧送窮鬼，扶箕迎紫姑。"元吾丘衍《閑居錄》："一日，余于丁氏家觀降仙。忽灰書曰：'可迎蔣地仙。'已而蔣〔泊〕至，衆皆異之。已而復書曰：'吾別公百四十餘載，今會于此。甲午當復會矣。'是時去甲午尚遠。及甲午，人皆爲之憂，而蔣無恙。遂以昔日扶箕者之妄。後四歲冬忽病，問其日，則甲午也。"清毛奇齡《敕授文林郎沂州郯城縣知縣金君墓誌銘》："玉起有客從嶺來，善扶乩，能降神。"清紀昀《閱微草堂筆記·灤陽消夏錄四》："姚安公未第時，遇扶乩者，問有無功名。判曰：'前程萬里。'又問登第當在何年。判曰：'登第却須候一萬年。'意謂或當由別途進身。及癸巳萬壽恩科登第，方悟萬年之説。"《官場現形記》第二九回："簽押房後面有一間黑房，供着呂洞賓，設着乩壇，遇有疑難的事，他就要扶鸞。等到壇上判斷下來，他一定要依着仙人所指示的去辦。"

【扶箕】

即扶乩。此稱宋代已行用。見該文。

【扶鸞】

即扶乩。此稱清代已行用。見該文。

日者

舊指占卜未來時運的人。通常通過卜筮推算、天象變異來預測未來及風水情況。此術夏商時期已有之，此稱則最早見於戰國時期文獻。《墨子·貴義》："子墨子北之齊，遇日者。日者曰：'帝以今日殺黑龍於北方，而先生之色黑，不可以北。'"《史記·日者列傳》南朝宋裴駰集解："古人占候卜筮，通謂之日者。"司馬貞索隱："案名卜筮曰日者，以墨所以卜筮占候時日，通名日者故也。"宋朱彧《萍洲可談》卷三："熙寧間，蜀中日者費老筮易，以丹青寓吉

凶。"宋儲泳《祛疑説·大五行説》："向爲先子卜地，遍叩日者就參地理之學，雖各守其師説，深淺固未易知，但二十四位之五行，亦有兩説，莫之適從。"宋釋惠洪《冷齋夜話·課術有驗無驗》："靈源禪師住龍舒太平精舍，有日者能課，使之課，莫不奇中。"宋以後此稱不再流行。

星相家

亦稱"天文生"。舊指觀天相以卜吉凶的人。因主要以觀天象來斷人事，故稱。唐代始稱"天文生"，但最初指觀測天象的官員。《舊唐書·職官志二》載司天臺有天文生官職："天文觀生九十人，天文生五十人，曆生五十五人，漏刻生四十人。"元、明、清俱設"天文生"官職。至明清以後乃成占卜者稱謂。《二刻拍案驚奇》卷三〇："〔黃翁〕見是星相家，無不延接。"清陳鼎《東林列傳·翁正春傳》："觀象臺年久滲漏，地勢失平，儀器欹斜，與天度不合。宜及時修造，並擇天文生、陰陽人等。"《紅樓

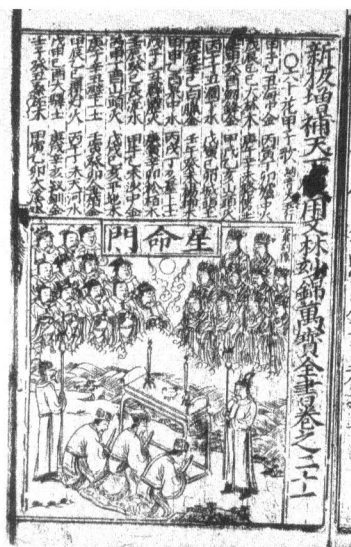

星　占

（明劉雙松《文林妙錦萬寶全書》）

夢》第六三回："目今天氣炎熱，實不能相待，〔尤氏〕遂自行主持，命天文生擇了日期入殮。"清毛奇齡《西河詞話》卷二："徐仲山夫人係商太傅女，善文，與其女兄祁忠敏夫人俱以閨秀爲越郡領袖。第質過脆弱，星相家每惜其不年。"錢鍾書《圍城》七："他相信命。星相家都說他是'木'命'木'形，頭髮和鬍子有如樹木的枝葉，缺乏它們就表示樹木枯了。"老舍《老張的哲學》第一："星相家推定老張尚有十年、二十年，或三十年之壽命。"徐遲《牡丹》七："很早以前那有名的星相家約許他的話語，看來就要兌現。他的福星已給他帶來了吉祥。"

【天文生】

即星相家。此稱唐代已行用。見該文。

算命先生 2

舊時所謂占卜人的未來命運之類人之俗稱。"算命"一稱起源甚古。《尚書》逸文已有此稱，指設數以計衆務。其中已含有預籌未來之義。《漢書‧律曆志上》："《尚書》曰：'先其算命。'"顏師古注："逸書也。言王者統業，先立算數，以命百事也。"稱"算命先生"，始於明，沿至當代。算命之"算"，古亦書作"筭"。明王世貞《弇山堂別集‧史乘考誤一》："〔藍〕玉臨刑時嘆曰：'神乎，劉先生之言！'問爲何人，曰：'劉日新。'上聞，因逮劉至，問：'汝與藍玉筭命？'對曰：'曾筭。'又問：'汝命盡幾時？'曰：'盡今日。'因殺之。"文中稱劉日新爲"先生"。清樓儼《謹奏爲請開供首唆訟之路以除刁攬事》（雍正九年三月十二日奏摺）："及至庭審之時，虛誣畢露，詰問主唆之人，該犯則一口咬定，堅供并無其事。復究其狀係何人所作，非稱過路外客，即云算命先生，反復根究，抵死不吐。迨招案既定，而訟師置身局外，又復別圖包攬。此等刁惡訟棍，實堪痛恨。"《說岳全傳》第二回："王明一日清早起來，坐在廳上，叫家人王安過來道：'王安，你可進城去，請一個算命先生來。我在此等着。'"

第二節　賭博考

賭博是拿財物作籌碼比輸贏的博戲。它本來祇是一種休閑游戲，而一旦與財物的贏得或失去相關聯，便與游戲有了本質差別，而變成了競逐財物的博戲。

賭博之風由來已久。《楚辭‧招魂》："成梟而牟呼五白些。"王逸注："五白，簿齒也。"《列子‧說符篇》："樓上博者射，明瓊張中。"張湛注："明瓊，齒五白也。"這是戰國時期人們賭博時呼喊"五白"、投中"五白"的情形。"五白"是僅次於"盧"的投子（後世改成骰子）之名，賭徒在投擲投子時，總要"呼盧"或"呼五白"。唐杜甫《今夕行》："馮陵大叫呼五白，袒跣不肯成梟盧。"宋周密《武林舊事‧西湖游幸》："貴璫要地，大賈豪民，買笑千金，呼盧百萬。”可知春秋戰國時即已存在的“成梟而牟呼五白”玩法，至唐宋猶然。按一般的解釋，投子一面爲黑，一面爲白。五個投子擲下去，全是黑的一面朝上爲“盧”，全是白的一面朝上爲“五白”。此賭法流行了一千餘年。《晋書·劉毅傳》記述了當時一個賭博情景：“後在東府聚樗蒲，大擲一判，應至數百萬。餘人並黑犢以還，唯劉裕及毅在後。毅次擲得雉，大喜，褰衣繞床叫謂同坐曰：‘非不能盧，不事此耳。’裕惡之，因按五木久之，曰：‘老兄試爲卿答。’既而四子俱黑，其一子轉躍未定，裕屬聲喝之，即成盧焉。”

唐以前的投子爲橢圓形，上下兩面；唐以後出現方形骰子，并被後世所沿襲。明胡應麟《少室山房筆叢·莊岳委談上》：“今投子六面二十一點，正與唐同。或笑投子既方，安得無六面者？是不知外國投子有四面而無幺、六者，見洪氏譜。又有二面者，古五木皆投子類也。”

賭博方式多種多樣。《後漢書·梁冀傳》中所説“挽滿、彈棊、格五、六博、蹴鞠、意錢之戲”，即多爲賭博。其中所謂“意錢”，也稱“射意”“射數”“攤錢”，是把若干錢幣用物（或用手）掩蓋起來讓人猜數目的博戲。猜中者勝，贏所掩之錢；不中者輸，賠所掩之錢數。《漢書·功臣表四·安丘侯》“搏掩”顏師古注：“搏字或作博。一曰博，六博也；掩，意錢之屬也。皆謂戲而取人財也。”此賭法至唐宋時猶盛行。唐杜甫《夔州歌》之一云：“長年三老長歌裏，白晝攤錢高浪中。”唐代還出現葉子博戲。葉子是一種紙牌，一副有四十張，分爲十萬貫、萬貫、索子、文錢四種花色。清陳元龍《格致鏡原·玩戲器物類二》引明潘之恒《葉子譜》云，“文錢爲最初之義，其數十”“百文爲索”“十索則名貫矣，故去十爲萬”。《太平廣記》卷一三六引《感定録》，記述唐代已有此博戲：“唐李郃爲賀州刺史，與妓人葉茂蓮江行，因撰《骰子選》，謂之‘葉子’。咸通以來，天下尚之。”而葉子到明代時，又發展爲“馬吊”。仍爲四人玩的紙牌博戲。清初顧炎武《日知録·賭博》：“至天啓中，始行馬吊之戲。而今之朝士……無人不爲此。”《鏡花緣》第七三回：“俗語説的好：‘快棋慢馬吊，縱高也不妙。’”又：“向來四人打馬吊，馬是四條腿，……馬吊本好好四十張。”宋代以後還出現一種牙牌（後世稱骨牌），用獸骨、象牙、竹子或烏木製成，上面刻着各種成套點色，以別牌之大小，并且不同牌相配合，又構成不同的輕重等級。每副爲三十二張牌，分天、地、人、和等類。《格致鏡原·玩戲器物類二》引《諸事音考》：“牙牌三十二扇，共記二百二十七點，以按星辰布列之位。譬天牌二扇二十四點，象天之二十四氣；地牌二扇四點，象地東西南北；人牌二扇十六點，象人之仁義禮智，發而爲惻隱羞惡辭讓是非；和牌二扇八點，象太和元氣流行於八節之間。"將牌與社會倫理規範相關聯，促使人在娛樂中提升修養，本是朝廷認可此博戲的初衷，然而此法在社會流行後，却成爲賭博的常見手法了。清代以後，綜合了馬吊、骨牌的特點，又産生了"麻雀"，即現在依然流行的"麻將"。麻將舊時多用竹、骨製成，呈小長方塊形狀，一副牌一百三十六張。上面刻有花紋或字樣，有"餅（文錢）""條（索子）""萬（萬貫）"及"東""南""西""北"風和"發""白版"等類。由四人同玩。世人常在玩麻將中賭博。《文明小史》第五三回："這鳳梧……一打麻雀，總是二百塊錢一底。"流風所及，至今不止。

賭博歷來爲社會公論所不齒，被視爲游手好閑之徒所熱衷之事。《三國志·吳書·韋曜傳》："至或賭及衣物，徙棋易行，廉耻之意弛而忿戾之色發。"雖關乎禮義廉耻，"然游惰之人不知耕稼，群飲賭博，習以成風"（《金史·陳規傳》）。因此，歷朝多明令禁賭。《元史·刑法志四》："諸賭博錢物，杖七十七，錢物没官。有官者罷見任，期年後雜職内叙。"《明史·刑法志一》："如律文所謂凡奉制書，有所施行而違者杖一百，……開場賭博，概用此例律文。"但禁令未能對賭博之風實現有效控制，歷來因此而傾家蕩産者，比比皆是。

賭博

省稱"賭"。拿財物作注碼比輸贏的博戲。因賭博往往導致人的心理扭曲，時或出現傾家蕩産現象，以致危害社會安定，故爲有害之游戲。賭博習氣先秦已有之，而稱其爲"賭"，始於三國。此風沿襲至今，難以杜絕。《三國志·吳書·韋曜傳》："至或賭及衣物，徙棋易行，廉耻之意弛而忿戾之色發。"唐許嵩《建康實録》卷九："〔謝安〕方留〔謝〕玄圍棋，賭別墅。安常棋劣於玄，玄是日有懼心，便不勝。"宋魏泰《東軒筆録》卷一〇："至邑則鄽肆無賭博，市易不敢誼争。"宋方岳《秋崖集·簡劄·與族人》："若人慾熾然，天理漸盡，則賭博，惡少也，而我爲之矣；争訴，譁徒也，

官眷聚賭
（宣統元年十二月二十一日《北京醒世畫報》）

而我爲之矣。"《金史·陳規傳》："然游惰之人不知耕稼，群飲賭博，習以成風。"元以後法律明令禁止賭博，然屢禁而不止。《元史·刑法志四》："諸賭博錢物，杖七十七，錢物没官。有官者罷見任，期年後雜職内叙。"《明史·刑法志一》："如律文所謂凡奉制書，有所施行而違者杖一百，……開場賭博，概用此例律文。"明余子俊《嚴捕盜賊事》奏議言賭博之危害："實有一等不務生理、各處逃往軍匠囚徒，……迨至家業蕩盡，却仍賭博扶牌、下棋打雙陸、踢氣球，贏者得財，仍恣所欲；輸者喪氣，袖手無爲，遂至飢寒迫切，發起盜心，往往京師肆行劫掠。"清錢泳《履園叢話·出會》："近江陰李明經見田亦極論之，有賽會十弊……一曰興賭博。賽會人雜，易於賭。"

【賭】

"賭博"之省稱。此稱三國時期已行用。見該文。

賭具

亦稱"博具"。賭博所用器具的總稱。本爲游戲之具，然常作賭博之用。漢代始稱"博具"，至宋元，又有"賭具"一稱，并沿用至今。《漢書·五行志下》："京師郡國民聚會里巷阡陌，設祭張博具，歌舞祠西王母。"顏師古注："博戲之具。"《宋書·張暢傳》："魏主復令孝伯傳語曰：'魏主有詔借博具。'〔張〕暢曰：'博具當爲申致。'"明王鏊《姑蘇志·宦迹三》："〔宋代梁周翰〕每出，以博具自隨，郡務不治。"《元史·刑法志四》："諸賭博因事發露，追到攤場，賭具臟證明白者，即以本法科論。"清方苞《論禁燒酒事宜劄子》："惟開燒鍋，難於密秘。雖高墙深院，氣味必達於外。不比私

造賭具，銷燼制錢，可藏匿而爲之也。"《世宗憲皇帝上諭八旗》卷六載雍正六年六月初五日皇帝御批刑部將違禁私賣牌骰之董五定擬具奏："嗣後京城有犯賭博者，務將何處造賣賭具之人，嚴行究出治罪。其該管地方官及督撫一併處分，通著爲例。"《大清會典則例》卷一一七："該管上司於所屬一年内並無別案失察製造賭具、舊藏賭具、販賣賭具及失察賭博等事，於歲終彙册報部，由部覈明繫拏獲製造賭具之案，將參領副參領協領城守尉總管各官，每案紀録二次。"中國第一歷史檔案館藏《宫中檔·硃批奏摺》道光元年（1821）巡視北城御史善年等《奏爲盤獲窩家搜出鴉片烟物摺》云："賭具是我哥哥在日，在打鼓擔上得的。"

【博具】

即賭具。此稱漢代已行用。見該文。

五白

賭博所擲骰子的采名。此稱先秦時期已行用，盛行於南北朝，唐以後因骨質骰子出現而被取代，然其名直沿用至元明時。賭博時以橢圓形五木投擲，木一面黑一面白。擲得五木黑皆朝上叫盧，最貴；其次五木白皆朝上，稱五白。《楚辭·招魂》："成梟而牟呼五白些。"王逸注："五白，簿齒也。"明陳第《屈宋古音義》卷三："倍勝爲牟；五白，博齒也。言己棋已梟，當成牟勝，故呼五白以助投也。"唐杜甫《今夕行》："馮陵大叫呼五白，袒跣不肯成梟盧。"唐李白《梁園吟》："連呼五白行六博，分曹賭酒酣馳輝。"明周祈《名義考·人部·博弈》："今雙陸，古謂之十二棋，又謂之六博，又謂之五白。……博者云呼盧，此五白之義也。"可知五白後成爲賭博泛稱。

五木

賭博時所用五隻木製骰子。約於先秦時期已行用。宋程大昌《演繁露·投五木瓊檷玖骰》："古惟斫木爲子，一具凡五子，故名五木。後世轉而用石、用玉、用象、用骨。……自鏤骨爲骰以後，不惟五木舊制埋没不傳，而字直爲骰不復爲投矣。若其體制，又全與用木時殊異矣。方其用木也，五子之形，兩頭尖鋭，中間平廣，狀似今之杏仁。惟其尖鋭，故可轉躍；惟其平廣，故可以鏤采也。"明蔡清《四書蒙引·陽貨》："古者烏曹作博，以五木爲子，有梟、盧、雉、犢、塞，爲勝負之采，大意如今之擲骰子，有個圖，圖中有鳥獸位。"

盧

賭博投骰子時顯示較大級別的骰子圖案（一説等級次於梟）。木製骰子黑色的一面，上繪（或刻）有牛犢圖案，賭博時五個骰子投下後黑色一面均朝上，即爲"盧"。此法行於魏晉南北朝時期，唐以後骰子形制發生變化，投擲玩法亦有變化。而此稱沿襲下來。按，《説文·皿部》："盧，飯器也。"清徐灝《説文解字注箋·皿部》："盧爲火所熏，色黑，因謂黑爲盧。"骰子黑的一面稱"盧"本此。因賭徒都希望得到最大一投，故投下時總會大聲呼喊"盧、盧……"。《晉書·劉毅傳》："後在東府聚樗蒲，大擲一判，應至數百萬。餘人並黑犢以還，唯劉裕及毅在後。毅次擲得雉，大喜，褰衣繞床叫謂同坐曰：'非不能盧，不事此耳。'裕惡之，因挼五木久之，曰：'老兄試爲卿答。'既而四子俱黑，其一子轉躍未定，裕屬聲喝之，即成盧焉。"宋程大昌《演繁露·投五木瓊檷玖骰》言早期骰子形狀云："方其用木也，五子之形，兩頭尖鋭，中間平廣，狀似今之杏仁。惟其尖鋭，故可轉；惟其平廣，故可以鏤采也。凡一子悉爲兩面，其一面塗黑，黑之上畫牛犢以爲之章，犢者牛子也。一面塗白，白之上即畫雉，雉者野鷄也。凡投子者，五皆現黑，則其名'盧'。盧者黑也，言五子皆黑也。五黑皆現則五犢隨現，從可知矣。此在擆蒲爲最高之采。"又《盧雉》言其玩法："劉裕所得之盧，是五子之半面爲黑者皆現乎上，而五子之半爲白者皆藏於下。"明方以智《通雅·器用·戲具》亦釋曰："據劉裕按喝五木成盧，則其形當長橢而尖，一子爲兩面，面一黑一白。黑畫犢，白畫雉。投子者，五皆黑曰盧，此爲上采，故曰'呼盧'；其次四黑一白曰雉；後或名梟，或曰捷。"然古來常有"梟盧"提法，一説梟爲最高，盧次之；一説梟即盧，同稱一事。唐杜甫《今夕行》："馮陵大叫呼五白，袒跣不肯成梟盧。"宋張端義《貴耳集》卷下："市井呼盧，盧，四也。博徒索采曰四紅。赤、緋皆一骰色也，俗説唐明皇與貴妃喝采，若成盧即賜緋之

賭　錢
（元雜劇《白兔記》）

義。《楚辭・招魂》‘成梟而牟’，牟即盧也，又曰兹。……唐李翱撰《五木經元革》注云：雉爲二，梟爲六，盧爲四。”此説與《演繁露》不同，然語義不清，不若《演繁露》所言明確。唐宋以後骰子發生變化，玩法也有了變化。而後世稱賭博爲“呼盧”，仍源於原來玩法中的叫喊聲。宋黄震《書贈薛留耕》：“殿上呼盧終喝六，歲寒論友更無三。”宋周密《武林舊事・西湖游幸》：“貴璫要地，大賈豪民，買笑千金，呼盧百萬。”明倪謙《和王廷器檢討夕讌李揮使東軒詩》三十首之一：“燈下呼盧人影亂，庭前貫葦月華新。”《水滸傳》第五回：“入得城來，但見：……豪門富户呼盧，公子王孫買笑。”《醒世恒言・盧太學詩酒傲公侯》：“惟與騷人劍客、羽士高僧，談禪理，論劍術，呼盧浮白，放浪山水，自稱浮丘山人。”

雉

賭博投骰子時顯示僅次於“盧”的等級之圖形。此稱魏晋南北朝時期已行用。用五個木製骰子投擲，骰子兩頭呈尖狀，分上下兩面，一面黑色，上有牛犢圖案；一面白色，上有野雉圖案。如投出的五隻骰子朝上的一面爲四黑一白，即稱“雉”。《晋書・劉毅傳》：“後在東府聚樗蒲，……餘人並黑犢以還，唯劉裕及毅在後。毅次擲得雉，大喜。”宋程大昌《演繁露・盧雉》釋曰：“此言衆人先毅而擲，已有得犢者矣，而五木未至純盧也。次傳及毅，則遂得雉。雉者，四黑而一白。夫四黑而一白，其采名爲雉也。”又同書《投五木瓊橩玖骰》：“五子四黑而一白，則是四犢一雉，則其采名雉，用以比盧降一等矣。”後世沿襲甚久。周學熙《邁老》詩曰：“春從衰屐老，日向雉盧消。”

瓊

亦作“橩”“煢”。亦稱“㚿”“齒”。類似於骰子的博具。兩端爲尖形，中有方面。傳戰國時的“擊博”游戲已用此物，以之投擲相競，漢代猶然。《後漢書・梁冀傳》：“挽滿、彈棋、格五、六博、蹴鞠、意錢之戲。”李賢注引鮑宏《博經》：“所擲頭謂之瓊。”《列子・説符》：“擊博樓上。”唐人殷敬順、宋人陳景元釋文：“瓊㚿方寸三分，長寸五分，鋭其頭，鑽刻瓊四面爲眼，亦名爲齒。”《説符》又云：“樓上博者射，明瓊張中，反兩㩉魚而笑。”漢張湛注：“明瓊，齒五白也。”唐劉禹錫《劉賓客文集・觀博》：“客有以博戲自任者，……有博齒二，異乎古之齒。其制用骨，觚稜四，均鏤以朱墨，耦而合數，取應期月，視其轉止，依以争道。”宋程大昌《演繁露・投五木瓊橩玖骰》：“《列子》之謂投瓊，律文之謂出玖，凡瓊與玖，皆玉名也。蓋謂蒲者借美名以命之。……《御覽》載繁欽《威儀箴》曰：其有退朝，偃息閑居，操橩弄棋，文局摴蒱，言不及義，勝負是圖。注云：橩，瞿營反，博子也。橩之讀與瓊同，其字仍自從木，知其初制本以木爲質也。”“橩”又寫作“煢”。北齊顔之推《顔氏家訓・雜藝》：“古爲大博則六箸，小博則二煢，今無曉者。比世所行，一煢十二棋，數術淺短，不足可玩。”此物後世演化爲骰子。明朱謀㙔《駢雅・釋器》：“瓊、㚿，骰也。”明楊慎《升菴集・劉孝標世説注》：“《李洞集》有‘贈龍州李郎中’：先夢六赤，後因打葉子，因以詩上。其詩云：‘……徵黄喜兆莊周夢，六赤重新擲印成。’六赤者，古之瓊投，今之骰子也。”

【琝】

即瓊。此稱唐代已行用。見該文。

【齒】

即瓊。此稱漢代已行用。見該文。

【㰤】

同"瓊"。亦作"㷕"。此體漢代已行用。見該文。

【㷕】

同"瓊"。此體南北朝時期已行用。見該文。

簺

亦作"塞"，亦稱"博簺""博塞""格五"。"簺"本指一種相互圍堵的博局中所用的骰子，因以轉稱該類博局。以彼此競相堵塞對方通道，故稱"塞""博塞"（"博"指開通、打通，"塞"指堵塞）；又因作爲骰子的簺有四種大小之"采"：簺（塞）、白、乘、五，五居末尾，投出"五采"則棋子禁行，故稱"格五"。春秋戰國已行用。《管子·四時》："秋三月以庚辛之日發五政：一政曰禁博塞……"《莊子·駢拇》："問穀奚事，則博塞以游。"郭慶藩疏："行五道而投瓊曰博，不投瓊曰塞。"《説文·竹部》："行棋相塞謂之簺。"桂馥義證："簺、塞聲相近，……《尹文子》：博者，盡開塞之宜，得周通之路。"《漢書·吾丘壽王傳》："吾丘壽王……年少以善格五，召待詔。"顏師古注："蘇林曰：博之類，不用箭，但行梟散。孟康曰：格音各，行伍相各，故言各。劉德曰：格五，棋行簺法曰，簺白乘五，至五格不得行，故云格五。師古曰：即今戲之簺也。音先代反。"《後漢書·梁冀傳》："能挽滿、彈棋、格五、六博、蹴鞠、意錢之戲。"李賢注引鮑宏

《簺經》："簺有四采，塞、白、乘、五是也。至五即格，不得行，故謂之格五。"南朝梁劉勰《文心雕龍·總術》以博塞喻寫文章，亦反映博局概況："是以執術馭篇，似善弈之窮數；棄術任心，如博塞之邀遇。故博塞之文，借巧儻來，雖前驅有功，而後援難繼。"然早期骰子與中古以後之骰子有所不同，故唐宋以後"博塞"諸名成爲博局泛稱，博局玩法也已不同。明周祈《名義考·人部·博弈》曰：《博雅》云：'投六著，行六棋，故爲六博。'著，簺也，今名骰子。自幺至六，曰六著。……古者以五木爲簺，有梟、盧、雉、犢、塞五者，爲勝負之采。"宋宋無《己亥秋淮南饑客中懷故里朋游寄之》："投瓊花院內，博塞竹林傍。"宋陸游《樓上醉書》詩："酒酣博簺爲歡娛，信手梟盧喝成采。"徐珂編《清稗類鈔·賭博類》"過百齡得之弈以失之博"條："國初，無錫過百齡以弈名，每出游，得數百金，輒盡之博簺。"

【塞】

通"簺"。此體先秦時期已行用。見該文。

【博塞】

即簺。此稱先秦時期已行用。見該文。

【博簺】

即簺。此體漢代已行用。見該文。

【格五】

即簺。此稱漢代已行用。見該文。

投子

博戲中爲賭輸贏而投擲的色子。據其朝上一面顯露的圖案、顏色或點數定賭家大小高低。此稱始於漢魏，唐以後稱骰子。投子多爲木質，骰子多爲骨質，後亦有玉質者。後世對投子、骰子二者异同多有爭論。唐李匡乂《資

暇集·投子》：“投子者，投擲於盤筵之義。今
或作‘頭’字，言其骨頭所成，非也。因此兼
有作‘骰’字者。案諸家之書，骰即股字爾，
不音投。”宋曾慥《類説》卷二九引宋張君房
輯纂《麗情集·投子》：“投擲之義。今或作
‘頭’字，言骨頭所成，非也。有作‘骰’字
者。按，諸家之書，骰即股字，不音投。《史
記》蔡澤説范雎曰：‘博者或欲大投。’注：‘投
瓊也。’則知以石玉爲投擲之義，安有頭、骰
之理哉！”明焦竑《俗書刊誤·略記字義》贊
同其説，且曰：“骰即股字耳，不音投也，轉
去聲音豆。”投子源自先秦“瓊”“䂠”。《俗書
刊誤·略記駢字》：“瓊、䂠，今骰子也。䂠音
則。”清胡鳴玉《訂譌雜録·骰子》：“骰音頭，
本平聲字。……吴音呼爲豆子，非也。……楊
慎曰：投即今骰子，蓋投具以瓊爲之，《列子》
云‘鳴瓊’也。……詩家之書，骰皆音頭，注
云‘博齒’。惟《集韻》有與股通用之説，不得
遽以‘投’字爲正而廢‘骰’字。”宋以後投子
往往呈四方體，六面，各面分別標一至六個點。
此制至今猶然。明胡應麟《少室山房筆叢·莊
岳委談上》：“今投子六面二十一點，正與唐同。
或笑投子既方，安得無六面者？是不知外國投
子有四面而無幺、六者，見洪氏譜。又有二面
者，古五木皆投子類也。”

【骰子】

“投子”之轉稱。猶先秦兩漢時之“瓊”
“䂠”。此稱唐代已行用。宋洪邁《容齋續
筆·唐人酒令》引唐皇甫松《醉鄉日月》三卷
載骰子令云：“聚十隻骰子齊擲，自出手六人，
依采飲焉。堂印本采人勸合席，碧油勸擲外。
三人骰子聚於一處，謂之酒星，依采聚散，骰

子令中改易不過三章；次改鞍馬令不過一章。”
洪邁稱擲骰子以飲酒的酒令，“今人不復曉其法
矣”。宋程大昌《演繁露·投五木瓊橔玖骰》言
骨質骰子取代了先前的五木：“自鏤骨爲骰以
後，不惟五木舊制埋没不傳，而字直爲骰，不
復爲投矣。若其體制，又全與用木時殊異矣。”
明蔡清《四書蒙引·陽貨》亦釋曰：“博，局戲
也；局，限盤也。依《詩》學，古者烏曹作博，
以五木爲子，有梟、盧、雉、犢、塞，爲勝負
之采，大意如今之擲骰子有個圖，圖中有鳥獸
位。”五代以後或投六個骰子，以六個骰子朝上
一面的顏色定輸贏。以全部赤色爲最高。《新五
代史·吴世家》：“〔徐〕溫與〔劉〕信博，信斂
骰子厲聲祝曰：‘劉信欲背吴，骰爲惡彩；苟無
二心，當成渾花。’溫遽止之。一擲六子皆赤，
溫愬，自以卮酒飲信，然終疑之。”《遼史·耶
律儼傳》：“帝晚年倦勤，用人不能自擇，令各
擲骰子以采勝者。”至清代猶承此賭法。清吴
偉業《鹿樵紀聞·闖獻發難》：“又聞崇禎改元
戊辰歲旦，天子方御正殿受朝賀，忽大聲發自
西北，占者以爲鼓妖。是日自成與其徒飲米
脂山中，酒酣，舉骰祝曰：‘得六紅，我當爲
帝。’一擲果六紅。”投骰子有不同名目。清錢
泳《履園叢話·賭》：“又有骰子之戲，曰趕羊
跳猴。”《老殘游記》第一九回：“許亮説：‘你

漢代仙人六博畫像石

別吹了，你擲你的倒霉骰子罷！'"中國第一歷史檔案館藏《宮中檔·硃批奏摺》道光元年（1821）《巡視北城御史善年等奏爲盤獲窩家搜出鴉片烟物摺》云："所有起獲的骰子六個、骨牌一副、竹籤四根、賭賬一卷，是我同陳彩元、侯三等賭錢用的。"

花骨頭

指骰子、骨牌之類的賭具。其玩法之一，是用四顆骰子覆於杯碗狀器內晃動，再揭開看骰子點數多少計勝負。此稱清代已行用。清沈起鳳《諧鐸·神賭》："貪淫殞命，好博傾家。花骨頭之禍，不減於粉骷髏也！"清蒲松齡《聊齋志異·賭符》："族人曰：'倘得珠還合浦，花骨頭當鐵杵碎之。'"清宣鼎《夜雨秋燈錄·雪裏紅》："呼僮競取白鏹至，博竟日，皆色沮去。遠近嘩噪，咸云：'何物粉兒，獨翻花樣，唱求牡之雉，呼守雌之盧，花骨頭豈真作冰，阿堵物依然入橐。是兒狡哉，蕩子愚矣！'"清佚名《畫舫餘譚》："近又有所謂搖攤法，用玲瓏骰子四顆，覆於器而搖之，計其點數，定青龍、白虎、朱雀、元武四門，一日之間，輸贏無算。蓋因有各清游，假此爲買笑地者。於戲！家無擔石儲，而一擲百萬，世豈鮮牧猪奴哉！花骨頭之爲禍，烈於水火。"

骰盤

用於擲色子的盤子。此稱唐代已行用。唐白居易《東南行》："鞍馬呼教住，骰盤喝遣輸。長驅波卷白，連擲采成盧。"又《與諸客空腹飲》詩："碧籌攢米盌，紅袖拂骰盤。"清吳任臣《十國春秋·吳越四·忠獻王世家》："一日，世子與弘佐戲采於青史樓，遽謂弘佐曰：'君王方爲我營府署，願與若博之。'比四擲，而弘佐得六赤，……世子竟不懌，投骰盤于樓下而去。"元魏初《碧玉骰盤荔枝酒》詩："碧玉骰盤荔枝酒，夾城花暗獨來時。"清黃之雋《雜曲》二十五首之一："一雙十指玉纖纖，撚玉搓瓊軟復圓。笑擲骰盤呼大采，等閑輸却買花錢。"

摴蒲

亦作"摴蒱"，亦稱"蒲博"。擲色子定輸贏的博戲。此稱魏晉時期已行用。明方以智《通雅·器用·戲具》："摴蒲，博之總名也。"《晉書·后妃傳上·胡貴嬪》："帝嘗與之樗蒲爭矢，遂傷上指。"《宋書·武帝紀上》："劉毅家無擔石之儲，摴蒲一擲百萬。"《南史·臧質傳》："質字含文，少好鷹犬，善蒲博意錢之戲。"宋蘇軾《再和李杞寺丞》詩："作詩雖未造藩閫，破悶豈不賢摴蒲。"元鄭德輝《䚻梅香騙翰林風月·念奴嬌》："畫堂生香人静悄，正是摴蒲時節。"明謝肇淛《五雜俎·人部二》："今之樗蒲，朱窩云：'起自宋朱河除紅譜。'一云：'楊廉夫所作。'然其用有五子、四子、三子之異，視古法彌簡矣。"

【摴蒱】

同"摴蒲"。此體魏晉時期已行用。見該文。

【蒲博】

即摴蒲。此稱魏晉時期已行用。見該文。

意錢

亦稱"掩""捭""射意""射數""攤錢"。把若干鑄幣用物（或用手）掩蓋起來讓人猜數目的博戲。猜中者勝，贏所掩之錢；不中者輸，賠所掩之錢數。所掩之錢或就是賭注，或是定輸贏的賭具。西漢始稱"掩""捭"。至東漢以後又稱"意錢"，魏晉以後稱"射意""射數"。《漢書·功臣表四·安丘侯》："元狩元年，侯拾嗣。九年，元鼎四年，坐入上林謀盜鹿，又搏揜，完爲城旦。”顏師古注：“搏字或作博。一曰博，六博也；揜，意錢之屬也。皆謂戲而取人財也。”又《功臣表四·邟嚴侯》：“元朔五年，侯遂嗣。八年，元鼎元年，坐掩搏奪公主馬，髡爲城旦。”王先謙補注：“官本掩作揜。”《後漢書·王符傳》載王符《浮侈篇》曰：“或以游博持掩爲事。”李賢注：“博謂六博，掩謂意錢也。”“意錢”一稱最早見於《後漢書·梁冀傳》：“〔梁冀〕性嗜酒，能挽滿、彈棋、格五、六博、蹴鞠、意錢之戲。”李賢注引何承天《纂文》：“詭億，一曰射意，一曰射數，皆攤錢也。”所謂射意，猶《周禮·春官·卜師》所稱“弓兆”。宋王應麟《困學紀聞·周禮》：“弓兆有射意。後世有覆射之法。”即猜測之意，故與意錢同義。《南史·臧質傳》：“質字含文，少好鷹犬，善蒱博意錢之戲。”唐張仲素《春游曲》三首之一：“林間踏青去，席上意錢來。”清黃生《義府·意錢》稱意錢如後世之猜枚，認爲攤錢與意錢不是一回事：“《梁冀傳》注引何承天《纂文》云：意錢一曰詭億，曰射意，曰射數，曰持掩，皆攤錢也。按此即今之猜枚。曰射、曰意、曰掩，居然可見。注引何語以爲攤錢，則李賢之誤也。”但唐宋時，俗稱意錢爲“攤錢”。唐李匡乂《資暇集》卷中：“錢戲有每以四文爲一列者，即史傳所云意錢是也。俗謂之攤錢，亦曰攤鋪。其錢不使叠映欺惑也。”唐杜甫《夔州歌》之一：“長年三老長歌裏，白晝攤錢高浪中。”宋陸游《入蜀記》卷五：“因問何謂攤錢，云：博也。按，梁冀能意錢之戲，注云：即攤錢也。則攤錢之爲博，亦信矣。”明胡我琨《錢通·十三之閏》引《瑯琊代醉編》：

“今人意錢賭博，皆以四數之，謂之攤。案《廣韻》‘攤’之下云：攤，蒲四數也。”近世此俗猶存。清黃遵憲《番客篇》：“意錢十數人，相聚捉迷藏。”周作人《童謠研究稿本》：“又踢掩錢，即《梁冀傳》蹴意錢戲之遺，原爲兒童手足戲，《後漢書·王符傳》：游博持掩爲事，亦即此。案，《帝京景物略》作燕錢，日本稱羽子，今越中少見之。”

【掩】[2]

即意錢。此稱漢代已行用。見該文。

【揜】

即意錢。此體漢代已行用。見該文。

【射意】

即意錢。此稱南北朝時期已行用。見該文。

【射數】

即意錢。此稱南北朝時期已行用。見該文。

【攤錢】

“意錢”之訛稱。此稱唐代已行用。見該文。

葉子

娛樂用的紙牌。亦被用於賭博。此稱唐代已行用。最初指書籍册葉。宋歐陽修《歸田録》卷下：“其制似今策子，凡文字有備檢用者，卷軸難數卷舒，故以葉子寫之。”後乃演化成游戲用的紙牌。《太平廣記》卷一三六引《感定録》：“唐李郃爲賀州刺史，與妓人葉茂蓮江行，因撰《骰子選》，謂之‘葉子’。咸通以來，天下尚之。”抑或稱此物始於五代或宋，乃不知前人已有之。明楊慎《升菴集·劉孝標世説注》釋葉子戲云：“葉子如今之紙牌酒令。鄭氏書目有南唐李後主妃周氏編‘金葉子格’，此戲今少傳。”清陳元龍《格致鏡原·玩戲器物類二》引元末明初長谷真逸所輯《農田餘話》：“今之葉子戲消夜圖，相傳始於宋太祖令後宮人習之以消夜。"清錢泳《履園叢話·賭》："近時俗尚葉子戲，名曰馬吊碰和。"有四十張牌，分爲十萬貫、萬貫、索子、文錢四種花色。《格致鏡原·玩戲器物類二》又引明潘之恒《葉子譜》："……文錢爲最初之義，其數十，一葉而極於九。索以貫錢，百文爲索，極於一而尊於九。九者數之盈，十索則名貫矣，故去十爲萬。始爲葉凡九萬者，索之累十而得名者也。極一而尊九，不居其十，以十者有所總也。葉數亦如索十舉成數一，不必紀而二首焉，以偶對百，百而千，千而萬，示極而不孤，處尊而不汰，數之成也。葉得十一。野史贊曰：履其成，無忘其空。空以基之，成以息之，是四十張之所由作也。"這應當是後世紙牌的重要來源。

【馬吊】

"葉子"之一種。始於明代，近世以來的麻將即在其基礎上演化而成。馬吊必須四人玩，一人爲莊家，三人爲散家，猶如馬吊起一足，故名。明代馮夢龍有《馬吊牌經》。清金學詩《牧豬閑話》稱"葉子"戲，"古云馬吊脚，謂四門如馬之四足也"。此謂"古云馬吊脚"，誤，明中期以前無"馬吊"稱。清初顧炎武《日知錄·賭博》："萬曆之末，太平無事，士大夫無所用心，間有相從賭博者。至天啓中，始行馬吊之戲。而今之朝士……無人不爲此。"《鏡花緣》第七三回："俗語説的好：'快棋慢馬吊，縱高也不妙。'"又："他因向來四人打馬吊，馬是四條腿，所以三人打就叫蟾吊，蟾是三條腿。……馬吊本好好四十張，抽去八張，改爲蟾吊，以圖熱鬧。"

【紙牌】

由"葉子"演化而來的游戲牌。始於清代。《世宗憲皇帝聖訓·聖治二》："〔雍正三年九月壬子〕上諭內閣：賭博之事最壞人之品行……若不嚴禁賭具，究不能除賭博之源。著京城內外及各省地方官，將紙牌、骰子悉行嚴禁，不許貨賣，違者重治其罪。"《大清會典則例》卷一一七："議准旗人製造賭具，該管官訪緝拿獲者，佐領防禦驍騎校加一級；若拿獲之賭具係描畫紙牌，經刑部減等擬罪者，拿獲官紀錄二次。"徐珂《清稗類鈔·賭博類》言"紙牌之碰和"："紙牌，長二寸許，橫廣不及半寸，其製仿馬吊牌而損益之。四人合局，曰碰和，江、浙間盛行之。"

骨牌

亦稱"牙牌"。牌類娛樂用具。初時除游戲外，亦用於卜筮，而後來又被用作賭具。用獸骨、象牙、竹子或烏木製成，上面刻有各種成套點色。爲二至十二個小圓點，圓點若星辰般排列。每副爲三十二張牌，不同牌相配合，構成不同的大小等級。始於宋代。明謝肇淛《五雜俎·人部二》："今博戲之盛行於時者，尚有骨牌。其法古不經見。相傳始於宣和二年，有人進此，共三十二扇，二百二十七點，以按星辰之數。天牌二十四，象二十四氣；地牌四點，象四方；人居中數，以象三才。其取名亦皆有意義。對者十二，爲正牌；不對者八，爲雜牌。三色成牌，兩牌成而後出色以相賽。其取名如天圓、地方、櫻桃、九熟之類，後人敷演其説，易以唐詩一句，殊精且巧矣。"清陳元龍《格致鏡原·玩戲器物類二》亦引《諸事音考》："宋宣和二年有臣上疏，設牙牌三十二扇，共記二百二十七點，以按星辰布列之位。譬天牌二扇二十四點，象天之二十四氣；地牌二扇四點，象地東西南北；人牌二扇十六點，象人之仁義禮智，發而爲惻隱羞惡辭讓是非；和牌二扇八點，象太和元氣流行於八節之間。其他牌名類皆合倫理庶物器用。表上，貯於御庫，疑繁未行。至宋高宗時，始詔如式頒行天下。"清梁章鉅《浪迹續談·骨牌草》："骨牌之戲，自宋有之，《宣和譜》以三牌爲率，三牌凡六面，即骰子之變也。近時天九之戲，見於明潘之恒《續葉子譜》，云近叢睦好事家，變此牌爲三十二葉，可執而行，則即今骨牌捯湖之濫觴也。"然至明代方廣爲流行起來，并沿至近世。明末清初黃虞稷編《千頃堂書目·類書類》收有《再續百川學海》，其中卷七六爲《骨牌譜》。明呂毖《明宮史·飲食好尚·十月》載宮中內臣的游戲賭博："是時夜已漸長，內臣始燒地炕，飽食逸居，無所事事，多寢寐不甘，又須三五成群，飲酒、擲骰、看紙牌、耍骨牌、下碁、打雙陸，至二三更始散，方睡得着。"宮中如此，民間更是風行。明陸容《菽園雜記》卷一五："崑城夏氏與處州衛一指揮爲親舊，指揮聞夏氏有淑女，求爲子婦，數年未成。後求之益力，家人皆許之，女之祖獨不許。因會客，以骨牌爲酒令，祖設難成之計，謂求婚者云：'蒱牌若得天、地、人、和四色皆全，即與成婚。'一拈而四色不爽。衆驚異，遂許之。"明謝肇淛《五雜俎·人部二》又記天牌、地牌曰："余庚戌在京師，見戲者籠一小雀，中置小骨牌，僅寸許，擊小鑼一聲，雀以口啄其機，門便自開。令取天牌，則衔六六出；取地牌，則衔幺幺出，其應如響。"清以後此物依然是既用於游戲，又作

賭具。《紅樓夢》第四〇回："鴛鴦道：'如今我說骨牌副兒，從老太太起，順領下去，至劉老老止。'"清錢泳《履園叢話·賭》："擲狀元牙牌之戲，曰打天九鬥獅虎，以及壓寶搖攤諸名色，皆賭也。"中國第一歷史檔案館藏《宮中檔·硃批奏摺》道光元年（1821）《巡視北城御史善年等奏爲盤獲窩家搜出鴉片烟物摺》云："所有起獲的骰子六個、骨牌一副、竹籤四根、賭賬一卷，是我同陳彩元、侯三等賭錢用的。"

【牙牌】[2]

即骨牌。此稱宋代已行用。見該文。

【牌九】

即骨牌。此稱明代已行用。通常將其玩法稱爲"推牌九"。《官場現形記》第二〇回："黃三溜子不喜歡搖攤，一定要推牌九。無奈黃太尊説：'白天打牌九不雅相，天色早得很，不如搖四十攤，吃過飯再推牌九。'"《老殘游記》第一九回："一日，吳二浪子推牌九，輸給別人三百多銀子。"

麻將

亦作"馬將"，亦稱"麻雀"。本是娛樂用具，亦用於賭博。用竹、骨或塑料製成，呈小長方塊形牌狀，一副牌一百三十六張。上面刻有花紋或字樣，有"餅（文錢）""條（索子）""萬（萬貫）"及"東""南""西""北"風和"中""發""白板"等類。由四人同玩。與古代葉子戲和明代以來的馬吊戲有淵源，是古代紙牌和骨牌的結合體。清代始出現，至今仍盛行，且流播海外。初時稱"麻雀"。《檮杌萃編》第一五回："留着客人等晚上吃酒，日長無事，就打了兩桌麻將消遣消遣。"《官場現形記》第二一回："頃刻間，打麻雀的已完，別的

賭友也來的多了。"《文明小史》第五三回："這鳳梧……一天到晚，吃喝嫖賭，一打麻雀，總是二百塊錢一底。"梁遇春《論麻雀及撲克》："因爲年假中走到好些地方，都碰着賭錢，所以引起我想到麻雀與撲克之比較。"民國以後，多稱"麻將"。

【麻雀】

即麻將。此稱清代已行用。見該文。

【馬將】

通"麻將"。此體近代行用。見該文。

籌馬

亦稱"馬子"。計算賭博輸贏的物件。初無定物，清代以後多以圓形或條狀銅片作籌，今稱"籌碼"。此稱流行於明清，而其起源可上溯至先秦。清黃生《字詁·祘》："《說文解字》云算長六寸。蓋古人算子如今之籌馬。"按，先秦游戲或賭博（如投壺），或以馬匹計數，故稱"籌馬"。《禮記·少儀》："投壺坐，勝則洗而以請，客亦如之。不角，不擢馬。"漢鄭玄注："角謂觥，罰爵也。擢，去也，謂徹也，已徹馬，嫌勝故專之。"這是說待賓之禮，賓尊，故即使其輸了，也不用角，而是用觥罰酒；并撤去計數的馬匹。而真下賭注時并不如此客氣，故孔穎達疏釋其賭博計數方式曰："不擢馬者，擢，去也，徹也。投壺立籌爲馬，馬有威武，射者所尚也。凡投壺，每一勝輒立一馬，至三馬而成勝。但頻勝，馬三雖得，若一朋得二馬，一朋得一馬，於是二馬之朋徹取一馬者，足以爲三馬，以成己勝也。"清趙翼《陔餘叢考·籌馬》辨古今籌馬含義之不同，言之甚確："今人博局諸戲，多用籌馬紀數，其原蓋本於投壺。《記》所謂籌，室中五扶，堂上七

扶，庭中九扶。又云：正爵既行，請爲勝者立馬也。然今世之籌用以紀數，而《記》所謂籌，即投壺之矢，其紀數則別有算，所謂算長尺有二寸也。是則投壺之籌之用，與今不同。今之籌，乃投壺所謂算耳。按《儀禮·鄉射》'籌八十'注云：籌，算也。博戲所用之籌，其或本此歟？然鄉射又無所謂馬者。要之，投壺與射禮相通，籌與馬皆古人所以紀數，後世遂襲其名而其用小變耳。猶投壺之馬爲勝算，而今所用亦不專以紀勝也。《天香樓偶得》云：今世賭博者，以物衡錢，謂之馬子。交易者以銅爲法馬，蓋亦本此。"故唐宋以前或稱擲骰賭博爲"投馬"。《世說新語·任誕》："〔袁〕耽素有藝名，……遂共戲。十萬一擲，直上百萬數。投馬絕叫，傍若無人。"余嘉錫箋疏引吳承仕注："投馬之馬，當即今所謂籌馬歟？"此稱流行於明清。《三刻拍案驚奇》第八回："一日正在平康巷，把個吳嬌兒坐在膝上，叫他出籌馬，自己一手摟着，一手擲，與管缺相賭。"又第一九回："只是這賭場上最是難賭出的，初去倒贏一二錢銀子，與你個甜頭。後來便要做弄了，如鉗紅、捉綠，數籌馬時添水，還有用藥骰子，都是四、五、六的。"《禪真逸史》第四回："何消三擲五擲，弄些手段兒，把那廝囊中之物，贏得罄盡。不期這醉老虎暗帶伴當，立在人叢裏，見那廝輸了，即向前搶去骰盆籌馬。叫破地方。"清蒲松齡《聊齋志異·念秧》："既散局，各計籌馬，王負欠頗多。"清于成龍《通飭各屬私派納賄檄》："編定保甲十家之內，一有開場賭博之家招來無籍棍徒，哄誘良家子弟，放頭賭錢，以致潛匿奸宄、盜踪叵測者，不論保甲長及八家人等，許即奪其牌骰籌馬財物，

一并許首地方。”清林佶《全遼備考·風土》："寧古塔温飽之家好打馬吊，少年者尤甚。吊牌、籌馬皆致自京師，窮極工巧。凡賭不以銀，而以核桃、紅棗、猪羊之類。"清沈起鳳《諧鐸·神賭》："右座者笑曰：'牧猪奴！賭興又發耶？但我輩近日香火零落，何得有現注？'左座者曰：'請以籌馬，負者明日覆算。如不歸，當以新婦準負債。'"徐珂《清稗類鈔·賭博類》言"博用籌馬"條："籌馬，以象牙爲之，長如箸形之半，而取其方廣，兩面皆畫彩。如無象牙，剖竹亦便。博徒入局，囊家先給籌馬以代青蚨、白鏹。其製，大小參差，或當千，或當百，或當十，以便隨意出注及轉換之用。局散之後，勝負既分，則較其得失之籌，以取償於阿堵，古所謂點籌者是也。"

【馬子】

即籌馬。此稱清代已行用。見該文。

牧猪奴

賭徒之謔稱。典出於東晉陶侃。《晉書·陶侃傳》："諸參佐或以談戲廢事者，乃命取其酒器蒱博之具，悉投之於江。吏將則加鞭朴，曰：'摴蒱者，牧猪奴戲耳。'"後世因以此指賭徒。宋王瞳軒《回譚都巡》："於王法在所，不容彼狂卒胡爲；冒犯牧猪奴戲耳，況敢當公庭而咆哮。"宋王禹偁《又和曾秘丞見贈》三首之一：

"失馬叟言徒喻道，牧猪奴戲任争碁。"元葉顒《述懷寄光遠并簡城南諸友》二首之一："戴勝晨呼採桑女，於菟夜警牧猪奴。"清周召《雙橋隨筆》卷二："蓋堂前舊燕，非不戀巢，常爲烏衣巷中人揮塵尾逐去耳。牧猪奴戲，毋怪運甓翁盡投於水，使竹頭木屑皆有用處也。"

倒脱靴

賭博圈套。賭博時先略施小惠讓對方小贏，繼而反過來贏其大頭。往往三人串通，共騙一人。按，此稱本是圍棋術語，意謂在對方提掉自己數子後，反過來叫吃，擒住對方一片。《紅樓夢》第八七回："妙玉却微微笑着，把邊上子一接，却搭轉一吃，把惜春的一個角兒都打起來了，笑着説道：'這叫做倒脱靴勢。'"近世乃藉用爲賭博中的騙局。《九尾龜》第五九回："原來果然是一班倒脱靴的賭棍、翻天印的流氓。"又第六一回："章秋穀看了這般光景，陡的把一椿事兒提上心來，暗想方才好好的贏了兩攤，怎麼又忽然變局？頓時把那先前的幾分疑慮直變到二十四分，不覺豁然大悟，果然是他們弄的玄虛，做那倒脱靴的勾當。"《海上花列傳》第六一回："爲仔前回癲頭黿同李鶴汀、喬老四三家去賭，撥個大流氓合仔一淘賭棍倒脱靴，三家頭輸脱仔十幾萬哚。"

第三節　吸毒考

毒品，成癮性很強，是社會禁止使用的物質。毒品屬於精神活性物質，吸食後對人的中樞神經起到麻醉作用，使人產生幻覺，極易成癮。使用毒品，俗稱"吸毒"。一旦吸食上癮，人對它的依賴性加強，便會對人的心理和身體帶來極大損害。

中國的毒品最初源自國外。明朝萬曆年間已對進口鴉片進行徵稅（見《修訂稅則頒布貨物抽稅見行則例》）。明朝人所著《醫學入門》亦曰，鴉片"蓋自印度南洋展轉傳至中國"。隨着鴉片貿易的擴大，西方國家在這方面獲得巨大經濟利益，而中國不僅白銀大量外流，也嚴重損害了國人的身體健康。清朝在康雍乾時期即已厲行禁止，《宮中檔·硃批奏摺》雍正六年（1728）十一月《廣東碣石總兵蘇明良奏陳嚴禁販賣鴉片以拯民生摺》，稱應當"嚴禁販賣鴉片，以拯民生"。雍正硃批曰："此奏係應行者，該部詳議施行。"嘉慶二十二年（1817）《著兩廣總督蔣攸銛曉示外商私運鴉片烟泥者將從重治罪事上諭》亦曰："著蔣攸銛即通行曉示各夷商，以鴉片烟泥產自外夷，不准私入內地，天朝例禁綦嚴。"然而，有禁不止，中外貿易摩擦由此不斷加劇，至道光年間林則徐虎門銷烟，終致鴉片戰爭爆發。而中國戰敗，從此鴉片依舊暢行無阻，致使毒品在中國呈泛濫趨勢。而且，不僅海外鴉片大量涌入，國內不少地區也大量種植可炮製鴉片的罌粟。郭嵩燾記外人報道中國栽種罌粟情形云："初涉湖北、四川交界之地，即見罌粟；入四川，栽種尤盛；雲南則遍地皆是。"（《郭嵩燾日記》卷二，光緒四年四月）

毒品在中國經歷了由烟土到化學毒品的演進過程。鴉片傳入中國後有多種稱呼。明徐伯齡《蟫精雋》曰："入中國曰烏香，或曰烏烟。就其本名還音，曰鴉片，亦曰阿片，亦曰亞榮，亦曰阿芙蓉，亦曰合浦融。"其來源是罌粟，由罌粟製成烟土，再將烟土熬成漿，製成烟膏，始可吸食。道光十一年（1831）兩江總督陶澍等《奏爲確查販種鴉片煙土并議增嚴禁熬煙章程摺》："查惟烟土不能即食，必待熬汁而後成烟。……烟似糖漿，……熬土成烟，始能售賣。"這是19世紀毒品的主流。而進入20世紀後，又由西方傳入經過化學工藝提煉的毒品，如嗎啡、可卡因、海洛因等。這類毒品本是鎮靜藥，因其麻醉的藥效强烈，使用起來又便利，遂成爲毒品大宗。這類毒品多用針管輸入人的血管中，對人體的影響更大。1908年9月20日出版的《東方雜志》第五卷第八期，載《法部等奏議復江蘇巡撫陳奏請定販賣嗎啡等治罪專條摺》："嗎啡含有毒質，……配用筒針藉以代癮。……嗎啡針一經打用，非打不休。"民國時期屢被當局禁止。1928年3月國民政府頒布的《中華民國刑法》第二七一條："製造鴉片、嗎啡、高根、安洛因及其化合質料，……處五年以上有期徒刑，得并科一千元以下罰金。"（高根即可卡因，安洛因即海洛因）1946年8月《國民政府修正公布禁烟禁毒治罪條例》第八條："施打嗎啡或吸用毒品者，處三年以上十年以下有期徒刑。"衹是禁令成效并不顯著，吸毒情形始終不能絶迹。

中華人民共和國成立之初，大力掃除毒品，吸毒者被强制戒毒，故至 20 世紀 80 年代，毒品及吸毒基本銷聲匿迹。然 90 年代以後，部分地區毒品又漸死灰復燃，國家高度重視，加大打擊力度，禁毒工作取得顯著成效。

毒品

亦稱"毒物"。人通過吸食、注射或鼻嗅而麻痹神經、最終傷身的精神活性物質。初稱"毒物"，19 世紀末始稱"毒品"，且沿用至今。《林公案》第五一回："外相巴馬斯統起初以爲鴉片一物，究係毒品，中國嚴禁没收，也出於情理之中，况英王早已聲明英政府不能袒護不法商人，故不敢在英王跟前建議，便向顛地婉言謝絶。"

【毒物】

即毒品。此稱清代已行用。見該文。

鴉片

亦作"雅片"，亦稱"阿片""阿芙蓉"。英文"opium"之音譯。用罌粟花熬成、人吸食後易上瘾并損害健康。明徐伯齡《蟬精雋》："入中國曰烏香，或曰烏烟。就其本名還音，曰鴉片，亦曰阿片，亦曰亞榮，亦曰阿芙蓉，亦曰合浦融。"清光緒年間張昌甲《烟話》："阿片一作鴉片，《本草》云阿芙蓉，今渾稱之曰烟，或曰大烟，或曰烏烟，或曰洋烟。"明代傳入中國，達於今。本有藥用價值，吸食後易使人上瘾并難以戒除，長期吸食則虧傷元氣，直至體衰早亡。清李圭《鴉片事略》卷上："明人《醫學入門》云'鴉片一名阿芙蓉'，始見'鴉片'二字。蓋自印度南洋展轉傳至中國，復變

阿音爲鴉也。"鴉片係自西方傳入中國。明萬曆十七年（1589）《制定路餉貨物抽税則例》首次在徵收關税中將鴉片按進口藥材每十斤徵銀二錢。隨着醫藥業對鴉片需求量的增長，萬曆四十三年（1615）《修訂税則頒布貨物抽税見行則例》又將鴉片進口税降爲每十斤税銀一錢七分三厘。18 世紀以後，鴉片成爲西方輸入中國的貿易大宗。其危害之巨，早在雍正時期即已下令禁之。中國第一檔案館藏《宫中檔·硃批奏摺》雍正六年（1728）十一月《廣東碣石總兵蘇明良奏陳嚴禁販賣鴉片以拯民生摺》及"硃批"云："嚴禁販賣鴉片，以拯民生，以息盗源也。竊照鴉片一項，産自外洋，近來閩廣洋商以藥材爲名，興販獲利……〔硃批〕前爲鴉片烟一事，業經有諭頒發。此奏係應行者，該部詳議施行。"此後雖屢下禁令，鴉片却越禁越風行。道光三年（1823）《酌定失察鴉片條例事上諭》："至滇省迤西迤東一帶，將罌粟花熬成鴉片，必須嚴行禁止。"《老殘游記》第一三回："或因其父吃鴉片烟，或好賭錢，或被打官司拖累，逼到萬不得已的時候，就糊裏糊塗將女兒賣到這門户人家，被鴇兒殘酷。"《官場現形記》第四五回："有些人來告錢太爺受了人家的狀子，又出票子拿人，逼得人家吃了鴉片烟。……那個吃大烟的也抬了來了，還不知

有氣没氣。"又："那人急了，就吃了生大烟。"這是指大量吞吃鴉片中毒的情形。吸食鴉片之風屢禁不止。《風柳情》第二五回："現在揚城雅片烟被各衙門差人以及委員不知捉了多少人去，打的打，枷的枷，收禁問罪的問罪，四處搜拿。"《文明小史》第一八回："其時席面上早已有了三個人，還有兩個躺在炕上抽鴉片烟。"

【雅片】

同"鴉片"。此體清代已行用。見該文。

【阿片】

即鴉片。此稱清代已行用。見該文。

【阿芙蓉】

"鴉片"之美稱。此稱明代已行用。見該文。

【大烟】

"鴉片"之俗稱。此稱清代已行用。《官場現形記》第二一回："兄弟生平最恨的是抽大烟一椿事。"《廿年繁華夢》第三九回："那春桂住了十數天，除日中在房子裏吸大烟，就出外到銀牌館裏賭攤。"《林公案》第三八回："錦堂每日於酒飯之後，便到内書房抽大烟。由此看來，鴉片流毒，深入人身骨髓，不易戒絶。"

烟土

亦作"煙土"，亦稱"烟泥"。罌粟被初步加工成的球狀、塊狀鴉片。始於17世紀。烟土須熬成膏方可吸食。因等級不同而分爲若干檔次。道光十九年（1839）軍機處録《欽差大臣林則徐等奏報銷化煙土已將及半摺》："至煙土名色，亦有不同。其黑者曰公班土，聞係上等之煙；白土次之；金花土又次之。"清朝一直禁止走私烟土，但屢禁不止。嘉慶二十二年（1817）《著兩廣總督蔣攸銛曉示外商私運鴉片煙泥者將從重治罪事上諭》："著蔣攸銛即通行

曉示各夷商，以鴉片煙泥産自外夷，不准私入内地，天朝例禁綦嚴。此次奧地夷船私販煙泥，因其未經進口中，又遭劫掠，是以祇將煙泥燒毁，免其治罪。"

【煙土】

同"烟土"。此體清代已行用。見該文。

【烟泥】

即烟土。此稱清代已行用。見該文。

烟膏

亦作"煙膏"，亦稱"清膏""芙蓉膏"。經煎熬加工可吸食的鴉片膏。始於17世紀，達於20世紀40年代。道光十九年（1839）軍機處録《大學士敬敏等奏爲遵旨會議具奏嚴禁鴉片章程摺》："洋船夾帶鴉片烟進口及奸民私種罌粟、煎熬煙膏、開設煙館，文職地方官及巡查海口委員能自行拿獲究辦，免其議處。"《文明小史》第一八回："姚文通拿他仔細一瞧，只見臉色發青，滿嘴烟氣，看他這副尊容，每日至少總得吃上二兩大土清膏，方能過。"蔣景緘《俠女魂·足冤》："不料堂上尊姑，詫駝峰以腫背，指麟出爲不祥，竟將余幽囚一室，并予芙蓉膏以自裁。"

【煙膏】

同"烟膏"。此體清代已行用。見該文。

【清膏】

即烟膏。此稱清代已行用。見該文。

【芙蓉膏】

"烟膏"之美稱。此稱清代已行用。見該文。

烟館

亦稱"烟堂"。專以盈利爲目的開設的吸食鴉片之堂館。始於17世紀，達於20世紀40年代。時人深知烟館之害，故屢有禁令。嘉慶

十八年（1813）軍機處録《管理刑部事務董誥等復酌議買食鴉片罪名摺》云："故例内興販鴉片烟及私開烟館引誘良家子弟，均設有治罪專條。"道光十八年（1838）軍機處録《安徽巡撫色卜星額奏復爲黄爵滋所奏甚是惟應先重懲販烟人犯摺》："若興販者挾資出海，爲夷人作爪牙，代銷毒物，貽害同類，惟利是圖，實爲中國之蠹，比之開設烟館，厥罪更甚。"《清史稿·食貨志六》："時定禁烟章程，凡開設窯口及烟館，與興販吸食，無論華洋，均擬極刑。"均知其害，但屢禁不絶。清李圭《鴉片事略》卷上："今天下興販者不知幾何，開設烟館者不知幾何，而各省辦此案者絶少。"清鍾祖芬《招隱居·誡子》："一片好花街，盡將烟館排。"

【烟堂】

即烟館。此稱清代已行用。見該文。

烟榻

亦稱"烟鋪"。抽鴉片時所躺之床榻。通常爲一大炕，中間放一炕桌，桌上有烟燈，桌兩邊可各躺一人就着烟燈吸鴉片。始於18世紀初，達於20世紀上半葉。《官場現形記》第二九回："糖葫蘆在烟榻上裝做困着。王小四子故意説道：'烟鋪上睡着冷，不要着了凉！'"又第三〇回："這日冒得官走到烟館裏面，值堂的是認得他的，連忙讓出一張烟鋪，請冒大爺這邊來坐。……值堂的又趕過來替他燒烟。抽不上三四口，忽然烟榻前來了一個彪形大漢。"《文明小史》第一八回："那個穿呢袍子的鍾養吾，順手拉過一張骨牌杌子，緊靠烟榻坐下，聽他二人談天。"

【烟鋪】

即烟榻。此稱清代已行用。見該文。

烟具

亦作"煙具"，亦稱"烟器"。用以吸食鴉片的器具。諸如烟鍋、烟盤、烟壺、烟袋、烟槍、烟石、烟刀、烟簽、烟燈等皆是。始於清，達於近世。道光十八年（1838）軍機處録《署直隸總督琦善奏爲天津查獲興販鴉片洋船嚴加訊辦摺》："至此案天津鎮劉允孝、天津道王允中，一經訪有端倪，即馳赴大沽地方先將水手設法誘至陸地，俾該船人數稍少，該鎮即親身率帶弁兵赴船搜查，將煙土煙具軍械先行起獲查拿。"《老殘游記》第一二回："因爲山西人財主最多，却又人人吃烟，所以那裏烟具比别省都精致。"清鍾祖芬《招隱居·誡子》："一方好田地，盡把罌粟栽；一個好人家，盡把烟器擺。"

【煙具】

同"烟具"。此體清代已行用。見該文。

【烟器】

即烟具。此稱清代已行用。見該文。

烟鍋

亦作"煙鍋"，亦稱"烟抖""烟斗""烟筒頭"。烟槍一端用以放烟葉、烟土以點燃抽吸的小斗，下有彎形管，與槍管相接。銅質、鐵質或瓷質。始於17世紀，達於20世紀下半葉。《清代外交史料·嘉慶朝》載嘉慶十九年（1814）崇文門監督崇禄等《奏查獲私帶鴉片煙人犯摺》："兹於五月初二日，據盧溝橋該班家丁、巡役人等禀稱：查獲張四身藏鴉片煙半錫盒又一小盒，并煙灰二小錫筒，煙袋一根，煙鍋一個，押送前來。"清葛虚存《清代名人軼事·異徵類》引《芝音閣雜記》，載紀文達軼事云："公善吃烟，其烟槍甚巨，烟鍋又絶大，能裝烟三四兩。每裝一次，可自家至圓明園，吸之不盡也。都中人稱爲'紀大鍋'。"道光十八年（1838）軍機處所錄《湖廣總督林則徐奏覆黃爵滋塞漏培本之責并酌議禁烟章程六條摺》："查吸烟之竹竿，謂之槍。其槍頭裝烟點火之具，又須細泥燒成，名曰烟斗。……其烟斗，自廣東來者，以洋磁爲上；其内地製者，以宜興爲高。恐其屢燒易裂也，則亦包以銀錫，而發藍點翠，各極其工。"同年，軍機處又錄《署直隸總督琦善奏爲天津查獲興販鴉片洋船嚴加訊辦摺》："該鎮拔刀躍登船上，用言鎮嚇，均即退避，當於後艙搜獲煙土十二口袋，……新舊煙燈煙鍋煙斗煙盒等件。"按，烟斗，本由西方傳入，由烟鍋頭、彎頭、烟嘴組成，彎頭與烟嘴之間没有烟杆。而國人亦以此指稱烟鍋，偶或稱之爲"烟抖"。《二十年目睹之怪現狀》第六八回："那婦人……又拿起那斷烟筒，很命的向那小子頭上打去。不料烟筒杆子短了，格外力大，那銅烟鍋兒（粵人謂之烟斗，蘇、滬間謂之烟筒頭），恰恰打在頭上，把頭打破了。"《林則徐日記·道光十八年九月初十日》："搜繳鴉片烟槍一千七百五十四杆，並烟抖、烟具，俱搥碎焚毁。"民國以後之烟斗，乃與西人同步，不再指帶烟杆的"烟斗"了。

【煙鍋】

同"烟鍋"。此體清代已行用。見該文。

【烟抖】

即烟鍋。此稱清代已行用。見該文。

【烟斗】

即烟鍋。此稱清代已行用。見該文。

【烟筒頭】

江南對"烟鍋"之俗稱。此稱清代已行用。見該文。

烟槍

亦作"煙槍"，亦稱"烟管""風車"。抽鴉片所用帶長管的烟具。通常爲竹製，兩頭有銅製或瓷質烟斗和烟嘴。鴉片放入烟斗後在烟燈上點燃，人嘴對着槍口（烟嘴）吸烟。多爲1米左右長。清袁枚《續子不語·鬼請吸烟》："至途中，青衣人於襪桶中取出烟管一根，長僅五寸，請談〔竹蒼〕吸烟。"（按，此爲神怪小説，故稱長僅五寸。）道光十八年（1838）軍機處所錄《湖廣總督林則徐奏覆黃爵滋塞漏培本之責并酌議禁烟章程六條摺》："查吸煙之竹杆〔竿〕，謂之槍。其槍頭裝煙點火之具，又須細泥燒成，名曰煙斗。凡新槍新斗，皆不適口，且難過癮。必其素所習用之具，有煙油漬乎其中者，愈久而愈寶之。……煙槍固多用竹，亦間有削木爲之，大抵皆煙袋鋪所製。其槍頭則裹以金銀銅錫，槍口亦飾以金玉角牙。閩粵間又有一種甘蔗槍，漆而飾之，尤爲若輩所重。"烟槍因質地和形制不同，而有多種名目。《負曝閑談》第一六回："另外一個白磁片，把這些裝好烟的斗，都放在白磁片裏。只見田雁門拿來，一個個套上象牙槍、虬角槍、甘蔗槍、廣竹槍，倒過頭去，呼呼的抽了半天，方得完事。"臺灣還俗稱之爲"風車"。清唐贊袞《臺陽見聞録》卷下："臺地多蔗，以蔗管嵌金飾玉爲鴉片煙槍。又呼煙槍爲'風車'。"道光十一年（1831）軍機處所錄《巡視北城御史瞿溶奏爲職官私食鴉片番役等索贓請旨交部究辦摺》："餘烟王三取去，并將烟管三枝砸毁寢事，未經報官。"《老殘游記》第一三回："黃人瑞剛才把一筒烟吃完，放下烟槍。"《官場現形記》第三〇回："〔冒得官〕便叫值堂的：'不要同他多講，等我問他。'一面說，一面把烟槍一丟，坐了起來。"《津門艷迹》第八回："駭得十一爺丟下烟槍，折身坐起。"《文明小史》第一八回："姚文通問他貴姓，他正含着一枝烟槍，凑在燈上，抽個不了。好容易等他把這袋烟抽完，又拿茶呷了一口，然後坐起來，朝着姚文通拱拱手，連說：'對不住！放肆！'"

【煙槍】

同"烟槍"。此體清代已行用。見該文。

【烟管】

即烟槍。此稱清代已行用。見該文。

【風車】

即烟槍。爲臺灣人對烟槍的俗稱。此稱清代已行用。見該文。

【象皮槍】

"烟槍"之一種。用橡皮管製成。行於晚清。《官場現形記》第二一回："有時想吃烟，全是管家打好了裝在象皮槍上，這象皮槍有好幾尺長，賽如根軟皮條。"

京八寸

長不足尺的烟管。流行於清代。《負曝閑談》第二九回："尹仁看見胡麗井鈕扣上挂着赤金剔牙杖，手上套著金珀班指，腰裏挂著表褡褳、象牙京八寸、檳榔荷包、翡翠墜件兒。"《官場現形記》第二四回："奎官從腰裏摸出鼻烟壺來請老爺聞，又在懷裏掏出一杆'京八寸'，裝上蘭花烟，自己抽着了，從嘴裏掏出來，遞給賈大少爺抽。"《俠義英雄傳》第六〇回："劉公鼻架墨晶眼鏡，口銜京八寸旱烟管，從容緩步的走到客廳裏來。"《鄰女語》第三回："看見一個高長大漢，……口裏銜着一支京八寸潮烟袋，

吐出那一種悶人的烟味，也不曉得吃烟的是怎樣受得。"

烟盤

放置烟具的大盤。此稱清代已行用。《官場現形記》第一三回："他早已萌了死志，順手把炕上烟盤裏的一個烟盒拿在手中。"《海上花列傳》第四回："那老娘姨端了一副鴉片烟盤，問蕙貞：'擺陸裏嗄？'"《負曝閑談》第一六回："黃子文例將昨晚寫的那份東西，送給他瞧。田雁門且不看，望床上擺的那副烟盤裏一撩。管家送過打好的鴉片烟，都是什麼金沙斗銀沙斗，一個個裝好的。"《商界現形記》第二回："陳大很不舒服，道：'阿金姐，亭子房間裏空嗎？給我端整一副烟盤，……烟缸、燈槍一起拿來，好好兒的過癮哩。'"

烟刀

專用於切鴉片膏的刀子。因烟膏須放置爐中熔化方可用，故須先切成小塊。此稱清代已行用。清鍾祖芬《招隱居·排將》："（烟刀上）煽以洪爐攪以刀，殘黎剩得幾多膏。"

烟盒

亦作"煙盒"，亦稱"烟匣"。盛放烟泥、烟膏或烟絲的盒子。當今則指香烟盒。始於清，沿至今。道光十八年（1838）軍機處録《署直隸總督琦善奏爲天津查獲興販鴉片洋船嚴加訊辦摺》："該鎮拔刀躍登船上，用言鎮嚇，均即退避，當於後艙搜獲煙土十二口袋，……新舊煙燈煙鍋煙斗煙盒等件。"清鍾祖芬《招隱居·排將》："（烟盒上）一半殘膏一半灰，泥身從此入輪迴。"《官場現形記》第一三回："他早已萌了死志，順手把炕上烟盤裏的一個烟盒拿在手中。等到官媒婆搜的時候，要藏没處藏，

就往嘴裏一送，熬熬苦，吞了下去，趁空把匣子丟掉。”

【煙盒】

同“烟盒”。此體清代已行用。見該文。

【烟匣】

即烟盒。此稱清代已行用。見該文。

烟石

打磨碾碎烟膏、烟泥用的石頭。此稱清代已行用。清鍾祖芬《招隱居・排將》：“（烟石上）……此心可轉，無事切磋琢磨；其質甚堅，以爲方圓平直。”

烟籤

亦作“烟扦”。用以翻挑烟斗上黏着的烟泥的竹籤或鐵籤。始於 18 世紀，達於 20 世紀 40 年代。《老殘游記》第一二回：“那烟盤裏擺了幾個景泰藍的匣子，兩枝廣竹烟槍，兩邊兩個枕頭。人瑞……隨手躺下，拿了一枝烟籤子，挑烟來燒。”中國第一歷史檔案館藏《宮中檔・硃批奏摺》有道光元年（1821）《巡視北城御史善年等奏爲盤獲窩家搜出鴉片烟物摺》云：“著鴉片烟袋並鐵籤子四根，洋蠟一圈，是王順存放的。”

【烟扦】

同“烟籤”。此體清代已行用。見該文。

烟燈

專用於點燃鴉片以吸食的燈具。在烟斗中放入鴉片，就着烟燈點着，將烟通過烟槍吸入嘴鼻。始於清，達於近世。清李圭《鴉片事略》卷上：“其時沿海居民得南洋吸食法，而益精思之：煮土成膏，鑲竹爲管，就燈吸食其烟。”《風柳情》第二七回：“却好賈銘拿着烟槍，上有安好了的一口現成烟。愛林就將烟槍搶過去

衡在他口裏，就著烟燈便嗅。”又第二六回：“鳳林、賈銘每人又吃了幾口烟，將烟槍、烟燈用口袋裝好。”清黃燮清《居官鑑・漁哄》：“性命非同兒戲，髮膚愛惜爹娘。若還要試炮和槍，只要烟燈一亮。”《文明小史》第一八回：“他們三個人圍著烟燈談天，席面上主賓四位，也在那裏高談闊論起來。”《海上花列傳》第五回：“〔娘姨〕又去點起烟燈來，長福道：‘鴉片烟倪勿吃。’”晚清山西太谷縣的烟燈最著名，有“太谷燈”之稱。《老殘游記》第一二回：“怎樣叫做‘太谷燈’呢？因爲山西人財主最多，却又人人吃烟，所以那裏烟具比別省都精緻。太谷是個縣名，這縣裏出的燈，樣式又好，火力又足，光頭又大，五大洲數他第一。可惜出在中國，若是出在歐美各國，這第一個造燈的人，各報上定要替他揚名，國家就要給他專利的憑據了。”

水烟袋

亦稱“水烟筒”。使用時通過水過濾烟中雜質的烟具。始於清代，達於近世。多爲銅製，亦有錫製和銀製者。它主要由烟管、吸管、水斗、烟倉、通針、手托等部分構成。烟管一頭爲烟碗，其下連一細管，伸入水斗的水中；吸管在烟管旁，上端向後彎曲，便於吸烟，下端插入水斗，懸在斗中水面上。烟管、吸管、水斗一般爲一整體。烟倉多爲桶形，上均有蓋，以防烟絲風乾。手托將水斗與烟倉連接在一起。通針用於挑剔烟碗中的

水烟袋

烟絲、烟泥。水烟袋一頭讓人吸食，一頭進氣，兩頭上翹，中間一處貯水、裝烟。吸食時，烟氣穿過貯水處，可濾掉烟氣中的一些雜質雜氣，使烟味醇和。烟過水斗，會發出"咕嚕嚕"聲響。《官場現形記》第三八回："有天亦是寶小姐醉後，瞿太太過來替他倒了一碗茶，接着又裝了幾袋水烟。"《海上花列傳》第四五回："管家端上茶碗，並將各種水烟、旱烟、錫加烟裝好奉上。"清方濬師《蕉軒隨録·烟草》："水烟袋用白銅製者，惟蘇州汪雲從著名，湖北漢口工人亦專精製造。近年來又有銅製二馬車水烟袋者，以皮作套，空其中，一安烟袋，一安烟盒，兩旁有烟紙筒二，可以息火，製作益精，且便於携帶，於北地車中最宜。"《風柳情》第二六回："鳳林、賈銘……邀請林大娘母子，帶着高媽，拎著水烟袋口袋、大烟槍口袋，拿了黃紙箱子，開了後門，上了劃船。"《文明小史》第一八回："郭之間自己對準了火呼呼的抽了進去，一口不够，又是一口，約摸抽了四五口，方才抽完，起來，兩手捧着水烟袋，慢慢的對姚文通道：'論理呢，我們這新學家就抽不得這種烟……'"《海上花列傳》第五回："那郭孝婆地顛頭簸腦，摸索到房裏，手裏拿着根洋鋼水烟筒，説：'陸裏一位用烟？'長福一手接來，説聲'夠客氣'。"此物在 20 世紀 60 年代尚有老人使用，此習今多已消失。

【水烟筒】

即水烟袋。此稱清代已行用。見該文。

旱烟袋

亦稱"旱烟管""旱烟筒"。抽烟葉或烟絲時所用器具。由烟嘴、烟杆、小烟鍋及烟袋組成。烟嘴有玉石、翡翠、銅、瓷等質地；烟杆多爲竹杆或木杆，中空；小烟鍋銅質，裝烟末於此；烟袋盛放備用烟葉、烟絲。將烟葉或烟絲放烟鍋中進行燃燒，再通過烟嘴、烟杆吸烟。始於清，達於當代。徐珂《清稗類鈔·物品類》："旱烟管，亦曰旱烟筒，北人謂之旱烟袋。截竹爲之，飯後茶餘，閩人每取旱烟置近根處著火，而自其末吸之，竹氣清香，又先含水在口，故烟性雖烈而不受其毒。"《文明小史》第二二回："撫臺……叫人搬張藤椅靠窗歪著，拿了一支長旱烟袋銜着，叫一聲：'來！'就有兩三個家人過來，點火裝烟。"

【旱烟管】

即旱烟袋。此稱清代已行用。見該文。

【旱烟筒】

即旱烟袋。此稱清代已行用。見該文。

快蟹

亦作"快鞋"，亦稱"扒龍""蟹艇"。違法將停泊於關口外海上的西方船隻中的鴉片，強運入内陸的走私快船。行於晚清。中國第一歷史檔案館藏軍機處道光十一年（1831）《湖廣道監察御史馮贊勛奏陳夷人夾帶鴉片烟入口積弊請飭查嚴禁摺》詳述此種船之由來、狀態及危害："近緣奉禁綦嚴，易於盤詰，該夷改於附近虎門之大魚山洋面，另設夷船，囤積烟土，稱爲鴉片躉。并有夷目兵船，名曰護貨，同泊一處，爲之捍衛。然其貨遠在洋面，奸商不敢出洋販買，夷人亦不敢私帶入關。於是勾通土棍，以開設錢店爲名，其實暗中包售烟土，呼爲大窖口，……然其貨仍在洋面，難以私帶也，則有包攬走漏之船，名曰快鞋。船之大可容數百石，帆張三桅，兩旁盡設鐵網，以禦炮火。左右快槳凡五六十，來往如飛，呼爲插翼。星夜遄行,所過關津,明知其帶私,巡丁呼之則抗不泊岸,追之則去已無及,竟敢施放槍炮,勢同對敵。……聞此種快鞋,現有一二百之多,凡由躉送貨至窰口者,皆係此船包攬。"《清實錄·宣宗實錄》道光十四年二月:"雇快艇至躉船,憑單交土。其快艇名快蟹,亦名扒龍,砲械畢具;每艇壯丁百數十人,行駛如飛,兵船追拏不及。"道光十六年(1836)太常寺少卿許乃濟《奏爲鴉片烟例禁愈嚴流弊愈大應亟請變通辦理摺》:"有來往護艇,名曰'快蟹',亦曰'扒龍',炮械畢具,亡命數十輩,運槳如飛,所過關卡均有重賄,遇兵役巡船向捕,輒敢抗拒,互致殺傷。"道光十六年《著兩廣總督鄧廷楨等議奏查拿販烟之奸商等事上諭》:"著鄧廷楨等將摺內所奏如販賣之奸民,說合之行商,包買之窰口,護送之蟹艇,縱之兵丁,嚴密查拿各情節,悉心妥議,力塞弊源,據實具奏。"

【快鞋】

同"快蟹"。此體清代已行用。見該文。

【扒龍】

即快蟹。此稱清代已行用。見該文。

【蟹艇】

即快蟹。此稱清代已行用。見該文。

【躉船】

即快蟹。停泊洋面、無動力裝置的矩形平底船,清道光年間英國人用以在其上囤積走私鴉片烟土。此稱清代已行用。《清實錄·宣宗實錄》道光十四年二月:"近聞嘆咭唎國大舶終歲在零丁洋及大嶼山等處停泊,名曰躉船;凡販鴉片烟者,一入老萬山,先以三板艇剝赴躉船,然後入口。"《清史稿·邦交志二》:"英自道光元年以後,私設貯烟大舶十餘隻,謂之

'躉船'。"徐珂《清稗類鈔·飲食類》"吸鴉片"條:"凡粤洋載運鴉片之船,曰躉船。"

窰口

亦作"窯口"。名爲錢莊,實爲違禁包售外商鴉片烟的店鋪。搞鴉片批發之店稱大窰口,鴉片小經銷商稱小窰口。行於19世紀上半葉。中國第一歷史檔案館藏軍機處道光十一年(1831)《湖廣道監察御史馮贊勛奏陳夷人夾帶鴉片烟入口積弊請飭查嚴禁摺》:"其貨遠在洋面,奸商不敢出洋販買,夷人亦不敢私帶入關。於是勾通土棍,以開設錢店爲名,其實暗中包售烟土,呼爲大窰口。……其由大窰口分銷內地,則有奸民串同各衙頭役,開設私局,是爲小窰口。散布各城鄉市鎮,指不勝屈,所在皆有。"《清實錄·宣宗實錄》道光十四年二月:"省城包買戶謂之窰口;議定價值,同至洋船館兌價給單,即雇快艇至躉船,憑單交土。"道光十六年太常寺少卿許乃濟《奏爲鴉片烟例禁愈嚴流弊愈大應亟請變通辦理摺》:"道光元年,兩廣督臣阮元嚴辦澳門屯戶葉恒樹,夷商無可托足,因自販於零丁洋,其地在蛟門以外,水路四通,有大舶七八隻終歲停泊,收貯鴉片,謂之躉船。有省城包買戶,謂之窰口。由窰口兌價銀於夷館,由夷館給票單至躉船取貨。"道光十九年(1839)大學士敬敏等《奏爲遵旨會議具奏嚴禁鴉片章程摺》:"開設窰口等犯向無治罪專條。今擬沿海奸徒開設窰口中,勾通外夷,潛買鴉片烟土,入口囤積,發賣圖利,一經審實,首犯擬斬立決,恭請王命先行正法。"《清史稿·邦交志二》:"英自道光元年以後,私設貯烟大舶十餘隻,謂之'躉船',又省城包買戶,謂之'窰口'。由窰口兌價銀於英館,由英

館給票單至蜑船取貨。""窯"同"窑"。徐珂
《清稗類鈔・飲食類》"吸鴉片"條："廣州包賣
之户，曰窯口。"

【窯口】

同"窑口"。此體晚清已行用。見該文。

第四節　戕殘考

論中國旧時陋俗，宮刑與纏足，大約是最具代表性者。其對人的戕害之深，對國人的震撼之重，對中國歷史的影響之大，都是世所罕有的。

宮刑本是先秦以來就有的一種殘酷刑法，對男子而言，就是去其陰部之勢。宮刑是因罪受罰，而中國古代另有一類同樣是去除男人之勢，却不是因懲罰，而是爲可以入選宮廷成爲侍者。這類男人，就是宦官，俗稱"太監"。

太監就是被閹割後失去男性功能的男人，他們其實已變得"男不男、女不女"，通常體態偏胖，臀部較肥，不長鬍鬚，沒有喉結，聲音尖細，失去了男性獨有特徵。之所以要把人變成這樣，衹是爲了使他們在宮廷服務中，避免發生男女之事。

周代置寺人職，掌宮廷内部事務。寺人亦即後世的太監，又稱"奄寺"。"奄"又寫作"閹"，即閹割之意。《周禮・天官・寺人》："寺人，掌王之内人及女宮之戒令，相道其出入之事而糾之。……佐世婦治禮事。"因在内廷，與君主、王后接近，一旦約束不當，即易發生太監專權。秦漢以後，有些王朝的覆亡，即與太監專權有關。

古代天文中，天空有宦者星，與帝星接近，"故閹官名宦人"（《玉篇・宀部》）。"宦者""宦人""宦官"，均指太監。《史記・李斯列傳》："夫〔趙〕高，故宦人也。"趙高在秦始皇死後曾一手遮天，即可見其專權之甚。而東漢、唐朝、明朝都曾發生宦官專權致朝政混亂不堪情形。這從晋袁宏《後漢紀・孝桓皇帝紀》所載可見一斑："自宦者專權，在位子弟親屬及苟進之士連結依附，以取榮寵，乘勢肆意，陵暴天下。"宦官之所以權力欲極强，與其身體的缺陷有關。太監在人格上是受到正常人鄙視的，被斥爲"刑餘之人"，士大夫往往認爲，不可"屈抑于刑餘之下，以羞廟堂而辱當世"（清汪楫《崇禎長編・四年十二月》）。《梁書・羊侃傳》載："有宦者張僧胤候〔羊〕侃，侃曰：'我床非閹人所坐。'竟不前之，時論美其貞正。"因此，長期内心受壓抑的太監往往會通過攫取權力來彌合身

體缺陷帶來的痛苦。

宦官制度是皇帝制度的一部分。隨着中國最後一個封建王朝清朝的覆亡，延續三千多年的宦官制度也就退出了歷史舞臺。

同樣是對人體的傷害，婦女纏足在身體和心理上給女人帶來的負面影響也是深遠的。

纏足就是讓女人從小用布纏裹雙腳，使之不能正常發育生長，從而變得纖小。古人長期以女人腳小爲美。爲使之小，就要在女人成長過程中，用布長期將腳勒緊，并用刀割去腳上的死肉。腳變得畸形了，古人却認爲美，譽之爲“金蓮”。而女人不僅要忍受成長過程中的痛苦，又因腳畸形而影響了走路。纏過足的小腳女人走路不穩當，不宜遠行，也不能急行，纏足給其帶來了畢生的傷害。

纏足始於五代。元陶宗儀《南村輟耕録·纏足》引《道山新聞》云，南唐李後主的宮人窅娘纖麗善舞，後主爲之作一“金蓮”，“令窅娘以帛繞腳令纖小，屈上作新月狀，素襪，舞雲中，回旋有凌雲之態。……由是人皆效之，以纖弓爲妙。以此知札腳自五代以來方爲之”。此俗在宋代流行起來，并沿襲至清。因古人對小腳的追捧，古代詩文中多有對“三寸金蓮”的贊美。元王實甫《西廂記》第一本第二折：“翠裙鴛繡金蓮小，紅袖鸞銷玉笋長。”明徐應秋《玉芝堂談薈》卷八：“一灣暖玉凌波小，兩瓣秋蓮落地輕。”

然而，纏足後的畸形，終難掩飾其難看的一面。即使它獲得諸多譽美，也不免被人貶斥。因纏足狀如牲畜之蹄，故在民間口語中，女人或被徑稱爲“小蹄子”。《金瓶梅詞話》第八六回：“好個浪蹄子淫婦，休説我是你個媒王，替你作成了恁好人家，就是閑人進去，也不該那等大意。”而指斥纏足對女人的傷害也不乏其人。宋車若水《脚氣集》云：“小兒未四五歲，無罪無辜而使之受無限之苦，纏得小來，不知何用？”清袁枚《牘外餘言》：“女子足小有何佳處，而舉世趨之若狂。吾以爲戕賊兒女之手足以取妍媚，猶之火化父母之骸骨以求福利！”

進入民國，社會變革帶來了思想啓蒙，帶來了文明風氣，流行近千年的纏足陋習，這纔逐步退出歷史舞臺。

損傷人的身體的陋俗，還有很多。諸如爲求長生不老而服用“金丹”，以致慢性中毒；歷代過度的文身綉面對皮膚的損傷；清初“留髮不留頭、留頭不留髮”的强制措施；等等，均曾带給古人帶來身心不良後果。

寺人

亦稱“奄臣”“奄士”“奄寺”，後世“奄”多寫作“閹”，故又有“閹人”“閹官”“閹竪”等稱。從小被去除外生殖器後在宮廷爲王族服務的男人。因宮中有許多嬪妃，爲防發生男女之事，故要將其變成没有性能力的男人。此稱先秦時期已行用。閹（奄）即閹割，指男子去勢；寺，指侍候。此俗起源應與遠古時代的宮刑有關。《書·吕刑》：“宮辟疑赦，其罰六百鍰，閱實其罪。”孔傳：“宮，淫刑也。男子割勢，婦人幽閉，次死之刑。”《太平御覽》卷六四八引《尚書刑德考》曰：“宮者，女子淫亂，執置宮中，不得出也；割者，丈夫淫，割其勢也。”周代已設此官職，掌宮廷内部事務。《周禮·天官·寺人》：“寺人，掌王之内人及女宮之戒令，相道其出入之事而糾之。……佐世婦治禮事。”賈公彦疏：“以寺人是奄者，故得佐世婦治喪事。”後世沿襲此制。《詩·秦風·車鄰》：“未見君子，寺人之令。”《左傳·成公十七年》：“寺人孟張奪之。”杜預注：“寺人，奄士。”又《襄公九年》：“令司宮巷伯儆宮。”晉杜預注：“司宮，奄臣；巷伯，寺人。皆掌宮内之事。”秦漢以後，寺人職權範圍更廣，在東漢、唐、明三代，還曾出現寺人專權嚴重的現象。歷代寺人也常與宮廷政變相關。《北史·道武七王傳·清河王紹》：“衛士執送紹，於是賜紹母子死，誅帳下閹官、宮人爲内應者十數人。”《魏書·恩倖傳·王叡》：“〔王〕叡出入帷幄，太后密賜珍玩繒綵，人莫能知。率常以夜帷車載往，閹官防致，前後鉅萬，不可勝數。”《梁書·羊侃傳》：“有宦者張僧胤候〔羊〕侃，侃曰：‘我床非閹人所坐。’竟不前之，時論美

其貞正。”明王世貞《弇山堂别集·中官考一》：“事由獨斷，參寄文武，雖乍有變遷，而禍絶閹竪。”《明史·佞幸傳·江彬》：“帝自領群閹善射者爲一營，號中軍。晨夕馳逐，甲光照宮苑，呼噪聲達九門。”《明史·陸昆傳》：“陛下嗣位以來，天下顒然望治。乃未几，寵幸奄寺，顛覆典刑。”清汪楫《崇禎長編·四年十二月》：“工部主事金鉉以總理太監張彝憲……之遣，皇上原使之監視兩部錢糧，未嘗假以堂屬體制。今彝憲移檄，儼然以部堂體制自居，欲驅清署之臣群然屈節于奄寺。此皇上敕諭中所無，祖宗典故中所未有。”清葉廷琯《吹網録·立忠王璵爲太子》：“似肅宗之得爲太子，全賴奄寺一言而成。”清章炳麟《訄書·通法》：“奄寺周而有之，至漢轉盛，江左晉宋，幾絶而不能懺盡也。”

【奄臣】

即奄人。此稱魏晉時期已行用。見該文。

【奄士】

即奄人。此稱魏晉時期已行用。見該文。

【奄寺】

即奄人。此稱漢代已行用。見該文。

【閹人】

即奄人。此稱魏晉時期已行用。見該文。

【閹官】

即奄人。此稱魏晉時期已行用。見該文。

【閹竪】

“奄人”之蔑稱。此稱漢代已行用。見該文。

宦官

省稱“宦”。亦稱“宦者”“内官”“中官”。猶寺人。因能够參與朝政，故以官稱之。又按，古代天文，天空有宦者星，與帝星接近，故又

以"宦者"名之。《玉篇・宀部》："宦,《漢書》：天有宦者星,故閹官名宦人。"《後漢書・襄楷傳》載襄楷奏議："今黃門常侍,天刑之人,陛下愛待,兼倍常寵。繼嗣未兆,豈不爲此天官宦者星,不在紫宫而在天市,明當給使主市里也。今乃反處常伯之位,實非天意。"李賢注引《山陽公載記》曰："市垣二十二星,而帝座居其中,宦者四星唯供市買之事也。"又因接近皇帝的宦者可傳達聖旨,故以宦官、中官、内官相稱。《史記・李斯列傳》："夫〔趙〕高,故宦人也。"《漢書・佞幸傳序》："宦者則趙談、北宫伯子。"《梁書・羊侃傳》："有宦者張僧胤候〔羊〕侃,侃曰：'我床非閹人所坐。'竟不前之,時論美其貞正。"《舊唐書・順宗紀》："每於敷奏,未嘗以顏色假借宦官。"唐蘇鶚《杜陽雜編》卷下："庭祭日,百司與内官皆用金玉飾車輿服玩,以焚於韋氏之庭。"宦官常被派往地方駐軍任監軍。《資治通鑑・唐昭宗天復三年》："時宦官盡死,惟河東監軍張承業、幽州監軍張居翰、清海監軍程匡柔、西川監軍魚全禋,及致仕嚴遵美,爲李克用、劉仁恭、楊行密、王建所匿得全。"宦官權勢一大,便有做封疆大吏之心,由此常致宰執争議。宋陳均《九朝編年備要・仁宗至和元年》："内侍王守忠加留後。故事,宦官未有真留後者,上以守忠服勞久,欲予之以樞密使,高若訥力辭不可而止。及是疾亟求爲節度使,梁適引故事云：'宦官無除真刺史者,況節度使乎！'中丞孫抃亦力争,乃止。"宋朱彧《萍洲可談》卷三："富鄭公致政,歸西都。嘗著布直裰,跨驢出郊,逢水南巡檢,蓋中官也,威儀呵引甚盛。"歷史上有三個時期宦官專權最盛：東漢、唐朝、明朝。明

王世貞《弇山堂別集・中官考二》："洪武元年三月丙辰,上謂侍臣曰：'吾見史傳所書,漢唐末世皆爲宦官敗蠹,不可拯救,未嘗不爲惋嘆。'"清馮甦《滇考・鎮守太監》："是時,英宗初立,閹宦弄權,始命内官張達鎮守雲南。"《明史・佞幸傳・江彬》："〔楊〕廷和密與司禮中官魏彬計,因中官温祥入白太后,請除〔江〕彬。"隨着辛亥革命後封建王朝的消亡,宦官制度也完全絶迹。

【宦】

"宦官"之省稱。此稱漢代已行用。見該文。

【宦者】

即宦官。此稱漢代已行用。見該文。

【内官】

即宦官。此稱漢代已行用。見該文。

【中官】

即宦官。此稱漢代已行用。見該文。

【内侍】

即宦官。亦稱"内臣""中人""中貴""中貴人"。因在内廷中侍奉皇上及后妃而得貴幸,故稱。此稱漢代已行用。《史記・李將軍列傳》："匈奴大入上郡,天子使中貴人從〔李〕廣勒習兵擊匈奴。"裴駰集解引《漢書音義》："内官之幸貴者。"司馬貞索隱引董巴《輿服志》："黃門丞至密近,使聽察天下,謂之中貴人使者。"又引崔浩云："在中而貴幸。"唐蘇鶚《杜陽雜編》卷下："是時,中貴人買酒於廣化旗亭,忽相謂曰：'坐來香氣何太異也？'同席曰：'豈非龍腦耶？'曰：'非也,余幼給事於嬪御宫,故常聞此,未知今日由何而致。'因顧問當壚者,遂云公主步輦夫以錦衣换酒於此也。"宋魏泰《東軒筆録》卷一〇："一日,有内侍使京西,朝辭

日，太宗密諭之曰：'卿至汝州，當一訪曹翰，觀其良苦，然慎勿泄我意也。'"宋洪邁《容齋續筆·竇正固》："熙寧初，富韓公爲相。神宗嘗對大臣稱知河南府李中師治狀，公以中師厚結中人，因對曰：'陛下何從知之？'"《明史·曹凱傳》："英宗北征，〔曹凱〕諫甚力，且曰：'今日之勢，大異澶淵。彼文武忠勇，士馬勁悍；今中貴竊權，人心玩惕。此輩不惟以陛下爲孤注，即懷、愍、徽、欽亦何暇恤。'"明楊廷和《視草餘録》："前代宰相封王，童貫内臣亦封王。"

【内臣】

即宦官。此稱漢代已行用。見該文。

【中人】

即宦官。此稱漢代已行用。見該文。

【中貴】

即宦官。此稱漢代已行用。見該文。

【中貴人】

即宦官。此稱漢代已行用。見該文。

【中使】

即宦官。因宦官常奉詔外出宣命，故稱。此稱唐代已行用。《資治通鑑·唐德宗建中三年》："上遣中使發盧龍、恒冀、易定兵萬人詣魏州，討田悦。"《通鑑紀事本末·藩鎮連兵、涇原之變》："上遣中使告難於魏縣行營，諸將相與慟哭。"宋曾慥《高齋漫録》："時范純夫祖禹爲内相，蔚有時望，與鄧公〔聖求〕同知貢舉。引試第二場間，忽有中使宣押學士拜尚書左丞。范公方冠帶迎肅，中使曰：'宣押鄧學士，非范學士也。'"

【黄門】

"宦官"之代稱。漢代宮中設黄門令、小黄門、中黄門等職以侍奉皇帝及其家族，皆由太監充任，故稱。《史記·李將軍列傳》："匈奴大入上郡，天子使中貴人從〔李〕廣勒習兵擊匈奴。"司馬貞索隱引董巴《輿服志》："黄門丞至密近，使聽察天下。"宋曾慥《高齋漫録》："神宗皇帝數遣黄門稟曰：'外家有合推恩，乞疏示姓名，即降處分。'"宋周密《武林舊事·元夕》："内人及小黄門百餘，皆巾裹翠蛾，效街坊清樂傀儡，繚繞於燈月之下。"《七劍十三俠》第一一二回："話説武宗見黄門官呈進一道奏章，展開一看，不覺龍顏失色。"然與"太監"相比，明清時的"黄門"一稱多指等級較低的小太監，故《九雲記》第一二回有"早見夏太監乘馬而至，又有兩黄門跟後的"記述。

太監

"宦官"之俗稱。此稱明代已行用。太監常常參與朝中大事。《明史·英宗後紀》："天順元年春正月壬午昧爽，武清侯石亨、都督張軏張軏、左都御史楊善、副都御史徐有貞、太監曹吉祥，以兵迎帝於南宮。"太監甚至在皇帝外出時代理朝廷事務。《明史·佞幸傳·江彬》："〔正德〕十二年八月，〔帝〕急裝微服出幸昌平，至居庸關，爲御史張欽所遮，乃還。數日，復夜出。先令太監谷大用代欽，止廷臣追諫者。"太監還被派駐各地行使監督之責。清馮甦《滇考·鎮守太監》："雲南之有監守太監，自宣德十年始。是時，英宗初立，閹宦弄權，始命内官張達鎮守雲南。"《明實録·武宗實録》："〔正德元年二月壬子〕給事中艾洪等劾將領之貪婪不職者，……并論鎮守太監劉雲之在陝西、劉琅之在薊州殘民蠹政，俱乞罷黜。"清陳鼎《東林列傳·劉一燝傳》："群臣入，哭臨畢，問皇長子安在，群閹東西走，不置對。太監王安至曰'爲選侍所匿'。"《儒林外史》第三五回："莊徵君獨自走進午門去。只見兩個太監，牽着一匹御用的馬，請莊徵君上去騎着。"《草木春秋演義》第八回："金石斛留酒，太監何首烏道：'王命在身，不可遲延，告別了。'"京劇《哭祖廟》第三場："老太監領二小王上。"

璫

亦稱"左璫"。宦官代稱。本爲宦官帽飾，因藉稱。且以其地位高低而有"大璫""小璫"之別，又因其帽飾常綴於冠左，故稱之爲"左璫"。宋代已有此稱，沿用至清。宋文瑩《湘山野錄》卷中："真宗遣小璫以方寸小紙細書問晏〔殊〕曰：'主皮之議如何？'小璫誤送中書。……止黜其璫於前省。"宋岳珂《桯史·壽星通犀帶》："市有北賈携通犀帶一，因左璫以進于內。"清人潘永因編《宋稗類鈔·君範》："有頃，左璫傳宣殿前司，具殿侍中不識字者十人，以名入。宸筆點其中一人曰：此人可。"《明史·佞幸傳·江彬》："初，延綏總兵官馬昂罷免，有女弟善歌，能騎射，解外國語，嫁指揮畢春，有娠矣。昂因彬奪歸，進於帝，召入豹房，大寵。傳升昂右都督，弟炅、昶並賜蟒衣，大璫皆呼爲舅，賜第太平倉。"《明史·蔡毅中傳》："楊漣劾〔魏〕忠賢疏，……乃皇上不下其奏於九卿，而謂一切朝政皆親裁，以奸璫爲忠，代之受過，合監師生無不捫心愁嘆不已也。"

【左璫】

即璫。此稱宋代已行用。見該文。

蠶室

執行宮刑（閹割外生殖器）的密室。蠶室原指養蠶之室，因蠶須溫度適中，其室不會受風。而受腐刑者怕風寒，故稱行刑處爲蠶室。此稱漢代已行用，其名與此刑并行。宮刑後世漸被廢止，故作爲執行宮刑的蠶室一稱亦不復用。按，周代已有宮刑，但是否在蠶室行刑則不詳。周之蠶室指養蠶室，在北郊祭祀之地。《禮記·祭義》："古者天子諸侯必有公桑蠶室，近川而爲之，築宮仞有三尺，棘墻而外閉之。"《周禮·天官·內宰》"中春詔后帥外內命婦始蠶于北郊以爲祭服"鄭玄注："蠶于北郊，婦人以純陰爲尊，郊必有公桑蠶室。"漢代在蠶室執行宮刑。《漢書·張湯傳附子安世傳》"安世爲〔張〕賀上書，得下蠶室"顏師古注："謂腐刑也。凡養蠶者，欲其溫而早成，故爲密室蓄火以置之。而新腐刑亦有中風之患，須入密室乃得以全，因呼爲蠶室耳。"閹割極其殘忍，受刑者稱"刑餘之人"，被視同宦者，備受歧視。故司馬遷對此頗爲感慨，《文選·司馬遷〈報任安書〉》曰："李陵既生降，隤其家聲，而僕又佴之蠶室，重爲天下觀笑。"李善注引蘇林注《景紀》曰："作密室，廣大如蠶室，故言下蠶室。"《史記·張丞相列傳附魏相傳》："有使掾陳平等劾中尚書，疑以獨擅劫事而坐之大不敬，長史以下皆坐死或下蠶室。"

纏足

亦稱"裹足""裹脚""纏脚"。用布纏裹女人足，使之不能正常發育生長，從而變得纖小，并以之爲美的陋俗。此俗約始於五代時期。宋張邦基《墨莊漫錄》卷八："婦人之纏足起於近世，前世書傳皆無所自。"元陶宗儀《輟耕錄·纏足》："《道山新聞》云：李後主宮嬪窅娘纖麗善舞，後主作金蓮，……令窅娘以帛繞脚令纖小，屈上作新月狀，素襪，舞雲中，回旋有凌雲之態。唐鎬詩曰：‘蓮中花更好，雲裏月長新。’因窅娘作也。由是人皆效之，以纖弓爲妙。以此知札脚自五代以來方爲之，如熙寧、元豐以前，人猶爲之者少，近年則人人相效，以不爲者爲恥也。”可知五代時僅宮中出現纏足個案，北宋時已有部分婦女纏足，到南宋時此俗方廣泛流行起來。宋徐積《灩陽》詩亦證明北宋此俗尚不普遍：“何暇裏兩足，但知勤四肢。”即使在已流行此俗的南宋至元代，仍有人堅持不纏足。元白珽《湛淵静語》卷一：“伊川先生六代孫〔程〕淮，咸淳間爲安慶倅。……淮之族尚蕃居池陽，婦人不纏足不貫耳，至今守之。”而關於纏足起源，後世亦多有争議。清陳元龍《格致鏡原·身體二·足》引明楊慎《丹鉛總録》云：“《墨莊漫録》載婦人弓足始於五代李後主，非也。予觀六朝樂府有《雙行纏》，其辭云：‘新羅繡行纏，足趺如春妍。他人不言好，獨我知可憐。’”此説不確。明胡應麟《少室山房筆叢·莊岳委談上》：“婦人纏足，……或起於唐末，至宋元而盛矣。又古言婦人弓腰而不言弓鞋，言纖指而不言纖足，則陶宗儀之説未爲無見。晋《木蘭歌》述婦人改服，但稱雲鬢花黄，略不言足，誠似可疑。第六朝前婦人之履，不知與男子竟有别否？”古人對纏足亦頗有持異議者。宋車若水《脚氣集》云：“婦人纏脚，不知起於何時。小兒未四五歲，無罪無辜而使之受無限之苦，纏得小來，不知何用？”清袁枚《牘外餘言》：“女子足小有何佳處，而舉世趨之若狂。吾以爲戕賊兒女之手足以取妍媚，猶之火化父母之骸骨以求福利！”然更多的人却是盛贊纏足之“美”。明胡

應麟《雙行纏》：“繡作雙行纏，步步嬌春陽。那知羅襪中，兩足如秋霜。”《風柳情》第二七回：“〔鳳林〕又央林大娘代做一雙裏脚的布鞋，好代蘭仙裏脚。……林大娘代蘭仙將鞋子做成，送到鳳林家裏。賈銘取過曆日，擇選了黄道吉日，代蘭仙裏脚。”晚清民國時，纏足被視爲陋習，自此放足乃風行起來。《文明小史》第三九回：“那守舊的女子，朝梳頭，夜裏足，單做男人的玩意兒。”又第四〇回：“他們説的好，我們中國雖然有四萬萬人，倒有二萬萬不中用，就是指那裏脚的女人説了。”晚清蕭山湘靈子《軒亭冤·演説》：“要知纏足一事，爲中國最不文明的，兩間之所不容，五洲之所同嫉。”

【裏足】

“纏足”之俗稱。此稱清代已行用。見該文。

【裏脚】[1]

“纏足”之俗稱。此稱清代已行用。見該文。

【纏脚】

即纏足。此稱宋代已行用。見該文。

金蓮

女子纏足之稱。此俗約始於五代時期。此稱源自南朝齊東昏侯。《南史·齊東昏侯紀》：“東昏侯鑿金爲蓮花以貼地，令潘妃行其上，曰：‘此步步生蓮花也。’”後世遂以金蓮喻女子纖足。五代出現纏足之習，世人以纏足令足小，因以“金蓮”譽之。宋周密《浩然齋雅談》卷中：“《道山新聞》云：李後主宮嬪窅娘，纖麗善舞，後主作金蓮，高六尺，飾以寶物組帶瓔絡，蓮中作五色瑞雲，令窅娘以帛繞脚，令纖小屈上作新月狀，素襪，舞雲中曲，有凌雲之態。唐鎬詩曰：‘蓮中花更好，雲裏月長新。’是人皆效之，以弓纖爲妙。蓋亦有所自也。又

有《金蓮步》詩云：'金陵佳麗不虛傳，浦浦荷花水上仙。未會與民同樂意，却於宮裏看金蓮。'"後世沿襲此俗。金董解元《西廂記諸宮調》卷一："指猶春笋纖長，脚似金蓮穩小。"元元好問《臺山雜咏》十六首之一："佛土休將人境比，誰家隨步得金蓮？"元王實甫《西廂記》第一本第二折："翠裙鴛綉金蓮小，紅袖鸞銷玉笋長。"《隔簾花影》第一四回："不消說衣妝人物，只這幾步走，顯那一點金蓮，就是柳下惠也要開懷。"因其纖小，世人又多稱之"三寸金蓮"。元鄭德輝《諷梅香騙翰林風月·念奴嬌》："錦帳高懸幃屏列，玉娉婷左右闌遮，三寸金蓮走不迭。"

香鈎

女子纏足之稱，亦指弓鞋。按，唐以來香鈎本指挂美餌之魚鈎，因纏足類其形，故藉稱。此稱元代已行用。民國禁纏足，此稱消失。元沈禧《一枝花·贈妓桂香秀馬氏》套曲："你看他吐新詞胸藏錦綉，舞霓裳步撒香鈎，整金釵指露纖柔。"元薩都剌《題壽監司所藏美人纖錦圖》詩："纖纖玉指柔且和，香鈎小襪裁春羅。"清王昶《明詞綜》收明初周憲王朱有燉《鷓鴣天·賦綉鞋》："花簇香鈎淺浣塵，輕風微露石榴裙。金蓮自是慳三寸，難載盈盈一段春。"明李昌祺《剪燈餘話·鸞鸞傳》："〔柳〕穎中表兄弟，有自都下回者，録得貫學士蘭房譃咏六題曰：《雲鬟》《檀口》《柳眉》《酥乳》《纖指》《香鈎》，凡六首。"

小脚

亦稱"小足"。從小被纏裹、不能自然生長的女人脚。因其小，故稱。此稱元代已行用。元王實甫《西廂記》第一本第三折："遮遮掩掩

穿芳徑，料應來小脚兒難行。"《醒世姻緣傳》第七三回："有的說纏的好小脚，有的說粉搽得太多。"清袁枚《牘外餘言》貶斥小脚害人："女子足小有何佳處，而舉世趨之若狂。吾以爲戕賊兒女之手足以取妍媚，猶之火化父母之骸骨以求福利！"《文明小史》第三九回："至於小脚，更沒有好處。嫋嫋婷婷的一步路也走不來。譬如世界不好，有點變亂的事，說句不吉利的話，連逃難都逃不來的。"蔣景緘《俠女魂·足冤》："目今不知又看了那種邪說，直截不成人了，竟把那自古傳留、婦道通行的雙小足，擅自放去。咳！女流全憑這雙小足，管他胡行亂走。"

【小足】

即小脚。此稱行於近世。見該文。

綉鞋

亦稱"綉花鞋"。纏足女人所穿之纖綉小鞋。此稱明代已行用。明戴冠《濯纓亭筆記》卷六："〔蘇〕平號雪溪，嘗作《綉鞋》詩，有'南陌踏青春有迹，西廂步月夜無聲'之句，其格致甚卑，然當時以爲絕唱，目爲'蘇綉鞋'。此正統景泰間事也，去今四十餘年。"按，此文中所言《綉鞋》詩，其完整詩篇亦見載於明曹安《讕言長語》卷一、明徐應秋《玉芝堂談薈》卷八、《金瓶梅詞話》第二八回等，詩中還有穿綉鞋之脚小巧的描寫："一灣暖玉凌波小，兩瓣秋蓮落地輕。"（曹安引作"半彎暖玉凌波小，兩瓣秋蓮脫蒂輕"。）可知綉鞋專爲"三寸金蓮"所穿。《醒世恒言·賣油郎獨占花魁》："〔美兒〕也不卸頭，也不解帶，漫脫了綉鞋，和衣上床，倒身而臥。"《醒世姻緣傳》第七三回："最是素姐與程大姐吃虧得很，連兩隻裹脚一雙綉鞋也

不曾留與他。"明吳敬所《國色天香·劉生覓蓮記》："生悄步池側，忽見手持綉鞋，可三寸許，置於簾外石上。"明熊龍峰《張生彩鸞燈傳》："至新碼頭，見一夥人圍得緊緊的，看一隻綉鞋兒。"《金瓶梅詞話》第二七回："又將婦人紅綉花鞋兒，摘取下來戲。"

【綉花鞋】

即綉鞋。因其上多有綉花，故稱。此稱明代已行用。見該文。

弓鞋

亦稱"弓樣鞋""弓樣鞵"。纏足女人所穿綉鞋。纏過之足呈弓形，故鞋亦作弓形，因稱。此稱約於宋代已行用。古詩文中常贊美弓鞋之小，以暗指女人脚小。宋張邦基《墨莊漫録》卷八考證纏足與弓鞋不見於五代以前記載："婦人之纏足起於近世，前世書傳皆無所自。《南史》齊東昏侯爲潘貴妃鑿金爲蓮花以帖地，令妃行其上，曰此步步生蓮華。然亦不言其弓小也。如古樂府《玉臺新咏》皆六朝詞人纖艷之言，類多體狀美人容色之殊麗，又言妝飾之華，眉目唇口腰肢手指之類，無一言稱纏足者。如唐之杜牧李白李商隱之徒作詩，多言閨幃之事，亦無及之者。惟韓偓《香奩集》有咏屨子詩云'六寸膚圍光緻緻'。唐尺短，以今校之亦自小也。而不言其弓。"宋蘇軾《菩薩蠻·咏足》（清倪濤《六藝之一録》卷三九二引此詞題曰《咏弓足》）："塗香莫惜蓮承步，長愁羅襪凌波去。只見舞迴風，都無行處踪。偷穿弓樣穩，並立雙趺困。纖妙説應難，須從掌上看。"宋黄庭堅《滿庭芳·妓女》："直待朱輪去後，從伊便、窄襪弓鞋。"清諸人穫《堅瓠首集·曹西士詞》載傳爲宋曹豳詞："安排你在轎兒裏，更選

個弓樣鞋，夜間伴你。"金董解元《西廂記諸宮調》卷一稱贊女子美，其中之一即鞋小到僅"半拆"："低矮矮的冠兒偏宜戴，笑吟吟地喜滿香腮。解舞的腰肢，瘦崇崇的一搦。皺皺的裙兒前刀兒短。被你風韵韵煞人也猜！穿對兒曲彎彎的半拆來大弓鞋。"元王實甫《西廂記》第四本第一折："綉鞋兒剛半拆，柳腰兒勾一搦，羞答答不肯把頭抬，只將鴛枕捱。"拆，拇指與食指張開的長度。半拆長，可見綉鞋之小。又："下香階，懶步蒼苔，動人處弓鞋鳳頭窄。"《醒世恒言·賣油郎獨占花魁》："吳家狠僕牽着美娘，出了王家大門，不管他弓鞋窄小，望街上飛跑。"《醒世姻緣傳》第七三回："又鑽出一個妖精程大姐來，……大紅高底又小又窄的弓鞋，扯了偏袖。"明吳敬所《國色天香·龍會蘭池録》："弓鞋小，徑路險崔巍。"《隔簾花影》第一四回："〔馬玉嬌〕繫一條素白秋羅湘裙，剛露那絳瓣弓鞋，一點凌波。""鞋"字或寫作"鞵"。《明史·輿服志二》稱"弓樣鞋"爲"弓樣鞵"："宫人冠服制與宋同。……弓樣鞵，上刺小金花。"

【弓樣鞋】

即弓鞋。此稱宋代已行用。見該文。

【弓樣鞵】

即弓鞋。此體明代已行用。見該文。

裹脚 [2]

亦稱"裹脚布""脚帶""脚布"。女人纏足裹在脚上的長布。此物五代時期已出現。《醒世姻緣傳》第七三回："相公娘子到了通仙橋上，被光棍們打了個臭死，把衣裳剥了個精光，裹脚合鞋都没了。快拿了衣裳、裹脚、鞋接他去！"又第九二回："擺設的桌、椅、面盆、火

籠、梳匣、氈條、鋪蓋、脚布、手巾，但凡所用之物，無一不備。"《醒世恒言·賣油郎獨占花魁》："八公子分付移船到清波門外僻静之處，將美娘綉鞋脱下，去其裹脚，露出一對金蓮，如兩條玉笋相似。"《蜃樓志》第五回："幾雙臭裹脚，當不得大叔的門包。"《文明小史》第五一回："他閑著無事，便叫老媽，就着自來水，洗換下的脚帶。"

【裹脚布】

"裹脚[2]"之全稱。此稱五代時期已行用。見該文。

【脚帶】

即裹脚[2]。此稱清代已行用。見該文。

【脚布】

即裹脚[2]。此稱明代已行用。見該文。

天足

俗稱"大脚""大足"。不用裹脚布纏裹的女人之足。未纏裹，天然長成，故稱。又因與纏足"小脚"對應，故稱"大脚"。此稱始於19世紀末，達於20世紀40年代。《文明小史》第四〇回："孩兒立志，要娶個天足的媳婦。"又："走幾步路，像是風擺荷葉一般，叫人捉摸不定，可見他那雙脚兒小得可憐的了。鈕逢之雖是個維新人講究天足的，到此也不禁看呆了。"晚清人們已認識到是否天足事關人權。清黃遵憲《寄女》詩："邇聞西方人，設會同禁烟；意欲保天足，未忍傷人權。"秋瑾《敬告中國二萬萬女同胞》："没到幾年，也不問好歹，就把一雙雪白粉嫩的天足脚，用白布纏着，連睡覺的時候，也不許放松一點。"按，自宋至清，婦女多纏足，極大限制了女人行動自由。晚清西風東漸，國人始悟此俗之陋。然放

足之初，仍頗受世俗抵觸，"大脚"之稱即實存貶義。《文明小史》第三九回："那學堂裏的女孩子，放了大脚，天天在街上亂跑，心是野的，那能幫你成家立業。"近世劉師亮《成都竹枝詞》："金蓮瘦小自銷魂，天足争誇露本真。不是美觀心未斷，鞋兒底事著高跟？"

【大脚】

"天足"之俗稱。此稱行用於晚清至民國。見該文。

【大足】

"天足"之俗稱。此稱行用於晚清至民國。見該文。

放足

停止用布纏裹女人脚，任由其天然生長。這是對纏足女人的解放，是歷史的進步。始於晚清，達於民國。晚清蕭山湘靈子《軒亭冤·演説》："只因今日秋瑾姐姐在學堂演説放足，等那愛群姐姐到來，一同前去。"蔣景緘《俠女魂·足冤》："你一人放足，已置翁姑於無地，何况是背高堂，約姬姜，易新裝。"直至抗戰時期，在偏遠鄉村，纏足之俗仍未消失，以致還須不斷做放足宣傳。

文身

亦稱"點青""劄青""刺青""雕青"。紋身。文身來源與商周時的黥刑（亦稱墨刑）有關。《書·吕刑》："殺戮無辜，爰始淫爲劓、刵、椓、黥。"《周禮·秋官·司刑》："司刑掌五刑之法，以麗萬民之罪。墨罪五百……"鄭玄注："墨，黥也。先刻其面，以墨窒之。"其時衹有刑徒纔在臉上刻紋刺字，乃是一種刑罰。故春秋時越國人有"文身"之俗，中原人即認爲是化外人之陋俗。《韓詩外傳》卷八："〔越國〕處

江海之陂，與黿鱓魚鼈爲伍，文身翦髮而後處焉。”此觀念至南北朝猶如此。《資治通鑑·晋安帝義熙五年》：“今年國滅，吾必死之。卿，中華之士，復爲文身矣。”南朝梁劉勰《滅惑論》：“昔泰伯虞仲斷髮文身，夫子兩稱至德中權。”唐宋以後，文身乃成爲一種人體裝飾。因在人體雕出花紋後要塗永不脱落的青色，使之清晰可見，故唐代稱“點青”“剳青”。唐段成式《酉陽雜俎·黥》：“市人有點青者，皆炙滅之。時大寧坊力者張幹，剳左膊曰‘生不怕京兆尹’，右膊曰‘死不畏閻羅王’。”又：“韋少卿，……嗜好剳青。其季父嘗令解衣視之，胸上刺一樹，樹杪集鳥數十。”宋以後又有“刺青”“雕青”之稱。宋朱彧《萍洲可談》卷三：“湖州安吉朱齋郎，昔游池州，齊山張道人與之一幅白紙，令尋青眉子，云：‘刺墨爲眉，多作丐者。’朱他日在鄉閭見群丐中有刺青眉者，因叩之。”《醒世恒言·鄭節使立功神臂弓》：“鄭信脱膊下來，衆人看了喝采。先自人才出衆，那堪滿體雕青：左臂上三仙仗劍，右臂上五鬼擒龍；胸前一搭御屏風，脊背上巴山龍出水。”元明以後“文身”之“文”作“紋”。《水滸傳》第二回：“又請高手匠人與他刺了這身花綉，肩臂胸膛總有九條龍，滿縣人口順，都叫他做‘九紋龍史進’。”

【點青】

即文身。因用青料塗於點刺出紋飾的皮膚中，故稱。此稱唐代已行用。見該文。

【剳青】

即文身。因用青料塗於點扎出紋飾的皮膚中，故稱。此稱唐代已行用。見該文。

【刺青】

即文身。此稱宋代已行用。見該文。

【雕青】

即文身。此稱宋代已行用。見該文。

刺字

“文身”之一類，指在肌膚上刺文字。按，此稱本爲黥刑稱呼，歷代沿用。黥刑如宋代狄青“面有刺字，不肯滅去”（宋范鎮《東齋記事》卷三）；明代“律稱竊盗三犯者絞，以曾經刺字爲坐。”（《明史·刑法志一》）清光緒三十一年始禁黥刑：“其刺字等項，亦概行革除。旨下，中外稱頌焉。”（《清史稿·刑法志二》）世人或爲表達某種意志而特意在肌膚上刺字。此風宋代已有之。《宋史·呼延贊傳》：“〔呼延〕贊有膽勇，鷙悍輕率，常言願死於敵。遍文其體爲‘赤心殺賊’字，至於妻孥僕使皆然，諸子耳後别刺字曰：‘出門忘家爲國，臨陣忘死爲主。’”此風後世沿襲。徐珂《清稗類鈔·容止類》“許德溥不薙髮”條：“許元博……幼慕岳鄂王爲人，刺字左臂，曰‘生爲明人’，右臂曰‘死爲明鬼’，刺胸曰‘不媿本朝’，墨瘢黯然，終不滅也。”近世或查禁此風。《益世報》1922 年 5 月 16 日載《刺字宜禁》文：“本部南市一帶，屢有刺字者。繪其各種花樣，書明價目，專爲人在臂上刺字。或種種圖畫，及婦女式樣，不但傷人身體皮膚，且與風化有關。曾經東六區查禁多次，現在各刺字又出現多人，在三不管一帶盤踞。仍望該管警區查禁並驅逐云。”

綉面

亦稱“文面”。女子行成人禮時在臉上刺花紋。爲舊時流行於海南黎族、苗族聚居區之風俗。其緣由，一爲美觀，二爲强化本民族之特性，三或源於對外族挾持行爲之恐懼。宋代已有之。宋范成大《桂海虞衡志·志蠻》："黎，海南四郡島上蠻，島直雷州……蠻皆椎髻跣足，插銀銅錫釵，婦人加銅環耳墜垂肩。女及笄，即黥頰爲細花紋，謂之綉面。女既黥，集親客相慶賀。惟婢獲則不綉面。"其遺風近世猶存，然已日見減少。民國二十二年《海南島志》載黎苗民俗云："年長必文面，亦有自幼年即文面者。……問以文身之故，則云，不文面，恐死後祖宗不認識；或云，不文面恐爲漢人所娶。……則文面之初，或起於懼爲異族所得，故毀其顏，今則群以爲美觀矣。"

【文面】

即綉面。此稱近代已行用。見該文。

賣身

將自身、家人或奴婢賣與他人。這是一種剝奪人的人身自由的"買賣"。上古時一些奴隸本無人身自由，奴隸主可以隨意買賣或交換。時至封建社會，此制漸廢，但逢亂世，或家遭不幸，亦時見賣身之舉。《敦煌變文集·秋胡變文》："董永賣身葬父母，天女以之酬恩。"宋樂史《太平寰宇記·河南道一·開封府》"尉氏縣"條引《孝子傳》："宿蒼舒，……七歲遭饑荒，賣身爲奴，以供父母。"《金史·太宗紀》："詔贖上京路新遷寧江州戶口賣身者六百餘人。"賣身之陋俗延續至近世。明佚名《集賢賓》套曲（《雍熙樂府》卷一四）："你道是願爲奴願作傭，你道是要贖咱賣身契。"《風柳情》第二七回有賣身契文本："到街坊站央了一個測字先生來，寫了一張賣紙，上寫道：'立賣親生女文：契人王門張氏。情因夫故無子，鮮親乏族，遺有幼女，乳名轉子，現年六歲，四月初四日卯時建生。年歲荒歉，家貧無力養活。今情願挽鄰説合，出筆立契，賣與過客老爺名下，當得身價九八大錢陸千文正。自賣之後，斷絶往來。如有天年不測，各聽天命。買主領回扶養，日後長大成人，聽其爲女爲婢，或自收房，抑另擇配，均與王姓無干。此女並未受過他人聘定以及指腹、割襟、換杯、過房、承繼情事。如有親族人等出爲異説，皆係出筆人一面承管，與買主無涉。今恐無憑，立此出賣親生女文契，永遠存照。'後面寫著年、月、日期。"被賣之女毫無人身自由，全憑買賣雙方議定即被人領走。此陋習1949年後不復存在。

第五節　風月考

"風月"本指風光中的情趣。宋許綸《人日用常之韻寄才叔居甫》詩："閑中風月爲蓮社，醉裏鶯花即錦衣。"此風月即指文人雅趣。而自元代以後，"風月"一稱又多指與男女情色相關的事情。元王實甫《西廂記》第二本楔子："若是杜將軍不把干戈退，張解元干將風月擔，我將不志誠的言詞賺。"《醒世恒言·賣油郎獨占花魁》："俞太尉是七十歲的老人家，風月之事，已是没分。"《春染鄉塌》第一回："這汪道宇本是風月場上的老手，見此情景，知其動意，便放開膽子。"并且，清代以後還以"烟花""花月"指代風月。清孔尚任《桃花扇·傳歌》："妾身姓李，表字貞麗，烟花妙部，風月名班。"《梅蘭佳話》第一一段："弟負性疏狂，原不以聲色介意。但花月場中偶然游戲，亦可娱目騁懷。"

其實，眠花宿柳的聲色之樂，上古已有之。據考，商初即有巫妓出現（即宗教賣淫），稍後就有了歌舞妓，直至商紂王亡國。據王書奴《中國娼妓史》載，巫妓具有"工於言語""工於媚男子秘術""妝飾美麗、歌舞動人"之長。這一時期被一些史家稱爲"巫妓時代"。第二期由西周至東漢，第三期由三國至隋，第四期由唐至明，第五期由清至民國初年（見該書第一章、第二章），娼妓可謂代代有之。戰國兩漢後典籍記載尤詳。春秋時已有軍營狎妓事。《越絶書·外傳記地傳》曰："獨婦山者，句踐將伐吳，徙寡婦致獨山上，以爲死士，示得專一也。……蓋句踐所以遊軍士也。"《戰國策·東周》載管仲治齊，置"女閭七百"。明楊慎《升菴集·獨婦山》解釋曰："齊有女閭七百，徵其夜合之資，以充國用。"可知春秋時妓女行當甚盛。漢代以後，歷朝歷代都未禁止妓院的存在。漢長安的章臺、唐長安的平康、宋東京的録事巷、明南京的十六樓、清北京的八大胡同等，都是古代熱鬧繁華的"紅燈區"。在這些地方，人們"閑來翠館調鸚鵡，懶去朱門看牡丹"（清孔尚任《桃花扇·傳歌》）。直至民國初年，當時之北洋政府曾有廢除娼妓之法令，但僅行於浙江、江蘇、安徽等地。此後不久又復行解禁，賣淫嫖娼活動遍布全國。徐盧《論看女人》："你可以看看前門外，那是離開了學生區域了，商人、軍人、官僚們享樂的地方就在那裏，那裏面有許多舊戲館、許多妓院。"

妓家檔次有"高低"之分。"才色俱佳"的妓女，居住高檔樓房，環境考究。所交往的男子，也多是"有身份""有才情"的人物。最著名者，如唐代薛濤、宋代李師師、清代小鳳仙等，她們有的與重大的歷史人物和歷史事件相關聯，爲後世留下許多值得玩味的典故。唐王建《寄蜀中薛濤校書》詩："萬里橋邊女校書，枇杷花裏閉門居。掃眉才子知多少，管領春風總不如。"即對有"女校書"之稱的薛濤的贊譽。

而低層次的妓家則更普遍。她們所在的妓館稱"堂子""塘子"或"窯子"，妓女多没有文化修養。因此這類妓女往往被蔑稱作"婊子"。至於那些個體私倡，則更低賤，被稱作"野鷄"。清孫錦標《通俗常言疏證·黔記》："凡妓所居，濫者曰塘子，潛藏者曰私門子。"無論是塘子還是私門子，都是下賤之所。

　　然而，對於文人狎妓，古時曾被認爲是風流倜儻的表現。有的人在其中還演繹出與妓女情感糾葛的"佳話"。唐白居易《楊柳枝二十韻》："曲罷那能別，情多不自持。纏頭無別物，一首斷腸詩。"明徐伯齡《蟫精雋·落花詩》："墜素翻紅各自傷，青樓烟雨忍相忘。"可以看出狎妓曾被視爲是一種"時尚"，固然有蠅營狗苟之鄙陋，却也不乏所謂才子佳人的故事。故五代王仁裕《開元天寶遺事》卷二稱，妓女聚居的平康坊，"每年新進士以紅箋名紙，游謁其中。時人謂：'此坊爲風流藪澤。'"有的妓女在危難時刻甚至可能表現出忠烈品格。明王世貞《弇山堂別集·史乘考誤五》引《野記》稱：明代楊俊遭石亨誣告被誅，"臨刑，有縞而至者，俊所狎妓高三兒也。慟而呼曰：'天乎，忠良死矣，奚以生爲！'紉其元合于頸，使其家收殮，即自經"。此亦是頗令人動容之逸聞。

　　嫖妓終歸有傷風化，敗壞風氣。嫖客往往"全不管家小妻妾，只戀花門柳户，逍遥快樂"（《清平山堂話本·錯認屍》）；《紅樓夢》第七五回也説："他只知吃酒賭錢、眠花宿柳爲樂，手中濫漫使錢，待人無心。"清黄燮清《居官鑑·緝妖》："向來頗有些小家私，只因嫖賭烟花，弄得精光雪白。"因此，風月場中的浪蕩，一向爲正人君子所不齒。

　　中國風行了三千載的娼妓制度，直至中華人民共和國成立，纔真正開始肅清。國家頒布了徹底廢娼法令。此後雖在暗處還偶有眠花宿柳、賣淫嫖娼之沉渣再起，而國家法律絕無波動，禁絕執行甚力。

纏頭

　　亦稱"錦纏頭""纏頭錦""纏頭貲"。客人給歌妓的錦帛禮物。唐代歌妓將其纏在頭上作妝飾，故稱。後成爲買笑尋歡費用的通稱。《太平御覽》卷八一五引《唐書》："舊俗，賞歌舞人，以錦彩置之頭上，謂之'纏頭'。"宋黄庭堅《送高士敦赴成都鈐轄》詩之一"能爲將軍歌此曲，鳴機割錦與纏頭"史容注："開元中，富人王元寶會賓客。明日或問曰：'昨來有何高談？'元寶曰：'但費錦纏頭耳。'"唐杜甫《即事》詩："笑時花近眼，舞罷錦纏頭。"又《春日戲題惱郝使君兄》詩："舞處重看花滿面，樽前還有錦纏頭。"唐白居易《楊柳枝二十韵》："曲罷那能別，情多不自持。纏頭無別物，一首斷腸詩。"可知唐代已經以"纏頭"爲贈歌妓禮物代稱了。宋陸游《樊江觀梅》詩："誰知携客芳華日，曾費纏頭錦百端。"又《梅花絕句》："濯錦江邊憶舊游，纏頭百萬醉青樓。"元劉致《金字經·常氏稱心》曲："酒滿斝，醉來花下吟，纏頭錦，願得常稱心。"元王元鼎《河西後庭花》套曲："舍不的纏頭錦，心疼的買笑金，要你消任。"《初刻拍案驚奇》卷二二：

"當日取出十兩銀子送與王賽兒，做昨日纏頭之費。"清錢謙益《列朝詩集小傳·丙集·康修撰海》："嘗生日邀名妓百人，爲百年會，酒闌，各書小令一閡，命送諸王邸，曰：'此差勝錦纏頭也。'"清紀昀《閲微草堂筆記·姑妄聽之（二）》："〔妓〕斂衽謝曰：'暇日再來訪，索昨夕纏頭錦耳。'"清蒲松齡《貴公子》詩之一："一曲涼州公子笑，樽前十萬錦纏頭。"郁達夫《日本竹枝詞》之九："公子纏頭隨手擲，買花原爲賣花人。"明清時又稱"纏頭貲"。清葉衍蘭《秦淮八艷圖咏》："大鋮欲藉生爲解倩人，日載酒食與生游，爲香備妝奩及纏頭貲甚鉅。"按，宋詞有詞牌《錦纏道》，雙調六十六字，又名《錦纏頭》《錦纏絆》，其來源亦應與纏頭有關。

【錦纏頭】

即纏頭。因多用錦帛作纏頭，故稱。此稱唐代已行用。見該文。

【纏頭錦】

即纏頭。同"錦纏頭"。此稱宋代已行用。見該文。

【纏頭貲】

即纏頭。此稱明清時期已行用。見該文。

脂粉錢

亦稱"花粉"。嫖資，亦即妓女或妓院所收錢財。此稱宋以後本指宮中后妃們化妝所需的錢，明代又藉稱爲嫖資，并沿用至清。《警世通言·趙春兒重旺曹家莊》："〔曹可成〕專一穿花街，串柳巷，吃風月酒，用脂粉錢，真個滿面春風，揮金如土，人都唤他做'曹呆子'。"《蜃樓志》第五回："〔烏必元〕又使了幾百元花邊，得授番禺縣河泊所官，管着河下幾十花艇，收他花粉之税。"

【花粉】

即脂粉錢。此稱明代已行用。見該文。

章臺

漢長安城有章臺街，時爲伎優聚集之地，後世乃以之稱妓院。此稱漢代已行用。《漢書·張敞傳》："敞無威儀。時罷朝會，過走馬章臺街，使御吏驅，自以便面拊馬。"孟康曰："在長安中。"臣瓚曰："在章臺下街也。"顏師古注："便面，所以障面，蓋扇之類也。不欲見人，以此自障面則得其便。故曰便面，亦曰屏面。"張敞逛章臺街，自知不雅，故以便面遮掩。後世詩文多用此典。北周庾信《蕩子賦》："走馬章臺，不同張敞。"唐崔灝《渭城少年行》："鬥鷄下杜塵初合，走馬章臺日半斜。章臺帝城稱貴里，青樓日晚歌鐘起。"宋歐陽修《蝶戀花·庭院深深深幾許》："玉勒雕鞍游冶處，樓高不見章臺路。"明徐伯齡《蟫精隽·落花詩》："滄海客歸珠迸淚，章臺人去骨凝香。"

北里

妓院集中之地。此稱漢代已行用。最初指淫穢的樂舞，又轉而泛指淫聲俗曲。其事始於商紂王，後世詩文遂常以"紂王北里"爲淫聲之典。然唐代長安妓院集中的平康里，位於城北而又稱"北里"。唐以後遂稱妓院集中地、娼妓聚居區爲北里。紂王北里之典出《史記·殷本紀》："帝紂……好酒淫樂，嬖於婦人。愛妲己，妲己之言是從。於是使師涓作新淫聲，北里之舞，靡靡之樂。"後世每每以北里與濮上、桑間等貶義詞同稱。三國魏曹植《七啓》："亦將有才人妙妓，遺世越俗，揚北里之流聲，紹陽阿之妙曲。"晋成公綏《天地賦》："收激楚之哀荒，節北里之奢淫。"晋葛洪《抱朴子·崇教》："濮上北里，叠奏叠起。"清陳廷焯《白雨齋詞話》卷五："未睹《鈞天》之美，則北里爲工；不咏《關雎》之亂，則桑中爲雋。"唐代長安的北里，見諸唐孫棨《北里志》記載。《〈北里志〉序》云："諸妓居平康里……比常聞蜀妓薛濤之才，必謂人過言，及睹北里二三子之徒，則薛濤遠有慚德矣。"後代詩文中多以北里爲妓院的貶義詞。元辛文房《唐才子傳・張祐》："同時崔涯亦工詩，與祐齊名，頗自行放樂，或乘興北里。"清黃景仁《都門秋思》詩之一："新聲北里回車遠，爽氣西山拄笏通。"清沈起鳳《諧鐸》卷一二有"北里"條，述北地贈妓詩。

平康

唐代妓女聚居之坊。後成爲妓女聚居之所的泛稱。此稱唐代已行用。唐孫棨《北里志・海論三曲中事》云："平康里。入北門，東回三曲，即諸妓所居之聚也。"三曲即南曲、中曲、北曲，是不同檔次的妓女聚居處。孫棨云："中有錚錚者，多在南曲、中曲。其循牆一曲，卑屑妓所居，頗爲二曲輕斥之。其南曲、中曲門前通十字街……二曲中居者，皆堂宇寬静，各有三數廳事，前後植花卉，或有怪石盆池，左右對設；小堂垂簾，茵榻帷幌之類稱是。"宋宋敏求《長安志》卷八元李好文圖注："平康爲朱雀街東第三街之第八坊。"五代王仁裕《開元天寶遺事》卷二："長安有平康坊，妓女所居之地。京都俠少萃集於此，兼每年新進士以紅箋名紙，游謁其中。時人謂：'此坊爲風流藪澤。'"按，平康坊位於唐長安東區的丹鳳街，東鄰東市，北鄰崇仁坊，南鄰宣陽坊，都是當時熱鬧場所。後代詩文多以此稱泛指藝妓居所。

宋杜安世《山亭柳》詞："暗添春宵恨，恨平康恣迷歡樂。"清錢泳《履園叢話・笑柄・情癡》："有紫珊居士者，喜步平康。一日游秦淮河上，與妓者翹雲相愛甚篤。"晚清王韜《淞隱漫錄・華璘姑》："顧舅氏微聞寓中有女子，疑爲平康挾瑟者流，隱告生母。"又《清溪鏡娘小傳》："有某生者……見鏡娘，艷之，詫曰：'此尤物也，胡爲墜入平康哉？'"

録事巷

妓院所在的街巷。始於五代。傳五代後梁時東都相國寺南録事巷曾住名妓崔小紅，世人因以該巷名用來稱妓女聚居街巷。宋陸游《老學庵筆記》卷六："蘇叔黨政和中至東都，見妓稱'録事'，太息語廉宣仲曰：'今世一切變古，唐以來舊語盡廢，此猶存唐舊爲可喜。'前輩謂妓曰'酒糾'，蓋謂録事也。相藍之東有録事巷，傳以爲朱梁時名妓崔小紅所居。"宋孟元老《東京夢華録・寺東門街巷》："寺南即録事巷妓館，綉巷皆師姑綉作居住。"

青樓

妓院別稱。此稱出現於晋代，原指豪華的樓閣，至唐代乃成妓院專稱，并相沿至清。《晋書・忠義傳・麴允》："麴允，金城人也，與游氏世爲豪族，西州爲之語曰：'麴與游，牛羊不數頭；南開朱門，北望青樓。'"此謂豪門樓閣。南朝猶沿襲此用法。《南齊書・東昏侯紀》："世祖興光樓上施青漆，世謂之青樓。帝曰：'武帝不巧，何不純用瑠璃！'"至梁朝時亦作尋常人家樓閣稱呼。梁劉邈《萬山見采桑人》詩："倡妾不勝愁，結束下青樓。逐伴西寵路，相携東陌頭。"唐以後專指妓院。唐杜牧《遣懷》詩："十年一覺揚州夢，贏得青樓薄倖名。"唐處默

《織婦》詩："蓬鬢蓬門積恨多，夜闌燈下不停梭。成繡猶自陪錢納，未直青樓一曲歌。"宋秦觀《滿庭芳》詞："謾贏得青樓，薄倖名存。"宋晁冲之《漢宮春》詞："風流未老，拼千金、重入揚州。應又是、當年載酒，依前名占青樓。"明徐伯齡《蟫精雋·落花詩》："墜素翻紅各自傷，青樓烟雨忍相忘。"《警世通言·趙春兒重旺曹家莊》："這兩個是紅粉班頭，青樓出色：若與尋常男子比，好將巾幗換衣冠。"清孔尚任《桃花扇·守樓》："堪悲，青樓薄命，一霎時楊花亂吹。"《儒林外史》第五三回："自古婦人無貴賤，任憑他是青樓婢妾，到得收他做了側室，後來生出兒子做了官，就可算的母以子貴。"

妓館

亦作"伎館"，亦稱"妓院""花院"。妓女賣身的專門場所。此稱始於唐宋，沿至近世。宋孟元老《東京夢華録·寺東門街巷》："薑行後巷，乃脂皮畫曲妓館。"宋錢易《南部新書》："乞食於妓院，自言曰不爲俗情所染。"《醒世恒言·賣油郎獨占花魁》："未識花院行藏，先習孔門規矩。"清沈起鳳《諧鐸·色戒》："倡樓伎館中，亦杳無某生迹矣。"清孔尚任《桃花扇·傳歌》："在下固始蘇崑生是也，自出阮衙，便投妓院，做這美人的教習。"清昭槤《嘯亭雜録·岳青天》："禁止游船妓館，無事不許讌賓演劇，吳下奢侈之風，爲之一變，實數十年中所未有者。"

【伎館】

同"妓館"。此體清代已行用。見該文。

【妓院】

即妓館。此稱宋代已行用。見該文。

【花院】

"妓館"之稱呼。此稱明代已行用。見該文。

翠館

妓院稱呼。自宋代開始，多用此稱指佳人居住的樓閣。明清時乃藉用作妓家雅稱。明田汝成《西湖游覽志餘·藝文賞鑒》引高季迪題馬麟《夜景美人圖》云："翠館紅樓猶裊裊，華燈繡閣正沉沉。"此非謂妓院。明沈德符《萬曆野獲編·曇花記》："〔俞顯卿〕以事干謁之，屠

柳橋艷迹
（1921 年上海廣華書局石印本《後聊齋志異》）

〔隆〕不聽，且加侮慢，俞心恨甚，至是具疏指屠淫縱，……有'翠館侯門，青樓郎署'諸媟語。"此乃指妓院。又清孔尚任《桃花扇·傳歌》："閑來翠館調鸚鵡，懶去朱門看牡丹。"

十六樓

亦稱"十四樓""十二樓"。南京官妓聚居之處。行於明清時期。有來賓、重譯、鼓腹、謳歌、鶴鳴、醉仙、集賢、樂民、梅妍、柳翠、

輕烟、淡粉等十二樓；加上南市、北市，稱十四樓；再加上清江、石城，共十六樓。故有時亦省稱爲十四樓、十二樓。《儒林外史》第二四回："還有那十六樓官妓，新妝袨服，招接四方游客。"又第五三回："話說南京這十二樓，前門在武定橋，後門在東花園，鈔庫街的南首就是長板橋。自從太祖皇帝定天下，把那元朝功臣之後都没入樂籍，有一個教坊司管著他們。"《繪芳録》第一八回："漢槎……伸手取了一張地牌，一張長二，一張長三，是個順水魚的點色，説道：'半途而廢，這生後生，春色先歸十二樓。'"《冷眼觀》第二回："其時兵燹之餘，所有從前處官妓的地方如南市、北市、朝雲、暮雨、淡粉、輕烟等十四樓，業已片瓦無存。"然樓數并無定數，故偶或見"十三樓""十五樓"之稱。明沈德符《野獲編補遺·禁歌妓》："今人但知金陵十四樓，而不知有十五樓。蓋因續建五樓，其一偶失其名耳。"清李斗《揚州畫舫録》卷九："試問吳城舊址，隋苑餘基，十三樓之丹碧，念四橋之漣漪。"

【十四樓】

即十六樓。此稱清代已行用。見該文。

【十二樓】

即十六樓。此稱清代已行用。見該文。

秦樓

市井歌舞場館及妓院的代稱。常與"楚館"并用。此稱宋代已行用。按，此稱源自《列仙傳》中秦穆公爲弄玉所建之鳳臺傳説。《文選·鮑照〈升天行〉》："鳳臺無還駕，簫管有遺聲。"李善注引《列仙傳》曰："簫史者，秦繆公時人也，善吹簫。繆公有女號弄玉，好之，公遂以妻之。……爲作鳳臺，夫婦止其上，不

下數年，一旦皆隨鳳皇飛去。故秦氏作鳳女祠，有簫聲。"唐宋時人們藉此典故而稱鳳臺爲秦樓，以其爲秦國與音樂相關的情愛故事而寓意歌樓中的男女情戀。宋蔡伸《江城子·秋夜觀牛女星作》："争似秦樓蕭史伴，瑶臺路，共乘鸞。"柳永《西平樂·小石調》："秦樓鳳吹，楚館雲約，空悵望、在何處。"皆此意。而明代以後，秦樓又衍出青樓別稱。明范受益、王錂《尋親記·告借》："〔老旦〕你若娶秦樓女、楚館人，我也甘心不論。"《水滸全傳》第六回："花街柳陌，衆多嬌艷名姬；楚館秦樓，無限風流歌妓。"清陸以湉《冷廬雜識·顧橫波小像》："秦樓應被東南誤，未遣羅敷嫁使君。"近世此稱尤含貶義。《廿年繁華夢》第二二回："只當時自周庸佑回港，那時朋友，今宵秦樓，明夜楚館，每夜哪里有個空兒？這時就結識得水坑口近香妓院一個妓女，唤做阿琦，年紀十七八上下。"

妓院賦詩
（光緒二十一年上海書局石印本《繡像醒世第二奇書》）

楚館

　　亦作"楚舘"。市井歌舞場館及妓院的代稱。常與"秦樓"并用。此稱宋代已行用。按，此稱源於楚靈王築章華宮，選美人入宮以玩樂之典故。後人乃稱章華宮爲楚館。又因其與宮女歌舞相關，後人抑或將其與楚襄王、巫山神女的陽臺幽會相關聯。然直至唐代，楚館猶無情色貶義。《唐大詔令集·封懷寧郡王制》有"魯庭學禮，楚館聞詩"句；王勃《彭州九隴縣龍懷寺碑》："三英賦雪，瞻秋月於梁臺；八叟吟風，傳朝雲於楚館。"楊炯《王子安集序》："先鳴楚舘，孤峙齊宮。"皆近乎文藝辭章之吟。宋代，猶有人以之代指旅舍，如趙抃《和戴天使重陽前一夕宿長沙驛二首》其二："楚館夜衾凉，離人念故鄉。"然宋代亦多以此稱爲歌妓樓臺。宋汪元量《平原郡公夜宴月下待瀛國公歸寓府》："柳摇楚館牽新恨，花落吳宮憶舊游。"宋馬純《陶朱新錄》："王安中履道任大名監倉日，喜營妓路瑩，嘗贈詞書泥金領巾上。後安中宣和間作燕山宣撫使，取途大名，路瑩乃迎於道上。安中因作《玉樓春》云：'飛鴻只解來箏柱，終寄青樓書不去。……欲尋楚館舊時雲，看取高唐臺畔路。'"而明以後，此稱乃多與情色相關。明佚名《贈書記·歸塾遘俠》："況且青年該力學，楚館豈可留心。"明佚名《霞箋記·麗容矢志》："〔老旦上〕楚館秦樓春色，調脂弄粉生涯。棄舊從新門户，暮迎朝送人家。"明葛天民《明鏡公案·奸情類》載陸知縣判詞："秦樓風月，時邀弄玉同吹；楚館雨雲，夜赴襄王好夢。"明鍾夏《春興》詩："楚舘月調夜瑟，越羅風剪春衣。"近世此稱多指妓院。

【楚舘】

　　同"楚館"。此體唐代已行用。見該文。

花街

　　風月場所。唐代已有此稱。本指歌舞伎聚集之地。唐吕巖《敲爻歌》："花街柳巷覓真人，真人只在花街玩。……一任群迷多笑怪，仙花仙酒是仙鄉。"宋黄庭堅《滿庭芳·妓女》："初綰雲鬟，才勝羅綺，便嫌柳陌花街。"元代以後，多指妓院集中的街市。元張國賓《羅李郎大鬧相國寺》第三折："往常時秦樓謝館飲金卮，柳陌花街占表子，爺娘道有風過耳。"元關漢卿《趙盼兒風月救風塵》第四折："遍花街請到娼家女，那一個不對著明香寶燭。"《警世通言·王嬌鸞百年長恨》："叮嚀此去姑蘇城，花街莫聽陽春聲。"《水滸傳》第五回："入得城來，但見：……花街柳陌，衆多嬌艷名姬；楚館秦樓，無限風流歌妓。豪門富户呼盧，公子王孫買笑。"《初刻拍案驚奇》卷一五："他這些光景，心下已自明白。故意道：'官人何不去花街柳陌，楚館秦樓，暢飲酣酒，通宵遣興？'"明郎瑛《七修類稿·事物類》："嘗聞好聲妓，西涯罪之，特書其精舍之門曰：'今日柳巷，明日花街。誦詩讀書，秀才秀才。'"清王士禎《池北偶談·談藝六》："錯畔行過蘇行巷，魚通水透到花街。木樨花發香十里，蝴蝶聞香水面來。"《鏡花緣》第九八回："行未數步，兩旁俱是柳巷花街，其中美女無數，莫不俊俏風流。"此稱至近世猶在沿用。

窑子

　　低賤妓館俗稱。此稱清代已行用。本是燒磚瓦陶瓷之所，地處山野間，廢弃後亦常被人當作臨時遮蔽風雨之處。而賣淫偷奸，亦常發生於此，故漸成低賤妓館專稱。《世宗憲皇帝硃批諭旨・硃批赫勝額奏摺》載雍正五年十二月初一日署理貴州布政使印務按察使赫勝額《爲敬陳管見仰祈睿鑒事》："綑掠販賣最爲黔省之患……緣綑販與興販皆藉窩隱之人爲之，販賣實與開窯子無異……故請嗣後窩隱販賣之人，照開窯子、光棍例，將爲首之人擬斬立決。"《官場現形記》第三九回："他早已跑到別屋子裏向別人家的二爺探問詳細，知道老爺這兩天同了朋友出城過江到漢口窯子裏頑耍，戀着不回來。"《負曝閑談》第七回："戲散，陳毓俊要拿馬車送他回棧。他怕陳毓俊拉他去逛窯子，一定不肯。"《文明小史》第五七回："冲天炮在外洋，無所不爲，上館子，逛窯子，猶其小焉者也。"窯子中的妓女也被稱作"窯姐"。《檮杌萃編》第二二回："她雖然是個窯姐兒出身，在窯子裏的時候，也沒有吃過這樣苦，丟個這樣臉。"

塘子

亦稱"堂子"。妓女的居處。此稱清代已行用。清孫錦標《通俗常言疏證・黔記》："凡妓所居，濫者曰塘子，潛藏者曰私門子。"《文明小史》第二〇回："劉老爺屋裏鎖着門，問過茶房，説是自從前兒晚上出去，到如今還沒有回來，大約又在那一班野鷄堂子裏過夜哩！"《官場現形記》第八回："陶子堯道：'你這人真是瞎來來！我們的官是拿銀子捐來的，又不是賣身，同你們堂子裏一個買進，一個賣出，真正天懸地隔，怎麼好拿你們堂子裏來比？'"

【堂子】[2]

同"塘子"。此體近代行用。見該文。

私門子

較隱蔽的私娼居所。此稱近代行用。清孫錦標《通俗常言疏證・黔記》："凡妓所居，濫者曰塘子，潛藏者曰私門子。"《官場現形記》第三〇回："不是走姨太太的門路，就得走天天同統領在一塊兒頑的人的門路，甚至於統領的相好，甚麼私門子、釣魚巷的婊子，這種門路亦都有人走。"《清代宮廷艷史》第七七回："他們又最愛闖私門子，只因私門子地方幽秘，不容易爲人發覺。"

花柳

指娼妓或與嫖娼相關的事。世人常謂狎妓爲"尋花問柳""眠花宿柳"。此稱明代已行用。花、柳最能代表春色，唐崔顥《雜曲歌辭・渭城少年行》："万户樓台臨渭水，五陵花柳滿秦川。"明謝肇淛《滇略・文略》亦有"三春花柳妾薄命，六詔風烟君斷腸"詩，因藉稱狎妓。《金瓶梅詞話》第一回："終日閑游浪蕩，一自父母亡後，專一在外眠花宿柳，惹草招風。"又第六九回："林氏道：'他又有兩夜沒回家，只在裏邊歇哩。逐日搭着這夥喬人，只眠花臥柳，把花枝般媳婦兒丟在房裏，通不顧，如何是好？'"《國色天香・劉生覓蓮記》："生亦喜花柳趣。"《清平山堂話本・錯認屍》："喬俊在東京……全不管家小妻妾，只戀花門柳户，逍遙快樂。"《警世通言・趙春兒重旺曹家莊》："你如今莫去花柳游蕩，收心守分。"《兒女英雄傳》第五回："把他逼得房幃以内，生趣毫無，荆棘滿眼，就不免在外眠花宿柳，蕩檢逾閑。"《紅樓夢》第七五回："他只知吃酒賭錢、眠花宿柳爲樂，手中濫漫使錢，待人無心。"《海上繁華夢（初集）》第五回："人要趲他的錢財，除是花柳場中，或肯略略破耗，其餘休想。"《文明小史》第二二回："祇是有幾個不習上的學生，正好借此到花街柳巷去走走，上了幾次報，被他知道了，有些下不去，所以急欲脫身。"因狎妓易傳染性病，故又稱性病爲花柳病。

花酒

亦稱"風月酒"。舊時指召妓作樂的酒席。唐代已有招歌伎陪酒賣唱之風。唐呂巖《敲爻歌》："只因花酒誤長生，飲酒帶花神鬼哭。"後世承此風習。明萬民英《星學大成·三辰通載（五星）》："土星留段號天休，主人作事多懷憂。一生患難常花酒，好作狂歌上酒樓。"《金瓶梅詞話》第六九回："令郎既入武學，正當努力功名，承其祖武，不意聽信游食所哄，留連花酒，實出少年所爲。"《警世通言·趙春兒重旺曹家莊》："〔曹可成〕專一穿花街，串柳巷，吃風月酒，用脂粉錢。"近世花酒更趨低俗，歌女陪唱之外，或要陪睡。故吃花酒，往往通宵達旦。《官場現形記》第三九回："有天一個朋友請他吃飯，同桌的都是愛嫖的人。有兩個創議，說席散之後，要過江到漢口去吃花酒，今天一夜不回來。"《文明小史》第一八回："姚文通幾年前頭，也曾到過上海一次，什麼吃大菜，吃花酒，都有人請過他，不過是人家作東。"《海上繁華夢（初集）》第四回："少牧……要回去了。逢辰那裏肯依，說：'從來沒有請客吃酒、空着肚子放他回去的事。雖約的是聚豐園，如今改了花酒，不過不恭敬些，斷斷不能不去。'"

【風月酒】

即花酒。此稱明代已行用。見該文。

花艇

水鄉的妓船。此稱行於清代。清沈復《浮生六記·浪游記快》："妓船名花艇，皆對頭分排，中留水巷，以通小艇往來。"又："歸途訪喜兒於花艇，適翠、喜二妓俱無客。"《蜃樓志》第五回："〔烏必元〕又使了幾百元花邊，得授番禺縣河泊所官，管着河下幾十花艇，收他花粉之税。"徐珂《清稗類鈔·舟車類》言花艇："光緒時，嶺南以花艇著稱於世。花艇者，妓所居之船也。後以火劫禁止，遂皆上陸，鶯鶯燕燕，不復泛宅浮家矣。船有樓，其下有廳事，可設席，謂之開廳。"近世郭則澐《十朝詩乘》卷一六："粵之珠江多花艇。每當沙面月明，笙歌如沸。燈映芙蓉之火，衣飄茉莉之風。雙趺霜白，不著輕羅。四面花圍，都當畫舫。青溪輸其靡麗，桐瀬無此繁華。李介夫編修（如筇）《嫁魚蠻》詩有云：'……沙面縱橫十字街，秦樓只在烟波裏。'"

花榜

舊時都市娼妓界選美評出的名妓榜單。上榜單人數不定，或前十，或前二三十名。此稱清代已行用。初始出現於蘇州，後在上海流行，後亦傳至少數別的城市。此活動係模仿京師名伶評選花榜活動而起。京城評名伶，品數十優伶高下，前三名仿科舉制分別稱作狀元、榜眼、探花。被評上者均配以一種花，題詩贊咏。妓界評比亦完全仿此形式，但分爲色、藝二類。凡入榜者，身價倍增，名利雙收。故妓界爲入榜單而賄賂公行，拉關係、走後門之風甚盛，以致入榜者未必真是最出類拔萃者。徐珂《清稗類鈔·娼妓類》"妓有花榜"條載："伶之花榜行於京師，而妓之花榜則屢見不一見，亦以狀元、榜眼、探花甲乙之。一經品題，聲價十倍。其不得列於榜者，輒引以爲憾。然其間之黜陟，亦繫乎個人之愛憎，且亦有行賄而得者，其不足徵信，亦與伶之花榜無以異也。”又曰：“順治丙申秋，松江沈某至蘇，欲定花榜，與下堡金又文招致蘇、松名姝五十餘人，選虎丘梅花樓爲花場，品定高下。以朱雲爲狀元，錢端爲榜眼，余華爲探花，某某等爲二十八宿。彩旗錦幰，自胥門迎至虎丘。畫舫蘭橈，傾城游宴。”可見其時盛況。近世上海尤盛行，且品題前三名，前引書載1888年夏季評選云：“上海又有花榜，凡十六人。其第一曰文波樓主姚蓉初，‘入座留香，當筵顧影，艷如桃李，爛比雲霞，以色勝’；第二曰懺素盦主張素雲，‘艷態迷離，神光離合，豐肌雪膩，媚眼星攢，以態勝’；第三曰小廣寒宮仙子陸月舫，‘體比梅肥，氣同蘭馥，端莊流麗，幽逸風流，以静勝’。”晚清小説亦對此頗有反映。《無耻奴》第八回：“江穎甫近來新做了一個倡人，名叫陳彩林，年紀已有二十八九歲，却是十年前大名鼎鼎的花榜狀元，現在雖然年紀大些，豐致却還不惡。”《檮杌萃編》第一一回：“上海花叢也與官場無異，隔了兩三年，再拿從前花榜來看，就有一大半或是從良，或是遠去，或是流落。”《孽海花》第三一回：“還有詩妓李蘋香、花榜狀元林絳雪等，都花枝招展，姍姍其來。一時粉白黛綠，燕語鶯啼，頓把餐室客廳，化做碧城錦谷。”歷史筆記中亦有記述。晚清王韜《淞隱漫錄·阿憐阿愛》：“阿愛於滬曲烟花中稱爲巨擘，每季花榜出，恒冠一軍。”此可見或一年四評。《清代野記·考職之大獄》：“〔馬星聯〕大會賓客於聚寶堂，設盛宴數十席，置獎品無數，徵雛伶而定花榜焉。”此可見富商大賈或官僚抑或組織小型評比活動。民國以後此類活動不復存。

揚州瘦馬

　　省稱“瘦馬”。舊時賣與人做妾或賣入青樓做妓的非親生少女之別稱。將貧家幼女從小買入蓄養，教以琴棋書畫、歌舞技藝和舉止禮儀，長成後出賣以牟利。猶將瘦馬養肥以在馬市買賣，且最初出現并流行於揚州，故稱。此俗始於明代。明代盛行於揚州，清以後，其他地方亦出現，故“瘦馬”後又成泛稱，而并不專以揚州爲限。明以前，瘦馬指瘦弱駑馬而已，漢劉向《説苑·反質》：“趙簡子乘弊車瘦馬。”元王子一《誤入桃源》第一折：“抵多少古道西風鞭瘦馬，嘆明朝回首天涯。”明代乃成揚州藝伎藝妾藉稱。明謝肇淛《五雜俎·人部四》：“維揚居天地之中，川澤秀媚，故女子多美麗，而性情溫柔，舉止婉慧。……然揚人習以此爲奇貨，市販各處童女，加意裝束，教以書、算、琴、棋之屬，以徵厚直，謂之‘瘦馬’。然習與性成，與親生者亦無別矣。”明沈德符《萬曆野獲編·廣陵姬》亦對此有詳説，略謂：其一，買廣陵（揚州）之妾多屬瘦馬，出身寒門，“其俗最重童女”，爲他人所養：“今人買妾大抵廣陵居多，或有嫌其爲瘦馬，余深非之。……世間粉黛，那有閥閲？揚州殊色本少，但彼中以爲恒業，即仕宦豪門，必蓄數人，以博厚糈，多者或至數十人”；“予久游其地，見鼓吹花輿而出邗關者，日夜不絶”。其二，讓她們從小學藝，并懂得逢迎人家正妻，以與之和平相處：“自幼演習進退坐立之節，即應對步趨亦有次第，且教以自安卑賤，曲事主母，以故大家妒婦，亦有嚴於他方，寬於揚産者，士人益安之。”其三，養瘦馬爲賺錢的功利目的，故所習技藝甚簡，僅有針對性地學些皮毛而已：“購妾者多以技藝見收，則大謬不然，如能琴者不過《顔回》或《梅花》一段，能畫者不過蘭竹數枝，能弈者不過起局數着，能歌者不過《玉抱肚》《集賢賓》一二調，面試之後，至再至三，即立窘矣。又能書者更可哂，若仕客則寫吏部尚書大學士，孝廉則書第一甲第一名，儒者則書解元、會元等字，便相詫異以爲奇絶，巫納聘不復他疑。到家使之操筆，則此數字之外，不辨波畫。蓋貌不甚揚，始令習他藝以速售，耳食之徒，驟見未免歡羨，具法眼者必自能辨。"據《三刻拍案驚奇》第一二回，時養瘦馬者不管大户小家，紛紛以此牟利："揚州地方人家都養‘瘦馬’。不論大家小户，都養幾個女子，教她吹彈歌舞，索人高價。"明張岱《陶庵夢憶・揚州瘦馬》記述買賣瘦馬全程尤詳："揚州人日飲食於瘦馬之身者數十百人。娶妾者切勿露意，稍透消息，牙婆駔儈，咸集其門……至瘦馬家，坐定，進茶，牙婆扶瘦馬出，曰：‘姑娘拜客。’下拜。曰：‘姑娘往上走。’走。曰：‘姑娘轉身。’轉身向明立，面出。曰：‘姑娘借手瞧瞧。’盡褫其袂，手出、臂出、膚亦出。曰：‘姑娘瞧相公。’轉眼偷覷，眼出。曰：‘姑娘幾歲？’曰幾歲，聲出。曰：‘姑娘再走走。’以手拉其裙，趾出。然看趾有法，凡出門裙幅先響者，必大；高繫其裙，人未出而趾先出者，必小。曰：‘姑娘請回。’一人進，一人又出。看一家必五六人，咸如之。看中者，用金簪或釵一股插其鬢，曰‘插帶’。看不中，出錢數百文，賞牙婆或賞其家侍婢，又去看。"張岱稱，挑選瘦馬者有的看了五六十人，一兩天看不完乃或看四五天，挑人多了不免眼花，難定好壞，"不得不聊且遷就，定其一人"。隨後

交付彩緞財禮，"歸未抵寓，而鼓樂盤擔、紅緑羊酒在其門久矣"。緊接着就是迎親、送親婚儀，"不待覆命，亦不待主人命，而花轎及親送小轎一齊往迎，鼓樂燈燎，新人轎與親送轎一時俱到矣。新人拜堂，親送上席，小唱鼓吹，喧闐熱鬧"。可見作爲瘦馬的小女子，完全像牲口一樣任人買賣，全無個人人身自由，更勿論婚姻自由了。此情形在明清小説中多有描述。《醒世恒言・兩縣令競義婚孤女》："那老亡八把這兩個瘦馬養着，不知作何結果！"《水滸後傳》第四〇回："那楊林倒會使乖，娶方明的女兒，是揚州瘦馬出身，好不在行，只是與屠崆澆殘。"《肉蒲團》第三回："〔鐵扉道人〕就放下臉道：‘胡説！只有揚州人家養的瘦馬肯與人相，那有正經女兒許男子見面之理。’"《品花寶鑑》第五〇回："這玉天仙本是揚州瘦馬，到京來頗有聲名，但年紀已二十七歲。"後因"瘦馬"出處并不限於揚州一地，故此稱成泛稱。

橋北十七名花
（1921 年上海廣華書局石印本《後聊齋志異》）

清宣鼎《夜雨秋燈錄三集·騙子（補）》：“公子聞之曰：‘如果真正佳人，何妨重價。第恐有名無實耳。汝姑帶來一觀。’嫗笑曰：‘我知郎君，只好看瘦馬婢耳。清白人家，即窮至不吃飯，何肯將嬌女送與人看耶？’”清曾衍東《小豆棚·曹月帆》：“江西曹塘字月帆……買妾姑蘇……蘇固有游手之徒……乃設一局，倩青樓四人，悉擅詩書琴棋、名瘦馬者，充爲良家女子，以紿曹，且大索見面錢、遮羞費。”專以此爲營生的人家，稱瘦馬家。清龔煒《巢林筆談·瘦馬家和白螞蟻》：“郡人有收取婦女，塗飾賣人作婢妾者，謂之瘦馬家，蓋以嬌養得名。居間謂之白螞蟻，言其無縫不栖也。此輩相爲表裏，於是買妾者輒往揀擇，中意則昂其價，否則犒以零星，謂之看錢。”近世以後此俗漸消失。

【瘦馬】

“揚州瘦馬”之省稱。後乃成此類人泛稱。此稱明代已行用。見該文。

行院

本指倡伎藝人和伎樂，後亦指妓女、妓院。宋代已有此稱，指倡優戲樂，至元代猶然，而明以後多指妓女或妓院，直至近世。宋周密《武林舊事·社會》：“二月八日爲桐川張王生辰，霍山行宮朝拜極盛，百戲競集，如緋綠社雜劇、齊雲社蹴球、遏雲社唱賺、同文社耍詞、角抵社相撲、清音社清樂、錦標社射弩、錦體社花綉、英略社使棒、雄辯社小説、翠錦社行院……”王國維《宋元戲曲史》曰：“行院者，大抵金元人謂倡伎所居。”按，既指倡伎所居，亦指倡伎本身。元佚名《漢鍾離度脱藍采和》第一折：“（正末云）這潑先生好無禮也。我看了你不是俺城市中人，……不是我笑你，一生也不見勾欄。（鍾云）你是甚麼好馳名的行院！”元佚名《鯁直張千替殺妻》第一折：“嫂嫂，你是個良人、良人宅眷，不是小末、小末行院。”金聖嘆批評本《水滸傳》第二五回：“兩個唱的行院，驚得走不動。”又第一九回：“從小兒在東京時，只去行院人家串，那一個行院不愛他！”《毛公案》第三回：“姚庚暗中將我賣與這南京樂户劉清，逼奴赴行院。”《女開科傳》第二回：“誰曉得那倚妝原是舊家骨肉，那肯倚門賣笑，整日吟詩寫字，燒香吃茶，……共集青樓二十多人結一花社。内中就是那文娟、弱芳，也不是行院人家生養，都是與倚妝一起來的。”

娼妓

省稱“娼”“妓”，亦稱“娼婦”。以出賣色相爲營生的女人。此稱約始於明，達於今。“娼”又通“倡”，“妓”又通“伎”。倡伎、妓女最初指歌舞伎。《漢書·禮樂志二》載朝賀時宮廷樂舞中有“常從倡”數十人。《後漢書·梁冀傳》：“冀又遣客出塞，交通外國，廣求異物。因行道路，發取妓女御者。”劉攽注：“案古無妓字，當作伎。”《文選·傅毅〈舞賦〉》“陽阿之舞”李善注引漢高誘云：“陽阿，古之名倡也。”三國魏劉劭《趙都賦》：“爾乃進中山名倡，襄國妖女。”《南齊書·東昏侯紀》：“日夜於後堂戲馬，與親近閹人倡伎鼓叫。”唐李白《少年行》詩：“蘭蕙相隨喧妓女，風光去處滿笙歌。”可見宋代娼妓猶指女優。《舊五代史·唐書·李仁矩傳》：“〔李〕仁矩貪于館舍與娼妓酣飲，日既中而不至，大爲〔董〕璋所詬辱。”宋刊《類篇·女部》釋“娼”：“樂也。”《廣韻·上紙》：

"妓，女樂。"至明代以後，乃多以此稱指賣笑賣身的下賤女子。明王世貞《弇山堂別集·史乘考誤四》引《西樵野記》："景泰中，吳江有徐正者，爲兵科給事中，嘗上疏言南城禁錮事，景帝惡之，謫外衛經歷；又以戀娼妓不行，充戍鐵嶺衛。"《國色天香·劉生覓蓮記》："適數妓鬥草於得春亭下。詢之，皆樂平巷中名妓。"《紅樓夢》第七四回："王家的無處煞氣，只好打著自己的臉罵道：'老不死的娼婦，怎麼造下孽了？說嘴打嘴，現世現報！'"《老殘游記》第一九回："吳二浪子現同按察司街南胡同里張家土娼，叫小銀子的，打得火熱。"

【娼】

"娼妓"之省稱。此稱明代已行用。見該文。

【妓】

"娼妓"之省稱。此稱明代已行用。見該文。

【娼婦】

即娼妓。此稱清代已行用。見該文。

【妓女】

即娼妓。此稱始於明。明陳汝元《金蓮記·彈絲》："妾身妓女琴操是也。少逢漂泊，偶爾失足於風塵。"《醒世恒言·鄭節使立功神臂弓》："那幾個員外……知得張員外有孝，怕他不肯帶妓女，先請他一個得意的表子在那裏。"《警世通言·況太守斷死孩兒》："宋時玉通禪師，修行了五十年，因觸了知府柳宣教，被他設計，教妓女紅蓮假扮寡婦借宿，百般誘引，壞了他的戒行。"《文明小史》第一九回："良家是人，妓女亦是人。……所以她們雖是妓女，小弟總拿他當良家一般看待。"民國萬迪鶴《外灘公園之夜》："這中間是些什麼人物？是學生或者是男女店員我不知道，但偷偷地跑

到這地方來做生意的妓女却很有幾個。"錢鍾書《圍城》五："顧爾謙聽説是妓女，呆呆地觀之不足。"

營妓

古代軍妓。屬國家爲軍隊安排的妓女。春秋時已有此例。《越絶書·外傳記地傳》曰："獨婦山者，句踐將伐吳，徙寡婦致獨山上，以爲死士，示得專一也。……蓋句踐所以遊軍士也。"設軍妓是爲了討士卒歡心，使之全力以赴效力。此法被後世所沿襲。如《三國志·魏書·夏侯惇傳》記載，三國夏侯惇"從征孫權"有功，"留居巢，賜伎樂名倡"。但"營妓"一稱出現於唐代。《資治通鑑·唐德宗貞元元年》："初，李晟嘗將神策軍戍成都，及還，以營妓高洪自隨。"唐孫棨《北里志·楊汝士尚書》曰："楊汝士尚書鎮東川，其子知溫及第，汝士開家宴相賀，營妓咸集，汝士命人與紅綾一匹，詩曰：'郎君得意及青春，蜀國將軍又不貧。一曲高歌紅一匹，兩頭娘子謝夫人。'"宋錢易《南部新書》卷四亦載，唐代"張褐尚書牧晉州，外貯營妓，生子曰仁"。五代戰亂，尤重軍隊，故營妓之設亦多。文獻屢見此稱。《舊五代史·梁書·宗室列傳》："友珪小字遙喜，母失其姓，本亳州營妓也。"五代何光遠《鑑戒録·蜀才婦》："大凡營妓比無校書之稱。"宋孫光憲《北夢瑣言》卷九："金陵徐氏諸公子寵一營妓，卒乃焚之。"宋代此制依然流行。宋馬純《陶朱新録》："王安中履道任大名監倉日，喜營妓路瑩，嘗贈詞書泥金領巾上。"宋李心傳《建炎以來繫年要録·紹興七年八月》："先是，統制官王師晟戍壽春，挈營妓去其家，訟于〔呂〕祉。"宋趙彦衛《雲麓漫鈔》卷六："慶曆中，宋景文爲

定帥，有游士携此石走四方，最後死於定武。營妓家伶人孟水清取以獻于宋。"直至明清，猶有此稱。明周祈《名義考·人部》："營妓，古以待軍之無妻者。"清吳偉業《綏寇紀略·九江哀》："嘗月夜飲僚佐，李猶龍等召某將官營妓十餘人行酒，杯斝縱橫，履舄交錯。"

官妓

古代由官府組織爲軍隊、官衙服務的妓女。後也指官府登記在册、能按規定交稅的妓女。此稱唐代已行用。《舊唐書·張延賞傳》："大曆末，吐蕃寇劍南，李晟領神策軍戍之。及旋師，以成都官妓高氏歸。"因營妓屬官妓中一類，故上述李晟事在《資治通鑑·唐德宗貞元元年》中稱"李晟嘗將神策軍戍成都，及還，以營妓高洪自隨"。官妓中亦往往有多文采者。宋王讜《唐語林·文學》："官妓高玲瓏、謝好好巧於應對，善歌舞。從元稹鎮會稽，參其酬唱。"此後五代、宋、明、清各代均有官妓。《舊五代史·唐書·馬郁傳》："官妓有轉轉者，美麗善歌舞。因宴席，郁累挑之。幕客張澤亦以文章名，謂郁曰：'子能座中成賦，可以此妓奉酬。'郁抽筆操紙，即時成賦，擁妓而去。"《宋史·王景傳》："初，景之奔晋也，妻坐戮，……景稽顙再拜曰：'臣昔爲卒，嘗負胡床從隊長出入，屢過官妓侯小師家，意甚慕之。今妻被誅，誠得小師爲妻足矣。'晋祖大笑，即以小師賜景，景甚寵嬖之。"又《宋史·蔣堂傳》：蔣堂知益州時，"或以爲私官妓，徙河中府"。所謂"私官妓"就是未經允許，將官妓私自擁有。元明時期或稱官妓作"弟子"。元楊顯之《酷寒亭》第一折："戀着那送舊迎新潑弟子，全不想生男育女舊嬌娃。"明代官妓仍有一定地

位。《醒世恒言·獨孤生歸途鬧夢》："只這女郎不是個官妓，便是個上妓，何必這般趨奉他？"官妓在明代還一度被禁止。明沈德符《萬曆野獲編·小唱》："京師自宣德顧佐疏後，嚴禁官妓，縉紳無以爲娱。於是小唱盛行，至今日幾如西晋太康矣。"明末以後直至清代，官妓地位大大下降，往往與普通妓家相鄰接客。《儒林外史》第二四回："還有那十六樓官妓，新妝衒服，招接四方游客。"清李斗《揚州畫舫錄·小秦淮錄》："《揚州鼓吹詞》序云：'……吾鄉佳麗，在唐爲然；國初官妓，謂之樂户。土風立春前一日，太守迎春於城東蕃釐觀，令官妓扮社火春夢婆一、春姐二、春吏一、皂隸二、春官一。……至康熙間，裁樂户，遂無官妓。'"

【弟子】

官妓別稱。此稱元代已行用。見該文。

私窠子

私娼。在自己家中賣身，多低賤者，爲人所鄙視。此稱明代已行用。明謝肇淛《五雜俎·人部四》："家居而賣奸者，謂之'土妓'，俗謂之'私窠子'，蓋不勝數矣。"《喻世明言·新橋市韓五賣春情》："原來這人家是隱名的娼妓，又叫做'私窠子'，是不當官吃衣飯的。家中别無生意，只靠這一本帳。"《金瓶梅詞話》第九九回："你是那裏來的無名少姓私窠子？不來老爺手裏報過，許你在這酒店内趁熟？"《笑林廣記·僧道部》："小婦人名雖是個尼姑，其實背地裏養漢，做私窠子的。"清李斗《揚州畫舫錄·小秦淮錄》："官妓既革，土娼潛出，如私窠子、半開門之屬，有司禁之。"《無耻奴》第四〇回："那一班新結交的朋友，却都不曉得我的底子，現在平空的把一個半開門的

私棄子娶做老婆，他們豈不都要笑我是個烏龜麼？"

章臺柳

舊時妓女別稱。漢長安城有章臺街，時爲伎優聚集之地，後世乃以之稱妓院。又因唐代韓翃與妓女柳氏一段別離佳話，後世遂以"章臺柳"或"章臺柳色"稱妓女。宋曾慥《類説·異聞集》引唐許堯佐《柳氏述》："天寶中，韓翃有詩名，與富人李生友善，以幸姬柳氏與之。明年翃擢上第，省家於青池。歲餘，盜覆二京，士夫奔駭，柳氏以姿艷懼不免，乃剪髮於法雲寺。時侯希逸爲淄青節度，請翃爲書記。翃遣使間行求柳氏，以練囊盛麩金，題曰：'章臺柳，章臺柳，昔日青青今在否？縱使長條似舊垂，也應攀折他人手。'"宋祝穆《古今事文類聚後集·娼妓部》引唐末陳翰《異聞集》，載同一事，而所述經過更詳。後世詩文多用此典。宋曹勛《松隱集》卷四載"古樂府"："昔作章臺柳，今爲清水萍。"宋吳曾《能改齋漫録·記詩》："憔悴猶疑洛浦妃，風流固可章臺柳。"明熊龍峰《蘇長公章臺柳傳》："章臺楊柳不禁風，慮恐風吹西復東。且與移來庭院內，免教攀折路歧中。"清王士禛《池北偶談·張國籌》："又有張國籌者，以貢仕爲行唐知縣，善金元詞曲，所著有'脫穎茅廬章臺柳'。"清沈起鳳《諧譯·色戒》："此良家婦，婿亦冠儒冠，站第與足下等，非章臺路旁柳，任人攀折者。"清道光間曹梧岡《梅蘭佳話》第一一段："前逢上巳，欲爲尋春之舉，而章臺柳色半屬虛名，歌舞當筵絶無當意。"

女校書

省稱"校書"。舊時指妓女中有文才者。典出自唐代成都名妓薛濤。薛濤有文才，時人呼爲女校書。唐王建《寄蜀中薛濤校書》詩："萬里橋邊女校書，枇杷花裏閉門居。"（一説此詩出自唐代胡曾。）傳薛濤曾被授予校書郎職，元

青樓二十四花
（1921 年上海廣華書局石印本《後聊齋志異》）

校 書
（1921 年上海廣華書局石印本《後聊齋志異》）

辛文房《唐才子傳・妓》："薛濤，字洪度，成都樂妓也。……及武元衡入相，奏授校書郎。蜀人呼妓爲校書，自濤始也。"實則薛濤未曾授校書郎職，唯被時人如此稱呼而已。五代何光遠《鑑戒録・蜀才婦》："大凡營妓比無校書之稱。韋公南康鎮成都日，欲奏之而罷，至今呼之。"清沈自南《藝林彙考・稱號篇・巫優類》："《鑑戒録》：蜀人皆呼營妓爲女校書。……按，晁氏謂濤以武元衡奏授校書，此無稽語也。"明何宇度《益部談資》卷中："薛濤，唐之青樓人也。……濤本長安良家女，父卒於蜀，失身爲妓。……墓在江干，碑題'唐女校書薛弘度墓'。弘度，蓋濤小字云。"此稱後常用以喻才女。明商景蘭《贈閨塾師黃媛介》有"今朝把臂憐同調，始信當年女校書"詩句贊才女。後又常以之稱婦女而能文者。清全祖望《錢尚書牧齋手迹跋》："黃忠烈公見諸弟子有與女校書詩者，輒戒之。"清道光間曹梧岡《梅蘭佳話》第一一段："唯女校書桂某豐致殊佳，可稱群空冀北，遂與盡一日歡刻。"徐珂《清稗類鈔・娼妓類》"李芸負盛名"條："同治壬申，大校書李芸者，年齒稍長，鳳韵超儕偶。"近世王蘊章《碧血花・酒憤》："小弟日前在李十娘家，聞葛蕊芳校書才藝無雙。"

【校書】

"女校書"之省稱。此稱唐代已行用。見該文。

録事

妓女代稱。此稱唐宋時期已行用。唐代宴饗時有勸酒監酒令的人，名曰"酒糾"，多由勸酒罰酒的妓女充任；又因唐代進士及第後要舉行曲江宴，宴中推舉的督酒人稱作"録事"，世人遂戲稱充任"酒糾"的妓女爲録事。而"酒糾"亦成妓女代稱。宋陸游《老學庵筆記》卷六："蘇叔黨政和中至東都，見妓稱'録事'，太息語廉宣仲曰：'今世一切變古，唐以來舊語盡廢，此猶存唐舊爲可喜。'前輩謂妓曰'酒糾'，蓋謂録事也。相藍之東有録事巷，傳以爲朱梁時名妓崔小紅所居。"宋孟元老《東京夢華録・寺東門街巷》："寺南即録事巷妓館，綉巷皆師姑綉作居住。"此稱沿用至清。清孫枟《餘墨偶談・贈何蘭初名妓詩序》："女録事何蘭初者，京師名妓也。解詩善畫，字亦秀潤。"

【酒糾】

即録事。亦作"酒纠""酒紅"。因歌妓常陪侍酒席，在席上主持勸酒罰酒，故稱。此稱唐代已行用。《太平廣記》卷二七三引唐盧言《盧氏雜說》："宴飲既頻，〔舉子〕與酒纠諸戲頗洽。"明沈德符《萬曆野獲編補遺・畿輔・禁歌妓》："惟藩鎮軍府例設酒纠以供宴享，名曰營妓。"徐珂《清稗類鈔・娼妓類》"李芸負盛名"條："有妹曰綠媛，姿容慧麗，較〔李〕芸尤艷。而善爲酒糾，並善詼諧，辭意之間，翩

妓女評花榜
（清順治年間刻本《秦樓月》）

翩有致，兼工簫笛，發聲清越，足以怡情。"

【酒纠】

同"酒糾"。此體唐代已行用。見該文。

【酒纠】

同"酒糾"。此體明代已行用。見該文。

花娘

歌女、娼妓。此稱唐代已行用。唐李賀《申鬍子觱篥歌（并序）》："歌成，左右人合噪相唱。朔客大喜，擎觴起立，命花娘出幕，裝回拜客。"詩中曰："花娘篸綏妥，休睡芙蓉屏。"宋代歌舞伎或與客人有感情糾葛。宋趙令畤《侯鯖錄》卷六："梅聖俞詩……《花娘歌》曰：'花娘十二能歌舞，籍甚聲名居樂府。茌苒其間十四年，朝爲行雲暮爲雨。……曲堤別浦無人處，始笑鴛鴦浪得名。爾後頻逢殊嫵婉，各恨從來相見晚。月下花前不暫離，暫離已抵銀河遠……'"元以後，乃多指娼妓。元陶宗儀《南村輟耕錄·婦女曰娘》："都下及江南謂男覡亦曰師娘，娼婦曰花娘。"《醒世姻緣傳》第五〇回："花娘莫信已從良，刻刻須防本是娼。"《蕩寇志》第七九回："不多時，店小二引着一個花娘進來，後面一個鴇兒跟着。"《繪芳錄》第九回："道生罵不住口道：'你這老娼根，小花娘，仔細著，都叫你們試驗試驗我祝少爺的手段。'"

妓弟

亦稱"弟妓"。本指歌舞藝伎，因轉稱妓女。宋代始以之稱藝伎。宋朱熹《按唐仲友第三狀》："自來未嘗有知州爲妓弟製造衣服，名件不一，違法如此。"又："弟妓早晚出入宅堂，公然請囑。"宋佚名《都城紀勝·酒肆》："天府諸酒庫，每遇寒食節前，開沽煮酒；中秋節前後，開沽新酒。各用妓弟乘騎作三等裝束，……

迎酒樣赴府治，呈作樂，呈伎藝。"明以後則多指妓女。《京本通俗小説·西山一窟鬼》："我們過駝獻嶺、九里松路上，妓弟人家睡一夜。"《醒世恒言·鄭節使立功神臂弓》："那幾個員外，隔夜點了妓弟，一家帶着一個尋常間來往說得着行首。"

【弟妓】

即妓弟。此稱宋代已行用。見該文。

花魁

本指花中之魁梅花（有時亦指牡丹），因藉指才高藝絕色美的藝伎，後來甚而用以稱青樓中的頭牌妓女。此稱宋代已行用。宋陳允平《木蘭花慢·丙辰壽葉制相》咏梅曰："江南春信早，問誰是、百花魁。過攬桂褰蓉，紉蘭采菊，獨許寒梅。"元白樸《風入松·咏紅梅將柳丁皮作酒杯》："更將紅酒澆濃艷，風流夢、不負花魁。"明代張弼猶有"梅花還占百花魁"句（《次楊編修維新聞喜韵》其二）。而宋時已將才色俱佳的藝伎比作花魁。宋代楊無咎《雨中

花　魁
（清芥子園刊本《今古傳奇》）

花令》大贊花魁絕唱："早已是花魁柳冠。更絕唱、不容同伴。畫鼓低敲，紅牙隨應，著個人勾喚。"是後此風一直流行。明佚名《解人頤·滌煩集》載《集成戲目七言律詩》四首之一："百花亭上占花魁，才貌緣中女秀才。"《水滸傳》第八一回："燕青道：'小人是個該死的人，如何敢對花魁娘子坐地？'李師師道：'休恁地說！'"《明代宮闈史》第九六回："貴妃的庶母王氏，是揚州著名的花魁。"清代又指戲班子中的藝高佳人。《紅樓夢》第九三回："臨安伯過來留道：'天色尚早。聽見說琪官兒還有一出《占花魁》，他們頂好的首戲。'……果然蔣玉函扮了秦小官伏侍花魁醉後神情，把那一種憐香惜玉的意思做得極情盡致。"《繪芳錄》第七四回："加以色技雙佳，人竟以小花魁呼之。外面一傳十，十傳百的，甚至寶琴官三字無人知曉，提及小花魁沒有人不知道的。"而以此稱指青樓頭等妓女，主要是在清代。清施士潔《男裝伎》詩："花魁信有黃崇嘏，選出青樓第一枝。"

行首

妓院中的妓女首領。因其出衆，亦爲名妓泛稱。始於宋，元、明一直流行。宋朱熹《按唐仲友第三狀》："其妓弟四十餘人，都行首嚴蕊分真紅暗花羅，餘行首分瓜子羅，其餘分春羅。"宋吳自牧《夢粱錄·諸庫迎煮》："其官私妓女，擇爲三等，上馬先以頂冠花衫子襠褲，次擇秀麗有名者，帶珠翠朵玉冠兒，銷金衫兒，裙兒，各執花斗鼓兒，或捧龍阮琴瑟，後十餘輩，着紅大衣，帶皂時髻，名之'行首'。"元關漢卿《謝天香·楔子》："此處有個行首是謝天香，他便管着這班門户人，須索和

他說一聲去。"《水滸傳》第七二回："這是東京上廳行首，喚做李師師。"《初刻拍案驚奇》卷二二："王賽兒本是個有名的上廳行首。"《天雨花》第九回："我是天香院中行首賈秀鸞。"《醒世恒言·鄭節使立功神臂弓》："祇見衆中走出一個行首來。他是兩京詩酒客烟花杖子頭，喚做王倩。"

小姐

初指卑賤女子，後乃成大户尊貴人家未過門閨女之稱，近世以來或指妓女。元王實甫《西廂記》第一折："（聰云）休胡說，這是河中府崔相國的小姐。"《鏡花緣》第五一回："黎小姐的父親也做過少尉，算來都是千金小姐。"此皆是富家女美稱。清趙翼《陔餘叢考·小姐》謂："今南方搢紳家女多稱小姐。在宋時則閨閣女稱小娘子，而小姐乃賤者之稱耳。錢惟演《玉堂逢辰錄》記營王宮火，起於茶酒宮人韓小姐謀放火私奔。是宮婢稱小姐也。東坡亦有《成伯席上贈妓人楊姐》詩。《夷堅志》：傅九者好狎游，常與散樂林小姐綢繆，約竊而逃，不得，遂與林小姐共縊死。又建康女娼楊氏死，現形，與蔡五爲妻。一道士來，仗劍逐去，謂蔡曰：'此建康娼女楊小姐也。'此妓女稱小姐也。"這是說，宋代"小姐"爲賤稱，乃至有某某小姐爲妓女者。然"小姐"尚未成爲妓女泛稱。近世昂孫《網廬漫墨》謂"小姐"賤稱源自宋代"小籍"："今之稍有資財與稍有聲望者，人必呼其女爲小姐，若以爲非常尊貴者。其實小姐乃賤者之稱。……余以初意推之，宋時實有'小籍'之稱。《賴真子》云：'文樞密所居私第名東田，有小姬四人，謂之東田小籍。'疑'籍'即'籍錄'之'籍'，無論官妓家妓，必

有簿籍載之，因呼其稚者爲‘小籍’。小籍之爲小姐，蓋聲之轉。”聊備一説。作爲妓女泛稱，“小姐”實自近世始流行，蓋與稱女娼爲先生、男妓爲相公義同，皆反其義用之。《官場現形記》第八回：“新嫂嫂就告訴他，才説得一句‘堂子裏格小姐’，陶子堯就駁他道：‘咱的閨女才叫小姐，堂子裏只有姑娘，怎麽又跑出小姐來了？’新嫂嫂説：‘上海格規矩才叫小姐，也有稱先生格。’陶子堯道：‘你又來了。咱們請的西席老夫子才叫先生，怎麽堂子裏好稱先生？’新嫂嫂知道他是外行。”《海上花魅影》第一四回：“孔先生不懂上海規矩：叫長三妓女是叫‘先生’，叫么二、野鷄方叫‘小姐’。”至今此稱猶沿用。

倌人

妓女賤稱，猶稱之爲僕役。《詩·鄘風·定之方中》有“命彼倌人”語，毛傳謂“主駕者”。知其屬僕役之類，故近世藉用作妓女賤稱。近人徐枕亞《談虎偶録》：“今人稱妓女爲倌人，考倌字之義，主駕小臣也。商家呼傭爲堂倌，其爲稱等之僮僕之類，稱妓女爲倌人，賤之也。”此稱行用於近世。《檮杌萃編》第一三回：“這客是個寧波人，……心裏有點轉媚香的念頭，阿銀也説他是好客户。争奈媚香心已有主，不復措意，所以堂子裏不但怕倌人有恩客，就是肯花錢的，老鴇娘姨也不願意。”倌人亦往往有伎藝，受追捧。《海上花列傳》第二回：“只見一桌圓臺，共是六客，許多倌人團團圍繞，夾着些娘姨、大姐，擠滿了一屋子。其中向外坐着紫糖面色、三綹烏須的一個胖子，叫了兩個局。右首倌人正唱那二黃《采桑》一套。”《九尾龜》第一五回：“春樹便要秋穀同

他到有名的紅倌人處多打幾個茶圍。秋穀微笑，拍着張書玉道：‘他這不是個紅倌人麽？你還要另外去尋别人。’”《無耻奴》第一九回：“女界之中，最卑污下賤的是倌人，最奢侈放縱的也是倌人。他們這班妓女，聚着無數的客人，供給他一身的揮霍。”可見此類人身份既賤而又生活奢靡。

粉頭

亦作“鶯花”“粉黛”。妓女别稱。此稱亦指戲子。因妓女與戲子一樣，都得塗脂抹粉，花枝招展，故稱。元代已有此稱。元馬致遠《江州司馬青衫淚》第一折：“想着這半生花月，知他是幾處樓臺。經板似粉頭排日唤，落葉似官身吊名差。”《金瓶梅詞話》第七七回：“然後愛月兒才出來。……打扮的霧靄雲鬟，粉妝粉，香花琢。……粉頭出來笑嘻嘻的向西門慶道了萬福。”《醒世恒言·賣油郎獨占花魁》：“我家這幾個粉頭，一般接客，趕得着他那裏！”《石點頭·貪婪漢六院賣風流》：“伍員外買了六個

歌　伎
（清咸豐八年王氏養穌堂刊本《劍俠傳》）

粉頭，開起伍家妓院來，大得風流利息。”《紅樓夢》第六五回：“這會子花了幾個臭錢，你們哥兒倆，拿着我們姊妹兩個權當粉頭來取樂兒，你們就打錯了算盤了！”清沈復《浮生六記 · 浪游記快》：“其粉頭衣皆長領，頸套項鎖，前髮齊眉，後髮垂肩，中挽一鬆似丫髻，裹足者着裙，不裹足者短襪，亦着蝴蝶履，長拖褲管，語音可辨。”《隔簾花影》第一三回：“鴇兒愛的是鈔，粉頭愛的是俏。”又因敷粉化妝如花如鶯，偶亦將古來指美女的雅稱“鶯花”“粉黛”藉指妓女。清孔尚任《桃花扇 · 訪翠》：“閑陪簇簇鶯花隊，同望迢迢粉黛圍。”

【鶯花】

“粉頭”之雅稱。此稱清代已行用。見該文。

【粉黛】

“粉頭”之雅稱。此稱清代已行用。見該文。

條子

妓女別稱。因晚清至民國時叫妓女出局，須寫條子，因名。《官場現形記》第二四回：“賈大少爺……笑着問黃胖姑道：‘近來有什麼好‘條子’沒有？’黃胖姑道：‘有有有，明天我薦給你。’”又：“跑堂的把門簾一掀，走了進來，低着頭回了一聲道：‘老爺們的條子到了。’”此稱至民國時猶行用。李劼人《大波》第一部第一章：“聽人說過，學界中人也有叫條子、吃花酒的，但那是上海。”

烏師

本稱“鄔先生”。爲妓女教曲及伴奏的樂師。行於清代。源自清代揚州的鄔掄元。清李斗《揚州畫舫錄 · 小秦淮錄》：“蘇州鄔掄元善弄笛，寓合欣園，名妓多訪之，掄元遂教其度曲，由是妓家詞曲，皆出於鄔。妓家呼之爲鄔先生，時人呼爲烏師。”可知是“鄔”訛作“烏”，遂稱烏師。晚清滬、京尤盛此類人。《如此京華》第八回：“不上十日，母女兩人便隨着烏師到上海，直指望貴人青眼，垂遍歌場，那知這時的上海，正把伶黨問題鬧得沸反，竟把青兒冷擱在一旁。”《無恥奴》第一五回：“客人們點了她的戲，便叫進三兩個烏師，胡琴的胡琴，板鼓的板鼓，小鑼的小鑼，一齊坐在門外。那唱曲的倌人，便走到門口，立在簾子裏頭，背着臉兒，曼聲嬌唱。”《人海潮》第二五回：“老七先來空冀身旁坐下，烏師一到，便唱了一折《斬黃袍》。”上海畹香留夢室主人爲《白門新柳記》題詞六絕句之一：“舁平猶剩舊烏師，漂泊江湖感鬢絲。一曲琵琶誰省得，不堪彈向落花時。”《海上花列傳》第三回：“秀林、秀寶也并沒有唱大曲，只有兩個烏師坐在簾子外吹彈了一套。及至烏師下去，叫的局也陸續到了。”

【鄔先生】

“烏師”的本稱。行於清初揚州，“鄔先生”訛作“烏師”後，漸不流行。見該文。

虔婆

開妓院的鴇母。虔，方言讀“賊”。宋代已有此稱，元代被視爲下賤的“三姑六婆”之一。元陶宗儀《輟耕錄 · 三姑六婆》曰：“六婆者，牙婆、媒婆、師婆、虔婆、藥婆、穩婆也。……人家有一於此而不致奸盜者，幾希矣。”又陶宗儀《說郛》卷七六引宋王銍《雜纂續》謂“不得人憐”的人中，包括“卒死虔婆”。明周祈《名義考 · 人部》：“方言謂賊爲虔，虔婆猶賊婆也。”可見虔婆頗受人鄙視。此情形一直沿續。金董解元《西廂記諸宮調》卷四：“做個夫人做不過，做得個積世虔婆，教兩下裏受這般不快活。”元石德玉《曲江池》第四折：“原來是攬肚蛆腸的老虔婆，將瓦罐都打破。”《水滸傳》第六五回：“初更時分，有人敲門。張順在壁縫裏張時，祇見一個人閃將入來，便與虔婆說話。”《醒世恒言·賣油郎獨占花魁》：“千般難出虔婆口，萬般難脫虔婆手。”《警世通言·杜十娘怒沉百寶箱》：“從來海水斗難量，可笑虔婆意不良。”《儒林外史》第五三回：“〔陳木南〕到了來賓樓門口，一只小猱獅狗叫了兩聲，裏邊那個黑胖虔婆出來迎接。”

鴇兒

亦稱“老鴇”。舊時對開妓院的女人的蔑稱。鴇本是一種似雁的鳥，因其群居雜交，故比作妓。明彭大翼《山堂肆考補遺·禽·獨豹》：“陸佃曰，‘鴇性淫而無定匹’，故今指老妓曰老鴇。”清陳元龍《格致鏡原·鳥類三》引《庶物異名疏》：“陸佃云：鴇性群居，如雁而有行列。性最淫，逢鳥則與之交。其字畫七十鳥爲鴇，爲其多鳥相交之故也。今俗呼娼母曰老鴇，曰鴇兒，取此。”按，宋陸佃《埤雅·釋鳥》祇言“鴇性群居如雁，自然而有行列”，并未說其性淫無定匹，而元以後人們始稱經營妓院的女人爲鴇。《曲譜》卷三引元佚名《新時令》：“郎君夢撒氈，鴇兒苦愛錢。”《醒世恒言·賣油郎獨占花魁》：“秦重……打從鴇兒房前經過，保兒看見，叫聲：‘媽媽，秦小官去了！’”《警世通言·王嬌鸞百年長恨》：“〔楊川〕一去三年不來，妾爲鴇兒拘管，無計脫身，挹鬱不堪，遂自縊而死。”《老殘游記》第一三回：“其父糊裏糊塗將女兒賣到這門户人家，被鴇兒殘酷，有不可以言語形容的境界。”清沈復

《浮生六記·浪游記快》：“鴇兒呼爲‘梳頭婆’。頭用銀絲爲架，高約四寸許，空其中而蟠髮於外，以長耳挖插一朵花於鬢；身披玄青短襖，著玄青長褲，管拖脚背，腰束汗巾，或紅或綠，赤足撒鞋，式如梨園旦脚。……有著名鴇兒素娘者，妝束如花鼓婦。”《隔簾花影》第一三回：“這子弟行中，鴇兒愛的是鈔，粉頭愛的是俏。”《官場現形記》第一三回：“龍珠見大人動了真氣，不要他伺候，恐怕船上老鴇婆曉得之後要打他罵他，急的在艙中坐着哭。”《文明小史》第一九回：“魏榜賢又説：‘上海這些當老鴇的，凡是買來的人，一定要叫他纏脚、吃苦頭、接客人，樣樣不能自由。如果是親生女兒，就叫他做大姐，不要纏脚，不要吃苦頭，中意的客人，要嫁就嫁，要貼就貼，隨隨便便，老鴇決不來管她的。’”

【老鴇】

即鴇兒。此稱明代已行用。見該文。

馬泊六

亦稱“馬八六”“馬伯六”“馬百六”。撮合男女搞不正當關係的人。意同“牽頭”，亦即俗稱的“拉皮條”者。宋代已有了“馬八六”一稱，南宋佚名《張協狀元》第四十五齣：“（丑白）我勝花娘子，見報街道者：（唱）〔太子游四門〕撞見馬八六。”直至明代猶存“馬八六”稱。萬曆本《金瓶梅詞話》第五七回：“做了個姑子，專一在些士夫人家往來，包攬經讖。又有那些不長進要偷漢子的婦人，叫他牽引和尚進門，他就做個馬八六兒，多得錢鈔。”而明代訛爲“馬伯六”“馬泊六”“馬百（佰）六”，并引元人之說，謂一公馬帶十餘母馬，百馬帶六馬，遂有此稱云。元俞琰《席上腐談》：“北地

馬群，每一牡將十餘牝而行，牝皆隨牡，而不入他群。……今人稱婦人爲媽媽，亦是此意。”清褚人穫《堅瓠廣集·馬伯六》：“俗呼撮合者曰馬伯六，不解其義。偶見《群碎錄》：‘北地馬群，每一牡將十餘牝而行。牝皆隨牡，不入他群，故稱婦曰媽媽。’愚合計之，亦每佰牝馬用牡馬六匹，故稱馬伯六耶？一說，馬交，必人舉其腎，納於牝馬陰中，故云‘馬伯六’。”《群碎錄》，明陳繼儒撰，其說甚牽強。而褚人穫又傳馬交，納牡腎於牝陰，故有此稱云云，亦甚荒誕。故其名究竟如何得來，仍待考。萬曆本《金瓶梅詞話》第四回：“鄆哥道：‘我是小猢猻，你是馬伯六，做牽頭的老狗肉！’”《醒世恒言·陸五漢硬留合色鞋》：“那婆子以賣花粉爲名，專一做媒作保，做馬泊六，正是他的專門，故此家中甚是活動。”《水滸傳》第二四回：“那婆子……喝道：‘你這小猢猻！老娘與你無干，你做甚麼又來罵我？’鄆哥道：‘便罵你這馬泊六，做牽頭的老狗，直甚麼屁！’”《二刻拍案驚奇》卷一四：“你前日說我是偷香老手，今日看起來，你也象個老馬泊六了。”明沈璟《義俠記·設伏》：“你若有好親事與我說一頭兒。若會做馬百六，我便費些錢也罷。”《醒世恒言·金海陵縱欲亡身》：“貴哥啐了一聲，道：‘好一個包前包後的馬百六。’”《麴頭陀傳》第一五回：“不得已尋出一粒湖珠，悄地托舊日媒婆馬百六，到回回堂前汪家當鋪中尋汪七朝奉。”

【馬八六】

即馬泊六。此稱宋代已行用。見該文。

【馬伯六】

即馬泊六。此稱明代已行用。見該文。

【馬百六】

即馬泊六。此稱明代已行用。見該文。

局票

舊時指男人召妓所寫妓院妓女名稱的單子。晚清以來，男人招妓稱“叫局”，《官場現形記》第一三回有“吃酒叫局的事”之語。妓女應召而去叫“出局”，《文明小史》第一九回有“妓女出局的轎子，往來如織”語。叫局須寫局票，妓女亦按局票要求出局。《海上繁華夢（初集）》第五回：“問明衆人，替寫局票，多是昨夜叫過的人。”《二十年目睹之怪現狀》第四八回：“此時坐上已有了四五個客，小雲便張羅寫局票。”郭沫若《創造十年續篇》六：“她說着便從茶几上取了枝筆來，在局票上寫了一個‘郎’字。”《人海潮》第一二回：“空冀道：‘那麼叫個小先生罷。’說着，取過局票，先替璧如寫一張福祥里貝英。”

野合

亦稱“私合”。在野外或私下非禮苟合。一說男女不到婚齡，或男女社會階層懸殊，而苟合，非禮故稱野合。後二說多是後儒牽強之解。男女野外交合，是遠古社會習俗。周代禮儀甚嚴，《周禮·地官·媒氏》猶明令仲春“會男女，於是時也，奔者不禁”。《史記·孔子世家》：“〔叔梁〕紇與顏氏女野合而生孔子。”晉張華《博物志》卷一〇：“《異說》云：……叔梁紇，淫夫也；徵在，失行也。加又野合而生仲尼焉，安在有胎教也！”注家多謂非在野外，而是指不合禮儀。《史記·孔子世家》唐司馬貞索隱：“《家語》云‘梁紇娶魯之施氏，生九女。其妾生孟皮，孟皮病足，乃求婚於顏氏徵在，從父命爲婚’。其文甚明。今此云‘野合’者，蓋謂梁紇老而徵在少，非當壯室初笄之禮，故云野合，謂不合禮儀。故《論語》云‘野哉由也’，又‘先進於禮樂，野人也’，皆言野者，是不合禮耳。”這是説梁紇太老，徵在太小，倆人苟合不合禮。張守節正義亦曰：“男……二八十六陽道通，八八六十四陽道絶；女……二七十四陰道通，七七四十九陰道絶。婚姻過此者，皆爲野合。故《家語》云‘梁紇娶魯施氏女，生九女，乃求婚於顏氏，顏氏有三女，小女徵在’。據此，婚過六十四矣。”此稱後世沿用不絶。《隋書・文四子傳》：“云定興女，在外私合而生，想此由來，何必是其體胤！”

【私合】

　　即野合。此稱隋代已行用。見該文。

第六節　咒罵考

　　咒罵是人發泄憤恨情緒的方式之一。世界上所有民族的語言中都有咒罵的表達，都包含粗言穢語。如英語中有 idiot（白癡、蠢貨、笨蛋）、freak（怪胎）、neuropathy（神經病）、old fox（老狐狸）、shit（狗屎）等，日語中有ばかやろろ（笨蛋）、死ね（去死吧）、うすのろ（傻子）、ぶたの頭（猪頭）、おひつ（飯桶）等。所不同者，就是不同文化環境中的人，表達憤恨時的咒罵内容、咒罵方式、粗鄙程度等，會有所不同。

　　中國咒罵的“歷史”久遠。遠古先民的罵詞缺乏文獻記録，難以查考。春秋以後咒罵的記述漸多，使後人得以一看究竟。咒罵的方式，歷代比較接近，主要從以下幾方面入手：一是罵對方不是人。既非人類，自然不知人倫道德，就與禽獸同類了。并且還往往强調是禽獸所生，從根子上將其説成動物，而非人類。二是罵爲品性低劣、作惡多端的人，也就是爲人所不齒的“人渣”。三是罵人智力低下、低能乃至有身體殘疾，表現出對弱者的鄙視輕蔑。四是罵人地位卑賤，折射出高低等級觀念。五是詛咒，恨人不死。六是罵人是“灾星下凡”。這幾方面的咒罵，反映出傳統文化既强調人的道德品行，也充滿了對他人的暴戾、狠毒之氣。

　　具體言之，咒罵歸類爲如下數端。

　　其一，咒人早死，或徑稱作死人。因人對死亡恐懼，故以死亡作罵詞。《論語・顏淵》：“愛之欲其生，惡之欲其死。”《左傳・僖公三十二年》：“使出師於東門之外。蹇叔哭之，曰：‘孟子，吾見師之出而不見其入也。’公使謂之曰：‘爾何知？中壽，爾墓之木拱矣。’”這是詛咒已上歲數的蹇叔爲何不在“中壽”時就死掉呢！《後漢書・文苑傳下・禰衡傳》：

"〔禰〕衡言不遜順,〔黃〕祖慚,乃訶之,衡更熟視曰:'死公!云等道?'祖大怒,令五百將出,欲加箠。"李賢注:"死公,罵言也。"通俗説,"死公"即"死老東西"之意。以此呼人,對方自然會很憤怒。又漢桓譚《新論·譴非》曰:"如稱君之聖明與堯、舜同,或可怒曰:'何故比我於死人乎?'世主既不通,而輔佐執事者復隨而聽之,順成之,不亦重爲朦朦乎?"此爲比擬之説,却可見"死人"罵詞之狠毒。

其二,罵人卑賤。或從出身入手,或從所從事職務職業入手,對他人的卑賤地位予以嘲諷。《戰國策·趙魏策》:"周烈王崩,諸侯皆吊,齊後往。周怒,赴於齊曰:'天崩地坼,天子下席。東藩之臣田嬰齊後至,則斮之。'威王勃然怒曰:'叱嗟,而母婢也。'卒爲天下笑。"齊國向來敬重周王室,周王駕崩,齊使吊唁來得最晚,周室即在訃告中宣稱齊使晚到,應當斬首。齊王知道後大怒,罵新繼位的周王:"你母親是下賤的婢女!"這是以對方之母爲咒罵對象的較早記載,罵對方母親爲婢女,即罵對方出身卑賤。與此相關的卑賤者,還有"役夫""奴才"等,均是從身份地位上表達蔑視之意。《左傳·文公元年》:"江芈怒曰:'呼,役夫!宜君王之欲殺女而立職也。'"杜預注:"役夫,賤者稱。"人們還罵"奴才""泥腿"等,鄙視人地位低賤,用這樣的賤稱表明一種瞧不上的態度。《晉書·劉元海載記》:"〔劉〕元海曰:'〔司馬〕穎不用吾言,逆自奔潰,真奴才也。'"這是罵對方爲"下人""賤人"。而清代臣民面對皇帝却自稱"奴才",已視卑賤爲理所當然,則使古來的罵稱徹底變了味。至於"賊囚根""囚囊"一類的罵詞,則是斥人"天生就是囚徒",生來如此,亦屬惡言。明代昆劇《鸞釵記·拔眉》:"(净取開看介)呀呸!你這叫化囚囊的!那希罕你這幾厘銀子!拿了去!"

其三,罵人道德低下。中國自古以來是個道德至上的國度,故君子與小人之爭,在歷代不斷重複。"小人"就是一種道德低下、品質惡劣的標籤。《孟子·告子上》:"從其大體爲大人,從其小體爲小人。"《周易·繫辭下傳》:"子曰:'小人不耻不仁,不畏不義,不見利而不勸,不威不懲;小懲而大誡,此小人之福也。《易》曰履校滅趾,無咎。此之謂也。''善不積,不足以成名;惡不積,不足以滅身。小人以小善爲無益,而弗爲也,故惡積而不可掩,罪大而不可解。'"斥小人不仁不義,成爲高尚者對卑鄙者的斥責方式。至於"光棍""無賴""潑皮"等,則多指底層社會品性低劣、爲非作歹之人,亦屬無德不仁之輩。《方言》卷一〇:"央亡、嚜杘、姅,獪也。江湘之間或謂之無賴。"《北史·平鑒傳》:"子子敬嗣,輕險無賴,奸穢所至,禽獸不若。"《紅樓夢》第四五回:"他就説了兩車無賴的話。真真泥腿光棍。"

其四，駡對方不是人類。非人類，是什麽？是禽獸，是蟲、鳥、猪、狗，乃至烏龜，抑或徑稱"畜牲"，等等。《左傳·襄公四年》將中原諸夏與戎狄區別，視作人與禽獸之別："戎，禽獸也。獲戎失華，無乃不可乎！"《孟子·離婁下》亦謂君子以仁義而异於禽獸，小人則更多地帶着禽獸特性："人之所以異於禽獸者幾希，庶民去之，君子存之。"《太平御覽》卷五〇〇引《東觀漢記》："劉寬嘗有客，遣蒼頭市酒。去久，大醉而還。駡曰：'畜生！'"《三國志·吴書·薛綜傳》："日南郡男女裸體，不以爲羞，由此言之，可謂'蟲豸'，有靦面目耳。"説到底，駡這些人是"禽獸""畜牲"，還是因爲他們不講人倫、不懂得爲人，像《金瓶梅詞話》第二回所言"那等敗壞風俗傷人倫的猪狗"。明代以後，尤以"烏龜王八蛋"較流行。

其五，駡人不聰明、愚蠢無能。如駡文化人蠢，叫"豎儒"。《史記·留侯世家》載劉邦駡儒生："豎儒，幾敗而公事！"駡人爲"飯桶""酒囊飯袋"，指被駡者除了吃，不會别的。《鏡花緣》第一五回："你看他雖是狗頭狗腦，誰知他於'吃喝'二字却甚講究。……除吃喝之外，一無所能，因此海外把他又叫'酒囊飯袋'。"又，駡人是"没用的東西"，叫"行貨子"，也就是"殘次品""没用的貨"。《廿載繁華夢》第二八回："人面獸心，没廉耻的行貨子！"而"癡物""蠢物"則是直接駡"蠢貨""蠢東西"了。《資治通鑑·唐昭宗乾寧三年》："韓建天下癡物，爲賊臣弱帝室。"還有"傻子""獃子"之類，相當於今人所説"弱智"。《負曝閑談》第一〇回："王大傻子是只曉得吃喝睡的，真是個傻子。"

其六，以對方的母親爲咒駡對象。此爲近代以後出現、流傳甚廣的極粗鄙駡詞。《糊塗世界》第四回："伍瓊芳聽他脚底下的聲音是剛到門口，便駡道：'真他媽的喪氣！'"魯迅有《論"他媽的"》一文，指出："那地方通行的'國駡'却頗簡單：專一以'媽'爲限，决不牽涉餘人。後來稍游各地，才始驚異於國駡之博大而精微：上溯祖宗，旁連姊妹，下遞子孫，普及同姓，真是'猶河漢而無極也'。而且，不特用於人，也以施之獸。"

其七，駡人是"妖星"，命中帶着"灾星"的運勢，給家庭和他人帶來灾禍。通常稱之爲"掃帚星""喪門星"。傳統迷信認爲若天上出現"妖星"，多預示人間某地某人某事的不幸，故很遭人痛恨，必嚴厲咒駡。《二十年目睹之怪現狀》第八七回描述一家太太駡兒媳婦："你這個小賤人，命帶掃帚星！進門不到一年，先掃死了丈夫，再把公公的差使掃掉了！"

無端把家中的不幸都歸咎於被罵者。與此類似，"喪門星"亦被人所憎惡。《老殘游記》第四回："吳舉人一聽，渾身發抖，抖著説道：'犯著這位喪門星，事情可就大大的不妥了。'"

　　上述諸點，涵蓋了咒罵的主要類別，其中有體現人倫道德判斷者，亦有體現粗俗鄙陋者，其實都反映出了中國歷史文化的一個側面，同時也是中國人的人性在不同情景中的體現。

掃帚星 [2]

　　本是彗星的俗名，後藉作詈詞，指給他人帶來晦氣、導致厄運的人。因彗星形如掃帚，故稱。《公羊傳·昭公十七年》："孛者何？彗星也。"《爾雅·釋天》"彗星爲欃槍"郭璞注："亦謂之孛，言其形孛孛似埽彗也。"唐瞿曇悉達《唐開元占經·彗星占》關於"彗孛名狀占"："鄭玄曰：彗星主掃除。石氏曰：凡彗星有四名：一名孛星，二名拂星，三名掃星，四名彗星。其狀不同，爲殃如一。"明姜寶《春秋事義全考·文公》："彗星光芒長，參參如掃帚。"中國是較早觀察并記録彗星的國家，古人認爲天上彗星出現，據其所在方位，將影響對應方位之人事。古人對彗星之吉凶，初無定説。《後漢書·天文志》曰："孛之爲言，猶有所傷害，有所妨蔽。或謂之彗星，所以除穢而布新也。"而後世多視作凶象。宋釋慧空《頌古》十首之一："鬼門帖卦鬼猶驚，又見毛頭掃帚星。"元明以後轉作詈詞，作爲使人遭遇霉運的人的代稱。《三刻拍案驚奇》第七卷："圓睜星眼，掃帚星天半高懸；倒豎柳眉，水楊柳堤邊斜挂。"《二十年目睹之怪現狀》第八七回："苟太太正在那裏罵媳婦呢，罵道：'你這個小賤人，命帶掃帚星！進門不到一年，先掃死了丈夫，再把

公公的差使掃掉了！'"。

喪門星

　　省稱"喪門"。本指天上值凶年運氣的煞星，因用作詈語，稱惡人或致人倒楣的人。"喪門"一稱源自佛教，本指法門，而道教攻之爲"死滅之門"。南朝梁僧順法師《答道士假稱張融三破論》："論云：喪門者，死滅之門也。釋曰：門者本也，明理之所出入，出入從本而興焉。釋氏有不二法門，老子有衆妙之門。《尚書》云：'禍福無門。'皆是會通之林藪，機妙之淵宅。出家之人，得其義矣。喪者滅也，滅塵之勞，通神之解，即喪門也。"佛家之"喪門"指法門，本無貶義，而後世依道家之説，視爲貶詞。又經世俗戲曲話本傳播，遂成定説。明張岱《陶庵夢憶·目連戲》將其入於地獄惡鬼之列，可見一斑："凡天神地祇、牛頭馬面、鬼母喪門、夜叉羅刹、鋸磨鼎鑊、刀山寒冰、劍樹森羅、鐵城血澥，一似吳道子《地獄變相》。"故明代以後此稱被用於罵人。或稱"喪門客"，與"喪門星"義同。明孟稱舜《嬌紅記·訪麗》："踏着門庭家便破，猶如請位喪門客。"《西游記》第二二回："凶如太歲撞幢幡，惡似喪門掀寶蓋。"《封神演義》第三九回："這一個喪門星要扶紂王，那一個天罡星欲保周

元。"清代至今，此駡稱甚流行。《老殘游記》第四回："吳舉人一聽，渾身發抖，抖着説道：'犯著這位喪門星，事情可就大大的不妥了。'"《施公案》第一三八回："朱亮手提酒瓶，到大街上打酒，緊往回走，暗説：'喬三拿我當喜神，哪知是你的喪門星！'"《歇浦潮》第二七回："到四十歲上，須防喪門星，喪事人家少去爲妙。過此以往，福禄綿綿。"有人或將其類比作蚩尤，實即妖星的一種。清程穆衡《水滸傳注略·喪門劍》："喪門星，即蚩尤星。"

【喪門】

"喪門星"之省稱。此稱明代已行用。見該文。

蟲豸

駡詞，謂人渺小如蟲。此稱漢代已行用。據《爾雅》，有足謂之蟲，無足謂之豸。古人認爲昆蟲對人生活有害，故視之爲"孽"。《漢書·五行志中》："蟲豸之類謂之孽，孽則牙孽矣。"因而用爲駡詞。《三國志·吳書·薛綜傳》："日南郡男女裸體，不以爲羞，由此言之，可謂'蟲豸'，有覥面目耳。"《舊五代史·唐書·盧程傳》："程方衣鶴氅、華陽巾，憑几決事，見〔任〕圜，怒駡曰：'是何蟲豸，恃婦力耶！'"宋釋普濟《五燈會元》卷二〇："紹興丁巳除給事，會大慧禪師就明慶開堂。慧下座，公挽之曰：'和尚每言於士大夫前，曰此生決不作這蟲豸。今日因甚却納敗缺？'"《水滸古本》第二八回："方才發落那班蟲豸，却不曾見有此人，一定吃他走了。"清王韜《淞隱漫録·乩仙逸事》："女父聞言，憤然作色曰：'此何蟲豸，乃欲匹我女耶？'揮之出門外。"

磕頭蟲

小官員謔稱。此稱清代已行用。清許克昌、畢法《外科證治全書》卷二謂"磕頭蟲：其蟲按其後，即磕頭有聲。"可知本是一種按住其身後部則會磕頭一樣的蟲子，因藉指一見尊者就磕頭的卑微之人。又因小官見大官，必恭敬伏地磕頭，故又以此戲稱小官。此稱行於清代。清陳鳳占《方言巧對·一東》："夾尾狗，磕頭蟲，扯謊對裝聾。"《檮杌萃編》第九回："他哪里把這種磕頭蟲的小老爺放在眼裏，聽他申斥就頂撞了兩句。"《冷眼觀》第一五回："難怪一旦小人得志，只要被他騙着個磕頭蟲兒的官兒，就包管立地改變方針。"近人寫歷史，亦用此詞。蔡東藩《五代史演義》第二九回："失勢復成搖尾犬，乞憐再作磕頭蟲。"

禽獸

駡詞，駡人爲不具備人性的動物。野獸、牲畜不懂人倫綱常、不知羞恥，故藉稱。這是一種極度含憤恨情緒的表達。春秋時已見於文獻記述，其起始當更早，後世一直行用，至今猶然。古人認爲人倫之本是綱常，無綱常倫理，無禮義廉恥，則如禽獸。《左傳·襄公四年》："戎，禽獸也。獲戎失華，無乃不可乎！"將中原諸夏與戎狄區別，視作人與禽獸之別。先秦諸子爭鳴，亦多以此爲説。《管子·立政九敗解》："男女無別，反於禽獸，然則禮義廉恥不立，人君無以自守也。"《孟子·離婁下》："人之所以異於禽獸者幾希，庶民去之，君子存之。"孫奭疏："孟子言世之人所以有別異於禽獸畜者無幾也，以其皆含天地之氣而生耳，皆能辟去其害而就其利矣。但小人去其異於禽獸之心，所以爲小人也；君子知存其異於禽獸之心，所以爲君子也。所謂異於禽獸之心者，即仁義是也。禽獸俱不知仁義，所以爲禽獸。"此可見禽獸在一定意義上亦是罵小人，以其不知仁義。又《墨子・尚同上》："天下之百姓，皆以水火毒藥相虧害，至有餘力不能以相勞，腐臭餘財不以相分，隱匿良道不以相教，天下之亂，若禽獸然。"《呂氏春秋・制樂》："故至亂之化，君臣相賊，長少相殺，父子相忍，弟兄相誣，知交相倒，夫妻相冒，日以相危，失人之紀，心若禽獸，長邪苟利，不知義理。"漢揚雄《法言・學行》："鳥獸觸其情者也，衆人則異乎！賢人則異衆人矣，聖人則異賢人矣。禮義之作，有以矣夫。人而不學，雖無憂，如禽何？"李軌注："是以聖人作，爲禮以教人，使人以有禮，知自別於禽獸。"漢應劭《風俗通・窮通》亦曰："天下之言，不歸楊則歸墨，楊氏爲我，是無君也；墨氏兼愛，是無父也。無父無君，是禽獸也。"《晏子春秋・內篇諫下》："君子無禮，是庶人也；庶人無禮，是禽獸也。"《北史・平鑒傳》："子子敬嗣，輕險無賴，奸穢所至，禽獸不若。"《續資治通鑑長編・宋真宗景德三年》："又言蕃法極嚴，罪死者必屠割慘毒，其主嘗云契丹乃禽獸，非同漢人可以文法治也。"明楊士奇《華縣重修廟學記》："爲君知尚於仁，爲臣知尚於敬，父知尚於慈，子知尚於孝，夫婦長幼朋友，各知所當尚，及夫知好善而惡惡，知貴王而賤霸，知尊中國而外夷狄者，皆孔子之功也。微孔子，斯道不幾於熄乎？道熄，斯民不幾於夷狄禽獸也哉！"明袁宗道《袁宗道集・說書類・讀孟子》："人聞罵之爲禽獸者，誰不攘臂？自我觀之，宜急求脫禽獸之實，不必怒其名也。"按，禽獸雖爲罵詞，但并非所有動物比喻都是貶義。故漢桓譚《新論・譴非》曰："《易》言'大人虎變，君子豹變'，即以是論諭人主，寧可謂曰：'何爲比我禽獸乎？'"

畜牲

亦作"畜生"。本指人所豢養的家禽牲口，因藉作罵人之詞，斥人如牲口一般無人性。此稱漢代已行用。《左傳・桓公六年》有"畜牲"一詞，杜預注："畜牲，六畜。"按《爾雅・釋畜》，六畜應是馬、牛、羊、豕、狗、鷄。先秦罵人已將人比作禽獸，而罵爲畜牲的較早記載見於漢代文獻。《太平御覽》卷五〇〇引《東觀漢記》："劉寬嘗有客，遣蒼頭市酒。去久，大醉而還。罵曰：'畜生！'遣人視奴，疑必自殺。"後世代代以此罵人。《太平御覽》卷九一九引《三國典略》曰："庾信自建康遁歸江陵，湘東王因賜妾徐氏。妾與信弟俠私通，俠欲求之，無敢言者。信庭前有一蒼鵝，乃繫書於鵝頸。信視之，乃俠啓，遂題紙尾曰：'畜生乞汝。'"《資治通鑑・隋文帝仁壽四年》："陳夫人平旦出更衣，爲太子所逼，拒之得免。歸於上所，上怪其神色有異，問其故。夫人泫然曰：'太子無禮。'上恚，抵床曰：'畜生！何足付大事。'"胡三省注："今人詈人，猶曰'畜生'，言其無識無禮，若馬牛犬豕然，待畜養而生者也。"宋葉庭珪《海錄碎事・梵語門・樂眠睡》："阿那律陀常樂眠睡，如來呵責爲畜生類。啼泣自責，七日不眠，失其雙目。"金聖嘆批評本《水滸傳》第六八回："老畜生！你這般說，却似放屁！"《玉嬌梨》第三回："這明明是楊家老畜牲因孩兒姻事不成，故把爹爹陷害。"

【畜生】

同"畜牲"。此體漢代已行用。見該文。

老狗

　　駡人爲衰老的狗。寓鄙視之意。狗本爲聽人使唤者，被人賤視，冠以老，多用於駡年長者。約始於漢魏。明顧起元《説略·典述下》："駡人曰'老狗'，此出《漢武故事》。"《漢武故事》："上嘗與栗姬語，屬諸姬子曰：'吾百歲後，善視之。'栗姬怒，弗肯應。又駡上'老狗'。上心銜之。"《太平廣記》卷一〇五引唐戴孚《廣異記》："群賊大怒曰：'何物老狗，敢辱我！'争以劍刺之。"元柯丹邱《荆釵記·受釵》："（外）妹子來遲了，女兒許了王秀才，聘禮受了，就是王景春之子王十朋。（丑）那個做媒的？千百擔柴煮不爛的老狗，這是女人家勾當。那王家朝無呼雞之食，夜無引鼠之糧，若是嫁了他，餓斷了絲腸。"《水滸傳》第二四回："鄆哥道：'你老大一個人，原來没些見識。那王婆老狗，什麽利害怕人，你如何出得他手！'"《喻世明言·新橋市韓五賣春情》："鄰舍們聽得，道：'這個賊做大的出精老狗，不説自家幹這般没理的事，到來欺鄰駡舍！'"《醒世姻緣傳》第八二回："我認識的也還有人，那裏過不的日子，戀着這没情義老狗攮的！"《鏡花緣》第九六回："文芺道：'老狗休得誇强！你看老爺破這狗陣！'"《醋葫蘆》第一五回："甚麽去尋姐妹？便姐妹也罷了，偏又尋這個光棍老狗，把個肏過一千遭的丫頭，充做含花梳櫳。"《禪真逸史》第二五回："吴恢手拈長髯笑道：'這老狗才還要胡賴。著圍棋便是賭局之訛，賽東道即是騙錢之法。'"

猪狗

　　駡人無人倫德行、無能無知，如猪如狗。唐代已用此語駡人。唐顔師古《匡謬正俗·苟》："苟者，偷合之稱。所以行無廉隅，不存德義，謂之苟且。而今之流俗便謂無耻之人行類猪狗。每爲方幅則呼苟爲犬，且更以戲弄爾。"《舊唐書·白孝德傳》："〔白孝德〕曰：'我，國之大將白孝德也。'龍仙曰：'是何猪狗！'孝德發聲虩嗷，持矛躍馬而搏之。"《水滸傳》第二四回："鄆哥提著籃兒，走入茶坊裏來，駡道：'老猪狗！你昨日做甚麽便打我？'"《金瓶梅詞話》第二回："武松睜起眼來説道：'武二是個頂天立地噙齒戴髮的男子漢，不是那等敗壞風俗傷人倫的猪狗！'"《彙評三國志演義》第二九回："〔孫〕策曰：'此等妖人，吾殺之何異屠猪狗！'"李漁眉批："俗呼之爲神仙，策乃駡之爲猪狗，快絶。"明沈璟《義俠記·雪恨》："（生）從伊假痛與佯悲，也難饒徹地滔天之罪。（指丑介）老猪狗，快把真情一一向前説起。"《綠野仙踪》第一九回："〔歐陽氏〕又駡道：'天地間那有這樣一對喪心的猪狗！'"清汪景祺《西征隨筆·遇紅石村三女記》："余曰：'老夫鬚髮俱白，小娘子何所見而錯愛若此？'玉娃曰：'我輩遇本地人，視之如猪狗。今日得與官人相叙，自此以後當思之不置矣。'"《後紅樓夢》第一六回："我把你這個不成材料的雜種，猪狗似的王八羔子，你就認得我焦大太爺也遲了。"此稱至今猶或用之，如駡人爲"猪狗不如"。

烏眼雞

　　一種好鬥的雞，因喻凶狠充滿仇恨的人。此稱始於明，達於近世。《金瓶梅詞話》第一一回："見雪娥在屋裏對月娘、李嬌兒説，他怎的把攔漢子，背地無所不爲：'……如今把俺們也吃他活埋了，弄的漢子烏眼雞一般，見了俺們便不待見！'"又第七二回："你還哄我哩！你那吃著碗裏看著鍋裏的心兒……李瓶兒生了孩子，見我如同烏眼雞一般。"《醒世姻緣傳》第五九回："相於廷娘子道：'可是我正没個空兒問你，你合狄大哥象烏眼雞似的是怎麽？'"《紅樓夢》第七五回："咱們倒是一家子親骨肉呢，一個個不象烏眼雞似的，恨不得你吃了我，我吃了你！"《廣陵潮》第七九回："田福恩笑道：'……吾偏要絆著你做一做夥伴呢！'綉春道：'既這樣講，你便不該烏眼雞似的同我尋事。'"

崽子

"崽子"一稱本無貶義，而與其他貶詞相連時，則成罵詞，指某種可惡之人或動物所生之子，意謂根子不正，生來就壞。兩晋以後已稱孩子爲"崽"，後亦稱"崽子"。北魏酈道元《水經注·滾水》已有"變婉草童，及弱年崽子"之語。明清時"崽子"一稱主要行於南方。明楊慎《太史升庵文集》卷六三"略記字義"條："崽，子改切。江右謂子曰崽。"明方以智《通雅·稱謂》："崽、囝，皆子也。江右謂子曰崽。音宰。"清李調元《南越筆記》卷一："廣東……謂子曰崽。《水經注》'弱年崽子'是也。"清代以後始以某某崽子罵人。《彭公案》第一三二回："只見石鑄蹦將起來説：'好賊崽子，膽敢算計石大爺！'"《彙評脂批石頭記》第五八回："他乾娘羞愧變成惱，便罵他：'不識抬舉的東西！……這一點子尿崽子，也挑么挑六，鹹屍淡話，咬群的騾子似的！'"世俗尤以罵"兔崽子"最流行。《繪芳錄》第二九回："魯鵑未曾聽完，早氣得暴跳如雷，大罵不絕道：'好大膽的兔崽子，太要分兒了，仗著誰

的勢，都欺起咱爺來了？'"《二十年目睹之怪現狀》第八三回："我的女兒雖是生得十分醜陋，也不至於給兔崽子做老婆！"其他表述尚有"忘八崽子"或"王八崽子"。《紅樓夢》第六七回："鳳姐兒罵道：'什麽糊塗忘八崽子！叫他自己打，用你打嗎？'"《官場現形記》第一回："只見趙温的爺爺滿頭是汗，正在那裏跺著脚罵厨子，説：'他們到如今還不來！這些王八崽子，不吃好草料的！'"或者數種罵詞連一起罵，更添其狠毒性。《冷眼觀》第一回："剛要朝外走，忽聽間壁房裏，'王八兔崽子'的亂罵。"甚至還有"猴兒崽子""蛤蟆崽子"之類叫罵，但這二者使用相對較少。《糊塗世界》第七回："施子順道：'那個猴兒崽子明天要是來，不許他進來。'"《彭公案》第一二二回："邱成一瞧，氣往上衝，就説：'一個蛤蟆崽子，邱大爺今天把你扒叉壞了。'"

小人

不講仁義道德、不顧禮義廉耻的人。此稱約始於春秋。按，"小人"本指無知小民，因其見識淺陋，被認爲與見識高遠的"大人"有别。《孟子·告子上》："公都子問曰：'鈞是人也，或爲大人，或爲小人，何也？'孟子曰：'從其大體爲大人，從其小體爲小人。'……'耳目之官不思，而蔽於物，物交物，則引之而已矣。心之官則思，思則得之，不思則不得也。此天之所與我者，先立乎其大者，則其小者弗能奪也。此爲大人而已矣。'"而自孔子時代起，以道德觀念判斷人品高低，高者稱君子，低者稱小人。自此君子、小人成爲世人褒貶人物品性的對應詞。《論語·述而》："子曰：'君子坦蕩蕩，小人長戚戚。'"朱熹集注："坦，平也。蕩

蕩，寬廣貌。程子曰：'君子循理，故常舒泰；小人役於物，故多憂戚。'"《禮記·中庸》："仲尼曰：'君子中庸，小人反中庸。君子之中庸也，君子而時中；小人之〔反〕中庸也，小人而無忌憚也。'"朱熹集解："王肅本作'小人之反中庸也'，程子亦以爲然。今從之。君子之所以爲中庸者，以其有君子之德，而又能隨時以處中也。小人之所以反中庸者，以其有小人之心，而又無所忌憚也。蓋中無定體，隨時而在，是乃平常之理也。君子知其在我，故能戒謹不睹、恐懼不聞，而無時不中。小人不知有此，則肆欲妄行，而無所忌憚矣。"《禮記·樂記》："樂者樂也。君子樂得其道，小人樂得其欲。以道制欲，則樂而不亂；以欲忘道，則惑而不樂。是故，君子反情以和其志，廣樂以成其教。樂行，而民鄉方，可以觀德矣。"《莊子·馬蹄》："夫至德之世，同與禽獸居，族與萬物並。惡乎知君子小人哉！"《周易·繫辭下傳》："子曰：'小人不恥不仁，不畏不義，不見利而不勸，不威不懲；小懲而大誡，此小人之福也。《易》曰履校滅趾，無咎。此之謂也。''善不積，不足以成名；惡不積，不足以滅身。小人以小善爲無益，而弗爲也，故惡積而不可掩，罪大而不可解。'"《孟子·離婁下》："人之所以異於禽獸者幾希，庶民去之，君子存之。"宋孫奭疏亦以講仁義爲人與禽獸之別，而小人不在乎這種差別："孟子言世之人所以有別異於禽獸畜者無幾也，……但小人去其異於禽獸之心，所以爲小人也；君子知存其異於禽獸之心，所以爲君子也。所謂異於禽獸之心者，即仁義是也。"後世均從道德高度斥罵無德之人爲小人，至今猶然。三國魏曹植《贈丁翼詩》："君子義休偹，小人

德無儲。"三國蜀諸葛亮《前出師表》："親賢臣，遠小人，此先漢所以興隆也；親小人，遠賢臣，此後漢所以傾頹也。"宋周敦頤《太極圖說》："故聖人與天地合其德，日月合其明，四時合其序，鬼神合其吉凶。君子修之，吉；小人悖之，凶。"清黃宗羲《明儒學案·三原學案》："文泰無賴小人，其逞此機巧深刻之辭，非老於文法，陰謀詭計者不能，盍無追其主使之人？"清王夫之《讀通鑑論·漢哀帝》三："小人之亂君子，無殊於夷狄之亂華夏，或且玩焉，而孰知其害之烈也！"

竪儒

詈詞，謂愚蠢的儒生。此稱漢代已行用。《史記·留侯世家》："誠漢王輟食吐哺，罵曰：'竪儒，幾敗而公事！'"《後漢書·王允傳》："〔王〕宏臨命，詬曰：'宋翼竪儒，不足議大計。'"唐權德輿《題沈黎城》詩："不學竪儒輩，談經空白頭。"宋劉克莊《沁園春·七和》："笑殺竪儒，錯翻故紙，屈馬何曾有艷香。"《明史·陳祚傳》："帝見疏大怒曰：'竪儒謂朕未讀《大學》耶！薄朕至此，不可不誅。'"《三國演義》第三一回："袁紹大怒曰：'竪儒怎敢笑我！我必殺之！'"

酸丁

亦稱"酸子"。寒酸的人。常用於譏誚他人，尤用於輕薄秀才。此稱元代已行用。元代王實甫綉刻本《西廂記》定本第六齣《紅娘請宴》："來回顧影，文魔秀士，風欠酸丁。"又第一九齣《鄭恒求配》："這妮子擬定都和酸丁演撒。"清焦循《劇說》卷二："《知新錄》釋《西廂》疑義云，'文魔秀士，風欠酸丁'，元人《蕭淑蘭》劇云：'改不了強文撒醋饑寒臉，

斷不了《詩》云子曰酸風欠。'‘欠’作‘欠伸’之‘欠’，亦可。"徐珂《清稗類鈔·譏諷類》"酸丁"條："號房探之曰：‘江老爺乎？酸丁也。’"《石點頭》第一二回："姚二媽道：‘便是無端受了這酸丁一場嘔氣，又還幸得他娘子極力解勸，不曾十分吃虧。’"《醉醒石》第一四回："莫氏道：‘如何？不讀書的，偏會做官。戀你這酸丁做甚？’蘇秀才沒奈何，去央莫南軒來勸。"明清時亦常稱"酸子"。《百花野史》第四回："這等是個酸胎養的，還是酸子。"《無聲戲》第一〇回："可見‘吃醋’二字，不必盡是妒忌之名，不過說它酸的意思，就如秀才慳吝，人叫他‘酸子’的一般。"

【酸子】

即酸丁。此稱清代已行用。見該文。

豎子

本指小子、傢伙，因藉作對無識無能之輩的罵詞。春秋時已用此稱指小子、傢伙。《左傳·成公十年》："公夢疾爲二豎子，曰：‘彼良醫也，懼傷我，焉逃之？’"《史記·平原君虞卿列傳》："白起，小豎子耳。率數萬之衆，興師以與楚戰，一戰而舉鄢郢。"此皆爲小子之義。秦漢間已作罵人之詞。《史記·項羽本紀》："亞父受玉斗，置之地，拔劍撞而破之，曰：‘唉，豎子不足與謀！奪項王天下者，必沛公也。’"《後漢書·文苑傳下·禰衡》："吏白：‘外有狂生，坐於營門，言語悖逆，請收案罪。’〔曹〕操怒，謂〔孔〕融曰：‘禰衡豎子，孤殺之猶雀鼠耳。顧此人素有虛名，遠近將謂孤不能容之。’"《北史·酷吏傳·燕榮》："時元弘嗣除幽州長史，懼辱，固辭。上知之，敕〔燕〕榮曰：‘弘嗣杖十已上罪，皆奏聞。’榮忿

曰：‘豎子何敢弄我！’"《舊唐書·魏元忠傳》："故魏用柏直以拒漢，韓信輕爲豎子。"唐趙元一《奉天錄》卷四："〔張〕光晟返覆其君，亂我邦國，將付大戮以戒將來。豈可使首鼠豎子與我同天乎？"明沈德符《萬曆野獲編·李南陽相業》："近世議江陵奪情，遂並李公地下之靈重遭詆斥。而江陵亦追恨羅文毅，詈爲無知豎子。"清陳啓源《毛詩稽古編·將仲子》："今觀兩叔於田詩，段所長，止在飲酒、田獵、馳馬、暴虎，直一呆豎子耳。"清王夫之《讀通鑑論·東晉安帝》："桓玄豎子而干天步，討之必克，理無可疑矣。"

匹夫

作爲罵詞時指無知無識的傢伙。春秋時已作卑賤者的通稱。《左傳·襄公二十七年》："匹夫一爲不信，猶不可。"孔穎達疏："匹夫謂賤人也。"《左傳·昭公六年》："匹夫爲善，民猶則之，況國君乎？"《韓非子·有度》："刑過不避大臣，賞善不遺匹夫。"唐宋以後乃藉用作罵詞，猶稱蠢貨。元劉時中《端正好·上高監司》套曲："堪笑這沒見識街市匹夫，好打那好頑劣江湖伴侶。"《封神演義》第九二回："子牙大罵曰：‘無知匹夫！你死在目前，尚不自知。’"《古今小說·臨安里錢婆留發迹》："匹夫，造言欺我，合當斬首！"《說唐》第一六回："這老匹夫，合當要死，待我出去斬了他。"《隋唐兩朝志傳》第三二回："李密覽罷書，大罵曰：‘李淵真匹夫耳！以吾爲兒女之輩。’"

强人

打家劫舍、無惡不作的強盜。原義本是強悍凶暴的人，《史記·酷吏列傳》稱之爲"强人"："邊通 ，學長短，剛暴強人也，官再至濟

南相。”元明以後用於稱强盗。《武王伐紂平話》卷中："行經數日，前到華州山下，忽有數千强人，捉住姜尚，推見太子。"《醒世姻緣傳》第八九回："素姐……口裏罵著'賊忘八，賊强人'，喊叫：'杜鄉約打良人家婦人哩！'"《老殘游記》第七回："若當朝山訪道的時候，單身走路，或遇虎豹，或遇强人，和尚家又不作帶兵器，所以這拳法專爲保護身命的。"

奴才

省稱"奴"。喝斥人像奴僕一樣卑賤的罵詞。僕隷低賤，必服從主人役使，沒有個人意志，故成貶人之詞。作爲罵人之詞始於魏晋。《晋書·劉元海載記》："〔劉〕元海曰：'〔司馬〕穎不用吾言，逆自奔潰，真奴才也。'"《資治通鑑·晋海西公太和五年》："〔王〕猛聞之，笑曰：'慕容評真奴才，雖億兆之衆不足畏，况數十萬乎！'"《舊唐書·魏元忠傳》："燕任慕容評以抗秦，王猛謂之奴才。"《初刻拍案驚奇》卷一〇："那太守就大怒道：'這一班光棍奴才，敢如此欺公罔法！'"《無聲戲》第八回："小山被衆人説得有口難分，又且寡不敵衆，再向前分剖幾句，被衆人一頓'光棍奴才'，教家人一起動手打了一頓。"又省稱"奴"或某奴。《南史·宋本紀中》："帝自以爲昔在東宮，不爲孝武所愛，及即位，將掘景寧陵，太史言於帝不利而止。乃縱糞於陵，肆罵孝武帝爲'齇奴'。"宋張敦頤《六朝事迹編類》卷上載此事，注"齇"字讀音"壯加切"。指鼻子上的紅斑，即罵他爲有酒糟鼻的奴。清沈起鳳《諧鐸·石贔屭》："〔贔屭神〕大呼曰：'我贔屭神也。本爲龍子，……不幸負形蠢坌，賊奴誤認爲龜。'"清趙翼《陔餘叢考·奴才》謂奴才又稱"駑才"："罵人曰奴才，……按奴或作駑，《顔氏家訓》謂：貴游子弟當離亂之後，朝市遷革，失皮而露質，當此之時，誠駑才也。又《五代史·朱守殷傳》：守殷少事唐莊宗爲奴，後爲都虞候，使守德勝。王彦章攻之，守殷無備，南城遂破。莊宗罵曰：'駑才果誤予事！'"按，二者含義雖近，但來源并不同一。奴才源於僕隷，駑才源於駑馬。又，清代臣下對皇上自稱作"奴才"，畢顯卑顔媚骨之態，此種用法屬於自我貶損。

【奴】

"奴才"之省稱。此稱魏晋時期已行用。見該文。

泥腿

地痞無賴。此稱清代已行用。本是兩腿泥的農民的蔑稱，清代被用作游手好閑之徒的貶稱。《儒林外史》第四七回："便吩咐小厮：'到廳上把那鄉里的幾個泥腿替我趕掉了！'"《紅樓夢》第四五回："我説了一句，他就説了兩車無賴的話。真真泥腿光棍，專會打細算盤，分金掰兩的！"《濟公全傳》第二一〇回："他兒子皮老虎結交了些本地的泥腿，在外面尋花買柳，搶奪良家婦女，無所不爲。"《無恥奴》第二七回："你們這班泥腿，竟會這樣的裝著糊塗，難道你裝一會子的糊塗，就算了麽？"

化子

亦稱"花子"。流浪漢。多指乞丐，常稱"叫化子"或"叫花子"；亦指游手好閑之徒。"叫化子"（訛爲"叫花子"）之義，蓋源於乞求叫喊以化緣，故極卑賤，如《連城璧》卷三所言："叫化銅錢容易討，乞丐聲名難得好。……世上人做了叫化子，也可謂卑賤垢污不長進到極處了。"此稱元代已行用，流傳至今。元佚名《殺狗記·孫榮奠墓》："夜眠侵早起，更有早行人。呀！那裏來這個叫化子，在這墳上啼哭？"元石君寶《李亞仙花酒麴江池》第三折："（卜兒云）你看這等錦綉幃翡翠屏，是留得叫化子睡的？"《初刻拍案驚奇》卷三三："這花子故意來捏舌，哄騙我們的家私哩。"《綠野仙踪》第一九回："大相公說，老主人欠人多少債負，他一路和討吃花子一般，既窮困至此，這些行李都是那裏來的？"《鏡花緣》第一〇回："忽見有個乞丐走過，賣貨人自言自語道：'這個花子只怕就是討人便宜的後身，所以今生有這報應。'"《三俠五義》第八八回："艾虎道：'俺又不是乞兒化子，如何要你周濟。'"《負曝閑談》第四回："他又一想：'知縣革了，叫化子沒有猢猻了。'"《官場現形記》第一〇回："身上穿的像化子似的那個人？有時候問老爺討一角錢，有時討三個銅元。"除稱"叫花（化）子"外，還有其他某某"花（化）子"之稱，俱爲貶稱。《醒世姻緣傳》第一〇回："大尹道：'看你這個窮花子一片刁詞！'計老接道：'老爺不要只論眼下。小的是富貴了才貧賤的，他家是貧賤了才富貴的，小的怎便是花子？'"《禪真逸史》第三二回："張生，你是個俊俏郎君，若要在此羈留，須做個賴皮花子。"《紅樓夢》第五二回："就是叫名字，從小兒直到如今，都是老太太吩咐過的，你們也知道：恐怕難養活，巴巴的寫了他的小名兒各處貼著，叫萬人叫去，爲的是好養活。連挑水挑糞花子都叫得，何況我們？"又第六八回："打聽了兩日，誰知是個無賴的花子。"

【花子】

同"化子"。此稱明代已行用。見該文。

囚囊

亦稱"囚攮的"。囚犯皮囊，罵人天生就是囚犯。此稱明代已行用。明代昆劇《鸞釵記·拔眉》："（净取開看介）呀呸！你這叫化囚囊的！那希罕你這幾厘銀子！拿了去！"《繪芳錄》第二九回："魯鶢一腿將桌子踢倒，齊聲大罵道：'瞎眼囚囊的忘八，下賤東西，竟敢挺撞我們。'"《十尾龜》第一八回："忽見奔出兩個司兵，喝問：'那個囚囊在這裏亂唱，抓你進去見老爺。'"《明代宫闈史》第七五回："和尚哈哈大笑道：'這樣的囚囊，也想在太歲頭上動土麼？'"《皇清秘史》第四七回："那小霸王孫雄的父親總兵官，親自領了營裏一千兵丁，帶著到茶鋪子來，把那茶樓圍的鐵桶相似，一片聲嚷著：'該死的囚囊，快下來送死。'"明徐復祚《投梭記·謀竄》："〔相見介。净〕元來是夜叉鬼婆。〔丑〕囚攮的罵老娘。"《紅樓夢》第九回："賈菌如何依得，便罵：'好囚攮的們！這不都動了手了麼！'"又第三四回："〔薛蟠〕又罵衆人：'誰這麼編派我？我把那囚攮的牙敲了！'"

【囚攮的】

即囚囊。此稱明代已行用。見該文。

囚根

罵他人從根子上就是囚徒的命。此稱明代已行用。明孫梅錫《琴心記·私通侍者》："（貼）啐。我道甚麼人，到是一個油嘴囚根。不好了，賊在此。（丑扯貼介）梅香姐，不要忙，我不是賊，我是司馬相公的使者。"萬曆本《金瓶梅詞話》第一六回："玳安這賊囚根子，久慣兒牢成！對著他大娘，又一樣話兒，對著我又是一樣話兒。"又第六四回："只見他和玉簫在床上正幹得好哩。〔金蓮〕便駡道：'好囚根子，你兩個在此幹得好事！'"清蒲松齡《聊齋俚曲集·閨戲》："駡了聲小囚根，説出話來氣殺人，駡了幾句還不忿。"又："駡一聲小囚根，淺嘴薄舌謂撒人！"

黄六

騙子。此稱明代已行用。而相傳源自唐末黄巢晚歲善詐，且此傳聞宋代已有之。宋曾慥《類説·古今詩話》"説黄巢事"條："有道人説黄巢事，因曰：'黄六晚節至此。'張安道云：'黄巢兄弟六人，巢最處少。'且云：'黄六猶可以誑人，詭僞多端如此。'"元陶宗儀《説郛》卷八二上稱此事出宋劉攽《貢父詩話》："嘗有道人自言隋唐間人，譚黄巢事甚悉。因曰：'黄六晚節至此。'張安道尚書云：'巢六兄弟而巢最小，當第六。'由是推之，則道人之言信然乎。"雖宋代已傳黄巢善詐，而至明代始稱詐騙者爲"黄六"，則其稱是否真源自黄巢，存疑，然明清時人均持此説。明張萱《疑耀·黄六》："今京師勾闌中譚語言紿人者，皆言'黄六'。余初不解其義，後閲一小説，乃指黄巢兄弟六人，巢爲第六而多詐，故詐騙人者爲黄六也。"清褚人穫《堅瓠廣集·黄六王八》亦引《疑耀》此説。近世孔仲南《廣東俗語考》："虚體無實謂之'黄六'，有'黄六先生''黄黄六六'之説。相傳黄巢兄弟六人，巢居第六而詐，故曰騙詐爲黄六。"

無賴

游手好閑、奸詐作惡之徒。漢已有此稱，本指不事産業、不能持家，没有出息的狀況。以此稱駡人始於宋，并傳至今。《史記·高祖本紀》："始大人常以臣無賴，不能治産業。"裴駰集解引晋灼曰："許慎曰'賴，利也'。無利入於家也。"《方言》卷一〇："央亡、嚜尿、婌，獪也。江湘之間或謂之無賴。"《北史·平鑒傳》："子子敬嗣，輕險無賴，奸穢所至，禽獸不若。"《舊唐書·張嘉貞傳》："比見朝士廣占良田，及身没後，皆爲無賴子弟作酒色之資，甚無謂也。"以上書證皆指游手好閑的狀態。宋以後乃以此作爲惡人專稱。丁傳靖《宋人軼事彙編》卷九引《獨醒雜志》："一日閭巷火作，救焚方亟，有無賴子相約乘變調公，亟走聲喏於前曰：'取水於甜水巷耶？苦水巷耶？'公忽省，亟命斬之。由是人益畏服。"《宋史·兵志七》："有與軍人抗而殺傷者，無賴乘機假名爲擾。"《歷代名臣奏議》卷六八引元鄭介夫奏議："有席祖父之勢者，有挾富强之資者。其下則有經斷官吏，閑廢於家，務爲潑皮無賴者。雖不等，均之爲蠹爲賊耳。"《元史·刑法志四》："諸惡少無賴輒毆傷禁近之人者，杖七十七。"明沈德符《萬曆野獲編·宋時諢語》："北宋全盛時，……京師無賴誘藏婦女於大溝渠之中，自稱爲鬼樊樓。其名甚夥。"清王夫之《讀通鑑論·五代中》："制無賴者，非大有爲之君，未易易也。"

【儝賴】

即無賴。亦稱"儝懶"。按，清黄生《字詁·丿乀潑剌撒烈儝賴》認爲此稱源於漢唐以來的"潑剌""撒烈"：《説文解字》：丿，左（引者注：應爲'又'），戾也；乀，右，戾也。今作字丿謂之撇，乀謂之捺。二字古音拂戾、撒捺者，拂戾之轉也。又杜詩'船尾跳魚潑剌鳴'，此狀魚尾左右擲掉之意，則'潑剌'亦拂庆之轉。又'千騎常撤烈'，此言其性之悍庆。又俗語云'懱賴'，亦乖庆意。撤烈、懱賴，猶拂庆也。蓋丿乀為左右相庆，故諸字皆從此借義。"元代以後始用此稱。元關漢卿《寶娥冤》第一折："美婦人我見過萬千向外，不似這小妮子生得十分懱賴。"《醒世恒言・小水灣天狐貽書》："這狐雖然懱懶，也虧他至蜀中賺你回來，使我母子相會。"《紅樓夢》第三回："這個寶玉，不知是怎生個懱懶人物。"清曾衍東《小豆棚・周劈刀》："今不幸被羈，豈等鼠竊狗偷輩作乞憐懱賴狀？"

【懱懶】

即無賴。此稱明代已行用。見該文。

光棍 [2]

游手好閑、爲非作歹之徒。多指無妻室、無業的游民。此稱明代已行用，沿用至近世。世人稱男子一人爲光棍、光杆（如光杆司令），棍棒光溜溜，無他物，故用以喻無聊作惡的單身漢。人們或直呼之爲"棍"。明張應俞《杜騙新書・詐學道書報好夢》："省城一棍，與本府一善書秀才謀，各詐爲沈道一書，用小印圖書，護封完密，分遞於新春元家。……按：此棍騙新舉人，騙亦不痛。"男子成人爲丁，成家立戶，有戶即須按丁口數負擔國家賦税。而光棍未立戶，逃避國家税賦，故爲人所不齒，亦爲國家所憎惡，從而成爲無所事事男子的貶義詞。《金瓶梅詞話》第三四回："韓二哥看不過，來家罵了幾句，被這起光棍不由分説，群住了打個臭死。"《初刻拍案驚奇》卷一二："誰知這人却是揚州一個大光棍。當機兵、養娼妓、接子弟的，是個烟花的領袖、烏龜的班頭。"明張應俞《杜騙新書・詐以帚柄耍轎夫》："二人在

家大罵曰：'光棍、精光棍。'鄰家轎夫聞之，入問何故各罵光棍。"《紅樓夢》第四五回："他就説了兩車無賴的話。真真泥腿光棍，專會打細算盤，分金掰兩的！"《儒林外史》第三八回："三番五次，纏的老和尚急了，説道：'你是何處光棍，敢來鬧我們？快出去！我要關山門！'"《無恥奴》第三一回："你那裏曉得有些游手好閑的光棍，打街罵巷的青皮，一個個没有了中機，背地裏都在那裏咬著牙齒。"清代還專門制訂了《光棍例》，作爲懲處無賴刁民的法律。《清史稿・薛允升傳》："太監李萇材、張受山構衆擊殺捕者，嚴旨付部議。允升擬援《光棍例》治之。"此稱今專指單身漢，一般没有貶義。

搗子

游手好閑之徒、被人鄙視的傢伙。此稱相傳宋代已行用，然多見於明清小説中。《金瓶梅詞話》第一九回："西門慶……平昔在三街兩巷行走，搗子們都認的。宋時謂之搗子，今時俗呼爲光棍。"又第九九回："那王六兒道：'你是那裏來的光棍搗子？老娘就没了親戚兒？'"《水滸傳》第三〇回："那四個搗子便拜在地下道：'我們四個都是張大哥的火家。因爲連日博錢輸了，去林子裏尋些買賣。'"清程穆衡《水滸傳注略・搗子》："搗子，今言搗鬼。"《蕩寇志》第七五回："門前有幾個搗子知道走了風，齊執傢伙打進大門來。"《金屋夢》第二八回："你這個人，分明是騙人的搗子光棍，白白的吃了酒食不肯還帳。"

青皮

游手好閑、爲非作歹之徒的代稱。此稱蓋源自竹子外表有光滑的青皮，宋張君房《雲笈

七籤》卷七五即有"其竹筒去青皮"語；清王士禎《池北偶談・談藝七》亦有"汗青者，竹之青皮如浮汗"之說。恰如光棍，光溜溜，光杆一根無他物，遂成蔑稱，故帶青皮的竹竿與光棍同。此稱清代已行用。清曾衍東《小豆棚・仙狐部・醋姑娘》："生亦出一對曰：'芍藥花開，紅粉佳人做春夢。'女知其謗己也，應聲曰：'梧桐葉落，青皮光棍打秋風。'"《無耻奴》第三一回："你那裏曉得有些游手好閑的光棍，打街罵巷的青皮，一個個没有了中機，背地裏都在那裏咬著牙齒。"《禪真逸史》第二二回："果然俊俏郎君，好個青皮光棍。"《官場現形記》第六回："一干人得了這個吩咐，關係自己考程，也就不敢怠慢，所有地方的青皮光棍，没有行業的人，統通被他招了去。"《文明小史》第三回："老師道：'這裏頭不但全是考童，很有些青皮、光棍附和在内。'"

潑皮

游手好閑之徒。蓋由撒潑、涎皮賴臉含義轉化而來。此稱元代已行用。元程巨夫於至元十九年（1282）上《吏治五事》奏議，其中"取會江南仕籍"條曰："又有一等潑皮歹人，置局京師，計會保官，誣寫根保明而得官者。"《元典章・刑部・諸贓三》："北人，斷訖，發還元籍官司收管，各務本業。如此則庶望少革官吏取受害民，收養潑皮、年老、無賴之徒，抵抗承替之弊。"《元典章・刑部・遷徙》："亦有曾充軍役雜職者，亦有潑皮凶頑，皆非良善。"元鄭廷玉《宋上皇御斷金鳳釵》第三折："（正末還禮科）（唱）……我這裏孜孜的看了，轉轉的疑猜。（背云）哦，可是早間周橋上扯著那老官要錢的那潑皮！"元李壽卿《說鱄諸伍員

吹簫》第三折："元來是怕媳婦的喬人，嚇良民、嚇良民的潑皮。"《二刻拍案驚奇》卷一四："潑皮起來，從容穿了衣服，對著婦人叫聲'聒噪'，搖搖擺擺竟自去了。"因這類人多屬流民無産者，古典小説中常稱之爲"破落户"。《警世通言・喬彦傑一妾破家》："當時有一個破落户，聽做王酒酒，專一在街市上幫閑打哄，賭騙人財。這廝是個潑皮，没人家理他。"《水滸傳》第五回："且説菜園左近，有二三十個賭博不成才破落户潑皮，泛常在園内偷盗菜蔬，靠著養身。"亦常與"無賴"連稱。明沈德符《萬曆野獲編補遺・臺疏譏謔》："惟房〔寰〕首攖其鋒，遂有潑皮無賴之稱，房言雖不盡誣，但謂海〔瑞〕迂憨則可，乃曰大奸，曰極詐，曰穿窬，則失之矣。"後世此稱一直廣泛使用。《紅樓夢》第二四回："這倪二是個潑皮，專放重利債，在賭博場吃飯，專愛喝酒打架。"

刁徒

刁蠻的惡棍。此稱明代已行用。《水滸傳》第二五回："却都懼怕西門慶那廝是個刁徒潑皮，誰肯來多管。"《金瓶梅詞話》第九三回："這楊二風平昔是個刁徒潑皮，耍錢搗子，胳膊上紫肉横生，胸前上黄毛亂長，是一條直率光棍。"此類人爲惡一方，往往還成群結幫作惡。《明代律例彙編》有關"邊衛充軍"律例有所處置："在京刁徒光棍，訪知鋪行，但與解户交關價銀，輒便邀集黨類，數十爲群，入門噪鬧，指爲攬納，捉要送官。其家畏懼罪名，厚賂買滅，所費錢物，出在解户，以致錢糧累年不完。"《清實録・光緒朝實録》光緒三年八月："江西巡撫劉秉璋奏：'刁徒藉事糾衆，嚇逼罷市，拒殺巡丁。獲犯審明定擬。'下部速議。"

《禪真逸史》第一〇回："祝鵾笑道：'你這刁徒，昨夜放林澹然何處去了？'"

呆子[2]

蠢人。多爲嗔怪時之罵詞。此稱宋代已行用。宋周密《武林舊事・西湖游幸、都人游賞》："西湖天下景，朝昏晴雨，四序總宜。……貴璫要地，大賈豪民，買笑千金，呼盧百萬；以至痴兒呆子，密約幽期，無不在焉。"元佚名《張協狀元》第一二齣："（丑）教你來與我做老婆。（旦唾）打脊！不曉事底呆子，來傷觸人。打個貧胎！"《醒世恒言・徐老僕義憤成家》："杜明道：'……但得飽食暖衣，尋覓些錢鈔做家，乃是本等；却這般迂闊，愛什麼才學，情願受其打罵，可不是個呆子！'"《兒女英雄傳》第一八回："他那些人大約都是一般呆子，想他那討打的原故，不過爲著書房的功課起見。"《紅樓夢》第四七回："薛蟠忙笑道：'我又不是呆子，怎麼有個不信的呢？'"

傻瓜

亦稱"傻子"。蠢人，不聰明、不明事理的人。《廣韻・去禡》："傻，傻倷，不仁。"清黃生《義府・傻角》強調這是個貶義詞，而非逗趣之詞："《西厢》劇中紅娘呼張生爲'傻角'。傻，沙瓦切。解者以爲輕慧貌，非也。觀其口語，本以醜稱相調，若云輕慧則是美辭，非醜辭矣。"此稱元代已行用。元佚名《十探子大鬧延安府》第三折："氣出我個四句來了也：則爲違條犯法，著我來一徑勾拿。他扣廳打我一頓，想起來都是傻瓜。"《金瓶梅詞話》第六七回："你每背地都做好人兒，只把我合在缸底下。我如今又做傻子哩！"又："伯爵道：'傻瓜，你搜著他女兒，你不替他上緊誰上緊？'"

《醒世姻緣傳》第三六回："這樣痴老，你百般的奉承，淳淳的叫他與你守節，他難道好說：'你這話，我是決不依的！你死了，我必要嫁人；再不然，也須養漢。'就是傻瓜呆子也斷乎說不出口。"《初刻拍案驚奇》卷一："那人又笑道：'此錢一個抵百個，料也没得與你，只是與你耍。你不要俺這一個，却要那等的，是個傻子！'"《西游記》第一二回："那愚僧笑道：'這兩個癩和尚是瘋子！是傻子！這兩件粗物，就賣得七千兩銀子？'"《紅樓夢》第一一一回："衆人也有說寶玉的兩口子都是傻子，也有說他兩個心腸兒好的。"《負曝閑談》第一〇回："王大傻子是只曉得吃喝睡的，真是個傻子。"《檮杌萃編》第二二回："賈端甫連忙拉著他手道：'你這個傻子不要瞎鬧，我寫給你就是了。'"《孽海花》第三〇回："知道你昨兒玩的是什麼把戲呢！除了我這傻子，誰上你這當！"《文明小史》第五三回："大家替他起了個混號，叫做傻瓜。"

【傻子】

即傻瓜。此稱明代已行用。見該文。

膿包

詈詞。以人體化膿了的潰爛癰瘡比喻人。對人體而言，癰疽膿包既無用，且有害，因以罵成事不足的無能之輩。此稱明代已行用。《西游記》第四回："猴王笑道：'膿包！膿包！我已饒了你，你快去報信！'"又第一八回："請了有三四個人，都是不濟的和尚，膿包的道士，降不得那妖精。"《醒世姻緣傳》第二〇回："一個是晁老的族弟，一個晁老的族孫，這是兩個出頭的光棍；其外也還有幾個膿包，倚負這兩個凶人。"《嶺南逸史》第二四回："葉春及知他是個没用的膿包，也不與他多説，拱别出來，與諸鄉紳商議。"《三俠五義》第九回："婦人聞聽，罵了一聲：'冤家！想不到你如此膿包，没能爲！'"《野叟曝言》第一二回："走上大路，只見車夫坐在地上，兀自發抖。日京笑道：'這樣膿包，也出來走道兒！'"此稱至今猶用之。

草包

罵詞。以草編織的包，不耐用，用以形容人的無能、笨拙。或曰裝滿草的包，或曰人腹中盡草，皆屬無用物。此稱明代已行用。明湯顯祖《牡丹亭·旅寄》："論草包似俺堪調藥，暫將息梅花觀好。"明沈德符《萬曆野獲編·勳戚·魏公徐鵬舉》："其爲守備時，值振武營兵變，爲亂卒呼爲'草包'，狼狽而走。"明馮夢龍《古今笑史·專愚部》"呆縣丞"條："山東馬信由監生爲長州縣丞，性樸實。一日乘舟謁上官，上官問曰：'船泊何處？'對曰：'船在河裏。'上官怒，叱之曰：'真草包！'信又應聲曰：'草包也在船裏。'"清李漁《意中緣·返棹》："草包飯包，忽然榮耀，時高運高，説來堪笑。"《人海潮》第一回："汪四還苦勸炳奎一番道：'金大他本是個草包，這番吃苦，也是他維口興戎，自作之孽。'"《劉公案》第一二回："适才你是英雄好漢，臨到此時怎麼草包了？"《歇浦潮》第六四回："皆因他自己替東翁辦了這件事之後，所謂草包没有見識，以爲主人看重他了不得，腦袋一天大似一天，有時竟連我的話，也不肯聽。"近人葛虚存《清代名人軼事·科名類》"割裂題"條："鮑覺生先生桂星，督學河南，出題每多割裂，士子逐題作詩嘲之云：'……廣大何容一物膠，滿場文字亂蓬茅；生童拍手呵呵笑，渠是魚包變草包。（及其廣大草）'"

蠢貨

亦稱"痴物""蠢物"。猶言笨傢伙、笨蛋。蠢，愚蠢；貨，指不是人，而是無知無識的某種貨色的物品。罵人語。三國以後常以"痴物"罵人。《太平廣記》卷二六二引《笑林》（舊題三國魏邯鄲淳撰）："儉人欲相共吊喪，各不知儀。一人言粗習，謂同伴曰：'汝隨我舉止。'既至喪所，舊習者在前，伏席上，餘者一一相髠於背。而爲首者，以足觸儉曰：'痴物！'諸人亦爲儀當爾，各以足相踏曰：'痴物！'最後者近孝子，亦踏孝子而曰：'痴物！'"隋侯白《啓顔録·昏妄》："縣有人將錢絹向市，市人覺其精神愚鈍，又見頷頤稍長，乃語云：'何因偷我驢鞍橋去，將作下頷？'欲送官府，此人乃悉以錢絹求充驢鞍橋之直，空手還家，其妻問之，具以此報。妻語云：'何物鞍橋，堪作下頷？縱送官府，分疏自應得脱，何須浪與他錢絹？'乃報其妻云：'痴物，儻逢不解事官府，遣拆下頷檢看，我一個下頷，豈只直若許錢絹？'"《資治通鑑·唐昭宗乾寧三年》："〔李克用〕曰：'韓建天下痴物，爲賊臣弱帝室，是不爲李茂貞所擒，則爲朱全忠所虜耳！'"《舊五代史·唐書·盧程傳》："莊宗怒，謂郭崇韜曰：'朕誤相此痴物，敢辱予九卿。'促令自盡。"元方回《送趙無已之臨川》詩："不知稼穡友朋闕，儻非痴物亦俗物。"明代以後始流行"蠢貨""蠢物"之稱，并沿襲至今。《喻世明言·蔣興哥重會珍珠衫》："陳旺的老婆是個蠢貨，那曉得什麼委曲？"《水滸傳》第六回："〔魯〕智深呵呵大笑道：'兀那蠢物！你且去菜園池子裏洗了來，和你衆人説話。'"《禪真後史》第一九回："實指望勝如他人，爭一口氣哩。誰想你不知好歹的蠢貨，空教我用一片心機。恨死人也！"《紅樓夢》第九六回："及至見了這個丫頭，卻又好笑，因想到：'這種蠢貨，有什麼情種！自然是那屋裏作粗活的丫頭。'"又第一七回："賈政聽了道：'咳，無知的蠢物！你只知朱樓畫棟，惡賴富麗爲佳，那裏知道這清幽氣象呢！'"《一層樓》第六回："你把璞玉看成甚麼阿物兒，不過是個白吃飯的蠢貨罷了。"

【痴物】

即蠢貨。此稱三國時期已行用。見該文。

【蠢物】

即蠢貨。此稱明代已行用。見該文。

混賬

亦作"混帳""渾賬"。罵人渾沌糊塗之詞。此稱明代已行用。本義是賬目混亂，條理不清。明胡居仁《答顧季時（九）》："開頭一個太祖公，子子孫孫皆其一體，所分認得太祖公的人，其於宗支圖條條款款，決然畫得分明，決然不會混賬也。"後因藉作罵人語。明戚繼光《紀效新書·諭兵緊要禁令篇》："凡軍中惟有號令一向都被混帳慣了，是以賞也不感，罰也不畏。我今在軍中再無一句虛言與你說，凡出口就是軍令。"明高攀龍《高子遺書·講義》論孟子道性善章："將自己今日便做得事，要等待如何如何方去做，所以終身只不做。……學者痛自參究自家，做個人如何容他這等不明不白不乾不净，混帳過了一生，如何是好！"明馮從吾《少墟集·語錄·關中書院語錄》："如玄之又玄，衆妙之門，都是混帳兩可模稜話。"《紅樓夢》第四四回："可憐我熬的連個混賬女人也不及了，我還有什麼臉過這個日子！"《官場現

形記》第四一回："那帳房便發怒道：'混帳王八蛋！我豈不知道有帳！你可曉得那帳是假的，一齊是你們化了錢買囑前任替你們改的！'"《糊塗世界》第八回："郭丕基氣的發抖，罵道：'混帳東西，敢這樣混帳，我打你這個王八蛋。'"此稱又常與其他罵詞連用，以加強罵詞之狠勁。《紅樓夢》第四六回："你們這一起沒良心的混賬忘八崽子，都是一條藤兒！"《二十年目睹之怪現狀》第一〇〇回："他便喝叫停下轎子，自己拿了扶手板跑出來，對那些車夫亂打，嚇得那些車夫四散奔逃，他嘴裏還是'混帳王八蛋、娘摩洗亂炮'的亂罵。"

【混帳】

同"混賬"。此體明代已行用。見該文。

【渾賬】

同"混賬"。此體明代已行用。見該文。

飯桶

亦稱"飯囊""飯袋"。本指盛飯的袋子或木桶。藉作詈詞，指人如飯桶（飯囊），衹會往肚裏盛飯，不懂別的。漢代稱飯坑，漢王充《論衡·別通篇》有"腹爲飯坑"語；漢以後歷代多稱"飯囊"，唐宋時亦出現盛飯的"飯桶"一稱。作爲罵人之詞，漢以後歷代多以"飯囊"稱之（至清猶然）。晋葛洪《抱朴子外篇·彈禰》："荀或猶强可與語，過此以往，皆木梗泥偶，似人而無人氣，皆酒瓮飯囊耳。"南朝梁顏之推《顏氏家訓·誡兵》："今世士大夫，但不讀書，即稱武夫兒，乃飯囊酒瓮也。"《宋史·隱逸傳下·安世通》："而士大夫皆酒缸飯囊，不明大義，尚云少屈以保生靈，何其不知輕重如此！"元明清時期又多以"飯囊衣架"連稱作罵詞。傳元代王子一撰《劉晨阮肇誤入

桃源》第一折："空一帶江山、江山如畫，止不過飯囊、飯囊衣架，塞滿長安亂似麻。每日價大蠢高牙，冠蓋頭踏。人物不撑達，服色盡奢華，心行更奸猾。"《三國演義》第二三回："夏侯惇稱爲完體將軍，曹子孝呼爲要錢太守。其餘皆是衣架、飯囊、酒桶、肉袋耳！"《大明奇俠傳》第一四回："據聞，刁虎乃是不學無術之輩，飯囊衣架之徒。"飯囊一稱至清代猶沿用。《萬花樓》第三〇回："焦廷貴道：'没用的飯囊，你還説去找那磨盤山的强盗麽？'"而近代以後更多地是用"飯桶"一稱罵人。《官場現形記》第二七回中有一位高官不知"飯桶"何義："王博高才説道：'説説也氣人！他背後説老師是個金漆飯桶。'徐大軍機聽了不懂，便問：'甚麽叫飯桶？'王博高道：'一個人只會吃飯，不會做别的，就叫做飯桶。金漆飯桶，大約説徒有其表，面子上好看，其實内骨子一無所有。'徐大軍機至此方動了真氣，説道：'怎麽，他説我没用！我倒要做點手面給他瞧，看我到底是飯桶不是飯桶！真正豈有此理！'"可見當時此罵稱尚不十分流行，此後纔漸成流俗鄙視人時的罵語，而小説中亦多見之。《九尾龜》第二六回："他們這班做官的東西，真是飯桶，一個'嫖'字都學不會，你想他還有什麽用頭。"《商界現形記》第一〇回："扁人道：'不是我説你，你真是飯桶了，和她一處了這許多日子，手裏一個錢也没有。'"《二十年目睹之怪現狀》第七八回："一班王八都是飯桶，還不過來認罪！"亦有用"飯袋"罵人者。《鏡花緣》第一五回："你看他雖是狗頭狗腦，誰知他於'吃喝'二字却甚講究。……除吃喝之外，一無所能，因此海外把他又叫'酒囊飯袋'。"至今罵

人猶行用"飯桶"一稱。

【飯囊】

亦稱"飯袋"。飯桶出現以前流行的盛飯袋子，漢以後作罵人稱謂。"飯袋"一稱行於近代。見該文。

【飯袋】

即飯桶。此稱近世行用。見該文。

酒囊

本指盛酒的皮囊或布袋，因藉作詈詞，指人祇知往肚裏盛酒，不懂别的。按，盛酒於囊由來已久，漢代已然。酒囊又叫酒袋，蘇軾《初到黄州》詩云："只慚無補絲毫事，尚費官家壓酒囊。"自注："檢校官例，折支多得退酒袋。"據宋朱彧《萍洲可談》卷三，酒囊或爲布袋，故可做脛衣："余大父至貧，挂冠月俸折支得壓酒囊，諸子幼時，用爲脛衣。"而作爲罵人語，漢代已見其踪。清趙翼《陔餘叢考·成語》曰："酒囊飯袋：見王充《論衡·别通篇》，謂不學之人，徒以腹爲飯坑，腸爲酒囊。"漢王充《論衡·别通篇》："今則不然，飽食快飲，慮深求臥，腹爲飯坑，腸爲酒囊，是則物也。"此處雖非罵人爲酒囊，而實成後人藉此罵人之由來。故後世藉之以指無能者，至今猶然。六朝時亦稱酒瓮。晋葛洪《抱朴子外篇·彈禰》："苟或猶强可與語，過此以往，皆木梗泥偶，似人而無人氣，皆酒瓮飯囊耳。"南朝梁顔之推《顔氏家訓·誡兵》："今世士大夫，但不讀書，即稱武夫兒，乃飯囊酒瓮也。"此酒瓮與酒囊義近。後此稱又常與"飯袋"（或飯坑）連用，稱作"酒囊飯袋"（近世或作"酒囊飯桶""酒囊飯甑"）。《彙評三國志演義》第一〇六回："曹爽請魏主曹芳去謁高平陵，……司農桓範叩馬

諫曰：'主公總典禁兵，不宜兄弟皆出。儻城中有變，如之奈何？'"毛宗崗夾批："此之謂智囊，若曹爽只是酒囊、飯囊耳。"李漁眉批："如此人可謂明亮。若曹爽者，不過酒簍飯袋耳。"此則又見"酒簍"一稱。《彙評金玉紅樓夢》第七一回："尤氏笑道：'怨不得人都説他是假長了一個胎子，究竟是個又傻又呆的。'寶玉笑道：'人事莫定，知道誰死誰活。倘或我在今日明日，今年明年死了，也算是遂心一輩子了。'"姚燮眉批："人事莫定數語，心地明朗胸懷灑脱，酒囊飯坑者流執蜾蠃而嘲龜龍，有不自笑乎！"《九尾龜》第二六回："秋穀道：'這樣酒囊飯桶的奴才，難道我章秋穀怕了他麼？'"《鏡花緣》第一五回："你看他雖是狗頭狗腦，誰知他於'吃喝'二字却甚講究。……除吃喝之外，一無所能，因此海外把他又叫'酒囊飯袋'。"

行貨子

猶言壞東西。古稱製造販賣之物不牢固甚至屬於造假爲"行"。行貨即指加工不精細的器具、服裝之類商品，爲次等貨，非正品，因藉指人做事不靠譜。此稱始於明。按，"行"古訓"僞"。《書·舜典》："朕堲讒説殄行。"《史記·五帝本紀》作："朕畏忌讒説殄僞。"又"行"爲"牢"之反義詞。漢王符《潛夫論·浮侈》："以完爲破，以牢爲行，以大爲小，以易爲難，皆宜禁者也。"故漢代有行苦、行濫、行沽之語，皆指"物行"令人憎惡。《周禮·地官·司市》"害者使亡"鄭玄注："害，害於民，謂物行苦者。"又同書《胥師》"察其詐僞飾行儥慝者"鄭玄注："使人行賣惡物於市，巧飾之令欺誑買者。"賈公彥疏謂鄭玄"以爲行

濫"。漢崔寔《政論》："心苟不樂，則器械行沽，虛費財用，不周於事。"《新唐書·韓琬傳》亦有"俗不偷薄，器不行窳"語，謂器物不應品質低劣。明以後始稱廢物或蠢人爲"行貨"。《金瓶梅詞話》第五八回："孟玉樓便向金蓮説：'剛才若不是我在旁邊説著，李大姐恁哈帳行貨，就要把銀子交姑子拿了印經去。'"《三刻拍案驚奇》第一九回："張三道：'是舊貨，恐不中意，不要看它。'……只得把與周一看了。道：'這個倒是土貨，不是行貨。'"《型世言》第七回："可憐翹兒一到門户人家，就逼他見客。起初羞得不奈煩，漸漸也閃了臉，陪茶陪酒，終是初出行貨，不會捉客。""某某子"常指某類人，故有罵人之詞"行貨子"。《金瓶梅詞話》第六一回："那孫雪娥看不過，假意戲他道：'怪行貨子，想漢子便別處去想，怎的在這裏硬氣？'"又第六七回："誰不知他漢子是個明忘八，又放羊，又拾柴，一徑把老婆丟與你，圖你家買賣做，要賺你的錢使。你這傻行貨子，只好四十里聽銃響罷了！"《廿載繁華夢》第二八回："人面獸心，沒廉恥的行貨子！"

【行子】

"行貨子"之省稱。此稱明代已行用。《兒女英雄傳》第三三回："只聽他説道：'這可成了人家説的甚麼行子——'摇車兒裏的爺爺，拄拐棍兒的孫子'咧！"《聊齋志異·司札吏》："〔鐵漢〕自鏤印章二：一曰'混帳行子'，一曰'老實潑皮'。秀水王司直梓其詩，名曰《牛山四十屁》。款云：'混帳行子，老實潑皮放。'"《七劍十三俠》第三九回："沈三這行子是個慳吝之徒，待我慢慢的收拾他。"《二十年目睹之怪現狀》第四二回："母親道："叫你君子、義

士不好，倒是叫你小人、混帳行子的好！"《恨海》第一〇回："我雖是生意中人，却不是那一種混賬行子，不明道理的。"

短命鬼

嗔怪人時的謔稱。一般不用於咒駡場合。宋代已有此稱，原指夭折的人在地獄裏的名稱。《京本通俗小説·志誠張主管》："當初怕成短命鬼，如今已過中年客。"按此語出自宋代話本小説中的《醉亭樓》詞。明代始作爲駡稱使用。《粉妝樓全傳》第三五回："聽得那老兒回道：'短命鬼，你又喊他做甚麼事？他到前村去了。'"《蕩寇志》第九三回："不想又是那一個短命鬼，在知府前獻勤，他説既是口供都做死了，就將吕方一幹人，本地先處了斬。"《紅樓夢》第一〇一回："真真的小短命鬼兒！放着屍不挺，三更半夜嚎你娘的喪！"《鏡花緣》第八六回："秀春道：'怪不得教我預先吃酒，那知這短命鬼却來駡我！'"《林蘭香》第二九回："喜兒趕着打道：'短命鬼！大概是你李祖宗赦了死罪，又來鬼混别人。'"《留東外史》第一八章："李錦鷄拔地跳了起來，下面赤條條的，指着羅福駡道：'短命鬼，短命鬼，老子明日害了淋病，就找你。'"此稱至今猶行用。

附録二：其他風習

溺女

亦稱“溺嬰”。舊時因重男輕女而將剛生下的女嬰溺死之陋俗。此俗自宋代開始。古人認爲生男兒可以傳宗接代，生女兒長大一出嫁就成別人家的人，因而有不願意養女嬰現象。《江西通志·人物十·吉安府一》引《吉州人文紀略》載，宋代羅棐恭“通判贛州。俗憎女，生則溺之。乃作溺女戒文下十邑，悉禁民之溺女者”。又同書《名宦九·贛州府》引《贛州府志》，載宋代林光裔於“嘉定十二年知寧都，周知民隱，舉行荒政。邑俗多溺女。光裔儲米爲舉子倉，積俸爲舉子錢。貧民生女者鄰里以聞，先給錢米養産母，閱月抱女至庭驗視，則月給米三斗，至周歲而止。行之數年，全活甚衆”。然此惡俗長期未能禁止。明楊循吉《明故中順大夫溫州府知府文公墓志銘》：“溫多訟多盜，俗尚鬼，好溺女。悉爲科條處分，莫不備善。”《江南通志·職官志·名宦二》引《上元縣志》，謂明代賈應龍“知上元縣，鄉民多溺女。應龍責里胥呈報，始多存活”。溺女之風的普遍會導致男女比例失衡。明唐順之《知縣胡君墓志銘》：“松之俗，嫁女破産，雖富族亦多不舉女。有逾四十不能妻者。雖其良族，亦率以搶婚爲常事。君患之，始下令曰：毋溺女，溺女者重坐之。”有人建育嬰社以救護弃女，爲時人所稱道。明劉宗周《人譜類記》卷下：“揚州蔡璉建育嬰社，募衆協舉，其法以四人共養一嬰，每人月出銀一錢五分。遇路遺子女，收至社所，有貧婦領乳者，月給工食銀六錢，每逢月塱，驗兒給銀，考其肥瘠，以定賞罰。三年爲滿，待人領養。此法不獨恤幼，又能賑貧，免一時溺嬰之慘，興四方好善之心。”清朝法律也明令禁止溺嬰，要求將不養之嬰送育嬰之處。《大清會典則例·都察院五》：“禁止遺弃嬰孩。康熙十二年題准：凡旗民有貧窮不能撫養其子者，許送育養嬰兒之處，聽其撫養。如有輕弃道塗，致傷生命，及家主逼勒奴僕抛棄者，令五城司坊官嚴行禁止。三十六年題准：溺女相習成風，令五城司坊官嚴行禁止，違者照律治罪。"而陋俗仍盛。近代廣建育嬰堂，得以救助許多弃嬰，其中多爲女嬰。

【溺嬰】

即溺女。此風宋代始。見該文。

祝詛

省稱"詛"。通過詛咒、射偶人和毒蠱等方式試圖加害於他人的巫術。古人認爲巫以桐木偶人埋於地下，或剪紙象徵所怨者，進行詛咒，被詛咒者即有灾難。此俗先秦已行之。《左傳·隱公十一年》載："鄭伯使卒出豭，行出犬鷄，以詛射潁考叔者。"這是射公猪和犬鷄以詛咒射殺了潁考叔的人。此法漢代尤盛。《史記·封禪書》："丁夫人、雒陽虞初等以方祠詛匈奴、大宛焉。"《漢書·武五子傳·廣陵厲王胥》："〔劉〕胥見上年少無子，有覬欲心。而楚地巫鬼，胥迎女巫李女須，使下神祝詛。……

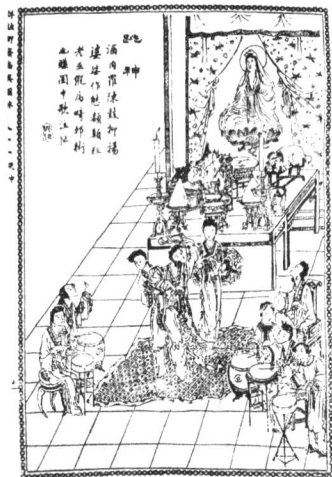

跳　神
（清石印本《詳注聊齋志異圖詠》）

祝詛事發覺，有司案驗，胥惶恐，藥殺巫及宮人二十餘人以絶口。"《漢書·王莽傳》："〔王〕宗姊妨爲衛將軍王興夫人，祝詛姑，殺婢以絶口。"此俗後世沿襲，至近世猶然。《紅樓夢》第八一回載施此法情形云："這裏的人就把他拿住，身邊一搜，搜出一個匣子，裏面有象牙刻的一男一女，不穿衣服，光著身子的兩個魔王，還有七根朱紅綉花針。……把他家中一抄，抄出好些泥塑的煞神，幾匣子鬧香。炕背後空屋子裏挂著一盞七星燈，燈下有幾個草人，有頭上戴著腦箍的，有胸前穿着釘子的，有項上拴著鎖子的。"

【詛】

"祝詛"之省稱。此稱先秦時期已行用。見該文。

【巫蠱】

即祝詛。亦稱"畜蠱"。此稱漢代已行用。《史記·龜策列傳》："至以卜筮射蠱，道巫蠱，時或頗中。"漢武帝時有人爲製造冤獄，藉巫蠱殺人，造成巫蠱之禍。《漢書·武五子傳·戾太子據》："會巫蠱事起，〔江〕充因此爲奸。是時上春秋高，意多所惡，以爲左右皆爲蠱道祝詛，窮治其事……充遂至太子宮掘蠱，得桐木人。"又《武五子傳贊》："及巫蠱事起，京師流血僵屍數萬。"此事頗受世人譏刺。宋曾慥《類説》卷九引《仇池筆記》上："漢武帝惡巫蠱如仇讎，蓋夫婦、君臣、父子之間，嗷嗷然不聊生矣。然《史記·封禪書》云'丁夫人、雒陽虞初等以方祠詛匈奴、大宛'，已且爲巫蠱，何以責其下？此最可笑。"隋以後多稱"畜蠱"。《隋書·地理志下》："新安、永嘉、建安、遂安、鄱陽、九江、臨川、廬陵、南康、宜春，其俗又頗同豫章。……此數郡往往畜蠱，而宜春偏甚。其法以五月五日聚百種蟲，大者至蛇，小者至蝨，合置器中，令自相啖，餘一種存者留之。蛇則曰蛇蠱，蝨則曰蝨蠱。"《唐大詔令集·中宗即位赦》："仍遣諸流移人，除犯贓賄，及畜蠱毒、造僞避仇，并反逆緣坐勘會不免者，餘並放還。"《續資治通鑑·宋太祖乾德二年》："徙永州諸縣民之畜蠱者三百二十六家，於縣之僻處，不得復齒於鄉。"《明會典·刑部十九》云，犯"造畜蠱毒殺人及教令者"，處斬罪。

【畜蠱】

即祝詛。此稱隋代已行用。見該文。

【造蠱】

即祝詛。製造巫蠱迷信。此稱漢代已行用。《漢書·蒯伍江息夫傳贊》："江充造蠱，太子殺；息夫作奸，東平誅。皆自小覆大，繇疏陷親，可不懼哉！"宋吳縝《新唐書糾謬·上官昭容傳》："《武后傳》云麟德初，后召方士爲蠱，宦人發之，帝怒，召上官儀草詔廢后。后諷許敬宗構儀殺之。然則武后以麟德元年造蠱。"清顧炎武《天下郡國利病書·瓊州府》："云藥鬼者，愚民造蠱圖利，取百蟲器置經年，視獨存者能隱形，與人爲禍。"

桃人 2

用來詛咒人死亡或受難的人形桃木板。木板刻成人形以象徵被詛咒者，在上扎針以泄憤。此俗始於漢代。漢代稱以此種方法咒人爲"巫蠱"。《醒世姻緣傳》第七六回："用黃紙硃砂書了符咒，做了一個小棺材，將桃人盛在裏面，埋在狄希陳常時睡覺的床下，起了一座小墳。"亦有傳說桃人爲害者。北魏楊衒之《洛陽伽藍記·城西》："〔韋〕英早卒，其妻梁氏不治喪而

巫婆該殺
（光緒三十三年四月上旬天津《醒俗畫報》）

嫁，……英聞梁氏嫁，白日來歸，乘馬將數人至於庭，前呼曰：'阿梁，卿忘我也！'子集驚怖，張弓射之，應弦而倒，即變爲桃人；所騎之馬亦變爲茅馬，從者數人盡化爲蒲人。"

厭勝錢

一種用於辟邪祈福的銅錢，造型或很大，或非圓形。不是實用流通錢幣，常作鎮宅、護身、詛咒之用。始於漢代，沿用至清。漢代盛行厭勝之法，并歷代相傳。《後漢書·章帝八王傳·清河孝王慶》："後於掖庭門邀遮得貴人書，云病思生菟，令家求之。因誣言欲作蠱道祝詛，以菟爲厭勝之術。日夜毀譖。"《晋書·桓玄傳》："玄聞之大懼，乃召諸道術人，推算數爲厭勝之法。乃問衆曰：'朕其敗乎？'曹靖之對曰：'神怒人怨，臣實懼焉。'"《北齊書·廢帝紀》："王薨後，孝昭不豫，見文宣爲祟。孝昭深惡之，厭勝術備設而無益也。"明謝肇淛《五雜俎·人部二》："木工於竪造之日，以木籤作厭勝之術，禍福如響，江南人最信之。其於工師不敢忤嫚，歷見諸家敗亡之後拆屋，梁上必有所見。"而厭勝所用物品中，厭勝錢是重要的一種。明曹學佺《蜀中廣記·方物記》："封演《錢譜》：漢有厭勝錢、藕心錢，狀如干盾，

長且方而不圓，蓋古刀布之變也。"宋代《宣和博古圖》亦載有漢代厭勝錢圖。又清陳元龍《格致鏡原·珍寶類四》："李孝美《圖譜》有永安五男錢，體勢雖圓，輪郭皆著粟文，……孝美號之曰厭勝錢。則是錢殆亦用之爲厭勝者耶？"清倪濤《六藝之一録·金器款識二十》引厲鶚《樊謝山房集》："吳中有書賈來廣陵，出古錢三百餘見示。……凡四以遺余。一曰千秋萬歲，面有龍鳳形；一曰長生保命，面有北斗及男女對立狀；一曰斬妖伏邪，面有立神一蹲虎一篆符一；一曰龜鶴齊壽，面無文。蓋古厭勝錢也。"

厭勝錢
（《亦政堂重修宣和博古圖録》）

避煞

亦稱"避衰""避殺""避眚""回煞"。舊俗謂人死後某日，魂靈返回故宅，家人須離家避害。煞、衰、殺、眚，皆謂灾難，故稱。爲民間迷信。始於三國。《三國志·魏書·陳群傳》："後皇女淑薨，追封謚平原懿公主。〔陳〕群上疏曰：'長短有命，存亡有分。……而乃復自往視陵，親臨祖載。……聞車駕欲幸摩陂，實到許昌；二宮上下，皆悉俱東。舉朝大小，莫不驚怪。或言欲以避衰，或言欲於便處移殿舍，或不知何故。臣以爲吉凶有命，禍福由人，移徙求安，則亦無益。若必當移避，繕治金墉城西宮及孟津別宮，皆可權時分止。可無舉宮暴露野次。'"明戴冠《濯纓亭筆記》卷

七云："今世陰陽家以某日人死，則於某日煞回，以五行相乘推其殃煞高下尺寸，是日喪家當出外避之，俗云避煞。然莫知其緣起。予嘗見《魏志》：明帝幼女淑卒，欲自送葬，又欲幸許。……車駕幸許，將以避衰。……所謂避衰，即今俗云避煞也。其語所從來亦遠矣。蓋其初特惡與死者同居，故出外避之，而人遂傅會爲此説也。"北齊顏之推《顏氏家訓·風操》："偏傍之書，死有歸殺。子孫逃竄，莫肯在家；畫瓦書符，作諸厭勝；喪出之日，門前然火，戶外列灰，祓送家鬼，章斷注連。凡如此比，不近有情，乃儒雅之罪人，彈議所當加也。"清盧文弨注云："北人逃煞，南人接煞。余在江寧，其俗不知有煞。"《太平廣記》卷三六三引唐皇甫氏《原化記》："韋滂求宿。主人曰：'此宅鄰家有喪，俗云防煞，入宅當損人物。今將家口於側近親故家避之，明日即歸，不可不以奉白也。'韋曰：'但許寄宿，復何害也。煞鬼吾自當之。'主人遂引韋入宅。"宋洪邁《夷堅乙志·韓氏放鬼》："江浙之俗信巫鬼。相傳人死，則其魄復還。以其日測之，某日當至，則盡室出避於外，名爲'避煞'。命壯仆或僧守其廬，布灰於地，明日視其迹，云受生爲人爲異物矣。"清錢儀吉《三國會要·禮四》引明代陳絳《金罍子》："今俗家人死，輒行課算，某日魂當還，輒棄死屍徹哭，傾户走竄，謂之躲衰。此雖鄙猥，絶有所本。魏皇女淑薨，……或言欲以避衰。"并注："今俗云'避煞'即此。"清袁枚《子不語·江軼林》："通俗人死二七，夜設死者衣衾於柩側，舉家躲避，言魂來赴屍，名曰'回煞'。"清沈復《浮生六記·坎坷記愁》："回煞之期，俗傳是日魂必隨煞而歸，故房中鋪

設一如生前，且須鋪生前舊衣於床上，置舊鞋於床下，以待魂歸瞻顧。吳下相傳謂之'收眼光'。延羽士作法，先召於床，而後遣之，謂之'接眚'。邗江俗例，設酒肴於死者之室，一家盡出，謂之'避眚'。"近世以來不復有其俗。

【避衰】

即避煞。此稱三國時期已行用。見該文。

【避殺】

即避煞。此稱南北朝時期已行用。見該文。

【避眚】

即避煞。此稱清代已行用。見該文。

【回煞】

即避煞。此稱清代已行用。見該文。

旱魃 [1]

傳說中原指會引起旱灾的怪物。舊時民間常有抬龍王以求雨，或掘僵尸而焚之以應對之陋俗。《說文·鬼部》："魃，旱鬼也。"《詩·大雅·雲漢》："旱魃爲虐，如惔如焚。"孔穎達疏："《神異經》曰：'南方有人，長二三尺，袒身，而目在頂上，走行如風，名曰魃，所見之國大旱，赤地千里，一名旱母。'"按《周禮·秋官》有"赤犮氏""掌除墻屋"，上引《說文》引作"赤魃氏，除墻屋之物也"。段玉裁注："物讀精物、鬼物之物。"則此物不僅僅是致旱灾之鬼怪了。明李維楨《旱魃解》評《雲漢》詩孔疏所引《神異經》，謂"此言旱神，蓋是鬼魅之物，不必生於南方，可以爲人所執獲也"。後世沿襲此俗。唐杜甫《七月三日》詩："退藏恨雨師，健步聞旱魃。"《初刻拍案驚奇》卷三九："天師道：'亢旱必有旱魃，我今爲你一面祈求雨澤，一面搜尋旱魃，保你七日之期自然有雨。'"清袁枚《子不語·旱魃》裏稱

旱魃爲"猱形披髮，一足行"。又袁枚《續子不語·犼》："屍初變旱魃，再變即爲犼。"清紀昀《閱微草堂筆記·如是我聞（一）》："近世所云旱魃，則皆僵屍，掘而焚之，亦往往致雨。"

旱魃 [2]

舊時怪胎或天生外形醜陋、嚴重殘疾的嬰兒代稱。古人迷信，視之爲害母破家之鬼物。早在先秦時即有排斥形象凶惡嬰兒的陋習。《左傳·宣公四年》："初，楚司馬子良生子越椒，子文曰：'必殺之。是子也，熊虎之狀，而豺狼

怪　胎
（《圖畫日報》）

之聲，弗殺，必滅若敖氏矣。諺曰狼子野心，是乃狼也，其可畜乎！'子良不可，子文以爲大慼。"杜預注："子文，子良之兄。"此稱是唐宋以後藉用致旱灾的鬼怪之名而言之。宋朱彧《萍洲可談》卷三："世傳婦人有產鬼形者，不能執而殺之則飛去。夜復歸就乳，多瘁其母，俗呼爲'旱魃'。亦分男女。女魃竊其家物以出，兒魃竊外物以歸。"

禁忌

被禁止或忌諱的事物與言行。舊時凡被禁忌的事物，均被認爲不吉利，人隨意觸犯必遭遇禍害。雖然有些禁忌有一定科學道理，如在

地球北半球房屋應坐北朝南，反之對人的生活不好，但更有許多禁忌是毫無科學道理的，充滿詭异與欺詐，極大地影響着人們的正常生活與心態。原始時代即已產生禁忌，以後歷代均盛行，至今猶存在。漢代已多有人議禁忌之非。漢王充《論衡・難歲篇》："俗人險心，好信禁忌，知者亦疑，莫能實定。"漢王符《潛夫論・忠貴》："貴戚懼家之不吉而聚諸令名，懼門之不堅而爲作鐵樞，卒其所以敗者，非苦禁忌少而門樞朽也，常苦崇財貨而行驕僭，虐百姓而失民心爾。"漢應劭《風俗通・正失・彭城相袁元服》："今俗間多有禁忌，生三子者、五月生者，以爲妨害父母，服中子犯禮傷孝，莫肯收舉。"而此俗古時一直大行其道。《後漢書・循吏傳・王景》："〔王景〕參紀衆家數術文書，冢宅禁忌、堪輿日相之屬，適於事用者，集爲《大衍玄基》云。"《魏書・術藝傳・殷紹》："歷觀時俗，堪輿入會，逕世已久，傳寫謬誤，吉凶禁忌，不能備悉。或考良日，而值惡會；舉吉用凶，多逢殃咎。"唐蘇拯《明禁忌》詩："陰陽家有書，卜築多禁忌。"《舊唐書・李泌傳》："初，肅宗重陰陽祠祝之説，用妖人王璵爲宰相。或命巫嫗乘驛行郡縣，以爲厭勝。凡有所興造功役，動牽禁忌，而黎幹用左道，位至尹京。"明謝肇淛《五雜俎・人部一》："無信庸醫謬方，妄以異功木香等散投之，守禁忌，節起居，慎調護，謹飲食，即凶亦有變爲吉者。"清朱彝尊《羊石山題壁》："自堪輿選日之術興而方位歲月始多禁忌。"《文明小史》第二二回："到的那日，恰好是五月中旬，向例官員五月裏是不接印的，萬帥却不講究禁忌，當日便去拜見前任撫臺，定了次日接印。"魯迅《且介亭雜文・隨便翻翻》："看一本舊曆本，寫着'不宜出行，不宜沐浴，不宜上梁'，就知道先前是有這麽多的禁忌。"可知禁忌涉及許多方面，諸如人的衣食住行、婚嫁生育、疾病喪葬、土木工程等，都有種種禁忌，常常令人動輒得咎，不知所措。

避諱

省稱"諱"。避免直接説出或寫出君主或尊長的名字之禮俗。北齊顏之推《顏氏家訓・風操》云："凡避諱者，皆須得其同訓以代換之：桓公名白，博有五皓之稱；厲王名長，琴有修短之目。"即遇其字，必以含義相同之他字代替，或將原字缺一二筆畫。避諱起源，有人據《山海經》中把夏后啓寫作夏后開，視爲夏代已有避諱。此説誤。《書・五子之歌》稱"太康尸位"，即不避太康之諱。實則夏后啓寫作夏后開，乃漢朝人在傳抄《山海經》時爲避漢景帝劉啓諱所致。一説避諱之禮出現於周代。《左傳・桓公六年》："周人以諱事神，名，終將諱之。"杜預注："君父之名，固非臣子所斥。……自父至高祖皆不敢斥言。"孔穎達疏："自殷以往，未有諱法。諱始於周。周人尊神之故，爲之諱名。以此諱法，敬事明神。故言周人以諱事神。……終將諱之，謂死後乃諱之。"《禮記・檀弓下》："虞而立尸有几筵，卒哭而諱。"鄭玄注："諱，辟其名。"可知當時祇在祭奠死去的先君時乃避諱，故宋洪邁《容齋三筆・帝王諱名》曰："帝王諱名，自周世始有此制，然只避之於本廟中耳。"儘管周代已出現避諱情形，却尚未成爲嚴格的禮制，故《詩・大雅・雝》作爲祭祀周文王之"周頌"，詩中猶有"克昌厥後"句，并不避文王之名"昌"字；描述周成王"春夏祈穀于上帝"的《詩·大雅·噫嘻》，亦有"駿發爾私"詩句，而"發"正是周武王之名。春秋時，避諱乃形成嚴格的制度。《禮記·曲禮上》對避諱有諸般解說："卒哭乃諱。"鄭玄注："諱，辟也。生者不相辟名。"又："禮不諱嫌名，二名不偏諱。"鄭玄注："爲其難辟也。嫌名謂音聲相近，若禹與雨、丘與區也。偏謂二名不一一諱也。"又："入竟而問禁，入國而問俗，入門而問諱。"鄭玄注："皆爲敬主人也。"清趙翼《陔餘叢考·避諱》："避諱……蓋起於東周之初。晋以僖侯廢司徒，宋以武公廢司空，魯以獻武廢具敖。考數公之生，皆在西周，若其時已有避諱之例，豈肯故犯之而使他日改官及山川之名乎！"春秋以後，直至清代，歷代對避諱都很講究。洪邁《容齋三筆·帝王諱名》又云："秦始皇以父莊襄王名楚，稱楚曰荆；其名曰政，自避其嫌，以正月爲一月，蓋已非周禮矣。漢代所謂邦之字曰國，盈之字曰滿，徹之字曰通，雖但諱本字，而吏民犯者有刑。……本朝尚文之習大盛，故禮官討論，每欲其多廟諱，遂有五十字者。舉場試卷，小涉疑似，士人輒不敢用。一或犯之，往往暗行黜落。方州科舉尤甚。此風不可革。"可見避諱給世人造成很大困惑。宋晁説之《晁氏客語》："上書鄭谷《雪》詩爲扇，賜禁近。'亂飄僧舍茶烟濕'改云'輕飄僧舍茶烟濕'，云禁中諱'危、亂、傾、覆'字，宮中皆不敢道著。"此則避諱超出於人名之外。又："潘兑行詞云：'敢於移檄之文，犯我祖宗之諱。'改云：'乃於移文，犯吾國諱。'張天覺改云：'乃於文移，有失恭慎。'"宋莊季裕《鷄肋編》卷下："而唐馮宿父名子華，及出爲

華州刺史，乃以避諱不拜。"因名諱複雜，世人用之亦混亂。宋孫奕《示兒編·正誤·名諱》："生爲名，死爲諱，從古而然。禮曰'卒哭乃諱'是也（《曲禮上》）。嘗以《韻略》推之，其曰御名舊御名，蓋自生存以前言之；其曰廟諱，蓋自祔廟之後言之。條于韻首，井井不紊，古今名公鉅卿爲人撰軒亭堂樓等記及生祠碑，則曰公名某；及撰墓志銘神道碑與列傳，則曰公諱某，其別如此。世俗不審乎是，凡賓主相與言，或斥某人名曰諱某，或問某人名爲何諱？答者亦曰諱某，可發一笑。故歐公《集古錄》亦曰：樊毅修華岳廟碑云：樊君諱毅，字仲德。下車之初，恭肅神祀。據此碑乃即時所立而太守生稱諱者。何哉？蓋謂其碑之謬。則世俗之名諱不卞亦久矣。"《官場現形記》第四二回："他祖老太爺養他老太爺的那一年，剛正六十四歲，因此就替他老太爺起了個軍民聯防名，叫做'六十四'。……這幾個字是萬萬不准人家觸犯的。喜太爺自接府篆，同寅薦了一位書啓師爺，姓的是大耳朵的'陸'字，喜太守見了心上不願意。……師爺道：'別的好改，怎麼叫我改起姓來！'……每逢寫到'六十四'三個字，一定要缺一筆。"近世蔡東藩《清史演義》第一回："塾師教小子道：'書中有數字，須要曉得避諱！'"

【諱】

"避諱"之省稱。此稱先秦時期已行用。見該文。

仙法

修煉成仙之法。亦指道士的法術。此稱晋代已行用。《史記·秦始皇本紀》有"使韓終、侯公、石生求仙人不死之藥"的記載。晋葛洪

《抱朴子内篇·辨問》："何肯常自炫於俗士，言我有仙法乎？"宋樂史《太平寰宇記·山南東道八·忠州》"豐都縣"引《神仙傳》："後漢延光元年，陰長生于馬明生處求仙法。乃將長生入青城山中，煮黃土爲金以示之。"此言後漢時事，不足信，因漢末道教方興。唐張籍《寄白二十二舍人》詩："偏依仙法多求藥，長共僧游不讀書。"宋張君房《雲笈七籤》卷三三："夫喜怒損志，哀樂害性，榮華惑德，陰陽竭精，皆學道人之大忌，仙法之所疾也。"《桃花女》第四回："按着八卦推算，你令郎定死無生。奴却也有一種仙法，能起死回生，破他的八卦。"

丹藥

省稱"丹"，亦稱"金丹""金丹藥"。用多種礦物經多日猛火燒煉，合成新礦物質。古人迷信，謂食用這樣煉成的丹藥可以長生不老，實則長期服用會使人中毒早亡。此陋俗興起於魏晋，係與道教的發展息息相關。煉丹爲道教的重要儀軌之一。晋葛洪《抱朴子内篇·金丹》："服神丹令人壽無窮已，與天地

金　丹
（清石印本《詳注聊齋志異圖詠》）

相畢。……合丹當於名山之中，無人之地，結伴不過三人。"葛洪稱可以煉出九種丹，分別叫"丹華""神符""神丹""還丹""餌丹""煉丹""柔丹""伏丹""寒丹"，并宣稱："凡此九丹，但得一丹，便仙。"而其煉丹之法，無非是將一些礦物加入其他某些物質，經數十日猛火煎熬，經過化學反應合成一種新礦物質。如名"丹華"的第一種丹，即是這般煉成："當先作玄黃，用雄黃水、礬石水一鉢，作汞，戎鹽、鹵醶、礬石、牡蠣、赤石脂、滑石、胡粉各數十斤，以六一泥封之，火之三十六日成。……又以玄膏丸此丹，置猛火上，須臾成黃金；又以二百四十銖合水銀百斤，火之，亦成黃金。金成者，藥成也。"而古時朝野迷信此法者不乏其人，當然反對者亦不在少數。《舊唐書·憲宗紀下》："上服方士柳泌金丹藥，起居舍人裴潾上表切諫，以金石含酷烈之性，加燒煉則火毒難制。若金丹已成，且令方士自服一年，觀其效用，則進御可也。上怒，己亥貶裴潾爲江陵令。"《資治通鑑·後梁太祖開平元年》："盧龍節度使劉仁恭……與方士煉丹藥，求不死。"宋儲泳《祛疑説·服丹藥》："金石伏火丹藥，有嗜慾者率多服之，冀其補助，蓋方書述其功效，必曰'益壽延年，輕身不老'。執泥此説，服之無疑，不知其爲害也。"《歷代名臣奏議·去邪》載宋仁宗至和年間殿中侍御史趙抃奏議："或謂燒變金銀，則天子以慈儉爲寶，不當務此；或謂合煉丹藥，則前世爲藥餌所悮，可以爲鑑。"明王世貞《弇山堂別集·同姓諸王表》："魯荒王檀……能詩，聰明，禮士，而頗好服丹藥。"明嘉靖皇帝尤好丹藥，竟有大臣因勸諫而被杖殺者。《明史·世宗紀一》："〔嘉靖十九年〕八

月丁丑，太僕卿楊最諫服丹藥，予杖死。"自宮中至大臣家頗多嗜之者。明智人士斥之爲邪門歪道，而此風不止。明馬文升《陳言振肅風紀裨益治道事》："近年以來，或扶鸞禱聖，或書符咒水，或燒煉丹藥，或假稱耳報。一切邪術人等，往往來京潛住，始則出入大臣之家，終則進入皇城之內，妄言禍福，扇惑人心。"清代雍正皇帝亦好丹藥，甚至以此"恩賜"大臣。《世宗憲皇帝硃批諭旨·硃批宜兆熊奏摺》："雍正元年六月十二日，福州將軍臣宜兆熊謹奏爲恭謝天恩事：臣齎摺，家人回閩，捧到皇上恩賜香袋丹藥，臣隨恭設香案，望闕叩頭謝恩。"

【丹】

"丹藥"之省稱。此稱晉代已行用。見該文。

【金丹】

即丹藥。此稱晉代已行用。見該文。

【金丹藥】

即丹藥。此稱晉代已行用。見該文。

【仙丹】

即丹藥。服丹藥被認爲可以長生不老，成爲仙人，故稱。實則服煉成之丹藥反而傷身減壽。此稱約始於唐，達於清。《資治通鑑·唐僖宗光啓四年》："張守一與呂用之同歸楊行密，復爲諸將合仙丹；又欲千軍府之政，行密怒而殺之。"宋范成大《吳郡志·仙事》："蔣生，吳郡人，好神仙。弱歲棄家游四方，學鍊丹不成。後得日者章全素爲隸，見生几上瓦硯，忽曰：'先生好烹鍊之法。夫仙丹，食之則骨化爲金，安有不長生耶！今先生之丹能化石硯爲金乎？'生心甚慚，以他詞拒之。"《鏡花緣》第九三回："我有仙丹一粒，你拿去服過之後，即可長生不老。"

索　引

索引凡例

一、本索引爲詞條索引，凡正文詞條欄目出現的主詞條均用"*"標示，副詞條則無特殊標識。

二、本索引諸詞條收録順序以漢語拼音音序爲基礎，兼顧古音、方言等差异，然爲方便檢索，又與音序排列法則有异，原則如下：

首先，以詞條首字所對應的拼音字母爲序排列，詞條首字相同（讀音亦同）者爲同一單元；詞條首字不同但讀音相同的各個單元，一般按照各單元詞條首字的筆畫，由簡至繁依次排列。例如以huáng爲首字的詞條，則按首字筆畫依次分作"皇""黄"等不同單元；又如以diāo爲首字的詞條，則按首字筆畫依次分作"虭""蛁""貂"等不同單元。此外，爲方便查閱和比較，在對幾個同音且各祇有一個詞條的單元排序時，一般將兩個或幾個含義相同或相近的單元鄰近排列。如"埋頭蛇""貍蟲""薶頭蛇"都屬於mái爲首字的單元，且"埋頭蛇"與"薶頭蛇"含義相同，因此這三個單元的排列順序是"貍蟲""埋頭蛇""薶頭蛇"。

其次，同一單元内按各詞條第二字讀音之音序排列，第二字讀音相同者則按第三字讀音之音序排列，以此類推。例如以"皇"爲首字的單元各詞條的排列依次爲"皇戎、皇帝鹵簿金節……皇貴妃儀仗金節……皇史宬……皇太后儀駕卧瓜……皇庭"。

三、本索引中詞條右側的數字爲該詞條在正文位置的起始頁碼。

四、本索引所收詞條僅限於正文、附録中明確按主、副詞條格式撰寫的詞條，而在其他行文中涉及的詞條不收録。

五、多音字、古音字或方言字詞條按其讀音分屬相應的序列或單元，如"大常"古音爲tàicháng，因此歸入音序T序列；又如"葛上亭長"，"葛"是多音字，此處讀gé，因此歸入音序G序列之ge的二聲單元；互爲通假的詞條，字雖异然而讀音同者，如"解食""解倉"皆爲芍藥別稱，因"食"與"倉"通，故"解食"讀音與"解倉"同；等等。

六、某些詞條多次出現，在正文中以詞條右上標記數字爲標志，如"朝[1]""朝[2]""百足[1]""百足[2]"等，索引中亦按照其右上標記數字的順序排列。詞條相同但讀音不同的則按照其讀音分屬相應的音序序列和單元。如"蟒[1]"（měng）、"蟒[2]"（mǎng），"蟒[1]"歸入音序M序列之meng的三聲單元，"蟒[2]"則歸入音序M序列之mang的三聲單元。

七、某些特殊詞條，如數字詞條、外文字母詞條等，則收入《索引附録》。

A

阿芙蓉 852

阿片 852

哀册 * 588

哀策 589

艾符 * 268

艾虎 * 268

艾花 * 268

艾人 * 267

暗房 * 439

盉 684

盉齊 * 684

鰲嶺 233

鰲山 * 232

鼇山 233

B

八卦 * 814

八蜡神 * 780

八佾 * 51

八溢 52

八羽 52

八字 ¹ 405

八字 ²* 817

八字先生 * 405

把花 483

把門炭 309

霸下 584

白布轎 * 483

白狗攝服 * 509

白轎 484

白牡 664

白錢 733

白犬 * 668

百家鎖 * 445

百家綫 * 445

百歲 444

百歲錢 * 445

百索 264

百索粽 * 260

百子帳 * 437

百晬 * 444

柏棺 * 545

柏椁 * 548

柏黃腸題湊 552

柏歷 * 466

柏裝 467

栢椁 549

栢歷 467

拜稽首 176

拜年 * 226

拜年帖 * 227

拜手 * 177

拜壽 166

拜堂 * 386

拜天地 * 386

拜帖 * 194

班簋 * 796

班劍 * 479

邦墓 * 567

謗木 74

包袱 742

包茅 * 707

苞茅 707

苞筲 * 518

保親 * 403

保山 403

鎬兒 * 891

寶城 * 644

寶蓋 482

寶花 * 739

寶瓶 * 437

寶山城 644

報板 * 362

報君知 * 827

爆張 223

爆仗 * 223

爆杖 ………………………… 223

爆竹 * ……………………… 222

碑 * ………………………… 581

碑亭 * ……………………… 595

碑志 ………………………… 586

北里 * ……………………… 873

北邙 * ……………………… 570

北芒 ………………………… 570

北社 * ……………………… 765

北堂 * ……………………… 429

貝 * ………………………… 461

儥賴 ………………………… 905

儥懶 ………………………… 906

繃繡錢 ……………………… 445

匕 …………………………… 707

匕筥 * ……………………… 706

比翼鳥 * …………………… 346

朼 …………………………… 707

枇 * ………………………… 706

畢 * ………………………… 706

敝房 ………………………… 415

椑 …………………………… 538

椑棺 ………………………… 538

楅 * ………………………… 126

辟兵符 * …………………… 265

辟兵繒 ……………………… 265

辟邪 * ……………………… 594

避諱 * ……………………… 919

避殺 ………………………… 918

避煞 * ……………………… 917

避眚 ………………………… 918

避衰 ………………………… 918

璧 * ………………………… 152

璧翣 * ……………………… 492

贔屭 * ……………………… 583

陛下 * ……………………… 16

鞭炮 * ……………………… 223

籩 * ………………………… 139

籩豆 ………………………… 139

窆 * ………………………… 617

便殿 ………………………… 636

便房 * ……………………… 641

表柱 ………………………… 591

鱉甲 ………………………… 489

鱉甲車 * …………………… 507

賓禮 * ……………………… 11

賓射 * ……………………… 122

儐相 ¹* ……………………… 405

儐相 ²* ……………………… 406

擯相 ………………………… 406

殯 * ………………………… 464

殯歺 ………………………… 617

冰鑑 * ……………………… 692

冰人 * ……………………… 402

并蒂蓮 * …………………… 351

併蒂花 ……………………… 351

併目蓮 ……………………… 351

併頭花 ……………………… 351

併頭蓮 ……………………… 351

胉 * ………………………… 677

亳社 * ……………………… 763

博具 ………………………… 839

博塞 ………………………… 842

博簺 ………………………… 842

薄社 ………………………… 764

鎛 * ………………………… 150

鑮 …………………………… 150

卜卦 ………………………… 814

卜金 ………………………… 832

卜巧 * ……………………… 278

卜筊 * ……………………… 813

卜歲 ………………………… 214

卜資 ………………………… 832

補 …………………………… 83

補服 * ……………………… 82

補天穿 * …………………… 239

補子 ………………………… 83

不殺降 ……………………… 113

不填服 * …………………… 113

不逐奔 * …………………… 113

布荒 * ……………………… 494

布巾 * ……………………… 450

布漆山 * …………………… 529

布衾 * ……………………… 454

布帷* .... 490　　步叉 .... 126　　瓿* 148

C

材 .... 537　　策書 .... 36　　長夜臺 618

財禮 .... 372　　叉手 .... 181　　嫦娥* 289

財聘 .... 372　　插柳* .... 252　　場* 772

采板 .... 533　　插柳枝 .... 252　　塲 773

采棺* .... 532　　茶餅 .... 374　　廠衣* 82

采青* .... 232　　茶禮* .... 373　　鬯 686

彩幣 .... 372　　茶銀 .... 374　　鬯圭 694

彩繪棺 .... 533　　拆字* .... 816　　唱喏* 182

彩禮 .... 372　　詹諸 .... 292　　瑒圭 694

彩亭 .... 477　　蟾蜍* .... 291　　韔 128

綵樓* .... 344　　蟾蠩 .... 292　　朝 48

綵球 .... 344　　蟾宮 .... 289　　朝報 94

菜單* .... 205　　纏脚 .... 865　　朝貢* 49

竈室* .... 864　　纏頭* .... 872　　朝賀 48

藏* .... 616　　纏頭錦 .... 873　　朝會* 47

草八字 .... 360　　纏頭賞 .... 873　　朝覲* 48

草包* .... 909　　纏足* .... 864　　朝珠* 84

草地脚 .... 360　　産房* .... 439　　吵房 388

草帖子* .... 359　　娼 .... 883　　車駕 17

草紙 .... 739　　娼婦 .... 883　　車馬坑* 507

册寶* .... 37　　娼妓* .... 882　　沈齊 686

畟 .... 842　　菖蒲酒* .... 269　　櫬* 543

側室 .... 420　　長命釘 .... 556　　稱制¹* 43

策¹* .... 36　　長命縷* .... 263　　稱制²* 43

策² .... 104　　長生板* .... 531　　稱尊號* 23

撐門炭 * 309

成婚 378

成親 378

城隍 * 782

城隍祠 767

城隍廟 * 766

澄酒 685

澄齊 685

吃茶 374

吃生 * 275

痴物 910

池 * 491

尺牘 * 196

尺素 * 197

齒 842

赤牘 196

赤靈符 265

赤社 * 764

赤繩 * 341

赤子 * 440

勅 36

勅牒 87

敕 36

敕牒 87

敇 * 35

敇牒 * 87

敇書 36

充耳 459

重 * 725

重櫬 527

重鬲 * 466

重屋 * 755

重午 259

重陽節 * 299

蟲豸 * 897

抽替棺 535

籌馬 * 848

出閣 379

出門 379

出狩 53

初度 * 163

摴蒱 844

摴蒲 * 844

除殘 319

除夕 * 324

除夜 326

芻狗 * 708

芻靈 * 515

媰 438

楮幣 737

楮帛 * 737

楮錠 * 736

楮陌 * 738

楮錢 * 737

楮鏹 737

楮泉 737

楮衣 731

楮紙 737

楚大鼎 808

楚館 877

楚館 * 877

儲二 46

儲貳 46

儲君 46

儲位 * 45

畜蠱 916

畜生 898

畜牲 * 898

川奠 * 680

穿 616

傳 * 90

傳袋 * 382

傳柑 * 232

傳國寶 29

傳國璽 * 27

傳席 382

輲車 498

垂簾 42

垂簾聽政 * 41

春幡 * 244

春旛 245

春聯 * 218

春牛 247

春盤 * 244

春勝* 245

春臺* 243

春帖 220

春帖子* 219

椿 429

椿庭 429

軐 500

輴* 500

肫* 677

錞 112

錞于 112

蠢貨* 909

蠢物 910

綽號* 186

祠堂 757

次¹* 625

次²* 771

次路* 60

次妻 419

刺* 190

刺青 869

刺字* 869

賜杖* 170

蔥* 446

從車* 61

從奠 714

琮* 152

叢祠* 759

叢冢* 611

攢宫* 639

篡立 26

篡位* 25

翠館* 875

竄* 615

竄穴 614

撮合山* 404

D

褡褳 742

笪子 742

打塵埃* 318

打恭 181

打躬 181

打狗棒 718

打灰堆 226

打諢* 186

打千兒* 182

打如願 226

打頭球 344

打顊 187

打野胡 323

打夜狐* 322

打夜胡 323

大白兵車* 505

大寶* 29

大糦* 681

大椿* 429

大定* 367

大房¹ 419

大房²* 706

大豐簋 795

大棺* 541

大祭* 776

大駕* 57

大脚 868

大克鼎* 799

大斂奠* 711

大輅 59

大盟 99

大人 475

大牢 654

大射* 122

大射正* 124

大昇輿* 501

大祀 776

大脱空 514

大像 744

大烟 852

大堥 565

大影 744

大盂鼎 * 797
大玉戈 * 793
大閲 105
大鑄客鼎 * 807
大足 868
呆子 ¹ 475
呆子 ² * 908
待聘 366
待字 * 365
戴 * 494
戴楸葉 * 283
丹 922
丹雞 * 669
丹藥 * 921
聃簹 795
單櫝 540
誕辰 ¹ 163
誕辰 ² 164
誕日 162
當塗高 70
璫 * 864
刀斗 112
倒頭飯 * 718
倒頭羹飯 718
倒脫靴 * 849
搗子 * 906
道車 * 505
翿 479

纛 * 478
登 * 693
登高會 300
登基 24
登極 24
登聞鼓 * 74
登尊號 23
豋 693
燈船 * 262
燈虎 236
燈節 * 229
燈樓 * 235
燈謎 * 235
燈牌樓 235
燈市 * 234
燈樹 234
鐙 693
邸報 * 93
底老 * 415
地宮 640
地券 * 520
地市 * 645
弟妷 887
弟子 884
帝 * 13
帝王 14
點百病 284
點卯 * 92

點青 869
奠幣 * 696
奠饋 ¹ 471
奠饋 ² 716
奠席 * 716
奠鴈 370
奠衣服 * 731
奠儀 * 470
殿下 * 184
刁斗 * 112
刁徒 * 907
雕青 869
吊錢 214
丁艱 623
丁寧 111
丁憂 * 623
頂戴 * 83
頂子 83
鼎 * 132
定禮 * 367
定錢 367
定帖 * 360
定物 367
丟百病 * 322
東床 * 431
東道主 * 203
東道主人 204
東園畫梓壽器 534

東園祕器 534
東園秘器 * 533
東園器 534
東園梓棺 534
東園梓器 534
洞房 * 386
斗 * 148
枓 148
豆 * 138
豆籩 139
鬥蟋蟀 304
鬥賺績 304
梪 139
䇺 139

毒品 * 851
毒物 851
匵 539
櫝 539
櫝槽 540
櫝丸 127
韣 128
韇 127
韇丸 127
賭 839
賭博 * 838
賭具 * 839
端五 259
端午 * 258

端陽 259
端正月 287
短命鬼 * 913
對聯 219
敦 * 140
薨船 858
遁甲 * 815
頓首 * 177
奪情 * 624
剁生 275
挼 676
隋 * 676
墮 676

E

惡車 504
堊車 504
堊室 * 625
輀 * 502
輀 502
轜 502

轜 502
轜軒 502
耳卜 214
珥 * 121
二房 420
二夫人 * 420

二娘子 421
二十四堆 573
二踢脚 * 223
二桃 * 753
貳車 60

F

乏 * 128
法尺 831
法駕 * 58
嶓 * 450

幡勝 245
旛幢 482
翻經會 273
藩蔽 * 510

燔 675
膰 * 674
繙 675
汎齊 684

泛齊 * 684

飯袋 911

飯含 * 460

飯哈 460

飯米飯貝 461

飯囊 911

飯桶 * 910

飯玉 460

方弼 * 476

方城 ¹* 640

方城 ²* 643

方巾 452

方明 * 689

方丘 * 750

方勝 353

方物 * 51

方相 * 473

方彝 145

方澤 751

方中 * 640

防 128

防喪 475

房奩 376

房卧 * 377

房下 415

房俎 706

放河燈 283

放足 * 868

飛帖 227

誹謗木 * 74

賁鼓 109

隤 598

墳 * 598

墳地 562

墳壙 615

墳壘 * 599

墳陵 638

墳隴 599

墳壟 598

墳壠 599

墳墓 * 598

墳垙 599

墳瘞 599

墳塋 599

墳域 564

墳冢 599

墳塚 599

墳燭 * 703

賁燭 703

鼖鼓 * 109

粉黛 890

粉牌 77

粉頭 * 889

粉糰 229

分子 * 206

份子 206

封 ¹* 605

封 ²* 697

封禪 * 778

封窆 616

風車 855

風鑑 * 819

風鑒 820

風角 * 821

風水 823

風壇 * 752

風月酒 879

豐碑 582

捀策 812

鳳凰 * 345

賵 * 468

賵方 * 471

賵賻 * 467

賵馬 * 471

佛誕日 258

佛朵 739

佛粥 307

夫 409

夫婦 407

夫妻 * 406

夫人 411

扶乩 * 834

扶箕 835

扶鸞 835

芙蓉膏 852

服 126

服具 * 485

服闋 * 624

莆 508

罘罳 * 71

浮思 71

桴思 71

符艾 268

符節 90

符曆 831

符籙 * 831

符咒 831

紼 508

罦罳 * 71

福 1 183

福 2* 675

福地 572

福酒 * 686

福食 * 675

福物 * 675

福字 * 220

簠 * 126

黻冕 * 492

医 137

匸 137

斧依 30

斧扆 30

脯 * 678

簋 * 136

薡 137

黼荒 * 492

黼扆 * 493

黼依 30

黼扆 * 29

訃 * 467

訃告 467

赴 467

祔柩 * 544

復思 71

駙馬 * 431

賻 * 468

賻布 468

賻賵 468

賻馬 * 471

賻儀 471

覆面帛 452

覆面紙 * 452

G

改嫁 396

改適 396

蓋頭 * 388

干戚 * 702

乾豆 * 679

剛柏題湊 * 551

剛鬣 * 666

剛卯 * 212

羔雁 369

羔鴈 * 368

高壺 * 203

高唐 332

高堂 * 427

高坐 386

高座 * 386

槁車 * 504

筶 * 829

誥 * 32

誥敕 33

誥命 33

誥命夫人 81

革路 * 60

革輅 61

格五 842

隔年飯 327

閣下 * 185

更衣 636

庚帖 360

羹飯 * 718

羹獻 * 667

坰............................576

弓鞋*........................867

弓樣鞋......................867

弓樣鞵......................867

公公*.......................426

公姑........................426

公墓*.......................567

公婆*.......................426

公氏........................567

功布¹*......................480

功布²*......................509

供具*.......................689

宮門抄*....................94

宮人斜......................573

觥*.........................144

觵..........................144

拱..........................182

拱手*.......................181

輁軸*.......................501

貢..........................50

貢物........................51

貢獻........................50

溝壑*.......................568

姑..........................427

姑布*.......................820

姑舅........................426

孤魂紙......................740

孤孀........................422

瓢*.........................142

骨牌*.......................846

鼓吹*.......................151

鼓戰*.......................109

鼓掌*.......................189

穀倉*.......................517

鵠*.........................125

故宮¹.......................68

故宮²*......................68

顧命........................45

顧命大臣*..................44

寡婦*.......................422

寡妻¹*......................413

寡妻²*......................413

寡小君......................413

卦盒........................829

卦筒*.......................828

卦影*.......................814

卦資........................832

挂墓*.......................252

挂千........................214

挂箋........................214

挂錢*.......................214

挂紙........................253

官告........................88

官誥*.......................88

官妓*.......................884

官媒*.......................401

官媒婆......................402

官人*.......................410

官衙........................73

冠禮........................159

倌人*.......................889

棺*.........................535

棺材........................536

棺櫬*.......................538

棺當........................554

棺釘*.......................556

棺櫝*.......................538

棺郭........................527

棺椁*.......................526

棺槨........................527

棺函*.......................537

棺槽........................540

棺柩........................542

棺具*.......................525

棺木*.......................536

棺椑*.......................538

棺器*.......................537

棺衾........................525

棺飾*.......................486

棺束*.......................555

棺題*.......................557

關帝*.......................783

關帝廟*....................768

關防*.......................89

關節 * 187
關廟 768
關聖 784
關聖帝君 784
關説 188
關通 188
關王廟 768
觀兵 105
觀師 105
祼圭 * 694
灌佛會 258
爟火 * 702
爝火 703
光棍 [1] * 399
光棍 [2] * 906
廣寒宮 * 288

廣陵潮 * 295
廣陵濤 296
廣柳車 * 503
圭 153
圭幣 697
圭瓚 155
珪 * 153
珪幣 * 696
龜卜 * 811
龜甲 * 811
龜筮 813
歸寧 * 394
鬼節 281
鬼票 * 741
鬼衣 731
詭遇 * 121

籃 * 135
貴姓 184
國儲君副 46
國信使 102
虢季子白盤 * 800
椁 * 546
椁柩 * 544
槨 547
裹脚 [1] 865
裹脚 [2] * 867
裹脚布 868
裹足 865
過禮 374
過門 * 378
過所 91

H

含錢 * 461
寒食 * 250
寒衣 * 732
旱魃 [1] * 918
旱魃 [2] * 918
旱烟袋 * 857
旱烟管 857
旱烟筒 857
含 * 459
含玉 * 460

哈 460
琀 460
漢子 409
翰音 * 669
行貨子 * 912
行首 * 888
行院 * 882
行子 912
蒿里 [1] * 486
蒿里 [2] * 569

薨里 569
合懽被 391
合歡杯 * 391
合歡被 * 390
合歡草 352
合歡帶 * 390
合歡果 352
合歡結 265
合歡蓮 351
合歡梁 * 389

合歡索¹ 264

合歡索² 390

合歡桃* 352

合巹* 391

何尊* 795

和* 554

和表 72

河東獅* 416

河東獅子 417

脉 554

盉* 146

盒子* 224

楬豆 717

瓺豆* 717

闔家歡 326

賀箋* 167

賀彌月 443

賀壽 166

姮娥 291

恒娥 291

桁 520

衡¹ 520

衡²* 557

紅暗房¹ 387

紅暗房² 439

紅定 367

紅豆* 349

紅娘* 404

紅繩 342

紅絲 342

紅帖 194

紅頭牌* 78

紅頭籤 78

紅幾 342

紅葉* 347

鴻雁* 199

鴻鴈 199

侯* 124

侯馬盟書* 806

疾 125

后母戊鼎* 793

后母辛方鼎* 794

后土* 767

厚麥 617

後路 60

智鼎* 798

膴* 676

壺* 149

瑚璉* 693

琥* 154

笏* 85

笏板 85

花榜* 879

花爆 224

花粉 873

花骨頭* 844

花紅¹* 384

花紅²* 389

花花巧畫扇 271

花轎* 381

花街* 877

花酒* 879

花魁* 887

花翎* 84

花柳* 878

花娘* 887

花炮* 224

花艇* 879

花下子* 440

花院 875

花燭* 385

華轎 382

華表¹* 72

華表²* 590

滑石猪 519

化子* 903

花子 904

畫布* 708

畫荒* 493

畫米囤* 322

畫翣* 493

畫帷* 493

懷孕 438

懷子 438

歡喜帶 390

桓表 72

還魂紙 740

宦 862

宦官 * 861

宦者 862

荒 * 488

皇帝 * 14

皇曆 311

皇上 15

皇堂 * 641

黃榜 * 36

黃背子 31

黃冊 * 118

黃裳 * 413

黃腸 552

黃腸石 * 552

黃腸題湊 * 551

黃帝陵 * 645

黃褂 96

黃麾 * 56

黃昏紙 * 740

黃曆 311

黃六 * 905

黃壚 * 620

黃馬褂 * 96

黃門 863

黃帊 * 31

黃袍 * 30

黃泉 * 619

黃衣 31

黃褶 96

黃紙 739

璜 * 154

灰儭 553

灰槼 * 553

灰釘 * 554

回門 394

回盤 * 375

回煞 918

回魚箸 * 375

迴避牌 * 56

會親 * 380

槥 539

槥櫝 539

諱 920

櫘櫝 540

昏鼓 * 109

昏禮 357

昏姻 358

婚禮 * 357

婚書 * 361

婚田 * 377

婚帖 361

婚姻 * 357

婚約 362

婚主 * 405

渾家 * 415

渾舍 416

渾賬 910

魂帛 * 724

魂車 [1] * 476

魂車 [2] 506

魂轎 * 484

魂瓶 * 518

魂亭 * 476

魂衣 732

魂輿 476

混帳 910

混賬 * 910

諢號 186

諢名 186

火把節 * 273

火城 * 221

火盆 * 320

火山 320

火樹 * 233

火紙 * 739

J

几¹ 172

几²* 520

几筵 717

机 172

笄* 159

箕姑* 231

機關* 73

及笄* 159

吉地* 571

吉禮* 11

吉期 365

吉壤 571

吉日* 364

吉帖 360

吉祥板 531

即位* 23

即尊號 23

即阼 24

聖周* 550

耤田 129

藉田* 128

籍 89

籍田 129

伎館 875

妓 883

妓弟* 887

妓館* 875

妓女 883

妓院 875

寄庫 730

祭* 776

祭具 689

祭器* 688

祭田* 772

繼妻 418

繼室* 418

佳城* 570

家廟* 758

家書* 199

家信 200

嘉禮* 12

嘉蓮 352

嘉平 306

猳* 665

夾室* 769

甲馬 728

斝* 143

嫁妝 376

嫁粧 376

嫁裝* 375

駕 17

湔裙 248

湔衫 248

湔裳* 247

湔裳裙 248

械 556

監國* 43

緘 556

緘繩 556

蹇修* 401

蹇脩 401

簡 198

簡板 193

簡版* 193

簡策 36

簡帖 198

簡札 193

見* 487

建儲* 45

健人* 267

踐阼 24

薦 680

薦新¹* 680

薦新²* 713

薦羞* 673

餞 201

餞送 201

餞行* 200

將軍炭 309

交杯 391

交杯酒* 392

交杯盞 * 392

交盃酒 392

交盃盞 392

交關 188

交午 72

交巡酒 392

郊 777

郊祀 * 777

椒漿 * 686

椒糈 * 681

嬌客 430

燋 704

角黍 260

角柶 * 459

角枕 * 458

筊 829

脚布 868

脚帶 868

絞衾 * 454

矯詔 * 34

矯制 34

繳擔紅 * 368

珓 829

校場 * 106

校獵 120

校書 886

校閱 * 105

教場 106

教閱 106

轎馬 * 728

接生婆 439

結婚 * 378

結親 378

節 ¹ * 89

節 ² 98

節婦 423

節鉞 * 97

碣 585

碣 * 584

解粽 * 260

介 174

介紹 ¹ 174

介紹 ² 405

介紹人 * 404

齊酒 683

金蚕 519

金罍 * 518

金錞 * 111

金丹 922

金丹藥 922

金鐸 * 111

金根容車 506

金棺 * 531

金鏡重完 340

金蓮 * 865

金路 * 59

金輅 59

金鑾殿 * 69

金銀錠 736

金銀紙錠 737

紟 * 454

錦纏頭 873

晋鼓 * 151

晋侯穌編鐘 * 799

進善旌 * 74

禁 * 140

禁城 66

禁忌 * 918

禁闈 66

禁庭 66

禁闥 66

禁中 * 65

堇 * 611

殣 611

覲 49

京 609

京八寸 * 855

京觀 * 609

京丘 609

荆燋 * 703

荆妻 * 415

荆室 * 415

旌銘 478

菁茅 707

井椁 * 553
儆蹕 54
警蹕 54
警趯 54
净鞭 * 56
静鞭 56
鏡聽 * 213
競渡 * 260
鳩杖 * 171
九拜 * 175
九鼎 ¹ * 133
九鼎 ² * 691
九京 570
九牢 * 656
九廟 * 753
九泉 619
九體 * 662
九錫 * 95
九原 * 570
九子蒲 * 436

酒籌 * 205
酒糺 887
酒糾 886
酒乣 887
酒令 * 205
酒囊 * 911
匛 542
柩 ¹ 478
柩 ² * 541
柩車 * 497
柩路 498
柩輅 498
救星 * 834
舅 427
舅姑 426
舊墓 566
舊塋 565
舊營 566
匶 542
匶車 498

匶路 498
櫃 542
苴杖 483
鞠躬 * 179
局票 * 892
菊花酒 * 302
菊酒 303
棋 705
秬鬯 * 686
罥索 255
角 * 144
橛 705
爵 * 140
爵里刺 * 192
君姑 427
君舅 427
君襚 469
軍禮 * 12
軍社 690

K

開路神 475
開路神君 475
開門錢 * 383
凱歌 * 116
愷歌 116
愷樂 116

堪輿 * 821
坎 ¹ * 449
坎 ² * 615
坎 ³ * 752
坎穴 615
埳 450

埳室 769
看果 * 683
輬車 * 730
伉儷 406
抗木 * 465
磕頭 176

磕頭蟲 * 897

克鼎 800

課錢 [1]* 829

課錢 [2]* 831

課筒 828

肯酒 * 379

空木 * 540

空首 177

口含錢 461

叩首 177

叩頭 176

哭喪棒 483

哭喪杖 483

庫 730

快鞋 858

快蟹 * 857

蕢桴 * 700

梡 705

窾木 540

廣 615

壙 * 614

壙埌 * 606

壙壨 607

壙志 588

壙誌 587

纊 * 449

饋奠 716

鬐笄 * 459

L

拉手 189

臘八粥 307

臘 306

臘八粥 * 307

臘鼓 * 309

臘祭 * 306

逨盤 * 801

藍翎 * 84

藍橋 * 340

覽揆 164

廊廟 65

埌 606

牢 * 654

牢鼎 * 692

牢具 * 662

牢牲 654

牢饌 * 660

牢燭 * 385

老鴇 891

老公 409

老狗 * 899

老婆 411

老人星 169

雷鼓 * 699

纍 * 145

嫠 422

嫠婦 422

縭 * 388

離婚 395

離婚書 396

離異 * 394

驪歌 200

驪駒 * 200

驪聲 200

里社 * 765

禮器 * 130

醴 684

醴酒 684

醴齊 * 684

醴醆 684

立嗣 45

利簋 * 794

利市 * 382

利市錢 383

鬲 * 137

栗主 * 721

厲壇 * 770

曆 311

曆日 311
曆頭 311
麗皮 369
儷皮 * 369
礫石棺 531
連理花 351
連理木 351
連理枝 * 350
蓮鶴方壺 * 805
奩幣 377
奩田 377
奩資 * 377
斂衽 * 183
斂衽 184
臉面 207
練主 721
斂具 526
殮衾 * 454
殮尸六玉 * 462
良 ¹ 410
良 ² 607
良人 410
良渚玉琮王 * 792
梁闇 628
糧罌瓶 518
亮闇 628
亮陰 628
晾經會 * 272

諒闇 * 627
諒陰 628
燎壇 * 750
烈女 423
陵 637
陵墳 638
陵廟 635
陵墓 638
陵寢 * 633
陵隧 575
陵臺 * 641
陵邑 ¹ * 631
陵邑 ² 632
陵域 * 632
陵園 633
陵兆 632
笭床 557
祾恩殿 * 642
靈車 499
靈櫬 543
靈床 ¹ * 457
靈床 ² * 457
靈輴 500
靈輀 502
靈鼓 * 699
靈几 717
靈柩 543
靈牌 724

靈錢 740
靈壽杖 172
靈臺 * 63
靈堂 466
靈位 * 723
靈筵 * 717
靈舁 503
靈輿 * 503
靈主 720
靈坐 * 722
靈座 723
令丁 111
令箭 * 112
令牌 * 831
溜單 * 91
溜子 92
流杯 249
流杯曲水 249
流觴 249
流觴曲水 * 248
流觴修 249
旒旗 * 481
旒旐 481
柳 * 491
柳車 498
柳翣 487
𢱢 488
𢱢翣 487

蔞翣* 487

六壬* 815

六牲* 657

隆恩殿* 643

龍* 18

龍城 772

龍墀* 21

龍船* 261

龍輴* 500

龍輀 502

龍轜 502

龍轃 500

龍華會 258

龍袍* 32

龍翣* 492

龍抬頭* 242

龍廷 772

龍庭* 771

龍帷* 491

龍顏* 20

龍舟 262

龍座* 20

隴 604

壠 604

壟* 604

壠墓 604

樓庫 730

壞 606

漏澤園* 568

盧* 840

廬 625

廬堊 626

廬户 627

廬居 627

廬墓* 626

廬寢 626

廬舍 626

廬垩 626

廬冢 627

廬殿* 643

禄命* 819

路鼓[1] 75

路鼓[2]* 700

路寢 449

路冢 612

路莊板 827

蓼莪* 428

露版 108

露布[1]* 107

露布[2]* 113

露臺* 768

錄事* 886

錄事巷* 874

旅櫬* 545

履歷* 86

緑牌 78

緑頭牌 77

緑頭籤 77

脟脣* 678

鑾輅 507

鑾仗 59

鑾車 507

鑾刀* 704

鑾鳳* 345

鑾膠 417

鑾鏡之圓 340

鑾書 361

亂歲 316

亂歲日* 315

羅帶* 354

羅經 827

羅盤* 826

贏醢* 680

贏蘭車* 503

M

媽祖 787

麻將* 847

麻雀 848

麻燭 703

馬八六 892

馬百六 892

馬伯六 892

馬泊六 * 891

馬步 * 789

馬吊 846

馬將 848

馬鬣封 * 605

馬騎燈 238

馬社 * 789

馬子 849

馬祖 * 788

買路錢 * 740

麥秀 * 62

賣身 * 870

滿月 * 443

駹車 * 504

毛 * 662

毛公鼎 * 802

毛牛 * 665

毛血 * 663

茅 * 480

茅馬 * 515

茅娘 * 516

茅菆 * 707

卯簿 * 92

卯金 213

冒 * 452

堳埒 773

媒 400

媒介 174

媒婆 * 400

媒人 400

媒人婆 401

媒氏 * 401

媒妁 * 399

媒嫗 401

門吊子 214

門箋 214

門啓 193

門狀 193

盟辭 101

盟器 512

盟誓 100

盟書 * 99

盟主 101

謎語 238

祕器 534

秘器 534

幎巾 451

幎目 * 451

眠牛 572

綿絡 * 480

面帛 * 452

面縛牽羊 115

面縛銜璧 * 115

面縛輿櫬 115

面目 207

面皮 207

面衣 [1] 451

面衣 [2] 452

面子 * 206

廟 635

廟算 107

廟堂 * 65

廟桃 757

廟戰 * 107

廟濯 757

名刺 191

名片 * 194

名帖 193

名紙 * 192

明弓矢 * 520

明薦 * 673

明旌 478

明樓 * 643

明器 * 512

明十三陵 * 648

明視 * 668

明水 * 687

明堂 * 746

明廷 * 771

明庭 771

明中 *	641	銘 *	477	牡 *	664
冥寶 *	735	銘旌	477	牧豬奴 *	849
冥財	735	鳴金 *	110	墓 *	597
冥鈔	733	命婦 *	81	墓表	583
冥楮	733	摩孩羅	280	墓道	578
冥錠	735	摩睺羅	280	墓地 *	562
冥昏	397	磨喝樂	280	墓記	588
冥婚 *	396	嬭嬭 *	442	墓壙	615
冥器	512	牟尼串	85	墓門 *	577
冥錢 *	732	木 *	527	墓闕	593
冥鏹	733	木鑪 *	510	墓石	587
冥壽 *	164	木車 *	503	墓隧	575
冥童 *	730	木鐸 *	54	墓田	562
冥衣 *	730	木舘 *	510	墓志 *	586
冥宅 *	729	木路 *	61	墓誌	586
冥紙	733	木輅	61		
冥資 *	735	木主	720		

N

內臣	863	納采 *	362	鬧洞房	388
內官	862	納吉 *	363	鬧蛾兒 *	225
內眷	414	納徵 *	363	鬧嚷嚷	225
內人 *	413	奶媽	442	鬧新房 *	387
內人斜 *	572	奶母	442	鬧元宵 *	230
內侍	862	奶娘	442	泥孩兒 *	279
內羞 *	681	奶子 *	442	泥腿 *	903
內子	414	南山 *	166	溺女 *	914
納幣	364	鐃 *	110	溺嬰	915

年幡……………………245

年飯……………………326

年畫*……………………214

年曆*……………………310

年爐……………………320

年夜飯*…………………326

輦轂下*…………………64

廿四堆…………………573

娘家*……………………433

娘子*……………………412

牛郎織女*………………333

牛眠……………………572

牛眠地*…………………572

牛女……………………334

牛牲*……………………663

膿包*……………………908

弄瓦*……………………443

弄璋*……………………442

弄麞……………………443

奴………………………903

奴才*……………………903

女兒紅…………………380

女兒酒*…………………379

女酒……………………380

女眷……………………414

女牛……………………334

女校書*…………………885

女壻……………………430

女婿*……………………430

暖女……………………393

餪敬……………………393

餪女*……………………392

O

熰歲*……………………319

禺人……………………513

偶人*……………………513

P

扒龍……………………858

拍………………………677

拍掌……………………190

排當*……………………202

排檔……………………202

牌坊*……………………594

牌九……………………847

牌樓……………………595

牌位……………………724

槃………………………148

盤*………………………147

胖*………………………677

炮烺*……………………223

炮燀……………………223

炮仗……………………223

礟燀……………………223

礟仗……………………223

炮竹……………………222

陪鼎……………………692

培………………………606

培壝*……………………606

蓬鞭*……………………269

批紅*……………………38

披*………………………508

披紅*……………………390

皮車*……………………515

匹夫*……………………902

辟雍*……………………747

辟廱……………………748

偏房*……………………420

偏戰*……………………109

楄部……………………557

楄柎*……………………557

梗榑*……………………549

片子……………………194

票擬*……………………38

票旨 39

娉幣 372

娉財 372

聘財 372

聘金 372

聘禮 * 371

聘錢 372

平康 * 874

凭几 * 172

馮几 173

凴几 172

凴 89

凴几 172

蘋藻 * 680

潑皮 * 907

婆家 * 432

婆娘 412

婆婆 * 427

婆婆家 433

破鏡重圓 * 339

蒲博 844

蒲蔽 510

蒲黄酒 270

蒲劍 * 268

蒲酒 270

蒲人 * 267

蒲社 * 764

Q

七鼎 * 691

七牢 * 656

七廟 * 753

七娘會 * 280

七星板 * 458

妻 411

妻子 * 410

漆車 * 504

漆宮 529

漆宅 529

魌 476

魌頭 475

胏俎 * 706

畦時 749

旗 * 481

麒麟鎖 445

乞骸 170

乞骸骨 * 170

乞巧 * 277

乞巧樓 * 278

乞巧棚 * 279

乞巧市 * 279

乞如願 * 225

起居注 * 40

起課 * 816

起馬牌 * 91

起輦谷 * 647

啓奠 * 713

稽顙 * 177

稽首 ¹* 175

稽首 ²* 178

器 537

鬵 110

千秋幡 * 455

千秋旛 455

千秋旛 455

千秋節 * 164

千張 741

仟 579

阡 ¹* 578

阡 ²* 606

阡陌將軍 475

阡張 * 741

牽 * 660

牽紅 389

牽巾 * 389

牽牛 334

牽頭 * 403

遷廟主 * 690

遷祖奠 * 714

籤 * 827

籤筒 829

前和* 554

前和頭 554

虔婆* 890

潛號* 26

錢垛* 739

錢糧* 742

錢塘潮* 296

遣* 521

遣白虎* 227

遣策* 521

遣車* 506

遣奠* 715

繾綣司* 341

輤 502

輤車* 501

強良 516

強梁 516

強人* 902

彊良* 516

墻* 488

墻盤 798

橋山* 644

衾* 453

欽録簿* 39

親廟* 756

親迎* 366

秦兵馬俑* 646

秦公鎛* 804

秦公簋* 804

秦晋之好* 332

秦晋之匹 333

秦樓* 876

秦始皇陵兵馬俑 647

秦俑 647

琴* 607

琴城 607

琴瑟* 345

琴臺 607

禽獸* 897

禽儀 369

禽妝 370

寢 635

寢* 635

寢殿 635

寢宮 635

寢廟* 633

寢廟園 634

寢苫枕塊 628

寢園 634

青樓* 874

青廬* 380

青鸞* 198

青囊 [1]* 86

青囊 [2]* 829

青鳥 199

青皮* 906

青社* 764

青烏* 823

青烏子 824

清道旗* 55

清滌 687

清東陵* 649

清膏 852

清酒* 685

清明* 249

清祀 306

清素車* 499

清西陵* 649

清酌 686

擎天柱 591

請安* 183

請期* 364

請帖* 196

親家* 433

磬* 150

桫 842

窮泉 619

櫈 842

瓊* 841

瓊板* 582

丘* 600

丘墳 602

丘封 602

丘阜* 602
丘陵 638
丘隴 602
丘壟* 601
丘壠 602
丘墓 603
丘坡 602
丘壤 608
丘山 637
丘隧 575
丘虛 603
丘墟* 603
丘塋 604
丘冢 602
邱 601
邱墳 602
邱隴 602
邱壟 602

邱壠 602
邱冢 602
坵墳 602
坵墟 603
坵冢 602
秋胡戲* 416
秋千 255
秋興* 303
鞦韆* 254
囚根* 904
囚囊* 904
囚攘的 904
曲水流觴 248
曲水觴 249
全帖 362
泉扉 577
泉宮 640
泉户* 577

泉扃 577
泉壤 619
泉隧 575
泉歹 617
泉下 620
牷 661
牷物 653
輇車 498
犬服* 509
犬牲* 667
券臺* 770
勸進* 21
闋 70
鵲槎 335
鵲梁 335
鵲橋* 335

R

然禩* 509
人日* 224
妊 438
妊娠* 437
姙 438
衽 555
日角* 19
日曆 311

日者* 835
戎車 61
戎輅 61
容 128
容車* 506
容根車 506
容禮* 173
容翟* 505

頌禮 174
柔毛* 666
肉袒面縛 115
如夫人* 421
孺人 412
乳媼 441
乳母* 441
乳姆 442

乳娘 442

弱冠 * 158

S

撒帳 * 383

撒帳果 * 384

撒帳錢 * 384

塞 842

賽龍舟 261

賽社 * 307

賽烏 247

籆 * 842

曬經會 273

三朝禮 393

三朝盤 393

三尺墳 608

三尺墓 * 608

三尺土 608

三鼎 * 691

三酒 * 683

三牢 * 655

三茅 707

三泉 620

三社 * 761

三牲 * 656

三犧 [1] 657

三犧 [2] 669

三星堆縱目銅面具 * 825

散氏盤 * 803

散疹 246

桑間陌上 331

桑間濮上 331

桑林 331

桑中 * 330

桑主 * 720

喪具 * 524

喪事 * 544

喪輿 503

喪車 * 497

喪柩 542

喪門 897

喪門星 * 896

喪庭 466

掃墓 * 253

掃帚星 [1] * 832

掃帚星 [2] * 896

掃箒星 833

傻瓜 * 908

傻子 908

歃 101

歃血 * 101

娑 * 487

娑柳 487

賽烏鬼 * 247

山 * 636

山川 * 779

山窆 616

山墳 637

山陵 * 636

山丘 * 603

山塋 637

苫次 * 627

苫凷 628

苫塊 * 628

苫壤 628

苫席 * 628

墠 * 773

欑傍 * 541

欑旁 541

禪代 * 25

禪讓 * 24

禪位 25

膳夫克鼎 800

膳牌 * 76

商燈 236

商謎 238

賞月 * 287

上 * 15

上方斷馬劍 99

上墳 253
上宫 * 642
上日 211
上殺 * 120
上牲 655
上首 205
上壽 * 165
上壽禮 168
上壽禮物 168
上天衣 732
上席 205
上元 228
上元節 228
上坐 * 204
上座 205
尚方寶劍 99
尚方劍 99
尚方斬馬劍 * 98
筲 * 522
燒骨魁 320
燒紙 739
勺 * 148
少牢 * 654
笤 829
紹介 ¹* 174
紹介 ² 405
揲蓍 * 811
舍 625

社 ¹* 760
社 ²* 781
社公 782
社宫 * 765
社鬼 782
社稷 * 762
社日 * 211
社神 782
社壇 761
社主 * 690
射草狗 * 318
射宫 * 124
射禮 * 121
射柳 * 262
射數 845
射堂 124
射意 845
攝魂瓶 518
攝政 * 42
粔盆 320
娠 438
神板 724
神版 724
神帛 ¹* 449
神帛 ² 725
神倉 * 698
神厨 * 774
神祠 759

神道 * 578
神道碑 * 583
神功聖德碑 * 585
神宫 759
神庫 * 773
神路 578
神牌 724
神器 * 26
神丘 768
神荼 * 217
神亭 477
神羊 * 667
神宇 * 759
神御 * 742
神軸 744
神主 720
神子 ¹* 317
神子 ² 744
神坐 * 724
神座 724
脈 * 674
脈膰 * 674
蜃車 498
生辰 162
生辰八字 818
生辰擔 168
生辰綱 * 168
生辰擔 168

生劦* 470
生椁* 547
生槨 547
生壙 610
生墓 610
生盆 321
生日* 161
生肖* 160
牲* 653
牲幣* 670
牲牢* 653
牲牷* 653
牲牷* 661
牲殺* 660
牲體* 662
牲頭* 661
牲物* 670
牲魚* 670
牲玉* 670
笙盆 321
省中 66
乘輿* 16
乘轝 17
勝國之社 764
聖誕* 164
聖旨* 33
尸* 721
尸格 472

尸盟者 101
屍格* 471
屍柩 542
蓍草* 812
十二牢* 656
十二樓 876
十六樓* 875
十三陵 649
十四樓 876
石板棺 531
石棺* 530
石郭 548
石椁* 547
石槨 548
石檢* 697
石岊* 697
石距 697
石門 577
石闕* 592
石室 769
石豚 520
石望柱 593
石翁仲 590
石像生* 589
石筵 717
石誌 587
石主* 721
石柱 593

時憲曆 312
時憲書* 311
史墻盤* 798
豕腊* 679
使 102
使車* 61
使者* 101
始死奠* 710
世室* 755
式 826
事酒* 685
室女 80
栻 826
栻盤* 824
視師 105
試兒* 444
試周 444
試晬 444
適室 449
誓劍 99
誓書 100
收生婆 439
手拜 177
手刺* 193
手簡 194
手書 198
手札* 198
守歲 326

守歲燭 322

首坐 205

受禪 25

受降禮* 116

壽材 541

壽藏 610

壽辰 163

壽誕 162

壽宮* 639

壽酒* 167

壽具 541

壽坎 610

壽壙 610

壽禮* 167

壽陵* 638

壽木 541

壽器* 540

壽日 163

壽堂 610

壽星* 168

壽穴 610

壽衣* 453

壽塋 610

壽杖 172

壽冢* 609

書尺 196

書刺 191

書方 471

書函 197

書簡* 197

書帖¹ 193

書帖² 197

書信* 197

疏布* 708

疏趾* 669

熟肚* 439

黍離* 63

束 556

束帛* 371

庶襀 469

豎儒* 901

豎子* 902

霜娥 291

雙表 593

雙廟* 760

雙闕 593

雙頭蓮 351

孀娥 291

孀婦 422

水兕革棺* 545

水烟袋* 856

水烟筒 857

涗水 684

順風旗 93

順溜紙 739

鬊蚤* 450

朔奠 713

朔月奠* 712

司母戊鼎 794

司射* 124

私合 893

私窠子* 884

私門子* 878

絲鞭* 344

絲蘿* 347

四阿椁* 548

四瀆* 780

四十二年逨鼎* 801

四十三年逨鼎* 802

四望 779

四注椁 548

寺人* 861

祀* 776

祀田 772

殯* 464

嗣皇 46

肆器* 457

松柏 607

松檟 607

松徑 578

松路* 578

松盆 320

松楸* 607

送刺 195

送寒衣 * 308

送名帖 195

送名狀 195

送窮 240

送窮鬼 240

送窮子 240

廋 237

廋辭 236

瘦馬 882

蒐田 120

素車 ¹ 500

素車 ²* 504

素娥 291

素几 * 458

素琴 718

素俎 * 716

速喜 * 834

宿歲飯 * 327

肅 178

肅拜 * 178

肅靜牌 * 55

鱐 * 679

酸丁 * 901

酸子 902

算命先生 ¹ 405

算命先生 ²* 836

隋釁 * 680

綏 676

祱 469

歲除 325

歲除夜 326

歲飯 327

歲貢 * 50

歲豬 * 666

歲燭 * 321

隧 * 574

隧道 575

隧路 575

墬 575

襚 * 469

總帷 456

總帳 * 456

T

踏青 * 254

蹋百草 * 272

蹋青 254

臺城 * 66

大廟 755

大社 763

大室 755

大祖 755

大祖廟 755

太保鼎 * 796

太監 * 863

太牢 * 654

太廟 * 754

太社 763

太室 755

太歲 ¹* 833

太歲 ²* 834

太太 411

泰山 424

泰山石敢當 * 789

泰水 425

泰壇 * 750

泰昭 * 752

泰折 * 751

攤錢 845

壇 * 749

坦 431

坦腹 431

袒右 * 102

炭將軍 309

湯餅會 * 443

湯糰 229

湯圓 229

堂客 414

堂子 ¹* 772

堂子 ² 878

塘子* 878

叏* 127

桃符¹* 215

桃符²* 219

桃梗 216

桃卯 267

桃人¹* 216

桃人²* 916

桃印* 266

韜 699

鞱 699

鞱 699

鞻* 698

特牲* 658

剔牙杖 206

緹齊* 684

醍酒 685

題湊* 550

題奏 551

剃長毛 445

剃胎髮* 445

天妃* 786

天妃娘娘 788

天后 787

天后娘娘 788

天灸* 284

天贶節* 273

天鹿 594

天禄* 593

天蓬尺* 830

天篷尺 831

天上聖母 788

天馳 788

天孫* 334

天孫橋 336

天壇* 748

天亡篹* 795

天文生 836

天子* 12

天足* 868

添土 253

田 120

田獵* 119

田路 61

田燭* 704

甸 120

畋 120

填房 418

填五窮* 240

挑青* 255

條旨 38

條子* 890

跳白索 239

跳百索* 239

跳灶王 323

鐵牌 44

鐵字牌* 44

帖兒 196

帖子* 195

聽響卜 214

庭燎* 702

脡祭* 670

通刺 192

通房* 421

通籍* 89

通書* 312

通替 535

通替棺* 535

通心錦 390

同盟* 99

同心 353

同心杯 392

同心草* 352

同心帶 353

同心方勝* 353

同心花 353

同心結* 352

同心苣* 353

同心扣 353

同心蓮 351

同心縷* 353

同心藕 351

同志* 187

桐棺* 546

桐人* ………………… 514

童男童女 ………………… 730

銅樿* ………………… 549

銅欙 ………………… 550

偷香竊玉* ………………… 339

投刺* ………………… 194

投壺* ………………… 202

投名刺 ………………… 195

投名狀 ………………… 193

投謁 ………………… 195

投子* ………………… 842

骰盤* ………………… 844

骰子 ………………… 843

頭面* ………………… 372

塗車* ………………… 515

塗芻* ………………… 515

腯肥* ………………… 666

圖籙 ………………… 831

土 ………………… 761

土藏 ………………… 616

土聖 ………………… 550

土地 ………………… 782

土地祠 ………………… 766

土地公公 ………………… 782

土地廟* ………………… 766

土饅頭* ………………… 608

土牛* ………………… 246

土神 ………………… 782

土穴 ………………… 614

土筵席 ………………… 771

土周 ………………… 550

荼 ………………… 217

荼與 ………………… 217

兔兒爺* ………………… 293

團圓節* ………………… 286

豚 ………………… 666

脱空* ………………… 514

蠹蹕* ………………… 126

W

瓦棺* ………………… 527

外婦* ………………… 421

外姑 ………………… 425

外號 ………………… 186

外舅 ………………… 425

外室 ………………… 422

外宅 ………………… 422

完親 ………………… 378

玩月 ………………… 287

宛轉繩 ………………… 265

挽歌* ………………… 485

挽聯* ………………… 745

萬福* ………………… 183

萬歲* ………………… 18

萬歲爺 ………………… 18

亡國之社 ………………… 764

王杖 ………………… 172

望 ………………… 779

望夫岡 ………………… 338

望夫山 ………………… 338

望夫石* ………………… 337

望夫臺 ………………… 338

望祭* ………………… 778

望柱* ………………… 593

望柱石 ………………… 593

威姑 ………………… 427

帷* ………………… 489

帷荒* ………………… 488

帷堂* ………………… 455

幛帳 ………………… 456

委禽* ………………… 369

委質* ………………… 103

委贄 ………………… 103

葦茭 ………………… 221

葦索* ………………… 221

壝* ………………… 773

魏闕* ………………… 69

闈闕 ………………… 70

輼涼車* ………………… 499

輴輬車 499
文昌* 785
文面 870
文憑 89
文憑* 88
文曲星 786
文身* 868
穩婆* 439
問安' 183
問卜 814
問名* 363
問訊* 184
翁姑* 426
翁仲* 590
瓮棺* 528
握* 464
握手¹* 188
握手² 464
巫蠱 915
巫山 332

巫山雲雨* 331
屋* 494
烏鵲橋 335
烏師* 890
烏眼鷄* 899
鄔先生 890
吳剛* 294
無賴* 905
五白* 839
五綵 264
五綵絲 264
五鼎* 691
五毒符 266
五毒圖符 266
五福* 173
五穀倉 518
五穀囊* 517
五牢* 655
五禮* 10
五陵* 631

五路¹* 700
五路²* 701
五輅¹ 701
五輅² 702
五木* 840
五齊* 683
五色花紙 266
五色縷 264
五色絲 263
五色瘟紙* 266
五色印 267
五色紙錢 266
五射* 123
五牲* 657
五絲 264
五絲長命縷 264
五絲命縷 264
五祀* 778
五嶽* 779

X

夕月 286
西社* 765
昔酒* 685
夃 617
夃臺 618
淅川雲紋銅禁* 806

腊* 678
腊肉 679
醢* 678
犧¹* 652
犧²* 668
犧猳 666

犧牛* 663
犧牷 661
犧牲* 652
犧牲粢盛 671
犧盛* 671
犧尊* 141

犧樽 142

犧鏄 142

媳婦 ¹* 412

媳婦 ²* 432

檄 109

檄書 ¹* 108

檄書 ² 114

洗兒會 443

洗三 443

洗頭* 393

喜酒* 380

喜娘 ¹* 404

喜娘 ²* 406

喜錢 383

喜神 318

喜帖 361

喜幛* 380

璽節 90

細君 413

細帖子 360

細腰* 555

細要 555

餻* 659

下插定 375

下茶* 374

下宮* 642

下里* 569

下泉 620

下殺* 121

下牲* 658

下元節* 308

仙丹 922

仙法* 920

仙幢 482

先墳 566

先隴 567

先塋 566

先壠 566

先路 60

先輅 60

先牧* 788

先墓 566

先人墳墓 566

先人塋 566

先人墓 566

先人域 566

先人冢 566

先塋 567

咸 556

險道神 475

顯道神 475

顯呆子 475

羨 576

羨道* 576

羨門* 577

羨門道 577

綫符* 267

縣官* 17

獻殿* 642

獻俘* 117

獻馘* 117

獻囚 118

獻生子* 242

相公娘 412

相思木 350

相思樹 ¹* 350

相思樹 ² 351

相思子 350

香池 ¹* 774

香池 ²* 774

香袋 354

香燈* 704

香鈎* 866

香火祠* 758

香火堂 758

香爐* 694

香囊* 354

香亭* 477

鄉射* 123

鄉飲 170

鄉飲酒* 169

鄉合* 681

鄉其* 682

箱庫* 729

祥車 *	505	小足	866	星相家 *	835
祥琴 *	717	孝堂 *	465	騂 *	668
響板 *	484	脅	677	行廟 *	756
響尺	484	靯 *	510	行享殿	642
響圈 *	558	靰	510	行在	64
饗奠	716	靴	510	行在所 *	64
饗殿	642	薤歌	486	釧 *	139
象路 *	59	薤露 *	486	姓名小片	194
象輅	60	蟹艇	858	幸 *	53
象皮槍	855	新房	387	凶拜	178
象人	513	新婦 *	408	凶具 *	524
象魏	70	新郎 *	408	凶禮 *	11
消疹 *	245	新年 *	211	凶器 [1]	512
簫史弄玉 *	336	新娘	409	凶器 [2] *	524
小	419	新娘子	409	凶神 *	832
小定 *	366	新人 *	407	凶星	833
小婦	419	新婿	408	胸背	83
小脚 *	866	新正	211	雄黄酒 *	270
小姐 *	888	廞車 *	507	休書 *	395
小君	413	薪 *	525	修禊 *	249
小牢	655	信	197	羞 *	673
小老婆	419	信幡 *	81	羞鼎 *	692
小斂奠 *	710	信旛	82	脩 [1] *	146
小妻 *	419	信函	197	脩 [2] *	678
小人 *	900	信使	102	脩禊	249
小脱空	514	釁邑 *	450	饈	673
小星 *	420	星回節	275	秀女	80
小要	555	星橋	336	繡花鞋	867

綉面 * 869

綉女 * 78

綉球 344

綉鞋 * 866

繡球 * 342

墟墓 * 603

許口酒 379

稰 * 681

盨 * 140

壻 430

婿 430

續膠 418

續命縷 263

續命絲 263

續弦 * 417

續絃 417

萱 429

萱室 429

萱堂 * 428

儇目 451

玄宮 * 639

玄户 577

玄扄 577

玄酒 * 687

玄廬 618

玄牡 665

玄泉 619

玄室 618

玄堂 619

玄爹 617

玄纁 * 370

玄宅 618

削杖 483

穴 * 614

穴室 614

雪柳 * 483

血毛 663

血食 * 671

巡守 53

巡狩 * 53

巡幸 53

徇師 105

遜位 * 25

Y

押歲錢 324

厭 * 181

厭勝錢 * 916

鴉片 * 851

雅片 852

壓歲錢 * 323

壓腰錢 324

牙牌 [1] * 75

牙牌 [2] 847

牙籤 * 206

牙杖 206

衙門 * 73

亞牌 * 484

亞字 484

烟刀 * 855

烟燈 * 856

烟斗 854

烟抖 854

烟膏 * 852

烟管 855

烟館 * 852

烟鍋 * 853

烟盒 * 855

烟具 * 853

烟泥 852

烟盤 * 855

烟鋪 853

烟器 853

烟扦 856

烟籤 * 856

烟槍 * 854

烟石 * 856

烟榻 * 853

烟堂 853

烟筒頭 854

烟土* 852

烟匣 856

煙膏 852

煙鍋 854

煙盒 856

煙具 853

煙槍 855

煙土 852

閹官 861

閹人 861

閹豎 861

延 576

延道 576

岩棺 531

埏 576

埏道 576

埏路 576

埏門 577

埏隧 576

顏面 207

簷子 382

奄臣 861

奄士 861

奄寺 861

掩¹* 453

掩²* 845

揜 845

罨盂* 553

演武場 106

甗* 137

晏駕* 57

雁幣 370

雁奠 370

鴈幣* 370

鴈奠* 370

燕射* 123

陽臺 332

揚州瘦馬* 880

楊枝* 206

養烏鬼 247

祅星 833

窑口* 858

窑子* 877

窯口 859

咬春* 243

咬秋* 283

野合* 892

野雲戲 323

夜叉* 416

夜明* 752

夜臺* 617

葉子* 845

謁 191

一培土 608

一抔土* 607

一丘 608

一丘土* 608

一元大武* 664

衣冠冢* 610

揖 180

揖讓* 179

匜* 147

夷 145

夷床* 456

夷槃* 456

夷衾* 455

杝棺 538

杝椑 538

㑋牀 457

宜侯夨簋* 797

疑冢* 611

疑塚 611

儀床 458

遺腹子* 440

遺扇* 270

遺衣服 732

彝* 145

彝器 131

倚廬* 624

蟻結* 490

亦 465

坄 449

役器* 520

帟* 455

塋* 449

意錢* 844

義兵* 104

義阡 568

義冢* 568

義塚 568

擪 178

瘞* 612

醳酒 685

懿旨* 41

姻媾 358

姻家 433

茵* 558

殷奠* 712

殷虛 62

殷墟* 61

氤氳大使* 403

氤氳使者 403

陰地 562

陰錢 733

陰壽 164

陰宅 1 562

陰宅 2 729

絪縕司 341

淫祠 760

淫祀* 760

銀椁* 532

銀樣鼓兒* 271

尹祭* 679

引* 508

引龍迴* 242

引錢龍 242

隱 238

隱語 237

讔 238

嬰兒* 440

鶯花 890

纓* 388

迎富* 240

迎親 366

塚 1 563

塚 2* 604

塚竁 616

塚地 564

塚封 564

塚記* 588

塚壟 564

塚墓 564

塚隧 576

塚田 563

塚域 563

塚園 564

塚兆 563

塚冢 600

楹聯 219

營妓* 883

影 744

影神* 743

影堂* 757

影像 744

饗* 658

饗飫* 660

饗 659

永息庵* 529

甬路 578

俑* 512

幽櫬 544

幽竁 616

幽房 618

幽宮 640

幽扃 577

幽坎 615

幽壙 615

幽壤 620

幽埏 576

幽室 618

幽隧 575

幽堂 618

幽岁 617

幽宅* 618

油壁車* 354

油車 355

有身孕 438	玉棺 * 529	寓金銀 * 736
卣 * 146	玉鏡 373	寓龍馬 * 727
盂 * 139	玉鏡臺 * 373	寓馬 515
盂鼎 798	玉路 * 59	寓錢 * 733
盂蘭盆會 * 281	玉輅 59	寓鏹 * 736
魚牲 670	玉梅 * 482	寓人 513
魚水 * 346	玉痛 * 513	鬱雷 218
魚軒 * 381	玉兔 * 292	鬱櫚 218
魚雁 * 199	玉豚 * 519	鬱壘 * 217
魚鴈 199	玉犰 519	鴛鴦 * 345
魚躍拂池 * 490	玉匣 463	鴛鴦木 351
瑜 * 605	玉柙 464	元旦 * 210
虞殯 * 485	玉衣 * 462	元宮 640
虞主 721	玉瓚 * 154	元紅 * 392
煨歲 320	玉猪 519	元配 * 417
輿駕 17	玉豬 519	元日 211
羽葆 * 479	玉盦 * 693	元首 * 15
羽幡 * 482	育嬰堂 * 446	元宵 [1] 228
羽旛 * 482	浴兒包子 * 445	元宵 [2] * 228
羽書 114	浴佛節 * 257	元宵節 * 228
羽檄 * 114	域 560	元正 211
玉帛 * 155	域兆 561	員丘 748
玉瓚 155	御 * 46	員石 * 585
玉杵 * 373	御廩 698	園 633
玉牒 * 695	御容 743	園陵 * 632
玉洞 387	寓綵 * 727	園廟 * 634
玉豆 * 693	寓車 515	園寢 634
玉鈎斜 573	寓車馬 * 514	園邑 [1] 631

園邑 ²* 632
圓丘 748
圓壇 * 748
圓月 286
圓子 229
圜丘 * 748
圜邱 748
圜壇 748
轅門抄 * 95
遠鄉牌 * 585
月餅 * 288
月份牌 * 312

月宮 289
月老 * 402
月下老 403
月下老人 403
戉 97
岳父 * 423
岳母 * 425
岳翁 424
岳丈 424
鉞 * 97
閲兵 * 104
閲操 106

嶽父 424
嶽母 425
嶽翁 424
嶽丈 424
雲蓋 * 482
雲橋 336
允帖 360
隕命 * 114
殞命 115
孕 438
孕婦 * 438

Z

宰 * 606
垺 606
崽子 * 900
載 101
載辭 * 100
載書 100
再醮 * 396
簪 160
簪菊 * 299
瓚 155
葬奠 716
葬記 588
葬具 * 525
糟糠 * 347

鑿楮 * 738
棗栗 * 436
藻車 * 503
灶 315
灶王爺 315
造 818
造蠱 916
竈 315
竈神 * 313
竈糖 * 315
竈餳 315
竈王爺 315
擇日 364
曾侯乙編鐘 807

曾侯乙墓編鐘 * 806
繒荒 * 489
繒帷 * 489
繒幛 489
贈 * 469
贈幣 * 470
贈玉 * 469
劄青 869
柞伯鼎 * 801
蜡 306
蜡祭 * 306
齋壇 * 751
宅兆 * 561
占卦 * 813

章 154	照田財 319	執牛耳* 101
章姑 426	照田蠶* 319	執事* 185
章臺* 873	照虛耗* 321	旨 33
章臺柳* 885	趙公明* 784	指腹爲婚* 358
樟宮 541	趙公元帥 785	指腹爲親 359
樟棺* 541	折柳* 200	紙* 738
璋* 153	浙江潮 299	紙包袱* 741
璋瓚 155	貞* 811	紙幣 735
長門* 80	貞婦* 422	紙錠 736
丈夫* 409	枕塊* 629	紙房 729
丈母 425	侲子* 781	紙錁 735
丈人 424	振旅* 115	紙馬* 728
杖* 483	振容* 490	紙牌 846
帳餞 202	朕篹 795	紙錢* 734
招魂幡 449	瑱* 459	紙衣 731
朝廟奠 714	鎮墓獸* 516	紙元寶 736
朝夕奠* 711	蒸百歲* 445	紙紮 727
朝夕哭奠 712	鉦* 111	紙劄* 726
兆¹* 560	正旦 211	制* 34
兆²* 772	正朔* 46	制幣* 696
兆域 560	正房 419	制敕 35
兆域圖* 561	正寢¹* 448	制辭 35
姚 772	正寢² 635	制書 35
旐* 480	正室* 418	制詔 35
詔* 33	脂粉錢* 873	致賻 468
詔策 36	織女 335	時* 749
詔書 34	織女橋* 335	雉* 841
照冥* 282	織女雲橋 336	誌石 587

摯...................368

質...................103

贄¹*...................195

贄²*...................368

觶*...................143

中*...................126

中官...................862

中貴...................863

中貴人...................863

中和節*...................241

中牢...................655

中陵...................636

中秋...................286

中秋節*...................284

中秋月*...................286

中人...................863

中殺*...................121

中山王鐵足銅鼎*...................808

中使...................863

中壇*...................751

中元節*...................280

終具...................526

終葵...................317

鍾...................150

鍾馗*...................316

鍾葵...................317

鐘*...................149

冢*...................599

冢藏...................616

冢竁...................616

冢地...................562

冢壙...................615

冢廬...................627

冢墓...................600

冢堂...................619

冢田...................563

冢塋¹...................564

冢塋²...................600

冢塋地...................562

冢園...................564

冢宅...................564

冢志...................587

塚...................600

塚壙...................615

周堂...................365

周晬*...................444

軸...................501

朱棺*...................529

朱批...................39

朱壽之器...................530

朱索...................264

茱萸*...................300

茱萸會*...................300

茱萸酒*...................302

茱萸囊*...................301

豬狗*...................899

硃批...................39

逐禽左*...................120

主*...................719

主祏*...................721

主土*...................698

屬*...................544

屬辟...................544

屬椑*...................544

屬棺...................544

祝...................695

祝板*...................695

祝版...................695

祝幣*...................695

祝辭...................101

祝壽*...................165

祝詛*...................915

貯魂瓶...................518

駐蹕*...................54

抓生...................445

抓周...................445

轉燈...................239

轉席...................382

豚楯*...................500

饌*...................672

饌具...................673

妝奩*...................376

裝...................375

裝遣*...................375

粔籹	376	
狀 *	193	
撞木鐘 *	92	
撞太歲	93	
贅壻 *	430	
贅婿	431	
奄歺 *	617	
拙荊	415	
捉蝦蟆 *	271	
鐲	111	
粢盛 *	682	
粢食 *	683	
粢醍	685	
資歷 *	86	
齊盛	683	
齍盛	682	
子孫餑餑 *	436	
子孫桶 *	436	
梓宮 *	534	
梓棺	535	
梓器	535	
梓童 *	41	
紫姑 *	230	
紫禁城 *	67	
字	365	
字人 *	365	

宗	754	
宗祊 *	757	
宗祠 ¹ *	756	
宗祠 ²	758	
宗廟 *	754	
宗祐 *	769	
宗室	754	
宗祧	754	
宗彝	131	
宗周鐘 *	803	
總角 *	158	
粽	260	
粽子 *	259	
糉	260	
走馬燈 *	238	
足下 *	185	
俎 *	705	
祖	201	
祖道 *	201	
祖奠 *	714	
祖墳	565	
祖考廟	755	
祖壟	565	
祖廟 *	756	
祖明 *	517	
祖墓 *	564	

祖山	565	
祖思 *	516	
祖塋	565	
祖帳	201	
祖主	690	
祖宗影像	744	
詛	915	
籫 *	698	
尊 *	141	
尊閣	415	
尊號 *	22	
尊壺	414	
尊罍 *	414	
尊姓 *	184	
尊彝	131	
尊章	427	
樽	141	
左璯	864	
作伐 *	359	
作揖 *	179	
坐年 *	326	
阼 *	26	
胙 *	676	
做滿月	443	
做親	378	
酢	677	